Vahlens Handbücher
der Wirtschafts- und Sozialwissenschaften

Handelsmanagement

Offline-, Online- und Omnichannel-Handel

von

Univ.-Prof. Dr. Prof. h.c. Bernhard Swoboda

Univ.-Prof. Dr. Thomas Foscht

Univ.-Prof. Dr. Hanna Schramm-Klein

4., vollständig überarbeitete Auflage

Verlag Franz Vahlen München

Univ.-Prof. Dr. Prof. h.c. Bernhard Swoboda ist Inhaber der Professur für Betriebswirtschaftslehre, insbesondere Marketing und Handel, der Universität Trier.

Univ.-Prof. Dr. Thomas Foscht ist Vorstand des Instituts für Marketing der Karl-Franzens-Universität Graz.

Univ.-Prof. Dr. Hanna Schramm-Klein ist Inhaberin der Professur für Betriebswirtschaftslehre, insbesondere Marketing und Handel, der Universität Siegen.

ISBN 978 3 8006 5351 5

Satz: DTP-Vorlagen der Autoren
Druck und Bindung: BELTZ Bad Langensalza GmbH
Am Fliegerhorst 8, 99947 Bad Langensalza
Gedruckt auf säurefreiem, alterungsbeständigem Papier
(hergestellt aus chlorfrei gebleichtem Zellstoff)

Vorwort zur vierten Auflage

Die dritte Auflage des Buches hat eine positive Resonanz bei Lehrenden und Studierenden als auch in der Handelspraxis gefunden. Das Handelsmanagement ist auch gemäß der Verkaufszahlen das führende Buch im Bereich Handel im deutschsprachigen Raum.

Aufgrund der fundamentalen Veränderungen im Handel und in der Distribution wurde auf der bewährten Grundkonzeption des Buches aufsetzend eine grundlegende Neukonzeption vorgenommen. Gravierende und strukturelle Änderungen vor allem im technologischen Umfeld des Handels seit dem Erscheinungsjahr der dritten Auflage wälzen den Handel um und erfordern eine strategische und operative Ausrichtung des Buches an Offline-, Online- und Omnichannel-Handelsunternehmen. Die fundamental veränderten Geschäftsmodelle und Distributionsnetzwerke bringt auch mit Blick nach vorne („Perspektive 2025+") eine entsprechend andere Sichtweise des Handels mit sich. Dieser radikale Strukturbruch erfordert nicht nur Kurskorrekturen, sondern Neuorientierungen von Unternehmen, die in dieser vierten Auflage eingehend und basierend auf neuesten Studienergebnissen sowie einem Blick in die Zukunft aufgegriffen werden. Die vierte Auflage ist ein neues Buch geworden.

Eine wesentliche Veränderung ergibt sich auch hinsichtlich der Autorenschaft dieser Auflage. Nach der Emeritierung von Joachim Zentes nimmt seine Schülerin Hanna Schramm-Klein, Inhaberin der Professur für BWL, insb. Marketing und Handel, der Universität Siegen, „seinen Platz" ein und gewährleistet damit Kontinuität, zumal sie bereits an den Vorauflagen maßgeblich mitwirkte. Ihre Projekt- und Lehrerfahrungen v.a. im Bereich des Online-Marketing sind maßgeblich in diese Auflage eingeflossen. Joachim Zentes danken wir für die langjährige vertrauensvolle Zusammenarbeit.

Unser Dank gilt allen Mitarbeitern, die zum Entstehen dieser Auflage wesentlich beigetragen haben, so aus Trier Frau Nadine Batton, M.Sc., Frau Magdalena Klar, M.Sc., Herrn Dr. Lukas Morbe, Frau Carolina Sinning, M.Sc., Frau Amelie Winters, M.Sc. aus Graz Frau Dr. Marion Brandstätter, Herrn René Kerschbauer, M.Sc., Frau Dr. Heike Riedl, Frau Dr. Judith Schloffer, und aus Siegen Frau Anne Fota, M.Sc., Frau Theresia Mennekes, M.Sc., Herrn Florian Neus, M.Sc., Herrn Fréderic Nimmermann, M.Sc., Herrn Robér Rollin, M.A., Frau Katja Wagner, M.A. Wie in den Vorauflagen danken wir den Handelsmanagern, die mit Beispielen, Meinungen und Stellungnahmen im Buch vertreten sind und durch die Bereitstellung der erforderlichen Materialien die Möglichkeit zur Integration von vielfachen umfassenden Fallstudien geliefert haben. Nicht zuletzt gilt unser Dank Frau Carmen Richter und Frau Katja Wagner, M.A., für die Durchführung der abschließenden Layout- und der redaktionellen Abschlussarbeiten.

Bewährt hat sich bereits die durchgängige Verwendung der männlichen Form „Manager", wohl wissend, dass ein Großteil unserer Leser Frauen sind. Die männliche Form soll keineswegs eine Diskriminierung sein. Sie ist eine Kurzform für beide Geschlechter.

Über jeden inhaltlichen und redaktionellen Hinweis zu diesem Lehrbuch danken wir schon im Voraus. Am einfachsten erreichen Sie uns per E-Mail.

Trier, Graz und Siegen, im November 2018

Bernhard Swoboda
(b.swoboda@uni-trier.de)

Thomas Foscht
(thomas.foscht@uni-graz.at)

Hanna Schramm-Klein
(hsk@uni-siegen.de)

Vorwort zur ersten Auflage

Die Anregung, gemeinsam ein Lehrbuch zum Handelsmanagement zu verfassen, geht auf eine langjährige Zusammenarbeit des Instituts für Handel, Absatz und Marketing der Universität Graz und des Instituts für Handel und Internationales Marketing an der Universität des Saarlandes zurück, eine Zusammenarbeit, die sich bereits in einer Vielzahl von Publikationen niedergeschlagen hat. Hervorzuheben ist hier insbesondere das Projekt „Handels-*M*onitor“, in dem seit 1993 handelsrelevante Entwicklungen im Sinne eines Früherkennungssystems aufgegriffen werden, um Handelsunternehmen die Möglichkeit zu einem proaktiven Handeln zu geben. So lag die Idee nahe, ein Lehrbuch zum Handelsmanagement zu schreiben, das Wissenschaft und Praxis näher miteinander verbindet, um über die Brücke der aktuellen Entwicklungen zu neuem Wissen im Handelsmanagement zu gelangen.

Das vorliegende Buch wendet sich sowohl an Studierende als auch an Praktiker im Handel und an seine Partner in der Wertschöpfungskette. Die Konzeption des Lehrbuchs ist durch das Bemühen geprägt, die Entwicklung im Handelsmanagement von einer funktionsbezogenen Perspektive zu einer eher ganzheitlichen Sichtweise voranzutreiben. Dabei geht es im Kern um ein ganzheitliches Verständnis der vielfältigen Einflussgrößen, die bei komplexen und aktuellen Problemen im Handelsmanagement vorliegen. Die ganzheitliche Perspektive ist also notwendig, um den komplexen Interdependenzen des Geschehens in dem handelsbetrieblichen Umfeld Rechnung zu tragen. Die Lösung aktueller Probleme muss immer mehr im Interesse des gesamten Unternehmens gesucht werden und gelingt immer weniger aus der Sicht einer speziellen Funktion wie Einkauf, Verkauf oder Marketing.

Für modernes Managementdenken im Handel spielt die Prozessorientierung eine zunehmende Rolle, da sie die Voraussetzung ist, um zusammenhängende Aktivitäten für die Schaffung von Kernkompetenz in durchgängigen und funktionsübergreifenden Abläufen zu bündeln. Die gewählte prozessuale Betrachtungsweise hat den Vorteil, nicht an traditionellen Unternehmensgrenzen halt zu machen, sondern bietet die Möglichkeit, die netzartigen Verknüpfungen in der Wertschöpfungskette in einen unternehmensübergreifenden Ansatz zu berücksichtigen.

Die Charakterisierung des Umfelds als „dynamisch“ erfordert eine zukunftsorientierte Sichtweise. Sie schlägt sich einerseits in der Darstellung und Analyse der absehbaren Entwicklungen – trotz vieler Unwägbarkeiten – und den sich daraus ergebenden Herausforderungen für das Handelsmanagement nieder. Für eine zukunftsorientierte Sichtweise greift der klassische prognostische Ansatz zu kurz. Mit Überraschungen und Turbulenzen im Umfeld des Handels wird man nicht fertig, wenn man nur versucht, vergangene Entwicklungen in die Zukunft fortzuschreiben.

Der ganzheitliche Ansatz stellt hingegen letztlich die konzeptionelle Basis dar, damit ein fortschrittsfähiges und wandlungsfähiges Handelsmanagement gelingt, das auch mit komplexen und zeitgemäßen Zukunftsbildern umgehen kann. ür dieses hohe Ziel soll das vorliegende Lehrbuch einen ersten Beitrag leisten. Es eignet sich daher sowohl für Praktiker als auch für Studierende als Grundlage für die Entdeckung neuer Entwicklungen und Orientierungen sowie als Quelle für weitere Forschungsarbeit im Bereich des Handelsmanagements.

Unser Dank gilt zunächst allen Mitarbeitern, die wesentliche Teile zu diesem Lehrbuch beigesteuert haben, so aus Graz Dr. Thomas Foscht (Kapitel 1, 2 und 6), Dr. Georg Jungwirth (Kapitel 6), Claudia Ulrich (Kapitel 8), Thomas Angerer (Kapitel 1, 2, 6 und 8), Sonja Klug (Kapitel 6) und aus Saarbrücken Markus Janz und Dirk Morschett (Kapitel 7), Hanna

Schramm-Klein (Kapitel 5), Dr. Bernhard Swoboda (Kapitel 4). Das Lehrbuch bildet zugleich eine Klammer zu früheren Mitarbeitern der Institute, die an den jeweiligen Runden des Handels*M*onitors mitgewirkt haben, aber auch zu den Mitarbeitern, die die künftigen Monitor-Runden betreuen und damit zur Fortentwicklung dieses Buches beitragen werden.

Unser Dank gilt zugleich den Vertretern der Wirtschaftspraxis, so aus Handels- und Industrieunternehmen, die mit Beispielen, Meinungen und Stellungnahmen vertreten sind und durch die Bereitstellung der erforderlichen Materialien die Möglichkeit zur Integration von umfassenden Fallstudien geliefert haben.

Nicht zuletzt gilt unser Dank Frau Heidrun Asmus, Frau Carmen Hoffmann und Frau Gabriele Thös (alle Saarbrücken) für die äußerst sorgfältigen Schreib- und Layout-arbeiten. Frau Antje Wittig (Saarbrücken) danken wir für die engagierten redaktionellen Abschlussarbeiten, insbesondere für die kreative Layoutgestaltung.

Im Oktober 2000

Hans-Peter Liebmann, Graz Joachim Zentes, Saarbrücken

Einführung und Überblick über das Buch

Die Autoren der Lehrbücher zum Handelsmanagement haben sich schon immer zum Ziel gesetzt, einen Beitrag für eine Lehre von der ganzheitlichen Unternehmensführung im Handel und neu der Distribution zu liefern. Unverändert wird angestrebt, nicht nur die vielfältigen aktuellen Facetten der Unternehmensführung darzustellen und zu analysieren, sondern sie zugleich in einen holistischen Bezugsrahmen zu setzen. So werden bspw. nicht nur die neuen Systeme und Prozesse im traditionellen (offline) und elektronischen (online) Handel behandelt (bzgl. neuere Geschäftsmodelle, Strategien, Ansätze der Kundenpolitik und des Supply Chain Managements), sondern es wird angestrebt die Wechselbeziehungen zwischen diesen Dimensionen aufzuzeigen und daraus weiter gehende offline und online Interdependenzen und auch solche zu anderen betrieblichen Wertschöpfungsfeldern abzuleiten.

Der diesem Buch zu Grunde liegende Ansatz geht zugleich über die unternehmensbezogene Sichtweise hinaus. So wird einerseits ein unternehmensübergreifender Ansatz angestrebt, ein Ansatz, der die Wertschöpfungskette – oder noch weiter gehender – den Wertschöpfungskreislauf gesamthaft zu erfassen versucht. Im Sinne einer offenen Systembetrachtung werden aber auch die Interaktionen mit der gesellschaftlichen, technologischen und auch natürlichen Umwelt in die Betrachtung einbezogen.

Zugleich wird angestrebt, die klassische Managementperspektive, die sich bei vorwiegend stabilen Verhältnissen auf den Märkten und langlebigen Zyklen bewährt hat, zu überwinden. Der gewählte Ansatz soll aber nicht nur die fundamentalen Veränderungen und die damit verbundenen Chancen aufzeigen, sondern er gibt zugleich Richtungen und Orientierungen für ein modernes, fortschrittsfähiges und damit wandlungsfähiges Konzept.

Das vorliegende Lehrbuch verfolgt daher eine mehrfache Zielsetzung. So wird der Darstellung, Analyse und Evaluation wichtiger und aktueller Entwicklungen bzw. Entwicklungstrends im Umfeld der Handelsunternehmen Raum gewidmet. In diese Betrachtung werden nicht nur das politisch-rechtliche, das sozio-ökonomische, das sozio-kulturelle und das technologische Umfeld einbezogen, sondern im Sinne einer interdisziplinären Ausrichtung auch die handelsmanagementrelevanten Entwicklungen anderer Forschungsdisziplinen.

Ein zweites Charakteristikum des Lehrbuchs ist es, theoretische Fundierungen zu liefern. So steht neben der systematisierenden Deskription empirischer Sachverhalte die Erklärung der Beziehungszusammenhänge im Mittelpunkt. Hierzu wird einerseits auf ein breites, weit gehend „abgesichertes" und bewährtes Theoriengebäude bzw. auf Theoriebausteine zurückgegriffen. Andererseits werden auch neuere Erklärungsansätze bzw. -entwürfe, die eher wissenschaftlich-experimentellen Charakter haben, integriert. Damit soll ein Anreiz zum „Querdenken" – in der wissenschaftlichen Auseinandersetzung mit dem Handel als auch in den Handelsunternehmen selbst – geleistet werden. Das Lehrbuch versucht nicht nur Erklärungsgrundlagen, sondern auch Gestaltungsgrundlagen für das Management zu liefern. Das Gesamtkonzept ist anwendungsorientiert und versucht, aktuelle praxisbezogene Perspektiven zu entwickeln. Damit sollen den Verantwortungsträgern im Handel Orientierungshilfen gegeben werden, um theoretisch fundierte und empirisch gestützte Handlungsoptionen zu erkennen und erfolgreich umzusetzen. Daher enthält das Buch eine Fülle von Handlungsempfehlungen, nicht dagegen Rezepte mit Ad-hoc-Charakter.

Diesem Aspekt dienen zahlreiche Beispiele „aus der Praxis", die in die Betrachtungen einbezogen werden. Diese Beispiele werden ergänzt um Meinungen und Stellungnahmen von Managern und Unternehmern aus dem Handel, aber auch aus anderen Sektoren, insbesondere aus der Konsumgüterindustrie. Darüber hinaus werden Fallstudien integriert, in denen beispielhaft aufgezeigt wird, in welcher Art und Weise in der Handelspraxis Lösungen gefunden wurden. Diese Fallstudien erheben nicht primär den Anspruch einer „Best-Practice-Lösung" – stellen jedoch stets mindestens eine „Good-Practice-Lösung" dar –, sondern sie illustrieren das komplexe Wechselspiel zwischen Analyse, Konzeption und Implementierung in einem dynamischen Umfeld.

Das vorliegende Lehrbuch versteht sich als Beitrag zu einer Handelsbetriebslehre, die auf bewährtem Wissen aufbaut und dieses – wann immer zweckmäßig und Erfolg versprechend – integriert. Dieser Ansatz hat jedoch nicht zwangsläufig zur Folge, dass dieses „bewährte Wissen" erneut – vielleicht nur in einer etwas anderen Form – präsentiert wird. In einer Vielzahl von heute als klassisch zu bezeichnenden Lehrbüchern und auch in neueren Lehrbüchern sind die traditionellen Ansätze breit dargestellt, sodass hierauf tendenziell verzichtet werden kann. Das vorliegende Lehrbuch versteht sich eher komplementär zu bestehenden Lehrbüchern der Handelsbetriebslehre. Deshalb werden zentrale, nach wie vor wichtige Bereiche nur skizziert, so die geradezu faszinierende Frage der Geschichte des Handels. Fragen der Binnenhandelspolitik – sowohl auf nationaler als auch auf supranationaler Ebene (z. B. EU-Ebene) – werden ebenfalls nur berührt; sie stehen aus den genannten Gründen ebenfalls nicht im Fokus des Interesses. Der gewählte komplementäre Ansatz versucht jedoch, einerseits ausgewählte und aktuelle handelsmanagementrelevante Aspekte der (Binnen-) Handelspolitik in die Betrachtung einzubeziehen, andererseits den Entscheidungsträgern der (Binnen-) Handelspolitik – dies sind bekanntlich nicht die Handelsunternehmen selbst – Anregungen zur Politikgestaltung zu liefern.

Diese komplementäre Sichtweise gilt auch bzgl. klassischer Lehrbuchinhalte der Handelsbetriebslehre, bspw. der Funktionenlehre. Auch diese Frage wird hier nur skizziert, was nicht mit einer Relativierung ihrer Bedeutung gleichzusetzen ist.

Das Lehrbuch betrachtet Handelsmanagement in erster Linie vom Standpunkt institutioneller Unternehmen des Einzelhandels. Food-, Near-Food- und Non-Food-Unternehmen werden etwa gleichgewichtig behandelt. Neben dieser dominanten – oftmals nur impliziten – Sichtweise werden auch andere Betrachtungsstandpunkte einbezogen; hierauf wird jeweils explizit Bezug genommen. So erfolgt die Analyse nicht nur aus der Perspektive von Einzelhandelsunternehmen, sondern bspw. auch aus der Sicht der Systemzentrale einer kooperativen Gruppierung von Handelsunternehmen. Gleichermaßen werden spezifische Aspekte aus der Perspektive von Großhandelsunternehmen diskutiert. Aus dieser Perspektive stehen sowohl Fragen des Absatzmarketing als auch des Supply Chain Managements zwischen Großhandel und Einzelhandel im Vordergrund der Betrachtung. Der zunehmenden absatzmarktorientierten Vertikalisierung der Konsumgüterindustrie Rechnung tragend, werden auch diese Handelsaktivitäten und Formate einbezogen.

Bei der Betrachtung von Großhandelsaspekten werden in der Regel die spezifischen Gegebenheiten von Außenhandelsunternehmen nicht berücksichtigt. Dies bedeutet keineswegs eine begrenzt nationale Sichtweise. Dem Phänomen der Globalisierung des Handels wird ausführlich Rechnung getragen, jedoch durch eine Betrachtungsweise, die stärker auf die Internationalisierung der Handelsunternehmen, so auf der Beschaffungs- und Absatzseite, abstellt. Trotz dieses global-orientierten Grundansatzes stehen auch nationale Gegebenheiten, so bei der Betrachtung des rechtlichen Umfeldes, im Blickpunkt.

Das Lehrbuch besteht aus fünf Kapiteln. Im Ersten Kapitel werden Grundlagen, Angrenzungen und Sichtweisen des offline und online Handelsmanagements erörtert. Hieran schließt sich im Zweiten Kapitel die Diskussion Dynamik der Betriebs-/Vertriebstypen (Formate) und der Offline- und Online-Geschäftsmodelle des Handels an. Sie bildet zugleich die Basis der Erörterung der wettbewerbsstrategischen Stoßrichtungen des Handels an, die im Dritten Kapitel erfolgt. Im Mittelpunkt steht dabei eine marktorientierte Betrachtungsweise der Wettbewerbsstrategien und der Gesamtunternehmensstrategien. Im Vierten Kapitel schließt sich das Handelsmarketing und im Fünften Kapitel die Betrachtung des handelsbetrieblichen Kernprozesses Supply Chain Management an. Die unterschiedlichen Konzepte der Führung von Handelsunternehmen werden im abschließenden Sechsten Kapitel diskutiert.

Der Aufbau des Lehrbuchs orientiert sich an „Eckpunkten", die sich bereits in der ersten Auflage bewährt haben. So werden einerseits Praxisbeispiele und Fallstudien in die einzelnen Kapitel integriert. Zugleich werden methodische Aspekte der jeweiligen Fragestellungen den einzelnen Kapiteln zugeordnet. Dabei wird aber darauf verzichtet, allgemeines betriebswirtschaftliches Grundlagenwissen zu vermitteln. Die Darstellung beschränkt sich auf handelsmanagementrelevante Aspekte.

Inhaltsverzeichnis

Zweites Kapitel: Dynamik der Be- und Vertriebstypen

Fünftes Kapitel: Die Gestaltung der Supply Chain

Sechstes Kapitel: Die Konzepte der Führung

Abkürzungsverzeichnis

AFTA	ASEAN Free Trade Area
ANOVA	Analysis of Variance
Apps	Applications
ASEAN	Association of South-East Asian Nations
ATC	Agreement on Textiles and Clothing
AU	Auslandsumsatz
AVE	Außenhandelsvereinigung des deutschen Einzelhandels
B2B	Business to Business
B2C	Business to Consumer
BauNVO	Baunutzungs-Verordnung
BI	Business Intelligence
BID	Business-Improvement-District
BIP	Bruttoinlandsprodukt
BMI	Buyer Managed Inventory
BPR	Business Process Reengineering
BRIC	Brasilien, Russland, Indien, China
BSC	Balanced Scorecard
BSP	Bruttosozialprodukt
BWL	Betriebswirtschaftslehre
C&C	Cash & Carry
C2B	Consumer to Business
CAD	Computer-aided Design
CAM	Consumer Attribute Model
CDU	Christlich Demokratische Union
CEM	Customer Experience Management
CEO	Chief Executive Officer
CFO	Chief Financial Officer
CHF	Schweizer Franken
CIM	Computer Integrated Manufacturing
CIS	Commonwealth of Independent States
CLV	Customer Lifetime Value
CM	Category Management
CMI	Co-Managed Inventory
COO	Chief Operating Officer
CPFR	Collaborative Planning, Forecasting and Replenishment
CRM	Customer Relationship Management
CRP	Continuous Replenishment
CSI	Customer Satisfaction Index
CSR	Corporate Social Responsibility
C-Store	Convenience-Store
DACH Staaten	Deutschland, Österreich, Schweiz
DB	Deckungsbeitrag

DEA	Data Envelopment Analysis
DIY	Do It Yourself
DOB	Damenoberbekleidung
DV	Elektronische Datenverarbeitung
EAN	European Article Number
EANCOM	European Article Number Communication
EBG	Eisenbahngesetz
EBIT	Earnings before Interests and Taxes
EBITA	Earnings before Interest, Taxes and Amortisation
EBITaC	Earnings before Interest and Taxes after Cost of Capital
E-Business	Electronic Business
E-Commerce	Electronic Commerce
ECR	Efficient Consumer Response
EDI	Electronic Data Interchange
EDIFACT	Electronic Data Interchange for Administration, Commerce and Transportation
EDLP	Everyday low prices
EDV	Elektronische Datenverarbeitung
EFF	European Franchise Federation
EFQM-Award	European Foundation for Quality Management-Award
EG	Europäische Gemeinschaft
EGESPO	Eingetragenen Genossenschaft Sport
EHI	EHI Retail Institute e. V.
EKZ	Einkaufszentrum/Einkaufszentren
E-Lifestyle	Electronic Lifestyle
EMD	European Marketing Distribution
EPA	Einheitspreis Aktiengesellschaft
EPC	Electronic Product Code
E-Procurement	Electronic Procurement
ER	Efficient Replenishment
E-Recruiting	Electronic Recruiting
ERG	Existence-, Relatedness- and Growth Needs
ERP	Enterprise-Resource-Planning
E-Shop	Electronic Shop
ESOP	Employee Stock Ownership Plans
EU	Europäische Union
EuGen	Genossenschaft europäischen Rechts
EuGH	Europäischer Gerichtshof
EUR	Euro
Eurostat	Statistische Amt der Europäischen Union
EVA	Economic Value Added
EVP	Einzelhandelsverkaufspreis/Endverbraucherpreis
F&E	Forschung & Entwicklung
FAO	Food and Agriculture Organization
FAQ	Frequently Asked Questions
FDI	Foreign direct investment
FL	Filiallager
FMCG	Fast Moving Consumer Goods

FMEA	Fehlermöglichkeits- und Einflussanalyse
FMI	Food Marketing Institute
FOC	Factory Outlet Center
FSC	Forest Stewardship Council
FTAA	Free Trade All America
GATS	General Agreement on Trade in Services
GATT	General Agreement on Tariffs and Trade
GBP	Great Britain Pound
GewO	Gewerbeordnung
GfK	Gesellschaft für Konsumforschung
GG	Grundgesetz
GIS	Geografische Informationssysteme
GLN	Globale Lokationsnummer
GmbH	Gesellschaft mit beschränkte Haftung
GO	Gesundheitsoffensive
GPRS	General Packet Radio Services
GPS	Global Positioning System
GRAI	Global Returnable Asset Identifier
GS1	Global Standards One
GSM	Global System for Mobile Communications
G-Store	Gasoline-Store
GTIN	Global Trade Item Number
GVO	Gruppenfreistellungsverordnungen
GWB	Gesetz gegen Wettbewerbsbeschränkungen
HiLo-Strategie	High-Low-Strategie
HRM	Human Resource Management
ID	Identification
IGD	Institute of Grocery Distribution
IGESPO	Interessengemeinschaft Sport
ILN	Internationale Lokationsnummer
ILO	International Labour Organization
IPCC	Intergovernmental Panel of Climate Change
IT	Informationstechnologie
JIT	Just in time
KAM	Key Account Management
KartG	Kartellgesetz
KEP-Dienstleister	Kurier, Express- & Paketdienstleister
KI	Künstliche Intelligenz
KMU	Kleine und mittlere Unternehmen
KPI	Key Performance-Indikatoren
LAN	Local Area Network
LEH	Lebensmitteleinzelhandel
LOHAS	Lifestyle of Health and Sustainability
LSVA	Leistungsabhängige Schwerverkehrsabgabe

M&A	Mergers & Acquisitions
MBD	Market Boundary Definition
MbE	Management by Exception
MbM	Management by Motivation
MBO	Management Buy Out
MbO	Management by Objectives
M-Commerce	Mobile Commerce
MCR	Multi Channel Retailing
MDS	multidimensionale Skalierung
MENA	Middle East and North Africa
MERCOSUR	Mercado Común del Sur
MNC	Multinational Corporation
MNU	Multinationale Unternehmen
MRO	Maintenance, Repair, Operation
MSC	Marine Stewardship Council
MVA	Market Value Added
NAFTA	North American Free Trade Agreement
NCR	National Cash Register
NFI	Normative Fit Index
NGO	Non-Governmental Organization
NOPAT	Net Operating Profit After Taxes
NVE	Nummer der Versandeinheit
OECD	Organization for Economic Cooperation and Development
OLAP	Online Analytical Processing
OLTP	Online Transactional Processing
OPM	Order Picking Machinery
ÖPNV	Öffentlicher Personennahverkehr
PC	Personal Computer
PDA	Personal Digital Assistant
PoE	Point of Entry
PoR	Point of Return
PoS	Point of Sale
PPP	Private Public Partnership
PR	Public Relations
R&D	Research and Development
RFI	Request for Information
RFID	Radio Frequency Identification
RFQ	Request for Quotation
ROCE	Return on Capital employed
ROI	Return on Investment
RPG	Raumplanungsgesetz
SB	Selbstbedienung
SCM	Supply-Chain-Management
SEDAS	Standardregelungen einheitlicher Datenaustauschsysteme

SEM	Suchmaschinen-Marketing
SEO	Suchmaschinen-Optimierung
SERVQUAL	Service-Quality
SGE	Strategische Geschäftseinheit
SGF	Strategische Geschäftsfelder
SLO	Selfliquiding Offers
SMM	Social Media Marketing
SPACE	Strategic Position and Action Evaluation
SRM	Supplier-Relationship-Management
SSCC	Serial Shipping Container Code
SWOT	Strenghts, Weakness, Opportunities, Threats
TAE	Trans-Asien-Europa
TQM	Total Quality Management
TRIMS	Agreement on Trade-Related Aspects of Investment Measures
TRIPS	Agreement on Trade-Related Aspects of Intellectual Property Rights
UCC	Uniform Code Council
UEC	Urban Entertainment Center
UMTS	Universal Mobile Telecommunications System
UN/EDIFACT	United Nations Rules for Electronic Data Interchange for Administration, Commerce and Transport
UNCTAD	United Nations Conference on Trade and Development
UNEP	United Nations Environment Programs
UPC	Universal Product Code
USD	US-Dollar
USP	Unique Selling Proposition
UWG	Gesetz gegen den unlauteren Wettbewerb
VICS	Voluntary Interindustry Commerce Standards
VMI	Vendor-Managed Inventory
VO	Verordnung
VR	Verfügungsrechte
VRIO	Valuable Rareness Imitable Organisation
WAP	Wireless Application Protocol
WKZ	Werbekostenzuschlag
WLAN	Wireless Local Area Network
WTO	World Trade Organization
WWS	Warenwirtschaftssystem
www	World Wide Web
XML	Extensible Markup Language
ZR	Zentralregulierung

Erstes Kapitel

Grundlagen, Abgrenzungen und Sichtweisen

A. Gegenstand

Eine **ganzheitliche Lehre** des Handelsmanagements setzt ein umfassendes Verständnis der Gegebenheiten im Handel sowie der Rahmenbedingungen voraus. Hierzu gehören zum einen Kenntnisse der wichtigsten Erscheinungsformen des Handels (offline und online) sowie deren relative Relevanz. Diese vielfachen Erscheinungsformen des Handels unterliegen unterschiedlichsten Veränderungen, die zum Teil unmittelbar aus dem weiteren Umfeld resultieren. Die Kenntnis des Umfeldes des Handels ist deshalb im Hinblick auf Trends, den Wettbewerb oder die strategischen Entscheidungen von Unternehmen bedeutend. Somit stehen die Erscheinungsformen des Handels sowie die Umfelder des Handels im Zentrum dieses Kapitels, ergänzt um einen kurzen Blick auf die historische Entwicklung des Handels. Die Entwicklung wird dabei oft von den größten Händlern dominiert, deren Handelsumsätze in Tab. 1.1 neben denen der größten Konsumgüterhersteller dargestellt sind.

Tabelle 1.1: Top Händler und Konsumgüterhersteller (Umsatz gerundet in Mrd. USD)

Handelsunternehmen		Konsumgüterhersteller	
1. Walmart (USA)	485	1. Nestlé AG (CH)	91
2. Amazon (USA)	188	2. P & G (USA)	65
3. Costco (USA)	129	3. PepsiCo (USA)	63
4. Walgreens Boots Alliance (USA)	118	4. A. D. Midland (USA)	61
5. Kroger (USA)	115	5. Unilever (UK/NL)	60
6. Schwarz Gruppe (DE)	107	6. JBS (BRA)	51
7. Home Depot (USA)	101	7. AB-Inbev (BE)	46
8. Carrefour (FR)	91	8. Tyson Foods (USA)	40
9. Aldi (DE)	83	9. Coca-Cola (USA)	34
10. CVS Health (USA)	81	10. L'Oréal (FR)	29
11. Tesco (UK)	75	11. Philip Morris (USA)	29
12. Aeon (JPN)	75	12. Kraft (USA)	26
13. Target (USA)	72	13. Mondelez (USA)	26
14. Rewe Gruppe (DE)	68	14. B. A. Tobacco (UK)	26
15. Edeka (DE)	65	15. Heineken Holding (NL)	24
16. Ahold Delhaize (NL)	63	16. Danone (FR)	24
17. Seven & I (JPN)	54	17. Suntory (JPN)	21
18. Auchan (FR)	52	18. WH Group (CN)	21
19. Casino (FR)	51	19. Altria Group (USA)	19
20. Metro (DE)	48	20. Japan Tobacco (JPN)	19

Quelle: Unternehmenswebsites 2018; LZ Retailytics 2018; Forbes 2018.

Ein konzeptioneller Entwurf des Handelsmanagements erfordert auch eine Auseinandersetzung mit den theoretischen Grundlagen. Hierzu gehören sowohl die Theoriebausteine aus einer klassischen Sichtweise der Handelsbetriebslehre als auch die neueren Ansätze, die nachfolgend erörtert werden. Den Abschluss des Kapitels bildet eine Fallstudie, welche die Komplexität der Entscheidungen im Online-Handelsmanagement behandelt.

B. Ausgewählte Erscheinungsformen und Daten zum Handel

I. Funktioneller und institutioneller Handel

Handel wird in einem umfassenden Sinn als **Austausch** von wirtschaftlichen Gütern verstanden (Tietz 1993a, S. 1). In arbeitsteilig organisierten Wirtschaftssystemen werden i.d.R. Güter gegen Geld getauscht. In einer **Marktwirtschaft** vollzieht sich der Austausch nach dem Willen von mindestens zwei Marktpartnern zur Erfüllung von Nutzenvorstellungen und damit zur Verbesserung ihrer jeweiligen Bedarfssituation. Anders dagegen in der **Planwirtschaft**: „Der sozialistische Staat plant die Produktion und die Zirkulation der Waren, organisiert den Handelsapparat, bestimmt die Zahl der notwendigen Zwischenglieder zwischen Produzenten und Konsumenten und legt rationelle Wege und Formen der Warenbewegung fest" (Serebrjakow 1952, S. 11).

Zunächst kann der Begriff des **funktionellen Handels** abgegrenzt werden, der auf eine Tätigkeit abstellt. Der „Ausschuss für Definitionen zu Handel und Distribution" (2006, S. 27) definiert Handel im funktionellen Sinne (im „Katalog E") wie folgt.

> „Handel im funktionellen Sinne liegt vor, wenn Marktteilnehmer Güter, die sie i.d.R. nicht selbst be- oder verarbeiten (Handelswaren), von anderen Marktteilnehmern beschaffen und an Dritte absetzen. In der Praxis wird der Begriff im Allgemeinen auf den Austausch von Sachgütern, noch häufiger auf den Austausch von beweglichen Sachgütern eingeschränkt."

Im funktionellen Sinne betreiben somit auch Industrieunternehmen Handel; sie ergänzen bspw. ihr (Produktions-)Programm um fremdbezogene Ware (**Handelsware**). Der Begriff des **Handels im institutionellen Sinne** lässt sich der Abgrenzung des o.a. Ausschusses (2006, S. 27f.) folgend, eingeengt auf Betriebe verstehen, deren Tätigkeit ausschließlich oder überwiegend dem Handel im funktionellen Sinne zuzurechnen ist.

> „Handel im institutionellen Sinne – auch als Handelsunternehmung oder Handelsbetrieb bezeichnet – umfasst jene Institutionen, deren wirtschaftliche Tätigkeit ausschließlich oder überwiegend dem Handel im funktionellen Sinne zuzurechnen ist. In der amtlichen Statistik wird eine Unternehmung oder ein Betrieb dann dem Handel zugeordnet, wenn aus der Handelstätigkeit eine größere Wertschöpfung resultiert als aus einer zweiten oder aus mehreren sonstigen Tätigkeiten."

Einer weiten Sichtweise folgend, werden unter Handelsbetrieben solche Betriebe verstanden, die überwiegend bewegliche Sachgüter beschaffen und absetzen, ohne diese im technischen Sinne zu bearbeiten (von üblichen Manipulationen abgesehen) und dies häufig mit dem Angebot von Dienstleistungen verbinden. Die zu veräußernden Sachgüter können dabei durch Kauf beschafft werden (Eigenhandel), sie können aber auch in eigenem Namen und auf fremde Rechnung (Kommissionshandel) oder in fremdem Namen und auf fremde Rechnung (Agenturhandel) vertrieben werden. Wie noch zu zeigen sein wird, zeichnet sich im Handel jedoch eine zunehmende **Rückwärtsintegration** ab, d.h., der Handel erweitert seine **Wertschöpfungstiefe** und damit seine Wertschöpfungsarchitektur durch Eigenproduktion, oftmals gekoppelt mit der direkten Erschließung natürlicher (agrarischer) Rohstoffe zur Gewährleistung der **Versorgungssicherheit**. Zugleich erweitern (Konsumgüter)Produzenten ihre Wertschöpfungstiefe vorwärts, indem sie Handel betreiben (offline oder online).

II. Großhandel und Einzelhandel

Handelsbetriebe treten in vielfältigen Erscheinungsformen auf. Eine Systematisierung beruht auf der Stellung in der **Handelskette** zwischen Erzeuger und Verwender. Diese auf Seyffert (1972, S. 623ff.) zurückgehende Betrachtungsweise – einem Ansatz, dem Porters **Wertkette** (implizit) zu Grunde liegt Porter 2013 – führt zur Unterscheidung zwischen **Großhandel** und **Einzelhandel**, was die Tätigkeit auf unterschiedlichen Wirtschaftsstufen kennzeichnet. Auch hier lassen sich eine funktionelle und eine institutionelle Sichtweise herausstellen (Ausschuss für Definitionen zu Handel und Distribution 2006, S. 37f.).

> „Großhandel im funktionellen Sinn liegt vor, wenn Marktteilnehmer Güter, die sie i.d.R. nicht selbst be- oder verarbeiten, vom Hersteller oder anderen Lieferanten beschaffen und an Wiederverkäufer, Weiterverarbeiter, gewerbliche Verwender (z.B. Behörden, Bildungsstätten) oder an sonstige Institutionen (z.B. Kantinen, Vereine), soweit es sich nicht um private Haushalte handelt, absetzen."
>
> Im institutionellen Sinn umfasst Großhandel, auch als Großhandelsunternehmung oder Großhandlung bezeichnet, [...] jene Institutionen, deren wirtschaftliche Tätigkeit ausschließlich oder überwiegend dem Großhandel im funktionellen Sinne zuzurechnen ist.

In Analogie zu Großhandel sind die Begriffe **funktioneller** und **institutioneller Einzelhandel** abzugrenzen (Ausschuss für Definitionen zu Handel und Distribution 2006, S. 46):

> „Einzelhandel im funktionellen Sinne liegt vor, wenn Marktteilnehmer Güter, die sie i.d.R. nicht selbst be- oder verarbeiten, von anderen Marktteilnehmern beschaffen und an private Haushalte absetzen."
>
> „Einzelhandel im institutionellen Sinne, auch als Einzelhandelsunternehmung oder Einzelhandelsbetrieb bezeichnet, umfasst jene Institutionen, deren wirtschaftliche Tätigkeit ausschließlich oder überwiegend dem Einzelhandel im funktionellen Sinne zuzurechnen ist. In der amtlichen Statistik wird eine Unternehmung oder ein Betrieb dann dem Einzelhandel zugeordnet, wenn aus der Einzelhandelstätigkeit eine größere Wertschöpfung resultiert als aus einer zweiten oder aus mehreren sonstigen Tätigkeiten."

Einen Einblick in die empirische Bedeutung des (institutionellen) Groß- und Einzelhandels in Deutschland, Österreich und der Schweiz vermittelt Tab. 1.2.

Charakteristisch für den Großhandel sind Transaktionen zwischen Unternehmen und vergleichbaren Institutionen und damit dem **Business-to-Business**-Bereich (B2B). Abzugrenzen hiervon sind die Transaktionen zwischen Unternehmen und privaten Verbrauchern (also im **Business-to-Consumer**-Bereich, B2C). In beiden Fällen können die Transaktionen in klassischer Form (z.B. durch persönliche Interaktionen im Verkaufsgespräch oder Offline-Stores) oder in virtueller Form (z.B. elektronische Interaktion oder Online-Stores) erfolgen. Sie erfolgen heute meistens im **Multichannel-Großhandel oder Einzelhandel (Retailing)**.

Traditionell im B2B-Handel beheimatet, aber heute weiter zu fassen, ist die wichtige Unterscheidung in **Eigenhandel**, d.h. Verkauf im eigenen Namen und auf eigene Rechnung (mit eigenen von den Lieferanten disjunkten Zielen und Strategien) und in **Fremdhandel** (z.B. Kommissionshandel im eigenen Namen und auf fremde Rechnung, Agenturhandel in fremdem Namen und auf fremde Rechnung und Maklerhandel). Letztere sind **Intermediäre** (oder Absatzhelfer, während der (Eigen-)Handel eine Absatzmittlerrolle mit sich bringt), traditionell im o.g. Ausschuss (2006, S. 31) verstanden als „Organe, die in den Distributionskanal eines Gutes, vom Hersteller bis zum Endabnehmer eingeschaltet sind und solche Funktionen übernehmen, die den Übergang der Verfügungsrechte bewirken (Handelsmittler, Absatzmittler) oder unterstützen." Besonders ist dies heute zumindest aus drei Gründen:

- Alle Herstellerunternehmen, die online oder in Flagship-Stores tätig werden, übergehen dadurch den institutionellen Einzelhandel und betreiben funktionalen Einzelhandel.
- Neue elektronische Anbieter, wie Amazon, eBay usw. treten als Intermediäre auf, d.h., sie bieten eine B2B-Plattform auch für gewerbliche Kunden an.
- Die Grenzen zwischen Eigen- und Fremdhandel verschwimmen online (z.B. bietet Amazon neben eigenen Sortimenten mit dem Marketplace eine Plattform für Drittanbieter an), wie die Grenzen zwischen Einzelhandel und Dienstleistungen (denn Amazon bietet wie Großhandelsunternehmen Logistikdienste und Services wie Video, Music, Kindle oder Web Services, Payment Solutions an) oder die Grenzen zwischen Handelsbranchen (siehe die Fallstudie am Ende dieses Kapitels).

*Tabelle 1.2: Umsatz, Betriebe und Beschäftigte im Groß- und Einzelhandel**

	Deutschland	Österreich	Schweiz
Großhandel			
Umsatz (in Mio. EUR)	1.154.387	149.210	212.111
Anzahl an Unternehmen	152.848	25.263	ca. 29.000
Zahl der Beschäftigten	1.864.927	180.246	203.900
Einzelhandel			
Umsatz (in Mio. EUR)	513.300	66.590	91.900
Anzahl an Unternehmen	338.742	41.698	ca. 32.000
Zahl der Beschäftigten	3.705.195	290.025	242.100

* Ohne Handel mit Kraftfahrzeugen und Apotheken.

Quelle: HDE Zahlenspiegel 2018; WKO 2017; GfK 2018; BfS 2017.

Bereits Tietz/Greipl (1994, S. 293ff.) plädieren auf Grund der Verschiebung der klassischen Funktionsprofile und sektoralen Tätigkeitsschwerpunkte in Richtung Tertiärisierung für eine Anpassung der statistischen Abgrenzungen und der wirtschaftspolitischen Zuordnungen in Richtung Dienstleistungsbranchen, die intermediär orientiert sind und Serviceaufgaben im Rahmen der gewerblichen Versorgung übernehmen. Unabhängig hiervon wird der Umsatz im traditionellen Handel vom Statistischen Bundesamt erfasst. Die Bruttowertschöpfung des Handels beträgt 474,6 Mrd. EUR (15,7% am BIP vs. Produzierendes Gewerbe mit 23,1%) und der Gesamtumsatz im Einzelhandel in Deutschland beträgt rd. 513 Mrd. EUR (bei Prognose von 523 Mrd. EUR im Jahr 2018) (siehe Tab. 1.3). Der Lebensmitteleinzelhandel (LEH) dominiert (Anteil rd. 55%) gefolgt von ähnlich großen Branchen wie Unterhaltungselektronik, DIY und Fashion (Anteil rd. 10,0-11,1%).

Der **Branche** kommt eine bedeutende Rolle im Hinblick auf unterschiedliche Umfeldbedingungen (z.B. Bedeutung des Onlinegeschäfts), Strategien, Marketingmaßnahmen oder Supply Chain-Prozessen zu. In den meisten Ländern dominiert der LEH, auch wenn die Essgewohnheiten variieren (z.B. rd. 770 Mrd. USD in den USA, 680 in China oder 300 in Japan). Dies rechtfertigt jedoch nicht, allgemein von Handel zu sprechen, wenn man nur LEH oder Fashion-Händler analysiert (wie in manchen Studien). Gleichwohl liegt die gleiche Besonderheit aller Händler in unterschiedlichen Branchen und im Offline- oder Online-Geschäft darin, dass sie eine Kombination von tangiblen (z.B. Sortiment) und intangiblen Leistungen (z.B. Services) vornehmen und folgende Merkmale aufweisen:

- Die Reputation eines Händlers ist ein zentraler Erfolgsfaktor.
- Während Hersteller relativ wenige Produkte haben und den Produktionsprozess durch eine Qualitätsprüfung abschließen können, haben Händler viele Online- und Offline-Verkaufsstellen, mit unterschiedlichen Leistungen und Interaktion zwischen Personen.
- Im Handel ist u.a. eine multimodale Beeinflussung möglich; neben Webshop-/Raumgestaltung (emotionswirksame akustische, olfaktorische, taktile Reize) können mehr Marketinginstrumente zum „Erlebnis" verknüpft werden als in der Industrie.

Tabelle 1.3: Umsatzanteile nach Branchen/Warenbereichen in Deutschland (in Mrd. EUR)

	Umsatz 2011	Umsatz 2017
Nahrungs- und Genussmittel, Reinigung, Kosmetik	207,70	231,90
Haushalts- und persönlicher Bedarf und Freizeit	47,80	54,10
Büro, Informations-, Unterhaltungselektronik, Bild-/Tonträger	49,20	52,30
Baumarktspezifisches Sortiment	48,00	50,60
Bekleidung, Schuhe, Textilien	48,20	43,70
Möbel, Haushaltselektrogeräte und Lampen	35,00	39,10

Quelle: HDE Zahlenspiegel 2018; GfK Geo Marketing 2018.

Schließlich ist die Komplexität des Managements von Handelsunternehmen beachtlich, alleine aufgrund diverser relevanter Betrachtungsebenen, sei es dem Corporate Level (Erfolg des gesamten Unternehmens), der Produkt-Markt-Bereiche (Erfolg diverser Vertriebslinien, ausländischer Tochtergesellschaften) oder diverser Wettbewerbsebenen (einzelne Be- und/oder Vertriebstypen; einzelne Offline-/Online-Stores oder einzelne Sortimente, Categories/Warengruppen oder Artikel).

> Der Begriff **(Handels-)Management** (Führung) bezeichnet die planenden, koordinierenden und kontrollierenden Tätigkeiten in Organisationen und kann institutionell (mit der Führung betraute Personen), funktional (die mit der Führung verbundenen Aufgaben) und prozessual (Bündel von Zersetzungs-, Strategie-, Umsetzungs- und Kontrollprozessen) interpretiert werden. In diesem Buch wird eine weitere Perspektive eingenommen, sowohl institutionell wie auch funktional, d.h., es wird die Sicht von Top-, Marketing- oder Supply Chain Managern in Offline-, Online- und Multichannel-Handelsunternehmen eingenommen. Insofern werden strategische, das gesamte Unternehmen betreffende Entscheidungen genauso fokussiert wie eher operative Vermarktungsaspekte.

III. Binnenhandel und Außenhandel

Eine weitere Unterscheidung des Handels betrifft die in Binnenhandel und Außenhandel; auch hier gilt die Differenzierung in eine funktionelle und eine institutionelle Sichtweise.

> Zum Binnenhandel gehört der Güteraustausch, i.d.R. der Warenaustausch zwischen Akteuren bzw. Institutionen innerhalb der nationalen Grenzen eines Staates. Außenhandel im funktionellen Sinne ist jeder die Staatsgrenzen überschreitende Güterverkehr.

Die Grundformen des Außenhandels umfassen den **Importhandel**, den **Exporthandel** und den **Transithandel**. Der Handel mit importierten Auslandswaren unterliegt aber der **Binnenhandelspolitik**. So sind Importwaren durch die Außenhandelspolitik geprägt; bei Überschreiten der Grenze durch die Binnenhandelspolitik. Unter den institutionellen Begriff des

Außenhandels fallen alle Handelsbetriebe, deren wirtschaftliche Tätigkeit überwiegend im Bereich des funktionellen Außenhandels liegt. Die Bedeutung des Außenhandels im Warenexport zeigt Tab. 1.4. Dem Volumen steht ein relativ geringes Ausfuhrhandelsvolumen des institutionellen Außenhandels gegenüber, da **Außenhandelsbetriebe** in Exporttransaktionen gering als in Importtransaktionen eingebunden sind. Die Abgrenzungen und statistischen Daten änderten sich aber (in der EU gilt der staatsgrenzen-überschreitende Intra-EU-Handel als Binnenhandel; Außenhandel ist nur der Extra-EU-Handel).

Tabelle 1.4: Entwicklung des deutschen Warenexports

Jahr	1970	1980	1990	2000	2005	2010	2015	2016	2017
Mrd. EUR	64,053	179,120	328,651	597,455	786,200	951,959	1.193,555	1.199,610	1.278,900

Quelle: Statistisches Bundesamt 2018.

IV. Verbundsysteme

Verbundgruppen haben in Zentraleuropa eine hohe Bedeutung (v.a. für mittelständische Händler). Sie existieren horizontal auf Großhandels- und Einzelhandelsebene und vertikal zwischen Groß- und Einzelhandel. Letzteren zuzuordnen sind auch die zwischen Herstellern und Groß-/Einzelhandelsunternehmen, z.B. in Form diverser Kontraktvertriebssysteme. Gemeinsam ist allen Verbundsystemen – heute oft **Strategische Allianzen** oder Partnerschaften – die Harmonisierung der Interessen auf Teilgebieten der betrieblichen Tätigkeit unter Beibehaltung der rechtlichen Autonomie der Partner.[1]

Horizontale Verbundsysteme sind i.d.R. als **Y-Allianzen** auf die gemeinsame Durchführung von betrieblichen Aktivitäten ausgerichtet. Von vorrangiger Bedeutung ist der gemeinsame Einkauf, wie in Einkaufsgemeinschaften mit unterschiedlicher Rechtsform (z.B. Einkaufsgenossenschaften), die oft über eine eigene Zentrale (Verbundgruppen-Zentrale oder „Systemkopf") verfügen. Diese Allianzen, deren ausgewählte Marktanteile Tab. 1.5 zeigt, haben ihr Leistungsspektrum zunehmend erweitert, konkret um Vermarktungsaktivitäten und betriebswirtschaftlichen Support, was zur Arbeitsteilung zwischen der Verbundgruppen-Zentrale und den Partnern vor Ort führt: Sie gewinnen damit zugleich aktivitätsübergreifenden Charakter, d.h. auch **X-Charakter**.

Tabelle 1.5: Marktanteile von Verbundgruppen in Deutschland nach Branchen

Baustoff-EH	Möbel-EH	Optiker	LEH	Parfümerie	Sport-EH	Pharma-GH	Elektro-EH	DIY	Bekleidungs-EH
78%	63%	59%	55%	34%	34%	30%	25%	18%	15%

Quelle: Eigene Schätzungen auf Basis von IBB/H.I.MA. 2003, S. 82.

Bei vertikalen Verbundsystemen streben die Partner i.d.R. einen **„Joint Competitive Advantage"** an, der in der Komplementarität der Ressourcen bzw. Potenziale begründet ist und sich in einem arbeitsteiligen Wertschöpfungsprozess niederschlägt. Schwerpunkttypen im Handel sind Freiwillige Gruppen bzw. Freiwillige Ketten und Franchise-Systeme.

Allianzen zwischen einem Großhändler und Einzelhändlern bezeichnet man meist als **Freiwillige Gruppen**, Allianzen zwischen mehreren Großhändlern und ihren angeschlossenen Einzelhändlern als **Freiwillige Ketten**.

[1] Vgl. zu Kooperationsstrategien Abschnitt E. des Dritten Kapitels.

Gemeinsam ist diesen Allianzen die gemeinsame Durchführung vorrangig von Beschaffungs- und Absatzmarktaktivitäten (oftmals unter einheitlicher Corporate Identity). Während die (horizontalen) Einkaufsgemeinschaften aus historischer, aber auch aus strategischer Sicht als „Selbsthilfeeinrichtungen" der jeweiligen Stufe entstanden sind, ging bei den Freiwilligen Gruppen bzw. Ketten die Gründungsinitiative von der Großhandelsstufe aus, die hierin die Möglichkeit zur **Kundenbindung** und damit zur Verstetigung ihrer Kundenbeziehungen und damit ihrer Umsätze sahen.

Franchise-Systeme können sowohl von der Großhandelsstufe (inkl. horizontaler Verbundgruppen) als auch von der Herstellerstufe getragen werden. Auch Einzelhandelsbetriebe können als Franchise-Geber auftreten und damit eine vertikale Allianz – aus der Perspektive Geber und Nehmer – mit anderen Einzelhandelsunternehmen bilden.[1] Franchise-Systeme existieren auch außerhalb des Handels, wie im Dienstleistungssektor, bspw. in der Hotellerie und der (Fast-Food-)Gastronomie.

> Die Kernelemente des **Franchising** sind: (1) Eine vertraglich geregelte, auf Dauer angelegte Zusammenarbeit zwischen rechtlich selbstständig bleibenden Unternehmen. (2) Gegen Zahlung eines einmaligen Betrages und/oder laufender Beträge erhält der Franchise-Nehmer (Franchisee) unter genau festgelegten Bedingungen die Genehmigung, über bestimmte Rechte des Franchise-Gebers (Franchisors) zu verfügen. (3) Die Rechte, die Gegenstand des Vertrages sind, umfassen u.a. die Benutzung einer Marke/eines Firmennamens, die Erzeugung und/oder den Vertrieb einer Marke. (4) Der Franchise-Geber unterstützt den Franchise-Nehmer beim Aufbau und bei der laufenden Führung des Betriebes.

Vertikal-kooperative Systeme zwischen Herstellern und Händlern treten vielfältig auf; sie sind i.d.R. Teil der Distributionsstrategie eines Herstellers. Hierzu gehören lose Kontraktvertriebssysteme (Corner-, Shop-in-Shop-Konzepte in der Fashion-Branche) und „straffe" Formen, wie Vertragshändlersysteme (bei Automobilen), Franchising (**Betriebs- oder Abteilungs-Franchising**) oder eigene Shops. **Controlled Distribution** ist eine **Vorwärtsintegration** der Hersteller mittels diverser Formen.

- In **Concession-Shops** mietet ein Hersteller Verkaufsfläche von einem Handelsunternehmen und verkauft seine Ware auf dieser Fläche, die durch ein eigenständiges Design und entsprechende Ladenbauelemente abgegrenzt ist, auf eigene Rechnung; er trägt somit das Warenrisiko. I.d.R. betreibt er die Shops auch mit eigenem Personal.
- **Vertragshändler** verpflichten sich vertraglich als selbstständiger Gewerbetreibender (im eigenen Namen und auf eigene Rechnung), Güter eines Kontraktgebers zu vertreiben und dessen Absatzkonzeptionen zu folgen. Daneben geht ein Vertragshändler dem Kontraktgeber gegenüber i.d.R. weitere Absatzbindungen ein: Abnahme von Mindestmengen, Teilnahme an Schulungsmaßnahmen, Durchführung bestimmter Werbemaßnahmen, Unterhaltung eines Lagers zur Reparatur der abgesetzten Güter.
- Integrative Systeme – auch als **Secured Distribution** bezeichnet – stellen die weitestgehende Form der **Vertikalisierung** bzw. der Vorwärtsintegration dar. Als Ausprägungsformen integrativer Distribution sind zu erwähnen: Direktvertrieb durch Einsatz von Außen- oder Innendienstmitarbeitern, Distanzhandel (in der Form des Offline- oder Online-Versandhandels oder TV-Shopping) und Vertrieb über eigene Verkaufsstellen oder Niederlassungen (z.B. Flagship-Stores, Filialen, Factory Outlets).

---

[1] Vgl. zu Franchising als Wachstumsstrategie siehe das Dritte Kapitel.

Die SPAR – eine international agierende Freiwillige Kette

Die Wurzel der Internationalen SPAR liegt in der Gründung von DE SPAR 1932 in den Niederlanden durch den Zusammenschluss eines Lebensmittel-Großhändlers mit 16 seiner Einzelhandelskunden zu einer Freiwilligen Gruppe (DE SPAR). Ziel war es, gemeinsam zu profitieren. Es sollten eine gemeinsame Organisation des Einkaufs sowie eine abgestimmte, gemeinsame Kommunikationspolitik umgesetzt werden. Zudem sollte ein Erfahrungsaustausch erreicht werden. Heute ist SPAR die weltgrößte Freiwillige Handelskette. International tritt sie unter der gleichem Retail Brand auf. Die SPAR Zentrale Amsterdam, als Dach der nationalen Handelsvereinigungen, wurde 1953 gegründet. SPAR ist in 48 Ländern vertreten und verfügt über 12.777 Einzelhandelsstätten und einer Verkaufsfläche von über 7,4 Mio.m², die 2017 einen Umsatz von rd. 34,5 Mrd. EUR erwirtschafteten. Alle nationalen SPAR Handelsvereinigungen sind Mitglieder in der Internationalen SPAR. Diese dient als Koordinierungsstelle und übernimmt Dienstleistungen wie Einkauf (Import), Beratungs- und Serviceleistungen in Bereichen wie Standortanalyse, Marketing, insb. Kommunikations- und Preispolitik, Sortiments- und Storeplanung. Die Organisationen in den Ländern arbeiten unabhängig voneinander; unter nationalen Dachorganisationen, der die SPAR Groß- und Einzelhändler angehören (als juristisch und kapitalmäßig selbstständige Unternehmen).

Während die EDEKA die Deutsche SPAR übernahm, ist die SPAR Österreich eigenständig. Sie wurde 1954 nach dem Vorbild der holländischen SPAR gegründet. Es schloss sich der Großhändler Andreas Hofer KG mit seinen Kunden zur Handelsvereinigung SPAR Tirol/Pinzgau zusammen. Im Jahr 1970 folgte durch Zusammenschluss von zehn Großhandelsunternehmen die Gründung der SPAR Österreich. Heute zählt sie zu den größten Händlern und privaten Arbeitgebern Österreichs (Umsatz rd. 14,64 Mrd. EUR, 44.200 Mitarbeiter). Es existieren regionale Großhandelszentralen, die eng mit den firmeneigenen SPAR-Stores sowie mit den selbstständigen SPAR-Kaufleuten zusammenarbeiten. Die Belieferung der SPAR-Stores erfolgt sowohl durch diese regionalen Großhändler als auch durch das Zentrallager. Betriebstypen sind SPAR-Märkte <400 qm, SPAR-Supermärkte 400-1.000 qm, EUROSPAR 1.000-2.500 qm und INTERSPAR >3.000 qm. Abgerundet wird das Angebot durch das Format SPAR-Express, mit Fokus auf Frisch- und Fertigwaren. Die übernommenen Standorte des Unternehmens Meinl werden gemäß den höheren Ansprüchen derer Kunden geführt (unter der Marke SPAR „Gourmet"). Online bietet SPAR in Österreich bereits seit 2000 einen Online-Shop für Weine und Non-Food-Artikel. Im Jahr 2016 lancierte SPAR einen Online-Supermarkt, der zunächst nur in Wien lieferte, aber schnell in vielen Ballungsräumen Österreichs verfügbar wurde.

Quelle: SPAR Annual Report 2018.

V. Online- und Mehrkanalhandel

Im Handel existieren zwei Grundprinzipien der Warenübergabe. Bei der klassischen Form wird im stationären Handel nach dem **Holprinzip** agiert, bei dem die Kunden in Geschäfte kommen, um dort die Ware auszuwählen/in Empfang zu nehmen. Im **Versand- oder Distanzhandel** wird das **Bringprinzip** realisiert, bei dem die Ware den Kunden an den Wunschort geliefert wird. Im **Online-Handel** (E-Commerce, Internet-Handel) bieten die Händler ihre Ware und Dienstleistungen über das Internet an, und die Kunden platzieren ihre Bestellungen i.d.R. via elektronische Checkouts.

Der Anteil des B2C-E-Commerce steigt dynamisch, aber von unterschiedlichen Niveaus aus und mit sehr unterschiedlichen Prognosen bzgl. der Marktanteile in der Zukunft (siehe Tab. 1.6). Ein großer Anteil wird für den Online-Handel in den Branchen Fashion (Bekleidung, Schuhe, Textilien), Elektronik (Büro, Informations-, Unterhaltungselektronik, Bücher und Bild-/Tonträger) und Sport/Freizeit (Haushalts- und persönlicher Bedarf und Freizeit) prognostiziert. Von geringerer Bedeutung ist Online im Baumarkt und Möbelbereich und v.a. im LEH, der bei weitem größten Branche. Besonders relevant sind digitale Produkte wie Software, Musik, Filme oder E-Books, die im Gegensatz zu physischen Produkten auch über elektronische Kanäle transferiert werden können – bspw. per Download oder in Form von

Streamingdiensten oder Web-Applikationen – und auf diese Weise den Kunden direkt zur Verfügung stehen. Relevant für diesen Zuwachs sind neue Handelsanbieter, die oft als Pure-Player (reine Online-Händler) auftreten, eine Vielzahl von Nischenanbietern, traditionelle, ehemals stationäre Einzelhändler (die durch den Online-Handel zu Multichannel-Händlern werden) und Vertikale (z.B. Hersteller mit Direktvertrieb). Die Bedeutung der Anbieter ist in den Branchen sehr unterschiedlich; im Food-/Near-Food bspw. sind es v.a. traditionelle Händler und Nischenanbieter (insb. bei frischen Lebensmitteln).

Tabelle 1.6: Schätzung der Marktanteile des E-Commerce im Jahr 2025 in Deutschland

	Technik & Medien	Sport & Freizeit	Fashion & Lifestyle	Garten & Heimwerken	Einrichten & Wohnen	Lebensmittel & Drogerie
Online	30,2%	32,7%	32,7%	14,8%	16,1%	4,9%
Offline	69,8%	67,3%	67,3%	85,2%	83,9%	95,1%

Quelle: Morschett/Schmid/Foscht 2017.

Online-Handel umfasst Internet-Seiten, die via PC oder Laptop abgerufen werden und via anderer digitaler Endgeräte wie Smartphones, Tablet-PCs (**Mobile Commerce**) oder internet-enabled TVs. Die Endgeräte bedingen u.a. die physische Haltung, in der der Konsument sich befindet: Während das Einkaufen am PC mit einer „Lean-forward" Haltung verbunden ist (mit relativem Engagement, konzentriert, fokussiert und zielorientiert), ist das Einkaufen bei Mobile Commerce eher mit „Lean-back"-Haltungen verbunden (auch in der Freizeit, weniger fokussiert und erlebnisorientierter). Anbieter bieten heute beide Optionen an (siehe dazu die Ausführungen im Vierten Kapitel).

Plattformen im Online-Handel

Im Online-Handel wachsen Plattformen stärker als das Geschäft in Online-Shops. Beispielsweise forciert Amazon sein Plattformgeschäft für Dritthändler immer stärker (siehe die Fallstudie in diesem Kapitel). Der Umsatz, den Dritthändler auf dieser Plattform realisieren, machte im Jahr 2016 bereits 53% des Amazon-Handelsgeschäfts in Deutschland aus. Die rd. 60.000 Händler realisierten rd. 12,1 Mrd. EUR Umsatz (inkl. MwSt.), Amazon selbst rd. 10,5 Mrd. EUR im Eigengeschäft. Das Wachstum des Marktplatzgeschäftes von 22% liegt deutlich über den Wachstumsraten des Eigengeschäfts von Amazon oder Konkurrenten wie Otto oder Zalando.

Für jeden Verkauf der Dritthändler auf dem Marktplatz wird eine Provision gezahlt. Der Großteil der Marktplatz-Händler stammt aus Deutschland, aber es treten auch ausländische Händler (so aus China, den USA) auf den deutschen Markt. Einer Studie von SellerLogic nach realisieren etwa 20% dieser Händler Verluste, nehmen aber insb. Anfangsverluste bewusst in Kauf. Ihr Ziel ist es, möglichst viele Bestellungen in kurzer Zeit zu erzielen. Dies bewirkt höhere Plätze in den Produktrankings, auf denen deutlich höhere Umsätze erzielt werden.

Quelle: www.netzoekonom.de, 29. Juli 2018.

Daneben entstehen im Online-Handel neue **Geschäftsmodelle**, bspw. Online-Auktionshäuser, wie eBay, oder Live-Shopping-Formate wie Groupon und Daily Deal (neben spezifischen Online-Vertriebstypen, siehe das Dritte Kapitel). Eine besondere Bedeutung haben **Plattformstrategien**. Da die Sichtbarkeit einzelner Anbieter im Internet auf Grund der Vielzahl (internationaler) Angebote oft sehr gering sein kann bzw. einen hohen Kommunikationsaufwand erfordert, spielen Kooperationsstrategien online eine besondere Rolle. Marktplätze oder Online-Shopping-Center-Konzepte haben sich etabliert. Auf diesen Plattformen wird den Kunden eine breite und tiefe Sortimentsauswahl geboten, die von einer Vielzahl von Händlern angeboten wird. Diese Plattformstrategien haben insb. auf Grund der hohen Zentralität des Internet eine besondere Marktbedeutung; sie dürften zukünftig in vielen Branchen eine marktdominierende Stellung einnehmen.

In Konsequenz existieren kaum Händler, die nur offline agieren. Die meisten führen Kanäle parallel und verknüpfen diese auf unterschiedlichste Weise. Solche Mehrkanalsysteme sind bspw. durch die Ergänzung des Online-Handels durch zuvor traditionell rein stationär tätige Händler entstanden, aber auch – wenn auch seltener – reine Online-Pure-Player haben ihre Online-Shops durch stationäre Geschäfte zu einem **Mehrkanalsystem** ergänzt. Im Hinblick auf dieses Phänomen des **Mehrkanalhandels**, d.h. des parallelen Einsatzes mehrerer Absatzkanäle (Schramm-Klein 2003, S. 16), existiert eine Vielzahl diverser Begriffsverständnisse, die teilweise synonym verwendet werden, jedoch unterschiedliche Managementansätze von Mehrkanalsystemen umschreiben. Die Differenzierung bezieht sich insb. auf die Art und Weise, wie die kombinierten Kanäle miteinander verknüpft und damit strategisch übergreifend gesteuert werden. Je nach dem Grad der Integration lassen sich vier idealtypische Ausgestaltungsformen unterscheiden (siehe Abb. 1.1).

Abbildung 1.1: Integration und Separation von Absatzkanälen in Mehrkanalsystemen

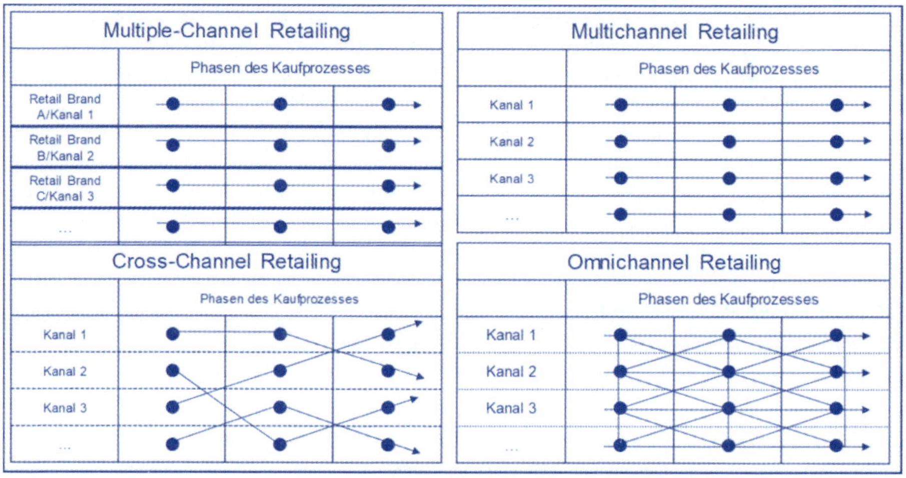

Quelle: in Anlehnung an Schramm-Klein u.a. 2014, S. 17.

Beim **Multiple-Channel Retailing** werden unterschiedliche Absatzkanäle voneinander getrennt gesteuert und die Integration der Kanäle wird vermieden. Meistens werden sie mit individuellen, d.h. absatzkanalspezifischen, Retail-Brands versehen und im Hinblick auf die Kundensicht wird keine Koordination oder Integration deutlich. Oft erfolgt diese Separation, um unterschiedliche Absatzkanalziele/-strategien zu verfolgen, die sich im Hinblick auf das Kundenerlebnis unterscheiden. So können preispolitische Überlegungen eine Rolle spielen, z.B., wenn im Online-Kanal deutlich günstigere Preise angeboten werden als in stationären Geschäften, um Preisspielräume ausschöpfen zu können, oder wenn unterschiedliche (Qualitäts-)Positionierungen realisiert werden. Unberührt von der separaten Führung der Kanäle im Frontend ist es für den Händler natürlich dennoch möglich, Backend-Prozesse wie Einkauf oder Logistik gebündelt zu organisieren, um Synergieeffekte zu realisieren (Schramm-Klein/Morschett/Zentes 2017).

Beim **Multichannel Retailing** erfolgt eine stärkere Integration der Absatzkanäle. Die Kanäle „laufen" nicht nur parallel, sondern es existiert ein wesentlicher Sortimentszusammenhang, oft unter einer einheitlichen Retail Brand. Kunden können die Kanäle somit alternativ nutzen und zwischen den Kanälen wechseln, sich bspw. im Mobile-Kanal informieren und – anschließend – im stationären Kanal kaufen. Während diese Wechsel in Multichannel-

Systemen durchaus „holprig“ sein können, wird bei **Cross-Channel Retailing** anhand der integrativen Verknüpfung der Kanäle die Schaffung eines nahtlosen Einkaufserlebnisses über alle eingesetzten Absatzkanäle hinweg angestrebt. Während bei Multichannel Retailing die Konsistenz der vermittelten Informationen und Angebote im Vordergrund steht, erfolgt beim Cross-Channel Retailing die proaktive Integration der Kanäle (Neslin/Shankar 2009). Auf diese Weise wird den Kunden ein verknüpfbares Interaktionserlebnis über alle Kundenkontaktpunkte hinweg ermöglicht, und der Wechsel zwischen den Absatzkanälen ist nicht nur zu jedem Zeitpunkt des Kaufprozesses möglich, sondern er wird proaktiv den Kunden kommuniziert.

Als weitestgehende Stufe der Verknüpfung von Kanälen in Mehrkanalsystemen findet im **Omnichannel Retailing** die vollständige Integration aller Kanäle über alle (Front- und Backend-) Prozesse hinweg statt. Diese Strategie beinhaltet eine vollständige Konsistenz aller Kanäle in Angebot und Auftritt und eine vollständige und ganzheitliche Verknüpfung aller Kanäle. Kunden können Kanäle dadurch nicht nur sequenziell kombinieren, sondern im Vordergrund steht die holistische Konsistenz des Mehrkanalsystems im Sinne eines mehrdimensionalen Erlebnisses, das auch die parallele Nutzung von Kanälen in jeder Kaufphase ermöglicht. Hier stehen also nicht (nur) die Vorteile der Kanäle oder die Option eines nahtlosen Kanalwechsels im Vordergrund, sondern v.a. die simultane Verwendung mehrerer Kanäle. Parallele Nutzung in einem derartigen No-Line-Commerce-Umfeld bedeutet eine Vielzahl von Kombinations-/Gestaltungsmöglichkeiten. Diese können einfach sein, wie bspw. die Option, dass Kunden im stationären Laden mit der Shopping-App des Händlers auf ihren Smartphones den Barcode von Produkten scannen können, um sich auf diese Weise zusätzliche Produktinformationen zu beschaffen (so aus vom Händler per mobiler Applikation bereitgestellten Beratungstools oder aus online abrufbaren Kundenbewertungen). Die Optionen können auch wesentlich weitgehender gestaltet sein, indem aus den alternativen Kanal-Elementen holistische 360-Grad-24/7-Einkaufserlebnisse mit integrierten digitalen und physischen Komponenten kreiert werden (Schramm-Klein/Wagner 2016).

C. Zur Geschichte des Handels

Von der Geschichte des Handels geht eine besondere Faszination aus (Leitherer 1974). Der Handel ist eine der ersten organisierten und wichtigsten Vorgänge in der Lebensgestaltung der Menschen. Lange vor jeder staatlichen Organisation war der Handel organisiert und zwar als **Tauschhandel** in der Form des stummen Handels. So gibt es Regelungen über den Handel seit der Zeit der ersten Tauschprozesse. Viele Regelungen und Auffassungen über den Handel haben eine jahrtausendealte Tradition. Auch der Außenhandel hat seine Blüte in der Römerzeit erlangt und war damals bereits durch vielfache Regelungen und wirtschaftliche Überlegungen geprägt (Warnking 2015).

Faszinierend ist auch die Bedeutung und Stellung der großen Handelsunternehmen im Mittelalter, wie ihre Bezeichnung als **Handelsfürsten** dokumentiert: „Große Handelsimperien, z.B. das der Fugger, haben im 16. Jahrhundert Könige, Kaiser und Päpste finanziert und damit sowohl die Politik als auch die Handelspolitik sowie das Handelsrecht beeinflusst“ (1993a, S. 49). Beeindruckend ist, dass traditionelle Merkmale von Märkten bzw. Messen, wie der Schutz des Händlers und die Autorität des **Marktfriedens**, sich bis in das 20. Jahrhundert gehalten haben. So wird die Sonderstellung der Messen dadurch deutlich, dass die Leipziger Messe auch während des Ersten Weltkrieges durchgeführt wurde (Tietz 1993a, S. 165f.).

Auch die Globalisierung des Handels hat eine jahrtausendealte Tradition. Man denke etwa an die Märkte im Mittelalter in Pompeji oder Ostia. „Das antike Griechenland verfügte ebenso über seine Märkte wie das klassische China, wie Ägypten unter den Pharaonen oder Babylonien mit seinem früh entwickelten Güteraustausch“ (Braudel, 1986, S. 20). Kennzeichnend für diese Märkte war stets auch ein Warenangebot aus jeweils fernen Ländern; zu erwähnen sind etwa Gewürze oder Seide auf europäischen Märkten, die ein funktionierender „Fernhandel“ versorgte, wie auch Nahrungsmittel des täglichen Bedarfs (z.B. Weizen aus Alexandria) (Warnking 2015).

Die niederländischen und englischen „**Fernhandelshäuser**“, die „Trading Houses“ oder die „Handelskompanien“ unterhielten bereits im (späten) Mittelalter ein weltweites Netz von Handelsverbindungen und Handelsstützpunkten. Auch erste „grenzüberschreitende Einzelhändler“ gab es bereits vor langer Zeit. So wird von Hausierern oder im Französischen „**Kolporteuren**“ – also ärmlichen Händlern, die ihr Warenangebot am Halse tragen – aus Krakau berichtet, welche die im Dorf Andrychow hergestellten Leinenstoffe in Warschau, Danzig, Tarnopol, Istanbul und Marseille verkauften (Braudel 1986, S. 73).

Auch der stationäre Handel in Form von Läden geht mehrere Jahrhunderte zurück: „Während es 1663 in der Riesenstadt London nur 50 oder 60 **Mercers** gab, ist ihre Zahl gegen Ende des Jahrhunderts auf 300 bis 400 angewachsen“ (Braudel 1986, S. 65). Ihre Fortentwicklung faszinierte – wie Braudel berichtet – auch einen französischen Reisenden, der 1728 vor den ersten Schaufenstern in London ins Schwärmen geriet. „Was wir (in Frankreich) nicht haben“, merkt der Reisende an, „ist das um die Läden gezogene, i.d.R. wunderschöne und kristallklare Glas. Dahinter legt man die Ware aus, die solcherart vor Staub geschützt vor den Augen der Passanten hingebreitet liegt und von allen Seiten einen prächtigen Anblick bietet“ (Braudel 1986, S. 66).

D. Das Umfeld des Handels

I. Überblick

Tiefgreifende Veränderungen des Umfeldes, die zu verzeichnen waren und auch in der Zukunft zu erwarten sind, stellen bedeutende Herausforderungen für das Handelsmanagement dar (sie wirken oft direkt auf Handelsstruktur und -angebote). Zur Systematisierung wird der klassischen Sichtweise von Porter gefolgt (siehe Abb. 1.2), d.h., unterschieden wird das **Makro-Umfeld** und v.a. das spezifische Unternehmensumfeld bzw. das **Mikro-Umfeld**. Diese Sichtweise folgt dem sog. **Structure Conduct Performance Paradigm**, d.h., die Struktur und das Verhalten der in einer Branche agierenden Unternehmen bestimmen das Ergebnis der Branche im Sinne von Rivalität und Rentabilität. Porter gibt jedoch nicht nur das Schema vor, sondern schlägt im Wesentlichen folgende Stufen der Analyse der **Triebkräfte des Branchenwettbewerbs** vor und benennt quantifizierbare und in der Analyse nutzbare Elemente (siehe Abb. 1.3):

- **Identifikation der Wettbewerber mit Herausforderungen wie**, Identifikation „typischer“ Wettbewerber und deren Klassifikation nach Wettbewerbsintensität oder nach strategischen Gruppen, Analyse der Gefahr durch Substitutionsprodukte, durch potenzielle neue Konkurrenten oder auch Eintrittsbarrieren.
- **Bewertung der Wettbewerber mit Herausforderungen** wie deren Zielsetzung und Strategien oder Kostenstrukturen der Konkurrenten, Stärken und Schwächen der Wettbewerber, Optionen zu Verbesserung/Stärkung der Wettbewerbssituation etc.

Abbildung 1.2: Makro- und Mikroumfeld des Handels

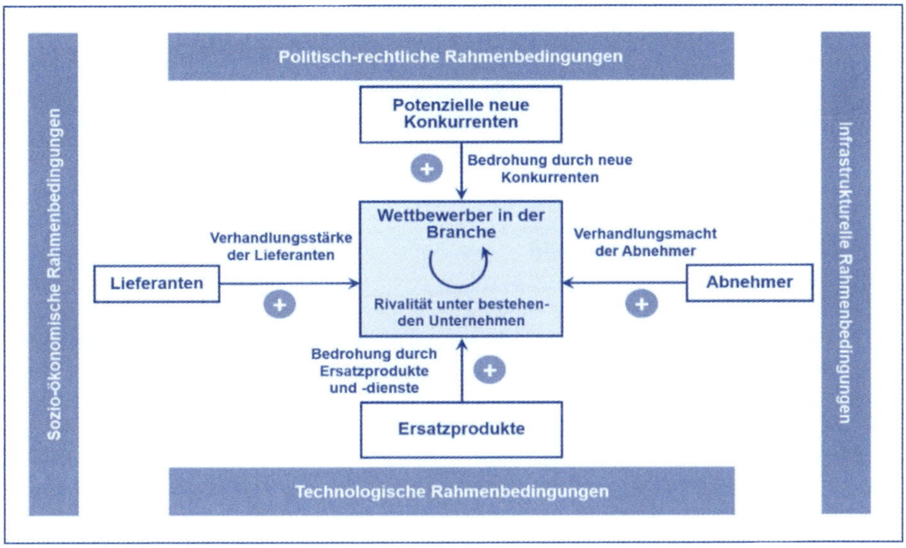

Quelle: i.A.a. Porter 2014, S. 25.

Abbildung 1.3: Elemente der Branchenstrukturanalyse

Determinanten der Rivalität	**Determinanten der Abnehmerstärke**	
	Verhandlungsmacht	**Preisempfindlichkeit**
■ Branchenwachstum	■ Abnehmerkonzentration gegen Unternehmenskonzentration	■ Preis/Gesamtumsätze
■ Fixkosten/Wertschöpfung	■ Abnehmervolumen	■ Produktunterschiede
■ Produktunterschiede	■ Umstellungskosten der Abnehmer im Vergleich zu denen des Unternehmens	■ Markenidentität
■ Markenidentität	■ Informationsstand der Abnehmer	■ Einfluss auf Qualität/Leistung
■ Umstellungskosten	■ Fähigkeit der Rückwärtsintegration	■ Abnehmergewinne
■ Konzentration und Gleichgewicht	■ Ersatzprodukte	■ Anreize der Entscheidungsträger
■ komplexe Informationslage	■ Durchhaltevermögen	
■ Strategische Interessen		
■ Austrittsbarrieren		
Determinanten der Lieferantenmacht	**Eintrittsbarrieren (Neue Anbieter)**	**Determinanten der Substitutionsgefahr**
■ Differenzierung der Inputs	■ Economies of Scale	■ Relative Preisleistung der Ersatzprodukte
■ Umstellungskosten Lieferanten und Unternehmen der Branche	■ Unternehmenseigene Produktunterschiede	■ Umstellungskosten
■ Ersatz-Inputs	■ Markenidentität	■ Substitutionsneigung der Abnehmer
■ Lieferantenkonzentration	■ Umstellungskosten	
■ Bedeutung des Auftragsvolumens für Lieferanten	■ Kapitalbedarf	
■ Kosten im Verhältnis zu den Gesamtumsätzen der Branche	■ Zugang zur Distribution	
■ Einfluss der Inputs auf Kosten oder Differenzierung	■ Absolute Kostenvorteile: Unternehmensinterne Lernkurve, Zugang zu erforderlichen Inputs, Unternehmenseigene Produktgestaltung	
■ Gefahr Vorwärts- vs. Rückwärtsintegration in der Branche	■ Staatliche Politik	
	■ Erwartete Vergeltungsmaßnahmen	

Quelle: i.A.a. Porter 2014, S. 27.

Nachfolgend wird in knapper Form zunächst das Makro-Umfeld betrachtet, weil sich hieraus im Handel unmittelbar Konsequenzen ergeben. Hier spielen bspw. der politisch-rechtliche Rahmen eine Rolle (so die **Liberalisierung** des Welthandels), das sozio-ökonomische Umfeld und v.a. das technologische Umfeld (so veränderte Waren-/Dienstleistungsangebote und Wertschöpfungsprozesse auf der **intra- und inter-organisatorischen Supply Chain**). Dem folgend wird das Mikro-Umfeld betrachtet, das v.a. branchenspezifisch unterschiedlich ist und daher nachfolgend kaum branchenspezifisch behandelt werden kann.

II. Makro-Umfeld

1. Politisch-rechtliches Umfeld

a) Überblick

Das nach dem Zweiten Weltkrieg formulierte Ziel einer **globalen Reintegration** der Weltwirtschaft, um Vorteile internationaler Arbeitsteilung zu nutzen, Vollbeschäftigung zu sichern und Freiheiten des internationalen Handels herzustellen, führte zum Allgemeinen Zoll- und Handelsabkommen (**GATT**, General Agreement on Tariffs and Trade), gefolgt von Regelungen zum Dienstleistungshandel (**GATS**, General Agreement on Trade in Services) und zum Schutz geistigen Eigentums (**TRIPS**, Agreement on Trade-Related Aspects of Intellectual Property Rights) unter dem Dach der **WTO**. Weitere Liberalisierungsfortschritte zur Öffnung der Märkte – für **Direktinvestitionen im Ausland** (**TRIMS**, Agreement on Trade-Related Aspects of Investment Measures) – dürfen nicht darüber hinwegtäuschen, dass weiterhin Probleme im internationalen Handel bestehen (bspw. protektionistische Gesetze, Schutz- und Verfahrensvorschriften, i.S. nicht-tarifärer Handelshemmnisse, **Neo-Merkantilismus**). Für den Groß- und Einzelhandel bedeuten diese Entwicklungen dennoch eine Ausweitung der potenziellen Beschaffungsmärkte (**Global Sourcing**). Dies gilt bzgl. der Beschaffungsländer, aus denen Importe auf Grund reduzierter Zollsätze oder Kontingente wettbewerbsfähiger werden, als auch bzgl. einzelner Produktbereiche (erhöhte **Beschaffungsreichweite**). Dies bedeutet auch ein Wachstumspotenzial für Groß- und Außenhandelsunternehmen, i.S. grenzüberschreitender Absatzaktivitäten (**Absatzreichweite**).

Parallel zur fortschreitenden Liberalisierung des Welthandels kommt es zur verstärkten Bildung regionaler „Wirtschaftsblöcke" auf der Basis von Integrationsabkommen. Die weltweit am weitesten vorangeschrittene Integration ist die **Europäische Union** (EU), deren weitreichende wirtschaftliche Integration mit Konsequenzen für die gesamte Wertkette hier nicht ausgeführt wird. Am Beispiel der Schweiz, einem Nicht-Mitgliedstaat, der mit vier EU-Mitgliedstaaten benachbart ist, können handelsrelevante Effekte aufgezeigt werden. So bestehen erhebliche Unterschiede zwischen den Endverbraucherpreisen in der EU und der Schweiz (siehe Tab. 1.7). Die verstärkte Ausschöpfung dieser **Arbitragepotenziale** führte zu einem beachtlichen Kaufkraftabfluss – verstärkt auf Grund des starken Franken in Relation zum Euro – und zu Preisreduzierungen in der Schweiz.

Analoge Betrachtungen könnten für die NAFTA (North American Free Trade Agreement), den MERCOSUR (Mercado Común del Sur) oder den ASEAN (Association of South-East Asian Nations) vorgenommen werden. Die Verwirklichung solcher Integrationsabkommen hat nicht nur weitreichende Konsequenzen für die Handelsunternehmen in diesen Regionen, sondern auch für ausländische Unternehmen. EU-Unternehmen bspw. erleichtern sie den Eintritt in diese Märkte, da von einem Land ausgehend (Brückenkopf) grenzüberschreitende Aktivitäten erleichtert werden (bzw. durch Agieren in mehreren Ländern einer Region die „kritische Masse“ erzielt werden kann, um in Logistik, Produktion von Handelsmarken oder Administration effizient zu arbeiten).

Tabelle 1.7: Preisunterschiede zwischen der Schweiz und ihren Nachbarländern bei ausgewählten Konsumgütern (Schweiz Index 100)

	Nahrungsmittel	Alkohol/Tabak	Bekleidung
Schweiz	100,0	100,0	100,0
Österreich	71,1	71,1	71,3
Frankreich	64,7	81,3	72,7
Italien	64,7	75,8	72,7
Deutschland	61,3	74,2	74,6

Quelle: Eurostat 2017.

Ein weiteres handelsrelevantes Element stellt v.a. die **sektorale Deregulierung** dar: Nicht nur Ländermärkte öffnen sich im Zuge der Liberalisierung, sondern auch bisher abgeschirmte bzw. regulierte Branchen (u.a. Verkehrs-, Telekommunikations- und Energiemärkte). Neben den generellen sind vielfache weitere politisch-rechtliche Rahmenbedingungen relevant, die nachfolgend selektiv anzusprechen sind.

b) Länderspezifische Aspekte der Binnenhandelspolitik

i. Deutschland

Trotz der Integration in der EU behalten die Mitgliedstaaten z.T. die Autonomie in binnenhandelspolitischen Fragen. Dies führt zu unterschiedlichen Liberalitätsgraden, wie bzgl. der Eröffnung neuer Handelsstandorte, der Ladenöffnungszeiten, der Preis-/Konditionenpolitik sowie (abgeschwächt) der Konzentration/Kooperation.

Regelungen zur Konzentration und Kooperation

Durch die EG-Kartellverordnung VO 1/2003 wurde das deutsche Recht dem EU-Recht bzgl. der Wettbewerbsbeschränkungen angeglichen. Anpassungen erfolgten in der 7. Novellierung des GWB (Gesetz gegen Wettbewerbsbeschränkungen vom 1.7.2005). Ein Eckpunkt war die Abschaffung des Anmelde- und Genehmigungssystems für freistellungsfähige Kartelle zu Gunsten des **Prinzips der Legalausnahme**. Statt der Freistellung vom Kartellverbot durch behördliche Erlaubnis mussten Firmen eigenverantwortlich beurteilen, ob im Gesetz kodifizierte Ausnahmen vom Verbot vorliegen; Kontrollen erfolgen ex post. Zudem sah das Gesetz eine Gleichbehandlung von horizontalen und vertikalen Wettbewerbsbeschränkungen vor (beide unterliegen dem Verbot des § 1 GWB).

> § 1 Verbot wettbewerbsbeschränkender Vereinbarungen: Vereinbarungen zwischen Unternehmen, Beschlüsse von Unternehmensvereinigungen und aufeinander abgestimmte Verhaltensweisen, die eine Verhinderung, Einschränkung oder Verfälschung des Wettbewerbs bezwecken oder bewirken, sind verboten.

Zudem gilt analog zum europäischen Recht, eine **Generalklausel** (§ 2 GWB), wonach eine Vereinbarung vom Kartellverbot freigestellt ist, wenn sie im Ergebnis wettbewerbsfördernd ist und den beteiligten Unternehmen keine unnötigen Beschränkungen auferlegt. Wichtige Neuerungen für den Handel resultierten aus der **8. und 9. Novellierung des GWB** in den Jahren 2013 und 2017. So wurde in der 8. Novellierung der im EU-Recht verankerte SIEC-Test (Significant Impediment to Effective Competition) im § 36 GWB übernommen. Zuvor konnten Unternehmenszusammenschlüsse nur untersagt werden, wenn dadurch eine marktbeherrschende Stellung entsteht. Die Kartellbehörde kann einschreiten, wenn eine erhebliche Behinderung des wirksamen Wettbewerbs zu erwarten ist. Eine praktische Bedeutung hatte diese Neuerung bspw. bei den Verhandlungen zur Übernahme der Supermärkte von Tengelmann durch die Edeka im Jahr 2016. In der 9. Novelle wurde ferner das Verbot einer **unbilligen Behinderung** von kleinen und mittleren Wettbewerbern durch Unternehmen mit **überlegener Marktmacht** konkretisiert. Es bestand bereits ein Verbot, ohne sachliche Rechtfertigung Lebensmittel unter Einstandspreis sowie andere Waren und gewerbliche Leistungen nicht nur gelegentlich unter Einstandspreis zu verkaufen. Diese wurde zur Verbesserung der Anwendbarkeit durch eine Definition des Begriffs Einstandspreis ergänzt.

§ 20 Abs. 3 Satz 3 GWB Definition des Begriffs Einstandspreis: Einstandspreis im Sinne des Satzes 2 ist der zwischen dem Unternehmen mit überlegener Marktmacht und seinem Lieferanten vereinbarte Preis für die Beschaffung der Ware oder Leistung, auf den allgemein gewährte und im Zeitpunkt des Angebots bereits mit hinreichender Sicherheit feststehende Bezugsvergünstigungen anteilig angerechnet werden, soweit nicht für bestimmte Waren oder Leistungen ausdrücklich etwas anderes vereinbart ist.

Darüber hinaus spielt die Neufassung des sog. **Anzapfverbots** im Rahmen der 9. Novellierung eine zentrale Rolle für den Einzelhandel. § 19 Abs. 2 des GWB betrifft insb. die Verhandlungen marktbeherrschender Händler mit ihren Lieferanten und zeigt die Grenze zwischen zulässiger Verhandlungsführung seitens der Händler und unzulässigem Missbrauch von Nachfragemacht auf. Ein unzulässiger Missbrauch liegt insb. dann vor, wenn ein marktbeherrschendes Unternehmen als Anbieter oder Nachfrager einer bestimmten Art von Waren oder gewerblichen Leistungen andere Unternehmen dazu auffordert, ihm ohne sachlich gerechtfertigten Grund Vorteile zu gewähren.

Regelungen zur Standortstruktur

Die Frage der Standortstruktur des Einzelhandels wurde lange im Spannungsfeld von Erhaltung und Sicherung des Handelsstandortes Stadt und Trends zum sog. Standort Sekundäres Netz (Gewerbe-/Industriegebiete) diskutiert. So wird angeführt, dass die Funktionsfähigkeit der Stadt – als gesellschaftlicher, kultureller und wirtschaftlicher Lebensmittelpunkt – maßgeblich vom Bestand eines attraktiven Handels und seiner verkehrlichen Erreichbarkeit bestimmt wird. Die Diskussion wird zudem durch das Wachstum des Online-Handels befeuert, auch wenn konkrete Regelungen noch ausstehen. Zur Regelung legen Städte oder Gemeinden im jeweiligen Bebauungsplan fest, welche Gebiete wofür genutzt werden, z.B. als Wohn- oder gewerbliche Bauflächen. Für den Handel entscheidend ist, dass kleine Betriebe sich bspw. auch in Mischgebieten, Kerngebieten oder urbanen Gebieten ansiedeln dürfen (siehe § 6, 6a, 7 BauNVO). Große Einzelhandelsbetriebe sind jedoch nur in speziellen Sondergebieten nach § 11 BauNVO zugelassen. Die Grenze für große Einzelhandelbetriebe ist weitgehend bei 1.200 qm festgelegt. Diese Grenze wird diskutiert, da sich so Discounter in deutlich mehr Gebieten ansiedeln können, als teils nur unwesentlich größere Supermärkte.

Regelung der Ladenöffnungszeiten

Das in Deutschland bis 2006 geltende **Ladenschlussgesetz** diente unter anderem dem Schutz der Arbeitnehmer oder von Sonn- und Feiertagen. Nach diversen Kontroversen wurde die zuvor dem Bund obliegende Kompetenz zur Regelung der Ladenöffnungszeiten auf die Bundesländer übertragen. Diese können selbst über die Ladenöffnungszeiten bestimmen, was zumeist zu einer deutlichen Liberalisierung geführt hat. Gegenwärtig gilt in zwölf Bundesländern eine komplette Freigabe der Öffnungszeiten an Werktagen; zwei Länder (Sachsen und Rheinland-Pfalz) erlauben an Werktagen Öffnungszeiten von 6 bis 22 Uhr; lediglich das Saarland und Bayern behalten die Regelungen aus dem vorherigen Bundesrecht bei (Öffnungszeiten 6 bis 20 Uhr). Die Regelungen für Sonn- und Feiertage, die im früheren Bundesgesetz sehr restriktiv waren, unterscheiden sich ebenfalls zwischen den Bundesländern. Einer zu weitgehenden Liberalisierung der Öffnungszeiten besonders an Sonn- und Feiertagen wurde durch das Bundesverfassungsgericht entgegengetreten (BVerG, Urteil v. 1.12.2009 – 1 BVR 2857/07 und 1 BVR 2858/07). Die Sonntagsruhe soll demnach die Regel bleiben. Umstritten ist diese Regelung im Kontext der zunehmenden Bedeutung des Online-Handels. So sehen sich stationäre Händler benachteiligt, da für den Online-Handel keine Beschränkungen gelten. Sonderregelungen existieren für Apotheken, Shops in Bahnhöfen, Tankstellen, Flughäfen etc.

Regelungen der Preise und Konditionen

Regelungen der Preise und Konditionen betreffen zunächst die Transaktionen zwischen Unternehmen, konkret zwischen Industrie und Handel, die im Zusammenhang mit Regelungen zur Marktmacht angesprochen wurden. Nachfolgend werden Transaktionen zwischen Handelsunternehmen und Verbrauchern adressiert. Agieren Handelsunternehmen im juristischen Sinne als Eigenhändler, so besitzen sie grundsätzlich die Preishoheit. Die **Preishoheit** wird nach § 20 Abs. 3 GWB dahingehend eingeschränkt, dass Angebote unter Einstandspreis nicht zulässig sind. Eine weitere Einschränkung ist bei Verlagserzeugnissen gegeben, bei denen das Gesetz zur Sicherung der Buchpreisbindung vom 2.9.2002 (vertikale) **Preisbindung** für den Letztverkäufer zulässt. Auch Preise für Zeitungen und Zeitschriften können gebunden werden; § 30 GWB normiert hierfür die Zulässigkeitsvoraussetzungen. Weitere Regelungen betreffen v.a. die Transparenz von Preisangaben. So müssen für Waren, die keiner Ausnahmeregelung unterliegen, **Grundpreise** angegeben werden, um eine Vergleichbarkeit zu gewährleisten (z.B., Preis pro Kilogramm, pro Liter o.Ä.). Daneben sind Angaben zur vermeintlichen Preisdifferenz zu sogenannten **Mondpreisen** untersagt. Mondpreise sind u.a. Preise, die nur für eine unangemessene Zeit tatsächlich gefordert wurden. Ein Vergleich der eigenen Preise mit **unverbindlichen Preisempfehlungen** des Herstellers ist hingegen grundsätzlich zulässig, sofern dies in ausreichender Weise kenntlich gemacht wird. Bereits zum 24.8.2001 wurde das **Rabattgesetz** abgeschafft, das bis dahin die grundsätzliche Preishoheit der Eigenhändler einschränkte; der preispolitische Handlungsspielraum des Handels wurde – innerhalb der Grenzen des weiterhin gültigen UWG – maßgeblich erweitert.

Das Bundeskartellamt verhängte im Jahr 2014 Strafen in Höhe von 106,5 Mio. EUR gegen Bierbrauer wie Bitburger, Krombacher oder Veltins, die Preise horizontal abgesprochen hatten. 2016 folgten weitere Strafen in Höhe von 90,5 Mio. EUR gegen Einzelhändler wie Edeka, Metro, Netto oder Kaufland für vertikale Absprachen mit Bierherstellern. Verschont wurden ABInBev und Rewe, die zur Aufklärung beigetragen hatten.

Quelle: *www.spiegel.de, 13. Juni 2018; www.handelsblatt.com, 13. Juni 2018.*

Regelungen der Werbung und Verkaufsförderung

Für Handelsunternehmen gelten – wie für Unternehmen generell – hinsichtlich Werbung und Verkaufsförderung die Bestimmungen des **Gesetzes gegen den unlauteren Wettbewerb** (UWG). Von Bedeutung ist die Frage der **vergleichenden Werbung**. Seit den Änderungen des UWG, die zum 8.7.2004 in Kraft getreten sind, ist vergleichende Werbung grundsätzlich zulässig, aber an bestimmte Bedingungen geknüpft, die § 6 UWG näher regelt. Zeitgleich zum **Rabattgesetz** wurde die **Zugabeverordnung** abgeschafft, die bis dahin Werbung und Verkaufsförderung, wie etwa die Ausgestaltung von Kundenbindungsprogrammen vorrangig von Handels- und (sonstigen) Dienstleistungsunternehmen, einengte. Nunmehr liegt es im Ermessen des Händlers, ob und wann Preisreduzierungen auf das Sortiment vorgenommen werden; insb. Schlussverkäufe sind ganzjährig zulässig und nicht mehr auf bestimmte Sortimente beschränkt, müssen aber – nach dem **Verbot der Irreführung** – auf einen überschaubaren Zeitraum begrenzt sein.

Als Folge des Wegfalls von Rabattgesetz und Zugabeverordnung entwickelten sich Rabatte zum wichtigen Marketinginstrument im Einzelhandel, was teilweise zu „Rabattschlachten" führte. Der Wegfall ist Ausdruck veränderter Markt- und Wettbewerbsverhältnisse in Deutschland, insb. des **Verbraucherleitbilds** (ursprünglich galt das überholte Leitbild eines uninteressierten, leicht zu täuschenden und schutzbedürftigen Verbrauchers; Bundesgerichtshof 2005). Dennoch sind der Gewährung von Nachlässen und Zugaben durch das UWG Grenzen gesetzt (bspw. bzgl. **Mondpreisen** oder unverhältnismäßig wertvolle Zugaben). Erheblich vergrößert wurde der Handlungsspielraum bzgl. der Einsatzmöglichkeit diverser Formen der Kundenbindung (Loyalitätsprogramme).

Regelungen zum Widerruf von Versandhandelsbestellungen

Im Versandhandel ist zu berücksichtigen, dass die Kunden in allen europäischen Staaten ein 14-tägiges Widerrufsrecht haben. In Deutschland ist dies in § 355 Abs. 2 BGB geregelt. Wenn Kunden das Widerrufsrecht wahrnehmen, sind Händler verpflichtet, die Ware zurückzunehmen und die empfangenen Zahlungen der Kunden unverzüglich (i.d.R. auf Nachweis der Kunden über die Rücksendung) zurückzugewähren. Die Kunden können zur Tragung der Rücksendekosten verpflichtet werden, wenn die Händler im Rahmen der Widerrufsbelehrung auf diese Kostentragungspflicht hinweisen. Viele Händler bieten an, die Rücksendekosten ab einem gewissen Warenwert zu übernehmen. Es existiert allerdings eine Reihe von Ausnahmen für Ware, geregelt im § 312g Abs. 2 BGB, die von dem Widerrufsrecht ausgenommen ist. Hierzu zählen beispielsweise individualisierte Ware oder schnell verderbliche Ware.

ii. Österreich

Die wettbewerbsrechtlichen Regelungen Österreichs entsprechen strukturell den deutschen Regelungen. Das **Kartellgesetz** (KartG) soll die Freiheit des Wettbewerbs schützen, während das **UWG** die Bekämpfung unlauterer Wettbewerbshandlungen regelt. Wesentlich liberaler waren in Österreich lange Zeit die Regelungen der Preise und Konditionen. Das Rabattgesetz wurde 1992 durch das **Wettbewerbs-Deregulierungsgesetz** aufgehoben.

Regelungen zur Konzentration und Kooperation

Ausgangspunkt der Kartellgesetzgebung ist das Bestreben, Vereinbarungen zwischen konkurrierenden Unternehmen zu unterbinden, durch die diese an die Stelle des zwischen ihnen bestehenden Wettbewerbs ein einheitliches Vorgehen setzen, um dadurch wirtschaftliche Macht zu bilden und diese zum Schaden ihrer Abnehmer zu nutzen. Das **Kartellgesetz 2005** ist am 1.1.2006 in Kraft getreten und sieht einige Neuregelungen vor:

- Das Kartellverbot wird auf einseitige Wettbewerbsbeschränkungen ausgedehnt, um einen Rückschritt gegenüber der geltenden Rechtsgrundlage zu vermeiden.
- Durch eine Verfassungsbestimmung soll die Anwendung des Kartellgesetzes auch auf diejenigen Sachverhalte ausgedehnt werden, die bisher wegen der Zuständigkeit der Länder davon ausgenommen waren.
- Die Regelung über unverbindliche Verbandsempfehlungen werden nicht übernommen.

- Das Kartellregister wird nicht weitergeführt.
- Die Regelung über die Untersagung unverbindlicher Preisempfehlungen (sog. Mondpreisverordnungen) hat keinerlei praktische Bedeutung mehr und wird vom Kartellgesetz 2005 nicht übernommen.

Regelungen zur Standortstruktur

Die derzeitigen im Bereich des gewerblichen Betriebsanlagenrechts der Gewerbeordnung 1994 normierten Regelungen betreffend Einkaufszentren sind das Ergebnis eines mehrjährigen Entwicklungsprozesses. 1997 wurden – nicht zuletzt auch zur Verwirklichung des Zieles der Verwaltungsvereinfachung – u.a. Bestimmungen über die Genehmigung von Einkaufszentren bei gleichzeitiger Setzung von Maßnahmen zur Sicherung der Nahversorgung in die Gewerbeordnung 1994 aufgenommen. Als Grund für diese Regelungen wurden die in den vergangenen Jahren erfolgten einschneidenden Strukturveränderungen im Bereich des Handels gesehen, die zur Erosion und Destabilisierung von nahen Versorgungsstrukturen und zu einer ernsthaften Bedrohung für die Nahversorger geführt haben. Die abnehmende Zahl von Lebensmitteleinzelhandelsläden (sog. Greißlersterben) einerseits, der eine starke Expansion des Verkaufsflächenangebotes sowie eine hohe räumliche Angebotskumulation und eine hohe ökonomische Konzentration andererseits gegenüberstehen, sind Entwicklungen und Merkmale dieser sich ändernden Handelsstruktur. Folgen sind u.a. die Verödung und Entleerung von Stadt- und Ortskernzonen und Einkaufsstraßen sowie das Fehlen eines wünschenswerten Branchenmixes. Eine Neuregelung des Bereiches Schutz der Nahversorgung erfolgte im Jahr 2000, wobei diese für

- Anlagen für Betriebe des Handels sowie
- ausschließlich oder überwiegend für Handelsbetriebe vorgesehene Gesamtanlagen,

die überwiegend dem Handel mit Konsumgütern des kurzfristigen und des täglichen Bedarfs dienen (Nahversorgung i.e.S.) und eine Gesamtverkaufsfläche von mehr als 800 qm aufweisen, gilt. Solche Betriebsanlagen dürfen für einen Standort nur genehmigt werden, wenn das Projekt keine Gefährdung der Nahversorgung der Bevölkerung des kurzfristigen und des täglichen Bedarfs im Einzugsgebiet erwarten lässt. Bei Gesamtanlagen (Einkaufszentren) muss zusätzlich der Standort für eine derartige Gesamtanlage gewidmet sein, wobei sich diese Widmung aus den raumordnungsrechtlichen Regelungen der Länder ergibt.

Regelungen der Ladenöffnungszeiten

Die Öffnungszeiten sind hauptsächlich im **Öffnungszeitengesetz** 2003 geregelt. Die Änderungen im Zuge der letzten Novelle hatten im Wesentlichen folgende Ziele zum Inhalt:

- Stärkung des Wirtschaftsstandortes Österreich,
- Schaffung von Arbeitsplätzen,
- Verhinderung von Kaufkraftabflüssen ins Ausland,
- Steigerung der Attraktivität Österreichs als Tourismusland,
- Schaffung konsumentenfreundlicher Regelungen,
- Schaffung flexibler Einsatzmöglichkeiten für Arbeitnehmer am Samstagnachmittag,
- Schaffung einer konsumentenfreundlichen Regelung für bestimmte Dienstleistungsbetriebe am Samstagnachmittag.

So wurden in der Regierungsvorlage zur Änderung des Öffnungszeitengesetzes von 1997 folgenden Probleme genannt: Die derzeit geltenden Ladenöffnungszeiten entsprechen z.T. nicht den wirtschaftlichen Erfordernissen. Im Vergleich zum europäischen Ausland sind die Offenhaltezeiten in Österreich noch äußerst restriktiv. Dadurch werden die unternehmerischen Dispositionsmöglichkeiten eingeschränkt, den Konsumenten nicht die entsprechenden Einkaufsmöglichkeiten und den Arbeitnehmern nicht die Beschäftigungsmöglichkeiten geboten. Im Kern gilt im Öffnungszeitengesetz 2003 die folgende Regelung:

- Montag bis Freitag: allgemein von 6 Uhr bis 21 Uhr
- Samstags: allgemein von 6 Uhr bis 18 Uhr
- wöchentlicher Öffnungsrahmen: Die Geschäfte dürfen innerhalb der Öffnungszeiten von Montag 6 Uhr bis Samstag 18 Uhr maximal 72 Stunden innerhalb einer Kalenderwoche offengehalten werden.

Sonderregelungen, die eine weiter gehende Öffnung ermöglichen, gelten in Bezug auf die Verordnungsermächtigung der Landeshauptleute. Diese können, unter Berücksichtigung der Einkaufsbedürfnisse der Bevölkerung und der Touristen sowie besonderer regionaler und örtlicher Gegebenheiten, eine wöchentliche Gesamtoffenhaltezeit bis zum Ausmaß von 72 Stunden durch Verordnung festlegen.

Regelungen der Preise und Konditionen, der Werbung und Verkaufsförderung

Wie erwähnt, existiert in Österreich seit 1992 kein Rabattgesetz mehr, sodass diesbezüglich Händlern ein breites Aktivitätenspektrum offensteht. Nach den lange Zeit geltenden Bestimmungen des UWG waren den Unternehmen allerdings mittels Zugaben enge Grenzen gesetzt. Angesichts des Entfalls des Zugabenverbots ist das Ankündigen, Anbieten oder Gewähren von Zugaben nunmehr grundsätzlich zulässig. Zugaben sind nur dann unzulässig, wenn sie – nach der Beurteilung im Einzelfall – irreführend, aggressiv oder sonst unlauter sind. Bezüglich der vergleichenden Werbung gilt in Österreich seit der UWG-Novelle 2007 eine liberale Lösung. So wird der reine Vergleich in § 2a Abs. 1 UWG ausdrücklich für zulässig erklärt, sofern vergleichende Werbung nicht durch unlautere, aggressive oder irreführende Geschäftspraktiken gegen Abs. 1 noch gegen die §§ 1a, 2, 7 und 9 Abs. 1 bis 3 verstößt.

iii. Schweiz

Der Schweizer (Detail-)Handel agiert in einem grundsätzlich ähnlichen rechtlichen Umfeld wie Handelsunternehmen in Österreich und Deutschland. Als Nicht-EU-Land kennt die Schweiz aber auch Regelungen, die nicht deckungsgleich sind mit EU-Positionen.

Regelungen zur Konzentration und Kooperation

Grundlage des Kartellrechts ist das Schweizer Bundesgesetz über Kartelle und andere Wettbewerbsbeschränkungen (KartG) in der Fassung vom 20.6.2003 in Verbindung mit der Verordnung über die Kontrolle von Unternehmenszusammenschlüssen vom 17.6.1996 sowie der Verordnung über die Sanktionen bei unzulässigen Wettbewerbsbeschränkungen vom 12.3.2004. Es bezweckt, volkswirtschaftlich oder sozial schädliche Auswirkungen von Kartellen/Wettbewerbsbeschränkungen zu verhindern und damit den Wettbewerb zu fördern. Nach der Revision des Kartellgesetzes gelten Kartelle auf Grundlage der im Art. 31 Bundesverfassung garantierten **Vertragsfreiheit** nicht grundsätzlich als schädlich, jedoch hat der Gesetzgeber eine Einengung der Kartellspielräume vorgenommen, insb. bzgl. der unzulässigen Wettbewerbsabreden sowie dem Verhalten marktbeherrschender Unternehmen. In den Anwendungsbereich des Gesetzes fallen Unternehmen des privaten und des öffentlichen Rechts, die entsprechende Abreden treffen, Marktmacht ausüben oder sich an anderen Unternehmenszusammenschlüssen (Fusionskontrolle) beteiligen.

In der Praxis hat die Revision des Gesetzes eine Verschärfung der Kartellrechtspraxis bewirkt. So wurden die vorher beinhalteten horizontalen Wettbewerbsabreden um eine Kategorie von kartellrechtlich relevanten Abreden erweitert, den sog. **vertikalen Wettbewerbsabreden**. Diese vertikalen Wettbewerbsabreden sind insb. dann unzulässig, wenn sie dem Händler Mindest- oder Festpreise vorschreiben (Preisbindungen zweiter Hand) oder in Vertriebsverträgen Gebiete zuweisen und Verkäufe in diese durch gebietsfremde Vertriebspartner ausgeschlossen werden (**absoluter Gebietsschutz**). Mit letzterem wird u.a. bewirkt, dass Parallelimporte von Gütern aus dem Ausland der kartellrechtlichen Beurteilung unterliegen. Maßgeblich für die Beurteilung ist die Bekanntmachung über die wettbewerbsrechtliche Behandlung vertikaler Abreden der Wettbewerbskommission (Weko), die neben den ins Gesetz aufgenommenen Abreden folgende vier Abreden als erheblich erachtet:

- Beschränkungen des Verkaufs an Endverbraucher im selektiven Vertriebssystemen,
- Beschränkungen von Querlieferungen innerhalb eines selektiven Vertriebssystems,
- Beschränkungen, die den Lieferanten hindern, Bestand- bzw. Ersatzteile an andere als den an der Abrede beteiligten Händler zu liefern,
- Wettbewerbsverbote, die für eine Dauer von mehr als fünf Jahren oder für mehr als ein Jahr nach Beendigung der vertikalen Abrede vereinbart werden.

Erhebliche Wettbewerbsabreden können aus Gründen der Effizienz gerechtfertigt sein. So gelten Abreden, die notwendig sind, um die Herstellungs- oder Vertriebskosten zu senken, Produkte oder Produktionsverfahren zu verbessern, die Forschung zu fördern oder um Ressourcen rationeller zu nutzen, als zulässig. Eine Voraussetzung ist aber, dass solche Abreden den beteiligten Unternehmen in keinem Fall die Möglichkeit geben, den wirksamen Wettbewerb zu verhindern. 2014 scheiterte eine Gesetzesrevision, um die Beurteilung vertikaler Abreden differenzierter durch Einzelfeldanalysen vorzunehmen, die wettbewerbshindernde und -fördernde Wirkungen gegenüberstellt und gesamtwirtschaftliche Effizienzgewinne auf Grund einer besseren Koordination der Handelsstufen berücksichtigt.

Im Bereich des Schutzes vor dem Missbrauch einer marktbeherrschenden Stellung, ist des Weiteren der Begriff der „**Marktbeherrschung**" mit der Revision hinsichtlich der Nachfragemacht weiter präzisiert worden. Als marktbeherrschend wird nun bezeichnet, wer auf einem Markt als Anbieter oder Nachfrager in der Lage ist, sich von den anderen Teilnehmern im Markt (Mitwettbewerbern, Anbietern oder Nachfragern) in wesentlichem Umfang unabhängig zu verhalten. Ist ein Unternehmen marktbeherrschend, so darf dessen Tätigkeit andere Unternehmen nicht in der Aufnahme oder Ausübung des Wettbewerbs behindern oder aber die Marktgegenseite benachteiligen (Grüninger/Hunziker/Roth 2006). Auch wurde im Rahmen der Revision das Sanktionssystem verschärft, sodass Unternehmen nun bei gewissen Verstößen gegen das Kartellrecht direkt sanktioniert werden können.

Regelungen zur Standortstruktur

In der Schweiz besteht im Raumplanungs- und Baubereich eine im Grundsatz hohe Reglementierungsdichte, da neben (unterschiedlichen) kantonalen Regelungen zahlreiche Bauregelungen auf Gemeindebasis existieren. Dabei wirkt neben den oftmals langwierigen administrativen Verfahren auch die Mitwirkungskompetenz der Stimmbürger in bestimmten Fragen als tendenziell eher hemmend. Im Wesentlichen gelten die Bestimmungen des **Raumplanungsgesetzes** (RPG, Bundesgesetz über die Raumplanung) vom 22. Juni 1979, dessen Revisionen darauf abzielen, Baubewilligungsverfahren zu vereinfachen.

Strukturelle Veränderungen des Lebensmittel-Detailhandels in der Schweiz

Betrachtet man die strukturellen Veränderungen im Lebensmittel-Detailhandel (ohne Food-Fachhandel), so zeigen sich die in Tab. 1.8 gezeigten Entwicklungen: Die Anzahl der Verkaufsstellen sinkt. Die Verkaufsfläche und die Umsätze haben dagegen zugenommen. Damit ist der Umsatz pro Verkaufsstelle im Jahr 2015 deutlich höher als noch im Jahr 2000.

Tabelle 1.8: Lebensmittel-Detailhandels zwischen Jahr 2000 und 2015

	2000	2005	2010	2015	Differenz 2000- 2015
Anzahl Verkaufsstellen	5.802	4.652	4.382	4.147	-1.655
Verkaufsfläche (Mio. qm) Umsätze	2,5	2,5	2,7	3,1	0,6
Gesamtumsätze (Mrd. CFH)	29.5	32,3	37,6	39,3	9,8
Umsatz pro Verkaufsstelle (Mio. CFH)	5,08	6,94	8,58	9,47	4,39

Quelle: GfK Switzerland 2017.

Eher schwierig auf gesamtschweizerischer Ebene einzuschätzen sind die künftige Handhabung und Entwicklung des Baurechts, da hier stark divergierende Entwicklungen festzustellen sind. So lösten bspw. neuartige Freizeit- und Einkaufszentren, die in Richtung Erlebnisshopping zielen, aber auch der Eintritt der Discounter Aldi und Lidl politische Kontroversen aus. Auf Grund der verstärkt zur Verfügung stehenden Flächen durch Konversion von Post-, Gewerbe- und Industriearealen, z.T. auch innerstädtischen Bank-Branchen, wird von einer gleichbleibenden Verfügbarkeit von Handelsflächen – auch für eher großflächige Handelsformen – ausgegangen. Insofern sind auch Expansionsstrategien durch Filialisierung in Form von Neueröffnungen realistisch, wenngleich angemerkt werden muss, dass sich durch den o.g. Markteintritt ein Kampf um Flächen ergeben hat. Interessant bleibt in diesem Kontext die Frage, wie sich die am Markt operierenden Handelsunternehmen hinsichtlich der Standortfrage auf die zunehmende Alterung der Bevölkerung einstellen und bei der Expansion diese wachsende Zielgruppe berücksichtigen. Im Jahr 2012 wurde ein „Raumkonzept Schweiz" veröffentlicht, das Bund, Kantone, Städte und Gemeinden entwickelten und welches erstmals gemeinsame Strategien für eine nachhaltige Raumentwicklung darlegt. Dieses Konzept dient zur Orientierungs- und Entscheidungshilfe. Es beruht auf Freiwilligkeit, Verantwortungsbewusstsein und interdisziplinärer Zusammenarbeit über die räumlichen und administrativen Grenzen hinweg. Es stellt daher kein verbindliches Instrument dar.

Regelungen der Ladenöffnungszeiten

Die Ladenöffnungszeiten sind in der Schweiz nicht einheitlich geregelt. Die Kantone sind frei, unter Beachtung der Handels- und Gewerbefreiheit, den Ladenschluss selber zu ordnen. So sind bspw. die Regelungen in der Romandie restriktiver als in deutschsprachigen Kantonen. Oftmals wird den Gemeinden die Kompetenz übertragen, sodass die Regelungen sogar innerhalb eines Kantons divergierend sein können. Hinsichtlich der Ladenöffnungszeiten ist auch zukünftig u.a. auf Grund der unterschiedlichen Regelungen in den Kantonen und in den Gemeinden und der damit verbundenen Komplexität, der Interventionen der Gewerkschaften und der hohen Anzahl an Ausnahmeregelungen, die geografischen und anderen Besonderheiten Rechnung tragen, mit einer sich im Grundsatz nur langsam vollziehenden Liberalisierung zu rechnen. So ist in diesem Kontext als Folge des geltenden Rechts bzw. der äußerst restriktiven Rechtspraxis des Schweizer Bundesgerichts in der Weisung des Staatssekretariats für Wirtschaft (SECO) vom 18.3.2004 zur Regelung der Bewilligungsvoraussetzungen für Sonntagsarbeit in der

Adventszeit an die Kantone bspw. festgehalten, dass die Beschäftigung von Personal an höchstens zwei Sonntagen stattfinden kann. Dies ist allerdings nur bewilligungsfähig, sofern die gesuchstellenden Verkaufsstellen örtlich in einem engen Zusammenhang mit einem Weihnachtsmarkt stehen, bereits seit längerer Zeit – mindestens jedoch seit zehn Jahren – Sonntagsverkäufe durchführen oder, wenn im konkreten Fall eine starke ausländische Konkurrenz vorliegt. Die schwach ausgeprägte Tendenz der Liberalisierung der Ladenöffnungszeiten steht hierbei im Gegensatz zu einer Wandlung der Konsumgewohnheiten, hin zu einer Zunahme der Einkäufe im umliegenden Ausland und zum zunehmenden Online-Handel. Eine Ausnahme betrifft hierbei die Regelung nach Art. 39 Abs. 2 Eisenbahngesetz (EBG), die vorsieht, dass auf von Bahnunternehmungen als Nebenbetriebe definierte Betriebe, die Vorschriften von Kantonen und Gemeinden über die Öffnungs- und Schließungszeiten keine Anwendung finden.

Regelungen der Preise und Konditionen, der Werbung und Verkaufsförderung

Bezüglich der Ladenöffnungszeitenregelungen besteht in der Schweiz im Wettbewerbsrecht ein hohes Liberalitätsniveau, von dessen Fortbestand auch in der Zukunft im Grundsatz ausgegangen werden kann. So verfügen Schweizer (Handels-)Unternehmen über ein breites Spektrum an Instrumenten des Marketing, wie bzgl. der Preise, Rabatte, Sonderangebote und Werbung. „Den lauteren und unverfälschten Wettbewerb im Interesse aller Beteiligten zu gewährleisten" (Art. 1 UWG) bezweckt das **Gesetz gegen den unlauteren Wettbewerb** (UWG). Unlauter und widerrechtlich ist jedes täuschende oder in anderer Weise gegen den Grundsatz von Treu und Glauben verstoßende Verhalten oder Geschäftsgebaren, welches das Verhältnis zwischen Mitbewerbern oder zwischen Anbietern und Abnehmern beeinflusst (Generalklausel). Die Revision des UWG, die am 19.12.1986 verabschiedet wurde (in Kraft getreten am 1.3.1988), führte zu neuen bzw. veränderten Bestimmungen

- über unlautere Werbe- und Verkaufsmethoden und anderes widerrechtliches Verhalten,
- bzgl. der Verleitung zu Vertragsverletzung oder -auflösung,
- über aktive und passive Bestechung,
- über die Verwertung fremder Leistung,
- über die Nichteinhaltung von Arbeitsbedingungen sowie
- über die Verwendung missbräuchlicher Geschäftsbedingungen.

Der preispolitische Spielraum wird dabei durch die **Lockvogelregelung** (Art. 3 Ziffer f.) eingeschränkt. Diese findet dann Anwendung, wenn ausgewählte Waren, Werke oder Leistungen wiederholt unter Einstandspreisen angeboten werden, diese Angebote in der Werbung besonders hervorgehoben werden und somit die Kunden über die Leistungsfähigkeit der Mitbewerber getäuscht werden. Täuschung wird in diesem Kontext dann vermutet, wenn der Verkaufspreis unter dem Einstandspreis vergleichbarer Bezüge gleichartiger Waren, Werke oder Leistungen liegt.

2. Sozio-ökonomisches Umfeld

a) Überblick

Sozio-ökonomisch bedeutend sind das verfügbare Einkommen und der private Verbrauch in den hier näher betrachteten Ländern. Diese Faktoren charakterisieren die Gesamtnachfrage der Konsumenten nach Waren/Dienstleistungen. Die Entwicklung dieser Größen und damit der Gesamtnachfrage oder der Nachfrage in den einzelnen Warenbereichen (i.S.

Marktvolumina) wird durch viele Faktoren bedingt. Wichtig sind demografische Gegebenheiten, wie die Bevölkerungsentwicklung und die Alters-/Haushaltsstruktur. Handelsrelevant sind ebenfalls das Ausmaß der Arbeitslosigkeit oder die Mobilitätsentwicklung.

b) Länderspezifische Ausprägungen

i. Deutschland

Die Entwicklung des Einkommens und des privaten Verbrauchs in Deutschland verdeutlicht Tab. 1.9.

Tabelle 1.9: Entwicklung des verfügbaren Einkommens und des privaten Verbrauchs in Deutschland (in Mio. EUR)

	2000	2005	2010	2015	2016	2017
Verfügbares Einkommen	1.300.130	1.451.670	1.561.660	1.753.670	1.804.980	1.873.250
Privater Verbrauch	1.209.430	1.451.670	1.446.270	1.630.470	1.674.390	1.732.750

Quelle: Statistisches Bundesamt 2018.

Die langfristige Entwicklung dieser zentralen Größen und damit der Gesamtnachfrage bzw. der handelsrelevanten Kaufkraft wird wesentlich durch die Bevölkerungsentwicklung geprägt. In den nächsten Jahrzehnten ist von einem **Bevölkerungsrückgang** auf rd. 73,1 Mio. im Jahr 2060 (Variante: Kontinuität bei stärkerer Zuwanderung, Statistisches Bundesamt) auszugehen, der die Attraktivität des deutschen Marktes aus Handelssicht einschränkt. Zugleich ist eine **Verschiebung der Altersstruktur** zu erwarten. So wird nach den Modellrechnungen zur Bevölkerungsentwicklung der Anteil der Senioren (ab 60 Jahre) auf über 34,6% im Jahr 2030 und auf 38,2% im Jahr 2060 ansteigen (siehe Tab. 1.10). Damit sind wesentliche Veränderungen in den Nachfragestrukturen zu erwarten. So schrumpft die Altersgruppe „unter 20", eine Attraktivitätssteigerung erfährt das Alterssegment „60 und älter". Dies birgt Chancen und Herausforderungen bzgl. der Sortimente und Dienstleistungen, aber auch bzgl. service- und bedienungsorientierten Be- und Vertriebstypen.

Tabelle 1.10: Modellrechnung zur Bevölkerungsentwicklung in Deutschland (Angaben in %)

	1950	1970	1990	2010	2015	2030*	2060*
60 Jahre und älter	14,6	20,0	20,4	26,3	27,4	34,6	38,2
20-59 Jahre	55,0	50,0	57,9	55,3	54,3	47,8	45,4
unter 20 Jahre	30,4	30,0	21,7	18,4	18,3	17,6	16,4
Bevölkerung (in Mio.)	69,3	78,1	79,8	81,8	82,2	80,9	73,1

* Entwicklungen auf Basis der Variante Kontinuität bei stärkerer Zuwanderung des Statistischen Bundesamtes.

Quelle: Statistisches Bundesamt 2018.

Obwohl die Bevölkerung in Deutschland zurückgehen wird, bedeutet dies nicht auch einen Rückgang der Zahl der privaten Haushalte. So dürfte die Zahl der privaten Haushalte von 49,8 Mio. im Jahr 2015 auf 52,9 Mio. im Jahr 2030 steigen. Konkret bedeutet dies – unter der Annahme konstanter Konsumausgaben pro Kopf – einen Rückgang der Food-Umsätze, dagegen steigende Umsätze in den Warenbereichen wie Möbel- und Elektrogeräte, die von der Anzahl der Haushalte abhängen. Die **durchschnittliche Haushaltsgröße** nahm auf Grund von Verhaltensänderungen der Bevölkerung – Trend zur Singleisierung, steigender Wohlstand, sinkende Geburtenrate, steigende Scheidungszahlen – in (West-)Deutschland von 1974 (2,60 Personen je Haushalt) bis 2017 (1,99 Personen je Haushalt) – ab; über 75% der Haushalte sind Ein- bzw. Zwei-Personen-Haushalte. Die voranschreitende rückläufige

Haushaltsgröße (bis 2030 1,88 Personen je Haushalt) hat u.a. Auswirkungen auf Packungsgrößen und Verpackungsarten im Food-Bereich.

Die Entwicklung der **Arbeitslosigkeit** verlief bis zum Jahr 2005 eher volatil mit einem Maximum von 11,7%, wobei dann eine Absenkung auf unter 5,3% Ende des Jahres 2017 erfolgte. Es wird mit einer weiter sinkenden Arbeitslosenquote gerechnet (Vollbeschäftigungsniveau). Die Entwicklung der Arbeitslosenquote hat für den Handel eine hohe Bedeutung, da sie die **Konsumentenstimmung** und damit die Nachfrage beeinflusst.

Die PKW-Dichte (Anzahl Autos pro 1.000 Einwohner) – als Indikator der **Mobilität** – steigt in den aktuellen Shell-Szenarien von rd. 548 Pkw/1.000 Einwohner im Jahr 2017 auf 568 im Jahr 2030. Der PKW-Bestand dürfte von 44,5 auf 46,0 Mio. ansteigen (trotz sinkender Bevölkerung). Letzteres beeinflusst die Standortstruktur von Handelsunternehmen, wie die Erreichbarkeit wohnortferner Outlets aber auch Zustellungen im Online-Handel. Ihr stehen ökologische Aspekte und monetäre Aspekte, z.B. steigende Energiepreise, entgegen. Dies bestimmt die Präferenzen für Handelsformate.

ii. Österreich

Tabelle 1.11 zeigt die Entwicklung des verfügbaren Einkommens und des privaten Verbrauchs in Österreich. Danach ist eine vergleichbare, jedoch positivere Entwicklung festzustellen. So steigt der private Verbrauch voraussichtlich jährlich 1,5-2%, während in Deutschland mit einem jährlichen Wachstum von jährlich rd. 2-3% zu rechnen ist.

Tabelle 1.11: Entwicklung des verfügbaren Einkommens und des privaten Verbrauchs in Österreich (in Mio. EUR)

	2000	2005	2010	2015	2016	2017
Verfügbares Einkommen	174.514	208.414	243.587	276.970	286.941	289.539
Privater Verbrauch	121.490	137.560	158.460	180.770	183.980	192.697

Quelle: Statistik Austria 2018.

Tabelle 1.12: Modellrechnung zur Bevölkerungsentwicklung in Österreich

	1950	1970	1990	2010	2015	2030*	2075*
65 Jahre und älter	10,4	14,0	15,1	17,6	18,5	23,2	28,7
20-64 Jahre	60,2	55,0	57,3	61,5	61,9	57,5	47,4
bis 19 Jahre	29,4	31,0	27,6	20,9	19,6	19,3	18,7
Bevölkerung (in Mio.)	6,9	7,5	7,7	8,4	8,6	9,3	9,8

* Entwicklungen auf Basis der „mittleren Prognosevariante" der Wirtschaftskammer Österreich.

Quelle: Statistik Austria 2018; Wirtschaftskammer Österreich 2018.

Die Bevölkerung wird in Österreich langfristig ansteigen (siehe Tab. 1.12) und damit die Gesamtnachfrage positiv beeinflussen. Bezüglich der Bevölkerungsstruktur zeigt sich in Österreich eine ähnliche Entwicklung wie in Deutschland. So wird sich der **Alterungsprozess** in den nächsten Jahren verschärfen. Waren im Jahr 2010 noch 20,9% der Bevölkerung unter 19 Jahren, wird dieser Anteil über 19,3% im Jahr 2030 auf 18,7% im Jahr 2075 zurückgehen. Der Anteil der Altersgruppe 65 Jahre und älter wird von 17,6% über 23,2% bzw. 28% ansteigen. Die Gesamtzahl der **Privathaushalte** in Österreich wird weiter steigen. Die Haushalte werden aber kleiner: Durchschnittliche **Haushaltsgröße** sank von 2,22 Personen im Jahr 2017 auf 2,18 im Jahr 2030 und 2,10 im Jahr 2060.

Die Entwicklung der Arbeitslosigkeit weist durchaus eine Volatilität auf, allerdings auf einem niedrigen Niveau von 5,5%. Die Arbeitslosenquote ist ähnlich wie in Deutschland (5,7% im Jahr 2017), aber höher als in der Schweiz. Bezüglich der **Individualmobilität** zeigt sich in Österreich eine ähnliche Entwicklung wie in Deutschland. So ist der PKW-Bestand seit 1965 kontinuierlich angestiegen, wie auch die PKW-Dichte.

iii. Schweiz

Die Entwicklung der Schweiz – gemessen am verfügbaren Einkommen und privaten Verbrauch – zeigt Tab. 1.13. Der private Verbrauch wird von 2010 bis 2030 voraussichtlich um ca. 26% ansteigen. Trotz währungsbedingtem Einfluss (starker Franken) ist das verfügbare Einkommen seit 2010 geradezu exponentiell angestiegen.

Tabelle 1.13: Entwicklung des verfügbaren Einkommens und des privaten Verbrauchs in der Schweiz (in Mio. EUR bzw. CHF)

	2000	2005	2010	2015	2016
Verfügbares Einkommen	295.433	300.102	364.363	406.619	418.706
Privater Verbrauch	266.000	298.150	330.590	348.130	350.650

Quelle: Bundesamt für Statistik 2018; Staatssekretariat für Wirtschaft 2018.

Analog zu Österreich und im Gegensatz zu Deutschland erfolgt die Bevölkerungsentwicklung positiv. Ein mittleres Szenario sieht ein **Wachstum der Bevölkerung** bis zum Jahr 2045 auf ca. 10,2 Mio. (2017: 8,4 Mio.). Deutliche Verschiebungen zeichnen sich in der Schweiz auch in der **Altersstruktur** ab (siehe Tab. 1.14). So dürfte bereits im Jahr 2030 der Anteil der Altersgruppe 65+ bei 23,2% liegen; nach 13,1% im Jahr 2010. Der Trend zur **Singleisierung** zeigt sich auch in der Schweiz. So nimmt der Anteil der Ein- und Zweipersonenhaushalte von 2010 bis 2030 deutlich zu (von 70,3% auf 76,3%). Die Zahl der Haushalte steigt deutlich an. Dies wirkt sich positiv auf die einzelhandelsrelevante Nachfrage aus, wie bspw. bei Möbeln oder Haushaltsgeräten.

Die wirtschaftliche Entwicklung in der Schweiz wird in den nächsten Jahren deutlich positiv eingeschätzt. Als Indikator gilt hierbei die Entwicklung der **Arbeitslosenquote**. Im Jahr 2010 lag die Arbeitslosenquote bei einem Wert von 4,5%, fiel im Jahr 2011 auf 4,0%, stieg bis 2017 wieder auf den Wert von 4,6% an. Experten gehen davon aus, dass die Arbeitslosenquote trotz monatlicher Schwankungen bereits ab dem Jahr 2018 wieder abnehmen wird.

Auch in der Schweiz ist eine weitere **Zunahme des Personenverkehrs**, auch des privaten Straßenverkehrs, zu erwarten, der in der höheren PKW-Verfügbarkeit der künftigen Senioren begründet ist. Es wird jedoch erwartet, dass der Anstieg der Gesamtleistungen des Personenverkehrs in der Zukunft langsamer verlaufen wird als in den Jahren von 1970 bis 2000. Für den privaten Straßenverkehr wird gleichermaßen eine Reduktion der Zuwachsraten erwartet. Dies resultiert aus den erwarteten umweltpolitischen Eingriffen und den gesellschaftlichen Grundhaltungen. Je nach Umweltpolitik ergeben sich im Personenverkehr Veränderungen im prozentualen Anteil der einzelnen Verkehrsmittel an den gesamten Verkehrsleistungen. So erwartet das Bundesamt für Raumentwicklung eine Zunahme der Personenverkehrsleistung bis zum Jahr 2040 von 25% gegenüber 2010, wobei der Schienenverkehr um 45% und der Straßenverkehr um ca. 33% zunehmen dürften.

3. Technologisches und infrastrukturelles Umfeld

a) Überblick

Wie erwähnt, erfolgt aus technologisch/infrastruktureller Sicht eine Fokussierung auf die verfügbaren Kommunikations- und Transportnetze. Diese werden v.a. durch technische Innovationen beeinflusst. Im Handel sind die Auswirkungen v.a. bzgl. neuer Vertriebstypen, Sortiments- und Kommunikationsdynamik und Supply Chain-Prozesse hervorzuheben.

So wird die **Sortimentsdynamik** wesentlich durch den Fortschritt in Forschung & Entwicklung (F&E) bestimmt. Man denke an neue Produkte in den Bereichen Unterhaltungselektronik, Telekommunikation, aber auch im Lebensmittelbereich. Die Verknüpfung von computergestützter Produktentwicklung (Design, Konstruktion) und computergestützter Fertigung ermöglicht zunehmend das Erstellen von individuellen Produkten (Customizing bzw. **Mass Customizing**). Die dynamischen Entwicklungen des technologischen und des infrastrukturellen Umfeldes leiten zugleich über zu den Determinanten des Mikro-Umfeldes. So führen – wie noch gezeigt wird – Entwicklungen in der Informations- und Kommunikationstechnologie zu **Substitutionsgefahren** für etablierte Akteure des Handels: Das Internet ermöglicht Anbietern, v.a. Pure-Playern, neue Formen des **Online-Handels**.

Cross-Border Online-Shopping auf dem Vormarsch

Seit vielen Jahren ist bekannt, dass in bestimmtem Regionen gerne der heimische Markt verlassen wird, um in grenznahen Einkaufsgebieten zu shoppen. Besonders die Schweiz ist von diesem Phänomen betroffen. Inzwischen tangiert dies aber nicht nur den stationären Handel, sondern auch das Einkaufen auf ausländischen Websites, das sogenannte Cross-Border Online-Shopping. Besonders beliebt sind hierbei die Bereiche Bekleidung, Sportartikel und digitalisierte Waren.

Betrachtet man die EU, kaufen schon 55% der Konsumenten im Jahr 2017 online ein, was fast doppelt so viele Verbraucher wie noch 10 Jahre zuvor (29,7% im Jahr 2007) bedeutet. Bezogen auf den grenzüberschreitenden Einkauf prognostiziert Forrester für das Jahr 2022 sogar, dass 45% der Konsumenten weltweit online shoppen, was einen 20%igen Anteil am gesamten E-Commerce ausmachen und einem Umsatz von 627 Mrd. USD entsprechen würde. Durch das Überschreiten der nationalen Grenzen ist die verbraucherschutzrechtliche Perspektive besonders relevant. Die Regelungen des EU Binnenmarktes zählen meist nicht mehr, was ein erhöhtes Risiko für die Konsumenten darstellt. Folgekosten, kein Ansprechpartner bei Problemen oder Unwissenheit darüber, welches Recht zugrunde liegt, sind nur einige Nachteile, die den Konsumenten verletzlicher machen. Auf der anderen Seite stehen die branchenübergreifenden Vorteile, die mit besonders tiefen Preisen, großer Produktauswahl und nicht lokal bereitstehenden Produkten Anreize schaffen. Begünstigende Voraussetzungen für den Cross-Border E-Commerce sind der wachsenden Smartphone-Markt, die einfachen Bezahlmethoden und die bessere Logistik.

Besonders hinsichtlich der Aufhebung des Geoblockings innerhalb der EU wird es Konsumenten innerhalb Europas jetzt deutlich einfacher gemacht, online einzukaufen. Online-Händlern wird es künftig nicht mehr möglich sein, ausländische Käufer von ihren Angeboten auszuschließen oder automatisch auf Websites mit anderen Preisen weiterzuleiten. Ausgenommen hiervon sind Waren, die dem Urheberschutz unterliegen wie E-Books, Musik oder Online-Spiele.

Quelle: EU-Kommission 2018; KFV NRW 2018; Lebensmittel Zeitung, 23. Februar 2018.

b) Informations- und Kommunikationstechnologie und Kommunikationsnetze

Als Schlüsseltechnologien können insb. das **Internet** herausgestellt werden, aber auch Softwareentwicklungen wie Data-Warehousing, Data-Mining und Big Data Analysis (Hertel/Zentes/Schramm-Klein 2011, S. 359ff.). Mit Blick auf die Anwendungen stellen Handelsunternehmen ihre Abverkaufsdaten, die am PoS (offline oder online) erfasst werden, den

Lieferanten über Internet-Portale zur Verfügung, machen online Ausschreibungen im Einkauf, etablieren Intranets etc. (zu Enabling Technologies im SCM siehe das Fünfte Kapitel). Konsumenten nutzen Smartphones für Einkäufe oder greifen auf Preissuchmaschinen und Empfehlungsportale zu. Das Internet ermöglicht nicht nur vielfältige neue Formen der Information und Kommunikation, sondern auch den Aufbau neuer Distributionskanäle bzw. neuer Handelsformate. Die Internet-Nutzung wuchs in Deutschland auf 72,3% im Jahr 2017, in Österreich auf 84,6% und in der Schweiz auf 89,0% (siehe Tab. 1.15).

Tabelle 1.15: Entwicklung der Internet-Nutzung in DACH-Ländern (Internetnutzer in %)

	2000	2004	2008	2012	2016	2017
Deutschland	22,3	43,3	52,0	66,4	70,2	72,3
Österreich	26,2	46,5	69,7	78,3	82,3	84,6
Schweiz	39,0	66,3	81,1	87,5	88,4	89,0

Quelle: Internet World Stats 2018; Bundesamt für Statistik 2018.

Das Internet trägt wesentlich dazu bei, Geschäftsprozesse elektronisch zu unterstützen oder zu elektronisieren (inkl. elektronischer Geschäftsabwicklung, so B2B-Verkaufsprozesse). Das Internet eröffnet zugleich die elektronische Anbahnung und Abwicklung von **Markttransaktionen**., v.a. im Online-Handel aber auch als Informationsmedium. Die bisherige Entwicklung des Online-Handels verdeutlicht Tab. 1.16, wenngleich in allen Prognosen (in den DACH-Ländern) ein deutlicher Anstieg erwartet wird.

Tabelle 1.16: Entwicklung des Online-Shopping in DACH-Ländern (in Mrd. EUR bzw. CHF)

	2006	2008	2010	2012	2014	2016	2017
Deutschland	8,4	12,6	20,2	28,0	35,6	44,2	48,9
Österreich	1,2	1,7	2,2	2,7	3,1	3,4	3,6
Schweiz	3,0	3,6	5,0	5,7	6,7	7,8	8,6

Quelle: HDE 2018; VSV 2018; KMU Forschung Austria 2018.

Die Marktanteile des Online-Handels wachsen enorm und es zeigen sich branchen- bzw. warengruppenbezogene Unterschiede (siehe Tab. 1.17). Im LEH spielt das Internet als Verkaufskanal bisher eher eine geringere Rolle, auf Grund der logistischen Herausforderungen und der hohen Preiskonkurrenz. In den DACH-Ländern ist die Schweiz hervorzuheben, in der Coop und Migros erfolgreich u.a. mit Online-Stores operieren. Neue Abholkonzepte („**Click & Collect**"), auf die im Zweiten Kapitel eingegangen wird, fördern die Entwicklung (Morschett/Schmid/Foscht 2017).

Tabelle 1.17: Online-Umsätze wichtiger Warengruppen/Branchen und Prognose im Jahr 2025 in Deutschland (in Mrd. EUR und in %)

	2014	2017	2025
Fashion und Lifestyle	11,8	18,9	32,7
Sport und Freizeit	2,8	20,2	32,7
Technik und Medien[1)]	9,9-3,4	20,9	30,2
Einrichten und Wohnen	23,8	7,8	16,1
Garten und Heimwerken	1,8	7,9	14,8
Lebensmittel und Drogerie	<1,0	1,2	4,9

Unterschiedlich dargelegte Warengruppen wurden zusammengefasst; 1) Zahlen für Unterhaltungselektronik/ Elektroartikel; Computer/Zubehör; Bücher/Ebooks.

Quelle: BEVH 2018; Prognose Gfk 2015.

KI erhält Einzug in den Handel

Der Handel setzt auf den Einsatz von künstlicher Intelligenz (KI), um die Bedürfnisse der Kunden besser zu verstehen und so Wettbewerbsvorteile zu erzielen. Neben Algorithmen zur Sprachsteuerung und -verarbeitung, sog. Natural Language Processing (NLP) als zentrale Bausteine für unterschiedliche Programme, ist Machine Learning die Basis für die verwendetet Software.

Als Versandhändler muss die Otto Group den Kundenservice verstärkt vorantreiben, um die Kundenwünsche best-möglich befriedigen zu können und die Transaktionskosten möglichst gering zu halten. Hierfür wurde eine Software auf Basis von Machine Learning programmiert, die die Kundenbewertungen der einzelnen Produkte entsprechend aufbereitet. Ziel ist es, den Kunden genau die Bewertungen anzuzeigen, in denen für sie wichtige Produkteigenschaften diskutiert werden. Das Programm analysiert die Reviews nach Begriffen und Kontext, um basierend darauf im Web-Shop bis zu zehn Themen anzuzeigen, zu der sich eine große Zahl früherer Käufer geäußert haben. Der Verbraucher kann so auf eines der für ihn relevanten Themen klicken und erhält passend dazu seine gewünschten Informationen.

Auch andere Unternehmen im B2B-Bereich wie SAP, Revionics, SQ1 und IBM entwickeln Systeme für Händler zur Preisoptimierung und Absatzvorhersage. Dabei geht es darum, zu prognostizieren, wo der Kunde Wert auf einen attraktiven Preis legt und, wo er nicht so preissensitiv ist sowie die richtige Menge Ware vorrätig zu haben. Um das noch auszuweiten, machen die Systeme Angebote, die Präferenzen und Zahlungsbereitschaft der einzelnen Kunden eruieren, um möglicherweise auch personalisierte Rabattgutscheine aushändigen zu können. Darüber hinaus können so auch standortspezifische Sortiments- und Preisoptimierungen vorgenommen werden.

KI kann aber nicht nur im Hintergrund laufen, sondern auch Kunden direkt beraten in Form von Chatbots oder Sprachassistenten - sowohl bei der Produktsuche, als auch der Vorschlag von Kleidungsstücken. Zielgruppenspezifische Werbung durch Machine Learning oder die Emotionen der Kunden zu deuten sind zukünftige Wegweiser. So hat SAP einen Prototyp erstellt, der das Erscheinungsbild und die Körpermaße der Passanten analysiert und darauf basierend Vorschläge für Kleidungsstücke im Schaufenster anzeigt. Anhand der Reaktionen verändert der Prototyp seine Auswahl, bis er eine zufriedenstellende Reaktion der Menschen messen kann.

KI ist branchenübergreifend und kann auch im LEH eingesetzt werden, wie die jüngsten kassenlosen Supermärkte von Amazon zeigen, die mit intelligenten Sensoren ein stressfreieres Einkaufen ermöglichen sollen und dafür wichtige Daten über das Einkaufsverhalten sammeln.

Quelle: Lebensmittel Zeitung, 8. März 2018; www.absatzwirtschaft.de, 16. Juni 2018.

Communities der Verbraucher sind – wie diverse **Social Media** – Plattformen der Kommunikation. Tabelle 1.18 zeigt aktuelle Nutzerzahlen in den DACH-Ländern. Die Konsumenten kommunizieren hier nicht nur mit- und untereinander, sondern der von ihnen generierte „Content“ bildet den Ausgangspunkt für eine C2B-Kommunikation, wie im Hinblick auf Individualisierung bzw. Customizing der Handelsleistungen (siehe das Vierte Kapitel).

Tabelle 1.18: Social Media Nutzung in DACH-Ländern (2017, Mio. Nutzer)

	Deutschland	Österreich	Schweiz
Aktive Social Media Nutzer (% der Bevölkerung)	38,0 (46%)	4,4 (50%)	4,4 (52%)
Social Media Nutzer, mobile Geräte (% der Bevölkerung)	30,0 (36%)	3,7 (42%)	3,7 (44%)

Quelle: www.wearesocial.com 2018.

c) Transportsysteme und Transportnetze

Neben den Kommunikationsnetzen sind mit Blick auf die infrastrukturellen Rahmenbedingungen Transportsysteme und -netze von Bedeutung, insb. für den **Güterverkehr**, der hier im Vordergrund steht. Die Straße wird im Güterverkehr in den DACH-Ländern weiterhin dominieren (siehe Tab. 1.19), trotz zunehmender Stauprobleme und eines zunehmenden

Umweltschutzes, insb. **Klimaschutzbewusstseins** (CO_2- oder Feinstaubemissionen): Die Straße bietet als Verkehrsträger die größte Flexibilität im Hinblick auf moderne Logistikkonzepte wie **Just-in-time-** oder **Cross-Docking-Systeme**, die im Fünften Kapitel näher behandelt werden. Diese Vorteile gelten insb. im Hinblick auf kurze Relationen, wie sie i.d.R. bei inländischen Transporten gegeben sind. Im Vergleich zu Deutschland und Österreich zeigt sich in der Schweiz ein deutlicher Bedeutungsanstieg der „Schiene".

Tabelle 1.19: Entwicklung der Güterverkehre in Deutschland (Mrd. Tonnenkilometer)

	2000	2005	2010	2015	2016	2030	2050
Straßengüterverkehr	320	404	441	460	464	707	873
Eisenbahngüterverkehr	81	95	108	116	116	170	227
Binnenschifffahrt	66	64	62	55	54	87	100

Quelle: ProgTrans 2007; Statistisches Bundesamt 2018.

Multimodaler Verkehr – oder kombinierter Verkehr – liegt vor, wenn Waren mit Wechsel des Verkehrsträgers transportiert werden, d.h., wenn der Transportablauf als integrierte Transportkette gestaltet ist, die vom Versender zum Empfänger über unterschiedliche Verkehrsträger führt. Zu unterscheiden sind die Verkehrsträger Straße (Straßenverkehr), Schiene (Eisenbahnverkehr), Schifffahrt (Seeschifffahrt, Binnenschifffahrt), Luftverkehr und Rohrleitungsverkehr. Wenngleich kombinierter Verkehr nicht neu ist, steht eine breite Umsetzung auch in der Konsumgüterwirtschaft aus. Als Haupthindernisse gelten mangelnde Kapazitäten, aber auch mangelnde Leistungsfähigkeit der Deutschen Bahn. In der Schweiz zeichnet sich ein verstärktes Engagement auch des Handels ab, was sich im Bedeutungsanstieg der Schiene manifestiert.

III. Mikro-Umfeld

1. Abnehmer

Als zentrales Element des Mikro-Umfeldes können zunächst die Abnehmer, d.h. die Kunden, herausgestellt werden, wie private Abnehmer (Konsumenten) und institutionelle Abnehmer (v.a. für den Großhandel relevant). In diesem Abschnitt erfolgt eine Beschränkung auf die privaten Abnehmer.[1] Mit Blick auf die privaten Abnehmer fokussieren die folgenden Ausführungen die sozio-kulturellen Entwicklungen (sozio-ökonomische Aspekte wurden im Zusammenhang mit den Rahmenbedingungen des Makro-Umfeldes erörtert).

Triebkräfte des Verbraucherverhaltens der Zukunft sind v.a.: Individualisierung, Digital Lifestyle und Nachhaltigkeits-Orientierung. Darüber hinaus sind – wie auch in der Vergangenheit – die Convenience-Orientierung und die Preis-Orientierung wichtige Triebkräfte:

- Die **Convenience-Orientierung** ist als eine Grundströmung (Wegnahme von Last/Stress) zu begreifen. Auf diese Orientierung wirken sozio-ökonomische Entwicklungen (z.B. die Singleisierung), aber auch sozio-psychologische und soziologische Phänomene, wie das Streben von Frauen nach Vereinbarkeit von Familie und beruflicher Karriere. Zudem streben Konsumenten bspw. nach einer Verknüpfung von Tanken und Einkaufen, nach schneller Abholung oder Zustellung der Ware im Online-Bereich, oder nach schnellem Einkauf im LEH, was kleine Betriebstypen befördert.

[1] Vgl. hierzu auch die Ausführungen zu den Betriebstypen des Großhandels im Zweiten Kapitel und zu den Strategien des Großhandels im Fünften Kapitel.

- Die **Preis-Orientierung**, die sich bspw. im Zuwachs der Discounter manifestiert, drückt ein sozial-psychologisch erklärbares Phänomen aus: Der aufgeklärte Verbraucher agiert als professioneller Einkäufer (**Smart Shopper**). Online sind die Preis-Transparenz und die Preis-Orientierung besonders hoch. Diese manifestiert sich bspw. in der hohen Bedeutung von Preisvergleichsseiten, ebenso wie in der Vielzahl preisaggressiver Online-Vertriebskanäle (z.B. Online-Shopping-Clubs, Preis-Auktionen, Online-Discounter). Bezüglich der Preis-Orientierung ist auch **Multioptionalität** festzustellen. So geht mit der Convenience-Orientierung eine (tendenzielle) Bereitschaft einher, für diesen Mehrwert höhere Preise zu zahlen (nicht so Online).

Individualisierung zeigt sich in vielfältigen Erscheinungsformen und eröffnet dem Handel viele Handlungsoptionen. Sie drückt sich einerseits in der Profilierung der Verbraucher im **High-End-Segment** aus. Die individuelle Gestaltung bspw. von Küchen, Bädern oder Gartenanlagen sind Belege dafür. **Customization** ist eine weitere Profilierungsform, die Industrie und Handel bspw. durch menüartige Angebote von Zusatzausstattungen, aus denen der Verbraucher „sein" individuelles Produkt konfigurieren kann, ermöglicht. Man denke etwa an die Konfigurationsoptionen der Automobilhersteller oder die individualisierbare Produktgestaltung im Sportartikelbereich, wie im Internet-Shop von Anbietern wie Adidas und Nike. Eine weitergehende Variante der Customization stellt die Option der **Creative Consumers** dar, bei denen sich Verbraucher bspw. aus unterschiedlichen Duftstoffen ihr eigenes Parfum zusammenstellen können. Diese Formen der Individualisierung von Produkten werden in Mass Customization-Ansätzen genutzt. Im Online-Handel wird den Kunden die Möglichkeit gegeben, ausgewählte Produktspezifikationen wie typischerweise Farben, Formen oder Zutaten zu verändern, um eigene, individualisierte Produktkonfigurationen zu erstellen. Bei dieser Mass Customization wählen die Kunden aus einem Set standardisiert vorgegebener Produktkomponenten spezifische Elemente aus und können diese verändern. Die Produkte werden dann „on Demand" für die Kunden gefertigt und ihnen geliefert.

Auch der Entwicklungstreiber **Digital Lifestyle**, basierend auf den aufgezeigten technologischen Entwicklungen, zeigt sich in vielfältigen Erscheinungsformen. So ist eine zunehmende Verknüpfung von Arbeitswelt und privater Lebenswelt („connected Life and Work") festzustellen. Der zeit- und ortsunabhängige Zugriff auf Daten über mobile Devices ermöglicht das Arbeiten während eines Urlaubes genauso wie das Online-Shopping aus dem Büro heraus: Die Grenzen zwischen den bisher getrennten Arbeits- und Lebenswelten verschwimmen. Digital Lifestyle manifestiert sich in allen Formen mobiler Kommunikation, der aktiven Mitgestaltung im Rahmen von **Social Media** und dem Agieren als Käufer und Verkäufer in (mobilen) elektronischen bzw. virtuellen Märkten.

Von weitreichender Bedeutung ist die Sensibilisierung der Verbraucher für Fragen der **Nachhaltigkeit** (**Sustainability**). Verbraucher sind sich ihrer sozialen und ökologischen Verantwortung in ihrem Konsumverhalten, aber auch in ihrem generellen Verhalten, bewusst und erwarten gleichermaßen eine derartige Verantwortung von Unternehmen i.S. einer **Corporate Social Responsibility** (CSR). Die Nachhaltigkeits-Orientierung der Verbraucher geht über die bisherige Bio- und Öko-Orientierung hinaus. Sie umfasst nicht nur das Streben nach einer gesunden Lebensführung, nach umweltschonenden Produktionsverfahren, artgerechter Tierhaltung usw., sondern integriert weitere Facetten wie bspw. Fair Trade, die Nicht-Verletzung von Menschenrechten in Produktion und Logistik, die Schonung von natürlichen Ressourcen, die Beachtung der klimatischen Effekte in unternehmerischen Wertschöpfungsaktivitäten. Unter dem Aspekt der Nachhaltigkeit entwickeln sich neue Konsumentengruppen, die sich durch entsprechend geprägte Lifestyles auszeichnen. Beispielhaft können die Gruppierungen LOHAS (Lifestyles of Health and Sustainability) und LOCAVOREN (von lat. devorare = fressen und localis = örtlich) herausgestellt werden. Typische Produkte für **LOHAS** sind bspw. Hybridautomobile, modische Kleidung aus Bio-Baumwolle oder Bio-Crevetten. **LOCAVOREN** deutet den Trend an, überwiegend lokal erzeugte Speisen zu konsumieren, inkl. saisonal angepasster Ernährung. Hintergrund dieser Bewegung ist der Gedanke des Klimaschutzes, aber auch eine Rückbesinnung auf ursprünglichere Lebensweisen oder gar eine Ablehnung von Kommerz und Globalisierung. Dem wachsenden Bewusstsein für ökologische und soziale Belange können Handelsunternehmen nicht nur in ihrer Produkt- und Sortimentspolitik und ihrer Kommunikationspolitik entgegenkommen, sondern auch durch entsprechende Markierung und Kennzeichnung durch anerkannte Labels, z.B. MSC für zertifizierten nachhaltigen Fisch.

Bio-/Öko-/Sozial-Orientierung und Kompetenzmarken der Schweizer Coop

Die sozio-kulturellen Grundströmungen (Bio-/Öko-, Sozial-Orientierung) griff die Schweizer Coop (siehe zum Unternehmen Coop auch die Fallstudie im Zweiten Kapitel) mit dem VIVA-Konzept, welches die ökologisch und sozial profilierten Kompetenzmarken von Coop umfasste, früh auf. Coop führt die Nachhaltigkeits-Eigenmarken Coop Oecoplan (seit 1989), Coop Naturplan (seit 1993), Coop Naturaline (seit 1993), Coop Naturafarm (seit 2006) und Ünique (seit 2013), sowie die Gütesiegel Max Havelaar (seit 1992), Pro-SpecieRara (seit 2006), Slow Food (seit 2006), Pro Montagna (seit 2007), Hochstamm Suisse (seit 2008), topten (seit 2009) und demter (seit 2016). Diese Mehrwertkonzepte sind i.d.R. sortimentsübergreifend und beziehen sich auf ein Produktmerkmal, bei dem die Coop eine überdurchschnittliche Kompetenz in der Produktentwicklung und -vermarktung aufgebaut hat; sie basieren auf einem biologischen oder ökologischen bzw. sozialen Mehrwert. Die Nachhaltigkeits-Eigenmarken realisierten, zusammen mit den Gütesiegeln, im Jahr 2016 einen Umsatz von rd. 2,6 Mrd. CHF.

Mit den Nachhaltigkeits-Eigenmarken wird eine große Bandbreite an Nachhaltigkeitsthemen, wie Artenschutz, Umweltschutz, fairer Handel, Regionalität usw. adressiert. Konsumenten erhalten die Möglichkeit, ethisch-moralische Grundwerte bei der Kaufentscheidung zu berücksichtigen. Coop fördert seit Jahren regionale Betriebe, um die Umweltbelastung durch kürzere Transportstrecken zu minimieren und die lokale und regionale Wirtschaft zu stärken. Die Marken ProSpecieRara – ein gemeinsames Projekt mit der Schweizerischen Stiftung für die kulturhistorische und genetische Vielfalt von Pflanzen und Tieren – und Pro Montagna – auserlesene Produkte aus Schweizer Bergregionen – unterstützen dieses Engagement und verdeutlichen die Stellung von heimischen, natürlichen Produkten. Die wichtigste Kompetenzmarke ist Coop Naturaplan. Die rd. 1.600 mit der Knospe von Bio Suisse zertifizierten Naturaplan Produkte erfüllen einen höheren Standard als die gesetzlichen Mindestanforderungen an Bio-Produkte, wie durch ein Verbot von Flugtransporten, ein Beheizungsverbot für Gewächshäuser, ein Rodungsverbot für Urwaldflächen, die Bevorzugung Schweizer Produkte sowie die Rückverfolgbarkeit der Produkte aus Importen bis zum einzelnen Erzeuger („Bio - ohne Kompromisse").

Quelle: Coop Fortschrittsbericht Nachhaltigkeit 2017.

In den DACH-Ländern zeigen sich Parallelen aber auch Unterschiede. So ist bspw. in der Schweiz die Nachhaltigkeits-Orientierung deutlich stärker ausgeprägt, die Preis-Orientierung dagegen deutlich geringer. Wählt man eine internationale oder sogar globale Perspektive, dann zeigen sich deutliche Divergenzen im Verhalten der Abnehmer, die u.a. kulturbedingt sind und auch auf sozio-ökonomische Faktoren zurückgeführt werden können, aber auch Konvergenzen. Als Beispiel für konvergentes Verhalten können länderübergreifende bzw. **transnationale Zielgruppen** erwähnt werden, die auf Grund gleicher bzw. ähnlicher Werte- und Verhaltensmuster länderübergreifend standardisierte Handelsmarketing-Konzepte ermöglichen.

2. Konkurrenten

a) Wettbewerbsintensität, Strukturwandel und Konzentration

Der Wettbewerb im Handel ist in den DACH-Ländern kompetitiv. Dies spiegelt sich bspw. in einer starken **Preisintensität** mit der Folge geringer Umsatzrenditen im Vergleich zu anderen Wirtschaftssektoren wider, v.a. im deutschen LEH. Auslöser – und auch Indikator – ist u.a. die zunehmende Verkaufsfläche aber auch die Konkurrenz von Online-Anbietern. So nimmt die Einzelhandelsfläche in Deutschland zu: 77 Mio. qm standen den Deutschen zum Zeitpunkt der Wiedervereinigung zur Verfügung. Im Jahr 2017 waren es in Deutschland gemäß HDE rd. 124 Mio. qm Einzelhandelsflächen. In Österreich nahm die Einzelhandelsfläche zwar moderater zu, verzeichnet aber dennoch ein kontinuierliches Wachstum. Laut GfK weist Österreich mit 1,66 qm pro Einwohner im Jahr 2017 die zweitgrößte Verkaufsflächendichte Europas auf, die Schweiz belegt Rang vier mit 1,5 qm gefolgt von Deutschland mit 1,44 qm. Der starke Wettbewerb ist zugleich von einem permanenten **Strukturwandel** begleitet. Bspw. ist der traditionelle, nicht-filialisierte Fachhandel (kleinere und mittlere Fachgeschäfte) seit längerer Zeit in der Defensive (siehe Abb. 1.4; zu weiteren Be- und Vertriebstypen siehe das Zweite Kapitel).

Abbildung 1.4: Marktanteile nach Be-/Vertriebstypen in Deutschland

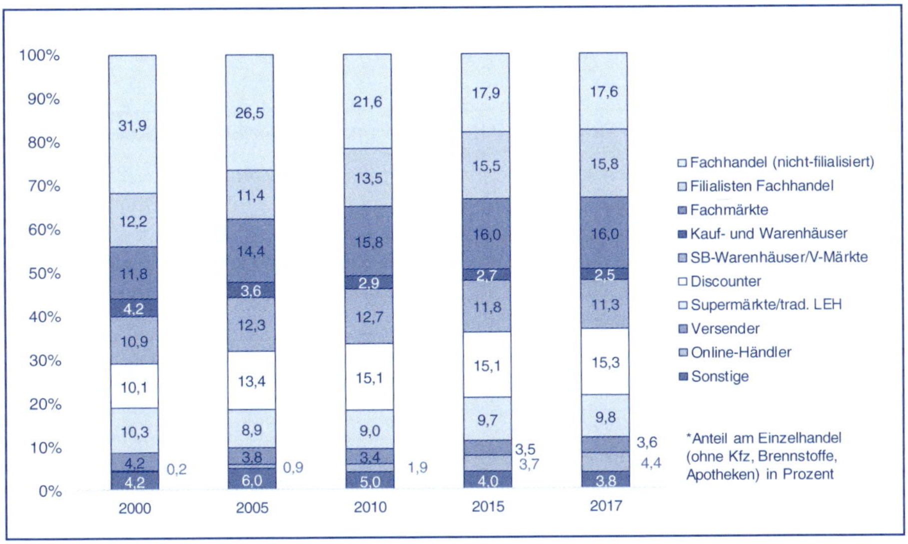

Quelle: IFH Retail Consultants 2017; HDE Zahlenspiegel 2018.

Die hohe Strukturdynamik des (Einzel-)Handels schlägt sich in einer steigenden **Handelskonzentration** nieder. Auslöser dieser Konzentration sind einerseits **organisches (endogenes) Wachstum**, insb. durch Filialisierung, andererseits **exogenes Wachstum**, wie durch Akquisitionen. Deutschland nimmt hinsichtlich der **Konzentrationsquote** im LEH im internationalen Vergleich eine mittlere Position ein (siehe Abb. 1.5). Die Unternehmenskonzentration in ausgewählten Non-Food-Branchen in Deutschland verdeutlicht Abb. 1.6. Hier zeigt sich eine vergleichsweise hohe Konzentration in der Unterhaltungselektronikbranche, in der zugleich Verbundgruppen ihre Position festigen konnten.

Abbildung 1.5: Marktanteile der Top-5 im LEH

<50%	50-70%	>70%
Irland, Griechenland, Spanien, Slowakei, Großbritannien, Tschechien, Italien, Russland, Polen, Rumänien	Österreich, Schweiz, Portugal, Deutschland, Ungarn, Frankreich, Niederlande	Norwegen, Finnland, Belgien, Schweden, Dänemark, Luxemburg

Quelle: METRO Group 2016 (je nach Quelle existieren Unterschiede).

Abbildung 1.6: Marktanteil der TOP 5-Händler nach Branchen (ca. in %)

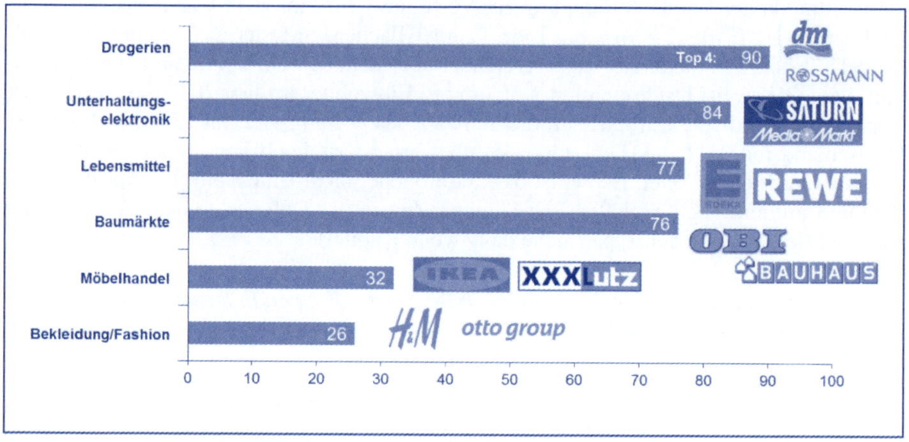

Quelle: Trade Dimensions 2014, Metro Group 2014, Euler Hermes 2014, Statista 2014 (Schätzungen).

Trotz der hohen Unternehmenskonzentration (i.S. **enger Oligopole**) zeigt sich – entgegen volkswirtschaftlich begründeten Erwartungen hinsichtlich abgestimmter Verhaltensweisen (Varian 2011, S. 551ff.) – ein extrem starker Preiswettbewerb zwischen den führenden Akteuren. Zur Messung der Handelskonzentration – wie auch der Herstellerkonzentration – existieren zahlreiche Ansätze, die in Abb. 1.7 überblicksartig dargestellt sind und auf die hier nur kurz eingegangen werden kann.

Abbildung 1.7: Konzepte zur Messung der Handels- und Herstellerkonzentration

Ansatz	Maße	Gegenstand
Konzentrationskurve	absolut	grafische Darstellung der absoluten Konzentration
Concentration Ratios	absolut	Koeffizienten zur Messung der Konzentration im Hinblick auf die größten Merkmalsträger
Hirschman-Herfindahl-Index	absolut	Koeffizient zur Messung der Konzentration im Hinblick auf alle Merkmalsträger
Rosenbluth-Index	absolut	Koeffizient, der auf die Rangfolge der Merkmalsträger abstellt und mit sinkender Zahl von Merkmalsträgern ansteigt
Entropie-Maße	absolut	aus der Informationstheorie und der Physik übernommene Maße der Unsicherheit; je größer der Konzentrationsgrad, desto geringer die Unsicherheit der Anbieter, mit einem zufällig ausgewählten Käufer ein Geschäft zu machen
Linda-Index	absolut	Koeffizient, der Aussagen über die Stellung der größten Unternehmen im Markt zulässt
Lorenzkurve	relativ	grafische Darstellung der relativen Konzentration
Gini-Koeffizient	relativ	Koeffizient; der darauf abzielt, die Lorenzkurve in einer Messziffer auszudrücken; je ungleichmäßiger die Verteilung, desto höher der Koeffizient
logarithmische Normalverteilung	relativ	Streuungsparameter der logarithmischen Normalverteilung, der die relativen Abweichungen vom Mittelwert errechnet

Quelle: i.A.a. Schenk/Tenbrink/Zündorf 1984, S. 139ff.

Die Komplexität der Konzentrationsmessung zeigt sich bereits in der Abgrenzung des **relevanten Marktes**. So kann dieser auf der Grundlage der Sortimentsmarktthese, der Regionalmarktthese oder der Closest-Competitor-These abgegrenzt werden. Dies kann am Beispiel des LEH illustriert werden (Lademann 2008). Nach der **Sortimentsmarktthese** wird der sachlich relevante Markt abgegrenzt. Dieser umfasst dann alle Anbieter mit Universalsortiment im Bereich der Fast Moving Consumer Goods (FMCG), wie Nahrungs- und Genussmittel, Drogeriewaren, Presseerzeugnisse, Blumen. Ausgangspunkt ist die Annahme, dass Verbraucher ein One-Stop-Shopping präferieren.

Folgt man der **Regionalmarktthese**, so führt dies zum räumlich relevanten Markt, d.h., Verbraucher kaufen im lokalen Kontext ein. Operationalisiert wird dies bspw. durch Fahrminuten-Isochronen, z.B. 20 Fahrminuten. Nach der **Closest-Competitor-These** basiert die Abgrenzung auf der wettbewerblichen Nähe der Anbieter. So gelten nach Abb. 1.8 bspw. neben dem sog. **Intrabetriebstypenwettbewerb** (innerhalb der z.B. Harddiscounter) vor allem der **Interbetriebstypenwettbewerb** zwischen den Betriebstypen Vollsortimenter und Softdiscounter als besonders stark (es sind nahe Wettbewerber). Die aus den Abgrenzungen resultierenden Konzentrationsgrade bilden die Basis kartellrechtlicher Entscheidungen, z.B. bzgl. der Zulässigkeit von Akquisitionen oder Fusionen.

Abbildung 1.8: Wettbewerbsnähe der Betriebstypen im Lebensmitteleinzelhandel

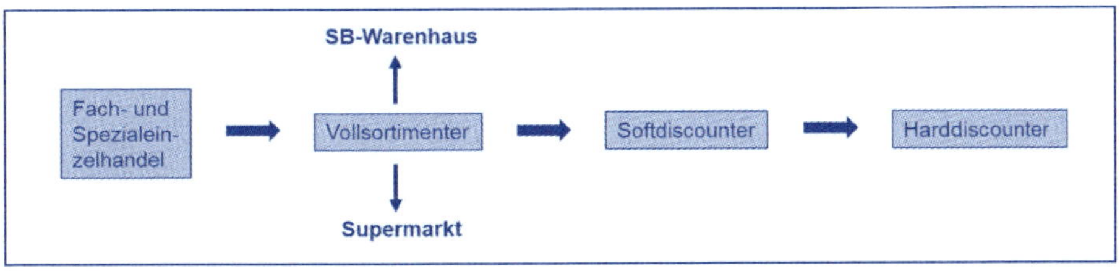

Quelle: i.A.a. Lademann 2008.

b) Rückwärtsintegration als strategische Stoßrichtung

Wesentliche Veränderungen im Wettbewerbsumfeld resultieren aus der wettbewerbsstrategischen **Rückwärtsintegration** im Food- und Near-Food-Handel: Händler weiten ihre Wertschöpfungskette durch eigene produktbezogene Forschungs- und Entwicklungsaktivitäten und durch die Handelsmarkenproduktion aus, wie im Vierten Kapitel gezeigt wird.[1] Dies ist vornehmlich im vertikalen Wettbewerb zu Markenartikeln und den entsprechenden Herstellern relevant.

Zudem integrieren Handelsunternehmen vorgelagerte Wertschöpfungsstufen in ihre Wertschöpfungskette, wie durch direkten Zugang zu agrarischen Rohstoffen, um bei steigender weltweiter Nachfrage die Sicherheit der Versorgung zu garantieren (siehe zu den entsprechenden Gesamtunternehmensstrategien Abschnitt C.IV. im Dritten Kapitel). Sie integrieren auch – wie im Fünften Kapitel gezeigt wird – logistische Wertschöpfungsprozesse und streben die **Logistikführerschaft** an. **Integrierte Wertschöpfungsketten** sind charakteristisch für die sog. **Verticals**, z.B. Zara, H&M, Mango. Sie ermöglichen eine effizientere und effektivere Supply Chain-Steuerung, insb. eine schnelle Nachproduktion (Quick-Response).

---

[1] Vgl. www.markendetektive.de, 30. Juli 2018; Schneider 2013 oder zu den Marktanteilen von Handelsmarken die Private Label Manufacturers Association.

3. Potenzielle neue Konkurrenten und Substitutionen

Neue Konkurrenten im Wettbewerbsumfeld des Handels resultieren aus der Substitution des Food-Handels durch Restaurants, Fast-Food, Pizzaservice o.Ä., deren Nutzung bspw. mit der zunehmenden Anzahl von Einpersonenhaushalten, die nicht mehr täglich kochen, verbunden ist. Auch die **absatzmarktorientierte Vertikalisierung** der traditionellen Hersteller, als eine weitere Form der Vorwärtsintegration, auf die in Abschnitt B. dieses Kapitels bereits verwiesen wurde, ist zunehmend bedeutend in allen Branchen.

Deren Erscheinungsformen lassen sich danach differenzieren, ob ein Hersteller die Distribution vollständig in seine Wertschöpfungskette integriert (integrative Distribution, secured Distribution und zwar offline oder online) oder, ob dieser mit Vertriebspartnern kooperiert, dabei jedoch – je nach kontraktuellem Arrangement – weitgehenden Einfluss auf die Marketingaktivitäten gegenüber Endabnehmern besitzt (vertikal-kooperative Distribution, controlled Distribution). Innerhalb dieser beiden Ausprägungsformen existieren zahlreiche Varianten, wie bzgl. der vertraglichen und/oder finanzwirtschaftlichen Ausgestaltung. Darüber hinaus können integrative und vertikal-kooperative Formen kombiniert auftreten. Die Bedeutung des Ziels der langfristigen Sicherung des Absatzkanals spiegelt sich (neben Zielen der Umsatzsteigerung) in der zunehmenden Vertikalisierung wider, die sich immer stärker – von der Fashion-Branche ausgehend – auch in anderen Branchen zeigt.

Substitutionsgefahren erwachsen dem Handel durch das Aufkommen der sog. **Pure-Player** im Rahmen des E-Commerce. Internet-Plattformen bzw. Internet-Portale können zu einer **Ausschaltung** traditioneller Intermediäre, wie des Großhandels, führen. Aber auch im B2C-Handel entwickeln sich die reinen Online-Händler mindestens zu neuen Konkurrenten, wie die Markterfolge von bspw. Amazon oder Zalando zeigen. Neben diesen „Generalisten" gewinnen zunehmend Pure-Player als Spezialisten an Bedeutung, fokussiert auf nur eine Branche oder Warengruppe, bspw. im Reifenhandel (siehe das Zweite Kapitel). Die etablierten Offline-Händler reagieren und integrieren elektronische Vertriebsformen in ihr Distributionsportfolio i.S. eines **Multichannel Retailing** (vgl. bereits Schramm-Klein 2003). Dies ist auch bei den (etablierten) Unternehmen des Großhandels der Fall. Diese Kanäle werden zunehmen verknüpft i.S. eines **Converged Retailing**.

4. Lieferanten

Wesentlichen Einfluss auf das Wettbewerbsumfeld des Handels üben Lieferanten aus – in erster Linie die Hersteller, aber auch der Großhandel (bzgl. Einzelhandelsunternehmen). Wachsender Einfluss der Hersteller auf die Wettbewerbsarena des Handels resultiert aus der bereits angesprochenen absatzmarktorientierten Vertikalisierung und der fortschreitenden **Konzentration** auf der Herstellerebene. So ist die Marktbedeutung der Hersteller, bspw. im Bereich der Fast Moving Consumer Goods (FMCG), in den letzten Jahren insb. durch Akquisitionen deutlich gestiegen. Durch Akquisitionen steigt auch das Portfolio starker Marken, als Gegengewicht der Hersteller zur steigenden **Nachfragemacht** des Handels. Zugleich werden Markenportfolios bereinigt. So ist bspw. die Zahl der von Unilever geführten Marken von 1.600 auf rd. 400 gesunken (obwohl Marken wie Knorr dazukamen).

Die Marktbedeutung der Hersteller zeigt sich z.B. in der Umsatzkonzentration in der deutschen Lebensmittelindustrie (aus Sicht der Handelsunternehmen). So betragen die Marktanteile der Top 10 Lieferanten in manchen Warengruppen, wie bspw. Tiernahrung, annähernd 90%. Die Top 3 im Bereich Wasch-, Putz- und Reinigungsmittel vereinigten 65,0% auf sich (siehe Abb. 1.9). Bei den Herstellern zeigt sich eine weitere Tendenz, insb. bzgl. ihrer Wertschöpfungsprozesse. Bedingt durch die Herstellerkonzentration, mit der i.d.R.

auch eine Zunahme der **Markenstärke** dieser Hersteller einhergeht, und durch das Profilierungsstreben des Handels („Marketingführerschaft“), das sich in einem Bedeutungsanstieg von **Handelsmarken** niederschlägt, entwickeln sich Hersteller zu Handelsmarkenproduzenten. Dabei reicht ihre Leistungspalette von der Produktion (auf der Grundlage der vom Handel vorgelegten Rezepturen, Muster usw.) bis zur handelskundenspezifischen Produktentwicklung und **Markenführung**. Diese Firmen entwickeln, produzieren und führen die Marken des Handels. Zudem eröffnen die o.g. Umweltentwicklungen Händlern neue Zugänge zu Lieferanten beim **Global Sourcing** (siehe Abschnitt D.II. des Fünften Kapitels).

Abbildung 1.9: Marktanteile der Top-3-Hersteller nach Warengruppen

<30%	30-50%	>50%
Brot/Backwaren, Alkoholische Getränke, Eier, Fleisch- und Fleischerzeugnisse, Tiefkühlkost, Nahrungsfette/Öle, Feinkost/Würzen/Convenience	Molkereiprodukte, Fisch- und Fischerzeugnisse, Konserven-/Fertig-/Fix-produkte, Heißgetränke, Süßwaren/ Dauerbackwaren, Alkoholfreie Getränke, Kosmetik/Körperpflege, Hygiene/Papier, Grundnahrungsmittel	Eis, Tiernahrung, Wasch-, Putz- und Reinigungsmittel, Frühstück/ Baby-/sonstige Nahrung, Tabakwaren

Quelle: Prognose (diverse Grundlagen, bspw. IFH/BBE Retail Experts 2009).

IV. Systeme und Methoden der Umfeldanalyse

Die in der Managementliteratur thematisierten **Diskontinuitäten** der externen Umwelt, die nur schwer vorhersagbare, plötzliche Veränderungen des politisch-rechtlichen, sozio-ökonomischen, technologischen Umfeldes begründen und Unternehmen „über Nacht“ zu grundlegenden Revisionen ihrer mittel- und langfristigen Planungen zwingen, erfahren durch Internet und Globalität eine andere Qualität. Erforderlich sind immer häufiger schnelle Aktionen/Reaktion, die andere Kompetenzen, Fähigkeiten und Grundeinstellungen des Managements bzw. der Unternehmen voraussetzt. Sie bedingen zudem eine verstärkte Nutzung analytischer Verfahren der Umweltanalyse (siehe im Überblick Abb. 1.10).

Abbildung 1.10: Verfahren der Umweltanalyse

Kernbereiche der Umweltanalyse		
Unternehmensumwelt (Marktanalyse i.e.S.)		Weitere Umwelt (Marktanalyse i.w.S.)
Kundenanalyse	Konkurrenzanalyse	
▪ Identifikation und Analyse von Kundensegmenten ▪ Analyse von Kundenbedürfnissen (i.S. der Käuferverhaltensforschung)	▪ Branchenstrukturanalyse ▪ Konkurrenzanalyse (etablierte, potenzielle) ▪ Analyse strategischer Gruppen	▪ Strategische Früherkennung (Frühaufklärung, Frühwarnung) ▪ Szenariotechnik ▪ Trendanalyse ▪ Impact-Analyse (Wirkungsanalyse)

E. Theorien, Ansätze und Konzepte des Handelsmanagements

I. Ansätze der Managementforschung

1. Überblick

Im Rahmen der Managementforschung ist eine Fülle von Erklärungsansätzen mit unterschiedlichsten Sichtweisen entwickelt worden (Macharzina/Wolf 2018). Es handelt sich um formalwissenschaftliche Ansätze, die auf mathematischer Grundlage, auf Informations- und Kommunikationstheorie, Kybernetik und Management Science zurückgreifen, um verhaltenswissenschaftliche Ansätze auf psychologischer, sozialpsychologischer und soziologischer Grundlage und auch um interpretative Ansätze zu erklären. In der Handelsbetriebslehre finden sich Ansätze aus allen Gruppierungen, auch wenn Marketingperspektiven dominieren. Aufgrund der vielfachen Umfeldveränderungen ist ein Bedürfnis nach Orientierung beim Unternehmenswandel evident und die Wissenschaft ist aufgerufen, bestehende Modelle zu überprüfen, um ihre Orientierungsfunktion in Form von Gestaltungsempfehlungen für die Handelspraxis zu erfüllen. Nachfolgend soll zunächst die traditionelle Sicht der Handelsbetriebslehre mittels der Funktionenlehre und im Faktorenmodell dargestellt werden, da diese wichtige Bausteine bilden. Daran anschließend werden diverse Ansätze der Managementforschung vorgestellt und im Hinblick auf den Handel diskutiert.

2. Die klassische Sicht der Handelsbetriebslehre

In der handelsbetrieblichen Literatur existieren zahlreiche Kataloge zur **Lehre der Handelsfunktionen**. Sie systematisieren die Aufgaben, die von einem Handelsbetrieb erfüllt werden. Zugleich stellen sie „Rechtfertigungsansätze" dar, d.h. Versuche, die Nützlichkeit des Handels bzw. seine Existenzberechtigung zu belegen. Abbildung 1.11 zeigt, basierend auf Sundhoff 1965, einen Katalog der Handelsfunktionen.

Abbildung 1.11: Katalog der Handelsfunktionen

A. Sachgüterumgruppierungsfunktionen
1. Sortimentsfunktionen
   a) Produktorientierte Sortimentsbildung
   b) Konsumtionsorientierte Sortimentsbildung
2. Quantitätsfunktionen
   a) Sachgütersammlung
   b) Sachgüterverteilung

B. Bedarfsanpassungsfunktionen
1. Überbrückungsfunktionen
   a) Raumüberbrückung
   b) Zeitüberbrückung
2. Sicherungsfunktion
   a) Objektsicherung
   b) Subjektsicherung

C. Marktausgleichsfunktionen
1. Markterschließungsfunktionen
   a) Marktuntersuchung
   b) Marktbeeinflussung
2. Umsatzdurchführungsfunktionen
   a) Umsatzakquisition
   b) Umsatzabwicklung

D. Sachgüteraufbereitungsfunktionen
1. Qualitätsfunktionen
   a) Sortierung
   b) Mischung
2. Vollendungsfunktionen
   a) Manipulation
   b) Montage und Wartung

Quelle: i.A.a. Barth/Hartmann/Schröder 2015, S. 36.

Derartige Funktionenkataloge spiegeln die Tatsache wider, dass etwas gemacht werde, erklären aber nicht die Produktivität und damit die Existenzberechtigung des Handels. Außerdem sei fraglich, ob ein Bedarf an der Ausübung der Handelsfunktionen bestehe. Sie können allerdings eine Grundlage bilden, um Wertschöpfungsfunktionen im Offline- und Online-Handel wie auch in Multichannel-Unternehmen zu identifizieren, was nachfolgend behandelt wird. Wenngleich kein „produktionstheoretisches Theoriegebäude für den Handelsbetrieb" existiert, finden sich einige Entwürfe hierzu, die den Handelsbetrieb als **Faktorenmodell** bzw. als **Input-Output-System** sehen. Auf Buddeberg (1959) geht die Einteilung in folgende Faktoren zurück; dabei ist für den Handelsbetrieb der **Regiefaktor Ware** charakteristisch:

- menschliche Arbeitsleistung
- sachliche Betriebsmittel
- Regiefaktor Ware
- Sicherungsfaktor Kapital
- dispositiver Faktor.

Abbildung 1.12 zeigt den Handelsbetrieb als **Input-Output-System**. Müller-Hagedorn (1998, S. 123) setzt sich eingehend mit der Eignung produktionstheoretischer Ansätze für die Analyse handelsbetrieblicher Probleme auseinander und weist auf die für die Dienstleistungsproduktion typische Situation einer stochastischen Beziehung zwischen Input und Output hin: Die Ursache für die stochastischen Beziehungen zwischen Input und Output liegt v.a. in der Mitwirkung des Kunden an der Leistungserstellung. Er stellt zu Recht heraus, dass die Produktionstheorie heute in den Hintergrund getreten ist, dass aber ihre Grundüberlegungen „unter anderen Begriffen" aktuell sind.

Abbildung 1.12: Der Handelsbetrieb als Input-Output-System

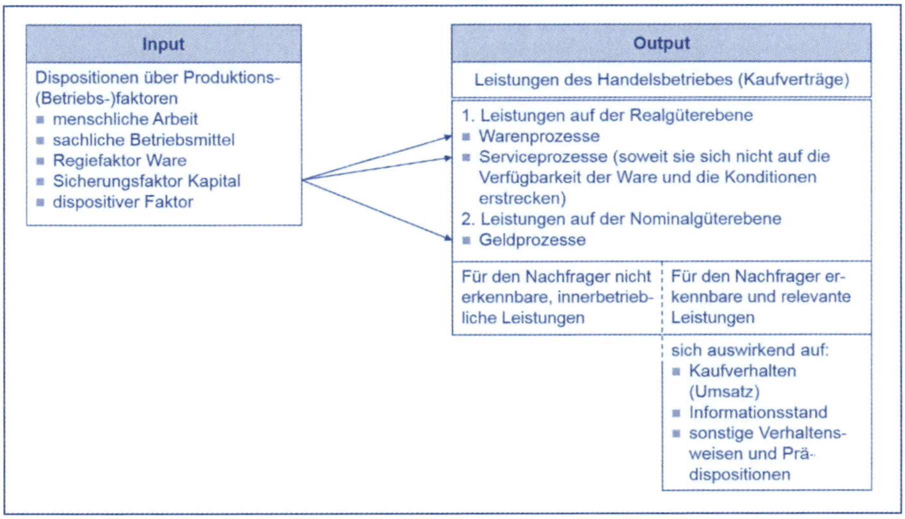

Quelle: Müller-Hagedorn 1998, S. 115.

Als Beispiel führt er das Konzept der **Wertkette** an. Aus Sicht der heutigen Entwicklung des strategischen Managements ergeben sich aber erhebliche Unterschiede, wie Handelsunternehmen erfolgreich geführt werden können (bspw. bzgl. einzelner Be- und Vertriebstypen). Im klassischen funktionenorientierten Gedankengut bestand die Aufgabe darin, das geschäftspolitische Tätigkeitsfeld abzustecken und die Funktionen möglichst gut zu erfüllen, die man der eigenen Geschäftspolitik zu Grunde gelegt hat. Das erfolgreiche Führen von Handelsunternehmen war in einem eher überschaubaren Umfeld mit vergleichsweise ungestörten Entwicklungen relativ leicht. Auf der Grundlage von stabilen langfristigen Plänen wurden Maßnahmen in den einzelnen Funktionen ausgewählt und koordiniert. Obwohl im produktionswirtschaftlichen Ansatz die Idee steckt, das Handelsunternehmen als Abfolge von Prozessen zu erklären, geht dieser nicht über eine enge mengen- und wertmäßige Detailanalyse hinaus. Trotzdem lassen sich Entwicklungslinien zur Wertkette und zum ressourcenorientierten Ansatz ziehen, auf die nachfolgend näher eingegangen wird.

3. Der entscheidungsorientierte Ansatz

Der **entscheidungsorientierte Ansatz** nimmt in der Handelsbetriebslehre noch immer eine wichtige Rolle ein. Er hat das Ziel, Entscheidungssituationen und -prozesse in Handelsbetrieben zu erklären und praktikable Entscheidungshilfen für konkrete Probleme bereitzustellen. Entscheidungen werden dabei als ein sich im Zeitablauf vollziehender Prozess verstanden, der einzelne Phasen durchläuft. Dieser allgemeine Entscheidungsprozess wird als unabhängig von Branche und Betriebsgröße, aber auch unabhängig von konkreten Entscheidungsproblemen gesehen.

Einen Überblick über die einzelnen (idealtypischen) Phasen gibt Abb. 1.13. Dieses Phasenschema beginnt mit der Analyse des Ist-Zustandes und der Erkenntnis des zu behandelnden Problems. Darauf folgt der Prozess der Zielbildung, in dem die angestrebten Ziele ermittelt und festgelegt werden. Daran schließt sich die Suche nach Alternativen an, die zur Zielerreichung in Betracht kommen. Nach der Auswahl der besten Alternative und der Abschätzung der Wirkungen dieser Alternative folgen die Phasen der Realisierung und der Kontrolle. Diese Phasen bilden einen sich wiederholenden **Managementzyklus**, der durch Vor- und Rückkopplungsbeziehungen charakterisiert ist. Er kann auf die diversen relevanten Betrachtungsebenen im Handel angewandt werden:

- Corporate Level (gesamtes Unternehmung)
- Produkt-Markt-Bereiche (Vertriebslinien, ausländische Tochtergesellschaften usw.)
- Wettbewerbsebene 1 (einzelne Vertriebslinien und/oder Vertriebs-/Betriebstypen)
- Wettbewerbsebene 2 (einzelne, lokale Märkte/Stores)
- Wettbewerbsebene 3 (einzelne Sortimente, Categories/Warengruppen oder Artikel).

Abbildung 1.13: Phasenschema des Entscheidungsprozesses

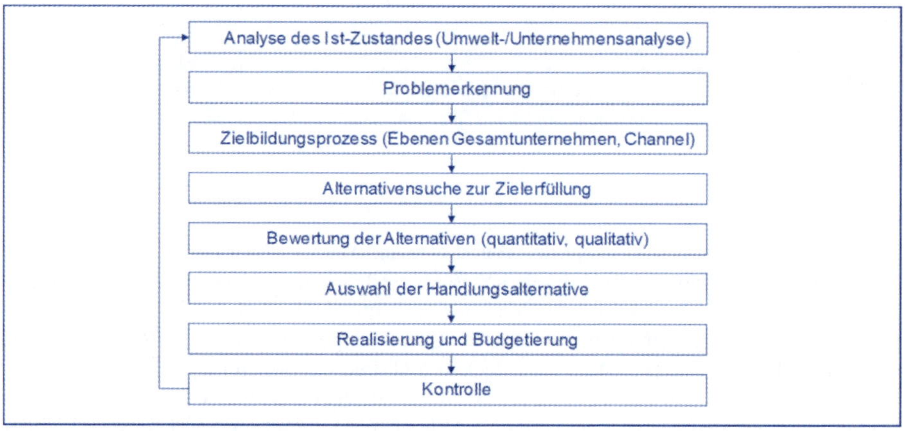

Studien haben – auch jenseits des Handels – gezeigt, dass die in dem Phasenschema unterstellte lineare Abfolge der einzelnen Phasen nicht immer haltbar ist. Entscheidungsprozesse erfolgen oft unstrukturierter, in unterschiedlicher Abfolge der einzelnen Phasen, die zudem oft schwer abzugrenzen/zu identifizieren sind. Indessen findet der entscheidungsorientierte Ansatz in Unternehmen Anklang, da er den Vorstellungen, dass dann erfolgreich Probleme gelöst werden, wenn besonders systematisch vorgegangen wird, entspricht.

Auch angesichts zunehmender Umfelddynamik ist der entscheidungsorientierte Ansatz geeignet, unterstützt durch computergestützte Modelle und Lösungsvorschläge, welche aus der Fülle der verfügbaren Daten für Handelsunternehmen resultieren können. Insofern hat der entscheidungsorientierte Ansatz als ein in sich geschlossenes Konzept für die Lösung praktischer Problemen eine heuristische Orientierungsfunktion.

4. Verhaltenswissenschaftliche Ansätze

Das Grundanliegen von **verhaltenswissenschaftlichen Ansätzen** besteht in der Analyse des tatsächlichen Verhaltens von Menschen (ggü. eines Homo Oeconomicus). Der Fokus der Ansätze auf **Menschen in Organisationen** wird im folgenden Abschnitt betrachtet (i.S. Unternehmensführung), während im Fokus das **Verhalten der Marktteilnehmer**, i.S. das **Käuferverhalten** steht. Dabei ist hervorzuheben, dass die in der Konsumentenforschung entwickelten Ansätze oft für die Erklärung des Verhaltens von Konsumenten im Handel herangezogen werden. Zwei Sichtweisen sind an dieser Stelle hervorzuheben.

Das Verhalten des Konsumenten wird in **Phasen des Kaufprozesses** unterteilt (Vorkauf-, Kauf- und Nachkaufphase), in denen v.a. unterschiedliche Channels zur Information, zum Kauf oder für Services genutzt werden (Foscht/Swoboda/Schramm-Klein 2017, S. 183ff.). Die Ansatzpunkte für Händler können wie folgt angedeutet werden (siehe Abb. 1.14):

- In der **Vorkaufphase** dominieren die Evaluierung von Kaufalternativen. Dies reicht von der Bedürfniserkennung, über die Informationssuche (extern/intern) bis hin zur eigentlichen Bewertung und Auswahl von Alternativen (z.B. Wahl eines Online-Stores). Aus Sicht des Handels können in dieser Phase eine Reihe von Analysen durchgeführt werden, wie von Kundenbedürfnissen, Motiven, Konsumausgaben, Einstellungen/Images etc.
- In der **Kaufphase** geht es um die Alternativenidentifikation und -bewertung (online und offline) für den Kauf, inklusive des Verhaltens in einem Store. Im Handel sind Kundenverkehrsstudien (bspw. Analyse des Einzugsgebietes), Einkaufsfrequenzstudien, Verweildauern, Kundenlauf-/Click-Stream-Studien oder Platzierungstests wichtig. Die Wirkungen von preispolitischen Maßnahmen und Promotionsaktionen lassen sich analog ermitteln und die Panelforschung ermöglicht wichtige Analysen z.B. von Verbundeffekten. In Verbindung mit der Vorkaufphase können Online- und Offline-Information und Online- und Offline-Kaufort betrachtet werden.
- In der **Nachkaufphase** stehen Konsum/Nutzung und Evaluation erhaltener Leistungen und Channels ebenso im Vordergrund wie das Wiederkaufverhalten. In dieser Phase liefern Analysen wichtige Ansatzpunkte für die Loyalität oder den Wechsel der Einkaufsstätte (inkl. Analysen der Kundenstruktur Stammkunden, Laufkunden usw.).

Abbildung 1.14: Ansatzpunkte für Handelsunternehmen im Kaufprozess

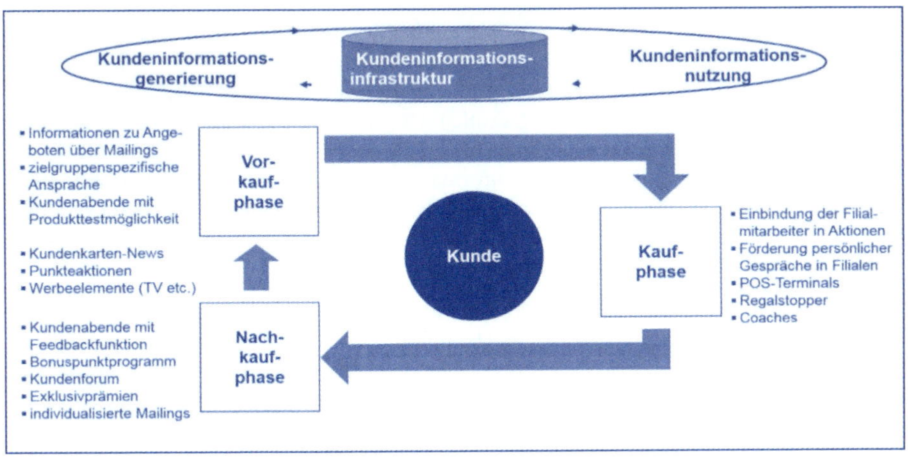

Quelle: Foscht/Swoboda/Schramm-Klein 2017, S. 35.

Zweitens sind Wirkungen von Instrumenten zur Beeinflussung des Konsumentenverhaltens relevant. Grundlegend ist der **neobehavioristische Erklärungsansatz**: Das Verhalten wird als Reaktion (Response) auf äußere Reize (Stimuli), die über intervenierende Variablen (Organismus) wirken, beschrieben. Intervenierende Variablen sind theoretische Konstrukte, die sich der Beobachtung entziehen. Zu ihnen gehören z.B. aktivierende und kognitive Prozesse, die ihrerseits durch prädisponierende Prozesse bzw. Größen wie Involvement, Werte oder (v.a. international) Kultur beeinflusst werden. Das sog. **SOR-Modell (Stimulus-Organismus-Response-Modell)** ist in Abb. 1.15 schematisch dargestellt.

Abbildung 1.15: SOR-Modell zur Erklärung des handelsbezogenen Konsumentenverhaltens

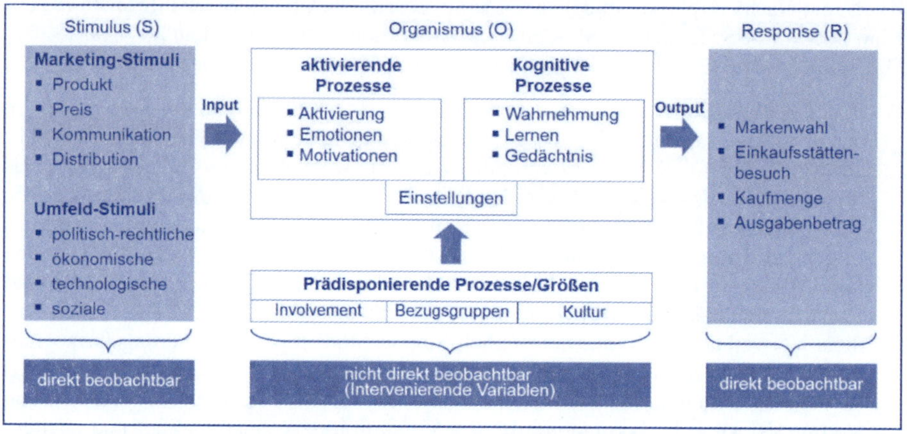

Quelle: Foscht/Swoboda/Schramm-Klein 2017, S. 30 (i.A.a. Kroeber-Riel/Gröppel-Klein 2013, S. 51ff.).

5. Institutionenökonomische Perspektiven

Das Forschungs- und Lehrgebäude der **Neuen Institutionenökonomik**, das sich als Weiterentwicklung der mikroökonomischen Modelle versteht, bietet auch für die Erklärung der Tätigkeit von Handelsbetrieben interessante Perspektiven. Die Neue Institutionenökonomik besteht allerdings nicht aus einem einheitlichen Theoriegebäude, sondern aus mehreren, methodologisch verwandten Ansätzen, die sich teilweise überschneiden, sich ergänzen und sich aufeinander beziehen. Die Ansätze stellen die Bedeutung der Information für die Koordination der wirtschaftlichen Tätigkeit in den Mittelpunkt. Aus dieser Sicht lassen sich Handelsunternehmen als Institutionen auffassen, die Informations- und Kommunikationsprozesse möglichst rational durchführen sollen. Dabei wird die Erklärung vom Standpunkt des einzelnen Individuums vorgenommen. Aus dem verzweigten Theoriengebäude der Institutionenökonomik, aus dem sich die Informationsökonomik, der Transaktionskostenansatz, die Theorie der Verfügungsrechte und der Principal-Agent-Ansatz herausgebildet haben, hat die Transaktionskostentheorie, die sich mit der Übertragung von Verfügungsrechten beschäftigt, im Handel ein besonderes Interesse gefunden.

Auf der Grundlage des auf Coase zurückgehenden **Transaktionskostenkonzeptes** erklärt Gümbel (1985, S. 168) die Existenz von Handelsbetrieben: Im Lichte der Theorie der Unternehmung sind die Händler Spezialisten einer Reduktion von Transaktionskosten. Obwohl Coase kein Wort über die Rolle der Händler verliert, ergibt sich obige Folgerung konsequent aus dem Zusammenhang, denn in seiner Argumentation wird die Entstehung von Unternehmen primär über die Substitution von externen durch interne Transaktionskosten erklärt. Durch die Vermittlungstätigkeiten des Händlers können bei der Abwicklung von Transaktionen Kosten eingespart werden, da sie Einigungs- und Kontaktkosten reduzieren und die Existenz des Handels Voraussetzung für die Nutzung von Economies of Scale ist. Die Schwäche der Ansätze, die in der Institutionenökonomik wurzeln, besteht jedoch in der Annahme, dass Institutionen allein aus dem Verhalten nutzenmaximierender Individuen analysiert und erklärt werden können. Die Gestaltungsempfehlungen für das Management bestehen in einfachen Regeln. Nach Macharzina/Wolf (2018) wird in der Praxis durch die abgeleiteten Gestaltungsempfehlungen aber übersehen, dass das Verursachen von unnötigen Kontroll- und Koordinationskosten durch eine intelligentere Führung, Organisation, Planung und Kontrolle verhindert werden kann. Trotzdem können diese Ansätze wichtige Beiträge zur Handelsbetriebslehre leisten, sei es zum Informationsverhalten im Offline-/Online-Kaufprozess. Für den Schwerpunkt dieses Buches, der auf eine ganzheitliche Problemlösung ausgerichtet ist, treten diese Ansätze allerdings in den Hintergrund.

6. Weitere Ansätze und Konzepte der Managementforschung

Mit den **situativen Ansätzen** und den **interpretativen Ansätzen** sollen zwei weitere Herangehensweisen angesprochen werden.

Das Verhältnis von Organisation und Strategie spielt für die Konzeption des strategischen Managements eine wichtige Rolle. Der tief greifende Wandel im Umfeld wird dabei auch für die Erklärung der Veränderung der Beziehung zwischen Organisation und Strategie herangezogen. Dabei geht es um die Frage, wie eine strategieadäquate Organisation von Handelsunternehmen erklärt und gestaltet werden kann. Die situativen Ansätze der Managementforschung stehen unter der Leitidee, dass Management-Handeln durch die Situation bzw. den Kontext geprägt ist. Aufgabe des strategischen Managements ist es danach, den strategischen **Fit** zwischen Umwelt und Organisationsstruktur zu finden. Dies drückt sich in der sog. **Kongruenz-Effizienz-Hypothese** aus: Je besser die Übereinstimmung zwischen Organisation und Umwelt, desto effizienter ist die Organisation. Diese Überlegungen sind Teil der **kontingenz-** und **konsistenztheoretischen** (bzw. **konfigurationstheoretischen**) **Ansätze** in der Managementlehre.[1] Die einseitige Ausrichtung auf das externe Umfeld des Unternehmens und damit auf die Effektivität greift zu kurz. Die externe Seite wird bei dieser Betrachtung durch organisationsinterne Kontextfelder ergänzt. In dieser erweiterten Perspektive wirkt sich die Konsistenz zwischen internen und externen Faktoren effizienzsteigernd für ein Handelsunternehmen aus. In der Ergänzung der Beziehungen der Unternehmung zu ihrer Umwelt um die organisationsinternen Faktoren kann ein wichtiger Schritt zu einem **ganzheitlichen strategischen Management** gesehen werden. Diese Sichtweise liegt den Ausführungen des folgenden Abschnitts zu Grunde.

Mit den **systemtheoretischen Ansätzen** erfolgte eine interpretative Sicht in die Managementforschung, wobei das Bild vom Unternehmen und von der Umwelt eher konstruiert wird. Erkenntnistheoretisch sind Organisationen und ihre Umwelten nicht unabhängig von der sie konstruierenden Person und damit eine **soziale Konstruktion** der Wirklichkeit. Einen interessanten Hintergrund für eine Erweiterung des Handelsmanagements bildet ein Zweig der Systemtheorie, der die aus der Biologie stammende **Theorie der Autopoiese** in die Managementlehre transferiert (Maturana/Varela/Uribe 1985). Dieser Zweig der Systemtheorie wurde von Liebmann (1998) für die Erklärung von Managementproblemen im Handel herangezogen. Die Kernidee des Autopoiese-Konzepts kann einerseits auf die

---

[1] Zu den „Schulen“ der Managementforschung vgl. Abschnitt A.I. des Drittens Kapitels; zur Kontingenzforschung Abschnitt A. des Sechste Kapitels.

Handelsunternehmung aus der Perspektive der Organisation – die Handelsunternehmung als lebendes System –, aber auch aus kognitiver Perspektive – Wahrnehmung und Interpretation, wie der Erkenntnis- und Wissenserwerb zustande kommt – angewandt werden. In vielen Umfeldern, die durch zunehmende Dynamik und Komplexität gekennzeichnet sind, lassen sich für ein Handelsunternehmen, das grundsätzlich auf mehr Veränderungen ausgerichtet ist, auf dieser systemtheoretischen Basis wichtige Erklärungsmodelle ableiten. Das Grundverständnis, das die Basis des Ansatzes bildet, rückt vom Gedanken nach Gleichgewichtsstreben ab. Damit ein Handelsunternehmen den starken Veränderungen gerecht werden kann, scheint die klassische Orientierung am Wandel, die den Schwerpunkt auf die Suche immer perfekterer Strukturen legt, weniger zielführend. Bewegung wird zum Normalfall, die Stabilität hingegen zur Ausnahme. Die Vorstellung, dass ein System als immanent unruhig betrachtet wird, lässt sich anschaulich auf Handelsunternehmen übertragen: Als ein autopoietisches System wird ein lebendes System verstanden, das entsteht und in der Lage ist, die eigene Organisation von innen hervorzubringen, zu entwickeln und aufrecht zu erhalten, mittels uneingeschränktem Rückgriff auf die systemeigenen Komponenten. Die Unternehmung als **soziales System** organisiert sich selbst nach einer internen Organisation und ist dabei operational geschlossen, d.h., es bildet eine eigene Identität und be- bzw. verarbeitet den Input. Die Systemgrenzen müssen allerdings offen sein, damit die Unternehmung als System „Material" aus der Umwelt aufnehmen kann. Man spricht daher von einer materiellen, semantischen und energetischen Offenheit. Für das Management im Handel kann die Autopoiesetheorie einen Erklärungsbeitrag für eine ganzheitliche Perspektive im Management liefern. Überträgt man die Vorteile, die in der Literatur mit der Leistungsfähigkeit interpretativer Ansätze allgemein gesehen werden auf das Handelsmanagement, so lassen sich drei Punkte herausstellen:

- Sie bieten eine bessere Chance für die Annäherung an die Wirklichkeit des Managements.
- Die Kommunikation und Interaktion in der Managementpraxis wird akzentuiert.
- Der konstruktivistische Rahmen bietet eine Basis für den Diskurs von Managementproblemen, die in funktionalistischer/situativer Managementlehre kaum eine Rolle spielten.

Sicher sind viele Kritikpunkte zum interpretativen Ansatz hervorzuheben, ebenso wie zu seiner systemtheoretischen Basis. Sie bestehen neben dem eher deskriptiven Charakter, bei Vernachlässigung präskriptiver Perspektiven, v.a. in dem geringen Ausarbeitungsstand des empirischen Programms und in der unzureichenden Integration der ökonomischen Handlungsbedingungen. Ferner ist in der Praxis eine Reihe sog. Managementkonzepte entstanden, die keinen Anspruch auf wissenschaftliche Erklärungen stellen, aber dennoch wichtige Impulse für die Weiterentwicklung der Managementlehre haben. Sie werden meist unter attraktiven Etiketten angeboten, wie Total Quality Management, Lean Management und Business Process Reengineering. Sie werden im Zusammenhang mit Fragen des Supply Chain Managements und der Führung fallweise angesprochen.

II. Ein strategischer Managementansatz im Handel

1. Integrierte Managementperspektive als Basis

Im Rahmen des strategischen Managements können – wie angedeutet – zwei Pfade gegenübergestellt werden, die unterschiedliche Perspektiven betonen:

- die marktorientierte Managementsicht
- die ressourcenorientierte Managementsicht.

Hinsichtlich einer ganzheitlichen Sichtweise des Handelsmanagements, die nachfolgend angestrebt wird, sind beide Perspektiven zu verknüpfen.

Das **marktorientierte Management** ist auf die Führung des Unternehmens vom Markt her fokussiert. Dabei sind – pauschal gesprochen – die Stärken und Schwächen eines Unternehmens konsequent an die Chancen und Risiken des Umfeldes bzw. des Marktes anzupassen. Ziel ist es, Wettbewerbsvorteile zu schaffen, um die Unvollkommenheit des Marktes so auszunutzen, dass eine monopolistische Rente entsteht. Der im Handel traditionell dominierende **marktorientierte Ansatz** (market-based View) geht dabei von der Grundannahme aus, dass die Einzigartigkeit und damit der Erfolg von Unternehmen durch ihre Stellung auf den Märkten bestimmt wird. Um erfolgreich zu sein, muss ein Unternehmen versuchen, auf den Märkten Wettbewerbsvorteile gegenüber seinen Konkurrenten aufzubauen und zu verteidigen, d.h., das Verständnis der Märkte ist der Ausgangspunkt für die Formulierung einer erfolgreichen Wettbewerbsstrategie. Zentrales Denkmodell, das die Outside-Inside-Perspektive zum Ausdruck bringt, ist das auf einen „Pionierbeitrag" von Bain zurückgehende Structure-Conduct-Performance-Paradigma der **Industrieökonomik**, das einen Zusammenhang zwischen den Markt- und Wettbewerbsbedingungen („**Structure**"), dem Verhalten der Wettbewerber („**Conduct**") und den Ergebnissen des Wettbewerbs („**Performance**") beschreibt (Bain 1968, S. 430): „These hypotheses predict in general that the market structure of an industry determines or strongly influences the crucial aspects of its market conduct and thus indirectly determines certain strategic dimensions of its market performance. If we analyze them in detail, we see that they have predicted first certain relationships of structure to conduct, and then certain relationships of conduct to performance. And in so doing, these hypotheses have also predicted certain direct relationships of market structure to market performance – the "link" of market conduct being implicitly subsumed."

Kritikpunkte an diesem Konzept betreffen die Nicht-Berücksichtigung dieser Rückkopplungen oder die Überbetonung der Effektivität (Unterbetonung der Effizienz), die Simplifizierung der Sicht von Unternehmen usw. Darüber hinaus werden Kompetenzen, die ein Unternehmen einzigartig machen, vernachlässigt (so einzigartige Ressourcen wie z.B. Kontrakte, Finanzmittel, die Unternehmensgröße oder standortspezifische Ressourcen oder auch flexible Führungssysteme und -prozesse. Insgesamt ist der industrieökonomische bzw. marktorientierte Ansatz – nicht zuletzt auf Grund der Arbeiten Porters (2013)[1] – grundlegend für das strategische (Handels-) Management, wie für das Zweite Kapitel zu den wettbewerbsorientierten Strategien. In diesem Ansatz finden sich aber kaum Aussagen bzgl. Organisation oder Institutionalisierung, Koordination von Handelsunternehmen.

Der **ressourcenorientierte Ansatz** (resource-based View), dessen theoretische Wurzeln bereits bei Penrose (1959) liegen, wurde von Wernerfelt (1984) und einer Vielzahl weiterer Autoren aufgegriffen (Barney 2010; Collis 1991) und nimmt in der Managementforschung eine bedeutende Rolle ein.[2] Im **ressourcenorientierten Ansatz** werden die Entwicklung von spezifischen Ressourcen sowie die interne Sicht der Führung von Unternehmen in den Vordergrund gestellt. Die Grundüberlegung dazu ist: Wenn alle Unternehmen prinzipiell Zugang zu allen Ressourcen haben, dann sind monopolartige Positionen langfristig nicht mehr zu halten. Wenn es aber gelingt, unternehmensspezifische Ressourcen aufzubauen und

[1] Bekannt ist ein breites Instrumentarium zur Analyse der Branchen- und Wettbewerbsstruktur (Triebkräfte des Wettbewerbs; vgl. Abschnitt D.III. dieses Kapitels).

[2] Es wird ein Pendel gesehen, wobei der Fokus hin und her schwingt: vom „market-based view" zum „resource-based view" et vice versa (zu erwähnen sind auch der competence-view (Prahalad/Hamel 1990) und dynamic capabilities approach (Teece/Pisano/Shuen 1997), die verbunden sind (Macharzina/Wolf 2018, S. 65ff.).

diese zu Kernkompetenzen zu entwickeln, dann ist ein Schutz vor Konkurrenten eher möglich. Damit liegt der ressourcenorientierten Sichtweise eine andere Perspektive der Entwicklung von Wettbewerbsvorteilen und der Erklärung des Erfolges zu Grunde als der Industrieökonomik. Während die Letztgenannte davon ausgeht, dass die Unternehmen sich über geeignete Wettbewerbsstrategien an die Umwelt anpassen, liegt beim ressourcenorientierten Ansatz der Fokus im Unternehmen. Dieses entwickelt aktiv seine Strategien und Kompetenzen und bringt diese dann auf den Markt. Hier kommt somit die Inside-Outside-Perspektive zum Ausdruck. Dabei sollten Ressourcen, um nachhaltige Wettbewerbsvorteile generieren zu können, bestimmte Eigenschaften erfüllen: Knappheit und Unternehmensspezifität, unvollkommene Imitierbarkeit, unvollkommene Substituierbarkeit und Generierung eines marktseitig reflektierten Zusatznutzens. Idealtypisch können zwei Typen von Ressourcen unterschieden werden (Collis 1991; Macharzina/Wolf 2018):

- **materielle bzw. tangible Ressourcen**, z.B. Finanzmittel, Kontrakte, standort- bzw. kontextspezifische Ressourcen
- schwierig erfassbare **immaterielle** bzw. **intangible Ressourcen**, entweder
  - personenunabhängig, z.B. Reputation/Retail-Brand/Image, Strukturen, Systeme sowie Management-/Entwicklungsprozesse, oder
  - personenabhängig, z.B. Wissen, Unternehmenskultur und -führung als auch unternehmens- und unternehmerspezifische Fähigkeiten.

Bezugnehmend auf die genannten Anforderungen stimmt eine Mehrheit der Autoren darin überein, dass intangible Ressourcen eher dazu geeignet sind, einen langfristigen Wettbewerbsvorteil darzustellen. Dies spiegelt sich im Handel dahingehend wider, dass sich bspw. die Führung der intangiblen Ressource Retail-Brand zur Top-Managementpriorität entwickelt (Srivastava/Fahey/Christensen 2001, S. 778). Weiterhin stellt die „resource-based View" organisationsinterne, d.h. unternehmens- und kooperationsinterne, Entscheidungen und Prozesse in den Mittelpunkt: Die internen Ressourcen einer Organisation – z.B. ein Betriebstyp, das Wissen, die Finanzkraft, die Prozesse usw. eines Handelsunternehmens – sind primärer Ansatzpunkt zur Erklärung von Wettbewerbsvorteilen. In diesem Ansatz spielen ebenfalls organisationale **Lernaspekte** eine Rolle, etwa bei der Entwicklung von Fähigkeiten. Demgegenüber ist klar, dass im dynamischen Umfeld „inkrementale" Verbesserungen nicht ausreichen, sondern häufig grundlegende Innovationen bzw. revolutionäre Schritte erforderlich sind, um Wettbewerbsvorteile aufzubauen und zu verteidigen.

Integration der Managementperspektiven

Die Diskussion macht deutlich, dass eine nur einseitige Sicht unzulänglich ist. Abbildung 1.16 stellt die Outside-Inside- und die Inside-Outside-Perspektive überblicksartig gegenüber und zeigt, dass die eine Sichtweise eine zu reaktive und an Branchendurchschnitten orientierte Rolle des Unternehmens postuliert, während die andere proaktive, individualistische Sichtweise die Erfolgsrelevanz von Märkten vernachlässigt. Zugleich ist dies keine puristische Trennung, da bspw. im umfelddeterministischen Ansatz von Porter die **Wettbewerbsvorteile** – aus einer weiten Sichtweise heraus – auch in internen Ressourcen begründet sein können, und umgekehrt intern entwickelte Konzepte nur dann Vorteile begründen können, wenn sich diese am Markt durchsetzen. Zu pauschal ist es auch, die ressourcenorientierte Denkrichtung nur als Ergänzung der industrieökonomischen Ansätze zu betrachten. Für die Unternehmensführung reicht es nicht, attraktive Produkt/Markt-Positionen oder das Käuferverhalten allein zum Inhalt einer Strategie zu erheben, wenn unternehmens- und kontextspezifische Führungs- bzw. Koordinationsparameter außer Acht bleiben, welche die Ausschöpfung derartiger Zielpositionen erst ermöglichen. Umgekehrt bestimmt in letzter Konsequenz der Markt das ökonomische Ergebnis. Dieser Argumentation folgend, liegt diesem Buch eine integrierte Betrachtungsweise zu Grunde (siehe Abb. 1.17).

Abbildung 1.16: Vergleich des markt- und des ressourcenorientierten Ansatzes im Handel

	Marktorientierter Ansatz	Ressourcenorientierter Ansatz
Denkfigur	Handelsunternehmen als Portfolio von SGF/SGE	Handelsunternehmen als Reservoir von Fähigkeiten und Ressourcen
Allgemeine Zielsetzung	Wachstum durch Cashflow-Balance im Laufe des Betriebstypen- oder SGF-Lebenszyklus	nachhaltiges Wachstum durch Entwicklung, Nutzung und Transfer der Kernkompetenzen
Träger des Wettbewerbs	Betriebstyp gegen Betriebstyp (bzw. SGE gegen SGE)	Handelsunternehmen gegen Handelsunternehmen
Konkurrenzgrundlage	Kosten- oder Differenzierungsvorteile	Ausnutzung von handelsunternehmensweiten Kompetenzen
Charakter des strategischen Vorteils	- zeitlich befristet, eruierbar - geschäftsspezifisch - wahrnehmbar	- dauerhaft, schwer angreifbar - transferierbar in andere SGF/SGE - verborgen („tacit Knowledge")
Strategiefokus	tendenziell defensiv: Ausbau und Verteidigung bestehender SGF/SGE; Anpassung der Strategie an die Wettbewerbskräfte	tendenziell offensiv: durch Kompetenztransfer Weiterentwicklung alter und Aufbau neuer Märkte; Beeinflussung der Wettbewerbskräfte
Planungshorizont	eher kurz- und mittelfristig	betont langfristig
Rolle der SGE	Quasiunternehmung, „Owner" von Personen und Ressourcen (Profit-Center)	Speicher von Ressourcen und Fähigkeiten (Center of Competence)
Aufgabe des Top-Managements	Zuweisung von finanziellen Ressourcen an die strategischen SGE	Integration von Ressourcen, Fähigkeiten auf Basis eines Gesamtkonzeptes
Gewinnung empirischer Aussagen	kollektivistische, integrative (strategische Gruppen-)Betrachtung	individualistische, einzigartige (Fallstudien-)Betrachtung

Quelle: i.A.a. Krüger/Homp 1997, S. 63.

Obwohl nachfolgend die marktorientierte Sicht den Ansatzpunkt der Betrachtungen bildet, gilt es für das Handelsmanagement die Bedeutung der Ressourcen zu betonen, sei es aus

- i.S. einer für den Erfolg zunehmend zentralen Management- und Effizienzbetrachtung,
- der gerade im Handel vielfach institutionalisierten Kooperationen und Kontrakte,
- in Verbindung zur verwandten „resource-dependency View" als Determinanten (i.S. von Kapazitäten, verfügbaren Ressourcen bzw. unternehmensinternen Faktoren) von Einzelentscheidungen des Handelsmanagements oder
- im Hinblick auf die Konzentration auf Kernkompetenzen und das Outsourcing von Leistungen, die im Vergleich zum Wettbewerb gleich oder schlechter beherrscht werden (Macharzina/Wolf 2018, S. 302ff.).

Abbildung 1.17: Integration von Outside-Inside- und Inside-Outside-Perspektive

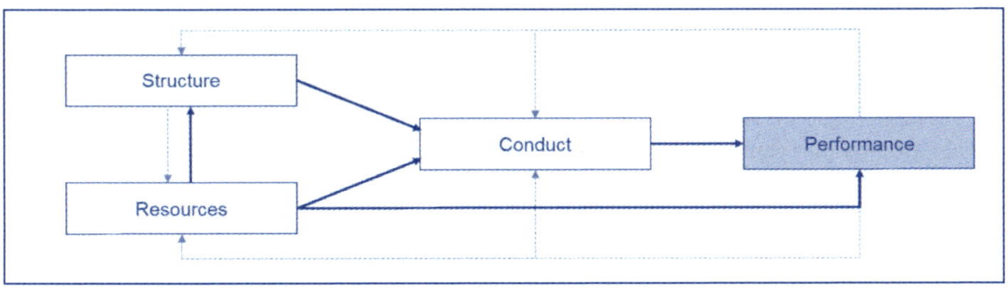

Quelle: i.A.a. Zentes/Swoboda/Schramm-Klein 2013, S. 15.

Erwähnenswert ist, dass alle Handelstätigkeiten als einzigartige Kompetenzen über Ressourcen hinausgesehen werden können, d.h., Handelsunternehmen können in jeder der in Abb. 1.18 zusammengefassten zehn Punkte einzigartige Kompetenzen aufbauen. Rudolph (2013) formuliert bzgl. jeder Kompetenz charakteristische, durch das Top-Management zu beantwortende, Fragen.

Abbildung 1.18: Denkbare Kompetenzen im Handel

1.	**Grundlagen und Prozesskompetenz**	Welche Bedeutung hat Cross-Channel Management für Sie – aktuell und in Zukunft? Welche Kräfte treiben Sie zu fortlaufenden Veränderungen in den Leistungserstellungsprozessen an? Für welche Basiskompetenzen streben Sie einen Wettbewerbsvorteil in der Zukunft an?
2.	**Strategiekompetenz**	Welche drei zentralen Unternehmensziele verfolgen Sie? Welches Geschäftsmodell verfolgt Ihr Unternehmen? Wie lautet die unmissverständliche Unternehmensvision Ihres Unternehmens?
3.	**Kundenkompetenz**	Welche Entscheidungen fällt Ihr Zielkunde über den gesamten Kaufentscheidungsprozess hinweg betrachtet? Welche Kaufentscheidungsphasen soll das Handelsmanagement gezielt bearbeiten? Welche Vorgehensweise eignet sich für eine erfolgreiche Marktsegmentierung?
4.	**Verkaufskompetenz**	Welche Instrumente helfen dabei, das Profil Ihrer Stores maßgeblich zu verbessern? Für welche der drei Kaufphasen besitzt Ihr Unternehmen die größten Ressourcen? Nach welchen Prinzipien funktioniert Ihr Preislagenmanagement?
5.	**Logistikkompetenz**	Welche Kernaufgaben im Logistikprozess erfüllen Sie besser als vergleichbare Konkurrenten? Anhand welcher Managementkonzepte versuchen Sie die Logistikeffizienz zu verbessern? Wie verbessern Sie die Zusammenarbeit mit Logistikdienstleistern?
6.	**Beschaffungskompetenz**	Für welche Phase des Beschaffungsprozesses erkennen Sie den größten Handlungsbedarf? Entspricht Ihr Beschaffungsportfolio den Kundenerwartungen? Wie beurteilen Sie die Lieferantenleistung?
7.	**Finanzierungskompetenz**	Wie groß ist der Kapitalbedarf in den kommenden zwei Jahren? Welche Finanzierungsformen spielen eine große Rolle? Welche Finanzierungsregeln helfen, die Finanzierungsstruktur zu verbessern?
8.	**Controllingkompetenz**	Was sind Ihre wichtigsten Controllingziele? Welche Controllingkennzehlen stehen im Mittelpunkt Ihrer Controllingarbeit? Welche Controllingwerkzeuge helfen Ihnen bei der Sortimentsoptimierung?
9.	**Personalkompetenz**	Welche Faktoren sind wichtig, um die Mitarbeiterzufriedenheit zu verbessern? Welchen Führungsstil pflegen Sie? Welche Instrumente des Personalmarketing setzen Sie ein, um Mitarbeiter für Ihr Unternehmen zu gewinnen?
10.	**Informationskompetenz**	Welche der vielen Informationsquellen sind in Ihrem Handelsbetrieb von zentraler Bedeutung? Wie integrieren Sie Informationen aus unterschiedlichen Informationsquellen? Auf welche Art und Weise sichern Sie die Nutzung dieser Informationen?

Quelle: i.A.a. Rudolph 2013.

2. Konkretisierungen der integrierten Perspektive

a) Shareholder und Stakeholder Value

Diverse Perspektiven sollen die integrative Perspektive konkretisieren. Im interessenpluralistischen Verständnis sind die Entscheidungsprozesse im Unternehmen nämlich darauf zu richten, dass die Interessen der Anteilseigner bzw. Eigenkapitalgeber ebenso zu beachten wie die Interessen vielfältiger Interessensgruppen. Während in der Vergangenheit die primär kapitalmarktgeprägte Sichtweise der **Shareholder-Value-Orientierung** dominierte,[1] die in erster Linie auf börsennotierte Unternehmen fokussierte und die Bedeutung der Erwirtschaftung einer Rentabilität des Eigenkapitals, die deutlich über dem Zinssatz für langfristiges Fremdkapital liegt (die Führung ausschließlich an den Interessen der Anteilseigner

[1] Das Shareholder-Value-Konzept geht auf Rappaport (1986; 1999) zurück. Darauf basierend wurden eine Reihe weitergehender Ansätze entwickelt, wie u.a. Economic Value Added (EVA) und Market Value Added (MVA); vgl. hierzu mit Blick auf den Handel Dragun (2004).

auszurichten), in den Mittelpunkt stellte, zeichnet sich ein zunehmender Bedeutungsanstieg der Stakeholder-Orientierung ab. Ansätze zu einer Erweiterung der **Shareholder-Value-Perspektive** entstanden mit der Berücksichtigung der Interessen von Managern, die nicht Anteilseigner waren. Die Grundlage der heutigen Stakeholder-Sicht bildet das Werk von Freeman/Wicks/Parmar (2004). Diskutiert werden drei Aspekte einer Stakeholder-Orientierung: der normative Anspruch als solcher, die Instrumente und die Deskription dieses Phänomens in der Praxis.

Abbildung 1.19: Exemplarische Systematisierung von Stakeholdern

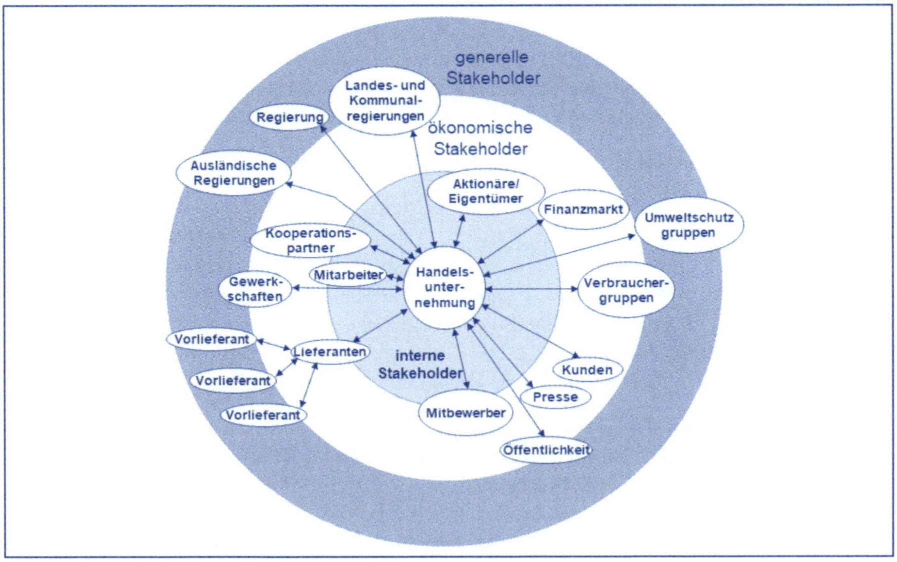

Quelle: i.A.a. Gausemeier 1999, S. 221.

Stakeholder-Value-Konzepte umfassen den Gedanken, dass Unternehmen zur Erreichung ihrer Ziele bzw. bei der Strategiedurchsetzung von diversen Anspruchsgruppen abhängig sind. Es liegt nahe, das Konzept auf das Fundament der **Anreiz-Beitrags-Theorie** zu stellen, um den von den Anspruchsgruppen zur Erreichung ihrer Ziele geforderten Leistungen entsprechende Gegenleistungen entgegenstellen zu können und aus Unternehmenssicht ein Gleichgewicht zwischen Anreizen und Beiträgen zu schaffen. Dabei wird manchmal pauschal zwischen internen Stakeholdern (Management, Mitarbeiter usw.) und externen Stakeholdern (Kunden, Lieferanten, Aktionäre, Verbände usw.) unterschieden (siehe Abb. 1.19). Somit hat die Unternehmensführung einen Interessenausgleich herbeizuführen, im Spannungsfeld von ethischer Verantwortung und ökonomischen Unternehmenszielen. Als pragmatische Beurteilungsgrundlage kann auch im Handel ein **Stakeholder Scanning** eingesetzt werden, das eine Umweltanalyse bzgl. der Interessengruppen in drei Schritten ermöglicht:

- Auflistung möglicher Interessengruppen
- Charakterisierung der Interessengruppen hinsichtlich ihrer Ziele, ihrer Macht sowie des Risikos, das sie durch die Unternehmenshandlungen tragen
- Bestimmung der Relevanz: Erst durch eine entsprechende Zielhöhe und/oder ein bestimmtes Einsatzrisiko wird eine Interessengruppe zum Stakeholder. Zusätzlich ist auch eine adäquate Machtbasis notwendig.

Im Handel wurden im Zusammenhang mit den Ansprüchen von Interessengruppen v.a. Kommunikationsinstrumente eingesetzt. Ziel von **Public Relations** ist es in diesem Kontext, für die Institution als Ganzes zu werben (Werbung um öffentliches Vertrauen). Durch Öffentlichkeitsarbeit sollen die Beziehungen zwischen dem Unternehmen und den relevanten Gruppen verbessert, Sympathie für das Unternehmen als Ganzes aufgebaut und letztlich eine positiv erscheinende **Corporate Reputation** erlangt werden. Während dieser Teil der Kommunikationspolitik – und insb. die dazugehörigen Instrumente der **Corporate Communications**, **Design** und **Behavior** – in den letzten Jahren im Vordergrund standen, berücksichtigen heute Händler die berechtigten Interessen verschiedener Stakeholder in ihrer Vision und in der Festlegung von Unternehmenswerten und -grundsätzen bzw. in ihrem Leitbild sowie in der Umsetzung in Form von **Codes of Conduct** und Standards. Die Einhaltung der Regeln (**Compliance**) wird somit zu einer grundlegenden Ausrichtung. Die Stakeholder-Orientierung wird zugleich in der Unternehmenskultur verankert und drückt sich in der **Corporate Brand** aus. Unternehmen verfolgen somit einen ganzheitlich ausgerichteten Ansatz.

b) Corporate Social Responsibility und Nachhaltigkeit

Die Ausweitung des unternehmerischen Zielsystems schließt eine weitgehende ökologische und soziale Verantwortung ein. Ethische Aspekte, wie hinsichtlich menschlicher Arbeit (z.B. Arbeitsbedingungen, -zeiten, -löhne, insb. in Entwicklungsländern), Fragen des Umwelt- bzw. Ressourcenschutzes, Fragen des Tierschutzes (z.B. artgerechte Aufzucht), erreichen in einem derartigen Verständnis ökologischer und sozialer Verantwortlichkeit einen Stellenwert, den bislang ökonomische Ziele wie Gewinnstreben, Sicherung der Wettbewerbsposition des Unternehmens u.Ä. alleine inne hatten.

Ein neues Managementverständnis beinhaltet insofern auch ein verantwortliches Handeln der Handelsunternehmen: Im Sinne einer Corporate Social Responsibility (CSR), was an für sich ein bereits lange eingeführtes, aber schwer umzusetzendes Konzept ist, gilt es, nachhaltig zu wirtschaften und zu einer wirtschaftlich leistungsfähigen, sozial gerechten und ökologisch verträglichen Entwicklung beizutragen. Die wissenschaftliche Diskussion der gesellschaftlichen Verantwortung von Unternehmen geht zurück bis in die 1950er Jahre. Die Europäische Kommission bspw. definiert dieses in einem Grünbuch. Als drei generelle Säulen können die **Corporate Governance**, das Konzept der **Nachhaltigkeit** sowie das Konzept des **Corporate Citizenship** verstanden werden (siehe Abb. 1.20). Die konkrete Ausprägung der einzelnen Säulen ist dabei in einem ständigen Dialog mit den relevanten Stakeholdern auszuarbeiten. Die Gesamtheit des gesellschaftlichen Engagements von Unternehmen wird auch als **Corporate Social Performance** bezeichnet.

Corporate Governance befasst sich mit der Einhaltung supranationaler Werte und Grundsätze einer verantwortungsvollen, nachhaltigen und transparenten Unternehmensführung, die den Interessen der Anteilseigner entspricht und Risiken vermindert. In Deutschland müssen alle an Börsen notierten Gesellschaften gemäß §161 AktG jährlich erklären, inwieweit sie den Empfehlungen des **Deutschen Corporate Governance Kodex** (DCGK) folgen, der Empfehlungen und Anregungen zur Leitung und Überwachung börsennotierter Gesellschaften enthält, die über die rechtlich verbindlichen Regelungen hinausgehen und als Standards guter Corporate Governance zu verstehen sind.

Für Verbundgruppen, Franchisesysteme bzw. Netzwerke wurde der spezifische **Network-Governance-Kodex** entwickelt, mit Empfehlungen bzgl. transparenter Strukturen von Netzwerken von innen und außen, Förderung des Vertrauens zwischen den Netzwerkteilnehmern und Wettbewerbsfähigkeitsstärkung (Network-Governance-Kodex 2010).

Abbildung 1.20: Zusammenspiel von Corporate Social Responsibility und Nachhaltigkeit

Quelle: i.A.a. Bassen/Jastram/Meyer 2005.

Corporate Citizenship wird häufig mit unternehmerischem Bürgerengagement übersetzt. Unternehmen werden bei diesem Konzept meist mehr als öffentliche denn als private Institutionen angesehen. Es behandelt die gesellschaftsbezogenen Aktivitäten außerhalb der eigentlichen Geschäftstätigkeit und deren Ausrichtung auf Unternehmensziele bspw. in den Bereichen Corporate Giving (Spenden, Sponsoring) und Corporate Volunteering (z.B. Mitarbeiterfreistellungen, Mentorenprogramme usw.).

Das Grundkonzept des nachhaltigen Wirtschaftens **(sustainable Management)** entstammt der Debatte um **sustainable Development**. Als nachhaltig wird eine Entwicklung angesehen, welche die Bedürfnisse aller lebenden Menschen befriedigt, ohne jedoch die Bedürfnisbefriedigungsmöglichkeiten zukünftiger Generationen zu gefährden. Allen strategischen Entscheidungen sollten dabei die drei **Nachhaltigkeitsdimensionen**

- soziale Gerechtigkeit (People),
- ökologische Verträglichkeit (Planet) und
- ökonomischer Erfolg (Profit)

zu Grunde gelegt werden. Die Schwierigkeit bei diesem Konzept liegt in erster Linie in der Operationalisierung und Gewichtung der drei Dimensionen sowie in der Bestimmung der Bedürfnisse zukünftiger Generationen. Neben der Vermeidung negativer Auswirkungen sowie dem Aufbau von **sozialem Kapital** ergeben sich durch Aspekte der Nachhaltigkeit unterschiedliche Ansätze zur **Profilierung** beim Konsumenten sowie zur **Differenzierung** gegenüber Konkurrenten. In zahlreichen Studien wurden für nachhaltige Marktleistungen Differenzierungsmöglichkeiten vergleichbar mit anderen Qualitätsmerkmalen festgestellt. Hieraus ergeben sich für Handelsunternehmen Möglichkeiten zur Erzeugung bzw. Steigerung der Zahlungsbereitschaft, Kundenbindung und Zielgruppenfokussierung. In Bezug auf den Kunden resultieren Differenzierungspotenziale auf drei Ebenen: **rational-ökonomische Vorteile, egoistisch-motivierter emotionaler Mehrwert und ethisch-motivierter (fremdbezogener) emotionaler Mehrwert**. Die Differenzierungspotenziale beziehen sich dabei auf Produkte, Dienstleistungen oder das Handelsunternehmen selbst (Image) und werden oft miteinander kombiniert.

Unter sustainable Management, Corporate Sustainability, nachhaltigem Wirtschaften bzw. Strategien der Nachhaltigkeit werden auf einen langfristigen ökonomischen Erfolg ausgerichtete Unternehmensstrategien verstanden, die soziale und ökologische Belange in gesellschaftlich verantwortlicher und vorausschauender Weise berücksichtigen.

In Ermangelung weltweiter Regelungen sowie bei einer wahrgenommenen Handlungsschwäche bzw. -unfähigkeit weltweiter Organe, wie der UNO oder der WTO, erfüllen – für viele Konsumenten – große internationale NGOs (**Non-Governmental Organizations**) die Funktion einer weltweit agierenden, regelnden Instanz und Interessenvertretung der Menschen sowie der Umwelt. Neben den medienwirksam agierenden eigenständigen NGOs bestehen auf internationaler Ebene auch zahlreiche **halbstaatliche Initiativen und Organisationen**, die starke Förderer einer nachhaltigen Entwicklung darstellen.

c) Prozessorientierung

Ausgangspunkt der Prozessbetrachtung ist das Modell der Wertschöpfungskette bzw. **Wertkette** (Value Chain), das auf Porter (2013) zurückgeht. Eine Erweiterung dieses Ansatzes führt zur Unterscheidung von Führungs- und Leistungsprozessen, letztere weiter unterteilt in (siehe Abb. 1.21)

- **Supply Chain-Prozesse** (Supply-Side) und
- Marktbearbeitungs-Prozesse (Demand-Side").[1]

Abbildung 1.21: Modell der modifizierten Wertkette – Leistungsprozesse

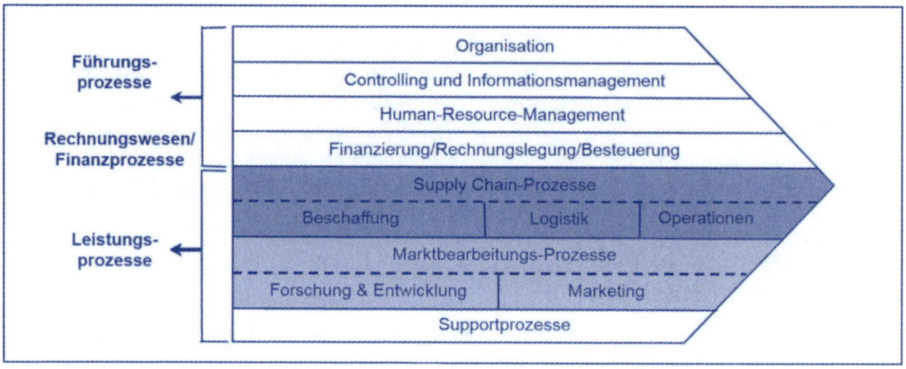

Quelle: Swoboda/Weiber 2013, S. 11.

Die **Supply Chain-Prozesse** sind auf die Erstellung des Leistungsprogramms, das die angebotenen Waren und/oder Dienstleistungen (materielle und immaterielle Güter) umfasst, ausgerichtet. Sie sind stets kunden- oder marktorientiert und beinhalten, ausgehend von der Kundennachfrage, die Beschaffung, die Operationen (i.S. handelsüblicher Manipulationen) sowie die sie begleitende Logistik bis in die Stores oder Wohnungen der Kunden.

Die **Marktbearbeitungs-Prozesse** sind auf die Generierung von Nachfrage, d.h. auf die Erschließung und Schaffung von Märkten in einem klassischen Marketingverständnis, ausgerichtet, aber auch auf die Befriedigung von Nachfrage: Sie resultieren aus dem Zusammenspiel der (Basis-)Aktivitäten Marketing (einschließlich Marktforschung, Preisgestaltung, Verkauf, Service) und (kunden-/marktorientierter) F&E.

---

[1] Unternehmen werden als Kette wertsteigernder Aktivitäten (Wertkette) – eingebettet in einen Strom von Tätigkeiten (Wertkettensystem) – betrachtet, wobei Wettbewerbsvorteile aus jeder Wertaktivität erwachsen können. Im modifizierten Modell wird die Beschaffung nicht nur als flankierende Maßnahme gesehen – die prozessuale Perspektive wird als weitere Quelle von Wettbewerbsvorteilen im (vertikalen) Handel verdeutlicht.

Diese Sichtweise integriert das nachfrageinduzierte Demand-Pull und das technologieinduzierte Technology-Push. Das nachfrageorientierte Vorgehen hat in der Trenderkennung, in Kaufanalysen und generell der Marktforschung seinen Ausgangspunkt und transportiert Kundenwünsche oder -vorstellungen in die F&E, die idealtypisch iterativ im Abgleich mit der Marktfähigkeit der Produktidee, den Prototypen- und späteren Markttests usw. erfolgt. Innovationen sind durch Marketingaktivitäten zu „vermarkten“ und davor zu beschaffen, zu produzieren und logistisch abzuwickeln (im Beschaffungs- und Distributionsbereich). Eine derartige Wechselwirkung kann anhand der Wertkette erfolgreicher Fashion-Unternehmen angedeutet werden (vgl. bereits Swoboda u.a. 2006; Swoboda/Janz 2007):

- Den Ausgangspunkt bilden **innovations- und marktorientierte Prozesse**, die mit Marktanalysen beginnen und auch deren Umsetzung auf die Fläche umfassen, d.h., die Kollektionsentwicklung (bei Herstellern) und Sortimentsplanung (bei Händlern) einschließen.
- Klassische **supply chain-orientierte Prozesse** sind Beschaffung, Produktionsplanung/-steuerung oder Ordermanagement. Dazu zählen aber auch Distributionsmanagement/-logistik, Lagerbestands-/Ausliefermanagement und Flächenmanagement.
- Unmittelbar kunden- und **marktorientierte Prozesse**, die am Ende der Wertschöpfungskette stehen, sind Ladengestaltung, Verkauf an Konsumenten, Verkaufsunterstützung/-förderung sowie Verkaufspersonalplanung.

Genereller kann im Einzelhandel das **Customer-Relationship-Management** als Schnittstelle zu den Konsumenten, Supply-Chain-Management/Beschaffung als Schnittstelle zu den Lieferanten/Märkten gesehen werden und das **Category-Management** als verbindendes, die Sortimente bestimmendes Element. **Supportprozesse** unterstützen die Leistungserstellung (bspw. Facility Management oder Softwarebasis). **Führungsprozesse** steuern das Unternehmen in seiner Gesamtheit; sie beziehen sich damit auf das Zusammenspiel der Prozesse. Die Notwendigkeit der Transformation zu Omnichannel-Händlern ist bspw. keine Frage des ob, sondern des wie (vgl. zum radikal oder inkrementellen Wandel Swoboda 2017). Abbildung 1.22 zeigt den entsprechenden Wandel der Leistungsprozesse als Basis, deren Wandel an Kundennutzen, Wettbewerbsvorteilen und Innovation ausgerichtet sind.

Abbildung 1.22: Zusammenhang von Leistungs- und Veränderungsprozessen

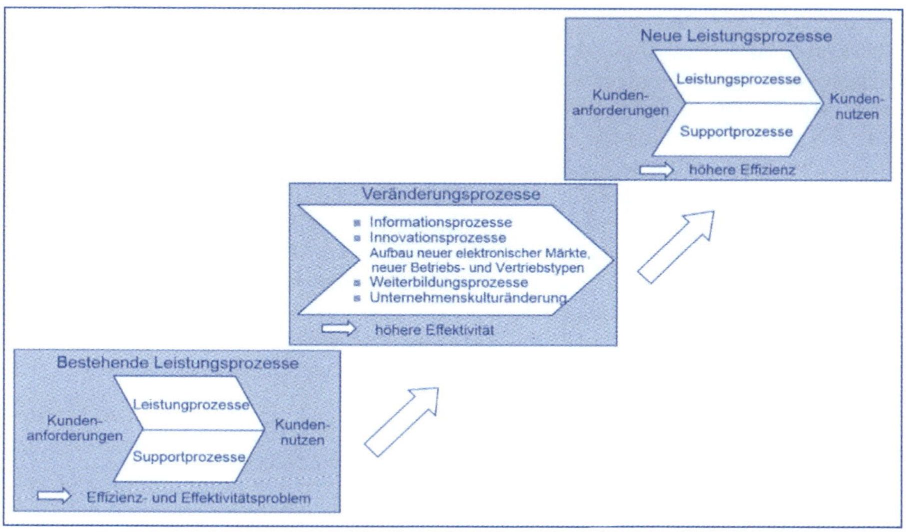

3. Geschäftsmodelle im Online- und Mehrkanalhandel

Online- und Mehrkanalhandel haben dazu geführt, dass sich die Art und Weise, wie diese Wertschöpfungsprozesse realisiert werden, z.T. fundamental verändert hat, wobei v.a. die Digitalisierung wichtig ist. So hat sich der Schwerpunkt der unternehmerischen Aktivitäten und der Erlöserzielung der Händler verändert.

Abbildung 1.23 Wertschöpfungskette im Online-Handel

Quelle: Graf/Schneider 2017.

Aus diesem Grund spielen spezifische Geschäftsmodelle von Online- und von Mehrkanalhändlern eine besondere Rolle. In den Geschäftsmodellen des Online-Handels ist wichtig, dass eine Vielzahl klassischer Prozesse der Wertschöpfungskette vertriebstypenspezifische Besonderheiten aufweist. In Abb. 1.23 ist eine Wertschöpfungskette dargestellt, welche die fundamentalen Veränderungen digitaler Wertschöpfungsaktivitäten im Online-Handel berücksichtigt. So sind auf Grund der Digitalisierung neue Support-Prozesse wie Business Intelligence oder die Etablierung von E-Commerce-Plattformen von Bedeutung und die primären Wertschöpfungsprozesse werden vertriebstypenspezifisch realisiert. Geschäftsmodelle gehen dabei über die reine Betrachtung von Wertschöpfungsprozessen hinaus. Unter einem Geschäftsmodell wird die Abbildung der Leistungssysteme der Händler verstanden. Es bildet ab, welche Ressourcen in das Unternehmen fließen und wie sie durch die innerbetrieblichen Leistungserstellungsprozesse in vermarktungsfähige Informationen bzw. Dienstleistungen transformiert werden und stellt damit sowohl den Material- bzw. Warenfluss, den Arbeitsfluss, den Informations- und den Finanzfluss innerhalb des Unternehmens sowie zwischen dem Unternehmen und seinem Umfeld dar (Goyal u.a. 2017). Häufig werden Partialmodelle differenziert (zu einem Überblick über unterschiedliche Ansätze der Konzeptionalisierung siehe (Wirtz u.a. 2016). Wirtz (2016a, S. 42ff.) unterscheidet beispielsweise:

- **Marktmodell**: Es zeigt auf, welchen Akteuren das Unternehmen in welchen Märkten gegenübersteht. Unterschieden wird nach der Art der Akteure insbesondere zwischen dem Nachfrager- und dem Wettbewerbermodell.
- **Beschaffungsmodell**: Es stellt dar, welche Input-Faktoren von externen Partnern beschafft werden.

- **Leistungserstellungsmodell**: Dieses Modell zeigt die innerbetrieblichen Prozesse und Strukturen auf. Nicht alle Prozesse werden dargestellt, sondern im Vordergrund stehen die Kernprozesse, die einen Mehrwert für den Kunden generieren und von elementarer Bedeutung für die Leistungserstellung sind.
- **Leistungsangebotsmodell**: Es spezifiziert, welches Leistungsspektrum welchen Kundengruppen angeboten werden soll.
- **Distributionsmodell**: Es beschreibt, wie die Ware zu den Kunden gelangen soll. Hier zeigen sich besonders starke Unterschiede, je nachdem, ob Bring- oder Holsysteme realisiert werden (d.h., ob stationärer Handel oder Versandhandel realisiert wird).
- **Kapitalmodell**: In diesem Zusammenhang wird gezeigt, welche finanziellen Ressourcen dem Unternehmen aus welchen Quellen zugeführt werden und welche Formen der Refinanzierung zur Verfügung stehen (Finanzierungsmodell) bzw. auf welche Art und Weise Erlöse erzielt werden sollen (Erlösmodell).

Eine differenzierte Unterteilung in strategische Komponenten, Kunden- und Marktkomponenten sowie wertschöpfungsbezogene Komponenten ist in Abb. 1.24 dargestellt. Die unterschiedlichen Geschäftsmodelle im Online-Handel lassen sich nach dem Leistungsangebot abgrenzen. Typischerweise werden als Basisgeschäftsmodelle im Hinblick auf die alternativen Leistungsangebotsmodelle fünf typische Segmente unterschieden: Content, Commerce, Context, Connection und Communication (siehe Abb. 1.25). Zu Beginn des E-Business herrschten diese Basisgeschäftsmodelltypen häufig noch in ihrer Reinform vor. Heute überwiegen Mischformen (hybride Geschäftskonzepte), bei denen eine Kombination von diesen Reintypen vorgenommen wird. Insbesondere Online-Händler haben ihre Geschäftsmodelle ausgehend vom Basistyp Commerce durch Integration weiterer Elemente mit Content, Context, Connection und Communication angereichert und aufgewertet, um Verbundeffekte zu realisieren oder die Kundenbindung zu steigern. Die Form der Anreicherung von Geschäftsmodellen steht häufig auch im Rahmen des Aufbaus von Mehrkanalsystemen im Vordergrund, bei denen die Leistungsangebote durch die Integration zusätzlicher Absatzkanäle ausgeweitet werden. Dadurch wird i.d.R. das Distributionsmodell verändert, indem neue Betriebs- bzw. Vertriebstypen aufgenommen werden.

Abbildung 1.24: Komponenten integrierter Geschäftsmodelle

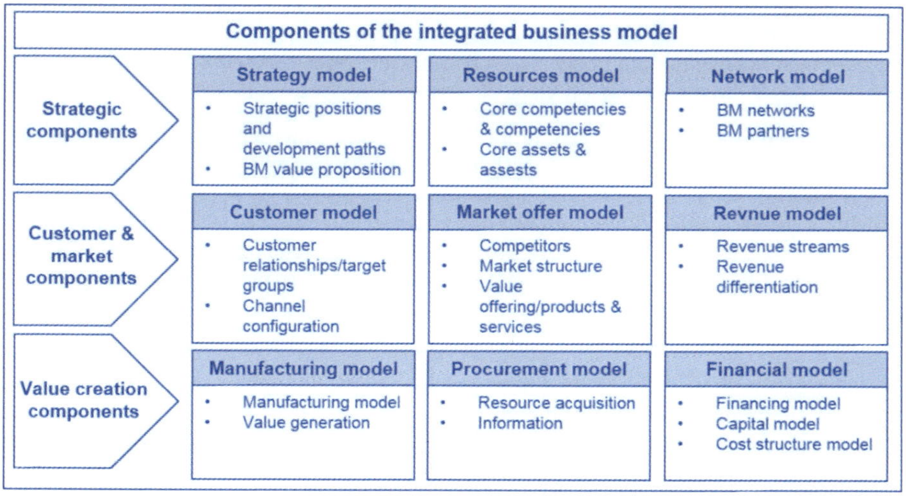

Quelle: Wirtz 2016b, S. 44.

Abbildung 1.25: Basisgeschäftsmodelle in der digitalen Wirtschaft

	Content	Commerce	Context	Connection	Communication
Definition	Sammlung, Selektion, Systematisierung, Kompilierung und Bereitstellung von Inhalten über Netzwerke	Anbahnung, Aushandlung und/oder Abwicklung von Geschäftstransaktionen über Netzwerke	Klassifikation, Systematisierung und Zusammenführung verfügbarer Informationen in Netzwerken	Repräsentation des Grades der formalen Verknüpfungen in Netzwerken	Herstellung der Möglichkeit eines Informationsaustausches in Netzwerken
Ziel	Bereitstellung von konsumentenorientierten, personalisierten Inhalten über Netzwerke	Ergänzung bzw. Substitution traditioneller Transaktionsphasen über Netzwerke	Komplexitätsreduktion und Bereitstellung von Navigationshilfen und Matchingfunktionen über Netzwerke	Schaffung von technologischen oder kommerziellen Verbindungen in Netzwerken	Schaffung von kommunikativen Verbindugen in Netzwerken
Erlösmodell	Direkte (Premiuminhalte) und indirekte Erlösmodelle (Werbung)	Transaktionsabhängige, direkte und indirekte Erlösmodelle (Werbung)	Direkte (Inhaltsaufnahmen) und indirekte Erlösmodelle (Werbung)	Direkte (Objektaufnahme/Verbindungsgebühr) oder indirekte Erlösmodelle (Werbung)	Direkte (Verbindungsgebühr) und indirekte Erlösmodelle (Werbung)
Plattformen	E-Shop, E-Community, E-Company	E-Shop, E-Procurement, E-Marketplace	E-Community, E-Marktplace	E-Marktplace, E-Company, E-Community	E-Community, E-Shop, E-Marktplace, E-Company
Beispiele	sueddeutsche.de, manager-magazin.de, guenstiger.de	mytoys.com, amazon.com, expedia.de	yahoo.de, google.de, ciao.com	autoscout24.de, travelchannel.de, t-online.de	ebay.com, facebook.com, elitepartner.de
Mehrwert	Überblick, Auswahl, Kooperationen, Abwicklung	Überblick, Auswahl, Abwicklung	Überblick, Auswahl, Vermittlung, Austausch	Überblick, Auswahl, Vermittlung, Abwicklung, Austausch	Überblick, Auswahl, Vermittlung, Austausch

Quelle: Kollmann 2016, S. 61.

Zumeist sind Mehrkanalsysteme dadurch gekennzeichnet, dass sie auf die Realisierung von Synergien im Leistungserstellungsmodell zwischen den alternativen Kanälen ausgerichtet sind und/oder eine Erweiterung des Marktmodells mit Fokus auf neue Märkte bzw. eine Vertiefung der Marktbeziehungen abzielen, indem durch die Hinzunahme weiterer Absatzkanäle im Rahmen des Distributionsmodells neue Kundengruppen erschlossen werden sollen oder eine Segmentierung in der Kundenansprache angestrebt wird. Dadurch verändert sich auch das Wettbewerbsmodell, da neue bzw. andere Wettbewerber relevant werden.

Wie dargestellt, hängt das Wertschöpfungskonzept eines Unternehmens eng mit dem Geschäftsmodell zusammen. Hier zeigen sich deutliche Komplexitätssteigerungen in Mehrkanalsystemen, denn im Wertschöpfungskonzept wird festgelegt, welche Position ein Unternehmen im Rahmen des Wertschöpfungsprozesses einnimmt, wie es mit den Partnern (z.B. Hersteller, Kunden, Dienstleister) im Rahmen der Leistungserstellung zusammenarbeitet und wie die Prozesse des Unternehmens koordiniert werden (Bieger/Reinhold 2011). Zu Knyphausen-Aufseß/Meinhardt (2002) unterscheiden in diesem Kontext vier Funktionen, die von einem Unternehmen eingenommen werden können (siehe Abb. 1.26):

- Spezialisten (Layer Player) übernehmen eine Wertschöpfungsstufe für verschiedene Wertschöpfungsketten. Sie verfügen über spezifische und spezialisierte Ressourcen und Fähigkeiten und profitieren von Skaleneffekten. Auf diese Weise sind sie in der Lage, die Wertschöpfungsaktivitäten, auf die sie spezialisiert sind, kostengünstiger, dabei aber qualitativ hochwertig zu realisieren. Durch die Spezialisierung sind sie jedoch stark abhängig von den Partnern in der Wertschöpfungskette.

- Integratoren übernehmen alle Wertschöpfungsstufen der Wertschöpfungskette, d.h. die Realisierung aller Prozesse erfolgt in einem Unternehmen. Auf diese Weise lassen sich Economies of Scope realisieren und die Transaktionskosten senken. Jedoch kann die mangelnde Spezialisierung dazu führen, dass Qualitäts- und/oder Kostennachteile auftreten.
- Market Maker nehmen eine Vermittlungsposition zwischen unterschiedlichen Wertschöpfungsprozessen ein. Sie agieren als Intermediär und setzen ihre Ressourcen zur Vermittlung und Bündelung von Information sowie zum Verschaffen von Zugang zu unterschiedlichen Beteiligten im Wertschöpfungsprozess ein. Auf diese Weise schaffen sie Mehrwert.
- Orchestratoren steuern die komplette Wertschöpfungskette, realisieren aber im Gegensatz zu den Integratoren nicht alle Prozesse selber, sondern lagern ausgewählte Teilprozesse an spezialisierte Kooperationspartner aus, um Kosten- und Qualitätsvorteile zu erreichen.

Abbildung 1.26: Funktionen innerhalb der Wertschöpfungskette

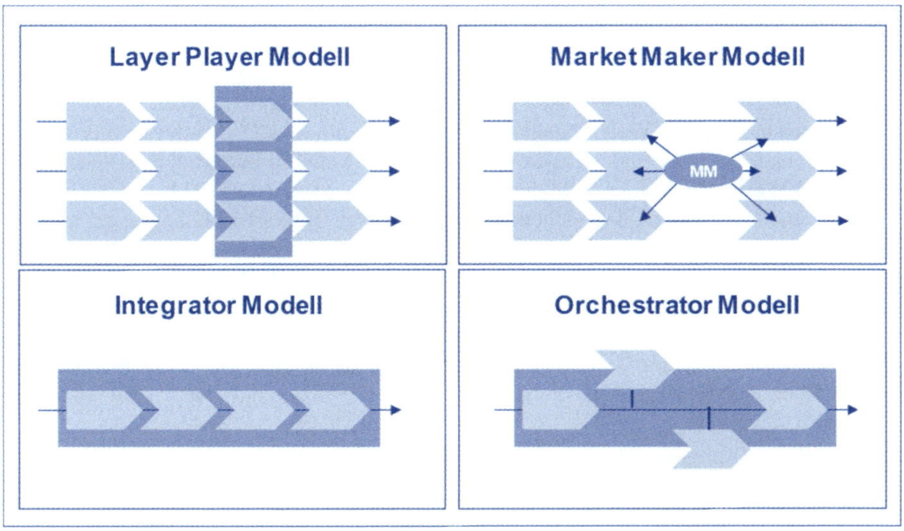

Quelle: Zu Knyphausen-Aufseß/Meinhardt 2002.

Diese Überlegungen zu den Wertschöpfungskonzepten lassen sich nicht nur mit Blick auf die Marktbeziehungen zu externe Akteuren betrachten, sondern sie lassen sich auch auf die Realisierung interner Prozesse übertragen. In Mehrkanalsystemen variieren die Geschäftsmodelle entsprechend des Integrationsgrades der Kanäle.

In Multiple Channel-Systemen wird häufig jeder Kanal autonom als Integrator konzipiert oder ggf. werden für ausgewählte Back-End-Prozesse Market Maker-Modelle oder Spezialisierungskonzepte gewählt, um Synergien und Bündelungen zu realisieren.

In Multi-, Cross- und Omnichannel-Systemen erfolgt hingegen eine zunehmend steigende Integration der Wertschöpfungsprozesse der Kanäle. Aus diesem Grund wird auch ein anderes Wertschöpfungskonzept angestrebt. Während Multichannel-Systeme mit niedrigerer

Integration der Kundenprozesse auch häufig einen geringeren Grad an Integration der weiteren Prozesse zeigen und oft nach dem Market Maker-Modell konzipiert werden, bei dem für ausgewählte Prozesse eine Bündelung erfolgt, werden Cross- und Omnichannel-Systeme vom Unternehmen als Orchestrator-Modell umgesetzt, bei dem die Gesamtsteuerung der Kanäle übergeordnet koordiniert wird und einzelne Teilprozesse an Spezialisten (unternehmensintern oder unternehmensextern) verlagert werden. Im Vordergrund steht dabei die Gesamtsteuerung, die erforderlich ist, um das komplexe System integriert auf die Kundenprozesse hin ausrichten zu können.

F. Fallstudie: Amazon

I. Darstellung des Unternehmens[1]

Amazon ist mit einem Umsatz von rund 188 Mrd. USD im Jahre 2017 der weltweit größte Händler im Internet (die Marktkapitalisierung beträgt 2017 rund 570 Mrd., der Rohertrag aus normaler Geschäftstätigkeit 65 Mrd. USD und der Nettogewinn 34,0 Mrd. USD). 566.000 Mitarbeiter erwirtschaften seit Jahren Wachstumsraten von 18-40% p.a. Das Unternehmen hat weiterhin ambitionierte Wachstumspläne.

Jeff Bezos gründete nach Studium und erster Berufserfahrung ein elektronisches Buchgeschäft, da Bücher eine lohnenswerte Marge versprachen und unkompliziert im Versand sind. Im Jahr 1994 entstand in Seattle die Plattform Cadabra.com, die bald als Amazon – wie der längste Fluss der Welt – benannt wurde. Bereits im Jahr 1995 lieferte Amazon von den USA aus in 50 US-Bundesstaaten und 45 Länder. Mit dem Erwerb der ABC-Bücherdienst GmbH erfolgte im Jahr 1998 der Eintritt in Deutschland (siehe Abb. 1.27). Die Entwicklung war jedoch nicht durchgehend unproblematisch. Im Jahr 1999 betrug der Umsatz eine Mrd. USD, die Verluste aber 300 Mio. USD und als kurz danach die Dotcom-Blase platzte, wurde es kritisch: der Aktienkurs fiel von 100 auf sechs USD, die Liquidität war gering, 1.300 Mitarbeiter wurden entlassen; ein Logistikzentrum wurde geschlossen. Um Amazon aus dem Tal zu führen, wurden weitreichende Maßnahmen ergriffen, deren Basis die Kernkompetenzen des Unternehmens waren und die zu einer Ausdifferenzierung der Geschäftsbereiche führten. Amazon ist heute bereits enorm diversifiziert.

Abbildung 1.27: Amazon-Website: Start 1995 und Deutschland-Start 1998

Quelle: Teltarif 2017; Amazon 2018.

[1] Die Fallstudie basiert auf Unternehmensinformationen, Geschäftsberichten und eigener Recherche.

Die Fallstudie thematisiert zunächst Entwicklungsstrategien sowie Geschäftsziele/-modell. Im Fokus stehen die Geschäftsbereiche, i.S.v. Be- und Vertriebstypen des Handels und die vielfachen Serviceleistungen. Ein Blick in die Zukunft beschließt die Ausführungen.

II. Entwicklungs- bzw. Wachstumsstrategien

Wachstumsstrategien sind entlang der beiden Achsen Märkte und Produkte wählbar: Penetration alter Märkte, Entwicklung neuer Märkte oder neuer Angebote und Diversifikation (simultane Entwicklung neuer Märkte und Angebote). Sie werden im Rahmen dieser Fallstudie retroperspektivisch und exemplarisch betrachtet, weil für das diversifizierte Amazon die heutigen Strategieoptionen weitgehender sind. Ausgangspunkt ist demgemäß die Entwicklung des ursprünglichen Buchhändlers in zwei Richtungen: neue Angebote und/oder Märkte (i.S. von neuen Kunden und Wettbewerbssituationen).

Entwicklung neuer Märkte

Amazon hat früh Bücher ins Ausland versandt, was heute v.a. für nicht verderbliche Waren weiterhin praktiziert wird. Eine weitergehende Qualität der Markterschließung i.e.S. hat das Angebot landesspezifischer Websites und die Einrichtung lokaler Logistikzentren gebracht.

Die Markterschließung i.e.S. erfolgte im Jahr 1998 mit Amazon.de und Amazon.co.uk. In Europa folgten Frankreich (2000), Italien (2010), Spanien (2011) und die Niederlande (2014). Außerhalb Europas wurde die erste länderspezifische Website in Japan (2000) etabliert. In China (2004) wurde die lokale Website Yoyo.com akquiriert und im Jahr 2007 als Amazon gebrandet. Eintritte in Indien (2013) und in Singapur (2017) folgten. Die australische Domain Amazon.com.au ist bereits seit 2013 angemeldet; ein Handelsangebot wurde erst im Jahr 2017 etabliert. In Kanada und Mexiko gingen Websites in den Jahren 2002 und 2013 online; Brasilien folgte im Jahr 2012. Nur diese 15 Kernländer operieren mit spezifischen Websites, sodass zukünftige Entwicklungsoptionen für Amazon auf der Hand liegen.

Abbildung 1.28: AmazonGlobal Exportländer

Europa	Belgien, Bosnien & Herzegowina, Bulgarien, Dänemark, Deutschland, Estland, Finnland, Frankreich, Gibraltar, Griechenland, Großbritannien, Irland, Island, Italien, Lettland, Liechtenstein, Litauen, Luxembourg, Kroatien, Malta, Monaco, Niederlande, Norwegen, Österreich, Polen, Portugal, Rumänien, Russland, San Marino, Serbien, Schweden, Schweiz, Slowakei, Slowenien, Spanien, Tschechei, Türkei, Ungarn, Vatikan, Zypern.
Amerika	Barbados, Bermudas, Bolivien, Brasilien, Chile, Costa Rica, Ecuador, Fr. Guyana, Guadeloupe, Jamaika, Kanada, Kolumbien, Martinique, Mexico, Panama, Peru, Saint Martin, Trinidad und Tobago, Uruguay, Venezuela.
Asien und Australien	Australien, China, Fidschi, Föderierte Staaten von Mikronesien, Hong Kong, Indien, Indonesien, Japan, Kambodscha, Kasachstan, Macao, Malaysia, Marshallinseln, Neukaledonien, Neuseeland, Palau, Philippinen, Singapur, Sri Lanka, Südkorea, Taiwan, Thailand.
Afrika, Mittlerer Osten	Ägypten, Bahrain, Ghana, Israel, Jordan, Katar, Kenia, Kuwait, Marokko, Mauritius, Namibia, Nigeria, Oman, Réunion, Saudi-Arabien, Südafrika, Tansania, Vereinigte Arabische Emirate, Zimbabwe.

Hier können Limitationen bestehen, ob und wo Amazon Marketplace Anbieter internationales Shipping anbieten. Die Einkäufe können bestimmten Gebühren und Importregulationen in einem Land unterliegen.

Quelle: Amazon 2018.

Die o.g. Websites werden als Brückenköpfe für die Erschließung weiterer Länder genutzt. So bestand für Prime-Kunden ein kostenloser Versand nach Belgien und in die Niederlande für Bestellungen bei Amazon.de, bevor im Jahr 2014 Amazon.nl öffnete. Ähnliches gilt für weitere Länder. So agiert die deutsche Website Amazon.de seit 2016 auch in polnischer Sprache. Ferner, um Österreich und Schweiz zu bedienen, werden Nutzer auf Amazon.de weitergeleitet, wenn sie die Domains Amazon.at oder Amazon.ch anwählen. Weiterhin werden Länder ohne eigene Websites direkt über die US-Website Amazon.com bearbeitet. Mit dem *AmazonGlobal* Programm (einem Service zur Abwicklung von „International Shippings“, insb. Vorauszahlung der Importgebühren bei *AmazonGlobal* Eilzustellung bzw. *AmazonGlobal* Expresszustellung) beliefert Amazon über 100 Länder (siehe Abb. 1.28).

Amazon betreibt außerhalb der USA über 140 Logistikzentren. Die meisten sind *Fulfillment Centers*, d.h. Logistikzentren mit großer Fläche, in denen Lagerung und Kommissionierung für breite Teile des Sortiments und große geographische Belieferungsgebiete erfolgt. Zunehmend werden kleinere Einheiten etabliert; *Sortation Centers*, um bestimmte Ballungsräume effizienter zu versorgen. *Prime Now Hubs* sind kleinere Einheiten in Städten, in denen eine Belieferung am selben Tag angeboten wird. Sie verarbeiten schnelldrehende Sortimente, wie aktuelle Bestseller, um für diese Artikel lokal Belieferungen binnen weniger Stunden zu ermöglichen. Spezielle *Pantry- oder Fresh Food Distribution Centers* übernehmen Aufgaben (frische Lebensmittel, Kühlung etc.). *Delivery Centers* gewährleisten die Auslieferung für Ware mit besonderen Herausforderungen, wie für Möbel und große Haushaltsgeräte. Die Logistikstandorte sind vorwiegend in den Kernländern angesiedelt (siehe Tab. 1.20). In wenigen Fällen werden grenznahe Regionen genutzt (z.B. Polen, Tschechien). Vor allem in den Zielländern von *AmazonGlobal* werden oft externe Dienstleister genutzt. Bestrebungen sind erkennbar, die internationale Logistik zu internalisieren (z.B. mit dem *Amazon Maritime Inc.*, einem Schiffsfrachtunternehmen).

Tabelle 1.20: Länder mit spezifischen Websites

Land	Einw. in Mio.; BIP in Bill. USD	Website, Umsatz in Mrd. USD[1]	Eintrittsjahr	Logistikzentren
		Heimatmarkt		
USA	326; 19,4	Amazon.com, 120,49	1994	122 Fulfilment Center, 39 Sortation Center, 53 Prime Now Hubs, 21 Pantry/Fresh Fooc Distribution Center, 73 Delivery Stations
		Europa		
Deutschland	83; 3,7	Amazon.de, 16,95	1998	20 Fulfilment Centers, 3 Sortation Centers, 4 Prime Now Hubs, 2 Delivery Stations
Großbritannien	66; 2,6	Amazon.co.uk, 11,37	1998	21 Fulfilment Centers, 13 Prime Now Hubs, 43 Delivery Stations
Frankreich	67; 2,6	Amazon.fr	2000	9 Fulfilment Centers, 1 Sortation Center, 1 Prime Now Hub
Italien	61; 1,9	Amazon.it	2010	5 Fulfilment Center, 2 Prime Now Hubs, 3 Delivery Stations
Spanien	47; 1,3	Amazon.es	2011	7 Fulfilment Centers, 1 Pantry/Fresh Food Distribution Center, 2 Prime Now Hubs
Niederlande	17; 0,8	Amazon.nl	2014	Keine
Weitere		--	--	2 bzw. 5 Fulfilment Centers (in Tschechien bzw. Polen)
		Asien und Australien		
Japan	127; 4,9	Amazon.co.jp, 11,91	2000	10 Fulfilment Centers, 7 Prime Now Hubs
China	1.386; 12,2	Amazon.cn	2004	15 Fulfilment Centers
Indien	1.339; 2,6	Amazon.in	2013	43 Fulfilment Centers, 150 Delivery Stations
Singapur	56; 0,3	Amazon.sg	2017	1 Prime Now Hub
Australien	25; 1,3	Amazon.com.au	2017	1 Fulfilment Center
		Amerika		
Kanada	37; 1,7	Amazon.ca	2002	6 Fulfilment Centers
Brasilien	209; 2,1	Amazon.br	2012	1 Fulfilment Center
Mexiko	129; 1,1	Amazon.com.mx	2013	2 Fulfilment Center

[1] Umsatzzahlen soweit bekannt, bezogen auf die Domain (können Exporte beinhalten). Umsatz für Rest der Welt (unspezifische Länder) beträgt 17,15.

Quelle: Amazon 2018; MWPVL 2018; Weltbank 2018.

Entwicklung neuer Angebote

Die Entwicklung neuer Angebote umfasst v.a. die Erweiterung der Sortimentsbreite und -tiefe sowie digitale Ergänzungen oder Substitute für ehemals physisch vertriebene Produkte.

Vier Jahre nach der Gründung nahm Amazon – neben Büchern – mit CDs, DVDs und Videos weitere Produktgruppen in das Sortiment auf. Danach folgten diverse Erweiterungen des Angebotes, welche die Breite des Sortiments stetig vergrößerten. Seit 1999 wurde das Warenangebot um Elektronikprodukte, Spielwaren, Videospiele, Geschenkartikel sowie DIY-Artikel erweitert. Im Jahr 2000 folgten Küchenutensilien und Fotografiezubehör, 2002 Bürobedarf und erste Artikel im Bereich Mode und Accessoires und im Jahr 2003 Sport-, Drogerie- und Gesundheitsartikel. 2004 erfolgte das erstmalige Angebot von Schmuck und Schuhen (medienwirksam insb. durch ein exklusives Angebot einer Schmucklinie von Paris Hilton). Wenngleich bereits seit 2003 Aktionen mit bestimmten Gourmet-Artikeln getestet wurden, nahm Amazon erst im Jahr 2006 ein größeres Lebensmittelangebot in sein Sortiment in den USA auf. Über diese und weitere Schritte entwickelte sich Amazon kontinuierlich zum Online-Warenhaus.

Um die Tiefe des Sortiments zu erhöhen, wurden neben dem Sortiment von Drittanbietern (infolge der Diversifikation in den Business-to-Business (B2B) Geschäftsbereich) zunehmend Eigenmarken etabliert. Eigenmarken wie *AmazonBasics* (seit dem Jahr 2009) sind eindeutig Amazon zuzuordnen, z.B. im Outdoor- oder Heim-Bereich. Sie profitieren von der starken Unternehmensmarke, die auf neue Handelsmarken ausstrahlt. Wie *Kindle* gibt es aber Eigenmarken, die nicht direkt mit der Corporate Brand verbunden sind, wie die *Möbelmarke Strathwood*, die *Heimtextilienmarke Pinzon* oder *Modelinien wie Franklin & Freeman, James & Erin und Lark & Ro*.

Neben dem physischen Warensortiment setzte Amazon bereits früh auf digitale Medienangebote. Ab der Jahrtausendwende wurden diverse Media- und Streamingdienste entwickelt, wie *Amazon Music*, ein Downloadportal für MP3 Dateien, *Amazon Instant Video*, ein Angebot von Videos und Filmen oder ein *App-Store* mit dem Angebot von Smartphone- und PC-Software. Durch Akquisitionen erfolgten Angebotserweiterungen, wie Audible (2008) mit Hörbüchern oder Lovefilm (2011) mit dem Streaming von Filmen. *Amazon Kindle* (2007) bietet den Download von E-Books an. Diese Angebote stellen vorwiegend Substitute für zuvor bereits physisch angebotene Artikel (Bücher, CDs, Blue-Ray-Discs) dar. Sie werden daher nicht als Diversifikation verstanden, wenngleich sie in neue Geschäftsfelder außerhalb des klassischen Online-Handels vordringen.

Marktdurchdringung

Zur Marktdurchdringung setzt Amazon darauf, den Zugang zu ihrem Waren- und Dienstleistungsangebot so einfach und schnell wie möglich zu gestalten. Die Einführung des *1-Click-Shoppings* ermöglichte Kunden bereits ab 1998, mit nur einem Klick und ohne einen virtuellen Warenkorb, den Einkauf abzuwickeln; einen Dienst, den sich Amazon patentieren ließ.

Zur Stärkung der Kundenbindung wurde im Jahr 2005 in den USA *Amazon Prime* eingeführt. Gegen einen Mitgliedsbeitrag wird eine Lieferung vieler Artikel binnen zweier Tage gewährleistet; in ausgewählten Gebieten binnen eines Tages oder am selben Tag. Neben der schnelleren Belieferung erhalten Prime-Kunden weitere Vorteile, wie kostenlosen Zugang zu Teilen der Streaming-Angebote (z.B. Instant Video, Music).

Zur weiteren Vereinfachung und Unterstützung von Bestellvorgängen setzt Amazon auf innovative digitale Hilfsmittel. Der im Jahr 2014 eingeführte *Amazon Echo* ist ein Gerät, das über Sprache gesteuert wird, verschiedenste Dienste verknüpft und zusätzlich den Smart Home-Bereich abdeckt, d.h. die Digitalisierung und Vernetzung von Gebäudetechnik und Einrichtung. Mit dem *Echo Look* wird ein digitaler Modeberater angeboten und der *Amazon Dash* ist ein kleiner Knopf, der beliebig angebracht die Bestellung je eines bestimmten Artikels auslöst. Er soll die Kundenbindung, insb. bei habitualisierten Käufen, von Prime-Kunden fördern.

Amazon ist bestrebt, die Maßnahmen an lokale Rahmenbedingungen und Bedürfnisse anzupassen. So bietet *Amazon Kirana Now* in ausgewählten indischen Ballungsgebieten den mobilen Zugriff auf das Angebot lokaler Lebensmitteleinzelhändler und eine Lieferung nach Hause. Bestellungen werden binnen vier Stunden bearbeitet und der Service geht über den Versand eigener Artikel bei *AmazonFresh* in anderen Ländern hinaus.

Neben den Maßnahmen, die den Zugang zum Angebot von Amazon vereinfachen sollen, muss zur Marktdurchdringung die Leistungsfähigkeit der Supply Chain-Prozesse sichergestellt werden. Dies geschieht nicht nur durch den Ausbau und Neueröffnungen von *Fulfillment Centern* und die Ausdifferenzierung des Logistiknetzwerks, sondern auch durch spezifische *Sortation Centers*, *Prime Now Hubs* etc. Diese ermöglichen es Amazon, in bestimmten Regionen besonders schnelle Belieferungen anzubieten. Sie werden für Endkunden sichtbar als Verbesserungen des Service-Angebotes beworben.

Diversifikation

Neben eigenen Angeboten an Endkunden nahm Amazon früh eine Diversifikation in den B2B-Geschäftsbereich vor. Amazon begann mit den *z-Shops* im Jahr 1999 externe Onlineshops von Drittanbietern zu unterstützen. Die Verkaufsplattform *Marketplace* folgte im Jahr 2000 und ist heute ein Geschäftsfeld neben dem Versand des eigenen Sortiments. Auf dieser Plattform können Drittanbieter ihre Ware direkt im Amazon Shop anbieten, für eine Provision für jeden verkauften Artikel von ca. 9,5-12% des Verkaufspreises. Amazon agiert damit als Absatzhelfer im eigenen Namen und auf fremde Rechnung. Da der Marketplace auch für die Konkurrenz einen Vertriebsweg bietet, ging Amazon mit seiner Einführung ein Risiko ein. Allerdings generiert der Marketplace weiteren „Traffic" und bietet Endkunden mehr „Experience", sodass Drittanbieter über den Marketplace heute geschätzt rund 120 Mrd. USD zusätzlichen Umsatz erwirtschaften; der Anteil verkaufter Einheiten liegt stabil bei ca. 45% (siehe Abb. 1.29). Die Einführung von *Fulfillment by Amazon* (FBA) im Jahr 2006 ermöglicht es Drittanbietern, die Distributionslogistik inkl. Retouren von Amazon abwickeln zu lassen. Amazon wird damit zu einem Full Service-Vertriebskanal für Drittanbieter.

Im Jahr 2006 folgte die Einführung der *Amazon Web Services* (AWS). Hier tritt Amazon als Dienstleister auf, der mithilfe einer Cloud-Computing-Plattform, sowie einer leistungsfähigen IT-Infrastruktur, diverse Websites und E-Commerce-Angebote unterstützt. Marktführende E-Commerce-Anbieter wie Netflix (Streaming-Dienst für Serien) oder Dropbox (privat und kommerziell nutzbarer Cloud-Speicher) nutzen gegen Entgelt die Server von AWS, um ihre Websites zu betreiben und ihre umfangreichen Datenmengen zu speichern sowie schnell abrufen zu können.

Neben den B2B-Angeboten diversifiziert Amazon in den stationären Handel, wobei nicht nur der Buchladen *Amazon Books* gemeint ist. Wichtig ist der Vorstoß in die weltweit größte Handelsbranche, den Lebensmitteleinzelhandel, der anderen Anforderungen bzgl. der Präsentation der Ware oder der Prozesse unterliegt. Im Jahr 2007 startete Amazon mit *AmazonFresh,* einem Lieferdienst für frische Lebensmittel, der in vielen Regionen der USA zugänglich ist. In Deutschland erfolgen seit dem Jahr 2017 Tests in Berlin und Hamburg. Umsatzschätzungen gehen für das Jahr 2017 von 1,5 Mrd. USD in den USA aus. In Deutschland liegen die Umsätze im zweistelligen Millionenbereich.

Abbildung 1.29: Handelsvolumen vom Amazon Marketplace

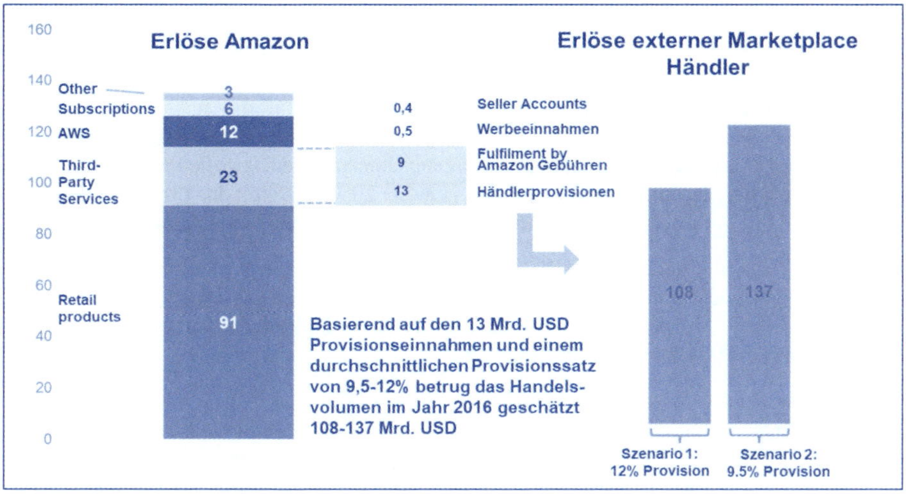

Quelle: Marketplace Analytics 2017.

Zudem wurde mit *Amazon Go* in Seattle im Jahr 2018 testweise ein Supermarkt unter eigenem Namen eröffnet und Amazon erwarb die amerikanische Bio-Lebensmittelkette *Whole Foods*. Bei *Amazon Go* ist kein Bezahlvorgang vorgesehen, da Artikel bei der Entnahme aus dem Regal registriert werden und der Kaufbetrag beim Verlassen des Supermarkts online abgebucht werden soll. Bei *Whole Foods* erfolgte eine drastische Preisreduktion und Kunden wird versprochen, dass sie in Zukunft über *Amazon Echo* direkt Bestellungen bei *Whole Foods* vornehmen können. *Whole Foods* kann zukünftig eine wesentliche Komponente der Omnichannel-Aktivitäten von Amazon darstellen.

Auch im Geschäftsbereich Mediadienste diversifizierte Amazon. Durch Vertikalisierung wird nicht nur der Vertrieb von Medien und Software, sondern auch deren Produktion übernommen. So drang Amazon im Jahr 2014 mit der Einführung des *Fire Phones* in den traditionell durch Elektronikhersteller wie Samsung und Apple dominierten Smartphone-Markt ein. Des Weiteren konkurriert Amazon durch die Verbreitung des eigenen Betriebssystems *Fire OS* und Internetbrowsers *Silk* mit Softwareherstellern. Der Vorstoß blieb jedoch bislang mäßig erfolgreich.

Erfolgreicher agiert Amazon durch vertikale Diversifikation in der Produktion von Medien. So ist *Amazon Publishing* seit dem Jahr 2009 ein erfolgreicher Verlag mit direktem Zugang zur Kindle-Plattform und in Konkurrenz zu etablierten Verlagen. Seit dem Jahr 2010 werden bei *Amazon Studios* eigene Videos und Serien produziert, die direkt und exklusiv über die eigenen Video-Plattformen vertrieben werden. Amazon dringt damit in das Geschäftsfeld klassischer Filmproduzenten sowie Fernsehsender vor. *Amazon Game Studio* entwickelt seit dem Jahr 2012 eigene Computerspiele.

III. Unternehmensvision, -geschäftsmodell, -kultur und -struktur

Amazon beschreibt die *Vision* mit der knappen Formulierung „To be Earth's most customer-centric company, where customers can find and discover anything they might want to buy online" (Amazon 2018). Diese Vision wird im Unternehmen durch stetige Veränderungen verfolgt: ständiges Bestreben nach verbesserten Angeboten und Prozessen. In Anlehnung an Amazons Vision sieht das *Unternehmensziel* vor, die Beziehung zu den Kunden kontinuierlich zu verbessern. Dazu werden Produkterweiterungen und -neuheiten, neue Dienstleistungen sowie eine Ausdehnung der Märkte und bestehenden Partnerschaften angestrebt. „To make it irresponsible to not be a prime member", ist beispielhaft das ausgeschriebene Ziel für Amazon Prime (GeekWire 2017). Statt auf kurzfristigen Gewinn setzt Amazon auf langfristiges Wachstum und Investitionen in das eigene Unternehmen, um alle Produkte weltweit zugänglich zu machen und der größte Online-Händler zu sein. Damit das Erreichen der Ziele eingehalten wird, nimmt das Unternehmen auch kurzfristig hohe Verluste in Kauf.

Das *Geschäftsmodell* von Amazon beinhaltet eine Mischung aus „Pull und Push". So werden solche Geschäftsbereiche ausgeweitet, die von den Kunden gut angenommen werden, während etablierte Märkte durch innovative Services durchdrungen werden. Basis für die Entscheidungen sind datenbasierte Analysen.

Jeff Bezos skizzierte das Geschäftsmodell als „Flywheel" (siehe Abb. 1.30). Das Schwungrad ist dynamisch und um das Wachstum herum gruppiert, wobei jede Komponente einen Beschleuniger darstellt. Die Idee ist, dass Innovation und Verbesserung den Kraftstoff für das Wachstum bringen. Investitionen in eine Komponente beeinflussen automatisch andere. Ist das Schwungrad in Gang gesetzt, führt es zu positiven Veränderungen und Innovationen, die das Rad weiterdrehen und im Zusammenwirken Wachstum generieren. Die Komponenten sind:

- *Selection*, d.h. Auswahl des Sortiments und der Dienstleistungen.
- *Customer Experience*, d.h. Kundenerfahrung bei der Nutzung von Amazon.
- *Traffic*, d.h. Besucherfrequenz auf den Websites von Amazon.
- *Sellers*, d.h. in den Marketplace eingebundene Drittanbieter.

Abbildung 1.30: Amazon Geschäftsmodell

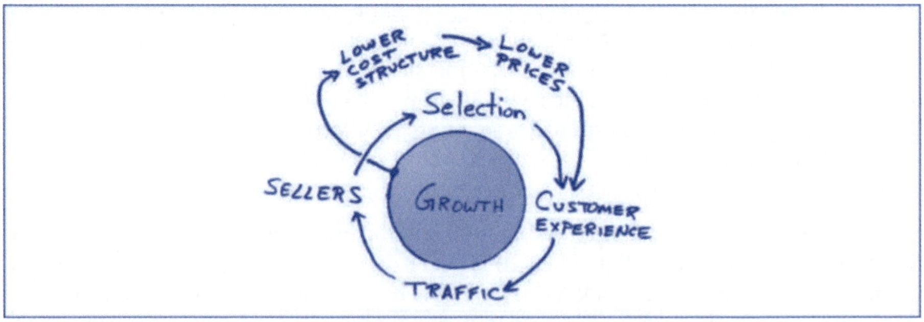

Quelle: Amazon 2018.

Durch das Wachstum entstehen Economies of Scale. Diese werden genutzt, um die Kostenstrukturen und die Verkaufspreise zu senken. Dies treibt das Wachstumsrad, insb. durch eine Verbesserung der Customer Experience an. Essentiell ist die Langfristigkeit, denn selbst wenn Technologien und Services sich ändern, sollten Grundsätze, wie niedrige Kostenstruktur und Preise, unverändert bleiben. Insgesamt kann das Zusammenwirken der Komponenten im Geschäftsmodell anhand der Gründung von Amazon erläutert werden.

Durch die breite Auswahl an Büchern generierte Amazon eine einzigartige „Customer Experience“, die zu mehr „Traffic“ auf der Website führte und sodann mehr „Sellers“ anzog, was die „Selection“ weiter erhöhte; zugleich konnten Kostenstruktur und Preise gesenkt werden. Insofern kombiniert Amazon Größendegressionsvorteile (wie bei Discountern) mit einem enorm breiten Angebot und innovativen Services. Das Modell wurde skizziert als Amazon in erster Linie als Buchhändler auftrat. Die diversifizierten Geschäftsbereiche folgen dem Flywheel. So trägt *Fulfillment by Amazon* dazu bei, dass der Marketplace für weitere „Seller“ attraktiv wird. Zudem wird deren Leistungsfähigkeit in der Logistik unterstützt, was die Customer Experience verbessert. *Amazon Prime* setzt im Flywheel insb. bei der Customer Experience an. *Amazon Web Services* sind nur mittelbar in das Flywheel integriert. Dennoch lässt sich eine ähnliche Logik erkennen. Auch dabei wird angestrebt, durch stetiges Wachstum eine höhere Leistungsfähigkeit zu erzielen. Diese Leistungsfähigkeit macht das Angebot attraktiv für weitere Nutzer und Drittanbieter, wodurch wieder neues Wachstum entsteht.

Die *Unternehmenskultur* betont besonders Kreativität und Unternehmergeist. Experimentierfreude, keine Angst vor dem Scheitern und der Ansporn einen Schritt voraus zu sein, treiben Amazon an. Amazon verleiht regelmäßig einen „Just Do It Award“ für Mitarbeiter, die versuchen, etwas Bemerkenswertes umzusetzen. Dabei spielt es keine Rolle, ob der Vorstoß auch erfolgreich war. Es werden kurzfristig Verluste in Kauf genommen. Im Mittelpunkt des Handelns soll entsprechend der Unternehmensvision der Kunde stehen. Gefördert werden Initiativen zur Verbesserung der „Customer Experience“. Amazon versteht sich als Unterstützer des Lebens und Erfolges anderer: der Kunden, die auf der Amazon Website einkaufen; der Drittanbieter, die über Amazon ihre Produkte verkaufen; der Firmen, welche die Amazon Cloud-Dienste nutzen etc.

Die *Organisationsstruktur* auf Ebene des Executive Board ist klassisch funktional und hierarchisch gegliedert. Neben dem CEO Jeff Bezos existieren weitere Corporate Officers für Finanzen, Rechnungswesen, Juristisches und Business Development. Zwei Corporate Officers stehen den Bereichen „Global Consumers“ und „Amazon Web Services“ vor. Hier zeigt sich eine divisionale Trennung der Geschäftsbereiche. Die Organisationsebenen werden jedoch nicht kommuniziert, außer, dass in allen Geschäftsbereichen offensichtlich dutzende internationale Teams existieren. Sie arbeiten in unterschiedlichen Reifephasen der Geschäftsbereiche. Einige sind etablierte, langsam wachsende und profitable Bereiche. Andere sind Start-ups, entwickeln ihr Geschäftsmodell und sind weniger profitabel. Einige wiederum sind gewinnbringend, andere verkaufen zum Selbstkostenpreis oder nehmen Verluste in Kauf, um Traffic und Kundenbindung zu generieren. Es gilt die 2-Pizzateam-Methode, d.h. kein Team darf so groß sein, dass es nicht mit zwei Pizzen satt wäre. Jeff Bezos möchte dadurch flexibles und autonomes Arbeiten gewährleisten. Hinzu kommt eine geografische Trennung in „Nordamerika“ und „International“, die es gewährleisten soll, die Unterschiedlichkeiten der verschiedenen Märkte zu berücksichtigen.

IV. Geschäftsbereiche und Business Units

Amazon hat vier Geschäftsbereiche (siehe Abb. 1.31). Der Geschäftsbereich *Electronics and General Merchandise* weist den größten Umsatzanteil auf und umfasst den Versandhandel eigener Sortimente, den Marketplace und den Full Service (d.h., Drittanbieter können Waren über Amazon anbieten und/oder Logistikservices nutzen). Die *Mediadienste* umfassen diverse Vertriebsplattformen für Musik, Filme, Serien, E-Books und Software und erwirtschaften den zweitgrößten Umsatzanteil. Der Bereich *Other* vereinigt wachsende Einheiten, wie Amazon Web Services, Advertise on Amazon und Amazon Payment Solutions. Der Bereich der stationären Kanäle ist relativ neu und durch Akquisitionen geprägt. Nachfolgend werden die Einheiten der Geschäftsbereiche aufgegriffen. Amazon verzahnt die Angebote für den Endkunden zunehmend, um ubiquitäre Mehrwerte zu bieten.

Abbildung 1.31: Geschäftsbereiche und Business Units von Amazon

Quelle: eigene Darstellung i.A.a. Amazon 2018.

1. Versandhandel des eigenen Sortiments

Amazon bietet ein selektives Universalsortiment an. Prinzipiell ist das Angebot für alle Kontoinhaber zugänglich, wenngleich bestimmte Angebote den Prime-Kunden vorbehalten sind.

Amazon Prime. Dieser Dienst erfordert eine Mitgliedschaft (Jahresbeiträge in den USA 99 USD). Prime-Kunden profitieren vom Premiumversand innerhalb eines Tages (für manche Artikel schneller), von Premiumzugängen zu Top- und Exklusiv-Angeboten oder zu (30 Min. früheren) Blitzangeboten. Sie haben ferner Zugang zu Mediadiensten wie unbegrenztes Streaming von Filmen und Serien mit *Prime Video*, von Songs mit *Prime Music*, Kindle-Leihbücherei oder *Amazon Drive* (für die Fotoablage). Auch der *Dash Button* ist nur für Prime-Kunden erwerbbar und über *Prime Now* können in bestimmten Regionen Bestellungen aus einem Ladengeschäft erfolgen.

AmazonFresh. Seit dem Jahr 2017 ist *AmazonFresh* in Deutschland im Test. Mehr als 85.000 Artikel, darunter Obst, Gemüse, Kühlprodukte, können online geordert werden (inkl. Artikel von regionalen Feinkostgeschäften und kleinen Lebensmittelhändlern). Kunden können ihre Lieferung am selben oder am Folgetag im gewählten 2-Stunden-Lieferfenster erhalten. Durch den Logistikaufwand ist der Service verhältnismäßig kostenintensiv. In den USA wurden Ende 2017 die Hälfte der *AmazonFresh* Lieferpunkte geschlossen.

Amazon Dash. Der Amazon Dash Button ist ein mit WLAN verbundenes Gerät, mit dem i.d.R. habituelle Käufe je eines spezifischen Artikels pro Button erfolgen. Er wird über die Amazon App auf einem Android oder iOS-Smartphone eingerichtet und verwaltet. Die Lieferbenachrichtigung erfolgt auf das Smartphone.

Amazon Pantry. Einkäufe in einer Pantry-Box (Füllmenge 20 kg oder 110 l) auszuliefern, soll Prime-Kunden v.a. den Großeinkauf vereinfachen (mit 4,99 EUR zusätzlichen Kosten).

2. Amazon Marketplace und Full Service-Vertriebskanal

Wie angedeutet, haben gewerbliche Drittanbieter die Möglichkeit, auf dem *Marketplace* Ware anzubieten. Die Waren sind in den Artikellisten enthalten und können bei einer Stichwortsuche gefunden werden (die Artikelinformationen pflegt der gewerbliche Verkäufer). Amazon leitet die Zahlung weiter, ohne dass ein Drittanbieter die Zahlungsdaten des Kunden erhält. Die monatlichen Kosten für einen Drittanbieter belaufen sich auf 39 EUR und für Einzelangebote auf 0,99 EUR pro Artikel. Zusätzlich erhält Amazon pro verkauftem Artikel eine Provision. Drittanbieter haben die Wahl selbst zu versenden oder das *Fulfillment by Amazon* zu nutzen (Inlands- und Auslandslogistik). Sie verbringen die Ware in die Logistikzentren von Amazon, wobei Gebühren für die Lagerung (saisonspezifisch 20-28 EUR pro Kubikmeter im Monat) und die Bearbeitung der Bestellung anfallen (zuzüglich zur o.g. Provisionen). Amazon garantiert eine vorher definierte Qualität und Schnelligkeit der Logistik.

3. Mediadienste

Amazon bietet Plattformen zum Vertrieb von Musik, Serien, Filmen, E-Books und Software an, deren Nutzungsgebühr variiert (Prime-Kunden haben kostenfreie Zugriffe). Über eine freie Auswahl hinaus bietet *Amazon Kindle* und *Amazon Music* die Option „unlimited“ für zusätzliche Nutzungsgebühren von 7,99-9,99 EUR monatlich an.

Amazon Video. Amazon Video ist ein Video-on-Demand-Angebot. Das Angebot umfasst über 10.000 Filme und 1.000 Serien, die ausgeliehen, gestreamt oder erworben werden können.

Amazon Music. Hier können Musik-Downloads und die MP3-Versionen in einer Musikbibliothek abgespielt und bestehende Musiksammlungen in einer Cloud abgelegt werden. Prime-Kunden etwa greifen auf Millionen von Songs, ausgewählte Playlists und ein persönliches Radio zu.

Amazon Kindle. Der Kindle ist eine Online-Bibliothek, die Zugriff auf Millionen von Büchern ermöglicht, die nicht in das Eigentum der Kunden übergehen, d.h. verloren gehen, wenn der Vertrag gekündigt oder das Lesegerät geändert wird.

4. Other

Unter *Andere* fallen diverse Serviceleistungen, von denen wichtige hervorzuheben sind.

Amazon Web Services. Der Service ist eine IT-Infrastruktur, die Unternehmen anstelle einer eigenen Lösung angeboten wird. Die *AWS Cloud* besteht aus 44 Verfügbarkeitszonen innerhalb von 16 geografischen Regionen auf der ganzen Welt. Amazon ist ein führender

Anbieter in diesem Bereich mit enormen Wachstumsraten.

Advertise on Amazon. Dieser Service bietet gewerblichen Kunden die Option, Werbung über Amazon zu schalten. Durch Analysen des Surf- und Shoppingverhaltens hilft Amazon bei der Optimierung, wobei Gebühren für die Werbetreibenden dann anfallen, wenn die Anzeigen angeklickt werden.

Amazon Payment Solutions. Amazon bietet Kunden den kostenlosen Service auf Drittwebsites an, die *Amazon Pay* akzeptieren, die Amazon Zahlungsdaten zu nutzen, um dort einzukaufen. Die Drittanbieter entrichten eine transaktionsspezifische Gebühr an Amazon, erhalten aber keine sensiblen Zahlungsdateninformationen der Endkunden.

5. Stationärer Non-Food- und Food-Einzelhandel

Amazon engagiert sich begrenzt im Non-Food-Einzelhandel. Buchläden eröffnet Amazon seit dem Jahr 2015, zuerst in Seattle, dann in San Diego, Portland und New York. Die Läden haben ein begrenztes Sortiment, weitgehend auf die Bestseller der Website beschränkt. Kunden können dort zugleich weitere Amazon-Produkte ausprobieren (z.B. *Kindle*, *Echo*) oder Online-Bestellungen abholen. In erster Linie dienen die Buchläden als Flagship Stores. Amazon eröffnete ferner an mehreren Standorten Pop-up Stores, um Lieblingsprodukte, wie den *Kindle*, das *Fire Tablet*, das *Fire TV* und den *Echo* erlebbar zu machen. In den USA sind 100 Pop-up Stores geplant. Damit strebt Amazon einen Mehrverkauf der eigenen Technik an, um so mehr Traffic auf den Websites zu generieren.

Amazon engagiert sich deutlich stärker im Food-Einzelhandel, auch wenn der Marktanteil am US-Marktvolumen von 770 Mrd. USD noch unter 1% liegt.

Amazon Go. Amazon testet in Seattle seit dem Jahr 2016 einen kassenlosen Supermarkt, in dem Kameras und Sensoren den Einkauf verfolgen und den Bezahlprozess obsolet machen sollen. Das System zeichnet auf, wenn Kunden Artikel aus dem Regal nehmen oder diese zurückstellen und den Einkauf über eine Amazon App katalogisieren und abrechnen. Der Test scheiterte anfangs 2017 bei rund 20 Kunden (der Aufenthaltsort und die Artikelentnahme wurde inkorrekt ermittelt, langsames Bewegen war nötig). Die Technik war noch nicht praxistauglich, selbst beim begrenzten Sortiment von Fertigmahlzeiten, Getränken und Drogerieartikeln. Amazon strebt dennoch in Zukunft eine Gewinnspanne von 20% an (deutlich über heutigen Supermärkten, u.a. wegen geringer Personalkosten). Im Januar 2018 betrat *Amazon Go* offiziell den Markt in Seattle und machte unter dem Slogan „Grab and Go“ den kassenlosen Supermarkt für die breite Masse zugänglich. Bisher ist es noch unklar, wann und wo weitere dieser Stores eröffnet werden sollen (The New York Times 2018).

Whole Food Markets. Im Jahr 2017 akquirierte Amazon die 456 Filialen der US-Biomarktkette Whole Foods für 13,7 Mrd. USD; ein weiterer Schritt zum Omnichannel-Händler. Die Kette spricht primär gut situierte Kunden mit ökologischem Bewusstsein an. Amazon modernisiert das Unternehmen, senkt gemäß seinem Geschäftsmodell die Preise und strebt die Verknüpfung der Filialen mit *AmazonFresh* und *Amazon Go* an. Die Läden sollen automatisiert (mit geringem Personalaufwand) und u.a. Pick-up Points für Online-Lebensmittelbestellungen bieten. Fraglich ist, ob die Marken Whole Foods und Amazon verknüpft werden und, ob weitere Akquisitionen folgen. Jeff Bezos will aber bis zum Jahr 2025 unter den Top-5 Lebensmittelhändlern in den USA rangieren.

V. Kernkompetenzen

Amazon entwickelte sich zum Online-Kaufhaus, durch B2B-Dienste zum Online-Marktplatz und unternahm erste Schritte in Richtung Omnichannel Retailing. Die Entwicklung basiert auf dem Geschäftsmodell und den immer weiterentwickelten Kompetenzen, die Amazon in Wettbewerb deutlich differenzieren, also einzigartige Wettbewerbsvorteile bieten. Drei sind hervorzuheben.

Informationskompetenz: Unzweifelhaft ist die enorme Informationsinfrastruktur des Unternehmens die Kernkompetenz. Gedacht wird oft nur an die vielfachen Touchpoints zu den Endkunden, v.a. in den Geschäftsbereichen Merchandise oder Mediadienste. Entscheidend ist jedoch die Fähigkeit von Amazon, Softwarelösungen zu entwickeln, die aus der Vielzahl von Daten über die Kunden und die Waren/Dienstleistungen Relevantes verbinden. Diese werden verarbeitet, um konkrete Aktivitäten abzuleiten, um die diversen Touchpoints, aber v.a. die Pull- und Push-Geschäftsmodellaktivitäten weiterentwickeln zu können. Amazon ist bestrebt, bspw. Bedürfnisse der Kunden zu erkennen und – viel wichtiger im General Merchandise (in dem es anders als im Fashion-Handel weniger auf Trends ankommt) – v.a. Reaktionen von Kunden auf ein breites Angebot und Neuerungen im Angebot zu steuern. So nutzte Amazon als einer der Ersten im großen Umfang automatisierte Empfehlungssysteme, um Kunden personalisierte Produktempfehlungen anzubieten. Diverse Algorithmen, die das Kauf- und Nutzungsverhalten der Kunden analysieren, werden zudem genutzt, um die Sortiments- und Preisgestaltungen zu optimieren (in Abstimmung mit Logistik und Beschaffung). Letzteres trifft auf die eigenen Sortimente ebenso zu, wie auf Sortimente der Drittanbieter (bzgl. der Breite und Tiefe).

Die Drittanbieterangebote ermöglichen Amazon Zugang zu deren Absatzdaten, sodass ein Informationsvorsprung entsteht, der die Verhandlungsmacht von Amazon deutlich erhöht. Durch Integration der Nutzerkonten können Kundendaten auch über Serviceangebote hinweg gesammelt werden. Die Einzigartigkeit liegt daher auch in der existenten Angebotsbreite und zunehmend in der Bündelung der Angebote, bspw. mittels eigener Hard- und Software (z.B. Tablet, TV, Echo oder Fire Tablet). Hier entstehen nicht nur Cross-Selling und Cross-Informationsmöglichkeiten (Amazon rangiert vor Google bei Produktsuchen), sondern ein Systemgeschäft in Business-to-Consumer (B2C) -Märkten, wie es zwar von Unternehmen wie Apple oder Microsoft bekannt ist, aber warengruppen- und dienstleistungsübergreifend einzigartig bleibt. Die Bindung der Kunden über Prime ist eine Konsequenz und zugleich auch eine Basis hierfür.

Innovation und Strategie: Verbunden mit der Informationskompetenz und in der Vision verankert, ist die Einzigartigkeit in der Innovation zu sehen, während die strategische Kompetenz im Geschäftsmodell und in den Expansionsoptionen begründet ist. Die Informationsbasis und der Anspruch, das kundenorientierteste Unternehmen zu sein, evozieren Kreativität, das Gefühl für das Machbare und auch die Optimierung bestehender Lösungen. Die immerwährende Dynamik mit Fokus auf Trends in den Märkten, auf Kunden und auf Prozesse sind für Jeff Bezos entscheidende Faktoren, um Amazon vor Stillstand zu bewahren. Dabei hat Amazon bereits früh eine kritische Masse erreicht, die es ermöglicht, Produkt- und Serviceinnovationen effizient und breit in den Markt einzuführen. So können sich Innovationen von Amazon häufig auch deswegen durchsetzen, da sie zügig einem breiten Kundenstamm zugänglich sind oder, weil sie einen größeren Nutzen stiften.

Das Geschäftsmodell mit den ineinandergreifenden Komponenten der wiederholten Angebotsselektion, Kundenerfahrungsvermittlung, Besuchsfrequenzerhöhung sowie Drittparteieneinbindung evoziert zudem expansive Strategien und das Wachstum des Unternehmens in allen Geschäftsbereichen (sei es mehr etablierten oder neuen, noch unprofitablen). Möglichkeiten des Wachstums durch Multiplikation der Angebote jenseits der 15 Kernländer wurden bereits genauso angesprochen, wie adaptierte Lösungen in großen Volumenmärkten. Da auch Geldgeber und Börsen v.a. Wachstum von innovativen Unternehmen honorieren, sind hohe Investitionen gegenwärtig kein Problem, gestützt durch die Reinvestition der eigenen Erträge (i.S. eines Verzichts auf ausgeprägte Nettogewinne).

Logistikkompetenz: Das breite Logistiknetzwerk und v.a. die Fähigkeit, die komplexen Distributionsprozesse mit der Kundendatenbasis zu verbinden, bilden eine weitere Kernkompetenz von Amazon. Das Netzwerk an Logistikzentren wird von Drittanbietern genutzt und bedeutet für Amazon die Internalisierung der Logistikdurchführung (eigene Lieferung und einfache Rücksendung i.S. eines wichtigen Kundenservice). Fraglich ist jedoch, inwiefern die operative Logistikdurchführung nicht auch bei Fremdlogistik (Outsourcing der Durchführungsaufgaben wie Auftragsabwicklung, Bestandsmanagement, Lagerung, Transport oder Verpackung) möglich ist. Bezüglich der Logistiktiefe sind es also weniger die Durchführungs- als v.a. die Planungs- und Kontrollprozesse, die Amazon selbst exzellent durchführt. Diese sind gemäß der Innovation und der Informationskompetenz zu gestalten. So können bspw. Prognosen und vertikale Informationsströme genutzt werden, um Beschaffungszyklen und Lagerbestände bedarfsgerecht zu steuern und so Überbestände oder Lieferengpässe zu vermeiden. Mike Roth, Vice President Customer Fulfillment, meint dazu: „Amazon wächst und es ist nicht damit getan, einfach mehr Gebäude zu errichten und mehr Menschen einzustellen. Amazon setzt auf Technologie und Innovation, um der Nachfrage der Kunden gerecht zu werden“ (Logistik-Heute 2017).

VI. Ausblick in die Zukunft

Amazon ist kein Pure-Player im Online-Handel mehr, denn die Geschäftsbereiche umfassen neben eigenen B2C- und kooperativen B2B-Aktvitäten auch stationäre Kanäle und verschiedene Services, die in Verbindung die Kernkompetenz ausmachen. Amazons Geschäftsmodell wird auch die Zukunft und die Aktivitäten prägen. Drei Gebiete sollen hervorgehoben werden.

Innovation

Amazon unterstützt im B2B-Bereich unter dem Motto „Unternehmer der Zukunft – lokal um die Welt“ kleine Unternehmen beim Start ins E-Commerce Business oder beim Ausbau der Aktivitäten durch ein individuelles Coaching. „Die Möglichkeiten für kleine Händler im Internet richtig durchzustarten waren nie besser: Früher endete ihr Einzugsbereich oft im Nachbarort, heute ist die ganze Welt ihr Marktplatz“ (Markus Schöberl, Amazon 2017).

Seit dem Jahr 2015 wächst zudem das Programm *Amazon Launchpad* (in den USA, Großbritannien, China und auch Deutschland). Es unterstützt Start-ups in der Produktvermarktung. Amazon arbeitet mit namhaften Venture Capital Unternehmen, Acceleratoren und Crowdfunding-Diensten zusammen. Somit wurden bisher 4.000 Produkte von Start-up-Unternehmen auf vielen internationalen Märkten eingeführt. Global Brands – oft Privileg globaler Konzerne – werden zukünftig verstärkt entstehen. Bei aller Attraktivität der Plattformen, die Amazon bietet, bleibt jedoch die Gefahr, dass kleine Händler und Start-ups sich in eine Abhängigkeit begeben oder deren Produkte oder Geschäftsmodelle gar von Amazon kopiert werden.

Ein hohes Potenzial haben die digitalen Assistenten. *Echo* bietet in Verbindung mit Alexa Voice Services wie Musik, Smart Home, Taxibestellung, Nachrichten-/Wetterinformationen oder Artikelbestelloptionen. Das in den USA getestete *Amazon Echo Look* ist ein Avatar, d.h. er kann Fotos oder Videos aufnehmen und den Nutzern Empfehlung zur Mode und Bekleidung geben. Die im August 2017 beschlossene Kooperation von Microsoft und Amazon bei digitalen Assistenten Alexa und Cortana und entsprechende Aktivitäten von Google, Apple oder Samsung unterstreichen das zukünftig hohe Potenzial. Fraglich bleibt aber, wie unbedenklich die digitalen Assistenten in Bezug auf den Datenschutz der Kunden einzuschätzen sind. So kann sich der Kunde nur auf die Versprechungen von Amazon verlassen, dass die Spracherkennung der Geräte nur auf bestimmt Stichworte reagiert und nicht vollständig das Privatleben ihrer Nutzer aufzeichnet.

Neue Online- und Offline-Kanäle

In den USA testet Amazon ein neues Angebot: die *Amazon Prime Wardrobe*, eine nach Hause gelieferte Box mit Kleidung. Was nicht gefällt, wird wieder hineingelegt und abgeholt. Wer viel behält, bekommt einen Rabatt, was Retourenquoten reduzieren soll.

Einen Offline-Weg beschreitet Amazon mit dem stationären *Treasure Truck*, der rollenden Schatzkiste. Dieser verkauft in Seattle Sonderangebote auf der Straße; über eine App sind der Standort des Trucks und sein aktuelles Angebot einsehbar und bestellbar. Amazon versucht mit dem *Flash-Sale* ein zeitlich begrenztes Erlebnis zu bieten, das Exklusivität herstellt, mit der Entscheidungsfreiheit des Kunden spielt und den Kontakt auf die Straße, näher an Kunden bringt.

Das Omichannel Retailing wird durch den Eintritt in den stationären Lebensmitteieinzelhandel zukünftig sicherlich eine neue Qualität erhalten. Die Online Customer Journey kann stationär fortgeführt werden, sei es in ausgereiften, convenienceorientierten *Amazon Go Shops* oder erlebnisorientierten, auf Ökologie setzenden Whole Food Markets. Da der elektronische Lebensmittelhandel länderspezifisch variiert bieten sich entsprechende Schwerpunktsetzungen an. Dennoch ist noch offen, inwiefern sich Innovationen, wie bspw. die Automatisierung der Zahlvorgänge oder Lieferangebote für Lebensmittel, praxistauglich und kosteneffizient implementieren lassen.

Wachstumsstrategien und -bereiche

Bezüglich der Wachstumsstrategien wurde angedeutet, über welche internationalen Expansionsoptionen Amazon verfügt, sei es durch Marktentwicklung (Eintritt in neue Kernländer mit länderspezifischen Websites und Logistikzentren), Angebotsentwicklung in bisher per Export bearbeitete Länder (breitere und tiefere Sortimente oder Services) und Diversifikation in neue Geschäftsfelder. Beispielsweise wird spekuliert, wann die Gesundheitsbranche als neues Geschäftsfeld in den Fokus rückt. Vertikale Diversifikationen würden ausgereifte *Drohnenzustellung* ermöglichen, i.S. einer Auslieferung innerhalb einer Stunde im Radius von 16 km und zwar unabhängig von Paketzustelldiensten, wie auch Erweiterungen des *Amazon Payments*. Im B2B-Bereich sind *Cloud-/AWS-Lösungen* zukunftsweisend. Schon heute nutzen Unternehmen wie Netflix und Unilever diesen Service. Amazon Business schließlich bietet heute schon die prinzipielle Möglichkeit, Geschäftskunden als Zielgruppe anzusprechen, inkl. spezieller Angebote, Preise oder automatischer Rechnungsstellung. Eine Intensivierung dieser Aktivität würde den Vorstoß in die großen Volumenmärkte des Großhandels bedeuten.

Insgesamt ist Amazon ein faszinierendes, erfolgreiches und innovatives Unternehmen. Umso bemerkenswerter ist es, wie verschlossen das Unternehmen bezüglich der Bereitstellung von Informationen für die Öffentlichkeit bleibt. Zunehmend hinterfragt wird jüngst, ob bzw. inwieweit Amazon seine Größe auch dazu nutzen kann, um (quasi-) monopolistische Vorteile zu nutzen bzw. Dumping zu betreiben. Die Stärke kann mittelfristig den Wettbewerb empfindlich hemmen und auch zu Nachteilen für Endkunden führen. In jüngster Vergangenheit gerät Amazon u.a. in Deutschland auch in die Kritik wegen seiner Lohn-/ Arbeitsbedingungen sowie offensichtlichen Strategien zur Steuervermeidung.

Zweites Kapitel

Dynamik der Be- und Vertriebstypen

A. Gegenstand

Die Wahl von **Be- und Vertriebstypen** stellt eine Kernaufgabe des Handelsmanagements dar, da sie aus strategischer Sicht die Geschäftseinheiten und aus Marketingsicht die Produkte von Handelsunternehmen bilden. Der Be-/Vertriebstyp bedingt dominant was angeboten und wie die Supply Chain gestaltet werden kann, z.B. Sortiments- und Preisleistung (siehe das Vierte und Fünfte Kapitel). Deren Vielzahl und Dynamik begründen die Notwendigkeit einer Typologie und vorab einer Definition, die angelehnt an den Aussschuss für Definition zu Handel und Distribution (2006, S.22) vorgenommen wird.

> Als Be-/Vertriebstyp wird eine Gruppe von Handelsbetrieben mit gleichen oder ähnlichen, das Erscheinungsbild ggü. den Kunden prägenden Merkmalen bezeichnet, die über einen längeren Zeitraum beibehalten werden. Betriebstypen bezeichnen stationäre Erscheinungsformen des Handels, Vertriebstypen nicht-stationäre Formen. Multichannel Unternehmen kombinieren – bis auf Ausnahmen im Offline-Bereich – i.d.R. mehrere Be- bzw. Vertriebstypen (z.B. offline und online).

Im Folgenden werden zuerst theoretische Grundlagen zur Entwicklung von Be- und Vertriebstypen angesprochen. Es folgt ein Überblick über wichtige Betriebstypen des Großhandels und der Handelsvermittlung, da Letztere auch online auftritt. Im Fokus stehen Offline-Betriebstypen und Online-Vertriebstypen, ergänzt um Entwicklungen bzgl. neuerer Standorte und Konkurrenz zum Handel und Bestimmungsfaktoren der Entwicklung. Die Fallstudie der Coop (Schweiz) thematisiert die Situation diverser Be- und Vertriebstypen (inkl. ihres Makro- und Mikro-Umfelds; siehe Abschnitt D im Ersten Kapitel).

Hervorzuheben ist, dass Be-/Vertriebstypen komparativ, anhand bestimmter Kriterien voneinander abgrenzbar sind (i.S. einer Inter-Be-/Vertriebstypenkonkurrenz). Innerhalb bestimmter Be- und Vertriebstypen bestehen jenseits von Normkriterien Unterschiede zwischen Unternehmen (Intra-Be-/Vertriebstypenkonkurrenz), nicht zuletzt, weil erfolgreiche Unternehmen ihre Be-/Vertriebstypen weiterentwickeln, sie „erfinden sich jede Dekade selbst neu“ (z.B. Relaunch), um im Wettbewerb bestehen zu können. Beide Konkurrenzsichtweisen sind v.a. im LEH relevant (z.B. standortspezifisch).

B. Theoretische Grundlagen zur Entwicklungsdynamik

I. Synopse der Prozessforschungsansätze

Im Zeitablauf kann eine **Weiter-/Neuentwicklung der Be-/Vertriebstypen** beobachtet werden, wobei einzelne Typen an Bedeutung verlieren, andere an Bedeutung gewinnen und neue entstehen. Konzeptionell kann der Wandel auf Umfeld- und Unternehmensfaktoren, i.S. der markt- und ressourcenorientierten Sichtweise, zurückgeführt werden (siehe Abschnitt E im Ersten Kapitel). Erklärungen bieten Theorien, die unterschiedliche Begründungen für die

Innovation, Modifikation und Abfolge der Betriebstypen behandeln. Allerdings ist hier die Handelsforschung nicht mit den Ansätzen der Organisationsforschung verbunden, die sich mit Prozessen, wie Anpassungs-, Wandlungs- und Entwicklungsprozessen von Organisationen beschäftigt (Schreyögg/Sydow 2011). Eine Verbindung soll nachfolgend zumindest pauschal erfolgen.[1]

Die Grundlage bildet eine Systematik von Ven (1992) und Ven/Poole (1995). Die Autoren haben interdisziplinär 200.000 Publikationen ausgewertet, um Modelle und Theorien von Entwicklungs- und Wandlungsprozessen von Systemen zu finden und auf Unternehmen zu übertragen. Sie gelangen zu vier Klassen von **Prozesstheorien**,

- Lebenszyklus(prozess)theorien,
- Teleologische Prozesstheorien,
- Dialektische Prozesstheorien und
- Evolutionäre Prozesstheorien,

die gleichwohl nur eine idealtypische und keinesfalls vollständig trennscharfe Abgrenzung bilden. Abbildung 2.1 zeigt wesentlichste Attribute der vier Klassen von Prozesstheorien. Ihr gemeinsames Merkmal liegt in der Intention, die organisationale Entwicklung (Wachstum, Stagnation, Schrumpfung) in einem abstrakten Rahmen mit Prognosecharakter im Zeitablauf einzuordnen, wobei keine kausalen Zusammenhänge angestrebt werden. Insbesondere die Lebenszyklusmodelle und die evolutionären Prozesstheorien vollziehen „nur“ Analogieschlüsse von der Entwicklung natürlicher Systeme auf Unternehmen, die aber zu neuen Forschungsfragen und zur Neubewertung älterer Erkenntnisse führen können.

Abbildung 2.1: Klassen von Theorien zu Entwicklungs-/Wandlungsprozessen

Theorien Merkmale	Life cycle	Teleology	Dialectic	Evolution
Members:	Developmentalism Biogenesis Ontogenesis Stage theories Methamorphosis	Functionalism Social construction Goal setting, planning Symbolic interaction Rational choice	Conflict theory Deconstruction Pluralism Bifurcation theories Collective action	Darwinian evolution Punctuated equilibrium Saltationism Gradualism Lamarckian evolution
Metaphor:	Organic growth	Purposeful cooperation	Opposition conflict	Competitive survival
Pioneers/ Logic:	Comte, Nisbet, Piaget Imminent program Prefigured sequence Compliant adaptation	Mead, Weber, Parsons Envisioned end state Social construction Equifinality	Hegel, Marx, Freud Contradictory forces Thesis, antithesis, synthesis T → X ← A (Synthesis)	Darwin, Mendel, Campbell; Natural selection among competitors in a population Var +→ Sel +→ Ret -
Event progression:	Linear & irreversible, unitary sequence of stages moving to a progressive differentiation of entity regulated by natural or institutional laws	Recurrent, discontinuous sequence of goal setting, implementation, and adaptation of alternative means to reach desired end state	Recurrent convergence of multi discontinuous sequence of confrontation, conflict & synthesis between contradictory values or events	Recurrent, cumulative & probabilistic sequence of variation, selection & retention events
Conditions/ Generating force:	Prefigured programs/routines or rules prescribed by nature, logic, or institutions	Purposeful, adaptive interactive choice, collective action and learning	Pluralistic, diverse contradictory, colliding sequences of events or values	Population scarcity Commensalism Competition Population dynamics

Quelle: i.A.a. Ven 1992, S. 176; Ven/Poole 1995, S. 514.

[1] Entsprechend vielfältig sind die Versuche der Systematisierung von Prozesstheorien/Organisationswandel.

Neben den inhaltlichen Unterschieden können die Ansätze auf einer übergeordneten Betrachtungsebene anhand der beiden Dimensionen „Unit of Change“ und „Mode of Change“ geordnet werden (siehe Abb. 2.2). Evolutionäre und dialektische Theorien operieren auf einer systemvergleichenden Ebene, während Lebenszyklus- und teleologische Theorien einzelne Systeme analysieren. Bezüglich der Art der postulierten Prozessverläufe bzw. der Reichweite wird mit den Lebenszyklustheorien und evolutionären Theorien eine eher präskriptive Vorgehensweise apostrophiert, während die dialektischen und teleologischen Theorien den Verlauf des Prozesses konstruktiv, auch in Richtung einer problemabhängig-situationsspezifischen Analyse, evaluieren. Das heißt, die Lebenszyklustheorien und teleologischen Theorien umfassen „a Set of starting Conditions, a functional Endpoint and an emergent Process“, während sich dialektische und evolutionäre Theorien auf die Beschreibung konzentrieren. Sie umschreiben, wie der Wandel verläuft und welche Indikatoren zur Beschreibung und zur Identifikation von Entwicklungskonstrukten (z.B. Selektionen, Konflikten) herangezogen werden müssen. Damit sind sie in der Lage, ein breites deskriptives Erklärungsspektrum für die Prozesse des Wandels auf Basis theoretischer oder empirischer Überlegungen zu liefern, ohne jedoch prognostische Empfehlungen zu geben. Dies hat Konsequenzen für die Anwendbarkeit der Ansätze im Hinblick auf die jeweilige Problemstellung, konkret die Betriebstypenentwicklung. Allerdings – und dies konstatiert auch Ven (1992) – ist es in der Forschungspraxis und zugleich abhängig von der Komplexität der jeweiligen Fragestellung notwendig, Ansätze zu kombinieren.

In der Organisationsforschung stehen hingegen neben der Frage nach dem generellen Prozessverlauf auch Fragen nach den Determinanten des entsprechenden Prozesses im Vordergrund. Dabei wird weitergehend auch auf die sogenannte Pfadabhängigkeit verwiesen (vgl. weiterführend Schreyögg/Sydow 2011; Thrane/Blaabjerg/Møller 2010).

Abbildung 2.2: Merkmale der Prozesstheorien

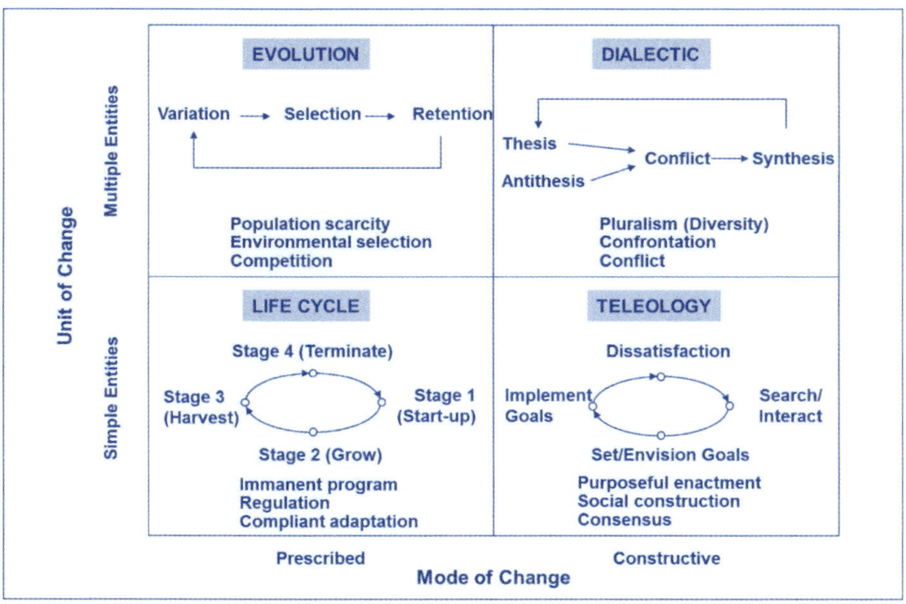

Quelle: Ven/Poole 1995, S. 520.

II. Lebenszyklus(prozess)theorien

1. Allgemeine Charakteristika

Neben den **teleologischen Ansätzen** bilden die Lebenszyklustheorien die am häufigsten in der Managementliteratur herangezogenen Ansätze zur Erklärung der Entwicklung und des Wandels von Organisationen im Allgemeinen. Die Ansätze unterstellen ein vorstrukturiertes Muster der Systementwicklung, d.h., mit der Entstehung sind bereits das Wachstum, die Reife und der Niedergang „vorprogrammiert". Externe Ereignisse beeinflussen zwar die Entwicklung, nicht jedoch den Verlauf der Sequenzen. Das Durchlaufen der Sequenzen führt zu Lernprozessen und zu einer wachsenden Erfahrung des Systems, sodass es, aus einem autonomen intern oder extern induzierten Antrieb heraus, immer alle Phasen durchlaufen muss. Die Modelle lassen sich u.a. durch den angenommenen Verlauf der Entwicklung, die betrachteten Dimensionen sowie die Anzahl der Phasen unterscheiden. Nach dem erstgenannten Kriterium können lineare, stufenförmige und degressive Modelle sowie Loopmodelle unterschieden werden:

- Den **linearen Phasenmodellen** können die klassischen Lebenszyklusmodelle zugeordnet werden. Sie unterscheiden vier bzw. fünf evolutionär sowie revolutionär zu durchlaufende Stufen/Phasen.
- **Stufenförmige Phasenmodelle** gehen von der Annahme eines schubweisen, diskontinuierlichen Wachstums unter Kriseneinfluss aus, d.h. das Unternehmenswachstum verläuft nicht kontinuierlich, sondern ist durch Wachstumsschübe, -pausen und -brüche charakterisiert.
- **Degressive Phasenmodelle** ergänzen Überlegungen des Niedergangs und des „Sterbens" von Organisationen am Ende ihres Entwicklungspfades. Sie weisen damit Parallelen zu klassischen S-förmigen oder degressiven Produktlebenszyklustheorien auf.
- Die **Loopmodelle** geben schleifenförmige Verläufe wieder, wobei die Phasen im Zeitablauf mit einer mehr oder weniger bestimmten Dynamik öfter durchlaufen werden können, wodurch vermeintliche oder erfolgte Rückschritte konsistent erklärbar werden.

2. Lebenszyklusmodelle und Verdrängungstheorien im Handel

In Anlehnung an das Konzept des Produktlebenszyklus (Wells/Gubar 1966, S. 355ff) wird bei den **Lebenszyklustheorien** analog ein spezifischer Verlauf der Entwicklung der Betriebstypen im Zeitablauf abgeleitet. Es wird angenommen, dass Betriebstypen verschiedene Phasen durchlaufen. Diese können eingeteilt werden in Einführungsphase, Wachstumsphase, Reifephase, Sättigungsphase sowie Degenerationsphase.

Der Verlauf des **Betriebstypenlebenszyklus** ist in der ersten Phase durch das Auftreten einer Betriebstypeninnovation gekennzeichnet (siehe Abb. 2.3). In der Wachstumsphase zeigen sich starke Umsatz- und Gewinnzuwächse sowie Marktanteilsgewinne. Die Vorteile, die anhand des innovativen Betriebstyps bestanden haben, werden auf Grund von internen Veränderungen, wie auf Grund eines Komplexitätszuwachses und damit zusammenhängenden Kostenzuwächsen, abgetragen. Mit Erreichen des Gewinn- bzw. Deckungsbeitragsmaximums beginnt die Reifephase, mit abnehmenden Grenzumsätzen. In der Sättigungsphase ist ein Verlust von Marktanteilen zu verzeichnen, was durch das Auftreten neuer Konzepte/Innovationen begründbar ist. Die Degenerationsphase zeichnet sich durch einen Verfall des Konzeptes, verbunden mit einem Absterben des Betriebstyps, aus. Dieser Verlauf ist idealtypisch. Jeder Betriebstyp durchläuft seine spezifische Entwicklung. Die Länge der Phasen ist durch spezifische Marketinginstrumente beeinflussbar. Im Zusammenhang mit dem Lebenszyklus bedeutet der Begriff der **Store Erosion**, dass ein Entwertungsprozess bzgl.

der jeweiligen Betriebstypen einsetzt (vgl. zu diesem Konzept bereits Berger 1977, S. 9ff). Dieser beinhaltet einen Verschleiß der Leistungskomponenten im Zeitablauf und setzt bereits in frühen Phasen des Lebenszyklus ein. Um diesem entgegenzuwirken, ist der Einsatz der Marketinginstrumente notwendig, sodass eine Re-Positionierung erreicht werden kann, die eine Verlängerung des Lebenszyklus ermöglichen soll.

Abbildung 2.3: Lebenszyklusmodell der Betriebstypen

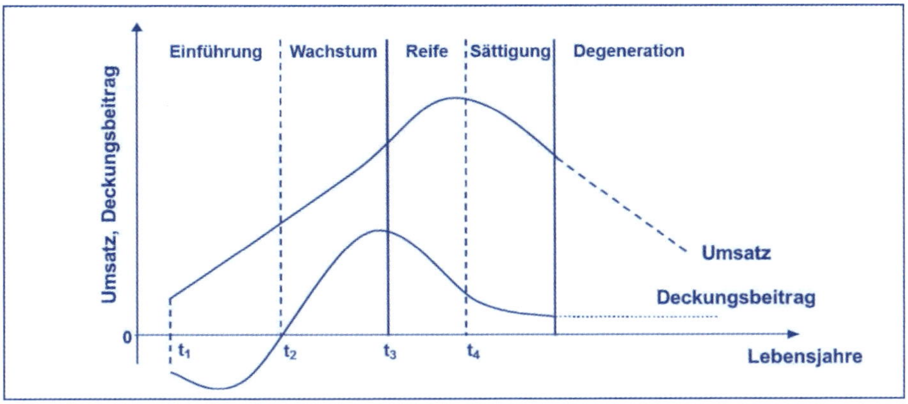

Quelle: i.A.a. Berger 1977, S. 194.

In Abb. 2.4 ist ein pragmatisches Lebenszyklusmodell von Betriebstypen exemplarisch dargestellt, das im Rahmen einer Marktanalyse für den deutschen Markt entwickelt wurde. Verdeutlicht wird etwa, dass Convenience-Stores eine Wachstumsdynamik vor sich haben, nicht so Warenhäuser (die weiteren Be-/Vertriebstypen werden in diesem Kapitel noch behandelt). Die Situation variiert je nach Ländermarkt und mit Aussagen zur Revitalisierung wird die Sicht linearer Phasenmodelle erweitert (Feedbackschleife). Die Kritik an den Lebenszyklusmodellen setzt an unterschiedlichen Gegebenheiten an. So ist der Lebenszyklus eines Be-/Vertriebstyps erst ex post feststellbar und verläuft bei jedem Typ individuell. Somit ist ein solcher Verlauf nicht allgemein gültig und nicht voraussagbar/planbar. Die Lebenszyklusmodelle sind beschreibender Natur. Hintergründe des Verlaufs werden nicht explizit untersucht oder angegeben. Auch das erste Konzept der verdrängungstheoretischen Ansätze, das auf McNair (1931) zurückgeht, kann den Lebenszyklusmodellen zugeordnet werden. Das Wheel of Retailing geht davon aus, dass Betriebstypen im Zeitablauf bestimmte Phasen, konkret vier Stufen, durchlaufen (siehe Abb. 2.5):

1. **Entstehung:** In der Entstehungsphase treten neue Betriebstypen auf. Der Markteintritt erfolgt mittels aggressiver Preisstrategie. Diese ist auf Grund niedriger Betriebskosten der neuen Betriebe möglich, denn die neuen Betriebstypen sind durch ein niedriges Niveau an Dienstleistungen und Sortimentsvielfalt sowie Ausstattung gekennzeichnet.
2. **Aufwertung**: In dieser Phase erfolgt ein Trading-up, z.B. erfolgt eine Qualitätssteigerung der Sortimente. Dadurch werden die Kostenvorteile der Newcomer abgebaut.
3. **Annäherung**: Die Annäherungsphase ist durch einen Ausbau des Marketinginstrumentariums gekennzeichnet. Die Kosten in den Unternehmen steigen dadurch an.
4. **Integration/Rückzug**: In dieser Phase treten neue Wettbewerber auf, die preisaggressive Strategien verfolgen (andere Betriebstypen können einen Rückzug vornehmen).

Abbildung 2.4: Beispiel eines Lebenszyklusmodells

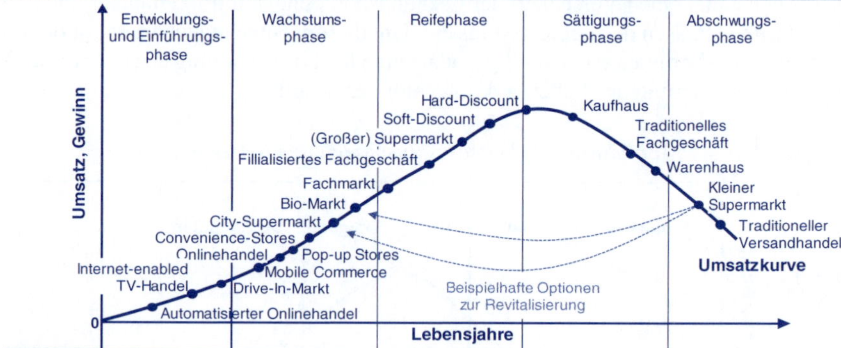

Umsatz	niedrig/wachsend	Starkes Wachstum	hoch, abnehmende Zuwachsraten	rückgängig
Profitabilität	negativ bis Break-Even	hoher Ertrag	hoch/abnehmende Zuwachsraten	niedrig bis Break-Even oder negativ
Positionierung	Konzept-innovationen	spezifischer Nutzen	breiter Markt	Nische
Wettbewerb	keiner	limitiert	extensiv/Sättigung	intensiv/konsolidiert

Quelle: i.A.a. KPMG 2015; Zentes/Morschett/Schramm-Klein 2017, S. 29.

Der Prozess wiederholt sich durch das Auftreten neuer Betriebstypen ständig. Dadurch entstehen zyklische Abfolgen im Markt. Dieses Modell wird immer seltener in wissenschaftlichen Studien der letzten Jahre aufgegriffen, wurde aber u.a. genutzt, um die Entwicklung der Einzelhandelsformate in China zu analysieren (Wang 2011).

Abbildung 2.5: Wheel of Retailing nach McNair

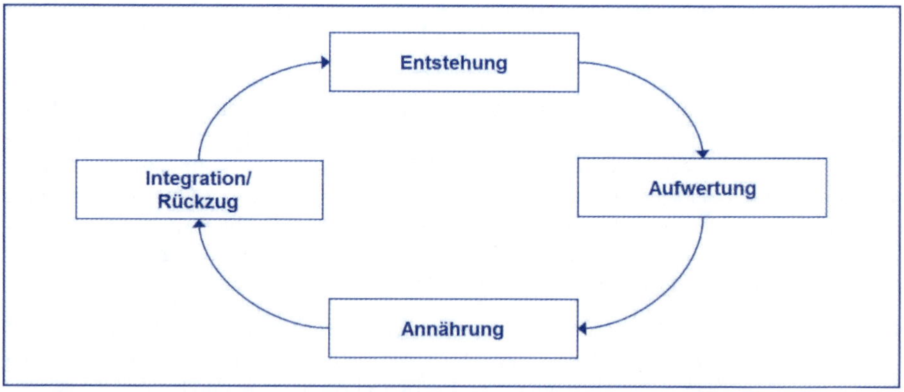

Quelle: i.A.a. McNair 1931.

Obgleich es Verfechter der Verdrängungstheorie gibt (Brown 1995), bezweifeln Kritiker, ob sich die Hypothese des Wheel of Retailing auch vor dem Hintergrund verschiedenster Rahmenbedingungen halten kann (Hollander 1960; Evans 2011). Dies resultiert u.a. in der Entwicklung weiterer Modelle, so des „Retail Accordion", bei dem der Entwicklungsprozess von Betriebstypen von einem stetigen Wechsel zwischen Extraktion und Kontraktion geprägt ist (Hollander 1966). Ein Konzept, das auf Wheel of Retailing und Retail Accordion fußt, wird „**Big Middle**" genannt (Levy u.a. 2005; Sethuraman/Parasuraman 2005). Nach diesem Konzept entstammen Handelsinstitutionen entweder aus der innovativen oder preisgünstigen Richtung, wobei erfolgreiche Handelsunternehmen die Möglichkeit besitzen, das Big Middle-Segment zu erreichen. Letzteres ist definiert als der Marktplatz, in dem die größten Handelsunternehmen langfristig im Wettbewerb stehen, da sich in diesem Segment die größte Anzahl an potenziellen Konsumenten aufhält um die konkurriert wird (Levy u.a. 2005, S. 85ff.). In diesem Segment können langfristig Skaleneffekte durch erhöhte Umsätze realisiert werden. Doch auch der Austritt aus dem Handel („Exit Retailing") wird in dem Konzept formuliert. Entwickeln sich Handelsunternehmen bspw. von der preisgünstigen Richtung in eine preiserhöhte Richtung ohne entsprechende Anpassung im Sortiment, wird nicht das Big Middle-Segment erreicht, sondern eine Situation („In Trouble"), die zum Austritt des Handelsunternehmens führen kann. Das Konzept der Big Middle wurde bspw. genutzt, um Entwicklungen im Fashion-Bereich in Schwellenländern zu erklären (Miotto/Parente 2015). Diese und weitere Kritik hat zur Erweiterung der Konzepte geführt, so in Richtung solcher, die v.a. die strategischen Entscheidungsoptionen der Unternehmen betonen und damit den teleologischen Ansätzen zuzuordnen sind.

III. Teleologische Prozesstheorien

1. Allgemeine Charakteristika

Das gemeinsame Merkmal teleologischer Prozesstheorien ist das Postulat, dass soziale Systeme zielsuchend und -verfolgend agieren. Sie reagieren adaptiv auf Umfeldveränderungen oder interagieren mit anderen Systemen, sind aber bestrebt, aktiv ihre Ziele zu erreichen und überwachen den entsprechenden Prozess. Im Gegensatz zu den Lebenszyklustheorien gehen sie nicht von einer notwendigen Rangfolge von Prozessstufen aus, sondern postulieren wiederholte Entscheidungssequenzen, die auf der Zielebene wie folgt umrissen werden können: Formulierung, Implementierung, Entwicklung und Modifikation von Zielen. Als Basis der Entscheidung fungieren bspw. bisherige Erfahrungen, bisherige oder neue Intentionen der Unternehmung. Klar umrissen ist folglich das Ziel (als Endzustand), dem sich das Unternehmen auf unterschiedlichen Pfaden nähern kann. Die Pfade entsprechen den zur Zielerreichung zu ergreifenden Strategien, die vom Management abhängig von Störungen aus der Umwelt des Unternehmens ausgewählt werden.

Es handelt sich dabei mehrheitlich um statische **Gleichgewichtsmodelle**, deren Fokus auf der Untersuchung funktionaler Abläufe sowie auf der Formalisierung von Retentionsmechanismen zur Sicherung und Optimierung vorgegebener Aufgabeninhalte liegt. Die Unternehmung wird als stationäres System charakterisiert, d.h., Bewegung tritt innerhalb der Organisation, bspw. innerhalb einzelner mechanischer Funktionsabläufe, auf. Das System als Ganzes verharrt (im Extremfall) in einer völligen Ruhelage. Wandlungsprozesse – sofern sie thematisiert werden – gelten als Störungen des Systemablaufs und vollziehen sich nach einem Muster, wonach die Organisation nach einer Störung wieder in ihre Gleichgewichtslage zurückkehrt. Die Ansätze teleologischer Prägung sind unverkennbar durch eine traditionelle ökonomische Modellvorstellung geprägt und bilden das Fundament der traditionellen Organisations- und Managementlehre. Entsprechend gehören hierzu die meisten („statischen") **Ansätze des Strategischen Managements**.

2. Imagedominanz und ökonomische Entscheidungstheorien im Handel

Wie angedeutet, wurden diverse Erweiterungen der Konzepte der Verdrängungstheorien vorgelegt, die v.a. der Ziel- und Strategieorientierung Rechnung tragen. Hervorzuheben ist das Konzept der **Strategie der Imagedominanz**. Traditionell wird die Strategie des **Tra-**

ding-up als eine Imagedominanz durch Verbesserungen der betriebsindividuellen Leistungsstandards bei Sortiment, Personal, Ausstattung, Dienstleistungen, Zusatzleistungen usw. angesehen, die zum Ziel hat, Qualität und Image durch weitere strategische Optionen zu Kaufargumenten zu entwickeln. In der Regel systematisiert man diese Strategieoptionen nach der Entwicklung der Preispolitik im Zeitablauf sowie der Verlaufsrichtung bzgl. der Image- und Qualitätsbetonung (siehe Abb. 2.6).

Abbildung 2.6: Evolutionsmuster der Betriebstypen

	Entwicklungsrichtung	
	Up	**Down**
Veränderung der Preispolitik	Trading-up	Trading-down
Beibehaltung der Preispolitik	High-level-trading	Low-level-trading

Quelle: i.A.a. Köhler 1990, S. 61.

So stellt das **Trading-down** einen Übergang zu einer Niedrigpreispolitik dar, also eine Preisdominanz durch Senkung der Betriebskosten und Ertragsspannen. Strategiealternativen in diesem Zusammenhang liegen z.B. in der Wahl kostengünstiger Standorte, Sortimentsbegrenzungen bzgl. Breite und Tiefe oder Serviceeinschränkungen und Zugeständnissen in der Warenpräsentation und Geschäftsausstattung. Die beiden Strategien mit im Zeitablauf konstanter Preispolitik sind High-level-trading, d.h., Betriebstypen mit einer Schwerpunktlegung auf andere absatzpolitische Instrumenten bei einem hohen Preisniveau und Low-level-trading, also der Beibehaltung einer Politik, die durch ein niedriges Preisniveau gekennzeichnet ist.

Diese Strategien stellen mögliche Handlungsalternativen dar, die bzgl. der Betriebstypenpolitik zur Wahl stehen, ohne dass dabei Determinanten festgelegt werden, welche die Anwendungsmöglichkeiten der einzelnen Alternativen betreffen (vgl. zur Kritik an diesem Ansatz Tietz 1993b, S. 1317f.). Daraus folgt, dass präzise Voraussagen für einzelne Branchen, Betriebstypen oder Marktkonstellationen nicht abgeleitet werden können und zugleich, dass das Konzept der Dynamik der Betriebstypen ein mögliches, aber keinesfalls ein generalisierbares Strategiemuster im Wettbewerb des Handels beschreibt. Wenn die dem Konzept inhärente Erosion von Wettbewerbsvorsprüngen durch anhaltendes Marktwachstum kompensiert werden kann – dies war insb. im Verkäufermarkt der Fall oder bedarf heutzutage einer erfolgreichen Globalisierung –, scheint der beschriebene Entwicklungsprozess erfolgreich und in der Realität nachweisbar.

Wie angedeutet, kann eine Reihe von **ökonomischen Entscheidungstheorien** den teleologischen Ansätzen zugeordnet werden, ohne dass sie explizit die Dynamik generell oder die Entwicklung von Be- und Vertriebstypen vollständig zu erklären in der Lage sind.

Die auf Coase (1937) zurückgehende **Transaktionskostentheorie** besagt, dass diejenige Organisationsform im Kontinuum zwischen Markt und Unternehmen zur Abwicklung einer Transaktion genutzt wird – von Herstellern wie auch von Händlern und Kunden –, welche die niedrigsten Transaktionskosten verursacht. Je nach Transaktion wird der Handel den Be- bzw. Vertriebstyp einsetzen, bei dem die geringsten Transaktionskosten entstehen. Voraussetzung ist, dass das Handelsunternehmen mehrere Betriebstypen hat. Die Rolle der Kunden steht indessen außer Frage. Ferner hängt die Ausprägung des Be- und Vertriebstypen von der Bereitschaft der Kunden ab, bestimmte Transaktionskosten selbst zu übernehmen, d.h., Entwicklungen entstehen je nach Ausmaß der Verlagerung der Transaktionskosten zwischen dem Handelsbetrieb und den Kunden.

Auch die **Resource-/Competence-based-Ansätze**, mit klassischen teleologischen Wurzeln, die auf Penrose (1959), Barney (1991), Peteraf (1993) zurückgehen und bis heute weiterentwickelt werden (Barney 2014, Campbell/Park 2017), können die Dynamik der Be- und Vertriebstypen partiell erklären helfen. Da Handelsunternehmen oft nur über einen oder einige wenige Betriebstypen verfügen, stellt eine Betriebstypenentwicklung eine Erweiterung der Kernkompetenzen dar und fußt zugleich auf bestehenden (tangiblen und nicht-tangiblen) Ressourcen als Quelle des Erfolgs. Allerdings werden hier weniger die Bedingungen der Entwicklung als die Konstellationen betrachtet, unter denen eine bestimmte Ressourcenkonfiguration zu Wettbewerbsvorteilen führt. Beispielsweise zeigen Pentina/Pelton/Hasty (2009), dass firmenspezifische Ressourcen maßgeblich zum Erfolg eines Online-Handels beitragen. Implizit lässt sich so auch eine Begründung für grundlegende Charakteristika von Betriebstypen oder Multichannel-Unternehmen ableiten.

IV. Dialektische Prozesstheorien

1. Allgemeine Charakteristika

Dialektische Prozesstheorien fußen auf der Annahme, dass sich die Entwicklung von Systemen in einem pluralistischen Umfeld vollzieht; entgegengesetzte Ziele und Werte innerhalb und außerhalb des Systems streben nach Dominanz und erzeugen Spannungen und Krisen, d.h. Ungleichgewichte in Form von konfligierenden Vorstellungen oder Erwartungen, die dann einen Wandel notwendig machen (Ven 1992, S. 178). Ein darauf aufbauender Veränderungsprozess kann zu einem alten oder zu einem neuen Gleichgewicht führen, von dem eine eher evolutionäre Weiterentwicklung wieder in neue Spannungs- und Krisensituationen bzw. konkreter zu Oszillationen um ein Gleichgewicht oder zum Chaos übergehen kann. Diese Perspektive eines temporären, in einzelne Phasen aufteilbaren, schrittweisen Wandels bildet die Wurzeln des (geplanten) Wandels schlechthin.

Entsprechend vielfältig sind die von Ven genannten Anknüpfungspunkte einer dialektischen Sicht in der Managementforschung. Zu dieser gehören die Konflikttheorien, die Modelle der „**organisational Power**" und des geplanten organisatorischen Wandels sowie die Ansätze der Kybernetik, des **organisationalen Lernens**, der kreativen Zerstörung und einige weitere. Hargrave/Ven (2006, S. 864ff.) diskutieren dialektische Prozesse in Verbindung mit Ansätzen zu technologischem Innovationsmanagement und sozialem Wandel und leiten ein managementorientiertes „Collective Action Model" ab, bei dem den beteiligten Personen eine zentrale Rolle zugesprochen wird. Parallelen bestehen zu den stufenförmigen Lebenszyklusmodellen, die auch eine krisengesteuerte Grundlage aufweisen, aber den Verlauf der Entwicklungsprozesse deterministisch vorgeben. Der Organisationsentwicklungsprozess folgt einem kybernetischen Feedback-Mechanismus.

2. Dialektischer Dreischritt und machttheoretische Ansätze im Handel

Im Handel beziehen sich Erklärungen unmittelbar auf den **dialektischen Ansatz**. Durch gegensätzliche Behauptungen (These und Antithese) werden bei dieser Sichtweise die Ausgangspositionen in Frage gestellt und in der Synthese beider Positionen eine höhere Erkenntnis gewonnen (siehe Abb. 2.7).

> Die Übertragung dieses Prinzips auf Entwicklungen im Bereich der Betriebstypen bedeutet, dass aus dem Aufeinandertreffen von zwei Betriebstypen (quasi als „These" und „Antithese") sich ein neuer Betriebstyp (als „Synthese") entwickelt. Dieser neue Betriebstyp verbindet die grundsätzlichen Elemente der beiden Betriebstypen in sich.

Abbildung 2.7: Dialektischer Dreischritt

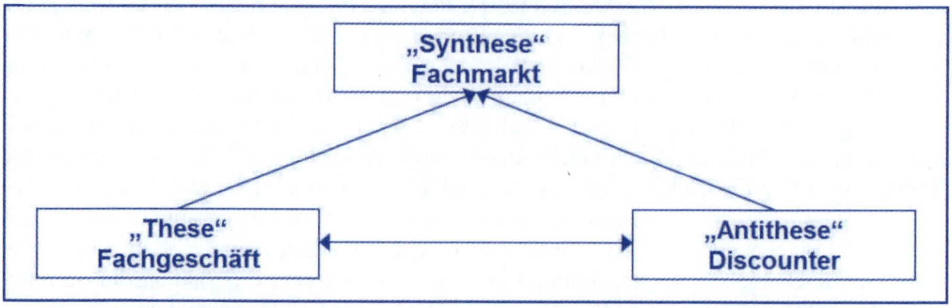

Quelle: i.A.a. Tietz 1993b, S. 1314.

Der neu entstandene Betriebstyp ist somit ein Betriebstyp höherer Ebene. Auf dieser neuen Ebene bildet er wieder eine These, der ein anderer Betriebstyp als Antithese ggü. steht, sodass der Prozess der Evolution der Betriebstypen weiter fortfährt (Tietz 1993b, S. 1314). Die Kritik an diesem Ansatz setzt an der Tatsache an, dass die Theorie keine spezifischen Determinanten nennt, an denen eine Betriebstypenpolitik anknüpfen kann. Zudem stehen die Aussagen dieses dialektischen Ansatzes im Widerspruch zu dem empirisch beobachtbaren Phänomen einer längerfristig parallelen Existenz mehrerer Betriebstypen.

Drei weitere, eher wettbewerbs-/volkswirtschaftlich orientierte Ansätze werden den dialektischen Theorien zugeordnet. Neuere Entwicklungen innerhalb dialektischer Ansätze dehnen sich weiter aus, bspw. auf die Diskurstheorie (Schreyögg/Sydow 2011).

- Der **Makrotheoretische Ansatz** (Smith 1776) beinhaltet eine Erklärung der Weiterentwicklung bzw. Neuentwicklung von Betriebstypen auf Grund von Änderungen im relevanten Umfeld. Modifikationen der Konstellationen führen zu Ungleichgewichten zwischen den Konsumbedürfnissen und den jeweiligen Betriebstypen, sodass zur Wiederherstellung des Gleichgewichtes eine Variation der Betriebstypen erforderlich wird.
- Der **Polarisierungstheoretische Ansatz**, erstmals von Dawson/Kirby (1977) und Kirby (1978) im Zusammenhang mit Betriebstypengrößen erwähnt, bietet einen Ansatz zur Erklärung der gleichzeitigen Existenz mehrerer Betriebstypen des Handels unterschiedlicher Ausprägung. Die Polarisierungsausprägungen können unterschiedlicher Art sein, z.B. qualitativer oder auch räumlicher Natur. Dabei fördern **Polaritäten in den Konsumentenbedürfnissen** unterschiedliche Ausprägungen von Betriebstypen.
- Der Gegenmachttheoretische Ansatz beruht auf der **Countervailing Power** und geht auf Galbraith (1956) zurück. Bei dem der Wettbewerbstheorie zuzuordnenden Ansatz wird angeführt, dass der Aufbau wirtschaftlicher Macht zum Aufbau einer Gegenmacht führt, um ein Gleichgewicht in der Wettbewerbsstärke zu erreichen. Konzentrationstendenzen auf einer Seite bewirken Konzentrationsbestrebungen auf der Gegenseite. Übertragen auf Handelsbetriebe kann v.a. ein Bezug zu vertikalen Beziehungen hergestellt werden. So bewirkt die Entstehung großer Betriebe auf der Herstellerseite, d.h. die Machtkonzentration, den Aufbau einer Gegenmacht auf der Handelsseite. So werden u.a. die Konzentrationsbestrebungen und damit die Entstehung großer Handelsbetriebe begründet. Letztere verdrängen in horizontaler Sicht (kleinere) Wettbewerber.

V. Evolutionäre Prozesstheorien

1. Allgemeine Charakteristika

Evolutionäre Theorien betrachten die Selektionsmechanismen der Umwelt als Determinanten des Überlebens von Populationen. Entsprechend dem darwinistischen Grundlagenwerk der biologischen Evolution vollzieht sich die unternehmerische Entwicklung als ein kontinuierlicher Prozess der Variation, Selektion und Retention (vgl. Ven 1992, S. 179; Ven/Poole 1995, S. 517f.)

- Die Variation des Systems, d.h. die Entstehung neuer Formen, erfolgt rein zufällig infolge der Anpassung an die Umwelt durch spontane Abwandlungen der bisherigen Eigenschaften, durch entstehende neue Mischungen von Eigenschaften sowie durch die Trennung von Populationen.
- Die Auswahl einer neuen Form erfolgt, wenn sich diese der bisherigen als überlegen erweist. Das heißt, es erfolgt die Selektion der Eigenschaften, welche die beste Anpassung an die Umwelt ermöglichen und das Überleben der Individuen sichern („Survival of the Fittest").
- Die Retention beschreibt die Kräfte, die bestehende Formen unterstützen und die Entstehung neuer verhindern.

Solche Prozesse finden sich in einigen der evolutionären Theorien. Da diese dem biologischen Lebens- und Entwicklungsrhythmus realer Systeme folgen, z.B. dem von Lebewesen, gehen sie zwangsläufig von einem eher kontinuierlichen, inkrementellen Wandel aus. In der Managementforschung können die Ansätze danach unterschieden werden, ob sie den Veränderungsprozess inkrementell, rapide oder revolutionär beschreiben und worauf sie sich konzentrieren, auf Organisationen oder Subjekte. Sozialdarwinisten wie Hannan/Freeman (1977) oder Nelson/Winter (1982) gehen davon aus, dass organisationale Merkmale sich von Generation zu Generation „vererben"; Entwicklungsprozesse vollziehen sich zufällig, kontinuierlich und graduell, mit geringen Beeinflussungsmöglichkeiten. Kulturevolutionisten wie Burgelman (1996) unterstellen eine Erlernbarkeit und Imitation von Verhaltensweisen in Organisationen. Luhmann (1994) betrachtet die Entstehung und das Überleben von Organisationen in Abhängigkeit von der Kommunikation zwischen den Mitgliedern, die sich im Rahmen einer formalen Struktur vollzieht und dann eine rasch verlaufende Evolution bedingt.

Evolutionäre Perspektiven sind nicht auf diese Perspektiven beschränkt. In neueren Ansätzen der Organisationstheorie werden biologische Analogien zur Begründung geplanter, produktiver, chaotischer Führungs- und Entwicklungsprozesse von Systemen herangezogen, die u.a. in der Empfehlung eines bewussten Herbeiführens von Krisen und Chaos münden.

2. Anpassungs- und Marktlückentheorien im Handel

Auch hier beziehen sich die Erklärungen im Handel unmittelbar auf den Grundsatz des „**Survival of the Fittest**". Eine zentrale Aussage in Darwins Originalwerk ist: „In the struggle for survival, the fittest win out at the expense of their rivals because they succeed in adapting themselves best to their environment" (vgl. zu den anpassungstheoretischen Ansätzen Tietz 1993b, S. 1314f.; Meyer-Ohle 1995, S. 9f. und weiterführend zu einer metatheoretischen Diskussion im Zusammenhang mit dem Wandel von Organisationen Jones 2005, S. 13ff.).

Angenommen wird, dass sich Innovationen im Handel als Folge verändernder Umfeldbedingungen ergeben. Um Änderungen der Rahmenbedingungen zu überstehen, ist es nötig, dass sich Handelsbetriebe bzgl. ihres Betriebstyps an die neue Situation anpassen. Nur die Betriebstypen sind in der Lage weiterhin zu existieren, die sich an die veränderten Umfeldbedingungen anpassen können bzw. es entwickeln sich neue Betriebstypen.

Durch den Wandel der Rahmenbedingungen werden Veränderungen ausgelöst, die dazu führen, dass die bestehenden Betriebstypen nicht mehr vereinbar mit den Umfeldbedingungen sind, d.h. der **situative Fit** zwischen Betriebstyp und Umfeld ist nicht mehr gegeben. Auf Grund dieser Suboptimalitäten werden Veränderungen von Betriebstypen angestoßen. Bei besonders starken Störungen des Verhältnisses zwischen Betriebstyp und Umfeld kann es zudem zu einer Eliminierung und Neuentwicklung von Betriebstypen kommen. Dies hat wiederum Auswirkungen auf die bestehenden Betriebstypen, d.h., Neuentwicklungen werden durch die Innovationen beeinflusst. Bei den etablierten Betriebstypen führt dies zu Assimilationen bzw. Differenzierungen in den spezifischen Bereichen.

Im Zeitablauf überleben nun diejenigen Betriebstypen, die sich am besten an die Umfeldbedingungen bzw. die Veränderungen anpassen können. Um im Zeitablauf weiterhin existieren zu können, ist es notwendig, dass die Unternehmen Beobachtungen und Analysen der Umfeldbedingungen vornehmen und geeignete Maßnahmen implementieren, um diesen zu begegnen. Die Philosophie in diesem Zusammenhang besteht darin, dass inkrementelle, kontinuierliche Verbesserungen zu einer wettbewerbsfähigeren Organisation führen. So führen Birkinshaw/Hamel/Mol 2008 aus, dass innovative Konzepte und Betriebstypen sowohl durch glücklichen Zufall („Serendipitous Event“) als auch durch die Anpassung bestehender Formen an neue Umfeldbedingungen entstehen können. In diesem Sinne handelt es sich bei der anpassungstheoretischen Betrachtung der Entwicklung von Betriebstypen vereinfacht um die Adaption und Wahrnehmung von Chancen, die sich insb. aus (dynamischen) Umfeldbedingungen ergeben. Die **Anpassungstheorien** bieten Erklärungen für die Entwicklung neuer bzw. die Weiterentwicklung und Veränderung bestehender Betriebstypen. Für die Innovation von Betriebstypen lässt sich ableiten, dass diese auch durch Fusion (bzw. Allianz) diverser Betriebstypen oder gar durch neue Kategorien – Darwin nennt dies Kreuzung – entstehen können. Beispiele für **Kategoriekreuzungen** wären z.B. Handel plus Wellness oder Warenhäuser plus Unterhaltungs- und Themenkonzepte. Allerdings werden keine konkreten Handlungsanweisungen für Unternehmen gegeben, in welcher Art und Weise Anpassungen an veränderte Umweltbedingungen optimal vorgenommen werden können.

Auch die auf Woll (1964) zurückgehende **Marktlückentheorie** soll – trotz ihrer Parallelen zu Dialektik und Lebenszyklusmodellen – den evolutionären Prozesstheorien zugeordnet werden, da sie das Entstehen neuer Betriebstypen primär anhand von Marktgegebenheiten und -anforderungen erklärt.

Neue Betriebstypen entstehen dadurch, dass durch bestimmte Rahmenbedingungen der Märkte spezifische Anforderungen der Kunden und der Warenstruktur nicht erfüllt sind, d.h., es bestehen Marktlücken. Um diesen unerfüllten Ansprüchen zu begegnen, entstehen neue Betriebstypen, die eine Spezialisierung auf diese Marktlücken beinhalten und dazu dienen sollen, Letztere zu erschließen.

Das Aufdecken neuer Märkte kann dabei sowohl zu Spezialisierung als auch zur Ausweitung führen (Sorescu u.a. 2011). Einen zentralen Ansatzpunkt innerhalb dieses Konzeptes stellt die Erzielung von **Kostenvorsprüngen** anhand der neuen Betriebstypen dar. Hier zeigt sich eine Parallele zu den Verdrängungstheorien. Solche Kostenvorteile können erzielt werden auf Grund verschiedener Kriterien, so günstigerer Kalkulationsbasis, rationeller Betriebsführung, hoher Umschlaggeschwindigkeit und hoher Kundenorientierung. Aus diesen Kriterien, welche die neuen Betriebstypen aufweisen, leitet Woll (1964 S. 131ff.) eine Art **Stufentheorie** ab: Die erste Stufe neuer Betriebstypen zeichnet sich durch eine Konzentration in der Wahl der Beschaffungsquellen aus, die folgende Stufe ist durch eine Reduktion des Service gekennzeichnet, die letzte Stufe beinhaltet eine komplette Selbstbedienung. Jeder weitere Schritt bedeutet insofern eine zunehmende Rationalisierung, die Kostenvorteile ermöglicht.

Trading-up bei Food-Harddiscountern

Harddiscounter sind traditionell durch Dauerniedrigpreise und ein schmales und flaches Sortiment (oft mit großem Handelsmarkenanteil) gekennzeichnet. Da Discounter jedoch im Jahr 2015 zunehmend Kunden an Supermärkte verloren haben, nahmen sie ein Trading-up vor. Lidl führte mehr und mehr klassische Markenartikel ein. Aldi zog nach. Lange gab es in deren Sortiment außer Coca-Cola und einigen Süßwaren von Haribo und Storck ausschließlich Handelsmarken. Zwischenzeitlich wurden jedoch bspw. auch Krombacher-Bier, Lenor-Waschmittel sowie o.b.-Tampons bei Aldi Süd eingeführt. Bezüglich der Preise setzen beide Discounter nach wie vor auf eine hohe Preisaggressivität.

Doch durch die zunehmende Bedeutung der Markenartikel zeigt sich ein Paradigmenwechsel in der Angebotspolitik. Lidl versucht zunehmend, den Konkurrenten Aldi im Bereich der Markenprodukte durch zeitlich befristete Angebote im Preis zu unterbieten. Dies gefährdet das Preisimage von Aldi. Branchenexperten zufolge könnte daher auch Aldi zukünftig statt einer reinen Dauerniedrigpreisstrategie befristete Sonderangebote für Markenartikel einführen. Auch in der Werbung änderten beide Konkurrenten ihren Fokus, hin zu deutlich mehr und auffallend modern gestalteter Fernsehwerbung. Bei Lidl werden Eigenmarken und klassische Markenprodukte mit Fokus auf den Preis verglichen. Aldi reagierte mit TV-Spots, in denen die Themen Einfachheit und Convenience, später die Themen Preis- und Leistung bei Eigenmarkenprodukten hervorgehoben werden.

Bezüglich des Store-Layouts dominierte bei beiden Discountern eine funktionelle Gestaltung, bei der die Ware in Kisten und Paletten dargeboten war. Beide „rüsteten" massiv auf. So wurden Neubauten von Lidl mit lichten Glasfronten, hellen Böden und hohen Decken ausgestattet. Auch Aldi wird im Rahmen von Projekten bis Ende 2019 alle Filialen deutlich modernisieren. Das Trading-up scheint zu gelingen, die Marktanteile der Hartdiscounter steigen wieder und es werden neue, jüngere Kundengruppen angesprochen.

Quelle: www.wiwo.de, 8. Februar 2018.

C. Systematik der Be- und Vertriebstypen

I. Überblick

Die Vielfalt der Erscheinungsformen von Handelsbetrieben kann zu idealtypischen Betriebstypen des Großhandels, der Handelsvermittlung und v.a. des Einzelhandels (offline und online) zusammengefasst werden; Einzelhandelsagglomerationen und sonstige Verdrängungstendenzen des Handels werden ergänzend behandelt. Im Handel treten die Erscheinungsformen oft als Mischtypen und in einer breiten Palette auf. Durch die Kombination von Betriebstypenmerkmalen werden permanent neue Betriebstypen entwickelt, was auch als **morphologische Synthese** bezeichnet wird. Dies ist aktuell und zunehmend in Mehrkanalunternehmen der Fall.

Hervorzuheben ist, dass in der englischsprachigen Literatur Be- und Vertriebstypen des Einzelhandels eher pauschal und in den unterschiedlichen Ausprägungen nicht so detailliert betrachtet werden, wie bspw. in der deutsch- oder französischsprachigen Literatur (der

Großhandel wird generell sehr selten adressiert). Zudem werden diese – situationsspezifisch – z.T. anders benannt (Levy/Weitz/Grewal 2014). Dies mag daran liegen, dass sich insb. in den USA nicht alle Betriebstypen, die nachfolgend behandelt werden, durchgesetzt haben. Ferner stehen häufig bspw. die Wahrnehmung durch Kunden oder die Einkaufsstättenwahl stärker im Vordergrund des Forschungsinteresses als managementorientierte Entwicklungen der Betriebstypen (vgl. zu spezifisch kundenorientierten Aspekten bspw. Klein/Schmitz 2016).

II. Be- und Vertriebstypen des Großhandels

1. Unterscheidungskriterien

Viele im B2B-Geschäft tätigen Großhandelstypen und Kriterien der Systematisierung sind denkbar. Nachfolgend werden vier Kriterien aus der Tietz'schen (1993d, S. 16ff.) Gliederung in Grundstruktur und Marktbearbeitung hervorgehoben (siehe Abb. 2.8) und dann ausgewählte Betriebstypen behandelt (siehe zu den Besonderheiten der wettbewerbsorientierten Strategien das Dritte Kapitel):

- **Sortimentsausrichtung**: Das Kriterium der Marktbearbeitungspolitik führt bei Differenzierung nach Breite und Tiefe des Sortiments zur graduellen Ausprägung von zwei Hauptkategorien, so **Sortimentsgroßhandel** und **Fach-** bzw. **Spezialgroßhandel**. Bezüglich des Sortiments kann auch unterschieden werden, ob ein durchgängiges Programm angeboten wird, oder ob das Sortimentskonzept Posten vorsieht. Der Postengroßhandel ist nicht auf das Angebot eines durchgängigen Warenangebots ausgerichtet, sondern auf ein fallweises Angebot von meist hochaktuellen, modischen Waren.
- **Verkaufsform**: Es ist eine Unterscheidung danach möglich, ob der Großhandelsbetrieb Lieferungen vornimmt (sog. Domizilprinzip) oder nicht (sog. Residenzprinzip). In diesen Fällen kann der **Zustell**- und **Versandgroßhandel** bzw. **Cash & Carry-Großhandel** unterschieden werden. Gesondert ist das **Rack Jobbing** zu nennen.
- **Dispositionsfähigkeit**: Hiernach wird zwischen **Strecken**- und **Lagergroßhandel** unterschieden.
- **Warenverwendungszweck**: Bezüglich der geplanten Verwendung der angebotenen Waren ist es üblich, den **Konsumgüter- bzw. Konsumtionsverbindungsgroßhandel** dem **Produktionsgüter- bzw. Produktionsverbindungsgroßhandel** gegenüber zu stellen. Dieses Kriterium trägt auch der Kundenstruktur (Wiederverkäufer oder gewerbliche Weiterverarbeiter) Rechnung.

Weitere Kriterien, die für die meisten der Großhandelstypen kombinativ genutzt werden können, sind vielfältig. So sind bzgl. des **Marktgebiets bzw. geografischen Aktionsfeldes** für Cash&Carry Großhändler lokale, regionale, nationale oder internationale Tätigkeiten denkbar; wird die Grenzüberschreitung betrachtet, dann ist beim **Außen(groß)handel** (vs. **Binnen(groß)handel**) zwischen Export-, Import- und/oder **Transithandel** zu unterscheiden. Auch bzgl. der **Marktausrichtung** kann zwischen eher beschaffungs- oder absatzorientierten Tätigkeiten unterschieden werden (z.B. Warenaufkauf, i.S. Aufkauf- oder naturnaher Großhandel oder Warenabsatz, i.S. Vermarktungs- oder konsumnaher Großhandel). Wichtig im E-Commerce und in Abgrenzung zur Handelsvermittlung ist das Kriterium des Wareneigentums, so **Eigenhändler vs. Fremdhändler** (inkl. von Handelsvermittlern wie Kommissionären oder auch **Online-Marktplätze**, die im eigenen Namen und auf fremde Rechnung agieren, kein Eigentum an der Ware erlangen und damit über andere Wertschöpfungsketten oder Geschäftsmodelle verfügen als Eigenhändler). Die Großhandelsunternehmen können ferner einstufig, zweistufig, drei- und mehrstufig agieren, filialisiert, mit anderen Unternehmen verbunden sein, etc. Darüber hinaus liegen unterschiedlichen Grade der **vertraglichen Bindung** und **Prozessintegration** vor. So sind neben Einzeltransaktionen im Großhandel längerfristige Belieferungsverträge zu vertraglich festgelegten Konditionen verbreitet. Die Digitalisierung in der Branche ermöglicht Effizienten im Schnittstellenmanagement und Systemintegration mit den Kunden. So können Großhändler für längerfristige Kunden bspw. individuelle Online-Bestellportale bereitstellen, eine gemeinsame Software für die Abwicklung von Bestellungen und Buchungen mit dem Kunden abstimmen oder gar Schnittstellen in Warenwirtschaftssystemen bspw. für automatisierte Nachbestellungen oder Informationsaustausch in Echtzeit nutzen (Roland Berger 2016).

Abbildung 2.8: Erscheinungsformen des Großhandels

Gliederungskriterium	Erscheinungsform
Sortimentsausrichtung	Sortimentsgroßhandel, Fach- bzw. Spezialgroßhandel, Postenhandel
Verkaufsform	Zustell- und Versandgroßhandel, Cash & Carry, Rack Jobber
Dispositionsfähigkeit Ware	Streckengeschäftsgroßhandel, Lagergroßhandel
Warenverwendungszweck	Konsumgüter-/Produktionsgütergroßhandel; Konsumtionsverbindungs-/Produktionsverbindungshandel
Geografisches Aktionsfeld/ Grenzüberschreitung	lokaler, regionaler, nationaler und internationaler Großhandel/ Binnenhandel, Außenhandel (Export, Import, Transit, Kombinationen)
Marktausrichtung auf Beschaffung/Absatz	Aufkaufgroßhandel, Erfassungsgroßhandel, Absatzgroßhandel, Vermarktungsgroßhandel, kombinierter Aufkauf-/Vermarktungsgroßhandel
Wareneigentum	Eigenhändler vs. Fremdhändler (inkl. von Handelsvermittlern wie Handelsvertreter, Kommissionär, Kommissionsagentur, Handelsmakler)
Stufigkeit	einstufiger, zweistufiger, dreistufiger Großhandel
Filialisierung (off-/online)	Einbetriebsgroßhandlung, filialisierende Großhandlung
(Ver-)Bindung an Unternehmen/Wirtschaftsstufen	Werkhandelsgesellschaft, Konzerngroßhandlung, ungebundene Großhandlung/ Großhandel mit Produktion/Einzelhandel/Handwerk/Dienstleistungen usw.
Kontaktform	Außendienst, Distanzgroßhandel (Online, Katalog, Telefon etc.)
Warenzustand/-verwertung	Neuwaren, Altwaren/Rohstoff-, Halbwaren-, Fertigwarengroßhandel
Branchengliederung	z.B. Lebensmittelgroßhandel, Landhandel, Autozubehör- und Ersatzteilegroßhandel, Stahlhandel, sonstiger technischer Großhandel
Branchenbezogenheit	Einbranchen-, Mehrbranchen-, Vielbranchengroßhandel
Unternehmensform	einzelwirtschaftlicher Großhandel, ohne/mit Bindung, Ein-/Verkaufsgemeinschaften genossenschaftlicher/sonstiger Rechtsform
Standort	zentrenfrei, in Dispositionszentren, in Lager- oder Umschlagszentren
Dienstleistungsintensität	Systemkopf-, Service-, preisorientierter, servicereduzierter Großhandel
Kundenbetreuung	exklusiv, selektiver, extensiver Großhandel
Kundenkontakt/Fokus	Abhol-, Bemusterungs-, Ausliefer-, reiner Streckengroßhandel
Vertragskategorien	Verkauf, Vermietung, Leasing etc.
Logistikintensität	Logistikspezialist, Großhandelsspediteur, logistikfreier Großhandel
Finanzielle Abhängigkeit	starke, schwache, keine Lieferantenabhängigkeit

Quelle: i.A.a. Tietz 1993d, S. 16ff.

2. Sortimentsgroßhandel

Der Sortimentsgroßhandel ist durch ein breites und i.d.R. flaches Sortiment gekennzeichnet. Zumeist umfasst das Sortiment Waren vieler unterschiedlicher Warengruppen (Aussschuss für Definition zu Handel und Distribution 2006, S. 40).

Häufig werden anhand des Angebots mehrere Branchen abgedeckt, wenn auch anhand eines Sortiments von relativ geringer Tiefe. Ziel ist es, den Bedarf der jeweiligen Zielgruppe möglichst vollständig abzudecken. Das Sortiment ist insb. auf ein im Zeitablauf durchgängiges und relativ konstantes Angebot der Waren hin ausgerichtet. Der Betriebstyp des Sortimentsgroßhandels ist häufig bei den Einkaufsgenossenschaften und Freiwilligen Ketten, so bei Edeka, Rewe oder Spar zu finden, die für die angeschlossenen Partner Beschaffungsfunktionen v.a. im Food- aber auch im Non-Food-Bereich übernehmen.

Als Sonderform des Sortimentsgroßhandels hat der Großverbraucher-Zustellservice (Food Service) sich darauf spezialisiert, Großverbraucher – wie z.B. Krankenhäuser, Restaurants, Heime, Hotels, Großkantinen usw. – mit allen benötigten Waren zu versorgen. Die Besonderheiten liegen insb. in der Notwendigkeit eines Spezialsortiments (z.B. Portionspackungen), in der Notwendigkeit spezifisch geschulten Personals und in der Notwendigkeit eines kundengerechten Dienstleistungsangebots (Menüvorschläge, Küchenorganisationsberatung usw.).

3. Fach- bzw. Spezialgroßhandel

Kennzeichen des Fach- bzw. Spezialgroßhandels im Gegensatz zum Sortimentsgroßhandel ist das Angebot eines schmalen Sortiments, das sich durch eine ausgeprägte Tiefe auszeichnet (Ausschuss für Definitionen zu Handel und Distribution 2006, S. 40).

Es findet dabei im Allgemeinen eine Beschränkung der Waren und Dienstleistungen auf eine Branche bzw. auf einzelne Bereiche einer Branche statt. Es zeigt sich also eine starke **Spezialisierung** in der Ausrichtung. Auch beim Spezialgroßhandel erfolgt eine Orientierung auf eine zeitliche Konstanz und Durchgängigkeit des Sortiments im Zeitablauf. Meist zeichnen sich die Betriebe durch ein ausgeprägtes Know-how hinsichtlich Produkt und Service aus. Auf Grund der Tatsache, dass solche Betriebe insb. über ein ausgeprägtes Ausmaß an Spezialwissen verfügen und somit besondere Dienstleistungen ggü. ihren Kunden erbringen können, handelt es sich bei Unternehmen, die diesen Betriebstyp gewählt haben, v.a. um „freie" Großhandelsunternehmen, d.h. um solche Unternehmen, die nicht in Kooperationen bzw. Ketten eingebunden sind.

Der Pressegroßhandel als Bindeglied zwischen Verlag und Leser

Presseprodukte wie Zeitungen und Zeitschriften gelangen in Deutschland über verschiedene Wege an die Leser (z.B. über den Einzelhandel, Kioske, Tankstellen und Bäckereien). Der Pressegroßhandel fungiert, auch in der heutzutage zunehmend digitalisierten Welt, als marktführendes Bindeglied zwischen diesen Vertriebswegen und den Verlagen (deutscher Marktanteil von rd. 50% im Jahr 2017). Allerdings kämpft der Presse-Grosso um seine Existenz. Im Februar 2018 lief die sog. Handelsspannenvereinbarung aus, welche als Folge von Gerichtsverhandlungen zum alleinigen Verhandlungsmonopol des Bundesverbandes Presse-Grosso ab dem Jahr 2011 geschlossen wurde.

Vor dem Hintergrund zunehmender Veränderungen bei der Mediennutzung, z.B. aufgrund digitaler Abrufe sowie das Vordringen von Unternehmen wie Amazon in den deutschen Medienmarkt und einem damit verbundenen Auflagen- und Umsatzrückgang, gibt es Bestrebungen von Medien-Unternehmen, wie der Funke Mediengruppe, der Mediengruppe Klambt, dem Spiegel-Verlag sowie dem Medienhaus Axel Springer, gemeinsam mit Presse-Grosso neue Regelungen zu finden. Der Presse-Grosso begrüßt die Ankündigung der Verlage, die Wertschöpfung gemeinsam gerechter zu gestalten und damit potenziellen neuen (Online-) Wettbewerbern Einhalt zu gebieten und die Bevölkerung breit, auch mit belletristischer Literatur versorgen zu können. Amazon u.a. fokussieren auf Bestseller, was langfristig durchaus die Gefahr der Uniformität der Leseoptionen zur Folge haben könnte.

Quelle: www.focus.de, 16. Februar 2017; www.fpv.de, 25. Juli 2018.

4. Zustellgroßhandel

> Der Warenübergang beim Zustellgroßhandel findet am Ort des Abnehmers statt, d.h., es erfolgt eine Vorgehensweise nach dem Domizilprinzip (des Kunden).

Der Zustellgroßhandel, d.h. der klassische bzw. traditionelle Großhandel, strebt einen hohen Grad an Lieferbereitschaft und -fähigkeit an. Auf Kundenanfrage erfolgt eine Auslieferung der jeweiligen Ware zum Betrieb des Kunden. In der Regel wird ein eigener Fuhrpark unterhalten oder es werden Logistik-Dienstleister mit der Lieferung beauftragt. Bei diesem Betriebstyp besteht ein wichtiges Kennzeichen in einer ausgeprägten **Serviceorientierung**.[1] Neben der Lieferung werden auch weitere Dienstleistungen angeboten. So liegt eine ausgeprägte Informations- und Beratungsintensität in diesen Betrieben vor, z.B. technischer Kundendienst, Schulung der Mitarbeiter, Konzeption der Sortimentsgestaltung und Realisation von Werbemaßnahmen. Dies erfordert ein hohes Maß an Know-how seitens des Großhandelsunternehmens bzgl. der Produktspezifika und Kundenanforderungen. Die ausgeprägte Serviceorientierung wird als wichtiges Instrument der Kundenbindung eingesetzt. Auf diese Weise soll eine langfristige Markt- und Lieferbeziehung zu den Kunden aufgebaut werden. Der Zustellgroßhandel ist in seiner Liefertätigkeit zumeist auf die Belieferung lokaler bzw. regionaler Kunden begrenzt.

5. Versandgroßhandel

> In Abgrenzung zum Zustellgroßhandel zeichnet sich der Versandgroßhandel durch eine Lieferung über große räumliche Distanzen hinweg aus. Letztere können medial durch Kataloge, Prospekte, Online-Medien oder Außendienstpersonen überwunden werden.

Hierbei unterhalten die Betriebe oft einen eigenen Fuhrpark. Dabei wird v.a. im überregionalen Raum frische bzw. leicht verderbliche Ware, z.B. Obst und Gemüse, versandt, aber auch Non-Food-Artikel. Der Versandgroßhandel kann wiederum in Sortimentsversandgroßhandel und Spezialversandgroßhandel differenziert werden, je nach Breite und Tiefe des Sortiments. Weiterhin kann der Versandgroßhandel neben dem zentralen Versandbetrieb auch stationäre Filialen unterhalten, in denen ein Teil des Sortiments auslieferungsbereit ist, ein anderer Teil medial, z.B. online, angeboten wird.

6. Cash & Carry-Großhandel

> Der Cash & Carry-Großhandel, auch als Selbstbedienungsgroßhandel bezeichnet, ist eine Form des Abholgroßhandels. Im Unterschied zum traditionellen Großhandel stellt der Kunde seine Ware nach dem Prinzip der Selbstbedienung selbst zusammen, zahlt zumeist unmittelbar und sorgt selbst für den Transport der Ware.

Der Ort des Warenüberganges beim Cash & Carry-Großhandel ist also der Ort des Großhändlers; es findet eine Umsetzung des **Residenzprinzips** statt. Die Ausgestaltung des Lagers muss in kundengerechter Weise erfolgen. Cash & Carry-Großhandelsbetriebe sind nach dem Selbstbedienungsprinzip ausgerichtet. Der Inkasso-Vorgang erfolgt unmittelbar. Im Gegensatz zum konventionellen Abholgroßhandel, bei dem die Kunden ihre Einkäufe nach dem Bedienungsprinzip tätigen und ihre Ware durch Verkaufspersonal aus einem für die Abnehmer nicht zugänglichen Lager ausgehändigt bekommen, ist beim Cash & Carry-Großhandel das Lager für die Kunden zugänglich.

---

[1] Zu den Servicefunktionen im Produktionsverbindungs- und Konsumtionsverbindungshandel vgl. Samadi 2009.

Größte Cash & Carry, Zustell-, Versandgroßhändler und neue Online-Konkurrenten

Die Metro AG betreibt im Jahr 2017 mit rd. 108.000 Mitarbeitern 763 Cash & Carry Märkte in 25 Ländern und erzielt rd. 30 Mrd. EUR Umsatz. Die Metro AG bedient über 21 Mio. gewerbliche Kunden, vorwiegend aus den Bereichen Hotellerie, Gastronomie und Catering, aber auch kleinere Einzelhändler und andere gewerbliche Abnehmer. Um bei Metro einkaufen zu können, ist eine Registrierung erforderlich. Dabei muss jeder Neukunde einen Nachweis für eine gewerbliche Tätigkeit vorlegen. In Deutschland gibt es 104 Cash & Carry Stores. Typische Stores haben 6.500-8.500 qm, Einzelne 22.000 qm. Wenngleich ein Lieferdienst angeboten wird, liegt der Fokus klar auf dem Abholgeschäft. Im Sortiment sind ca. 30.000 Non-Food und über 20.000 Food-Artikel mit besonderem Fokus auf frischer Ware. Metro setzt auch auf Eigenmarkenprodukte, wie Aro als Preiseinstieg im Food-Bereich, Horeca-Select für Küchenbedarf von Hotels/Gastronomen, Fine Food Finestro für die gehobene Küche. Das Non-Food Sortiment umfasst neben professionellen Küchenausstattungen auch Büroeinrichtungen.

Transgourmet erreicht im Jahr 2017 einen Erlös von rd. 9,1 Mrd. CHF (6% Wachstum p.a.) und hat über 25.000 Mitarbeiter. Neben dem Heimatland Schweiz ist Transgourmet mit 139 Cash & Carry Stores auch in Russland, Polen, Rumänien, Österreich, Frankreich und Deutschland vertreten. Insgesamt werden rd. 6 Mio. Kunden aus ähnlichen Bereichen wie bei der Metro AG bedient. Transgourmet setzt jedoch im Vergleich zu Metro deutlich stärker auf das Beliefergungsgeschäft. So befinden sich bspw. an 15 Betriebsstandorten in Deutschland keine Verkaufsflächen, sondern lediglich Logistikzentren, die der Abwicklung der Zustellung dienen. Ebenso werden in Frankreich 24 Lager und 21 Belieferungsplattformen betrieben. Das Sortiment umfasst im Abholgroßhandel bis zu 68.000 und im Belieferungsgroßhandel über 35.000 Food- und Non-Food Artikel. Auch Transgourmet adressiert nur gewerbliche Kunden.

Die amerikanische Kette Costco Wholesale realisiert im Jahr 2017 mit 741 Stores in 11 Ländern und rd. 218.000 Mitarbeitern im Geschäftsjahr 2017 einen Umsatz von rd. 129 Mrd. USD. Die Flächen der Stores variieren zwischen 6500 und 20.000qm (Durchschnitt ca. 13.500qm). Die Atmosphäre gleicht dabei mit Hochregalen und Palettenware teilweise eher der eines Lagerhauses. Im Gegensatz zu Metro und Transgourmet bedient Costco explizit auch nicht-gewerbliche Kunden. Dennoch ist eine Registrierung verpflichtend und die Mitgliedschaft kostenpflichtig. Es wird zwischen verschiedenen Arten von Mitgliedschaften unterschieden, darunter private und gewerbliche Mitgliedschaften, die unterschiedliche Dienstleistungen einschließen und zwischen 60 und 120 USD pro Jahr kosten. Nur gewerblich registrierte Kunden sind auch berechtigt, die Waren entsprechend gewerblich weiterzuverkaufen. Die Kosten für die Mitgliedschaft rechtfertigt Costco über Preisvorteile im Warenangebot. Das Sortiment umfasst im Lebensmittelbereich einen deutlich geringeren Frischeanteil als beispielsweise bei Metro. Stattdessen dominiert v.a. ein breites Non-Food Angebot, das unter anderem auch Autozubehör und Reifen, Möbel und Einrichtungsgegenstände, Gartengeräte sowie Spielwaren und Sportartikel umfasst.

Neue Konkurrenz erhalten die traditionellen Großhändler zunehmend durch Online-Anbieter. So vertreibt Amazon in der Produktkategorie „Gewerbe, Industrie und Wissenschaft" bereits diverse Produkte für den gewerblichen und industriellen Bedarf. Darunter finden sich bspw. Laborbedarf, Arbeitsschutzausrüstung oder Geräte und Maschinen bis hin zu 3D-Druckern. Im Bereich von Fast Moving Consumer Goods drängt das junge Unternehmen boxed.com in den amerikanischen Markt. Das Sortiment umfasst großhandelsübliche Gebinde, bspw. in den Bereichen Nahrungsmittel, Getränke oder Drogerieartikel und Reinigungsmittel. Es wird als aussichtsreicher Online-Konkurrent von Costco gehandelt.

Quelle: www.metroag.de; www.transgourmet.de; www.costco.com, 25. Juli 2018.

Das Sortiment der Cash & Carry-Großhandelsbetriebe ist i.d.R. breit ausgerichtet. Es umfasst dabei meist Güter aus dem Konsumbereich, v.a. Nahrungs- und Genussmittel sowie Gebrauchs- und Verbrauchsgüter. Während bei Letzteren typischerweise ein Vollsortiment besteht, werden die übrigen Konsumgüter im Rahmen eines aus allen wesentlichen Warenbereichen bestehenden flachen, aber zugleich breiten Sortiments angeboten. Die Nachfragemengen sind im Allgemeinen vergleichsweise gering. Die Kundengruppen sind i.d.R. weit gestreut; die Anzahl der Abnehmer ist dabei relativ hoch. Häufig rekrutiert der Cash & Carry-

Großhandel seine Abnehmer aus dem Bereich des Kleingewerbes, v.a. aus dem Gastronomie- und Beherbergungswesen sowie aus einem Kreis kleinerer Einzelhandelsunternehmen.

Im Gegensatz zum traditionellen Abholgroßhandel mit Bedienungsprinzip ist der Cash & Carry-Großhandel durch ein geringeres Maß an Spezialisierung in Sortiment und Beratungsdienstleistungen gekennzeichnet. Er ist deshalb i.d.R. im Bereich des Sortimentsgroßhandels angesiedelt. Zugleich zählen hierzu die größten und am stärksten internationalisierten Großhandelsunternehmen der Welt wie i.w.S. Costco oder Metro C&C. Im Zuge eines nachdrücklichen Trading-up ist eine deutliche Zunahme des Angebots zusätzlicher Dienstleistungen im Bereich des Transport- und Lieferwesens zu erkennen; dass das klassische C&C-Prinzip im Lebensmittelbereich in der Welt des Internet an Attraktivität verliert, gerade für eher standardisierte Artikel nachfragender gewerblicher Kunden. Zunehmend werden diesen Kunden daher entgeltliche Logistikleistungen angeboten, die vom Großhandelsunternehmen selbst oder durch Dienstleister ausgeführt werden. Diese gehen über das traditionelle Cash & Carry-Geschäft hinaus, während Drive-in-Konzepte der zunehmenden Convenience-Orientierung – ähnlich wie im Lebensmitteleinzelhandel – auch gewerblicher Kunden Rechnung tragen.

7. Rack Jobber

Der Rack Jobber wird auch als Regalgroßhändler oder Service-Merchandiser bezeichnet. Hierbei handelt es sich um einen Betriebstyp, bei dem der Verkaufsraum bzw. die Regalflächen im Einzelhandel oder bei Cash & Carry-Großhändlern in eigener Regie mit eigenständigem Sortiment bestückt und wirtschaftlich betreut werden (Ausschuss für Definitionen zu Handel und Distribution 2006, S. 40).

Das Sortiment umfasst insb. Haushaltswaren, Kleintextilien, Papierwaren, Spielwaren, Bücher oder Kosmetika, meist in Ergänzung zum Kernsortiment, wie etwa Lebensmittel. Der Serviceumfang geht also über die reine Warenverfügbarkeit hinaus. Durch die Unternehmen werden bei diesem Betriebstyp Groß- bzw. Einzelhandelsflächen, d.h. Regalplätze bzw. Teile der Verkaufsfläche, angemietet. Mitarbeiter des Großhandelsunternehmens übernehmen die fortlaufende Betreuung dieser Bereiche innerhalb der Einzelhandelsbetriebe oder innerhalb von Großhandelsbetrieben (insb. in Spezialgroßhandels- und Cash & Carry-Großhandelsbetrieben), d.h., sie übernehmen Auffüllung und Pflege der angemieteten Bereiche sowie die verkaufstechnische Unterstützung des Sortiments.

GMV BaumarktService als einer der größten Rack Jobber im Baumarktbereich

Das deutsche Unternehmen bietet in Deutschland, Österreich, der Schweiz sowie in weiteren europäischen Staaten Regaleinrichtungen, Einräumservices, Präsentationsaufbau und -gestaltung sowie Verkaufsförderungsmanagement an. Das Unternehmen arbeitet nach anerkannten Qualitätsstandards und bietet mit 400 Mitarbeitern eine flächendeckende Personalbereitstellung in rd. 1.700 Baumärkten.

Quelle: www.gmv-absatzservice.de, 20. Juni 2018.

Rack Jobber bieten die Ware im Großhandelsbetrieb bzw. Einzelhandelsbetrieb auf eigene Rechnung an. Die Unternehmen erhalten von den **Regalgroßhändlern** für die Bereitstellung der Verkaufsfläche i.d.R. eine umsatzabhängige Vergütung. Groß- und Einzelhandelsbetriebe haben durch die Zusammenarbeit mit Rack Jobbern auf der Basis der Überlassung von Verkaufsfläche die Möglichkeit, ihr Risiko und ihre Verantwortung für die betreffenden Sortimentsbereiche weitestgehend einzuschränken. Gerade im Bereich von Waren, bei denen das produktspezifische Know-how der jeweiligen Handelsunternehmen begrenzt ist, bietet sich diese Vorgehensweise an. Man kann eine solche Zusammenarbeit zwischen Rack Jobber und Handelsunternehmen als eine Form der vertikalen Kooperation ansehen (Barth/Hartmann/Schröder 2015, S. 87). Eine Sonderform des Rack Jobbing stellt der Betriebstyp des **Food-Brokers** bzw. **Service-Merchandisers** dar; hier werden Auswahl, Pflege und Betreuung sowie Kontrolle des Warenbestandes der Regalflächen im Einzelhandel durch den Großhandel im Auftrag des Herstellers übernommen (Tietz 1993b, S. 30).

8. Strecken- und Lagergroßhandel

Bei dem Streckengroßhandel wird die Handelsware vom Vorlieferanten zum Abnehmer befördert, ohne dass sie von der dazwischengeschalteten, fakturierenden Handelsunternehmung eingelagert wird (Ausschuss für Definitionen zu Handel und Distribution 2006, S. 41). Der Lagergroßhandel ist durch eine schwerpunktmäßige Ausrichtung auf Funktionen der Lagerhaltung und Sortimentierung gekennzeichnet.

Bei dem Betriebstyp des Streckengroßhandels werden mehr als 50% der Großhandelstätigkeit anhand von **Streckengeschäften** realisiert. Dabei wird die Ware von den Vorlieferanten direkt an die Abnehmer geliefert, ohne dass eine Einlagerung bei dem Großhandelsbetrieb stattfindet. Durch diese Vorgehensweise werden im Streckengroßhandel Transport- und Handlingkosten eingespart. Die Belieferung durch den Streckengroßhandel ist i.d.R. national bzw. international ausgerichtet. Es werden also große Distanzen überbrückt. Es besteht allerdings die Gefahr einer Ausschaltung des Streckengroßhandels: Die Kunden können seine Mittlerfunktion übergehen, indem sie eine direkte Marktbeziehung zu den jeweiligen Vorlieferanten bzw. Herstellern eingehen.

Im Lagergroßhandel wird im Wesentlichen die **Zeitüberbrückungsfunktion** übernommen. Die Logistikleistung beinhaltet also hierbei die Warenlagerung. Der Lagergroßhandel ist bzgl. seiner Kundenstruktur eher auf kleinere Abnehmer ausgerichtet, im Allgemeinen im lokalen bzw. regionalen Raum. Ein Beispiel für den Lagergroßhandel stellt der Handel mit Ersatzteilen aller Art dar (z.B. im Kfz-Bereich). Hier erwarten die Kunden des Großhandels eine ständige Verfügbarkeit zumindest der gängigsten Artikel.

Alibaba baut (Import-)Großhandel aus

Das neue Vertriebsmodell soll deutsche Produkte in Chinas Handel bringen und zwar für die halbe Mrd. Nutzer pro Monat. Noch konzentriert man sich darauf, europäische Marken über Online-Plattforen wie Tmall Global in den Markt zu helfen. Das neue Modell fußt auf zwei Elementen: Auf Alibabas weit verzweigtes Logistik-Netzwerk (Cainiao reicht in China bis in ländliche Regionen) und auf konzerneigene Online-Marktplätze (Taobao und Tmall).

Quelle: Lebensmittel Zeitung, 27. Januar 2017.

9. Konsumgüter- und Produktionsverbindungsgroßhandel

Der **Produktionsverbindungshandel** (in Abgrenzung zum Konsumgütergroßhandel) umfasst diejenigen Zweige des Großhandels, die sich (überwiegend) mit der Belieferung von Produktionsbetrieben (industrielle Hersteller, Handwerksbetriebe oder andere gewerbliche Verwender) mit Investitionsgütern, Roh-, Hilfs- und Betriebsstoffen befassen (Ausschuss für Definitionen zu Handel und Distribution 2006, S. 40). Diese Investitionsgüter, Roh-, Hilfs- und Betriebsstoffe werden auf der Stufe der Abnehmer des Produktionsverbindungshandels in weiteren Wertschöpfungsprozessen be- oder verarbeitet. Der Produktionsverbindungshandel nimmt also die Funktion einer Verbindung zwischen den unterschiedlichen Stufen der Produktionsbetriebe ein.

Als Spezialform kann ein **Werkhandelsunternehmen** betrachtet werden. Diese sind rechtlich selbstständig, aber wirtschaftlich abhängig von einem oder mehreren Herstellern. Sie beziehen ihre Handelswaren überwiegend von diesen, die zudem oft am Kapital der Werkhandelsunternehmung beteiligt sind.

III. Be- und Vertriebstypen der Handelsvermittlung

Handelsvermittlung liegt vor, wenn Betriebe ausschließlich bzw. überwiegend mit Waren Fremdgeschäfte tätigen (bspw. in fremdem Namen und auf fremde Rechnung handeln). Sie ist auf der Ebene des Großhandels oder des Einzelhandels möglich.

Es handelt sich um eine vermittelnde Tätigkeit, d.h. der Absatz der Ware wird getätigt, ohne dass Eigentum an der Ware entsteht. Die Handelsvermittlung grenzt sich durch das Vorliegen eines **Fremdgeschäftes** von dem Eigengeschäft, bei dem der Handelsbetrieb das Geschäft sowohl auf eigenen Namen als auch auf eigene Rechnung tätigt, ab. Eine Zwischenform stellt das **Kommissionsgeschäft** dar. Hier erfolgt der Geschäftsabschluss durch den Handelsbetrieb als selbstständiger Kommissionär (Wingate 1931, S. 28), d.h. auf eigenen Namen und fremde Rechnung. Sie können Groß- oder Einzelhandelsfunktionen wahrnehmen.

Mit der **Down-stream-** und der **Up-stream-Vermittlung** sind zwei Grundrichtungen der Handelsvermittlung abzugrenzen (siehe Abb. 2.9).

Abbildung 2.9: Erscheinungsformen der Handelsvermittlung

Erscheinungsform	Charakteristika	Beispiel
	Handelsvermittlung Down-stream	
Handelsvertreter	Handelt als selbstständiger Gewerbetreibender im Namen und für die Rechnung (mehrerer) Anbieter und i.d.R. ggü. anderen Unternehmen.	▪ Handelsvertreter für Großkücheneinrichtungen, Augenärztebedarf, Herrenoberbekleidung, Kosmetik usw.
Handelsmakler	Vermittelt Verträge in fremdem Namen und auf fremde Rechnung. Die Vermittlungstätigkeit erfolgt ohne Dauervertragsbindung im Interesse beider Marktpartner.	▪ Finanz-, Versicherungs-, Reisemakler ▪ Internetmakler/Online-Auktionsplattformen
Vertriebsagentur	Unterstützt den Anbieter bei der Kontaktaufnahme zu potenziellen Kunden sowie bei der Auftragsabwicklung.	▪ Vertriebsagentur für technische Anlagen, Exporte
Versandhandelsvertreter	Handelt wie der Handelsvertreter im Versand- oder Internethandel.	▪ Vertreter der Versandhäuser oder Internethändler vor Ort
	Handelsvermittlung Up-stream	
Zentralen von Verbundgruppen	Einkaufsaktivitäten für die angeschlossenen Unternehmen i.d.R. im Fremdgeschäft.	▪ Zentralen von Edeka, Büroring, dagema, Hagebau, ANWR, Intersport usw.
	Zwischenform	
Kommissionär	Handelt im eigenen Namen für die Rechnung des Anbieters (Kommitent) und unterliegt oft besonderen Weisungen des Anbieters (z.B. Preisvorgaben).	▪ Kommissionsbuchhandel ▪ Kommissionäre für Antiquitäten, Kunstwerke ▪ Online-Marktplätze

Bei der „**Down-stream-Vermittlung**" erhalten Handelsvermittler von ihren Auftraggebern, z.B. Industrieunternehmen, Großhandelsunternehmen oder Importeuren, den Auftrag, geeignete Käufer für deren Waren zu ermitteln und Geschäftsabschlüsse vorzubereiten oder auszuführen. Als Formen sind zu unterscheiden: Handelsvertreter, Handelsmakler, Versandhandelsvertreter und Agenturen. Die Handelsvertreter und die Handelsmakler werden meistens der Handelsvermittlung auf der Großhandelsebene zugeordnet, d.h., Kunden und

Auftraggeber sind jeweils Unternehmen. **Handelsvertreter** vermitteln bzw. tätigen Kaufabschlüsse für die jeweiligen Unternehmen in einem langfristigen bzw. dauerhaften Vertragsverhältnis (Ruekert/Churchill 1984; Gatignon/Gatignon 2010). **Handelsmakler** vermitteln ebenso nur zwischen Unternehmen, weisen aber kein ständiges Vertragsverhältnis mit einem Auftraggeber auf, d.h. die Auftraggeber wechseln. Die **Vertriebsagenturen** und die **Versandhandelsvertreter** werden der Handelsvermittlung auf der Einzelhandelsebene zugeordnet, d.h. bei den Kunden handelt es sich meist um private Verbraucher.

Bei der **„Up-stream"-Vermittlung** handelt es sich um die Vermittlung im Rahmen von Beschaffungsvorgängen seitens der Auftraggeber der Handelsvermittler, d.h. Suche der Handelsvermittler nach geeigneten Lieferanten für ihre Partner. Handelsvermittlung „Upstream" betreiben z.B. Zentralen bzw. Einkaufsorganisationen von Verbundgruppen des Handels. Diese tätigen überwiegend Fremdgeschäfte. Studien zu den beiden Grundrichtungen der Handelsvermittlung beschäftigen sich u.a. mit der Distributionsstärke von sowohl „Down-stream- als auch Up-stream-Agenten" für dyadische Händler-Hersteller-Beziehungen.

Im Zusammenhang mit dem Online-Handel wird für die Handelsvermittlung oft der Begriff **Intermediär** verwendet, da v.a. viele Marktplätze und Plattformen i.e.S. Online-Handelsvermittlungen sind, was auch in den Abschnitten IV.5ff in diesem Kapitel ausführt wird.

Neue Relevanz der Handelsvermittlung im Online-Bereich

Neben den klassischen Formen entsteht eine neue Relevanz der Handelsvermittlung auch durch diverse Typen von Verkaufsplattformen und Marktplätzen im Online-Bereich. Diese bieten üblicherweise eine Website oder Online-Plattform, über welche die Ware dritter Anbieter verkauft wird. Sie handeln zumeist in fremdem Namen und auf fremde Rechnung, wenngleich dies für Konsumenten teils kaum zu erkennen ist.

Amazon führt bspw. die Ware dritter Anbieter in seinem normalen Warenkatalog und weist lediglich in kleiner Schrift auf den eigentlichen Verkäufer hin. Auch die Abwicklung der Bestellung und Zahlung läuft vollständig über Amazon. Ähnlich gehen viele lokale Shopping-Plattformen vor, die auf ihren regionalen Marktplätzen unter expliziter Hervorhebung des regionalen Bezugs die Sortimente der ortsansässigen Händler bzw. der Händler im Einzugs- und Auslieferungsgebiet zur Stärkung des lokalen Einzelhandels anbieten.

Andere Plattformen hingegen, wie bspw. Ladenzeile.de, fassen lediglich die Sortimente diverser Online-Shops in einer Übersicht zusammen und bieten Such- und Filterfunktionen. Sie leiten den Kunden jedoch während des Bestellvorgangs sichtbar auf die Webseiten des Verkäufers weiter.

Durch Plattformen wie ebay-Kleinanzeigen oder die Flohmarkt-App Shpock etablieren sich zudem auch Intermediäre, die den i.d.R. nicht-gewerblichen Handel, zumeist mit gebrauchter Ware, zwischen privaten Verkäufern unterstützen. Letztere arbeiten teils sogar ohne Kommission und finanzieren sich über die Einbindung von Werbung.

Da sich online auch ein Hersteller direkt an Endkonsumenten wenden kann (Zwischenhandelsstufen umgehen kann), wird von **Disintermediation** gesprochen. Werden wiederum Zwischenhandelsstufen eingeschaltet, auf deren Basis neue Angebote entstehen, wird von **Reintermediation** gesprochen. Morris/Morris (2002) behandeln den sog. Intermediations-Disintermediations-Reintermediations-Zyklus am Beispiel der Computerindustrie. Thematisiert wird in diesem Kontext weiterhin die Auswirkung der Einführung eines Online-Kanals seitens des Herstellers auf die Bedeutung und Rolle von Absatzmittlern. Absatzmittler bleiben vor allem dann weiterhin relevant, wenn diese zuvor stark in Beziehungen zu Kunden investiert hatten (Chung/Chatterjee/Sengupta 2012).

IV. Be- und Vertriebstypen des Einzelhandels

1. Unterscheidungskriterien

Auch für die Systematisierung der vielen Be- und Vertriebstypen des Einzelhandels sind viele Kriterien relevant. Wie im Großhandel, dienen sie zur pauschalen Systematisierung und sind unterschiedlich relevant (z.B. Betriebsgröße, Sortiment, Preis v.a. im LEH):

- **Sortiment**: Das gewählte angebotene Sortiment bedingt die **Branchenzugehörigkeit**, während die langfristige Sortimentsbreite und -tiefe (Anzahl der Warengruppen und Anzahl der Artikel innerhalb einer Warengruppe) die Zugehörigkeit zu diversen Be- und Vertriebstypen bedingt und die Sortimentsniveaus (bspw. Qualitätsniveaus) für die Wettbewerbsstrategie relevant sind. Die verfügbare Ladenfläche korreliert online weniger mit der Sortimentsbreite und -tiefe, aber sehr wohl mit der Notwenigkeit der Lieferfähigkeit (also den Supply Chain-Prozessen).
- **Preis**: Die Preisstruktur des Sortiments (absolut oder relativ zur Konkurrenz, i.S. Niedrig-, Mittel- bzw. Hochpreisstruktur) bestimmt den Betriebstyp, wie Discounter bis Supermarkt/Fachgeschäft, während die dynamische Preisgestaltung (i.S. starrer oder flexibler Preise) ergänzend bedeutend ist. Online gewinnt der Preis noch stärker an Bedeutung, da aufgrund einfacherer Vergleichsmöglichkeiten viel mehr Unternehmen über den Preis positioniert sind als dies stationär der Fall ist. Zudem haben sich im Online-Bereich spezifische Preisformate etabliert, die auf Preisdynamik basieren.
- **Betriebsgröße**: Die Betriebsgröße kennzeichnet die eingesetzten Produktionsfaktoren (z.B. Anzahl beschäftigter Personen, Wareneinsatzwert), die Ergebnisgrößen (Umsatzkennzahlen) oder – v.a. im Kontext der Offline-Betriebstypen – die Verkaufsfläche. Diese sind auch für Online-Vertriebstypen insofern relevant als sie Vollsortimenter (z.B. Online-Supermärkte) vs. Spezialisten (Online-Fachhändler) unterscheiden.
- **Distanzüberwindung**: Bezüglich des räumlichen Warenangebots bestehen Differenzen zwischen dem Holkauf (die Distanzüberwindung erfolgt durch den Käufer) und dem Bringkauf (die Ware wird dem Kunden zugestellt). Gerade im Multichannel Retailing verschwimmen die Grenzen, da Kunden ihre Waren liefern lassen oder das Click & Collect nutzen (Abholung im Laden bzw. an spezifischen Abholstationen).

Weitere Abgrenzungskriterien der Be- und Vertriebstypen sind bspw.:

- **Kundeneinbindung**: Möglichkeiten sind die Fremd- und Selbstbedienung (Kommissionierung und Warenübergabe an den Kunden durch das Verkaufspersonal oder durch Kunden, auch online bspw. Curated Shopping) oder die Einbindung des Kunden in die Leistungserbringung (z.B. im Online-Handel im Rahmen von Mass Customization, sozialen Interaktionen oder als Anbieter abonnierte Leistungen).
- **Erlebnisorientierung/Dienstleistungen**: Relevant sind v.a. unterschiedliche Ausprägungen der Erlebnisorientierung und (Laden-)Inszenierung (v.a. offline als Zukunft in vielen Branchen diskutiert) oder das Angebot komplementärer, komplexer Dienstleistungen.
- **Handelsintegration**: Bezüglich des Standortes sind Ansiedlungen in gewachsenen Agglomerationen (City-Lagen, Shopping-Center), in Wohngebiets- oder Stadtrandlagen (grüne Wiese) ebenso denkbar wie die eines Fachgeschäfts in einem Online-Marktplatz.
- **Art des Inkasso/des Warenüberganges**: Möglichkeiten der Entgegennahme der Zahlungsmittel und des Warenübergangs vom Kunden sind das Verkaufspersonal/ Selbstbedienung oder technische Systeme.
- **Rechtliche Anbindung**: Möglichkeiten sind die Selbstständigkeit oder Abhängigkeit in horizontaler oder vertikaler Form (z.B. Konzernbildung oder Kontraktmarketing).

Pop-up-Stores und Pop-up-Restaurants

Pop-up-Stores und -Restaurants sind relativ neue Aktivitäten, die Handelsunternehmen auf freien Verkaufsflächen oder in öffentlichen Räumen temporär realisieren.

Bei Pop-up-Stores (auch „Temporary Stores") handelt es sich um zeitlich und räumlich begrenzte Geschäfte, die oft in einer „Nacht- und Nebel-Aktion" an einem Ort auftauchen (daher die Bezeichnung „Pop-up") und ein begrenztes Sortiment präsentieren. Dabei steht nicht der Absatz von Ware, sondern die Präsentation der Produkte und die Inszenierung der Marke im Vordergrund. Entsprechend dienen Pop-up-Stores eher der Kommunikation als der Distribution. Um größtmögliche Aufmerksamkeit zu erregen, werden oft außergewöhnliche Lagen für die Pop-up-Stores gewählt, z.B. der H&M Beach Store, in dem Strandmode und sommerliche Accessoires direkt am Ort der Nutzung verkauft werden. Aber auch Innenstadtlagen oder leerstehende Immobilien in Szenevierteln sind potenziell geeignet. Diese Art der Nutzung kann positive Image-Effekte für die Marke haben.

Analog ist es bei Pop-up-Restaurants. So hat bspw. Aldi-Süd nach Köln auch in der Münchener Innenstadt ein Pop-up-Bistro installiert (100 qm über zwei Etagen). Drei Monate lang konnten Besucher dort frisch zubereitete Gerichte (wöchentlich wechselnd zum Preis von 7,99 EUR) und Getränke aus dem Sortiment des Hartdiscounters konsumieren. Die Idee ist es, den Kunden die Möglichkeit zu geben, attraktive Rezepte auszuprobieren und für Zuhause mitzunehmen. Pop-up-Stores und -Restaurants setzten einen Bekanntheitsgrad der Retail-Brand voraus, die vor allem über soziale Netzwerke und klassische WoM dafür sorgt, dass die kurzlebigen Konzepte genügend Aufmerksamkeit erregen und die Retail-Brand auch noch nach dem „Verschwinden" der Einrichtung im Gespräch bleibt.

Quelle: Lebensmittel Zeitung, 20. Oktober 2017.

Meistens sind mehrere Merkmale für eine Abgrenzung relevant, oft wird aber auf wenige konstituierende Merkmale abgestellt. Wie Abb. 2.10 zeigt, werden nur die wichtigen Be- und Vertriebstypen des Offline- und Online-Einzelhandels behandelt, d.h., die Distanzüberwindung bildet das erste Gliederungskriterium. Ähnlich wie die idealtypischen und bekannten Betriebstypen im stationären Bereich nutzen Händler online diverse Kanäle, die aufgrund ähnlicher Merkmalsausprägungen idealtypische Vertriebstypen bilden. Zudem gibt es weitere Trends, bspw. zu Pop-up-Stores, die nur erwähnt werden.

Abbildung 2.10: Offline und Online Be- und Vertriebstypen des Einzelhandels[1]

Traditionelle Betriebstypen offline	**Food-/Near-Food-Betriebstypen offline**	**Weitere Betriebstypen offline**
Fachgeschäft	Supermarkt	Fachmarkt
Spezialgeschäft	SB-Warenhaus/Verbrauchermarkt	Kiosk
Boutique	Discounter	Gemischtwaren-/ambulanter Handel
Warenhaus	Convenience Store	Automatenhandel
Kaufhaus	Drogeriemarkt/Drugstore	Off-Price-Store
Sortimentsspezialisten online	**Preisspezialisten online**	**Weitere Vertriebstypen online**
Online-Kaufhäuser	Auktionen	Social-Shops
Marktplätze	Liveshopping	Customizer
Fachmärkte	Shopping-Clubs	Erlebnis-Shops
Supermärkte	Coupon-Anbieter	Problemlöser
Fach-/Spezial-Stores	Online-Discounter	Abo-Anbieter
Monobrand-Stores	Outlet-Stores	

Legende: Marktplätze sind Sortimentsspezialisten, die mit Handelsvermittlungen (im eigenen/fremden Namen auf fremde Rechnung im B2C- oder B2B-Bereich) und Shopping-Center als Einzelhandelsagglomeration vergleichbar sind.

[1] Der Direktvertrieb der Hersteller (Vorwärtsintegration) erfolgt auch über eigene Offline- und Online-Be- und Vertriebstypen, bspw. Offline- oder Online-(Monobrand)Stores.

Nicht überraschend ist in Folge der Optionen die Bedeutungszunahme vom **Multichannel-Retailing oder -Distribution** (Handels- oder Herstellersicht). Im Einzelhandel ist diese eine spezifische Ausprägungsform von Mehrbetriebsunternehmen, bei der ein paralleler Einsatz mehrerer, dabei jedoch nicht zwingend unterschiedlicher Be-/Vertriebstypen mit einem wesentlichen Sortimentszusammenhang erfolgt (i.S. Integrations-/Separationsstrategie, mit oder ohne Abstimmung zwischen den Kanälen bspw. bzgl. Verbund-/Nutzeneffekte für Kunden(gruppen) (siehe hierzu das Erste Kapitel; Schramm-Klein 2006). Hervorzuheben ist, dass viele Handelsunternehmen – insb. solche, die aus der Offline-Welt in die Online-Welt gewachsen sind – online ein ähnliches Sortiment und ähnliche Preisstrukturen wie im stationären Bereich anbieten, so dass die Offline-Vertriebstypen z.T. ähnlich benannt werden können.

2. Traditionelle Betriebstypen

a) Fach-, Spezialgeschäft und Boutiquen

Fachgeschäfte sind Einzelhandelsbetriebe, die ein branchenspezifisches oder bedarfsgruppenorientiertes Sortiment in großer Auswahl und in unterschiedlichen Qualitäten und Preislagen mit ergänzenden Dienstleistungen anbieten. Demgegenüber beschränkt sich das Warenangebot der **Spezialgeschäfte** in seiner Breite auf einen Ausschnitt des Sortiments eines Fachgeschäfts, ist aber tiefer als jenes. **Boutiquen** führen ein begrenztes, auf die jeweilige Zielgruppe ausgerichtetes, vorwiegend modisches Sortiment.

Fachgeschäfte streben eine möglichst hohe Vollständigkeit des Sortiments an, sodass ein Angebot von Waren unterschiedlicher Qualitäts- und Preislagen erfolgt. Das Sortimentsniveau hat im Allgemeinen eine eher gehobene Ausrichtung und das Preisniveau zeichnet sich durch ein mittleres bis gehobenes Niveau, zumeist basierend auf einer Durchschnittspreiskalkulation aus gut verkäuflichen und umschlagschwachen Artikeln, aus. Ein weiteres Kennzeichen der Fachgeschäfte stellt die vergleichsweise hohe Beratungs- und Bedienungsintensität dar. Weitere charakteristische Merkmale an güterspezifischen Dienstleistungen in Fachgeschäften sind insb. Lieferung und Reparaturservice. Aus diesem Grund sind Fachgeschäfte i.d.R. durch qualifizierte Mitarbeiter gekennzeichnet.

Tabelle 2.1: Entwicklung des Marktanteils des Fachhandels am deutschen Einzelhandel

	1980	1990	2000	2005	2010	2015	2016	2017
Nicht-filialisiert	55,4%	42,4%	31,9%	26,5%	21,6%	17,9%	17,6%	17,1%
Filialisiert			12,2%	11,4%	13,5%	15,5%	15,8%	15,8%

Ab 2000 IFH Retail Consultants/HDE Zahlenspiegel; Daten davor aus unterschiedlichen Quellen.

Quelle: IFH Retail Consultants 2017; HDE Zahlenspiegel 2018.

Das Instore-Marketing, so die Raum- und Einrichtungsgestaltung, wird als wichtiges absatzpolitisches Instrument eingesetzt. Typische Standorte für die Ansiedlung von Fachgeschäften sind insb. zentrale Innenstadtlagen sowie Einkaufszentren. Die Betriebsgröße von Fachgeschäften ist im Allgemeinen eher klein bis mittelgroß, meist zwischen 200 und 600 qm. Die Entwicklung im Bereich der Fachgeschäfte ist seit Jahren durch Marktanteilsverluste gekennzeichnet. Tabelle 2.1 zeigt die Entwicklung des nicht-filialisierten und des filialisierten Fachhandels, zu dem wesentlich die Fachgeschäfte, aber u.a. auch Spezialgeschäfte oder Boutiquen gehören. Der Marktanteil sinkt stetig. Allerdings bildete der Fachhandel in der Vergangenheit die mit Abstand häufigste Form des Handels. Beispiele für Fachgeschäfte finden sich in nahezu allen Branchen. Stark verbreitet sind Sport-, Schuh-, Elektronikfachgeschäfte oder Parfümerien.

Die Auswahlansprüche des Kundenkreises der **Spezialgeschäfte** sind höher als in Fachgeschäften. Diesen hohen Ansprüchen muss anhand der Sortimentsgestaltung entsprochen werden. Des Weiteren erfordern die Ansprüche der Kunden eine hohe Beratungs- und Serviceintensität. Die Dienstleistungen sind i.d.R. weitergehend als in Fachgeschäften. Es erfolgt eine hochwertige und qualifizierte Beratung, meist bei starker Umsetzung des Bedienungskonzeptes. Teilweise werden auch Einzelbestellungen und ähnliche exklusive Dienstleistungen angeboten. Spezialgeschäfte haben auf Grund ihres Warenangebots und des Spektrums der angebotenen Dienstleistungen einen exklusiven, teilweise luxuriösen Charakter. Dieser Charakter wird auch durch entsprechende Maßnahmen im Rahmen der Geschäftsausstattung und Warenpräsentation unterstützt. Entsprechend sind sie durch eine Politik hoher bis exklusiver Preise gekennzeichnet. Standorte von Spezialgeschäften sind ähnlich derer von Fachgeschäften, wobei häufig Standorte mit einer hohen Frequenz gewählt werden, um einen hohen Kundeneinzug erreichen zu können, der für das angebotene Spektrum an Waren und Dienstleistungen notwendig ist. Die Betriebsgröße ist dabei relativ gering (Müller-Hagedorn/Natter 2011, S. 159). Beispiele für Spezialgeschäfte finden sich insb. im Bereich der Feinkostgeschäfte, der Juweliere oder im Kosmetikbereich.

Hermès wächst weiter zweistellig

Das französische Luxusgüter-Unternehmen Hermès bleibt auf Erfolgskurs. Der Umsatz des Konzerns steigt im Jahr 2017 auf 5,5 Mrd. EUR (im Vergleich 2011 2,8 Mrd. EUR). Mit einem vorwiegend aus Luxus-Modeartikeln bestehenden, selektiven Sortiment vertreibt Hermès über ein internationales Netzwerk von Boutiquen.

Ohne aggressive Preispolitik im Markt betreibt Hermès eine innovative Sortimentspolitik sowie eine anspruchsvolle Ladengestaltung. Hermès bietet ein auf eine Zielgruppe abgestimmtes Sortiment an, was am Beispiel der „Birkin Bag"-Handtasche deutlich wird (Wartezeit kann mehrere Jahre betragen). Die höchsten Umsatzsteigerungsraten verzeichnet Hermès in den Segmenten Lederwaren und Mode.

Quelle: www.hermes.com, 25. Juli 2018.

Boutiquen sind i.d.R. durch relativ kleine Betriebsflächen gekennzeichnet und fokussieren auf spezielle Zielgruppen. Das Sortiment ist eng, d.h. auf bestimmte Warengruppen begrenzt, und dabei von ausgeprägter Tiefe. Die Preisstellung in Boutiquen ist häufig durch die Umsetzung einer mittleren bis hohen Preispolitik gekennzeichnet. Boutiquen finden sich meist im Bereich Bekleidung, Schmuck oder bei Einrichtungsgegenständen. Oft wird eine auffällige Aufmachung und Ladengestaltung umgesetzt, wodurch die Ansprache der jeweiligen, meist aufgeschlossenen Zielgruppe, erreicht werden soll. Teilweise wird versucht, Exklusivität zu erreichen. Die Imagebetonung ist in Boutiquen stark ausgeprägt. Die Standorte von Boutiquen sind Innenstadtlagen und Einkaufszentren, aber auch als **Shop-in-Store-Konzepte** in Waren- und Kaufhäusern. Dadurch werden die herkömmlichen Gliederungssysteme der Abteilungen ergänzt, mit dem Ziel, durch das im Boutiquenstil angebotene Sortiment, eine Profilierung des Angebots zu erreichen.

b) Waren- und Kaufhaus

Warenhäuser sind großflächige Einzelhandelsbetriebe (Verkaufsfläche von >3.000 qm.), die i.d.R. auf mehreren Etagen breite und überwiegend tiefe Sortimente mehrerer Branchen mit tendenziell hoher Serviceintensität und mittlerem bis hohem Preisniveau an Standorten in der Innenstadt oder in Einkaufszentren anbieten. **Kaufhäuser** sind ebenfalls größere Einzelhandelsbetriebe, die Waren aus zwei oder mehr Branchen, davon wenigstens aus einer Branche in tiefer Gliederung, anbieten.

Tabelle 2.2: Entwicklung des Marktanteils der Warenhäuser am deutschen Einzelhandel

	1980	1990	2000	2005	2010	2015	2016	2017
Warenhäuser	7,2%	5,9%	4,2%	3,6%	2,9%	2,7%	2,6%	2,5%

Ab 2000 IFH Retail Consultants/HDE Zahlenspiegel; Daten davor aus unterschiedlichen Quellen.

Quelle: IFH Retail Consultants 2017; HDE Zahlenspiegel 2018.

Warenhäuser bilden einen traditionellen Betriebstyp, der das eher „anspruchslosere" Sortiment nach dem Prinzip **„Alles unter einem Dach"** anbietet, d.h., es handelt sich meist um Vollsortimenter. Standortspezifisch umfasst das Sortiment durchschnittlich rund 100.000 Artikel. Es ist nach einzelnen Warengruppen in Abteilungen gegliedert und umfasst überwiegend Non-Food Produkte, so Bekleidung, Heimtextilien, Sport, Hausrat, Einrichtung, Kosmetik, Drogeriewaren, Schmuck, Unterhaltung, aber auch Nahrungs- und Genussmittel usw. Zudem wird auch ein Dienstleistungsspektrum angeboten, das häufig Gastronomie, Finanzdienstleistungen oder Reisevermittlung umfasst. In den Warenhäusern herrscht weitestgehend das Prinzip der (Teil-)Selbstbedienung bzw. Bedienung mit Vorwahl vor. Große Weltstadtwarenhäuser in Metropolen wie Berlin, Tokio, Paris oder London umfassen Verkaufsflächen von mehr als 10.000 qm. Sie hatten in der Vergangenheit eine relativ hohe Bedeutung, die heutzutage abnimmt (siehe Tab. 2.2). In Shopping Center bilden sie oft die **Magnetbetriebe.** Ähnlich bestehen in den USA seit Ende 2017 erneute tiefe Krisen der Warenhäuser. In Europa erfolgt ein Trading-up. Die klassische Warenhaus-Konzeption mit dem Prinzip „Alles unter einem Dach" wird zunehmend aufgegeben, da die enorme Warenvielfalt nicht mehr darstellbar ist und Fachmärkte oder Offline-Anbieter attraktiver sind. Daher konzentrieren sich führende Warenhäuser auf Top-Markenartikel.

Karstadt und Kaufhof als die letzten beiden Warenhäuser in Deutschland

Die verbliebenen deutschen Warenhäuser realisieren sinkende Ergebnisse (siehe Tab. 2.3). Nach Abstoßungen von Filialen nach der Krise im Jahr 2004 folgten ein Insolvenzverfahren von Karstadt im Jahr 2009 und eine Konsolidierung auf geringerem Niveau. Doch nach wie vor kämpfen beide, bedingt durch verändertes Einkaufsverhalten und starke Konkurrenz in bestimmten Warengruppen. Karstadt sieht die Notwendigkeit hoher Investitionen in die Online-Welt, zudem die Fokussierung auf besonders erlebnisorientierte Filialen und eine Verbindung zwischen Online-/Offline-Welt. Allerdings steht der Aufgabe nicht ertragsreicher Filialen oft die langfristige Bindung an große Immobilien in Innenstädten im Wege, die schwer anderen Funktionen zugeführt werden können.

Tabelle 2.3: Kennziffern der Warenhausunternehmen in Deutschland

Unternehmen	Jahr	Anzahl	Nettoumsatz in Mrd. EUR	Verkaufsfläche in Tsd. qm	Nettoumsatz je qm Verkaufsfläche in EUR
Karstadt Warenhaus GmbH	2000	189	7,0	2.236	3.141
	2010	112	3,4	1.352	2.514
	2017	79	2,2	1.200	1.833
Kaufhof-Warenhaus-Gruppe	2000	132	4,0	1.319	3.033
	2010	138	3,6	1.480	2.432
	2017	100	2,6	1.400	1.857

Auch Kaufhof wird von den sich ändernden Rahmenbedingungen beeinflusst. Einst als moderner Lifestyle-Anbieter mit einer Trading-up-Strategie positioniert, änderte sich durch die Übernahme durch den kanadischen Konzern Hudson's Bay Company (HBC) die strategische Ausrichtung grundlegend. Ähnlich der Übernahme von Arcandor durch den weltgrößten Retailer Wal-Mart versucht HBC den „American Way of Life" schmackhaft zu machen. Der Konzern schreibt aber seit der Übernahme rote Zahlen in Deutschland. Ein Wandel scheint auch in diesem Fall schwierig. Möglicherweise werden beide Konzerne auch zur „Deutsche Warenhaus AG" fusionieren.

Quelle: www.manager-magazin.de, 24. Juli 2017; Karstadt/Kaufhof Geschäftsbericht 2018.

Kaufhäuser weisen Ähnlichkeiten zu den Warenhäusern bzgl. der Geschäftsprinzipien auf. So erfolgt die Standortwahl vorwiegend in Innenstadtlagen und die Geschäftsausstattung sowie das Dienstleistungsangebot sind in ähnlicher Weise ausgestaltet. Das mittlere bis hohe Preisniveau in Kaufhäusern entspricht dem in Warenhäusern vorherrschenden Preisniveau. In der Regel erfolgt der Verkauf in Kaufhäusern nach dem Bedienungsprinzip mit Vorwahlsystem oder in (Teil-)Selbstbedienung. Der wesentliche Unterschied zwischen Kauf- und Warenhäusern besteht in der Sortimentsausrichtung. In Kaufhäusern ist die Sortimentsbreite stärker eingeschränkt als in Warenhäusern, d.h., das Sortiment ist insgesamt schmaler und auf ausgewählte Warengruppen konzentriert. Traditionell war das Kaufhaus eher etwas anspruchsloser ausgestaltet, wobei aber auch in diesem Zusammenhang Trading-up-Tendenzen (z.B. Erlebnisorientierung) in zunehmendem Maße umgesetzt werden. Am stärksten verbreitet sind Kaufhäuser mit Textilien, Bekleidung und verwandten Bedarfsrichtungen (z.B. P&C, Marks & Spencer), die auch als **Textilkaufhäuser** bezeichnet werden.

3. Food- und Near-Food-Betriebstypen

a) Supermarkt

In Supermärkten erfolgt ein Angebot von Waren mit dem Schwerpunkt im Bereich der Nahrungs- und Genussmittel einschließlich Frischwaren. Ergänzend werden dazu Waren des täglichen und des kurzfristigen Bedarfs anderer Branchen vorwiegend in Selbstbedienung angeboten (Ausschuss für Definitionen zu Handel und Distribution 2006, S.56).

Das Sortiment ist breit, aber relativ flach ausgerichtet. Das Sortimentsniveau ist eher auf kaum erklärungsbedürftige Waren begrenzt, die vorwiegend in Selbstbedienung angeboten werden, wobei v.a. im Bereich der Frischwaren häufig das Bedienungsprinzip vorliegt. Ein wichtiges Abgrenzungskriterium des Supermarktes von anderen Formen des Einzelhandels liegt in der Verkaufsfläche. Diese beträgt 400-1.500 qm. Die Supermärkte gewannen in den letzten Jahren Marktanteile dazu (siehe Tab. 2.4), mit einer positiven Prognose für die Zukunft (siehe Abschnitt B.II. in diesem Kapitel). In Supermärkten wird eine attraktive Ausstattung umgesetzt und die Qualifikation der Mitarbeiter im Bedienungsbereich ist relativ hoch. Sie sind meistens wohnortnah, aber auch in City- oder Vorortlagen angesiedelt. Die Marktführer in Deutschland sind die ausschließlich oder mehrheitlich von selbständigen Kaufleuten geführten Supermärkte der Edeka oder Rewe; in Österreich und der Schweiz sind es auch Verbundgruppen, so die Billa und Spar bzw. Migros und Coop.

Tabelle 2.4: Entwicklung des Marktanteils der Supermärkte am deutschen Einzelhandel

	1980	1990	2000	2005	2010	2015	2016	2017
Supermärkte	9,1%	7,9%	10,3%	8,9%	9,0%	9,7%	9,8%	9,8%

Ab 2000 IFH Retail Consultants/HDE Zahlenspiegel; Daten davor aus unterschiedlichen Quellen.

Quelle: IFH Retail Consultants 2017; HDE Zahlenspiegel 2018.

b) SB-Warenhaus und Verbrauchermarkt

SB-Warenhäuser (Selbstbedienungswarenhäuser) sind großflächige Einzelhandelsbetriebe (Verkaufsfläche >5000qm), die ein breites und tiefes Sortiment mit einem Schwerpunkt bei Lebensmitteln ganz oder überwiegend in Selbstbedienung und mit starker Sonderangebotspolitik anbieten. Verbrauchermärkte sind kleiner (Verkaufsfläche 1500 bis unter 5.000 qm), entsprechend auch die Sortimentsbreite und -tiefe an Nahrungs- und Genussmitteln und setzen überwiegend das Selbstbedienungsprinzip um.

Ein Unterschied der **SB-Warenhäuser** zum Verbrauchermarkt liegt in der Breite des Angebots und in dem Angebot breiterer Serviceleistungen. Ihr Standort orientiert sich an **Autokunden**, d.h., die Standortwahl berücksichtigt v.a. eine verkehrsgünstige Lage unter Bereitstellung einer großen Anzahl an Parkplätzen. Dabei werden häufig Außenstandorte auf der „Grünen Wiese" gewählt, häufig mit Nähe zu Autobahnkreuzen oder stark befahrenen Bundesstraßen, sodass eine gute Erreichbarkeit garantiert ist. Die Niedrigpreisorientierung wird neben dem begrenzten Dienstleistungsangebot v.a. durch die kostengünstige Bauweise ermöglicht. Das Sortiment ist auf eine große Breite hin ausgerichtet, bei einer mittleren bzw. teilweise ausgeprägten Tiefe. Dadurch erlangt es einen warenhausähnlichen Charakter. Der Sortimentsschwerpunkt auf dem Bereich der Food- und Near-Food-Produkte wird durch Artikel aus nahezu allen Branchen ergänzt. Den Kunden wird dadurch die Konzentration ihrer Einkaufsaktivitäten i.S. eines „**One-Stop-Shopping**" ermöglicht (siehe Tab. 2.5).

Hypermärkte sind im Prinzip große SB-Warenhäuser mit entsprechend vergleichbaren Charakteristika, aber einer Verkaufsfläche von bis zu 30.000 qm. Neben der Idee des **One-Stop-Shopping** definiert sich dieser Betriebstyp über sein immens großes, teils überregionales Einzugsgebiet. Unter den zehn weltgrößten Unternehmen rangieren Betreiber von Hypermärkten wie Walmart (USA), Carrefour (F) oder Tesco (UK). Gründe für die weltweite Expansion der Hypermärkte bestehen u.a. darin, dass das Format gut für die Multiplikation auf wenig konzentrierte Märkte geeignet ist, da es im Hinblick auf Direktbelieferung, Sortimentsgestaltung, Personalplanung usw. eine gewisse kritische Masse hat. Hypermärkte generieren schnell hohe Umsätze pro Laden und bieten ergänzende Infrastruktur (Restaurants, Friseure, Reinigungen, Fachgeschäfte etc.).

Die Verkaufsfläche der **Verbrauchermärkte** reicht bis hin zu 5.000 qm. Man differenziert häufig zwischen kleinen Verbrauchermärkten (ca. 1.500 qm) und großen Verbrauchermärkten (bis 5.000 qm). Der Angebotsschwerpunkt liegt im Lebensmittelbereich, wo meist ein Vollsortiment angeboten wird. In Verbrauchermärkten liegt vorwiegend das Selbstbedienungsprinzip vor. Der Anteil angebotener Dienstleistungen ist relativ gering und i.d.R. auf Bedienung, v.a. im Bereich von Frischwaren, begrenzt. Die Preispolitik der Verbrauchermärkte ist meist durch eine aggressive und flexible Niedrigpreispolitik gekennzeichnet, häufig in Verbindung mit einer ausgeprägten Sonderangebotspolitik. Diese Vorgehensweise ist v.a. auf Grund der Unternehmenspolitik möglich, die sich durch die dargestellte begrenzte Serviceorientierung auszeichnet. Auf Grund einer starken Orientierung an Autokunden wird i.d.R. ein verkehrsorientierter Standort gewählt. Solche Standorte, die wiederum Ausdruck der Kostenorientierung sind, befinden sich meist in Stadtrandlagen oder auf der „Grünen Wiese", wobei isolierte Standorte denkbar sind, aber auch Standorte innerhalb von Einkaufszentren. Während SB-Warenhäuser bspw. in Deutschland deutliche Umsatzprobleme haben (siehe Tab. 2.5) sind Verbrauchermärkte (insb. Kaufland) dynamisch gewachsen, stehen aber aufgrund der steigenden **Convenience-Orientierung** auch unter Erfolgsdruck.

Tabelle 2.5: Entwicklung des Marktanteils der SB-Warenhäuser und Verbrauchermärkte am deutschen Einzelhandel

	1980	1990	2000	2005	2010	2015	2016	2017
SB-Warenhäuser/Verbrauchermärkte	2,0	5,5	10,9%	12,3%	12,7%	11,8%	11,7%	11,3%

Ab 2000 IFH Retail Consultants/HDE Zahlenspiegel; Daten davor aus unterschiedlichen Quellen.

Quelle: IFH Retail Consultants 2017; HDE Zahlenspiegel 2018.

c) Discounter

Discounter bieten ein enges, auf raschen Umschlag ausgerichtetes Sortiment zu niedrigen Preisen an. Da Discounter für diese Strategie große artikelspezifische Einkaufsvolumina und hohe Kundenfrequenzen benötigen, wird das Discountgeschäft fast ausschließlich von großen Einzelhandelsunternehmen nach dem Filialprinzip betrieben (Ausschuss für Definitionen zu Handel und Distribution 2006, S. 44).

Discount-Betriebe sind überwiegend im Food- und Near-Food-Bereich anzutreffen. Die ständige und aggressive Niedrigpreisstrategie (Discount-Orientierung) wird u.a. anhand der Auswahl des Sortiments ermöglicht. Letzteres ist bzgl. Breite und Tiefe weitgehend begrenzt. Vor allem in der Vergangenheit wurden überwiegend Produkte eines anspruchslosen Sortimentsniveaus angeboten, wobei es sich dabei v.a. um Discount-Eigenmarken bzw. Gattungsware (häufig dominierend) handelte.

Tabelle 2.6: Entwicklung der Lebensmitteldiscounter in Deutschland – in Mrd. EUR

	1980	1990	2000	2005	2010	2015	2016	2017
Total	4,9	9,5	37,9	55,9	60,7	68,5	69,8	72,3
... davon Aldi	2,5	4,7	17,1	26,8	27,7	27,9	28,3	30,5
... davon Andere	2,4	4,8	20,8	29,1	44,2	44,8	45,8	41,8

Quelle: GfK Panel Services (diverse Jahre); Nielsen 2003; EHI 2018; HDE Zahlenspiegel 2018.

Hard Discounter des Lebensmitteleinzelhandels hatten nur wenige Frischwaren und führten etwa 800 bis 1200 Artikel im Sortiment. Dies wandelt sich jedoch, denn auch Hard Discounter bieten ein zunehmendes, wenn auch begrenztes Sortiment an Frischwaren wie Fleisch und frische Backwaren sowie länger bereits Rotationssortimente aus dem Nonfood-Bereich an. Letzteres kennzeichnete v.a. **Soft Discounter**, die Artikelzahlen von durchschnittlich 1.300 bis 1.600 hatten. Umfangreiche Kostensenkungsbestrebungen und der weitestgehende Verzicht auf Nebenleistungen wie Kundendienst, Bedienung, sonstige Dienstleistungen und anspruchsvolle Geschäftsausstattung kennzeichnen die Discounter noch heute. Sie zeichnen sich durch das Prinzip der ausschließlichen Selbstbedienung aus, wodurch der Personalbestand bei einer i.d.R. niedrigen Qualifikation der Mitarbeiter geringgehalten werden kann. Allerdings begreifen sich Hard Discounter zunehmend als Nahversorger (Vollversorger aufgrund der Anzahl der Filialen), nicht jedoch als Vollsortimenter. Im Vergleich zu den anderen Betriebstypen ist das Preisniveau signifikant niedriger, auch wenn bspw. Supermärkte aggressiv mit ihren Sonderangeboten werben. Die Standorte von Discountern liegen zumeist in verkehrsgünstigen und kostengünstigen Stadtrandlagen bzw. in wohnortnahen Lagen mit einer ausreichenden Anzahl von Parkplätzen.

Die Bedeutung der Discounter im deutschsprachigen Raum ist sehr hoch. Ihr Marktanteil im Lebensmitteleinzelhandel betrug in Deutschland im Jahr 2017 rd. 45%. Ihr Umsatz hat sich seit 1990 mehr als vervierfacht. Aldi dominiert das Segment der Discounter (siehe Tab. 2.6), wobei Aldi Süd als erfolgreicher gilt als Aldi Nord. Auf der einen Seite wird die Ansicht vertreten, dass Discounter in Zukunft an „natürliche" Grenzen durch Convenience, wie bspw. Zugang (Parkplätze), Erreichbarkeit (Nähe) oder Übersichtlichkeit des Sortiments, stoßen. Auf der anderen Seite sind die Entwicklungsperspektiven der Hard Discounter als positiv zu beurteilen, weil sie auf Basis ihrer zentralen Wettbewerbsvorteile Kosten und Preis in der Zukunft noch stärker eine Outpacing-Strategie als mögliche neue Option nutzen können. Bereits heute werten sie ihr Sortiment qualitativ auf und erweitern die Flächen. Insgesamt schwächte sich jedoch die Wachstumsdynamik der Lebensmitteldiscounter ab, da die maximal erreichbare Anzahl an Läden weitgehend erschöpft ist. So existierten 2017 ca. 16.162 Discounterfilialen in Deutschland, was einer Dichte von einer Filiale pro ca. 5.100 Einwohner entspricht. Zugleich wachsen deutsche Lebensmitteldiscounter enorm erfolgreich im Ausland, so Aldi in den USA oder in Australien. Zugleich gewinnt das Discountprinzip in Non-Food- und Near-Food-Branchen weiter an Bedeutung.

d) Convenience Store

Der Begriff Convenience lässt sich mit Bequemlichkeit oder Annehmlichkeit übersetzen. Convenience-Produkte bzw. -Dienstleistungen sind neben Waren des täglichen Bedarfs u.a. Restaurants und Imbiss, Lotto, Post, Geschenkartikel usw. **Convenience Stores** wurden in den USA entwickelt und übernehmen ergänzende Funktionen zu großflächigen Einzelhandelsbetrieben (Swoboda/Morschett 2001a, S. 178).

> Convenience Stores sind kleinflächige Einzelhandelsbetriebe, die ein begrenztes Sortiment an Waren des täglichen Bedarfs sowie Dienstleistungen bis hin zu einer kleinen Gastronomie zu einem eher hohen Preisniveau anbieten; sie haben wohnortnahe oder frequenzintensive Standorte.

Allgemein können vier Dimensionen der Convenience auftreten: Erreichbarkeits-, Entscheidungs-, Transaktions-, und After-Sales-Convenience. Convenience Stores sind neben der räumlichen Nähe zum Kunden und damit einer guten Erreichbarkeit durch die spezifische Gestaltung der Verkaufsflächen gekennzeichnet, die den Kunden einen bequemen Einkauf ermöglichen; deshalb wird die Verkaufsfläche i.d.R. relativ klein gehalten. Das Sortiment ist so ausgestaltet, dass ein bedarfsgerechtes Shopping ermöglicht werden kann. Die Zusatzleistungen, die in den Convenience Stores geboten werden, begründen das höhere Preisniveau. Die Anzahl der Artikel pro Kaufakt ist relativ gering (geringer Durchschnittsbetrag pro Kassenbon), die Kundenfrequenz aber hoch. Die Öffnungszeiten der Convenience Stores sind sehr ausgedehnt (bis zu 24 Stunden), wovon bereits einer der Pioniere in diesem Bereich profitierte, als er seinen Laden im Anschluss an ein Baseballspiel auf Grund der hohen Nachfrage länger offen ließ. Im Jahr 1927 entstand so das US-Unternehmen 7-Eleven, das für die entsprechenden Öffnungszeiten steht.

> **Convenience auf dem Sprung**
>
> In den vergangenen Jahren haben sich in Europa zahlreiche Convenience-Formate etabliert, sei es bei Tesco, Casino, Sainsbury, Albert Heijn, Rewe/Billa, Migros, Coop, Spar usw. Der Umsatz des Convenience-Segments beläuft sich im Jahr 2017 auf etwa 38,7 Mrd. EUR und wird im Jahr 2021 auf rd. 41,4 Mrd. EUR prognostiziert.
>
> Der aktuelle Fokus ist eine starke Gastronomie-Komponente mit heißen Gerichten und frischen Snacks; zukünftig auch Online-Abhol- oder Anprobierservices etc.
>
> *Quelle: Lebensmittel Zeitung, 17. Oktober 2017.*

Je nachdem, welcher Sortimentsbestandteil den Hauptfrequenzbringer darstellt, wird zwischen **G-Stores**, also Gasoline-Stores, bei denen der Schwerpunkt auf dem Kraftstoffverkauf liegt, und **C-Stores**, bei denen das Shopgeschäft dominiert, unterschieden. Insgesamt ist das Zukunftspotenzial von Convenience Stores sowohl in Ländern mit hoher Convenience- und Service-Orientierung (z.B. Großbritannien) als auch in Ländern mit geringerer Service-Orientierung (z.B. Deutschland) durch Besetzung attraktiver Marktnischensegmente positiv. Jüngstes Beispiele sind „To go Stores“, auch in Innenstädten.

e) Drogeriemarkt

Drogeriemärkte sind i.d.R. mittelflächige Einzelhandelsbetriebe mit einem breiten, im Bereich Drogerieartikel stellenweise auch tiefen Sortiment in übersichtlicher Warenpräsentation; Kunden erhalten im Bedarfsfall auch eine fachliche Beratung.

Drogeriemärkte bieten im deutschsprachigen Raum ein Angebot von Drogerieartikeln sowie ergänzend zahlreiche andere Warengruppen an, u.a. Zeitschriften, Parfümeriewaren, Süßwaren, Schreib- und Spielwaren sowie Geschenkartikel und Schmuckwaren. Zu den umsatzstärksten Drogeriemärkten in Deutschland gehören die Unternehmen dm-drogerie markt, Rossmann und Müller, wobei sich die Unternehmen in der Preissetzung, im Sortiment und auch in der geografischen Expansion unterscheiden.

Eine in den USA zu den deutschen Drogeriemärkten komplementär verbreitete Form des Einzelhandels ist der **Drugstore**, der mit großen filialisierten Unternehmen, wie z.B. Walgreens, verbunden ist. In diesem Betriebstyp umfasst das Sortiment außer Drogeriewaren auch Arzneimittel und weitere Warengruppen sowie oft Gastronomiebereiche.

Führende Drogeriemärkte

Marktführer im Drogeriebereich in Deutschland ist mit einem Umsatz von rd. 7,8 Mrd. EUR (inkl. internationaler Aktivitäten insgesamt rd. 10,3 Mrd. EUR) im Jahr 2017 dm-drogerie markt. Das Filialnetz vom dm umfasst rd. 1.900 Standorte in Deutschland sowie ca. 1.590 weitere in 12 europäischen Ländern. Das Sortiment umfasst die Bereich Make-up, Pflege und Duft, Haarpflege und -styling, Gesundheit, Ernährung, Baby und Kind, Haushalt und Tierbedarf. Hierbei sind auch Eigenmarken zu finden, wie die Pflegemarke Balea, die Kosmetikmarke ebelin oder die Naturkosmetikmarke Alverde. Zudem bieten die Filialen Fotodrucker und weitere Druckdienste an.

Zweitgrößter Drogeriefilialist in Deutschland ist die Dirk Rossmann GmbH, mit einem Umsatz von rd. 9 Mrd. Euro (inkl. Auslandsgesellschaften). Insgesamt betreibt Rossmann rd. 3.770 Verkaufsstellen, davon rd. 1.670 Drogeriemärkte im Ausland. Das breite und tiefe Warensortiment ist stark markenartikelorientiert und bietet neben einem kompletten Drogeriewaren-Sortiment ausgewählte Aktionsartikel aus der Rossmann-ideenwelt, den Rossmann-Fotoservice sowie ein umfangreiches Naturkost- und Weinsortiment an. Darüber hinaus präsentieren einige Filialen nicht nur ein Spiel- und Schreibwarenangebot, sondern auch einen Lebensmittelbereich.

Mit über 800 Filialen in sieben Ländern stellt das Unternehmen Erwin Müller den drittgrößten Drogeriemarkt in Deutschland dar und führt das größte Drogeriesortiment deutschlandweit. Weltweit erwirtschaften über 34.000 Mitarbeiter einen Umsatz von rd. 4 Mrd. EUR im Jahr 2017. Müller verfügt über ein sehr breites Sortiment und bietet neben dem klassischen Drogeriemarktsortiment auch Schreib- und Spielwaren, Multi-Media-Artikel, Strümpfe und Haushaltsgegenstände an. 35 Eigenmarken komplementieren das Warenangebot und bieten eine differenzierte Auswahl der unterschiedlichen Preissegmente.

Der größte Drogeriemarkt in Europa sowie den USA ist die Walgreens Boots Alliance, die nach der Fusion im Jahr 2014 das erste globale Gesundheit- und Wellness-Unternehmen der Welt darstellt. Das Unternehmen entstand durch den Zusammenschluss vom amerikanischen Unternehmen Walgreens und dem britischen Unternehmen Alliance Boots und ist heute in mehr als 25 Ländern mit 13.200 Geschäften vertreten (Umsatz rd. 117,35 Mrd. EUR). Das Sortiment umfasst neben typischen Drogerieprodukten auch apothekenpflichtige Medikamente und Medizinprodukte, die in Drogeriegeschäften auf dem deutschen Markt nicht geführt werden dürfen.

Quelle: www.dm.de; www.rossmann.de; www.mueller.de; www.walgreensbootsalliance.com, 26. Juli 2018.

4. Non-Food- und weitere Betriebstypen

a) Fachmarkt

Fachmärkte **(Category Killers)** sind großflächige Einzelhandelsbetriebe, die ein breites und tiefes Sortiment aus einem Warenbereich (z.B. Bekleidungsfachmarkt, Schuhfachmarkt), einem Bedarfsbereich (Baufachmarkt, Sportfachmarkt) oder einem Zielgruppenbereich (z.B. Möbelwarenfachmarkt für designorientierte Kunden) in übersichtlicher Warenpräsentation bei tendenziell niedrigem bis mittlerem Preisniveau anbieten (Ausschuss für Definitionen zu Handel und Distribution 2006, S. 48).

In Fachmärkten wird zumeist das Selbstbedienungsprinzip eingesetzt oder es besteht die Möglichkeit zur Vorwahl. Die Kunden können sich bei Bedarf auf eine sortimentsspezifisch qualitativ gute bis sehr gute Fachberatung stützen, andere Fachmärkte verzichten darauf und transferieren die geringeren Kosten in niedrigere Preise. Das Preisniveau in Fachmärkten ist insgesamt tendenziell niedrig bis mittelhoch, teilweise im Rahmen einer flexiblen Preisgestaltung auch aggressiv. Insbesondere im Bereich der Fachmärkte mit starker Discount-Orientierung, auch als **Fachdiscounter** bezeichnet, findet ein intensiver Einsatz der Sonderangebotspolitik statt. Fachdiscounter sind eine Zwischenform zwischen Fachgeschäft und Fachmarkt und konzentrieren sich häufig auf Waren des täglichen Bedarfs in Selbstbedienung. Auf Grund des steigenden Informationsniveaus der Kunden weisen sie positive Zukunftschancen auf.

Tabelle 2.7: Entwicklung des Marktanteils der Fachmärkte am deutschen Einzelhandel

	1980	1990	2000	2005	2010	2015	2016	2017
Fachmärkte	2,0%	6,9%	11,8%	14,4%	15,8%	16,0%	16,2%	16,4%

Ab 2000 IFH Retail Consultants/HDE Zahlenspiegel; Daten davor aus unterschiedlichen Quellen.

Quelle: IFH Retail Consultants 2017; HDE Zahlenspiegel 2018.

Bezüglich der Standortpolitik zeigt sich, dass sich Fachmärkte i.d.R. autokundenorientiert an verkehrsgünstigen Standorten in Stadtrandlagen oder auf der „Grünen Wiese" ansiedeln. Es werden ausreichend Parkmöglichkeiten zur Verfügung gestellt. Diese Standorte können isoliert gewählt werden; häufig wird eine räumliche Nähe zu Verbrauchermärkten oder SB-Warenhäusern bevorzugt. Teilweise finden sich Fachmärkte auch in zentralen Innenstadtlagen. Die Fachmärkte bieten zwar ein dem Fachgeschäft vergleichbares Sortiment an, nutzen dabei jedoch zugleich, durch die größere Verkaufsfläche, verstärkt Möglichkeiten bzgl. der Sortimentsbreite und –tiefe, der Selbstbedienung und der attraktiven Warenpräsentation. Auch aufgrund rationellerer Arbeitsabläufe liegen sie üblicherweise unter dem Preisniveau der Fach- und Spezialgeschäfte, bei meist breiterem und tieferem Sortiment. Sie gewinnen im deutschsprachigen Raum zunehmend an Bedeutung (siehe Tab. 2.7).

b) Kiosk

Kioske sind kleinflächige Einzelhandelsbetriebe, die ein enges Sortiment des kurzfristigen Bedarfs, wie Tabakwaren, Süßwaren, Getränke und Zeitungen/Zeitschriften, häufig in Kombination mit Getränkeausschank, Eisverkauf oder Imbissecke, anbieten. Je nach Sortiment wird diese Betriebsform auch als „Trinkhalle" oder Zeitungskiosk bezeichnet.

Historisch gesehen boten Kioske Food-Sortimente an, weswegen sie als Food- und Near-Food-Betriebstyp zu sehen sind. Oft wird bei den Kiosken die Ware dem Kunden durch eine schalterähnliche Öffnung aus dem Verkaufsraum ausgehändigt oder in Bedienung im kleinen Verkaufsraum. Kioske sind auf die Befriedigung des spontanen Bedarfs nach bestimmten Produkten ausgerichtet. Auf Grund dieser Tatsache befinden sie sich häufig in stark frequentierten oder in wohnnahen Lagen. Das Preisniveau der Kioske ist relativ hoch und Ladenschlusszeiten können auf Grund des spezialisierten Sortiments umgangen werden, woraus sich auch eine positive Beurteilung der Zukunftsfähigkeit ableiten lässt.

K Kiosk der Valora Gruppe

Die Kiosk AG ist ein Unternehmen der K Group, die zur Schweizer Valora Gruppe gehört. Das Unternehmen ist konzentriert auf den Betrieb kleinflächiger Kioskkonzepte an Hochfrequenzlagen wie Bahnhöfen, Flughäfen, Einkaufszentren. Der größte Teil des Gesamtumsatzes der Valora Gruppe wird mit 65% in der Schweiz realisiert. Das Sortiment umfasst v.a. Tabak- und Presseartikel, Süßwaren, Food- und Non-Food-Artikel sowie Geschenkartikel. Weiterhin werden Dienstleistungen wie Toto/Lotto, der Verkauf von Abonnements und die Verteilung von Katalogen an den Kiosken angeboten. Im Jahr 2016 verzeichnete Valora eine erfolgreiche Weiterentwicklung ihrer Ladenkonzepte, schloss die Modernisierung der mehr als 800 K Kiosk-Verkaufsstellen in der Schweiz ab und konnte durch diese andauernde strategische Ausrichtung in den letzten zehn Jahren eine positive Entwicklung verzeichnen. Die Stärkung der Food- und Dienstleistungsangebote sowie die Verbesserung des Kundenservices liegen weiterhin im Fokus. Auch bestimmen Standortexpansionen in Kombination mit Digitalisierungsprojekten und die internationalen Expansionen die Agenda.

Tabelle 2.8: Kennzahlen der Valora Retail (K Kiosk, P&B, ServiceStore DB, sowie CIGO)

	1990	1995	2000	2005	2010	2015	2016	2017
Anzahl Verkaufsstellen	473	1.325	1.680	1.464	1.581	1.838	1.872	1.882
Nettoerlös (in Mio. CHF)	420	1.256	1.742	1.688	1.606	2.077	2.095	2.075

Quelle: Valora AG Annual Reports 2000, 2005, 2010, 2017.

c) Gemischtwarengeschäft und ambulanter Handel

Beide Formen sind historisch betrachtet dem Food- und Near-Food-Bereich zuzuordnen und vorzugsweise in Regionen mit dünnem Einzelhandelsnetz zu finden. Die Gemischtwarengeschäfte sind auf einen Kundenkreis von Bewohnern eines relativ engen Einzugsgebietes, von dem aus andere Einkaufsstätten schlecht erreichbar sind, ausgerichtet. Das Sortiment umfasst v.a. Güter des täglichen Bedarfs von geringer Erklärungsbedürftigkeit, so Nahrungs- und Genussmittel sowie Near-Food-Produkte, aber auch Textilien, Spielwaren oder Hausratswaren auf etwa 200-400 qm Verkaufsfläche. Häufig findet man solche Einzelhandelsbetriebe in ländlichen Gebieten, wo sie den Charakter eines **Alleinversorgers** haben. Die angebotenen Dienstleistungen in diesem Betriebstyp sind i.d.R. relativ umfangreich, inklusive Zustelldienst, Beratung und Finanzierung. Ihre Bedeutung nimmt mit der zunehmenden Mobilität der Kunden in immer stärkerem Maße ab.

Gemischtwarengeschäfte sind Einzelhandelsbetriebe, die vorwiegend eine kleine bis mittlere Betriebsgröße aufweisen und durch eine ausgeprägte Breite bei einer relativ geringen Tiefe des Sortiments gekennzeichnet sind. Der ambulante Handel (mobile Verkaufsstellen) ist nicht an feste Standorte und offene Verkaufsstellen gebunden. Spezialisten bieten anhand dieser Form oft Grundnahrungsmittel, seltener größere Sortimente an (Ausschuss für Definitionen zu Handel und Distribution 2006, S. 42).

Der zum Kunden kommende ambulante Handel bietet v.a. Lebensmittel an, wobei deren Ausgestaltung bzgl. der Breite von einer „Quasi-Miniatur" stationärer Einzelhandelsbetriebe bis hin zu absoluten Spezialisten im Direktvertrieb (z.B. Ökobauern) unterschiedlich sein kann. Gängige Formen sind:

- Markthandel (z.B. auf Wochenmärkten, Weihnachtsmärkten),
- Straßenhandel (z.B. Obstkarren),
- Verkaufswagenhandel (z.B. Gemüsewagen, Bäckereiwagen),
- Hausierhandel (z.B. Haustürverkauf).

Der ambulante Handel ist von Relevanz und mit guter Zukunftsperspektive in Gebieten verbunden, in denen der stationäre Einzelhandel in geringem Maße repräsentiert ist und in denen **Versorgungslücken** bestehen. Ambulanter Handel ist auch für den Teil der Bevölkerung relevant, der sich durch ein relativ hohes Maß an Immobilität charakterisieren lässt (Barth/Hartmann/Schröder 2015, S. 96). Es ist eine Mischform aus Bring- und Hol-Prinzip, bei dem die Verkaufsstelle einen Teil der Strecke überwindet (aber nicht vollständig, denn der Kunde muss noch zur mobilen Verkaufsstelle kommen). Auf Grund der besonderen Kostenintensität, die im Zusammenhang mit den mobilen Verkaufsstellen besteht, ist das Preisniveau bei dieser Betriebsform verglichen mit dem stationären Einzelhandel meist relativ hoch, bei landwirtschaftlicher Direktvermarktung auch durch das Umgehen diverser Handelsstufen u.U. niedriger.

d) Automatenhandel

Automatenhandel ist eine mechanisierte Verkaufsmethode im Einzelhandel, bei der der Käufer nach Eingabe von Bargeld oder unter Nutzung bargeldloser Zahlungsmittel (z.B. Chips, Abbuchungskarten, Kreditkarten) die gewünschte Ware dem Automaten entnimmt.

Bei diesem Betriebstyp liegt eine Form der totalen Selbstbedienung vor. Die in Automaten angebotene Ware ist i.d.R. auf wenige, nicht erklärungsbedürftige Bereiche beschränkt, bspw. auf Zigaretten, Getränke, Süßigkeiten, Kondome etc. (in jüngerer Zeit auch Non-Food-Bereiche wie Kosmetik, Unterhaltungselektronik, Fahrradteile, Herrenhemden etc., insb. an hochfrequentierten Orten und in Nähe zur Bahn und zu Flughäfen). Das angebotene Sortiment ist meist sehr schmal. Die Eignung der angebotenen Waren stellt die Voraussetzung für den Einsatz von Automatenverkauf dar. Automatenhandel kann über Innenautomaten in Gebäuden, Außenautomaten oder über Automatenläden stattfinden. Während die Betriebskosten niedrig sind, liegen logistische Herausforderungen im Fullfilmentprozess, Sortimentswechsel oder Rücksendungen bspw. beschädigter Produkte.

Getränkeautomaten sind im Trend

In Deutschland sind rd. 555.000 Verkaufsautomaten in Betrieb, mit denen rd. 3,3 Mrd. EUR umgesetzt werden. Wie der Bundesverband der Deutschen Vending-Automatenwirtschaft e.V. (BDV) berichtet, sind Getränke- und Verpflegungsautomaten wesentliche Bestandteile des modernen Wirtschaftslebens und werden von den Konsumenten durchwegs akzeptiert. Deutschlandweit gaben Konsumenten im Jahr 2017 im Schnitt pro Kopf rd. 40 EUR für Getränke und Snacks an Automaten aus. Im Markt lässt sich ein Trend zu Getränke- und Kaffeeautomaten verzeichnen, an Arbeitsplätzen, Schulen und Universitäten. Zusätzlich setzt die Vending-Branche auf innovative Zukunftskonzepte rund um das Thema Digitalisierung, so das kontaktlose Bezahlverfahren über Chip- und Kreditkarten oder die Nutzung von Bezahl-Apps sowie NFC-Technologien.

Quelle: BDV 2017.

e) Off-Price-Store und Dollarstores

Off-Price-Stores sind ein aus den USA stammendes, relativ neues Konzept, das in den DACH-Ländern in jüngerer Vergangenheit ebenso an Bedeutung gewinnt (z.B. durch Anbieter wie Saks OFF 5TH, TK Maxx etc.).

> Off-Price-Stores, eine spezielle Form des Fachdiscounters, sind mittel- bis großflächige Einzelhandelsbetriebe, die vorwiegend bekannte Markenartikel des Nichtlebensmittelbereichs (z.B. Textilien, Schuhe, Porzellan) in Selbstbedienung wesentlich unter dem dafür üblichen Preisniveau anbieten (d.h. mittels einer aggressive Preispolitik).

Im Gegensatz zu Factory Outlets bieten Off-Price-Stores meist breitere Sortimente und ein paralleles Angebot von Artikeln mehrerer Markenartikelhersteller an. Demgegenüber bestand das Sortiment früher überwiegend aus nicht-regulärer Ware, d.h. aus Überschussware oder Sonderposten. Dadurch unterlag es einem raschen Wandel, denn ein Nachordern war nicht möglich. Mögliche Zukunftsperspektiven beinhalten ein Trading-up, etwa durch eine Verstärkung der Systematik des Sortiments, eine verstärkte Planung der Sortimentszusammenstellung nach Qualität und Markenwahl sowie eine stärkere Kontinuität im Sortiment. Zudem können insb. in den USA Agglomerationstendenzen konstatiert werden, d.h. die Kombination mehrerer Off-Price-Stores zu **Off-Price-Centern** oder meistens deren Einbindung in sog. **Power-Center** (d.h., Verbindung mit anderen Einzelhandelsagglomerationen). Typische Kunden von Off-Price-Stores sind Smart Shopper, Kunden mit überdurchschnittlichem Einkommensniveau, die hochwertige Markenartikel zu einem günstigen Preisniveau suchen und hierzu eine weitere Entfernung in Kauf nehmen. Daneben existieren **Dollarstores bzw. Ein-Euro-Shops**. Diese Form von discountorientierten Händlern bietet ein breites Sortiment mit Schwerpunkten bei Haushaltswaren, Kosmetik, Süßwaren oder Schreibwaren an. Die Preise sind besonders niedrig, mit der Grundidee, dass jeder Artikel dort zum Einheitspreis von einem Dollar bzw. einem Euro – als Signal des besonderen Discountpreisniveaus – angeboten werden soll. In der Regel wird dieser Einheitspreis jedoch nicht vollständig realisiert.

5. Offline- und Online-Distanzhandel im Überblick

> Beim Distanzhandel (in Abgrenzung zu stationärem Handel) besteht beim Einkauf zwischen Anbietern und Nachfragern eine räumliche Distanz, die zu überwinden ist, wobei das Medium, über das die Warenpräsentation und die Bestellung erfolgt, zur Abgrenzung von traditionellem und elektronischem (offline vs. online) Distanzhandel führt.

Der **Distanz- bzw. Versandhandel** ist, historisch gesehen, eine klassische Handelsform (im B2B- und B2C-Bereich). Bedingt durch das Internet sind die Ausprägungen des Distanzhandels vielfältig und entwickeln sich sehr dynamisch. Damit verbunden dominiert der Online-Distanzhandel und die Offline-Distanzhandelsformen verloren an Bedeutung. Die in schriftlich, telefonisch, elektronisch oder in sonstiger Form beauftragte Warenbestellung wird dem Kunden zugestellt (durch eigene Logistiksysteme, Logistikdienstleister oder – im Falle digitaler Güter – elektronisch) oder der Kunden holt diese Ware ab. Prägend sind die sog. „**Touchpoints**“, also Kontaktpunkte auf Seiten der Bestellung (nachfolgend ist nur die Bestellform relevant, nicht bspw. der Informationspoint) und auf Seiten des Bezugs der Ware. Die Abgrenzung von Kontakt- und Bezugspunkten ist relevant, weil sowohl auf Seiten der Kontaktpunkte (und deren Integration und Kongruenz) als auch auf Seiten der (logistischen) Bezugspunkte (und deren Integration und Kongruenz) Wettbewerbsvorteile in Unternehmen resultieren können. Diese Entwicklung macht auch die Logistikgestaltung – neben der traditionellen Store-Gestaltung (offline sowie online) – zu einem zukünftig bedeutenden Wettbewerbsvorteil, je im Verhältnis zur Kernkompetenz von Handelsunternehmen.

Ein historischer Blick auf den Distanz- bzw. Versandhandel

Als Massendistributionssystem im heutigen Sinne entfaltete sich der Verkauf nach dem Distanzprinzip Ende des 19. Jahrhunderts. Allerdings finden sich Belege für den Versandhandel in Britannien und Ägypten schon deutlich früher. In einem römischen Militärlager (Kastell Vindolanda) nahe des Hadrianswalls, wurden dünne Holztäfelchen (geschätzt auf 1./2. Jahrhundert n. Chr.) gefunden, welche anstelle von Papyrus beschrieben wurden. Diese Tafeln bezeugen den Schriftverkehr zwischen Hilfstruppenmitgliedern im Lager und Außenstehenden.

Berichtet wird über gelieferte Waren und entsprechende Forderungen über Gegenleistungen hierfür. So schreibt Ocatvius an seinen Bruder Candidus, dass er 5.000 Modii (Hohlmaßgefäße) Kornähren gekauft habe und bittet um die Sendung von Denaren, da er in Vorleistung getreten war. Nach Übersendung werde er ihm die Kornähren schicken, bzw. zum Abtransport bereitstellen. Diese Belege sowie, dass Venezianer bereits Ende des 15. Jahrhunderts Bücher per Katalog anboten, zeigen, dass Listen, ähnlich heutiger Kataloge, die Grundlage für Bestellungen bildeten. Aufgrund industrieller Veränderungen (Einführung Schulpflicht, Ausbaus des Eisenbahnnetzes, neuer Leistungen der Post und im Zahlungsverkehr) wurden die Grundsteine für den modernen Distanz- und Versandhandel Ende des 19. Jahrhunderts gelegt. In den USA wurden Montgomery Ward & Co und Sears Roebuck als Versandhäuser gegründet; in Deutschland entstanden diese im 20. Jahrhundert (Neckermann und Quelle).

Quelle: Holland 1992; Römer 1992.

Eine kursorische, da nicht einfach überschneidungsfrei vorzunehmende Abgrenzung der Kontaktpunkte mündet in der in Abb. 2.11 dargestellten Unterscheidung in Offline und Online. Der Konsument wird **multimedial** angesprochen und die Grenzen zwischen Be- und Vertriebstypen sowie zwischen Einzelhandel und Distanzhandel verschwimmen insb. in Mehrkanalsystemen des Handels, da Kunden sich vielfältig informieren und kaufen können (z.B. in Stores, Print-Katalogen, TV oder etwa durch Scanning von Produkten bzw. Preisen im Store und eine unmittelbare elektronische Bestellung per Internet, statt eines Kaufs im Store).[1] Neben den genannten Stores (traditionelle Versandhändler wie bspw. Quelle oder Otto; Amazon experimentiert hiermit), Printmedien oder dem Telefon, sind folgende weitere Bestellformen relevant:

- **TV/Smart TV**, d.h. hier bestellt der Kunde während oder im Anschluss an Verkaufssendungen direkt über internetfähige Fernseher, bspw. Smart TV Apps. Der Anteil der Haushalte in Deutschland, die einen Smart TV besitzen, beläuft sich im Jahr 2017 auf rd. 32%.
- **Desktop/Mobile**, meint solche Bestellsysteme, die traditionell anhand von Scannern (Personal Digital Assistant) oder Bestellungen per Personal Computer, Laptop bzw. über mobile Endgeräte, wie Smartphones oder Tablet PCs und entsprechende Apps ausgelöst werden. Dies ist die bedeutendste Kontaktform im Distanzhandel.
- **Home Scanning**, umfasst traditionell bspw. Handscanner oder moderne Smartphones, anhand derer die Kunden, durch Einscannen/Fotografieren der Barcodes oder der Produkte, Bestellvorgänge auslösen.
- **Automatic Replenishment**, sind Bestellsysteme, bei denen die Bestellung vollautomatisch ausgelöst wird (z.B. im Kühlschrank angebracht) oder halbautomatisch (z.B. Amazon Dash Buttons oder Amazon Echo).

[1] Diese Betrachtungen betreffen die Entscheidungen zur Channel-Strategie (siehe das Dritte Kapitel), zum Marketing (siehe das Vierte Kapitel), zur Logistikgestaltung (siehe das Fünfte Kapitel) und zur Führung der Multichannel-Unternehmen (siehe das Sechste Kapitel).

Abbildung 2.11: Kontakt- und Bezugspunkte des Distanzhandels

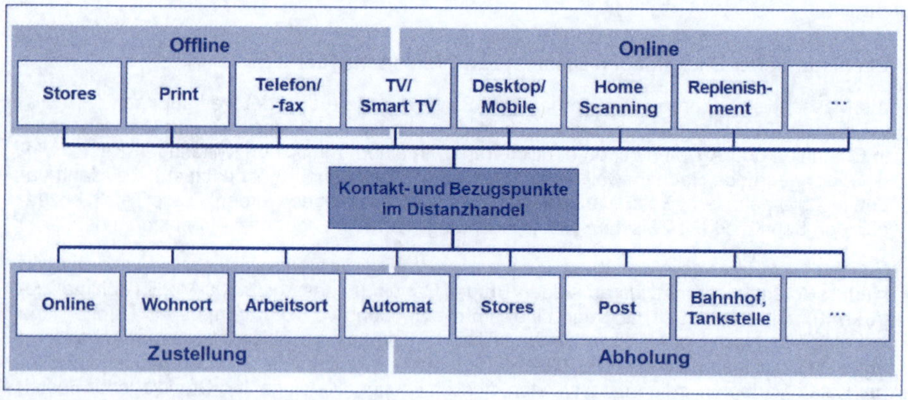

Weitere Kontaktpunkte sind vielfältig, bspw. **Kiosksysteme** (d.h. internetbasierte Bestellungen an frequenzreichen Standorten oder länger bereits in Stores, um nicht physisch verfügbare Artikel zu bestellen). Kiosksysteme können hierbei eine Brücke zwischen Offline- und Online-Stores bilden. In Filialen des britischen Händlers Argos nutzen Kunden z.B. Tablet-Geräte, die an den Schreibtischen installiert sind, um den Argos-Katalog zu durchsuchen, die Artikel auszuwählen, die sie kaufen möchten, und sich dann an die Kasse zu wenden, bevor sie ihr Produkt abholen bzw. zugesandt bekommen. Zukünftig ist des Weiteren zu erwarten, dass Kunden zudem Serviceleistungen spezialisierter Anbieter nutzen, welche bspw. ein vorgegebenes Haushaltsbudget übertragen bekommen und den Haushalt bspw. mit Lebensmitteln versorgen. Ähnlich kursorisch, da nicht einfach überschneidungsfrei vorzunehmen, ist die Abgrenzung der Bezugspunkte. Auch hier wird dem Kunden – v.a. dem Convenience-Gedanken folgend – ein zunehmend breiteres Portfolio an Zustell- und Abholmöglichkeiten geboten, wie elektronisch (was nur für digitale Produkte möglich ist), nach Hause, ins Büro, in einen Automaten, in Stores usw. Diese Bezugspunkte sind auch im stationären Einzelhandel anzutreffen, was zu verschwimmenden Grenzen zwischen Be- und Vertriebstypen einerseits und Einzelhandel und Distanzhandel andererseits (bspw. **click & collect**) führt.

Nachfolgend werden die dynamisch wachsenden Vertriebstypen des Online-Handels systematisiert (traditioneller Versandhandel und Teleshopping werden ergänzend in diesem Abschnitt behandelt). Eine Begrenzung erfolgt auf das B2C-Business, da der Großhandel – wie dargestellt – traditionell vielfältige Zustell- und Abholdienste verwirklicht.

Traditioneller Versandhandel

> Der traditionelle Versandhandel ist eine klassische Form des Distanzhandels. Der Vertriebstyp setzt Kataloge, Prospekte, Anzeigen oder Außendienstmitarbeiter ein, um Kunden anzusprechen und die Kunden erhalten die bestellten Waren meistens durch die Kurier- oder Paketdienste, sonstige Logistik-Dienstleister oder eigene Logistiksysteme (in Anlehnung an Ausschuss für Definitionen zu Handel und Distribution 2006, S. 61f.).

Hinsichtlich der Sortimentspolitik wird der Sortiments- bzw. Universalversandhandel und der Fach- bzw. Spezialversandhandel unterschieden:

- Der **Sortiments-/Universalversandhandel** (z.B. Otto) bietet ein breites und tiefes Sortiment an; vergleichbar mit dem Sortiment von Warenhäusern (i.d.R. ohne Lebensmittel).

- Der **Fach**- oder **Spezialversandhandel** ist durch eine Spezialisierung auf bestimmte Warengruppen (z.B. Textilien, Feinkost, Sportartikel) gekennzeichnet. Das Sortiment ist dabei eng, aber tief ausgerichtet.

Der Versandhandel hat insb. in den USA eine lange Tradition und eine interessante Vergangenheit hinter sich. Michael (1994) analysierte früh den Wettbewerb zwischen Versandhandel und stationärem Handel in den USA von 1910 bis 1940. Der Vorteil des Versandhandels, der zu Beginn des 20. Jahrhunderts in dem Kostenvorteil ggü. stationären Händlern lag, schwächte sich mit zunehmender Populationsdichte und mit steigendem Informationsbedarf über die Produkte ab. Dieser Entwicklung zu Folge begannen Versandhändler in den 1920er Jahren ebenfalls stationären Handel zu betreiben.

Tabelle 2.9: Entwicklung des Umsatzanteils des Distanzhandels am deutschen Einzelhandel

	1980	1990	2000	2005	2010	2015	2016	2017
Traditionell/offline	5,5%	5,1%	4,2%	3,8%	3,4%	3,5%	3,6%	3,6%
Elektronisch/online	--	--	0,2%	0,9%	1,9%	3,7%	4,1%	4,4%

Ab 2000 IFH Retail Consultants/HDE Zahlenspiegel; Daten davor aus unterschiedlichen Quellen.

Quelle: IFH Retail Consultants 2017; HDE Zahlenspiegel 2018.

Deutschland stellte jahrelang den wichtigsten Distanzhandelsmarkt in Europa dar.[1] Der Umsatz lag noch vor rd. einer Dekade in Deutschland bei rd. 30 Mrd. EUR, wobei heute der Online-Handel an Bedeutung gewinnt. Die Zahlenangaben variieren aber. Der bisher durchgehend genutzten Betriebstypensystematik zufolge zeigt Tab. 2.9 einen Wert von 3,6% an (wohl Pure-Player) während andere Quellen zwischen 9,5% und 12,7% am Gesamthandelsumsatz nennen. Da die Kunden die Ware erst nach Erhalt physisch begutachten können, ist eine natürliche Retourenneigung gegeben, die sich darin niederschlägt, relativ häufig bestellte Ware wieder zurückzusenden (insb. Bekleidung). Die Abwicklung der Retouren und damit die Logistikkosten stellen weiterhin eine große betriebswirtschaftliche Herausforderung im Distanzhandel dar (siehe hierzu das Fünfte Kapitel).

Teleshopping

Vom traditionellen Versandhandel i.e.S. abzugrenzen ist das traditionelle **Teleshopping**, das Einkaufsformen umfasst, bei denen die räumliche Distanz zwischen dem Anbieter und dem Käufer i.d.R. mittels der Nutzung eines in den traditionellen Kundengruppen des Distanzhandels bekannten (passiven) Mediums ermöglicht wird. Ein aktiver Dialog, etwa Optionen für Zusatzinformationen oder auch Vergleiche mit anderen Angeboten identischer Produkte, wird erschwert. Das traditionelle Teleshopping hat seinen Ursprung in den USA und wurde dort Ende der 1970er Jahre eingeführt. In Deutschland gibt es die sog. Homeshopping-Sender seit Mitte der 1990er Jahre. Der deutsche Markt wird dominiert vom Marktführer QVC, gefolgt von HSE24 und Channel21. Im Jahr 2017 wurden in Deutschland insgesamt 1,9 Mrd. EUR (2010 1,3 Mrd. EUR) über Teleshopping umgesetzt, davon 865 Mio. EUR durch QVC. In naher Zukunft werden zudem Smart TVs ein **interaktives Teleshopping** ermöglichen.

[1] Auch der Distanzhandel umfasst traditionelle Handelsbranchen (ohne Kfz, Brennstoffe, Apotheken).

Online-Vertriebstypen

Prinzipiell umfasst der Online-Handel ein weites Feld heterogener Vertriebstypen, die anhand der o.g. Charakteristika zur Abgrenzung von Be- und Vertriebstypen systematisiert werden können (siehe Abschnitt IV.1 in diesem Kapitel). Im Online-Umfeld wird nicht von Be- oder Vertriebstypen, sondern von Geschäftsmodellen gesprochen, was jedoch unzutreffend ist (siehe das Erste Kapitel). Nachfolgend wird der pragmatischen Systematik von Morschett gefolgt (2012; Swoboda 2017; Morschett/Schmid/Foscht 2017), die sicherlich nicht abschließend sein kann, da sich die Dynamik im Online-Handel noch beschleunigt und ständig neue Formen entstehen, wachsen oder auch wieder verschwinden. Behandelt werden nachfolgend die sog. Sortimentsspezialisten, die Preisspezialisten, also Online-Händler, die eine spezifische Kompetenz in bestimmten Sortiments- bzw. Preisformaten aufweisen und diese als Positionierungsmerkmal nutzen, und weitere Online-Vertriebstypen.

6. Online Vertriebstypen: Sortimentsspezialisten

a) Online-Kaufhäuser

Die bedeutendste Gruppe der Online-Shops sind die **Sortimentspezialisten**, sortimentsorientierte Online-Shops, bei denen der Kunde bestimmte Produkte sucht, deren Warenkompetenz für ihn von zentraler Bedeutung ist, die für bestimmte Sortimente stehen oder für eine sehr breite Warenauswahl. Ähnlich wie im stationären Handel gibt es auch bei den Online-Sortimentsexperten verschiedene Vertriebstypen, die z.T. an die stationären Betriebstypen angelehnt werden können (siehe Abb. 2.12). Sie lassen sich seltener einzelnen Branchen zuordnen (z.B. Online-Supermärkte im Food-Bereich), aber nach traditionellen Anbietern (i.d.R. ehemals nur stationären Händlern) und Pure-Playern unterscheiden.

Abbildung 2.12: Online Sortimentsspezialisten

Vertriebstyp	Sub-Typ	Beispiele
Online-Warenhäuser	Traditionell	WalMart.com; Target.com; Sears.com; Real.de; Kohls.com; Macys.com
	Pure-Player	Amazon.com; QVC.com, Otto.com; Quelle.de; Klingel.de
Online-Fachmärkte	Traditionell	BestBuy.com; Ikea.de; Mediamarkt.de
	Pure-Player	zalando.de; baumarktdirekt.de; Zooplus.de; Diapers.com; Möbel.de
Online-Supermärkte	Traditionell	Rewe.de; Edeka24.de; myTime.de; Bringmeister.de; LeShop.ch; Billa.at
	Pure-Player	Allyouneedfresh.de; AmazonFresh.de; Lebensmittel.de; Food.de
Online-Fach-/ Spezial-Stores	Traditionell	Bodyshop.de; Hussel.de; TeeGschwender.de; Loccitane.de
	Pure-Player	highend-hifi-shop.de; Fullbeauty.com; Firebox.com; Pranahaus.de; Ebenwald.de; hawesko.de, vinexus.de; windeln.de
Online-Monobrand-Stores	Traditionell	OldNavy.com; Zara.de; hm.de; Esprit.de; Gap.com; LandsEnd.com;
	Pure-Player	Ankerkraut.de
	Hersteller	Nespresso.de, Haribo.de; Apple.de; Bosch.de; Olia.garnier.de
Marktplätze	Traditionell	Markt.de; lokale Online-Marktplätze (z.B. Atalanda); siroop.ch
	Pure-Player	Amazon.com; Alibaba.com; Yatego.com; Ladenzeile.de; Modesuche24.de; Rakuten.de; Allyouneed.com; Hitmeister.de

So existieren **Online-Warenhäuser**, die durch eine Abdeckung vieler Branchen, also eine hohe Sortimentsbreite sowie eine hohe bis mittlere Sortimentstiefe gekennzeichnet sind. Dazu zählen die Online-Shops vormals stationärer Kaufhaus- und Hypermarktketten, vormals klassischer Versandhändler wie Otto als auch originärer Online-Anbieter wie Amazon. Der Anspruch ein *Online-Universalwarenhaus* anzubieten, kann anhand des Beispiels Amazon erläutert werden (siehe hierzu auch die Fallstudie im Ersten Kapitel), denn bereits

2008 erklärte Jeff Bezos, der Gründer von Amazon, stolz, dass er „die größte Auswahl der Welt“ biete, was er mit der Aufnahme immer neuer Warengruppen ins Sortiment verfolgte, wie Elektronik, Food etc. Weitere Beispiele für diesen Betriebstyp sind Online-Angebote traditioneller Händler, so WalMart.com, oder traditioneller Versender wie Otto.de (die hier als Pure-Player bezeichnet werden). So erleben Kaufhäuser eine Renaissance im Online-Handel.

Zu erwähnen ist, dass online die Begrenzung der Ladenfläche nicht gegeben ist und die Ware auch nicht vollständig im eigenen Lager verfügbar sein muss. Bei außergewöhnlichen Produkten akzeptieren die Kunden durchaus längere Lieferfristen, sodass bestimmte Sortimente erst nach der Kundenbestellung vom Lieferanten bezogen werden können.

Allerdings sind die Übergänge zwischen diesem und weiteren Typen von Sortimentsexperten durchaus fließend. So wird bspw. bei Amazon nur noch annähernd die Hälfte des Umsatzes über den eigenen Verkauf bestellter Artikel realisiert (Eigenhandel), den Rest erzielen zahlreiche Partnershops, die über den Amazon-Marktplatz verkaufen (Fremdhandel), Amazon Media Services und das stationäre Geschäft. Damit ist Amazon ein Universalwarenhaus, ein Marktplatz und ein Serviceprovider zugleich (siehe die Fallstudie im Ersten Kapitel). Es zeichnet sich ab, dass weitere Online-Anbieter diesem Trend folgen.

b) Online-Fachmärkte

Online-Fachmärkte sind durch breite und tiefe Sortimente innerhalb einer bestimmten Branche gekennzeichnet, wodurch sie sich bspw. von den Online-Fachgeschäften unterscheiden. So bieten sie bspw. große Sortimente aus den Bereichen Fashion, Do-It-Yourself, Consumer Electronics oder Einrichtung. Pixmania und Redcoon für Consumer Electronics, Zalando, der Online-Schuh-Händler, Zooplus, der Tierbedarf- und -futterfachmarkt, Decathlon oder Hornbach online stehen exemplarisch für traditionelle oder Pure-Player unter diesem Online-Vertriebstyp.

Im Fachmarktbereich setzen traditionelle Händler merklich auf **Kanalintegration**, um ihren Vorteil stationärer Kanäle gegen reine Online-Konkurrenten zu nutzen. So bietet bspw. Media-Markt Rückgabe oder Umtausch für online gekaufte Produkte auch in den stationären Märkten an. Der Schweizer Marktführer Interdiscount stellt zunehmend Abholstationen für online bestellte Ware in den stationären Märkten bereit. Mittelfristig ist eine Tendenz zu hybriden Konzepten denkbar. So könnten stationäre Flächen verkleinert werden und nur noch ein Kernsortiment bieten, während weitere Artikel nur bestellt werden oder auf vorherige Bestellung in den Stores abgeholt werden können.

c) Online-Supermärkte

Supermärkte bieten online Lebensmittel und Artikel des täglichen Bedarfs, wie Körperpflege und Kosmetik, an. Oftmals handelt es sich um Online-Kanäle von Lebensmitteleinzeleinzelhändlern aber auch um Online-Pure-Player, als neue Akteure. Online-Supermärkte führen ein breites Sortiment verschiedener Lebensmittelkategorien, i.S. eines Vollsortiments, vergleichbar mit einem stationären Supermarkt. Zwar gibt es einzelne Anbieter, die noch bestimmte Sortimentsbereiche, etwa Frische, ausschließen, aber gemeinsam ist allen, dass sie sich im Grunde am stationären Sortiment eines Supermarktes orientieren. Beispiele sind Konzepte wie Rewe online, myTime, Kaufland Lieferservice usw., die von traditionellen Händlern angeboten werden, aber auch einige Pure-Player wie Amazon Fresh und AllyouneedFresh.

Blick auf die Food-Onlinehändler in Deutschland

Rewe sah Online-Food früh als strategisches Feld und ist mit Abstand der führende Online-Supermarkt, mit einem Umsatz von rd. 100 Mio. EUR im Jahr 2016 und Präsenz in 80 deutschen Städten. Rewe liefert ein vollständiges Supermarktsortiment inkl. Frische und Tiefkühlprodukte (rd. 12.000 Artikel; weniger als im Offline-Supermarkt und v.a. deutlich weniger als Amazon Fresh). Dabei kommuniziert Rewe offen, dass sie mit Food-Online kein Geld verdienen und dies auch auf absehbare Zeit so bleiben würde. Rewe verlangt relativ hohe Liefergebühren und hat sich von seinem ursprünglichen Versprechen, online die gleichen Preise zu verlangen wie im Supermarkt, verabschiedet. LZ Retailytics erwartet dennoch ein enormes Wachstum und geht für das Jahr 2021 von einem Umsatz von 580 Mio. EUR aus.

Kaufland (aktiv in Berlin, siehe ausführlich www.supermarktblog.de), mit über 10.000 Artikeln zu den gleichen Preisen wie im stationären Handel, ist preisaggressiv (hat auch niedrige Liefergebühren). Der Start von Kauflands Lieferservice in Berlin verlief sehr erfolgreich, schon im Sommer 2017 wurde berichtet, dass die Logistikkapazitäten knapp werden; schnell soll der Service ausgeweitet werden (z.B. in Hamburg, Düsseldorf). LZ Retailytics prognostiziert einen Online-Umsatz in fünf Jahren von rd. 140 Mio. EUR.

Schon lange bietet Edeka24 eine landesweite Lieferung eines Teilsortiments online an. Frischeprodukte wie Obst & Gemüse, Fleisch oder Mopro- und Tiefkühlprodukte werden nicht angeboten (Umsatz rd. 15 Mio. EUR). Daneben werden diverse Projekte verfolgt, v.a. über selbstständige Kaufleute (unter einer Online-Plattform, aber mit Logistik durch Edeka). Das System wird nicht überall genutzt, stattdessen setzen einige Edeka-Regionen eigene Lösungen um. Neu ist der Lieferdienst Bringmeister, der im Rahmen der Kaisers/Tengelmann-Akquisition zur Edeka kam und länger in Berlin und München tätig ist (Umsatz im Jahr 2016 rd. 25 Mio. EUR, ca. 8.000 Artikel).

MyTime, der Food-Online-Shop von Bünting, bietet ein Vollsortiment von 20.000 Artikeln an und liefert dieses deutschlandweit. Ohne eigene Auslieferlogistik werden ausgehend von einem Zentrallager in Oldenburg die Einkäufe über Dienstleister (z.B. DHL) an den Kunden geliefert. Im Jahr 2016 wurde ein Umsatz von etwa 19 Mio. EUR erzielt. LZ Retailytics schätzt, dass sich dieser in den nächsten fünf Jahren mehr als verdoppeln kann.

Eine Besonderheit stellt AllyouneedFresh (im Jahr 2012 von der Deutschen Post DHL übernommen) dar, ein Food-Online-Shop mit mehr als 20.000 Artikeln und moderaten Liefergebühren. Der Umsatz wird auf etwa 15 Mio. EUR geschätzt. Das Besondere liegt in der Eignerstruktur begründet und dessen Ziel des Kompetenzaufbaus (i.S. Services für andere).

Im Jahr 2017 wurde Amazon Fresh in Berlin lanciert. Kunden können aus einem umfangreichen Lebensmittelsortiment (rd. 100.000 Artikel, inkl. Frischeartikel) auswählen und die Lieferung erfolgt innerhalb flexibler 2-Stunden-Zeitfenster. Amazon Fresh gilt als preisaggressiv, aber mit hohen Liefergebühren, und als expansiv. Neben der Prime-Mitgliedschaft kostet der Dienst zusätzlich 9,99 Euro/Monat (bei >40 Euro/Einkauf). Amazon hat rd. 18 Mio. Mitglieder in Deutschland und kann diese für seine Lebensmittelangebote ansprechen und umgekehrt durch Fresh weitere Kunden gewinnen (Mischkalkulationen liegen nahe, da LZ Retailytics nur 56 Mio. EUR Umsatz im Jahr 2022 prognostiziert). Daneben werden Lebensmittel über den Amazon Lebensmittel-Online-Shop, Pantry und Prime Now verkauft. Für das Jahr 2021 prognostiziert LZ Retailytics für Amazon Fresh und Amazon Prime Now zusammen etwa 220 Mio. EUR Food-Umsatz. Der Einfluss darf aber nicht unterschätzt werden. Amazon hat enorme Kapitalkraft und kann eine Benchmark setzen.

Quelle: Morschett/Schmid/Foscht 2017.

Geht es um die Zukunft des LEH und um die Frage, ob künftig verstärkt online eingekauft wird, dann sind es vor allem die Vollsortimenter, die im Fokus stehen. Rewe ist hier mit Abstand führend in Deutschland, myTime und AllyouneedFresh sind seit langem im Markt, Bringmeister bekommt durch die Edeka-Aufnahme nicht nur neuen Schwung, sondern auch eine strategisch höhere Relevanz als Teil des größten Lebensmitteleinzelhändlers (vgl. zum Online Food-Handel Morschett/Schmid/Foscht 2017).

Allerdings sind die Übergänge zum Angebot von Anbietern stationärer SB-Warenhäuser oder Verbrauchermärkte fließend, d.h., man könnte auch bspw. von Online-Verbrauchermärkten sprechen. Insgesamt handelt es sich um einen typischen Food-Vertriebstyp, der in Deutschland auch oft von ehemaligen stationären Supermarktbetreibern geführt wird. Offen bleibt dennoch die Frage, ob Online-Pure-Player oder traditionelle Anbieter sich im breiten Markt durchsetzen können. Online-Pure-Player sind oft mit deutlich besseren Fähigkeiten im Bereich der Softwareentwicklung ausgestattet und können ihre Logistik für einen reinen Onlinevertrieb optimieren. Traditionelle Unternehmen können hingegen das bestehende Filialnetz als Abholstationen oder für die Feinkommissionierung nutzen und verfügen über langjährige Kontakte zu Lieferanten und Erfahrungen im Bereich von Logistik und Supply-Chain Prozessen oder Sortiments- und Preisgestaltung sowie traditionsreiche Retail Brands.

d) Online-Fach- und Spezial-Stores

Die Fach- und Spezial-Stores werden manchmal als **Nischenanbieter** beschrieben, die zumeist besondere Zielgruppen ansprechen, bspw. durch Angebote besonders hochwertiger Designermode, Möbel- oder Elektronikprodukte. Daneben finden sich diverse Shops, die den Bedarf bestimmter Lebensstile oder Szenen adressieren. Letztere können durch die große Online-Reichweite oft tragfähiger sein als solche im stationären Bereich. Nischen, welche für Ladengeschäfte zu eng sind, können online (ohne geografische Begrenzung des Einzugsgebietes) durchaus erfolgreich bearbeitet werden – eine Manifestation des sog. „**Longtail**“ online.

Spezialgeschäfte sind z.T. sehr erfolgreich, wie bspw. diapers.com, ein Baby-Windelversand, der über 500 Mio. USD mit Windeln u.a. Babybedarf erlöste (mittlerweile von Amazon akquiriert) oder OneStopPlus.com mit Mode in Übergrößen. Online-Umsätze mit Drogerieartikeln sind generell deutlich höher und werden in Deutschland im Jahr 2017 auf etwa 1,5 Mrd. EUR geschätzt. Tierbedarf, eine andere wichtige Kategorie für den LEH, erlöste in Deutschland online fast rd. 1 Mrd. EUR im Jahr 2017, annähernd so viel wie Lebensmittel. Heute reicht das Angebot im Tierbedarf von gewöhnlichen Warengruppen bis zu Spezial-Stores, welche eigene Hundekekse backen und diese online vertreiben (z.B. dogsdeli.de). Der Wein-Online-Handel dürfte zudem vom gesamten Lebensmittel-Online-Handel einen wesentlichen Teil einnehmen. Wichtigster Anbieter ist Hawesko (etwa 110 Mio. EUR Online-Umsatz), aber auch moevenpick-wein.de oder wine-in-black.com. Aldi ist in Großbritannien mit Wein in den Online-Handel eingestiegen. Gründe liegen darin, dass dort bereits eine relativ hohe Affinität für den Online-Weinkauf bestand und dass mit Wein eine für den Lebensmittelbereich verhältnismäßig hohe Marge realisiert werden kann. Der Verkauf von spezieller Designer-Kleidung (rebelle.com), ein Schilder-Versand (schilderversand.com) oder ein Beamer-Store (beamershop24.de) zeigen, dass im Online-Fach- und Spezial-Stores-Bereich durch Expertentum und besondere Produkte erfolgreiche Nischen-Ideen angeboten werden können.

e) Online-Monobrandstores

Als **Monobrandstores** werden solche Online-Shops bezeichnet, in denen das Sortiment nur eines bestimmten Anbieters offeriert wird. Es handelt sich oft um Vertriebskanäle vertikal integrierter Unternehmen, die zugleich produzieren (lassen) und handeln, und z.T. auch im stationären Bereich vertikal auftraten, wie bspw. im Fashionbereich Zara, Esprit oder Gap. Da Online-Shops mit geringeren Kosten und Koordinationsaufwendungen verbunden sind als stationäre Shops, werden sie zunehmend von Herstellern betrieben, dabei auch solchen, für welche die Vertikalisierung bisher von nachgeordneter Bedeutung war (z.B. Haribo.de). Im Modebereich bereits etabliert, erhöhen beispielsweise Textil-Anbieter mit eigenen Online-Monobrandstores die Reichweite ihrer Marken deutlich und können dort gezielt neue Produkte testen und mit Kunden in direkten Dialog treten (z.B. michaelkors.de, alexandermcqueen.com, underarmour.de).

Für den Food-Gesamtmarkt sind diese Shops aber noch nicht von enormer Relevanz, aber bspw. Nespresso betreibt ein vertikales Online-Konzept, mit dem ein hoher Umsatzanteil realisiert wird und das einen wichtigen Vertriebskanal bildet. Reine Online-Pure-Player sind jedoch die Ausnahme. Beispielsweise nutzen Start-ups Online-Monobrandstores häufig, um Ihre Produkte bereits vor der Listung im Laden an Kunden zu vertreiben (z.B. ankerkraut.de). Aber auch Unternehmen des Fast-Moving-Consumer-Bereichs wie Nestlé, Beiersdorf oder Procter & Gamble setzen bereits eigene Online-Shops ein, um ihre Marken direkt zu vertreiben. Zudem zeigen sie vielfach eine Annäherung an Online-Plattformen. So ist beispielsweise Nestlé im Jahr 2016 eine Partnerschaft mit der chinesischen Online-Plattform Alibaba eingegangen, um zahlreiche Nestlé-Marken im aufstrebenden chinesischen Markt anzubieten. In der Schweiz hat Nestlé zudem eine Abteilung „D2C – Direct to Consumer“ etabliert.

f) Marktplätze

Marktplätze sind dadurch gekennzeichnet, dass der Betreiber der Website i.d.R. nicht (oder nicht nur) sein eigenes Sortiment anbietet, sondern eine Plattform bereitstellt, auf der externe Händler und Hersteller ihre Sortimente anbieten können. Die Ware der Anbieter geht nicht in das Eigentum der Marktplatzbetreiber über (Eigenhandel), sondern wird nur dispositiv oder logistisch gehandelt. Marktplätze könnten daher auch als digitale Agglomeration beschrieben werden (ähnlich den Shopping-Centern) oder als Absatzhelfer (siehe Abschnitt III in diesem Kapitel). Marktplätze oder **Online-Shopping-Center** bieten also umfassende Sortimente, allerdings i.d.R. im Fremdhandel. Sie nutzen eine **Plattform-Strategie** und benötigen daher eine gewisse kritische Masse, um dauerhaft tragfähig zu sein. So müssen genügend Anbieter vorhanden sein, um Kunden anzuziehen, und es braucht genügend Kunden, um Anbieter zu gewinnen (Ondrus/Gannamaneni/Lyytinen 2015). Kleinere Plattformen verschwinden daher z.T. schnell vom Markt oder benötigen ein eigenes Sortiment, um tragfähig zu bleiben. Studien beschäftigen sich mit der Frage, unter welchen Umständen eine Plattform-Strategie vorteilhaft ist (Hagiu/Wright 2014). Die Website Shopping24.de des Otto-Konzerns ist ein Beispiel, das trotz des mächtigen Konkurrenten Amazon noch als Marktplatz agiert, die kritische Masse jedoch teils nur über das konzerneigene Sortiment erreicht. Internationale Beispiele für führende Marktplätze sind eBay, die Website Taobao der Alibaba Gruppe in China, oder Rakuten in Japan.

Eine Unterscheidung der generellen Formen von Marktplätzen kann wie folgt vorgenommen werden:

- Elektronische Marktplätze erfüllen eine Maklerfunktion und werden als solche bezeichnet, sofern sie von mehreren rechtlich selbstständigen Anbietern genutzt werden. Sie werden nach der räumlichen Lage der Anbieter (regional, national oder international) oder nach der Organisationsform (selbst- oder fremdorganisiert) unterschieden. **Selbstorganisierte Marktplätze** sind Plattformen, bei denen die Anbieter selbst die Betreiber sind, während **fremdorganisierte Marktplätze** von neutralen Organisationen kontrolliert und organisiert werden. Zu beachten ist, dass rein traditionell stationäre Einzelhändler (anders Großhändler) elektronische Marktplätze in ihrer derzeitigen Form kaum betreiben.
- Online-Shopping-Center oder **Electronic Malls** stellen in Abgrenzung zu i.d.R. branchenspezifischen Marktplätzen oft horizontale Bündnisse dar, bei denen Produkte und

Dienstleistungen unterschiedlicher Branchen angeboten werden. Electronic Malls stellen demnach Online-Angebote dar, die eine Präsentation des Warenangebots unterschiedlicher Unternehmen „unter einem Dach", quasi in Form eines elektronischen Einkaufszentrums, vornehmen. Die Basis bildet eine gemeinsame Plattform, von der aus die unterschiedlichen Anbieter einfach von unterschiedlichen Kundengruppen angewählt werden können. Verschiedene Mall-Konzepte sind identifizierbar, so als Zusammenstellung des Angebots analog zu einem klassischen Warenhaus, thematisch orientierte Malls (z.B. Reisen) und regionale Malls, in denen sich lokale Anbieter analog zu traditionellen Einkaufszentren zusammenschließen. Beispiele für virtuelle Shopping Malls sind Shopping 24 oder Le Centre du Monde. Mall-Systeme sollen einerseits die Besucherfrequenz der Online-Shops erhöhen, andererseits durch Shop-übergreifende Warenkörbe und gemeinsamen Online-Service spezifischen Mehrwert bieten (Ausschuss für Definitionen zu Handel und Distribution 2006, S. 79).

Allerdings sind die Übergänge auch bei diesen Typen zunehmend fließend.

7. Online Vertriebstypen: Preisspezialisten

a) Preisspezialisten

In den letzten Jahren entstanden zahlreiche neue Online-Vertriebstypen, die auf unterschiedliche Art das Thema Preis in den Vordergrund rücken. Auch in diesen Vertriebstypen will der Kunde letztlich natürlich ein Produkt kaufen, aber der USP dieser Formate liegt auf einer besonderen Art, Preisvorteile für die Kunden zu ermöglichen, oder auf einem besonderen Preismechanismus, nicht so sehr auf dem Produkt oder der Warengruppe. Als **Preisformate** werden Online-Shops bezeichnet, die sich durch eine besonders aggressive Preispolitik auszeichnen oder die es durch spezifische Geschäftsmodelle anstreben, Preisvorteile an die Konsumenten weiterzugeben (siehe Abb. 2.13). Die Entwicklung neuer Preisformate ist sehr dynamisch. Nicht alle dieser Formate konnten sich dauerhaft auf dem Markt etablieren. Auch hier werden sich sicherlich weitere Vertriebstypen entwickeln oder finden sich heute bereits schon. Welche dieser Preisformate sich dauerhaft durchsetzen können, welche wieder verschwinden, welche Akteure innerhalb jeder dieser Formen sich durchsetzen können (nach einer Konsolidierungswelle, die zu erwarten ist), ist derzeit noch nicht abzusehen, aber es ist zu beobachten, dass innerhalb der Preisformate eine erhebliche Dynamik stattfindet.

In **Online-Auktionshäusern** werden Preise durch verschiedene Formen von Versteigerungen bestimmt. Oftmals treten dabei Konsumenten oder Dritte als Anbieter auf, sodass hier eine preisaggressive Parallele zu den o.g. Marktplätzen besteht. So gibt es die fast schon traditionellen Auktionsseiten wie eBay. Zwischenzeitig kamen **Pay-per-Bid-Auktionen** auf, mit Anbietern wie Swoopo, bei denen Konsumenten für jedes Gebot eine Gebühr zahlen mussten, aber im Gegenzug noch erheblichere Preisreduktionen geboten bekamen. Hier kommt ein umstrittenes Gambling- oder Entertainment-Element zur Auktion hinzu. Swoopo u.a. Anbieter dieser Kategorie sind oft wieder verschwunden. Auf der Webseite centgebote.de werden täglich hochwertige Markenprodukte in Festpreis-, Rückwärts- und hauptsächlich durch die sogenannten Centauktionen versteigert. Hier erhört sich der Preis eines Produktes nur um wenige Cent pro Gebot, sodass die Artikel manchmal bis zu 99% unter dem üblichen Ladenpreis versteigert werden. Online-Auktionshäuser gibt es im B2C, aber auch gehäuft im B2B-Bereich. Eine besondere Form von Online-Auktionshäusern stellen Reverse-Auktionen dar. Bei dieser Form fordern Kunden verschiedene Anbieter zur Abgabe eines Angebots auf, wobei der Bieter mit dem niedrigsten Angebot den Zuschlag erhält. Einige kommerzielle Software-Anbieter bieten Plattformen für die Durchführung solcher Auktionen an (z.B. Perfect, Ariba, CombineNet, Bravo Solution, Epicor, Digital Union, TradeExtensions). Neuere Studien beschäftigen sich mit dieser Form von Auktionen, wobei spieltheoretische Überlegungen, experimentelle Studien, Informationsoffenlegungsstrategien und Vergleiche zu herkömmlichen Auktionen hierbei in den Vordergrund rücken (Pham u.a. 2015).

Abbildung 2.13: Online Preisspezialisten

Vertriebstyp	Sub-Typ	Beispiele
Auktionen	Traditionell	zoll-auktion.de; Sothebys.com; Christies.com; Dorotheum.com
	Pure-Player	eBay.com; Snipster.de; BidClash.de; Aukits.de, Hood.de; Catawiki.de; Sport-Auktion.de; Auktionata.de; centgebote.de
Liveshopping-Formate	Traditionell	--
	Pure-Player	Woot.com; Liveshopping-aktuell.de; Myliveshopping.de; live.mydealz.de; Outdoor-broker.de; iBood.de;
Shopping-Clubs	Traditionell	outletinn.de, Limango.de, Selgros.de
	Pure-Player	Brands4friends.de vipsters.de; vente-privee.de; limango.de, Pauldirekt.de, westwing.de; BestSecret.de; Zalando-lounge.de
Coupon-Anbieter	Traditionell	--
	Pure-Player	Groupon.com; coupies.de; Preisheld.de
Online-Discounter	Traditionell	Plus.de; Lidl.de; Netto-Online.de; Norma24.de; Tedi.de; NKD.com; Kik.de
	Pure-Player	Lesara.de; Restposten24.de; Banggod.com
Outlet-Stores	Traditionell	MANGOoutlet.com; TESCOoutlet.uk; Adidas.de/outlet
	Pure-Player	Overstock.com; dress-for-less.de; Outletcity.com; Fashionesta.de; Outlet46.de

b) Liveshopping-Formate

Online-Liveshopping-Formate bieten ihren Kunden teils im Minutentakt nur kurzfristig verfügbare Sonderangebote an (oft nach dem Motto „One Day – One Deal"). Oft besteht das Angebot auch oder vorwiegend aus einer Übersicht über besonders attraktive Angebote dritter Online-Shops. Die Anbieter treten damit als Handelsmittler bzw. als Informationsplattform auf. Woot ist der Prototyp dieses Geschäftsmodells, das international häufig kopiert und von Amazon übernommen wurde (aber noch weitgehend autonom agiert, z.T. auf Amazon Product Reviews zurückgreift).

Liveshopping-Formate profitieren davon, dass neben der Höhe eventuell angebotener Rabatte der Zeitdruck zusätzlich zum Kauf anregt. Diverse Studien haben sich bereits mit der Wirkung von wahrgenommenem Zeitdruck auf das Konsumentenverhalten befasst (für einen Überblick vgl. Eisenbeiss u.a. (2015). Durch wahrgenommenen Zeitdruck kann die Aktivierung oder Erregung der Kunden gesteigert werden. Zudem wird Zeitdruck oft als Signal für die Knappheit und Begehrtheit eines Produktes oder Angebots interpretiert. Zuletzt wird Kunden auch die Zeit genommen, bessere Angebote zu suchen oder sogar eine gewisse Angst vermittelt, ein Zögern später zu bereuen.

c) Shopping-Clubs

Online-Shopping-Clubs suggerieren exklusive Angebote nur für registrierte Mitglieder. Hier werden registrierten Clubmitgliedern hochwertige Markenartikel mit hohen Preisreduktionen angeboten, in Kooperation mit den Herstellern, bei denen die Shopping-Clubs die Ware erst nach Abschluss der Kampagne einkaufen; oft sind es auch Auslaufmodelle, Vorsaisonkollektionen sowie ähnliche Restbestände. Durch die geschlossenen Clubs tauchen die entsprechenden Preise nicht in den Preissuchmaschinen auf, sodass die Herstellermarken ohne größere Imageprobleme derartige Aktionen unterstützen können. Das Format wurde bereits 2001 von Vente Privée in Frankreich erfunden, und hat dann begonnen, sich international auszubreiten.

Der deutsche Marktführer Brands4Friends wurde von eBay und das spanische BuyVIP von Amazon akquiriert (und dann geschlossen bzw. integriert). Diese beiden Akquisitionen belegen, dass auch die großen Online-Player hier eine spannende Zukunft sehen. Shopping-Clubs bieten die Möglichkeit, Kunden langfristig zu binden. Dies erscheint insb. von hoher Wichtigkeit, da Kunden anspruchsvoller geworden sind. Sie zeigen ein eher polarisiertes Kaufverhalten. Sie neigen dazu, entweder eine Luxusmarke (z.B. Designerartikel) oder ein sehr preisgünstiges Produkt zu bevorzugen. Shopping-Clubs spielen in der Forschung insb. im Zusammenhang mit Luxusmarken eine besondere Rolle. Bei Shopping Clubs ist relevant, dass sie mit starkem Neuigkeitsdruck (jeden Tag eine neue Welle von exklusiven Angeboten, starke Bewerbung über tägliche Newsletter) arbeiten und auf Impulskäufe sowie zeitlich begrenzte und mengenmäßig begrenzte Angebote setzen. Dies ist ähnlich wie beim Liveshopping, so dass manche Systematiken Shoppingclubs auch dem Liveshopping zuordnen. In Shopping-Clubs wird die eigene Identität des Kunden verstärkt; er scheint eine innige Beziehung zum Händler aufzubauen (Roper u.a. 2013).

d) Coupon-Anbieter

Ein weiterer Typ der Preisformate hat sich mit Coupon-Anbietern herausgebildet. Herausgegebene Gutscheincodes können von Kunden genutzt werden, um Rabatte bei Drittanbietern zu generieren. Bei *Groupon* aus den USA, dem weltgrößten Anbieter, werden hohe Rabatte, meist für Coupons für Dienstleistungsangebote (Reisen, Wellness, Restaurants usw.) angeboten. Je nach Anbieter werden die Rabatte nur dann gewährt, wenn eine vorher definierte Mindestanzahl von Personen das Angebot annimmt. Außerdem müssen hier z.T. rabattierende Gutscheine erworben werden. Coupon-Angebote werden oft von sog. Schnäppchenjägern genutzt. Ziel ist jedoch die langfristige Bindung des Kunden an neue Angebote. Die Nutzung von Coupon-Anbietern stellt demnach eine besondere Art von Promotion dar. Studien beschäftigen sich insb. mit der Frage, ob die Bereitstellung von Coupons kurz- und langfristige Rentabilitätssteigerungen mit sich bringen. Weitere Fragen stellen sich hinsichtlich der Einflussnahme von Unternehmen auf die Profitabilität oder Gewinn(rückgang) beim Start des Nutzens von Coupon-Anbietern (Kumar/Rajan 2012; Edelman/Jaffe/Kominers 2016).

e) Online-Discounter

Klassische **Discounter** bieten ein begrenztes Sortiment zu absolut niedrigen Preisen an. Teils handelt es sich um ergänzende Vertriebskanäle bekannter Textil- und Lebensmitteldiscounter, die online bislang vorwiegend ihre erfolgreichen saisonalen Non-Food-Artikel anboten. Ein Beispiel sind Food-Discounter, die wie Lidl.de günstige Non-Food-Produkte offerieren oder Online Category Killer, wie z.B. Microspot oder Zalando. Ein weiteres Beispiel sind eBay's 5-Dollar-Deals. Diese imitierten das Konzept der Dollar-Stores, indem alle angebotenen Produkte für genau 5 USD verkauft werden. Studien beschäftigen sich im Kontext von Online-Discount-Formaten mit der Kanalwahl von Kunden. Charakteristika von Online-Käufern werden im Vergleich zu herkömmlichen Offline-Käufern untersucht, um Online-Shopping-Motivationen für diesen Betriebstyp ableiten zu können (Ganesh u.a. 2010).

f) Outlet-Stores

Outlet-Stores sind ähnlich dem stationären Bereich Kanäle, in denen Hersteller ihre Überbestände oder Retouren zu reduzierten Preisen anbieten. Dieses Preisformat bietet also

Restposten, umgetauschte oder ausgelistete Waren an. Overstock.com gehört zu den größten Outlet-Stores der USA und auch zu den beliebtesten Online-Brands. Als interessante Entwicklung zeigt sich, dass Händler selbst – stationäre oder Pure-Player – auch mit einem Outlet Store am Markt auftreten. So gibt es etwa – als Unterseite der Homepage – ein Best Buy Outlet Center und ein Sears Outlet. Online finden sich Outlet-Stores auch in Branchen, in denen sie im stationären Bereich nicht existieren, wie bspw. bei Lebensmitteln. Da viele Markenartikelhersteller Mono-Brand-Stores anbieten werden Sonderangebote in deren Stores direkt angeboten.

8. Weitere Online-Vertriebstypen

a) Social-Shops

Weitere Formate sind durch die o.g. zusätzlichen Abgrenzungskriterien zu charakterisieren. Abbildung 2.14 fasst diese im Überblick zusammen.

Abbildung 2.14: Weitere Vertriebstypen

Vertriebstyp	Sub-Typ	Beispiele
Social-Shops	Traditionell	--
	Pure-Player	Stylight.de; Stylefruits.de; Smatch.com; Pinterest.de; Facebook.de; Mightybuyer-shop.de; Houzz.com; TheBeautyDepartment.com
Customizer	Traditionell	NikeID.de; Adidas.de/mi_adidas; DELL.de; m&m.com
	Pure-Player	myMuesli.de; Cereal-club.de; ; Chocri.de; TailorStore.de; Tailorjack.de
Erlebnis-Shops	Traditionell	Agentprovocateur.com; 11Teamsports.de; Globetrotter.de; Kochhaus.de
	Pure-Player	ShopLeMonde.com; TVRunway.com; Beautylish.com; Asos.de; Aboutyou.de; Digitalrev.tv
Curated Shopping	Traditionell	Myoutfit by Wöhrl: woehrl.de
	Pure-Player	Outfittery.de; Modomoto.de; Zalon.de
Problemlöser	Traditionell	BestBuy.com; Homedepot.com; IKEA.de
	Pure-Player	PCSpezialist.de; ReifenDirekt.de; Tirendo.de; Küchenportal.de; Türen-und-Fenster.com
Abo-Anbieter	Traditionell	Kochboxen: Hellofresh.de, Lidlkochzauber.de, Probierboxen: BiteBox.com, brandnooz.de; Biokisten: biomano.de, Gemüsekiste.abo-kiste.com
	Pure-Player	Spotify.de, Deezer.com, Dollarshaveclub.com

Online-Social-Shops integrieren Online-Shops und Soziale Netzwerke, indem entweder Shops in bestehende soziale Netzwerke integriert werden (z.B. Pinterest.com) oder soziale Netzwerke mit Themenbezug an Online-Shops geknüpft sind (z.B. Stylelight.de). Ziel ist eine soziale Interaktion zwischen den Konsumenten, wobei diese sich bspw. gegenseitig beim Einkauf beraten oder Produkte empfehlen. Diese Angebote basieren auf der Erkenntnis, dass in der Online-Kommunikation Internet-Nutzer die Glaubwürdigkeit anderer User erheblich höher bewerten als klassische Werbebotschaften und zeigt zugleich, dass der Wandel vom transaktionsorientierten Marketing zum Relationship-Marketing, bei dem die Kundenbeziehung im Vordergrund steht, vollzogen ist. Auf diese Gedanken setzen nun seit einigen Jahren einige Online-Händler, die **Social Communities** als Basis ihres Angebots nutzen.

So griff Smatch.com, eine Website der Otto-Gruppe, als Pionier in Deutschland Social Commerce intensiv auf und war der weltweit erste Anbieter, der eine Produktsuche unmittelbar in Facebook anbot. Ein anderes Beispiel eines Social Community fokussierten Online-Shops ist ModCloth.com, ein Händler für Damenbekleidung. Mit "Be the Buyer" werden potenzielle Designs vorgestellt und die Online-Besucher können abstimmen. Bei genügend Stimmen wird das Design produziert und innerhalb einiger Wochen nach dem Voting ist es im Online-Shop verfügbar. Das bringt den Community-Gedanken in sehr interessanter Weise nach vorne. Die Community wird zum “**Co-Producer**” (in der „Service-dominant Logic“ heißt dies „Co-Creation of Value“, Lusch/Vargo/O’Brien 2007) und dies bringt nicht nur einen sehr guten Sensor in den Markt, sondern auch eine starke Bindung der Kunden. Social-Shops setzen dabei sehr stark auf den Gedanken der Interaktion mit dem Kunden, um so einerseits eine enge Kundenbindung zu erreichen und andererseits von den Kunden in der Gemeinschaft wertvolle Informationen zu erhalten.

Mymuesli als Multichannel-Customizer

Mymuesli repräsentiert eine Erfolgsgeschichte für den Online-Handel insgesamt. Kunden können sich aus einer breiten Auswahl von Müsli bedienen oder eben ihr eigenes Müsli aus verschiedenen Zutaten zusammenstellen. Rund 50% der Online-Bestellungen sind individuell gemischte Müslis. Mymuesli ist 2007 mit einem Online-Shop gestartet und schon im ersten Geschäftsjahr wurden mehr als 1 Mio. EUR Umsatz erzielt. Heute beschäftigt das Unternehmen mehr als 800 Mitarbeiter und bietet seine Produkte in verschiedenen Ländern Europas, inkl. Großbritannien, Österreich und Schweiz an. Statista schätzt den Umsatz in Deutschland auf knapp 20 Mio. EUR.

Ein interessanter und ebenso erfolgreicher Baustein der Wachstumsstrategie war die Ausdehnung des Geschäfts vom reinen Online-Shop in den stationären Handel. Das Unternehmen betreibt etwa 50 Läden in den deutschsprachigen Ländern (mit einer Fläche von 40-60 qm) und will seine stationäre Expansion auch weiter fortsetzen – im In- und Ausland. Auch in den Regalen stationärer Händler (u.a. Edeka) ist das Unternehmen präsent, was sich nicht nur auf den Umsatz, sondern auch auf die Markenbekanntheit positiv auswirkt. Die genaue Umsatzaufteilung gibt Mymuesli nicht bekannt, der Umsatz über Supermärkte soll aber für weniger als die Hälfte des Umsatzes stehen. Dennoch zeigt auch dies, dass der stationäre LEH – eigen oder fremd – auch für erfolgreiche Online-Profis ein sehr wichtiger Kanal bleibt.

Quelle: i.A.a. Morschett/Schmid/Foscht 2017.

b) Customizer

Bei **Online-Customizern** werden bspw. personalisierte Produkte angeboten, die sich Konsumenten auf Wunsch zusammenstellen oder gestalten können. Hier findet also insofern eine Kundenintegration statt, da Kunden bei der genauen Ausgestaltung des Produktes mitwirken, bspw. indem sie das Produkt bedrucken oder in diversen Farbkombinationen fertigen lassen können oder das Mischverhältnis verschiedener Ingredienzien bestimmen können. Eine Reihe von Online-Händlern (häufig Hersteller, die über das Internet direkt vertreiben) hat erfolgreich Customizing aufgegriffen, wobei Mass Customizing, bei dem Einzelprodukte nach den Wünschen und Spezifikationen einzelner Konsumenten gefertigt werden, schon lange ein (Nischen-)Potenzial zugeschrieben wird. Mit dem Wachstum des Online-Shopping finden sich mittlerweile immer mehr Anbieter, die dies dem Kunden anbieten. Dell und seit vielen Jahren auch Nike (mit NikeID) ermöglichen dem Kunden, Produkte online zu designen bzw. zu konfigurieren und diese dann direkt zu kaufen. Zazzle, ein Erfolgsbeispiel aus den USA, bietet individualisierte Geschenkartikel, T-Shirts und weitere Produkte an. Sogar Lebensmittel – was es vorher so nicht gab – werden mittlerweile individualisiert, wie die erfolgreichen Beispiele my m&m in den USA und mymuesli in Deutschland belegen.

Betrachtet man die Entwicklung der verschiedenen Player, zeigt sich, dass es zwar in vielen Warengruppen ein bestimmtes Potenzial gibt, dass dieses aber jeweils begrenzt ist. Dem Vorteil der individualisierten Produkte steht der hohe Aufwand entgegen, den der Käufer aufbringen muss, um ein Produkt selbst zu gestalten, die oft sehr große Auswahl bei den bestehenden Sortimentsexperten, die ein weiteres Individualisieren nicht notwendig macht, die höheren Produktkosten und die längeren Lieferzeiten. Online-Shops, die sich auf Customizing spezialisieren, werden daher vermutlich auch dauerhaft Nischenanbieter bleiben, sie können sich künftig aber sicherlich noch in weitere Bereiche ausdehnen.

c) Erlebnis-Shops

Erlebnis-Shops verknüpfen Einkaufsmöglichkeiten mit einem Unterhaltungsangebot, bspw. um eine hohe Besucherfrequenz oder längere Verweildauer zu erzielen. Dabei wird im stationären Handel, zumindest in Branchen wie dem Bekleidungshandel, seit langem dem **Erlebnismarketing** ein hoher Stellenwert eingeräumt (vgl. dazu Gröppel-Klein 2012). Neben den funktional-utilitaristischen Einkaufsmotiven des Kunden, sollen auch die hedonistischen Einkaufsmotive angesprochen werden, mit der Idee, dass der Kunde sich während des Einkaufs wohlfühlen soll, dass er eine angenehme Atmosphäre wahrnehmen soll und dass sich dadurch seine Verweildauer im Laden erhöht und er letztlich auch mehr kauft. Bei erlebnisorientierten Online-Shops steht das Einkaufserlebnis im Vordergrund. Der Kunde soll beim Kauf emotional angesprochen werden, unterhalten werden und diese Webshops auch besuchen, obwohl er ursprünglich keinen Kauf tätigen wollte. ASOS, einer der führenden Online-Bekleidungshändler aus Großbritannien, verkörpert diesen Typ. Catwalk-Videos von Produkten, ausführliche Berichte, Trendreports usw. gleichen eher einem interaktiven Modemagazin als einem Geschäft. Catwalks, Musikelemente, Fashion-Studios, Online-TV, Beauty-Experten oder sonstige emotionale Elemente sind kennzeichnend für Erlebnis-Shops. Bei Globetrotter ist der Online-Shop zudem eng mit 4seasons-TV, einem unternehmenseigenen Web-TV-Channel verknüpft. Hier wird über Outdoor-Trends, Outdoor-Produkte, Reisen usw. berichtet und die Produktberatung in multimedialer Form unmittelbar mit dem Produktkauf verbunden.

d) Curated Shopping

Das Konzept des Curated Shopping („betreutes Einkaufen") zielt darauf ab, Kunden intensiv zu binden und auf diese Weise nicht nur höhere Margen zu realisieren, sondern auch die hohen Retourenquoten im Online-Handel zu reduzieren. Anhand eines Konzepts gezielter persönliche Beratung mit hoher Expertise und Treffsicherheit der Kundenwünsche und einer intensiven, persönlichen Bindung an eine Beratungsperson wird versucht, die Unpersönlichkeit des Online-Handels, ebenso wie den typischerweise sehr hohen Planungsgrad der Käufe aus Seiten der Online-Shopper zu überwinden und klassische Fachberatung im Online-Handel zu etablieren. Das Konzept hat sich insbesondere im Fashion-Handel etabliert. Den Kunden wird eine persönliche Beratungsperson zugeteilt, die ihnen auf der Basis von persönlichen Angaben und ihrer Kaufhistorie, meist unterstützt durch spezifische Algorithmen, individualisierte Produktzusammenstellungen (z.B. „Outfits") anbieten und als Vorschlag zusenden. Die Kunden wählen aus den Vorschlägen aus und behalten nur die Artikel, die ihnen wirklich zusagen. Beispiele für Curated Shopping sind Spezialisten, wie Outfittery oder Modomoto, die sich im Bereich von Herrenbekleidung etabliert haben; Zalando experimentieren mit Zalon mit diesem Format.

e) Solution Provider

Solution-Provider bieten neben dem einfachen Verkauf von Produkten ergänzende oder komplexe Dienstleistungen an, bspw. Fahrzeugkonfiguration, Möbelausstattungsplanungen oder Kauf- und Montageservice von Reifen. Letztere werden mitunter von externen

(Netzwerk-) Partnern angeboten, sodass ein fließender Übergang zu einer Vermittlerrolle oder zu Bündelungsangeboten durch diese Anbieter besteht.

Derzeit zunehmend beobachtet, bietet ein „Solution Provider“ seinen Kunden nicht nur einzelne Produkte, sondern mehr oder weniger umfassende Problemlösungen an. Dabei wird der Service, ein im Handel generell zunehmend wichtiger werdendes Marketinginstrument (Morschett 2012, S. 375ff.), in den Vordergrund gestellt. Insbesondere bei komplexeren Produkten, mit Bedarf an kombinierten Problemlösungen (z.B. für die Möblierung einer Wohnung), genügt es nicht, dem Kunden eine breite Produktauswahl anzubieten – ein Bündel von Dienstleistungen wird benötigt. In der Baumarktbranche bereits etabliert, kann man z.B. im Online-Shop von Hornbach oder IKEA neben notwendigen Materialien und Werkzeugen für einen Umbau, auch detaillierte Anleitungen für derartige Projekte (inklusive Materiallisten, Schritt-für-Schritt-Anleitungen in Form von Videos) erhalten. Noch weiter gehen Online-Shops, die dem Kunden neben dem Produkt weitere Dienstleistungen anbieten, die sie entweder selbst erbringen oder koordinieren. Weiterhin bietet bspw. Bauhaus seinen Kunden für die Einrichtung (z.B. eines Badezimmers) neben Produktberatung und -verkauf, einen Handwerkskoordinator. Von Bauhaus organisiert und überwacht in Zusammenarbeit mit regionalen Handwerksbetrieben, werden sämtliche Arbeitsschritte von der Demontage, der Entsorgung bis zur Installation durchgeführt. Bauhäuser haben hier Vermittlerfunktion und bieten für den Kunden eine Full-Service-Lösung.

Weitere Beispiele finden sich in der Reifenbranche, wo bspw. bei reifendirekt.de der Kunde Reifen über die Plattform kauft, kooperierende Werkstätten diese per Versand erhalten und die Montage vornehmen. Im Computer- und Elektrohandel werden Produkte verkauft und durch eigene oder durch fremde Dienstleister installiert, geliefert oder repariert. Dieser Vertriebstyp basiert oft auf dem Produktprogramm eines Online-Fachmarkts, der Fokus der Anbieter ist aber ein anderer, denn die USP ist nicht das Sortiment – was innerhalb einer Branche oft austauschbar ist – sondern der Service.

f) Abo-Anbieter

Abo-Anbieter sind ähnlich wie Clubmitgliedschaften aus dem stationären Handel bekannt. Online sind vor allem die Tendenzen und Nische im Food-Online-Markt beachtenswert, die v.a. auf Convenience ausgerichtet sind. Drei Beispiele sind hervorzuheben (Morschett/Schmid/Foscht 2017, S. 186ff.)

- Bei **Kochboxen** erhalten Kunden für eine vorbestimmte Anzahl von Personen ein Rezept und die benötigten Zutaten, was gegenüber dem „konventionellen“ Food-Online-Handel Vorteile bietet. Die Anbieter müssen kein großes Sortiment, sondern nur die Artikel der Kochboxrezepte, vorhalten. Dies vereinfacht das SCM. Zudem werden die Kochboxen vorbestellt, sodass Bedarfe feststehen; geringe Abschriften und Preiswettbewerb sind die Folge. Die Preise sind deutlich höher, was auch eine Barriere darstellt. Kunden kaufen für eine kurze Zeit Kochboxen und nutzen dann die Rezepte, mit im Supermarkt zu geringeren Preisen gekauften Zutaten. Hello Fresh gilt als marktführend, mit sehr dynamischem Wachstum und einem zum Vorjahr 2016 fast verdoppelten Umsatz von rd. 600 Mio. EUR im Jahr 2017 (Profitabilität -80 Mio. EUR). Auch klassische Lebensmitteleinzelhandelsakteure steigen in den Markt ein. So akquirierte Lidl Kochzauber.de und versucht, neben Online-Lieferungen auch eine Form von Kochtüten in Lidl-Filialen zu vertreiben.
- Als Alternative Abo-Anbieter sind Probierboxen zu erwähnen, so Bite Box, die v.a. Büros mit Snackboxen beliefern, in Form von Abos oder auch im Einzelverkauf.

- Bereits als traditionelles Box-Format sind Gemüsekisten bekannt, bei denen meist Erzeuger ihre saisonal unterschiedlichen landwirtschaftlichen Produkte direkt an den Kunden senden. Biodirekt stellt bspw. Obstkörbe für Büros zusammen.

Die Erkenntnis aus den Beispielen, insb. auch für etablierte Food-Händler (z.B. Edeka, Rewe) ist, dass man mit Abo-Modellen dieser Art gezielt B2B-Kunden ansprechen kann. Kleinere B2B-Kunden (Arztpraxen, Büroangestellte) haben den Vorteil, dass sie regelmäßiger mit kleinerem Bedarf kaufen, oft aus weniger großem Sortiment auswählen können und relativ hohe Lieferumsätze mit relativ wenigen Artikeln bieten, was sich sehr positiv auf die Profitabilität auswirken kann.

Dollar Shave Club als Abo-Anbieter im Non-Food-Online-Markt

Neben den Abo-Anbietern im Food-Bereich ist auch im Non-Food-Markt ein überproportionales Umsatzwachstum für sog. „Box Subscription Services" zu erwarten. Einer der erfolgreichsten Online-Abonnement-Anbieter ist der 2011 gegründete Dollar Shave Club, welcher Rasierer sowie dazugehörige Pflegeprodukte vertreibt. Die Konsumenten können zwischen drei Arten von Boxen wählen, in denen unterschiedliche Produktzusammensetzungen enthalten sind und welche den Abonnenten monatlich zugesandt werden. Besonderes Aufsehen erregte im Juli 2016 die Akquisition des Unternehmens durch den Konsumgüterkonzern Unilever für geschätzte 83 Mio. EUR.

Seine im Jahr 2016 bereits mehr als 3 Mio. Mitglieder überzeugt das Start-up vor allem durch das Anbieten von Alternativen zu teuren Markenprodukten von bspw. Gillette oder Schick. Online-Abonnement-Anbieter, wie der Dollar Shave Club, setzen insb. auf Personalisierung, um eine starke Marke und Loyalität aufzubauen. Genutzt wird dabei die Analyse von Kaufgewohnheiten durch auf künstlicher Intelligenz basierender Technologien sowie der Hinzunahme von Social-Media-Kanälen.

Quelle: www.dollarshaveclub.com, 26. Juli 2018; Sinha/Foscht/Fung 2016.

V. Traditionelle Einzelhandelsagglomerationen

1. Shopping Center

Shopping Center sind eine im Zeitablauf gewachsene (Geschäftszentren) oder als Einheit geplante Agglomeration (Einkaufszentren, Malls) von Einzelhandels- und Dienstleistungsbetrieben (z.B. Gaststätten, Reisebüros, Kinos), die als zusammengehörig empfunden werden (Ausschuss für Definitionen zu Handel und Distribution 2006, S. 77).

Einkaufszentren werden nach ihrer Standortwahl unterschieden. Integrierte Shopping Center können in die Innenstadtlagen eingegliedert werden, nicht-integrierte Shopping Center werden auf der „Grünen Wiese" bzw. in Stadtrand- bzw. Peripherielagen mit Autokundenorientierung geplant. Geplante Einkaufszentren sind mit folgenden Merkmalen zu beschreiben (Germelmann/Neder 2012; Falk/Falk 2014; EHI 2015):

- Sie werden einheitlich verwaltet und treten als Einheit im Außenauftritt auf. Die Verwaltung, Koordination und Umsetzung einer Corporate Identity sowie der Marketingstrategie erfolgt durch ein zentrales Management (Center-Management). Dieses übernimmt u.a. die Auswahl der Einzelhandels- und Dienstleistungsbetriebe für das Zentrum, die Standortwahl und die raumkompatible Standortzuordnung.
- Es erfolgt eine Abstimmung auf das Einzugsgebiet und die Kundenstruktur bzgl. der Lage, der Größe und der Angebotsstruktur.
- Es besteht i.d.R. eine ausgeprägte Autokundenorientierung, weshalb ein umfassendes Parkplatzangebot zur Verfügung gestellt wird.

- Es werden zumeist gemeinsame Veranstaltungen und Maßnahmen der in dem Shopping Center integrierten Betriebe durchgeführt, so Werbung.

Übergeordnet kommt dem Center-Management eine erfolgskritische Funktion zu, die sich durch eine geeignete Auswahl aus internen Strategieoptionen sowie darauf abgestimmte Marketing- und Servicemaßnahmen charakterisieren lässt (Lüttke 2016, S. 17). Geplante Einkaufszentren können in zwei Ausprägungsformen umgesetzt werden. Zum einen können sie als **Shopping Mall** realisiert werden, bei der die Einzelhandelsbetriebe in Form einer Ladenstraße in überdachten Gebäudekomplexen, Passagen oder Galerien angeordnet werden. Meist sind am Ende der Ladenstraße Warenhäuser oder Kaufhäuser als Kundenmagneten platziert. Zum anderen stellen „**Open Air Strip Center**" offene Ladenstraßen dar. Shopping Center werden in die Ausprägungsformen Nachbarschaftszentren, Gemeinde- bzw. Stadtteilzentren sowie Regionale Shopping Center gegliedert (Germelmann/Neder 2012, S. 331; Falk 2009).

1. **Nachbarschaftszentren** sind durch ein eng begrenztes Einzugsgebiet gekennzeichnet. Ihr Angebot beschränkt sich i.d.R. auf Güter des täglichen Bedarfs und ergänzende Dienstleistungen (z.B. Reinigung, Friseur). Magnetmieter bzw. Leitbetriebe sind zumeist Supermärkte. Nachbarschaftszentren umfassen rd. 20 Betriebe aus Einzelhandel und Dienstleistung und eine Bandbreite von max. 8.000 qm sowie ein Einzugsgebiet bis zu max. 20.000 Personen.
2. **Gemeinde- bzw. Stadtteilzentren** haben ein größeres Einzugsgebiet von bis zu 100.000 Personen. Hier besteht ein breiteres und tieferes Angebot an Waren und Dienstleistungen. Die Magnetbetriebe sind dabei Supermärkte und zumindest ein Leitbetrieb, bspw. ein Warenhaus. Die Größe beträgt max. 20.000 qm.
3. **Regionale Shopping Center** verfügen über ein Einzugsgebiet ab 100.000 Personen und das Angebot ist umfangreich. Als Betriebstypen sind dabei Fachgeschäfte, Dienstleistungsbetriebe, Gastronomie-Betriebe sowie Waren- und Kaufhäuser, SB-Warenhäuser und Fachmärkte als Magnetbetriebe vertreten. In Deutschland sind dazu Shopping Center ab 20.000 qm zu zählen. Diese zeichnen sich durch eine besonders gute Erreichbarkeit aus, die durch Lagen auf der „Grünen Wiese" oder in Peripheriegebieten gekennzeichnet ist. Die Autokundenorientierung ist ausgeprägt.

Die wachsende Bedeutung der als Einheit geplanten Shopping Center (bzgl. Anzahl und Verkaufsfläche) ist für Deutschland in Tab. 2.10 abgebildet. Die Anzahl hat sich seit dem Jahr 1980 deutlich erhöht und der prozentuale Anteil des Standorts Innenstadt beträgt über 80%. Durch die Ansiedlung der Shopping Center in Innenstädten erhöhen sich durch den neuen Wettbewerb auch häufig die Umsätze der Einzelhändler. Der Grundsatz dabei scheint nach einer Studie von Lademann (2011) zu sein, dass ein Center eher mehr Umsatz in die Innenstädte bringt, wenn eine aktive Integration des Centers durch abgestimmtes Marketing der gesamten Händler in der Innenstadt erfolgt. Weiterhin sollte das integrierte Center in der Innenstadt groß genug sein, um ausreichend Kundenströme anzuziehen; kleinere Shopping Center schwächen eher die Händler in den Innenstädten.

Neben diesen traditionellen Formen existieren neuere Formen von Einkaufszentren, so Galerien, Passagen, Power-Center und die Spezial- bzw. Themen-Center. Studien zu Shopping Centern und Malls beschäftigten sich vorwiegend mit Determinanten, welche die Zufriedenheit, Kaufintensionen bzw. Loyalität von Kunden ggü. Shopping Malls beeinflussen (Rahman/Wong/Yu 2016; Das/Varshneya 2017; Alavi u.a. 2016; Haj-Salem u.a. 2016). Der Fokus liegt dabei auf der Analyse verschiedener Determinanten z.B. Promotionen, der Qualität von Services und Produkten oder der Atmosphäre. Martin (2009) fand heraus, dass bei Müttern hauptsächlich das Ambiente und Warenvielfalt für positive Bewertungen eines Shopping Centers verantwortlich sind, wobei bei den Töchtern eher die Motive Involvement und der Wunsch zu Bleiben vorherrschend sind. Es wurden u.a. Shopping-Center-Attribute, die die Shopping-Mall-Loyalität von Männern und Frauen steigern, untersucht. Es zeigte sich, dass die Atmosphäre, der Preis sowie die Identifikation mit der Mall, Treiber der Shopping-Mall-Loyalität von Männern sind. Die Shopping-Mall-Loyalität von Frauen wurde ebenfalls durch die Atmosphäre gefördert, darüber hinaus aber auch durch das physische Design und die wahrgenommene Qualität der Produkte und Services.

Tabelle 2.10: Shopping Center in Deutschland

	1980	1990	2000	2005	2010	2015	2016	2017
Anzahl Shopping Center	65	93	300	372	435	460	476	479
Geschäftsfläche je Center in Tsd. qm	30,1	29,9	32,4	31,4	31,4	31,8	32,2	32,2

Ab 2000 EHI; Daten davor aus unterschiedlichen Quellen.

Quelle: EHI 2018.

Galerien und Passagen

Bei Galerien und Passagen handelt es sich um bauliche Einheiten in Innenstadtlagen. In den Einheiten sind meist kleine und mittlere Handels-, Gastronomie- und Dienstleistungsbetriebe angesiedelt. Galerien sind i.d.R. mit mehrstöckigen Verkaufsebenen ausgestattet, die häufig durch Tageslichteinfall gekennzeichnet sind, wobei i.d.R. der Blick vom Basement auf die Dachkonstruktion frei möglich ist. Kleinere Einkaufspassagen und Galerien haben sich bisher jedoch selten am Markt behaupten können. Erfolgskriterien für ein effizientes und effektives Management sind u.a. Standortauswahl, Branchenmix und Marketingkonzeption. Passagen entstanden als Verbindungsgänge zwischen mehreren Straßen, an deren Seiten die Angebote angeordnet sind.

Power-Center

Power-Center sind Ausprägungsformen von Einkaufszentren, bei denen Magnetbetriebe oft einen flächenmäßigen Anteil von ca. 75% belegen. Die Leitbetriebe sind dabei i.d.R. Fachmärkte. Power-Center sind v.a. in Ballungsgebieten angesiedelt, da sie ein großes Einzugsgebiet benötigen. Diese Form von Einkaufszentren ist insb. in den USA verbreitet; typisch ist der Besatz mit einem qualitativ hochwertigem Hypermarket, wie z.B. Wal-Mart, einem Drugstore, wie z.B. Walgreens, einem Liquor Store, diversen (Fast-Food) Restaurants etc. Im deutschsprachigen Raum und in Europa sind v.a. die Fachmarktzentren damit vergleichbar.

Spezial-/Themen-Center

Spezial- oder Themen-Center stellen eine räumliche Agglomeration von Einzelhandels- und Dienstleistungsbetrieben mit speziellen Warengattungen bzw. mit Waren und Dienstleistungen in spezifischem thematischem Bezug zueinander dar. Durch eine Akkumulation diverser Anbieter entsteht eine Magnetwirkung. So entwickelte sich bspw. das Themencenter Stilwerk, in dem ein konzentriertes Angebot aus den Bereichen Einrichtung und Wohndesign zu finden ist. International renommierte Hersteller präsentieren in Berlin, Hamburg und Düsseldorf ihr Angebot, welches sich von Möbeln, über Wohnaccessoires, bis hin zu Bodenbelägen und Stoffen erstreckt. Profilierungschancen bestehen auch im ökologischen Bereich.

Im europäischen Vergleich liegen Einkaufszentren in Deutschland bei der Gesamtfläche relativ vorne. Gemessen an der Verkaufsfläche pro 1.000 Einwohner hingegen weisen sie eine unter dem EU-15 Durchschnitt liegende Bedeutung auf (159 qm; siehe Tab. 2.11). Dies liegt u.a. daran, dass in Deutschland lt. aktueller Passantenfrequenzzählungen immer noch Innenstadtlagen dominieren, so die Zeil in Frankfurt gefolgt von Haupteinkaufsstraßen in Düsseldorf, Köln, Hamburg, Dortmund und drei Einkaufsstraßen unter den Top10 in München.

Tabelle 2.11: Shopping-Center-Flächen in ausgewählten Ländern (in Mio. qm)

Großbritannien	Deutschland	Frankreich	Italien	Spanien	Polen	Schweden	Niederlande
21,22	20,95	16,82	15,34	14,84	10,61	6,49	3,62

Quelle: EHI 2017, RegioData 2017.

2. Urban Entertainment Center

Urban **Entertainment Center** (UEC) sind i.w.S. eine spezifische Form der Einkaufszentren. Sie stellen eine Kombination von Einzelhandels-, Unterhaltungs- und Gastronomieangeboten dar.

Bei UEC werden bis zu zwei Drittel der Fläche für Unterhaltungszwecke und Themenrestaurants reserviert, ein Drittel verbleibt für den Einzelhandel. Insbesondere durch die spezifische Ausgestaltung der Unterhaltungskomponenten können UEC ein spezifisches, erlebnisorientiertes Image aufbauen und sich von reinen Shopping Centern differenzieren. Warnaby/Medway 2016 sprechen u.a. aufgrund der Integration der Unterhaltungskomponente in bisherige Shopping Malls von „**Retail-Entertainment-Destinations**". Der Unterschied liegt also im Angebotsmix, wenngleich die Grenzen zwischen Shopping Centern und UEC fließend sind, zumal es sich um überdachte Gebäudekomplexe oder offene Ladenstraßen an verschiedensten Standorten handelt (sog. Urban Entertainment Districts).

Simon Property Group (ehem. Mills Corporation)

Die Mills Corporation entwickelte Anfang der 1980er Jahre ein Konzept, das eine Integration von Off-Price-Anbietern aus Handel und Industrie in einem Center-Konzept vorsah. Das erste dieser „Mills"-Projekte wurde im September 1985 entwickelt („Potomac Mills" in Prince Williams, Virginia). In dieser Mall mit einer Gesamtfläche von rd. 60.500 qm wurden 120 Händler zusammengefasst. In „Potomac Mills" sollte den Kunden anhand umfangreicher Auswahl- und Preisvergleichsmöglichkeiten bei gleichzeitiger Off-Price-Orientierung ein Smart-Shopping ermöglicht werden. Das Konzept der „Super Regional Outlet Malls" nach dem Mills-Konzept war durch substanziell niedrigere Preise (ca. 30-70%) als im konventionellen Handel gekennzeichnet, die v.a. auch durch Klauseln in den Mietverträgen garantiert wurden. Bis 2006 wurden insgesamt 42 dieser überregionalen Mills-Projekte in den USA, Kanada (Ontario) und Europa (je ein Standort in Spanien, Italien und Schottland) eröffnet. 2007 wurde die Mills Corporation von der Simon Property Group übernommen, welche weltweit führend im Besitz von erstklassigen Einkaufs-, Gastronomie- und Unterhaltungscentern ist. 2017 besitzt die Gruppe u.a. 108 Malls, 67 Premium Outlets und 4 Lifestyle-Center in Japan, Teilen Europas (z.B. Großbritannien, Italien, Österreich,) Kanada und den USA und erwirtschaftet einen Umsatz von rd. 1,1 Mrd. EUR.

Quelle: Simon Property Group Annual Report 2017.

Das Entstehen von UEC ist v.a. auf strategische Konzepte von Investoren und Betreibern zurückzuführen, die primär den aktuellen Werte- und Verhaltenstrends der Verbraucher Rechnung tragen wollten, so der Erlebnis-, Freizeit- und Fun-Orientierung und somit der Verbindung von Einkauf und Freizeitgestaltung. Das Verständnis von UEC ist uneinheitlich. So werden kleine, mit Einkaufszentren vergleichbare Komplexe wie auch ausgedehnte, revitalisierte städtische Bezirke mit der Bezeichnung UEC belegt. Dazu können auch Themenparks (z.B.

Vergnügungs-, Tierparks) gehören, obwohl sie sich hinsichtlich der Größe, des Angebots und der Umgebung deutlich unterscheiden. Die synergetische Agglomeration von Einzelhandels-, Dienstleistungs-, Unterhaltungs- und Gastronomiebetrieben, die miteinander harmonieren und Besucher aus mehreren Zielgruppen anziehen und Kundenfrequenz generieren, werden als Charakteristikum von UEC gesehen. Gastronomie- und große Unterhaltungsbetriebe (z.B. Freizeitparks, Casinos, Großarenen) sollen außerhalb der Öffnungszeiten des Handels die Magneten bilden. Hinsichtlich der Standorte werden Citylagen mit touristischer Kapazität ebenso genutzt wie außerstädtische Gebiete oder Randlagen. In diesem Fall sind **Mega Malls** auf der „Grünen Wiese" als UEC anzusehen. Das Einzugsgebiet beträgt hier nicht selten mehrere 100 km. Ein Überblick über die Komponenten gibt Abb. 2.15.

Abbildung 2.15: Komponenten eines UEC

Komponenten	Beispiele
Multiplex-3D-Kinos, Theater	Cineplex (Neustadt)), Cinecitta (Nürnberg), Caesars Palace Colosseum (Las Vegas)
Unterhaltungsorient. Einzelhandel	NikeTown, Disney, Warner Bros., Nutella Café
High Tech-Attraktionen	Sega Arcades, Virtual World, Laser Tag
Wasserparks, Schwimmbäder	Tropical Islands (Berlin), Yas Waterworld (Abu Dhabi)
Aquarium/Themenwelten	Sea Life (München, Carlsbad), Dubailand (VAE), Waterfront (Bremen)
Kinderunterhaltung	Berjaya Times Square Kidz Town (Kuala Lumpur), Harry Potter World
Spielcasinos	Bellagio (Las Vegas)
Großarenen	Olympiastadium (Berlin), Allianzarena (München), Camp Nou (Barcelona)
Abend-/Nachtunterhaltung	Universal Walk (Orlando), Snowman World (Finnland)
Freizeitparks	Europa Park (Rust), Canada's Wonderland (Vaughan), Coney Island (New York)
Themenrestaurants	Hard Rock Café, Rainforest Restaurant, Rollercoaster Restaurant

Das Potenzial der Kombination von Freizeit und Handel kann wie folgt beurteilt werden:

- Freizeitangebote induzieren Kundenfrequenzen für Einzelhandelsbetriebe et vice versa.
- Durch Konzentration von Freizeit- und Handelsangeboten wird eine Destination geschaffen und so eine Vergrößerung des Einzugsgebiets erreicht.
- Touristische Frequenzen können genutzt werden.
- Durch den Angebotsmix können Zielgruppen erweitert werden.
- Die mit der Ausgabebereitschaft korrelierende Verweildauer wird erhöht.
- Die mit der Ausgabebereitschaft korrelierende Einkaufsatmosphäre wird verbessert.
- Die vorhandenen Freizeitangebote überbrücken Wartezeiten.
- Synergien, z.B. Kosten für Parkplätze und Werbung können genutzt werden.
- Für den Erfolg ist der Angebotsmix entscheidend, der dem Erwartungs- und Erlebnisspektrum der Zielgruppen entsprechen sollte.

Eine Unausgewogenheit der Kombination von Freizeit- und Einkaufsangeboten leitet über zu den denkbaren Barrieren/Konflikten in UEC. So können die Zielgruppen für Freizeit- und Shopping-Angebote voneinander abweichen, wodurch sich das Problem von Shopping Centern, dass Jugendliche zwar bummeln, aber nicht einkaufen, in UEC verstärken. Ebenso können unterschiedliche Öffnungszeiten der Verkaufsstellen und der Freizeitangebote (Besuch abends oder am Wochenende) problematisch sein. Interessenskonflikten zwischen den heterogenen Mietern, so bzgl. des Marketing, der gemeinsamen Events, der Kostenverteilung usw. wird – analog zu Shopping Centern – mit einem zentralen **Center-Management** begegnet. In diesem Zusammenhang besteht neben permanenten Marktanalysen eine wichtige Aufgabe darin, die Kundenströme nach Standortlagen innerhalb des UEC möglichst effizient und durch entsprechend optimierten Angebots-Mix möglichst profitabel zu steuern.

3. Factory Outlet Center

Als Factory Outlet Center (FOC) werden Agglomerationen von Einzelhandelsgeschäften bezeichnet, in denen meistens Herstellerunternehmen ihre Waren in separaten Ladeneinheiten (direkte oder indirekte Distribution) vertreiben, ergänzt um klassischen Handel und gastronomische Angebote.

FOC sind i.d.R. abseits urbaner Zentren in verkehrsgünstiger Lage mit großem Einzugsgebiet angesiedelt. Sie fassen bevorzugt Marken- und Off-Price-Stores zu einem Komplex zusammen, i.d.R. in Sortimentsbereichen wie Bekleidung, Schuhe, Lederwaren, Hausrat, Glas und Porzellan in höheren Preislagen, aber deutlich unterhalb des üblichen Niveaus des konventionellen Einzelhandels. Diese Ansammlung von Markenherstellern unter einem Dach stammt ursprünglich aus den USA (Merrilees/Miller/Shao 2016). Magnetmieter in den FOC sind zumeist Markenhersteller mit einem besonders hohen Bekanntheitsgrad. Ngwe 2017 untersucht generische Faktoren, die Unternehmen dazu veranlassen, FOC zu nutzen und stellte fest, dass diese v.a. durch die Preisgünstigkeit qualitativ hochwertiger Marken, Konsumenten ansprechen. Dies mag ein Indiz dafür sein, dass in FOC aus Kundensicht ebenfalls Trading-up-Tendenzen erkennbar sind. Dies gilt umso stärker für sogenannte Premium-Outlets, die in den USA in Abgrenzung zu konventionellen FOC positioniert werden. Die Entwicklung der FOC ist in Deutschland Ausdruck von Änderungen im Verbraucherverhalten, so der Discount-Orientierung und der (parallelen) Marken-Orientierung. Die Verbraucher sind weniger bereit, für (Premium-)Marken auch einen höheren (Premium-)Preis zu zahlen. Dies gilt auch für Verbraucher, die nicht aus ökonomischen Zwängen „stärker auf das Geld achten" müssen. Im europäischen Vergleich liegt die dominante Position Großbritanniens (siehe Tab. 2.12) bzgl. der Verbreitung von FOC insb. darin begründet, dass Investoren aus den USA bereits früh einen europäischen Referenzmarkt für die Internationalisierung des Standortkonzeptes – mit dem Push-Faktor eines saturierten Heimatmarktes – gesehen haben.

Tabelle 2.12: FOC im europäischen Raum

	Anzahl Standorte FOC	Verkaufsfläche insgesamt in qm	Ø Verkaufsfläche je Center in qm	Verkaufsfläche je 1.000 Einwohner in qm	Anzahl Standorte FOC in Planung
Großbritannien	35	526.305	15.037	7,9	7
Italien	25	540.120	21.604	8,9	2
Frankreich	24	359.335	14.972	5,5	7
Spanien	17	231.040	13.591	4,9	3
Deutschland	14	215.050	15.360	2,6	10
Polen	13	201.500	15.500	5,3	4
Russland	5	106.050	21.210	0,7	3
Schweiz	5	77.500	15.500	9,2	1
Griechenland	4	58.400	14.600	5,3	0
Portugal	5	88.550	17.710	8,5	0
Österreich	3	74.000	24.667	8,4	0
Niederlande	3	84.000	28.000	4,9	4
Tschechien	3	64.000	21.333	6,0	3

Quelle: Ecostra 2018.

In Großbritannien zeigen sich seit dem Jahr 2010 jedoch Marktsättigungs- und Verdrängungstendenzen (die Anzahl der Standorte sank), wohingegen in Deutschland sich die Anzahl verdoppelte und weiter Potenzial besteht, bei einer relativ zu Kaufkraft und Umsatzpotential geringen Dichte an FOC-Verkaufsfläche je 1.000 Einwohner. Das Potenzial von FOC wird zugleich nicht als unerschöpflich bewertet: Der Reiz liegt für den Verbraucher in dem äußerst preisgünstigen Kauf einer renommierten Marke. Eine ubiquitäre Verfügbarkeit hochwertiger Marken zu günstigen Bedingungen in einer Vielzahl von FOC, also eine hohe FOC-Dichte, würde den Kaufanreiz jedoch deutlich schmälern. Zudem sind die Raumplanungsgesetze in Deutschland relativ restriktiv, was die Umsetzung von FOC erschwert.

Factory Outlet

In **Factory Outlets** (Fabrikläden) finden sich ebenfalls Angebote der Hersteller (Waren zweiter Wahl, Überbestände und Retouren oder Zukaufsortiment), es handelt sich aber um mittel- bis großflächige Handelsbetriebe mit einfacher Ausstattung an fabriknahen oder verkehrsorientierten Standorten (Ausschuss für Definitionen zu Handel und Distribution 2006, S. 47). Meistens werden nur Waren eines Herstellers angeboten und auch die Sortimentstiefe ist eingeschränkt. Beispiele für Fabrikverkaufsläden sind Braun Büffel in Kirn oder Villeroy & Boch in Mettlach. Häufig siedeln sich neben diesen Fabrikverkaufsläden eines einzelnen Händlers weitere Marken an, wie u.a. Picora in Kirn oder Bassetti in Mettlach, so dass kleinere Factory Outlet Center entstehen. Generell liegt in diesem Fall Einzelhandel vor, da es sich um Absatz an Endkonsumenten handelt, nicht aber Einzelhandel im institutionellen Sinn, da aus der Einzelhandelstätigkeit des Herstellers eine geringere Wertschöpfung resultiert als aus dessen Kerngeschäft. Factory Outlets werden manchmal in FOC und damit zu Einzelhandelsagglomeration zusammengefasst. Dies erfolgte bspw. beim Fabrikationsladen von Hugo Boss in Metzingen, wo durch fortschreitende Ansiedlung weiterer Fabrikverkaufsläden in unmittelbarer Nähe (u.a. Escada, Guess, Calvin Klein usw.) eine gewachsene Outletcity entstand.

Der Vollständigkeit wegen ist zu erwähnen, dass der **Direktvertrieb** der Hersteller (d.h., aufgrund der Kontrolle der Vertriebswegen, der Einflussnahme auf die Endabnehmer, die Einbehaltung der Handelsspanne) zunimmt, so über unternehmenseigene **Distributionsorgane** wie

- spezifische organisatorische Einheiten, so Vertriebsaußen- und -innendienst, Kundendienst (der dispositiv oder akquisitorisch tätig sein kann), eigene Verkaufsstellen (z.B. Offline und Online Stores, Flagship-Stores, FOC, Shop-in-Store-Systeme), und
- einzelne Personen, so Geschäftsführer, Key-Account-Manager oder Vertriebsleiter, soweit diese (Direkt-)Vertriebsaufgaben wahrnehmen.

Dies ergänzt und substituiert die **indirekten Vertriebsformen**, so Absatzmittler oder **externe Verkaufsorgane** mit oder ohne spezifische Bindung (z.B. Vertragshändler, Franchising oder Handelsvertreter).

4. Bahnhof- und Airport Shopping

Das Aufkommen neuer Angebotsformen ist in starkem Maße mit dem Bestreben einer Belebung und Aufwertung der Innenstädte verbunden. Hervorzuheben sind dabei politisch-rechtliche Tendenzen, wie die Urbanisierung neuer (inner-)städtischer Flächen auf Grund der Nutzung durch Post-, Bahn-, Industrie-, Gewerbe- und Bankbranchen, die dazu führt, dass in vielen Städten große Areale neu gewonnen und für Handelsagglomerationen genutzt werden können. Die Entwicklung dieser neuen Standorte basiert zudem auf veränderten

Werte- und Verhaltenstrends in der Bevölkerung, so erhöhter Erlebnis- und Freizeit-Orientierung sowie gestiegener Convenience-Orientierung.

Die in den neunziger Jahren aufgekommene Tendenz zur Umwandlung von Bahnhofs-Flächen hat bis heute Bestand. An Bahnhöfen entstanden in den letzten Jahren zunehmend neue Angebotsformen und Angebotsbündelungen. Aufgrund der zunehmenden Mobilität hat sich der moderne Bahnhof sowie noch verstärkt bei Flughäfen beobachtbar, zu einem Ort mit attraktivem Angebotsmix entwickelt. Läden mit einer raschen Bedienung, Take-away-Stände, sowie Kiosksysteme mit Pre-Ordering-Funktionen zeigen die rasche Anpassung an die sich veränderten Bedingungen in der zunehmend vernetzten Welt. Studien beschäftigen sich, zuletzt aufgrund der Einführung virtueller Supermärkte an Bahnhöfen Südkoreas, mit der Nutzung von Smartphones und QR Codes und der Adoption von Virtual-Shopping (Almehairi/Bhatti 2014).

Das Airport-Shopping war in den Anfangszeiten stark auf **Duty-free-Handel** fokussiert. Das ursprünglich aus einer Entscheidung des irischen Parlaments aus dem Jahr 1947 über den „Custom Free Act" entwickelte Duty-free-Shopping nahm jüngst an Umsatzbedeutung ab, stellt aber einen großen Anteil des Absatzes an Flughäfen dar. In den letzten Jahren stieg die Bedeutung des Einzelhandels mit einer Erlebnisorientierung und innovativen Vertriebsideen an Flughäfen. Einkaufsmöglichkeiten an Flughäfen werden von Reisenden verstärkt zur Gesamtbewertung von Flughäfen herangezogen. In diesem Kontext werden bspw. verkaufsfördernde Verkaufsstrategien von Duty-Free-Händlern erforscht (Weaver 2017) sowie das Impulskaufverhalten von Touristen im Duty-Free-Handel (Sohn/Lee 2017).

VI. Alternative Kauf- und Konsumorte

Club-, Event-, Fun-, Fan-, Tourist-Shopping

Konsumenten haben neben den behandelten Be- und Vertriebstypen weitere Kauf- und Konsumoptionen, so bei Sportveranstaltungen, bei Urlaubsreisen, in Kantinen und Restaurants oder bei Direktvermarktung (v.a. von Lebensmitteln). Traditionell erwähnt werden drei Optionen in diesem Buch, i.e.S. einer Substitutionskonkurrenz zum Offline- oder Online-Handel (siehe Abschnitt D.II. im Ersten Kapitel; komplementär zur angedeuteten Verdrängung durch Hersteller oder neue Anbieter). Das **Club-, Event-, Fun-, Fan- und Tourist-Shopping** ist im Wesentlichen Ausdruck der Tendenzen im Konsumentenverhalten, so der Erlebnis-, Freizeit-, Action- und Fun-Orientierungen, verbunden mit einem ausgeprägten Markenbewusstsein und zunehmender Mobilität. Die Erscheinungsformen sind vielfältig; das sog. Kult-Shopping, das z.B. in neuartigen Outlets stattfindet, und das sog. Tourist-Shopping sind hervorgehoben.

Kult-Shopping stellt einen besonderen Ausdruck von Marken- oder Event-Identifikation dar. Die Standorte, an denen Kult-Shopping stattfindet, sind immer neue Standorte und die Betriebe zeichnen sich zumeist durch die Umsetzung neuartiger Konzepte aus. Die Orte, an denen ein solches Kult-Shopping stattfindet, können z.B. **Pop-up-Stores**, Szene-Lokale, Freizeitparks, Events, Veranstaltungen oder Fußballvereine sein. Es handelt sich um Orte oder Veranstaltungen, zu denen die Konsumenten einen besonderen Bezug aufbauen, der in einem Kult-Status resultieren kann. Diese neueren Erscheinungsformen reflektieren eine wichtige Tendenz in der veränderten Kundennachfrage, wirken somit i.d.R. negativ auf den traditionellen Handel – da T-Shirts vom Lieblingsfußballverein durchaus traditionell erworbene T-Shirts ersetzen –, werden aber nur selten beachtet.

Dies ist anders beim **Tourist-Shopping**, das den Einkauf durch Konsumenten darstellt und im Rahmen von Reisen an anderen Standorten realisiert wird. Das Tourist-Shopping umfasst Einkaufsaktivitäten der Konsumenten, die sich v.a. in den klassischen Einzelhandelsbetrieben, also Fachgeschäften, Warenhäusern, Boutiquen u.ä. vollziehen; zunehmend werden auch neuere Formen, so FOCs oder UECs, als Ziele gewählt. Diese Standorte werden i.S. eines **Einkaufstourismus** von den Konsumenten genutzt. Hierunter fallen zum einen die Einkäufe der Touristen an ihren Urlaubsorten oder von Managern am Rande von Geschäftsreisen; zum anderen findet auch ein gezielter Einkaufstourismus statt, d.h. Reisen bzw. **Einkaufstrips** in geografisch entfernte Gebiete. Hier zeigt sich eine Ausprägung des Smart Shopping, indem Ziele anvisiert werden, die sich durch günstigere Preisgefüge auszeichnen. Zudem zeigt sich auch eine Erlebnis-, Freizeit- und Fun-Orientierung, bei der das Einkaufserlebnis an anderen Standorten im Vordergrund steht. Bezüglich des Tourist-Shopping haben bspw. aktuellere Studien unter anderem die Faktoren der Zufriedenheit von Kunden bzgl. „tourist shopping villages" (Moscardo/Benckendorff/Murphy 2016) bzw. „regional shopping malls" (Murphy u.a. 2011) oder allgemeiner die Bedeutung von Kundenemotionen auf das Kaufverhalten in derartigen Agglomerationen (Yüksel 2007) analysiert.

M&M World in London zieht Millionen Besucher an

Die größte Schokoladenmarke der Welt, M&M hat bisher insg. fünf Läden (M&M's World) auf drei Kontinenten. Diese befinden sich in den USA, UK und China. Die Läden befinden sich in den pulsierenden Metropolen Las Vegas, New York, Orlando, London und Shanghai. Besucher können hier auf knapp 1.500 qm durch die ca. 7.000 Artikel von Süßigkeiten bis Kleidung stöbern und zusätzliche Unterhaltungsangebote genießen.

Quelle: www.mymms.com, 26. Juli 2018.

Landwirtschaftliche Direktvermarktung/Bauernmärkte

Die landwirtschaftliche Direktvermarktung, bei der von Landwirten individuell, so beim **„Ab-Hof-Verkauf"** oder in gemeinschaftlicher Direktvermarktung, so auf Bauernmärkten, in stationärer oder ambulanter Form ein Direktvertrieb der Waren erfolgt, ist als Reaktion auf die erhöhte Sensibilisierung der Konsumenten bzgl. einer biologischen und ökologischen Orientierung im Rahmen eines ausgeprägten Gesundheitsbewusstseins zu sehen, aber auch einem Streben nach Regionalität. Beim Ab-Hof-Verkauf handelt es sich um Einzelhandel im funktionellen Sinne, da Erzeugerbetriebe ihr produktives Tätigkeitsfeld erweitern.

Vor allem der ökologische Anbau regionaler Spezialitäten, besonderer Rezepturen oder die Online-Bestelloptionen dienen der Profilierung. Im direkten Kauf beim Produkterzeuger drückt sich ein besonderes Vertrauen der Kunden bzgl. der Herkunft der Produkte aus, das anderen Betriebstypen nicht entgegengebracht wird, weil dort eine Mehrstufigkeit gegeben ist, bei der es oft nicht möglich ist, die Herkunft der Ware nachzuvollziehen. Im Zusammenhang mit frischen Produkten ist dies von besonderer Bedeutung. Insbesondere der Markt für biologische bzw. ökologische Lebensmittel entwickelte sich in Deutschland in den letzten Jahren enorm (siehe Tab. 2.13).

Auch landwirtschaftlichen Direktvermarktern bieten sich attraktive Positionierungsmöglichkeiten. Die Nachfrage nach Biolebensmitteln aus der Region wächst. Immer mehr Verbraucher kaufen regionale Lebensmittel wieder auf dem Wochenmarkt oder direkt beim Biobauern. Trotz traditionellen Lebensmitteleinzelhändlern und Bio-Supermärkten, welche verstärkt auf die Vermarktung von Bio-Lebensmitteln setzen, entstehen neue Möglichkeiten für Direktvermarktung bspw. aufgrund einer höheren Anzahl an OnlineShops und Plattformen, die regionale Bioprodukte direkt in die Küchen der Kunden liefern.

Tabelle 2.13: Entwicklung des Umsatzes des Biolebensmittelmarktes in Deutschland

	1995	2000	2005	2010	2015	2016	2017
Gesamtmarktumsätze in Mrd.	1,48	2,05	4,01	5,90	8,62	9,48	10,04

Quelle: BÖLW 2018.

Außer-Haus-Verzehr/Consumer Catering

Der Außer-Haus-Verzehr stellt einen Bereich dar, in dem Angebotsformen ggü. dem Einzelhandel – hier insb. ggü. dem LEH – als Konkurrenten auftreten, die nicht dem Handel zuzuordnen sind. Der Außer-Haus-Markt umfasst die vier Teilbereiche klassische Bedienungsgastronomie, Imbisse und Schnellrestaurants, Arbeits- und Ausbildungsplatzverpflegung sowie die Erlebnisgastronomie. Durch eine Zunahme des Außer-Haus-Verzehrs (siehe Tab. 2.14), die sich nicht zuletzt aus einer Veränderung im Ernährungsverhalten der Konsumenten ergibt, sinkt der Anteil des Lebensmitteleinzelhandels am sog. „**Share of Stomach**" in zunehmendem Maße.

Tabelle 2.14: Entwicklung des Umsatzes des Außer-Haus-Marktes in Deutschland

	2005	2008	2010	2015	2016	2017	2022
Umsatz in Mrd. EUR	41,4	64,0	63,3	73,6	75,8	78,4	89,0*

Änderung im Jahr 2008 (Umstellung auf Online-Erhebungen); *Prognose.

Quelle: BVE 2018 (diverse Jahresberichte).

Der Offline- und Online-Lebensmitteleinzelhandel konkurriert in diesem Zusammenhang nicht nur mit Betrieben wie Bäckereien oder Metzgereien, sondern auch mit jeglichen Formen der Gastronomie, so Restaurants, Imbissstuben, Cafeterien oder Kantinen. Auch die zunehmende Convenience-Orientierung der Konsumenten spielt eine Rolle im Kontext des Wettbewerbsumfeldes des LEH. In diesem Zusammenhang stellen nicht nur die stationären Formen des Bereichs der Gastronomie Konkurrenten dar. Auch die Zustelldienste von Restaurants und Gaststätten, so Pizza-Kuriere und Party-Service-Anbieter treten als potenzielle und aktuelle Konkurrenten des Lebensmitteleinzelhandels auf. Das „Consumer Catering" (auch Online-Bestellungen) stellt somit einen wichtigen Bereich für den Nahrungsmittel- und Getränkeumsatz in Deutschland dar. 2017 steigen die Angaben pro Besuch auf 6,67 EUR an, wobei die Einwohner Deutschlands mehr als 154 Mal außer Haus essen gingen und dabei mehr als 958 EUR ausgaben. Dieser Trend wird sich in Deutschland weiterhin fortsetzen, z.T. aufgrund steigender Flexibilität und Mobilität im Alltag sowie verstärkter Mitnehm-Angebote („To Go"). Auch in den USA, wo bereits mehr als jeder zweite Dollar auf dem Außer-Haus-Markt ausgegeben wird, ist ein Aufwärtstrend zu vermuten.

D. Bestimmungsfaktoren der Entwicklung und Wahl von Be- und Vertriebstypen

Die **Entwicklung der Be- und Vertriebstypen** des Handels kann – über die Erklärungsperspektive der theoretischen Ansätze in Abschnitt B hinaus – in Abhängigkeit von unterschiedlichen Einflussfaktoren, so Umfeldfaktoren und unternehmensinternen Faktoren, gesehen werden. Diese generellen Bestimmungsfaktoren sowie deren Veränderungen im Zeitverlauf können in unterschiedlichem Maße für die Weiterentwicklung bestehender sowie die

Neuentwicklung von Be- und Vertriebstypen von Bedeutung sein. Sie determinieren die konkrete **Wahl eines Be- und Vertriebstyps** aus Sicht von Handelsunternehmen, die von der Wahl der Be- oder Vertriebsformen durch Hersteller abzugrenzen ist. Diese Wahl ist Teil eines strategischen Entscheidungsprozesses und richtet sich in dieser Sicht nach den Ziel(ebenen) eines Handelsunternehmens. Zu den generellen Umfeld- und Marktfaktoren gehören zunächst die weitere Umwelt sowie die Annahme der Notwendigkeit eines Fits zwischen Umfeldanforderungen und Angebotskonzept (zu deren Wirkung in internationalen Unternehmen vgl. Jell-Ojobor/Windsperger 2017). Bei den Marktfaktoren gilt, dass für die Entwicklung und Wahl eines Be- oder Vertriebstyps die Struktur der aktuellen und potenziellen Konkurrenten und Kunden wichtig ist. Beide Sichtweisen wurden im Ersten Kapitel behandelt und umfassten

- sozio-ökonomische, politisch-rechtliche, technologische Umfeldbedingungen und
- Konkurrenten, Kunden oder Beschaffungsbedingungen.

Die internen Gegebenheiten der Unternehmen sind von unmittelbarer Bedeutung für die Entwicklung und die Wahl des Be- oder Vertriebstyps, denn Be- bzw. Vertriebstypeninnovationen entstehen stets auf der Ebene der Unternehmen. Die Entscheidungen können proaktiv (i.S. einer strategischen Planung) oder reaktiv auf Umfeldveränderungen erfolgen. Primär bedeutend sind neben der Ressourcenausstattung die Organisationsstruktur und das Führungssystem (siehe das Sechste Kapitel) sowie die Faktoren, welche die generelle Unternehmensstrategie oder auch die Innovationsorientierung und -planung betreffen. Konkreten Einfluss auf die Wahl haben die unterschiedlichen Anforderungen eines Be- und Vertriebstyps und die bisherigen Erfahrungen und das Know-how bzgl. der Sortiments-, Preis- oder Kommunikationspolitik (siehe das Vierte Kapitel).

Innovationsbewegungen und Entscheidungshilfen der Wahl

Die Determinanten der Be- und Vertriebstypenwahl sind für die Be- bzw. Vertriebstypen des Großhandels und des Einzelhandels unterschiedlich, da hier Differenzen hinsichtlich der Kundenstruktur sowie der Unternehmensziele bestehen. Im Zusammenhang mit der Betriebstypenpolitik im Großhandel wie auch im Einzelhandel werden im Wesentlichen die Optionen, die in den Abschnitten C.II.1. und C.IV.1. in diesem Kapitel ausgeführt wurden, als Unterscheidungskriterien angeführt. Im Großhandel sind dies das Marktgebiet, der Warenverwendungszweck, die Sortimentsausrichtung usw. Im Einzelhandel handelt es sich dabei um die Sortiments- und Preispolitik, die Betriebsgröße usw. Die Innovationsbewegungen einzelner Unternehmen des Großhandels und des Einzelhandels in ihrer Be- bzw. Vertriebstypenpolitik führen dazu, dass sich in der Aggregation der Verhaltensrichtungen bestimmte Entwicklungen im Gesamtzusammenhang aller Handelsunternehmen zeigen. Gleichläufige Entwicklungsrichtungen, d.h. die breite Durchsetzung von den Typen im Markt, können sich aus ähnlichen Umfeldbedingungen, Strategie- oder Imitationsschritten ergeben. Um bspw. an neue bzw. veränderte Rahmenbedingungen eine möglichst optimale Anpassung der Be- und Vertriebstypen erreichen zu können, sind verschiedene Vorgehensweisen abgrenzbar:

- Bei einer **Innovationsstrategie** erfolgt die Entwicklung (für das jeweilige Unternehmen und/oder den Markt) neuer Be- und Vertriebstypen. Diese Strategie stellt eine grundsätzliche Basis für alle folgenden Vorgehensweisen dar, zumal Innovationen auf geplanten Produkt-Markt-Strategien, Wettbewerbsstrategien, z.B. Segmentierungsoptionen, Leistungsprogrammentwicklungen oder Marktbeobachtungen beruhen können.
- Bei der **Nachahmungsstrategie** erfolgt bspw. die Entwicklung neuer Typen (für das jeweilige Unternehmen) anhand von Anpassungen an beobachtete Vorbilder. Dies kann z.B. in Form eines **Benchmarkings** mit Offline-Anbietern erfolgen oder anhand einer

Orientierung an Online-Pure-Playern und deren Geschäftsmodellen (ggf. sogar durch Übernahme eines potenzialreichen Startups).

- Bei der **Segmentierungsstrategie** liegt die Grundlage der Bildung von Be- und Vertriebstypen in einer Aufteilung des relevanten Marktes in Marktsegmente. Diese Segmente weisen zueinander eine Heterogenität auf, welche die Anwendung unterschiedlicher Typen je Segment erfordert. Änderungen von Zahl oder Struktur der Marktsegmente können Umgruppierungen, Differenzierungen oder Aggregationen erforderlich machen. Mit den Segmenten verbunden ist die Selektions- und Spezialisierungsstrategie, da sie die Ausrichtung an bestimmten Zielgruppen bzw. Zielmärkten bedeutet. Diese Ausrichtung kann sich auf die unterschiedlichen Bestandteile des Produkt- und Leistungsprogramms, so auf bestimmte Warengruppen, beziehen oder eine Fokussierung auf bestimmte Kundengruppen umfassen (i.d.R. Marktnischenstrategie).
- Die **Strategie der Verbindung von Betriebstypen** beinhaltet die Kombination mehrerer bestehender Typen zu einem neuen Typ, während die Strategie der Mischung von Bausteinen bestehender Typen eine Kombination einzelner Elemente unterschiedlicher bestehender Be- und Vertriebstypen zu neuen Typen beschreibt.
- **Strategie der Standardisierung bzw. Differenzierung**: Hier werden bestimmte Merkmale festgelegt, die als grundlegende Bestandteile in allen Be- bzw. Vertriebstypen standardisiert (bzw. differenziert) angewendet werden. Je nach Kombination dieser Bestandteile ergeben sich dadurch letztlich unterschiedliche Be- und Vertriebstypen.

Innovationsbewegungen im Rahmen der Be- und Vertriebstypenpolitik sind bei etablierten Händlern häufig nicht nur dadurch gekennzeichnet, dass sie bestehende Be- oder Vertriebstypen anhand der beschriebenen Ansätze verändern. Ergänzend erfolgt die Innovation häufig auch, indem ausgehend von einem Be- oder Vertriebstyp der Gründungs- bzw. Etablierungsphase der Unternehmen ein Be-/Vertriebstypenportfolio aufgebaut wird. Die Portfoliobildung kann einerseits technologiegetrieben darin bestehen, dass mit Entwicklung und Etablierung neuer Technologien, die im Handel eingesetzt werden können, so insbesondere als neuer Touchpoint, ein zunehmend ausdifferenzierter Einsatz neuer Be- und insb. Vertriebstypen erfolgt einhergehend mit der Pluralisierung der von den Händlern eingesetzten Kanäle und dem Auf- bzw. Ausbau von Multichannel-Systemen. In diesem Kontext lassen sich unterschiedliche Pfade differenzieren, die von Händlern bestritten werden können, wenn sie sich ausgehend von einem Einkanalsystem hin zu Mehrkanalhändlern entwickeln:

- Multiplizierung existierender Be- bzw. Vertriebstypen: Bei dieser Vorgehensweise addieren Händler Kanäle hinzu, die sich im gleichen Spektrum von Be- bzw. Vertriebstypen bewegen, das bisher von den Händlern schon vorgehalten wurde. Hier können Ausdifferenzierungen der Betriebstypen (z.B. Addierung von Convenience-Shops zu einem System klassischer Supermärkte im LEH) oder Vertriebstypen (z.B. Aufbau eines Systems des Multichannel-E-Commerce, siehe hierzu Wagner/Schramm-Klein/Steinmann 2013) erfolgen, ohne dass das Grundprinzip (Bring- vs. Holkauf) verlassen wird.
- „Adding Clicks to Bricks" (Fernández-Sabiote/Román 2012): Dieser klassische Pfad der Entwicklung hin zu Mehrkanalsystemen besteht darin, dass bisher mit traditionellen (meist stationären) Betriebstypen agierende Händler ihr Portfolio anhand der Integration von Online-Kanälen zu Multichannel-Systemen ausgebaut haben.
- „Adding Bricks to Clicks" (Avery u.a. 2012): Bisher als Online-Pure-Player agierende Händler nehmen zu ihrem Portfolio stationäre Betriebstypen hinzu und schaffen auf diese Weise physische Präsenzen.

Conrad Electronics: Vom Einkanal-Fachhändler zum Omnichannel-Anbieter

Das deutsche Familienunternehmen Conrad Electronics SE wurde 1923 in Berlin gegründet und agiert im Technik- und Elektronik-Fachhandel mit Fachgeschäften und Versandhandelsformaten. Mit einem Filialnetz von bundesweit 22 Verkaufsstellen und einer internationalen Vertretung in 16 Ländern agiert das Unternehmen europaweit, wobei über 4.000 Mitarbeiter 1.07 Mrd. EUR Umsatz erwirtschaften. In Deutschland besuchen 14 Mio. Kunden die Filialen.

Das Angebot umfasst über 750.000 Artikel für Privatkunden und über 900.000 Artikel für Businesskunden. Im privaten Bereich reicht die Warengruppe von PC-, Haus- und Bürotechnik über (Car)HiFi, Werkzeuge, Modellbau, Akkus bis hin zu Sicherheits-/Installationstechnik u.a. Neben Markenprodukten bietet Conrad auch einige preisgünstigere Eigenmarken im Sortiment an wie z.B. Voltcraft im Bereich der Laborgeräte, DJ Equipment unter Renkforce, Toolcraft im Werkzeugbereich, Modellbauprodukte unter Reely, Batterien und Akkus mit Conrad Energy etc. Als Vertriebswege werden diverse Kanäle genutzt: stationäres Geschäft (Filiale), Katalog und Internet (Online-Shop und mobile Conrad-App).

Kurz nach der Gründung einer ersten, kleinen Filiale erfolgte eine Ausdehnung auf den Versandhandel. Schon damals setzte Conrad auf innovative Ideen, sodass 1936 der erste Fernsehbaukasten vertrieben wurde und mit Einführung des ersten Printkataloges mehr Reichweite generiert werden konnte. Aufgrund der gestiegenen Nachfrage eröffnete Conrad 1951 das erste große, stationäre Elektronikkaufhaus. Im Jahr 1977 wurden täglich über 1.000 Pakete versendet und der Katalog (heute 500 Seiten) umfasste 50.000 Produkte. Um dem Versandhandel weiter Rechnung tragen zu können, wurde 1995 eines der modernsten Kommissionierungs- und Logistikzentren Europas in Wernberg-Köblitz eröffnet. 1988 erfolgte die internationale Expansion durch Gründung eines Einkaufbüros in Hongkong und die Eröffnung des ersten Mega-Stores in Österreich in der Wiener Shopping City im Jahr 1999.

Neben dem klassischen B2C-Geschäft bearbeitet Conrad seit 1998 den B2B-Markt mit einem speziellen Katalog für diese Zielgruppe. Die Innovationsstrategie wird auch im Jahr 2017 weitergelebt, sodass das Unternehmen den ersten und einzigen B2B-Marketplace für die Elektronikindustrie einführte. Auf dem Conrad Marketplace www.conrad.biz sind nicht nur Unternehmen aus der Elektronikbranche repräsentiert, sondern auch aus verschiedenen komplementären Bereichen wie z.B. Pneumatik und Elektromechanik. Der Marketplace operiert europaweit mit einem Angebot von über einer Mio. Artikel. Unternehmen, die auf dem Markplatz als Händler auftreten möchten, müssen eine ISO-9001-Zertifizierung, die als Qualitätssicherheitsstandard gilt, vorweisen. Auf diese Weise differenziert sich Conrad klar von anderen Online-Marktplatz-Angeboten. Im Jahr 2017 wurden über 600.000 Visits pro Monat verzeichnet.

Der Online-Shop für Konsumenten ist schon längere Zeit etabliert und gehört seit Jahren zu den Top 10 der meistbesuchten Internetshops in Deutschland. In den Jahren 2015 und 2016 wurde er mit dem Webshop Award ausgezeichnet. Mit wöchentlichen Angeboten wird eine sonderangebotsorientierte Politik verfolgt, um weitere Anreize für Konsumenten zu schaffen. Mit neun Mio. Besuchern pro Monat gehört www.conrad.de zu den erfolgreichsten Technik- und Elektronik-Internetseiten in Deutschland. Zusätzliche Angebote wie einen Newsletter-Service, Technik-Ratgeber zu speziellen Themen, ein kostenloser technischer Download-Service und ein DVD/Games-Verleih mit über 25.000 Artikeln komplementieren den Online-Dienst. Als innovativen Touchpoint setzt Conrad auf DIY-Videos, um sich vom Wettbewerb zu differenzieren. Die Videos richten sich an Hobby-Heimwerker, Elektro-Tüftler und Deko-Fans und zielen besonders in die Bereiche Smart Home, Modellbau und Challenges.

Insgesamt wurden im Jahr 2017 im Mittel 40.000 Pakete täglich über das Logistikzentrum abgewickelt und in über 150 Länder versandt. Dabei haben die Kunden die Möglichkeit, die Artikel im Internet zu bestellen und vor Ort in der Filiale abzuholen (Click & Collect) oder sich den Artikel an den gewünschten Ort liefern zu lassen. Hierbei kann, je nach Wohnort, ein Wunschliefertermin angegeben werden und die Wahl der 2-h Lieferung ist möglich. Conrad setzt mit der Verzahnung der verschiedenen Kanäle auf eine Omnichannel-Strategie und ermöglicht den Kunden auf diese Weise einen Wechsel der Betriebs- bzw. Vertriebstypen.

Quelle: *Markt&Technik 2017; www.conrad.de, 26. Juli 2018; www.conrad.biz, 26. Juli 2018.*

Weitere Innovationstendenzen beziehen sich insbesondere darauf, dass diese Be- und Vertriebstypen im Portfolio immer stärker miteinander verzahnt und integriert werden, sodass Omnichannel-Systeme entstehen (siehe hierzu die Ausführungen im Ersten Kapitel). Für die Zukunft ist dabei zu erwarten, dass in zunehmendem Maße eine Integration mehrerer Be- und Vertriebstypen auch in der Form erfolgt, dass die Händler sie in Kombination für eine parallele Nutzung für ihre Kunden ineinander verschachteln. Auf diese Weise können sie sowohl zur Nutzung in Form eines Multitasking durch die Shopper, als auch in Form einer kombinierten, sich sukzessive ergänzenden Nutzung konzipiert werden. Diese Entwicklungen sind nicht nur für (Online-) Vertriebstypen relevant, sondern auch für stationäre Betriebstypen, bei denen im Sinne einer Strategie der Kombination von Be- bzw. Vertriebstypen z.B. klassische Elemente der Gestaltung der Einkaufsatmosphäre mit neuen Technologien und mobilen Kanälen erfolgen kann. Dies ist sowohl eine Strategie, die genutzt werden kann, um ein Trading-up der Einkaufsatmosphäre zu realisieren, als auch, um die Effizienz der Einkaufsprozesse für den Händler, aber auch für seine Kunden zu erhöhen.

Im Rahmen der Be- und Vertriebstypenpolitik spielen bei der Entwicklung und Gestaltung solcher Portfolios zu Omnichannel-Systemen nicht nur der Aufbau und die Etablierung neuer Be- und Vertriebstypen eine Rolle, sondern auch der Aufbau von Schnittstellen, die den Kunden einen Be- bzw. Vertriebstypenwechsel im Rahmen ihres Einkaufs bei dem Händler ermöglichen bzw. fördern. Für die Innovationsbewegungen im Rahmen der Be- und Vertriebstypenentwicklung spielt darüberhinausgehend die ganzheitliche Verknüpfung der einzelnen Be- und Vertriebstypen eine besondere Rolle – bis hin zu einer vollständigen Verzahnung der Prozesse, die es den Händlern ermöglichen, den Kunden zu jeder Zeit die Kanalkombination zu bieten, die deren Bedürfnissen entspricht und die die effizientesten Prozesse garantiert.

Die Frage, welche Be- bzw. Vertriebstypen ausgewählt und ggf. in einem Portfolio kombiniert werden sollen, ist wesentlich durch die Aufgabe bestimmt, welche die einzelnen Be- bzw. Vertriebstypen im Rahmen der strategischen Entscheidungen des Händlers übernehmen sollen. Beispielsweise können die einzelnen Kanäle strategische Rollen zugewiesen bekommen, wie z.B. logistische Aufgaben, kommunikative Aufgaben, zielgruppenspezifische Aufgaben oder atmosphärische Aufgaben (siehe hierzu Drittes Kapitel). Im Hinblick auf Effektivitäts- und Effizienzaspekte können unterschiedliche Methoden eingesetzt werden, welche die Auswahlentscheidung im Hinblick auf die einzusetzenden Be- bzw. Vertriebstypen und deren Kombination unterstützen.

Analytische und heuristische Methoden der Wahl

Begreift man die Entscheidungen im Rahmen der Be- und Vertriebstypenstrategie auf Grund der zeitlich weit reichenden Auswirkungen als reine **Investitionsentscheidungen**, dann können unterschiedliche finanzwirtschaftliche Verfahren zur Bewertung und Auswahl alternativer Inhalte und Ausgestaltungsmöglichkeiten einer Be- bzw. Vertriebstypenstrategie und ihres Entwicklungspfades im Zeitablauf angewandt werden, so u.a. die Methoden **Kapitalwert**, **Interner Zinsfuß**, **Annuitäten** usw. (vgl. zu den Entscheidungs- und Beurteilungsverfahren von Investitionen aus statischer und dynamischer Sicht im Allgemeinen, Kruschwitz 2014, S. 26ff.). Dabei können vier Einflussfaktoren ausgemacht werden, die eine Rolle für eine Bewertung alternativer Investitionen in Betriebstypen spielen, nämlich

- heutige und künftige Auszahlungen,

- heutige und künftig erwartete Umsätze,
- Kalkulationszinsfuß als Spiegelung alternativer Anlagemöglichkeiten und
- Länge des Planungszeitraums.

Insbesondere die Prognose des Umsatzes hängt damit zusammen, inwieweit ein Betriebstyp mit seinem Zielgruppenkonzept den Erwartungen seines Konsumentenkreises auch tatsächlich gerecht wird. Damit verbunden erweist sich auch die Bestimmung des Kalkulationszinsfußes als planstrategische Schwierigkeit (Müller-Hagedorn/Toporowski/Zielke 2012, S. 943ff.).

Einen Schritt weiter gehen **Realoptionsansätze**, die aber prinzipiell ähnlichen Limitierungen unterliegen. Der Ansatz beim Realoptionsansatz besteht darin, dass die Investitionsmöglichkeit „analog zu einer Kaufoption auf dem Aktienmarkt" gesehen wird (vgl. Daunfeldt/Orth/Rudholm 2010).

Heuristische Methoden, welche helfen, die Attraktivität einzelner Betriebsformen zu beurteilen, sind vielfältig, zumal hier alle Analyseverfahren der Erfolgsfaktoren einsetzbar sind (so Analysen der Chancen/Risiken, Stärken/Schwächen, WOTS-UP- oder SWOT-Analysen, Benchmarks oder allgemeiner Punktbewertungsmodelle). Müller-Hagedorn/Toporowski/Zielke (2012) heben folgende Methoden als handelsspezifisch hervor:

- **Polaritätenprofil**: Entstehung eines Betriebstypenprofils auf Basis eines Vergleichs zweier Betriebstypen anhand relevanter Merkmale durch die (potenziellen) Konsumenten (i.d.R. auf einpoligen Rating-Skalen).
- **Joint-Space-Modelle**: Positionierung alternativer Betriebstypen im mehrdimensionalen Merkmalsraum (insb. durch faktorenanalytisch verdichtete Ableitung relevanter Wahrnehmungsdimensionen) und Integration der gewünschten Konsumentenpräferenzen auf Basis von Idealpunkt- bzw. Idealvektormodellen.
- **Angebotsvektoren im Technologieraum**: Betriebstypen ermöglichen auf Grund ihrer unterschiedlichen Leistungspotenziale (z.B. Verkaufsfläche, Sortiment, Standortnähe, Bedienungsprinzip, Parkplatzangebot) unterschiedliche Formen der Inanspruchnahme und werden i.S. spezifischer Angebotsvektoren interpretiert. Zudem werden die Budgets der Konsumenten und die jeweiligen Preisniveaus in der Einkaufsstätte berücksichtigt, woraus die Maximalleistung eines Betriebstyps ableitbar ist.

Bezüglich der konkreten Ausgestaltung sind mit einer Bewertung von Betriebstypen, im Hinblick auf deren Attraktivität und Investitionsentscheidungen, Strategien zur Erreichung von Unternehmenszielen verbunden (siehe dazu das Dritte Kapitel).

An dieser Stelle sei vor dem Hintergrund von Investitionsentscheidungen gerade im Hinblick auf die Ausgestaltung von Multichannel-Systemen im Handel insb. auf Portfoliokonzepte hingewiesen, wonach Be- und Vertriebstypen in einem Portfolio positioniert und entsprechende Normstrategien der Investition bzw. Desinvestition abgeleitet werden können. Auf der Basis einer solchen Betriebstypen-Portfolio-Matrix kann auch das Ist-Portfolio mit dem anvisierten Soll-Portfolio verglichen und Rückschlüsse auf strategische Gestaltungsoptionen gezogen werden. Wie solche Portfolios aufgebaut werden können und sich in ihr jeweiliges Umfeld eingliedern, ist in der Fallstudie zu diesem Kapitel dargestellt.

E. Fallstudie: Coop (Schweiz)

I. Kurzvorstellung des Unternehmens[1]

Der Schweizer Einzel- bzw. Detailhandel wird durch die sog. **Großverteiler** Coop und Migros dominiert (Marktanteil 32,7% am Gesamtdetailhandelsvolumen). Coop (wie auch Migros) ist eine Genossenschaft, deren Ziel die Förderung ihrer Mitglieder ist. Diese Zielsetzung wird seit dem Jahr 2001 im gemeinschaftlichen Geschäftsbetrieb verfolgt. Damals erfolgte eine **Restrukturierung**, i.e.S. eine Fusion der regionalen Genossenschaften zu einer einzigen Genossenschaft, mit sinnvoller Zusammenfassung und Zentralisierung von Aufgaben. Die Coop-Gruppe ist in erster Linie den über 2,5 Mio. Genossenschaftsmitgliedern (Mitglied können alle natürlichen Personen werden, die den Wohnsitz in der Schweiz oder in Liechtenstein haben) verpflichtet und erwirtschaftete im Geschäftsjahr 2017 einen Umsatz von 29,2 Mrd. CHF (Nettoerlös 28,2 Mrd. CHF), ein Jahresergebnis von 485 Mio. CHF (Betriebsergebnis/EBIT 806 Mio. CHF) und beschäftigte rd. 96.000 Mitarbeiter. Typisch für Genossenschaften ist der enorme Eigenkapitalanteil von fast 50%.

Abbildung 2.16: Organisationsstruktur der Coop

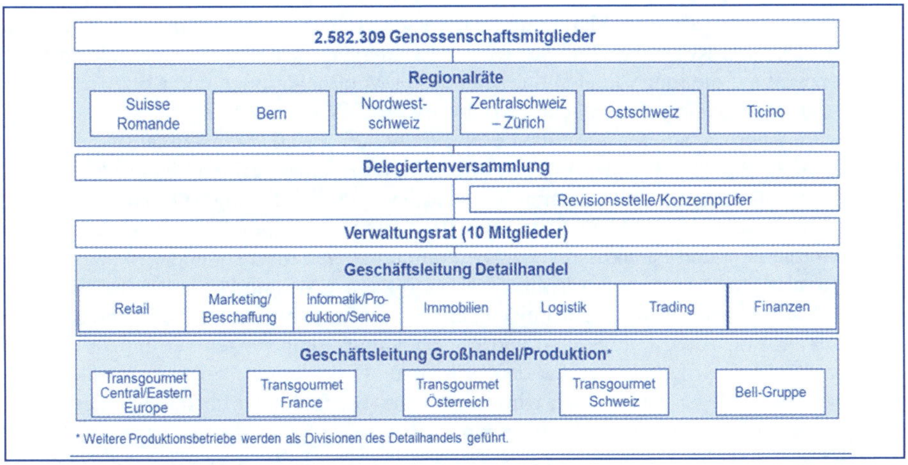

Quelle: www.coop.ch 2018.

Coop ist weit mehr als der Supermarkt um die Ecke. Zur Gruppe zählen diverse Detailhandelsformate sowie Großhandel und Produktionsbetriebe, neben – nachfolgend nicht behandelten Services – so bspw. Medienunternehmen und Reparaturserviceunternehmen. Hinzu kommen Distanzhandelsangebote, wie führende Online-Stores im Lebensmittelbereich oder in der Unterhaltungselektronik und das Kataloggeschäft.

Die Fallstudie adressiert – ansetzend auf der Organisationsstruktur, dem Leitbild und der Gesamtunternehmensstrategie – die einzelnen Be- und Vertriebstypen, deren Umfeldbedingungen (siehe dazu Abschnitt D des Ersten Kapitel) sowie die Omnichannel-Aktivitäten des Unternehmens. Die Organisationsstruktur des breit diversifizierten und vertikal relativ stark integrierten Unternehmens ist in Abb. 2.16 dargestellt.

[1] Die Fallstudie basiert auf Unternehmensinformation, www.coop.ch und Geschäftsberichten.

Für die Gruppe gelten seit einem Projekt im Jahr 2001 langfristige Zielsetzungen und Strategien. Um hieraus Jahr für Jahr Maßnahmen abzuleiten, wird ein einheitlicher Top-down-Zielsetzungsprozess genutzt, mit übergeordneten Zielen für die gesamte Gruppe. Der anschließende Zielsetzungsprozess startet mit der Geschäftsleitung und zieht sich Stufe für Stufe durch das Unternehmen. Letztlich entwickeln sich daraus handfeste Maßnahmen bis zu den operativen Ebenen. Die Gruppen-Vision, ein gemeinsames Leitbild und unternehmensspezifische Missionen prägen die tägliche Arbeit und die Unternehmenskultur. Die gemeinsame Vision lautet unverändert „gemeinsam an die Spitze“. Das Leitbild gilt für alle Verkaufsformate und Unternehmen und drückt aus, wie Coop seine Arbeit versteht und sich verhält. Es umfasst fünf Grundsätze, die mit Attributen umschrieben werden:

- **Nähe** (*Gemeinsam gehen wir aufeinander zu.*) mit den Attributen: Wir sind dort, wo Menschen gerne sind; wir kennen unsere Kunden und sprechen ihre Sprache; wir nehmen Kundenanliegen ernst; wir betreiben das dichteste Verkaufsstellennetz; wir bieten Leistungen rund um die Uhr an; wir engagieren uns für sinnvolle Projekte im Dienste der Öffentlichkeit; wir sind selber Kundinnen und Kunden unserer Unternehmen.
- **Vielfältig** (*Gemeinsam realisieren wir überzeugende Leistungen.*): Wir bieten die beste Auswahl an Sortimenten und Dienstleistungen; wir agieren international, national, regional und standortspezifisch; wir setzen in unterschiedlichen Verkaufsformen das reichhaltige Angebot der Märkte um; wir verschaffen unseren Kundinnen und Kunden Einkaufs- und Konsumerlebnisse; wir sind führend in der Konsumenteninformation; wir bauen auf die individuellen Stärken unserer Mitarbeiterinnen und Mitarbeiter.
- **Profiliert** (*Gemeinsam erarbeiten wir Mehrwert.*): Wir überzeugen durch Frische und Qualität; wir engagieren uns für die Nachhaltigkeit in all ihren Dimensionen: wirtschaftlich, ökologisch und sozial; wir offerieren einen einzigartigen Mix aus Eigenmarken und Markenartikeln; wir garantieren das beste Preis-Leistungs-Verhältnis; wir setzen die Standards im Service und bei den Kundengarantien; wir begeistern durch Freundlichkeit und Fachkompetenz; wir kommunizieren offensiv und wirkungsvoll.
- **Innovativ** (*Gemeinsam gestalten wir unsere Zukunft.*): Wir sind Impulsgeber und Multiplikatoren neuer nachhaltiger Leistungen; wir realisieren wirkungsvolle und schnelle Prozesse, indem wir Fähigkeiten und Entscheidungskompetenzen verbinden; wir fördern den Mut zur Kreativität und den Willen zur Veränderung; wir messen uns an den Besten und pflegen die Details; wir nutzen neue Technologien für intelligente Lösungen; wir sind eine lernende Organisation.
- **Partnerschaftlich** (*Gemeinsam schaffen wir Vertrauen.*): Wir vereinbaren Ziele und Maßnahmen; wir handeln intern und extern nach definierten Kunden- und Lieferantenprinzipien; wir erarbeiten Lösungen im konstruktiven Dialog; wir setzen Entscheidungen konsequent um; wir führen durch Vorbild; wir setzen Maßstäbe in Ausbildung und Information; wir handeln verantwortungsbewusst; wir belohnen den Erfolg.

Die Missionen werden für jedes Unternehmen und jedes Format individuell festgelegt und spiegeln die Positionierung in der Branche sowie die strategische Ausrichtung wider (bspw. Familienfreundlichkeit, Begeisterung, Preisattraktivität, Nachhaltigkeit und Frische für das wichtigste Supermarktformat). Diese Formate und deren Rahmenbedingungen (i.S. der „Driving Forces of the Competition“) sind Gegenstand dieser Fallstudie. Nicht betrachtet werden vorbildliche Nachhaltigkeitsbestrebungen von Coop, die nicht nur in der Überzeugung, dass nur nachhaltig wirtschaftende Unternehmen Erfolg haben oder in Leitsätzen, sondern im täglichen Handeln zum Ausdruck kommen.

II. Formate im Überblick

Das Kerngeschäft der Gruppe ist der Detailhandel in der Schweiz, wenngleich die **Großhandel/Produktion** seit der Übernahme der Transgourmet Holding S.E. im Jahr 2011 – ein Joint-Venture mit der Rewe – im zweitgrößten Abholgroßhandels- (Cash & Carry) und Zustellgroßhandelsunternehmen in Europa ein weiteres, international wachsendes Geschäftsfeld hat (gemeinsam mit den Produktionsbetrieben, mit höhere Margen als der Detailhandel). Tabelle 2.15 visualisiert die Nettoerlöse der beiden Geschäftsbereiche.

Im Detailhandel hat Coop 2.295 Verkaufsstellen (meistens in der Schweiz und mit einer Verkaufsfläche von rd. 1,9 Mio. qm) und einen Nettoerlös von rd. 17,4 Mrd. CHF. 68% werden in den Warengruppen Food und 32% in den Warengruppen Non-Food realisiert (siehe Abb. 2.17). Zudem erwirtschaften diverse **Internet-Shops** (coop@home, nettoshop.ch, microspot.ch oder das Online-Portal für Kochen & Genießen Betty Bossi AG) einen sehr beachtlichen Nettoerlös von 1,6 Mrd. CHF, was rd. 9% des Detailhandelsumsatzes wären. Dies ist sicherlich einer der größten Online-Anteile eines ehemals traditionellen Lebensmitteleinzelhändlers weltweit. Der Marktanteil der Coop in der Schweiz beträgt bei Food rd. 26,1% und bei Non-Food rd. 12,9%.

Tabelle 2.15: Nettoerlöse der Be- und Vertriebstypen der Coop-Gruppe

	Mio. CHF
Coop Supermärkte	**10.326**
Fachformate	**7.080**
Food	
Coop@home	142
Coop Restaurant	249
Marché Restaurants Schweiz AG	110
Non-Food	
Coop City	773
Interdiscount	975
Dipl.-Ing. Fust	1.040
Coop Bau+Hobby	625
Toptip/Lumimart	192
Import Parfumerie	145
Coop Vitality AG	186
Coop Mineraloel AG (inkl. Coop Pronto)	2.279
Christ Uhren & Schmuck	81
The Body Shop Switzerland AG	30
Betty Bossi AG	78
Übrige Gesellschaften/Konsolidierung	174
Detailhandel in Summe	**17.405**

	Mio. CHF
Transgourmet-Gruppe	9.087
Bell-Gruppe	3.537
Coop Genossenschaft Produktion	759
Übrige Gesellschaften/Konsolidierung	-377
Großhandel/Produktion	**13.006**
Konsolidierung Coop-Gruppe	-2.259
Nettoerlös[1]	**28.152**

[1] Nettoerlös Online-Handel insgesamt 1.712 Mio. CHF. Im Detail: Heimelektronik 432 Mio. CHF (microspot.ch 212 Mio. CHF, Nettoshop.ch 90 Mio. CHF, Sonstige 131 Mio. CHF); Coop@home 142 Mio. CHF, Übriger Online-Detailhandel 102 Mio. CHF, Online Großhandel/Produktion 1.036 Mio. CHF.

Quelle: www.coop.ch 2018.

Den Großhandel bündelt Coop unter dem Dach der Transgourmet Holding AG, bspw. Selgros-Gruppe (zweitgrößter Cash & Carry-Anbieter Deutschlands) und Transgourmet Deutschland (marktführender Großverbraucher-Zustellservice), Prodega/Growa und Howeg (Schweizer Marktführer im Abhol- und Belieferungsgroßhandel) oder Transgourmet France (Marktführer im Belieferungsgroßhandel). Der Belieferungsgroßhandel sowie 142 Cash & Carry Märkte erlösen rd. 9,1 Mrd. CHF. Neben Gastronomen und Großkunden werden Kreuzfahrtschiffe, Hotelketten und internationale Caterer beliefert; eine Spezialisierung auf Molkereiprodukte oder Fische erfolgt ebenso wie Kooperation (bspw. mit Nestlé im Außer-Haus-Geschäft). Die Bell-Gruppe ist ein Fleisch- und Convenience-Verarbeiteter, der einen Umsatz von über 3,5 Mrd. CHF realisiert (mit rd. 10.000 Mitarbeitern) und durch eigene Aktivitäten sowie Übernahmen/Beteiligungen in den DACH-Ländern und in Frankreich präsent ist (z.B. Übernahme von Zimbo Deutschland, Polette Frankreich, Hubers Landhendl Österreich, Eisberg Zürich oder Mehrheitsbeteiligung an Hilcona Lichtenstein).

Abbildung 2.17: Umsatzaufteilung nach Warengruppen

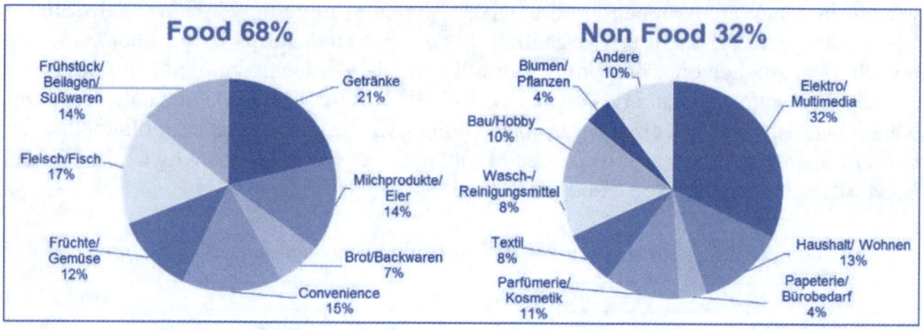

Quelle: www.coop.ch 2017.

III. Food-Formate und deren Umwelt

Die Coop ist ob der vielen Be- und Vertriebstypen ein **Multibetriebstypenunternehmen**. Im Food-Handel sind v.a. die Coop Supermärkte (separat Megastores und Coop to go) relevant. Sie stellen das Kerngeschäft der Gruppe dar und erwirtschafteten zusammen einen Umsatz von rd. 10,3 Mrd. CHF; hinzukommen weitere Convenience-Shops an Tankstellen und wachsende Online-Shops im Food-Handel sowie Restaurantketten. Die Multibetriebstypenstrategie bedient unterschiedliche Kundensegmente und Bedürfnisse/Einkaufsmotive (z.B., Wochenend-, Impuls- oder Online-Einkauf).

Coop Supermärkte: Dies sind Geschäfte mit einer Verkaufsfläche von 300-3.500 qm. Unterschieden werden Supermärkte mit einer Fläche bis 980 qm, 980-1.890 qm sowie 1.890-500 qm (Typen A, B und C). auf einer Verkaufsfläche von rd. 980.000 qm. Das Sortiment umfasst Nahrungs- und Genussmittel, Frischwaren und Waren des kurzfristigen und täglichen Bedarfs. Mit 10.000-15.000 Artikeln bieten sie eine große Vielfalt im Sortiment an und decken Bedürfnisse des täglichen Einkaufs ab. Coop verfügt mit 908 Verkaufsstellen in allen Regionen der Schweiz über das dichteste Verkaufsstellennetz und erfüllt einen wichtigen **Versorgungsauftrag** der Genossenschaft.

Coop Megastores: Es sind großflächige Betriebe mit Verkaufsflächen von über 3.500 qm. Dieser Betriebstyp bietet ein komplettes Angebot von Nahrungs- und Genussmitteln sowie Frischwaren und ein tiefes Non-Food-Sortiment an, das alle Kundenbedürfnisse abdeckt. Großzügige Frischeabteilungen, Degustationsangebote und bspw. einsehbare Hausbäckereien vermitteln ein Kauferlebnis. Durchschnittlich werden im Coop Megastore rd. 40.000 Produkte angeboten. Damit stellt dieser Betriebstyp das **Flaggschiff** der Coop dar. Im Geschäftsjahr 2017 lag die Gesamtanzahl der Coop Megastores bei 40.

Coop to go: Coop to go ist das neuste **Convenience-Format** der Coop, das 2015 lanciert wurde und auf die frische und schnelle Verpflegung außer Haus ausgerichtet ist. Fokussiert werden Pendler auf dem Weg vom und zum Arbeitsplatz. Ende 2017 zählte Coop to go insgesamt 14 Verkaufsstellen an Bahnhöfen und ähnlichen verkehrsgünstigen Innenstadtlagen. 2016 eröffneten in der Neustadt-Passage in Zug und am Bahnhof Baden erste Standorte außerhalb der Stadt Zürich. Durch Übernahme der schweizerischen Aperto-Gruppe im Jahr 2017 erwirbt Coop ca. 30 neue Shops in Bahnhöfen.

Coop Pronto: Coop Pronto ein weiteres **Convenience-Format** der Coop, das in Tankstellen integriert ist und dem Kunden die Möglichkeit bietet, nahezu rund um die Uhr einzukaufen. Die Shops profitieren von der verstärkten Convenience-Orientierung der Kunden. Die 300 Pronto-Shops erzielen 2017 einen Erlös von 790 Mio. CHF. Sowohl die Ausweitung der Verkaufsflächen, wie auch das Frischesortiment, das Salate, Früchte oder Antipasti umfasst, tragen zum Erfolg der Shops und deren Marktführerschaft im Convenience-Bereich bei. Geführt werden die Shops von der Tochtergesellschaft Coop Mineraloel AG, die auch die Coop Tankstellen und den Heizölverkauf betreibt und den Erlös auf 2,3 Mrd. CHF steigern und die Marktführerschaft ausbauen konnte.

coop@home: Der **Internet-Supermarkt** erwirtschaftete mit 315.000 Auslieferungen einen Erlös von 142 Mio. CHF; ein Plus von 10,5% gegenüber dem Vorjahr. Coop@home liefert ein Sortiment von 13.000 Artikeln, zu gleichen Preisen wie im Supermarkt. Der Lieferservice kann jeden Ort der Schweiz erreichen (über 60% der Schweizer Haushalte wird der Service „Same Day Delivery" angeboten). Alternativ können Kunden die bestellte Ware an drei spezifischen Drive-In-Abholstationen oder 350 Pick-Up-Stationen in Coop-Verkaufsstellen abholen.

Coop Restaurants: Diese größte Restaurantkette der Schweiz profiliert sich über ein gutes Preis-Leistungs-Verhältnis bei hoher Qualität sowie über das große Angebot an Bio- und Fair-Trade-Produkten. Neben den Restaurants betreibt Coop Bistros und Take-it-Shops sowie die italienische Gelateria CremAmore, die Cafébar Ca'Puccini und die Da Giovanni Restaurants. Die 205 Restaurantbetriebe erlösen rd. 249 Mio. CHF.

Coop Marché: Coop Marché bietet in der Autobahngastronomie eine schnelle, qualitativ hochwertige Verpflegung für unterwegs. Die 33 Verkaufsstellen erlösen 110 Mio. CHF.

Umfeld der Food-Formate

Im politisch-rechtlichen Umfeld haben Food-Formate lokale Vorschriften bspw. bezüglich Öffnungszeiten, Standorten oder Lebensmittelstandards und -verordnungen zu berücksichtigen. So bietet aktuell der Beschluss des Bundesrates zur Revision des neuen Lebensmittelrechts Herausforderungen für Coop. Um die Handelshemmnisse zur EU zu reduzieren und die Gesundheit der Kunden zu gewährleisten, traten ab 2017 neue Gesundheitsbestimmungen für den Schweizer Handel in Kraft. So müssen nicht nur Lebensmittel, sondern auch Kosmetika und Spielzeug im Offenverkauf genau gekennzeichnet sein bzgl. Produktionslandangabe, Kosmetikverordnung und Allergendeklaration. Die Coop begrüßt diese Regulierungen, da diese die Transparenz für ihre Kunden verstärken.

Im sozioökonomische Umfeld wächst bei Lebensmitteln der Preisdruck durch den starken Schweizer Franken, d.h. hohe Differenzen zu niedrige Preisen im grenznahen Ausland. Rund 7 Mrd. CHF werden nicht im Schweizer Detailhandel realisiert. Coop tritt der Entwicklung durch verstärkten Fokus auf Qualität, Frische und Regionalität entgegen, insb. um sich gegenüber grenznahen Discountern und Supermärkten zu profilieren. Der Trend entspannte sich leicht durch einen Anstieg des Schweizer Privatkonsums, infolge von Vollbeschäftigung und gestiegener Kaufkraft, bspw. durch niedrige Ölpreise.

Im technologischen Umfeld sind Anforderungen an Effizienz und Automatisierung in der Logistik sowie in Vertrieb und Ladengestaltung von Relevanz. Coop reagiert mit massiver Modernisierung. So wurde ein hochmodernes Logistikzentrum in Schafisheim in Betrieb genommen; das bisher Größte mit Versorgung von rd. 94% aller Coop Supermärkte. Es umfasst neben der Ausstattung mit modernster Technologie die größte Bäckerei der Schweiz sowie die Verteilungszentrale für Tiefkühlprodukte. Coop setzt auf Effizienz und Nachhaltigkeit, u.a. mit hohem Grad an Automatisierung, effizientem Warentransport auf Schiene/Straße sowie Beheizung der Backöfen mittels Biomasse. Mit dem Ladenkonzept 2025+ wird der Supermarkt der Zukunft entwickelt, bspw. mit elektronischen Preisschildern, die Kunden mehr Transparenz bieten, Mitarbeitern die Bewirtschaftung vereinfachen und den Papierverbrauch reduzieren. Alle Kühlschränke werden mit Glastüren ausgestattet, um Energie zu sparen. Die Beleuchtung wird zu 100% mit LED-Technik realisiert und die Ladenbaumaterialien entsprechen den modernsten ökologischen Standards.

Mit Blick auf Lieferanten spielt v.a. die Marktmacht der großen Konsumgüterhersteller eine Rolle. Hier herrscht ein härter werdender globaler Wettbewerb mit zunehmender Konzentration. Handelsunternehmen reagieren u.a. mit der Bildung strategischer Einkaufsallianzen. So trat die Coop Ende 2015 neben anderen europäischen Detailhandelsunternehmen der Einkaufsgemeinschaft *Alidis/AgeCore* bei. Coop erzielt damit dank größerer Einkaufsmengen bessere Konditionen und eine größere Verhandlungsmacht, um die Einkaufpreise zu senken. Zugleich ist es in der Schweiz unverändert so, dass die Coop eher der Markenartikelanbieter ist und die Migros mit Handelsmarken (Regiebetrieben/-lieferanten) agiert.

Im direkten Wettbewerb im Food-Bereich steht Coop dem Marktführer Migros im inländischen Markt nach. Daneben konkurrieren im Markt der Discounter Denner, sowie die Harddiscounter Aldi und Lidl. Coop profiliert sich durch Vielfalt, Frische und Qualität. Um die Wettbewerbsposition zu stärken, erwarb Coop die Aperto-Gruppe, die mit Convenience-Stores in der ganzen Schweiz präsent ist. Nebst Tankstellenshops ist die Sicherung der Bahnhof-Standorte für Coop von Bedeutung. Convenience wächst stark (die Erlöse der Convenience-Stores betragen rd. 5,4 Mrd. CHF, rd. 11% des Coop-Detailhandelsvolumens im Food-Bereich). Auch die Gewinnmargen im Convenience-Bereich liegen über denen des sonstigen Handels. Mit der Übernahme dieser Aperto-Gruppe gelingt Coop somit im Wettbewerb um die Führung im Convenience-Bereich ein wichtiger Schritt. Daneben behält Coop mit coop@home auch marktführende Stellung im Bereich der Online-Supermärkte bei, gefolgt von LeShop.ch, die etwa ein Drittel weniger Umsatz erzielten als Coop.

Für Food-Formate sind alle Konsumenten der Schweiz als Kunden relevant, wenngleich durch den Fokus auf Frische und Qualität eher qualitätsbewusste Kunden mit entsprechender Zahlungsbereitschaft im Fokus stehen. Veränderungen im Einkaufsverhalten gehen aktuell bspw. auf sozio-demographische Veränderungen zurück. So steigt die Zahl an Single-Haushalten, wodurch weniger Großpackungen gekauft werden, aber umso mehr Wert auf Kleinpackungen gelegt wird. Coop tritt dem Trend mit den o.g. Convenience-Stores entgegen, weil die Zielgruppe hier Singles mit knappem Zeitbudget und geringerer Preissensibilität sind. Auch dem Kundenbedürfnis sich unterwegs schnell, frisch und genussvoll zu verpflegen, kommt die Coop nach, bspw. mit Stärkung des Convenience-Angebotes sowie einem größeren Angebot an Pick-up-Stationen für Online-Bestellungen. Online arbeitet Coop v.a. daran, übliche Bedenken der Kunden bzgl. Online-Lebensmitteleinkäufen weiter abzubauen. Um Themen wie Frische und Qualität auch in der Konsumentenwahrnehmung zu stärken, wurde auf der Website von coop@home die erste Online-Metzgerei des Schweizer Detailhandels integriert. Kunden können sich auch höherwertiges Fleisch nach individuellen Wünschen zuschneiden und nach Hause liefern lassen.

IV. Non-Food-Formate und deren Umwelt

Auch im Non-Food-Bereich verfügt Coop über viele Be- und Vertriebstypen. Das Potenzial verschiedener Warenbereiche wird über spezifische Formate und Retail Brands, die diverse Kundengruppen ansprechen, ausgeschöpft.

Fachformate Heimelektronik (Interdiscount, Dipl.-Ing. Fust AG, microspot.ch): Die Interdiscount AG, der Marktführer im Schweizer **Unterhaltungselektronikmarkt**, entstand im Jahr 2001 durch eine Fusion von Radio TV Steiner, der SIMECO Management AG, Interdiscount AG und Cinematic AG. Interdiscount besitzt 188 Stores, mit denen ein Umsatz von 975 Mio. CHF erwirtschaftet wird. Die Dipl.-Ing. Fust wird unter eigener Brand betrieben und erwirtschaftete mit einem mehr **elektrohaushaltswarenorientierten Sortiment** rd. 2 Mrd. CHF (v.a. Elektrohaushalt, Computer und Küche/Bad). Fust repariert sämtliche Elektrohaushalts- und Unterhaltungselektronikgeräte innerhalb der Coop-Gruppe (nach Übernahme der Werkstätten und Heimservices von Interdiscount). Mit microspot.ch, Nettshop.ch, sowie Schubiger-online.ch betreibt Coop Internet-Shops für Heim- und Haushaltselektronik. Die Online-Shops steigerten ihren Erlös auf rd. 432 Mio. CHF. Dieses Wachstum ist u.a. auf die Sortimentserweiterung auf 100.000 Artikel sowie die konsequente Tiefstpreisstrategie zurückzuführen.

Umfeld der Fachformate Heimelektronik

Im politisch-rechtlichen Umfeld sind auch im Elektro-Bereich Regulierungen des Einzelhandels und produktbezogene Vorschriften relevant. Aktuell spielt die Währung eine Rolle. So hat der starke Schweizer Franken, d.h. das hohe Preisniveau, zu einem Rückgang der Detailhandelsmarktvolumina im Non-Food Bereich geführt. Coop reagiert v.a. gegen den erhöhten Einkaufstourismus: Senkte die Preise von vorerst 1.000 Importprodukten und fordert Lieferanten auf, Wechselkursvorteile weiterzugeben.

Technologisch sind für die Elektrobranche v.a. neue Logistikanforderungen durch Verlagerungen vom stationären zum Online-Handel zu bewältigen. Daneben muss mit stetigen technischen Innovationen in allen Produktbereichen durch Anpassung und Aktualisierung des Sortiments mitgehalten werden. Am Interdiscount-Hauptsitz entsteht ein vollautomatisiertes Logistikzentrum, das Kapazitäten für 26.000 Artikeln bietet – mehr als doppelt so viele wie zuvor. Es soll vorwiegend für die Lagerung und den Versand des Online-Angebots genutzt werden. Im Vordergrund steht das Ziel, die Marktführerschaft im Bereich der Consumer Electronics mittels verstärkter Verzahnung des Online- und Offline-Handels weiter auszubauen. Im Produktbereich stehen bspw. neue Bildstandards in der Fernsehtechnik (UHD, 4-K) sowie aktuelle Trends im Bereich von Smartphones und Wearables (Smartwatches, Activity Tracker) im Fokus.

Im sozioökonomischen Umfeld schlagen sich Schwankungen in Beschäftigung und Einkommen stärker in den Budgets der Konsumenten für elektronische Produkte nieder, als dies bspw. bei Lebensmitteln der Fall ist. So verzichten Kunden bereits bei Unsicherheit über einen eventuellen Jobverlust möglichweise auf den Neukauf teurer Geräte.

Mit Blick auf die Lieferanten sieht sich der Elektronikeinzelhandel mit einer hohen Konzentration sowie global agierenden Herstellern konfrontiert. Marktführende Unternehmen wie Samsung, Sony oder auch Apple sind unverzichtbar im Sortiment und haben zumindest bezüglich ihrer innovativsten Produkte eine große Verhandlungsmacht. Da in der dynamischen Branche bestehende Technologien jedoch relativ schnell durch preisaggressive Anbieter nachgeahmt werden, ergeben sich auch ein Druck durch kurze Innovationszyklen und ein schneller Preisverfall. Hier entstehen Chancen für die Händler, bspw. um Restbestände günstig als Aktionsware zu erwerben oder die marktführenden Hersteller zumindest bei Produkten abseits der höchsten Preissegmente durch günstigere Nachahmer unter Druck zu setzten. Beispiele bieten regelmäßig chinesische Anbieter wie Huawai (Smartphones) oder Hisense (TV-Geräte), die über lange Zeit als Preisbrecher auftraten, aber auch durch technisch konkurrenzfähige Produkte überzeugen.

In Bezug auf den Wettbewerb ist die Coop im Bereich Fachformate Heimelektronik der unangefochtene Leader im Markt. Der Nettoerlös der vier Fachformate (Interdiscount, microspot.ch, Dipl.-Ing. Fust und Nettoshop.ch) beträgt rd. 2 Mrd. CHF. Als größte Konkurrenten folgen in der Schweiz Media-Saturn mit 635 Mio. CHF und m-electronics von Migros mit rd. 560 Mio. CHF. Für die Zukunft zeichnet sich ab, dass der Markt in der Schweiz gesättigt bzw. stagnierend ist. Mit dieser Entwicklung intensiviert sich ein Preiskampf, auch befeuert durch ein preisaggressives Auftreten von Media-Markt oder Online-Anbietern. Zudem werden Elektronikmärkte mit größerer Fläche zunehmend weniger tragfähig. Statt großer Fachmärkte könnte der Fokus der Zukunft daher eher auf vielen kleineren Stores liegen, die auch als Servicestationen für Online-Bestellungen dienen.

Die Einkaufgewohnheiten der Kunden im Non-Food Bereich werden durch gesellschaftliche Rahmenbedingungen bestimmt. Schwankungen bspw. in der Konjunktur schlagen sich in entsprechenden Budgets deutlicher nieder als bei Food. Der Verkauf verlagert sich zudem (deutlich stärker als bei Food) ins Internet. Coop hat dies früh erkannt und reagiert mit einer umfangreichen Cross-Channel-Strategie, die den stationären Vertrieb mit dem Online-Handel verbindet. Während der Online-Shop *microspot.ch* erfolgreich ist, erfolgte nun die Einführung von *Siroop.ch* – des ersten offenen Online-Marktplatzes der Schweiz. Dieser bietet – in Kooperation mit der Swisscom – Produktsortimente von regionalen und nationalen Anbietern an. Coop baut auch die Anzahl der Pick-up-Stationen deutlich aus.

Fachformate Do-it-yourself (Coop Bau+Hobby): Mit der Baumarktkette konnte die Coop den Umsatz auf 625 Mio. CHF steigern. Coop Bau+Hobby hat 74 Verkaufsstellen und will sich langfristig als nachhaltigster **Baumarktbetreiber** der Schweiz positionieren. Neben dem Fokus auf den Ausbau ökologischer Produkt- und Serviceleistungen, so dem Verkauf von Solarenergieanlagen zur Warmwasseraufbereitung, wurde bspw. zur Verstärkung der Gartenkompetenz eine **Kooperation** mit Dehner, Europas größtem Garten-Center, lanciert.

Umfeld der Fachformate Do-it-yourself/Baumarkt

Im politischen-rechtlichen und technologischen Umfeld sind v.a. Bau- und Gebäudevorschriften von Bedeutung. Aktuell sind gesteigerte Anforderungen an Energieeffizienz und Nachhaltigkeit ein Treiber von Veränderungen. So entwickelte sich auch im Zuge strengerer Verordnungen der Markt für Leuchtmittel dynamisch, zunächst hin zu Energiesparlampen und auch im Bereich der LED-Technik. Gestiegene Anforderungen an Gebäudedämmung treiben den Markt. So wurden zuletzt die Förderungen für Gebäudeisolierung in sechs Schweizer Kantonen von 30 auf 60 CHF pro qm angehoben. Mit Angeboten entsprechender Baustoffe kann auch Coop Bau+Hobby direkt von solchen Anreizen profitieren.

Im sozioökonomischen Umfeld ist die Schweiz durch eine im europäischen Vergleich geringe Wohneigentumsquote gekennzeichnet. Die Kundensegmente in der Do-it-yourself Branche unterscheiden sich entsprechend zu Märkten mit höherer Wohneigentumsquote.

So führen Mieter eher nur kleinere Schönheitsreparaturen selbst aus, während größere bauliche Maßnahmen seitens der Vermieter oft professionell erfolgen.

Bezüglich der Lieferanten im Do-it-yourself Bereich gibt es in einzelnen Sortimentsbereichen starke Markenhersteller mit entsprechend großer Verhandlungsmacht, so bspw. Bosch, Knauf, Alpina oder Gardena. Dennoch werden mit einem wachsenden Netzwerk an Lieferanten für hochwertige Eigenmarkenprodukte zunehmende Alternativen geboten, mit denen Coop Bau-Hobby auch etablierte Marken unter Druck setzen kann.

Mit Blick auf die Wettbewerber ist Coop Bau+Hobby nach wie vor Marktführer in DIY-Bereich in der Schweiz, dicht gefolgt vom größten Konkurrenten Jumbo. Bereits seit den 2000er Jahren verzeichnen die Wettbewerber Hornbach und Bauhaus Wachstum im Schweizer Markt während bei Coop Bau+Hobby regelmäßig Stagnation verzeichnet wird.

Kunden der Baumärkte sind Hobby-Heimwerker sowie Konsumenten, die situationsbezogen, bspw. bei Umzügen oder Wohnungsrenovierungen, Teile der Arbeiten selbst erbringen. Durch Teile des Sortiments werden darüber hinaus auch professionelle Kunden wie Handwerker adressiert. In Bezug auf das Konsumentenverhalten treibt in der Schweiz aktuell eine hohe Nachfrage im Bereich des Gartensortiments den Markt. Coop reagiert daher mit Ausbau und Modernisierung seiner Garten-Center. Auch ein gesteigertes Interesse der Kunden an Nachhaltigkeit führt bei Coop zur Stärkung der Handelsmarke Oecoplan (Non-Food Produkte mit ökologischer Mehrleistung).

Weitere Non-Food Formate: Coop City sind 31 **Warenhäuser**, die sowohl die Non-Food Bereich Beauty, Fashion und Einrichtung abdecken, als auch Food anbieten. Mit einer Verkaufsfläche von 128.454 m⊠erwirtschafteten diese einen Erlös von 773 Mio. CHF. Mit Toptip und Lumimart betreibt Coop zwei Fachformate (auch mit Online-Präsenz) in der Branche für Möbel und Einrichtung (Erlös von 192 Mio. CHF in 44 stationären Stores mit einer Verkaufsfläche von rd. 122.650 qm). Im **Mitnahmemarkt** mit günstigen Preisen stehen bei Toptip Polster- und Holzmöbel sowie Wohntextilien im Vordergrund (Online auch digitale Möbelkonfiguratoren). Der **Beleuchtungsspezialist** Lumimart agiert in Stand-Alone-Stores und ist in den Fachmarkt Toptip integriert, unter der etablierten Retail Brand. Toptip belegt den vierten Platz im Möbelhandel der Schweiz (hinter Ikea, Conforama, und Möbel-Pfister); Lumimart ist Marktführer im Schweizer Lichtmarkt. Darüber hinaus betreibt Coop Import Parfümerie (145 Mio. CHF Umsatz, 121 Verkaufsstellen), Coop Vitality Apotheken (186 Mio. CHF Umsatz, 75 Verkaufsstellen), Tankstellen (2.279 Mio. CHF Umsatz, 240 Verkaufsstellen), Fachgeschäfte für Schmuck und Uhren unter der Brand Christ (81 Mio. CHF Umsatz, 69 Verkaufsstellen), Spezialgeschäfte für Kosmetik und Köperpflege unter der Brand The Bodyshop (30 Mio. CHF Umsatz, 49 Verkaufsstellen), ein Online-Portal für Kochen & Genießen mit Online-Shop unter der Brand Betty Bossi (78 Mio. CHF) sowie Reisebüros und Fitnessstudios.

V. Großhandelsformate und deren Umwelt

Neben den Detailhandelsformaten gehört der Großhändler Transgourmet zur Coop-Gruppe. Die Entscheidung, die 50% Beteiligung der Rewe Group zu übernehmen, war nach eigenen Angaben wichtig. Mit dem **B2B-Geschäft** erlangt die Coop zum einen ein zweites Standbein mit guten Zukunftsperspektiven, zum anderen wird dadurch das In- und Auslandsengagement im **Gastronomie- und Gewerbegroßhandel** wesentlich verstärkt. Transgourmet ist international vorwiegend im Belieferungsgroßhandel tätig, wenngleich mit 142 Cash+Carry Märkten auch Abholkonzepte vorliegen. Mit den Retail-Brands Howeg, Prodega/Growa C&C, Transgourmet France, Fegro/Selgros ist Transgourmet in mehreren europäischen Ländern vertreten. Transgourmet erreicht einen Erlös von rd. 9,1 Mrd. CHF (6% Wachstum p.a.) und hat über 28.000 Mitarbeiter.

Umfeld des Abhol- und Zustellgroßhändlers

Im politisch-rechtlichen Umfeld sind v.a. Hygienestandards von großer Bedeutung. Da Produkte zum Teil nicht nur vertrieben, sondern selbst verarbeitet oder veredelt werden, sind über die komplette Lieferkette intensive Hygienemaßnahmen erforderlich. Da auch die Abnehmer bspw. in Großküchen und Kantinen an entsprechende Regeln gebunden sind, muss Transgourmet diese nicht nur selbst einhalten, sondern Produkte auch so gestalten, dass die Abnehmer damit hygienisch arbeiten können. Im wirtschaftlichen Umfeld profitiert Transgourmet vorwiegend von der wirtschaftlichen Erholung in vielen Ländern Europas, die die Nachfrage im Lebensmittelgroßhandel stärkte. Online-Aktivitäten gewinnen im B2B-Business noch schneller an Bedeutung als im Detailhandel; die Direktbelieferung war schon immer Teil des Geschäftsmodells von Transgourmet.

Im sozioökonomischen Umfeld entstehen Chancen für Transgourmet durch die Veränderungen in der Altersstruktur und durch Einpersonenhaushalte. So setzt Transgourmet bspw. in Deutschland auf eine Belieferung von Senioreneinrichtungen, unterstützt diese durch Ausarbeitung speziell angepasster Ernährungskonzepte oder von Restaurants.

Im technologischen Umfeld nutz Transgourmet v.a. neue Technologien um Energiekosten zu sparen. So werden Kühlhäuser mit effizienterer CO2-Kühltechnik ausgestattet, die Fahrzeugflotte entspricht in den meisten Ländern bereits der aktuell strengsten Abgasnorm Euro 6 und in Deutschland und der Schweiz erfolgen Tests mit Elektro-Lastwagen.

Die Lieferanten von Transgourmet sind vielfach deckungsgleich mit denen aus dem Lebensmitteleinzelhandel. Dennoch vertreiben Lebensmittel- und Konsumgüterhersteller spezielle Produkte für den Großhandel (bspw. sogenannte HoReCa-Produkte für Hotels, Restaurants und Cafés), die den professionellen Bedarf ansprechen. Größenvorteile durch Sortimentsüberschneidung mit dem Einzelhandel sind daher nur eingeschränkt realisierbar.

Bezogen auf die Konkurrenz ist Transgourmet das zweitgrößte Cash+Carry-Unternehmen und das größte Zustellgroßhandelsunternehmen in Europa nach dem deutlich größeren Konkurrenten Metro C&C. Eine Profilierung ggü. Metro erfolgt über den Fokus auf das Belieferungsgeschäft. Durch das kleinere Länderportfolio kann zudem ein intensiverer Fokus auf den nationalen und lokalen Markt gelegt werden. So können trotz der deutlich geringeren Unternehmensgröße lokale Vorteile, bspw. durch größere Flexibilität und bessere Anpassungen an lokale Gegebenheiten erzielt werden. Zudem ist die Unternehmensführung wesentlich dynamischer und flexibler (von Kapitelgebern/Aktionären unabhängig).

Kunden von Transgourmet sind überwiegend geschäftliche Abnehmer in den Bereichen Hotellerie, Gastronomie und Betriebsverpflegung sowie soziale Einrichtungen. Entsprechend ist Transgourmet insb. durch Schwankungen in der Gastronomie- oder Tourismus-Branche betroffen, die in der Schweiz wegen der starken Währung zuletzt Rückgänge verzeichnete. Wachstum wird daher v.a. durch Expansion in neue Märkte erreicht.

VI. Omnichannel-Aktivitäten

Die Coop-Welt ist von enormer Vielfalt geprägt. Neben Produktionsbetrieben, Großhandel und dem stationären Geschäft wird das Online-Angebot zunehmend ausgebaut. Im Detailhandel wird durch die Verbindung des stationären mit dem Online-Handel vermehrt auf

Omnichannel gesetzt (siehe Abb. 2.18). Coop verfolgt mit Omnichannel-Aktivitäten das Ziel, den Kunden umfassende neue Einkaufserlebnisse zu bieten.

Zum Online-Portfolio der Coop gehört der bereits oben genannte Online-Supermarkt coop@home (www.coopathome.ch). Hier kann der Kunde aus einem umfangreichen Sortiment aus über 13.000 Artikeln online die gewünschte Ware in einen digitalen Warenkorb legen und den Kaufprozess abschließen. Der online Kaufpreis des Sortiments unterscheidet sich dabei nicht von dem stationären Preis vor Ort. Die Ware wird je nach Wunsch zu den Kunden nach Hause geliefert, bei weit entfernteren Zielorten versendet oder kann an einer der 500 Pick-up-Stationen abgeholt werden. Als besonderes Angebot gibt es auch die Option, an eine Drive-in Station zu fahren und die Ware direkt in den Kofferraum gestellt zu bekommen, ohne selbst aussteigen zu müssen. Kunden können bei der Zustellung der ausgewählten Bestellung zwischen verschiedenen Zeiträumen wählen, in denen die Lieferung bei ihnen ankommen soll. Sollte dennoch niemand anzutreffen sein, wird die Ware gemäß den vorher angegeben Instruktionen abgegeben. Als zusätzlichen Service besteht die Möglichkeit, PET-Flaschen oder Pappverpackungen dem Fahrer direkt mitzugeben, was für den Konsumenten einen großen Mehrwert bedeutet. Der Preis für die Zustellung hängt vom eingekauften Wert ab bzw. ist sowohl bei der Drive-in-Option sowie der Pick-up-Option kostenlos.

Abbildung 2.18. Consumer Touchpoints

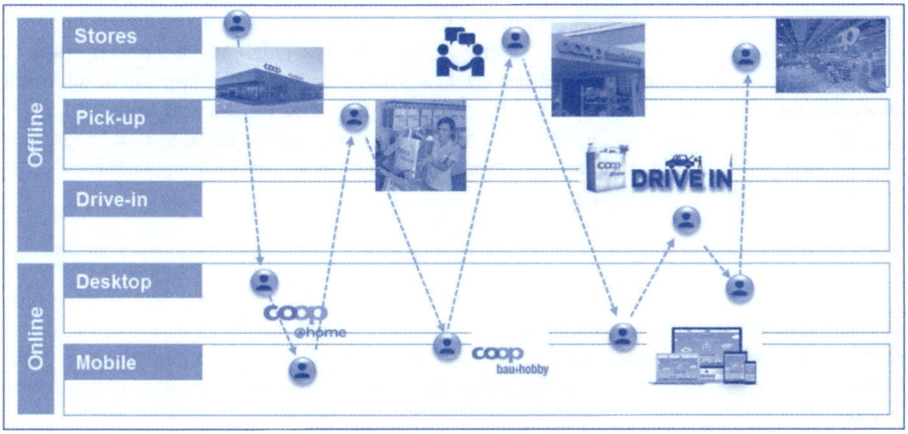

Clou der Sache ist, dass das Sortiment von zahlreichen, extern teilnehmenden Online-Shops ebenfalls über coop@home verfügbar ist. Darüber hinaus besteht der Zugriff auf weitere Services, wie Rezeptideen, aus denen automatische Einkaufslisten erstellt werden. Neben dem Online-Supermarkt gibt es auch noch den Baumarkt Coop bau+hobby (www.bauund-hobby.ch), dessen Produkte ebenfalls online verfügbar sind. Kunden können hier über 50.000 Artikel bequem von zu Hause aus bestellen. Auch hier hat der Konsument die Möglichkeit, die gekaufte Ware in der Verkaufsstelle abzuholen oder nach Hause liefern zu lassen sowie direkt im Laden zu retournieren. Um den richtigen Zeitpunkt der Zustellung zu erfassen, lässt sich über die Sendungsnummer der derzeitige Standort der Bestellung jederzeit lokalisieren. Ansonsten erhält man beim Eintreffen am gewünschten Abholort eine Benachrichtigung per SMS oder E-Mail. Coop setzt hier auf eine Vermischung des online/offline Kaufvorgangs bzw. auf die Integration des Onlinekanals und bietet dem Kunden durch die Omnichannel-Aktivitäten eine große Convenience beim Einkaufen.

Weitere exemplarische Vertriebswege, über die Coop zunehmend zum Omnichannel-Händler wird, sind Betty Bossi (www.bettybossi.ch), wo Kochbücher sowie Haushaltshelfer vertrieben und ihre Kundinnen und Kunden online und telefonisch beraten werden. Zudem führt Betty Bossi die erfolgreichste Frischconvenience-Linie der Schweiz, die exklusiv bei Coop erhältlich ist. Auch Toptip/Lumimart (www.toptip.ch; www.lumimart.ch) bieten ihre Sortimente aus Möbeln, Accessoires und Dienstleistungen online an.

Online-Pure-Player, die zunehmend in stationäre Formate integriert werden, sind ebenfalls ein Teil des Online-Portfolios von Coop. Microspot.ch (www.microspot.ch) ist einer der führenden Online-Anbieter für IT, Telekommunikation, Unterhaltungselektronik, Fotografie und Haushalt. Privat- und Geschäftskunden finden hier über 120.000 Produkte. In Showrooms werden die neuesten Produkte gezeigt. Mit „Speed" gekennzeichnete Artikel, die bis 12 Uhr bestellt werden, können noch am selben Tag in einem Showroom oder an einer der Pick-up-Stationen abgeholt werden. Der Online-Marktplatz Siroop (www.siroop.ch) ist der erste offene Online-Marktplatz der Schweiz und wurde 2015 lanciert. Hiermit versucht Coop der internationalen Konkurrenz wie Amazon die Stirn zu bieten. Lokale, regionale und nationale Händler und Hersteller können auf der Plattform ihre Produkte anbieten, ebenso reine E-Commerce-Anbieter oder Ladengeschäfte ohne eigenes Online-Shopping-Angebot. Am Start-up-Unternehmen sind Coop und Swisscom als Partner je zur Hälfte beteiligt.

Zusätzlich bietet Coop mit der Coop Supercard nicht nur in stationären Supermärkten die Möglichkeit, Punkte zu sammeln, Prämien zu bestellen, mit Punkten zu bezahlen und von exklusiven Rabatten zu profitieren, sondern auch online. Für jeden ausgegebenen Franken wird den Kunden ein Superpunkt gutgeschrieben. Über die Supercard-App ist bargeldloses Bezahlen möglich. Die in der App integrierte Zahlkarte kann mit Bargeld und mit Superpunkten aufgeladen werden. Die Supercard ist das erfolgreichste Kundentreueprogramm der Schweiz und zeigt die zunehmende Integration der Online- und Offline-Kanäle des Unternehmens mit übergreifenden Services.

VII. Ausblick

Die einzelnen Be- und Vertriebstypen tragen in unterschiedlichem Maße zum Gesamtumsatz der Coop bei. Dabei zeigt sich eine überwiegende Bedeutung der Bereiche des Lebensmitteldetailhandels. Den höchsten Anteil erzielen die Food-Formate Coop Supermärkte, Coop Megastores und Coop to go mit gemeinsam 59,8% am gesamten Einzelhandelsumsatz der Coop.

In der Struktur der Coop zeigt sich einerseits eine Tendenz zum Ausbau der Multi- und Omnichannel-Strategie durch Stärkung und zunehmende Integration der Online-Kanäle im Food- sowie im Non-Food Bereich. Dazu werden leistungsfähigere Supply-Chain und Logistik-Lösungen etabliert und zeitgleich neben der Belieferung direkt zum Kunden auch die Verfügbarkeit von Abholstationen erhöht. Andererseits erfolgt eine Orientierung hin zu mehr Convenience im stationären Bereich. Der Ausbau im Bereich Convenience-Stores begann mit der Lancierung der Coop to go Märkte und wird durch die Übernahme der Aperto-Gruppe wesentlich verstärkt.

Drittes Kapitel

Das Spektrum wettbewerbsorientierter Strategien

A. Begriff, Ebenen und Sichtweisen von Strategien

Im strategischen Management wird der Strategiebegriff in umfassender Abgrenzung als die verfolgten Unternehmensgrundsätze, Ziele und Strategien (i.e.S.) definiert. Nachfolgend wird einer engen Fassung gefolgt (Macharzina/Wolf 2018, S. 225):

> Strategien bilden Aktivitäten zur Erreichung von Unternehmenszielen; sie stellen grundlegende Mittel zur Erreichung von Unternehmenszielen dar.

Konsens besteht darin, dass Unternehmen eine Hierarchie von Strategien besitzen, die mit den unterschiedlichen Hierarchien von Zielen und Unternehmensgrundsätzen korrespondiert. Somit können Strategien auf drei Ebenen betrachtet werden (siehe Abb. 3.1):

- **Gesamtunternehmensstrategien** charakterisieren die Geschäftsfelder, in denen ein Unternehmen tätig sein will (**Produkt/Markt-Strategien**) und wie es in diese eintreten will (**Eintrittsstrategien**). Definiert werden Breite, geografische Ausdehnung und Tiefe der (Wertschöpfungs-)Aktivitäten. Eintrittsstrategien umfassen bspw. die Wahl von Entwicklung oder Akquisition, marktlicher oder hierarchischer Betätigungsform und das Timing. Ziel ist pauschal die Steigerung des Unternehmenswertes (v.a. bei Publikumsgesellschaften) und v.a. eine Weichenstellung für die zukünftige Gesamtunternehmensentwicklung.
- **Geschäftsfeldstrategien** stellen Aktivitätsstrukturen in Bezug auf eine Strategische Geschäftseinheit (SGE) (bspw. Be- oder Vertriebstyp) bzw. ein Strategisches Geschäftsfeld (bspw. Be- oder Vertriebstypen in der gleichen Handelsbranche) dar. Die Frage ist, wie die Ziele für ein Geschäftsfeld erreicht werden sollen. Eine Klassifizierung von Geschäftsfeldstrategien führt zur Betrachtung von Wettbewerbsstrategien (z.B. Kostenführerschaft) und von Entwicklungsstrategien (z.B. Expansion).
- **Funktionale Strategien** betreffen Aktivitäten mit Bezug auf die Funktionsbereiche wie Marketing, Beschaffung oder Personal. Ziel ist die Entwicklung und der Einsatz von Ressourcen in diesen Bereichen und zwar i.d.R. für das Gesamtunternehmen.

Abbildung 3.1: Ebenen von Unternehmensstrategien

I. Grundlegende Gesamtunternehmensstrategien			
Produkt/Markt-Strategien (Bestimmung der Strategischen Geschäftsfelder)			
Diversifikation/Spezialisierung	Internationalisierung	Vertikale Integration	
Eintritts-/Umsetzungsstrategien			
Entwicklung/Akquisition	Eigentumsform	Zeitlicher Eintritt bzw. Timing	
II. Geschäftsfeldstrategien			
Wettbewerbsstrategien (i.e.S.)			
Kostenführerschaft	Differenzierung	Fokussierung	
Geschäftsentwicklungsstrategien			
Expansion	Konsolidierung	Rückzug	
III. Funktionale Strategien			
Marketing	Beschaffung	Logistik	HRM

Die Strategieebenen sind interdependent und müssen – aus normativer Sicht – kohärent formuliert werden. In der Forschung werden selten alle Strategien gleichzeitig und definitorisch einmütig betrachtet. Welche der Strategien wie betrachtet werden, hängt von dem Analysegegenstand, der theoretischen Perspektive, der Forschungsdisziplin oder dem Forscher ab. Ferner wandelt sich die Sichtweise der Strategien im Laufe der Jahre.

Die Auseinandersetzung mit Strategien reicht bis in die Frühgeschichte zurück. Klassisch ist dabei die Darstellung der Schlacht von Chaironeia, in der Philipp und sein Sohn Alexander die Makedonische Armee gegen die überlegenen Athener und Thebaner siegreich führten. Sie verwirklichten in ihrer „Grand Strategy" und ihrer „Battle Strategy" viele der Konzepte, die in der heutigen Planung wiederzufinden sind. Ähnliches trifft für spätere militärisch-diplomatische Strategien zu, wie die Abhandlungen über Machiavelli, Napoleon, von Clausewitz, Montgomery oder Mao Tse-Tung zeigen. Heutige unternehmerische Konzepte der strategischen Planung basieren auf diesen militärisch-diplomatischen Komponenten. Zugleich sind sie weiterentwickelt worden, andere Ansätze kamen hinzu und eröffnen jeweils andere Sichtweisen von Strategien (Lampel u.a. 2014, S. 8f.):

- **Strategy As Plan:** Strategien sind als Pläne definiert, die ex-ante-Aktivitäten beschreiben und zukünftige Unternehmensentscheidungen und -handlungen steuern. Sie sind also ex-ante-Modelle zukünftigen Verhaltens.
- **Strategy As Ploy**: Strategien können Manöver darstellen, die ergriffen werden, um einen Konkurrenten zu überlisten. Sie sind dynamische und temporäre Verhaltensweisen.
- **Strategy As Pattern**: Strategien sind Verhaltensmuster, die sich ex post als eine Struktur ergeben. Sie können Pläne sein oder das Ergebnis inkrementeller Entwicklungen, externer Ereignisse und so ungeplanten Verhaltens sein: Strategien i.e.S. „bilden sich heraus".
- **Strategy As Position:** Hier erfolgt eine strategische Positionierung des Unternehmens in eine näher zu definierende Umwelt.
- **Strategy As Perspektive**: Hier entstehen Strategien im Inneren des Unternehmens, d.h., sie basieren nicht auf dem Streben nach einer Position im Markt, sondern auf der Internalisierung einer bestimmten Weltanschauung.

In Abhängigkeit von der Sichtweise variieren das Verständnis der Strategiebildung und die empirische Messung. In Unternehmen treten i.d.R. mehrere Strategien kombiniert auf: Ex ante beabsichtigte Strategien, die realisiert werden („deliberate strategies"), geplante Strategien, die z.B. wegen unrealistischer Erwartungen oder Implementierungsänderungen nicht realisiert werden („unrealized strategies") und „emergent strategies", realisierte Strategien, die nicht beabsichtigt waren, weil sie z.B. anfangs nicht vorgesehen waren (so als Reaktion auf radikale Umfeldveränderungen). Diese Abgrenzung zeigt u.a., dass die strategische Planung in der Realität durch ein Verhalten überlagert werden kann, das als „muddling through" oder „trial and error" zu beschreiben ist.[1]

Die Überlegungen bilden Vorläufer für die Unterscheidung von „Ten Schools of Thought", d.h., Ansätze der Strategieformulierung (siehe Abb. 3.2). Die Schulen werden als nach dem abnehmenden Grad der Determiniertheit geordnet gesehen, d.h., die deterministische Design School begreift die Strategiebildung in Unternehmen eher als Reaktion auf Umweltveränderungen, während die Cultural School einen voluntaristischen, im Innern des Unternehmens entstehenden Strategiebildungsprozess annimmt. Eine Sonderposition nimmt v.a. die Configurational School ein, die eine situative Integration der Strategie anstrebt.

---

[1] Dies hat zur legendären Diskussion zwischen Ansoff und Mintzberg geführt, welche bis heute andauert (bspw. Moussetis 2011; Witzel 2017).

Abbildung 3.2: Merkmale der „10 Schools of Thought" der Strategieforschung

	Design School	Planning School	Positioning School	Entrepreneurial School	Cognitive School	Learning School	Political School	Cultural School	Environmental School	Configurational School
Zu Grunde liegende Theorietradition	keine (Architektur als Metapher)	Verbindungen zur Stadtplanung, Systemtheorie, Kybernetik	Ökonom. Theorien (Ind. Organisation) u. Militärgeschichte	keine	Psychologische (kognitive) Theorie	keine (evtl. Verb. zur Lernth. in Psychologie/ Pädagogik)	Politikwissenschaft	Anthropologie	Biologie	Geschichte (Katastrophentheorie in Mathematik/ Biologie)
Strategieverständnis	explizite Perspektive einzigartig	expliziter Plan, dekomponiert in Unterstrategien, Programme	explizite generische Position (ökonom. & bzgl. Wettbewerbsposition)	implizite Perspektive (Vision), persönlich und einzigartig (Nische)	mentale Perspektive (individuelles Konzept)	Verhaltensmuster, häufig kollektiv	taktieren u. positionieren, Einheiten (Mikro) u. organisationsweit (Makro)	kollektive Perspektive einzigartig und zumeist implizit	Spezifische Position (Nische in Population Ecology)	alle aufgeführten Arten, abhängig von der Situation
Basisempfehlung	Denke!	Formalisiere! (Dekomponiere)	Analysiere!	Beobachte genau!	Überwinde!	Lerne!	Unterstütze!	Zusammenwachsen!	Reagiere!	Integriere!
Empfohlene Realisierungsmethode	Entwurf der Strategie als Fallstudie	Programmiere! (besser als formulieren)	Kalkuliere! (besser als kreieren oder festlegen)	Zentralisiere! (und hoffe)	Sorge Dich! (überwinden u. erfinden unmöglich)	Spiele! (besser als beabsichtigen)	Sammle! (besser als teilen oder produzieren)	Verweigere d. Zustand! (besser als verändern)	Kapituliere! (Pop. Ecol.) Teile! (Kontingenzth.)	Nimm es hin! (besser als nuancieren)
Bedeutung des Umfeldes	nützlich, bietet manchmal Gefahren; zumeist Gelegenheiten	fügsam, Checkliste von Faktoren, die gesteuert werden müssen	anspruchsvoll hinsichtl. Bestehender Wettbew., ökonom. Größen	manövrierbar, um eine Nische zu finden	erdrückend für die Kognition	verlangend, schwierig	unlenkbar (Mikro) anpassungsfähig (Makro)	zufällig	diktatorisch (Pop. Ecol) allgemeine Dimensionen (Kontingenzth.)	alles, was kategorisierbar ist (nach den links aufgeführten Kategorien)
Zentrale Aktoren	Top-Manager (Architekten)	Planungsstab	Analysten	Führer	Kopf	jeder, der fähig ist zu lernen	jeder, der Macht hat	Kollektiv	Umwelt	alle aufgeführten, Situationsabhängig
Status der Forschung	nur auf der Grundlage präskriptiver Ansätze	gering, es sei denn empirisch ausgerichtet	sehr hoch, vermutlich auch weiterhin hoch	leicht zunehmende Bedeutung	Gegenwärtig mittel; zukünftig evtl. abnehmend	Zunehmende Bedeutung	Zunehmende Bedeutung	Gegenwärtig mittel	Momentan gering	Zunehmende Bedeutung

Quelle: i.A.a. Mintzberg/Ahlstrand/Lampel 2012, S. 15ff.

Das Strategieverständnis, das v.a. in Abschnitt B zu Grunde gelegt wird, ist der Design School und der Positioning School verhaftet. Dafür gibt es folgende Gründe:

- **Dominanz der strategischen Planung**: Auf Grund der ökonomischen Wurzeln der Handelsbetriebslehre bildet die strategische Planung ein zentrales Paradigma. Gleichwohl wird aus der Handelspraxis von Skepsis gegenüber langfristig ausgerichteten, strategischen Konzepten berichtet, zu Gunsten einer flexiblen kurzfristigen Reaktion.
- **Dominanz der Kunden- und Wettbewerbsorientierung**: Da kaum eine andere Branche näher an ihrer Zielgruppe ist als der Handel, sind Strategien primär deterministisch zu sehen, d.h., das unternehmerische Verhalten ist primär als Reaktion auf Marktänderungen (Verhalten der Abnehmer und der Konkurrenz) zu begreifen.
- **Dominanz der empirischen Forschung**: Die Bedeutung der Empirie leitet sich aus den vorstehenden Begründungen ab, die beide auf die Relevanz empirischer Analysen hinauslaufen. Allerdings sollen „deliberate und emergent strategies" dafür sensibilisieren, in empirischen Untersuchungen zu berücksichtigen, dass von Managern verfolgte Strategien nicht klar auszudrücken sind, dass beabsichtigte Strategien nicht realisiert werden bzw. keine beabsichtigten Strategien existieren.

Gesamtunternehmens- und Wettbewerbsstrategien bei Walmart

Produkt/Markt-Strategien: Mit rd. 486 Mrd. USD Umsatz gilt Walmart im Jahr 2017 als das größte Handelsunternehmen weltweit (110.000 Offline-Stores in 28 Ländern und Online-Stores in 11 Ländern). Walmart ist diversifiziert (nicht nur in der Omnichannel-Strategie, sondern Offline mit dem Angebot von Supercenters und Hyper-, Super- und Minimarkets, Discount Stores, Neighborhood Markets, Sam's Club und sogar Fashion Stores), beachtlich internationalisiert und vertikal integriert (insb. in breiten Non-Food-Sortimenten). Dies korrespondiert mit der Nutzung von Akquisitionen als Eintrittsstrategie in diverse Länder wie Mexiko, Deutschland, Großbritannien, Japan, Brasilien oder Südafrika. Auf Grund geänderter Rahmenbedingungen (Wachstum im US-Online-Handel von 16%) diversifiziert Walmart v.a. online, durch Eigenaufbau und Akquisitionen (z.B. Jet.com, Bonobos, Moosejaw, Modcloth), und schafft sich Zugang zu neuen Käuferschichten und Technologien. Auf Grund geänderter Steuergesetze (Körperschafts-/Rückführungssteuer) werden Mittel für Akquisitionen und Dividenden nutzbar.

Wettbewerbsstrategien: Walmart bietet das Markenversprechen "Save money. Live better" und tritt als Kostenführer auf, mit aggressiver Preisgestaltung und breiten Sortimenten (dominant Nonfood, was Größendegressionsvorteile erlaubt). Werbekampagnen und Rabattaktionen vermitteln Erschwinglichkeit. Allerdings machen die in den USA wachsenden Harddiscounter (wie Aldi) deutlich, dass deren Preisniveau z.T. niedriger ist. Entsprechend schärft Walmart seine Preisposition. Dem Druck von Amazon begegnet Walmart durch Convenience- und Online-Aktivitäten. Offline erweitert werden To-Go Formate und Sortimente. Zur Prozessoptimierung werden Scan&Go Technologien angeboten. Online werden Lebensmittelboxen mit Rezepten angeboten und im Omnichannel bestehen Click & Collect-Lösungen oder Lieferdienste bis in den Kühlschrank (u.a. durch Mitarbeiter auf dem Heimweg). Allerdings verliert die Retail Brand Walmart an Wert und v.a. an Einzigartigkeit, wie viele ehemals stationäre Händler in den USA.

Quelle: www.walmart.com, www.fortune.com, www.forbes.com, 10. Januar 2018.

Da die Kunden- und Wettbewerbsorientierung im Handel dominiert, wird nachfolgend zuerst eine wettbewerbsorientierte Sicht eingenommen, mit Positionierungs- und Profilierungsstrategien (Abschnitt B.). Dem folgen Gesamtunternehmensstrategien (Diversifikation/Spezialisierung, Internationalisierung und vertikale Integration), welche auf Top-Ebene entschieden werden und die Basis für Wettbewerbsstrategien bilden (Abschnitt C). Eine Fallstudie des Parfümeriehändlers Douglas rundet das Kapitel ab (Abschnitt D). Bei allen Ausführungen ist zu berücksichtigen, dass (1) Strategien alleine den Erfolg nicht bestimmen, sondern dies nur in situativen Umweltkontexten der Fall ist, (2) sie sich über die Zeit verändern und, (3) sie empirisch zu kontrollieren sind sowie branchen-/unternehmensspezifisch variieren.

B. Geschäftsfeldstrategien: Positionierung und Profilierung

I. Gegenstand

1. Grundlegende Typologien von Wettbewerbsstrategien

Unter **Wettbewerb** wird eine Situation der Rivalität sowie die durch sie initiierten Aktionen und Prozesse verstanden. Er stellt ein Ordnungs- und Steuerungsprinzip der (Markt-)Wirtschaft dar, in der die Bestrebungen der Wirtschaftseinheiten den Antriebsmotor bilden. Die Ansätze der Wettbewerbstheorie bilden die Grundlage für Wettbewerbspolitik und -recht. So fanden entsprechende Ansätze – Harvard School (Clark, Bain), Chicago School (Stigler) oder funktionsfähiger Wettbewerb (Arndt, Kantzenbach) – früh Eingang in die Marketing- und Handelsforschung. Ein grundlegendes Konzept der Wettbewerbsstrategie geht auf Porter (1980) zurück. Er fokussiert auf „**competitive strategies**", d.h., die Ebene von strategischen Geschäftseinheiten (Be-/Vertriebstypen eines diversifizierten Händlers), auf der sich der

Wettbewerb vollzieht, weniger auf Gesamtunternehmensstrategien („**corporate strategies**“). Der Kern sind Wettbewerbsvorteile, d.h., überdurchschnittliche Leistungen, die erfolgreiche Unternehmen von Konkurrenten abgrenzen.

Wettbewerbsstrategien sind Strategien auf Ebene der Geschäftseinheiten, deren Ziel die Schaffung sowie der Ausbau bzw. die Verteidigung von Wettbewerbsvorteilen ist.

Ein Wettbewerbsvorteil muss (1) ein Merkmal betreffen, das für den Kunden wichtig ist, (2) vom Kunden als relevant wahrgenommen werden und (3) eine gewisse Dauerhaftigkeit aufweisen (Swoboda 2012a). Diese Definition beinhaltet zwei Perspektiven:

- Aus kundenorientierter Sicht können Wettbewerbsvorteile nur dann realisiert werden, wenn die Leistungen gegenüber der Konkurrenz von den Konsumenten als überlegen beurteilt werden.
- Aus konkurrenzorientierter Sicht sind nach Porter Stärken- und Schwächenanalysen der eigenen Position entscheidend für die Realisierung von Wettbewerbsvorteilen.

In der Handelspraxis sind die Sichtweisen oft nicht zu trennen. Für Unternehmen bildet die in Abschnitt E im Ersten Kapitel dargestellte Wertkette ein Diagnose- und Analyseinstrument zur Identifikation von Wettbewerbsvorteilen in einzelnen Wertaktivitäten/-prozessen. In der Marketingliteratur wird sich meist auf die vom Kunden sichtbaren **Wertschöpfungsfunktionen** fokussiert und Wettbewerbsstrategien aus Sicht der Positionierung im Wettbewerb gesehen. In der Managementliteratur werden v.a. Fragen der inhaltlichen Ausgestaltung von Wettbewerbsstrategien thematisiert. Neben Fallstudien- und Erfolgsfaktorenansätzen sind Ansätze der Strategieklassifizierung verbreitet. Die sog. **Strategietaxonomien** beruhen auf theoretisch-konzeptionellen Überlegungen und sind von den **Strategietypologien**, die auf empirischen Studien beruhen, abzugrenzen. Beide erheben den Anspruch einer situationsübergreifenden, empirischen Gültigkeit. Das Ziel beider ist die Klassifikation der relevanten Strategiedimensionen bzw. die Identifikation von Strategiemustern, d.h., von „generischen Strategien“ (Swoboda/Elsner/Morschett 2014; Swoboda/Anderer 2008).

Taxonomie von Porter

Die populärste Strategietaxonomie stammt von Porter (1980). Unter Berücksichtigung zentraler Wettbewerbsfaktoren beschreibt er diverse Wettbewerbsstrategien, die auf verschiedenen Wegen zum Aufbau und zur langfristigen Absicherung von Wettbewerbsvorteilen beitragen. Demzufolge kann eine SGE über zwei Arten von Wettbewerbsvorteilen verfügen: niedrige Kosten oder Differenzierung. Das heißt, unterstellt wird, dass die SGE nur dann erfolgreich sein wird, wenn sie Kostenvorteile oder Differenzierungsvorteile realisiert. Gelingt eines von beiden nicht, läuft man Gefahr, eine unprofilierte Mittelposition im Wettbewerb einzunehmen („stuck in the middle“). Für die Profilierung bzw. Positionierung können diese Typen von Wettbewerbsvorteilen entweder in einem breit definierten Zielmarkt (ganze Branche, „umfassend“) oder in einem eng begrenzten Marktsegment (Marktnische, „fokussiert“) angestrebt werden. Somit lauten die Wettbewerbsstrategien (siehe Abb. 3.3):

- Differenzierung
- umfassende Kostenführerschaft
- Konzentration auf Schwerpunkte.

Das Ziel der **Differenzierungsstrategie** – im Handel als Strategie der Qualitätsführerschaft bezeichnet – ist die Schaffung von Leistungsvorteilen. So beabsichtigt die Erhöhung des Angebotsnutzens, z.B. durch Qualität, besondere Breite des Sortimentes oder des Service, qualitative Präferenzen aufzubauen. Porter folgend müssten die durch die Differenzierung entstehenden höheren Kosten mittelfristig durch höhere Preise kompensiert werden. Beispiele hierfür sind die Strategien der Warenhäuser, wie Galeria Kaufhof, oder der Shopping-Center, wie CentrO, aber auch von Online-Anbietern, wie Amazon oder Otto.

Abbildung 3.3: Typologie der Wettbewerbsstrategien nach Porter

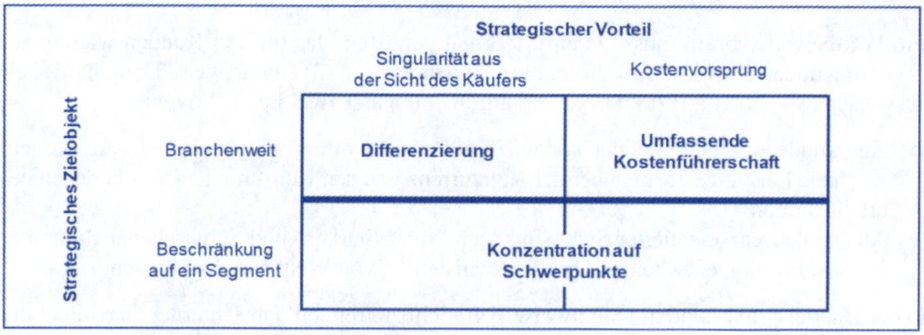

Quelle: Porter 2013, S. 74.

Das Ziel der Strategie der umfassenden **Kostenführerschaft** ist es, kostengünstigster (i.w.S. auch preisgünstigster) Anbieter einer Branche durch konsequente Nutzung von Kostenvorteilen zu werden. Voraussetzung ist ein relativ großer Marktanteil und ein hoher Standardisierungsgrad zur Ausschöpfung von Degressionseffekten. Weiterhin notwendig ist die Rationalisierung der Wertschöpfungsaktivitäten. Beispiele hierfür sind die Strategien von Kaufland oder diverser Online-Preisspezialisten mit einer Gesamtmarktabdeckung.

Die Strategie der **Konzentration auf Schwerpunkte** zeichnet sich durch eine Beschränkung auf tragfähige Teilmärkte aus, sprich einer Fokussierung (Nischenstrategie). Für Handelsunternehmen bedeutet dies im einfachsten Fall, dass kein Vollsortiment angeboten wird, d.h., das Unternehmen nicht Vollsortimenter sind, und Wettbewerbsvorteile auf Kosten- oder Differenzierungsvorteilen beruhen. Auf Grund der Spezialisierung gelingt es, durch Konzentration der Ressourcen auf ein Marktsegment, eine Kostenführerschaft zu erreichen, wie bspw. im Fall der Lebensmitteldiscounter Aldi oder Lidl, bei denen ein auf raschen Umschlag ausgerichtetes, eher schmales Sortiment zu niedrig kalkulierten Preisen angeboten und auf Service verzichtet wird. Beispiele für eine Strategie der konzentrierten Differenzierung finden sich im Offline-Fachhandel und entsprechenden Online-Anbietern.

Zusammenfassend sind für die Anwendung dieser Typologie im Handel drei Aspekte wichtig (vgl. aus Sicht der Kunden und der Unternehmen Swoboda 2012a):

- die Unterscheidung der Wettbewerbsstrategien als solche
- die Hypothese, wonach eine „Entweder-oder-Entscheidung" zu treffen ist
- die Frage nach der Abgrenzung des relevanten Marktes (Branche), auf dem sich ein Unternehmen profilieren will.

Kritiker bemängeln an der Taxonomie die fehlende Möglichkeit einer kurzfristigen strategischen Neuausrichtung, die Vernachlässigung der Innovation von Unternehmen, bestreiten bspw. mit Verweis auf Ikea die Ausschließlichkeit der Strategien oder heben die Orientierung an den (nationalen, wenig dienstleistungs-/prozessorientierten) Wettbewerbsverhältnissen und der industriellen Wertkette der 1980er Jahre hervor. Dieses vernachlässigt die Online-Revolution oder die Internationalisierung im Handel. Forschungsstudien adressieren v.a. die Nutzung alternativer Strategien, die Porter zufolge „Stuck-in-the-Middle" sind, so Customizing oder Outpacing bis hin zur Conclusio, dass jede Strategie eine Kombination aus Differenzierung und Kosten darstellt. Dennoch wird die Existenz generischer Strategien empirisch bestätigt, weniger jedoch die getroffenen Rentabilitäts-Aussagen generischer Strategien (vgl. im Überblick Swoboda 2012a; Luoma 2015). Diese Typologie wird aber oft, so auch hier, als grundlegende Basis der Betrachtung gewählt.

Taxonomie von Miles/Snow

Miles/Snow (1986) präsentieren „generic strategies" auf der Corporate- oder SGE-Ebene, in dem sie anhand des Unternehmensverhaltens vier Strategietypen auf einem Kontinuum abtragen (siehe Abb. 3.4). Diese werden hinsichtlich der Adaption an die Umwelt differenziert, wobei im Adaptionszyklus wiederholt drei Kernproblemkreise zu lösen sind:

- unternehmerische („entrepreneurial") Probleme (z.B.: In welchen Produkt-/Marktbereichen sind wir tätig?)
- technologische („engineering") Probleme (z.B.: Welche Technologien/Systeme sollen genutzt werden?)
- administrative Probleme (z.B.: Wie ist die Organisation zu strukturieren?).

Der Kernhypothese zufolge sind die Defender-, Analyzer- und Prospector-Strategie profitable Strategien, die der Reactor-Strategie überlegen sind. Sie unterscheiden sich in ihrem Anpassungsverhalten an die Umwelt wie folgt:

- Unternehmen, die der **Defender-Strategie** folgen, verteidigen ihre erreichte Marktposition, halten an ihren bewährten Systemen fest, die effektiv in der eigenen Organisation sind, und weisen spezifische Organisationsstrukturen auf. Oft zeigen sie Nischenverhalten, ein geringes Innovationsniveau und eine Konzentration auf Effizienzaspekte.
- **Prospectors** realisieren eine aggressive Strategie, denn sie definieren unaufhörlich ihre Märkte neu, passen neue Systeme und Technologien an und weisen dezentrale Organisationsstrukturen auf. Oft haben sie eine weite Produkt-/Marktdefinition und eine innovationsorientierte Unternehmenspolitik mit aktiver Suche nach Marktchancen.
- Die Unternehmen mit einer **Analyzer-Strategie** folgen analytisch und umsichtig dem Adaptionszyklus; sie weisen eine hybride Vorgehensweise auf, die in einzelnen Märkten der Defender-Strategie, in anderen der Prospector-Strategie ähnelt.
- Außerhalb des Kontinuums steht die **Reactor-Strategie**, da es sich hier um eine Strategie ohne Muster in der Reaktion auf die Adaption handelt.

Abbildung 3.4: Charakteristika der Wettbewerbsstrategien nach Miles/Snow

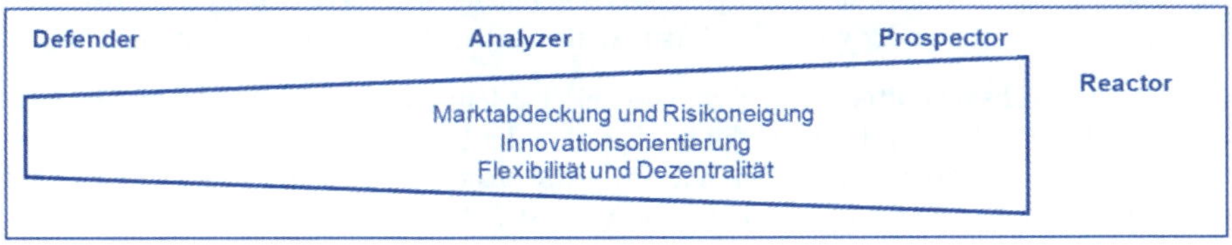

Quelle: Miles/Snow 1978, S. 112.

Auf Grund des Fokus auf interne Problemebenen der Anpassung von Unternehmen an ihr Umfeld ist der Ansatz in der Organisationsforschung verankert und in der empirischen Strategieforschung bzgl. der Existenz der Wettbewerbsstrategietypen in diversen Branchen im Regelfall belegt worden (in gesättigten oder dynamischen Märkten und im Handel). Die Strategie-Erfolgs-Beziehungen wurden z.T. bestätigt. Im Handelskontext zeigt Parnell (2013) bspw. einen U-förmigen Zusammenhang zwischen der strategischen Klarheit von kleinen und mittelständischen Handelsunternehmen – als Ausmaß, in dem eine generische Strategie die strategische Ausrichtung widerspiegelt – und deren Performance. Weitere Studien zeigten bspw. negative Strategie-Erfolgs-Zusammenhänge für Reactors, positive für Prospectors und gemischt für Defender/Analyzer (vgl. im Überblick Swoboda 2012a).

Aus der Palette der erklärenden Größen (siehe Abb. 3.5) erinnern etwa das Nischenverhalten oder das Effizienzstreben in der Organisation an Porters Ansatz; wesentlich neu ist die Innovation, die im Handel bedeutender wird, denn erfolgreiche, klassische Offline-Unternehmen, wie dm-drogerie markt, entwickeln ihren Betriebstyp stets weiter, und viele Online-Vertriebstypen stellen per se Innovationen dar. Neu ist auch der Blick auf die Risikoneigung des Managements, denn sie berücksichtigt zumindest implizit das Verhalten bzw. die Person des Managers, die bei Porter zu Gunsten einer Organisationsbetrachtung faktisch ausgeschaltet ist. Allerdings steht eine breite Anwendung des Ansatzes im Handel aus, bspw. im Vergleich von Be- und Vertriebstypen, Geschäftsmodellen usw.

Abbildung 3.5: Faktoren der Strategieaktivitäten – Operationalisierungen

Prospector	Defender/Analyzer	Reactor
▪ Is an innovation leader in the retailing industry ▪ Frequently moves into new markets ▪ Is known for being "first in" the industry for developing new ways to retail ▪ Does not mind risking profits for developing new stores/formats ▪ Is a leader in developing new ways to retail ▪ Continuously adopts new technology	▪ Maintains a safe niche using a traditional store format (D) ▪ Sticks with using current store (D) ▪ Concentrates on improving current ways of retailing rather than developing new methods (D) ▪ Researches only trends that impact our business directly (D) ▪ Adoptions of industry innovations only after lengthy consideration (A) ▪ Focuses first on serving current customers and second on capturing new customers (A)	▪ Always takes advantage of industry trends ▪ Is known for frequently taking risks

Quelle: Moore 2005b, S. 703.

Weitere Ansätze und Wettbewerbsverhalten

Weitere Ansätze bedienen sich eines anderen Fokus und/oder heben eine andere Dimension von Strategien oder Wettbewerbsvorteilen hervor. Neben der Kosten-, Qualitäts- und Innovationsorientierung beziehen sich diese bspw. auf die **Pionierrolle** und **einzigartige Geschäftsmodelle** (v.a. im Online-Handel). Die Erstgenannten fußen meist auf deduktiven/induktiven Strategieklassifizierungen (z.B. Zentes/Kolb/Rittinger 2010). Generische Wettbewerbsstrategien unterliegen im Handel einem Wandel; sie werden kombiniert und situativ weiterentwickelt (als hybride Strategien wie Outpacing, als Betrachtung von Ressourcen/Kernkompetenzen oder von Geschäftsmodellen; siehe das Erste und Zweite Kapitel).

Das **Wettbewerbsverhalten** adressiert pauschal eine Umsetzung einer Strategie, denn naheliegend behandeln die folgenden Kapitel Facetten der Strategieumsetzung (so instrumental, prozessual oder organisational im Vierten bis Sechsten Kapitel). Im Handel bedeutend ist das wettbewerbsautonome oder -zentrierte Verhalten. Im deutschen LEH bspw. dominieren die Hard-Discounter (v.a. Aldi) die Einstandspreise, d.h., deren Preissenkungen/-erhöhungen, werden regelmäßig von Vollsortimentern nachvollzogen. Um Verhaltensdimensionen zu typologisieren, wird neben einem wettbewerbsvermeidenden/-stellenden Verhalten auch das innovative/imitative Verhalten unterschieden (siehe Abb. 3.6). Ob ein Händler sich dem Wettbewerb stellt oder ihn vermeidet, kommt darin zum Ausdruck, zu welchem Zeitpunkt er Maßnahmen im Wettbewerbsumfeld einleitet. Ein **wettbewerbsvermeidendes Verhalten** beruht auf der Anpassung der eigenen Entscheidungen an Entscheidungen der Konkurrenz. Beim **wettbewerbsstellenden Verhalten** reagieren Händler bereits auf erste

Signale ihrer Konkurrenten und antizipieren deren Vorgehen. Die Ressourcenausstattung bestimmt den Grad des innovativen Verhaltens und umfasst i.e.S. die tangiblen/intangiblen Ressourcen (siehe Abschnitt E.II. des Ersten Kapitels). Die Basisstrategien sind:

- Kooperationsstrategien werden eher von Unternehmen angestrebt, die wenige ausgeprägte Wettbewerbsvorteile haben und denen die Ressourcen für eine Auseinandersetzung mit der Konkurrenz und ein erfolgreiches Bestehen im Wettbewerb fehlen.
- Konfliktstrategien beinhalten dagegen eine bewusste, direkte Konfrontation mit einem Wettbewerber, die durch Innovation und Wettbewerbsvorteile begründet ist.
- Ziel der Ausweichstrategien ist es, durch vergleichsweise innovative Aktivitäten dem Wettbewerbsdruck zu entgehen.
- Anpassungsstrategien sind auf die Positionserhaltung ausgerichtet; Aktivitäten erfolgen dann, wenn diese Position durch Vorstöße der Konkurrenz ernsthaft gefährdet wird.

Abbildung 3.6: Basisoptionen des aktiven Wettbewerbsverhaltens

Verhaltensdimensionen	**Innovativ**	**Imitativ**
Wettbewerbsvermeidend	Ausweichen	Anpassung
Wettbewerbsstellend	Konflikt	Kooperation

Quelle: i.a.A. Meffert/Burmann/Kirchgeorg 2015, S. 299.

Ähnliche Überlegungen können abhängig von der Marktposition (schwach vs. stark) und der Ressourcenausstattung (gering vs. hoch) erfolgen.

2. Grundlagen und Bedeutung

Positionierung kann als Segmentierungsentscheidung, als imagebezogene Fragestellung, als Objektbesonderheit oder als Resümee dieser Begriffe aufgefasst werden. Dahinter steht die Vorstellung, dass die Eigenschaften konkurrierender Positionierungsobjekte gegeneinander abgegrenzt und gegenüber Kunden herausgestellt werden, um Wettbewerbsvorteile zu realisieren. Die Positionierung hat zwei Bedeutungen:

- die für das Management notwendige Abbildung der im Wettbewerb stehenden Objekte/Marken mit den kaufrelevanten Eigenschaften der konkurrierenden Objekte/Marken
- die Strategien und Maßnahmen des Managements, die auf der Basis dieser Informationen zu gezielten Veränderungen führen.

Dieses Begriffsverständnis stellt im traditionellen Sinne auf Produkte bzw. Marken und ihre Position im Wettbewerbsgefüge des Absatzmarktes ab.

> Übertragen auf den Handel ist unter dem Positionierungsbegriff die strategische und aktive Gestaltung der Stellung von Handelsunternehmen im relevanten Markt zu verstehen.

In diesem Sinne sind nicht Produkte, sondern Online- und Offline-Stores mit ihrer Vielzahl von aus Sach- und Dienstleistungen zusammengesetzten Leistungsprogrammen Gegenstand der Positionierung. Daher wird im Zusammenhang mit der Einkaufsstättenpositionierung von **Imagepositionierung** von Einkaufsstätten gesprochen. Gesucht wird ein Alleinstellungscharakter, wobei die Begriffe Unique Selling Proposition und Komparativer Konkurrenz-Vorteil ähnliches ausdrücken. In dem Ziel, langfristige Erfolgspotenziale im Wettbewerb aufzubauen und zu sichern, kommt die strategische Relevanz der Einkaufsstättenpositionierung im Handel zum Ausdruck. Eine klare Positionierung bildet die Voraussetzung für den Aufbau einer **Einkaufsstättenidentität**, i.S. eines einzigartigen Leistungsversprechens, das zur Profilierung bei Konsumenten und zum Distanzieren gegenüber

Mitbewerbern führt. Dementsprechend wird die Positionierung in der Forschung facettenreich untersucht (siehe Abb. 3.7). Die Besonderheiten sind wie folgt hervorzuheben:

- **Image**: Die Positionierung soll auf Basis der Kenntnis der Kundenvorstellungen Präferenzen schaffen. Die Positionierung eines Stores (offline und online) schlägt sich im Einkaufsstättenimage nieder. Dieses ist in weitere Imagekategorien eingebettet, die in Interaktion mit dem Store Image stehen, so das Be-/Vertriebstypen- und Corporate Image oder das Image der vom Händler angebotenen Handelsmarken. Integrativ, nicht synonym ist der Begriff des Retail Branding relevant (siehe Abschnitt B.V. in diesem Kapitel).
- **Standort**: Insbesondere im Offline-Handel spielt der Standortbezug eine besondere Rolle, da sich der Wettbewerb zwischen Betriebstypen von Unternehmen und v.a. zwischen mehreren Handelsbetrieben einer Branche am jeweiligen Standort vollzieht. Eine Positionierungsentscheidung ist somit nicht nur für einen Store insgesamt, sondern aus standortspezifischer Perspektive relevant. Aus diesem Grund kann das Image von Stores desselben Betriebstyps eines Händlers standortspezifisch variieren.
- **Inter- und intrabetriebstypische Konkurrenz**: Für die Positionierung ist diese Unterscheidung wichtig (z.B. Cleeren u.a. 2010; Swoboda/Morbe/Dabija 2017). Der Interbetriebstypenwettbewerb ist dadurch charakterisiert, dass verschiedene Be-/Vertriebstypen auf Grund eines ähnlichen Warenangebots um dieselben Abnehmer konkurrieren (z.B. im LEH). Zum Interbetriebstypenwettbewerb eines Damenoberbekleidungsfachgeschäfts können bspw. die DOB-Abteilung eines Warenhauses, eine Boutique, DOB-Angebote in SB-Warenhäusern und im Online-Handel zählen. Demgegenüber fokussiert der straffere Intrabetriebstypenwettbewerb den Wettbewerb zwischen gleichen Be-/ Vertriebstypen. So kann sich ein Online-Discounter gegenüber Online-Supermärkten durch seine Preis-Leistungs-Angebote profilieren. Im Wettbewerb mit anderen Online-Discountern ist das Profilierungsmerkmal schwieriger zu realisieren.
- **Mehrkanalzusammenhänge**: In Mehrkanalsystemen, bei denen Händler mehrere Be- und/oder Vertriebstypen parallel einsetzen, bestehen Wechselwirkungen in der Positionierung der eingesetzten Kanäle. Je nachdem, ob die Händler eine Strategie der Integration, d.h., der Verknüpfung von Kanälen i.S. eines Multi- oder Omnichannel-Systems anstreben, oder ob sie die Kanäle bewusst voneinander getrennt aufbauen, sind die Wechselbeziehungen im Kontext der Positionierung unterschiedlich (Schramm-Klein 2012; Emrich/Paul/Rudolph 2015). Während in separierten Mehrkanalsystemen keine wesentlichen Positionierungszusammenhänge zu erwarten sind, besteht bei integrierten Systemen eine hohe Abhängigkeit zwischen den eingesetzten Be- und/oder Vertriebstypen, die umso höher ist, je stärker die Handelsunternehmen eine Omnichannel-Strategie mit enger Verknüpfung und Vernetzung der Kanäle verfolgen (Herhausen u.a. 2015).

3. Ziele und Entscheidungsoptionen

In der Literatur werden ausgehend vom o.g. Ziel der einzigartigen Positionierung diverse weitere Wettbewerbsziele diskutiert, wobei grundsätzlich zwischen vorökonomischen und ökonomischen Zielen zu unterscheiden ist:

- **Vorökonomische Ziele** der Positionierung sind bspw. Bekanntheit, einzigartiges Image oder – ähnlich wie in der Markenartikelindustrie – die Position als starke Retail Brand, eine starke Experience in allen Touchpoints und Kaufphasen (siehe dazu Abschnitt A. im Vierten Kapitel) und letztlich Kundenbindung bzw. Widerkaufverhalten.
- **Ökonomische Ziele** setzen an den verhaltensorientierten Zielgrößen wie Kundenbindung an und lauten Umsatz, Gewinn oder diverse Rentabilitätszahlen (z.B. Umsatzrentabilität, Verkaufsflächenrentabilität usw.; siehe dazu Abschnitt C.IV im Sechsten Kapitel).

Abbildung 3.7: Ausgewählte Profilierungsstudien im Handel

Autor(en)	Forschungsfrage	Theorie	Daten und Methode	Kernergebnisse
				Funktionsbezogen
Skallerud/Grønhaug (2010)	Positioning strategies and congruency with food retail mix.	--	N=152 managers of food retailing formats, cluster analysis, ANOVA.	▪ Three-clusters for the retailers' positioning strategies: down-market stores, middle-range stores, and up-market stores. ▪ Varying retail mix activities within these segments regarding product, store format, service and communication.
Grewal u.a. (2017)	Profiling with consciousness regarding customer engagement.	Stakeholder, experience, identity theory.	Conceptual.	▪ Building on foundations of consciousness offers a base for how retailers devise and define their business strategies. ▪ Retailers achieve deeper engagement, deliver outstanding customer experiences, create emotional connections with customers, and establish a shared identity based on a clear purpose and value.
Ballantine/Parsons/Comeskey (2015)	Atmospherics in fashion retailing and their influence on retail experience.	Functional theory.	N=18 in-depth interviews with customers of a fashion retailer, qualitative.	▪ Atmospheric cues are important as they create a store image congruency with the target group self-image and affect retail experience, intentions to enter the store, time spent in-store and intention to purchase. ▪ Findings show importance of atmospheric cues at all stages.
Emrich/Paul/Rudolph (2015)	Profiling with multichannel assortment integration (differences for retailer types).	Negativity bias theory.	Experiments on a fictional retailer/N_1=959, N=2,005 customers, SEM.	▪ Full integration dominates no integration across assortment relations, but asymmetrical integration—most-often realized by multichannel retailers—has a detrimental impact for substitutive relations compared with no integration. ▪ Asymmetrical integration is more beneficial than full integration for independent relations, while customer outcomes differ less for complementary relations.
Fisher/Gallino/Li (2016)	Competition-based dynamic pricing strategy position.	Choice model framework.	N=2,000 customers of online retailer over time, pricing algorithm.	▪ Proposition of a best-response pricing strategy considering consumer choice behavior, competitor's actions, and supply parameters (e.g., procurement costs, margin target). ▪ Results show significant revenue improvement by use of this strategy.
				Betriebstypen- und Branchenbezogen
Morschett/Swoboda/Schramm-Klein (2006)	Positioning of food retail formats based on core competitive advantages.	Porter's framework.	N=58 managers in Germany, Switzerland, Austria, N=560 consumers, factors, clusters	▪ Both from a management perspective and a consumer perspective, the dichotomy of competitive strategy (cost leadership vs. differentiation) is not confirmed in food retailing. ▪ Additionally, a third dimension, convenience, is shown to be a potential basic competitive advantage for food retailer resulting from both company and consumer perspective.
Grzeskowiak u.a. (2016)	Positioning of various store types and satisfaction effects on customer life value.	Hierarchical and bottom-up spillover theory.	N=379 customers (convenience stores, super markets, discounters), OLS regression	▪ Satisfaction with an offline store type and its effect on life satisfaction. ▪ Differences in formats and congruency with shoppers' self-image and lifestyle. ▪ This shifts attention towards creating more meaningful shopping experiences.
Kamran-Disfani u.a. (2017)	Retail store format positioning effects on the satisfaction-loyalty link.	Soc. exchange, service output theory.	N=505 shoppers of supermarket vs. hypermarket, SEM.	▪ Convenience is a core factor for all business types, but its design vary along different formats. ▪ Supermarkets should improve customer-oriented service. ▪ Hypermarkets benefit, in particular, from their low prices, large assortment and the possibility of one-stop shopping.
Guan/Rehme/Nord (2012)	Classification and positioning into strategic groups.	--	N=23 in-depth interviews of nine DIY-retailers in Sweden, case study.	▪ Positioning of the DIY-retailers according to customer type, service and costs and building of strategic groups of those DIY-retailers. ▪ Classification according to customer type, store ownership, and retail positioning.
Willems u.a. (2012)	Positioning via impression formation based on fashion store patronage.	Categorization theory	N=55 observations for each of 12 top-of-mind fashion retailers, regression.	▪ Positioning of fashion retailers according to store personality. ▪ These fashion store personality perceptions can be transferred to the retailers' patrons. ▪ Retailers benefit from creating a particular store personality as a unique selling proposition, e.g., a trend for luxury store.

– wird fortgesetzt –

– Fortsetzung Abb. 3.7. –

Allgemein und Erfolgsfaktorenbezogen				
Zentes/ Kolb/Rittinger (2010)	Successful retailing strategies.	Contingency theory.	Managers N=102, N=68 in German retailing, multiple regression.	▪ Capturing a range of success factors (e.g., personnel, advertising, assortment, service, location, innovation). ▪ Typology of retailing strategies today and in the future (i.e., optimization, modification, multiplication, diversification). ▪ Discussion of (fundamental) strategy shift, strategy comparison acc. the mix of success factors and best practice.
Shi u.a. (2018)	Impact of retail format diversification on retailers' financial performance.	Organizational learning, transaction cost	N=763 data points of N=172 global retailers over six years, regression.	▪ Dual strategies of geographic/format diversification substantially complicate the diversification-performance relationship. ▪ Performance depend positive on geographic diversification, negative on format diversification and a negative of dual strategies, supporting a single focus diversification strategy.
Johansson/Kask (2017)	Analyzing the fit between retail format, business strategy and multichannel setup.	Contingency theory, configuration theory.	N=74 sporting goods retailers in Sweden, fuzzy-set qualitative comparative analysis.	▪ Retailers can create strategic advantages when its multichannel setup fits with its business strategy. ▪ Formats and their offline-/online-interdependencies are important for differences in growth and profit (offline/online). ▪ Appropriate choice of channels and format is a consequence of business strategy/priority objectives: growth or profit.
Kim/Song/Koo (2008)	Strategic positions and firm performance in online retailing.	Compet. Strategy resource based theory.	N=133 pure online and click-and-mortar retailers.	▪ Online retailers combine generic strategies (cost leadership, innovative differentiation, and focus). ▪ Performance of the strategy types vary but cost leadership is fundamental online, while a unique mixture of innovative differentiation and focus strategies drive performance most (and secure technological resources to stay competitive).
Choudhary/Tripathi (2012)	Operational efficiency and financial performance of indian fashion retailers	--	Secondary data 2000-2010, India, ANOVA, regression.	▪ Achieving optimum inventory levels helps in planning. ▪ Existence of large differences in the inventory positions of retail companies which is inverse related to financial performance (e.g., return on assets, value addition margin). ▪ Retailers improving inventory policy increase performance.

Die Ziele sind nicht unabhängig voneinander. Wichtig ist aber, dass die Wettbewerbsstrategie die Folgeentscheidungen bedingt, so absatzpolitische und SCM-Maßnahmen im Rahmen des Wettbewerbsverhaltens. Umgekehrt wirkt das Wettbewerbsverhalten auf die Strategie ein, so determiniert die Gestaltung der absatzpolitischen Instrumente die Positionierung. Darüber hinaus unterscheiden Manager zwischen Effizienz und effektiver Strategie. **Effizienz** bedeutet, vergleichbare Leistungen besser zu erbringen als die Konkurrenz, während die **Effektivität** „bewusst anders zu sein" bedeutet, d.h., einzigartige Positionierung durch Leistungs-Mix (Porter 2013). Das Streben nach Effizienz hat im Handel zur Vielzahl an Managementinstrumenten geführt (z.B. Benchmarking in CM oder SCM), mit dem Ziel operativer Verbesserungen. Für eine nachhaltige Profitabilität sind aber die Wettbewerbsvorteile, d.h., eine einzigartige Position in den Augen der Zielgruppe, entscheidend.

Die Kernherausforderung der Positionierungsentscheidung besteht in der Identifikation relevanter Profilierungsdimensionen aus Sicht der Zielgruppen. Als empirische Entscheidungsgrundlage werden Kundenurteile zu Offline- oder Online-Einkaufsstätten (z.B. Einstellungen) herangezogen und im gemeinsamen Positionierungsraum dargestellt, um Wettbewerbsbeziehungen sichtbar zu machen. Diese **räumlichen Marktmodelle** – die exemplarisch anhand einzelner Be- oder Vertriebstypen behandelt werden – gehen auf mehrere Denkansätze zurück, so auf die psychologischen Ansätze, insb. das Feldmodell von Spiegel (Ermittlung von Marktnischen und -lücken), auf mehrdimensionale Einstellungsmodelle (Ausgangspunkt sind die Einstellungen der Konsumenten gegenüber dem Einstellungsobjekt) und auf Modelle der multidimensionalen Skalierung (MDS).[1]

[1] Vgl. Miotto/Parente (2015) mit Cluster Analyse, Datta/Ailawadi/van Heerde (2017) und für Social Media Witkemper/Blaszka/Chung (2016) mit MDS, Luoma (2015), Swoboda (2000a; 2000b) mit Conjoint-Analyse.

Theoretische Positionierungsräume

Als Basis einer Positionierungsentscheidung erlaubt ein Merkmalsraum die Beschreibung der Objekte und der zwischen ihnen bestehenden Beziehungen, so Konkurrenz-, Substitutions- oder Präferenzbeziehungen aus Sicht der Kunden. Die Bestandteile des in Abb. 3.8 gezeigten zweidimensionalen Modells lassen sich wie folgt charakterisieren:

- Die Dimensionen spannen den Wahrnehmungsraum auf, in dem Konsumenten und Einkaufsstätten positioniert werden, stellen die Basis für die Bestimmung von Offline- oder Online-Einkaufsstättenpositionen dar und aus ihnen leiten sich diejenigen Eigenschaften ab, die bei der Einkaufsstättenbeurteilung für die Konsumenten relevant sind.
- Jede Offline- oder Online-Einkaufsstätte wird anhand der als relevant erachteten Merkmale beurteilt, wodurch Imageprofile zu jeder Einkaufsstätte erzeugt werden. Die Positionierung im Modell spiegelt die subjektive Beurteilung der Konsumenten wider.
- Jeder Konsument besitzt spezifische Vorstellungen von einer für ihn idealen Einkaufsstätte. Darin drücken sich implizit seine Erwartungen und Bedürfnisse aus. Da sich die Konsumenten hinsichtlich ihrer Wünsche unterscheiden, gibt die Position der idealen Einkaufsstätte die „Positionierung von Konsumenten" im Eigenschaftsraum an. Dabei muss unterstellt werden, dass die Konsumenten anhand derselben Eigenschaften positioniert werden wie die Einkaufsstätte.

Abbildung 3.8: Zweidimensionaler Positionierungsraum

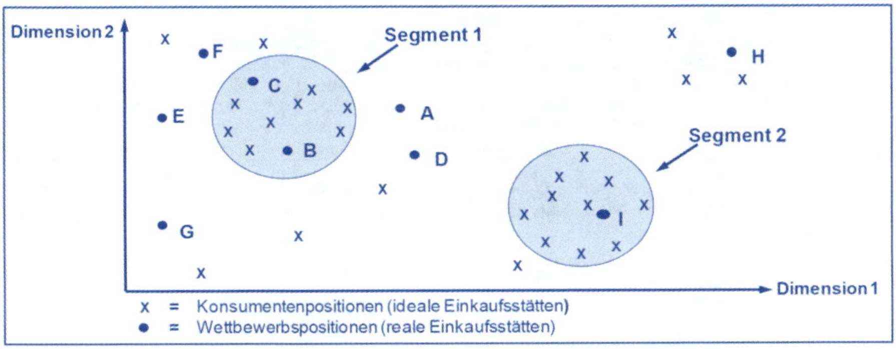

Die Gesamtdistanz zwischen Konsumenten und einer Einkaufsstätte resultiert im Modell durch eine Verrechnung der dimensionsspezifischen Einzeldistanzen zwischen dem Einkaufsstätten- und dem Anforderungsprofil der Konsumenten. Die Distanz zwischen der Position einer realen und einer idealen Einkaufsstätte drückt die Präferenz der Kunden für die Einkaufsstätte aus (**Real-Ideal-Distanz**). Eine größtmögliche Präferenz bei der Zielgruppe liegt dann vor, wenn die subjektiv wahrgenommenen Eigenschaften der Einkaufsstätte mit den Zielvorstellungen von ihrem Idealtyp weitestgehend übereinstimmen. Die Einstellung der Zielgruppe gegenüber einem solchen Idealkonstrukt kann somit zum zentralen Ansatzpunkt der Positionierungsüberlegungen des Unternehmens werden. Eine festgestellte Differenz kann zu folgenden strategischen Entscheidungen führen:

- **Anpassungsstrategie**: Die Idealvorstellung der Zielgruppe wird als Datum gesehen und der Be- bzw. Vertriebstyp hin zu diesem Idealbild entwickelt (z.B. Veränderung geplanter Soll-Positionen).
- **Verdrängungsstrategie**: Das geplante Leistungsangebot des Betriebs- bzw. Vertriebstyps wird als Datum gesehen und die Kundenvorstellung wird entsprechend beeinflusst.

Prinzip der Konzeption einer Positionierungsstudie: Offline und Online

Das Ziel einer exemplarischen Studie ist der Vergleich von Lebensmitteleinzelhandelsgeschäften aus Konsumentensicht an einem Standort. Als Konzeptualisierungsansatz wird das Store-Image-Konstrukt angewandt, das seit Martineau (1958) bekannt ist und mittels Attribut-Dimensionen erfasst wird, i.d.R. Marketinginstrumente wie Standort, Preis, Sortiment, Ladenlayout usw. Beschlossen wird – wie im LEH oft – im Beispiel auf Preis und Sortiment zu fokussieren.

Datenbasis: Als Erhebungsdesign werden persönliche Interviews mit standardisierten Fragen gewählt. Um eine möglichst repräsentative Stichprobe zu erhalten, erfolgt eine Quotenauswahl (nach Alter und Geschlecht) innerhalb von 1.000 Konsumenten. Die Ansprache der Respondenten erfolgt zufällig an ihren Wohnungen, gleichmäßig über eine Woche hindurch. Jeder Respondent hat eingangs drei Lebensmittelläden zu nennen, in denen er seine Einkäufe häufig tätigt, und per Zufall wird eine der drei Einkaufsstätten zur Bewertung ausgewählt.

Messung: Neben sozio-demografischen Merkmalen zur Charakterisierung der Stichprobe (Alter, Geschlecht usw.) sind Indikatoren für die latenten Dimensionen Preis und Sortiment auszuwählen. Die Operationalisierung basiert auf Studien: Preis (Arnold/Oum/Tigert 1983; Grewal u.a. 1998) und Sortiment je mit fünf Indikatoren (Chowdhury/Reardon/Srivastava 1998). Die Indikatoren in Abb. 3.9 werden mittels einer siebenstufigen Likert-Skala von 1 (stimme überhaupt nicht zu) bis 7 (ich stimme voll und ganz zu) gemessen.

Abbildung 3.9: Operationalisierung für Preis und Sortiment

Konstrukt	Indikatoren
Preis	Lebensmittelhändler XY hat insgesamt angemessene Preise.
	Lebensmittelhändler XY hat auf Dauer konstant gute Preise.
	Lebensmittelhändler XY bietet ein gutes Preis-Leistungsverhältnis.
	Lebensmittelhändler XY bietet ansprechende Sonderangebote an.
	Lebensmittelhändler XY hat im Vergleich zu anderen Lebensmittelläden ein gutes Preisniveau.
Sortiment	Lebensmittelhändler XY hat ein sehr gutes Produktangebot.
	Lebensmittelhändler XY bietet alle Produkte, die ich brauche, auf einen Schlag an.
	Lebensmittelhändler XY hat immer alle Produkte verfügbar. Ich stehe nie vor einem leeren Regal.
	Lebensmittelhändler XY hat ein gutes Sortiment an Eigenmarken.
	Lebensmittelhändler XY hat stets Produkte von guter Qualität.

Methode: Nach Eingabe der Daten in ein geeignetes Programm (z.B. SPSS) sind idealtypisch verschiedene Tests durchzuführen (je nach Methode sind angemessene Reliabilitäts- und Validitätstests oder andere Programme, so Amos oder Mplus notwendig).

Abbildung 3.10: Ergebnisse der Positionierungsstudie

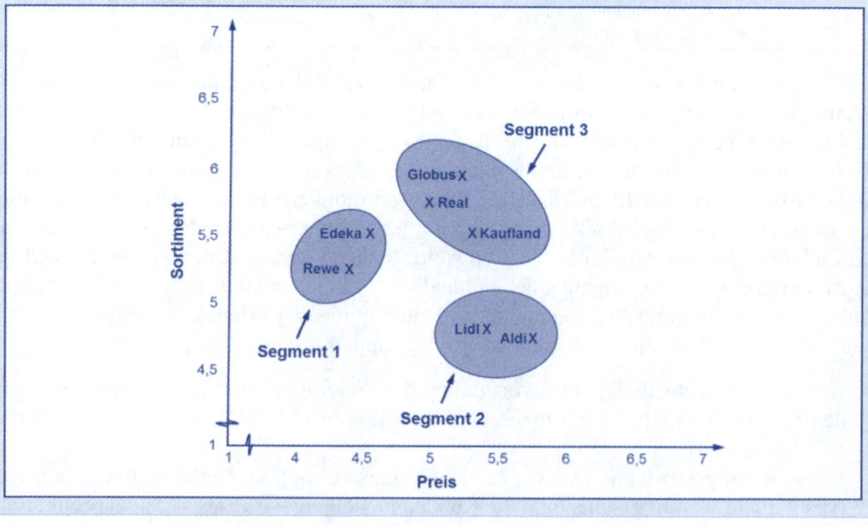

Ergebnis: Im einfachsten Fall können Mittelwerte pro Konstrukt gebildet werden, sodass in Abb. 3.10 die Dimensionen Preis und Sortiment für jedes lokale Handelsunternehmen darstellbar werden. Idealtypisch wären Faktorenanalysen durchzuführen. Weiterhin wäre auch eine Abfrage nach dem kundenseitigen Idealprofil eines Lebensmittelhändlers denkbar (in der Abbildung ergänzbar). Da diese Positionierung wenig über das tatsächliche Kaufverhalten aussagt, wären intentionale Loyalität oder Wiederkaufverhalten im jeweiligen Store mögliche, weitere zu erhebende Konstrukte. Mittels Kausalanalyse könnte dann erklärt werden, ob Preis- oder Sortimentswahrnehmungen der Kunden einen größeren Einfluss auf das Kaufverhalten bei jedem Anbieter haben.

Ähnliches könnte für Online-Anbieter erfolgen. Als Konzeptualisierungsansatz könnte das „Online-Image"-Konstrukt dienen, das mit spezifischen Online-Attributen verbunden wird, so Service, Transaktion-Convenience, Sicherheit usw. (Badrinarayanan u.a. 2012). Weil viele Online-Käufe durch Preismotive geprägt sind und die Bequemlichkeit der Transaktionen wesentlich ist, werden diese fokussiert. Die Datenbasis wird nur insofern abgewandelt, als nur onlineaffine Kunden bzgl. bekannter Elektro-Anbieter gefragt werden. Die Messung der latenten Dimensionen Preis folgt Grewal u.a. (1998) und Yoo/Donthu/Lee (2000) und die der Transaction Convenience Kwon/Lennon (2009a) (siehe Abb. 3.11), bspw. gemessen mit einer bipolaren Skala von -3 (stimme überhaupt nicht zu) bis +3 (ich stimme voll und ganz zu). Die Methode bleibt in dem grundlegenden Beispiel unverändert.

Abbildung 3.11: Operationalisierung für Preis und Transaction Convenience

Konstrukt	Indikatoren
Preis	The prices at the website of Retailer XY are always reasonable. Retailer XY offers products at favorable prices over a long period. The special offers at the website of retailer XY are very attractive. The price/performance ratio at the website of retailer XY is very good.
Transaction convenience	It looks easy to order items in the website of retailer XY. It looks easy to pay in the Website of Retailer XY. The website of Retailer XY looks easy to use.

Abbildung 3.12: Ergebnisse der Positionierungsstudie

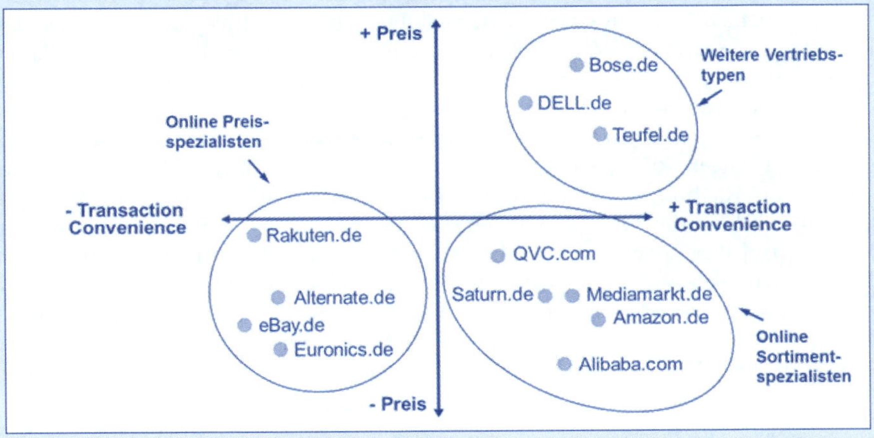

Ergebnis: Im einfachsten Fall können erneut Mittelwerte pro Konstrukt gebildet werden, sodass in Abb. 3.12 die Dimensionen Preis und Transaction Convenience für jeden Multichannel-Händler darstellbar sind. Auch hier könnte ein Idealprofil aus Sicht der Kunden ergänzend abgebildet werden, auch wenn die Anbieter schwerer zu vergleichen sind. Um etwas über das tatsächliche Kaufverhalten aussagen zu können, wären intentionale Worth of Mouth oder Loyalität zum Online-Anbieter mögliche weitere Konstrukte. Mittels Kausalanalyse könnte auch hier erklärt werden, ob Preis- oder Convenience-Wahrnehmungen der Kunden einen größeren Einfluss auf das intentionale oder tatsächliche Kaufverhalten bei jedem Anbieter haben.

Bei Positionierungsentscheidungen im Handel ist stets zu berücksichtigen, dass die Positionierung des Be- oder Vertriebstyps an Standorten/Städten variieren kann. Letztere wird von der Wettbewerbssituation (z.B. Anzahl und Distanz zu Konkurrenten) und von der Gestaltung der Angebote im stationären Geschäft oder Online-Shop bestimmt. Vor allem stationäre Geschäfte können an jedem Standort identisch aussehen (z.B. Aldi, Lidl) oder in Größe und Angebot von Standort zu Standort variieren (z.B. Edeka, Hornbach). Damit ist zwischen einer **be- oder vertriebstypenbezogenen Strategie** und deren **standortbezogener Ausgestaltung und Wahrnehmung** zu unterscheiden.

Im Zusammenhang mit den be- und vertriebstypenbezogenen Strategien ist in **Mehrkanalsystemen** der Positionierungszusammenhang zwischen den eingesetzten Kanälen von Bedeutung. Während in Systemen, bei denen die Kanäle weitestgehend voneinander losgelöst mit eigenen Positionierungsentscheidungen und -räumen im Wettbewerb positioniert werden (z.B. unterschiedliche Be- und ggf. Vertriebstypen mit eigenständiger und separierter Positionierung wie Discounter, Supermärkte oder Online-Abo-Dienste) und auch die Wahrnehmung der Zusammengehörigkeit durch die Konsumenten nicht angestrebt oder ungewünscht ist, wird in Omnichannel-Systemen ein enger strategischer und wahrgenommener Positionierungszusammenhang angestrebt.

Die integrierten Kanäle werden im **Omnichannel-System** einheitlich positioniert, unter einer Retail Brand. Dies ist aber komplex, wie drei Beispiele andeuten. (1) Strategisch ist die Historie eines Händlers relevant (z.B. Offline im LEH), da diese die Wahrnehmung von Offline- und Online-Kanälen bestimmt. Im Omnichannel-System eines Händlers sind wahrgenommene Pre-Images, -Experiences oder -Performances bei der Kanalpositionierung bedeutend. (2) Eine objektiv einheitliche Ausgestaltung von Kanälen eines Händlers führt nicht notwendigerweise zur einheitlichen subjektiven Wahrnehmung durch Kunden, weil bspw. Offline- und Online-Kanäle im unterschiedlichen Wettbewerbsumfeld agieren. Images oder wahrgenommene Retail Brands von Offline- und Online-Kanälen sind unterschiedlich und interdependent, i.d.R. reziprok im Hinblick auf ihre Wirkung auf die Offline-, Online- und Gesamtloyalität (Swoboda/Weindel/Schramm-Klein 2016 und Abschnitt B.V.4. in diesem Kapitel).[1] Selbst bei Differenzierungen ist zu berücksichtigen, dass die Positionierung nicht vollständig unabhängig voneinander erfolgen kann. (3) Detailliertere Dimensionen der Integration sind im einfachsten Fall Ausprägungen der Offline- und Online-Integration oder in komplexeren Fällen Ausprägungen einzelner Marketinginstrumente oder der Consumer Journey (vom Kaufmotiv, über Information bis zum Nachkaufverhalten; siehe Abschnitte B.IV.3-4. in diesem Kapitel). Bei integrierten Kanäle bieten bspw. unterschiedliche Be- und Vertriebstypen alternative Charakteristika, die zu Positionierungsvariationen bspw. im Hinblick auf Convenience-, Service- und Erlebnisniveaus führen können. In anderen Bereichen, bspw. der Sortiments- oder Preispositionierung, ist es weniger ratsam, unterschiedliche Positionierungen anzustreben, da diese zu negativen Wahrnehmungen bei den Kunden führen können, die den Händler als Ganzes beurteilen (anders ggf. bei einzelnen Kanälen). Nicht alle Positionierungsdimensionen müssen einheitlich positioniert werden.

Erweiterte Sicht der Positionierung und Profilierung

Porter (1980) zufolge sind für eine Wettbewerbsprofilierung weitere Marktteilnehmer zu berücksichtigen. Im Handel sind es v.a. Akteure auf der Absatz- und Beschaffungsseite, da beide interdependent sind und bspw. positionierungsadäquate Lieferungen ein Erfolgsfaktor

---

[1] In Forschungsstudien wird die Erfassung eines wahrgenommenen Fits zwischen den Kanälen bei Positionierungsunterschieden propagiert, um das Image nicht zu gefährden (Kwon/Lennon 2009a), wobei die Marketingforschung unterschiedliche Fit-Ausprägungen vernachlässigt (im Management bspw. Venkatraman 1989).

für die Strategiedurchsetzung sind. Die in Abb. 3.13 visualisierten Ebenen sind wie folgt relevant (zu Stake- und Shareholdern siehe Abschnitt E des Ersten Kapitels):

- Kundenseitig stellt die Positionierung auf die Schaffung von **Einkaufsstättenpräferenzen** für das Handelsunternehmen ab; damit zielt die Profilierung auf den Aufbau von Erfolgspotenzialen im Wettbewerb (ggü. Kunden und Konkurrenten) ab.
- Beschaffungsseitig geht es um die Sicherung einer stetigen und kostengünstigen Lieferung sowie weiterer (finanzieller, personeller) Ressourcen.[1] Damit sind die Profilierungsüberlegungen gegenüber **Stakeholdern** aus dem Umfeld des Unternehmens relevant, v.a. gegenüber Mitarbeitern und Kapitalgebern.

Eine Profilierung gegenüber Mitarbeitern ist bedeutend, weil Mitarbeiter im Handel direkten Kundenkontakt und damit eine stärkere Beteiligung an der Durchsetzung von Profilierungsstrategien haben. Angesprochen sind hiermit spezifische, mitarbeiterorientierte Maßnahmen, die sich an der Unternehmensphilosophie orientieren sowie die Dienstleistungsbereitschaft und -qualität fördern. Studien zeigen, dass u.a. ein positives Human Resource Image die Beurteilung des Händlers (z.B. Anselmsson/Bondesson/Melin 2016) und die Kundenzufriedenheit und -loyalität (Khare/Parveen/Rai 2010; Ladhari/Souiden/Dufour 2017) steigert (siehe zum **Employer Branding** Abschnitt D.V.C des Sechsten Kapitels).

Abbildung 3.13: Ebenen der Profilierung von Handelsunternehmen

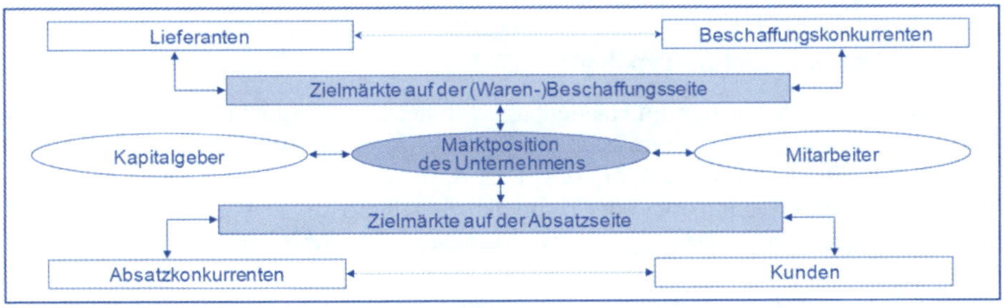

Die Profilierung ggü. **Eigentümern** erfolgt mit Blick auf die Gesamtunternehmensstrategie und den Finanzierungsbedarf (siehe Abschnitt C.I.2. in diesem Kapitel). Primär Kapitalgesellschaften orientieren sich am **Shareholder-Value**. Die Fähigkeit eines Händlers, Geldmittel an seine Anspruchsgruppen zu verteilen, hängt maßgeblich von seiner Fähigkeit ab, Geldmittel aus dem laufenden Geschäft zu erwirtschaften und Kapital zu beschaffen (Larivière u.a. 2016; Tantalo/Priem 2016). Eine Besonderheit im deutschen Handel liegt jedoch in den Eigentümerverhältnissen, da viele Händler in Familien- bzw. Privatbesitz sind. Ein Vorteil dieser Besonderheit liegt im fehlenden Druck des Kapitalmarktes, an dessen Stelle die Interessen der Eigentümer treten. Nachteile liegen in dem ggf. eingeschränkten Zugang zu Kapitalmärkten, aber auch darin, dass die Kapitalgeberpolitik auch Eigentümerpolitik sein kann (zu Verbundgruppen des Handels siehe Abschnitt C.IV. in diesem Kapitel).

Wettbewerbsstrategien sind jedoch v.a. im Handel an den Kundenbedürfnissen (und dem Wettbewerb) ausgerichtet (siehe Abb. 3.14).

---

[1] Bei der Profilierung gegenüber Lieferanten ist zu berücksichtigen, dass von Lieferanten Impulse für das Marktgeschehen ausgehen; so ist die Exklusivität der beschafften Produkte im Handel wichtig und bei deren Beschaffung stehen die Händler in Beschaffungs- und Absatzkonkurrenz. Insofern umfassen Profilierungsstrategien stets auch Lieferantenstrategien mit dem primären Ziel der Sicherung der Lieferung (siehe hierzu und zum **Supplier Relationship Management** Abschnitt C.V. im Fünften Kapitel).

Abbildung 3.14: Entscheidungsoptionen zur Profilierung/Positionierung im Handel

Bereich	Teilbereich	Konkrete Aspekte
Basisstrategien Offline und Online	**Typologien im Handel**	Offline- und Online-Be- und Vertriebstypen Besonderheiten der Erlebnisorientierung
	Qualitätsführerschaft	Fokus auf diverse, für Kunden sichtbare Wertschöpfungsaktivitäten („visible offers")
	Kostenführerschaft	Fokus auf einige, für Kunden sichtbare und diverse, für den Kunden nicht sichtbare Wertschöpfungsaktivitäten („background processes")
Spezifische Strategien zur Profilierung	**LEH**	Spezifische Kundensegmentierung Convenience-Orientierung als zentrale Ausprägung
	Fashion	Spezifische Kundensegmentierung Fashion-Orientierung und vertikale Integration
	Online-Pure-Player	Spezifische Kundensegmentierung und One-to-One-Marketing Nische und Differenzierung als Optionen
Multi- und Omnichannel-Strategien zur Profilierung	**Integration der Verkaufskanäle**	Ausprägungen der Offline-Online, Online-Offline und Online-Online Integration (grundlegend in Multichannel Retailing)
	Experience/Lifetime Value	Experience und Bindung der Kunden über alle Kanäle/Touchpoints in der Customer Journey (Omnichannel Retailing)
Retail Branding	**Profilierung im Branchenvergleich**	Profilierungsansätze und Treiber der Retail Brand Equity im Branchenvergleich
	Markenarchitekturen im Handel	Interdependenzen zwischen Corporate, Store, Channel und Product Brands

II. Basisstrategien der Profilierung

1. Offline- und Online-Typologien

Die Bestimmung der Position im Handel basiert in der deutschsprachigen Literatur oft auf den Elementen von Porter. Nachfolgend werden daher zunächst zwei Typologien behandelt, bevor die Qualitäts- und Kostenführerschaft als Basisstrategien folgen. Kosten- oder Leistungsvorteile bzgl. Gesamtmarkt- oder Teilmarktbearbeitung werden kombiniert, um die Positionen von Be- oder Vertriebstypen zu verdeutlichen (siehe Abb. 3.15-3.16).

Abbildung 3.15: Positionierung verschiedener Betriebstypen im stationären Handel

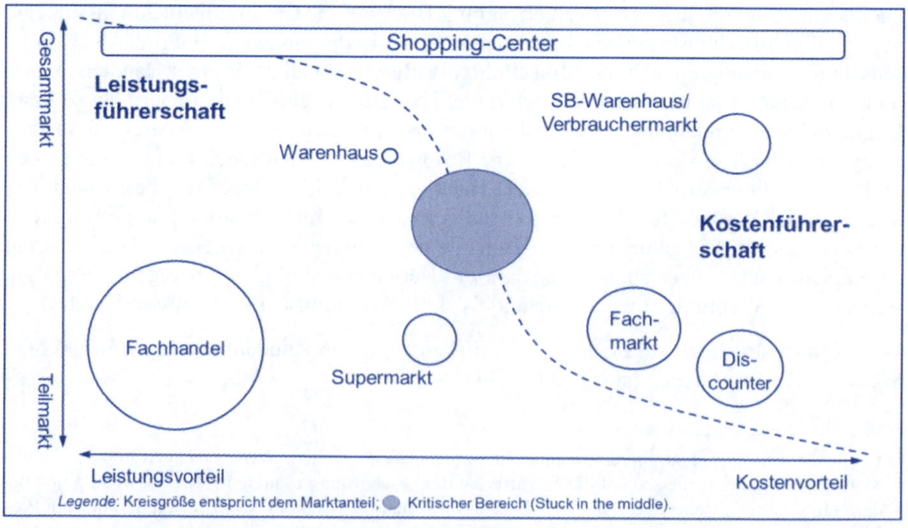

Quelle: i.A.a. Schnedlitz/Rychly/Lienbacher 2012, S. 266.

Die Betriebstypen sind gemäß ihrer Marktanteile visualisiert (siehe Abschnitt D.III.2 des Ersten Kapitels), wobei die Marktanteile bei den Online-Vertriebstypen nicht angegeben werden können.

Abbildung 3.16: Positionierung von Online-Vertriebstypen

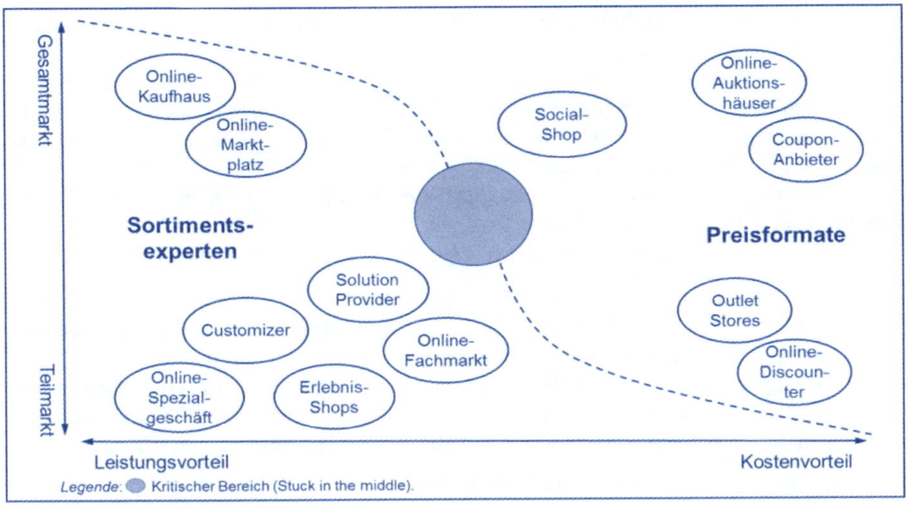

Vor dem Hintergrund der Diskussion um Erlebnis- und Versorgungshandel kann – neben der Preis- und Qualitätsorientierung – der erlebnisorientierte und versorgungsorientierte Wettbewerb und alternative wettbewerbsorientierte Positionierungsstrategien unterschieden werden, die prinzipiell auch Online übertragbar sind (siehe Abb. 3.17):

- **Discountstrategie**, die durch eine aggressive Preispolitik bei begrenztem Sortiment an Waren und Dienstleistungen geprägt ist,
- **Erlebnisstrategie**, die auf die Befriedigung von Erlebniswerten ausgerichtet ist,
- Mischstrategie vom Typ 1 (**Versorgungs-Qualitäts-Strategie**), bei der die Versorgung im Fokus steht und zugleich qualitative Zusatzleistungen angeboten werden,
- Mischstrategie vom Typ 2 (**Erlebnis-Discount-Strategie**), bei der bspw. Waren mit einem hohen Erlebnisprofil zu Niedrigpreisen angeboten werden.

Abbildung 3.17: Ableitung wettbewerbsorientierter Positionierungsstrategien

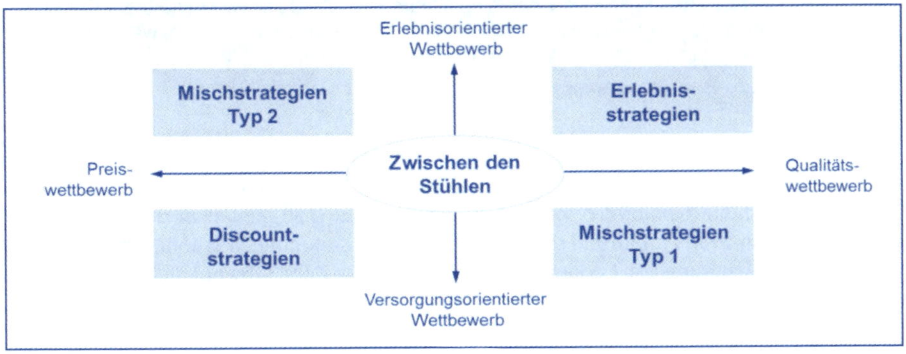

Quelle: Ahlert/Schröder 1990, S. 223.

2. Strategie der Qualitätsführerschaft

Dem wettbewerbsstrategischen Konzept folgend, bietet ein Händler bei Anwendung der Differenzierungsstrategie eine aus Sicht der Kunden einzigartige (Dienst-)Leistung an.

Differenzierung ist eine kompetitive Strategie, weil diese Einzigartigkeit von Produkt und Dienstleitung die Preisempfindlichkeit der Abnehmer verringert und so höhere Preise bzw. hohe Ertragsspannen erzielt werden können (Porter 2013, S. 73ff.). Wie angedeutet, wird die Strategie nachfolgend als Qualitätsführerschaft im Gegensatz zur Kosten-/Preisführerschaft bezeichnet. Qualitätsführerschaft zielt darauf ab, sich von den Konkurrenten in Leistungen, die für die Abnehmer wertvoll sind, abzuheben.[1] Die Einzigartigkeit bzw. die USP eines Unternehmens manifestiert sich im Handel in einzelnen oder mehreren Qualitätsdimensionen, die zur Schaffung einer **einzigartigen Identität der Offline- oder Online-Einkaufsstätte** führen. In einer längerfristigen Perspektive geht es hier um den Aufbau eines dauerhaft und im Bewusstsein der Konsumenten verankerten (Qualitäts-)Images:

- Das Einkaufsstättenimage kann aus verhaltenswissenschaftlicher Sicht als Einstellung der Konsumenten zu einer Einkaufsstätte definiert werden, d.h., als die subjektiv wahrgenommene Eignung einer Einkaufsstätte zur Befriedigung einer Motivation.
- Aus strategischer Sicht beschreiben Imageziele eine Grundorientierung des Händlers, die aus den Unternehmensgrundsätzen und dem Planungskonzept abgeleitet und eingesetzt werden, um sich von den Konkurrenten abzuheben und im Markt zu profilieren.

Diese Strategie ist durch bestimmte Voraussetzungen, Merkmale/Ausprägungen und Erfolgsfaktoren zu beschreiben.

Globetrotter: Generations Y/Z, Erlebnis- und Omnichannel-Strategien

Konsumenten der Generations Y und Z (geboren zwischen 1980-2000 und 1995-2010), „lieben Konsum" und sehen diesen als soziale Handlung, bei dem das Shoppingerlebnis und die soziale Interaktion im Fokus stehen und dies als relevanter eingestuft wird als der Einkauf selbst. Um dieses Unterhaltungsbedürfnis zu befriedigen antwortet Globetrotter (Outdoor-, Reise- und Abenteuerausrüstung) z.B. mit einer attraktiven Verkaufsraumgestaltung. Die Erlebniswelt in München mit einem outdoor-begeisterten Verkaufsteam umfasst 6.500 qm Attraktionen sowie u.a. eine gläserne Kletterwand und Kanu-Teststrecke. Daneben können Produkte auf ihre Unwettertauglichkeit und Wärmefunktion z.B. in einer Regenkammer geprüft werden. Der Store wurde vom Handelsverband Deutschland mit dem Titel „Shop of the year" ausgezeichnet.

Globetrotter setzt auch auf Omnichannel-Funktionen. Ein Online-Store, eine App und Social Media verbinden den Online-Handel und das stationäre Geschäft. Funktionen wie die Bestandsanzeige oder Click & Collect zeigen die zunehmende Integration der Kanäle. Zusätzlich werden Produktberatungen im Live-Chat, eine Globetrotter-Card zur Vernetzung der Community sowie Globetrotter.TV mit Berichten und Produktinformationen angeboten, was die Customer-Journey durch die Erlebniswelt von Globetrotter verdeutlicht.

Quelle: www.absatzwirtschaft.de, www.globetrotter.de, 22. Januar 2018.

Voraussetzungen

Eine Qualitätsführerschaft verlangt von Unternehmen v.a. technologisches Know-how, gutes Marketing, hohe Kreativität sowie die Fähigkeit, die Tätigkeiten in den innovativen Funktionen zu nutzen. Auf Grund dieser vermehrten Anstrengungen erhöhen sich die Kosten, was der Realisierung von Economies of Scale entgegensteht. Obwohl die Strategie einen

[1] Anders als in der Industrie beruht der Markenaufbau im Handel nicht nur auf einzigartigen Qualitäts-/Leistungsversprechen, sondern kann auch auf Preis beruhen (Swoboda/Weindel/Hälsig 2016; Melis u.a. 2015).

exklusiven Ruf und höhere Preise voraussetzt bzw. mit sich bringt, ist mit ihr im Handel ein hoher Marktanteil zu erzielen, wenn das Konzept offline oder online multipliziert werden kann. Dies sieht auch Porter, obwohl er als Regelfall unterstellt, dass primär Kostenführerschaft mit einem hohen Marktanteil einhergeht. Er folgert, dass die Beziehung zwischen Rentabilität und Marktanteil U-förmig ist, d.h., Unternehmen mit einem geringen oder hohen Marktanteil (Nischen- oder Gesamtmarktabdeckung) erzielen den höchsten ROI, die anderen sitzen „zwischen den Stühlen". Zugleich nimmt Porter (1980, S. 71ff.) an,

- dass auch bei der Differenzierungsstrategie die Kostenseite nicht ignoriert werden darf, obwohl sie nicht im primären strategischen Fokus liegt,
- dass es Branchen bzw. Unternehmen gibt, die mit der Differenzierungsstrategie trotz höherer Preise einen hohen Marktanteil realisieren und,
- dass die Möglichkeit besteht, auch bei Differenzierungskonzepten mit relativ geringen Kosten zu operieren.

Insgesamt ist auf die Spezifika und die Komplexität der Qualitätsführerschaft im Handel – in Abgrenzung zu der oft mit wenigen Produkten operierenden Industrie – zu verweisen.

Merkmale/Ausprägungen

Qualitätsführerschaft umfasst nicht nur die objektiven Unterschiede im Produktangebot oder Sortiment. Für jeden Be- und Vertriebstyp und jede Branche haben im Rahmen der Qualitätsführerschaftsstrategie eigenständige Merkmale bzw. Marketingaktivitäten besondere Bedeutung. So wird sich z.T. mit dem Problem der Einkaufsatmosphäre auseinandergesetzt, z.T. wird darauf verzichtet. Manchmal wird das Erlebnis in den Vordergrund der Profilierung gestellt (z.B. bei Warenhäusern), manchmal der persönliche Kontakt zum Verkäufer (z.B. in Fachgeschäften) oder aber der schnelle Kundendienst (z.B. im Reifenhandel). Ansätze zur Qualitäts- und Leistungsführerschaft liegen v.a. in den primären Aktivitäten der Wertkette, und zwar in denjenigen, die vom Kunden als relevant beurteilt werden, bspw.

- Sortiment (Qualitätsniveau, Auswahl, Marken),
- Kommunikationspolitik (Werbung, Promotion usw.),
- Pre- und After-Sales-Servicequalität,
- Standort,
- Architektur, Ladengestaltung oder Warenpräsentation,

wobei sich ein Unternehmen im Idealfall auf mehreren Ebenen vom Wettbewerb unterscheiden sollte. Dies ist bei der Kosten-/Preisführerschaft anders.

Konsens ist, dass bspw. im Food-Handel die Erlebnisorientierung eine Zukunftsstrategie für Offline-Vollsortimenter im Wettbewerb mit Online-Anbietern ist, weil Erlebnisse online nur schwer zu vermitteln sind (Morschett/Schmid/Foscht 2017; Zentes u.a. 2015). Da jedoch viele Kombinationsmöglichkeiten der Marketinginstrumente möglich sind, sind die denkbaren Konzepte der Qualitätsführerschaft vielfältig, wenngleich sie in Untersuchungen häufig auf wenige Dimensionen reduziert werden. Kremer/Viot (2012) betrachten als Profilierungsdimensionen im Wettbewerb: Sortiment, Preis und Service, während Beristain/Zorrilla (2011) Layout und Delgado-Ballester/Hernandez-Espallardo/Rodriguez-Orejuela (2014) noch Standort ergänzen. Oft diskutiert wird die **Erlebnisorientierung**. Sie bedeutet eine langfristige Positionierung, die für den Kunden v.a. durch die Ladengestaltung und die Produktpräsentation erlebbar wird, für welche die Corporate Identity prägend ist, sich an langfristigen Wertetrends der Konsumenten ausrichtet, beim Konsumenten angenehme Empfindungen auslöst, die über die Befriedigung reiner Versorgungsbedürfnisse hinausgehen, und einen Beitrag zur Lebensqualität leistet. Die Anforderungen an eine derartige Strategie werden programmatisch formuliert (Gröppel-Klein 1998, S. 52f.; Foscht/Swoboda/Schramm-Klein 2017, S. 218ff.):

- Es soll ein Erlebnisthema gewählt werden, das in der Ladengestaltung und der Produktpräsentation visualisiert wird.
- Es ist ein unverwechselbares Erscheinungsbild aus Sicht der Kunden aufzubauen und, nicht emotional ausgerichtete Erfolgskonzepte der Konkurrenz zu imitieren.
- Die Einkaufsatmosphäre nimmt eine besondere Rolle ein; Erlebnisgeschäfte sollten für die Besucher viele Überraschungen bereithalten, lebendig sein, ein Wechselspiel von entspannenden und aktivierenden Stimuli bieten, oder aber das Marketing konsequent an den zentralen Werten und Lebensstilen der Konsumenten ausrichten.
- Erlebnisorientierte Einkaufsstätten dürfen zudem nicht pauschal mit luxuriös schillernden Konsumpalästen aus Glas und Marmor gleichgesetzt werden. Neben Exklusivität/Luxus gibt es viele Möglichkeiten, Konsumenten emotional anzusprechen, so durch Kommunikation, Warenpräsentation, Rustikalität, Avantgarde usw.

Abbildung 3.18: Beispiele für erlebnisorientierte Ladengestaltung

Da Erlebniswerte in der sinnlichen Gefühls- und Erfahrungswelt der Kunden verankert werden sollen, ist die **Erlebnisstrategie** nicht (nur) von der Ware abhängig, wenngleich sie v.a mit der Ladengestaltung und Warenpräsentation verbunden wird. Wie die Beispiele in Abb. 3.18 zeigen, findet sie sich u.a. mit innovativen Ladenbaukonzepten in Food-Supermärkten, im Fashion-Handel an einem Standort oder in Flagship-Stores. Eine darüber hinaus gehende Möglichkeit der Qualitätsprofilierung liegt im Produktangebot und damit im **Sortiment** begründet. Die Einzigartigkeit des Sortiments kann bspw. durch das Führen außergewöhnlicher bzw. hochwertiger Markenartikel oder Handelsmarken erzeugt werden. Sie kann aber auch in der Breite des Sortiments, wie bei Warenhäusern, oder in der Frische, Natürlichkeit oder Einzigartigkeit der Produkte, wie im LEH, liegen. Als marktführend erweist sich das Angebot von alle paar Wochen variierenden und neuen Sortimenten im Fashion-Handel, was allerdings über die Marketingkonzeption der Qualitätspositionierung hinausgeht, indem sie die Gestaltung der gesamten Wertkette eines Unternehmens tangiert. Bedeutend ist ferner der Service, der die Wahrnehmung von Handelsunternehmen als starke Marke in der Elektro- und DIY-Branche bedingt (nicht im LEH; Swoboda/Weindel/Hälsig 2016). Zumindest branchenspezifisch kann die Servicequalität als „most powerful competitive weapon" im Offline-Handel bezeichnet werden (im Online-Kontext siehe Blut u.a. 2015). Zentrale Bedeutung für das Gelingen der **Serviceführerschaft** hat das Verkaufspersonal, wobei hier nicht nur fachliche Kompetenz gefragt ist, sondern darüber hinaus die Fähigkeit des Personals, sich auf jeden Kunden individuell einstellen zu können. Grundsätzlich wurde Service einer fundierten Betrachtung unterzogen, d.h., nicht nur neben anderen Marketinginstrumenten betrachtet (im Überblick Polyakova/Mirza 2015). Homburg/Hoyer/Fassnacht (2002) zeigen, dass die Verankerung der Serviceorientierung in der Strategie den Erfolg bedingt, während andere Autoren Service als wichtiges Differenzierungskriterium sehen (offline: Naik/Gantasala/Prabhakar 2010 und online: Zehir/Narcıkara 2016).

Faktoren des Erfolgs/Misserfolgs

Die Gefahren der Strategie der Qualitätsführerschaft wurden ebenfalls von Porter beschrieben. Sie zeigen sich im Handel insb. dann, wenn

- die Preisunterschiede zur Konkurrenz so hoch sind oder als so hoch wahrgenommen werden, dass der Kunde trotz Qualitätsführerschaft nicht bereit ist, den entsprechenden Preis zu bezahlen und bewusst Einbußen in Bezug auf Qualität, Image oder Service in Kauf nimmt,
- die Qualitätsmerkmale den Konsumenten irrelevant erscheinen oder zuvor relevante Profilierungsdimensionen an Bedeutung verlieren,
- Nachahmungen der einzigartigen Leistung durch die Konkurrenz auftreten und die Einzigartigkeit des Qualitätsaspektes verschwindet.

Das Risiko ist sehr hoch, wenn die Einzigartigkeit auf einer schlichten bzw. technischen Leistungseigenschaft (z.B. nur Ladendesign) aufbaut, die relativ leicht von den Wettbewerbern übernommen werden kann. Grundsätzlich sind die Nachahmungseffekte bei klar verankerten emotionalen Eigenschaften (z.B. einem Erlebniswert) geringer ausgeprägt; schwieriger ist auch die Nachahmung des technischen (weniger personellen) Service oder der Kundennähe. Allerdings wird mit Blick in die Vergangenheit deutlich, dass gerade die Betriebstypen, die auf Erlebnisse setzten, nicht zu den erfolgreichsten gehören, seien es Waren- und Kaufhäuser, Bekleidungsgroßflächen usw. Dies deutet bspw. darauf hin, dass eine profitable und umsatzwachstumssichernde Multiplikation von Erlebniswerten an diversen Standorten – mit unterschiedlichen Wettbewerbsbedingungen – durchaus an Grenzen stößt. Zukünftig wird Erlebnisorientierung im Offline-Handel auch die Verbindung zum Online-Geschäft voraussetzen (zu Omnichannel siehe Abschnitt B.IV. in diesem Kapitel).

3. Strategie der Kosten-/Preisführerschaft

> Die Strategie der Kosten-/Preisführerschaft besteht darin, durch konsequentes Kostenmanagement und damit einhergehend im Vergleich zur Konkurrenz relativ niedrigen Preisen einen Wettbewerbsvorteil zu erreichen.

Im Fall einer Preisführerschaft soll die konsequente Nutzung von Kostenvorteilen zur Position als kostengünstigster Anbieter einer Branche führen. In Märkten – v.a. in solchen mit hoher Preistransparenz – schützt die Kostenführerschaft gegenüber den Konkurrenten, d.h., eine Imitation ist schwieriger als bei der Qualitätsführerschaft. Selbst bei einem Preisverfall im Markt kann das Unternehmen auf Grund der günstigen Kostensituation noch Erträge erwirtschaften, während andere, nicht so effiziente Unternehmen, ihre Gewinne „durch Rivalität untereinander weg konkurriert haben“ (Porter 2013, S. 74). Damit wirken niedrige Kosten als Markteintrittsbarriere. Potenziell neue Wettbewerber – bspw. **Online-Preisformate** – treten mit Ersatzleistungen i.d.R. dann in den Markt ein, wenn die Substitutionsleistungen für den Kunden ein günstiges Preis-Leistungs-Verhältnis versprechen und die Chance einer breiten Marktdiffusion eröffnen. Auch die Strategie der Kosten-/Preisführerschaft ist durch bestimmte Voraussetzungen, Merkmale/Ausprägungen und Erfolgsfaktoren zu beschreiben.

Voraussetzungen

Ein Unternehmen, welches das Ziel verfolgt, kostengünstigster Anbieter im Zielmarkt zu werden, muss generell einen hohen Marktanteil oder einen alleinigen Zugang zu extrem günstigen Ressourcen haben. Da Letzteres v.a. im Handel selten ist – etwa bei Exklusivbelieferungsverträgen –, ist als Voraussetzung für eine erfolgreiche Kostenstrategie die Realisierung eines hohen Marktanteils, v.a. aber ein preisaggressives Verhalten, konzentrierte Sortimente und konsequente Effizienz anzusehen. Übertragen auf den Handel sind zwei interdependente Voraussetzungen für die Realisation dieser Strategie zu erfüllen:

- relativ hoher Marktanteil zur Ausschöpfung von Degressions-/Erfahrungskurveneffekten
- die konsequente Ausrichtung auf möglichst standardisierte, kostenminimierende Maßnahmen in der Wertkette eines Unternehmens sowie an den Schnittstellen der eigenen Wertkette mit der Wertkette der Partner.

Expansion, Prozesseffizienz und Entwicklung des Hard-Discount-Prinzips

Die beiden Lebensmitteldiscounter Aldi und Lidl sind (mit Umsätzen von 81 und 69,5 Mrd. EUR in 20 und 29 Ländern) die Exportschlager des deutschen Handels, was nicht für Netto und Penny gilt (beide u.a. als Reaktion auf Aldis Erfolg von Edeka und Rewe lanciert). Aldi und Lidl realisieren – mit steigender Tendenz – rd. zwei Drittel ihres Umsatzes außerhalb Deutschlands und übertreffen in vielen Ländern (neu in Großbritannien) die 10% Marktanteilsmarke. Im Heimatmarkt schöpfte im Jahr 2015 die Supermarkt-Konkurrenz Hoffnung als die Wachstumszuwächse v.a. der beiden Schwestergesellschaften Aldi Nord und Aldi Süd zu stagnieren schienen. Doch bereits im Jahr 2018 wird von Umsatzzuwächsen von 5-8% berichtet (v.a. zu Lasten der mit nicht gewollten weiten Anfahrtwegen verbundenen SB-Warenhäuser). Ursächlich hierfür sind vielfache Maßnahmen, die erste Früchte tragen, so

- Konsequente Bereinigung unprofitabler und Modernisierung der rund 4.200 Stores,
- Listung von Markenartikeln in besonders emotional aufgeladenen Warengruppen,
- Ausweitung der Frische-, Bio- und Backwaren-Sortimente (mittlerweile rd. 1.400 Artikel),
- Aufwertung des In-Store Design und der Warenpräsentation und
- Gewinnung jüngerer Kunden und deren Bindung (weniger Wechsel zwischen Discountern).

Experten erwarten, dass auf Grund des Trading-up Hard-Discounter zunehmend zu Supermärkten (Vollsortimentern) werden. Dies ist aber nur bedingt so, denn die aktuellen Veränderungen erfolgen unter Wahrung des Markenkerns: „Preis, Effizienz und Scheuklappen.“ Begrenzte, auf Schnelldreher und Rotation fokussierte Sortimente, schnelle, effiziente Volumenbeschaffung/-logistik und das Weglassen des „Unwesentlichen“ prägen weiterhin die Strategie. Aldi schaut kritisch auf die Kosten; die meist als Pionier vorgenommenen Preissenkungen und -erhöhungen bestimmen die Preisreaktionen der Konkurrenz klar. Geplant sind: Investition in Modernisierung (z.B. 3,5 Mrd. EUR bis 2019 bei Aldi Süd), Aktionen mit deckungsbeitragsstarken Parfümerieartikeln, Offline-Eintritte in neue Länder, Tests von Convenience-Filialen (mit 80% des Standardsortiments auf 500 qm Verkaufsfläche), verstärkte Online-Kooperation mit Alibaba in China bzw. Asien, Lieferung von Aktionsartikeln nach Hause und Ausbau der Online-Shops in Auslandsmärkten oder Bau von Stores und Wohnungen darüber in Innenstädten.

Quelle: Lebensmittel Zeitung, 27. Juli 2017, S. 4; 16. Februar 2018, S. 30-31.

Eine Kernbedingung ist ein begrenztes, durch Schnelldreher und oftmals Handelsmarken geprägtes Sortiment. Letztere müssen – so im LEH – über eine Mindestqualität hinausgehen, denn eine überdurchschnittliche Rendite wird nur erwirtschaftet, wenn die unter Kostengesichtspunkten erstellten Leistungen qualitativ ähnlich denen der Konkurrenz sind.

Merkmale/Ausprägungen

Eine wichtige Rolle bei der Realisierung der Kosten-/Preisführerschaft wurde den **Einkaufskonditionen** zugesprochen, da diese positiv mit einem zunehmenden Marktanteil und relativer Nachfragemacht gegenüber den Lieferanten korrelieren. Das heißt, Einkaufspreise, Rabatte und Konditionen, Werbekostenzuschüsse oder sonstige Leistungen sind i.d.R. abhängig vom Beschaffungsvolumen (auch bei Teilsortimenten relevant, weil die realisierten Preisvorteile im Zuge von Mischkalkulationen für andere Sortimentsteile genutzt werden). Einkaufskonditionen sind jedoch oft ein überschätztes Merkmal, zumal diese nicht a priori zu niedrigen Gesamtbetriebskosten führen müssen. In Kontrast zur kundenzentrierten Qualitätsstrategie bilden im Handel effiziente Prozesse und Organisationsstrukturen die Basis der Kostenführerschaft („background processes, organisation"), welche zugleich die Basis für die Marketinginstrumente („visible offers") der Kostenführer sind (siehe Abb. 3.19).

Insofern kommt der Ausschöpfung von **Effizienzpotenzialen** eine dominante Rolle bei der Realisierung der Strategie zu. Es gilt, die interne Wertschöpfungskette zu optimieren, d.h., alle verfügbaren Rationalisierungs- bzw. Effizienzsteigerungspotenziale auszuschöpfen. Im Unterschied zur Qualitätsführerschaft, bei der die absatzseitigen Instrumente der Wertkette dominieren, sind hier alle Aktivitäten einzubeziehen und unter Effizienzgesichtspunkten zu bewerten. Auf der Ebene der marktorientierten Wertkettenaktivitäten/-prozesse sind es:

- Verzicht auf aufwändige Ladengestaltung und Durchsetzung standardisierter Konzepte
- günstige, verkehrsoptimale Objekte mit großen Einzugsgebieten
- Sortimentsbeschränkung, Realisierung hoher Anteile von Schnelldrehern am Sortiment
- Reduzierung der Serviceleistungen.

Auf der Ebene der Supply Chain-orientierten Wertkettenfunktionen sind es:

- eine effiziente Beschaffungs- und Distributionslogistik
- eine möglichst effiziente Warenwirtschaft
- ein zeitnahes Informationssystem
- ein straffes, kostenorientiertes Management.

Abbildung 3.19: Primärquellen von Wettbewerbsvorteilen

Differenzierung/Qualitätsführerschaft	Kosten-/Preisführerschaft
Für Kunden sichtbare Wertschöpfung („visible offers") ▪ Sortiment (breit, tief, qualitativ hochwertig) ▪ Ladengestaltung (anmutende Architektur, Warenpräsentation usw.) ▪ Kommunikation (erlebnisorientiert) ▪ Service (Pre-, After-Sales, Individualisierung) ▪ Standort (leicht erreichbar, convenient)	*Für Kunden sichtbare Wertschöpfung („visible offers")* ▪ Sortiment (relativ schmal, flach) ▪ Preis (führend in Markt/Marktsegment) ▪ Ladengestaltung (standardisiert, relativ unaufwändig) ▪ Kommunikation (informativ) ▪ Service (reduziert) ▪ Standort (günstig, verkehrsoptimal)
Nicht sichtbare Wertschöpfung („background processes") ▪ flexibel bzw. adaptiert ▪ ex ante unbestimmtes Lieferantenmanagement ▪ ex ante unbestimmte Logistik ▪ zeitnahes Warenwirtschafts-/Informationssystem	*Nicht sichtbare Wertschöpfung („background processes")* ▪ Marketingprozesse (Standort-, Layoutplanung) ▪ effiziente Beschaffung, Lieferantenmanagement ▪ effiziente Beschaffungs-/Distributionslogistik ▪ zeitnahes Warenwirtschafts-/Informationssystem
Nicht sichtbare Wertschöpfung („organisation") ▪ ex ante unbestimmte Organisationsstruktur ▪ ex ante unbestimmte Koordination ▪ Visionäre Führungskultur	*Nicht sichtbare Wertschöpfung („organisation")* ▪ Flache (regional identische) Organisationsstruktur ▪ Zentrale, formale, spezifische Koordination ▪ „High performance" Führungskultur

Betont kann die Rolle der **schnellen Beschaffung** und der **logistischen Prozesse** als Effizienzsteigerungspotenzial werden, ebenso wie die Ausschöpfung von Effizienzsteigerungspotenzialen durch Outsourcing logistischer Teilprozesse an Logistik-Service-Provider. Damit gewinnen die Schnittstellen im SCM zu den Lieferanten und damit eine **integrierte Sicht der Wertkette** an Bedeutung (siehe hierzu das Fünfte Kapitel). Des Weiteren verlangt die Kostenführerschaft ein straffes **Management**, das neben den genannten Größen eine aggressive Grundeinstellung, eine Konzentration auf das Kerngeschäft und ein strenges Controlling verfolgt. Abbildung 3.20 fasst weitere Merkmale der Strategie zusammen.

Als „Paradebeispiel" für die Strategie der Kosten-/Preisführerschaft in Teilmärkten gilt seit Jahren v.a. der Food-Hard-Discounter Aldi, gefolgt von Lidl sowie abgestuft Soft-Discounter wie Penny, Netto u.a. Auch in anderen Branchen, wie bspw. Möbel und Fashion, haben Discounter wie Roller, TAXX, Takko oder KiK beachtliche Marktanteile erreicht; daneben wachsen Off-Price-Stores wie Saks OFF 5TH, TK Maxx usw. Discounter zeichnen sich durch eine **vertikale Integration** und **Konzentration auf Schwerpunkte** aus, was die Ausschöpfung von Effizienzpotenzialen ermöglicht. So wird die Produktion der **Handelsmarken** von Aldi kontrolliert, d.h., die Lieferanten arbeiten nach Weisung der Aldi-Zentrale. Lidl vertikalisiert indessen rückwärts und baut eigene Produktionsbetriebe auf (siehe Abschnitt C.IV. in diesem Kapitel). Dieses Dominanzsystem ist aus anderen Branchen, z.B. der Automobilindustrie bekannt, denn die Ausschöpfung der Effizienzpotenziale in der gesamten Wertkette über alle Partner hinweg erfolgt nach der Maßgabe des dominierenden Partners. Eine weitere Besonderheit liegt darin, dass ein zentraler – meist nur in Verbindung mit der Qualitätsführerschaft betrachteter – Erfolgsfaktor beachtet wird, nämlich die Betriebstypenprofilierung als „günstige" Marke – als konstante Strategie über Jahre. Dies strahlt auf die Wahrnehmung der Angebotsleistungen aus und ermöglicht eine Differenzierung auf Basis eines Preisvertrauens bei den Kunden. Fashion-Discounter sind – wie in dieser Branche üblich – auf enger definierte Zielgruppen/Marktsegmente ausgerichtet.

Abbildung 3.20: Weitere Merkmale der Discountorientierung

Dauerhafte Preisvorteile	(Regelmäßig leistungs-/unternehmensspezifisch systematisch ausgewertete) preisbezogene Kundenwahrnehmung als Preisbestimmungsbasis
Preisaggressivität	Aktive, initiative Preispolitik mit Inkaufnahme/Schädigungsabsicht von Wettbewerbern
Preisehrlichkeit	Vertrauensaufbau durch umfangreiche Preisinformation, konsequent kulantes Handeln
Sortiment	Konsequente Ausrichtung des Leistungsangebots an den Kunden durch Gestaltung und Verbesserung der wettbewerbsfähigen Kernleistung
Artikel	Hohe bestehende/erreichbare Preistransparenz als wichtiges Kriterium bei der Artikelwahl
Convenience	Schnelligkeit und Einfachheit des Einkaufs als Anknüpfungspunkt für die Ausgestaltung der Strukturen, Prozesse, Standorte im Rahmen der strategischen Planung
Wachstum	Informationen über Kostenverläufe als Ansatzpunkt zur systematischen Identifikation von Wachstumsfeldern in der strategischen Planung
Strukturen/Prozesse	Regelmäßige, systematische Analysen des gesamten Wertschöpfungsnetzwerkes zur Komplexitätsreduktion bzw. -vermeidung
Effizienz	Stetiges Bemühen der Mitarbeiter um bessere und/oder billigere Lösungen sowie schnelles Umsetzen der Ergebnisse
Innovation	Ständige Suche nach innovativen, den Wettbewerb verändernden Geschäftssystemen und/oder Angebotsleistungen unter Einbindung aller Marktpartner

Die Kostenführerschaft ist im Handel nicht nur auf Großunternehmen beschränkt. Straffe Vertriebssysteme wie Franchising ermöglichen es auch Mittelständlern, an Economies-of-Scale-Effekten zu partizipieren. Hier resultiert der Kostenvorteil idealtypisch aus der Multiplikation einer standardisierten, zentral und straff geführten Konzeption, an deren Spitze eine Systemzentrale steht. Ob dies aber auch zur Preisführerschaft genutzt wird, ist offen.

Faktoren des Erfolgs/Misserfolgs

Porter (2013, S. 82ff.) erläutert die Problemfelder, die mit der Kostenführerschaftsstrategie bei produzierenden Unternehmen verbunden sind. Überträgt man diese auf Handelsunternehmen, sind folgende Punkte anzuführen:

- Management, Unternehmensstrukturen und -prozesse müssen konsequent auf die Kostenführerschaft ausgerichtet sein; die Integration neuer Geschäftsfelder oder Vertriebslinien ist problematisch, da hierdurch die Kosten steigen.
- Technologische Umwälzungen, Nachahmungen oder Preissenkungen der Konkurrenz können Leistungs- und Lernprozesse zunichtemachen.
- Trotz konsequenter Ausrichtung des Unternehmens auf den Kostenaspekt muss die Fähigkeit vorliegen, bei Bedarf notwendige Sortiments- oder Marketingänderungen vorzunehmen, da sich mit zunehmender Reife einer Warengruppe auch die Ansprüche an die Waren erhöhen können.
- Bei einer weitgehenden Teilmarktabdeckung und damit Marktpotenzialausschöpfung sind neue strategische Impulse für den Betriebstyp notwendig.

Forschungsstudien deuten eine Repositionierung von Kostenführern an, basierend auf dem Konzept des „Wheel of Retailing“ ein Vorstoß in the „Big-Middle“ (Levy u.a. 2005; Bailey 2016), also in das Segment, in dem die Mehrheit der Konsumenten die Mehrheit der Konsumausgaben tätigt und damit raus aus der Nische eines Preisführers. Diese dynamische Entwicklung im Hinblick auf die Ansprache breiter Marktsegmente ist bei Marktführern, wie Aldi, zu beobachten. Es geht u.a. mit dem o.g. Trading-up einher und mit der Vielzahl der Standorte und damit der schnellen Erreichbarkeit als zusätzliche Positionierungsmerkmale auf dem Weg zu einem Nahversorger, wie es früher alleine die Supermärkte waren.

III. Spezifische Strategien zur Profilierung

1. Überblick

Über die Basisstrategien (Preis- oder Qualitätsführerschaft) hinaus, kann – wie erwähnt – die Realisierung weiterführender strategischer Optionen beobachtet werden (v.a. „Sowohl-als-auch-Strategien“), die z.B. branchenspezifische Ausprägungen aufweisen. Handelsbranchen unterliegen spezifischen Wettbewerbssituationen und Studien zeigen, dass bspw. der Aufbau einer starken Retail Brand von unterschiedlichen Treibern bestimmt wird, so Sortiment und Preis im LEH, zudem Ladenlayout in Fashion, oder Preis und Service in Elektro-Einzelhandel oder Sortiment und Service in DIY (Swoboda/Weindel/Hälsig 2016). Auch das Beispiel zu Preisführern im Food-Handel verdeutlichte die Realisierung weiterführender strategischer Optionen insofern, als dass hier Convenience als Profilierungsmerkmal genauso hinzukommt wie die Nachbarschaftsorientierung durch die Vielzahl der Filialen. In der Fashionbranche ist es nicht nur das Erlebnis, sondern eine Fashion- bzw. Speed-Orientierung, welche die Gestaltung der gesamten Wertkette umfasst. Zudem bietet das Internet alternative Grundlagen für die Realisierung von alternativen Wettbewerbsstrategien.

Diese ausgewählten Entwicklungstendenzen der Positionierung gegenüber Kunden werden nachfolgend behandelt, ergänzt um bisher nicht erwähnte Segmentierungs- bzw. Zielgruppenüberlegungen. Dem folgt auf Grund der Bedeutung die Vorstellung von Mehrkanal- bzw. Omnichannel-Strategien und des Retail Branding als integrativem Ansatz der Betrachtung der Wettbewerbsstrategien im Einzelhandel. Auf Grund der Besonderheiten werden schließlich Wettbewerbsstrategien des Großhandels gesondert behandelt.

2. Erlebnisorientierte Convenience-Orientierung im Food-Handel

Der LEH ist institutionell betrachtet die größte Handelsbranche in den meisten Ländern (z.B. im Jahr 2017 rd. 770 Mrd. USD in den USA, 680 Mrd. USD in China, 280 USD in Deutschland). Die Top 5 Händler realisieren oft 70-80% Marktanteil und sind einer enormen Inter- und Intrabetriebstypenkonkurrenz ausgesetzt, der sie mit Fokus auf SCM sowie Sortimente und Preise als primäre Positionierungsoptionen begegnen (Cleeren u.a. 2010). Die Konsumenten weisen meistens utilitaristische Versorgungsmotive bei der Deckung der Bedürfnisse des täglichen Bedarfs auf, mit Tendenz zu Bequemlichkeit und Erlebnis. Eine Besonderheit im LEH ist der lokale Wettbewerb, denn ein Kunde kauft, egal ob offline oder online, Lebensmittel nahe zum Wohn-/Arbeitsort ein. Zudem sprechen Anbieter, so die dominanten Discounter und Supermärkte, i.d.R. keine spezifischen Kundengruppen an, sondern adressieren den Gesamtmarkt im Einzugsbereich ihrer Stores oder Online-Lieferservices. Dies ist ein Grund, warum dem Online-Handel mit (frischen) Lebensmitteln relativ geringe Marktanteilspotenziale zukommen (<5% bis zum Jahr 2025; Morschett/Schmid/Foscht 2017).[1]

Eine weitere Besonderheit ist die Dichte an Food-Stores. Unter Berücksichtigung der Einwohnerzahlen im Einzugsbereich, die für das wirtschaftliche Betreiben eines Stores notwendig sind, betreiben der Discounter Aldi rd. 4.200 Stores in Deutschland, die Supermarktkette Edeka rd. 5.900 Stores und der führende Verbrauchermarkt Kaufland 650 Stores (durchschnittlich 19.500, 14.000 und 130.000 Einwohner/Store). Diese **breiten Filialnetze** sind weitere Gründe, weswegen ein Kunde auf dem Weg von der Arbeit, zur Bank, zum Essen o.Ä. i.d.R. an diversen Geschäften vorbei kommt und Lebensmittel bisher selten online ordert oder immer weniger weit fährt. Dies ist zugleich eine Ausprägung der **Convenience-Orientierung** im LEH, die als Bequemlichkeit oder Komfort von Konsumenten – insb. auf Grund geänderten Kaufverhaltens und Bedürfnisse – beschrieben wird (zum Käuferverhalten Wang/Malthouse/Krishnamurthi 2015; zu Bedürfnissen Hunneman/Verhoef/Sloot 2017). Eine zweite Ausprägung sind **Convenience-Formate**, also Betriebstypen, die auf einen bequemen, komfortablen und schnellen Einkauf ausgerichtet sind (siehe Abb. 3.21). Eine dritte Ausprägungsform sind **Convenience-Sortimente**, z.B. frische und sog. Ready-to-Cook Produkte. Convenience wird zudem immer stärker mit Erlebnissen verbunden, in Form von in die Geschäfte integrierten Restaurants, Cafés oder Snackbars.

Abbildung 3.21: Systematisierungsansatz der Convenience-Anbieter

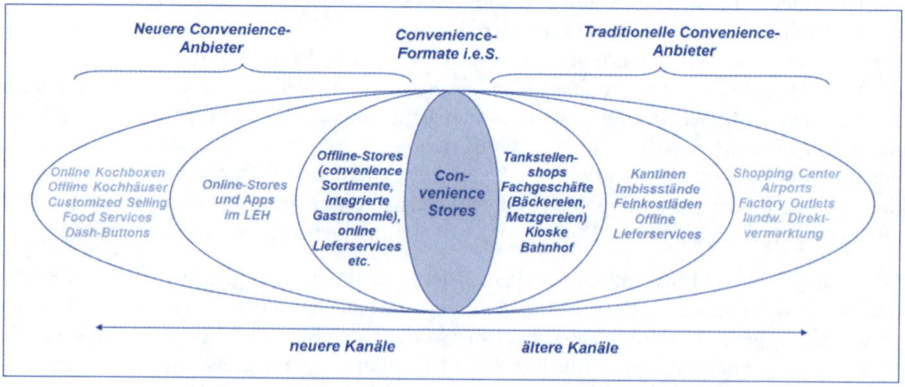

[1] Ausnahmen bilden spezialisierte Anbieter, so Bio-, Delikatess- oder Online-Spezialisten, die einen bzgl. des Lebensmittelkaufs spezifisch motivierten Kunden adressieren, aber i.d.R. geringe Marktanteile haben.

All dieses spiegelt eine zunehmende Ausrichtung im LEH wider, in deren Mittelpunkt die Zielsetzung steht, den Kunden das Einkaufen in allen Bereichen zu erleichtern. Dieses kann durch eine Reihe von Instrumenten in sehr unterschiedlichen Formen befriedigt werden, wobei im Folgenden die Kundennähe der Offline-Stores, die spezifischen Convenience-Formate und -Sortimente akzentuiert werden. Zu diskutieren wären i.w.S. auch Tankstellenshops, Fachgeschäfte, Kantinen oder Online-Angebote (inkl. traditioneller Lieferservices). Convenience spielt somit für diverse Anbieter im LEH eine Rolle, so für Vollsortimenter, für Erlebnisanbieter und für Preisführer. Im Fall der Supermärkte, Discounter oder Convenience Stores kann dies als Erweiterung der klassischen Positionierungsüberlegungen von Porter gesehen werden. Kerntreiber ist u.a. das sich verändernde Konsumentenverhalten.

Exkurs: Segmentierung im LEH

Die Frage „Wer sind unsere Zielgruppen?“ ist für die Positionierung und die Optionen des Absatzmarketings (siehe das Vierte Kapitel) auch im LEH bedeutend, weswegen die Segmentierung an dieser Stelle generell und dann spezifisch für den LEH behandelt wird. Im LEH werden i.d.R. breite Käuferschichten, aber auch lokale und überregionale Kundensegmente angesprochen, was die Zerlegung des relevanten Marktes in Teilmärkte bedingt. Die **Zielgruppenbestimmung** ist im Handel generell komplexer als bei Herstellern, da sie für einen oder wenige Be- und Vertriebstypen und branchenspezifisch unterschiedlich erfolgt. Allerdings sind zwei generelle Schritte typisch:

- **Informationsseite (Markterfassung)**: Auf der Basis der Erklärungsmodelle des Käuferverhaltens erfolgt eine Informationsgewinnung und -verarbeitung.
- **Aktionsseite (Marktbearbeitung)**: Auswahl von Segmenten und segmentspezifische Positionierung und Einsatz des Marketing-Mix.

Auch die Segmentierungskriterien und entsprechende Anforderungen sind klassisch. Die Segmentierungskriterien werden üblicherweise in geografische, soziodemografische, psychografische und verhaltensbezogene (direkt beobachtbare) Kriterien unterteilt (siehe Abb. 3.22). Die Anforderungen an deren Auswahl sind Kaufverhaltensrelevanz, Messbarkeit (Operationalität), Identifizierbarkeit, Erreichbarkeit/Zugänglichkeit, Wirtschaftlichkeit, Tragfähigkeit und Zeitstabilität der Segmente. So werden geografische oder soziodemografische Kriterien oft genutzt, allerdings haben sie eine relativ geringe Verhaltensrelevanz, im Vergleich zu psychografischen Kriterien oder dem direkten Kundenverhalten.

Abbildung 3.22: Segmentierungskriterien

Geografisch	Region, Ortsgröße, Standort, Bevölkerungsdichte usw.
Soziodemografisch	Alter, Geschlecht, Familiengröße, Einkommensniveau usw.
Psychografisch	Einstellungen, soziale Orientierung, Lebensstil, Werte, Normen usw.
Verhaltensbezogen	Preisverhalten, Mediannutzung, Einkaufsstättenwahl, Kaufhäufigkeit usw.

Im LEH werden oft geografische Kriterien genutzt (um den Standort, die Wirtschaftlichkeit oder Aktionen zu steuern), weniger jedoch die psychografischen Kriterien (bspw. Einstellungen, Lebensstile). Letztere liefern jedoch wichtige, eher strategische Informationen. Mittels Kundenkarten oder bei Online-Bestellungen kann eine Segmentierung auf Basis des direkt beobachtbaren Kaufverhaltens erfolgen, wobei es aber ratsam ist, dies mit psychografischen Kriterien zu verbinden, um die Triebkräfte eines Kaufs-/Nicht-Kaufs zu verstehen, oder mit soziodemografischen Kriterien, um die Zielgruppen zu beschreiben.

Die **Segmentierung im LEH** ist lokal verbreitet. So unterteilen Handelsunternehmen ein Staatsgebiet nicht nur aus Gründen der Steuerung des Filialnetzes, sondern auch, um denkbare neue Standorte für ihre Filialen zu finden. Ein Standort wird dabei i.d.R. auf Basis einer sog. **mikrogeografischen Marktsegmentierung** gesucht und auch die Strategie und Zielgruppenansprache erfolgt standortspezifisch (bspw. mittels spezifischer Leistungsangebote). Diese Segmentierung umfasst die räumliche Aufteilung von Nachfragern in sog. Wohngebietszellen. Durch die Verknüpfung regionaler Kenndaten (z.B. Demografie, Beschäftigungs-, Wirtschafts- und Infrastruktur) mit Angaben zum Lebensstil können Marktsegmente lokalisiert und gezielt angesprochen werden. Meistens bildet das Kriterium des Wohnorts den Ausgangspunkt einer Analyse von soziodemografischen und psychografischen Informationen über jede regionale Wohngebietszelle, die zu bestimmten Wohngebietstypen – i.S. homogener Lebensstil- und Kaufverhaltensmuster – zusammengefasst werden können (z.B. Arbeiter- und Villenviertel). Dies kann auf unterschiedlichen Aggregationsniveaus erfolgen.

Segmentierung anhand des Kaufverhaltens

Basierend auf Kaufverhaltensdaten aus dem Haushaltspanel der GfK und ergänzend erfragten Einstellungen sind in Abb. 3.23 die mittels Clusteranalyse abgeleiteten Kundensegmente abgebildet. Kaufverhaltensdaten sind z.B. Ausgaben pro Haushalt, Kaufhäufigkeit, Anteile der Betriebstypen, Anteile an Handelsmarken, Bioprodukten und Kundenkartenverwendung. Die Einstellung wurde u.a. über die Freude am Einkaufen, Flugblattnutzung, Einstellung zur Werbung oder Innovationsinteresse erhoben. Die Clusteranalyse ergab fünf Shopper-Typen.

Abbildung 3.23: Beschreibung der Käufer-Typen

Shopper-Typ	Charakteristika	Einstellungen/ Ernährungsverhalten	Produktverwendung/Verhalten am PoS	Einkaufsplanung/Shopping Mission	Betriebstyp/ Händler
Schnäppchenjäger	50plus; ältere Singles; gering. Haushaltseinkommen	geringe Ansprüche; aktionsgetrieben	Spaß am Shoppen; nutzt alle Promotiontypen	über alle Medien erreichbar; höchste Flugblattnutzung	viel Zeit, weite Wege; „shop around“
Flexible	<40 Jahre; gebildet; Singles/Paare evtl. mit Kindern; viel Geld, wenig Zeit	hoher Außer-Haus-Konsum; Küche: leicht & schnell, vegetarisch; aufgeschlossen, modern	Markenswitching; convenienceorientiert; nutzen Promotions	werbeaffin: Internet, Print, Flugblatt, ungeplant; geringe Einkaufshäufigkeit	auf dem Nachhauseweg (on-the-go); Supermarkt, Tankstellenshop
Bevorrater	30-50 Jahre; Familien mit Kind	wenig gesundheitsbewusst; wenig preisbewusst	Marken; oberes Preissegment, Einkaufen macht keine Spaß	One-Stop-Shopper; geringe Einkaufshäufigkeit & Flugblattnutzung	Händler in der Nähe; klassische LEH und Discount; hohe Händlertreue
Premium-Käufer	50plus; ältere Singles und Paare; viel Zeit, viel Geld	anspruchsvoll; wichtig sind Qualität, Frische, Bio, Gesundheit, Umwelt	Premium, Bio, Frische, Region, habitualisiert, hohe Markentreue	„Big-Spender“; hohe Einkaufshäufigkeit, Kleineinkäufe; werbeavers	Fachhandel; Spezialisten
Discountkäufer	< 50 Jahre; große Haushalte mit Kind; gering. Einkommen	wenig anspruchsvoll; preisorientiert; hält sich an Budget	geringster Promotionanteil; Billigmarken	geringe Ausgaben; Einkaufshäufigkeit; Großeinkäufe	Discounter

Quelle: i.A.a. Steinbrecher u.a. 2014, S. 20ff.

Voraussetzungen

Sind es lange Ladenöffnungszeiten, die Möglichkeit des schnellen Einkaufs, die freundliche Bedienung, die Qualitätsorientierung und die geringe Preisreagibilität, welche die Präferenzen für C-Stores prägten, verschwimmen im Interbetriebstypenwettbewerb des Food-Handels die Grenzen der Positionierung zunehmend (siehe international bei Hypermärkten und Discountern Swoboda/Morbe/Dabija 2017). Im Interbetriebstypenwettbewerb stellten Kamran-Disfani u.a. (2017) fest, dass für Supermarkt und Hypermarkt die Dimension „Convenience“ einen wichtigen Einfluss darstellt. Supermärkte sollen sich dabei v.a. auf einen kundenindividuellen Service konzentrieren, der den Einkauf zu einem personalisierten Shoppingerlebnis werden lässt. Hypermärkte hingegen profitieren insb. durch ihre niedrigen Preise, großes Sortiment und demnach die Möglichkeit des One-Stop-Shoppings.

Rewe setzt auf Convenience-Formate wie Rewe To Go und Kochbar

Neben Convenience-Sortimenten und frühen City-Markt-Konzepten führte Rewe im Jahr 2011 das Convenience-Konzept Rewe To Go ein, um den Wandel in der Urbanität und in Kundengewohnheiten Rechnung zu tragen. Die Nachfrage nach Außer-Haus-Verpflegung steigt ebenso wie die nach einer gesunden Ernährung. Rewe to go finden sich v.a. an hochfrequentierten Lagen, wie Innenstädten, Bahnhöfen, Flughäfen oder Shopping Centern. Auf rd. 220 qm werden rd. 3.500 Artikel angeboten, so kalte Snacks und warme Mahlzeiten, wie Sushi, Suppen, Schnitzel, Sandwich oder Salate (neben Artikeln des täglichen Bedarfs, wie Müsli, Fleisch, Fisch, Obst und Gemüse). Besonders wird Wert auf Gesundheit und Hochwertigkeit gelegt.

Im Jahr 2016 schloss Rewe mit dem Tankstellen-Marktführer Aral einen Kooperationsvertrag zur Etablierung von Rewe to go an rd. 1.000 deutschen Tankstellen (siehe Abb. 3.24). Das 1.200 Artikel umfassende Sortiment an kalten und warmen Artikeln ist angepasst (es umfasst u.a. das PetitBistro mit Backwaren und Süßwaren/Getränke). Ein großes Sortiment an frischen Lebensmitteln soll mit der Verfügbarkeit vieler Tankstellen verbunden werden. Dies erfordert ein Umdenken, da Rewe bzgl. der Frische hohe Ansprüche hat und Tankstellen bei Zigaretten, Alkohol oder Zeitschriften ein gewisses „Schmuddel-Image“ aufweisen. Rd. 61% des Ertrags der Tankstellen werden durch das Shop-Geschäft erwirtschaftet, Kraft- und Schmierstoffe sind hingegen nur noch für 11% des Ertrags verantwortlich. Weitere Mineralölgesellschaften werden folgen.

Abbildung 3.24: Beispiele für die Aral Store-Gestaltung

Auch durch die Kooperation des Rewe-Lieferservices mit Kochbar.de spricht Rewe convenience-orientierte Kunden an. Durch die Kooperation besteht die Möglichkeit, die Zutaten eines Rezepts gebündelt im Rewe-Shop zu bestellen. Klickt der Kunde auf den Button „bestellen“, gelangt er direkt auf den Online-Shop, wo die Produkte in der richtigen Menge zur Ablage in den Warenkorb bereitstehen. Anschließend können bspw. die Mengen angepasst werden, bevor die Produkte zur Wunschzeit nach Hause geliefert werden.

Quelle: www.rewe.de, 19. Januar 2018; www.aral.de (rewe-to-go), 15. Januar 2018.

Die Bequemlichkeit der Konsumenten kann durch die Erreichbarkeit und Parkplatzsituation, aber auch durch umfassende Sortimente, ein One-Stop-Shopping, geeignete Warenplatzierungen, die trotz großer Verkaufsflächen ein schnelles Einkaufen ermöglichen, die Ausrichtung des Sortiments, so die Verfügbarkeit von („ready-to-cook“-, „ready-to-eat“-) Convenience-Produkten, kurze Wartezeiten an Kassen und Bedienungstheken gefördert werden. Online-Kanäle profitieren v.a. durch die Vernetzung der Umwelt des Konsumenten. Die Orientierung am Convenience-Gedanken bezieht sich auf den gesamten Einkaufsvorgang, vom Betreten des Ladens bzw. vom Aufrufen der Homepage über die persönliche Beratung bis hin zum Checkout/Bestellvorgang und darüber hinaus ggf. bei Geschenkverpackungen, im Zustellservice usw. Insofern besteht die Voraussetzung einer Convenience-Orientierung zunächst darin, die relevanten Dimensionen einer Wettbewerbsstrategie zu identifizieren, die Convenience bieten soll. Es kann sich dabei bspw. um ein dichtes Ladennetz handeln (so bei Supermärkten oder Discountern), um eine einfache Erreichbarkeit des Ladens (so nicht bei SB-Warenhäusern), um ein Sortiment, das ein One-Stop-Shopping ermöglicht, oder innovative Bestellformen wie digitale Sprachassistenten (z.B. Alexa oder Siri).

Merkmale/Ausprägungen

Unter Convenience wird also ein eher breiteres Leistungsspektrum subsumiert. So wird die geringe Sortimentstiefe der Discounter als Vorteil interpretiert, da diese aus Kundensicht eine kognitive Entlastung der Konsumenten beim Einkauf im Vergleich zu herkömmlichen Supermärkten mit sich bringen kann. Darüber hinaus manifestiert sich die Convenience-Orientierung nicht nur im Offline-Einzelhandel, sondern auch im Großhandel und Online-Handel, wo die Bedeutung dieses Faktors bspw. in der Forderung der entsprechenden Kunden nach Zeitersparnis durch Full-Service-Leistungen deutlich wird.

Für die Positionierungsentscheidung soll an dieser Stelle zunächst auf eine Studie verwiesen werden, die am Beispiel des Angebotsgefüges im LEH in einer Stadt zeigt, dass aus Kunden- und Managersicht **Convenience bei der Positionierung eine wichtige Rolle** spielt. Abb. 3.25 zeigt, dass – auf Basis von Kundenurteilen – die Lebensmitteleinzelhändler in Abhängigkeit von den Faktoren Preis und Qualität sowie des Faktors Convenience zu unterschiedlichen und sinnvoll interpretierbaren Clustern gebündelt werden können.

Abbildung 3.25: Positionierung von Lebensmitteleinzelhändlern

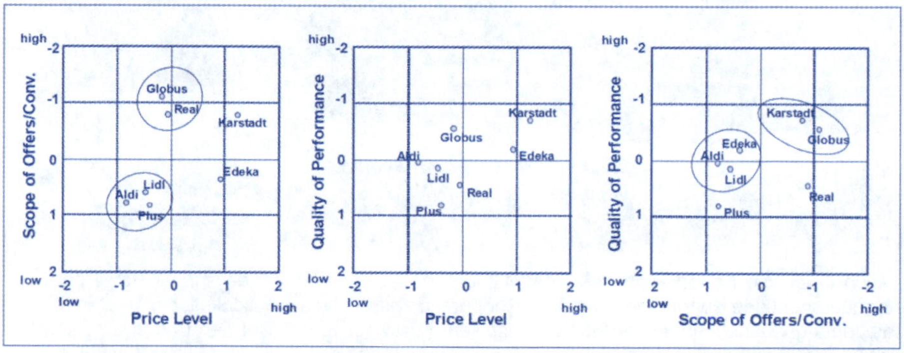

Quelle: Morschett/Swoboda/Schramm-Klein 2006, S. 285.

So resultiert in der Ausgangslösung mit den Dimensionen Qualität und Preis im mittleren Diagramm aus Kundensicht keine klare Clusterlösung, wenn auch Discounter, Hypermärkte und weitere Händler nicht gänzlich willkürlich angeordnet sind. Im linken Diagramm demgegenüber sind klare und sinnvoll zu interpretierende Cluster zu erkennen. Die SB-Warenhäuser Globus und Real liegen hinsichtlich der Faktoren Preis und Convenience in der Konsumentenwahrnehmung ebenso wie die Discounter Lidl, Aldi und Plus dicht beieinander. Edeka und die Lebensmittelabteilung von Karstadt werden keinem Cluster zugeordnet. Dies ist im rechten Diagramm anders (Positionierung auf Basis der Faktoren Qualität und Convenience). Die Clusterlösung zeigt Heterogenität bzgl. der Betriebstypen. Die beiden Hard-Discounter Aldi und Lidl sind in einem Cluster mit dem Supermarkt Edeka, der Hypermarkt Globus in einem weiteren Cluster mit der Lebensmittelabteilung von Karstadt eingeordnet. Das Ergebnis kann plausibel interpretiert werden. Insgesamt stützt die Studie die Bedeutung der Convenience für die Positionierung der Betriebstypen des LEH als auch einzelner Unternehmen. Sie deutet u.a. die Gefahr an, welche die Discounter für Supermärkte darstellen (können), da diese in der Konsumentenwahrnehmung bzgl. zwei der drei betrachteten Faktoren als ähnlich empfunden werden, nämlich Convenience und Qualität. Schließlich wird in Abb. 3.26 die Bedeutung des Faktors Convenience unterstrichen (aus Sicht der Kunden und der parallel befragten rd. 60 Unternehmen), denn beide Befragungen führen – auf unterschiedlichen Wegen – zur Identifikation des wichtigen Faktors Convenience im LEH.[1]

Abbildung 3.26: Positionierungsfaktoren

Company Perspective	Consumer Perspective
Experience/price ▪ Price leadership, cost leadership ▪ Best store atmosphere ▪ Best customer relationship management ▪ Best advertising	*Price level* ▪ Price
Quality of core functions ▪ Quality leadership ▪ Service leadership ▪ Process leadership	*Quality of performance* ▪ Quality of assortment ▪ Service ▪ Processes ▪ Store design
Convenience ▪ Best variety of assortment ▪ Convenience leadership	*Scope of offers/convenience* ▪ Variety of assortment ▪ One-stop shopping

Quelle: Morschett/Swoboda/Schramm-Klein 2006, S. 285.

Eine zweite Studie adressiert die **Erreichbarkeit eines Offline-Stores** (eines Near-Food-Fachmarktes) als eine Convenience-Komponente (Swoboda/Berg/Schramm-Klein 2012). Ziel der Studie ist es, zu analysieren, wie stark die Kundenwahrnehmung der Erreichbarkeit eines Geschäftes im Vergleich zum Image eines ausgewählten Handelsunternehmens auf die Loyalität zum ausgewählten Händler wirkt. Zusätzlich wird untersucht, ob sich Image und Erreichbarkeit von konkurrierenden Handelsunternehmen negativ auf die Loyalität zum ausgewählten Händler auswirken und ob objektive lokale Wettbewerbsfaktoren (Anzahl der Konkurrenten im Umfeld und Entfernung des nächstmöglichen Konkurrenten) die erstgenannten Effekte beeinflussen. Untersuchungsgegenstand ist ein Handelsunternehmen und dessen lokale Wettbewerber an 30 Standorten, an denen rd. 4.000 Respondenten zum ausgewählten Handelsunternehmen und zum stärksten lokalen Wettbewerber befragt wurden. Die Befunde in Abb. 3.27 zeigen, dass das Image des ausgewählten Händlers den größten Beitrag zur Erklärung der Einkaufstättenloyalität der Konsumenten hat, wobei der Einfluss der Erreichbarkeit etwa halb so stark ist. Diese Convenience-Dimension ist neben dem Image des Unternehmens in nicht unerheblichem Maße für die Loyalität der Kunden verantwortlich. Weiterhin zeigt sich, dass die Konsumentenloyalität zum ausgewählten Händler sowohl von einer guten Erreichbarkeit der lokalen Wettbewerber, als auch durch deren positives Image abgeschwächt wird. Flankierend ist der positive Effekt des Images auf die Wahrnehmung der Erreichbarkeit anzumerken. Die Erreichbarkeits-Convenience fungiert also teilweise als Mediator zwischen dem Unternehmensimage und der Loyalität.

Bis hierhin zeigt die Studie, dass im Vergleich zum Image der Convenience-Aspekt der Erreichbarkeit (der Standort), zumindest im Hinblick auf die Loyalität der Konsumenten zum ausgewählten Händler, eine untergeordnete Bedeutung hat. Weitergehende Befunde dieser Studie sind: Die Faktoren Image und Erreichbarkeit von Handelsunternehmen alleine

[1] Hinzuweisen ist hier auf die Messproblematik, denn bspw. werden bei der Kundenstudie andere Indikatoren zur Bildung der drei Faktoren genutzt als bei der Managementbefragung.

können das lokale Konsumentenverhalten gegenüber den Handelsunternehmen nicht erschöpfend fassen. Wichtige Determinanten sind unter den Wettbewerbscharakteristika zu finden, so die Wettbewerbsintensität vor Ort (Anzahl der Wettbewerber) und die Entfernung des nächstmöglichen Wettbewerbers aus der Branche zum Ausgewählten:[1]

- Je größer die lokale Wettbewerbsintensität ist, desto schwächer ist der Einfluss der Erreichbarkeit auf die Loyalität und desto stärker beeinflusst das Image die Loyalität.
- Je größer die Distanz zum nächsten Wettbewerber ist, desto stärker ist der Einfluss der Erreichbarkeit auf die Loyalität und desto schwächer beeinflusst das Image die Loyalität.

Abbildung 3.27: Effekte von Image und Erreichbarkeit auf die Loyalität

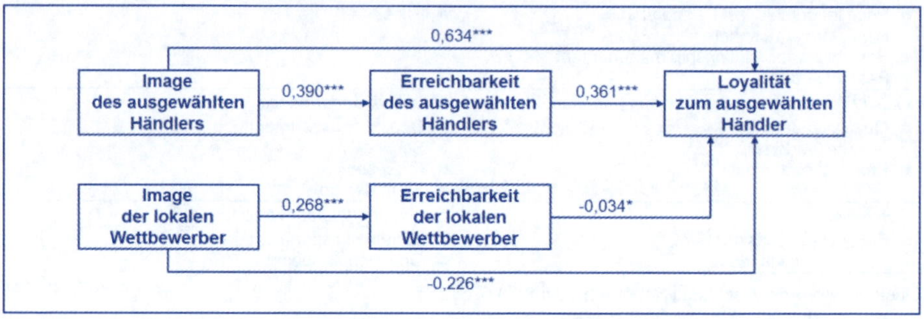

*** $p < 0{,}001$, ** $p < 0{,}01$, * $p < 0{,}05$; CFI 0,937; TLI 0,911; RMSEA 0,051; SRMR 0,033; $\chi^2(94)=1128.450$.

Quelle: Swoboda/Berg/Schramm-Klein 2012.

Händler, die ihre Geschäfte in einem sehr kompetitiven Wettbewerbsumfeld haben, profitieren unter diesen Umständen am meisten von einem positiven Image. Je weniger Konkurrenz vor Ort ist, desto größer die Relevanz der Convenience in Form von Erreichbarkeit. Ähnliche Ergebnisse zeigen sich bei der Betrachtung der Entfernung des nächstmöglichen Konkurrenten. Liegen die beiden Standorte nah beieinander, ist das Image von höchster Bedeutung für die Loyalität. Hat ein Händler eher einen isolierten Standort, ohne lokale Konkurrenz, umso bedeutender wird Convenience. Implikationen der Studie für Manager sind vor dem Hintergrund zu sehen, dass Investitionen in Top-Standorte, mit guter Erreichbarkeit, und in das Image oder eine einzigartige Retail Brand herausfordernd sind. Sie sollten zunächst auf das Image achten, denn es wirkt stärker als die Standorterreichbarkeit.

Beide Forschungsstudien zeigen die besondere Bedeutung des Faktors Convenience für **Offline-Händler**. Ehemals nur stationäre Händler, Omnichannel-Händler und Online-Pure-Player stellen auch Convenience in den Fokus (siehe zu Omnichannel Abschnitt B.IV. in diesem Kapitel).

Faktoren des Erfolgs/Misserfolgs

Die Erfolgsfaktoren der Convenience können kaum allgemein formuliert werden. Forschungsstudien beziehen sich eher auf C-Stores und heben folgende Punkte hervor:

- **Sortiment**: Eine kundengerechte, ladenspezifische und die Kaufanlässe berücksichtigende Gestaltung des Angebots sowie möglichst eine Sortimentsrotation bzw. -änderung im Tagesverlauf sind relevante Erfolgsfaktoren.

---

[1] Limitationen liegen darin, dass der Fokus auf ein Handelsunternehmen in einer Branche liegt und pro Respondent nur ein weiterer Händler (Top-of-Mind-Wettbewerber) erhoben wurde.

- **To-go-Gastronomieangebote**: Fertige Speisen und Getränke sollten das Warenangebot ergänzen, bei Berücksichtigung von lokalen Nachfrageunterschieden.
- **Serviceorientierung**: Damit sind bspw. informierte, freundliche Mitarbeiter gemeint.
- **Dienstleistungsangebot**: Weitere Dienstleistungen zur Differenzierung.
- **Preis**: Die relativ geringe Preissensitivität kann margenorientiert genutzt werden.
- **Zunehmend Einkaufserlebnisse**: Erlebnis für den Kunden im LEH, durch die Einführung spezifischer Konzepte (u.a. Frische-Konzepte, Gastro-Einkaufs-Konzepte).

Welche Erfolge mit der konsequenten Umsetzung eines Convenience-Konzeptes bei Ausrichtung auf die spezifischen Kundenbedürfnisse erzielbar sind, zeigt der Benchmark des japanischen 7-Eleven Convenience Stores. Hier besteht ein wesentlicher Anteil des Sortiments aus Ready-to-eat-Produkten, die mehrmals am Tag (bedürfnisgerecht, so Frühstück, Mittag und Abend) gewechselt werden und dies im sehr dichten Netz von Läden (in vielen Häuserblocks in Tokyo findet sich ein 7-Eleven Store). In Deutschland wird Convenience mit Erlebnis in neuen innovativen Betriebstypen verbunden.

Globus führt das Convenience-Konzept fridel – Markt & Restaurant ein

Der Großflächen-Spezialist Globus betreibt das innovative Format fridel – Markt & Restaurant. Es umfasst 800 qm, von denen 350 qm gastronomisch betrieben werden. Zudem gibt es eine Online-Verbindung zu Globus Drive sowie eine Abholstation. Kunden sind vorwiegend Pendler und Angestellte, die zwischen 3.000 ausgewählten Artikeln auswählen können. Das Sortiment umfasst vorwiegend Globus-Eigenmarken und Alnatura Produkte. Das Restaurant mit 100 Sitzplätzen bietet ein kompaktes Angebot (Grill, Wok, Pizza und Salat). Für Globus typisch, stammen Fleisch, Wurst sowie Backwaren aus der eigenen Produktion, die auch das Restaurant versorgt. Ein Drittel des Umsatzes wird durch das Restaurant erwirtschaftet. Weitere Akzente, die convenience-orientierte Kunden ansprechen, setzt Globus durch WLAN-Hotspots, einer Lounge zum Erholen, dem jugendlichen Erscheinungsbild sowie einer frischen Website.

Quelle: www.mein-fridel.de, 20. Februar 2018.

3. Nischen-, Erlebnis-, Discount-, Online-, Vertikal-Orientierung im Fashion-Handel

Der Fashion-Handel, als Branche mit dem zweitgrößten Umsatzvolumen in vielen Ländern, ist durch Besonderheiten gekennzeichnet, welche die Basis für eine wesentliche Veränderung der Sichtweise von Wettbewerbsstrategien bedingen (Swoboda/Weindel/Hälsig 2016). Anders als im LEH sank das Marktvolumen im deutschen Fashion-Handel in den Jahren 2000 bis 2007 um rd. 15% und stieg bis 2017 nur um rd. 2%. Zudem ist die Branche trendgetrieben (Teilsortimente werden z.T. wöchentlich neu eingesteuert) und weniger konzentriert (zwei Drittel der Umsätze entfallen auf über 50 Unternehmen); die Margen sind aber deutlich höher als im LEH. Vertikale Unternehmen, Fachgeschäfte, Luxusanbieter, Boutiquen und Schuhspezialisten, Kauf- und Warenhäuser oder Discounter stehen ebenso im Wettbewerb wie traditionelle und neue Versand- bzw. Online-Händler, und Unternehmen aus dem LEH (bspw. Discounter mit Rotationssortimenten, Walmart als größter Bekleidungsanbieter weltweit). Große Unternehmen bieten breite Sortimente und Erlebnisse an und haben Wettbewerbsvorteile im Einkauf, Logistik oder Marketing, während kleinere einzigartige Sortimente für spezifische Kundenzielgruppen und einen einzigartigen, oft lokal begrenzten Service als Wettbewerbsvorteile realisieren. Entsprechend können diverse Wettbewerbsstrategien und Marketinginstrumente zur Positionierung und Profilierung eingesetzt werden (besonders wichtig bspw. Sortiment, Preis, Service und Erlebnis Foster/McLelland 2015; Herstein/Gilboa/Gamliel 2013; Kumar/Kim 2014). Schließlich dominieren hier eher hedonistische Kaufmotive (weniger utilitaristische wie im LEH). Drei weitere Besonderheiten sollen nachfolgend angesprochen werden.

Vielfältige Wettbewerbs- und Nischenstrategien

Erlebnis: Kaufhäuser wie Harrods, Fortnum & Mason oder Selfridge stehen für Erlebnis-Shopping. Letzteres bietet neben Theaterdarbietungen, interaktiven Produkt-Displays v.a. gezielt Projekte an, um Erlebniswelten zu schaffen. Die Umgestaltung des gesamten Stores in eine Bollywood-Welt, eine Brasilien-Welt oder z.B. in ein „Our House" (hier verbindet Selfridges das Zusammenspiel von Events, Workshops wie Sauerbrotteig backen und einem ländlichem Design des Ladens, um Kunden wieder Bezug zum „Handgemachten" entdecken zu lassen), zeigen dies. Ähnlich gehen oft nur lokal präsente Modehäuser (sog. Platzhirsche) in Deutschland vor.

Luxus: Chanel, Louis Vuitton, Hermés, Gucci, Versace, Burberry etc. sind anders, auf Grund der hohen Preise und Margen, der großzügigen Warenpräsentation wachsender Sortimente in eigenen Stores auf immer größerer Fläche in Top-Lagen, dem individualisierten Service durch zuvorkommende, mehrsprachige Mitarbeiter, der Ansprache von nach Exklusivität strebenden Kunden oder der dominanten Bedeutung der Markenführung. Das Marktvolumen für Luxusgüter im Jahr 2017 beträgt weltweit 259 Mrd. EUR und in Deutschland 12,2 Mrd. EUR, bei einem Wachstum von rd. 4% p.a. Der Online-Vertrieb wird von den Unternehmen kontrolliert, jenseits von Portalen wie net-a-porter.com oder mytheresa.com, ist es schwieriger Luxuslabels online zu erwerben.

Discount: Hard-Discounter wie Takko und KiK wachsen, ebenso wie Primark oder TK Maxx. So wuchs KiK von 0,46 Mrd. EUR im Jahr 2000 auf rd. 2,0 Mrd. EUR im Jahr 2016 mit einem Angebot von Textil- und Non-Food-Artikeln (70%, 30%) in 2.600 Filialen in Deutschland (rd. 3.400 in Summe; bis 2021 sollen es 5.000 werden). TK Maxx bietet dagegen Markenartikel und Designermode bis zu 60% unter dem regulären Verkaufspreis an, in 108 Filialen in Deutschland seit dem Jahr 2010 (Potenzial sind 300 Filialen). Teilweise wird täglich Ware neu gelistet, die z.T. aus Restposten (Überproduktionen/Messepräsentationen/Graumärkten/defekter Ware) und eigens für TK Maxx produzierten Artikeln/Kollektionen besteht.

Online: Zalando bietet ein breites Modesortiment an und wächst zweistellig, bei einem Umsatz von 4.5 Mrd. EUR im Jahr 2017. Neben dem Angebot einer eigenen Plattform ZALON, welche individuell und kostenlos von einem Stylisten individuell zusammengestellte Wunschoutfits anbietet und dem Kunden nach Hause schickt, treibt Zalando die Personalisierung von Webseiten und Apps voran, um Kunden individuelle Angebote bieten zu können, und erweitert das Sortiment (um Beauty, Accessoires usw., um z.B. den passenden Lippenstift und Nagellack zum Kleid bieten zu können). Das zur Otto Gruppe gehörende Unternehmen Bonprix wächst ähnlich, bei einem Umsatz von rd. 1,51 Mrd. EUR im Jahr 2017 (mit 35 Mio. Kunden in 30 Ländern). Bonprix bietet nur Eigenmarken (wie bpc, Bodyflirt, John Baner) und Monatskollektionen an.

Nischenstrategie: Angebot von Kinderbedarf ist eine Nischenstrategie. Jako-o/Jako-o.de und Baby Walz/baby-walz.de (Umsätze 1,20 und 0,95 Mrd. EUR im Jahr 2017) sind zwei Multichannel-Anbieter im lukrativen Kinderbedarfmarkt. Neben Bekleidung bietet Jako-o Spielzeug und innovative Ideen, wie Mitwachs-Möbel oder Bastelideen für Kinder, an. Ziel ist es, den Bedarf von Eltern v.a. in den ersten Jahren des Aufwachsens ihrer Kinder abzudecken. Der Jako-o-Katalog ist „legendär" und wird strategisch genutzt, denn „Kinder lieben Kataloge", schneiden daraus aus, suchen daraus aus. Die Offline-Verfügbarkeit spielt eine bedeutende Rolle für Eltern.

Quelle: Handel 02/2018, S. 16-19; www. zalando.de, 10. Juli 2017; www.ehi.org, *1. März 2018.*

Die **Struktur des Fashion-Marktes** entspricht einer Pyramide, in der die Haute Couture oben steht. Sie hat den geringsten Marktanteil, beeinflusst aber die in der Pyramide folgenden Modelabels (Zara, Gerry Weber usw.) in deren Kollektionsgestaltung ebenso wie, weiter unten, weniger modeorientierte und breitere Segmente anbietende Fashion-Spezialisten, Vollsortimenter, Discounter usw. Insofern beeinflusst weniger der Marktanteil, sondern die **Fashion-Orientierung** der Unternehmen den Markt- und Unternehmenserfolg.

Viele Unternehmen verfolgen **Teilmarkt- bzw. Nischenstrategien**, d.h., sie segmentieren (bspw. auf Basis von Lebensstilen) und richten ihre Leistungsangebote auf abgegrenzte Kundensegmente als Kern der Positionierungsstrategie (vgl. Foscht/Swoboda/Schramm-Klein 2017, S. 143). Dies erfolgt – anders als im LEH – nicht lokal unterschiedlich (auch wenn Fashion-Händler auch Sortimente lokal variieren), sondern eher international, was die Ansprache ähnlicher Kundensegmente mit einer weit gehend standardisierten Strategie ermöglicht und insofern auch bzgl. der Internationalisierung signifikant von der der Food-Händler abweicht (im Marketing und SCM; siehe Abschnitt C.IV.2. in diesem Kapitel). Die Segmentierung wird erneut in einem Exkurs im folgen Abschnitt behandelt.

Am nachhaltigsten prägt die **Vertikalisierung** die Branche, die nicht nur als Gesamtunternehmensstrategie (siehe Abschnitt C.IV. in diesem Kapitel), sondern als Wettbewerbsstrategie von Relevanz ist. So vertikalisieren viele Hersteller wie Esprit, Polo Ralph Lauren oder Gerry Weber vorwärts und betreiben eigene Offline-Stores (Monobrand-Stores), Concession-Stores auf gemieteten Flächen oder Online-Stores. Auch Handelsunternehmen v.a. im Young-Fashion vertikalisieren rückwärts, d.h., sie steuern die Produktentwicklung und -produktion, um z.T. wöchentlich wechselnde Angebotsprogramme anzubieten und auf Trends reagieren zu können. Die Planung, Entwicklung und Steuerung ist aber komplexer als im LEH, in denen Artikel eher langfristig gelistet sind, was ein eher graduelles Sortimentsmanagement ermöglicht.[1] Im Fashion-Handel ist die Planung von Kaufpräferenzen auf Basis von vergangenen Kaufdaten schwierig (nur bei Standardartikeln wie weißen T-Shirts möglich), was u.a. höhere Preisnachlässe oder Abschriften bedeutet. Diese Entwicklung geht mit der **Digitalisierung** und enormen Retourenquoten im Online-Handel einher.

All dies führt zu verschwimmenden Branchengrenzen, zwischen Händlern und Herstellern, da Hersteller wie Hallhuber, Esprit oder s.Oliver vorwärts integrieren, während Händler wie H&M, Zara oder Mango rückwärts integrieren (mit Handelsmarkensortimenten). Beide profitieren zunehmend von Omnichannel-Strategien. Forschungsstudien behandeln die Besonderheiten (so zu (Positionierungs-)Strategie, internationalen Erfolgsfaktoren oder Nachhaltigkeit; vgl. Caro/Martínez-de-Albéniz 2015; Macchion/Danese/Vinelli 2015; Mo 2015; Perry/Fernie/Wood 2014). Nachfolgend werden die spezifischen Positionierungs-/Profilierungsstrategien vertikaler Händler behandelt, weil Zara oder H&M nicht nur die Marktführer in der Fashion-Branche sind, sondern seit dem Jahr 2010 um über 100% gewachsen sind. Der Erfolg der **Fast Fashion Retailer** basiert nicht vornehmlich auf der Preis- oder Qualitätsführerschaft, sondern auf bis zu 24 neuen Teilsortimenten p.a., welche die Attraktivität aus Kundensicht bedingen (siehe die Fallstudie im Fünften Kapitel).

Exkurs: Segmentierung im Fashion-Handel

Anders als im LEH sprechen Fashion-Händler i.d.R. ausgewählte Kundensegmente an. Die o.g. Schritte der Segmentierung sind auch im Fashion-Handel typisch. Allerdings werden oft psychografische Kriterien (bspw. Einstellungen, Lebensstile) zur Identifikation der Segmente genutzt, während die soziodemografischen Kriterien zur Beschreibung der zu erreichenden Zielgruppen dienen. Einstellungen oder Werte haben eine relativ hohe zeitliche Stabilität, lassen den Schluss auf Verhaltensweisen (z.B. Produktkauf) zu und können in Einkaufsstättengruppen- oder -stättenspezifische Segmente zusammengefasst werden. Online oder mittels Kundenkarten kann die Segmentierung auf Basis des direkt beobachtbaren Kaufverhaltens erfolgen, wobei es auch im Fashion-Retailing ratsam ist, dies mit psychografischen Kriterien zu verbinden, um die Triebkräfte eines Kaufs/Nicht-Kaufs zu verstehen.

Ähnlich wie im LEH werden auch im Fashion-Handel standortspezifische Segmentierungen vorgenommen, z.B. im Hinblick auf die Modegrade der Bevölkerung in Städten. Eine Filiale in Düsseldorf im Vergleich zu einer in Pirmasens weist unterschiedliche Anteile an modischen Artikeln auf. Als eine wichtige Hilfe bei der Abgrenzung von Zielgruppen sollen an

[1] Nur für wenige Artikel liegen vergangene Abverkaufsdaten für die Sortiments-/Bestandssteuerung vor. Kleidung ist modisch und der Abverkauf unterliegt höheren kurzfristigeren Schwankungen.

dieser Stelle **Lebensstile**, als Ausdruck für ein Grundmuster einer Person im Hinblick darauf, wie sie ihr Leben sieht und führt sowie welche Werte und Lebensziele dabei wichtig sind, angesprochen werden. Die Lebensstilforschung versucht, über die soziale Schicht, der ein Konsument angehört, und seine Persönlichkeit hinaus, Lebensstil und Werthaltungen einer Zielgruppe zu erfassen. Als Ergebnis entstehen abgegrenzte Lebensstilgruppen.[1] Darüber hinaus gehen Lebenswelten (zeigt konkrete Alltagskulturen, bspw. wie sich Menschen kleiden, wohnen, sich ernähren usw.) oder Werte in die Forschung mit ein. Zu berücksichtigen ist jedoch selbst bei diesen relativ zeitstabilen Messungen die **Dynamik** des Konsumentenverhaltens, so das Konsumenten ggf. nebeneinander verschiedene Lebensstile beim Modekauf pflegen (bspw. Anlassbezogen).

Lebensstilkonzepte in der Fashion-Branche

Lebensstile spielen im Fashion-Handel eine wichtige Rolle, wobei das modische der Sortimente oder einzelner Marken bedeutend ist. Tab. 3.1 stellt eine Segmenteinteilung für den Bereich der Damenoberbekleidung dar. Für Unternehmen sind neben den potenziellen Marktanteilen dieser Segmente, deren Illustration (bspw. anhand von Stilanteilen) von Interesse.

Tabelle 3.1: Lebensstilsegmente

Lifestyle-Segmente	Stilgruppe	Leitbild-Marken	Stilanteile
Trend	Girlie	Only, Viva, Dickies, Buffalo, Miss Sixty	100% Szene
	Young Fashion	Q/S by s.Oliver, Vero Moda, EDC	90% sportiv 10% City
Modern-Woman	Mainstream	S. Oliver Woman, Esprit, Mexx, Street One, Cecil, T. Tailor Woman	90% sportiv 10% City
	Medium	Olsen, Rosner, Mac, Taifun, Apriori	50% sportiv 50% City
Classic	Modern Classic	Bianca, Gerry Weber, Brax	60% sportiv 40% City
	Classic Medium	Delmod, Trumpf, Marcona, Basler	40% sportiv 60% City
Design	Fashion Design	Gucci, Prada, D&G, Versace	40% sportiv 60% City
	Modern Woman Design	Max Mara, Joop, DKNY, Strenesse	30% sportiv 70% City
	Classic Design	Jil Sander, Escada, Laurent	20% sportiv 80% City

Abbildung 3.28 stellt exemplarisch die Themenwelten zweier Segmente dar. Für die trendabhängige Modebranche ist es unerlässlich, die wechselnden Lebensstile der Konsumenten genauestens zu beobachten, um auf Veränderungen reagieren zu können.

Abbildung 3.28: Beispiele der Lebensstilsegmente Fashion Design und Modern Woman Design

Quelle: Foscht/Swoboda/Schramm-Klein 2017, S. 142.

[1] Vgl. hierzu die Ausführungen zu Lebensstilen in Abschnitt D.III. des Ersten Kapitels.

Voraussetzungen

Die Positionierung in Abb. 3.29 zeigt das Vorliegen von Basisstrategien mit der bekannten Preis- bzw. Qualitätsführerschaft (hier Fashion).

Abbildung 3.29: Beispiel einer Positionierung in der Fashion-Branche

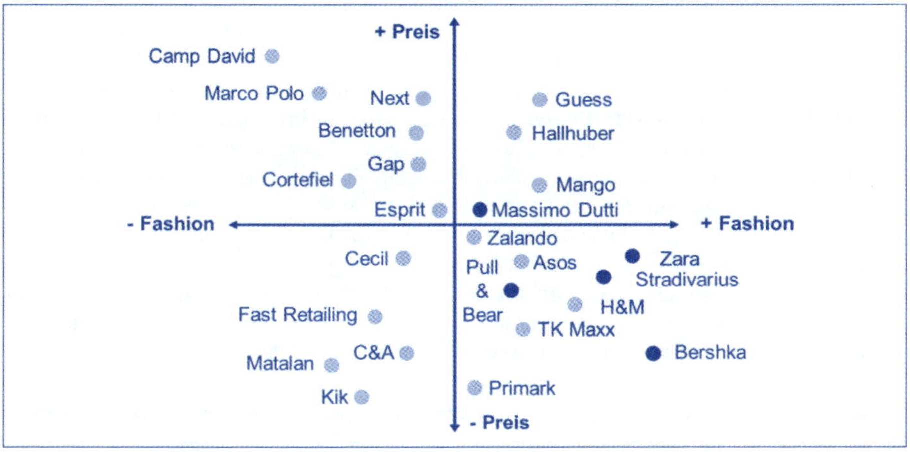

Um die Fashion-Orientierung zu erreichen, realisieren Zara, Mango oder H&M allerdings die Wertschöpfungsflexibilität, die üblicherweise in Verbindung mit der Preisführerschaft im Handel diskutiert wird. Das heißt, hinter der Fashion-Orientierung stehen spezifische Ressourcen und Kompetenzen bis hin zu schlanken und integrierten Geschäftsmodellen. Hier rücken also Aspekte in den Vordergrund, die bei Porter in dieser Form nicht abgedeckt sind, nämlich die Innovation, bezogen auf die Kollektion, und v.a. die Schnelligkeit und das Timing, die alle anderen Überlegungen dominiert. Letzteres bedeutet, dass diese Unternehmen keine ausgeprägten Wettbewerbsvorteile in einzelnen Wertschöpfungsfunktionen haben, sondern deren Kombination bzw. Integration den Wettbewerbsvorteil ausmacht. Damit stehen hinter deren Positionierung die von Porter bekannten Wertschöpfungsüberlegungen, d.h., die vertikale Zusammenfassung von vor- bzw. nachgelagerten Wertkettenfunktionen und -prozessen unter einer einheitlichen Unternehmensführung, welche die Zeitdauer von der Entwicklung bis zur Platzierung des Produktes am Markt („time to market") verringern und schnelle Reaktionen auf Konsumentenbedürfnisse ermöglichen. Allerdings sind die Wertschöpfungsaktivitäten andere und auch die Kosten.

Merkmale/Ausprägungen

Ein Merkmal der Aktivitäten ist die Richtung der vertikalen Integration (Wertschöpfungstiefenerweiterung). Hersteller suchen den direkten Konsumentenkontakt und operieren über Distributionskonzepte (Vorwärtsintegration), während Handelsunternehmen eine beschaffungsmarktorientierte Rückwärtsintegration realisieren („back-end-driven" oder „front-end-driven"-Vertikalisierung). Dieses reicht von der engen Kooperation oder dem Betreiben eigener Fabriken (z.B. in der Türkei, in osteuropäischen Ländern oder in Spanien) bis hin zur vollkommenen Rückwärtsintegration, bei der Unternehmen wie H&M oder C&A auch an Biobaumwoll- und Better-Cotton-Anbauprojekten beteiligt sind (Kern/Vogt 2016, S. 178). Allerdings besteht bei C&A die vertikale Integration in der konzeptionellen Vorgabe an Partner, während H&M Konzeption/Design selbst durchführt und die Produktion den Partnern überlässt und Zara, die Konzeption, Design, Produktion, Logistik und Handel integrativ verbindet (zumindest bei ca. 50% der Sortimente, deren schnelles Angebot die Wahrnehmung der Kunden prägt). Abbildung 3.30 zeigt spezifische Wertschöpfungsfunktionen in der Fashion-Branche, die noch weiter differenziert werden können:

- Am Anfang stehen **innovations- und marktorientierte Prozesse**, die mit der Marktanalyse/Trenderkennung beginnen und auch deren Umsetzung auf die Fläche umfassen, d.h., damit zugleich die Kollektion- bzw. Sortimentsplanung (bei Händlern) einschließen. Kollektionen und Artikel werden mengen- und wertmäßig basierend auf Trends entwickelt und zugleich nur so weit geplant, wie sie mit der verfügbaren Fläche übereinstimmen.
- **Supply Chain-orientierte Prozesse** sind Beschaffung, Produktionsplanung/-steuerung oder Ordermanagement. Dazu zählen aber auch Distributionsmanagement/Auslieferungslogistik, Lagerbestands-/Ausliefermanagement und Nachlieferungsmanagement (z.B. Handhabung von Renner-Penner-Artikeln). Sie werden einerseits durch die Kundennachfrage gesteuert (Pull) wie auch durch die Trends und Innovationen (Push). Daher spricht man von einer Pull-Push-Pull-Strategie.
- Unmittelbare **kunden- und marktorientierte Prozesse**, die am Ende der Wertschöpfungskette stehen, sind Ladengestaltung und Sortimentsdarstellung am PoS, Verkauf an Konsumenten, Verkaufsförderung sowie Verkaufspersonalplanung.

Abbildung 3.30: Wertschöpfungskette in Fashion-Unternehmen und vertikales Marketing

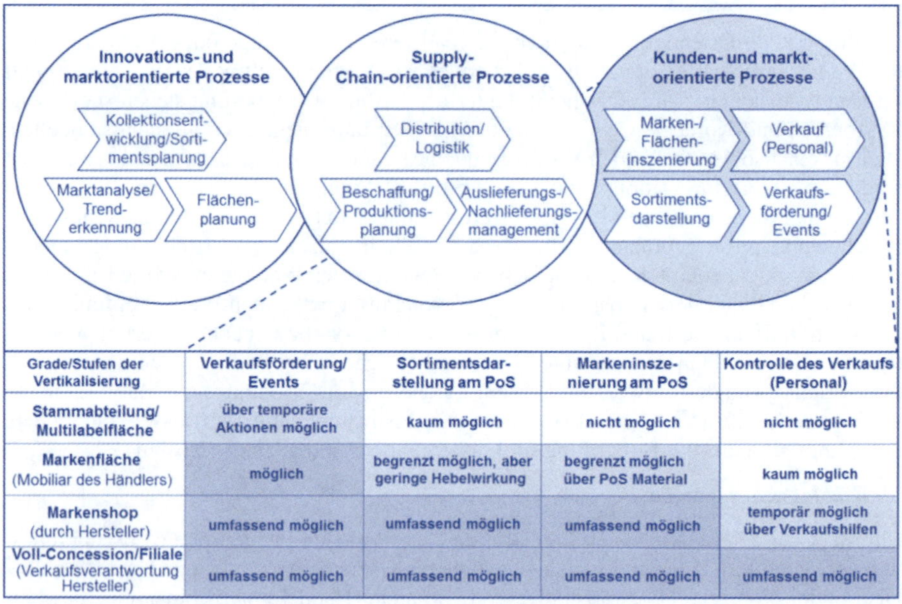

Grade/Stufen der Vertikalisierung	Verkaufsförderung/ Events	Sortimentsdarstellung am PoS	Markeninszenierung am PoS	Kontrolle des Verkaufs (Personal)
Stammabteilung/ Multilabelfläche	über temporäre Aktionen möglich	kaum möglich	nicht möglich	nicht möglich
Markenfläche (Mobiliar des Händlers)	möglich	begrenzt möglich, aber geringe Hebelwirkung	begrenzt möglich über PoS Material	kaum möglich
Markenshop (durch Hersteller)	umfassend möglich	umfassend möglich	umfassend möglich	temporär möglich über Verkaufshilfen
Voll-Concession/Filiale (Verkaufsverantwortung Hersteller)	umfassend möglich	umfassend möglich	umfassend möglich	umfassend möglich

Neben den netzwerkartig verbundenen Wertschöpfungsprozessen und -aktivitäten wird in der Abbildung anhand der kunden- und marktorientierten Prozesse angedeutet, welche Optionen in der Gestaltung einzelner Wertschöpfungsaktivitäten bestehen, abhängig vom Grad der absatzseitigen Vertikalisierung. Hier wird angedeutet, dass eine vertikale Integration (bspw. eigene Filialen oder eine eigene Fläche in einem Kaufhaus, die in Konzession betrieben wird) einen starken Einfluss auf die Gestaltung der Verkaufsförderung, der Sortimentsdarstellung oder etwa der Kontrolle des Verkaufspersonals ermöglicht. Dies ist bei einer sog.

Multilabelfläche, bei der die Produkte bzw. Marken unterschiedlicher Hersteller gemischt auf Ständern dargeboten werden, nur eingeschränkt möglich. Speed ist das Kernmerkmal der genannten „fast fashion retailer", was zu geänderten Wettbewerbsstrategien führt und zu **„time based competition"**, die durch drei Dimensionen charakterisiert werden können:

- **„time to market"**: Geschwindigkeit, mit der aus eigenen oder von führenden Designern adaptierten Ideen ein marktfertiges Produkt kreiert wird
- **„time to serve"**: Geschwindigkeit, mit der eine Filialorder bedient werden kann
- **„time to react"**: Geschwindigkeit, mit der das Warenangebot auf eine volatile Nachfrage angepasst werden kann.

Anhand dieser Dimensionen werden Strategien des **„lead time management"** entwickelt, die eine erhöhte Umschlags- und Abverkaufsgeschwindigkeit von Kleidungsstücken sowie eine höhere Kundenfrequenz in den Läden bewirken. Als Konsequenz entsteht bei Konsumenten die Erwartungshaltung, dass sich ständig neue Fashion-Sortimente in den Läden befinden, dies obwohl nur Teile des Gesamtsortiments periodisch ausgetauscht werden. Bei Unternehmen, die weniger auf „Fashion" als Positionierungsmerkmal setzen, erfolgt dies seltener, sodass die Fashionwahrnehmung der Kunden geringer ist.

Bedeutung des Personals für den Verkaufserfolg bei Victoria's Secret

Das im Jahr 1977 gegründete Unterwäsche-Label Victoria's Secret ist bekannt für seine zahlreichen Stores weltweit, in denen neben Wäsche für Frauen auch Bademode und Kosmetikartikel angeboten werden. Daneben ist es ebenso bekannt für die Fashion-Shows, die neben Models in Unterwäsche (Victoria's Secret Angels) eine schöne Show bieten. Das Personal spielt bei dem Unternehmen eine besondere Rolle. Die Verkäuferinnen setzen alles daran, ihren Kundinnen den Einkauf bei diesem eher sensiblen Thema so angenehm wie möglich zu gestalten. Sucht eine Kundin etwas, hilft eine Verkäuferin umgehend. Zunächst werden dazu Brust-, Taillen- und Hüftumfang ausgemessen. Die Verkäuferin nimmt eine Vorauswahl vor und bringt diese in die Kabine, die mit einer Klingel ausgestattet ist, sodass Kundinnen um Hilfe bitten können. Nachdem die Größe und Form gefunden sind, folgt die Auswahl von Farbe und Muster. Ist die Auswahl abgeschlossen, vermerkt die Verkäuferin die Maße der Kundin für den nächsten Offline- oder Online-Einkauf. Dies trägt stark dazu bei, dass die Kundenzufriedenheit gesteigert wird und sich Kundinnen mit dem Unternehmen identifizieren und ein Stück vom „Engel-Dasein" erleben.

Quelle: www.rp-online.de, 12. November 2015, S. 42.; www.victoriassecret.com, 22. Januar 2018.

Faktoren des Erfolgs/Misserfolgs

Damit sich eine Vertikalisierung zur Optimierung der „time to market" positiv auf den Erfolg auswirkt, muss es sich bei den Produkten um solche handeln, die eine hohe Abhängigkeit von Trends bzw. kurzen Produktlebenszyklen aufweisen. Vieles spricht dafür, dass Unternehmen dies nur mit eigenen Marken realisieren können, da ein vergleichbarer Spielraum bei Kooperationen schwer umsetzbar ist. Zudem wird die Wertschöpfungstiefe erhöht und dies beeinflusst das Geschäftsmodell, d.h., der Organisationsaufwand steigt erheblich, was nicht nur zusätzliche Managementkapazitäten, sondern auch einen höheren Kapitalbedarf bedingt. Bezogen auf den Fashion-Handel werden in praxisorientierten und auch wissenschaftlichen Studien folgende Faktoren des Erfolgs einer Vertikalisierung genannt:

- Ein geschlossener Kommunikationskreislauf über alle Wertschöpfungsstufen und modernste IT dienen der Trenderkennung, der schnellen Reaktion auf das Kaufverhalten und der schnellen Steuerung aller Aktivitäten in der Supply Chain.
- Die Wertschöpfungskette ist am Wandel der Kundenwünsche ausgerichtet und unterliegt dem schnellen Wechsel von Marktbeobachtung/Trends, deren Umsetzung in Angebote und deren Vermarktung. Es handelt sich somit um ein Push-Pull-Push-Prinzip.

- Eine straffe Kontrolle und ein bedarfsorientiert organisiertes SCM sind Erfolgsfaktoren, ebenso wie der aus der „time to market“ resultierende Wettbewerbsvorteil, der zur einzigartigen Profilierung aufgebaut werden kann.
- Selbst in vertikalen Systemen bildet in der relativ bedienungsintensiven Fashion-Branche das (Verkaufs-)Personal einen wichtigen Erfolgsfaktor.

Outpacing als weitere spezifische Strategie im Handel

Der Markt fordert zunehmend das Angebot einer hohen Qualität zum niedrigen Preis, was zur Strategie, die auf Kosten- und Qualitätsvorteilen aufbaut, führt, der „Strategy to Outpace“ (**Überholspur-Strategie**), definiert als „the explicitly development capacity, depending on the competitive situation, to switch strategic emphasis between perceived product value and process cost reduction, in order to outdistance the competition“ (Gilbert/Strebel 1987, S. 28). Sie ist wenig erforscht im Handel; Anderer (1997) ermittelte Outpacer als eines von vier Wettbewerbsclustern, wobei ein Drittel dieser Händler zu sog „Top-Performern“ zählen. Andere Studien deuten an, dass Händler mit einer kombinierten Strategie aus Kosten und Differenzierung erfolgreich agieren (Sprechen aber von Mischstrategien; Linton/Kask 2017). Outpacing nimmt eine Dynamisierung der statischen Basisstrategien durch die Berücksichtigung der **Marktevolution** vor, da die Erfolgswirksamkeit einzelner Strategien von der Umwelt beeinflusst wird. Sie stellt folglich eine Kombination der Basisstrategien im Zeitablauf der Marktentwicklung dar und erfordert vom Unternehmen flexible strategische Akzente zwischen einer Orientierung an der maximalen Zahlungsbereitschaft des Kunden und an den Kosten der Leistung. Damit sind die Ziele langfristig ausgelegt und auf die gleichzeitige Preis-/Qualitätsdominanz hin ausgerichtet. Ein Händler kann zur Zielerreichung unterschiedliche Pfade beschreiten (siehe Abb. 3.31).

Abbildung 3.31: Pfade zur Realisierung des Outpacing

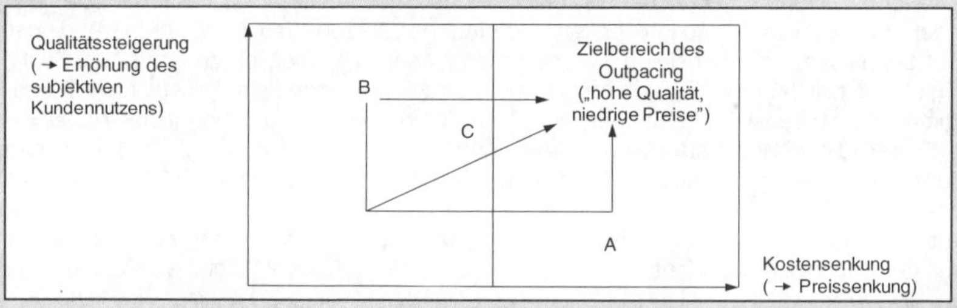

Strategie-Typ A ist für discountorientierte Anbieter gangbar. Bei Beibehaltung der Preisorientierung erfolgt eine Anpassung an die wachsenden Qualitätsansprüche, wie es sich ggf. bei der Convenience-Orientierung andeutet. Die Intensität des Wandels kann bis zur Neupositionierung reichen, die mit der sukzessiven Aufgabe der rein kostenorientierten Strategie einhergeht. Beim Strategie-Typ B wird die Leistungsdominanz angestrebt, um die maximale Zahlungsbereitschaft für die i.d.R. innovativen Leistungen (z.B. Verkaufskonzepte) abzuschöpfen. Nachdem diese im Markt an Wirkung verlieren, weil sie etwa auch von Wettbewerbern realisiert werden, verlagert sich die strategische Orientierung zur Kostensenkung und Produktivitätssteigerung mit dem Ziel einer stärkeren Preisprofilierung. Strategie-Typ C, bei dem ausgehend von einer unprofilierten Position eine gleichzeitige Orientierung an Qualität und Preis angenommen wird, ist als wenig realistischer Grenzfall anzusehen, denn er setzt eine Neupositionierung von Händler voraus, die „zwischen den Stühlen“ sitzen. Strategie-Typ D besitzt bspw. für bisher im Markt nicht präsente Anbieter Gültigkeit. Es handelt sich dabei um neuere Betriebs- oder Vertriebstypen wie FOC.

Eine Herausforderung ist, dass Qualitätsvorteile nicht zu Lasten des Preisniveaus verwirklicht werden dürfen und umgekehrt, denn dann kann die Schwelle zu einem Stuck in the Middle überschritten werden. Gelingt es unter Beibehaltung des Preisniveaus zusätzliche Innovationen vorzunehmen, dann kann Outpacing erfolgreich sein. Kosten-/Qualitätsführerschaft erfordern verschiedene Führungspersonen und -kulturen. Schließlich ist Outpacing ein gewagter Spagat im Rahmen der Low-Cost-Orientierung. Ikea ist aber ein Beispiel (Clegg u.a. 2017, S. 38f.) und auch Discounter könnten Outpacer sein, wenn sie qualitativ wenig niedriger eingestuft werden als Supermärkte, bei deutlich besserer Preiseinschätzung.

4. Nische, Preis und Differenzierung bei Online-Pure-Playern

a) Spezifika des plattformbasierten Handels und differenzierter Kanäle

Um die Wettbewerbsstrategien von Online-Pure-Playern und Omnichannel-Händlern einzuordnen ist ein Grundverständnis der Dynamik der **Plattformökonomie** notwendig. Online-Plattformen bilden zwei- oder mehrseitige Märkte ab, in denen die Plattformbetreiber als Vermittler zwischen Anbietern (Hersteller, Händler) und Nachfragern agieren. Plattformen haben sich als dominantes digitales Geschäftsmodell etabliert. Fast die Hälfte der Top 20 Unternehmen der Welt (gem. Markenwert) realisieren Plattformen (Kollmann/Schmidt 2016, S. 77). In Deutschland entfallen rd. 55% des Amazon-Umsatzes auf Drittanbieter (siehe die Fallstudie im Ersten Kapitel) und das Wachstum der Plattform ist höher als das des Handelsgeschäfts (Eigenhandels) sowie weiterer Online-Player (siehe Abb. 3.32).

Abbildung 3.32: Amazon-Plattform in Deutschland

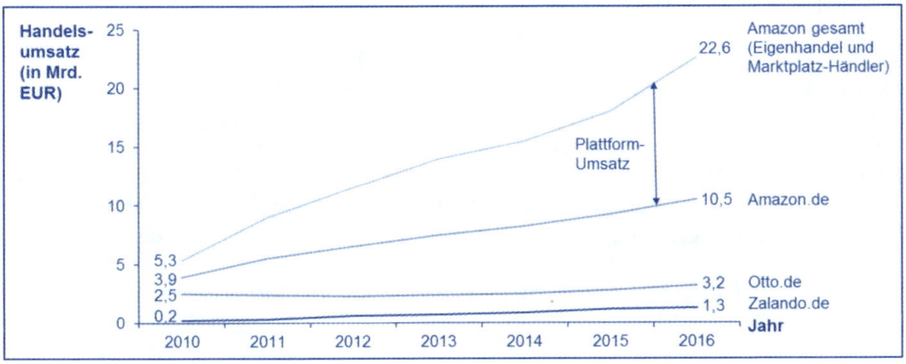

Quelle: Netzoekonom.de; IFH Köln 2017.

In der digitalen Wirtschaft sind die Märkte dadurch gekennzeichnet, dass ausgehend von den klassischen vertikalen Wertschöpfungsketten, die oft nach dem Push- bzw. Pull-Modell arbeiten (siehe Abschnitt B.II.1. im Fünften Kapitel), eine Trans- bzw. Re-Intermediation durch digitale Plattformen erfolgt, die als Vermittler zwischen Anbietern und Nachfragern auftreten. Die wesentlichen Vorteile liegen darin, dass die Transaktionskosten für Anbieter und Nachfrager erheblich reduziert werden. Bei Handelsplattformen erfolgt dies bspw. durch leichtere Auffindbarkeit von Informationen, Waren, Dienstleistungen und Kommunikationspartnern unter einer einheitlichen Oberfläche (Komfortgewinne).

Im Vergleich zur klassischen Ökonomie steht in der Plattformökonomie nicht die Kontrolle über materielle oder immaterielle Ressourcen, wie Produktionsanlagen, geistiges Eigentum, Marken u.Ä., im Vordergrund, sondern die Orchestrierung solcher Ressourcen. Die spezifischen Ressourcen, über welche die Plattformbetreiber verfügen, sind somit das Netzwerk der Plattformmitglieder, also die Anbieter und Nachfrager, welche die Plattform-Community bilden. Zudem wird in Plattformen nicht nur die vertikale Kette vom Lieferanten bis hin zum Endnutzer der Produkte optimiert, wie in der klassischen Pipeline-Ökonomie, sondern es liegt ein wesentlicher Nutzen im Aufbau der Interaktion zwischen den Mitgliedern der Plattform. Ein weiterer Unterschied liegt darin, dass nicht (nur) der Fokus auf den Nutzen für die Kunden bzw. Endnutzer gelegt wird, sondern v.a. der sog. „**Ecosystem Value**", d.h. der Gesamtnutzen des Plattformökosystems, im Vordergrund steht, der über zirkuläre, iterative, Feedback-getriebene Prozesse generiert wird (Van Alstyne/Parker/Choudary 2016).

> Platforms are frameworks that permit collaborators – users, peers, providers – to undertake a range of activities, often creating de facto standards, forming entire ecosystems for value creation and capture (Kenney/Zysman 2015, S. 1).

Die Grundidee, die Vermittlungsfunktion in den Vordergrund der **Geschäftsmodelle** zu stellen, ist nicht neu (z.B. haben Märkte oder Shopping Center die Funktion des Zusammenbringens von Anbietern und Nachfragern in der analogen Welt). Allerding führt die Transaktionskostenreduktion, die auf Basis des Einsatzes von Informationstechnologien möglich ist, dazu, dass nicht mehr die Notwendigkeit besteht, dass Plattformbetreiber über eine physische Infrastruktur (z.B. Geschäfte, Agglomeration) oder eigenen Warenbestand verfügen müssen (Van Alstyne/Parker 2017). Die Funktionsweise von **Plattformmodellen** deutet Abb. 3.33 an, unterteilt nach der Außen- und Innensicht und den beteiligten Akteuren. Innerhalb des Systems agieren der Provider sowie der Eigentümer der Plattform. Der Eigentümer übernimmt als Betreiber der Plattform deren Kontrolle und Koordination und tritt neben dem Angebot eigener Waren (Eigenhändler) als Online-Handelsvertreter auf (siehe Abschnitt C.III im Zweiten Kapitel). Alle Endgeräte, die einen Zugriff auf das Internet zulassen (z.B. Laptop, Tablet, Smartphone), gelten als die technische Grundlage für den Online-Handel. Der Außenzugriff auf die Plattform erfolgt durch Kunden (bei B2C Konsumenten) und Produzenten (nicht nur klassische Industrieunternehmen, sondern auch Privatpersonen, andere Händler usw.). Kerncharakteristikum eines Plattformsystems ist demnach das Verschwinden klarer Abgrenzungen zwischen einzelnen Akteuren. Während eine Privatperson im einen Moment durch den Kauf einer Ware als Konsument auftritt, nimmt sie im nächsten Moment durch ein eigenes Online-Angebot selbst die Position eines Anbieters ein.

Abbildung 3.33: Übersicht über die Akteure im Plattform-System

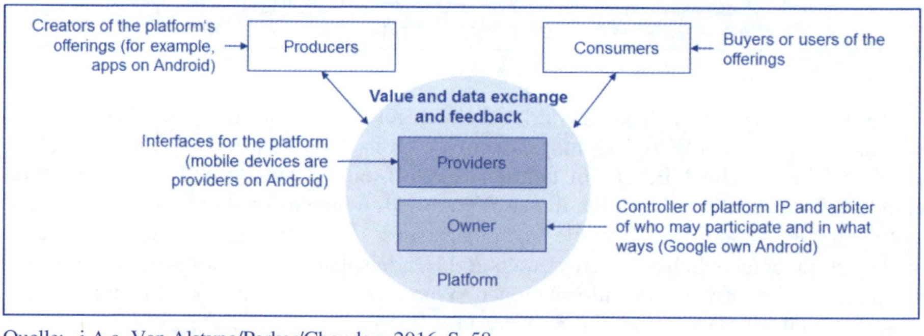

Quelle: i.A.a. Van Alstyne/Parker/Choudary 2016, S. 58.

Die Prozesse auf Plattformen sind dadurch gekennzeichnet, dass **Spillover-Prozesse** für alle Plattformmitglieder generiert werden. So führt der Kauf eines Buches auf einer Plattform, wie Amazon, im besten Fall dazu, dass nicht nur direkte Produktnutzen für die Käufer entstehen, sondern dass Buchempfehlungen gegeben werden, die einen positiven Nutzen generieren bzw. Motivation für weitere Plattform-Mitglieder sind, die wiederum weitere Bücher kaufen. Diese **Spillover-Effekte** sind deutlich stärker zwischen Interaktionen desselben Typs (z.B. Buchkäufe) als zwischen unverbundenen Interaktionen, wie Logistikaktivitäten (z.B. Paket-Pickup und -weiterleitung durch Plattformmitglieder). Abb. 3.34 zeigt ausgewählte Studien zu Online-Plattformen im Handel. Im Vordergrund der Studien stehen v.a. Analysen der Beurteilungs- und Bewertungssysteme, der (Online-)Reputation von Händlern und der Kunden auf Online-Plattformen sowie Fragen, die sich mit der Beteiligung auf bzw. der Errichtung von Online-Plattformen beschäftigen.

Abbildung 3.34: Ausgewählte Studien zu Plattformen im Online-Handel

Au-tor(en)	Forschungs-frage	Theo-rie	Daten und Methode	Kernergebnisse
Caldieraro u.a. (2018)	Information asymmetry; presence/length of descriptions helps borrowers transmit information about repayment.	Theory of countersignaling in Peer-to-Peer Lending	N=26,314 applications from Lending Club platform, from 41 consecutive months (2017-2010), regression.	■ The benefit of writing a description depends on the quality of the borrower, medium-quality borrowers can distinguish themselves from low-quality borrowers by exerting greater effort to provide longer descriptions. ■ Loan applications with no loan description turn out to be higher-quality loans within a given credit grade. ■ Platforms always need to balance the benefits of allowing parties to transmit information with the risks of potentially losing platform revenue.
Hagiu/ Wright (2015)	Economic trade-offs driving position closer to or further away from multi-sided platform.	Two-sided market theory	Formal analysis of trade-offs; Model with optimistic vs. pessimistic expectations.	■ MSP mode is preferred to the reseller mode if the variance of the suppliers' local information exceeds the variance of the intermediary's local information. ■ MSP mode has a variable cost disadvantage relative to the reseller mode, which shifts the trade-off in favor of the reseller mode for short-tail (popular) products and in favor of the MSP mode for long tail (unpopular) products.
Jiang/ Jerath/ Srinivasan (2011)	Platform owner facing demand uncertainty, learn from third-party sellers' early sales for its direct selling.	Game theory	Game theoretical model with low types of sellers, high vs. low demand.	■ It may not always be optimal for the platform owner to identify the seller's demand, he may be worse off by retaining its option to sell the independent seller's product, whereas both types of sellers may benefit from the platform owner's threat of entry. ■ Entry option may reduce consumer surplus in the early period, although it increases surplus in the later period. ■ Even though the platform owner can set a high enough fee to identify the high-demand seller, it may not always be optimal to do so.
Tadelis (2016)	Reputation affect trust and trade; overview of how feedback and reputation systems work.	Game theory	Game theoretic example (a trade game with asymmetric information)	■ The role of reputation and feedback systems is to promote trust and trustworthiness in online marketplaces so as to reduce frictions caused by asymmetric information, and in turn increase the efficiency of these markets. ■ The rise of online marketplaces and their penetration is, to a large part, attributable to some level of success from these reputation and feedback systems.
Li u.a. (2015)	Sellers signals to entice customers to make purchases in e-marketplaces & sales.	Signaling theory	N=1,589 Taobao sellers (Chinese marketplace) apparel industry, PLS, regression.	■ Online sellers' signals influence sales performance. ■ Compared with warranty, the three reputation indexes (i.e. overall rating, percent of positives, and mean detailed seller rating) and web site quality have a weaker effect on e-marketplaces sales performance. ■ Overall rating of an e-marketplace seller is more strongly associated with sales performance.

Plattformen basieren oft auf **Cloud-Technologien**. In der Praxis sind die Plattformen dabei oft schwer eindeutig abgrenzbar und nicht immer handelt es sich nur um zweiseitige, sondern zumeist um **mehrseitige Plattformmodelle**. So sind Google und Facebook digitale Plattformen für Informationssuche und Social Media, aber auch solche, auf denen andere Plattformen gebildet werden. Amazon oder Alibaba sind Marktplätze (auf denen Produkte zum festen Preis angeboten werden), wie auch eBay.de oder catawiki.de (als Auktionshäuser) sowie mobile.de oder ImmobilienScout24.de (als Vermittlungsplattformen, auf denen kein Kauf stattfindet). Amazon Web Services bieten Infrastruktur und Tools an, auf denen andere aufbauen können, Airbnb oder Uber bringen private Wohnungs-/Autoanbieter und Kunden zusammen, ohne dass diese sich kennen. Plattformen setzen sich als „Matchmaker" zwischen Anbieter und Nachfrager (Evans/Schmalensee 2016, S. 8). Dabei sind Plattformen den klassischen Pipelines überlegen (Kollmann/Schmidt 2016, S. 77ff.):

- Sie bieten die Möglichkeit der kurzfristigen Erweiterung des Angebotes ohne das Anfallen zusätzlicher Kosten (z.B. gilt Airbnb als einem klassischen Hotelbetreiber überlegen, da das Unternehmen das Zimmerangebot ohne Kosten ausweiten kann, indem es neue, private Anbieter auf seiner Plattform einbindet, sog. „Onboarding").

- Plattformen können teure Gatekeeper mit einer leistungsfähigen Crowd ersetzen. Dies gilt als wesentlich günstiger als die aufwendige Selektion einer klassischen Redaktion (Facebook lässt bspw. seine Nutzer über die Wichtigkeit von Trends oder die Anzeige von häufig geteilten Beiträgen von Freunden im Newsstream per Algorithmus entscheiden).
- Digitale Plattformmodelle sind in hohem Maße skalierbar (Googles Suchmaschine funktioniert entsprechend programmiert, z.B. weltweit). Nationale oder lokale Verzeichnisdienste können keine derartigen Skaleneffekte realisieren.

Plattformen als natürliche Monopole?

Digitale Plattformen lassen sich für zahlreiche Anwendungsfelder finden: Internet-Suchmaschinen, Vergleichs- und Bewertungsportale, Marktplätze, Medien- und Inhaltsdienste, soziale Netzwerke und Kommunikationsdienste. Zugleich erreichen einige wenige Player eine enorme Marktmacht (i.S. Marktanteile, Marktkapitalisierung). Dass sich unter den zehn wertvollsten börsennotierten Unternehmen fünf IT-Konzerne befinden, deren Geschäftsmodell mindestens in drei Fällen schwerpunktmäßig in der Plattformökonomie begründet liegt, zeigt es auch faktisch. Plattformbetreiber, wie Google, Facebook und Amazon, werden als **GAFA-Monopol** bezeichnet.

Monopolisierungstendenzen gibt es in diversen Branchen. Immer dann, wenn die Produktionskosten bei hohen Stückzahlen sinken, beim Verbund von Angeboten Kostenvorteile entstehen oder Netzwerkeffekte zu einem mit der Nutzerzahl steigenden Mehrwert des Produktes führen, können natürliche Monopole entstehen. In der IT-Branche lassen sich oftmals alle drei Phänomene zugleich wiederfinden. So sind etwa bei der Softwareentwicklung die Grenzkosten für eine weitere Lizenz gering, die Integration verschiedener Softwarelösungen kann Synergien freisetzen und eine einheitliche Softwareausstattung gewährleistet den u.a. unproblematischen Datenaustausch zwischen Anwendern. Monopole müssen nicht volkswirtschaftlich ineffizient sein. Der Bereich der netzgebundenen Versorgung bei Wasser, Strom und Gas zeigt, dass ein Monopol auf der Ebene des Netzbetriebs einen ineffizienten Doppelausbau verhindern kann. Wettbewerbs- und verbraucherschutzrechtlich bedenklich wird es jedoch, wenn auf der Basis des Netzbetriebs auch andere Geschäftsfelder monopolisiert werden können. Genau dieses Phänomen lässt sich im Bereich der digitalen Plattformen in einer neuen, zunehmend globalen Dimension beobachten.

Quelle: www.oeffentliche-it.de/-/plattformokonomie, 21. März 2018.

Obwohl das Kerngeschäft der Plattformen in der Vermittlung liegt, werden sie von Anbieter- und Nachfrageseite selbst als Anbieter oder Brands wahrgenommen. Um gewünschte Qualitätsstandards einhalten zu können, bedienen sich Plattformen ausgeklügelter Reputations- und Bewertungsmechanismen, was mit der Sammlung und Auswertung eines umfangreichen Datenmaterials über ihre Kunden einhergeht. Diese Mechanismen sind umso bedeutsamer, wenn bei kommerziellen Sharing-Plattformen Dienstleistungen vermittelt werden, die zuvor nicht wirtschaftlich verwertet wurden. Plattformbetreiber agieren dabei teilweise in rechtlichen Grauzonen, da die Eigenschaften digitaler Plattformen bei Gesetzen und Rechtsanwendung häufig noch nicht hinreichend berücksichtigt werden. Auf Grund von Netzwerkeffekten kann argumentiert werden, dass Plattformmärkte sog. Winner-takes-all-Märkte sind (alternativ dazu Evans/Schmalensee 2016, S. 24), d.h. eine größere und umfassendere Plattform ist die größte für Plattformbetreiber. Der Erfolg basiert im Wesentlichen nämlich auf positiven Netzwerkeffekten. Mit steigender Teilnehmerzahl auf den Marktseiten (Anbieter und Nachfrager) steigt der Netzwerknutzen überproportional an. Je größer die Plattform-Community ist, umso erfolgreicher ist die Plattform: Je mehr Kunden bspw. eine Handelsplattform nutzen, umso attraktiver ist diese für die Anbieter. Je mehr Anbieter wiederum dort agieren, umso stärker steigt der Vorteil für die Kunden, weil nicht nur das Warenangebot und damit die Auswahl steigt, sondern auch, weil der Wettbewerb zwischen den Anbietern für günstigere Preise und eine höhere Transparenz und Übersicht sorgt. Allerdings sind die Vorteile mit wachsender Größe der Plattformen häufig nicht gleich verteilt. Ein Grund dafür liegt darin, dass einige Plattformbetreiber dazu neigen, v.a. Produzentenrente abzuschöpfen und die Anbieter zu Preissenkungen zu veranlassen, um auf diese Weise den Konsumenten nicht nur eine hohe Transparenz über den Markt zu bieten, sondern auch die günstigsten Preise bzw. Konditionen (Kollmann/Schmidt 2016, S. 79f.).

Die Abgrenzung von Handelsplattformen von institutionellen Händlern verschwimmt zunehmend, da viele Unternehmen Eigenhandel mit Vermittlungsgeschäften in Form von Plattformmodellen kombinieren (siehe Abb. 3.35). Viele Händler betreiben online Eigenhandel in Form von Online-Shops und nur einige, wie eBay oder Alibabas Taobao, agieren als mehrseitige Plattformen (bspw. ohne wesentliche Kontrolle über die Käufer-Verkäufer-Interaktionen). Viele bisherige Eigenhändler, wie Zalando oder Amazon, erweitern jedoch ihre Geschäftsmodelle, indem sie (z.T. sukzessive) Plattformelemente hinzufügen und so Mischformen zwischen reinem Handel und mehrseitigen Plattformen realisieren.

Abbildung 3.35: Kontinuum der Online-Geschäftsmodelle

Plattformen bieten Wachstumsoptionen für Handelsunternehmen, neben klassischer Marktpenetration oder -expansion bspw. im Offline-Bereich. Dennoch sind es heute die **Online-Pure-Player** (d.h., gem. dem Umsatz dominant im Distanzhandel tätige Unternehmen), die rd. die Hälfte des Marktvolumens im Distanzhandel realisieren (siehe Abschnitt C.III.5. des Zweiten Kapitels, in Branchen Abschnitt B.V. des Ersten Kapitels). Sie weisen spezifische Wettbewerbsvorteile auf, die auf den Kerneigenschaften der **Orts- und Zeitunabhängigkeit** der Technologie beruhen.[1] In Abb. 3.36 sind die Vor- und Nachteile von Onlineangeboten generell, aus Unternehmens- und Kundensicht dargestellt, wobei deren Bedeutung im Einzelfall u.a. durch individuelle Strategien oder Absatzinstrumente bedingt wird.

- Die Reichweite eines Online-Shops eröffnet Unternehmen grundsätzlich den Zugang zu neuen Zielgruppen und Märkten. Erhebliche Zeit- und Kostenvorteile entstehen aus der direkten Bestellannahme, da bspw. die Kunden den Einkauf zum größten Teil selbst durchführen. Die aus den Kaufakten, dem Click Stream Behavior usw. gewonnenen Kunden- und Zielgruppendaten liefern im Idealfall automatisiert Nachfrager-Profile, auf die entsprechende One-to-One-Angebote oder Kommunikationsinhalte ausgerichtet werden können. Ferner kann online einfach zum gewünschten Produkt weitere, bspw. deckungsbeitragsstärkere Ware (Cross- und Up-Selling) angeboten werden.
- Aus Kundensicht kann die Anywhere- und Anytime-Verfügbarkeit ebenso wie die zeitliche Flexibilität eines Online-Stöberns und -Bummels hervorgehoben werden. Das Internet eröffnet den Zugang zu einer potenziell größeren Produktauswahl bei gleichzeitig höherer Markttransparenz, z.B. anhand der Möglichkeit, Konkurrenzanbieter ohne hohe Transaktionskosten aufzusuchen oder Preisvergleiche auf Portalen abzurufen, oder durch Zugriff auf detaillierte Produktinformationen, die Kunden im Offline-Handel häufig nicht direkt erhalten. Schließlich ist es eine von Kunden positiv eingeordnete (oder auch eingeschätzte) Eigenschaft, bedarfsgerechte, individualisierte Angebote zu erhalten.

[1] Entwicklungstreiber sind technologische, Internet- und KI-Innovationen, die neue Lösungen für **Kommunikations-, Bestell-, Interaktions- und Logistiksysteme** ermöglichen, gepaart mit Umfeldfaktoren.

Den Vorteilen stehen Nachteile gegenüber. Ein Online-Shopper hat implizit Zeit- und Kostennachteile durch die individuelle Bestellabwicklung. Auch die Sicherheit der individuellen Daten und deren weitere Verwendung können Kunden nur bedingt beeinflussen. Hinzu kommen Kosten und Unsicherheit bei Reklamationen. Ferner fehlen soziale Kontaktmöglichkeiten zum Verkäufer (Face-to-Face) und physische Warenkontakte beim Kauf. Auf Unternehmensseite ist die Notwendigkeit des Aufbaus technischer Kompetenzen ebenso wie hohe Investitionen herausfordernd. Kunden binden sich eher langsam an neue Online-Shops und neigen dazu, dem günstigsten Angebot zu folgen. Auf Grund der Angebotstransparenz können Angebote kopiert und von Wettbewerbern übernommen werden.

Abbildung 3.36: Grundsätzliche Vor- und Nachteile des Online-Handels

Unternehmenssicht	Kundensicht
Vorteile	
■ Ansprache neuer Zielgruppen und Märkte ■ Zeit-/Kostenvorteile durch direkte Bestellannahme ■ Gewinnung von Kundendaten ■ Flexibilität der Geschäftsmodelle ■ Individualisierte Kommunikation und Angebote (One-to-One) ■ Cross-/Up-Selling und Long Tail Retailing	■ Anywhere- und Anytime-Verfügbarkeit (z.B. Öffnungszeiten, (Zeit-)Aufwand beim Online-Einkauf) ■ Breite Auswahl an Produkten und handelsfremden Dienstleistungen ■ Markttransparenz: Vergleichbarkeit der Angebote und breite Informationen (medial) ■ Individuelle Angebote
Nachteile	
■ Notwendigkeit des Aufbaus technischer Ressourcen/Kompetenzen ■ Notwendigkeit hoher Investitionen, Reorganisationen, Innovationskultur bei keinem schnellen ROI ■ Free Rider-Mentalität, Copying und Wettbewerb auch mit branchenfremden Anbietern ■ Abhängigkeit von Konzernen (wie Google, Microsoft, Twitter, Facebook) ■ Vertrauens-/Glaubwürdigkeitsprobleme	■ Nachteile individueller Bestellabwicklung (Lieferzeiten, -risiko, -kosten), keine Direktmitnahme ■ Fehlender physischer Kontakt mit Produkten (Anfassen/Anprobe), sozialer Aspekt beim Einkauf ■ Kosten und ggf. Schwierigkeiten bei der Reklamation sowie bei Retouren ■ Risiko bei Umgang mit individuellen Kundendaten und der Zahlungsabwicklung ■ Mindestbestellwert, weitere Kosten (ggf.)

Legende: Spezifisch bei Mobile-Commerce sind bspw. Überallverfügbarkeit, Mobilität oder Flexibilität.

b) Positionierungsstrategien im Überblick

Bezüglich der **Online-Wettbewerbsstrategien** deuten empirische Studien bzgl. der Taxonomie von Porter an, dass Online-Händler generische Strategien kombinieren (sog. Cost Leadership Strategy, Focus Strategy oder Innovative Differentiation Strategy, Kim/Song/Koo 2008). Der Erfolg der drei Strategietypen variiert, wobei aber einerseits die Kostenführerschaft („Price Leadership, Production and Service Cost Advantages, Operation Cost Advantages") in allen Online-Strategietypen vorkommt. Andererseits bestimmt der Mix aus der Focus Strategy („Cost Reduction Effort, Price Competitiveness, and Innovative Process for a Small Target Market") und der Innovative Differentiation Strategy („Design Uniqueness of Products/Services, Uniqueness of Business Processes, Unique Technology for Product/Service Differentiation") den Erfolg am stärksten und sichert unternehmerische Ressourcen, um wettbewerbsfähig zu bleiben. Der Erfolg der Strategien wird vom Umfeld des Unternehmens (Makro- und Mikro-Umwelt) und den Ressourcen/Fähigkeiten bedingt.

Nachfolgend werden Voraussetzungen, Merkmale/Ausprägungen und Faktoren des Erfolgs/Misserfolgs typischer Strategien der Online-Pure-Player behandelt, nämlich **Online-Nischenstrategie** (z.B. Zooplus.de, Misterspex.de, Windeln.de, Pfundskerl-XXL.de), **Online-Differenzierung** (z.B. Alibaba.com, Zalando.com) und **Online-Preisführerschaft** (z.B. Restposten24.de, dress-for-less.de oder in der Außenkommunikation auch Shopping-Clubs wie Brands4friends.de., Zalando-lounge.de). Da Online-Pure-Player spezifische Segmentierungen vornehmen, wird dieses erneut zuerst im Exkurs behandelt.

Treiber und Barrieren von Online-Angeboten im LEH

Im LEH ist die Online-Umsetzung bisher problematisch. Die umsatzstärkste Branche mit rd. 240 Mrd. EUR in Deutschland realisiert im Jahr 2017 1,0 Mrd. EUR online und ein dynamisches Wachstum bleibt aus. Den Treibern stehen Barrieren gegenüber.

Wachstumstreiber sind technologieimmanent und sollen kursorisch genannt werden: Online-Nutzung und sozio-demografische Entwicklung oder die Hoffnung, dass die Nachfrage aus dynamischen Online-Branchen „herüberschwappt". Strategisch werden ein wachsendes Angebot, das Nachfrage schafft, aber auch innovative Bestellformen und Logistikkonzepte genannt, welche die Convenience für den Kunden erhöhen oder die Lieferkosten reduzieren.

Barrieren liegen in der Profitabilität, so hohen Kosten der (gekühlten) Food-Online-Lieferungen, geringen Margen im deutschen LEH und damit der Notwendigkeit höherer Preise (als im stationären Handel), Liefergebühren (bei allen Anbietern) und dem Nichtvorhandensein großer Warenkörbe. Ein Break Even – bei Annahme sog. Fulfillment-Kosten (Kosten der Abwicklung des Onlin-Einkaufs) und einer (hohen) Handelsspanne von 20% in Abb. 3.37. – wird bei Lieferung nach Hause ab einem Bestellwert von 100 EUR erreicht. Dem ggü. stehen Kunden- und Wettbewerbsaspekte, so die mangelnde Zahlungsbereitschaft für Zusatzleistungen bei steigenden Erwartungen, (flexible) Lieferzeiten, der aufwändige Einkaufsprozess für Food-Sortimente (z.B. mühsame Online-Zusammenstellung eines wöchentlichen Warenkorbs), geringes Vertrauen in Frischelieferungen oder hohe Verkaufsstellen-/Discountdichte.

Abbildung 3.37: Notwendigkeit großer Warenkörbe – Break-Even-Analyse

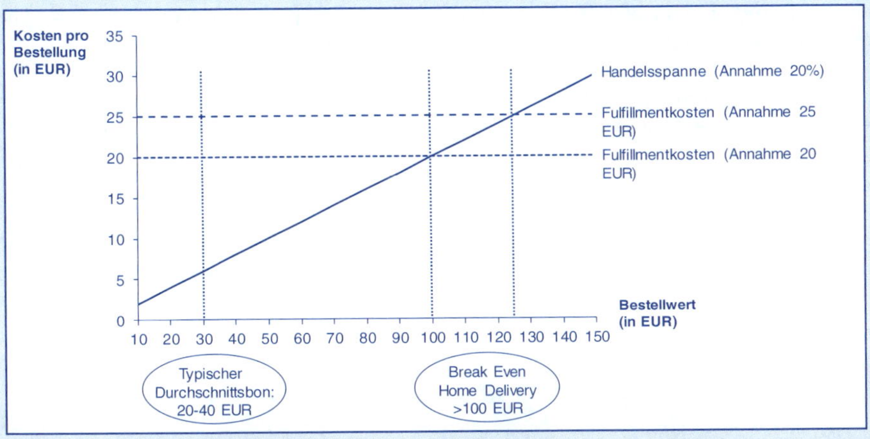

Diskrepanzen existieren zwischen Studien zu Kundenabsichten und -kaufverhalten. In Deutschland sind alle Anbieter unprofitabel (zum Ausland, siehe bspw. die Fallstudie im Zweiten Kapitel).

Quelle: Morschett/Schmid/Foscht 2017, S. 95ff.; Wahby/Walter 2017.

Exkurs: Segmentierung bei Online-Pure-Playern

Die o.g. Optionen der Segmentierung sind auch im Online-Handel verbreitet. So sprechen Online-Händler spezifische Zielgruppen an, die anhand von Einstellungen/Lebensstilen oder sozioökonomischen Faktoren zu bestimmen sind (v.a. **Nischenanbieter**, siehe die Fallstudie zu Blue Tomato im Vierten Kapitel). Auch ist ein geografischer Segmentierungsansatz insofern verbreitet, weil Online-Händler bestimmte Services, wie One-Day-Delivery, i.d.R. nur in Ballungsgebieten anbieten, da nur hier die infrastrukturellen Voraussetzungen gegeben sind. Allerdings verfügen **Online-Händler** auf Grund der Online-Transaktionen und v.a. der digitalen Verbindung zum Kunden über bessere Möglichkeiten, Kenntnisse über und Interaktion mit individuellen Kunden aufzubauen. Dies geht selbst über die kundenkartenbasierte Segmentierung und Ansprache von Kundengruppen im Offline-Handel hinaus. Online-Händler nutzen zunehmend Algorithmen und KI, um damit eine verfeinerte Segmentierung zu erreichen, da im Extremfall jeder Kunde als Segment betrachtet werden kann (One-to-One-Marketing). Auch hier ist es ratsam, dies mit der Psychografie zu verbinden, um die Triebkräfte eines Clicking- oder Ordering-Behaviors zu verstehen.

Unter **One-to-One-Marketing** wird – auf Peppers/Rogers/Dorf (1999) zurückgehend – das Zuschneiden von Angebotsmaßnahmen auf Kunden mittels statistischer Verfahren und zwar mit dem Ziel der individualisierten Kundenansprache, d.h., jedem Kunden ein auf seine Bedürfnisse zugeschnittenes Angebot zukommen zu lassen, verstanden.

Statt einfache Kundenmerkmale, wie Alter, Einkommen, werden Kundenprofile generiert. Die Profile resultieren aus dem Ansammeln von Daten, aus vielfachen Online-Quellen, um neue Querverbindungen und Trends zu erkennen (**Data Mining**, umfassend gesehen in Abb. 3.38). Kennt bspw. Alibaba das Kauf- und Kommunikationsverhalten eines Kunden über eigene Marktplätze, wie TMall, Lazada oder AliExpress, Portale zu Reisen, Musik- und TV-Streaming oder sozialen Medien, dann sind nicht nur individualisierte Angebote in diesen Bereichen möglich, sondern auch weitere darüber hinaus. Wird bspw. festgestellt, dass ein Kunde in seiner Freizeit passioniert Tropeninseln bereist, kann die Kommunikation diverser Angebote individualisiert in diesem Setting erfolgen (Werbung mit entsprechenden Hintergrundfotos). Ebenso können dem Kunden **Cross-Selling-Angebote** von entsprechenden Reisen, Events oder Restaurants offeriert werden. Entscheidende Vorteile sind u.a. höhere Responseraten und geringere Kosten (als bei üblichen Mailingaktionen).

Abbildung 3.38: Data-Mining Prozess sowie verbundene Schritte

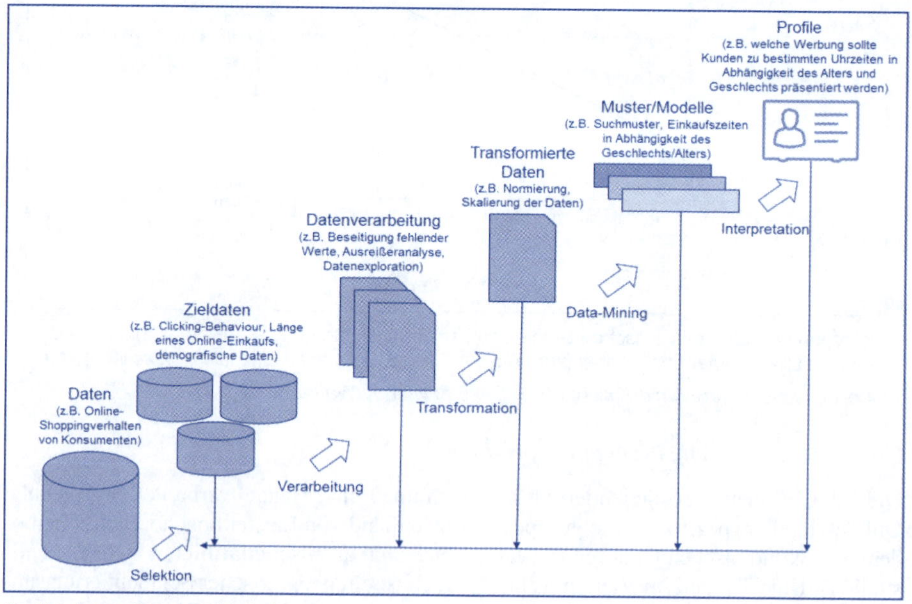

Quelle: i.A.a. Oleksy 2014, S. 56.

Unternehmen müssen dazu zunächst auf Basis aller verfügbaren **Big Data** und des zu lösenden Problems eine geeignete Datenmenge (sog. Zieldaten) selektieren. Innerhalb der Datenverarbeitung und Transformation findet die Skalierung und Umwandlung ausgewählter Daten in adäquate Datenformate statt. Anschließend folgt der eigentliche Data Mining-

Prozess. Typische Verfahren, die hierzu verwendet werden, sind u.a. die Klassifikation (Zuordnung von Individuen zu bekannten Klassen), die Berechnung von zukünftigen Werten aus unabhängigen Variablen (um Vorhersagen zu treffen), das Clustering von Personen durch Ähnlichkeiten, die Entdeckung sowie Quantifizierung von Abhängigkeiten usw. Im Ergebnis zeigen sich Muster, Modelle oder Regeln, die interpretiert werden und z.B. Bonitätsurteile, Warenkorbanalysen oder Werbeadressateneinteilungen zulassen (individuelles Profil für jeden Kunden). Folgende Informationen dienen der Segmentierung:

- Gruppenzugehörigkeit (z.B. Soziale Netzwerke, Zugehörigkeiten)
- Beobachtbare Aktionen (z.B. Blogging-Aktivitäten, Finanzen)
- Besitz und Einkommen (z.B. Einkommen, Investitionen)
- Kontaktdaten (z.B. E-Mail, Telefonnummer)
- Präferenzen (z.B. Konsumpräferenzen, Sicherheitsbedürfnis)
- Demografische Einflüsse (z.B. Alter, Geschlecht)
- Externe Einflüsse (z.B. Sicherheit, Wirtschaft).

Zur Durchführung des Data Mining werden an die Software spezifische Anforderungen gestellt. Diese muss fähig sein, unterschiedliche Quellen und Formate häufig in Echtzeit zu erfassen, zu konsolidieren und zu „übersetzen". Ein Großteil der Arbeit mit **Big Data** wird daher in die Aufbereitung der Daten investiert und stellt neue Anforderungen an das Know-how der Fachkräfte und sicherlich auch an Unternehmensprozesse. Forschungsstudien zur online-basierten Segmentierung beziehen sich auf diese Abläufe. So sprechen Yoo/Park (2016) von „**E-Mass Customization**" und zeigen höhere Werterzielungen, Kundenbedürfniserfüllungen sowie -loyalität. Auch Akter/Wamba (2016) behandeln konzeptionell die Bedeutung der Big Data, KI und des „**Machine Learning**" für Pure-Player. Amit/Han (2017) sehen Kunden als „**Value-Co-Creator**". Hervorzuheben ist jedoch, dass dem technisch Machbaren, rechtliche Regelungen zum Schutz personenbezogener Daten entgegenstehen, was v.a. soziodemografische Daten und Daten von Drittanbietern (z.B. Facebook, Google) betrifft. Diversifizierte Pure-Player wie Alibaba haben hier Wettbewerbsvorteile.[1]

Voraussetzungen

Die **Online-Nischenstrategie** wird nach Porter (2013, S. 77) generell als die Konzentration auf Schwerpunkte definiert, online ggf. auf „**Segments of One**". Die effektive Ansprache von begrenzten, strategisch ausgewählten Kundengruppen gilt allgemein als Voraussetzung des Besetzens von Marktnischen. Online-Pure-Player genießen im Gegensatz zu Offline-Händlern technologieimmanente Vorteile, die bessere Voraussetzungen zur Wahl einer Nischenstrategie bedingen. Eine Website oder eine App können mit relativ geringem (technischem und finanziellem) Aufwand erstellt, Produkte online gestellt und deren Vertrieb – unter Nutzung von Logistikdienstleistern – vorgenommen werden. Damit entfallen bei Online-Nischen Barrieren des stationären Handels (wie Ladenmiete, -ausstattung oder Sortimentsbezug) und regen Startups zum Experimentieren an. Zudem erfüllt die Flexibilität der Geschäftsmodelle die Individualisierungsmöglichkeiten bzgl. online-affiner Zielgruppen. Die Ideengenerierung der Online-Pure-Player wird wenig begrenzt. Allerdings erwächst hieraus die Frage nach Wachstumsbarrieren, in einem transparenten, durch große Konzerne dominierten Markt (viele Startups sind online aktiv, aber 90% der Startups setzen

---

[1] Neue Regeln gelten in der EU (seit 2018 mit der Einführung der Datenschutz-Grundverordnung, für alle Unternehmen, die ihren Hauptsitz in der EU haben sowie für solche, die in der EU Waren oder Dienstleistungen anbieten und dabei Kundendaten verarbeiten). Über 70% aller Cross-Border Online-Shopping-Aktivitäten deutscher Shopper erfolgen aber mit Unternehmen außerhalb der EU.

sich am Markt nicht durch; vgl. Patel 2015), in denen Nischenanbieter bzgl. Umsatz und Marktanteil trotz aller Dynamik an ihre Grenzen stoßen (Forbes 2015).

Alibaba ist Google, Facebook, Amazon und Ebay in Einem

Alibaba gilt als der integrierteste Online-Pure-Player, der sich nicht nur auf Online-Handel oder -Mediendienste konzentriert, sondern auch beim Aufbau einer einzigartigen Logistikinfrastruktur weltweit als Benchmark dient. Fast alles, was Alibaba macht, ist für Superlative gut. Über seine Plattformen erfolgte 2017 ein Handelsvolumen von 547 Mrd. USD. Alibaba verschickt täglich 57 Mio. Pakete und hat 488 Mio. aktive Kunden, besitzt dabei aber keine Handelsware. Mit schätzungsweise 25% Online-Marktanteil weltweit (80% am chinesischen Online-Markt) und dem Angebot der neuesten Entwicklungen bzw. Forschungen auf Basis eigener Daten-Center usw., hat das Unternehmen alle Mittel, um den zukünftigen Weg des Online-Handels und der Top-Online-Pure-Player nicht nur mitzubestimmen, sondern sogar vorzugeben. Mehr als 10 Mio. Verkäufer bieten rd. 1 Mrd. Produkte auf Marktplätzen, wie TMall, Tmall Global, Lazada und AliExpress, an. Darunter befindet sich auch Taobao, das chinesische Pendant zu Ebay, zugleich die führende Produktsuchmaschine. Alibaba hat ein komplexes Ökosystem aufgebaut. Es umfasst Shopping, Reisen, Musik-/TV-Streaming, Youku Tudo (eine Art Youtube), soziale Medien, Cloud-Computing, das Paymentsystem Alipay sowie Finanzservices. Für die Logistik sorgt die Tochter Cainiao, die ein Netz von Spediteuren steuert. Über das Imperium hinweg kann Alibaba die Datenströme per einheitlicher Kunden-ID verbinden und verfügt damit über einen „Schatz". Es gleicht der Vereinigung von Google, Facebook, Amazon usw. in einem Unternehmen.

Nicht überraschend hat der Gründer, Jack Ma, einen freien Handel auf der Agenda und kritisiert protektionistische Tendenzen von Ländern scharf. Im Zentrum seiner Vision stehen kleinere und mittlere Unternehmen, denen er mit der „One-Belt-One-Road-Initiative" (i.S. eines interkontinentalen Infrastrukturnetzwerks zu Land und zu Wasser der Regierung in Peking) helfen will, Waren global einzukaufen, zu verkaufen, zu liefern und zu bezahlen. Angesichts der Big Player-Dominanz im E-Commerce wird diese Initiative von Mittelstandsvertretern begrüßt.

Quelle: Lebensmittel Zeitung, 26. Januar 2018, S. 36; www.absatzwirtschaft.de, 3. Januar 2018.

Unter **Online-Differenzierung** wird v.a. die Strategie des Anbietens eines breiten Warenangebots verstanden, inkl. diverser Online-Dienstleistungen (bei Top-Playern, wie Alibaba oder Amazon). Neben dieser auf den Gesamtmarkt bezogenen **Full Service Provider-Strategie** (i.S.v. Online-Vollsortimentern) ist Online-Differenzierung auch branchenspezifisch relevant und umfasst dann **branchenspezifische Online-Pure-Player**, wie Zalando (Fashion) oder Zooplus.de (in Teilbranchen wie Tiernahrung).[1] Im letztgenannten Fall ist Voraussetzung, dass die Online-Händler die Kundenwünsche sowie spezielle Wettbewerbsbedingungen der Branche erfassen. Die technologieimmanenten Gegebenheiten des Online-Handels bieten besondere Voraussetzungen: Schnelle Einschätzung von Entwicklungen/Trends im One-to-One-Marketing, Angebot breiter (Branchen-)Sortimente und Einsteuerung von Trendsortimenten (nicht basierend auf integrierten Wertketten wie bspw. bei Vertikalen in der Fashion-Branche, sondern basierend auf Kontrakten mit diversen Lieferanten bezogen, d.h. Marktplatzbildung) sowie schließlich einem individuellem Cross- und Up-Selling. Die Besonderheiten der o.g. Plattformökonomie bieten das Potenzial, den sog. Kollektivanteil von Nischenprodukten wesentlich zu erhöhen und damit die Vertriebsstruktur auch i.S. des „long tail" zu verlängern. Im Vergleich dazu, gehen die Voraussetzungen zur Realisierung der Full Service Provider-Strategie darüber hinaus. Sie umfassen breite One-to-One-Leistungsangebote aus diversen Handelsbranchen (zunehmend Plattformlösungen)

[1] Vollsortimenter können Auktionen als Online-Preisspezialisten oder Online-Warenhäuser bzw. Marktplätze als Online-Sortimentsspezialisten sein, während branchenspezifisch Online-Fachmärkte oder Online-Supermärkte eine relative Angebotsbreite offerieren (siehe Abschnitt C.IV.7.-8. des Zweiten Kapitels).

und zudem handelsfremde Dienstleistungen (bspw. Streaming, Finanzierung). Letztere bieten eine erweiterte Anywhere- und Anytime-Präsenz, im Zuge neuer Bestellformen (z.B. sprachgesteuerte, persönliche Assistenten), sog. Near Field Communication oder **Internet der Dinge**.[1] Damit verschwimmen die Grenzen zwischen dem Online-Shopping i.e.S. und der weiteren Online-Kommunikation (in sozialen Medien o.Ä.). Ein verändertes Verständnis des One-Stop-Shoppings – ausgeweitet auf weitergehende Dienstleistungen – ist die Folge. Die Option zur Kundendatengewinnung gewinnt bzgl. der Informationsinfrastruktur und der Art der Kontaktaufnahme mit Verbrauchern nochmals an Qualität.

Long Tail Retailing

Das 2004 zum ersten Mal von Chris Anderson begründete Long Tail-Prinzip deutet an, dass durch die Entwicklung des Internets und des Online-Handels der Absatz von Nischenprodukten zu einem großen Anteil am Gesamtumsatz beitragen wird. Das Paretoprinzip (Konzentration von Marktumsätzen mit der Generierung des Umsatzes (80%) durch einen kleinen Anteil (20%) an Produkten) muss hier dem „long tail" weichen und die verbleibenden 80% können mit minimalen Kosten und hohem Ertrag, z.B. über Plattformen, wie von Amazon, kostengünstig verkauft werden. Dies trifft v.a. auf virtuelle Produkte zu. Der Umsatzteil wird nicht mit Bestsellern, sondern vermeintlichen „Ladenhütern" erzielt, die selten, aber regelmäßig verkauft werden.

Quelle: www.longtail.com, 6. April 2018.

Merkmale/Ausprägungen

Zu **Online-Nischenanbietern** zählen v.a. Online-Fach-/Spezial-Shops als Online-Sortimentsspezialisten, Online-Discounter, Online-Preisspezialisten sowie Customizer oder Abo-Anbieter (siehe Abschnitt C.IV.7 des Zweiten Kapitels). Merkmal dieser Anbieter ist die Fokussierung auf sehr spezifische Kunden- und Warengruppen. Basierend auf der **Auswahl der Kundensegmente** findet auch bei Online-Nischenanbietern generell eine Abgrenzung von Wettbewerbern bzw. möglicher Substitutionsprodukte statt; mittels Differenzierung, seltener Kostenführerschaft, da die Preistransparenz online enorm ist (Porter 2013, S. 78).[2] Allerdings werden, auf Grund der Technik, Online-Teilmärkten kaum Grenzen zugesprochen. Diverse Nischenoptionen sind verbreitet:

- Warengruppennischen, z.B. Verkauf von Blumen, Fahrrädern, Handyhüllen
- Kanalnischen, z.B. Verkauf über Pinterest, Instagram, Facebook
- Conveniencenischen, z.B. Abo-Commerce, Mahlzeiten, Beauty-Boxen
- Beratungsnischen, z.B. betreutes Einkaufen, Online-Anproben
- Inspirationsnischen, z.B. Experience Design auf Pinterest, Instagram oder YouTube
- Bezahlmodellnischen, z.B. Pay per Use, Fund Raising im Voraus oder Pay per Bid.

Die Auswahl eines Teilmarktes alleine reicht jedoch nicht aus, um sich im Markt (ggü. Kunden und Wettbewerbern) zu profilieren. Insbesondere die Befriedigung sehr spezifischer Bedürfnisse (in Kunden-/Lebensstilgruppen) und v.a. eine hohe Expertise in der jeweiligen Warengruppe sind entscheidend. Sucht ein Konsument bspw. nach veganen Produkten und interessiert sich dann für Handtaschen, wird er wahrscheinlich im One-to-One-Marketing den Online-Shop www.le-shop-vegan.de bevorzugen, der vegane Taschen, Kosmetik und

[1] **Internet of Things** meint die Verknüpfung physischer Objekte mit der virtuellen Präsentation in einer Internet-ähnlichen Struktur, d.h. nicht nur menschliche Teilnehmer, sondern auch Dinge und somit Interaktionen zwischen elektronischen Systemen und Menschen sowie zwischen den Systemen erfolgen. Beispiele sind Sensoren in Kleidung, automatische Bestellungen durch intelligente Kühlschränke, Dash Buttons u.v.m.

[2] Grace Flowerbox differenziert sich mit dem Angebot von Rosen, die infolge besonderer Behandlung 1-3 Jahre haltbar sind. Konstant hohe Qualität, Einzigartigkeit und relativ hohe Preise sind die Merkmale.

Damenbekleidung vertreibt. Auch fahrrad.de hat eine größere Auswahl an Fahrrädern und mehr verfügbare Informationen rund um das Thema Fahrrad als bspw. Amazon. MySwissChocolate.de bietet individualisierbare Artikel an, d.h. Schokolade kann vom Kunden selbst zusammengestellt und personalisiert werden. Diese Beispiele verdeutlichen ausgewählte Profilierungsoptionen. Die technisch bedingte Vielfalt denkbarer Nischen erklärt z.T. die hohe Attraktivität der Nischenstrategie bei **Startups** oder **Gründern**, die gemäß Estay/Durrieu/Akhter (2013) durch den Drang „etwas Eigenes zu machen", das Verwirklichen eigener Ideen oder durch einfaches Ausprobieren motiviert sind.

Die **Strategie der Differenzierung** ist im Extremfall geprägt von **Full Service Providern**, die – wie angedeutet – den Einkauf von Handelswaren (i.S. von Online-Warenhäusern und Marktplätzen), mit der täglichen Kommunikation von Menschen in sozialen Medien, Streaming-Diensten oder via sprachgesteuerten, intelligenten persönlichen Assistenten, kombinieren. Dabei zeichnen sich diese Anbieter gleichzeitig als Händler und Service Provider aus. Sie bieten eine Kombination aus diversen Online-Kanälen bzw. -Touchpoints (i.S. einer **Online-Online-Integration**), über die eine Vielzahl von Kundendaten gewonnen und zugleich individualisierte Angebote offeriert werden.

Anders ausgeprägt sind die Merkmale der Strategie **branchenspezifischer Online-Pure-Player**, d.h. Branchenspezialisten. Spezifische Merkmale sind u.a. (am Beispiel Fashion):

- Breites und gleichzeitig tiefes Sortiment (z.B. extensives Fashion-Sortiment mit großer Warengruppenbreite und -tiefe),
- Cross-Selling-Angebote (bspw. passendes Kosmetik- und Körperpflegesortiment bei Fashionanbietern),
- Social Media-Aktionen,
- Aktivitäten über Blogger oder Influencer,
- Online-Anproben und Avatare, aber auch
- Aufbau von Showrooms im stationären Handel, Modenschauen, Outlet Center o.Ä.

Zu der Gruppe der Händler zählen Online-Fachmärkte, wie Zalando, Asos oder Redcoon, wobei diese sich i.d.R. durch Eigenhandel, d.h. dem Verkauf eigens beschaffter Artikel und Warengruppen, auszeichnen. Branchenspezialisten im Online-Handel stellen somit auf Grund ihrer Sortiments- und Preispolitik eine Form der **Online Category Killer** dar, die im Hinblick auf den Wettbewerb Dominanz in ihrer jeweiligen Produktkategorie erreichen und einen ersten Anlaufpunkt in ihrer jeweiligen Branche bilden („they kill a category"). Weiterhin grenzen sich diese Unternehmen von den Full Service Providern in Bezug auf die angebotene Ware bzw. Dienstleistung ab, wobei eine

- verbundene Sortimentsdiversifikation, d.h. das Angebot eines breiten Sortiments innerhalb einer Branche, aber auf neuen Märkten und an neue Kunden, oder eine
- unverbundene Sortimentsdiversifikation, d.h. das Anbieten eines breiten Sortiments über Warengruppen bzw. Branchen hinweg,

denkbar sind. Der Unterschied zu Full Service Providern liegt u.a. darin, dass die branchenspezifischen Online-Pure-Player i.d.R. keine handelsfremden Dienstleistungen (neben den angebotenen Sortimenten) bieten. Der Fokus liegt auf Branchen, in denen eine große Auswahl mit darauf abgestimmten Komplementärwaren angeboten wird (zur Sortimentsdiversifikation siehe Abschnitt C.II.2.c in diesem Kapitel). So bietet Aboutyou bspw. neben Bekleidung auch Schuhe und Accessoires für Frauen, Männer und Kinder an sowie Kosmetikartikel unter youstar. Durch das Fokussieren auf eine Branche sind zudem die Wettbewerbsbedingungen spezifischer (i.V. zu Full Service Providern): Wettbewerber in einer Branche sind klarer eingrenzbar und vergleichbarer, somit ist die Profilierung ggü. diesen umso wichtiger. Auf Basis dessen ist ein detaillierteres Wissen bzgl. der jeweiligen Branchen notwendig.

Faktoren des Erfolgs/Misserfolgs

Faktoren des Erfolges und Misserfolges von Online-Pure-Playern werden v.a. aus Kundensicht formuliert. So fokussieren Forschungsstudien auf das **Vertrauen** als Erfolgsvariable, das von der wahrgenommenen sozialen Präsenz einer Website (persönliche Nähe) sowie der wahrgenommenen Sicherheit und Privatsphäre bestimmt wird (z.B. Toufaily/Pons 2017; Toufaily/Souiden/Ladhari 2013). **Wahrgenommene Wechselkosten** und **Attraktivität von Alternativen** sind eher in ökonomischen Erklärungsansätzen verankerte Kundensichtweisen (z.B. Ghazali u.a. 2016), während **Personalisierung** und **Interaktion** und die **Einbindung** des Kunden eher in verhaltenswissenschaftlichen Erklärungsansätzen verankert sind (z.B. Rose u.a. 2012; Chen 2012; Vernuccio u.a. 2012). Die Kundenloyalität variiert über verschiedene Kaufsituationen oder Waren-/Dienstleistungskategorien (z.B. Huang 2011; Park 2017). Für das One-to-One-Marketing bedeutet dies, die individuellen Bedürfnisse von Kunden zu identifizieren und besser ansprechen zu können. Ein häufiger Misserfolgsfaktor ist die hohe Anzahl an **Retouren**, die u.a. einen negativen Einfluss auf die Online-Zufriedenheit sowie -Mundpropaganda (Walsh/Brylla 2017) und hohe Kosten hervorrufen. Aufgabe ist es, wenigstens den Retouren-Prozess für Kunden angenehm und auf Bedürfnisse angepasst auszulegen (siehe Abschnitt A.VI. im Fünften Kapitel).

Abb. 3.39 zeigt Erfolgskennziffern aus praktischer Sicht, die ausgewählten Kaufphasen zugeordnet werden (**Key Performance Indikatoren**). In der Phase der Orientierung ist v.a. die Absprungrate von Bedeutung. Diese gibt an, wie viele Konsumenten die Website nach nur einem Seitenaufruf wieder verlassen, ohne verschiedene Inhalte anzuklicken. Die Abandonment Basket Rate wird in der Selektionsphase von Managern zur Leistungsbeurteilung hinzugezogen und beschreibt die Anzahl an Kunden, die einen Artikel in den Warenkorb legen, die Transaktion aber nicht abschließen. Die Conversion Rate gibt an, wie viele Klicks (in %) tatsächlich zu einer Transaktion geführt haben. Diese Kennziffer wird überwiegend dazu genutzt, den Erfolg von Social Media-Aktionen, Keyword-Marketing o.Ä. zu überprüfen. Im Rahmen des Lieferprozesses erfolgt bspw. die Bewertung des Prozentsatzes retournierter Artikel. Für den Kundenservice gewinnt die Kennziffer des Wiederholungskaufes an Bedeutung, so die Anzahl der Kunden, die mind. zwei unterschiedliche Bestellungen getätigt haben. Zuletzt wird die Wachstumsrate des Online-Umsatzes zur finanziellen Beurteilung hinzugezogen. Naheliegend sind diese Kennziffern im Vergleich zu Wettbewerbern zu verstehen, wobei Google Analytics oder ähnliche Unternehmen derartige Dienste anbieten.

Über diese Faktoren hinaus sind spezifische für Nischenstrategien zu nennen. Wenige Studien gehen über Festlegungen hinaus, dass Nischenanbieter wg. der Ansprache eines kleinen Kundenstamms seltener frequentiert werden und weniger Umsatz realisieren (z.B. Huang 2011) oder typische Erfolgsgrößen von Mittelständlern adressieren, wie Privateigentum, Flexibilität, Schnelligkeit. Diese Konsolidierung betrifft v.a. Nischenanbieter (so Startups), für die folgende Erfolgsfaktoren gelten (Kaptein/Parvinen 2015; Lee/Lee/Lee 2012):

- Charakteristika eines Entrepreneurships (z.B. Innovationen für Marktnischen).
- Kernkompetenz in spezifischen Angeboten für einen engen Kundenstamm (geografisch, warengruppenspezifisch, Lifestyle).
- Vermittlung eines Kauf- und Zusammengehörigkeitserlebnisses über einen Online-Kauf hinaus, durch individuelle, spezifische Ansprache des engen Kundenstamms.
- Strategische Fokussierung, da die Online-Präsenz dazu anregt, diverse Angebote, i.S. eines Cross- und Up-Selling oder eines Long Tail Retailing auszuprobieren.

Abbildung 3.39: Key Performance Indikatoren der Online-Pure-Player

Customer Journey Stationen	Key Performance Indikatoren (KPIs)
(1) Orientation	▪ Bounce rate in % ▪ E.g., average cost-per-click (CPC), max. cost-per-click
(2) Selection	▪ Abandonment basket rate in % ▪ E.g., product clickers, total IT costs/turnover, total product content cost/turnover
(3) Transforming	▪ Conversion rate in % ▪ E.g., payment service provider (PSP) costs/turnover, average number of order lines
(4) Delivering	▪ Total return percentage in % ▪ E.g., order completeness, average delivery costs/package, average return costs/package
(5) Customer Service	▪ Repeat buyers in % ▪ E.g., net promoter score, customer service costs/turnover
(6) Financial & Organization	▪ Online turnover growth Y/Y in % ▪ E.g., online turnover/total turnover, EBITDA margin, turnover/full-time equivalent employees (FTE)

Quelle: i.A.a. E-Commerce-Foundation 2016, S. 4.

Für die beiden Kategorien der **Differenzierungsstrategie** sind die Faktoren des Erfolges und Misserfolges unterschiedlich. Für Branchenspezialisten, wie Zalando oder Asos, sind dies (z.B. Ashworth 2012; Vinerean u.a. 2013; KPMG 2017):

- Ansprache breiterer Kundengruppen/hohe Community-Aktivitäten fördern den Austausch dieser Zielgruppen und generiert Content (Influencing, Kundenrezensionen usw.)
- Marktdominanz/Marktstärke durch Wahrnehmungsvorteile (Top-of-Mind-Händler)
- Verbundeffekte (z.B. Cross- und Up-Selling, Angebot von neuen (Marken-)Artikeln (Pionierposition) und/oder einer spezifischen Preis-Leistungspositionierung)
- Engere Informationsinfrastruktur, Innovations- und Logistikoptionen.

Demgegenüber gelten für **Full Service Provider** weitergehende Erfolgsfaktoren (z.B. Deloitte 2017, S. 31f.; Libert/Wind/Fenley 2014):

- Informationsinfrastruktur als Kernkompetenz und Größeneffekte auf Grund großer Kundendatenbasis, vielfältiger Touchpoints, neuer Softwarelösungen.
- Innovationsfähigkeit, die in der strategischen Kompetenz der Geschäftsmodelle und Expansionsoptionen und in der Kreativität der Führung begründet ist.
- Breite Logistiknetzwerke und v.a. die Fähigkeit, die komplexen Distributionsprozesse mit der Kundendatenbasis zu verbinden.
- Bereitstellung sicherer Internetumgebungen (z.B. Privatsphäre bei Online-Transaktionen, Datenschutzgarantien), da Kunden bei Unternehmen zunehmend skeptischer werden.
- Komplexität extensiver Sortimente (Steuerung, Logistik, ggf. Effizienznachteile).
- Verwässerung der Retail Brand bei zunehmender Sortimentsausweitung.

IV. Multi- und Omnichannel-Strategien zur Profilierung

1. Begriffliche Abgrenzung und Bedeutung

Mehrkanalhandel, also das Angebot von Artikeln, Sortimenten und Dienstleistungen von Händlern über mehrere Kanäle hinweg, gilt als hoch relevant.[1] Für Verbraucher ist die Nutzung mehrerer Handelskanäle, wie Offline- und Online-Stores (PC/Laptop, Smartphones/Tablet, Internet-Enabled TVs), Print-Kataloge und weiterer Kommunikationskanäle im

[1] Davon abzugrenzen ist der **Mehrkanalvertrieb**, d.h. der Einsatz mehrerer Distributionskanäle als Regelfall der traditionellen Distributionsstrategie von Konsumgüterherstellern (E-Commerce erweitert die Optionen). Überschneidungen beider Sichtweisen bestehen bei vertikalen Unternehmen, die indirekte- und direkte Vertriebskanäle nutzen und zunehmend die Wertschöpfung im Handel erzielen (institutionelle Händler werden).

Kaufprozess Ausdruck des **Everywhere Shopping**. Letztere sind unabhängig von örtlichen und zeitlichen Beschränkungen (z.B. Öffnungszeiten) und nutzen in nahezu jeder Situation verfügbare Handelskanäle. Im GfK (2017) Panel Nonfood sind 46,1% exklusiv Offline-Käufer, 0,1% exklusiv Online-Käufer und 53,8% Offline-Online-Käufer, wobei letztere für zwei Drittel der Nonfood-Ausgaben sorgen. Für Händler gilt es, als Reaktion auf das Verhalten, aber auch wegen Wettbewerbern **Everywhere Commerce-Lösungen** anzubieten. Hierbei sind das Angebot und die Integration von Touchpoints und Technologien entscheidend.

Wie in Abschnitt B.V. des Ersten Kapitels verdeutlicht, sind vier Strategien der Integration und Separation in Mehrkanalsystemen abzugrenzen. Nachfolgend werden **Multi- und Omnichannel-Strategien** fokussiert und zwar im Hinblick auf ihre wettbewerbsstrategische Bedeutung. Bei beiden werden mehrere Betriebs- und Vertriebstypen genutzt, während das **Niveau einer konsistenten Integration** die Abgrenzung bedingt. So erfolgt die Kanalintegration im Multichannel Retailing über einen wesentlichen Sortimentszusammenhang, aber partiell, während sie im Omnichannel Retailing konsistent und vollständig erfolgt. Hier stehen neben den Kanälen, ein nahtloser Kanalwechsel und v.a. die simultane Verwendung der Kanäle, mit Touchpoints in jeder Kaufphase in der **Customer Journey**, im Vordergrund (also während der beliebig langen „Reise" eines Konsumenten beim Kontakt mit Produkten/Händlern über verschiedene Touchpoints bis zur Zielhandlung, wie einem Kauf).

Jenseits der Sichtweisen ist festzuhalten, dass Händler zunehmend Mehrkanalsysteme aufbauen: adaptiv (Nutzung technikimmanenter Optionen) oder voluntaristisch (proaktive Integration von Be- und Vertriebstypen, bis zur Ansprache derselben Zielgruppe und deren Bedürfnissen im Customer Lifetime Value). Traditionelle Beispiele im LEH sind Unternehmen wie Tesco (oder Coop, siehe die Fallstudie im Zweitem Kapitel). Tesco bietet Konsumenten situativ und sogar über den **Customer Life Cycle** unterschiedliche Be- und Vertriebstypen sowie Services unter einer einheitlichen Retail Brand (siehe Abb. 3.40). Die frühe Idee war es, denselben Kunden dauerhaft zu binden, stationär bspw. Studenten über Convenience Stores, junge Ehepaare über Supermärkte, Familien über Hypermärkte und dann Ehepaare und Singles wiederum über Supermärkte und Convenience Stores. Tesco-Online/Mobile, Kataloge und Services kamen nach und nach hinzu.

Abbildung 3.40: Tesco als traditionelles Mehrkanalunternehmen

Quelle: www.tescoplc.com/about-us/history/; www.facebook.com/Tescobyresroad/, 8. Juli 2018.

Neue Technologien fördern Mehrkanallösungen und führen zu neuen Kanälen und Verknüpfungsmöglichkeiten.

Neue Technologien schaffen neue Kanäle und fördern die Mehrkanalintegration

Laptops und **Smartphones** haben eine hohe Bedeutung für viele Menschen und seit dem Jahr 2013 auch zunehmend **Smartwatches**. In Kaufprozessen werden Webseiten oder Apps genutzt, um einzukaufen oder einen Kauf vorzubereiten (bspw. Artikelinformationen). Die Top-Player (Amazon, eBay, Apple) werden v.a. über Apps und restliche Shops v.a. über Browser abgerufen.

Social Media wie Facebook, Google+ oder Twitter ermöglichen Händlern zusätzliche Kundeninteraktion und Kanalverknüpfung, von denen Kunden den gleichen Service wie in allen Kommunikationskanälen erwarten. Sie bieten ferner Empfehlungen, Anzeigen, Bewertungen, Rezensionen.

Internet-Enabled TV (IETV) (auch Smart-TV, Connected-TV) verbindet die herkömmliche TV-Technologie mit dem Internet. Neben dem Angebot von Streaming-Diensten, interaktiven Medien, digitaler Werbung (z.T. Möglichkeit der Schaltung personalisierter regionaler Werbung) bietet IETV Kunden den direkten Zugriff auf internetbasierte Verkaufsplattformen.

Internet of Things (IoT) beschreibt die Vernetzung von Objekten mit dem Internet. Letztere kommunizieren dabei selbstständig über das Internet. Die Einsatzmöglichkeiten sind vielfältig; es können Ware bestellt sowie Alltagsgegenstände aller Art mit dem Internet verknüpft werden. Ausprägungen sind z.B. Dash Buttons, vernetzte Kühlschränke, Kaffeemaschinen, Zahnbürsten usw.

In-Store-Kioske (oder Self Service-Portale im Offline-Store) erlauben einen Absatzkanal und v.a. eine Verknüpfung von Absatzkanälen aufzubauen, durch zusätzliche Kaufoptionen und den Zugriff auf Informationen, wie Standorte von Produkten. Denkbar sind Tablet-PCs mit fester oder mobiler Installation, größere Kioske mit Aufbauten, die weitere Interaktionsmöglichkeiten bieten.

Virtuelle Regale mit der Möglichkeit, trotz begrenzter Laden- und Regalflächen das Sortiment zu erweitern, werden in Offline-Stores erprobt. Auch eine Kombination von virtuellen Shopping-Wänden und Interaktion mit mobilen Endgeräten der Kunden ist zu beobachten.

Head-Up-Displays ermöglichen die Anreicherung der gegebenen Realität durch eingespielte Zusatzinformationen. Aufbauend auf dem Format einer Brille werden internetfähige Head-Up-Displays durch Kameras und Sensoren zur interaktiven Schnittstelle zwischen Internet und Realität.

QR (Quick Response)-Codes stellen in Verbindung mit einem Scanner/Smartphone für den Handel eine einfache Möglichkeit dar, die Verknüpfung zu anderen Kanälen zu ermöglichen. Sie bieten zusätzliche Informationen mit schnellen und bequemen Kanalwechseln.

Virtual Reality (VR) stellt eine computergenerierte 3D-Umgebung dar, die den Nutzer umgibt. Auf Grund der natürlichen Interaktionsmöglichkeiten gilt VR als Mensch-Maschine-Schnittstelle. Es ermöglicht das relativ natürliche und interaktive Interagieren mit der simulierten Umgebung. VR wird z.B. für die Visualisierung von Ladenlayouts und potenziellen „Verkehrsproblemen" im Handel genutzt oder führt dazu, dass der Aufenthalt zum Erlebnis wird.

Augmented Reality ist eine Verbindung der tatsächlichen Umgebung mit virtuellen Zusatzinformationen, z.B. Texten, Bildern. Für den Mehrkanalhandel ist der Einsatz relevant, da einzelne Kanäle bereichert und kombiniert werden können. Durch eine Augmented Reality-Funktion ermöglichen es Apps in Verbindung mit dem Print-Katalog, Möbel virtuell im Haus der Kunden zu platzieren und auf diese Weise Form, Farbe und Standort vor dem Kauf zu testen (so bei Ikea). Der Katalog ist ein Ankerpunkt, um ein Möbelstück am Standort des Kataloges in der korrekten Größe und Position dreidimensional darzustellen (jenseits der Optionen im Offline-Store).

Virtuelle Einkaufsbegleiter bieten Kunden auch ohne menschlichen Kontakt einen persönlichen Ansprechpartner. Online werden sie in Form von **Social/Chat Bots** (Sprachroboter für textbasierte Dialogsysteme, die mit Kunden selbstständig interagieren) genutzt. Dies ist v.a. in den Branchen interessant, in denen sich die Fragen der Kunden oft gleichen und einen standardisierten Kundenkontakt ermöglichen. Offline werden am PoS In-Store-Kioske oder Apps genutzt.

3D-Drucker bieten Händlern die Möglichkeit, neue Absatzwege zu schaffen sowie für Konsumenten, einen Teil der Produktion als Prosumer selbst zu übernehmen, was den Warenversand obsolet macht. Komplexere, größere Modelle bieten Optionen für das Customizing am PoS, wenn die Kunden zu Hause Produkte entwerfen und diese dann im Store ausdrucken/abholen.

Near Field Communication (NFC) ist eine Technologie, die in Smartphones – aber auch in Kreditkarten – in Form eines NFC-Chips integriert werden kann und vielfältige Nutzungsmöglichkeiten für den Handel bietet, z.B. Einloggen beim Betreten eines Stores, Übermittlung von Artikelinformationen oder Aktionen in sozialen Netzwerken oder Zahlung beim Verlassen des Stores

Mobile Payment bedeutet beim Everywhere Commerce einfache Bezahlmöglichkeiten über alle Kanäle hinweg (z.B. Mobile Payment per SMS, MMS o.Ä.).

Quelle: i.A.a. Schramm-Klein u.a. 2014, S. 42-84.

Für das **Everywhere Shopping** gilt es, den Konsumenten überall, zu jeder Zeit Online-Information und -Einkäufe zu ermöglichen. Strategisch sind dafür zuerst Gesamtunternehmensentscheidungen relevant, da bspw. Bricks-and-Mortar-Retailer strategisch über die Diversifikation in das Offline-(Online-)Geschäftsfeld entscheiden müssen (siehe Abschnitt C.III in diesem Kapitel). Verändertes Kaufverhalten und der Druck der Online-Pure-Player fördern jedoch die Wettbewerbsrelevanz. Parallel werden Online-Konzepte auf den stationären PoS übertragen, z.B. In-Store-Kiosks oder virtuelle Regale, Ausstattung der Mitarbeiter mit Laptops oder Schnittstellen für Kundeninformationen mittels QR-Codes, mobiler Apps oder Zahlungsmöglichkeiten. Entscheidend ist, dass diese Technologien einen nahtlosen Wechsel zwischen mehreren Kanälen ermöglichen und dadurch ein Zusatznutzen entsteht.

2. Ziele und Entscheidungsoptionen

Auch wenn nicht jede der Technologien – wie auch v.a. jeder Touchpoint – eine gleichermaßen hohe Relevanz für alle Handelsunternehmen hat, ist klar, dass sie neue Vertriebskanäle generieren und die Verknüpfung bestehender Kanäle fördern. Die erhöht wiederum die Nutzung und die Anforderungen von Kunden an Mehrkanalsysteme, hin zum Everywhere Shopping. Vor diesem Hintergrund werden als allgemeine Ziele von Mehrkanalunternehmen eine Technologieumsetzung in der Form gesehen, dass erstens ein **Zusatznutzen für Kunden**, zweitens eine zunehmende **Abschaffung der Barrieren zwischen Kanälen** und drittens ein **einzigartiges Erlebnis im Kaufprozess** entstehen.[1]

Abbildung 3.41: Synopse der Wertschöpfungsprozesse in Mehrkanalhandelsunternehmen

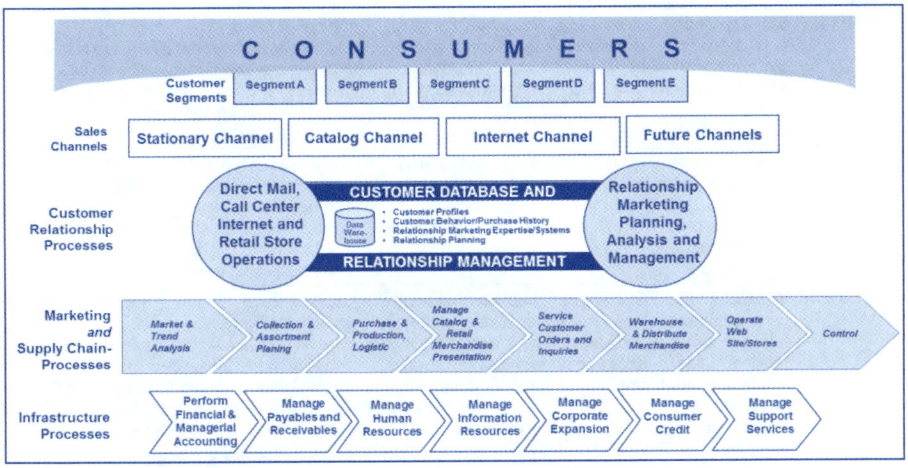

Quelle: i.A.a. Zentes/Swoboda 2000b, S. 701.

[1] Abweichend zu Abschnitt B.III.2-4 erfolgt hier kein Exkurs zur Kundensegmentierung, da eine Kombination der o.g. Optionen möglich ist: Ein Multichannel-Händler kann die geografische Segmentierung mit der einstellungsbasierten für Kanäle kombinieren. Spezifisch identifizieren Kushwaha/Shankar (2013) "Multichannel Customers" als die wertvollsten Kundensegmente bei hedonistischen Artikelkategorien, bei „Low-Risk Categories" sind es traditionelle Offline-Kunden, bei utilitaristischen mit hohem Risiko sind es "Web-Only Shoppers"). Sands u.a. (2016) und ähnlich Nakano/Kondo (2018) nutzen die Wichtigkeit von Kanälen im Kaufprozess sowie psycho- und demografische Kriterien; um drei Segmente zu identifizieren. Bspw. informiert sich das Anti-Mobile/-Social Media-Segment zwar online, kauft aber offline, während das Internet-Focused-Segment den Online Channel im Such-, Kauf- und Nachkaufprozess präferiert. Ferner ist die Nutzung von Social Media Channels in bestimmten Segmenten hilfreich, die Multichannel-Strategie in anderen.

Weitergehende Profilierungs- und Finanzziele bzw. -potenziale in Mehrkanalunternehmen wurden früh diskutiert (bspw. basierend auf Synergien, Individualisierung, Kundenbindung und Effizienzsteigerungen in der Wertschöpfung). Die Ansprache unterschiedlicher **Kundensegmente**, die mehrere Kanäle für ihren Einkauf nutzen wollen, der Aufbau eines **Customer Relationship Managements** auf der Basis eines umfassenden Datenrahmens über einzelne Kunden und die synergetische Gestaltung der Marketing- und SCM-Prozesse über die verschiedenen Kanäle hinweg werden in Abb. 3.41 angedeutet.

Gleichwohl ist hiermit die Profilierung/Positionierung im Wettbewerb nicht geklärt, da sie auch bei Mehrkanalunternehmen vom Markt (Kaufverhalten, Wettbewerb) ebenso bestimmt wird, wie von internen Ressourcen. Viele Studien sind diversen wettbewerbsrelevanten Themen und Zielen von Mehrkanalunternehmen gewidmet. Abb. 3.42 zeigt zuerst Managementstudien, die diverse ökonomische Ziele als Variablen zeigen, so Kundenfrequenz oder unternehmens-/kanalspezifischer Umsatz/Verkaufszahlen. In Kaufverhaltensstudien sind die Zielgrößen (i.S.v. Vorsteuerungsgrößen für ökonomische Ziele): Loyalität (Offline, Online, Gesamt), Wiederkaufabsicht, Clicking-Behavior, Channel-Nutzung/-Wechsel enthalten. Unterschiede zwischen Multi- und Omnichannel Retailing werden nicht deutlich.

Abbildung 3.42: Ausgewählte Studien zu Mehrkanalunternehmen

Author(en)	Forschungsfrage	Th. Fundierung	Empirische Basis/ Methodik	Kernergebnisse
		Strategische Unternehmens-/Managementsicht		
Campo/ Breugelmans (2015)	Impact of category characteristics (e.g., sensory, bulky, staple, functional) on allocation pattern of multichannel food shoppers.	Based on multiple store and multichannel shopping literature	N=25 product categories with 500 households on average, European grocery chain, loyalty card information Latent Class Analysis.	▪ Acquisition and transaction utility influence the share of category purchases allocated to the online store. ▪ Multichannel shoppers (65%) are less inclined to buy categories online for which the online store offers a less attractive (smaller) assortment and are less inclined to buy sensory products online.
Gallino/ Moreno (2014)	Effect of integration of channels (buy-online, pick-up-in-store project) on sales and store traffic.	None	N=210 designated-market-areas and N=83 retail stores, US and Canada, regressions.	▪ The integration of online and offline channels has a negative effect on online sales. ▪ The buy-online, pick-up-in-store project has a positive impact on store sales and traffic. ▪ The positive effect is explained through cross-selling activities of the retailer.
Cao/Li (2015)	Whether and how cross channel-integration impacts retailers' sales growth and what moderates this relationship.	Status quo bias theory and categorization theory	N=271 firm-year observations, US retailers, different retail formats, e.g., drugs, grocery, apparel, home-improvement, regressions.	▪ Cross channel-integration impacts sales growth positively. ▪ Firm level factor, online experience has a negative moderating effect on the cross channel-integration-sales growth-link. ▪ The relationship is also weaker if the retailer has a large physical store network.
Fürst/ Leimbach/ Prigge (2017)	Segment, task differentiation in multichannel and related effect on sales success.	Open system theory	N=329, MC-company managers, objective performance data, multiindustry/-informat data, SEM.	▪ Segment diff. mitigate horizontal conflict, inhibits cooperation, damages channel relationships and limits company sales. ▪ Task diff. reduces vertical conflict, promotes cooperation, improves channel relationships.
		Integration der Verkaufskanäle im Multichannel Retailing (Kundensicht)		
Kwon/Lennon (2009a)	Reciprocal relationship between retailers' offline and online images and the role of prior image and performance.	Summative attitude, theories of reasoned action, cognitive dissonance	N=630 and =631 students in two experiments; fashion and fictive retailer; (M)ANOVA, MG-SEM.	▪ Positive bidirectional effects of brand beliefs on brand attitudes. ▪ Offline (online) brand attitude affects (only) online purchase intention. ▪ Retailer's weak vs. strong prior offline image affect brand beliefs (but no attitudes or manipulated online performance).

– wird fortgesetzt –

– Fortsetzung Abb. 3.42. –

Schramm-Klein u.a. (2011)	Crosswise effects of channel evaluation/integration through trust and image on loyalty.	None	N=981 consumers, different formats and apparel, books, groceries and cosmetics, regressions.	▪ Customer's evaluations of individual channels positively affects trust and image. ▪ Retailer's image positively impacts trust. ▪ Evaluation and integration enhances loyalty and the use of MC-systems.
Swoboda/Weindel/Schramm-Klein (2016)	Reciprocal relationships among offline and online (retail brand equity and loyalty).	Theories of reasoned action and cognitive dissonance	N=271 and =274 German shoppers in fashion/grocery retailing over time, (M)ANOVA, SEM.	▪ Perceived offline and online RBE independently affect each other and offline RBE affect loyalty stronger. ▪ Relationships are stronger in fashion vs. grocery retailing as well as for retailers with strong vs. weak prior channel performance.
Melis u.a. (2016)	Do the decision to buy groceries online increase the share in grocery spending allocated to a chain?	None	N=7,907 households, UK grocery market, 2006-2008, logit transformation and logistic regressions.	▪ Shoppers expand the online share of wallet. ▪ Expansion stronger for chains with integrated multichannel strategy for article prices & category assortments. ▪ Convenience customers and those who purchase few private-label increase their share of spending.
Experience und Lifetime Value in Omnichannel Retailing (Kundensicht)				
Baxendale/Macdonald/Wilson (2015)	Impact of multiple touchpoints (brand owner, retail and third party touchpoints) on change in brand consideration.	None	N=13,962 participants (4176 electrical goods, 5632 technology products,1709 mobile phones, 2445 soft drinks), experience tracking, regression.	▪ Touchpoint positivity impacts consideration change for six touchpoints. ▪ Rank of touchpoints reveals that in-store communications are most influential, followed by peer observation/brand advertising, then WOM, retailer advertising and least influential traditional earned media.
Juaneda-Ayensa/Mosquera/Sierra Murillo (2016)	Identification of factors affecting omnichannel consumers' through their acceptance of & intention to use technologies.	Theory of acceptance and use of technology in an omnichannel context	N=628 fashion retail customers, consumers who used at least two channels of the same retailer during their shopping journey, Spain, CFA, SEM.	▪ The key determinants of purchase intention in omnichannel are personal innovativeness, effort expectancy, and performance expectancy, all three have a positive effect on purchase intention. ▪ Social influence, habit, hedonic motivation and perceived security do not influence purchase intentions.
Huré/Picot-Coupey/Ackermann (2017)	Effect of omnichannel shopping value (offline, online, mobile) on omnichannel shopping value (SV).	SV/omnichannel literature	N=59 quantitative, =17 qualitative, respondents, France, mixed-method design, SEM.	▪ Omnichannel SV is caused by touch points' SV and causal effect is moderated by omnichannel shopping consistency. ▪ Content and measure of the constructs must be reconceptualized in the omnichannel context; and physical shopping's nature evolves in both its utilitarian and social dimensions.
Shen u.a. (2018)	Indirect effect of channel integration quality over perceived fluency on omnichannel usage.	Wixom & Todd framework	N=401 omnichannel users from China, via Dianping (local service platform), different retailers, SEM.	▪ Channel integration quality affects perceived fluency across channels, which explains 55% of the variance in omnichannel usage. ▪ Internal usage experience weakens, whereas external usage experience enhances the effect.

Nachfolgend stehen erneut Kunden und entsprechende Positionierungsentscheidungen im Fokus, wenngleich letztere aus diversen Gründen komplex sind und einer Auswahl bedürfen:

- Die **Integration der Touchpoints** erfolgt i.d.R. durch die sukzessive Erweiterung von ehemals mit Einkanalsystemen agierenden Händlern (nur Offline oder Online) um weitere Touchpoints. Besonders prägnant ist dabei die erstmalige Offline-Online- oder Online-Offline-Kanalintegration (abzugrenzen von bspw. der Offline-Offline-Integration). Je nach Branche und auch historischer Herkunft (z.B. etablierte Online-Händler im LEH) variieren die Wahrnehmungen der Online- und Offline-Kanäle, die interdependent (reziprok) die Offline-, Online- oder Gesamtloyalität der Kunden beeinflussen und die der Pre-Images, -Experiences oder -Performances, die die Kanalbewertung beeinflussen.

- **Omnichannel Retailing** erfordert ein Angebot diverser Kanäle in jeder Kaufphase. Abb. 3.43 verdeutlicht ausgewählte Touchpoints und Phasen einer Consumer Journey und deutet zumindest zwei denkbaren Sichtweisen an: (1) die Analyse der Integration in jeder der Kaufphasen, so die Bedeutung der dargestellten und weiteren Kanäle in jeder Phase, und (2) kaufphasenübergreifend, i.S. des Zusammenwirkens von Online-Informationssuche (Vorkaufphase) und Offline-Kauf (Kaufphase).
- Weiterhin sind in der Abbildung ausgewählte psychografische Konstrukte des Kaufverhaltens, wie Motive, Informationssuche usw., dargestellt. Eine Betrachtung des Omnichannel Retailing über Kaufphasen und Kanäle hinweg, würde bspw. die Integration und Beachtung deren Richtung (z.B. Offline-Online) (1) der eher pauschalen Images, (2) der psychografischen Konstrukte (z.B. präferierter Kanal für Informationssuche und Kauf) oder (3) der diese Größen beeinflussenden Marketing-Mix-Instrumente voraussetzen.
- Nur implizit wird der Kontext (i.S.v. Moderatoren) betrachtet, welcher die untersuchten Beziehungen verstärken oder abschwächen kann. Dazu zählen Branchen (wie LEH/Fashion, schwach/stark, online-affine), Warengruppen (utilitaristische/risikobehaftete), Kunden- oder Unternehmensspezifika. Bspw. integriert Alibaba Aktivitäten über eigenkontrollierte Verkaufs- und Informationsplattformen/-kanäle, während andere dies nicht können und Verbraucherinformationen von Partnern wie Facebook o.Ä. erhalten.

Abbildung 3.43: Consumer Journey und ausgewählte Touchpoints

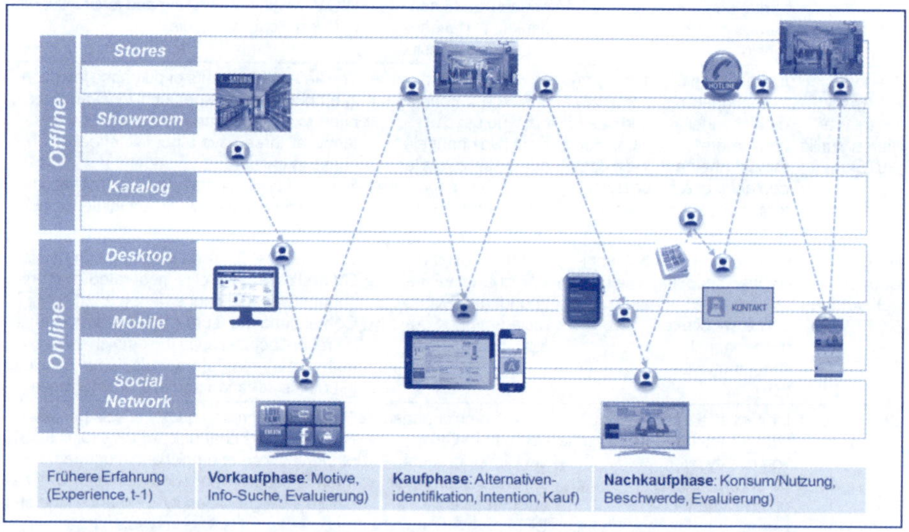

Auf Grund der Komplexität erfolgt nachfolgend eine Auswahl: Zunächst die vielfachen Integrationsoptionen, die Händler im **Multichannel Retailing** sequenziell nutzen können, ohne eine vollständige, konsistente Integration aller Kanäle anzustreben. Letztere repräsentiert das **Omnichannel Retailing**, i.S. einer holistisch wahrgenommenen Konsistenz bzw. Erlebnisses durch die parallele Nutzung von Kanälen in jeder Kaufphase.

3. Integration der Verkaufskanäle im Multichannel Retailing

Eine **strategische Grundsatzentscheidung** besteht darin, ob in Mehrkanalsystemen eine **Integration**, also eine Verknüpfung und Verbindung, oder eine **Separation**, d.h. eine bewusste Trennung, der Kanäle erfolgen soll.

- Bei der **Integrationsstrategie** erfolgt eine Abstimmung zwischen den Kanälen i.S. eines Multichannel bis hin zum Omnichannel Retailing, um integrative Effektivitäts- und Effizienzziele zu erreichen, bspw. im Hinblick auf die Verbund- und Nutzeneffekte für die Kunden. Meistens wird ein einheitliches Erscheinungsbild gegenüber den Kunden gewählt, d.h., die Zugehörigkeit zu einem Unternehmen kommuniziert.
- Bei einer **Separationsstrategie** erfolgt keine Abstimmung zwischen den autark handelnden Kanälen, um separate Effektivitäts- und Effizienzziele zu erreichen, bspw. durch die Ansprache überschneidungsfreier Kundengruppen. Die gemeinsame Zugehörigkeit zu einem Unternehmen wird nicht kommuniziert, z.T. sind die Kanäle rechtlich getrennt in verschiedenen Vertriebsgesellschaften angesiedelt.

Dies stellt zunächst eine Gesamtunternehmensentscheidung (i.S.v. Diversifikationsumsetzung, siehe Abschnitt C.II. in diesem Kapitel), mit starker wettbewerbsstrategischer Bedeutung dar.[1] In Abb. 3.44 werden die Vorteile der Separations- bzw. Integrationsstrategie v.a. aus Unternehmens- und Kundensicht dargelegt, wobei die Vorteile der jeweils einen Strategie als Nachteile der jeweils anderen angesehen werden können.

Abbildung 3.44: Vorteile der Separations- und Integrationsstrategie

Separation	Integration
Unternehmenssicht	
▪ Kostenersparnis, z.B. Wegfall Abstimmungskosten ▪ Geringere Komplexität, z.B. durch separates Betreiben getrennter Unternehmensdivisionen und -abteilungen ▪ Geringerer Koordinations-/IT-Infrastrukturaufwand ▪ Angebot eines spezifischen Sortiments ▪ Verhinderung von Kannibalisierungseffekten ▪ Differenzierungsmöglichkeit ▪ Verteilung des Risikos	▪ Erhöhter Traffic und Umsatz, z.B. durch Cross-Selling ▪ Höhere Wiederkaufabsicht, bspw. aufgrund besserer Wahrnehmung der Servicequalität über Kanäle ▪ Bessere Nutzerakzeptanz, z.B. durch Verbund von Online- und Offline-Merkmalen ▪ Nutzung des bestehenden Netzwerks und der Infrastruktur, Synergiefunktion ▪ Markenname/einheitliches Erscheinungsbild als Signalfunktion
Kundensicht	
▪ Bessere Segmentansprache ▪ Spezialisierte Ansprache von Kundenbedürfnissen ▪ Ansprache des Variety-Seeking der Kunden (Kunden wird bewusst eine Auswahl mehrerer unterschiedlicher Kanalauswahlmöglichkeiten geboten) ▪ Vorteile bspw. durch spezifische, unterschiedliche Angebote oder Sonderaktionen	▪ Simultane Nutzung/Austauschbarkeit der Kanäle ▪ Erhöhung der Convenience durch Angebot identische Sortimente und Dienstleistungen ▪ Customer Experience/gesamte Customer Journey wird abgebildet ▪ Zugriff auf besondere Services, z.B. Click & Collect ▪ Transparenz, z.B. im Hinblick auf Informationen

Ein zentrales Erkennungsmerkmal integrierter Kanäle ist häufig eine identische Markierung, d.h. der Einsatz identischer Retail Brands über alle eingesetzten Be- und Vertriebstypen hinweg. In separierten Systemen werden hingegen unterschiedliche **Retail Brands** genutzt, denn ein wesentliches Ziel entsprechender Unternehmen liegt darin, jedem Kanal eine eigene Identität zu geben und **Übertragungseffekte** zwischen den Kanälen zu verhindern. Auf diese Weise können unterschiedliche Positionierungs- und Profilierungsstrategien in den Kanälen umgesetzt werden, ohne dass den Konsumenten Unstimmigkeiten i.S. einander widersprechender Ausrichtungen (z.B. der Einsatz unterschiedlicher Preisstrategien) der Kanäle bewusst werden würden (Schramm-Klein 2003). Während im Hinblick auf die kundenorientierten Aktivitäten somit auch Vorteile separierter Systeme vorliegen, wird im Hinblick auf Back-End-Prozesse (für Kunden nicht direkt einzusehende Supply Chain-, Führungs- und unterstützende Prozesse) davon ausgegangen, dass die Integration der Kanäle Wert stiftend ist, weil Effektivitäts- und Effizienzpotenziale zwischen den Kanälen im Vordergrund

[1] Ein Beispiel ist der Online-Pure-Player redcoon.de, der ein Discount-Online-Shop für Elektronikartikel von Mediamarkt ist und andere Ziele als mediamarkt.de verfolgt, z.B. Artikel noch günstiger oder Kunden spezielle Angebote und Sonderpreisaktionen anzubieten. Es werden andere Bedürfnisse und Segmente adressiert.

stehen, z.B. Kostensenkungspotenziale auf Grund von Synergieeffekten (Schramm-Klein 2012). Den Vorteilen der Integration steht die sog. **Überkomplexität** entgegen. Sie entsteht dadurch, dass in Mehrkanalsystemen mit steigendem Integrationsgrad nicht nur die durch die Kanalvielfalt entstehende Aufgaben-/Variantenvielfalt komplexitätssteigernd wirkt. Hinzu kommen integrationsbedingte **Koordinationskosten**, denn mit der Addition neuer Absatzkanäle entstehen neue Aufgaben (z.B. in Service-, Logistik-, Sortimentsführung) und neue Schnittstellen, die zu einem erhöhten Managementaufwand führen (Swoboda 2017). Diese Problematik wird verstärkt, wenn zusätzlich ein hoher Differenzierungsgrad der Be- und Vertriebstypen besteht, z.B. wenn unterschiedliche stationäre Geschäfte und Online-Shops miteinander kombiniert werden oder eine starke Interdependenz der Kanäle besteht.

Nachfolgend wird weit gehend von den o.g. Back-End-Prozessen abstrahiert und der Fokus auf die Integration aus Kundensicht gelegt. Die Online-Offline-Integration und die Offline-Online-Integration werden zuerst behandelt, weil sie Basisausprägungen – erstere bspw. für jeden ehemaligen Bricks-and-Mortar-Retailer – bilden und relevanter bzw. v.a. komplexer erscheinen als bspw. eine Offline-Offline Integration.

Integration aus Kundensicht: Online-Offline und Offline-Online als Basisausprägungen

Channel Integration zeigt das Ausmaß, in welchem verschiedene Kanäle miteinander interagieren können, mit dem gleichzeitigen Management der Integration dieser Kanäle durch Unternehmen, um Kunden über alle Kanäle eines Unternehmens hinweg eine nahtlose Erfahrung zu bieten (Gallino/Moreno 2014).

Channel Integration wird in vielen Studien aus Kundensicht pauschal, als ein Konstrukt (i.S. eines wahrgenommene Gesamtausmaßes) verstanden (siehe Abb. 3.45). Im Multichannel Retailing sind jedoch diverse Integrationsperspektiven abzugrenzen:

- Integration vom Offline-Kanal in den Online-Kanal
- Integration vom Online-Kanal in den Offline-Kanal
- Offline-Offline-Integration
- Online-Online-Integration.

Forschungsstudien zeigen, welche Ausprägungen der Integration aus Kundensicht und damit für Händler relevant sind. Als einer der ersten haben Bendoly u.a. (2005) eine Konzeptualisierung vorgeschlagen, die inhaltlich vier Offline-Online- und Online-Offline-Integrationen umfasst. Inhaltlich dominierten bei letztgenannter Werbung/Information und Abholservices und bei der erstgenannten Information sowie Zugänge zum Internet und dessen Nutzung in den Stores. Ähnliches findet sich bei Li u.a. (2018): Online-Offline-Informationen (Werbung, Suche, Verkaufsförderung) und Rückgabe sowie Offline-Online-Abholung, Verfügbarkeitsabfrage oder Nachkaufservice. Diese Gegenüberstellung verdeutlicht zweierlei:

- Offensichtlich existiert keine differenzierte Konzeptualisierung der Integration, aber
- die Items beschreiben die Ausprägungen, die Multichannel-Händler für die Integration nutzen können (meistens Kommunikations-/Informationsaspekte).

Weitere Studien stützen dieses: Oh/Teo (2010) betrachten sechs Integrationsausprägungen (Promotion, Produkt-/Preis-, Transaktions-/Informationszugriff, Auftragsabwicklung und Kundenservices) und Schramm-Klein u.a. (2011) oder Li u.a. (2018) stellen v.a. auf Information ab. Die Studien werden nachfolgend genutzt, um die Offline-Online- und Online-Offline-Integration und deren wichtige Ausprägungen im Multichannel Retailing zu unterscheiden. Beides variiert kontextspezifisch, zumindest je nach

- Branche (bspw. ist im LEH ein Kauf von (Frische-)Produkten online fortschrittlich, während dies im Fashion-Handel weniger innovativ ist),
- Herkunft (für ehemalige Bricks-and-Mortar-Retailer sind andere Integrationsformen vordringlicher als für ehemalige Online-Pure-Player) oder
- Kaufphase (z.B. betreffen die meisten Integrationsformen die Information und damit die Vorkaufphase, seltener Abholung oder Services in der Nachkaufphase).

Abbildung 3.45: Konzeptualisierung von Channel Integration

Author	**Conceptualization** (Items erfasst mittels Likert-Skalen, i.S. stimme voll zu bis stimme gar nicht zu)
Bendoly u.a. (2005)	**Online-Offline-Integration** ▪ To what extent does [firm name] **advertise** [firm's Web site] at its local stores? ▪ To what extent does [...] provide **information** regarding the availability of specific goods at specific stores through [firm's Web site]? ▪ To what extent can you receive nonproduct **information** on [...] stores (e.g., driving directions) via e-mail or other electronic communication made available through [firm's Web site]? ▪ To what extent does [...] accept **returns at its stores** for purchases made through [firm's Web site]? ▪ To what extent does [firm name] allow you to **purchase items through** [... Web site] and **pick them up in one of its stores**? **Offline-Online-Integration** ▪ To what extent does [firm name] **advertise** [firm's Web site] at its local store? ▪ To what extent does [firm name] provide **access to [firm's Web site] within its stores**? ▪ To what extent are employees at [firm name's] **stores** knowledgeable and **helpful regarding the use of [firm's Web site]**?
Schramm-Klein u.a. (2011)	**Online-Offline-Integration** ▪ **Collection/return to physical outlets** of goods ordered from catalogue outlets. ▪ **Collection/return to physical outlets** of goods ordered over the Internet. **Integration across channels** ▪ Product **information** about all channels available in all channels. ▪ Price **information** about all channels available in all channels. ▪ Orientation **information** about all channels via visibility of assortment and services. ▪ **Pointers to alternative channels** in all channels. ▪ **Bonus points** for customer card holders in all channels.
Herhausen u.a. (2015)	**Integration across channels** ▪ Services and functions offered at retailer [x]'s Internet and physical store complement each other.
Li u.a. (2018)	**Online-Offline-Integration** ▪ The Website **advertises** the physical store by providing address and contact information of the physical store. ▪ The Website allows customers to **search** for products available in the physical store. ▪ The Website highlights in-store **promotions** that are taking place in the physical store. ▪ The in-store customer service center accepts **return**, repair/exchange of products purchased online. ▪ The physical store allows customers to **self-collect their online purchases**. ▪ Firms allow customers to choose any physical store from which to **pick up** their online purchases. **Offline-Online-Integration** ▪ The firm allows checking of **inventory status** at the physical store through the Website. ▪ Website provides **post-purchase services**, e.g., support for products purchased at physical stores. **Integration across channels** ▪ The firm maintains **integrated purchase history of customers'** online and offline purchases.

Legende: Alle erfassen ein Konstrukt; Offline-/Online-Unterscheidung erfolgte aus didaktischen Gründen.

Studien zeigen, dass die wahrgenommene Kanalintegration ein Treiber wahrgenommener Online- oder Offline-Images/-Marketingangebote oder -Qualität/-Risikowahrnehmungen ist (je nach Forschungsfrage), nicht jedoch das Kaufverhalten direkt bestimmt (z.B. Loyalität/ Kaufintention in Online- oder Offline-Kanälen als Multichannel Outcomes). Wird nun die Unterscheidung der Offline-Online- und Online-Offline-Integration als Basis genutzt, dann zeigt Abb. 3.46 denkbare, indirekte Effekte. Je nach Kontext kann die wahrgenommene Offline-Online-Integration (Online-Offline-Integration) kreuzweise die Wirkung des Images im Offline-Kanal (Online-Kanal) auf das Verhalten (bspw. Loyalität zum Multichannel Retailer) verstärken (1. Modell). Im 2. Modell wirkt die Offline-Online- und Online-Offline-Integration nur auf den Online-Kanal (erhöht die Qualitätswahrnehmung oder reduziert das wahrgenommene Risiko, die dann die Loyalität zum Online-Kanal beeinflussen). In beiden Fällen wird das Verhalten in den Kanälen indirekt durch die Integration bestimmt. Bei getrennter Sicht der Integrationsformen lernen Händler, ob und wie stark die Offline-Online-Integration bzw. die Online-Offline-Integration die Wahrnehmung der Images oder des Marketing-Mix in den Kanälen im Hinblick auf das Verhalten bedingt.[1] Im 1. Modell sind zudem empirisch feststellbare Interdependenzen zwischen Offline und Online Images oder Marketing-Mix-Wahrnehmungen angedeutet (siehe Abschnitt B.V.4).

Abbildung 3.46: Wirkung der Channel Integration auf das Konsumentenverhalten

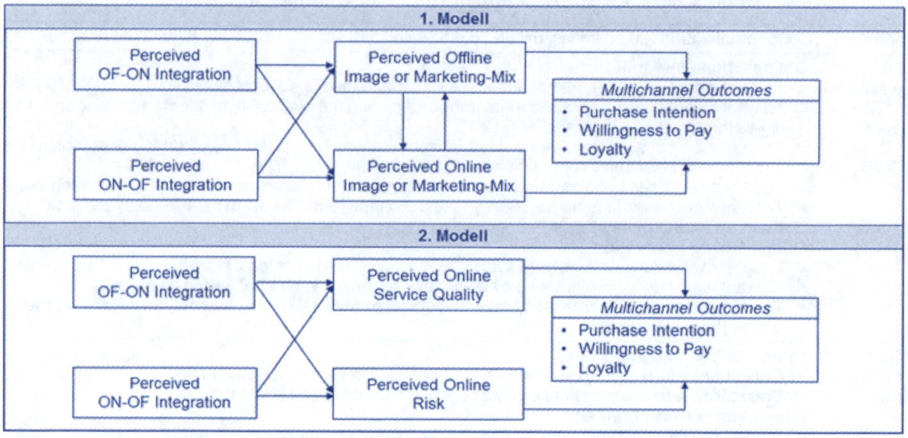

Nachfolgend werden die wichtigsten Formen der Offline-Online- und Online-Offline-Integration sowie auch der Online-Online-/Offline-Offline-Integration kurz behandelt.[2]

Einblick in wichtige Ausprägungen der Offline-Online-Integration

Bei der **Offline-Online-Integration** wurde in den o.g. Studien v.a. die Integration diverser elektronischer Elemente zum Zwecke der Information in Offline-Stores behandelt. Abb. 3.47. zeigt beispielhaft alternative Optionen.

Abbildung 3.47: Ausprägungen der Offline-Online-Integration in den Kaufphasen

Kaufphase	Offline-Online-Integration
Vorkauf	▪ Problemerkennung (z.B. Dash Buttons zum Offline-Kauf von Produkten, Übermittlung der Kaufanforderung an den Online-Shop). ▪ Informationssuche (z.B. mobile Informationssuche während eines Aufenthalts im stationären Laden, Social Media-Kanäle; Blogger, die über App verknüpft bestimmte Angebote bewerben). ▪ Evaluierung (z.B. Shopping-Assistent basierend auf Kauferfahrung).
Kauf	▪ Alternativenidentifikation (z.B. Preisvergleich durch stationären Zugang zum eigenen Online-Shop) ▪ Intentionsentwicklung (z.B. stationärer Zugriff auf Online-Angebot/-Lieferung über Self-Service). ▪ Kauf (z.B. Hinweise auf spezifische Angebote, die nur online verfügbar sind).
Nachkauf	▪ Konsum/Nutzung (z.B. Zusatzangebote zu den im stationären Laden gekauften Produkten, die im Online-Shop verfügbar sind bzw. aktiviert werden (z.B. über QR-Codes auf der Verpackung)). ▪ Evaluierung/Beschwerde (z.B. Bewertung stationär gekaufter Produkte über die Website). ▪ Entsorgung (z.B. Rücksendung/Retoure stationär gekaufter Produkte).

1 Nach Li u.a. (2018) schaffen Händler durch Kanalintegration und deren Effekt über „Behavioral Beliefs" Synergien zwischen Kanälen und erhöhen dann die Kundenbindung. Bei Schramm-Klein u.a. (2011) bedingt die Kanalintegration die Loyalität indirekt über das Vertrauen und das Image des Händlers; bei Herhausen u.a. (2015) über die Erhöhung der wahrgenommenen Servicequalität und die Reduzierung des Online-Risikos.

2 Unbeachtet bleibt die Kundenintegration (Value Co-Creation), in Form der Integration im Innovationsprozess (Artikeltests, Layouts, Preise), im Leistungserstellungsprozess und im CRM (Balaji/Roy 2017).

Die **Offline-Information-Integration-Strategie** zielt darauf ab, dem Kunden am PoS Informationen bereitzustellen, persönliche Erfahrungen zu ermöglichen oder den Zugang zu Online-Aktivitäten und der damit verbundenen Informationen zu bieten. Dabei soll der Händler eine breite Online-Präsenz, inkl. bspw. Social Media und Online-Shop, vorweisen. Voraussetzung sind u.a. eine leistungsfähige IT-Infrastruktur und geschultes Personal. In Bezug auf die IT-Infrastruktur sind vom Händler Vorkehrungen, wie der Online-Zugang zur Bedienung von mobilen Applikation der eigenen Retail Brand sowie das Bereitstellen von Self-Service-Terminals (PC-Bildschirme, Tablets, o.Ä.) zu treffen. Die bereitgestellten Informationen (v.a. Preise, Promotion) müssen offline und online konsistent sein und als solches vom Kunden wahrgenommen und positiv bewertet werden.

Merkmale dieser Integrationsoption sind, dass Unternehmen ihre Offline- und Online-Informationen für den Kunden sichtbar machen. Die Konsequenz daraus ist, dass die Kunden diese Informationen miteinander vergleichen und somit höhere Erwartungen an deren Richtigkeit und Vollständigkeit stellen. Des Weiteren zeichnet sich diese Strategie durch die weiterhin bestehende Kundeninteraktion aus. Der persönliche Kontakt zwischen Mitarbeiter und Kunde wird erhalten, der beim reinen Online-Einkauf ausbleiben würde. Darüber hinaus ist es für den Kunden möglich, im Offline-Store Erfahrungen zu sammeln, Kontakt zu Mitarbeitern oder der Retail Brand als solches (z.B. Erlebnis bei Abercrombie&Fitch durch Geruch usw.) aufzunehmen und diese Erlebnisse durch Bilder oder Videos auf Social Media-Plattformen zu teilen. Sind die aufgeführten Voraussetzungen erfüllt, kann diese Strategie verschiedene Ausprägungen annehmen. Ein Multichannel Retailer kann somit dem Kunden bspw.

- die Inanspruchnahme der Kundenberatung zur Bestimmung bspw. richtiger Modellgrößen für den Online-Einkauf,
- die Nutzung des eigenen Online-Shops im Offline-Laden,
- den Zugang zu eigenen Social Media-Kanälen (Facebook, Instagram) im Offline-Store,
- die Verwendung von Tablets oder Bildschirmen im Offline-Store,
- die Teilnahme an Influencer-Events im Offline-Store oder
- das Scannen von QR-Codes zur erweiterten Informationsbeschaffung

ermöglichen. Dabei können diverse Informationen, wie Produktbewertungen, Preisinformationen sowie Erfahrungswerte, ausgehend vom stationären Erlebnis auf den Online-Kanal übertragen werden. All dies zielt auf das Ausmaß der Informationsbereitstellung des Händlers gegenüber dem Kunden offline und online ab. Erfolgt die Gestaltung der Offline-Informationsbeschaffung vielfältig und gezielt – unter Hinzunahme von Online-Kanälen – werden Kunden eher dazu neigen, auch online bei diesem Multichannel Retailer einzukaufen.

Ausgehend von dieser vielfältigen Informationsbereitstellung können verschiedene Erfolgs-/Misserfolgsfaktoren zuerst zwei aus Kundensicht und anschließend weitere aus Unternehmenssicht identifiziert werden (Benedicktus u.a. 2010; Cheema/Papatla 2010):

- Physische Präsenz ermöglicht dem Kunden, persönlichere Erfahrungen mit dem Händler zu machen und vertrauensvollere Informationen zu gewinnen.
- Konsistente Informationen lassen den Kunden Vertrauen zum Händler und dessen Angebot fassen; inkonsistente Informationen dagegen sorgen für Verwirrung beim Kunden und verhindern eine starke Bindung bzw. Loyalität zur Retail Brand.
- Bedeutung der Unternehmensansprache von mit dem Internet vertrauten Kunden mit Offline-Informationen, da diese im Online-Kanal bereits mit einer großen Masse an Online-Informationen konfrontiert werden (z.T. drohende Reizüberflutung).
- Offline-Informationen haben bei hedonistischen vs. utilitaristischen Arikeln (z.B. Kosmetika, Ipod vs. Lebensmittel des täglichen Bedarfs, Toaster, PCs) eine höhere Bedeutung.

- Link zwischen Online- und Offline-Kanal muss sichergestellt werden, da sonst auf eine Offline-Informationssuche bei Händler A ein Online-Kauf bei Händler B folgen kann.

Einblick in wichtige Ausprägungen der Online-Offline-Integration

Online-Offline-Integration beschreibt die Bereitstellung von Informationen über und den Zugang zum stationären Geschäft vom Online-Shop aus. Sie nimmt ebenfalls abhängig von der jeweiligen Kaufphase unterschiedliche Ausprägungen an (siehe beispielhaft Abb. 3.48).

Abbildung 3.48: Ausprägungen der Online-Offline-Integration in den Kaufphasen

Kaufphase	Online-Offline-Integration
Vorkauf	▪ Problemerkennung (z.B. persönliche Ansprache mit Werbung für den stationären Laden). ▪ Informationssuche (z.B. Auskunft im Online-Shop über Informationen zu stationären Produkten). ▪ Evaluierung (z.B. Auskunft über Bewertung stationär verfügbarer Produkte über den Online-Kanal).
Kauf	▪ Alternativenidentifikation (z.B. Auskunft über nicht produktbezogene Informationen des stationären Geschäfts, zur Verfügung gestellt im Online-Shop). ▪ Intentionsentwicklung (z.B. Auskunft über stationär verfügbare Produkte im Online-Shop). ▪ Kauf (z.B. Bezahlung/Click & Collect der im Online-Shop zusammengestellten Produkte stationär).
Nachkauf	▪ Konsum/Nutzung (z.B. stationärer Customer Service bei im Online-Shop gekauften Produkten). ▪ Evaluierung/Beschwerde (z.B. Beschwerde über online gekaufte Produkte im stationären Laden). ▪ Entsorgung (z.B. Retoure von im Online-Shop gekauften Produkten im stationären Laden).

Wichtige Formen sind Optionen der Integration von Logistikprozessen (z.B. **Click & Collect** oder **Order/Buy Online Pick Up In-Store**; siehe Abschnitt B.IV. im Fünften Kapitel). Spezifische Voraussetzungen zur Realisierung der Integration sind die Sichtbarkeit des Sortiments und Synchronisation der Artikel- und Preisgestaltung oder der Lagerbestände über beide Kanäle (mit Realtime-Daten) und v.a. der Aufbau der entsprechenden Infrastruktur.

Merkmale dieser Integrationsoption liegen in der erweiterten Verknüpfung der Stärken des Online und Offline Retailing bzgl. der „Anywhere and Anytime-Verfügbarkeit". Neben der Lieferung der im Online-Shop bestellten Ware treten bspw. beim Click & Collect zudem eine schnelle Abholung oder ein zusätzlicher persönlicher Kontakt, Fachberatung oder Anprobe vor Ort hinzu. Die Formen sind vielfältig, so **Reserve & Collect** (Kunden reservieren im Online-Kaufprozess Produkte im Offline-Kanal), **Order & Collect** (Bestellung online und Abholung offline) oder **Buy & Collect** (Online-Kauf und Offline-Abholung). Formen des „Collect" sind z.B. Abholung in Läden, Poststationen/öffentlichen Paketstationen, Pick-up-Stationen, Paketkästen oder -shops, Drive-in/-through oder Drohnenzustellung.

Forschungsstudien deuten Erfolgsfaktoren von Click & Collect an, so erhöhte Wiederkaufsabsicht (Chatterjee 2010) oder Präferenzen für Händler mit Click & Collect-Angeboten (Gao/Su 2017). Ökonomisch reduziert Click & Collect Mehrkosten durch Lieferkuriere (Lewis/Whysall/Foster 2014) oder E-Fulfillment-Kosten, da der Kunde selbst abholt (Zhang u.a. 2010). Im Detail sind Vorteile aus Kunden- und Unternehmenssicht hervorzuheben:

- Schnellere Verfügbarkeit von Produkten
- Convenience/Flexibilität (z.B. bei der Abholung)
- Fachberatung vor Ort, Ausprobieren/Testen, haptische Verfügbarkeit
- Sichere Bezahlungsmöglichkeiten
- Kostenersparnis (z.B. Fulfillment, Transaktionskosten)
- Umsatzsteigerung (z.B. durch Erhöhung des Store Traffics, Verbundkäufe)
- Effizienzsteigerung der Supply Chain (z.B. Nutzung vorhandener Lager)
- Verhinderung des Händlerwechsels (Research online, Purchase offline) beim Kauf.

Ein Misserfolgsfaktor kann zudem die Umsetzung einer vollkommenen Datenintegrität wie auch der Abstimmung von Informations-, Daten- und Warenflüssen sein, da dieses noch fehleranfällig ist. Zudem kann eine Kannibalisierung auftreten, d.h. Kunden verlagern nur den Kauf, den sie ursprünglich online getätigt hätten. Nach Gallino/Moreno (2014) senkt Click & Collect den Online-Umsatz, aber erhöht die Ladenverkäufe und den Store Traffic.

Ausgewählte Ausprägungen der Offline-Offline- und Online-Online-Integration

Die **Offline-Offline-Integration**, d.h., die Integration unterschiedlicher Offline-Kanäle, ist als traditionelles Multichannel Retailing im LEH verbreitet (z.B. Nutzung diverser Betriebstypen bspw. zur Ansprache derselben Kunden im Customer Lifetime Cycle bei Tesco) oder als traditionelle Multichannel-Distribution im Fashion Retailing (vertikal mit eigenen Stores/Filialen, Marken-/Shop-in-Shop-Systemen, Markenflächen usw. in Abschnitt B.III.3. in diesem Kapitel). Operative Ausprägungen sind ebenso verbreitet, so Anfrage/Überblick über die Warenverfügbarkeit vergriffener Artikel in anderen Filialen durch das Verkaufspersonal oder die in der Zentrale vorgenommene Abstimmung von Sortimenten, Preisen und Ladenlayouts zwischen Filialen. Auch Integrationen von Katalog- und Filialangeboten sind von Ikea o.Ä. bekannt (bspw. Orientierung im Katalog und Kauf in der Filiale).

Die **Online-Online-Integration** umfasst die Integration webbasierter Kanäle, im einfachsten Fall in der Form der **Integration von Web-Services in PC-basierten und mobilen Umgebungen** (siehe zu wichtigsten Online-Kanälen Abb. 3.49). Voraussetzungen der Realisierung der zunehmend präferierten Mobile-Stores sind neben einer entsprechenden IT-Infrastruktur die Entwicklung und der Einsatz spezieller Shopping-Apps. Daneben muss mit Realtime-Daten die ständige Synchronisation der Angebote, des Sortiments usw. integriert in allen Kanälen gewährleistet sein. Dies ist herausfordernd, da bspw. PC- und Mobile-Shopping von Verbrauchern unterschiedlich genutzt werden: PC-gestützte Kanäle werden eher in einer Lean-Forward-Haltung und dabei für gezielte Käufe genutzt, während mobile Kanäle oder Kanäle wie IETV oft in einer Lean-Back-Haltung, eher in entspannten oder hedonisch orientierten Shopping-Situationen genutzt werden. Mobile Kanäle werden zudem häufig „unterwegs" (nicht stationär gebunden) genutzt und somit oft „überall" und „laufend" zur Informationssuche und Unterhaltung frequentiert (siehe Abschnitt V. des Ersten Kapitels).

Abbildung 3.49: Vergleich unterschiedlicher Online-Kanäle

	Klassischer E-Commerce	**M-Commerce**	**IETV-Commerce**
Marktdurchsetzung	Hoch	Mittel	Gering
Lebenszyklusphase	Sättigung	Wachstum	Einführung
Zugang zum Shop-Angebot	PC-optimierte Webseite	App, Mobil-optimierte und PC-optimierte Webseite	TV-App, TV-optimierte und PC-optimierte Webseite
Aktivität	Verzögert	Unmittelbar	Unmittelbar
Bildschirmgröße	Mittel	Klein	Groß
Bedienbarkeit	Einfach	Kompliziert	Beschränkt
Zusatzfunktionen	Keine	Viele	Wenige
Verfügbarkeit	Zu Hause, Arbeit	Nahezu überall	Wohnzimmer
Anzahl der Nutzer	Mehrere	Individuell	Gemeinschaftlich

Quelle: Schramm-Klein/Wagner 2013, S. 477.

Ausprägungen bzw. Merkmale sind somit entsprechend variierende Darbietungsformen unter einer Retail Brand, wenngleich Kunden gleiche Angebote in den Kaufphasen erwarten. Hinzu kommen integrierende Funktionen, wie die Ermöglichung des Kaufs von über PC-basierten Anwendungen im Warenkorb abgelegter Artikel über mobile Apps, Bezahlen mit Mobile Payment oder mit der Website verknüpfte mobile Loyalitäts-/ Bonusprogramme. Neben den o.g. existieren weitere Online-Kanäle, wie Wearables (z.B. Smartwatches, Brillen),

Kiosk-Systeme usw. Derartige Touchpoints sind unterschiedliche Zugangsformen zu demselben Online-Kanal, z.B. Shopping App und mobile Website als Touchpoints zu mobilen Kanälen (Wagner 2015). Auch hier bestehen spezifische Faktoren des Erfolges bzw. Misserfolges aus Kunden- und Unternehmenssicht (Lee/Kim 2010; Yang/Wang/Wei 2014):

- Realisierung des Everywhere Commerce aus Kundensicht
- Convenience für den Kunden ohne Wechsel der Kanalebene (z.B. nach Klick auf Werbung im Social Media-Kanal mit Möglichkeit zum sofortigen Kauf)
- Erweiterung des Geschäftsumfangs und der Kundenbasis für einen Händler (z.B. Lifestyleentwicklung über die reine Laptop-Nutzung hinaus)
- Umsatzsteigerung durch multimediale Ansprache von Kunden des Online-Shops
- Konsistenz des Auftritts in allen Online-Kanälen zur Vermittlung der Retail Brand.

Der Erfolg mit Webdiensten garantiert nicht den Erfolg in mobilen Diensten.

Divergente Nutzung von Show- und Webrooming: Die Beispiele Zalando und Sephora

Zalando nutzt als Online-Pure-Player „Showrooms" („Guided Rooms"), d.h. Ladenflächen zur Präsentation seiner Sortimente, wobei der Kauf aber nur online möglich ist. Dies hat den Vorteil, dass Kunden vor Ort Produkte testen oder anprobieren können. Hürden der Online-Bestellung werden abgebaut und die Retourenquote (z.B. wg. Farbabweichungen) reduziert. Nachteilig ist, dass i.d.R. nicht das Gesamtsortiment präsentiert wird (i.S.v. Farben, Größen) und Kunden eine sofortige Mitnahme als Vorteil sehen können. Dennoch nutzte Zalando bspw. bei der Berliner Fashion Week einen Showroom, um Redakteure, Blogger und VIPs zu einem BBQ-Event einzuladen. Die Gäste sollten sich dabei von aktuellen Styles inspirieren lassen und dies medial weitergeben.

Offline-Händler sollten vom Webrooming und Showrooming nicht zurückschrecken, sondern direkt auf die Einkaufsgewohnheiten der Kunden eingehen und ein nahtloses Omnichannel-Erlebnis schaffen, sagte Johnna Marcus (Direktorin des Mobil- und Digitalmarketings bei Sephora). *„We want customers "showrooming" in our stores".* Um Kunden in die Läden zu locken, nutzt Sephora diverse mobile Anwendungen, inkl. des Versands standortbezogener Texte, die einen Artikel in limitierter Auflage für Kunden bewerben, die sich in der Nähe des Stores aufhalten. Sephora erstellt täglich mobile Inhalte, um Nutzer auf die Website zu bringen und einen Facebook Messenger-Chatbot, mit dem Kunden Termine mit Stylisten buchen können. Sephora hat zahlreiche Funktionen in seine App integriert. Mit der Funktion „Digital Makeover Guide", nimmt eine Kundin bspw. ein Vorher-Bild von sich selbst auf und lädt es in die App hoch. Dann erfährt sie eine Verjüngungskur, während die Stylistin Produkte und Techniken notiert. Nach der „Überarbeitung" lädt die Kundin ein Nachher-Foto hoch, damit sie es bei ihrem nächsten Besuch zusammen mit einer gespeicherten Liste der Produkte nachvollziehen kann. Nach dem Besuch erhält sie personalisierte E-Mails mit Bildern, Tipps und Produkten. Zu Hause kann die Kundin auch Sephoras Virtual Artist-Modul aufrufen, ein Augmented Reality-Tool, mit dem sie Produkte, wie Wimpern und Lidschatten, „anprobieren" und Produkte kaufen kann. Sephora baut das digitale Geschäft weiter auf, eröffnete aber gleichzeitig alleine im Jahr 2016 mehr als hundert Offline-Stores.

Quelle: Schramm-Klein u.a. 2014, S. 100-101; www.huffingtonpost.com, 15. Mai 2017; www.forbes.com, 30. Juni 2017; www.lvmh.com, 26. Januar 2017.

4. Experience und Lifetime Value in Omnichannel Retailing

Als **Omnichannel Retailing** wird die vollständige, konsistente Integration aller (Front- und Backend-)Prozesse über das Mehrkanalsystem hinweg bezeichnet. Damit sind eine vollständige Konsistenz aller Kanäle in Angebot und Auftritt und eine vollständige Verknüpfung aller Kanäle verbunden. Kunden können Kanäle nicht nur sequenziell kombinieren, sondern i.S. einer holistischen Konsistenz mehrdimensionale Erlebnisse durch die parallele Nutzung von Kanälen in jeder Kaufphase erlangen. Es wird ein nahtloses **Einkaufserlebnis** für den Kunden geboten. Nachfolgend werden die Voraussetzungen, Merkmale und Ausprägungen sowie die Erfolgs- und Misserfolgsfaktoren der Omnichannel-Strategie genauer betrachtet.

Voraussetzungen

Omnichannel-Systeme stellen als vollständig integrierte Mehrkanalsysteme die größten Herausforderungen an Händler. Neben den kanalspezifischen Anforderungen, die in den vorgehenden Abschnitten diskutiert wurden, stehen als zusätzliche Voraussetzungen v.a. solche im Hinblick auf die nahtlose Integration der eingesetzten Kanäle im Vordergrund. Nicht nur technologische Aspekte sind bedeutend (z.B. Abstimmung der eingesetzten Technologien, Schnittstellenintegration, Fit von Technologie und Kanal), sondern auch kundenbezogene Faktoren, bei denen insb. das Kanalnutzungs-, -wechsel bzw. -kombinationsverhalten der Kunden zu berücksichtigen sind, spielen eine besondere Rolle. Die Händler müssen über eine leistungsfähige IT-Infrastruktur verfügen, bei denen (z.B. basierend auf Cloud-Systemen) ein durchgängig verknüpftes Datenbanksystem (z.B. Kundendaten, Warendaten, Lieferantendaten, Marktdaten) in Echtzeit in allen Kanälen verfügbar ist. Um ein grenzenloses Omnichannel-Servicesystem anbieten zu können, müssen Händler bspw. das Transaktions- und Informationsmanagement und die Bestandsdaten über Kanäle synchronisieren sowie die Produkt- und Preisgestaltung, den Informationszugang, den Kundenservice und die Auftragsabwicklung koordinieren. Wichtige Voraussetzungen sind (u.a. Lee/Kim 2010):

- Verzahnung von Offline- und Online-Kanälen/technische Verknüpfung der Systeme
- Einheitliches Markenbild
- Austauschbarkeit der Kanäle während des nahtlosen Such- und Kaufprozesses
- Informationskonsistenz zwischen den Kanälen
- Realtime-Anbindung und Stammdatenmanagement
- Freiheit der Kunden in der Kanalwahl
- Möglichkeit und Effizienz der kundenindividuellen Ansprache
- Kanalreziprozität.

"Customers don't care about single channels; they care about their individual shopping experiences and preferences and a lot of success in retail is about optimizations to both better serve customers and drive growth initiatives. And that's where omni comes into play ... However, getting omnichannel right is hard; its fate is enmeshed with attribution as the critical concepts that retailers need to firmly grasp and successfully execute upon in order to adapt and grow." (David Gudai, CEO Ideally, www.Corporate.Walmart.com, 9. April 2018).

"I want us to stop talking about digital and physical retail as if they're two separate things. The customer doesn't think of it that way, and we can't either." (Doug McMilon, CEO Walmart, www.shoptalk.com, 20. März 2017).

Merkmale/Ausprägungen

Während des Kaufprozesses und der Customer Journey im Omnichannel Retailing findet für einen Kaufvorgang die Nutzung diverser Kommunikations- und Kanalmöglichkeiten statt. Merkmale eines Omnichannel-Systems sind nicht nur die Zurverfügungstellung einer Mehr- bis Vielzahl von Kanälen, sondern deren vollständige Integration und Verbindung über alle möglichen Schnittstellen/Touchpoints eines Händlers (stationäre Läden, Online-Shops, Mobile Shops/Apps, Social Media usw.). Kennzeichnend ist, dass dem Kunden über die gesamte **Customer Journey** mit einem Händler eine Customer Experience geboten wird. Sie charakterisiert eine neue Form des Kaufprozesses im Omnichannel Retailing, bei dem z.B. innerhalb der Peer Group, über Social Media-Foren oder auch online verfügbare Produkttestberichte bis hin zum Besuch des Online-Shops des stationären Geschäfts und letztendlich der Bestellung per E-Mail, aufeinanderfolgende Besuche von Touchpoints erfolgen (siehe Abb. 3.50). Zwischen dem Gedanken, etwas zu kaufen und dem eigentlichen Kauf können mehrere Stationen mit differenzierter Touchpoint-Nutzung liegen. Andererseits kann eine

Ausprägung des Omnichannel Retailing auch der sog. **No-Line-Handel** sein, bei dem die Grenzen zwischen den Kanälen eines Händlers als fließend betrachtet werden können. Ein Beispiel stellt das Automatic Payment bei Saturn Express in Innsbruck oder bei Amazon Go in Seattle dar. Hier wird dem Käufer durch das manuelle Scannen von Artikeln oder durch einen Griff ins Regal beim Verlassen des Stores der Betrag vom Konto abgezogen. Auch beim **(Automatic) Replenishment** mittels **RFID-Technologie** sind Kanalgrenzen fließend (z.B. durch Dash Buttons, Erfassung der Artikel bei Entnahme aus dem Kühlschrank).

Abbildung 3.50: Customer Journey im Mehrkanalumfeld

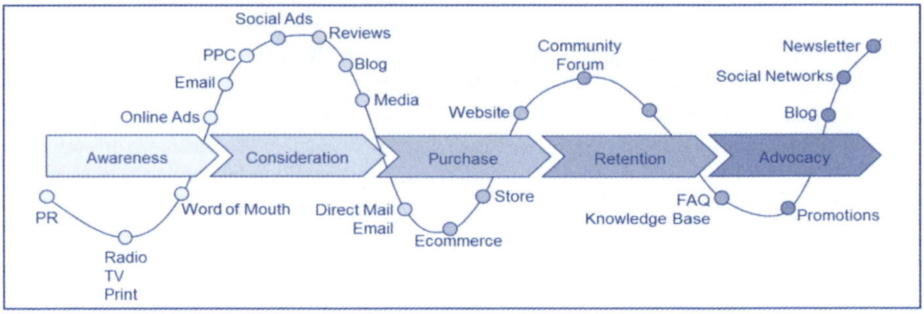

Quelle: Schramm-Klein/Wagner 2016, S. 433.

Wie angedeutet, erfordert **Omnichannel Retailing** weitergehende Kenntnisse und Analysen, so etwa über die Nutzung und Integration der Kanäle über die Kaufphasen. Herausfordernd ist dabei, dass die Touchpoints „retailer-owned, retail partner-owned oder social" sind (bspw. eigene Offline- und Online-Stores, Partner auf Seiten von Lieferanten und Marktplätzen oder Social Media) und damit vom Händler unterschiedlich kontrolliert, koordiniert bzw. mittels des Handelsmarketing-Mix beeinflusst werden können. Beispielhaft können die unterschiedlichen Optionen und Instrumente der Kommunikationspolitik von Handelsunternehmen angeführt werden, die wesentlich die wahrgenommene Positionierung und die „Consumer Experience" (d.h. die kognitive, emotionale, verhaltensbezogene, sensorische und soziale Reaktion während der ganzen Customer Journey, Lemon/Verhoef 2016, S. 71) bestimmt (siehe im Detail Abschnitt F.V. des Vierten Kapitels).

Ferner sind die Kenntnisse und Analysen der Interdependenzen zwischen psychografischen Konstrukten des Kaufverhaltens (wie Motive, Informationssuche usw.) in den Kauphasen und des Einflusses der Marketinginstrumente auf diese im Omnichannel Retailing vordringlich. So werden Motive oder Bedürfnisse ebenso wie die Informationssuche, Auswahl usw. durch die Nutzung unterschiedlicher Touchpoints erfüllt, modifiziert oder neu ausgerichtet. Bspw. ist es für Händler wichtig zu wissen, auf Grund welcher Psychografika Verbraucher im eigenen Online- oder im Offline-Store kaufen, wie diese sich informieren o.Ä. (zu derartigen Means-End-Sichtweisen Foscht/Swoboda/Schramm-Klein 2017, S. 67). Für die Positionierung und Profilierung als Retail Brand ist auch im Omnichannel Retailing der Einsatz der Marketing-Mix-Instrumente vordringlich. Diese variieren je nach Kanal (bspw. in Online- und Offline-Stores und deren Einsatz bzw. v.a. Wirkung kann wiederum mehr oder weniger direkt vom Händler kontrolliert oder koordiniert werden. Abb. 3.51 visualisiert exemplarisch den Offline- und Online-Marketing-Mix eines Handelsunternehmens, dessen Einsatz und v.a. Wahrnehmung das Verhalten in den Kaufphasen ebenso bedingt, wie die wahrgenommene „Customer Experience" und Positionierung. Ein positives, einzigartiges oder konsistentes Kundenerlebnis entsteht dabei durch direkte Kontakte (während des Kaufs) und indirekte Kontakte mit dem Handelsunternehmen (ungeplante Informationen durch Werbung, Weiterempfehlungen, Kritiken, Zeitungsberichte usw.), in deren Zuge bspw. Einstellungen bzw. Images von Objekten gebildet oder geändert werden, was schließlich die Loyalität des Kunden zum Unternehmen und die Profitabilität der Kundenbeziehung bedingt. Hervorzuheben ist, dass die vorhergehende – im Gedächtnis des Kunden verankerte – Positionierung oder die Erlebnisse (i.S.v. Pre-Images, -Experiences oder -Performances) gegenwärtige Handlungen bedingen, i.S. einer dynamischen Sicht.

Abbildung 3.51: Positionierung und Erlebnis im Omnichannel Retailing

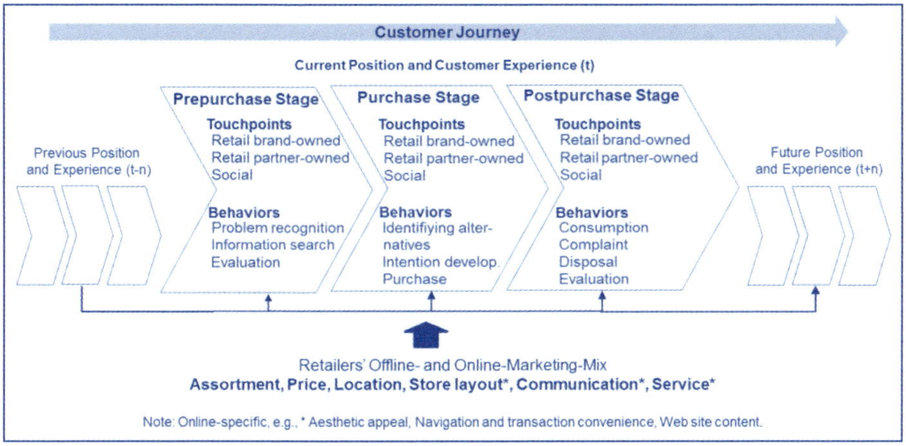

Quelle: i.A.a. Lemon/Verhoef 2016, S. 77; Grewal u.a. 2017, S. 56.

Faktoren des Erfolgs/Misserfolgs

Erfolg im Omnichannel Retailing erfordert, dass die Händler Exzellenz in allen Kanälen aufweisen. Die Erfolgsfaktoren wurden oben genannt. Im Vordergrund der spezifischen Omnichannel-Erfolgsfolgsfaktoren steht die Betrachtung von Aspekten, welche die Integration der Kanäle betreffen. Als wesentlicher Wettbewerbsvorteil und Erfolgsfaktor von Omnichannel-Händlern wird deshalb die **Integrationskompetenz** hervorgehoben (Rittinger 2014, S. 20ff.). Sie bezeichnet die Fähigkeit von Händlern, die Kanäle ihres Mehrkanalsystems nutzenstiftend für ihre Kunden zu verknüpfen (Sousa/Voss 2006). Die Integrationskompetenz trägt dazu bei, dass die Wettbewerbsposition der Händler wesentlich verbessert wird. Studien zur Wirkung von Omnichannel-Systemen zeigen, dass sich ein hohes wahrgenommenes Integrationsniveau zwischen den Kanälen positiv auf die Loyalität der Kunden und ihr Zufriedenheitsniveau mit dem Händler auswirkt (z.B. Chatterjee 2010; Lee/Kim 2010; Schramm-Klein 2011). Channel Integration führt in einigen Studien zu höheren Verkaufszahlen des stationären Geschäfts, gleichzeitig aber zu niedrigeren des Online-Stores (Gallino/Moreno 2014). Weitere Studien zeigen, dass Kunden jeweils den selben Online- bzw. Offline-Shop einer Kette präferieren, insb. wenn die Integration des Sortiments über beide Kanäle hinweg besonders hoch ist (z.B. je für den LEH/Elektronikhandel, Melis u.a. 2015; Emrich/Paul/Rudolph 2015). Mit hoher Integration zwischen den Kanälen kann somit auch Verhaltenstendenzen der Konsumenten, wie **Showrooming** oder **Webrooming**, entgegengewirkt werden (Chiu u.a. 2011).

Eine hoch ausgeprägte Omnichannel-Integrationskompetenz ist dennoch in der bisherigen Handelspraxis eher die Ausnahme. Somit handelt es sich dabei (noch) um eine unzureichende und seltene Fähigkeit von Handelsunternehmen, die Differenzierungspotenzial gegenüber der Konkurrenz ermöglicht. Ein wesentlicher Grund für diese Problematik liegt, wie erwähnt, in der hohen Komplexität (bis hin zur **Überkomplexität**) integrierter Kanalsysteme. Die organisatorischen, strategischen und auch unternehmenskulturellen Herausforderungen sind sehr hoch (z.B. Neslin u.a. 2006; Zhang u.a. 2010), insb. dann, wenn die eingesetzten Kanäle sehr unterschiedliche Charakteristika aufweisen. Misserfolgsfaktoren lassen sich entsprechend darin identifizieren, dass die Integration der Kanäle nicht erfolgreich realisiert werden kann und Inkonsistenzen oder Kombinationsprobleme in der Nutzung durch die Konsumenten auftreten. Einen weiteren zentralen Erfolgsfaktor im Rahmen des Omnichannel Retailing stellt die **Retail Brand** da. Hier ist der Fit zwischen den Kanälen und im Hinblick auf die Retail Brand relevant. Jede weitere Ergänzung und Integration von Kanälen im Omnichannel-System stellt eine Form der Markenerweiterung unter einer einheitlichen Retail Brand dar (Rittinger 2014, S. 26). Vorteile können darin liegen, dass positive Retail Brand-Assoziationen von einem Kanal auf weitere Kanäle übertragen werden, sodass das wahrgenommene Risiko seitens der Konsumenten sinkt, die Markteintrittsbarrieren für die Händler in neue Kanalumfelder gesenkt und das insg. – i.S.v. Gesamtkosten je Kanal – die Marketingkosten reduziert werden (zu entsprechenden reziproken Beziehungen und Effekten zwischen den Kanälen Abschnitt B.V. in diesem Kapitel).

Misserfolgsfaktoren liegen darin begründet, dass Risiken der Markenerweiterung zum Tragen kommen können. So kann aus der Ausweitung eines Omnichannel-Systems auf immer mehr Kanäle eine Verwässerung bzw. Erosion der Retail Brand resultieren, da die Vielfältigkeit der Kanäle zur Retail Brand durch die Differenzierung ausgeweitet wird und damit der Markenkern verschwimmen kann (Kwon/Lennon 2009a). Somit zeigen sich auch hier die Probleme der Komplexität von ausdifferenzierten Omnichannel-Systemen. Zudem bestimmt aus Kundensicht die Historie (bspw. Pre-Images eines ehemaligen Bricks-and-Mortar-Händlers) und die Branche, wie stark reziproke Beziehungen zwischen Kanälen und deren Effekte auf das Kaufverhalten (z.B. Loyalität zum Omnichannel Retailer) aussehen (Swoboda/Weindel/Schramm-Klein 2016).

V. Retail Branding als integrativer Ansatz

1. Begriffliche Abgrenzung und Bedeutung

Das aus dem Markenartikelbereich bekannte Brand-Management hat im Handel eine spezifische Bedeutung, weil die Positionierung von Offline- und Online-Stores als **Retail Brand** den strategischen Rahmen für das Handelsmarketing bildet.[1]

Retail Branding steht für die Markenpolitik eines Handelsunternehmens, wobei die Marke als strategische Leitlinie für das gesamte Handelsmarketing anzusehen ist (Morschett 2002b, S. 108). Retail Brands sind aus Kundensicht nicht beobachtbare Assoziationen im Gedächtnis zu einem Objekt (Konstrukt) und damit nicht mit kompositionell erfassten Images/Positionierung einer Brand zu vergleichen (Swoboda/Weindel/Hälsig 2016).

Die Marke bietet für den Inhaber eines Markenzeichens die Möglichkeit, die Eigenschaften der eigenen Dienstleistungen deutlicher hervorzuheben, ihnen ein Profil zu geben und sie somit von Anbieter abzuheben. Dies ist auf einer Gesamtunternehmensebene oder einer Produktebene möglich. Für interne Anspruchsgruppen (Anteilseigner, Mitarbeiter) und externe Anspruchsgruppen (Konsumenten, NGOs) bilden Marken wichtige Ankerpunkte.

---

[1] Alternativ wird von Betriebstypenmarke, Handelsmarke gesprochen, was unzweckmäßig ist, denn ein einheitlich markierter Multi-Channel-Händler mit diversen Betriebs- und/oder Vertriebstypen eine Retail Brand sein kann. Handelsmarken sind nur vom Händler markierte Artikel (siehe Abschnitt D. im Vierten Kapitel).

- Für **Konsumenten** bieten Marken eine Erleichterung, z.B. sich auf dem Markt zu orientieren (Orientierungsfunktion), wobei mit dem Kauf ein (ideeller) Nutzen, nämlich ein an die Markierung geknüpftes Qualitätsversprechen, bzgl. der Eigenschaften des Produktes oder des Unternehmens, erworben wird. Starke Marken bieten Vertrauens-, Prestige-, Identifikations- oder Qualitätssicherungsfunktionen für Konsumenten.
- Für **Anbieter** dient eine starke Marke v.a. zur Präferenzbildung, d.h. zur Profilierung oder Differenzierung gegenüber der Konkurrenz. Weitere Nutzen sind bspw. preispolitische Spielräume, segmentspezifisch differenzierte Marktbearbeitung, effiziente Wachstumspotenzialerschließung oder Wertsteigerung des Unternehmens.

Letzteres kommt im Begriff des **Markenwerts** (**Brand Equity/Value**) zum Ausdruck, i.d.R. verstanden als monetärer Wert einer Marke und in Abgrenzung zur konsumentenbasierten **wahrgenommenen Brand Equity**. So besteht bspw. der Wert eines Unternehmens nicht nur aus Wachstumspotenzial, Unternehmensimmobilien, Mitarbeiter-Potenzial und Patenten, sondern auch aus dem nicht-materiellen Wert seiner Marke(n). In verschiedenen Ländern ist daher eine Bilanzierung der Marke(n) möglich, ein Grund, warum Unternehmen höhere Börsenwerte als Vermögen haben oder auf Markenrankings achten.

Die Bedeutung des Retail Branding erwächst auch aus der Entwicklung des Handels zum Marketingführer in der Wertschöpfungskette. Handelsunternehmen übernehmen die Markenführerschaft im Absatzkanal. Da sich ferner Konsumenten durch viele Online-Touchpoints zu jeder Zeit und an jedem Ort verbinden und zudem Vertrauen für Kunden eine prädominierte Rolle zukommt, bietet ein nachhaltig und integrativ geführtes Markenmanagement Zukunftspotenziale. Gelingt es, eine Retail Brand in Form von positiven inneren, unverwechselbaren (Gedächtnis-)Bildern in den Köpfen der Kunden aufzubauen, dann handelt es sich um ein Identifikations-, Wahrnehmungs-, und Vertrauenspotenzial, d.h. um einen Erfolgs- bzw. Wettbewerbsfaktor. Die Retail Brand ist in der Lage, ein strategisches Dach für den Einsatz und die Wirkung der Handelsmarketinginstrumente – die der Kunde sieht – zu bilden und zwar offline und online (siehe Abb. 3.52 und das Vierte Kapitel).

Abbildung 3.52 Retail Brand als strategisches Dach

Quelle: Swoboda/Schramm-Klein/Weindel 2016, S. 28.

Die Grundlage bilden die für den Kunden nicht sichtbaren Kompetenzen eines Händlers, so die Informationsprozesse bzw. die Verfügbarkeit von Konsumentendaten. Diese versetzen die Unternehmen in die Lage, wesentlich detaillierter die Bedürfnisse der eigenen Kunden zu erkennen und somit die Grundrichtung der eigenen Markenprofilierung zu bestimmen. Andererseits liefert sie die notwendigen Kenngrößen, die eingesetzten Marketinginstrumente bzgl. der Zielerreichung im Hinblick auf die angestrebte Profilierung zu überprüfen. Auch Prozesse und deren Integration mit Marketing- und Führungsprozessen (bekannt von Vertikalisten, wie Zara, H&M oder Forever21, oder Online-Player, wie Amazon, Alibaba, eBay) sind eine Basis. In Summe kann eine starke Retail Brand als Dach genutzt werden, das den darunter angebotenen Leistungen zugutekommt und umgekehrt – allerdings nur bei Beachtung der Transfereffekte.

2. Ziele und Entscheidungsoptionen

Die Ausführungen erinnern insb. an die in Abschnitt B.I.2. in diesem Kapitel behandelten theoretischen Positionierungsräume. Retail Branding wird dennoch hier aus zwei Gründen separat betrachtet und als integrativer Ansatz gesehen.

Zum einen resultieren die Besonderheiten aus dem Dienstleistungscharakter, der aber den Erfolg bestimmt. So ist auf Grund der intangiblen Leistungselemente das Vertrauen der Kunden in den Anbieter ein zentraler Erfolgsfaktor und zugleich eine zentrale Funktion der Marke. Andererseits sind Retail Brands durch enorme Komplexität gekennzeichnet. Diese geht v.a. einher mit einer schwierigen Standardisierbarkeit, da der Handelskontakt häufig über diverse Offline- und Online-Touchpoints und mit einer kanalspezifisch oder lokal unterschiedlichen Marketing-Mix-Gestaltung einher. Branding ist in Abgrenzung zur Industrie komplexer, weil Handelsunternehmen i.d.R. komplexere Markenarchitekturen haben und Markenentscheidungen auf mehreren Hierarchieebenen treffen:

- Unternehmensebene (**Corporate Brand**)
- Betriebs- und Vertriebstypenebene (**Channel Brand**)
- Offline- oder Online-Stores (**Store Brand**)
- **Produktebene** (Handelsmarken).

In welcher Beziehung die Ebenen zueinanderstehen – also, ob z.B. die Produktebene und die Retail Brand oder die Brand der Channels aus Sicht der Kunden interagieren – folgt strategischen Überlegungen und wird im übernächsten Abschnitt aus Kundensicht diskutiert. Da sich die Einzelhandelslandschaft radikal verändert, wird es bspw. herausfordernd sein, die Retail Brand der Offline- und Online-Kanäle mit demselben Markennamen zu betrachten (Swoboda/Weindel/Schramm-Klein 2016).

Für die Bestimmung des Markenwertes bestehen diverse Möglichkeiten. Objektive Modelle nutzen spezifische Bewertungsschemata, wobei keine Übereinkunft über die Basis der Bewertung existiert, d.h. Umsatz-, Erfolg- oder verhaltenswissenschaftliche Größen bilden, unterschiedlich kombiniert, die Basis der Markenwertberechnung. Das Interbrand-Ranking ermittelt bspw. die Top-Marken im Hinblick auf den **„objektiven Markenwert“**. [1] Im Jahr 2017 befinden sich mehr Händler oder Vertikale unter den Top 40 als noch vor einigen Jahren, so Amazon (#5), McDonalds (#12), Louis Vuitton (#19), H&M (#23), Zara (#24), Ikea

[1] Dieser Markenwert resultiert aus drei Schritten. (1) Die Finanzanalyse erfasst den Gewinn der Marke (nach Steuern, mittels Thomson Reuters- und Geschäftsberichtsdaten). (2) Die Nachfrageanalyse erfasst den Anteil der Kaufentscheidung, die der Marke zugeschrieben werden (im Ggs. zu Entscheidungskriterien wie Preis, Produktattribute usw.) und basiert v.a. auf Expertenpanels und primären Studien. (3) Die Wettbewerbsanalyse ermittelt die Stärken/Schwächen der Marke und darauf aufbauend Markenrisiko/Diskontrate. Da Markenerträge mit einem markenverbundenen Risiko behaftet sind, werden sie entsprechend diskontiert (z.B. bzgl. der Stärke der Marke im Wettbewerbsvergleich). Das Ranking ist kompositionell: Eine Komponente, wie der Gewinn, kann durch andere aufgewogen, d.h. Interdependenzen werden nicht berücksichtigt.

(#25), Hermès (#32) oder eBay (#34). In europäischen Studien finden sich Aldi, Lidl, Edeka, Mediamarkt, Kaufland, dm-drogerie markt und Rewe unter den Top 40 (siehe Tab. 3.2).

Tabelle 3.2 „Objektiv" bewertete Retail Brands in ausgewählten Branchen/Bereichen

Stärkste Retail Brands (Wert von 0-10)					
LEH		**Bekleidung**[1]		**Drogerien/Parfümerien**	
Edeka	8,32	C&A	7,16	dm-drogerie markt	7,79
Aldi	7,67	H&M	6,68	Rossmann	7,27
Lidl	7,23	Karstadt	6,62	Müller	6,76
Rewe	7,22	Esprit	6,53	Douglas	6,75
Elektro		**Bau-/Heimwerkermärkte**		**Versand/Online**	
MediaMarkt	7,22	Obi	6,95	Amazon	8,32
Saturn	6,68	Bauhaus	6,39	Ebay	7,54
Conrad	6,54	Hornbach	6,38	Otto	6,92
Expert	5,96	Hagebau	6,05	Zalando	6,28

Quelle: BBDO Consulting GmbH 2014. [1]

Die „objektiven" Markenwertmodelle vernachlässigen die Rolle sowie die subjektive Wahrnehmung des Kunden weitgehend, als auch betriebs-/vertriebsformenspezifische, regionale oder lokale (Wettbewerbs-)Unterschiede im Handel. Im modernen Markenverständnis gilt eine Marke oft erst dann als erfolgreich, wenn die Zielgruppe imstande ist, den Anbieter auch **ohne Markenzeichen** – etwa anhand von Angebotseigenschaften – zu identifizieren. Dazu erstreckt sich eine Marke neben dem Markenzeichen auch auf alle Ergebnisse des Marketing-Mix, die der Inhaber und die Zielgruppe der Marke als charakteristisch für die Marke ansehen. Wie angedeutet, werden kaufentscheidende Eigenschaften als „markenprägend", also als Treiber einer Retail Brand bezeichnet. Diese werden vom Unternehmen eingesetzt, über deren Wirkung entscheidet jedoch die Zielgruppe. Insofern sind auch beim Retail Branding eine Innen- und Außenperspektive zu berücksichtigen (siehe Abb. 3.53).

- Die interne Unternehmens- oder Managementsicht umfasst die **Markenidentität**, d.h. diejenigen raumzeitlich gleichartigen Merkmale der Marke, die aus Sicht der internen Zielgruppen in nachhaltiger Weise den Charakter der Marke prägen. Unternehmerische Visionen oder die Herkunft bilden die beiden Basiselemente, welche die internen Festlegungen bzgl. der Persönlichkeit, der Werte oder der Kompetenzen einer Marke prägen. Diese integrativ festgelegten Elemente führen zur definierten Leistung, deren Vermarktung durch die Gestaltung des Marketing-Mix erfolgt.
- Aus externer Kundensicht sind Retail Brands Vorstellungsbilder im Gedächtnis, die von allen wahrgenommenen Signalen beeinflusst werden, sich jedoch langsam über die Zeit bilden. Die Gedächtnisverankerung wird als Assoziation, wahrgenommene Profilierung oder als Markenwert gesehen. (1) Sie ist mehrdimensional, wie es üblicherweise bei Einstellungen zum Objekt der Fall ist, und spiegelt die im Gedächtnis verankerten **Assoziationen** zur Marke wider (Markenbilder). (2) Sie ist zugleich das Ergebnis der individuellen, subjektiven Wahrnehmung und Dekodierung aller von einer Retail Brand ausgehenden Signale. (3) Sie umfasst, neben dem subjektiven

[1] BBDO setzt sieben Größen beim Markenwert ein: Drei Faktoren (Umsatzentwicklung/-profitabilität, Entwicklungsfaktoren) bilden das Marktumfeld ab und werden zur Markenqualität aggregiert. Der Faktor Markenqualität wird mit vier Faktoren (Internationale Ausrichtung, werbliche Unterstützung, Markenstärke im Segment und Image) in einen Gesamtwert transferiert, der als Gewichtungsfaktor (EBIT) einfließt. Der monetäre Markenwert ergibt sich aus dem Produkt des Gewichtungsfaktors und dem mittleren EBIT der letzten drei Jahre. Auch das Modell ist kompositionell und beruht auf finanzwirtschaftlichen Kennzahlen, die für viele Handelsunternehmen (z.B. inhabergeführte Stiftungen oder Genossenschaften) nur geschätzt werden können.

Markenwissen über die Leistungen, Vision und Herkunft auch die Bewertung der Markeneignung zur Bedürfnisbefriedigung (i.d.R. funktionaler Markennutzen, wie Qualität und Preis-Leistung, oder psychologischer Nutzen wie Erlebnis und Soziales).

Abbildung 3.53: Bildung von Retail Brands

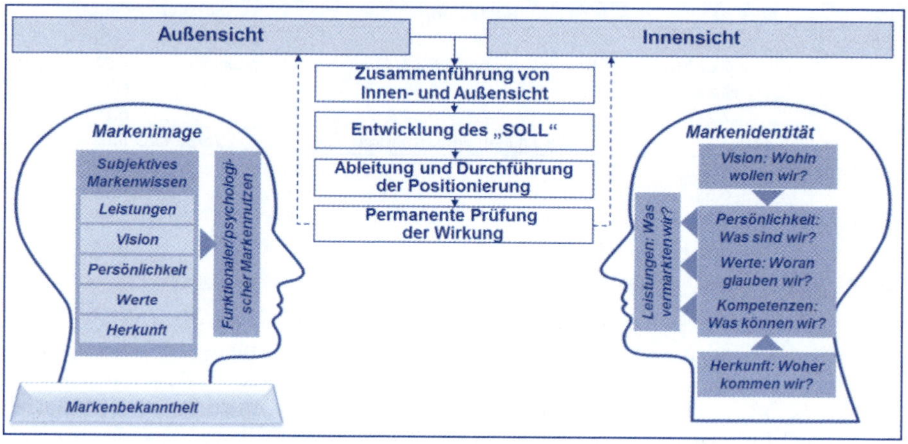

Die „Kunst" ist es, die Inside-out-Perspektive und die Outside-in-Perspektive in Einklang zu bringen. Traditionell dominiert jedoch die subjektive Outside-in-Perspektive, v.a. in der Forschung. In Unternehmen sind Soll-Ist-Analysen und -Aktionen durchzuführen. Retail Branding bedeutet Profilierung des Händlers, seiner Channels und Einkaufsstätten. Dies soll dann zu einer stimmigen Integration aller Marketinginstrumente und der Entwicklung eines spezifischen Markenbildes führen. Marketinginstrumente wie Offline- oder Online-Sortiments-, Preis-, Kommunikations-, Servicepolitik und In-Store-Management (offline: Standort oder online: Layout) determinieren dabei, gestützt auf dem Daten- und Informationspool, die strategische Profilierung als starke Marke. Prinzipienabbildung 3.54 zeigt am Markenbild von H&M, dass H&M v.a. durch Preis und Lifestyle/Werte (bspw. einer jungen Zielgruppe) und ergänzend durch die breite (Sortiments-)Auswahl geprägt ist und hierzu v.a. die Marketinginstrumente Preis, Kommunikation und Sortiment einsetzt. Anders ist dies bei Hornbach.

Abbildung 3.54: Markenbilder als Kombination von Marketinginstrumenten

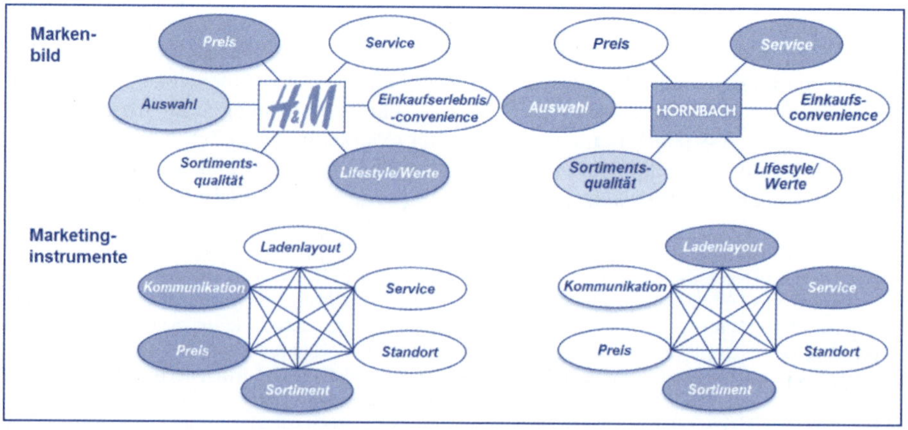

Empirische Studien gehen allerdings darüber hinaus. Die Konzeptualisierung, die Messung und das methodische Vorgehen bei der Analyse von Retail Brands unterscheiden sich in mehrfacher Hinsicht von Positionierungsstudien. Positionierungsstudien sind deswegen kompositionell, weil sie i.d.R. ausgewählte Marketinginstrumente nutzen, um auf dieser Basis zur Positionierung von Objekten in einem Merkmalsraum zu gelangen (siehe bspw. Abschnitt B.III.2. in diesem Kapitel). Dies ist beim Retail Branding anders, wie verdeutlicht. Entsprechende empirische Studien erheben das Markenbild durchgehend als Konstrukt, i.S. einer starken Marke oder im Handel als Retail Brand Equity (RBE), und untersuchen bspw., welche der wahrgenommenen **Marketinginstrumente als Treiber der Retail Brand** für Offline- oder Online-Unternehmen oder im Branchenvergleich wichtig sind. Abb. 3.55 zeigt auch, dass in Studien zur Positionierung/Image oder zur RBE kein Konsens über die relevanten Marketinginstrumente herrscht.

3. Profilierungsansätze und Branchenvergleich

Voraussetzungen

Eine starke, attraktive, einprägsame und einzigartige Retail Brand hat eine starke Wirkung auf das Konsumentenverhalten. Wollen also Omnichannel-Händler der Praxis von Konsumgüterherstellern folgen und ihren strategischen Fokus auf den Aufbau starker Retail Brands legen, um Kunden an sich zu binden, dann müssen Sie sich mit diversen Voraussetzungen beschäftigen. Folgt man dem o.g. Markenwertmodell, dann können folgende (Forschungs-)Fragen gestellt werden:

- Was sind die bekanntesten bzw. die im Gedächtnis der Konsumenten präsentesten Händler einer Branche und welche einzigartigen Assoziationen verbinden Konsumenten mit starken Retail Brands?
- Was sind die dominierenden Treiber der Wahrnehmung einer starken Retail Brand und unterscheiden sich diese in den wichtigsten Handelsbranchen?

In der ersten Frage sind klassischer Bekanntheits- und Assoziationstest für jeden einzelnen Händler gemeint. Hier kann ein Offline- oder Online-Händler mit relativ wenig Aufwand ermitteln, wie viele Assoziationen (i.S. der Stärke der Verankerung im Gedächtnis) und welche Assoziationen (i.S. der Anzahl der Nennungen die bspw. einem spezifischen Marketinginstrument zugeordnet werden) ein Kunde mit dem Händler hat (vgl. zu Methodik und zu empirischen Beispielen Swoboda/Schramm-Klein/Weindel 2016, S. 79ff.).

Darüber hinaus sollte ein Handelsunternehmen v.a. wissen, welche Marketinginstrumente in der Wahrnehmung der Kunden seine Position als starke Marke primär bestimmen. Dies geht über die strukturentdeckenden Bekanntheits- und Assoziationstest hinaus und adressiert Dependenzanalysen, d.h. die wahrgenommene Retail Brand wird abhängig von den wahrgenommenen Handelsattributen (Marketinginstrumenten) modelliert. Angenommen wird, dass unterschiedliche Marketinginstrumente die Retail Brand unterschiedlich stark bestimmen bzw. treiben. Je stärker dies erfolgt, desto bedeutender ist das jeweilige Instrument für die Positionierung als Retail Brand. Des Weiteren ist es üblich zu untersuchen, inwiefern die Marketinginstrumente oder die Retail Brand das Kaufverhalten der Kunden bestimmt, bspw. die Loyalität. Dies spiegelt zugleich eine typische Basismodellierung in Studien zum Retail Branding aus Kundensicht wider. Zusätzlich kann das Zusammenspiel (Fit, i.S. wahrgenommene Abstimmung oder Konsistenz) der Marketinginstrumente betrachtet werden, und zwar unternehmens- oder handelsbranchenspezifisch. Der Zusammenhang Marketing-Mix-Retail-Brand-Loyalität variiert in diversen Handelsbranchen auf Grund von Nachfrage- und Wettbewerbsspezifika. Dieses wird im Folgenden besprochen.

Abbildung 3.55: Review von ausgewählten Store Image- und Retail Branding-Studien

Study on	Allaway u.a. (2011)	Arnett/Laverie/Meiers (2003)	Badrinarayanan u.a. (2012)	Baker/Grewal/Parasuraman (1994)	Beristain/Zorrilla (2011)	Berry (1969)	Birtwistle/Clarke/Freathy (1999)	Buil/De Chematony/Martínez (2013)	Cornelius/Natter/Faure (2010)	Das (2015)	Datta/Ailawadi/van Heerde (2017)	Diallo (2012)	El Hedhli/Chebat (2009)	Gil-Saura u.a. (2013)	Hartman/Spiro (2005)	Herstein/Gilboa/Gamliel (2013)	Hsu/Huang/Swanson (2010)	Jara/Cliquet (2012)	Jinfeng/Zhilong (2009)	Kremer/Viot (2012)	Kunkel/Berry (1968)	Kwon/Lennon (2009b)	Liljander/Polsa/Van Riel (2009)	Lindquist (1974)	Martineau (1958)	Mazursky/Jacoby (1986)	Merrilees/McKenzie/Miller (2007)	Pan/Zinkhan (2006)	Pappu/Quester (2006)	Pappu/Quester (2008)	Rich/Portis (1964)	Rungtrakulchai (2018)	Schiffman/Dash/Dillon (1977)	Steenkamp/Wedel (1991)	Swoboda/Weindel/Hälsig (2016)	Swoboda/Berg/Dabija (2014)	Swoboda u.a. (2007)	Yoo/Donthu/Lee (2000)	Zentes/Morschett/Schramm-Klein (2008)	Zimmer/Golden (1988)
Store/retailer image			x	x	x	x	x		x			x	x			x	x			x	x	x	x	x	x	x	x	x			x		x	x					x	x
RBE[1]	x	x			x			x		x	x		x	x	x			x	x										x	x		x			x	x	x	x		
Retail sector	1	2	1-6	6	1	5	2	2/3/	2,3,	5	1-6	1	5	1,2,	-	2	1	1	1			2	2			5	2		2/5	2	5	3	3/5	1	1-4	1	1-4,	2-3	1-3,	5
Study type	e	e	e	e	e	e	e	e	e	e	e	e	e	e	c	e	e	e	e	e	c	e	e	c	c	e	e	m	e	e	e	e	e	e	e	e	e	e	e	e
Retail attributes																													-	-									-	
Assortment[2]	x	x		x	x	x	x	x		x		x	x	x		x	x	x		x	x	x	x	x		x	x	x			x	x	x	x	x	x	x	x		x
Price[3]	x	x	x		x	x	x			x	x			x		x		x	x	x	x					x	x	x			x	x	x	x	x	x	x	x		x
Layout[4]	x		x	x	x	x	x			x	x	x	x	x			x	x	x		x	x	x	x	x	x	x	x			x			x	x	x	x			
Communication[5]						x		x	x	x	x			x		x	x				x			x	x		x								x	x	x	x		
Service[6]	x	x	x	x	x	x	x				x	x	x	x		x	x	x	x	x	x	x		x	x	x		x			x		x		x	x	x			x
Location[7]	x					x							x				x		x		x	x		x		x		x			x		x			x				x
Guarantee/refund policy			x				x																			x							x							
After sales efforts[8]	x																							x																
Community involvement	x				x																																			
Institutional factors																			x					x																
Symbols																x									x															
Personal/social aspects																x																								
Clientele																								x																
Homepage content[9]			x																																					

Note: Retail sectors: 1=grocery, 2=fashion, 3=electronics, 4=DIY, 5=department stores/malls, 6=further sectors; Study type: c=conceptual; e=empirical; m=meta-analysis; Because of the various conceptualizations, the constructs include [1]retailer chains/store brand equity, [2]assortment, merchandise, merchandise quality, [3]price, price performance, [4]store layout, atmosphere, design, [5]communication, advertising, events, [6]service, personnel, checkout, [7]location, accessibility, [8]efforts to keep customers, loyalty programs/post transaction satisfaction, [9]navigation convenience, transaction convenience.

Consumer Based Retail Brand Equity (RBE): Konzeptualisierung und Messung

„Consumer based RBE occurs when the consumer has a high level of awareness and familiarity with the brand and holds some strong, favorable, and unique brand associations in memory." Dieses findet sich bspw. bei Keller (1993) und seiner Konzeptualisierung wieder, in der RBE dadurch charakterisiert wird, dass sie einen Wiedererkennungs- oder Erinnerungswert hat (Bekanntheit) und dass mit ihr bestimmte Eigenschaften verbunden werden (Image, siehe Abb. 3.56). Die Bekanntheit bildet die Grundlage, da innerhalb der Zielgruppe unbekannte Marken bzgl. ihres Markenwerts kaum bewertet oder in der Kaufsituation in Betracht gezogen werden können.[1]

Abbildung 3.56: Markenwertdimensionen

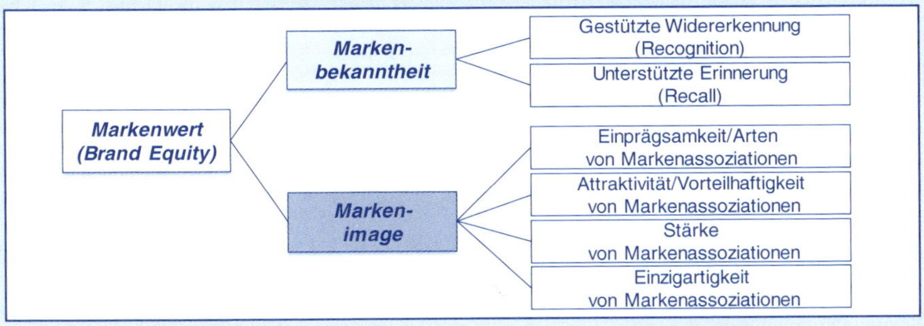

Die Messung der Assoziationen kann in Tiefeninterviews erfolgen. In diesen wird die emotionale/kognitive Einprägsamkeit, die starke (i.S. Quantität und Qualität der Nennungen, i.S. Verankerung im Gedächtnis) oder die wesentlichen Unterscheidungsmerkmale widerspiegelnder Assoziationen erfasst. In Abb. 3.57 sind eindeutige Messungen des Konstrukts RBE – in Abgrenzung zum Image, das kompositionell gebildet wird – dargestellt (validierte Skalen mit vier Fragen), die in empirischen Studien als Konstrukt genutzt werden.

Abbildung 3.57: Messung der RBE

Würden Sie [Online-Händler ...] gegenüber den Wettbewerbern bevorzugen? Bitte beurteilen Sie folgende Aussagen auf einer Skala von [bspw.] (1) „stimme gar nicht zu" bis (5) „stimme voll und ganz zu".

Kurzversion

- [...] __ ist eine starke Marke.
- [...] __ ist eine bekannte Marke.
- [...] __ ist eine attraktive Marke.
- [...] __ ist eine einzigartige Marke.

Langversion

- Stärke: [...] __ (1) ist aus meiner Sicht eine starke Marke, (2) ist eine Marke, die ich spontan mit etwas verbinde, (3) ist mir vertraut, (4) ist eine Marke, mit der ich bestimmte Charakteristika assoziiere.
- Einzigartigkeit: [...] __ (1) ist aus meiner Sicht eine einzigartige Marke, (2) grenzt sich positiv von Wettbewerbern ab, (3) ist keine gewöhnliche Marke, (4) bietet Zusatznutzen.
- Vorteilhaftigkeit: [...] __ (1) ist eine Marke, die ich mag, (2) ist aus meiner Sicht eine gute Marke, (3) ist eine Marke, die ich mit positiver Erfahrung verbinde, (4) ist die bevorzugte Marke.

Quelle: Verhoef/Langerak/Donkers 2007; Keller 2010.

[1] Bei der gestützten Erinnerung (Aided Recall Test) werden bspw. aus einer Liste von Retail Brands (Gedächtnisstützen) die bekannten ausgewählt (i.d.R. wird sich auch an das erinnert, was nicht im Kaufprozess genutzt wird). Bei ungestützten Erinnerungsverfahren (Unaided Recall Test) wird ohne Hilfestellung gefragt, an welche Brands sich erinnert wird, bzw. was als relevant für die Kaufentscheidung anzusehen ist. Ferner ist – ohne Abbildung – die intensive aktive Markenbekanntheit (Top of Mind) wichtig, i.S. an erster Stelle, also primär im Gedächtnis verankerte Brand (i.d.R. bevorzugte Einkaufsstatte). Eine dominierende Marke (exklusive Markenerinnerung) liegt vor, wenn der Verbraucher keine sonstigen Alternativen kennt, was selten ist.

Merkmale/Ausprägungen

Als einer der ersten legte Morschett (2002b) eine Forschungsstudie zu Retail Branding vor (siehe Abb. 3.58). In weiter Anlehnung an das o.g. Markenwertmodell werden die Markenbekanntheit und Markenwertschätzung als Dimensionen der Stärke einer Retail Brand konzeptualisiert. Die **Wertschätzung** einer Retail Brand resultiert zwar aus dem Bild, das ein Konsument von Offline- und Online-Händler hat. Sie wird mit Fragen zur Sympathie, Verbundenheit, Differenzierung erfasst und zugleich mit nachgeordneten, eigentlich resultierenden Variablen, wie Vertrauen oder Weiterempfehlungsabsicht. Preisniveau, Leistungsqualität, Leistungsumfang, Standort und Fit bilden die wahrgenommenen Angebotsleistungen. Insgesamt fokussiert dieses grundlegende Wirkungsmodell einzelne Händler im LEH.

Abbildung 3.58: Wirkungsmodell diverser Wahrnehmungen auf den Markenwert

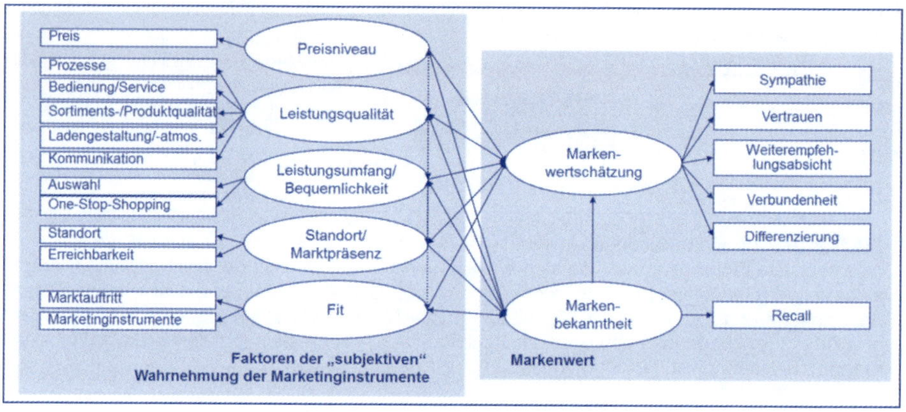

Quelle: Morschett 2002b, S. 453.

Weitergehende, branchenspezifisch und branchenübergreifende Betrachtungen sind notwendig. In einer entsprechenden Studie werden wahrgenommene Attribute (absatzpolitische Instrumente) als Treiber der RBE – konsistent erfasst mit Verhoef/Langerak/Donkers (2007) – und der intentionalen Loyalität (adaptiert von Bouzaabia/van Riel/Semeijn 2013; Zeithaml/Berry/Parasuraman 1996) konzeptualisiert (siehe Abb. 3.59; kontrolliert werden diverse Variablen).[1] Die Ergebnisse des Vergleichs von vier Branchen zeigt Tab. 3.3.

Während für den LEH das Sortiment und der Preis dominant bedeutend sind, kommt im Fashioneinzelhandel die Ladengestaltung als Treiber der Retail Brand als wichtiger Faktor hinzu. Interessant erscheint weiterhin, dass im Elektrohandel der Preis, die Kommunikation und der wahrgenommene Service sowie im DIY v.a. der Service, gefolgt vom Sortiment und der Ladengestaltung, für die Bildung einer starken Retail Brand wichtig sind, während der Preis kein primär geeignetes Mittel zur Differenzierung aus Sicht der Konsumenten ist. Im Einzelhandel mit Möbeln sind – ohne Darstellung – Sortiment, Preis und Ladenlayout dominant (Swoboda/Schramm-Klein/Weindel 2016, S. 128).

[1] Bekanntheit ist die Voraussetzung für die Bewertung der RBE eines Händlers; sie wurde nicht als Konstrukt konzeptualisiert: „Each respondent was first asked to name as many as three retailers that he/she knew and frequently shopped at in the observed sector. The interviewers then randomly selected one of the previously mentioned retailers for the respondents to evaluate during the course of the interview. In total, seven grocery, twenty-four fashion, five electronics, and four DIY retail chains were evaluated, which may be regarded as representative of the retail structures in these sectors" (Swoboda/Weindel/Hälsig 2016, S. 271).

Abbildung 3.59: Wirkungsmodell der wahrgenommenen Marketing-Mix auf die RBE sowie intentionale Loyalität im Branchenvergleich

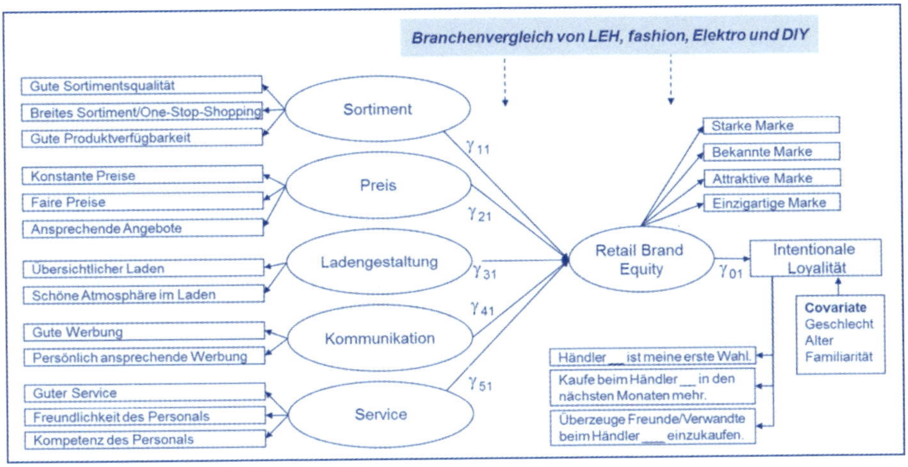

Quelle: i.A.a. Swoboda/Weindel/Hälsig 2016, S. 268.

In Summe: Das Repertoire an Marketinginstrumenten für den Aufbau einer erfolgreichen Retail Brand in Handelsbranchen variiert. Konsumenten verbinden branchenspezifische Attribute mit starken Retail Brands und Händler sollten diese Haupttreiber primär als Steuerungsinstrumente nutzen. Allerdings gelten die Ergebnisse im Durchschnitt der Branche und weichen für einzelne Händler sicherlich ab. Ebenso müsste eine entsprechende Studie bei Multichannel-Unternehmen v.a. bzgl. spezifischer Online-Marketinginstrumente angepasst werden (Kwon/Lennon 2009a; Swoboda/Weindel/Schramm-Klein 2016).

Tabelle 3.3: Branchenspezifische Ergebnisse

(N=2112)	LEH	Fashion	Elecktro	DIY
RBE → Intentionale Loyalty	0,746 ***	0,610 ***	0,638 ***	0,672 ***
Sortiment → RBE	0,326 ***	0,356 ***	0,150 **	0,287 ***
Preis → RBE	0,279 ***	0,337 ***	0,200 ***	0,120 ***
Layout → RBE	0,192 ***	0,297 **	0,137 ***	0,190 **
Kommunikation → RBE	0,124 **	0,095 *	0,309 ***	0,115 **
Service → RBE	0,184 ns	0,122 **	0,370 ***	0,344 ***
Kovariate				
Geschlecht	0,045 ns	0,014 ns	-0,016 ns	0,020 ns
Alter	-0,071 *	0,046 ns	-0,024 ns	-0,111 **
Familiarität	0,241 ***	0,057 ns	0,019 ns	0,004 ns

*p < 0,10; **p < 0,05; ***p < 0,01; ns=nicht signifikant; β=standardisierte Koeffizienten; CFI 0,916; TLI 0,904; RMSEA 0,056; SRMR 0,058; $\chi^2(1522)$ 4.038,217.

Lesebeispiel: In LEH hat die Retail Brand einen starken Einfluss auf die Loyalität (0,746). Retail Brand wird am stärksten durch Sortiment und Preis bedingt (0,326; 0,279) während Layout (0,192) und Service insignifikant wirken.

Quelle: i.A.a. Swoboda/Weindel/Hälsig 2016, S. 272.

Faktoren des Erfolgs/Misserfolgs

Der Erfolg des Retail Branding ist idealtypisch unternehmensspezifisch zu betrachten. In Abgrenzung zu klassischen Produktmarken sind dennoch einige Faktoren zu nennen:

- Auf Grund der intangiblen Leistungselemente sind Vertrauen, Sympathie und Verbundenheit der Konsumenten zentrale Erfolgsfaktoren, auch bei der Retail Brand.

- Retail Brands sind komplex, da sie aus den Dienstleistungscharakteristika der Handelsleistung resultiert. Während Hersteller relativ wenige Produkte unter einer Marke führen, Produktionsqualitätsprüfungen usw. durchführen können, sind es im Handel oft eine Vielzahl von Verkaufsstellen mit vielen Mitarbeitern, die mit unterschiedlichen Kunden kommunizieren und teilweise unterschiedliche Leistungsbündel anbieten, weshalb eine einheitliche Markenbotschaft kaum vorliegt. Umso wichtiger ist die Konsistenz und Kontinuität der Strategie und der Instrumentaleinsätze.
- Während Hersteller ihre Märkte segmentieren, erfolgt dies im Handel, v.a. im LEH, nur begrenzt. Die Outlets im Filialnetz sind i.d.R. in mehr oder weniger heterogenen Umfeldern tätig und großflächige Handelsunternehmen müssen die gesamte Bevölkerung im Einzugsgebiet ansprechen. Dies erfolgt z.T. stationär und online. Letzteres bietet den Vorteil der flächendeckenden sowie möglichen, individuellen Kundenansprache.
- Ferner ist – wie erwähnt – durch den direkten Kontakt zwischen Handelsunternehmen und Konsument eine multimodale Beeinflussung möglich. Hierbei tragen stationär bspw. die Raumgestaltung, akustische Einflüsse oder olfaktorische Reize (z.B. durch den Duft der Brottheke) sowie online das Content-Design (z.B. Webdesign und Benutzerfreundlichkeit) zum Retail Branding bei.
- Schließlich setzen zunehmend viele Händler das Retail Branding ein, allerdings kontrollieren sie relativ selten (im Vergleich zur Industrie) die Übereinstimmung zwischen Innen- und Außensicht und von Corporate Brand und Retail oder Store Brand. Dabei ist anzunehmen, dass je stärker die Verknüpfung der Corporate Brand mit der Store Brand ist, umso stärker ist die Wirkung auf das Kaufverhalten.

4. Interdependenzen: Corporate, Channel, Store und Product Branding

Der Handlungsraum für das Branding von Handelsunternehmen umfasst mehrere Ebenen:

- **Corporate Branding** (Ebene des Gesamtunternehmens)
- **Channel Branding** (Ebene der Be- und Vertriebstypen bzw. Vertriebslinien bei diversifizierten oder Omnichannel-Unternehmen)
- **Store Branding** (Ebene der Einkaufsstätten, einzelne Offline- oder Online-Stores)
- **Product Branding** (d.h. die Ebene der Handelsmarken).

Wenn also ein Handelsunternehmen Branding aktiv einsetzen will, ist die Kundenwahrnehmung auf diesen unterschiedlichen Ebenen relevant und die Frage ist vordringlich, welche Interdependenzen zwischen den Ebenen bestehen (siehe Abb. 3.60).

Letztere können vertikal und down-stream- oder up-stream sein. Stützen bspw. die Aktivitäten auf der Corporate Ebene (so Corporate Communication) die Kundenwahrnehmung der Offline- und Online-Stores (Down-stream-Wirkung), oder stützen die Maßnahmen in den Stores, welche die Kunden oft besuchen, die Wahrnehmung der Gesamtunternehmung (Up-stream-Wirkung). Dieses ist interessant, weil eine Corporate Brand einheitlich im spezifischen Marktumfeld (so im Land) eingebettet ist, während die Retail bzw. Store Brands lokal unterschiedlichen Wettbewerbssituationen und somit Wahrnehmungen unterliegen. Selbst bei Monobetriebstypenunternehmen, wie Ikea, Aldi, Media Markt, sind die Corporate und Store Brand unterschiedlich und interdependent; bei Rewe und Vertriebsschienen, wie Rewe Supermärkte, Rewe City, Toom Warenhäuser oder Penny Discounter usw., ist dies noch komplexer (vgl. auch die Fallstudie Coop in Abschnitt E des Dritten Kapitels).[1]

---

[1] In dieser Betrachtung wird die Markierung unterschiedlicher Betriebstypen, wie bei Edeka (mit Edeka center, Edeka neukauf oder Edeka aktiv markt), außen vorgelassen.

Weitere vertikale Interdependenzen bestehen zwischen Corporate Brand bzw. Offline- oder Online-Store Brand und der Produktebene (insb. Handelsmarkenebene), so zwischen der Corporate Brand Rewe und den Handelsmarken („private lables") ja! oder Rewe-Bio.

Abbildung 3.60: Interdependenzen zwischen Branding-Ebenen in Handelsunternehmen

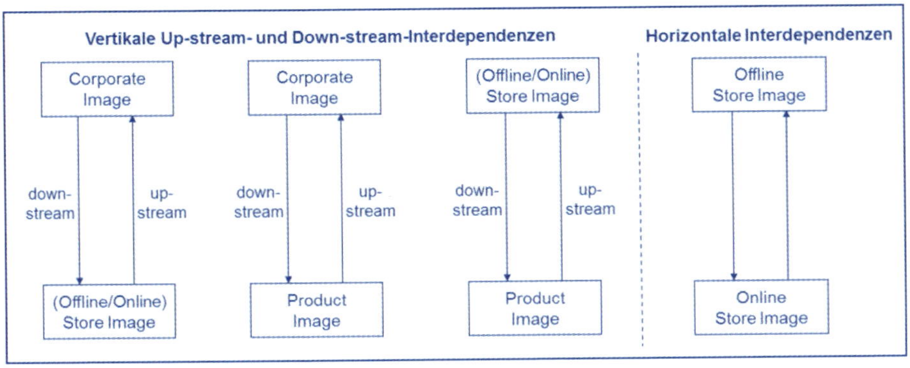

Neben den vertikalen sind **Interdependenzen zwischen Vertriebskanälen** relevant. So muss zwischen Offline und Online Store Image oder Brand Equity unterschieden werden, da beide unterschiedlich wahrgenommen werden können. Der Zusammenhang kann als horizontale Interdependenz bezeichnet werden. Nachfolgend werden v.a. Studien zu vertikalen Interdependenzen zwischen Corporate und Store Ebene aufgegriffen, gefolgt von Studien bzgl. der Interdependenzen zwischen Offline und Online RBE.

Interdependenzen zwischen Corporate und Store Ebene

Die Interdependenzen zwischen Kundenassoziationen auf unterschiedlichen Wahrnehmungsebenen ist unzweifelhaft, aber nur wenige Studien widmen sich diesen Beziehungen reziprok (d.h. erfassen sie simultan). Erste Konzeptualisierungen von Interdependenzen zwischen Corporate- und Store-Ebene wurden bereits von Atkin (1962) und Stanley/Sewall (1976) adressiert. Helgesen/Håvold/Nesset (2010) untersuchen für einen Filialhändler zwei Wahrnehmungsebenen und zeigen, dass Chain Image das Store Image positiv beeinflusst (Top-down). Weitere Studien adressieren Bottom-up-Effekte von Private Labels auf das Store Image und Top-down-Effekte von Shopping Center-Images auf Store Image (bspw. Chebat/Sirgy/St-James 2006).[1] Allerdings betrachten nahezu alle existierenden Studien die Interdependenz empirisch nur in eine Richtung, auch wenn eine wechselseitige Beziehung angenommen wird. Eine Ausnahme bilden Kwon/Lennon (2009b), die Interdependenzen zwischen „Beliefs und Attitudes" von Offline- und Online-Brands eines Händlers analysieren. Allerdings ist dies kontextspezifisch und sie betrachten kreuzweise Beziehungen zwischen den Kanälen, nicht reziproke Interdependenzen. Auch Nguyen/Leblanc (2001) beabsichtigen, die Zusammenhänge zwischen Reputation und Image zu analysieren, betrachten aber nur einen Interaktionsterm. Somit ist die Richtung der Interdependenz zwischen Corporate und Store Brand unklar. Dabei kann bspw. mittels kognitiver Theorien (z.B. Schemata, assoziative Netzwerke) begründet werden, dass ein Konsument in einer Kaufsituation

[1] Die Imageinterdependenz von Einkaufscentern und Stores in einer Mall wurden oft untersucht, wobei neben den o.g. Top-down-Beziehung auch gezeigt wurde, dass das Image oder aus Kundensicht die Wahl einer Mall vom Image der in dem Center befindlichen Läden abhängig ist (Bottom-up). Es liegt somit eine Interdependenz vor, die bisher simultan (in beide Richtungen) nicht in einer Studie analysiert wurde.

auf Informationen im Gedächtnis zugreift, über den in Frage kommenden Store und ein anbietendes Handelsunternehmen. Beide Assoziationen sind interdependent, aber hinsichtlich der Bedeutung für das Kaufverhalten unterschiedlich, wenn Direkt- und Gesamteffekte (Summe direkter und indirekter/reziproker) betrachtet werden.

Markenarchitektur bei Rewe-Österreich

Die Rewe Group hat erst im Jahr 2010 eine einheitliche Retail Brand auf Corporate-Brand-Ebene für ihre Handelsaktivitäten eingeführt (nicht die Tourismussparte).

Bei Betrachtung der Markenarchitektur von Rewe in Österreich, wird deutlich, dass Rewe durch Be- sowie Vertriebstypen Kunden auf dem Offline- und Online-Markt anspricht. Mit einer Vielzahl an Retail Brands tritt Rewe am Markt auf. Diese sind jeweils unterschiedlich positioniert, die Corporate Brand tritt in der Kommunikation nach außen allerdings gar nicht auf (siehe Abb. 3.61). Im Lebensmittelhandel stehen die Marken Billa und Merkur für überregionale Lebensmittelgeschäfte mit einem breiten Sortiment, während die Marken Adeg und Sutterlüty für Regionalität stehen und die Marke Penny als Discountmarke positioniert ist (letztere drei in der Grafik nicht aufgeführt). Im Drogeriefachhandel ist Rewe mit der Marke Bipa vertreten. Auf Produktebene führt Rewe neben Herstellermarken auch eine Reihe von Handelsmarken, wie ja! natürlich (Premiumhandelsmarke), Chef Menü (klassische Handelsmarke) und clever (Discount-Handelsmarke). Im Drogeriefachhandel ist Rewe ebenfalls mit eigenen Handelsmarken vertreten, wie mit Look by Bipa, IQ Cosmetics oder bi good. Darüber hinaus werden bei Penny weitere Handelsmarken angeboten (z.B. San Fabio, Delikatessa, Milchkanne, Echt bio).

Abbildung 3.61: Markenarchitektur bei Rewe

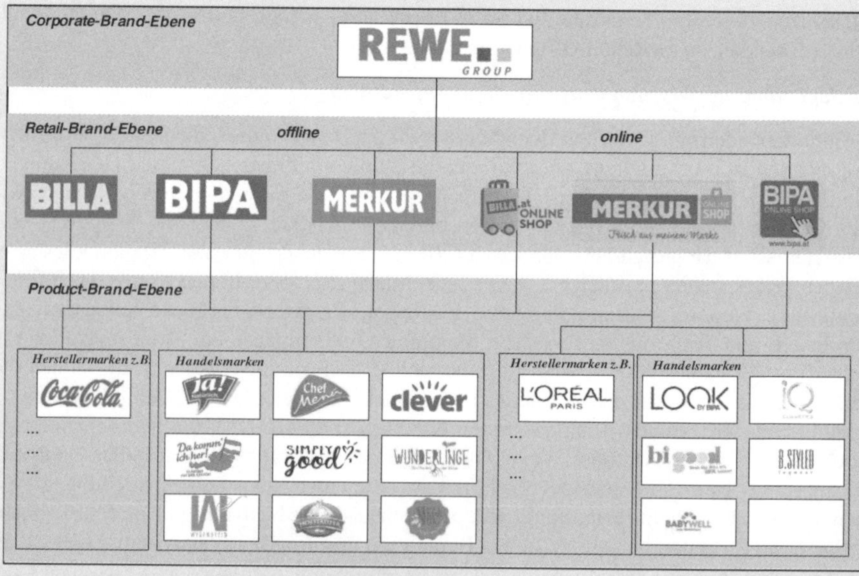

Quelle: www.rewe-group.at, 1. August 2017.

Nachfolgend wird eine Forschungsstudie fokussiert, die sich mit wechselseitiger Beziehung zwischen der Corporate- und der Store-Ebene beschäftigt (Swoboda/Berg/Schramm-Klein 2013). Ziel ist es, den reziproken Effekt zwischen der Corporate- und Store-Ebene aufzuzeigen und zu analysieren, welche der beiden Ebenen einen größeren Einfluss auf die Loyalität der Konsumenten zum Offline-Store hat. Die Corporate Reputation (i.S., Bewertung der Kundenorientierung, Qualität der Angebote, finanzieller Stärke usw. einer

Handelsorganisation, (Walsh/Beatty/Shiu 2009) und die Retail Store Equity (Verhoef/Langerak/Donkers 2007) wurden ebenso konzeptualisiert, wie die Loyalität.[1]

Eine Querschnittsstudie – Befragung von Kunden eines DIY-Händlers an 30 Standorten – beruht auf einer Stichprobengröße von 5.600 Befragten. Sie zeigt, dass Corporate Reputation und Retail Store Equity ein reziprokes Verhältnis zueinander haben, in dem sich beide positiv bedingen (siehe Abb. 3.62). Die Wahrnehmung der Retail Store Equity beeinflusst die der Corporate Reputation wesentlich stärker als umgekehrt. Für Kunden bestimmt der Store, in dem sie einkaufen, die Reputation des Gesamtunternehmens. Weiterhin ist festzuhalten, dass beide Konstrukte die Loyalität positiv bedingen, isoliert betrachtet beide etwa gleich stark (Direkteffekte 0,338 und 0,369). Die Summe der Effekte auf die Loyalität ist jedoch signifikant stärker für die Retail Store Equity (0,635 * 0,369 * 0,338), als für die Corporate Reputation (0,274 * 0,338 * 0,369). Das heißt, Handelsunternehmen, die eine einheitliche Retail Brand führen und dieses zentral auf der Gesamtunternehmensebene entscheiden, sollten die stärkeren Effekte der eigenen Filialen nicht vernachlässigen, denn aus Kundensicht wirkt der Eindruck der Stores stärker auf deren Loyalität.

Abbildung 3.62: Ergebnisse einer Querschnittsstudie zu interdependenten Effekten zwischen Corporate- und Store-Ebene

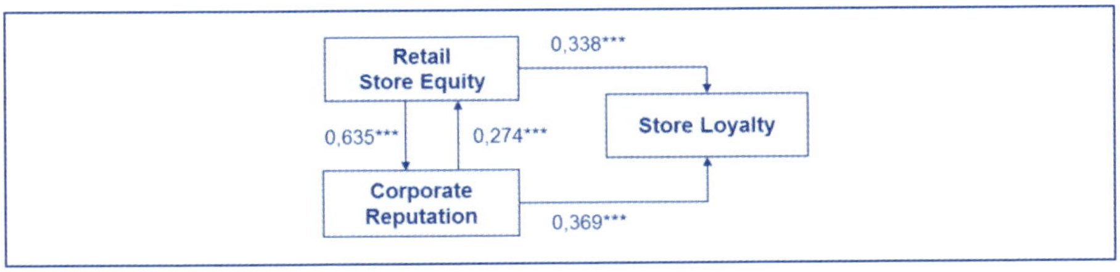

***p < 0,001; CFI 0,950; TLI 0,940; RMSEA 0,052; SRMR 0,030; $\chi^2(224)=3.584,902$.

Lesebeispiel: Store Equity beeinflusst Corporate Reputation stärker (0,635) als umgekehrt (0,274), wirkt aber tendenziell direkt schwächer auf die Loyalität (0,338 vs. 0,369).

Eine Längsschnittstudie beruht auf Befragung derselben Konsumenten zu demselben Händler zu drei Zeitpunkten (im Abstand von vier Monaten). Dies ist methodisch adäquater zur Analyse reziproker Effekte als eine Zeitpunktbetrachtung. Betrachtet wurden Unternehmen in Fashion- und Lebensmittelhandel, mit je rd. 280 identischen Befragten pro Studie zu den drei Zeitpunkten. Die Ergebnisse zeigen ebenfalls, dass die Corporate Reputation und die Retail Store Equity sich gegenseitig positiv unterstützen, wenngleich sowohl in den Tests der Zeitpunkte 1-2 wie auch der Zeitpunkte 2-3 die Corporate Reputation stärkerer wirkt als die Retail Store Equity (siehe Tab. 3.4). Die Store Loyalty wird allerdings signifikant nur von der Retail Store Equity bestimmt (Corporate Reputation ist schwach und nicht signifikant). Auch insgesamt wird die Loyalität von der Retail Store Equity, also der Store-Ebene, stärker als von der Corporate Ebene bestimmt, und zwar in beiden Branchen.

Weitere reziproke Studien zeigen u.a., dass die RBE durchgehend stärker auf die Loyalität wirkt als die von einem Händler vermittelten Werte (sei es funktionale Werte, wie Preis/Qualität, oder psychologische Werte, wie Emotion/Soziales), und zwar in Fashion und im LEH (Weindel/Swoboda 2016). Auch dies stützt die enorme Bedeutung der RBE im Handel.

[1] Die kundenbasierte Corporate Reputation stellt eine wichtige Gesamtbewertung eines Unternehmens dar, beruhend auf den gesamten Aktivitäten eines Unternehmens. Sie umfasst die Kundenorientierung (Unternehmen kümmert sich um Kundenwünsche), Bewertung als guter Arbeitgeber, finanziell starkes Unternehmen, Qualität des Angebots und soziale Verantwortung.

Tabelle 3.4: Ergebnisse einer Längsschnittstudie zu interdependenten Effekten zwischen Corporate- und Store-Ebene

	Fashion sector (N=609)	Grocery sector (N=627)
Corporate Reputation (1) → Retail Store Equity (2)	0,202 **	0,143 *
Retail Store Equity (1) → Corporate Reputation (2)	0,103 †(p=0,59)	0,092 †(p=0,55)
Corporate Reputation (1) → Store Loyalty (2)	0,027 ns	0,004 ns
Retail Store Equity (1) → Store Loyalty (2)	0,127 *	0,241 **
Corporate Reputation (1) → Corporate Reputation (2)	0,782 ***	0,825 ***
Retail Store Equity (1) → Retail Store Equity (2)	0,651 ***	0,691 ***
Store Loyalty (1) → Store Loyalty (2)	0,787 ***	0,547 ***
Corporate Reputation (2) → Retail Store Equity (3)	0,218 **	0,152 *
Retail Store Equity (2) → Corporate Reputation (3)	0,100 †(p=0,063)	0,096 †(p=0,057)
Corporate Reputation (2) → Store Loyalty (3)	0,028 ns	0,004 ns
Retail Store Equity (2) → Store Loyalty (3)	0,122 *	0,282 **
Corporate Reputation (2) → Corporate Reputation (3)	0,803 ***	0,856 ***
Retail Store Equity (2) → Retail Store Equity (3)	0,659 ***	0,748 ***
Store Loyalty (2) → Store Loyalty (3)	0,787 ***	0,648 ***
R^2 Store Loyalty (3)	0,799 ***	0,699 ***
Total (indirect/direct) effects of Retail Store Equity (1) on Store Loyalty (3)	0,183 *	0,350 ***
Total (indirect/direct) effects of Corporate Reputation (1) on Store Loyalty (3)	0,068 ns	0,034 ns

(1)=time point 1, (2)=time point 2, (3)=time point 3; ***p < 0,001, **p < 0,01, *p < 0,05, †p < 0,1, ns=not significant; Structural model fit fashion sector (CFI 0,946; TLI 0,940; RMSEA 0,062; SRMR 0,067; χ^2(477)= 852.068) and grocery sector (CFI 0,937; TLI 0,930; RMSEA 0,061; SRMR 0,074; χ^2(476)=846.449).

Lesebeispiel: Retail Store Equity beeinflusst total die Loyalität stärker als Corporate Reputation (in Fashion 0,183 vs. 0,068 und im LEH 0,350 vs. 0,034).

Interdependenzen zwischen Offline- und Online-Channels

Die Frage, wie die Retail Brands von Offline- und Online-Kanälen eines Handelsunternehmens interagieren, ist v.a. für die Omnichannel-Unternehmen relevant. Retail Branding erfährt durch E-Commerce und Social Media eine fundamentale Veränderung. Einige Autoren fordern eine differenzierte Positionierung und eine konsistente sowie interdependente Gestaltung der Retail Brand, im Extremfall über alle Schlüsselphasen der Customer Journey. Allerdings bestehen in den Phasen unterschiedlichste Kundenbedürfnisse und Wettbewerbsbedingungen, sodass es zweifelhaft ist, ob ein Händler bzw. seine jeweiligen Kanäle in all den Phasen konsistent wahrgenommen werden können. Nachfolgend steht v.a. die Interdependenz im Vordergrund, wobei diese in der Literatur innerhalb von Offline- oder Online-Kanälen und zwischen Offline- oder Online-Kanälen betrachtet wird, jedoch allenfalls i.S. kreuzweiser Effekte und nicht reziproker Interdependenzen. Letztere sind aber vordringlich (vgl. dazu Swoboda/Weindel/Schramm-Klein 2016, S. 348).

Exemplarisch wird nachfolgend eine Studie betrachtet, welche sich der Frage widmet, wie die Retail Brands der zentralen Angebotskanäle (Offline- und Online-Kanäle) interagieren und welche Unterschiede in der Bedeutung der RBE von Offline- und Online-Kanälen evident werden. Die Perspektive ist die der ehemaligen Bricks-and-Mortar-Retailer sowie ihrer Offline- und Online-Verkaufskanäle. Swoboda/Weindel/Schramm-Klein (2016) analysieren Interdependenzen zweistufig:

- Interdependenz von Offline und Online RBE und deren Rollen für die Bindung der Kunden an das Handelsunternehmen.
- Dieselben Interdependenzen, allerdings für Händler mit historisch starken vs. schwachen Offline- und Online-Positionen aus Sicht der Kunden („Prior Performance“).

Retail Branding im New Digital Age

Im Zuge der Veränderung von Geschäftsmodellen durch E-Commerce und Social Media hat das Retail Branding im Handel eine neue Bedeutung erhalten, wobei drei breite Faktoren das Konzept und die Prinzipien neu bestimmen: Online als einflussreicher Kanal, veränderte Markenerlebnisse und Kanalverschmelzung. Konsumenten haben völlig unterschiedliche Erwartungen, wenn sie sich online oder offline mit Händlern auseinandersetzen. Wenn ein Kunde einen Artikel über einen Online-Kanal kauft, sind seine Hauptbedürfnisse Bequemlichkeit oder einfache Recherche und die Möglichkeit, auf eine breite Palette von Produkten zuzugreifen, um ein Produkt zu erwerben. Im Offline-Kanal besteht der primäre Verbraucherbedarf darin, das Produkt physisch zu berühren und zu fühlen, um ein bestimmtes Einkaufserlebnis zu befriedigen. Um diesen Verbraucherbedürfnissen gerecht zu werden, ist es unerlässlich, dass das Retail Branding über die unterschiedlichsten Bedürfnisse und Kanäle hinweg konsistent und interdependent gestaltet sein muss. Grundvoraussetzung für Retail Branding ist ferner eine differenzierte Positionierung in Schlüsselphasen der Verbraucherentscheidungen über die Customer Journey hinweg. Der Entscheidungsweg ist hochgradig unstrukturiert und nichtlinear. Für ein effektives Retail Branding ist ein tiefgreifendes Verständnis der situativen Entscheidungswege von entscheidender Bedeutung. Das Retail Branding muss über alle Berührungspunkte hinweg stark sein, eine differenzierende Positionierung und Halt vermitteln.

Quelle: www.martinroll.com/resources/articles/marketing, 15. März 2018.

Die Basis in beiden Fällen bilden Längsschnittbefragungen in den Branchen Fashion und LEH (in einem Jahr dreimal befragte Probanden; repräsentative Stichproben für die deutsche Bevölkerung, Quotenauswahl bzgl. Alter und Geschlecht). In Abb. 3.63 sind beide Stufen visualisiert. Offline Brand Beliefs sind dabei klassische Offline-Marketinginstrumente (Sortiment, Preis, Layout, Kommunikation) während Online Brand Beliefs spezifische Online-Instrumente sind („Aesthetic appeal, Navigation convenience, Transaction convenience, Web site content"; Kwon/Lennon 2009b). RBE wurde mit Verhoef/Langerak/Donkers (2007) erfasst, allerdings separate für den Online- und Offline-Store, und konative Loyalität, wie oben beschrieben (Sirohi/McLaughlin/Wittink 1998; Srinivasan/Anderson/Ponnavolu 2002).

Abbildung 3.63: Modell einer Längsschnittstudie zu interdependenten Effekten zwischen Offline und Online RBE

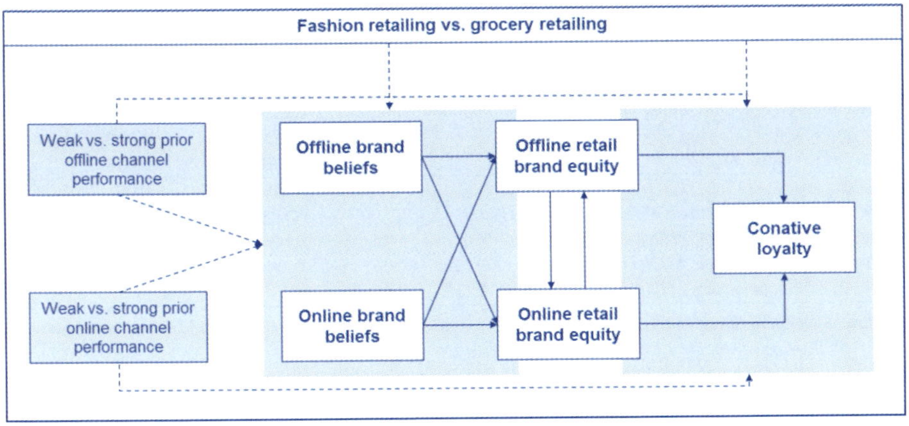

Die erste Stufe sucht Antworten auf zwei Fragen: Welche Interdependenz haben die Offline und Online Retail Brand (d.h. stützt die Offline Retail Brand die Online Retail Brand und gibt es auch – selbst wenn online noch am Anfang steht – eine Rückkoppelung von der Online- zur Offlinebewertung) und welche der beiden (Offline und Online-Kanal) treibt die

Loyalität zum Unternehmen als Ganzes? Dies ist vordringlich für die ehemals stationären Händler, die online unter derselben Marken agieren und das Online-Geschäft dazu nutzen, um Kunden an das Unternehmen als Ganzes zu binden. Im Ergebnis wird zweierlei deutlich:

- Die Offline RBE profitiert in etwa gleich stark von den Offline und Online Brand Beliefs, während diejenige online mehr als doppelt so stark von den Online Brand Beliefs profitiert. Diese Cross-Channel-Effekte unterstreichen die Bedeutung der Online-Angebote für eine starke Offline Brand v.a. in Fashion, während der Link Online Brand Beliefs-Offline RBE im LEH insignifikant ist (keine Kanalbeziehung). In Summe: Die Wahrnehmung der Brand der Kanäle wird primär durch die kanalspezifischen Attribute geprägt (offline → offline, online → online), während die Cross-Channel-Effekte (offline → online, online → offline) geringer, aber nicht vernachlässigbar sind.
- In Tab. 3.5 zeigen die Ergebnisse, dass reziproke, wechselseitige Effekte zwischen den Offline- und Online-Kanälen bzgl. deren RBE bestehen, in beiden Branchen. Der Link Offline RBE → Online RBE ist allerdings dreimal so stark wie der Link Online RBE → Offline RBE, was für ehemalige Bricks-and-Mortar-Händler auch anzunehmen war.
- Innerhalb der wechselseitigen Beziehungen beeinflusst nicht nur die Offline RBE, sondern auch die Online RBE die Loyalität der Kunden gegenüber dem Händler, in beiden Branchen. In Fashion ist die Offline (vs. Online) RBE stärker, aber nicht signifikant stärker, was für Omnichannel-Händler typisch erscheint.

Tabelle 3.5: Ergebnisse einer Längsschnittstudie zu interdependenten Effekten zwischen Offline und Online RBE (ohne Covariats)

	Fashion sector (N=271)	Grocery sector (N=274)
Offline RBE (1) → Online RBE (2)	0,158 ***	0,091 ***
Online RBE (1) → Offline RBE (2)	0,046 *	0,031 **
Offline RBE (1) → LOY (2)	0,081 ***	0,024 *
Online RBE (1) → LOY (2)	0,056 *	0,019 *
Offline RBE (1) →Offline RBE (2)	0,889 ***	0,743 ***
Online RBE (1) →Online RBE (2)	0,743 ***	0,703 ***
LOY (1) → LOY (2)	0,825 ***	0,669 ***
Offline RBE (2) → Online RBE (3)	0,167 ***	0,113 ***
Online RBE (2) → Offline RBE (3)	0,048 *	0,038 **
Offline RBE (2) → LOY (3)	0,091 ***	0,030 *
Online RBE (2) → LOY (3)	0,064 *	0,023 *
Offline RBE (2) →Offline RBE (3)	0,907 ***	0,916 ***
Online RBE (2) →Online RBE (3)	0,825 ***	0,873 ***
LOY (2) → LOY (3)	0,879 ***	0,956 ***
R^2 LOY	0,845 ***	0,931 ***
Total (indirect/direct) effects of Offline RBE (1) on LOY (3)	0,162 ***	0,047 *
Total (indirect/direct) effects of Online RBE (1) on LOY (3)	0,101 **	0,035 *
Differences in total effects of Offline RBE (1) on LOY (3)	t=2,736 **	
Differences in total effects of Online RBE (1) on LOY (3)	t=1,678 *	

(1)=time point 1, (2)=time point 2, (3)=time point; *** p < 0,001, ** p < 0,01, * p < 0,05, †p < 0,1, ns=not significant. Structural model fits: Fashion CFI 0,948; TLI 0,944; RMSEA 0,056; SRMR 0,054; χ^2(1156) 2.129,857; SCF 1,11 und Grocery: CFI 0,911; TLI 0,905; RMSEA 0,078; SRMR 0,068; χ^2(1174) 2.101,729; SCF 0,99.

Lesebeispiel: Offline RBE beeinflussen die Loyalität total stärker als Offline RBE (im Fashion 0,162 vs. 0,101 und in LEH 0,047 vs. 0,035) und in Fashion sind beide Effekte gemäß sog. T-Tests signifikant stärker ausgeprägt.

Im Hinblick auf die Umsetzung einer erfolgreichen Multichannel-Strategie liefern die Ergebnisse hilfreiche Erkenntnisse. Manager müssen interdependente Effekte berücksichtigen, um Synergieeffekte zwischen den Kanälen nutzen zu können und um Ressourcen effizient auf die Kanäle zu verteilen, wenn sie ausgehend vom etablierten Online-Business offline

Angebote unter dem gleichen Markennamen anbieten. Einen Ansatzpunkt bildet das Verständnis der Kanäle als separate Retail Brands, welche durchaus unterschiedlichen Wettbewerbsbedingungen und Businessmodellen folgen. Grundsätzlich sind die Interdependenzen stärker in Fashion, was naheliegt und ggf. auf Grund der größeren Erfahrung (der Unternehmen und Kunden) als Ansatzpunkt für Unternehmen im LEH dienen kann. Die Bindung der Kunden an das Unternehmen als Ganzes wird stärker von der wahrgenommenen Offline RBE bestimmt. Der Offline-Kanal bildet den wichtigsten Ausgangspunkt. Offline und Online RBE interagieren zudem (sie sind reziprok), wobei in beiden Branchen der Online-Kanal vom Offline-Kanal partizipiert. Da in beiden Branchen auch die umgekehrte Richtung gilt, sollten sich Handelsmanager bewusst sein, dass die Online-Aktivitäten positiv, wie auch negativ auf die Stores ausstrahlen.

Da Unternehmen aus Kundensicht eine Historie haben, wurde in der zweiten Stufe untersucht, wie sich wahrgenommene (a priori) Stärken vs. Schwächen in der Offline Retail Brand auf die beschriebenen Effekte auswirken. Ohne die Ergebnisse darzustellen, ist hervorzuheben, dass Verbraucher die Online Performance von offline stärkeren (vs. schwächeren) ehemals stationären Händler höher bewerten. Die Erstgenannten müssen sich die Online Performance verdienen, denn sie hinkt, wenn auch gering, hinter der hohen Offline Performance zurück. Überraschend werden schwächere Offline-Händler online besser bewertet, als dies offline der Fall ist, v.a. im LEH. Dies ist eine Chance. In beiden Branchen profitieren ehemals stationäre Händler mit einer starken (vs. schwachen) Offline Retail Brand von Interdependenzen und Synergieeffekten zwischen den Kanälen, wenn sie eine Online-Präsenz aufbauen. Zwar sind die Offline-Stores immer noch das Entscheidende, aber bieten Vorteile gegenüber schwächeren Offline-Konkurrenten, nicht jedoch zwangsläufig ggü. ehemaligen und nicht betrachteten „Offline-Pure-Playern“. Bei Händlern mit schwacher (vs. starker) Offline Retail Brand ist die Interdependenz zwischen den Kanälen eingeschränkt: Im Fashion ist diese noch gering vorhanden. In beiden Fällen sollten die Unternehmen v.a. an der Online Brand arbeiten, denn nur ein einzigartiges Online-Angebot kann das Potenzial von Multichannel bergen (die stationären Aktivitäten wurden offensichtlich aus Sicht der Kunden in der Vergangenheit bereits nicht als attraktiv gesehen).

Während die o.g. Studie die Loyalität zum Händler insgesamt betrachtet, liegt die weitergehende Option nahe, die Kundenloyalität auch zum Online- und/oder Offline-Kanal zu betrachten. Dies bedeutet zugleich veränderte Forschungsfragen: Inwiefern liegt eine Reziprozität zwischen wahrgenommener Offline- und Online-RBE vor und inwiefern bedingen die Offline- oder Online-RBE wechselseitig die Loyalität bspw. zum Online-Kanal. Ein Händler sieht hier, welche der beiden RBEs die Loyalität zum Online-Kanal am stärksten bedingt (i.S. zentraler Stellschrauben für die Erhöhung der kanalspezifischen Loyalität).

Interdependenzen zwischen Store- und Product-Branding-Ebene

Vielfache Studien fokussieren Handelsmarken als wichtige Instrumente zur Differenzierung im Wettbewerb und zur Kundenbindung im Handel (siehe Abschnitt D. im Vierten Kapitel). So haben loyale Kunden im LEH einen höheren Anteil von Handelsmarken im Warenkorb, was die Profitabilität des Händlers erhöht und sie achten besonders auf das Preis-Leistungsverhältnis, wobei aber die Qualitätswahrnehmung die Kaufentscheidung am stärksten beeinflusst. Da in diesem Abschnitt Interdependenzen im Vordergrund stehen, werden diese primär auf zwei Ebenen betrachtet.

Forschungsstudien widmen sich den Interdependenzen zwischen Handelsmarken (in der Markenarchitektur) und zwischen Handels- und Herstellermarken. Im ersten Fall zeigen bspw. Erdem/Chang (2012), dass Handelsmarken, die als Umbrella Brands geführt werden, ein konsistentes Bild beim Konsumenten vermitteln müssen, da bei dieser Form der Markenarchitektur Spillover-Effekte zwischen der Dachmarke und den Handelsmarken entstehen. Geyskens/Gielens/Gijsbrechts (2010) zeigen zudem, dass generische Handelsmarken klassische Handelsmarken kannibalisieren. Gleiches gilt auch für Premiumhandelsmarken, jedoch stärker auf Grund von wahrgenommenen Qualitätsvorteilen. Im zweiten Fall wird gezeigt, dass Herstellermarken, die neben Handelsmarken geführt werden, negative Effekte auf die Handelsmarkenwahrnehmung haben, es sei denn, beide sind kongruent; die Loyalität ist positiv bei preisorientierten Kunden (Koschate-Fischer/Cramer/Hoyer 2014).

Studien zur Interdependenz von Store Image (nicht Retail Brands) und Handelsmarken nehmen meistens eine „down-stream" Sichtweise an. Store Image-Dimensionen werden i.d.R. direkt bzgl. der Handelsmarkenwahrnehmung (v.a. Qualitäts- und affektive Dimensionen) oder indirekt analysiert (mediiert durch Risikowahrnehmung, Diallo 2012). In der Wirkungsrichtung ähnlich, aber (positive) Assoziationen zum Händler nutzend, zeigen Schnittka u.a. (2015) erhöhte Wiedererkennung und Einstellung zur Handelsmarke. Umgekehrte Effekte, also einen substanziellen Beitrag von Handelsmarken zum Image/RBE, wurden kaum betrachtet (up-stream), ggf. weil Handelsmarken weniger bedeutende direkte Treiber der RBE sind, aber die Sortimentswahrnehmung prägen. Zu den wenigen Studien, die sich mit der up-stream Wirkung beschäftigen, zählen Vahie/Paswan (2006) in Fashion. Gänzlich fehlen reziproke Studien zwischen Retail Brand und Handelsmarken. Sie würden zeigen, wie stark beide voneinander profitieren und wie stark beide jeweils das Kaufverhalten bedingen.

VI. Besonderheiten wettbewerbsorientierter Strategien des Großhandels

1. Überblick

Der Großhandel weist eine enorme Bedeutung und zugleich eine Formenvielfalt, d.h. Fülle von Betriebs- und Vertriebstypen, auf (siehe. hierzu Abschnitt C.II des Zweiten Kapitels). Diese Formenvielfalt führt in der Praxis oft zu Mischtypen, bspw. die Position des Großhandels als Distributionsorgan zwischen Herstellern auf der Supply Side (up-stream) und den Kundengruppen Gastronomie/Großverbraucher, Industrie sowie Handwerk auf der Demand Side (down-stream). Aus diesem Grund liegt es nahe, die wettbewerbsorientierten Strategien des Großhandels gesondert zu betrachten.

Eine Analyse der Wettbewerbsvorteile und des Erfolges von Offline-Großhandelsunternehmen – auf Beschaffungs- und Absatzmärkten – legte bspw. Samadi (2009) vor. Akerman (2018) sieht die Wettbewerbsvorteile für internationale Großhändler in der Etablierung von Distributionsnetzwerken und online werden bspw. kundenseitige Entscheidungskriterien zur Wahl eines B2B-Marktplatzes behandelt (Lanzolla/Frankort 2016). Eine Typologisierung von Strategien bildet die Basis für die weiteren Ausführungen, wie sie Zentes u.a. (2007) vornahm. Dort wurden diverse Leistungsbereiche als **spezifische Kernkompetenzen** analysiert, die Großhändler gegenüber der Konkurrenz einen **Wettbewerbsvorteil** bieten. Die Grundlage bildeten sieben Faktoren und die in Abb. 3.64 dargestellten Kriterien.[1]

Auf dieser Basis können Geschäftsmodelle identifiziert werden, die für Lieferanten und Abnehmer einen Mehrwert generieren und eine Wettbewerbsprofilierung ermöglichen. Damit wird akzentuiert, dass der Großhandel die Umsetzung einer Strategie an den Bedürfnissen seiner Kunden und Lieferanten ausrichtet. Die Neuorientierung im E-Commerce-Zeitalter ist

[1] Die erhobenen Erfolgskennzahlen – Umsatz und Gewinn – werden hier ausgeklammert, wenngleich sie profilierte und unprofilierte Cluster zu zeigen in der Lage sind.

ebenso zu berücksichtigen. So entstehen Omnichannel-Lösungen und Online-B2B-Märkte, durch die weltweit ein dreifach so großes Umsatzvolumen im Vergleich zum Online-B2C-Markt realisiert wird (rd. 7.700 Mrd. USD; Statista 2017). Online-Marktplätze bzw. -Plattformen, werden als weiteres Geschäftsmodell behandelt. Deren Besonderheit liegt in der Vielfalt und der Möglichkeit, stationäre Modelle substituieren zu können (siehe Abb. 3.65).

Abbildung 3.64: Faktoren und Kriterien der Kompetenz im Großhandel

Faktor	Kriterien
Beschaffungs-kompetenz	▪ Full-Service-Konzept für den Kunden bzw. das Management des Beschaffungsprozesses ▪ Wissen/Know-how über (internationale) Beschaffungsmärkte ▪ Fähigkeit, neue Beschaffungsmärkte zu identifizieren ▪ Fähigkeit, innovative Produkte auf den (internat.) Beschaffungsmärkten zu identifizieren
Integrations-kompetenz	▪ Identifikation und Auswahl der Systempartner ▪ Koordination des gesamten Informationsflusses (Großhändler als Informations-Hub) ▪ Koordination des gesamten Warenflusses ▪ Entwicklung eines gemeinsamen Marketing-Konzepts
Marketingkom-petenz	▪ Werbehilfe/Marketingberatung ▪ Zurverfügungstellung von Verkaufsförderungsmaterialien ▪ Produkt-/Verkäuferschulungen ▪ Marktforschung für den Kunden ▪ Sortimentsplanungshilfe für den Kunden ▪ Fachberatung des Kunden
Distributions-kompetenz	▪ Übernahme der Markterschließung/-bearbeitung für den Hersteller ▪ (Vor-)Selektion der Kunden für den Hersteller ▪ Aufbau und Management der Kundenbeziehungen für den Hersteller
Logistikkompe-tenz	▪ hohe Warenverfügbarkeit im eigenen Lager ▪ Übernahme der Entsorgung und des Recycling ▪ Express-Lieferungen ▪ Übernahme von Streckengeschäften
Versorgungs-kompetenz	▪ Übernahme der Artikelauswahl innerhalb eines definierten Bereichs für den Kunden ▪ Koordination des gesamten Beschaffungsprozesses innerhalb eines definierten Bereichs ▪ Übernahme der Regalpflege/Magazinpflege innerhalb eines definierten Bereichs
Bearbeitungs-kompetenz	▪ Übernahme von kundenspezifischen Be- und Verarbeitungen ▪ Übernahme von Be-/Verarbeitungen für den gesamten Markt

Quelle: Zentes u.a. 2007, S. 142-143.

Abbildung 3.65: Strategie-Matrix für Großhandelsunternehmen

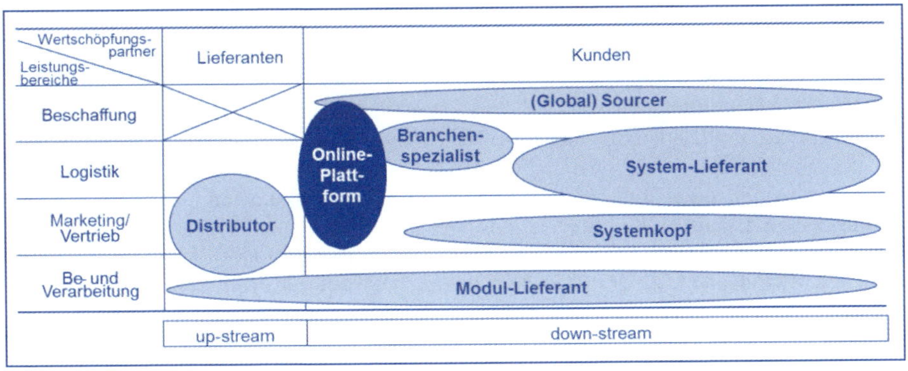

Quelle: i.A.a. Zentes u.a. 2007, S. 149.

Tabelle 3.6 ermöglicht einen Vergleich zwischen den Strategien anhand quantitativer Daten. Für Großhändler ist es erforderlich, klare Kernkompetenzen auszubilden, die eine Differenzierung vom Wettbewerb und damit eine Profilierung des Unternehmens ermöglichen; wenngleich es auch Großhändler gibt, die Kernkompetenzen in mehreren Leistungsbereichen haben und eine Positionierung im Markt über eine Kombination der Geschäftsmodelle erreichen.[1] Die Modelle werden nachfolgend i.S. einer Definition, Charakterisierung der Rahmenbedingungen und der Erläuterung der entsprechenden Merkmale behandelt.

Tabelle 3.6: Kompetenzen im Vergleich zum Wettbewerb – Mittelwerte

	Beschaffung	Integration	Marketing	Distribution	Logistik	Versorgung	Bearbeitung
System-Lieferant	-0,7	-0,5	-1,2	+0,5	+0,2	+1,8	+0,2
Modul-Lieferant	+0,9	+0,1	+0,1	+0,3	+0,2	+0,6	+1,8
Systemkopf	-0,4	+1,1	+0,7	+0,2	+0,5	+0,3	-0,3
(Global) Sourcer	+1,7	-0,3	+0,2	0,0	0,0	-0,3	-0,5
Distributor	-0,3	0,0	-0,4	+1,2	+0,1	-0,5	-0,2
Branchenspezialist	+0,5	-0,5	+0,6	+0,6	+0,6	-0,2	0,0
B2B-Online-Plattform	+2,5	+1,5	-1,0	+0,5	-2,0	+0,5	+0,5

<0 unterdurchschnittlich; 0 durchschnittlich; >0 überdurchschnittlich; B2B-Online-Plattform geschätzt.

2. System-Lieferant

System-Lieferanten können in zwei Ausprägungen untergliedert werden: Kunden aus Industrie und Handwerk (MRO-Provider) und aus Einzelhandel (Service-Merchandiser).

MRO-Provider als Modell gegenüber Kunden aus Industrie und Handwerk

> Der MRO-Provider übernimmt für einen definierten MRO-Güter- und/oder sog. C-Teile-Warenbereich für den Kunden dessen Beschaffungsorganisation und die Versorgung des Kunden mit diesen Waren.

Die Rahmenbedingungen entsprechender Großhändler können mit der Rückbesinnung der Industrie auf Kernkompetenzen und dem Outsourcing von Aktivitäten in vor- und nachgelagerte Sektoren charakterisiert werden. Ferner streben Industrieunternehmen eine Reduzierung der Lieferantenzahl an, um die mit vielen Lieferanten verbundenen, hohen Prozesskosten zu reduzieren. Dies bezieht sich v.a. auf MRO-Güter – Güter aus den Bereichen Instandhaltung, Reparatur und operatives Geschäft – sowie C-Teile. Bei den C-Teilen stehen zudem die Prozesskosten in keinem Verhältnis zum Wert der beschafften Güter.

Vor dem Hintergrund der Entwicklungen besteht für Großhändler die Möglichkeit, sich als MRO-Provider zu positionieren. Diese Großhändler stammen meist aus dem technischen Handel und beliefern überwiegend Industrieunternehmen, und aus dem Baustoff-Fachhandel und Elektrogroßhandel, die wiederum Handwerker beliefern. Auf der Seite der Industrieunternehmen führt die Einschaltung von Großhandelsunternehmen als MRO-Provider zu einer **Lieferantenreduktion**, zu einer **Reduktion der Prozesskosten** und ferner zu einer **verminderten Anzahl an Kreditoren** und damit einhergehend, zu geringeren Abwicklungskosten im Rahmen der Beschaffung. Die Großhändler als MRO-Provider bieten die erforderlichen MRO-Güter (z.B. des Bereichs Arbeitsschutz) sowie C-Teile „aus einer Hand“ an und etablieren sich somit als „**Single-Source**“. Voraussetzung für eine erfolgreiche Umsetzung des Geschäftsmodells MRO-Provider ist – neben dem Vertrauen beider Marktpartner – die seitens des Großhandelsunternehmens gewährleistete hohe Versorgungskompetenz.

In Abhängigkeit von der strategischen Ausrichtung und der Unternehmensgröße von Industrieunternehmen lassen sich verschiedene Implementierungstiefen des Geschäftsmodells MRO-Provider beobachten (siehe Abb. 3.66):

[1] Die Ausführungen entstammen einer der wenigen Studien zu Großhandelsstrategien (Zentes u.a. 2007).

- In vielen Fällen übernimmt das Großhandelsunternehmen die Belieferung mit den definierten MRO-Gütern sowie C-Teilen, ohne dass es weitere Funktionen im Rahmen der Beschaffungsorganisation (Bestandsführung, Warendisposition usw.) ausübt. Das Lager/Magazin des Kunden bleibt im herkömmlichen Sinne erhalten und das Management des Beschaffungsprozesses liegt in der Verantwortung des Kunden.
- Industrieunternehmen tendieren ferner dazu, den Beschaffungsprozess von MRO-Gütern sowie C-Teilen zu dezentralisieren, d.h., die einzelnen Bedarfsträger des Industrieunternehmens bestellen direkt beim MRO-Provider die für ihren Arbeitsbereich erforderlichen Güter. Diese dezentrale Auslösung von Bestellungen mittels elektronischer Produktkataloge durch die Bedarfsträger, trägt zur Entlastung der Einkaufsmitarbeiter von operativen Aufgaben in der Beschaffung bei.
- Eine weitere Prozesskosteneinsparung liegt z.B. darin, dass das Großhandelsunternehmen die individuellen Beschaffungsprozesse des definierten Warenbereichs übernimmt, so die Bestandsführung vor Ort, die Bedarfsermittlung und die Lieferung. Hier lässt sich beobachten, dass Industrieunternehmen auch bestrebt sind, komplette Magazine an einen MRO-Provider abzugeben, der diese dann für das Industrieunternehmen führt.
- Des Weiteren gewinnen **Versorgungskonzepte** an Bedeutung. Im Rahmen dieser optimierten Lagerbefüllungs- und Nachschubsysteme realisiert das Großhandelsunternehmen die Steuerung des Kanban-Prozesses, v.a. die Wiederbefüllung der Kanban-Behälter, die abhängig von der Nachfrage unter Beachtung des Bedarfs angestoßen wird.

Abbildung 3.66: Ausprägungen des MRO-Providers

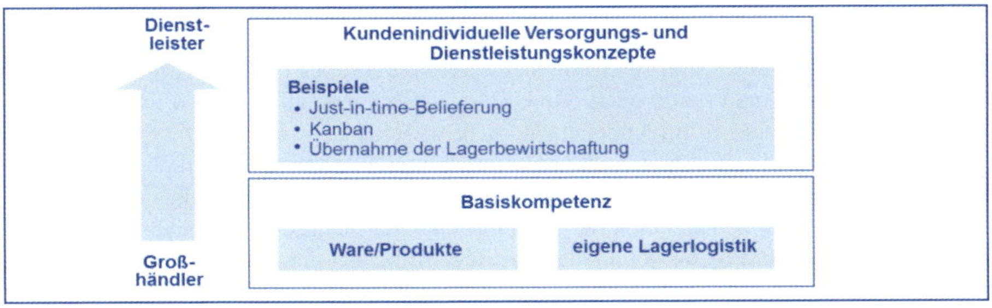

Quelle: Zentes u.a. 2007, S. 156.

Da Industrieunternehmen die Lieferung der MRO-Güter oder C-Teile komplett vergeben, sind kleinere Großhändler in vielen Fällen nicht mehr in der Lage, den geforderten Warenumfang „aus einer Hand“ zu bieten; sie sind daher verstärkt gezwungen **Kooperationen** mit anderen einzugehen. Ein anderer, aber ähnlicher Aspekt ist im Handwerk zu finden. Hier bietet sich dem Großhandel die Möglichkeit, den Handwerksbetrieben für MRO-Artikel die entsprechenden **Regalsysteme** zur Verfügung zu stellen und deren Bestandsführung, Disposition und Wiederauffüllung zu übernehmen; dies geht bis hin zu System-Containern direkt auf der Baustelle. System-Lieferanten nutzen seit Jahren neue Technologien, um Geschäftsprozesse zu optimieren; neu sind Omnichannel-Lösungen, wie die Integration von Online-Shops und -Plattformen mit diversen Vorzügen (siehe Abschnitt B.III.4.a in diesem Kapitel).

Service-Merchandiser als Modell gegenüber Kunden aus dem Einzelhandel

Der Service-Merchandiser übernimmt für seine Kunden die Versorgung mit definierten Sortimentsbestandteilen. Er bietet ein komplettes System, inkl. des entsprechenden Marketing-Konzeptes, so Materialien für die Warenpräsentation und Verkaufsförderung, und übernimmt die kontinuierliche Pflege und Optimierung des Sortiments.

Würth-Gruppe stärkt E-Business mit der eigenen B2B-Online-Plattform Wucato

Die familiengeführte Würth-Gruppe ist mit einem Umsatz von 12,7 Mrd. im Jahr 2017 ein Produktionsverbindungshändler und Weltmarktführer in ihrem Kerngeschäft. Die sog. Würth-Linie umfasst über 125.000 Produkte für Handwerks- und Industriebetriebe: von Schrauben, Schraubenzubehör und Dübeln über Werkzeuge bis hin zu chemisch-technischen Produkten und Arbeitsschutz. Die Allied Companies – Gesellschaften des Konzerns, die an das Kerngeschäft angrenzen oder diversifizierte Geschäftsbereiche bearbeiten – ergänzen das Angebot um Produkte für Bau- und Heimwerkermärkte, Elektroinstallationsmaterial, elektronische Bauteile sowie Finanzdienstleistungen. Das Unternehmen hat über 400 Gesellschaften in mehr als 80 Ländern und beschäftigt über 74.000 Mitarbeiter (davon 32.000 Außendienstmitarbeiter).

Seit 2016 betreibt die Würth-Gruppe die eigene B2B-Online-Plattform Wucato für Geschäftskunden – so Hersteller, Lieferanten, Einkäufer – und bietet den Kunden die Möglichkeit, auf ein konzernübergreifendes Produktsortiment aus über 500.000 Produkten von Lieferanten aus der Würth-Gruppe als auch Drittanbietern, zuzugreifen. Die neue Infrastruktur vernetzt diese Transaktionspartner miteinander und fördert flexible Partnerschaften. E-Procurement-Funktionalitäten, wie Budgetverwaltung, Kostenstellenmanagement oder Bestellvorlagen bieten eine effiziente Abwicklung der Beschaffung entsprechend der jeweiligen Größe seiner Systemkunden. Außerdem bietet Wucato Prozess- und Integrationslösungen, bspw. eine SAP-Vollintegration. Wucato stellt einen Multilieferanten-Katalog zur Verfügung und bietet ein Sortiment in 16 Verkaufskategorien, so zwischen Büromaterial bis hin zu Labor- und IT-Bedarf, Lager- und Betriebsausstattungen. Abgerundet wird das Angebot von Wucato durch die persönliche Betreuung. Für das kommende Geschäftsjahr strebt das Unternehmen den kontinuierlichen Ausbau des Geschäfts an und plant den Gewinn von weiteren Anbietern und Kunden.

Quelle: www.wuerth.com, *www.cebra.biz/news/handel/interview-mit-wucato 6. April 2018; www.wuerth.com/web/de/wuerthcom/presse/pressemitteilungen 1. Dezember 2016.*

Die Rahmenbedingungen sind durch einen verschärften Wettbewerb, eine Konzentration auf **Kernkompetenzen** und damit auch durch Outsourcing geprägt. Während das Einzelhandelspersonal sich seiner Kernkompetenz Verkauf widmen kann, werden die **Supportfunktionen** an externe Dienstleister übergeben. Eine optimale Warenverfügbarkeit, eine ansprechende Warenpräsentation und ein ausgefeiltes Sortiment werden vom Kunden erwartet, Out-of-Stock-Situationen nicht toleriert. Der Großhändler steht seinen Kunden durch Mitarbeit im **Category Management** und durch seine Sortimentskompetenz als Partner zur Seite.

Eine Reihe von Großhandelsunternehmen bietet durch Übernahme von **Systemverantwortung** ein vollständiges System inkl. der notwendigen Marketing- und Verkaufsförderungsmaterialien an. Ein Vorläufer dieses Geschäftsmodells ist bereits seit langer Zeit bekannt und wird erfolgreich praktiziert (Rack Jobber).[1] Je nach Ausprägung der Systemaktivitäten stellt der Großhändler auch selbst die Regale zur Verfügung. Insbesondere kleinere, selbstständige Einzelhändler sind dabei auf die Unterstützung des Großhandels angewiesen, da sie ohne Einbindung in ein System mit kooperativen Aktivitäten im Bereich des Marketing kaum in der Lage wären, entsprechende Maßnahmen zu entwickeln. Für den Einzelhandel bietet die Zusammenarbeit mit einem Service-Merchandiser zumindest zwei Vorteile:

- Durch Entlastung der eigenen Mitarbeiter können sich diese auf Kernkompetenzen im Verkauf konzentrieren.
- In komplexen Beschaffungsmarktsituationen kann der Großhändler auf Grund seiner Sortiments- und Lieferantenkenntnis sowie auf Grund größerer Beschaffungsvolumina i.d.R. bessere Einkaufspreise und -konditionen erzielen. Ähnlich ist es bei Warengruppen mit einer großen Sortimentstiefe, die aber nur sehr selten verkauft werden.

---

[1] Vgl. hierzu Abschnitt C.II. des Zweiten Kapitels.

Die Leistungen des Service-Merchandisers können verschiedene Ausprägungen annehmen, die in erster Linie von dem vom Kunden gewünschten **Outsourcing-Grad** bestimmt werden:

- Ist der Einzelhändler nicht bereit große Teile der Verantwortung für sein Sortiment aus der Hand zu geben, so muss der Service-Merchandiser seine Leistungen entsprechend adaptieren und lediglich eine stark beratende Funktion übernehmen sowie im Rahmen von Produktschulungen auch Kompetenzen an seine Kunden weitergeben.
- In der höchsten Ausprägung übernimmt der Service-Merchandiser vollständig die Verantwortung für die Befüllung der von ihm betreuten Regale. Großhändler, die als Service-Merchandiser agieren, sind dann häufig auf genau abgegrenzte Sortimente spezialisiert.
- In einer extremen Ausprägung ist sogar eine **Abwälzung des Warenrisikos** vom Einzelhändler auf den Großhändler denkbar.

Eine weitere Dimension des Service-Merchandisers betrifft den **Standardisierungsgrad** der Leistungen. So kann einerseits ein standardisiertes Systemangebot für den Gesamtmarkt entwickelt werden oder es können kundenindividuelle Problemlösungen sein, so bei logistischen Fragestellungen und in Bezug auf Marketingaktivitäten. Der Großhändler ist gefordert, seine Kunden mithilfe eines aktiven **Customer Relationship Managements** zu klassifizieren und den jeweiligen **Kundenwert** zu bestimmen. Erst auf dieser Grundlage ist eine fundierte Entscheidung bzgl. der dem jeweiligen Kunden zukommenden Leistung möglich.

3. Modul-Lieferant

> Der Modul-Lieferant übernimmt sowohl für seine Lieferanten (up-stream) als auch für seine Kunden (down-stream) Be- und Verarbeitungsleistungen an den von ihm gehandelten Waren.

Die Profilierung über das Geschäftsmodell Modul-Lieferant ist sowohl up-stream- als auch down-stream-orientiert, wobei down-stream die Kundengruppen Gastronomie/Großverbraucher, Industrie sowie Handwerk beliefert werden. Wie bereits als Rahmen der System-Lieferanten angedeutet, unterliegen in vielen Branchen Wertschöpfungsprozesse und Formen der Arbeitsteilung einem schnellen Wandel. Zunehmend fremdbezogene Leistungen oder auch das fehlende (Be- und Verarbeitungs-)Know-how vieler Unternehmen bilden die Grundlage für Wachstumsmöglichkeiten für Modul-Lieferanten, d.h. Unternehmen, die Be- und Verarbeitungsleistungen übernehmen.

Diese Be- und Verarbeitungsleistungen stellen dabei die nachträgliche Veränderung der gehandelten Waren durch das Großhandelsunternehmen dar. Vor allem Großhandelsunternehmen aus dem technischen Großhandel und dem Baustoff-Fachhandel streben eine derartige Profilierung an, wenngleich auch Unternehmen des Elektrogroßhandels, des Food-Service/Großverbraucherzustellhandels und des Großhandels mit Haustechnik hierzu gehören. Neben Be- und Verarbeitung der gehandelten Waren profilieren sich diese Handelsunternehmen durch eine überdurchschnittliche Beschaffungskompetenz. Die Be- und Verarbeitung der gehandelten Waren erfolgt in zwei Formen:

- Bei der **autonomen Leistungserstellung** wird die Gestaltung des Leistungsangebotes/Sortiments an den erwarteten Bedürfnissen eines anonymen Marktes ausgerichtet.
- Im Gegensatz dazu, wird bei **kundenindividueller Leistungserstellung** eine spezifische Leistung für den Bedarf eines konkreten Kunden erstellt.

Bei autonomer Leistungserstellung besteht für den Kunden kein oder ein geringer Einfluss auf die Durchführung des Leistungserstellungsprozesses der Be- und Verarbeitung, wohingegen ein höherer Individualitätsgrad der Leistungserstellung mit einer starken Mitwirkung des Kunden an der Erstellung der Be- und Verarbeitungsleistung verbunden ist. Folgerichtig sind die Unternehmen bestrebt – neben der Durchführung einfacher Be- und Verarbeitungsleistungen (z.B. Schneiden, Stanzen) an den gehandelten Waren – dem Kunden komplette Baugruppen bzw. Module anzubieten. Diese Übernahme der Baugruppen- bzw. Modulmontage stellt eine Erhöhung der Wertschöpfungstiefe des Großhandelsunternehmens dar, welche die Position des „Komplett-Teile-Lieferanten" weiterhin stärkt. Neben der Profilierung im Wettbewerb, werden eine erhöhte Kundenbindung und höhere Preise realisiert, da die modifizierten Waren kundenindividuell sind und damit einen Preisvergleich erschweren bzw. der Zusatznutzen für den Kunden zu erhöhter Preisbereitschaft führt.

Modul-Lieferanten implementieren digitale Prozesse, bspw. Intranetlösungen, um automatisch Bestellprozesse auszulösen, künstliche Intelligenz zur Absatzprognose, Kommissionierungsroboter usw. Sie bieten E-Commerce-Lösungen, wie Online-Shop, Zahlungsabwicklungen oder Risikomanagement, und stehen eher nicht in Substitutionskonkurrenz zu Online-B2B-Plattformen, da die erforderlichen spezifischen Kernkompetenzen, so Be- und Verarbeitungsleistungen, von Plattformen kaum abgedeckt werden.

Es kann gezeigt werden, dass die meisten kleineren Großhandelsunternehmen (mit weniger als 10 Mio. EUR Jahresumsatz) schwerpunktmäßig ausgewählte leichte Be- und Verarbeitungsleistungen vornehmen, während die mittleren und großen Großhandelsunternehmen die Montage kompletter Baugruppen übernehmen und sich vom „Teile-Lieferanten" zu einem „Baugruppen-Lieferanten" entwickeln. Da die Übernahme kundenindividueller Be- und Verarbeitungsleistungen nicht notwendigerweise vollständig durch das Großhandelsunternehmen durchgeführt wird, besitzen die Unternehmen ebenfalls eine ausgezeichnete Beschaffungskompetenz bzw. einen umfangreichen Marktüberblick bzgl. der Zulieferung. Hieraus resultiert im Extremfall ein Be- und Verarbeitungsnetzwerk. Als **„Netzwerk-Koordinator"** ist das Großhandelsunternehmen in der Rolle des Informationsmanagers, der kundenspezifische Bedürfnisse an die verschiedenen Unternehmen der unterschiedlichen Marktstufen weiterleitet.

Großhändler Faurecia: Modul-Lieferant in der Automobilzulieferindustrie

Das französische Unternehmen Faurecia zählt mit einem Umsatz von 22,2 Mrd. EUR (Zuwachs 18,7% ggü. Vorjahr) im Jahr 2017 zu den international führenden Automobilzulieferern mit einem Forschungs-, Entwicklungs- und Produktionsnetzwerk an 330 Standorten in 35 Ländern und mit über 110.000 Mitarbeitern. Faurecia agiert als Großhändler mit angeschlossener Produktion und gliedert sich in drei Geschäftsbereiche – Seating, Interiors und Clean Mobility. Die notwendigen Bauteile werden von Faurecia beschafft, zu einem Modul zusammengebaut und an Automobilhersteller vertrieben. Dank zahlreicher Übernahmen von hochspezialisierten Unternehmen und dank des technologischen Know-hows, können die Geschäftsbereiche von Faurecia neben autonomer Leistungserstellung ebenso individuelle Kundenwünsche erfüllen. Faurecia zählt zu den Vorreitern technologischer Innovationen und setzt auf den Gebieten Leichtbau, individueller Komfort- und Design-Optionen sowie der Reduzierung des CO2-Ausstoßes Maßstäbe.

Quelle: www.faurecia.de, 6. April 2018.

4. Systemkopf

Der Systemkopf tritt innerhalb einer durch ihn initiierten, vertikalen Wertschöpfungspartnerschaft in Form von Kontraktsystemen mit seinen Kunden als Kontraktgeber auf. Er unterstützt die an die vertikale Wertschöpfungspartnerschaft angeschlossenen Unternehmen durch exklusive Serviceleistungen im Rahmen der endverbraucherorientierten Profilierung und koordiniert als fokales Unternehmen die Aktivitäten der Mitgliedsbetriebe.

Vor allem im Bau- und Heimwerkermarkt entstehen Filialsysteme, die in klassische Domänen des Handwerks einbrechen, indem sie die steigende Nachfrage der mit dem DIY-Gedanken verbundenen Kundengruppe auf sich vereinigen können und mit preisaggressiven Strategien die Preisbereitschaft potenzieller Kunden von Handwerksbetrieben verringern. Handwerksbetriebe sind in weiten Bereichen überfordert, Marketingmethoden im Rahmen der Planung und Umsetzung (end-)verbrauchergerichteter Profilierungskonzepte anzuwenden. Ferner überfordern hohe Investitionsvolumina für neue Computertechnologien in vielen Fällen das kleinbetriebliche Handwerk. Vor dem Hintergrund dieser Entwicklungen bietet sich für Großhandelsunternehmen die Möglichkeit einer wertschöpfungsstufenübergreifenden Zusammenarbeit mit ihren Kunden, um sich als Systemkopf innerhalb einer **vertikalen Wertschöpfungspartnerschaft** zu positionieren und gemeinsam mit den an die vertikale Wertschöpfungspartnerschaft angeschlossenen Handwerksbetrieben eine optimierte Endkundenansprache und -bearbeitung zu erreichen. Der Großhändler nimmt dabei als Systemkopf eine zentrale Rolle innerhalb der vertikalen Wertschöpfungspartnerschaft ein. Es handelt sich hierbei primär um Unternehmen, welche die Kundengruppe Baustoff-Fachhandel, Elektrogroßhandel sowie Großhandel mit Haustechnik beliefern. Des Weiteren fallen hierunter auch Großhandelsunternehmen aus dem Food-Service/Großverbraucherzustellhandel.

Das Großhändler tritt als **Kontraktgeber** innerhalb der vertikalen Wertschöpfungspartnerschaft mit seinen Kunden auf. Ergebnis sind dabei längerfristige Vereinbarungen über servicepolitische Unterstützung des Großhändlers sowie bspw. entsprechende Gegenleistungen rechtlich selbstständig bleibender Handwerksunternehmen. Sie besitzen ausgeprägte Marketing- und Absatzunterstützungskenntnisse, die sie nicht nur gegenüber den angeschlossenen Handwerksunternehmen, sondern auch „im Namen" der gesamten vertikalen Wertschöpfungspartnerschaft gegenüber den (End-)Verbrauchern einsetzen. Insofern steht die Prüfung der verbrauchergerichteten Profilierungskonzepte am Anfang der Überlegungen. Statt konventioneller Entlastungen im Bereich von Beschaffungs- und Produktionsprozessen bilden die Absatzprozesse der Handwerker den Dreh- und Angelpunkt der Strategie. Die **Koordination des Warenflusses** ist somit von großer Bedeutung.

Des Weiteren übernimmt der Systemkopf neben der Steuerung der Warenflüsse auch die Koordination des gesamten Informationsflusses und agiert als sog. **„Information Hub"**. Eine informatorische Vernetzung der angeschlossenen Mitglieder, die durch das Großhandelsunternehmen als Systemkopf gefördert werden sollte, hilft dabei, den Koordinationsaufwand zu reduzieren. Darüber hinaus werden gemeinsame Marketingkonzepte für die vertikale Wertschöpfungspartnerschaft entwickeln, in dessen Mittelpunkt die Etablierung einer gemeinsamen Marke steht. Das vermittelte Erscheinungsbild soll so zur klaren Unterscheidbarkeit der angeschlossenen Mitglieder von den Leistungen der Konkurrenz beitragen. Ferner nimmt die Produkt- und Verkäuferschulung eine hohe Bedeutung ein, aber auch die Zurverfügungstellung von Verkaufsförderungsmaterialien sowie die Durchführung von Verkaufsförderungsaktionen beim Kunden sind nicht zu vernachlässigen. Derartige Serviceanstrengungen zielen auf eine langfristige Partnerschaft ab. Doch nur, wenn die Förderung der Absatzentwicklung im Handwerk auch beim Großhändler in steigenden Umsätzen zum Ausdruck kommt, ist eine Unterstützung verbrauchergerichteter Profilierungsmaßnahmen sinnvoll („Win-Win-Situation"). Diese Positionierung setzt eine entsprechende Kapitalausstattung voraus, sodass hier große Großhändler im Vorteil sind.

Auch Systemköpfe digitalisieren, wenngleich eine direkte Substitutionskonkurrenz durch Online-B2B-Plattformen nicht existiert. E-Commerce-basierte Lösungen sind Teile- und Technik-Kataloge, neben effizienter Steuerung der Prozesse innerhalb und zwischen Organisationseinheiten (z.B. Zulieferer, Dienstleister und Kunden) durch Ferndiagnose-Tools.

5. (Global) Sourcer

Der (Global) Sourcer profiliert sich über hohe Kompetenzen in der nationalen und/oder internationalen Beschaffung. So erschließt er als „Pionier" neue Beschaffungsmärkte und identifiziert innovative Produkte sowie neue, bislang nicht bekannte Lieferanten.

Den Rahmen bildet hier die Internationalisierung der Wertschöpfungsprozesse, so die **internationale Beschaffung** als Basis der Profilierung. Der Großhandel ist gefordert, durch intensive Qualitätsprüfungen und durch eine aktive Informationspolitik die Vorteile ihrer Beschaffung herauszustellen, denn in Bezug auf die Strategie eines (Global) Sourcers ist die Akzeptanz der ausländischen Produkte seitens der Kunden von entscheidender Bedeutung.

Wenige Großhändler nutzen diese Profilierungsoption, obwohl die Beschaffung zu den Basisfunktionen des Großhandels zählt. Bei der Strategie Sourcer bzw. Global Sourcer handelt es sich vorrangig um Unternehmen aus dem Baustoff-Fachhandel, dem Großhandel mit Haustechnik, dem Food-Service/Großverbraucherzustellhandel, dem Technischen Großhandel und seltener dem Elektro-Großhandel. Hier nehmen z.T. sehr flexibel agierende Großhändler oder auch Online-B2B-Plattformen die Funktion von **„Pionier"-Unternehmen auf Beschaffungsmärkten** im In- und Ausland ein und zwar mit dem vorrangigen Ziel, neue oder bisher nicht bekannte Produkte für den inländischen Bedarf „zu entdecken" und diese mit einem entsprechenden Dienstleistungsangebot auf dem Inlandsmarkt anzubieten. Dabei übernimmt der (Global) Sourcer nicht nur die Identifikation neuer Produkte und die operative Abwicklung des Beschaffungsprozesses, sondern erfüllt für seine Kunden auch entscheidende Funktionen im Rahmen der Sortimentsgestaltung und -pflege. Er greift (weltweite) Trends und Entwicklungen auf und transportiert diese zu seinen Kunden und somit indirekt zu den Endverbrauchern. So kann durch ein Gobal Sourcing absatzseitig ein wesentlicher Einfluss auf Trends und die Nachfrageentwicklung genommen werden, bis hin zur Erschließung neuer Geschäftsfelder. Diese Sourcing-Kompetenz kann verschiedene Ausprägungen annehmen, die weit über die Identifikation neuer Produkte hinausgeht:

- Das übergeordnete Ziel stellt die ständige Erneuerung und Optimierung des Sortiments des Großhandels und damit auch seiner Kunden dar.
- Ein Mehrwert kann in diesem Zusammenhang einerseits über innovative Produkte generiert werden, aber auch durch die Identifikation neuer Lieferanten sowie durch die Erschließung neuer Beschaffungsmärkte.
- So werden Engpässe in der Warenverfügbarkeit vermieden oder reduziert sowie saisonale Schwankungen in Qualität und Menge ausgeglichen. Ein systematisches **Lieferantenmanagement** ist damit für die Strategie des (Global) Sourcers unabdingbar.
- Über diese objektorientierte Sichtweise hinaus stellt auch der geografische Aktionsradius eines (Global) Sourcers eine Profilierungsmöglichkeit dar.

Ein Full-Service-Konzept umfasst das Management des Beschaffungsprozesses durch den Großhändler, das v.a. in der internationalen Beschaffung oft mit wesentlichen organisatorischen und infrastrukturellen Aufwendungen verbunden ist. Der (Global) Sourcer wird häufig in das **Category Management** seiner Kunden eingebunden. Auf Grund seiner gut ausgeprägten Warengruppenkompetenz und seiner Kenntnisse über Trends und Entwicklungen auf den (internationalen) Produktmärkten kann er hier wichtige Informationen liefern; er übernimmt oft die Haftung bzw. Gewährleistung im Importland. Im Rahmen der logistischen Leistungen, die ein Global Sourcer effizient erbringen muss, nehmen die Beschaffungslogistik sowie die Lagerhaltung eine herausragende Stellung ein. Das Geschäftsmodell ist im Grundsatz von Unternehmen jeder Größe anwendbar. Die konkrete Ausgestaltung sowie das Ausmaß der internationalen Beschaffungsaktivitäten und ein aktives Sourcing auf vielen verschiedenen Märkten und in einer Vielzahl unterschiedlicher Warengruppen setzt jedoch eine gewisse Ressourcenstärke voraus.

Auch im Bereich des Global-Sourcing ist eine Integration von mehreren Kanälen – so Online-Katalog, -Shop – üblich. Zeigen sich Einschränkungen in Reichweite, Transparenz und Wachstum, so lässt sich eine starke Substitutionstendenz durch Online-B2B-Plattformen erkennen. Die Möglichkeiten und Kernaufgaben von Plattformen liegen im Entdecken und dem Angebot einer breiten Palette auch unbekannter Produkte und Lieferanten im Ausland. Sie bieten zudem durch ihre Netzwerkstruktur Full-Service-Konzepte an. Der Großhändler substituiert sein Geschäftsmodell, nimmt die Rolle eines Absatzmittlers ein, verfolgt aber weiterhin die Umsetzung der Global-Sourcer-Strategie und kann damit o.g. Grenzen überwinden. Allerdings ist die Kontrolle oder Zertifizierung der Lieferanten in bspw. Fernost problematisch.

Wilk Gourmetgroup als Global Sourcer

Die Wilk Gourmetgroup ist ein Delikatessen-Großhändler, der sich auf die Beratung und Beschaffung sowie den Verkauf von erlesenen Spezialitäten aus der ganzen Welt spezialisiert hat. Das Sortiment stellt das Ergebnis von weltweiten, intensiven Recherchen nach neuen Produkten und teilweise langjähriger Lieferanten-Beziehungen dar. Viele Lieferanten sind kleine Manufakturen und traditionelle Familienbetriebe, die ihre Spezialitäten nur in kleinen, handwerklichen Chargen produzieren. Das Angebot der Wilk Gourmetgroup umfasst rd. 1.700 sehr hohwertige Artikel. Neben der klassischen Eichsfelder Wurst finden Kunden bspw. Gourmet-Marshmellows. Kunden der Wilk Gourmetgroup sind v.a. Fachgeschäfte und ausgewählte Gastronomen in Deutschland und Österreich. Diese können die Produkte per E-Mail oder Telefon sowie im unternehmenseigenen Online-Shop bestellen. Das einzigartige Sortiment wurde mit internationalen Auszeichnungen ausgezeichnet, so den Great Taste Award oder die Tavoletta d'Oro.

Quelle: www.wilk-gourmetgroup.de, 9. April 2018.

6. Distributor

Der Distributor übernimmt für inländische oder ausländische Hersteller die Markterschließung und die Marktbearbeitung eines ausgewählten Marktes.

Die Profilierung über das Geschäftsmodell Distributor ist up-stream-orientiert, d.h., an die Lieferanten des Großhandels gerichtet. Den Rahmen eines Distributors bilden die zunehmende Internationalisierung der Absatzaktivitäten von Produktions- und Dienstleistungsunternehmen und die damit verbundene inländische Übernahme der Vertriebs- bzw. Distributionsaufgaben für ausländische Produzenten. Gerade im gesättigten, hoch kompetitiven Wettbewerbsumfeld und vor dem Hintergrund der notwendigen, hohen Investitionen in die Vertriebsstruktur liegt für ausländische Hersteller die Option nahe, die Aufgabe der Markterschließung und -bearbeitung einem Großhandelsunternehmen zu übertragen und auf diesem Wege das mit dem Markteintritt verbundene Risiko zu reduzieren.

Die Distribution bietet für Großhändler Potenzial für eine Differenzierung vom Wettbewerb, wobei i.d.R. ausländische Hersteller vertraglich geregelte Absatzkooperationen mit einer meist kleinen Zahl von Großhändlern vereinbaren oder nur einem Großhändler exklusive Vermarktungsrechte übertragen. Der Distributor profiliert sich über die Distributionskompetenz und übernimmt somit in Form eines Full-Service-Konzeptes die vollständige Markterschließung und -bearbeitung für den Hersteller. Die über eine reine Lieferbeziehung hinausgehende Zusammenarbeit beinhaltet v.a. Aktivitäten der Großhandelsunternehmen für eine strategische Markterschließung und -bearbeitung sowie die Übernahme von Kundendienstleistungen für den Hersteller. Der Aufbau und das Management der Kundenbeziehungen haben im Rahmen der Marktbearbeitung für ausländische Hersteller eine Bedeutung, da u.a. diese Funktionen selten international standardisiert werden können, sondern vielmehr eine jeweils ländermarktspezifische Kundenansprache, Kundenkommunikation usw. erforderlich sind. Somit wäre eine eigene Übernahme dieser Aufgaben mit erheblichem Einsatz finanzieller und personeller Ressourcen verbunden. Aufgabe des Großhändlers ist es, diese Funktionen besser oder günstiger zu erfüllen als der Hersteller selbst. Gerade bei Produkten, bei denen eine Vielzahl von kleinen und mittleren Unternehmen die Zielgruppe dominiert, übernehmen Großhändler die notwendige **Fein-Distribution**. Derartige Kunden sind üblicherweise eher in der Kundengruppe der Industrieunternehmen, im Einzelhandel oder bei der Systemgastronomie anzutreffen, als dies im Handwerk der Fall ist.

Ferner stellt der Großhändler die zentrale Verbindung zwischen dem Produzenten und seinen Nachfragern dar und sorgt für die Vermittlung und Übertragung von Informationen entlang der Distributionskette. Eine noch größere Relevanz als Differenzierungskriterium hat die Unterstützung des Herstellers bei Produktinnovationen. Auch nach der (Neu-)Kundenakquisition im Zuge einer Produkteinführung kann der Distributor ein intensives Kundenmonitoring und eine fortdauernde Kundensegmentierung für den Hersteller umsetzen. Die Ausgestaltung des CRM bzw. des Marketing-Mix kann je nach Einzelfall verschieden sein.

Gehe als Distributor in der Pharmabranche

Die MCKesson Europe AG zählt zu den drei führenden Pharmagroßhändlern in Europa und bearbeitet den Großhandel in Deutschland über das Tochterunternehmen GEHE Pharma Handel GmbH. Gehe trägt aus 19 Niederlassungen bundesweit zur sicheren Arzneimittelversorgung bei. Das Konzept einer Profilierung als Distributor gegenüber der Industrie ist spezifisch in der stark regulierten Pharmabranche, in der dem Großhandel eine wichtige Position im Rahmen der gesetzlich geregelten Feinverteilung von Arzneimitteln und Apotheken, z.T. mehrmals am Tag, zukommt. Mit dem Ziel einer engeren vertikalen Integration entlang der Wertschöpfungskette bindet Gehe im Rahmen exklusiver Service-Partnerschaften ausgewählte Hersteller und Apotheken an sich. Gehes Hauptfunktion ist das Führen von Verhandlungen und der Einkauf eines breiten Sortiments für Apotheken. Über die enorme Feindistribution sowie effiziente, schnelle Logistik hinaus wird Zusatznutzen geboten, z.B. Expertenwissen, Category Management, Marketing, Management Services und preferred partnership im Einkauf.

Quelle: www.gehe.de, 11. Januar 2018.

Insgesamt wird ein ausländischer Hersteller die Markterschließung und -bearbeitung nur einem Großhändler anvertrauen, von dem er sicher erwarten kann, dass er auch in der Lage ist, alle relevanten Kunden zu erreichen. Damit ist für den Distributor ein Vertriebsnetz erforderlich, das sich über den gesamten Markt erstreckt. In vielen Fällen verfügen nur größere Großhändler über derartige Voraussetzungen. Beschränkt sich der Markteintritt jedoch auf eine eng definierte Branche, kann durchaus auch ein kleineres Unternehmen über dieses Vertriebsnetz verfügen und die Marktbearbeitung als Full-Service-Konzept für den Hersteller anbieten. Ähnlich ist es, wenn der Eintritt auf eine bestimmte Region beschränkt ist. Die Nutzung von Intranets (in der Feindistribution bei sensiblen Produkten zu Apotheken bspw.) und eine supereffiziente und -schnelle Logistik sind weitere Merkmale.

7. Branchenspezialist

Der Branchenspezialist profiliert sich als Multispezialist über eine optimale Ausgestaltung der genuinen Großhandelsleistungen. Von besonderer Bedeutung sind in diesem Zusammenhang eine exzellente Logistikleistung sowie das Angebot eines Vollsortiments.

Den Rahmen bilden u.a. die Konzentration auf das Kerngeschäft, der Trend zum Abbau von Lagerflächen und Vorratshaltung, die Reduktion des Personals und die Reduktion des Lieferantenportfolios. Unternehmen aus dem Bereich des Handwerks, aber auch der Gastronomie, des Einzelhandels/der Apotheken und der Industrie sind daher bemüht, mit einem Großhändler zusammenzuarbeiten, der ihnen i.S. eines „Vollsortimentes“ alle benötigten Artikel anbietet und eine hohe Fachkompetenz und intensive Beratung gewährleistet.

Während ein bedeutender Teil der Großhändler sich auf verschiedene Zusatzdienstleistungen oder vertikale Kooperationen spezialisiert, differenziert sich eine ebenfalls bedeutende, erfolgreich agierende Gruppe über eine optimale Umsetzung der genuinen Großhandelsleistungen. Bei diesen Branchenspezialisten wird eine Spezialisierung auf einen bestimmten Leistungsbereich bewusst vermieden, stattdessen wird über hohe Leistungsfähigkeit in mehreren branchenüblichen Dienstleistungsfeldern eine Differenzierung erreicht, v.a. in den Feldern Beschaffung, Marketing, Distribution und Logistik. Prinzipiell kann dieses Geschäftsmodell gegenüber allen Kundengruppen und in allen Branchen Anwendung finden; es wird von den Anforderungen der Kunden und den Rahmenbedingungen der Branche bestimmt.

Bedeutung kommt im Rahmen der von den Branchenspezialisten angebotenen Leistungen der **Logistik** als einer fundamentalen Großhandelsfunktion zu. Dabei steht die optimale Erbringung der logistischen Kernleistung im Vordergrund, zu deren Grundvoraussetzungen eine effiziente Disposition und hohe Warenverfügbarkeit im eigenen Lager zählen. Der Branchenspezialist ist dabei in der Lage, die Anforderungen seiner Kunden an Zuverlässigkeit und Termintreue zu erfüllen. Ferner bildet das **Angebot eines Vollsortiments** ein zentrales Kennzeichen des Branchenspezialisten. Wenngleich der Kunde eine entsprechende Sortimentsbreite voraussetzt, ist er jedoch i.d.R. dafür nicht bereit, auf eine gewisse Tiefe des Sortiments zu verzichten. Der Großhändler ist daher gefordert, für alle seine Warengruppen auch die entsprechende Auswahl an verschiedenen Artikeln zu führen. Zudem vertrauen die Kunden auf die intensive Fachkenntnis des Großhändlers. Neben den beiden Basisleistungen werden vom Branchenspezialisten branchenspezifische Zusatzleistungen angeboten. Im Gegensatz zu den übrigen Modellen dienen ein breites Angebot von branchenrelevanten Leistungen und die hoch professionelle Abwicklung als Profilierungskriterium, i.S. eines **Multispezialisten** in Bezug auf diverse Großhandelsfunktionen. Das individuelle Leistungsportfolio eines Branchenspezialisten ist – wie gesagt – im Wesentlichen von den jeweiligen Anforderungen in der Branche bestimmt, wobei es sich um folgende Punkte handeln kann:

- **Finanzdienstleistungen** als Gewährung von langfristigen Zahlungszielen und damit Vorfinanzierung der Kunden durch bspw. den Pharmagroßhandel können eine Grundvoraussetzung sein, die erwartet wird, um den Zeitraum bis zur monatlichen Erstattung der Krankenkassen zu überbrücken.
- Auch eine optimale logistische Leistung durch **Selbstabholer-Konzepte** kann relevant sein, v.a. bei der Kundengruppe Handwerk, da die geringe Personalausstattung der Handwerker zu erheblichen Produktivitäts- und damit Umsatzausfällen bei zeitintensiven Beschaffungsvorgängen führt. Im Rahmen derartiger Self-Service-Konzepte gewinnen auch neue Vertriebsmodelle an Bedeutung, so Shop-in-Shop-Konzepte. Im Zuge letzterer wird den Herstellern die Möglichkeit geboten, auf dem Gelände des Großhandelsunternehmens Verkaufsflächen für eine eigene Warenpräsentation „anzumieten“. Die dort platzierten Produkte ergänzen das Sortiment des Großhändlers um verwandte Warengruppen.
- In anderen Branchen, in denen die Kunden traditionell stark auf die Lieferdienste des Großhandels zurückgreifen, sind beim **Zustellservice** die schnelle Reaktion auf Bestellungen und damit wiederum kurze Durchlaufzeiten im eigenen Lager von hoher Relevanz, so im Pharmagroßhandel. Da die Apotheken selbst kaum ein Lager vorhalten, hat

der pharmazeutische Großhandel die Kompetenz, Apotheken bis zu fünfmal am Tag zu beliefern. Die Professionalisierung als Branchenspezialist kann es durchaus zweckmäßig erscheinen lassen, dass auch der Großhändler selbst Wertschöpfungsaktivitäten – mindestens partiell – outsourct, indem er bspw. unternehmensfremde Transporter einschaltet.

Das Vertriebssystem des Presse-Grosso

Der Bundesverband Presse-Grosso als Dachorganisation von 36 regionalen Pressegroßhändlern verhandelt hoheitlich Konditionen gegenüber Zeitungs- und Zeitschriftenverlagen. In Deutschland beziehen insgesamt 49 Pressegroßhändler ihre Ware von den Verlagen und liefern diese täglich an mehr als 110.000 Presseverkaufsstellen, so stationäre Verkaufsstellen oder ambulante Händler. Dieses Vertriebsnetz gewährt allen Presseverlagen gleichen Marktzutritt sowie generelle Erhältlichkeit zu gleichen Preisen für den Leser. Für die bundesweite Belieferung aller Presse-Einzelhändler legen die Auslieferungsfahrzeuge täglich rd. 357.000 km zurück. Der Pressegroßhandel repräsentiert mit einem Marktanteil von rd. 54% hierbei den dominierenden Vertriebskanal. Neben dem Pressegroßhandel gibt es eine Vielzahl weiterer Vertriebswege für Presseprodukte, so den werbenden Buch- und Zeitschriftenhandel, das verlagsseitige Abonnementgeschäft, durch Lesezirkelunternehmen und über den Bahnhofsbuchhandel. Das Vertriebsgeschäft über das Internet hat im Pressegroßhandel fortan Erfolg verzeichnet. Neueste Änderungen in Deutschland zeigen die Etablierung von digitalen Kiosken von globalen Playern (z.B. Amazon Newsstand). Diese gewähren ihren Kunden kostenlos Zugang zu einem wöchentlich wechselnden Angebot an Magazinen. Das Angebot umfasst sowohl Einzelhefte als auch Abonnements. Der Axel Springer Verlag äußert sich zu dieser Debatte positiv: „Neben unseren eigenen Aktivitäten begrüßen wir auch jede von Wettbewerbern aufgestellte Kioskvariante. Das gleiche gilt für die Zusammenarbeit mit den großen Technologieplattformen. Insofern freuen wir uns, wenn mit Amazon oder auch Snapchat Alternativen entstehen, die den Vertrieb von Journalismus auf digitalen Wegen fördern." Kritische Stimmen warnen vor Kanalisierung der eigenen Verlagsangebote. Der DPV Deutsche Pressevertrieb, ein Full-Service-Vertriebsdienstleister in Deutschland, beliefert dennoch den Online-Kiosk von Amazon mit Zeitschriften und erhofft sich dadurch einen Zuwachs an Kunden. Der Bundesverband Presse-Grosso setzt nach wie vor auf einen starken Vertrieb, gute Produkte und darauf, dass Print eine Zukunft hat. Hierzu arbeitet der Verband fortan an Lösungen, die eine virtuelle Recherche (bspw. über das Online-Portal Mykiosk.com) mit dem physischen Angebot verbindet. Diese Suchmaschinen zeigen nächstgelegene Verkaufsstellen mit den angebotenen Titeln, die anschließend im stationären Laden erworben werden können.

Quelle: www.pressegrosso.de, 11. Januar 2018; www.dnv-online.net/handel 30. Juni 2017; www.blogs.faz.net/medienwirtschaft/2014/10/07/presse-grosso-der-zeitschriftenkiosk-wird-digital-546/, 14. Oktober 2014.

Auf Grund der regionalen Abgrenzung ihrer Aktivitäten ist es für kleinere Player häufig komplex, ein Vollsortiment an einer geringen Zahl an Standorten vorzuhalten sowie die Logistik für eine abgegrenzte Region zu optimieren. Für größere Unternehmen bilden dabei die Ressourcenstärke und professionelle Organisation die Grundlage für eine erfolgreiche Positionierung als Branchenspezialist. Weiterhin werden neue Technologien verwendet sowie die dadurch entstehenden Vorteile des E-Commerce genutzt. Darüber hinaus besteht die Möglichkeit einer vollständigen Substitution durch Online-Plattformen, wodurch sich eine Erweiterung der Angebotsvielfalt und Ansprache einer breiteren Zielgruppe erreichen lässt.

8. Online-Plattformen und -Netzwerke

Online-Plattformen und -Netzwerke im B2B-Bereich stellen eine neue Infrastruktur zur Verfügung, die gewerbliche Transaktionspartner miteinander vernetzt und Kooperationen fördert. Die Plattform selbst übernimmt eine Vermittlertätigkeit. Für die Supply Side bieten Plattformen schnelles Wachstum auf Grund des Netzwerkeffekts und enorme Reichweiten. Die Demand Side profitiert von Preis- und Verfügbarkeitstransparenz.

Die Profilierung der Online-Plattformen ist sowohl up-stream- als auch down-stream-orientiert (Kompetenzen in Beschaffung, Logistik und Marketing/Vertrieb). Sie unterstützen im B2B-Bereich – neben den in Abschnitt B.III.4.a. in diesem Kapitel aufgeführten allgemeinen Merkmalen der Online Plattformen – folgende Kernfunktionen (IFH Köln 2016):

- Die Portalstruktur ermöglicht einen Informationsaustausch in Echtzeit, übernimmt die Funktion der Integration und reduziert Transaktionskosten der Akteure.
- Zusätzliche Dienstleistungen, wie die Organisation von Zahlungs- oder Logistikschnittstellen, und das Bereitstellen von Handelsmechanismen (bspw. Auktionen, Börsen) werden sowohl für die Supply Side als auch die Demand Side bereitgestellt.
- Die Bündelung eines sowohl breiten, ganzheitlichen Angebots an Waren und Dienstleistungen, als auch der entsprechenden gewerblichen Nachfrage, ermöglicht die Nutzung von Skalen- und Verbundeffekten.

Chinesische B2B-Plattformen: DHgate und Global Sources Online Marketplaces

Chinas E-Commerce boomt und spiegelt die Förderung des grenzüberschreitenden Online-Handels wider (Xue/Li/Pei 2016). Führende cross-border B2B-Plattformen sind u.a. DHgate, Global Sources, Made-in-China, welche v.a. die Strategie der Global Sourcer substituieren.

DHgate.com ist ein globaler Online-Großhandelsmarktplatz (gegründet im Jahr 2004). DHgate bringt chinesische Verkäufer und internationale Käufer in Kontakt und bietet ein enormes Sortiment mit mehr als 30 Mio. Artikel in einer Vielzahl von Kategorien, darunter Fashion, Elektronik, Beauty, Gesundheit, Haus & Garten usw. an. Im Jahr 2015 wurde zusätzlich die Manufacturer-to-business-Plattform DHport.com gestartet, die es Industriekäufern ermöglicht, Produkte in großen Mengen direkt vom Hersteller zu beziehen, inkl. Zollabwicklung (letztere müssen nach internationalen Standards zertifiziert sein). Insgesamt bieten beide Plattformen direkten Zugriff auf Großhandelspreise und All-in-one-Lösungen (mit internationalem Zahlungsdienst, Finanzierung, Logistik usw.). Hervorzuheben ist der Kundenschutz, der in Form von Treuhandschutzdiensten sichergestellt wird, d.h., die Zahlung wird von DHgate einbehalten und erst nach zufriedenstellender Lieferung freigegeben. Das Netzwerk erreicht rd. 3 Mio. Kunden weltweit.

Global Sources (gegründet im Jahr 1970) startete 1996 eine B2B-Website für asiatische Produkte und betreibt mit eigener Plattform Handel zwischen Asien und der Welt in den Bereichen Consumer Electronics, Mobile Electronics, Gifts & Home und Fashion usw. (mehr als 30 Mio. Artikel). Global Sources differenziert sich von anderen Online-B2B-Plattformen durch seine einzigartigen Mediendienste. Die Kernfunktion der Dienste besteht darin, Unternehmen die Nutzung verschiedener Arten von Qualitätsdienstleistungen zu gewähren, so die Teilnahme an globalen Handelsereignissen durch Video-Konferenzen, Veröffentlichung von Printmagazinen sowie digitalen Magazinen, Publikation von digitalen Forschungsberichten, Zugang zu Online- und Private-Sourcing-Messen, Nutzung von integrierten Marketing-Lösungen und Generierung von Verkaufs-Leads. Für die Erfassung produkt- und unternehmensbezogener Informationen kontaktiert Global Sources Hersteller und Händler mehrmals und unternimmt bei Verdacht auf Betrug oder Fehlverhalten strenge Maßnahmen. Mehr als 1,5 Mio. internationale Einkäufer, darunter 94 der 100 größten Einzelhändler der Welt, nutzen bereits die Online-Plattform von Global Sources.

Quelle: www.dhgate.com, 21. März 2018; www.dhport.com, 21. März 2018; www.globalsources.com, 21. März 2018.

B2B-Online-Plattformen sind besonders für den Mittelstand attraktiv und zukunftsweisend, weil sie durch ihre Reichweite und Netzwerkstruktur bspw. einen globalen Zugang zu neuen Zielgruppen (Kunden, Lieferanten und Märkten) erlauben. Sie bieten eine zielgenaue Steuerung der Produktvermarktung, direkte Interaktionsmöglichkeiten mit Geschäftspartnern, so über Live-Chat oder Video-Konferenzen. Weiterhin können erhebliche Zeit- und Kostenvorteile durch die Ausschöpfung von Kostensenkungspotenzialen, Reduktion von Prozesskosten durch einheitliche elektronische Prozesse und Schaffung von Transparenz erzielt werden. Ein weiterer entscheidender Vorteil von B2B-Online-Plattformen ist die Mehrwertgenerierung durch proportionales Wachstum und Marktpenetration, die Offline-Großhandelsstrategien nur schwer ermöglichen.

Online-Plattformen sind in ihrer Funktion im B2B-Geschäft eingeschränkt, so bzgl. eingeschränktem, persönlichen Kontakt zu Ansprechpartnern und diversen Risiken auf Grund notwendiger Zertifizierungen und Kontrollen (bspw. bzgl. Steuern, Produktfälschungen, CSR). Eingeschränkte Flexibilität und Individualität bei der Gestaltung von bspw. Geschäftsbedingungen – so Lieferung oder Reklamationsmanagement – können weitere Limitationen der Nutzung von Online-Plattformen durch gewerbliche Kunden sein. Wie aber angedeutet, sind Plattformen in der Lage, v.a. zwei der o.g. Geschäftsmodelle zu substituieren: Global Sourcer und Branchenspezialisten. System-Lieferanten, Modul-Lieferanten, Systemköpfe und Distributoren nutzen oder bauen Online-Plattformen selbst.

C. Gesamtunternehmensstrategien

I. Gegenstand

1. Grundlegende Strategien

In früheren Auflagen dieses Buches wurden – neben den Geschäftsfeld-/Wettbewerbsstrategien – **Wachstumsstrategien** (i.e.S. Marktdurchdringung, -entwicklung, Betriebstypenentwicklung, Diversifikation) bzw. treffender deren Umsetzung mittels Filialisierung, Akquisitionen und Franchising behandelt. Wachstum bildet aber ein übergeordnetes Ziel auf allen Ebenen der Strategiebildung in Unternehmen (Penrose 1959, S. 97f.). Es ist sinnvoller, gemäß der Logik in Abschnitt A dieses Kapitels, die **Gesamtunternehmensstrategien** von Handelsunternehmen zu behandeln, d.h. Produkt/Markt-Strategien (Geschäftsfeldbestimmung) und zugehöriger Eintritts-/Umsetzungsstrategien. Beide sind Instrumente des Top-Managements, um den Unternehmenswert zu erhöhen und das Unternehmen zukunftsfähig zu machen.[1] Ziele und Strategien des Gesamtunternehmens sind denen untergeordneter Geschäftsfelder übergeordnet. So kann es aus Gesamtunternehmenssicht notwendig sein, einer Geschäftseinheit Investitionsmittel vorzuenthalten, die dieses für eine optimale Positionierung benötigen würde, um in andere Zukunftsfelder zu investieren. Andere Einheiten können gezwungen werden, ihren Einkauf durch eine zentrale Einheit abzulösen, weil sich aus Gesamtunternehmenssicht kostensenkende Bündelungseffekte ergeben. Die Geschäftseinheiten stellen ihre Einzelinteressen zu Gunsten des Gesamtoptimums zurück und es ist die entscheidende Aufgabe des strategischen Managements auf Unternehmensebene, dieses Gesamtoptimum durch die Auswahl, Priorisierung und Ausrichtung der Geschäftsfelder herbeizuführen.

Nachfolgend werden drei Gesamtunternehmensstrategien aufgegriffen, wobei in Abb. 3.67 deren Merkmale zusammengefasst sind:

- die **Diversifikation**,
- die **Internationalisierung** und
- die **vertikale Integration**.

[1] Bspw. besteht ein Unterschied, ob ein Händler eine Diversifikation in Online-Kanäle anstrebt und zur Umsetzung bspw. eine Akquisition nutzt, als wenn „nur“ zum Zweck der Positionierung (im bestehenden Geschäftsfeld) eine Akquisition vorgenommen wird. Im ersten Fall erfolgt eine Erweiterung der Produkt/ Markt-Bereiche, die das Unternehmen zukunftsfähig und wertvoller machen sollen und mit der Herausforderung einer Transformation zum Mehrkanalunternehmen verbunden ist: Im Management oder den Prozessen. Bei Akquisition eines zum Betriebskonzept passenden Händlers erwachsen derartige Änderungen nicht.

Abbildung 3.67: Merkmale der Gesamtunternehmensstrategien

Merkmal	Diversifikation	Internationalisierung	Vertikale Integration
Wertschöpfung	Verbreitern	Multiplizieren	Verlängern
Wertschöpfungsaktivitäten	Gesamtwertkette	i.d.R. Absatz	i.d.R. Beschaffung
Produkt/Markt-Strategie	Neue Märkte und Angebote	Marktentwicklung	Marktdurchdringung
Risiko	hoch	mittel	gering
Finanzieller Aufwand	hoch	gering	hoch
Trägerschaft	Unternehmensleitung	Unternehmensleitung	Unternehmensleitung
Auswirkungen auf Formatstrategie	hoch	gering	mittel
Image	ggf. problematisch	i.d.R. einheitlich	unbeeinflusst
Flexibilität	gering	mittel	hoch
Marktposition	gleichbleibend	besser ggü. Kunden	besser ggü. Lieferanten
Wettbewerbsfähigkeit	hoch	hoch	mittel
Entwicklungsfähigkeit	gering	mittel	hoch

Obwohl die Basisstrategien nun getrennt betrachtet werden, treten sie in der Praxis parallel und interdependent auf (siehe Diversifikation und Internationalisierung in Abschnitt C.II.2.b.).

Gesamtunternehmensentscheidungen bei Carrefour

Carrefour ist mit rd. 12.000 Stores in über 30 Ländern tätig. Diverse Gesamtunternehmensstrategien machten Carrefour um die Jahrtausendwende zum größten europäischen Händler.

Diversifikation: Gegründet im Jahr 1959 als Supermarktkonzern, wurden bereits im Jahr 1963 eigene Hypermärkte aufgebaut. V.a. ab dem Jahr 1991 akquirierte das Unternehmen diverse Anbieter und Formate (Euromarché, Montlaur, GB, GS, und Norte); im Jahr 1999 erfolgte ein Wachstumsschub durch die Fusion mit dem Wettbewerber Promodès. Es folgten Convenience Stores (heute über 7.300 unter den Brands Express, City, Contact, Montagne, Bio, 8 à huit, oder Proxi) und auch C&C Stores. Neben dem stationären Handel ist Carrefour online präsent (bspw. Akquisition der Online-Händler Rue de Commerce und Greenweetz) und ist damit nicht nur ein Multiformat-Unternehmen, sondern auch ein Omnichannel-Unternehmen.

Internationalisierung: Auslandsmärkte wurden früh und in relativ großer Zahl (bis 40 waren es) betreten, aber auch wieder aufgegeben (bspw. Chile, Kolumbien, Mexiko oder Thailand, Südkorea, Malaysia). Für die Umsetzung wurde organisch die Filialisierung, Akquisitionen (bspw. Billa Filialen in Italien, Rumänien), Franchising (bspw. in Indonesien, Griechenland), oder Lizenzen (bspw. in arabischen Ländern) genutzt. Als langfristiges Ziel gilt das Wachstum in West- und Zentralafrika (mit ersten Eintritten in die Elfenbeinküste und Kamerun).

Vertikale Integration: Carrefour arbeitet mit rd. 20.000 Lieferanten von über 460 Produktlinien zusammen und setzt dabei auf langfristige Geschäftsbeziehungen, die durch eine kooperative Zusammenarbeit gekennzeichnet sind. Zum einen führt Carrefour regelmäßige Kontrollen und Inspektionen gemäß der eigenen Qualitäts- und Ethikstandards durch (bspw. Bereitstellung eines CSR-Selbstbewertungsinstruments). Zum anderen verschafft sich Carrefour ein Mitspracherecht bei bspw. der Beschaffung von Palmöl, das von den vertraglich gebundenen Herstellern genutzt werden muss. Eigene Produktion erfolgt bisher im relativ geringen Umfang.

Quelle: www.carrefour.com, 9. Januar 2018.

Abbildung 3.68 visualisiert die Merkmale der **Umsetzungsstrategien** im Überblick, wobei zwischen einer integrativen Umsetzung (interne Entwicklung bspw. bei Filialisierung oder externe Entwicklung bspw. bei Akquisition) und einer kooperativen Umsetzung (bspw. Franchising) zu unterscheiden ist. Sie treten parallel auf, bspw. Filialisierung im Stammmarkt, Akquisitionen in blockierten Volumenmärkten und Franchising in risikoreichen Märkten (sog. intra-unternehmerische Interdependenz) oder bspw., wenn neben Franchising eigene Filialen genutzt werden (sog. intra-strategische Interdependenz).

Abbildung 3.68: Merkmale ausgewählter Umsetzungsstrategien

Merkmal	Integrativ/intern, bspw. Filialisierung	Kooperation, bspw. Franchising	Integrativ/extern, bspw. Akquisition
Gesamtunternehmensstrategie	Dominant in Internationalisierung	Dominant in vertikaler Integration	Dominant in Diversifikation
Produkt/Markt-Strategie	i.d.R. Marktdurchdringung bzw. -entwicklung	Marktdurchdringung bzw. -entwicklung	Marktdurchdringung, -entwicklung, Diversifikation
Umsetzungsintensität	langsam	schnell	schnell
Interne Kontrolle	total	vertraglich festgelegt	anfangs partiell/später total
Koordinationsaufwand	hoch	niedrig	mittel/hoch
Finanzieller Aufwand	mittel	gering	hoch
Risiko	hoch	mittel	hoch
Diversifikationsrelevanz	hoch	niedrig	sehr hoch
Internationalisierungsrelevanz	sehr hoch (Food)	sehr hoch (Non-Food)	hoch (kapitalstarke Unternehmen)
Integrationsrelevanz	gering	hoch	hoch
Systemsteuerung	Unternehmensziele	Vertrag	Unternehmensziele
Leistungsprogramm	gesteuert	vertraglich vorgegeben	gesteuert
Bindung/Motivation (Leiter Verkaufseinheit)	Dienstvertrag/ Gehalt (+Prämie)	Vertrag	Dienstvertrag/ Gehalt (+Prämie)

Die Umsetzung ist strategiespezifisch, bspw. bei der Diversifikation dominieren grundsätzlich interne oder externe Umsetzungen. Bei der **internen Umsetzung bzw. Entwicklung** werden eigene Ressourcen und Fähigkeiten für die neuen Leistungsbereiche genutzt. Besondere Bedeutung haben dabei etwa die Konzeptentwicklung, Umsetzung und Etablierung am Markt, wobei als Vorteil v.a. die Nutzung interner Ressourcen und als Nachteil v.a. zeitliche Aspekte oder die mangelnde Vertrautheit mit neuen Leistungsbereichen relevant sind. Bei der **externen Umsetzung bzw. Entwicklung** wird die Leistungsausweitung üblicherweise durch (Teil-)Übernahmen von Unternehmen durchgeführt, die sich bereits am Markt befinden. Akquisition, Fusion und Beteiligung weisen Vorteile auf wie Umgehung von Markteintrittsbarrieren (so in gesättigten Märkten) und Erlangung einer relevanten Marktstellung während Nachteile v.a. finanzielle und personelle Anforderungen beim Zusammenschluss sind. **Kooperationen** sind weitere Umsetzungsoptionen, so Joint Venture (JV)oder Kooperationen im Handel (Verbundgruppen) oder zwischen Handel und Herstellern. Als Vorteile gelten ein begrenzter Kapitaleinsatz und Risikoteilung und als Nachteile Durchsetzungsprobleme funktionsfähiger Anreizsystems oder Konfliktpotentiale.

2. Ziele und Entscheidungsoptionen

Gesamtunternehmensziele folgen den Vorgaben der Eigentümer eines Handelsunternehmens. Die **Maximierung des Unternehmenswerts** wird oft pauschal als oberstes Ziel von Kapitalgesellschaften genannt, weil diese v.a. diverse Geschäftsfelder unter einem Dach haben und die Wertentwicklung am Aktienmarkt aus Sicht der Eigentümer eine interessante, die Vorgaben an das Management prägende Größe ist (Macharzina/Wolf 2018, S. 206). Demgegenüber ist eine Besonderheit des deutschen Handels, dass viele Händler in Familien- bzw. Privatbesitz sind und daher auf der Gesamtunternehmensebene v.a. Ziele wie Fortbestand oder Zukunftsfähigkeit verfolgen, erst sekundär Wert- oder Gewinnziele (siehe Abschnitt B.I.3. in diesem Kapitel). Um diese zu berücksichtigen, nennen einige Autoren den sog. **intrinsischen Wert**, den sie mit unterschiedlichen Verfahren der Unternehmensbewertung ermitteln, bspw. den gegenwärtigen und zukünftig erwirtschafteten, mit den Kapitalkostensätzen diskontierten Cash Flow (Differenz der Einzahlungen und Auszahlungen). Dieses ist anschlussfähig zu Umwelt-/Unternehmensanalysen auf Gesamtunternehmensebene (z.B. Cash Flow-zentrierte Portfolioanalysen), allerdings ist zu bezweifeln, ob der Cash Flow im Handel die zentrale strategische Steuerungsgröße auf Gesamtunternehmensebene ist.

> Die Werte einzelner Geschäftsfelder zu maximieren, ist das oberste Ziel des Managements auf Geschäftsfeldebene, während das Wertziel auf Unternehmensebene die Maximierung des Wertbeitrags des Board of Management für die Geschäftsfelder lautet.

Während der Einzelwert eines Geschäftsfelds unmittelbarer Ausdruck des wirtschaftlichen Handelns dieser Einheit ist, ist der Wertbeitrag des Top-Management Ausdruck ihrer Einflussnahme auf die Geschäftsfelder, die sie aus der Sicht und im Interesse des Gesamtunternehmens ausübt, durch Führungsvorgaben, denkbare Synergien, Strategien und Services. Unternehmenswert sicherzustellen kann wie folgt erfolgen (Hungenberg 2014, S. 381ff.):

- Alle Geschäftsfelder müssen einen positiven, möglichst maximalen **Geschäftsfeldwert** erzielen (i.S. des Managements auf Geschäftsfeldebene).
- Das Top-Management muss einen zusätzlichen, **positiven Wertbeitrag** leisten.

Das Ganze soll also mehr wert sein als die Summe seiner Teile. Dabei wird auch der sog. „Parenting Advantage" als eine Art **Wettbewerbsvorteil des Top-Management** angeführt. Verbunden ist dies mit der Frage, ob alternative potenzielle Eigentümer bspw. unter den Wettbewerbern (Lieferanten, Investoren) Geschäftsfelder durch Zusammenfassung vormals konkurrierender Einheiten zu wertsteigernden Größenvorteilen oder Synergieeffekten führen. Vor diesem Hintergrund kann das Ziel des Managements auf Unternehmensebene darin gesehen werden, die Geschäftsfelder im Handelsunternehmen so auszuwählen, zu priorisieren und auszurichten, dass die Unternehmenszentrale einen bestmöglichen Wertbeitrag leistet – einen „Parenting Advantage" besitzt und damit „Best Owner" ist (siehe Abb. 3.69).

Abbildung 3.69: Wettbewerbsvorteil vs. „Parenting Advantage"

	Wettbewerbsvorteil	„Parenting Advantages"
Ursachen des Vorteils	- Management auf Geschäftsfeldebene ermöglicht es, Kunden besser/billiger zu bedienen	- Management auf Unternehmensebene schafft positive Einflüsse auf Geschäftsfelder
Vergleichsmaßstab	- Andere Handelsunternehmen in der Branche	- Andere Unternehmen als potenzielle Eigentümer von Geschäftsfeldern
Entscheider/Fokus	- Kunde	- Eigentümer

Quelle: i.A.a. Hungenberg 2014, S. 384.

Das Management auf der Unternehmensebene hat also in unterschiedlicher Art und Intensität Einfluss auf die Geschäftsfelder zu nehmen und zwar mittels Entscheidungen über die Strategien, Strukturen, Prozesse und Kultur des Gesamtunternehmens. In diesem Sinne folgt auch das Management auf der Unternehmensebene der Logik des strategischen Managementprozesses, so der Vision und Mission als Rahmen, der internen und externen Unternehmensanalyse und -planung, der Definition und Planung der Geschäftsfelder und der Beurteilung der Strategiealternativen (strategische Maßnahmenplanung) sowie die Strategieimplementierung. Während die Unternehmensanalyse i.S.v. Planung/Controlling und die Strukturen, Prozesse und Kultur i.S.v. Implementierung auf Gesamtunternehmensebene im Sechsten Kapitel behandelt werden, erfolgt nachfolgend der Fokus auf die o.g. Gesamtunternehmensstrategien (siehe Abb. 3.70).

Abbildung 3.70: Entscheidungsoptionen bei Gesamtunternehmensstrategien

Bereich	Teilbereich	Konkrete Aspekte
Diversifikation	**Gegenstand**	Grundlagen, Bedeutung, Ziele und Entscheidungsoptionen
	Formen im Handel	Formatdiversifikation, geografische Diversifikation, Sortimentsdiversifikation, Online und Omnichannel
	Umsetzungsstrategien	Filialisierung Akquisition
Internationalisierung	**Gegenstand**	Grundlagen, Bedeutung, Ziele und Entscheidungsoptionen Internationale Strategien
	Entscheidungen und Strategien	Marktengagement (Selektion, Timing und Austritt) Betätigungsformen Marktbearbeitung
	Koordination	Überblick und Wertschöpfungsfunktionen
Vertikale Integration	**Gegenstand**	Grundlagen, Bedeutung, Ziele und Entscheidungsoptionen
	Vertikale Kooperationen	Kontrakte und Partnerschaften von Herstellern und Händlern Rückwärtsintegration des Handels
	Allianzen von Handelsunternehmen	Grundlagen, Ziele und Leistungsspektrum von Verbundgruppen Phasen, Entwicklung, Management und Erfolg von Verbundgruppen Internationale europäische Allianzen
	Franchising	Grundlagen und Ziele Entscheidungsoptionen/-prozesse sowie Erfolg

II. Diversifikation

1. Gegenstand

a) Grundlagen und Bedeutung

Diversifikation bezeichnet die Ausdehnung der bisherigen Wertaktivitäten eines Handelsunternehmens auf neue Tätigkeits-, Markt- und Ressourcenbereiche und ist damit eine Gesamtunternehmensstrategie der planmäßigen Ausdehnung der bisherigen Kerntätigkeit.

Die Diversifikationsstrategie ist eine Gesamtunternehmensstrategie, d.h., sie wird für das gesamte Unternehmen vom Top-Management entwickelt. Dabei wird bspw. festgelegt, in welchen Handelsformaten (Be-/Vertriebstypen) und auf welchen Märkten der Händler aktiv sein will. Wettbewerbsvorteile werden so nicht nur für ein einzelnes Geschäftsfeld, sondern für das Gesamtunternehmen generiert und genutzt (Sohl/Rudolph 2012, S. 21ff.).

Im Handel wird die Diversifikation traditionell mit der Systematik von Ansoff (1965, S. 132) verbunden, der die horizontale Diversifikation, die vertikale Integration/Diversifikation und die konzentrische bzw. enger konglomerate (auch laterale) Diversifikation unterscheidet, welche variantenreich auf den Handel zugeschnitten wurde. Maßgeblich für diese Systematik sind neue Dienstleistungen (bspw. verbundene oder unverbundene Betriebs- und heute Vertriebstypen) sowie das Beibehalten/Verlassen der institutionellen Handelsebene (Einzelhandels- oder Großhandelsebene) und die Verbundenheit mit dem bisherigen Leistungsprogramm (i.S. der Ansprache gleicher, ähnlicher oder neuer Kundenbedarfe). Vernachlässigt werden durch die Produkt/Markt-Betrachtung u.a. die notwendigen Ressourcen bzw. Technologien, die zur Realisation notwendig sind (z.B. Penrose 1959, S. 110). Auch weil Diversifikationsausprägungen kombiniert auftreten, wird in der neueren Handelsforschung auch die sog. geografische Diversifikation untersucht (i.S. Breite der bearbeiteten Länder bzw. Gebiete) und bspw. gemeinsam mit der horizontalen Diversifikation hinsichtlich des Unternehmenserfolges untersucht (Shi u.a. 2018). In Abb. 3.71 sind die typischen Diversifikationsrichtungen von Einzelhandelsunternehmen charakterisiert

(Großhandelsunternehmen würden bspw. Leistungen im Zusammenhang mit vorgelagerten Wirtschaftsstufen ergänzen).

Abbildung 3.71: Diversifikationsrichtungen von Handelsunternehmen

	Horizontale Diversifikation	Vertikale Diversifikation	Konglomerat/Laterale Diversifikation	Geografische Diversifikation
Abgrenzungskriterium	Einzelhandelsebene wird nicht verlassen	Einzelhandelsebene wird verlassen, bisherige Distributionskette wird beibehalten	Einzelhandelsebene & bisherige Distributionskette werden verlassen	Einzelhandelsebene wird i.d.R. nicht verlassen und ins Ausland übertragen
Zusammenhang	Neue Leistung steht im sachlichen Zusammenhang mit dem bisherigen Leistungsprogramm	Neue Leistung steht im Zusammenhang mit i.d.R. nachgelagerten Wirtschaftsstufen	Neue Leistungen stehen in keinem sachlichen Zusammenhang mit bisherigem Programm	Neue Leistung steht im sachlichen Zusammenhang mit dem bisherigen Leistungsprogramm
Ausprägungen	- Sortiment/Branche - Betriebstypen (verbunden/unverbunden) - Vertriebstypen - Mischformen Offline- und Online-Channel	- Großhandel - Hersteller/Produktion - Dienstleistungen (z.B. Logistik)	- Großhandel - Hersteller/Produktion - Weitere Dienstleistungen (z.B. Touristik, Gastronomie, Online-Dienste)	- Intra- vs. interregionale Expansion
Umsetzungsstrategien	Interne Entwicklung (bspw. Filialisierung), Mergers & Akquisition oder Kooperation			

Eine **horizontale Diversifikation** zeichnet sich dadurch aus, dass die bisherige Wirtschaftsstufe nicht verlassen wird und vorhandene Unternehmenspotentiale auch im neuen Tätigkeitsfeld genutzt werden können. Im Handelskontext liegt sie dann vor, wenn die neue vom Unternehmen zu erbringende Handelstätigkeit mit dem bisherigen Leistungsprogramm insoweit in sachlichem Zusammenhang steht, als dass vorhandenes Unternehmenspotenzial noch genutzt werden kann. Zum vorhandenen Unternehmenspotenzial können z.B. ähnliche Lieferanten oder Zielgruppen zählen. Folgende Optionen sind zu unterscheiden:

- Die **Sortimentsdiversifikation** umfasst die Entscheidung eines Händlers hinsichtlich der angebotenen Produktkategorie bzw. Branche (i.S. von Food- vs. Non-Food).
- Die **Formatdiversifikation** bezieht sich auf verschiedene Be- und Vertriebstypen, die ein Handelsunternehmen nutzt, um neue Kundensegmente zu erschließen. Bei der Betriebstypendiversifikation erfolgt ein paralleler Einsatz mehrerer stationärer Absatzkanäle, während bei der Vertriebstypendiversifikation der parallele Einsatz mehrerer nicht-stationärer Absatzkanäle erfolgt.
- Die **Mischform** bedeutet den parallelen Einsatz (mehrerer) stationärer und nicht-stationärer Absatzkanäle (d.h. eine Be- und Vertriebstypendiversifikation).

Die Formatdiversifikation und v.a. die Mischformen stellen **Multichannel-Systeme** dar. Dabei wird in allen von einer **verbundenen Diversifikation** gesprochen, wenn die Ressourcen und Kernkompetenzen zwischen einzelnen Handelsformaten eine hohe Überlappung aufweisen. Verbundene Handelsformate verfolgen eine ähnliche Sortiments-, Preis-, Werbe- und Verkaufsförderungs-, Service-, Ladengestaltungs- und Standortpolitik und zielen auf gleichartige Kundensegmente und Kaufsituationen ab. Sie weisen außerdem eine Ähnlichkeit im Hinblick auf ihre zentralen Wertschöpfungsaktivitäten wie Einkauf, (In-Store) Logistik/Supply Chain Management, Marketing und Verkauf auf. Insofern basiert das Konzept der verbundenen Diversifikation theoretisch auf der Ähnlichkeit von Ressourcen und Kompetenzen zwischen den bestehenden und den neuen Be- und Vertriebstypen. **Unverbundene Diversifikation** kann als sog. Polynetzpolitik bezeichnet werden, mit Tätigkeit des Handelsunternehmens in mehreren Branchen, bei der mehrere Formate parallel eingesetzt werden.

Die theoretische Begründung für diese Wahl erfolgt bspw. mittels Portfoliotheorien und dem darin verankerten Argument der Risikostreuung über diverse Geschäftsfelder.[1]

Unverbundene Diversifikation und Sortimentsdiversifikation: Carrefour und Metro Group

Carrefour ist eines der größten europäischen Handelskonzerne im LEH. Im Jahr 1959 mit Supermärkten gegründet führt das Unternehmen 12.300 Stores in 30 Ländern (rd. 80 Mrd. EUR Umsatz). Das Kernformat sind die Hypermärkte Carrefour planet und Carrefour (51% des Gesamtumsatzes, siehe Abb. 3.72). Teile der unverbundenen Diversifikation sind ferner Supermärkte (Carrefour market, Supeco), Convenience Stores (Carrefour montagne, express), C&C Großhandelsmärkte (Promocash, Carrefour MAXI) und der Online-Store Carrefour ooshop.

Abbildung 3.72: Formatportfolio der Carrefour Group

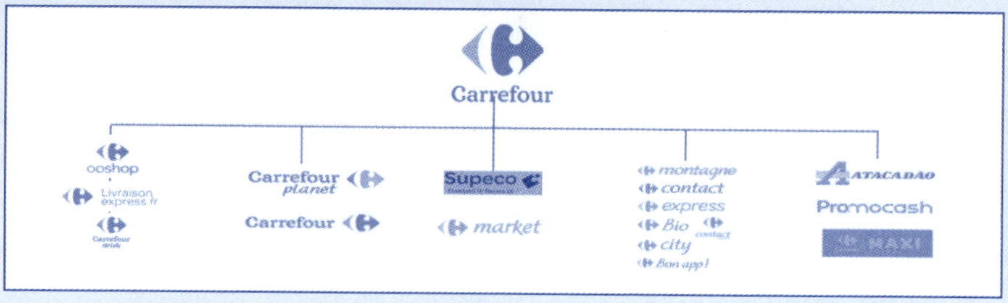

Die Metro Gruppe hat im Jahr 2016 einen Umsatz von 58,4 Mrd. EUR und war jahrelang ein diversifizierter, in mehreren Branchen/Sortimentsbereichen und mit unverbundenen Formaten tätiger Konzern (infolge von Fusionen, Akquisitionen und eigener Filialisierung, siehe Abb. 3.73). Über die Zeit wurden viele Retail Brands veräußert (zuletzt im Jahr 2015 Galeria Kaufhof). Der vorerst letzte Schritt der Transformation der Gruppe, mit dem Ziel der Spezialisierung auf eher verbundene Vertriebslinien, erfolgte im Jahr 2017. Die Metro Group wurde in die Metro AG (Wholesale and Food Specialist Company) und die Ceconomy AG geteilt. Der Vorstand erhoffte sich dadurch u.a. Vorteile durch zwei branchenreine, verbunden diversifizierte Unternehmen.

Abbildung 3.73: Formatportfolio der Metro Group

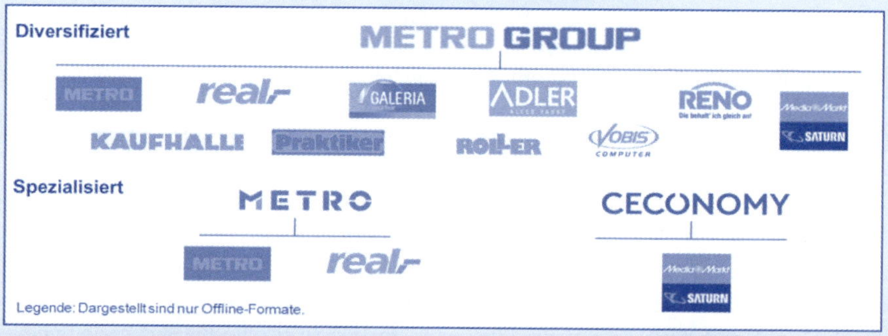

Quelle: www.metrogroup.de, www.carrefour.com 30. Juli 2018; eigene Recherche.

Eine **vertikale Diversifikation** liegt vor, wenn der Tätigkeitsbereich auf vor- oder nachgelagerte Wertschöpfungsstufen erweitert wird. Einzelhandelsunternehmen bspw. behalten ihre bestehende Distributionskette bei und erweitern ihre Aktivitäten auf die Großhandelsebene,

[1] Das Gegenstück zur Formatdiversifikation ist die **Spezialisierung**, als Ergebnis einer Betriebstypenreduktion oder -restrukturierung im Portfolio. Wenn sich ein neuer Betriebstyp als erfolglos herausstellt, dann kann eine Aufgabe/Rückeingliederung in den herkömmlichen Betriebstypenbestand sinnvoll sein.

die Produktion oder vorgelagerte Lieferantenebenen. Idealtypisch zählen hierzu auch Kooperationen von Handelsunternehmen mit den Zielen bspw. des gemeinsamen Einkaufs und Kooperationsstrategien von Handelsunternehmen und Herstellern (die vertikale Integration wird separat im Abschnitt IV. in diesem Kapitel behandelt). Ein Unterschied zur horizontalen Form liegt u.a. darin, dass eine Eingliederung vorgelagerter Wertschöpfungsaktivitäten oft aus internen Gründen erfolgt; erst hieraus resultieren oft absatzorientierte Ziele.

Bei der **konglomeraten (lateralen) Diversifikation** nimmt ein Handelsunternehmen eine Tätigkeit auf, die mit dem bisherigen Leistungsprogramm in keinem unmittelbaren Zusammenhang steht. Es weitet seine Geschäftstätigkeit auf neue, mit dem Leistungsprogramm in keinem unmittelbaren Zusammenhang stehende Bereiche aus (bspw. verlässt ein Einzelhändler die Einzelhandelsebene und die bisherige Distributionskette). Möglichkeiten sind die Angliederung von Produzenten, von Großhändlern, fremder Distributionsketten oder Dienstleistungen (z.B. Versicherungen, Touristik, Online-Angebote). Ihr wird im stationären Handel bzgl. des Umsatzes eine untergeordnete Rolle zugesprochen. Im E-Commerce demgegenüber sind v.a. vielfache Akquisitionen mit dem Ziel der Erweiterung der bisherigen Dienstleistungen und Geschäftsfelder zu beobachten (siehe Abschnitt C.II.4 in diesem Kapitel).

Die **geografische Diversifikation** fokussiert die intra- und inter-regionale Diversifikation von Handelsunternehmen. Dabei steht der Händler vor der Frage, inwieweit eine internationale Expansion als strategische Ausrichtung sinnvoll ist und weitergehend, inwiefern er sein Länderportfolio breit oder eng (bspw. nur europaspezifisch) ausrichtet (siehe zur Internationalisierung Abschnitt C.III. in diesem Kapitel).

Die **Bedeutung der Diversifikation** – v.a. der Formatdiversifikation – zeigt sich darin, dass rd. 75% der größten 250 Handelsunternehmen der Welt international mit zwei bis acht Formaten tätig sind (Deloitte 2017). Zudem betreiben über 80% der Top 30 Lebensmittelhändler weltweit ein Formatportfolio, in Abgrenzung zu einer Monoformatstrategie (Planet Retail 2017). Nach Shi u.a. (2018) ist diese Entwicklung der Ausdruck von zwei Trends im Handel, nämlich der zunehmenden **Internationalisierung** und der damit verbundenen Herausforderung zur Gestaltung der Formate im Gastland (ggf. einer **Formatdiversifikation**) und den entsprechenden Portfoliostrategieüberlegungen diversifizierter Handelskonzerne. Beide Diversifikationsstrategien umfassen diverse Vorteile, aber auch operationale Risiken, welche in den folgenden Abschnitten angesprochen werden. Nach Gielens/Dekimpe (2001) umfasst die Diversifikation im Handel v.a. die Angebotsseite (d.h. Diversifikation in neue Produktkategorien und/oder Handelsformate) und/oder die Marktseite (d.h. Diversifikation in neue Auslandsmärkte), was häufig simultan erfolgt und i.e.S. dem klassischen Begriffsverständnis der Diversifikation nach Ansoff (1965, S. 132ff.) entspricht. Ein dritter Trend ist die wachsende Bedeutung des **Multi- oder Omnichannel Retailing**, das per Definition den parallelen Einsatz unterschiedlicher Be- und Vertriebstypen mit einem wesentlichen Sortimentszusammenhang bedeutet und eine Form der horizontalen Diversifikation bildet. Die Verbindung der Be- und Vertriebstypen und damit deren Bedeutung im Portfolio kann einer Integrationsstrategie folgen, bei der eine Abstimmung zwischen den Kanälen bspw. im Hinblick auf Verbund- und Nutzeneffekte für die Kunden erfolgt, oder einer Separationsstrategie, bei der keine Abstimmung zwischen den autark handelnden Kanälen bspw. mit Ansprache überschneidungsfreier Kundengruppen erfolgt. Diese – anders als die o.g. Formen – noch selten hinsichtlich des finanziellen Unternehmenserfolges untersuchte Form der Diversifikation kann heute als Regel angesehen werden. Sie ist aber herausfordernd, da sie als Change Management aufgefasst werden kann, das die Neuausrichtung der gesamten Organisation (so der Führung, Marketing-/Vertriebs- und Supply Chain-Prozesse sowie weiterer Ressourcen wie der technologischen Basis) bedeutet (Swoboda 2017, S. 224ff.).

In der Bedeutung wächst neben der horizontalen Diversifikation (innerhalb des Systems Handel) auch die konglomerate Diversifikation (handelsextern, weil sie in neuen Geschäftsfeldern außerhalb des Systems Handel liegt). Allerdings ist zu beobachten, dass v.a. Online-Handelsunternehmen, neben der horizontalen Diversifikation, v.a. auch eine laterale Diversifikation vorantreiben (meistens mittels Akquisitionen). Insofern mag die konglomerate Diversifikation bisher im stationären Handel eine umsatzmäßig untergeordnete Rolle spielen, nicht jedoch bei **Online-Pure-Playern im Handel** (siehe die zunehmende konglomerate Diversifikation in der Fallstudie von Amazon im ersten Kapitel) und gleichermaßen in **Omnichannel Retailing**. Herausfordernd ist das insofern, weil Händler wie Amazon hierdurch nicht nur mit klassischen Handelsleistungen beim Kunden punkten, sondern durch eine konglomerate Diversifikation im Marketplace (unzweifelhaft eine andere Distributionskette als die des eigenen Versandhandels), Mediadienste (Video, Music, Kindle), Webservices oder Zahl- und Bankservices ein verwobenes Dienstleistungsportfolio den Kunden anbieten. Anders als im klassisch konglomerat diversifizierten Handel (bspw. bei Rewe mit den Food-Formaten Super-, Verbraucher- und Convenience-Märkten sowie Discountern und Lieferservices, aber auch Gastronomiekonzepten und Tourismus) sind die Kanäle integriert und stehen nicht unverbunden nebeneinander.

Konglomerate Diversifikation von Online-Playern

Ebay und v.a. Amazon haben – neben vielfachen horizontalen Diversifikationsaktivitäten – enorme Anstrengungen, die Geschäftsfelder zu erweitern, als Teil der konglomeraten Diversifikation. Beispiele sind (meistens extern akquiriert, Angabe des Jahres):

- Amazon: Amazon Go (Eröffnung kassenloser Supermärkte) 2018, Sqrrl (KI-basierte Sicherheitssysteme) 2018, Bio-Supermärkte (Whole Foods) 2017, GameSparks und Thinkbox (Entwicklungsplattform bzw. -software für Online-Spiele und Filme) 2017, Biba Systems (Videonachrichten-App) 2016, Curse (Kommunikationsplattform für Online-Spiele) 2016, TenMarks Education (Web-basiertes Mathe-Lern-Tool) 2013, TeachStreet (Online-Plattform für Online-Lernangebote) 2012
- Ebay: Cargigi (Online-Marketing für Automobilindustrie) 2016, Paypal Here (Launch eines mobilen Bezahlungssystems) 2012, The Gift Project (Geschenkversand auf Social Commerce-Plattform) 2011, Milo.com (Auskunft über Produktbestände in stationären Geschäften) 2010, RedLaser (Barcode-Scanning iPhone Anwendung) 2010

Quelle: Eigene Recherche.

Die Bedeutung der Diversifikation im Handel unterstreicht auch einige neuere empirische Studien zum Thema, die älteren, oft konzeptionellen Arbeiten folgen und u.a. von einer zugänglichen Datenbasis profitieren. So nennt Sohl (2012, S. 8) vielfache Studien zu Produktkategorien, Sortimentsvariation und -breite, Kundenwahrnehmungen von Branchen und Sortimenten, kommt aber zu dem Schluss, dass die Sortimentsdiversifikation auf einer Gesamtunternehmensebene weniger Beachtung gefunden hat. Die Literatur zur Diversifikation ist dominiert von Studien zu produzierenden Unternehmen, die neue Produkte für neue Märkte entwickelten. Die Besonderheiten des Handels legen jedoch eine spezifische Betrachtung nahe (Sohl 2012, S. 45; Shi u.a. 2018). Anders, da relativ vielfältig, sind die Studien zur geografischen Diversifikation (siehe Abschnitt C.II.2.a. in diesem Kapitel).

b) Ziele und Entscheidungsoptionen

Die Ziele der Diversifikationsstrategie tragen zur Erreichung der Gesamtunternehmensziele bei. So können auf der Basis neuer Betätigungsfelder Wettbewerbsvorteile gegenüber Konkurrenten gewonnen werden (i.S. einer offensiven Strategiesicht, bei der Händler aktiv nach Diversifikationsmöglichkeiten suchen) oder Ausgleiche von Erfolgsdefiziten im traditionellen Stammgeschäft durch Aufbau neuer Tätigkeitsbereiche angestrebt werden (i.S. einer defensiven Strategiesicht, bei der Händler vorrangig die Erfolgslage stabilisieren). Im Detail können diverse Ziele mit der Gesamtunternehmensstrategie der Diversifikation verbunden werden, die im Handel und v.a. mit Bezug zur horizontalen Diversifikation wie folgt zusammengefasst werden können (vgl. dazu und zu weiteren, bspw. ethischen Zielen Jacobs 1992, S. 13ff.):

- **Wachstumsziele** gelten im Handel als die zentralen Ziele v.a. der horizontalen- und geografischen Diversifikation. Da angestammte Märkte oft durch Konzentration, Marktsättigung und begrenzte Renditewachstumsoptionen geprägt sind und sich zugleich das Käuferverhalten permanent wandelt, entscheiden sich Manager nicht selten für den Eintritt in neue Geschäftsfelder oder Märkte zur Realisierung des Wachstumsziels. Handelsunternehmen können hierdurch neue Marktpotenziale nutzen, indem sie neue Kundensegmente mit diversen Formaten und Sortimenten ansprechen oder in neue Auslandsmärkte vorstoßen.
- **Risikoreduktionsziele** sind mit dem Bestreben des Einstiegs in neue Märkte mit dem Zweck verbunden, die Unternehmung widerstandsfähiger gegen Störeffekte in der Umwelt zu machen und damit das, oft mit einer ausgeprägten Spezialisierung verbundene, Unternehmensrisiko zu reduzieren. Die Streuung der (unverbundenen) Handelsformate soll zur Kompensation evtl. gegenläufiger Entwicklung in einzelnen Märkten führen und damit zur Stabilisierung der Gewinnentwicklung des Händlers beitragen. Manager folgen oft auch aus Gründen der eigenen Einkommensstabilität und der Steigung des Marktwertes bei stabiler Ertragsentwicklung der Diversifikation mit dem Ziel der Risikoreduktion.
- **Wettbewerbsziele** liegen nahe, weil Handelsunternehmen im Rahmen der Diversifikation danach trachten, ihre Wettbewerbsfähigkeit zu nutzen oder zu verbessern. Die Erhöhung der Wettbewerbsfähigkeit des Gesamtunternehmens kann dadurch erfolgen, dass vorhandene Stärken eines Formats (so effektives Marketing oder effiziente Supply Chain) für den Eintritt in Geschäftsbereiche genutzt werden, in denen sich auf Grund der Stärken Wettbewerbsvorteile ggü. etablierten Wettbewerbern erzielen lassen. Diversifikation bietet ferner die Möglichkeit, die Wettbewerbskraft im angestammten Betätigungsfeld zu nutzen, bspw. über die Akquisition eines Unternehmens, das in anderen Branchen über Technologien verfügt, deren Nutzung im Stammgeschäft des diversifizierten Händlers diesem einen Wettbewerbsvorsprung verschafft. Zu beobachten, jedoch oft problematisch ist es, aus einer Position der Schwäche in neue Geschäftsbereiche einzutreten.
- **Rentabilitäts-/Profitziele** sind bedeutend, weil sie von der optimalen Nutzung der Unternehmensressourcen bedingt werden und ein Diversifikationsziel oft darin liegt, vorhandene oder freie materielle und immaterielle Ressourcen zu nutzen oder auszulasten und die Kapitalrentabilität des gebundenen Kapitals zu verbessern. Die Diversifikation kann einen effizienten Ressourceneinsatz (i.d.R. Management- und/oder Vertriebskapazitäten) in neuen Geschäftsfeldern ermöglichen, was mit der Idee der Übertragung überlegener Ressourcen oder Kompetenzen in neue Geschäftsfelder bei den o.g. Wachstumszielen verbunden ist. Eng hiermit verbunden sind Synergien. Letztere werden häufig als „2+2=5-Effekt" bezeichnet, d.h., dass durch die Zusammenarbeit zweier oder mehrerer Geschäftsfelder eines Handelsunternehmens ein neues Ganzes entsteht, das mehr als die Summe seiner Teile ist. Der diversifizierte Handelskonzern versucht dabei, den traditionellen und den neuen Geschäftsbereich derart miteinander zu koordinieren, dass eine optimale Auslastung der Kapazitäten erreicht bzw. eine Erhöhung der Gesamteffizienz (bspw. Nutzung etablierter Supply Chain-Prozesse), der Gesamteffektivität (bspw. Ansprache mit überlegenen Sortimenten) und somit des Wertes des Gesamtunternehmens erzielt wird (v.a. für die vertikale Diversifikation gelten ähnliche, auch Transaktionskostenüberlegungen).

Rentabilität als Ziel: Die diversifizierte Otto Gruppe

Die Otto Gruppe Hamburg (13 Mrd. EUR Umsatz, 50.000 Mitarbeiter) äußerte im Geschäftsbericht 2017 bzgl. des Formatportfoliomanagements das Ziel, die finanzielle Leistungsfähigkeit zu stärken. In der heutigen Form – historisch der letzte deutsche Universalversandhändler – bietet das diversifizierte Unternehmen neben Sortimenten in Mode, Schuhe, Lifestyle-Artikel, Möbel und Einrichtungsaccessoires, Spielwaren, Technik-, Sport- und Freizeitartikel im Offline- und Online-Bereich, auch diverse Finanz-, Logistik-, Aviation- sowie weitere Servicedienstleistungen an.

Quelle: Geschäftsbericht 2017.

Erfasst wird empirisch i.d.R. der **Grad der Diversifikation** eines Handelskonzerns, wozu quantitativ-kontinuierliche und diskret-kategoriale Diversifikationsmaße zur Verfügung stehen. Sie gehen über das frühere Auszählen einzelner Geschäftseinheiten (Anzahl der Handelsformate, Sortimentskategorien, Auslandsmärkte) hinaus. Quantitativ-kontinuierliche Maße sind durch eine hohe Objektivität und Reliabilität charakterisiert, weshalb sie als Basis aktueller Studien genutzt werden (z.B. Entropy-Index Oh/Sohl/Rugman 2015, Concentric Index Shi u.a. 2018). Seltener finden diskret-kategoriale Messansätze in der Forschung Verwendung, aber sehr wohl für unternehmensinterne Zwecke, auf Grund ihrer qualitativen Herangehensweise und subjektiven Grundlage. Die diversen Maße sind in Abb. 3.74 so aufgelistet, dass der jeweils folgende eine Weiterentwicklung des vorherigen Ansatzes darstellt (der Entropy-Index gilt allerdings als Alternative zum Concentric Index).

Abbildung 3.74: Messansätze der Diversifikation im Handel

Messung	Interpretation	Bewertung
Quantitativ-kontinuierliche Diversifikationsmaße		
Gort-Index $D_G = 1 - (\frac{U_{GE}}{U_{GES}})$	▪ 0=nicht diversifiziert ▪ 1=stark diversifiziert ▪ Umso stärker die Diversifikation, desto bedeutender die Hauptgeschäftseinheit	▪ Berücksichtigung der relativen Bedeutung der wichtigsten Geschäftseinheit ▪ Vernachlässigung der Diversifikation von Nebengeschäftseinheiten
Berry-Index $D_B = 1 - \sum_{i=1}^{N} P_i^2$	▪ 0=nicht diversifiziert ▪ 1=stark diversifiziert ▪ Starke Diversifikation bei gleichmäßiger Verteilung der Geschäftseinheiten	▪ Berücksichtigung der relativen Bedeutung der einzelnen Geschäftseinheiten ▪ Umsatzanteil entspricht nicht zwingend der relativen Bedeutung im Unternehmen
Entropy-Index $D_E = \sum_{i=1}^{N} p_i \ln(\frac{1}{p_i})$	▪ 0=nicht diversifiziert ▪ $D_E < \infty$: je mehr Geschäftseinheiten, desto höher die Ausprägung des Maßes	▪ Berücksichtigung der relativen Bedeutung der einzelnen Geschäftseinheiten ▪ Quantitative Unterscheidung verbundener vs. unverbundener Diversifikation möglich
Concentric Index $D_C =$ $\sum_{i=1}^{N} \sum_{j=1}^{N} p_i p_j d_{ij}$	▪ 0=nicht diversifiziert ▪ 4=stark diversifiziert ▪ Starke Diversifikation bei maximaler Unverbundenheit der Geschäftseinheiten	▪ Berücksichtigung der relativen Bedeutung der einzelnen Geschäftseinheiten ▪ Quantitative Unterscheidung verbundener vs. unverbundener Diversifikation möglich
Diskret-kategoriale Diversifikationsmaße		
Wrigley $SR = \frac{U_{GE}}{U_{GES}}$	▪ Vier Diversifikationstypen ▪ SR≥0,95: Einzelsegment ▪ 0,95>SR≥0,7: dominantes Geschäft ▪ SR<0,7: (Un-)verbundenes Geschäft	▪ Qualitative Bestimmung des Diversifikationsgrades ▪ Klassifikation der letzten beiden Typen basierend auf subjektiver Einschätzung
Rumelt ▪ $SR = \frac{U_{GE}}{U_{GES}}$ ▪ $VR = \frac{U_{VGE}}{U_{GES}}$ ▪ $RR = \frac{U_{RGE}}{U_{GES}}$	▪ Neun Diversifikationstypen aufgeteilt in vier Kategorien ▪ SR≥0,95: Einzelsegment ▪ 0,95>SR≥0,7: dominantes Geschäft; VR≥0,7: dominant vertikales Geschäft ▪ SR<0,7; RR≥0,7: verbundenes vs. RR<0,7: unverbundenes Geschäft	▪ Berechnung basiert auf unabhängig voneinander strategisch geführten Geschäftseinheiten ▪ Bestimmung des Diversifikationsgrades auf Basis subjektiven unternehmensinternen Einschätzungen

Legende: D=Diversifikationsgrad, d=Grad der Verbundenheit, i,j=Geschäftseinheit (GE), N=Anzahl GE, p_i=Umsatzanteil GE am Gesamtumsatz, RR=Related Ratio, SR=Specialization Ratio, U_{GE}=Umsatz größte GE, U_{GES}=Gesamtumsatz, U_{RGE}=Umsatz größter zwei verbundener GE, U_{VGE}=Umsatz größter vertikal verbundener GE; VR=Grad vertikale Verbundenheit.

Zu den Entscheidungsoptionen der Diversifikation zählt zunächst die Entscheidung darüber, ob diese Strategie in Frage kommt und wie sie in Be- und Vertriebstypenportfolios erfolgreich ausgestaltet werden soll. Hierzu sind Nutzenüberlegungen und diverse theoretische Argumentationen hilfreich. Portfolio- und ressourcenbasierte Überlegungen sind in der Forschung zur horizontalen und geografischen Diversifikation vorherrschend.

Die **Portfoliotheorie** empfiehlt, Risiken zu streuen und Marktchancen mit dem Vorstoß in neue Handelsformate zu nutzen. Beim Besitz eines einzigen Formats ist der Händler vollumfänglich von seinem Erfolg abhängig. Ähnliches gilt für diversifizierte, aber verbundene Handelsformate, weil der Erfolg von der Entwicklung eines relativ eng abgegrenzten Marktsegments abhängt. Im Gegensatz dazu erlaubt es die Diversifikation in unverbundene Handelsformate dem Mutterkonzern, das Risiko im Portfolio breiter zu streuen und das Ziel der Unsicherheitsvermeidung zu adressieren. Die Ansprache diverser Kundensegmente und eine begrenzte Kannibalisierung der Formate im Portfolio sind weitere Argumente.

Der **ressourcenbasierte Ansatz** legt die Nutzung von Synergieeffekten nahe, d.h., die Kombination von Aktivitäten, um ein im Vergleich zu einer isolierten Durchführung besseres Ergebnis zu erzielen. Für einen Mutterkonzern kann v.a. der Austausch von Ressourcen und Fähigkeiten zwischen zwei (mehreren) verbundenen Formaten mehr Wert generieren als deren isolierte Führung. Diese Überlegungen gehen auf Penrose (1959) zurück, die anführte, dass sich die Produktionskapazität eines Unternehmens immer nach dem Engpassfaktor richtet, und dass nur selten alle Kapazitäten maximal ausgeschöpft sind, weil Ressourcen eine begrenzte Teilbarkeit aufweisen, bspw. auf Grund von Nachfrage- oder Lieferschwankungen. Überschüsse können dabei auf der Unternehmensführungsebene, aber auch in Produktions- oder Logistiksystemen anfallen. Ein Händler sucht daher nach weiteren Nutzungsmöglichkeiten für vorhandene Ressourcen. Falls die Ausdehnung der bisherigen Marktaktivitäten nicht zu einer besseren Auslastung bzw. -nutzung der Ressourcen führt, bleibt bei nicht anpassbaren Ressourcen die Diversifikation als Option (bspw. in verbundene Handelsformate, Tanriverdi/Venkatraman 2005). Auf diese Weise können Händler überlegene Ressourcen bzw. Kernkompetenzen (bspw. im Sortiment oder Preis), die zu einer Werterhöhung der Angebotsleistung führen, auf ähnliche Handelsformate im Portfolio übertragen.

Eine Argumentation über **Skaleneffekte** geht davon aus, dass unterschiedliche Geschäftsbereiche in einem diversifizierten Unternehmen ähnliche innerbetriebliche Prozesse erfordern, bei denen Skaleneffekte entstehen können, die wiederum bei erhöhten Geschäftsvolumina die Stückkosten reduzieren. Dafür kann es diverse Gründe geben: So Fixkostendegression, Lerneffekte oder kostengünstigere Nutzung von Technologien wie Logistiksysteme für mehrere Geschäftsfelder. Diese Option besteht v.a. in diversifizierten Handelsunternehmen, weil hier trotz diverser Leistungen ggf. ähnliche Prozesse zu bewältigen sind und somit Möglichkeiten für Skaleneffekte entstehen. Händler können ferner versuchen, Querschnittsfunktionen für den gesamten Konzern zu implementieren (bspw. die IT-Infrastruktur).

Die **Neue Institutionenökonomik** legt nahe, dass Diversifikation zu Ersparnissen bei Transaktionskosten führen kann (bspw. durch Integration der Wertschöpfung, siehe Abschnitt C.III. in diesem Kapitel). Sie behandelt die Frage, inwieweit spezifische Investitionen (d.h., solche außerhalb der Geschäftstätigkeit, aus der sie kreiert worden sind) die Diversifikationsstrategie zu einer ökonomisch vorteilhaften Strategie machen. Allerdings ist v.a. im Handel die Diversifikationsentscheidung selten unter Kostengesichtspunkten zu treffen. Ein diversifizierender Händler überträgt sein akquisitorisches Potenzial (i.S. der Gesamtheit der bei Konsumenten zu Präferenz führenden Tatbestände wie Warenqualität, Reputation, Standorte, Serviceleistungen usw.) von einem Geschäftsfeld auf ein anderes.

Im Folgenden werden die gesamtunternehmensstrategischen Optionen der Diversifikation und deren Umsetzung näher beleuchtet (siehe Abb. 3.75).

Abbildung 3.75: Entscheidungsoptionen zur Diversifikation in Handelsunternehmen

Bereich	Teilbereich	Konkrete Aspekte
Gegenstand	**Grundlagen und Bedeutung**	Begriffsabgrenzungen Horizontale, vertikale, konglomerate, geografische Diversifikation Interne vs. externe Umsetzung
	Ziele und Optionen	Vollkommene vs. partielle vertikale Integration Erfassungsansätze der Diversifikation
Gesamtunternehmenserfolg und Kernformen der Diversifikation	**Formatdiversifikation**	Beispiele sowie Chancen und Risiken der verbundenen und unverbundenen Diversifikation Erfolgseinfluss und Bedeutung der Implementierungserfahrung
	Geografische Diversifikation	Erfolgsbeitrag der intra-regionalen, inter-regionalen und internationale Gesamtdiversifikation Simultaner Erfolgsbeitrag von Format-/geografischer Diversifikation
	Sortimentsdiversifikation	Grad der Sortimentsdiversifikation Erfolgsvariation
	Online und Omnichannel	Verknüpfung der Online- und Offline-Vertriebskanäle Managementherausforderungen im Omnichannel-Handel
Filialisierung als eine Umsetzungsoption	**Grundlagen und Bedeutung**	Begriffsabgrenzungen Marktanteile und Anzahl der Filialbetriebe
	Ziele und Optionen	Formen bzw. Strategien der Filialisierung Vor- und Nachteile der Filialisierung Standardisierte vs. differenzierte Filialisierung
	Entscheidungsprozess und Erfolg	Aufbau- und Betreiberphase der Filialisierung Besonderheiten der Filialisierung bei Kleinunternehmen
Akquisition als eine Umsetzungsoption	**Grundlagen**	Begriff und Bedeutung Ziele und Schwerpunkte
	Ziele und Optionen	Vorteile für M&A im In- und Ausland Formen bzw. Strategien der M&A im Handel
	Entscheidungsprozess und Erfolg	Phasen des Akquisitions-/Fusionsprozesses Erfolgsfaktoren/Charakteristika der bei M&A beteiligten Unternehmen

2. Erfolg und Herausforderungen der Kernformen der Diversifikation im Handel

a) Formatdiversifikation

> Die **Formatdiversifikation** bezieht sich auf verschiedene Be- und Vertriebstypen, die ein Handelsunternehmen nutzt, um neue Kundensegmente zu erschließen.

Bei der Betriebstypendiversifikation erfolgt ein paralleler Einsatz mehrerer stationärer Absatzkanäle, während bei der Vertriebstypendiversifikation der parallele Einsatz mehrerer nicht-stationärer Absatzkanäle erfolgt. Nachfolgend wird auf die Betriebstypendiversifikation fokussiert (denkbare Mischformen, i.S. eines parallelen Einsatzes (mehrerer) stationärer und nicht-stationärer Absatzkanäle, d.h., Be- und Vertriebstypen folgen in Abschnitt C.II.2.d in diesem Kapitel. Dies erfolgt aus Sicht des Einzelhandels, wobei Analoges aus Sicht des Großhandels gilt, wenn bspw. ein C&C-Großhändler einen Sortimentsgroßhändler erwirbt.

Zum Verständnis der Formatdiversifikation ist die Differenzierung der grundsätzlichen Strategien der **verbundenen Diversifikation** (Eintritt eines Unternehmens in ähnliche bzw. verwandte Geschäftsfelder) und der **unverbundenen Diversifikation** (Eintritt in unterschiedliche Geschäftsfelder) sinnvoll. Theoretisch fußt das Konzept der verbundenen und unverbundenen Diversifikation auf der Ähnlichkeit von Ressourcen und Kernkompetenzen zwischen bestehenden und neuen Geschäftsfeldern, wobei Abb. 3.76 dies für Handelsformate visualisiert. Hier wird von verbundener (bzw. unverbundener) Formatdiversifikation gesprochen, wenn die Ressourcen und Kernkompetenzen zwischen einzelnen Handelsformaten eine hohe (bzw. geringe) Überlappung aufweisen, d.h., verbundene Handelsformate verfolgen eine ähnliche Standort-, Sortiments-, Preis-, Kommunikations-, In-Store-, Servicepolitik und zielen auf gleichartige Kundensegmente und Kaufsituationen ab. Ebenso weisen verbundene Handelsformate eine Ähnlichkeit im Hinblick auf ihre rückwärtsorientierten Wertschöpfungsaktivitäten auf, so Beschaffung, (In-Store) Logistik, Verkaufsprozesse usw.

Abbildung 3.76: Verbundene Handelsformate

Gruppe	Verbundene Formate	Beispiele (Retail Brands)
Discounter	Hard- und Softdiscounter	Aldi, Denner, Dia, Family Dollar, Lidl, Netto, Norma, Penny
Supermärkte	Supermarkt, Nachbarschaftsladen, Dorfladen	Albertsons, Coop Supermarkt, Edeka, Mercadona, Migros M, Nahkauf, Rewe, Spar
Verbrauchermärkte	SB-Warenhaus bzw. Hypermarkt, Supercenter, Superstore	Auchan, Carrefour planet, Coop Megastore, Globus, Migros MMM, Kroger, Real, Walmart
Kleinflächenläden	Convenience-Store, Tankstellenshop, Bahnhofsgeschäft, Kiosk	7-Eleven, Aral PetitBistro, Avec, Coop Marché, Coop Pronto, Coop To Go, Migrolino, Rewe City, Rewe To Go, Tesco Express
Kauf-/Warenhäuser	Kaufhaus und Shopping-Center	Breuninger, El Corte Ingles, Galeria Kaufhof, Karstadt, Macy's, Peek & Cloppenburg
Großhandelsmärkte	Abholgroßmarkt (C&C), Lagergroßhandel, Warehouse Club	Costco, Handelshof C&C, Metro C&C, Sam's Club, Selgros C&C, Top CC

Quelle: i.A.a. Sohl/Rudolph 2012, S. 24.

Händler verfolgen diverse Strategien der Formatdiversifikation, auch wenn diese nur graduell, i.S. der Umsatzbedeutung für Unternehmen zu erfassen sind. **Diversifikation in verbundene Handelsformate** realisieren bspw. Kroger, Morrisons oder Target, sodass deren Formatportfolio einen hohen „Fit" aufweist. Sie streben Wachstum über Formate an, für deren erfolgreiche Vermarktung sie über das notwendige Know-how verfügen. Auf der anderen Seite haben Unternehmen wie Metro, Coop (siehe die Fallstudie im Zweiten Kapitel), Casino und Sears langjährig ein unverbundenes Formatportfolio aufgebaut, das auf unterschiedliche Kundensegmente und Kaufsituationen abzielt. Die unterschiedlichen Handelsformate tragen i.d.R. relativ unterschiedlich zum Gruppenumsatz bei (die Schweizer Coop wie auch der US-Händler Kroger sind mit Umsatzanteilen von über 68% bzw. 80% weit gehend auf das Food-Geschäft fokussiert, aber in unverbundene Handelsformate bei Coop und in verbundene Handelsformate aus der Gruppe Verbrauchermärkte bei Kroger diversifiziert). Hieraus resultiert die zentrale Frage entsprechender Studien, nämlich ist die Formatdiversifikation in verbundene oder unverbundene Handelsformate erfolgreicher?

Die Frage nach der Erfolgswirkung von Diversifikationsstrategien wurde in der Literatur zur Gesamtunternehmensstrategie intensiv diskutiert (z.B. Palich/Cardinal/Miller 2000) und bspw. von Sohl (2012, S. 44ff.) und von Sohl/Rudolph (2012) auf die Formatdiversifikation übertragen. Die Autoren beziehen sich einerseits auf den „**Resource-based view**" of diversification und sehen überlegene bzw. wertstiftende Ressourcen und Kernkompetenzen, die in einem Handelsformat zum Wettbewerbsvorteil führen, als Vorteil der Übertragung auf ähnliche Handelsformate im Portfolio. So kann ein Handelsformat eine ausgeklügelte und effiziente Logistik oder effiziente Beschaffungsprozesse haben, während ein anderes stark in convenience-orientierten Sortimenten ist. Entsprechender Austausch überlegener Fähigkeiten innerhalb verbundener Formate, die ähnliche Filialen betreiben und Zielgruppen ansprechen, kann zum besseren Ergebnis führen. Die Synergien sind die Werttreiber und führen dazu, dass zwei oder mehrere Handelsformate unter der Konzernmutter mehr wert sind, als wenn sie alleine und in Konkurrenz zueinander auf dem Markt agieren würden. Die Konzernmutter kann also einen zusätzlichen Wert schaffen, wobei i.d.R. Querschnittfunktionen konzernweite Aufgaben wie IT-Infrastruktur übernehmen und zusätzliche gewinnwirksame, kostensenkende Synergien durch Skalen- und Verbundeffekte erschließen. Die Autoren führen allerdings auch aus, dass die **Portfoliotheorie** empfiehlt, Risiken zu streuen und Marktchancen mit dem Vorstoß in unverbundene Handelsformate zu wagen, da bei einem Format der Erfolg nur hiervon abhängt. Ferner bedingt eine verbundene Diversifikation die Abhängigkeit von der wirtschaftlichen Entwicklung eines eng abgegrenzten Handelssegments. Eine unverbundene Formatdiversifikation adressiert unterschiedliche Kundensegmente und Marktnischen, sodass die Gefahr einer Kannibalisierung der Formate im Portfolio reduziert wird (v.a., wenn sie auf dem gleichen geografischen Markt präsent sind). Abb. 3.77 fasst die Chancen und Gefahren beider Diversifikationsoptionen zusammen.

Abbildung 3.77: Chancen und Risiken verbundener/unverbundener Formatdiversifikation

	Verbundene Formatdiversifikation	Unverbundene Formatdiversifikation
Chancen	- Skaleneffekte (Economies of scale) - Verbundeffekte (Economies of scope) - Überschüssige Ressourcen nutzen	- Risikostreuung - Von nachhaltigen Markttrends profitieren - Überschüssige Ressourcen nutzen
Risiken	- Abhängigkeit von abgegrenztem Handelssegment - Mögliche Kannibalisierung - Kosten der Synergienutzung	- Koordinations- und Kontrollkosten - Eintrittsrisiko - Vernachlässigung der bestehenden Formate

Quelle: i.A.a. Sohl/Rudolph 2012, S. 28.

Empirische Studien zur Erfolgswirkung – v.a. bei Herstellern – kommen zu unterschiedlichen Ergebnissen: Einige sehen die verbundene Diversifikation als überlegen an, während andere das Gegenteil zeigen, sodass weiterer Forschungsbedarf besteht. Nachfolgend werden daher zunächst die Ergebnisse einer Studie zur Formatdiversifikation im Handel behandelt, gefolgt von einer Studie, die Formatdiversifikation und geografische Diversifikation bündelt.

Erfolgsbeitrag der Formatdiversifikation im LEH

Sohl (2012, S. 42ff.) untersucht, inwiefern die Formatdiversifikation den finanziellen Handelsunternehmenserfolg (i.S. von Gewinn bzw. EBIT, d.h., Gesamterfolg vor Zinsen und Steuern) beeinflusst. Er beschreibt vorherige Analysen in Bezug auf die Diversifikation von Handelsunternehmen als unzureichend, da eine Differenzierung zwischen verbundener und unverbundener Diversifikation ausbleibt. Ausgehend von der Ressourcentheorie und der damit verbundenen Sichtweise des „Fits" zwischen der bestehenden und neuen Geschäftseinheit sowie ergänzend der Portfoliotheorie, wird der Einfluss der verbundenen sowie der unverbundenen Formatdiversifikation auf den Erfolg der größten Handelsunternehmen der Welt analysiert (siehe Abb. 3.78). Die Dynamic Capabilities-Perspektive begründet den moderierenden Einfluss des Grads der Erfahrung (in Jahren) mit (un-)verbundener Formatdiversifikation in Bezug auf die o.g. Beziehung zu analysieren. Eine steigende Erfahrung mit einem spezifischen Format sollte es dem Händler erlauben Implementierungsfähigkeiten aufzubauen, die zur Nutzung von Synergiepotenzialen notwendig sind.

Die der Regression zugrundeliegende Stichprobe besteht aus 70 weltweit führenden Handelsunternehmen, deren Diversifikationsverhalten im Zeitraum von 1997-2009 unter Hinzunahme des Entropy-Index beobachtet wurde. Die Ergebnisse zeigen, dass die verbundene Formatdiversifikation einen nicht linearen Einfluss auf den Unternehmenserfolg hat (siehe Abb. 3.79).

Abbildung 3.78: Einfluss der Formatdiversifikation auf den Unternehmenserfolg

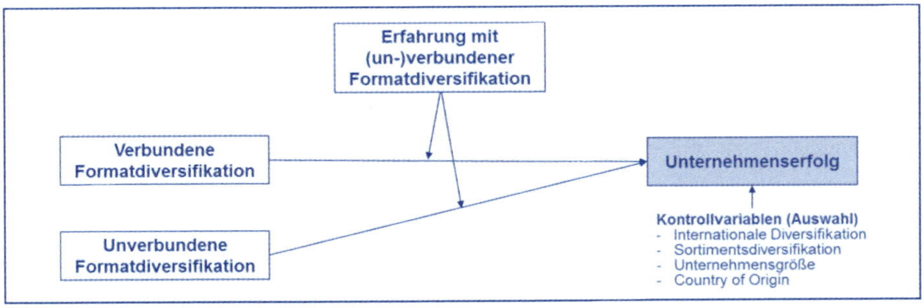

So steigert die verbundene Diversifikation erst nach Erreichen eines bestimmten Diversifikationsniveaus (0,31 bei einem Diversifikationsgrad von Minimum 0 bis Maximum 1,18) den Gewinn. Ähnliche Ergebnisse ergeben sich für ein alternativ kalkuliertes Rentabilitätsmaß („ratio of net profit to total assets"). Die Erfahrung mit der verbundenen Formatdiversifikation verstärkt diese Beziehung. Dagegen beeinflusst die unverbundene Formatdiversifikation den Erfolg des Händlers negativ; ein Effekt der spezifischen Erfahrung mit vorheriger unverbundener Diversifikation kann nicht festgestellt werden.

Abbildung 3.79: Erfolg verbundener und unverbundener Formatdiversifikation

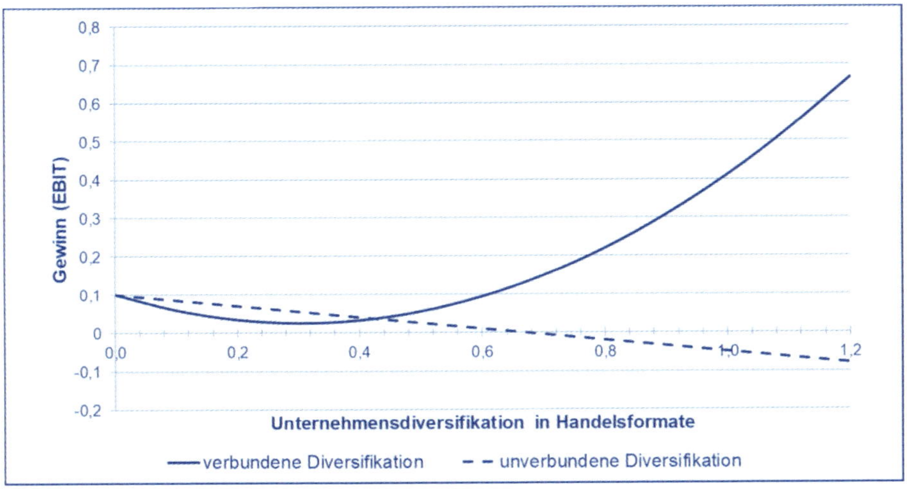

Quelle: Sohl/Rudolph 2012, S. 29.

Zusammenfassend führt die auf der Portfoliotheorie basierende Strategie der unverbundenen Formatdiversifikation zu einem Rückgang des Gewinns. Die verbundene Diversifikation ist also erfolgsüberlegen. Diese Überlegenheit ist jedoch erst dann gewinnbringend zu realisieren, wenn Händler vermehrt in eine verbundene Multiformat-Strategie investieren. Anfängliche Investitionsaufwendungen werden dann durch Ressourcen- und Kompetenzübertragung ausgeglichen, wodurch folglich Synergien erzielt werden können. Offensichtlich besteht die Gefahr, sich zu verzetteln und dem unnötigen Versuch Synergien zu heben, wo es per se keine gibt. Verstärkt wird diese Synergiebildung durch zunehmende Erfahrung mit (un-)verbundener Formatdiversifikation. Händler werden über die Zeit vertrauter mit Prozessen und Anforderungen der Implementierung der verbundenen Diversifikationsstrategie und nutzen dieses Wissen, um vorhandene Kompetenzen profitbringend zu erweitern. Naheliegender Weise ist die Implementierungserfahrung hinsichtlich der unverbundenen Formatdiversifikation nicht gewinnbringend, da hier das Handelsunternehmen mit der Hinzunahme einer jeden neuen Geschäftseinheit mit neuen Herausforderungen konfrontiert ist.

„Die Grundlage für den Erfolg eines Handelskonzerns stellt die Konzeptstärke der einzelnen Handelsformate im Unternehmensportfolio dar. Wenn es den einzelnen Handelsformaten eines Händlers nicht gelingt, Kunden für den Einkauf in ihren Filialen zu begeistern, wird auch die verbundene Formatdiversifikation nicht zum Erfolg führen. Demgegenüber können Handelskonzerne mit einem unverbundenen Formatportfolio erfolgreich sein, wenn einzelne Formate in ihrem Marktauftritt überzeugen und bspw. von der Konzernzentrale als unabhängige Profitcenter geführt werden“ (Sohl/Rudolph 2012, S. 30).

In dieser Studie sind zugleich diverse Kontrollvariablen signifikant, insb. die Diversifikationsformen (geografische und Sortimentsdiversifikation). Sie werden nachfolgend behandelt, insb. in Kombination der Format- und geografischen Diversifikation.

b) Geografische und Formatdiversifikation

Geografische bzw. internationale Diversifikation meint die intra- und interregionale Diversifikation von Handelsunternehmen.

Die Diversifikation in neue Produktkategorien und/oder Handelsformate (d.h., auf der Angebotsseite) und die Diversifikation in neue Auslandsmärkte (d.h., auf der Marktseite) treten simultan auf. Insofern besteht ein Zusammenhang zwischen dem Grad der Formatdiversifikation und der geografischen Diversifikation. So erzielen die weltweit führenden 30 Lebensmittelhändler im Durchschnitt rd. 20% ihres Umsatzes im Ausland, während ihr Kernformat rd. 70% zum Konzernumsatz beiträgt. Im Vergleich erwirtschaften stärker diversifizierte Handelsunternehmen über ein Drittel ihres Umsatzes in ausländischen Märkten mit einem Kernformat, das weniger als 70% am Konzernumsatz ausmacht (Planet Retail 2017).

Die internationale Diversifikation ist Teil der im Abschnitt C.III. in diesem Kapitel behandelten Internationalisierung und unterliegt entsprechenden Herausforderungen der Handelsaktivität in geografisch, kulturell oder institutionell diversen Ländern. Forschungsstudien untersuchen in diesem Kontext unterschiedliche Fragstellungen.

- Eine erste Frage ist, inwiefern Internationalität den Gesamtunternehmenserfolg überhaupt steigert, d.h., ob international vs. national tätige Händler erfolgreicher sind (z.B. Assaf u.a. 2012; Etgar/Rachman-Moore 2008). Die pauschale Frage wurde für produzierende Unternehmen in den 1900er Jahren bereits gestellt. Die Studien zeigen, dass international (vs. national) tätige Handelsunternehmen einen leicht besseren Unternehmenserfolg (gemessen am Umsatz oder Kosteneffizienz) aufweisen. Es kann jedoch grundsätzlich sowohl eine Strategie mit nationalem Fokus, als auch eine offensive Internationalisierungsstrategie erfolgreich sein, sofern der Händler sich von Beginn an für eine der beiden Strategierichtungen entscheidet und diese konsequent verfolgt.
- Eine weitere Frage lautet, wie der Grad der geografischen Diversifikation (bspw. Tätigkeit in bestimmten Regionen wie Europa vs. Tätigkeit weltweit) den Erfolg internationaler Handelsunternehmen bestimmt (z.B. Dimitrova/Rosenbloom/Andras 2014; Mohr u.a. 2014). Im Gegensatz zu den Studien zum Vergleich zwischen nationalen vs. internationalen Handelsunternehmen wird die Breite (Anzahl von Ländern) und Tiefe (Umsatz in einem Land) berücksichtigt. Einige Studien behaupten, dass führende Händler mit einem geringen (vs. starken) Grad geografischer Diversifikation höhere Erfolgsniveaus haben,

d.h., Händler mit einem schmalen Ländermarktportfolio übertreffen Wettbewerber, die in vielen Regionen aktiv sind. Im Detail ist der Zusammenhang zwischen Diversifikation und Erfolg nach Sohl (2012) jedoch unterschiedlich (siehe Abb. 3.80): linear bei einer intraregionalen Diversifikation (d.h., in einer spezifischen Region, wie Europa), umgekehrt U-förmig bei einer interregionalen Diversifikation (i.d.R. erfasst als Kontinente wie Afrika, Asien/Pazifik, Europa und Amerika) und bei der Gesamtdiversifikation.

Abbildung 3.80: Beziehung zwischen intraregionaler, interregionaler und internationaler Gesamtdiversifikation und Erfolg

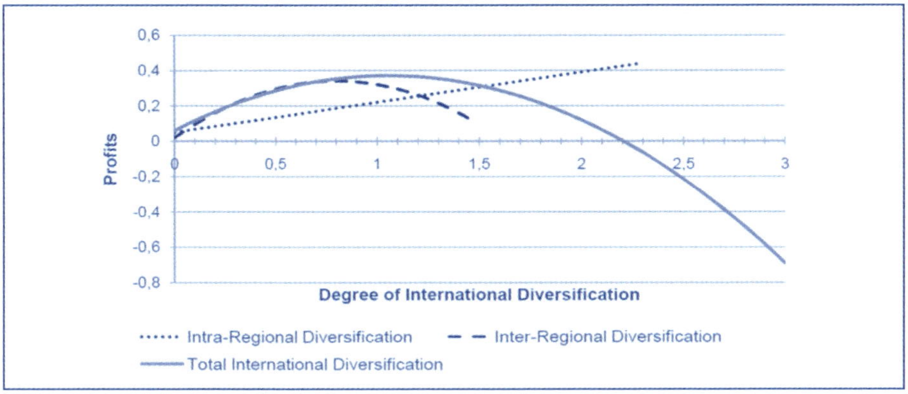

Quelle: Sohl 2012, S. 93.

Die Ergebnisse zur Frage, welche geografische Streuung des Länderportfolios für das Gesamthandelsunternehmen am erfolgreichsten ist, entsprechen den früheren Beobachtungen für Industrieunternehmen (z.B. Qian u.a. 2010). Allerdings zeigt sich im Handel, dass die Eigentumsstruktur bedeutend ist und, dass "public MNEs are able to outperform private MNEs as intra-regional and especially inter-regional and total international diversification reaches higher levels" (Sohl 2012, S. 98). Zudem erreichen im Durchschnitt die Händler, welche nur ein Handelsformat in ihrem Heimatmarkt betreiben, die geringste EBIT-Marge (0,7%). Dagegen kommen international agierende Monoformat-Händler auf eine durchschnittliche EBIT-Marge von 4,4%. Entsprechend erreichen Handelskonzerne, die ein Formatportfolio (d.h. mehr als ein Handelsformat) im Inland betreiben, eine durchschnittliche EBIT-Marge von 4,3%. Eine höhere durchschnittliche EBIT-Marge erzielen international tätige Multiformat-Händler (5,2%). Folglich sind Händler mit einer Monoformatstrategie im Heimatmarkt tendenziell weniger profitabel als Wettbewerber, die ein Formatportfolio betreiben und/oder international tätig sind (Sohl/Rudolph 2012, S. 31f.).

Erfolgsbeitrag der Format- und geografischen Diversifikation im LEH

Der Eintritt in völlig neue Handelsformate und in völlig neue Märkte ist mit potenzierten Gefahren verbunden, da der Konzernleitung nicht nur das Know-how für ein erfolgreiches Management wertstiftender Handelsfunktionen fehlt, sondern ebenso das Know-how für eine erfolgreiche Bearbeitung des neuen Ländermarktes. Wenige Studien sind der simultanen Bedeutung der geografischen Diversifikation und der Formatdiversifikation gewidmet, obwohl oft beide gleichzeitig auftreten, da Unternehmen nicht nur über die Länder eines Eintritts entscheiden, sondern auch bzgl. der Standardisierung oder Adaption der Formate. Hier ist v.a. im LEH der lokale Druck zur Anpassung enorm (siehe Abschnitt C.III.5 in diesem Kapitel). So analysieren Chan/Finnegan/Sternquist (2011) den Einfluss der Anzahl der

Handelsformate sowie der Auslandsmärkte auf das Umsatzwachstum und zeigen, dass Händler mit geringer (vs. starker) Format- sowie geografischer Diversifikation erfolgreicher sind. Diese wird von Oh/Sohl/Rugman (2015) bestätigt, wobei die Autoren einen nicht linearen Effekt der geografischen Diversifikation feststellen, welcher durch die Formatdiversifikation als Moderator geschwächt wird. Steigt der Grad der geografischen Diversifikation, so wirkt sich eine zunehmende Formatdiversifikation (sowohl verbunden als auch unverbunden) negativ auf den Erfolg aus. In einer aktuellen Studie von Shi u.a. (2018) wird ebenfalls analysiert, inwieweit die Format- sowie geografische Diversifikation den Unternehmenserfolg (gemessen mittels Marktkapitalisierung im Verhältnis zum Aktienvermögen, Tobin's Q) beeinflusst. Dem zu Grunde liegt die Frage, ob sich eine Kombination des Länder- und Marktportfolios in Form eines Formatportfoliomanagements für einen Händler finanziell auszahlt (siehe Abb. 3.81). Darüber hinaus findet eine Unterscheidung zwischen Handelsformaten statt (so preisorientierte Händler wie Discounter, Supermärkte, Spitzenhändler wie Fachmärkte, Kaufhäuser und separat SB-Warenhäuser und sonstige).

Abbildung 3.81: Erfolg von Format- und geografischer Diversifikation

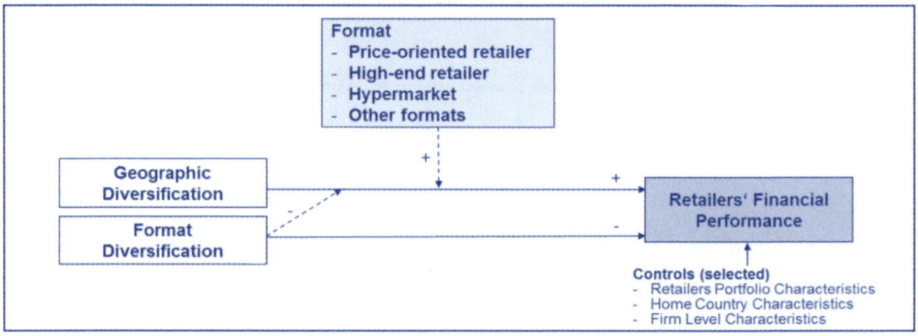

Quelle: i.A.a. Shi u.a. 2018, S. 150.

Analysiert werden die Effekte anhand einer Regression, wofür eine Stichprobe von 172 führenden Handelsunternehmen mit insg. 763 Beobachtungen über sechs Jahre (2010-2015) genutzt wurde. Deskriptive Statistiken lassen über die Zeit hinweg eine steigende Tendenz beider Formen der Diversifikation erkennen. Ein global tätiger Händler operiert im Durchschnitt mit drei bis vier Handelsformaten. Die Ergebnisse zeigen jedoch, dass nur die **geografische Diversifikation**, und zwar für alle Handelsformate, einen positiven Einfluss auf den finanziellen Erfolg hat, während die **Formatdiversifikation** diesen negativ beeinflusst. Der Interaktionseffekt der beiden Diversifikationsformen ist ebenfalls negativ, d.h., die positive Beziehung zwischen der geografischen Diversifikation und dem Erfolg wird durch eine verstärkte Formatdiversifikation abgeschwächt. Zusätzlich besteht eine positive Interaktion des Formattyps und der geografischen Diversifikation: Der stärkste Effekt ergibt sich für SB-Warenhäuser, gefolgt von Spitzenhändlern und preisorientierten Handelsformaten.

Die Ergebnisse lassen darauf schließen, dass abhängig vom Grad der geografischen Diversifikation die Ausprägung der Formatdiversifikation zu bestimmen ist, um weiterhin Erfolge verzeichnen zu können. Ist der Händler in wenigen Ländern aktiv, ist die Verwendung mehrerer (vs. weniger) Handelsformate erfolgsversprechender. Diversifiziert sich das Unternehmen dagegen stark in viele Auslandsmärkte, werden die Erfolge besser bei Hinzunahme nur weniger Formate. Handelsmanager müssen einen Kompromiss eingehen und eine der beiden Formen der Diversifikation fokussieren. Da die Autoren bei einer 1%-igen Steigerung des

Grades der Formatdiversifikation eine Senkung des Unternehmenserfolges um 26,55% schlussfolgern, ist es naheliegend, eine Konzentration auf die geografische Diversifikation zu empfehlen. Dort verursacht eine 1%-ige Steigerung des Diversifikationsgrades eine 16,37%-ige Steigung des Tobin's Q, wovon SB-Warenhäuser im Vergleich zu den anderen Formaten besonders profitieren. Die Stärke der Beziehung wird bspw. bei SB-Warenhäusern hauptsächlich auf die Einzigartigkeit des Formats und die Kombination von Charakteristika verschiedener Formate (Attraktivität für preisorientierte, aber auch nach Prestige strebende Kunden) zurückgeführt.

Wie angedeutet, erfolgt im internationalen Handel die Diversifikation sowohl auf der Angebotsseite (d.h. in neue Handelsformate) als auch auf der Marktseite (d.h. in neue Auslandsmärkte), was dem klassischen Begriffsverständnis der Diversifikation nach Ansoff (1965) nahe kommt. Hervorzuheben ist allerdings, dass die meisten der o.g. Studien den im Handel grundlegenden länderspezifischen bzw. noch entscheidender, lokalen Erfolg vernachlässigen (also nur pauschal den Gesamtunternehmenserfolg fokussieren). Die Praxis zeigt, dass zudem die Berücksichtigung länderspezifischer Erfolge der einzelnen Formate sinnvoll wäre. So hatte Tesco bspw. anfängliche Probleme mit dem Aufbau eigener Convenience Stores in Großbritannien. Die Erfahrung mit dem Heimatmarkt und die bereits vorhandene Infrastruktur führten jedoch dazu, dass nach nur kurzer Zeit hohe Umsätze generiert wurden. Schwieriger war es dagegen bei der Einführung der Tesco Convenience Stores „Fresh&Easy" in die USA. Der dort noch unerfahrene Händler hatte mit dem Aufbau einer den Warenmengen usw. entsprechenden Infrastruktur sowie lokalen Geschmacksbedürfnissen und Konditionen zu kämpfen, wodurch starke Umsatzzahlen ausblieben und sich das Unternehmen 2013 aus dem Markt zurückzog. Die Empfehlungen der Studien erfolgen nur auf Basis von Vergangenheitsdaten in einem dynamischen lokalen, kulturell und institutionell diversen Länderumfeld und zudem nur auf Basis der Beobachtung der größten stationären Handelsunternehmen der Welt (dominant aus dem LEH).

Interdependenz von länderspezifischen Entscheidungen und Diversifikation

Länderspezifische Entscheidungen bedingen die internationale und die Formatdiversifikation, bspw. vor dem länderspezifischen Wettbewerbskontext getroffene Entscheidungen zur Adaption oder Standardisierung von Betriebstypen.

So betreibt Walmart in Mexiko Supercenter und Warehouse Clubs, um zahlungskräftigere Kundensegmente anzusprechen, aber auch kleine Gemischtwarenläden (z.B. Mini Bodega) oder Discounter (z.B. Bodega Aurrerá), um zahlungsschwächere Segmente zu erreichen. Ferner greift Walmart auf das Wissen spezialisierter Partner zurück, um ein Format einzuführen. Beispielsweise hat Walmart im Rahmen seiner Expansion nach China einen Anteil von Trust-Mart, einem chinesischen Hypermarkt-Besitzer, akquiriert, um das Hypermarkt-Format in China besser zu etablieren.

Im Non-Food (vs. Food) Bereich sind die Unternehmen in der Entscheidung über die Adaption oder Standardisierung der Betriebstypen, i.e.S. Marketinginstrumente, freier und v.a. die standardisierte internationale Multiplikation einer Monoformatstrategie ist einfacher (wird öfter realisiert). Der als Vorreiter der Nutzung des Off-Price Handelsformats geltende Händler T.J. Maxx wurde im Jahr 1977 in USA gegründet. Im Jahr 1994 lanciert T.J. Maxx die eigene Handelsmarke T.K. Maxx, um mit dem im amerikanischen Markt erprobten, standardisierten Off-Price Format in den britischen Markt einzutreten. Auf Grund der Entscheidung zur standardisierten Multiplikation des Formats, konnte das Unternehmen nach nur kurzer Zeit Erfolge verzeichnen und weitere europäische Länder betreten (Irland, Deutschland, Polen, Österreich).

Quelle: Eigene Recherche; www.forbes.com, *11. April 2016; tjx.com, 1. Juni 2018.*

c) Sortimentsdiversifikation

Die **Sortimentsdiversifikation** umfasst die Entscheidung eines Händlers hinsichtlich der angebotenen Produktkategorie bzw. Branche (i.S. von Food- vs. Non-Food).

Wie angedeutet, wurde die Sortimentsdiversifikation auf einer Gesamtunternehmensebene selten betrachtet (Sohl 2012, S. 8ff.), obwohl viele Studien zu Produktkategorien, Sortimentsvariation/-breite und Kundenwahrnehmungen von Sortimenten vorliegen (siehe zum Sortiment Abschnitt C. im Vierten Kapitel und zu wettbewerbsstrategischen Überlegungen Abschnitt B.III.4.b. in diesem Kapitel). Im Rahmen der Sortimentsdiversifikation auf der Gesamtunternehmensebene muss das Top-Management zuallererst entscheiden, ob es einer spezialisierten oder generalisierten Strategie folgen will. Spezialisierte Händler fokussieren dabei entweder den Food-Bereich oder den Non-Food-Bereich, Generalisten kombinieren hingegen beide Warengruppenkategorien in einem Markt (Etgar/Rachman-Moore 2008). Ausgehend von einer speziellen Branche, kann demnach der Grad der Sortimentsdiversifikation daran bestimmt werden, wie stark der Händler von der spezialisierten Strategie abweicht und das Food- bzw. Non-Food-Sortiment in Kombination anbietet. Abb. 3.82 bildet diese Überlegung anhand von Beispielen im LEH ab.

Abbildung 3.82: Grad der Sortimentsdiversifikation im LEH

Insbesondere im LEH kann zunehmend beobachtet werden, dass Händler neben dem Food-Sortiment verstärkt Produktkategorien des Non-Food-Bereichs anbieten. Hierzu gehören bspw. Schreibwaren bei Rewe oder Edeka sowie Bekleidung oder Einrichtungsartikel bei Walmart und Kaufland. Auch Discounter bieten verstärkt Produkte an, die dem Non-Food-Sektor zuzuschreiben sind. Verfolgen Händler eine generalisierte Strategie, sind sie auf Grund des vielfältigen Angebots in der Lage, eine deutlich größere Kundengruppe anzusprechen. Im Gegensatz dazu besteht für Spezialisten die Möglichkeit, Synergien, verursacht durch ein enges Produktangebot, zu nutzen und so ihren Erfolg zu steigern.

In einer der wenigen Studien zu diesem Phänomen auf der Gesamtunternehmensebene analysieren Colgate/Alexander (2002) die Vorteile und Risiken der Sortimentsdiversifikation in Richtung finanzieller Services für Kunden. Sie stellen fest, dass durch diese Diversifikation zum einen eine stärkere Bindung zum Kunden aufgebaut werden konnte, zum anderen häufig das spezifische Wissen in diesem Bereich fehlt und daher das Angebot von spezialisierten Institutionen für den Händler durchgeführt wird. Auch Keep/Hollander/Calantone (1996) untersuchen Vorteile einer Sortimentsdiversifikation. Die Autoren finden keine klaren Ergebnisse, stellen aber fest, dass der Unternehmenserfolg v.a. bei Händlern mit einem weniger stark diversifizierten Sortiment steigt, allerdings Unternehmen mit einem stark differenzierten Sortiment ähnliche bzw. höhere Gewinne realisieren. Weitere Studien kombinieren die Sortimentsdiversifikation und die geografische Diversifikation, weil internationale Unternehmen nicht nur über Länder, in die sie eintreten möchten, sondern auch über eine mögliche Adaption des Sortiments an die länderspezifischen Gegebenheiten entscheiden (Oh/Sohl/Rugman 2015). Im Ergebnis wird ein moderierender Effekt der Sortimentsdiversifikation festgestellt, welcher den Einfluss der geografischen Diversifikation auf den Unternehmenserfolg negativ beeinflusst und somit abschwächt (ähnlich bei Etgar/Rachman-Moore 2008, allerdings ohne einen klaren entsprechenden Effekt).

In einer Längsschnittstudie analysiert Sohl (2012, S. 7ff.) erneut 60 führende Händler mit mindestens zwei Formaten über einen Zeitraum von 13 Jahren bzgl. der Wirkungen der Sortimentsdiversifikation für Umsatz- und Kostenwachstum sowie für den Erfolg des Unternehmens und die Variationen in dem Erfolg (i.S. stabile Erfolge, die einen größeren Shareholder Value bewirken). Im Wesentlichen, auf der Ressourcentheorie basierend, wird ein positiver Effekt der Sortimentsdiversifikation in Food- und Non-Food-Handel auf das Umsatz- und Kostenwachstum hypothetisiert, während der Effekt auf den Erfolg nicht eindeutig (ggf. positiv, negativ oder nichtlinear) und bzgl. der Erfolgsschwankung reduzierend angenommen wird. Das Umsatz- und Kostenwachstum wird als relative jährliche Zunahme erfasst, der Erfolg mit jährlichen EBIT-Werten und die Variation des Erfolges als absolute Abweichung des EBIT-Wertes in einem Jahr vom Durchschnitt der EBIT-Werte der davorliegenden Jahre (ein geringer Wert deutet stabile Erfolge im jeweiligen Jahr an) operationalisiert. Sortimentsdiversifikation wurde mit dem Entropy-Index auf Basis der Umsätze eines Händlers in Food- und Non-Food-Branchen über die Zeit erfasst, wobei der Index mit zunehmender Diversifikation steigt. Kontrolliert wurden übliche Größen wie Unternehmensgröße, internationale Diversifikation, Marktanteil, Country of Origin usw.

Im Ergebnis bewirkt die Sortimentsdiversifikation eine signifikante Umsatz- und Kostenzunahme, wobei der Einfluss auf die Kosten doppelt so stark ist, wie der Einfluss auf das Umsatzwachstum. Dies impliziert, dass der Gewinn bei einer Sortimentsdiversifikation sinkt. Bei separatem Test der nicht eindeutigen Ergebnisse zeigt sich, dass die Sortimentsdiversifikation den Erfolg negativ beeinflusst. Demgegenüber resultiert ein inverser U-förmiger Verlauf bzgl. der Erfolgsschwankung über die Zeit (siehe Abb. 3.83). Ein niedriges Niveau der Sortimentsdiversifikation steigert die Variation des Erfolges, ab einem bestimmten Niveau führt eine zusätzliche Sortimentsdiversifikation allerdings zu reduzierten Erfolgsschwankungen. In den Ergebnissen liegt dieser Punkt bei 0.511 auf dem Sortimentsdiversifikationskontinuum von Minimum 0,0 und Maximum 1,12.

Abbildung 3.83: Beziehung zwischen Sortimentsdiversifikation und Erfolgsvariation

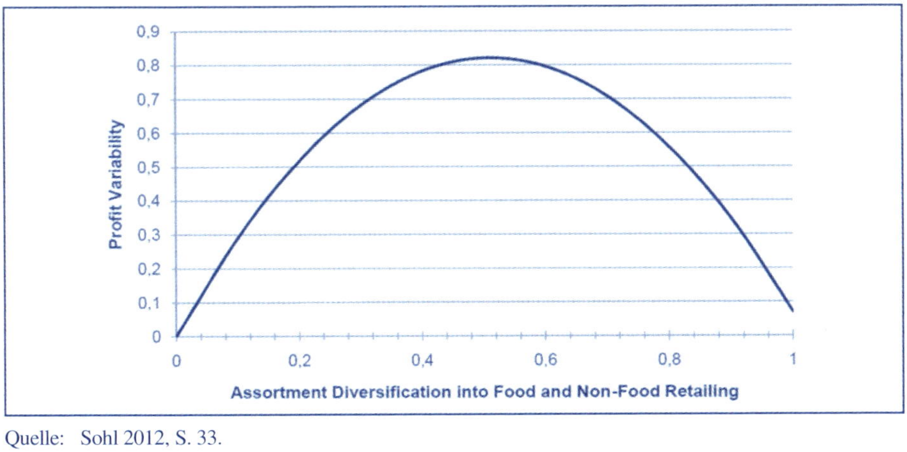

Quelle: Sohl 2012, S. 33.

Händler, die sich auf Food- oder Non-Food-Formate konzentrieren, realisieren ein Erfolgsmaximum, während solche, die hälftig in beiden Bereichen tätig sind, ein Erfolgsminimum erreichen. Sohl (2012, S. 34ff.) schlussfolgert, dass die Spezialisierung der Metro Gruppe möglicherweise durch die Erkenntnis motiviert ist, dass die verfolgte starke Sortimentsdiversifikation auf der Gesamtunternehmensebene die Erfolge schmälert, weil die Kostenzuwächse die erwarteten Umsatzzuwächse weit übersteigen. Faktisch war bis zum Jahr 2010 Metro der drittgrößte Händler der Welt, allerding mit einem relativ 80% geringeren EBIT als Wettbewerber mit einem einheitlicheren Sortiment, wie Tesco, Walmart usw. Zugleich zeigt die Studie, dass eine Sortimentsdiversifikationsstrategie durch eine bewusste Konfiguration im Formatportfolio beides, die Umsätze und den Erfolg, erhöhen kann. Demgegenüber fokussieren Unternehmen oft das Umsatzwachstum alleine, was durch Sortimentsdiversifikation gefördert wird. Der EBIT-Effekt kann aber nicht pauschal angenommen werden, sondern es kommt sehr auf das Ausgangsniveau der Sortimentsdiversifikation an. Schwankungen des Erfolgs sind ebenfalls auf das Niveau der Sortimentsdiversifikation zurückzuführen: Der Händler muss erst einen gewissen Grad der Sortimentsdiversifikation erreichen, bevor er davon i.S.v. stabilen Erfolgen profitieren kann.

d) Diversifikation im Online und Omnichannel

Die Diversifikation stationärer Händler in Online-Kanäle und/oder der Wandel von Distanzhändlern zu Omnichannel-Anbietern bildet eine **Mischform der horizontalen Diversifikation**. Die Gesamtunternehmensentscheidung schließt den parallelen Einsatz (mehrerer) stationärer und nicht-stationärer Absatzkanäle, d.h. Be- und Vertriebstypen, ein.

Auf einer Gesamtunternehmensebene kann Omnichannel Retailing durchaus mit den behandelten Formen der horizontalen Diversifikation verglichen werden. Weil aber die Diversifikation von Online- in Offline-Kanälen oder umgekehrt und deren Führung als Omnichannel-System per Definition eine starke Sortimentsüberlappung unter einer Retail Brand voraussetzt (siehe Abschnitt B.III. in diesem Kapitel), liegt eine Vergleichbarkeit zur Sortimentsdiversifikation weniger nahe. Andererseits bieten v.a. Food-Händler (aber auch andere Händler) unterschiedliche Sortimente offline und online an, so Non-Food-Sortimente bei den meisten Food-Händlern in Deutschland. Wahrscheinlicher ist jedoch eine Analogie zur Formatdiversifikation und den in diesem Kontext dargestellten Ergebnissen. Hinsichtlich Letzterer sind sogar die Ergebnisse zur unverbundenen Diversifikation wahrscheinlich, weil Online-Kanäle für ehemalige Offline-Händler noch als fundamental andere Distributionskanäle gelten. Allerdings wären zwei Formen bzgl. der Erfolgswirkung zu unterschieden:

- Partiell unverbundene Diversifikation, wenn bspw. ein Supermarktbetreiber einen Online-Supermarkt oder ein Discounter einen Online Discount anbietet (siehe zu den Online Vertriebstypen Abschnitt C.IV.6. im zweiten Kapitel).
- Völlig unverbundene Diversifikation, wenn die Betriebstypen (Verbrauchermärkte, Kauf-/Warenhäuser, Großhandelsmärkte usw.) nichts mit dem Online-Store oder sogar der Online-Plattform gemein haben.

Forschungsstudien adressieren dieses implizit. So ist die Adoption eines Onlinekanals bei ehemals klassischen Versandhändlern erfolgreicher (auf Grund der Kanalverbundenheit, so der vorhandenen Logistiknetzwerke, um Artikel zu Kunden zu liefern, Lee/Grewal 2004). Ähnliches berichten Pentina/Pelton/Hasty (2009) bzgl. eines schnellen Eintritts in Auslandsmärkte und der Erfahrung im Versandhandel, welche die Handelsspanne positiv bedingen, während Händler mit langer stationärer Erfahrung geringere Marktanteile und zugleich geringeren Nettogewinn realisieren. Tolstoy/Jonsson/Sharma (2016) verdeutlichen

– ähnlich wie bei der geografischen und Formatdiversifikation gezeigt –, dass Onlinekanaladoption positive Effekte auf den Auslandsumsatz hat, was aber durch die geografische Breite der Aktivitäten reduziert wird. Wichtig ist, dass die Implementierung eines Onlinekanals dann erfolgreich ist, wenn gemeinsame, komplementäre Geschäftsfelder genutzt werden und die Adoption schnell erfolgt; negativ ist der Effekt jedoch bei Autonomie der Kanäle und bei konfliktären Geschäftsfeldern (so bei Unternehmen mit vielen Filialen und einem entsprechenden Fokus auf diesen, Kim/Min 2015). Ferner hat die Hinzunahme eines neuen Vertriebskanals positive Auswirkungen auf den Unternehmenswert (abgebildet durch die abnormale Aktienentwicklung), die bei Präsenz in turbulenten und kompetitiven Märkten zusätzlich verstärkt wird. Dagegen beeinflusst die Kanaldiversifikation (gemessen an der Anzahl der Vertriebskanäle) den Wert, besonders bei hoher Wettbewerbsintensität und Turbulenz des spezifischen Ländermarktes, negativ (Homburg/Vollmayr/Hahn 2014).

Der Wandel zum Omnichannel Retailing ist – v.a. für ehemals stationäre Händler – ein **Change Management-Prozess**, der in einer Neuausrichtung der gesamten Organisation mündet. Bekannte Alternativen sind dabei ein revolutionärer Wandel (mit Vorteilen wie Schnelligkeit, Erreichen der kritischen Masse und mit Nachteilen wie höherem Risiko, hohen Koordinations-, Investitions- und Ressourcenbedarfe) sowie ein inkrementeller Wandel (mit Vorteilen wie begrenzte Risikos, organisationales Lernen oder schrittweise Reorganisation, und mit Nachteilen wie schnellere Wettbewerberreaktionen oder kurze Aufmerksamkeitsspannen für Projekte). Entscheidend sind dabei die notwendigen Transformationen in IT und Marketing/Supply Chain-Prozessen und v.a. im Management eines diversifizierten Omnichannel-Händlers. Diese variieren nämlich deutlich bei Offline-Händlern und Online-Pure-Playern, bedürfen aber einer interdependenten Behandlung (Swoboda 2017). Abb. 3.84 visualisiert dies im Hinblick auf die Struktur und das Management (siehe auch Abschnitt B.IV.3. im Sechsten Kapitel).

Abbildung 3.84: Digitale Transformation von Handelsunternehmen – Struktur und Management als Beispiele

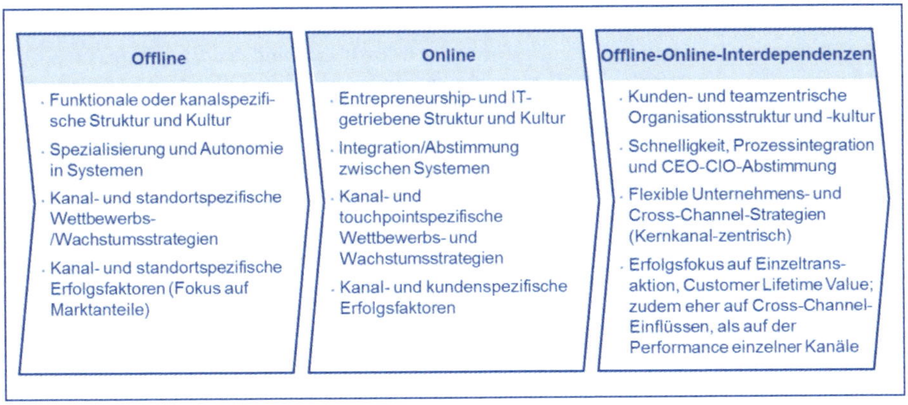

Quelle: i.A.a. Swoboda 2017, S. 227.

Seit Jahrzehnten sind Handelsorganisationen geprägt durch Visionen, Missionen, Geschäftsfelder und oft funktionelle Prozesse in autonom geführten Organisationsbereichen wie Marketing, Vertrieb, Beschaffung, Logistik oder IT. Dies prägte die Organisationskultur und deren Mitarbeiter, die Spezialisierung und Autonomie der Systeme sowie letztlich das Denken in betriebs- oder kanalspezifischen Wettbewerbs- und Wachstumsstrategien.

Dazu passt die Steuerung der Systeme über kanal- und standortspezifische Pläne und Erfolgsfaktoren (i.S. von Profitcentern), welche erst über die Geschäftsführung, den CEO oder die Zentralbereiche auf der Ebene der Gesamtorganisation kanalisiert werden.

Dies ist anders in E-Commerce-Organisationen, in denen eine Entrepreneurship- und IT-getriebene Organisationsstruktur und Managementkultur vorherrschen. Schon die Headquarters von Amazon, Facebook oder auch SAP gleichen einem offenen Campus, der zum Mitdenken, zur Innovation und zur Integration der Entscheider auf allen Ebenen anregen soll. Analog sind die kanal- und touchpointspezifischen Strategien und Planungen, die oftmals weniger strategisch und v.a. schnell in die Umsetzung gelangen (sollen). Touchpoint- und kundenspezifische Erfolgsfaktoren stehen nicht nur im Fokus, sondern bestimmen die unmittelbaren Reaktionen (nicht i.S. großer strategischer Maßnahmen wie oft in Offline-Systemen).

In Omnichannel-Strukturen ist das Management herausfordernder. Auf Grund der Integration der Kanäle und der Ansprache von Kunden über diverse Kanäle erscheint eine Organisationsstruktur, die nicht die Kanäle, sondern den Kunden und seine Bedürfnisse sowie integrierte Teams, welche die variierenden Kundenbedürfnisse erkennen und erfüllen, zwingend. Zudem ist ein schnelles Management notwendig und bspw. eine enge Abstimmung von CEO und CIO. Integrierte Teams im Sortimentsmanagement oder in den Offline- und Online-Kanälen sind weitere Beispiele einer Omnichannel-Organisation, wie die Steuerung der Organisation über andere „Key Performance Indicators" (KPI's), als es heute der Fall ist. Omnichannel-Händler gewichten Cross-Channel-Strategien besonders stark, ausgerichtet an den Kernkanälen und den Kanalpotenzialen. Neu ist allerdings, dass die Strategien die Flexibilität zur Reaktion auf die dynamische Umwelt und deren Entwicklungen ermöglichen müssen, denn online sind Innovationszyklen mitunter kurz und Neuerungen durch Wettbewerber werden oft zügig eingeführt. Auf Grund der direkten Kundenkontakte stehen zunächst Einzeltransaktionen (und Up- sowie Cross Selling-Optionen) und Cross-Channel-Umsätze von Kunden im Vordergrund, ebenso wie die Bindung der Kunden über Channels und den Customer Lifetime Value. Ein Verständnis von Cross-Channel-Einflüssen tritt dabei vor die Optimierung der kanalspezifischen Performance. Handelsunternehmen müssen eine Neudefinition der Performance-Messungen und des Einsatzes von KPI's fokussieren (kanalübergreifend). Wenn bspw. erwartet wird, dass Offline-Stores weiterhin die Zentren des Kontakts und der Auftragserfüllung für Online-Bestellungen sind, sollten Filialmitarbeiter- und Geschäftsführeranreize entsprechend neu kalibriert werden.

3. Filialisierung

a) Grundlagen und Bedeutung

Filialunternehmen werden üblicherweise nach der Zahl der Filialen differenziert. Der Ausschuss für Definitionen zu Handel und Distribution (2006, S. 67) definiert dies wie folgt:

> **Filialisierung** ist eine interne Umsetzungsstrategie und ein Filialunternehmen verfügt über mind. fünf unter einheitlicher Leitung stehende Verkaufsfilialen an diversen Standorten.

Mit zehn und mehr Filialen gilt ein Filialunternehmen im Allgemeinen als **Großbetriebsform** des Handels. Letztere weist oft typische Merkmale auf, so einen „handelsmäßigen" Einkauf, das dafür charakteristische Warenlager sowie eine zentrale Betriebsabrechnung und -kontrolle. Filialisten sind v.a. auf der Einzelhandelsstufe anzutreffen, wobei als wichtige Determinanten ihrer Entwicklung neben den Ressourcen (v.a. der Unternehmensgröße) (Branchen-)Unterschiede zu beachten sind. Alleine diese Determinanten sind bzgl. einer

Beschreibung des Grades der Filialisierung in einem Markt/Land behilflich, so als Grundlage zur Abschätzung der Konzentration (siehe Abschnitt D.III.2.a des Ersten Kapitels). Insofern ist Filialisierung als horizontale, dynamische und integrative Strategie zu sehen, die einem Händler organisches Wachstum ermöglicht, d.h. die Multiplikation eigener Ressourcen bei einer vollständigen, hierarchischen Koordination dieser Aktivitäten.

Filialisierung ist als Wachstumsstrategie auf Ebene von Geschäftseinheiten ebenso relevant, wie auf der Ebene der Gesamtunternehmensstrategie (bspw. als wesentliche Eintritts- bzw. Umsetzungsform der Internationalisierung). Auch aus didaktischen Gründen wird sie jedoch an dieser Stelle, in Verbindung mit der Diversifikation behandelt, wenngleich Filialisierung bei weitem nicht die einzige Option zur Umsetzung der Diversifikation ist (ähnlich wie M&A im folgenden Abschnitt C.II.4.).

> Die Strategie der Filialisierung ist charakterisiert durch ein integratives Vorgehen in Form der Errichtung von Verkaufsstandorten in Eigenregie.

Filialisierung ist die bedeutendste Wachstumsstrategie des Offline-Handels. In den Jahren 1949 und 1959 hatten im LEH nur 0,5% der Unternehmen zehn und mehr Filialen. Im Jahre 1985 waren 7% der Handelsunternehmen Filialunternehmen. Wie Tab. 3.7 zeigt, verlieren in der Folge v.a. nicht filialisierte Fachgeschäfte Marktanteile, wohingegen die filialisierten Fachgeschäfte leicht zulegen. Bis auf Supermärkte (i.d.R. Verbundgruppen) sind v.a. SB-Warenhäuser, Lebensmittel-Discounter, Warenhäuser oder Convenience Stores i.d.R. Filialsysteme. Tabelle 3.8 zeigt in Ergänzung die Anzahl der Filialen in unterschiedlichen Be-/Vertriebstypen in Deutschland in den Jahren 2006, 2010 und 2017.

Tabelle 3.7: Marktanteile von Betriebs-/Vertriebstypen des Einzelhandels in Deutschland (%)[1]

	1995	2000	2005	2010	2015	2017
Fachgeschäfte (nicht filialisiert)	31,2	31,9	26,5	21,6	17,9	17,1
Fachgeschäfte (filialisiert)	11,7	12,2	11,4	13,5	15,5	15,8
Supermärkte	13,5	10,3	8,9	9,0	9,7	9,8
SB-Warenhäuser	10,1	10,9	12,3	12,7	11,8	11,3
Lebensmittel-Discount	8,5	10,1	13,4	15,1	15,1	15,3
Fachmärkte	6,9	11,8	14,4	15,8	16,0	16,4
Warenhäuser	5,2	4,2	3,6	2,9	2,7	2,5
Versandhandel	4,9	4,2	3,8	3,4	3,5	3,6
Convenience Verkaufsformen	4,7	2,2	2,7	2,2	2,3	2,3
Online-Handel	--	0,2	0,9	1,9	3,7	4,4
Sonstiges	3,3	2,0	2,1	1,9	1,8	1,5

Legende: [1] Ohne Apotheken, Brennstoff- und Kfz-Handel.

Quelle: IFH Retail Consultants 2017; HDE Zahlenspiegel 2018.

Neben diesen Zahlen ist auf die besondere Bedeutung der Filialisierung für Klein- oder Nicht-Filialunternehmen hinzuweisen. Für diese stellt – wie noch verdeutlicht wird – gerade die erfolgreiche Gründung und Führung einer ersten Filiale, bspw. neben dem Stammsitz, eine besondere Herausforderung dar. Dennoch ist es überraschend, dass Filialisierung kaum ausführlich in Lehrbüchern zur Handelsbetriebslehre behandelt wird, wenngleich sich viele Forschungsstudien implizit mit Herausforderungen, Entscheidungen, Erfolgsfaktoren, usw. von Filialsystemen beschäftigen. Nachfolgend wird neben den Zielen und Entscheidungsoptionen der Filialisierung auf ausgewählte Erfolgs- und Spezialfragen eingegangen.

Tabelle 3.8: Anzahl der Filialen im deutschen Einzelhandel

	Verbrauchermärkte	Discounter	Traditioneller LEH	Drogeriefachhandel	Warenhäuser	Getränkemärkte	C&C-Betriebe
2006	7.930	14.800	26.870	19.850*	280	12.100	370
2010	8.635	15.925	16.315	15.015*	200	11.390	395
2017	9.100	16.110	9.901	6.700*	180	9.700	370

Legende: * nur noch Fachparfümerien und Drogeriemärkte; ab 2013 Wegfall von Schlecker.

Quelle: IRI Grundgesamtheit 2017.

b) Ziele und Entscheidungsoptionen

Der Strategie der Filialisierung liegt zunächst pauschal die Frage zu Grunde, ob die Unternehmensziele besser durch organisches Wachstum, so Multiplikation eigener Kompetenzen, oder durch die Alternativen der Kooperation bzw. Akquisition erreicht werden können. Ein Unternehmen, das die Frage im erstgenannten Sinne beantwortet, wird Filialisierung anstreben. Dieses dominante Ziel gilt für Filialisierung allgemein und ist im Hinblick auf die weitergehenden Betrachtungen auf zumindest zwei (abgeleitete) Erklärungsdimensionen und zugleich Vorteile der Filialisierung zurückzuführen:

- marktbezogene Kriterien (z.B. Imagevorteile, Kundennähe)
- unternehmensbezogene Kriterien (z.B. Nutzung von Synergien im Aufbau, vereinfachte Unternehmensführung, Ressourcenverfügbarkeit).

Bzgl. der Expansion von Handelsunternehmen wird Filialisierung wie folgt skizziert: Soweit möglich, werden Wachstumspotenziale am Standort durch die Vergrößerung des Geschäfts ausgeschöpft und wenn dies nicht möglich ist, wird außerhalb des bearbeiteten Standorts filialisiert. Dieses kann als sequenzielle Wachstumsstufen interpretiert werden, zumal sie dem Vorgehen vieler mittelständischer Unternehmen entsprechen. Diese wachsen zunächst am Stammsitz, bevor sie – oft in der Nähe – ein Zweitgeschäft eröffnen und bei Erfolg schließlich weiter filialisieren. Bei Großunternehmen, die eine Vielzahl von Filialen haben, werden die Handlungsoptionen oft an unterschiedlichen Standorten gleichzeitig umgesetzt. Dies verstärkt die Bedeutung der Filialisierung. Zu erwähnen sind ferner Schübe in der Filialisierung:

- Eine Grundlage für derartige Schübe bilden neue Betriebstypenkonzepte, bspw. die Entwicklung der Fachmärkte, die Entwicklung von Convenience Stores usw.
- Eine andere, heute dominierende Grundlage des Wachstums bilden neue Märkte. Wie im Abschnitt D. in diesem Kapitel ausgeführt wird, verschiebt sich – bei einer zunehmenden Abdeckung heimischer Märkte – der Fokus in Richtung Ausland, wo die Filialisierung die am stärksten präferierte Strategie bildet.

Hinzuweisen ist darauf, dass sich bei flächendeckenden Filialsystemen die Ziele der Filialisierung insofern wandeln (können), als dass hier nicht mehr nur die Öffnung neuer Filialen angestrebt wird, sondern die Optimierung des Filialnetzes in den Fokus rückt. Das heißt, hier werden die Interdependenzen der einzelnen Standorte, deren Potenziale usw. betrachtet.[1]

Formen bzw. Strategien der Filialisierung

Mit der Bedeutungszunahme der Filialisierung wurden auch die Filialisierungsstrategien im Zeitverlauf angepasst und in vielfachen Varianten umgesetzt. Der Einzelhandel ist also

[1] Bzgl. der Filialisierung sind die Standortpolitik oder andere Marketinginstrumente zur Potenzialabschöpfung im Vierten Kapitel bzw. das Controlling in Abschnitt D.IV. des Sechsten Kapitels relevant.

durch eine Vielzahl unterschiedlicher Filialsysteme gekennzeichnet, die unterschiedlich systematisiert werden können.

Costco Wholesale: Die führende internationale Großhandelskette

Im Jahr 1983 wurde die US-Großhandelskette Costco Wholesale gegründet, fusionierte eine Dekade später mit Price Company und ist heute das größte Food-Großhandelsunternehmen mit 746 Filialen in 11 Ländern. Die Verkaufsflächen der Costco Filialen liegen zwischen 6.800-19.000 qm. Die Einkaufsvoraussetzung ist eine Mitgliedschaft (mit über 80 Mio. Mitgliedern im Jahr 2017). Costco begann im Lebensmittelbereich, diversifizierte sein Portfolio jedoch im Laufe der Zeit. So betreibt Costco Fotostudios, Hörzentren, Tankstellen, Apotheken, Reisebüros, Waschanlagen, Einrichtungshäuser, Kreditkarten usw. Costco bietet eine hohe Qualität zu niedrigen Preisen an und fokussiert auf hohe Verkaufsvolumina und schnelle Lagerumschläge kombiniert mit Effizienz (d.h., Großeinkauf, effiziente Distribution, Selbstbedienung, geringe Lohnkosten).

Nach dem frühen Eintritt in Kanada folgten in den 1990er Jahren Eintritte in Mexiko, UK, Korea, Taiwan und Japan. Rd. 10 Jahre später betrat Costco Australien und im Jahr 2014 Spanien. Im Jahr 2017 baute Costco die Präsenz in Europa aus und expandierte nach Island und Frankreich. Jährlich eröffnet Costco weltweit 20-30 neue Filialen. Gleichzeitig konnte der durchschnittliche Filialumsatz seit 2015 um rd. 46% erhöht werden. Im Jahr 2017 betreibt Costco etwa ein Drittel aller Filialen im Ausland, die einen Gesamtumsatzanteil von rd. 28% (von 129 Mrd. USD) erwirtschaften. Dank einer kontrollierten Preisstrategie und einer gewissen Geschwindigkeit bei der Markterweiterung und Eröffnung von Geschäftsstellen im In- und Ausland, verzeichnet das Unternehmen seit vielen Jahre ein nachhaltiges Umsatz- und Gewinnwachstum. Durch dieses enorme Wachstumspotenzial bietet das Unternehmen seit Jahren eine starke Investitionsmöglichkeit für Anleger. Seine Zukunft sieht Costco insb. in der (internationalen) Filialisierung und der vertikalen Integration (z.B. Fleisch- und Geflügelfabriken). Weiterhin betreibt Costco die Verbesserung des E-Commerce (i.S.v. Verbesserung der Angebote, Website-Funktionalität, Zahlungsmöglichkeiten und Lieferzeiten) und dessen Internationalisierung.

Tabelle 3.9: Entwicklungskennzahlen von Costco Wholesale

	2000	2005	2010	2015	2017
Umsatz (Mio. USD)	32.164	52.935	77.946	116.199	129.025
davon Costco Wholesale - USA	26.170	43.052	59.624	84.351	93.889
davon Costco Wholesale - Kanada	4.743	6.728	12.051	17.341	18.775
davon Costco Wholesale - International	1.251	3.155	6.271	14.507	16.361
Operativer Gewinn (Mio. USD)	1.037	1.474	2.077	3.624	4.111
davon Costco Wholesale - USA	848	1.167	1.310	2.308	2.644
davon Costco Wholesale - Kanada	192	242	547	771	841
davon Costco Wholesale - International	-3	65	220	545	626
Anzahl Filialen (gesamt)	349	471	582	698	746
davon im Ausland	98	125	157	210	228

Quelle: Geschäftsberichte von Costco Wholesale 2000-2017, www.costco.com, 16. Mai 2018.

Wird das Klassifikationskriterium des Sortimentsumfangs zu Grunde gelegt, dann können **Universal-Filialisten** (z.B. Warenhaus, SB-Warenhaus), **Fach-Filialisten** (z.B. Discounter, Supermarkt) und **Spezial-Filialisten** (z.B. Fachdiscounter, Fachgeschäft) unterschieden werden, wobei hier die Betriebstypen variieren.

Wird das Kriterium der Betriebstypen- und Sortimentsgröße berücksichtigt, dann ist die intensive, viele Outlets umfassende Filialisierung kleinerer Betriebstypen (z.B. Convenience Stores, Supermärkte) der von größeren Betriebstypen gegenüber zu stellen (z.B. SB-Warenhäuser, Verbrauchermärkte). Hieraus erwachsen sowohl Herausforderungen hinsichtlich des Managements der Filialisierung, als auch der zu berücksichtigenden Rahmenbedingungen, z.B. rechtliche Restriktionen bei Großbetriebstypen. Die wichtige Differenzierung nach dem

Grad der Standardisierung führt zur Unterscheidung zwischen einer standardisierten Filialisierung (z.B. Gucci, Escada) und einer volldifferenzierten Filialisierung (z.B. Engelhorn, C&A). Wird einer oft als grundsätzlich bezeichneten Systematik gefolgt, dann können die Monosystempolitik mit nur einem Betriebstyp und die Polysystempolitik mit mehreren nach Märkten oder Segmenten differenzierten Betriebstypen unterschieden werden. Differenzierter sind folgende Formen/Filialisierungsstrategien (Möhlenbruch 2012, S. 134):

- Die **Monotypenfilialisierung**, wie sie etwa von Aldi, dm-drogerie markt, Deichmann oder Fielmann verfolgt wird.
- Die **Multitypenfilialisierung** mit mehreren Filialnetzen innerhalb der gleichen Branche, z.B. arbeitet die Rewe Group im Lebensmittelbereich u.a. mit Rewe-Märkten als Supermarkt, Penny-Märkten als Discounter und Rewe-City-Märkten als Convenience Stores. Einer Doppelstrategie folgt die Schwarz-Gruppe mit den Lidl Discountern und den preisaggressiven Kaufland SB-Warenhäusern. Hier stehen die Filialnetze beider Vertriebslinien im unternehmensinternen Wettbewerb zueinander.
- Die **Multifilialstrategie** mit Aktivitäten in verschiedenen Branchen. Beispiele sind die Rewe Group (im Lebensmittel- oder Baumarktbereich usw.) oder früher die Douglas Holding AG (in der Fashion-Branche, den Parfümerien, Buchhandlungen usw.) (vgl. hierzu die Fallstudien am Ende des Ersten und dieses Kapitels).
- **Sonderformen der Filialisierung**, bspw. die kombinierten Filial- und Franchise-Aktivitäten der „Kaffeeröster" wie Tchibo (die neben 1.000 Filialen und Franchise-Filialen weitere über 35.000 im Kommissionsagentursystem betriebene Kaffeedepots betreiben) oder unterschiedliche **Shop-in-Store-Filialisierungsstrategien**.

Filialisierung über Shop-in-Shop-Konzepte bei MAC Cosmetics

Das 1984 gegründete Unternehmen MAC Cosmetics mit Hauptsitz in New York City wurde 1994 Teil der Estée Lauder Companies Inc. Eines der zentralen strategischen Ziele von MAC Cosmetics (ca. 20.000 Mitarbeiter in über 90 Ländern, 815 Mio. EUR Umsatz) ist der Ausbau der Handelsaktivitäten sowohl online als auch offline. In diesem Zusammenhang betreibt MAC Cosmetics rd. 500 freistehende und unabhängige MAC Stores weltweit, investiert in Vertriebsallianzen im Parfümeriesegment und verfügt dadurch über rd. 1.700 Shop-in-Shop-Flächen mit eigenen Makeup Artists. Um On- und Offline-Kanäle zu verknüpfen, werden bspw. sämtliche über das Smartphone getätigten MAC Einkäufe versandkostenfrei zugestellt und zudem wird eine umfassende Beratung der Kunden beim Onlinekauf durch einen Live-Chat mit ausgebildeten Makeup Artists sichergestellt. Darüber hinaus ermöglicht eine Suchmaschine die Auswahl des nächstgelegenen Stores, sowie ein Terminsystem den reibungslosen Ablauf bei Terminvereinbarungen.

Quelle: www.maccosmetics.com, 25. Januar 2018; www.elcompanies.com, 25. Januar 2018.

Vor allem die multioptionalen Strategien eröffnen vielfache Handlungspotenziale, so eine differenzierte Steuerung der Standortkombinationen von Betriebstypen, spezifische Wachstumsstrategien für jeden Betriebstyp, modulare Flächenstrategien innerhalb eines Betriebstyps oder Kostenoptimierungsstrategien bei Investitionen, Mieten und Ausbildung. Ein Händler hat somit spezifische Alternativen, bspw. eine forcierte Expansion eines Betriebstyps (ggf. desjenigen, der eine besonders hohe Akzeptanz findet), die Kombination mehrerer Betriebstypen unter einem Dach oder in räumlicher Verbindung zueinander usw.

Vor- und Nachteile der Filialisierung

Die **Vorteile der Filialisierung** sind – losgelöst von den Strategien – vielfältig. Es handelt sich um marktorientierte Vorteile, bspw. Kundennähe, und Imagevorteile, sowie interne bzw. ressourcenorientierte Vorteile, bspw. Synergien bei Konzeptmultiplikation sowie Kontrollmöglichkeiten durch eine zentrale Verwaltung und Organisation (siehe Abb. 3.85).

Abbildung 3.85: Ausgewählte Vorteile der Filialisierung

Marktvorteile: - Kundennähe	Neben der Anzahl der Filialen können lokale Anpassungen des Betriebskonzeptes oder des Sortimentes die räumliche und qualitative Nähe zu den Kundenwünschen erhöhen.
- Imagevorteile	Es wird ein einheitliches Unternehmensimage an die Kunden kommuniziert. Die Imagetranseffekte zwischen Unternehmen und den Filialen sind wechselseitig, da die Konsumenten das kommunizierte Image auf die Filiale übertragen, andererseits die Wahrnehmung der Filiale auf das Unternehmensimage ausstrahlt.
Interne Vorteile: - Synergien	Aus der Multiplikation bewährter Konzepte entstehen Synergievorteile, bspw. eine Kostendegression beim Filialaufbau (z.B. Standortanalyse, Warenbestückung, Einrichtung) oder bei der Beschaffung (z.B. Bündelungseffekte).
- Vorteile in der Unternehmensführung	Durch eine Zentralisierung von Strukturen und Abläufen entstehen positive Kostendegressions- und Synergieeffekte. Dazu zählen bspw.: ▪ Reduktion des Verwaltungsaufwands durch Zentralisierung ▪ zentrale/verbesserte Erfolgskontrolle der Verkaufsstellen ▪ zentral gesteuerte Werbung etc. ▪ Möglichkeit der Funktionsspezialisierung und Qualifikation der Mitarbeiter.
Kumulative Synergien	Summierung aller Einzelvorteile aus verschiedenen Standorten gegenüber dem nicht-filialisierten Handel.

Werden einzelne Phasen der Filialisierung betrachtet, dann bildet die Multiplikation einer bewährten Konzeption die Basis der Vorteile. Sie ermöglicht etwa in der **Aufbauphase** eines Filialsystems die Ausnutzung von Synergieeffekten und eine vergleichsweise schnelle Expansion des Gesamtsystems. Damit korrespondieren die räumliche und qualitative Nähe zum Kunden, die mit der Anzahl der Filialen steigt. Während der **Betriebsphase** können schließlich kumulative Effekte genutzt werden, die etwa auf der Anzahl oder den Erfahrungen an verschiedenen Standorten basieren. Als grundsätzliche **Nachteile der Filialisierung** sind neben den höheren Investitionsvolumina und entsprechend größeren Finanzierungsrisiken Kostenbelastungen für das laufende Geschäft, mangelndes Unternehmertum vor Ort und erweiterte Leitungsspannen in der Personalführung sowie Führungs- und Steuerungsprobleme der immer komplexer werdenden Filialsysteme zu nennen.

Standardisierte vs. differenzierte Filialisierung

Eine besondere Bedeutung kommt der o.g. standardisierten vs. differenzierten Filialisierung zu, nachfolgend auf ein Land bezogen (international siehe Abschnitt III in diesem Kapitel).

Eine **standardisierte Filialisierung** ermöglicht die relativ schnelle Expansion sowie die Realisierung von teilweise erheblichen Kostensenkungspotenzialen, die sowohl auf sinkenden Kosten pro eröffneter Filiale, auf Grund von Erfahrungskurven bei kumulierter Filialeröffnung, als auch auf vereinheitlichten absatzmarktbezogenen Anforderungen beruhen. Aus diesen Gründen erfolgt eine standardisierte Filialisierung einerseits bei preisaggressiven Anbietern, bei denen die Konsumenten überwiegend Präferenzen für einen niedrigen Preis entwickeln und geringere Ansprüche an die Handelsleistung stellen. Andererseits ist sie für eine einheitliche Konzeption, z.B. eine Modelinie (i.S. einer Kollektion) und/oder einen einheitlichen Kundenkreis sinnvoll. Ein bedeutender Vorteil besteht in beiden Fällen im konsequent einheitlichen Marktauftritt mit hohem Wiedererkennungswert. Als nachteilig erweisen sich jedoch die Nichtansprache weiterer Kundensegmente oder standortspezifisch unterschiedliche Kundenbedürfnisse, eine geringe Flexibilität auf Grund der erforderlichen Entscheidungszentralisation sowie eine gesteigerte Störanfälligkeit gegenüber externen Faktoren (Möhlenbruch 2012, S. 135f.).

Eine **differenzierte Filialisierung** (i.S. standortorientiertes Marketing) sieht eine Anpassung der absatz- und beschaffungsmarktgerichteten Aktivitäten je Filiale an standortspezifische Besonderheiten vor. Häufig beruht sie auf einer Multiplikation standardisierter Basiskonzepte, die dann individuell an regionale Besonderheiten angepasst werden. Sie ermöglicht eine bessere und v.a. schnellere Anpassung an die lokalen Gegebenheiten und damit eine lokale Umsatzmaximierung. Da dem höhere Kosten gegenüber stehen (z.B. in der Logistik oder der Koordination des Filialnetzes), ist diese Strategie nur dann sinnvoll, wenn eine heterogene Zielgruppenstruktur vorliegt, wie sie bei Betriebstypen wie Supermärkten, Fachgeschäften, Warenhäusern oder SB-Warenhäusern häufig anzutreffen ist.

Eine **Zwischenform der Filialisierung** liegt dann vor, wenn im i.d.R. zu Grunde liegenden Baukasten- und Modularprinzip lediglich eine näherungsweise Anpassung einer standardisierten Konzeption an unterschiedliche Standortbedingungen vorgenommen wird. Hierbei sind z.T. erhebliche organisatorische Aufwendungen im Filialnetz erforderlich. Ferner ließen sich einzelne Stufen unterscheiden: Nur „Built-in-Flexibility" vs. eine weitergehende Anpassung, so des Standortes, des In-Store-Managements, der Sortimente (von einer Passformenanpassung im Fashion-Bereich bis hin zur umfassenden Sortimentsdifferenzierung mit Modegraden in trendigen Großstädten, nicht jedoch in der Provinz).[1] Bis auf die Ausnahmen einer standardisierten Filialisierung werden Händler bei Effektivitätszielen stets versuchen, lokale Kundenpotenziale zu nutzen und daher mehr oder weniger lokale Anpassungen (z.B. im Sortiment) vorzunehmen. Die Branche ist aber eine wichtige Determinante.

c) Entscheidungsprozesse und Erfolg der Filialisierung

Die Entscheidungsprozesse bei der Filialisierung können in einem spezifischen Phasenmodell mit einer Aufbauphase und einer Betriebsphase behandelt werden (siehe Abb. 3.86). Die **Aufbauphase eines Filialsystems** ist durch spezifische Probleme charakterisiert. Grundsätzlich sind hier sowohl die Gründung als auch das Wachstum zuzuordnen, wobei spezifische Determinanten relevant sind. Gerade die Gründung erster Filialen ist nicht unproblematisch – wie am Beispiel mittelständischer Unternehmen nachfolgend verdeutlicht wird – und beruht oft auf Individualität, Kreativität und Know-how in Bereichen, die i.d.R. nicht die Grundlage der späteren Dominanz sind.

Abbildung 3.86: Aufbau- und Betreiberphase der Filialisierung

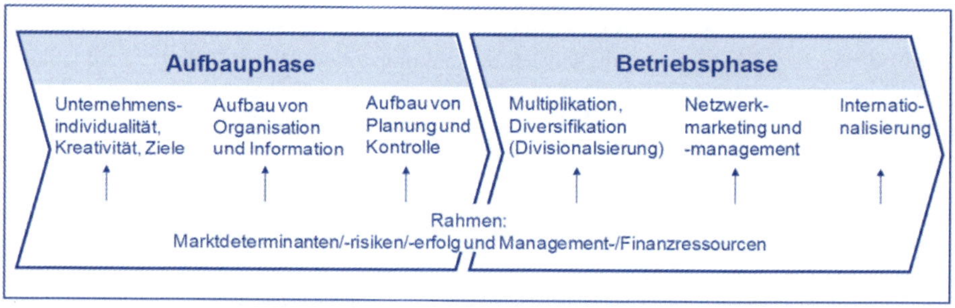

Quelle: i.A.a. Tietz 1993b, S. 1485ff.

Noch vor der eingehenden Planung und Kontrolle des Wachstums erfolgt der Aufbau der **Organisation** und der **Informationsbasis,** welche den Erfolg maßgeblich determiniert. Insofern spielen neben der Marktfähigkeit der Konzeption v.a. ausreichende Management- und Finanzressourcen eine determinierende Rolle. Da der Aufbau von Filialen finanzielle Ressourcen durch die Schaffung einer Infrastruktur bindet, sind auch die Risiken beim Engagement in einem neuen (ggf. internationalen) Markt mittels eigenen Filialen besonders hoch.

[1] Vgl. dazu die Optionen der Marketinginstrumente im Vierten Kapitel.

Während der **Betriebsphase** sind eine ganze Reihe von Aspekten relevant, wie konsequente Planung der Distributionspunkte, der Lieferungen und des Images, aber auch Optionen der Diversifikation und der Steuerung des Filialnetzwerkes sowie am Ende die Internationalisierung. In ausgereiften Systemen bestimmt v.a. die Optimierung der Marketing- und Managementaktivitäten, v.a. der Zentralisation und Formalisierung und bei mehreren Betriebstypen der strukturellen Koordination (Divisionalisierung) den Erfolg. Allerdings deutet ein pauschaler Blick in die Praxis an, dass je nach Betriebstyp und Unternehmenskultur unterschiedliche Koordinationsmechanismen, bspw. Zentralisationsgrade, als vorteilhaft gelten können. Das Steuerungssystem, dessen wesentliche Grundlage das operative Filialcontrolling bildet, ist von der Festlegung der Filialstrategie, den vorhandenen Netzwerken, der Unternehmensgröße usw. abhängig (siehe dazu Abschnitt C. des Sechsten Kapitels). Bei Differenzierung von Filialen sowie bei größeren Unternehmen sind die Steuerungsprobleme komplexer und Gesetzmäßigkeiten im Gesamtsystem schwieriger zu erkennen.

Filialisierung, auch von reinen Online-Pure-Playern

Im Zuge des Online-Booms eröffneten stationäre Händler eigene Online-Kanäle (bspw. Rossmann bereits im Jahr 1999 als erster Drogeriemarkt Deutschlands). Oftmals wird davon ausgegangen, dass die Umsätze aus dem elektronischen Vertrieb die Verkaufsfläche bzw. die Flächenproduktivität kaum tangieren, was im Omnichannel Retailing anders ist. Relativ schwächer ist die Tendenz der Filialisierung durch Online-Pure-Player. Beispiele sind jedoch Aktivitäten des im Jahr 1999 gegründeten myToys.de, das 2006 seine erste Filiale in Kassel eröffnete und im Jahr 2017 17 Filialen betreibt. Ähnlich selektiv ist es bei der Online-Versandapotheke DocMorris, die 2007 die erste Filiale im Saarland eröffnete und mit einem Dutzend Apotheken agiert, oder beim Online-Schuhhändler Shoepassion, seit der ersten Öffnung im Jahr 2012 sind es neun Filialen (auch in Wien im Jahr 2017).

Quelle: mytoys.de, 18. August 2006; 30. Oktober 2017; welt.de, 8. April 2017.

Wie Tab. 3.10 zeigt, kann versucht werden, den Zusammenhang zwischen verschiedenen Kennzahlen herzustellen, während der Vergleich zu Monotypenfilialisierung (z.B. Rossmann) kaum zu Abweichungen von der Multifilialstrategie (z.B. Tengelmann, Metro) führt. So kann bei Rossmann etwa eine enorme Expansion in Umsätzen, Filialanzahlen und Gesamtverkaufsflächen hervorgehoben werden (bei ähnlicher Flächenproduktivität). Anders ist dies bei Metro, mit steigender Flächenproduktivität, auch wenn die Umsatzzahlen rückläufig sind und bei Tengelmann, mit sinkenden Umsätzen und sinkender Produktivität.

Tabelle 3.10: Wachstum ausgewählter Unternehmen

	Umsätze in %*			Filialanzahl in %*			Gesamtverkaufsfläche in 1.000 qm				Flächenproduktivität in EUR/qm (ca.)			
	2013	2015	2017	2013	2015	2017	2011	2013	2015	2017	2011	2013	2015	2017
Tengelmann	-27,3	-23,6	-15,6	-2,5	0,8	32,3	6.291	5.070	5.277	n.V.	1.714	1.542	1.562	n.V.
Metro**	-1,6	-1,2	-1,4	-1,0	0,2	-0,2	12.954	12.773	10.563	10.352	5.089	5.142	5.606	5.643
Rossmann	16,2	54,3	75,8	18,7	36,9	49,0	1.190	1.529	1.872	2.149	4.304	4.343	4.221	4.188

*Im Vgl. zum Basisjahr 2011. **Nutzung der Informationen in 2017, da Spaltung der ehemaligen Metro Group im Laufe des Geschäftsjahres 2016/17 in zwei börsennotierte Unternehmen (Metro AG für Food und Ceconomy AG für Electro). Tengelmann wurde im Jahr 2017 von Edeka übernommen; n.V. = nicht verfügbar.

Quelle: Geschäftsberichte der Unternehmen 2011-2017.

Besonderheiten der Filialisierung bei Kleinunternehmen

Wie angedeutet, ist die Strategie der Filialisierung auch für Kleinunternehmen relevant, die an der Schwelle zu einem Filialunternehmen stehen. Gerade bei diesen bildet die Einrichtung der ersten Filialen eine beachtliche Herausforderung. Untersuchungen belegen, dass die Gruppe der kleinen und mittleren Unternehmen (KMU) mit einem Geschäft und die größeren mittelständischen Mehrfilialunternehmen mit mehreren Geschäften signifikant erfolgreicher sind als die Unternehmen, die gerade die zweite oder dritte Filiale eröffnen. Letztere haben Probleme, was sich in einer Wachstumsschwelle bzgl. der Umsatz- und Ertragsentwicklung niederschlägt, was in Tab. 3.11 relativ deutlich anhand der Mittelwerte erkennbar ist. Die Gründe hierfür können auf drei Gruppen von Restriktionen zurückgeführt werden:

- Marktliche Gründe: so mangelnde Bekanntheit der heterogener werdenden Kundenbedürfnisse, ein fehlendes Vertrauen und die Verfügbarkeit geeigneter Standorte für klassische mittelständische Betriebstypen
- Finanzielle Gründe: so Eigenkapital- und Liquiditätsengpässe mittelständischer Händler
- Managementorientierte Gründe: so fehlende Bereitschaft bzw. Fähigkeit der Unternehmer, Verantwortung zu teilen und die operative Filialführungsverantwortung zu delegieren (Beibehaltung der Ein-Mann-Herrschaft).

Tabelle 3.11: Wachstumsschwellen von Kleinunternehmen des Handels

	Mitarbeiter				Umsatz (in Mio.)			
	1-9	10-49	**50-99**	≥ 100	< 2	2 < 10	**10 < 50**	≥ 50
Umsatz	100	110	**94**	107	95	111	**101**	108
Ertrag	93	102	**83**	101	94	100	**89**	116

Quelle: Hurth 1998.

4. Akquisition

a) Grundlagen und Bedeutung

Akquisition ist – in Abgrenzung zu Filialisierung – eine integrative Strategie, die einem Händler externes Wachstum durch den Erwerb eines anderen Unternehmens ermöglicht. Dies entspricht dem anglo-amerikanischen Verständnis von **Mergers & Acquisitions** (**M&A**), i.S.d. Möglichkeiten des Zusammengehens mit einem anderen Unternehmen:

- Mergers, auch **Verschmelzung** oder **Fusion**, führen zur Auflösung der rechtlichen Selbstständigkeit mindestens eines der beteiligten Unternehmen.
- Der Begriff Akquisition beinhaltet **jede Form von Beteiligung** eines Unternehmens an einem anderen; hier wird er auf die **vollständige Übernahme** eingeengt. Im Gegensatz zu Mergers verliert dabei nicht zwingend eines der beteiligten Unternehmen seine rechtliche Selbstständigkeit. Das heißt, jedes Unternehmen firmiert unter eigenem Namen, wirtschaftlich gehören sie zusammen, indem sie bspw. in einen Konzern eingebunden sind.

> Die Akquisition umfasst prinzipiell jede Form von Beteiligungen an und Übernahmen von Unternehmen, mit dem Ziel, Ressourcen zu erwerben.

Im Handel wird selten auf die Akquisitionsstrategie, sondern eher auf die übergeordnete **Konzentration** rekurriert, so die Konzerngründung, durch Verträge/Fusion, die sinkende Anzahl von Handelsunternehmen, die entsprechende Rechtsprechung, bspw. Fusionsverbote, und entsprechende Konsequenzen für die **Marktstruktur** (siehe Abschnitt D.III.2.a des Ersten Kapitels). Nachfolgend wird M&A v.a. als Option zur Umsetzung der Diversifikation und damit auf einer Gesamtunternehmensebene betrachtet. Nicht betrachtet werden M&A im Zuge der Internationalisierung (i.S. einer Eintrittsstrategie oder einer geografischen Diversifikation, also einer Ausbreitung über Länder hinweg) und auch solche M&A nicht, die der **vertikalen Integration** dienen, d.h., wenn sich Unternehmen in aufeinander folgenden Wertschöpfungsstufen miteinander verbinden (bspw. Rückwärtsintegration und damit der Übernahme von produzierenden Unternehmen durch Händler). Im Vordergrund stehen **horizontale und laterale/konglomerate M&A**. Bei den ersten schließen sich Unternehmen derselben Branche und Wirtschaftsstufe zusammen, d.h., Händler übernehmen neue Wertschöpfungsbereiche, die mit bisherigen verbunden sind (so Be- und Vertriebstypen). Bei lateralen M&A besteht kein sachlicher Zusammenhang zwischen den bestehenden und den übernommenen Geschäftsbereichen, d.h., die eine Verknüpfung eingehenden Unternehmen haben keine leistungswirtschaftliche Verbindung (Macharzina/Wolf 2018, S. 710).

Vielfalt der M&A bei Online-Händlern

Wie angedeutet, vollzogen Ebay und v.a. Amazon alleine in der letzten Dekade eine Fülle von horizontalen und lateralen Akquisitionen im Zuge ihrer Diversifikationsstrategie (siehe Abb. 3.87). Ziele sind dabei einerseits in neuen Branchen einzutreten (bspw. bei der Bio-Supermarktkette Whole Foods von Amazon; Cargigi von Ebay), die internationale Marktposition mit dem eigenen Geschäftsmodell zu stärken (bspw. mit Hilfe von Souq.com von Amazon; Dba.dk von Ebay) und andererseits die bestehende Produktpalette durch verwandte Waren zu erweitern (bspw. bei Goodreads von Amazon; Ticketbis von Ebay).

Abbildung 3.87: Ausgewählte M&As von Amazon und Ebay (2008-2018)

Unternehmen	Jahr	Akquiriertes Unternehmen (Tätigkeitsfeld)	Diversifikation
Amazon	2018	Sqrrl (KI-basierte Sicherheitssysteme)	Konglomerat
	2017	Whole Foods (Bio-Supermarktkette)	Konglomerat
	2017	Souq.com (Online-Marktplatz im Nahen Osten)	Horizontal
	2017	GameSparks (Entwicklungsplattform für Online-Spiele)	Konglomerat
	2017	Thinkbox (Entwicklungssoftware für Online-Spiele und Filme)	Konglomerat
	2016	Biba Systems (Videonachrichten-App)	Konglomerat
	2016	Curse (Kommunikationsplattform für Online-Spiele)	Konglomerat
	2014	Twitch (Video Streaming-Dienst)	Horizontal
	2014	comiXology (Cloud-basierte digitale Comic-Plattform)	Horizontal
	2013	TenMarks Education (Web-basiertes Mathe-Lern-Tool)	Konglomerat
	2013	Goodreads (Leserplattform mit verschiedenen Buchrezesionsforen)	Horizontal
	2012	TeachStreet (Online-Plattform für Online-Lernangebote)	Konglomerat
	2011	LoveFilm (postalischer DVD-Verleih)	Horizontal
	2011	BookDepository (britischer Online-Buchhändler)	Horizontal
	2010	Woot (Online-Händler)	Horizontal
	2009	Zappoa (Online-Schuhhändler)	Horizontal
	2009	Stanza (iPhone-App für elektronische Bücher)	Horizontal
	2008	Audible (Hörbuch-Plattform)	Horizontal
	2008	AbeBooks (Online-Marktplatz für Bücher)	Horizontal
Ebay	2018	Giosis/Qoo10.jp (japanischer Online-Marktplatz)	Horizontal
	2016	Ticketbis (Online-Marktplatz für Eventtickets)	Horizontal
	2016	Cargigi (Anbieter von Online-Marketing für die Automobilindustrie)	Konglomerat
	2015	Twice (Online Second Hand-Geschäft)	Horizontal
	2013	2dehands.be/2ememain.be (Online Second Hand-Geschäft)	Horizontal
	2012	Svpply.com (soziale/personalisierte/kuratierte Shopping-Website)	Horizontal
	2011	The Gift Project (Geschenkversand auf Social Commerce-Plattform)	Konglomerat
	2010	Brands4friends (deutscher Online Shopping-Club)	Horizontal
	2010	Milo.com (Auskunft über Produktbestände in stationären Geschäften)	Konglomerat
	2010	RedLaser (Barcode-Scanning iPhone Anwendung)	Konglomerat
	2008	Dba.dk/bilbasen.dk (Online-Shops für Kleinanzeigen)	Horizontal

Quelle: www.amazon.com, 2. Mai 2018; www.ebayinc.com, 8. Mai 2018; www.cbinsights.de, 6. September 2017.

Bezüglich der Bedeutung von M&A identifizieren bereits Burt/Limmack (2001) über 1.000 „retail takeovers" in Großbritannien in der Zeit von 1982 bis 1996; Hogan/Olson/Capella

(2015) untersuchen 12.390 M&A-Transaktionen in den USA und zeigen in einem Zeitraum von drei Dekaden ein stetiges Wachstum der M&A-Aktivität im Handelssektor. Über Jahre hinweg verzeichneten Lebensmittelhändler die meisten M&A-Transaktionen. Meistens zielen die Studien auf Kapitalgesellschaften ab. Im deutschen Handel ist darüber hinaus auch die Übernahme von kleineren Unternehmen oder Nicht-Kapitalgesellschaften zu berücksichtigen. Allerdings liegen zu Akquisitionen im Handel wenige Studien vor, was u.a. auf eine Forschungslücke hindeutet, da M&A im Handel spezifisch und marktorientiert sind. Intensiv sind die zu beobachtenden horizontalen und lateralen M&A von Online-Händlern.

b) Ziele und Entscheidungsoptionen

Der Strategie der Akquisition liegt pauschal formuliert die Frage zu Grunde, ob die Unternehmensziele besser aus eigener Kraft, durch kooperative Strategien oder durch den Erwerb der Ressourcen anderer Unternehmen erreicht werden können. Ein Unternehmen, das diese Frage im letztgenannten Sinne beantwortet, wird die Ziele

- der Beschaffung von Ressourcen, die knapp und/oder auf dem freien Markt nicht zugänglich sind, und/oder
- der Stärkung der Marktmacht durch Aus- oder Aufbau von Marktanteilen, die Umsatz- und Degressionseffekte nach sich ziehen können,

besonders hoch gewichten. Diese beiden Ziele gelten für Akquisitionen in allen Branchen, und werden in weiter gehenden Betrachtungen von M&A auf drei Erklärungsdimensionen ausgeweitet (im Handel Moatti u.a. 2015, S. 755ff., allgemein Das/Kapil 2012, S. 288f.):

- unternehmensbezogene Kriterien (Kostenvorteil-Argument)
- markt- bzw. marketingbezogene Kriterien (Marktmacht-Argument)
- finanzbezogene Kriterien (finanzwirtschaftliche Argumente).

Ähnliche Dimensionen können für den Handel gebildet werden, nämlich

- das ressourcenorientierte Streben nach Überwindung interner Schwächen in Ressourcenausstattung, Wissen bzgl. eines Marktein- oder -austritts, Synergien usw. und
- das marktgerichtete Streben nach
  - regionaler oder nationaler Marktführerschaft,
  - regionaler, nationaler, internationaler Erweiterung des Absatzgebietes und/oder
  - Diversifikation (was auch den internen Bestrebungen zuzuordnen ist).

Im Handel dominieren bei Akquisitionsüberlegungen direkt oder indirekt marktorientierte Ziele und – abhängig von der jeweiligen Akquisition – bspw. Synergien. In der marktgerichteten Sicht wird mit der Akquisitionsstrategie eine schnelle Steigerung des Umsatz- bzw. Unternehmenswachstums bzw. ein schneller Eintritt in einen Markt oder ein Marktsegment angestrebt, was je nach Ziel unterschiedliche Maßnahmen erfordert:

- Das Ziel der **regionalen oder nationalen Führerschaft** äußert sich in der Bestrebung, unmittelbare Konkurrenten zu übernehmen, z.B. ein Händler übernimmt vor Ort, etwa in einer Stadt, einen anderen.
- Die **Erweiterung des Absatzgebietes** ist bei Akquisitionen mit der Übernahme eines Konkurrenten in einem anderen Gebiet verbunden und zwar direkt oder schrittweise durch Aufstocken der Beteiligung, die in einer Übernahme mündet.
- **Diversifikation** bedeutet bspw. die Übernahme eines neuen, innovativen Be- oder Vertriebstypenkonzeptes, das von anderen entwickelt wurde und durch die Akquisition im Vergleich zur eigenen Entwicklung kostengünstiger integriert werden kann.

Abb. 3.88 zeigt exemplarisch spezifische Ziele von M&A in zwei Kontexten.

Abbildung 3.88: Vorteile für M&A im In- und Ausland

Nationale M&A sind vorteilhaft, ...	Ausländische M&A sind vorteilhaft, ...
▪ Wenn die Lage des Unternehmens oder ein wenig stabiler Markt eine schnelle Marktdurchdringung erfordern. ▪ Wenn die Möglichkeit besteht, ein fähiges Management zu gewinnen. ▪ Wenn ein Be- oder Vertriebstypkonzept, das von einem anderen Unternehmen entwickelt wurde, kostengünstiger integriert werden kann als eine eigene Entwicklung.	▪ Wenn der Weg über das externe Wachstum schneller, kostengünstiger und/oder risikoärmer zum Ziel führt. ▪ Wenn die Ressourcen/Leistungen intern nicht erzeugt werden können, oder es keinen freien Markt dafür gibt. ▪ Wenn bzgl. Gewinn, Umsatz und/oder Marktanteil aus Synergiegründen mehr erreichbar ist als im Alleingang. ▪ Wenn Eintrittsbarrieren eines Marktes nur über eine Akquisition überwunden werden können.

Quelle: i.A.a. Müller-Stewens/Spanninger 2012, S. 177ff.

Die Ziele sind nicht unabhängig voneinander und haben bei ihrer Realisierung v.a. vielfache Implikationen, bzgl. der Marktbearbeitung oder der Organisation des Handelsunternehmens. Eine durch Akquisition erreichte regionale oder nationale Führerschaft führt fast zwangsläufig zu alternativen Überlegungen, wenn das Unternehmen an Wachstumsgrenzen stößt. Eine nationale Führerschaft kann bspw. in einer Diversifikation münden, die gleichwohl die Akquisition eines oder mehrerer Unternehmen in anderen Märkten umfassen kann. Eine regionale bzw. nationale Führerschaft kann aber auch zu einer Erweiterung des Marktgebietes und damit bspw. zu nationaler und/oder internationaler Tätigkeit führen. Derartige Überlegungen sind aus der „dynamischen" Sicht aus den Ansoff'schen Wachstumsstrategien abzuleiten. Dabei bilden Akquisitionsstrategien – wie angedeutet – nicht die einzige Wachstumsoption, d.h., das interne oder kooperative Wachstum (z.B. über Filialisierung) kann unabhängig oder im Anschluss an die Akquisition vorangetrieben werden. Zugleich sind Akquisitionen meist in der **Post-Merger-Phase** zunächst mit Potenzialharmonisierungen belastet, was einige Zeit in Anspruch nehmen und v.a. den Post-Merger-Erfolg maßgeblich beeinflussen kann.

Dennoch treten vielfache Formen gleichzeitig auf und kennzeichnen v.a. die Entwicklung diversifizierter Konzerne, wie Amazon. Hier können – in Erweiterung der Fallstudie im Ersten Kapitel – Ziele der M&A mit den Gesamtunternehmenszielen verbunden werden.

Die Ziele der Akquisition können aktiv angestrebt werden, sie können aber auch eher passiven Überlegungen folgen. Im ersten Fall wird die **aktiv betriebene Akquisition** als langfristige, konsequent genutzte Option gesehen. Dies äußert sich bspw. darin, dass eine Unternehmung eine Abteilung unterhält, die fusionsgeeignete Unternehmen – Übernahmekandidaten bzw. sog. „Schläfer" – auf den einzelnen Märkten sucht. Eine eher **passive Akquisition** liegt dann vor, wenn sie fallweise dazu genutzt wird, Unternehmen zu übernehmen, quasi wenn sich eine Gelegenheit bietet. Darüber hinaus ist v.a. im Hinblick auf die Synergien in der Marktbearbeitung im Handel relevant, ob das akquirierte Unternehmen mit dem bestehenden Unternehmen unter einer **Retail Brand** verschmilzt oder ob es im Konzern eingebunden, unter eigenem Namen operiert. Für den Fall, dass eine Akquisition angestoßen wurde, liegen idealtypische Phasenschemata für die erfolgsorientierte Planung des Akquisitions- bzw. Fusionsprozesses vor, was im folgenden Abschnitt behandelt wird.[1]

[1] Hinzuweisen ist darauf, dass die Strategie der M&A in den unternehmerischen Rahmen – Unternehmensgrundsätze, -prinzipien, -ziele, -strategien und bisherige Aktivitäten – eingebunden ist.

Vielfalt der M&A-Formen im Handel: Beispiele

Aktive Akquisitionen: Die Signa Handelsgruppe verfolgt in den letzten Jahren eine sehr aktive Akquisitionsstrategie im Online-Handel. Durch alleine sieben Beteiligungen an Online-Handelsunternehmen, wie bspw. Mybestbrands, innerhalb von 14 Monaten, möchte Signa Retail das Wachstumspotenzial in diesem Bereich voll ausschöpfen (www.*textilwirtschaft.de, 22. Juni 2017*).

Passive Akquisitionen: Carrefour übernahm im Jahr 2015 alle 86 Billa Filialen in Rumänien, da Rewe die Retail Brand komplett aus dem rumänischen Markt zurückzog und zum Verkauf frei gab *(www.carrefour.com, 16. Januar 2018)*.

Verschmelzung mit einer Retail Brand: Edeka und Rewe haben Ende 2016 die 400 Kaiser's Tengelmann-Filialen übernommen. Die Filialen wurden zwischen den beiden Handelskonzernen verteilt und in die Unternehmen eingegliedert. Nach und nach werden alle Filialen saniert und den Retail Brands entsprechend umgestaltet *(www.sueddeutsche.de, 25. September 2017)*.

Einbindung und separate Retail Brand: Im Jahr 2017 übernimmt Karstadt das Online-Auktionshaus hood.de mit dem Ziel, die Omnichannel-Strategie auszubauen. Hood.de gilt als Konkurrent zu ebay.de und wird unter eigener Retail Brand weitergeführt *(www.karstadt.de, 17. Januar 2018)*.

Geografische Ausdehnung: Amazon akquiriert im Jahr 2017 Soug, den wichtigsten Online-Marktplatz im Nahen Osten. Mit dieser Akquisition gelingt es dem Unternehmen, einen neuen Markt zu erschließen und seine weltweite Präsenz auszubauen *(www.amazon.com, 17. Januar 2018)*.

Umfang der Akquisition: Die MediaMarktSaturn-Gruppe akquirierte im August 2017 einen Euronics-XXL-Markt in Bayern, um die lokale Präsenz zu verstärken. Im Gegensatz zu Akquisitionen, welche ein komplettes Unternehmen umfassen, handelt es sich hierbei nur um einen einzigen Euronics-XXL-Markt *(www.mediamarktsaturn.com, 18. Januar 2018)*.

Stufiger Akquisitionsablauf: Der chinesische Online-Handelskonzern Alibaba ist im Jahr 2014 mit dem Kauf von 32,4% der Anteile der Online-Ticketing-Plattform Damai eingestiegen. Drei Jahr später, im Jahr 2017, hat Alibaba durch den Zukauf weiterer Anteile Damai vollständig übernommen *(www.alibabagroup.com, 17. Januar 2018)*.

Horizontale M&A: Zalando, Europas größter Online-Modehändler, kaufte im März 2017 den auf Basketball spezialisierten Sportartikelhändler Kickz. Neben dem Online-Shop sind zusätzlich 15 stationäre Filialen in der Akquisition mit eingeschlossen *(www.handelsblatt.com, 01. März 2017)*.

Vertikale M&A: Der Online-Versandhändler Amazon akquirierte im Jahr 2017 Blink, ein Startup-Unternehmen für die Entwicklung und Herstellung von kabellosen Sicherheitskameras, um die Geschäftseinheit „Home Security Business" auszubauen *(www.amazon.com, 17. Januar 2018)*.

Konglomerate M&A: Detlev Meyer, Mitgründer des Modehändlers Cbr, welches die Marken Cecil und Street One führt, steigt nun mit der Akquisition von Jacques' Wein-Depot im Jahr 2015 in den Weinhandel ein *(www.manager-magazin.de, 21. Januar 2015)*.

Freundliche Übernahme: Der Autohändler Hugo Pfohe gab im Dezember 2017 sein Geschäft in Bulgarien auf und verkaufte es an den japanischen Mischkonzern Sumitomo. Der Konzern übernahm alle 550 Mitarbeiter an zehn Standorten zu 100% *(www.hugopfohe.de, 17. Januar 2018)*.

Feindliche Übernahme: Im Mai 2008 hat Staples, ein amerikanischer Einzelhändler für Bürobedarf, die feindliche Übernahme i.H.v. 1,5 Mrd. EUR des niederländischen Konkurrenten Corporate Express eingeleitet. Im Juni 2008 stimmten die Aktionäre dem um 200 Mio. EUR erhöhtem Angebot zu *(www.handelsblatt.com, 19. März 2008)*.

Formen bzw. Strategien der M&A im Handel

Die wählbaren **Formen bzw. Strategien der M&A** können nach verschiedenen Kriterien systematisiert werden, so der geografischen Ausrichtung, dem Umfang der Akquisition, i.S. einer vollständigen Übernahme oder ggf. einer Teilakquisition eines Unternehmens, und dem zeitlichen Akquisitionsablauf, i.S. einer einphasigen und einer mehrphasigen Akquisition. Erstere als einmaliger Vorgang, letztere als mehrere, zeitlich getrennte Vorgänge, i.S. eines Übergangs von Partiell- zu Vollakquisition. Verbreitet ist die bereits genannte Unterscheidung nach der **Akquisitionsrichtung**, v.a. horizontal, vertikal und lateral. Weiterhin ist auf die **Art**

der Übernahme zu verweisen, bei der zwischen freundlichen und feindlichen Übernahmen unterschieden wird. Entscheidend für die Beurteilung ist dabei, inwiefern sich das Management des zu übernehmenden Unternehmens mit der Transaktion einverstanden erklärt. Eine Akquisition kann oftmals zugleich diversen Formen zugeordnet werden.

Ohne dies an dieser Stelle eingehend zu betrachten, fasst Abb. 3.89 die Basis- und Sonderformen der Akquisition bei börsennotierten Unternehmen zusammen. Abbildung 3.90 enthält einige Beispiele für die im Falle einer feindlichen Übernahme verbreiteten **Abwehrstrategien** bzw. **Präventivmaßnahmen** (bei Nicht-Kapitalgesellschaften bilden die Eigentumsstrukturen einen gewissen Schutz).

Abbildung 3.89: Basis- und Sonderformen der Akquisition

Basisformen der Akquisition	
Fusionen bzw. Mergers	- Bilateral verhandelte (friedliche) Zusammenschlüsse von Unternehmen und zwar im Rahmen von Kapital- und Personengesellschaften.
Übernahmeangebote („Tender Offers")	- Offerten einer Bietergesellschaft an die Aktionäre der Zielgesellschaft, deren Aktien innerhalb eines Zeitraumes zu festgesetzten Bedingungen zu erwerben sind, wobei der Preis pro Aktie i.d.R. deutlich über dem Börsenkurs liegt.
Stimmrechtskämpfe („Proxy Contests")	- Bei dieser Option im US-Rechtssystem wird dem Versuch nachgegangen, mit geliehenen Stimmen von Aktionären und Mehrstimmrechtsaktien im Rahmen von Aktionärsversammlungen die Kontrolle über das Zielunternehmen zu gewinnen, etwa indem Manager abgewählt werden, die gegen die geplante Übernahme sind.
Sonderformen der Akquisition	
Management-Buy-Outs	- Im Rahmen von MBO kaufen Manager ihr Unternehmen oder Teile davon auf. Im zweiten Falle wird auch von Spin-offs gesprochen.
Employee Stock Ownership Plans	- Eine ähnliche Struktur weisen die ESOP auf, bei denen nicht nur Manager, sondern auch Mitarbeiter am Unternehmen beteiligt werden.
Leveraged Buy-Outs	- Bei fehlendem Eigenkapital wird die Übernahme (z.B. bei MBO) stark fremdfinanziert; der Leverage-Effekt greift, nachdem die Eigenkapitalrendite durch einen zunehmenden Fremdkapitalanteil gesteigert werden kann und solange die Gesamtrentabilität des Unternehmens über den Fremdkapitalzinsen liegt.
Hostile Raider/ Asset Stripping	- Hier werden ertragsschwache, aber substanzstarke Unternehmen aufgekauft und mit dem Ziel der kurzfristigen Gewinnerzielung ausgeschlachtet.
Greenmailing	- Hier steht nicht die Übernahmeabsicht im Vordergrund, sondern ein Akteur kauft Aktien eines Unternehmens auf und zwingt es unter Androhung einer (destruktiven) Übernahme zum Rückkauf der Aktien zu überhöhten Preisen.

Quelle: i.A.a. Macharzina/Wolf 2018, S. 711ff.

Abbildung 3.90: Abwehrstrategien gegenüber feindlichen Übernahmen

Abwehrreaktionen im Vorfeld einer Übernahme (Präventivmaßnahmen)	
Vinkulierte Namensaktien	- Hier ist die Übertragung von Aktien durch einen Aktionär an Dritte von der Zustimmung des Unternehmens abhängig. Allerdings ist eine nachträgliche Änderung bereits ausgegebener Aktien in vinkulierte Aktien sehr schwer.
Zeitliche Auffächerung der Amtszeit	- Durch die Auffächerung der Amtszeit der Aufsichtsratsmitglieder („staggered board") ist es nicht sofort möglich das Leitungsorgan des Zielunternehmens auszutauschen und eine strategische Neuorientierung durchzusetzen.
Sonderrechte für bestimmte Aktionäre	- Sonderrechte für bestimmte Aktionäre („poison pills") beziehen sich auf bezugsrechtsselektive Kapitalerhöhungen, bei denen vinkulierte oder wandelbare Wertpapiere wie Optionsoder Wandelanleihen ausgegeben werden, mit denen freundlich gesonnenen Aktionären Aktien zufließen.
Sonstiges	- Durch wechselseitige Beteiligung „befreundeter" Unternehmen werden der Streubesitzanteil der Aktien reduziert und die Erlangung einer Mehrheit erschwert. - Ausgabe von Mehrstimmrechtsaktien. - Absicherung der Managementpositionen durch extrem hohe Abfindungen bei einer Absetzung („golden parachutes").

– wird fortgesetzt –

– Fortsetzung Abb. 3.90. –

	Abwehrreaktionen nach Einleitung der Übernahme
Vermögensum-strukturierungen	- Hier werden die für den potenziellen Aufkäufer interessanten Teile an ein befreundetes Unternehmen („white knight") verkauft oder verpfändet, um diese später wieder zurückzukaufen.
Gegenangebote	- Entgegengerichtetes Übernahmeangebot durch das attackierte Unternehmen („Pac-Man-Abwehr").
Verkauf von Unter-nehmens-objekten	- Verkauf von Unternehmensobjekten, die mit hohen stillen Reserven belegt sind, um weniger attraktiv für eine Übernahme zu sein („Crown-Jewels-Abwehr").
Aktienrückkäufe	- Aktienrückkäufe, bei denen das Unternehmen eigene Aktien erwirbt und damit die Kurse für die am Markt verbleibenden Aktien erhöht.
Prozesse	- Prozesse, die gegen den Aufkäufer geführt werden, um damit die Übernahme zumindest zu verzögern und zu verteuern.

Quelle: i.A.a. Macharzina/Wolf 2018, S. 731ff.

c) Entscheidungsprozesse und Erfolg von M&A

Wie angedeutet, wird der Prozess der M&A idealtypisch in mehrere Phasen unterteilt (Lucks/Meckl 2015, S. 97ff). Abbildung 3.91 beruht auf der Überlegung, dass die Erfolgsaussichten von Akquisitionen höher sind, wenn ihnen ein Planungsprozess zu Grunde liegt.

Abbildung 3.91: Phasen des Akquisitions-/Fusionsprozesses

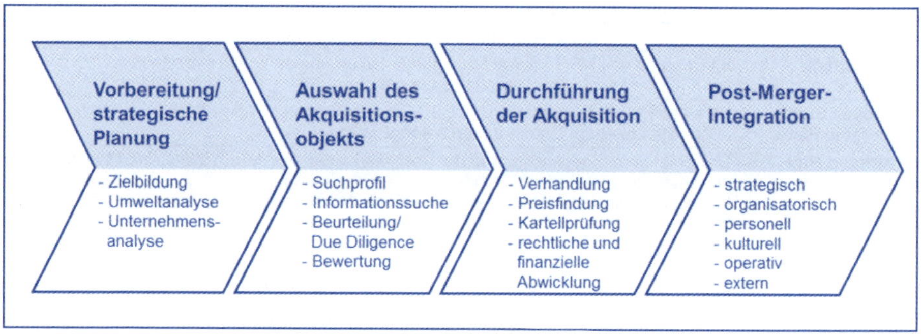

In der **Pre-Merger-Phase**, i.e.S. in der Phase der Auswahl des Akquisitionsobjektes, spielt die fortschreitend detaillierter werdende Feinauswahl eine besondere Rolle, die i.d.R. in eine Sorgfaltsprüfung – meist unterstützt durch Berater – mündet. Die Sorgfaltsprüfung, das sog. **Due-Diligence-Verfahren**, umfasst die beidseitige zielgerichtete Informationsbeschaffung, d.h. das Erlangen bestmöglicher Transparenz des zu akquirierenden Objekts. Eine klare Kommunikation zwischen den Parteien ist essentiell, welche die Bereitstellung der Daten, die Bekanntgabe spezifischer Ansprechpartner sowie die jeweiligen Motive beinhaltet (Boyle/Winter 2010). Studien deuten an, dass trotz detaillierter Analysen zur Abschätzung der Synergiepotenziale die Führungskräfte der übernehmenden Unternehmen oft die aus den Übernahmen resultierenden Synergievorteile zu hoch und die Integrationskosten zu gering einschätzen.

Synergien bei M&A im Handel liegen in produktiven bzw. kostensenkenden Potenzialen, wie der Straffung des Personalbestandes und der Managementebenen oder der Schließung überflüssiger Distributionszentren. Deren Abschöpfung hängt aber von den Zielen und davon ab, ob Kompatibilitäten vorliegen, so im Hinblick auf Betriebstyp, Sortimentsbereiche, Preisposition und Kultur. Wichtig ist auch, ob eine räumliche Nähe zwischen dem akquirierten und übernehmenden Unternehmen gegeben ist, was oft eine Synergieausschöpfung fördert. Wie angedeutet, werden im Handel Synergien dann nicht priorisiert, wenn marktstrategische Entscheidungen im Vordergrund der M&A-Entscheidung stehen.

Über die Pre-Merger-Phase hinaus weisen Studien auf die hohe Bedeutung der **Post-Merger-Phase** im Hinblick auf den Erfolg hin. So zeigt eine Studie von KPMG (2016), dass 83% aller Zusammenschlüsse nicht die Anteilseigner-Rendite erhöhen können und letztendlich scheitern. Dabei wird auf Basis von Manager-Befragungen ein gut ausgearbeiteter Integrationsplan in der Post-Merger-Phase, noch vor der korrekten Unternehmensbewertung oder einem effektiven Due Diligence-Verfahren in der Pre-Merger-Phase, als Schlüsselfaktor des Erfolgs identifiziert.

Vor dem Hintergrund dieser Berichte über hohe Misserfolgsquoten bei Akquisitionen wird oft die Frage gestellt, ob M&A ökonomisch sinnvoll oder bloß die „Folge der Hyperaktivität und Geltungssucht der Spitzenmanager von ohnehin riesigen Unternehmen" sind (KPMG 2016). Einblick in die Erfolge von Akquisitionen und auch die Merkmale der beteiligten Unternehmen im Handel geben bisher wenige Studien.

Erfolgsfaktoren und Charakteristika der bei M&A beteiligten Unternehmen

Kumar/Kerin/Pereira (1991) charakterisieren die übernommenen und die übernehmenden Unternehmen anhand von finanz-, markt- und unternehmensbezogenen Kriterien im Fall von 36 horizontalen und konglomeraten Mergern im Handel (siehe Abb. 3.92). Obwohl sie nur sekundär erfasste Längsschnittdaten verwenden, können hieraus Schlussfolgerungen im Hinblick auf die Abgrenzung der Unternehmen und Managementimplikationen, v.a. für die Übernahmekandidaten, abgeleitet werden.

Abbildung 3.92: Kriterien und Wahrscheinlichkeiten, ein übernehmendes relativ zum übernommenen Handelsunternehmen zu sein

Finanzbezogene Kriterien	Marktbezogene Kriterien	Unternehmensbezogene Kriterien
- Market-to-book value (+) - Earning per share (-) - Cash flow/total asset (+) - Debit to equity (-)	- Actual growing rate (o) - Sustainable growing rate relative to actual growth (-) - Number of stores (+) - Number of states (+) - Number of years in existence (o) - Market share (+)	- Extent of diversification (+) - Number of pervious acquisitions (+)

Legende: (+) large/high; (-) low; (o) indifferent.

Quelle: i.A.a. Kumar/Kerin/Pereira 1991, S. 327ff.

Die Studie zeigt bzgl. der finanziellen Kriterien, dass übernehmende Unternehmen („bidder") höhere „market-to-book values" und „cash flows" haben, während die übernommenen Unternehmen („targets") höhere „earnings per share" und „debit-to-equity ratios" haben. Darüber hinaus wird statistisch belegt, dass v.a. hohe „earnings per share" mit einer hohen Wahrscheinlichkeit einhergehen, als Übernahmekandidat zu gelten. Des Weiteren zeigen Maksimovic/Phillips/Yang (2013), dass Unternehmen, die privat (vs. staatlich) geführt werden, was in Europa dominiert, weniger Transaktionen eingehen und eine spezifische Art und Weise bei M&As aufweisen. Die unternehmensbezogenen Größen zeigen eine höhere Diversifikation und eine höhere Anzahl bisheriger Akquisitionen für die „bidder".

Sie unterstreichen damit die Bedeutung der bisherigen Unternehmensstrategie und der Erfahrung in früheren Akquisitionen, wobei aber auch die in der Studie betrachteten „targets" über eine solche, wenn auch geringere Erfahrung verfügen.

Bezüglich der im Handel wichtigen marktbezogenen Kriterien kann beim „actual sales growth“ kein Unterschied zwischen den Gruppen gezeigt werden, ebenso wie bzgl. des Unternehmensalters. „Bidder“ sind aber größer, gemessen an Filialnetz, Internationalität und Marktanteil. Ein hohes positives Verhältnis von langfristigem zu aktuellem Wachstum steigert die Wahrscheinlichkeit, als „target“ wahrgenommen zu werden. Darüber hinaus wird deutlich, dass eine oft formulierte These zutrifft: Handelsunternehmen mit „actual sales growth“ streben nach „sustainable growing rates“ („bidders“) und solche mit „sustainable growing rates“ streben nach „actual sales growth“ („targets“). Beide ziehen sich aber gegenseitig an (vgl. hierzu Kumar/Kerin/Pereira 1991 und die dort angegebene Literatur).

Zum Schluss wirft die Studie zumindest heute noch in der Handelsforschung unbeantwortete Fragen auf, nämlich welche interdependenten Rahmenbedingungen bei M&A zur Steigerung des Shareholder-Value führen und wie finanz-, markt- und unternehmensbezogene Kriterien im Hinblick auf die Anbahnung von M&A im Handel interagieren. Ein weiteres Charakteristikum, durch das es vermehrt zu Akquisitionen im Vergleich zu organischem Wachstum besonders im europäischen Raum kommt, ist die Regulation von neuen Handelsflächen (Korthals Altes 2016; Kärrholm/Nylund 2011).

Frühere Studien zeigen, dass M&A von Handelsunternehmen spätestens zwei Jahre nach der Transaktion negative Erträge aufzeigen (Burt/Limmack 2001, S. 17f.). Jüngere Studien, wie die von Moatti u.a. (2015) sowie Moatti/Dussauge (2012) können dies in Bezug auf weitere Erfolgskennziffern bestätigen. Zwar finden die Autoren jeweils eine positive Wirkung der M&A auf die Verhandlungsposition (abgebildet durch die Bruttomarge), jedoch einen negativen Einfluss der M&A-Transaktionen auf die Effizienz und den Gesamtunternehmenserfolg (gemessen am ROA) der Händler. Die Stärkung der Verhandlungsposition wird dabei auf den gestiegenen und kumulierten Wissenszuwachs durch den Zusammenschluss zweier Unternehmen zurückgeführt. Hohe Kosten sowie Integrationsprobleme während der Post-Merger-Phase sorgen für sinkende Effizienz und Erfolge. Die Ergebnisse lassen auf eine unglückliche Zukunft für die Unternehmen bzw. die Shareholder schließen, die im Handel Wachstum mittels Akquisition anstreben. Ähnliches deuten fallstudiengestützte Analysen an, wie die der Übernahme von Habitat (eines britischen Möbelfachhändlers) durch Ikea. Cosmo/Yang (2017) beschreibt die nachhaltige strategische Ausrichtung des Geschäftsmodells von Ikea. Dabei werden rückblickend Fehlentscheidungen beleuchtet, wie bspw. die Akquisition von defizitären Unternehmen (z.B. Habitat).

Alle diese Befunde deuten auf die Bedeutung des Post-Merger-Managements hin. Im Mittelpunkt stehen dabei die organisatorischen Gestaltungsmaßnahmen (Prozess- und Gebildestrukturen zur Steuerung menschlichen Verhaltens) für die Synergiepotenzialausschöpfung, also dem Integrationserfolg (Macharzina/Wolf 2018, S. 725f.). Abhängig vom gewünschten Grad der Integration des akquirierten Unternehmens, ist ein passendes Strukturkonzept zu wählen, welches zu einer bestmöglichen Synergiepotenzialgewinnung und -ausschöpfung führt. Dies sind Führungsaufgaben, die in Konkurrenz mit den übrigen Führungsaufgaben stehen, und letztlich zusammen nur in einem einheitlichen Managementsystem wahrgenommen werden können. Ferner zeigt sich, dass Umstrukturierungsmaßnahmen oft nicht die gewünschte Wirkung der Entlastung des Top-Managements aufzeigen, wodurch die Synergieausschöpfung beeinträchtigt wird. Im Handel wäre – wie mehrfach angedeutet – diese synergieorientierte Sicht wesentlich, um die marktstrategische Perspektive zu erweitern.

III. Internationalisierung

1. Gegenstand

a) Grundlagen und Bedeutung

Die internationale Expansion wird von Handelsunternehmen in vielen Branchen seit rund drei Dekaden aggressiv verfolgt. Die Entscheidung zum „Going International" erfolgt prinzipiell auf der Gesamtunternehmensebene. Gemäß der Hierarchie von Strategien kann von funktionsübergreifenden (gesamtunternehmerischen) und funktionsspezifischen Begriffsauffassungen ausgegangen werden.

> Aus funktionsübergreifender Sicht umfasst **Internationalisierung** das Gesamtunternehmen und damit das Management jeder länderübergreifenden Ausdehnung der unternehmerischen Wertschöpfung. Aus funktionsspezifischer Sicht ist Internationalisierung i.d.R. auf Fragen des Absatzes bezogen, so Marktauswahl, -eintritt oder -bearbeitung.

Die Forschung zur Internationalisierung ist vielfältig, da darin auch die Sichtweisen all der Disziplinen einfließen, die sich im angestammten Fach mit internationalen Fragen beschäftigen. Daraus erwächst die Bedeutung vieler Theorien. Viele Händler agieren beschaffungsseitig international, indem sie Güter direkt oder indirekt international beschaffen (zu **Global Sourcing** siehe Abschnitt C.III.2. im Fünften Kapitel). Nachfolgend steht die absatzseitige Auslandsexpansion von Einzelhandelsunternehmen im Fokus, wenngleich Groß- und Außenhandelshändler spezifisch von der Globalisierung profitieren (vgl. zum Großhandel Wang/Ngoasong 2012; Jain/Girotra/Netessine 2013).

Tabelle 3.12: Internationale Expansion führender Unternehmen

Food	GU Mrd. EUR		Anz. Länder		AU %	Non-Food	GU Mrd. EUR		Anz. Länder		AU %
	1992	2017	1992	2017	2017		2000	2017	2000	2017	2017
Walmart (US)	36	485	2	30	24	Amazon (US)	4	188	5	14	41
Costco (US)	12	129	3	10	27	Walgreens (US)	27	118	1	10	14
Kroger (US)	10	115	1	1	0	Home Depot (US)	56	101	3	4	8
Schwarz Gruppe (D)	6	107	2	27	62	Ikea (SE)	10	38	34	48	96
Carrefour (F)	34	91	5	34	53	Inditex (E)	4	25	10	93	83
Aldi (D)	16	83	7	17	67	H&M (S)	4	24	13	69	96
Tesco (GB)	11	75	1	10	22	M-Markt/Saturn (D)	8	22	9	15	49
Aeon (J)	n.V.	75	1	11	5	Expert (CH)	8	15	16	21	95
Rewe Gruppe (D)	19	68	1	11	27	Kingfisher (GB)	11	14	9	10	57
Edeka (D)	13	65	1	1	0	Marks & Spencer (GB)	7	13	17	50	10
Albertsons (US)	n.V.	59	1	1	0	Intersport (CH)	6	12	25	58	99
Seven&I (J)	n.V.	54	n.V.	20	34	Decathlon (F)	2,5	11	10	29	67
Auchan (F)	12	52	2	14	65	Obi (D)	5	6	10	10	44
Metro AG (D)	40	48	10	30	59	Douglas (D)	1	3	8	25	57

GU=Gesamtumsatz (netto); AU=Auslandsumsatzanteil (z.T. Schätzung). 1992 Aktivitäten von Metro, Makro-SVH bzw. von Carrefour, Promodès, Comptoires Modernes summiert; n.V. = nicht verfügbar.

Quelle: Unternehmenswebsites 2018; LZ Retailytics 2018; Forbes 2018.

Tab. 3.12 zeigt die internationale Expansion von Food-Händlern, die in den letzten Dekaden in viele Länder neu eintraten und Auslandsumsatzanteile von über 60% realisierten, sowie von führenden (v.a. europäischen) Non-Food-Händlern in diversen Branchen, die in den letzten Dekaden dynamisch expandierten. Nach anfänglichen Eintritten in westliche und osteuropäische Länder stehen kulturell entfernte Länder im Fokus. Nichtsdestotrotz internationalisierten Händler historisch gesehen später als Konsumgüterhersteller.

Die Internationalisierung von Handelsunternehmen weist Besonderheiten in Abgrenzung zur Industrie auf. Swoboda/Zentes/Elsner (2009, S. 106) benennen Spezifika im Marketing, Management und im Finanzbereich, v.a. für den LEH (vgl. auch Morbe 2018, S. 3ff.):

- "Retailers have direct consumer contacts and a wide scope of marketing instruments (e.g., location, layout). Markets for food retailers are local (cultural bounded), restricted by market barriers (e.g., rules on location, opening hours), and store design or retail knowledge cannot be trademarked. Leveraging the benefits of an international presence, such as scale and efficiency, with the sensitivity to different local markets is challenging, also because the competition varies significantly between countries and cultures.
- Retail formats entail numerous elements, such as diverse supply chain and marketing processes (invisible and visible parts of the internationalization process) and their transfer into foreign markets is complex. International retail store networks sometimes encompass over 500 stores, resulting in some degree of geographical dispersion in the corporation and requiring a balance between centralized and decentralized decision-making. Local assortments and a large number of suppliers enhance the value of stock and hence, the importance of supply chain-activities.
- Retailers have a specific cost structure. The share of purchase costs constitutes a major part of the total costs. Thus, it is important to make economies of scale. Due to the high level of direct investments made, the related exit costs are enormous. The income stream generated after investments is different to manufacturers, as are the cash flows."

Zudem bestehen Besonderheiten der Internationalisierung von Online-Händlern im Vergleich zu Offline-Händlern (bspw. Schu/Morschett/Swoboda 2016; Schu/Morschett 2017).

- Die Kunden im Online-Handel sind durch einen hohen Informationsgrad gekennzeichnet. Die daraus gewonnene Vergleichbarkeit der Anbieter und Angebote führt zu einer steigenden Macht der Nachfrager und gleichzeitig zu Problemen in der Kundenbindung.
- Zunehmende Markttransparenz, sinkende Markteintritts-, Marktaustritts- sowie Wechselbarrieren sind Charakteristika der Online-Märkte. Dies stellt sowohl Chancen (z.B. breite Marktbearbeitung), als auch Risiken (z.B. Probleme in der Marktanalyse) in der Internationalisierung dar.
- Das Management von Online-Handelsunternehmen wird mit Besonderheiten, wie bspw. zunehmender Innovationsgeschwindigkeit und Internationalisierungsgeschwindigkeit konfrontiert. Gleichzeitig ist eine Änderung der Kostenstruktur zu beachten, da anfallende Kosten zum Großteil auf Logistikleistungen zurückzuführen sind.

b) Ziele und Entscheidungsoptionen

Die Ziele des „**Going International**" des Handels sind primär durch Umsatz-, weniger durch Kosten- oder Effizienzmotive geprägt. Dies ist naheliegend: Da der Handel i.d.R. nicht produziert, dominieren die marktorientierten Bereiche der Wertkette. Frühe Arbeiten hatten Ziele/Motive der Internationalisierung zum Gegenstand. Sie unterscheiden

- heimatmarkt- und gastlandorientierte, d.h., Push- und Pull-Faktoren, oder
- reaktive und proaktive Motive.

Empirisch werden Absatzpotenziale im Gastland und Marktsättigung im Stammland als naheliegende Motive für Händler aus westlichen Ländern genannt. Proaktive Motive sind insb. die ökonomischen Initiativen/Wachstumsoptionen und Potenziale für das eigene Format bzw. Handelskonzept im Ausland. Die Faktorenstruktur der Eintrittsmotive in einer Forschungsstudie mit Fokus auf Expansion nach Osteuropa nennt, mit höchster Bedeutung, proaktive Motive vor limitierten Wachstumsoptionen oder passiven Motiven (siehe Abb. 3.93). Mit zunehmender Internationalisierung gewinnen wachstumsorientierte, proaktive Ziele an Relevanz. Branchenspezifisch achten Food-Händler stärker auf Größendegression sowie Umfeldfaktoren (z.B. Marktgröße, Wachstum, geografische Nähe, Infrastruktur), während es bei Fashion-Händlern interne Faktoren sind.

Abbildung 3.93: Motivfaktoren der Erschließung osteuropäischer Märkte

Proactive and growth-oriented	Limited domestic growth opportunities	Internat. Appealing/ innovative retail offer	Passive motives
■ Long-run sales growth ■ Long-run profits ■ Attractive current and future growth prospect of the new market ■ Economies of scale ■ Corporate objectives ■ Knowledge of opportunities ■ Senior management drive and support	■ Increased competition in home market ■ Saturated home retail sector ■ Mature home retail sector ■ Home country diversification possibilities exhausted ■ Excessive restrictions in home market ■ Foreign government incentives	■ Retail formula has international appeal ■ Capitalise an innovative retail formula ■ Retail sector conducive to internationalisation ■ Exploit own retail know-how and techniques ■ Possesses unique competitive advantage	■ Depressed share price favored retail acquisitions ■ Offers from foreign retailers ■ Competitors expanding abroad ■ Favorable experiences from older expansion ■ Increased public standing and prestige ■ Surplus organisational resources

Quelle: Tatoglu/Demirbag/Kaplan 2003, S. 48.

Ziele können sich im Zuge des **„Being International"** wandeln, so in Richtung der Penetration oder des Rückzugs aus einzelnen Märkten. Insofern ist es für die Internationalisierung des Handels sinnvoll, **Zielsysteme bzw. -hierarchien** zu beachten. Je nach Ebene leiten Ziele nämlich den gesamten Expansionsprozess oder Einzelentscheidungen. Zudem sind sie von strategischen Vorentscheidungen abhängig. Swoboda/Olejnik (2011) deuten ein derartiges Zielsystem (inkl. der Vorentscheidungen) anhand von Metro C&C an:

- Einer der drei Pfeiler der **Gesamtunternehmensstrategie** lautet Unternehmenswachstum und verweist explizit auf das Ziel der Auslandsexpansion, d.h., Internationalisierung untersteht dem Gesamtziel.
- Auf der Ebene der **langfristigen Internationalisierungsstrategie** finden sich zwei länderübergreifende Ziele, nämlich die Öffnung neuer Märkte und die Penetration in vorher betretenen Märkten. Konkret wird das etwa beim C&C-Format mit der Vorgabe, jedes Jahr ein neues Land zu betreten und 40-50 neue C&C-Outlets zu eröffnen.
- Auf der **länderspezifischen Ebene** liegen ebenso Ziele bzgl. der Entwicklung in jedem Land vor. Ferner existieren spezifische Ziele bei der Marktauswahl: Erschließung eines singulären Absatzmarktes (z.B. Indien), regionaler Fokus (z.B. Region wie VAE), Schließung von Lücken im Länderportfolio (z.B. Irland als eines der unbearbeiteten Länder Westeuropas) oder Ausnutzung von Synergien (z.B. bei Erschließung eines Landes vom Nachbarland aus, wie Moldawien von Rumänien aus).

Der Zusammenhang zwischen Zielen und Strategien ist bisher im Handelsmanagement nicht untersucht, liegt aber nahe. Während bspw. Handelsunternehmen mit einer sog. globalen Strategie eher die identische Multiplikation des Storekonzepts anstreben, wäre bei Unternehmen mit einer sog. multinationalen Strategie das Ziel des Eintritts in potenzialreiche Märkte mit adaptierten, neuen Konzepten naheliegend. Jenseits derartiger Zusammenhänge sind die unterschiedlichen Ebenen von Strategien (gemäß der Hierarchie von Strategien im Abschnitt A in diesem Kapitel) und die Fülle damit verbundener, nachfolgend zu behandelnder Entscheidungen wichtig. Abb. 3.94 verdeutlicht dieses, u.a. anhand von Studien, die Aussagen über den Erfolg internationaler Handelsunternehmen treffen.

Nachfolgend werden die in Abb. 3.95 visualisierten Internationalisierungsentscheidungen betrachtet (Zentes/Swoboda/Schramm-Klein 2013, S. 72) und zwar aus dynamischer Sicht. Unternehmen selektieren nämlich nicht nur neue Märkte, sondern treten aus diesen auch aus oder bereinigen das Länderportfolio. Ähnliches gilt für die Betätigungsform (Eintrittsstrategie und Strategieanpassung) oder die Standardisierung/Adaption der Marktbearbeitung (Primärarrangements und Anpassung oder fundamentale Wechsel), während des „Going International" (also dem erstmaligem Eintritt in ein Land) und des „Being International" (also nach gewisser Erfahrung des Managements mit Ländermärkten) (vgl. zu beiden Sichtweisen im Detail bspw. Swoboda/Foscht/Pennemann 2009). Hinzuweisen ist darauf, dass die Entscheidungen nicht unabhängig voneinander sind, auch wenn sie nachfolgend sequenziell behandelt werden. Vielmehr sind sie interdependent, da die Internationalisierungsstrategie bspw. die Form der Marktselektion, die Markteintrittsform, die Marktbearbeitung und die Koordination/Integration der Aktivitäten bedingt.

Des Weiteren werden die Entscheidungen von vielen externen und internen Rahmenbedingungen bedingt. **Externe Determinanten** bilden Gastlandbedingungen und Heimatlandbedingungen (da bspw. die kulturelle Distanz des deutschen Heimatlandes zum Gastland Österreich oder Pakistan unterschiedlich ist und deutsche Managemententscheidungen in ähnlichen, kulturell nahen Ländern besser greifen als in kulturell entfernten; vgl. zu Distanzformen Berry/Guillén/Zhou 2010; Swoboda/Puchert/Morschett 2016). Beispielsweise sind die Gastlandbedingungen in zwei Typen zu unterscheiden:

- Das **Makroumfeld** kann in das politisch-rechtliche, sozio-ökonomische oder technologische und infrastrukturelle Umfeld unterteilt werden. Verbreitetet ist die Differenzierung in regulative, normative und kulturell-kognitive Säulen von Institutionen (Scott 2014, S. 59; Swoboda u.a. 2017).
- Das **Mikroumfeld** umfasst auch international die Abnehmer und die Konkurrenten, welche meistens länderspezifisch variieren (siehe Abschnitte DII-III. im Ersten Kapitel).

Diese Umfeldbedingungen bestimmen die o.g. Entscheidungen vielfach direkt, so die Attraktivität sowie das Risiko und damit die Wahl eines Marktes, und haben im Handel auf Grund des direkten Kundenkontakts und des meist direktinvestiven Engagements im Ausland eine hohe Bedeutung. Zwei Besonderheiten sind hervorzuheben. Wichtig ist zu unterscheiden, ob Gastlanddeterminanten als Datum von allen eintretenden Unternehmen zu erfüllen sind oder ob sie strategische Entscheidungsspielräume eröffnen. Beides führt bspw. zur Adaption der Angebote im Ausland, aber beides ist unterschiedlich motiviert: durch die Auswahl eines Landes kann sich ein bestimmtes, zu erfüllendes „Muss" ergeben, oder es kann eine frei, bewusst differenzierend gewählte Strategie realisiert werden. Ferner sind im Handel **branchenspezifische Unterschiede** relevant, denn grundsätzlich haben Non-Food-Händler stärkere Standardisierungschancen, während Food-Händler stärker lokal adaptieren, z.B. auf Grund von Geschmacksunterschieden und lokalen Supply Chains.

Abbildung 3.94: Ausgewählte Studien zum Erfolg internationaler Händler

Au-tor(en)	Forschungs-frage	Theorie	Daten und Methode	Kernergebnisse
			Internationalisierungsstrategie, „Firm-specific Advantages" und Diversifikation	
Etgar/Rachman-Moore (2008)	*Sales; for generalists vs. specialists, US vs. other?*	Literature on performance	N=200 retailers, T-Tests and OLS regressions	▪ Int. (vs. domestic) retailers generate slightly higher sales. ▪ No significant difference between generalists and specialists. ▪ Non-US-based retailers who enter int. markets experience a greater increase in their sales volumes than US-ones.
Chan/Finnegan/Sternquist (2011)	*Do specific capabilities affect perf.; influence of (host-country) factors?*	RBV, Economic attractiveness	N=200 largest retailers in terms of sales, OLS Regressions	▪ Internal/external factors do not have an influence on ROI. ▪ Retail portfolio management (number of formats) and experience (number of int. markets) affect sales growth negatively. ▪ Expansion speed, level of development, and country income positively affects sales growth; population/country risk do not.
Swoboda/Elsner/Morschett (2014)	*Can strategy clusters be identified; and do they differ in performance?*	I-R Framework	N=90 retailers, two-step cluster analysis	▪ Retailers use all four strategies from the I-R Framework. ▪ Transnational strategy is superior, but differs in retail sectors. ▪ Food retailers successfully apply multinational or transnational strategies, while non-food retailers more successfully apply global or transnational strategies.
Mohr u.a. (2014)	*Home region concentration; moderation speed/timing/experience?*	Regional strategy theory	N=128 retailers over 15 years, fixed-effects OLS panel regressions	▪ Economies of scope have a positive impact on performance. ▪ Direct effect of home region concentration on performance ▪ Positive moderation of being a first mover and of int. speed. ▪ A negative effect of int. experience cannot be supported, a tendency towards a positive moderation can be observed.
Dimitrova/Rosenbloom/Andras (2014)	*Inter-regional diversification & performance; moderation by distance?*	Corporate diversification theory	N=16 retailers over 15 years, fixed-effects OLS panel regressions	▪ Retailers operating in fewer geographic regions outperform those operating in more ones; benefit from sales/management synergy resulting in competitive advantages. ▪ Cultural distance between home and host countries moderates the relationship between DRII and retailer performance.
Oh/Sohl/Rugman (2015)	*Do inter-/intra-regional diversification affect perf.; moderating effects?*	Regional strategy theory	N=65 int. retail firms over 14 years, non-linear regressions	▪ Inter- (Intra-) regional diversification has an (inverted) S-curve relationship with firm performance. ▪ Product diversification (i.e. a retail firm's diversification across its retail formats) has a negative moderating effect on the Link inter-regional diversification and firm performance.
Shi u.a. (2018)	*Geographic/format diversific., performance.*	Diversification theory	N=250 retailers over 6 years, GMM regress.	▪ Geographic diversification affect int. retailers' Tobin's Q. ▪ Format diversification has a negative impact. ▪ format types might benefit more than others.
			Marktselektion und Eintrittsstrategie	
Gielens/Dekimpe (2001)	Entry decisions & performance; firm/host country moderators.	Decisions at market entry	N=169 units of 75 retailers, Gompertz curve model	▪ Decisions at entry affect foreign subsidiary's' performance. ▪ Higher long-run post-entry sales and efficiency can be expected when entering early, with substantial scale, using no partners or acquired assets.
Swoboda/Schwarz/Hälsig (2007)	How to design market selection in strategic step-by-step procedure?	Literature, Decision process	N=1 retailer/wholesaler, qualitative, management interviews	▪ Models starting with pre-decisions for market selection ▪ Steps: 1. Inter-country market selection (preliminary country evaluation, KO criteria, scorings, ranking); 2. Adjustments by manager decisions (portfolio gaps, synergies, trade-offs); 3. Country-specific market selection (feasibility-study).
Gielens/Dekimpe (2007)	Do competitors' decision/industry norm affect entry timing/size/perf.?	Inter-organisational learning	N=75 int. retailers in Europe, sequential hazard-poisson regressions	▪ Retailers tend to copy previous entrants' entry modes/timing. ▪ Retailers are more aware of home competitors' actions and react differently to same- (vs. different-) format competitors. ▪ Not conforming to prevailing industry practice of timing/size, hurt retailers' operations efficiency in subsequent years.
Swoboda/Elsner/Olejnik (2015)	Impact of preferred entry mode on subsequent entry?	Institutional, knowl.-based theory	N=309 retailers' entries in 82 countries, hierarchical logistic regressions	▪ Retailers favor preferred entry mode for subsequent entries. ▪ In case of large political distance, retailers are less willing to employ their preferred entry mode. ▪ In contrast, high int. experience and int. speed reinforce the adoption of the preferred entry mode.
Assaf u.a. (2012)	*Degree of int. affects performance; moderating effects?*	Organizational learning theory	N=43 store chains, ten years, frontier analysis	▪ Degree of int.-performance-link is U-shaped: firms at lower/very high (vs. intermediate) levels of int. perform better. ▪ Link is stronger for retailers, which int. through M&A. Using M&A (vs. own resources) leads to higher cost efficiency level.

– wird fortgesetzt –

– Fortsetzung Abb. 3.94 –

Mohr/Batsakis (2017)	*Does speed affect perf.; effect of boundary conditions?*	Growth of the firm	N=110 retailers over ten years, non-linear regressions	■ Link int. speed-firm performance is inverted U-shaped. ■ Rapid int. expansion of sales operations is less beneficial if a firm focuses a narrow (vs. wider) range of markets. ■ Firms with high int. experience benefit more from rapid int.
Mohr/Batsakis (2018)	*Effects on simultaneous expansion: role of cult. distance?*	Resource-based view	N=102 retailers over ten years, non-linear regressions	■ Intangible assets/profitability/international experience positively influence simultaneous (vs. sequential) int. expansion. ■ Cultural distance has a positive moderating effect of profitability/international experience on simultaneous int. expansion.
		Marktbearbeitung: Standardisierung vs. Adaption		
Evans/Mavondo (2002)	Effect of psychic distance for performance?	Concept of psychic distance	N=102 non-food retailers worldwide, OLS regression	■ Business distance is positively linked to organizational performance, while cultural distance is not. ■ Disaggregation of the psychic distance construct in its two components increases its explanatory power.
Evans/Mavondo/Bridson (2008)	Psychic distance-perf.-lik; mediation by entry/adaptation strategy?	Concept of psychic distance	N=102 non-food retailers, Path model with mediation analysis	■ Psychic distance has a (in-)direct effect on performance. ■ The relationship of psychic distance and financial performance is mediated by retail strategy adaptation. ■ The effect of psychic distance on performance as strategic effectiveness is mediated by entry strategy.
Swoboda/Elsner (2013)	Do stan./adap. of processes/offerings affect perf.; mediating effect?	Format replication/Profit max. theory	N=102 retailers in two countries each, PLS-based SEM	■ Retailers transfer offers (marketing mix) and processes (supply chain and marketing) differently and hierarchically. ■ Standardization core marketing program elements and adaptation peripheral marketing elements increase performance. ■ Indirect effect of processes on perf. through offerings.
Keller/Dekimpe/Geyskens (2016)	*Drivers of branding strategies: effect on perf. for economy/premium tiers?*	Contingency theory	N=156 grocery retailers, Europe, 2SLS regressions	■ Only for premium tiers, hi-lo pricing/high brand equity/less concentrated markets/high uncertainty avoidance and rule of law/low power distance lead to use of store-banner branding. ■ For premium tiers, congruency with these influence factors leads to better performance, but not for the economy tier.
		Marktbearbeitung: Kundenwahrnehmung		
Swoboda/Pennemann/Taube (2012)	Effect of perceived brand globalness/localness on retail patronage?	Accessibility-diagnosticity theory	N=1,188 consumers in China, Multigroup SEM	■ Retailers' PBG/PBL encourages retail patronage through psychological and functional values, whereas the effect is stronger for global (vs. local identity consumers). ■ Foreign (domestic) retailers benefit more from the patronage-PBG (-PBL) link through functional (psychological) values.
Swoboda/Berg/Dabija (2014)	Core attributes affect local inter-format positioning; country differences?	Associative networks	N=2,459 consumers in Germany and Romania, Multigroup SEM	■ Perceptions of format's core attributes differ between the two countries, but equally affect retail brands in both markets. ■ Additional country-specific attributes are also relevant to varying extents, depending on the particular format that is used. ■ RBE affects loyalty to all formats in both countries.
Swoboda/Morbe/Dabija (2017)	Core attributes effects on RBE and loyalty: inter/intra-format competition.	Categorization theory	N=3,237 consumers in Germany and Romania, Multigroup SEM	■ From an inter-format perspective, core attributes affect RBE in both countries equally, while the RBE-loyalty link differs. ■ From an intra-format perspective, local adaptations are possible but core attributes are still dominant (price for discounters; assortment, store layout, and service for hypermarkets).
		Koordination der Auslandsaktivitäten		
Swoboda/Anderer (2008)	Structural/systemic/cultural instruments; coordination of strategies?	Sytems/Contingency theory/Porter	N=60 retailer, Cluster, discriminance analyses and group comparisons	■ Three dimensions of coordination: Most intensive use of 1. systemic, then 2. structural, and 3. cultural coordination. ■ Successful strategy–structure–systems–culture archetypes show the importance of systemic coordination/monitoring in all gestalts, while differences in cultural coordination occur.
Tran/Mahnke/Ambos (2010)	Knowledge flows (headquarters-subsidiary); moderation effects?	Knowledge-based theory	N=105 sales subsidiaries of a fashion retailer, Non-linear regressions	■ Knowledge flows from headquarters have a significant, visible effect on subsidiaries' sales performance. ■ Impact of information quantity on performance is curvilinear; performance only increases up to a certain information level. ■ Quality, timing of knowledge flows affect performance.
Swoboda/Morbe/Hirschmann (2018)	Retailers' international strategies perf.-effects: close/distant markets.	I/R framework	N=126 retail CEOs and managers, PLS SEM	■ Indirect effect of I/R strategies on performance through local standardization/centralization. ■ The path of integration/responsiveness through centralization/decentralization leads to better performance in distant/close (vs. close/distant) markets.

Legende: *Kursiv*=Studien zum Gesamtunternehmenserfolg; Unterstrichen=Studien zum lokalen Erfolg.

Interne Determinanten sind zunächst unternehmerische Strategien und Ziele der Internationalisierung. Umfassender ist von verfügbaren **Ressourcen** oder unternehmerischen **Fähigkeiten** zu sprechen. So bestimmt die Erfahrung im Ausland oder in einem Land die internationalen Entscheidungen wesentlich. Das Wissen bzw. die Erfahrung bilden die Grundlage eines der wichtigsten Erklärungsansätze zur inkrementellen (schrittweisen) Internationalisierung (Vahlne/Johanson 2013). Die Erfahrungen bestimmen die Entscheidungen, statisch wie auch dynamisch, i.S.v. Folgeentscheidungen. Die Besonderheit einer derartigen Sicht liegt darin, dass sie erneut den Blick auf die Marketingentscheidungen während des „Going und Being International" und damit u.a. die Interdependenzen zwischen Erst- und Folgeentscheidungen betont. Sie betont aber auch länderspezifisches und -übergreifendes Denken, denn die Entscheidung in einem Land ist nicht notwendigerweise nur von den Umfeldbedingungen in diesem Land abhängig, sondern ggf. von denen in anderen Ländern. Dieses verbreitete Phänomen wird in der Mitte der Abbildung 3.95 angedeutet.

Abbildung 3.95: Stufen eines Bezugsrahmens zur Internationalisierungsentscheidungen

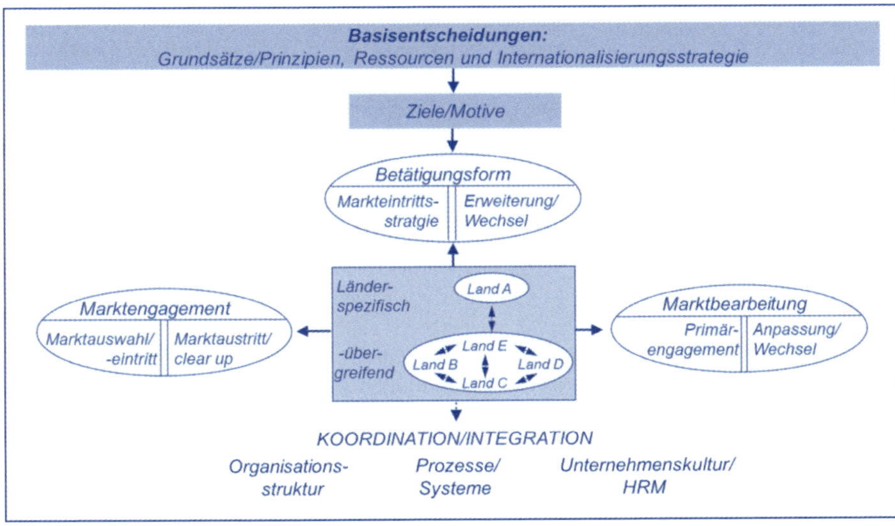

Selbstverständlich verstärkt die Entwicklung des **Online-Handels** die Komplexität und Dynamik. Geprägt durch die Globalisierung, wird oft die Verbreitung des Internets sowie die immer stärkere Vernetzung der Konsumenten und Anbieter weltweit als eine der Determinanten gesehen, welche es Online-Händlern erlaubt, schnelle Markteintritte und eine breitere Marktbearbeitung zu realisieren. Auch dieses wird nachfolgend anzusprechen sein.

2. Internationale Strategien

Internationale Strategien werden auch im Handel oft diskutiert, so multinationale, globale und transnationale Strategien (Swoboda/Elsner/Morschett 2014; Swoboda/Morbe/Hirschmann 2018). Die bekannteste Typologie wurde von Bartlett/Goshal (1989) vorgelegt. Sie sehen internationale Unternehmen im Spannungsfeld zwischen der Notwendigkeit zur Adaption an lokale Bedürfnisse und einer globalen Integration (Bartlett/Beamish 2018, S. 153f.):

- **Globale Integration** meint die Zentralisierung des Managements von geografisch weit verzweigten Aktivitäten. Diese Organisationsstruktur resultiert aus dem Druck, Kosten zu reduzieren und den ROI zu maximieren. Weitere Faktoren, die den Druck zur Integration bedingen, sind etwa eine hohe Technologieintensität und Reputationsorientierung. Des Weiteren wird unter der globalen Integration auch die strategische Koordination subsumiert, die essenziell ist, um die Balance zwischen einzusetzenden Ressourcen und angestrebten Wettbewerbsvorteilen zu erreichen.

- **Local Responsiveness** ist verbunden mit den autonomen Entscheidungen der Auslandseinheiten, die notwendig sind, um lokale Bedürfnisse adäquat zu adressieren. Dies ist insb. in den Branchen relevant, in denen eine Anpassung von Leistungsangeboten an die lokalen Marktbedürfnisse nötig ist. Unterschiede in den Kundenpräferenzen, in der Marktstruktur, die Existenz lokaler Wettbewerber oder rechtliche Vorschriften im Auslandsmarkt sind Beispiele für derartige „pressures", lokal zu adaptieren.

Auf dieser Basis fußt das Integration-Responsiveness-(I-R-)Framework, das auch im Handel empirisch vier Strategietypen zeigt. Abb. 3.96 visualisiert nicht nur das Ergebnis einer empirischen Studie, sondern auch die während der Managementinterviews genutzte Messung und damit eine Beschreibung der Strategien. So konnten die befragten Manager auf einer Skala von „volle Zustimmung" bis „volle Ablehnung" die beiden Aussagen „Focus on international economies of scale and competitive position in regional/global equal/global competition" sowie „Foreign units act autonomously, look at local competitive advantages and differences in culture/customer behavior is addressed with local offers" bewerten. Dieses führte zur vier Strategieclustern (Swoboda/Elsner/Morschett 2014):[1]

- Ein **globaler Händler** verfolgt eine Integration aller Unternehmensaktivitäten in ein zusammenhängendes Gesamtsystem der (weitgehend standardisierten) Marktbearbeitung und (meist straffen) Führung der Operationen im Ausland. Unternehmen versuchen durch Rationalisierung Kosteneffizienz zu erzielen, indem sie Skaleneffekte oder eine globale Reputation nutzen, was durch Standardisierung von Leistungen erfolgen kann. Informationen und Wettbewerbsvorteile fließen meist in eine Richtung, von der Muttergesellschaft zu den Auslandseinheiten. Dies ist typisch v.a. für viele Non-Food-, Fashion- und insb. Franchiseunternehmen sowie etwa Discounter.
- Ein **multinationaler Händler** ist durch Sensitivität zu Gastländern und lokalen Kundenbedürfnissen, gekennzeichnet, indem er eine Differenzierung der Produkte und Services vornimmt, autonome Auslandseinheiten und geografisch verteilte Aktivitäten realisiert. Leistungsangebote sind adaptiert, um die lokalen Bedürfnisse adäquat zu berücksichtigen. Die Auslandseinheiten agieren relativ unabhängig voneinander und von der Zentrale. Dies ist typisch für viele Food-Händler und solche, die an lokale Märkte adaptieren.
- Das Ziel **transnationaler Händler** ist es, sich an die lokalen Gastlandbedingungen anzupassen und zugleich Effizienz zu erzielen. Ressourcen, Verantwortlichkeiten und Wissen sind auf Basis der spezifischen Fähigkeiten der Auslandseinheiten verteilt. Somit existiert eine reziproke Abhängigkeit von Headquarter und Auslandseinheiten. Breites Auslandswissen kann in einzelnen Ländern entstehen und in andere Länder transferiert werden. Der Austausch von Informationen, Mitarbeitern usw. erfolgt zwischen allen Einheiten. Da dies nicht einfach ist, realisieren dies tendenziell wenige, erfolgreiche Händler.
- Händler mit einer **internationalen Strategie** adaptieren wenig in Gastländern und integrieren ihre Auslandseinheiten nicht sehr stark, d.h. sie sind eher ein verlängerter Arm der Muttergesellschaft. Diese Strategie umfasst die Bemühungen, die Vorteile und das Wissen, welches im Heimatmarkt gewonnen wurde, weltweit zu nutzen. Auslandsaktivitäten

---

[1] Zudem gaben die Manager an, welche vier Statements bzgl. „Capabilities/Resources, Generation/Dispersion of knowledge und Competitive Advantages" am ehesten zutreffen. War das Urteil konsistent, wurde das Unternehmen einem Strategietyp zugeordnet. Eine Korrespondenzanalyse stützt die Stabilität der o.g. Clusterlösung und damit die Zuordnung der Unternehmen in vier Gruppen.

stützen den Heimatmarkt und die Auslandseinheiten sind abgängig vom Heimatmarkt. Im Handel ist es am schwierigsten, mit dieser Strategie erfolgreich zu agieren.

Die Strategien können so interpretiert werden, dass sie das grundsätzliche Vorgehen von Unternehmen in internationalen Märkten bestimmen, somit auch die Wahl der Märkte, der Markteintrittsstrategie und der Marktbearbeitung, wie noch ausgeführt wird. Dies bedeutet nicht, dass Unternehmen in einzelnen Ländern – so sehr attraktive Volumenmärkte – hiervon nicht abweichen. Die meisten Handelsunternehmen bevorzugen aber eine der Strategien und verhalten sich weit gehend strategiekonform in den Folgeentscheidungen, so der Gestaltung der Marktbearbeitung, der Organisation der Auslandsengagements usw.

Abbildung 3.96: Internationalisierungsstrategien – Befragung von 102 Händlern

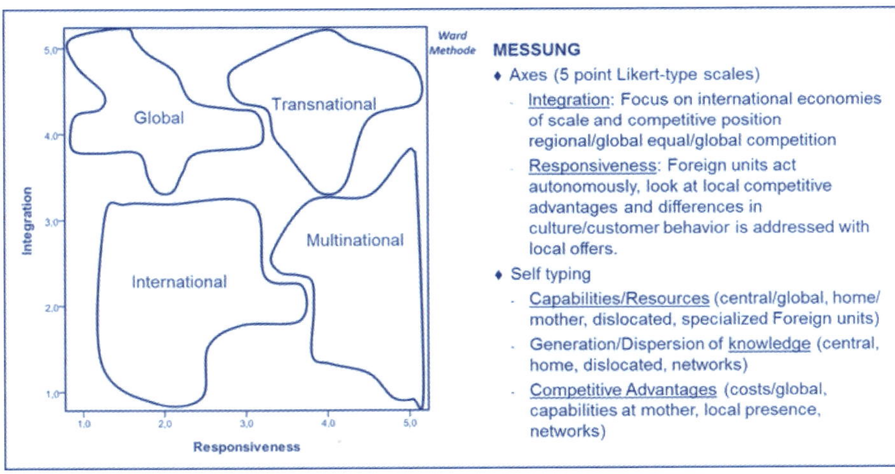

Spezifische Strategien sind in einzelnen Branchen besonders erfolgreich, so transnational und multinational im Food- und global und transnational im Non-Food-Handel. Die Strategien bestimmen die Koordination und den Marketing-Mix in kulturell nahen und entfernten Ländermärkten (Swoboda/Morbe/Hirschmann 2018). Unabhängig von der gewählten Strategie, werden Handelsunternehmen von den Konsumenten durchaus anders wahrgenommen. Händler profitieren allerdings in manchen Fällen genau von dieser Wahrnehmung bzw. Strategieeinordnung. So werden westliche Händler in Schwellenländern als „perceived global brands" geschätzt, was funktionale Werte (wie Qualität und Preis-Leistung) anspricht und den Erfolg der Retail Brand stärkt (Swoboda/Pennemann 2014).

3. Strategien des Marktengagements

a) Marktselektion und Markteintritt

> Unter Marktengagement wird die aus Unternehmenssicht getroffene Entscheidung bzgl. der Aktivitäten in einem (Länder-)Markt bzw. in mehreren (Länder-)Märkten verstanden, wobei die Entscheidungen sowohl die Marktselektion als auch den Markteintritt und -austritt umfassen (Zentes/Swoboda/Schramm-Klein 2013, S. 81). Ferner werden länderspezifische und -übergreifende Timing-Entscheidungen hierzu gerechnet.

Die Entscheidung bzgl. der **Marktselektion** wird oft idealtypisch bzw. normativ gesehen, wobei zwischen Segmentierung (Analyseebene) und Wahl der Märkte (Handlungsebene) differenziert wird. Dies ist insofern nicht durchgehend zweckmäßig, da mit der Marktsegmentierung die Festlegung für eine bestimmte Funktion eines Marktselektionsmodells getroffen wird, bspw. Bildung homogener Gruppen von Märkten vs. Kunden. Obwohl fraglich ist, ob alle Handelsunternehmen ausgereifte Marktselektionsmodelle haben oder eher gelegenheitsorientiert, opportunistisch oder projektgetrieben vorgehen, worauf u.a. spätere Marktaustritte hindeuten, ist davon auszugehen, dass die Marktselektion nicht nur in einer Stufe auf Basis vieler Bewertungskriterien erfolgt. Vielmehr erfolgt sie i.d.R. in mehreren Stufen, wobei stufenspezifische Beurteilungskriterien herangezogen werden. Im Handel erscheinen drei Stufen sinnvoll, so eine länderübergreifende Betrachtung (von Ländern oder Kunden), eine länderspezifische Bewertung und die positive oder negative Entscheidung zum Markteintritt. Nachfolgend wird auf drei Aspekte eingegangen:

- grundsätzliche Ansätze der Marktselektion
- ländermarktübergreifende und -spezifische Bewertung sowie Eintritt
- Konstruktion von Marktselektionsmodellen, d.h., Wahl von Modellfunktion, Selektionsschritten und -kriterien sowie deren Bestimmungsfaktoren.

Grundsätzliche Ansätze der Marktselektion

Die grundsätzlichen Optionen der Selektion sind im Handel gültig, so integrale und internationale Marktselektion, wobei letztere in zwei Typen unterteilbar ist (siehe Abb. 3.97).

Die **integrale** („inter-country") **Marktselektion** basiert auf der Suche nach **homogenen Kundengruppen**, die länderübergreifend identifiziert werden (z.B. klassifiziert nach Lebensstilen, kulturellen Werten oder Kaufmerkmalen; vgl. Papadopoulos/Martín 2011; Steenkamp/Hofstede 2002).[1] Länderspezifische Faktoren (z.B. BIP, politische Risiken) werden erst nachgeordnet berücksichtigt, z.B. als Eintrittsbarrieren. Dies ist als typisch für diejenigen Unternehmen zu sehen, die in verschiedenen Ländern homogene Zielgruppen ansprechen und somit globale Strategien verfolgen, bspw. bei den Top-Brands im Fashion-Handel wie Prada, Hermes oder Gucci.

Abbildung 3.97: Gegenüberstellung der Ansätze der Marktsegmentierung

Merkmale	Integrale Segmentierung	Internationale Segmentierung	
	Kunden/Massenmarkt	**normativ**	**deskriptiv**
Entscheidungsproblem	Auswahl von Kundengruppen	Länderselektion	Länderselektion
Ansatz	meistens deskriptiv	normativ/systematisch	deskriptiv/unsystematisch
Entscheidungsmodell	unbestimmt	rational	„disjointed incrematalism"
Marketingparadigma	meistens einzelne Transaktionen	einzelne Transaktionen	einzelne Transaktionen
Zeithorizont	Langfristorientierung	nicht spezifiziert	nicht spezifiziert
Verbindung zu anderen Entscheidungen	Segmentierung als Basis der unternehmerischen Internationalisierung	Marktwahl als isoliertes Entscheidungsproblem	Marktwahl als Funktion der unternehmerischen Internationalisierung
Informationssuche	extensiv	extensiv (hoch)	limitiert (gering)/ impulsiv (keine)
Informationstypen	Kundengruppen bzw. -cluster	Länder-/ Marktindikatoren	subjektive Wahrnehmung, psychische Distanz
Quellen der Information	Primärdaten	(oftmals) Sekundärdaten	erfahrungsbasiertes Wissen

Quelle: Zentes/Swoboda/Schramm-Klein 2013, S. 133-138; Swoboda u.a. 2009b, S. 407.

[1] Vgl. zu Lebensstilgruppen Abschnitte D.III.1. des Ersten Kapitels und B.III.3. in diesem Kapitel.

Die **internationale Ländermarktselektion** basiert demgegenüber zunächst auf der **Bewertung von Ländern** anhand von Makro-Kriterien. Eine (intra-nationale) Kundensegmentierung in jedem Land folgt. Normative und deskriptive Ansätze sind zu unterscheiden:

- **Deskriptive Ansätze** beschreiben, welche Märkte Unternehmen betraten oder wie Unternehmen sich bei der Marktwahl verhalten. Damit handelt es sich meistens um ex-post-Studien. Die Unternehmensentscheidung zur Marktwahl wird als eingebettet in den übergeordneten Managementprozess gesehen, d.h., sie ist abhängig von Vorentscheidungen und diversen Einflussfaktoren. Entsprechende Studien zeigen, dass Händler nicht durchgängig rational, aber in den ersten Schritten inkrementell vorgehen und zunächst Nachbarschaftsländer betreten; mit zunehmender Erfahrung folgen entfernte Länder.
- **Normative Ansätze** postulieren systematische Entscheidungsstrukturen bzw. ein rational-logisches ein- oder mehrstufiges Entscheidungskalkül und folgen den Annahmen, dass die von anderen Entscheidungsprozessen isolierbare Marktwahl (immer) strukturierbar, formalisierbar ist und sich nach den Aktivitäten wie Problemdefinition, Identifizierung von Kriterien, optimale Entscheidung usw. richtet. Kriterien werden idealtypisch mit dem Ziel einer „optimalen" Wahlentscheidung verbunden, bspw. in branchenspezifische Attraktivitäts- oder Risikomodelle, meist unabhängig von Vorentscheidungen. Hierzu wären auch die nachfolgend ausgeklammerten Realoptionsansätze zu zählen.

Im Handel liegen wenige Befunde vor, sieht man von ex-post-Studien zu den gewählten Ländern und zu Gesamterfolgsbetrachtungen internationaler Händler ab (siehe Abschnitt B.II.b. in diesem Kapitel). Alexander/Rhodes/Myers (2011) stützen behavioristische Ansätze und sehen die Ländermarktwahl als Funktion aus Marktstruktur (GDP oder Wettbewerb) und der Distanz von Heimat- und Gastland. Länder mit niedrigen Distanzen werden als attraktiver eingestuft. Die psychische Distanz bestimmt bei Evans/Mavondo/Bridson (2008) den Erfolg und bei Mohr/Batsakis (2018) die Wahl der Timingstrategie. Wenige Analysen gehen darüber hinaus, indem sie z.B. die Betrachtung externer und interner Faktoren (Swoboda u.a. 2009b) oder Entscheidungsschritte (Swoboda/Schwarz/Hälsig 2007) vornehmen.

Indien als „Hot-Spot-Markt" für westliche Handelsunternehmen

Indien ist der drittgrößte Markt in Asien, mit einem Einzelhandelsumsatz im Jahr 2017 von 1,07 Bill. EUR (+22,5% im Vergleich zum Vorjahr). Allerdings konzentrieren sich die Umsätze auf große Städte, während in ländlicheren Gebieten der moderne Handel erst entsteht.

Zu den Top 5-Einzelhändlern gehören Future Group, Reliance Retail, K Raheja, Emart India und Vishal Mega Mart. Allerdings ist die Konzentration gering. Da jedoch moderne Einzelhandelsformate zukünftig wichtiger werden, haben sich westliche Handelsunternehmen engagiert. Erst seit 1997 ist es möglich, Marktengagements in Indien zu tätigen. Bis 2016 konnten ausländische Unternehmen nur über JV eintreten. So wagte Dairy Farm aus Hongkong als einer der Pioniere den Markteintritt in Kooperation mit der RPG Group. Walmart betrat den indischen Markt im Jahr 2006 im Rahmen eines JV mit Bharti Enterprises und baut seitdem v.a. sein C&C-Format, mit dem Ziel 70 Filialen bis 2020 zu eröffnen, aus. Die Regierung erlaubt nun auch Herstellern von modernen Technologien, wie Apple oder Xiaomi, Direktinvestitionen ohne eine lokale Beschaffung von mind. 30% zu gewährleisten. H&M war der erste internationale Fashion-Einzelhändler, der Indien nach Aufhebung der Regulierungen mit einer 100%-igen Direktinvestition betrat, und eröffnete 15 stationäre Stores in zwei Jahren. Das Interesse der Bevölkerung an westlichen Fashion-Händlern steigt, weshalb 2016 auch Marken wie Massimo Dutti oder Armani Exchange den Markt betraten.

Gleichzeitig sind 100%-ige Direktinvestitionen von Online-Marktplätzen legalisiert. Mit steigender Internet- und Smartphone-Penetration wird ein Wachstum im Online-Handel von 30% p.a. zugesprochen, bis. 39 Mrd. EUR im Jahr 2020. Die gestiegene Attraktivität des Online-Marktes lockt Online-Handelsriesen wie Alibaba, der 2017 den Markt durch Akquisitionen weiter erschließt.

Quelle: ATKearney 2017.

Ländermarktübergreifende und -spezifische Bewertung sowie Eintritt

Bei der internationalen Marktselektion kann eine länderübergreifende, gefolgt von einer länderspezifischen Evaluation unterschieden werden. Das länderspezifische Vorgehen ist deshalb anders als bei Industrieunternehmen, da im Handel stets auch Filialen, Standorte, Supply Chains usw. zu planen sind. Abbildung 3.98 verdeutlicht einen derartigen Prozess.

Abbildung 3.98: Länderübergreifende und -spezifische Marktselektion: Beispiel Metro

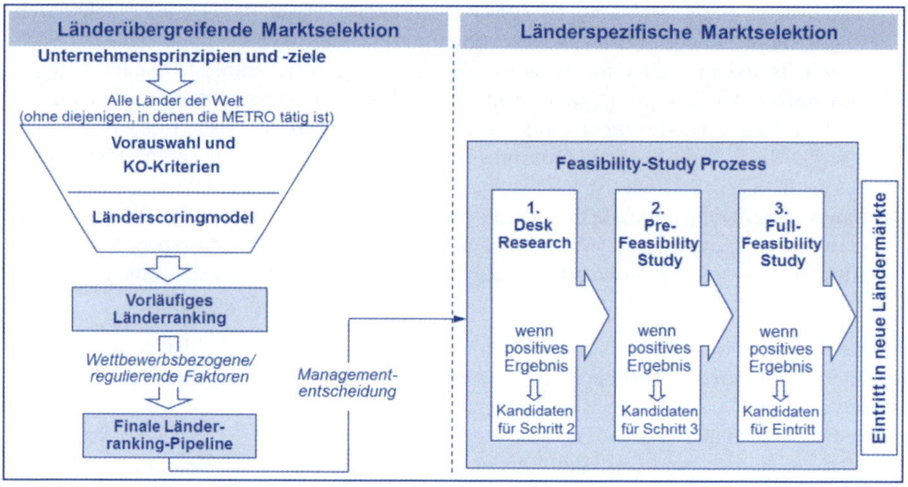

Quelle: i.A.a. Swoboda/Schwarz/Hälsig 2007, S. 262; Swoboda/Olejnik 2011, S. 333.

Ziel der **länderübergreifenden Analyse** ist – sieht man vom integralen Vorgehen ab – die Evaluation einer mehr oder weniger großen Anzahl von Ländermärkten, um entweder eine Rangreihung („Pipeline") zu erhalten oder zu Clustern im Zuge der Anwendung von Segmentierungsverfahren (so Portfolios) zu gelangen. Wie in Abb. 3.98 dargestellt, wird ausgehend von, im Extremfall allen Ländern der Welt, mit pauschalen Ausschlüssen oder einfachen KO-Kriterien (wie Rechtsunsicherheit, Marktzugangsblockaden, Währungskonvertibilität) eine erste Reduktion vorgenommen. Das Länderscoring-Modell fasst etwa makroökonomische Faktoren (wie BSP, Kaufkraftpotenzial), politische und administrative Faktoren zusammen. Alternativ wären an dieser Stelle bei individueller Eignung Attraktivitäts-Risiko-Portfolios oder Indizes als Vergleichsgrundlage der Länder denkbar (sie werden periodisch erstellt, z.B. A.T. Kearney's Portfolio, IGD's Market Index).

Die für ein Engagement in Frage kommenden Märkte werden in eine Rangfolge gebracht (z.B. gemäß ihres Punktwertes). Es greift aber nicht ein Automatismus, wonach das Land zuerst erschlossen wird, das an der Spitze steht. Vielmehr wird – vor dem Hintergrund von Vorüberlegungen (so der Ziele der Internationalisierung oder Ressourcen) – eine **Managemententscheidung** getroffen, die auch zur Änderung der analytisch ermittelten Länderrangfolge führen kann. Möglicherweise werden auch die Ziele auf der Ebene der Internationalisierungsstrategie relevant, wenn etwa entschieden wird, dass die Öffnung eines neuen Marktes zu Gunsten der Öffnung weiterer Filialen in bestehenden Märkten unterbleibt. Hier existieren also Wechselwirkungen zur Marktbearbeitung einerseits und zu den Zielen andererseits. Auf jeden Fall liegt aber eine langfristig abzuarbeitende „Ranking-Pipeline" vor.

Der **länderspezifische Selektionsprozess** kann in den ersten beiden Stufen einerseits der persönlichen Inaugenscheinnahme der Länder und der Handelssituation dort (Gespräche mit

Lieferanten, Behörden usw.) dienen sowie einer vertieften Analyse weiterer Kriterien. Letzteres erfolgt mit Bezug zum Käuferverhalten. Im Handel sind auch Personal-, Lieferanten-, steuerliche, logistische und sonstige administrative Abwicklungsfragen relevant. Auch an dieser Stelle steht nach jedem Schritt eine Managemententscheidung, d.h., ein Abbruch ist denkbar. Ressourcenaufwändig ist die letzte Bewertungsstufe. Sie dauert oft über mehrere Monate und wird von einem ganzen Team von Experten für einzelne Wertschöpfungsfunktionen durchgeführt. Ein umfassender Bericht und die Empfehlung zum Eintritt (inkl. Timing) stehen am Ende. Hiernach erfolgt der **Eintritt** i.e.S., d.h. die Ankündigung und der Vollzug desselben. In der Praxis sind selbst hier noch Abbrüche festzustellen.

Konstruktion von Marktselektionsmodellen und deren Bestimmungsfaktoren

Abbildung 3.99 zeigt einen für den Handel typischen **Marktselektionsablauf** mit der zentralen Rolle des Managements und zwei Ebenen: Konstruktion eines Länderselektionsmodells und Vorentscheidungen. Dabei wird die Modellkonstruktion dreigeteilt:

- Die **Funktion eines Selektionsmodells** strukturiert die Folgeentscheidung und ist von Einflussfaktoren abhängig. Grundsätzlich führen die Selektion von Kunden oder Ländern zu anderen Modellfunktionen (d.h. Selektionszielen). Selbst beim Fokus auf internationale Ländermarktselektion resultieren Differenzen in der Modellfunktion, z.B. abhängig von
  - den Grundsätzen und Zielen (z.B. werden Länder aus der Betrachtung ausgeschlossen oder mit hoher Priorität bewertet, ggf. erfolgt eine Konzentration auf ein Land),
  - der Unternehmens- bzw. Wettbewerbsstrategie (z.B. ist das Unternehmen fähig oder willens sich an die Bedingungen attraktiver Märkte anzupassen, wodurch große Volumenmärkte (vs. passende Länder für das feststehende Konzept) bevorzugt und
  - den Ressourcen (z.B. bilden begrenzte Ressourcen den Ausgangspunkt der Betrachtung oder das Vorgehen ist marktorientiert).
- Die Fragen nach der grundsätzlichen Notwendigkeit und dann der Festlegung von **Selektionsschritten** bilden eine zweite Konstruktionsebene. Bei der Ländersegmentierung ist z.B. im Handel die Festlegung einer mehrstufigen Struktur üblich: länderübergreifendes, generelles Screening und länderspezifische, tiefe Evaluation. Eine weitergehende Untergliederung ist denkbar. Damit ist aber die Frage nach den heranzuziehenden Selektionskriterien (makro- und mikroökonomische Attraktivitätsfaktoren oder Barrieren) und den Evaluationsmethoden oder -techniken (z.B. Scorings, Portfolios, Realoptionsansätzen) verbunden, die breit in der Literatur diskutiert werden.
- Ziel bei der Wahl der **Selektionskriterien** ist es, die Kriterien zu identifizieren, welche die heutige und zukünftige Situation eines Marktes widerspiegeln. Die Kriterien (makro-/mikroökonomisch, sekundär/primär) werden von der Modellfunktion und den Selektionsschritten und von weiteren Aspekten (z.B. Daten-, Methoden-, Ressourcenverfügbarkeit) bestimmt. Naheliegend variieren die Anforderungen an die Kriterien, wenn etwa für eine standardisierte Konzeption passende (homogene) Länderbündel gesucht werden oder wenn die attraktivsten Märkte gesucht werden, um diese mit einer differenzierten Wettbewerbsstrategie tief zu durchdringen.

Insgesamt sollte deutlich werden, dass der Selektionsprozess von verschiedenen Vorentscheidungen und Bestimmungsfaktoren determiniert wird. Die Tiefe des Selektionsprozesses ist mit der Qualität der Selektionskriterien, aber auch mit Kosten-Nutzen-Abwägungen eines Unternehmens im Hinblick auf den Gesamtprozess verbunden. Auf einer praktischen Ebene kann nochmals branchenübergreifend hervorgehoben werden, dass für westeuropäische Unternehmen v.a. osteuropäische Märkte attraktiv sind und weltweit sog. „Global-Hot-Spots", z.B. die BRIC-Staaten (Brasilien, Russland, Indien und China).

Abbildung 3.99: Konstruktionsebenen von Marktselektionsmodellen

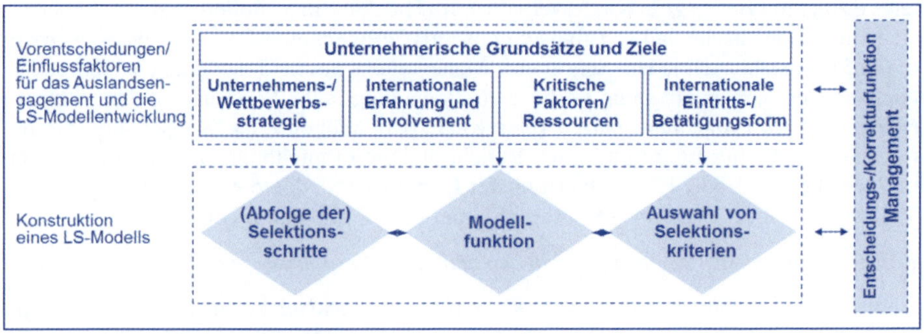

Quelle: Swoboda/Schwarz/Hälsig 2007.

Marktselektion im Online-Handel

Als **Markteintritt von Online-Händlern** gilt die Schaltung eines länderspezifischen Online-Shops, nicht jedoch bspw. lokale Auslieferungszentren (Schu/Morschett 2017). Es ist anzunehmen, dass Online-Händler ähnliche Marktselektionsansätze verfolgen. Spezifische Studien zu Pure-Playern sowie Omnichannel-Händlern stehen aber aus. Die Bewertung der Auslandsmärkte ebenfalls aber auch über Selektionskriterien, die nur leicht von denen offline abweichen (Swoboda/Sinning/Hirschmann 2018):

- Im Makroumfeld des Online-Handels spielen insb. die Internetpenetration und infrastrukturelle Entwicklung sowie politische, rechtliche Risiken und kulturelle Unterschiede zwischen Heimat- und Gastland eine wichtige Rolle.
- Im Mikroumfeld werden überwiegend immaterielle Unternehmensressourcen (weniger materielle Ressourcen), wie internationale Erfahrung oder internationale Netzwerke, als Entscheidungsdeterminanten hinzugezogen.

Schu/Morschett (2017) untersuchen, als eine der ersten Studien, die Einflussfaktoren der internationalen Marktauswahlentscheidung von Online-Handelsunternehmen. Diese können dahingehend nicht mit Offline- oder Multichannel-Händlern verglichen werden, als dass sie sich in einem offeneren und innovativeren Geschäftsumfeld bewegen und andere Möglichkeiten bzw. Herausforderungen im Rahmen der Internationalisierung und internationalen Marktselektion vorfinden. Ausgehend von einer dynamischen, pfadabhängigen Sichtweise der Online-Internationalisierung kombiniert mit institutionellen und Dynamic Capabilities-Ansätzen, stellen sie die Frage, welche Faktoren im Online-Handel zur Beurteilung hinzugezogen werden und Online-Händler dazu bewegen, Märkte für ihre Expansion zu wählen.

Analysiert wurden die Einflüsse der einzelnen Makro- und Mikrofaktoren mittels der Beobachtung von 140 europäischen Online-Händlern über einen Zeitraum von 15 Jahren und der Berücksichtigung von insgesamt 825 Markteintritten. Es wird der dynamische Prozess der Selektion europäischer Länder und somit jeder einzelne Internationalisierungsschritt und dessen Einflussfaktoren statistisch reproduziert. Berechnet werden die Effekte anhand einer logistischen Regression. Die Ergebnisse (siehe Abb. 3.100) zeigen, dass das Marktvolumen (insb. Internetumsatz), die addierte kulturelle Distanz (Distanz zwischen zuvor betretenem und aktuell betretenem Land), lokale Marktkenntnisse und die Rechtsstaatlichkeit einen positiven und signifikanten Effekt auf die Marktauswahl von Online-Handelsunternehmen haben. Im Gegensatz dazu weisen die kulturelle, geografische sowie die addierte geografische Distanz einen negativen und signifikanten Effekt auf die Online-Marktselektion auf.

Gleichzeitig wurden signifikante Effekte der Kontrollvariablen Landessprache (positiv), logistische Leistung (positiv) und Internetpenetration (negativ) festgestellt.

Abbildung 3.100: Studienergebnisse der Einflussfaktoren der Online-Marktselektion

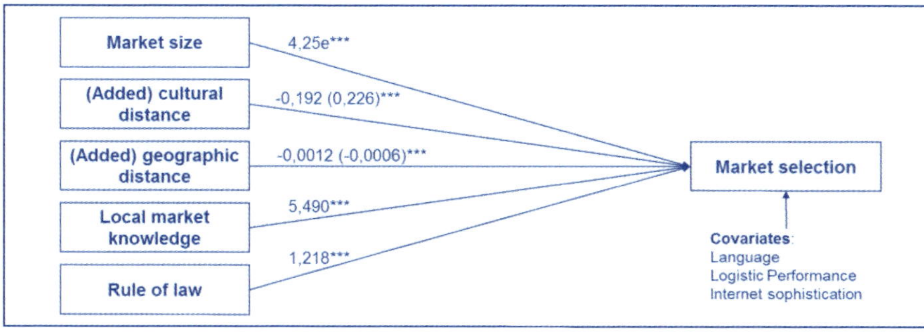

Der Online-Handel ist u.a. durch das Schwinden physischer Barrieren charakterisiert, wodurch im Rahmen der Internationalisierung oft eine Irrelevanz psychischer Distanzen für die Marktselektion unterstellt wird. Die Ergebnisse dieser Studie zeigen jedoch, dass kulturelle, aber auch geografische Distanzen weiterhin bedeutend sind. Zudem wird auch im Online-Handel die signifikante Rolle von lokalen Marktkenntnissen evident. Derartiges Wissen kann v.a. durch bereits vorhandene, stationäre Vertriebskanäle generiert werden. In Folge dessen ist davon auszugehen, dass Multichannel-Händler präferiert jene Märkte auswählen, in denen sie bereits stationär vertreten sind.

b) Timing

Das Timing umfasst die Entscheidungen über die zeitliche Dimension des Engagements. **Länderspezifisches Timing** betrifft den richtigen Zeitpunkt, um in ein Land einzutreten, um Wettbewerbsvorteile gegenüber der Konkurrenz zu erzielen, so durch ein „First to the Market" (Zentes/Swoboda/Schramm-Klein 2013, S. 48). Indessen sind **Timing-Strategien** im internationalen Handel noch weitgehend unerforscht, wenngleich Gielens/Dekimpe (2007) zeigen, dass Timing einen Erfolgsfaktor der Internationalisierung im Handel bildet. Einige der größten Unternehmen – so Carrefour oder Metro – sehen Timing als Grundsatz beim Eintritt in neue Märkte. Dies verwundert nicht, da die Vielzahl bisher vom modernen Handel unerschlossener Märkte First-Mover-Vorteile verspricht. Auch ist klar, dass in Schwellenländern die Nachfrage zuerst für Großhändler entsteht, bevor Einzelhändler am langsamer wachsenden Wohlstand der Verbraucher partizipieren können. Im **Online-Handel** kommt dem Erzielen von First-Mover-Vorteilen eine besondere Bedeutung zu. Sobald eine Website online geschaltet wurde, ist diese für jedermann mit Internetzugang sichtbar. Im Vergleich zum stationären Handel können Online-Handelsunternehmen nicht auf ladenspezifische Charakteristika usw. setzen; Wettbewerbsvorteile entstehen vielmehr über den Aufbau von Netzwerken und einem Kundenstamm. Sind Unternehmen „first to the market", können derartige Wettbewerbsvorteile aufgebaut, Kunden gebunden und die Nachahmung durch Wettbewerber vermieden werden (Schu/Morschett/Swoboda 2016).

Länderübergreifendes Timing geht darüber hinaus und ist mit der dynamischen Internationalisierung verbunden. Diese geht der Frage nach, ob die Internationalisierung im Zeitverlauf sprinklerartig (gleichzeitig in viele Länder), sequenziell (schrittweise Land auf Land folgend) oder kombiniert erfolgt. Die zweitgenannte Form trifft für die Mehrheit der Offline-Händler zu, wenngleich auch die erstgenannte zu beobachten ist, so bei einem Bündel von Ländern (bspw. bei VAE). Sicherlich verfügen auch nur wenige Handelsunternehmen über eine o.g. Pipeline von zukünftig zu betretenden Ländern. Im Online-Handel liegt der Fokus primär auf länderübergreifenden Timing-Strategien, im Speziellen v.a. auf der Geschwindigkeit. Die Internationalisierung verläuft dabei meist weder klar sequenziell oder sprinklerartig, sondern kombiniert. Dies ist darauf zurückzuführen, dass die Zeitspanne zwischen zwei Markteintritten von Online-Händlern von der stationärer Händler abweicht.

Ausgehend von den Unterschieden zwischen Offline- und Online-Händlern, analysieren Schu/Morschett/Swoboda (2016) die Einflussfaktoren der Internationalisierungsgeschwindigkeit im Online-Handel (siehe Abb. 3.101, wobei die Pfeilstärke die Stärke des Effekts widerspiegelt). Eine schnelle Internationalisierung bringt verschiedene Wachstums-, Pionier- oder Lernkurvenvorteile mit sich und Ziel ist es, herauszufinden, unter welchen Bedingungen Online-Händler schneller bzw. langsamer internationalisieren. Auf Basis eines pfadabhängigen, ressourcenorientierten Modells berücksichtigen die Autoren außerdem Änderungen in der Internationalisierungsgeschwindigkeit über den Internationalisierungsprozess hinweg.

Abbildung 3.101: Treiber der Internationalisierungsgeschwindigkeit im Online-Handel

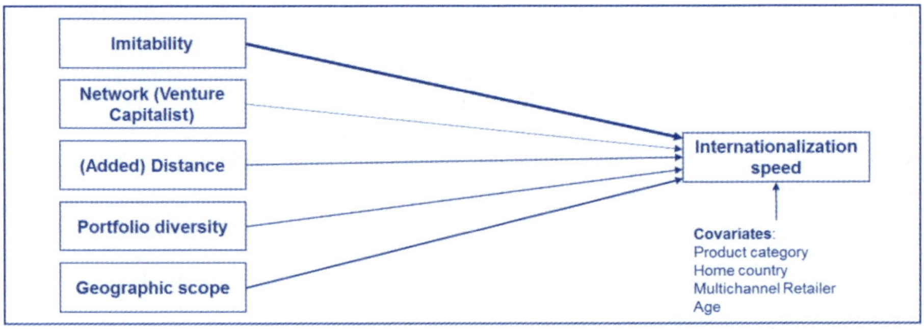

Die im Cox Regression Hazard-Modell verrechnete Stichprobe besteht aus 150 Online-Händlern mit 1.110 Markteintritten in 47 Länder über 19 Jahre. Dabei wird der zeitliche Abstand zwischen zwei Markteintritten als die Internationalisierungsgeschwindigkeit eines Händlers gesehen (im Durchschnitt 395,6 Tage). Die Ergebnisse zeigen, dass die Nachahmbarkeit eines Online-Shops einen nicht linearen Einfluss auf die Internationalisierungsgeschwindigkeit hat. Ist der Grad der Nachahmbarkeit niedrig, internationalisieren Online-Händler langsam, während sich die Internationalisierung bei hoher Nachahmbarkeit beschleunigt. Ein gleicher Effekt liegt für die geografische Reichweite und Portfolio-Diversität vor: Ab einer bestimmten Anzahl (zwölf Länder) bzw. Vielfältigkeit an Ländern wird die Internationalisierung nicht mehr beschleunigt, sondern verlangsamt. Ein Einfluss von Netzwerken bzw. von Venture Capitalists konnte nicht bestätigt werden. Die psychische Distanz, zusammengesetzt aus kultureller, administrativer, geografischer und ökonomischer Distanz, beeinflusst die Online-Internationalisierungsgeschwindigkeit negativ. Kontrolliert wurden die Warengruppe, das Herkunftsland, das Alter und die Gegebenheit eines Multichannel-Händlers, wobei bis auf letztere alle Variablen einen signifikanten Einfluss aufwiesen.

Der wichtigste Einflussfaktor ist die Imitierbarkeit des Online-Shops. Eine hohe Nachahmbarkeit erlaubt es Online-Händlern nicht, die eigenen unternehmensspezifischen Vorteile zu schützen und folglich auf ausländische Märkte zu übertragen. Gleichzeitig stehen Manager vor der Herausforderung, frühzeitig einen Kundenstamm aufzubauen und sich gegenüber der Konkurrenz in den jeweiligen Ländern zu positionieren. Auch diese Studie zeigt, dass die psychische Distanz weiterhin eine wichtige Rolle in Bezug auf die Internationalisierung hat. Darüber hinaus sind grundsätzlich Schwankungen in der Internationalisierungsgeschwindigkeit von Online-Händlern zu erkennen. Von Interesse ist in Folge dessen die Frage nach dem **Internationalisierungsrhythmus**. Während im stationären Handel eine rhythmische, gleichmäßige Internationalisierung vorherrscht, ist dies bei Online-Händlern überwiegend durch Hochphasen der Expansion und anschließende Phasen der Inaktivität geprägt.

Länderübergreifendes Timing des Online-Möbelhändlers Westwing

Die Westwing Home & Living GmbH, mit Hauptsitz in München, ist ein Online-Möbelhändler mit derzeit 14 länderspezifischen Online-Shops. Das Unternehmen verfolgt im Rahmen seiner Internationalisierung eine Kombination der Timing-Strategien. Zum einen ist ein sequenzieller Ablauf zu erkennen, so die internationale Expansion in den Jahren 2011, 2012 und 2014. Innerhalb dieser Jahre erfolgt die Vergrößerung des Länderportfolios sprinklerartig: Drei Markteintritte im Jahr 2011, sieben im Jahr 2012 und vier im Jahr 2014. In Bezug zum Internationalisierungsrhythmus von Westwing ist zu erkennen, dass die Expansion in den Jahren 2011, 2012 und 2014 von einer Phase der Inaktivität im Jahr 2013 durchbrochen wurde.

Quelle: www.westwing.com, 22. Januar 2018.

c) Marktaustritt und Portfoliobereinigungen

Mit zunehmender Internationalisierung werden Märkte anders bewertet, so anhand der spezifischen Unternehmenssituation, Erfolgspotenzialen in bzw. Interdependenzen zwischen bearbeiteten Märkten. Spätestens hier sind **Länderportfolios** hilfreich, die eine Kategorisierung von Ländern ermöglichen, z.B. nach Attraktivität/Barrieren oder Erträgen/Ertragschancen. Entsprechende Betrachtungen können auch die Basis für Austritte von Händlern aus Märkten sein, i.S.v. Portfolio-Bereinigungen (Zentes/Swoboda/Schramm-Klein 2013, S. 127).

Austritte können auch proaktiv motiviert sein, z.B. bei fehlender Perspektive, die angestrebte Top 5-Position zu erreichen. Derartige **Austritte** können verstärkt beobachtet werden, was mit zunehmender Internationalisierung auch zu erwarten ist, aber für einzelne Unternehmen sicherlich unerwartet auftritt. Indessen sind die wissenschaftlichen Erkenntnisse bzgl. des unternehmerischen Wachstums – z.B. Wachstums- oder Eintrittsstrategien – enorm, die bzgl. **Desinvestition**, **Schrumpfung** oder **Marktaustritt** hingegen relativ gering. Meist fallstudienbasierte Analysen wurden hierzu im Handel vorgelegt. Sie fokussieren auf Formen und Gründe eines Marktaustritts (ähnlich den Zielen der Internationalisierung). So wählen Ryu/Simpson (2011) den Misserfolg im Ausland als Ansatzpunkt und folgen damit einer reaktiven Perspektive, die um eine proaktive Sicht der Marktaustritte wie folgt zu ergänzen ist (vgl. auch Swoboda 2012b mit Beispielen zu „Exits“ im Handel):

- **Proaktive Entscheidungen** zum Austritt oder zur Reduktion von Aktivitäten fußen auf Bewertungen der externen oder internen Umfeldsituation durch das Management, z.B.:
  - Die zukünftigen externen Marktbedingungen werden verändert eingeschätzt, so bzgl. Kunden, Konkurrenten, Umfeld.
  - Aus interner Sicht ändert sich das relative Gewicht des Ländermarktes im Ländermarktportfolio, so im Zuge eines Strategiewandels, einer veränderten Ressourcenallokation, Neubewertung bzw. (Re-)Konfiguration von Ländermärkten.
  - Ein neues Management verfolgt neue Visionen oder Ideen.
- **Failure** beschreibt eine „**underperformance**“, so operative Verluste in einem Land. Aus strategischer Perspektive bestehen für Unternehmen folgende Optionen:
  - die (temporären) Verluste akzeptieren und nichts tun
  - die Investition erweitern
  - operative Veränderungen vornehmen
  - sich aus dem Markt zurückziehen („divestment“).

- **Divestment** meint einen Prozess der Ressourcen-Reallokation bzw. einer Reduktion der Marktpräsenz mit zumindest drei Ausprägungen:
  - Verringerung bzw. Anpassung der Marktpräsenz, so Schließung einzelner Niederlassungen im Markt („**closure or adjustments**")
  - organisationale Restrukturierung durch den Wandel von Ressourcen und Aktivitäten auf verschiedenen Niveaus, so Betätigungsform, Marktbearbeitung usw. („**organisational restructuring**")
  - Verlassen des Marktes („**exit**"), Rückzug mit Aufgabe der Marktpräsenz.

Entscheidet sich ein Handelsunternehmen für eine organisationale Restrukturierung, so kann dies in Bezug auf die Reduktion der stationären oder elektronischen Marktpräsenz erfolgen (Syam/Bhatnagar 2010). Sofern Unternehmer nicht ihre Kunden an den Wettbewerb verlieren möchten, sollten sie entweder die noch verfügbaren Läden in Reichweite der geschlossenen Filialen lokalisieren, einen Online-Shop eröffnen oder eine Mischung aus komfortabel erreichbaren, stationären Filialen und einem Online-Shop sicherstellen.

Die **Gründe für eine Marktreduktion bzw. eines Exits** können konzeptionell auf vier Ebenen fixiert werden: Veränderungen im unternehmensexternen Umfeld (z.B. im Makroumfeld, politisch-rechtliche, sozio-ökonomische und technische Entwicklungen oder im Wettbewerbsumfeld), Veränderungen im Unternehmen (z.B. Strategiewandel, ressourcenbezogene Entscheidungen, neues Management), Veränderungen bei den Managern (z.B. Wandel von Einstellungen, Auslandsinvolvement) sowie Veränderungen in der Performance (im Ausland). Für den Online-Handel spezifisch führen Chen/Zhang (2015) Gründe aus, weshalb der erhoffte Erfolg ausbleibt. Zum einen unterschätzen Händler die innovativen sowie technischen Fähigkeiten, die benötigt werden, um die Ländermärkte adäquat zu bearbeiten. Zum anderen bleibt eine klare länderspezifische Positionierung und v.a. deren Überprüfung anhand verschiedener Performance-Indikatoren auf Grund mangelnden Verständnisses oft aus. Im Handel ist nicht selten eine Interdependenz zwischen Heimatland und Austritt im Ausland zu beobachten. Im Extremfall führen Probleme auf dem Heimatmarkt zu länderübergreifenden Marktaustritten oder sogar zu einer vollständigen Re-Nationalisierung.

Disney: Erneuter Markteintritt in Deutschland

Die Einzelhandelskette Disney hat weltweit über 300 Filialen, 200 davon in Nordamerika. Bereits in den 1990er Jahren eröffnete das Unternehmen drei erste Filialen in Deutschland. Der im Jahr 1993 eröffnete Disney-Store in Frankfurt/Main galt bis dahin als der größte Europas. Im Jahr 1999, zum Jahreswechsel, wurden alle deutschen Filialen auf Grund mangelnder Profitabilität geschlossen. Nach nun mehr als 17 Jahren, versucht Disney erneut, die hohe Markenbeliebtheit zu nutzen und eröffnete im November 2017 einen Shop in München.

Quelle: www.focus.de, 9. November 2017.

4. Eintrittsstrategien und Betätigungsformen

a) Wahl der Markteintrittsstrategie

Ein weiteres Entscheidungsfeld umfasst die Betätigungsform, d.h. die institutionellen Arrangements, die den Rahmen für die Leistungserstellung im Ausland konturieren.

Diese Entscheidungen bzw. ihre Resultate werden in der Literatur oft verkürzt als Markteintrittsstrategien bezeichnet („entry mode"). Vernachlässigt wird dabei, dass die praktizierte Betätigungsform auch innerhalb eines ausländischen Marktes angepasst oder fundamental verändert werden kann („operational mode").

Zwar haben Veränderungen der Betätigungsform im Handel eine geringere Bedeutung als in der Industrie – wo Eintritte mittels Exporten in Folge oft erweitert werden. Der Begriff Betätigungsform ist treffender zur Charakterisierung des Rahmens geeignet, unter dem ein Handelsunternehmen im Ausland agiert. Die Literatur zu beiden Aspekten ist im Handel weniger breit. An dieser Stelle soll auf zwei Aspekte eingegangen werden:

- grundsätzliche Optionen der Strategiewahl und
- empirische Ergebnisse sowie Bestimmungsfaktoren der Wahl.

Grundsätzliche Optionen der Strategiewahl

Die einem Handelsunternehmen zur Verfügung stehenden Optionen können anhand verschiedener Kriterien systematisiert werden, so nach dem Kontrollniveau, das ein Händler über seine Auslandstätigkeit ausüben möchte, dem Ressourceneinsatz, den ein Händler in ein Wachstum ins Ausland bereit ist zu investieren, oder der Flexibilität, die Händler haben möchten, um Auslandsaktivitäten schnell und kostengünstig zu ändern. Eine konkrete Systematik hängt von der Betrachtung zu Grunde gelegten theoretischen Ansatz ab. Nachfolgend erfolgt eine Beschreibung der prinzipiellen Formen: Exporte, Kooperationen (franchiseähnliche Arrangements, Minderheitsbeteiligungen, JV) sowie Filialisierung und Akquisitionen (vgl. ausführlich Zentes/Swoboda/Schramm-Klein 2013, S. 225).

Export als Eintrittsstrategie ist v.a. für Groß- bzw. Außenhandelsunternehmen relevant sowie für Online-Händler, etwa in geringvolumigen Märkten, in denen keine Niederlassungen bestehen (weniger für stationäre Händler). Darüber hinaus ist der Export Bestandteil jeder anderen Betätigungsform im Handel, soweit Güter und Dienstleistungen grenzübergreifend ausgetauscht werden. Vor allem unter Pure Online- und Omnichannel-Händler sind drei Ausprägungen des „Exports" zu unterscheiden (Swoboda/Sinning/Hirschmann 2018):

- *Indirekter Export*: Für Online-Händler ist es nicht immer möglich oder erstrebenswert, in jedem Land einen Online-Shop anzubieten. Um diese Länder aber trotzdem bearbeiten zu können, besitzen einige Unternehmen einen globalen Online-Shop. Derartige Online-Shops sind meist in englischer Sprache verfügbar und mit keinerlei länderspezifischen Anpassungen verknüpft. Derartige indirekte Exporte können v.a. beim Verkauf von Luxusgütern oder Luxusmarken genutzt werden (z.B. www.louisvuitton.com).
- *Direkter Export*: Haben Online-Handelsunternehmen einen Online-Shop mit länderspezifischen Internetdomains, das Lager aber im Ausland, so erfolgen direkte Exporte. Direkte Exporte sind bspw. in Branchen verbreitet, die keine kurzen Lieferzeiten, aber eine eigene Präsenz benötigen (z.B. www.zalando.fr).
- *Lokale Präsenz*: Ein länderspezifischer Online-Shop ist oftmals mit einer lokalen Präsenz in Form eines lokalen Distributionszentrums oder der Zusammenarbeit mit lokalen Logistikpartnern verbunden (Brouthers/Geisser/Rothlauf 2016). Die lokale Präsenz ist eine Grundvoraussetzung für den Erfolg von Online-Handelsunternehmen in den Branchen, in denen es auf kurze Lieferzeiten ankommt (z.B. im Food-Handel).

Der internen Expansion (**Tochtergesellschaften**) kommt die wichtigste Bedeutung im Rahmen des Markteintritts von Handelsunternehmen zu (siehe zu den Vorteilen und Nachteilen auch anderer Betätigungsformen Abb. 3.102).[1]

Mergers & Acquisitions von ausländischen Handelsunternehmen haben eine beachtliche Bedeutung im Allgemeinen und Einfluss auf die Performance im Speziellen (Assaf u.a. 2012). Hervorzuheben sind hier die entsprechenden Markteintritte im Kontext der Übernahme von

---

[1] Zu Filialisierung, Akquisitionen und Franchising siehe die Abschnitte C.II. und C.IV. in diesem Kapitel.

Unternehmen im Ausland, aber auch – von größerer empirischer Relevanz im Handel – spätere Akquisitionen während des „Being International“, was der Penetration eines Landes dient. Wie angedeutet ist bei Akquisitionen zu unterscheiden, ob diese zum Zweck des Markteintritts durch Übernahme eines lokalen Unternehmens, z.B. in gesättigten Märkten erfolgen, oder ob diese darüber hinausgehen. Die Übernahme eines Händlers, der in mehreren Ländern präsent ist, wird nicht als Eintrittsstrategie gesehen, sondern als übergeordnete bzw. von der Eintrittsstrategiewahl unabhängige Gesamtunternehmensentscheidung.

Abbildung 3.102: Vor- und Nachteile von internationalen Betätigungsformen

	Advantages	Disadvantages
Franchise type agreements	*Internal* ■ Mutual know-how transfer (local knowledge). Low costs to franchise. ■ Local management may be used; the franchisor gives managerial advice to the franchisee. ■ Wide range of forms of agreement available. *External* ■ Rapid expansion of presence possible. ■ Marginal markets can be addressed; locally competitive marketing policy can be used.	*Internal* ■ Difficult to control foreign franchisees, therefore a strong controlling system is needed. ■ May become locked into an unsatisfactory relationship, problems in performance standard. *External* ■ A franchise-suitable concept is needed. ■ Possibly complex legal requirements and it is necessary to recruit suitable franchisees. ■ Risks of local operations for the franchisee.
Joint Ventures	*Internal* ■ Access to resources, know-how, image; possibly rapid corporate growth. ■ Share entry costs and risks with the partner. ■ Possible to move later either to exit or make full entry into the market. ■ Establishment of barriers to market entry. *External* ■ Help available to climb learning curve and to overcome non-tariff (trade) barriers.	*Internal* ■ Relative high costs of market entry and difficulties in finding a suitable partner. ■ Necessary to share benefits. ■ Difficult to coordinate, e.g. lack adequate procedures for protecting information. *External* ■ (Possible) Partial loss of control over foreign operations.
Mergers & Acquisitions	*Internal* ■ Management in place/cash flow is instant. ■ May be used as a way to obtain locations quickly for conversion to the chosen format. *External* ■ Speed and synergies, e.g. substantial market presence quickly achieved. ■ (Possible) Buying of market position/image. Possibility of know-how transfer.	*Internal* ■ High information and search costs, e.g. evaluatior of takeover target. ■ Suitable firms may not be available and top management commitment is necessary. ■ Management of acquired firm may by unsuited to new operations/coordination (e.g. cultures). *External* ■ Available/adequate take-over object necessary.
Internal Expansion	*Internal* ■ Low transportation/labor cost. ■ Full control operation, exit is easier. ■ Easy integration into own organizational structures; ability to adapt operation with each subsequent opening. ■ High level of control over knowledge outflow. *External* ■ Uniform market appearance. ■ Circumvention of market barriers (host country restrictions).	*Internal* ■ Takes long time and high costs to establish ■ Requirement to undertake full location assessment. ■ More difficult if host market is distant from home market; needs to acquire local market knowledge. ■ High investment might reduce flexibility. ■ Lack of suitable sites in host country. *External* ■ Company might have limited market knowledge. ■ Foreign presence without third party support.
Non-controlled interest	■ Finding out about market with minimal risk. ■ Allows those who know the market to manage the operation.	■ Passive position. ■ Investment made over which little influence.

Quelle: i.A.a. Kotabe/Helsen 2017, S. 271ff.

Franchising kann wie auch **Lizenzen** zu den franchiseartigen Transaktionsformen gezählt werden. Franchising spielt dabei eine bedeutende Rolle u.a. im Fashion-Handel, im DIY-Handel, kaum jedoch im LEH, sodass seine Bedeutung gemessen am Gesamthandelsumsatz im Ausland niedrig ist. In den „Franchising-affinen“ Branchen und besonders bei vertikal integrierten Konzepten hat Franchising eine hohe Bedeutung. Auch **Lizenzen** gewinnen im Handel zunehmend an Bedeutung, wenn z.B. eine Nutzungsüberlassung für die Retail Brand erfolgt und das Handelsunternehmen die Supply Chain gestaltet.

Joint Ventures eröffnen einen Marktzugang, bei dem Kosten, Gewinn und Risiko auf Partner verteilt werden. Damit wird der Eintritt in rechtlich, wirtschaftspolitisch oder strukturell schwierige oder für andere Eintrittsformen blockierte Märkte ermöglicht. Heute bilden Schwellenländer das Hauptanwendungsgebiet im Handel. Für den Erfolg von JV ist – wie bei anderen Kooperationen – ein Fit zwischen den beteiligten Unternehmen auf strategischer, struktureller und kultureller Ebene grundlegend (Zentes/Swoboda 1999b und Abschnitt E.V. in diesem Kapitel). Insgesamt überdauern viele JV nur wenige Jahre.

Minderheitsbeteiligungen treten in der Handelspraxis oft als Option für ein zukünftig stärkeres Engagement in Form einer Übernahme auf. Ein ausländisches Unternehmen beteiligt sich bspw. an einem lokalen Händler mit bis zu 10%, lernt über den Markt und trifft dann die Entscheidung, die Beteiligung aufzugeben oder aufzustocken, so von Walmart in Japan oder von Tesco in der Türkei praktiziert.

Amazons exzessive Akquisitionsstrategie

Mit insgesamt 77 Akquisitionen in den Jahren 1998-2018 ist eine klare Präferenz der nationalen sowie internationalen Wachstumsstrategie von Amazon zu erkennen. Davon wurden alleine zehn Übernahmen mit einem Akquisitionsvolumen von über 11,3 Mrd. EUR nur im Jahr 2017 durchgeführt. Neben der Übernahme von Konkurrenten ist es ebenfalls Ziel, das eigene Angebot zu diversifizieren und neue Branchen über Akquisitionen zu betreten (siehe Tab. 3.13).

Tabelle 3.13: Die größten Akquisitionen von Amazon

Unternehmen	Branche	Volumen (Mrd. EUR)	Jahr
Ring	Sicherheitssysteme	0,80	2018
Whole Foods	Lebensmittel	11,00	2017
Twitch	Streaming-Dienste	0,78	2014
Kiva Systems	Robotics	0,63	2012
Zappos	Kleidung & Schuhe	0,97	2009

Trotzdem wird Amazon als konservatives Unternehmen in Bezug auf Mergers & Acquisitions gesehen. Experten zu Folge, trifft der Online-Pure-Player langfristige strategische Entscheidungen und lässt sich nicht von hohen Unternehmensbewertungen blenden.

Quelle: www.cbinsights.de, 6. September 2017.

Empirische Ergebnisse und Bestimmungsfaktoren der Wahl

Frühe Studien zu den Markteintrittsformen im Handel sind sich weitestgehend einig, dass der Aufbau eigener Tochtergesellschaften die vorherrschende Eintrittsform auf Grund langfristiger Umsatzperformance von Handelsunternehmen ist (u.a. Gielens/Dekimpe 2001). An zweiter Stelle der am häufigsten genutzten Markteintrittsformen steht die Akquisition, während alle weiteren Formen in keiner klaren Reihenfolge nachgeordnet zu finden sind. Ebendiese Studien untersuchen diverse Einflussfaktoren für die Strategiewahl (siehe zur Übersicht Swoboda/Zentes/Elsner 2009), während neue Studien in diesem Bereich weitestgehend ausbleiben. Determinanten können auch hier nach solchen aus dem unternehmensexternen und -internen Umfeld unterteilt werden. Folgende externe Faktoren sind hervorzuheben:

- Bedeutend ist das **Heimatland**, insb. das Wettbewerbsumfeld. Basierend auf kulturellen Unterschieden bestehen oft Präferenzen von Unternehmen aus einzelnen Ländern für eine bestimmte Markteintrittsform.
- Zudem spielen spezifische Bedingungen in den **Gastländern** eine Rolle. Während in unterentwickelten Ländern bspw. Akquisitionen auf Grund mangelnder Anzahl an Übernahmekandidaten ein Problem darstellen, werden Unternehmen in Ländern mit hohen Umsatzkonzentrationen zu Akquisitionen gedrängt. **Makroökonomische Bedingungen**

tangieren unmittelbar die Wahl der Markteintrittsformen, so in Japan oder China, wo Intransparenz bzw. gesetzliche Vorschriften in der Vergangenheit zu JV „zwangen“.

- Eine **Branchendifferenzierung** erscheint zwingend. Non-Food-Händler sind oft in der Lage, ein internationales Franchise-Netz aufzubauen, während im Food-Handel das Angebot in einem Land national geprägt ist und den Aufbau einer Supply Chain erfordert.

Ferner werden folgende unternehmensinterne Einflussfaktoren betrachtet:

- Die **Eigentumsstruktur** des Handelsunternehmens bedingt die Markteintrittsform. Dabei wird v.a. die Bedeutung einer langfristigen Perspektive von Familienunternehmen vs. eine oft kürzere Sichtweise von Aktiengesellschaften diskutiert.
- Die Kombination des **strategischen Verhaltens** zur länder- bzw. regionsspezifischen Wahl von Markteintrittsformen ist ebenfalls denkbar.
- Die Multiplikation von Strategien auf Basis von **Auslandserfahrung** ist möglich.
- Neuere Studien befassen sich v.a. mit der **kulturellen Distanz** und deren Einfluss auf die Markteintrittsstrategie. Gollnhofer/Turkina (2015) geben an, dass je höher die kulturelle Distanz zu einem Gastland ist, desto eher bevorzugt der Händler ein Greenfield-Investment gegenüber einem JV. Die Entscheidungen bzgl. Akquisitionen oder Franchising bleiben davon unberührt.

Die Einzelergebnisse bilden die Basis für konzeptionelle Betrachtungen. Zentes/Swoboda/Schramm-Klein (2013, S. 276) kombinieren die Marktattraktivität und die Marktbarrieren in einer Matrix mit optimalen Markteintrittsformen. Denkbar ist jedoch nahezu jegliche Art der Kombination der aufgeführten unternehmensexternen und -internen Faktoren zur Bewertung und Empfehlung einer geeigneten Markteintrittsstrategie. So die Bewertung der Wahl von JV vs. Tochtergesellschaften in Abhängigkeit externer Umfeldgrößen und interner Ressourcen/Entscheidungen (Morschett/Schramm-Klein/Swoboda 2010).

Unternehmen nutzen nicht nur eine Markteintrittsstrategie, es ist jedoch für fast jedes Unternehmen eine dominante Eintrittsform zu erkennen. Abb. 3.103 zeigt, dass im Zeitverlauf Händler einer **bevorzugten Eintrittsstrategie** folgen, d.h. die Strategien institutionalisieren. Dies wird für die Unterscheidung zwischen Eintrittsstrategien mit voller Kontrolle (eigene Gesellschaften, Akquisitionen) oder geteilter Kontrolle (JV, Franchising und Lizenzen, Minderheitsbeteiligungen) untersucht. Analysiert wird ferner der moderierende Einfluss von politischer und kultureller Distanz sowie internationaler Erfahrung und Internationalisierungsgeschwindigkeit. Die **politische Distanz** spiegelt den Grad der Unterschiede von staatlichen und rechtlichen Einrichtungen zwischen Heimat- und Gastland wider, während die **kulturelle Distanz** den Unterschied in soziokulturellen Faktoren abbildet. Die **internationale Erfahrung** basiert auf dem Grad, inwieweit Unternehmen bereits in länderübergreifenden Aktivitäten involviert waren; die Anzahl der Markteintritte innerhalb eines bestimmten Zeitraums bestimmt die **Internationalisierungsgeschwindigkeit**. Die empirische Basis der Studie bilden 309 Markteintritte in 82 Länder von 18 der größten Food-Händler der Welt. Neben den Haupteffekten wurden die Unternehmensgröße, die Marktgröße, die Offenheit gegenüber Direktinvestitionen und die industrielle Entwicklung kontrolliert, wobei nur die ersten beiden positiven Effekte auf die Markteintrittsform aufweisen. Die präferierte Markteintrittsform hat signifikante Effekte auf die Wahl späterer Eintrittsformen. Zudem

- führen unternehmensexterne Faktoren, wie die politische und kulturelle Distanz zum Auslandsmarkt, dazu, dass Unternehmen von der Wahl einer institutionalisierten Eintrittsstrategie abweichen, während
- unternehmensinterne Faktoren, wie internationale Erfahrung und Internationalisierungsgeschwindigkeit, das Festhalten an der präferierten Strategie verstärken.

Abbildung 3.103: Modell der Wahl der Markteintrittsstrategie

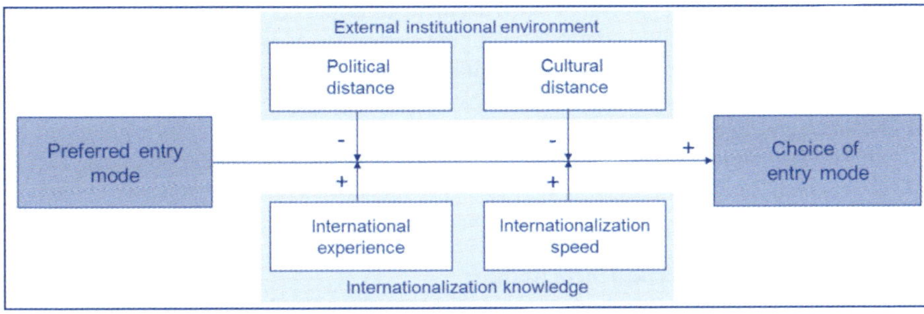

Quelle: Swoboda/Elsner/Olejnik 2015.

Insofern wählt die Mehrheit der Händler bestimmte Markteintrittsstrategien als Grundsatz, es sei denn, Märkte erfordern eine Abweichung hiervon. So internationalisiert das US-Unternehmen Costco bevorzugt mit JV. Da nach langer Suche in Japan kein geeigneter Partner gefunden werden konnte und man auf Grund der hohen Marktattraktivität nicht von einem Markteintritt absehen wollte, hat sich das Management dazu entschlossen, von der bisherigen Markteintrittsstrategie abzuweichen, indem Stores in Eigenregie eröffnet wurden. Bezüglich der internen Faktoren wie der internationalen Erfahrung und der Internationalisierungsgeschwindigkeit ist es offensichtlich, dass solche wissensgenerierenden Faktoren zur Bildung einer präferierten Eintrittsstrategie beitragen. Das Modell zeigt erstmals, wie Markteintrittsstrategien ausgewählt werden. Während in Studien über 200 Faktoren bzgl. der Bedeutung der Wahl der Markteintrittsstrategie untersucht wurden, ist in der Praxis nicht davon auszugehen, dass alle diese Faktoren tatsächlich bei einer Managemententscheidung berücksichtigt werden (Canabal/White 2008). Das Modell liefert also nicht nur die Erkenntnis, dass etablierte Markteintrittsstrategien genutzt werden, sondern darüber hinaus auch wichtige Kernfaktoren aus der externen und internen Unternehmensumwelt, die es zu beachten gilt.

b) Anpassungen und Switches

Die bisherige Sicht soll nun um denkbare Veränderungen in der Betätigungsform – begriffen als Wandel der Eintrittsstrategie während des „Being International" – erweitert werden. Die gewählte Markteintrittsstrategie erfährt dann eine Anpassung, wenn bei folgenden Markteintritten, z.B. mit anderen Betriebstypen, eine andere gewählt wird. Zu den Anpassungen müssen ferner die in diversen Ländermärkten beobachtbaren Akquisitionen oder Fusionen im Zuge des „Being International" oder der Exits gezählt werden. Zu den Switches liegen in der Forschung zum Handel kaum Studien vor. Analogien zum Industriebereich lassen sich jedoch bspw. in Bezug auf den Bestand und Erfolg von JV vermuten, nämlich, dass diese als eine zeitlich befristete Lösung gelten können, die aufgelöst oder durch Akquisition abgelöst werden. Ähnliche Analogien ließen sich hinsichtlich der Gründe für die Veränderungen ziehen: Zu nennen sind die im Rahmen der Marktreduktion genannten Veränderungen im Umfeld, im Unternehmen, bei den Managern sowie in der Performance (Swoboda/Olejnik/Morschett 2011). Zu beiden Punkten können Beobachtungen angeführt werden, etwa bei den weltgrößten Handelsunternehmen (Swoboda/Elsner 2011b; Swoboda/Zentes/Elsner 2009):

- **Switches** sind in China zu beobachten, wo die Metro Group das erste westliche Unternehmen war, dem die Erlaubnis zur Ablösung des JV durch eine Tochtergesellschaft erteilt wurde. Aus Risikoüberlegungen wurde angepasst und eine Mehrheitsbeteiligung realisiert. Gleiches ist im Online-Handel vorzufinden, so wechselte Amazon bspw. in

Australien von der Position eines indirekten Exporteurs zu der Betätigungsform des direkten Exports. Switches liegen oft auch in einem grundsätzlichen Wandel institutioneller Markteintrittsformen begründet. Walmart präferierten vor einigen Jahren noch die Form der Akquisition, während bei jüngeren Markteintritten der Aufbau eigener Tochtergesellschaften bevorzugt wurde.
- Die in Wechselwirkung zu **Marktaustritten** stehenden Anpassungen sind vielfältiger, so beim Marktaustritt von Walmart in Deutschland, was zur Übernahme durch die Metro führte. Auch Carrefour verkaufte seine Läden in Tschechien und Slowenien an Tesco und Tesco veräußerte seine Läden in Taiwan an Carrefour.

5. Strategien der Marktbearbeitung

a) Ziele der Standardisierung und Adaption

Die Entscheidungen der Marktbearbeitung beziehen sich auf die Ausgestaltung des Marketing-Mix im Ausland, und zwar zwischen den Extrempolen der vollständigen Adaption und der vollständigen Standardisierung.

Konsens besteht darüber, die Optionen der Marktbearbeitung auf die Dichotomie zwischen vollständiger Standardisierung und Adaption zu beziehen und zwar bzgl. der Formatstrategie oder einzelner Marketinginstruments. Pauschal kann angenommen werden, dass ein Händler, gemäß dem Leitsatz, so viel wie möglich standardisieren möchte und nur so viel differenzieren würde, wie nötig. Im Handel ist dieses insofern wert hinterfragt zu werden, da viele Händler – insb. im LEH – standortspezifisch ihre Leistungsangebote variieren, d.h. Adaption „gewohnt" sind.[1] Auf Grund der Fülle denkbarer Perspektiven werden drei hervorgehoben:

- grundsätzliche Ziele, Vorteile und Determinanten der Entscheidung,
- grundsätzliche Ebenen der instrumentellen Gestaltung und
- Interdependenzen und Dynamik.

Die länderspezifische und -übergreifende Perspektive und die des „Going und Being International" fließen in die Ausführungen ein, ebenso wie Interdependenzen zwischen Marktbearbeitung, -engagement und Betätigungsform. Interdependenzen werden wegen ihrer Relevanz am Ende zusammengefasst. Zusätzlich wird die Sichtweise bzw. die Besonderheit der Marktbearbeitung im Online-Handel angesprochen. Abbildung 3.104 skizziert die grundsätzlichen Ziele einer vollständigen Standardisierung bzw. Adaption. Es handelt sich um

- Kostenvorteile und Synergien, das Harmonisierungsstreben bzgl. Strategie, Marktauftritt und vereinfachter Expansion oder Cross-Border-Planung sowie
- Umsatz- und Marktanteilsziele, Marktdurchdringung und Profilierung im Wettbewerb.

Ebenso sind darin Vor- und Nachteile einer Standardisierung bzw. Adaption aufgelistet, die den Markt und das Unternehmen betreffen. Die Entscheidung basiert auf dem Zusammenwirken unternehmensinterner und -externer Bestimmungsfaktoren. Als Besonderheit im Handel sind die Branche und die Strategie bzw. Ziele hervorzuheben, bspw. im Fall der Vollsortimenter, die den Gesamtmarkt abdecken (z.B. Hypermärkte), und im Fall der Nischenanbieter (z.B. Textilfachgeschäfte). In Fall 1 resultieren internationale Standardisierungsbestrebungen z.B. aus Synergie- und Kostenzielen heraus, während in Fall 2 Innovations- und Harmonisierungsziele im Vordergrund stehen, insb. die globale Multiplikation der periodisch

[1] Vgl. zum Standortwettbewerb Abschnitt E.II. des Ersten Kapitels und zum Sortimentsmanagement Abschnitt C. des Vierten Kapitels.

neu zu entwickelnden Kollektion und der Formatstrategie bzw. der gesamten Wertschöpfung. Umgekehrt bedeutet das Ziel einer Adaption in Fall 1 „nur“ den Aufbau länderspezifischer Wertketten, wozu im Food-Bereich grundsätzlich die Tendenz besteht, während im Fall 2 zudem länderspezifische Kollektionen bzw. Änderungen des Geschäftsmodells eintreten müssten. Damit ist es im Handel sinnvoll, neben **Gastlandmarktbedingungen** und **Synergiepotenzialen** (so Interdependenzen) als Determinanten der Standardisierung auch die **Branche** und die **internationale Strategie** zu berücksichtigen.

Abbildung 3.104: Ziele und Vorteile von Standardisierung und Adaption

Standardisierung	Adaption
Ziele: ▪ Kostenvorteile und Synergien ▪ Harmonisierung von Strategie/Marktauftritt ▪ Vereinfachung von Cross-Border-Planung/Expansion **Vorteile (Umfeld)** ▪ Wahrnehmungs- und Imagevorteile (z.B. als internationale Brand) **Vorteile (Unternehmen)** ▪ Economies of Scale und kritische Masse ▪ Erfahrungs- und Lernkurveneffekte ▪ Etablierung einer langfristigen Strategie ▪ Spezialisierungsvorteile im Wettbewerb ▪ Zeitvorteile beim „Going International“ ▪ aktivitätsspezifische Wettbewerbsvorteile, so Cross-Border-Koordinationsvorteile	**Ziele:** ▪ Umsatz- und Marktanteilsmaximierung ▪ Marktdurchdringung und Profilierung im länderspezifischen Wettbewerb **Vorteile (Umfeld)** ▪ Adaption zu Gastlandwettbewerbsbedingungen (Kundenbedürfnisse, Image als Heimathändler) ▪ Adaption zu den politisch-rechtlich und den ökonomisch-infrastrukturellen Bedingungen (z.B. Supply Chain, Auslandshandelssystem) ▪ Ausschöpfung der Umsatzpotenziale **Vorteile (Unternehmen)** ▪ flexible Anpassung an spezifische Ländermarktveränderungen ▪ Aufbau internationalen Wissens

Werden aber nur pauschal unternehmensinterne und -externe Bestimmungsfaktoren simultan betrachtet, dann kann die Entscheidung wie folgt umrissen werden:

- Unternehmerische Ziele, so die Erreichung von Kostenvorteilen oder Synergieeffekten (z.B. im Food-Handel) oder die schnelle Multiplikation innovativer Leistungen (z.B. einer Kollektion im Fashion-Handel) führen – sofern sie auf homogene Kundenwünsche treffen – zu einer **vollständigen Standardisierung** (standardisiertes Marketing).
- Sind die Nachfragewünsche nicht einheitlich und wird bspw. eine möglichst starke Durchdringung eines Marktes angestrebt – ähnlich wie in Heimatmärkten – dann wird im Extremfall eine **vollständige Adaption** im jeweiligen Ländermarkt angestrebt.

Die Zwischenlösung kann aus dynamischer Sicht beschrieben werden. Sind die Nachfragewünsche nicht einheitlich oder können sie nicht vereinheitlicht werden, dann ist eine Differenzierung bisher standardisierter Konzepte sinnvoll. Im Fall eines bisher differenzierten Marketings kann der Blick auf die Kosten und Synergien zur stärkeren Standardisierung bisher differenzierter Konzepte führen. Damit wird eine praktisch vorherrschende Kombination von Standardisierungs- und Adaptionsvorteilen realisiert.

Eine oder viele Determinanten der Entscheidung

Goldman (2001) hebt als einer der ersten hervor, dass einzelne oder viele Bestimmungsfaktoren betrachtet werden können, um eine Entscheidung zwischen Adaption und Standardisierung zu erklären. Wie für die Marktselektion und -eintrittsstrategie angedeutet, kann auch die Marktbearbeitung als sequenzielle oder simultane Entscheidung gesehen werden.

Vornehmlich in großzahligen ex-post-Studien wird die Entscheidung simultan auf eine breite Palette von Determinanten bzw. Gründen zurückgeführt, so extern, intern, managementorientiert. Dies suggeriert, dass die praktische Managemententscheidung auf einer Fülle von Determinanten beruht. Qualitative Studien, die den Entscheidungsprozess adressieren, sprechen für eine sequenzielle Betrachtung. Oft liegen nämlich Faktoren vor, die eine Wahl innerhalb der Marktbearbeitungsstrategie nicht zulassen, d.h., ein bestimmtes Vorgehen erzwingen. Derartige Determinanten mit KO-Charakter können wie folgt illustriert werden:

- Üblicherweise werden **unternehmensexterne Faktoren** fokussiert, so Gastlandbedingungen, welche die Umsetzung eines standardisierten, ggf. erfolgreichen Konzeptes verhindern (z.B. Normen, technologische Standards). Diese und weitere können unter dem Begriff der psychischen Distanz, dem Grad des Unterschiedes hinsichtlich der Faktoren zwischen Heimat- und Gastland, zusammengefasst werden und zwingen zur Adaption, um den Unternehmenserfolg gewährleisten zu können (Evans/Mavondo/Bridson 2008). Die unternehmerische Entscheidungsfreiheit ist beim Gastlandeintritt im Extremfall auf die Frage reduziert, ob eine spezifische Formatstrategie entwickelt wird oder nicht.
- Auch **unternehmensinterne Faktoren** können eine Standardisierung bzw. Adaption verhindern (z.B. Ressourcen bzw. Fähigkeiten oder länderübergreifende, generelle Ziele und Strategien). Fehlende Fähigkeiten, unterschiedliche Konzepte zu realisieren, innovative Kollektionen oder die langfristige Globalisierungsstrategie können zur Standardisierung zwingen. Auch dann besteht bei einem Markteintritt keine echte Wahl.

Insgesamt ist ein mehrstufiger **Entscheidungsbaum** relevant: Interne und externe Kriterien mit KO-Charakter, gefolgt von der eigentlichen strategischen Wahl und deren Determinanten. Dies kann auch für die Perspektive eines **„Being International"** gelten. Derartige KO-Kriterien, induziert durch unternehmensexterne und -interne Faktoren, sind auch im Online-Handel vorzufinden. Die Determinanten der **internationalen Online-Marktbearbeitung** sind noch wenig untersucht und bisherige Studien zielen auf einige, wenige Aspekte ab:

- Studien konzentrieren sich überwiegend auf **kulturelle Unterschiede** zwischen den Ländern als Einflussfaktoren. Sie postulieren aber bereits einen positiven Einfluss der Anpassung, bspw. Benutzerfreundlichkeit einer Website (Vyncke/Brengman 2010). Dies ist nachvollziehbar, da der Online-Shop den einzigen Kontaktpunkt zu den Konsumenten darstellt und fehlende sprachliche Anpassung den Kontakt erschweren würde.
- Wie auch im stationären Handel, werden die externen Rahmenbedingungen, so das institutionelle Umfeld, als Einflussfaktor gesehen. Insbesondere **rechtliche Vorschriften** können Pure-Online-Player zwingen, ihre Lieferbedingungen oder Rückgaberichtlinien nach den länderspezifischen Vorgaben anzupassen.
- I.S.v. **Branchencharakteristika** wird hervorgehoben, dass im Non-Food-Handel die Adaption des Online-Shops – bis auf die o.g. Sprache – weitestgehend vernachlässigt wird, aber im Food-Bereich Anpassungen unabdingbar sind (Alhorr/Singh/Kim 2010).

b) Ebenen der Standardisierung und Adaption

Die Arbeiten zu den Ebenen der Standardisierung oder Adaption der Marktbearbeitung im Handel fokussieren auf einzelne Marketinginstrumente (z.B. Sortiment oder Kommunikation) oder betrachten viele Instrumente weit gehend unverbunden oder gleichgewichtig nebeneinander. An dieser Stelle sollen folgende Sichtweisen angesprochen werden:

- eine Gesamtkonzeptionsbetrachtung (i.S. der sog. Formattransferstrategie),
- eine Betrachtung der Marketinginstrumente und schließlich
- eine Einbindung der mit den Instrumenten verbundenen Prozesse in die Betrachtung.

Standardisierung vs. Adaption von Formaten

Goldman (2001) untersucht als einer der ersten systematisch und großzahlig die Ausprägungen und Gründe für die Wahl einer **Formattransferstrategie** und zwar länderspezifisch im chinesischen Markt. Er unterscheidet zwischen sog. „Visible Offers“, d.h. den vom Kunden wahrgenommenen Angeboten (Marketinginstrumenten), „Background Processes“ bzw. „Technologies“, d.h., für Kunden nicht sichtbaren Prozessen (Supply Chain-Aktivitäten), und „Retail Culture“ (Management- und Führung). Auf dieser Basis bewertet er dichotom 40 Elemente, ob diese im Vergleich zum Heimatmarkt standardisiert oder differenziert werden. Durch Addition gelangt er zu vier Gruppen von Händlern, die ihre Formate adaptiert oder standardisiert ins Ausland übertragen: „no change, very few, few and extensive“. Wenig überraschend sind die meisten Non-Food-Händler stärker standardisiert als Food-Retailer und die weltweit führenden „Fashion-Brand-Firms“ adaptieren kaum. Allerdings werden auch in den Branchen diverse Strategien in China deutlich. Ähnlich geht Schröder (2014) vor – i.S.v. Änderungen der Formatstrategie – für Fashion-Händler. Dabei werden Muster der Formattransferstrategie identifiziert und der Einfluss von Kontextfaktoren aufgezeigt.

Natürlich sind derartige Sichtweisen limitiert, denn sie lassen unberücksichtigt: (1) die Instrumente, die angepasst werden mussten (z.B. auf Basis von Rechtsvorschriften) und solche, die strategisch adaptiert oder standardisiert wurden, (2) die unterschiedliche strategische Relevanz der Instrumente in Handelsunternehmen sowie (3) die Interdependenz von Instrumenten und Prozessen oder lokalem Erfolg. Bevor auf diese Punkte eingegangen wird, ist auf eine alternative, engere Bedeutung der Formattransfers hinzuweisen, nämlich die **Bestimmung des Be- bzw. Vertriebstyps für die Auslandsexpansion**.[1] Sie kann als eine Basisentscheidung des internationalen Managements gesehen werden.

- Wählt bzw. entwickelt ein Unternehmen einen neuen Be-/Vertriebstyp für die Auslandsexpansion, dann **diversifiziert das Unternehmen** mit allen damit verbundenen Risiken und Chancen. Diese Strategie ist selten bei organischen Eintritten zu beobachten, wohl aber bei Akquisitionen im Ausland, wobei dann Standardisierungsoptionen im Hinblick auf die folgenden Instrumente und Prozesse ggf. begrenzt sind.
- Wählt ein Unternehmen einen bekannten und ggf. den erfolgreichsten Be-/Vertriebstyp für die Auslandsexpansion, dann verfolgt es eine Marktentwicklung. Folgeentscheidungen bzgl. der Marketinginstrumente und -prozesse können dann standardisiert oder adaptiert getroffen werden, entsprechend der o.g. Determinanten.

Diese Sichtweise knüpft an die Standardisierungs- bzw. Adaptionsentscheidung an, geht allerdings darüber hinaus, denn die Gestaltung der Be-/Vertriebstypen beim erstmaligen Eintritt in ein Land („Going International“) bestimmt die weitergehenden Standardisierungs- bzw. Adaptionsentscheidungen, d.h. während des „Being International“. Ähnliches ist für Online-Händler zu schlussfolgern. Entscheidet sich ein Händler für einen adaptierten Online-Shop, so wird dieser mit einer lokalen, länderspezifischen Internetdomain geschaltet und zieht weitere Anpassungen mit sich. Wird dagegen die Standardisierung des Online-Shops gewählt, erfolgt der Markteintritt über die globale Internetdomain.

Beim „Going International“ stellt bei Unternehmen mit nur einem Betriebstyp dieser die Kernkompetenz dar, was die Entscheidungsgrundlage bzgl. des Betriebstyps begrenzt, es sei denn, es wird eine Diversifikation im Ausland angestrebt. Bei mit mehreren Betriebstypen tätigen Unternehmen ist der Entscheidungshorizont erweitert, nämlich um die Frage nach der Wahl eines optimalen Betriebstyps für die Expansion. Grundsätzlich kann davon ausgegangen werden, dass ein Handelsunternehmen möglichst den Be-/Vertriebstyptyp nutzen wird, den es bereits erfolgreich führt und bei dem es glaubt, die nachhaltigsten Stärken gegenüber

---

1 Zu Betriebstypen (i.S.v. Fachgeschäften, Supermärkten usw.) und Vertriebstypen (hier grundsätzlich zwischen Offline- und Online-Kanal) siehe die Ausführungen im Zweiten Kapitel.

den etablierten und potenziellen Konkurrenten zu besitzen. Oftmals existieren diesbezüglich formulierte Unternehmensprinzipien. Im Handel kann das Multiplikationsprinzip beim Eintritt in einen Markt zumindest durch zwei Aspekte durchbrochen werden:

- Eine Neigung zur Adaption ist in Volumenmärkten, so in „Hot-Spot-Märkten" wie China oder Indien oder strukturell komplexen und kulturell entfernten Märkten wie Japan, zu beobachten. Hier variiert zudem oft die Größe des bevorzugten Betriebstyps.
- Der Markteintritt mittels Akquisition führt oft zur Diversifikation.

Konkrete **externe Determinanten** im Hinblick auf die Eignung eines Be-/Vertriebstyps für ein Land sind etwa rechtliche Vorschriften (z.B. Bauplanungsrecht, das die Ansiedlung großflächiger Einkaufsstätten erschwert), die Wettbewerbsbedingungen oder das Käuferverhalten. Ferner sind die Eintrittsobjekte in den jeweiligen Ländern oft die Betriebstypen, die sich im jeweiligen Stammland in der Wachstums- oder Reifephase befinden, so bei länderspezifischer Unterstützung der Entwicklung von Hypermärkten in Frankreich (Dimitrova/Rosenbloom 2010). Die betriebstypenbezogenen Entscheidungen während des „Being International" sind vielfältig Drei Aspekte sind besonders relevant: (1) Nahe liegt eine Adaption, i.S. der Weiterentwicklung der Betriebstypen im jeweiligen Land. (2) Ferner können Eintritte mit weiteren – in anderen Ländern erprobten – Betriebstypen erfolgen oder die im Gastland entwickelten Betriebstypen können „exportiert" werden. (3) Eine weiter gehende, separate Entscheidung folgt der Frage, ob der Betriebstyp, z.B. ein Hypermarkt in der **Größe (qm)** unverändert multipliziert wird oder nicht. Die o.g. Entscheidungsdeterminanten sind hier ebenso relevant. Allerdings ist die Entscheidung für weit mehr Unternehmen bedeutend, denn selbst Monobetriebstypenunternehmen können die Größe ihrer Discounter, Super- oder Hypermärkte variieren. Die Größe des Outlets hat weit gehende Konsequenzen, z.B. im Hinblick auf die Sortimentsbreite und die In-Store-Gestaltung.

Walmart mit breitem Betriebstypenportfolio im Ausland

Walmart agiert in den USA mit den Betriebstypen Discount Stores (ca. 10.500 qm), Supercenter (16.000 qm), Convenience Stores (3.700 qm), Sam's Club (10.000 qm), der Plattform „walmart.com", weiteren E-Commerce-Marken und der Walmart App. In Lateinamerika agiert Walmart mit einem breiten Betriebstypenportfolio: In Mexiko sind es ca. 122 Suburbia Appareal Stores, 161 Sam's Club, 490 Bodega Discountläden, 95 Superama Nachbarschaftsläden und in Brasilien und Puerto Rico finden sich ebenso „Kleinflächen". Bei der Akquisition von Seiyu (Japan) wurden neben Supermärkten auch Warenhäuser und Shopping-Center übernommen und bei der von Yihaodian in China ist es ein weiterer Online-Shop.

Auchan realisiert 600 SB-Warenhäuser in 13 Ländern

„Das SB-Warenhaus hat eine große Zukunft", meint Vianney Mulliez, Aufsichtsratschef des Familienunternehmens, trotz der Probleme dieses Betriebstyps bei heimischen Konkurrenten. Der sechstgrößte Lebensmittelhändler in Frankreich (51,7 Mrd. EUR Umsatz) führt weltweit 1.003 Hypermärkte. Besonders in China und Russland ist das Unternehmen auf Expansionskurs.

Quelle: www.corporate.walmart.com, 28. März 2018; Auchaun Geschäftsbericht 2016; Lebensmittel Zeitung, 3. September 2015.

Standardisierung vs. Adaption auf der Ebene von Marketinginstrumenten

Bereits für Lingenfelder (1996) konkretisiert sich die Vereinheitlichung des Inhalts der Marktbearbeitung im Handel primär in der **Sortimentspolitik**. Branchenübergreifend bilden indessen, neben dem Betriebstyp, der Standort und die Ladengestaltung strategische Instrumente. Dennoch wird die Entscheidung oft auf die Betriebstypen und die Sortimente bezogen. Während aber beim Betriebstyp ein relativ einfacher Vergleich im Heimat- und Gastland ausreicht, ist dies im Hinblick auf die Sortimente schwieriger, da hier mehrere Betrachtungsebenen denkbar sind, so Sortimentsbreite und -tiefe, Warengruppen oder Artikel usw. Zudem – und dies ist wichtig – besteht, wie angedeutet, bei Food-Händlern auf Grund von Geschmacksunterschieden, lokalen Einkommensdifferenzen, Logistikkosten usw. die Notwendigkeit, zumindest Artikel lokal zu differenzieren, nicht so bei Non-Food-Anbietern. Daher sind kombinative Betrachtungen von Betriebstyp und Sortiment (hier primär Breite und Tiefe) nur auf Branchenebene sinnvoll, wie sie Abb. 3.105 am Beispiel von mehreren Händlern in zwei Branchen andeutet. Damit lassen sich innerhalb der Food-Branche und der Fashion-Branche Unterschiede zwischen den führenden Unternehmen visualisieren. Freilich wäre eine derartige Betrachtung auf ein konkretes Land zu beziehen und die Abbildung würde anders aussehen, wenn beide Branchen in einer einzigen Abbildung abgetragen würden.

Abbildung 3.105: Beispiele für Standardisierung und Adaption in Branchen

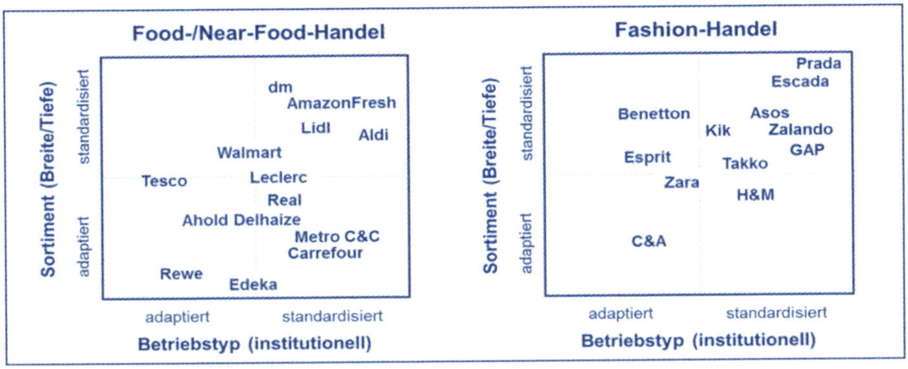

Viele Food-Händler tragen den Adaptionsnotwendigkeiten durch **modularisierte Konzepte** Rechnung. Systematisch vorgehende Händler verfügen über ein Spektrum an Formaten und Sortimentsmodulen, mit denen bevorzugt internationalisiert wird. So hat Metro verschiedene Formate des C&C-Betriebstyps und ein modularisiertes Sortimentskonzept. Die Sortimente betragen bis zu 20.000 Food- und bis zu 30.000 Non-Food-Artikel und die drei Formate – Classic, Junior und ECO – variieren in Standort, Größe und Sortimentsschwerpunkt. Das Junior-Format und die zugehörige, möglichst konforme Modularisierung des Sortiments bildet das bevorzugte Eintrittskonzept. Dies widerspricht nicht der Tatsache, dass bspw. bis zu 90% der Artikel lokal beschafft werden oder dass parallel bspw. in Frankreich auf das ECO-Konzept gesetzt wird, was als Adaption im Land entwickelt wurde. Fashion-Händler hingegen verfügen über **modularisierte Shop- und Shop-in-Store-Konzepte** sowie eher standardisierte Kollektionen, die pro Kollektionszeitraum ausgerollt werden. Vertikal integrierte Unternehmen berücksichtigen bereits während der Kollektionsentwicklung die verfügbaren, modularisierten und damit standardisierten Flächen und die darauf geplanten Sortimente (siehe die Fallstudie im Fünften Kapitel). Diese Beispiele verdeutlichen, dass eine Modularisierung nicht einfache Artikelanpassung bedeutet, sondern einer graduellen Sicht folgt.

Über die Sortimente hinaus ist die Frage der Standardisierung oder Adaption auf der Ebene eines jeden Marketinginstruments relevant. Dies betrifft v.a. eine länderübergreifende Perspektive während des „Being International". Die Relevanz dieser Ebene kann mit einem Beispiel verdeutlicht werden. Gegenüberzustellen sind hier bspw. die Skaleneffekte, die „nur" ein standardisiertes Handelsmarkenprogramm in einem großen Land (z.B. China) bedeutet, im Vergleich zu vielen kleineren Programmen in einzelnen europäischen Ländern. Viele Sprachen, eine dezentrale Produktion usw. potenzieren die Kosten eines differenzierten **Handelsmarkenprogramms** in Europa. Demgegenüber kann eine diesbezüglich vollständige oder partielle Standardisierung in zwei oder mehr Ländern entsprechende Potenziale eröffnen. Das Standardisierungspotenzial weiterer Marketinginstrumente (wie Preis, Service, Verkaufsförderung, Werbung) ist dieser Logik folgend offensichtlich.

In der Praxis können Standardisierungstendenzen auf unterschiedlichen Ebenen beobachtet werden. So repliziert Ikea im Rahmen der Internationalisierung standardisiert sein Ladenlayout sowie den Service, nimmt jedoch länderspezifische Anpassungen des Sortiments, des Katalogs und der Werbung vor (Burt/Johansson/Thelander 2011). Zudem passt z.B. Walmart, sein ehemals standardisiertes Sortiment in China an lokale Kundenbedürfnisse an, während Preisniveaus eher standardisiert übertragen werden (Chuang u.a. 2011). Es ist also eine instrumentenspezifische Betrachtung sinnvoll. Die empirischen Befunde hierzu waren bisher eher grundlegend, wobei Ländervergleiche dominieren, so bzgl. der Programme in entwickelten und unterentwickelten Ländern (Bahadir/Bharadwaj/Srivastava 2015). Schwarz (2009) gibt – auf Basis von rd. 70 Gesprächen mit Handelsmanagern – Einblicke im Vergleich der Instrumente (siehe Tab. 3.14):

- Betriebstyp, Standort und Ladenlayout werden am stärksten standardisiert, gefolgt von Sortiment, Preis und Service, Massenkommunikation sowie Verkaufsförderung.
- Tendenziell wird die Marke als international strategisch wichtigstes Instrument bewertet, gefolgt von den am stärksten standardisierten Instrumenten. Service, Massenkommunikation und Verkaufsförderung weisen die geringste Bedeutung für die Expansion auf.

Tabelle 3.14: Standardisierungsniveau und Bedeutung von Marketinginstrumenten

Faktoren	Instrumente	Mittelwert (1-5)	Standardabweichung	Strategische Bedeutung (in%)
	Retail Brand	4,45	1,02	84,5
Strategische Instrumente	Betriebstyp	4,12	1,08	73,2
	Standort	3,54	1,32	64,8
	Ladenlayout	3,70	1,23	64,8
Taktische Instrumente	Sortiment	3,41	1,05	66,2
	Preis	2,91	1,20	45,1
	Handelsmarken	3,41	1,46	38,0
Operative Instrumente	Service	3,26	1,25	23,9
	Massenkommunikation	2,90	1,15	21,1
	Verkaufsförderung	2,67	1,08	14,2

5-Punkt-Likert Skala mit 1=vollständig adaptiert bis 5=vollständig standardisiert.

Die Studie legt eine Ebenenbetrachtung entsprechend der strategischen Relevanz nahe, d.h., eine Standardisierung des Betriebstyps, der Standorte und des Ladenlayouts hat weitreichende Konsequenzen für das Management und die Gestaltung weiterer Marketinginstrumente (siehe Abb. 3.106). Auf jeden Fall sind Instrumente abhängig voneinander zu sehen.

Abbildung 3.106: Ebenen der Standardisierungsoptionen im Handelsmarketing

Exkurs: Studien zur Wahrnehmung und dem Transfer von Handelsformaten

Händler können beim Transfer ihrer Handelsformate ins Ausland nur einzelne Marketinginstrumente anpassen. Dabei stellt sich die Frage, ob Kunden bestimmte Instrumente als besonders typisch und ausschlaggebend betrachten und Händler diese auch im Ausland zur eigenen Positionierung nutzen können. Swoboda/Berg/Dabija (2014) untersuchen daher, ob es über Ländergrenzen hinweg Kerncharakteristika einzelner Betriebstypen (Discounter, Hypermärkte und Supermärkte) gibt, die einen dominanten Einfluss auf die Markenstärke haben. Dabei wird der Einfluss dieser Kernmarketinginstrumente über den Händler als starke Marke und folglich auf die Loyalität analysiert (siehe Abb. 3.107). Swoboda/Morbe/Dabija (2017) unterscheiden zusätzlich zwischen einer Inter- und Intra-Formatperspektive. Empirisch getestet wurden die Zusammenhänge anhand von Kundenbefragungen in drei Ländern (1. Studie: N=2.459 Konsumenten aus Deutschland und Rumänien; 2. Studie: N=3.237 aus Deutschland, Rumänien und Frankreich).

Die Ergebnisse beider Studien zeigen, dass formatspezifische Kerncharakteristika über Ländergrenzen hinweg existieren: Für Discounter hat der Preis einen dominanten Effekt auf die Markenstärke, während für Hypermärkte das Sortiment, der Service und die Ladengestaltung eine besondere Rolle spielen. Lediglich kleine Abweichungen in der Reihenfolge der Bedeutung sind zu erkennen. So ist bspw. die Wahrnehmung der Ladengestaltung von Hypermärkten bei rumänischen Konsumenten an erster Stelle, während deutsche Konsumenten das Sortiment als bedeutender einstufen. Diese Effekte können ebenfalls für die Intra-Formatperspektive weitgehend bestätigt werden. Zudem zeigt sich ein positiver und signifikanter Effekt der Markenstärke auf die Loyalität, welcher in Rumänien etwas schwächer ausfällt als in den Heimatländern.

Abbildung 3.107: Einfluss der formatspezifischen Charakteristika auf die Markenstärke/Loyalität

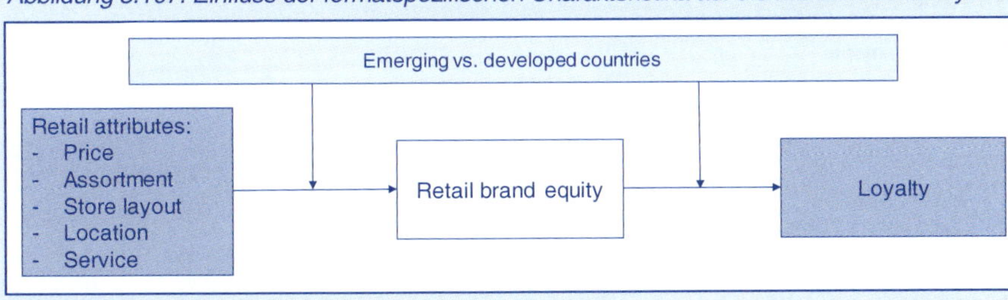

Für Manager von Handelsunternehmen ist es wichtig, sich über die Existenz formatspezifischer Kerncharakteristika bewusst zu werden und diese zur eigenen Positionierung im jeweiligen Land zu nutzen. Die Konzentration auf die bedeutendsten Merkmale des spezifischen Betriebstyps vereinfacht die Bildung einer starken Marke und verstärkt die Loyalität der Kunden. Länderspezifische Unterschiede sollten jedoch nicht unbeachtet bleiben. Ziel der Manager muss es gleichzeitig sein, sich auch im Intraformatwettbewerb von Konkurrenten mit gleichem Betriebstyp und Kernattributen zu differenzieren und zu profilieren.

Quelle: Swoboda/Berg/Dabija 2014; Swoboda/Morbe/Dabija 2017.

Standardisierung vs. Adaption auf der Ebene von Instrumenten und Prozessen

Händler haben bestimmte Kernkompetenzen, auf die sie im Ausland aufbauen, d.h., die standardisiert ins Ausland transferiert werden. Hierzu zählt – in einzelnen Branchen – der Betriebstyp, der ein Unternehmen von anderen unterscheidet, aber auch ein charakteristischer Standort und das Ladenlayout. Demgegenüber mag ein Händler offener sein bzgl. einer Adaption von Sortimenten, Preisen und der Kommunikation. Swoboda/Elsner (2013) untermauern dies in einer weiteren Studie auf Basis von Gesprächen mit Top-Entscheidern aus 102 deutschsprachigen Handelsunternehmen. Untersucht wurde dabei nicht nur die Standardisierung bzw. Adaption der Marketinginstrumente, sondern auch deren Auswirkung auf den Erfolg sowie deren Interdependenzen mit der Standardisierung von innerbetrieblichen Marketing und Supply Chain-Prozessen. Gerade diese haben in der Praxis der Internationalisierung von Handelsunternehmen eine hohe Bedeutung, wurden in der Literatur jedoch weitestgehend vernachlässigt. Es wird somit auch hier die Frage nach der Standardisierung und Adaption im Bereich der für den Konsumenten nicht sichtbaren innerbetrieblichen Prozesse aufgeworfen.

Abbildung 3.108 zeigt, dass der Grad der Standardisierung von Marketing- und Supply Chain-Prozessen sowie Marketinginstrumenten nach Peripher- und Kernelementen differenziert werden. Beim Marketing-Mix sind u.a. Handelsformat, Ladengestaltung o.Ä. Kernelemente und Sortiment, Preis o.Ä. periphere Elemente enthalten. Marktanalysen und Standortsuche sind bspw. Kernelemente der Marketingprozesse, Lieferantenbeziehungen oder Einkaufsprozesse solche der Supply Chain-Prozesse. Dagegen sind periphere Elemente der Marketingprozesse, u.a. Preiskalkulationen und Werbekampagnenplanung, und der Supply Chain-Prozesse, u.a. Lagermanagement oder Rekrutierungsverfahren. Gemäß dieser Zuordnung wurden Fragen entwickelt, auf deren Basis 122 Manager den Grad der Standardisierung bzw. Adaption der einzelnen Elemente in ihrem Unternehmen einordneten. Der Unternehmenserfolg im Gastland wird anhand der Umsatzentwicklung, dem ROI und dem Marktanteil gemessen. Zusätzlich erfolgt der Vergleich von psychisch nahen bzw. fernen Ländern (i.S.v. wirtschaftlichen und kulturellen Distanz, die nicht in der Abbildung visualisiert ist).

Abbildung 3.108: Ergebnisse der Standardisierungsniveaus von Instrumenten und Prozessen

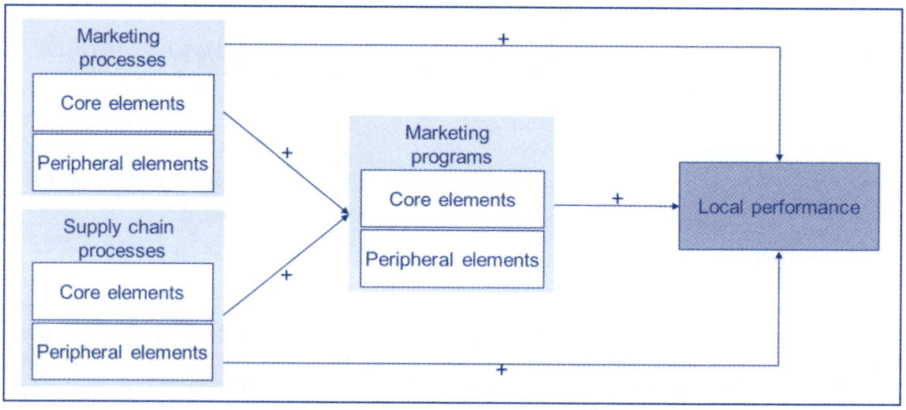

Quelle: i.A.a. Swoboda/Elsner 2013.

Im Allgemeinen zeigen die Ergebnisse, dass Kernelemente der innerbetrieblichen Prozesse bzw. der Marketinginstrumente („visible offers") beim Transfer ins Ausland vermehrt standardisiert werden, während periphere Elemente häufiger adaptiert werden. Für beide Arten von Elementen ist ein höherer Grad der Adaption/Standardisierung in psychisch fernen/nahen Ländern zu erkennen. Des Weiteren kann folgendes konstatiert werden:

- Die Standardisierung bzw. Adaption von für den Konsumenten nicht sichtbaren innerbetrieblichen Marketing- und Supply Chain-Prozessen hat einen positiven Zusammenhang mit der Standardisierung bzw. Adaption von für den Konsumenten sichtbaren Marketinginstrumenten. Dieser Zusammenhang spiegelt die Kernkompetenz eines Handelsunternehmens wider, sein Format erfolgreich ins Ausland zu transferieren.
- Durch die alleinige Standardisierung bzw. Adaption von innerbetrieblichen Prozessen kann der Auslandserfolg nicht erklärt werden, da kein direkter Zusammenhang besteht. Der Erfolg in einem bestimmten Auslandsmarkt wird vielmehr durch die Standardisierung der Kernelemente und durch die Adaption der peripheren Elemente des Marketingprogramms bestimmt. Dieser Einfluss ist für kulturell nahe und entfernte Märkte stabil.

- Der Erfolg an sich wurde in kulturfernen Märkten positiver bewertet als in kulturnahen Märkten. Dieser Effekt klingt zunächst kontraintuitiv, ist als sog. Psychic Distance-Paradoxon bekannt: Unternehmen agieren in kulturnahen Märkten zu fahrlässig mit ihren Möglichkeiten auf Grund der hohen wahrgenommenen Ähnlichkeit im Vergleich zum Heimatmarkt, während in kulturfernen Märkten größere Aufwendungen betrieben werden, aus Respekt vor den großen wahrgenommenen Distanzen zum Heimatmarkt.

Für Manager besteht die Herausforderung darin, periphere sowie Kernelemente zu definieren. Ferner ist es wichtig zu wissen, dass der Unternehmenserfolg primär von den „Visible Offers" und nur indirekt von den innerbetrieblichen Marketing- und Supply Chain-Prozessen abhängt. Grundsätzlich können die für den Aufbau einer Retail Brand strategisch bedeutenden Kernmarketinginstrumente standardisiert ins Ausland transferiert werden, um eine globale Brand aufzubauen. Periphere Marketinginstrumente hingegen erlauben dem Händler, operativ wichtige Anpassungen an den jeweiligen Auslandsmarkt vorzunehmen.

Adaptionen bzw. Standardisierungen von Online-Händlern werden im Folgenden auf der Ebene von Instrumenten und Prozessen betrachtet. Zu den Instrumenten zählen struktureller Aufbau, Bilder, Logos, Farben, Textbausteine oder Bezahlung- und Lieferoptionen (Alhorr/Singh/Kim 2010). Hinter den angebotenen Lieferoptionen stehen diverse Supply Chain-Prozesse, die je nach internen/externen Gegebenheiten standardisiert/adaptiert werden. Der Online-Shop ist die einzige Kontakt- und Kommunikationsmöglichkeit zum Konsumenten, wodurch u.a. die sprachliche Anpassung bedeutend ist (Swoboda/Sinning/Hirschmann 2018).

c) Interdependenzen und Dynamik

Neben den Interdependenzen, d.h., Abhängigkeiten zwischen Instrumenten und Prozessen, können weitere behandelt werden, so zwischen der Gestaltung der Marketinginstrumente und

- der Internationalisierungsstrategie bzw. den Zielen der Auslandsexpansion, so des Eintritts in einen bestimmten Markt,
- der Marktwahl und der Betätigungs- bzw. Markteintrittsform sowie
- den Situationen in den bearbeiteten Ländern.

Insbesondere während des „Being International" erwachsen Optionen eines länderübergreifenden Managements, da nicht nur der Wandel in Ländern, sondern auch in **Länderclustern** an Bedeutung gewinnt und zu entsprechenden Strategien führt, bspw. i.S. einer osteuropaspezifischen Konzeption. Ausgewählte Interdependenzen werden nun angesprochen.

Interdependenzen zwischen Internationalisierungsstrategie und Marktwahlbearbeitung

Die internationale Strategie bestimmt die Entscheidungen im Internationalen Marketing, v.a. solche zum Zeitpunkt des Markteintritts. So kann davon ausgegangen werden, dass **multinationale Unternehmen** eher attraktive Volumenmärkte auswählen dürften, da die Marktadaption hier ein größeres Potential eröffnet, und diese ggf. organisch oder mittels JV betreten würden, da eine straffe Steuerung nicht angestrebt wird. Demgegenüber würden **globale Unternehmen** eher ihr standardisiertes Leistungsprogramm international ausrollen, ggf. homogene Kundengruppen ansprechen und zugleich eigene Tochtergesellschaften oder Franchising als straffe Steuerungsbasis wählen. Derartige Zusammenhänge zwischen der internationalen Strategie und der Gestaltung des Marketing-Mix und der Prozesse sind exemplarisch in Tab. 3.15 anhand der Befragung von Managern in 102 Unternehmen angedeutet. Globale Händler standardisieren die Marketinginstrumente und Prozesse stärker als multinationale Händler, während Transnationale einen Mittelweg wählen, um Vorteile aus lokaler Anpassung und globaler Integration generieren zu können.

Tabelle 3.15: Zusammenhang zwischen internationaler Strategie und dem Grad der Standardisierung ausgewählter Marketinginstrumente und Prozesse

	Multinationale Unternehmen	Transnationale Unternehmen	Globale Unternehmen
Kernmarketingelemente			
Betriebstyp	3,65	4,14	4,71
Standort	3,04	3,57	4,25
Ladenlayout	2,85	3,61	4,29
Periphere Marketingelemente			
Sortiment	2,52	3,29	3,71
Preis	2,09	2,93	3,54
Handelsmarken	2,43	3,43	4,26
Marketingprozesse			
Entwicklung des Ladenlayouts	3,17	3,64	4,52
Entwicklung von CRM-Systemen	2,26	2,64	4,19
Zusammenstellung von Warengruppen	2,48	3,39	4,41
Planung von Verkaufsförderungsmaßnahmen	2,02	2,86	3,27
Supply Chain-Prozesse			
Logistiksysteme	2,26	3,86	4,37
Warenwirtschaftssysteme	3,60	4,18	4,65
Beschaffungslogistik	2,24	3,39	4,73
Distributionslogistik	1,93	3,29	4,08

Skala mit 1=vollständig adaptiert bis 5=vollständig standardisiert.

Interdependenzen zwischen Marktwahl, -eintrittsform und -bearbeitung

Einige Interdependenzen zwischen der Marktwahl, der Betätigungsform und der Art der Marktbearbeitung wurden bereits angedeutet. Bei der Marktselektion wurde gezeigt, dass die Betätigungsform und die Marktbearbeitungsstrategie determinierend wirken können. Die behandelte Abfolge von Schritten – Marktwahl, -eintrittsform und -bearbeitung – ist nur idealtypisch zu sehen und oft abgewandelt. So werden Märkte oft vor dem Hintergrund einer vorher als Grundsatz festgelegten Eintrittsstrategie ausgewählt oder auch die Positionierung ist durch den Betriebstyp bei der Marktwahl bestimmt. Darüber hinaus führt der von den meisten Händlern bevorzugte Aufbau eigener Filialen im Ausland dazu, dass ein standardisiertes oder adaptiertes Marketing möglich ist, d.h., mit zunehmender Kontrolle über das Auslandsengagement lassen sich – wie erwähnt – im Bedarfsfall Anpassungen im Marketing problemloser vornehmen. Bei Akquisitionen ist dies mit einem Time-lag versehen, da hier zunächst Strukturharmonisierungen vorzunehmen wären, und bei JV müsste ggf. ein Partner von den Vorteilen einer Standardisierung überzeugt werden. Bei Franchising ist das Gesamtkonzept eher auf Standardisierung ausgelegt, sodass die Adaption eine Herausforderung darstellt.

Interdependenzen bzw. Rückkopplungen zwischen Ländern

Auch Interdependenzen zwischen den Ländern wurden angedeutet, so bei der Erschließung eines Marktes von einem **Brückenkopfmarkt** aus oder während des „Being International". Zwar wird oft die Ansicht vertreten, dass im Handel nur geringe Synergien zwischen den bearbeiteten Ländern bestehen, was sich aber primär auf den Food-Handel bezieht, nicht aber auf den Non-Food-Handel. Mit zunehmender Internationalisierung wachsen die durch Interdependenzen nutzbaren Potenziale, weshalb sich viele Unternehmen gegenwärtig bspw. mit Effizienzsteigerungspotenzialen ihrer Engagements beschäftigen. Im Marketing lassen sich Potenziale anhand anbieter-, kunden-, konkurrenzbezogenen und institutionellen Rückkopplungen verdeutlichen (Zentes/Swoboda/Schramm-Klein 2013, S. 78).

Institutionelle Rückkopplungen bestehen bspw. in der Ausnutzung von rechtlichen und/oder politischen Vereinheitlichungen in einzelnen Ländern. Anbieterbezogene Rückkopplungen liegen etwa in internen Synergie- und Kostenvorteilen, während die kundenbezogenen Interdependenzen bspw. auf die Identifikation homogener Kunden- und/oder Ländercluster hinauslaufen. Evident sind Unterschiede in den Marketinginstrumenten in West- und Osteuropa, während die grundsätzliche Form der Marktbearbeitung, die sich in der Betriebstypenpolitik niederschlägt, i.d.R. ähnlich ist. Dies eröffnet die Option zur Kombination einer standardisierten Betriebstypenpolitik und einem auf die jeweiligen Gegebenheiten vor Ort angepassten Marketing-Mix, d.h. auf die Vorteile einer partiellen Vereinheitlichung der Marktbearbeitung (z.B. Kostensenkung bei der Warenbeschaffung) und einer flexiblen Bearbeitung von Ländermärkten. Eine vergleichbare Bedeutung hätte die Identifikation **länderübergreifender Zielgruppen** für die öfter angesprochenen Fashion-Händler.

Ferner wäre es denkbar, den Markt mit der höchsten Wettbewerbsintensität als Referenzbasis für die Gestaltung eines regional bzw. weltweit identischen Marketing-Mix auszuwählen. Die Bearbeitung aller anderen Ländermärkte würde sich dann daran orientieren.

6. Entscheidungsfelder bei der Koordination Internationaler Aktivitäten

a) Ausgewählte Fragen der Koordination als Ausgangspunkt

Die **Implementierung** bzw. **Koordination** der Auslandsaktivitäten ist ein in der Handelsforschung nur selten betrachtetes Phänomen, genau wie die Gestaltung des **internationalen Wertschöpfungssystems**, d.h., der Wertschöpfungsaktivitäten. Dabei liegen in der gesamten Wertkette Wurzeln für Wettbewerbspotenziale (siehe Abschnitt II des Zweiten Kapitels), auch im Handel, und die Koordination ist letztlich für die Effizienz der Auslandsaktivitäten und damit – im Zusammenspiel mit effektiven Marketingaktivitäten – für die Erfolge im Ausland entscheidend. Die Instrumente der Koordination internationaler Aktivitäten können auf zwei Ebenen betrachtet werden: auf der Ebene funktionaler Strategien wie des Marketing (vgl. hierzu Zentes/Swoboda/Schramm-Klein 2013) und auf der Gesamtunternehmensebene und damit der Ebene der Steuerung aller Wertschöpfungsprozesse (vgl. dazu Zentes/Swoboda/Morschett 2004). Im zweiten Fall handelt sich um folgende Aspekte (vgl. in Handelsunternehmen bspw. Swoboda/Anderer 2008):

- **Organisationsstruktur** bzw. strukturelle Koordination, z.B. Primär- und Sekundärorganisation sowie Formalisierung (z.B. schriftliche Fixierung) und Zentralisierung (z.B. Entscheidung durch die Zentrale) organisatorischer Maßnahmen
- **Organisationsprozesse** und -systeme bzw. systemische Koordination, z.B. Planungs-, Kontroll- und Kommunikationssysteme sowie Formalisierung und Zentralisierung dieser Systeme (im Marketing oder im Gesamtunternehmen)
- **Unternehmenskultur** und Human Resource Management bzw. kulturelle Koordination, z.B. Unternehmenskonjunktur, interne Nutzung und Transfer der Kultur, Auslandsbesuche (im Marketing oder im Gesamtunternehmen).

An dieser Stelle werden die Argumente kurz angesprochen, mit Verweis auf das Sechste Kapitel.[1] Die Bedeutung der internationalen Koordination ist dann groß, wenn eine starke Arbeitsteilung vorliegt, eine hohe Komplexität und Intensität der Beziehungen zwischen den Elementen besteht, große räumliche, zeitliche, sachliche und menschliche Distanzen zu überwinden sind usw. Bei internationalen Aktivitäten ist der Koordinationsbedarf davon abhängig, inwieweit ähnliche Aktivitäten und Prozesse (länderübergreifend) aufeinander abgestimmt werden, was bei globaler oder transnationaler Strategie am stärksten ist.

[1] Koordination wird in der Organisationstheorie, im International Management und Marketing unterschiedlich gesehen. In der „Competitive Strategy Theory for MNCs" wird von Integration gesprochen, während eher systemtheoretisch von Koordination ausgegangen wird. Die Governance-Mechanismen der Formalisierung und Zentralisierung bilden eine Querdimension zur strukturellen und systemischen Koordination.

Swoboda/Morbe/Hirschmann (2018) untersuchen genau diesen Einfluss der Internationalisierungsstrategien unter Hinzunahme des Integration-Responsiveness-Frameworks („Levels of Integration or Responsiveness, I/R") auf den Grad der De-/Zentralisierung von Entscheidung bzw. Adaption/Standardisierung der Angebote. Weiterführend wird die Bedeutung der strategischen Entscheidungen für den Erfolg ermittelt. Die Zusammenhänge werden in Abhängigkeit der Einfachheit oder Schwierigkeit (in kulturell nahen vs. entfernten Ländern) des Transfers unternehmensspezifischer Vorteile erklärt (siehe Abb. 3.109). Mittels Experteninterviews wurden 126 CEOs oder Expansionsmanager zu den strategischen Optionen und deren Ausprägungen im jeweiligen Handelsunternehmen befragt. Die Wahl der Internationalisierungsstrategie wird als aktive Entscheidung gesehen, wobei Integration für den Fokus auf das Erzielen von Skaleneffekten und eine weltweite Positionierung und Responsiveness für lokale kompetitive Vorteile und das Berücksichtigen lokaler Marktbedürfnisse steht. Die Einschätzung der Adaption oder Standardisierung der Angebote betrifft die Marktbearbeitung von Sortiment, Preis, Kommunikation, Layout und Service. Entscheidungen der De-/Zentralisierung werden bzgl. der Planung, Investition und dem Controlling bewertet. Die Umsatzentwicklung, der ROI und der Marktanteil sind Indikatoren für den Erfolg.

Abbildung 3.109: Zusammenhang des I/R-Frameworks über die Marktbearbeitungs- bzw. Koordinationsentscheidungen mit dem Unternehmenserfolg

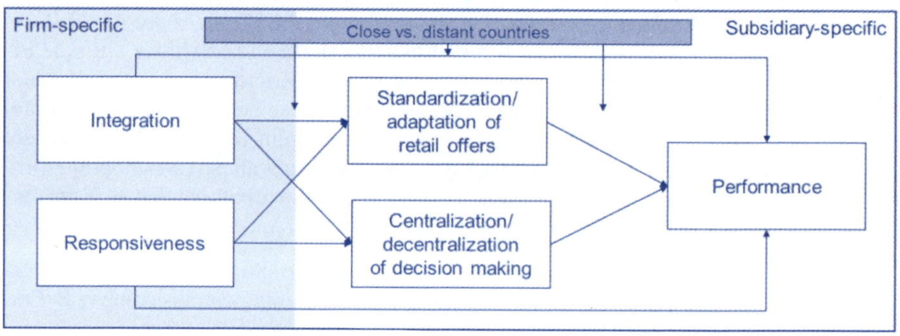

Im Ergebnis hat I/R (Ausprägung der Strategie) keinen direkten Effekt auf den Erfolg. Wenige Pfade sind erfolgswirksam, d.h., ermöglichen eine erfolgreiche Strategieumsetzung in psychisch nahen bzw. entfernten Ländern. In entfernten Ländern besteht von der Integration ausgehend über die Zentralisierung ein erfolgreicher Pfad, d.h., nur eine einzige Strategieumsetzung ist erfolgreich. Dagegen haben Manager in nahen Ländern zwei Pfade zum Erfolg: Integration-Standardisierung-Erfolg oder Responsiveness-Dezentralisierung-Erfolg. Manager von Handelsunternehmen müssen sich bewusst sein, dass die Entscheidung für eine internationale Strategie erfolgreiche Umsetzungsmuster bedingt und zwar länderspezifisch. Dabei sind zentralisierte strategische Entscheidungen v.a. in fernen Ländern vorteilhaft, während eine Zentralisierung in nahen Ländern den Erfolg dämpft.

Grundsätzlich kann die Koordination – auch in internationalen Hersteller-Handels-Beziehungen, bspw. durch eine Zentralisierung des **Global Account Managements** der Industrie (Kundenstrategien, Informationsprozesse, Preissysteme o.Ä.), zur Effizienz- und Effektivitätssteigerung der Kundenbeziehung führen (Swoboda u.a. 2012). Abbildung 3.110 verdeutlicht für das gesamte Unternehmen, dass die Koordination primär für die interne Effizienz der internationalen Aktivitäten verantwortlich ist, während die Konfiguration – hier pauschal begriffen als Adaption und Ausgestaltung der Marketingaktivitäten in einzelnen Ländern – die Effektivität des Handelsunternehmens adressiert. Die jeweils drei Beispiele sollen andeuten, dass strukturelle, systemische oder kulturelle Koordinationsentscheidungen selbst bei einer differenzierten Bearbeitung einzelner Länder dazu führen können, dass Effizienzvorteile länderübergreifend realisiert werden können. Diese Koordination bei gleichzeitiger ländermarktspezifischer Konfiguration, d.h., Adaption an die Kundenbedürfnisse kann als Quelle der Exzellenz der Internationalisierung im Handel gesehen werden.

Abbildung 3.110: Ziele des Managements internationaler Handelsunternehmen

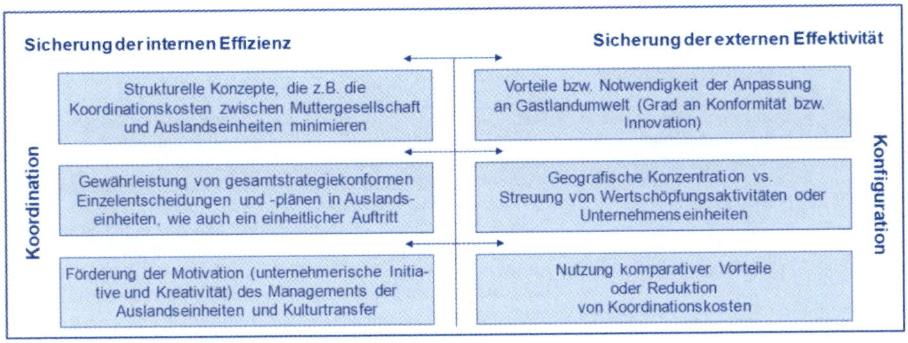

Quelle: i.A.a. Swoboda/Foscht/Cliquet 2008, S. 66.

b) Gestaltung von Wertschöpfungsfunktionen im Ausland

Die zunehmend internationalen Marktaktivitäten im Handel bedingen – wie hervorgehoben – die Notwendigkeit zur Gestaltung der internationalen Supply Chain und, umfassender, der Wertschöpfung. Der Gestaltung von internationalen Wertschöpfungsaktivitäten und -prozessen kommt in der internationalen Handelsforschung bisher eine eher geringe Bedeutung zu (vgl. dazu Swoboda/Foscht/Cliquet 2008). Demgegenüber blicken Handelsunternehmen zunehmend auf die Cross-Border-Wertschöpfung, und zwar mit dem Ziel, in den Wertschöpfungsfunktionen Wettbewerbsvorteile zu generieren und/oder durch deren Optimierung die Gewinnsituation zu verbessern. Dabei ist es relativ klar, dass ein international tätiges Handelsunternehmen – etwa gegenüber einem nationalen – in der Wertschöpfung Vorteile hat, so auf Grund der Risikostreuung, der Economies of Scale, etwa durch Verkauf von ansonsten abzuschreibenden Kollektionen in Auslandsmärkten oder der höheren Flexibilität (in der Entscheidung wo investiert, beschafft oder logistisch abgewickelt wird). Wie bereits ausgeführt, kann gezeigt werden, dass ein Zusammenhang besteht zwischen dem Standardisierungsgrad von Marketinginstrumenten und Marketingprozessen (z.B. Marktanalyse, Sortiments-/Kollektionsentwicklung und -planung) sowie von Supply Chain-Prozessen (z.B. Beschaffungs-/Logistikprozesse), die den internationalen Unternehmenserfolg bestimmen.

Bei einer eingehenden Betrachtung greifen auch hier die behandelten Perspektiven eines länderspezifischen und -übergreifenden sowie eines „Going" und „Being International". Hier soll nur angedeutet werden, dass beim internationalen Wertschöpfungsmanagement jede Wertschöpfungsaktivität „cross-border" zu koordinieren ist bspw. auf der Länderachse (Konfiguration oder geografisch-kulturelle Distanz) und der Integration/Koordination-Achse. Während ein derartiges „Gebirge" illustrativ die Grundidee verdeutlicht, finden sich in der Literatur diverse theoretische Ansätze, welche die Entscheidungsoptionen zu strukturieren helfen. Ohne auf diese einzugehen, soll Abb. 3.111 exemplarisch für jede Wertschöpfungsfunktion die zu beantwortenden Fragen (i.S.v. Entscheidungsoptionen) für Handelsunternehmen zeigen. Hierbei wird mit Externalisierung die Frage nach dem Niveau der vertikalen Integration verbunden, d.h. der Selbst- oder Fremderstellung.

Abbildung 3.111: Internationale Konfigurations-, Koordinations- und Externalisierungsoptionen von Wertschöpfungsfunktionen in Handelsunternehmen

	Konfiguration	Koordination/Adaption	Externalisierung
Beschaffung	▪ Standort der Einkaufsorganisation ▪ Auswahl der Märkte für Einkauf einzelner Artikel und Komponenten	▪ Planung der Beschaffungsprozesse von Artikeln ▪ Informationstransfer über Beschaffungsmärkte und Management der Zulieferer in verschiedenen Ländern	▪ Ermittlung der Lieferanten in verschiedenen Ländern ▪ Bestimmung der externen Schnittstellen zu den Lieferanten
Operationen	▪ Standorte der Produktionsstätten für Artikel (Handelsmarken) und Komponenten	▪ Aufgabenzuweisung an die einzelnen Produktionsstätten bzw. Verbundsysteme bei geografischer Streuung	▪ Entscheidung über Selbstproduktion oder Fremdbezug
Logistik	▪ Standorte der Organisation in der Beschaffungs- und der Distributionslogistik ▪ Standorte der Läger und Zuweisung der Aufgaben	▪ Aufgabenzuweisung an die einzelnen Leistungseinheiten ▪ Gemeinsame Planung und Kontrolle der Warenflüsse sowie Informationstransfer und Technologiekoordination	▪ Entscheidung für Selbsterstellung von Lagerung, Transport, Rack Jobbing ▪ Ermittlung der Dienstleister in verschiedenen Ländern ▪ Bestimmung der Schnittstellen
Innovation	▪ Anzahl und Standorte von Innovationszentren	▪ Festlegung von Aufgaben der Innovationszentren, von Informationsaustausch und Reihenfolge der Einführung	▪ Entwicklung neuer Produkte/Formate für die in Ländermärkten Bedarf besteht
Marketing und Vertrieb	▪ Auswahl der Ländermärkte oder Kundengruppen ▪ Marketingfestlegung, z.B. Formate und Positionierung ▪ Standort der Kundendienstorganisation oder Werbemittelproduktion	▪ Zuweisung von Kompetenzen, Koordination der Absatzpolitik und der internationalen Kunden ▪ Koordination der Preispolitik in verschiedenen Ländern ▪ Weltweit Leistungsstandards, Arbeitsweisen des Kundendienstes	▪ Internationalisierung durch integriert/direktinvestiv oder Kooperation ▪ Ermittlung von Agenturen in verschiedenen Ländern oder länder übergreifend

Quelle: i.A.a. Swoboda/Foscht/Cliquet 2008, S. 74.

Im Einzelnen behandeln Swoboda/Foscht/Cliquet (2008) die Optionen der Gestaltung der internationalen Wertschöpfungsprozesse konzeptionell und anhand von Beispielen bzw. Kurzfallstudien. Zudem können auf dieser Basis die Grundorientierungen international tätiger Unternehmen im Vergleich angedeutet werden. Abbildung 3.112 zeigt exemplarisch Beispiele hierfür.

Abbildung 3.112: Dimensionen der Internationalisierung und Unternehmensbeispiele

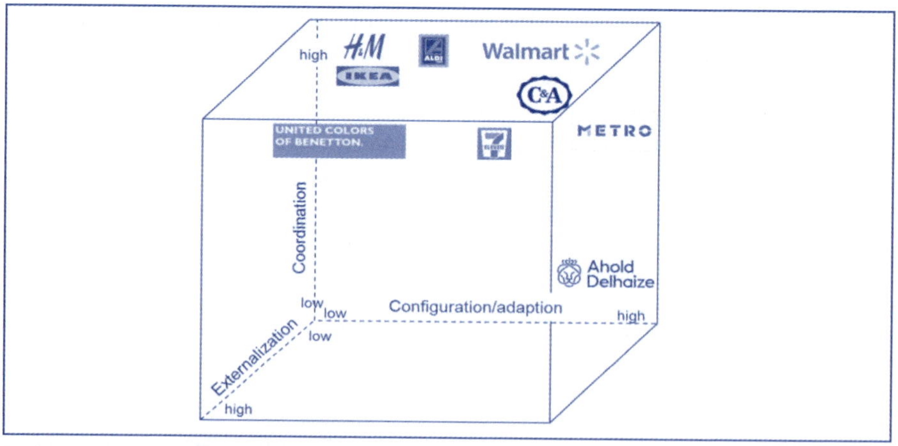

Quelle: i.A.a. Swoboda/Foscht/Cliquet 2008, S. 74.

IV. Vertikale Integration und Strategien der Kooperation

1. Gegenstand

a) Grundlagen und Bedeutung

Vertikale Integration umfasst die vollständige oder partielle Internalisierung von vor- oder nachgelagerter Leistungserstellungsstufen (siehe Abschnitt D.II.1. in diesem Kapitel).

> Vertikale Integration wird in institutioneller Sicht auf neue **Stufen des Wertschöpfungssystems** bezogen, in deren Erstellung ein Unternehmen bisher noch nicht involviert war, z.B. übernimmt ein Einzelhändler den Großhandel oder die Produktion. Sie wird auch auf funktionale Aktivitäten bezogen, wonach ein Unternehmen bspw. Produktion, Marketing und Vertrieb innerhalb der Organisation selbst durchführt (alternativ zum Marktbezug).

In beiden Fällen versucht ein Händler, der vertikale Integration verfolgt, seine ökonomischen Ziele durch interne anstatt durch externe Markttransaktionen zu erreichen (Casson 1984). Die Ausweitung von Leistungsaustausch/Einflussnahme in Richtung der Beschaffungsseite bildet die Rückwärtsintegration („backward/up-stream"), in Richtung der Absatzmärkte die Vorwärtsintegration („forward/down-stream"). Den Gegensatz bildet die **Desintegration**. In Konsumgüterbranchen sind beide Sichtweisen relevant. Die **Vorwärtsintegration von Herstellern** kann die Gründung eigener Offline- und Online-Stores umfassen, wobei der institutionelle Handel umgangen wird. Es handelt sich um **Direktvertrieb**. Alternative Formen des Direktvertriebs sind Flagship-Stores, Factory-Outlets oder Shop-in-Shop-Systeme. Bei der Controlled Distribution wird ein indirekter Vertrieb realisiert und selbstständige Handelsstufen kontraktuell gebunden. Die vertikale Integration von Einzelhandelsunternehmen erfolgt i.d.R. als **Rückwärtsintegration**, weil auf Grund des Verbraucherkontakts eine Vorwärtsintegration per Definition keine Option auf der Gesamtunternehmensebene ist. Sie umfasst bedeutende Formen, die aus unterschiedlichen Motiven heraus erfolgen und diverse Konsequenzen für das Handelsmanagement beinhalten:

- Handelsunternehmen, v.a. im LEH, kooperieren traditionell mit Lieferanten in diversen (kontraktuellen) Formen und nehmen zunehmend eine weitere Rückwärtsintegration vor, indem sie die Einflussnahme auf Lieferanten erweitern oder eigene Produktion aufnehmen (bspw. bei **Handelsmarken**).[1]
- Handelsunternehmen kontrollieren die **Vorstufen im Wertschöpfungssystem**, bis hin zu Rohstofflieferanten. Dies erfolgt v.a. aus Gründen der Versorgungssicherheit und der Nachhaltigkeit (Gewährleistung ökologischer, sozial verantwortlicher Angebote).
- Vertikale Ziele verfolgen Verbundgruppen des Handels, in denen sich bspw. selbstständige Kaufleute horizontal mit dem Ziel zusammenschließen, größenbedingte Nachteile gegenüber Filialunternehmen wett zu machen. **Einkaufsgemeinschaften** sind Zusammenschlüsse von Einzelhändlern zum Zweck der gemeinsamen Beschaffung. **Freiwillige Ketten** sind Zusammenschlüsse selbstständiger Groß- und Einzelhandelsunternehmen zur gemeinsamen Durchführung unternehmerischer Aufgaben auf Initiative der Großhandelsunternehmen, für die es eine Vorwärtsintegration ist.
- Nicht eindeutig der Hersteller- oder Handelsseite zuzuordnen sind **Franchisesysteme**, die eine Form der vertikalen Kooperation repräsentieren, in denen ein Franchisegeber

[1] Es sind Waren- oder Unternehmenszeichen, mit denen Handelsbetriebe Waren versehen oder versehen lassen, wodurch sie als Eigner der Marke auftreten (siehe dazu ausführlich Abschnitt D. im Vierten Kapitel).

und ein Franchisenehmer aufgabenteilig zusammenarbeiten.

- Schließlich dominieren v.a. im Fashion-Handel vertikal integrierte Anbieter. Diese **Vertikalen** produzieren und handeln gleichermaßen, d.h., sie treten Kunden gegenüber als Retail Brand auf und kontrollieren v.a. das Wertschöpfungssystem (z.B. Kollektionsdesign, Materialbeschaffung, Logistik und PoS; siehe die Fallstudie im Fünften Kapitel).[1]

Grundsätzlich sind diese Entscheidungen Gesamtunternehmensstrategien, weil sie das Gesamtunternehmen betreffen, dauerhaft, schwierig herzustellen und zu imitieren sind.

Vorwärtsintegration bei Radeberger

Radeberger, Tochter von Oetker, hat mit eigener Multichannel-Plattform vorwärts integriert und setzt die Distribution eigener Getränke selbstständig um. Zu diesem Zweck hat Radeberger den A & O Lieferservice in Berlin akquiriert und mit dem hauseigenen Durstexpress zusammengeführt. Das neu entstandene Angebot ermöglicht es Kunden, aus dem Radeberger-Sortiment zu wählen und die Produkte über den hauseigenen Lieferdienst nach Hause geliefert zu bekommen.

Quelle: Lebensmittel Zeitung, 16. Juni 2017, S. 1.

b) Ziele und Entscheidungsoptionen

Bzgl. der Gesamtunternehmensstrategie der vertikalen Integration werden in der Literatur diverse Ziele diskutiert, bisher aber v.a. für Hersteller. Im Handel lautet das Spektrum der **Gesamtunternehmensziele**, die durch vertikale Integration erreicht werden sollen, wie folgt:

- **Unsicherheitsziele** betreffen die auch über den Handel hinaus diskutierte Möglichkeit zur Erhöhung der Versorgungssicherheit, etwa in Bezug auf Lieferanten und -menge. So existieren bspw. im LEH Warengruppen, in denen Lieferanten nicht mehr die benötigten Mengen zu liefern in der Lage sind oder es nur noch wenige Lieferanten gibt (z.B. Backwaren). Ferner stehen Kontrollmöglichkeiten über Prozesse im Wertschöpfungssystem im Vordergrund, um die Nachhaltigkeit der Angebote gewährleisten zu können.
- **Marktmachtziele** adressieren im Handel die Bestrebung, die Verhandlungsmacht der Lieferanten oder der Konkurrenten zu relativieren. So schließen sich mittelständische Einzelhandelsunternehmen zusammen, um vorteilhafte Einkaufskonditionen zu erzielen, oder Händler produzieren Handelsmarken, und ersetzen dadurch Markenartikel.
- **Profitziele** können im Handel als typische Motive der vertikalen Integration gesehen werden. In der Industrie werden Kostenvorteile (v.a. Produktions- vs. Beschaffungskosten) durch Erzielung von Skaleneffekten, Synergievorteilen und Erfahrungskurveneffekten infolge der vertikalen Integration diskutiert und Transaktionskosteneinsparungen, die aus der internen Koordination im Vergleich zu Markttransaktionen resultieren. Im Handel sind es bspw. höhere Handelsspannen bei Handelsmarken oder bei der Multiplikation der Geschäftskonzeption in vertikalen Franchise-Systemen.
- **Absatzziele** dominieren – ähnlich wie bei den anderen Gesamtunternehmensstrategien – auch bei der vertikalen Integration von Einzelhandelsunternehmen. Spezifische, bis zu den Rohstofflieferanten kontrollierte Artikel oder die Kontrolle über die Retail Brand des Händlers bei vertikalen Franchisesystemen sind nur zwei Beispiele (Reddy/Pellegrini 2012, S. 38). Sog. Vertikale nutzen den Kundenkontakt für die schnelle Anpassung des Produkt- und Leistungsangebots, weil sie die entsprechende Entwicklung selbst steuern und nicht längerfristig bei Lieferanten vorordern müssen. Das Produkt- und Leistungsangebot wird in deutlich schnelleren Zyklen entwickelt, produziert und angeboten.

---

[1] Neben den Extrema (nicht vs. vollständig integriert) existieren sog. Quasi- oder Semi-Vertikale, oft Markenhersteller, die vorwärts vertikalisierten und auch Händlercharakteristika aufweisen (so Esprit, Hugo Boss).

Bei den Ausprägungen der vertikalen Integration im Handel sind i.d.R. mehrere dieser Ziele relevant und weitere, spezifische kommen hinzu, wie deutlich werden wird. Denen gegenüber stehen Risiken. So können durch vertikale Integration erzeugte Austrittsbarrieren die strategische Flexibilität beeinträchtigen. Auch kann ein Profitabilitätsvorteil relativiert werden, wenn hohe Anfangsinvestitionen bedeutend sind. Schließlich zeigen Studien, dass eine hohe vertikale Integration die Profitabilität in frühen Phasen des Produkt-/Marktlebenszyklus beeinträchtigt, auch in späteren Phasen (Reddy/Pellegrini 2012, S. 39). Spätere Investitionen könnten für Händler bspw. zur Steigerung der Marktmacht führen. Zu beachten sind Entscheidungen für die Integration sowie deren Ausgestaltung. Zur Beantwortung der Frage, **ob vertikal integriert werden soll**, gilt es zu evaluieren, ob die Wertschöpfungsgestaltung von Nutzen ist. Dazu können die o.g. Ziele und deren Einklang mit den Gesamtunternehmenszielen betrachtet werden. Ferner bieten Theorien Ansatzpunkte:

- Die **Transaktionskostentheorie** befasst sich mit der Frage, ob bestimmte Tätigkeiten über den Markt beschafft oder selbst durchgeführt werden sollen (Williamson 1996). Die Faktoren Spezifizität, Unsicherheit und Häufigkeit der Transaktion bedingen diese Entscheidung (i.S. je nach Ausprägung für oder wider einer internen oder externen Tätigkeit). Mit zunehmender Spezifizität bspw. können Marktakteure von opportunistischem Verhalten profitieren. Kann für einen Händler die Kontrolle über die Waren und Prozesse eines Lieferanten nicht ausreichend gewährleistet sein (Unsicherheit der Versorgung mit Waren), werden interne Transaktionen, bspw. durch Eigenproduktion, attraktiver.
- Die **Spieltheorie** betrachtet Interaktionen als strategische Maßnahmen aller Beteiligten, die in Summe die Profitabilität einer Wertschöpfungskette beeinflussen. Zentrales Merkmal dabei ist die Tendenz, die einem unabhängigen Agenten (z.B. vertraglich beauftragter externe Partner) üblicherweise zu Grunde liegt, in eigenem Interesse anstatt im Interesse des Prinzipals (beauftragenden Händlers) zu handeln. Bei der vertikalen Integration kann eigennütziges Handeln eines Lieferanten die Unsicherheit des Prinzipals erhöhen, etwa über Liefermenge und -qualität, und damit zu erhöhten Kontrollerfordernissen führen.
- Alternativ sind **Managementansätze**, i.S. Kosten-/Nutzen-Abwägung als Grundlage der Entscheidung nahe liegend. So nützt vertikale Integration zwar bspw. der Erreichung des Unsicherheitsziels, weil aus den eigenen Arbeitsvorgängen erhöhte Kontrollmöglichkeiten entstehen, geht aber auch mit gestiegenen Kosten einher, weil Kontrolle risikobehaftete Investitionen erfordert. Ähnlich verhält es sich mit dem Ziel der Marktmacht. Nutzen können Händler dadurch erzielen, dass günstigere Konditionen oder höhere Margen erreicht werden, was den Gewinn steigert. Allerdings geht das Risiko auf den Händler über. Hinsichtlich des Profitziels ermöglichen eigene Marken höhere Handelsspannen, erfordern aber ggf. Investitionen. Schließlich können bessere Kontrolle über Rohstoffbeschaffung und Produktion sowie Informationen aus der Kundennähe zur Erreichung von Absatzzielen beitragen, bringen aber Verantwortungen mit sich.

Ist die Entscheidung darüber getroffen, dass integriert werden soll, folgen die **Entscheidungen bzgl. dem Grad und der Umsetzung der vertikalen Integration**. Dieses kann idealtypisch anhand des Make-und-Buy-Kontinuums getroffen werden, wobei die quasi-vertikale Integration ebenso betrachtet wird (siehe Abb. 3.113; Arnold/Palmatier 2012).[1]

[1] Idealtypisch empfehlen Coughlan u.a. (2006, S. 333) die Entscheidung für einzelne oder ein Set an Wertschöpfungsfunktionen zu evaluieren, bspw. Unternehmen zu identifizieren, die üblicherweise auf Grund überlegener Ressourcen zur Durchführung der Wertschöpfungsaktivität prädestiniert sind. Im Detail wird dann von Verhandlungen und Verträgen ausgegangen. Darüber hinaus muss geklärt werden, ob und wie bestimmte Anreize gesetzt werden können, um die jeweiligen Aktionen der Parteien in beidseitigem Interesse zu beeinflussen. Sollten Anreize nicht ausreichen, können die Akteure konkret kontrolliert werden.

- Eine „klassische“, sog. **vollkommene Integration** ist gegeben, wenn zwei Wertaktivitäten unter hundertprozentigem Eigentum koordiniert werden, was im LEH bspw. durch Marketing-/Vertriebsaktivitäten und die Logistik oft gegeben ist. Auch wird der interne Transfer der benötigten Ressourcen als Maßgabe gesehen (oft mind. 95%).
- Bei der **quasi-vertikalen Integration** wird der Grad der intern transferierten Ressourcen geringer. Ein Unternehmen ist quasi-integriert, wenn nicht alle Ressourcen intern transferiert werden (Transferrate mind. 5%). Sie bietet größere Flexibilität bzgl. der Reaktion auf Rahmenbedingungen und weitere Vorteile, ohne die Kosten voll tragen zu müssen.

Zu den **Umsetzungsstrategien der vertikalen Integration** gehören – wie bei allen Gesamtunternehmensstrategien – bspw. Entscheidungen zur Entwicklung/Akquisition, zur Eigentumsform oder zum Timing. Autoren diskutieren v.a. interne oder externe Umsetzungen, so die Vertiefung der Wertkette durch organisches Wachstum (so Aufbau eigener Produktionsanlagen, Rohstoffplantagen) oder durch anorganisches Wachstum (so Akquisition von Produktionsanlagen von Lieferanten bzw. der Lieferanten inkl. der Anlagen).

Abbildung 3.113: Das Kontinuum des Grades vertikaler Integration

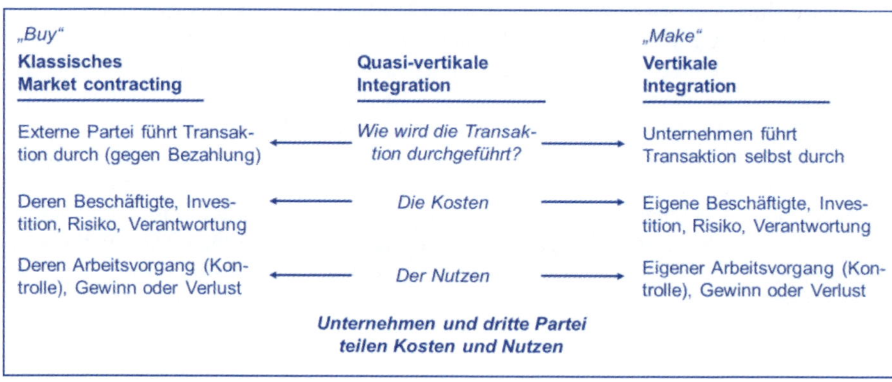

Im Handel erfolgt die vertikale Integration selten vollständig und die meisten Vereinbarungen haben einen gewissen Grad an gegenseitiger Beteiligung. Insofern wären fast alle rückwärtsorientierten Aktivitäten des Handels der quasi-vertikalen Integration zuzuordnen. Selbst Vertikale wie Zara integrieren nur rd. die Hälfte des Sortiments. Insofern ist eine spezifische Sicht notwendig, weil langfristige Verträge zwischen Herstellern und Händlern oder die geteilten Kosten eines Shop-in-Shops durchaus eine andere Form der Integration bilden, als die Aufnahme der Eigenproduktion. Ferner verschwimmen, auf Grund der Bedeutung einer Vielzahl kooperativer Beziehungen, die Grenzen zwischen der vertikalen Integration als Gesamtunternehmensstrategie oder als Sortiments- oder SCM (siehe Abschnitt B.II.3. im Fünften Kapitel). Sinnvoll ist die Ausrichtung als Unterscheidungskriterium der in Abb. 3.114 dargestellten Kooperationen zu beachten. Hiernach kann zwischen

- horizontalen Allianzen von Handelsunternehmen, oder Konsumgüterherstellern, und
- vertikalen Partnerschaften zwischen Konsumgüterherstellern und Handelsunternehmen

unterschieden werden. Alle Formen spiegeln eine Zusammenarbeit wider, mit dem Kennzeichen der Harmonisierung oder gemeinsamen Erfüllung von betrieblichen Aufgaben durch selbstständige Wirtschaftseinheiten zur Erreichung übergeordneter Ziele. Sie kommen, pauschal formuliert, zu Stande, weil die Partner erwarten, sich dadurch besser zu stellen (bspw. durch Ergänzung individueller Stärken bzw. Kompensation von Schwächen). Besonders bedeutend sind Verbundgruppen und Franchise-Systeme, ebenso wie vertikale Lösungen, in denen die jeweils nächste Institution im Absatzkanal in den Fokus rückt, v.a. Lieferantenkooperation aus Händlersicht und Trade Marketing aus Herstellersicht. **Wertschöpfungspartnerschaften** existieren v.a. unter gleichberechtigten Partnern von Industrie und Handel.[1]

Abbildung 3.114: Horizontale und vertikale Kooperationstypen im Konsumgüterbereich

Kooperation mit einem...	Aus der Sicht des Herstellers	Aus der Sicht des Handels
Hersteller	▪ Horizontale Allianzen (z.B. JV, Lizenzen) ▪ Vertikale Zulieferkooperation, Wertschöpfungspartnerschaft	▪ Lieferantenkooperation (z.B. lose Vereinbarungen, Kontrakte) ▪ Reverse Marketing ▪ Wertschöpfungspartnerschaft (Partnerschaften)
Händler	▪ Kundenkooperation (z.B. lose Vereinbarungen, Kontrakte) ▪ Trade Marketing ▪ Wertschöpfungspartnerschaft ▪ Franchise-Systeme	▪ Dyadische, lokale Kooperationen ▪ Verbundgruppen - Einkaufsverbände - Freiwillige Ketten ▪ Franchise-Systeme

Händler sind i.d.R. in mehrere Allianzen eingebunden. Die folgenden Ausführungen sind v.a. auf die vordringlichen Formen der Kooperation aus Sicht des Handels konzentriert, wobei neben vertikalen Integrationstendenzen Einkaufskooperationen und das Franchising sowie zugehörige Entscheidungsoptionen im Vordergrund stehen (siehe Abb. 3.115).

Abbildung 3.115: Entscheidungsoptionen zur vertikalen Integration in Handelsunternehmen

Bereich	Teilbereich	Konkrete Aspekte
Gegenstand	**Grundlagen und Bedeutung**	Begriffsabgrenzungen Vielfalt der Ausprägungsformen im Handel
	Ziele und Optionen	Vollkommene vs. partielle vertikale Integration Interne vs. externe Umsetzung
Vertikale Kooperation und Integration	**Industrie und Handel**	Traditionelle Kontraktformen Trade Marketing und Wertschöpfungspartnerschaften
	Up-stream-Integration des Handels	Kontrolle der Wertschöpfungskette Integration der Produktion u.a. Wertaktivitäten
Allianzen von Handelsunternehmen	**Grundlagen**	Begriff, Bedeutung, Ziele, Leistungsspektrum von Verbundgruppen
	Neuorientierung von Verbundgruppen	Phasen der Kooperation und Entwicklung von Kooperationsfeldern und -intensität Management und Erfolg
	International	Europäische Handelsallianzen
Franchising	**Grundlagen**	Begriff und Bedeutung Ziele und Entscheidungsoptionen
	Strategische Optionen und Besonderheiten	Formen und Strategien des Franchising Entscheidungsprozesse Erfolg des Franchising

2. Vertikale Kooperation und Integration

a) Kontrakte und Partnerschaften von Industrie- und Handelsunternehmen

Bei vertikalen Partnerschaften handelt es sich um **Kundenkooperation** aus Herstellersicht und **Lieferantenkooperation** aus Händlersicht. Darunter existiert erneut eine Fülle von Formen, die in zwei, nicht überschneidungsfreien Punkten behandelt werden:

---

[1] Ausgeklammert werden bspw. private Nachfragerkooperationen (i.d.R. online), die eine weitere wichtige Kooperationsstufe bilden. Auch wird von Begriffsunterschieden abstrahiert (so **strategische Allianzen** als besondere, längerfristige Form der Kooperation, **Partnerschaften** als dyadische, vertikale Kooperationen oder **Netzwerke** als Kooperation von mind. drei Akteuren und diversen Wirtschaftsstufen).

- **Traditionelle Kontraktformen**, die nach dem Grad der Intensität von losen Vereinbarungen bis hin zu straffen Kontraktsystemen bzw. gemeinschaftlicher Organisation reichen.
- Die mit Kontrakten verbundene, davon aber losgelöst denkbare, d.h., freiwillige Bearbeitung der Marktgegenseite, das Reverse Marketing der Händler und das **Trade Marketing** der Hersteller bzw. die **Wertschöpfungspartnerschaften**.

Überlegungen zur Machtposition und zu davon abhängigen Zielen werden zur Verdeutlichung eingangs ausgeführt, da die Marktdominanz bis in die 1970er Jahre bei den Herstellern lag, deren Position durch die Preisbindung der Zweiten Hand untermauert war, während Liberalisierungen und dem folgend die zunehmende Expansion von Handelsketten zur Veränderung der Marktgleichgewichte beitrug. Die Absatzmittler rückten als Filter und Katalysatoren des Konsumentenmarketing in das Blickfeld der Hersteller, sodass es sinnvoll ist, heute die in Abb. 3.116 visualisierten Machtkonstellationen zu beachten:

- **Herstellerdominanz**: Hier treffen i.d.R. große Herstellersysteme auf kleinere Händler; das Marktübergewicht liegt beim Hersteller (typisch im Non-Food-Facheinzelhandel).
- **Handelsdominanz**: Hier treffen i.d.R. große Handelssysteme auf kleine Hersteller, d.h., das Marktübergewicht liegt beim Händler (typisch für Handelsmarken-Lieferanten, aber auch bei vielen (schwächeren) Markenartikelherstellern).[1]
- **Interdependenzen/Partnerschaftstypen**: Hier treffen Hersteller- und Handelssysteme aufeinander, d.h., gleich starke und prinzipiell aufeinander angewiesene Partner (typisch für die Food- bzw. Near-Food-Branche).
- **Unabhängigkeit**: Hier sind Einzeltransaktionen anzunehmen.

Abbildung 3.116: Abhängigkeitskonstellationen in Hersteller-Handels-Beziehungen

Händlermacht gegenüber dem Hersteller	Herstellermacht gegenüber dem Händler: niedrig	Herstellermacht gegenüber dem Händler: hoch
hoch	**Händlerdominanz** - Wenige Handelsunternehmen/viele Hersteller - Hoher Marktanteil des Händlers - Niedrige Kosten des Lieferantenwechsels, z.B. wegen niedriger Suchkosten des Händlers für Alternativen - Hohe Kosten des Abnehmerwechsels - Kunden des Händlers sind wichtig für Hersteller - Angebot des Herstellers ist austauschbar - Händler hat deutlichen Informationsvorsprung - Schwache Herstellermarke/starke Retail-Brand	**Interdependenz** - Wenige Handelsunternehmen/wenige Hersteller - Relativ hoher Marktanteil des Händlers - Hohe Kosten des Lieferantenwechsels, z.B. wegen hoher Suchkosten des Händlers für Alternativen - Hohe Kosten des Abnehmerwechsels - Kunden des Händlers sind wichtig für Hersteller - Angebot des Herstellers ist einzigartig - Hersteller und Händler verfügen jeweils über spezifische Informationen - Starke Herstellermarke/starke Retail-Brand
niedrig	**Unabhängigkeit** - Viele Händler/viele Hersteller - Relativ niedriger Marktanteil des Händlers - Niedrige Kosten des Lieferantenwechsels, z.B. wegen relativ niedriger Suchkosten des Händlers für Alternativen - Niedrige Kosten des Abnehmerwechsels - Kunden des Händlers sind nicht besonders wichtig für Hersteller - Angebot des Herstellers ist austauschbar - Hersteller hat nur begrenzten Informationsvorsprung	**Herstellerdominanz** - Viele Handelsunternehmen/wenige Hersteller - Niedriger Marktanteil des Händlers - Hohe Kosten des Lieferantenwechsels, z.B. wegen hoher Suchkosten des Händlers für Alternativen - Niedrige Kosten des Abnehmerwechsels - Kunden des Händlers sind nicht wichtig für Hersteller - Angebot des Herstellers ist einzigartig - Hersteller hat deutlichen Informationsvorsprung - Starke Herstellermarke/schwache Retail Brand

Quelle: i.A.a. Swoboda/Morschett 2017, S. 195.

Diese Machtverteilung zwischen Hersteller- und Handelsunternehmen ist für die Ausgestaltung der Kooperation wichtig (so die Ziele und Instrumente).

[1] Primär im Food-/Near-Food-Bereich liegt ein Machtübergewicht beim Handel vor. Selbst relativ große Markenartikelhersteller erzielen oft nur wenige Prozentpunkte des Umsatzes großer Händler, während der Anteil eines Händlers als Kunde am Umsatz eines Herstellers 20% und mehr betragen kann.

Traditionelle Kontraktformen

Bei **traditionellen Kontraktformen** wird eine Absicherung und Kontrolle der vertikalen Gegenseite angestrebt. Charakteristisch ist dabei eine **Institutionalisierung der Beziehungen** zwischen Industrie und Handel, für die wesentliche Gründe sind:

- Sicherstellung der Einhaltung der Kooperationsvereinbarung
- Verhaltensbindung durch Vertragsabschluss
- Regelung der Konsequenzen bei Verstößen gegen die Kooperationsvereinbarung
- organisatorische Erleichterung der Verhaltensbestimmung
- Vereinfachung der Verhandlungen mit neuen Teilnehmern des Systems
- Schutz gegen die Außenseite durch lückenlose Vertragsgestaltung.

(Vertriebs-)Kontrakte sind primär im **vertikalen Marketing** relevant, das alle Maßnahmen umfasst, die i.d.R. ein Industrieunternehmen ergreift, um über mehrere Marktstufen hinweg sein Marketing zu kontrollieren. Damit handelt es sich um primär von Herstellern initiierte Formen, die mit dem Ziel einer stärkeren Kontrolle des Absatzweges durch Bindung der Handelsstufe eingesetzt werden (siehe die vertraglichen Beziehungen in Abb. 3.117). In **losen Rahmenvereinbarungen** versucht ein Hersteller, den Jahresumsatz, die Aktionen, den Stammplatz im Store oder die Vergütung abzusichern. **Exklusivvertrieb** umfasst die Verpflichtung, bestimmte Produkte in einem festgelegten Gebiet ausschließlich über einen Vertragshändler abzusetzen (Alleinvertriebsberechtigung), während die **Ausschließlichkeitsbindung** den Händler darin beschränkt, die Ware an andere Händler weiter zu veräußern.

Abbildung 3.117: Kontraktuelle Bindungsoptionen (aus Sicht der Industrie)

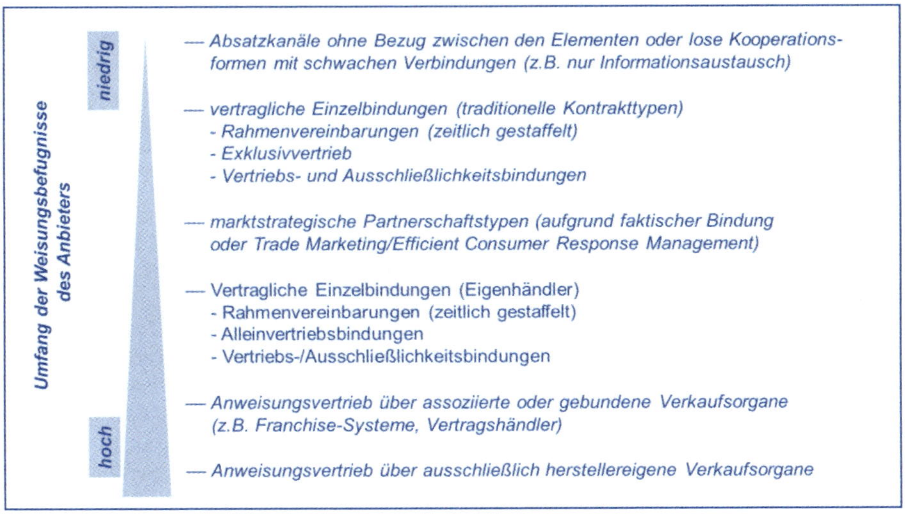

Quelle: i.A.a. Homburg 2017, S. 897.

Neben der Stabilisierung der Beziehungen und einer Reduzierung der Transaktionskosten stehen strategische Ziele im Vordergrund, die aus Sicht der Hersteller und der Händler Vorteile bedeuten (siehe Abb. 3.118). Für den Hersteller stehen den Vorteilen die Nachteile des Risikos der Wahl der falschen Partner, so beim Aufkommen neuer Formate im Handel und der nicht vollen Marktausschöpfung, gegenüber. Nachteile für Handel sind u.a. der Verlust der Sortimentsflexibilität und die begrenzte Reagibilität gegenüber der Substitutionskonkurrenz.

Abbildung 3.118: Exemplarische Vorteile von Alleinvertriebssystemen

Für den Hersteller (Kontraktgeber)	Für den Händler (Kontraktnehmer)
▪ Rasche Einführung neuer Produkte ▪ Sicherer Basisumsatz ▪ Rationalisierung des Vertriebs ▪ Ertragssicherheit ▪ Intensität der Händlerkontakte	▪ Exklusivität im Sortiment ▪ Gute Abstützung durch den Hersteller ▪ Komplementaritätsvorteile ▪ Ertragssicherheit ▪ Intensität der Herstellerkontakte

Aus Handelssicht können beschaffungsorientierte Kooperationen mit ähnlichen Sichtweisen betrachtet werden (**Contractual Buying**). I.S.d. handelsdominierten (Lieferanten-)Kooperation bedeutet dies jedoch nicht die bloße Umkehr der Betrachtung; sie ist gleichzeitig durch gemeinschaftliche Entwicklung von Produkten u.ä. gekennzeichnet und kann zur Bildung von Gemeinschaftsunternehmen führen.[1]

Trade Marketing und Wertschöpfungspartnerschaften

Beim **Trade Marketing** handelt es sich um eine Ausrichtung der absatzmarktorientierten Herstelleraktivitäten auf den Handel. Durch eine explizite Handelskundenorientierung soll primär eine Positionierung als bevorzugter Lieferant im Vergleich zur Konkurrenz erreicht werden. Es handelt sich um ein System ohne zwangsläufig vertragliche Bindung, wodurch es differenziertere Ziele verfolgen und Formen annehmen kann (u.a. **Leithändlersysteme** oder handels-, konsumenten- und wettbewerbsgerichtete Instrumente wie Strategie-, Sortiments- und Logistikkonzepte). Das Trade Marketing hat zur Ausweitung der Kooperationslandschaft beigetragen, zumal die den Händler als Kompensation für eine stärkere Einkaufsbündelung und -bindung (an den Hersteller) angebotenen Leistungspakete ähnliche Dienstleistungen umfassen, wie sie Verbundgruppen ihren Mitgliedern anbieten.

Das Leithändlerkonzept von Egger und Leyendecker als Partner

Die Egger Holzwerkstoffe Brilon GmbH & Co. KG (rd. 2,4 Mrd. EUR Umsatz) agiert, anders als Konkurrenten, seit über 30 Jahren mit einem Leithändlerkonzept, in dem einige der erfolgreichsten sowie i.d.R. von Verbundgruppen unabhängigen über 1.000 Holzhändler in Deutschland eingebunden sind. Neben der Marketingkonzeption rd. um die Egger-Produkte werden den Leithändlern ein Produkt-, Gebiets- und Kundenschutz sowie eine intensive Betreuung geboten. Leyendecker Holzland ist marktführend und bzgl. des eigenen Marketings ein enorm agiles Unternehmen in der Region Trier, dessen Kunden (u.a. Tischler/Schreiner, Bauträger, Endkonsumenten) v.a. aus Luxemburg, Trier, Saarland, Eifel und Südbelgien kommen. Ein wichtiger Teil des Umsatzes wird mit Egger-Produkten bestritten, und zwar im Rahmen des Leithändlerkonzeptes.

Quelle: www.egger.de, 10. Mai 2018.

Bei Wertschöpfungspartnerschaften oder ECR-Partnerschaften (**Efficient Consumer Response**) handelt es sich um vertikale Kooperationen von mindestens zwei unabhängigen Unternehmen, die den Waren-, Dienst- und Informationsfluss im Hinblick auf eine gemeinsame Maximierung des Wertschöpfungspotenzials steuern, und zwar bei kooperativer Optimierung der Schnittstellen Hersteller-Handel-Konsument zwischen eher gleichberechtigten Partnern (**Win-Win-Win-Konzepten**).[2] Als Ausgangspunkt galt v.a. eine anhaltende Ineffizienz in der Konsumgüterdistribution, bspw. bei (großvolumigen) Near-Food-Artikeln. Diese Ineffizienzen waren auf eine überhöhte Lagerhaltung bei Hersteller und Handel als Folge von Warenbeschaffung auf Vorrat zu Sonderpreisen und dadurch mitbegründete

[1] Zum „Contractual Manufacturing“ und zu weiter gehenden Formen der Gestaltung der Lieferantenbeziehungen in Beschaffung und SCM, siehe das Fünfte Kapitel.

[2] Anders als etwa in der Automobilindustrie fehlen bei Partnerschaften in der Konsumgüterwirtschaft allerdings fokale Unternehmen, die alle Wertschöpfungsströme steuern.

Querlieferungen zwischen Filialen und Regionen zurückzuführen. Die Optionen zur Steigerung der Wertschöpfung durch Partnerschaften wird seit den 1990er Jahren diskutiert, im Wesentlichen bzgl. zweier Bereiche (Swoboda/Morschett 2017, S. 209ff.):

- Es handelt sich um **Kooperation im Supply Chain Management** (SCM), d.h., Strategien, welche die Reduzierung der Kosten von Lieferung und Lagerung zum Ziel haben. Die Bemühungen führen oft zu branchenweiten SCM-Lösungen.
- Andererseits handelt es sich um **Kooperation im Marketing** (**Category Management**), die auf Umsatz- und Ertragserhöhung abzielen. Die Bemühungen führten zu dyadischen Lösungen bzgl. kooperativer Sortimente, Verkaufsförderung und Produkteinführung.

An dieser Stelle sei bzgl. des SCM auf das Fünfte Kapitel und bzgl. des Category Management auf das Vierte Kapitel zu verwiesen, wobei Studien vornehmlich das SCM betrachten.

b) Kontrolle und Integration der rückwärtigen Wertschöpfung durch Händler

Neben der kooperativen Integration vertikalisieren Händler insb. durch Kontrolle der Supply Chain angebotener Artikel und Aufnahme der eigenen Produktion.

Kontrolle der Wertschöpfungskette

Obwohl viele Produkte so sicher waren wie noch nie, hat das Thema der Produktsicherheit, so Lebensmittelsicherheit, durch zahlreiche Ereignisse (u.a. Dioxin, BSE, Glyphosat) zunehmend an Bedeutung gewonnen. Die Auswirkungen auf die Industrie und den Handel sind enorm. Die lückenlose Transparenz in der Supply Chain bzgl. aller Inhaltsstoffe eines Artikels verbunden mit der Information über alle Lieferanten und dem WIE ein Artikel hergestellt wird/wurde (Nachhaltigkeit, Soziale Verantwortung) ist im Handel virulent.

Kontrolle der Lieferanten bei Coop

Im Rahmen des 2015 gestarteten Projekts „Transparenz in der Wertschöpfungskette“ im Detailhandel wurden Anbieter von IT-gestützten Warenkettenmanagementlösungen evaluiert und in Pilotprojekten getestet. So wurden bspw. die Palmöl-Warenketten der 20 wichtigsten Geschäftspartner bis auf Ebene der Plantage abgebildet. Diese können dann auf der Basis der vorhandenen GPS-Daten mit Informationen des Global Forest Watch Monitoring-Systems abgeglichen werden (Tracking). Seit dem Jahr 2016 ist zudem das gesamte Eigenmarkensortiment bis zum Land des letzten wertgebenden Verarbeitungsschritts zurück verfolgbar. Im Textilbereich wurden die Warenketten der wichtigsten Lieferanten bis hin zu den Nassprozessen erfasst. Die Betriebe wurden zudem aufgefordert, ein „Self-Assessment“ auszufüllen, das wichtige Punkte der Umsetzung des „Detox-Commitments“ zur Elimination gefährlicher Chemikalien aus der Textilwarenkette umfasst. Bei einigen Ländergesellschaften wurden die Voraussetzungen in der Warenbewirtschaftung geschaffen, um eine höhere Transparenz zu erreichen. Die Produktionsbetriebe kennen die Herkunft ihrer wichtigsten Rohstoffe und arbeiten z.T. eng mit den Produzenten zusammen. So konnte die Reismühle Brunnen im Jahr 2016 bereits 1.800 to. Reis aus ihrem „Fair & Good“-Projekt verarbeiten, das vom Coop Fonds für Nachhaltigkeit unterstützt wird.

Quelle: Fortschrittsbericht Nachhaltigkeit Coop-Gruppe 2016, S. 12.

Die **Kontrolle** der Lieferkette, Qualitätssicherung und verbesserte Tracking-Praktiken stellen neue Anforderungen an Handelsunternehmen. Notwendig sind die Zusammenarbeit mit Lieferanten und Vorlieferanten und die Koordination beider. Zur Kontrolle der Wertschöpfungskette werden bspw. Zertifizierungen von der Internationalen Organisation für Normung (ISO) genutzt und in Codes of Conducts integriert, um Lieferanten und Abnehmer zur Einführung dieser Normen zu verpflichten. Zu nennen sind u.a. der ISO 9001 Standard (Qualitätsmanagement), der ISO 14001 Standard (Umweltmanagementsysteme), der Social Accountability 800 Standard (bzgl. Kinder-/Zwangsarbeit, Gesundheit/Sicherheit, Tarifverhandlungen usw.)

oder die Teilnahme am System EMAS (Eco-Management and Audit Scheme) zur kontinuierlichen Verbesserung der Umweltleistung von Unternehmen, wobei im Vergleich zu den o.g. Zertifizierungen keine verpflichtende Erklärung an die Öffentlichkeit vorgesehen ist. Die Messung des Erfolgs solcher Maßnahmen kann die Anzahl von Supply Chain-Partnern sein, die ebenfalls ISO 9001- oder 14001-zertifiziert sind (Jentjens/Münchow-Küster 2012). Kontrollen in der Wertschöpfungskette sind vielfältig, aber z.T. zeit- und kostenaufwendig. Nichtsdestotrotz wollen Händler durch stärkere Integration der vorgelagerten Wertschöpfungsstufen eine Transparenz und Rückverfolgbarkeit der Waren entlang der Supply Chain gewährleisten (siehe exemplarisch Abb. 3.119). Die **Kontrolle** auf diversen Stufen der Wertschöpfungskette umfasst diverse Kooperationen mit vielfachen Institutionen und Partnern bis hin zu eigener Produktion der Lebensmittel bzw. Rohstoffe. Auch Konsumenten legen zunehmend Wert auf derartige Aktivitäten (z.B. bei Bio-Produkten).

Abbildung 3.119: Vertikal integrierte Beschaffungssysteme

Quelle: i.A.a. www.rewe-group.com, 22. Mai 2018.

Integration von Up-stream-Wertschöpfungsaktivitäten

Über die Kontrolle der Wertschöpfungskette hinaus vertikalisieren Handelsunternehmen up-stream. Zu erwähnen sind zunächst die sog. **Vertikalen**, die v.a. im Fashion-Handel gleichermaßen als Produzent und Händler auftreten und ihr Geschäftsmodell und alle dazu notwendigen Wertschöpfungsprozesse am Kunden ausrichten (siehe Abschnitt B.III.3 in diesem Kapitel). Es handelt sich um eine Gesamtunternehmensstrategie mit wettbewerbsstrategischer Entsprechung. Mit dieser „vollständigen“ vertikalen Integration werden Unsicherheits-, Profit-, Marktmacht- und Absatzziele wie auch Positionierungsziele verfolgt.

Händler vertikalisieren ferner up-stream, bspw. durch die Listung von Handelsmarken, welche in kooperativer oder integrierter Produktion erstellt werden. Im LEH erfolgt dies zunehmend durch den Aufbau einer **eigenständigen Produktion**, aber auch durch Kooperationen mit Lieferanten. Teilschritte oder der gesamte Produktionsprozess werden vom Handel selbst durchgeführt. Vorteile bietet dies v.a. dadurch, dass ein Händler nicht nur unabhängig von Zulieferern ist, sondern auch die Verfügbarkeit der eingesetzten Waren und damit die der Filialbestände besser sicherstellt (Unsicherheitsziel). Die mit Handelsmarken ebenso verfolgten Profit- und Absatzziele (i.S. höherer Deckungsbeiträge von Handelsmarken ggü. Markenartikeln und die Profilierung durch exklusive Artikel) sind jedoch nicht nur mit der Gesamtunternehmensstrategie verbunden, wenngleich das Top-Management die Produktionsentscheidung trifft. Allerdings existieren Abstufungen zwischen dem Aufbau eigener Produktionskapazitäten oder deren Sicherung im Zuge von Kooperationen.

Eigenproduktion bei Coop, Lidl und Edeka

Die Schweizer Coop hat im Jahr 2017 einen weiteren eigenen Produktionsstandort im Baseler Vorort Pratteln eröffnet. Dort stellt das Unternehmen nun einen Großteil des eigenen Handelsmarkensortiments her, so Schokolade, Gewürze, Weine und Nüsse. Damit stellt sich die neue Produktion in die Reihe von Coop-eigenen Werken an anderen Standorten, an denen bereits Backwaren und Teiglinge, Mineralwasser oder Tiefkühlprodukte erzeugt werden. Coop verkürzt mit der erhöhten Eigenproduktion den Abstand zum größten Schweizer Wettbewerber, Migros, dem Taktgeber beim Thema Vertikalisierung im Schweizer Handel. Für Coop ergibt sich ein Wettbewerbsvorteil v.a. daraus, dass die Warenverfügbarkeit besser sichergestellt ist und die Profitabilität dank höherer Margen bei eigenen Handelsmarken steigt.

Auch Lidl weitet seine Eigenproduktion zunehmend aus. Bislang gehörten zur Palette eigens hergestellter Produkte bereits Backwaren, Mineralwasser und Schokolade – nun auch Eis. Dazu entsteht ein Werk an der niederländischen Grenze. Damit will Lidl u.a. auf Lieferprobleme seiner Versorger reagieren und Warenverfügbarkeit und Lieferfähigkeit langfristig sicherstellen.

Edeka hat Obstplantagen erworben. Dazu akquirierte Edeka den Plantageneigner Rostock Obst GmbH, sodass die dortigen Erzeugnisse, Apfel, Birnen, Pflaumen und Erdbeeren, zukünftig in vollem Umfang an die hauseigene Saftproduktion gehen. Dabei werden nicht nur die Felder und Bäume, sondern auch die Mitarbeiter übernommen. Somit soll der wachsende Bedarf der eigenen Saftproduktion nach Bioäpfeln gedeckt werden. Edeka besitzt nun eigenes Agrarland, während Konkurrenten oft Vertragsanbau und langfristige Lieferantenverträge realisieren. Edeka scheint vertikale Integration zu nutzen, um vorherrschende, volatile Warenströme abzusichern. In Bereichen, in denen der Einkauf mit hoher Konzentration seitens der Lieferanten konfrontiert ist, wird stetig geprüft, ob sich vertikale Integration lohnen könnte. Im Jahr 2013 hat Edeka bereits Saftproduzenten akquiriert – nun folgte auch der Bezug der Rohstoffe.

Kooperation mit Lieferanten bei Edeka und Lidl

Edeka kooperiert seit 2017 mit der Allgäu Milch Käse eG. Bereits zuvor hatte sich Edeka Zugang zur Warenproduktion gesichert, indem Kooperationen mit Lieferanten eingegangen wurden. Im Unterschied dazu ist neu, dass Edeka Mitglied der Molkerei-Genossenschaft wird, also aktiv an am Geschehen mitwirken möchte. Allgäu Milch Käse eG hat infolge dessen mit Unterstützung von Edeka eine neue Frischkäse- und Quarkproduktion aufgebaut, während Edeka dies dazu nutzte, Forderungen nach Preiserhöhungen auch bei anderen Lieferanten abzuschwächen.

Lidl trat im Jahr 2017 verstärkt an Obst- und Gemüseproduzenten heran, um mit ihnen Lieferverträge zu schließen. Dies kann als Schritt zum integrierten System interpretiert werden. Gerade die Obst- und Gemüsesparte ist für Discounter attraktiv, weil sich hier hohe Gewinnspannen erzielen lassen. Außerdem gilt die Sparte als sog. „Kundenmagnet", der Kunden in die Filialen lockt. Bislang arbeiten drei Beschaffungsorganisationen im Obst- und Gemüsesegmente für Lidl.

Quellen: Lebensmittel Zeitung, 12. Mai 2017, 21. Juli 2017, 11. August 2017, 8. Dezember 2017.

3. Allianzen von Handelsunternehmen

a) Grundlagen, Bedeutung, Ziele und Leistungsspektrum von Verbundgruppen

Allianzen von (mittelständischen) Handelsunternehmen bilden ein zentraleuropäisches Phänomen, denn die Marktanteile von Verbundgruppen des Handels sind in Ländern wie Deutschland, Niederlande, Dänemark und Frankreich mit 25-45% signifikant, während sie bspw. in Großbritannien, Italien und Spanien gering und in den USA vernachlässigbar sind (gemessen am Außenumsatz). Hieraus resultieren zumindest zwei Besonderheiten:

- In der internationalen Literatur existieren relativ wenige Beiträge, die sich mit „**buying, voluntary, allied groups**“ beschäftigen; kaum einer im amerikanischen Sprachraum (vgl. im Überblick Hernández-Espallardo 2006; Geyskens/Gielens/Wuyts 2015).
- Einige Abhandlungen – v.a. volkswirtschaftlicher Prägung – thematisieren die Daseinsberechtigung oder relative Effizienz von Handelsallianzen und kommen auf Basis von Transaktionskostenüberlegungen z.T. zu reservierten Befunden (Siebelt/Naskrent 2012).

Das Ziel der Gründung erster Kooperationen im Handel war der Selbsthilfegedanke. Am Anfang standen **Einkaufsgemeinschaften** als Zusammenschluss von mittelständischen Einzelhändlern zum Zweck des Wareneinkaufs. Die Initiative zur Gründung ging vom Einzelhandel aus und die Rückwärtsintegration zielte auf eine Wertschöpfungsfunktion ab, oft verbunden mit einer Spezialisierung auf Sortimentsbereiche, so Spezialeinkaufsverbände (z.B. Textilgruppen), Sortimentseinkaufsverbände (z.B. branchenübliche Sortimente) und Mehrbrancheneinkaufsverbände. Für die Einzelhändler blieb die individuelle Freiheit in der Marktbearbeitung groß. Einkaufsgemeinschaften treten in vielen Branchen auf und betreiben Lager-, Strecken-, Eigen-, Kommissions- oder Fremdgeschäfte.[1] Hiervon abzugrenzen sind **Freiwillige Ketten** als vertikale Kooperationen, bei denen Groß- und Einzelhandelsunternehmungen zur gemeinsamen Durchführung unternehmerischer Aufgaben unter der Führung einer Großhandlung und unter einer einheitlichen Retail Brand zusammenarbeiten. Der Vorwärtsintegrationscharakter beruht auf der Kompetenz, so den Sortimenten des Großhandels. Der Unterschied beider Formen ist historischer Natur und auch die Termini sind überholt, weil bspw. moderne Kooperationen nicht mehr nur dem Einkauf dienen. Allerdings liegen bei Einkaufsgemeinschaften gesellschaftsrechtliche Verträge als Basis vor und in Freiwilligen Ketten schuldrechtliche Verträge, die aber um weitere Verträge ergänzt werden können.

Edeka und Rewe als moderne Genossenschaften

Die Edeka Gruppe ist mit 51,9 Mrd. EUR Umsatz, rd. 370.000 Mitarbeitern und 15.627 Stores in Deutschland (Supermärkte, SB-Warenhäuser, Discounter) die Nummer 1 im nationalen LEH (Marktanteil 25%). Die Genossenschaft ist dreigliedrig organisiert: Edeka Zentrale Hamburg (strategische Steuerungsfunktion), sieben Regionalgesellschaften (operative Geschäftsverantwortung in Belieferung, Standort-/Markenpolitik) und lokaler Einzelhandel. Über die akquirierte Netto Marken-Discounter und Edeka24.de sowie bringmeister.de ist die Zentrale selbst im operativen Einzelhandelsgeschäft tätig. Neben Filialen werden 80% der Edeka-Stores von selbstständigen Kaufleuten geführt (die größten sind Karl Preuß GmbH & Co sowie Scheck-in Einkaufs-Center GmbH mit je rd. 225 Mio. EUR). Einen Wettbewerbsvorteil sieht Edeka durch eigene Produktionsbetriebe und Mitgliedschaft in der europäischen Einkaufsallianz Agecore.

Die Rewe Group ist mit 57,8 Mrd. EUR Umsatz, 345.000 Mitarbeitern (Geschäftsfelder Lebensmittel und Touristik), rd. 11.000 Stores in Deutschland (Supermärkte, Penny Discounter, toom SB-Warenhäuser/Baumarkt) die Nummer 3 im deutschen LEH (Marktanteil rd. 17%). Selbstständige Kaufleute wachsen und realisieren rd. 40% der Umsätze (am größten, mit Abstand Petz Rewe GmbH mit rd. 334 Mio. EUR). Rewe ist online (shop.rewe.de) und im Ausland präsent (16,0 Mrd. EUR Umsatz in 10 Ländern). Im Jahr 2006 erst erfolgten die Firmierung als Rewe Group und die Delegation über regionale Gesellschaften, ähnlich wie bei Edeka. Rewe hat relativ wenigerProduktionsbetriebe und ist Mitglied in der europäischen Einkaufsallianzen Coopernic.

Quelle: www.edeka.de, *4. Mai 2018;* www.rewe.de, 1. *Mai 2018; tradedimensions.de, 1. Mai 2018.*

[1] Bei der Rechtsform dominieren GmbHs, Co. KGs und Genossenschaften (die wirtschaftliche Freiheit des Einzelnen als gesetzlich garantierten Zweck). Sie wird dadurch geprägt, dass die Stimmrechte an die Person und nicht an die Höhe der Kapitalbeteiligung gebunden sind, um das genossenschaftliche Handeln nach maßgeblichen Werten und Grundsätzen zu steuern. Für das Zusammenwirken der Mitglieder gelten die Spielregeln der Demokratie, so das Prinzip „als Person gleichberechtigt mitzubestimmen“ (Schmale 2017, S. 13 f).

Darüber hinaus ist es schwierig, Verbundgruppen abzugrenzen und zu kategorisieren, um etwa Erfolgsfaktoren diskutieren zu können. Auch allfällige Definitionen stellen auf die Kooperation – in Gegenüberstellung zu den **Massenfilialbetrieben** – und auf selbstständige Unternehmen ab, die auf bestimmten Feldern zusammenarbeiten (obwohl wirtschaftlich und kapitalmäßig von der Zentrale abhängige Regiebetriebe ebenso betrieben werden).

Verbundgruppe ist ein Sammelbegriff für Zusammenschlüsse rechtlich und wirtschaftlich selbstständiger Handelsbetriebe zum Zweck der zwischenbetrieblichen Kooperation (so des Groß- und Einzelhandels, des Handwerks und des Dienstleistungssektors, nicht jedoch Franchisebetriebe). Die Zusammenarbeit kann in der Beschaffung, im Absatz, im Investitions- und Finanzierungsbereich und in der Verwaltung erfolgen. Träger sind Verbundgruppenzentralen (IAT 2013, S. 53).

Das Begriffsverständnis berücksichtigt, dass Verbundgruppen im horizontalen Sinne die unterschiedlichen Ebenen der Handelskette, bspw. die Großhandels- und Einzelhandelsebene, und vertikal Groß- und Einzelhandel, aber auch i.w.S. Hersteller oder jeder Stufe der Handels- bzw. Handwerkskette umfassen können. Im Vergleich zu anderen Handelssystemen werden Verbundgruppen im Spannungsfeld zwischen Markt und Hierarchie eingeordnet, neben den nichtorganisierten Einzel- und Großhandelsunternehmen und weiter entfernt von den voll integrierten Filialbetrieben (siehe Abb. 3.120). Verbundgruppen zählen damit zu Hybridformen zwischen marktlicher und hierarchischer Koordination.

Abbildung 3.120: Handelssysteme zwischen Markt und Hierarchie

Quelle: i.A.a. Müller-Hagedorn/Veltmann 2012, S. 117.

Die Bedeutung deutet Tab. 3.16 anhand ausgewählter, größerer Verbundgruppen, geordnet nach deren Innenumsatz, an (d.h., Umsatz mit den bei der Verbundgruppe beschafften Sortimenten vs. Außenumsätze mit außerhalb der Verbundgruppe beschafften Artikeln). Diese historisch gewachsenen Allianzen helfen v.a. mittelständischen Händlern, im Wettbewerb zu überleben, wobei Studien andeuten, dass Verbundgruppenmitglieder ein geringeres Insolvenzrisiko und eine bessere Bonität aufweisen als Betriebe ohne Kooperationsanbindung. Zugleich führt die individuelle Vermarktung zur starken Orientierung an den Kundenbedürfnissen am jeweiligen lokalen Standort (bspw. im Vergleich zu Filialsystemen). Die Anteile kooperierender Einzelhändler am gesamten Einzelhandelsumsatz in Deutschland ist geringfügig gesunken (rd. 40%), bei leicht steigenden Marktanteilen der Großfilialbetriebe (rd. 44%) und einem Sinkenden der unabhängigen Betriebe (rd. 12%) und einem Steigenden des Online-Handels. Politisch gesehen, werden diese Kooperationen auf nationaler Ebene durch den ZGV und auf europäischer Ebene durch den Dachverband UGAL (Union der Verbundgruppen selbstständiger Einzelhändler Europas) vertreten.

Tabelle 3.16: Ausgewählte große Verbundgruppen nach Innenumsatz

Nr.	Innenumsatz Mrd. EUR		Unternehmen	Branche
	2017	2010		
1	51,00	31,00	Markant Handels- und Service GmbH	Lebensmittel
2	8,70	6,97	anwr Ariston-Nord-West-Ring eG	Schuhe, Freizeit
3	6,51	4,44	hagebau Handelsgesellschaft für Baustoffe mbH & Co. KG	Baumärkte
4	6,30	3,49	Noweda eG	Pharma
5	5,56	4,62	E/D/E Einkaufsbüro Deutscher Eisenhändler GmbH	Eisenwaren
6	4,91	4,71	Nordwest Handel AG	Eisenwaren
7	4,39	3,75	Sanacorp Pharmahandel GmbH Hauptverwaltung	Pharma
8	4,70	4,23	Eurobaustoff Handelsgesellschaft mbH & Co. KG	Baustoffe
9	2,53	3,40	Für Sie Handelsgenossenschaft eG	Getränke
10	n.V.	4,53	Intersport Deutschland eG	Sport
11	2,35	1,58	EK/servicegroup eG	Haushaltswaren
12	2,12	1,89	expert AG	Unterhaltungselektronik
13	1,30	1,70	Atlas-Einrichtungs-Einkauf GmbH	Möbel
14	n.V.	1,55	Union Einkaufs-GmbH*	Möbel
15	1,47	1,85	Euronics Deutschland eG	Unterhaltungselektronik

Legende: * fusioniert mit VME am 01.07.2017; n.V. = nicht verfügbar.

Quelle: Eigene Recherche/Unternehmensangaben (ohne Rewe und Edeka).

ZGV (Zentralverband Gewerblicher Verbundgruppen) im Aufwind

Der ZGV vertritt die politischen und wirtschaftlichen Interessen von mehr als 230.000 kooperierenden mittelständischen Unternehmen, zusammengeschlossen in rd. 310 Verbundgruppen. Der Außenumsatz beträgt mehr als 490 Mrd. EUR, der Innenumsatz umfasste 2016 246 Mrd. EUR. Ging es zu Zeiten der Wirtschaftskrise v.a. darum, im Mittelstand gemeinsam überbetriebliche Strategien gegen die wachsende Marktmacht weltweit agierender Konzerne und fortschreitender Globalisierungstendenzen zu entwickeln, müssen heutige Mittelständler mit der zunehmenden Digitalisierung kämpfen. So konstatiert der Verband unter der Leitung des Vorstandsvorsitzenden Günter Althaus, strukturbedingt benachteiligte Klein- und Mittelbetriebe gegenüber Großunternehmen zu stärken und die digitale Zukunft gemeinsam zu gestalten.

Quelle: www.zgv-online.de, 14. Mai 2018.

Schwierig ist es, die je nach **Handelsbranche** deutlich variierende Bedeutung von Verbundgruppen zu erfassen. Folgt man den Außenumsätzen bei Händlern mit mehrheitlichem Umsatz durch Mitgliedsunternehmen, dann sind die Marktanteile rd. 50% und mehr in Branchen wie Baustofffachhandel, Möbeleinzelhandel, Getränke, LEH und über 25% im Sportfachhandel, Papier/Büro/Schreibwaren, Schuhe, Elektro- oder Pharmagroßhandel. Die Innenumsätze, d.h., die über die Verbundgruppe abgewickelten und an den ZGV gemeldeten Umsätze, liegen darunter, was bedeutet, dass bspw. Verbundgruppenmitglieder an der Zentrale vorbei einkaufen oder Regiebetriebe betreiben. Zahlen hierzu werden unternehmensspezifisch nicht veröffentlicht. Tabelle 3.17 deutet an, innerhalb welcher Branchen Verbundgruppen des ZGV am stärksten vertreten sind. Ferner wird ersichtlich, dass die **Größe von Verbundgruppen** variiert. Meist sind die aus eher kleinflächigen Einzelhändlern bestehenden Gruppen mit über 1.000 Mitgliedern bei Intersport Deutschland oder über 5.000 bei ElectronicPartner, Rewe oder Edeka größer. Demgegenüber haben andere, oft auf der Großhandelsebene, nur wenige Mitglieder, z.B. Dagema, Intergast oder Euro-Leder mit je rd. 35 Mitgliedern. Schließlich deuten die Zahlen eine sinkende Zahl der Verbundgruppen in jeder Branche an, zugleich aber steigende Innenumsätze, was die wachsende Größe der jeweiligen Verbundgruppe impliziert. Dies hat Konsequenzen, z.B. für die Zielbildung, das Leistungsprogramm, die Relationship Governance oder die Entscheidungsverbindlichkeit (Hernández-Espallardo 2006).

Allgemeine **Ziele von Verbundgruppen** sind die Steigerung der Leistungs- und Wettbewerbsfähigkeit der Mitglieder sowie des Verbundes und damit ein Beitrag zur Wettbewerbsfähigkeit und Existenzsicherung. Aus Sicht der Mitglieder dominieren individuelle

Ziele, so Gewinn, langfristiges Überleben, Wachstum des eigenen Betriebs und Ressourcenziele. Für Verbundgruppenzentralen sind es ähnliche Ziele, bezogen nicht nur auf einzelne Mitglieder, sondern den Verbund. Die **dynamisch-kooperativen Handlungsoptionen** für Mitglieder lauten bspw. Gründung einer oder Beitritt zu einer existenten Kooperation, Filialisierung usw. („going cooperative") sowie intensive bzw. selektive Inanspruchnahme der Kooperationsleistungen, Wechsel der Kooperationsgruppe usw. („being cooperative"). Bei Zentralen variieren die dynamischen Handlungsoptionen ebenso, so Fokus auf Mitgliederinteressen bei der Gründung und mit zunehmendem Erfolg der Gruppe ggf. Neumitgliederaufnahme, Filialisierung usw. Neben diesen pauschalen Zielen existieren auch in Verbundgruppen Hierarchien von Ziel- und Verhaltensoptionen.

Tabelle 3.17: Anzahl der Verbundgruppen (Mitglieder des ZGV) und deren Innenumsatz in Mio. EUR im Jahr 2010 vs. 2017

Branche	Anzahl		Innenumsatz	
Branche	**2010**	**2017**	**2010**	**2017**
Sonstige	33	37	2.132,6	47.485,0
Bauhandwerk/Dachdecker/Maler	30	29	2.702,8	2.877,2
Baustoffhandel/Sanitär	44	27	19.438,6	21.609,0
Bäckerhandwerk	34	25	2.597,5	2.561,3
Möbel	18	22	10.641,2	13.582,9
Kfz-Teile	16	22	2.158,1	2.502,1
Lebensmittel/Getränke	20	21	127.662,0	110.442,8
Schuhe	14	19	9.053,5	12.250,4
Gesundheitsw./Augenoptik/Hörakustik	19	19	6.366,2	8.523,0
Fleischerhandwerk	17	15	556,3	572,5
Konsumelektronik/IT	10	13	6.052,7	7.584,4
Elektromaterial/Hausrat	12	13	9.042,1	4.733,2
Dienstleistungen	4	11	1.147,8	1.584,0
Fahrräder/Sport/Spielwaren	10	9	3.253,5	2.766,7
Heimtext./Farben/Tapeten	11	7	2.297,6	5.223,5
Papier/Büro/Schreibwaren	9	7	1.179,9	1.037,1
Parfümerie/Kosmetik	7	7	711,0	478,8
Hotel/Gastronomie	8	7	495,7	254,0
Summe	**316**	**310**	**207.489,1**	**246.367,9**

Quelle: ZGV 2017.

Die Ziele sind auch davon abhängig, welches Leistungsspektrum eine Verbundgruppe anbietet. Die Leistungsschwerpunkte sind traditionell beschaffungsmarktorientiert, allerdings ist eine Ausdehnung der Leistungsspektra v.a. in der Wertschöpfungstiefe üblich. Eine idealtypische Systematisierung auf der Ebene einzelner Instrumente bzw. Leistungen und eine Typologie zeigt Abb. 3.121.

Abbildung 3.121: Exemplarische Kernfunktionen und Typologisierungen

Typen / **Instrumente/Leistungen**	**Einkaufsverbund**	**ZR-Verbund**	**DL-Verbund**	**Marketingverbund**	**Logistikverbund**	**Filialverbund**
Erfahrungsaustausch	x	x	x	x	x	x
Einkauf/Verhandlungen von Konditionen	x	x	x	x	x	x
ZR- mit/ohne D-Geschäft		x	x	x	x	x
Warenunabhängige Dienstleistungen/ BWL-Support			x	x	x	x
Markt-/Sortimentskonzepte				x	x	x
Angebot von Online-Dienstleistungen				x	x	x
Eigenes Warengeschäft/Logistik					x	x
Eigene Vertriebsschienen						x

Quelle: i.A.a. IBB/H.I.MA. 2003, S. 129.

Nach Erfahrungsaustausch und Einkauf folgen die **Zentralregulierung** und das **Delkredere** (ZR- mit/ohne D-Geschäft). So generieren Verbundgruppenzentralen u.a. Einnahmen aus dem Delkrederegeschäft (Haftungsübernahme aus der Übernahme des Zahlungsrisikos gegenüber den Lieferanten), aus dem Eigenwarengeschäft, aus mit den Lieferanten verhandelten Konditionen und aus in Rechnung gestellten Dienstleistungen. Außerdem müssen die Gesellschafter in vielen Fällen Einlagen leisten, was sie berechtigt, Kooperationsleistungen und ggf. Boni zu beziehen. In vertikalen Ketten stellt demgegenüber die Verrechnung der gelieferten Waren die wichtigste Einnahmenquelle der Großhandelsstufe dar.

ZR- und ZR+D-Geschäft

Zentralregulierung (ZR) ist ein Abrechnungssystem, das sich auf den Zahlungsverkehr zwischen Lieferanten (i.d.R. Hersteller) und Mitgliedern bzw. Gesellschaftern einer Verbundgruppe bezieht. Ihre Funktion besteht somit in einer Dienstleistung gegenüber den Lieferanten und den Mitgliedern. Alle Forderungen, die Mitglieder aus Kaufverträgen schulden, werden von einer zentralen Stelle aus bearbeitet und zum Zeitpunkt der Skontofälligkeit in einer Summe an den Lieferanten bezahlt. Gleichzeitig erhalten die jeweiligen Mitglieder für die Vielzahl aller angeschlossenen Lieferanten die Abrechnung in einer Summe, aus einer Hand. Als zentrale Stelle kann die Verbundgruppe selbst tätig werden oder diese Aufgabe einem Dienstleister übertragen. Oft ist Zentralregulierung mit der Übernahme des Delkredere durch die Zentrale verknüpft (ZR+D-Geschäft): Für die Erfüllung der Kaufpreisforderung durch die Mitglieder der Verbundgruppe übernimmt diese die selbstschuldnerische Bürgschaft. Damit besteht ein Dreiecksverhältnis: Das über einen Mitgliedschafts- oder Gesellschaftervertrag an die Verbundgruppe gebundene Mitglied schließt mit dem Vertragslieferanten einen Kaufvertrag ab und die Warenlieferung erfolgt an das Mitglied. Die Verbundgruppe ist zudem vertraglich mit dem Lieferanten über den Zentralregulierungs- und Delkredere-Vertrag verbunden.

Quelle: Zentes 2001a, S. 5f.

Weitere, i.d.R. darüber hinausgehende Leistungsspektra sind warenunabhängige bzw. betriebswirtschaftliche Supportaktivitäten und die Entwicklung von Marketinginstrumenten (z.B. Handelsmarken, Sonderpreisaktionen) bis hin zu umfassenderen Marketingdienstleistungen (etwa das Sortiment oder die Kommunikation betreffend). Darüber hinaus werden zunehmend Online-Dienstleistungen für Mitglieder angeboten, durch Bündelung des spezifischen Know-hows in der Erstellung von Homepages, Online-Kampagnen oder auch der Lieferlogistik. Allerdings existieren in Kooperationen regelmäßig Probleme, bspw. betreffend der Zuordnung der auf einer zentralen Homepage getätigten Umsätze (zur Zentrale vs. dem Mitglied aus dessen Einzugsbereich geordert wird) und entsprechenden Kanalisierungen. Zudem lancieren Mitglieder eigene Online-Shops, mit denen sie die lokal bekannten Kunden in einer Cross-Channel-Struktur ansprechen. In dem Fall liefert die Zentrale bspw. nur den EDV Content. Am Ende steht ein eigenes Warengeschäft oder die eigene Logistik und eigene Regiebetriebe (eher bei größeren Verbundgruppen anzutreffen).

b) Phasen der Kooperation als Basis der Neuorientierung von Verbundgruppen

Bezüglich der Neuorientierung von Verbundgruppen wird von Zentes (1992b, S. 24ff.) bereits auf drei Punkte verwiesen:

- Erweiterung der angebotenen Leistungen über die Beschaffung hinaus
- Arbeitsteilung zwischen Zentrale und Mitgliedern (Verbindlichkeit der Entscheidungen bzw. Adäquatheit von Kooperationsfeldern und -intensität)
- zunehmende Internationalisierung.

Autoren sehen zudem die wachsende Notwendigkeit der Verbundgruppen, über heutige Produkt/Markt-Bereiche hinaus, auf Wachstumsoptionen wie neue Märkte und Diversifikation (bzw. Netzwerkbildung) zu setzen, da der deutsche Heimatmarkt bedingt durch Konzentration und Bevölkerungsrückgang schwierig ist. Verbundgruppen haben dabei nicht nur einen relevanten Markt, sondern Aktivitäten auf Beschaffungs-, Absatz-, internen und Konkurrenzmärkten zu kombinieren. Abbildung 3.122 skizziert entsprechende **Entwicklungsphasen von Verbundgruppen** sowie das damit verbundene Spektrum an Leistungsprogrammen und relevanten Märkten. Die Phasen werden nachfolgend „konzentrisch" interpretiert, d.h., die hinten liegenden schließen die vorhergehenden ein.

Abbildung 3.122: Ausgewählte Phasen der Verbundgruppenentwicklung

Entwicklungsphase	Leistungs- und Kooperationsprogramme	Relevante Märkte
1. Warenvolumenphase	Warenbeschaffung und Belieferung der Mitglieder, Eigen- und Fremdgeschäft, Lager- und Streckengeschäft, Zentralregulierung, Delkrederehaftung, Datenaustausch	Beschaffungsmarkt
2. Waren- und Servicephase	Beschaffungsmarketing, -markterschließung (Importe), Kommunikationsaktivitäten (Messen, Börsen) und Sortimentspolitik (Handelsmarken, Produktentwicklung)	Beschaffungs- und Absatzmarkt
3. Full-Service-Phase	Betriebswirtschaftliche Dienstleistungen (Betriebsvergleiche, Standortanalysen), Aus- und Weiterbildung der Mitglieder, Nachfolgeberatung	Beschaffungs-, Absatz- und Interner Markt
4. Marketingphase	Aktive Mitgliederpolitik, Standortsicherung, Gruppenprofilierung (offensives Gruppenmarketing), Leistungsprogrammkonturierung, Partnerschaftsmodelle, Regiebetriebe	Beschaffungs-, Absatz-, Konkurrenz- und Interner Markt
5. Segmentierungsphase	Gruppenhomogenisierung bei simultaner Leistungsdifferenzierung nach Sortimenten, Betriebstypen und -größen und Zielgruppen, organisatorische Differenzierung in fachgruppen-, modul-, betriebstypenorientierte Modelle	Beschaffungs-, Absatz- und Interner Markt
6. Diversifikationsphase	Erweiterung des Leistungsprogramms, insb. Aufnahme von Dienstleistungen, Betriebstypenauffächerung, Aufbau von Franchise- und Filialsystemen	Absatz-, Konkurrenz- und Interner Markt
7. Supervolumen-/ Internationalisierungsphase	National: Kooperation mit Einkaufsverbänden bzw. mit Großbetrieben, Beteiligung an anderen Gruppen; International: Aufnahme ausländischer Mitglieder, Abschluss von Partnerschaftsabkommen, Gründung von Niederlassungen im Ausland	Beschaffungs-, Absatz-, Konkurrenz- und Interner Markt

Quelle: i.A.a. Tietz 1992a, S. 343.

Die Ausweitung der Märkte ist in der **zweiten Phase** angedeutet, wenn traditionell beschaffungsmarktorientierte Aktivitäten um absatzmarktorientierte erweitert werden. Die Beschaffung verliert nicht an Bedeutung, vielmehr wird sie vertieft (z.B. durch Beschaffungsmarketing oder Teilnahme an Messen) und die Marktaktivitäten kommen hinzu (z.B. erste Handelsmarkenprogramme). Diese marktorientierten Aktivitäten werden in der **dritten Phase** um betriebswirtschaftliche Dienstleistungen für den internen Markt, d.h., Angebote für aktive und potenzielle Mitglieder, erweitert. Hierzu zählen Betriebsvergleiche, Standortanalysen, Aus- und Weiterbildungsprogramme, Nachfolgeberatungen usw. Die Aktivitäten bis hierhin sind heute in vielen Verbundgruppen üblich. Anders ist es in der **vierten Phase**, in der marketingwirksam eine aktive Mitgliederpolitik (z.B. Selektion starker Mitglieder), die Standortsicherung (z.B. geografische Schwerpunkte) oder ein offensives Gruppenmarketing (z.B. Profilierung durch abgestimmte Kommunikations- oder Leistungspolitik) erfolgen.

Darüber hinaus geht die **Segmentierungsphase**, die eine Gruppenhomogenisierung bei simultaner Leistungsdifferenzierung nach Sortimenten, Betriebstypen/-größen und Zielgruppen umfasst, d.h., praktisch eine standortübergreifende Standardisierung der Gruppe (z.B. Formate, Retail Brand) bei einer standortspezifischen Differenzierung der Leistungen. Einige Verbundgruppen haben die **Diversifikations- oder Internationalisierungsphasen** erreicht, i.S. einer Erweiterung des Leistungsprogramms (z.B. Dienstleistungsaufnahme). Die Supervolumenphase zielt auf **Mehrbranchenverbände** ab, während die Internationalität bspw. die Kooperation mit ausländischen Partnern oder Filialen im Ausland einschließt. Dies gilt für ausgewählte branchenführende Gruppen wie Rewe, Intersport usw.

Die Entwicklung der Intersport International Corporation

Intersport ist die größte Verbundgruppe im europäischen Sportfachhandel (rd. 20% Marktanteil in Europa). Intersport Mitglieder betreiben rund 5.900 Fachgeschäfte in 58 Ländern und realisieren über 11 Mrd. EUR Umsatz. Intersport Deutschland eG ist die größte nationale Gruppierung mit rd. 1.000 Mitgliedern, die mit 37% des 7,8 Mrd. EUR umfassenden deutschen Sportartikel- und Sportmodemarktes einen Großteil des Marktanteils für sich beanspruchen. Gegründet wurde die Intersport Deutschland im Jahr 1955 von einigen Sportfachhändlern unter dem Namen IGESPO (Interessengemeinschaft Sport) als eine Erfahrungsaustausch- und Einkaufskooperation. Im Jahre 1956 wird diese lose Kooperation zur Eingetragenen Genossenschaft Sport, die EGESPO. Es werden gemeinschaftliche Projekte durchgeführt und Verkaufshilfen geboten. Im Jahr 1956 entsteht durch die Fusion mit dem Dortmunder Sportring Intersport.

Im Jahr 1968 wurde durch Zusammenschluss von zehn Einkaufsverbänden (A, B, CH, D, DK, F, I, N, NL, S) die Intersport International Corporation (ICC) in Bern gegründet. Im Laufe der Zeit schlossen sich weitere nationale Einkaufsverbände an. Die Aktivitätsfelder der ICC wurden ständig ausgedehnt. So wurde im Jahr 1982 das gemeinsame Logo in allen Geschäften integriert. Um die Dachmarke zu stärken will Intersport zukünftig das im Jahr 1990 erstmalig entwickelte Ladenkonzept überarbeiten, um so im Sortiment, Marketing, Ladenbau, Mitarbeiterqualifikation sowie in der Verknüpfung der Offlinewelt mit dem im Jahr 2013 lancierten Online-Shop möglichst einheitlich aufzutreten. Ein Verbindlichkeitsgrad, den alle Mitglieder unterschreiben müssen, ermöglicht es der ICC, bei Verstößen gegen diese Regelungen Sanktionen auszusprechen oder Untersagungen der Benutzung der Intersport-Marke zu verhängen. Die Entwicklung eines weltweiten, einheitlichen Intersport-Netzwerks bildet daher eine von drei Hauptrollen der ICC.

Die zweite Aufgabe der ICC ist die Entwicklung der Eigenmarken. So wurden den Händlern zunächst exklusive Produkte unter dem Gruppennamen angeboten. Ab dem Jahr 1983 wurde dies reorganisiert und die Marken McKinley, Etirel und Rombo (später TecnoPro) wurden lanciert. Dieses wurde in den folgenden Jahren durch weitere, neue Exklusivmarken gestützt, so Nakamura, Crazy Creek oder online ab dem Jahr 1988, ProTouch oder Energetics ab dem Jahr 1992, Firefly als modische und jugendliche Marke ab dem Jahr 1998.

Im Rahmen der dritten Rolle führt die ICC Verhandlungen mit Produzenten, d.h., es werden Rahmenverträge für das Netzwerk geschlossen.

Das Angebot wird mit dem Verleihkonzept „Intersport Rent" und der Kundenkarte „ActiveCard" im Jahr 2002 ergänzt. Neuartige Kooperationen mit namhaften Sportartikelherstellern werden erstmals im Zuge der FIFA WM in Japan 2002 mit Adidas und David Beckham durchgeführt und 2010 mit Puma zur Fußballweltmeisterschaft in Südafrika. Durch den Erfolg wird die Grundlage für weitere gemeinsame Marketingkampagnen gelegt. Als Basis hierfür dienen gemeinsame Vision und Ziele. Operativ können so Produktreklamationen weltweit in den angeschlossenen Intersport-Geschäften getätigt werden, unabhängig vom Ort des Einkaufs. Im Jahr 2015 wurde die Strategie für 2020 ausgerollt, v.a. in den Bereichen Gesundheit, Digitalisierung und Individualisierung. Ziel ist es, die führende Position im Sportfachhandel auszubauen.

Quelle: www.intersport.de, 17. Mai 2018; Der Handel, 12. September 2017.

Derartige Phasen sind situativ zu sehen, denn viele – v.a. kleinere – Verbundgruppen arbeiten im klassischen Bereich, während andere weit vorangeschritten sind. Alternativ können Verbundgruppenentwicklungen in der Ausweitung des Wertschöpfungsanteils (Ausweitung von Leistungsprogrammen bzw. Kooperationsfeldern), der Straffung und Optimierung der Systemeffizienz (Kooperationsintensität und Konvergenz zum Franchising), der Segmentierung, Partner Relationship Management und Diversifikation, sowie der Bildung von sog. Meta-Kooperationen und Internationalisierung liegen. Die ersten beiden Punkte betreffen die Leistungen sowie die Prozesse, während die weiteren fundamentaler mit neuen Produkt/Markt-Bereichen verbunden sind. Allerdings wird bspw. die **Internationalisierung** selten behandelt, z.B. als strategische und operative Herausforderung (Möhlenbruch/Hartmann 2013, S. 132).

Tiefere Betrachtungen fokussieren Motive, Marktwahl und Betätigungsform (Schlesiger 2016). Dabei stehen neben gängigen Motiven (Umsatzsteigerung, gesättigter Heimatmarkt oder attraktive Absatzmärkte) Spezifische, wie „Gewinnerzielung für Inlandsmitglieder" oder „konkurrierenden Verbundgruppen zuvorkommen". Der Länderfokus ist Europa und bei der Marktselektion sticht die Anforderung des Vorhandenseins mittelständisch geprägter Handelsstrukturen hervor. Spezifisch sind die Betätigungsformen, so die Direktaufnahme ausländischer Mitglieder oder Kooperationen mit ausländischen Verbundgruppen vor Gründung von Tochtergesellschaften. Die dominanten Geschäftsmodelle im Ausland sind die Zentralregulierer (60,5% in Westeuropa), Großhandelsfunktionen (53,5%) und Marketing-Dienstleister (51,2%), weniger Full-Service, Logistik oder Eigenhandel. Die absatzseitige, nicht jedoch die beschaffungsseitige Internationalisierung ist geringer als die von Filialunternehmen.

Wie angedeutet, wenden sich auch Verbundgruppen zunehmend zum E-Commerce. Allerdings führt die Vielzahl an autonomen Mitgliedern zu spezifischen Gestaltungsgrenzen, die den Aufbau des Online-Segments sowie die Vernetzung des Offline- und Online-Bereichs erschweren. Mitglieder bieten bspw. unterschiedliche Sortimentsbreiten und -tiefen sowie voneinander abweichende Preise an. Lösungsmöglichkeiten für diese Probleme bilden bspw. die Einführung einer straffen oder einer weniger straffen, kooperativen Händlerplattform. Bei letzterer bekommt das Mitglied im Einzugsbereich des Bestellers den Zuschlag und die Plattform bietet ein enorm breites Sortiment an, das die Artikel aller Mitglieder umfassen muss (Gerth 2017). Alternativen sind eigene Plattformen lokaler Händler ohne Integration.

c) Entwicklung von Kooperationsfeldern und -intensität in Verbundgruppen

Ähnlich wie bei Filialunternehmen, aber in anderer Form, besteht in Verbundgruppen die Tendenz, den Wertschöpfungsanteil bzw. die Kooperationsfelder zu erweitern. Entsprechende Abfolgen von Kooperationsfeldern wurden bei den o.g. Kernfunktionen und den Phasen der Verbundgruppenentwicklung angedeutet. Heute sind das ZR+D-Geschäft, Einkauf und Marketingberatung zentrale Aufgaben. Zukünftig werden es warenunabhängige Aufgaben sein, so IT-Dienstleistungen, Marketingberatung, Finanzierungsdienstleistungen und Online-Konzepte. Vor dem Hintergrund der Arbeitsteilung zwischen der Verbundgruppenzentrale und den Mitgliedern vor Ort werden seit Jahren drei Aspekte diskutiert: Leistungsprogramme, Verbindlichkeit der Entscheidungen und Effizienz der Systeme.

Basis für die auf unterschiedliche Märkte gerichteten **Leistungsprogramme** sind z.B. ein harmonisierter Marktauftritt durch einheitliches Retail Branding (Absatzmarkt), Full-Service-Betreuung der Mitglieder, so in Marketing, Logistik, Controlling, Warenwirtschaft und Angebot von Finanzierungspaketen (interner Markt), Standortsicherung durch Übernahme von Mitgliederstandorten (Konkurrenzmarkt) usw. Hierdurch erhalten die als Y-Allianzen auf die Durchführung einzelner (Beschaffungs-)Aktivitäten ausgerichteten Verbundgruppen den aktivitätsübergreifenden X-Charakter (ähnlich wie Franchise-Systeme).

Die **Verbindlichkeit oder Straffheit der Entscheidungen** betrifft die Entscheidungsstrukturen und -prozesse. Darunter ist die **Zentralisierung**, d.h. die Umlenkung der Willensbildung von „bottom-up" zu „top-down", zu fassen und die **Formalisierung**, i.S. des Grades der schriftlich fixierten Entscheidungsvorgaben.[1] Dies ist in Franchise- und Filialsystemen bekannt. Zugleich stellt dies in basisdemokratischen Gruppen eine Herausforderung dar. Ohne die allgemeinen „governance bzw. coordination instruments" an dieser Stelle zu diskutieren,

---

[1] Siehe das Sechste Kapitel. Im Detail wären einzelne Leistungsprogramme oder systematisch strukturelle Entscheidungen (Zentralisation und Formalisierung von Wertschöpfungsfunktionen) und systemische/prozessuale Entscheidungen (Zentralisation und Formalisierung von Planung und Kontrolle) abzuwägen.

ist für Verbundgruppen hervorzuheben, dass institutionelle Arrangements (gesellschaftsrechtliche oder schuldrechtliche Verträge und Rechtsformen) den Rahmen bilden. Die Vertragsgestaltung bildet ein zentrales Steuerungsinstrument, wenngleich Verträge unterschiedlich gestaltet sein können und feste oder lockere Bindungen der Partner ermöglichen.

Eine Kombination beider Aspekte bedeutet, dass das Straffen der Entscheidungsprozesse bzw. die Erhöhung des Verbindlichkeitsgrades (Kooperationsintensität) einerseits für die Partner einen Autonomieverlust in den Bereichen, die zentralseitig gesteuert werden, bedeutet. Andererseits erfolgt, idealtypisch parallel, eine Ausweitung der instrumentellen Handlungsspielräume für die Mitglieder vor Ort. Gruppen, die dies parallel realisieren, bilden **offensive, straffe Verbundgruppen** (siehe Abb. 3.123). Solche, welche die Verbindlichkeit nicht aber die Leistungsprogramme erhöhen, bilden „**Marketing-/Aktivisten-Kreise**". Demgegenüber führt der Ausbau der Kooperationsfelder ohne gleichzeitige Erhöhung der Kooperationsintensität Verbundgruppen in die „**Full-Service-Falle**".

Abbildung 3.123: Positionierung von Verbundgruppen

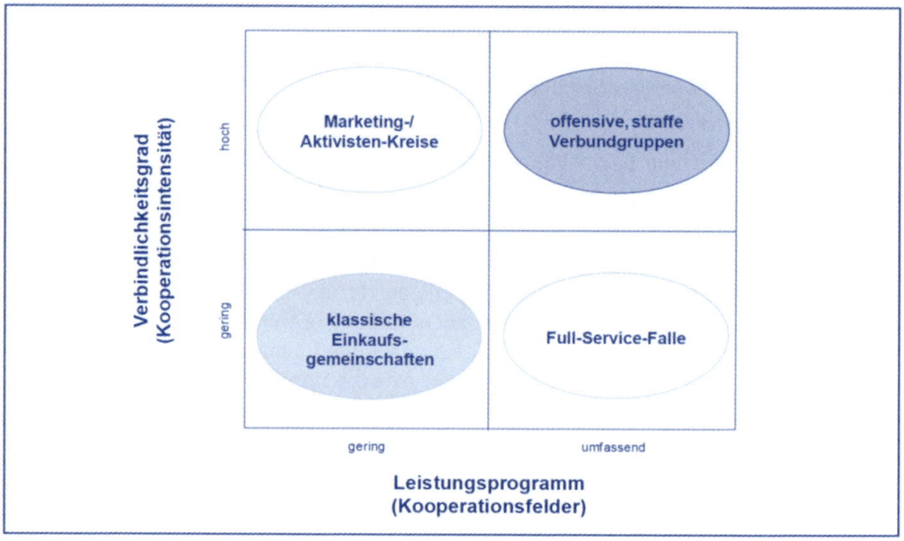

Allerdings ist eine derartige Straffung der Entscheidungsstrukturen in Kooperationssystemen nur die notwendige Bedingung für eine Neuorientierung und zudem in Gruppen mit einer überschaubaren Gesellschafteranzahl kaum realistisch. Zentrale und formale Vorgaben erhöhen zwar den Verbindlichkeitsgrad, gewährleisten aber nicht per se die **Systemeffizienz**. Selbst bei straffen Verbundgruppen kann das Time-based-Management, d.h. die Schnelligkeit und Flexibilität der Aktionen im Markt, länger dauern, wodurch ggf. Marktchancen zu spät wahrgenommen werden. Dies liegt weniger in der Entscheidungsebene, sondern in der Verbundgruppenstruktur begründet, denn das Markt-Know-how liegt bei den Partnern vor Ort. Filialsysteme verfügen demgegenüber bspw. über eine ausgeprägte zentrale Marktforschung. In Verbundgruppen erscheinen daher die Implementierung sekundärorganisatorischer Strukturen und ein iteratives (bottom-up-top-down) Kommunikationssystem – eingebunden in ein entsprechendes prozessuales Planungs- und Controllingsystem – unerlässlich. Diese systemischen Koordinationsdimensionen sind in Verbundgruppen nur Teil einer Relationship Governance (Zentes/Morschett/Schramm-Klein 2017, S. 390). Darin sind kontraktuelle soziale Durchsetzungsmechanismen erfasst, d.h. Zufriedenheit, Vertrauen, Motivation, Kultur usw.

Insgesamt ist zu beobachten, dass mit der Dauer der erfolgreichen Kooperation und mit einer damit wachsenden Vertrauensbasis weitere Leistungsanstrengungen umgesetzt werden.

Strategische Optionen zwischen Marktadaption und Koordination

Die Situation einer Gruppe, wie Verbundgruppengröße, Dominanz persönlicher Dienstleistung vs. standardisierbare Sachleistung, kann eine differenzierte Entwicklung nahe legen. Aus ressourcenbasierter Perspektive besteht das Funktionsprinzip der Verbundgruppen auf der Kombination von zwei **intangiblen Kompetenzfeldern**:

- Ressourcen von Mittelständlern, die als **personenabhängige Kompetenz** zu beschreiben sind, so die regionale Adaption und Präsenz, die Identifikation mit den Kunden vor Ort, das unternehmerische Engagement, die Flexibilität und Entscheidungsfreiheit
- Ressourcen eines Systems, d.h. **personenunabhängige, systemische Kompetenzen**, so Größendegressionen, modularisierte Konzepte und Systeme, straffe Prozesse bzw. Verbindlichkeitsgrade.[1]

Deren Kombination kann zu unterschiedlichen, gleichwohl erfolgreichen Verbundgruppen führen. Drei Beispiele verdeutlichen dies:

- Die erste Option wurde als Kombination von persönlichen und systemischen Kompetenzen erläutert, d.h. einer möglichst hohen Adaption innerhalb einer modular vorgegebenen, möglichst straff durchgesetzten Systemleistung. Die Zentrale bündelt die Aktivitäten und verantwortet auf Absatzmärkten zunehmend Leistungsprogramme und -module.
- Die zweite Option wäre die vollständig zentrale und damit die systemischen Kompetenzen betonende Strategie (maximale Straffheit) bei einer Minimierung der personenabhängigen Kompetenz auf rein operative Aktivitäten. Dies würde zu einer geringen Adaption an lokale Anforderungen führen, aber straffen Franchise- und Filialsystemen entsprechen.
- Die dritte Option liegt im Fall einer Überbetonung personeller und einer nachgeordneten Gestaltung systemischer Kompetenzen vor. Diese Verbundgruppen versuchen eine maximale Adaption an die lokalen und tief penetrierten Märkte und verzichten auf absatzmarktorientierte systemische Kompetenzen (geringe Straffheit).

Entsprechend der theoretischen Konzeption dieses Buches sind neben Ressourcen v.a. die Marktbedingungen zu berücksichtigen. Es wäre also einzuschätzen, wie die Konkurrenz im Markt aussieht. Handelt es sich um Filialsysteme, dann kann gerade eine vollständige Adaption den Vorteil für die Verbundgruppenmitglieder bedeuten. Sind Konkurrenten selbst maximal adaptiert, dann wären systemische Vorteile mit möglichst hoher Adaption sinnvoll.

Segmentierung, Partner-Relations und Diversifikation

Braun (2012, S. 239ff.) sieht im Partner Relationship Management, unterstützt durch einen sog. Network-Governance-Kodex, einen wichtigen Trend der Verbundgruppenentwicklung. Auch bei Verbundgruppen treffen die bekannten Beobachtungen des **CRM** zu, wonach die Neuakquisition kostenintensiver ist, als die Bindung. Bezüglich der Segmentierung wurde als Option z.B. die Gruppenhomogenisierung bei simultaner Leistungsdifferenzierung hervorgehoben. Dies impliziert neben der Gewinnung neuer und der Weiterentwicklung bestehender Mitglieder auch die Trennung von Mitgliedern. Letzteres kann etwa unter denen erfolgen, die in ihren diversen Geschäftsfeldern in diversen Verbundgruppen agieren. Daher ist zu prüfen,

[1] Verbundgruppen haben dann Limitationen bei den tangiblen Ressourcen (bspw. begrenzter Zugang zu Finanzmärkten). Andererseits bildet die Rechtsform eine Schutzfunktion, etwa gegen Übernahmen.

ob nicht indirekte Konkurrenzeffekte entstehen. Denkbar ist auch eine in der Gruppe vorzunehmende Differenzierung der Leistungen bzgl. Betriebstypen und -größen. Hierdurch stünden in einer Verbundgruppe fachgruppen-, modul-, und betriebstypenorientierte Modelle nebeneinander. Dies bedeutet ein innerbetriebliches Management des **Allianz-Portfolios**. Die Diversifikation geht einen Schritt weiter, indem sie bspw. die Erweiterung des Leistungsprogramms, v.a. die Aufnahme von branchenfremden Dienstleistungen (z.B. Finanzierung, Online-Plattformen) und solcher aus dem Nicht-Kerngeschäft (wie Versicherung, Fuhrpark), ggf. unter Einbindung von Lieferanten und Externen, skizziert. Auch hier wären Betriebstypen-Auffächerungen und der Aufbau eigener Filialsysteme denkbar.

Hagebau nimmt selektiv Neupartner auf und kooperiert mit Lieferanten

Die Handelsgesellschaft für Baustoffe mbh & Co. KG hat fast 60 Jahre nach der Gründung rd. 370 Gesellschaften, über 1.750 Standorte und einen Umsatz von rund 6,5 Mrd. EUR. Durch eine aktive Marktgestaltung und Zugewinn von Mitgliedern – die jeweils selektiv bewertet wurden – konnte die Kooperation ihre marktführende Position ausbauen. Auf Grund der wachsenden kritischen Massen wächst die Wertschöpfungstiefe und neue Dienstleistungen werden aufgebaut, so der stärkere Fokus auf den Ausbau von Eigenmarken, der den Händlern die Möglichkeit bietet, aus der Vergleichbarkeit herauszukommen und ihre Marktsituation verbessert, oder das Angebot von Dienstleistungen, die – so sie nicht im Kerngeschäft angeboten werden – auch Lieferanten oder Geschäftspartner miteinschließt, so IT-Services, Fahrzeugkauf, usw.

Quelle: www.hagebau.de, 17. Mai 2018.

d) Ausgewählte Aspekte des Managements von Verbundgruppen

Das Management ist durch die Integration selbstständiger Händler geprägt. Auf Grund der Vielfalt von Sichtweisen leisten viele Theorien, Ansätze und Konzepte einen Beitrag zur Erklärung einzelner Managementfragen.[1] Nachfolgend betrachtet werden

- entscheidungsorientierte Konzepte der Bildung („**going cooperative**") sowie des laufenden Managements einer Kooperation („**being cooperative**") und
- ausgewählte Aspekte der Erfolgsmessung.

Entscheidungsorientierte Konzepte

Ein grundlegendes entscheidungsorientiertes Modell visualisiert Abb. 3.124 mit den Phasen der Anbahnung und Umsetzung einer Kooperation und dem Erfolg bzw. Lerneffekten als zwei denkbaren Resultaten. Ferner werden vier aufeinander aufbauende Entscheidungen systematisiert und in einen Kontextrahmen eingebettet. Auf dieser Basis können die in Kooperationen relevanten Größen und Teilentscheidungen systematisiert werden:

- Hierbei sind die Basisentscheidungen zur **Prüfung der Kooperation** als eine Strategie noch relativ einfach, so sie mit Kontextfaktoren wie Kooperationserfahrung, -neigung usw. unverbunden bleiben.
- Das **Finden geeigneter Partner** umfasst die Suche, die Bewertung und die Verhandlungen in unterschiedlichen Kontexten, so Gründung oder Beitritt zur horizontalen Kooperation, zu dyadischen Partnerschaftstypen.
- **Gründung** i.S. der Konkretisierung der Kooperation umfasst die Festlegungen von Kooperationsinhalten (Richtung/-ziele, Funktionsbereiche, Investition usw.) und die vertragliche Gestaltung (Rechtsform, finanzielle Beteiligung, Partnereinfluss, Kontrolle usw.).

---

[1] In der Kooperationsforschung werden oft theoretische Ansätze miteinander kombiniert, ressourcenbasierte Ansätze (den Ressourcenbeitrag und die Organisation erfassend), die Transaktionskostentheorie (um die Prozesse abzubilden) und wechselnd behavioristische, kontingenz-, austausch- oder agententheoretische Ansätze.

- **Management** i.S. der Durchführung und Weiterentwicklung der Kooperation umfasst z.B. die organisatorische Gestaltung (Organisationsstruktur, Systeme, Zentralisierungs-, Formalisierungsgrad, Weisungsbefugnisse) sowie die Kulturmuster (Normen, Werte, Verhalten, Vertrauen usw.).
- Als **Kooperationserfolg** können verschiedene Größen betrachtet werden (z.B. Überlebenswahrscheinlichkeit bzw. Insolvenzrisiko, subjektiver Zielerreichungsgrad, wirtschaftlicher Erfolg, Effektivität, Effizienz), und zwar aus Sicht eines Partners, aller Partner oder externer Stakeholder.
- Den determinierenden Rahmen bilden **Umfeldmerkmale** (politisch-rechtliche, sozioökonomische, technische Aspekte), **Branchenmerkmale** (Konzentration, Alter, Wachstum, Kapitalintensität), **Partnermerkmale** (Größe, Marktmacht, Kooperationserfahrung, Beziehungsnetze) oder **Entscheidermerkmale** (Unsicherheit, Risikoorientierung usw.).

Studien setzen die genannten und weiteren Größen theoretisch fundiert in Beziehung und überprüfen diese empirisch (siehe bspw. die nachfolgenden Ansätze zur Erfolgsmessung).

Abbildung 3.124: Entscheidungsorientierte Phasenbetrachtung von Kooperationen

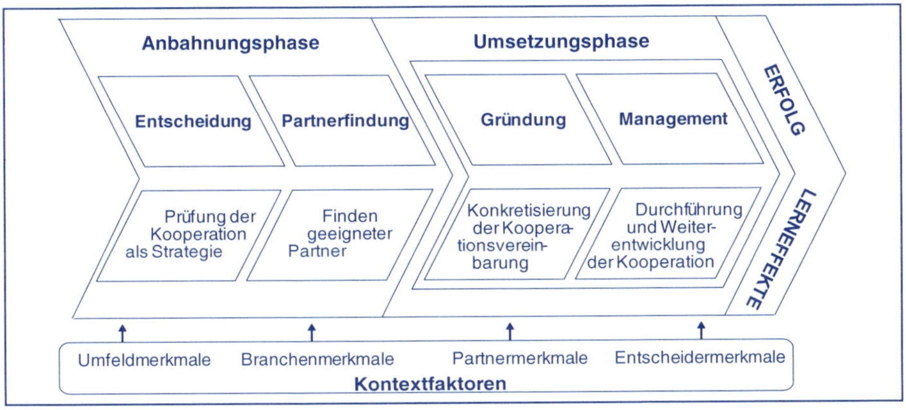

Quelle: i.A.a. Swoboda u.a. 2011, S. 273.

Planungsrahmen bestehender Verbundgruppen

Alternativ können die in Verbundgruppen zu fällenden Kooperationsmanagemententscheidungen systematisiert werden: idealtypisch auf Basis eines Plans (neben Umweltdaten) von Zielhierarchien als Grundlage des Verbundgruppenmanagements (siehe Abb. 3.125).

Hiernach bestimmen die Systemmitglieder und deren kooperative Verhaltensmuster die realisierte Kooperationsstruktur. Bei jeder Form der Kooperation müssen diese Daten, die Ziele und die gegebenen Leistungsprogramme der Systemmitglieder (II), der kooperationsinteressierten Unternehmen und des Systemträgers (III) als Basis aller Entscheidungen bekannt sein. Auf dieser Basis werden die für die Kooperation geeigneten Ziel(ebenen) der Entscheidungsträger (IV) geprüft; die Kooperation fördernde bzw. behindernde Effekte fließen in **Zielprioritäten** ein. Es folgt die Analyse des Leistungsprogramms, d.h. die Festlegung, welche Instrumente gemeinsam und welche von den Partnern isoliert eingesetzt werden. Hierdurch werden sich die Systemträger und Systemmitglieder darüber klar, welche Instrumente generell und mit welcher Intensität sie in der Kooperation eingesetzt werden. Mit der Festlegung der **Kooperationsintensität** wird der Umfang der Abstimmung des Instrumentaleinsatzes eines Mitglieds mit dem System bestimmt (V) und es wird geregelt, zu welchem Instrumentaleinsatz sich das System verpflichtet (VI). Für jedes kooperativ eingesetzte Marketinginstrument wird zudem festgelegt, welche Intensität zur Erreichung der Marketingziele erforderlich ist und wie es faktisch eingesetzt wird, d.h. durch Mitglieder, Systemträger oder Dienstleistungsunternehmen. Das marketingtechnologische Entscheidungsfeld (VII) umfasst die entsprechenden **vertraglichen Regelungen**.

Abbildung 3.125: Elemente eines Grundmodells des Kooperationsmanagements

I. Die übergeordneten sozioökonomischen Daten **II. Die Systemmitglieder** 1. Die bereits in Kooperationssysteme integrierten Unternehmen a) Die Daten b) Die Ziele c) Das Leistungsprogramm 2. Die nicht in Kooperationssysteme integrierten Unternehmen a) Die Daten b) Die Ziele c) Das Leistungsprogramm **III. Die Kooperationssysteme - Die Systemträger** 1. Die Daten 2. Die Ziele 3. Das Leistungsprogramm **IV. Die für eine Kooperation geeigneten Ziele der Entscheidungsträger** 1. Die Ziele nach Entscheidungsebenen 2. Die Ziele der Mitglieder 3. Die Ziele der Systemträger 4. Die Zielselektion	**V. Die Instrumente der Entscheidungsträger unter dem Aspekt der Kooperation** 1. Die Instrumente nach Entscheidungsebenen 2. Die Instrumente des Leistungsprogramms a) Die Grundstrukturpolitik b) Die Marktpolitik c) Die Faktorkombinationspolitik d) Die Finanzierungspolitik 3. Die Instrumente der Unternehmen 4. Die Instrumente der Kooperationssysteme **VI. Das leistungsprogramm-, insbesondere marktstrategische Entscheidungsfeld der Kooperation** 1. Das kooperative Instrumentenfeld 2. Die Kooperationsintensitäten **VII. Das leistungsprogramm-, insbesondere markttechnologische Entscheidungsfeld der Kooperation**	**VIII. Das managementstrategische Entscheidungsfeld der Kooperation** 1. Das kooperative Instrumentenfeld 2. Die Kooperationsintensitäten **IX. Das managementtechnologische Entscheidungsfeld der Kooperation** **X. Die Institutionalisierung der Kooperation** 1. Das Anforderungsprofil der Kooperationspartner 2. Die Selektion der Kooperationspartner 3. Das System der Institutionalisierung beim Systemträger a) Die Zentrale b) Die sonstigen Institutionen **XI. Die Kooperationstechnologien** 1. Die Verträge 2. Weitere Technologien 3. Die Kalkülisierungstechnologie

Quelle: i.A.a. Tietz 1993b, S. 1538.

Die Inhalte der **Kooperationskontrakte** (Entscheidungsfeld IX) variieren in Abhängigkeit von den Kooperationsfeldern und der Kooperationsintensität (VIII). Die vertraglichen Bindungsmöglichkeiten der Verbundgruppen beruhen auf einer Gliederung nach Kooperationsfeldern und erst sekundär nach Kooperationsintensitäten. Das Mitglied, das einen Vertrag für die Nutzung eines Absatzprogramms abschließt, verpflichtet sich i.d.R. zur Nutzung festgelegter Ladeneinrichtung, Retail Brand, Sortiments, Dienstleistungen usw.

Bezüglich der **Institutionalisierung** (X) ist bereits in der Konstitution einer Kooperation festzulegen, wer den Selektionsprozess der Marketinginstrumente initiiert, wer deren Aktivitätenniveaus festlegt und wer über die notwendigen Faktorkombinationen entscheidet. Beim Konsens über die Aufteilung der Marktaktivitäten muss die Systemzentrale sicherstellen, dass die Mitglieder sich an alle Vereinbarungen halten, d.h., die Verträge bilden die Basis, sie müssen aber durch Entscheidungsbefugnisse oder allgemeiner ein **Führungskonzept** flankiert werden, zumal in Abhängigkeit von der Kooperationsintensität das Gewicht der Verträge unterschiedlich ist. Die Zentralen von Verbundgruppen werden vom Management mit unterschiedlicher Qualifikation geführt. Bei kleineren Zusammenschlüssen werden die Führungsaufgaben von einem Mitglied nebenbei erledigt, während in großen Kooperationen diejenigen das größte Wachstum aufweisen, bei denen in zentralen Stellen Warenkenntnisse, organisatorisch-betriebswirtschaftliche

Kenntnisse und Qualifikation zur Mitarbeiterführung kombiniert sind. Hinsichtlich einer Hierarchisierung können straffe Franchise-Systeme ein „Vorbild" bilden, in denen mehrere Schlüsselpositionen existieren, z.B. Marketing-, Vertriebs-, Ausbildungsleiter.

Interdependenzen zentraler Gestaltungsparameter von Verbundgruppen

Abb. 3.126 stellt einen weiteren alternativen Rahmen mit zentralen Entscheidungsfeldern und deren Beziehungen zueinander dar, der illustrativ ist, da er bestehende und neue Leistungen der Zentrale ggü. bestehenden und neuen Mitgliedern/Partnern integriert.

Abbildung 3.126: Zentrale Entscheidungsfelder in Verbundgruppen und Interdependenzen

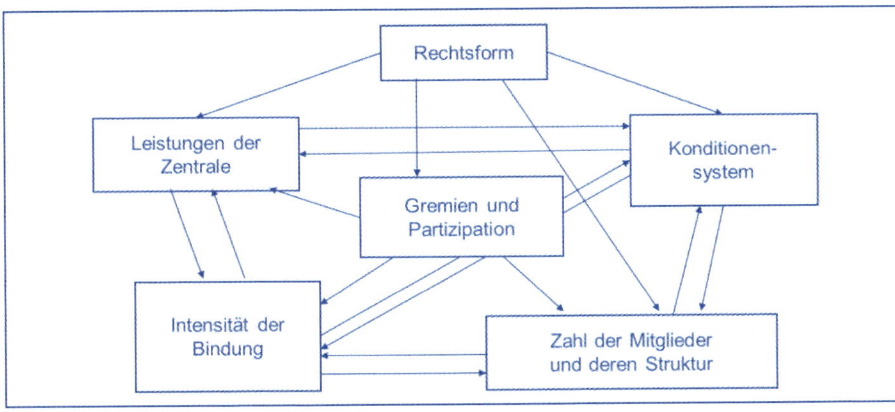

Quelle: i.A.a. Müller-Hagedorn/Veltmann 2012, S. 111.

Zuerst ist festzulegen, welche **Leistungen die Zentrale** erbringen soll, d.h., es erfolgt eine Auswahl der genannten Funktionen wie Einkauf, ZR, Beratung oder Marketing. Darüber hinaus können weitere Aufgaben, wie die Mitgliederintegration, -kommunikation und -partizipation, genannt werden. Es handelt sich um interne Probleme, die ein gemeinsames Vorgehen bei differenten Zielen erschweren. Festzulegen ist ein **Konditionensystem**, mit dem die zentralen Einnahmen erzielt und aus denen die erbrachten Leistungen finanziert werden. Abrechnungsmodalitäten sind z.B. Orientierung am Warenbezug, an der finanziellen Abwicklung oder Kopplung an den Bezug bestimmter Leistungen. Hier liegt ein bedeutender Unterschied zu Filialunternehmen vor, denn diese müssen nicht abklären, wie sie an den Einnahmen der Filialen beteiligt werden; sie können autonom Investitionspläne entwickeln. Die Aufnahme von Mitgliedern bzw. deren Zahl stärkt die wirtschaftliche Kraft, geht aber mit der Gefahr einher, dass die wirtschaftlichen Ziele heterogener werden. Die Unterschiedlichkeit kann sich auf die Waren und Dienstleistungen oder die Prozesse beziehen (so Planungszeiträume, wenn einzelne Mitglieder an den langfristigen Ausbau ihrer Aktivitäten denken, andere nur den Zeitraum bis zur Altersgrenze überbrücken). Verträge zwischen den Beteiligten legen fest, wie stark die Freiheit der Mitglieder in betrieblichen Fragen beschränkt wird, z.B. bei der Verwendung der Retail Brand, in der Ladengestaltung usw. (**Bindungsintensität**). Im Hinblick auf die **Rechtsform** ist bspw. zu prüfen, ob eine Genossenschaft auch den wirtschaftlichen Wohlstand des Einzelnen fördern kann oder eine andere Rechtsform sinnvoller erscheint. In straffen Systemen ist v.a. zu beobachten, dass die Rechtsform auch die Funktion übernimmt, das Verhalten der Mitglieder zu steuern. Das Management in Kooperationen erstreckt sich über die Gestaltung von Strukturen und Leistungen bis hin zur Festlegung der Schritte, über die ein bestimmter Zustand angestrebt wird (**Prozessmanagement**). Die Entscheidungsfelder sind nicht unabhängig voneinander:

- Die Leistungen, die eine Zentrale gegenüber den Mitgliedern anbietet, sind auch von dem in der Verbundgruppe zum Einsatz kommenden Konditionensystem abhängig. Werden bestimmte Leistungen kostenlos angeboten (z.B. Betriebsvergleiche), ist zu erwarten, dass die Beteiligung größer ist. Kostenlose Leistungen bergen aber die Gefahr, dass die Leistung nicht richtig eingeschätzt wird. Andererseits ist es erwünscht, dass sich an bestimmten Maßnahmen alle beteiligen (z.B. Retail Branding), sodass es aus Systemgründen sinnvoll ist, dies kostenlos anzubieten.
- Die Leistungen der Zentrale sind auch von dem Willen der Gesellschafter abhängig. Deren Einfluss hängt u.a. von der gewählten Rechtsform ab.
- Auch die Zahl der aufzunehmenden Mitglieder und deren Struktur sind in hohem Maße von den Vorstellungen der Mitglieder und deren Durchsetzungsmöglichkeiten abhängig.
- Die Bindung, die ein einzelnes Mitglied einzugehen bereit ist, hängt u.a. von den Leistungen und den Konditionen der Zentrale ab.

Bei derartigen Abhängigkeiten ist es jedoch nur bedingt möglich, einzelne Entscheidungsfelder isoliert zu optimieren, obwohl sie isoliert vorgestellt wurden.

Ansätze der Erfolgsmessung

Der Erfolg von Kooperationen wird unterschiedlich verstanden, z.B. als Überlebenswahrscheinlichkeit, Zielerreichungsgrad, objektiver oder wahrgenommener ökonomischer Erfolg, Effizienz usw., und kann aus Sicht aller Partner (Verbundgruppenmitglieder und -zentrale) erfasst werden. Komplex ist der Blick auf die determinierenden Erfolgsfaktoren, denn praktisch können alle o.g. Größen den Erfolg direkt oder indirekt bestimmen. Aus der Vielfalt denkbarer Perspektiven werden ausgewählte hervorgehoben. Als eine der wenigen Studien befragte Hernández-Espallardo (2006) 134 Verbundmitglieder bzgl. der Zufriedenheit mit dem ökonomischen Kooperationserfolg. Dieser wird in Abhängigkeit von der wahrgenommenen strategischen Integration des Mitglieds sowie den Wettbewerbsvorteilen und der Relationship Governance modelliert und wie folgt erfasst (siehe Abb. 3.127):

- **strategische Integration:** Unternehmensstrategie hängt von der guten Beziehung zur Verbundgruppe ab, es ist wichtig die Beziehung aufrechtzuerhalten, gute Beziehung ist für das Überleben wichtig usw.
- **Zufriedenheit mit der Verbundgruppe:** Wettbewerbsposition gestärkt, attraktiv bzgl. der Beschaffungspreise, Anzahl der Kunden gesteigert
- Relevanz von **Kosten** im „business context“: Minimierung der Gesamtkosten, Angebot von Promotionen, Kosten der Kundenbearbeitung
- Relevanz von **Differenzierung** im „business context“: Bekanntheit der Marke, Premium-Qualität der Produkte, exzellenter Service
- **soziale Durchsetzungsmechanismen:** beide Parteien sind flexibel, um sich gegenseitig zu unterstützen, müssen zusammenarbeiten, um erfolgreich zu sein, achten auf die gegenseitige Profitabilität
- **kontraktuelle Durchsetzungsmechanismen:** die Zentrale erinnert uns an unsere vertraglichen Pflichten, achtet auf übereinstimmendes Verhalten, kontrolliert Missverhalten.

Ein Kernergebnis ist, dass die wahrgenommene Integration der Mitglieder – als qualitativer Faktor – eine Filterfunktion im Hinblick auf die Zufriedenheit mit dem ökonomischen Ergebnis ausübt, d.h., der Integration der Mitglieder in die Gruppe kommt eine erfolgsentscheidende Bedeutung zu. Weitere Befunde sind: Die Wahrnehmung der Kosten als Quelle der Wettbewerbsvorteile beeinflusst die Zufriedenheit mit der Verbundgruppe direkt und indirekt über die strategische Integration. Bei Differenzierung bringt die Integration nur dann weitere Vorteile, wenn der Händler zugleich eine hohe Integration hat. Die Wahrnehmung der sozialen

Aspekte in einer Kooperation beeinflusst die Zufriedenheit, aber nur indirekt, d.h. nur bei hoher strategischer Integration des jeweiligen Mitglieds. Demgegenüber wirkt eine eher hohe wahrgenommene kontraktuelle Bindung – ggf. vergleichbar mit der Straffheit der Verbundgruppe – aus Sicht der Mitglieder direkt auf die Zufriedenheit mit der Verbundgruppe, allerdings negativ. Dies würde in der Wahrnehmung der Befragten gegen eine Straffung sprechen.

Abbildung 3.127: Erklärung der Zufriedenheit mit dem ökonomischen Kooperationserfolg

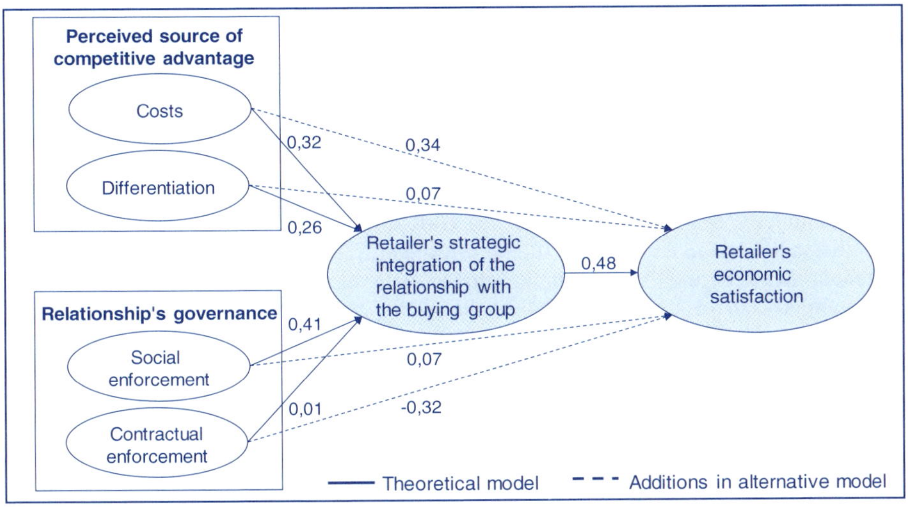

Quelle: Hernández-Espallardo 2006, S. 78.

Generell erarbeiten Swoboda u.a. (2011) die Dimensionen bei horizontalen, wenn auch internationalen Kooperationen. Es handelt sich hierbei um Kongruenzen bzgl.

- der Struktur und der Partner (mit Bedeutung der Kooperation, Ressourceneinsatz, Austrittsbarrieren, Verhandlungsposition und Kontrolle),
- der Ziele und Strategien (mit Innovationsorientierung, Qualitätsniveau, Marktorientierung und -flexibilität, strategische bzw. langfristige Ziele) sowie
- des Verhaltens und der Kultur (mit Vertrauen und Offenheit, Risikoneigung und Sicherheitsbedürfnis, ethische und moralische Grundwerte sowie Führungsstil).

Diese Faktoren bedingen den Erfolg, i.S. der Zielerreichung und der Zufriedenheit (mit dem ökonomischen und nicht-ökonomischen Kooperationsresultat) unterschiedlich, bspw. je nach Form der Kooperation. Zudem hat bereits die Anbahnungsphase einen direkt und indirekt erfolgsmindernden Einfluss, d.h., schwierige Kooperationsverhandlungen oder Probleme beim Eintritt korrelieren positiv mit dem späteren Erfolg.

e) Europäische Handelsallianzen

Meta-Kooperationen sind ebenso wie die Internationalisierung von Verbundgruppen zu beobachten. Die Erstgenannten sind in Form internationaler europäischer Handelsallianzen nicht neu aber entwickeln sich ggw. dynamisch (v.a. als Kooperation von Filialunternehmen im LEH). So steigt, ausgelöst durch die Internationalisierung von Handel und Industrie, die Notwendigkeit für einen Aufbau europäischer Allianzen. Hier kooperieren national tätige und international tätige Händler, primär auf die Beschaffungsbündelung bei Markenartikeln abzielend. Dies richtet sich gegen die selbst internationalisierende Wettbewerber (v.a. Aldi, Lidl) und die führenden Markenartikelhersteller. Verhandelt werden oft europäische Rahmen- und Leistungskonditionen (siehe Tab. 3.18).

Grundsätzlich steigen seit Jahren die Außenumsätze derartiger Gruppierungen, aber die relativen Innenumsätze sind geringer als bei den traditionellen Verbundgruppen, da oft nur ausgewählte Markenartikel von rd. 100 Herstellern gemeinsam eingekauft werden oder Handelsmarken. Für die kooperierenden Händler kann von Synergieeffekten im Einkauf ausgegangen werden, was sie dem internationalen Wachstum anderer Vollsortimenter, Discounter oder Online-Anbietern entgegensetzen können. Außerdem konnten Händler mittels Bündelungseffekten eine immer stärkere Position in Verhandlungen mit Markenherstellern einnehmen. Schrittweise steigen die Forderungen an Markenartikelhersteller bzgl. der Kopf- und Leistungskonditionen für europaweit angebotene Markenartikel. So stellt Swoboda u.a. (2012) fest, dass eine Zentralisierung der globalen Einkaufsaktivitäten zu einer Effizienz- und Effektivitätssteigerung führt und analysiert die Erfolgstreiber – i.e.S. der Determinanten der Effizienz- und Effektivitätssteigerung in der Hersteller-Händler-Kundenbeziehung – eines hieraus resultierenden **Global Account Managements** der Markenartikelhersteller (siehe Abschnitt C.III.6.a. in diesem Kapitel). Die Entwicklung wird von führenden Markenartikelherstellern zunächst jedoch reserviert bewertet, während die kooperierenden Handelskonzerne einerseits die relativ geringe Vorbereitung der Hersteller auf europaweite Kooperationen und Verhandlungen bemängeln. Andererseits sehen sie eine Mehrleistung für die Lieferanten durch eine höhere Verbindlichkeit im Warengeschäft sowie durch eine substantielle Reduktion der Verhandlungs- und v.a. Logistikkosten.

Tabelle 3.18: Ausgewählte europäische Handelsallianzen im Jahr 2017

Name, Sitz, Gründungsjahr	Außenumsatz in Mrd. EUR	Mitglieder
EMD, European Marketing Distribution AG, CH, 1989	260	Axfood (S), C.I.V. Superunie (NL), EMC Distribution (F), ESD Italia (I), Euromadi Iberica (E), Euromadiport (PT), Markant Oesterreich (A), Markant Syntrade (CH), Markant AG (D), Lenta (RUS), Supergros a/s (DK), Tuko Logistics Osuuskunta (FIN), Unil/Norges Gruppen (N), Woolworths (AUS)
AMS Sourcing B.V., CH/NL, 1988	167	Ahold Delhaize (NL/B), Musgrave (IRL), Dansk Supermarked (DK), ICA (S), Jerónimo Martis (PRT), K, Migros (CH), Morrisons (UK), Booker (UK), Hagar (IS), Uniarme (PRT)
COOPERNIC, B, 2006*	141	Rewe Group (D), Coop Italia (I), E.Leclerc (F), Ahold Delhaize (NL/B)
AgeCore, CH, 2015	140	Edeka (D), Eroski (E), Intermarché (F), Coop (CH), Conad (I), Colruyt (B)
S.C.R.L. BLOC C.V.B.A., Belgien, 1947	50	Cactus (L), Horeca Totaal (B), Lambrechts (B), La Provencale (L), Trendy Foods (B), Sligro Foodgroup (B), De Kweker (NL), France Frais (FR), Centerfood (NL), Districo (B), Liège Cash (B), Maconal Food (B), Peltri Shopping (B), Spegelaere (B), Voeding Lesage (B)

Quelle: (Alidis) www.edeka-verbund.de; (AMS) www.ams-sourcing.com; (COOPERNIC) www.rewe-group.com; (EMD) www.emd-ag.com; (BLOC) www.bloc.be, 17. Mai 2018.

4. Franchising

a) Grundlagen und Bedeutung

Der deutsche Franchiseverband sieht Franchising als Vertriebsform, die auf Partnerschaft basiert und bei der der Franchisenehmer gegen Zahlung von Gebühren an den Franchisegeber ein bestehendes Franchisekonzept übernimmt und dieses vor Ort umsetzt (DFV 2016). In Abgrenzung zu anderen Kooperationen ist Franchising durch einen vertikalen, standardisierten und (meist) aggressiven Charakter gekennzeichnet, wobei die darunter subsumierten Formen und die Begriffsverständnisse uneinheitlich sind.

Franchising ist ein vertikal-kooperativ organisiertes Absatzsystem rechtlich selbstständiger Unternehmen auf der Basis eines vertraglichen Dauerschuldverhältnisses. Das System tritt am Markt einheitlich auf und wird geprägt durch das arbeitsteilige Leistungsprogramm der Systempartner sowie durch ein Weisungs- und Kontrollsystem zur Sicherung eines systemkonformen Verhaltens.

Als weitere Charakterisierung von Franchise-Unternehmen bietet sich die European Franchise Federation (EFF, als Dachorganisation der nationalen Franchise-Verbände) als Quelle an. Der von ihr publizierte Ethik-Kodex für Franchising kann zur generellen Systematisierung der Pflichten von Franchise-Gebern und -Nehmern genutzt werden – in Ergänzung der im Ersten Kapitel genannten Aspekte:

- „The Franchisor shall have operated a business concept with success, for reasonable time and in at least one pilot unit before starting its franchising network be the owner, or have legal rights to the use, of its network's trade name, trade mark or other distinguishing identification provide the individual Franchisee with initial training and continuing commercial and/or technical assistance during the entire life of the agreement.
- The individual Franchisee shall devote its best endeavors to the growth of the franchise business and to the maintenance of the common identity and reputation of the franchise network supply the Franchisor with verifiable operation data to facilitate the determination of performance and the financial statements necessary for effective management guidance, and allow the Franchisor, and/or its agents, to have access to the individual Franchisee's premises and records at the Franchisor's request and at reasonable times not disclose to third parties the know-how provided by the Franchisor, neither during nor after termination of the agreement."

Für das Verständnis der Bedeutung des Franchising lohnt ein Blick in die Historie, denn die Vorläufer in Europa waren Dispositäre, Konzessionäre und Gérants (Tietz 1991). Die ersten Franchise-Systeme i.e.S. entstanden in den USA, wie die von Singer (als Vertriebssystem für Nähmaschinen um 1860), Coca Cola, General Motors, Rexall. Die Entstehungsländer des Franchisings und der Sitz der internationalen Zentralen sind v.a. die USA, Kanada, Japan, Frankreich und Großbritannien, wobei die Verbreitung innerhalb Europas unterschiedlich ist. Heute ist Franchising weit verbreitet (Michael 2014). In den USA sind es 6.000 Franchise-Systeme und 796.000 Franchise-Einheiten, in Frankreich 1.900 und 71.518, in Brasilien 3.039 und 142.600. In Deutschland stieg dem DFV zufolge in den Jahren von 2005 bis 2017 die Anzahl der Franchise-Geber um rd. 45%, die der Franchise-Nehmer um rd. 52%, die Franchise-Umsätze um 225% und die der Franchise-Beschäftigten um 56%. 2017 bestehen 950 Franchise-Geber sowie 120.000 Franchise-Nehmer; die Anzahl der Beschäftigten betrug 709.000 und der Umsatz 104 Mrd. EUR. Die Umsatzanteile teilen sich auf vier Branchen auf: 35% Dienstleistungen, 30% Handel, 25% Gastronomie bzw. 10% Handwerk in Deutschland im Jahr 2017. Ähnlich ist die Verteilung im internationalen Vergleich.

Unter den führenden Franchising-Systemen sind einige Handelssysteme zu finden (siehe Tab. 3.19). Bzgl. der vertraglichen Gegebenheiten sind folgende Charakteristika hervorzuheben (jeweils Mittelwert): Die Einstiegs-/Einmalgebühr beträgt rd. 12.100 EUR, die laufende Gebühr vom Umsatz 5,4%, die Franchise-Vertragslaufzeiten 4-10 Jahre mit Verlängerungsoption. Allerdings sind die Streuungen enorm, bspw. im Vergleich von Obi-Fachmärkten mit McDonalds-Restaurants oder kleinen Franchisesystemen.

Trotz vieler Studien zum Franchising werden im Folgenden neben den Zielen nur grundlegende strategische Optionen und Besonderheiten von Franchise-Systemen betrachtet.

Tabelle 3.19: Die Top 25 Franchisesysteme in Deutschland im Jahr 2017

Franchisesystem	Branche	Anzahl Betriebe/ Anzahl Franchisees	durchschnittlicher Umsatz FN EUR/Jahr
1. McDonald's	Fast Food	1.477/235	ca. 2.137.000
2. Fressnapf	Einzelhandel (Tiernahrung)	879/242	ca. 4.890.000
3. Town & Country Haus	Hausbau	120/120	ca. 6.400.000
4. Backwerk	SB-Bäckerei	346/250	ca. 836.000
5. Burger King	Fast Food	700/160	ca. 5.600.000
6. Mrs. Sporty	Fitnessstudio	375/305	n.V.
7. Tee Gschwendner	Teehandel	127/126	n. V.
8. Vom Fass	Essig, Öl, Wein	150/149	n.V.
9. Re/Max	Immobilienmakler	200	n.V.
10. Baby One	Babyartikel	87/29	ca. 8.300.000
11. ZGS Schülerhilfe	Nachhilfe	1100/350	n.V.
12. Das Futterhaus	Einzelhandel (Tiernahrung)	350/> 120	ca. 2.600.000
13. Morgengold	Frühstücksdienst	100/81	ca. 500.000
14. Portas	Renovierung	161/139	n.V.
15. Studienkreis	Nachhilfe	ca. 1000/160	ca. 500.000
16. Mobilcom-Debitel	Handyverträge	620/182	ca. 2.410.000
17. Hallo Pizza	Pizzaservice	166/166	500.000
18. Domino's Pizza	Pizzaservice	ca. 240/130	ca. 1.170.000
19. Apollo-Optik	Einzelhandel (Optiker)	829/130	n.V.
20. Musikschule Fröhlich	Musikunterricht	296/296	n.V.
21. Subway	Sandwich	670/360	ca. 340.000
22. Zoo & Co.	Einzelhandel (Tiernahrung)	146/73	2.100.000
23. Kentucky Fried Chicken	Fast Food	166/27	8.200.000
24. Vapiano	Pizza & Pasta	74/21	n.V.
25. Pirtek	Hydraulikservice	182/120	n.V.

Quelle: Unternehmensangaben; DFV 2018.

b) Ziele und Entscheidungsoptionen

Wegen der Begriffsvielfalt und der vielen Franchisenahen Vertragskonzepte bzgl. der Ziele und Instrumente ist eine einzelfallbezogene Sicht angeraten (Brinkel 2015, S. 23ff.).[1] Da die oft nicht überschneidungsfreien Formen unbehandelt bleiben müssen, stehen allgemeine Ziele im Vordergrund. Vorherrschend sind es Wachstumsziele, wobei ein Unternehmen sich dafür entscheidet, diese nicht aus eigener Kraft oder durch den Erwerb Dritter, sondern durch vertikale Kooperation mit selbstständigen Partnern zu erreichen. Weitere Konkretisierungen können anhand der Grundprinzipien des Franchising erfolgen (siehe Abb. 3.128), denn für die Wahl einer Franchise-Strategie spricht als Hauptgrund, dass der Franchise-Geber ein standardisiertes Konzept risikobegrenzt und relativ schnell – im Vergleich zur Filialisierung – multiplizieren kann. Der Franchise-Nehmer kann fremde Erfahrungen nutzen und damit sein unternehmerisches Risiko verringern. Die Ziele des Prinzipals, d.h. des Franchise-Gebers liegen

- im marktbezogenen Bereich (v.a. in schneller Expansion auf Basis des Images und eines homogenen Systems sowie einer Maximierung der Umsätze und Franchise-Entgelte) und
- im unternehmensbezogenen Bereich (insb. in der tangiblen Ressourcenbeschaffung, z.B. Finanzmittel, Risikoreduktion).

[1] Franchisenahe Konzepte sind u.a.: Lieferungsverträge (z.B. der Brauereien), Lizenzverträge (z.B. der Textilbranche), Depotsysteme (z.B. Kosmetik, Kaffee), Vertragshändlersysteme (z.B. Automobil, Mineralöl), Verbundmodelle (z.B. im Food-Handel), Kontraktmarketing in Abschnitt C.IV.2. in diesem Kapitel.

Fressnapf – Ein erfolgreiches und schnell wachsendes Franchise-System

Fressnapf startete im Jahr 1990 mit einem Fachmarkt für Tiernahrung/-zubehör. Zwei Jahre später wurde das Ziel der Expansion durch Franchising entwickelt, in der Erkenntnis, dass dies zur Bildung von Synergien, sowohl auf der Einkaufsseite als auch im Bereich des Kostenmanagements nur mit einem ständig wachsenden Team von Partnern zu erzielen sei. Fressnapf unterstützt das Wachstum der Partner u.a. durch zentrale Marketing-Maßnahmen, Mietvertragsverhandlungen im operativen Tagesgeschäft, Schulungen, Standortanalysen usw. Fressnapf positioniert sich über ein breites Sortiment zu günstigen Preisen sowie über die persönliche Ansprache und Serviceleistungen. Das Sortiment ist standardisiert und straffer gesteuert als bei Konkurrenten, die oft kleine Pflichtsortimente haben. In einem Fressnapf-Laden werden über 10.000 Artikel angeboten. Die durchschnittlich 600 qm großen Läden sind verkehrsgünstig gelegen und bieten eine große Zahl an Parkplätzen. 2017 erzielte Fressnapf mit 1.459 Fachmärkten einen Umsatz von über 1,9 Mrd. EUR, der zu über 63% in Deutschland (rd. 886 Märkte) erwirtschaftet wurde (siehe Tab. 3.20). Dies entspricht einem Umsatzwachstum gegenüber 2010 von knapp 40%.

Tabelle 3.20: Ausgewählte Entwicklungszahlen von Fressnapf in Deutschland

	1995	2000	2005	2010	2015	2016	2017
Anzahl Franchise-Filialen	50	296	575	761	868	879	886
Umsatz in Mio. EUR	40	262	553	875	1119	1184	1251

Bei Fressnapf arbeiten 12.000 Mitarbeiter, rd. 7.000 in der Krefelder Systemzentrale, im Logistikzentrum sowie in den eigenen Fressnapf-Märkten. Die internationale Expansion wird in Zusammenarbeit von Country-Managern und Unternehmenszentrale durchgeführt. Country-Manager dienen als Ansprechpartner für Kunden, Lieferanten, Geschäftspartner und der Zentrale. In Zukunft plant Fressnapf die Expansion mit mehr als 800 neuen Märkten v.a. in Deutschland, Italien, Frankreich und Polen. Auch der Online-Shop soll sukzessive internationalisiert werden.

Quelle: www.fressnapf.com, 15. Mai 2018.

Demgegenüber sind die Ziele der Agenten, d.h. der Franchise-Nehmer, in den beiden Dimensionen mit anderen Ausprägungen verbunden, bspw. mit

- unternehmensbezogenen Zielen (wie Risikoreduktion, intangible Ressourcenbeschaffung, so z.B. Unternehmensimage, Markenimage) und
- marketingbezogenen Zielen (wie Umsatzmaximierung, Marktführerschaft/-penetration).

Abbildung 3.128: Grundprinzip des Franchisings

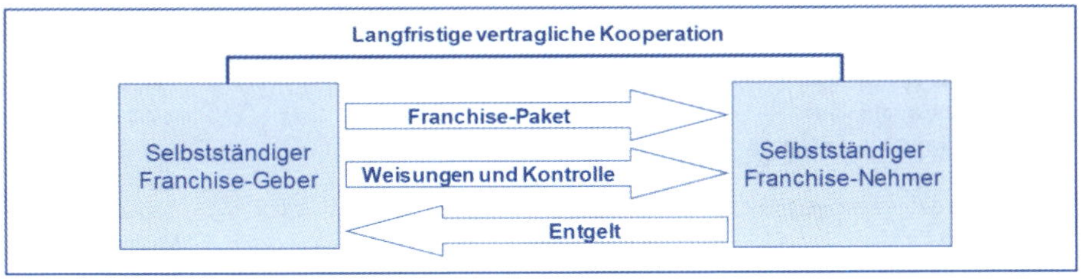

Quelle: i.A.a. Brinkel 2015, S. 25.

Weitere Teilziele ließen sich für die jeweiligen Franchise-Formen ableiten, so für Auslandsfranchising. Die Grundprinzipien verweisen aber auf die Abgrenzung zu traditionellen kooperativen Handelssystemen, d.h. zu **Freiwilligen Ketten** und Einkaufsgemeinschaften (siehe Abb. 3.129). Alle beruhen auf einer Arbeitsteilung der rechtlich selbstständigen Partner und auf dem Prinzip der **Funktionsdelegation**, d.h., die Funktionen des gesamten Systems werden jeweils den Stufen zugewiesen, die sie am besten wahrnehmen können. Beim Franchising sind aber die ökonomische Reichweite der Verträge (d.h., der Umfang der im Franchise-Paket vereinbarten Zusammenarbeit), die Stellung der Vertragspartner (d.h., die Systemführerschaft des Franchise-Gebers) und die Gewichtung systemischer und personeller Kompetenzen deutlich unterschiedlich und eher mit Filialsystemen zu vergleichen. Die zehn konstitutiven Merkmale für **Franchise-Netzwerke** verdichtet Brinkel (2015, S. 23) zu fünf Merkmalsklassen:

- In den **systembezogenen Merkmalen** spiegelt sich der intensive Netzwerkcharakter von Franchise-Systemen wider, wobei die vertikale Organisationsstruktur sowie die prinzipielle Zugehörigkeit des Franchise-Gebers zu einer Marktstufe kennzeichnend wirkt.
- Die **vertragsbezogenen Merkmale** legen die rechtliche Grundlage des Franchise-Systems fest, sodass der dauerhafte, schriftliche, individualrechtliche Vertrag zwischen Franchise-Geber und -Nehmer (i.S. eines Dauerschuldverhältnisses) charakteristisch ist.
- **Statusbezogene Merkmale** beziehen sich auf die Stellung der Systempartner zueinander, insb. auf die Systemführerschaft des Franchise-Gebers. Hierfür lässt er sich vertragliche Weisungs- und Kontrollrechte einräumen.
- Die **marketingbezogenen Merkmale** kennzeichnen das Franchising als absatzgerichteten, einheitlichen Marktauftritt durch eine systemweite und umfassende Standardisierung des Marketing-Mix, die sich v.a. in der intensiven Nutzung von Unternehmens-, Dienstleistungs- und Produktmarken, in der Durchsetzung einer Corporate Identity in Bezug auf die Geschäftsstätten und in Bedienungs- und Kontaktmodalitäten sowie in der Gestaltung des Sortiments- bzw. Dienstleistungsprogramms manifestiert.
- Bezüglich der **funktionalen Merkmale** ist das arbeitsteilige Leistungsprogramm charakteristisch, v.a. die Übertragung der Vertriebsaufgaben vom Franchise-Geber an die Franchise-Nehmer, und zwar verknüpft mit den dauerhaften, bilateralen Rechten und Verpflichtungen zur Erfüllung des Systemzwecks.
- Franchising ist i.d.R. für alle Handelsstufen denkbar, allerdings sind bzgl. der Franchise-Schwerpunkte neben der Größe der Unternehmen v.a. Branchenunterschiede zu beachten. Während es im Food-Handel in Europa eher gering verbreitet ist, ist es in der Fashion-Branche und v.a. in Dienstleistungsbranchen (z.B. bei Restaurants, Hotels, Autovermietungen) weiter verbreitet. Viele der großen Systeme haben eine internationale und wachsende Relevanz, auch wenn hier die Formen des Franchising kombiniert auftreten, in dem von einem Franchise-Geber auch Filialen betrieben werden und diese Form des sog. filialisierten Franchising daher eine gesonderte Beachtung erfordert.

Abbildung 3.129: Merkmale ausgewählter Kooperationsstrategien

Merkmal	Franchising	Freiwillige Kette	Einkaufsgemeinschaft
Intensität des Wachstums	schnell	mittel	langsam
Kontrolle des Wachstums	festgelegt	ohne	ohne
Internationalisierungspotenzial	sehr gut	gering	gering
Standardisierung der Konzeption	sehr hoch	mittel/gering	gering
Lokale Anpassungsmöglichkeit	bedingt/mittel	gegeben	gegeben
Trägerschaft	Franchise-Geber	Großhändler	Mitglieder
Systemsteuerung	Vertrag	Vereinbarung	Vereinbarung
Selbstständigkeit	bedingt	Unabhängigkeit	Unabhängigkeit
Integration	partiell	gering	gering
Image	einheitlich	unterschiedlich	unterschiedlich
Ausstattung/Größe/Standort	gesteuert	individuell	individuell
Leistungsprogramm und Service	vorgegeben	uneinheitlich	uneinheitlich
Werbung	vorgegeben	freiwillig	freiwillig
Bindung/Motivation	Vertrag/Gewinn	ohne/Gewinn	ohne/Gewinn

Quelle: i.A.a. Tietz 1991, S. 18.

Formen und Strategien des Franchising

Die angedeutete Breite des Franchising schlägt sich in vielen Formen nieder, d.h. es kann bei der Franchise-Strategie zwischen verschiedenen Optionen gewählt werden. So können die Formen des Franchising nach unterschiedlichen Kriterien systematisiert werden.

Die **Systemträgerschaft** kann auf allen Wirtschaftsstufen liegen, so bei Herstellern, Dienstleistungs- und Handelsunternehmen. Die Grenzen verschwimmen aber, da bspw. McDonald's kein Hersteller ist, zumal die Produktion an einige selbstständige Fleischverarbeitungsbetriebe oder Bäckereien ausgelagert wird. Ebenso wurde schon die Differenzierung hinsichtlich des Sortiments und Dienstleistungsprogramms erwähnt, die zum **Betriebs-Franchising** (der Kontraktnehmer ist mit seinem gesamten Leistungsprogramm integriert) und zum **Abteilungs-Franchising** (der Franchise-Nehmer ist nur mit einer oder mehreren Waren- oder Dienstleistungsgruppen mit dem Franchisor verbunden) führt.

Das Abteilungs-Franchising umfasst auch die Vergabe von Shop-in-Shop-Konzepten. Breit ist die Unterscheidung nach Leistungsprogramm und rechtlichen Kontrakten. Zum **Warengruppen-Franchising** gehört der Vertrieb einzelner Produkte oder Dienstleistungen, z.B. Pkw- oder Ersatzteilhandel. Beim **Leistungsprogramm-Franchising** geht es um die Breite des Angebotspaketes, wobei das Handels- und Dienstleistungs-Franchising auf Grund der Abhängigkeit von der Qualität, dem Entwicklungsstand des Know-hows und der Kommunikationspolitik des Systemträgers als höchste Form des Franchising rangiert. Der Handel gilt ferner als die sachmittel- und kapitalintensivste Franchise-Branche, insb. gegenüber wenig kapitalintensiven Branchen wie Friseuren, Reparaturdiensten oder Lehrinstituten. Die Kombinationen von Waren- und Leistungsprogrammen ist charakteristisch für den Computer- und Software-Vertrieb, Direct-Mailing-Agenturen usw.

Zwei hybride Formen können unterschieden werden. Bei **filialisiertem Franchising** geht es darum, ob ein Franchise-Nehmer nur einen Betrieb oder mehrere Betriebe betreuen soll, im Extremfall sogar alle in einem Land. Im Fall der **Doppelstrategie** betreibt der Systemträger sowohl Filialisierung als auch Franchising, was auch Ausdruck einer dynamischen Veränderung sein kann und oft auf den Erfolg eines Systems und den damit verbundenen Zugang zu Ressourcen zurückgeführt wird (Kacker u.a. 2016; Rosado-Serrano/Dikova/Paul 2018).

Franchise-Strategie bei Leonidas

Leonidas ist ein belgischer Schokoladenhersteller, der seit mehr als 100 Jahren für qualitativ hochwertige Schokoladen- und Konditorerzeugnisse, wie Pralinen oder Trüffel im mittleren Preissegment steht. Nachdem sich der Absatz der Köstlichkeiten zunächst nur auf Belgien konzentrierte, expandierte das Unternehmen ab dem Jahr 1970 auch in umliegende Länder, wie Deutschland, Luxembourg oder in die Niederlande. Heute werden Leonidas Pralinen in 1.250 Geschäften in mehr als 50 Ländern verkauft. Um die Nachfrage in der Vielzahl an Ländern zu bedienen, wendet Leonidas das Confiserie-Konzept als Franchisesystem an. Die Produkte werden dennoch ausschließlich in Belgien hergestellt. Jeden Morgen verlässt eine große Anzahl an Paletten mit Schokolade das Land, um Franchisenehmer und so Feinschmecker auf der ganzen Welt zu beliefern. Auf Grund der hohen Qualität wurde Leonidas im Jahr 2013 zum offiziellen Hoflieferanten des belgischen Königshauses ernannt.

Quelle: www.leonidas.com, 10. Januar 2018.

Franchising kann national oder international ausgerichtet sein, wozu viele Studien vorliegen (Rosado-Serrano/Dikova/Paul 2018; Badrinarayanan/Suh/Kim 2016). Beim **direkten Auslandsfranchising** ist der Franchise-Geber im Inland mit den Franchise-Nehmern im Ausland direkt vertraglich verbunden. Beim **indirekten Auslandsfranchising** ist ein Systemträger im Land – der Franchise-Nehmer – zwischen dem Franchise-Geber und den

Franchise-Nehmern eingeschaltet, der die Verträge abschließt. Dies kann ein Master-Franchise-Nehmer sein, aber auch eine Tochtergesellschaft des Franchise-Gebers oder ein JV mit einem lokalen Unternehmen. Dies ist oft die Regel, z.B. bei Holiday Inn, McDonald's, Benetton, Yves Rocher, Obi, Foto Quelle.

Determinanten für die Umsetzung einer der internationalen Franchise-Formen werden oft in der Entfernung der zu bearbeitenden Ländermärkte und der politischen Unsicherheit gesehen (Madanoglu/Alon/Shoham 2017, S. 39ff.). Handelt es sich bspw. bei der Zielregion um benachbarte Auslandsmärkte mit ähnlichem Profil zum Heimatmarkt, so bietet sich das direkte Franchising von der Systemzentrale in das Ausland an. Bei einem globalen (weltweiten) Engagement wird stärker die Möglichkeit genutzt, eine Gebiets- oder Nationallizenz an eine ausländische Tochtergesellschaft oder an einen kapitalmäßig von der Systemzentrale unabhängigen, kontraktmäßig jedoch eng angebundenen **Master-Franchise-Nehmer** zu vergeben, der über das Recht zur Vergabe von Franchising als Unterlizenz verfügt. Die Gründung eigener Tochtergesellschaften und Filialen durch den Franchise-Geber wird tendenziell dann gewählt, wenn mit dem Eintritt in einen Markt hohe Risiken (z.B. fehlende Kenntnis über die Marktbesonderheiten) verbunden sind und/oder wenn keine geeigneten Partner (Franchise-Nehmer) gefunden werden können und/oder wenn neue innovative Betriebskonzepte getestet bzw. aus Prestigegründen realisiert werden.

Vor- und Nachteile des Franchisings

Die strategischen (Wachstums-)Vorteile für den Franchise-Geber liegen in den relativ geringen Anfangsinvestitionen, der niedrigen Bindung der Managementkapazitäten vor Ort sowie einer ausgewogenen Risikoverteilung. Auf Grund der Kapitalbeteiligung des Franchise-Nehmers eröffnet Franchising – etwa im Vergleich zur Filialisierung – günstige Optionen für eine rasche Expansion ohne wesentlichen eigenen Kapitalbedarf.

Abbildung 3.130: Vorteile des Franchisings

Vorteile für den Franchise-Geber	Vorteile für den Franchise-Nehmer
▪ Schnelle Multiplikation (auf Basis von Bekanntheit, Image, homogenes System) ▪ Geringe Investitionen (Aufbringung finanzieller Mittel, Know-how-Abgeltung) ▪ Marktausschöpfung (Marktabdeckung, -beeinflussung, -anpassung) ▪ Kostenminimierung und Synergien (SCM, Marktforschung, Werbung, Ausbildung) ▪ Koordination (Standortsicherung, Personalgewinnung, Dezentralisation von Vertriebsaufgaben wie Personalführung) ▪ Verzinsung und Risikoprämie (Sicherheit, Rationalisierung, Umstrukturierung) ▪ Diversifikation (neue Bereiche, Leistungsprogramme, Sortiment, Betriebstyp, Risikobeteiligung)	▪ Risikoabsicherung und Wettbewerbsvorteile (via Bekanntheit, Markenimage, homogenes System) ▪ Selbstständigkeit (Einkommen, Vermögen, Entscheidungsfreiheit) ▪ Marktbearbeitungsunterstützung (Standort/Gebietsschutz, Marktforschung, Preispolitik, Werbung, international bis regional) ▪ SCM-Vorteile (Beschaffung und Logistik von Nicht-Handelswaren, Handelswaren) ▪ Ausbildungsunterstützung (Personalakquisition, Personaltraining, Umschulung) ▪ Finanzierungsunterstützung (Umbau, Einrichtung, Kredithilfen, Bürgschaft) ▪ BWL-Support (Beratung, EDV-Abrechnung, Handbücher, Rechtshilfe und Versicherung)

Quelle: i.A.a. Brinkel 2015, S. 30ff.

Als Vorteile für den Franchise-Nehmer lassen sich die Wahrung der unternehmerischen Selbstständigkeit durch die partnerschaftliche Ausrichtung des Systems, die breite Palette an Unterstützungsleistungen durch die Systemzentrale und die Garantie des Gebietsschutzes im eigenen Absatzmarkt herausstellen, weshalb Franchising für mittelständische Unternehmen von hoher Bedeutung ist. Weitere Vorteile sind in Abb. 3.130 dargestellt.

c) Entscheidungsprozesse und Erfolg des Franchising

Eine Zusammenfassung der vielfachen (Teil-)Entscheidungsprozesse bei Franchising-Strategien kann in zwei Phasen und zugehörigen Teilentscheidungen erfolgen (siehe Abb. 3.131).

Abbildung 3.131: Aufbau- und Betriebsphase eines Franchise-Systems

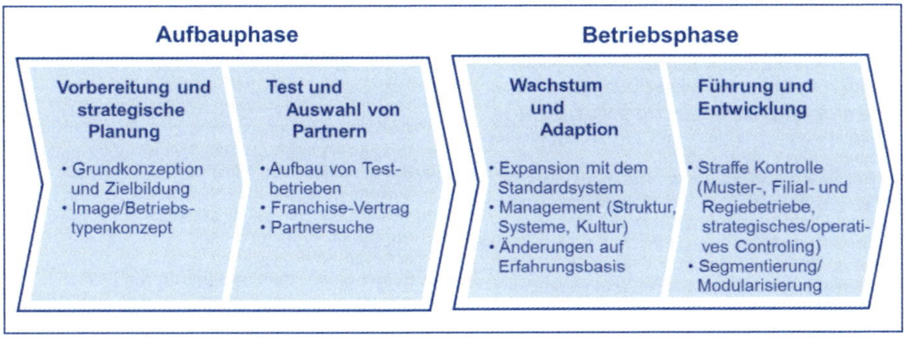

Nachfolgend werden Einzelne exemplarisch herausgegriffen, wobei der Einfluss von Rahmenbedingungen ausgeblendet bleibt. Ferner sind die Teilentscheidungen in der Aufbauphase eher sequenziell, während in der Betriebsphase Interdependenzen zwischen der Führung und Entwicklung des Systems und der Partnersuche oder Adaption vorliegen.

Zur **Aufbauphase** von Franchise-Systemen gehören die Vorbereitung und strategische Planung sowie der Test und die Partnerauswahl. Dies unterstreicht eine (unternehmens-)spezifische Sicht. Abb. 3.132 zeigt die Schritte der Entwicklung. Den Ansatzpunkt bildet die Grundkonzeptprüfung, gefolgt von Überlegungen zur angestrebten Positionierung und dem Betriebstypenkonzept. Dem folgt der Aufbau des Franchise-Paketes, z.B. der Inhalte und der Systemsteuerung. Wie im Ethik-Kodex angedeutet, ist ein Test der Konzeption vor der eigentlichen Vertragsgestaltung und Institutionalisierung des Franchise-Systems, d.h., der Suche nach Partnern, vorgesehen. Exemplarisch sollen wichtige Teilentscheidungen vertieft werden, nämlich die **Spezifika des Franchise-Vertrages** und die der **Partnersuche**.

Das **Leistungsprogramm** des Franchise-Gebers, das **Franchise-Paket**, besteht aus einem Marketing-, Supply Chain- und Organisationskonzept, der Gewährung von Schutzrechten und der Verpflichtung, den Franchise-Nehmer aktiv und laufend zu unterstützen sowie das System weiterzuentwickeln. Abbildung 3.133 zeigt weitere Leistungen am Beispiel des Franchise-Systems von McDonald's.

Die **Partnersuche** ist eng mit dem Franchise-Paket verbunden, d.h., hier werden die zu dem standardisierten Konzept „passenden" Partner gesucht, um die Standardisierung des Systems zu gewährleisten. Dies führt v.a. in internationalen Märkten dazu, dass selbst starke Franchise-Systeme eigene Filialen aufbauen (bspw. bei McDonald's). Neben dieser Doppelstrategie und weiteren Formen der Internationalisierung sind zwei Einbindungsoptionen zu unterscheiden:

- Klassische Einbindung eines Franchise-Nehmers, der in eigener unternehmerischer Tätigkeit agiert und die Betriebsführung in den Betrieben selbst durchführt.
- Einbindung eines Franchise-Nehmers (sog. „**Absentee Owner**") in ein Dreipartner-System, in dem der Franchise-Nehmer lediglich eine Kapitalanlage tätigt und die Betriebsführung überträgt, nämlich entweder auf eigene angestellte Mitarbeiter oder auf Mitarbeiter des Franchise-Gebers.

Abbildung 3.132: Aufgaben bei der Entwicklung von Franchise-Systemen

I. GRUNDKONZEPTION

1. **Analyse der Unternehmensziele und des Erfahrungspotenzials** (Markt-, Personal-, Sachmittel-, Finanzkapazitäten, Know-how-Potenzial)
2. **Marktanalyse** (Konsumenten, Anbieter, Lieferanten und deren Projektionen)
3. **Selektion einzusetzender Kreativtechniken** (z.B. Brainstorming, Synthetik, Szenarios)
4. **Elemente der Grundkonzeption** (Basisidee, Systemkern, Know-how, Image, Betriebstyp, Paket)

II. IMAGE- UND BETRIEBSTYPENKONZEPT

1. **Zielimage** (Grundmerkmale, Betriebstypen, Leistungsprogramm, Personal)
2. **Betriebstypen** (Standorte, Flächen, Außen-/Innengestaltung, Anlagen/Einrichtungen, Personalausstattung, Dienstleistungen, Kommunikation)
3. **Leistungsprogramme** (Produkte, Sortimentsbreite, -tiefe, -schwerpunkte, Qualitätsniveau, Preisstruktur, Preisaktivität, Marken, Dienstleistungsarten und -qualitäten, Aktionsprogramme)
4. **Beschaffungsprogramm** (Beschaffungsmarktanalyse, Lieferantenselektion und -bindung, Lagerhaltung, Transport und Zustellung)
5. **Werbung und Verkaufsförderung** (Systemwerbung PoS-Werbung, Franchise-Nehmerwerbung, Verkaufsförderungs- und Aktionsprogramme, Harmonisierung mit Franchise-Nehmerwerbung)

III. AUFBAU DES FRANCHISE-PAKETES

1. **Zusammenfassung des System-Know-how** (Nutzungsrechte wie Rechte, Patente, Warenzeichen u.ä. sowie kaufmännisches Know-how, Einkauf, Sortiment, Dienstleistungen, Betriebstyp, Vertriebskonzeption, Marketing, Organisation)
2. **Festlegung der Ziel-Franchise-Nehmer und des Akquisitionsverfahrens** (Erarbeitung des Anforderungsprofils, demografische, persönliche Merkmale, spezielle Imagemerkmale für den Fall der Betriebseinbringung, Festlegung des Selektionsverfahrens, Akquisitionsstrategien)
3. **Transfer des System-Know-how** (Ausbildungsprogramme für Franchise-Nehmer in zentralen Ausbildungsstätten, On-the-Job-Training, Incentive-Pakete, Ausbildungsmittel)
4. **Schutz des System-Know-how** (Know-how-Dokumentation, Vermeidung von Imitationsrisiken, Verfolgung von Verletzungen durch Franchise-Nehmer, Verfolgung von Verletzungen der Schutzrechte durch Dritte, aktiver Systemschutz durch laufende Verbesserung)
5. **Motivationsprogramm** (Instrumente, Führungsgremien der Mitglieder, Veränderung der Entscheidungsbeteiligung im Zeitablauf, Integrationsansätze für die Beteiligung an der Systemzentrale)
6. **Beratung und zentrale Services** (Betriebsberatung (Leistungsprogramm, Betriebs-/Personalführung, Betriebstypenprofilierung, Finanzen), Versicherungs-, Rechts-, Steuerberatungsdienste, Buchhaltung und EDV)
7. **Finanzierungsleistungen** (Kreditvermittlung, Darlehensgewährung, Bürgschaften, Beteiligung des Systemträgers, Finanzierungsmodelle)
8. **Systemsteuerung** (Handbücher, Informationssystem, Betriebsvergleich, Erfahrungs-Gruppen, Ausschüsse, Gremien, Systemplanung, Planungskonzepte für Franchise-Nehmer, Kontrollkonzepte)
9. **Systemleistungen und -gebühren** (Vorleistungen des Franchise-Gebers, Entwicklungskosten, Abgeltung des System-Know-how, Investitions- und Finanzierungshilfen/-kosten, laufende Gebühren, Verrechnung von Serviceleistungen)

IV. AUFBAU DER TESTBETRIEBE

1. Standortanalyse und Standortselektion
2. Akquisition von Standorten
3. Personalselektion und -akquisition
4. Ausbildung des Personals
5. Realisation von Teilkonzepten
6. Betriebstypengesamtkonzepte
7. Bau, Umbau, Testbetriebseinrichtung
8. Führungs-, Organisationsregelungen
9. Analyse der Ergebnisse

V. FRANCHISE-VERTRAG

1. **Grundvertrag** (Präambel, Selbstständigkeitsklausel, Grundklauseln, Verfahrensklauseln, Kündigung und Beendigung, Geheimhaltung, Vertragsänderungen, Rechtsänderungen, Teilnichtigkeit, Gerichtsstand, Inkraftsetzung, Schiedsgericht)
2. **Zusätzliche Verträge** (Mietvertrag, Pachtvertrag, sonstige Verträge)

VI. PARTNERSUCHE NACH VORGEGEBENEN RICHTLINIEN

VII. KONZEPTUELLE ÄNDERUNGEN AUF GRUND DER ERFAHRUNGEN VON FRANCHISE-NEHMERN UND EXPANSION MIT DEM SYSTEM

Quelle: i.A.a. Tietz 1991, S. 132.

Insbesondere für den ersten Fall nennt Nebel/Schulz/Flohr (2012, S. 241ff.) – aus einer dynamischen Perspektive – drei Optionen der Partnerherkunft:

- Die idealtypische **Einbindung von Existenzgründern**, die mit den Vorteilen einer hohen Systemhomogenität und einer erleichterten Führung sowie ggf. den Nachteilen von geringem Eigenkapital oder Markt- und Unternehmer-Know-hows verbunden ist.
- **Einbindung vorher unabhängiger Unternehmer** (Konversion), die – wenn sie aus der Branche kommen – ein Markt- und Unternehmer-Know-how und Verkaufsstellen sowie einen Kundenstamm haben. Zugleich entstehen hier hohe Anforderungen an die Systemzentrale und Probleme mit der Homogenität in einem standardisierten System. Letzteres

spielt bei weniger straffem Systemaufbau eine geringe Rolle. Dann ist auch ein Co-Branding oder die Nutzung individueller Kompetenzen der Partner vor Ort denkbar.
- **Migration eigener Filialen** und zwar in ein Franchise-System und umgekehrt. Dies setzt voraus, dass ein Systemträger Filialen und Franchising betreibt, und ist mit unterschiedlichen – im Zuge der Internationalisierung oben angedeuteten – Zielen verbunden.

Abbildung 3.133: Unterstützungsleistungen gegenüber den Franchise-Partnern und Abteilungen in der Franchise-Zentrale: Beispiel McDonald's

Abteilung	Aufgabenbereich
Lizenzen	▪ Auswahl der Franchise-Nehmer und Durchführung der Vertragsregelungen ▪ Betreuung der Franchise-Bewerber während des Auswahlprozesses
Immobilien	- Standortsuche, -akquisition, -sicherung, Objektverwaltung
Bau und Equipment	- Bau und Ausstattung neuer Restaurants, Entwicklung der technischen Standards, ständige Anpassung des Erscheinungsbildes (etwa jede fünf Jahre wird ein Restaurant renoviert)
Field Service	- Beratung/Unterstützung der Franchise-Nehmer sowie Kontrolle der Einhaltung der Richtlinien
Operations	- Weiterentwicklung von Arbeitsverfahren und Einhaltung der Richtlinien - Testen von Innovationen oder Weiterentwicklung der Küchenausstattung
Training	- Entwicklung und Durchführung der Aus- und Weiterbildung
Einkauf	- Beschaffung der Systemprodukte, Preisverhandlungen, Neuentwicklung von Produkten, Ansprechpartner für generelle Reklamationen
Marketing	- Marktforschung sowie Entwicklung von Werbe- und Verkaufsförderungskonzepten, PR - Lokalmarketing, z.B. Beratung und Organisation der Werbung der einzelnen Restaurants
Finanzen und EDV	- Umsetzung von DV-Konzepten, Errechnung der Konditionen für neue Restaurants, Beratung bei der betriebswirtschaftlichen Analyse
Personal	- Beratung in Personalfragen, Überprüfung der Personalpolitik des Franchise-Nehmers in Zusammenarbeit mit dem Franchise-Berater - Informationen über Personalanwerbung, -führung und -entwicklung
Umwelt	- Aufbau und Umsetzung eines alle Geschäftsbereiche umfassenden Umweltprogramms

Quelle: Eigene Recherche.

Ausgewählte Fragen in der Betriebsphase

Die Entscheidungen in der **Betriebsphase** eines Franchise-Systems sind vielfältig und interdependent. Zudem werden sie – aus dynamischer Sicht – von Änderungen des Umfeldes und der Ressourcen des Systems determiniert. Nachfolgend werden punktuelle Aspekte hervorgehoben. Anzunehmen ist dabei, dass die ersten Expansionsschritte von Franchise-Systemen eher mit standardisierten Konzepten erfolgen, d.h., eine Marktadaption erfolgt eher während einer längeren Präsenz im Markt. Da das Franchising auf einer vertraglichen Vereinbarung basiert, ist es notwendig, **rechtliche Regelungen**, so die wettbewerbsrechtliche Handhabung zu beachten, zumal nach EU-Recht (Artikel 81ff. EG-Vertrag) wettbewerbsbeschränkende Vereinbarungen verboten sind.

Zu den Managementdimensionen zählen auch im Franchising strukturelle (Primär-, Sekundärorganisation) und systemische (Planungs-/Controllingsystem) Aspekte, beide einschließlich der Governance-Dimensionen (Zentralisierung, Formalisierung) und der Kultur (HRM). Hinzu kommen Partnerschaftsaspekte, die bspw. als Relationship Governance bezeichnet werden (Herz u.a. 2016). An dieser Stelle sei nur auf spezifische **Schlüsselpositionen** der Führung eingegangen. Diese verdeutlichen die Orientierung der Systemträger in Richtung Markt und Partner in besonderem Maße:

- Der **Director of Franchising** (Marketingleiter des Franchise-Systems) hat i.d.R. die volle Verantwortung für den Verkauf an Franchisees und den Absatz der franchisierten Produkte und Dienste.

- Dem **Director of Real Estate Operations** obliegt die Suche, der Erwerb und die Betreuung von Grundstücken, einschließlich der Verantwortung für die Konstruktion und die Bewirtschaftung der einzelnen Immobilien.
- Der **Director of Training** (Ausbildungsleiter) hat eine herausragende Stellung und verantwortet die breiten Ausbildungsprogramme (d.h., Instruktoren-, Ausbildungsstättenauswahl und den Ausbildungserfolg).
- Der **Field Supervisor** hat in Franchise-Unternehmen ähnliche Funktionen wie Bezirksleiter in Filialunternehmen. Er ist in einem Gebiet für die Absatzzielerreichung, die Betreuung und die Suche neuer Partner sowie die Besetzung des Gebiets zuständig.

Der letzten Phase sind die **Kontrolle** und die **Segmentierung** bzw. **Modularisierung** zugeordnet, obwohl hier weitere Strategien und Aktivitäten denkbar sind, so Wachstumsstrategien (z.B. Filialisierung, Akquisition), parallel dazu Marktentwicklung und Penetration von Märkten (z.B. Sortimentsdifferenzierung) oder Diversifikation mit neuen Betriebstypen. Bezüglich der **Kontrolle** in Franchise-Systemen können die traditionellen, im Sechsten Kapitel behandelten Instrumente des strategischen und/oder operativen Controllings betrachtet werden. Eine besondere Bedeutung haben Regiebetriebe oder Filialen (siehe Abb. 3.134). Sie liefern die Basis für den autonom organisierbaren Test neuer Marketing- oder Führungsprogramme und auch für die Gewinnung von Planungsstandards und Leistungsvorgaben für die Franchise-Nehmer; insofern können sie **Benchmarks** bilden.

Abbildung 3.134: Bedeutung des Filialsystems für das Franchise-System

Auf dieser Basis können die Segmentierung der Franchise-Partner und die Modularisierung der den Segmenten angebotenen Leistungen erfolgen. Die Bildung homogener Gruppen und deren Ansprache kann anhand eines konzentrischen **Schichtenmodells** erfolgen, mit

- einem Kern, der aus den leistungsfähigsten, langfristig gebundenen und mit dem maximalen Leistungspaket ausgestatteten Partnern besteht,
- den „normalen" Partnern/Mitgliedern, mit denen bspw. eine übliche Vertragslaufzeit und Leistungsausstattung vereinbart ist,
- assoziierten Unternehmen, die geringere Laufzeiten und Leistungsausstattungen haben, und
- den Verkauf bestimmter Leistungen auch an Dritte.

Dies impliziert auch eine „Degradierung" oder Kündigung von Franchise-Nehmern. Letzteres ist bspw. bei Vertragsverletzungen im Rahmen straffer Systeme zu beobachten, die i.d.R. aber keine Segmentierung vornehmen.

Erfolgsindikatoren

Erfolgsbetrachtungen bzw. -indikatoren von Franchise-Systemen (wie Gewinn, Umsatz, Zufriedenheit, Commitment) – werden in vielfachen Facetten diskutiert, bspw. Konflikte in Franchise-Systemen (López-Bayón/López-Fernández 2016), Verteilung der Entscheidungsrechte in Abhängigkeit von „intangible system-specific know-how and brand name assets" (Herz u.a. 2016) oder die Kontrolle Boulay u.a. 2016). Ohne dies hier weiter vertiefen zu können, sind allgemein drei Ebenen der Erfolgsbetrachtung hervorzuheben:

- Der Erfolg der **Systemzentrale** und des Gesamtsystems ist eine übergeordnete Perspektive, denn damit determiniert er alle folgenden Ebenen. Aus Sicht der Systemzentrale stehen zwei Märkte im Vordergrund: die Konsumenten und sekundär die Partner.
- Bei den **Franchise-Nehmern** herrschen zwei Perspektiven vor, nämlich die Sichtweise des Systems und damit des Franchise-Gebers sowie die der eigenen (lokalen) Situation. Psychologisch gesehen dürfte der Franchise-Geber für Vieles verantwortlich gemacht werden. Die Betriebsgröße des Franchise-Nehmers ist aber ein Moderator. Je niedriger sie ist, desto größer ist i.d.R. die Zufriedenheit der Franchise-Nehmer mit der Zentrale.
- Eine dritte Perspektive berücksichtigt die **Interdependenzen** zwischen beiden Ebenen, d.h., empirisch wären sowohl die Systemzentrale, als auch die Systemmitglieder im Hinblick auf den Erfolg zu betrachten. Wird bspw. die Umsatzmaximierung auf den Endkundenmärkten angestrebt, wäre – bei Befragung beider – eine Kompromisslösung optimal. Hier wird vermutet, dass die Entwicklung von einem Systemkopf (einfaches fokales Netzwerk) zu einem stern- bzw. strahlenförmigen Netzwerk mit intensiver Kommunikation zwischen den Franchise-Nehmern zum Erfolg, so der Partnerbindung, beiträgt.

Inwiefern dies so ist und aktiv vom Franchise-Geber angestoßen wird, ist offen. Stattdessen wird eine einfache Wachstumsspirale angeführt, bei der die Stärke der Finanzmittel des Systems die Investitionen in das System erhöht und beides Attraktivität und Zahl der Systemmitglieder wachsen lässt. Dies steigert wiederum Systemwert, Umsatz und Kundenzuwachs.

D. Fallstudie: Parfümerie Douglas

I. Kurzvorstellung

Douglas feiert im Jahr 2019 seinen siebzigsten Geburtstag und steht in der Tradition eines familiengeprägten Unternehmens, dessen Wurzeln bis ins Jahr 1821 nach Hamburg zurückreichen.[1] Mit langfristigen Qualitäts- und Diversifikationskonzepten hat es sich zu einem führenden europäischen Händler entwickelt. Aus dem einstmals kleinen, 1949 gegründeten Hussel-Süßwarenfilialbetrieb entstand ein fünf Geschäftsbereiche umfassender **Fachgeschäftskonzern**. Die **Geschäftsbereiche** waren Parfümerien, Schmuck, Mode, Bücher, und Süßwaren, von denen bis auf Parfümerien in einer Umstrukturierung des Konzerns im Geschäftsjahr 2014/15 alle an Investoren veräußert wurden. Im Geschäftsjahr 2016/17 besteht Douglas aus den Parfümerieketten „Douglas" und „Nocibé" (siehe Tab. 3.21).

Bis 2012 war die Douglas-Gruppe ein börsennotiertes Unternehmen, dessen Aktionärsanteile die Familie Kreke gemeinsam mit der Investorengruppe Advent International zurückkaufte. Ziel des Delistings von der Frankfurter Börse war die gewünschte strategische Neuausrichtung von Douglas. Der größte und erfolgreichste Geschäftsbereich war die Parfümerie Douglas, seit 1989 Namensgeber der Gruppe; einer starken Retail Brand. Auf dieser Basis

[1] Die Fallstudie wurde auf Basis aktueller Informationen und Geschäftsberichten erstellt.

führte das Unternehmen 2014 die Transformation von einem diversifizierten Handelsunternehmen zu einer reinen Parfümeriekette durch. Seitdem ist Douglas im Besitz der Investorengruppe CVC Capital Partners. Die Familie Kreke hält eine Minderheitsbeteilingung von 15% am Unternehmen, das im Geschäftsjahr 2016/17 einen Nettoumsatz von 2.795 Mio. EUR erwirtschaftete und 2.400 Fachgeschäfte in ganz Europa hat. Durch eine hohe, erlebnisorientierte Qualitäts- und Lifestyleorientierung hat sich Douglas zu einem der führenden Unternehmen des selektiven Beautymarktes in Europa entwickelt.

Tabelle 3.21: Douglas-Gruppe in Zahlen

	2000	2004/05	2009/10	2014/15	2016/17
Nettoumsatz (in Mio. EUR)	2.139	2.419	3.321	2.607	2.795
darunter im Ausland	450	694	1.152	1.446	1.607
Parfümerien (Douglas, Nocibé)[1)]	1.120	1.370	1.879	2.607	2.795
Schmuck (Christ, René Kern)[2)]	444	332	310	-	-
Mode/Sport (Appelrath-Cüpper, Pohland)[3)]	277	195	124	-	-
Bücher (Thalia)	163	461	906	-	-
Süßwaren (Hussel)	74	76	99	-	-
Ergebnis gewöhnliche Geschäftstätigkeit	125,9	119,5	116,2		
Investitionen	137,8	120,9	117,5	83,7	77,2
Eigenkapital	549,8	602,1	764,8	1.022	1.182
Bilanzsumme	1.290,3	1.391,7	1.713,4	3.777	4.108
Mitarbeiter (nach Köpfen)	18.668	19.588	24.655	18.528	18.391
darunter im Ausland	4.407	6.636	9.491	11.320	12.238
Geschäfte	1.665	1.599	1.973	1.700	1.915

[1] Inkl. Nocibé ab GJ 2013/14. [2] Inkl. Christ Schweiz bis Ende GJ 2003/04; inkl. Gold Meister bis GJ 2004/05.

II. Wettbewerbsstrategien

1. Positionierung und Profilierung

Die von Douglas verfolgte Wettbewerbsstrategie ist die Differenzierung vom Wettbewerber durch Qualität. Höchstmögliche Qualität anzubieten und Kundenwünsche zu erkennen und diese dann bestmöglich zu erfüllen, ist oberstes Positionierungsziel von Douglas.

„Wir wollen die Wünsche unserer Kunden erfüllen, ihr Vertrauen gewinnen und ihnen das Leben schöner machen: Tag für Tag, an jedem Standort, in jedem Land, mobil und online.“

(Mission Statement)

Die Mission, gemeinsam mit der Unternehmensphilosophie „Handeln mit Herz und Verstand“, ist bezeichnend für die Strategie von Douglas, welche stets den Kunden in den Mittelpunkt aller Aktivitäten stellt. Im Vordergrund der Positionierungs- und Profilierungsstrategie stehen **Leistungsvorteile**. Eckpfeiler der Strategie der Parfümeriekette und Schwerpunkte des seit Jahren konsistenten **Positionierungskonzepts** sind:

- herausragender Service,
- erstklassige Sortimente und
- ein erlebnisorientiertes Ambiente.

Diese Leitfäden werden unter dem Slogan „Your Partner in Beauty“ zusammengefasst. Die Parfümerie Douglas sieht in einer lifestyleorientierten **Qualitätsführerschaft** und der Anpassung an die individuellen Einkaufsgewohnheiten der Kunden die wichtigste Erfolgsvoraussetzung. Wettbewerber wie dm-drogerie markt, Müller und flaconi.de auf nationaler Ebene, schaffen ein von Preisnachlässen und Verkaufsaktionen geprägtes Wettbewerbsumfeld, während internationale Wettbewerber wie Sephora und Marionnaud zudem Lifestylekonzepte anbieten. Eine umfangreiche und aufeinander abgestimmte Marketingstrategie zur Stärkung der eigenen Positionierung und Retail Brand gewinnt deshalb für Douglas mehr denn je an Bedeutung. Online-Werbung, Marketing Events, Social Media Events und In-Store Events stellen wichtige Werkzeuge dar. All diese Bestandteile dienen zur Kreation von Shopping-Welten, die sich an die individuellen Einkaufsgewohnheiten der Kunden anpassen und somit einen Douglas-geprägten Lifestyle vermitteln. Douglas kommuniziert seine Werte konsequent über alle Kanäle und Touchpoints mit dem Kunden. Trotz des Ursprungs im Offline-Fachgeschäft (mit hochwertiger Ladenausstattung und innovativen Ladenbaukonzepten) gilt Douglas als ein Vorreiter im **Omnichannel-Handel** in Deutschland und hat sich zum Ziel gesetzt, diese Position auch in Zukunft auszubauen.

Schon immer galt bei uns die Sichtweise: „Wir glauben fest an die Zukunft der Fachgeschäfte, denn nur in Fachgeschäften kann erstklassiger Service sichergestellt werden. Dabei wird das hohe Serviceniveau unserer Mitarbeiterinnen und Mitarbeiter in unseren Fachgeschäften durch zahlreiche Weiterbildungsprogramme ständig verbessert.“

(Dr. Henning Kreke, ehem. Vorstandsvorsitzender der Douglas Holding AG)

Dieser Lifestyle, in Kombination mit der Qualitätsorientierung der Parfümeriekette führt dazu, dass Douglas es trotz Preisdruck schafft, sich von seinen Wettbewerbern abzusetzen und eine starke Retail Brand zu kreieren. Douglas belegte beim Interbrand Ranking der besten deutschen Marken (inkl. Hersteller) 2015 Platz 49 mit einem **Markenwert** von 166 Mio. EUR. Im Ranking der wertvollsten deutschen Retail Brands ist Douglas auf Platz 10 vertreten. Dieser Erfolg ist v.a. auf die Vermittlung des o.g. Douglas-Lifestyle, den Online-Shop, die Kundenbindung durch Social Media-Aktivitäten und enormen Service zurückzuführen.

Als Marktführer in Deutschland hat die Parfümerie eine starke Stellung bei ihren Kernlieferanten, so internationalen Kosmetikkonzernen. Auf Grund der Konzentration in der Parfüm- und Kosmetikindustrie – die Vielzahl konkurrierender Marken wird von einigen wenigen Herstellern wie L´Oréal, LVMH, Unilever, P&G, Estée Lauder, Lancaster, Chanel geführt – wird die Rolle als Handelspartner, der die Philosophie der Markenführung versteht und in der Lage ist, Produktneueinführungen usw. umzusetzen, immer bedeutender. Produkte dieser Hersteller stellen für Douglas weiterhin den wichtigsten Teil des Sortimentes dar.

Bevorzugte Standorte der Filialen sind innerstädtische 1a-Lagen und Einkaufszentren, die über eine hohe Kundenfrequenz verfügen. Da die Geschäftsflächen i.d.R. angemietet werden, verfügt Douglas über die Flexibilität, unattraktive Standorte zu schließen und neue Filialen an Top-Standorten mit einem großflächigen Angebot und größtmöglicher Sortimentskompetenz zu eröffnen. Flexibilität bzw. Anpassungsfähigkeit zeigt Douglas ebenfalls bei seinen Filialen im Hinblick auf Verkaufsflächen und Sortimentstiefe. Abhängig vom jeweiligen Standort und dessen regionalen und nationalen Besonderheiten variiert die Verkaufsfläche zwischen 400 und 1.200 qm. Da eine größere Verkaufsfläche entsprechende Anpassungen der Angebotspalette erforderlich macht, bieten die Parfümerien immer größer werdende Markenvielfalt an. Das ständig aktualisierte Sortiment sowie der Ausbau des Eigenmarkenportfolios war daher nur die logische Konsequenz dieser Entwicklung. Zudem möchte Douglas auch neue Konzepte, wie **Shop-in-Shop**, umsetzen.

2. Online- und Omnichannel-Strategien

Neben dem stationären Handel legt Douglas ein besonderes Augenmerk auf seine E-Commerce-Aktivitäten. So stieg der Umsatz der „virtuellen Parfümerie“ im Geschäftsjahr

2016/17 überdurchschnittlich mit 17,8% auf über 382,1 Mio. EUR an (einem beachtlichen Anteil von 13,7% am Gesamtumsatz). Während im E-Commerce in Zukunft die Chancen des **Omnichannel Retailing** forciert werden, wird zur Bereitstellung eines umfassenden Omnichannel-Systems im stationären Handel auf die Optimierung des Serviceerlebnisses gesetzt, um die eigenen Leistungsvorteile und Alleinstellungsmerkmale zu bewahren. Zur Erreichung des selbstgenannten Ziels, die Position als führender europäischer Omnichannel-Händler auszubauen, setzt Douglas auf den technologischen Fortschritt (z.B. die Einführung digitaler Preisschilder) und die Fähigkeit des Unternehmens, die bisherigen Fähigkeiten im Omni- und Cross-Channel-Bereich erfolgreich auszubauen.

Seit dem Jahr 2011 realisiert Douglas mittels einer App den mobilen Handel und hat folglich den Grundstein für die Strategie gelegt. Grundsätzlich ist es das Ziel, die einzelnen Vertriebskanäle miteinander zu verknüpfen (siehe Abschnitte B.IV.-V. in diesem Kapitel). In Bezug auf die **Online-Offline-Integration** wendet Douglas v.a. die **„Click & Collect"-Strategie** an. Dies stellt insb. im Beauty- und Parfümeriehandel eine Strategie dar, mit der sich Douglas von der Konkurrenz, z.B. der Online-Pure-Player, differenziert. Zusätzlich bietet Douglas eine Online-Kundenberatung sowie die Möglichkeit, online Termine für den Besuch des stationären Geschäftes festzulegen (z.B. bei Kosmetikberatungen). Daneben werden Vorverkaufsinformationen oder die Möglichkeit, die nächste Filiale über den Online-Shop zu finden, angeboten. Als **Offline-Online-Integration**-Strategie erfolgt die Installation von digitalen Screens in den stationären Läden, die Kunden in der Kaufphase Orientierung bieten, z.B. mittels der Möglichkeit der Abfrage von Produkteigenschaften oder bzgl. weiterer Produktverfügbarkeiten im Online-Shop. Daneben hat das Unternehmen im Jahr 2017 die Douglas Beauty Card eingeführt, mit der eine kanalübergreifende Kundensprache möglich ist. Im Offline-Store werden Daten in der Kaufphase von rd. 27 Mio. Kundinnen gesammelt. Diesen werden anschließend im Online-Bereich über One-to-One-Marketing individuelle Angebote zugesendet. Douglas setzt auch auf eine **Online-Online-Integration** und ist sowohl über die eigene Website und die mobile Applikation vertreten, i.S. einer Integration von Web-Services in PC-basierte und mobile Umgebungen. Ein eigener Beauty Blog namens „beautystories" stellt einen weiteren Kanal im Online-Repertoire von Douglas dar. Hier findet im Themenbereich Beauty- und Kosmetik eine weitere Beratung, das Angebot verschiedener Services sowie die Veröffentlichung redaktioneller Beiträge statt. Gleichzeitig werden Influencer in Instagram zur Kundenansprache eingesetzt oder Tutorials auf Youtube zu bspw. verschiedenen Schminktechniken o.Ä. online gestellt.

Douglas setzt darüber hinaus auf ein wechselseitiges, vertriebskanalübergreifendes **Customer Relationship Management**, welches bspw. mit Angeboten wie dem **Cross-Channel-Couponing** umgesetzt wird. Mit mittlerweile über elf Mio. Douglas-Card-Kunden in ganz Europa zeigt das Loyalitätsprogramm seine Wirkung. Dabei soll das Serviceangebot rund um die Douglas Card in der Zukunft kontinuierlich ausgebaut und ergänzt werden. Zusammenfassend ist zu sagen, dass die Omnichannel-Strategie mit der Ansprache an allen Touchpoints umgesetzt wird und somit die Kanalgrenzen verschwimmen. Um diese Strategie erfolgreich umsetzen zu können, wird ein einheitlicher Auftritt, i.S. eines **Corporate Branding**, in allen Kanälen gewährleistet.

III. Gesamtunternehmensstrategie

1. Spezialisierung

Die Gesamtunternehmensstrategie der Douglas GmbH zielt v.a. auf Wachstum und Profitabilitätssteigerung im Fachhandel für hochwertige Kosmetikprodukte ab. Dabei kommt dem Unternehmen insb. das hohe Marktwachstum dieses am schnellsten wachsenden Segments im europäischen Beauty-Markt zugute.

„Douglas is a company with a great market position and a strong brand appeal. It has the opportunity to strengthen its leading position as the European omnichannel champion in coming years."

(Tina Müller, Vorstandsvorsitzende der Douglas Holding AG)

Bis zum Geschäftsjahr 2013/14 bestand die Douglas-Gruppe aus den o.g. Geschäftsbereichen. Die Douglas-Parfümerie erzielte im Geschäftsjahr 2012/13 mit 1.924 Mio. EUR den größten Umsatzanteil, gefolgt von Thalia (915 Mio. EUR), Christ (373 Mio. EUR) und Appelrath-Cüpper (122 Mio. EUR). In den letzten Jahren betrieb die Douglas-Gruppe eine aktive Portfolio-Strategie und hat die einzelnen Geschäftsbereiche zu attraktiven Zeitpunkten zugekauft oder verkauft. So trennte man sich im März 2014 von Hussel (an den Finanzinvestor Emeram Capital Partners). Im Oktober 2014 folgte der Verkauf von Thalia an den Finanzinvestor Advent sowie der Verkauf von Christ an den Finanzinvestor 3i. Im Mai 2016 wurde schließlich Appelrath-Cüpper an den Finanzinvestor OpCapita verkauft. Im Gegenzug kaufte Douglas im Februar 2014 die damals drittgrößte französische Parfümeriekette Nocibé (siehe Abb. 3.135). Der damalige Vorstandsvorsitzende sagte dazu:

Abbildung 3.135: Veränderung der Douglas-Geschäftsbereiche von 2013 bis 2016

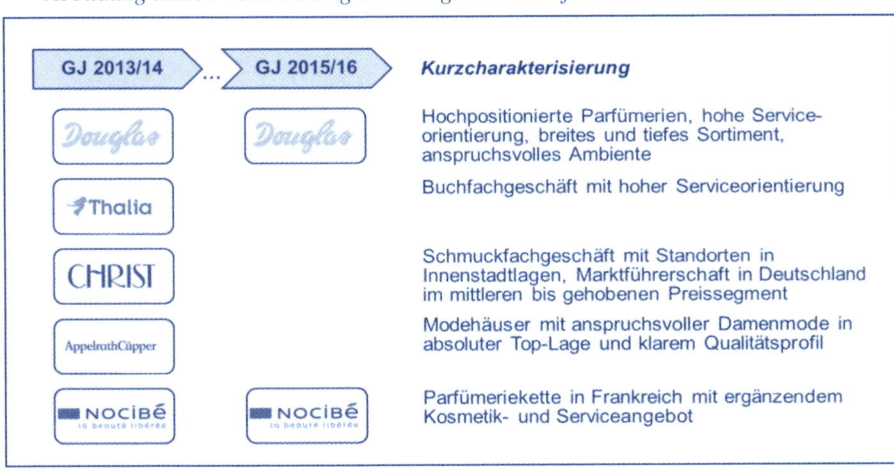

Diese Transaktionen lassen sich als Teil einer längerfristigen **Spezialisierungsstrategie** verstehen, bei der der ehemalige Mischkonzern einerseits zunehmend in seine Einzelteile zerlegt und diese an Investoren verkauft wurden, und andererseits neue, passende Geschäftsbereiche zugekauft wurden. Mit der Akquisition von Nocibé sicherte sich die Douglas-Gruppe gemessen an der Anzahl der Filialen die Marktführerschaft auch in Frankreich. Auch in Bezug auf den Umsatz vereinnahmte das Unternehmen in Frankreich einen deutlich größeren Marktanteil als zuvor. Somit lässt sich die Umstrukturierung als eine Konzentration auf das Parfümeriegeschäft auslegen. In dieser Hinsicht soll Douglas nicht nur für potentielle Investoren als „pure play"-Unternehmen (also als ein Ein-Sparten-Unternehmen) interessant sein, sondern sich v.a. auf seine Kernkompetenz im Beauty-Markt konzentrieren können. Die o.g. Investitionen von 500 Mio. EUR sind dabei dafür vorgesehen, Wachstum durch einen Fokus auf die stärksten Wachstumstreiber zu generieren: Dazu zählt das Unternehmen seine Douglas-Marke, sein Handelsmarkenportfolio, die Steigerung des Kundenerlebnisses und die eigenen Fähigkeiten im Omnichannel Retailing.

2. Internationalisierung

Die Douglas-Parfümerien expandierten bereits Mitte der 1970er Jahre ins europäische Ausland; seit 2001 ist die internationale Entwicklung insb. auf Osteuropa fokussiert (siehe Tab. 3.22). Mit dem Beginn der Wirtschafts- und Finanzkrise im Jahr 2008 ging Douglas in eine Konsolidierungsphase über, um sich auf bestehende Ländermärkte zu fokussieren. Das primäre Ziel ist es dabei, in jedem bearbeitetem Markt, Marktführer oder eine starke Nummer zwei zu sein. Im Zuge dessen wurden die Marktengagements in Dänemark, Slowakei, Estland und in den USA beendet und einige unrentable Standorte in Spanien und im Baltikum geschlossen. Auch aus der Türkei, einem zuvor als lukrativ bewerteten Markt, zog sich das Unternehmen im Jahr 2016, zehn Jahre nach dem Eintritt, wieder zurück. Währenddessen hat die Parfümeriekette nach Norwegen expandiert und sein Engagement in sich besonders positiv entwickelnde Regionen wie Polen, Frankreich und Italien ausgeweitet. Douglas engagiert sich nicht nur stationär im europäischen Raum. Das Wachstumsstreben und die Expansionsfreudigkeit gelten auch für den unternehmenseigenen Online-Shop, welcher im Geschäftsjahr 2016/17 bereits in 17 Ländern verfügbar ist (siehe Tab. 3.23).

Tabelle 3.22: Internationalisierung der Douglas-Parfümerien

Land	Markteintritssjahr	Marktaustrittjahr	Anzahl Geschäfte[1]	Online Shop
Deutschland[2]	1910	-	435	Ja
Österreich	1973	-	45	Ja
Niederlande	1980	-	111	Ja
USA	1982	2010	-	Nein
Frankreich	1986	-	603	Ja
Italien	1989	-	123	Ja
Schweiz	1991	-	10	Ja
Spanien	1997	-	56	Ja
Portugal	1998	-	21	Nein
Polen	2001	-	123	Ja
Ungarn	2001	-	19	Ja
Monaco	2002	-	4	Ja
Russland	2003	2011	-	Nein
Slowenien	2003	2011	-	Nein
Tschechien	2004	-	16	Ja
Dänemark	2004	2010	-	Nein
Slowakei	2005	2009	-	Nein
Türkei	2006	2016	-	Nein
Lettland	2007	-	26	Ja
Litauen	2007	-	25	Ja
Rumänien	2007	-	21	Ja
Estland	2007	2009	-	Nein
Bulgarien	2008	-	17	Nein
Kroatien	2008	-	26	Ja
Norwegen	2014	-	1	Ja

[1] 120 Franchise-Läden in Frankreich, 16 in den Niederlanden und einer in Norwegen.
[2] Hussel AG (1949 gegründet) hat 1969 die Parfümerie Douglas gekauft.

Nicht nur das Auslandsgeschäft weist steigende Umsätze auf, sondern auch die Entwicklung im wichtigen Heimatmarkt Deutschland. Die schnelle Anpassungsfähigkeit an die Marktentwicklungen hat dazu geführt, dass der Auslandsumsatz, trotz des Rückzugs aus einigen Regionen, weiter steigt. Die Ausweitung des Filialnetzes durch neue Ladeneröffnungen war für Douglas ein Bestandteil der Wachstumsstrategie. Dabei dringt Douglas in neue, zuvor unbearbeitete geografische Regionen vor. Zwischen den Jahren 2011 und 2016 wurden 381 neue Filialen geöffnet (ohne Franchisepartnerfilialen), was einer enormen jährlichen Zuwachsrate entspricht. Von den jährlichen Investitionen fließt ein größerer Teil – neben Modernisierung, Instandhaltung und Design – in die Neueröffnung von Filialen. Insgesamt war Douglas somit im Geschäftsjahr 20016/17 mit 427 Parfümerien und einem Umsatz von 1.187,5 Mio. EUR im Inland und mit 1.350 Parfümerien und einem Umsatz von 1.607,2 Mio. EUR im Ausland vertreten.

Tabelle 3.23: Douglas international in Zahlen

Region	Deutschland		Frankreich		Südwesteuropa		Osteuropa	
Geschäftsjahr	**14/15**	**16/17**	**14/15**	**16/17**	**14/15**	**16/17**	**14/15**	**16/17**
Nettoumsatz	1.160,6	1.187,5	695,4	742,7	505,5	579,2	245,3	285,3
EBITDA	99,7	100,8	49,6	110,1	34,5	43,3	15,6	37,3
Inventuren	193,4	229,7	134,9	122,2	119,9	169,4	70,3	75,5
Investitionsaufwand	38,8	34,9	23,9	20,2	13,3	12,4	7,7	9,7
Anzahl Mitarbeiter	7.208	6.153	3.955	3.778	4.352	5.844	3.013	2.616
Anzahl Stores	438	427	485	490	351	579	276	281

Mit einem Nettoumsatz von 2.794,8 Mio. EUR hat Douglas somit eine europäische Spitzenposition inne. Die beteiligte Investorengruppe CVC sprach dem Unternehmen eine halbe Mrd. EUR zu, um die Eröffnung neuer Filialen, Zukäufe sowie zahlreiche standortspezifische Modernisierungen zu ermöglichen. Darüber hinaus wird der Markteintritt in neue Märkte vorbereitet. Mit der Internationalisierung verfolgt Douglas das Ziel des Ausbaus der Marktführerschaft im europäischen Parfümeriehandel, um auch die Position gegenüber der Industrie zu verbessern. Die bereits angesprochene starke Position von Douglas gegenüber den Herstellern auf nationaler Ebene wird auf internationaler Ebene noch entscheidender. International verhandeln die Tochtergesellschaften von einer nationalen Basis aus. Daher ist es notwendig, die Marktbedeutung, die Douglas als Marktführer in Deutschland bereits hat, auch in jedem Land gegenüber den internationalen Konzernen der Hersteller zu betonen und weiter zu steigern. Die Duft- und Kosmetikindustrie arbeitet im internationalen Geschäft mit doppelten Margen, den sog. „Add-on-Margins“: Erstens durch die Lieferung an die Auslandstöchter und zweitens durch Lieferung dieser Töchter an ihre eigenen Outlets. Hermès-, Dior- und Chanel-Boutiquen sind Beispiele hierfür. Douglas hat die Schlussfolgerung gezogen, international u.a. auch deshalb zu expandieren, um eine attraktive Alternative zum „Add-on-Margins“-System zu entwickeln und sich langfristig als kompetenter und attraktiver Partner der Industrie auszuzeichnen.

Bezüglich des Markteintritts verfolgt Douglas eine Multiformat-Expansionsstrategie, die Neueröffnungen, Kooperationen und Akquisitionen umfasst. Neueröffnungen von Filialen erfolgten bspw. 2017 in der Slowakei. Der Markteintritt in Russland wurde mittels eines JV durchgeführt. Trotz der Nutzung verschiedenster Markteintrittsformen in den letzten Jahren ist eine Tendenz zur Akquisition zu erkennen. Besonders bei Eintritten in gesättigte Märkte, wie Frankreich, Italien oder Spanien, wurde die Übernahme von konkurrierenden Parfümerieketten genutzt. Mit der Akquisition der Konkurrenten „Limoni“ und „La Gardenia“ baut Douglas sein Geschäft in Italien signifikant aus. Die Übernahme von 103 Filialen sowie des E-Commerce Shops von „Parfumeria If“ wurde im Jahr 2017 beschlossen. Somit hält Douglas nun auch in Spanien die Marktführerschaft inne. Aus Douglas-Sicht müssen folgende Erfolgsbedingungen für die **internationale Marktbearbeitung** erfüllt sein:

- exzellente Ausgangslage
- profiliertes Betriebstypenkonzept
- realistische Zielsetzung und Planung
- risikominimierter Markteintritt
- lokales Management
- unterstützendes Controlling
- Bewertung jedes Auslandsengagements unter DVA-Aspekten.[1]

Zur Vorbereitung des Markteintritts führt Douglas **Länderanalysen** durch, die innerhalb Europas erhebliche Unterschiede in den Kaufgewohnheiten zeigen. Während die deutschen Kunden seit Jahren an den Qualitätskauf in Fachgeschäften gewöhnt sind, sieht es in vielen europäischen Ländern anders aus; dort sind die Kunden quasi mit Discountgeschäften „groß geworden". In Frankreich, in Italien und in der Schweiz waren die Margen anfangs so knapp, dass ein echtes Qualitätskonzept Marke „Douglas Deutschland" kaum tragbar war. Douglas leistete hier Pionierarbeit:

> *„Douglas hat schnell gelernt, dass marketingmäßig zwischen Rotterdam, Wien, Mailand, Paris, Zürich oder Madrid Welten liegen können. Insofern ist es auch kaum möglich, mit einer uniformen europäischen Strategie zu agieren. Die Douglas-Maxime lautet darum auch: Retailing is Local."*
>
> *(Jörn Kreke, ehem. Vorstandsvorsitzender der Douglas Holding AG)*

Da der Eintritt in einen Auslandsmarkt i.d.R. auch mit Risiken behaftet ist, müssen Umsatz- und Ertragsentwicklung für unterschiedliche Szenarien geplant werden, so für den Best, den Average und den Worst Case. Insbesondere unterschiedlich lange Anlaufzeiten des neuen Engagements sollten durchgerechnet werden, da sie die Amortisationsdauer entscheidend beeinflussen. Grundsätzlich empfiehlt es sich, im Rahmen der Worst-Case-Analyse klar definierte Break-off-Points festzulegen. Sollten diese Mindestzielsetzungen unterschritten werden, wird das Engagement abgebrochen. Im Rahmen der Expansionsstrategie prüft das Unternehmen aber auch, ob und wann ein Einstieg in die schnell wachsenden Märkte in China, Indien und den VAE sinnvoll sein könnte. Bei aller internationalen Wachstumsdynamik will Douglas aber zugleich auch im Heimatmarkt Deutschland weiterwachsen.

3. Vertikale Integration

Douglas ist durch eine geringe vertikale Integration gekennzeichnet. Das aus bis zu 35.000 Produkten bestehende Sortiment setzt sich aus den Segmenten Düfte, Gesichtspflege, dekorative Kosmetik und Accessoires zusammen. Es umfasst überwiegend Artikel großer Hersteller wie L'Oréal, LVMH, Unilever, P&G, Estée Lauder, Lancaster, und Chanel, die direkt bezogen werden. Daneben baut Douglas das Angebot an Handelsmarken aus. Douglas verfolgt damit zwei Ziele: neue Kundengruppen, insb. jüngere Kunden, zu erschließen und sich vom Wettbewerb zu differenzieren. Um diese Ziele zu erreichen, wurden im Jahr 2016 mehr als 100 Mio. EUR u.a. in den Ausbau des Handelsmarkensortiments investiert. Die unter der

---

[1] Im Zentrum der Unternehmenssteuerung steht die Ausrichtung der Investitionsentscheidungen auf ihren nachhaltigen Wertschöpfungsbeitrag. Dafür wurde in Zusammenarbeit mit der Unternehmensberatung Stern Stewart das auf dem EVA-Konzept basierende Prinzip des Douglas Value Added (DVA) entwickelt, das seit 2001 ein wesentlicher Bestandteil der operativen und strategischen Planung sowie des internen Berichtswesens ist: DVA=Geschäftsergebnis - (Geschäftsvermögen * Kapitalkostensatz).

Eigenmarke „Douglas Nocibé Collection" geführten Artikel sind im Preiseinstiegssegment positioniert und befinden sich preislich unterhalb vergleichbarer Markenprodukte. Da die Artikel der „Douglas Nocibé Collection" aber höhere Bruttogewinnspannen haben als Markenartikel, verbessern sie auch die Durchschnittsmargen. Beispiele dafür sind u.a. Annayake, Douglas Beauty System, Douglas Hair, Baratti und Venus.

Die Eigenmarken werden von Douglas nicht selbst produziert. Stattdessen kooperiert das Unternehmen mit Herstellern und Zulieferern, welche die Produkte teilweise exklusiv für Douglas herstellen. Zu diesem Zweck kommt Douglas üblicherweise mit einem Produktkonzept, das auf aktuellen Trendscout-Analysen basiert, auf die Hersteller zu. Douglas arbeitet auch mit Designbüros zusammen, um etwa Produktverpackungen zu entwerfen. Die Inhaltsstoffe der „Douglas Nocibé Collection" werden von über 60 Zulieferern aus Deutschland, Frankreich, Italien und Asien bezogen, die in vielen Fällen auch die großen Hersteller von Markenprodukten beliefern. Bevor ein Lieferant für ein „Douglas Nocibé Collection"-Produkt ausgewählt wird, stellt Douglas Vergleichsanalysen bezogen auf Preis und Qualität mit mindestens zwei potentiellen Zulieferern an, um den eigenen Qualitätsansprüchen zu genügen. Ein Zulieferer wird dann individuell für ein „Douglas Nocibé Collection"-Produkt oder eine Produktlinie verpflichtet. Denn Handelsmarken reduzieren zudem die Abhängigkeit von den Herstellern.

Kooperationsstrategie – Strategische Allianzen

Douglas kennzeichnet zugleich eine enge und langfristige Zusammenarbeit mit seinen Lieferanten aus. Weltweit arbeitet das Unternehmen mit über 400 Zulieferern zusammen, jedoch werden 90% des Beschaffungsvolumens von 50 Zulieferern bezogen. Zulieferer schätzen die Kooperation mit Douglas und die Möglichkeit, gemeinsam eigene Produkte weiterzuentwickeln, welche im Folgenden exklusiv bei Douglas angeboten werden. Ein wichtiges Ziel im Bereich der Beschaffungsaktivitäten liegt darin, Produktqualität und Liefertreue sicherzustellen und so dauerhaft Wettbewerbsvorteile zu erzielen.

Die Douglas-Parfümerien arbeiten im Bereich Logistik mit sog. **Cross-Docking-Centern**. In den fünf deutschen Cross-Docking-Standorten werden die Waren aller Lieferanten ohne nennenswerte Zwischenlagerung verkaufsfertig bearbeitet (Verpackungsentsorgung, Preisauszeichnung, Warensicherung, Verbuchung, Rechnungsabwicklung und -kontrolle) und gebündelt nach dem „Just-in-time Prinzip" an die jeweiligen Filialen ausgeliefert. Dadurch sollen die Filialen von Nicht-Verkaufstätigkeiten entlastet sowie die Lagerverweildauer der Produkte so weit wie möglich minimiert werden. Für dieses Konzept wurde Douglas im Jahr 2006 und 2009 von der Standardisierungsgesellschaft GS1 Germany mit dem Efficient-Consumer-Response-Award für Management und Kooperation ausgezeichnet. Das Cross-Docking-Konzept wurde auf die internationale Ebene übertragen. Neben Cross-Docking-Centern in Österreich und den Niederlanden wurden bereits weitere Center in Italien und Polen eröffnet. Die neueste Entwicklung des Unternehmens ist die funktionale Zusammenfassung der Cross-Docking-Center mit den E-Commerce-Logistikzentren, wie es in Polen bereits umgesetzt wurde. Zugleich ist heute der elektronische Datenaustausch EDI Standard bei der Auftrags-, Lieferschein- und Rechnungsdatenübermittlung mit den strategisch wichtigsten Lieferanten. Der administrative Aufwand hat sich dadurch entscheidend reduziert, die Logistikkosten konnten gegenüber der Zentrallagerlösung um mehr als die Hälfte gesenkt werden. Ebenfalls eingeführt wurden die RFID-Etiketten an Boxen. Das Scannen der Boxen per Hand soll damit entfallen und Kosten sowie Arbeitszeit einsparen. Neben der signifikanten Effizienzsteigerung entlang der Lieferkette zeichnet sich Douglas somit v.a. durch die Möglichkeit aus, die standardisierte IT- und Logistikplattform auch international zu nutzen. Die kontinuierliche Verbesserung der Logistikprozesse hat eine bedeutende Rolle.

IV. Implementierung der strategischen Gesamtkonzeption

Douglas hat sich im Laufe der letzten Jahre von einem dezentral zu einem zentral geführten Unternehmen entwickelt. Einen ersten grundlegenden Schritt zur Zentralisierung der Bereiche stellte der Umzug des Hauptsitzes von Hagen nach Düsseldorf im Jahr 2016 dar. In der neuen Douglas-Zentrale in Düsseldorf sind sowohl die E-Commerce Aktivitäten des Standorts Köln, als auch die kundennahen Bereiche des bisherigen Standorts Hagen zusammengeführt worden. Diese Entscheidung liegt v.a. in der Vermeidung von Doppelstrukturen und der einheitlichen Führung aller Bereiche begründet. Zentrale Koordination der Verwaltung und Organisation schon immer in der Douglas Holding AG verankert. Hinzu kommen nun die Systematisierung und Zentralisierung von:

- Sortimentsplanung,
- Beschaffung,
- Preisgestaltung und
- Marketingkampagnen.

Die Zentralisierung der Aufgabenbereiche hat die Übertragung von Verantwortungsbereichen zur Folge. Die Verantwortlichkeiten werden von einzelnen Filialen an die Zentrale abgegeben. Der frühere Fokus des Unternehmens auf Personalentwicklung hinsichtlich schneller, selbstbewusster und eigenständiger Entscheidungen verschiebt sich nun hin zu Personalmotivation. Reduzierte Autonomie der Manager und Mitarbeiter erfordert neue Anreizsysteme und Maßnahmen zur Erhaltung von qualifiziertem Personal. Die Rekrutierung von motiviertem und qualifiziertem Personal mit Branchenexpertise ist hart umkämpft, weshalb es umso wichtiger ist diese Mitarbeiter im eigenen Unternehmen zu halten.

Neben zentralen Vorgaben soll die Flexibilität, von bspw. Betriebsgröße und Sortimentsauswahl, erhalten bleiben. Neben der Größenanpassung der Verkaufsfläche, wird der Verkauf von exklusiv bei Douglas erhältlichen Produkten meist auf ein oder zwei Jahre beschränkt. Somit bewahrt sich die Parfümeriekette die Möglichkeit, das Produkt bei mangelndem Erfolg vom Markt zurückzuziehen. Auch ist so die erforderliche Flexibilität gegeben, um auf örtliche Marktverhältnisse und Marktveränderungen schnell reagieren zu können.

Die Trennung von den anderen Geschäftsbereichen bewirkte die Ablösung der **Holding-Struktur**. Diese Trennung spiegelt den strategischen Wandel des Unternehmens von der Diversifikation zur Spezialisierung wider. Aufsichtsrat, Vorstand und Mitarbeiter verfolgen weiterhin das Ziel einer nachhaltigen Steigerung des Unternehmenswertes, konzentrieren sich nun aber nur noch auf den Geschäftsbereich der „Parfümerie“. Um eine verantwortliche, auf Wertschöpfung ausgerichtete Leitung und Kontrolle des Unternehmens zu gewährleisten, wurden **Corporate-Governance-Grundsätze** aufgesetzt. Ein weiterer Umbruch war im Jahr 2016 die Führungsübergabe an eine Managerin und damit erstmals kein Mitglied der Gründerfamilie. Somit ist die Familie in neuer Rolle im Aufsichtsrat mit dem Unternehmen verbunden.

Viertes Kapitel

Die Optionen des Handelsmarketing

A. Gegenstand

I. Grundlagen und Bedeutung

Handelsunternehmen agieren besonders kunden- und wettbewerbsorientiert, sodass ihre Absatzaktivitäten i.e.S. mit dem sog. Marketingdreieck verbunden sind, d.h., aus Kunden- und Wettbewerbssicht erfolgen. Nachfolgend wird jeweils eine strategische Perspektive eingenommen (u.a. die internen Ressourcen bzw. Kernkompetenzen akzentuierend, siehe Abschnitt E.II. des Ersten Kapitels), gefolgt von einer Zielgruppenwahrnehmungsperspektive. Dies entspricht der im Zweiten Kapitel bereits erläuterten „**Inside-Out-** und **Outside-In-Perspektive**", d.h. der strategischen und operativen Entscheidungen von Managern über die Gestaltung des Marketing und die Wahrnehmung bzw. Wirkung auf die Zielgruppen. Wie hervorgehoben, handelt es sich bei beiden Perspektiven idealtypisch um einen iterativen Prozess, während in der Praxis die Entscheidungsperspektive dominiert, d.h., die Wirkung wird oftmals nicht fundiert kontrolliert.

Interessanterweise wird das **Marketing** gemäß der aktuellen Definition der American Marketing Assoziation (2013) eher operativer gesehen.

> Marketing is the activity, set of institutions, and processes for creating, communicating, delivering, and exchanging offerings that have value for customers, clients, partners, and society at large.

Es sind Aktivitäten (Marketing-Mix), Institutionen (Marketing-/Vertriebsabteilung bzw. -manager) und Prozesse (bspw. Marktforschungs-, Wirkungsprozesse), die einen gewissen Wert für die diversen Anspruchsgruppen (Kunden, Partner etc.) kreieren, kommunizieren, vertreiben – und zwar im Austausch. Dies hat weniger mit ehemals deutschen Definitionen eines strategischen Instruments zu tun, i.S. der Planung, Koordination und Kontrolle aller auf die aktuellen und potenziellen Märkte ausgerichteten Unternehmensaktivitäten mit dem Ziel, eine dauerhafte Befriedigung der Kundenbedürfnisse zu erreichen und komparative Wettbewerbsvorteile zu realisieren (Meffert u.a. 2018, S. 11). Allerdings stehen die Wettbewerbsaktivitäten bzw. absatzpolitische Instrumente (nicht Gesamtunternehmensaktivitäten), aus Sicht der Marketing-/Vertriebsmanager im Vordergrund, d.h., deren Beitrag zur Positionierung von Offline-, Online- und Multichannel-Handelsunternehmen.

> Die **absatzpolitischen Instrumente (Marketinginstrumente)** eines Handelsunternehmens umfassen strategische und operative Aktionsparameter, mit denen Offline-, Online- und Multichannel-Handelsunternehmen ihre Leistungsangebote zum Nutzen des Kunden gestalten und das Verhalten der Nachfrager beeinflussen.

Die absatzpolitischen Instrumente im Offline-Handel können traditionell wie in Abb. 4.1 abgegrenzt werden. Sie gelten auch im Online-Handel, weisen aber eine differenzierte Ausgestaltung auf. Entsprechend werden nachfolgend sieben Kerninstrumente von Handelsunternehmen – v.a. aus Managementsicht – diskutiert.

Abbildung 4.1: Absatzpolitische Instrumente eines Offline-/Online- Handelsunternehmens

Instrumente	Ausgewählte Ziele	Ausgewählte Entscheidungsparameter
Standort-management	▪ Profitable Offline/Online Stores ▪ Attraktive Offline/Online-Standorte	▪ Standortplanung bzw. -wahl ▪ Domains und Suchmaschinenmarketing
Sortiments-management	▪ Be-/Vertriebstypen-Profilierung ▪ Warengruppenimage	▪ Sortimentsbreite und -tiefe ▪ Category Management
Handelsmarken-management	▪ Profitabilität mit Marken ▪ Unabhängigkeit von Lieferanten	▪ Einsatz von Handelsmarken vs. Markenartikeln
Preis-management	▪ Umsatzmaximierung ▪ Frequenzsteigerung ▪ Gestaltung der Preiserwartung	▪ Höhe des Preises ▪ Zeitlicher Verlauf ▪ Konditionen
Kommunikations-management	▪ Kerneinfluss auf Image/Einstellung ▪ Auslösen eines Offline-/Online-Kaufes	▪ Kommunikationsinstrumente ▪ Verteilung der Budgets
Store-Management	▪ Convenience vs. Erlebnis ▪ Multiplikation/Expansion	▪ Offline/Online Store-Layout ▪ Quantitative/qualitative Raumzuteilung
Service-management	▪ Neukundenakquisition ▪ Kundenbindung	▪ Art/Umfang der Offline-/Online-Serviceleistung ▪ Individuelle Kundenansprache

Die Instrumente sind im Rahmen des Marketing-Mix aufeinander abzustimmen und zwar spezifisch für bestimmte Be- und Vertriebstypen und/oder für bestimmte Wettbewerbsstrategien, welche sich im Kern im Hinblick auf die Ansprache bestimmter Zielgruppen, so Kundensegmente oder Individualkunden (Customizing), bestimmen. Diese Interdependenzen werden nachfolgend angesprochen bevor die Handelsmarketinginstrumente behandelt werden und zwar in Bezug auf deren spezifische Ziele und strategische/operative Entscheidungsoptionen sowie Determinanten der Wirkung. Die Fallstudie von Blue Tomato behandelt ein ehemals Online-Handelsunternehmen, das sich zum Ominichannel-Unternehmen in einer Nische der Snow-/Surfboardangebote und -accessoires entwickelte.

II. Wirkung und Interdependenz der Instrumente im Offline-, Online- und Omnichannel-Handel

1. Wirkung der Instrumente

Die Instrumente wirken auf viele wettbewerbsstrategische Zielgrößen, so die Basisstrategien der Profilierung, die spezifischen Positionierungsstrategien, die Multi- und Omnichannel-Strategien zur Profilierung oder das Retail Branding (siehe zu Geschäftsfeldstrategien Abschnitt B. des Dritten Kapitels). Sie sind i.d.R. weniger relevant für die Gesamtunternehmensstrategien, welche andere Ziele verfolgen und eher die Basis zu deren Umsetzung schaffen (als Ausnahme siehe die Internationalisierung im Abschnitt C.III. des Dritten Abschnitts). Zu verweisen ist aber darauf, dass der Marketing-Mix selten direkt auf die Kundenzufriedenheit oder die Loyalität der Verbraucher wirkt, sondern doch die Wettbewerbsstrategie, bspw. die Retail Brand, mediiert wird. Dennoch sind Kundenzufriedenheit oder -loyalität Kernzielgrößen im Handelsmarketing. Nachfolgend wird eine spezifische, v.a. im Omnichannel-Handel relevante Perspektive vertieft (siehe Abschnitt B.IV.4. des Zweiten Kapitels). Dies bedeutet nicht, dass bspw. Kundenzufriedenheit und -loyalität als Zielgrößen im Handel an Bedeutung verlieren. Der Stellenwert des **Customer Experience Management** geht aber mit der Zunahme der **Touchpoints**, über die Kunden und Händler interagieren, einher. Durch die Nutzung diverser Kanäle entstehen komplexere **Customer Journeys** (siehe Abschnitt C.III. des Dritten Abschnitts). Die Touchpoints sind dabei in drei Kategorien zu unterteilen, wobei eine Überschneidung zwischen den Touchpoints natürlich naheliegt:

- **Retail brand-owned Touchpoints** sind Interaktionen mit Kunden, die das Unternehmen gestaltet und voll kontrolliert (z.B. über eigene Webseiten, Marketing-Mix);
- **Retail partner-owned Touchpoints** werden vom Händler mit einem Partner kontrolliert (z.B. Kommunikationsagentur, Lieferant);
- **Social Touchpoints** sind unabhängige Informationspunkte wie andere Kunden, Freunde/Bekannte und sonstige (Social)Media-Inhalte.

Wahrgenommene **Customer Experience** wird definiert als ein multidimensionales Konstrukt, das sich auf die kognitive, emotionale, verhaltensbezogene, sensorische und soziale Reaktion eines Kunden auf die Angebote eines Unternehmens während der gesamten Customer Journey bezieht (Lemon/Verhoef 2016, S. 71).[1] Ein positives, einzigartiges oder konsistentes Kundenerlebnis entsteht vor allem durch direkte Kontakte (während des Kaufs) und indirekte Kontakte mit dem Offline-/Online-Händler (ungeplante Informationen durch Weiterempfehlungen, Kritiken etc.) und beeinflusst die Loyalität des Kunden zum Unternehmen sowie die Profitabilität der Kundenbeziehung. Abbildung 4.2 visualisiert die Entstehung der Customer Experience und zwar als Basis der **Customer Engagement-**Hierarchie. Im Mittelpunkt steht die Frage, inwieweit der Kunde sich mit dem Unternehmen verbunden fühlt, selbst den Kontakt mit einem Unternehmen initiiert bzw. sich für das Unternehmen engagiert. Als oberstes Ziel wird eine **Shared Retail Brand Identity** gesehen, basierend auf der Übereinstimmung des Selbstbildes der Kunden mit dem des Händlers. Dazu sind eine außergewöhnliche Experience sowie eine emotionale Verbindung durch gemeinsame Zielsetzungen und Werte erforderlich – also eine Übereinstimmung des Selbstkonzepts des Kunden mit der Markenpersönlichkeit des Händlers. Mit zunehmendem Engagement kann sich zwischen einem Kunden und dem Unternehmen eine starke, tief verbundene und bedeutungsvolle Beziehung entwickeln, die die Kunden zu Fürsprechern und Markenbotschaftern des Händlers machen. Händler fördern daher vermehrt die Word-of-Mouth-Kommunikation ihrer loyaleren Kunden, bei zudem bspw. die Preissensibilität deutlich niedriger ist.

Abbildung 4.2: Entstehung von Customer Experience und Customer Engagement

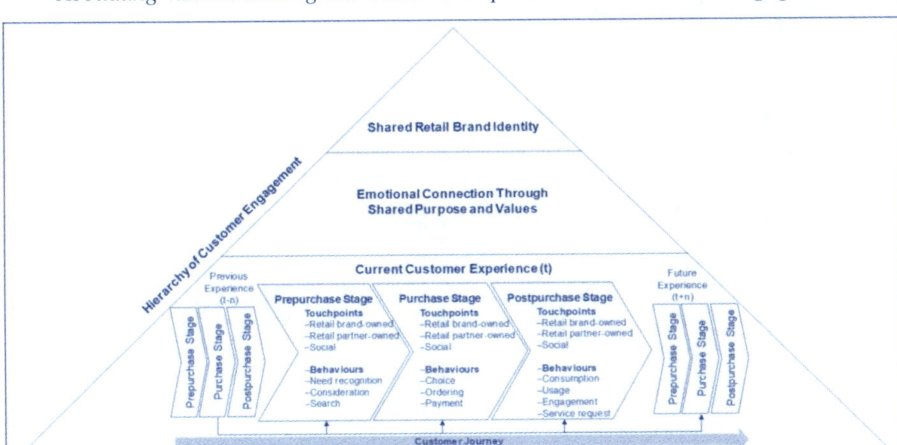

Quelle: i.A.a. Lemon/Verhoef 2016, S. 77; Grewal u.a. 2017, S. 56.

---

[1] Zur Messung von Customer Experience vgl. z.B. Bustamante/Rubio (2017), Kumar/Anjaly (2017), Mohd-Ramly/Omar (2017), Deshwal (2016), Stein/Ramaseshan (2016), Shilpa/Rajnish (2013).

Um die Bedeutung der Customer Experience in die Diskussion über Kundenbeziehungen einzuordnen zeigt Abb. 4.3 die historische Entwicklung der Forschungsbemühungen hierzu. Diese geht zurück auf die Entwicklung von Modellen im Käuferverhalten, die erstmals die Customer Experience und die Kaufentscheidung als Prozess betrachteten. Es folgen die Kundenzufriedenheit und -loyalität, die Servicequalität, diverse Customer Relationship Perspektiven und die Consumer Centricity. Diese sind weiterhin relevant und sogar – je nach Forschungsfrage – Komponenten der Customer Experience. Es kann zugleich argumentiert werden, dass Customer Experience die verbreiteten Konstrukte der Kundenzufriedenheit und -loyalität erweitert.

Abbildung 4.3: Die Wurzeln der Customer Experience bzw. des Customer Engagements

Time	Topic Area	Representative Articles*	Contribution to Customer Experience
1960s-1970s	Customer buying behavior: process models	Lavidge/Steiner (1961); Howard/Sheth (1969)	▪ Encompassed path to purchase ▪ Broad, experiential focus ▪ Conceptual linkage models ▪ Considered customer experience and customer decision making as a process
1970s	Customer satisfaction and loyalty	Oliver (1980); Zeithaml 1988; Bolton/Drew (1991); Gupta/Zeithaml (2006)	▪ Identified key metrics to begin to assess overall customer experience ▪ Empirical linkage models to identify key drivers ▪ Assessed and evaluated customer perceptions and attitudes about an experience
1980s	Service quality	Parasuraman/Zeithaml/Berry (1988); Bitner (1990,1992); Rust/Chung (2006); Bitner/Ostrom/Morgan (2008)	▪ Incorporated atmospherics and environment ▪ Early journey mapping through blueprinting ▪ Linked marketing and operations—focus on quality ▪ Identified the specific context and elements of the customer experience
1990s	Relationship marketing	Dwyer/Schurr/Oh (1987); Morgan/Hunt (1994); Berry (1995)	▪ Expanded to B2B contexts ▪ Identified key attitudinal drivers ▪ Broadened the scope of customer responses considered in the customer experience
2000s	Customer relationship management	Reinartz/Kumar (2000); Verhoef (2003); Bolton/ Lemon/Verhoef (2004); Rust, Lemon/Zeithaml (2004); Payne/Frow (2005); Kumar/Reinartz (2006); Neslin u.a. (2006); Kumar/Shah (2009)	▪ Enabled return-on-investment assessment ▪ Identification of key touch points and drivers ▪ Data driven ▪ Incorporated multichannel aspects ▪ Identified how specific elements of the customer experience influence each other and business outcomes
2000s-2010s	Customer centricity and customer focus	Sheth/Sisodia/Sharma (2000); Gulati/Oldroyd (2005); Shah u.a. (2006)	▪ Customer perspective throughout organization ▪ Embedded the customer and customer data deeper into the organization ▪ Focused on redesigning customer experience from customer perspective
2010s	Customer engagement	Libai u.a. (2010); Van Doorn u.a. (2010); Brodie u.a. (2011); Kumar/Peterson/Leone (2010); Kumar u.a. (2013); Hollebeek/Glynn/ Brodie (2014)	▪ Recognized value of no purchase interactions ▪ Incorporated positive and negative attitudes, emotions, and behaviors ▪ Conceptual platform to incorporate social media ▪ Clear recognized customer's role in the experience

Legende: * Diese ausgewählten Artikel sind nicht im Literaturverzeichnis angeführt.

Quelle: i.A.a. Lemon/Verhoef 2016, S. 75.

Das Entstehen der **Customer Experience** kann als dynamischer Prozess durch eine Vielzahl an Interaktionen zwischen einem Kunden und einem Händler in der Vorkauf-, Kauf- und Nachkaufphase gesehen werden. Sie wird durch die Wahrnehmung der Marketinginstrumente (z.B. Sortiment, Preis) in der Vergangenheit beeinflusst (siehe Abb. 4.4). Zudem spielt die Erfahrung mit anderen Unternehmen eine Rolle. Als Mediatoren gelten die Zufriedenheit (mit der Customer Experience), Emotional Connection und Shared Retail Brand Identity bzgl. des Kundenwerte bzw. die Profitabilität der Kundenbeziehung als resultierende Variablen (Moderatoren sind, z.B. Betriebstyp, Wettbewerbssituation, Motive).

Abbildung 4.4: Wirkung von Customer Experience und Customer Engagement

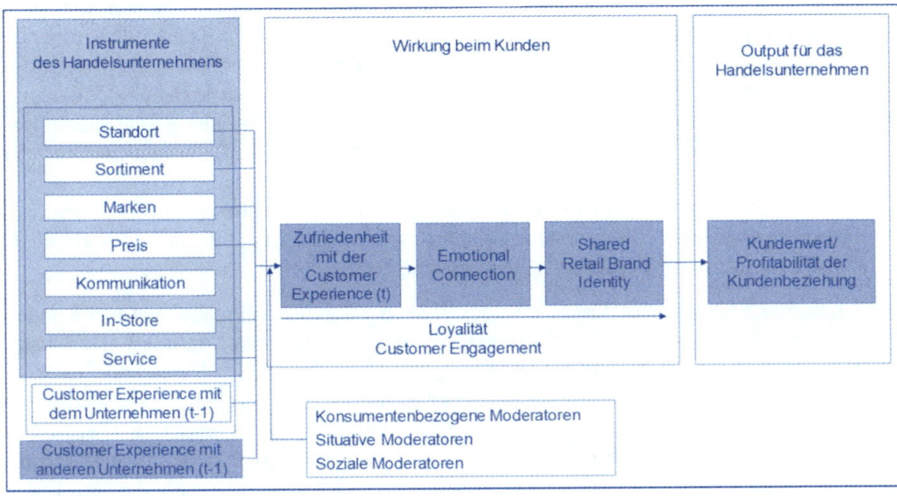

Quelle: i.A.a. Grewal u.a. 2017, S. 56, Verhoef u.a 2009, S. 32; Grewal/Levy/Kumar 2009, S. 2.

In früheren Publikationen werden die unabhängigen Variablen als Einflussfaktoren der Customer Experience modelliert, welche die Kundenzufriedenheit bedingen bzw. in weiterer Folge die Kundenloyalität und -wert (Grewal/Levy/Kumar 2009; Verhoef u.a. 2009). Dies unterstreicht die o.g. indirekte Wirkung des Marketing-Mix auf die Kundenloyalität.[1]

Am Ende der o.g. Wirkungskette steht für Händler eine profitable Kundenbeziehung bzw. ein erhöhter **Kunden-** bzw. **Kundenlebenswert** (**Customer Lifetime Value**). Als Kundenwert wird der vom Anbieter wahrgenommene, bewertete Beitrag eines Kunden bzw. eines gesamten Kundenstamms zur Erreichung der monetären und nicht-monetären Ziele des Anbieters verstanden. Aus der Sicht eines Handelsunternehmens bestimmen Transaktionspotenziale und Relationspotenziale den Kundenwert. Das **Transaktionspotenzial** bezieht sich auf das Potenzial, das ein Kunde aktuell und künftig im Rahmen einer Geschäftsbeziehung bietet. Neben dem Basisumsatz spielen Wachstumsmöglichkeiten und Kostensenkungspotenziale eine wichtige Rolle. **Relationspotenziale** setzen sich aus dem Referenz-, Informations- und Kooperationspotenzial eines Kunden zusammen. Vom Kundenwert aus Sicht des Händlers („**Value from the Customer**") ist der Kundenwert aus Kundensicht („**Value to the Customer**") zu unterscheiden. Letzterer setzt sich aus einer Reihe von Faktoren zusammen (Sweeney/Soutar 2001; Swoboda/Weindel/Hälsig 2016):

- emotionaler Wert, der auf Emotionen und Werte, die ein Händler vermittelt, basiert,
- sozialer Wert, der auf sozialer Anerkennung und dem Prestige basiert,
- funktionaler Wert, der sich auf das Preis-/Leistungs-Verhältnis, die wahrgenommene Qualität oder die Performance des Einkaufs stützt.

Der Fokus des **Customer Engagement Management** liegt darauf, ein Portfolio mit profitablen Kunden zu entwickeln und die Beziehung mit diesen zu stärken. Händler sollten dabei ermitteln, welche Absatzmengen bei diesen Kunden erzielt, wie deren Bedürfnisse erfüllt werden können bzw. auf welche Segmente der Fokus gelegt werden sollte. Von Seiten der Kunden zeigt sich Customer Engagement auf vier Arten (Kumar 2013, S. 14):

[1] Zur Kundenzufriedenheit und -loyalität vgl. Foscht/Swoboda/Schramm-Klein 2016, S. 241 ff..

- Kunden **kaufen** Leistungen des Händlers und tragen so zur Profitabilität bei; Umfang und Tiefe der gekauften Leistungen geben das Ausmaß des Customer Engagement wieder.
- Kunden **empfehlen** den Händler im Rahmen von Kunden-werben-Kunden-Programmen anderen potenziellen Kunden weiter. Kunden, die dies tun, sind mit den Leistungen des Händlers zufrieden und auch bereit, weiterhin seine Leistungen zu beziehen.
- Kunden **beeinflussen** andere bisherige oder potenzielle Kunden über Social-Media-Kanäle. Diese freiwillige Kaufempfehlung zeugt von einem hohen Customer Engagement und trägt durch die Gewinnung neuer Kunden zur Profitabilität bei.
- Kunden geben dem Händler **Feedback** über die Nutzung von Einkaufsstätten, Verbesserungsvorschläge oder Ideen für neue Leistungen. Diese Rückmeldungen sind wertvoll, da hieraus Wettbewerbsvorteile entstehen können.

Der **Customer Engagement Value**, also der Wert, der durch das Engagement von Kunden entsteht, kann über folgende Kennzahlen bestimmt werden: Customer Lifetime Value, Customer Referral Value, Customer Influence Value, Customer Knowledge Value und Customer Brand Value (Letzterer als einstellungsbezogene Kennzahl; siehe Abb. 4.5). Ausgangsbasis ist das idealtypisch interdependente Verhalten von Kunden und Unternehmen. So beeinflusst das Kaufverhalten die Marketingaktivitäten eines Unternehmens, die wiederum auf die Kundenwahrnehmung wirken. Letztere wird auch durch Aktivitäten von Wettbewerbern sowie durch Social Media-Kommunikation beeinflusst. Der **Customer Brand Value** ist schließlich jener Wert, den Kunden einer Marke auf Basis ihrer Wahrnehmung beimessen. Der **Customer Lifetime Value** spiegelt die tatsächlichen Käufe der Kunden wider und hat direkten Einfluss auf die Profitabilität des Unternehmens. Gleiches gilt für Customer Referral Value, Customer Influence Value und Customer Knowledge Value. Der **Customer Referral Value** misst den Wert, den ein Kunde durch Weiterempfehlung von Produkten oder Dienstleistungen generiert. Der **Customer Influence Value** misst Weiterempfehlungen außerhalb von unternehmensinduzierten Empfehlungsprogrammen z.B. in Form von Word-of-Mouth-Kommunikation oder Social Media-Kommunikation. Der **Customer Knowledge Value** misst jenen Wert, der durch die Kommunikation zwischen Kunde und Unternehmen im Rahmen von Feedback oder Verbesserungsvorschlägen entsteht (Kumar 2013, S. 20ff).

Abbildung 4.5: Kennzahlen zur Messung des Customer Engagements

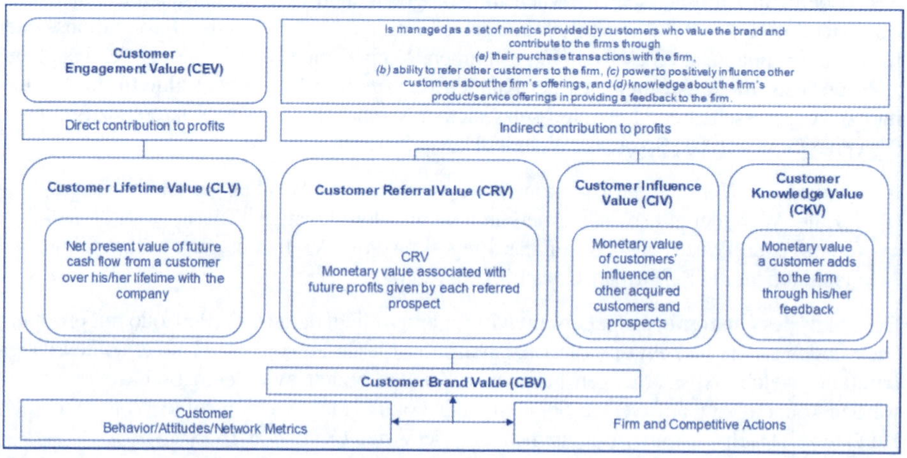

Quelle: i.A.a. Kumar 2013, S. 21.

Vor dem Hintergrund der Vielzahl an Touchpoints in der Customer Journey, die Auswirkungen auf das Kundenverhalten haben, ist es zentral, kritische Berührungspunkte (sog. **Moments of Truth**) zu identifizieren, die einen wesentlichen Einfluss auf die Customer Experience und das Customer Engagement haben (Lemon/Verhoef 2016, S. 82). Unternehmen sind daher im Rahmen des **Customer Experience Management** gefordert, die Integration zahlreicher Wertschöpfungsfunktionen, einschließlich IT, Logistik, Marketing, HRM und auch externer Partner zu vermitteln und voranzutreiben, um im besten Fall eine Shared Retail Brand Identity zu erreichen.[1]

Um Kunden zu gewinnen und zu binden, bilden eine starke Retail Brand in Kombination mit dem durch die Offline-/Online-Einkaufsstätten offerierten Mehrwert wichtige Größen (zur Retail Brand siehe Abschnitt B.IV. des Dritten Kapitels). Die **Retail Brand** wird als ein wichtiges intangibles Asset von Händlern angesehen, das nicht nur Einfluss auf die Zufriedenheit, Vertrauen oder Loyalität nimmt, sondern auch auf das Customer Engagement. Neben der Retail Brand ist der durch den Händler offerierte Mehrwert als Treiber relevant. Beim Customer Experience Management besteht dabei der Anspruch, über die absatzpolitischen Instrumente diverse Touchpoints des Kunden so zu gestalten, dass diese in der Customer Journey präferiert genutzt werden.

2. Interdependenz der Instrumente

Wie in Abschnitt B.IV. des Dritten Kapitels verdeutlicht, wirken die Marketinginstrumente auf die Retail Brand Equity, das Image bzw. die Nutzenwerte (Swoboda/Weindel/Hälsig 2016), wobei diese interdependent sind. Diese Interdependenz kann auch anhand strategischer Entscheidungen im Marketing-Mix verdeutlicht werden.

Eine zentrale Entscheidung umfasst die Frage, an welche Kunden das Handelsunternehmen mit seinen Sach- und Dienstleistungen herantreten will. Die Ausgestaltung der zielgruppenspezifischen Marketinginstrumente ist von zentraler Bedeutung, da sie die Effektivität des Instrumenteneinsatzes bedingt. Offensichtliche Interdependenzen bestehen zwischen den Instrumenten Sortiment und Handelsmarken und dem Preis (inkl. Preispromotions), v.a. im LEH. Hier wird die Positionierung oft auf dieser Basis erklärt, ergänzt um Convenience (siehe Abschnitt B.III.2. des Dritten Kapitels). Insofern werden insb. bei filialisierten Unternehmen des LEH oft der Standort-, die Store-Layout-Entscheidungen (als Aufgabe von Expansionsteams/-managern), das Angebot ergänzender Services und Kommunikations-Entscheidungen als isolierte, gleichwohl wettbewerbsstrategische und be-/vertriebstypenspezifische Entscheidungen gesehen. Bei führenden Discountern im LEH wie bspw. Aldi dominiert die Preispolitik. Der Preis ist das konstitutive Positionierungsmerkmal und beeinflusst daher nicht nur sämtliche Entscheidungen bzgl. der Effizienz im SCM und in den Führungsprozessen, sondern auch solche in anderen Marketinginstrumente (bspw. standardisierte Standort-, Store- und Service-Gestaltung beim begrenzten Sortiment). Bei anderen Be- und Vertriebstypen und auch anderen Wettbewerbsstrategien (so der Erlebnisstrategien) stehen demgegenüber andere Marketing-Mix-Instrumente im Vordergrund der Profilierung. **Interdependenzen** spielen vor allem im Multichannel- und Omnichannel-Handel eine entscheidende Rolle, da die Instrumente nicht nur für einen Kanal optimal eingesetzt, sondern auch über mehrere Kanäle hinweg koordiniert werden. Die Erfahrung zeigt, dass eine Abstimmung der Instrumente in einem Kanal – sei es offline oder online – schwierig ist. Wenn aber Entscheidungsoptionen und Gestaltungsalternativen über zwei oder mehr Kanäle hinweg berücksichtigt werden müssen, steigt die Komplexität und macht die Abstimmung schwieriger. Schließlich müssen

---

[1] Vgl. hierzu Abschnitt B.II. im Fünften Kapitel.

Händler versuchen, den Verbrauchern über all ihre Kanäle ein einheitliches Image zu bieten, um ein nahtloses Kundenerlebnis über alle Touchpoints hinweg zu ermöglichen. Dies ist aufgrund unterschiedlicher Wettbewerbssituationen selbst bei identischer Marketing-Mix-Gestaltung aus Sicht der Kunden keineswegs selbstverständlich (siehe zu Image- und Retail Brand-Unterschieden im Offline- und Online-Kanälen Abschnitt B.V.4. des Dritten Kapitels). Für die meisten Kunden spielt es keine Rolle, wie oder wo sie etwas kaufen, sie erwarten eine gleiche Erfahrung. In vielen Fällen nutzen die Kunden während des Kaufprozesses mehrere Kommunikations- und Vertriebskanäle (siehe Abschnitt B.IV. des Dritten Kapitels). Die Integration mehrerer Kanäle (**Channel Integration**) ist daher eines der Hauptthemen des Marketing von Multikanalunternehmen (siehe bzgl. der Offline- und Online-Kanäle Abschnitt B.IV.3. des Dritten Kapitels), zumal sie bei der Vorkauf-, Kauf-und Nachkaufphase zu gewährleisten ist. Analysen zeigen, dass Kunden häufig den Online-Kanal nutzen, um sich über Produkte, Preise und Liefermöglichkeiten zu informieren, d.h., sie bereiten Einkäufe oft online vor, tätigen diese aber offline (**ROPO,** Research Online, Purchase Offline, bzw. **Webrooming**). Aber auch das Gegenteil ist zu beobachten: Kunden besuchen stationäre Händler, um sich zu informieren, bevor sie online einkaufen (**Showrooming**). Angesichts dieser Verhaltensweisen wird pauschal angenommen, dass Omnichannel-Händler ein konsistentes Markenimage in allen Kanälen zu bieten haben, was aufgrund der unterschiedlichen Marktsituation (Wettbewerbssituation und Kundenwahrnehmung; bspw. Dominanz von Amazon online aber nicht offline) schwierig ist. In diesem Kapitel kommt es jedoch drauf an, welche Marketing-Mix-Instrumente wie offline, online und omnichannel strategisch zu gestalten und zu koordinieren sind. Auch dies ist insofern herausfordernd, weil

- zwar die gleichen sieben Offline- und Online-Instrumente unterschieden werden können, jedoch die Einzelmaßnahmen und deren Ausgestaltung offline und online per se differieren. So sind Lieferservice oder Website-Convenience bspw. online relevant, während es offline eher Beratungsservices und Storelayout sind.
- Aus Kundensicht werden die Instrumente offline, online und omnichannel unterschiedlich bzgl. ihrer Bedeutung gewichtet und sicherlich auch im jeweiligen Wettbewerbskontext unterschiedlich wahrgenommen.
- Aus Unternehmenssicht ist heute die Präsenz in diversen Kanälen keine Frage mehr, aber inwiefern der spezifische Marketing-Mix-Instrumenteneinsatz in den einzelnen Kanälen wirtschaftlich, erfolgsrelevant oder effektiv gestaltet werden soll, ist eine in wissenschaftlichen Handelsstudien bisher unbeantwortete Frage. Ebenso ist es hochrelevant, aber bisher offen, inwiefern Omnichannel-Händler Effizienz- und Effektivitätsvorteile aus dem imageorientierten Einsatz der Marketing-Mix-Instrumente in der Consumer Journey realisieren können.

Vor diesem Hintergrund werden in den folgenden Abschnitten dieses Kapitels die einzelnen Instrumente hinsichtlich ihrer Ziele und Entscheidungsoptionen, möglicher strategischer Gestaltungsalternativen und Instrumente sowie Spezifika im Offline-/Online-Handel betrachtet.

B. Standortmanagement

I. Grundlagen und Bedeutung

Die Wahl des Standortes ist für den stationären Einzelhandel eine der Kernentscheidungen, da davon der Zugang zu potenziellen Kunden, die Nähe zur Konkurrenz oder die zur Verfügung stehende Infrastruktur abhängt. Im Blickpunkt stehen die Fragen nach dem erzielbaren Umsatz, den zu erwartenden Kosten und dem am Standort realisierbaren Leistungsangebot (Berman/Evans 2013, S. 257f.), nicht zuletzt um dem Kunden die bestmögliche Customer

Experience bieten zu können. Auf Grund der Vielzahl an Einflussfaktoren und der langfristigen Auswirkungen – v.a. stationäre Standorte können nicht nach Belieben aufgelöst und neu errichtet werden – sind Standortentscheidungen i.d.R. strategisch und komplex.

Die **Standortpolitik** ist ein wichtiger Teil der Absatzpolitik und bezieht sich auf die marktorientierte Wahl des Ortes, an dem Handelsunternehmen Ressourcen einsetzen, um Leistungen für ihre Kunden zu erbringen, aber auch auf die Steuerung des Ladennetzwerkes.

Standortentscheidungen unterliegen Entwicklungen bzw. Trends, die sich bspw. wie folgt für den deutschsprachigen Raum charakterisieren lassen:

- **Dominanz der Stadtkerne und der Wohngebietslagen**: Die Nachkriegszeit war geprägt durch den Facheinzelhandel, das Aufkommen von Kauf-/Warenhäusern und von ersten Selbstbedienungsläden.
- **Drang zur Grünen Wiese**: Verbrauchermärkte, die außerhalb der Städte auf Autokunden angewiesen waren und das Aufkommen von Einkaufszentren prägten die 1960er Jahre.
- **Reaktivierung der Innenstädte**: Mit dem Slogan „Rettet die City" in den 1980er Jahren entstand eine Bewegung mit diversen Maßnahmen zur Steigerung der Attraktivität der Innenstädte, wie die Errichtung von Fußgängerzonen, Einkaufszentren, Passagen etc.
- **Neue Grüne Wiese**: Der Anfang der 1990er Jahre war durch das Aufkommen von Mega Malls geprägt (z.B. West Edmonton Mall mit 470.000 qm, Mall of America mit 390.000 qm, CentrO in Oberhausen als erste Mega Mall in Deutschland).
- **Comeback der Innenstädte**: In weiterer Folge war ein Comeback der Innenstädte festzustellen. Bahnhöfe begannen sich zu „Konsumtempeln" zu wandeln; in Innenstädten entstanden neue Erlebnis-, Handels- und Dienstleistungszentren.
- **Online-Handel**: Seit den 2000er Jahren nimmt der Online-Handel (nach der Dotcom-Blase) zu. Als Folge sind u.a. freie Handelsflächen und Malls zu beobachten.
- **Omnichannel-Handel**: Ab 2010 begann eine verstärkte Ausrichtung von Online-Shops auf mobile Endgeräte und der Offline- und Online-Handel integrierte neben dem Smartphone auch andere Kanäle, was zu Multi- bzw. Omnichannel-Konzepten i.S.v. „Everywhere-Commerce" führte. Kunden nutzen parallelen mehrerer Kanäle.

Abbildung 4.6: Systematisierung von Standorttypen

	Standorttyp 1	Standorttyp 2	Standorttyp 3
Deutschsprachige Literatur	Integrierter Standort, Nahversorgungsbetrieb, wohnorientierter, haushaltsnaher Standort	City-Standort, agglomerationsorientierter, konkurrenzorientierter, passantenorientierter Standort	Verkehrsorientierter Standort, autogerechter Standort, nicht-integrierter Standort
Englischsprachige Literatur	Unplanned Cluster, unplanned and central Business District, urban Shopping District	Planned Cluster, planned Shopping Centers, Shopping Centers	Isolated Location/Site, freestanding Stores/Sites

Quelle: i.A.a. Berman/Evans 2013, S. 282ff.; Levy/Weitz/Grewal 2014, S. 184ff.

Bei Internet-basierten Angeboten rückt ein realer Standort des Unternehmens zunächst in den Hintergrund, während die Auffindbarkeit im Internet (bspw. **Suchmaschinen-Marketing**) als Standortentscheidung an Bedeutung gewinnt. Beim **Omnichannel-Handel** ist dies aufgrund der Integration anders, weil. stationäre Filialen als Schauräume oder Abholorte für Kunden ebenso bedeutend sind, wie unterschiedliche Online-Kanäle als Informations- und Erlebnisquelle. Deren Vernetzung in der Customer Journey bildet eine Herausforderung. Angesichts der ggw. Marktanteile bzw. der Bedeutung sind Offline-Standorte primär relevant. Je nach Standort-Typ variieren die prinzipiellen strategisch möglichen Aktivitäten im Omnichannel-Handel.

So ist Click & Collect in City-Standorten – im Vergleich zu nachversorgungs- oder verkehrsorientierten Standorten – eher schwierig vorstellbar. Demgegenüber bietet ein City-Standort ggf. eine Sofortverfügbarkeit der Artikel – die online entdeckt wurden – und v.a. eine Kombination von Angeboten/Einkäufen in diversen Geschäften sowie weitergehenden Dienstleistungen.

Abbildung. 4.6 zeigt **drei typische Standort-Basistypen**. Jeder dieser Standorttypen weist in Bezug auf Kosten, Attraktionen für Kunden, Konkurrenzdichte, Infrastruktur usw. gewisse Vor- und Nachteile auf (Dunne/Lusch/Carver2014, S. 263ff.). Weitere Typologisierungen berücksichtigen u.a. Betriebstypen, da die Standortwahl je Betriebstyp differiert. So werden für Fachgeschäfte sowohl Innenstadtlagen als auch Lagen auf der Grünen Wiese (Agglomerationseffekte), für Convenience Shops eher Standorte mit hohem Passantenaufkommen bevorzugt (siehe Abb. 4.7).

Abbildung 4.7: Standort-, Betriebstypen und Güterarten

Standorttyp	Häufig bevorzugt von	Bevorzugte Güterarten
In großer räumlicher Nähe zu den Wohnorten der Haushalte, die als Kunden gewonnen werden sollen	Nachbarschaftsgeschäften, Lebensmittelfilialbetrieben	Regelmäßig anfallender Bedarf geplante, routinierte Einkäufe, Einkäufe, die zu Fuß erledigt werden
In großer räumlicher Nähe zu Konkurrenzbetrieben	Fachgeschäften (z.B. Möbelhandlungen)	Güter, deren Beschaffung eingehende Informationssuche erfordert
In großer räumlicher Nähe zu Betrieben mit ergänzendem Sortiment	Fachgeschäften, Shopping Center	z.B. Textilien und Schuhe
In großer räumlicher Nähe zu Passantenströmen	Relativ kleinen Geschäften	Güter mit hohem Impulskaufanteil
Verkehrsgünstig gelegen	Geschäften mit großem Flächenbedarf (z.B. Verbrauchermärkte)	Güter mit hohem Flächenbedarf, Ergänzungsbedarf

Quelle: i.A.a. Müller-Hagedorn/Natter 2011, S. 163.

Bei allen Typologien handelt es sich um Vereinfachungen, da es nicht sinnvoll ist, die Vorteilhaftigkeit eines Standortes für einen bestimmten Handelsbetrieb lediglich an einem Merkmal festzumachen.[1] Im Rahmen der Standortwahl für stationäre Handelsunternehmen oder Omnichannel-Unternehmen sind zahlreiche Entscheidungen und Determinanten relevant, die nachfolgend betrachtet werden. So kommt es bspw. vor allem im LEH darauf an, flächendeckend vertreten zu sein.

Spar Österreich: Erfolgreich in allen Lagen

Die Spar Österreich-Gruppe ist im Bereich LEH in Österreich mit verschiedenen Betriebstypen in unterschiedlichen Lagen vertreten. So gab es 2017 bereits 1.151 Spar-Supermärkte, 53 Spar-Gourmet-Märkte, 189 Eurospar-Märkte, 72 Interspar-Hypermärkte, sieben Maximärkte, 80 Gastronomiebetriebe und 95 Spar express Tankstellenshops (siehe Abb. 4.8). Spar-Supermärkte, mit einer Verkaufsfläche von bis zu 1.000 qm dienen der Nahversorgung in beinahe allen Lagen (Stadt, Stadtrand, Land, Bahnhöfe usw.).

Bei Spar-Gourmet-Märkten handelt es sich um feinkostorientierte Märkte in Innenstadtlagen. Eurospar-Märkte haben eine Verkaufsfläche von 1.000-2.000 qm, Interspar-Hypermärkte. 500 - 5.000 qm. Beide bieten Food- und Non-Food-Produkte an und finden sich zumeist in größeren Einkaufszentren oder Fachmarktagglomerationen.

[1] Hiervon abzugrenzen sind weitere Standortentscheidungen, bspw. im SCM bzw. bei Lagerhausstandorten im Hinblick auf den Service für Filialen und Verbraucher (siehe hierzu das Fünfte Kapitel).

Abbildung 4.8: Spar Markt, Spar Gourmet Markt, Eurospar und Interspar

In jüngster Zeit setzt Spar auf neue Betriebstypen und Standorte. Neben den sog. Maximärkten in Oberösterreich und Salzburg mit einer Verkaufsfläche von 5.000 qm bis 6.000 qm eröffnet Spar vermehrt express Shops an österreichischen Tankstellen bzw. auch an Flughäfen. Geboten werden dabei eine 7-Tage-Öffnungszeit sowie günstigere Preise als bei herkömmlichen Tankstellenshops. Ferner hat Spar acht hauseigene Bäckereien in Interspar-Märkte integriert. Diese Interspar Backstuben bieten eine reichhaltige Auswahl an frischen Backwaren, wobei die Öfen und Gärschränke im Sinne einer ansprechenden Backstuben-Atmosphäre direkt hinter der Verkaufstheke platziert sind. Online erweitert Spar seinen Shop interspar.at um das größte Lebensmittelsortiment Österreichs anbieten zu können (rd. 20.000 Artikel).

Quelle: www.spar.at, 6. Juli 2018.

Nachfolgend steht die Wahl von Standorten im Mittelpunkt. Nach der Darstellung der Ziele und Entscheidungsoptionen der Standortpolitik werden Letztere im stationären Einzelhandel und im Distanzhandel (Online bzw. Omnichannel) betrachtet, während auf die Standortentscheidung spezifischer Be- und Vertriebstypen nicht eingegangen werden kann.

II. Ziele und Entscheidungsoptionen

Aus strategischer Sicht liegen die Ziele der Standortpolitik auf der Unternehmensebene und der lokalen Standortebene. Bei Filialsystemen kommt es auf ein profitables Portfolio an Geschäften an, während aus lokaler Sicht die Wahl eines möglichst profitablen Standortes vordringlich ist. Letztere steht im Vordergrund der meisten Studien zum Standort, wobei davon ausgegangen wird, dass ein Händler bereits vor der Standortplanung weiß, wie viel Umsatz eine einzelne Filiale erreichen muss und wie viele Kunden im Einzugsbereich hierfür notwendig sind. Aus Kundensicht ist die Attraktivität der Standorte, z.B. die schnelle und bequeme Erreichbarkeit von Standorten auf der grünen Wiese im LEH oder die Nähe zu anderen Anbietern in der City bei Fashion, entscheidend.

Im Rahmen von **Portfoliostrategien** von Standorten liegen spezifische Ziele vor: so die Notwendigkeit der flächendeckenden Präsenz im LEH vs. Verzicht auf unprofitable Standorte (zur Filialisierung Abschnitt C.II.3 des Dritten Kapitels). Als spezifische Ziele der Standortwahl, i.S. der Errichtung eines neuen Standortes, werden allgemein die Präsenz in einem bestimmten Marktgebiet oder die Erschließung neuer Marktgebiete genannt, wobei vorranging Rentabilitätsüberlegungen, z.B. der erzielbare Umsatz oder die zu erwartenden Kosten, entscheidend sind. In diesem Kontext führen Barth/Hartmann/Schröder (2015, S. 55) v.a. absatz- und kostenorientierte Überlegungen im Vorfeld der Standortwahl an:

- Bei der **Absatzorientierung** wird die (optimale) Nähe zum Kunden gesucht, wobei zwei Standortalternativen denkbar sind. Zum einen kann eine hohe Passantendichte ausgenutzt werden, indem die Innenstadt bzw. City-Lagen als Betriebsstätten gewählt werden. Zum anderen können Wohngebiete als Standort gewählt werden. Die Absatzorientierung wird v.a. von Fachgeschäften oder Nachbarschaftsläden gewählt.
- Die **Kostenorientierung** ist Ausdruck des Ziels einer Minimierung der Raumkosten, um u.a. eine akquisitorisch wirksame Preispolitik umsetzen zu können. Hierbei erfolgt eine Wahl solcher Standorte, die sich durch niedrige Standortkosten auszeichnen. Dabei werden häufig Peripherielagen mit guter Verkehrsanbindung gewählt, wobei hier neben gesetzlichen Bestimmungen, üblicherweise vorliegender Raumplanungs- und Einzelhandelskonzepte von Städten und auch Kannibalisierung und Transfereffekte mit bestehenden Handelsstrukturen zu beachten sind. Eine solche Standortpolitik wird häufig von Verbrauchermärkten, SB-Warenhäusern u.a. großflächigen Betrieben angewandt.

Die Ausführungen deuten einige Entscheidungsoptionen an, wobei grundsätzlich vorab zu überlegen ist, wie und wo die Zielkunden am besten zu erreichen sind.[1] Anlässe für die Wahl von Standorten, sind in Abb. 4.9 dargestellt – sie bestimmen die Standortplanung.

Abbildung 4.9: Ausgewählte Anlässe für Standortentscheidungen

Anlass	Beispiel
Neugründung	■ Aufbau eines Ladenlokals an einem neuen Standort ■ Aufbau eines Ladenlokals in einem bestehenden Umfeld, Ladenübernahme, Anmietung in einem Shopping-Center
Akquisition	■ Übernahme eines Unternehmens und Adaption der Standorte
Umsiedlung	■ Verlagerung eines Standortes (ohne Veränderung der Betriebsgröße) ■ Erweiternde Verlagerung des Standortes (mit Veränderungen, z.B. größere Parkplätze)
Differenzierung	■ Räumliche Aufspaltung der Lagen, z.B. Einzelhandelsläden, Lager für Zustellgeschäft, C&C-Markt an verschiedenen Standorten (funktional) ■ Auslagerung von Sortimenten eines Warenhauses in spezielle Sportgeschäfte und Möbelhäuser (sortimentsbezogen)

Die **wohnortorientierte** und **passantenorientierte Standortwahl** haben gemein, dass ein Händler sich an der Kundenfrequenz ausrichtet, sei es beim Standort in der Nähe der Wohnorte potenzieller Konsumenten oder einem Standort in einer Fußgängerzone oder einem Shopping Center. Bei der konkreten Entscheidung sind dabei neben der Anzahl der Einwohner oder bspw. der Frequenz in einer Woche auch die Konkurrenzsituation, oder die Position des Shopping Centers entscheidend.

Die **verkehrsorientierte** oder **agglomerationsorientierte Standortwahl** zeichnen sich dadurch aus, dass der Händler selbst „Consumer Trafic" schafft, sei es als solitäres Ladenlokal in verkehrsgünstige Lage an einem mit entsprechenden Parkplätzen versehenen Standort (z.B. typisch für Discounter) oder in räumlicher Nähe zu anderen Handelsbetrieben, um somit von einem erhöhten Kundenzustrom zu profitieren. Derartige **Agglomerationen** sind bspw. sog. Power Center. Ein Mix an Händlern aus diversen Branchen steigert für die Kunden die

[1] Diese Frage ist auf den Standort zu beziehen und nicht z.B. auf die Wahl der Vertriebswege (z.B. stationär vs. elektronisch), da Letzteres über die Standortentscheidung hinausgeht.

Attraktivität eines Standortes. Solche Agglomerationen bieten die Möglichkeit, eine Vielzahl an Einkäufen bzw. sonstigen Erledigungen (z.B. Friseur- oder Kaffeehausbesuch) an einem Ort durchzuführen (i.S.v. **One-Stop-Shopping** und **Multipurpose Shopping** verschiedene Angebote/Spezialisten unter einem Dach oder nebeneinander).

Händler tendieren umso eher zur Ansiedlung in einer Agglomeration, je eher sie ihr Sortiment von jenem der Konkurrenz differenzieren können. Ändert sich allerdings bspw. in einer Agglomeration oder einem Einkaufszentrum der Mieter-Mix (z.B. Kündigung relevanter Ankergeschäften, Hinzukommen neuer Betriebstypen usw.), so kann dies einen Kundenschwund und Umsatzrückgänge auch für den einzelnen Händler zur Folge haben. Das Centermanagement hat also die strategische Aufgabe, den Mieter-Mix gemäß der angestrebten Positionierung des Centers auszuwählen. Nachfolgend liegt der Fokus auf den Aspekten der Standortwahl im stationären Einzelhandel. In weiterer Folge werden spezifische Standortentscheidungsoptionen im Online-Einzelhandel gesondert behandelt (vgl. Abb. 4.10).

Abbildung 4.10: Optionen des Standortmanagements im Handel

	Bereich	Teilbereich	Konkrete Aspekte
Stationärer Standort	Schritte der Standortwahl	Ort	Greenfield Investments" vs. „Brownfield Investments"
		Standort-analyse	Planungsprozess Investitionsrechnung
	Bestimmungs-faktoren der Standortwahl	Rechtliche Faktoren	Durchführung einer Umweltverträglichkeitsprüfung, Beachtung der gesetzlichen Bauvorschriften, Größenbeschränkungen für Einkaufszentren bzw. Verkaufsflächen
		Quantitative und qualitative Faktoren	Standortanalyse bzgl. Kosten, Marktpotenzial, Kaufkraft, Entfernung zu Konkurrenz/Lieferanten, sowie Standortimage, -attraktivität, -erreichbarkeit und -sichtbarkeit, Demografie der Wohnbevölkerung, Infrastruktur, gesamtwirtschaftliche Situation usw.
	Traditionelle Methoden und Modelle der Standort-planung	Zeitdistanzmo-delle	Wieweit reicht das Einzugsgebiet unter Annahme einer bestimmten Anfahrts- bzw. Gehzeit zum Standort?
		Gravitations-modelle	Huff-Methode: Der Grad an Interaktion zwischen Konsument und Unternehmen nimmt mit der Entfernung ab.
		Modelle der Einkaufsstät-tenforschung	Merkmale aus Schicht der Kunden: Standort-Convenience, Produkte, Entfernung, Preis, Nutzen oder Branchenunterschiede
		Storeloc-Mo-dell	Einbindung betriebswirtschaftlicher Daten zur Schätzung des potenzielle Marktanteil am neuen Standort geschätzt.
	Standort-planung mit GIS	Geografische Informations-systeme	Kombination von geografischen Informationen sowie ökonomischen und sozio-demografischen Daten zur Erstellung von bspw. Kaufkraftlandkarten zur Standortplanung.
	Wirkungen auf das Kaufverhalten	Standortana-lyse aus Kun-densicht	Wahrnehmung von Standortkomponenten durch die Kunden, Beurteilung der Erreichbarkeit, Motive für den Einkauf, Gründe für Einkaufsstättenwahl und -loyalität.
Online Standort	Spezifika im On-line- und Omni-channel-Handel	Nutzung und Arten virtueller Standorte	Von Stufe 0 (keine Internetnutzung) bis Stufe 3 (Online-Shop), von Prospekt-Website bis hin zu vollständig mit Herstellern integriertem Online-Shop.
		Auffindbarkeit	Suchmaschinenoptimierung, Listung des Online-Shops in Portalen, Präsenz in Sozialen Netzwerken
		Omnichannel	Verzahnung offline/online zur konsistenten Bedienung der Kunden über Touchpoints hinweg.

III. Standortwahl und -wirkung im stationären Handel

1. Schritte einer Standortanalyse

Im Rahmen der Standortwahl lassen sich die Neu-Errichtung eines Geschäftes – sog. „**Greenfield Investments**“ – und „**Brownfield Investments**“, d.h. Übernahmen vorhandener Gebäude bzw. Flächen, die dann i.d.R. umgebaut oder einer anderen Nutzung zugeführt werden, unterscheiden.[1] Typische Phasen und damit Entscheidungen im Fall eines Greenfield Investments sind (Berman/Evans 2013, S. 258ff. u. 292ff.; Dunne/Lusch/Carver 2014, S. 258ff.; Levy/Weitz/Grewal 2014, S. 208ff.):

- **Market Selection**: die Wahl des Absatzgebietes (Makroanalyse), z.B. eines internationalen Ländermarktes oder einer neuen Region, auf Basis diverser ökonomischer, demografischer und sozio-kultureller Faktoren.
- **Area Analysis**: die Suche des geografischen Ortes innerhalb der Region (Mikroanalyse mit Einzugsgebietsabgrenzung usw.).
- **Site Evaluation**: die punktuelle Analyse des spezifischen Standorts.
- die **Flächenplanung**: z.B. Verkaufsfläche, Lager-, Büro-, Nebenräume, Parkplätze.

Im Fall der Brownfield Investments sind die „Market Selection“ und die „Area Analysis“ Bestandteil der Investitionsentscheidung.

Die Wahl eines Standorts ist ein mehrstufiger Prozess, währenddessen potenzielle Standorte gesucht, gefundene Standorte zunächst grob bewertet, vorselektiert und detailliert analysiert werden. Abbildung 4.11 stellt die unterschiedlichen Phasen einer **Standortanalyse** idealtypisch und beispielhaft für den LEH dar.

Abbildung 4.11: Analysephasen der Standortplanung

Phasen	Ausgewählte Aspekte
Grobanalyse	▪ Verteilung der Bevölkerung ▪ Herkunft der Kunden ▪ Anzahl der Kunden pro Haushalt ▪ Höhe der Kaufkraft
Detailanalyse	▪ Wettbewerb vor Ort ▪ Standorte der Konkurrenz im Vergleich zu den eigenen Filialen ▪ Anzahl der Haushalte innerhalb einer bestimmten Entfernung/Fahrzeit vom Standort ▪ Durchschnittliche Entfernung/Fahrzeit der Kunden zum eigenen Standort bzw. zu jenem der Konkurrenz ▪ Lage attraktiver Einkaufsstraßen bzw. attraktiver Standorte
Feinanalyse	▪ Lage von feinräumig differenzierten Potenzialgebieten ▪ Beurteilung der Lage der Immobilie und der Immobilie an sich ▪ Feinräumige Gesamtbetrachtung der eigenen Filialen und jener der Konkurrenz ▪ Investintionsbewertung

Quelle: i.A.a. Müller-Hagedorn/Natter 2011, S. 173.

Am Ende der Feinanalyse steht die **Investitionsrechnung**, in deren Rahmen die Güte eines Standortes im Hinblick auf rentabilitätsbezogene Erfolgskriterien bewertet wird. Bei Filialunternehmen im LEH – wie Discountern, Supermärkten oder SB-Warenhäusern – sind bspw. die Kosten des Aufbaus eines neuen Standortes bekannt (bspw. Grundstückserwerb, Bau der i.d.R. standardisierten Immobilie und Infrastrukturinvestitionen in Parkplätze und Zufahrtsstraßen, In-Store-Infrastruktur und Erstausstattung mit Artikeln). Ähnlich ist es bei Franchisesystemen auf der grünen Wiese, während bei anderen Standorten anstatt des Neubaus v.a.

---

[1] Dies ist von Akquisitionen ganzer Unternehmen abzugrenzen (siehe Abschnitt C.II. des Dritten Kapitels).

die Mietkosten zu berücksichtigen sind. Problematischer erscheint die Ermittlung der standortspezifischen Einnahmen. Allerdings verfügen Unternehmen über Erfahrungen bzgl. notwendiger Einzugsbereiche (bspw. 17.000-20.000 Einwohner für einen wirtschaftlich agierenden Discounter wie Aldi oder Lidl) oder bzgl. der Einkommensniveaus im Einzugsbereich (oft bei Supermärkten relevant). Die Höhe bspw. eines Kalkulationszinsfußes kann abgeschätzt werden, da die standortspezifischen Zahlungsströme ex ante nur schwierig exakt zu erfassen sind. Bei angemieteten Flächen in Innenstädten sind Passantenströme und -einkommensniveaus abzuschätzen. Dies erfolgt bei Shopping Centern durch den Betreiber und für einen Händler sind eher die Positionierung und das Mieter-Mix relevant. Feinräumige Betrachtungen und v.a. Kanalisierungen zwischen Filialen und im Intra-/Interbetriebstypenwettbewerb sind vor der Investitionsbewertung wichtig.

Obi: Franchisesystem und größter Baumarkt in Deutschland

Die Baumarktbranche ist seit der Praktiker-Insolvenz im Jahr 2013 (und der Baumaxx-Filialübernahme in Österreich) in Bewegung. In den letzten drei Jahren wurden rund rd. 120 Bau- und Heimwerkermärkte mit Gartencenter sowie 22 Baumärkte gegründet, je fast die gleiche Anzahl umgebaut/erweitert und zugleich geschlossen. Obi, Bauhaus und Hornbach sind führend. Obi realisiert einen Umsatz von 6,2 Mrd. EUR in 655 Märkten mit einem Sortiment von über 130.000 Artikeln. Bei der Planung der Franchisestandorte wird – neben den o.g. Aspekten – auf Überlappungen/Kanalisierungen im Einzugsbereich eines jeweiligen Marktes geachtet. Dieser Logik folgend weiß die Obi-Zentrale in Wermelskirchen heute bereits, wieviele Obi-Märkte in Deutschland überhaupt möglich sind und ob weiteres Wachstum nur noch im Ausland bspw. möglich ist (siehe zur Internationalisierung Abschnitt C.III. des Dritten Kapitels).

Abbildung 4.12: Ladennetz von Obi und Wettbewerbsunterschiede in zwei Städten

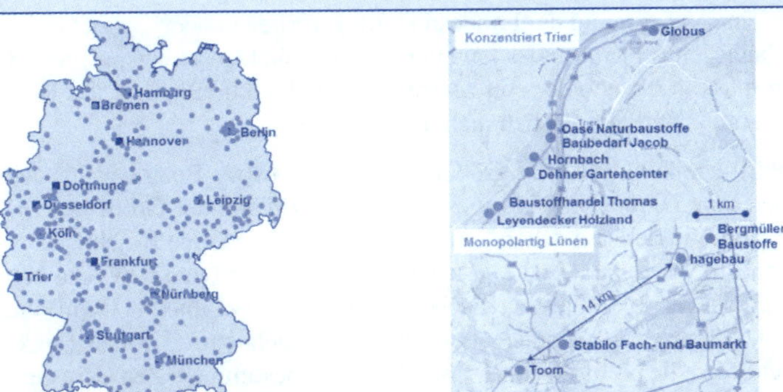

Nicht alle Standorte haben jedoch objektiv und subjektiv aus Kundensicht die gleiche Attraktivität, Erreichbarkeit oder allgemeiner Standortconvenience. Zudem ist der Wettbewerb an jedem Standort unterschiedlich (rechts in Abb. 4.12 sind zwei mittelgroßen deutsche Städte abgebildet), was dazu führt, dass die Retail Brand an Bedeutung gewinnt (bspw. bei kurzer räumlicher Distanz zu einem Konkurrenten oder bei vielen Konkurrenten an einem Standort) und der Standort an Bedeutung verliert. In Trier bspw. sind diverse Anbieter mit baumarkähnlichen Sortimenten gebündelt, sodass die Standortconvenience groß ist, aber für die Wahl eines der Anbieter letztlich nicht der Standort, sondern die Retail Brand entscheidend ist.

Quelle: www.obi.de; maps.google.de, 6. Juli 2018.

2. Bestimmungsfaktoren der Standortwahl

Für die Standortwahl ist u.a. der maximal erzielbare Umsatz ein wichtiges Entscheidungskriterium. Dabei steht die Frage im Mittelpunkt, wie weit das Gebiet reicht, aus dem der Händler

Kunden gewinnen kann. Im Einzelnen sind bei der Festlegung des **Einzugsgebietes** u.a. folgende Fragen zu beantworten (Müller-Hagedorn/Natter 2011, S. 176):

- Aus welchen Entfernungen besuchen potenzielle Kunden die Einkaufsstätte?
- Welche Rolle spielen dabei Faktoren wie Infrastruktur, Verkehrsanbindung, Mobilität der Konsumenten und Anzahl branchengleicher Konkurrenten?
- Inwieweit bedingen Sortimentscharakteristika (Breite, Tiefe, Kategorien) und Einkaufsstättenattraktivität die Kundenbereitschaft, größere Entfernungen in Kauf zu nehmen?

Dementsprechend sind im Rahmen der Standortwahl eine Reihe von Bestimmungsfaktoren relevant. Diese gliedern sich in allgemeine, das gesamte Unternehmung betreffende (siehe die Standortlagen und -typen in Abschnitt B.I. in diesem Kapitel) und spezifische Bestimmungfaktoren. Letztere werden nachfolgend thematisiert.

Rechtliche Bestimmungsfaktoren

Im Rahmen der Standortplanung sind eine Reihe von **Gesetzen** und Verordnungen zu berücksichtigen.[1] Vor Inangriffnahme eines neuen Bauvorhabens bestimmter Größe ist bspw. eine Umweltverträglichkeitsprüfung vorgesehen, in deren Verlauf evtl. Auswirkungen dieses Bauvorhabens auf die physische/natürliche und soziale Umwelt geprüft und bewertet werden. Zusätzlich liegen bestimmte **Bauvorschriften** vor, die v.a. im Rahmen der Planung von Großbetriebstypen von großer Relevanz sind. Diesbezügliche Bestimmungen können von Land zu Land und von Bundesland zu Bundesland unterschiedlich sein. In Österreich und spezifischer im Bundesland Steiermark gelten bspw. folgende Vorschriften zur Errichtung bzw. Veränderung von Einkaufszentren:[2]

- Es muss eine Verordnung der Landesregierung vorliegen oder
- das Einkaufszentrum muss der jeweiligen Gebietskategorie entsprechen, das Einkaufszentrum muss in Gemeinden mit zentralörtlicher Funktion liegen, das Einkaufszentrum darf bestimmte Verkaufsflächen nicht überschreiten.

Eine zentralörtliche Funktion wird größeren Orten wie bspw. Bezirkshauptstädten (mit Einwohnerzahlen von 5.000- 25.000) zugeschrieben. Bezüglich der Größe der zulässigen Verkaufsfläche gibt es in der steirischen Landeshauptstadt Graz keine Beschränkung (LEH max. 5.000 qm) und für regionale Städte je nach deren zentraler Lage bzw. Einwohnerzahl eine Beschränkung der Verkaufsfläche zwischen 2.000 qm (LEH max. 800 qm) und 20.000 qm (LEH max. 4.000 qm). Es existieren aber – wie hervorgehoben – oftmals Einzelhandelskonzepte in einer Stadt, die politisch abgestimmt für einen bestimmten Zeitraum gelten und bspw. dem Schutz der Innenstadt oder des mittelständischen Einzelhandels dienen können.

Quantitative und qualitative Bestimmungsfaktoren

Zu den **quantitativen Standortfaktoren** zählen etwa die Betriebsfläche, die Kosten, das Marktpotenzial, die Kaufkraft und die Entfernung zu Lieferanten und Konkurrenten. **Qualitative Faktoren** umfassen das Image eines Standortes bzw. die Einkaufsstättenattraktivität, die Erreichbarkeit und Sichtbarkeit des Standortes, die kommunale Verwaltung usw. Da diese im Handel den Unternehmenserfolg maßgeblich beeinflussen, stehen v.a. die erlös-, kosten-, und finanzwirtschaftlichen Auswirkungen dieser Faktoren auf die Zielerreichung des Unternehmens im Mittelpunkt der Beurteilung der Standortqualität. Es ist üblich,

---

[1] Für eine Übersicht über gesetzliche Bestimmungen siehe Abschnitt D.II.1. im Ersten Kapitel.

[2] Vgl. Verordnung der Steiermärkischen Landesregierung vom 22. Juni 2011, Landesgesetzblatt Nr. 58/2011.

die bei der Standortwahl wirkenden Faktoren (Standortfaktoren) in Katalogen zu systematisieren, um sie dann einer Bewertung zu unterziehen, etwa mittels eines Scoring-Verfahrens, das die Kombination ökonomischer und nichtökonomischer Größen ermöglicht. In Abb. 4.13 sind solche – vorwiegend auf die Erlöse wirkenden – Standortfaktoren zusammengefasst.

Abbildung 4.13: Checkliste ausgewählter Standortfaktoren

Faktoren	Untergruppe	Einzelne Faktoren
Demografische Faktoren	Bevölkerungszahl und Verteilung	■ Gesamteinwohnerzahl, Zahl der Einwohner und Haushalte nach Entfernungszonen, Bevölkerungsdichte, Bevölkerungsentwicklung
	Bevölkerungsstruktur	■ Altersklassen, Zivilstand, Nationalität, Haushaltsstruktur
	Erwerbs- und Sozialstruktur	■ Erwerbsquote, selbstständig Erwerbstätige, unselbstständig Erwerbstätige, soziale Einstufung, Ausbildungsstand
Wirtschaftliche Faktoren	Einkommensverhältnisse	■ Einkommen je Kopf der Bevölkerung, Aufteilung nach Einkommensklassen, Sparquote pro Kopf der Bevölkerung
	Einkommensverwendung	■ Kaufkraft pro Einwohner, durchschnittlicher Mietwert der Wohnungen, Haushaltsausgaben, Kaufneigung (Anzahl an Autos, Eigenheimen), regionale Verbrauchskennziffern
	Marktpotenzial	■ regionale konsumtive Kaufkraft, Berufspendlerströme, Fremdenverkehr, Passantenströme
Psychologische Faktoren	Lebensgewohnheiten	■ Lebensstandard, Freizeit, Arbeitszeit, Lebensstile
	Konsumgewohnheiten	■ Einkaufsintervall, -zeiten, durchschnittlicher Einkaufsbetrag, in Kauf genommene Wegstrecke, benutzte Verkehrsmittel
	Mentalität	■ Anziehungskraft des Geschäftes, Image des Geschäftes, Ansprüche der Konsumenten an Verkaufsatmosphäre, Warendarbietung usw.
Infrastruktur	Städtebau	■ Projekte der Regional- und Ortsplanung, Funktionen der Stadt, Entwicklung von City und Agglomerationen, öffentliche und private Bauprojekte, Zentralitätswirkung der Stadt (Schulen, Verwaltung, kulturelle Einrichtungen, sonstige öffentliche Dienstleistungen)
	Verkehr	■ Verkehrslage (Haupt-/Nebenverkehrslage), Bedeutung öffentlicher Verkehrseinrichtungen/privater Verkehre, Ausmaß und zeitlicher Anfall des Verkehrsstromes, Anzahl vorhandener Parkplätze, natürliche/künstliche Hindernisse (z.B. Eisenbahnlinien oder Berge)
Konkurrenzverhältnisse	Konkurrenzbestand und -formen	■ Anzahl und Größe der Betriebe, Distributionsform, Rechtsform, Umsatz, Filialbetriebe, Einkaufsgenossenschaften, freiwillige Ketten
	Konkurrenzwirkung in Sortimentsstruktur	■ Fachkonkurrenz (gleiche Güter), Funktionskonkurrenz (ergänzendes Sortiment), Kaufkraftkonkurrenz (Substitutionsgüter)
	Räumliche Präferenzen	■ Kundennähe, Lage in Bezug auf „Passantenmagnete"
	Sachliche Präferenzen	■ Preisvorteile, Qualitätsvorteile, größere Auswahl, besseres Image, besserer Kundendienst
Objektbewertung	Bewertung des Lokals	■ Größe des Objektes (Verkaufsfläche), Gestaltung der Ladenfront, Ausbaumöglichkeiten, Zufahrtsmöglichkeiten (Wirtschaftsverkehr), Lagerräume
	Bewertung des Platzes	■ Wert und Zusammensetzung der Nachbargeschäfte, Passantenmagnete, Lage innerhalb des Verkehrsnetzes, Parkplatzangebot, Passantenfrequenz, Verkehrsaufkommen
Standortabhängige Kosten	Beschaffung und Vertrieb	■ Zulieferungskosten, Transportkosten (Außenlager-Stammhaus), Hauszustellungskosten, Kosten für Fuhr- und Wagenpark
	Gebäude und Unterhalt	■ Grundstücks- und Gebäudekosten, Miete und Pacht, Einrichtungskosten, Reparaturen und Unterhalt, Energiekosten
	Verkauf, Diverses	■ Personalkosten, Steuern und Abgaben, Beteiligung an Gemeinschaftsaktionen (z.B. Parkhäuser)
Störfaktoren	Gesetzliche Bestimmungen	■ Ladenöffnungszeiten, baupolizeiliche Vorschriften, sonstige Einschränkungen, Steuern, Kollektivverträge
	Immissionen	■ klimatische und topografische Nachteile, Lärm-, Rauch- und Geruchsentwicklung benachbarter Objekte

Quelle: Berman/Evans 2013, S. 270ff.; Dunne/Lusch/Carver 2014, S. 293; Müller-Hagedorn/Natter 2011, S. 184ff.

Die Abschätzung der an einem bestimmten Standort erzielbaren Umsätze bzw. Erlöse ist ein wesentlicher Punkt im Rahmen der Standortwahl. Dies macht die Abgrenzung des Einzugsgebietes und die Durchführung einer **Kaufkraftanalyse** notwendig. Vor allem sozioökonomische Merkmale der unmittelbaren Umgebung eines Standortes sind hierbei von Bedeutung. Schuetz/Kolko/Meltzer (2012) untersuchten den Einfluss von sehr einkommensschwachen urbanen Gegenden auf u.a. die Betriebsgröße mit dem Ergebnis, dass je wohlhabender eine Gegend ist, desto größere Betriebe und desto mehr Betriebe siedeln sich an.

Zusätzlich werden im Rahmen einer „**Kaufkraftwanderungsanalyse**" z.B. Pendlerströme erfasst, aber auch die Rolle von Faktoren wie das Image des Unternehmens berücksichtigt. Im Rahmen von Imageanalysen wird bspw. ermittelt, wie sich die Einkaufsstättenattraktivität für Kunden in Abhängigkeit von der Entfernung entwickelt. Je attraktiver eine Einkaufsstätte auf die Nachfrager wirkt, desto größer kann das Einzugsgebiet sein. Neben Kaufkraftkennziffern, die von Marktforschungsinstituten (z.B. der GfK) ermittelt werden, gibt es eine Reihe standorttheoretischer Ansätze, die zur Ermittlung der standortspezifischen Erlöse herangezogen werden können.

3. Methoden und Modelle der Standortplanung

Modelle der Standortwahl haben eine lange Tradition. Im Handel existiert eine Vielzahl unterschiedlicher Methoden/Modelle, die i.d.R. aus Simulations- oder empirischen Studien entwickelt wurden. Abbildung 4.14 gibt einen Überblick.

Abbildung 4.14: Überblick über Methoden/Modelle der Standortplanung

Modell	Ausgewählte Autoren*	Vorgehensweise
Analog-Methoden	Cohen/Applebaum 1960; Applebaum 1968	Existierende Geschäfte mit vergleichbarer Situation/ Charakteristika werden mit dem zu eröffnenden Geschäft verglichen, um die zukünftigen Umsätze/Marktanteile des neuen Geschäfts abzuschätzen.
Checklist-Methoden	Applebaum 1965; Nelson 1959	Standard-Checklisten zur Standortplanung, bei denen Faktoren wie z.B. sozioökonomische Entwicklungen/soziodemografische Entwicklungen, Wettbewerb, Ausgabenstruktur der Konsumenten in der betrachteten Region sowie standortspezifische Faktoren wie Verkehr, Parkplätze, Erreichbarkeit, Sichtbarkeit u.Ä. betrachtet werden.
Interaktions-/ Gravitationsmodelle	Huff 1964; Eppli/Shilling 1996; Li/Liu 2012	Analyse von sozial-räumlichen Interaktionen; basierend auf gravitationstheoretischen Annahmen des Newtonschen Gravitationsgesetzes wird das räumliche Wahlverhalten von Konsumenten zur Einzugsgebietsabschätzung analysiert bzw. prognostiziert.
Location- Allocation- Modelle	Huff 1966; Achabal/Gorr/ Mahajan 1982; Ghosh/Craig 1991; Drezner/ Drezner 1996; Kaumann/Donthu/ Brooks 2000	Nutzung von Interaktionsmodellen zur simultanen Planung mehrerer Outlets, Berücksichtigung von Beziehungen zwischen mehreren Outlets.
Portfolio-Ansätze	Mahajan/Sharma/Srinivas 1985	Portfolio-Analysen zur Standortplanung mit Dimensionen wie Marktwachstum (in der betrachteten Region) und Break-Even-Marktanteil; Portfolio-Dimensionen werden beeinflusst durch Faktoren der Region (Bevölkerungsanzahl, Bevölkerungsdichte, Sozioökonomie, Soziodemografie, Haushaltsgrößen usw.) und Stärke des Standorts (z.B. Wettbewerbssituation, Art, Größe, Sichtbarkeit, Form des Standorts, Gebäudes bzw. Grundstücks, Verkehrsbedingungen usw.).
Regressionsmodelle	Simkin 1989; Kelly/Freeman/ Emlen 1993; Anderson 1985; Smith/Sanchez 2003	Betrachtung der Wirkung unterschiedlicher Einflussfaktoren auf die Performance von zukünftigen Standorten (z.B. Standortattribute, Marktattribute, Geschäftsattribute).

Legende: * Die Studien sind nicht in der Literaturliste enthalten.

Zeitdistanz-Methode

Während bei der **Kreismethode** konzentrische Kreise gleicher Distanzen zum potenziellen

Standort gezogen werden (Luftdistanz), werden bei der Zeitdistanz-Methode die geografischen Besonderheiten berücksichtigt, die in Form von effektiven Geh- bzw. Autofahrminuten ihren Niederschlag finden (Müller-Hagedorn/Natter 2011, S. 178ff.). Das Fußgängereinzugsgebiet kann bspw. bestimmt werden, indem ermittelt wird, wie weit man vom Geschäftslokal zu Fuß in jede Richtung in der gleichen Zeiteinheit (z.B. in 10 Minuten) kommt. Analog ist es bei autokundenorientierten Standorten bzgl. der Fahrdistanz. Die Linien werden miteinander verbunden und bilden sog. **Isochronen**. Ein Beispiel zur Anwendung der Zeitdistanz-Methode wird in Abb. 4.15 demonstriert.

Abbildung 4.15: Beispiel zur Anwendung der Zeitdistanz-Methode

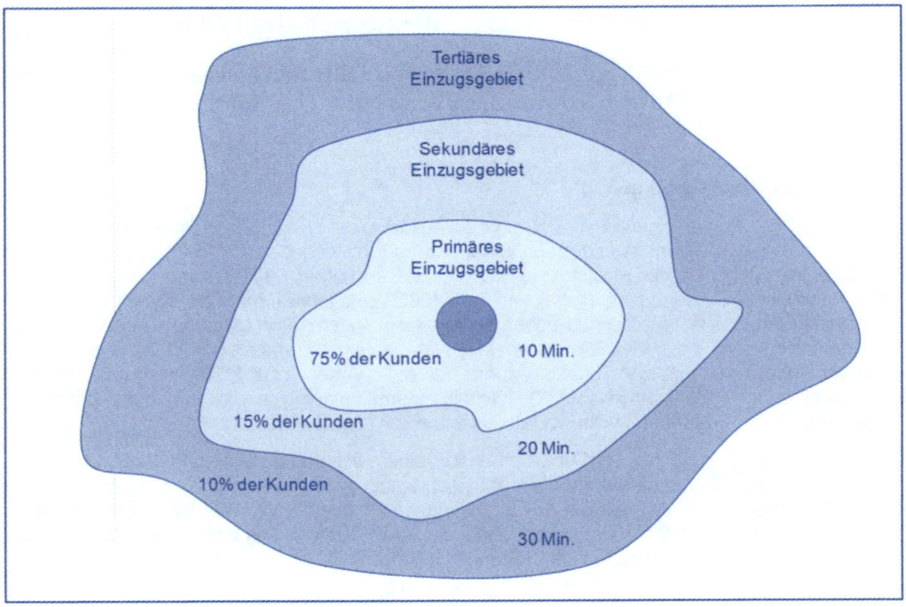

Quelle: i.A.a. Mattmüller/Tunder 2004, S. 329.

Für die Bestimmung des Einzugsgebietes liegen im Handel Erfahrungswerte oder Vorgaben vor, damit ein Store wirtschaftlich betrieben werden kann. So gilt bspw. für Discounter ca. 15.000-20.000 Personen im Umkreis von 10 Fahrminuten, bei Shopping-Centern variieren die Einzugsbereiche größenabhängig. Im Fall von sehr großen Shopping-Centern wie dem CentrO in Oberhausen, reicht das primäres Einzugsgebiet über 50 km und eine Fahrzeit von 60 Minuten oder das tertiäres Einzugsgebiet über 150 km mit einer Fahrzeit von 1,5-2,0 Std. für den Einkauf zweimal im Jahr. Ganz ähnlich ist es bei der Mall of America in Minneapolis, die einen Einzugsbereich von rd. 8 Mio. Personen in der Region anspricht. Und selbst SB-Warenhäuser (inkl. zugehörige Shopping- und Dienstleistungsalternativen) wie bspw. Globus aus dem Saarland geben als Einzugsgebiet 50 km an.

Bei der Zeitdistanz-Methode steht die räumliche Erreichbarkeit zur Bestimmung des Einzugsgebietes im Vordergrund, während Konkurrenzverhältnisse und Kaufkraft unberücksichtigt bleiben.

Gravitationsmodelle

Diesen Modellen liegt die Annahme zu Grunde, dass der Grad an Interaktionen zwischen

Einkaufstätte und Konsument mit der Entfernung abnimmt. Die **Huff-Methode** gehört zu dieser Gruppe und geht auf Reilly (1929, S. 194f.) zurück. Reilly versuchte, die Gravitationsgesetze von Newton auf das räumliche Einkaufsverhalten von Kunden zu übertragen. In seinem „Law of Retail Gravitation" postuliert er, dass sich die Anziehungskraft zweier zentraler Orte A und B (z.B. zwei Einkaufszentren) auf die Bevölkerung eines zwischen diesen Orten gelegenen Gebietes C (z.B. Wohnsiedlung) ungefähr im direkten Verhältnis zum Quadrat ihrer Entfernung vom untersuchten Gebiet C (Wohnsiedlung) verhält (Berman/Evans 2013, S. 268f.; Dunne/Lusch/Carver 2014, S. 277f.). Formal lässt sich dies wie folgt darstellen:

$$(4.1) \quad \frac{\text{Anziehungskraft von A auf C}}{\text{Anziehungskraft von B auf C}} = \left(\frac{\text{Bevölkerung von A}}{\text{Bevölkerung von B}}\right)\left(\frac{\text{Entfernung BC}}{\text{Entfernung AC}}\right)^2$$

Für eine praktische Anwendung greift der Ansatz von Reilly auf Grund der zahlreichen Faktoren, welche die Attraktivität und Anziehungskraft bspw. eines Einkaufszentrums ausmachen, zu kurz.

Gigantisch ist nicht groß genug

Shopping Center unterschiedlicher Größe haben aufgrund der vorhandenen Stores und der offerierten Attraktionen ein meist überproportional großes Einzugsgebiet. So lockt das größte Einkaufszentrum der USA, die „Mall of America" mit 520 Geschäften, 50 Restaurants, Parks, Aquarien, einem Indoor-Vergnügungspark sowie über 400 Events jährlich mehr als 40 Mio. Besucher an. Diese Frequenz ist umso erstaunlicher, als der „Konsumtempel" in Minneapolis und damit im mittleren Westen mit nur 8 Mio. Einwohnern in der Umgebung und abseits großer Reiseziele liegt. Vier von zehn Besuchern sind Touristen, zumal die Mall of America nur 1,5 Meilen vom nächsten Flughafen entfernt ist, sich mehr als 50 Hotels in einem Umkreis von 10 Fahrminuten befinden und über 30 Mio. Menschen in einem Umkreis von einer Tagesfahrt leben.

Ähnlich verhält es sich beim CentrO in Oberhausen, einem der größten Shopping Center Deutschlands, mit über 250 Geschäften, mehr als 50 Restaurants bzw. Bars sowie Kino, Aquarium und 14.000 Parkplätzen. Im Umkreis von 60 Fahrminuten leben über 13 Mio. Menschen (der Kerneinzugsbereich von 75% der Kunden). Aber auch rd. 23 Mio. Kunden aus den Niederlanden besuchen das CentrO jährlich (meist bis zwei Stunden Fahrtzeit).

Auch die Shopping City Süd, Österreichs größtes Einkaufszentrum (südlich von Wien), zieht mit ihren mehr als 300 Shops, über 10.000 Parkplätzen sowie zahlreichen Gastronomiebetrieben und einem Kino täglich rund 53.000 Besucher an, wobei im Großraum Wien ca. 2,8 Mio. Menschen und somit rund ein Drittel der Bevölkerung Österreichs leben.

www.centro.de; www.scs.at, www.mallofamerica.com, 3. August 2017.

Eine größere Bedeutung – v.a. für die Erlösprognose – kommt dem Modell von Huff (1964) zu. Mit diesem Ansatz lässt sich ein Umsatzerwartungswert für ein Einkaufszentrum errechnen, indem die voraussichtlichen Konsumausgaben der in einem Gebiet wohnenden Konsumenten mit Kaufwahrscheinlichkeiten multipliziert werden. Formal kann das Modell wie folgt dargestellt werden (Levy/Weitz/Grewal 2014, S. 222f.; Berman/Evans 2013, S. 268):

$$(4.2) \quad W_{ij} \frac{U_{ij}}{\sum_{j=1}^{J} U_{ij}}$$

W_{ij} = Wahrscheinlichkeit, dass ein Konsument aus dem Wohnort i die Einkaufsstätte am Standort j aufsucht,
U_{ij} = Nutzen, den der Konsument aus dem Wohnort i empfindet, wenn er eine Einkaufsstätte am Ort j aufsucht.

Obwohl mehrfach versucht wurde, das Modell von Huff empirisch zu testen (z.B. beim CentrO in Oberhausen), gibt es zahlreiche Kritikpunkte, die z.T. stark an den Modellannahmen ansetzen (Müller-Hagedorn/Natter 2011, S. 203). So bleiben wichtige Faktoren für die

Wahl einer Einkaufsstätte ausgeklammert. Huff misst primär die Attraktivität anhand der Verkaufsfläche und die Distanz anhand der Anfahrtszeit. Hier setzen viele Modellerweiterungen an, die bspw. eine multiattributive Messung der Attraktivitätsparameter („Nutzen") vornehmen. So kann das Model von Huff durch die Integration weiterer relevanter Variablen erweitert werden. Li/Liu (2012) berücksichtigten bspw. Konkurrenz und Agglomeration in ihrer modifizierten Version des Huff-Modells und konnten auf diese Weise die Umsätze von Walmart und Kmart akkurater als herkömmliche Interaktionsmodelle schätzen.

Modelle der Einkaufsstättenforschung

Die Standortwahl wird oft im Rahmen umfassender Modelle zur **Wahl einer Einkaufsstätte** untersucht und entsprechend modelliert.[1] Im Mittelpunkt steht dabei die Frage, wie viele Geschäfte – auf Basis eines nutzenmaximierenden Verhaltens – von den Konsumenten aufgesucht werden, um einen bestimmten Bedarf zu decken (v.a. im LEH relevant). Die Größen, von denen diese Entscheidung abhängig gemacht werden kann, sind exemplarisch in Abb. 4.16 dargestellt.

Abbildung 4.16: Ein Modell zum Einkaufsverhalten

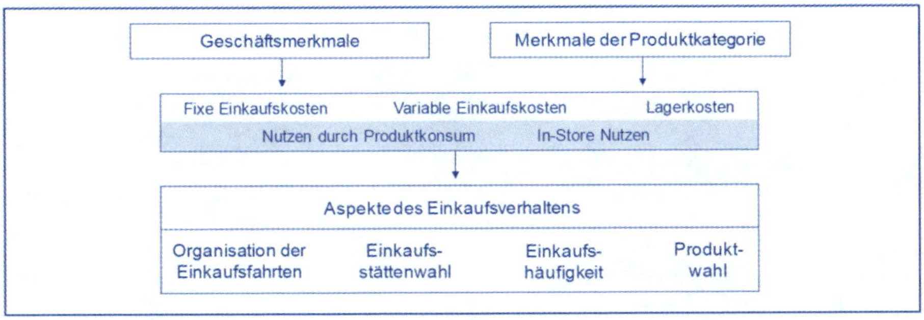

Quelle: i.A.a. Gijsbrechts/Campo/Nisol 2008, S. 8.

Die Wahl einer bestimmten Einkaufsstätte, die Einkaufshäufigkeit und nicht zuletzt auch die Produktwahl ist für den Kunden auf Grund unterschiedlicher Geschäftsmerkmale (z.B. Größe, Erreichbarkeit, Service, Preis und Sortiment) und unterschiedlicher Merkmale der Produktkategorie (z.B. Nachfrage) sowohl mit Kosten als auch mit Nutzen verbunden. Fixe Kosten sind bspw. die im Rahmen der Anfahrt anfallenden Kosten und die Wartezeit im Geschäft, variable Kosten sind bspw. der Preis der gekauften Produkte und Lagerkosten sind bspw. die Kosten für die Aufbewahrung der Produkte zu Hause. Der **Nutzen** resultiert einerseits aus dem Konsum der gekauften Produkte und andererseits aus dem Einkaufserlebnis im Geschäft (z.B. durch eine angenehme Ladenatmosphäre). Darüber hinaus hängt die Wahl einer Einkaufsstätte auch von der wahrgenommenen Entfernung des Geschäfts sowie von Kundenmerkmalen wie bspw. Alter, Einkommen, Zeitdruck und Kaufmotiven ab. So ist etwa für ältere Konsumenten eine geringe Entfernung zwischen Wohnort und Lebensmittelgeschäft das mit Abstand wichtigste Motiv für die **Wahl der Einkaufsstätte**. Erkenntnisse aus Forschungen bezüglich mentaler Repräsentationen von Einkaufsfahrten bzw. -wegen legen nahe, dass für Konsumenten je nach Branche unterschiedliche Aspekte von Bedeutung sind (vgl. bspw. Dellaert/Arentze/Timmermans 2008, S. 225). So sind beim Kauf von Lebensmitteln in Bezug auf den Standort die Öffnungszeiten, die Parkgebühren und die Breite des Sortiments

[1] z.B. mit Hilfe multinominaler Logit-Modelle, vgl. dazu Müller-Hagedorn/Natter 2011, S. 209ff.

von Belang, während beim Kauf von Bekleidung ein einfacher Anfahrtsweg sowie die Anzahl der Bekleidungsgeschäfte am Standort von Relevanz sind. Eine Herausforderung in der Vorhersage von **Einkaufsstättenpräferenzen** liegt in der zunehmenden Verfügbarkeit von fortschrittlicheren Informationsdiensten, wie Web-Services, Navigationssystemen und Smartphones, die die Möglichkeit bieten, jederzeit und überall personalisierte und präskriptive Informationen oder Empfehlungen an die Personen zu liefern, die Reiseinformationen in Echtzeit nutzen. Die Bereitstellung solcher Informationen wird als eine mögliche Strategie zur Beeinflussung des individuellen Verhaltens in Bezug auf Route, Modus oder Zielauswahl angesehen. Auch GPS-Daten können in Verbindung mit Standorten von Handelsunternehmen zur Analyse von Einkaufsrouten und zur Unterstützung bei der Standortplanung herangezogen werden. In Abb. 4.17 ist zu sehen, welche **Routen** (getrennt dargestellt für zu Fuß und mit dem Rad zurückgelegte Anfahrtsstrecken sowie für am Bestimmungsort selbst durchgeführte Aktivitäten bzw. zurückgelegte Wege) die Konsumenten im Laufe des Beobachtungszeitraums zurücklegen. Daraus kann geschlossen werden, welche Einkaufsstraßen frequentiert, welche Geschäfte passiert wurden, welche Gesamtstrecke im Zuge einer Einkaufstour zurückgelegt wurde. Somit lassen sich Standorte identifizieren, die stark und oft frequentiert werden bzw. an welchen die Verweildauer hoch ist.

Abbildung 4.17: Wegstreckenaufzeichnung mittels GPS

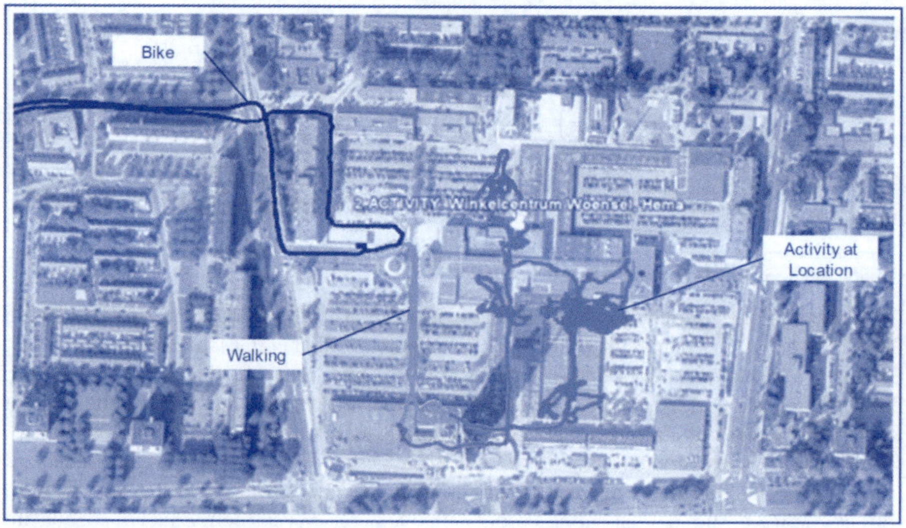

Quelle: Moiseeva/Timmermans 2010, S. 196.

Storeloc-Modell

Die meisten der bereits genannten Verfahren der Standortbewertung erfordern Konsumentendaten, um die Attraktivität alternativer Standorte bestimmen zu können. Neuere Befunde haben allerdings gezeigt, dass sich die Ergebnisgenauigkeit signifikant erhöhen lässt, wenn u.a. betriebswirtschaftliche Daten in die Analyse miteinbezogen werden. Der Vorteil eines solchen Modells liegt in der einfacheren Verständlichkeit und bequemeren Handhabung für das Management, wenn es mit Standortentscheidungen konfrontiert wird. Das Storeloc-Modell (Store-Location-Modell) berücksichtigt als zentralen Faktor den möglichen Ausstrahlungseffekt eines neuen Geschäftes auf die Gesamtnachfrage: Man stelle sich ein Shopping Center vor, in dem ein erfolgreicher Einzelhändler eine neue Filiale eröffnet. Diese neue Filiale wird zusätzlichen Kunden einen Besuchsanreiz liefern und damit das Nachfragepotenzial der gesamten Einkaufsstätte erhöhen.

Beim Storeloc-Modell geht es v.a. um die Entwicklung eines Leitfadens („**Retail Location Flow Chart**") für Manager, wobei die Abschätzung des potenziellen Marktanteils, den man mit einem neuen Standort realisieren könnte, im Vordergrund steht. Im Rahmen von zehn nacheinander abzuhandelnden Analyseschritten werden bspw. die stärksten und schwächsten Konkurrenten, die Bedeutung von Store-Attributen usw. betrachtet. Dabei bildet die Einschätzung von Managern die Basis. Indem jedoch betriebswirtschaftliche Beurteilungen in den Entscheidungsprozess einbezogen werden, stellt das Storeloc-Modell ein wertvolles Werkzeug zur Selektion attraktiver Standorte für Einzelhandelsgeschäfte dar. Um den **möglichen Marktanteil** eines neuen Outlets abschätzen zu können, werden von Durvasula/Sharma/Andrews (1992, S. 441)zwei Prozedere vorgeschlagen:

- Zum einen erfolgt eine Schätzung auf Basis der Marktanteile des Wettbewerbs
- zum anderen auf Grund der relativen Stärke der unmittelbaren Konkurrenten.

Beides liefert nach Eingabe der Schätzungen in die vorgeschlagenen Formeln eine Schätzung des möglichen Marktanteils. Eine Schlüsseleigenschaft des Modells zeigt sich im Abschätzen des Marktanteils eines neuen Standortes unter Einbeziehung des konkurrierenden Umfeldes. Einzelhändler besitzen aber eher selten fundiertes Wissen über die zukünftigen Konkurrenzpläne. Durch die Analyse der relativen Wettbewerbsstärke lassen sich Szenarien identifizieren, die das zukünftige Wettbewerbsumfeld beschreiben. Weitere Vorteile des Modells liegen in der relativ leichten Handhabung und dem geringen Kosten- und Zeitaufwand. Jedoch erhebt das Storeloc-Modell keinesfalls den Anspruch der Vollständigkeit. Eine Einschränkung ergibt sich bspw. aus der Tatsache, dass es lediglich dazu dient, einen Standort isoliert zu bewerten und nicht die Möglichkeit bietet, gleichzeitig mehrere attraktive Standorte zu identifizieren. Zudem impliziert das Storeloc-Modell, dass ein Einzelhändler seine Expansion an jenen Standorten intensivieren sollte, an denen der größte Marktanteil zu erwarten ist. Dennoch kann es vorteilhafter sein, einen kleinen Marktanteil in einem großen Markt als einen großen Marktanteil in einem verhältnismäßig kleinen Markt zu haben.

Weitere Ansätze

Einen neuen Ansatz verfolgten Cleeren u.a. (2010) anhand eines empirischen Modells zur Analyse von **Intra- und Interformat-Wettbewerb** unter Supermärkten und Discountern (siehe Abschnitt B.III.2. das Zweiten Kapitels). Am Beispiel des deutschen LEH, der durch einen hohen Anteil an Discountern geprägt ist, wurden Auswirkungen zusätzlicher Markteintritte an einem Standort analysiert. Konkret ging es um die Frage nach der Verwundbarkeit von Supermärkten und Discountern bei Eröffnung von Konkurrenzbetrieben am Standort. Wenngleich Discounter und Supermärkte unterschiedliche Positionierungen aufweisen und sich im Angebot deutlich unterscheiden, konkurrieren sie doch in einer Vielzahl sich überlappender Produktkategorien miteinander (**Interformat-Wettbewerb**).

Analog dazu herrscht auch innerhalb der Formate Konkurrenz, zumal LEH desselben Formats ähnliche Konsumentensegmente ansprechen (**Intraformat-Wettbewerb**). Anhand eines Modells, in welches Daten zu allen deutschen Gemeinden zwischen 3.000 und 25.000 Einwohnern einflossen, wurden neben der Anzahl an Markteintritten von Supermärkten und Discountern am jeweiligen Standort Daten zu Bevölkerung bzw. Bevölkerungswachstum, Einkommen, Haushaltsgröße, Arbeitslosigkeit, Distanz zur nächsten Gemeinde sowie zur Existenz von Hypermärkten und anderen, keiner Filialkette zugehörigen Supermärkten berücksichtigt. Es konnte sowohl starker Wettbewerb innerhalb des Supermarkt-Formats als auch unter den Discountern festgestellt werden. Vor allem im Discount-Format lässt sich starke Wettbewerbsintensität dadurch erklären, dass Preisvergleiche sehr leicht möglich sind. Somit locken neue Discounter an einem Standort in erste Linie nicht Supermarktkunden an, sondern jene aus demselben Format.

Bezüglich des Interformat-Wettbewerbs zwischen Supermärkten und Discountern wäre davon auszugehen, dass neue Discounter einen sofortigen negativen Einfluss auf die Performance bestehender Supermärkte haben, was bei alleiniger Betrachtung von Marktanteilen durchaus intuitiv erscheint. In Hinblick auf Profitabilität zeigte sich jedoch, dass die ersten beiden Discounter keinen signifikanten Einfluss auf Supermärkte am Standort haben. Dies mag an der Tatsache liegen, dass Supermärkte sich am Ende des Tages auf profitablere und wenig preissensitive Segmente konzentrieren können.

Jedoch ändert sich der Sachverhalt beim Eintritt weiterer Discounter. Zunächst wird der Einfluss aller Discounter auf die allgemeine Preissensitivität am Standort größer, wodurch sich der Preissenkungsdruck auf Supermärkte erhöht. In der Regel verbleibt den Supermärkten allerdings ein Teil ihres großen Sortiments, welcher nicht von Discountern angeboten wird. Allerdings nehmen Discounter – v.a. Aldi – aus diversen Gründen Markenartikel in ihr Sortiment auf und entziehen den Supermärkten einen Teil des USP. Als mögliche Antwort darauf forcieren Supermärkte Eigenmarken und innovative, exklusive Markenartikel von Start-Ups.

4. Standortplanung mit Geografischen Informationssystemen

Zur Standortplanung werden auch **Geografische Informationssysteme** (**GIS**) sowie die **Geovisualisierung** genutzt. Diese computergestützten Informationssysteme kombinieren digitale geografische Daten mit kulturellen, demografischen und infrastrukturellen Daten einer bestimmten Region bzw. eines Landes.

Abbildung 4.18: Komponenten eines Geografischen Informationssystems

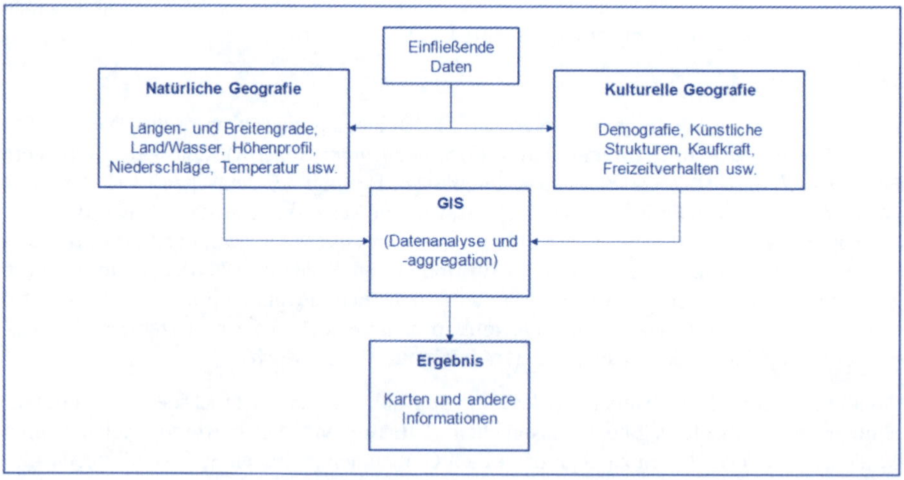

Quelle: i.A.a. Dunne/Lusch/Carver 2014, S. 274.

Nach Verarbeitung dieser Eingangsdaten durch GIS-Instrumente erhält man als Ergebnis Ausgaben in Form von thematischen Karten, Tabellen oder Grafiken (siehe Abb. 4.18).

Abbildung 4.19: Onlinepotenzial für Bücher und Schreibwaren Deutschland 2017

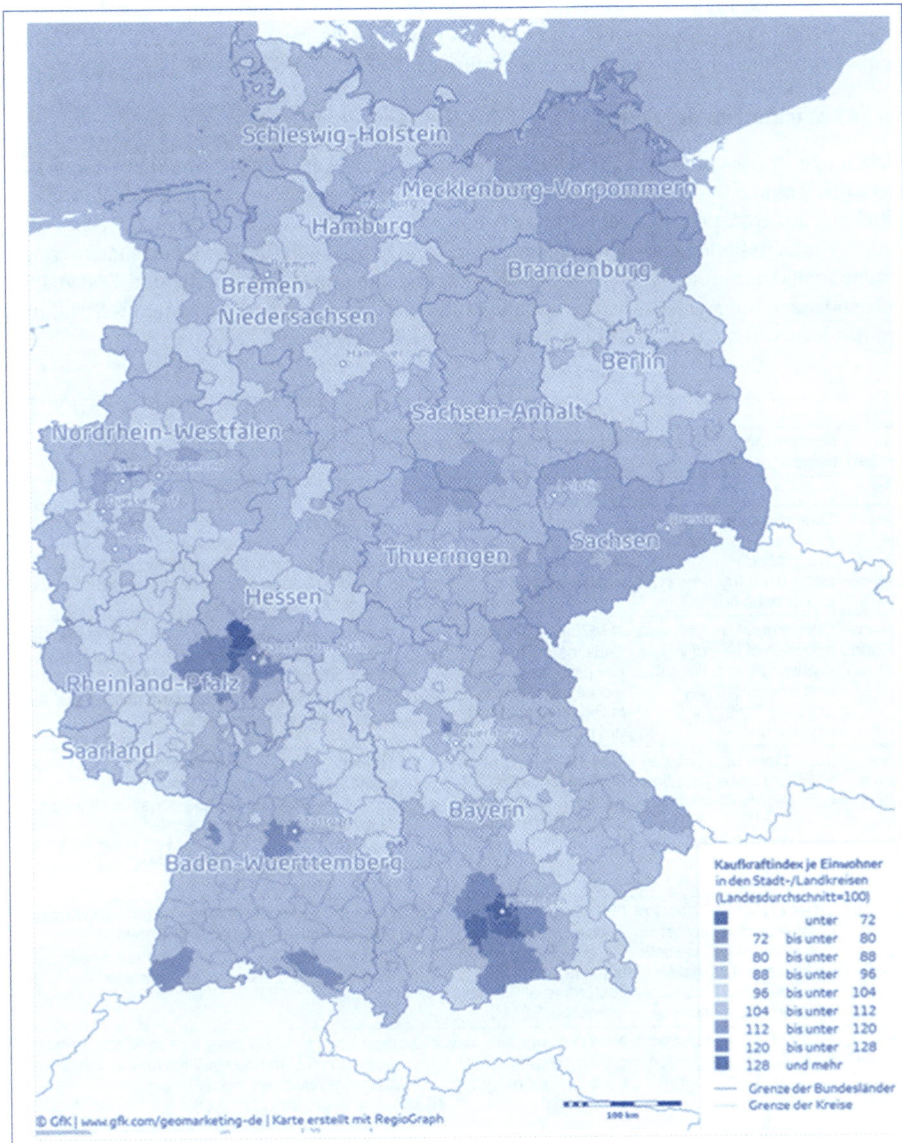

Quelle: www.gfk.com, 6. Juli 2018.

GIS-Karten können einem Händler z.B. im Zuge der **Market Selection** und der **Site Analysis** (siehe Phasen der Standortentscheidung in Abschnitt II. dieses Kapitels), aber auch in der Kommunikationsplanung oder der Sortimentsgestaltung, i.S.d. Geomarketing von Nutzen sein. Daten zur **Kaufkraft** können z.B. anhand von Karten mit Informationen über kaufkraftstarke Gebiete abgelesen werden (siehe Abb. 4.19 mit kombinierten geografischen und Kaufkraftinformationen, als Index zum normierten Durchschnitt von 100. Für eine detaillierte Standortplanung müssen Standorte der Wettbewerber, Infrastrukturdaten, Demografie u.a.m.

berücksichtigt werden (siehe Abschnitt B.III. in diesem Kapitel). Für diese Zwecke würden sich vergrößerte regionale Ausschnitte (z.B. Städte, Stadtteile) anbieten. In den USA stellt eine Vielzahl von Anbietern GIS-Karten zu Verfügung (Berman/Evans 2013, S. 262f.), im deutschsprachigen Raum ist das Geomarketing der GfK zu nennen.

5. Wirkungen des Standortes auf das Kaufverhalten

Neben den in Abschnitt III.2. behandelten Modellen und Ansätzen zur Standortwahl, fokussieren sich eine eher begrenzte Anzahl an Studien auf die Standort- oder Ladenwahl („**Store Choice**") aus Konsumentensicht. Einige Autoren betonen, dass die Bedeutung des Standortes für die Einkaufsstättenwahl der Konsumenten – und damit auch für die Handelsunternehmen – zunehmend abnimmt, wobei u.a. auf Overstoring, zunehmende Mobilität und Distanzhandelstendenzen hingewiesen wird. Aktuelle Studien, die sich mit der Wirkung des Standortes auf das Kaufverhalten beschäftigen, sind in Abb. 4.20 aufgezeigt.

Abbildung 4.20: Ausgewählte Studien zur Wirkung des Standortes auf das Kaufverhalten

Autor(en)	Forschungsfrage	Theorie	Daten und Methode	Kernergebnisse
				Consumer behavior
Talukdar/Gauri/Grewal (2010)	Determinants, prevalence, and profit impacts of cherry picker behavior	Economics of information theory	N=529 consumers of a major grocery supermarket, regression analysis, PHM	▪ More competing stores in trading area have a significant negative effect on proportion of customers at a focal store who exhibit cherry picking behavior. ▪ Cross-store shopping distance drives the choice of the major secondary store.
Demoulin/Zidda (2009)	Consumers' adoption of a loyalty card in a and drivers of adoption timing or likelihood	Diffusion of innovations theory	N=470 households participating in a loyalty program by a regional grocery retailer in Belgium, split-hazard model	▪ Customers living close to the store are first adopters. ▪ Customers' proximity to the store positively drives the likelihood of adoption as a whole. ▪ Customers living close (vs. distant) to the store appear to patronize it more often.
Swoboda u.a. (2013)	Importance of RBE and store accessibility for store loyalty in local competition.	Schema; llocation of time; law of retail gravitation	N=4.151 consumers, 30 locations of a DIY-retailer and strongest competitor per location, Multigroup SEM.	▪ RBE (Retail Brand Equity) determines store loyalty twice stronger than location-convenience. ▪ Competitor's brand equity has negative effect on store loyalty towards a focal retailer. ▪ A large (strong) distance to local competitors increases the role of accessibility (RBE) for consumers store loyalty.
Chaudhuri/Ligas (2009)	Effect of merchandise value and store affect on loyalty/willingness to pay price premium?	Theory of value; Disconfirmation of expectations	N=150 customers of specialty food store (1), a regional grocery chain (2), and 1966 customers of 71 retail stores (3), SEM	▪ Study 1: (access) convenience positive significant on both repurchase and attitudinal loyalty ▪ Studies 2+3: (access) convenience not significant concerning repurchase and attitudinal loyalty.
Popkowski u.a. (2004)	Effect of location, pricing strategy, and shopping strategy on store choice	Classic location theory,	N=200 customers of 5 grocery chains, latent class factor analytic logit model	▪ Incorporating multi-purpose trips provides a better understanding of the competitive market structure than a single-purpose model. ▪ Different segments of shoppers vary in the degree of multi-purpose shopping, and the types of stores they shop at.
				Geographic distance
Meyer-Warden (2007)	Impact of loyalty programs on customer lifetime duration	-	N=2476 customers of retail outlets in Angers over a 156-week period, PHM	▪ For a geographically isolated location, the loyalty program influences share of wallet only when a store is nearby (<2 km). ▪ Customers' geographic proximity to the focal store is related positively to lifetime duration.
Sloot/Verhoef/Franses (2005)	Impact of brand equity and hedonic products on stock-out.	-	N=734 customers of Dutch supermarkets, multinomial logit model	▪ The number of alternative stores in the vicinity of the store has a positive effect on store switching and a negative effect on postponement (purchasing at another time).

Eine Forschungsrichtung, die sich dem Standort aus Kundensicht widmet, betrachtet dabei diverse objektive Standortkomponenten, z.B. die Anzahl konkurrierender Händler vor Ort (Talukdar/Gauri/Grewal 2010), die Entfernung des Konsumenten zum Händler (Demoulin/Zidda 2009) oder die (Fahr-)Zeit zum Erreichen eines bestimmten Stores (Monga/Saini 2009). Derartige Standortdeterminanten werden in Studien zumeist aber eher flankierend zum eigentlichen Untersuchungsgegenstand, wie zur Erklärung des „**Cherry Picking Behavior**“ (die Suche nach Preisangeboten) bei der Einkaufsstättenwahl, als Kontrollgröße eingesetzt. Ein anderer Forschungszweig betrachtet die Bedeutung von auf subjektiven Wahrnehmungen der Konsumenten, wie die **Erreichbarkeitsconvenience** (z.B. Chaudhuri/Ligas 2009; Swoboda u.a. 2013) oder auch die Motive für den Einkauf (Popkowski u.a. 2004). Swoboda u.a. (2013) untersuchen bspw. die Interaktion zwischen subjektiven Wahrnehmungen der **Retail Brand Equity** und der Erreichbarkeitsconvenience eines fokalen DIY-Händlers für die Loyalität zum Store des und seines – aus Sicht des Kunden – jeweils stärksten Konkurrenten an 30 Standorten. Erreichbarkeitsconvenience hat grundsätzlich eine halb so starke Bedeutung als Retail Brand Equity (RBE) für Loyalität, verstärkt jedoch den Effekt der Retail Brand Equity. Ferner reduziert die Retail Brand Equity und der Erreichbarkeitsconvenience des stärksten Wettbewerbers die Loyalität zum fokalen DIY-Händler. Schließlich zeigen die Autoren, dass die Wirkungseffekte signifikant moderiert werden. Bei einer objektiven hohen (geringen) Anzahl von Wettbewerbern an einem Standort gewinnt die RBE (Erreichbarkeitsconvenience) als Treiber der Loyalität an Bedeutung. Analog führt eine hohe (geringe) Distanz zum Store des stärksten Wettbewerbers dazu, dass die Erreichbarkeitsconvenience (RBE) eine zunehmende Bedeutung für die Loyalität haben. Schließlich beschäftigen sich weitere Forschungsarbeiten bspw. mit der geografischen Distanz zum Store (Meyer-Waarden 2007) und mit der Wettbewerbssituation an einem Standort (Sloot/Verhoef/Franses 2005).

IV. Spezifika im Online- und Omnichannel-Handel

Definitionsgemäß stellt ein **Online-Shop** die Internetpräsenz eines Handelsunternehmens zum Zwecke des Verkaufs seiner Produkte bzw. Dienstleistungen dar. Wenngleich der geografische Standort im Online-Handel eine untergeordnete Rolle einnimmt, spielt v.a. im mittelständischen Handel noch die Frage bzgl. der **Art der Website** eine Rolle und kann wie folgt beantwortet werden: Offline (d.h. keine Nutzung des Internet), Online (Nutzung von E-Mail, Suche nach Informationen im Internet), Vorhandensein einer Website und Betreiben eines Online-Shops. Des Weiteren wird in diesem Kontext der Grad der Vernetzung mit Kunden und ihrer Integration (z.B. mit diversen Geschäftsprozessen) behandelt (Berman/Evans 2007, S. 172):

- **Prospekt-Website**: Dient oft nur Informationszwecken
- **Handels-Website**: Vollständiger Online-Shop mit Kundensupport und Informationen über den Händler, seine Standorte usw.
- **Integrierte Website**: Online-Shop mit Verbindung zu Einkaufs-, Inventur- und Buchhaltungsprozessen des Unternehmens
- **Integration des Online-Shops in den stationären Store**: Bestellung von z.B. im Geschäft nicht vorrätiger Ware online, Abrufen von Zusatzinformationen durch Kunden
- **Integration von Herstellern**: Verbindung des Online-Shops mit Herstellern zur rascheren Abwicklung von Ein- und Verkäufen.

Im Gegensatz zum Offline-Store ist die physische Erreichbarkeit oder Standort des Online-Stores bzw. Shopbetreibers von nachgeordneter Bedeutung (relevant bei Onlinekäufen im Ausland, bzgl. des Auslieferlagers usw.). Entscheidend ist die **Auffindbarkeit** des Online-Shops bzw. eigentlich aber eine Mehrzahl von Shops, weil Händler mehrere Domains nutzen (bspw. für Online-Shop, Oulet-Shop und M-Shops bzw, Apps) und im Omnichannel-Handel diverse weitere Kanäle, die zum Online- oder Offline-Shop führen. Um die Auffindbarkeit dieser zu optimieren, sind folgende Optionen relevant:

- „Search Engine Optimization“ (SEO)
- „Search Engine Advertising“ (SEA)
- „Search Engine Marketing“ (SEM) und
- „Social Media Marketing“ (SMM).

SEO ist, wie eben **Suchmaschinen-Optimierung** aussagt, darauf ausgelegt, Online-Stores bzw. Websites so zu gestalten, dass diese bestmöglich von Suchmaschinenbetreibern wie Google, Yahoo usw. aufgefunden werden. Ziel ist es, bei spezifischen Suchanfragen möglichst auf der ersten Seite der Ergebnisliste zu stehen und zwar möglichst weit oben. Hierbei werden bspw. Keywords in den Metainformationen des Webauftritts, in Seitentiteln, Überschriften sowie letztlich in den Texten der Websites eingefügt, wobei idealerweise einzigartiger Content geliefert wird. Darüber hinaus achten Suchmaschinenbetreiber auf ordentliche Programmierung von Webinhalten und bewerten die Qualität von Websites anhand diverser, oft unbekannter Indikatoren. Zu unterscheiden ist jedoch zwischen Quantität und Qualität der Treffer, denn je nach Auslegung des Geschäftsmodells bzw. Online-Shops, profitieren manche Webseiten von extrem hohen Besucherzahlen, andere Seiten dagegen von wenigen, aber zielgerichteten Besuchen (i.S.d. „**Traffic**“ auf einer Website). Im bestmöglichen Fall erreicht ein Händler durch eine SEO einen möglichst hohen sowie zielgerichteten Traffic. Qualitativer Traffic besteht aus, am Artikel oder Store interessierten, potentiellen Kunden. Genau deshalb sollte SEO als fester Bestandteil eines Businessplans integriert werden, denn oft beginnt der Wettbewerb schon innerhalb der Suchmaschinen und basierend auf dem Verständnis, wie diese funktionieren. Websites oder Online-Shops sollten deshalb bzgl. des Aufbaus bzw. bestimmter Schlagworte angepasst werden. Grundlegende Maßnahmen sind **Keywords** (Zuordnung zu Begriffen und Themenbereichen), On-Page-Optimierung (suchmaschinenfreundlichen Website) und Off-Page Optimierung (Generierung von Links auf die Website). SEA oder **Suchmaschinenwerbung** beschreibt die bezahlte Werbung ebenfalls mit Keywords auf Suchmaschinen, sodass Werbeanzeigen über oder neben den regulären (organischen) Suchergebnissen erscheinen. Dabei liegt der Fokus auf Google (mit einem Marktanteil von über 90% in Deutschland) und seinem kostenpflichtigen Service **AdWords**. Die Bezahlung solcher Anzeigen erfolgt – neben Cost per View oder Cost per Lead – i.d.R. durch **Cost Per Click** (CPC), d.h. für jeden Klick auf die entsprechende Anzeige wird ein bestimmter Betrag in Rechnung gestellt. Der Preis ist von mehreren Faktoren abhängig, so von der Qualität der Seite, die abhängig ist bspw. von der Verweildauer vorheriger Nutzer oder der „**Bounce Rate**“, also ob Nutzer die Seite ohne Aktion sofort verlassen haben. Zum anderen bietet Google AdWords eine Art Auktion (sog. Cost Per Click-Gebote), in welcher Anbieter auf bestimmte Keywords bieten können. Jedoch bekommt nicht derjenige Händler die Anzeige, der am meisten bietet, sondern auch derjenige der zusätzliche eine höhere Relevanz für den Suchenden aufbringt. Basierend auf dem Grundprinzip sind stark umkämpfte Keywords deutlich teurer als andere. Durch entsprechende Web-Analytics-Software in Verbindung mit Tracking-Tools kann der Erfolg einzelner Anzeigen jederzeit überprüft und letztlich schrittweise optimiert werden.

SEM, also das **Suchmaschinenmarketing**, stellt eine Kombination von SEO und SEA dar. SEM umfasst gesamthaft die optimale Positionierung der Website oder einzelner Kampagnen gezielt bzgl. der Wirkung bei Google, Yahoo usw. Mit steigender Tendenz ist SEM einer der wichtigsten Online-Aktivitäten. Die genaue Ansprache der vorher definierten Zielgruppe ist das Ziel, wobei nicht die Werbung, sondern das Auffinden des Händlers durch die Kunden im Vordergrund steht. SEM umfasst somit SEA und SEO, die sich dadurch unterscheiden, dass Websites über AdWords meist unter den ersten drei Ergebnissen erscheinen und bedingt als Werbung gekennzeichnet sind. Ferner ist SEA wie AdWords ausschließlich kostenpflichtig, während bei SEO nur die einmaligen Kosten einer Optimierung durch spezialisierte Agenturen anfallen. Eine Übersicht zu Studien zum Suchmaschinenmarketing gibt Abb. 4.21.

Abbildung 4.21: Ausgewählte Studien zu Suchmaschinenmarketing

Autor(en)	Forschungsfrage	Theorie	Daten und Methode	Kernergebnisse
Park/ Agarwal (2018)	Order effect of advertisers on consumer search behavior.	-	N=11138 search queries at a major Asian search engine, MCMC	▪ Variation in the effects of advertisers' latent brand equity and website quality on the click and stop decisions, suggesting that search behavior can vary greatly depending on the ordered composition of advertisers displayed in the sponsored section.
Chan/ Park/ (2015)	Search activities and the value of ad positions in sponsored search advertising.	Standard sequential search framework	Data from six advertisers on a leading search engine; sequential search model estimation	▪ Consumers can be classified into two segments that exhibit distinct search behaviors. ▪ The value of ad positions depends on the identities and positions of the advertisers in sponsored listings and the composition of online consumers who exhibit distinct search behaviors.
Yang/ Lu/Lu (2014)	Competition and its Impact on Paid-search advertising.	-	N=1597 keywords assoc. with camera/ video, MCMC, Bayesian	▪ The number of competing ads has a significant impact on the baseline click volume, decay factor, and value per click. ▪ Findings help paid-search advertisers assess the impact of competition on their entry decisions and advertising profitability.
Abou Nabout /Skiera (2012)	Return on quality improvements.	-	N=4354 observed QS changes; decomposition method	▪ An empirical study shows that quality improvements have complex effects. Quality improvements lead to higher weighted bids, which only lower prices if they do not improve the ranking of the advertisement. Otherwise, better ranks likely lead to higher prices. Results indicate that advertisers benefit if they lower their bids after improvements to advertising quality.
Rutz/ Mullin (2011)	Modeling spillover in paid search advertising.	-	Keyword data for lodging chain, Bayesian dynamic linear model	▪ Results show that generic search activity positively affects future branded search activity through awareness of relevance. However, branded search does not affect generic search, demonstrating that the spillover is asymmetric.

Für **Omnichannel-Händler**, die konsistent Kunden über diverse Kanäle ansprechen, ist das Auffinden im Internet zudem durch weitergehende Optionen möglich.

- Eine starke Bekanntheit aus dem Offline-Store fördert einen Direktzugriff oder das Anlegen einer App mit direktem Zugang zum Händler online. Eine entsprechende Reputation aber v.a. Kommunikationsmaßnahmen fördern dieses Kundenverhalten zudem.
- Förderung des Direktzugriffs auf den Online-Standort durch mobilen Anwendungen im Offline-Store, d.h., während des Besuchs im stationären Geschäft (siehe zu dieser Offline-Online-Integration Abschnitt C.IV.3. des Zweiten Kapitels). Hierdurch wird zudem die Vermittlung eines mehrdimensionalen Erlebnisses gefördert.
- Ferner besteht die Möglichkeit, eigene Online-Shops auf Plattformen (siehe hierzu die Fallstudie Amazon im Ersten Kapitel) und Portalen (z.B. Preisvergleichsportalen) zu etablieren, was Provisionen oder Cost-per-Click-Zahlungen verursacht. Für beides gibt es Beispiele, allerdings variiert diese branchen- und unternehmensspezifisch. Während bspw. im LEH Plattformen schwierig sind (insb. bzgl. der Zustellung von Frischeprodukten) ermöglichen Preisvergleichsportale bspw. die Preiswürdigkeit durch die Präsentation von Warenkörbern zu schärfen. Im Fashion-Handel sind hingegen beide Optionen denkbar.

Omnichannel-Händler sollten diverse Ansätze integrieren, um sowohl in Suchmaschinen gefunden zu werden, eine Direktanwahl des Shops zu fördern und Konsumenten offline zum

Online-Auftritt zu leiten. Es gilt noch immer, dass Offline-Standorte als Kundenkontaktpunkte eines der wichtigsten Marketinginstrumente sind. Sie sind immer „einmalig", weil es den jeweiligen „physischen Standort" nur einmal gibt. Dies bedeutet, dass es sich hierbei um ein Wettbewerbsinstrument handelt, dass von der Konkurrenz nur sehr schwer imitiert werden kann: Bestimmte Elemente der Standortstrategie, auch ähnliche Standorte in Bezug auf die Standortfaktoren oder -merkmale, aber der Standortvorteil selbst ist immer lokal geprägt.

Offline- und Online-Standorte bei Mango

Mango ist ein spanischer Fast Fashion-Händler, mit rd. 13.500 Mitarbeitern, 2,3 Mrd. EUR Umsatz (davon 15% online) und rd. 2.800 Stores auf allen Kontinenten in 105 Ländern im Jahr 2017. Offline ist Mango bereits ein Multichannel-Unternehmen, denn nur 40% der Stores gehören Mango selbst (weitere Franchising, Lizenzen, Beteiligungen usw.), mit Standorten ausschließlich in Primärnetzen bzw. exzellenten, direkten Innenstadtlagen und Einkaufszentren („unplanned and planned business districts"). Zudem werden Outlet-Stores (in FOC), Shop-in-the-Shop- und Corner-Lösungen realisiert. Spezifische Markenpartnerschaften realisiert Mango mit anderen Händlern, in Deutschland bspw. mit SinnLeffers, Peek & Cloppenburg, Wöhrl und ApplerathCüpper.

Online hat Mango eigene Standorte: Mango.com, Mangooutlet.com und eine Mobile App mit integriertem Online-Store. Alleine der Online-Shop gilt mit mehr als 400 Mio. Besuchern p.a. als stark frequentiert, was auch für die Mobile App gilt, über die rd. 60% der Online-Umsätze realisiert werden. Die Online-Erreichbarkeit wird durch fast alle og. Formen bedingt. Beim SEM belegt Mango in Suchmaschinen mit Anzeigenwerbung bei der Stichwortsuche den oberen Bereich (siehe Abb. 4.*22*). Mango bedient sich der Anzeigenwerbung. Hinsichtlich des SEOs hat Mango eine durchaus einfache URL, sodass die Erreichbarkeit des Online-Shops gegeben ist. Bei der Suche nach Keywords, die keine Korrelation mit Mango aufweisen, besteht zudem die Möglichkeit, dass der User auf der Website eines Kooperationspartners landet und dort Produkte von Mango findet. Im Social Media Marketing, sei es für Facebook, Instagram oder Twitter, werden als Möglichkeiten zur Pflege eines konsisteten Social-Media Auftritts genutzt. Hier liefert Mango mittels Postings nicht nur Inhalte, sondern gibt den Usern auch durch Einrichtung von Buttons oder Direktverlinkungen die Möglichkeit, per Klick von Mangos Social Media Profil zum Online-Shop zu gelangen.

Abbildung 4.22 Suchmaschinen- und Social Media Marketing bei Mango

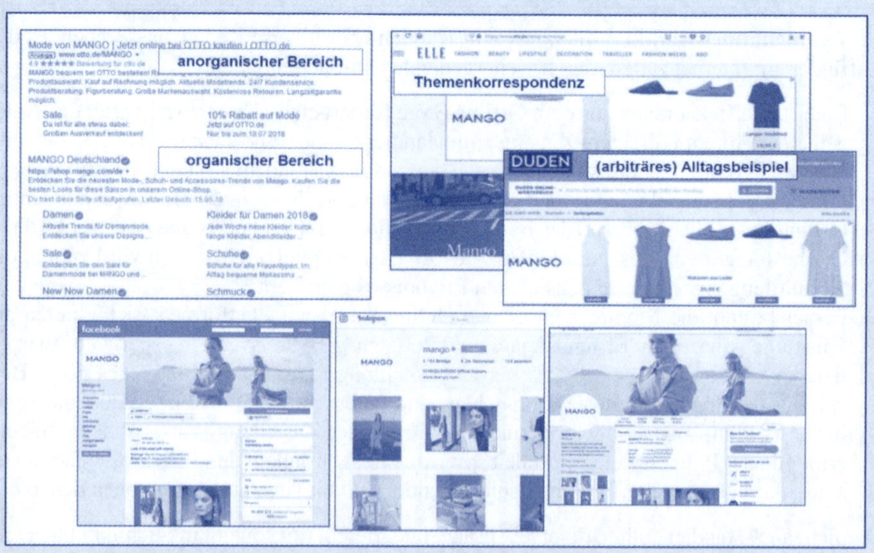

Die o.g. Online-Shop-in-Shop-Kooperationen existieren mit Zalando, Otto oder Asos. Zalando und Otto haben eine Kooperation auf Plattformebene, was eine gewisse Kontrolle über Preise, Markendarstellung und Bildsprache ermöglicht; die Amazon-Kooperation wurde beendet. Dadurch, dass die Partner eigene Apps besitzen, findet sich Mango zusätzlich bei den Partnern wieder. Neben der einfachen Listung der Mango-Produkte auf der Plattform besteht i.d.R. die Möglichkeit, sich mittels Filterfunktion isoliert Produkte von Mango anzeigen zu lassen. Diese Vielzahl virtueller Standorte Mangos erhöht die Erreichbarkeit und die Auffindbarkeit. Selbst wenn keine gezielte Recherche nach Markenprodukten von Mango getätigt wird, können Kunden zufällig darauf stoßen, weswegen Plattform-Partnerschaften v.a. ab einer bestimmten Anzahl an Partnern interessant sind. Bei Portalen ist Mango bspw. bei Ladenzeile.de aktiv (Listung von Produkten und Online-Shops). Anders als bei den Kooperationspartnern können Kunden über dieses Portal keinen Bestellvorgang auslösen; sie werden auf einen Online-Shop (auch Otto, Zalando) weitergeleitet.

Im Omnichannel-Handel forciert Mango die Schnittstellen zwischen den physischen Standorten und den o.g. drei eigenen Online-Standorten und gilt als diesbezüglicher Vorreiter im Fashion-Handel. Mango erreicht auch mittels Serviceinstrumenten (siehe Abschnitt H. in diesem Kapitel) einen hohen Grad an Integration der Kanäle und bietet Kunden Schnittstellen zwischen den Standorten zu jedem Zeitpunkt des Kaufprozesses (siehe Abb. 4.23). Vor dem Kauf wird mittels Shop-Finder sowohl auf Mango.com als auch in der App den Kunden die Möglichkeit angeboten, den nächstgelegenen Shop zu identifizieren (Adress- oder GPS-Angaben) und ferner die Verfügbarkeitsprüfung der Artikel in einem Store. Hierdurch ermöglicht Mango es Kunden, vor Ort das kaufen zu können, was sie online recherchierten. Im Kaufprozess bzw. im Bestellprozess bietet Mango mittels Click & Collect die Möglichkeit, die Bestellung in eine gewünschte Filiale versandkostenfrei liefern zu lassen. Im Offline-Standort kann der Kunden nichtvorrätige Ware mittels „Pad-Verkaufsservice" eigenständig bestellen (mit variabler Lieferung). Die kostenlosen Rückgaben offline bilden eine Schnittstelle nach dem Kauf.

Abbildung 4.23: Ausgewählte Schnittstellen der Offline- und Online-Standorten bei Mango

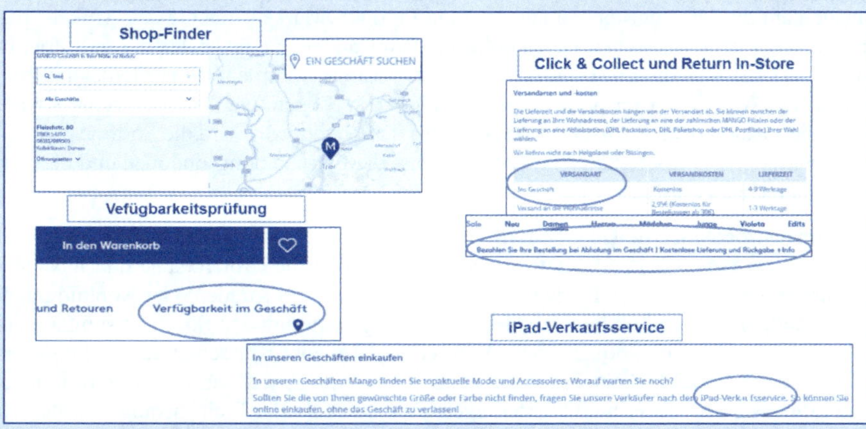

Quelle: www.shop.mango.com, eigene Recherche, 24. Juni 2018.

Mobile Endgeräte bieten in der Customer Journey neben ihrer Browserfunktion weitere Möglichkeiten, bspw. **Location Based Services** (Identifizierung des Standortes des Endgerätes und Informationen zu Umgebung/Stores). Diese ermöglichen es, Standortdaten der Kunden zu erfassen, Bewegungsprofile zu erstellen oder Individuelles anzubieten. **Google** bietet zudem Informationen zu Stoß- und Wartezeiten im nächstgelegenen (Super-)Markt.

C. Sortimentsmanagement

I. Grundlagen und Bedeutung

Bei einem **Sortiment** handelt es sich um die Summe aller Absatzobjekte (Sachleistungen bzw. Sachgüter, Dienstleistungen, Rechte), die ein Händler anbietet.

> Die **Sortimentspolitik** umfasst die Summe aller Maßnahmen, die auf die Gestaltung des Waren- und Dienstleistungsangebots eines Offline-, Online- oder Omnichannel-Handelsunternehmens gerichtet sind.

Demnach bezieht sich das Sortimentsmanagement nicht nur auf einzelne Artikel, sondern auf die Zusammenstellung diverser Artikel oder Warengruppen zu einer Gesamtheit. Es stellt einen zentralen Leistungsbereich eines Händlers dar, da bspw. (1) die Sortimentsbreite und -tiefe Kerncharakteristika von Be- und Vertriebstypen sind (der Produkte des Handels) und (2) weitere Marketinginstrumente, wie etwa das Preismanagement, die Ladengestaltung oder der Service von den Sortimentsentscheidungen maßgeblich beeinflusst werden.

Durch die Sortimentsgestaltung wird nicht nur die **Profitabilität** eines Handelsunternehmens bestimmt, sie trägt auch entscheidend zur **Profilierung**, zum Aufbau eines Images bzw. einer Retail Brand bei.[1] Insofern sind v.a. im Rahmen der Sortimentsgestaltung strategische und operative Sichtweisen, also Ziele, Entscheidungsoptionen sowie Instrumente zu differenzieren. Im Einzelhandel prägen das strategische Sortimentsmanagement das Betriebstypenimage (bspw. die Sortimentsbreite und -tiefe den Betriebstyp oder die Sortimentsstruktur die Branchenzugehörigkeit), die strategische Sortimentsplanung das Sortimentsimage, das Category Management das Warengruppenimage und die Produkt-/Markenstrategie das Artikel-/Markenimage. Die ersten Entscheidungen obliegen dem Handel und die letzten der Industrie. Im Handel beziehen sich die Entscheidungen auf das gesamte Sortiment (**Sortimentsstruktur**), auf einzelne Warengruppen (**Categories**) und letztlich – operativer – auf einzelne **Artikel** (bspw. die Listung oder Auslistung von Artikeln). Darüber hinaus wird die Sortimentspolitik durch vielfältige Einflussfaktoren bestimmt, sodass die Entscheidungsoptionen und Perspektiven entsprechend komplex sind.

Als **unternehmensinterne Determinanten** sind einerseits die **Ressourcen** zu nennen, so finanzielle, räumliche (Verkaufsraum-, Lagergröße), personelle (Mitarbeiter) und intangible Ressourcen (z.B. Sachmittel, Rechte und v.a. das Wissen über Kunden oder Konkurrenten). Der gewählte offline und online Be- oder Vertriebstyp bestimmt den Sortimentsumfang und die Sortimentspolitik, da vom Be- oder Vertriebstyp das vom Kunden erwartete Leistungsprofil abhängt. Grundsätzlich sind Sortimente online breiter, weil sie keinen Restriktionen durch „die Mauern" eines Stores unterliegen. Aus strategischer Sicht bedingen Unternehmensgrundsätze und -leitlinien sowie die Wettbewerbsstrategie den Sortimentsumfang und die Sortimentspolitik. Die Branche, die Logistik und die Beschaffung (zentral oder dezentral durch die Filialen oder die Position auf den Beschaffungsmärkten) stellen schließlich weitere Einflussgrößen dar.[2] Während bspw. im Textileinzelhandel ein Global Sourcing erfolgsentscheidend ist, gewinnen im LEH zunehmend regionale Sortimente an Bedeutung. Sortimente werden geplant, gesteuert und beinahe ständig angepasst, weswegen der Erfolg der Sortimentspolitik im Handel zunehmend von der **Planungs-** und **Vernetzungskompetenz** des Unternehmens abhängt.

---

[1] Vgl. hierzu die Ausführungen in Abschnitt B.IV. des Dritten Kapitels.

[2] Vgl. zur Gestaltung der Supply Chain die Ausführungen im Fünften Kapitel.

Unternehmensexterne Determinanten kommen aus dem **Mikro- und Makro-Umfeld**. Zu den Erstgenannten zählen insb. die Nachfrage bzw. Wünsche der Konsumenten, spezifische Konkurrenzverhältnisse und die Marktstellung des Unternehmens in einer Branche. Zum Marko-Umfeld zählen politisch-rechtliche Faktoren (z.B. Verkehrsplanung oder Lebensmittel- bzw. Arzneimittelrecht), sozio-ökonomische Faktoren (z.B. wirtschaftliche Entwicklung, Bevölkerungsstruktur) und technologisch-infrastrukturelle Faktoren (z.B. Neuproduktentwicklungen im Web). Nicht zuletzt wird die Attraktivität von Waren- und Artikelgruppen bzw. einzelnen Artikeln auch durch sozioökonomische Veränderungen und Trends (z.B. Bio-Lebensmittel, Alterung der Gesellschaft) beeinflusst.

Forschungsstudien zum Sortiment können dreigeteilt werden: Strategisches Management, die Bewertung durch bzw. Wirkung auf Kunden und Category Management (siehe Abb. 4.24).

Abbildung 4.24: Ausgewählte Studien zum Sortimentsmanagement

Autor(en)	Forschungsfrage	Theorie	Daten und Methode	Kernergebnisse
				Strategisches Management und Sortimentsplanung
Zhang/ Rajaram (2017)	Comparison of space sharing and dedication in retail space management	-	Computational study with random numerical examples	■ Space sharing with an optimal replenishment scheduling program can on average reduce space consumption by 31%. ■ Space sharing is attractive when there are fewer products. ■ Space sharing is more attractive if suppliers charge less for each order or charge more for each product being ordered.
Huebner (2017)	Decision problem and conceptualization of a support system	Assortment planning problem	Testing with randomly generated input parameters	■ Development of a pragmatic approach to the capacitated assortment problem with stochastic demand and substitution effects. ■ Substitution demand has a significant impact on total profit and solution structure.
Transchel (2017)	Two-product inventory/pricing model with price-based/ stockout-based substitution	Stockout-based substitution	Comparative statics analysis	■ Demand function is not continuous in price. ■ Not considering stockout-based substitution (i) leads to lower profit margins for high-quality products and (ii) may cause severe supply-demand mismatches through-out the entire assortment.
				Sortiment aus Kundenperspektive
Emrich/ Paul/ Rudolph (2015)	Shopping Benefits of Multichannel Assortment Integration	Negativity bias theory	N=959; online experiment	■ Full integration dominates no integration across assortment relations, but asymmetrical integration can have a detrimental impact for substitutive relations compared with no integration. ■ Asymmetrical integration can be more beneficial than full integration for independent relations, while customer outcomes differ less for complementary relations.
Melis u.a. (2015)	Impact of the Multi-channel Retail Mix on Online Store Choice	-	Panel-Data; N=3234 Multinomial logi model	■ Offering a comparable assortment online/offline strongly improves the transfer of chain preferences and results in a higher likelihood to choose the online alternative of a chain. ■ Online store loyalty is positively influenced by assortment composition.
				Category Management
Matsatsinis/Grigoroudis/Karampatsa (2017)	Do non-major food retailers successfully adopt a shopper-centric category management?	-	N=6 commercial/trade marketing managers, 13 shopper experts, thematic content analysis	■ Convenience store retailers use some of the principles and techniques of the shopper-marketing and shopper-centric category management approaches. ■ Suppliers use category management approaches in a more formal and structural manner.
Silveira/Marreiros (2016)	Review on scientific models that deal with assortment and shelf space planning	-	Review	■ Shelf space allocation models do not clearly and comprehensively address assortment selection, neglect substitution effects between products and ignore the stochastic nature of demand. ■ Assortment planning models mostly ignore shelf space constraints and neglect space depend demand.

„Verkaufsschlager" Heimat im LEH

Regionale Lebensmittel liegen im Trend. Was viele selbstständige Einzelhändler schon seit langem erkannt haben, wird nun auch verstärkt von Handelszentralen unterstützt und im Filialgeschäft gepflegt. Mit regionalen Produkten, wie z.B. Spargel, Kartoffeln und Erdbeeren von den benachbarten Bauern, Brot vom Dorfbäcker, Mehl aus der heimischen Mühle und Schnaps aus der örtlichen Brennerei, können sich Lebensmitteleinzelhändler von der Konkurrenz abheben. Die Herkunft der Produkte ist zum Kaufkriterium geworden. Analog dazu wurden Lebensmittelhändler vorsichtiger mit Herkunftsangaben. Um die regionale Herkunft der Produkte sicherstellen zu können, lässt bspw. die Aldi-Süd-Tochter Hofer stichprobenartig Obst und Gemüse per Isotopenanalyse prüfen. Laut Hofer trägt jede Pflanze einen „fälschungssicheren Fingerabdruck", da Kohlenstoff, Wasserstoff und Sauerstoff über den Boden aufgenommen werden. Die genaue Zusammensetzung der Isotope gibt so letztlich Aufschluss über die Herkunftsregion des Produktes.

Quelle: www.lebensmittelzeitung.net, 29. Juli 2016.

II. Ziele und Entscheidungsoptionen

Die **Ziele** des Sortimentsmanagements im Offline- und Online-Handel können aus unterschiedlichen Perspektiven betrachtet werden. Kundenorientierte Ziele können dabei als Vorsteuergrößen für ökonomische Ziele der Sortimentspolitik angesehen werden (siehe Abb. 4.25).

Abbildung 4.25: Zwei Betrachtungsweisen der Sortimentspolitik

Perspektive	Kundenperspektive	Handelsperspektive
Ziele	Profilierung/Vermittlung von Nutzen	Profitabilität/Wirtschaftlichkeit
Definition Sortiment	Leistungsbündel zur gleichzeitigen Erfüllung von Kundenbedürfnissen	Zusammenfassung der zu einem Zeitpunkt getroffenen Auswahl der Waren- und Dienstleistungsangebote
Bewertung der Leistungsfähigkeit	Vielfalt, Qualität, Präsentation und Preis-/Leistungs-Verhältnis des Sortiments	Ökonomische Performance eines Sortiments oder einer Category
Daten	Kaufzahlen, Kundenbeobachtung und -befragung, Fokusgruppen	Abverkaufs- und Zielkundendaten, z.B. Scanner, Clicking und Kundenkarten

Quelle: i.A.a. Rudolph/Kotouc 2005, S. 64ff.

Beide Sichtweisen sind insofern nicht eindeutig zu trennen, weil die kundenorientierte Sortimentsgestaltung für den Erfolg eines Handelsunternehmens der handelsspezifischen Sichtweise vorgelagert und sogar als unabdingbar zu sehen ist. Dabei gilt es, die Konsumentenperspektive sowohl in der Sortimentsstrukturierung und -gestaltung als auch im Category Management und in den aus dem Sortimentsmanagement abgeleiteten SCM-Prozessen zu berücksichtigen. Gleichwohl besteht kein Automatismus zwischen Nutzenstiftenden Sortimenten und einer daraus resultierenden Profitabilität derselben. Insofern erfolgt v.a. in der Unternehmenspraxis eine recht deutliche Trennung beider Sichtweisen.

Zielsetzungen der Sortimentspolitik zielen zunächst auf die langfristigen Sortimentsstrukturentscheidungen sowie auf Entscheidungen bzgl. der Bündelung des Artikelprogramms in **Warengruppen (Categories)** ab, um eine größtmögliche Anziehungskraft auf die Käufer auszuüben. Damit ist die Erhöhung des akquisitorischen Potenzials eines Handelsunternehmens als Primärziel der Sortimentspolitik gemeint. Grundlage hierfür bildet idealtypisch die Identifizierung der für die Kunden subjektiv relevanten Bewertungsattribute, anhand derer sie die Leistungsfähigkeit eines Sortiments beurteilen (Außensicht). In der Unternehmenspraxis wird oftmals eine Innensicht dergestalt verfolgt, dass einzelne, neue und für den Manager erfolgsversprechende Artikel testweise in das Sortiment eingesteuert werden und bei entsprechender Nachfrage darin belassen werden, was die Sortiments- und Warengruppenstruktur sukzessive verändert.

Der **subjektiven Kundensichtweise** steht die **interne Sortimentsplanung** des Handelsunternehmens gegenüber (Innensicht), in deren Rahmen die Sortimentsbreite und -tiefe, aber auch die Sortimentsqualität oder das Sortimentsimage festgelegt werden sowie die **Rollen** einzelner **Categories/Warengruppen** (Müller-Hagedorn/Natter 2011, S. 256ff.). Insofern sind in Forschung und Praxis unterschiedliche Ziele verbreitet. Konsens besteht über die grundsätzlichen **strategischen Ziele der Sortimentspolitik**, so etwa finanzwirtschaftliche und kundenorientierte Ziele:

- die Bestimmung des Beitrags des Sortiments und einzelner Categories sowie Artikel zum Unternehmenserfolg (z.B. Profitabilität, Wirtschaftlichkeit, Markt- und Kundenerfolg, also Effizienz und Effektivität)
- die Festlegung der angestrebten kundenbezogenen Auswirkungen der Sortimentsgestaltung (d.h. Profilierung, Vermittlung von Nutzen oder operationaler Wahrnehmung, Zahlungsbereitschaft, Kundenloyalität, also Effizienz).

Zur Erreichung dieser generellen Ziele sind Strukturierungs- und Gestaltungalternativen des Sortiments relevant, die prinzipiell eine abgestimmte Innen- und Außensicht der Sortimentspolitik ermöglichen sollen. Nachfolgend werden die Strukturierungsalternativen des Sortiments behandelt, d.h. Entscheidungen über:

- Sortimentsdimensionen (Breite, Tiefe)
- Warengruppenspezifika (Hierarchie von Warengruppen, Artikeln oder Sorten)
- Erfolgsbeiträge (von Warengruppen, Sortimentsumfängen)
- Verbundbeziehungen (gleichzeitiger Bedarf oder Kauf von Artikeln durch Kunden).

Diese Strukturierungsalternativen sind zwar im LEH typisch, sind aber auch generell für das Grundverständnis darüber wichtig, wie Händler zu einer angebotenen Sortimentsstruktur gelangen und wie diese die Steuerung weiterer Entscheidungen, Marketinginstrumente oder Supply Chain Prozesse bedingen, um die o.g. Ziele zu erreichen. In der Regel wird im LEH einerseits ein breiteres und tiefes Sortiment von der Zentrale angeboten, aus dem heraus lokal ein kundenspezifisches Sortiment zusammengestellt wird (bspw. bei Supermärkten in Verbundgruppen wie Edeka oder Rewe) oder andererseits eine standardisierte Sortimentsstruktur beschafft und in allen Filialen angeboten wird (bei Discountern wie Aldi, Lidl). Zwischenstufen zwischen den beiden Extrema sind gleichwohl relevant. Im Fall der standardisierten Sortimentsstruktur erfolgt die Planung vor dem Hintergrund einer standardisierten Filial- und Flächenstruktur. Die **Filial- und Flächenplanung** (siehe Abschnitt G. in diesem Kapitel) stellt somit den Rahmen für die Sortimentsplanung und -steuerung dar. Ziel ist es, identische Flächen oder solche mit ähnlichen Verkaufsmustern mit einem einheitlichen Sortiment auszustatten, was den Planungsaufwand reduziert und einen stimmigen Auftritt am PoS gewährleistet. Ähnliches gilt im Fashion-Handel, wo zusätzlich als Kriterien zur Flächenbewertung qualitative Gruppierungsvariablen wie der Modegrad oder die Preislage herangezogen werden. Die darauf basierende **Warenstrukturplanung** für ähnliche Filial- bzw. Flächengruppen umfasst:

- die Bestimmung eines für die Flächen/Filialen optimalen Umsatzes (auf Ebene der Warengruppen und im Monatsverlauf)
- die zu erzielenden Durchschnittspreise
- die Ableitung der mengen- und wertmäßigen Wareneingangsverläufe.

Neben den Strukturierungsalternativen sind zentrale Gestaltungsalternativen von Bedeutung. Dazu gehören zum einen die strategische Sortimentsgestaltung, welche die Entwicklung der Sortimente und deren Bewertung im Hinblick auf die o.g. Ziele umfasst.

Zum anderen sind eher operativere Variationen von einzelnen Artikeln im Sortiment oder in einer Warengruppe bedeutend. Da bspw. die Artikel mit ihren verschiedenen Größen, Farben oder Geschmacksrichtungen in unterschiedlicher Menge nachgefragt werden, versucht ein Händler, bei der Gestaltung des Sortiments ein ökonomisches **Artikelgleichgewicht** herzustellen. Dies ist „idealtypisch" dann erreicht, wenn die Häufigkeitsverteilung der nachgefragten Produkte der Angebotsstruktur entspricht. Das Pendant hierzu bildet das sog. **Sortimentsgleichgewicht**, das die Leistungsfähigkeit jedes Artikels kennzeichnet, im Rahmen betriebstypenspezifischer Sortimentsproportionen zum Umsatz beizutragen. Hierfür kann zwischen der gerade genannten eher operativen Aufgabe, einer **Detailplanung** und einer eher strategischen, strukturellen **Rahmenplanung** unterschieden werden. Bei Letzterer werden als **Orientierungsprinzipien** für die generelle Ausrichtung des Sortiments die Herkunftsorientierung, die Orientierung an den Lieferanten und den Wettbewerbern sowie die Orientierung am Bedarf der Kunden herangezogen. Im Handel werden alle vier Prinzipien berücksichtigt, wobei sich – nicht nur online – ein grundlegender Wandel vom branchenspezifischen (insb. herkunftsorientierten) zum kundenorientierten (hinkunftsorientierten) Sortiment vollzog.

Es können noch eine Reihe weiterer Aspekte im Sortimentsmanagement betrachtet werden, etwa bzgl. der Rolle und Bedeutung von Warengruppen (siehe Category Management) oder bzgl. der Besonderheiten im Online- und Omnichannel Handel (geprägt durch eine Vielzahl an Vertriebstypen). Weiteres, wie etwa die Relation von Markenartikeln zu Handelsmarken oder der Servicegrad wird in den Abschnitten D und H in diesem Kapitel behandelt. Schließlich wird die Abstimmung mit anderen Marketinginstrumenten, welche eine Voraussetzung für die Erreichung der genannten Sortimentsziele darstellt, implizit in anderen Abschnitten angesprochen. Einen Überblick über die nachfolgend behandelten Inhalte gibt Abb. 4.26.

Abbildung 4.26: Entscheidungsoptionen in der Sortimentspolitik

Ebene	Teilbereich	Konkrete Aspekte
Strukturierungsalternativen	**Sortimentsdimensionen**	▪ Breite ▪ Tiefe
	Warenspezifische Kriterien	▪ Unterschiedliche Planung in einzelnen Branchen
	Erfolgsgrößenorientierung	▪ Identifizierung umsatzstarker Artikel
	Sortimentsverbundsbeziehungen	▪ Identifizierung von aus Kundensicht zusammengehörigen Artikeln
Gestaltungsalternativen des Sortiments	**Leitlinien**	▪ Herkunfts- und Lieferantenorientiert ▪ Kundenorientiert ▪ Branchen- und Standortorientiert
	Variation der Artikel	▪ Dauerhafte Aufnahme neuer Artikel ▪ Temporäre Aufnahme neuer Artikel ▪ Reduktion des Sortiments
Category Management	**Prozesse**	▪ Definition einer Category, Category-Planumsetzung ▪ Re-Organisation des Warengruppenmanagements
Offline- und Omnichannel-Handel	**Spezifika**	▪ Erweiterung des Sortimentsumfangs ▪ Prüfung der Produkteignung für den Online-Verkauf ▪ Verzahnung von Offline und Online
(Handels-)Markenmanagement (Abschnitt D.)	**Gestaltung des Handelsmarkenprogramms**	▪ Siehe Abschnitt B. im Zweiten Kapitel und Abschnitt D. in diesem Kapitel

III. Strukturierungsalternativen im Sortimentsmanagement

1. Überblick

Die **Struktur des Sortiments** kann – abhängig von der Zielsetzung – nach verschiedenen Kriterien beschrieben werden. Handelssortimente können zunächst nachfolgende betriebsinternen Kriterien unterschieden werden:

- Bedeutung innerhalb des Sortiments, z.B. Profilierungs- und Standardwarengruppen
- Aktualität, z.B. Stapelsortiment, modisches Sortiment oder Frischesortiment
- Verweildauer, z.B. Dauer-, Saison- oder Aktionssortiment
- Lebenszyklus, z.B. Trend-, Test-, Auslauf- oder Nachverwertungssortiment

Das **Kernsortiment** bestimmt die Branche und den Be-/Vertriebstyp, auf welchen sich ein Handelsunternehmen spezialisiert hat. Das Zusatzsortiment besteht aus Handelswaren, die hinsichtlich der Bedarfsorientierung und des Nachfrageverbundes eine sinnvolle Ergänzung zum Kernsortiment darstellen. Zusatz- und Randsortiment bilden überwiegend die dynamischen Kernkompetenzen eines Handelsunternehmens, wobei das Randsortiment problematische Artikel und Sorten beinhaltet, z.B. Artikel in Übergrößen oder Artikel mit kurzen Produktlebenszyklen.

2. Sortimentsdimensionen

Sortimente werden zunächst nach Breiten- und Tiefendimensionen unterschieden. Aus Unternehmenssicht wird die **Breite** eines Sortiments durch die Anzahl verschiedener Warengruppen bestimmt. Händler mit breitem Sortiment (z.B. Warenhäuser) ermöglichen es Kunden, verschiedene Bedürfnisse während eines Einkaufsvorganges zu befriedigen. Fach- oder Spezialgeschäfte weisen hingegen ein enges Sortiment mit wenigen Warengruppen auf. Aus Kundenperspektive liegt ein breites Sortiment vor, wenn ein großes Spektrum additiver Kaufmöglichkeiten wahrgenommen wird. Im Gegensatz dazu wird die **Tiefe** eines Sortiments von der Anzahl gleichartiger Artikel in einer Warengruppe bestimmt (große Auswahl). Abb. 4.27 verdeutlicht exemplarisch eine mögliche Sortimentsstruktur anhand eines Hypermarktes.

Abbildung 4.27: Sortimentsstruktur in der Breiten- und Tiefendimension

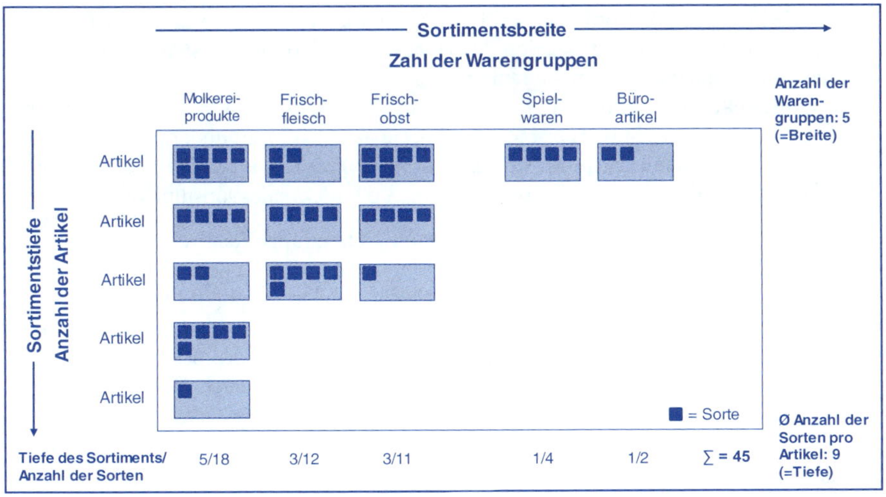

Kleine Lebensmittelläden weisen ein Sortiment geringer Breite und Tiefe auf, was mit hoher Warenumschlagshäufigkeit einhergeht, aber Nachteile für den Konsumenten mit sich bringt, da nicht alle Bedürfnisse in einem Store abgedeckt werden. **Fachgeschäfte** haben bereits ein tieferes Sortiment, was eine große Auswahl in bestimmten Produktbereichen mit sich bringt, aber es dem Konsumenten in anderen Bereichen ebenfalls nicht erlaubt, seinen Bedarf zu decken. **Discounter** dagegen weisen eine geringere Tiefe, dafür aber ein breites Sortiment auf. Schließlich verfügen **Warenhäuser** über ein tiefes und breites Sortiment, was den Konsumenten One-Stop-Shopping ermöglicht, aber ev. zu geringerer Warenumschlagshäufigkeit führt. Sortimentsbreite und -tiefe bedingen den **Sortimentsumfang** (die Anzahl der angebotenen Artikel). Dieser reicht vom Kleinsortiment eines Autohändlers, dem „Magersortiment" eines Discounters (800-1600 Artikel),[1] über das der Supermärkte (ca. 6.500), der Verbrauchermärkte (ca. 13.000) und Fachmärkte (ca. 50.000) bis hin zu den Universalsortimenten der Waren- und Versandhäuser (über 100.000 Artikel). Warenhäuser wie Harrods in London, Galeries Lafayette in Paris oder das KaDeWe in Berlin, bieten noch größere Sortimente an. Bei der Bestimmung der **optimalen Sortimentsbreite und -tiefe** sind finanz- bzw. kostenorientierte, marktorientierte und verbundorientierte Größen zu berücksichtigen:

- Zu den **kostenorientierten Größen** zählen z.B. Lagerkosten, die mit der Anzahl der angebotenen Artikel korrelieren. Zudem wird die Sortimentsgestaltung durch die Lagerumschlagshäufigkeit beeinflusst: Während Handelsbetriebe mit flachen Sortimenten i.d.R. Artikel mit einem hohen Lagerumschlag wählen, führen Unternehmen mit einem tiefen Sortiment meist Artikel mit einer niedrigeren Lagerumschlagshäufigkeit. Auch die zur Verfügung stehenden Verkaufsflächen wirken sich auf die Gestaltung der optimalen Sortimentsbreite und -tiefe aus, da eine Differenzierung des Angebots auf Grund limitierter Verkaufsflächen nur begrenzt möglich ist (Rudolph 2005, S. 82).
- **Finanzorientierte Größen** umfassen bspw. Deckungsbeiträge oder Umsatzerwartungen.
- Zu den **marktorientierten Größen** zählen die Konkurrenzaktivität und das Verhalten bzw. die Ansprüche der Konsumenten, also z.B. der Wunsch nach Sortimentsvielfalt (Variety Seeking) oder die begrenzte Wahrnehmungskapazität der Kunden. Dabei liegt ein zunehmend differenziertes Angebot im Trend der Multioptionsgesellschaft. Abzuwägen ist allerdings die positive Wahrnehmung der Einkaufsstätte durch eine große Sortimentsvielfalt und eine Reizüberflutung durch ein zu großes Angebot, die den Kunden verwirrt. Diese „Consumer Confusion" kann zu Abstumpfung, Desinteresse oder zu mangelnder Unterscheidbarkeit von Sortimenten führen. Die Variantenvielfalt stellt zudem hohe Ansprüche an die Vertriebsorganisation des Handels, da Koordinationsaufgaben zwischen Organisationseinheiten zunehmend komplexer werden.
- **Verbundeffekte** im Sortiment (zwischen Categories, Artikeln) wirken sich unmittelbar auf die Gestaltung der Sortimentsbreite und -tiefe aus, denn Verbundeffekte können den Erfolg eines Sortiments in positiver oder negativer Hinsicht erheblich beeinflussen, je nachdem, ob Artikel sich gegenseitig umsatzmäßig fördern oder substituieren.

In Abhängigkeit von der strategischen Rolle einer Warengruppe kann die Gestaltung der Sortimentstiefe zumal sehr unterschiedlich ausgeprägt sein. Ein Lebensmittelhändler mag etwa ein tiefes Sortiment an alkoholfreien Getränken anbieten, während sein Angebot an Körperpflegeartikeln eher flach ausgestaltet ist. Andererseits wäre es durchaus denkbar, dass der entsprechende Lebensmittelhändler ein breites und tiefes Sortiment an Non-Food-Artikeln anbietet, um sich letztlich einen Konkurrenzvorteil zu verschaffen. Somit ist die

---

[1] Vgl. zur Unterscheidung zwischen „Hard Discountern" und „Soft Discountern" die Ausführungen in Abschnitt C.IV.3.c. des Zweiten Kapitels.

Sortimentsgestaltung durchaus als Spiegel der strategischen Rollen einzelner Warengruppen innerhalb des Unternehmens zu betrachten (vgl. hierzu Abschnitt V. dieses Kapitels). Eine Optimierung der Sortimentstiefe kann letztlich durch Analyse der Kundenreaktionen auf Sortimentsveränderungen erfolgen. Die Literatur spricht in diesem Zusammenhang von Sortimentstiefe-Absatz-Funktionen, welche auf Basis von Transaktionsdaten erstellt werden können. Eine Erhöhung der Sortimentstiefe führt zu einer höheren Kaufwahrscheinlichkeit, jedoch ist dieser Zusammenhang aufgrund von Substitutionseffekten degressiv. Darüber hinaus wirken sich Artikel mit geringem Umschlag durch die besetzten Regalpositionen zumal negativ auf den Umsatz aus. Ein tiefes Sortiment hilft dem Kunden zwar bei der Suche nach dem geeigneten Artikel, kann allerdings auch die individuellen Suchkosten erhöhen, was sich im Extremfall in sog. Choice-Overload-Effekten niederschlägt. Hierbei trifft der Kunde keine Kaufentscheidung, da ein Vergleich der Alternativen zu mühsam erscheint, sich die Produkte aus Kundensicht zu stark ähneln, zu viele unattraktive Alternativen vorhanden sind oder der Kunde befürchtet, seine Entscheidung letztlich bedauern zu müssen. Wenngleich diese Effekte nur unter bestimmten Bedingungen auftreten mögen, weist die Diskussion auf den bedeutenden Einfluss der Sortimentsgestaltung auf das individuelle Käuferverhalten und die Wechselwirkungen zwischen wahrgenommener Sortimentsvielfalt und wahrgenommener Auswahlunsicherheit hin (Zielke 2012, S. 513ff). Eine Ausdehnung der Sortimentsbreite, welche zumal unter dem Begriff der Sortimentsdiversifikation diskutiert wird, kann permanent oder temporär erfolgen. Eine permanente Sortimentsverbreiterung etwa zielt u.a. auf One-Stop-Shopper im Sinne einer Convenience-Orientierung ab. Als Beispiel wäre hier das Angebot von Glühbirnen im LEH zu nennen, welches letztlich den Weg zum Baumarkt erspart. Derartige Maßnahmen müssen aber nicht zwingend erfolgreich sein, zumal sich Konsumenten durchaus an die bisherige Einkaufsstätte gebunden fühlen können, was sich letztlich in Wechselbarrieren äußert. Alternativ werden Sortimente auch temporär verbreitert. Diese Saison- und Rotationssortimente sprechen kundenseitige Wünsche nach Stimulation an und sind dementsprechend beliebt bei Kunden mit hohem erwartetem Stimulationsniveau. Darüber hinaus weisen temporäre Sortimente zumeist Angebotscharakter auf. Hierdurch werden preis- und sonderangebotsorientierte Kunden, sog. Smart Shopper, angezogen (Zielke 2012, S. 512ff.).

3. Warenspezifische Kriterien

Ein Handelssortiment kann nach zahlreichen warenspezifischen Kriterien untergliedert werden, wozu v.a. stoffliche, organisatorische und absatzwirtschaftliche Merkmale zählen. Dadurch entsteht eine hierarchische Anordnung verschiedener Sortimentsebenen, die sog. **Sortimentspyramide** (siehe Abb. 4.28).

Die kleinste Einheit der Sortimentspyramide stellt die einzelne Sorte dar, die sich von anderen Produkten durch Menge, Größe, Farbe, Verpackungseinheit usw. unterscheidet. Eng verwandte Sorten werden zu Artikeln (Sortengruppen) zusammengefasst. Zum Beispiel ist ein Schuh in einer bestimmten Ausführung ein Artikel, die verschiedenen Größen werden dagegen als Sorten bezeichnet. Die Anzahl der Sorten eines Artikels werden generell durch Multiplikation der verschiedenen Packungs-, Größen- sowie Muster- oder Farbarten ermittelt. Durch stufenweise Aggregation von Waren zu größeren Sortimentseinheiten lassen sich in weiterer Folge immer umfangreichere Warenkomplexe klassifizieren. Eine entsprechende Betrachtung ist für die Bestimmung der Sortimentsstruktur und die Steuerung der Sortimente im SCM entscheidend (siehe Abschnitt C.IV. des fünften Kapitels).

Abbildung 4.28: Sortimentspyramide

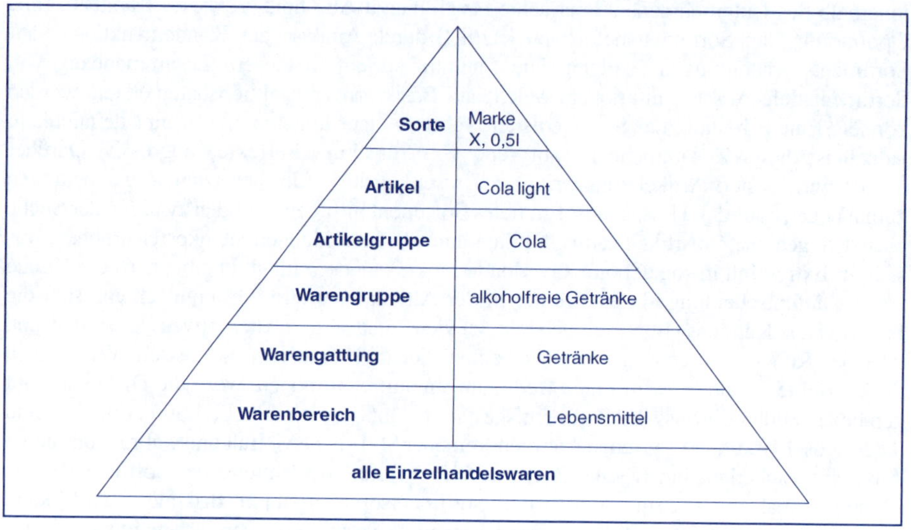

4. Erfolgsgrößenorientierte Kriterien

Die Erfolgsträchtigkeit einzelner Sortimentsteile lässt sich mit verschiedenen **erfolgsgrößenorientierten Kriterien** näher charakterisieren, wobei das Sortiment mithilfe klassischer Kennzahlen (absatz- und umsatzbezogene, deckungsbeitragsbezogene Kennzahlen und Rentabilitätskennzahlen) betriebswirtschaftlich bewertet werden kann.[1] Ein Beispiel für die Anwendung umsatzorientierter Kennzahlen bildet die ABC-Analyse, die eine Aufteilung des Sortiments in starke bzw. schwache Umsatzträger ermöglicht und in vielen Unternehmen zum Einsatz kommt. Dafür wird meist ein zweistufiges Verfahren gewählt: Zuerst wird die Umsatzstärke einzelner Categories bewertet, um danach eine Analyse auf Artikelebene durchzuführen. Durch die ABC-Analyse wird bspw. ersichtlich, welchen Anteil am Gesamtumsatz bestimmte Artikel bzw. Artikelgruppen erwirtschaftet haben. Da die Nachfrage oft auf wenige Artikel konzentriert ist („**Pareto-Regel**" bzw. „**80:20 Regel**", d.h. 20% der Artikel erbringen 80% des Umsatzes), können mit steigendem Sortimentsumfang zunächst hohe Zuwächse erzielt werden. Bei einer weiteren Ausweitung der Artikelanzahl sinkt jedoch die Zahl zusätzlicher Kunden, die solche Artikel präferieren. Folglich sinkt das Umsatzwachstum. Wird das Sortiment für den Kunden unübersichtlich, ist sogar ein absoluter Rückgang denkbar (siehe Abb. 4.29). Eine **ABC-Analyse** ist nicht unproblematisch, da sie kundenseitige Aspekte und Verbundbeziehungen zwischen den Artikeln bzw. Categories vernachlässigt. Sie sollte daher durch eine sog. XYZ-Analyse ergänzt werden, welche die Umsatzwerte den Präferenzen oder den Bedarfshäufigkeiten gegenübergestellt. Oftmals sind in einer Category zwar sog. Key Items vorhanden, welche die Absätze der gesamten Category positiv beeinflussen, selbst jedoch nicht zu den Top-Sellern zählen. Andererseits gibt es Artikel, die sich sehr gut verkaufen, jedoch nur einen schwachen Einfluss auf den Absatz der gesamten Category ausüben. Eine ABC-Analyse auf Artikelebene würde aus Category-Sicht in diesen Fällen zu falschen Schlussfolgerungen führen.

---

[1] Auf die Sortimentskennzahlen wird in Abschnitt D.IV. des Sechsten Kapitels eingegangen.

Abbildung 4.29: Typische Reaktionsfunktionen für den Sortimentsumfang

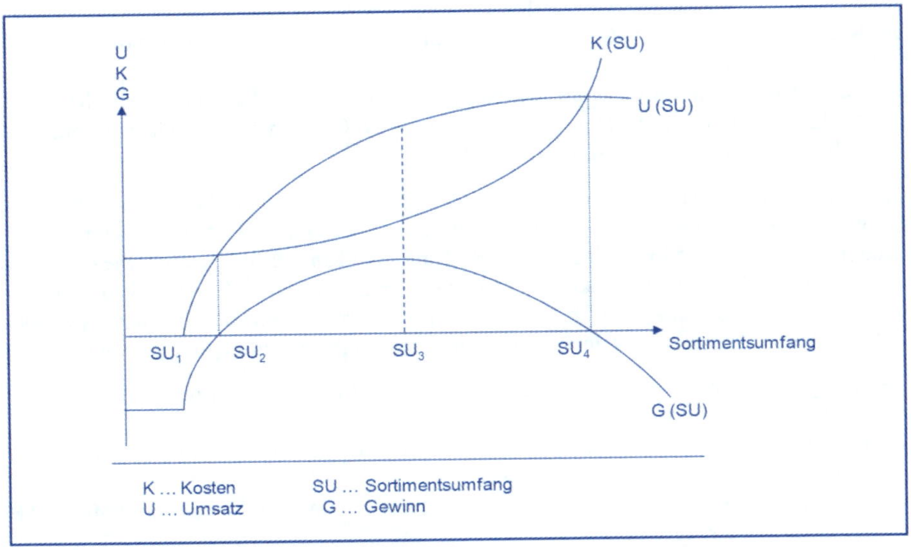

Quelle: Diller 2007, S. 102.

5. Sortimentsverbundbeziehungen

Verbundeffekte zwischen Artikeln und Categories sind im Handel für die Gestaltung der Sortimente, die Präsentation am PoS, die Preispolitik oder für die **Warenkorbanalyse** (Market Baskets) und damit auch für das Database Marketing und das Category Management von Bedeutung. Grundsätzlich lassen sich mehrere Typen von **Verbundeffekten** unterscheiden:

- Beim **Bedarfsverbund** geht es darum, ein Sortiment möglichst so zu gestalten, dass es sich weitgehend mit dem Bedarf der Abnehmer deckt. Ziel ist es, Sortimentsteile so aufeinander abzustimmen, dass der Kunde seinen Bedarf an bestimmten Artikeln mit dem Sortimentsangebot eines bestimmten Geschäftes abdecken kann. Dieser Bedarfsverbund ist positiv, wenn sich zwei oder mehr Produkte beim Ge- oder Verbrauch ergänzen, also komplementär zueinander sind (z.B. Farbe und Pinsel); negativ ist er, wenn ein Produkt den Kauf eines anderen völlig oder z.T. substituiert (z.B. Kaffee und Tee).
- Der **Nachfrageverbund** kommt dem Bestreben der Konsumenten, einen möglichst großen Teil ihrer Nachfrage in nur einer Einkaufsstätte zu erledigen (One Stop Shopping) entgegen. Ziel des Handelsunternehmens ist es, den Einkaufsvorgang für den Endverbraucher rationeller und bequemer zu gestalten (z.B. Angebot von Tageszeitungen oder Schreibwaren im Supermarkt). Werden dabei verschiedene Artikel zusammengefasst, die im Rahmen eines Sonderangebotssortiments auch gemeinsam beworben werden, liegt ein **Akquisitionsverbund** vor.
- Ein **Kaufverbund** liegt vor, wenn im Rahmen eines einzigen Kaufaktes gleichzeitig mehrere Artikel gekauft werden (**Verbundkauf**), während die anderen Typen von Verbundeffekten auch in mehreren zeitlich nacheinander liegenden Kaufakten auftreten können.

Ferner lassen sich Verbundeffekte anhand von vier Richtungszusammenhängen gliedern:

- **Symmetrische Verbundeffekte** zwischen zwei Artikeln liegen vor, wenn die Stärke der Wirkung des ersten Artikels auf den Zweiten gleich der reziproken Verbundwirkung ist.

- **Asymmetrische Verbundeffekte** bestehen, wenn einseitige Verbundwirkungen zwischen zwei Artikeln in unterschiedlicher Stärke wirken.
- **Reflexive Verbundeffekte** liegen vor, wenn ein Artikel eine Verbundwirkung auf sich selbst aufweist.
- Eine **Transitivität von Verbundeffekten** existiert, wenn die Beziehung zwischen zwei Artikeln A und B einerseits und den Artikeln B und C andererseits zu einer Verbundbeziehung zwischen den Artikeln A und C führt.

Zumindest bei Fast Moving Consumer Goods (FMCG), bei denen die Kaufentscheidung großteils am PoS getroffen wird, ist die **Kenntnis von Verbundeffekten** von zentraler Bedeutung für das Handelsmarketing. Dem steht häufig die Komplexität des Entscheidungsfeldes gegenüber. So führt eine artikelgenaue Bestimmung von Verbundbeziehungen selbst bei einem Sortiment von nur 1.200 Artikeln eines Discounters zu 1,4 Mio. denkbaren Zweierbeziehungen zwischen den Artikeln. Faktoren, die einen Verbundkauf begründen, sind:

- **Komplementarität**, wenn der Angebotspreis eines Produktes die Entscheidung für den Kauf eines anderen Produktes beeinflusst,
- **Heterogenität**, wenn Präferenzen, Nutzen oder Verhalten der Konsumenten über Artikelgruppen hinweg in Beziehung stehen,
- **Mitnahmeeffekte** auf Grund sonstiger ökonomischer und psychologischer Gründe wie Kaufzyklen oder Gewohnheit.

Während das Handelsunternehmen auf die Komplementarität Einfluss nehmen kann, ist eine Beeinflussung der Heterogenität und des Mitnahmeeffekts schwer möglich – zumal Letzterer auch nicht direkt beobachtbar ist. Angestoßen durch das Aufkommen des Category Managements, beschäftigt sich der Einzelhandel seit Mitte der 1990er Jahre mit der Erfassung und Nutzung des Sortimentsverbunds. Aus dieser Tradition heraus werden Verbundeffekte v.a. im Rahmen der Sortimentspolitik diskutiert. Dabei dienen die aus der Sortimentsverbundanalyse gewonnenen Erkenntnisse neben der Sortimentsoptimierung i.S. des Category Managements v.a. als Basis für **Auslistungsentscheidungen**. Selbstredend sind Verbundeffekte auch im **Online- und Omnichannel-Handel** von entscheidender Bedeutung, zumal digitale Shops aufgrund weitreichender Tracking-Methoden wesentlich mehr Daten zum Nutzungs- und Kaufverhalten ihrer Kunden erheben und auswerten können.

Abbildung 4.30: Entwicklung der Analysemethoden

1950er Jahre	1960/70er Jahre	1980er Jahre	1990er Jahre	2000er Jahre	2010er Jahre
- lineare Programmierung	- Kreuzelastizitäten - bedingte Wahrscheinlichkeiten - Assoziationskoeffizienten - Korrelationen - lineare Regression	- polynominale Lag-Regression - logistische Regression	- multivariate Logitmodelle - neuronale Netze - Binomialverteilungsmodelle - Assoziations-regel	- Ansätze aus der räumlichen Statistik - multivariate Probitmodelle	- Ansätze aus dem Bereich der Topic Models - latent Dirichlet allocation (LDA) - correlated topic model (CTM)

Quelle: i.A.a. Boztuğ/Silberhorn 2006, S. 112; Hruschka 2014, S. 268ff.

Des Weiteren werden Verbundeffekte u.a. für Umplatzierungsmaßnahmen oder zur zielgerichteten Zweitplatzierung von Artikeln berücksichtigt. Im Rahmen der Aktionspolitik wird bspw. durch die gezielte Aktionierung komplementärer Güter versucht, die Tiefenleistung des Sortiments hervorzuheben oder durch Bewerbung eines verbundintensiven Artikels eine möglichst große Zahl an Folgekäufen auszulösen. Schließlich werden Verbundeffekte bei preispolitischen Entscheidungen berücksichtigt. Abbildung 4.30 listet die Entwicklung der in der Forschung zur Ermittlung von Verbundeffekten herangezogenen Methoden auf.

Anhand von Abb. 4.31 kann eine qualitative Analyse der Verbundeffekte auf Warengruppenebene in einer SB-Warenhausfiliale veranschaulicht werden, die auf der Basis der wöchentlichen Abverkaufszahlen ermittelt wurden. Im linken Bild sind neun Produktgruppen des Sortiments mit den stärksten Verbundbeziehungen zu sehen, wobei die Warengruppe Molkerei die meisten Verbundwirkungen aufweist. Diese Artikel werden am häufigsten verkauft, wodurch das Auftreten von Verbundeffekten wahrscheinlich wird. Die schwächsten Verbindungen liegen für die Warengruppen Haushaltswaren sowie für Wasch- und Putzmittel vor, die nur mit der Warengruppe Molkerei in Beziehung stehen. Da diese dennoch zu den Gruppen mit den stärksten Verbundeffekten zählen, ist anzunehmen, dass es Verbindungen zu anderen, im Diagramm nicht dargestellten, Warengruppen gibt. Da insb. Waschmittel als klassische Aktionsprodukte gelten, läge hier ein Ansatzpunkt, um durch nähere Analyse festzustellen, ob die häufigen und großzügigen Aktionierungen gerechtfertigt werden können. Das Bild in der Mitte zeigt den gleichen Sachverhalt, jedoch werden nur noch die sechs Produktgruppen mit den stärksten Verbundwirkungen ausgewiesen. Die schwächsten Verbindungen hat die Gruppe Kosmetik, die auf diesem Niveau nur noch mit der Warengruppe Molkerei in Verbindung steht. Schließlich zeigt das Bild rechts jene vier Warengruppen auf, die die stärksten Verbundbeziehungen haben. Demnach bestehen die stärksten Beziehungen des Sortiments zwischen den Gruppen Molkerei und Obst- und Gemüse, Süßwaren sowie Nährmittel.

Abbildung 4.31: Qualitative Analyse der Verbundeffekte auf Warengruppenebene

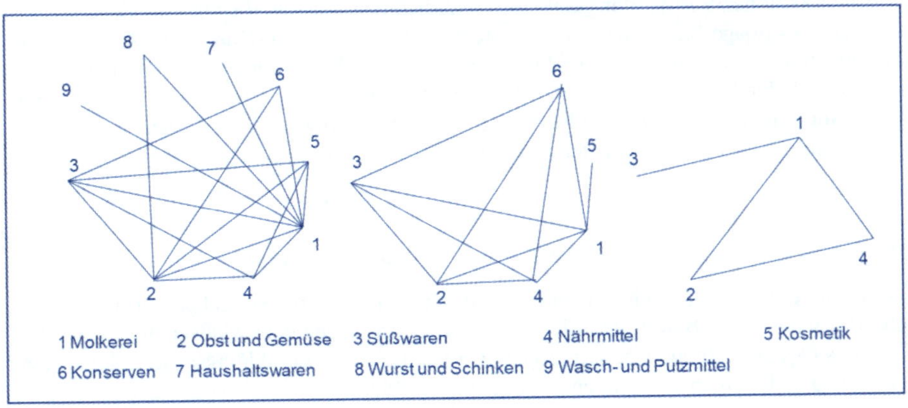

IV. Gestaltungsalternativen im Sortimentsmanagement

1. Leitlinien der Sortimentsgestaltung

Von der Gestaltung der Sortimentsstruktur sind unterschiedliche Aspekte der **Gestaltung des Sortiments** zu unterscheiden. Die Sortimentsgestaltung umfasst, offline wie online, die Entwicklung verschiedener Sortimente und deren Bewertung im Hinblick auf die maßgeblichen Ziele. Hierzu gehören die Konzeption neuer ertragreicher Warengruppen und gleichzeitig die Eliminierung unrentabler Sortimentsteile, wobei, neben reinen Ertrags- und Kostengesichtspunkten, Verbundeffekte und Kundenpräferenzen zu beachten sind. Die strategischen und operativen Möglichkeiten der Sortimentsgestaltung hängen vom gewählten Standort, dem Betriebstyp, der Wettbewerbsstrategie oder der verfügbaren Verkaufs- und Lagerfläche ab.

Herkunfts-, lieferanten- und wettbewerberorientierte Sortimentsgestaltung

Herkunftsorientierte (materialbezogene) **Sortimente** beziehen sich auf die produktions- bzw. distributionsbedingte Warenordnung der Vorstufe, ohne dass der Händeler gravierende Warenumgruppierungen vornimmt. Beispiele dafür sind u.a. Lebensmittel, Möbel, Schuhe und Lederwaren. Bei der Zusammenstellung werden die Produkte oft nach der Zugehörigkeit zu bestimmten Preislagen ausgewählt, die meist eng mit der Qualität der Waren verbunden sind. Weitere Unterscheidungskriterien für herkunftsorientierte Sortimente sind:

- ähnliche Herstellungsmaterialien, z.B. Textilien, Holz
- gleiche Herstellungsgebiete, z.B. China-Waren, italienische Mode
- ähnliche Technik, z.B. Kraftfahrzeuge, Unterhaltungselektronik, Computer
- gemeinsame Einkaufsquelle, z.B. FOC, herstellereigene Franchise-Systeme
- ökologische Gesichtspunkte, z.B. Bio-Lebensmittel.

Lieferantenorientierte Sortimente liegen v.a. bei straffen Systemen vor, etwa in Franchise-Systemen oder bei Vertragshändlersystemen (z.B. im Automobilbereich). Hersteller legen hier in weiten Teilen die Gestaltung des gesamten Sortiments oder die des (Kern-)Sortiments fest. Darüber hinaus bewirken die umfassenden Werbeausgaben der Konsumgüterindustrie oft, dass die Verbraucher die beworbenen Produkte von sich aus im Handel nachfragen (**Pull-Strategie**). Da Handelsbetriebe mit den „vorverkauften" Herstellermarken nicht nur einen positiven Imagetransfer auf die eigenen Leistungen übertragen, sondern meist auch hohe Ertragserwartungen auf Grund der oft überdurchschnittlichen Umschlagshäufigkeit und Handelsspanne realisieren, führen viele Händler bevorzugt Markenartikel. Andere entscheiden sich verstärkt dafür, solche Produkte in das Sortiment aufzunehmen, für die sie selbst alle oder einen Großteil der Vermarktungsaufgaben wahrnehmen müssen, die aber im Gegenzug ein einzigartiges Image bzw. eine USP versprechen (Eigenmarken). Durch die Gestaltung des Sortiments legt ein Handelsunternehmen nicht nur den Kreis seiner Konkurrenten fest, es kann sich dadurch auch gezielt von den Wettbewerbern differenzieren (**wettbewerbsorientierte Sortimentsgestaltung**). Folgende, an Wettbewerbern orientierte Prinzipien der Sortimentspolitik, können unterschieden werden:

- positive Abhebung bei sortimentspolitischen Vorteilsaspekten
- Anpassung an gegebene Standards
- Wettbewerbsmeidung durch gegenseitige Abstimmung oder Ergänzung.

Die positive Abhebungspolitik richtet sich vorrangig auf die sog. kritischen Sortimentsbereiche, d.h. jene Artikel bzw. Categories, die von Endverbrauchern als Maßstab für die Beurteilung des Gesamtsortiments herangezogen werden. Folgende Gestaltungsaspekte können zur Abgrenzung des eigenen Sortiments von jenem der Mitbewerber beitragen:

- Sortimentstiefe bzw. -breite,
- bedarfsträger- und problemorientierte Vorselektion des Angebots,
- Einmaligkeit und Originalität der angebotenen Produkte,
- lokale Monopolstellung durch Exklusivbelieferungsverträge mit Herstellern,
- Entwicklung von Handelsmarken.

Die Anpassung an gegebene Standards in der Sortimentspolitik dient der Neutralisierung von Vorteilen der Wettbewerber. Dieser **Assimilierungsprozess** birgt aber die Gefahr der Verwässerung ursprünglicher Sortimentskonzepte, wodurch akquisitorische Vorteile bei bestimmten Zielgruppen verloren gehen können. Die Wettbewerbsmeidung durch gegenseitige Abstimmung oder Ergänzung der Sortimente stellt nur dann eine realistische Vorgehensweise dar, wenn an einem Standort eine geringe Zahl an Mitbewerbern mit unterschiedlichen Sortimentsschwerpunkten nebeneinander existieren kann.

Kundenorientierte Sortimentsgestaltung

Im Gegensatz zu den bisher genannten Formen werden bei der **kundenorientierten Sortimentsgestaltung** Warengruppen verschiedener Herkunft zu Bedarfs- oder Erlebnisbereichen zusammengefasst. Ein Beispiel hierfür wären moderne Einrichtungshäuser, die unter dem Motto „Alles zum Thema Wohnen unter einem Dach“ traditionelle KMU-Möbelgeschäfte in Bedrängnis bringen können. Generell lassen sich vier Ausprägungen kundenorientierter Sortimentsgestaltung unterscheiden:

- Eine **Orientierung an Bedarfsbereichen** liegt vor, wenn für alle relevanten Kunden ein spezifischer Bedarfsausschnitt verhältnismäßig vollständig abgedeckt wird. Die Zielgruppe wird dabei unterschiedlich eingegrenzt, woraus schmale Sortimente (z.B. Krawatten) wie auch breite Bedarfskreise (z.B. Bekleidung) resultieren können. Diese Orientierung an Bedarfsarten entspricht der traditionellen Sortimentsgestaltung von Fach- und Spezialgeschäften sowie von Kaufhäusern.
- Eine **Orientierung an Zielgruppen** ist insb. dann sinnvoll, wenn sich Konsumentengruppen segmentieren lassen. Die Bestimmung dieser Kundensegmente erfolgt in der Praxis meist nach soziodemografischen sowie psychografischen Kriterien. Als Beispiele lassen sich spezialisierte Boutiquen (z.B. „Mode für die Frau ab 40“), berufsorientierte Fachgeschäfte (z.B. Friseurbedarf), die Kaufhof-Vertriebsschiene „Lust for Life“, die sich auf die einkommensstarke Zielgruppe der 25- bis 45-jährigen konzentriert, oder die „InScene-Abteilungen“ von Karstadt, die mit trendorientierten Eigenmarken und Young-Fashion-Labels die Zielgruppe der Jugendlichen umwirbt, anführen.
- Bei der **Orientierung an Bedarfsanlässen** (Erlebnisbereich, Verwendungsanlässe) erfolgt eine bewusste Ausrichtung der Sortimentsbildung auf komplementäre Güter, die den Bedarf aus diesem Anlass decken. Es wird versucht, nicht nur den Bedarf an einzelnen Produkten abzudecken, sondern den Gesamtbedarf aus einem Erlebnisbereich zu befriedigen. Hierbei steht der Erlebniswert und nicht die Bedürfnisbefriedigung im Vordergrund. Eine Einkaufsstätte, die ihr Sortiment bspw. nach dem Erlebnisbereich „Badezimmer“ oder „Alles fürs Bad“ zusammengestellt hat, erspart es dem Kunden, eine Reihe von Fachgeschäften aufzusuchen. Diese Form der Sortimentsgestaltung zielt auf das bereits erwähnte **One-Stop-Shopping** ab.
- Bei der **Orientierung am Beschaffungsverhalten** erfolgt die Sortimentsbildung nach Maßgabe der Ähnlichkeit der Produkte in Bezug auf Einkaufsverhalten und -erwartungen der Kunden. Es werden Artikel in das Sortiment aufgenommen, die Kunden während eines einzigen Einkaufsvorgangs zu erhalten wünschen.

Für die Gestaltung von optimalen Sortimenten werden folgende Aspekte angeführt:

- Ermittlung der subjektiv relevanten Bewertungsattribute der Sortimente aus Kundensicht
- Abgleich zwischen der Außen- und Innensicht, d.h. zwischen subjektiver Wahrnehmung und objektiver Sortimentsplanung
- Kombination finanzwirtschaftlicher und kundenorientierter Kennzahlen.

Aldi Süd im Reich der Mitte

Auf der Online-Handelsplattform Alibaba betreibt Aldi Süd einen Webshop und bedient dadurch den chinesischen Markt. Das Sortiment unterscheidet sich jedoch massiv vom deutschen Heimatmarkt, zumal chinesische Wochenmärkte, Kleinhändler sowie lokale Größen wesentlich erfolgreicher darin sein können, günstige Lebensmittel anzubieten. Dementsprechend spezialisiert sich

Aldi in China auf hochwertige Waren aus dem Westen, so etwa Wein aus Australien oder Schokolade aus Österreich. Besonders erfolgreich sind Waren, welche im chinesischen LEH bislang kaum erhältlich waren, etwa Essiggurken, Babymilchpulver oder westliche Süßwaren. Dadurch wird die Zielgruppe der jungen wohlhabenden Mittelklasse bedient, welche sich Importwaren leisten will, wobei Aldi als Lifestyle-Händler positioniert wird.

Quelle: www.lebensmittelzeitung.net, 23. August 2018.

Die Ermittlung der **subjektiv relevanten Bewertungsattribute** der Sortimentsteile ist von zentraler Bedeutung, denn die Vielfalt des Sortiments bzw. die Verfügbarkeit der bevorzugten Marken und die damit bereitstehende Auswahl zur Befriedigung der Bedürfnisse ist der Hauptgrund dafür, ein bestimmtes Handelsunternehmen aufzusuchen. Deshalb sollte ein Sortiment so präsentiert werden, dass es vom Konsumenten in besonderer Weise wahrgenommen wird. Die in der Literatur vorgeschlagenen Attribute zur Sortimentsbewertung beziehen sich auf die Vielfalt, die Qualität, das Preis-Leistungs-Verhältnis und die Präsentation (sog. Signalelemente der Sortimentswahrnehmung). Dabei wird von der Grundannahme ausgegangen, dass sich die Konsumenten nur an wenigen Attributen orientieren. Studien zeigen, dass die Wahrnehmung der Artikelvielfalt von der objektiven Anzahl der Artikel abhängt und durch weitere Größen moderiert wird:

- Die **Anordnung des Sortiments** führt zu Wahrnehmungsunterschieden, wobei die Vielfalt einer kleinen Auswahl an Artikeln bei einer desorganisierten Anordnung überschätzt und bei einer organisierten Anordnung unterschätzt wird.
- Das **Angebot gleichartiger Artikel** mit nicht-komplementärem Charakter führt zu einer größeren Überschätzung der Vielfalt als das Angebot von Artikeln mit komplementärem Charakter.

Abbildung 4.32 zeigt, dass die **Wahrnehmung des Sortiments** von der Artikelvielfalt und der Regalfläche sowie von der Verfügbarkeit der bevorzugten Marke bzw. des bevorzugten Artikels abhängt. Somit kann ein Händler durchaus die Anzahl der angebotenen Artikel reduzieren. Solange die vom Kunden präferierten Artikel noch verfügbar sind, wirkt sich dies nicht negativ auf die Wahl der Einkaufsstätte aus.

Abbildung 4.32: Sortimentswahrnehmung und Einkaufsstättenwahl

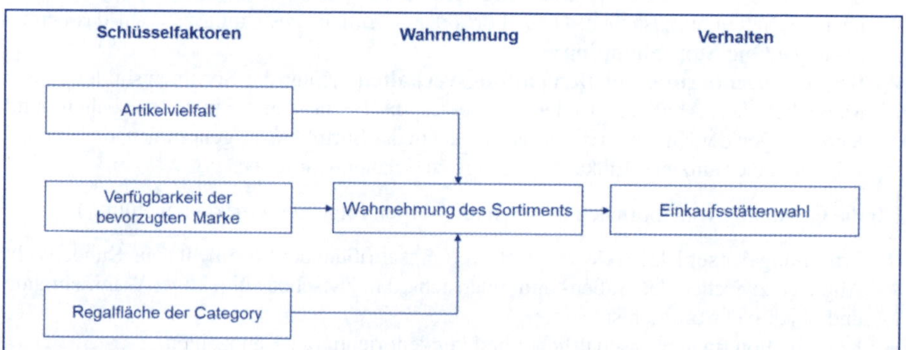

Quelle: Müller-Hagedorn/Toporowski/Zielke 2012, S. 570.

Branchen- und standortorientierte Sortimentsgestaltung

Die warenspezifischen Kriterien sind im Hinblick auf die Strukturierung des Gesamtsortiments, der Categories oder der Artikel relevant (vgl. die Ausführungen in Abschnitt V. dieses

Kapitels) und haben je nach geführtem Sortiment abweichende Bedeutungen, weshalb ein **branchenspezifisches Sortimentsmanagement** erforderlich ist. So bedingt eine vertikale Sortimentssteuerung bei monatlich wechselnden Themen und Programmen sowie kurzfristigen Schwankungen des Abverkaufs im Textileinzelhandel ein anderes Sortimentsmanagement-Konzept als in einem klassischen zweistufigen Distributionssystem (bspw. im LEH), in dem Händler und Hersteller relativ unvernetzt agieren. Letztlich werden im Textileinzelhandel die einzelnen Teilprozesse bei der Sortimentsplanung und Sortimentssteuerung den Anforderungen der Flächen angepasst.

Wie bereits angeführt, weisen Warengruppen im Textileinzelhandel im Saisonverlauf unterschiedliche Verkaufsverläufe auf (z.B. T-Shirts im Sommer, Strick im Herbst). Daher werden beim Herunterbrechen der zu planenden Gesamtumsätze häufig warengruppenspezifische Verkaufsmuster zu Grunde gelegt (Warengruppenstrukturplanung im Saisonverlauf). Darüber hinaus schwanken die erzielbaren Durchschnittspreise pro Warengruppe im Zeitverlauf. So werden die modischen Highlights eher zu Saisonbeginn präsentiert, während in der zweiten Saisonhälfte i.d.R. Artikel der unteren Preislagen verkauft werden. Um der häufig eintretenden Erhöhung der Abschreibungsquote entgegen zu wirken, wird versucht, auch in der zweiten Saisonhälfte aktuelle Ware anzubieten. Dabei wird auf Artikel mit aggressivem Preisprofil gesetzt. Diese Aspekte sind bei der Umrechnung von Durchschnittspreisen in Stückzahlen zu beachten.

Abbildung 4.33: Kundentypen- und segmentspezifische Umsatzpotenziale als Grundlage der Artikelplanung

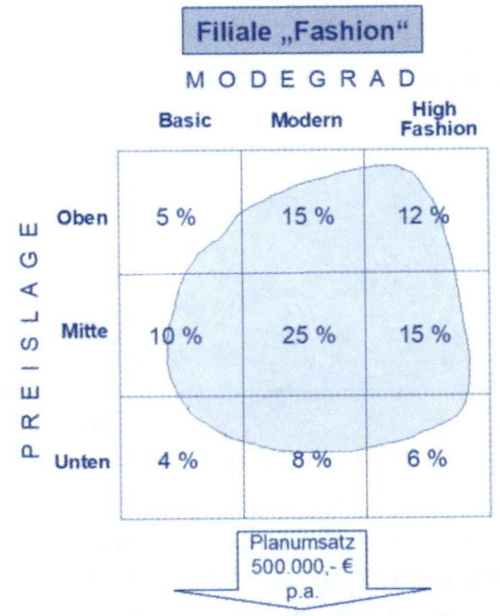

Umsatzverteilung auf die Segmente (in T€)

	Basic	Modern	High Fashion
Oben	25	75	60
Mitte	50	125	75
Unten	20	40	30

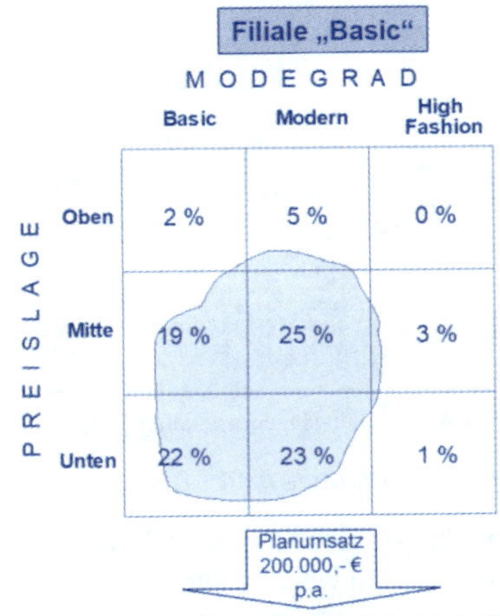

Umsatzverteilung auf die Segmente (in T€)

	Basic	Modern	High Fashion
Oben	4	10	0
Mitte	38	50	6
Unten	44	46	2

Als Ergebnis dieses Teilschrittes resultiert das nach Warengruppen differenzierte Mengengerüst an Artikeln, die innerhalb eines Liefertermins (meist binnen eines Monats) auf eine Fläche im jeweiligen Flächencluster zugeteilt werden (**Artikelplanung**).

Die in Abb. 4.33 dargestellte Matrix zeigt, wie sich das Umsatzpotenzial einer Fläche verteilen kann. Das Mengengerüst wird dem Modegrad- und Preislagenprofil entsprechend auf die Felder der Matrix verteilt. Anschließend werden – auf der Grundlage der ermittelten Teile pro Größe – die Anzahl der Styles (Artikel in mehreren Farben bzw. Sorten) und die Anzahl der Optionen (Artikel in einer Farbe) berechnet. Diese repräsentieren einen aus den Abverkaufspotenzialen der Flächen abgeleiteten Kollektionsrahmenplan und bilden die Vorgabe für das Design-, Kapazitäts- und Beschaffungsmanagement. Dabei geht die Sortiments- in die Lieferplanung über, wobei je nach Beschaffungsoptionen 50-70% der Sortimente auf die eben beschriebene Art geplant werden. Sogenannte Nachorder-, Repeat- oder Flash-Puffer ergänzen das Sortiment, wobei Renner-Artikel als Repeats neu aufgelegt werden können.

2. Variation der Artikel im Sortiment

Zu unterscheiden sind eine varietätserzeugende, -reduzierende und -überprüfende Sortimentsgestaltung. In Abb. 4.34 sind entsprechende Entscheidungsalternativen ersichtlich, z.B. der **Abbau** (Sorten- und Typenreduktion) sowie die dauerhafte und temporäre Aufnahme neuer Artikel in das Sortiment (**Ausweitung**, **Strukturveränderung**).

Abbildung 4.34: Sortimentspolitische Entscheidungsalternativen

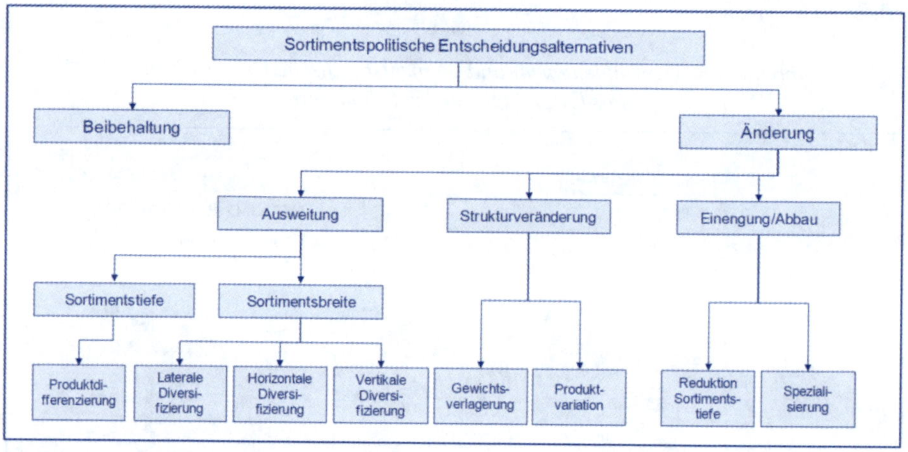

Quelle: i.A.a. Müller-Hagedorn/Natter 2011, S. 265.

Dauerhafte Aufnahme neuer Artikel

Entscheidungen über die Aufnahme neuer oder die Auslistung bestehender Artikel müssen laufend getroffen werden. Dafür zeichnet der Innovationsdruck bei Produkten und Sortimenten, der zu immer kürzer werdenden Produktlebenszyklen führt, ebenso verantwortlich wie begrenzte Regalflächen. Letztere bedingen, dass i.d.R. für jeden neuen Artikel ein anderer ausgelistet werden muss (**Sortimentsmodifikation**). In lifestyleorientierten Branchen müssen z.T. jeden Monat neue Sortimente entwickelt werden. Die Entscheidung über Ein- und Auslistungen muss auf Basis folgender Überlegungen und unter Berücksichtigung von Kreuzeffekten getroffen werden: So ist zu beachten, ob bei Auslistung noch ähnliche Substitutionsprodukte vorhanden sind oder ob es sich bei dem Produkt um eines mit Alleinstellungsmerkmal handelt (z.B. Baby-Spezialnahrung bei Durchfallerkrankung oder Produkte für Allergiker). In solchen Fällen kann oder will der Konsument nicht auf andere Produkte ausweichen und wird ggf. die Einkaufsstätte wechseln oder dieses Produkt beziehungsweise diese

Warengruppe in einem anderen Kanal kaufen, und u.U. seinen gesamten Einkauf dort tätigen. Weiters ist zu beachten, ob Verbundkäufe mit anderen Kategorien relevant sind. Wird ein Produkt mit hohen Verbundkäufen ausgelistet, so wird auch der Umsatz der verbundenen Artikel verloren gehen (z.B. Babynahrung: Verbundkäufe mit anderen Baby-Artikeln wie etwa Windeln). Auch die Imagewirkung – insb. wenn es sich um eine Profilierungskategorie handelt – ist zu berücksichtigen, ebenso die Positionierung (z.B. als Anbieter mit umfassendem Bio-Sortiment). Bei der Beurteilung möglicher Einlistungen kann der erwartete Zusatzumsatz durch die Aufnahme in das Sortiment herangezogen werden, um Kannibalisierungseffekte soweit wie möglich zu reduzieren. Dieser kann durch Analysen von Handelspanel- oder Haushaltspaneldaten quantifiziert werden.

„183 Days" – Alle sechs Monate ein neues Sortiment

Der Drogeriehändler dm-drogerie markt entwickelte die auf junge Zielgruppen ausgerichtete Beauty-Eigenmarke „183 Days", wobei der Fokus darauf liegt, schnell und zielgerichtet auf künftige Trends reagieren zu können. dm-drogerie markt möchte seinen Kunden eine „spannende Erweiterung des umfangreichen Beauty-Sortiments" bieten und setzt dabei auf unterschiedliche Themenwelten. So wird, gemäß dem Namen, das gesamte Sortiment alle 183 Tage ausgetauscht. Das tierversuchsfreie Sortiment ist an Experimentierfreudige und Tierliebhaber gerichtet, wobei jeder Launch im Vorfeld durch eine entsprechende Social-Media Strategie begleitet wird.

Quelle: www.lebensmittelzeitung.net, 24. August 2018.

Die genannten Variationen können anhand eines **Sortimentsportfolios** verdeutlicht werden. Darin werden Categories anhand der Dimensionen Marktentwicklung und Sortimentspotenzial positioniert. Konkret weist jede Category fixe und variable Bereiche mit sog. Muss- bzw. Kann-Artikeln auf, die in Abhängigkeit von der Marktentwicklung sowie dem Sortimentspotenzial unterschiedlich ausgeprägt sein können. Während die Marktentwicklung v.a. von Wirtschaftsentwicklung oder Marktwachstum abhängt, lässt sich das Sortimentspotenzial anhand des Umsatzwachstums, der Stellung im Lebenszyklus sowie der Sortimentsstruktur (Breite/Tiefe) beurteilen. Schließlich können für die Warengruppen, je nach Position im Portfolio, Normstrategien abgeleitet werden (siehe Abb. 4.35 links). Zu diesen zählen:

- Abbau: Ein neuer Artikel, der in diesen Bereich fällt, darf nicht gelistet werden. Bereits vorhandene Artikel sollten ausgelistet werden (Elimination).
- Halten: Ein neuer Artikel wird nur im Austausch gegen ein anderes Produkt gelistet (Modifikation).
- Erweitern: Die positive Bewertung des neuen Artikels führt zur Listung (Differenzierung).

Die **Portfolioanalyse** kann auf die Ebene des Gesamtsortiments übertragen werden. Dabei wird das Gesamtsortiment in Sortimentsbereiche, die als strategische Geschäftseinheiten zu verstehen sind, eingeteilt. Diese werden in eine Matrix mit den Dimensionen „Umweltdeterminanten" (externe Faktoren) und „Unternehmensdeterminanten" (interne Faktoren) überführt (siehe Abb. 4.35 rechts). So kann auf Grund der jeweiligen Ist-Position der Geschäftseinheit eine strategische Stoßrichtung verfolgt werden, die der Sortimentsstrategie und Ressourcenplanung des Handelsunternehmens entspricht. Im Anschluss an eine strategische Beurteilung erfolgt meist eine operative Bewertung eines neuen Artikels, wofür u.a. folgende Kriterien herangezogen werden können:

- grundsätzliches Marktpotenzial des neuen Artikels,
- Image und Werbebudget des Herstellers,
- Konditionen und Logistikleistung des Herstellers,
- exakte Positionierung des neuen Artikels,

- positive Produkt-, Store- bzw. Markttests (Analyse der generellen Marktchancen und der Verbundeffekte mit anderen Artikeln des Teilsortiments),
- Innovationsgehalt des Artikels.

Abbildung 4.35: Sortimentsportfolios

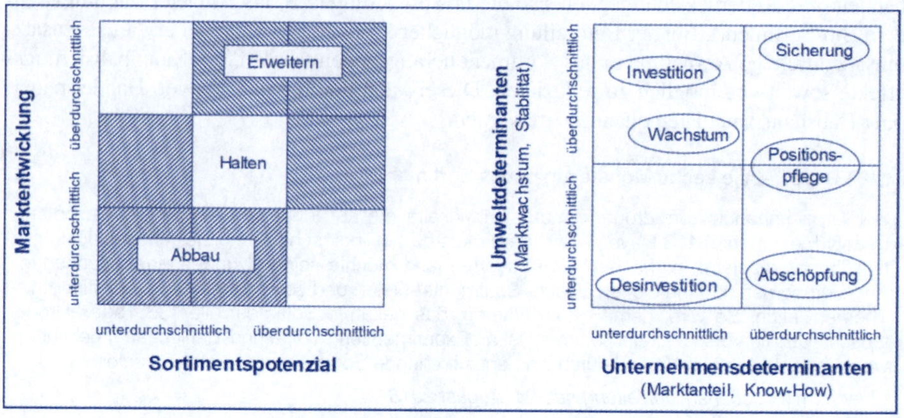

Quelle: i.A.a. Schwertfeger 2017, S. 112f.

In neueren Betrachtungen werden **Kennzahlen** aus Theorien zur Erklärung der Einkaufsstättenwahl und des Kaufverhaltens diskutiert. Ein Entscheidungsrahmen, der bei Listungsentscheidungen mehrere Kennzahlen berücksichtigt, wird in Abb. 4.36 dargestellt.

Abbildung 4.36: Entscheidungsrahmen über die Aufnahme neuer Produkte

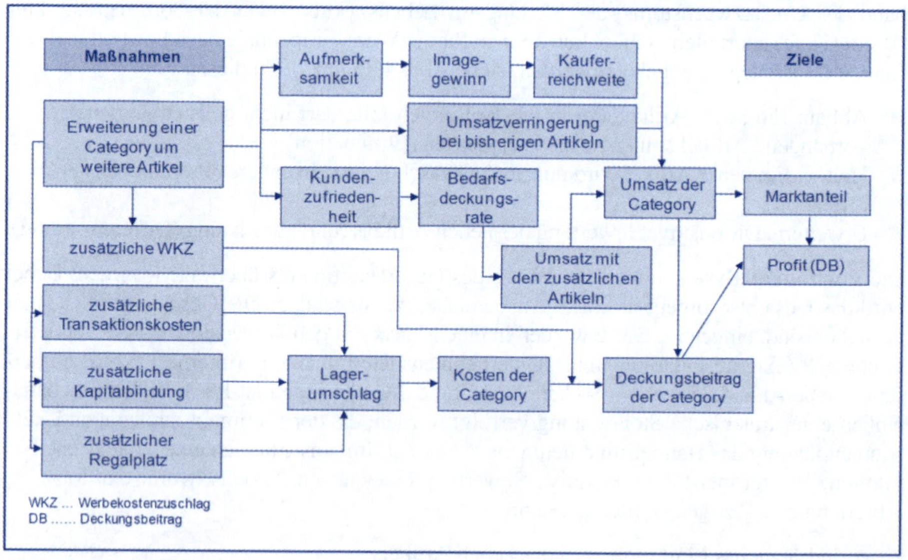

Quelle: i.A.a. Müller-Hagedorn/Natter 2011, S. 269.

Daran knüpfen die folgenden Kennzahlen an (Schröder 2012, S. 108ff.):

- **Bedarfsdeckungsquote**: Diese Kennzahl gibt Auskunft darüber, welchen Anteil die jährlichen Ausgaben einer Kundengruppe in einer Sortimentseinheit in dem Geschäft ausmachen, wenn als Basis die jährlichen Gesamtausgaben dieser Kundengruppe für diese Sortimentseinheit in allen Einkaufsstätten ausgewählt werden. Kunden können somit in loyale Käufer, in Wechselkäufer und in Gelegenheitskäufer unterteilt werden.
- **Käuferreichweite**: Sie gibt den Anteil jener Käufer an, die in einer Einkaufsstätte einen Artikel aus einer definierten Sortimentseinheit mindestens einmal in einer Periode gekauft haben. Als Basis wird die Zahl der potenziellen Käufer im Einzugsgebiet zu Grunde gelegt. Die zusätzliche Käuferreichweite erfasst die Anzahl zusätzlicher Käufer, die durch die Listung eines neuen Artikels gewonnen werden kann (**Partizipationseffekt**).
- **Ausgabenintensität**: Sie zeigt die Höhe der Ausgaben der Nachfrager für die Artikel aus einer Sortimentseinheit in einer Einkaufsstätte an. Gelingt es, die Ausgaben der bisherigen Kunden durch die Aufnahme neuer Artikel zu steigern, wird von einem Bedarfserweiterungseffekt gesprochen.

Die Interpretation dieser Kennzahlen hängt von einer Reihe von Rahmenbedingungen ab, wie Eigenschaften der Branche, des Outlets, des kulturellen und sozialen Umfeldes. Wenn die Bedarfsdeckungsquote, die Käuferreichweite und die Ausgabenintensität in einer Sortimentseinheit hoch sind, ist der Anreiz gering, neue Artikel, die zu dieser Sortimentseinheit gehören, zu listen (Müller-Hagedorn/Natter 2011, S. 297). Dabei besteht die Gefahr, dass durch die Aufnahme eines neuen Artikels ein Teil der Nachfrager von den bereits geführten Produkten abgezogen wird (**Substitutionseffekt**).

Temporäre Aufnahme neuer Artikel

Mit Produkten, die nicht zum Kernsortiment zählen, wird versucht, die Attraktivität des Angebotes zu erhöhen und den Gesamtdeckungsbeitrag zu verbessern. Diese Artikel, die vorübergehend ins Sortiment aufgenommen werden, werden als **Selfliquidating Offers** (SLO) oder **Self-Liquidators** bezeichnet. Der Name deutet an, dass sie sich selbst finanzieren und die entstehenden Kosten durch die Erlöse voll abgedeckt sein sollten. Durch ihr meist hervorragendes Preis-Leistungs-Verhältnis stellen sie eine Form der Verkaufsförderung dar, durch die auch die Einkaufsfrequenz eines Handelsunternehmens gesteigert werden kann. Von diesem wechselnden Angebot profitieren insb. Einkaufsstätten mit geringer Sortimentsbreite. Typische Self-Liquidators sind Haushaltsartikel, Schmuck und Bekleidung. Handelsunternehmen, die seit Jahren auf temporäre Sonderposten **(Rotationssortimente)** setzen, sind u.a. Aldi/Hofer, Lidl, Penny und Tchibo/Eduscho. Saisonale Schwankungen der Nachfrage können ebenso zu temporären Sortimentsvariationen führen. Davon sind bspw. Sportartikel betroffen, die nur zu gewissen Jahreszeiten angeboten werden (z.B. Ski-Ausrüstung) oder auch Produkte, die zu bestimmten Anlässen (z.B. Schulbeginn) nachgefragt werden.

Einkaufsplaner zu temporären Sonderposten

Um den Kunden einen Überblick über die temporären Angebote der Einzelhändler zu geben, sind mittlerweile Bücher erhältlich, die Sonderposten bzw. Aktionen der Händler zusammenfassen, wie der „Hoferissimo 2018/19". Einkaufsplaner wie dieser bieten eine Übersicht der über das Jahr hinweg nach einem bestimmten Zeitplan wiederkehrenden Angebote. So weiß der Kunde bereits im Vorhinein, wann bei Hofer/Aldi oder anderen Einzelhändlern das nächste TV-Gerät oder das nächste Teleskop angeboten wird.

Quelle: www.amazon.de, 24. August 2018.

Generell lässt sich der Trend feststellen, dass immer mehr Handelsunternehmen bei der Aufnahme neuer Produkte in „fremde" Sortimentsbereiche vordringen. So bietet Aldi/Hofer bspw. Artikel aus der Unterhaltungselektronik an. Diese verschwimmenden Branchengrenzen (sog. **Category Migration**) führen zu einer weiteren Verschärfung des Wettbewerbs.

Reduktion der Sortimente

Lange Zeit wurde davon ausgegangen, dass ein breites und tiefes Sortiment die Nachfrage erhöht und sich positiv auf die Kundenzufriedenheit auswirkt – zumal die meisten Konsumenten auch beim Einkauf eine Optionenvielfalt erwarten. Nachteile zu großer Sortimente sind z.B. in der Nicht-Wahrnehmung von Neuerungen, dem kognitiven „Overload", der Verwirrung sowie in der Demotivation des Käufers zu sehen, die letztlich zum Abbruch des Kaufprozesses führen können. Hieraus kann langfristig eine Konsummüdigkeit erwachsen, die Loyalitätsverluste in Bezug auf Marken und Einkaufsstätten nach sich zieht.

Die Vorteile eines kleineren Sortiments liegen aus Kundensicht in der Vermeidung übermäßiger Suchkomplexität, die auch neue Käufer anziehen kann. Nachteilig kann sich ein kleineres Sortiment aus Kundensicht dann auswirken, wenn sich der Kunde in seiner Auswahlentscheidung eingeengt fühlt und bei ihm der Eindruck entsteht, dass er seinen Kaufwunsch nicht realisieren kann. Aus der Sicht der Handelsunternehmen äußern sich die Vorteile insb. in einer Reduktion der Kosten und der Komplexität. Es zeigt sich, dass reduzierte Sortimente auch mit zunehmender Attraktivität, Rentabilität und Effektivität einhergehen können. Entsprechend wird die Sortimentsreduktion als eine strategisch geplante, dauerhafte Verkleinerung der Sortimentstiefe und/oder Sortimentsbreite innerhalb eines definierten Wirkungsbereiches gesehen.

Die meisten **Analysen** zur Sortimentsreduktion beziehen sich aber weniger auf die Sortimentsbreite als vielmehr auf die **Sortimentstiefe**. Ein möglicher Grund hierfür ist, dass das Kundenbedürfnis nach Sortimentsvielfalt bei der Entscheidung für ein Sortiment größer ist als bei Entscheidungen innerhalb eines bereits ausgewählten Teilsortiments (einer Category).

Insgesamt ist zu erkennen, wie komplex das Entscheidungsfeld in Bezug auf die Gestaltung von Sortimenten bzw. deren Reduktion ist. Wirklich umfassende – über einzelne, ausgewählte Variablen hinausgehende – Befunde aus Kundensicht stehen noch aus.

V. Category Management

1. Überblick

Während sich die Sortimentspolitik in der Vergangenheit stark an der Einzelbetrachtung von Artikeln orientierte (z.B. im Konzept der direkten Produktrentabilität), streben Handelsunternehmen heute im Rahmen des sog. Category Managements (**Warengruppenmanagement**) an, Warengruppen zu schaffen, die konsequent auf Bedürfnisse des Kunden ausgerichtet sind und Verbundkäufe fördern. Aufgabe des **Category Managements** ist es dabei weniger, den Erfolg einzelner Artikel zu Lasten anderer zu fördern, sondern dafür zu sorgen, dass die idealtypisch kundenorientiert und nicht herkunftsorientiert gestaltete Warengruppe hinsichtlich des Erfolges optimiert wird. Durch die Ausrichtung aller Marketing-Aktivitäten auf einzelne Warengruppen kann ein Einzelhändler seine Ressourcen konsequent auf jene Warengruppen verteilen, von denen er den größten Beitrag erwartet, um sich bei seinen Kunden zu profilieren. Der Nutzen für den Endkunden besteht darin, dass dies zu einer Erleichterung des Einkaufsprozesses führt. Informations-, Such- und Entscheidungszeiten werden verkürzt, die kognitive Belastung, die Konfusion am Regal und die physische Belastung verringert, die Einkaufsatmosphäre verbessert und die Kaufzufriedenheit erhöht (Schröder 2012, S. 538). Durch den kanalübergreifenden Einsatz des Category Management im Omnichannel-Handel wird ein einheitlicher Warenbestand und Markenauftritt über alle Vertriebskanäle möglich und den Kunden kann ein übergreifendes Einkaufserlebnis im Rahmen seiner Customer Journey geboten werden. Die Zusammenhänge zwischen Unternehmensstrategie und strategisch und operativ zu setzenden Maßnahmen seitens des Unternehmens werden in verkürzter Form in Abb. 4.37 illustriert. Die Hauptaufgaben bestehen darin (Schröder 2012, S. 534f.),

- Warengruppen aus Kundensicht abzugrenzen,
- Ziele je Warengruppe festzulegen,
- die dazu benötigten Ressourcen festzulegen,
- die zur Bewirtschaftung einer Warengruppe erforderlichen Daten zu definieren und
- die Durchführung und Kontrolle der Maßnahmen sicherzustellen.

Abbildung 4.37: Strategisches und operatives Category Management

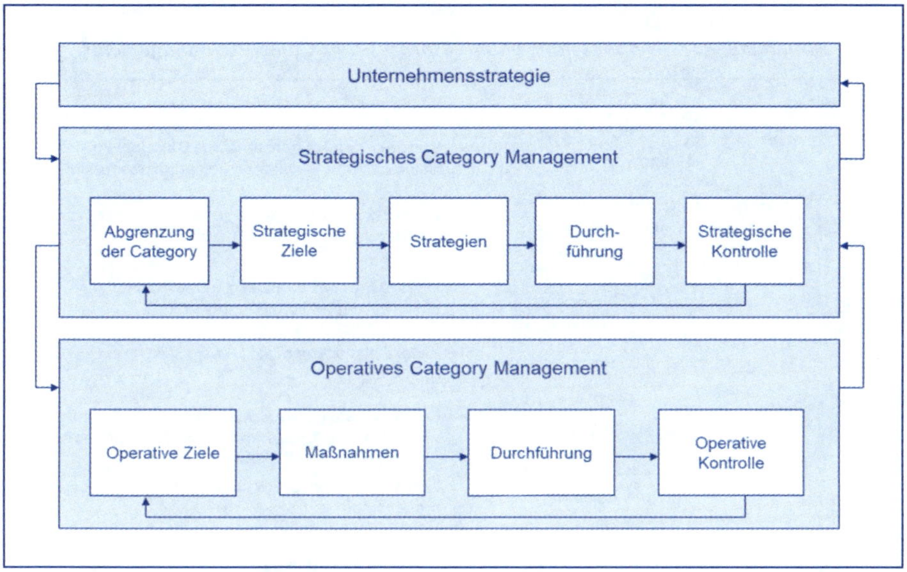

Quelle: Schröder 2012, S. 534.

Zu berücksichtigen sind in diesem Zusammenhang die eingangs erwähnten unterschiedlichen Rollen der Categories, die diese im Hinblick auf die Profilierung und den Gewinn des Gesamtsortiments und damit des Handelsunternehmens einnehmen. Hierbei setzt die erfolgreiche Umsetzung des Category Managements eine Reorganisation traditionell meist getrennter Absatz- und Beschaffungsstrukturen bzw. -stellen im Handelsunternehmen voraus. Neben dieser unbedingt erforderlichen Ausrichtung an den Bedürfnissen der Kunden ist als zweite Voraussetzung eines erfolgreichen Category Managements eine klare strategische Ausrichtung des Einzelhändlers zu nennen, die es dem Kunden zu kommunizieren gilt. Das Category Management hat im Handel seit der zweiten Hälfte der 1990er Jahre an Bedeutung gewonnen und umfasst im Wesentlichen drei Problembereiche:

- Optimierung von Warengruppen im Hinblick auf ähnliche Kundenbedürfnisse bzw. Bedürfniskategorien
- Organisation des Category Managements (Teamorganisation)
- Gestaltung der Schnittstelle zu den Herstellern.

2. Prozesse im Category Management

Prozess der Warengruppengestaltung

Die Optimierung von Warengruppen hat hohen strategischen Charakter, wobei im Rahmen des Category Managements versucht wird, nicht nur den Zielkunden einen noch höheren Nutzen zu bieten, sondern zusätzlich eine Ergebnisverbesserung zu erzielen (Zentes/Morschett/Schramm-Klein 2017, S. 263). Idealtypisch verläuft der **Gestaltungsprozess** im Category Management in acht Stufen, die in Abb. 4.38 dargestellt sind. Dieser Prozess wird als Ausgangspunkt verwendet, wenn es um die Implementierung eines Category Managements geht. Eine wesentliche Erweiterung dieses Modells ist der stärkere Einbezug der Konsumentensicht in diesen Prozess. Dabei geht es v.a. darum, zu verstehen, wie Kunden die Category tatsächlich wahrnehmen. Der Prozess wird durch mehrere Check-Points unterbrochen, in welchen die unternommenen Schritte aus Kundenperspektive reflektiert werden.

Abbildung 4.38: Der Geschäftsplanungsprozess des Category Managements

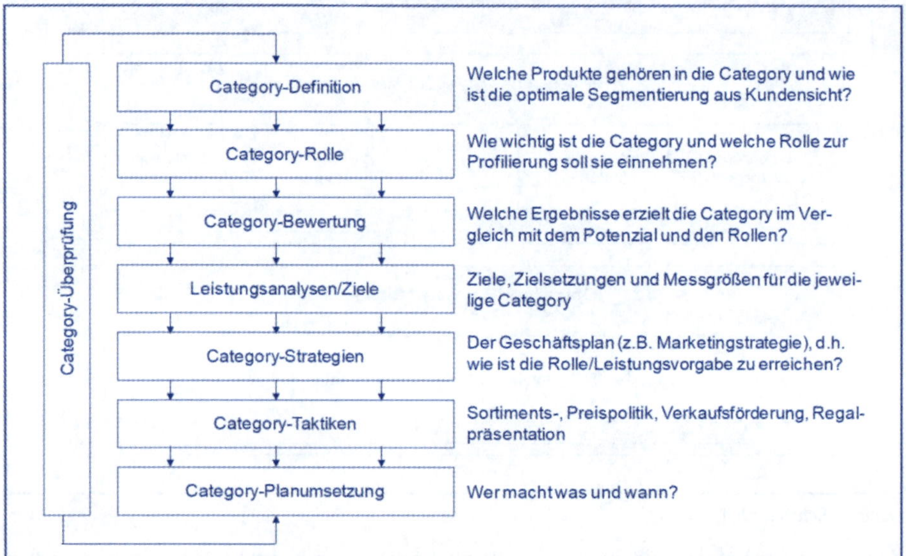

Quelle: i.A.a. GS1 Switzerland und Germany 2016, S. 43.

Zu Beginn des Prozesses werden die einzelnen Produktkategorien definiert sowie deren Bedeutung innerhalb des gesamten Sortiments festgelegt. Die Definition der Produktkategorien bildet einen der zentralen Prozessteile und ist in Abb. 4.39 visualisiert.

Die Bestimmung der **Category-Rolle** (vgl. hierzu die Ausführungen zu Beginn dieses Abschnitts) wird nach qualitativen Kriterien vorgenommen. Dabei wird die Bedeutung der Category aus Kundensicht, aus Sicht des Handelsunternehmens, aus Sicht der Konkurrenten und die Entwicklung der Category am Markt berücksichtigt. Anschließend wird für jede Category eine Potenzialanalyse unter Berücksichtigung zusätzlicher Analysen und der Beschaffungsoptionen durchgeführt. Die Rolle der Kategorie beeinflusst stark die Auswahl der Kategorie-Strategien und Kategorie-Taktiken, also der Umsetzung der Kategorien im Geschäft (stationär oder online). Üblicherweise ist zwischen vier Rollentypen zu unterscheiden (GS1 Switzerland und Germany 2016):

- Profilierungs-Kategorien,
- Pflicht-Kategorien,
- Ergänzungs-Kategorien und
- Saison-/Impuls-Kategorien (siehe Abb. 4.41) Rollen.

Abbildung 4.39: Category-Definitionsprozess

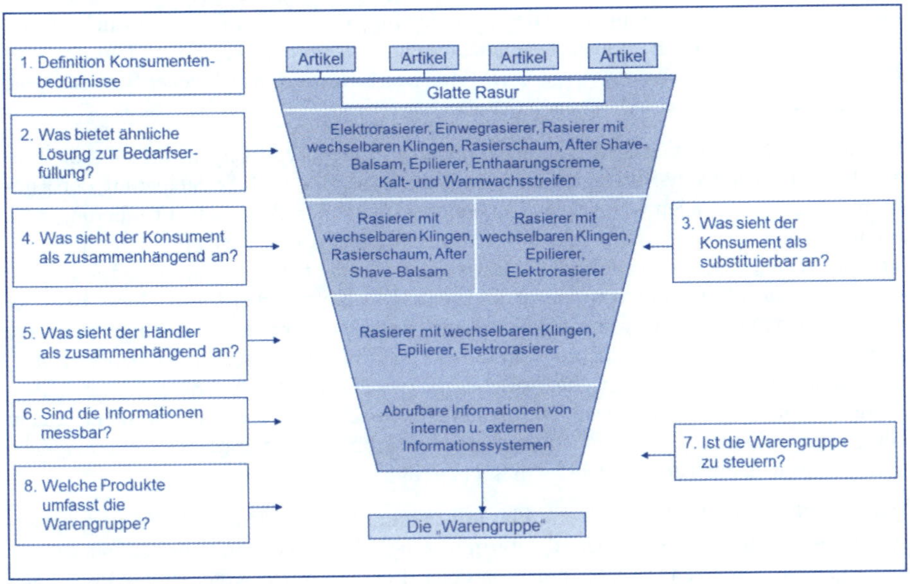

Über **Profilierungs-Kategorien** möchte der Händler seine Marke profilieren und sich gegenüber dem Wettbewerb differenzieren. Dazu werden überdurchschnittliche Ressourcen in der Vermarktung (Standort, Fläche, Promotion, Preis) wie auch in der Marktforschung, Logistik und Administration aufgewendet. **Pflicht-Kategorien** haben ein breites, nicht zwingend komplettes Sortiment, ein kompetitives Preisniveau und sind ausgeglichen hinsichtlich Umsatz, Wachstum und Gewinn. Waschmittel wird bspw. in jedem Supermarkt erwartet und gilt daher als Pflicht-Kategorie. **Ergänzungs-Kategorien** werden im schmalen Sortiment geführt und haben eine geringere Aufmerksamkeit. In der Regel dienen sie dazu, Kunden „One-Stop-Shopping" zu ermöglichen. **Saison- und Impuls-Kategorien** werden zeitlich begrenzt ins Sortiment aufgenommen und sollen die saisonale Nachfrage abdecken. Durch den Wegfall der physischen Limitation der Verkaufsflächen im Online-Handel besteht die Möglichkeit, dass Produkte, die im Offline-Handel nur saisonal geführt werden, ganzjährig angeboten werden. Dies ist jedoch nur dann sinnvoll, wenn eine Nachfrage der Kunden besteht, da ansonsten Kosten durch ganzjährige Lagerhaltung oder Verderb zu Verlusten führen. Saison- und Impuls-Kategorien haben grundsätzlich während der Saison einen höheren Stellenwert. Diese vier Rollentypen eignen sich auch für eine kanalübergreifende Rollenzuteilung, da der Kunden auch beim Kauf in einem Online-Shop Produkten oder Kategorien unterschiedliche Bedeutung beimisst und daher auch Differenzierungsmerkmale, sei es im Preis oder in der Platzierung, erwartet. Im Online-Shop kann Profilierungskategorien eine erhöhte Sichtbarkeit zugewiesen werden, indem diese bspw. auf der Startseite platziert oder hervorgehoben werden. Pflicht-Kategorien sollten online wie offline in entsprechendem Masse angeboten werden, da Kunden sie erwarten – online besteht allerdings die Möglichkeit, ein breiteres Sortiment anzubieten. Ergänzungs-Kategorien können online insgesamt mehr Produkte umfassen als offline. Zudem besteht die Möglichkeit, je nach Vertriebskanal unterschiedliche Rollen zu definieren. Ein Vorteil einer kanalübergreifenden Rollenzuteilung ist, dass ein einheitliches Image der Kategorie transportiert wird und die Kommunikationsmaßnahmen aufeinander abgestimmt werden können.

In einem nächsten Schritt wird die aktuelle **Leistung der Categories** gemessen und mit den Zielen bzw. Potenzialen verglichen. Hierzu werden für jede Category unterschiedliche Kennzahlen vorgeschlagen, z.B. Haushaltspenetration und Zufriedenheit (Kunden), Umsatz, Umsatzwachstum, Bruttogewinn, Marge usw. (Finanzen), Bestand, Reichweite, Serviceniveau usw. (Produktivität) sowie Marktanteil (Markt).

Eine zentrale Stufe im Geschäftsplanungsprozess des Category Managements stellt die Entwicklung von **Category-Strategien** dar. Mögliche Strategien sind die Steigerung der Kundenfrequenz, das Erzielen von Aufmerksamkeit bei Categories, denen eine Profilierungsrolle zukommt, oder die Verbesserung der Bruttomarge bei Categories, die eine Pflichtrolle erfüllen. Diese Strategien bilden zugleich die Basis für die Erarbeitung von Category-Taktiken im Bereich einzelner Marketinginstrumente des Handels. Dahinter verbergen sich Ideen bzgl. der gegenwärtigen und zukünftigen category-spezifischen Gestaltung der Marketinginstrumente (z.B. Preispolitik, Verkaufsförderung). In diesem Zusammenhang sei das Modell von Murray/Talukdar/Gosavi (2010) erwähnt, welches die gemeinsame Optimierung von Preis, Produktansicht im Regal sowie Regalplatzzuteilung für einzelne Categories und somit insgesamt ein effizientes Category Management ermöglicht. In Abb. 4.42 sind Strategien und mögliche operative Maßnahmen zur Erreichung dieser angeführt.

Die letzte Stufe betrifft die detaillierte **Planumsetzung**, z.B. die Planung der warengruppenspezifischen Marketing-Strategien, die Terminierung, die Budgetierung und Kompetenzzuteilung sowie flankierende Maßnahmen, in deren Rahmen bspw. Kriterien zur Bewertung bzw. Überprüfung der geplanten Maßnahmen für die jeweilige Produktkategorie und organisatorischen Schritte festgelegt werden.

In organisatorischer Hinsicht stellt Category Management ein ganzheitliches Führungs- und Organisationskonzept dar, das insb. durch die Aufhebung der traditionellen Trennung von Einkauf, Verkauf und Logistik ein höheres Maß an Kundenorientierung beim Aufbau und der Gestaltung der Sortimente bewirken soll.

Warengruppendefinitionen der ECR Austria Warengruppenklassifiktion

Die Abgrenzung der Warengruppen soll entsprechend dem Einkaufsverhalten der Konsumenten erfolgen. In der Vergangenheit wurden für die Zuordnung oft eher technologische (produktcharakteristische) Kriterien herangezogen, die jedoch nicht dem Entscheidungsverhalten des Konsumenten entsprechen. Zum Beispiel wurden in früherer Zeit Babywindeln, Babypflege und Babynahrung oft an unterschiedlichen Stellen im Geschäft platziert (Windeln bei Papier/Hygiene, Babypflege bei Kosmetik und Babynahrung bei den Lebensmitteln). Verbundplatzierung in benachbarten Regalen ermöglichen heute einen bequemeren Einkauf für die Konsumenten. Es empfiehlt sich die Einbeziehung von Marktforschungsergebnissen, um mit Hilfe des „Entscheidungsbaumes" des Konsumenten die Kategorie abzugrenzen und in Segmente zu unterteilen. Die nötigen Informationen können beispielsweise durch Fokusgruppen, Befragung von Marktleitern und Konsumenten, Beobachtung des Kaufverhaltens sowie aus Analysen von Verbundkäufen (Haushaltspanel, Bon-Daten) gewonnen werden. Generell ist die Bildung von Kategorien nach verschiedenen Kriterien denkbar:

- Bedarfsorientierte Segmentierung: zum Beispiel Pflanzen und Geräte in der Kategorie „Gartenbedarf"

- Orientierung an Erlebniswelten: zum Beispiel Grill-Zubehör, Tischdekorationen und Getränke in der Kategorie „Grillen“
- Orientierung an Zielgruppen: zum Beispiel „Männer-Regal“ mit Körperpflege, Rasur-Produkten und Düften

In jedem Fall sind die Abgrenzung der Kategorie sowie inkludierte beziehungsweise ausgeschlossene Produkte genau zu definieren – meist gibt es auf Produktebene Grenzfälle, deren Zuordnung zu diskutieren ist. Zum Beispiel im „Babyregal“: Umgang mit Kleinkinder- beziehungsweise Kids-Produkten, Abgrenzung zum Dusch- beziehungsweise Shampooregal. Abbildung 4.40 zeigt die Warengruppenstruktur für Baby-Produkte.

Abbildung 4.40: Warengruppenstruktur „Baby“ der ECR Austria

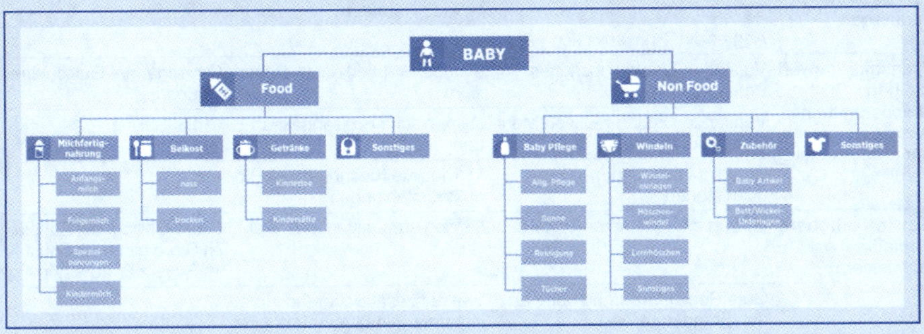

Quelle: www.ecr.digital, 27. August 2018.

Abbildung 4.41: Category-Rollen im Überblick

Kategorie A	Kategorie B	Kategorie C	Kategorie D	Kategorie E	Kategorie F	Kategorie G	Kategorie H	Kategorie I	Kategorie J	Kategorie K
Profilierungs-Kategorie •Dient der Imagebildung des Händlers •Differenzierung vs. Wettbewerb •Steht im Fokus des Shoppers •Schwerpunkt auf Kundenbindung (Loyalität)		**Pflicht-Kategorie** •Hoher Erwartungswert beim Verbraucher •Standards in Qualität und Preis •Eckartikel im „Relevant Set“ = meinungsbildend					**Ergänzungs-Kategorie** •Auswahl des Händlers ist abhängig vom Standort •Spezialitäten mit führenden Marken •Artikel werden von Kunden „mitgekauft“		**Impuls/Saison-Kategorie** •Wird unregelmäßig zusätzlich gekauft •Steht nicht im Preisfokus •Wird spontan gekauft •Begrenzt verfügbar, Bsp.: Ostern, Weihnachten	

Quelle: GS1 Switzerland und Germany 2016, S. 45.

Der Category-Manager einer Warengruppe, die als strategische Geschäftseinheit definiert ist (z.B. Haut- und Haarpflege, Wasch-, Putz- und Reinigungsmittel, Babynahrung und -pflege), sorgt bspw. für den optimalen Ausgleich von Industrie- und Handelsmarken im Artikelprogramm der Category, die Optimierung der Regalplätze, die Abstimmung der Sortimente auf regionale Besonderheiten, die Beschaffung von Saisonartikeln und berücksichtigt Artikel, die von der Konkurrenz angeboten werden. Er stimmt die Category auf die **Bedürfnisse** der aktuellen und potenziellen Kunden ab und ist dabei bereichsübergreifend für unterschiedliche Funktionen (z.B. Einkauf, Logistik, Preisgestaltung, Marktforschung, Warenplatzierung, Regaloptimierung, Verkaufsförderung und Werbung) verantwortlich. Der Erfolg der Tätigkeit eines Category-Teamleaders wird nicht nur am erzielten Deckungsbeitrag und dem Marktanteil seiner Warengruppe, sondern auch an der Zufriedenheit der Kunden gemessen.

Abbildung 4.42: Category-Strategien nach Kanälen

Strategie	Offline	Online	Omnichannel
Frequenz bilden Umsatz steigern	Preisaktionen	Newsletter	Kategoriebezogene Omnichannel-Gutscheine
	Verkostungen	Social Media	Virtuelle Regale
	Treuerabatt	Reduzierter bzw. kein Mindestbestellwert (kategoriebezogen)	Click & Collect
Marktanteile verteidigen Marktanteil/Umsatz gegenüber Wettbewerbern verteidigen	Häufige Promotionstätigkeiten	Individualisiertes Angebot	Ganzheitliches Kauferlebnis (Connecting Channels)
	Vollständiges Sortiment	Den Kundenbedürfnissen entsprechender Service (z.B. kostenlose Retouren)	Einheitlicher Markenauftritt
	Aggressive Preisauszeichnung		
Transaktionswert steigern Durchschnittliche Ausgaben der Shopper steigern	Verstärkte Listung hochpreisiger Produkte	„Kunden kauften auch"-Rezension	Omnichannel-Gutscheine/-Coupons
	Verstärkte Listung z.B. von Mehrfachpackungen	Dynamische Preisanpassungen	Cross-Selling
	Produktplatzierungen in Frequenzzonen	Individuelle (hochpreisige) Produktempfehlungen	
Gewinn erhöhen Rentabilität halten/steigern	Listung ertragsstarker Artikel	Listung ertragsstarker Artikel	Cross-Selling: bei Abholung im Store gibt es Produkt X im Store z.B. 20% günstiger
	Gute Regalplatzierung nahe an den Frequenzzonen	Verkauf zusätzlicher (hochpreisiger/margenstarker) Produkte z.B. über den Service „Kunden kauften auch" oder „Empfehlung heute"	
	Nach Möglichkeit Reduktion ertragsschwacher Artikel		
Begeisterung erzeugen Emotionalisierung	Listung von Trendprodukten	24/7/365-Erreichbarkeit und -Verfügbarkeit	Einheitlicher Markenauftritt auf allen Kanälen
	Spezielle, herausragende Produkte in Frequenzzonen	Individualisierte, auf die Bedürfnisse angepasste Angebote/individuelle Landing-Page	Full-Service (Kundenservice auf allen Kanälen bzw. vom Kanal unabhängig, z.B. kaufe online, retourniere stationär)
	Events vor oder in der Einkaufsstätte	Service (z.B. Same-Day Delivery)	
	Services wie Beratung oder Testen	Einkaufswelten	
Image verbessern	Verstärkte Listung von Produkten, die das gewünschte Image unterstützen (z.B. regionale Produkte)	Professionalität und Verlässlichkeit (Gewährleistung der Produktverfügbarkeit, Lieferung im versprochenen Zeitraum usw.)	Ausspielen der jeweiligen Kanalstärken (stationär: persönlicher Service, online: Longtail)
	Große Auswahl an Qualitätsprodukten	Kundenbewertungen transparent machen (der beste Imageträger sind zufriedene Kunden)	Zielgerichtete Ansprache pro Touchpoint
	Serviceleistungen	Persönliche Beziehung zum Kunden aufbauen	

Quelle: i.A.a. GS1 Switzerland und Germany 2016, S. 49.

Re-Organisation des Warengruppenmanagements

Wie Abb. 4.43 zeigt, müssen Category-Manager ihre Categories aus vier unterschiedlichen Blickwinkeln evaluieren bzw. Informationen zu diesen Bereichen sammeln. Die Konsumentensicht ist notwendig, um zu erfahren, warum, wann, wie usw., gekauft wird. Informationen über den Markt sind nötig, um sich mit der Konkurrenz im jeweiligen Markt vergleichen zu können. Händlerdaten liefern Informationen über Preise, Umschlagshäufigkeiten, Regalplatzierungen usw. Und schließlich sind Informationen über die bzw. von den Herstellern bzw. Lieferanten von Nöten, bspw. zu bisherigen Absätzen, Werbemaßnahmen usw.

Abbildung 4.43: Category-Beurteilung aus vier Blickwinkeln

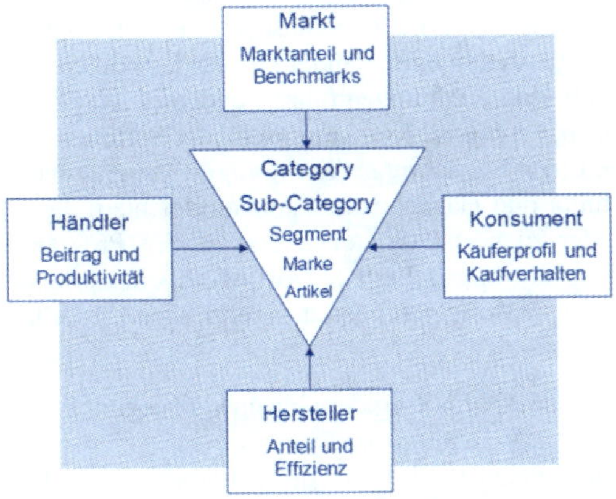

Quelle: i.A.a. ACNielsen 2006, S. 98.

Wenig überraschend ist somit, dass sich ein **Category-Team**, den wahrzunehmenden Aufgaben entsprechend, aus unternehmensinternen Experten aus den Bereichen Marketing und Vertrieb, Einkauf, Logistik und Disposition, IT und Controlling zusammensetzt. Organisatorisch kann das Category Management auch als Stabstelle implementiert werden. Es übernimmt dann eine beratende Funktion gegenüber dem Verkauf, der Leitung einer Vertriebslinie oder der Geschäftsführung. Als Linienfunktion ist das Category Management dem Sortimentsmanagement übergeordnet oder gleichgestellt.

Gestaltung der Schnittstelle zwischen Handel und Lieferant

Category Management umfasst nicht nur die Koordination von Aufgaben zur Optimierung der Warengruppen innerhalb eines Handelsunternehmens, sondern auch die der **Schnittstellen zu den Lieferanten**. Die kundenwertbezogene Optimierung einer Warengruppe zielt darauf ab, Ineffizienzen und Schnittstellenprobleme entlang der Wertschöpfungskette – v.a. im Marketing und im Supply Chain Management – weitgehend abzubauen und so den Gesamtprozess zu optimieren bzw. Transaktionskosten zu senken.[1]

Die **Schnittstellenproblematik** wird grundsätzlich dadurch charakterisiert, dass bisher unterschiedliche Entscheidungs- und Durchsetzungsprozesse in Handel und Industrie koordiniert werden müssen. Aus Sicht des Handels ist die Auswahl des industriellen Kooperationspartners für die Warengruppenoptimierung ein wichtiger erster Schritt.

Relativ klar scheint zu sein, dass Umsatzgewinne bei Händlern, die Category Management praktizieren, bei anderen Händlern zu Umsatzverlusten führen, da der Gesamtmarkt nicht größer wird. Auch auf Seite der industriellen Partner des Handels führt die enge Kooperation mit ausgewählten Herstellern häufig zu einer teilweisen Verdrängung anderer Hersteller. Die

[1] Vgl. zur Schnittstellproblematik die Ausführungen in den Abschnitten C.III. bzw. C.IV. des Fünften Kapitels.

Auswahl dieser Category-Partner beeinflusst somit auch die Entscheidung über die Zusammensetzung des Sortiments. Die zunehmende Marktmacht des Handels führt dazu, dass bei der Auswahl des industriellen Category-Partners die Fähigkeit zur gemeinsamen Schaffung von Wettbewerbsvorteilen eine zentrale Rolle spielt. Darüber hinaus sind Fähigkeiten zur Vernetzung und Konfliktregulierung entscheidende Faktoren für die Zusammenarbeit.

Allerdings ist eine zu weit gehende Kooperation meist weder von den beteiligten Handelsbetrieben noch von den industriellen Partnern erwünscht. Einerseits könnte das detaillierte **Marketing-Know-how der Hersteller** dem Handel bei der Konzipierung seiner Eigenmarken behilflich sein und zu Effizienzsteigerungen führen, andererseits wird es auch in Zukunft im Interesse des Handels sein, die eigene Kernkompetenz der Sortimentsgestaltung nicht an die Lieferanten abzugeben. Einen Fortschritt stellen Computerprogramme dar, die das Category Management für Hersteller und Handelsunternehmen erleichtern. Um die Arbeit des Category-Managers effizienter zu gestalten, stellen die meisten Programme Schnittstellen zu Marktforschungsdaten zur Verfügung. Der Category Management-Ansatz wird trotz Einsparpotenzialen und möglicher Erlössteigerungen aus den folgenden Gründen häufig **kritisiert** bzw. **relativiert**:

- Praktische Lösungen zur Abgrenzung der einzelnen Categories orientieren sich noch zu sehr an den traditionellen Warengruppen.
- Beim Category Management wird zwar von individueller Kundenorientierung gesprochen, das Marketing richtet sich aber noch zu sehr an einen „Durchschnittskunden".
- Category Management fördert zwar die Ausrichtung an einzelnen Warengruppen, vernachlässigt allerdings kategorienübergreifende Analysen bzw. Marketingmaßnahmen.
- Verbundeffekte zwischen Produkten, die verschiedenen Categories angehören, können verloren gehen, da die Koordination zwischen Category Managern problematisch ist.
- Einkaufssynergien können einfacher durch eine zentrale Funktionsabteilung als durch ein Category Management realisiert werden.
- Category Management führt zu einer starken gegenseitigen Abhängigkeit von Hersteller und Handel.
- Führende Hersteller (Category Captains) können im Rahmen der Kooperation mit dem Händler zwar Unterstützung bieten bzw. hilfreiche Vorgaben liefern (z.B. Preis, Positionierung, Werbung), was zu Effizienzsteigerungen führt, dadurch aber auch die Handlungsfreiheiten des Händlers teilweise stark einschränken.

VI. Spezifika im Online- und Omnichannel-Handel

Für **Online-Händler** ergibt sich im Rahmen des Sortimentsmanagements der Vorteil, dass kein physischer Verkaufsraum benötigt wird und so keine Kosten anfallen. Zudem sind die Kosten für die Lagerfläche bei einem Online-Shop niedriger als die Kosten für die Verkaufsfläche. Unter dem Schlagwort **„Long Tail"** wurde dieser Umstand in den letzten Jahren vermehrt diskutiert und als einer der wesentlichen Vorteile von Online-Händlern dargestellt (Anderson 2011). Abbildung 4.44 zeigt, dass herkömmliche (stationäre) Einzelhändler weit weniger Artikel anbieten können, wollen sie rentabel operieren. Da Artikel gelagert werden müssen (und somit Kosten verursachen), können nur jene Artikel in den Bestand aufgenommen werden, die für entsprechenden Umsatz sorgen. „Ladenhüter" sollten vermieden werden. Zwar gibt es auch im stationären Handel zahlreiche Produkte, die eine geringe Umschlagshäufigkeit aufweisen, jedoch existieren dafür bereits Methoden, die das Sortiment unter Berücksichtigung solcher Artikel optimieren (Miller u.a. 2010). Im Online-Handel sind solche Optimierungsprozesse in dieser Form nicht nötig. Es ist sogar denkbar, dass Waren vorab gar nicht verfügbar sind und erst bei Bestelleingang vom Zulieferer erworben werden.

Abbildung 4.44: Rentabilitätsgrenzen von Händlern im Vergleich

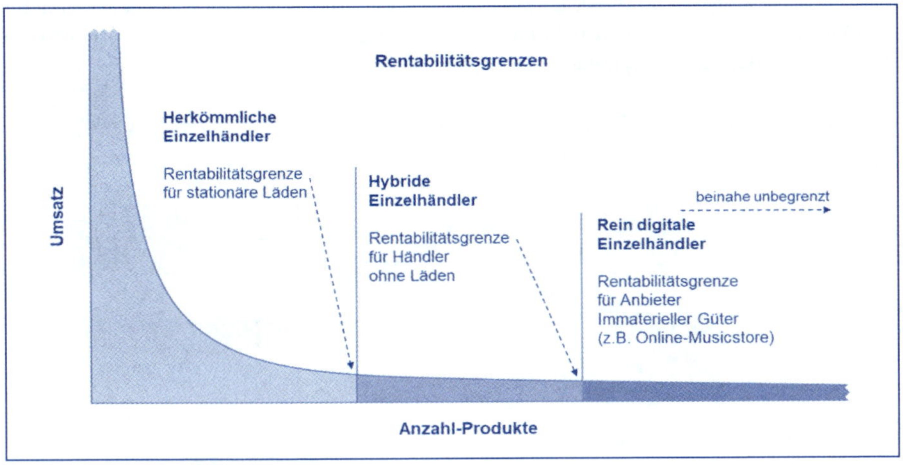

Quelle: i.A.a. Anderson 2011, S. 109.

Anderson (2011, S. 109ff.) zeigt, wie **hybride Einzelhändler**, definiert durch Parallelbetrieb aus klassischem und elektronischem Versand, anhand mehrerer Schritte die Rentabilität relativ zu stationären Händlern steigern können:

- Erstens profitieren Online-Händler von einem direkten Vertrieb, ähnlich wie Kataloghändler (ersparen sich jedoch die Kosten für Druck und Versand der Kataloge).
- Zweitens werden Lagerkosten gesenkt, indem nicht alle Artikel selbst im Lager gehalten, sondern erst bei Verkauf geliefert werden.
- Drittens können Kooperation mit anderen Händlern und Herstellern eingegangen werden, wodurch ein großes virtuelles Lager entsteht. Vor allem eine Vielzahl an kleinen Händlern trägt zum großen Sortiment solcher Online-Marktplätze bei. Dies führt gleichzeitig dazu, dass nicht der Händler selbst das gesamte Risiko bzw. die Kosten trägt, sondern dies auf viele Partner aufgeteilt wird.

Noch weiter verschieben lässt sich die **Rentabilitätsgrenze** bei Anbietern rein digitaler Produkte (bspw. Musik, Filme, Software), denn diese benötigen nur mehr minimale Lagerkapazitäten (z.B. in Form von Speichermedien). Den quantitativen Unterschied im Musiksortiment zwischen einem stationären und einem Online-Händler zeigte Anderson (2011) am Beispiel des Online-Musikservices Rhapsody und Walmart, wo schon 2011 mehr als 99% aller verfügbaren Musikalben nicht angeboten wurden. Ähnliches gilt für andere Bereiche, wie bspw. Filme und Bücher sowie für die meisten Einzelhändler. Online-Händler wie Rhapsody hingegen bieten ein breiteres und tieferes Sortiment an. Möglich ist dies auf Grund vorhin besprochener Vorteile gegenüber den stationären Händlern. Diese Entwicklung spiegelt sich auch im Wachstum weiterer Streaming-Dienste, wie Netflix, Spotify oder Apple Music, wieder. Für Online-Händler bieten sich also bestimmte Vorteile gegenüber stationären Händlern in Bezug auf das Sortimentsmanagement. Allerdings sind nicht alle Produkte gleichermaßen für einen Online-Verkauf geeignet. Die Eignung eines Produktes für den Online-Verkauf wird wesentlich durch die **Beschreibbarkeit** der Beschaffenheit der Artikel durch den Verkäufer, die **Beurteilbarkeit** der Artikel durch den Käufer und den **Beratungsaufwand** für den Artikel bestimmt. Je besser ein Produkt bzw. eine Dienstleistung digital beschrieben werden kann (z.B. durch Texte, Bilder, Audio/Video), je besser das Produkt durch die digital verfügbaren

Informationen vom Käufer beurteilt werden kann und je geringer der erforderliche Beratungsaufwand im Vorfeld des Kaufes ist, desto besser ist ein Produkt bzw. eine Dienstleistung für den Online-Handel geeignet. Abbildung 4.45 stellt diese Zusammenhänge anhand der **Produkteignungsmatrix** grafisch dar.

Abbildung 4.45: Produkteignungsmatrix im Online-Handel

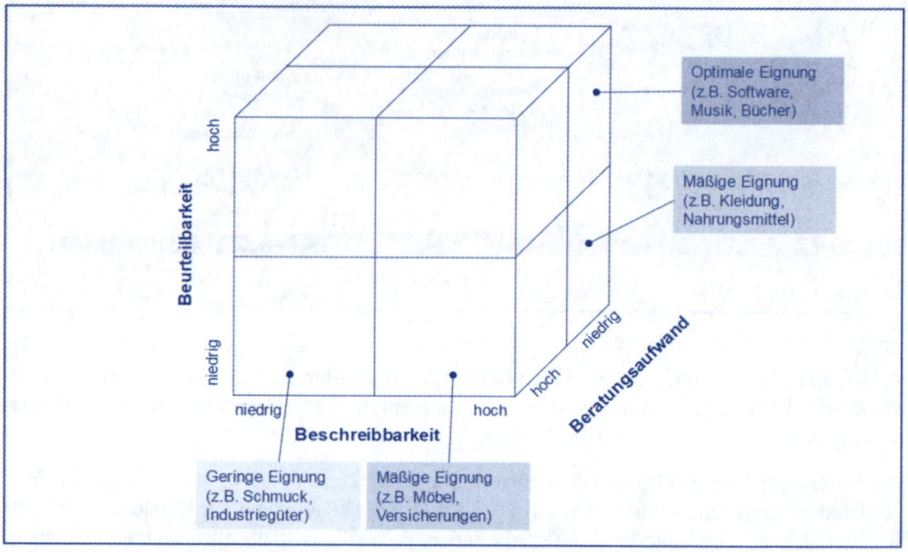

Quelle: i.A.a. Kollmann 2016, S. 308.

Eine **standardisierte Produktbeschreibung**, wie sie unternehmensübergreifend z.B. bei Musik-CDs, Büchern u.dgl.m. meist zu finden ist, erhöht die Eignung von Artikeln für den Online-Verkauf. In anderen Bereichen hingegen, z.B. bei Schmuck, Musikinstrumenten oder vielen Arten von Dienstleistungen, spielt die unmittelbare persönliche Erfahrung nach wie vor eine Rolle (Nakayama/Suctliffe/Wan 2010, S. 260).

Als Folge der eben dargelegten speziellen Charakteristika des E-Commerce haben sich im Laufe der Zeit **verschiedene Varianten** an Online- und Omnichannel-Sortimentsstrategien entwickelt. Zunächst wären an dieser Stelle **Online Department Stores**, also virtuelle Kaufhäuser, zu nennen. Diese bieten, analog zu ihrem stationären Äquivalent, ein sowohl breites wie auch tiefes Sortiment. In diese Kategorie fällt der Online Department Store von Walmart, welcher eine große Auswahl an Produkten aus vielen Categories bietet. Wesentlich häufiger sind **Specialty Online Retailer**, d.h. Online-Fachhändler, auszumachen. Wie ihre stationären Pendants konzentrieren sich diese auf ein schmales, jedoch tiefes Sortiment, um spezielle Marktsegmente zu bedienen. Bspw. konzentriert sich Mister Spex auf den Verkauf von Brillen und Kontaktlinsen. Ebenso wäre Bergzeit.de als Anbieter von Bergsportartikeln in diesem Zusammenhang zu nennen. Als Spezialform haben sich Nischenanbieter gebildet, welche sich auf Subkategorien konzentrieren, wie etwa LILLYDOO, ein Anbieter von Windeln, oder igigi.com, ein Shop für Damenbekleidung in Übergrößen. Die hohe Transparenz im Internet bringt allerdings auch eine Reihe von Herausforderungen für Specialty Online Retailer mit sich, in erster Linie durch das vermehrte Aufkommen sehr preisaggressiver Shop-Formate. Diese sogenannten **Category Killer** bieten ihr gesamtes Sortiment in der entsprechenden Warengruppe zu Niedrigpreisen an. Als bekanntes Beispiel darf Zalando als preisaggressiver Online-Anbieter von Schuhen, Bekleidung und Accessoires genannt werden. Category Killers finden sich über alle Warengruppen und Nischen hinweg, so etwa Microspot im Bereich der Unterhaltungselektronik oder 123pneus als Online-Reifenhändler. Wenngleich Online-Shops eine Reihe von Kostenvorteilen genießen, etwa durch den Verzicht auf physische Verkaufsräume, können die operativen Kosten zum Betrieb eines erfolgreichen Webshops durchaus sehr hoch sein. Speziell im Bereich der Kommunikationsaktivitäten zur Schaffung eines entsprechenden Markenbewusstseins und in den Möglichkeiten der individualisierten Gestaltung des Online-Shops in Verbindung mit der entsprechenden Customer Experience stehen die Händler großen Herausforderungen gegenüber. Eine Möglichkeit, diesen Herausforderungen zu begegnen, besteht in der Schaffung von Kooperationen. In diesem Zusammenhang spricht man von **Plattformstrategien**, die i.S.v. Online-Einkaufszentren auch als Marketplaces bezeichnet werden. Während die Kunden im Webshop Zugriff auf ein sowohl tiefes als auch breites Sortiment haben, befinden sich im Hintergrund mehrere Anbieter. Als klassisches Beispiel wäre an dieser Stelle Alibaba zu nennen, doch auch eBay, Taobao u.a. Online-Shopping Malls beruhen auf der Idee der Schaffung eines großen Sortiments durch Kooperation vieler einzelner Anbieter. (Zentes/Morschett/Schramm-Klein 2017, S. 78f).

Kleidung aus dem 3D-Drucker

Ein illustratives Beispiel zu den Möglichkeiten und Wachstumspotenzialen, die mit dem digitalen Wandel einhergehen, liefert die israelische Mode-Designerin Danit Peleg, die Kleidung designt und vertreibt, welche per 3D-Druck hergestellt wird. Zwar ist dies auch schon anderen Designern gelungen, jedoch schaffte es Peleg, ganze Kollektionen zu entwerfen, die auf herkömmlichen 3D-Druckern für den Hausgebrauch hergestellt werden können – statt auf große industrielle Drucker zu setzten. So verfolgt sie mit ihrem Team das Ziel, eines Tages nur noch die entsprechenden Dateien digital zu verkaufen, sodass Kunden ihre Kleider selbst ausdrucken können.

Quelle: www.danitpeleg.com, 13. Juli 2018.

Niedrige Grenzkosten im Online-Bereich und niedrige Beschränkungen hinsichtlich der Anzahl möglicher Artikel und Warengruppen führen zu nahezu unbegrenzten Möglichkeiten im Rahmen der Sortimentsgestaltung im E-Commerce. Selbst **Nischenprodukte** im Long-Tail-Bereich lassen sich zumal rentabel anbieten, was dem Handel letztlich die Tür zu einer bemerkenswerten Angebotsvielfalt öffnete. Die speziellen Vorteile des Online-Handels haben bislang sämtliche Branchen durchdrungen. Etwa für Artikel **exklusiver Designermarken** hochpreisiger Segmente ergeben sich fernab traditioneller Innenstadt-Boutiquen neue Absatzmöglichkeiten im Internet. Webshops wie Net-A-Porter liefern Kleidungsstücke internationaler Designer, welche zuvor mitunter im deutschsprachigen Raum gar nicht erhältlich waren. Der aus dem selben Hause stammende Anbieter Yoox liefert unter anderem Artikel von Dolce & Gabbana, Gucci oder Prada in mehr als 100 Länder der Welt. Doch nicht nur der Markt für Luxusartikel profitiert von den Möglichkeiten des E-Commerce. So finden sich etwa mitunter eine Reihe von **Secondhand-Marktplätzen** im Internet. Während der Handel mit gebrauchten Artikeln in früheren Zeiten im Rahmen von Flohmärkten vor allem für Privatpersonen attraktiv war, führen Portale wie Ebay zur Bündelung von Angebot und Nachfrage an einem Ort, welcher nun auch für Handelsunternehmen an Attraktivität zu genommen hat. Ebenso entstanden Portale zum Verkauf **individualisierter Produkte**, wie Spreadshirt.de, wo User im Sinne einer Community selbst T-Shirts gestalten und verkaufen können. Im Rahmen solcher Konzepte übernimmt der Betreiber des Online-Portals die Produktion und den Vertrieb der Customized Products und schüttet den Designern i.d.R. eine Umsatzbeteiligung aus. Speziell im Textil-Bereich hat das Internet günstige Möglichkeiten für junge **Trend-Designer** geschaffen, ihre Waren kostengünstig zu vertreiben, bevor diese den Schritt in den stationären

Handel wagen. Darüber hinaus bieten sich mit Blogs und Social-Media kostengünstige Plattformen im Rahmen der Kommunikationspolitik. Die eben genannten Vorteile lassen sich ebenso auf **handgemachte Artikel** und Unikate umlegen. Spezialisierte Portale nutzen die enormen Wachstumsraten des Marktes für individualisierte Produkte und formen mitunter große Communities zum Informations- und Kreativitätsaustausch ihrer Mitglieder. So entstehen letztlich nicht nur neue Möglichkeiten im Rahmen der Sortimentsgestaltung, sondern ganze **Geschäftsmodelle**, die im stationären Umfeld nur geringe Überlebenschancen hätten. Ein Beispiel dafür wären aufkommende exklusive **Shopping-Clubs** wie Vente-Privée oder Brands4Friends, welche Mitglieder nur per Einladung aufnehmen. Das Konzept beruht auf dem Prinzip, Waren erst nach Ablauf einer Verkaufsfrist beim Großhändler zu bestellen und an Kunden weiterzuleiten. Zwar resultieren daraus mehrwöchige Wartezeiten, jedoch profitieren die Kunden von entsprechenden Preisvorteilen. (Boersma 2010, S. 23ff)

Da Kunden beim Kauf im Online-Shop für die Versendung der Ware ihre Adresse bekannt geben müssen, liegen dem Händler **personalisierte Daten** vor, die für eine individuelle Kundenansprache mit maßgeschneiderten Produktangeboten genutzt werden können. Neben Transaktionsdaten wie der Adresse, liegen dem Online- und Omnichannel-Händler auch Daten zu bspw. Suchanfragen oder Klicks vor, die das Verhalten der Kunden auf der Website beschreiben und auf **Verbundeffekte** hinweisen. Analysen von Suchanfragen, Clickstreams oder Cookies geben Aufschluss über die Interessen der Kunden und unterstützen die Sortimentsgestaltung. So zeigen Suchanfragen Artikel, die gewünscht werden, aber nicht gelistet sind und der Vergleich von betrachteten Produkten und gekauften Produkten erlaubt Rückschlüsse über substitutive oder komplementäre Produkte. Zusätzlich sind Informationen darüber, von welchen Seiten Kunden auf die Website gelangen, wie oft bestimmte Seiten besucht werden, welche Produkte auf eine Wunschliste oder in den Warenkorb verschoben werden, wann diese gekauft oder entfernt werden, für Online- und Omnichannel-Händler hilfreich, um Kunden Produktempfehlungen zu geben und sozusagen ein individuelles Sortiment pro Kunden anzubieten (Schröder 2012, S. 343).

Ziel ist es schließlich, die Konversionsrate und den Wert der Warenkörbe zu steigern. Um dies zu erreichen, verwenden Online-Händler Hinweise wie „Topseller," „bereits angesehene Produkte," „Produktempfehlungen aus der betrachteten Kategorie" oder „vergleichbare Produkte". Diese Produktempfehlungen bieten sich für Neukunden, über die noch keine Daten vorhanden sind, an. Topseller-Empfehlungen sind z.B. erfolgreich in den Kategorien Musik, Bücher und Filme. Im Technikbereich werden Produktempfehlungen, die passendes Zubehör anbieten, eingesetzt. Im Modehandel lohnt die Empfehlung von z.B. einem Hemd zur Hose oder Schuhe zum Anzug. Amazon verwendet z.B. den Hinweis „Andere Kunden kauften auch..." (Göpfert 2015). Die **kanalübergreifende Sortimentsintegration** hat ihre spezifischen Herausforderungen. Einzelhändler können keine Integration oder eine vollständige Integration anbieten (d.h. unterschiedliche oder gleiche Sortimente über verschiedene Kanäle hinweg anbieten). Gegen eine Integration spricht, dass sich Fähigkeiten, Kosten und Wettbewerber in den einzelnen Kanälen unterscheiden. Eine Differenzierung der Sortimente kann sinnvoll sein, wenn die Kanäle unterschiedliche Kundensegmente ansprechen. Volle Integration verhindert unerwünschte Folgen, wie z.B. Verwirrung bei Kunden (Consumer Confusion), Misstrauen, und Frustration (Neslin/Shankar 2009). Auf dem Kontinuum zwischen keiner und Vollintegration verwenden Einzelhändler meist eine asymmetrische Integration, bei der der eine Kanal alle Artikel des anderen Kanals sowie zusätzliche Waren anbietet. Zhang u.a. (2010) plädieren für größere Sortimente online, wo die Sortimentskosten vergleichsweise gering sind. Tatsächlich geben 74% der Einzelhändler an, sie differenzieren selektiv die Sortimente nach Kanälen (PWC 2012). Emrich/Paul/Rudolph (2015) untersuchten ein Framework, das einerseits zeigt, wie die vom Kunden wahrgenommenen Vorteile von Vielfalt, Bequemlichkeit und reduziertem Risiko die Auswirkungen der Integration von Multichannel-Sortimenten (voll, asymmetrisch, keine) auf die Kaufabsicht mediieren und das andererseits die Auswirkungen auf Händlertypen anhand von substitutiven, komplementären und unabhängigen Sortimentsbeziehungen differenziert. Sie stellten fest, dass eine volle Integration über „keine“ Integration dominiert, aber dass die asymmetrische Integration im Vergleich zu keiner Integration nachteilige Auswirkungen auf die substitutionellen Beziehungen haben kann. Eine asymmetrische Integration kann für unabhängige Beziehungen vorteilhafter sein als die vollständige Integration, während sich die Kundenergebnisse für komplementäre Beziehungen weniger stark unterscheiden.

Melis u.a. (2015) zeigten für den LEH, dass Verbraucher generell dazu neigen, den Online-Shop auszuwählen, der zur gleichen Kette gehört wie einer ihrer bevorzugten Offline-Shops, wenn sie mit dem Online-Einkauf von Lebensmitteln beginnen. Sie stellten auch fest, dass das Angebot eines vergleichbaren Sortiments im Online- und Offline-Shop die Übertragung von Lebensmittelkettenpräferenzen stark verbessert und zu einer höheren Wahrscheinlichkeit führt, die Online-Alternative einer Kette zu wählen. Anders ausgedrückt, besteht ein erhebliches Risiko, dass Multichannel-Lebensmittelhändler ihre treuen Offline-Kunden nicht in den Online-Shop locken können, wenn ihr Online-Sortiment nicht auf ihre Offline-Angebote abgestimmt ist. Zudem wird die Loyalität zu einem Online-Shop durch die Zusammensetzung des Sortiments positiv beeinflusst. Das Sortiment ist daher nicht nur wegen seiner direkten Auswirkung auf die Auswahl des Online-Shops ein kritischer Treiber, sondern erhöht auch die Wahrscheinlichkeit, dass die Verbraucher den Shop durch seine positive Auswirkung auf die Loyalität des Online-Shops erneut besuchen. Wenn Verbraucher mehr Erfahrung beim Online-Kauf gesammelt haben, hat das Sortiment einen wichtigen, aber sich ändernden Einfluss auf die Entscheidungen der Verbraucher bei der Wahl des Online-Shops. Während die Ausrichtung des Online- und Offline-Sortiments in der Anfangsphase des Online-Kaufprozesses entscheidend ist, nimmt seine Bedeutung als wettbewerbsfähiges Online-Marketing-Instrument mit zunehmender Erfahrung der Verbraucher zu.

Erfolgreiche Kombinationen der sortimentsspezifischen Vorteile von Offline- und Online-Shops sind durch die Kanalintegration im **Omnichannel-Bereich** zu finden. Onlineshops nehmen zumal eine Zubringerrolle für die stationären Geschäfte des Omnichannel-Händlers ein. Hierbei hat der Omnichannel-Händler bereits in der Vorkaufsphase die Gelegenheit, den Kunden über das verfügbare Sortiment am jeweiligen Standort hinzuweisen. Analog dazu können Artikel an verschiede Standorte versendet und dort auch evtl. umgetauscht werden. Der Kunde genießt die Vorteile stationärer Geschäfte (z.B. im Sinne eines Schauraums), ergänzt um die Spezifika des Online-Handels (z.B. Sortimentsvielfalt). So werden offline und online auch im Sortimentsbereich im Sinne der Omnichannel-Strategie verzahnt, um den Kunden auf allen Touchpoints im Rahmen der Customer Journey konsistent zu begegnen.

Damit einhergehend stellt ein erfolgreiches **Omnichannel-Management** das Unternehmen vor eine Reihe von **Herausforderungen**, welche es zu meistern gilt. So stellt sich etwa die Frage, ob das Sortiment über sämtliche Kanäle hinweg einheitlich angeboten werden soll oder die Online-Touchpoints lediglich als Erweiterung der offline-Angebotspalette dienen sollen. Für das vom Kunden am jeweiligen Kanal gewünschte Sortiment sind u.a. Konzepte wie Showrooming (Informationssuche offline, Kauf online) und Webrooming (Informationssuche online, Kauf offline) von Bedeutung. Darüber hinaus bringt das sog. „Channel Hopping“ die Frage mit sich, ob Retouren und Reklamationen über sämtliche Kanäle hinweg möglich sein sollen, was vor allem im internationalen Kontext (z.B. Bestellung über deutschen Online-

Shop, Retournierung im Schweizer Offline-Store) für zusätzlichen Koordinationsaufwand sorgen kann (Ahlert/Kenning/Brock 2018, S. 371). Der Online-Handel bringt durch hohe Vergleichsmöglichkeit eine hohe Preistransparenz mit sich, welche sich auf das Kaufverhalten auswirkt und letztlich dazu führt, dass Kunden Wert auf ein niedriges Preisniveau legen und zumal Preissuchmaschinen oder sog. Preisagenten verwenden. Dies schlägt sich insofern in der Sortimentsgestaltung nieder, als dass dem Preisdruck bspw. durch Individualisierung und Personalisierung begegnet werden kann. Alternativ dazu wird versucht, die Vergleichbarkeit zu Konkurrenzprodukten durch Handelsmarken oder durch Bündelung von Artikeln zu Paketangeboten zu erschweren (Heinemann 2018 S. 79f).

Als Beispiel für konsequentes Omnichannel-Retailing ist der Sportartikelhändler **Blue Tomato** zu nennen. Während nur ein Teil des 450.000 Artikel umfassenden Sortiments in den über dreißig stationären Geschäften lagernd ist, kann jeder Artikel aus dem Onlineshop mit Bestpreisgarantie an Filialen geliefert und dort gegebenenfalls auch umgetauscht werden.

Mass Customizing gewinnt im Handel v.a. beim Direktvertrieb von Produkten über das Internet immer mehr an Bedeutung. Unter Mass Customizing („Massen-Maßproduktion") versteht man die preiswerte Herstellung individualisierter Produkte aus einer Reihe von identischen Leistungskomponenten wie Bausteine für Computer oder Lebensmittel. Die Vorteile von Mass Customization liegen in den Kostenvorteilen durch Massenfertigung mit gleichzeitiger Deckung kundenindividueller Bedürfnisse (Schröder 2012, S. 341). Insbesondere vor dem Hintergrund der zunehmenden Individualisierung und dem Wunsch, sich von der Masse zumindest durch Details abzuheben, wird die Möglichkeit des Kaufs individueller Produkte immer wichtiger. Anwendung findet Mass Customization z.B. bei der Konfiguration von Computern (z.B. Dell), bei der individuellen Gestaltung von Bekleidung (z.B. T-Shirts, Schuhe) oder auch bei Lebensmitteln (z.B. Schokolade, Müsli).

Mass Customizing im Online-Shop von Longchamp

Ein Beispiel für ein Mass Customizing-Konzept bildet der Webstore von Longchamp. Im Shop des Taschenherstellers werden Geldbörsen, Handtaschen und Reisetaschen in den Materialien Leder und Nylon sowie Accessoires angeboten. Der Online-Konfigurator bietet die Möglichkeit der Gestaltung einer individualisierten Tasche. Dazu steht eine Auswahl aus zwei Materialien, vier Modellen, 15 Farben und zwei Henkeltypen bereit. Eine weitere Individualisierung bietet die Prägung der Initialen. Die Lieferzeit für die derartig individualisierten Produkte beträgt laut Unternehmensangaben etwa drei Wochen.

Quelle: www.longchamp.com, 4. August 2017.

D. Handelsmarken-Management

I. Grundlagen und Bedeutung

Auslöser der Entwicklungen im Markenmanagement von Handelsunternehmen sind vor allem Veränderungen in der Konsumgüterwirtschaft, insb. in den Handelsstrukturen und -strategien, die zu einer wesentlichen Erhöhung der Bedeutung des Einzelhandels führten. Wurde früher bemängelt, dass es die Händler den Herstellern überließen, die Vorteile eines Markenaufbaus für sich in Anspruch zu nehmen (vgl. bereits Morschett 2002, 2012), wird heute die Dominanz der Marketingstrategien der Hersteller vom Handel nicht mehr uneingeschränkt akzeptiert. Der Handel strebt immer stärker eine dominante Position in der Wertkette an (Morschett 2012, S. 441). Im Sinne eines strategischen Marketings werden daher Begriffe wie Markenpolitik bzw. Branding auch für Handelsunternehmen verwendet und aufgrund ihrer zunehmenden Bedeutung in diesem Buch als spezifisches Marketinginstrument – und nicht bspw. als Teil der Sortimentspolitik – behandelt. Durchgesetzt hat sich der Begriff der Retail Brand; oft wird von Handelsunternehmen als Marke oder von Händlermarken gesprochen.

Retail Branding ist demzufolge eine Strategie, die auf dem Marken(artikel)konzept basiert und dieses auf Handelsunternehmen überträgt. Der Begriff bezeichnet die Markenpolitik eines Handelsunternehmens auf der Ebene seiner Vertriebskanäle bzw. Verkaufsstellen. Dabei kann das Retail Branding als strategische Leitlinie für das gesamte Handelsmarketing angesehen werden (Morschett 2012, S. 442)

Zu den Veränderungen in der Konsumgüterwirtschaft zählt die zunehmende Bedeutung von Handelsmarken, die eine wachsende Rolle für Händler haben. Handelsmarken kennzeichnen vom Händler exklusiv markierte Produkte, für die das Handelsunternehmen – als Eigner der Handelsmarke – die vollständige **Wertschöpfungsverantwortung** übernimmt. Die Produkte können dabei vom Händler selbst oder (meist) im Auftrag des Händlers produziert werden und bilden damit einen wesentlichen Teil der vertikalen (Rückwärts-)Integration von Handelsunternehmen. Des Weiteren sollen Handelsmarken der Angebotsleistung des Händlers eine gewisse Exklusivität im horizontalen Wettbewerb verleihen und andererseits Handelsunternehmen unabhängiger von Herstellermarken im vertikalen Wettbewerb machen.

Handelsmarken, auch als Eigenmarken oder „Private Labels" bezeichnet, sind damit Waren- oder Unternehmenszeichen, mit denen Handelsbetriebe Waren versehen oder versehen lassen, wodurch sie als Eigner oder Dispositionsträger der Marke auftreten (Bruhn 2012, S. 545). Die Handelsmarkenpolitik kann als Leitlinie für das Sortimentsmanagement angesehen werden.

Diese Sichtweise folgt jener zu Markenartikeln, die in ihrem ursprünglichen Verständnis Fertigwaren darstellen, die im größeren Absatzraum unter einem besonderen, die Herkunft kennzeichnenden Merkmal (Marke) in einheitlicher Aufmachung, gleicher Menge sowie in gleich bleibender Güte erhältlich sind und sich dadurch die Anerkennung der Verbraucher erworben haben. Aktuellen Verständnissen nach sind Marken Vorstellungsbilder in den Köpfen der Anspruchsgruppen, die eine Identifikations- und Differenzierungsfunktion übernehmen und das Wahlverhalten prägen (Esch 2014, S. 22). Indessen ist die spezifische Sicht im Handel notwendig, weil **Corporate Brands, Retail Brands und Handelsmarken** (i.S. Product Brands) durch eine beachtliche Komplexität gekennzeichnet sind, die bspw. mit einer schwierigen Standardisierbarkeit (einem Merkmal, das aus dem Dienstleistungscharakter der Handelsleistung resultiert) einhergeht. Während Hersteller oft nur relativ wenige Produkte unter einer Marke führen, der (industrielle) Produktionsprozess durch eine Qualitätsprüfung abgeschlossen werden kann, wird der Handelskontakt häufig durch mehrere hundert Verkaufsstellen, oft durch unterschiedliche Sortimente oder Ladendesigns sowie durch die Interaktion zwischen Mitarbeitern und Kundengruppen geprägt, wodurch die Gewährleistung einer zur Markenbotschaft konsistenten Leistung erschwert wird.

Aus Kundensicht kann die Bewertung selbst bei konsistent geführten Filialunternehmen variieren, da Kunden i.d.R. Handelsunternehmen und -stores im lokalen Erfahrungskontext beurteilen, im Interformat- oder Intraformatwettbewerb (z.B. Supermarkt vs. Discounter oder Supermarkt vs. Supermarkt). Selbst ein konsistentes Angebot von Handelsmarken variiert aus Kundensicht lokal. Ebenso verhält es sich im Rahmen der **Markenidentität** oder der Führung von **Markenportfolios** bzw. in Bezug auf die wahrgenommenen Interdependenzen zwischen der oben genannten Corporate Brand, den Retail Brands und den Handelsmarken eines Unternehmens. Die herausragende Stellung von Corporate und Retail Brands resultiert einerseits aus deren strategischer Bedeutung und andererseits aus den vielfachen und starken Wirkungen, welche auch in unterschiedlichen Studien in diversen Kontexten (z.B. offline vs. online, Gesamtunternehmen vs. Stores, national vs. international) belegt wurden (Swoboda/Schramm-Klein/Weindel 2016). Der Stellenwert, der sich auf der Ebene der Sortimentspolitik bewegenden Handelsmarkenpolitik, ergibt sich aus der zunehmenden ökonomischen Bedeutung von Handelsmarken in den Sortimenten (bspw. im DIY oder v.a. im LEH). Deren Relevanz zeigt sich zudem in der Tatsache, dass in weiteren Branchen, wie im Fashion-Bereich, die weltweit größten Handelsunternehmen offline (z.B. ZARA oder H&M) aber auch online (z.B. Zalando oder Otto) zum Teil fast ausschließlich aus Handelsmarken bestehende Sortimente anbieten und diese die Basis ihres Erfolges bilden (Unternehmenssicht), ohne, dass die Kunden zwangsläufig diese Produkte als Handelsmarken i.e.S. wahrnehmen (Kundensicht).

Ziel ist es mit Hilfe des Customer Experience Management eine positive Einstellung gegenüber der Handelsmarke zu generieren, um die Kundenbeziehungen zu erweitern. Zu ergänzen sei an dieser Stelle, dass die Customer Experience durch einen hohen Interaktionsgrad zwischen Kunde und Händler gekennzeichnet ist und es sich dabei um einen dynamischen Prozess handelt, der aus einer ganzheitlichen Perspektive heraus betrachtet werden muss. D.h., dass auf die Qualität der Customer Experience neben Handelsmarken auch weitere Moderatoreffekte wie soziale Umgebung, Service-Schnittstellen, Atmosphäre im Store und Dynamik der Kundenerfahrung, einwirken (Mehn/Wirtz 2018, S. 20f.).

Aufgrund der Vielzahl von Angeboten, die einem Verbraucher heute in den verschiedenen Handelsbranchen zur Verfügung stehen, sind aus Kundensicht die primären Funktionen einer Retail Brand bspw. die Orientierung und das Vertrauen in einen Händler und seine Angebote sowie die kognitive Entlastung bei Einkaufsstättenbewertungen in Kaufentscheidungssituationen (siehe Abb. 4.46).

Aus Sicht eines Händlers bildet eine einzigartige Retail Brand eine Profilierungsbasis im Wettbewerb und ist ein Signal, an dem Kunden ihre Präferenzen und Unternehmen effizient ihre Marketingmaßnahmen ausrichten können. Bedingt durch die Unternehmenssituation, sind als sekundäre Vorteile eine Erhöhung des preispolitischen Spielraums, eine differenzierte, segmentspezifische Marktbearbeitung oder eine Wachstumspotenzialerschließung unter der Marke denkbar. Führt ein Händler unterschiedliche Vertriebskanäle/Betriebstypen unter einer Marke (z.B. Convenience-, Supermarkt-, Hypermarkt- oder Online-Stores), können damit unterschiedliche Kundensegmente und wechselnde Bedürfnisse der Kunden in unterschiedlichen Lebensphasen angesprochen werden.

II. Ziele und Entscheidungsoptionen

Ökonomische Unternehmensziele und psychographische Kunden-/Wirkungsziele prägen das Markenmanagement. Die beschriebenen Vorteile kommen „starken“ Marken zugute, was mit dem generellen Ziel des Markenmanagements, dem Aufbau und dem Erhalt von starken Marken korrespondiert und den **Markenwert** zur generellen Steuerungsgröße macht. Dabei ist zwischen monetärer Markenbewertung und konsumentenorientierter Markenbewertung zu unterscheiden. Der konsumentenorientierte Markenwert und deren Treiber sind für Handelsmarken prädominant. Wie in Abschnitt B.V. des Dritten Kapitels dargelegt, wird der konsumentenorientierte Markenwert i.d.R. als Wahrnehmungs-/Einstellungskonstrukt mit zwei Dimensionen erfasst (Keller 1993; Esch 2014, S. 59ff.):

- Brand Awareness (Markenbekanntheit) und
- Brand Image (Markenimage).

Abbildung 4.46: Vorteile von Retail Brands und Handelsmarken

	Retail Brands	Handelsmarken
Kundensicht	*Primär* - Orientierungsfunktion - Vertrauensfunktion - Entlastungsfunktion *Sekundär* - Preissensibilitätsreduktion - Identifikationsfunktion - Prestigefunktion	*Primär* - Profilierungsfunktion - Dokumentation preislicher Leistungsfähigkeit - Dokumentation qualitativer Leistungsfähigkeit *Sekundär* - Auswahlerhöhungsfunktion - Preissenkungs-/-sensibilitätsfunktion - Entlastungsfunktion
Unternehmenssicht	*Primär* - Präferenzbildung/Kundenbindung - Profilierung/Differenzierung ggü. Wettbewerbern - Effizienz der Marketingmaßnahmen *Sekundär* - Preispolitischer Spielraum - Segmentspezifische Marktbearbeitung - Effiziente Wachstumspotenzialerschließung	*Primär* - Spannensicherungs-/Ertragssteigerungsfunktion - Differenzierungs-/Profilierungsfunktion - Vertikalisierungs-/Beschaffungsalternativen *Sekundär* - Reduzierung der Lieferantenvielfalt - Innovationfunktion - Gewerbliche Schutz-/Solidarisierungsfunktion

Quelle: Swoboda/Weindel 2019.

Die Markenbekanntheit ist eine notwendige Bedingung, da nur für bekannte Marken ein (positives, starkes, einzigartiges) Image in den Köpfen der Zielgruppe entstehen kann. Wie angedeutet, ist sie v.a. im Fashion-Handel im Hinblick auf die Handelsmarken nicht selbstverständlich und – die fehlende Kenntnis über Handelsmarken (vs. Markenartikeln) – verhindert ggf. den Imagetransfer von Handelsmarken auf Retail Brands vice versa.

Abbildung 4.47: Ausgewählte Studien zu Hersteller- vs. Handelsmarken

Autor(en)	Forschungsfrage	Theorie	Daten und Methode	Kernergebnisse
Chimhundu (2016)	Exploring the use of power in the mearchandising of brands	-	In-depth interviews and in-store category observation	■ Referent and expert bases of power play a key role in merchandising practice for store and manufacturer brands. ■ Consistent with rational business judgment, what is best for the consumer and the business is what largely gets factored into merchandising policy.
Tsafarakis u.a. (2016)	Introduction of differential evolution to product assortment planning	Product assortment planning models	N=1928 supermarket customers, differential evolution algorithms	■ Evolutionary notions can facilitate important decisions related to optimal variety of private label product categories, optimal service level of private label merchandise within a product category, and optimal balance between private labels and national brands in a retailer's product portfolio.
Ieva/Ziliani/Gazquez-Abad (2015)	Whether featuring private labels vs. national labels is equally effective	-	N=203 supermarket customers, zero-inflated Poisson regression model	■ Free recall and recognition did not appear to differ between private labels and national brands. ■ Results overall support the main role consumer-related aspects play in analyzing consumer reactions to feature advertising and consequently in advertising planning by marketers.
Chimhundu/McNeill/Hamlin (2015)	Investigation of long-term strategic relatinships between maufacturer and retailer brands	-	N=44 retailer & supplier managers, multiple-case study method	■ The research found a clear perception among managers that manufacturer brands have a greater collective capacity for product innovation and marketing support than retailer brands. ■ Respondents believed that varying optimum levels of retailer brand penetration existed for each category, and that these levels should be actively maintained over the long term.

Rossi/Borges/Bakbayev (2015)	Consumers' sensory perceptions and purchase intentions of national and private brands	Brand equity theory	N=119 (study 1) and N=261 students (study 2); between subjects experiment	▪ The results of two studies show that consumers reverse their evaluation of private labels when tasting the product in an informed condition. ▪ When consumers are not aware of brand names, they indicate better taste and higher purchase intentions for private labels. The opposite is true when they try products in an informed condition.

Nachfolgend stehen Handelsmarken und deren Ausgestaltung sowie Interaktion (mit der Retail Brand) im Vordergrund. Zum einen, weil Retail Brands als strategische Wettbewerbsentscheidung eine Rolle spielen, zum anderen, weil Handelsmarken v.a. im LEH an Bedeutung gewinnen. Würde eine Konzentration von Händlern rein auf Herstellermarken erfolgen, so könnte dies dazu führen, dass die Sortimente von Handelsunternehmen als austauschbar wahrgenommen werden, insb. dann, wenn sich die Nachfrage der Kunden auf wenige starke Herstellermarken fokussiert (Zielke 2012). Gleichwohl ist dies in spezifischen Branchen gegeben (bspw. im Vertragshandel der Automobilhersteller, der zugleich oft mit einem Gebietsschutz verbunden ist). Zwar dienen Herstellermarken häufig als Orientierungsanker für die Kunden im Laden, dennoch führen die produktpolitischen Entscheidungen der Hersteller nicht selten dazu, dass die Händler fortwährend Ein- bzw. Auslistungsentscheidungen in Abhängigkeit von den Herstellerangeboten führen. Insofern verwundert es nicht, dass sich die Mehrheit der Studien dem Themenfeld des Verhältnisses von Hersteller- vs. Handelsmarken widmet (siehe Abb. 4.47). So zeigen Rossi, Borges und Bakpayev (2015), dass Verbraucher Handelsmarken dieselben Eigenschaften bzgl. der Qualität zuweisen wie Markenartikel und damit deren Wahrnehmung und Kaufabsichten gleichermaßen beeinflussen. Interessant sind allerdings die Ergebnisse zweier Experimente, die zeigen, dass sich die Beurteilung umkehren kann. Werden Produkte bspw. „blind", d.h. ohne (mit) Präsentation des Markennamens offeriert, tendieren Konsumenten zu einer höheren Kaufabsicht für (gegen) die Handelsmarke.

Im folgenden Abschnitt wird näher auf die einzelnen markenpolitischen Entscheidungsmöglichkeiten von Handelsunternehmen eingegangen (siehe Abb. 4.48).

Abbildung 4.48: Entscheidungsoptionen im Markenmanagement

Ebene	Teilbereich	Konkrete Aspekte
Strategische Gestaltungsalternativen	**Bedeutung, Nutzungsoptionen und Vorteile von Handelsmarken**	▪ Historische Entwicklung, heutige Bedeutung ▪ Kontinuum der Nutzungsoptionen ▪ Primär- und Sekundärvorteile aus Sicht der Handelsunternehmen und Verbraucher
	Arten und Positionierung	▪ Arten von Handelsmarken, ▪ Positionierung von Handelsmarken gegenüber Herstellermarken, Anwendung im LEH
	Markenarchitekturen und -strategien im Kontext von Handelsmarken	▪ Vertikale Anordnung der Marken eines Handelsunternehmens: ▪ Corporate Branding, Retail Branding und Handelsmarken (Product Brands)
		▪ Generelle Markenstrategien, generelle Einflussfaktoren, Einfluss von Kundencharakteristika auf den Handelsmarkenerfolg
		▪ Einflussfaktoren auf den Handelsmarkenerfolg
Ausgewählte Maßnahmen	**Markenkonsolidierung/-expansion**	▪ Sofortige Elimination der Marke, abgestufter Rückzug, Fokussierungsstrategie, Bearbeitung neuer Absatzmärkte, Markenerweiterung, Markendehnung
	Kontrakt- und Selbstproduktion von Handelsmarken	▪ Arbeitsteilung zwischen Industrie und Handel bei Analysen, Produktentwicklung, Markttests, Produktion, Kommunikation, Abverkauf
Spezifika	**Online**	▪ Platzierung
	Omnichannel	▪ Branchenspezifische Unterschiede

III. Strategische Gestaltungsalternativen

1. Bedeutung, Nutzungsoptionen und Vorteile von Handelsmarken

Die ersten modernen Handelsmarken wurden als Reaktion auf das Aufkommen der Hard-Discounter Ende der 1970er Jahre von Vollsortimentern entwickelt. Ziel war es, das Angebots- und Preisniveau des bestehenden Sortiments am unteren Preisniveau zu arrondieren (siehe Abb. 4.49).

Diese Bestrebungen bremsten aber die Discounterentwicklung nicht, u.a. deshalb, weil bei Vollsortimentern die Sortimentswahrnehmung der Produkte im Niedrigpreisbereich von der gesamten Sortimentswahrnehmung überstrahlt wird. Historisch gesehen, folgten ab den 1990er Jahren höher positionierte Handelsmarken, die v.a. gegen schwache Markenartikel ausgerichtet waren (klassische Handelsmarken). Ab der Jahrtausendwende griff der LEH mit Premiummarken marktführende Top-Markenartikel an (Mehrwerthandelsmarken bieten Mehrwerte wie Nachhaltigkeit, Fairtraide, Bio, Glutenfrei etc.).

Abbildung 4.49: Phasen der Handelsmarkenentwicklung

Zeit	**ab 1975**	**ab 1990**	**ab 2000**	**ab 2010**
Generation / Merkmal	**Generation 1**	**Generation 2**	**Generation 3**	**Generation 4**
Marke	Generische Handelsmarken, No Names	Klassische Handelsmarken	Premiumhandels- und Dachmarken	Mehrwerthandelsmarken
Produkte	Grundbedarf	markenvergleichbare Einzelartikel	Artikelgruppen	imagebildende Produkte
Technologie	Basistechnologie mit niedrigen Barrieren	gleiche Produktbasis	Kopie der Marktführer	Marktführer gleich innovativ
Qualität/Image	Basis-/ Einstiegsqualität	niedriger als der Markenartikel	wie führende Marken, Qualitätsgarantie	besser als führende Marke
Kaufmotivation	Niedrigpreis Low-interest	Discountpreis	Preis, Qualität, Produktnutzen	Spitzen Qualität und Preis
Hersteller	national, meist nicht spezialisiert	national, z.T. Handelsmarkenspezialist	national, meist Handelsmarkenspezialist	international, oft Handelsmarkenspezialist
Marketing	beschaffungsorientiert	konzept-/ strategiebetont	klassische Markenführungsansätze	markenadäquate Führung/Investition

Den Bedeutungszuwachs untermauern die Marktanteile. Der Wertanteil (Anteil am Wert aller abgesetzten Produkte) stieg bei FMCG auf 46% im Jahr 2017 in Deutschland und auf 43% in Österreich. Der mengenmäßige Anteil liegt rund 5-6 Prozentpunkte über dem Wertanteil. Die Private Label Manufacturer Association (PLMA) schreibt den Handelsmarken international und branchenübergreifend eine steigende Bedeutung zu (siehe Tab. 4.1), wobei diese Erhöhung der Marktanteile von Handelsmarken auch mit der wirtschaftlichen Situation und dem Wachstum von Discountern in Verbindung steht.

Tabelle 4.1: Wertmäßiger Marktanteil von Handelsmarken bei FMCG

Jahr	**Schweiz**	**Groß-britannien**	**Spanien**	**Deut schland**	**Belgien**	**Frankreich**	**Nieder-lande**	**Italien**
2004	45%	39%	31%	33%	29%	25%	21%	14%
2017	50%	46%	52%	46%	44%	32%	30%	21%

Quelle: www.nielsen.de, 8. August 2018.

Diese Entwicklungen können insgesamt wie folgt zusammengefasst werden:

- Bedeutungszuwachs in den meisten europäischen Ländern und hohe Bedeutung in den größten Volkswirtschaften.
- Verschiebung bei der Zielsetzung der Lancierung durch Handelsunternehmen in Richtung Premium und Mehrwert (Schwerpunktsetzung auf Qualität statt Quantität).
- Bewegung hin zu sortimentsübergreifenden Sortiments- bzw. Dachmarken, welche die Profilierung der Unternehmen durch Handelsmarken noch verstärkt.
- Anpassung der Handelsmarke an den Lebensstil und an die Werte der Kunden.
- Bewegung weg vom reinen Verkaufsargument Preis hin zur Bewerbung weiterer Attribute, wie „bio" oder „gesundheitsfördernd".

Im Rahmen ihrer Sortimentsstrukturentscheidungen haben Handelsunternehmen die Möglichkeit, sich auf einem Kontinuum zu bewegen, dessen Extrempunkte das alleinige Angebot von Herstellermarken bzw. Handelsmarken darstellen (siehe Abb. 4.50):

- Werden ausschließlich **Herstellermarken** im Sortiment geführt, bei denen die Industrie die Rechte an der Marke hat und i.d.R. auch alle mit der Markenführung zusammenhängenden Aktivitäten selbst ausführt, so handelt es sich um institutionelle Händler i.e.S., deren Aufgabe sich rein auf die Handelsfunktion begrenzt. Derartige Strategien werden bspw. häufig im (mittelständischen) Fachhandel, im Premium- und Luxushandel bzw. im Automobilhandel gewählt.
- Den ausschließlichen Vertrieb von **Handelsmarken** findet man insb. in vollvertikalisierten Unternehmen, wie im Fast Fashion-Handel (z.B. H&M, Zara) oder im Möbel-Handel (z.B. Ikea).
- Handelsunternehmen, die sowohl **Hersteller- als auch Handelsmarken** im Sortiment führen, finden sich z.B. im LEH, aber auch in Non-Food-Branchen (z.B. bietet die MediaMarkt Saturn Retail Group unter der Eigenmarke „ok" Elektrogeräte im unteren Preissegment an, unter der Eigenmarke Koenic wird hochwertige Weißware und unter PEAQ hochwertige Unterhaltungselektronik vermarktet. Die preisgünstige Zubehörmarke Isy rundet das Angebot der vier Eigenmarken ab).

Abbildung 4.50: Kontinuum der Sortimentsgestaltung

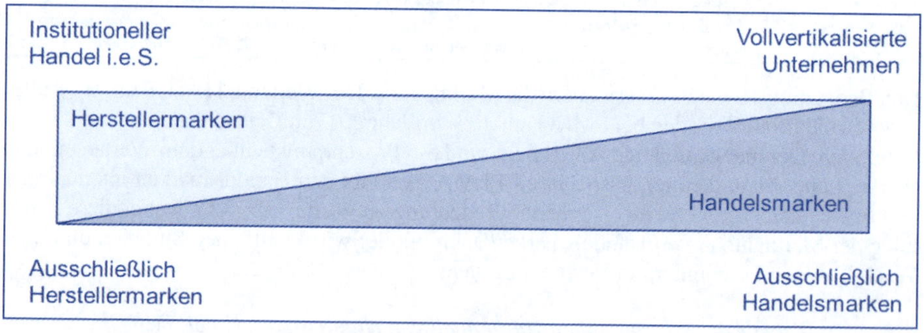

Die idealtypischen Extremausprägungen sagen vor dem Hintergrund der o.g. Entwicklungstendenzen nicht notwendigerweise etwas über die Aktivitäten der drei Typen von Handelsunternehmen aus. Entscheidend ist vielmehr der Ausgangspunkt eines Unternehmens, i.S. des bisherigen Handelsmarkenangebots. So bieten Handelsunternehmen, die sowohl **Hersteller- als auch Handelsmarken** führen, im stärkeren Maße Handelsmarken an. Demgegenüber listete z.B. Aldi (fast nur Handelsmarken anbietend) Markenartikel in ausgewählten Warengruppen wie Körperpflege, Spirituosen, Chips etc. ein, um die Attraktivität des Sortiments zu erhöhen. Insofern ist die o.g. Entwicklung situativ unterschiedlich.

Wie beschrieben, bieten Handelsmarken diverse Vorteile, die aber aufgrund der Vielfalt von denkbaren Handelsmarkenprogrammen, Be-/Vertriebstypen, Sortimentsstrategien oder Retail Branding Strategien von Handelsunternehmen schwer allgemeingültig formulierbar sind. Allerdings profilieren sich Händler aus Kundensicht zweifelsohne durch Handelsmarken. Handelsmarken im Sortiment zu führen bedeutet, dass die Handelsunternehmen als Markenträger die **Markenführung** und die Distribution der Handelsmarke übernehmen.

Die Handelsmarke ist damit nur bei dem jeweiligen Händler verfügbar und trägt damit zur **Profilierung** im horizontalen Wettbewerb bei, indem ein eigenständiges, differenzierendes Sortimentsprofil generiert wird. Händler dehnen auf diese Weise ihre sortimentsbezogene Leistungsfähigkeit auf die gesamte Wertschöpfungskette aus – also anhand der Übernahme der Markenführung weit über die reine Distributionsfunktion hinaus. Dadurch ist eine erweiterte Form der Akzentuierung von **Sortimentskompetenzen** möglich, so in Form der **Preis-Leistungsfähigkeit** oder der Betonung der **qualitativen Leistungsfähigkeit** im Sortiment. Sekundäre Vorteile von Handelsmarken aus Kundensicht sind u.a. eine größere Auswahl, niedrigere Preise oder die o.g. Vertrauensfunktion. Aus Unternehmenssicht erfüllen Handelsmarken primär eine Spannensicherungs- und Ertragssteigerungsfunktion (i.S. **Umsatzprofitabilität**), da ihre Preise deutlich unter denen von vergleichbaren Markenartikeln liegen, so z.B. im LEH bis zu 60% (Swoboda/Schramm-Klein/Weindel 2016, S. 174).

Die Endpreise von Handelsmarken liegen zwar häufig deutlich unter den Verkaufspreisen von Markenartikeln, jedoch übernehmen die Händler einen größeren Anteil der Wertschöpfung. Dies führt dazu, dass sie einen größeren Anteil der Handelsspanne realisieren können bzw. einen geringeren Anteil der Marge an andere Akteure in der Wertschöpfungskette abgeben müssen (siehe Abb. 4.51).[1]

Abbildung 4.51: Kostenblöcke von Hersteller- und Handelsmarken im Vergleich

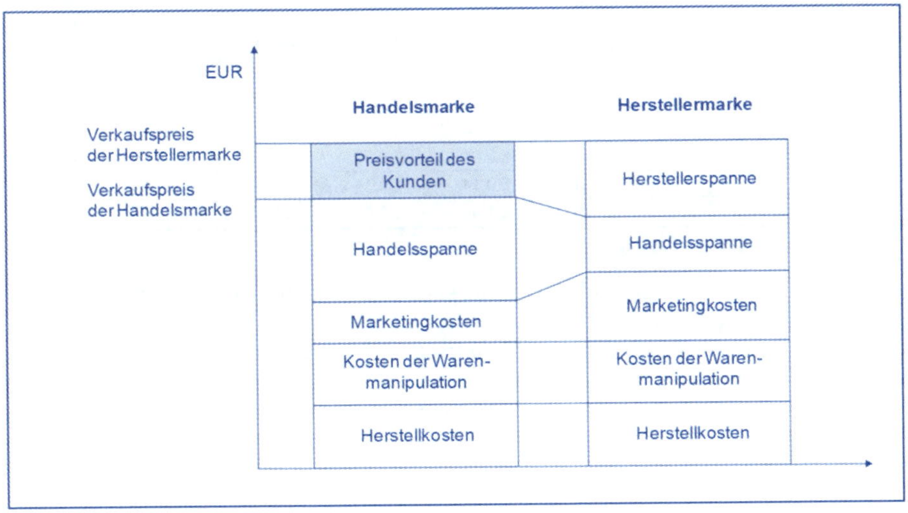

Quelle: i.A.a. Ahlert/Kenning/Schneider 2000, S. 44.

[1] Der Zusammenhang zwischen Handelsmarkenanteil und Umsatzrendite wird in der Literatur thematisiert. Da sich die Zuordnung der Stückkosten zu den einzelnen Handelsmarken als problematisch erweist, werden die Kosten der Handels- und Herstellermarken allerdings nach Kostenblöcken aufgespaltet, um so Hinweise auf die Kostenstruktur zu erhalten.

Da Handelsmarken für einzelne Händler einzigartig sind, tragen sie zur **Differenzierung bzw. Profilierung** im horizontalen Wettbewerb ebenso bei, wie auch zur **vertikalen Rückwärtsintegration** von Händlern. Hierdurch steigt die **Verhandlungsmacht** gegenüber ihren Lieferanten, denn während Markenartikelhersteller eine höhere Stellung in den Geschäftsbeziehungen einnehmen, die wesentlich darin bedingt ist, dass sie die Markeninhaber sind, nehmen Hersteller von Eigenmarken eine Zuliefererfunktion ein.

Zudem sind sie im kommunikativen Auftritt nach außen i.d.R. nicht sichtbar und damit austauschbarer. Die Reduktion der Lieferantenanzahl, die Förderung von Innovationen oder die Solidarisierung in Verbundgruppen sind weitere Vorteile. Die Handelsmarkenpolitik kann vor allem dann eine Reduktion der Lieferantenanzahl zur Folge haben, wenn die Händler die Markenauswahl zugunsten der Handelsmarken deutlich reduzieren. Auf diese Weise können die Komplexitätskosten in der Beschaffung, der Logistik oder der Sortimentsführung reduziert werden.

Zahlreiche Studien widmen sich mittlerweile den Herausforderung und der Bedeutung von Handelsmarken in Handelsunternehmen (z.B. Hyman/Kopf/Lee 2010) oder auch der Bewertung von Handelsmarken (z.B. im Vergleich zu Herstellermarken aus Kundensicht (z.B. Rossi/Borges/Bakpayev 2015)). In diesem Zusammenhang untersuchen Rossi, Borges und Bakpayev, ob Handels- und Herstellermarken die Wahrnehmung sowie die Kaufabsicht der Verbraucher gleichermaßen beeinflussen. Reutterer/Sickling (2005) untersuchten den Wert von Handels- und Herstellermarken aus Kundensicht. So wurde der **Markenwert** von Orangensaftprodukten über ein Conjoint-Design erfasst (siehe Tabelle 4.2).

Tabelle 4.2: Markenwert von Hersteller- und Handelsmarken

Parameter	Herstellermarken			Handelsmarken		
	Rauch	Cappy	Pfanner	Spar	Clever	Sweet Valley
Markenbekanntheit	€ 0,07	€ 0,07	€ 0,05	€ 0,04	€ 0,05	€ 0,01
Markenpersönlichkeit	€ 0,34	€ 0,35	€ 0,33	€ 0,24	€ 0,20	€ 0,20
Wahrgenommene Qualität	€ 0,24	€ 0,24	€ 0,24	€ 0,20	€ 0,18	€ 0,17
Organisationssympathie	€ 0,25	€ 0,25	€ 0,24	€ 0,20	€ 0,17	€ 0,16
Organisationsvertrauen	€ 0,00	€ 0,00	€ 0,00	€ 0,00	€ 0,00	€ 0,00
Markentreue	€ 0,16	€ 0,14	€ 0,14	€ 0,04	€ 0,00	€ 0,01
Markenwert	**€ 1,07**	**€ 1,04**	**€ 1,00**	**€ 0,72**	**€ 0,60**	**€ 0,56**

Quelle: Reutterer/Sicking 2005, S. 123ff.

Annahme ist, dass sich der Markenwert aus einer Kombination von „Assets" (Markenassoziationen, Markenbekanntheit, Markentreue, wahrgenommene Qualität und Organisationsassoziationen) aus Kundensicht zusammensetzt, welche die Bewertung eines Produktes oder einer Dienstleistung positiv oder negativ beeinflussen können. Bei der Conjoint-Analyse wurden die Attribute Marke, Preis, Verpackungsgröße und Fruchtgehalt berücksichtigt. Im weiteren Schritt wurden markenspezifische Parameter ermittelt, die zur Ermittlung eines monetären Markenwertäquivalents herangezogen wurden. Die Ergebnisse zeigen, dass es in der untersuchten Produktkategorie beträchtliche Markenwertunterschiede zwischen Handelsmarken und Herstellermarken gibt. Bspw. hat der Markenführer Rauch mit einem Euroäquivalent von 1,07 EUR den höchsten monetären Markenwert. In Bezug auf die Treiber des Markenwerts wird deutlich, dass die wahrgenommene Qualität bei Handelsmarken den größten Beitrag zum Markenwert liefert, während Herstellermarken eine höhere Markentreue aufweisen. Die Zerlegung der monetären Markenwerte in ihre Herkunftskomponenten macht deutlich, dass die Markenpersönlichkeit bei allen sechs untersuchten Marken die wichtigste Komponente des Markenwertes ist.

2. Arten und Positionierung von Handelsmarken

Inwieweit die Ziele oder Vorteile der Handelsmarken erreicht werden können bzw. welche Schwerpunkte in der Zielsetzung im Vordergrund stehen, wird durch die Art der im Sortiment geführten Handelsmarken wesentlich beeinflusst. Insbesondere steht dabei die Frage im Fokus, welches Anspruchsniveau im Zuge der Positionierung durch die Handelsmarken abgedeckt wird. Als Positionierungskriterien werden dabei insb. der Preis und die Qualität in den Vordergrund gestellt (siehe Abb. 4.52). Die in diesem Kontext wichtigsten Arten von Handelsmarken sind (Bruhn 2012, S. 545 f.; Swoboda/Weindel 2019):

- **Generische Handelsmarken (Gattungsmarken)**: Generische Handelsmarken werden auch als No Names, namenlose Produkte, Weiße Ware oder Generika bzw. Generics bezeichnet. Es handelt sich dabei um Handelsmarken, die auf das Preiseinstiegssegment ausgerichtet („Preiseinstiegsmarken") sind und sich somit durch einen niedrigen Preis (oft „Niedrigstpreis") kennzeichnen, für den eine einfache Produktgestaltung geboten wird. Generische Handelsmarken decken damit lediglich Mindestanforderungen in der Qualität ab. Sie dienen damit vorrangig der Schärfung des Preisimages eines Händlers.
- **Standardhandelsmarken**: Klassische Handelsmarken oder Standardhandelsmarken sind als Handelsmarken in der Mitte positioniert. Sie zeichnen sich durch eine mittlere Qualität aus, die zu einem mittleren, aber i.d.R. dennoch discountierenden Preisniveau angeboten werden. Die Produktqualität ist vergleichbar mit den Zweit- oder Drittmarken der Hersteller, die Standardhandelsmarken werden jedoch zu einem (z.T. deutlich) darunterliegenden Preisniveau angeboten. Aus diesem Grund werden die klassischen Handelsmarken z.T. auch als Gegenmarken oder Konkurrenzmarken zu den Herstellermarken bezeichnet, die eine Smart-Shopping-Alternative zur Herstellermarke darstellen sollen.
- **Premiumhandelsmarken**: Premiumhandelsmarken kennzeichnen sich durch eine (z.T. sehr) hohe Qualität bei einem entsprechend hohen Preis aus. Sowohl preislich als auch qualitativ können sie dabei durchaus oberhalb der Premiummarken der Hersteller positioniert werden. Im Vordergrund von Premiumhandelsmarkenstrategien steht das Angebot eines qualitätsorientierten Zusatznutzens, der insb. Exklusivität und Innovation fokussiert. Der Preis hingegen tritt in den Hintergrund.
- **Mehrwerthandelsmarken**: Im Gegensatz zu den Standard- oder Premiumhandelsmarken bieten Mehrwerthandelsmarken eine spezifische Fokussierung auf qualitätsbezogene Mehrwerte, die sich auf eine Sortimentsspezialisierung im Hinblick auf Zusatznutzen, die über reine Niveauunterschiede in der Qualität hinausgehen, beziehen. Derartige Mehrwerte können bspw. Zusatznutzen wie Bio, Fairtrade, regionale Herkunft, Lifestyle-Orientierung oder ähnliche Qualitätsmerkmale sein. Wenngleich sie häufig eine hohe Qualität aufweisen, können Mehrwerthandelsmarken im Hinblick auf Preis und Qualität sowohl in der Mitte (analog der Standardhandelsmarken) als auch im Premiumbereich positioniert sein.

Unterhalb der (klassischen) Gattungsmarke etabliert sich aktuell noch eine weitere, noch niedriger positionierte Form von Handelsmarken. Da sich im Bereich der Handelsmarken ein zunehmendes Trading-up in der qualitativen Entwicklung gezeigt hat, ist Raum für (noch) einfachere Produktgestaltungen mit einer niedriger angesetzten Mindestqualität entstanden. In diese Lücke hinein wurden insb. im LEH im Bereich der Grundnahrungsmittel z.T. noch stärker discountierende Formen von **Discounthandelsmarken** entwickelt. Besonders mit den

Premium-Handelsmarken treten Handelsunternehmen mit Anbietern von Premium-Herstellermarken in Konkurrenz – zumal Bio- und Öko-Handelsmarken von Konsumenten häufig mit einer noch höheren Preis-Leistung assoziiert werden. Dies gilt sowohl für Food- als auch Non-Food-Sortimente und schlägt sich in einer professionellen **strategischen Führung von Handelsmarken** in Handelsunternehmen nieder. Handelsmarkenmanager verantworten nicht länger nur die Beschaffung von Produkten, sondern führen zunehmend ein Sortiment von Produktmarken unter einem Markennamen.

Abbildung 4.52: Positionierung von Handelsmarken gegenüber Herstellermarken

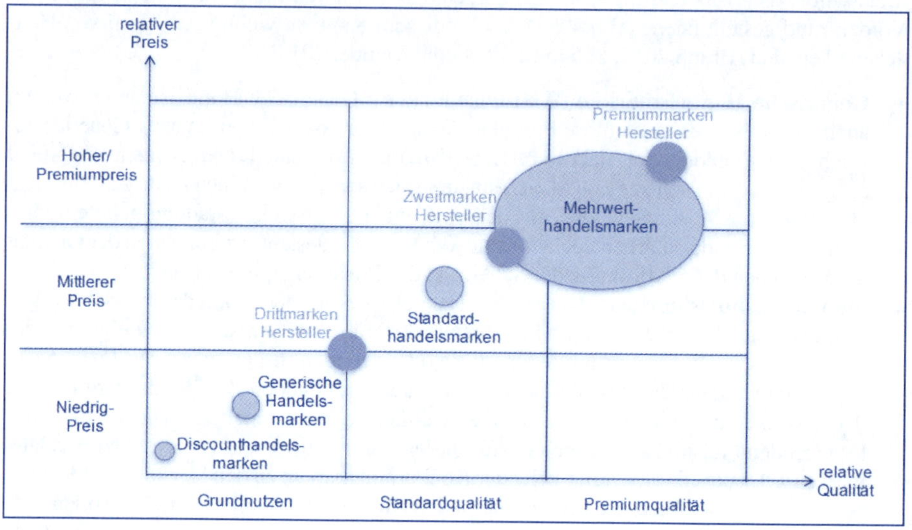

Quelle: Schramm-Klein/Swoboda 2018, S.14.

Hierzu gehört die innovative Entwicklung, Positionierung und letztlich Führung starker Familienmarken im Sortiment. Dies bietet sozusagen doppelte Wettbewerbsvorteile im horizontalen Wettbewerb und auch im vertikalen Wettbewerb gegenüber Markenartikellieferanten. Dadurch ist man in der Lage, Alternativen für Top-Markenartikel anzubieten. Handelsmarken werden i.d.S. zum exklusiven Kundenbindungsinstrument eines Handelsunternehmens.

Innovationen und Führung von Handelsmarken

Open Innovation bei Balea: Bereits im Jahr 2011 ließ dm-drogerie markt für die Marke Balea ein Duschgel von Kunden gestalten (Crowdsourcing auf der Facebook-Fanpage mit 2.000 Kunden). 2017 folgte der Balea-Wahltag unter dem Motto „Deine Entscheidung – dein Produkt". Die Community entwickelte drei Pflegeprodukte (mittels Hashtags wurde über Duft, Design und Namensgebung entschieden). Auch das Sortiment der Naturkosmetik unter der Marke Alverde wurde signifikant ausgebaut.

Markenführungskompetenz: Bereits im Jahre 2015 hat Lidl einen Ferrero-Markenmanager für sich gewonnen, um die Abteilung Category Management und die Eigenmarkenprogramme auf- und auszubauen (auf Augenhöhe mit der Industrie). Dies erfolgte eine halbe Dekade nach analogen Aktivitäten deutscher Vollsortimenter (Rewe).

Quelle: W&V, 21. September 2017

Der Großteil der Händler, insb. im LEH, führt mehrere Arten von Handelsmarken im Sortiment (siehe Abb. 4.53). Auf diese Weise kann über das Angebot von **Handelsmarkenportfolios** ein breites Spektrum der Handelsmarkenziele verfolgt und gleichzeitig eine Segmentierung vorgenommen werden. Gerade im Kontext des Angebots solcher Handelsmarkenportfolios spielen jedoch die Markenarchitektur und die Markenstrategie eine besondere Rolle

Abbildung 4.53: Beispiele für Handelsmarkenportfolios

	Real	Rewe	Edeka	Lidl	Aldi (Nord)	Aldi (Süd)
Generische Handelsmarke	„Ohne Teuer" (Handels-marke ohne „Namen") Tip	Ja Vivess	Gut & Günstig	Freeway Grafschafter Maribel Mister Choc Vita d'Or Cien Milbona Formil	Markus Güldenhof Milsani River	Milfina Rio d'oro Tandil Kokett
Standard-handelsmarken	real Quality	Rewe Beste Wahl	Edeka			
Premium-handelsmarken	real Selection Sôi	Rewe Feine Welt	Edeka Selection	Deluxe	Gourmet Fruits de Mer Moser Roth	Moser Roth
Mehrwert-handelsmarken	real Bio	Rewe Regional Rewe To Go Rewe Bio Rewe frei von	Edeka Bio Edeka deli Edeka Bio+Vegan	Linessa My Best Veggie Fairglobe Biotrend		Einfach Regional MinuLakt Bio Cucina

3. Markenarchitektur und -strategien im Kontext der Handelsmarkenpolitik

Ebenen und Komplexität im Handel

Die **Markenarchitektur** von Handelsunternehmen weist eine immanente Komplexität auf (nicht nur bei diversifizierten Unternehmen mit mehreren Be- und Vertriebstypen, siehe Abschnitt B.V. des Dritten Kapitels).[1] Diese resultiert insb. daraus, dass Händler auf mehreren Ebenen Marken führen. Genannt wurden bereits auf der Handelsunternehmens- bzw. Storeebene **Corporate, Retail oder Store Brand**. Unterhalb dieser Ebene setzen im Rahmen der Sortimentsstrategie der Händler die Handelsmarken an. Insofern können Markenstrategien im Handel auf einer vertikalen Gesamtunternehmensebene (ein, zwei, drei Hierarchieebenen) und auf jeder einzelnen Hierarchieebenen betrachtet werden (bspw. Sortimentsebene, i.S. von Handelsmarkenstrategien). Derart grundsätzliche Systematiken sind aber kaum hilfreich, da sie meist viele Strategien auf einer Hierarchieebene aufzählen (z.B. Einzelmarken- oder Dachmarkenstrategie bei einzelnen Marken oder Mehrmarkenstrategie bei mehreren Marken), bei mehreren Hierarchieebenen allerdings nur von komplexen Markenarchitekturen sprechen. Naheliegenderweise steigen dabei der Koordinationsaufwand, die Kosten oder die Gefahr einer Erosion der Markenprofile mit zunehmender Komplexität der (oft historisch gewachsenen) Markenarchitektur. Allerdings dient die Markenarchitektur als langfristiger Verhaltensplan für die Markenführung und fungiert als Grundlage für Markenentscheidungen bzw. verdeutlicht denkbare Effizienz- und Effektivitäts- oder Synergiepotenziale für die Markenführung (so die Stärkung der Markenidentität). Somit können Marken im Handel auf diversen Hierarchieebenen diskutiert werden, wie auf Ebene der **Corporate Brand**, der **Retail Brand**

[1] Eine Markenarchitektur ordnet alle Marken eines Unternehmens an, um die Positionierung und strategisch Beziehung der Marken und der jeweiligen Produkt-Markt-Beziehungen festzulegen (Esch 2014 S. 542).

bzw. **Store Brand** und der **Produktebene** (i.S. Handelsmarken vs. Herstellermarken). In welcher Beziehung die Ebenen zueinanderstehen, ob z.B. die Store Brand auf die Corporate Brand wirkt oder umgekehrt, wurde als Positionierungsoption und empirisch aus Kundensicht hinsichtlich ihres Beitrages zur Loyalität in Abschnitt B. des Dritten Kapitels diskutiert (Upstream- und Down-stream-Wirkungen). Sie sollen an dieser Stelle daher nicht erneut aufgegriffen werden. Zu verweisen ist lediglich darauf, dass in der Praxis die grundlegenden Markenstrategien meist nicht in Reinform, sondern kombiniert eingesetzt werden und die besagte Komplexität prägen.

Markenarchitektur bei Spar

Spar tritt mit einer recht einheitlichen Markenarchitektur auf (siehe Abb. 4.54). So ist der Markenname Spar sowohl auf Corporate- und Retail-Brand-Ebene als auch auf Produktebene im Großteil der einzelnen Marken integriert. Auf Retail-Brand-Ebene finden sich die Marken Interspar, Eurospar, Spar, Spar Gourmet, Spar Express sowie Maxi Markt. Spar Gourmet ist als Premiummarke positioniert, während Maxi Markt als regionale Retail Brand auftritt. Mit der Marke Hervis ist Spar zusätzlich im Sportartikelhandel vertreten. Auf der Produktebene stehen neben Herstellermarken zahlreiche Eigenmarken, die als Premium- (z.B. Spar Premium), klassische (z.B. Spar Vital) oder Discount-Handelsmarke (z.B. S-Budget) positioniert sind.

Abbildung 4.54 Markenarchitektur bei Spar

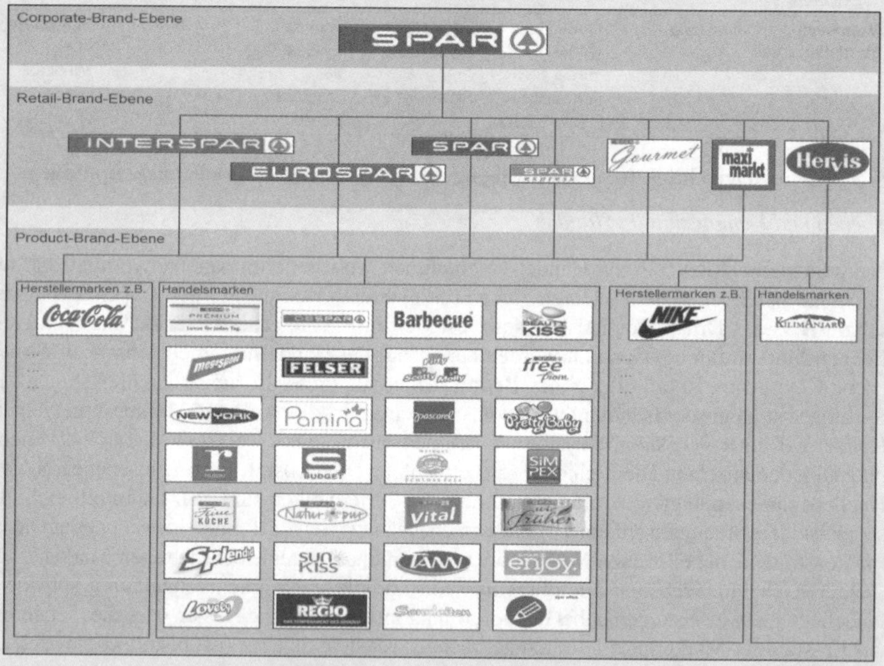

Quelle: www.spar.at, 1. August 2017.

Wie bereits angedeutet, widmet sich die Forschung vorwiegend den Interdependenzen zwischen Handelsmarken (in der Markenarchitektur) und v.a. zwischen Handelsmarken und Herstellermarken oder Produkten/-gruppen. Im ersten Fall zeigen bspw. Erdem und Chang (2012), dass Handelsmarken, die als Umbrella Brands (Dachmarken) geführt werden, ein konsistentes Bild beim Konsumenten vermitteln müssen, da bei dieser Form der Markenarchitektur Spill-over-Effekte zwischen der Dachmarke und den Handelsmarken entstehen. Zudem zeigen viele Beiträge, dass Herstellermarken, die neben den Handelsmarken geführt werden, negative Effekte auf die Handelsmarkenwahrnehmung haben, es sei denn, beide werden als kongruent gesehen (Vahie/Paswan 2006). Des Weiteren ist der Zusammenhang zwischen Handelsmarken und Loyalität bei preisorientierten Kunden und bei Produktgruppen mit hoher Standardisierung und hohem Produktinvolvement positiver (Koschate-Fischer u.a. 2014). Darüber hinaus zeigen Erdem und Chang (2012), dass die Stärke von Qualitätsassoziationen mit Handelsmarken in Abhängigkeit von der Produktkategorie variiert. Produktkategorien mit hoher Kauffrequenz und Handelsmarken mit einem geringeren Preis als Herstellermarken erwecken den Eindruck eines starken Wettbewerbs zwischen Handelsmarkenanbietern (Dawes/Nenycz-Thiel 2014). Zudem liegen eher Studien zur Interdependenz von Store Image und Handelsmarken als zur Interdependenz von Retail Brands und Handelsmarken vor. Damit nehmen Studien zumeist eine Down stream-Sichtweise an und untersuchen Effekte des Store Image auf die Handelsmarken (z.B. Collins-Dodd/Lindley 2003). Bei diesen Analysen werden Store Image-Dimensionen i.d.R. direkt bzgl. der Handelsmarkenwahrnehmung (v.a. Qualitäts- und affektive Dimensionen) oder indirekt analysiert (bspw. mediiert durch die Risikowahrnehmung, Diallo 2012).

Umgekehrte Wirkungseffekte, also einen substanziellen Beitrag von Handelsmarken zum Image und v.a. zur Retail Brand Equity, wurden kaum betrachtet („up stream"). Dies liegt ggf. daran, dass Handelsmarken – auch in den o.g. Studien – weniger bedeutende oder wahrgenommene direkte Treiber der Retail Brand Equity sind, aber ggf. die Sortimentswahrnehmung prägen, und eine derartige Bedeutung – wie gezeigt – je nach Handelsbranche oder -unternehmen variiert. Handelsmarken werden vielmehr i.S. einer (Marken-)Erweiterung des Store Image gesehen. Zu den wenigen Studien, die sich mit der „upstream"-Wirkung beschäftigen, zählen Vahie und Paswan (2006). Sie zeigen die Bedeutung von Handelsmarken für das Store Image im Fashioneinzelhandel auf.

Gänzlich fehlen reziproke Studien, welche „down stream" und „up stream" verbinden. Simultane Feedbackeffekte zwischen Retail Brand und Handelsmarken würden zeigen, wie stark beide voneinander profitieren, und ob die Retail Brand oder die Handelsmarken das Kaufverhalten stärker bedingen.

Generelle Markenstrategien

Handelsmarken sind auf der Sortiments- bzw. Produktebene verortet und fordern entsprechende Markenstrategien. Zu unterscheiden ist, ob die Händler alle Produkte bzw. Warengruppen, die im Handelsmarkensortiment geführt werden, einheitlich markieren, oder ob unterschiedliche Marken je Produkt bzw. Warengruppe gewählt werden. Dementsprechend lassen sich vier Markenstrategien unterscheiden, wobei zahlreiche weitere Kriterien zur Charakterisierung genutzt werden könnten (Schramm-Klein/Swoboda 2018):

- Bei einer **Einzelmarkenstrategie** werden die Produkte im Handelsmarkensortiment jeweils mit eigenen Marken versehen (z.B. Tandil von Aldi). Auf diese Weise kann eine Differenzierung zwischen den unterschiedlichen Produkten und Warengruppen im jeweiligen vertikalen Wettbewerb mit den Herstellermarken realisiert werden. In der Regel werden für Einzelmarken solche Markierungen gewählt, die keinen direkt erkennbaren Bezug zur Retail Brand haben. Dadurch wird die Interaktion mit der Retail Brand nicht offensichtlich auf der Ebene der Markierung realisiert, sondern ergibt sich durch die Sortimentsexklusivität. Um mit derartigen Handelsmarken Profilierungsvorteile sowohl im horizontalen als auch im vertikalen Wettbewerb realisieren zu können, liegt jedoch die wesentliche Voraussetzung darin, dass die Verbraucher zunächst realisieren müssen, dass es sich um eine Handelsmarke des jeweiligen Händlers handelt. Dies ist ein Risiko und verursacht ggf. hohe Kosten (bei der Markenführung und bei der adäquaten Ausstattung oder kommunikative Unterstützung).

- Bei einer **Dachmarkenstrategie** werden alle Produkte in allen Warengruppen des Handelsmarkensortiments unter der gleichen Handelsmarke geführt. Nicht zwingenderweise, aber dennoch häufig, werden solche Handelsmarken identisch mit der Retail Brand gewählt (z.B. Tesco Finest von Tesco).[1] Damit wird ein enger Bezug zwischen Händler- und Sortimentsebene realisiert, der sich in einer entsprechenden Verknüpfung der Sortimentsleistung mit dem Gesamtimage des Händlers bzw. der Retail Brand äußert. Auf diese Weise wird ein starker Imagetransfer realisiert.
- Mit einer **Sortiments- bzw. Warengruppenmarkenstrategie** ist verbunden, dass jeweils Gruppen von Artikeln aus dem Sortiment des Händlers, i.d.R. auf der Ebene der Warengruppen oder auf der Ebene von Sortimentsniveaus (z.B. Preisniveaus wie Spar Premium und S-Budget), gemeinsam unter einer **Familienmarke** geführt werden. Auf diese Weise kann eine Segmentierungsstrategie umgesetzt werden, die eine differenzierte Ansprache der Verbraucher ermöglicht. Zwar können Familienmarken mit oder ohne Bezug zur Retail Brand gewählt werden, in vielen Fällen werden sie aber so aufgebaut, dass sie als Submarkenkonzepte der Retail Brand mit warengruppen- bzw. sortimentsniveaubezogenen Zusätzen im Branding konzipiert werden.

Teilweise nutzen Händler Mischstrategien, bei denen für mehrere Warengruppen oder Artikel verwandter Kategorien eine Dachmarkenstrategie gewählt wird, während andere mit separaten Markennamen versehen werden. Auch hierbei können i.d.R. Differenzierungsvorteile genutzt werden. Häufig besteht das Ziel jedoch darin, spezifische (oft segmentbezogene) Kompetenzen unter einer Marke zu bündeln und partiell am Imagetransfer in der Interaktion mit der Retail Brand zu partizipieren.

Einflussfaktoren auf die Wahl von Markenstrategien

Die Ziele der Handelsmarkenstrategien umfassen sowohl ökonomische (Umsatz-, Rentabilitäts-, Profilierungsziele) als auch kundenorientierte Überlegungen (Kundenpräferenzen).

Im Zusammenhang mit der Frage, ob eine einheitliche oder differenzierte Wahl der Markierung der Handelsmarken gewählt wird, wird zudem deutlich, dass der Entscheidung, ob die Handelsmarken im Rahmen des Branding mit oder ohne Bezug zur Retail Brand gewählt werden, ein hoher Stellenwert beikommt. Welche Strategie der **Markengestaltung** – auf einem Kontinuum, das von einem vollständigen Bezug zur Retail Brand bis hin zu einem vollständigen Verzicht auf einen Bezug zur Retail Brand reichen kann – am erfolgreichsten ist, hängt dabei nicht nur davon ab, um welche Art von Handelsmarke es sich handelt, sondern ganz wesentlich davon, wie sich die Händler- und Marktcharakteristika gestalten (Schnittka 2015). In Abb. 4.55 sind wesentliche Einflussfaktoren im Rahmen der **Entscheidungswege** der Händler und ihre Erfolgswirkung zusammengefasst.

Aus informationsökonomischer Perspektive sind Händler je nachdem, welche Positionierung sie auf dem Markt realisieren und welchen Be- bzw. Vertriebstyp sie einsetzen, in unterschiedlicher Form dazu geneigt, ihre Retail Brand als Signaling-Element dafür zu verwenden, wofür ihre Handelsmarken stehen. Im Rahmen der Positionierung sind zahlreiche Faktoren

[1] Eine Kombination von Dachmarken- und Unternehmensmarkenstrategie verfolgt bspw. das Handelsunternehmen Coop (siehe die Fallstudie des Zweiten Kapitels) oder Tesco mit vier Betriebstypen und diversen Vertriebstypen (Katalog, E-Commerce, Außendienst) (siehe Abschnitt B.IV. des Dritten Kapitels).

relevant, insb. spielen für das **Branding** der Markenwert der Retail Brand und die Preispositionierung eine zentrale Rolle. Je höher der Markenwert der Retail Brand ist, umso stärker sind Händler dazu geneigt, die Handelsmarken im Branding mit der Retail Brand zu verknüpfen. Auf diese Weise kann eine glaubhafte Übertragung von Markeninformationen auf die Handelsmarke realisiert und das **wahrgenommene Risiko** der Verbraucher gegenüber dem Kauf der Handelsmarken reduziert werden. Insbesondere für Standard- und Premium-Handelsmarken ist zu erwarten, dass dieser Effekt besonders relevant ist, während bei Preiseinstiegsmarken das Kaufrisiko deutlich niedriger und damit die Imageübertragung weniger relevant – z.T. gar weniger erwünscht – ist. Im Hinblick auf das **Preisformat** bzw. den Betriebstyp des Händlers – insb. auf die Frage, ob eine Dauerniedrigpreispolitik (Everyday Low Price, EDLP) oder eine Aktionspreispolitik (Hi-Lo-Strategie) verfolgt wird und welche Qualitätspolitik sie mit ihren Betriebstypen anstreben – sind Händler, die stärker mit Hi-Lo-Strategien arbeiten und oftmals ein höheres Qualitätsimage ihrer Retail Brand anstreben, stärker dazu geneigt, ihre Handelsmarken, insb. ihre Standard- und Premium-Handelsmarken, im Branding mit Bezug zur Retail Brand zu bezeichnen, um eben dieses Qualitätsimage zu stärken. Im Gegensatz dazu sind insb. Discounter im Bereich der EDLP-Politik oft im Preiseinstiegssegment besonders aktiv und tendieren häufig dazu, ihre Handelsmarken im Branding bewusst von der Retail Brand zu separieren (Keller/Dekimpe/Geyskens 2016). Neben diesen positionierungsbezogenen Aspekten spielen insb. die weiteren Zusammenhänge im Sortiment eine Rolle, wie die Zusammensetzung des Handelsmarkenportfolios im Hinblick auf die Arten und den Anteil von Handelsmarken, die der Händler führt (im Verhältnis untereinander bzw. im Verhältnis zu Herstellermarken), und ihre jeweilige Markierung.

Abbildung 4.55: Ausgewählte Einflussfaktoren auf den Handelsmarkenerfolg

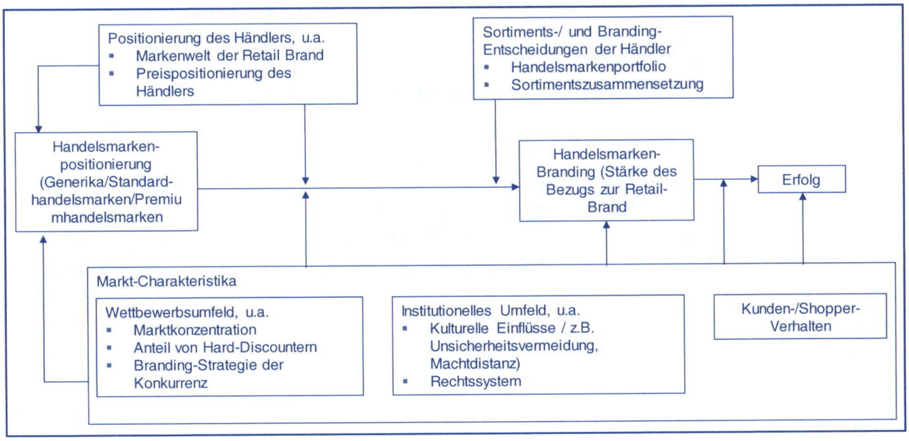

Quelle: Schramm-Klein/Swoboda 2018.

Neben den spezifischen Händlermerkmalen spielt das Umfeld eine besondere Rolle. Im Vordergrund steht zunächst das **Wettbewerbsumfeld** der Händler. Vergleicht man internationale Märkte, so zeigt sich, dass Händler insb. bei einer geringeren Marktkonzentration, die mit einer größeren Anzahl verfügbarer Händler verbunden ist, Strategien einsetzen, die dazu dienen sollen, sich vom Wettbewerb abzuheben und innerhalb der großen bzw. größeren Anzahl von Händlern wahrgenommen zu werden. Im Rahmen des Branding von Handelsmarken wird in solchen Kontexten häufig eine Markierung mit engem Bezug zur Retail Brand gewählt, insb. für Standard- und Premiumhandelsmarken. Eine ähnliche Wirkung auf die Wahl der Brandingstrategie hat der Stellenwert der Discounter innerhalb der Branche, in der die Händler aktiv sind. Bei Hard-Discountern (z.B. Aldi oder Lidl im LEH) macht der Handelsmarkenanteil in vielen Fällen mehr als die Hälfte, z.T. bis zu 90% des Sortiments aus, und die meisten Hard-Discounter führen einen großen Anteil (z.T. ausschließlich) an Einzelmarken in ihrem Handelsmarkensortiment. Händler mit höher positionierten Betriebstypen (z.B. Supermärkte im LEH) tendieren bei einem hohen Stellenwert von Hard-Discountern innerhalb der Branche in vielen Fällen zur Differenzierung und zur Betonung des Qualitätszusammenhangs zwischen Retail Brand und Handelsmarken und somit zu einem Branding der Handelsmarken, das einen Bezug zur Retail Brand aufweist (siehe Abb. 4.53 für Beispiele aus dem LEH). Aber auch die Art und Weise, wie andere Händler in ihrer Branche mit der Wahl des Brandings für ihre Handelsmarken umgehen, wirkt sich auf die Strategien aus. Hier sind häufig **Imitationsstrategien** (sowohl national als auch im Hinblick auf die Kopie international erfolgreicher Händler) zu beobachten, bei denen Händler insb. dann ein Branding ihrer Handelsmarken mit Bezug zu ihrer Retail Brand wählen, wenn ein Großteil der anderen Händler in ihrem relevanten Wettbewerbsumfeld dies auch tut (Keller/Dekimpe/Geyskens 2016).

Auch das institutionelle Umfeld beeinflusst die Strategien der Händler im Hinblick auf das Branding ihrer Handelsmarken. So spielen Faktoren der **(Landes-)Kultur** eine besondere Rolle. Bspw. führt ein hoher Grad der Unsicherheitsvermeidung in der Bevölkerung dazu, dass sie sich tendenziell risikoavers verhält. In solchen Fällen spielt das Signaling von Qualitätskompetenz in den Handelsmarken anhand eines Branding mit engem Bezug zur Retail Brand eine besondere Rolle. Aber auch die Machtdistanz spielt eine zentrale Rolle, denn Konsumenten in Ländern mit hoher Machtdistanz weisen tendenziell eine stärkere Markenorientierung auf. Händler wählen in solchen Ländermärkten deshalb häufiger Einzelmarkenstrategien für ihre Handelsmarken, die keinen Bezug zur Retail Brand aufweisen, um diesen Handelsmarken stärker eine Stellung ähnlich einer Herstellermarke zu geben und die Herkunft als händlereigene Marke zu „verhüllen". Aber auch formale Institutionen wirken sich auf die Branding-Strategien aus. So spielt das **rechtliche Umfeld** insb. in Fällen eine Rolle, in denen die Händler ihre Handelsmarke nicht in eigenen Herstellungsbetrieben produzieren, sondern über unabhängige Lieferanten beziehen. In diesem Kontext nehmen Vertragsgestaltungen und Lieferantenbeziehungen, die über die Rechtssysteme wesentlich beeinfluss werden, einen zentralen Stellenwert ein. Je stärker diese Institutionen den Händler absichern können, umso stärker kann er Verträge, bspw. Qualitätsvorgaben, gegenüber den Lieferanten durchsetzen und umso weniger risikobehaftet sind die Hersteller-Händler-Beziehungen. Aus diesem Grund ist in solchen Umfeldkonstellationen die Wahl eines Brandings der Handelsmarken mit Bezug zur Retail Brand weniger risikobehaftet.

Neben diesen Umfeldaspekten spielen v.a. aber Einstellungen, Präferenzen und Verhalten der **Konsumenten** bzw. der Shopper eine herausragende Rolle bei der Wahl und Wirkung des Brandings und des Erfolgs von Handelsmarken. Die wichtigsten Zielsetzungen der Handelsmarkenpolitik liegen darin, sich im Wettbewerb zu profilieren und die Kunden an die Unternehmen zu binden. In der Literatur wird eine Vielzahl von Faktoren betrachtet, welche die Kundenbindung bzw. die Loyalität der Kunden gegenüber den Handelsunternehmen beeinflussen, die gleichermaßen in Interdependenz mit der Bedeutung von Handelsmarken für das Kundenverhalten stehen (siehe Abb. 4.56). Auch wenn dabei die Wahrnehmung der Handelsmarken im Vordergrund steht, spielen flankierende Faktoren, wie die Retail Brand-Merkmale und die Charakteristika der Verbraucher eine besondere Rolle.

In der bisherigen Forschung wurde eine Vielzahl von Merkmalen der Handelsmarken in ihrer Wirkung auf die Wahrnehmung und Einstellung gegenüber Handelsmarken betrachtet, die den Handelsmarkenerfolg und die **Loyalitätswirkung** beeinflussen. Als besonders relevante Faktoren haben sich dabei das Image der Handelsmarken, die wahrgenommene Qualität der Eigenmarken (z.B. Bao u.a. 2011), die Preispositionierung der Eigenmarken (z.B. Koschate-Fischer u.a. 2014) und das Vertrauen gegenüber den Eigenmarken (z.B. Coelho do Vale u.a. 2017) herausgestellt. Zudem spielen die Warengruppen, in denen die Handelsmarken eingesetzt werden, eine besondere Rolle, so z.B. im Hinblick auf das Produktinvolvement, das wahrgenommene Risiko oder den Standardisierungsgrad der Sortimente (vgl. bspw. Beneke u.a. 2015).

Abbildung 4.56: Bedeutung diverser Kundencharakteristika für den Handelsmarkenerfolg

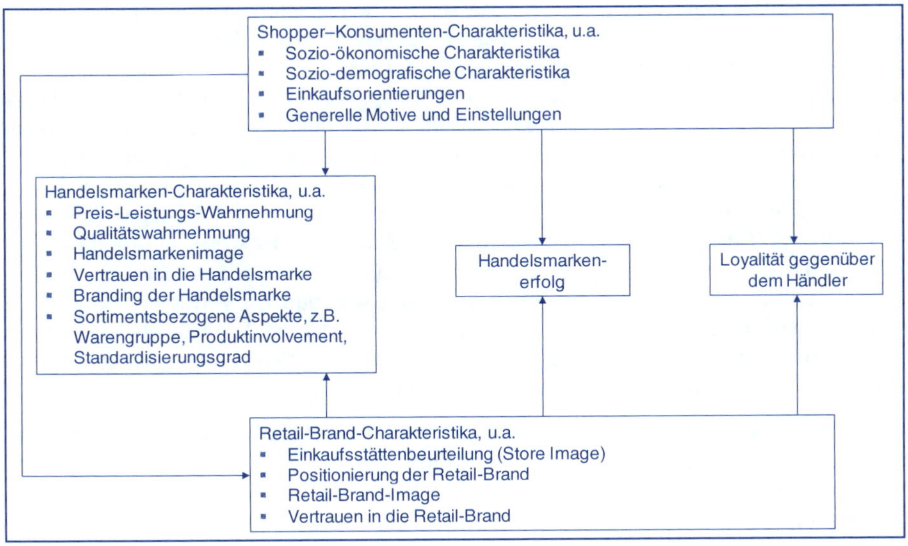

Quelle: Schramm-Klein/Swoboda 2018.

Neben den Merkmalen der Handelsmarken selbst werden die Wirkungsbeziehungen von den generellen Charakteristika der **Retail Brand** beeinflusst, so z.B. dem Image der Retail Brand, der Positionierung, der Beurteilung der Einkaufsstätten (z.B. In-Store-Charakteristika, Atmosphäre, Convenience oder Preis-Leistungseinschätzungen), die der Retail Brand zugehörig sind, aber auch dem Vertrauen gegenüber der Retail Brand (z.B. Erdem/Chang 2012; Beneke u.a. 2015; Coelho do Vale u.a. 2017; Schnittka 2015). Zudem sind **reziproke Beziehungen** zwischen Handelsmarkenimage und Retail Brand wahrscheinlich, die beide das Kaufverhalten der Kunden bestimmen können. So kann einerseits die Handelsmarke stärker auf die Retail Brand einzahlen oder umgekehrt die Retail Brand auf die Handelsmarke. Diese Reziprozität gilt es zu berücksichtigen, wenn die Effekte auf das Kaufverhalten zur Gänze eingeschätzt werden sollen (vgl. zur Reziprozität Swoboda/Berg/Schramm-Klein 2013). Ebenso relevant sind Shopper-spezifische Merkmale wie sozio-ökonomische Charakteristika (Alter, Geschlecht, Einkommen u.ä.), aber auch generelle Einstellungen und Einkaufsorientierungen (z.B. Preisorientierung oder Markenorientierung) (z.B. Koschate-Fischer u.a.2014).

IV. Ausgewählte Maßnahmen

1. Markenkonsolidierung, -expansion und -dehnung

Veränderte Marktbedingungen und ausbleibender Erfolg machen es notwendig, dass **Markenkonsolidierungen** durchgeführt werden. Dabei werden Unternehmensressourcen von einzelnen Marken abgezogen bzw. es erfolgt eine komplette Desinvestition. Gründe für eine Konsolidierung liegen in der Marktsättigung, im Rentabilitäts- und Globalisierungsdruck sowie im Druck von anderen Marken begründet. Im Rahmen der Markenkonsolidierung stehen im Wesentlichen drei Optionen zur Verfügung: die sofortige Elimination der Marke, ein abgestufter Rückzug oder eine Fokussierungsstrategie (Burmann u.a. 2015, S. 158ff.).

Das Ziel der sofortigen Elimination ist es, die Marke so schnell wie möglich vom Markt zu nehmen. Diese Strategie empfiehlt sich bei einem hohen negativen Cashflow einer Marke. Bei einem abgestuften Rückzug wird die Marke in mehreren Schritten und über einen gewissen Zeitraum vom Markt genommen. Dabei geht es primär um die Abschöpfung eines positiven Cashflows. Denkbar ist bei einem abgestuften Rückzug aber auch eine Migrationsstrategie, bei der ein vorhandenes Angebotsprogramm weitgehend unverändert bleibt, jedoch das verwendete Markenzeichen durch eine andere Markierung ersetzt wird. Bei einer **Fokussierungsstrategie** wird das Leistungsprogramm einer Marke verkleinert. Angewendet wird diese Strategie, wenn eine Marke zu stark durch Markendehnungen und Markentransfers erweitert wurde und so eine mangelnde Konsistenz der verschiedenen Leistungen die Marke beschädigt. Auf der obersten Ebene der Markenarchitektur – der Corporate Brand – wird meist die Fokussierungsstrategie zur Anwendung kommen. Auf der Ebene der Betriebstypen steht den Unternehmen bereits ein größerer Gestaltungsspielraum zur Verfügung. Die meisten Optionen zur Markenkonsolidierung gibt es auf der Produktebene. Bspw. können bestimmte Herstellermarken aus dem Sortiment genommen werden oder das Leistungsprogramm der Handelsmarke kann angepasst und verkleinert werden.

Markenexpansionsstrategien werden bei Marken durchgeführt, bei denen auf Grund ihrer Stärke noch nicht ausgeschöpfte Umsatz- und Ertragspotenziale vorhanden sind. Die Expansion kann dabei in neuen geografischen Absatzmärkten oder mit neuen Produkten (Markenerweiterung) durchgeführt werden.

Primär bei Familien- und Dachhandelsmarken stellt sich die Frage, auf welche Art und Weise neue Produkte unter das gemeinsame Dach gestellt werden sollen. Im Rahmen der **Markendehnung** wird bei Markenartikeln diese Thematik unter dem Begriff der Produktlinienerweiterung bzw. der Sortimentserweiterung diskutiert (siehe Abb. 4.57). Auch bei Handelsmarken ist eine Markendehnung möglich und gewinnt an Bedeutung. Handelsunternehmen haben darüber hinaus auch die Möglichkeit, das Image von einer Handelsmarke auf das Image einer Retail Brand eines Betriebstyps, in dem die Marke bisher noch nicht gelistet war, zu übertragen. So könnte ein Händler, das eine Handelsmarke für einen Energy Drink im LEH führt, diese auch auf eine Retail Brand im Sporthandel übertragen. Vorstellbar wäre, dass bspw. Spar in Österreich den Energy Drink der Marke S-Budget auch beim Sporthändler Hervis anbietet, was einer Sortimentserweiterung entspricht. Eine weitere Option wäre, Produkte einer Handelsmarke nur in ausgewählten Retail Brands anzubieten und in anderen nicht.

Swoboda/Samadi/Foscht (2005, S. 145ff.; 2006, S. 84ff.) analysierten die Erfolgs- und Wirkungsfaktoren der Markendehnung und stellten dabei Hersteller- und Handelsmarken gegenüber. Die Ergebnisse zeigen, dass sich Handelsmarken und Herstellermarken u.a. deutlich in der Art und der Anzahl der Assoziationen, die Konsumenten mit dem Markennamen verbinden, unterscheiden. Zudem zeigte sich, dass die Probanden mit den Herstellermarken eine höhere Qualität, ein höheres Preisniveau und ein geringeres Preis-Leistungs-Verhältnis verbinden. Der **Erfolg einer Handelsmarkendehnung** wird also insb. durch einen niedrigen Preis und ein gutes Preis-Leistungs-Verhältnis determiniert. Zudem gelten die Ergebnisse nicht für alle Produktgruppen, denn je komplexer diese sind (bspw. Parfüms vs. Reinigungsmittel), desto geringer ist die Kaufbereitschaft von Handelsmarken und umso stärker ist die wahrgenommene Schwierigkeit von deren Herstellung. Insgesamt belegen die Ergebnisse die relativ geringe Bedeutung der **wahrgenommenen Qualität** der Stammmarke für den Markendehnungserfolg bei Handelsmarken und verweisen auf die relativ große Bedeutung des wahrgenommenen Preisniveaus und des wahrgenommenen Preis-Leistungs-Verhältnisses (Foscht u.a. 2010). Ergebnisse vorangegangener Forschungsarbeiten, die bei einer höher wahrgenommenen Qualität einen größeren Erfolg des Transferproduktes prognostizieren, scheinen für Handelsmarken nur eingeschränkt gültig. Hökelekli/Lamey/Verboven (2017) zeigten, dass sich Produktlinienerweiterungen für Müsli-Produkte innerhalb der Standard- und Premium-Handelsmarkenlinien gegenseitig kannibalisieren und auch zulasten von Herstellermarken für die Kinder-, Gesundheits- und Müsli-Linien gehen und somit zu einem profitablen Ergebnis für den Händler führen.

Abbildung 4.57: Formen der Markendehnung

Quelle: Swoboda/Samadi/Foscht 2005, S. 147.

2. Kontrakt- oder Selbstproduktion

Bei der Handelsmarke sind diverse Formen der Zusammenarbeit zwischen Industrie und Handel vorstellbar (Schwertfeger 2017, S. 63). Denkbar ist, dass der Handel nur die Rechte an der Marke hat und die Kommunikation sowie den Abverkauf übernimmt. Alle anderen Aktivitäten der **Markenführung** werden von anderen Unternehmen vorgenommen, wie dies der Handelsmarken-Typ 1 in Abb. 4.58 verdeutlicht.

Von einem Handelsmarken-Typ 2 wird gesprochen, wenn das Handelsunternehmen – abgesehen von der Kommunikation und dem Abverkauf der Ware – auch die Produktion der Artikel, etwa in eigenen Regiebetrieben, selbst vornimmt (vgl. hierzu auch die Ausführungen in Abschnitt C.II. des Fünften Kapitels). Überwiegend werden Handelsmarken aber von Herstellern, die selbst Marken anbieten und über die Handelsmarkenproduktion ein Zusatzgeschäft tätigen, bezogen oder bei sog. Kontraktfertigern in Auftrag gegeben. Diese **Contract**

Manufacturer haben sich oft auf die effiziente Produktion spezialisiert. Auf der Suche nach geeigneten Produzenten kann auf heimische und internationale Hersteller zurückgegriffen werden. So kann hier die Produktion von Handelsmarken im Bio- oder Ökobereich durch Private Label Manufacturer herangezogen werden, bei denen das Innovations- und Qualitätsmanagement des Händlers die gesamte Wertschöpfungskette steuert. Die von Händlern konzipierten Produkte werden unter ihrer Steuerung bzw. Kontrolle produziert. Händler können aber auch – von der Analyse, der Entwicklung von Produkten bis hin zum Abverkauf der Artikel – alle Funktionen übernehmen (Handelsmarken-Typ 3).

Abbildung 4.58: Varianten des Handelsmarkenmanagements nach übernommenen Funktionen

Handels marken	Analyse	Rohstoff-gewin-nung/-ver-arbeitung	Produkt-entwick-lung	Markttests	Produk-tion	Kommuni-kation	Abverkauf
Typ 1						x	x
Typ 2					x	x	x
Typ 3			x	x	x	x	x
Typ 4	x	x	x	x	x	x	x

Quelle: Zentes 2012, S. 740.

Als wesentliche Treiber der zunehmenden Produktionsorientierung des Handels lassen sich eine absatzmarktorientierte Profilierung, die Gewährleistung der Produktqualität und Produktsicherheit, Erzielung der Prozesseffizienz und die Gewährleistung der Versorgungssicherzeit herausstellen (Hertel u.a. 2011, S. 95ff.). Damit beschränkt sich der Handel nicht nur auf die Produktentwicklung und die Steuerung der Produktion durch sein Innovations- und Qualitätsmanagement, sondern übernimmt selbst Produktionsaktivitäten und wird damit zum „Producer". Zur Gewährleistung der Versorgungssicherheit steigen Händler auch zunehmend in die Rohstoffverarbeitung sowie die Rohstoffgewinnung bzw. den Anbau bzw. die Aufzucht ein (siehe zur Vertikalisierung Abschnitt B.III des Dritten Kapitels). Im Lebensmittelsektor sind Unternehmen wie Edeka und Rewe in Deutschland oder Coop und Migros in der Schweiz bereits seit Jahren mit Fleisch-, Wurst und Backwaren im Produktionsbereich tätig. Zwischen den beiden Extrempositionen des Handelsmarkentyps 1 und des Handelsmarkentyps 4 sind weitere Zwischenformen möglich.

Abbildung 4.59: Prüfschema für die Eignung von Handelsmarken

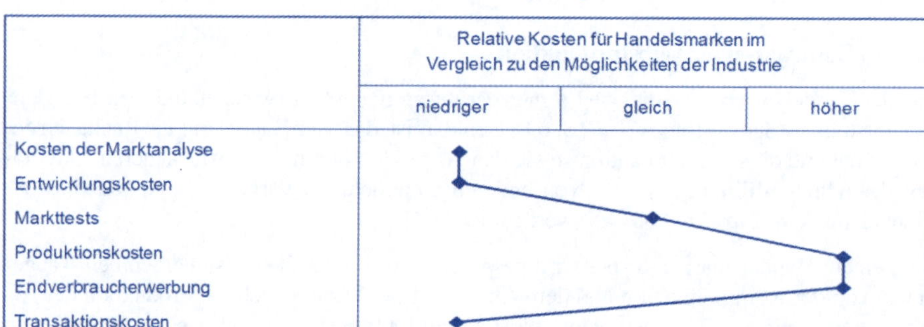

Quelle: Müller-Hagedorn 2005, S. 64.

Abbildung 4.59 zeigt eine Abfolge einzelner Aktivitäten, ob von der Industrie oder dem Handel ausgeführt, die bei der Führung einer Marke notwendig sind. Bei jeder einzelnen Aktivität gilt es nun, die Effizienz der Leistungserstellung durch Industrie oder Handel zu messen, die durch die mit den einzelnen Aktivitäten verbundenen Kosten, die jeweiligen Zeitvorsprünge und die Höhe des mit der selbstständigen Durchführung der einzelnen Aktivitäten verbundenen Risikos determiniert wird. Ist das Profil vorwiegend in der linken Hälfte (rechten Hälfte) der Abbildung angesiedelt, ist für das jeweilige Produkt eine Handelsmarke (Herstellermarke) anzudenken. Ergibt sich kein eindeutiges Profil, so muss die Bedeutung der Kosten in den einzelnen Phasen genauer geprüft werden.

Produzenten von Handelsmarken

Es ist kein Geheimnis, dass in vielen Branchen die Handelsmarkenproduktion von Markenartikelherstellern durchgeführt wird. Aus Kundensicht besteht ein großes Interesse, festzustellen, von welchem Hersteller bestimmte Handelsmarken produziert werden. Um diesem Interesse gerecht zu werden, werden sogar Bücher publiziert (z.B. mit Titeln wie „Welche Marke steckt dahinter?", „Neues vom Markendetektiv: 160 topaktuelle No-Name-Produkte und ihre prominenten Hersteller", „Die Welt des Milchregals: Die Handelsunternehmen, die Handelsmarken und ihre Hersteller" oder „Aldi Welche Marke steckt dahinter?") und Informationen auf Websites angeboten (z.B. www.wer-zu-wem.de/handelsmarken oder www.chow.com/food-news/54340/who-makes-trader-joes-food/), die sich mit dieser Thematik beschäftigen.

Fleischproduktion bei Tann, einem Unternehmen von Spar Österreich

Das Handelsunternehmen Spar produziert seit 1963 seine Fleisch- und Wurstwaren unter der Marke Tann in Österreich selbst. In sechs Verarbeitungsbetrieben werden jährlich rd. 60.000 t Fleisch verarbeitet. Damit ist Tann der größte Fleisch- und Wurstproduzent Österreichs. Qualität wird bei Tann großgeschrieben. Die Produkte von Tann sind mit dem AMA-Gütesiegel (Agrarmarkt Austria Marketing), dem österreichischen Herkunfts- und Qualitätssiegel für Frischfleisch, versehen. Auf Regionalität und Frische wird viel Wert gelegt. Tann verarbeitet in seinen Betrieben ausschließlich österreichisches Fleisch. Durch eine österreichweite Verteilung der Standorte können die Produkte speziell nach regionalen Gesichtspunkten ausgewählt und erzeugt werden.

Quelle: www.amazon.at, 21. August 2018; www.spar.at, 17. August 2018.

Insgesamt lässt sich festhalten, dass Handelsunternehmen zunehmend bestrebt sind, alle marketingrelevanten Aktivitäten entlang der Wertschöpfungskette selbst durchzuführen, um sich von der Industrie unabhängiger zu machen und sich vom Wettbewerb zu differenzieren (siehe Abschnitt zur vertikalen Integration in Abschnitt C.IV. des Dritten Kapitels).

V. Spezifika im Online- und Omnichannel-Handel

Auch im Onlinehandel nehmen Handelsmarken einen immer höheren, aber auch spezifischen Stellenwert ein. Allerdings variiert deren Bedeutung – wie auch im Offlinehandel – je nach Branche (bspw. hohe Bedeutung im Fashion-Handel, im LEH und im DIY-Handel, weniger jedoch in Elektronik- oder Möbelhandel) und es variiert v.a. die Bedeutung bei Online-Pure-Playern und Omnichannel-Händlern. Bei Letzteren besteht eine Analogie zu der Bedeutung der Handelsmarken im Offline-Business sowie zudem ein unterschiedlicher strategischer Umgang mit der Darstellung der Handelsmarken in Online-Kanälen in Abgrenzung zu Online-Pure-Playern.

Grundsätzlich können Handelsunternehmen in ihrem eigenen Online-Shop die Eigenmarken so prominent platzieren, wie sie möchten. Eine besonders große Herausforderung, die aus dem Online-Handel für Markenanbieter bzw. Handelsunternehmen entsteht, ist die enorme Preistransparenz für den Kunden. Insofern liegt es nahe, dass **Online-Händler, v.a. Pure-Player**, wie Home24, Zalando, Lesara, Zooplus und windeln.de mit Eigenmarken versuchen können, der preislichen Vergleichbarkeit im Internet zu entgehen, oder – wie auch im Abschnitt E. in diesem Kapitel behandelt – den direkten Preisvergleich zu erschweren. Für sie sind alle in diesem Kapitel behandelten Vorteile von Handelsmarken ggü. Markenartikeln gleichermaßen bedeutend. Grundsätzlich könnte auch bei Plattformanbietern eine Zunahme vermutet werden. Allerdings bieten diverse Anbieter (Hersteller oder Händler) ihre Marken dort an, sodass es sich nicht um Handelsmarken i.e.S. handelt, sondern eher um weniger bekannte Produkte von weniger bekannten Herstellern. Markenartikelunternehmen indessen streben auch in diesem Online-Vertriebsweg mit Plattform-/Handelspartnern eine Kontrolle an, d.h, sie streben – wie offline seit Jahren – einen weitgehend einheitlichen Preisauftritt an. Dennoch bieten Pure-Player – branchenspezifisch – zunehmend Handelsmarken an und vermarkten oder präsentieren diese je nach Bedeutung der marktführenden Markenartikel gleichberechtigt oder sogar weitgehend exklusiv. Bei Zalando werden bspw. zahlreiche Eigenmarken ganz selbstverständlich zwischen den Markenartikeln platziert. Zooplus und windeln.de kreieren eigene Marken und auch Amazon hat – ausgehend von erst wenigen Eigenprodukten – entsprechende Wachstumspläne, die auf seiner Marktstellung beruhen. Kunden achten bei Marken- und Eigenmarken online oft zuerst auf den Preis und entsprechende Bewertungen (die Qualität der Produkte wird von anderen Kunden bestätigt, was auch ohne starken Markennamen zu einem Vertrauensaufbau führt), sodass der Unterschied zwischen Eigen- und Herstellermarken abnehmend ist, v.a. wenn die Herstellermarke keine dominante Marktbedeutung hat. Zu erwarten ist eine Ausweitung dieser Aktivitäten über eigene Online-Stores in Richtung derer von Partnern (andere Websites) und ebenso in Social Media. Keine Studien sagen, inwiefern die behandelten Markenstrategien (i.S. Einzelmarken-, Dachmarken- oder Familienmarkenstrategie) realisiert werden bzw. welche unter welchen Bedingungen vorteilhaft ist und inwiefern reziproke Effekte in der Markenarchitektur genutzt werden.

Alexa bevorzugt Eigenmarken von Amazon

Während die Website oder App des Onlinehändlers eine beinahe unbegrenzte Auswahl an Alternativen pro gesuchter Warengruppe zur Verfügung stellt, beschränkt sich Alexa mit Hilfe des Amazon-Algorithmus auf wenige Vorschläge, die meist Eigenmarken repräsentieren. Wer Alexa z.B. nach einem iPhone-Ladekabel fragt, bekommt das „Amazon-Basics Ladekabel Lightning auf USB, 0.9m" angeboten und nicht das Originalprodukt. Wer Toilettenpapier braucht, dem offeriert der Sprachassistent die Hausmarke Presto statt der in Deutschland beliebtesten Marke Zewa o.ä. Amazon zählt mittlerweile über 80 Eigenmarken, Branchenexperten erwarten einen Umsatz von rund 20 Milliarden Dollar, der in den nächsten fünf Jahren mit diesen lukriert wird. Schon heute stammen online bestellte Batterien in den USA zu 30% von AmazonBasics. Kraftzellen von Duracell oder Energizer werden von Alexa bspw. gar nicht mehr im Sortiment geführt.

Quelle: Managermagazin, Juli 2018, S. 79–86.

Amrouche/Yan (2012) behandeln jedoch in einem spieltheoretischen Ansatz die Auswirkungen der Implementierung eines Online-Shops für Herstellermarken im Wettbewerb mit Handelsmarken. Sie zeigen, dass insb. eine Differenzierung bzgl. der Qualität und der Kreuzpreiswettbewerb sowie das Verkaufspotential der Handelsmarke bedeutend sind. Konkurrieren beide in der Qualität (geringe Qualitätsdifferenz), verstärkt die Einführung eines Online-Shops für Herstellermarken den nicht auf dem Preis basierenden Wettbewerb, was zur Erhöhung der Preise der Handels- und Herstellermarke führt. Gleichzeitig ist die Einführung einer Handelsmarke für einen Händler unprofitabel, wenn diese nicht im Bereich des Preises mit der Herstellermarke konkurrieren kann und dabei ein geringes Verkaufspotential aufweist. Nichtsdestotrotz kann ein Händler für den Fall, dass beide Marken qualitativ weit auseinander liegen, durchaus auch von der Einführung im Online-Shop profitieren. Sie halten final fest, dass, wie auch immer eine Handelsmarke qualitativ positioniert ist, ein hohes Verkaufspotential des Händlers hohe Einnahmen garantiert. Arce-Urizza/Cebollada (2012) stellen fest, dass die Konsumentenloyalität sowohl ggü. Handels- als auch Herstellermarken im Online-Bereich zunimmt, jedoch v.a. Handelsmarken einen signifikanten Anstieg beim Marktanteil und der „Markteroberungsmacht" verzeichnen. Dies gilt jedoch nicht generell, sondern bei sensorischen Produkten oder im Fall hoher Marktkonzentration, nicht jedoch im LEH. Dies deutet darauf hin, dass selbst Pure-Player unterschiedliche Handelsmarkenprogramme in den unterschiedlichen Kategorien nutzen sollten. In Warengruppen, in denen Handelsmarken generell einen hohen Marktanteil haben, sowie in solchen, in denen ein beträchtlicher Preisunterschied zwischen Handels- und Herstellermarken vorliegt, ist ein schwächerer Anstieg oder eine Abnahme der Online-Loyalität zu verzeichnen.

Im Omnichannel-Handel ist der Blick auf die Nutzung von Handelsmarken komplexer, obwohl auch hier grundsätzlich Händler in eigenen Online-Shops die Eigenmarken prominent platzieren können. Discounter wie Aldi oder Lidl erweitern – wie im Abschnitt C. dargestellt – ihre (Handelsmarken-)Sortimente online wesentlich, tun dies jedoch unverbunden mit dem offline Handelsmarkensortiment. Sie setzen somit auf die Bedeutung der Corporate- oder Retail-Brand. Allerdings bringen Omnichannel-Systeme massive weitere Veränderungen mit sich. Neben Veränderungen im Kundenverhalten – ein und dieselbe Person entscheidet je nach Produktkategorie nach anderen Mustern, die Markenbindung sinkt – und stark ausdifferenzierten Handelsmarken-Angeboten sowie Social Commerce- und Share Economy-Plattformen, die online die Produktvielfalt weiter steigern, muss die Markenführung auf den Wunsch der Kunden nach einem nahtlosen Einkaufserlebnis eingehen. Grundsätzlich kann geschlussfolgert werden, dass etablierte Handelsmarkenprogramme Wettbewerbsvorteile bedeuten, da diese Ressource auf den Onlinehandel übertragen werden kann. Eigenmarken fördern Alleinstellungsmerkmale, prägen die Wahrnehmung der Verbraucher und fördern, auch online, die Nachfrage (Bruce/Jeromin 2016, S. 44f.).

Handelsmarkenbedeutung bei Branchen- und Strategieunterschieden

Möbel-Martin ist das größte Möbeleinzelhandelsunternehmen in Südwestdeutschland mit acht Standorten und über 157.000 qm Verkaufs- und 115.000 qm Lagerfläche, sowie 62.000 Artikeln mit einem Fokus auf namhaften Marken (bspw. Benz, Mondo, Musterring). Handelsmarken (v.a. Liv'in, Avanti) werden v.a. im Einstiegspreisniveau genutzt. Bei Auflistung von Marken auf der Website erfolgt keine Trennung zwischen Handels- und Herstellermarken, sodass beide miteinander konkurrieren. Das Unternehmen bietet online Informationen über die Verfügbarkeit egal welchen Möbelstücks, nutzt aber Handelsmarken nicht weiter.

Die Ceconomy AG (bestehend u.a. aus MediaMarktSaturn Retail Group) ist mit 1.053 Märkten in 15 Ländern, 65.000 Mitarbeitern und einem Umsatz von 22 Mrd. EUR der größte europäische Händler in der Elektronik-Branche. Seit dem Jahr 2010 werden vier Handelsmarken geführt: ok (TV, Audio & Hifi oder Beauty), Isy (Zubehörartikel), Peaq (Unterhaltungselektronik) und Koenic (Haushaltsklein- und -großgeräte). Sie tragen zur Sortimentsbreite und -tiefe bei und sind, nach eigener Einschätzung, qualitativ nahe an den Markenartikeln positioniert, preislich aber günstiger. Bei den Aktivitäten auf eigenen Online-Stores (z.B. mit der Retail Brand verbunden, bspw. bei Redcoon nicht verbunden) und auch auf Social Media werden die Handelsmarken schwach herausgestellt, für Aktionen im Preiseinstieg genutzt, ansonsten stehen Markenartikel im Vordergrund, sodass die Handelsmarken kaum auf die Retail Brand einzahlen.

Peek&Cloppenburg KG Düsseldorf ist ein Fashion-Händler mit rd. 2,2 Mrd. EUR Umsatz und 114 Standorten in 15 Ländern. Das Markenportfolio umfasst über 500 Marken, wobei die Eigenmarken (McNeal, Review, Christian Berg, Paul Rosen, Montego, Jake*s und Joseph Janard) selbst designet werden und einen hohen Volumenanteil haben. Die bedeutendste Handelsmarkenlinie ist die 1992 kreierte Marke Review für die Bereiche Damenoberbekleidung, HAKA und KOB (Review Kids, Review Teens) im Casual Wear Bereich mit den Zielgruppen von Frauen und Männern im Alter von 16-30 Jahren sowie Kindern ab ca. 2 Jahren. Die Marke wird auch über andere Händler vertrieben, hat eigenständige Shops und einen eigenständigen Internetauftritt (review-fashion.com), der zum P&C-Online-Store führt. Im Online-Store stehen grundsätzlich Marken im Hintergrund, zugunsten von Themen mit entsprechenden Kampagnenbildern. Unter den darunter angesiedelten Marken finden sich namhafte Markenartikel vs. der Kategorie „Exklusiv bei P&C", mit einem ganzen Eigenmarkensortiment und diversen Namen. Allerdings wird die Top-Eigenmarke Review nicht durchgehend aufgeführt, z.T. stehen andere Eigenmarken im Vordergrund. Allerdings ist die Breite von Review durch die Präsenz in 28 Kategorien alleine bei der Herrenbekleidung und die Tiefe durch die Präsenz von 1-120 Modellen in jeder Kategorie enorm. Review hat eine eigene Präsenz auf Sozial Media-Plattformen. Von dort gelangt man bei Interesse wiederum zum Online-Shop von P&C.

Quelle: www.moebel-martin.de; www.ceconomy.de/en/; www.peek-und-cloppenburg.de, 21. August 2018.

Wie angedeutet, ist ein solcher Mechanismus für alle Unternehmen realisierbar und auch die Darstellung der Handelsmarken variiert, v.a. online. Dies gilt bspw. für die Branchen, in denen Handelsmarken von geringerer Bedeutung sind, wie in der Elektro-Branche (mit einem relativ hohen Online-Marktanteil), oder bei den Unternehmen, bei denen branchen- und sortiments-/positionierungsspezifische Handelsmarken eine nachgeordnete Bedeutung haben, wie verbreitet in der Möbelbranche (bspw. mit einem geringen Online-Marktanteil aber einem hohen Online-Informationsanteil). Demgegenüber stehen die Branchen mit relativ hoher Bedeutung von Handelsmarken und zugleich Online-Kaufanteile wie Fashion-Handel. Insgesamt sollten sich Omnichannel-Unternehmen zunehmend über einen strategischen Einsatz von Eigenmarken online und offline Gedanken machen.

E. Preismanagement

I. Grundlagen und Bedeutung

Der Preis für eine vom Handel angebotene Ware inklusive der damit verbundenen Serviceleistungen stellt einerseits das monetäre Äquivalent für den Einzelhandel und andererseits das Maß an Wertschätzung durch den Abnehmer dar. Der Preis ist dabei immer im Verhältnis zur angebotenen Leistung zu betrachten.

Preispolitik bezeichnet die Gesamtheit aller Entscheidungen eines Anbieters, die der zielorientierten Gestaltung des Preis-/Leistungs-Verhältnisses dienen.

Das Preismanagement beschäftigt sich mit (Simon/Fassnacht 2016, S. 47ff):

- der Entwicklung und Umsetzung der Preisstrategie, die im Einklang mit den Unternehmenszielen stehen muss und zur Profilierung des Handelsunternehmens gegenüber den Wettbewerbern beiträgt,
- der Entwicklung von Preis- und Konditionskonzepten,
- der laufenden Steuerung und Kontrolle der Preis- und Konditionenentwicklung.

Diese Aufgaben erweisen sich für Händler als komplex, zumal sich der Handel nicht wie die Industrie über einzelne Produkte, sondern über umfangreiche Sortimente zu profilieren und damit Interdependenzen zwischen den Produkten zu berücksichtigen hat.

Die Rolle des Preismanagements im Handel, v.a. im LEH, ist einem enormen Wandel unterworfen – insb. durch die Bedeutungszunahme preisaggressiver Betriebstypen, wie Discountern, und diverser Online Preisspezialisten (siehe Abschnitt B.IV.7. im Zweiten Kapitel) die (traditionelle) Händler unter Druck setzten. Da diese darauf v.a. mit **Preisaktionen** reagierten, stieg der **Preisdruck** weiter, was die Positionierung preisaggressiver Handelsformate stützt.

Discounter, insb. Aldi löst immer noch Preisveränderungen in der Branche aus, denen Wettbewerber folgen. Auch deswegen zählt neben dem Preisniveau für Lebensmittel auch der Anteil der Nahrungs-/Genussmittel an den Konsumausgaben in Deutschland zu den niedrigsten in Europa und der Marktanteil discountorientierter Betriebsformen bildet die europäische Spitze. Online sind die meisten Transaktionen geplante und preismotivierte Käufe, was in der Natur einer zunehmenden Transparenz liegt. Insofern nimmt das Preisbewusstsein der Kunden auch in anderen Branchen zu. Im aggressiven Preiswettbewerb wachsen der Online-Handel und discountierende Betriebstypen.

Der Preis ist im Vergleich zu anderen Marketinginstrumenten das einzige Instrument, das direkt auf den Umsatz und das Betriebsergebnis durchschlägt. Abbildung 4.60 veranschaulicht den Einfluss einer einprozentigen Preisänderung auf das Betriebsergebnis ausgewählter Handelsunternehmen. Abhängig vom heutigem Preisniveau würde bei der Metro eine entsprechende Erhöhung der Preise im gesamten Sortiment bspw. zur absoluten Gewinnsteigerung von 41% führten, bei Aldi zu 11%. Im Vergleich dazu ist der Einfluss einer zehnprozentigen Änderung diverser Parameter auf das Betriebsergebnis eines Händlers aufgezeigt, wobei eine zehnprozentige Preissenkung zu den bei weitem stärksten Gewinnzuwächsen führt.

Abbildung 4.60: Einfluss des Preises auf das Betriebsergebnis

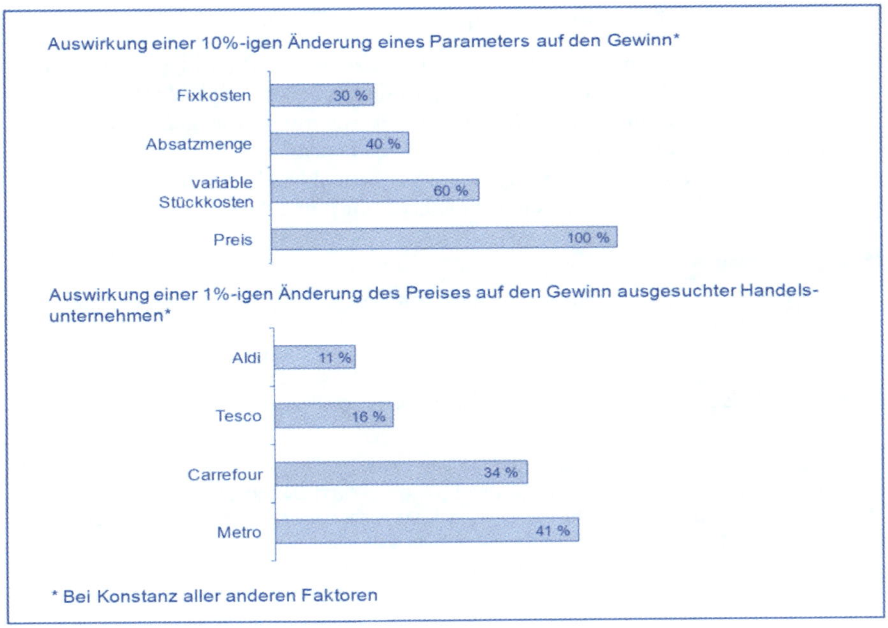

Quelle: i.A.a. Simon/Gathen/Daus 2010, S. 321.

In Abgrenzung zu den übrigen Instrumenten des Marketing-Mix im Handel lassen sich einige grundlegende Besonderheiten der Preispolitik feststellen:

- Kein Zeitverzug bei Aktion und Reaktion, d.h. dass Preisnachlässe oder -aktionen kurzfristig variierbar sind und deshalb eine sofortige akquisitorische Wirkung aufweisen.
- Preisänderungen wirken wesentlich stärker als entsprechende Änderungen bei anderen Instrumenten auf das Kaufverhalten.
- Keine Vorinvestitionen notwendig, d.h. Investition im Moment der Preisaktivität.

- Die Veränderung von Preisen wird sowohl von Konsumenten als auch von der Konkurrenz schneller wahrgenommen als Veränderungen anderer Marketinginstrumente.
- Vorherrschende Richtungsasymmetrie, d.h. Preissenkungen wirken auf Absatzmengenzunahmen und Preissenkungen sind am Markt leichter durchzusetzen als Preiserhöhungen. Ferner lassen sich Preissenkungen nicht so leicht wieder rückgängig machen.
- Die Preis- und Konditionenpolitik stellt in der Einschätzung von Handels- und Industriemanagern das größte Konfliktfeld zwischen Handel und Industrie dar.

Innerhalb der Preispolitik ist zwischen der Marktpreispolitik, also der Preisstellung gegenüber Verbrauchern, den Beschaffungskonditionen wie bspw. mengenabhängige Beschaffungspreise und Leistungskonditionen von Leistungen des Handels (z.B. Positionierung am PoS, Aktionen) sowie der Verrechnungspreispolitik in Konzernen zu differenzieren.

Konditionenpolitik umfasst alle kontrahierungspolitischen Instrumente, die außer dem Preis Gegenstand vertraglicher Vereinbarungen über das Leistungsentgelt sein können.

Grundsätzlich muss im Rahmen der Konditionenpolitik zwischen jenen Konditionen, welche die Industrie dem Handel bietet und jenen, die der Handel seinen Kunden anbietet, unterschieden werden.[1] Im Folgenden wird auf diese Differenzierung verzichtet. Obwohl bei der nachfolgend im Fokus stehenden Marktpreispolitik die Konditionen nur ergänzend betrachtet werden, sind die Instrumente der **Konditionenpolitik**[2] zu erwähnen:

- Gewährung von **Garantieleistungen**, wobei gesetzliche und freiwillige Garantien unterschieden werden und letztgenannte das akquisitorische Instrument bilden.
- Festlegung von **Umtausch- und Rückgaberecht**, wie bspw. Ware gegen Geld.
- Gewährung von **Rabatten**, d.h. Nachlässe auf den Listenpreis.
- Festlegung der **Zahlungsbedingungen** wie Skonto und Kreditgewährung.
- Festlegung der **Lieferkonditionen** wie Lieferverpflichtung des Lieferanten.

Walmart wappnet sich gegen Aldi

Aldi ist mittlerweile vor mehr als vierzig Jahren in den US-amerikanischen Markt eingetreten und bietet einzelne Produkte bis zu 20% günstiger an, als z.B. der US-Branchenvorreiter Walmart. Die Preispolitik von Aldi und jene von Lidl nach dem Markteintritt 2017 strahlt – wie am Heimatmarkt – auch in den USA stärker auf das Preisniveau der Branche aus. Walmart reagiert mit Preissenkungen und Preis-Tests in 1.200 Walmart-Filialen, um das optimale Preisniveau für einzelne Produkte zu ermitteln.

Des Weiteren gibt es Neuverhandlungen der Lieferpreise mit Zulieferern wie Procter & Gamble oder Unilever. Trotz zweistelliger Wachstumsraten haben Hard-Discounter wie Aldi und Lidl allerdings einen relativ geringen Marktanteil von rd. 2% verglichen mit dem Marktführer Walmart, welcher über einen Marktanteil von 22% in den USA verfügt.

Quelle: www.lebensmittelzeitung.net, 28. Februar 2017.

Die Preisfindung im Handel hängt generell von zahlreichen unternehmensinternen und -externen Faktoren ab (Hertel/Zentes/Schramm-Klein 2011, S. 374):

- Be- und Vertriebstyp, Vertriebskanäle.
- Format- und Packungsgrößen.
- Wechselwirkungen auf andere Artikel und Auswirkungen von Produktbündelungen.
- Einfluss von Promotionen.

---

[1] Vgl. zur Gestaltung der Finanzströme in der Supply Chain den Abschnitt A.II. des Fünften Kapitels.

[2] Vgl. zu den Instrumenten der Konditionenpolitik auch Abschnitt V.5. in diesem Kapitel.

- Kosten, den Kunden auf einem bestimmten Level zu bedienen, bezogen auf jedes einzelne Produkt.
- geografischen Einflüsse.
- demografischen Einflüsse.
- „Willingness-to-Pay" eines Kunden, also den Betrag, den der Kunde theoretisch bereit ist, für ein bestimmtes Produkt zu bezahlen.

Die Preisgestaltung war in den letzten Dekaden ein Schwerpunkt der Softwareentwicklung im Handel, und Software kann bei der Festlegung von Grundpreisen, Preisaktionen und Abschlägen helfen, um so Umsatz und Margen zu maximieren. Durch den Einsatz von **Preisoptimierungssoftware** (Price Engines) wird versucht, bestimmte Preisniveaus zu prognostizieren. Die Berechnung optimaler Preise erfolgt unter Berücksichtigung von historischen Preis- und Verkaufsdaten, Wettbewerbspreisen, lokalen Demografien, Beständen, Regalstandorten, Lagerbeständen, verfügbaren Produktionskapazitäten und Wettbewerbsbedingungen. Simulationssysteme schaffen dabei die Voraussetzungen zu häufigen Tests und schnellen Reaktionen. Preisempfehlungen basieren auf vorausschauenden Bedarfsprognosen und Optimierungsroutinen, unter Berücksichtigung von kategorieübergreifenden und Warenkorb-Effekten. Preisanalysen erfolgend anhand von „Was-wäre-wenn-Funktionen" und zeigen die Auswirkungen auf die Nachfrage und die wichtigsten Finanzkennzahlen auf Artikelebene. Preise können auf Kanal-, Zonen-, Ketten-, Regionen- und Filialebene berechnet werden. Nachfrageprognose ermöglichen es, alle Aktivitäten in den Bereichen Kategorienplanung, taktische Preisgestaltung und Lieferkette voranzutreiben. Simulationssoftware kann verwendet werden, um die Reaktionen der Verbraucher auf Preisänderungen und unterschiedliche Werbetaktiken in hypothetischen Szenarien zu testen und zu prognostizieren. Mithilfe dieser Lösungen können so die Auswirkungen von Preisänderungen auf das Konsumentenverhalten und auf den Rohertrag simuliert werden. Dabei werden z.B. auch Preisänderungen für die Artikel einer Warengruppe berechnet, welche die Aufmerksamkeit der Konsumenten auf ertragsstarke Artikel lenken, wobei in die Berechnung auch **Kannibalisierungs- und Preiselastizitätseffekte** eingehen. Letztlich ermöglichen diese Programme, die Verkaufspreise so abzuändern, dass der Rohertrag pro Warengruppe – unter Berücksichtigung der Preiserwartung der Konsumenten – maximiert wird. Darüber hinaus kann mit geeigneten Programmen die Reaktion der Wettbewerber auf eine Preisänderung simuliert werden. Die Preisgestaltung ist jedoch komplex, die Kreuzpreiselastizitäten über eine größere Anzahl von Produkten sind schwer abzuschätzen und die Preisreaktionen der Wettbewerber sind schwer vorhersehbar, daher ist die Preisgestaltung auch bei den jüngsten Softwareentwicklungen eine Herausforderung (Zentes/Morschett/Schramm-Klein 2017, S. 291). Durch höhere Rechenleistungen und bessere Algorithmen wachsen allerdings die Fähigkeiten der Softwarelösungen kontinuierlich.

Wie angedeutet, erfährt durch die **Transparenz** im Internet das Preismanagement auch eine neue strategische Bedeutung. Für Konsumenten und Mitbewerber ist es möglich, Preise weltweit u.a. mithilfe von Preisvergleichsportalen (z.B. www.billiger.de, idealo.de, geizhals.de) und immer öfter einfach auf Amazon als Referenzanbieter zu prüfen. Dies führt dazu, dass v.a. Online-Händler Preise oft dynamisch und in Echtzeit – auch innerhalb eines Tages – an die Nachfrage und/oder die Konkurrenz anpassen. In diesem Zusammenhang wird vom sog. **Dynamic-Pricing** gesprochen (siehe dazu Abschnitt VI. in diesem Kapitel).

Vielfach sind Studien Preisthemen wie den strategischen Entscheidungen, der Wahrnehmung und Bewertung durch die Konsumenten und spezifischen Themen wie Preisbündelungen und Konditionen gewidmet (siehe im Überblick Abb. 4.61).

II. Ziele und Entscheidungsoptionen

Auch im Rahmen der Preispolitik kann zwischen strategischen und operativen Bereichen unterschieden werden. Dabei werden Instrumente der Preisstrukturpolitik (Positionierung, Preislagengefüge im Sortiment) und der Preisablaufpolitik (Preisbewegungen innerhalb der durch die Strukturpolitik vorgegeben Grenzen) unterschieden. Aus strategischer Sichtweise muss das Unternehmen entscheiden, in welcher **Preisstruktur** es seine Be- und Vertriebstypen und faktisch einzelne Stores (bspw. im Vergleich zum lokalen Offline-Wettbewerb) positioniert, z.B. in hohen, mittleren oder niedrigen Preislagen. Im operativen Tagesgeschäft sind demgegenüber im Rahmen der **Preisablaufpolitik** kurzfristige Preissetzungen vorzunehmen. Abhängig ist die Gestaltung beider Aspekte von den Zielen und Rahmenbedingungen des Unternehmens.

Abbildung 4.61: Ausgewählte Studien zu Schwerpunkten des Preismanagements

Autor(en)	Forschungsfrage	Theorie	Daten und Methode	Kernergebnisse
				Strategische Perspektive
Fisher/ Gallino/ Li (2017)	Competition-based dynamic pricing strategy in online retailing	Consumer-choice modelling	Field experiment and empirical model estimation	▪ The proposed model demonstrates significant revenue improvement – 11% for the product category under study.
Willart (2015)	Investigation of the importance of the relative price density function	Retail pricing theory	N=102 stores, relative price density function analysis	▪ The main contribution of this research is to build a set of metrics derived from the price density function that help characterize retail pricing strategies.
				Preiswahrnehmung
Lombart/ Louis/ Labbé-Pinlon (2016)	Investigation of the consequences of price image	-	N=298 participants in a retailer's store laboratory, PLS	▪ Managers are recommended to favor either a policy of intermediate or low price, depending on their consumers' characteristics. ▪ Price image affects the relationships established between a retailer and these consumers and that a bad price image in consumers' minds may damage these relationships.
Malc/ Mumel/ Pisnik (2016)	Exploration of the restaining nature of price fairness perceptions	Price fairness concept	N=288 participants, shopping scenario experiment	▪ Price fairness influences the intention to buy and some forms of negative behaviors that directly harm the seller. ▪ Intensity of price fairness perception correlates with the severity of consequences and that differences exist among consumers with different income levels.
				Preisbündelung
Honhon/ Xiajun (2017)	Insights into bundling strategies	Bundle optimization	Optimal bundling model	▪ When consumers do not benefit from the joint consumption of components, the bundles should be offered at a positive discount. ▪ Bundling vertically of differentiated products can significantly improve profits, even if consumers do not benefit from consuming the components jointly.
Engeset/ Opstad (2017)	How does bundle size influence the effect itemizing prices have on bundle evaluation?	-	N=67 (1) and 70 (2) students, scenario experiment	▪ (1): Large, but not small, bundles are evaluated more positive when presented with itemized prices. ▪ (2): Mediated moderation analysis supports the prediction that price expectation mediates the effect of the price presentation x bundle size interaction on bundle evaluations.
				Konditionenpolitik
Cai/Bagchi/Gauri (2015)	How Low Price Discounts Affect Purchase Propensity	Theory of purchase value	Scanner panel data sets and in five laboratory experiments	▪ Providing a low (vs. no) price discount can lower purchase propensity of low-priced products under certain conditions—when purchases are nonessential and purchase volume is small.

Aydinli/Bertini/Lambrecht (2014)	Price Promotion for Emotional Impact	Dual-system theories	Data on e-mail click-through behavior; purchase data; experiments	■ Price promotion reduces processing motivation. ■ Consumers facing a price promotion spend less time considering choice options and are more likely to choose products rich in affect than are consumers facing a regular price.

Allgemeine Ziele der Preispolitik sind u.a. eine Marktanteilssteigerung (z.B. durch das Setzen eines niedrigen Preises, der den Markteintritt von Konkurrenten erschwert und das eigene Absatzvolumen erhöht) und die **Positionierung** im Wettbewerb sowie die Verdrängung von Konkurrenten. Dies ist insb. bei der Kostenführerschaft anzutreffen, bei der sich Händler an die Preispolitik des Preisführers anpassen. Abbildung 4.62 visualisiert preispolitische Ziele (strategisch und operativ) auf Unternehmens- und Kundenebene.

Die geordnet erscheinende Zielhierarchie stellt jedoch eine große Herausforderung dar und lässt sich nicht immer umsetzen, da oft mehrere Ziele gleichzeitig berücksichtigt werden (müssen). Eine Ausrichtung preispolitischer Maßnahmen am Gewinn ist zwar naheliegend, in der mittel- und kurzfristigen Betrachtung ist eine Orientierung an teils konfliktären Teilzielen (z.B. Preisimage und Margenerhalt) jedoch unumgänglich. Zudem müssen Händler oft kurzfristig auf den lokalen Wettbewerb reagieren.

Abbildung 4.62: Beispiele für Zielinhalte des Preismanagements

Unternehmensbezogene Ziele	■ Erhöhung von Absatz bzw. Umsatz ■ Erhöhung des Marktanteils ■ Positionierung ■ Sicherstellung eines einheitlichen/strategisch festgelegten Preisniveaus in unterschiedlichen Stores ■ Erhöhung der Deckungsbeiträge, des Gewinns und der Rentabilität
Kundenbezogene Ziele	■ Beeinflussung der Preiswahrnehmung in eine bestimmte Richtung (z.B. Preis als Qualitätsindikator) ■ Verbesserung der wahrgenommenen Preiswürdigkeit (Beurteilung in Relation zum Qualitätsniveau) und der wahrgenommenen Preisgünstigkeit (Beurteilung ggü. Konkurrenzprodukten) ■ Gestaltung der Preiserwartung (z.B. Vermeidung der Annahme zukünftig sinkender Preise)

Quelle: i.A.a. Bruhn 2016, S. 167.

Die bereits angesprochenen Branchenspezifika des Preismanagements im LEH können für die Ausgestaltung des Preismanagements und deren operative Umsetzung sensibilisieren. Im LEH nehmen die Wareneinstandskosten mit einem Anteil von 50 bis 85% der Gesamtkosten eine dominierende Rolle ein und prägen damit die spezifische Kostenstruktur dieser Branche (Diller 2008, S. 500ff.). Folglich ist der Anteil der variablen Kosten überdurchschnittlich hoch und (preisbedingte) Absatzschwankungen haben zunächst eine geringere Auswirkung auf den Gewinn als bspw. solche in der Fashion-Branche. Allerdings haben Unternehmen mit dem Wareneinstandspreis und darin enthaltenen weiteren Rabatten eine gute Möglichkeit, eine akquisitorische Preispolitik zu betreiben.

Neben der dominanten Rolle der Beschaffungskosten kommt im Rahmen preispolitischer Entscheidungen der Lage der Einkaufsstätte eine zentrale Bedeutung zu. Die Tendenz des Konsumenten, Güter des täglichen Bedarfs in der unmittelbaren Umgebung zu kaufen und auch größere Einkäufe in der Nähe des Wohnortes (oder des Arbeitsplatzes) zu tätigen, führt zu lokalen Marktunvollkommenheiten. Preispolitische Entscheidungen des LEH werden des Weiteren durch die **Vielzahl an Einzelpreisentscheidungen** geprägt, denn ein Einzelhandelssortiment umfasst je nach Betriebstyp bis zu 100.000 Artikel, die einzeln zu bepreisen sind. Dies macht einen extensiven Entscheidungsprozess für jeden Einzelpreis unmöglich. Deshalb orientiert sich der LEH häufig an der Preissetzung der Wettbewerber oder greift auf kostenorientierte, z.T. vereinfachte Preisermittlungsverfahren, wie Kosten-Plus-Kalkulationen zurück. Bei diesen nehmen konditionen- und kostenzentrierte Überlegungen eine zentrale Rolle ein, wobei der jeweilige Einstandspreis den Ausgangspunkt der Kalkulation darstellt.

Die **Handelsspanne**, als Differenz zwischen Einstands- und Verkaufspreis, bildet dabei den alleinigen Aktionsparameter, den es zu optimieren gilt. Die Netto-Handelsspanne beträgt in LEH rd. 3%, im Einzelhandel mit Damenbekleidung und im Schuheinzelhandel demgegenüber rd. 39% vom Nettoumsatz, im Möbeleinzelhandel liegt diese bei rd. 38% und im Uhren- und Schmuckeinzelhandel bei rd. 42% (EHI Retail Institute 2017).

Abbildung 4.63 stellt überblicksartig die Entscheidungsoptionen des Preismanagements dar, die im Folgenden detailliert behandelt werden.

Abbildung 4.63: Entscheidungsoptionen im Preismanagement

Ebene	Teilbereich	Konkrete Aspekte
Strategie	Preispositionierung	▪ Festlegung der Preisstruktur (Hoch-/Mittel-/Niedrigpreisstrategie)
	Dynamik des Preises	▪ Preisverlaufsprinzipien: High-Low-/HiLo-Strategie vs. Every Day Low Prices ▪ Dynamische Preisstrategie: Penetration vs. Skimming
Determinanten	unternehmensintern	▪ Kostenrechnung, sortimentsbezogene Faktoren
	wettbewerbsorientiert	▪ Konkurrenz- bzw. standortspezifische Aspekte
	Hersteller- und lieferantenspezifisch	▪ Unverbindliche Preisempfehlung ▪ Konditionenvereinbarungen
	kunden- und nachfrageorientiert	▪ Zahlungsbereitschaft der Konsumenten ▪ Preiswahrnehmung
Instrumente	Preisdifferenzierung	▪ Bestmögliche Abschöpfung der Konsumentenrente
	Preisbündelung	▪ Abschöpfung der Konsumentenrente durch einen Bündelpreis, der unter der Summe der Einzelpreise liegt.
	Sonderangebote und Dauerniedrigpreise	▪ Auslösung von Absatzmengen- und Verbundeffekten ▪ Anbieten von niedrigeren Preisen wie die Konkurrenz
	Preisvergleichsgarantien, Referenzpreise	▪ Instrument zur Verbesserung des eigenen Preisimages
	Konditionenpolitik	▪ Entscheidungen über Rabatt- und Absatzkreditpolitik sowie Lieferungs- und Zahlungsbedingungen
	Lieferpreis-, Versand-, Rücksendemodelle	▪ Entscheidung über Berechnungsmodus
Spezifika	Online-Handel	▪ Dynamic Pricing, individuelle Preisgestaltung
	Omnichannel-Handel	▪ Kanalübergreifende Preisgestaltung

III. Strategische Gestaltungsalternativen

1. Preispositionierung

Im Hinblick auf die strategischen Gestaltungalternativen sind Instrumente der **Preisstrukturpolitik** und der **Preisablaufpolitik** zu unterscheiden. Beide werden sowohl von den Zielen, Strategien und sonstigen Rahmenbedingungen des Händlers, als auch durch die Kundenperspektive bedingt. Somit bildet die angestrebte und die wahrgenommene **Positionierung** des Unternehmens den Ausgangspunkt für den preispolitischen Aktionsrahmen.

Aus **Unternehmenssicht** kann, anders als bei den Positionierungsstrategien i.e.S., auf die im Zweiten Kapitel eingegangen wurde, zunächst relativ pauschal zwischen der strukturellen **Hoch-, Mittel- und Niedrigpreisstrategie** unterschieden werden, die unter

Einbeziehung anderer Marketinginstrumente weiter präzisiert und systematisiert werden kann. Die jeweilige Strategie kann auf drei Ebenen der Preisfestlegung betrachtet werden:

- Ebene des Gesamtunternehmens (gleiches Preisniveau in straffen Filialunternehmen)
- Ebene der Einkaufsstätten (standortspezifisch variierende Preisniveaus in Filialen)
- Ebene der Preisfestlegung/-setzung bei Sortimenten, Warengruppen und Artikeln.

Auf der ersten Ebene sind Fragen der Positionierung, aber auch objektive Vergleiche von Durchschnittspreisen im Inter- und Intrabetriebstypenwettbewerb relevant (z.B. generell zwischen Discountern oder zwischen Discountern und Supermärkten). Auf der zweiten und dritten Ebene geht es einerseits um lokale, filialbasierte Preisfestlegungen (bspw. wettbewerbs- und nachfrageorientierte Unterschiede in diversen Filialen eines Händlers sowie entsprechende Vergleiche) und um die operative Preisfestlegung/-setzung, die auch nachfolgend im Vordergrund steht. Die ersten beiden Ebenen bilden dementsprechend die Basis für die dritte Ebene. Die Strategien können naheliegend mit diversen Be- und Vertriebstypen und damit Geschäftsmodellen verbunden werden, da deren **Preisstruktur** festzulegen ist.

In diesem Zusammenhang erfolgt die Entscheidung über das Preislagengefüge in einzelnen Filialen an diversen Standorten und im Sortiment. Letzteres umfasst Folgeentscheidungen über die zu bedienenden Preislagen und über das Angebot einzelner Produktkategorien, -gruppen und Artikel in den jeweiligen Preislagen (Müller-Hagedorn/Natter 2011, S. 310). Die Bestückung der einzelnen Preislagen sollte sich am Kunden orientieren (Fassnacht/Köttschau/Wriedt 2012, S. 556). So werden z.B. die Artikel einer Produktgruppe, wie z.B. Joghurt, in unterschiedlichen Qualitäten zu verschiedenen Preisen angeboten.

Treiber und Konsequenzen des Preisimages

Nach Hamilton/Chernev (2013) kann das Preisimage eines Händlers – wie in Abb. 4.64 dargestellt – in Abhängigkeit von zwei Faktoren definiert werden: einzelhandelsbasierte Faktoren, die vom Unternehmen direkt beeinflusst werden können und verbraucherbasierte Faktoren, die für die einzelnen Käufer spezifisch sind und vom Unternehmen nicht direkt beeinflusst werden können.

Die einzelhandelsbasierten Faktoren können weiter unterschieden werden in solche, die in direktem Zusammenhang mit dem Preis stehen, sowie solche, die von Verbrauchern verwendet werden, um Rückschlüsse auf das Preisimage eines Einzelhändlers zu ziehen. Zu den preisbezogenen Treibern des Preisimages gehören das durchschnittliche Preisniveau (im Vergleich zu Wettbewerbern), die Preisstreuung (i.S. der Höhe der Preise innerhalb einer Filiale), die Preisdynamik (i.S. der Preisänderung im Laufe der Zeit), weitere Instrumente wie Preisvergleichsgarantien oder praxisbezogene Kommunikation (einschließlich Preisauszeichnung und preisbasierter Werbung). Die Treiber des Preisimages, die nicht direkt mit dem Preis in Verbindung bestehen, beziehen sich auf die physischen Eigenschaften des Händlers, wie Standort, Ambiente und Ausstattung sowie Serviceniveau des Händlers wie die Retourenpolitik.

Der Einfluss dieser handelsgesteuerten Faktoren auf das Preisimage wird durch die individuellen Eigenschaften des Verbrauchers beeinflusst, sodass die selben Faktoren unterschiedliche Auswirkungen auf verschiedene Verbraucher haben können. Zu diesen verbraucherspezifischen Faktoren zählen im Zeitablauf relativ konsistente Aspekte (wie Preissensibilität, Informationsverarbeitungsstil, Vertrautheit mit Marktpreisen) sowie situative Faktoren (die sich in der jeweiligen Shopping-Episode verändern). Das Preisimage kann schließlich den Verbraucher in seiner Einstellung (z.B. bzgl. Preiswürdigkeit und Preisfairness) sowie in seinem Verhalten (Bevorzugung von Geschäften) beeinflussen.

Abbildung 4.64: Treiber und Konsequenzen des Preisimages

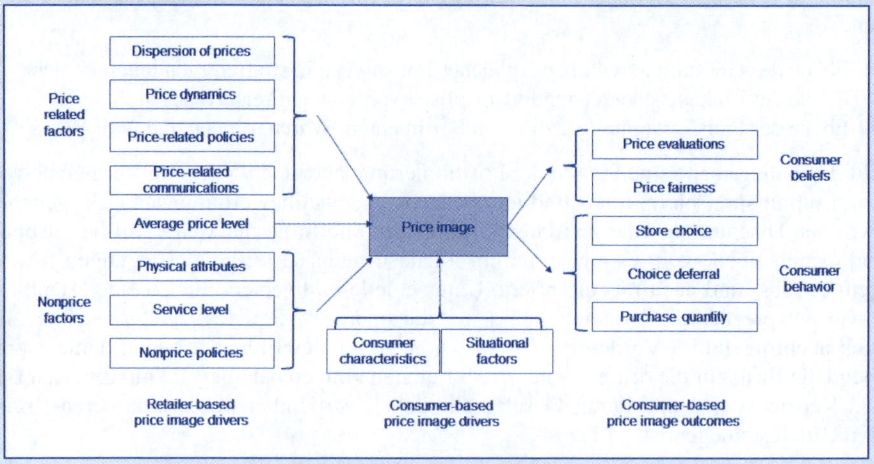

Quelle: i.A.a. Hamilton/Chernev 2013, S. 4.

Die Fokussierung auf eine einzige Preislage – z.B. die Niedrig- oder Premiumpreislage – stellt die einfachste Variante der Preisstruktur dar. Fachgeschäfte wie z.B. Feinkostgeschäfte im LEH bieten z.B. ein Sortiment in der Premiumpreislage an, Discounter fokussieren sich auf die Niedrigpreislage. Im Gegensatz zu Discountern bieten Super- und Verbrauchermärkte den Kunden eine größere Auswahl an Artikeln. Durch dieses nun größere Sortiment reicht eine einzige Preislage nicht mehr aus, um die Qualitätsunterschiede zwischen den einzelnen Artikeln aufzuzeigen. Daher werden mehrere Preislagen eingesetzt, um den Kunden die Leistungsunterschiede zwischen den Artikeln zu verdeutlichen. In der Regel werden im deutschen Lebensmitteleinzelhandel daher alle drei Preislagen gewählt (Fassnacht/Köttschau/Wriedt 2012, S. 575). Auf Grund der höheren Umsatzrenditen sowie der positiven Wirkung auf die Retail Brand hat der Handel Interesse, den Anteil der Eigenmarken in allen Preislagen zu steigern. Die großen deutschen Einzelhändler decken heute daher alle Preislagen mit ihren Eigenmarken ab und sind zur Konkurrenz für Herstellermarken geworden, da v. a. Zweit- und Dritthherstellermarken ausgelistet werden, um Platz im Regal für Eigenmarken zu schaffen.

Aus **Kundensicht** beeinflussen die Strategie und der Be- und Vertriebstypen in bestimmten Bandbreiten die Positionierung bzw. das wahrgenommene Preisimage. Die Bandbreiten sind v.a. auf den Interbetriebstypenwettbewerb zu beziehen, während für die Wahrnehmung des Kunden im Intrabetriebstypenwettbewerb die Wettbewerbsstrategie ausschlaggebend ist. Ein bestimmtes Image wird also durch die Position im Wettbewerbsumfeld bestimmt, aber auch durch die Einstellung der Verbraucher zum Unternehmen bzw. zur Einkaufsstätte. Eine besondere Bedeutung hat in diesem Zusammenhang das **Preisimage** einer Einkaufsstätte, da aus Sicht der Konsumenten das Angebot der Handelsunternehmen weitestgehend vergleichbar ist und dadurch Unternehmen austauschbar erscheinen. Die weitere strategische Entscheidung zur Ausgestaltung der **Preisverlaufs- oder Preisablaufspolitik** – siehe folgender Abschnitt – betrifft die Änderung der Preise im Zeitablauf. Dabei können **Sonderangebotsstrategie** (auch High-Low- oder HiLo-Strategie genannt), **Dauerniedrigpreisstrategie** (Every Day Low Prices oder EDLP), pulsierende Preise oder Hyper-HiLo-Strategie unterschieden werden. In einigen Sortimenten, wie Fashion, können weitere Ausprägungen beobachtet werden. Darüber hinaus weist die Preispolitik eine statische und dynamische Komponente auf.

Während die Preisfestlegung bei einer **statischen Strategie** auf der Basis zeitpunktorientierter Informationen erfolgt und die zukünftige Marktentwicklung kaum mit einfließt, werden im Rahmen **dynamischer Strategien** sämtliche Determinanten der Preisbildung einer periodischen Betrachtung unterzogen. Innerhalb der Strategien muss die Preisbildung, i.S. des Marketingdreiecks kosten-, kunden- und konkurrenzorientiert erfolgen, da nur eine integrative Betrachtung dazu beiträgt, Erfolgspotenziale zu sichern (siehe Abb. 4.65). Demnach werden im preispolitischen Zielsystem eines Händlers kosten-, absatz-, kunden- und gewinnpolitische Effekte unterschieden, wobei die Preisnachlässe auf die geforderten **Endverbraucherpreise** (EVP) die Höhe der EVP bestimmen, die sich auf den Preisabstand zur Konkurrenz und letztlich auf das Preisimage des Händlers auswirken. Kosten und Preise stehen in einem interdependenten Verhältnis, zumal die Kosten eines Händlers sowohl Determinanten als auch Folgen der Preisstellung sind. Zu den kostenseitigen Bestimmungsfaktoren der Preisfindung zählen Warenumschlag, Wareneinstand, Wachstum und Pricing-Kosten. Der Warenumschlag wird einerseits durch niedrige Preise erhöht, andererseits wirkt er sich auf die Handelsspanne aus, denn Artikel mit hoher Umschlagsgeschwindigkeit erwirtschaften bei geringer Handelsspanne einen ähnlichen Nutzen wie Artikel mit geringer Umschlagshäufigkeit und hoher Handelsspanne. Dass sich der Wareneinstandspreis unmittelbar auf die Preisstellung auswirken muss, ist intuitiv verständlich. Ebenso ist der Umstand plausibel, dass auf Grund der Betriebsgröße (Wachstum) Economies of Scale erwirtschaftet werden können, die Kostenvorteile begründen und damit Einfluss auf die Gestaltung der EVP nehmen. Schließlich sind Pricing-Kosten anzuführen, die bspw. durch die Preisfindung begründet werden und ebenfalls auf die Preisstellung wirken.

Abbildung 4.65: Systemzusammenhang der Preisentscheidung im Handel

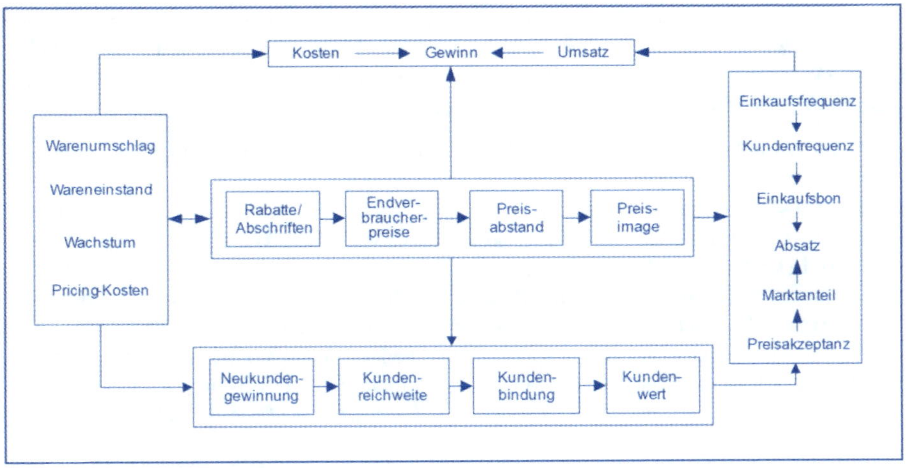

Quelle: Diller/Anselstetter 2006, S. 601.

2. Dynamische Preisstrategien

Eine Option im Rahmen der **Preisverlauf- oder Preisablaufpolitik** ist die **Preiskonstanz**. Wie angedeutet, wird der Preis über einen bestimmten Zeitraum konstant gehalten, so im Rahmen einer **Dauerniedrigpreisstrategie**, bei der ein dauerhaft niedriges Preisniveau des Gesamtsortiments ohne Sonderpreisnachlässe im Vordergrund steht. Ein Beispiel für ein Unternehmen, das diese Strategie verfolgt, ist Walmart. Dessen Dauerniedrigpreispolitik kommt auch im Werbeslogan „Every Day Low Prices" zum Ausdruck. Allerdings koppelte Walmart diese mit Sonderangeboten („Roll Back"-Aktionen). Konstante Preise, die sich auf das gesamte Sortiment oder auch nur auf Teilbereiche beziehen können, sind geeignet, dem Konsumenten das Gefühl eines gleichbleibenden Preis-Qualitäts-Verhältnisses zu geben. Die Vorteile von EDLP für den Händler liegen häufig in der Verbesserung der Effizienz der internen Prozesse und damit der Senkung der Betriebskosten. Während Preisaktionen kurzfristige Absatzschwankungen und damit einen Anstieg der Logistikkosten und häufig erhöhte Lagerhaltung bewirken, ermöglicht EDLP stabile Umsätze und zuverlässigere Umsatzprognosen. So können Fehlbestände vermieden und die Lagerhaltung und Transportkosten reduziert werden (Zentes/Morschett/Schramm-Klein 2017, S. 288). Das Prinzip der Preiskonstanz findet sich bspw. bei Händlern, die Eigenmarken führen und damit ein konstantes Qualitätsimage aufbauen wollen. Hinzu kommt, dass es relativ einfach ist, die Preise bei diesen Artikeln konstant zu halten, da diese nicht direkt mit Herstellermarken vergleichbar sind. Daher spielt sich der unmittelbare preisliche Wettbewerb eher bei Herstellermarken als bei Eigenmarken ab. Als ein weiteres Beispiel für das Prinzip der Preiskonstanz kann der Versandhandel angeführt werden. Bei Universalversendern werden meist neben einigen Spezialkatalogen zwei Hauptkataloge p.a. verschickt. In diesen werden stabile Preise für ein halbes Jahr garantiert.

Darüber hinaus sind im Handel aus dynamischer Sicht in vielen Branchen **flexible Preise** – z.B. in Form von Preisaktionen – üblich. Dabei sind v.a. **Preisverlaufsprinzipien** wie bspw. die Festlegungen saisonaler, monatlicher oder täglicher Preise relevant. Diese haben sich insb. vor dem Hintergrund der Konkurrenzorientierung im Handel etabliert. Dabei geht es um die zeitliche Abstimmung von Preisänderungen verschiedener Artikel bzw. um die Abstimmung mit anderen, z.B. kommunikativen Maßnahmen. Im Rahmen eines flexiblen Preisverlaufes, bei dem Preise für eine begrenzte Zeitdauer variieren, können **Sonderangebotsstrategien**, pulsierende Preise oder Hyper-HiLo-Strategie unterschieden werden. Bei einer HiLo-Preisstrategie bieten Händler Produkte regulär zu relativ hohen Preise an, nutzen aber erhebliche temporäre Preissenkungen, um ihre Produkte zu bewerben und Kunden in die Geschäfte zu locken (Wagner u.a. 2012). In der Regel ist der Umsatz eines Produktes während des Aktionszeitraums deutlich erhöht. Ursachen dafür sind

- **Markenwechsel**: Kunden im Geschäft, die eine andere Marke gekauft hätten, kaufen die beworbene Marke.
- **Kaufbeschleunigung**: Verbraucher, die das Produkt oder die Marke später gekauft hätten, können ihren Kauf in den Aktionszeitraum vorziehen. Bei häufig gekaufter Ware führt dies oft zu einer Bevorratung.
- **Erhöhter Verbrauch**: Aufgrund der reduzierten Preise konsumieren Verbraucher mehr beworbene Produkte. Dies kann mit Bevorratung verbunden sein, da die erhöhte Verfügbarkeit eines Produkts in einem Haushalt zu einem erhöhten Verbrauch führen kann.
- **Einkaufsstättenwechsel**: Verbraucher, die normalerweise eine Marke in einem anderen Geschäft kaufen, wechseln das Geschäft, um das beworbene Produkt zu kaufen.

Flexible Preise werden durch zwei Einflussgrößen bedingt: Den Kostenfaktor, der im Rahmen der kostenorientierten Kalkulation bei jeder Kostenänderung zur entsprechenden Preisänderung führt, und marktbedingte Einflussgrößen. Ziel der nachfrage- und konkurrenzorientierten Gestaltung von Preisen ist die Ausschöpfung der Marktpotenziale über mehrere Perioden, wobei zwischen einer auf Absatzschwankungen basierenden und einer auf einer zeitlichen Abfolge von Preisaktionen basierenden Preisflexibilität differenziert werden kann. Absatzschwankungen im Handel treten meist regelmäßig auf:

- **Saisonale Absatzschwankungen**: Diese Form der Schwankung ist bei hohem Absatz auf eine besondere Dringlichkeit des Bedarfs und bei niedrigem Absatz auf eine besonders geringe Bedeutung zurückzuführen. Eine Option der saisonalen Preisdifferenzierung ist der Saisonschlussverkauf, bei dem die Nachfrage durch niedrige Preise belebt wird, um bspw. Lagerraum und Liquidität zu schaffen.

- **Monatliche Absatzschwankungen**: Sie werden durch die Zeitpunkte der Lohn- und Gehaltszahlungen bestimmt.
- **Wöchentliche und tägliche Absatzschwankungen**: Diese Form der Schwankungen ergibt sich im Wesentlichen aus den Arbeitszeitregelungen, nach denen die Konsumenten ihre für das Einkaufen notwendige Zeit ausrichten.

Hinsichtlich der zeitlichen Abfolge von **Preisaktionen** müssen Entscheidungen über die Häufigkeit, Dauer, Höhe und den Gegenstand der Aktion getroffen werden. Preisänderungen werden von Konsumenten tendenziell nicht absolut, sondern relativ zum bisherigen Preis bzw. zum mittleren Preisempfinden wahrgenommen. In diesem Zusammenhang wird vom Bezugspunkt oder vom sog. **Ankerpreis** gesprochen. Für eine geplante Preisänderung ist somit die Kenntnis der Ankerpreise, die empirisch erhoben werden können, von großer Bedeutung. Die Preisänderung kann aber nicht nur zu einer Änderung der Nachfrage, sondern auch zu einer Änderung des Ankerpreises führen. Daher ist es auch bedeutsam, die Veränderung des Ankerpreises abschätzen zu können bzw. diese nach der Preisänderung zu beobachten. Diese Erkenntnisse können als Basis für weitere Preisentscheidungen dienen. Die in Abb. 4.66 dargestellten Nachfragereaktionen auf Preisänderungen verdeutlichen die Notwendigkeit, Schlussfolgerungen über die Absatzwirkung nicht unmittelbar nach einer Preisänderung zu ziehen, sondern die Entwicklung des Absatzes sowie jene des Ankerpreises in Zeitabständen zu betrachten. Es zeigt sich nämlich, dass die Reaktion auf Aktionspreise zwar kurzfristig relativ groß sein kann, die Wirkung auf das Absatzniveau aber auf Grund der Anpassung des Ankerpreises mittel- bis langfristig geringer ist als bei einer Reduktion des Normalpreises, also einer mittel- bis langfristigen Preissenkung. Dieses Phänomen ist sowohl bei Preissenkungen als auch bei Preiserhöhungen zu beobachten.

Abbildung 4.66: Effekte von Preisaktionen und Änderungen des Normalpreises

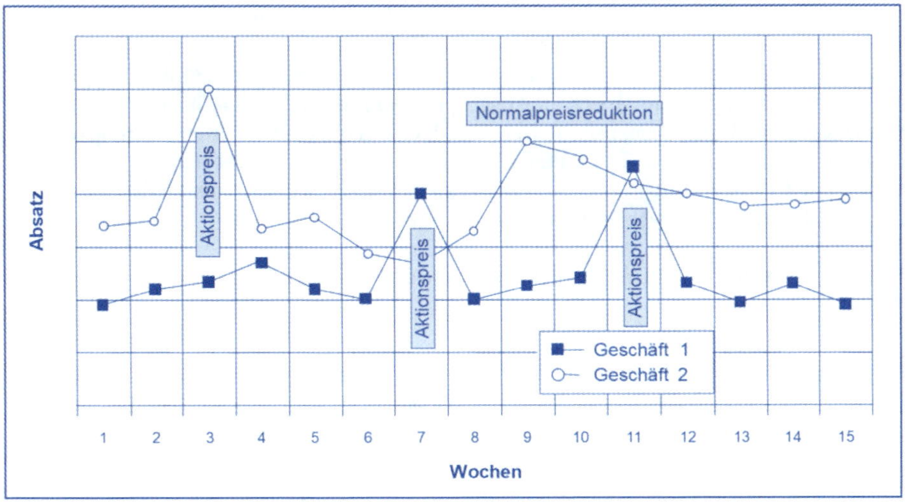

Quelle: Kronshage 2003, S. 414.

Preisstrategien bei Neuprodukteinführung

Bei der Einführung von Neuprodukten können zwei Preisstrategien, welche die Preisabfolge betreffen, unterschieden werden:

- **Penetrationsstrategie**, bei der ein Unternehmen versucht, mit einem anfänglich niedrigen Preis eine möglichst schnelle Marktdurchdringung zu erreichen und preisliche Eintrittsbarrieren für mögliche Konkurrenten zu schaffen.
- **Skimmingstrategie**, bei der ein relativ hoher Preis für ein neues Produkt angesetzt und in der Folge gesenkt werden kann, um die Zahlungsbereitschaften und die Konsumentenrente abzuschöpfen.

Folgende Argumente sprechen für die Wahl der **Penetrationsstrategie**: Das schnelle Absatzwachstum, das bei der Penetrationsstrategie erreicht werden kann, führt trotz niedriger Stückdeckungsbeiträge zu hohen Gesamtdeckungsbeiträgen. Durch die schnelle Erhöhung der Absatzmenge wird für die Konkurrenz ein nur schwer einholbarer Kostenvorsprung erreicht, was langfristig zu einer starken und überlegenen Markenposition führt. Des Weiteren kann das Fehlschlagrisiko des Neuprodukts durch den niedrigen Einführungspreis reduziert werden. Damit eine Penetrationsstrategie erfolgreich ist, muss eine hohe Preiselastizität der Nachfrage vorherrschen, da unter solchen Bedingungen der niedrige Preis die Markentreue gegenüber Konkurrenzprodukten durchbricht und so Marktanteilsgewinne realisiert werden können. Zusätzlich müssen ausreichend große, preissensible Marktsegmente existieren, damit durch das Absatzwachstum Economies of Scale genutzt werden können. Zu beobachten ist eine Penetrationsstrategie z.B. beim Markteintritt von disruptiven Geschäftsmodellen. So haben z.B. Amazon oder Zalando beim Eintritt in den Online-Markt mit niedrigen Preisen schnell Marktanteile gewinnen können. Allerdings hat diese Strategie dazu geführt, dass in den ersten Jahren kaum Gewinn erzielt realisiert werden konnten.

Die Wahl einer **Skimmingstrategie** ist v.a. unter folgenden Bedingungen sinnvoll: Da es das Ziel dieser Strategie ist, die Neuproduktinvestitionen durch hohe Einführungspreise möglichst rasch zu amortisieren, müssen eine hohe Zahlungsbereitschaft von Seiten der Konsumenten vorhanden sowie der Absatzmarkt ausreichend groß sein. Die Strategie eignet sich dann, wenn eine rasche Veralterungsgefahr des Produkts herrscht, sowie wenn die Substituierbarkeit des Produkts bei der Einführung nur gering ist. Durch den hohen Einführungspreis wird ein Preisspielraum geschaffen, der ein Abschöpfen der Preisbereitschaft über den Zeitverlauf ermöglicht. Die Strategie kann als ein Beispiel für eine zeitliche Preisdifferenzierung betrachtet werden, die sich unter anderem im Fashion-Handel beobachten lässt. Dort werden Artikel bewusst in der frühen Phase der Saison zu höheren Preisen als in späteren Phasen angeboten, um die höhere Preisbereitschaft bestimmter Nachfrager auszunutzen.

IV. Gestaltungsdeterminanten im Preismanagement

1. Überblick

Handelsunternehmen haben bei der Preisfestsetzung auf operativer Ebene diverse Determinanten zu berücksichtigen. Für diese Entscheidungen sind Informationen über das Verhalten der Hersteller, über die Kostenstruktur im Handelsunternehmen, über die Handelskonkurrenz, über das Verhalten der Endkunden sowie über die sonstige Umwelt heranzuziehen. Abbildung 4.67 gibt eine Übersicht über diese Einflussfaktoren.

Abbildung 4.67: Einflussfaktoren der Preisfestlegung in einem Einzelhandelsunternehmen

unternehmens-intern	Kosten, Umsatz, Liquidität, angestrebter preispolitischer Spielraum, Verhältnis des Preises eines Artikels zu den Preisen anderer Artikel, Anzahl/Größe der Filialen usw.
wettbewerbsori-entiert	passives Preisverhalten, aktives Preisverhalten, Standort, usw.
hersteller-/liefe-rantenorientiert	Vermarktungskonzeption, Herstellerabgabepreis, Rabatte, Aktionen, unverbindliche Preis-empfehlung, usw.
kunden-/nach-frageorientiert	aktivierende Prozesse, kognitive Prozesse, Preisintentionen, Preissensibilität, Markenpräfe-renz, usw.
umweltorientiert	Aufsicht über missbräuchliche Preisfestlegung, Aufsicht über unlautere Preisfestlegung, usw.

Quelle: i.A.a. Schröder 2012, S. 124.

Ausgehend von den in Abb. 4.67 angeführten Einflussfaktoren wird im Weiteren auf folgende Faktoren näher eingegangen:

- **unternehmensinterne Faktoren**, die innerbetrieblich bedingt sind und bspw. die Kosten betreffen; weitere zählen auch sortimentsbezogene Faktoren, wie bspw. die Fragestellung, welche Rolle ein betrachteter Artikel gegenüber dem Restsortiment einnimmt, dazu,
- **wettbewerbsorientierte Faktoren**, die sich auf die Konkurrenz beziehen und standortspezifische Aspekte umfassen,
- **hersteller-/lieferantenorientierte Faktoren** beziehen sich auf die Abgabepreise der Hersteller sowie auf die mit diesen verhandelten Konditionen,
- **kunden- bzw. nachfrageorientierte Faktoren**, wozu insb. die Zahlungsbereitschaft der Konsumenten und die Preiswahrnehmung zu zählen sind.

2. Unternehmensinterne Faktoren

Kostenorientierung

Eine Kostenorientierung im Rahmen der Preisfestsetzung liegt dann vor, wenn die für eine Leistung des Handels anfallenden Kosten der maßgebende Faktor für die Preisbildung sind. Die Preise werden auf **Basis von Kosteninformationen** bestimmt, die vom Rechnungswesen bzw. der Kostenrechnung (speziell der Kostenträgerrechnung) zur Verfügung gestellt werden.[1] Die Kosten haben damit eine preisbegründende Funktion, wobei, gemäß des Kostenverursachungsprinzips, auf den Stückerfolg der einzelnen Handelsleistung abgezielt wird. Je nachdem, ob nur die Einzelkosten oder auch alle Gemeinkosten den Einzelkostenträgern zugerechnet werden, kann zwischen einer Kalkulation auf **Teil- und Vollkostenbasis** unterschieden werden (Diller 2008, S. 320). Die Divisions-, die Zuschlags- und die Kostenstellenkalkulation zählen zu den traditionellen Methoden der Preiskalkulation auf Vollkostenbasis. Die Deckungsbeitragsrechnung dient der Preiskalkulation auf Teilkostenbasis. Die stufenweise Deckungsbeitragsrechnung hat eine große Bedeutung, wobei Fixkosten nicht wie bei der einstufigen Deckungsbeitragsrechnung als ein Block behandelt, sondern aufgeteilt in Produktgruppen-, Bereichs- und Unternehmensfixkosten und anschließend in mehreren Stufen verrechnet werden. Ziel ist es, die nicht zuweisbaren Kosten mit Hilfe des Deckungsbeitrags zu decken. Ist dies nicht der Fall, so muss ein Händler entweder mit Verlusten rechnen oder die Deckungsbeitragsfaktoren (Verkaufspreis, Einkaufspreis, etc.) so anpassen, dass ein höherer Deckungsbeitrag generiert werden kann. Der Vorteil der stufenweisen Deckungsbeitragsrechnung liegt darin, einen besseren Einblick in die Erfolgsstruktur eines Unternehmens zu liefern, weil negative Deckungsbeiträge Problembereiche in der Kostenstruktur anzeigen.

[1] Vgl. hierzu die Ausführungen in Abschnitt C.IV. des Sechsten Kapitels.

Die **Kosten-Plus-Kalkulation** auf Vollkostenbasis ist eine Form der Zuschlagskalkulation, bei sich der Verkaufspreis eines Produkts aus den Kosten des Produkts und einem Gewinnaufschlag ergibt. Bei der Preisfindung werden dabei die Einkaufspreise und weitere Kostenarten berücksichtigt. Wie in Abb. 4.68 dargestellt, dient als Ausgangspunkt der Listenpreis des Lieferanten abzüglich der handelsunternehmungsspezifischen Konditionen.

Abbildung 4.68: Schema der Kosten-Plus-Kalkulation

	Listenpreis der Ware (Herstellerangabe)
-	Konditionen (Rabatte, Boni, Skonti)
=	Einkaufspreis der Ware
+	Bezugskosten
=	Einstandspreis der Ware
+	Handlungskosten (z.B. Personal, Miete, Sachkosten)
=	Selbstkostenpreis der Ware
+	Gewinnaufschlag
=	Nettoverkaufspreis der Ware
+	Umsatzsteuer
=	Bruttoverkaufspreis der Ware („Ladenpreis")

Quelle: i.A.a. Kenning/Eberhard 2012, S. 612.

Beispiel einer stufenweisen Deckungsbeitragsrechnung

Ein Modehaus hat zwei Abteilungen (Herren und Damen) und führt lediglich vier Produkte (Herrenanzüge und -hemden sowie Damenhosen und -blusen). Die monatlichen Verkaufszahlen stellen sich wie in Tab. 4.3 dargestellt dar.

Tabelle 4.3: Monatliche Verkaufszahlen

	Anzüge	Hemden	Hosen	Blusen
Absatzmenge in Stück	100	200	100	200
Verkaufspreis in EUR	200	50	100	50
Variable Stückkosten (jeweils 50%) in EUR	100	25	50	25

Die variablen Stückkosten beziehen sich auf die Einkaufspreise der Waren, die zu 50% des Verkaufspreises von einem Modehersteller bezogen werden. Darüber hinaus fallen monatlich folgende Fixkosten an: Personalkosten in Höhe von 10.000 EUR, Miete für Geschäftsräume in Höhe von 4.000 EUR sowie sonstige Kosten (Versicherungen etc.) in Höhe von 6.000 EUR. Die Personalkosten verteilen sich auf fünf Verkäufer: zwei für die Anzüge, je einer für Hemden, Hosen, Blusen. Es sind produktfixe Kosten, da sie direkt einzelnen Produkten zugerechnet werden können.

Tabelle 4.4: Deckungsbeitragsrechnung (je Monat)

	Anzüge	Hemden	Hosen	Blusen
Verkaufspreis in EUR	200	50	100	50
- variable Stückkosten (jeweils 50%)	100	25	50	25
= Stückdeckungsbeitrag in EUR	100	25	50	25
x Absatzmenge in Stück	100	200	100	200
= Deckungsbeitrag 1 in EUR	10.000	5.000	5.000	5.000
- produktfixe Kosten in EUR	4.000	2.000	2.000	2.000
= Deckungsbeitrag 2 in EUR	6.000	3.000	3.000	3.000
Summe der Deckungsbeiträge in EUR	15.000			
- Unternehmensfixkosten (Miete, sonst. Kosten) in EUR	10.000			
= Betriebsgewinn in EUR	5.000			

Der Stückdeckungsbeitrag ergibt sich als Differenz zwischen dem Verkaufspreis und den variablen Stückkosten (z.B. für Anzüge: 200 EUR - 100 EUR = 100 EUR). Der Deckungsbeitrag 1 ergibt sich durch Multiplikation der Absatzmenge mit dem Stückdeckungsbeitrag (z.B. für Anzüge: 100 Stück × 100 EUR = 10.000 EUR). Um den Deckungsbeitrag 2 zu erhalten, werden die produktfixen Kosten abgezogen (z.B. für Anzüge: 10.000 EUR Personalkosten / 5 Verkäufer = 2.000 EUR pro Verkäufer; 2.000 EUR x 2 Verkäufer = 4.000 EUR). Zieht man von der Summe der Deckungsbeiträge die verbleibenden Unternehmensfixkosten (die im Beispiel nicht den einzelnen Produkten zurechenbaren Fixkosten wie Miete und Versicherungen) ab, erhält man den Betriebsgewinn. Die mehrstufige Deckungsbeitragsrechnung kann um weitere Stufen erweitert werden, z.B. könnten die Gehälter von Abteilungsleitern der Damen- und Herrenabteilung als sogenannte bereichsfixe Kosten bzw. produktgruppenfixe Kosten in einem weiteren Zwischenschritt abgezogen werden.

Quelle: welt-der-bwl.de/Deckungsbeitragsrechnung, 30. Juli 2018.

Dazu kommen die Bezugskosten wie z.B. die Kosten für transportbedingte Warenmanipulationen oder die Kosten für den Transport selbst. Der Listenpreis abzüglich der Konditionen zuzüglich der zu zahlenden Bezugskosten ergibt dann den Einstandspreis der Ware. Ergänzt um die Handlungskosten bildet er den Selbstkostenpreis der Ware. Die Handlungskosten umfassen dabei sämtliche Kosten der Handelsunternehmung, die der Ware zugerechnet werden können. Dazu zählen neben Kosten für notwendige Warenmanipulationen oder für den innerbetrieblichen Transport auch Personal- und Mietkosten. Der Selbstkostenpreis gibt die langfristige Preisuntergrenze einer Ware an, also jenen Preis, zu dem die anfallenden Kosten gerade noch dauerhaft gedeckt werden können. Die Höhe des Gewinnaufschlags wird durch die Renditevorstellung des Handelsmanagements beeinflusst und ist von Branche zu Branche vor allem wegen des Branchenrisikos unterschiedlich. In der tendenziell risikoreicheren Textilbranche liegen die Gewinnaufschläge höher als bspw. im risikoärmeren LEH. Zum Nettoverkaufspreis kommt schließlich noch die jeweilige Umsatzsteuer, was zum Bruttoverkaufspreis führt. Häufig bildet eine **Teilkostenkalkulation** auf der Basis der dominanten Wareneinstandskosten die Ausgangsbasis für die Preisfestsetzung.

Dabei werden die übrigen Kosten, so bspw. jene für Personal, Raum, Fuhrpark, Zinsen, Abschreibungen oder Verwaltung, unter dem Begriff der Handlungskosten aufsummiert (Diller 2008, S. 502). Sie tragen überwiegend Fix- bzw. Gemeinkostencharakter. Eine genaue, artikelspezifische Zurechnung nach dem Kostenverursachungsprinzip ist meist nicht möglich. Auch die Verwendung verursachungsgerechter Gemeinkostenschlüssel, wie bspw. die Zuordnung der Verkaufsfläche – deren Wertigkeit innerhalb eines Geschäftes variiert – mittels Raumkostenschlüssel erweist sich als schwierig und ungenau. Auf eine Vollkostenkalkulation wird daher i.d.R. verzichtet. Bei der Teilkostenkalkulation sind jedoch häufig selbst die dominanten Einstandskosten nicht exakt zurechenbar, bspw., wenn ein Lieferant mehrerer Artikel Sach- oder Dienstleistungen bzw. pauschale Rückvergütungen für den Gesamtumsatz erbringt. Lediglich die auf Kostenführerschaft bedachten discountorientierten Betriebsformen schaffen auf Grund eines kleinen Sortiments sowie einer Vereinfachung der Kostenstrukturen eine exaktere Zuordnung der Kosten und sind oft in der Lage, artikelspezifische Einstandspreise zu beziffern.

Bei 95% der Handelsunternehmen ist die **Handelsspannenrechnung** das vorherrschende Verfahren zur Preissetzung. Dabei werden – neben den Kosten – häufig auch andere interne Faktoren zur Preisbestimmung herangezogen. In Handelsunternehmen sind dies v.a. die Umschlagsgeschwindigkeit und der Umsatz pro Regal- oder Verkaufsflächeneinheit. Da die Umschlagsgeschwindigkeit negativ mit dem Kapitaleinsatz und der Umsatz pro Regal- oder Verkaufsflächeneinheit negativ mit der Flächeneffizienz korreliert sind, dienen diese Indikatoren der Bewertung bzw. der kalkulatorischen Berücksichtigung der **Kapital- und Raumintensivität** der Artikel (Barth/Hartmann/Schröder 2015, S. 374ff.). Somit handelt es sich hierbei um Kostengrößen, da durch ihre Berücksichtigung die Kosten für die Kapitalbindung und die Raumkosten einbezogen werden. Bei der Verwendung dieser Indikatoren im Kontext der Preisfindung wird übersehen, dass diese selbst vom Preis abhängen und somit ein Zirkelschluss begründet wird. Indikatoren wie der Lagerbestand werden häufig für dynamische preispolitische Entscheidungen – und hier v.a. im Rahmen der Gestaltung von Sonderangeboten – herangezogen. In Einzelfällen, so bei modischen Produkten, Luxus- oder Saisonartikeln, können Indikatoren, wie bspw. vorhersehbare Lieferengpässe oder temporäre Verfügbarkeit der Artikel, auch für statische Entscheidungen relevant sein. Im Handel zieht die reine Kostenorientierung vielfältige Probleme nach sich, die in anderen Wirtschaftssektoren in der Form nicht vorliegen. Abgesehen von der oft nicht möglichen exakten Zuordnung der distributiven Leistungen zu einzelnen Artikeln, wird dieses Problem einerseits durch umfangreiche Sortimente und andererseits durch Beschäftigungsschwankungen verschärft. Dennoch kommt der Kostenorientierung auf Grund ihrer Handhabung und der scheinbaren Sicherheit bei der Preisfestlegung erhebliche praktische Relevanz zu.

Vielfach erfolgt die Festlegung der Preiserhöhung im Handel anhand einer **Mischkalkulation** (auch **Kompensationskalkulation**). Dabei werden etwaige Verluste bei bestimmten Produkten durch die Gewinne bei anderen ausgeglichen. Dabei wird zwischen Ausgleichsgebern und Ausgleichsnehmern unterschieden. Ausgleichnehmer sind jene Artikel, die durch ein hohes Maß an Preisbewusstsein bei den Kunden oder eine hohe Intensität des Preiswettbewerbs gekennzeichnet sind. Die Preise dieser Artikel werden so kalkuliert, dass diese unter jenen der Konkurrenz – allerdings auch unter dem Einstandspreis – liegen. Dazu zählen z.B. Eck- bzw. Schlüsselartikel oder Sonderangebotsartikel. Ausgleichsgeber hingegen werden im Vergleich zur durchschnittlichen Betriebsspanne höher kalkuliert und kompensieren daher die Deckungsbeitrags- bzw. Rohertragsverluste der niedrig kalkulierten Ausgleichsnehmer (Barth/Hartmann/Schröder 2015, S. 198ff). Dazu zählt das übrige Sortiment, das nicht zur Demonstration der Preisgünstigkeit herangezogen werden soll. Als Zielsetzungen dieser Preiskompensation lassen sich einerseits der rechnerischer Spannenausgleich, bei dem etwaige Verluste bei bestimmten Produkten durch die Gewinne anderer ausgeglichen werden, und andererseits die Ausnutzung der Nachfrageverbundenheit, bei der komplementäre Produktbeziehungen genutzt werden, unterscheiden. Ziel dabei ist es also nicht, mit jedem einzelnen Produkt Gewinn zu erzielen, sondern ein bestimmtes Preisimage aufzubauen und einen Gesamtgewinn für das Unternehmen zu erwirtschaften.

Sortimentsbezogene Faktoren

Eine der komplexesten Determinanten der Preissetzung stellen sortimentsbezogene Faktoren des zu bepreisenden Artikels dar. Hier stellt sich die Frage, welche Rolle ein betrachteter Artikel gegenüber dem Restsortiment einnimmt. Auch dabei ist die Wahrnehmung der Konsumenten ausschlaggebend. Verbraucher kennen zwar nur wenige Preise genau, besitzen jedoch in vielen Fällen eine vage Preisvorstellung, die je nach Produktgruppe variiert.

Eck-, **Konkurrenz**- oder **Schlüsselartikeln** wird eine besonders starke Wirkung auf das Preisgünstigkeitsurteil eines Verbrauchers und damit auf das Preisimage einer Einkaufsstätte unterstellt (Pechtl 2014, S. 58). Bei diesen Artikeln handelt es sich um solche, bei denen Konsumenten über ein hohes Maß an Preisbewusstsein und über umfassende

Preis- und Qualitätsinformationen verfügen (Barth/Hartmann/Schröder 2015, S. 198). Dazu zählen Produkte, die Kunden häufig kaufen und die die Wertwahrnehmung der Kunden über einen längeren Zeitraum prägen, wie im LEH Butter, Milch, Wasser, Kaffee bzw. Brot oder Socken und Basic-Shirts im Bekleidungshandel. Händler setzen daher die Preise von Eckartikeln gezielt ein, um die Preiswahrnehmung der Einkaufsstätte und die Kundenfrequenz zu steuern (Simon/Fassnacht 2016, S. 528).

Eckartikel eignen sich bei entsprechender Preisstellung zur Verbesserung des akquisitorischen Potenzials des gesamten Sortiments bzw. zur Mobilisierung von Kaufbereitschaft. Die Preisfestsetzung dieser Eck- oder Schlüsselartikel erfolgt meist im Rahmen einer Mischkalkulation. Die Dynamik im Online-Handel kann Einzelhändler dazu verleiten, jeden Artikel als Schlüsselartikel zu behandeln und ihn zu einem niedrigen Preis anzubieten, um mit der Konkurrenz und den immer besser informierten Kunden Schritt zu halten. Dieser Ansatz kann aber zu Unrentabilität führen, da jeder Wettbewerber seinen Preis herabsetzt, um unter der Konkurrenz zu bleiben. Umgekehrt ermöglicht ein dynamischer, segmentierter Ansatz bei der Preisgestaltung auf Artikelebene den Händlern die Optimierung über mehrere Ziele wie Marge, Preiswahrnehmung und Marktanteil hinweg. Des Weiteren ordnen Händler den Warengruppen oder Artikeln eindeutige Rollen innerhalb des Sortiments zu, wie etwa **Profilierungs-**, **Pflicht-** oder **Ergänzungsrollen** (vgl. hierzu die Ausführungen zum Category Management in Abschnitt B.II. dieses Kapitels). Auch in den jeweiligen Produktgruppen können einzelne Artikel eine besondere Rolle einnehmen. Einen Spezialfall bilden hier die Eigenmarken. Meist fungieren diese als preisgünstige Alternative, können aber auch im Premiumsegment angesiedelt sein. Bestimmte, meist schnell drehende Produkte, werden hingegen als **A-Artikel** oder **Frequenzbringer** bezeichnet.

3. Wettbewerbsorientierte Faktoren

Konkurrenzorientierung

Die preispolitischen Entscheidungen eines Handelsunternehmens werden auch durch die Charakteristika des relevanten Marktes, wie bspw. durch die Anzahl und Größe der Marktteilnehmer, deren Verhalten und die Intensität der Konkurrenzbeziehungen, determiniert. Dabei agieren Handelsunternehmen üblicherweise auf oligopolistischen Märkten, die sich dadurch auszeichnen, dass viele Nachfrager wenigen Anbietern gegenüberstehen. Für die Preisbildung bedeutet dies, dass sowohl die Reaktion der Konsumenten als auch jene der **Konkurrenten** zu berücksichtigen ist.

Im Online-Handel spielt in diesem Zusammenhang das Dynamic Pricing eine zentrale Rolle.[1] Dennoch bestehen preispolitische Spielräume, die bei polypolistischen Marktstrukturen auf Grund der Vielzahl der Anbieter und dem damit einhergehenden Wettbewerbsdruck stark eingeschränkt sind. Deshalb wird bei einem Polypol meist auf ein aktives Preismanagement verzichtet, indem der herrschende Marktpreis übernommen wird. Um **optimale Preise** zu ermitteln, können Handelsunternehmen auf Preisbeobachtungen z.B durch das sog. Mystery-Shopping zurückgreifen. Diese ermöglichen außerbetriebliche Leistungsvergleiche, so bspw. die preisbezogene Positionierung eines Unternehmens im Vergleich zur Konkurrenz. Darüber hinaus können Handelsunternehmen Preisabstandsanalysen durchführen, die sich auf Scanning-Daten stützen. Dabei wird geprüft, ob der Absatz eines Artikels und damit der erzielte Marktanteil durch die Verkaufspreise

[1] Vgl. hierzu Abschnitt V. in diesem Kapitel.

von Konkurrenzartikeln beeinflusst wird. Grundsätzlich kann in Bezug auf eine **konkurrenzorientierte Preissetzung** davon ausgegangen werden, dass Mitbewerber eher auf Preissenkungen als auf Preiserhöhungen reagieren. Preissenkungen werden üblicherweise mit dem Ziel eingesetzt, Marktanteile zu gewinnen. Meist werden dazu jene Artikel ausgewählt, von denen angenommen wird, dass eine Preissenkung eine besondere akquisitorische Wirkung hat. Allerdings besteht bei dieser Überlegung die Gefahr, dass sich auch die Konkurrenz dieser Wirkung bewusst ist und ebenfalls die Preise senkt. Dieses gegenseitige Unterbieten kann zu einem **Preisverfall** führen.

Markendüfte beim Discounter

Rund um den Valentinstag 2018 wurden von Aldi erstmals Markendüfte angeboten, um so Kunden zu gewinnen. Düfte von Calvin Klein, Karl Lagerfeld und Chopard kosteten je Flasche (75 bis 100 Milliliter) 29,95 EUR. Aldi unterbot damit die Preise im Wettbewerb deutlich – beim Marktführer Douglas kostete etwa das Eau de Toilette Calvin Klein CKin2U für Männer trotz Preissenkung im Online-Shop 37,95 EUR. Auch bei der Drogeriemarktkette dm-drogerie markt, die verstärkt in das margenstarke Geschäft mit Düften eingestiegen ist, wird Karl Lagerfeld Men für 34,95 EUR – allerdings mit 50 statt 100 Millilitern Inhalt – angeboten.

Bereits davor hatte Aldi damit begonnen, Markenprodukte zu verkaufen und zwar günstiger als die Konkurrenz, aber zunächst mit festgelegten Preisen. Mittlerweile bietet Aldi allerdings immer häufiger bei Artikeln namhafter Hersteller auch Sonderangebote an. So werden bestimmte Produkte von Marken wie Nivea, Pril oder Duschdas in den Wochenprospekten als Aktionsware angepriesen – zu Preisen, die unter jenen des Marktführers Rossmann bzw. dm-drogerie markt mit seiner Dauerniedrigpreis-Strategie, liegen. Somit verfolgt Aldi - wie schon die großen Supermarktketten – inzwischen auch eine One-Stop-Shopping-Strategie, sprich die Kunden sollen ihren kompletten Wocheneinkauf beim Discounter erledigen können. Und Drogerieartikel sind dabei ein wichtiger Umsatzbringer.

Quelle: www.lebensmittelzeitung.net, 9. Februar 2018.

Standortfaktoren

Schließlich bietet auch die unmittelbare Umwelt eines Einzelhandelsbetriebes Anhaltspunkte für die Preissetzung – zumal der **Standort**, wie bereits erwähnt, häufig die Ursache für unvollkommene, oligopolistische Lokalmärkte ist. Dies gilt insb. für den LEH. Während in vielen anderen Branchen der Distanzhandel an Bedeutung gewonnen hat, herrscht im LEH weiterhin der Offline-Handel vor. Darüber hinaus schränkt die Baunutzungsverordnung (BauNVO) die Möglichkeiten der freien Standortwahl ein und wird von Gemeinden auch gezielt zum Schutz mittelständischer Einzelhändler genutzt.

Dies führt dazu, dass oft nur wenige Wettbewerber das Marktgeschehen vor Ort beeinflussen und folglich auch nur diese für die Preissetzung relevant sind. Zudem unterscheiden sich die Standorte auf Grund der vorherrschenden Kaufkraft der Konsumenten. Hinzu kommen lokale Besonderheiten, die bei der Preissetzung berücksichtigt werden, wie Feiertage, Veranstaltungen oder lokale Konsumgewohnheiten. Schließlich ergreifen Händler standortspezifische Preisdifferenzierungsstrategien, abhängig von Wettbewerb (bspw. bei Existenz preisagressiver Konkurrenten) und vom Einkommensniveau der Kunden im Einzugsbereich.

Standortspezifische Preisunterschiede

Ein Kaufexperiment mit Artikeln wie Waschmittel, Papierhandtücher, Windeln und Weichspüler im Großraum Denver zeigte, dass diese in sechs Walmarts und sechs Target-Stores in verschiedenen Stadtteilen zu unterschiedlichen Preisen angeboten wurden. Der Preisunterschied der meisten Produkte in den Filialen betrug nur wenige Cent, allerdings zeigte sich bei Waschmittel eine Preisdifferenz von über drei US-$. Beide Unternehmen begründen die

Preisunterschiede damit, dass jeder Standort bestrebt ist, mit den Händlern in der Nachbarschaft konkurrenzfähig zu sein und daher Preise so angepasst werden, dass diese gleich hoch oder niedriger als jene der Konkurrenz in der unmittelbaren Nachbarschaft sind.

Target erklärte zudem, dass verschiedene Geschäfte der Kette unterschiedliche Fixkosten hinsichtlich Miete, Steuern, Personal und Sicherheit hätten und daher die Preise zwischen den Geschäften variieren. Allerdings sind Preise für Sonderangebote z.B. aus Flugblättern i.d.R. überall gleich, aber Preise für Waren des täglichen Bedarfs können abweichen.

Quelle: LA Times, 24.September 2013.

4. Hersteller- und lieferantenspezifische Einflüsse

Entscheidend für die Preisverhandlungen zwischen Hersteller und Handel ist die Machtposition der Verhandlungspartner. Hat der Hersteller eine starke Machtposition, dann versucht er im Extremfall den Herstellerabgabepreis und den Endverkaufspreis zu diktieren. Der Hersteller kann in den Preisverhandlungen mit einem Handelsunternehmen dabei drohen, seine Produkte direkt oder über andere Handelsunternehmen zu vertreiben. Vor allem Hersteller von Konsumgütern mit einem ausgeprägten Markenimage besitzen eine bessere Machtposition, da exklusive Markenprodukte, die in den Augen der Konsumenten für die Sortimentskompetenz des Handelsunternehmens von entscheidender Bedeutung sind, für Handelsunternehmen unverzichtbar sind. Besitzt allerdings der Handel die stärkere Machtposition, dann gibt er im Extremfall den Herstellerabgabepreis vor und wählt den Endverkaufspreis entsprechend seiner Zielsetzung. In diesem Fall kann ein Händler in den Preisverhandlungen damit drohen, auf die Produkte anderer Hersteller zurückzugreifen.

Da der Handel im Falle des indirekten Absatzes bestimmt, welche Produkte Konsumenten überhaupt zugänglich gemacht werden, spricht man auch von der ‚Gatekeeper-Funktion' des Handels. Konsumgüterhersteller haben in Europa aktuell keine unmittelbare Kontrolle über den Endverbraucherpreis ihrer Produkte im Einzelhandel, denn entsprechende vertragliche Vereinbarungen mit Handelsunternehmen sind unzulässig.

Das Verbot der vertikalen Preisbindung – also Beeinflussung des Endverbraucherpreises über die Durchsetzung des Herstellerabgabepreises oder durch Verhandlungen oder Empfehlungen gegenüber dem Handel – wurde sowohl national als auch auf europäischer Ebene gesetzlich verankert. Es besteht allerdings eine Ausnahme vom Verbot der vertikalen Preisbindung: die **unverbindliche Preisempfehlung**. Diese wird von Herstellerunternehmen ausgesprochen und ist auf Produkten, in Preislisten oder auf Werbematerialien zu finden. Sie stellt damit eine Möglichkeit dar, gegenüber den Endverbrauchern ihre Preisvorstellungen zu kommunizieren. Ursprünglich als Zugeständnis gegenüber dem Handel gedacht, dient die unverbindliche Preisempfehlung häufig als **Referenzpreis**, um Sonderangebote schlagkräftig in Szene zu setzen, kaum aber als Grundlage der Preisfindung. Einen höheren Stellenwert nehmen **Konditionsvereinbarungen** ein. Aus rechtlicher Sicht sind die zu beobachtenden Konsequenzen, mit denen Lieferanten Abweichungen des Handels vom gewünschten Preisrahmen ahnden, immer Gegenstand von Diskussionen. Nicht selten kommt es zu einer eingeschränkten oder auch vollständigen Einstellung der Belieferung.

5. Kunden- bzw. nachfrageorientierte Faktoren

Zahlungsbereitschaft

Der Zahlungsbereitschaft der Konsumenten kommt im Rahmen der kunden- bzw. nachfrageorientierten Preisfindung ein zentraler Stellenwert zu. Damit ist die Frage, wie Konsumenten auf Preisänderungen reagieren, eng verbunden. Dieser Zusammenhang kann mit **Preis-Absatz-Funktionen** dargestellt werden. Inwieweit eine Preisänderung auch zu einer Absatzänderung führen kann, wird durch die **Preiselastizität** ausgedrückt. Eine Elastizität größer |1| weist auf eine elastische Nachfrage hin, d.h., dass die relative Mengenänderung größer ist als die relative Preisänderung. Eine Preissenkung führt zu einer Umsatzzunahme. Beträgt die Elastizität |1|, liegt eine indifferente Nachfrage vor, d.h., eine Preissenkung hat keine Auswirkung auf den Umsatz. Ist die Preiselastizität kleiner |1|, herrscht eine unelastische Nachfrage vor, d.h., dass die relative Mengenänderung kleiner ist als die relative Preisänderung. Eine Preissenkung führt in diesem Fall zu einer Umsatzabnahme. Schröck (2013) analysierte Preiselastizitäten der Nachfrage nach Biolebensmitteln und zeigte, dass Verbraucher ihr Einkaufsverhalten bei Lebensmittelgruppen wie Eier, Milch, Obst oder Gemüse bei steigenden oder sinkenden Preisen kaum verändern, egal, ob es sich um Bio- oder konventionelle Produkte handelte. Als besonders preisunelastisch hat sich die Nachfrage nach Biomilch erwiesen (Biomarkenmilch -0,25; Biohandelsmarkenmilch bei -0,41). Verbraucher sind bei Biogemüse (-1,10) und Bioeiern (-0,95) etwas preissensibler. Die mit Abstand höchste Preiselastizität zeigt sich mit einem Wert von -2,0 in der Warengruppe Fleisch.

Da sich Nachfrager i.d.R. in ihrer maximalen **Zahlungsbereitschaft** voneinander unterscheiden, wäre es aus betriebswirtschaftlicher Sicht ideal, jedem Nachfrager diesen individuellen Maximalpreis abzufordern. Diese Preisindividualisierung ist eher als Optimalziel anzusehen. In anderen Fällen lassen sich Verbraucher mit ähnlichen Zahlungsbereitschaften zu Segmenten zusammenfassen (Simon/Fassnacht 2016, S. 101ff.). In der Einzelhandelspraxis wurde bislang die Zahlungsbereitschaft der Konsumenten noch kaum als Determinante der Preissetzung herangezogen. Eine Quantifizierung ist auf Grund der großen Zahl der Artikel eines Handelssortiments und des dynamischen Charakters der Zahlungsbereitschaft problembehaftet, obwohl ein großes Instrumentarium zur Messung der Zahlungsbereitschaft zur Verfügung steht. Um den optimalen Preis zu bestimmen und bspw. Anhaltspunkte für die Ableitung einer Preis-Absatz-Funktion zu erhalten, kann auf unterschiedliche empirische Methoden zurückgegriffen werden. Dazu zählen u.a.:

- Expertenbefragungen
- Konsumentenbefragungen z.B. mithilfe von Conjoint-Analysen
- Preisexperimente
- Ex-post-facto-Analysen.

Mit der zunehmenden Verbreitung des Internets und neueren Entwicklungen in den Informations- und Kommunikationstechnologien, kann die Zahlungsbereitschaft der Kunden in die Preisfindung nun besser eingebunden werden. So beziehen **partizipative Preisbildungsmechanismen** – dargestellt in Abb. 4.69 – Verbraucher in den Preisbildungsprozess ein und delegieren die gesamte Preisfindung an den Käufer. Partizipative Preisbildungsmechanismen können nach der Art der Interaktion zwischen einem Verkäufer und einem Käufer („one-to-one") bzw. zwischen mehreren Käufern und/oder mehreren Verkäufern („horizontale Interaktion") unterschieden werden (Kim/Natter/Spann 2009, S. 44f.).

Abbildung 4.69: Klassifizierung partizipativer Preisbildungsmechanismen

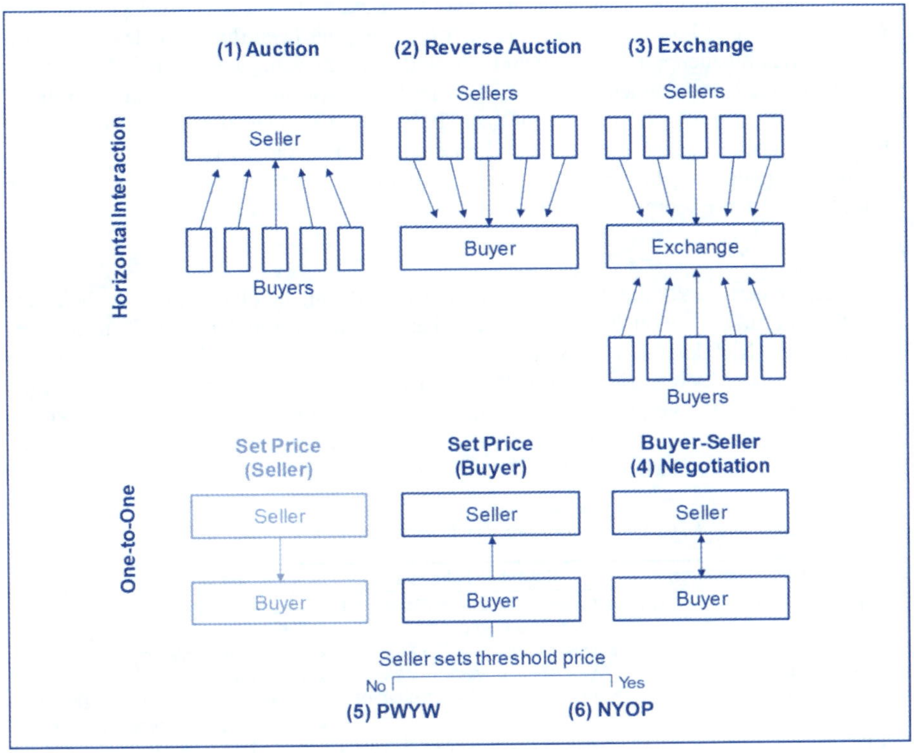

Quelle: Kim/Natter/Spann 2009, S. 45.

Das bekannteste Beispiel für partizipative Preisbildungsmechanismen mit horizontaler Interaktion sind (1) klassische **Auktionen** (englische Auktion oder Vickrey-Auktion), in denen mehrere Käufer mit ihren (steigenden) Geboten zum Kauf eines Produkts von einem Verkäufer konkurrieren, (2) Rückwärtsauktionen (**Reverse Auction**, z.B. holländische Auktion, bei denen mehrere Verkäufer mit ihren (abnehmenden) Geboten konkurrieren, um ein Produkt an einen Käufer zu verkaufen) und (3) Börsen, an denen mehrere Verkäufer und Käufer miteinander auf beiden Seiten des Marktes konkurrieren. Bei Auktionen können die Interessenten ein Preisangebot abgeben und sich gegenseitig überbieten. Dadurch wird der Preis hochgetrieben und der Höchstbietende erhält den Zuschlag. Auktionen eignen sich gut, wenn Ressourcen effizient verteilt werden müssen. Dabei werden Preise erzielt, welche die Knappheit des Produktes wiederspiegeln. Die Strategie der Reverse Auction ermöglicht dem Anbieter, das Angebot während einer bestimmten Laufzeit nachzubessern. Nach Ablauf der Reverse Auction entscheidet der Kunde, welches Angebot er annimmt. Dabei ist nicht zwingend gegeben, dass der Kunde sich für den niedrigsten Preis entscheidet. Vielmehr kommt es auf das Gesamtpaket an, welches beispielsweise die Lieferzeit und Qualität in den Vordergrund stellt.

Partizipative Preisbildungsmechanismen, gekennzeichnet durch die Interaktion zwischen einem Verkäufer und einem Käufer sind (4) Verhandlungen, in denen der Käufer und Verkäufer um den Preis für das Produkt feilschen, und (5) „**Pay what you want**" (**PWYW**) und (6) „**Name your own price**" (**NYOP**), die beide dadurch gekennzeichnet sind, dass der Käufer den Endpreis festlegt (**Customer Driven Pricing**). Der wichtigste Unterschied zwischen

PWYW und NYOP besteht jedoch darin, dass der Verkäufer in NYOP das Angebot eines Käufers ablehnen kann, wenn es unter einem vom Verkäufer im Voraus festgelegten Schwellenpreis liegt. Daher können NYOP-Verkäufer den Endpreis beeinflussen, indem sie diesen (minimalen) Schwellenpreis festlegen und sich so davor schützen, zu niedrige Gebote annehmen zu müssen. Unternehmen, die diese Form der Preisfestsetzung nutzen, sind z.B. ashampoo.com oder auch eBay (Kim/Natter/Spann 2009, S. 44f.).). Gemeinsame Aspekte dieser Mechanismen sind, dass sie differenzierte Preise ermöglichen, die der Heterogenität der Verbraucher Rechnung tragen, und es den Verbrauchern (Käufern) ermöglichen, eine gewisse Kontrolle über den Endpreis der Transaktion auszuüben.

Preiswahrnehmung

Neben der objektiven kommt der subjektiven Preisbeurteilung durch den Konsumenten eine zentrale Rolle zu. Letztendlich entscheidet die **Preiswahrnehmung** durch den Konsumenten über Kauf oder Nichtkauf. Die Preiswahrnehmung bezeichnet die sensorische Aufnahme von Preisinformationen, bei der Kunden objektive Preise in subjektive Preiseindrücke enkodieren (Diller 2008, S. 120). Die Preiswahrnehmung und -beurteilung wird von mehreren Faktoren determiniert, die – wie in Abb. 4.70 dargestellt – in drei Gruppen, nämlich in motivationale, kognitive und situative Faktoren, untergliedert sind.

Abbildung 4.70: Determinanten der Preiswahrnehmung und -beurteilung

Motivationale Faktoren	Kognitive Faktoren	Situative Faktoren
■ persönliche Beteiligung (Involvement) ■ Streben nach - sozialer Anerkennung - Qualität - kognitiver Konsistenz - Bequemlichkeit beim Einkauf - Sparsamkeit	■ Gedächtniskapazität (Preiskenntnis, Preiserinnerung) ■ geistige Fähigkeiten (z.B. Preisvergleiche, Umrechnungen) ■ Konsum- und Einkaufserfahrung ■ Selbstvertrauen ■ Anwendung vereinfachter Entscheidungsregeln (z.B. Markentreue)	■ Art der Preisdarbietung (z.B. Form, Preisstruktur, Mengenbezug) ■ Zahlungsmodalitäten ■ Zeitdruck ■ Konkurrenzangebot und -preise ■ Komplexität der Einkaufsaufgabe ■ Variabilität der Preise ■ Preisauszeichnung (z.B. Sonderpreis) ■ Verwendungszweck des Produktes ■ finanzielle Situation des Käufers

Die **motivationalen Faktoren** der Preiswahrnehmung und -beurteilung stellen die Antriebskräfte des menschlichen Verhaltens dar. Mit dem Streben nach sozialer Anerkennung kann ein Teil des Verhaltens erklärt werden. Einen bedeutsamen Faktor stellt dabei auch das Involvement dar. Im Bereich der **kognitiven Faktoren** finden sich jene Determinanten, die mit Fähigkeiten und Wissen zusammenhängen. Ein kognitiver Einflussfaktor, dem v.a. im Handel große Bedeutung beigemessen wird, ist die Existenz von sog. **Preisschwellen**. Dabei wird unterstellt, dass es zu überproportionalen Absatzrückgängen kommt, wenn bestimmte Preisgrenzen überschritten werden.

Im Preis-Absatz-Diagramm würde das zu einer geknickten Preis-Absatz-Funktion führen. Eine besondere Bedeutung haben kognitive Faktoren, wenn es um Kaufentscheidungen bei komplexen Produkten geht, die nicht unmittelbar vergleichbar sind, wie bspw. bei Autos oder verschiedenen Versicherungsprodukten. In diesem Zusammenhang ist vermehrt zu beobachten, dass Konsumenten versuchen, komplexe Entscheidungen zu vereinfachen, indem sie bspw. einer Marke oder einem Geschäft treu bleiben. Darüber hinaus spielen bei der Preiswahrnehmung und -beurteilung auch **situative Faktoren**, wie der Zeitdruck der Konsumenten oder die Preisauszeichnung, eine Rolle. Je nachdem, worauf der Konsument den jeweiligen Preis bezieht, kann von einem **Preiswürdigkeitsurteil** oder von einem **Preisgünstigkeitsurteil** gesprochen werden. Bezieht der Konsument im Rahmen der Preisbeurteilung den

Preis auf den vom Produkt zu erwartenden Nutzen, so liegt ein Preiswürdigkeitsurteil vor. Wird der Preis dagegen mit jenen von konkurrierenden Unternehmen verglichen, wird von einem Preisgünstigkeitsurteil gesprochen.

Dieses wird auf der Ebene einzelner Artikel v.a. durch das Preiswissen der Konsumenten, dem von ihnen herangezogenen **Referenzpreis** sowie durch Kontextvariablen, bspw. die Preisoptik, die Preisstruktur oder die Gestaltung der Sonderangebotspolitik des Handelsunternehmens beeinflusst. Fehlen anderweitige Informationen, werden die Urteile über die Preisgünstigkeit eines Artikels generalisiert, also auf die jeweilige Artikelgruppe oder das gesamte Sortiment einer Einkaufsstätte übertragen. Sowohl auf der Ebene einzelner Artikel als auch auf jener der gesamten Artikelgruppe werden Glattpreise und unübliche Preise ungünstiger wahrgenommen als auf neun endende Preise.

Darüber hinaus hat der niedrigste Preis in einer Artikelgruppe einen starken Einfluss auf die Beurteilung deren Preisgünstigkeit, wohingegen sich der höchste Preis in einer Artikelgruppe auf das Preisgünstigkeitsurteil nur schwach auswirkt. Letztlich beeinflusst das Preisgünstigkeitsurteil über eine Artikelgruppe jenes über die Einkaufsstätte und die empfundene Preisgünstigkeit einer Artikelgruppe bzw. einer Einkaufsstätte wirkt sich auf die Kaufabsicht der Konsumenten aus. Von Händlern werden auch Eigenmarken eingesetzt, um das Preisgünstigkeitsurteil zu beeinflussen. Auch Sonderpreisaktionen von Herstellermarken werden aus diesem Zweck eingesetzt.

Aus verhaltenswissenschaftlicher Sicht dient der Preis als Schlüsselmerkmal, von dem die Konsumenten auf die Qualität einer Produkt- oder Leistungsalternative schließen, wenn anderweitige Informationen über Produkte oder Leistungen, die den Konsumenten Hinweise auf die Qualität geben, fehlen. Dabei wird eine **preisabhängige Qualitätsbeurteilung** auf Grund mangelnden Wissens v.a. bei innovativen Sortimenten vorgenommen, was den preispolitischen Handlungsspielraum der Handelsunternehmen bei der Festsetzung des optimalen Preises ausweitet. Darüber hinaus ziehen Konsumenten den Preis als Qualitätsindikator heran, wenn mit dem Kauf eines Produktes bzw. einer Leistung ein hohes subjektiv empfundenes soziales, psychologisches und/oder ökonomisches Risiko einhergeht. Dessen Höhe wird durch motivationale, kognitive und situative Faktoren beeinflusst. Während bspw. das Streben nach kognitiver Konsistenz, das Sparsamkeits- und Qualitätsstreben den motivationalen Faktoren zuzurechnen ist und die Kauf- und Produkterfahrung oder die Fähigkeit zur objektiven Qualitätsbeurteilung in die Kategorie der kognitiven Faktoren fällt, bilden der Zeitdruck oder die Komplexität der Einkaufsaufgabe situative Bestimmungsfaktoren des subjektiv empfundenen Kaufrisikos.

Der Preis übernimmt jedoch nicht nur im Hinblick auf die Qualität eines Produktes oder einer Leistung eine **Informations- bzw. Signalfunktion**. Er kann auch als Prestigesignal dienen, wenn Konsumenten hochpreisige Produkte oder Leistungen in Anspruch nehmen, um der Öffentlichkeit zu demonstrieren, dass sie sich teure Anschaffungen leisten können. Zudem kann der Preis Hedonismus signalisieren, wenn sich Konsumenten durch den Kauf teurer Produkte oder die Inanspruchnahme hochpreisiger Leistungen verwöhnen möchten (Esch/Herrmann/Sattler 2017, S. 322).

Eine besondere Bedeutung haben im Zusammenhang mit der Preiswahrnehmung sog. **gebrochene Preise** erlangt. Diese liegen einerseits vor, wenn Preise unmittelbar unter der Preisschwelle liegen. Es zeigt sich, dass die Nachfrage im Schwellenbereich unelastischer reagiert als bei gebrochenen Preisen, die knapp darunter liegen. Als Beispiel kann eine Preisschwelle von 10 EUR und ein gebrochener Preis von 9,90 EUR angeführt werden. Andererseits werden auch jene Preise, die mit einer gebrochenen Zahl enden, als gebrochene Preise bezeichnet.

Im Zusammenhang mit der Wahrnehmung von gebrochenen Preisen konnten Studien belegen, dass bereits Differenzen von einem Cent (z.B.: 3,99 und 4,00 EUR) ausreichen, um in der Wahrnehmung des Konsumenten einen signifikanten Preisunterschied zu erzeugen. So überprüften Thomas/Morwitz (2005) diesen Effekt mithilfe von Experimenten. Es zeigte sich, dass ein Preisunterschied nur wahrgenommen wird, wenn sich die linke Preisziffer unterscheidet. Wird diese gleich belassen (z.B.: 3,59 und 3,60 EUR) so wird kein Preisunterschied wahrgenommen. Dies liegt in der verstärkten Fokussierung der linken Preisziffer durch die Konsumenten (Manning/Sprott 2009). Des Weiteren ist der verzerrende Effekt des wahrgenommenen Preisunterschieds durch die veränderte linke Ziffer umso größer, je kleiner der Unterschied zwischen den zu vergleichenden Preisen ist. So wird ein deutlicher Unterschied bei der Beurteilung der Preispaare 4 vs. 5 EUR und 3,99 vs. 5 EUR wahrgenommen, jedoch nicht beim Vergleich 4 vs. 10 EUR und 3,99 vs. 10 EUR.

V. Instrumente des Preismanagements

1. Preisdifferenzierung

Mittels Preisdifferenzierung wird versucht, verschiedenen Kunden das gleiche Produkt zu verschiedenen Preisen anzubieten. Durch diese Vorgehensweise soll die Konsumentenrente besser abgeschöpft werden als mit einem Einheitspreis. Grundsätzlich wird die Preisdifferenzierung dahingehend unterschieden, ob es für einen Nachfrager möglich ist, selbst zu entscheiden, sich einer Preisdifferenzierung zu unterwerfen (mit Selbstselektion) oder nicht (ohne Selbstselektion).

Abbildung 4.71: Formen der Preisdifferenzierung

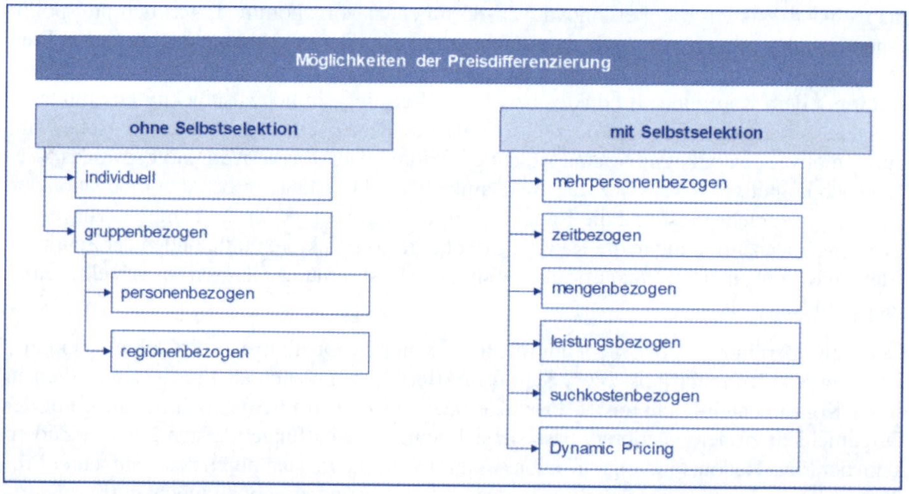

Quelle: i.A.a. Meffert u.a. 2018, S. 525.

Ausgehend von dieser Unterscheidung lassen sich die in Abb. 4.71 dargestellten Möglichkeiten der Preisdifferenzierung unterscheiden. Die **individuelle Preisdifferenzierung** zielt darauf ab, Preise individuell nach Nachfragern festzulegen und im besten Fall bei jedem einzelnen Kunden genau jenen Preis zu erzielen, der seiner maximalen Preisbereitschaft entspricht. Dies ist im stationären Handel z.B. durch Preisverhandlungen mit den Kunden vor Ort beobachtbar. Durch das Internet haben sich weitere Formen der Preisindividualisierung entwickelt. Dazu zählen z.B. partizipative Preisbildungsmechanismen wie Auktionen oder PWYW. Eine zweite Möglichkeit der Preisdifferenzierung ohne Selbstselektion ist die **gruppenbezogene Preisdifferenzierung**, bei der zwischen einer personen- oder regionenbezogenen Differenzierung unterschieden wird (vgl. Skiera und Spann 2003, S. 276). Basis für die **personenbezogene Preisdifferenzierung** sind Käufermerkmale zur Bildung von Personengruppen wie Alter (Senioren und Kinder), Geschlecht (Preisermäßigung für Frauen/Männer), Beruf (Studenten und Beamte) oder der Kundentyp (Erstkäufer, Wiederkäufer, Mitglied eines Kundenbindungsprogrammes). Als konkrete Formen der persönlichen Preisdifferenzierung können individualisierte Coupons oder Kundenkarten genannt werden. Bei der **regionenbezogenen Preisdifferenzierung** werden dieselben Produkte in verschiedenen geografischen Räumen (z.B. in verschiedenen Regionen, Städten, Stadtteilen) zu unterschiedlichen Preisen angeboten. Dies kann wiederum auf Präferenz- oder Kaufkraftunterschiede zurückgeführt werden, aber auch auf unterschiedliche Kosten, die mit der Lage des Marktes zusammenhängen (z.B. Transportkosten).

Zur Preisdifferenzierung mit Selbstselektion zählt die **mehrpersonenbezogene Preisdifferenzierung**, bei der der Preis abhängig von der Anzahl der Personen, die die Leistung in Anspruch nehmen, ist. Diese Form der Preisdifferenzierung kommt allerdings weniger im Handel, sondern vor allem bei Dienstleistungen vor. Bei der **zeitbezogenen Preisdifferenzierung** werden Produkte zu verschiedenen Zeiten zu unterschiedlichen Preisen angeboten. Dies kann auf differierende Präferenzen und damit einhergehende variierende Zahlungsbereitschaften der Kunden oder auf unterschiedliche Kosten des Einzelhändlers (z.B. Personalkosten bei ausgedehnten Öffnungszeiten) zurückgeführt werden. Übliche Formen sind Tageszeiten (z.B. Happy Hour-Angebote), Wochentage oder Jahreszeiten (z.B. Sommer- oder Winterschlussverkäufe).

Im Rahmen der **mengenmäßigen Preisdifferenzierung** wird der Preis pro Stück umso niedriger festgesetzt, je größer die abgenommene Menge ist. So werden bei Kauf von 11 Stück eines Artikels nur 10 Stück berechnet. Weitere Beispiele dafür sind „Zwei zum Preis von einem". Die Preisbündelung gehört zur Preisdifferenzierung zweiten Grades. Bei der **leistungsbezogenen Preisdifferenzierung** wird durch eine geringfügige Veränderung des Leistungsumfangs oder der Leistungsqualität versucht, beim Nachfrager unterschiedliche Preisbereitschaften abzuschöpfen. Dazu zählt vor allem die dienstleistungsbezogene Preisdifferenzierung, bei der Preise in Abhängigkeit der vom Kunden beanspruchten Dienstleistung gebildet werden. Varianten dieser Preisdifferenzierung bestehen z.B. nach Umfang der Zusatzleistung, nach dem Grad an Convenience (z.B. im Frischebereich), nach dem Umfang an Sicherungsleistungen (z.B. Preisgarantien), nach der gewählten Zahlungsform (z.B. Barzahlung vs. Zahlungsziel) und nach dem Absatzkanal (z.B Online-Shop vs. Stationärer Einzelhandel). Bei der sog. **suchkostenbezogenen Preisdifferenzierung** werden Preise für Produkte danach unterschieden, über welchen Absatzkanal oder unter welchem Markennamen und im Rahmen welcher Verkaufsförderungsaktion sie angeboten wurden. Als Differenzierungskriterium werden unterschiedlich hohe Suchkosten der Nachfrager genutzt (vgl. Skiera und Spann 2003, S. 278 f.). So erhalten Nachfrager, die direkt einen Online-Shop aufrufen, höhere Preise als solche, die das Produkt über verschiedene Kanäle suchen und über eine andere Website wie eine Preissuchmaschine auf den Online-Shop geleitet werden (Meffert u.a. 2018, S. 529). Eine Preisdifferenzierung mit höheren Online-Preisen im Vergleich zu Offline-Preisen wirkt sich negativ auf die Preisfairness-Wahrnehmung, die Kaufabsicht sowie auf das generierte Word-of-Mouth der Nachfrager aus – und zwar schon ab einem Preisunterschied von 5% (Unterhuber 2015). Schließlich kann **Dynamic Pricing** als eine Möglichkeit der Preisdifferenzierung mit Selbstselektion gesehen werden.

Personalisierte Rabatte durch Big-Data

Schon länger wird die Wirksamkeit personalisierter Preisnachlässe getestet. Zum Einsatz kommt dabei eine Kombination diverser, selbstlernender Big-Data-Instrumente und Software-Werkzeuge. Voraussetzung für die nach der persönlichen Kaufhistorie berechneten Coupons ist, dass der Kunde Teilnehmer an einem Bonusprogramm ist. Denn nur so lassen sich die Kassenbondaten eindeutig und zweifelsfrei einem bestimmten Kunden zuordnen. Algorithmen berechnen dann auf Basis der Warenkorbdaten eines jeden einzelnen Kunden, welche Produkte dieser in welchem Umfang rabattiert bekommt. Ein Hundebesitzer, der regelmäßig Hundefutter kauft, erhält bspw. einen Vorteilscoupon für den nächsten Einkauf von Hundefutter. Vier Fünftel der Gutscheine gibt es für Artikel, die der Kunde sowieso häufig kauft. Ein Fünftel ist für Produkte vorgesehen, von denen angenommen wird, dass sie für den jeweiligen Kunden interessant sein könnten, aber bislang selten oder gar nicht gekauft wurden. Ziel ist es, eine individuelle Kundenansprache mit persönlich relevanten Inhalten und Angeboten zu schaffen. Dabei werden neue Technologien wie Künstliche Intelligenz genutzt, um Streuverluste sowie die Überfrachtung mit uninteressanten Botschaften zu vermeiden und so den größtmöglichen Anteil am Verbraucherbudget abzuschöpfen und damit letztlich den Profit des Handelsunternehmens zu steigern. Zu den Anwendern von Coupons auf Basis des Einkaufsverhaltens gehören z.B. Penny, Netto Nord, Migros und Merkur.

Quelle: www.lebensmittelzeitung.net, 22. September 2016; 5. August 2016.

2. Preisbündelung

Die Preisbündelung stellt eine Sonderform der Preisdifferenzierung dar. Im Rahmen der Preisbündelung wird der Preis nicht nur für einzelne Artikel, sondern auch für mehrere grundsätzlich selbstständige Leistungen gemeinsam festgelegt. Üblicherweise liegt der Preis für das Leistungsbündel unter der Summe der Einzelpreise, sodass jene Konsumenten, für die die Einzelpreise nicht ausreichend attraktiv erscheinen, beim Preis für das Bündel u.U. einen Kauf in Erwägung ziehen. Drei Arten der Preisbündelung sind zu unterscheiden:

- **Additive Bundles**: Der Bündelpreis setzt sich aus der Summe der Einzelpreise zusammen. Ein Additive Bundle liegt bspw. bei einem Damenkostüm vor, bei dem der Blazer und der Rock einzeln ausgezeichnet werden.
- **Superadditive Bundles**: Der Kunde muss für das vorgefertigte Produktbündel einen Aufpreis bezahlen. Der Wert des Bündels ergibt sich aus seiner Vollständigkeit. Anwendung findet diese Form der Preisbündelung bspw. im Antiquitätenhandel.
- **Subadditive Bundles**: Das Bündel ist günstiger als die Summe der Einzelpreise. Die Ersparnismöglichkeit soll Kunden zum Bündelkauf veranlassen. Der Vorteil für das Handelsunternehmen ist, dass ein Kunde mehrere Komplementärgüter zusammenkauft, die er ansonsten in einem anderen Handelsbetrieb oder gar nicht erworben hätte. Subadditive Bundles lassen sich weiter in folgende Formen untergliedern:
  - **Joint Bundle Pricing:** Die Einzelpreise und der Bündelpreis werden angegeben, wobei der Bündelpreis günstiger ist (bspw. Computer: 799 EUR, Monitor: 179 EUR, Drucker: 99 EUR, Tastatur: 49 EUR, Komplettpreis: 900 EUR).
  - **Leader Bundle Pricing:** Der Kunde bekommt das Leaderprodukt zum regulären Preis und weitere Bündelbestandteile gratis oder zu einem Sonderpreis (z.B. beim Kauf einer Daunendecke kann der Kunde für einen weiteren Euro ein Daunenkissen erwerben). Diese Maßnahme wird von Kunden oft stärker wahrgenommen als klassische Preisreduktionen (bspw.20% Preisnachlass auf Daunenware).

- **Composite Bundle Pricing:** Der Kunde erhält im Falle eines Bündelkaufs jede einzelne Komponente zum günstigeren Preis (z.B. ein französisches Baguette: 1,49 EUR, ab dem Kauf von zwei französischen Baguettes erhält man jedes für 99 Cent).

Beispiele für Preisbündel im Einzelhandel sind Sonderpackungsgrößen, Multipacks, „**Buy one, get one free**" (BOGOFs), **Multibuys** oder **Linksaves**. Dabei wird bei Sonderpackungsgrößen die ursprüngliche Größe der Packung kurzfristig verändert, während dem Verbraucher bei Multipacks mehrere Packungen desselben Produkts gemeinsam verpackt angeboten werden. „Buy One, Get One Free" bedeutet, dass der Käufer beim Kauf des entsprechenden Produktes ein weiteres Stück kostenlos dazu erhält. Wenn der Kunde beim Kauf eines bestimmten Produktes eine Zugabe oder ein weiteres, unter Umstanden auch artfremdes Produkt günstiger oder kostenlos dazu erhält, bezeichnet dies einen „Linksave" (Diller/Anselstetter 2006, S. 615).

Vielfach kommen im Handel **hybride Bündel** zum Einsatz. Das sind integrierte Leistungsbündel aus jeweils mindestens einem Sachgut und einer Dienstleistung. So verkaufen Baumärkte z.B. einen Bodenbelag und bieten dazu die Verlegung an. Bezieht der Kunde ein hybrides Produkt bei einem Händler, erhält er ein festes Leistungsbündel ohne Wahlmöglichkeiten im Sinne der Angebotsform des „pure bundling". Da sich hybride Produkte jedoch im Gegensatz zu einfachen Leistungsbündeln durch eine systematische Abstimmung der verschiedenen Teilleistungen auszeichnen, empfindet der Kunde diese fehlenden Wahlmöglichkeiten im Idealfall nicht als negativ.

Vielmehr soll diese Abstimmung beziehungsweise Integration als erstes charakteristisches Merkmal hybrider Produkte bewirken, dass der wahrgenommene Wert eines hybriden Produktes aus Kundensicht den Wert übersteigt, welchen der Kunde bei der Inanspruchnahme der Einzelleistungen erfährt (Becker u.a. 2008). Die Preisauszeichnung von Hybridbündeln erfolgt oft mit getrennten Preisen für die Ware und die Serviceleistung. Bspw. wird in einem Hybridbündel bei einem Baumarkt der Preis der Ware (Bodenbelag) als Preis pro Quadratmeter angegeben, während der Preis der Dienstleistung (Installation) separat entweder als Preis pro Quadratmeter oder Pauschale angegeben wird. Im Gegensatz dazu geben traditionelle Bündel oft einen einzigen Preis für das Bündel an. Daher ist die Ermittlung der optimalen Preise der Komponenten für Hybridbündel relevanter als für herkömmliche Bündel (Meyer/Shankar 2016).

Der Vorteil der Preisbündelung gegenüber Preisaktionen besteht darin, dass diese kaum Einfluss auf den Referenzpreis der Kunden nehmen, da Kunden meist aus Bequemlichkeit den Preisnachlass auf die Einzelleistungen nicht berechnen. Allerdings ist zu bedenken, dass eine Preisbündelung zwar kurzfristig zu einer Erhöhung der Nachfrage führen kann, langfristig sich jedoch meist in einer Reduktion der Ge- und Verbrauchsintensität und damit des tatsächlichen Konsums niederschlägt (Herrmann 2003, S. 38ff.).

Einzel- vs. Bündelangebote

Ein Elektrohändler bietet Digitalkameras und dazu passende Kameraobjektive an. Er hat für fünf Nachfrager die maximale Zahlungsbereitschaft ermittelt. Die in Tab. 4.5 dargestellten Maximalpreise spiegeln den Nutzen der beiden Produkte für die Nachfrager wider, wobei sich die Maximalpreise für das Bündel aus der Addition der Einzelpreise ergeben. Im Fall der Einzelpreise stellt sich das Umsatzmaximum bei den Einzelpreisen p_K (Kamera)=500 EUR und p_O (Objektiv)=400 EUR ein (Umsatz 2.000 EUR). Bei diesen kauft z.B. Nachfrager 3 beide Produkte, wohingegen die Nachfrager 4 und 5 keines der Produkte kaufen. Bietet das Unternehmen Kameras und Objektive nur im Bündel an, ergibt sich das Umsatzmaximum bei p_{K+O}=550 EUR. Beim ausschließlichen Angebot dieses Bündelpreises kaufen alle außer Nachfrager 5. Durch eine Kombination von Bündel- und Einzelpreisen kann der Umsatz weiter gesteigert werden, denn bei Einzelpreisen von p_K=240 EUR und p_O=400 EUR (die Einzelpreise müssen zusammengenommen über dem Bündelpreis liegen, sonst ist dessen Angebot nicht zweckmäßig) wird auch Nachfrager 5 zum Käufer der Kamera, sodass der Gesamtumsatz von 2.200 auf 2.440 EUR steigt.

Tabelle 4.5: Maximale Zahlungsbereitschaft der Nachfrager

	Maximalpreise		
Nachfrager	Kamera	Objektive	Bündel
1	600	100	700
2	200	500	700
3	500	400	900
4	300	250	550
5	240	180	420

Abbildung 4.72 zeigt die Wirkung von Einzel- und Bündelangeboten auf den Absatz. Der Kauf des einzelnen Produkts (bzw. des Bündels) findet dann statt, wenn die jeweilige Zahlungsbereitschaft über dem Einzelpreis (bzw. dem Bündelpreis) liegt. Die Abbildung macht zudem deutlich, dass durch die Preisbündelung ein Umsatzzuwachs ausgelöst werden kann, wenn die maximale Zahlungsbereitschaft für die Einzelprodukte in Summe der Zahlungsbereitschaft für das Produktbündel entspricht oder diese übertrifft. Ist dies nicht der Fall, wird ein Umsatzrückgang provoziert.

Abbildung 4.72: Kaufakte bei Einzel- und Bündelangeboten

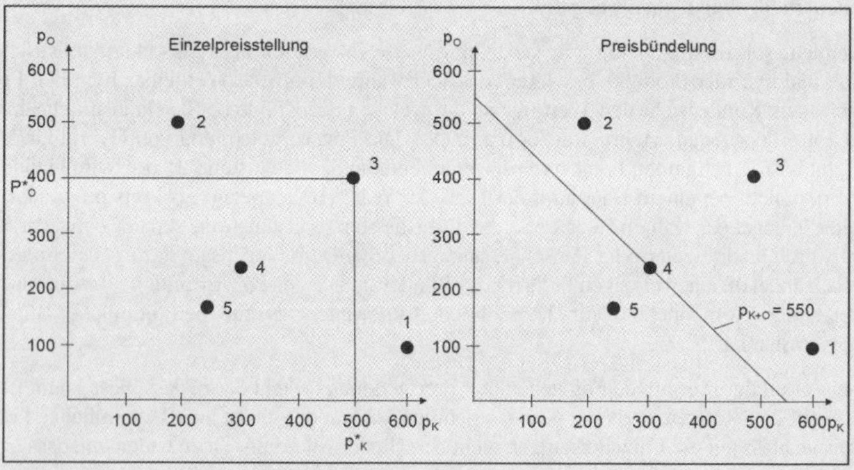

Quelle: i.A.a. Simon/Fassnacht 2016, S. 273ff.

Dies lässt sich damit begründen, dass Zahlung und Konsum zeitlich auseinanderfallen, wodurch die sog. Sunk Costs aus Nachfragersicht nicht so schwer ins Gewicht fallen. Diese „versunkenen Kosten" entstehen, wenn ein bereits erworbenes Produkt nicht genutzt oder eine bezahlte Leistung nicht voll in Anspruch genommen wird. Durch die Loslösung des Produkterlebnisses vom Kaufakt sinkt letztlich die Bereitschaft des Kunden, das betreffende Produkt wieder zu kaufen, was einer längerfristigen Kundenbindung entgegenwirkt. Dieser negative Effekt kann durch eine ge- bzw. verbrauchsorientierte Preisstellung, bspw. durch das bereits angeführte **„Joint Bundle Pricing"** abgeschwächt werden, da die relative Bedeutung der einzelnen Artikel oder Leistungen durch die getrennte Bepreisung für den Kunden ersichtlich wird.

3. Sonderangebote und Dauerniedrigpreise

Wenn ein Einzelhändler seinen Kunden für eine begrenzte Zeit ein Angebot unterbreiten will, das sich von den vorher und nachher offerierten Angeboten unterscheidet, so bezeichnet man das u.a. als Sonderpreis, Sonderangebot oder Sonderaktion. Kennzeichen für **Sonderangebote** sind die relative Niedrigpreisstellung, die Kurzfristigkeit des Angebots sowie die Beschränkung auf Sortimentsteile (Schnedlitz 1995, S.2308f.). Man unterscheidet zwischen aktiven und passiven Sonderangeboten**.** Aktive Sonderangebote werden vom Unternehmen bewusst und geplant eingesetzt, passive Sonderangebote sind hingegen Reaktionen auf Preismaßnahmen der Konkurrenz. Diese sind meist von kurzer Dauer, wobei diese Dauer je nach Branche unterschiedlich ist.

Im LEH findet man vermehrt verkaufsfördernde Maßnahmen, die nur an wenigen (1–3) Tagen und tendenziell immer am Wochenende (bzw. am Feiertag) zum Einsatz kommen. Im Fashion-Handel oder im Buchhandel dagegen dauern Abverkäufe häufig mehrere Wochen, finden aber seltener statt. Sonderangebote werden sowohl im Rahmen einer Sonderangebotsstrategie als auch in der Dauerniedrigpreisstrategie als Instrument des Preises eingesetzt. Bei Sonderangebotsaktionen sind folgende Parameter zu berücksichtigen (Barth/Hartmann/Schröder 2015, S. 214):

- Frequenz bzw. Häufigkeit von Preisreduzierungen,
- Dauer bzw. Länge des Aktionszeitraumes,
- Ausmaß der Preisreduktion,
- Auswahl der Aktionsartikel: Preisaktion für einen Artikel oder zeitlich begrenzter Bündelpreis, der niedriger ist als die Summe der Einzelpreise,
- Standort der Preisaktion: an allen Standorten oder nur an ausgewählten Standorten.

Die Ziele einer Sonderangebotspolitik liegen in (Wagner/Jamsawang/Seher 2012, S. 585):

- der kurzfristigen Stimulierung des Absatzes: Es werden Anreize zu Vorziehkäufen (z.B. loyale Kunden mit Vorratskäufen), Mehrkäufen (z.B. Wechsler von anderen Packungsgrößen innerhalb der Marke), Impulskäufen und Produkterprobungen (Aktivierung von Kunden innerhalb der Einkaufsstätte) gesetzt,
- der Abwerbung von Kunden. Diese kann entweder bezogen auf die Mitbewerber in der betreffenden Produktklasse (Wechsler von Wettbewerbsmarken innerhalb der Warengruppe) oder bzgl. der Einkaufsstättenwahl (z.B. Lockvogelangebote für Kunden von anderen Geschäften, Anreize für ursprünglich nicht geplantes Aufsuchen des Ladens) erfolgen,
- der Festigung von Kundenbindungen, z.B. Aktionen zielen auf spezielle Zielgruppen ab;
- dem Entgegenwirken eines Nachfragerückgangs insb. am Ende des Produktlebenszyklus,
- der Profilierung des Preisimages der Einkaufsstätte im Wettbewerb.

Sonderangebote bei Discountern

Bislang gab es bei Discounter wie z.B. Aldi Süd keine Sonderangebote mit Markenartikeln, die im Dauersortiment gelistet sind. Mittlerweile kann diese Politik allerdings bei Obst und Gemüse sowie bei Frischfleisch beobachtet werden. In diesen Warengruppen arbeitet z.B. Aldi Süd – genau wie die Wettbewerber – inzwischen mit „durchgestrichenen" Preisen. Grund für das Umdenken ist, dass die neuen Markenartikel im Aldi-Sortiment den Discounter vergleichbar gemacht haben. Die Konkurrenz, insb. Lidl und Kaufland, fordert Aldi Süd heraus, indem sie Markenartikel aus dem Aldi-Sortiment im Aktionsgeschäft deutlich billiger anbieten. Das könnte sich langfristig auf die Preiswürdigkeit von Aldi auswirken.

Quelle: www.lebensmittelzeitung.net, 30. Juni 2017

Bei der Gestaltung von Sonderangeboten ist grundsätzlich zu berücksichtigen, dass durch die Preisreduktion ein Teil der Handelsspanne verloren geht. Um diesen Verlust zu kompensieren, ist es erforderlich, **Absatzmengeneffekte** (größere Absatzmenge desselben Artikels) oder **Verbundeffekte** (Absatz anderer Artikel) auszulösen. Diese Sortimentsverbundeffekte können sich substitutiv (der Abverkauf eines Artikels führt zu einem geringeren Verkauf des Substitutionsartikels) oder komplementär (der Abverkauf eines Artikels führt zu einer höheren Nachfrage nach weiteren Artikeln) auswirken.

Sonderangebotsartikel werden so kalkuliert, dass sie zwar nur geringfügige Stückdeckungsbeiträge erwirtschaften, aber aufgrund ihrer hohen Umschlagsgeschwindigkeit erheblich zur Gesamtkostendeckung beitragen.

Mobile Couponing

Der Rewe-Discounter Penny bietet über seine App Coupons an. Penny App-Anwender müssen die digitalen Rabatt-Gutscheine aktivieren und dann an der Kasse einlösen. Kunden sollen durch diese Spar-Coupons zwei Vorteile genießen: Zum einen kommen diese in den Genuss exklusiver Rabatte, die es nur über die App gibt. Zum anderen ist das Couponing unpersonalisiert, was die Attraktivität sicherlich nicht nur für datenschutzsensible Kunden weiter erhöht. Für Penny bestehen vor allem im Bereich des digitalen Marketings und der Kundenbindung erhebliche Potenziale. So sollen in Zukunft Kunden vermehrt individualisierte Angebote gemacht werden.

Auch Rossman hat mobiles Couponing eingeführt. Per Smartphone-App können Kunden an den Kassen aller Filialen digitale Gutscheine einlösen. Mithilfe der App können in allen Filialen digitale Gutscheine als Alternative zur Papiervariante eingelöst werden. Punkte-Sammeln ist nicht möglich, da der Drogeriemarkt-Betreiber an keinem Bonusprogramm teilnimmt. Das Einlösen von Coupons funktioniert über eine virtuelle Kundenkarte in Form eines QR-Codes. Dieser kann an allen 8.000 Kassen mit einem zusätzlich installierten Handscanner erfasst werden.

Quelle: www.lebensmittelzeitung.net, 3. November 2017.

Die wirtschaftliche Bedeutung der Sonderangebotspolitik am Beispiel des österreichischen LEH zeigt, dass der Anteil von Sonderangeboten in den sonderangebotsintensivsten Warengruppen von 25,7% im Jahr 2005 auf 35,2% im Jahr 2015 gestiegen ist. In Produktkategorien wie Universalwaschmittel, Bier und Weichmacher lag dieser Anteil sogar deutlich über 53% (AC Nielsen 2015). Durch Analysen von Kundendaten und Verbraucherpräferenzen können Unternehmen auch immer zielgerichteter maßgeschneiderte Promotions anbieten.

Verbraucher sparen durch **Preispromotions** Geld. Zudem leiten Preisaktionen Kaufentscheidungen, fördern die Erprobung neuer Produkte und sorgen dafür, dass sich die Verbraucher – als Smartshopper – intelligent und gut fühlen. Für Händler bedeuten Preisaktionen eine kurzfristige Steigerung der Nachfrage nach Warengruppen, die Förderung eines Markenwechsels und Barrieren für Wettbewerber in den Markt einzutreten (Lee/Tsai 2014). Studien zeigen allerdings auch, dass Preispromotions nachteilige langfristige Auswirkungen wie eine erhöhte Verbraucherpreissensibilität, verminderte Markentreue und niedrigere Preiserwartungen sowie geringere Kundenbindung aufweisen (Bogomolova/Szabo/Kennedy 2017). Außerdem verringern Preispromotionen, die in einem Kanal durchgeführt werden, die Einkäufe in einem anderen Kanal (Breugelmans/Campo 2016).

In Anlehnung an die Ziele der Sonderangebotspolitik können verschiedene Formen von Sonderangeboten unterschieden werden. Eine Übersicht dazu ist in Abb. 4.73 dargestellt.

Neben der Sonderangebotspolitik stellen **Dauerniedrigpreise** ein wichtiges Instrument vieler Handelsunternehmen dar, um Kunden über ihre tägliche Niedrigpreispolitik zu informieren und damit ein günstiges Preisimage zu erzeugen sowie die Verbraucher davon abzubringen, die Preise zwischen den Geschäften zu vergleichen. Dabei werden einzelne Artikel oder auch alle Artikel des Sortiments dauerhaft bzw. über einen längeren (nicht genannten) Zeitraum zu niedrigeren oder zumindest zu gleichen Preisen wie bei der Konkurrenz angeboten.

Abbildung 4.73: Formen von Sonderangeboten nach Zielen der Sonderangebotspolitik

Ziel	Form	Erläuterung	Beispiele
Stimulierung Absatze	Coupons	Preisvorteil oder kostenloser Erwerb für ein bestimmtes Gut durch Einlösen innerhalb einer festgelegten Zeitdauer	Direct-Mail-, In-Store-, Leaflet-, Media-, On- (In-) Pack-Coupons, Cross Couponing, Bei-/Zugaben, Linksave Multibuys, Multipacks, Sonderpackungsgrößen
Abwerbung von Kunden	Rabatt-aktionen	Regelmäßige, an bestimmte Kalender- oder Uhrzeiten (bspw. Happy Hour) gebundene Preissenkungen; für das Gesamtsortiment oder größere Sortimentsteile; Wochenend- oder Tagesrabatte (z.B. Heute 10% auf ALLES, - 25% auf das gesamte Biersortiment)	Mengenrabatt, Treuerabatt, Zeitrabatt
	Service-angebote	Kostenlose (zusätzliche) Dienstleistungsangebote beim Produkterwerb	Zustellaktionen bei Elektrogeräten, Möbeln; Gratiszustellung ab bestimmter Preishöhe
Festigung von Kundenbindungen	Bonus-aktionen, personen-spezifische Preisnach-lässe	Trennung der Kundengruppen durch die Anbieter selbst; spezifische Preise für bestimmte Kundengruppen; kurzfristige und temporäre Zunahme der Bonifizierung entsprechender Einkäufe in Bonusprogrammen (je nach Dauer der Kundenbeziehung oder Maß an Treue)	
	Social-/Online Cou-pons	Gutscheine auf Websites, Konsumenten registrieren sich online, um relevante Coupons oder Deals zu erhalten (z.B. Groupon, DailyDeal)	Anmeldung zu einem Newsletter
Entgegen-wirken eines Nachfragerückgangs	Preis-abschriften, Expiration Data-based Pricing	Spezielle Form der dauerhaften Preisänderung; (ungeplante) dauerhafte Preissenkung eines ursprünglich geplanten Ausgangpreises für ein entsprechendes Produkt; (misslungene) Preisdurchsetzung der für eine bestimmte Saison vorgesehenen Preise;	Räumungsverkäufe vor Auslistungen (v. a. im Textileinzelhandel); Auslaufrabatte; Preisreduktionen vor Eintritt des Ablaufdatums (bei verderblicher Ware)
	Preissensa-tionen	Händleraktionen: sortimentsfremde Güter/Dienstleistungen; ansonsten kaum preisreduziert angeboten; werden für eine sehr kurze Periode zu besonders niedrigen Preisen vertrieben;	Verkauf von Bahntickets/Fluggutscheinen beim Discounter
	Saisonales Skimming	Geplante Preisabschrift; Waren werden bewusst in der frühen Saisonphase zu einem höheren Preis als in späteren Phasen angeboten	Schlussverkäufe; Factory Outlets;

Quelle: i.A.a. Wagner/Jamsawang/Seher 2012, S. 588ff.

4. Preisvergleichsgarantien und Referenzpreise

Einzelne Handelsunternehmen nutzen Preisvergleichsgarantien (auch Bestpreisgarantien), d.h. wenn der Kunde in einem bestimmten Zeitraum bei einem Konkurrenten denselben Artikel zu einem niedrigeren Preis vorfindet, erhält er für diesen Artikel die Differenz zwischen dem Verkaufspreis und jenem der Konkurrenz zurückzuerstatten. Im Gegensatz zu Dauerniedrigpreisen ist eine Preisvergleichsgarantie (auch bekannt als Price-Matching oder Price-Beating) eine obligatorische Verpflichtung des Händlers, einen gleichen oder niedrigeren Preis der Wettbewerber anzubieten, wenn Kunden nachweisen können, dass niedrigere Preise an anderer Stelle verfügbar sind. Preisvergleichsgarantien sind als Instrument zur Verbesserung des eigenen Preisimages anzusehen. Vielfach werden Preisgarantien auch kanalübergreifend angeboten. So führen die amerikanischen Unternehmen Target und Best Buy neben den lokalen Mitbewerbern auch ausgewählte Online-Händler wie Amazon.com als für Preisvergleiche „qualifizierte" Mitbewerber an. Auch **Referenzpreise**, das sind Preisangaben, die vom Anbieter zusätzlich zum tatsächlichen Verkaufspreis angegeben werden, stellen ein weit verbreitetes preispolitisches Instrument dar. Werden Referenzpreise auf Gesamtunternehmensebene eingesetzt, bspw. bei der „Geiz ist geil"-Kampagne von Saturn, wird damit das **Preisimage** des gesamten Unternehmens gestärkt. Auf der Ebene einzelner Artikel lassen sich diesbezüglich sog. Vergangenheitspreise (nach dem Motto „jetzt und früher"), sog. Richtpreise („unverbindliche Preisempfehlung 89,99 EUR, bei uns 49,98 EUR") oder sog. Wettbewerbspreise (Vergleich des eigenen Preises mit jenem der lokalen Konkurrenz) unterscheiden. Kunden nutzen einen Referenzpreis zur Beurteilung eines Angebotes. Der Referenzpreis kann in zwei Kategorien eingeteilt werden: externer und interner Referenzpreis (Nicolau 2013). Der externe Referenzpreis ist ein Preisstandard, der auf den Preisen alternativer Produkte im unmittelbaren Einkaufsumfeld (z.B. höchster oder niedrigster Marktpreis) basiert, während der interne Referenzpreis ein psychologischer (interner) Preisstandard (z.B. höchster oder niedrigster erwartete Preis für ein Produkt) ist, der von Verbrauchern zur Bewertung der angebotenen Preise verwendet wird (Sinha/Adhikari 2017).

5. Konditionenpolitik

Zu den Konditionen zählen **Rabatte und Skonti**. Werden die unterschiedlichen Rabattarten strukturiert, ist zwischen Waren- bzw. Naturalrabatten und Geldrabatten zu differenzieren. Im Folgenden wird auf einige bedeutende Rabattarten näher eingegangen:

- Zur Gruppe der Warenrabatte zählen die **Drauf- und die Dreingabe**. Im Falle einer Draufgabe erhält der Kunde zur gewünschten und bezahlten zusätzlich eine kostenlose Ware. Bei der Dreingabe bezahlt der Kunde dagegen nur einen Teil der gekauften Artikel und erhält den Rest gratis.
- In Bezug auf **Geldrabatte** herrschen vielfältige Varianten vor (bspw. direkter Preisabschlag oder Gutscheine).
- Der **Skonto** ist ein Entgelt für die Nichtinanspruchnahme eines Lieferantenkredits. Er wird daher bei Vorkasse oder prompter Bezahlung nach Lieferung in Form eines Preisnachlasses gewährt, wobei zwischen einem Waren- und einem Kassenskonto unterschieden werden kann. Ein Warenskonto wird in Form einer unberechneten Mehrlieferung ausgezahlt, beim Kassenskonto wird hingegen ein Preisabschlag gewährt.

Absatz(güter)kredite werden von Handelsunternehmen an Kunden im Zusammenhang mit dem Güterabsatz gewährt und richten sich insb. an jene Kunden, die zum Zeitpunkt des Kaufes zwar kaufwillig, aber nicht zahlungsfähig sind. Durch die Vergabe von Absatzkrediten können Handelsunternehmen neue Kunden ansprechen und die Kaufintensität bestehender Kunden erhöhen, wodurch letztlich das Absatzvolumen gesteigert wird. Obwohl die Lieferungs- und Zahlungsbedingungen in Form allgemeiner Geschäftsbedingungen häufig standardisiert sind, kann eine individuelle Ausgestaltung als Instrument der Preisdifferenzierung angesehen werden und trägt zur Profilierung gegenüber der Konkurrenz bei. Dabei legen die Lieferungsbedingungen den Umfang der Lieferungsverpflichtung des Handelsunternehmens sowie deren Erfüllung durch das Handelsunternehmen fest und regeln u.a. den Ort und die Zeit der Warenübergabe, die Modalitäten der Warenzustellung, die Berechnung der Versandkosten oder das Umtauschrecht und Garantieleistungen. Zahlungsbedingungen umfassen Bestimmungen über Zahlungsverpflichtungen des Käufers und deren Erfüllung durch diesen. Sie regeln den Zeitpunkt der Zahlung, die Zahlungsfristen, Zahlungsmittel, Zahlungsarten und legen fest, ob eine Gesamt- oder Teilzahlung vorgesehen ist (Meffert u.a. 2018, S. 566f.).

6. Lieferpreismodelle/Versand- und Rücksendekosten

Das Entgelt für die Lieferung stellt aus Sicht der Kunden meist Kosten dar, aber aus Sicht der

Einzelhändler sind es Preise für Dienstleistungen. Während Kunden des stationären Einzelhandels eine Reihe von Handelsfunktionen wie den Transport der Ware übernehmen, verlagert sich im Online-Handel diese Funktion vom Kunden zum Einzelhändler.[1] Dies erfordert die Gestaltung von Lieferpreisen bzw. Versandkosten sowie der Rücksendekosten. Im Rahmen der Gestaltung der Lieferpreise sind drei Ziele zentral: die Vergütung der Lieferleistung, die der Händler erbringt, die Vermeidung von Barrieren, die einen Kauf verhindern sowie die Selektion der Kunden, deren Kosten höher sind als die mit ihnen erzielten Umsätze. Das erste Ziel dient der Kostendeckung, letztere der Generierung von Umsatz. Lieferpreise unterliegen in ihrer Ausgestaltung und ihren Kombinationen einer großen Gestaltungsvielfalt (Schröder 2012b, S. 347ff). Bei der Berechnung zu berücksichtigen sind u.a. Umsatzhöhe, Lieferregionen, Lieferservice, Produkte, Warenwert, Zahlungsformen, Bestellarten. Weit verbreitet sind **umsatzabhängige Lieferpreise**, bei denen die Versandkosten entweder mit steigendem Bestellwert sinken oder mit der Bonhöhe steigen. Lieferpreise können auch vom **Lieferservice** und damit verbundenen zeitlichen Komponenten abhängen. Neben Standardlieferfristen können z.B. für schnellere oder individuell vereinbarte Lieferzeitpunkte höhere Lieferkosten verrechnet werden. Manche Online-Händler bieten auch eine – auf den ersten Blick – kostenlose Lieferung. In diesem Fall sind aber die Versand- und Retourenkosten schon in die Preisgestaltung mit eingeflossen. Kunden bewerten die Kosten für die Lieferung nach zwei Gesichtspunkten der Gerechtigkeit: einerseits nach dem Grund, also ob es der Kunde überhaupt als gerecht empfindet, für die Lieferung etwas zu bezahlen und andererseits nach der Höhe des Entgelts. Wenn für den Kunden Kostentreiber für die Lieferung erkennbar sind, wird er es eher als gerecht empfunden, dass eine für ihn erbrachte Leistung kostenpflichtig ist. Dagegen werden Pauschalbeträge für eine Lieferung – unabhängig der entstandenen Kosten – eher als ungerecht angesehen.

VI. Spezifika im Online- und Omnichannel-Handel

Viele Online-Anbieter zeichnen sich durch aggressive Preispositionierung und entsprechende Geschäftsmodelle aus, so Vertriebstypen wie Auktionen, Liveshopping-Formate, Shopping-Clubs, Online-Discounter usw. (siehe Abschnitt C.IV.7.b des Zweiten Kapitels). Für diese und weitere Pure-Player gelten weithin die in diesem Abschnitt behandelten strategischen Gestaltungsalternativen (bzgl. Preisstruktur und -ablauf sowie der Preisinstrumente). So müssen sie bspw. bedarfsorientiert agieren und Kosten decken, allerdings gewinnen diese Alternativen eine andere Qualität und die online Gestaltungsdeterminanten des Preismanagements weichen deutlich von denen im offline Handel ab.

So unterscheidet sich die Kostenstruktur von Online-Pure-Playern maßgeblich von jenen der Offline-Händler, die Kosten für Geschäftsausstattung, Mitarbeiter, Lagerbestände und Liegenschaften haben. Online-Händler dagegen haben andere Kostenstrukturen und bspw. erhöhte Kosten für Lager und Versandlogistik. Neben den Kosten bestimmen wettbewerbsorientierte Faktoren, lieferantenorientierte Faktoren (bspw. „Aufschlagskalkulationen" bei Plattformen) und v.a. kundenorientierte Faktoren (wie Preiselastizitäten oder Nutzenwahrnehmungen) das Preismanagement. Allerdings unterscheiden sich Offline- und Online-Händler in der **Komplexität** der Preisgestaltung auf Grund folgender Schlüsselfaktoren:

- hohe (Informations-)Transparenz, die Preisvergleiche erleichtert und die Informationsbasis bei Kunden und Mitbewerbern erhöht,
- globale Vernetzung, die eine Preisdifferenzierung erschwert und Konflikte zwischen Vertriebskanälen verursacht,

[1] Vgl. dazu auch die Ausführungen zu Serviceleistungen im Abschnitt H. in diesem Kapitel.

- beidseitige Kommunikation, die sowohl eine Interaktion zwischen Anbieter und Kunden als auch zwischen Kunden untereinander ermöglicht,
- einfacheres Website-Management, das eine schnelle Umsetzung von Preisänderungen und eine Preiskontrolle ermöglicht,
- durch das Internet vereinfachte Preisgestaltung und die Möglichkeit des Dynamic Pricing.

Für den Offline-Handel bedeutet das Internet v.a. mehr Wettbewerb und mehr **Preistransparenz**. Für viele Offline-Angebote können Verbraucher Preisvergleiche online vornehmen, und zwar schneller oder einfacher als beim Besuch diverser Filialen. Bestimmte Websites sind auf Preisvergleiche spezialisiert und können heute über Smartphones, d. h. beim Einkauf in Geschäften, aufgerufen werden. Da zudem Online-Anbieter oft aggressiv auszeichnen, werden die Preise bei vergleichbaren Produkten auch beim Offline-Einkauf als **Referenzpreise** gesehen. Schließlich können Online-Pure-Player Preise schneller anpassen (Zentes/Morschett/Schramm-Klein 2017, S. 291), mit einer wettbewerbsorientierten bzw. -vergleichenden Preisgestaltung, die über die Möglichkeiten des Offline-Handels hinausgehen. Dazu zählen bspw. die dynamische sowie die individuelle Preisgestaltung (Rueter 2014).

- Bei der dynamischen Preisgestaltung (**Dynamic Pricing**), werden die Produktpreise regelmäßig geändert und zwar datengesteuert und oft in Echtzeit. Online-Händler passen mehrmals täglich ihre Preise für Produkte und Dienstleistungen auf Basis der aktuellen Angebots- und Nachfragesituation oder auch auf Basis der aktuellen Kostensituation des Unternehmens dynamisch an. So können Unternehmen bei hoher Nachfrage nach einem Produkt oder einer Dienstleistung zu einem bestimmten Zeitpunkt die Preise dynamisch erhöhen. Auch für kleine Online-Händler ist es möglich, Preislisten einzubinden und mittels Software, die kontinuierlich das Internet durchsucht, die Preise für definierte Produkte von vordefinierten Wettbewerbern zu verfolgen. Auf Basis dieser Tracking-Ergebnisse können sie ihre Preise dann regelmäßig automatisch anpassen, um bspw. Umsätze zu erhöhen. Zu einer dynamischen Preisgestaltung gehören auch steigende Preise bei Nachfragespitzen (d. h. lange Lieferzeiten der Wettbewerber) oder höheren Preisen der Wettbewerber. Dies gilt auch für Marktplatzpartner, für die es wichtig ist, in der Kaufbox (d.h. der Pure-Player-Produktdetailseite mit verschiedenen Verkäufern) erwähnt zu werden.
- Die Kundensegmentierung bildet die Basis für die **individuelle Preisgestaltung**. Bspw. können Online-Händler von verschiedenen Kunden unterschiedliche Preise für ein und dasselbe Produkt verlangen, je nach deren Browsing-Verhalten. Wenn ein Kunde anhand seines Browsing-Verhaltens als preissensitiv eingestuft wird, z.B., weil er sich bei seinem letzten Besuch hauptsächlich Preisangebote angesehen oder einen Gutschein eingelöst hat, oder von einer Preisvergleichsseite kam, dann kann diesem Kunde ein niedrigerer Preis angezeigt werden. Einige Online-Händler differenzieren Preise nach Geolokalisierung. Das bedeutet, dass sie einen höheren Preis von Kunden verlangen können, die ihre Website aus Gebieten mit höherem Durchschnittseinkommen oder weniger Geschäften in der Nähe aufrufen (Valentino-DeVries/Singer-Vine/Soltani 2012).

Bei Omnichannel-Händlern ist es abwegig, dass die Preisstruktur (i.S. Hochpreis, Mittelpreis und Niedrigpreis) in diversen Kanälen variiert, wie auch grundsätzlich die Preisverlaufsprinzipien (v.a. bzgl. EDLP-/HiLo-Preistrategien, eher noch bei Ankerpreisen). Vielmehr bestimmt die Positionierung des Betriebstyps eines ehemaligen Brick-and-Mortar-Retailers die Positionierung online; preisaggressive Discounter nutzen diesen Wettbewerbsvorteil auch online. Allerdings können – nicht zuletzt aufgrund der unterschiedlichen Gestaltungsdeterminanten in diversen Kanälen – die Kundenwahrnehmungen der Preispositionierung variieren und Omnichannel-Händler müssen aus denselben Gründen entscheiden, wie sie v.a. die Preise über ihre verschiedenen Kanäle instrumentell ausrichten. Grundsätzlich sind zwei Optionen der **kanalübergreifenden Preisgestaltung** zu unterscheiden:

- Die **Preisparität** besagt, dass der Offline- und Onlinepreis identisch ist. In diesem Fall ist eine Möglichkeit, dass sich der Onlinepreis am (wahrscheinlich niedrigeren) Offlinepreis orientiert, was ein einheitliches Preisimage fordert, allerdings ggf. aber nicht kompetitiv gegenüber Online-Pure-Playern ist. Des Weiteren setzt diese Option voraus, dass eine enge Kundenbeziehung besteht und eine starke Serviceorientierung im Offline-Handel verfolgt wird. Alternativ kann sich der Offlinepreis am Onlinepreis orientieren, wobei Omnichannel-Händler oft behaupten, dass sie aufgrund der Kostenstrukturen nicht die gleichen (niedrigen) Internetpreise in ihren Filialen realisieren könnten. Die Option mag also preislich konkurrenzfähiger sein, aber die Preise im Offline-Kanal sind nicht kostendeckend oder reduzieren die Marge.
- Die **Preisdisparität** ist durch unterschiedliche Offline- und Onlinepreise charakterisiert. Der Preis kann im Offline-Shop höher sein als im Online-Shop, was durch die Kostenstruktur (z.B. Warenpräsentation, Miete) und den zusätzlichen Service (z.B. direkte Verfügbarkeit des Produktes oder Produktberatung) gerechtfertigt sein und die Akzeptanz durch Kunden rechtfertigen könnte. Diese Aufpreisbereitschaft scheint allerdings begrenzt zu sein, denn einen großen Teil des Mehrnutzens des Offline-Kanals kann ein Kunde auch in Anspruch nehmen, wenn er anschließend im Online-Kanal einkauft. Kunden erkennen bspw. mittels mobiler Endgeräte die Preisunterschiede. Dennoch können die Kunden höhere Offline-Preise akzeptieren, wenn sie dadurch einen höheren Kundennutzen erhalten. Der Preis kann im Online-Shop höher sein als im Offline-Shop, was im Fall zeitlich begrenzter Preispromotions zu beobachten ist. Online-Kunden können allerdings mehr bezahlen, wenn Online-Shops zusätzlich zum Produktpreis eine Liefergebühr erheben. Hier wird aber der Preis für den Service und das Produkt getrennt.

Werden Produkte in diversen Kanälen zu verschiedenen Preisen angeboten, wählen Online-Kunden, deren Kaufbereitschaft im Wesentlichen monetär bestimmt ist, den Kanal, der ihr Produkt zum günstigsten Preis anbietet. Dies führt u.U. zu Konkurrenz- und Kannibalisierungseffekten zwischen den Kanälen. Die Nutzung der gleichen Retail Brand in diversen Kanälen erschwert die Preisdifferenzierung. Entsprechend deuten Studien an, dass viele Omnichannel-Händler den Offline- und Online-Preise identisch setzen, was logisch erscheint, weil es bei Kanalverknüpfung schwieriger wird, die Preise zu differenzieren und Kunden Preisunterschiede ggf. nicht akzeptieren (Morschett 2013). Für Händler, die eine aggressive Preisstrategie (i.d.R. Offline) anstreben, ist ein Online-Shop unter einer anderen Retail Brand oder mit alternativen Sortimenten denkbar, wie Redcoon (als Teil der Media-Saturn-Gruppe) und Microspot (als Teil von Interdiscount in der Schweiz).

Allerdings entscheiden sich Omnichannel-Händler aufgrund strategischer Zielsetzungen möglicherweise bewusst für unterschiedliche Preise, z.B. bei Ausschöpfung unterschiedlicher Zahlungsbereitschaften, im Rahmen von Rabattaktionen oder Preisbündelungen. Hierbei kommt es dann zwar zu Preisabweichungen, die aber strategisch begründet und ggf. zeitlich limitiert sind, da z.B. das Umsatzwachstum in einzelnen Kanälen gefördert werden soll (Westermann/Wirtz/Zimmermann 2018, S. 55). Im Elektrohandel wurde festgestellt, dass jeweils 50% der Omnichannel-Händler einheitliche bzw. unterschiedliche Preise anbieten, je nach Kanal, Produkt oder Region differenziert. Eine akzeptable Preisdifferenzierung beträgt 2% (in den Branchen Elektronik, Bekleidung, DIY und Drogerie; Homburg/Lauer/Vomberg 2017), was – angesichts des zu Beginn dieses Abschnittes angesprochenen starken Hebels des Preises für das Betriebsergebnis – enorm ist. Dieses und weitere Studien akzentuieren die Bedeutung der geringen Komplexität der Preissysteme, da Kunden dieses präferieren und mit höherer Zahlungsbereitschaft belohnen. Zudem ist die Frage, ob Omnichannel-Händler Preisunterschiede, die durch Nutzung von Sortiments- und Preisbündelungen, Sortimentsvariationen, Preisnachlässen durch Verkäufer offline, Unterschiede bei Ankerprodukten usw. entstehen, offen kommunizieren oder nicht.

Preisstrategien bei Amazon

Amazon nutzt in seinem Online-Shop ein breites Spektrum an Preisstrategien und -konzepten, von der allgemeinen Niedrigpreis-Positionierung bis hin zu hochdynamischen, wettbewerbsorientierten Preis- und Lock-in-Effekten mit Konzepten ähnlich wie bei Loyalty-Programmen wie Amazon Prime und der Penetration-Pricing-Strategie für den E-Reader Kindle, der zum Selbstkostenpreis verkauft wird, um den Absatz von Online-Inhalten zu steigern.

Amazon verfolgt eine Strategie der Preisführerschaft und positioniert sich als Anbieter mit den niedrigsten Preisen für seine Produkte. Eine Studie mit 40.000 SKUs hat ergeben, dass Walmart und Amazon bei ca. 60% der Produkte die gleichen Preise hatten, Walmart für 15% der Produkte niedrigere Preise anbot und Amazon bei 23% den niedrigeren Preis hatte. Dies zeigt, dass Amazon nicht bei allen Produkten der günstigste Anbieter ist. Das Unternehmen identifiziert die beliebtesten Produkte und bietet diese zu einem niedrigeren Preis als die Mitbewerber an. Bei diesen Produkten verfügen Verbraucher über ein gewisses Preiswissen und dies beeinflusst ihre Preiswahrnehmung. Diese Art der Mischkalkulation wird seit vielen Jahrzehnten im stationären Handel eingesetzt und wird auch von Amazon genutzt, um ein günstiges Image zu schaffen.

Zudem ändert Amazon seine Preise mehr als 2,5 Mio. Mal am Tag. Einzelhändler wie Best Buy und Walmart führen dagegen ca. 50.000 Preisänderungen pro Monat durch. Insgesamt hat sich gezeigt, dass Amazon die Preise von 15 bis 20% seines Bestandes mindestens täglich ändert. Der Hauptgrund für Preisänderungen sind Änderungen der Preise der Wettbewerber – diese werden ständig, automatisch überwacht. So vermeidet Amazon, dass die Preise bei relevanten Produkten unterschritten werden. Amazon strebt danach, der schnellste Folger des Preisführers zu sein, wenn nicht der Preisführer selbst. Darüber hinaus ergeben sich Preisänderungen je nach Tageszeit, wenn Verbraucher am ehesten bestimmte Produktkategorien einkaufen. So ändern sich z.B. Preise für Videospiele abends häufiger als tagsüber.

Quelle: Zentes/Morschett/Schramm-Klein 2012, S. 294ff und Boomerang Commerce 2015.

Im Zusammenhang mit **Preispromotions** im Omnichannel-Handel stellten Arce-Urizza/Cebollada/Tarira (2017) fest, dass die Reaktion von Multichannel-Kunden auf Promotions je nach Einkaufskanal unterschiedlich ist. Ihre Reaktion auf Promotionen ist begrenzt, wenn sie online einkaufen, verstärkt sich aber, wenn sie offline einkaufen. Die Verbraucher verbringen selten Zeit damit, beim Online-Shopping von Lebensmitteln Produkte zu überprüfen und Marken zu vergleichen, kaufen stattdessen die gleichen Marken wie üblich und schenken Promotions wenig Aufmerksamkeit. Dies liegt daran, dass Verbraucher vor allem aus Gründen des Komforts und der Zeitersparnis online Lebensmittel einkaufen.

Mittels speziellen Gutscheinen oder Sammelpässen, die Online platziert worden sind, können Kunden vor Ort Preiserlässe oder Vorteile wahrnehmen. Dabei kann es sich um Rabatte beim Vor-Ort-Einkauf oder auch um Gutscheine für einen besonderen Zusatzservice wie beispielsweise einem Glas Sekt handeln. Zudem versuchen Anbieter mit bestimmten Apps Kunden über Angebote und Vergünstigungen zu informieren. Ein weiterer positiver Aspekt solcher Apps besteht darin, dass Kunden diese Art von Vergünstigungen in Form von Coupons oder Rabattcodes immer digital mit sich tragen können. Dazu kommt, dass es auch möglich ist, seine Kundenkarte damit aufzurufen, um Punkte zu sammeln.

Erste Verfahren, den Preis anhand von einzelnen Kundengruppen zu individualisieren, sind schon jetzt im Einsatz. Anhand von Browserverläufen erhalten informierte Kunde, also jene, die schon nach einem bestimmten Produkt gesucht haben, einen günstigeren Preis. Das Gleiche kann für den unentschiedenen Webseitenbesucher gelten, der einen Kauf schon einmal abgebrochen hat. Für Merklisten gilt, dass je länger ein hinterlegtes Produkt in der Merkliste ist, desto billiger wird es. Zudem kann der Preis auch davon abhängen, welches Endgerät und Betriebssystem benutzt wird. Die Preisspanne kann für PC, Handy, Tablet, iOS oder Android zwischen Browser und App enorm variieren.

F. Kommunikationsmanagement

I. Grundlagen und Bedeutung

Die Kommunikationspolitik ist eines der zentralen Marketinginstrumente, zumal sie u.a. die Leistungen des Unternehmens kommuniziert, d.h. etwa bekannt macht und Images bildet. Sie umfasst die aktive Gestaltung der auf die Absatzmärkte (zunehmend auch internen) gerichteten Information; i.w.S. richtet sich die Kommunikation auch an die weitere, gesellschaftliche Umwelt (staatliche, kulturelle, politische Interessensgruppen).

Kommunikation bezeichnet allgemein den Austausch von Informationen, also den Prozess der Bedeutungsvermittlung zwischen mindestens zwei Kommunikationspartnern.

Die **Kommunikationspolitik** eines Unternehmens umfasst die bewusste Gestaltung der auf interne und externe Zielgruppen gerichteten Informationen des Unternehmens.

Im Rahmen des Kommunikationsmanagements nimmt die Werbung einen besonderen Stellenwert ein. Ziel ist es, das Unternehmen bekannt zu machen und eigenständig zu positionieren sowie die Konsumenten über das aktuelle Angebot zu informieren. Im Durchschnitt gibt der deutsche Handel 3,4% seines Bruttoumsatzes für Werbung aus. Dabei fließt mit einem Anteil von 52% etwas mehr Geld in additive Werbung (Onlinemarketing, PoS-Marketing, Direktmarketing/CRM, TV, Plakatwerbung, Radio) als in klassische Printwerbung (48%). Auch wenn der gedruckte Handzettel nach wie vor als beliebtes Werbeinstrument gilt, steigen vor allem die Investitionen in digitale Kommunikation nachhaltig (EHI Retail Institute 2017).

Zu den führenden werbungtreibenden Handelsunternehmen in Deutschland zählen – wie in Tab. 4.6 dargestellt – Lidl mit rund 313 Mio. EUR, gefolgt von der Media-Saturn Holding mit 266 Mio. EUR und Kaufland mit 233 Mio. EUR. Auf dem vierten Rang in der Liste der Händler mit den höchsten Werbeausgaben stand die Rewe Group mit Spendings in Höhe von rund 177 Mio. EUR im Jahr 2017, gefolgt von Edeka mit rund 164 Mio. EUR (statista.com 2018). Auch in Österreich ist – nach Branchen betrachtet – der Handel der größte „Werbepusher". Führend ist dabei die Rewe Austria (Billa, Merkur etc.) mit 172 Mio. EUR, gefolgt von der Lutz-Gruppe mit 151 Mio. und Spar Österreich mit 145 Mio. EUR (derStandard.at 2018).

Tabelle 4.6: Führende werbungtreibende Handelsunternehmen in Deutschland und Österreich (in Mio. EUR)

Unternehmen	2017
Deutschland	
Lidl	313
Media-Saturn Holding	266
Kaufland	233
Österreich	
Rewe Austria	172

Lutz-Gruppe	151
Spar	145

Quelle: Nielsen 2017.

Neben den klassischen Medien sind im Handel die Prospektwerbung und PoS-Kommunikation bedeutend, da – je nach Branche – ein relativ hoher Kaufentscheidungsanteil im Store fällt (hohe **In-Store-Decision-Rate**). Dem Personal (i.S. des **persönlichen Verkaufs**) kommt auf Grund des direkten Kundenkontakts eine hohe Bedeutung zu. Wie eine Studie belegen konnte, hängt der Erfolg des persönlichen Verkaufs v.a. von der Freundlichkeit des Personals, der Qualifikation bzw. Kompetenz des Personals und dem Service im Geschäft ab. Diese Ergebnisse gelten branchenübergreifend im Lebensmittel-, Elektronik-, Bau- und Möbelhandel. Dies untermauert u.a. die Bedeutung des persönlichen Verkaufs für den Aufbau einer starken Retail Brand (Zentes/Swoboda 2009b). Die **Werbebudgets** im Handel sind wie folgt aufgeteilt: Prospekte/Handzettel/Flyer 32,13%, Kundenmagazine/Kataloge 10,9%, Anzeigen 5,0%, Online 17,5%, PoS (ohne Personalkosten) 11,2%, Direktmarketing/Kundenbindungsprogramme 10,1%, TV 2,9%, Plakate 3,0%, Radio 4,1% und Sonstiges (z.B. Sponsoring 2,9%) (EHI Retail Institute 2017). Diese Aufteilung variiert je nach Branche, Unternehmensgröße und Be-/Vertriebstyp (siehe Tab. 4.7). Im LEH halten sich printbasierte (Prospekte, Magazine, Anzeigen) und additive Handelswerbung (TV-, Radio, Instore, Online und Direktmarketing) die Waage, während im Fashion-Handel eher auf den persönlichen Verkauf gesetzt wird. Laut Prognosen wird die additive Handelswerbung künftig den größeren Anteil des Werbebudgets einnehmen und die printbasierte Handelswerbung überholen. Hinzu kommt, dass die Kommunikation von Handelsunternehmen stark situationsspezifisch zu sehen ist. Bspw. reagieren Händle auf aktuelle werbepolitische Aktivitäten der Mitbewerber.

Tabelle 4.7: Entwicklung der Werbeausgaben von Handelsbranchen in Österreich (in %)

Branche	Printbasierte Kommunikation	Additive Kommunikation
LEH (und Drogerie)	50,9	49,1
Fashion (Mode, Accessoires)	42,9	57,1
Baumarkt (inkl. Gartenmarkt)	38,7	61,3
Möbel (und Wohnaccessoires)	54,4	45,6

Quelle: EHI Retail Institute 2018.

Das Kommunikationsmanagement des Handels entspricht in Teilen demjenigen der Industrie, dennoch sind in der Handelswerbung spezifische Besonderheiten zu berücksichtigen. Dabei kann zwischen prinzipiellen und graduellen Besonderheiten unterschieden werden (Zentes/Swoboda 2016, S. 583f). Die **prinzipiellen Besonderheiten** sind:

- Das kommunizierende Unternehmen ist gleichzeitig auch das verkaufende Unternehmen. Der Handel hat dadurch den Vorteil, dass er seine Kunden und deren Verhalten kennt bzw. die Kommunikationswirkung genau messen kann.
- Der Handel kann auch mit seiner „Produktionsstätte", also mit dem Laden, bzw. seinem Verkaufspersonal kommunizieren. Damit stehen ihm wesentlich mehr Beeinflussungsmöglichkeiten zur Verfügung als der Industrie.
- In der Kommunikation des Handels werden Produkte angeboten, die nicht vom Handel hergestellt wurden. Somit ist die Qualitätskompetenz und -verantwortung des Handels nur abgeleitet.

- Die Kernleistung des Handels, nämlich das händlerisch-dispositive, ist ein immaterielles Gut, das schlechter kommunizierbar ist als die materiellen Güter der Industrie.
- Den Industrieunternehmen ist die hohe Bedeutung der PoS-Kommunikation bewusst. Daher wird der Handel bei der PoS-Kommunikation oft von der Industrie unterstützt.
- Der Handel wirbt oft mit dem Preisargument, während die Industrie i.d.R. auf das Produkt und dessen „preislose" Verankerung im Gedächtnis der Kunden abzielt.

Hinsichtlich der **graduellen Besonderheiten** sind u.a. folgende Aspekte anzuführen:

- Insbesondere bei Handelsunternehmen, die nur über einen begrenzten Absatzradius verfügen (z.B. regional tätige Händler), ist an die Kommunikation die Anforderung einer möglichst hohen Ausschöpfung des vorhandenen Potenzials zu stellen. Dem gegenüber steht die Kommunikation der Industrie und überregional tätiger Handelsunternehmen, die ihre Werbebotschaften wesentlich breiter streuen können.
- Da viele Handelsunternehmen nach wie vor eher kleinbetrieblich strukturiert sind, können sie keine Economies of Scale in der Kommunikation realisieren, so existieren dadurch Vorteile für größere Handels- oder Industrieunternehmen.
- Der Handel verfügt über ein breiteres, oft auch heterogeneres Sortiment als die Industrie. Somit kann die Industrie relativ konzentriert einige wenige Produkte in den Vordergrund stellen, während der Handel ein gesamtes Sortiment kommunizieren muss.
- Neben einer erforderlichen langfristigen Kommunikationsplanung ist im Handel auch eine kurzfristige Planung, die sich meist aus dem Tagesgeschäft ergibt, erforderlich. Dieses Erfordernis ist in der Industrie nicht im selben Ausmaß vorhanden.
- Die Reaktionen der Konsumenten auf die Kommunikationsmaßnahmen des Handels erfolgen in wesentlich kürzeren Zeiträumen als auf Maßnahmen der Industrie. Zusätzlich verfügt der Handel auch über die besseren Messmöglichkeiten (z.B. Scanner-Kassen) und kann daher einfacher experimentieren.

II. Ziele und Entscheidungsoptionen der Kommunikationspolitik

Bei der externen Kommunikation des traditionellen Einzelhandels steht die **Darstellung der Unternehmensleistung nach außen** im Mittelpunkt des Kommunikationsmanagements. Ziel ist es Emotionen, Kognitionen und letztlich das Verhalten der Konsumenten zu beeinflussen oder zur Kundenbindung beizutragen. Den Marktbedingungen, der kommunikativen Ausgangslage, den Kaufphasen und ggf. dem Betriebstypenlebenszyklus entsprechend, verfolgt ein Handelsunternehmen spezifische **Kommunikationsziele**. Betrachtet man die Ziele des Kommunikationsmanagements allgemein, lassen sich übergeordnet vorökonomische und ökonomische Ziele unterscheiden (siehe Abb. 4.74).

Ökonomische Ziele betreffen insb. die Steigerung des Marktanteils und die Erhaltung bzw. Steigerung des Umsatzes. Darüber hinaus kann die Einhaltung von Kostenzielen zu den ökonomischen Zielen gezählt werden. **Vorökonomische Ziele** können in konkurrenz- und konsumentenbezogene Ziele untergliedert werden. Konkurrenzbezogene Ziele beziehen sich dabei auf Abhebung oder Anpassung gegenüber der Konkurrenz. Konsumentenbezogene Ziele lassen sich in kognitive, affektive und konative Kommunikationsziele unterteilen. Kognitive Ziele betreffen die Erkenntnis bzw. das Wissen, affektive Ziele das Gefühl bzw. die Emotionen und konative Ziele das Verhalten.

Abbildung 4.74: Kommunikationsziele im Handel

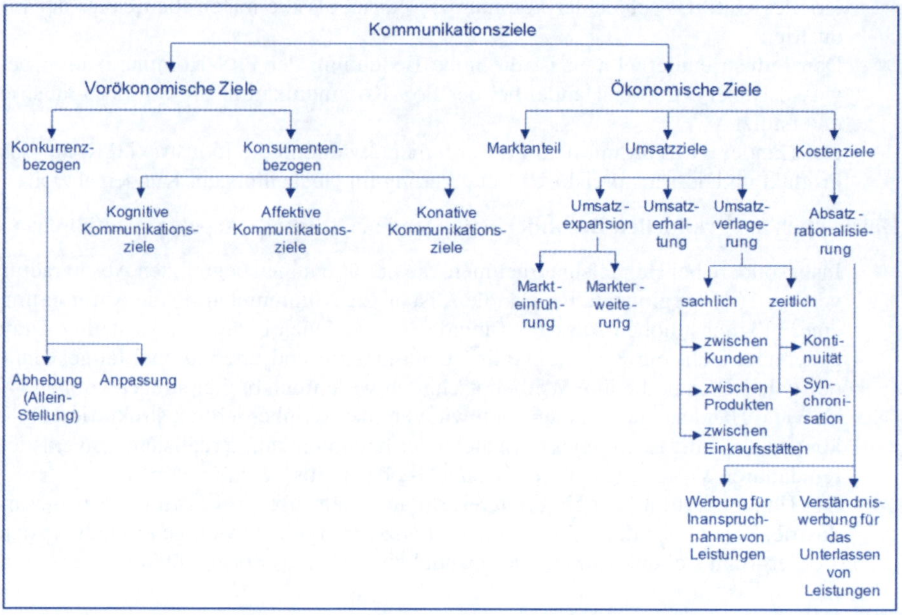

Quelle: i.A.a. Barth/Hartmann/Schröder 2015, S. 221.

Beispiele zu den Zielen, an denen die Auswahl und der Einsatz der Kommunikationsstrategie und der Kommunikationsinstrumente auszurichten sind, werden in Abb. 4.75 aufgezeigt.

Abbildung 4.75: Beispiele für Kommunikationsziele im Handel

Kognitive Werbeziele	Affektive Werbeziele	Konative Werbeziele
▪ Lenkung der Aufmerksamkeit und Wahrnehmung auf Aktionsartikel ▪ Steigerung der Markenbekanntheit ▪ Steigerung des Kundenwissens	▪ Ansprache neuer Bedürfnisse ▪ Verstärkung der emotionalen Positionierung ▪ verstärkte Vermittlung emotionaler Konsumerlebnisse	▪ Steigerung der Weiterempfehlungsabsicht ▪ Steigerung der Probierkäufe ▪ Steigerung der Wiederholungskäufe

Quelle: i.A.a. Bruhn 2016, S. 206.

Die Ziele können des Weiteren unterschiedliche Ebenen eines Handelsunternehmens betreffen: erstens auf Ebene des Unternehmens, zweitens auf Betriebstypenebene und drittens auf Produktebene.[1] Die **Kommunikationsziele** auf unterschiedlichen Ebenen werden in Abb. 4.76 dargestellt.

Abbildung 4.76: Beispiele für Kommunikationsziele eines Handelsunternehmens

Unternehmensebene	Betriebstypenebene	Produktebene
▪ Imageziele ▪ Karrieremöglichkeiten ▪ CSR/Nachhaltigkeit	▪ Frequenzsteigerung ▪ Abverkauf von Restbeständen ▪ Lokale Sonderangebote	▪ Auslösen eines Kaufs ▪ Verkaufsförderung eines Produktes

Quelle: i.A.a. Zentes/Swoboda 2016, S. 585.

[1] Vgl. hierzu auch die Ausführungen über die Markenarchitektur in Abschnitt D.III. dieses Kapitels.

Die Erstellung eines Kommunikationsplans für ein Handelsunternehmen kann idealtypisch in folgende Bereiche untergliedert werden (Müller-Hagedorn/Natter 2011, S. 374f.):

- Aufstellen von Kommunikationszielen
- Festlegung des Kommunikationsbudgets
- Aufteilung des Kommunikationsbudgets
- Implementierung und Kontrolle

Ein wichtiger Bestandteil ist die Formulierung von Zielen, die durch die Kommunikationsmaßnahmen erreicht werden sollen. Dabei ist es wichtig, dass Zielformulierungen entsprechend operationalisiert werden. Mögliche Zielgrößen können wie folgt definiert werden:

- Zielgrößen, die sich auf ökonomische Erfolgsfaktoren beziehen, z.B. Erhöhung des Umsatzes, Erhöhung des Marktanteils, Erhöhung des durchschnittlichen Kaufbetrages je Kunde usw.
- Zielgrößen, die sich auf den Kauf vorgelagerter Verhaltensweisen der Verbraucher beziehen z.B. Veranlassung eines Erstbesuchs, Einholen von Angeboten usw.
- Zielgrößen, die sich auf Prädispositionen der Verbraucher beziehen z.B. Aufmerksamkeit und Wissen des Verbrauchers erhöhen, Kaufabsichten erzeugen usw.

Bei der **Festlegung des Kommunikationsbudgets** sind mehrere Herangehensweisen denkbar. Aus mikroökonomischer Sicht muss der voraussichtliche Umsatz und der sich daraus abgeleitete Rohertrag bei unterschiedlich hohen Kommunikationsausgaben analysiert werden. Die Kommunikationsausgaben sind so zu wählen, dass die Differenz zwischen zusätzlichen Roherträgen und zusätzlichen Kosten maximiert wird. Eine weitere Möglichkeit der Festlegung des Kommunikationsbudgets besteht in der Beobachtung des Verhaltens der Konkurrenz. Es ist denkbar, ein annähernd gleiches Kommunikationsbudget wie die Konkurrenz festzusetzen, um dieser einen kommunikativen Wettbewerbsvorsprung zu verwehren. Eine dritte Möglichkeit der Festlegung des Kommunikationsbudgets bietet die Ziel-Maßnahmen-Methode. Für ein konkretes Sachziel werden jene Mittel bereitgestellt, die benötigt werden, um das Ziel effizient zu erreichen.

Bei der **Aufteilung des Kommunikationsbudgets** müssen folgende Überlegungen berücksichtigt werden:

- Anteil der institutionenbezogenen Kommunikationsausgaben, Anteil der Ausgaben für einzelne Warenbereiche
- Aufteilung des Budgets auf einzelne Regionen
- Nutzung verschiedener Medien
- zeitliche Allokation der Kommunikationsmaßnahmen.

Eine Gleichverteilung des Kommunikationsbudgets wird in den meisten Fällen nicht sinnvoll sein, da sich durch eine effiziente Allokation mithilfe von Werbewirkungsanalysen Verbesserungen erzielen lassen.

Die **Implementierung** des Kommunikationsplans erfordert zahlreiche Koordinationsaufgaben zwischen dem Unternehmen und externen, an der Umsetzung beteiligten Unternehmen wie Werbeagenturen und Verteilerorganisationen. Schlussendlich kann mithilfe der **Kommunikationskontrolle** die Wirksamkeit einzelner Maßnahmen überprüft werden.

Die Entscheidungen, die z.B. im Rahmen der Kommunikationspolitik nach der Festlegung der Werbebotschaft und der Werbemittel gefällt werden müssen, betreffen u.a. die Auswahl der Werbeträgergruppe(n), die als Basismedium und/oder als flankierendes Medium zum Einsatz kommen sollen. Damit ist die **Inter-Mediaselektion** angesprochen. Dagegen wird im

Rahmen der **Intra-Mediaselektion** eine Auswahl zwischen einzelnen Werbeträgergruppen vorgenommen.

Beim Einsatz der Kommunikationsmaßnahmen im Handel sind, wie bereits erwähnt, branchenspezifische Unterschiede erkennbar. Im LEH wird v.a. mittels Handzettel geworben, wogegen im Elektronik- und im Do-it-yourself-Handel sowie von Großunternehmen im Möbelhandel, insb. TV-Werbespots geschaltet werden und kleinere Handelsunternehmen mit regionaler Ausrichtung bspw. Rundfunkwerbung einsetzen. Tabelle 4.8 zeigt die Ergebnisse einer Befragung von Konsumenten in Bezug auf jene Medien, die als besonders kaufanregend eingeschätzt werden. Aus Kundensicht hat im LEH der Handzettel für 49% der Probanden vor TV für 16% die kaufanregendste Wirkung. Im Drogerieeinzelhandel schreiben dem Handzettel 41% eine kaufanregende Wirkung zu. In Bezug auf Bau- und Gartenmärkte bezeichnen 51% den Handzettel als anregend.

Tabelle 4.8: Branchenvergleich in Bezug auf die Mediennutzung – Angaben in %

	LEH	Drogerie	Textil	DIY	Möbel
Handzettel, Prospekt	49	41	39	51	48
TV	16	13	16	17	18
Tageszeitung	14	13	13	14	12
Internet	10	8	20	23	20
Persönlich adressierte Werbepost	8	9	18	10	18
Plakat	5	4	11	6	6
Gratiszeitungen	4	5	4	4	4
Radio	6	3	4	6	4
Magazine, Zeitschriften	4	4	11	5	6
E-Mail, Newsletter	1	1	7	2	2
Mobile Endgeräte/Apps	5	3	6	8	3

Quelle: Gallup 2018.

III. Festlegung der Kommunikationsstrategie

Um die zentralen Zielsetzungen der Kommunikation zu realisieren, gilt es, im Rahmen mittel- bis langfristiger Verhaltenspläne, eine Schwerpunktsetzung der zu ergreifenden Kommunikationsstrategie vorzunehmen.

Kommunikationsstrategien sind Maßnahmen grundsätzlicher Art zur Erreichung von Kommunikationszielen. Kommunikationsstrategien können sich in Verwendung einzelner, als auch in Kombination mehrerer Kommunikationsinstrumente niederschlagen.

In Ahnlehnung an das Paradigma eines Kommunikationssystems lassen sich sechs **Dimensionen von Kommunikationsstrategien** spezifizieren:

- Objekt
- Zielgruppen
- Botschaft
- Maßnahmen
- Areal
- Timing.

An erster Stelle steht die Entscheidung, welche **Objekte** kommunikativ unterstützt werden sollen. Dies können bspw. Marken, Produkte, Dienstleistungen oder Retail Brands sein. Im Rahmen der Festlegung der **Kommunikationszielgruppen** sind neben den aktuellen und potenziellen Kunden auch jene Gruppen relevant, die bspw. als Meinungsführer einen Einfluss auf die Entscheidungen der Käufer ausüben. Im Rahmen der Zielgruppenidentifizierung gilt es jene Personen und Organisationen festzulegen, die zur Realisierung der Kommunikationsziele angesprochen werden sollen. Im Zusammenhang mit der Zielgruppenbeschreibung werden die Zielgruppen anhand unterschiedlicher Merkmale genauer charakterisiert. Die Analyse der Zielgruppenerreichbarkeit dient in einem dritten Schritt der Auswahl geeigneter Werbeträger und -mittel, um die Zielgruppen bestmöglich anzusprechen. Mit der **Kommunikationsbotschaft** werden die zentralen Inhalte bzw. die Kernbotschaft, die sich aus der Positionierung des Kommunikationsobjekts ergibt, definiert. Ziel ist es dabei, den Konsumenten die Aufnahme der Botschaft zu erleichtern, Irritationen zu vermeiden und die Glaubwürdigkeit sowie die Akzeptanz des Unternehmens bzw. in weiterer Folge das Vertrauen in die Unternehmensleistung zu steigern (Foscht/Brandstätter 2012, S. 681). Bei der Festlegung der **Kommunikationsmaßnahmen** wird darüber entschieden, welche Kommunikationsmittel die Botschaft transportieren sollen. Diese Maßnahmen dürfen sich dabei nicht auf die klassischen Kommunikationsinstrumente beschränken, sondern müssen alle „Brand Touchpoints" gezielt gestalten (Gabriel/Kästner 2018, S. 15f.). Aufgrund der vielen Möglichkeiten werden die Instrumente nicht an dieser Stelle, sondern in Abschnitt V. beschrieben. Je nach Gegebenheiten des Marktes bzw. der Marktsituation wird mit dem **Kommunikationsareal** festgelegt, ob die Kommunikationsaktivitäten primär lokal, regional, national oder international ausgerichtet werden. Das **Kommunikationstiming** entscheidet letztlich über die zeitliche Ausrichtung der kommunikativen Maßnahmen (Bruhn 2015, S. 245ff.). Die Kommunikationsstrategie hat Auswirkungen auf die Kommunikationsplanung auf operativer Ebene und bildet einen Rahmen für weitere Kommunikationsmaßnahmen. Abb. 4.77 zeigt vereinfacht die Wirkungszusammenhänge zwischen der strategischen und operativen Kommunikationsebene.

Abbildung 4.77: Zusammenhänge zwischen der strategischen und operativen Ebene von Kommunikationsstrategien und -maßnahmen

Quelle: Bruhn 2015, S. 244.

Je nach Kommunikationsstrategie weisen die verschiedenen Dimensionen unterschiedliche Schwerpunkte auf. Möchte ein Händler bspw. eine neue Zielgruppe erreichen, wird die Strategiedimension der Zielgruppe die zentrale Rolle spielen (**Zielgruppenerschließungsstrategie**). Die Entscheidung, ob über ein neues Produkt informiert oder das Image einer Retail

Brand verändert werden soll, hat Auswirkungen auf die Kommunikationsbotschaft. Trotz dieser Einzelfallentscheidungen kann eine grobe Unterscheidung in verschiedene Kommunikationsstrategien vorgenommen werden. Während die Erhöhung von Bekanntheitswerten von Unternehmen, Marken, Produkten oder Leistungen im Zentrum von **Bekanntmachungsstrategien** steht, steht im Rahmen von **Informationsstrategien** die Überzeugung von Produkteigenschaften bzw. Serviceleistungen im Vordergrund. Die **Imageprofilierungsstrategie** zielt darauf ab, positive Einstellungen zu formieren und spezielle Nutzendimensionen zu kommunizieren, um klare und einzigartige Marken-, Unternehmens-, Produkt- oder Leistungsimages zu erzeugen. Die Profilierung gegenüber Wettbewerbern bzw. die Abgrenzung gegenüber der Konkurrenz im Hinblick auf spezielle Nutzendimensionen wird im Rahmen der **Konkurrenzabgrenzungsstrategie** verfolgt. Der Aufbau und die Pflege von Beziehungen zu relevanten Zielgruppen, eine verstärkte Kundenbindung bzw. der Aufbau von Vertrauen stehen hingegen im Zentrum von **Beziehungspflegestrategien.**

IV. Integrierte Kommunikation

Die **Integrierte Kommunikation** ist als bedeutende strategische Aufgabe darauf ausgerichtet, „aus den differenzierten Quellen der internen und externen Kommunikation eine Einheit herzustellen, um ein für die Zielgruppen der Kommunikation konsistentes Erscheinungsbild des Unternehmens […] zu vermitteln“ (Bruhn/Homburg 2017). Dabei ist eine **inhaltliche**, **formale** und **zeitliche Abstimmung** aller Kommunikationsmaßnahmen sicherzustellen, um die durch die Kommunikation erzeugten Eindrücke zu vereinheitlichen und zu verstärken (Kroeber-Riel/Esch 2015, S. 152). Die Notwendigkeit zur integrierten Kommunikation ist sowohl auf veränderte Markt- und Kommunikationsbedingungen als auch auf die Zersplitterung der Kommunikationswirkung zurückzuführen. Denn einem wachsenden Angebot von Kommunikationsbotschaften, Marken, Medienformaten und -kanälen, die genutzt werden können, steht eine Informationsüberlastung der Konsumenten gegenüber. Zudem sinkt die Effizienz der eingesetzten finanziellen Mittel für Kommunikation zunehmend, d.h., die Wirkung einzelner Kommunikationskontakte wird schwächer (Zerfaß/Borchers 2017). Die Integrierte Kommunikation stellt eine zentrale Herausforderung für das Handelsmanagement dar.

Im Hinblick auf eine optimale Kombination und Abstimmung von Kommunikationsinstrumenten im Handel ist zu berücksichtigen, dass die einzelnen Kommunikationsinstrumente unterschiedliche Wirkungsebenen betreffen. Die klassischen Instrumente, denen bspw. die Verkaufsförderung zuzurechnen ist, verfolgen eher das Ziel der Verhaltenssteuerung der Konsumenten nach dem Sender-Empfänger-Modell und basieren damit letztlich auf dem klassischen Ursache-Wirkungs-Denken. Diese klassischen Kommunikationsinstrumente werden zunehmend durch Instrumente ergänzt, die eine Interaktion mit den Kunden erlauben. Dabei wird versucht, das handelnde Individuum in den Mittelpunkt zu stellen und mit diesem konsensuelle Bereiche und gemeinsame Realitäten zu entwickeln. Damit kann es einem Handelsunternehmen gelingen, in der Welt des Kunden präsent zu sein und sich mit ihm zu vernetzen (Gabriel/Kästner 2018, S. 13). Wie stark die Integration sein muss, um vom Kunden wahrgenommen zu werden, ist u.a. vom **Involvement** der Verbraucher abhängig. Prinzipiell gilt: Je niedriger das Involvement des Empfängers, desto stärker muss die Integration sein und umso mehr Wiederholungen sind nötig, damit Lernprozesse initiiert werden können (Kroeber-Riel/Esch 2015). Während es einerseits immer bedeutsamer wird, die Kommunikation integrativ auszurichten, nimmt andererseits die Bedeutung der Individualisierung in der Kommunikation zu. Der zunehmenden Forderung von Rezipienten nach individuellen Informationen kann der instrumentelle Einsatz in Form klassischer Mediawerbung kaum gerecht werden. Hierzu bedarf es individueller dialogorientierter Formen. Tabelle 4.9 zeigt die Ergebnisse einer branchenvergleichenden Analyse der Bedeutung der Faktoren „Persönlicher Verkauf“,

„Massenkommunikation“ und „Ladengestaltung“, in deren Rahmen 2.000 Probanden in einer deutschen Großstadt befragt wurden (vgl. hierzu Zentes/Swoboda 2016). Dabei fällt die hohe **Bedeutung des persönlichen Verkaufs** auf: In vier von fünf Branchen besitzt dieser Faktor den höchsten Einfluss auf die Wahrnehmung der Retail Brand seitens der Konsumenten. Lediglich im Bekleidungseinzelhandel dominiert die Ladengestaltung, die ihrerseits im LEH lediglich einen geringen Einfluss auf die Wahrnehmung der Retail Brand ausübt. Der Massenkommunikation kommt in der Do-it-yourself-Branche der geringste Einfluss zu, obwohl sich die Branchenführer (Obi, Bauhaus, Hornbach) gerade durch einen jeweils intensiven Einsatz von TV-Werbespots von der Konkurrenz abzuheben versuchen. Eine mögliche Erklärung hierfür ist in der aggressiven Preiswerbung sämtlicher Baumärkte zu sehen, die aus Kundensicht nicht zur Profilierung bzw. Differenzierung beitragen kann.

Tabelle 4.9: Branchenvergleich der Kommunikationswirkung basierend auf einer Mehrgruppenkausalanalyse (Pfadkoeffizienten)

Einzelhandelsbranche	Lebensmittel	Bekleidung	Elektronik	Baumärkte	Möbel
SMC (Retail Brand)	0,532	0,480	0,639	0,607	0,474
Persönlicher Verkauf → Retail Brand	0,421 ***	0,271 ***	0,393 ***	0,433 ***	0,356 ***
Massenkommunikation → Retail Brand	0,363 ***	0,268 ***	0,237 ***	0,193 ***	0,403 ***
Ladengestaltung → Retail Brand	0,107 *	0,358 ***	0,353 ***	0,310 ***	0,125 *

N=400 je Branche;*p<.10; **p<.05; ***p<.01; NFI=0.935; IFI=0.960; TLI=0.939; CFI=0.959; RMSEA=0.028.

Quelle: Zentes/Swoboda 2016, S. 601.

Die Beobachtungen spiegeln eine aggregierte Betrachtung auf Branchenebene wider. Auf Individualebene wäre eine unternehmensspezifische Sicht einzunehmen, wobei die Massenkommunikation – etwa in einem filialisierten Unternehmen – auf die Wahrnehmung jeder Filiale Einfluss nimmt, wohingegen der persönliche Verkauf – und unter Einschränkungen die Ladengestaltung – in jeder Niederlassung variiert werden kann (vgl. hierzu auch Abschnitt G.II. in diesem Kapitel). Insofern greifen die unterschiedlichen Kommunikationsinstrumente ineinander, wobei in der angeführten Analyse erstmals eine integrierte Untersuchung verschiedener Instrumente vorgenommen wurde. Aus strategischer Sicht ist eine verbesserte Abstimmung aller Kommunikationsinstrumente und -maßnahmen von zentraler Bedeutung. Die Handelskommunikation und ihre Instrumente als mögliche Leitinstrumente einer integrierten Kommunikation können bei der Positionierung des Handels als eigene Marke einen wichtigen Beitrag leisten (Kroeber-Riel/Esch 2015, S. 185). Abbildung 4.78 gibt einen Überblick zu Studien zum Themenbereichen der Kommunikation von Handelsunternehmen.

V. Communication-Touchpoints in der Customer Journey

1. Grundlagen

Ziel der Integrierten Kommunikation ist es, aus den verschiedenen Quellen der Kommunikation ein einheitliches Markenbild bei den verschiedenen Zielgruppen zu schaffen. Einen wesentlichen Beitrag zur Abstimmung der einzelnen Instrumente liefert das Konzept der **Customer Journey**, das auf sognannten Touchpoint-Analysen basiert. Unter **Touchpoints** werden alle Kontakte bzw. Berührungspunkte verstanden, die ein Konsument mit einer Marke bzw. einem Unternehmen hat. Diese Kontakte reichen vom ersten Anstoß bis hin zum Kauf bzw. Wiederkauf (Schweiger/Schrattenecker 2017, S. 181). Demnach wird jeglicher Kontakt bzw. jede Botschaft einer Marke mit den bzw. an die Anspruchsgruppen als Touchpoint bezeichnet

(Totz/Werg 2014, S. 123 f.). Die Interaktion der Kunden mit Unternehmen über unzählige Berührungspunkte in verschiedenen Kanälen und Medien führt zu komplexen Customer Journeys. Diese Komplexität erklärt sich durch die Vielzahl der verfügbaren Kanäle, die verminderte Kontrolle dieser Kanäle durch die Unternehmen und deren Hybridisierung –Vertriebskanäle werden zu Kommunikationskanälen und umgekehrt (Verhoef/Kannan/Inman 2015).

Abbildung 4.78: Ausgewählte Studien zu Aspekten des Kommunikationsmanagements

Autor(en)	Forschungsfrage	Theorie	Daten und Methode	Kernergebnisse
				PoS-Kommunikation
Eger/ Micík (2017)	Influence of customer-oriented communication on satisfaction	None	N=262 shops examined by mystery shoppers	▪ Findings confirmed that in certain areas communication with customers is better in smaller shops than in larger ones. ▪ The authors found that customers are loyal and express their overall satisfaction with the buying process if customer-oriented communication meets the recommended standard.
Das (2016)	Influence of nonverbal cues displayed by salespersons on behavior	Regulatory focus theory	N=253 customers of a gift store/140 students; experiment	▪ Lilt voice from an attractive salesperson result in higher shopping outcomes such as satisfaction, and impulse buying compared to a lilt voice from an unattractive salesperson, a guttural voice from an attractive salesperson, and a guttural voice from an unattractive salesperson
				Integrierte Kommunikation
Hüseyinoglu/ Galipoglu/ Kotzab (2016)	Use of social media, local and mobile commerce in omni-channel management strategy	SO-LO-MO concept	N=16 retailers (websites, mobile apps), manifest content analysis	▪ Findings enable a comparison of the social media-local and mobile commerce concept (SO-LO-MO) between retailers operating in the two countries. ▪ Similarities and differences in the SO-LO-MO-based omni-channel management strategies revealed. ▪ SO-LO-MO practices vary according to different product segments identified
Van Baalen/ Mulder (2016)	Importance for companies to follow an integrated communication (IC)	Integrated communication approach	Conceptual analysis	▪ Investigation of IC's historic evolution, identifying terms similar to IC, defining IC's attributes and antecedents, and highlighting the consequences of IC implementation.
				Online-Kommunikation
García/ Carrillo-Durán/ Jimenez (2017)	Establishing a categorization of corporate websites as tools of online communication	None	N=754 firms, cluster analysis of the usability and content of websites, discriminant analysis	▪ List of indicators that literature has considered to be determinant aspects of firms' use of their websites for corporate strategic communications. ▪ Identified indicators can be applied in forming an instrument to measure the quality of company websites in this area.
Anderl/ Schumann/ Kunz (2016)	How channel usage along the customer journey facilitates inferences about purchase decision processes	Choice set theory	N=350719 online journeys over a maximum of 30 days	▪ Classifying online marketing channels along the dimensions of contact origin and brand usage uncovers several meaningful interaction effects between contacts across channel types. ▪ The proposed taxonomy also significantly improves model fit and outperforms alternative specifications.
				Social Media-Kommunikation
Dolan u.a. (2017)	Identification of brand communication strategies on Facebook	Uses and gratifications theory	N=12 wine brands over a 12-month period	▪ A low rate of engagement among the users of the wine brand Facebook pages. ▪ A majority of Facebook fans rarely engage with the brands. ▪ User engagement varies depending on the day of the week and hour of the day of the brand post.
Wagner/ Baccarella/ Voigt (2017)	Proposition of a theoretical framework of how users process posts on social network sites	Uses and gratifications theory, elaboration likelihood model	N=1948 Facebook-posts for ten most valuable car brands; coding scheme model	▪ Some post appeals have positive and others have negative impact on user interaction. ▪ Some of the appeals with positive impact are rarely used by brands, while some of the appeals with negative impact are used quite frequently, indicating that brands currently do not grasp the full potential of post appeal strategy.

Unternehmen zielen darauf ab, mit ihren Kunden über möglichst viele Touchpoints zu interagieren, um gewinnbringende Absätze zu generieren. Ein tiefgreifendes Verständnis für die Einkaufswege der Kunden durch die Aktivierung spezifischer Kontaktpunkte ist insb. im Rahmen der Omnichannel-Forschung zu einem kritischen Thema geworden (Lemon/Verhoef 2016). Unternehmen müssen im Zeitalter des Omnichannel-Handels in der Lage sein einzuschätzen, wie sich die Aktivierung verschiedener Touchpoints auf die Customer Journey auswirken kann. Zudem können zahlreiche Kontaktpunkte, die durch die Digitalisierung entstanden sind, nicht von den Unternehmen kontrolliert werden.

Eine der größten Herausforderungen für den Handel ist es daher, den Einfluss von Kommunikationsinvestitionen auf das Kaufverhalten der Kunden zu messen. Für eine Kaufentscheidung spielen sowohl Offline-Kontaktpunkte mit einer Marke, wie TV-Spots, Anzeigen, Plakate, Events, Sponsoring, Verkaufsgespräche, Empfehlungen von Freunden als auch sämtliche Online-Touchpoints wie Unternehmens-Webseiten, Banner oder Beiträge auf Social Media-Plattformen eine wichtige Rolle. Bei der Planung bzw. Auswahl geeigneter Kommunikationsinstrumente ist gerade das Wissen über diese Customer Journeys von essentieller Bedeutung. Die Unterteilung erfolgt hierbei häufig i.A.a. Werbewirkungsmodelle und wird entweder in Form von Wirkungsstufen in die Phasen Awareness, Consideration, Intention und Purchase oder i.A.a. den Ablauf einer Kaufentscheidung in die zeitlichen Phasen der Informations-, Entscheidungs-, Kauf- und Nachkaufphase untergliedert.

Im Rahmen der Identifikation unterschiedlicher **Communication-Touchpoints** lassen sich grundsätzlich vier Kategorien unterscheiden (vgl. Baxendale u.a. 2015; de Haan/Wiesel/Pauwels 2016): brand-owned, partner-owned, customer-owned und social/external/independent. Der Kunde kann mit jeder dieser Touchpoint-Kategorien in jeder Phase seiner Customer Journey interagieren. In Abhängigkeit des Produktes bzw. der Dienstleistung oder der individuellen Customer Journey können die Kategorien in jeder Phase stark oder auch gar nicht ausgeprägt sein (Lemon/Verhoef 2016, S. 76). Abbildung 4.79 zeigt eine Kundenreise anhand der Vorkauf-, Kauf- und Nachkaufphase in Kombination mit exemplarischen Communication-Touchpoints. Eine Auswahl jener Communication-Touchpoints, die in den einzelnen Phasen zum Tragen kommen können, sind in der Abbildung grau dargestellt.

Diese Typologie, die bereits in Abschnitt A. dieses Kapitels erläutert wurde, ist allerdings wesentlich weiter gefasst als jene, die sich häufig in der Literatur zum Kommunikationsmanagement findet. In **Abhängigkeit der Mediaplanung** werden die Touchpoints häufig zielgruppenübergreifend in owned Media, paid Media und earned Media unterteilt.

Es zeigen sich Überschneidungen dieser beiden Kategorisierungen. So werden brand-owned und partner-owned Touchpoints im Rahmen der Kommunikation unter paid Media subsummiert, wohingegen social/external/independent Touchpoints typischerweise als earned Media bezeichnet werden. In Bezug auf die Kommunikation von Handelsunternehmen werden die Communication-Touchpoints in den folgenden Ausführungen als

- Retail brand-owned Communication-Touchpoints,
- Retail partner-owned Communication-Touchpoints und
- Social Communication-Touchpoints

kategorisiert und erklärt. Zusammengefasst bietet eine solche Typologie der Touchpoints einen organisatorischen Rahmen für das Verständnis des Kundenerlebnisses. So ist es Unternehmen möglich, einerseits Touchpoints innerhalb der Customer Journey zu identifizieren, die sie direkt kontrollieren bzw. beeinflussen können, andererseits können sie sich jenen Kontaktpunkten bewusstwerden, auf die sie keinen oder nur minimalen Einfluss haben (z.B. Social Touchpoints) (Lemon/Verhoef 2016).

Abbildung 4.79: Beispiele ausgewählter Communications-Touchpoints nach Kaufphase

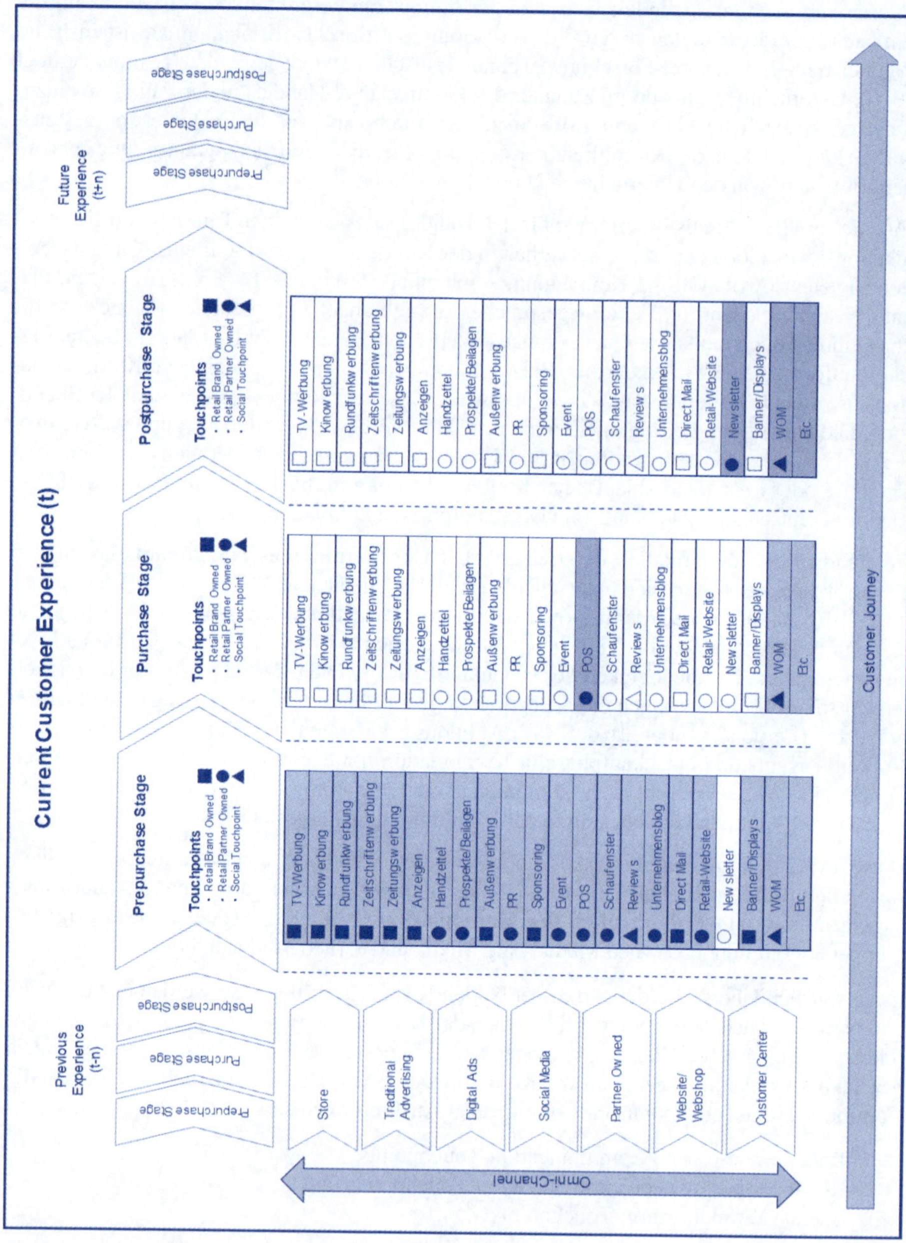

2. Retail brand-owned Communication-Touchpoints

Der Begriff **Retail brand-owned Communication-Touchpoints** subsummiert all jene Kontaktpunkte, die in der unmittelbaren Kontrolle des Unternehmens liegen und direkt im Sinne des Unternehmens bzw. der Marke kontrolliert werden können. Dabei wird zwischen voller

Kontrolle (fully owned), wie bei der eigenen Webseite und teilweiser Kontrolle (partially owned), wie bei einer Facebook-Seite unterschieden. Unternehmen haben über Retail brand-owned Touchpoints die Möglichkeit, Inhalte entweder lediglich zu publizieren (z.B. über einen Corporate Blog) oder zusätzlich auch mit den Kunden zu kommunizieren (z.B. auf einer Facebook-Seite). Abbildung 4.80 listet gängige Beispiele für Retail brand-owned Communication-Touchpoints auf, die im Folgenden beschrieben werden.

Abbildung 4.80: Beispiele von Retail brand-owned Communication-Touchpoints

	Retail brand-owned Communication-Touchpoints	
Kontrollmöglichkeit	Botschaften können vollständig kontrolliert werden.	
Beschreibung	Umfasst alle Maßnahmen, die sich im Besitz des Unternehmens befinden. Botschaften und Inhalte können vom Unternehmen selbst gestaltet und gesteuert werden. Durch diesen unmittelbaren Einfluss des Unternehmens auf den Auftritt des Retail brand-owned Touchpoints findet zusätzlich eine Assoziation der Wirkung des Kundenkontakts auf das Unternehmen statt.	
Beispiele	Offline	▪ Direkte Kommunikation ▪ PR ▪ Events ▪ Persönlicher Verkauf ▪ Verkaufsförderung ▪ PoS-Medien
	Online	▪ Unternehmens-Webseite ▪ Newsletter ▪ Corporate Blogs ▪ App

Charakteristisch für die **direkte Kommunikation** ist der unmittelbare Kontakt zwischen Unternehmen und Kunden, wobei dieser individuell gestaltet wird. Die direkte Kommunikation kann im Bereich des Direkt-Marketing angesiedelt werden. Durch die individuelle Ansprache von Konsumenten können nicht nur neue Kunden gewonnen, sondern auch bestehende Kunden besser an das Unternehmen gebunden werden. Basis für eine individualisierte Ansprache von bestehenden Kunden ist eine Datenbank, in der entsprechende Informationen gespeichert sind. Man spricht daher auch von **Database-Marketing**. Eine zentrale Bedeutung nimmt das Direkt-Marketing auch im Versandhandel ein, wo dieses Instrument meist als Hauptkommunikationsinstrument eingesetzt wird. Allerdings nehmen auch im stationären Handel vermehrt Direkt-Marketing-Aktivitäten, insb. im Zusammenhang mit Kundenkarten und Kundenclubs, zu.

Edeka-Aktion gegen Rassismus

Mit einer ungewöhnlichen Aktion gegen Rassismus sorgte Edeka für Aufsehen. In einigen Filialen wurden Produkte aus dem Ausland zur Gänze aus den Regalen genommen. Statt Produkten fanden die Kunden nur bunte Schilder vor. So gab es an der Salat-Theke statt Griechischem Salat mit Feta und Oliven die Information: „Unsere Auswahl kennt heute Grenzen." Auch Käse aus Frankreich oder Holland suchten die Kunden vergebens, stattdessen fanden sie mit dem Ausspruch „So leer ist ein Regal ohne Ausländer" eine Botschaft gegen Rassismus.

Quelle: www.stern.de, 21. August 2017

Die Öffentlichkeitsarbeit, die auch als **Public Relations** oder PR bezeichnet wird, beschäftigt sich mit der Pflege der Beziehungen zwischen dem Händler und der Öffentlichkeit. Die Öffentlichkeit kann dabei in Teilöffentlichkeiten unterteilt werden, zu denen bspw. die Kunden, die Lieferanten, die Aktionäre, verschiedene Institutionen (z.B. NGOs), der Staat, aber auch die eigenen oder potenziellen Mitarbeiter zählen. In diesem Zusammenhang wird auch von

Stakeholdern gesprochen. Public Relations ist für das Bild des Unternehmens in der Öffentlichkeit, also sein Image, verantwortlich und somit von höchster Bedeutung. Bei Handelsunternehmen, die nur über einen Betriebstyp verfügen (z.B. Aldi) und bei betriebstypenspezifisch organisierten Handelsunternehmen (z.B. Rewe mit den internationalen Handelsvertriebslinien Penny Markt, Billa, Merkur, Bipa, Standa, bzw. den auf nationaler Ebene etablierten Vertriebslinien Rewe, Nahkauf, Toom, Promarkt) wirkt die Öffentlichkeitsarbeit direkt auf das Image eines Betriebstyps bzw. auf die jeweilige Marke.

Zu den zentralen Instrumenten der Öffentlichkeitsarbeit zählen:

- **Medienarbeit** (z.B. Presseberichte, Presseveröffentlichungen, Websites, Interviews)
- **Veranstaltungen** (z.B. Pressekonferenzen, Vorträge, Seminare, Kongresse, Jahreshauptversammlungen, Tag der offenen Tür)
- **Beziehungsmanagement** (z.B. Aufnahme und Pflege von Beziehungen zu Meinungsführern und Multiplikatoren zur Verbreitung von Botschaften mit Medienpräsenz, Branchentreffen, Lobbying, Journalismus, Spenden)
- **Krisenmanagement** (Minimierung von Schäden an der Glaubwürdigkeit bspw. bei Unfällen und Skandalen).

Die Effizienz und Effektivität des Kommunikationsmanagements im Allgemeinen bzw. der Public Relations im Speziellen, wird in Zukunft im Handel eine wichtige Rolle spielen. Dabei wird das Konzept der **Corporate Social Responsibility (CSR)** auch für Handelsunternehmen essentiell sein (Zentes/Swoboda 2016, S. 590).

Bei der **Event-Kommunikation** werden im Rahmen von besonderen Ereignissen die Leistungen eines Handelsunternehmens präsentiert. Die Grundidee der Inszenierung von Ereignissen besteht im Einsatz einer stark erlebnisorientierten Kommunikationsform, von der entsprechende emotionale und physische Reize ausgehen können bzw. eine entsprechende Aktivierung ausgelöst wird. Aufgrund des erlebnisorientierten Charakters von Events bieten sie Unternehmen eine gute Plattform, um einzigartige Kundenerlebnisse zu schaffen und ihre Leistungen entsprechend präsentieren zu können und somit zur Etablierung eines Customer Experience Managements beizutragen. Insbesondere im Einzelhandel werden Events zu einer immer wichtigeren Konstante, da sie als Networking-Plattform für Händler und Kunden fungieren, indem neue Kontakte geknüpft, bestehende Kontakte vertieft und Brücken zwischen PoS und Kunden gebaut werden können. Zudem können die Bekanntheit erhöht und eine Imagepositionierung bei ausgewählten Zielgruppen erreicht werden. Im Gegensatz zum Veranstaltungssponsoring geht es bei der Event-Kommunikation immer auch um die Verbindung zu den eigenen Leistungen. Studien belegen, dass die Effektivität der Event-Kommunikation von diversen Faktoren abhängt. Einen wesentlichen Beitrag zur Effektivität und letztendlich zu einer gesteigerten Kaufabsicht trägt der Fit zwischen Marke und Event bei. So sollten Marke und Event gut zusammenpassen, um authentisch auf den Besucher zu wirken. Des Weiteren hängt die Effektivität der Event- Kommunikation vom Involvement des Besuchers gegenüber der Marke und dem Event ab. Je höher das Involvement gegenüber der Marke und des Events ist, desto wahrscheinlicher sind positive Emotionen, die durch das Event ausgelöst werden. Positive Emotionen wirken sich wiederum positiv auf die Einstellung sowie auf die empfundene Kongruenz gegenüber der Marke bzw. dem Event aus, was letztendlich zu einer erhöhten Kaufabsicht führt (Nufer 2018, S. 78ff.).

Event-Kommunikation richtet sich aber nicht nur an den Konsumenten. Ziel kann es auch sein, die Führungskräfte und die Mitarbeiter, z.B. durch interne Konferenzen oder Veranstaltungen, anzusprechen.

Der **persönliche Verkauf**, als direkte, zweiseitige Kommunikation, beruht auf dem unmittelbaren Kontakt zwischen Verkäufer und Käufer beim Absatz von Waren. Die Bedeutung des persönlichen Verkaufs variiert je nach Betriebstyp und Art der angebotenen Waren. Persönliche Verkaufsgespräche spielen vor allem beim Verkauf von hochpreisigen und erklärungsbedürftigen Produkten eine große Rolle, die ein Eingehen auf spezifische Kundenwünsche erfordern (Froböse/Thurm 2016). Darüber hinaus ist die Bedeutung des persönlichen Verkaufs von der Art der Kaufentscheidung und dem damit verbundenen Involvement des Käufers abhängig (Meyer/Bartsch 2012).

Nächtlicher Stadtbummel in der Grazer Innenstadt

Im Wettbewerb mit dem Onlinehandel kann der stationäre Handel vor allem punkten, wenn er Atmosphäre und Erlebnis bietet. Mit der Initiative „So richtig echt – Grazer Innenstadt" laden seit dem Jahr 2016 rd. 150 Unternehmen zu einer langen Einkaufsnacht und einem Shopping-Erlebnis mit einem umfangreichen Showprogramm. Wenn die gesamte Innenstadt zur Bühne wird, reichen die Attraktionen von Modeschauen über Models in Schaufenstern, Gutscheinheften, Rabattaktionen, Weinverkostungen von heimischen Winzern in ausgewählten Geschäften, musikalischen Einlagen bis hin zu einer Oldtimer-Traktorenparade. Teil des Events war zudem ein Flashmob (siehe Abb. 4.81), der von einer Grazer Tanzschule organisiert wurde.

Abbildung 4.81: Flashmob als Teil eines Events

Quelle: www.kleinezeitung.at, 12. Oktober 2017.

Studien belegen, dass der persönliche Verkauf ein wichtiges Instrument ist, um Vertrauen und letztendlich Loyalität des Kunden gegenüber einem Unternehmen oder einer Marke aufzubauen. Zudem beeinflussen die Kompetenz, die Hilfsbereitschaft und Fähigkeit, Probleme und Fragestellungen zu lösen, die vom Kunden wahrgenommene Vertrauenswürdigkeit des Verkaufspersonals. Dies wirkt sich wiederum positiv gegenüber der Loyalität zum Händler aus. Die Hilfsbereitschaft des Verkaufspersonals sowie das ausgestrahlte Vertrauen werden von der Zufriedenheit des Personals mit dem Arbeitsplatz beeinflusst. Je zufriedener ein Angestellter mit seinem Beruf ist, desto stärker ist sein kundenorientiertes Verhalten. Die Ergebnisse unterstreichen somit, dass die Schaffung einer Arbeitsplatzumgebung, in der sich die Angestellten wohlfühlen, einen positiven Einfluss auf die Kundenbeziehung ausübt. Des Weiteren wird kundenorientiertes Verhalten maßgeblich durch Faktoren wie Ehrlichkeit, Fleiß und Empathie beeinflusst. Zudem kann kundenorientiertes Verhalten den Marktanteil des Unternehmens steigern. Die direkte Kommunikation mit dem Kunden ermöglicht es, Informationen zu gewinnen und weiterzugeben. Potenzielle Kunden sollen von der Leistungsfähigkeit des Angebots so überzeugt sein, dass sie bereit sind, die Waren weiterzuempfehlen. Ein klassisches Beispiel für den persönlichen Verkauf ist Tupperware, der führende Hersteller von Kunststoffhaushaltsprodukten, der seit 1951 seine Produkte fast ausschließlich über eigene Berater vertreibt.

Trotz der Vielzahl neuer Kommunikationsmedien und der weiten Verbreitung der Selbstbedienung und verschiedener Mischformen von Selbst- und Fremdbedienung, nimmt der persönliche Verkauf eine zentrale Rolle im Rahmen der Kommunikationsbemühungen eines stationären Handelsunternehmens ein. Durch eine lebendige und interaktive Beziehung werden direkte Beeinflussungsmöglichkeiten eines Gesprächspartners geschaffen. Die **Verkaufsförderung** – auch als Sales Promotion bezeichnet – umfasst zeitlich befristete Maßnahmen zur Stimulation der Abverkäufe. Auch wenn Promotion und PoS-Marketing starke Überschneidungen aufweisen, finden nicht alle Verkaufsförderungen am PoS statt. So können Warenproben bspw. auch per Direkt-Mail verteilt werden, obwohl die Produkte über den LEH vertrieben werden. Zum anderen werden mit diesen Maßnahmen nicht nur kurzfristige Ziele verfolgt. Auch wenn dies bei vielen Sales Promotions der Fall ist, versuchen Unternehmen z.B. mit Gewinnspielen ihr Image zu beeinflussen und darüber den Absatz langfristig zu steigern (Gedenk 2016, S. 99). In Handelsunternehmen können folgende Formen der Verkaufsförderung unterschieden werden:

- Die **verkaufspersonalgerichtete Verkaufsförderung** zielt auf die Motivierung der Verkaufsmitarbeiter und auf die Erhöhung der Qualität beim Verkauf ab. Als Beispiele können Schulungen oder Verkaufsunterlagen sowie Incentives beim Erreichen bestimmter Ziele angeführt werden.
- Die **konsumentengerichtete Verkaufsförderung**, die im Rahmen dieses Abschnitts im Vordergrund steht, zielt auf die Aufmerksamkeitserregung und auf die kurzfristige Förderung von Käufen am PoS ab. Konkret können konsumentengerichtete Verkaufsförderungsaktionen z.B. in Form von Verkostungsständen, Aktionsständen oder Sonderplatzierungen durchgeführt werden. Eine weitere Form der konsumentengerichteten Verkaufsförderung ist die direkte Sales Promotion. Dabei wird der Konsument direkt vom Hersteller kontaktiert (z.B. Versenden einer Waschmittelprobe an jeden Haushalt). Der Vollständigkeit halber sei auf die handelsgerichtete Verkaufsförderung hingewiesen, in deren Rahmen der Verkauf von Produkten gefördert werden soll, indem der Handel über neue Produkte frühzeitig informiert wird.

Eine in den letzten Jahren an Bedeutung gewonnene Verkaufsförderungsmaßnahme ist das **Couponing**. Durch Coupons wird dem Kunden beim Einlösen z.B. ein Preisnachlass gewährt. Coupons können durch verschiedenste Formen wie durch Anzeigen in Zeitschriften oder Zeitungen, durch Produktbeilegungen, durch Auflegen im Regal- oder Kassenbereich, durch Mobile Apps oder durch E-Mails ausgegeben werden. Sie dienen dazu, den Kunden zum erstmaligen Kauf eines Produkts zu animieren, die Kaufhäufigkeit und die Kaufmenge zu steigern, sowie den Marktanteil gegenüber Wettbewerbern abzusichern. Des Weiteren hat die Verbreitung von **PoS-Medien**, die auch als In-Store-Medien bezeichnet werden, zugenommen. Bspw. sind (elektronische) Einkaufswagenposter, Großflächenplakate, PoS-Radioprogramme oder Bodengrafiken zu nennen. Schließlich sei auf die Bedeutung weiterer Kommunikationsinstrumente im Handel hingewiesen. Einige **Sonderwerbeformen**, wie bspw. die Werbung auf dem Kassenbon, werden in Zukunft einen höheren Stellenwert einnehmen.

Während man vor einigen Jahren noch von einer untergeordneten Rolle des **Product Placement** im Handel ausgegangen ist, erfreut sich dieses Instrument mittlerweile zunehmender Beliebtheit. So werden Kunden bspw. mit Fußspuren zu Angeboten geführt wo Logos der Anbieter angebracht sind. Der Grund dafür sind oftmals Werbekostenzuschüsse. Marken bieten vielen Branchen hohe Summen für eine vorteilhafte Produktplatzierung. Denn eine Positionierung in der Sicht- und Greifzone führt i.d.R. zu mehr Absatz.

Zalando platziert bei „Germany's next Topmodel"

Der E-Commerce-Händler Zalando nutzte die Produktplatzierung und stattete im Rahmen des Modelcontests „Germany's next Topmodel" u.a. ein Ankleidezimmer mit Zalando-Fashion, Schuhen und Accessoires aus. Aufgabe der Nachwuchsmodels war es, sich im Rahmen einer „Challenge" das richtige Outfit aus dieser Auswahl zusammenzusuchen. Außerdem spielten gebrandete Pakete mit begehrten „Must-haves" in mehreren Folgen eine Rolle. Erweitert wurde die Aktion mit einem eigenen TV-Spot. Die Kombination von Mode-Anbieter und Model-Contest führte dadurch, dass sie inhaltlich stimmig und eine hohe Zielgruppen-Affinität aufwies, zum Erfolg. Mit der Castingshow hat der Online-Händler eine super Plattform gefunden. Auch der Zeitpunkt war ideal: Kurz vor Start der Staffel hatte Zalando eine eigene Mode-Linie herausgebracht. Einzelteile aus der Frühjahrs/Sommer-Kollektion waren in mehreren Folgen des Formats zu sehen. Bei den TV-Auftritten ging es nicht nur um Awareness und Sympathie. Vielmehr verfolgte Zalando ein konkretes Kommunikationsziel: Er wollte nicht länger nur mit Schuhen assoziiert werden, sondern sich stärker als Versender von Mode bei jungen, modebewussten Frauenzielgruppen verankern.

Quelle: www.stern.de, 21. August 2017

Auf der **Unternehmenswebsite** sind klassischerweise Informationen über das Unternehmen, über angebotene Produkte oder Dienstleistungen sowie offene Stellen zu finden. Die Informationen werden lediglich zur Verfügung gestellt und müssen vom Internetnutzer gesucht werden.

Von einer herkömmlichen Unternehmenswebseite unterscheiden sich **Weblogs** insofern, als sie neben Informationen auch Meinungen des Autors bzw. der Besucher beinhalten. Werden die Weblogs von Unternehmen generiert und gesteuert, werden sie als **Corporate Blogs** bezeichnet. Durch den direkten und persönlichen Kontakt mit Kunden und Stakeholdern erfahren diese Neuigkeiten und Stellungnahmen aus dem Unternehmen, die sie direkt kommentieren bzw. sich mit anderen Interessengruppen austauschen können.

Mobile-Apps gelten neben TV, Print, Kino, Radio, Internet und mobiler Kommunikation bereits als Massenmedium. Im Rahmen der internen und externen Kommunikation sind sie in unterschiedlichen Varianten einsetzbar, um Informationen mobil, jederzeit und an jedem Ort zu empfangen. Zusätzlich ermöglicht der Einsatz mobiler Apps Handelsunternehmen eine Differenzierung gegenüber dem Wettbewerb, indem Mehrwerte für die Kunden zur Verfügung gestellt bzw. die Customer Experience erhöht wird.

Handelsunternehmen setzen immer stärker auf Individualisierung in Form von **personalisierten Angeboten**, um sich online sowie offline zu differenzieren. Voraussetzung dafür ist die Nähe zum Kunden bzw. die Auswertung kundenbezogener Daten, um Kundenprofile entwickeln zu können. Dabei geht es allerdings um weit mehr als klassische Kundendaten. Kunden führen während des Einkaufs wichtige Daten – z.B. über ihre Smartphones oder Pulsuhren – mit sich, die für den Handel durchaus interessant sein können. Viele Kunden sind bereit, Daten zu teilen, wenn sie wissen, dass diese zur Verbesserung des Kundenservice genutzt werden. Haben Händler Zugriff auf diese Daten bzw. auf Daten aus sozialen Netzwerken, kann der Handel durch **Big-Data-Analysen** diese mit den eigenen Kundendaten verknüpfen.

Produktwerbung mittels Gesichtserkennung

Zusammen mit zwei Apotheken in Linz, testete Bayer Austria im November 2017 eine neue Form der Produktwerbung mittels Gesichtserkennung. Mit dieser Gesichtserkennung – dargestellt in Abb. 4.82 – wurden das ungefähre Alter und Geschlecht ermittelt, um in weiterer Folge zielgruppengerechte Werbung auf einem Display einzublenden und dem Kunden somit ein bestimmtes Medikament zu empfehlen. Laut Bayer blieben die Bilder nicht gespeichert und wurden auch nicht weitergegeben, der Erkennungs-Algorithmus lief lokal, beschränkte sich auf die Erkennung von Geschlecht und Altersspanne und arbeitete in Echtzeit. Zudem wurde eine Verknüpfung mit weiteren Daten ausgeschlossen. Nach Protesten und einigen kritischen Reaktionen von Datenschützern wurde das Testprojekt seitens Bayer jedoch wieder beendet.

Abbildung 4.82: Produktwerbung mittels Gesichtserkennung

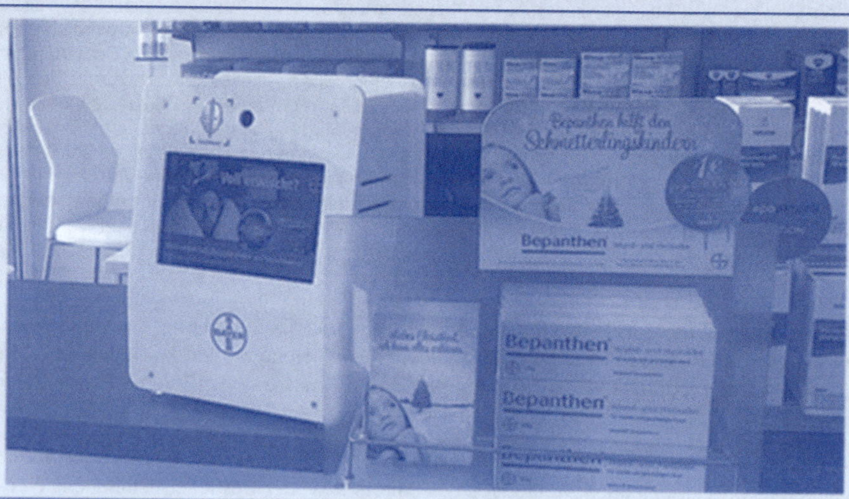

Quelle: www.retailtechnology.at, www.bayer.at, www.derstandard.at, www.kurier.at, 5. Mai 2018.

Insbesondere im Fashion-Handel ist Big Data zu einem festen Begriff geworden. Dies liegt vor allem daran, dass das Konzept der Kundenanalyse für eine gezielte Zielgruppenansprache für diese Branche keinesfalls neu ist. Seit vielen Jahren werten Unternehmen das Kaufverhalten ihrer Kunden aus und versuchen z.B. über Kundenkarten mehr Informationen über ihre Zielgruppen zu erhalten. Während man sich früher eher unspezifischen Aussendungen via Newslettern an groß selektierte Kundengruppen bediente, kann heute mit Hilfe von Big Data eine individuelle und zielgesteuerte Kommunikation für jeden einzelnen Kunden erfolgen.

Der intelligente Umgang mit großen Datenmengen wird zukünftig den Handel massiv verändern. Die Herausforderung ist hierbei allerdings nicht das Sammeln von Daten, sondern deren korrekte Interpretation. Künstliche Systeme (Machine Learning) entwickeln aus den Daten Modelle und Vorhersagen, indem Algorithmen das Verhalten analysieren und daraus mit Hilfe künstlicher Intelligenz Prognosen ableiten, diese überprüfen und gegebenenfalls Anpassungen vornehmen. **Machine Learning** führt damit zu besseren personalisierten Kundenerfahrungen, da die Analysen zu entsprechenden Artikelvorschlägen führen oder auch die Website anhand der bisherigen Customer Journey optimiert werden kann.

Für die Analyse der Datenmengen stehen unterschiedliche Methoden wie **Neuronale Netze** sowie statistische Methoden wie SIMCA (Soft Independent Modeling of Class Analogy) oder PAT (Process Analytic Technology) zur Verfügung. Um bestimmte Muster zu erkennen, wird unter Zuhilfenahme neuronaler Netze in den Daten nach speziellen Attributen und Zuständen gesucht. Verknüpft mit künstlicher Intelligenz lernt das neuronale Netz mit fortschreitender Anwendung immer mehr dazu und erkennt weitere Muster.

Outfit-Vorschläge aus persönlichen Daten

Als Multichannel-Händler setzt H&M auf Produktberatung in allen Kanälen. Um den Nutzern von Smartphones eine noch praktischere Möglichkeit der Beratung und des Einkaufens zu bieten, hat H&M mit Google eine App entwickelt, die aus persönlichen Daten, die das Smartphone über seine Besitzer sammelt, ein personalisiertes Outfit kreiert (siehe Abb. 4.83). Das zu Grunde liegende Business Model zielt dabei auf die Stärkung der Marke H&M, auf einen verbesserten Kundenservice und Transaktionen im Online-Shop ab. Die Outfitvorschläge werden auf Basis der Daten zu den Aufenthaltsorten, der Fortbewegungsart, den Wetterprognosen und dem Terminkalender des Nutzers verknüpft und auf Grundlagen des Sortiments aus dem H&M-Katalog vorgeschlagen.

Abbildung 4.83: App errechnet Outfits

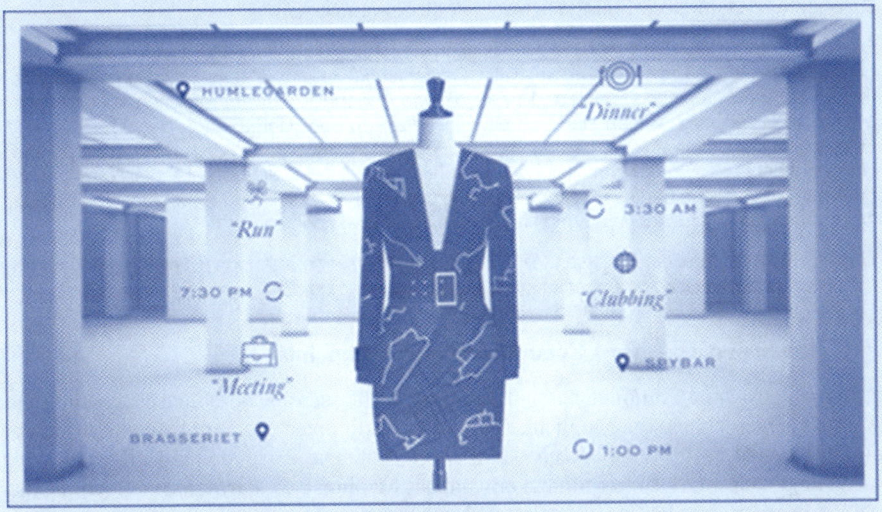

Quelle: www.googlewatchblog.de, 21. Oktober 2017.

Die **mobile Kommunikation**, die sich darüber hinaus durch die Lokalisierbarkeit des Empfängers auszeichnet, ermöglicht eine maximale Reichweite bei minimalen Streuverlusten. Durch den Vorteil der Nutzung der mobilen Kommunikation als Medium „on-demand“ (z.B. ein Kunde betritt einen Store und bekommt individuelle Informationen über Aktionen und Bonusprogramme), ist sie bereits zum festen Bestandteil cross-medialer Kampagnen im Handel geworden. Für die mobile Kommunikation bieten sich folgende Einsatzmöglichkeiten an:

- **Werbegetriebene Informationsdienste**, bei denen die Werbung an die eigentliche Nachricht (z.B. Börsenkurse, Nachrichten) angehängt wird
- **Location Based Services**, die Informationen für den Empfänger umfassen, die für ihn zum bestimmten Zeitpunkt und an einem bestimmten Ort (z.B. im Urlaub) wichtig sind
- **Mobile Coupons**, die als Barcode oder Zifferncode aufs Handy gesendet werden und dann an der Kasse vor Ort eingelöst werden können

- **Gewinnspiele**, die das Interesse der Kunden erregen und ihre Bereitschaft erhöhen, persönliche Daten preiszugeben
- **Mobile Auktionen**, die es dem Konsumenten erlauben, zeit- und ortsungebunden an Auktionen teilzunehmen
- **Incentives**, die teils gratis zur Verfügung gestellt werden (z.B. Klingeltöne, Logos).

Die Akzeptanz der Kommunikation durch mobile Applikationen ist dabei u.a. abhängig von der persönlichen Einstellung des Empfängers zu dieser Werbeform und zu Werbung im Allgemeinen, vom vorhanden Wissen über mobile Applikationen, vom wahrgenommenen Informations-, Unterhaltungsnutzen und sozialen Nutzen sowie vom wahrgenommenen Risiko. Egal ob digital oder analog – Daten von Kunden und Mitarbeitern müssen geschützt werden. Basis dafür ist die europäische Datenschutz-Grundverordnung (DSVGO), die mit 25. Mai 2018 in Kraft getreten ist und die Regeln für den Umgang mit personenbezogenen Daten in Unternehmen drastisch verschärft hat.

Datenschutz-Grundverordnung als Nachteil für Konsumenten?

Die Verordnung stößt bspw. bei Joachim Schütz, Geschäftsführer der Organisation Werbungtreibende im Markenverband (OWM), auf Kritik. Dieser ist der Meinung, dass zahlreiche Geschäftsfelder vor dem Aus stehen könnten, da viele digitale Angebote und Werbeformen auf nutzungsbezogene Daten angewiesen sind und ein Einschränken oder Unterbinden der Erhebung und Nutzung dieser Daten ein Problem darstellt. Zudem befürchtet er, dass dem Konsumenten eher Nachteile entstehen, indem ihm der Zugang zu vielen Online-Inhalten und Dienstleistungen genommen wird, welche heute noch kostengünstig oder kostenfrei sind und Angebote, die sich über zielgruppenbasierte Online-Werbung finanzieren, wegfallen könnten.

Quelle: Verordnung über Privatsphäre und elektronische Kommunikation (Europäische Kommission); www.wko.at; Lebensmittel Zeitung, 5. Dezember 2017.

3. Retail partner-owned Communication-Touchpoints

Retail partner-owned Communication-Touchpoints umfassen alle bezahlten Maßnahmen, bei denen ein Unternehmen die Möglichkeit in einem bestimmten Medium bzw. über einen bestimmten Kanal zu kommunizieren, käuflich erwirbt. Die Ausgestaltung dieser Kontaktpunkte liegt i.d.R. beim Unternehmen, obwohl das Medium bzw. der Kanal nicht vom Unternehmen besessen werden. Abbildung 4.84 listet gängige Beispiele für Retail partner-owned Touchpoints auf, die im Folgenden beschrieben werden.

Abbildung 4.84: Beispiele von Retail partner-owned Communication-Touchpoints

	Retail partner-owned Communication-Touchpoints	
Kontrollmöglichkeit	Botschaften können kontrolliert werden.	
Beschreibung	Umfasst alle Maßnahmen, bei denen die Kommunikationsmöglichkeit in einem Medium/Kanal käuflich erworben wird.	
Beispiele	Offline	▪ TV-Werbung ▪ Rundfunkwerbung ▪ Kinowerbung ▪ Zeitschriftenwerbung ▪ Zeitungswerbung ▪ Außenwerbung ▪ Sponsoring
	Online	▪ Bannerwerbung ▪ Facebook-Ads ▪ Suchmaschinenwerbung

Die **TV-Werbung** entfaltet durch die Ansprache mehrerer Kanäle (Bild, Ton und Text) eine besondere multisensorische Wirkung. Dadurch ist es eher möglich, eine Mehrfachwirkung (wie Aktivierungswirkungen, gedankliche Verarbeitungswirkungen, Erlebniswirkungen und Gedächtniswirkungen) auszulösen, als mit anderen Medien. Zusätzlich ist dieses Medium auch für erklärungsbedürftige Produkte geeignet. Im Handel wird die TV-Werbung v.a. von größeren, marktführenden und filialisierten Einzelhandelsunternehmen (z.B. Media Markt, Saturn) oder von Verbundgruppen des Handels (z.B. Edeka, Rewe) genutzt. So weist Lidl bspw. von Januar bis Mai2018 ein TV-Spending von rund 51 Mio. EUR aus (W&V 2018, S. 35). Um von den Zielgruppen der Kommunikation wahrgenommen zu werden, ist eine hohe Schaltfrequenz der TV-Werbemaßnahmen und damit ein nicht unerhebliches Budget erforderlich. Dabei ist anzumerken, dass die Kosten für Werbespots auch abhängig von der Sendezeit variieren. So sind Werbemaßnahmen zur sog. Primetime am teuersten. Ein weiterer Nachteil, der mit der TV-Werbung verbunden sein kann, sind die hohen Streuverluste. Diese resultieren daraus, dass die Zielgruppen des Unternehmens nicht immer mit den Nutzern des Mediums übereinstimmen. Während angesichts des Preiskampfes die Werbegestaltung bzw. der Werbeinhalt bei vielen Handelsunternehmen auf die Dimension des Preises gerichtet war, kommunizieren Händler zunehmend mit alternativen Positionierungen, bspw. Frische, Qualität und Erlebnisse im LEH, oder ziehen dieses Medium heran, um die Zielgruppen des Unternehmens über Repositionierungen bzw. Strategiewechsel zu informieren (z.B. Edeka).

Ein klassisches Kommunikationsinstrument im Handel stellt die **Rundfunkwerbung** dar.[1] Problematisch sind dabei die relativ geringe Aufmerksamkeit und die eher beiläufige Wahrnehmung. Geeignet ist diese Werbeform für eine schnelle Steigerung des Bekanntheitsgrades eines Unternehmens, einer Marke oder für die rasche Kommunikation von z.B. zeitlich limitierten Aktionspreisen. Besondere Bedeutung hat die Radiowerbung durch die Inbetriebnahme zahlreicher privater Radiosender erfahren. Da diese ihr Programm meist nur regional ausstrahlen, ist es für werbende Unternehmen möglich, ihre Radiospots differenziert zu schalten. Dies kann sowohl für Handelsunternehmen, welche die Wirkung ihrer werbepolitischen Maßnahmen auf Testmärkten prüfen möchten, als auch für relativ kleine Handelsunternehmen von Interesse sein, die nur regional tätig sind und ihre Zielgruppen kostengünstig erreichen möchten.

Die **Kinowerbung** ist eine Werbeform mit hoher Kontaktwahrscheinlichkeit und insb. hoher Kontaktintensität. Allerdings ist die Reichweite relativ gering und meist auf bestimmte Zielgruppen beschränkt (Zentes/Swoboda 2016, S. 586). Daher hat die Kinowerbung für Handelsunternehmen eine begrenzte, regionale bzw. mittelständische Bedeutung. Die eng eingrenzbare Zielgruppe kann aber auch als Vorteil angesehen und für eine differenziertere Kommunikation genutzt werden.

Ebenso wie die Kinowerbung hat die **Zeitschriftenwerbung** für Händler eine begrenzte, regionale bzw. mittelständische Bedeutung. Allerdings bietet Zeitschriftenwerbung den Vorteil, dass auf Grund der Themenschwerpunkte der Zeitschrift genauer definierbare Zielgruppen angesprochen werden können. Deshalb wird dieser Werbeträger häufig von Händlern genutzt, die eine Konzentrationsstrategie verfolgen (Zentes/Swoboda 2016, S. 586).

Zu den ältesten, klassischen Werbeformen im Handel zählen im Rahmen der Print-Kommunikation die Werbung in Zeitungen und auf Anzeigenblättern (wie Handzettel, Beilagen oder Prospekte). Beide Werbeformen werden häufig von Lebensmitteldiscountern, bspw. von

---

[1] Rundfunkwerbung wird auch spezifisch als Ladenfunk im Rahmen der In-Store-Kommunikation eingesetzt (vgl. hierzu die Ausführungen zum In-Store-Management in Abschnitt G.IV. dieses Kapitels).

Aldi, eingesetzt. Für eine **Zeitungswerbung** kommen vielfältig platzierbare Anzeigen verschiedener Größe in Frage. Handzettel, Beilagen bzw. Prospekte informieren die Zielgruppe über Aktionen oder neue Produkte und liegen in Läden aus bzw. werden den Haushalten im Einzugsgebiet zugestellt. Somit können diese Werbemittel nicht nur Bestandteil der klassischen Kommunikation, sondern auch der In-Store-Kommunikation sein.

Im Rahmen der **Außenwerbung** kommen Plakate an Plakatwänden, an Haltestellen oder Litfasssäulen im öffentlichen Raum, Plakate an den Fassaden der Händler, Werbung auf Fahrzeugen usw. zum Einsatz, wobei die Kontakthäufigkeit je nach Werbeträger bzw. Werbemittel variiert.

Sponsoring hat sich als Kommunikationsinstrument etabliert und ist zu einem bedeutenden Tool im Kommunikations-Mix auch von Handelsunternehmen geworden. Sponsoring kann die Bereitstellung von Geld, Sachmitteln oder Dienstleistungen durch das Unternehmen umfassen, womit Personen oder Organisationen gefördert werden sollen, um damit kommunikationspolitische Ziele zu erreichen. Meist ist damit auch ein **Imagetransfer** bzgl. bestimmter Imagedimensionen von der geförderten Person oder Organisation auf das fördernde Unternehmen intendiert. Damit ist das Sponsoring auch klar vom sog. **Mäzenatentum,** das keinerlei geschäftliche Nutzenerwartung des Mäzens beinhaltet, und vom Spendenwesen abgegrenzt. Für Handelsunternehmen kommen mehrere Sponsoringarten in Betracht.

- Das **Sportsponsoring** zählt bereits zu den klassischen Sponsoringformen und kann zur Förderung von Einzelsportlern, Mannschaften, aber auch von Sportveranstaltungen eingesetzt werden. Bzgl. eines Imagetransfers muss darauf geachtet werden, dass das Image der Sportart oder des Sportlers mit dem des Unternehmens kompatibel ist. Für ein Handelsunternehmen, das seine Kompetenz eher im technischen Bereich sieht, ist bspw. das Sponsoring im Rahmen einer technischen Sportart, wie der Formel 1, empfehlenswert. Das Sportsponsoring kann insb. durch die Breitenwirkung vieler Sportarten zur Erreichung von Kommunikationszielen, wie zur Steigerung der Bekanntheit, beitragen. An konkreten Ausprägungen kann die Anbringung von Unternehmenslogos an der Bekleidung der Sportler (z.B. Rennanzüge, Trikots usw.), am Sportgerät (z.B. Formel 1-Autos, Sprungski) oder an Banden (z.B. in Fußballstadien oder bei Skirennen) angeführt werden. Im Idealfall wird der Inhalt der Bandenwerbung im Langzeitgedächtnis der Rezipienten abgespeichert und idealerweise das Kundenverhalten des Zuschauers positiv im Sinne der Marke verändert (Ellert/Czarske/Schebler 2018, S. 72).
- Im Rahmen des **Programmsponsorings** werden Programminhalte in TV, Radio oder Internet gefördert (z.B. das Einblenden des Unternehmensnamens nach oder vor einer Sportübertragung).
- Beim **Sozial- und Umweltsponsoring** werden ausschließlich nicht-kommerzielle Organisationen bzw. Institutionen gefördert. Gerade in diesem Bereich ist es von größter Bedeutung, dass die Ziele des Unternehmens mit jenen der Organisation kompatibel sind, um die Glaubwürdigkeit zu erhalten bzw. auszubauen. Beispiele hierfür sind die Förderung einer Forschungseinrichtung zur Erforschung einer Krankheit oder die Förderung eines Naturschutzparks. Da mit der Förderung die Verantwortung des Unternehmens gegenüber der Öffentlichkeit demonstriert werden soll, kann eine Inkompatibilität negative Auswirkungen haben.
- Gegenstand des **Kultursponsorings** ist die Förderung von kulturellen Ereignissen, bspw. die Unterstützung von Ausstellungen, Konzerten oder Theateraufführungen. Migros sponsert z.B. eine Vielzahl von Kulturveranstaltungen und Institutionen in der Schweiz, wie Openair-Festivals, Musicals und einheimische Künstler.
- **Wissenschaftssponsoring** kann in unterschiedlichen Formen, wie der Ausstattung von

Institutionen, der Förderung von Projekten, der Gründung eigener Institute (z.B. Stiftungs-Lehrstühle) oder der Ausschreibung von Wettbewerben, vorliegen.

Die **Bannerwerbung** ist von ihrem Grundprinzip her mit der klassischen Anzeigenwerbung zu vergleichen, bietet im Rahmen des „Targeted Advertisings“ jedoch vielfältigere Steuerungsmöglichkeiten. Zwar können dadurch Kommunikationsinhalte zielgerichtet an die relevante Zielgruppe transportiert werden, allerdings sinkt dessen Effektivität u.a. aufgrund des zunehmenden Einsatzes von Adblocking-Software.

Einen relativ neuen Bereich stellen **gesponserte Social Media Posts** dar. Veränderungen in den Algorithmen führen in vielen sozialen Netzwerken zu einer geringeren organischen Reichweite. Als Reaktion darauf steigt die Zahl des sponsored Posts, mit denen die Botschaften einer breiteren Masse präsentiert werden können, an.

Facebook gilt nach wie vor als die weltweit größte online Community und bietet unterschiedlichste Werbeformate an. So eignen sich **Facebook-Ads** zur Erhöhung der Reichweite, der Interaktion mit den Konsumenten sowie zur viralen Verbreitung von Werbebotschaften.

Bei der **Suchmaschinenwerbung** (SEA, Keyword-Advertising, Paid Links) handelt es sich um bezahlte Suchergebnisse, die bei themenrelevanten Suchanfragen angezeigt werden. Dabei wird versucht, gut Anzeigenplätze auf den Ergebnissen von Suchmaschinen zu bekommen (siehe Abschnitt B.IV.in diesem Kapitel).

4. Social Communication-Touchpoints

Social Communication-Touchpoints beziehen sich auf die Rolle der Stakeholder im Rahmen der Customer Experience. Während der gesamten Customer Journey sind (potenzielle) Kunden mit anderen (potenziellen) Kunden in Kontakt bzw. mit Influencern oder unabhängigen unternehmensexternen Quellen konfrontiert, die die Kundenreise beeinflussen können. Sowohl in der Vorkauf- als auch in der Kauf- und Nachkaufphase üben diese Kontakte – gebeten oder unaufgefordert – Einfluss auf das Kaufverhalten aus. Diese Touchpoints können von Handelsunternehmen nicht oder nur sehr indirekt beeinflusst werden (unmanaged Touchpoints). Abbildung 4.85 zeigt Beispiele ausgewählter Social Communication-Touchpoints, die im Folgenden erläutert werden.

Word-of-Mouth (WOM) bezeichnet die direkt von Person zu Person gerichtete Kommunikation, bei der mindestens zwei Personen in kommunikativer Interaktion stehen, wodurch eine direkte Rückkoppelung zwischen den Beteiligten möglich wird. Durch die Annahme, dass die persönliche Kommunikation im Vergleich zur Massenkommunikation als wirkungsvoller eingestuft wird, nimmt sie einen zentralen Stellenwert im Rahmen der Kommunikation von Händlern ein. Kunden gelten in diesem Zusammenhang als Multiplikatoren, die durch ihre Kommunikation mit Freunden und Bekannten Einstellungen gegenüber dem Unternehmen, Marken, Produkten oder Dienstleistungen positiv (oder negativ) beeinflussen können.

Abbildung 4.85: Beispiele von Social Communication-Touchpoints

Social Communication-Touchpoints		
Kontrollmöglichkeit	Botschaften können nicht oder kaum beeinflusst werden.	
Beschreibung	Umfasst alle Maßnahmen, die von einer dritten Partei ohne direkten Auftrag gestaltet und verbreitet werden.	
Beispiele	Offline	▪ Word-of-Mouth ▪ Extern verfasste Zeitungsartikel
	Online	▪ Soziale Netzwerke

- Influencer
- Blogger Relations
- Bewertungsplattformen

Bei **Web-Aktivitäten** handelt es sich um eine Online-Kommunikation, bei der die Interaktion im Mittelpunkt steht. So stehen nicht von Unternehmen oder Institutionen vorgegebene Inhalte, sondern das Generieren von Kommunikationsinhalten durch die Nutzer selbst (User Generated Content) im Zentrum der Aktivitäten. Ein zentrales Merkmal von Web-Anwendungen ist somit die Integration der Nutzer. Zu Web-Anwendungen können soziale Netzwerke (z.B. Facebook, Twitter und MySpace), Videocommunitys (z.B.: youtube.com, myvideo.de), Wiki-Websites und Weblogs gezählt werden. Speziell Facebook mit weltweit über 1,74 Mrd. Nutzern, knapp 27 Mio. davon in Deutschland, ist mittlerweile auch für Handelsunternehmen zu einer bedeutenden Kommunikations- und Werbeplattform, in der ein direkter Kundendialog möglich ist, geworden (siehe Tab. 4.10). Beim Einsatz von Social-Media-Plattformen ist ein regelmäßiges Monitoring der im Internet ausgetauschten Kundenmeinungen durch das Unternehmen unerlässlich. Dies bedarf allerdings auch zusätzlicher Ressourcen und so sollte Social Media speziell bei kleineren und mittleren Handelsunternehmen nur eingesetzt werden, wenn die dafür benötigten Ressourcen auch zur Verfügung stehen.

Tabelle 4.10: Top-10-Händler nach Facebook-Likes

Unternehmen	Anzahl an Facebook-Fans	Fan-Wachstum	Engagement	PPI	Anzahl an Posts pro Tag
1. Lidl	2.406.994	0,8	0,04	0,03	1,1
2. dm-drogerie markt	2.399.720	0,8	0,77	0,98	0,8
3. Rossmann	1.493.026	0,5	0,08	0,05	1,5
4. Kaufland	1.212.367	3,0	0,17	0,14	1,2
5. Edeka	1.034.224	1,7	0,37	0,41	0,9
6. Rewe	903.014	2,0	0,27	0,21	1,3
7. Aldi Süd	891.306	1,6	0,34	0,17	2,0
8. Real	627.211	0,9	0,08	0,06	1,3
9. Netto Marken-Discount	454.577	2,8	0,31	0,9	0,8
10. Müller Drogeriemarkt	378.112	0,5	0,80	0,21	1,8

Quelle: www.lebensmittelzeitung.net, 30. Dezember 2018.

Die **Engagementrate** misst die Interaktion auf Facebook-Pages. Sie wird aus der durchschnittlichen Summe von Likes, Comments und Shares pro Tag, geteilt durch die Gesamtzahl der Fans berechnet. Der Page Performance Index (PPI) ist eine Kombination aus dem Wachstum einer Facebook-Seite und der Engagementrate. Je höher der PPI ist, desto schneller wächst die Seite und desto „lebendiger" ist sie.

Social Media Plattformen sind für Handelsunternehmen heute unverzichtbar. Da klassische Werbung im Fernsehen, in Zeitschriften oder an Plakatwänden insb. die junge Zielgruppe kaum noch erreicht, ist es vielen Handelsunternehmen wichtig, Käufer möglichst früh zu binden und damit die Zukunft ihrer Marke zu sichern, d.h. sie müssen auf Plattformen präsent sein, auf denen sich die Zielgruppen bewegen. Obgleich es bspw. Facebook bereits seit zwölf Jahren gibt, erfindet sich die Plattform mit Funktionen wie Facebook-Live und Facebook-360-Grad immer wieder neu. Die Herausforderung dieses digitalen Wandels ist u.a. die Frage, wie sich Unternehmen aus der Masse der Posts abheben können. Die sozialen Medien verändern nicht nur die Art und Weise, wie Händler mit ihren Kunden kommunizieren, sondern auch wie sie ihre Produkte verkaufen. Die neuen Kommunikationswege verlangen dem Handel eine erhöhte Geschwindigkeit ab. Löst z.B. ein Posting großes Interesse aus, erwarten die

Kunden, dass das Produkt verfügbar ist und entsprechend schnell auf Anfragen reagiert wird.

Soziale Netzwerke dienen eben nicht nur mehr einzig der Kontaktpflege. Handelsunternehmen versuchen zunehmend, Verkäufe über die verschiedenen Plattformen zu generieren. Auf Kundenseite befriedigt die Verbindung von E-Commerce und Social Media den Wunsch der Kunden nach sozialer Interaktion während des Einkaufs. Die Integration von **Kauf-Buttons** in soziale Netzwerke bedeutet für den Handel höhere Abverkäufe, in erster Linie allerdings ein „Mehr" an Service und Komfort für die Kunden.

Der Trend zu einer stärkeren Präsenz in sozialen Medien setzt sich insgesamt fort. Viele Handelsunternehmen sind allerdings nicht nur mehr auf den klassischen Social Media-Plattformen wie Facebook (92%), YouTube (67%) und Twitter (49%) vertreten. Immer mehr Unternehmen streuen ihre Kommunikation breiter und nutzen auch andere soziale Netzwerke zur Kommunikation mit ihren Kunden. So sind im Jahr 2016 bei einigen Händlern Instagram (18%), Pinterest (7%) und Snapchat (2%) hinzugekommen. Bei knapp 40% der deutschen Handelsunternehmen macht die Präsenz in den sozialen Medien bereits 40% der Kommunikationsarbeit aus (EHI Retail 2016).

Der digitale Wandel beeinflusst allerdings nicht nur die Geräte- und Kanalnutzung von Kunden. Auch die Aufbereitung und die Formate, über die Konsumenten Informationen aufnehmen, unterliegen einem drastischen Wandel. Inhalte müssen zunehmend einfach konsumierbar sein (z.B. über digitale Devices) und sich aus der Fülle an Informationen hervorheben, d.h. leicht auffindbar, erlebbar und sichtbar sein. Diese Entwicklungen führten dazu, dass z.B. **YouTube** zu einem weiteren wichtigen Kommunikationskanal für Unternehmen geworden ist. Als zweitgrößte Suchmaschine weltweit werden auf YouTube täglich eine Mrd. Stunden Videos konsumiert – einerseits aus rationalen Beweggründen, um Neues zu lernen, andererseits um gezieltere Kaufentscheidungen treffen zu können. Händler, die es verstehen, diese Bedürfnisse der Zielgruppen mit emotionalen Inhalten auf YouTube zu befriedigen, erreichen neue Zielgruppen und verankern so ihre Marke positiv im Kopf potenzieller Kunden.

Lebensmittelhändler nutzen YouTube

Aldi Süd setzt mit seinem YouTube-Kochkanal auf Einfachheit. In kurzweiligen und verständlichen Clips stehen die Produkte und deren Verarbeitung nach dem Motto „Do-it-yourself" und damit der Markenkern (Preis und Produkte) im Mittelpunkt. Der Lidl-Kochkanal setzt mit dem Sternekoch Kolja Kleeberg, deutschen Prominenten und Food-Bloggern eher auf Unterhaltung als auf Nachahmung. Neben Edeka hat auch der Lebensmittelhändler Rewe eine eigene Kochsendung auf YouTube. Hier versuchen vorrangig unbekannte junge Köche mit Tattoos, Piercings und Bärten vor allem die Generation Y zu inspirieren.

Quelle: Absatzwirtschaft, 14. August 2015.

Als Social Media Plattform wurde **Twitter** ursprünglich für das rasche Versenden von Nachrichten entwickelt. Diese Tweets sind grundsätzlich Kurzmitteilungen an Follower und bestimmte Personen bzw. Unternehmen. Der Microblogging-Dienst kann aber auch für längere Kundengespräche genutzt werden – denn im persönlichen Austausch entfällt die Beschränkung auf 280 Zeichen, was die Nutzung von Twitter für Unternehmen insb. für den Einsatz im Kundenservice interessant macht.

Instagram dient vor allem als „Branding-Kanal" und ist vor allem für Consumer Brands geeignet. User unterhalten sich vorwiegend über Mode, Kochen und Reisen. Grundsätzlich gilt Instagram als digitaler Touchpoint auf dem gegenüber Marken eine positive Stimmung herrscht. Derzeit bietet Instagram keine Möglichkeit, die Postings mit Links oder einem Buy-

Button zu hinterlegen – ein maßgeblicher Unterschied zu Pinterest. Handelsunternehmen nutzen über diese Plattform primär die Möglichkeit, eine Beziehung zu den Usern aufzubauen und verfolgen weniger den Anspruch, mit mehr Werbedruck eine höhere Anzahl an Fans zu generieren. Möchte ein Unternehmen die Anzahl seiner Follower erhöhen, müssen diese dazu gebracht werden, aufgrund eines interessanten Bildes oder Videos beim Scrollen durch den Feed kurz zu stoppen. Dieser Vorgang wird **Thumbstopping** genannt – eine Interaktion am Smartphone, die mittlerweile gut messbar ist.

Ein wesentlicher Vorteil von Instagram gegenüber Facebook ist, dass der Newsfeed der User weitgehend chronologisch funktioniert. Somit bekommen die User die Postings der von ihnen abonnierten Accounts i.d.R. tatsächlich zu sehen, während Facebook diese mit Hilfe von Algorithmen vorsortiert. Nichtsdestotrotz kann Instagram auch für E-Commerce genutzt werden. So führt das Textilunternehmen Zara bspw. in den Kommentaren die Produktreferenznummer an. Zudem wird mit Gutschein-Codes in Postings gearbeitet, um auf den Verkauf einzuwirken. Auf diese Art und Weise agiert z.B. der österreichische Getränkehersteller Omis Apfelstrudel, der in Bezug auf seine Follower-Zahlen unter den Top 5 der österreichischen Marken auf Instagram rangiert (siehe Tab. 4.11).

Tabelle 4.11: Österreichische Marken auf Instagram

Unternehmen	Follower
1. Swarovski	3,8 Mio.
2. dm-drogerie markt	127.000
3. Billa	42.000
4. Omis Apfelstrudel	31.000
5. Vegavita	12.500

Auch wenn die Anzahl der Follower nicht die einzige Kennzahl für den Erfolg von Social Media Strategien repräsentiert, liefern die Vergleiche zwischen Unternehmen interessante Ergebnisse. Tabelle 4.12 zeigt die reichweitenstärksten Retail-Unternehmen und Marken aus Deutschland auf Instagram. Mit 112 Beiträgen wurden auf dem Instagram Account Bilou zwar die wenigsten Inhalte der Top 10 Marken veröffentlicht, allerdings hat die Kooperation mit einer der erfolgreichsten deutschen Influencerinnen dem Account 1,3 Mio. Follower gebracht. Auch die Like-Follower-Ratio (Verhältnis Interaktionen zu Follower-Zahlen) sind bei Bilou am höchsten und zeigt, wie Influencer in der Lage sind, Fans zu mobilisieren.

Tabelle 4.12: Die erfolgreichsten deutschen Marken auf Instagram

Retail Brand	Branche	Instagram Follower	Like-Follower-Ratio in %	Total Number of Posts
1. Bilou	Drogerie	1.375.464	6,0	112
2. **dm-drogerie markt**	Drogerie	1.218.874	1,5	978
3. Adidas Neo	Mode	731.601	0,7	2.957
4. **Snipes**	Mode	718.232	1,5	5.158
5. Kapten & Son	Asseccoires	517.233	1,7	1.815
6. Dagi Shop	Mode	469.639	5,9	180
7. Zalando	Mode	386.226	0,5	2.189
8. **Asphaltgold**	Mode	384.281	0,6	5.481
9. **Rossmann**	Drogerie	344.538	1,2	1.228
10. Odernichtoderdoch	Asseccoires	274.314	2,8	1.560

Quelle: Influencer DB 2018.

Einzelhändler nutzen mittlerweile verstärkt Informationen aus den sozialen Medien als Ressource für den Absatz ihres Sortiments. In **Pinterest** werden dem Nutzer Bildkollektionen gezeigt, die sie mit Beschreibungen an virtuelle Pinnwände heften können. Die Bilder können von anderen Nutzern geteilt werden, diese kommentieren oder zeigen, dass sie ihnen gefallen.

Nordstrom erweckt „Top Pinned" Produkte zum Leben

Die Kaufhaus- und Versandhandelskette Nordstrom bietet ihren Kunden ein spezielles Einkaufserlebnis, indem sie in ihren stationären Geschäften Top Pinned Produkte ausstellt und mit einem entsprechenden Etikett kennzeichnet – siehe Abb. 4.86. Top Pinned Produkte sind jene Produkte, die auf der Nordstrom-Pinterest-Pinnwand am öftesten „gepinnt", d.h. markiert wurden und damit bei den Kunden unter den beliebtesten Produkten rangieren. Mittlerweile folgen über 4,5 Mio. Kunden dem Unternehmen auf Pinterest. Durch dieses Angebot ersparen sich Konsumenten Zeit bei der Suche nach öffentlichen Meinungen und Informationen, während Einzelhändler die Kundenbedürfnisse analysieren und ihre Sortimente entsprechend anpassen können.

Abbildung 4.86: Nordstrom's Top pinned Items

Quelle: businessinsider.com, 22. November 2017

Viele Unternehmen setzen auf Meinungsführer, damit diese Botschaften transportieren und Produkte empfehlen. Dieser tiefgreifende Wandel in der Kommunikation wird wesentlich durch die fortschreitende Digitalisierung vorangetrieben. Entscheidend ist, wie umfangreich oder spezifisch das digitale Netzwerk einer Person ist. Unternehmen machen sich die Reichweite und Zielgruppennähe zu Nutze und setzen – bezahlt oder unbezahlt – auf den Einfluss, den die **Influencer** auf ihr Netzwerk haben, wobei die Kennzeichnung von bezahltem Content bzw. Werbung rechtlich verpflichtend ist. Eine Besonderheit im Social Web stellen seit einigen Jahren sogenannte **Haul-Videos** dar. Privatpersonen veröffentlichen auf diversen Internet-Videoportalen Online-Videos, in denen sie kürzlich erworbene Produkte vorstellen, die sie bei ihrer letzten Shopping-Tour bzw. Shopping-Haul gekauft haben und informieren über deren Herkunft, den Preis – oftmals eingebettet in kurze Erlebnisberichte, die sich um das Shoppingerlebnis drehen. In der Regel sind dies Kosmetikartikel oder Kleidung bzw. oft auch modische Accessoires.

Gute Geschäfte für Blogger

Deutschlands erfolgreichste männlichen Fashion-Influencer werden mittlerweile bis zu 6.000 EUR pro Post bezahlt, wenn er auf seinen Fotos, die er im sozialen Netzwerk Instagram veröffentlicht, Shirts, Sneaker oder Uhren von namhaften Modemarken trägt. Zu seinen Kunden zählen Levi's, Puma und Calvin Klein. Eine chinesische Fashion-Bloggerin verkaufte kürzlich via WeChat innerhalb von vier Minuten 100 Mini Cooper einer Sonderedition und generierte damit einen Umsatz von über 360.000 EUR.

Quelle: Manager Magazin, September 2017, S. 35ff

Blogger Relations haben sich bereits im Kommunikations-Mix vieler Handelsunternehmen etabliert. Viele Influencer sind in mehreren Kanälen bzw. auf mehreren Plattformen präsent und haben große Communities für sich gewonnen, die insb. die Authentizität der Blogger schätzen. Aufgrund des Vertrauens der Fans und der damit verbundenen Glaubwürdigkeit der Blogger sind diese in der Lage, Einfluss auf Kaufentscheidungen auszuüben. Gerade diese Glaubwürdigkeit nutzen Unternehmen im Rahmen von Mediakooperationen.

Diese neue Macht der **Influencer** führt dazu, dass immer mehr Handelsunternehmen entsprechend große Anteile ihrer Marketingbudgets in die Kommunikation mit Influencern investieren. Auch wenn Unternehmen konstatieren, dass wirklich erfolgreiche Meinungsführer nicht käuflich sind, da sie ansonsten ihre Authentizität und Glaubwürdigkeit verlieren, zeigen viele Influencer nur jene Bilder, die vorab von den Auftraggebern freigegeben wurden. Nicht nur Online- sondern auch Offline-Händler können von Kundenbewertungen profitieren, da diese einen großen Einfluss darauf haben, ob sich potenzielle Kunden für ein Unternehmen entscheiden oder nicht. Studien belegen, dass rd. 72% der Verbraucher bei ihrer Kauf- bzw. Besuchsentscheidung maßgeblich von Online-Bewertungen beeinflusst werden. Bei Google My Business werden z.B. neben der Adresse, den Kontaktdaten und Öffnungszeiten auch Kundenbewertungen angezeigt. Neben Facebook bieten auch lokale **Online-Bewertungsportale** wie Yelp, KennstDuEinen, YourRate oder golocal insb. für stationäre Händler Bewertungsmöglichkeiten an.

VI. Spezifika im Online- und Omnichannel-Handel

Vor allem für die Erkennung von Trends und **individuellen Kundenpräferenzen** wird es notwendig sein, Informationen über diverse Kontaktpunkte hinweg zu beschaffen, um Wettbewerbsvorteile zu generieren. Diese sind in Omnichannel-Unternehmen nicht mehr nur kanal- oder touchpointspezifisch, sondern entstehen durch die Summe der verfügbaren Kanäle und die Vielzahl der Interaktionsmöglichkeiten mit den einzelnen Konsumenten. So rückt zunehmend die kanalübergreifende Integration der Interaktionen mit jedem Kunden in den Vordergrund. Handelsunternehmen werden zudem zunehmend Dienste von Drittanbietern integrieren – sei es eine Einbindung in bestehende soziale Plattformen oder auch in neue Communication-Touchpoints, wie sie in Abb. 4.87 exemplarisch dargestellt sind (Bruhn/Kirchgeorg 2017, S. 230).

Abbildung 4.87: Zukünftige Communication-Touchpoints

Nachrichten-plattformen	Browser und Betriebssysteme	Soziale "Kauf jetzt"-Knöpfe	API Economy	Angeschlossene Geräte
Dialogorientierter Handel ist auf dem Vormarsch, durch in Nachrichtenanwendungen eingebettete Zahlungsabwicklungen. McDonald's China legt in diesem Bereich vor, indem Early-Adopter die Möglichkeit geboten wird per WeChat zu bestellen.	So wie Flug- und Hotelangebote direkt in die Suchergebnisse integriert wurden, werden bestimmte Produktkategorien vorwiegend über den Browser erworben. Neue Versionen mobiler Betriebssysteme wie iOS und Android werden einen Schwerpunkt der tieferen Integration von Apps haben.	Von Pinterest zu Instagram: „Kauf jetzt"-Buttons entstehen überall, sodass produkt- und nutzergenerierte Inhalte eine wichtige Entwicklung werden. Vertikal integrierte Communities wie Houzz werden ihre branchenführende Vernetzung durch Verkäufe auch in Umsätze überführen.	Händler, die ihre Handelsarchitektur öffnen und bidirektional mit anderen Diensten zusammenarbeiten, werden Vorteile generieren. Neue Dienste entstehen an der Schnittstelle von Online-Interaktionen und Handel.	Sprache wird eine Benutzeroberfläche und vernetzte Heimgeräte werden „Kanäle". Amazons Echo und Dash sowie eine Reihe vernetzter Geräte werden die Adoption fördern. Der Vorstoß von Apple in die Automobilbranche wird die Entwicklung von Sprachsteuerungen beschleunigen.

WeChat, Tango, FB Messenger	Mozilla, Spring, iOS	Pinterest, Instagram, Houzz	TV Runway, Best Buy	Amazon Echo, Amazon Dash, CarPlay

Quelle: Bruhn/Kirchgeorg 2017, S. 230.

Mittlerweile entwickeln immer mehr Händler wie z.B. Rewe, Edeka, Otto oder Zalando Anwendungen für digitale Assistenten. Damit sind **Textbots**, bei denen Menschen und Maschine per Tastatur kommunizieren, bereits weit verbreitet, wenngleich sie auch für ein konsistentes Shopping-Erlebnis noch nicht ausgereift sind (Lebensmittel Zeitung 2018, S. 117).

Immer mehr Händler setzen auf digitale Assisstenten

In Großbritannien chattet Lidls Roboter-Sommelière Margot mit den Kunden über den richtigen Wein, Walmarts Jetblack schickt Einkaufslisten zum Händler, Zalandos Emma empfiehlt Kleidung und Douglas' Beauty Agent einen Duft. Diese Textbots sind der Anfang. Inzwischen testen Händler wie Media-Markt Saturn oder Carrefour, aber auch Edekas Bringmeister Voicebots via Amazon oder Google. Wer den Assistant mit «Hey Google, frag Rewe nach einem Lasagne-Rezept» aktiviert, dem hilft der Rewe Assistent beim Kochen – von der Rezeptsuche bis zur Zubereitung.

Quelle: Lebensmittel Zeitung, 29. Juni 2018, S. 117.

Im Omnichannel-Management steht die vollständige Integration und das Zusammenspiel von Prozessen und Entscheidungen in allen Prozessschritten der Kundeninteraktion (Haderlein 2013, S. 19f.) im Vordergrund. Den stationären Kanälen wird als **Showroom** oder komplementär zum Online-Angebot als Kontakt- oder Servicepunkt eine veränderte Rolle zukommen, um dadurch zu einem vereinfachten und erlebnisreichen Einkauf beizutragen. Mobile Endgeräte, Tablets und Social Media bedingen das Verschwinden der Grenzen zwischen virtueller und physischer Welt, wodurch die Kunden während des Kaufprozesses beliebig oft zwischen den Kanälen wechseln (Verhoef u.a. 2015, S. 174f.). Somit findet eine flexible Form der Koordination und Integration sämtlicher Touchpoints statt, was zu einer starken Interaktion zwischen Händler und Kunden sowie der Kanäle untereinander führt. Halten sich Kunden bspw. im Store auf und suchen gleichzeitig online nach weiteren Produktinformationen, stellen Unternehmen entsprechende Produktinformationen zur Verfügung, die z.B. über Tablets bzw. mobile Endgeräte abrufbar sind (Mehn/Wirtz 2018, S. 9). Verhoef u.a. (2015, S. 175) und Brynjolfsson u.a. (2013, S. 24) betrachten Desktops, Apps und Affiliates als jeweils einzelne Kanäle, zwischen denen die Grenzen nahtlos sein müssen, da sie von Kunden und Retailern gleichzeitig genutzt werden. Welche Herausforderungen zur Erreichung einer gelungenen Omnichannel-Präsenz zu meistern sind, zeigt der Blick auf eine typische Customer-Journey in Abb. 4.88. Hierbei wird sichtbar, welche On- und Offline-Touchpoints genutzt werden können, wobei die gezeigten Touchpoints lediglich eine kleine Auswahl der zur Verfügung stehenden Kommunikationsinstrumente darstellt. Zudem wird deutlich, dass die Grenze zwischen Online und Offline an Bedeutung verliert, da Kunden – auch mobil – kontinuierlich zwischen den Welten wechseln. Deshalb müssen Kommunikationskonzepte heute „No-Line" entwickelt und implementiert werden, um kanalübergreifend einen konsistenten Gesamteindruck aufzubauen und der Empfänger nicht gezwungen ist, die einzelnen Kommunikationshappen zusammenzusetzen – um im schlechtesten Fall festzustellen, dass diese gar nicht zusammenpassen.

No-Line-Systeme entstehen, wenn alle Absatzkanäle maximal vernetzt und integriert sind. Vor allem No-Line-Kunden erwarten eine gezielte und personalisierte Bedürfnisbefriedigung über alle Kanäle hinweg. Diese Individualisierung ermöglicht neben der Abgrenzung zum Wettbewerb eine dauerhafte Sicherung von Marktanteilen und gleichzeitig eine stärkere Interaktion mit den eigenen Kunden.

Zudem wird das **Internet of Things (IoT)** im Handel einen hohen Stellenwert einnehmen. Durch entsprechende Profile könnten z.B. im Gesundheitsbereich von Apotheken oder Sporthändlern die Eignung der Medikation oder der gewünschte Anwendungsbereich geprüft und Empfehlungen gegeben werden. Das IoT ist zudem ein geeignetes Tool, um Kunden über ihre Smartphones zu identifizieren, ihnen maßgeschneiderte Angebote zu übermitteln, sie bereits beim Betreten des Ladens persönlich zu begrüßen und sie nach dem Kauf zu verabschieden. So wird Kunden in ausgewählten Victoria Secret Stores bereits heute mit Hilfe einer geladenen App am Eingang mitgeteilt, dass sie sämtliche Produkte im zweiten Stock des Stores für die nächsten drei Stunden zu einem reduzierten Preis erhalten. Besonders spannend wird es für den Einzelhandel, wenn die Offline erhaltenen Informationen mit jenen aus der Online-Umwelt sowie mit freiwilligen Angaben der Kunden verknüpft werden. Das New Yorker Unternehmen Nomi zeigt, wie traditionelle Händler – ähnlich wie Amazon – schon beim Betreten des Stores die gesamte Einkaufshistorie des Kunden kennen. Nomi bedient sich hierfür der Analyse von Wifi-Signalen, mit deren Hilfe Bewegungsprofile der Kunden erstellt werden. Stellt der Kunde ergänzend seine E-Mail-Adresse zur Verfügung, können sämtliche Daten mit dem Einkaufsverhalten im Netz kombiniert werden, was dem Händler die Möglichkeit offeriert, dem Kunden noch während des stationären Einkaufs gezielt Angebote auf das Smartphone zu schicken oder auch die Wirksamkeit bestimmter Werbeformen zu testen (Manager Magazin 2013).

Abbildung 4.88: Beispiele einer Customer-Journey – von Online und Offline zu No-Line

Quelle: Kreutzer 2018, S. 117

G. Store-Management

I. Grundlagen und Bedeutung

Das Store-Management zählt zu den bedeutendsten Möglichkeiten im Offline- und Online-Handel, um das Verhalten der Kunden am PoS zu beeinflussen oder einen hohen Wiedererkennungswert zu erreichen. Strategisch fördert die standardisierte Gestaltung von Stores die Filialisierung und die Steuerung des Storenetzwerkes. Kunden- und steuerungsorientierte Sichtweisen sind beim Store-Management zu berücksichtigen.

> Das **Store-Management** umfasst die Planung, Koordination und Layouts von Offline- und Online-Stores. Stores sind die wichtigsten Touchpoints in Offline- und Online-Kanälen von (Omnichannel-)Handelsunternehmen und daher strategisch (bzgl. Wettbewerbspositionierung, Expansion) oder aus Kundensicht bedeutend.

In der Literatur steht – wie bei allen Instrumenten – zumeist die Kundenperspektive im Vordergrund (stationäres- und Online-**Store-Marketing**). Neben dem Wiedererkennungswert der Stores, der insb. im Rahmen der Positionierung bzw. im Rahmen des Retail Brandings relevant ist (siehe Abschnitt B. im Dritten Kapitel), wird dabei die Bedeutung der Umwelt für das Kaufverhalten der Kunden hervorgehoben. Die physische und soziale sowie stationäre und Online-Umwelt beeinflussen das Kaufverhalten. Dies ist insb. am PoS von Relevanz, da das Ladenlayout, die Anordnung der Artikel oder die Einkaufsatmosphäre das Kaufverhalten und auch die Customer Experience wesentlich beeinflussen. Eine Übersicht zu ausgewählten Studien gibt Abb. 4.89.

Abbildung 4.89: Ausgewählte Studien zu Aspekten des Store-Managements

Autor(en)	Forschungsfrage	Theorie	Daten und Methode	Kernergebnisse
			Erlebnisorientierung	
Murray/Elms/Teller (2017)	Role of store design on consumers' perceptions of retail brand loyalty	-	N=300 stores; multi-group analyzes with SEM	▪ Store novelty and complexity promote both store design pleasure and retail brand loyalty outcomes. ▪ Consumers of newer store designs are found to possess a heightened sensitivity to price perceptions.
Terblanche (2018)	Impact of in-store customer shopping experience	In-store customer shopping experience model	N=329; web-based questionnaire	▪ Merchandise assortment, interaction with staff, internal shop environment, customers' in-shop emotions have strong positive and significant relationship with cumulative customer satisfaction. ▪ Customer satisfaction has a strong positive relationship with repatronage intentions.
			Webdesign	
Krasonikolakis u.a. (2018)	Store's atmosphere effects on behavior in 3D online shopping	-	N=59, three-round Delphi study, within-subjects laboratory experiment	▪ Online shopping enjoyment, entertainment and ease of navigation are influenced by the store layout types of 3D online environments.
Sohn/Seegebarth/Moritz (2017)	Effects of perceived visual complexity on perceptions and behavior-related intentions when using online shops	Theory of a dual environment, gestalt theory, theory of aesthetic responseoptimal stimulation level theory	N=233 students, laboratory experiment, multigroup analysis	▪ The mediating role of perceived spatial crowding in the relationship between perceived visual complexity and satisfaction depends on the mobile device individuals use to visit an online shop. ▪ This relationship is mediated by perceptions of spatial crowding only when online shop visitors use a smartphone rather than a tablet.
McDowell/Wilson/Kile (2016)	Empirical associations between website features and online conversion rates	-	N=114 firms, regression analysis	▪ Results indicate that certain website design features do explain a sizeable portion of the variance converting e-commerce visitors to purchasers. ▪ Features that promote flow, a psychological state of immersion into an activity, positively associate with conversion.

Vila/Kuster (2011)	Effect of a well-designed website on purchase intention, positive attitudes, trust, satisfaction and perceived risk	-	N=350 interviewees, 7 focus groups, Rasch Model, perceptual maps	■ A well-designed website in terms of web security, customer service, informative quality and usability does not have the best effects in absolute terms. ■ A well-designed website is outstanding in items concerning short term satisfaction and low perceived risk. ■ A well-designed website does not carry higher levels of purchase intention (actions), trust (feelings) or long term pleasure attitudes.

Aus **Sicht der Kunden** steht ein convenienceorientierter, schneller Einkauf basierend auf nutzenorientierten und utilitaristischen Motiven (Foscht/Brandstätter 2011) einer erlebnisorientierten, einzigartigen Ladengestaltung (basierend auf erlebnisorientierten, hedonistischen Motiven), die Aktivierung und Vergnügen auslöst und die Sinne anspricht oder einen Lebensstil repräsentiert, gegenüber (Gröppel-Klein 2012, S. 650). In diesem Zusammenhang wird die Customer Experience zu einem wesentlichen Bestandteil des Store-Managements. Angesichts der zunehmenden Online-Konkurrenz sind insb. Offline-Händler darum bemüht, den Kunden am PoS Unterhaltung und Erlebnis zu bieten. So belegen Studien, dass insb. die Store-Atmosphäre die Customer Experience und diese wiederum das Customer Engagement und das Kaufverhalten beeinflusst (Mohd-Ramly/Omar 2017; Sachdeva/Goel 2015).

Eine **strategische Managementperspektive** (die über die kundenzentrierte Wirkungsperspektive hinausgeht) wird in der Literatur selten aufgegriffen, ist aber für das Handelsmanagement bedeutend. Drei strategische Aspekte, die ineinander greifen, sollen i.S. einer **Standardisierung und Steuerung der Storelayouts** angesprochen werden:

- **Kostenreduktion**: Eine Standardisierung der Stores ermöglicht – neben dem genannten Wiedererkennungsaspekt – eine erhebliche Kostenreduktion im Rahmen der Offline- oder Online-Standortwahl, des Store- oder Ladenbaus bzw. des Sortimentsmanagements.
- **Expansion**: Expandierende Offline- oder Online-Handelsunternehmen (siehe Abschnitt D.II. des Drittens Kapitels) tendieren zur standardisierten Storegestaltung, da diese die Expansion (bzgl. Economies of Scale und Scope und somit bzgl. der Kosten) erleichtert. Oftmals wird strategisch auf eine effektivitätswirksamere Anpassung der Stores an lokale Kundenbedürfnisse (v.a. beim initialen Eintritt in einen Markt) verzichtet. Dies erfolgt auch Online durch „bloße Übersetzung" eines Online-Stores in die Landessprache.
- **Steuerung**: Filialunternehmen, Franchisesysteme und Online-Plattformen standardisieren das Storelayout, da hierdurch bspw. die **Steuerung des Storenetzwerkes** in zweifacher Sicht erleichtert wird. Erstens werden Storetypen für unterschiedliche Online- und Offline-Standorte definiert, z.B. kleine, größere und große Supermärkte, die nach dem Modulkonzept bestimmte Charakteristika (z.B. unterschiedliche Anzahl an Bedienungstheken) aufweisen und so sowohl die Steuerung als auch die lokale Adaption an den Kunden erlauben. Zweitens ermöglicht ein standardisiertes Storelayout (z.B. Warenanordnung) enorme Einsparungen im Supply Chain Management (z.B. bei der Warennachbelieferung). Durch standardisierte Ladenlayouts werden logistische Prozesse wie die Warenanlieferung, -einlagerung usw. vereinfacht (siehe Abschnitt D. des Fünften Kapitels).

Diese strategischen Entscheidungen erlauben aber einen Spielraum in der Gestaltung einzelner Stores (lokal oder international) hinsichtlich der qualitativen und quantitativen Raumzuteilung (also der Aufteilung von Verkaufsflächen und Warengruppen), weniger jedoch hinsichtlich des generellen Storelayouts oder -designs (z.B. der Aufteilung des Verkaufsraums, der Anordnung der Funktionszone oder des Designs einer Offline-Einkaufsstätte). Inwieweit derartige Spielräume bestehen, ist von verschiedenen Faktoren abhängig, wie

- dem **Be-/Vertriebstyp**, denn Großflächenbetriebe wie SB-Warenhäuser erlauben innerhalb dieses Rahmens mehr Spielräume als Kleinflächenbetriebe wie Supermärkte, welche weniger standardisieren (auch im Vergleich zu Discountern),
- der **Strategie**, da bspw. eine Variation (Standardisierung) der Ladengestaltung der Qualitätsführerschaftsstrategie (Preisführerschaftsstrategie) inhärent ist und zudem stark wachsende Unternehmen (Filialisten, Franchisesysteme oder Vertikale) zentral über eine Standardisierung der Storelayouts entscheiden,
- der **Führungskonzeption**, z.B. dem Verhältnis zwischen den Kompetenzen und Verantwortungen zwischen Zentrale und Filiale.[1]

Die Ausführungen verdeutlichen, dass es im Hinblick auf den Unternehmenserfolg stets auf die Kaufverhaltens-/Umsatzeffekte und die Kosten-/Steuerungseffekte ankommt. Insgesamt stellt sich somit die Frage, ob die Verkaufsraumgestaltung isoliert und nur hinsichtlich der Wirkung auf das Käuferverhalten (Vorsteuerungsgrößen zum Umsatz) betrachtet wird und damit praktisch lediglich die Absatz-/Umsatzseite behandelt, oder ob sie als Teil einer Gesamtstrategie bzw. -konzeption betrachtet wird, damit neben den Umsatz(-wirkungen) auch Kosten und somit Gewinne fokussiert werden. In der Literatur – und auch nachfolgend – dominiert eher die isolierte Sichtweise aus Kundensicht.

II. Ziele und Entscheidungsoptionen

Ein Verkaufsraum hat aus Sicht des Handelsmanagements diverse Funktionen zu erfüllen, sei es **werbliche, wirtschaftliche, soziale oder architektonische Funktionen** (um Kunden anzusprechen oder die Leistung zu repräsentieren, Rentabilität zu steigern, oder das Angebot eines Ortes für eine soziale Interaktion). Aus Kundensicht stand früher v.a. ein schnelles Finden von Artikeln und damit bspw. Laufstudien und das Thema Cognitive Mapping im Offline-Handel im Vordergrund, während seit geraumer Zeit die Erlebnisorientierung thematisiert wird (siehe zu dieser Strategie Abschnitt B. III. des Dritten Kapitels). Das Kauferlebnis ist der zentrale Vorteil und wird im Hinblick auf den verstärkten Wettbewerb mit Online-Stores vermehrt diskutiert, weil es Letzteren auch in Zukunft schwer fallen wird, einen Erlebniseinkauf über alle Sinne zu bieten (Morschett/Schmid/Foscht 2017; Schramm-Klein u.a. 2014). Generell ist in einer Erlebnisgesellschaft die Suche nach **Erlebnissen** eine Antwort auf die **Multioptionalität** und auf die damit verbundene **Sinnproblematik**. Demzufolge ist neben dem funktionalen Nutzen (wie Qualität und Preis) auch der psychologische Nutzen (wie die Erlebnishaltigkeit einer Dienstleistung) kaufrelevant. Bei der Vermittlung von Erlebniswerten spielt die Gestaltung von Stores eine zentrale Rolle. Stores können Orte sein, an denen man nicht nur Artikel und Warengruppen kaufen, sondern auch erleben kann. Zu bedenken ist dabei aber, dass es von der Motivation der Kunden (hedonistisch oder utilitaristisch) abhängt, wie viel Erlebnis geboten werden soll. Die Einkaufsmotivation ist somit ein wesentlicher Moderator der Wirkung der Ladenatmosphäre auf das Kaufverhalten.

Abbildung 4.90 visualisiert die Ziele einer (erlebnisorientierten) Storegestaltung, wobei das primäre Ziel – wie bei der Sortimentsgestaltung – die Erhöhung bzw. Maximierung der Verkaufsflächenrentabilität ist. Dieses Kernziel stützen im Offline-Handel spezifische Ziele bzgl. der Kunden(-gruppen), bzgl. eines konkreten Einkaufs oder bzgl. der konkreten Ladengestaltung. Grundsätzlich können die meisten Marketing-Instrumente für eine Erhöhung der Verkaufsflächenrentabilität und Erlebniswertvermittlung eingesetzt werden, nichtsdestotrotz kommt der Storegestaltung im Rahmen der Erlebnisvermittlung eine zentrale Bedeutung zu (neben z.B. erlebnisbezogener Produktgestaltung, Kommunikation usw.). Im Mittelpunkt

[1] Zu Be-/Vertriebstypen siehe das Zweite, zu Strategien das Dritte und zur Führung das Sechste Kapitel.

steht dabei die Überlegung, wie durch die In-Store-Instrumente Zusatznutzen geboten werden können, die beim Kunden idealerweise Begeisterung und „Experience" auslösen.

Als Gegensatz zur **erlebnisbetonten Storegestaltung** steht die **versorgungsorientierte Storegestaltungsstrategie**. Sie zeichnet sich durch eine funktionsgerechte Verkaufsraumgestaltung aus, die es ermöglicht, die ökonomische Bedarfsdeckung und v.a. Preisvorteile in den Vordergrund zu rücken. Am häufigsten findet sich diese Form der Ladengestaltung bei Discountern oder preisorientierten Betriebstypen (siehe Abschnitt B.II.3. des Dritten Kapitels), aber auch bei Fachmärkten. Von diesen beiden klassischen Strategien lassen sich **convenienceorientierte Strategien** unterscheiden, bei denen der bequeme Einkauf im Vordergrund steht (siehe Abschnitt B.III. des Dritten Kapitels). Grundsätzliche Ziele jeglicher Form von Ladengestaltung und Warenpräsentation sind:

- Ökonomische Ziele: bspw. Erhöhung der Verkaufsflächenrentabilität oder generelle Umsatzerhöhung, Umsatzprofitabilität etc.,
- Vorökonomische Ziele: bspw. einzigartiges Image, Erhöhung der Kundenanzahl und der Kundentreue, spezifische Erleichterung von Orientierung/Convenience der Kunden, Erhöhung der Einkaufsatmosphäre, Lenkung der Kundenfrequenz, Förderung ungeplanter Käufe und Impulskäufe, usw.

Abbildung 4.90: Ziele einer (erlebnisorientierten) Storegestaltung

Maximale Verkaufsflächenrentabilität		
Akquisition von Kunden und Erhöhung der Kundenzahl	**Maximale Einkaufssumme pro Kunde**	**Schaffung optimaler Kundenfrequenzen im Verkaufsraum**
▪ Einzigartige Positionierung/RBE ▪ Aufbau von Kundenpräferenzen ▪ Erhöhung der Kundentreue, der Besuchshäufigkeit oder der Einkaufsbequemlichkeit	▪ Verlängerung der Verweildauer (oder Convenience im LEH) ▪ Erzeugung von Kauflust ▪ Förderung Bedarfsverbundkäufe ▪ Anregung ungeplanter Käufe	▪ Ausgleich emotionaler und kognitiver Ladenelemente (z.B. Informationsrate der Umwelt) ▪ Ausgleich unterschiedlicher Wertigkeiten einzelner Ladenelemente

Die vorökonomischen Ziele werden je nach Branche, Betriebstyp und Wettbewerbsstrategie unterschiedlich gewichtet und ausgestaltet, wie folgende Beispiele verdeutlichen:

- Preisorientierte Betriebstypen (v.a. einfache Orientierung, helle Farben, bedarfsorientierte Warenpräsentation)
- Fach- und Spezialgeschäfte (v.a. Beratung, Interaktion, spezieller Lichteinsatz, produktspezifische Präsentation, Möbel, Beratungszonen usw.)
- Luxusgeschäfte (u.a. sehr großzügige Raumplanung, demonstrative Warenpräsentation, enorme Beratungskompetenz und Kundenorientierung)
- Sonstiges (u.a. Erhöhung der Verweildauer, Testmöglichkeiten, Sitzgelegenheiten).

Im Onlinehandel kann der Store vom Kunden physisch nicht betreten werden, was sich in einer gänzlich anderen Sinneswahrnehmung im Vergleich zu physischen Läden äußert, da haptische und olfaktorische Elemente entfallen und akustische nur beschränkt möglich sind.

Die Entscheidungsoptionen im Store-Management werden nachfolgend differenziert betrachtet, (1) nach stationären Handelsaktivitäten (inkl. Einzelhandelsagglomerationen wie Shopping Center), (2) den Online-Handelsaktivitäten und (3) einer Verbindung beider bzgl. der Optionen im Rahmen von Omnichannel-Aktivitäten (siehe Abb. 4.91). Die Entscheidungen variieren hinsichtlich Handelsbranchen, Be- und Vertriebsformen, Wettbewerbsstrategien und hängen von Umweltfaktoren ab, wie dem Verhalten der Kunden oder der Konkurrenz (zu gesetzlichen Regelungen siehe Abschnitt B. des Ersten Kapitels).

III. Verkaufsraumgestaltung im Offline-Handel

1. Storelayout

Beim Storelayout ist die Aufteilung des Raumes auf diverse Funktionszonen (Raumaufteilung) und die Anordnung in Funktionszonen (Raumanordnung) vorzunehmen.

Raumaufteilung

Im Allgemeinen wird bei der Aufteilung des Verkaufsraumes zwischen vier Funktionszonen unterschieden:

- der **Warenfläche**, die der Präsentation von Waren dient
- der **Beratungsfläche**, die außerhalb des Kundenstroms liegt, um eine ungestörte Kundenberatung bieten zu können
- der **Kundenfläche**, welche die Verkehrswege (Ein- und Ausgänge oder Treppen) umfasst
- den übrigen **Verkaufsflächen**, die je nach Betriebstyp Kassenanlagen, Zusatzräume, Vorführ- oder Anprobierräume u.ä. Flächen beinhalten.

Abbildung 4.91: Entscheidungsoptionen im Store-Management

Standort	Ebene	Teilbereich	Konkrete Aufgaben
Offline	Store-Layout	Raumaufteilung	Aufteilung des Verkaufsraums auf verschiedene Funktionszonen (Waren-, Beratungs-, Kundenfläche, Bedienungs- und Selbstbedienungszonen)
		Raumanordnung	Anordnung der Funktionszonen (Gänge, Regale, Lauffläche)
	Space-Utilization (Raum- bzw. Warenzuteilung)	Qualitativ	Warengruppen-/Artikelanordnungen innerhalb des Raumes
		Quantitativ	Aufteilung der Verkaufsfläche auf Warengruppen (Categories), Artikel und Verbundpräsentation
	Interior und Exterior Design	Raumeinrichtung	Gestaltung von Elementen im Verkaufsraum
		Ladenfront	Gestaltung von Elementen außerhalb des Verkaufsraumes
	Atmosphärische Storegestaltung	Traditional Store Atmospherics	Gestaltung visueller, akustischer, olfaktorischer Aspekte; Aktivierung, Information und Unterhaltung der Kunden.
		Evolutionary Store Atmospherics	Gestaltung unter Berücksichtigung natürlicher Präferenzen, erholsame/aktivierende Umgebung, richtiges Ausmaß an Komplexität/Orientierungsfreundlichkeit usw.
Online/ Omni	Basis-/Zusatzfunktionen und Online-Gestaltungsinstrumente	Basisfunktionen	Angaben zu Händler/Produkten/Services/Liefer- und Zahlungsmöglichkeiten/Sicherheits-/Datenschutzanforderungen
		Zusatzfunktionen	Erweiterte Navigations-/Suchfunktionen, Auswahlmöglichkeit
		Gestaltungsinstrumente	Aesthetic Appeal, Navigation Convenience, Transaction Convenience, Website Content
	Komponenten der Online Store Environment	Virtual Layout und Design	Baum-/Tunnelstruktur, Grid-Layout, Free-from Layout, Racetrack-Layout
		Virtual Atmospherics	Hintergrundfarbe, Farbschema, proportionaler Leerraum, Hintergrundmusik, Schriftart
		Virtual Theatrics	Animation, Bilder
		Virtual Social Presence	Kontakt zum Händler, Kundenkommentare, Social Media, Crowding
	Verkaufsraumgestaltung	Schnittstellen	Identifikation zentraler Aspekte und Schnittstellen zwischen offline und online

Für die Erlebnisvermittlung ist es wichtig, dass neben der Warenfläche auch die Beratungsfläche, die Kundenfläche und die übrige Verkaufsfläche in das Konzept einbezogen werden. In die Raumarchitektur werden zunehmend auch Kommunikationsbereiche integriert, die auf verschiedenste Weise gestaltet werden können, wie bspw. Ruhezonen (in Supermärkten, Buchhandlungen etc.), in denen der Kunde verweilen kann.

Raumanordnung

In Rahmen der Raumanordnung werden die Funktionszonen zueinander angeordnet, sodass Gänge für die Kunden zwischen den verschiedenen Regalflächen entstehen. Ein Anliegen, neben der überraschenden und erlebnisorientierten Gestaltung der Raum- bzw. Regalanordnung ist, die Kunden in möglichst viele Zonen des Verkaufsraumes zu lenken, um die Kontakthäufigkeit mit dem Gesamtsortiment zu erhöhen und eine flüssige, raumausnutzende Kundenzirkulation zu gewährleisten. Grundsätzlich wird zwischen Zwangs- und Individualabläufen als Extremoptionen unterschieden (siehe Abb. 4.92). Beim **Zwangsablauf** wird dem Kunden ein Weg vorgegeben, der verhindert, einzelne Sortimentsbereiche mittels eines alternativen Weges zu erreichen. Der **Individualablauf** hingegen offeriert dem Kunden alternative Wege und Weglängen durch den gesamten Verkaufsraum. Beispiele dafür sind etwa das **Free-Flow Layout** (typisch für Warenhäuser oder Fachgeschäfte) oder das **Grid Layout** (typisch für Discounter).

Abbildung 4.92: Grundprinzipien der Raumaufteilung und Regalanordnung

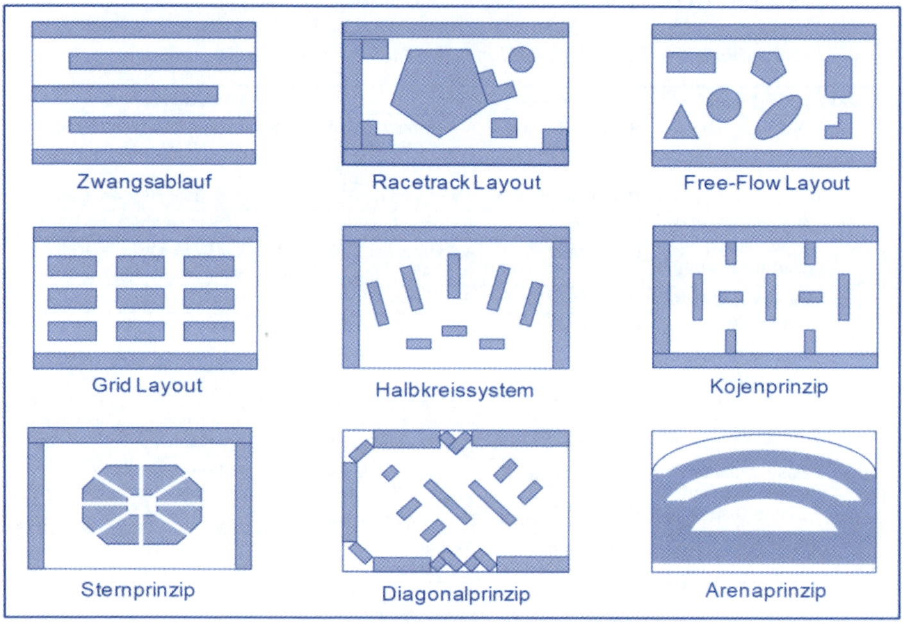

Quelle: i.A.a. Dunne/Lusch/Carver 2014, S. 554ff.; Levy/Weitz/Grewal 2014, S. 489ff.

Zwischen den Extrempositionen existieren diverse Gestaltungsvarianten. Zum Beispiel ist das **Racetrack Layout** (auch **Loop Layout**, typisch für Ikea) eine Mischform aus Individual- und Zwangsablauf. Zwar gibt es eine Hauptroute durch das Geschäft, doch sind auch Abkürzungen oder Wege abseits der Hauptroute möglich. Einen anderen Ablauf stellt bspw. das **Kojenprinzip** dar, das viele Kontaktzonen zwischen Kunde und Ware ermöglicht. Das **Arenaprinzip** schließlich ist eine Möglichkeit, sowohl die Raumanordnung im ganzen Geschäft als auch die Anordnung einzelner Regale i.A.a. die antiken Amphitheater zu gestalten (Ebster/Garaus 2011, S. 17). So kann der Verkaufsraum nach hinten geringfügig höher werden oder die Regale können im hinteren Bereich höher als im Eingangsbereich sein, sodass der Kunde beim Betreten des Ladens auch schon die hinteren Warenträger sieht. Heruntergebrochen auf Regalebene kann das Arenaprinzip bedeuten, dass die Warenträger nach hinten terrassenartig höher werden, was eine gute Übersicht ermöglicht (z.B. zu Präsentationszwecken). Im LEH wird dieses Prinzip bzgl. der o.g. Raumaufteilung vor allem im Rahmen eines Erlebniskonzeptes genutzt, anderenfalls ist ein Individuallauf vorzuziehen, allerdings mit der Gefahr, dass Käufe auf Grund kurzer Wege immer rationeller durchgeführt werden. (siehe Abschnitt B.III. des Zweiten Kapitels). Grundsätzlich sollte das Ladenlayout nicht allzu oft verändert werden, weil Kunden sich an sog. **Cognitive Maps** (bzw. **Mental Maps**) orientieren.

Raumaufteilung in Convenience-Stores

In Abb. 4.93 ist die Raumaufteilung eines Convenience Stores abgebildet. Ersichtlich ist die Aufteilung in eine Kassenzone in der Mitte des Raumes, eine Ruhe- bzw. Konsumptionszone und Regalzonen. Auch Toiletten sowie eine kleine Küche zur Zubereitung von Speisen sind vorhanden. Im Jahr 2017 eröffnete Spar in Wien einen neuen Convenience Store in Österreich, jedoch nicht im gewohnten Look der Spar-Filialen, sondern mit neuem Convenience-Konzept. Unter dem Motto „Ready to eat" ist das Sortiment auf die Bedürfnisse von Touristen und urbaner Bevölkerung abgestimmt und besteht aus Sushi-Variationen, Sandwiches, fertigen Salaten, warmen Snacks, Getränken, frischem Obst und Coffee to go. Ergänzt werden das urbane Sortiment und die moderne Ausstattung durch kundenfreundliche und zeitsparende Cashless-Self-Checkout-Kassen.

Abbildung 4.93: Raumaufteilung eines typischen Convenience-Stores

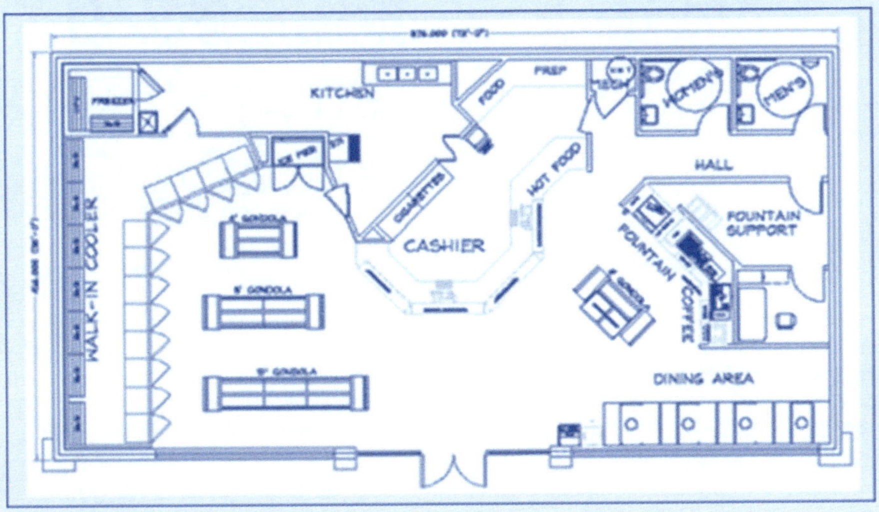

Quelle: www.jaycompdevelopment.com; www.spar.at; www.cash.at, 27. Juni 2018.

Diese **kognitiven Landkarten** enthalten ganz bestimmte Bezugspunkte, mit deren Hilfe der Mensch zu navigieren versucht und sich somit in einem Geschäft zurechtfindet. Je öfter Veränderungen in der Raumanordnung vorgenommen werden, je öfter Produkte umgeräumt werden oder je größer, unübersichtlicher ein Store ist, desto wichtiger wird eine korrekte mentale Repräsentation des Raumes für den Konsumenten. In großen Einkaufszentren bspw. kann die mentale Repräsentation Kunden aufgrund der Komplexität überfordern, weshalb als Unterstützung **Entrance Maps** verfügbar sind. Dennoch räumen Unternehmen wie der Drogeriemarkt dm-drogerie markt recht häufig um und versprechen sich mehr Überraschung oder größere Verweildauern, wohlgemerkt denkbare Unzufriedenheit der Kunden in Kauf nehmend. Eine weitere Möglichkeit, die Orientierung zu erleichtern, ist die Bepflasterung oder farbliche

Hervorhebung der Einkaufswege bzw. -pfade. So zeigt sich bspw., dass Konsumenten in einem Einkaufszentrum einem steinernen Bodenmuster folgen, das vordefinierte Wege ziert. Diesem Phänomen kann mithilfe von Leitsystemen im Verkaufsraum Rechnung getragen werden.

Zusammenhang von Mental Maps und Laufrichtung im Store

Das linke Bild in Abb. 4.94 zeigt die aufgezeichneten Kundenlaufwege in einem Buchladen. Klar zu erkennen sind dabei Bereiche des Verkaufsraums, die stärker frequentiert wurden, sowie Bereiche – z.B. links oben –, die schwächer frequentiert wurden. Dies ermöglicht eine Planung der Warenplatzierung im Verkaufsraum (z.B. sollten Suchartikel in weniger frequentierten und Impulskaufartikel in stärker frequentierten Bereichen platziert werden).

Abbildung 4.94: Kundenlaufwege in einem Buchladen und Meidung von Engstellen

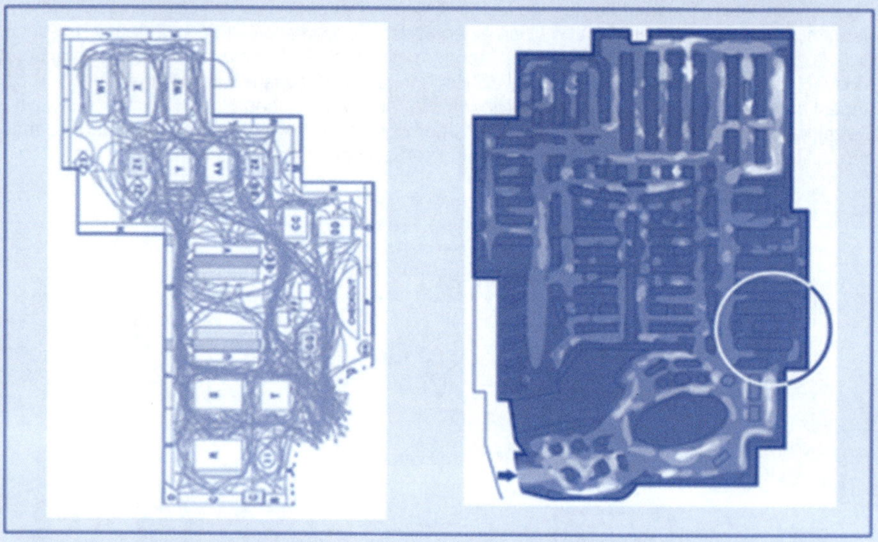

Das rechte Bild ist eine aggregierte Darstellung der Kundenlaufwege in Form einer Heatmap und zeigt, dass bestimmte Bereiche des Verkaufsraums nicht frequentiert werden. Es handelt sich dabei um einen Bereich, der ob der engen Regalanordnung kaum Bewegungsfreiheiten lässt. Solche Anordnungen werden von Kunden selten frequentiert und sollten umgestaltet werden.

Quelle: Ebster/Garaus 2011, S.77.

2. Space Utilization

Qualitative Raumzuteilung

Bei der Raumzuteilung (**Space Utilization**) geht es einerseits um die Anordnung der einzelnen Warengruppen innerhalb des Verkaufsraumes (qualitative Raumzuteilung) und andererseits um die Größenzuteilung von Verkaufsflächen auf einzelne Warengruppen (quantitative Raumzuteilung). Beide Entscheidungen sind von vielfältigen Einflussgrößen abhängig, z.B. unternehmensintern (Betriebstyp, Wettbewerbsstrategie) und -extern (Branche, Wettbewerber, Kunden, Konkurrenten etc.). Wesentliche Aspekte im Rahmen der qualitativen und quantitativen Raumzuteilung sollen im Folgenden besprochen werden. Die **qualitative Raumzuteilung** umfasst zum einen die Warengruppenzuteilung und zum anderen die Artikelplatzierung. Bei der Anordnung der einzelnen Warengruppen innerhalb des Verkaufsraumes geht es hauptsächlich darum, die nicht durch Einrichtungsrestriktionen verplante Ware auf die verbleibende Verkaufsfläche zu verteilen. Hauptziele sind dabei das leichte Auffinden und Erreichen der Ware durch den Kunden, eine optimale Nutzung der gesamten Verkaufsfläche sowie das Forcieren ungeplanter Käufe. Bei der Optimierung der Warengruppenzuteilung müssen unterschiedliche **Verkaufszonenwertigkeiten** sowie die unterschiedliche Attraktivität der einzelnen Warengruppen berücksichtigt werden. Empirische Kundenlaufstudien haben gezeigt, dass

- Kunden Außengänge bevorzugen, sich vorwiegend rechts halten und sich eher entgegen dem Uhrzeigersinn bewegen.
- Kunden einem gewissen Geschwindigkeitsrhythmus folgen; sie bewegen sich im ersten Teil des Einkaufes eher schnell, dann langsam und werden gegen Ende des Einkaufes wieder schneller.
- Kunden ein stark wandbezogenes Laufverhalten erkennen lassen.
- Kunden Kehrtwendungen und Ladenecken so weit wie möglich meiden.
- Kunden ihren Blick vornehmlich nach rechts lenken (Barth/Hartmann/Schröder 2015, S. 245f.).

Aus dem Kundenverhalten resultieren u.a. die in Abb. 4.95 visualisierten Wertigkeiten.

Abbildung 4.95: Verkaufszonenwertigkeiten

Hochwertige Verkaufszonen	Minderwertige Verkaufszonen
▪ Hauptwege des Geschäftes	▪ Mittelgänge
▪ Rechts vom Kundenstrom liegende Verkaufsflächen	▪ links vom Kundenstrom liegende Verkaufsflächen
▪ Auflaufflächen, auf die der Kunde automatisch blickt	▪ Einlaufzonen, die schnell passiert werden
▪ Gangkreuzungen	▪ Sackgassen des Verkaufsraums
▪ Kassenzonen	▪ Räume hinter den Kassen
▪ Zonen um Beförderungseinrichtungen (z.B. Treppen)	▪ höhere und tiefere Etagen

Die Impulskaufzone an der Kasse ist als besonders hochwertige Verkaufszone mit einer bis zu fünfmal über dem Durchschnittswert liegenden Flächenproduktivität zu bezeichnen. Vor allem Süßwaren und Tabakwaren liefern dort die höchsten Nettoerträge. Aber nicht nur der Verkaufsraum selbst, sondern auch die Warengruppen weisen unterschiedliche Wertigkeiten auf. Entsprechend der Wertigkeiten können diese je nach Zielsetzung unterschiedlich platziert werden. Warengruppen mit hohem Kontaktpotenzial, die eine hohe Anziehungskraft auf den Kunden ausüben (sog. **Magnetgruppe**), werden etwa häufig in entlegenen Ecken des Geschäftes platziert. Dies kann jedoch schnell als Einkaufsmühe empfunden werden und mindert ggf. das Einkaufserlebnis. Der Idealfall wäre, wenn der Kunde von Kontakt zu Kontakt durch den gesamten Verkaufsraum geführt wird. Hierfür bieten sich die Verbundpräsentation und das Shop-in-Shop-Konzept an.

Bei der **Verbundpräsentation** handelt es sich um die Zusammenführung von Artikeln, die für den Kunden in einem engen Verwendungs- und Bedarfszusammenhang stehen. Die im Verbund präsentierten Waren können einander in ihrer Wertigkeit entsprechen, wie bspw. Rock und Bluse, oder es können Rangunterschiede bestehen, wie im Falle von Digitalkamera und Speicherkarte. Die Vielfalt der Bedarfszusammenhänge entspricht der Vielschichtigkeit menschlicher Bedürfnisstrukturen. Letztere lassen sich i.d.R. nicht mit einzelnen Produkten, sondern nur mit einer Produktpalette befriedigen, denn der Kunde denkt in ganz bestimmten Bedürfniskategorien, z.B. Reisen, Freizeit usw. Die Verbundpräsentation wirkt auf Kunden anregend und trägt zur Orientierungsfreundlichkeit bei, die wiederum positiv auf die Einkaufsstimmung wirkt. Produkte, die im Bedarfs- bzw. Verwendungsverbund mit anderen Produkten präsentiert und auch dekorativ hervorgehoben werden, erfahren eine stärkere emotionale Beurteilung als herkömmlich präsentierte.

In **Shop-in-Shop-Konzepten** (auch Shop-in-Store-Konzept) werden bestimmte Teile des Sortiments als „Spezialabteilungen" herausgehoben (bspw. Marken, aktuelle Produkte). Der Konsument trifft innerhalb einer meist großflächigen Einkaufsstätte auf Sortimentsteile, die sich durch Anordnung und Darbietung optisch vom Umfeld abheben. Ziel einer derartigen Warenpräsentation ist, dass bestimmte Kundensegmente ein abgegrenztes Warensortiment vorfinden und der Einzelhandel einen besonderen Service bieten kann, etwa durch persönliche Beratung oder durch spezielle Displays. Betreiber des Shop-in-Shop kann der Einzelhändler selbst oder ein Mieter bzw. Konzessionär sein (z.B. ein Hersteller, Spezialhändler).Neben diesen beiden Sonderformen der Warenpräsentation gibt es zahlreiche Möglichkeiten Waren zu platzieren bzw. zu gruppieren. Bei der **Hinkunftsorientierung** wird nach Bedarfsarten (typische Abteilungsgruppierung in Fachgeschäften und Warenhäusern), Erlebniszusammenhängen (Produkt- und Erlebniszusammenhang) und Bedarfsträgern (Warengruppierungen mit homogenem Kundenverkehr wie Normalpreisartikel, Niedrigpreisartikel und Exklusivartikel oder auch Zielgruppen wie Senioren und Kinder) gruppiert, bei der **Herkunftsorientierung** z.B. nach Herkunftsgebieten, Materialien/Verarbeitungsweise und Herstellern. Die Hinkunftsorientierung drängt die Herkunftsorientierung zurück, während eine Kombination beider Prinzipien in Form von Zweitplatzierungen und Sonderdisplays zu finden ist. Neben der qualitativen Raumzuteilung für Warengruppen stellt sich auch die Frage der **Raumzuteilung für einzelne Artikel innerhalb des Regals**. Dafür existieren heutzutage eine Reihe spezifischer Optimierungsmodelle und -methoden (Hansen/Raut/Swami 2010; Murray/Talukdar/Gosavi 2010). Bei der **Artikelplatzierung** geht es in erster Linie um die Zuweisung eines in horizontaler und vertikaler Hinsicht definierten Regalplatzes. Diese Zuweisung wird durch die unterschiedlichen Wertigkeiten der Regalflächen erschwert. Aus horizontaler Sicht betrachtet, bietet das Regal die besten Plätze in der Regalmitte und bei Platzierungsfeldern rechts von der Mitte, die insb. auch für die Hervorhebung der Eigenmarken des Handels genutzt werden können (Homburg 2017, S. 1.042). Aus vertikaler Sicht lässt sich das Regal in verschiedene Verkaufszonen einteilen. Daraus können die in Abb. 4.96 dargestellten Empfehlungen für die Regalbelegung abgleitet werden. Studien zeigen, dass die Darstellung der Sortimentsbreite in horizontaler und vertikaler Richtung dazu führte, dass Kunden eine größere Auswahl wahrnahmen und zufriedener waren. Darüber hinaus erhöhen lineare Displays die Entscheidungszufriedenheit, verringern aber die wahrgenommene Sortimentsbreite und Präferenzstärke für die Top-Marke, während visuelle Layouts mit der bevorzugten Marke in der zentralen Position die Entscheidungszufriedenheit erhöhen, das Sortiment breiter erscheinen lassen und die Präferenzstärke für die Top-Marke erhöhen (Pizzi/Scarpi 2016).

Abbildung 4.96: Einteilung des Regals und Empfehlungen zur Regalbelegung

Regalhöhe	Regalzone	Regalbelegung
ab 161 cm	**Reckzone**	Signal-Artikel, weniger verkaufsintensiv, leichte oder großvolumige Artikel bis 1,5 kg
121-160 cm	**Sichtzone**	Profil- und Impulsartikel, Super-Premium und Premium-Artikel (Kleinpackungen), Artikel mit hohem Deckungsbeitrag, Artikel, deren Verkauf forciert werden sollen
81-120 cm	**Greifzone**	Profil- und Suchartikel, mittleres Preissegment, Artikel mit hohem Deckungsbeitrag (z.B. Spezialitäten), Forcierartikel mit geringem Marktanteil
bis 80 cm	**Bückzone**	Suchartikel, weniger verkaufsintensiv, schwere Artikel, Niedrigpreisartikel, Artikel mit niedrigem Deckungsbeitrag

Quelle: i.A.a. Ebster/Garaus 2011.

Kunden lenken ihre Aufmerksamkeit v.a. auf die Sicht- und Greifzone. Da diese Zone jedoch nur begrenzt zur Verfügung steht, müssen zusätzlich Zonen geschaffen werden. Bezugnehmend auf die unterschiedlichen Regalzonen- und Artikelwertigkeiten können folgende Empfehlungen, die auf der praktischen Erfahrung im LEH basieren, aufgezeigt werden, so zunächst bezüglich der Platzierung weiter oben im Regal:

- Artikel, die gefördert werden sollen
- hochpreisige Artikel
- qualitativ hochwertige Artikel
- empfindliche Artikel
- Artikel mit hohen Deckungsbeiträgen.

Bezüglich der Platzierung weiter unten im Regal wird empfohlen:

- günstige Artikel
- qualitativ geringwertige Artikel
- Magnet- und Mussartikel
- schwere und große Artikel
- Artikel mit niedrigen Deckungsbeiträgen.

Das Blickverhalten von Kunden als Grundlage für die Warenplatzierung im LEH

Um den Blickverlauf von Konsumenten am Regal zu analysieren, zeigt eine Studie, wie mit einem virtuellen Supermarkt Testmärkte erforscht werden können und welche entscheidenden Vorteile Virtual Reality für den Handel mit sich bringt. So wurden in einem virtuellen Supermarkt unterschiedliche Neuprodukte, Verpackungsdesigns, Preise, Platzierungen oder auch Instore-Kommunikationsmaßnahmen wie Regal-Displays, Bodengrafiken, Deckenhänger, Bewegtbild auf Screens oder Audio-Ansagen getestet. Abbildung 4.97 stellt den Blickverlauf des Konsumenten dar.

Abbildung 4.97: Blickverlauf des Konsumenten

So stellte bspw. auch Unilever im Rahmen einer Studie fest, dass angewinkelte Regale, die Produkte bei der Entnahme automatisch nach vorne rutschen lassen, besseren Zuspruch finden.

Quelle: www.pilot.de, 11. Januar 2017

Wie angeführt, sind bei der qualitativen Artikelplatzierung – neben den Regalwertigkeiten – die unterschiedlichen **Einkaufsmotive**, die Kunden verfolgen, zu berücksichtigen. Dominieren Versorgungsmotive, kommt es in erster Linie darauf an, Kunden durch eine optimale Warenplatzierung bei Such- und Entscheidungsprozessen zu entlasten. Stehen hedonistische Motive im Vordergrund, soll die Warenplatzierung stimulierend auf den Kunden wirken. Je nach Bedeutung der Motive aus Sicht der Zielgruppe, können Händler unterschiedliche **Platzierungsstrategien** verfolgen. In den meisten Fällen ist eine Mischstrategie sinnvoll, die den Kunden eine effiziente Abwicklung ihrer Einkäufe ermöglicht und zugleich stimuliert (bspw. bei Frische und zugehöriger Gastronomie). Die Umsetzung von kundenorientierten Platzierungsstrategien erfordert Instrumente, mit deren Hilfe bspw. Regalkapazitäten suchzeitoptimal auf einzelne Artikel verteilt werden.

Ein Instrument zur Erfassung von unbewussten Wahrnehmungsprozessen von Kunden ist die **Blickregistrierung (Eye Tracking)**. Damit können Analysen durchgeführt werden, die zeigen, in welcher Reihenfolge und wie lange Produkte vom Kunden betrachtet werden. Studien konnten zeigen, dass Marken je nach Platzierung im Regal unterschiedliche Aufmerksamkeit gewidmet wird und sie auch unterschiedlich bewertet werden. Die Ergebnisse zeigen weiters, dass Konsumenten die Regale eher in vertikaler Richtung absuchen und somit zusammengehörige Artikelgruppen eher in einem vertikalen Block als in einer horizontalen Reihe angeordnet werden sollten (www.research-results.de, 2012).

Quantitative Raumzuteilung

Die Größenzuteilung von Verkaufsflächen (auch **Space Management**) auf die einzelnen Warengruppen wird angesichts des rapide steigenden Warenangebots einerseits und der oft nicht möglichen Flächenexpansion andererseits zunehmend komplexer. In der Regel ist die Verkaufsfläche so ausgelastet, dass die Flächenbeanspruchung eines Produktes nur auf Kosten eines anderen ausgedehnt werden kann. Damit steht die quantitative Raumzuteilung vor einem Optimierungsproblem, das sich wie folgt formulieren lässt: Erreichung größtmöglicher **Raumproduktivität** durch **Flächensubstitution** unter den Produkten. Um dieses Optimierungsproblem lösen zu können, sind entsprechende Daten sowie komplexe Softwarelösungen notwendig. Dazu werden im Handel meist spezielle **Regaloptimierungsprogramme** eingesetzt (Barth/Hartmann/Schröder 2015, S. 415f.). Im Space Management wird der Return on Investment (ROI) in diesem Zusammenhang in der Form eines Return on Inventory Investment (ROII) betrachtet. Dabei werden die auf begrenztem Regalraum verorteten Produkte mit der erwarteten und erzielten Rendite in Beziehung gesetzt. Das Space Management-Programm kontrolliert, welchen Wert eine PoS-Planung repräsentiert, welche Umsätze und Erträge erwartet werden können und ob die geplanten Warenbestände den Abverkäufen angemessen sind. Dazu werden Leistungsdaten wie Abverkaufszahlen, Umsätze und Bestandsbewegungen und Kategoriebetrachtungen eingesetzt, um entsprechende Kennzahlen zu ermitteln. Als typische Bewertungskriterien gelten dabei Kontaktstrecken, Drehzahlen, Liefergrade, Flächen-Produktivität und Flächen-Rentabilität, die jeweils auf Einzelartikel, Kategorien oder das Gesamtregal angewendet werden (Numerikon 2018).

Es gibt im Handel jedoch auch einfachere Faustregeln zur Platzierung von Artikeln (Müller-Hagedorn/Natter 2011, S. 452f.):

- Artikel mit dem höchsten Deckungsbeitrag pro Regalflächeneinheit werden bevorzugt platziert.
- Impulskaufartikel mit einem höheren Bekanntheitsgrad werden bevorzugt platziert.
- Für Produkte des Grundbedarfs bzw. für Impulskaufartikel mit niedrigem Bekanntheitsgrad erfolgt eine Platzierung nach dem Prinzip des notwendigen Minimums.

Grundsätzlich ist immer die Frage zu stellen, wie viel Platz ein Artikel bzw. eine Artikelgruppe benötigt. Dies hängt einerseits von der Größe des Artikels ab und andererseits davon, ob der Artikel nur einmal oder mehrfach platziert wird (Mehrfachplatzierungen können den Kaufanreiz erhöhen). Um die **Flächenleistung** (den Ertrag) eines Artikels zu ermitteln, wird pro Periode der Artikelumsatz durch die vom Artikel beanspruchte Fläche dividiert. Auf diese Weise lassen sich verschiedene Artikel bzw. Artikelgruppen in Bezug auf ihre jeweilige Flächenleistung vergleichen. Eine ABC-Analyse der – bezogen auf die beanspruchte Fläche – rentabelsten Artikel könnte vorgenommen werden. Zusätzlich sind zu berücksichtigen (Levy/Weitz/Grewal 2014, S. 500ff.):

- die Produktivität der zugewiesenen (Regal-)Fläche
- die Umschlagshäufigkeit des Artikels
- der Anteil des Artikels am Gesamtumsatz
- die vom Artikel benötigte Präsentationsfläche.

Werden Artikel mehrfach platziert, ist eine Kenntnis der „Flächenelastizität der Nachfrage" erforderlich, um das optimale Verhältnis von Anzahl der Platzierungen und dabei beanspruchter Flächen zu ermitteln.

Mit Hilfe von Augmented Reality (AR) können Händler ihre Umgebung mit virtuellen Verkaufsräumen zusammenführen und damit physische Barrieren überwinden. So lassen sich z.B. Fenster in einen Store integrieren, der in der Realität über keine Fensterflächen verfügt, schwere Produkte können präsentiert werden, ohne die Regale verstärken zu müssen. Der Handel kann mit Hilfe von AR mehr Bestände anzeigen, als auf der Präsentationsfläche tatsächlich Platz finden würde. Filialen mit begrenzten Verkaufsflächen wie in städtischen Gebieten – können so mit Stores, die mehr Platz und vielleicht größere Budgets zur Verfügung haben, im Rahmen der Produktauswahl konkurrieren. Zudem kann das Aussehen einer Umgebung schnell und mit geringem Aufwand verändert und die ausgestellte Produktauswahl erneuert werden. Dies ist ein kostengünstiger Weg, um die Neugier und das Interesse der Kunden an einem Wiederbesuch aufrecht zu halten. Im Rahmen der Regalidentifikation kann AR helfen, den Lagerstatus zu überprüfen und bei Fehlbestückungen zu warnen.

3. Interior und Exterior Design

Raumeinrichtung

Die Inneneinrichtung des Verkaufsraums trägt stark zur atmosphärischen Wahrnehmung des Ladens bei und ist nicht getrennt von der Gestaltung der Ladenatmosphäre zu sehen. Wesentliche Bereiche des **Interior Design** sind

- die **Raumgestaltung** (z.B. Boden, Wände),
- die **Raumeinrichtung** (z.B. Regale, div. Möbel) und
- die **Raumumfeldgestaltung** (z.B. Farben, Dekoration, Beleuchtungssysteme)

Überlegungen zur Gestaltung des Verkaufsraums müssen bereits unmittelbar am Eingangsbereich beginnen, denn hier kommt der Kunde mit dem Verkaufsraum in Kontakt, ein erster Eindruck bildet sich bereits. Eine zweite Überschneidung mit dem Exterior Design (Ladenfrontgestaltung) stellen die (Schau-)Fenster dar. Auch diese sind bedeutend, da sie Licht von außen einlassen und somit ein Beleuchtungsfaktor sind, Kunden im Verkaufsraum am Leben außerhalb teilhaben lassen (z.B. Blick auf die Einkaufsstraße) und möglicherweise die Regalanordnung im Store beeinflussen (da man Fenster nicht zustellen möchte). Der Gestaltung der Fußböden (v.a. in Bezug auf deren Leitfunktion) sowie der Auswahl von Regalen und Möbeln (v.a. in Bezug auf das verwendete Material und die dort präsentierten Produkte) ist besondere Aufmerksamkeit zu widmen. Die Gestaltung des **Raumumfeldes** schließlich bezieht sich auf Farben, Beleuchtung und Dekoration (vgl. Abschnitt G.III.4. in diesem Kapitel). Denkt man an die zunehmende Überalterung der Gesellschaft und die damit einhergehende Zunahme von Senioren als Kunden der Handelsunternehmen, so wird die Bedeutung eines dieser älteren Zielgruppe gerecht werdenden Interior Designs deutlich.

Seniorengerechter Ladenbau

Senioren sind auf Grund ihrer zunehmenden Anzahl und der durchschnittlich höheren Kaufkraft eine bedeutende Zielgruppe im Handel. Die Zielgruppe der Senioren reicht von lebensfrohen und aktiven Sechzigjährigen (die sog. 50+ Zielgruppe) bis hin zu älteren Menschen mit körperlichen Einschränkungen und einer begrenzten Sinneswahrnehmung.

Eine optimale, seniorengerechte Ladengestaltung ist demnach eine Herausforderung für Handelsunternehmen und Shop-Designer. Die übergeordneten Leitlinien des Ladendesigns sind Übersichtlichkeit und Klarheit. Für die Warenpräsentation bedeutet dies eine klar abgegrenzte und übersichtliche Anordnung der Warenträger. Große Übersichtstafeln erleichtern die Orientierung. Zudem sollte zwischen den Warenträgern ausreichend Platz für Menschen mit Gehhilfen geschaffen und Regale an die reduzierten Griffhöhen älterer Menschen angepasst werden.

Quelle: Foscht/Swoboda/Schloffer 2011.

Ladenumfeldgestaltung

Die Gestaltung des **Ladenumfeldes** (auch **Exterior Design**) ist ein nicht zu vernachlässigender Bereich, denn hier kommt der erste Kontakt mit potenziellen Kunden zustande. Zum Ladenumfeld bzw. -außenbereich zählen:

- Parkplätze
- die Fassade des Gebäudes
- Schaufenster
- der unmittelbare Eingangsbereich.

Die Außenfassade generell, Anzeigen (z.B. Werbetafeln) vor dem Store und insb. die **Schaufenster** stellen eine Art „Visitenkarte" des Händlers dar. Passanten gehen meist in relativ kurzer Zeit an einem Schaufenster vorbei. In diesem kurzen Augenblick muss das Warenbild mit seiner Botschaft den Passanten erreichen, ihn ansprechen und festhalten. Neben den Aufgaben des Schaufensters (Kompetenz zeigen, über das Sortiment informieren, Neugierde wecken und eine Sogwirkung auslösen) ist es bedeutend, dass über das Schaufenster Erlebnisse kommuniziert werden, wenngleich Händler – wie Abercrombie & Fitch – mit gegenteiligen Vorgehensweisen auch sehr erfolgreich sind (Foscht/Brandstätter/Sinha 2010).

Die Gestaltung des **Außenbereichs** eines Ladens beeinflusst das Image, das die Kunden vom Ladenlokal haben und ist somit von Relevanz, wenn es um die Attraktion von potenziellen Kunden geht (Cornelius/Natter/Faure 2010).

Durch die Schaufenstergestaltung kann dem Kunden mithilfe einer **Lifestyle-Präsentation** der Waren eine Lebensart-Botschaft übermittelt werden und er kann dadurch in seinem Lebensgefühl angesprochen werden. Dies trifft auf die meisten Betriebstypen, ausgenommen Discounter, zu: Diese dekorieren Schaufenster (so durchsichtige Fenster vorhanden sind) kaum, sondern zeigen nur die gestapelte Ware und vermitteln somit ihren Status als Discounter (rational, knapp kalkulierend).

Interaktive Schaufenster

Ein modernes Medium, um das Interesse der Kunden für Informationen zu wecken, ist das interaktive Schaufenster (siehe Abb. 4.98). Es kann zudem als Ansprechpartner außerhalb der Geschäftszeiten fungieren. Die Technik besteht darin, dass der Kunde ein Display im Schaufenster sieht und sich über einen Touch-Screen an der Schaufensterscheibe durch ein Informationsangebot navigiert. Der Druckimpuls geht dabei durch die Scheibe hindurch. Diese Lösung ermöglicht, dass eine statische Schaufenstergestaltung durch bewegte Bilder, Schriftbilder, Töne und Musik dynamisch wird. Das interaktive Schaufenster eines Textilhändlers könnte dem interessierten Kunden bspw. sachliche Informationen über das vorhandene Farbangebot der geführten Textilartikel oder stimmungsvolle Videos von Modenschauen präsentieren.

Abbildung 4.98: Interaktives Schaufenster

Quelle: e-Commerce News, 14. März 2017

4. Atmosphärische Storegestaltung

Umweltpsychologie und traditionelle Store-Atmospherics

Die **Umweltpsychologie** untersucht den Einfluss der materiellen Umwelt auf das Verhalten. Die Reaktionen der Konsumenten auf Umweltreize können sozial gelernt oder biologisch vererbt sein und hängen von deren subjektiver Wahrnehmung ab. Es gibt im Rahmen der Umweltpsychologie kognitive Ansätze und emotionspsychologische Ansätze (z.B. im Rahmen der atmosphärischen Ladengestaltung).

Zu den sozialtechnischen Wirkungen der Ladengestaltung zählen die **atmosphärische Wirkung** (z.B. Musik, Düfte, Farben, andere Kunden usw., vgl. Kroeber-Riel/Gröppel-Klein 2013, S. 515ff.) und die Orientierungswirkung (siehe zu kognitive Landkarten weiter vorne). Nach dem Ansatz der Umweltpsychologie werden Verkaufsräume von Kunden ganzheitlich wahrgenommen und verarbeitet. Die Umweltpsychologie geht davon aus, dass die Kunden stets bestrebt sind, ihre Umwelt zu verstehen, um darin Orientierung zu finden. In diesem Prozess der Annäherung treten sowohl kognitive, emotionale als auch psychologische

Prozesse auf. In der Vergangenheit hat überwiegend der emotionale Ansatz Beachtung in der Umweltpsychologie gefunden.[1] Erkenntnisse der Umweltpsychologie prägten die Erkenntnisse zur evolutionären Ladengestaltung. In jüngerer Zeit werden Erkenntnisse der Umweltpsychologie auch auf Online-Shops angewandt.

Grundlagen zur Ladenatmosphäre

Atmospherics meint die bewusste Gestaltung eines Verkaufsraums, um beim Käufer bestimmte Effekte zu erzielen. Ein Kunde kommt oft nicht nur wegen des Produktes an sich, sondern auch wegen der Atmosphäre ins Geschäft. Kunden haben einerseits unterschiedliche Einkaufsmotive (Käufertypen) und andererseits auch beim Einkauf Bedürfnisse nach Sicherheit, Komfort, Stimulation der Sinne (z.B. visuell, akustisch, olfaktorisch, taktil und ev. gustatorisch), sozialer Interaktion, Information und Orientierung. Vor allem die materielle Einrichtung und Umgebung eines Ladens (Interior und Exterior Design) darf dabei nicht vergessen werden, auch wenn diese einer Literatursichtung zufolge in der wissenschaftlichen Diskussion eher vernachlässigt wird.

Die **Wahrnehmung der Atmosphäre** durch den Kunden ist dabei nicht immer die vom Händler intendierte. So stellten Studien u.a. Unterschiede in der Wahrnehmung der Atmosphäre und Beurteilung von Stores durch Jugendliche und Erwachsene (Massicotte u.a. 2011, S. 79) sowie Männer und Frauen fest. Somit gilt es aus Sicht des Händlers vor der Umsetzung einer atmosphärischen Ladengestaltung, folgende Fragen zu beantworten:

- Wer ist die Zielkundschaft?
- Was erwartet diese vom Einkaufserlebnis?
- Welche atmosphärischen Merkmale können diese Erwartungen erfüllen?
- Wie stellt sich die eigene Ladenatmosphäre im Vergleich zur Konkurrenz dar?

Kongruenz von Selbstimage der potenziellen Kunden und dem – durch die Atmosphäre vermittelten – Ladenimage kann dabei helfen, Käufer anzuziehen. Eine **atmosphärische Ladengestaltung** ist in folgenden vier Fällen von besonderer Relevanz:

- in Situationen, in denen ein Produkt gekauft wird und der Verkäufer Gestaltungsmöglichkeiten hat (besonders zutreffend im Fall von Handelsunternehmen)
- wenn die Anzahl der Konkurrenzunternehmen steigt, um sich somit von der Konkurrenz abzuheben (auch geeignet, um gezielt bestimmte Kundensegmente anzusprechen)
- wenn Produkt- und/oder Preisunterschiede zwischen verschiedenen Händlern gering sind (Zusatznutzen für den Kunden, der Händler kann sich somit von der Konkurrenz abheben und/oder höhere Preise erzielen)
- um von Haus aus bestimmte Kundengruppen anzusprechen (v.a. relevant im Bereich Bekleidung, Schmuck, Automobil usw.).

Zum Aufbau einer erlebnisorientierten Ladenatmosphäre stehen den Händlern affektive, intensive und kollative Stimuli zur Verfügung. D.h. der Verkaufsraum wird durch gewisse sensorische Merkmale bestimmt (Ausstattung, Licht, Gerüche usw.), die wiederum von den Kunden im Raum wahrgenommen werden. Dies beeinflusst die Informations- und Gefühlslage der Kunden. Die Ladenatmosphäre kann Aufmerksamkeit, Informationen und Gefühle wecken bzw. vermitteln und auf diese Weise helfen, ev. vorhandene Verhaltensabsichten in tatsächliches Kaufverhalten zu überführen. Somit beeinflusst die Ladenatmosphäre letztlich das Kaufverhalten. Überdies kann eine entsprechende Ladenatmosphäre die Kundenbeziehung

[1] Vgl. das Modell von Mehrabian/Russel (1974, S. 8ff., Foscht/Swoboda/Schramm-Klein (2017, S. 215f..)

stärken (Gröppel-Klein 2016, S. 176). Die erfolgreiche Umsetzung einer Ladenatmosphäre muss folgende Bereiche miteinbeziehen:

- das Gebäude an sich (auch außen, z.B. Eingänge, Fassade, Parkraum, Schaufenster usw.)
- die Inneneinrichtung des Ladens (z.B. Platzaufteilung, Regale, Dekoration, Möbel, Beschilderung, Beleuchtung usw.)
- Umgebungsfaktoren im Verkaufsraum (z.B. Luftqualität, Temperatur, Sauberkeit, Gerüche, Lärm usw.)
- soziale Faktoren (z.B. andere Kunden, Verkaufspersonal).

Abbildung 4.99: Wirkungskette zwischen Sinnesreizen und Einstellung, Lernen/Gedächtnis und Verhalten

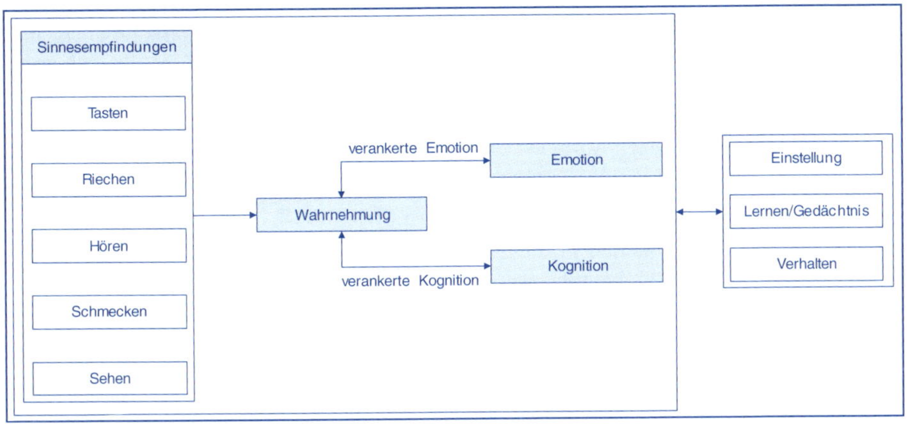

Quelle: i.A.a. Krishna 2011.

Schließlich sind neben den genannten Merkmalen auch die Produkte Teil der Ladenatmosphäre. All dies hat Einfluss auf die Wahl der Einkaufsstätte (Jayasankaraprasad 2010) und jeder dieser Faktoren birgt Problemquellen in sich, denen sich ein Handelsunternehmen bewusst sein muss, um bei Auftreten gegensteuern zu können. So können etwa die falsche Temperatur, eine schlechte Beleuchtung, unfreundliches Personal, Schlangen vor den Kassen bzw. generell ein überfüllter Verkaufsraum, zu laute Musik, mangelnde Parkmöglichkeiten usw. die Kunden verärgern und negative Auswirkungen auf das Kaufverhalten haben. Insbesondere der (positive wie negative) Einfluss anderer Kunden im Store auf die Wahrnehmung des Einkaufserlebnisses darf nicht unterschätzt werden, gleichwohl dies durch das Handelsunternehmen schwerer zu beeinflussen ist als etwa die Wirkung der eigenen Mitarbeiter oder die materielle Ladenausstattung (Söderlund 2011). So zeigen Pan/Siemens (2011), dass eine mittlere Personendichte von Konsumenten in Geschäften am angenehmsten wahrgenommen wird. Außerdem bevorzugen Kunden in überfüllten Geschäften eher Produkte, die anhand konkreter Merkmale beschrieben sind ggü. solchen, die abstrakt beschrieben sind (Maeng/Tanner 2011).

Zur **atmosphärischen Ladengestaltung** zählen grundsätzlich visuelle, akustische, olfaktorische und fühl- bzw. tastbare Kommunikationsmittel. Beleuchtung, Farben, Musik, Hintergrundgeräusche, Gerüche/Düfte, Temperatur, Berührungsmöglichkeiten von Produkten und Ansammlungen von anderen Kunden wirken auf die Sinne der Kunden und beeinflussen diese. Abbildung 4.99 stellt ein Bezugssystem des sensorischen Marketing zwischen diesen Sinnesreizen und Einstellung, Lernen/Gedächtnis und Verhalten dar.

Dieser konzeptionelle Rahmen trennt einerseits zwischen Sinnesempfindungen und Wahrnehmung (linker Teil der Abb. 4.99) und stellt andererseits deren Wechselwirkung mit Einstellungen, Lernen/Gedächtnis und Verhalten (rechter Teil der Grafik) dar. Während die Sinnesempfindung ein biochemischer Prozess ist, im Zuge dessen ein Stimulus auf die entsprechenden Rezeptoren (Zellen) im Körper trifft, handelt es sich bei der Wahrnehmung im nächsten Schritt bereits um das bewusste Verstehen dieser sensorischen Information. Die Wahrnehmung beeinflusst Emotionen und Kognitionen des Menschen. Für diese Emotionen bzw. Kognitionen sind dabei sämtliche Umweltvariablen von Bedeutung, d.h., sie können nicht von den Umwelteinflüssen getrennt betrachtet bzw. verstanden werden.

Dies ist das Konzept der verankerten Emotion bzw. Kognition (vgl. Konzept der grounded Cognition). So spielen bei der Bildung von Kognitionen und Emotionen etwa auch körperliche Zustände, Bewegungen oder geistige Vorstellungen eine Rolle. Kognition und Emotion haben somit ihre Grundlage in den Sinneswahrnehmungen. Die Sinneswahrnehmungen und die daraus resultierenden Emotionen und Kognitionen wirken letztlich auf die Einstellungen, das Gedächtnis und das Verhalten (dabei kommt es bei erneuten Sinneswahrnehmungen zu Rückkoppelungen – erinnert man sich bspw. bereits an einen Geruch, so beeinflusst dies die Wahrnehmung beim nächsten Auftreten dieses Geruchs usw.). Im Folgenden werden nun die wesentlichsten Merkmale und Wirkungen der

- visuellen Kommunikation
- akustischen Kommunikation
- olfaktorischen Kommunikation
- Raumtemperatur

diskutiert. Die **visuelle Kommunikation** spielt bei der Erlebnisvermittlung eine besondere Rolle, denn sie unterliegt weniger den Restriktionen kognitiver Informationsverarbeitung und eignet sich damit besonders für die Vermittlung emotionalen Erlebens. Visuelle Kommunikation findet v.a. durch Beleuchtung, Farbe und Dekoration statt. Außerdem spielt visuelle Kommunikation nicht nur im Laden, sondern auch an der Außenfassade bzw. in den Schaufenstern eine bedeutende Rolle (Pillai u.a. 2011).

Die **Beleuchtung** kann unterschiedliche Emotionen auslösen. Deshalb lässt sich der Erlebniskauf durch Beleuchtung und die Wirkung von Helligkeit und Schatten, durch Akzentuierungen und entsprechende Lichteffekte besonders gut realisieren. Hauptaufgabe der Lichtgestaltung ist es, einen Kompromiss zwischen ausreichender Beleuchtung (sowohl relevant für die Sehleistung als auch für den Sehkomfort) und ansprechender Lichtwirkung (Ambiente) für den Verkaufsraum zu finden. Um diesem Anspruch zu genügen, empfiehlt sich ein flexibles Beleuchtungssystem, das sich den unterschiedlichen Erlebnisintensitäten und Lichtbedingungen der Kunden optimal anpassen kann. Allerdings ist die Vorhersage der Auswirkungen unterschiedlicher Lichtparameter relativ schwierig, da in einigen Fällen widersprüchliche Theorien entgegengesetzte Effekte suggerieren, die sich gegenseitig aufheben. So kann helles Licht bspw. den wahrgenommenen Genuss erhöhen und dadurch als Hinweis auf höhere Preise dienen, andererseits gilt helles Licht auch als ein Merkmal von Discountern (Zielke/Schielke 2016, S. 163).

Die Ladenatmosphäre wird zudem von den **Farben** beeinflusst. Der Farbe kommt bei der Innenraumgestaltung eine zweifache Bedeutung zu. Zum einen gehen von Farben psychologische Wirkungen aus, zum anderen können Farben die Wirkung anderer Stimuli im Verkaufsraum intensivieren oder abschwächen (intermodale Wirkung). Anhand einiger Studien konnte belegt werden, dass Farben unterschiedliche Gefühle und Assoziationen hervorrufen können, allerdings gibt es auch hierbei widersprüchliche Effekte. Frühere Farbforschungen zeigen, dass Blau gegenüber Orange bevorzugt wird, während Untersuchungen zur Farbangemessenheit zeigen, dass Kunden Orange für Produkte wie Kleidung besser einschätzen:

- Rot: Stimulierend, aktiv, vital, abenteuerlich, energiegeladen, aggressiv, heiß.
- Blau oder Grün: Beruhigend, entspannend, kühlend, frisch.
- Gelb oder Orange: Fröhlich, glücklich, sonnig, warm, leuchtend.
- Violett: Düster, samtig, süß.
- Rosa: Scheu, zart, mädchenhaft.

Bei der Farbgestaltung sollte darauf geachtet werden, dass Farben die Wirkungen anderer Reize verstärken oder modifizieren. So können etwa Raumdimensionen, Raumwärme und das Zeitempfinden durch die Farbwahl subjektiv beeinflusst werden. Auch die **Dekoration** leistet einen wesentlichen Beitrag zur Ladenatmosphäre. Dabei steht ein großer Spielraum zur Verfügung, denn es können nicht nur herkömmliche Dekorationsstoffe, Behänge, Kunstwerke u.ä. verwendet werden, sondern es können auch „branchenfremde" Schaustücke zum Einsatz kommen. Visuelle Gestaltung durch digitale Store-Lösungen, Storytelling, Emotionalisierung und das Schaffen einer Wohlfühlatmosphäre sind vorrangige Zielsetzungen einer gelungenen Ladengestaltung. Allerdings haben sich im Laufe der Zeit die Instrumente und die damit verbundenen Möglichkeiten und Anforderungen verändert. So umfassen das digitale Store-Design digitale Touchpoints im stationären Einzelhandel wie Bildschirme, Videowalls, Touchscreens, interaktives Mobiliar (z.B. Spiegel und Tische) oder mobile Endgeräte. Digitale Store-Lösungen sind nicht nur verkaufsfördernd und informationsvermittelnd, sondern können auch zu einem verbesserten Einkaufserlebnis der Kunden beitragen.

Die neue Entwicklung der **digitalen Beschilderung** (elektronische Informations- und Werbesysteme, z.B. elektronische Plakate) zählt ebenso zur visuellen Kommunikation und trägt einerseits zur Information wie auch andererseits zur Unterhaltung der Kunden bei. Insgesamt liegt damit ein Werkzeug vor, die Kognition, Stimmung und das Verhalten der Kunden positiv zu beeinflussen (Dennis u.a. 2010). Beim Einsatz von **Multimedia am PoS** können grundsätzlich zwei Gruppen unterschieden werden: PoI (Point-of-Information)-Systeme, die Informations- und Präsentationsaufgaben übernehmen und den Kunden zum Kauf anregen sollen, und PoS-Systeme, welche die Möglichkeit bieten, Produkte im Geschäft direkt über einen Terminal zu kaufen oder zu bestellen. Elektronische Kiosksysteme haben in den letzten beiden Jahrzehnten an Bedeutung gewonnen. Sie bieten Zusatzinformationen, beeinflussen die Wahrnehmung des Ladens positiv und bewirken tendenziell eine Zunahme der getätigten Käufe (z.B. der ungeplanten Käufe). Multimediale Kommunikation ist in der Lage, die Informationsaufnahme und -verarbeitung zu steigern und den Erlebnis- und Unterhaltungswert zu erhöhen. Allerdings ist die Nutzung derartiger Terminals abhängig vom Involvement des Kunden, der Erfahrung im PC-Umgang usw.

Avatare und Robots sind zwar nicht unbedingt notwendige Features beim Einsatz am PoS, allerdings sind sie eine gute Möglichkeit, um Aufmerksamkeit zu generieren. Anders verhält es sich bei deren Einsatz im Lager. So können Kunden beim Sneakerhändler Solebox in Berlin Roboter selbst steuern und sich die gewählten Artikel persönlich aushändigen lassen.

Mobile Shopping Assistants bzw. **Personal Shopping Assistants** (PSA) sind weitere moderne Technologien, die den Kunden durch einen Store navigieren und auch im großflächigen Einzelhandel eingesetzt werden können. Diese portablen Computer, die entweder in der Hand gehalten oder am Einkaufswagen montiert werden, bieten dem Kunden Such- und Orientierungshilfen. Digital Signatures und Story-Touchpoints lassen so die digitale Welt mit dem stationären Einzelhandel verschmelzen und erhöhen gleichzeitig die Verweildauer. So erkennen z.B. die Spiegel in diversen Gerry Weber-Stores mittels RFID-Technik die Ware, die die

Kunden in die Umkleidekabine mitnehmen. Im Spiegel werden dann Kombinationsmöglichkeiten mit Artikeln angezeigt, die sich im Umkreis von 50 Metern befinden.

Augmented Reality (AR) und **Virtual Reality (VR)** sind weitere Möglichkeiten, den Kunden ein interaktives Nutzungserlebnis direkt am PoS zu bieten. Während AR die Realität erweitert, wird bei VR die reale Umgebung vollständig durch eine computergenerierte Umgebung ersetzt. So ermöglicht Augmented Reality neben einer dreidimensionalen Produktdarstellung auch das Zurverfügungstellen von zusätzlichen Informationen. Der Vorteil liegt darin, dass diese in Echtzeit und in der lokalen Umgebung präsentiert werden und der Kunde emotionalisiert werden kann, ohne dass er sich vom aktuellen Touchpoint entfernt.

Orsay, Apple und Sephora als Vorreiter

Einzelhändler wie Apple oder Sephora gelten mit ihrem technischen Know-How, das vor Ort zum Einsatz kommt, vielfach als Benchmark für den optimalen Einsatz der neuesten verfügbaren Technologien. Während in den Apple Stores persönliche Assistenten an der «Genius Bar» gebucht werden können, setzt Sephora in vielen seiner neuen Stores bereits einen «Virtual Artist» ein, der mittels Gesichtsscanning der Kundin das Schminkergebnis zeigt. Der Verkäufer kann somit leichter das Ergebnis der Behandlung mit der Kundin besprechen, um den Aufbau des Schminkprozesses zu optimieren. Die Kombination von digitaler und experimenteller Unterstützung und fachlich kompetenter Beratung hat insb. bei jungen Kundinnen einen hohen Stellenwert.

Abbildung 4.100: Orsay Store auf der Wiener Mariahilferstraße mit Magic Mirrors und Freundinnen-Umkleidekabinen

Auch die neuen Geschäfte des niedrigpreisigen Einzelhändlers Orsay bieten Features, die vor allem von der jungen Generation erwartet werden. So z.B. privat buchbare Umkleidekabinen mit Service, geräumige Freundinnen-Kabinen (Abb. 4.100), Magic Mirrors in den Umkleidekabinen, Pick-Up-Servicestationen und „Never out of stock Services" durch Online-Verfügbarkeitsprüfungen.

Quelle: www.locationinsider.de, 1. August 2018.

Akustische Kommunikation stellt ein effektives Instrument psychotaktischer Verkaufsraumgestaltung dar (Krishna 2011). Der Einsatz von akustischen Reizen bedarf allerdings besonderen Feingefühls, denn die Hörempfindungen sind subjektiv sehr unterschiedlich. Akustische Reize bzw. Musik lösen beim Menschen eine Vielzahl von Wirkungen aus, die in zahlreichen Experimenten erforscht wurden.

Beim Einsatz von **Hintergrundmusik** ist es wichtig, einige Grundregeln zu beachten: Die ausgewählten Musiktitel müssen auf die visualisierte Erlebniswelt abgestimmt werden. Dabei stellt sich das Problem, dass viele Erlebniswelten nicht automatisch mit bestimmten Musikrichtungen in Verbindung gebracht werden können. Eine weitere Grundregel ist, dass Musikstücke unterschiedliche Erregungswirkungen auslösen, die beachtet werden müssen. Daraus ergeben sich die wahrscheinlich größten Schwierigkeiten des Einsatzes von Musik am PoS. Es stellen sich nämlich Fragen wie, welche Hintergrundmusik als angenehm empfunden wird, oder ob die Hintergrundmusik aktivierend oder entspannend wirken soll. Bspw. wurde festgestellt, dass langsame Musik auch zu langsamerem Einkaufen führt und dass Kunden das Gefühl haben, weniger ausgegeben zu haben, wenn ihnen die Hintergrundmusik im Store gefällt (Krishna 2011). Demoulin (2011, S. 16) zeigte in ihrer Studie die Bedeutung von Kongruenz zwischen Musik u.a. atmosphärischen Elementen auf.

Neben der Hintergrundmusik verfolgt das **In-Store-Radio** mit einer auf die Zielgruppe zusammengestellten Auswahl an Musik, Kundeninformationen und Werbung zwei Ziele:

- Unterhaltung, denn durch das zielgruppengerechte Programm wird eine freundliche, erlebnisorientierte Ladenatmosphäre geschaffen, die zu einer längeren Verweildauer des Kunden im Handelsunternehmen führen soll
- Information über das Handelsunternehmen, über Sortimente und Sonderangebote oder über Sortimentsinnovationen.

Bei der akustischen Kommunikation sollte beachtet werden, dass eine falsch gewählte Hintergrundmusik oder ein gedankenlos zusammengestelltes In-Store-Radio-Programm die positive Ausstrahlung eines gelungenen Ladendesigns sogar zunichtemachen kann (Levy/Weitz/Grewal 2014, S. 508).

Olfaktorische Kommunikation und die **Raumtemperatur** runden schließlich eine multisensuale Erlebniswelt ab. Der Geruchssinn ist evolutionsgeschichtlich einer der ältesten und wichtigsten Sinne des Menschen. Geruchseindrücke bleiben dem Menschen länger in Erinnerung als Eindrücke, die über andere Sinne wahrgenommen wurden (Krishna 2011). Doch gerade dieser Aspekt blieb in der Vergangenheit oft unberücksichtigt. Düfte im Verkaufsraum schienen eher zufälliger Natur zu sein, denn sie konnten meist auf das angebotene Sortiment mit starkem Eigenduft zurückgeführt werden oder gelangten unbeabsichtigt durch Kunden oder auf anderen Wegen in den Verkaufsraum. Mittlerweile nimmt die Duftverwendung zu, denn ein Erlebniskonzept, das die Menschen ansprechen und das Wohlbefinden signifikant erhöhen will, muss auch den **olfaktorischen Sinn** einbeziehen. Ob sich ein Mensch in einem Raum wohl fühlt oder nicht, und ob er den Wunsch verspürt, in ihm zu verweilen, wird nicht so sehr durch optische und akustische Gestaltung geprägt wie durch die in der Luft befindlichen **Geruchsstoffe**. Man kann sich Gerüchen nicht entziehen (wie man im Falle visueller Reize z.B. einfach wegsehen könnte). Bereits niedrige Konzentrationen bestimmter Duftstoffe, die nicht bewusst wahrgenommen werden, lösen signifikante Veränderungen der Gehirnstromaktivitäten aus, dies v.a. in Bereichen, die für die Aufmerksamkeit und Konzentration von hoher Bedeutung sind. Außerdem bleiben sie dem Menschen am längsten in Erinnerung. Entscheidend für die starke Wirkung von Gerüchen ist, dass sie direkt auf das limbische System und damit auf die Emotionen einwirken.

Ein umfassendes, multisensuales Ladengestaltungskonzept muss das Grundbedürfnis der Menschen nach einer positiv stimulierenden Atmosphäre berücksichtigen. Dabei reicht es nicht aus, nur die negativen Stoffe zu vermeiden oder zu filtern. Vielmehr müssen der Luft olfaktorische Stoffe hinzugefügt werden, um eine Atmosphäre zu schaffen, in der sich der Kunde wohl fühlt. Zwei Methoden eignen sich hierfür. Die erste Methode ist die **Allgemein-Beduftung** von Räumen, die eine angenehme Atmosphäre schafft und damit die Verweildauer erhöhen soll. Die zweite Methode sieht Duftterminals für eine **partielle Beduftung** vor.

Es gibt einerseits Systeme, die vom Kunden selbst auszulösen sind (z.B. Parfum-Terminals von Dior) und andererseits Systeme, die bspw. durch die Präsenz des Kunden ausgelöst werden (z.B. Bergluft in der Abteilung für Molkereiprodukte). Möchte der Handel „über die Luft mit dem Kunden kommunizieren", so muss er ein olfaktorisches Ambiente schaffen, das der Erwartungshaltung des Kunden in einer Erlebniswelt, die seine Emotionen und Affekte anregt, entspricht. Kongruenz von Duft und Ladenimage hat einer Studie von zufolge einen positiven Einfluss auf die Stimmung der Kunden. Auch die Bewertung von Produkten im Store wird von Düften beeinflusst. Zusammenfassend kann festgestellt werden, dass die Olfaktorik einen ganz wesentlichen Beitrag zur Ladenatmosphäre leistet und damit das Wohlbefinden der Menschen beeinflusst. Empirische Studien zeigen, dass der Einsatz von Gerüchen und Musik einen positiven Einfluss auf das Kaufverhalten und die Kundenzufriedenheit ausübt.

Folglich ist es kaum möglich, angenehme Erlebnisse zu kommunizieren, wenn für den Konsumenten im Ladenlokal ein unangenehmer Geruch herrscht. Mit angenehmen Düften hingegen können ganz spezielle Erlebnisse kommuniziert werden. Die Wirkung ist dabei sehr konkret und messbar. So wurde bspw. für an sich geruchslose Elektronikprodukte von Samsung ein Duft designt, dessen Effekt bei den Kunden im Geschäft getestet wurde. Wurde der Geruchsspender im Geschäft links hinten positioniert, steuerten auch die Kunden diesen Bereich an, wurde die Duftquelle nach rechts vorne verlegt, zog es auch die Kundschaft dorthin.

Olfaktorische Reize im LEH

Die italienische Supermarktkette Conad setzt in ihren Märkten neuerdings eine ganze Reihe eigens entwickelter Gerüche ein. So riecht es in der Frühstücksecke nach Kaffee und frischem Backwerk, während in der Fischabteilung ein zitroniger Duft Frische und Geschmack suggeriert. Die Maßnahmen ließen die Umsätze kurzzeitig um mehrere hundert % steigen, über das gesamte Jahr waren es immerhin fünf bis acht %.

Quelle: www.welt.de, 6. August 2018

Die Qualität der Raumluft steht allerdings nicht nur in einem engen Zusammenhang mit der olfaktorischen Behaglichkeit, sondern auch mit der **Raumtemperatur**. Der Mensch ist in der Lage, sich an Temperaturen zu erinnern und erwartet aus diesem Grund spezifische Geschäftstemperaturen. Untersuchungen ergaben, dass je nach Branche oder Abteilung, in der sich der Kunde gerade befindet, eine spezifische Temperatur erwünscht ist. In der Obst- und Gemüseabteilung erwartet man kühl und frisch empfundene Temperaturen, während in Ruhezonen oder Boutiquen als warm empfundene Temperaturen erwartet werden. Es gilt zu klären, welcher Temperatur-Mix sich sowohl aus Unternehmens- als auch aus Kundensicht eignet.

Auch der Tastsinn der Kunden sollte angesprochen werden. Zumindest was die Produkte betrifft, konnte festgehalten werden, dass diese – v.a. wenn es sich um qualitativ hochwertige Produkte handelt – positiver bewertet werden, sofern sie berührt werden können. Dasselbe Prinzip sollte auch auf die gesamte Einrichtung eines Ladens umlegbar sein.

Evolutionäre Store Atmospherics

Bei Evolutionary Store Atmospherics handelt es sich um einen relativ jungen Forschungszweig zur atmosphärischen Ladengestaltung. Teilweise aufbauend auf früheren Forschungen wird jedoch erstmals der Entwicklungsgeschichte des Menschen Rechnung getragen. In modernen Gesellschaften leben Menschen zunehmend nicht mehr in natürlichen, sondern in künstlichen Umgebungen. Zwar ist der Mensch heute Großteils vor natürlichen Widrigkeiten und Gefahren sicher, doch ist er nun Unannehmlichkeiten des modernen Lebens, wie Luftverschmutzung, kontinuierlicher Lärmbeschallung, Menschengedränge in Läden und Einkaufsstraßen u.dgl.m. ausgesetzt. Durch entsprechende Gestaltung der Ladenatmosphäre kann ein attraktiver Ausgleich geschaffen werden.

Neuere Entwicklungen im Bereich der atmosphärischen Ladengestaltung bauen auf Erkenntnissen evolutionärer Wissenschaften (u.a. **evolutionäre Psychologie**) auf. Diese Art der Fundierung erschließt ein besseres Verständnis der Wirkung atmosphärischer Gestaltung und damit letztendlich eine effektivere Umsetzung. Auch wenn Einkaufen ein relativ neues Phänomen darstellt, wird es von manchen Forschern mit Aktivitäten wie Jagen oder Sammeln verglichen, die es in der Menschheitsgeschichte immer gegeben hat (Joye/Poels/Willems 2011, S. 299). Im Lauf der Jahrmillionen menschlicher Evolution in natürlichen Umgebungen hat der Mensch Vorlieben für bestimmte landschaftliche und räumliche Strukturen sowie emotionale Reaktionen darauf entwickelt (Joye/Poels/Willems 2011, S. 290ff.). Positiv bewertet werden in diesem Sinn grundsätzlich Landschaften bzw. Umgebungen, die sowohl Schutz- bzw. Rückzugsmöglichkeiten als auch Aussicht bzw. Überblick sowie die Absenz von Gefahr bieten (**Prospect Refuge Theory**). Ferner werden Landschaften bevorzugt, die vier bestimmte Merkmale aufweisen (**Preference Matrix**):

- Komplexität: z.B. ist ein Regenwald komplexer als eine Wüste
- Kohärenz/Stimmigkeit: z.B. Vorhandensein von visuellen Merkmalen, die zur Struktur und zum Verständnis einer Szenerie beitragen und somit Komplexität reduzieren
- Geheimnisse/Rätsel: befriedigen z.B. den Entdeckungsdrang des Menschen
- Lesbarkeit: sind z.B. Orientierungspunkte vorhanden?

Heute noch lösen bestimmte Umgebungsreize positive Reaktionen beim Menschen aus. So haben etwa natürliche Formen, grüne Vegetation, Wasser, Tiere und bestimmte ästhetische Strukturen – z.B. kunstvolle Verzweigungen, wie sie etwa bei Büschen und Bäumen in Savannen vorkommen (**Savanna Hypothesis**) – meist positive Effekte auf die Gefühle und die Kognitionen von Menschen (Hartmann/Apaolaza-Ibánez 2010; Joye u.a. 2010). So konnten Windhager u.a. (2011) den positiven Effekt von Aquarien in Schaufenstern nachweisen. Diese haben eine erholsame Wirkung auf Passanten und ziehen Aufmerksamkeit auf das Schaufenster. In dieselbe Richtung geht auch die biophile Architektur, die aufbauend auf evolutionären Erkenntnissen an natürliche Elemente angelehnte Strukturen in Innenräumen und an Außenfassaden umsetzt. Bspw. zeigt Abb. 4.101 etwa eine Bahnstation, deren Überdachung an eine natürliche Umgebung von Bäumen und deren Kronen erinnert (linkes Bild), sowie die Inneneinrichtung eines Damenmodengeschäfts, die eine ähnliche Absicht verfolgt (rechtes Bild).Basierend auf den Forschungsarbeiten zur evolutionären Ladenatmosphäre lassen sich aufbauend auf den bisherigen Ausführungen folgende Ansatzpunkte zur praktischen Umsetzung festhalten (Joye/Poels/Willems 2011, S. 300ff.):

- **Prospect Refuge:** Im Store können kleine Nischen eingerichtet sein, die Ruhe bieten, oder es können weiträumige Flächen geschaffen werden, die Überblick bieten.
- **Preference Matrix:** Einerseits ist ein ausgewogenes Maß an Komplexität und Kohärenz herzustellen, um Kunden anzuregen, gleichzeitig nicht zu überfordern. Andererseits soll

der Erkundungsdrang der Kunden nicht außer Acht gelassen werden, indem man ihnen im Store etwas zu entdecken lässt. Dabei gilt es jedoch, die Lesbarkeit des Ladens durch Hinweistexte und -schilder, Wegweiser und dergleichen mehr zu gewährleisten, sodass sich die Kunden leicht orientieren können.

- **Savanna Hypothesis:** Fraktale Bilder und Strukturen zur Dekoration bieten sich an, da diese den ästhetischen Sinn der Kunden ansprechen.
- **Integration von realer Natur:** Dies kann auf verschiedenste Arten geschehen. Beispielweise kann Natur außerhalb des Ladens durch Fenster sichtbar gemacht werden, innerhalb des Ladens können Pflanzen aufgestellt werden, in größeren Läden bzw. Einkaufszentren können kleine Gärten u.ä. angelegt werden, Weinreben oder sonstige Kletterpflanzen können Fassaden begrünen, natürliche Materialien (z.B. Holz) können für die Einrichtung verwendet werden, kleine Teiche, Springbrunnen oder Wasserfälle können platziert werden u.a.m.
- **Integration von Natur-Imitationen:** Nicht alle natürlichen Elemente können aus rechtlichen und/oder ethischen Gründen sowie Kosten- und/oder Platzrestriktionen integriert werden. Es bieten sich Imitationen oder Abbildungen von Tieren oder Landschaften an.

Gemeinsam ist den meisten dieser Punkte, dass sie Kaplans vier Komponenten einer erholsamen Umgebung beinhalten:

- Being away i.S. von befreit von mentaler Anstrengung sein
- Fascination, auch „unfreiwillige Aufmerksamkeit“
- Extent, d.h. es muss genug zu sehen und zu entdecken geben
- Compatibility, d.h. die Ladenatmosphäre muss zu den Absichten und Wünschen des Konsumenten passen.

Abbildung 4.101: „Forest of Trees“-Station

Quelle: Joye 2007, S. 316; Joye/Poels/Willems 2011, S. 307.

Vor allem die Natur erfüllt diese vier Punkte. Vor der Integration der Merkmale in das Ladenlayout ist jedoch genau zu überlegen, welche Kundengruppen angesprochen und welche Produktgruppen verkauft werden sollen. Einerseits gibt es etwa Geschlechterunterschiede, was die Präferenz mancher Merkmale betrifft, andererseits verlangen High-Involvement-Produkte auf Grund der höheren kognitiven und emotionalen Beteiligung der Kunden eine andere Ladenatmosphäre (wenig komplex, eher beruhigend und entspannend) als Low-Involvement-Produkte (hier kann Komplexität und eine anregende Ladenatmosphäre das Einkaufserlebnis der Kunden positiv beeinflussen). Auch das Ladenlayout (vgl. Abschnitt G.III.1. in diesem Kapitel) ist je nach anzusprechender Zielgruppe zu gestalten. Denn auch dabei existieren Unterschiede zwischen den Geschlechtern, was die Orientierung in Geschäften betrifft.

IV. Spezifika im Online- und Omnichannel-Handel

1. Basis-/Zusatzfunktionen und Instrumente der Online-Shop-Gestaltung

Online-Shops sind im Gegensatz zu Offline-Stores räumlich und zeitlich ubiquitär, wobei sie virtuelle Kontakte zwischen Käufer und Verkäufer herstellen. Das Store-Management ist essenziell, um Kunden ein Erlebnis zu vermitteln und letztendlich zum Kauf anzuregen. Die **Clicking-Rate** im Online-Shop ist eine wichtige Kennzahl, allerdings alleine nicht erfolgsversprechend, denn bei weitem nicht alle Online-Shop-Besucher kaufen auch – der Käuferanteil liegt im unteren einstelligen Prozentbereich. Ein Kernziel der Online-Shop-Gestaltung ist die Steigerung der **Konversionsrate (Conversion Rate)**, d.h., die Akquisition von Kunden und die Erhöhung des Anteils der Käufer. Seltener sind die im Offline-Handel dargestellten Ziele wie Maximierung der Einkaufssumme pro Kunde oder Schaffung optimaler Kundenfrequenzen im Verkaufsraum vorrangig. Grundsätzlich sind im Hinblick auf die Gestaltung eines Online-Shops zwei Funktionen zu nennen:

- **Basisfunktionen** sind u.a. Angaben zum Händler (Postalische und E-Mail-Adresse, Telefonnummer), zu Produkten und Services, zu Liefer- und Zahlungsmöglichkeiten sowie zu Sicherheits- und Datenschutzanforderungen. Eine Website sollte ferner verfügbar, fehlerfrei, funktional, informativ (vollständige, relevante, genaue, verständliche Informationen), aktuell und glaubwürdig sein und möglichst eine einfache Navigation ermöglichen.
- **Zusatzfunktionen** sind u.a. erweiterte Navigations- und Suchfunktionen, Auswahlmöglichkeit aus mehreren Liefer- und Zahlungsmöglichkeiten, Warenkorbfunktion, personalisierte Informationen, Interaktionsmöglichkeiten, emotionale Faktoren (z.B. Verwendung von Humor, Partizipationsmöglichkeiten, Entscheidungshilfen usw.) sowie das visuelle Erscheinungsbild der Website (Attraktivität, professionelles Design, Konsistenz des Designs, passende Verwendung von Farben, Schriften, Multimediaelementen usw.).

Website Design und Conversion Rate

Ein beliebtes Erfolgsmaß für Online-Shops ist die Conversion Rate, welche den Anteil an Käufen je Websitebesuch darstellt. Eine niedrige Conversion Rate bedeutet hohe Akquirierungskosten pro einzelnen Kunden. Im Online Handel ist die Conversion Rate im Allgemeinen niedriger als in stationären Geschäften. Trotz der hohen globalen Onlinehandelsumsätze enden 96% der Websitebesuche ohne Kauf. Betrachtet man lediglich Besuche über mobile Endgeräte, so sinkt die ohnehin niedrige Conversion Rate auf 1,2%. Ein Weg zur Erhöhung der Conversion Rate und somit Verringerung der Akquirierungskosten besteht in der Optimierung des Website Designs. In der Regel verweilen Kunden länger auf einer Website, wenn sie das Gefühl haben, in die Website im Sinne eines „Flow-Erlebnisses" einzutauchen. Dieser Zustand des „Flows" wurde in der Literatur als potentieller Einflussfaktor auf das Konsumentenverhalten und den Online-Konsum identifiziert. Dementsprechend sind Handelsunternehmen dazu angehalten, interaktive Websites zu gestalten, welche das „Flow-Erlebnis" des Besuchers verbessern und eine positive Einstellung zur Website erzeugen. Einen gegenteiligen Effekt erzeugen störende Elemente, wie etwa lange Download-Zeiten, nicht funktionierende Links, ausufernde Produktbeschreibungen, eine unklare Website-Navigation oder das Ausfüllen langer Formulare. Frustrierte Besucher entwickeln eine negative Einstellung zur Website und weisen dementsprechend eine geringe Kaufwahrscheinlichkeit auf. Gestalten Handelsunternehmen ihre Websites in entsprechendem Design, so erhöht sich die Verweildauer je Kunde und in weiterer Folge die Conversion Rate.

Quelle: McDowell/Wilson/Kile 2016.

Die Basisfunktionen sind üblich, verbreitet und unbedingt notwendig, wobei es grundsätzlich empfehlenswert ist, Websites nicht zu kompliziert zu gestalten, sodass sich die Kunden leicht zurechtfinden, was das Vertrauen der Kunden erhöht (Levy/Weitz/Grewal 2014, S. 78f.).

Nicht alle heute technisch machbaren Website-Funktionalitäten sind unbedingt erforderlich. Erfolgsrelevant sind v.a. die Zusatzfunktionen, deren Ausgestaltung und Bedeutung gleichwohl branchen-, wettbewerbsstrategie- und zielgruppenspezifisch variieren kann und sich im Laufe der Zeit verändert. So sind Funktionen, die vor einigen Jahren noch außergewöhnlich und selten waren, heute schon in vielen Online-Shops zu finden, sodass sich die Verbraucher daran gewöhnt haben und bei Absenz dieser Merkmale ggf. unzufrieden sind.

Die **Online-Gestaltungsinstrumente** werden unterschiedlich systematisiert. In empirischen Studien finden sich aus Kundensicht Wahrnehmungen von „Aesthetic Appeal", „Navigation Convenience", „Transaction Convenience", „Website Content" (siehe Kwon/Lennon 2009b und Abschnitt B.V.4. des Dritten Kapitels). Ferner werden pauschaler funktionale vs. psychologische bzw. utilitaristische vs. hedonistische Aspekte von Websites unterschieden. Ein Fokus liegt dabei auf hedonistischen Aspekten, weil Kunden multimediale Elemente, eine ansprechende Atmosphäre oder Vergnügen erwarten, während die Nützlichkeit und Bedienfreundlichkeit als notwendige Voraussetzung gesehen werden (zu weiteren empirischen Studien siehe bspw. Chiou/Lin/Perng 2010; Manganari u.a. 2011 und zur Loyalität/Wiederkaufabsicht Wells/Valacich/Hess 2011). Schließlich rücken Studien die Ästhetik und das Umfeld von Websites in den Blickpunkt, der Argumentationslogik folgend, dass eine entsprechende Gestaltung einer Website ein ansprechendes Umfeld schafft, das zum Kauf anregt. Wird dieser Sichtweise gefolgt, so können die in Abb. 4.102 visualisierten Instrumente zur Gestaltung des Umfeldes eines Online-Stores unterschieden werden. Diese werden nachfolgend aufgegriffen, ähnlich zur Verkaufsraumgestaltung im Offline-Handel, gefolgt vom integrativen Blick auf die Verkaufsraumgestaltung im Omnichannel-Handel.

Abbildung 4.102: Die Komponenten des Online Store Environment Framework (OSEF)

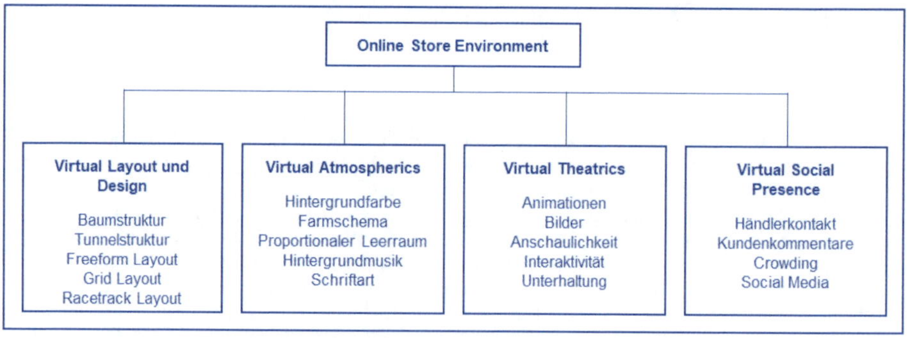

Quelle: i.A.a. Manganari/Siomkos/Vrechopoulos 2009, S. 1141.

2. Komponenten der Online-Store Environment

Virtual Layout und Design

Das **Virtual Layout und Design** kann zum einen in die Baumstruktur und die Tunnelstruktur unterteilt werden. Die Tunnelstruktur gibt dem Kunden einen bestimmten Weg durch die Funktionen der Webseite vor, die Baumstruktur ermöglicht den Konsumenten eine einfache und freie Navigation auf der Webseite. Diese kann Verknüpfungen zur Startseite, horizontale Links sowie ein umfangreiches Netz der Kategorien aufweisen. Besonders häufig wird eine einfache Baumstruktur mit einer Verknüpfung zurück zur Startseite gewählt, um die Orientierung für den Kunden zu erleichtern. Zum anderen wird der Aufbau der Webseite in Freeform Layout, Grid Layout und Racetrack Layout unterteilt.

Das **Freeform Layout** besteht aus asymmetrischen Anordnungen der Spalten und Felder. Diese weisen oftmals verschiedene Formen, Stile und Größen auf.

Das **Racetrack Layout** ist in individuelle Bereiche aufgespaltet, die meist eine eigene Kategorie bilden. Der Kunde wird hierbei über einen Hauptweg durch diverse Kategorien geführt, damit er viele Bereiche der Webseite besucht. Das **Grid Layout** im Online-Handel ist rechteckig und besteht aus langen Spalten, die oft parallel zueinander aufgebaut sind.

Bei dieser Betrachtung stehen zum einen die o.g. funktionalen Aspekte der Websitegestaltung im Vordergrund, i.S. einer Website-Usability bzw. einer „Navigation und Transaction Convenience". Zum anderen sind Parallelen zum Offline-Storelayout in Abschnitt G.III.1. erkennbar. So wird wie im Offline-Store im LEH vorwiegend das Grid Layout angewendet, das die schnelle Identifizierung von vorausgewählten Produkten und einen flexiblen und schnellen Einkauf ermöglicht. Dies ist im LEH hilfreich, weil diese Konsumenten häufig ihre Ausgaben dafür planen (Levy/Weitz/Dhruv 2014, S. 489ff.). Entsprechend könnten auch die Offline-Grundprinzipien der Raumaufteilung und Regalanordnung mit unterschiedlichen Branchen- und Strategien der Online-Vertriebstypen verbunden oder auf entsprechende Tracking-Studien verwiesen werden.

Virtual Atmospherics

Zu den **Virtual Atmospherics** (auch: **Web Atmospherics**) sind die Hintergrundfarbe, das Farbschema, der proportionale Leerraum, die Hintergrundmusik sowie die Schriftart zu zählen. Besonders relevant ist die Farbwahl. So hat eine empirische Studie herausgefunden, dass die Nutzung heller und freundlicher Farben auf der Internetseite zu einer fröhlichen Atmosphäre beitragen, was wiederum das Kaufverhalten der Kunden positiv beeinflusst. Daher sollten Unternehmen explizit auf die Wahrnehmung der Webseite achten, um neue Kunden zu gewinnen und die Loyalität bestehender Kunden zu erhöhen (Wu u.a. 2013). Die Effekte der Hintergrundmusik wurden bislang nicht empirisch untersucht.

In Abgrenzung zur Offline-Verkaufsraumgestaltung steht hier jedoch weniger etwa die Space Utilization sondern die Atmosphäre im Vordergrund, wobei Aspekte des Layouts (z.B. Organisation und Anordnung der Produkte usw.), die Struktur bzw. der Aufbau eines Online-Shops (Frames, Fenster usw.), aber auch multimediale Elemente, die nachfolgend separat betrachtet werden (z.B. Bilder, Musik, Texte usw.), im Vordergrund stehen. Die Wahrnehmung der Web Atmospherics hat – analog der Ladenatmosphäre im stationären Handel – Auswirkungen auf das Verhalten sowie die Emotionen und Kognitionen der Konsumenten (Levy/Weitz/Grewal 2014, S. 519f.). Vor allem der Einfluss von Farben, Bildern und Musik sowie der Einfachheit von Interaktion und Navigation wird oft hervorgehoben. Analog zu den Ausführung zu **Evolutionary Store Atmospherics** ist auch bei Online-Shoppern ein Erkundungsverhalten festzustellen (Richard/Laroche 2010). Ebenso ist ein Design des Online-Shops gemäß den vier Dimensionen der Preference Matrix auf Grund der festgestellten positiven Einflüsse auf Kognitionen und Emotionen der Konsumenten und infolge dessen einer erhöhten Kaufabsicht zu empfehlen. Überdies existieren wiederum Unterschiede zwischen den Geschlechtern – im Online-Kontext erstens in Punkto Navigationsverhalten und Orientierung auf Websites (Richard/Laroche 2010) sowie zweitens in Bezug auf unterschiedliche Designpräferenzen (Stenstrom/Saad 2010). Dies ist unter Berücksichtigung der anzusprechenden Zielgruppe bei Gestaltung eines Online-Shops zu beachten. Es liegen auch Hinweise darauf vor, dass kulturell-kongruente Websites (d.h. das Design der Website orientiert sich an grundlegenden kulturellen Werten des jeweiligen Landes) erfolgreicher sind als nicht-kongruente Websites (Vyncke/Brengman 2010). Dies ist somit für international tätige **Online-Händler** bei der Erstellung von Online-Shops zu berücksichtigen.

Eye-Tracking-Studien zur Optimierung von Website-Design und -Usability

Die experimentelle Methode des Eye Tracking ist sehr gut geeignet, um die Wahrnehmung des Designs sowie die Bedienbarkeit von Online-Shops zu testen. Bspw. kann analysiert werden, welche Elemente vom User betrachtet werden und wie lange, wie oft und in welcher Reihenfolge diese betrachtet werden, was genau gelesen und was nur kurz überflogen wird.

Zudem kann analysiert werden, welche Bereiche der Website nicht betrachtet werden (Heinemann 2012, S. 106f.). Abbildung 4.103 zeigt anhand von Heat Maps die aufmerksamkeitsstarken Bereiche am Beispiel des Online-Shops von Tom Tailor.

Abbildung 4.103: Erwartungskonforme Seitengestaltung im Online-Shop

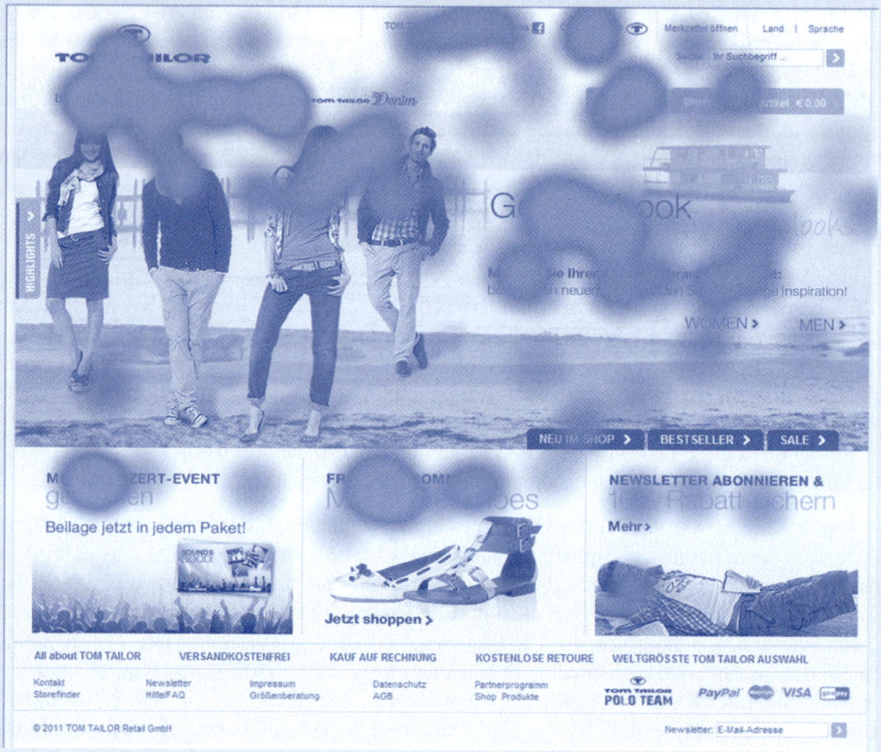

Quelle: www.eresult.de, 6. August 2018.

Virtual Theatrics

Animationen und Bilder der Website sind den **Virtual Theatrics** zuzuordnen. Außerdem sind Interaktivität sowie der Unterhaltungswert der Website wichtige Faktoren dieser Komponente. Die Nutzung neuer Medien verbessert vor allem die Anschaulichkeit von Websites, was wichtig ist, weil – wie hervorgehoben – Kunden Websites mit einem mittleren Maß an Komplexität bevorzugen, d.h., die Website soll den Kunden ansprechen und unterhalten, aber gleichzeitig eine gute Orientierung beim Online-Kauf ermöglichen.

Virtual Social Presence

Virtual Social Presence wurde bislang wenig in Studien untersucht. Social Presence wird in der Literatur als „degree of salience of the other person in the interaction and the consequent salience of the interpersonal relationships" definiert. Unter dem Begriff Virtual Social Presence wird bspw. der Kontakt zum Händler, die Kundenkommentare, Social Media sowie das Crowding, also die Nutzerdichte, verstanden. Dieser Bereich des Online Store Environments wird in diversen Branchen zunehmend wichtiger. Beispiele sind bspw. **Avatare** (virtuelle Figuren) und **Virtual Reality Retailing**. Durch den Einsatz von Avataren in Online-Shops wird u.a. versucht, das Einkaufserlebnis sozialer zu gestalten und das Vertrauen der Konsumenten zu erhöhen (Wang/Fodness 2010). In virtuellen dreidimensionalen Umgebungen (z.B. Second Life) wird untersucht, wie Konsumenten sich verhalten bzw. warum sie dort angesiedelte Online-Shops besuchen (z.B. zur Unterhaltung oder um sozial zu interagieren).

Moderner Rewe: Offline-, Online-und Omnichannel-Store-Management

Rewe und Rewe.de sind Teil der Rewe Group, des zweitgrößten Händlers im deutschen LEH, mit 1.728 Super- und Verbrauchermärkten und einer deutschlandweiten Onlinelieferung.

Offline verwendet Rewe das **Grid Layout**, der Verkaufsraum ist großzügig angelegt und es gibt zahlreiche Verkehrswege (siehe Abb. 4.104). Am Eingang befindet sich ein Help-Desk, ein Waschbecken bei der Leergutrückgabe etc. Merkmale der **Raumzuteilung** sind u.a.: Aktionen neben Waren des täglichen Bedarfs und in Kassennähe, Magnetartikel wie Eier, Milch im hinteren Bereich, Verbundpräsentation von Getränken und Spirituosen, Shop-in-Shop-Konzepte (Bäcker, Tchibo), Orientierungshilfen über den Regalen. Eine vertikale Anordnung der Produkte ist üblich (bspw. Top-Marken wie Segafredo oben im Regal, Rewe Bio auf Augenhöhe und günstige Produkte unten, zudem Marken wie Jacobs, Dallmayr mit mehr Platz). Bzgl. der quantitativen Raumzuteilung gilt: Getränken, Obst und Gemüse wird relativ viel Platz eingeräumt; Haushaltsprodukte und Molkereiprodukte sind eher in schmalen Gängen platziert. Beim **Interior Design** wird ein heller Fliesenboden genutzt, die Regale sind dunkelgrau/zweckmäßig und die Preisschilder sind digitalisiert. Im Bereich der Metzgerei wird auf ein ansprechendes Verkaufsthekendesign geachtet. In der Frischeabteilung schafft die Produktplatzierung in Körben und Holzkisten ein stimmiges Design, die Wände sind grün und mit Motivbildern dekoriert (sonst weiß). Für die Beleuchtung werden Lightpanel und Spotreflektoren für eine homogene Beleuchtung genutzt. Beim **Exterior Design** ist nur die Eingangstür verglast, die Fassade ist modern/grau und es gibt viele Parkplätze. Rewe achtet auf die **visuelle Atmosphäre** des Verkaufsraums. Grüne Wandgestaltung in der Frischeabteilung, sonst warme Farben, ein Wandspringbrunnen in der Blumenabteilung, ein theatralisches Beleuchtungskonzept, Spotreflektoren und ein In-Store-Radio. Die olfaktorische Atmosphäre ist nicht ausgeprägt, auch wenn ein frischer Geruch vorherrscht und das Fühlen von Obst und Gemüse gefördert wird.

Abbildung 4.104: Ladenlayout eines typischen Rewe-Supermarktes

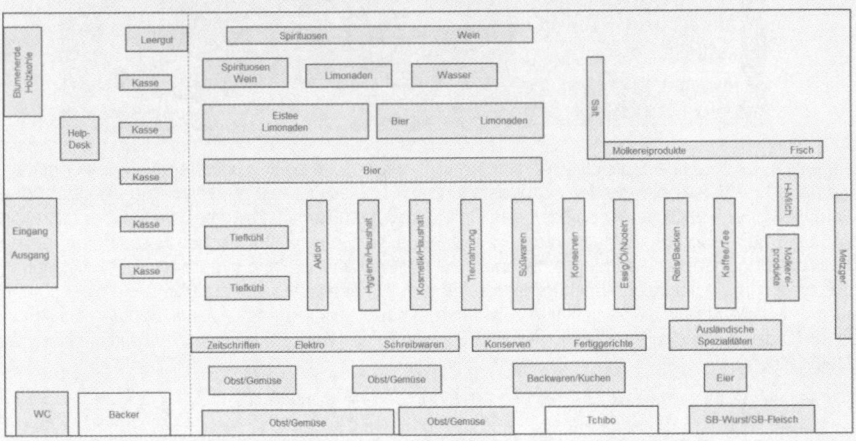

Der Rewe Online-Store erfüllt alle Basisfunktionen. Zahlreiche Zusatzfunktionen wie eine Suchfunktion, Mehr über Rewe, Hilfe, Lieferservice, Services, Partnerangebote, Social Media sowie

Zahlungsarten werden angeboten. Die Startseite kann als **Freeform Layout** eingestuft werden (siehe Abb. 4.105). Die Seite wird von ansprechenden Bildern dominiert, die über die Sichtfläche verteilt angeordnet sind. Erst über den Reiter „Zum Shop“ gelangt der Kunde auf den eigentlichen Online-Shop. Dieser Bereich kann dem **Grid Layout** zugeordnet werden, auch wenn keine parallele Anordnung der Spalten i.e.S. erfolgt und mehr auf das visuelle Layout geachtet wird. Der Rewe-Button führt Kunden zurück zur Startseite. Die Seiten sind nach der Baumstruktur aufgebaut. Kunden können über horizontale Verknüpfungen frei navigieren. Über „Alle Produkte“ können diverse Kategorien und dann Unterkategorien ausgewählt werden. Außerdem können Produkte gezielt gesucht werden, es kann auf den Warenkorb, das Kundenkonto sowie den Lieferort zugegriffen werden.

Bzgl. **Virtual Atmospherics** ist gem. der Farbe des Logos die Internetseite in rot und weiß gehalten. Diese Farbwahl stützt den schnellen Wiedererkennungswert und auch die Schriftart ist einheitlich gewählt (gem. der auf Werbeträgern und Informationsschildern). Im Online-Store werden Informationen nur visuell über Bilder und Texte vermittelt, die für das **Virtual Theatrics** und den Unterhaltungswert bedeutend sind. Besonders Obst und Gemüse werden in glänzenden, kontrastreichen Farben inszeniert. Neben den genannten Funktionen werden zahlreiche Möglichkeiten zur Interaktivität und Unterhaltung geboten, bspw. Themenwelten (z.B. Leckeres zum Grillen, ja! Clever Sparen, Trend-Produkte sowie Alles fürs Meeting, Deine Küche mit zahlreichen Rezepten und Kundenbewertungen). Die Website ist von mittlerer Komplexität.

Bei **Social Media** ist Rewe auf diversen Plattformen wie Facebook, Twitter, Youtube, Instragram, Google+ sowie Pinterest vertreten. Neben der Partizipation in sozialen Medien kann der Rewe-Markt über das Kundenmanagement telefonisch kontaktiert werden. Virtual Social Presence kann vor allem im Bereich von Rewe – Deine Küche festgestellt werden. Mitarbeiter von Rewe werden mit Foto vorgestellt und geben durch Kommentare Tipps zu Rezeptideen. Kunden können ihre Erfahrungen mit anderen Teilnehmern teilen.

Abbildung 4.105: Ladenlayout von Rewe.de

Die Offline- und Online-Schnittstellen sind im LEH deutlich. In beiden Kanälen wird das Grid Layout genutzt, ebenso die gleiche Farbgestaltung. Dabei legt Rewe Wert auf eine übersichtliche Gestaltung der Verkaufsflächen bzw. des Online-Layouts. Schnittstellen bei der Space Utilization sind durch eine Sortierung nach Warengruppen (bspw. Getränke im Verbund präsentiert, offline und online) gegeben. Die Hauptkategorien Getränke sowie Wein, Spirituosen & Tabak spalten sich erneut in die spezifischen Unterkategorien auf. Wichtig ist v.a. die zunehmende Ausrichtung auf das Kundenerlebnis. Während im Offline-Shop hauptsächlich das Ladendesign und die Atmosphäre dazu beitragen, sind es im Online-Shop v.a. die Partizipation und Interaktion (v.a. bei „Deine Küche“).

Quelle: www.shop.rewe.de, 13. August 2018 und eigene Recherche.

Gerade bei Virtual Theatrics und Social Presence ist einerseits zu berücksichtigen, dass es auch im Online-Shopping Einkaufsstile gibt. Nach Papatla (2011, S. 364) können Konsumenten im Internet bzw. in Online-Shops nach personalisierten Angeboten, Erholung/Entspannung, günstigen Preisen oder lokalen Anbietern suchen bzw. einfach aus Bequemlichkeit online kaufen, wobei eine Kombinationen, i.S. eines „utilitarian Value" (Preis- und Zeitersparnis, Service, Auswahl) und „experiential Value" (Unterhaltung, Visuelles, Interaktion, Flow) möglich sind. Yu (2011, S.225f.) identifizierte sieben E-Lifestyles, darunter der „need-driven E-Lifestyle", der „interest-driven E-Lifestyle", der „entertainment-driven E-Lifestyle" und der „socialbility-driven E-Lifestyle". Andererseits existiert eine Art des „hedonistisches Internet-Surfen", das bei Menschen ein Glücksgefühl erzeugt. Erklärt wird dies mit dem Flow-Konzept (zurückgehend auf Csikszentmihalyi 1990), wonach man sich einer Sache völlig hingibt und dabei sogar die Zeit vergisst. Der Flow wird von den Fähigkeiten des Internet-Users, den Interaktivitätsmöglichkeiten des Online-Shops und den sich zu stellenden Herausforderungen und Aufgaben im Online-Shop beeinflusst: Empfundene Emotionen (z.B. Vergnügen, Erregung, Dominanz) wirken auf die subjektive Wahrnehmung der Online-Shop-Atmosphäre und auf das Verhalten (Richard/Laroche 2010). Die Shopping- und E-Lebensstile bzw. Wünsche der Zielkunden sind bei der Webshop-Gestaltung zu berücksichtigen.

3. Verkaufsraumgestaltung im Omnichannel-Handel

Im Rahmen der Verkaufsraumgestaltung im Omnichannel-Retailing bedarf es einer Identifikation zentraler Aspekte der Offline- und Online-Verkaufsraumgestaltung, um als gemeinsame Grundlage für neue Konzepte zu dienen.

Erste Schnittstellen sind im **Storelayout** festzustellen. Sowohl im Offline-Handel als auch im Online-Handel kann das Layout in verschiedene Formen eingeordnet werden. So werden die Raumaufteilungen wie Grid Layout, Freeform Layout und Racetrack Layout im Offline-Handel auf die Erscheinungsformen im Internet übertragen. Weitere Überschneidungen können bei der **Space Utilization** festgestellt werden. Wie im Offline-Handel werden auch im Online-Handel die Waren gruppiert und in Kategorien eingeteilt. Dies dient in beiden Fällen der besseren Orientierung des Kunden. Bei der Anordnung der Waren ist bei beiden Channels das Blickverhalten der Kunden zu beachten. Wichtige Schnittstellen sind des Weiteren bei der **atmosphärischen Storegestaltung** des Handels festzustellen.

Im Offline- sowie im Online-Handel spielt dieser Bereich des In-Store-Managements eine wichtige Rolle. Vor allem die farbliche Gestaltung sowie das Vermeiden von zu verspielten Faktoren, um eine gute Orientierung zu bewerkstelligen, sind in beiden Handelstypen von großer Bedeutung. Außerdem sind Wechselwirkungen zwischen den beiden Channels nicht zu vernachlässigen. Vor allem ein positiver Eindruck der Website kann Kunden dazu bewegen, den stationären Handel zu besuchen. Besonders hervorzuheben ist außerdem die zunehmende Fokussierung auf den **Erlebniswert** des Einkaufs, v.a. online, bei manchen Wettbewerbsstrategien jedoch offline und online. Sowohl im Online- als auch im Offline-Handel wächst die Bedeutung dieses Faktors.

Weitere Schnittstellen liegen in der Nutzung der Omnichannel-Customer Journeys und von In Store-Technologien sowie Value-Added-Services wie VIP-Lounges, virtuelle Anproben sowie mit Tablets ausgestattete Verkäufer für die Erstellung personalisierter Angebote in Echtzeit, um das stationäre Geschäft auch weiterhin für den vernetzten Kunden attraktiv zu gestalten. Hierbei stehen neue Präsentationsplattformen, die die Konsumenten gleichermaßen informieren und unterhalten, im Fokus (z.B. Plasma- oder LCD-Bildschirme im Schaufenstern, Multimedia-Terminals als Wegeleitsysteme oder zur Unterstützung der Kunden oder des Verkaufspersonals, QR-Codes usw.). In sogenannten

„Experimental Stores" steht nicht mehr der aktive Verkauf im Vordergrund, sondern die Präsentation von Ideen, wie die unterschiedlichen Produkte eingesetzt werden können.

Auch **Internet of Things**-Anwendungen werden einen bedeutenden Einfluss auf die Verkaufsraumgestaltung haben. Ähnlich einer Shopping-Website, auf der durch entsprechende Filter und Kundenprofile Empfehlungen generiert werden, ist auch im Verkaufsraum eine sogenannte physikalische Selektion der Produkte denkbar. Diese Selektion übernimmt – wie beim smarten Weinregal – z.B. Licht, indem die passende Flasche Wein per Licht hervorgehoben wird.

Connected Retail

Das interaktive Weinregal (Abb. 4.106) ist in der Lage, mittels eines kurzen Fragebogens auf dem Smartphone und der physikalischen Selektion per LED sehr rasch eine Empfehlung für einen Wein abzugeben. Nimmt der Kunde die Flasche aus dem Regal, erscheinen auf dem zusätzlich platzierten Tablet weitere Informationen zum Produkt. Mit jeder Weinflasche, die sich der Kunde näher anschaut, kann der Händler Analysedaten sammeln. Diese „Liftups" der Weinflaschen sind vergleichbar mit Page Impressions auf einer Produktseite im Web. Der Händler kann damit z.B. die Platzierung der Produkte im Regal optimieren.

Abbildung 4.106: Physikalische Selektion der Produkte im Verkaufsraum mittels IoT

Quelle: www.t3n.de, 17. April 2015.

H. Servicemanagement

I. Grundlagen und Bedeutung

Mit traditionellen Erfolgsfaktoren wie Standort, Sortiment und Preis wird es immer schwieriger, im Handel Wettbewerbsvorteile zu erzielen. Auf Grund der zunehmenden Vergleichbarkeit der Produktqualitäten, der Zunahme des Margendrucks, der geringen Wachstumsmöglichkeit bei klassischen Produkten sowie der verstärkten Nachfrage nach Service- und Dienstleistungen setzen sich immer mehr Handelsunternehmen systematisch mit dem Thema Servicemanagement auseinander. Innovative Serviceleistungen können die Attraktivität eines Händlers erhöhen und zur **Profilierung** gegenüber den Wettbewerbern beitragen. Dabei eröffnet die Servicepolitik durch viele Kombinationsmöglichkeiten der einzelnen Erscheinungsformen bzw. Arten von Serviceleistungen einerseits einen großen Handlungsspielraum. Andererseits sind einfache Serviceleistungen gerade im Handel relativ leicht ersichtlich und kopierbar, sodass der auf Serviceleistungen basierende strategische Wettbewerbsvorteil selten eine dauerhafte USP schafft. Insofern müssen Händler ein am Kundennutzen ausgerichtetes Paket von Serviceleistungen kreieren, um sich dem Preiswettbewerb partiell entziehen zu können. Auf Grund der Bedeutung des Service als eigenständiges Profilierungsinstrument und dem Umstand, dass Service eine Querschnittfunktion darstellt, wird Service nicht als Ergänzung der Angebotsleistungen, sondern als eigenständiges Instrument diskutiert. Der Begriff **Service** bzw. **Dienstleistung** ist mit einer gewissen Unschärfe behaftet, da darunter eine Vielzahl von Maßnahmen und Instrumenten verstanden wird, die von kleineren Bequemlichkeiten beim Einkauf bis hin zu produktbezogenen Dienstleistungen und eigenständigen Serviceleistungen reichen können.[1]

Handelsbezogene Dienstleistungen sind intangible (immaterielle bzw. nicht greifbare) Leistungen, die ein Handelsunternehmen seinen Kunden zur Förderung des Absatzes seiner Waren (Sachgüter) anbietet.

Dem Servicebegriff werden folgende Merkmale zugeordnet, die aber v.a. zur Kennzeichnung von Dienstleistungen i.e.S. und grundsätzlich weniger zur Kennzeichnung von Serviceleistungen von Handelsunternehmen dienen (Zeithaml/Parasuraman/Berry 1985, S. 33f.).[2]

- **Intangibilität**: Das Ergebnis von Serviceaktivitäten ist im Gegensatz zur Herstellung von Sachgütern nicht greifbar.
- **Nicht-Lagerfähigkeit**: Serviceleistungen sind nicht „lagerbar“ und können daher auch nicht auf Vorrat produziert werden.
- **Integration eines externen Faktors**: Zur Erstellung von Serviceleistungen bedarf es eines externen Faktors, wie des Kunden, eines materiellen oder nominalen Gutes, sowie einer Information (z.B. Information über das Angebot eines Handelsunternehmens).
- **Wahrgenommenes Kaufrisiko**: Im Gegensatz zur Qualitätsbeurteilung von Sachgütern ist es für Kunden schwieriger, die Qualität von Services vor einem Kauf zu bewerten.
- **Individualität**: Dienstleistungen müssen sich noch besser als Sachgüter an die individuellen Kundenanforderungen anpassen.

Dem Service- bzw. Dienstleistungsbegriff im Handel wird insb. der Charakter der Zusatzleistung („Sekundärdienstleistung“, „additive Leistung“) zugeordnet. Serviceleistungen stehen also auf Grund ihres Zusatzcharakters in Zusammenhang mit einer übergeordneten Leistung, der Kern- oder Primärleistung, die den eigentlichen Mittelpunkt der Kaufentscheidung bildet. Diese Zusatzleistungen können Dienstleistungen, Sachleistungen (Waren) oder auch Rechte (z.B. Garantien) umfassen.

Servicepolitik umfasst alle wesentlichen Entscheidungen, die Versorgungsobjekte (d. h. Waren, Dienste und Chancen) betreffen, welche der Handel freiwillig und zusätzlich zur eigentlichen Kernleistung anbietet (Meyer/Bartsch 2012, S. 719).

---

[1] Die Begriffe Service und Dienstleistung werden im Folgenden synonym verwendet.

[2] Zur Eingrenzung von Dienstleistungsbranchen kann pauschal die zwölfteilige Services Sectoral Classification List der World Trade Organization (WTO) zu Grunde gelegt werden.

Eine Übersicht zu aktuellen Studien des Managements von Serviceleistungen und der Konzeption von Servicequalität bietet Abb. 4.107.

Abbildung 4.107: Ausgewählte Studien zum Servicemanagement

Autor(en)	Forschungsfrage	Theorie	Daten und Methode	Kernergebnisse
Management von Serviceleistungen				
Inman/Nikolova (2017)	Shopper-facing technology and shopper perceptions	Equity theory	N=306; six cell between-subjects design	▪ Shopper perceptions are affected by new shopper-facing technologies. ▪ Reactions mediate behavioral intentions, which in turn drives the ROI of the new technology
Hunneman/Verhoef/Sloot (2017)	Effects of shopping trip types on satisfaction formation	Conceptual framework	N=220; panel data model; monthly survey	▪ Service, price and convenience are important drivers of satisfaction. ▪ The effects of these drivers on store satisfaction depend on the shopping trip type.
Demoulin/Djelassi (2016)	Drivers of customers' intention to use and actual use of SSTs	TPB, TRA resource-matching theory	N=143 users and 150 non-users of SSTs	▪ Situational factors influence customers' decisions to use SSTs during a specific shopping trip. ▪ Behavioral intention is influenced by perceived behavioral control, perceived usefulness, need for interaction and perceived ease of use and enjoyment.
Wang/Malthouse/Krishnamurthi (2015)	Changes in spending behavior upon adopting M-Shopping	Conceptual framework	N=3,086 M-shoppers and 13,212 non-adopters;	▪ The order rate increases as customers adopt M-shopping. ▪ For low-spending customers, both their order rate and order size increase as they become accustomed to M-shopping. ▪ M-shoppers tend to use mobile devices to shop for habitual products for which they already have a history of purchasing.
Konzeptualisierung und Operationalisierung von Servicequalität				
Zehir/Narcikara (2016)	E-service quality, value perceptions & loyalty intentions	-	N=645 customers; survey; E-S-QUAL	▪ There is a strong relationship between E-service Quality and Loyalty Intentions and Perceived Value acts as a mediator between them.
Karpen u.a. (2015)	Measurement and impact of SD-Orientation on performance	Middle-range theory	N=276 unique dealerships; web-based/telephone survey	▪ S-D orientation is relevant in traditional service environments such as retail banking. ▪ Firms with high levels of S-D orientation are those with more effective capabilities in terms of individuated, relational, ethical, empowered, developmental, and concerted interaction.
Blut u.a. (2015)	E-service quality: A Meta-Analytic Review	-	Meta-analytic techniques	▪ E-service quality has four underlying dimensions (website design, fulfilment, customer service, and security/privacy) ▪ Their relevance for overall e-service quality is moderated by countryspecific regulatory environment-specific, and industry-specific factors as well as research-design factors

Da der Hauptgrund für das Anbieten von Serviceleistungen die Profilierung im Wettbewerb ist, verfolgen viele Händler eine serviceorientierte Strategie. **Serviceorientierung** wird traditionell auf zwei Ebenen konzeptualisiert (Homburg/Hoyer/Fassnacht 2002, S. 86ff.). Die individuelle Ebene der Serviceorientierung beschäftigt sich mit der Serviceorientierung der Mitarbeiter. Die zweite Ebene umfasst die Organisation der Serviceorientierung wie bspw. die Unternehmensstruktur und -kultur sowie das Ausmaß in dem die Serviceorientierung in der Geschäftsstrategie verankert ist. Die Autoren schlagen vor, Serviceorientierung danach abzugrenzen, wie viele Serviceleistungen angeboten werden, welchen Kundengruppen diese angeboten werden und wie aktiv diese angeboten werden. Als Bestimmungsfaktoren für Serviceorientierung gelten umweltbedingte Charakteristika, wie der lokale Innovationsgrad im Handel, Charakteristika des Geschäftes, wie die Anzahl der Vollzeitkräfte und die Qualität des Sortiments sowie Charakteristika der Kunden, wie deren Preissensibilität. Der Grad der Serviceorientierung hängt von der Branche und Geschäftsgröße ab.

II. Ziele und Entscheidungsoptionen

Serviceleistungen haben das Ziel, den **wahrgenommen Kundennutzen** zu steigern und durch Steigerung der **Kundenzufriedenheit** Kunden an das Handelsunternehmen zu binden, aber auch neue Kunden zu gewinnen.

Der **wahrgenommene Netto-Kundennutzen** kann dabei als Gesamtnutzenbewertung eines Kunden verstanden werden, die aus dem Abgleich von Wert- und Kostensumme entsteht– (siehe Abb. 4.108). Um einen hohen Netto-Kundennutzen zu erzielen, kann die Servicepolitik an der Erhöhung der wahrgenommenen Wertsumme (z.B. durch persönliche oder telefonische Beratung) oder an der Senkung der wahrgenommenen Kostensumme (z.B. durch versandkostenfreie Lieferung oder Garantien) ansetzen (Meyer/Bartsch 2012, S. 721). Kann ein hoher Kundennutzen bzw. Wertgewinn für den Kunden erzielt werden, so wirkt sich dies positiv auf die Zufriedenheit, die Loyalität und das zukünftige Kaufverhalten und damit mittelbar auch auf den ökonomischen Erfolg des Händlers aus (Bruhn 2016, S. 71f).

Abbildung 4.108: Zusammensetzung des Netto-Kundennutzen

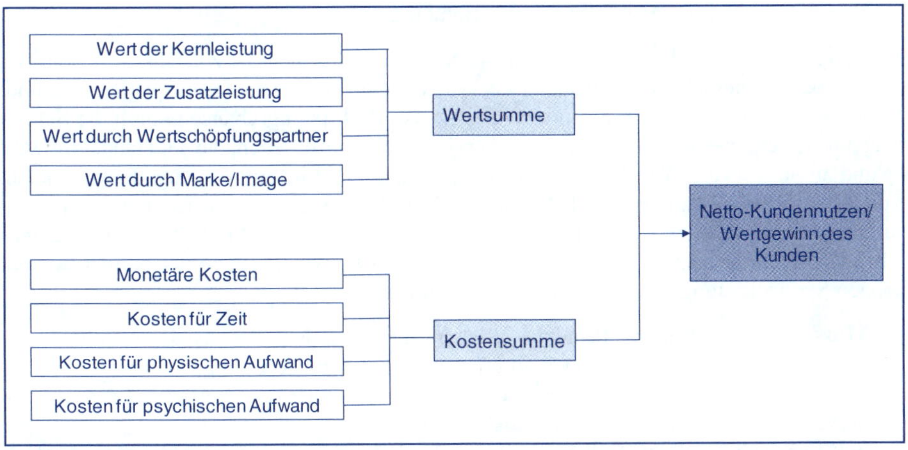

Quelle: Meyer/Bartsch 2012, S. 721.

Das Konzept der **Kundenzufriedenheit** spielt im Handel generell eine bedeutende Rolle. Kundenzufriedenheit wird dabei als Ergebnis eines psychischen Vergleichsprozesses verstanden, bei dem der Kunde seine wahrgenommenen Erfahrungen (Ist-Leistung) – bspw. mit einzelnen Artikeln oder einer Einkaufsstätte – mit den Erwartungen und Wünschen (Soll-Leistung) vergleicht, die er vor seinem Einkauf hatte. Serviceleistungen tragen wesentlich zum Entstehen von Kundenzufriedenheit und in weiterer Folge zur Schaffung einer positiven Customer Experience sowie zum Customer Engagement bei.[1]

Die Formulierung von Servicezielen, die nach Inhalt, Ausmaß, Zeit- und Segmentbezug aus übergeordneten Unternehmens- und Marketingzielen abgeleitet werden, ist ein wesentlicher Bestandteil der Planung der Servicepolitik, um zieladäquate Instrumente zu entwickeln und einsetzen, sowie deren Ergebnisse messbar und kontrollierbar zu machen. Zu den Servicezielen zählen neben der Kundenzufriedenheit z.B. die Verbesserung der Servicequalität sowie

[1] Vgl. hierzu auch Abschnitt C.IV.3. im Sechsten Kapitel.

des Unternehmensimages. Aufgrund des Einflusses der Mitarbeitermotivation auf das quantitative Arbeitspensum, das qualitative Leistungsverhalten und damit auf die Servicequalität kommt mitarbeitergerichteten Zielen zudem Bedeutung zu. Im Hinblick auf eine optimale **Servicequalität** lassen sich die zu erreichenden Ziele im Servicemanagement in Analogie zum traditionellen Ansatz von Donabedian (1980) auf drei Dimensionen verdichten:

- Ziele in Bezug auf die **Potenzialqualität** (z.B. Einkaufsstätte, Qualifikation des Personals, logistische Infrastruktur),
- Ziele in Bezug auf die **Prozessqualität** (z.B. Freundlichkeit des Servicepersonals, Wartezeiten in der Kassenzone),
- Ziele in Bezug auf die **Ergebnisqualität** (z.B. Image, Produktnutzen nach Reparatur).

Im Rahmen der Zielsetzungen erfüllen Serviceleistungen außerdem folgende Funktionen:

- **Profilierungsfunktion**: Schaffung von Präferenzen und Wettbewerbsvorteilen.
- **Kundenbindungs- bzw. Kundengewinnungsfunktion**: Wie angesprochen, tragen nutzenstiftende Serviceleistungen zur Kundenbindung und Kundenneugewinnung bei.
- **Informations- und Kommunikationsfunktion**: Diese Funktionen ergeben sich aus dem Wesen einzelner Serviceleistungen wie Beratung.

In Bezug auf die Entscheidungsoptionen im Servicemanagement ist zunächst festzuhalten, dass ein bestimmtes Mindestmaß an Serviceleistungen im Handel auf Grund gesetzlicher und produktspezifischer Anforderungen unabdingbar ist. Profilierungschancen durch die Schaffung eines **Mehrwertes** sind somit v.a. in Serviceleistungen zu sehen, die der Handel freiwillig und zusätzlich zum Warenangebot erbringt, um z.B. den Einkaufsvorgang, der von vielen Kunden insb. beim Kauf von FMCG eher als Belastung empfunden wird, angenehmer zu gestalten. Serviceleistungen können divers unterteilt werden. Im Hinblick auf die strategischen Unternehmensentscheidungen und ebenso bzgl. der **Erwartungen der Konsumenten** können Serviceleistungen wie folgt unterschieden werden:

- **Muss-Serviceleistungen** (Penalty Services) sind jene Leistungen, die aus rechtlichen oder produktspezifischen Gründen zu erbringen sind. Ohne das Angebot von Muss-Serviceleistungen kann der Absatz der Kernleistung wesentlich erschwert werden. Zu diesen Serviceleistungen zählen z.B. Garantieleistungen.
- **Soll-Serviceleistungen** (Frill Services) sind jene Leistungen, die nicht zwingend erforderlich sind, aber ergänzend zur Kernleistung erbracht werden. Das Vorhandensein von Soll-Serviceleistungen wird von Kunden als angenehm und komfortabel empfunden, z.B. etwa Transport- oder Finanzierungsservices.
- **Kann-Serviceleistungen** (Reward Services) sind jene Leistungen, die nicht erwartet werden (sog. Add-on-Leistungen), die aber die Attraktivität des Leistungsangebots erhöhen. Da mit diesen Leistungen die Erwartungen also übertroffen werden, kann gerade über diese Form von Serviceleistungen Kundenzufriedenheit erreicht und damit die Basis für eine langfristige Kundenbeziehung geschaffen werden.

Weitere Systematisierungen unterscheiden die **Leistungsbasis** (Erbringung der Serviceleistung auf freiwilliger, vertraglicher oder gesetzlicher Basis), den **Leistungsort** (Serviceleistungen beim Kunden, beim Händler oder bei Dritten), den **Leistungsersteller** (durch den Händler, in Kooperationen oder durch Dritte), den **Berechnungsmodus** (unentgeltlich oder entgeltlich) und den **Leistungszeitpunkt** (Serviceleistungen in Kaufphasen). Weil letzteres dem modernen Omnichannel-Handel nahe kommt, werden nachfolgend in Abschnitt V. explizit Pre-Sales-Services in der Vorkaufphase, Sales-Services in der Kaufphase und After-Sales-Services in der Nachkaufphase unterschieden (siehe Abb. 4.109).

Abbildung 4.109: Zusammenhang zwischen Kundennutzen, Leistungszeitpunkt und Serviceleistungen

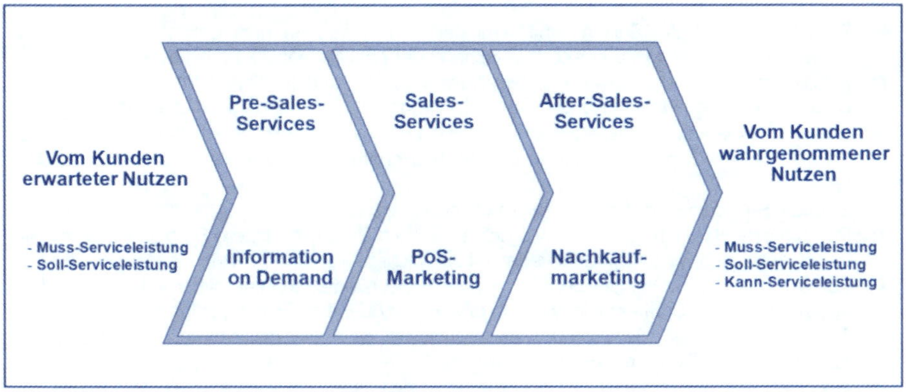

- In der **Pre-Sales-Phase** geht es bspw. darum, den Kunden mit den gewünschten und auf ihn zugeschnittenen Informationen zu versorgen (Information on Demand), so durch Versand von Prospekten, kostenlose Proben, unverbindliche und kostenlose Beratung usw.
- In der **Sales-Phase** gilt es, den Einkaufsvorgang des Kunden erlebnisorientiert und angenehm zu gestalten, so durch die Gestaltung des Store-Managements, aber auch Leistungen wie persönliche Beratung, Öffnungszeiten, Kinderbetreuungseinrichtungen oder die Effizienz des Bezahlvorgangs (inkl. Akzeptanz diverser bargeldloser Zahlungsmethoden wie Kundenkarten mit Zahlungsfunktion, Kreditkarten, Smart Cards usw.).
- Der **After-Sales-Phase** kommt eine bedeutende Rolle beim Aufbau von langfristigen Kundenbeziehungen zu. Entsprechende Maßnahmen des Nachkaufmarketings können die Kundenzufriedenheit beträchtlich erhöhen und zur Kundenbindung beitragen. Solche Maßnahmen sind z.B. die Installation, Reparaturen, die Nachkaufberatung bei komplexen Produkten durch Hotlines, Umtausch- und Garantieleistungen, aber auch ein professionelles Beschwerdemanagement und die individuelle Ansprache des Kunden mit Direktmailings, Kundenabenden usw.

Des Weiteren können Serviceleistungen nach dem **Leistungsinhalt** folgendermaßen differenziert werden (Waterschoot u.a. 2010):

- **Produktbezogene Serviceleistungen** zeichnen sich dadurch aus, dass sie direkt im Zusammenhang mit dem gekauften Produkt stehen, z.B. Informations- und Beratungsservices, technische sowie logistische Serviceleistungen.
- Bei **personenbezogenen Serviceleistungen** steht der Kunde im Mittelpunkt der Betrachtung, z.B. kaufmännische Serviceleistungen, Individualisierungsservices usw.
- **Prozessbezogene Serviceleistungen** umfassen alle Leistungen, die im Rahmen des Kaufprozesses über alle Kaufphasen hinweg angeboten werden können, bspw. einkaufserleichternde Serviceleistungen („Easy Shopping“) oder das Angebot des One-Stop-Shoppings sowie Bestelldienstleistungen und Bezahldienstleistungen.
- **Risikominimierende Serviceleistungen** verringern das von Kunden empfundene Risiko beim Kauf von Produkten, z.B. eine verlängerte Garantie auf Waren, großzügiger Umtausch von Waren, Reparatur von Waren oder Änderung/Anpassung von Waren.

Garantierter Service bei dm-drogerie markt

dm-drogerie markt bietet eine Reihe von Services und Servicegarantien an:

- Rücknahme-Garantie: Sollten Kunden mit den bei dm-drogerie markt gekauften Waren nicht zufrieden sein, können sie diese umtauschen oder erhalten den Kaufpreis rückerstattet.
- Kasse-stimmt-Garantie: Sollte auf dem Kassenbon ein anderer Preis stehen als am Regal oder auf der Liste, erhalten Kunden den betreffenden Artikel oder die jeweilige Leistung gratis.
- Dauerpreis-Garantie: Preissenkungen sind für mindestens vier Monate gültig.
- Bargeldlos bezahlen: Im Handel, im Friseur- und Kosmetikstudio können Kunden bargeldlos bezahlen.
- Einpack-Service: Gekaufte Geschenke werden gratis verpackt.
- Pfandtasche: Kunden haben die Möglichkeit, für ein Pfand von einem Euro eine Baumwolltragetasche zu erwerben, welche jederzeit zurückgegeben werden kann.
- Zufriedenheits-Garantie: Sollten Kunden des Friseur- oder Kosmetikstudios nicht zufrieden sein, erhalten sie eine kostenlose Nachbehandlung oder eine Rückerstattung.
- Schnitt-Service: Beim Besuch des Friseurstudios ist die Rasur bei Männern bzw. das Nachschneiden eines Ponys bei Frauen gratis.
- Gratis WLAN: In allen Filialen können Kunden eine kostenlose Internetverbindung nutzen.

Quelle: www.dm-drogeriemarkt.at, 4. August 2018.

Obwohl es das Ziel von Händlern ist, Kunden hundertprozentig zufriedenzustellen und ggf. Zugeständnisse zu machen, müssen sie sich gegen den Missbrauch dieses Entgegenkommens schützen. Sehr kulante Umtausch- und Rückgabemöglichkeiten werden teilweise auch ausgenutzt und haben zum Phänomen des **Retail Borrowing** geführt, d.h. Rückgabe eines nicht defekten Produkts nach seiner Verwendung (z.B. wenn eine Kundin ein Kleid für einen formellen Anlass kauft und dieses nach dem Tragen zurückbringt oder gegen ein anderes, alltagstauglicheres Kleidungsstück umtauscht, Piron/Young 2017, S. 27).

Nachfolgend werden die in Abb. 4.110 dargestellten Entscheidungsoptionen im Servicemanagement behandelt.

Abbildung 4.110: Entscheidungsoptionen im Servicemanagement

Ebene	Teilbereich	Konkret Aspekte
Strategische Gestaltungsalternativen	**Leistungsprogramm**	▪ Programmbreite und Programmtiefe
	Kenntnis von Kundenbelastungen	▪ Kaufrisiken, motivationale Konflikte, zeitlicher Aufwand, räumliche Distanzen usw.
	Convenience	▪ Instrumente in Kaufphasen
Determinanten des Servicemanagement	**Festlegung der Zielgruppe**	▪ Festlegung der Serviceleistungen für Zielgruppen
	Produktspezifika	▪ Definition der Leistung und Qualität
	Zeit	▪ Phase des Kaufprozesses
	Kommunikationsmaßnahmen	▪ Sichtbarmachen der Serviceleistung
	Vertriebsweg	▪ Direkter oder indirekter Absatz; Online-Vertrieb
Serviceleistungen	**Vorkaufsphase**	▪ Informations-, Beratungsdienstleistungen
	Kaufphase	▪ Bestell-, Finanzierungs- und Bezahldienstleistungen
	Nachkaufphase	▪ Überwindung räumlicher Distanz, fachgerechte Verwendung, Belastung mit Rückständen, Beschwerdemanagement
	Phasenübergreifend im stationären Handel	▪ Produktunabhängige, produktbezogene, informationsbezogene Hilfen
Spezifika im Online und Omnichannel-Handel	**Online**	▪ Visuelle Suche Conversational/Contextual Commerce
	Omni	▪ Smarte Umgebung Business Analytics/Predictive Analysis

III. Strategische Gestaltungsalternativen

Um die **Ziele** des Servicemanagements zu erreichen, sollten im Rahmen der strategischen Festlegung des Servicepolitikprogramms und des Portfolios aller angebotenen Zusatzleistungen eines Händlers gegenüber seinen Stakeholdern, sowohl externe als auch interne Potentiale aufeinander abgestimmt werden (Meyer/Bartsch 2012, S. 719). Dabei soll also die markt- und wettbewerbsorientierte Perspektive (Market-Based View) mit der ressourcen- und potentialorientierten Perspektive (Resource-Based View) vereint werden (siehe Abschnitt E.II. des Ersten Kapitels). Um einen möglichst hohen Netto-Kundennutzen zu schaffen und damit einen Umsatzzuwachs zu generieren, ist es bedeutend, spezifische und schwer imitierbare interner Vermögenswerte und Kompetenzen für den Markt und die relevante Zielgruppe anzubieten. Dementsprechend ist das Leistungsprogramm im Rahmen der Servicepolitik im Hinblick auf die beiden Dimensionen Programmbreite und Programmtiefe zu gestalten. Die **Programmbreite** wird dabei bestimmt durch die Anzahl unterschiedlicher Leistungskategorien zur Lösung verschiedener Kundenprobleme, die **Programmtiefe** umfasst die Ausdifferenzierung einer Leistungskategorie, deren Leistungen schließlich alle zur Lösung des gleichen Kundenproblems geeignet sind. Im Rahmen der Gestaltung der Programmbreite kann ein Handelsunternehmen Leistungsinnovationen oder Leistungseliminationen vornehmen, hinsichtlich der Programmtiefe führt eine Programmstraffung bzw. -erweiterung zu einer Leistungsstandardisierung bzw. -differenzierung (Meyer/Bartsch 2012, S. 725).

Bei der Gestaltung von Serviceleistungen, die Kunden in der Vorkauf-, Kauf- und Nachkaufphase entlasten und unterstützen, ist es notwendig, jene Vorgänge zu kennen, die Kunden belasten bzw. zu wissen, welche Unterstützung geboten werden sollte. Ziel des Servicemanagements muss es sein, die entstehenden **Kaufhemmnisse** zu verhindern oder abzubauen. Dabei sind folgende Aspekte zu berücksichtigen (Schröder 2012, S. 254ff):

- **Kaufrisiken** werden in der Kaufphase wahrgenommen, weil Kunden über nicht genugend Informationen verfügen und dadurch Unsicherheit verspüren, ob der Kauf mit negativen Konsequenzen verbunden ist. Diese können finanzieller, gesundheitlicher oder sozialer Natur sein. Dazu zählen z.B. Unsicherheiten, ob ein Händler einen höheren Preis als die Konkurrenz fordert oder, ob das Produkt das hält, was es verspricht.
- **Motivationale Konflikte** entstehen, wenn Kunden sich nicht zwischen zwei oder mehreren Produkten entscheiden können oder die Abneigung, für ein gewünschtes Produkt (zu viel) Geld auszugeben bzw. die Abneigung, ein Produkt kaufen zu müssen, das man ohne Druck von außen nicht kaufen würde.
- **Kognitive Dissonanzen** können in der Nachkaufphase auftreten, wenn die mit dem Kauf verbundenen Erwartungen an das Produkt oder die Leistungen nicht erfüllt werden.
- **Zeitlicher Aufwand** entsteht, wenn Kunden während der einzelnen Phasen des Kaufprozesses Zeit verlieren, wie durch Parkplatzsuche, Suche nach Produkten in der Einkaufsstätte, Wartezeiten an der Kasse oder Einarbeitung in Bedienungsanleitungen sowie die Abwicklung von Beschwerden.
- **Räumliche Distanzen** betreffen beim Einkauf im stationären Handel die Fahrt zur Einkaufsstätte und den Transport der Ware nach Hause. Sowohl beim Kauf im stationären Handel, als auch beim Kauf im Online-Handel fallen bei Reklamationen oder Retouren Aufgaben, wie der Rücktransport in die Einkaufsstätte bzw. zu einem Logistikpartner, an.
- **Materielle Hindernisse** beziehen sich einerseits auf die finanziellen Voraussetzungen, eine Ware und die damit verbundenen Leistungen des Händlers bezahlen zu können, andererseits auf sämtliche sachlichen Voraussetzungen, das Produkt nutzen zu können. Dazu zählen z.B. das Know-How bei der Planung (z.B. Küche) oder der Zusammenstellung nach individuellen Wünschen (z.B. Bekleidung).

Abbildung 4.111: Gestaltungsdimensionen und -instrumente im Fashion-Handel

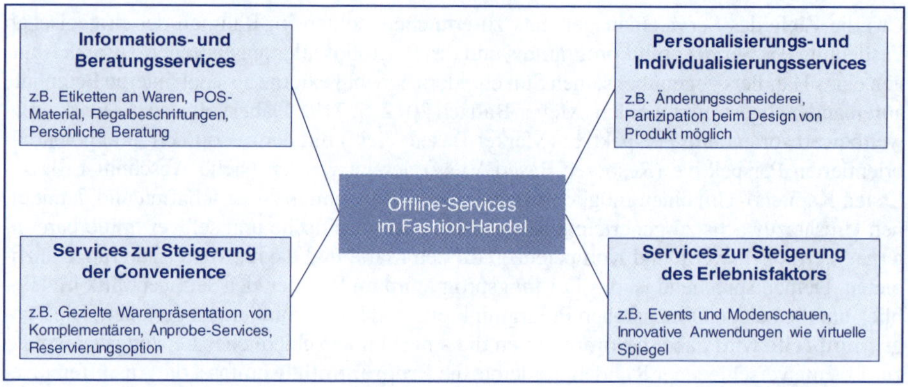

Die strategischen Gestaltungsalternativen des Service umfassen eine Vielzahl an Ausprägungen. Im Fashion-Handel wird der größte Vorteil stets im möglichen Angebot von intensiven und auf den Kunden zugeschnittenen Beratungs- und Informationsservices gesehen (siehe Abb. 4.111). Diese stellen die Antwort des Modehändlers auf den Informationsbedarf der Kunden zu Sortimentsfragen, Produktwissen etwa zu Materialien und Passformen oder Fragen rund um die Pflege und Benutzung der Waren dar. Hierbei müssen Händler Informationen in ausreichendem Umfang und vor allem leicht zugänglich für Kunden präsentieren, so mittels Etiketten an Waren, Regalbeschriftungen und Informationsbroschüren in der Auslage. Darüber hinaus nutzen Händler am PoS auch Sales Terminals, Tablets o.Ä.

Zudem bekommen Kunden eine persönliche Beratung durch das Verkaufspersonal und haben die Möglichkeit, unmittelbar und individuell alle für sich relevanten Informationen zu erfragen. Hierbei tritt das Personal im Fashionhandel wie in keiner anderen Branche als persönlicher Berater auf und kann Kunden durch individuelle Figur- oder Passformberatung einen Mehrwert bieten. Ein zentraler Aspekt der Servicepolitik von Händlern besteht darin, den Einkauf für Kunden zu vereinfachen bzw. in der Erhöhung der Convenience. Wie zur entsprechenden Strategie in Abschnitt B.III.2. des Dritten Kapitels dargestellt, umfasst Convenience neben den primär relevanten Convenience-Formaten und Sortimenten auch Instrumente des Servicemanagements, wie Warenpräsentation, Zahlungsabwicklung usw., die wiederum in den Kaufphasen in eine Zugangs-, Entscheidungs-, Abwicklungs- sowie Nachkaufconvenience unterteilt werden können (Schröder 2012, S. 256). In Abb. 4.112 sind sehr breit gefasste Instrumente der Service-Convenience angedeutet.

Abbildung 4.112: Instrumente des Service-Convenience im Handel

Transaktionskosten des Kunden	Leistung des Händlers
■ Planungskosten	■ Format: grundsätzliche Erleichterung
■ Kosten der Informationsbeschaffung	■ Standort: geografische Erreichbarkeit
■ Wege- und Transportkosten	■ Öffnungszeiten: zeitliche Erreichbarkeit
■ Lagerhaltungskosten	■ Sortiment: Auswahl, Übersichtlichkeit
■ Zeitkosten	■ Zahlungsabwicklung: Schnelligkeit
■ Psychische Kosten	■ Produktinformationen: Übersichtlichkeit
■ Fehlmengenkosten	■ Atmosphäre: An- und Entspannung
■ Kosten der Zersplitterung der Nachfrage	■ Zuverlässigkeit: Warenverfügbarkeit

Quelle: i.A.a. Posselt/Gensler 2000, S. 185.

IV. Determinanten des Servicemanagements

Bei der Gestaltung des Service-Mix spielen kunden-, unternehmens- und konkurrenzbezogene Einflussfaktoren, wie Kenntnisse über die gewünschte Verbraucherzielgruppe, betriebsinterne Fähigkeiten zur Erkennung und Erfüllung der Konsumentenerwartungen, sowie die klare Abgrenzung von der Konkurrenz eine entscheidende Rolle. Konkret haben sich Handelsunternehmen bei der Festlegung des **Serviceprogramms** bzw. der **Servicekonzeption** in Bezug auf interne Determinanten einerseits die Frage zu stellen,

- welche Leistungen,
- in welcher Qualität,
- zu welcher Zeit,
- über welchen Vertriebsweg,
- mit welchen kommunikationspolitischen Maßnahmen,
- mit welchem Berechnungsmodus und
- mit welchen Konditionen

Serviceleistungen angeboten werden sollen. Darüber hinaus sind aus der externen Perspektive die Fragen zu beantworten

- an welche Zielgruppen,
- in welchem Wettbewerbsumfeld
- bei welchen Kundenanforderungen

Serviceleistungen angeboten werden sollen. Der gewählte Betriebstyp legt zudem den grundsätzlichen Handlungsspielraum der Servicepolitik fest und begrenzt somit deren Ausgestaltung. So erwarten Kunden beim Discounter kein Beratungsservice bei z.B. angebotenen Elektronikartikeln, beim Elektronikfachgeschäft dagegen sehr wohl. Damit gibt der Betriebstyp eine grundsätzliche strategische Ausrichtung vor allem hinsichtlich der Sortiments- und Preispolitik einer Handelsunternehmung vor, prägt aber auch das Erscheinungsbild der Servicepolitik, insb. bezüglich Art und Umfang der angebotenen Leistungen, entscheidend. Sortimentspolitische Entscheidungen hinsichtlich der Tiefe und Breite legen die wesentlichen Charakteristika der Hauptleistungen fest und beeinflussen damit auch Serviceleistungen. Je höher die Erklärungsbedürftigkeit, Wartungsintensität, Wertigkeit und technische Komplexität einer bestimmten Ware ist, desto höher ist auch das grundsätzliche Bedürfnis der Kunden nach zusätzlichen Serviceleistungen. Die Preispolitik beeinflusst die Servicepolitik dahingehend, dass im Rahmen der Niedrigpreisstrategie eines Discounters nur dann Kostenvorteile zu realisieren sind, wenn konsequent auf ausgeprägte Serviceleistungen verzichtet wird. Damit gibt die Preispolitik den Rahmen bzgl. Umfang und Qualität der angebotenen Serviceleistungen vor.

Die **Art** der angebotenen Serviceleistung hängt vom Betriebstyp, dem angebotenen Sortiment, den Serviceerwartungen der Verbraucher sowie vom Serviceangebot der Konkurrenz ab. Beim Angebot spezieller Zusatzleistungen spielen rechtliche Restriktionen eine bedeutende Rolle (z.B. Gesetz gegen unlauteren Wettbewerb). Der Qualität der erbrachten Serviceleistung kommt ebenfalls eine bedeutende Rolle zu. Einen ersten Schritt zur systematischen Analyse der Servicequalität stellt die **Kontaktpunktanalyse** dar, bei der alle Kontaktpunkte zwischen Kunden und Unternehmen auf das angestrebte Servicequalitätsniveau hin untersucht werden. Es ist zu beachten, dass die Verbraucher i.d.R. die Serviceleistungen nicht isoliert, sondern als Ganzes betrachten. Zu beachten ist, dass sich Kunden zwar recht schnell an zusätzliche Serviceleistungen gewöhnen, auf deren Streichung aber häufig negativ reagieren.

Hinsichtlich des **Zeitraumes** müssen sich Unternehmen die Frage stellen, in welcher Phase des Kaufprozesses Serviceleistungen angeboten werden und in welcher Häufigkeit (permanent, saisonabhängig oder nur einmalig) diese offeriert werden sollen. Bzgl. des Zeitpunktes spielt es eine Rolle, ob Unternehmen in ihrer Branche Servicepioniere, Serviceinnovatoren oder Serviceimitatoren sein möchten. Serviceleistungen können direkt, indirekt oder online abgesetzt werden. Die Frage nach direktem oder indirektem Absatz ist mit der **„Make-or-Buy"-Entscheidung** gleichzusetzen. Neben Wirtschaftlichkeitsaspekten spielen qualitative Faktoren eine wichtige Rolle. Die Fremdvergabe kann an eine gemeinschaftliche Serviceeinrichtung, an den Hersteller oder an selbstständige Dienstleistungsunternehmen erfolgen. Das Kommunikationsmanagement übernimmt dabei die Aufgabe, dem Kunden die Serviceleistung verständlich und sichtbar zu machen. Dabei kommen unterschiedlichste, aufeinander abgestimmte **Kommunikationsinstrumente** zum Einsatz. Moderne Informations- und Kommunikationstechnologien bieten Handelsunternehmen zahlreiche Ansatzpunkte zur kundenorientierten Neugestaltung des Servicemanagements in den verschiedenen Phasen des Kaufprozesses. In der Vorkaufphase kann den Kunden über einen individualisierten Internetauftritt eines Handelsunternehmens „Information on Demand" zur Verfügung gestellt werden, wobei die Internetpräsenz den Aufbau von Präferenzen begünstigen und über die Schaffung von Mehrwert eine längerfristige Kundenbeziehung begründen kann. In weiterer Folge kann sich ein Handelsunternehmen durch die Nutzung neuer Informations- und Kommunikationstechnologien und der damit verbundenen Möglichkeit zur Personalisierung bzw. Individualisierung des Angebots einen entscheidenden Wettbewerbsvorteil verschaffen.

Die Wahl des **Berechnungsmodus** stellt eine der schwierigsten Aufgaben im Bereich der Implementierung der Servicepolitik dar. Als Möglichkeiten bieten sich die direkte und die indirekte Berechnung an. Im Gegensatz zur direkten Berechnung wird dem Kunden bei der indirekten Berechnung kein gesonderter Preis für die Inanspruchnahme der Serviceleistung in Rechnung gestellt. Die Wahlmöglichkeit im Bereich der kostenlosen Serviceleistungen wird jedoch von rechtlichen Rahmenbedingungen eingeschränkt (z.B. UWG). Zudem ist zu bestimmen, zu welchen Konditionen Serviceleistungen angeboten werdern. Im Rahmen der **Zielgruppenbestimmung** ist zu überlegen, ob einzelne Serviceleistungen allen oder nur bestimmten Kunden angeboten werden sollen. Die Gestaltung der Servicepolitik hat auch Einfluss auf die Stellung des Unternehmens im Wettbewerb. Sie kann als wichtiges **Differenzierungsmerkmal** für Händler eingesetzt werden, um durch die Schaffung eines überlegenen Kundennutzens zum einen neue Kunden zu gewinnen und zum anderen langfristige Kundenbeziehungen aufzubauen.

Um den **Kundenanforderungen** gerecht zu werden ist es notwendig, die Kundenerwartungen zu eruieren. Um Erkenntnisse für die konkrete Gestaltung des Servicepolitikprogramms und dessen einzelne Leistungen zu erhalten, können Unternehmen verschiedene **Tools** einsetzen (Meyer/Bartsch 2012, S. 728). So bietet die Conjoint-Analyse die Möglichkeit, die Nutzenwerte und Preisbereitschaften für einzelne Servicepolitikleistungen zu ermitteln. Des Weiteren können auch ereignisorientierte Verfahren zur Messung von Kundenzufriedenheit wie z.B. die Critical-Incident-Methode oder das Blueprinting dazu beitragen, die Gestaltung von Leistungen an den verschiedenen Kundenkontaktpunkten zu optimieren und so eine positive Customer Experience zu schaffen. Die Abbildung einer Customer Journey in Form eines Blueprints zeigt einzelne Touchpoints des Kunden mit dem Unternehmen und bildet gleichzeitig die Interaktion mit dem Kunden und die Schnittstellen im Unternehmen ab. So kann die Sichtweise des Kunden mit der des Händlers kombiniert dargestellt werden. Der Blueprint ordnet die einzelnen Aktivitäten des Prozesses in ihrem zeitlichen Ablauf und nach ihrer Nähe zum Kunden. Dadurch werden wichtige Informationen wie zeitliche Abläufe,

Schnittstellen(-probleme), Entscheidungssituationen, Fehlerquellen und Schwachstellen sowie für den Kunden sichtbare und nicht sichtbare Bereiche auf einen Blick deutlich. Die Methode ermöglicht es, ein gemeinsames Verständnis des Prozesses zu gewinnen und kann potenzielle Quellen negativer Experience aufdecken und schließlich zur Verbesserung der Customer Experience beitragen.

Für die erfolgreiche **Implementierung** eines festgelegten Serviceprogramms sind einige Rahmenbedingungen zu beachten. Dazu zählen organisatorische Merkmale (z.B. flache und flexible Strukturen, Teamorientierung, Kommunikationsbeziehungen im Unternehmen und zum Kunden) und personelle Rahmenbedingungen (Personalbeschaffung, -entwicklung, -führung, Anreizsysteme). Speziell im Bereich der Personalentwicklung und -führung ist darauf zu achten, dass neben der Verbesserung der Fach- und Methodenkompetenzen der Mitarbeiter auch soziale und kommunikative Kompetenzen vermittelt werden. Die Fähigkeit der Mitarbeiter, kundenorientiert zu handeln, ist Bestandteil der Entwicklung einer spezifischen Servicekompetenz. Weitere Erfolgsfaktoren liegen z.B. im Kostenmanagement, im internen Marketing oder im Service-Audit.

V. Serviceleistungen

1. Serviceinstrumente der Vorkaufphase

Informationsdienstleistungen

Um den vollen Nutzen aus einem Produkt oder einer Dienstleistung zu ziehen, benötigen Kunden in allen Phasen des Kaufprozesses relevante Informationen zu Produkt, Hersteller oder Händler. Produktinformationen beziehen sich z.B. auf Informationen zum Gebrauch oder der Pflege von Produkten, auf die Verfügbarkeit, auf personalisierte Informationen basierend auf dem Kundenprofil oder auch auf Preisvergleiche und Informationen zu Verkaufsaktionen. Händlerinformationen reichen von Hilfestellungen zum Auffinden von Geschäften, Informationen über Öffnungszeiten bis zu Kontaktdaten. Dazu zählen auch Geschäftsbedingungen. Weitere Informationenservices umfassen Informationen zur Bestellhistorie, Einladung zu speziellen Veranstaltungen wie Modeschauen, Schlussverkäufen oder Events sowie auch Informationen über Bewertungen und Empfehlungen von Experten. Möglichkeiten, diese Informationen zur Verfügung zu stellen, sind das Verkaufspersonal, Broschüren oder auch Bedienungsanleitungen. Informationen können auch in Form von Videos (z.B. Tutorials), Touchscreen-Displays oder aber die Unternehmenswebsite angeboten werden. Kunden am PoS entscheiden eigenständig, welche **Informationsquellen** sie nutzen. Dabei verzichten einige auf Fachberater, sondern erwarten stattdessen aussagekräftige Produktinformationen, um sich selbst eine Meinung zu bilden. So können mobile Lösungen im stationären Handel, die zur bequemen Bereitstellung von Informationen beitragen, sowohl den Berater als auch den Kunden im Informationsprozess unterstützen.

Generell ergänzen z.B. Tablets am PoS die physische Warenpräsentation im Geschäft. Kunden können Größe, Farbe oder Verfügbarkeit prüfen, sich über Zusatzangebote informieren und auch direkt bestellen. In Verbindung mit den stationär angebotenen Produkten können sie damit wahlweise ihren Bedarf direkt decken oder online bestellen und sich im Handel von der Produktqualität überzeugen. Händler binden damit Kunden an sich und steuern über die PoS-Präsentation das Thema Omnichannel-Commerce. Kunden nutzen auch vermehrt ihr Smartphone direkt am PoS, um zusätzliche Informationen zu den Produkten im Regal abzurufen. Eine Technologie, welche die Vorteile moderner mobiler Endgeräte nutzt und gleichzeitig den Nachteil überwindet, dass die Eingabe bei diesen Geräten relativ umständlich ist, ist das **Mobile Tagging**, bei dem mit Hilfe einer Kamera (bspw.

von einem Smartphone oder Tablet) ein zweidimensionaler Barcode oder auch QR-Code (QR = Quick Response) gescannt und dekodiert wird. Dadurch ist es möglich, in der realen Welt die Funktionalität eines Hyperlinks zu nutzen und so den Medienbruch zwischen Realität und virtuellem Raum zu überbrücken, ohne dass der Hyperlink oder die Information, die man abrufen möchte, über die (Touchscreen-)Tastatur eingegeben werden muss. Die von einer Software auf dem mobilen Endgerät ausgelesene Information steht dann auf dem mobilen Endgerät für den Konsumenten zur Ansicht sowie zur Weiterverarbeitung bereit. Die zeitliche und räumliche Nähe zum tatsächlichen Kauf lässt es dabei wahrscheinlich erscheinen, dass die auf diese Weise abgerufenen Informationen die Kaufentscheidung maßgeblich mitbeeinflussen.

Im Online-Handel dienen oft **Online-Empfehlungssysteme** als eine Entscheidungshilfe. Diese analysieren das bisherige Online-Verhalten der Kunden und schlagen Produkte vor, die den Bedürfnissen eines bestimmten Kunden entsprechen. Dazu nutzen Online-Empfehlungssysteme Informationen wie die Kaufhistorie und das Online-Verhalten eines Kunden aber auch anderer Kunden, Expertenbewertungen, Produkteigenschaften und Kundenmerkmale. Allerdings konzentrieren sich aktuelle Empfehlungssysteme vorrangig auf das bisherige Online-Verhalten der Kunden, um die Rentabilität der Online-Händler oder die Einsparungen der Kunden zu maximieren. Bspw. bietet Amazon.com seinen Kunden regelmäßig an, „A zu kaufen und B zu einem zusätzlichen Preisnachlass von 5% zu erhalten", wobei der ermäßigte Preis nur mit bestimmten Produkten zusammenhängt. Kunden erhalten allerdings keine Ersparnisse, wenn andere Produkte gewählt werden. Das Potenzial für eine interaktive Preisgestaltung in Echtzeit wird Kunden, die nach besseren Angeboten suchen, (noch) nicht zur Verfügung gestellt (Jiang u.a. 2010).

Humanic Avatar

Humanic bietet mit dem Humanic Avatar einen kostenlosen Service für Kinder und Erwachsene zur Größenberatung bei Schuhen ohne Anprobieren. Dazu werden die Füße im Store kostenlos 3D-gescannt und der Avatar empfiehlt dann die richtige Größe für den Einkauf im Store und online. Das Programm ermöglicht auch eine Wachstums-Simulation, die zeigt, wie lange ein Kinderschuh passen wird. Weitere Vorteile sind die Möglichkeit, online passende Schuhe im Store zu reservieren und durch Bewertungen im Online-Konto die Beratung des Avatars zu perfektionieren. Das Unternehmen möchte so auch die Rücksendungen wegen falsch bestellter Größen reduzieren.

Quelle: www.humanic.net, 2. August 2018.

Beratungsdienstleistungen

Beratungsdienstleistungen bezeichnen Gespräche zwischen Kunden und Verkäufern, die den Kenntnisstand von Kunden erhöhen. In diesen Gesprächen erhalten Kunden in erster Linie Informationen und Hinweise bzw. Optimierungsvorschläge für die Beschaffung oder Nutzung von Produkten oder Dienstleistungen, aber auch zu Passform, Alternativen oder Kombinationen in Fashion-Handel bspw. besteht der Unterschied zu Informationsdienstleistungen besteht darin, dass Beratungsdienstleistungen einen Dialog mit dem Kunden beinhalten, in dem die Anforderungen der Kunden identifiziert werden, um in weiterer Folge maßgeschneiderte Lösungen anbieten zu können. Dazu ist es notwendig, die aktuelle Situation des Kunden zu kennen und zu verstehen. Hilfreich dazu sind CRM-Systeme, die Informationen über bisherige Kundenkontakte enthalten. Dazu gehören bspw. Warenberatung, Beratung zur Nutzung und Wartung/Pflege der Ware. Die Interaktion zwischen Unternehmen und Kunden kann z.B. auch in Form von **Chats** mit Experten erfolgen. Auch in Unternehmensforen oder -blogs erhalten Kunden durch das Lesen von Bewertungen und

Erfahrungsberichten nützliche Informationen zu Produkten oder Dienstleistungen.

Kundenberatung über Live-Chat

„Kann ich Ihnen behilflich sein?" Diese Frage hört man im stationären Handel häufig. Wenn Kunden Hilfe bei der Kaufentscheidung benötigen oder Fragen zu Produkten haben, sollte kompetentes Fachpersonal vor Ort verfügbar sein. Mitunter entscheidet das darauffolgende Gespräch darüber, ob die Kunden einen Artikel kaufen, auf Empfehlung des Verkaufspersonals noch einen Zusatzkauf tätigen oder aber auch ohne Kauf den Store verlassen.

Im Online-Handel hat man lange Zeit darauf verzichtet, den Kunden einen direkten Kontakt zu einem Berater oder Verkäufer anzubieten. Wer Fragen hatte, musste sich durch die Website navigieren, um eine E-Mail-Adresse oder die Nummer einer Service-Hotline zu finden. Immer mehr Online-Händler wie die Otto GmbH & Co KG nutzen nun bspw. Live-Chat-Funktionen, um ihre Conversion Rate und die Kundenbindung zu erhöhen, das Shop-Image zu verbessern und gleichzeitig die Kontaktkosten bei Kundenanfragen zu senken.

Quelle: www.netz24.biz, www.otto.de, 13. November 2017.

2. Serviceinstrumente der Kaufphase

Bestelldienstleistungen

Bestelldienstleistungen beziehen sich auf verschiedene Möglichkeiten der Vereinfachung des Bestell- bzw. Kaufprozesses für Kunden – sowohl online als auch am PoS. Im Rahmen des Bestellvorgangs oder des Kaufes zählt dazu neben der richtigen Eingabe der Daten die Benachrichtigung über den Bestellfortschritt z.B. in Form von Bestellbestätigungen mit Bestellnummern oder Trackinginformationen zur Lieferung.

Der Bestell- oder Kaufprozess sollte so gestaltet sein, dass der Zeit- und Arbeitsaufwand für den Kunden als auch den Verkäufer minimiert wird, diese aber dennoch vollständig und fehlerfrei ablaufen.

Im Zusammenhang mit der Channel Integration gewinnen Crosschannel-Services wie die Onlineanzeige der Artikelverfügbarkeit im Geschäft, die Möglichkeit, online ein Produkt zu reservieren/bestellen und im Geschäft abzuholen, die Online-Bestellung im Geschäft mit Lieferung nach Hause oder die Bestellung im Online-Shop und die Rückgabe im Geschäft immer mehr an Bedeutung.

Finanzierungsdienstleistungen

Finanzierungsdienstleistungen helfen, Kaufhindernisse vor dem Kaufabschluss zu überwinden. Absatzkredite für Kunden, die einen Kauf tätigen wollen, aber nicht über ausreichend finanzielle Mittel verfügen, werden z.B. in Form von Ratenzahlungen, Zahlungsaufschub oder Inzahlungnahmen angeboten.[1] Viele Händler erzielen damit auch zusätzlichen Gewinn.

Bezahldienstleistungen

Bezahldienstleistungen umfassen einerseits das Angebot unterschiedlicher Zahlungsformen, die den Kunden den Bezahlvorgang erleichtern, andererseits auch technische Neuerungen den Bezahlvorgang betreffend. Als Beispiele für Zahlungsformen können die Bezahlung mit Kredit- oder Debitkarte, über Bezahldienstleister wie Paypal, die Verfügbarkeit von Kreditangeboten sowie die Verfügbarkeit von Geschenkgutscheinen angeführt werden. Serviceleistun-

[1] Vgl. hierzu auch die Konditionenpolitik im Abschnitt E dieses Kapitels.

gen, die den Bezahlvorgang betreffen, sind Bezahlen mit Karten über Near Field Communication oder das Bezahlen mit dem Mobiltelefon (Mobile Payment).

„Null-%-Finanzierung" im Handel

Möbelhäuser, Elektromärkte und Autohändler bieten ihre Produkte mittlerweile zum Kauf mit zinsloser Finanzierung – Werbeaussagen mit dem Versprechen "0-%-Finanzierung" sind allgegenwärtig. Kunden, die ein Produkt über eine "Null-%-Finanzierung" kaufen, schließen einen Kredit bei einem Kreditinstitut ab, mit dem der Händler kooperiert. Es handelt sich dabei meist um einen klassischen Ratenkredit mit fester Laufzeit und Ratenhöhe, jedoch ohne Zinsbelastung. Der Kaufpreis für die Ware wird über die Kreditauszahlung direkt an den Händler beglichen, der Kunde zahlt in der Folge die Raten an das Kreditinstitut. Der Kreditvertrag kann vielfach sogar ohne Einkommensnachweise abgeschlossen werden, zumal die Kreditsummen selten den Betrag von 5.000 EUR überschreiten. Oftmals liegen die Finanzierungssummen sogar unter 1.000 EUR, die monatlich zu zahlenden Raten belaufen sich dabei auf nicht einmal 20 EUR pro Monat. Somit ist es nahezu jedem Kunden möglich, die Händlerfinanzierungen zu nutzen.

Händler nutzen diese Finanzierungsmöglichkeit zur Umsatzsteigerung. Obwohl sie anstelle des Kunden ein Entgelt für die Finanzierung an die Bank zahlen müssen, lohnt sich diese Vorgehensweise, denn die Kosten werden in der Preiskalkulation des Händlers berücksichtigt. Zudem ist aus gesamtwirtschaftlicher Sicht eine stärkere Konsumnachfrage durchaus gewollt. Allerdings gilt die Finanzierung oft nicht für das gesamte Sortiment des Händlers, bei Autohändlern bspw. gilt sie lediglich für Neuwagen. Sofern der Kunde einen Gebrauchtwagen finanzieren möchte, muss er die Standardkonditionen von teils mehr als 8% p.a. bezahlen. Ähnliches gilt für die Finanzierung im Elektronikhandel. Auch hier erhalten Kunden die 0%-Finanzierung oft nur für einen Teil des Sortiments, so für PCs oder Haushaltsgeräte. Für die übrigen Produkte gilt wieder der Standardzins. Für Kreditinstitute rechnen sich solche Finanzierungen trotz fehlender Zinseinnahme ebenfalls: Sie gewinnen neue Kunden mit wertvollen Kundendaten, ohne selbst in andere, teure Werbemaßnahmen investieren zu müssen. Kennt das Kreditinstitut den neuen Kunden aufgrund des Kreditgeschäftes genauer, können einfach u. U. durch passgenaue Angebote lukrative Folgeverträge geschlossen werden. Mittlerweile geht der Trend von der Finanzierung hochpreisiger und langlebiger Konsumgüter zu finanzierten Angeboten von niedrigpreisigen FMCG. Allerdings ist zu beachten, dass "Null-%-Finanzierung" nicht bedeutet, dass die Ware günstig erworben wird. Sie kann vielmehr deutlich teurer sein als bei anderen Anbietern

Quelle: www.verbraucherzentrale.de und www.kredittipps.net, 17. Juli 2018.

Auch Selbstbedienungs-Zahlsysteme wie **Self-Checkout-Terminals** oder **Selfscanning** zählen zu den Bezahldienstleistungen. Self Service Checkout Terminals ermöglichen es Kunden, Artikel selbst zu scannen und in weiterer Folge (bargeldlos) zu bezahlen. Während beim Self-Checkout Kunden am Ende des Einkaufs im Kassenbereich alle Produkte einzeln scannen, erfassen die Kunden die Produkte beim Self-Scanning während des Einkaufs, indem sie entweder ein vom Geschäft zur Verfügung gestelltes Gerät oder das eigene Smartphone mit einer speziellen App verwenden. Der Vorteil des Self-Scanning liegt darin, dass die Produkte im Kassenbereich nicht erneut aus dem Wagen genommen werden müssen. Beide Varianten benötigen i.d.R. länger als wenn ein Kassierer die Produkte scannt.

Jedoch ist die gefühlte Dauer kürzer, da keine Wartezeiten entstehen, was somit zu einem positiven Einkaufserlebnis beitragen kann (Krüger/Kahl 2017, S. 152). Zusätzlich zur schnellen und komfortablen Nutzbarkeit durch die Kunden liegt ein weiterer Vorteil in der platzsparenden Ausführung der Terminals, wodurch die Kassenanzahl erhöht werden kann. Noch einen Schritt weiter gehen Stores, in denen Kunden die gewünschten Produkte aus dem Regal nehmen, wobei deren Bewegungen erfasst und ausgewertet werden und diese Daten für die Bezahlung bei dem Verlassen des Geschäftes genutzt werden.

Generell wichtig ist in diesem Zusammenhang die Sicherstellung der Funktionsfähigkeit der unterschiedlichen Bezahlsysteme. Ein Ausfall oder eine Störung verhindert den eigentlichen

Nutzen der einfachen und bequemen Bezahlung. Daher müssen Wartung und schnelle Fehlerbehebung im Störfall gewährleistet sein.

E-Bons statt Papier-Bons

In den USA setzen Retailer vermehrt E-Bons statt dem herkömmlichen Papier-Bon ein. Die Vorteile von z.B. Rechnungen, die über E-Mail versandt werden, sind vielfältig. Einerseits ist der Zahlungsprozess im Geschäft schneller und für den Kunden komfortabler. Des Weiteren ist es aus umwelttechnischen Gesichtspunkten sinnvoll, keine Rechnungen auszudrucken.

Für die Kunden bieten E-Bons v.a. bei höherpreisigen Produkten im Garantiefall Vorteile, denn Papier-Bons werden oftmals weggeworfen oder verlegt. Walmart erweitert diese Nutzenvorteile um eine Reihe innovativer Features. So etwa möchte der US-Branchenriese anhand der zugesendeten Bons automatisch Einkauflisten für seine KundInnen generieren. Darüber hinaus vergleicht der Service „Savings Catcher" die Preise mit denen von Mitbewerbern wie etwa Aldi oder Target. In Deutschland verwendet der Marken-Discounter Netto in Verbindung mit einer Mobile Couponing App bereits E-Bons. Auch die Drogeriekette dm-drogerie markt nutzt den papierlosen Service.

Mobile Payment – Bezahlen via Smartphone

2017 akzeptierte Shell als erstes Unternehmen in Deutschland an hunderten Standorten die Begleichung der Rechnung über den Bezahldienst Paypal. Darüber hinaus ist eine Erweiterung der Bezahlmethoden um die Bezahlung via Smartphone und Shell App geplant. Diese Bezahlvarianten ermöglichen einen schnelleren, einfacheren und komfortableren Bezahlungsvorgang. Im konkreten Bespiel der Tankstellenbetreiber können Kunden direkt an der Zapfsäule via Smartphone bezahlen. Dank GPS erkennt die Shell App die Tankstelle, sodass lediglich die Zapfsäule ausgewählt werden muss.

Quelle: www.lebensmittelzeitung.net, 2. April 2013, 2. Juli 2014, 13. Juli 2017.

Studien zeigen, dass Kunden im Online-Handel am liebsten auf Rechnung kaufen (84,4%), aber Bezahldienstleister wie Paypal (71,0%) gewinnen zunehmend an Bedeutung. Händler reagieren darauf und bieten vermehrt die abgesicherte Rechnung als Zahlungsmethode an. Es zeigt sich auch, dass Konsumenten bei Zahlungsverfahren neben Schnelligkeit und Sicherheit vor allem Convenience wichtig ist. Das Interesse der Konsumenten, am PoS mit dem Smartphone zu zahlen, ist nach wie vor gering – und das obwohl die Voraussetzungen durch die NFC-Technologie von Händlerseite bereits geschaffen wurden (ECC-Payment Studie 2017).

3. Serviceinstrumente der Nachkaufphase

Überwindung räumlicher Distanz

Im stationären Handel dienen zur Überwindung der räumlichen Distanz zwischen der Einkaufsstätte und dem Ort der Verwendung u.a. die Anlieferung durch den Händler, die Anlieferung durch Dritte, der Verleih von Anhängern/Transportern. Im kanalübergreifenden Handel sind die wichtigsten Lieferformen die Zustellung an den Verbraucher nach Hause, an den Arbeitsplatz oder an bestimmte Abholstellen (siehe Abschnitt D.VI. des Fünften Kapitels). Der Handel bietet aber auch zusätzliche Lieferservices an. So können online bestellte Artikel an die Filialen geliefert werden („**Click & Collect**"). Retouren können auch über Filialen abgewickelt werden, d. h. Kunden geben online gekaufte Produkte an ein physisches Geschäft zurück und können direkt eine geeignetere Produktalternative wählen. **Reserve & Collect**-Ansätze sind ähnliche Strategien, die die Online-Verfügbarkeitsprüfung mit der Filialabholung kombinieren. Viele Einzelhändler aus unterschiedlichen Branchen wenden diese Strategie an. Die Belieferung von Filialen bzw. die Abholung dort durch den Kunden bieten mehrere Vorteile. Dem Kunden wird so ein schneller Zugriff auf den gewünschten Artikel ermöglicht. Außerdem ist die Zustellung und Abholung der Waren in den Filialen i.d.R. kostenlos.

Die Vorteile für den Händler sind folgende:

- Die Filialabholung und -zustellung ist für den Händler i.d.R. effizienter, da der Kunde für die **Last-Mile**-Logistik verantwortlich ist.
- Online-Shops generieren in den lokalen Filialen der Einzelhändler Frequenzen und bieten so Cross-Selling-Möglichkeiten.
- Rücklaufquoten können reduziert werden, da Kunden die bestellten Artikel online im Geschäft besichtigen und ausprobieren können.

Fachgerechte Verwendung des Produktes

Um Informationsdefizite hinsichtlich der fachgerechten Verwendung des Produktes zu beseitigen, stellt **Customer Education** ein Instrument dar. Darunter wird die Bereitstellung von Informationen verstanden, damit Kunden Fähigkeiten und Fertigkeiten erlernen, die notwendig sind, um Angebote von Unternehmen besser zu sehen und zu nutzen. Dazu zählen z.B. Diskussionsforen, Videos zur Erläuterung der Nutzung von Produkten bzw. Dienstleistungen oder auch Informationsbroschüren. All diese Angebote werden häufig als wertvolle Ergänzung des Serviceangebots eines Unternehmens angesehen. Von Unternehmen werden z.B. Schulungen beim Händler oder auch Schulungen und Beratung beim Kunden, Informationshotlines oder auch Informationen auf Websiten wie FAQ (Frequently Asked Questions) angeboten. Viele Verbraucher nutzen auch Videos, die sowohl von Unternehmen bzw. Herstellern als auch von anderen Verbrauchern zur Verfügung gestellt werden.

Customer Education als Serviceangebot

Apple bietet z.B. eine Support Community an, in der Fragen zu Produkten in diversen Kategorien gestellt und diskutiert werden können. Kunden können dort nach Antworten zu eigenen Fragen suchen oder neue Fragen posten. Wenn Fragen beantwortet oder Probleme gelöst wurden, können die zentralen Posts markiert werden, um so anderen Kunden ein schnelleres Auffinden zu ermöglichen. Apple kommuniziert die Vorteile einer Mitgliedschaft in der Support Community als „You're in the right place to learn about Apple products and find more ways to enjoy them. As you learn, share your knowledge with the community. You might make some friends. And soon enough the community will know you for your product knowledge and help you build your reputation."

Um Kunden über gesunde Ernährung aufzuklären, betreibt **Whole Foods Market**, ein US-Lebensmittelhändler, der organische Lebensmittel anbietet, einen „Community Blog", in dem Rezepte für gesunde Gerichte, Tipps für einen gesunden Lebenstil, Videos mit Haushaltstipps und Informationen zu regionalen Angeboten geteilt werden. Zudem werden am PoS Plakate mit Informationen zur Produktherkunft oder zu Verwendungshinweisen angebracht. Ferner können Kunden einen Newsletter mit Informationen zu einem gesunden Lebensstil abonnieren.

Quelle: www.apple.com, www.wholefoodsmarket.com, 13. November 2017

Beschwerdemanagement

Dem **Beschwerdemanagement** kommt eine zentrale Rolle zu, wenn Kunden eine negative Experience erlebt haben. Unternehmen müssen darauf reagieren, um gefährdete Beziehungen zu unzufriedenen Kunden zu stabilisieren. Im Gegensatz zu Reklamationen, bei denen ein Kunde einen Rechtsanspruch auf bestimmte Leistungen hat, ist ein kundenfreundliches Beschwerdemanagement eine freiwillige Leistung des Handelsunternehmens.

Primäres Ziel des Beschwerdemanagements ist es, die Zufriedenheit der Kunden durch kulante und rasche Beschwerdebearbeitung wieder herzustellen und damit die Loyalität positiv zu beeinflussen – zumal sich eine für den Kunden zufriedenstellende Beschwerdebearbeitung positiv auf das Vertrauen und die Kundenbindung auswirkt. Davon abgesehen, zielt das Beschwerdemanagement auch darauf ab, die Wiederkaufabsicht zu verbessern, die Anzahl der unzufriedenen Nichtbeschwerdeführer („unvoiced Complainers“) zu reduzieren und Abwanderungsprozesse von Kunden zu verhindern. Beschwerden von Kunden bieten aber auch Unternehmen die Möglichkeit, Fehler oder Probleme in der Leistungserstellung aufzudecken. Durch Beschwerden werden bspw. häufig vorkommende Probleme im Service oder in Geschäftsprozessen aufgezeigt. Außerdem kann durch das Beschwerdemanagement die wahrgenommene Servicequalität gemessen und in weiterer Folge verbessert werden (Tronvoll 2008, S. 25). Eine zentrale Aufgabe des Beschwerdemanagements ist es daher, für unzufriedene Kunden leicht zugängliche Beschwerdekanäle zu schaffen, um in weiterer Folge den direkten bzw. indirekten Beschwerdemanagementprozess in Gang setzen zu können. Im Rahmen einer prozessorientierten Sicht können vier Aufgabenbereiche des Beschwerdemanagements unterschieden werden (Stauss/Seidel 2007):

- **Beschwerdestimulierung:** Dazu zählen sämtliche geplanten und zielgerichteten Aktivitäten eines Unternehmens, die den Kunden zur Artikulation einer Beschwerde auf Grund bestehender Unzufriedenheit bewegen. Die Hauptaufgabe der Beschwerdestimulierung ist es, Voraussetzung für eine leichte sowie unkomplizierte Beschwerdeführung zu schaffen.
- **Beschwerdeannahme:** Im Vordergrund der mündlichen Beschwerde stehen eine systematische und vollständige Erfassung der Beschwerdeinformation sowie das adäquate Verhalten der Mitarbeiter. Dazu zählen Freundlichkeit, Einfühlungsvermögen und Hilfsbereitschaft im Umgang mit den Beschwerdeführern.
- **Beschwerdebearbeitung und Beschwerdereaktion:** Dabei stehen die Analyse der Beschwerdeursachen, die Weiterleitung der Beschwerdeinformation an die betroffenen Abteilungen bzw. Mitarbeiter sowie die Festlegung von Standards zur Beschwerdebearbeitung im Mittelpunkt.
- **Beschwerdecontrolling:** Die Aktivitäten des Beschwerdemanagements sind regelmäßigen Wirtschaftlichkeitsüberprüfungen zu unterziehen, bei denen die Beschwerdekosten und der Beschwerdenutzen analysiert werden.

Das Beschwerdeverhalten von Kunden wird von vier Faktoren beeinflusst (Tronvoll 2008, S. 30f.). Situative Faktoren umfassen dabei die Evaluierung des Servicefehlers, die Gegenüberstellung der Kosten und des Nutzens einer Beschwerde sowie den zu erwartenden Erfolg einer Beschwerde. Individuelle Faktoren bilden Persönlichkeitsmerkmale von Kunden sowie deren Erfahrung bei bisherigen Beschwerden. Der dritte Faktor betrifft entweder das Unternehmen selbst oder die erbrachte Leistung. Schließlich beeinflussen noch Marktfaktoren wie Wettbewerbsintensität oder Marktstruktur das Beschwerdeverhalten. Studien zum Beschwerdeverhalten haben gezeigt, dass viele Kunden sich überhaupt nicht beschweren. Gründe dafür sind u.a., dass Kunden die Motivation oder die Möglichkeit fehlt, sich zu beschweren, dass das Produkt oder die Serviceleistung nicht wichtig genug ist, um sich zu beschweren oder die Annahme, dass eine Beschwerde nicht zum gewünschten Ergebnis führen würde (vgl. hierzu Tronvoll 2008, S. 66).

Eine neue Dimension bzgl. ihrer Bedeutung erfahren Beschwerden von Kunden, die im Internet veröffentlicht werden. Einerseits haben sich zu diesem Zweck Plattformen entwickelt, die **Beschwerde-** und **Diskussionsforen** über viele Produkt- und Leistungsbereiche hinweg anbieten und andererseits haben sich Plattformen gebildet, auf denen Beschwerden gepostet werden, die sich ausschließlich auf ein bestimmtes Unternehmen beziehen. Dieser Entwicklung versuchen bereits Einige proaktiv entgegen zu wirken, indem diese ihren Kunden Beschwerde- bzw. Diskussionsplattformen anbieten oder versuchen, über verschiedene Instrumente des Social Media Marketing (z.B. Blogs) mit den Kunden zu kommunizieren.

Beschwerdeforum www.consumeraffairs.com

Als Beispiel für Beschwerde- und Diskussionsforen für Kunden, die mit verschiedenen Unternehmen unzufrieden sind, kann www.consumeraffairs.com genannt werden (siehe Abb. 4.113). Kunden können in diesem Forum ihre Erfahrungen mit Unternehmen posten.

Abbildung 4.113: Beschwerdeforum von www.consumeraffairs.com

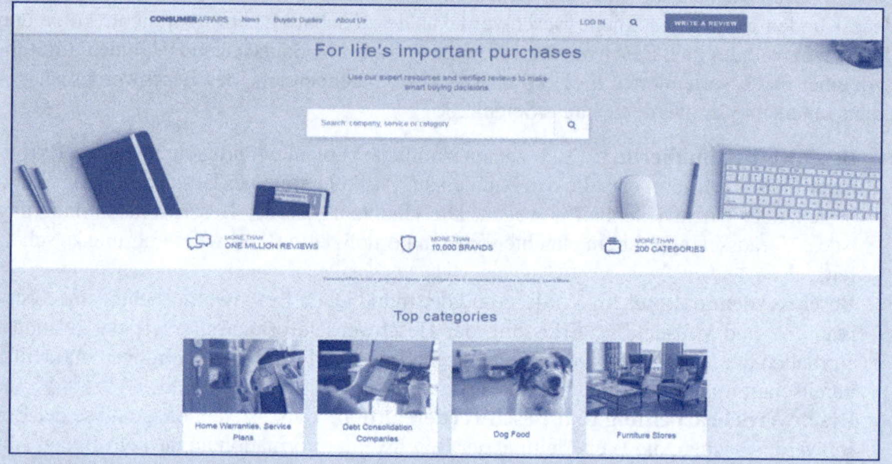

Quelle: www.consumeraffairs.com, 4. August 2017.

4. Phasenübergreifende Serviceinstrumente

Im stationären Handel kann man Serviceleistungen zur Unterstützung der Kunden auch in produktabhängige Hilfen, produktbezogene Hilfen sowie informationsbezogene Hilfen unterscheiden. Eine Übersicht über mögliche Serviceleistungen gibt Abb. 4.114.

Abbildung 4.114: Maßnahmen des stationären Handels zur Unterstützung der Kunden in der Einkaufsstätte

Produktunabhängige Hilfen	Produktbezogene Hilfen	Informationsbezogene Hilfen
▪ Kostenlose Parkplätze	▪ Änderungsservice	▪ Kundentelefon
▪ Schließfächer	▪ Geschenksverpackungen	▪ Info-Theke
▪ Ruhezonen mit Sitzplätzen	▪ Einpackservice	▪ Info-Terminals
▪ Ruheraum	▪ Transport zum Parkplatz	▪ Lageplan
▪ Restaurant	▪ etc.	▪ Lupen
▪ Breite Gänge		▪ Planungshilfen (Maßband, Stifte)
▪ Einkaufswagen mit Kindersitz		▪ Testmöglichkeiten
▪ Einkaufswagen für Kinder		▪ Benachrichtigungen
▪ Kinderbetreuung		▪ etc.
▪ etc.		
▪ Einkaufshelfer (elektronisch, persönlich)		
▪ Self-Scanning		

Quelle: i.A.a. Schröder 2012, S. 264.

Location-Based Kommunikation und damit Kommunikation mit (potentiellen) Kunden am PoS wird nicht nur immer relevanter, sondern steigert auch in zunehmendem Maße den Service-Aspekt in Shops. Eine Studie des ECC Köln (2017) zeigt, dass Kunden, die bislang Services wie Curated Shopping oder Sprachsteuerung noch nicht ausprobiert haben, den Service in erster Linie als positives Einkaufserlebnis schätzen. Nachdem Kunden diese Services in Anspruch genommen haben, rückt der Convenience-Charakter stärker in den Vordergrund. Weniger erfahrene Internetnutzer ordnen innovative Services eher als Erlebnis ein und bemerken die convenienceorientierten Vorteile erst mit stärkerer Nutzung. Daher sollten Mehrwerte und Funktionsweisen von Convenience-Services von Beginn an klar und transparent kommuniziert werden, sodass die Nützlichkeit von Konsumenten schnell und einfach erkannt wird.

Phasenübergreifender Service bei bei Walmart

Walmart hat seine App für den stationären Einkauf wesentlich verbessert. So kann der Kunde etwa beim Schreiben eines Einkaufszettels den Filialbestand überprüfen, um nicht umsonst in die Filiale zu fahren. Um den Einkaufszettel zu ergänzen, müssen Verbraucher das Wunschprodukt nicht eintippen, sie können auch zu Hause den Barcode einer alten Packung mit der Foto-Funktion des Handys scannen. Außerdem lässt sich die App mit Sprachbefehlen steuern. Wenn ein Kunde einen Artikel oder ein Sortiment sucht, zeigt ihm die App den Weg von seinem aktuellen Standort bis zum richtigen Gang oder dem Regalabschnitt. Diese Instore-Navigation für das Smartphone soll kontinuierlich für alle 4.700 Märkte in den USA aufgebaut werden. Eine weitere Besonderheit der App ist die enge Integration zwischen dem Online-Shop von Walmart und dem Filialgeschäft, einschließlich der Möglichkeit, Produkte zu bestellen. Dabei kann der Konsument wählen, ob die Ware zu ihm nach Hause geliefert wird, oder er sie in einer Filiale abholt (Click & Collect).

Quelle: www.lebensmittelzeitung.net, 19. Februar 2018.

VI. Spezifika im Online- und Omnichannel-Handel

Servicekriterien nehmen weiter an Bedeutung zu und sind als Stellschraube für eine positive Customer Experience anzusehen. So fordern lt. einer ECC-Studie über 62% einen ausführlichen Servicebereich auf der Online-Shopseite. Innovative Services und Content im Servicebereich (wie Ratgeber, Produktvideos, Produktfinder/Kaufberater oder eine Online-Community) werden immer relevanter. Zu den Begeisterungsanforderungen für eine positive Customer Experience im Rahmen des Online-Handels zählt – neben Kriterien wie Sortiment oder Design des Online-Shops – demzufolge ein attraktiver Servicebereich. Zudem hat die Zufriedenheit mit den Serviceleistungen in einem Online-Shop im Vergleich zu den anderen Erfolgsfaktoren den größten Einfluss auf die Kundenbindung.

Bruhn/Mayer-Vorfelder (2012) zeigen, dass das Online-Kundenerlebnis einerseits durch eine funktionale Servicekomponente, gemessen über die Dimensionen Benutzerfreundlichkeit, Sicherheit, Leistungsangebot und Preiswahrnehmung, sowie durch eine emotionale Servicekomponente (positive Herausforderung, Interaktionsmöglichkeiten, Attraktivität des Designs, Möglichkeit der Community-Bildung, Häufigkeit der Präsentation von Neuheiten) bestimmt wird. Bei der Implementierung von Servicekomponenten ist folglich ratsam, sowohl an den emotionalen als auch an den funktionalen Servicekomponenten anzusetzen, um auf diese Weise zusätzlichen Kundennutzen zu generieren und sich von den Wettbewerbern abzuheben. Zudem zeigten sie, dass das Online-Kundenerlebnis einen deutlichen Einflussfaktor der Kundenzufriedenheit darstellt und darüber hinaus ein positives Online-Kundenerlebnis zu einer höheren Kundenbindung führt. In diesem Zusammenhang kommt auch der **E-Service-Qualität** immer größere Bedeutung zu. Im Mittelpunkt stehen Determinanten, die sowohl die Kundenzufriedenheit als auch das Wiederkaufverhalten aufseiten der Kunden positiv beeinflussen. Dieses Konzept ist zudem relevant, um Einflussfaktoren zur Steigerung der Conversion-Rate und der Wiederkaufrate zu bestimmen. Blut u.a. (2015) identifizieren 16 Attribute, wie bspw. Informationsqualität der Website, Websitepersonalisierung, Preisangebote sowie die Sicherheit und Privatsphäre der Website, die die E-Servicequalität beeinflussen. Diese können wiederum in vier Dimensionen zusammengefasst werden: Website Design, Fulfillment, Kundenservice und Sicherheit (siehe Abb. 4.115. und Abschnitt C.IV. des Sechsten Kapitels).

Abbildung 4.115: Konzeptualisierung der E-Service-Qualität

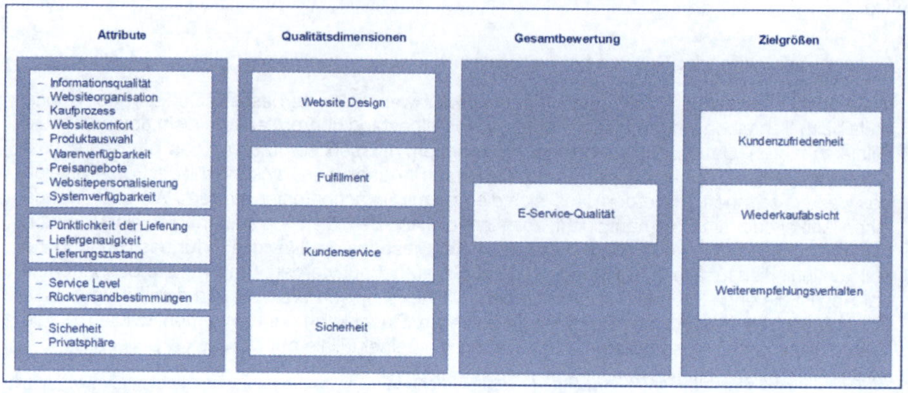

Quelle: i.A.a. Blut u.a. 2015, S. 680.

Durch die Intangibilität des Angebots fehlt im Online-Handel der positive Einfluss eines Kundenkontaktmitarbeiters. Daher kommt der Implementierung eines zuverlässigen sowie individuell angepassten Kundenservices eine besondere Rolle zu. Den durch die Intangibilität zusätzlich wahrgenommenen Risiken auf Kundenseite kann der Händler mit verschiedenen informationsökonomischen Instrumenten entgegenwirken. Dazu zählen bspw. die Implementierung von Dienstleistungsgarantien, um dem Kunden Qualität zu signalisieren (z.B. Rückgabefristen von bis zu 100 Tage nach Bestellung ohne die Angabe von Gründen) oder ferner der Aufbau einer starken Marke. Auch durch die Schaffung einer Community in sozialen Medien, in der Kunden von gemeinsamen Erfahrungen profitieren können, ist eine weitere Möglichkeit. In diesem Zusammenhang stellt vor allem die Website eines Anbieters den zentralen Kontaktpunkt zum Kunden dar und muss dementsprechend die Kompetenz der Unternehmung ausstrahlen und bei den Kunden Vertrauen schaffen (Ahlert/Kenning/Brock 2018, S. 364).

Im Online-Handel werden vielfach z.T. bereits angesprochene E-Services eingesetzt. Abbildung 4.116 stellt diese – ähnlich wie im Offline-Handel in Abb. 4.111 – nach vier Dimensionen exemplarisch im online bedeutenden Fashionhandel dar.

Zum einen hat der Online-Shop eine Beratungs- und Informationsfunktion für den Kunden. So werden Webseiten häufig zur Recherche über Sortiment, Preis, Standorte, Anfahrtsbeschreibung oder allgemeine Herstellerinformationen genutzt. Um Kunden auch online so gut wie möglich zu beraten, haben die meisten Anbieter weitere Services eingerichtet, wie z.B. FAQ-Listen oder weiterführende Links zu Informationen rund um Lieferanten, Herkunft von Materialien etc. Insbesondere der Kundenkommunikation kommt heutzutage eine hohe Relevanz zu, weswegen Modehändler zunehmend serviceorientierte Dialogelemente wie Chats, Foren und Blogs im Online-Shop integrieren bzw. verlinken.

Abbildung 4.116: Gestaltungsdimensionen und -instrumente im Fashion- Handel

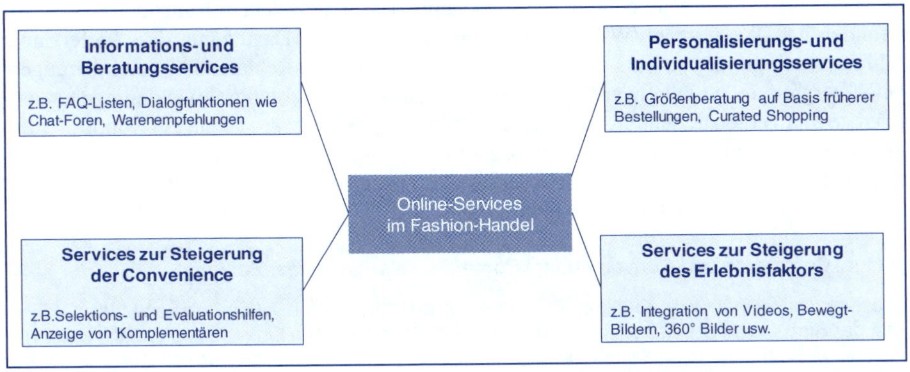

Große Bedeutung kommen Zustell- und Lieferservices wie z.B. in Zukunft der Same-Day-Delivery zu. Eine wesentliche Rolle spielt zudem die Ausstattung der Online-Shops mit Navigations-, Selektions- und Evaluationshilfen. Für eine hohe Effizienz des Online-Shops und vor dem Hintergrund, dass der Onlinekauf meist selbstständig vom Kunden durchgeführt wird, ist vor allem die treffsichere Suchfunktionalität von hoher Bedeutung. Zudem zeigen Online-Shops oftmals den bisherigen Klickpfad des Kunden an. Dies stellt gerade beim Kauf von Mode einen Mehrwert für Kunden dar, da hier direkte Produktvergleiche vorgenommen werden können, ohne bereits angeschaute Produkte wieder erneut suchen zu müssen. Auch Kaufunterstützungen wie Bestsellerlisten und Anzeigen zu Komplementärprodukten (bspw. Anzugshose zu Jackett) sind serviceorientierte Zusatzleistungen. Zudem werden Konfigurations-Tools, welche die Varianten, Farboptionen und Kombinationsmöglichkeiten von Kleidungsstücken anzeigen, eingesetzt. Vor dem Hintergrund der Mass-Customization gewinnen auch Individualisierungsservices an Bedeutung. Generell gilt, dass Online-Händler prozessoptimierende Services bieten müssen, damit diese auch wirklich einen wahrgenommenen Convenience-Vorteil für Kunden haben.

Der Online-Handel wird zunehmend mit Bildern, Videos und Augmented Reality betrieben. Dieser Trend resultiert zum Teil aus dem veränderten Konsumentenverhalten auf dem Smartphone, wo Nutzer visuelle Kommunikation und visuelle Medienplattformen bevorzugen, sowie aus den technologischen Entwicklungen zu künstlicher Intelligenz. In Zukunft sollen diese Entwicklungen Kunden beim Einkaufen mittels **visueller Suche** – also auf Basis von z.B. Handy-Fotos – unterstützen. Mittels tiefer neuronaler Netze und entsprechender Software wird z.B. das Foto eines Artikels analysiert und mit Produkten in Online-Shops verglichen, damit der Kunde möglichst ähnliche Produkte angeboten bekommt.

In Verbindung mit Alexa und Siri werden die Begriffe des **Conversational und Contextual Commerce** diskutiert. Zwar ist Sprachsteuerung auf Smartphones schon seit Jahren etabliert, jedoch entstehen durch die Platzierung eigener Hardware im Wohnraum der Kunden eine Reihe von Nutzenpotenzialen für Kunden und Anbieter. Alltägliche Bestellvorgänge für Bedarfsgüter werden automatisiert, während die dahinterliegenden Systeme versuchen, Präferenzen mit Hilfe von künstlicher Intelligenz vorauszusagen. Analog zum M-Commerce können händlerseitig Daten zu Bewegungsprofilen und Nutzungsverhalten erhoben werden um letztlich den Kunden besser verstehen zu können. Wenngleich die Auswirkungen der Integration von Voice Shopping Touchpoints im Rahmen der Customer Journey noch nicht voraussagbar sind, ist davon auszugehen, dass das Conversational und Contextual Commerce das Konsumverhalten nachhaltig beeinflussen werden (Heinemann 2018, S. 14).

Im **Omnichannel-Handel** ist von Bedeutung, dass Kunden Services in allen Kanälen gleichermaßen in Anspruch nehmen können, unabhängig davon, in welchem Kanal der Kauf stattgefunden hat (Westermann/Wirtz/Zimmermann 2018, S. 56). Dazu zählt, dass Liefer- und Zahlungsbedingungen sowie Umtausch- bzw. Rücksende- und Reklamationsvereinbarungen kanalübergreifend gestaltet werden müssen. Im Rahmen der Zahlungsabwicklung gelten angepasste und vernetzte Zahlungsstrukturen als Grundvoraussetzung: Wenn ein Kunde, der im Online-Shop einkauft, mit Kreditkarte bezahlt hat, sollte dieser bei einer Retoure im Shop ebenfalls die Möglichkeit haben, die Rückerstattung per Kreditkarte verbucht zu bekommen oder auch ggfs. das Geld bar zurückbekommen.

Visual Commerce und Conversational Commerce als Trends der Zukunft

Kunden der Berliner Mode-Plattform Zalando können Outfits, die sie in den Sozialen Medien oder auf der Straße gesehen haben, hochladen und den Zalando Bot im Online-Shop danach suchen lassen. Zudem können sie die Kleiderschrank-App Wardrobe testen, bei der zu Hause die Kleidungsstücke fotografiert und von der App das Outfit mit Zalando-Produkten vervollständigt wird.

Eine Studie im Rahmen des Consumer Barometer zeigt, dass sich Konsumenten Sprachsteuerung im Einkaufskontext am ehesten für preisgünstige Produkte vorstellen können. Außerdem möchten sie eher Neues entdecken, als nach ihren gewohnten Marken zu suchen. Derzeit findet Sprachsteuerung primär Zuspruch, wenn es darum geht, sich zu informieren, weniger beim abschließenden Kauf von Produkten. Ein Unentschieden herrscht bei den Konsumenten bzgl. der Frage, ob die verbale Steuerung sich besser für regelmäßig benötigte Erzeugnisse oder für die Inspiration mit Blick auf neue Produkte eignet. Männer und über 40-Jährige sind ggü. neuen Marken, Inspirationsmöglichkeiten und dem Einkauf per Sprachsteuerung aufgeschlossener als Frauen. Sechs von zehn Voice Commerce-Nutzern und -Interessierten sind an Einkäufen per Sprachsteuerung bei Elektronikprodukten interessiert. Unter den Männern sind es sogar sieben von zehn. Auf dem zweiten Platz liegen Lebensmittel mit 54% Nutzern und Interessierten. Hierbei ist zu sehen, dass die zukunftsweisende, smartphoneaffine Gruppe der Smart Consumer diesen Bereich schon stärker für sich erschlossen hat: 68% von ihnen finden Voice Commerce im Lebensmittelhandel interessant. An dritter Stelle folgt die Branche Hobby und Freizeit (51%), gefolgt von der Warengruppen Haushaltsprodukte sowie Fashion und Accessoires

Es zeigen sich allerdings auch Bedenken gegenüber Voice Commerce. Bspw. finden 60% der Konsumenten Sprachsteuerung beim Einkaufen unpraktisch, da sie Informationen besser optisch als akustisch erfassen können. Unter den Besitzern von Sprachsteuerungssystemen, die bereits an die Informationen in Form gesprochener Sprache gewöhnt sind, stimmen nur 47% dieser Aussage zu. Knapp 60% der Konsumenten nutzen Sprachsteuerung kaum zum Einkaufen, da sie unsicher beim Ablauf des Bestellprozesses sind. Auch diese Hemmschwelle kann durch den Wandel von Gewohnheiten mit der Zeit gewissermaßen automatisch verschwinden. Derzeit können Händler und Markenhersteller die Barriere unter anderem mithilfe von transparenter Kommunikation und Erklärungen verringern. Auch das Thema Datenschutz hemmt knapp 60% der Konsumenten gegenüber Sprachsteuerung im Einkaufszusammenhang. Die Bekanntheit eines Anbieters bzw. Händlers spielt bei Voice Commerce ebenfalls eine Rolle. 42% der Konsumenten bezeichnen es als Voraussetzung für die Nutzung von Sprachsteuerung zum Einkaufen, den Anbieter sehr gut zu kennen. Interessanterweise ist dieser Punkt für die technikaffinen Zielgruppen von noch größerer Bedeutung. Der Wunsch nach einem größeren Angebot an Sprachsteuerung im Einkaufszusammenhang wird erst von 20% der Konsumenten geäußert. Bei den technikaffinen Zielgruppen liegt der Anteil jedoch schon bei 31%.

Quelle: www.lebensmittelzeitung.net, 8. Juni 2018; Consumer Barometer 02/18.

Kunden informieren sich heutzutage bereits vor dem Betreten eines Geschäfts über das gewünschte Produkt im Internet und verfügen somit teilweise über mehr Produktinformationen als die Verkäufer im Geschäft. Dennoch möchten sie auch dort weitere qualifizierte Informationen und eine individualisierte Beratung erhalten. Um diesen Kundenbedürfnissen gerecht zu werden, müssen immer mehr auf den jeweiligen Kunden zugeschnittene Dienstleistungen und vorselektierte Produktinformationen im Markt zur Verfügung gestellt werden. Zu diesem Zweck müssen die Einkaufsstätten digitalisiert werden, um einerseits Kundeninteraktionen zu erfassen und darüber potenzielle Kundenbedürfnisse abzuleiten und um andererseits eine Schnittstelle zu Daten und Diensten bereitzustellen. Dies geschieht in einer sogenannten „**smarten Umgebung**". Eine smarte Umgebung zeichnet sich dadurch aus, dass sie Wissen über die Umgebung und deren Nutzer erfassen kann, um dieses erlebnisfördernd anzuwenden (Krüger/Kahl 2017 S. 129f). Für die Umsetzung z.B. im LEH werden verschiedene Technologien und Geräte genutzt. Dazu zählen diverse Sensoren, „intelligente" Einkaufswagen, die Produkte erfassen, welche sich im Wagen befinden sowie die jeweilige Position ermitteln und weiter kommunizieren in Verbindung mit iBeacons, Bildschirme, Lautsprecher, Displays und RFID-Tags. Kunden erhalten durch diese smarte Umgebung dann Informationen z.B. auf ihr Smartphone, eine Smartwatch oder auch Smart Glasses.

Für Omnichannel-Händler bieten sich durch einen stationären Store viele Möglichkeiten. Der stationäre Kanal bieten den Vorteil der sofortigen Verfügbarkeit der Ware, der Haptik, der qualifizierten persönlichen Beratung und den Erlebnischarakter von realen Shopping-Ausflügen. Zusätzlich besteht die Möglichkeit, die Potenziale des Internets ins Offline-Geschäft zu transportieren. Neue Technologien und Formate in der Filiale bieten Zusatz-Services und Interaktionsmöglichkeiten wie z.B. über Mobile Apps und Instore-Terminals. Kanalübergreifende Services, wie z.B. Online-Filialbestand, Zusammenstellung individueller Sortimente, Abholung und Rückgabe im Store, bieten Mehrwerte gegenüber dem Pure-Online-Wettbewerb. Ziel von Unternehmen muss es sein, Serviceleistungen genau zu dem Zeitpunkt und in der Form anzubieten, wenn der Kunde einen Bedarf dafür hat, um für diesen ein besseres Einkaufserlebnis und eine positive Customer Experience zu schaffen. Anhand von **Business Analytics** und **Predictive Analysis** ist es möglich, das Angebot an Serviceleistungen zu personalisieren. Dazu stehen Unternehmen eine Vielzahl an Daten zur Verfügung. Dazu zählen Informationen, die direkt über den Kunden gewonnen werden, wie Informationen aus der Kaufhistorie sowie aus seinem Kaufverhalten. Das eigentliche Potenzial von Business Analytics und Predictive Analysis im Handel liegt allerdings in der Möglichkeit der Verknüpfung von herkömmlichen – strukturierten – Transaktionsdaten mit digitalen Daten aus E-Mail-Konten oder diversen Internetforen, den sog. unstrukturierten Daten, um daraus Vorhersagen über das Verhalten von Kunden zu treffen. Insbesondere im E-Commerce fallen große Datenmengen über Clickstreams, Text- und Bilddateien sowie Profil und Transaktionsdaten an, die bei gezielter Verknüpfung und Auswertung die Effizienz der Kundenansprache steigern können. Mit Hilfe von Analysen, Auswertungen und konstantem Feedback können so die Prozesse angepasst und das Kundenerlebnis verbessert werden.

In diesem Zusammenhang kommt auch der **Customer Education** ein großer Stellenwert zu. Customer Eduaction sollte ebenfalls genau dann angeboten werden, wenn Kunden diese benötigen und das in allen Phasen des Kundenlebenszyklus. Potenzielle und neu gewonnene Kunden sollten Informationen über die erstmalige Nutzung eines Produktes erhalten, bestehende Kunden benötigen u.U. weiterhin Schulungen über zusätzliche Funktionen, neue Produkte oder Upgrades. Customer Education verbessert die Customer Experience jedes einzelnen Kunden, was die Kundenbindung beeinflusst. In weiterer Folge steigt auch das Customer Engagement. Wenn Unternehmen in die Customer Education investieren, gibt es weniger Reklamationen und Fragen, die von der Kundendienstabteilung bearbeitet werden müssen, denn die Kunden sind in der Lage, diese Probleme mit ihrem Produktwissen zu beheben.

Das Ziel von Omnichannel-Händlern sollte es sein, ein nahtloses und konsistentes Serviceerlebnis zu bieten, unabhängig davon, über welchen Kanal Produkte gesucht, gekauft oder zurückgegeben werden. Dennoch sind viele Einzelhändler nicht in der Lage, ein einwandfreies

Omnichannel-Erlebnis zu bieten und die Erwartungen der Kunden zu erfüllen. Im Online-Einzelhandel treten Beschwerden vorwiegend zu den Bereichen Lieferung, Website-Design, Kundenservice, Bezahlung, Produktqualität und Sicherheitsprobleme auf (Holloway/Beatty 2003). Service-Fehler, die im Omnichannel-Handel zusätzlich zu Beschwerden führten, sind die Shopping-Erfahrung im Geschäft, Marketingaktivitäten im Zusammenhang mit Kommunikation und Promotions sowie unethische oder unpopuläre Praktiken von Händlern (Rosenmayer u.a. 2018). Vor dem Hintergrund, dass Omnichannel-Händler die Strategie verfolgen, sich durch ein exzellentes Erlebnis im stationären Handel vom Pure-Online-Wettbewerb zu differenzieren, ist es bedenklich, dass vor allem das mangelnde Einkaufserlebnis im offline Kanal die meisten Beschwerden ausgelöst hat.

I. Fallstudie: Blue Tomato Omnichannel-Marketing

I. Darstellung des Unternehmens

1988 eröffnete der österreichische Profi-Snowboarder Gerfried Schuller im Wintersportort Schladming eine Snowboard-Schule und legte damit den Grundstein für die Erfolgsgeschichte des Sportartikelhändlers Blue Tomato. 1994 folgte die Eröffnung eines kleinen Snowboard-Shops und bereits 1997 ging die erste Version der Blue Tomato Website online, wodurch Kunden die Möglichkeit erhielten, online Bestellungen zu tätigen. 1999 wurde die Website um den ersten umfangreichen Web-Shop ergänzt und 2002 folgte der gedruckte Blue Tomato Snowboard-Katalog. Blue Tomato zählt zu den Online-Pionieren.

Abbildung 4.117: Blue Tomato Store

Quelle: www.blue-tomato.com, 11. November 2017.

Heute betreibt Blue Tomato 36 Stores in Österreich, Deutschland und der Schweiz und verfügt über 560 Mitarbeiter in verschiedenen Unternehmensbereichen. Die in 14 Sprachen übersetzte Website verzeichnet täglich 100.000 Besucher. Der gesamte Versandhandel wird über das Blue Tomato Distribution Center in Graz mit mehr als 5.000 qm Lagerfläche abgewickelt. Blue Tomato erwirtschaftete im Geschäftsjahr 2018 einen Umsatz von 94 Mio. EUR (2017: 82,5 Mio. EUR). Eine Übersicht zu Daten und Fakten des Unternehmens zeigt Tab. 4.13.

Tabelle 4.13: Zahlen und Fakten zu Blue Tomato

Gründung	1998 in Schladming (Österreich) durch Gerfried Schuller
Eigentümer	Zumiez (100%)
Geschäftsführung	Adam Ellis
Umsatz in EUR	2015: 67 Mio. 2016: 72,3 Mio. 2017: 82,5 Mio. 2018: 94 Mio.
Mitarbeiter	560
Stationäre Geschäfte	36 (Deutschland: 18, Österreich: 14, Schweiz: 4)
Auflage Katalog in Stk.	Sommer 2018: 300.000 Winter 2018/19 (Snowboard, Freeski, Streetstyles): 690.000
Visits Webshop	100.000/Tag
Artikel Webshop	450.000 Artikel, 650 Marken
Facebook	465.000 Fans
Instagram	87.000 Follower
Newsletter	970.000 Abonennten

Quelle: www.blue-tomato.com, 11. November 2017.

2012 wurde Blue Tomato vom US-amerikanischen Sportartikelhändler Zumiez übernommen. Zumiez betreibt über 500 Geschäfte in den USA und Kanada und generierte 2017 mit 2.400 Vollzeit- sowie 4.900 Teilzeitmitarbeitern einen Umsatz (net sales) von etwa 800 Mio. EUR. Ungeachtet der Akquisition verblieb der Blue Tomato Unternehmenssitz in Schladming, Österreich. Zumiez verfolgt mit Blue Tomato das gemeinsame Ziel, größter europäischer Händler im Bereich Action Sports zu werden. Blue Tomato bedient sich dazu eines Omnichannel-Businessmodells, wobei der Online-Bereich in Hinblick auf Internationalisierung die wichtigste Rolle einnimmt, während die stationären Shops in erster Linie auf den regionalen Markt ausgerichtet sind. So stammen 62% der Visits im Online-Shop von nicht deutschsprachigen Benutzern.

Snowboarder, Freeskier, Surfer, Skater und lifestyle-orientierte junge Erwachsene jeden Geschlechts bilden die Zielgruppe von Blue Tomato. Dementsprechend setzt sich das Sortiment heute aus Snowboards und Snowboard-Zubehör, Skis, Surfboards, Skateboards, Sneakers, Streetwear und Accessoires zusammen. 28% der Kunden der stationären Shops sind weiblich und lediglich 28% der stationären Kunden sind älter als 30 Jahre. Die Kunden des Online-Shops hingegen sind zu 48% älter als 30 Jahre, wobei der Anteil an weiblichen Kunden 45% ausmacht.

Ziel dieser Fallstudie ist es, die Optionen des Handelsmarketings am Beispiel des Omnichannel-Sportartikelhändlers Blue Tomato darzustellen und aufzuzeigen, wie Blue Tomato seine Kunden über alle Touchpoints hinweg zielgruppengerecht begleitet.

Als Anbieter von Snowboard-, Surf- und Lifestyle-Artikeln konzentriert sich Blue Tomato seit dem ersten Tag auf die adäquate und konsistente Ansprache der Zielgruppe, um den Kunden über alle Touchpoints und Kaufphasen hinweg ein positives und authentisches Kundenerlebnis zu bieten. Blue Tomato befindet sich über eine Vielzahl an Kanälen und Touchpoints in permanenter Interaktion mit seinen Kunden und begleitet diese während der gesamten

Customer Journey, nicht zuletzt vor dem Hintergrund der Schaffung einer Shared Retail Brand Identity, welche auf der Übereinstimmung des Selbstbildes der Kunden mit der Markenpersönlichkeit von Blue Tomato basiert.

Im dynamischen Prozess des Entstehens der Blue Tomato Customer Experience aus einer Reihe von Interaktionen kommt es zu unterschiedlichen Berührungspunkten, welche allerdings nicht alle von Blue Tomato kontrolliert werden können. Zu den von Blue Tomato kontrollierbaren Touchpoints, also Retail brand-owned Touchpoints, zählen die von Blue Tomato geführten Snowboard-Schulen und Test-Zentren, welche potentielle Kunden mit der Marke Blue Tomato vertraut machen sollen. Neben der kompetenten Betreuung in den Blue Tomato Stores bietet Blue Tomato auch auf seiner Website eine Fülle an produkt- und zielgruppenrelevanten Informationsmöglichkeiten. Potentielle Kunden, welche den Weg in die Test-Zentren, Snowboardschulen, Stores oder auf die Website noch nicht beschritten haben, sollen auf diversen Events, wie etwa Snowboard-Contests, die Welt von Blue Tomato kennenlernen. Speziell das Sponsoring von Veranstaltungen ist an dieser Stelle auch im Bereich der Retail partner-owned Touchpoints zu nennen, welche durch die gemeinsame Gestaltung mit Partnern aus der Branche charakterisiert sind. Ebenso fallen die Zusammenarbeit mit führenden Snowboard-Magazinen oder das Sponsoring von Snowboard-Parks in diese Kategorie.

Besonders hervorzuheben sind Social Touchpoints, auf welche Blue Tomato nur indirekt Einfluss nehmen kann, da diese durch Interaktion zwischen Konsumenten, Bekannten oder unabhängigen Bewertungsplattformen charakterisiert sind. Die Zielgruppe der jungen Erwachsenen neigt zu einer Affinität bezüglich Sozialer Medien. Blue Tomato ist auf allen relevanten Sozialen Netzwerken aktiv und fördert die Kommunikation zwischen Kunden sowie die Bildung einer Online-Community mit der Option, i.S. eines Beschwerdemanagements aktiv in Diskussionen einsteigen zu können.

Die stationären Geschäfte von Blue Tomato sind im Sinne eines besonderen Kauferlebnisses in einer Art und Weise gestaltet, die den Kunden ein zweites Wohnzimmer bieten soll. Blue Tomato folgt dem Anspruch, sämtliche Wahrnehmungspunkte des Kunden im Sinne der Unternehmensstrategie zu gestalten, wobei darauf hingewiesen werden sollte, dass die Erfahrungen an einem Touchpoint, etwa in einem Store, durch Erfahrungen an anderen Touchpoints, etwa der Website, mitgeprägt werden können. Während die Kataloge und Events bereits auf spezielle Interessensgruppen zugeschnitten sind, bieten Online-Medien sehr weitreichende Möglichkeiten der Individualisierung.

Unter Anwendung des Softwarepakets Hybris aus dem Hause SAP hat Blue Tomato etwa einen mobilen Webshop geschaffen, welcher eine personalisierte und nach Usability-Vorgaben orientierte Darstellung ermöglicht, sodass je nach Nutzer, Gerät, Land oder Internetverbindung verschiedene nach persönlicher Relevanz gereihte Inhalte anzeigt werden. Schließlich soll die Zufriedenheit im Rahmen der Customer Journey auf allen Kanälen sichergestellt werden, um letztlich, unter anderem durch eine Begeisterung für das Einkaufserlebnis, Customer Engagement zu erzeugen.

Die konsequente Bearbeitung sämtlicher Touchpoints in Verbindung mit der Vermittlung eines Zugehörigkeitsgefühls zur Blue Tomato Community fördert den emotionalen Wert, welchen Kunden den Produkten wie auch dem Unternehmen beimessen können. Der Qualitätsanspruch von Blue Tomato spiegelt sich im sozialen Wert i.S.v. Anerkennung und Prestige der Produkte wieder und letztlich erzeugt Blue Tomato durch seine Test-Zentren, die qualifizierte Beratung, die Bestpreisgarantie und den internationalen Customer Support eine positive Wahrnehmung des funktionalen Wertes in Hinblick auf Preis-Leistungs-Verhältnis, Qualität und Performance seiner Produkte. So erfüllt Blue Tomato sämtliche Voraussetzungen zur

Schaffung eines hohen Kundenwertes aus Kundensicht (Value to the Customer).

Seit 1994 spricht Blue Tomato seine Zielgruppe der Snowboarder und Lifestyle-orientierten jungen Erwachsenen in einer Art und Weise an, welche eine Übereinstimmung des Selbstkonzeptes der Zielgruppe mit der Markenpersönlichkeit von Blue Tomato mit sich bringt. Dadurch gelang Blue Tomato die Schaffung einer Shared Retail Brand Identity, die durch gemeinsame Standards, Werte, Ideale und Visionen von Blue Tomato und seinen Kunden geprägt ist.

II. Standortmanagement

Der erste, lediglich 70 qm große Blue Tomato Shop eröffnete 1994 in Schladming. Bereits im darauffolgenden Jahr expandierte das Unternehmen in weitere Wintersportorte in Österreich. Mittlerweile führt Blue Tomato 14 Shops in Österreich, 18 in Deutschland und vier in der Schweiz. In der frühen Phase war die Anzahl an Shops, die Blue Tomato eröffnen konnte, aufgrund der eingeschränkten Ressourcen limitiert, und somit auch die Anzahl an Touchpoints mit potenziellen Kunden.

Als logische Konsequenz erfolgte die Erweiterung des Kundenkreises durch frühe Expansion in den Online-Bereich. So konnten Kunden schon im Jahre 1997 online ihre Bestellungen absenden, und zwar 24 Stunden täglich, sieben Tage die Woche. 1999 folgte der erste Web-Shop und 2008 wie auch 2013 wurde die Website im Sinne eines Relaunches überarbeitet, um den Bestellprozess weiter zu optimieren und zielgruppenrelevante Inhalte bereit zu stellen. Die Website wird täglich von 100.000 Besuchern aus der ganzen Welt aufgerufen. Blue Tomato hat den Anspruch, sein breites Sortiment im Rahmen einer außergewöhnlichen Customer Experience anzubieten. So bietet die Website etwa diverse „Buyer's Guides", welche den potenziellen Kunden helfen sollen, das richtige Snowboard oder andere Sportartikel zu finden. Im Bereich „Blue World" findet der Besucher weitere zielgruppenrelevante Informationen, etwa zu den Blue Tomato Snowparks. Darüber hinaus wurde die Website für die mobile Nutzung optimiert und mit Social Media-Kanälen verknüpft.

Für das Unternehmen waren die Website Relaunches stets ein großer Erfolg und führten jeweils zu entsprechenden Umsatzsteigerungen. Der Webshop erlaubte es als Touchpoint von Beginn an, neue Kunden zu generieren, ohne in die Suche, Errichtung und Ausstattung neuer stationärer Shops investieren zu müssen. Zusätzlich eröffnete sich Blue Tomato dadurch die Möglichkeit, wesentlich mehr Produkte anzubieten, als dies in stationären Geschäften möglich gewesen wäre. So ist der Webshop heute in 14 Sprachen verfügbar, wobei Produkte an Destinationen weltweit versandt werden können. Die wichtigsten Exportmärkte blieben geografisch nahe Märkte wie Deutschland, die Schweiz, Skandinavien, die Benelux-Staaten, Großbritannien und Spanien, wobei Blue Tomato durchaus Bestellungen aus „exotischen" Destinationen wie etwa Hawaii, Hong Kong und Argentinien erhält.

2002 erfolgte die Erweiterung der Omnichannel-Strategie durch die Auflage eines gedruckten Snowboard-Kataloges, welcher mittlerweile eine Auflage von 400.000 Stück erreicht. Darüber hinaus werden auch weitere Editionen gedruckt, wie etwa ein Freeski- und ein Sommer-Katalog. Die gedruckten Kataloge haben stark zum Online-Geschäft beigetragen bzw. dieses erweitert. Obwohl eine große Zahl der Bestellungen online eintrifft, setzt Blue Tomato auf den stationären Handel, um – analog zur Unternehmensphilosophie – den direkten und engen Kontakt zu (potenziellen) Kunden aufrecht zu erhalten. Blue Tomato nutzt die Popularität des Online-Shops und den dadurch gesteigerten Bekanntheitsgrad der Marke für eine stetige Expansion im Offline-Handel.

Zur weiteren Sicherstellung des direkten Kundenkontaktes sowie zur Neukundengenerierung hat Blue Tomato zwei Test-Zentren in Skigebieten eröffnet, welche potenziellen Kunden die Möglichkeit bieten, neue Snowboards, Boots und Bindungen zu testen. Darüber hinaus betreibt Blue Tomato vier Snowboard-Schulen in regionalen Skigebieten. Analog dazu werden spezielle Events ausgerichtet, wie etwa der „Kids-Day", ein kostenloser Snowboard-Kurs für Kinder.

III. Sortimentsmanagement

Historisch betrachtet steht das Sortimentsmanagements von Blue Tomato in Zusammenhang mit den Snowboardschulen und Test-Zentren. Zu Beginn konzentrierte sich das Unternehmen auf Snowboards und Snowboard-Accessoires, was allerdings auch eine Abhängigkeit von saisonalen Schwankungen sowie vom Wetter mit sich brachte. Mit voranschreitender Internationalisierung ging auch eine stetige Sortimentserweiterung von statten.

Heute bietet Blue Tomato das weltweit größte Online Snowboard-Sortiment. Zusätzlich zu Snowboard-Artikeln im engeren Sinne (Boards, Bindungen, Boots) enthält das Sortiment von Blue Tomato Accessoires wie etwa Sonnenbrillen, Handschuhe und Bekleidung. Somit ist das Sortiment nicht einzig auf den Snowboardsport, sondern eine breitere Palette an Sportarten und Aktivitäten im Sinne der Zielgruppe ausgerichtet. Diese Entwicklung resultiert nicht nur in höheren Umsätzen, sondern schützt das Unternehmen auch vor saisonalen Schwankungen, was letztlich zu mehr Kontinuität in den Umsätzen führt.

Während der Exportanteil am Umsatz in den früheren Jahren in erster Linie durch Snowboardverkäufe gekennzeichnet war, hat der Anteil an „Soft Goods" über die letzten Jahre kontinuierlich zugenommen. Mittlerweile entfallen fast 50% der Exportumsätze auf diese Produktkategorie. So sind heute mehr als 450.000 Artikel im Online-Shop zu finden, unter anderem aus den Bereichen Surf, Skate, Freeski und Fashion. Surfboards und Skateboards sind ebenso Teil des Sortiments wie Sneaker und Streetwear.

Intensiver Kundenkontakt und die starke Affinität zum Snowboard-Sport durch sämtliche Mitarbeiter haben es für Blue Tomato stets einfach gemacht, neue Trends und Entwicklungen früh zu erkennen und diese im Rahmen der Sortimentsplanung zu berücksichtigen. Mit zunehmender Unternehmensgröße entwickelte sich ein organisierter Einkauf, welcher in enger Beziehung mit den Bereichen der Sortimentsplanung, der Logistikplanung und dem Lieferantenbeziehungsmanagement steht.

Die Sortimentsplanung erfolgt prinzipiell zu einem sehr frühen Stadium. Im Januar/Februar besteht bereits Konsens darüber, welche Produkte zu welchen Mengen und Preisen bestellt werden müssen, wenngleich die Hochsaison nicht vor Oktober beginnt und dementsprechend das reguläre Umsatzvolumen nicht vor diesem Zeitpunkt erreicht wird. Etwa 80% des jährlichen Gesamtumsatzes werden zwischen Oktober und Februar erwirtschaftet.

Die Verhandlungen mit den Lieferanten verlaufen im Grunde auf klassischem Wege, bspw. im Rahmen von persönlichen Verhandlungen. Nichtsdestotrotz haben sich die Aktivitäten im Vergleich zu früheren Jahren dahingehend weiterentwickelt, als dass bspw. relevante Umsatzprognosen für einzelne Marken oder Produktkategorien stets vor Verhandlungsbeginn verfügbar sind. Zusätzlich dazu werden Zuliefermärkte aktiv bearbeitet, unter anderem durch Kontaktaufnahme mit Lieferanten auf verschiedenen spezialisierten Handelsmessen, wie etwa der ISPO in München.

Seit 2007 bietet Blue Tomato in Zusammenarbeit mit dem Unternehmen LUEX (Lineupexplorers) Urlaubsreisen an. Das Angebot umfasst Snow- und Surftrips i.S.v. Surf Camps, Boat

Trips, Heli Skiing und ähnliches, mit dem Ziel, ein weltweites Abenteuerurlaubsangebot zum bestmöglichen Preis anzubieten.

IV. Markenmanagement

Blue Tomato konzentrierte sich in seinem Kernbereich – Snowboards – zu Beginn auf die relevantesten und größten Marken, nicht zuletzt aufgrund der Tatsache, dass dies der einzig mögliche Weg in Anbetracht der knappen Personalressourcen war. An dieser Stelle bleibt zu erwähnen, dass der Hersteller mit dem größten Marktanteil, Burton, stets eine dominante Position innehatte.

Dank stetiger Optimierung und Automatisierung im Einkaufsbereich erstreckt sich die Markenauswahl nun auch auf viele Nischen mit Marken kleinerer Hersteller. Der Online-Shop von Blue Tomato umfasst mehr als 650 verschiedene Marken. So werden klassische große Marken wie etwa Burton, Vans oder Quiksilver genauso angeboten wie auch eine breite Auswahl an kleineren oder jungen Marken. Darüber hinaus führt der Webshop knapp 200 Artikel der Handelsmarke Blue Tomato. Das Sortiment reicht von Skateboards über T-Shirts und Accessoires bis hin zu Socken und Regenschirmen.

Abbildung 4.118: Blue Tomato Webshop

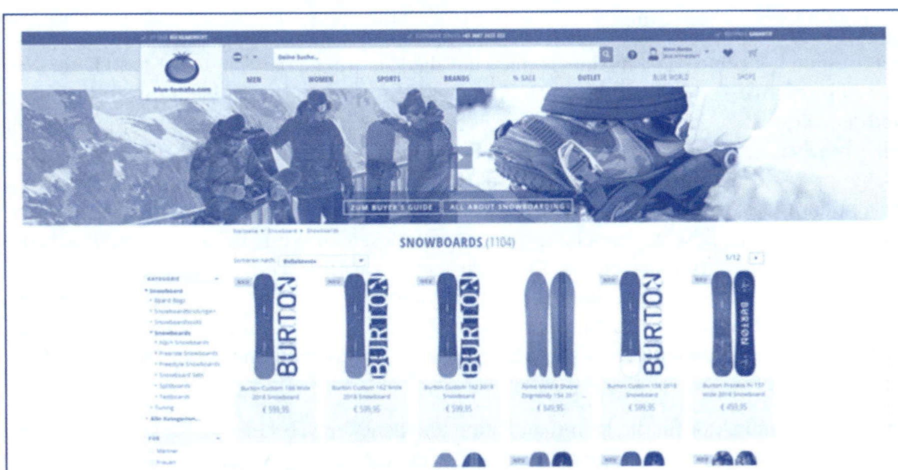

Quelle: Blue Tomato Media Kit, 4. August 2017.

V. Preismanagement

In den frühen Jahren der Internationalisierung stellte die Preisgestaltung eine nicht zu unterschätzende Aufgabe dar. Dies lag unter anderem an der Tatsache, dass verschiedene europäische Staaten verschiedene Rechtsvorschriften sowie auch unterschiedliche Kosten bezüglich der Logistik aufwiesen. Somit musste für praktisch jede Exportanfrage ein separater Preis kalkuliert werden. Mittlerweile werden Verkaufspreise in einem vollautomatischen Prozess kalkuliert. Dies erfolgt anhand einer Basisproduktpreiskalkulation, welche letztlich den Ausgangspunkt für jede finale Preiskalkulation bildet. Im Sinne einer marktorientierten Preisgestaltung werden die Preise im Laufe der Saison kontinuierlich an aktuelle Marktbedingungen angepasst. Abhängig vom automatisch ermittelten Standort des jeweiligen Webshop-Besuchers bzw. vom online ausgewählten Land wird der entsprechende Landespreis des Produktes inklusive aller Steuern und Lieferkosten angezeigt. In der Regel erhalten Kunden aus allen Ländern dieselben Preise, d.h. es sind keine internationalen Preisdifferenzen vorgesehen. Blue Tomato informiert seine Kunden via Newsletter und Social Media über aktuelle Aktionen. Im Webshop besteht über den Menüpunkt „Sale“ die Möglichkeit, reduzierte Artikel aus sämtlichen Warengruppen zu finden und diese nach dem Prozentsatz der Reduzierung zu filtern. Unter „Outlet“ können um mindestens 50% reduzierte Artikel aus Restbeständen in limitierten Größen und Farben bestellt werden. Zur Sicherstellung der Kundenzufriedenheit im Rahmen der Customer Journey garantiert Blue Tomato im Rahmen seiner Langzeit-Preispolitik die günstigsten Preise. Dies bedeutet einerseits, dass stets der niedrigere Preis verrechnet wird – etwa wenn ein Kunde auf Basis des Print-Kataloges bestellt und die Preise in der Zwischenzeit reduziert wurden. Andererseits hat der Kunde das Recht, ein Produkt zu retournieren oder den Differenzbetrag zu erhalten, sofern das entsprechende Produkt in Europa zu einem niedrigeren Preis erhältlich wäre.

VI. Kommunikationsmanagement

Wie es bei jungen Unternehmen der Fall ist, war das Kommunikationsmanagement von Blue Tomato zu Beginn der Unternehmensgeschichte sehr schlicht gestaltet. Während die ersten Drucksachen selbst erstellt wurden und das erste Unternehmenslogo aus einer Clip Art-Galerie stammte, wurde im Jahr 2000 eine Werbeagentur mit der Erstellung eines professionellen Corporate Designs beauftragt.

Seit Beginn konzentriert sich Blue Tomato auf die Zielgruppe der Snowboarder. Dieser Ansatz ist insofern essenziell, als dass sich Snowboarder selbst von anderen Gruppen abgrenzen und danach streben, „cool“ zu sein. Schafft es ein Unternehmen nicht, diese Zielgruppe gezielt anzusprechen, z.B. aufgrund einer unklaren Positionierung oder durch den Mix verschiedener Zielgruppen, so wird dies als „uncool“ wahrgenommen. Der Schlüssel zum Langzeiterfolg besteht darin, den Kunden zu verstehen – vor allem in dieser Branche. Nur wenn Unternehmen und Kunden „dieselbe Sprache sprechen“ und dieselben Werte teilen ist es möglich, eine Shared Brand Identity zu erzeugen. Die Zielgruppe von Blue Tomato setzt sich aus Snowboardern, Freeskiern, Surfern, Skatern und lifestyle-orientierten jungen Erwachsenen zusammen. Die Hauptzielgruppe besteht aus den Kunden des Online-Shops und ist zwischen 20 und 29 Jahre alt. Im Vergleich dazu ist die Zielgruppe der stationären Shops mit 20 bis 24 Jahren ein wenig jünger.

Einen zentralen Faktor für die Kommunikation und den Vertrieb stellt die Website des Unternehmens dar. Diese ist in 14 Sprachen abrufbar und bietet einen Webshop mit automatisiertem Bestell- und Bezahlprozess, wobei der Fokus auf Multimedia-Inhalte mit Detailbildern und Videos zur Produktbeschreibung gelegt wurde. Darüber hinaus finden sich auf der Website weitere zielgruppengerechte Inhalte wie etwa die „Buyer's Guides“, um den Kunden im Rahmen der Customer Journey stets relevante Informationen zu bieten. Dies entspricht dem langjährigen Grundkonzept von Blue Tomato, sämtliche Informationen bereitzustellen, welche für die Zielgruppe relevant sein könnten und dadurch eine Online Community zu bilden. Diese konsistente Ansprache der relevanten Zielgruppe mag einer der Gründe für die 100.000 täglichen Besucher auf der Website von Blue Tomato sein.

Die Omnichannel-Strategie wurde 2002 um den Touchpoint eines gedruckten Snowboard-Kataloges (mit einer Auflage von 130.000 Stück im ersten Jahr) erweitert. Heute umfasst der Katalog über 100 Seiten und wird in fünf Sprachen ausgeliefert. Er wird führenden Magazinen wie SnowboarderMBM oder Pleasure beigelegt sowie direkt an 80.000 potenzielle Kunden versendet. Darüber hinaus werden weitere zielgruppengerechte Kataloge, wie etwa ein

Freeski-Katalog, ein Street Styles-Katalog oder ein Surf-Katalog verbreitet. Die Winterkataloge erreichen eine Auflage von 390.000 Stück, der Sommerkatalog erscheint in einer Auflage von 300.000 Stück. Die gedruckten Kataloge leisten einen starken Beitrag zum Online-Geschäft.

Im Sinne der Direktkommunikation wird ein Newsletter in regelmäßigen Abständen versendet. Der Newsletter wird für alle Empfänger jeweils anhand der entsprechenden Zielgruppe (Männer, Frauen, Interessen) individuell zugeschnitten und ist, analog zur Website, in 14 Sprachen übersetzt. Dadurch werden neue Produkte, Spezialangebote und Veranstaltungen individuell an über 970.000 Abonnenten kommuniziert.

Um direkten Kundenkontakt auf allen Kanälen sicherzustellen und einen Rahmen für Social Touchpoints zu schaffen, ist Blue Tomato auf den Social Media-Portalen Facebook, Instagram, Twitter, YouTube, Vimeo, Pinterest und Google+ vertreten. Sowohl zwischen Blue Tomato und potenziellen Kunden als auch unter den Kunden selbst herrscht reger Austausch, wodurch sich eine stetig wachsende Online Community gebildet hat. Im August 2018 verfügte Blue Tomato über ca. 465.000 Fans auf Facebook sowie ca. 87.000 Follower auf Instagram.

Zusätzlich dazu ist Blue Tomato auf diversen Snowboard Events vertreten. Dadurch schafft das Unternehmen einerseits einen weiteren Touchpoint für potentielle Kunden und bedient sich andererseits der Kundenbindungswirkung der Eventkommunikation in Hinblick auf Bestandskunden. Die sogenannte Blue Tomato Chill Lounge tourt mit Infomaterial, Sitzsäcken und dergleichen zu verschiedenen Events, wie etwa dem Air&Style in Tirol, der Boarder Week in Val Thorens oder dem BOS Tourstop in Polen. Blue Tomato organisiert auch eigene Events wie Videopremieren, Skate Sessions oder Pro Contests.

Für Unternehmen der Größe von Blue Tomato sind Kooperationen aufgrund der Synergiepotentiale ein gut geeignetes internationales Kommunikationswerkzeug. Blue Tomato kooperiert mit einer Reihe von Partnerwebsites und erhält dadurch weitere Präsenz (Retail partner-owned Touchpoints) in der Zielgruppe, während die Kosten hierbei unter einem akzeptierbaren Niveau bleiben. Zusätzlich dazu werden als Below the Line bezeichnete Kommunikationsformen, wie etwa Sponsoring, mehr und mehr durch Blue Tomato anvisiert. Obwohl dieses Instrument in den Anfangsjahren kaum genutzt wurde, werden heute dutzende sogenannte Team Rider durch Blue Tomato gefördert. Darüber hinaus sponsert das Unternehmen auch einige Snowboard Parks.

Im Laufe der Jahre hat Blue Tomato ein erfolgreiches Affiliate-Programm etabliert. In diesem Kontext kooperiert das Unternehmen mit verschiedenen Snowboard-Portalen in ganz Europa. Zusätzlich zum einfachen Austausch von Links ermöglicht es Blue Tomato seinen Partnern, Teile des Webshops direkt auf deren Seiten einzubinden. Dies wiederum verstärkt die internationale Expansion von Blue Tomato. Auch für private Blogger u.a. Websitebetreiber besteht die Möglichkeit, im Rahmen eines Partnerprogrammes Produktlinks von Blue Tomato auf ihrer Website einzubauen.

Bezüglich Stil und Inhalt der Kommunikationsmaßnahmen seitens Blue Tomato gilt zu erwähnen, dass dieser Aspekt sich von Beginn an direkt aus den Erwartungen der Zielgruppe entwickelt hat. Es war stets essentiell, die relevanten Themenbereiche in den Kommunikationsmaßnahmen, wie auch den Humor der Zielgruppe, zu teilen, um Zufriedenheit und Emotional Connection in jeder Kaufphase sicherzustellen.

VII. Store-Management

Blue Tomato betreibt heute über 36 Stores in Deutschland (u.a. Berlin, München, Hamburg), Österreich (u.a. Innsbruck, Wien, Graz) sowie der Schweiz (u.a. Zürich, Bern). Der größte Shop wurde 2015 im Zentrum von Wien eröffnet und bietet eine Fläche von annähernd 1.000 qm. 2010 begann Blue Tomato damit, sogenannte „Media Boxes" oder „Kiosks" in den Stores zu installieren. Diese erlauben es den Besuchern, personalisierte Informationen zu Angeboten in den entsprechenden Shops abzurufen. Darüber hinaus besteht die Möglichkeit, sich via Facebook u.a. Social Media-Portalen mit Freunden zu vernetzen und bspw. nach Erfahrungsberichten bezüglich der neuesten Snowboardausrüstung zu fragen. Dadurch kombiniert das Unternehmen Retail brand-owned und Social Touchpoints an einem Ort. Blue Tomato bietet in seinen Stores Abhol- und Rückgabeservices an, wodurch den Kunden die Möglichkeit geboten wird, ihre Produkte online zu bestellen und lokal abzuholen oder zu retournieren.

Die Blue Tomato Stores eröffnen eine Reihe verschiedener PoS-Präsentationsmöglichkeiten. Zusätzlich dazu bietet Blue Tomato i.S.v. Retail partner-owned Touchpoints seinen Zulieferern mit maßgeschneiderten Kommunikationspaketen eine attraktive Kommunikationsplattform mit Elementen wie etwa Fassadengestaltung, Shop Corners und Shop Screens, Goodie-Aktionen, Brand Days, Teamrider Sessions u.v.m.

Abbildung 4.119: Blue Tomato In-Store Skate Session

Quelle: Blue Tomato Media Kit, 4. August 2017.

Blue Tomato fühlt sich einer angenehmen Shopping-Atmosphäre im Rahmen der Customer Experience verpflichtet. Kunden sollen sich in den Shops wohlfühlen, wobei der Anspruch seitens Blue Tomato darin besteht, den Shop zum zweiten Wohnzimmer zu machen. Dies äußert sich in sogenannten Shop Events, wie Video Premieren, Workshops, Fashion Shows, DJs und Bands, Signing Sessions, Late Night Shopping sowie Shop Opening Events. Interessenten haben die Möglichkeit, im Rahmen einer Partnerschaft Teil eines solchen Events zu werden.

VIII. Servicemanagement

Die Idee der 100%-Orientierung hin zu Snowboard-Kunden genießt seit je her oberste Priorität im Unternehmen. Diese Idee wurde über die letzten Jahre kompromisslos in alle Unternehmensbereiche integriert, sei es nun aus Gründen der „coolen Kommunikation" oder auch im Sinne der Kundenberatung während der Customer Journey. Diese Bemühungen spiegeln sich auch im hohen Grad an Kundenzufriedenheit und Loyalität seitens der Kunden von Blue Tomato wider, was durch Kundenzufriedenheitsanalysen bestätigt wurde und letztlich dazu beiträgt, eine Shared Retail Brand Identity zu erzeugen.

Gemäß dem Versprechen „Top-Qualität zu Top-Preisen" bietet Blue Tomato eine Bestpreisgarantie. Finden Kunden ihre bestellten Produkte bei anderen Anbietern zu günstigeren Preisen, so haben sie innerhalb von fünf Tagen nach Rechnungserhalt die Möglichkeit, sich diesbezüglich an Blue Tomato zu wenden. Nach positiver Prüfung erhalten die Kunden den Differenzbetrag zurück oder können ein Rückgaberecht in Anspruch nehmen. Überdies haben Kunden grundsätzlich die Möglichkeit, ihre Bestellungen innerhalb von 21 Tagen zu widerrufen bzw. die jeweiligen Artikel umzutauschen. Blue Tomato übernimmt in Deutschland und Österreich ab einem Bestellwert von 40 EUR die Rücksendekosten. Alternativ können Kunden die betreffenden Artikel auch in den Shops zurückgeben.

Benötigen Kunden außerhalb der Stores eine individuelle Beratung, so können sich diese von Montag bis Samstag an den Blue Tomato Customer Service wenden. Dieser ist via E-Mail, Fax, Telefon, Skype und Live Chat erreichbar. Während der Telefon- und Skype-Support in den Sprachen Deutsch und Englisch verfügbar ist, können Kunden über die restlichen Kanäle in 12 weiteren Sprachen beraten werden. Dies hat einerseits einen positiven Einfluss auf den wahrgenommenen funktionalen Wert der Produkte von Blue Tomato und andererseits wird dadurch das Management von negativer Customer Experience durch Blue Tomato sichergestellt.

Auch die Test-Zentren sind Teil des Serviceangebots von Blue Tomato und bieten Interessenten die Möglichkeit, Snowboardartikel zu testen.

IX. Fazit

Das Businessmodell von Blue Tomato ist auf eine Omnichannel-Strategie ausgelegt, wobei das Hauptaugenmerk auf dem in 14 Sprachen verfügbaren Online-Shop liegt. Das Sortiment umfasst, neben der Blue Tomato Eigenmarke, über 450.000 Produkte von über 650 Marken. Zielgruppe sind Snowboarder, Freeskier, Surfer, Skater und lifestyle-orientierte junge Erwachsene zwischen 20 und 29 Jahren. Der Erfolg von Blue Tomato liegt unter anderem in der konsequenten und authentischen Ausrichtung aller Unternehmensbereiche auf die Bedürfnisse dieser Zielgruppe begründet. Seit der Übernahme 2012 durch den US-amerikanischen Sportartikelhändler Zumiez hat Blue Tomato die Anzahl der stationären Shops deutlich erhöht. Blue Tomato wird diesen Kurs beibehalten, um so seine Vision 2020 zu erreichen, der führende Händler im Bereich Snowboard, Freeski, Skate und Surf zu werden.

Fünftes Kapitel

Die Optionen der Supply Chain-Gestaltung

A. Gegenstand

I. Grundlagen und Bedeutung

Die Supply Chain-Prozesse bilden gemeinsam mit den Marktbearbeitungs-Prozessen die Leistungsprozesse von Handelsunternehmen (siehe Abschnitt E.II.2.c im Ersten Kapitel). Beide sind idealtypisch miteinander verbunden, was eine Neuorientierung vieler Handelsunternehmen bedeutete. Die Gestaltung der Supply Chain setzt an der Nachfrage an und geht damit von den Absatzmärkten aus und nicht – wie in der Vergangenheit oft – von den Beschaffungsmärkten. Daher wird auch von „**Demand & Supply Chain Management**" gesprochen (Hertel/Zentes/Schramm-Klein 2011, S. 10f.).

> **Supply Chain-Prozesse** zielen auf die physische Versorgung der Abnehmer mit Gütern („demand supply") ab. Sie umfassen im Handel insb. Beschaffungs- und Logistikprozesse (selten Produktionsprozesse) und zwar unter Berücksichtigung externer Schnittstellen der eigenen Wertkette. In idealtypischer Weise sind sie kunden- oder marktorientiert und v.a. auf „Fulfillment", aber auch auf „Kreation" der Nachfrage ausgerichtet.

Die beiden Kernprozesse im Handel können wie folgt begriffen werden.

> **Beschaffung** (Sourcing) umfasst alle unternehmens- und marktbezogenen Prozesse zur Versorgung des Unternehmens mit Waren, Material, Dienstleistungen, Rechten sowie Anlagen aus „unternehmensexternen" Quellen mit dem Ziel, zum Erreichen von Wettbewerbsvorteilen beizutragen (Maucher/Stölzle/Hoffmann 2012, S. 58). Das Beschaffungsmanagement umfasst entsprechende Planungs-, Steuerungs- und Kontrollprozesse.
>
> **Logistik** beinhaltet die Organisation, Planung, Kontrolle und Durchführung des Güterflusses von der Entwicklung und Beschaffung (von Vorprodukten, Rohstoffen) über die Produktion und den Absatz bis hin zum Kunden, mit dem Ziel der Befriedigung der Anforderungen des Marktes zu minimalen Kosten. [1]

Die Beschaffung dient i.w.S. der Versorgung des Unternehmens mit Arbeitskräften, Informationen, Kapital, Rechten, Gütern, Dienstleistungen etc. Im Handel stehen diejenigen Güter im Vordergrund, die ein Unternehmen einkauft, i.d.R. nicht selbst be-/verarbeitet und an Dritte abgetzt (Handelsware bzw. „direkte Güter"). Die Logistik wird oft auch mit dem **„4 r"-Konzept** charakterisiert: Aufgabe der Logistik ist es, sicherzustellen, dass der ***r***ichtige Empfangspunkt (also der ***r***ichtige Ort) entsprechend seines jeweiligen Bedarfs vom Lieferpunkt mit dem ***r***ichtigen Produkt (sowohl im Hinblick auf die Menge als auch bzgl. der Sorte) im ***r***ichtigen Zustand, zur ***r***ichtigen Zeit zu minimalen Kosten versorgt wird (Pfohl 2016, S. 4).

Typische Supply Chain-Modelle setzen an charakteristischen Beschaffungs- und Logistikprozessen an und werden in den unterschiedlichen Handelsbranchen in unterschiedlichem Maße

---

[1] Zu den Grundverständnissen der Logistik vgl. Pfohl 2016, S. 3ff., Muchna u.a.. 2018, S. 8ff.

eingesetzt. Oft beziehen sie die Lieferanten explizit ein. Der Begriff „Supply Chain" umfasst nämlich die Schnittstellen zu anderen, im **Wertschöpfungssystem** integrierten Unternehmen (neben den z.B. Lieferanten z.B. weitere Vorstufen oder die Kunden). Die Supply Chain bezeichnet dabei die beteiligten Akteure und die Verbindungen (z.B. Waren- und Informationsströme), die zwischen ihnen bestehen.

In Supply Chain-Modellen und v.a. im SCM steht somit ein unternehmensübergreifender Ansatz im Fokus. Unterschiedliche Modelle sind z.B. das **traditionelle, transaktionsorientierte Sourcing**, bei dem fallweise z.B. ein sog. Tender (ein Leistungsangebot) für Standardprodukte ausgeschrieben wird oder ein Vergleich zwischen potenziellen bzw. bekannten Lieferanten erfolgt, das innerhalb der Unternehmenshierarchie **integrierte Sourcing** (z.B. über Regiebetriebe oder Beteiligungen an Unternehmen vorgelagerter Wertschöpfungsstufen; siehe die Ausführungen zur Vertikalisierung im Dritten Kapitel), anhand dessen bspw. Waren und Artikel schnell beschafft werden können, oder ein eher **kooperatives Sourcing (bspw. Continuous Replenishment)**, bei dem bspw. identische Artikel oder Marken anhand automatisierter Prozesse beschafft werden. Insbesondere die letztgenannten Ansätze zielen auf eine Gesamtsystemoptimierung ab und gehen von einer partnerschaftlichen Grundhaltung aus, um eine sog. **Win-Win-Lösung** bzgl. der Erfüllung von Kundenbedürfnissen zu erreichen, wie es z.B. bei dem sog. Efficient-Consumer-Response-Ansatz der Fall ist. Ermöglicht wird dies durch die Einsicht, dass Supply Chain-Kooperationen Effektivitäts- und Effizienzvorteile ermöglichen, und durch die Verfügbarkeit kostengünstiger, leistungsstarker I&K-Technologien als Supportsysteme. Insbesondere ERP-Systeme bzw. spezifisch die **Warenwirtschaftssysteme** (WWS) sind eine wichtige technische Basis der Supply Chain-Gestaltung. Sie liefern die informatorischen Grundlagen zur Planung, „Execution" und Kontrolle der **Supply Chain-Performance**, i.e.S. der Steuerung der Güter- und Finanzflüsse. Sie bilden zudem eine wichtige Basis für Sortimentsanalysen und das Wirkungscontrolling im **Category-** und **Customer Relationship Management**, für die Beschaffungsprozesse (z.B. Abwicklung von Ausschreibungen oder Tenders im Einkauf oder Lieferantenmanagement im **Supplier Relationship Management**) und für Logistikprozesse (z.B. Bestandsreduzierung im Lager, Optimierung der Kapazitätsauslastung im Transport). Abgrenzungen von WWS werden oft im Hinblick auf ihre inhaltlichen Bestandteile bzw. Funktionen vorgenommen.

> Warenwirtschaftssysteme stellen das immaterielles Abbild der warenorientierten dispositiven, logistischen und abrechnungsbezogenen Prozesse, also des physischen Warenflusses, auf der informatorischen Ebene dar. Dabei stehen Prozesse wie u.a. Dispositions-, Bestell-, Wareneingangs-, Lagerungs-, Warenausgangs-, Kassenabwicklungs-, Inventur- oder Berichtsprozesse im Vordergrund.[1]

Die **Bedeutung der Supply Chain-Gestaltung** steigt. So integrieren Händler ihre Offline- und Online-Wertschöpfungsprozesse zunehmend. Sie übernehmen oder kontrollieren Teile der Produktion selbst (z.B. erfolgt dies in vertikalen Unternehmen des Fashion-Bereichs oder z.T. bei Handelsmarken im LEH, siehe Abschnitt C.IV. im Dritten Kapitel) und weisen entsprechend im eigenen Unternehmen integrierte Wertschöpfungssysteme auf. Eine kooperative Gestaltung der Supply Chain ist dann nicht mehr oder nur noch in begrenztem Maße erforderlich. Kooperationen erfolgen hingegen besonders häufig in Wertschöpfungssystemen, in denen bspw. starke Handelsunternehmen und Markenartikelproduzenten interagieren. Im Online-Handel erfolgt zudem eine wichtige Verlängerung der Wertschöpfungskette, da bspw. im B2C-Handel nicht nur die individuelle Bestellung durch Endkonsumenten die o.g.

[1] Vgl. zu den unterschiedlichen begrifflichen Abgrenzungen Hertel/Zentes/Schramm-Klein 2011, S. 12ff.

Supply Chain-Prozesse auslöst, sondern zudem die Distributionslogistik bis zum Endkonsumenten zum neuen, wesentlichen Erfolgsfaktor bzw. zur Kernkompetenz des Handels wird. Omnichannel-Händler müssen konsequenterweise sowohl die ladengebundenen ebenso wie die Feinverteilung bis hin zum Endkunden bezogenen Supply Chain-Prozesse beherrschen. Die Bedeutung der Supply Chain-Gestaltung ist quantifizierbar. Die Struktur der Supply-Chain-Kosten im LEH ist beispielhaft in Tab. 5.1 dargestellt.

Tabelle 5.1: Struktur der Supply-Chain-Kosten im LEH – in Prozent vom Nettoumsatz

Lagerkosten	Transportkosten	Zentrallogistikkosten	Filiallogistikkosten	Logistikkosten	Warenverluste	Supply Chain-Kosten
2,9	4,3	5,1	8,5	8,5	10,1	10,1

Quelle: EHI 2016.

Eine kooperativ gestaltete Supply Chain birgt z.B. im LEH durchschnittlich (wenn auch je nach Warengruppe und Artikel unterschiedlich) Einsparpotenziale im gesamten **Wertschöpfungssystem** von Vorlieferanten, über (Markenartikel-) Hersteller bis zum Endkonsumenten von bis zu 6,1 % des Endverbraucherpreises (ECR Europe 1996). Diese Einsparpotenziale sind zu den anderen in der Supply Chain relevanten Kostenkategorien in Bezug zu setzen. So wird die Relevanz der Beschaffung dadurch untermauert, dass die Wareneinstandskosten einen sehr hohen Anteil ausmachen, so beträgt der Anteil des Einkaufspreises z.B. rd. 70% am Endverbraucherpreis eines Artikels im LEH. Dieser Anteil ist bei sehr starken Markenartikeln hoch und oft kaum verhandelbar, d.h., der Einstandspreis wird von den Lieferanten quasi vorgegeben. Dieser Anteil reduziert die Handelsspanne (v.a. in Abgrenzung zu Handelsmarken, siehe Abschnitt E. im Vierten Kapitel). Weiterhin sind selbst bei vertikalen Handelsunternehmen die Fremdbezugsanteile enorm, was ebenfalls die Bedeutung der Beschaffung stützt. Die eigentlichen Logistikkosten (Beschaffungs- und Distributionslogistik bis in die Filialen) betragen z.B. im LEH bis zu 20 % an den Gesamtkosten. Naheliegenderweise ist dieser Anteil im Online-Handel noch höher, da dort auch die Lieferung bis hin zu dem vom Kunden gewünschten Ort koordiniert bzw. übernommen wird.

Im Folgenden stehen – nach dem Blick auf relevante Supply Chain-Ströme und -Partner – zunächst Prinzipien und Modelle zur Gestaltung der Supply Chain-Prozesse im Vordergrund, gefolgt von Einblicken in Beschaffungs-, Logistik- und warenwirtschaftliche Informationsprozesse, die oft simultan ablaufen. In der abschließenden Fallstudie wird die Gestaltung einer integrierten Fashion-Wertkette durch das Unternehmen Zara/Inditex verdeutlicht.

II. Ströme und Partner in der Supply Chain

1. Relevante Ströme

Als wesentliche Grundfunktion des Handels wird die Bedarfsanpassungsfunktion, insb. die raum- und zeitbezogene Überbrückungsfunktion, gesehen. Diese Grundfunktion wird durch die Initiierung von **Warenströmen** wahrgenommen (siehe Abb. 5.1, in der diese Funktion anhand der Logistikdienstleister für Offline- und Online-Handelsunternehmen angedeutet wird). Charakteristisch für die Warenströme in der Supply Chain ist, dass die Ware ab der Herstellungsstufe weitestgehend unverändert durch die Versorgungskette geführt wird.

Abbildung 5.1: Ströme und Partner im Wertschöpfungssystem der Konsumgüterwirtschaft

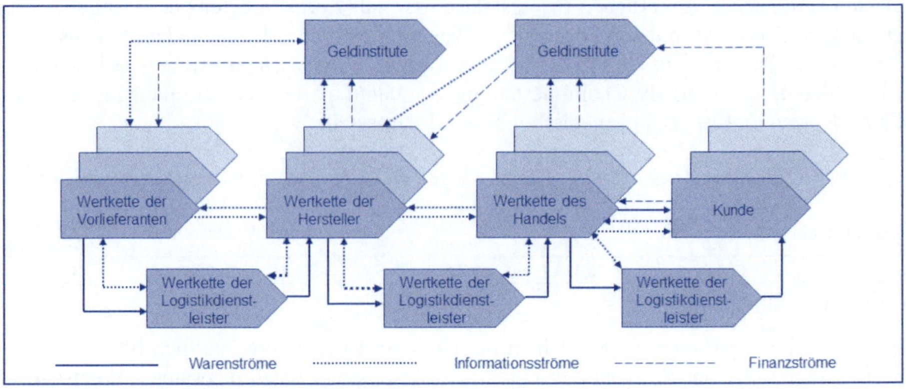

Quelle: Hertel/Zentes/Schramm-Klein 2011, S. 10.

Dabei wird die Gestaltung der Supply Chain, so z.B. die Entscheidungen über Beschaffungsprozesse oder die Lagerhaltung, von den Eigenschaften der Ware beeinflusst. Dabei spielen z.B. Aspekte wie die Häufigkeit/Neuartigkeit der Beschaffung oder Größe und Wert einzelner Artikel sowie ihre Transport-, Temperaturempfindlichkeit oder Verderblichkeit eine besondere Rolle. In der Literatur werden für Handelsunternehmen mit einem breiten Sortiment traditionell Sortimentsbereiche mit unterschiedlichen Anforderungen in Beschaffung und v.a. Logistik unterschieden (bspw. Pfohl 2016, S. 129 f.):

- **Lebensmittel**: Definitionsgemäß gehören Lebensmittel, soweit es sich um das „Trockensortiment" (z.B. Konserven, Spirituosen) handelt, zum Bereich der Stapelware. Da aber Besonderheiten zu berücksichtigen sind, wie z.B. große Mengen und Gewicht je Artikel, Mindesthaltbarkeitsdaten sowie die Notwendigkeit kürzester Wiederbeschaffungszeiten für die Filialen, gibt es i.d.R. für Lebensmittel ein eigenes Logistiksystem.
- **Frischware**: Eine Unterkategorie der Lebensmittel bilden die Frischwaren, wie z.B. Obst und Gemüse oder Molkereiprodukte, die zusätzliche Anforderungen durch (z.T. schnelle) Verderblichkeit, Gewicht, Pfandabwicklung usw. stellt. Auf Grund dieser Anforderungen bedarf die Frischware ebenfalls meist einer eigenen Logistikstruktur.
- **Stapelware**: Kontinuierlich geführte Artikel, von denen einzelne Artikel immer wieder unverändert und normalerweise von den gleichen Lieferanten nachgekauft werden, wenn der Vorrat zu Ende geht, werden als Stapelware bezeichnet. Zum Teil wird auch der Begriff der „Durchlaufware" verwendet. Der größte Teil der Hartwaren, aber auch Teile des Textilsortiments, gehören in diesen Bereich.
- **Modesortiment** (Fashion): Bei diesem Sortimentsbereich mit ständig wechselnden Artikeln war es traditionell üblich, dass modische Ware, die gleichzeitig in hohem Maße saisonabhängig ist, von der Industrie nur einmal produziert wurde – und zwar weitestgehend nur in einer Auflage. Bei vertikal integrierten Fashion-Unternehmen, welche die kurzfristige Produktion von Modesortimenten abhängig von kurzfristigen Nachfrageveränderungen vornehmen, werden entsprechend besondere Anforderungen an die Integration und Anpassung der spezifischen Sortimente gesetzt.
- **Großstücke**: Großvolumige Ware, z.B. Möbel, Elektrogroßgeräte, haben eigene Anforderungen, die z.B. im großen Raumbedarf oder der Auslieferung zum Kunden bestehen.
- **Spezielle Sortimentsbereiche**: Bei einem Voll-Sortimenter erfordern Bereiche mit relativ geringen Umsatzanteilen oder spezifische Warengruppen spezielle logistische Lösungen, z.B. Bücher, Zeitungen, CDs, augenoptische Erzeugnisse oder Meterware.

Zur Realisierung der Warenströme ist eine Reihe von **Informationsströmen** notwendig, wie z.B. Lieferinformationen der Hersteller an den Handel oder Order- und Bedarfsinformationen des Handels an die Hersteller bzw. der Kunden des Handels an die Handelsunternehmen. Waren- und Informationsströme sind interdependent. Die Warenströme werden i.d.R. von Informationsströmen angestoßen oder geleitet. Informationen können u.U. dazu beitragen, die Warenbestände entlang der Wertkette zu reduzieren, was ein zentrales Ziel des SCM ist. Relevante Informationen, die in den nachfolgenden Abschnitten betrachtet werden, sind z.B.

- Bestellungen,
- Preis- und Artikelinformationen,
- Abverkaufs- und Bestandsinformationen oder
- Lieferavis und Annahmebestätigungen.

Zur wertmäßigen Verrechnung von Waren- und Leistungsströmen fließen entlang der Logistikkette – zwischen verschiedenen Partnern – **Finanzströme** bzw. **Zahlungsmittelströme**. So erhält der Handel Zahlungen vom Kunden in bar oder über Geldinstitute (bspw. bei Zahlung per Debitkarte, Kreditkarte oder Smartphone), hat Zahlungen an Hersteller und Logistik-Dienstleister zu leisten und die Hersteller sowie die Logistik-Dienstleister müssen Zahlungen an ihre Vorlieferanten und Unterauftragnehmer weiterleiten. Denkbar ist es auch, dass die Zahlungsströme der Kunden „klassische" Informationsströme ersetzen und die Basis für Warenströme wie bspw. Nachlieferungen darstellen.

Online-Shopping als Herausforderung für die Logistik

Schätzungen zu Folge wurden im Jahr 2017 3,3 Mrd. Paketsendungen ausgeliefert, was ein Drittel mehr als drei Jahre zuvor war. Ein wesentlicher Grund liegt in gestiegenen Volumina auf Grund des Online-Handels. Während die Sendungen im B2B Geschäft zurückgegangen sind (2009: 47%, 2017: 35%), steigt die Endkundenbelieferung an (von 45% auf 59%). Folgen davon sind dezentrale Lagerkonzepte, kleinteiligere und kundenindividuellere Lieferungen sowie infrastrukturelle Anpassungen. Dies bedeutet allerdings, dass die KEP-Dienstleister entsprechend in Infrastruktur und Personal investieren müssten, um die Lieferungen handhaben zu können, um nicht eine Überbelastung des Personals zu erleiden. Prognosen sagen für 2018 durchschnittliche Lieferungen von 24 B2C-Sendungen pro Person voraus. Lösungsansätze, die derzeit diskutiert werden, sind u.a. Depots am Stadtrand, Mikrodepots in Stadtzentren, Konsolidierungskonzepte für die letzte Meile, Auslieferungen mit E-Mobilen oder Lastenfahrrädern und Einrichtung von verkehrsgünstig gelegenen Paketstationen. Eine innovative Idee wurde von Pakadoo entworfen, die den Arbeitgeber zur Paketstation machen. So wird nicht nur Zeit gespart, sondern auch Kohlendioxid-Emissionen verringert, da Probleme wie z.B. Mehrfachzustellungen entfallen.

Neben den Kunden als treibende Kraft, ist auch der Handel maßgeblich an dieser Entwicklung beteiligt. Same-Day-Delivery oder Schnelllieferservices erschweren die Bündelung von Sendungen. Hinzu kommen weitere Behinderungen durch z.B. die Müllabfuhr oder belegte Parkplätze, die z.B. die Auslieferungszeitpläne durcheinandergeraten lassen können.

Um effiziente Lösungen finden zu können, müssen Politiker, Verwaltungen, Stadtplaner, Wirtschaft und öffentliche Personen künftig zusammenarbeiten, um Synergien nutzen zu können und eine gemeinsame Roadmap erstellen zu können.

Quelle: Lebensmittel Zeitung, 18. Mai 2018.

Die Möglichkeit zur Steuerung der Ströme hängt ebenso wie der Einfluss auf die Partner in der Supply Chain wesentlich von der Verteilung der sog. **Verfügungsrechte** bzgl. der gehandelten Waren ab. Handelsunternehmen, die bspw. weltweit direkt bei den Herstellern beschaffen und lieferantenspezifisch die korrespondierenden Logistik- und Finanzströme selbst gestalten, übernehmen i.d.R. das Verfügungsrecht an der Ware (z.B. Risiken bzgl. Abverkauf,

Schwund oder Bruch). Denkbar sind jedoch auch kontraktuelle Regelungen, wonach das Verfügungsrecht an der Ware so lange beim Lieferanten bleibt, bis die Ware abverkauft ist (**Pay on Scan**). Agiert zudem ein Handelsunternehmen z.B. als Franchise-Nehmer oder als Handelsmittler in einem vertikalen Kontraktsystem, dann prägt dieses vertraglich festgesetzte Arrangement die Verfügungsrechte und wesentlich die Waren-, Informations- und Finanzströme. Bei Online-Plattformen, auf denen Hersteller oder Händler Ware anbieten, bleiben die Verfügungsrechte bis zur Order durch die Kunden beim Anbieter und erst der Kauf durch die Endabnehmer stößt die Warenströme an. Vergleichbare Überlegungen gelten bspw. für (selbstständige) Händler, die als Mitglied einer Verbundgruppe die Ware vollständig über deren Zentrallager beziehen und im Rahmen einer **Zentralregulierungsvereinbarung** mit dieser Einkaufsgemeinschaft alle Zahlungen im Lastschriftverfahren abwickelt.

2. Relevante Partner

An einer typischen Supply Chain in der Konsumgüterwirtschaft sind eine Vielzahl von Unternehmen und Personen beteiligt, sodass sich ein Beziehungsgefüge im Wertschöpfungssystem bzw. dem **logistischen Netzwerk** ergibt. Folgende **Wertschöpfungsteilnehmer** sind zu unterschieden:

- Kunde (Unternehmen oder Verbraucher als Mittelpunkt aller Bemühungen).
- Handel (offline oder online, als Gate-Keeper zum Kunden)
- Hersteller (Erzeuger der vom Kunden gewünschten Produkte)
- Logistik-Dienstleister (erbringen inner-/überbetrieblich logistische Leistungen)
- Kreditinstitute (eingeschaltet in den Transfer der Zahlungsströme)
- weitere Partner (z.B. Marktforschungsinstitute, Softwareanbieter).

Während im stationären Handel der **Kunde** meist nicht direkt in die logistischen Betrachtungen einbezogen wurde – er kommissioniert, verpackt und transportiert seine „Lieferungen" auf der Verkaufsfläche praktisch selbst – wird im Rahmen von Versandhandelskonzepten, so insb. dem Online-Handel, die Ware dem Kunden außerhalb der Verkaufsfläche übergeben. Sie wird entweder im Rahmen von **Abholkonzepten** an bestimmte Orte gebracht, von denen aus der Kunde den Weitertransport übernimmt, oder sie wird im Rahmen von **Zustelldiensten** dem Kunden an einen Wunschort geliefert. Mehrkanalsysteme verbinden und verknüpfen i.d.R. sowohl Abhol- als auch Zustellkonzepte. Die Betrachtung der Versorgungskette endet somit nicht beim Einzelhandel, sondern beim Endverbraucher bzw. sie setzt dort an (siehe Abb. 5.1). Letztes Glied in der logistischen Kette, bevor die Ware zum Verbraucher gelangt, bzw. erstes Glied in der Kette, durch die der Kunde seine Ware i.d.R. bezieht, ist der **Handel** mit seinen Online- und Offline-Kanälen. Folgende Charakteristika des Handels sind für die Betrachtung der Supply Chain besonders relevant:

- Die Unterteilung des Handels in Groß- und Einzelhandel ist zu beachten, da hierdurch u.a. auch die Stufigkeit der Supply Chain-Abläufe beeinflusst wird.
- Die zunehmende Konzentration im Handel (bspw. im LEH) führt u.a. zu einer Machtverschiebung zwischen Hersteller und Handel und es zeigt sich eine verstärkte Vertikalisierung des Handels („up-stream" im Wertschöpfungskanal).
- Mit der zunehmenden **Internationalisierung** des Handels und internationalen Kontakten zu den etablierten internationalen Konsumgüterherstellern erwächst die Notwendigkeit für eine Internationalisierung der Supply Chain. Eine Kernfrage dabei ist die Interdependenz der Beschaffungs- und Logistiksysteme zwischen den einzelnen nationalen Märkten.
- Durch die immer stärkere Etablierung von Online-Kanälen und dabei insb. von mobilen

Kanälen ist die Gestaltung und Umsetzung von Omnichannel-Systemen mit effizienten und effektiven Beschaffungs- und Logistiksystemen, die bis zur Gestaltung der letzten Meile zum Konsumenten hingedacht und integriert verknüpft sind, erforderlich. Dies geht mit der Notwendigkeit einher, über die gesamten Stufen der Supply Chain hinweg in immer stärkerem Maße Real-Time-Daten zur Verfügung zu stellen.

In der **Konsumgüterindustrie** agieren die führenden Markenartikelhersteller als **Global Player**. Daneben existieren mittelständische Hersteller, die einzelne Ländermärkte, oft Regionen beliefern. Im Trend konzentrieren sich die führenden Hersteller auf Wachstumsmärkte und -marken, d.h., sie wachsen – bei enormen Umsatzprofitabilitäten – in den gesättigten Märkten, wie z.B. den DACH-Ländern weniger. Diese Entwicklungen eröffnen Räume für mittelständische Lieferanten, bei denen zumeist jedoch die Umsatzrentabilitäten niedriger sind. Eine weitere wichtige Entwicklung im Industriebereich liegt in der zunehmenden **Produktionsflexibilität**, also der Fähigkeit, jede Variante eines Produktes in jeder gewünschten Menge ohne signifikante Mehrkosten zu produzieren (z.B. auf Grund von gestiegenen Individualisierungsanforderungen der Kunden bzw. im Rahmen von Prosuming-Konzepten). Die Kompetenz, Economies of Scale im Produktionsbereich zu realisieren, ist somit um die Fähigkeit einer effizienten Produktion kleiner Losgrößen zu ergänzen. Viele globale Konsumgüterhersteller haben zudem eine Neukonzeption ihrer internationalen **Produktionskonfiguration** durchgeführt. Während sie früher in den einzelnen Ländern Produktionsstätten unterhielten, werden heute bspw. europaweite Strategien realisiert: Die Produktion eines Artikels für Europa erfolgt in solchen Fällen nur noch an einem bzw. an wenigen Standorten. Ähnlich wird in den anderen regionalen Integrationsräumen vorgegangen.

Abbildung 5.2: Tiers in der Logistik

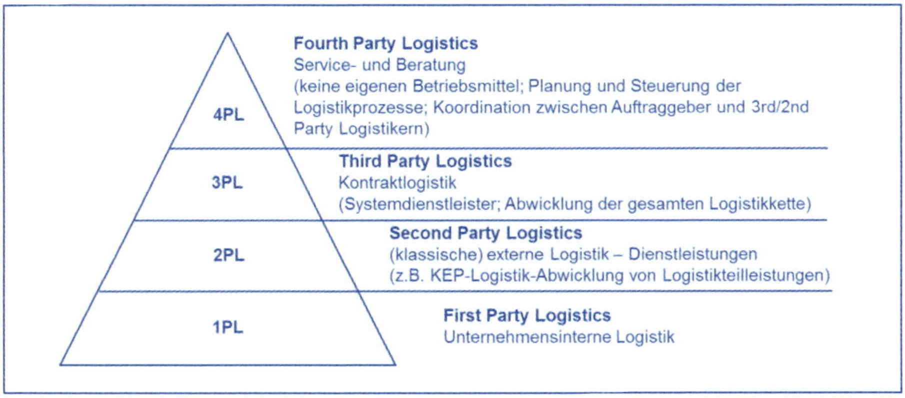

Logistik-Dienstleister stellen ein wichtiges Glied bei der Optimierung der Versorgungskette dar. Die zunehmende Fokussierung von Industrie und Handel auf ihre **Kernkompetenzen** fördert die Tendenz zur Ausgliederung (**Outsourcing**) von eher operativen logistischen Aktivitäten (z.B. Lagerung, Transport) oder auch dispositiver Aktivitäten. Gerade im Zuge der Optimierung der gesamten Wertschöpfungskette, insb. des Ausbaus der Wertschöpfung des Handels, spielen Logistik-Dienstleister eine immer größere Rolle, weil von ihnen erwartet wird, dass sie die Durchführung der (operativen) logistischen Aktivitäten kostengünstiger und schneller realisieren können. Hinzu kommen noch Anforderungen an die Distributionslogistik im Hinblick auf die Belieferung der Online-Kunden. Abhängig vom Dienstleistungsangebot können Logistikunternehmen in System- und Komponentenanbieter unterschieden werden (siehe Abb. 5.2). **Komponentenanbieter** erbringen nur Teilleistungen im Logistiksystem (z.B. Transporte), während **Systemanbieter** ganzheitliche und komplexe logistische Problemlösungen im „Paket“ bieten (d.h., alle Leistungen selbst erbringen oder Leistungen von Komponentenanbietern koordinieren). Nicht zuletzt im Online-Bereich wird das traditionelle Dienstleistungsangebot um integrierte Dienstleistungen wie die komplette Übernahme der Lagerhaltung mit Bestandsmanagement, Kommissionierung, Etikettierung, Verpackung, Montage, Fakturierung und Inkasso bis hin zur Steuerung des kompletten vorauseilenden, begleitenden und nachfolgenden Informationsflusses erweitert (Wegner/Wegner 2017, S. 199 ff.). Bei Anbietern logistischer Dienstleistungen entsteht somit ein pyramidenförmiges System, bei dem die Systemanbieter bzw. -integratoren an der Spitze stehen und die Anbieter von Teilsystemen und Logistikkomponenten im vorgelagerten Markt agieren.

Abbildung 5.3: Betrachtungsstufen der Supply-Chain des Handels

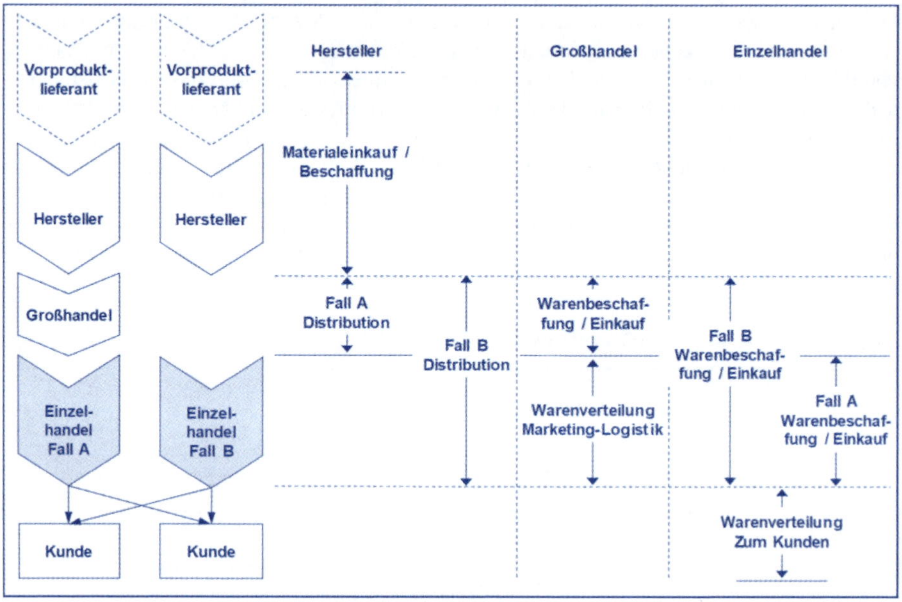

Quelle: Hertel/Zentes/Schramm-Klein 2011, S. 114.

Zur Abwicklung der Zahlungsströme zwischen den an der Supply Chain beteiligten Partnern sind **Kreditinstitute** sowie sonstige **Finanzdienstleister** in die Kette integriert. Finanzdienstleister sind dabei als Intermediäre der Zahlungsmittelübertragung von Kunden zu Handelsunternehmen, von Händlern zu Herstellern, von Herstellern bzw. Händlern zu Logistik-Dienstleistern usw. zu sehen. Sie spielen bspw. für die **Zentralregulierung** bei Verbundgruppen eine bedeutende Rolle (Zentes/Swoboda 2001c). Auch für sie ergeben sich durch die Neuorientierung der Supply Chain relevante Veränderungen, die sich u.a. durch die Tendenz zur **effizienten Administration** zur Implementierung neuer Formen des Zahlungsverkehrs wie bspw. Online- und Mobile Payments zeigen. Als weitere Akteure in der Supply Chain müssen eine Vielzahl von Unternehmen eingebunden werden, die mehr oder weniger komplexe Aufgaben übernehmen. Dies reicht von eher herstellungsorientierten Unternehmen (wie Rohmateriallieferanten der Konsumgüterhersteller, Verpackungsherstellern oder den Lieferanten von Betriebs- und Hilfsstoffen) über logistik- und marketingorientierte Partner (wie Kühlhausbetreiber, Merchandising-Unternehmen, Kundendienstunternehmen) bis hin zu eher handelsorientierten Unternehmen (wie Importeuren usw.). Die Zunahme der **Rückwärtsintegration** des Handels, die durch Strategien zur **Sicherstellung der Versorgung** verstärkt wird, sowie die Integration von Online-Kanälen bis hin zu Omnichannel-Systemen, führen zu immer komplexeren Wertschöpfungsarchitekturen von Handelsunternehmen und damit auch zu komplexeren Supply Chain-Gestaltungsoptionen. Zumeist und auch im Rahmen der folgenden Ausführungen wird bei der Analyse der Supply Chain die Betrachtung beim Hersteller angesetzt und von der integrierten Analyse weiterer Vorlieferanten abgesehen. Zu differenzieren ist dabei, ob zudem die Stufe des Großhandels zwischengeschaltet wird oder ob eine direkte Lieferung der Hersteller an den (Einzel-) Handel erfolgt (siehe Abb. 5.3).

Online-Payment im Handel

Die Zahlungssysteme im Handel differenzieren sich immer stärker aus. Insbesondere im E-Commerce werden immer mehr und immer unterschiedlichere Zahlungssysteme relevant – zunehmend spielen dabei solche Zahlungssysteme eine Rolle, die unter Einschaltung von Drittanbietern realisiert werden. Aufgrund der präferierten Zahlungsoptionen der Verbraucher bieten in Deutschland dennoch auch im E-Commerce mehr als zwei Drittel der Top-1.000 Händler den Kauf auf Rechnung an. Somit bildet der Rechnungskauf 2017 die umsatzstärkste Zahlungsart im Online-Handel (28%). Der Dienstleister Paypal holt, laut einer Studie von EHI, allerdings mächtig auf. Der Marktanteil beträgt derzeit 25% und wächst weiter an. An dritter Stelle ist das Lastschriftverfahren mit 20,1%. Kreditkarten dagegen kommen in Deutschland im Jahr 2017 nur auf 11%, was einen Verlust von 1,2% zum Vorjahr bedeutet. Ein Grund dafür könnte die seit 2015 eingeführte Sicherheitsstufe der Zwei-Faktor-Authentifizierung sein, was für den Konsumenten mehr Schritte bis um Kaufabschluss bedeutet. Dieses Verfahren soll 2019 auch für andere Online-Zahlverfahren gelten, was die Händler derzeit noch kritisch sehen, da die Abbruchrate stark ansteigen könnte. Ein weiteres System bietet die Sofortüberweisung von Klarna mit 5,1% Anteil. Im Gegensatz dazu ist Paydirekt von den deutschen Banken mit gerade einmal 0,5% deutlich im Hintertreffen.

Ein Grund für den Erfolg von Paypal ist, dass 91% der großen Händler die Zahlungsmethode akzeptieren. Amazon Pay wird von 18,1% angeboten und im Omnichannel-Bereich haben Kunden bei 14,4% die Möglichkeit, die Ware bei Abholung zu bezahlen. Neben nachfragerbezogenen Aspekten stehen aus der Perspektive der Händler die unterschiedlichen Kosten im Vordergrund, die mit den alternativen Zahlungsoptionen verbunden sind. Während für die bei den Kunden beliebten Zahlungssysteme wie Nachnahme und Finanzierung, aber auch bei Zahlungen per PayPal, Rechnung oder Kreditkarte hohe Gesamtnutzungskosten für den Händler anfallen, sind die Kosten für das Anbieten von Sofortüberweisungen, Vorkasse und Lastschrift im Vergleich gering. Um die Kosten gering zu halten, können Händler die Kunden durch gezielte Payment-Steuerung, in der Form von Rabatten z.B., dazu verleiten, die für den Händler günstigere Zahlungsmittelwahl zu treffen. Eine weitere Herausforderung für den Handel besteht darin, eine nahtlose Einkaufserfahrung durch die unterschiedlichen Kanäle hinweg, sowohl off- als auch online, zu ermöglichen. Dazu gehört auch ein einheitliches Omnichannel-Zahlungssystem, dessen Bedarf jedoch nur 45% der Händler zustimmen. Dafür sind sich die meisten Online-Händler darüber einig, dass weitere Zahlungsarten in das Portfolio aufgenommen und Anpassungen in der Kostenstruktur des Payment-Mix vorgenommen werden müssen. Die erweiterte Auswahl an Zahlungssystemen zeigt, wie notwendig diese Ausdifferenzierung der Zahlungsoptionen für Händler ist, um im immer größer werdenden E-Commerce-Markt wettbewerbsfähig zu bleiben.

Quelle: EHI 2016; Lebensmittel Zeitung, 3. Mai 2018.

3. Interne Supply Chain des Handels

Innerhalb der Supply-Chain-Betrachtungen sind unterschiedliche Teilsysteme der unternehmensinternen Supply Chain zu unterscheiden. In einer funktionsorientierten Sichtweise können sechs wesentliche Basisprozesse differenziert werden. Den Ausgangspunkt bilden Einkauf bzw. Beschaffung, Disposition und Wareneingang. Weiterhin spielen im Hinblick auf die unternehmensinterne Logistik v.a. die Lagerung bzw. Lagersteuerung und der Warenausgang eine besondere Rolle. Zudem stellt auch der Retourenprozess einen wesentlichen Bestandteil der relevanten Warenprozesse des Handels dar. Jeder einzelne dieser Basisprozesse lässt sich wiederum in weitere Teilprozesse untergliedern, die in einer idealtypischen Form in Abb. 5.4 dargestellt sind.

Abbildung 5.4: Idealtypisches Modell der internen Supply-Chain des Handels

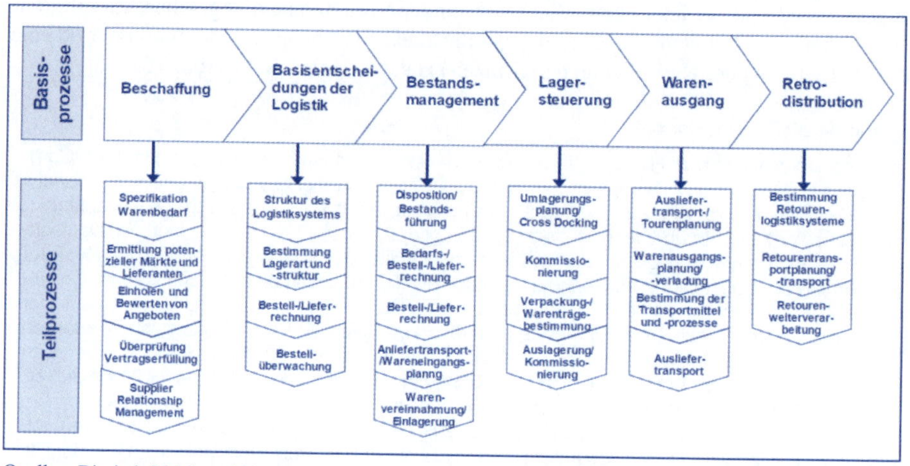

Quelle: Biesiada/Neidhart 2004, S. 99.

Diese Teilprozesse sind sowohl auf der Ebene der Zentralen von Handelsunternehmen als auch in filialisierten Systemen auf der Ebene der Geschäfte bzw. in Versand- bzw. Online-Handelsunternehmen zu realisieren. Die exemplarisch illustrierten Basis- und Teilprozesse können je nach unternehmensspezifischer Ausgestaltung und Strukturierung auch in anderer Reihenfolge oder – je nach Stufigkeit der Systeme – auch mehrfach durchlaufen werden. Die schematische Darstellung dient insb. dazu, einen konzeptionellen Überblick über die wesentlichen Aufgaben, die mit den jeweiligen Basis- bzw. Teilprozessen verbunden sind, zu geben. Je nach Strategie bzw. Geschäftsmodell der Händler, je nach Branche und insb. auch je nach Betriebstyp und Vertriebstyp oder Omnichannel-Integrationsgrad sind erhebliche Unterschiede in der konkreten Ausgestaltung, in der Bedeutung, in der Komplexität und in der Häufigkeit der Umsetzung dieser Prozesse zu erwarten.

B. Supply Chain Management

I. Grundlagen und Bedeutung

Das SCM, d.h. das **Management der Versorgungskette**, setzt an einer prozessorientierten Sichtweise an. Es steht zugleich für einen unternehmensübergreifenden Ansatz. Im Mittelpunkt von SCM-Konzepten steht traditionell einerseits die **dispositive Ebene** des Wertschöpfungssystems bzw. der Versorgungskette. Sie sind auf eine Optimierung des **Bestandsmanagements** bzw. Nachschubmanagements in der gesamten Versorgungskette ausgerichtet. Andererseits sind Lösungen auf der **logistischen Ebene,** i.S. physischer Lager-, Verteil- und Transportlösungen, bedeutend. Unternehmensübergreifende Prozesskostenreduktionen im

Wertschöpfungssystem stehen traditionell als Ziel im Vordergrund. Dabei werden die zugehörigen Waren- und Informationsströme mit den Finanzströmen verbunden. Weitergehende Sichtweisen gehen über die Orientierung an der effizienten Erfüllung der sich am Markt manifestierenden Nachfrage hinaus, indem also z.B. die (möglichst kostenoptimale) Orientierung an der Vermeidung von Out-of-Stock-Situationen i.S. eines **„demand supply“** erfolgt, und setzen daran an, auch Nachfrage nach neuen Waren und Dienstleistungen zu generieren bzw. zu intensivieren (**„demand creation“**) und zu erfüllen (Hertel/Zentes/Schramm-Klein 2011, S. 10ff.). Diese Überlegungen münden in den Ansätzen des **Demand & SCMs**, das auch die Konzepte des Category Managements (CM) und des Customer Relationship Managements (CRM) einschließt.[1] Diese Konzepte basieren weit gehend auf Informationen, die WWS liefern, z.B. Daten über Warenkörbe, die zusammenhängend eingekauft (und an der Kasse registriert) werden, und auf **kundenbezogenen Informationen**, wie z.B. über Kundenkarten oder Online-Kaufhistorien oder Click-Stream-Informationen, die eine Zuordnung der einzelnen Artikel zu Konsumenten ermöglichen. Ein integriertes Demand & SCM basiert auf dem Prinzip der gestaltbaren Nachfrage.

Insbesondere kollaborative Anstrengungen wurden in der Vergangenheit stark diskutiert;[2] sie bestimmen die Sichtweise der Konsumgüterwertkette (vom Kunden her) und haben dazu beigetragen, dass heute dominante technologische Standards, Strategien und Systeme der Zusammenarbeit im sog. **Efficient Consumer Response Management** (ECR) gefördert wurden. Allerdings erfolgt nicht bei allen Supply Chain-Prozessen ein rein kooperativer Ansatz, sondern es sind weitere Modelle zu beachten, bei denen einzelne Partner dominant innerhalb der Koordination der Wertschöpfungskette agieren. Im Folgenden werden daher zunächst zwei Grundkonzepte der Gestaltung der Supply Chain dargestellt, das **Pull-Prinzip** und das **Push-Pull-Prinzip**, gefolgt von einem Blick auf die grundsätzlichen Supply Chain-Modelle. Erst vor diesem Hintergrund wird auf die Dimensionen des (europäischen) ECR-Konzeptes eingegangen. Zudem werden ausgewählte Enabling Technologies diskutiert, die auch über eine kooperative Supply Chain-Gestaltung hinaus Gültigkeit haben und ihren Einsatz finden.

II. Prinzipien und Modelle zur Gestaltung der Supply Chain-Prozesse

1. Pull-Prinzip vs. Push-Prinzip

Die traditionelle Supply Chain war dadurch gekennzeichnet, dass die Produktionsplanung der Konsumgüterhersteller zumeist relativ unabhängig von der tatsächlichen Nachfrage auf der Konsumentenebene erfolgte und Fertiglagerbestände produziert wurden. Diese wurden dann durch die Distributionslogistik über den Handel bis hin zum Kunden „gedrückt“, indem durch große Mengen am PoS ein Abverkaufsdruck an die Konsumenten erzeugt wurde (**„Push-Prinzip“**). Im Gegensatz dazu, beinhaltet die **Pull-Denkweise** eine Umkehrung des Verständnisses (siehe Abb. 5.5). Den Ausgangspunkt bildet dabei die konsequente Kundenorientierung, bei der die Nachfrage, die von den Konsumenten ausgeht, die gesamte Supply Chain steuert (Christopher 2011; van Weele/Eßig 2017, S. 602f.). Da die Steuerung der Nachfrage in diesem Fall von den Konsumenten ausgeht, wird oft von der „demand chain“ gesprochen.

Dieser Denkansatz prägt das Konzept des **Efficient Consumer Response** (ECR), das auf Entwicklungen in der Automobilwirtschaft zurückgeht, so die Ersatzteilbewirtschaftung von

---

[1] Vgl. hierzu die Ausführungen in Abschnitt A.II. und Abschnitt C.V. des Vierten Kapitels.

[2] Während „kollaborativ“ im Deutschen negativ geprägt ist (i.S.v. „sich gegen andere verbünden“) wird es, im Englischen (collaborative) insb. im Kontext der Supply Chain-Gestaltung und des ECR-Ansatzes für ein positiv geprägtes, gemeinschaftliches Verhalten genutzt.

Werkstätten. Die Einführung von **Scanning** und **WWS** im Handel schaffte die Voraussetzungen zur Übertragung der Grundidee einer „kooperativen Supply Chain-Lösung" in die Konsumgüterwirtschaft und trug damit zu fundamentalen Veränderungen in der Beziehung zwischen Handel und Industrie und Verschiebungen v.a. in der Logistik bei. Im Kern des ECR-Konzeptes steht die Devise „working together to fulfill consumer wishes better, faster and at less cost" (Globalscorecard.GS1.org 2017).

Abbildung 5.5: Übergang vom Push- zum Pull-Prinzip

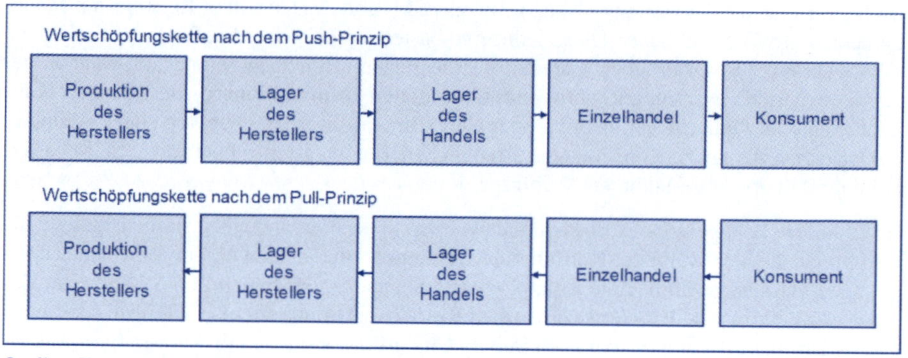

Quelle: Zentes 1996, S. 29.

ECR war ursprünglich zur **Rationalisierung der Distribution** in der Konsumgüterwirtschaft gedacht, schwerpunktmäßig im Food- und Near-Food-Bereich. Es wurde in den USA Anfang der 1990er Jahre vom Food Marketing Institute (FMI) initiiert und im Rahmen diverser Consulting-Studien mit Unternehmen wie Kraft General Foods, Procter & Gamble, Walmart und Safeway analysiert. Im Ergebnis wurden Einsparpotenziale i.H.v. rd. 10% der Konsumentenpreise ermittelt, wenn eine Reihe von Strategiebausteinen zur Effizienzsteigerung der Kette vom Produzenten über den Handel zum Konsumenten umgesetzt wird. Nach dem Vorbild des ECR-Projektes in den USA erfolgten ähnliche Studien in Europa, die geringere aber noch beachtliche Einsparpotenziale von 6,1 % ermittelten (**ECR Europe**). Als wichtigste Instrumente wurden integrierte Zulieferer, zuverlässige und synchrone Produktion, kontinuierlicher Warennachschub, Cross-Docking sowie automatische Filialbestellsysteme betrachtet.

Kooperative Ansätze wie Efficient Consumer Response und die damit verbundenen Erwartungen an Einsparpotenziale basieren auf der Annahme, dass Ineffizienzen in der Versorgungskette auftreten, wenn jeder Akteur unabhängig voneinander agiert. Die durch eine isolierte Betrachtung auftretenden Ineffizienzen können z.B. durch überhöhte und unangepasste Bestandsmengen erklärt werden. Bei den **traditionellen Bestandsmanagementsystemen**, bei denen jeweils ein Partner der Wertschöpfungskette seinen eigenen Bedarf plant und Bestellungen an die jeweils nächste Stufe liefert, entstehen erhebliche Schwankungen in der Kette, die auch als „Peitscheneffekt" („bullwhip effect") (siehe Abb. 5.6) bezeichnet werden (Lee/Padmanabhan/Whang 1997a; 1997b; Wang/Disney 2016). Als wesentliche Ursachen für diesen Effekt haben Lee/Padmanabhan/Whang (1997a; 1997b) vier Faktoren ermittelt:

1. **Nachfrageprognosen-Anpassung**: Wenn eine vorgelagerte Stufe in der Wertschöpfungskette in einer Bestellung höhere Bestellmengen als erwartet erhält, wird dies als Signal für die zukünftige Nachfrage gesehen. Die Nachfrageprognose wird nach oben adjustiert und – da man neben der von der nachgelagerten Stufe direkt benötigten Menge auch den eigenen Sicherheitsbestand erhöht – beim Vorlieferanten eine deutlich höhere Menge

bestellt. Auf dieser vorgelagerten Stufe wiederholt sich der Vorgang, was zu einem „Aufschaukeln" der Bestellmengen führt.

2. **Bestellmengenzusammenfassung**: I.d.R. werden Bestellungen nicht sofort – gemäß der Lagerabgänge – realisiert, sondern gesammelt und in „Batches" an den Lieferanten weitergeleitet. So erfolgen statt eines kontinuierlichen Bestellflusses regelmäßige Bestellprozesse, die festgelegten Zyklen folgen, i.d.R. wöchentlich oder monatlich. Auch wenn verschiedene Händler betrachtet werden, gleichen sich diese Bestellzyklen meist für den Lieferanten nicht aus, sodass eine gleichmäßige Produktionsauslastung und Bedarf an Vormaterialien nur schwer zu realisieren sind. Diese periodischen Bestellungen erhöhen wiederum die Variabilität der Bestelleingänge beim Vorlieferanten, selbst bei einer relativ kontinuierlichen Nachfrage des Endverbrauchers, und führen zu einer höheren Maximalkapazitätsbelastung beim Lieferanten und höheren notwendigen Sicherheitsbeständen.
3. **Preisfluktuation**: Häufig werden vom Handel (große) Mengen dann bestellt, wenn der Hersteller günstige Preisangebote unterbreitet. In einem „Forward Buying" werden dann größere Mengen geordert, als eigentlich für die betrachtete Periode notwendig wäre.
4. **Rationierung**: Wenn die Produktnachfrage bei einem Hersteller in einer bestimmten Periode das Angebot überschreitet, werden oft „Rationierungen" vorgenommen, bei denen die tatsächlichen Liefermengen entsprechend des Verhältnisses der Bestellmengen geliefert werden. Die Bestellmengen werden dann seitens der Händler künstlich – über die tatsächliche Nachfrage hinaus – erhöht, um einen höheren Anteil der benötigten Menge „zugeteilt" zu bekommen. Wenn sich die Nachfrage verringert, werden die Bestellmenge überproportional reduziert. Teilweise werden Bestellungen bei mehreren Lieferanten platziert und nach der ersten Lieferung die anderen Bestellungen storniert.

Abbildung 5.6: Zunehmende Variabilität der Bestellungen entlang der Supply Chain

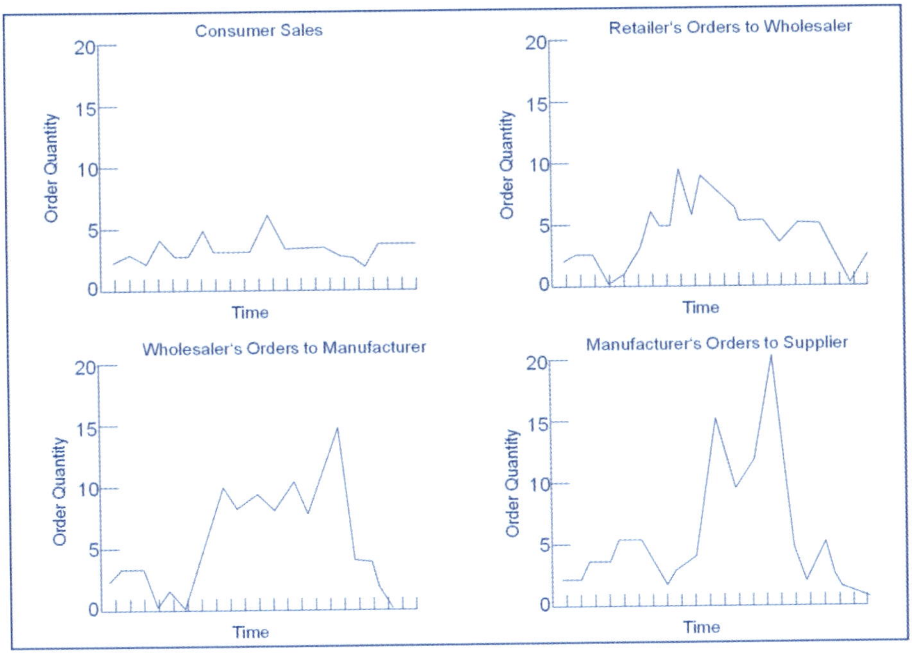

Quelle: Lee/Padmanabhan/Whang 1997b, S. 94.

Eine Reihe von Verfahren wurde vorgeschlagen, um den Peitscheneffekt abzumildern. Im Wesentlichen sind es Supply Chain-Ansätze, wie z.B. das **Continuous Replenishment** (zur kritischen Diskussion auf Basis empirischer Studien vgl. Sucky 2009).

2. Supply Chain-Modelle in Food- und Fashion-Einzelhandel

Es existieren unterschiedliche Supply Chain-Modelle, die nach Art und Grad der Integration zwischen Lieferpartner und Handelsunternehmen unterteilt werden können. Diese werden im Folgenden im Hinblick auf deren Realisierung im LEH und im Fashion-Handel diskutiert, auch um zu verdeutlichen, in welchem Rahmen kooperative Konzepte effizienz- und effektivitätssteigernd wirken können.

Der Extrempunkt der Integration bilden **integrierte Wertketten**, wie sie v.a. von den **Fast-Fashion-Modeunternehmen** (z.B. H&M, Zara, Gap) oder z.T. von Handelsunternehmen im Bereich der Handelsmarken realisiert werden. Die Basis der Supply Chain-Gestaltung bilden hier entweder eigene Produktionsstätten oder Systemlieferanten, die langfristig (d.h. nicht nur über jährliche Kontrakte) an den Händler gebunden sind. Die Vorteile ergeben sich dadurch, dass die Planung der auf die Flächen einzusteuernden Mengen und damit korrespondierend die Beschaffung und die Einsteuerung der Ware auf die Flächen ausschließlich durch den Händler erfolgt. Eine schnellstmögliche Produktentwicklung, deren Steuerung in diesen integrierten Wertketten in der Hand des Händlers liegt, und dann (externe) Produktion (ggf. an zentral gesteuerten und konzentrierten Produktionsstandorten) auf der Basis der Abverkaufsdaten und v.a. auf Basis der Analyse zukünftiger Trends, die kontinuierlich und exklusiv rückgekoppelt werden, sind weitere Merkmale derartiger Wertketten. In der Fashion-Branche bspw. gilt es zunächst, zu Saisonstart bei der Erstbelieferung eine ausreichende, aber möglichst geringe Menge in die Verkaufsstellen bzw. die Lager für Online-Bestellungen einzusteuern, um Restbestände zu minimieren. Gleichermaßen sind auch in möglichst kurzer Zeit innerhalb der Saison viele Kollektionswechsel durchzuführen, um den Verbrauchern einen entsprechenden Konsumanreiz zu schaffen, d.h., zum häufigeren Besuch der Geschäfte und der Online-Shops zu bewegen. Essenziell ist die schnelle Reaktionszeit auf neueste Modetrends (Arrigo 2016). Darin liegen die Wettbewerbsvorteile dieser sog. Speed- oder Themen-Sourcing-Konzepte. Eine deutliche Reduzierung des Umsatzanteils abgeschriebener Ware im Vergleich zu traditionellen Wertschöpfungsketten ist nachweisbar (Janz/Swoboda 2007).[1]

Der Erfolg vertikaler Fashion-Unternehmen

Vertikale Konzerne wie H&M und Zara produzieren ihre Ware zu einem bestimmten Teil selbst oder beschaffen sie in Billiglohnländern und verkaufen sie in eigenen Läden. Durch den schnellen Wechsel der Kollektionen profitieren sie davon, wenn Produktion, Beschaffung und Vertrieb ihrer Kontrolle unterliegen. H&M setzt mit seinen 3.500 Stores in 55 Ländern auf ein riesiges Lieferantennetzwerk, einer großen Lagerhaltung und enormer Logistik. Mit über 700 Lieferanten, 60 Modellbauern, 20 weltweiten Produktionszentren und 100 Designern, die eng mit den produzierenden Unternehmen zusammenarbeiten, verblüfft das Unternehmen damit, keine eigenen Fabriken zu besitzen. 80% der Ware wird im Voraus produziert und 20% im Verlauf des Jahres gemäß den aktuellen Trends. Flexibilität und kurze Lieferzeiten reduzieren das Risiko, die falschen Artikel zu kaufen, hinzu kommt eine moderne IT-Infrastruktur, die die Lieferzeiten ebenfalls noch einmal um bis zu 20% verringert. Ähnlich ist es bei Zara (siehe die Fallstudie am Ende dieses Kapitels).

Handelsunternehmen, selbst Vertikale, beschaffen jedoch nur Teile der Artikel über integrierte Wertketten. Sie realisieren häufig sowohl ein **traditionelles, transaktionsorientiertes**

---

[1] Diese Fashion-Systeme werden z.T. als „McFashion" (i.A.a. Fast-Food-Ansätze) oder „Disposable Fashion" bezeichnet, weil sie mit kurzen Nutzungszyklen der Low-Cost-Produkte verbunden wären (Choi u.a. 2010).

Sourcing (bspw. über Ausschreibungen oder systematische oder fallweise Lieferantenauswahl, die sich z.B. an deren Lieferfähigkeit ausrichten kann) ebenso wie ein eher **kooperatives Continuous Replenishment**, bei dem z.B. gleichartige Artikel oder Markenprodukte anhand automatisierter Prozesse beschafft werden. Abb. 5.7 visualisiert die üblichen Prozesse in Food- und Fashion-Handel, wobei sich nicht nur die Bezeichnung der Modelle unterscheidet, sondern auch die Ansätze selbst im Hinblick auf die Prozessgestaltung aufgrund der Branchenbesonderheiten unterschiedlich ausgestaltet werden. Grad und Ausgestaltung des Einsatzes dieser Modelle kann zudem in Abhängigkeit von der Unternehmenssituation bzw. den Gegebenheiten und Rahmenbedingungen für Warengruppen oder Artikel in den Unternehmen unterschiedlich ausgestaltet werden (bspw. variierend mit der Warengruppenrolle im Category Management, siehe Abschnitt C.V. im Vierten Kapitel).

Abbildung 5.7: Sourcing-Konzepte in Food- und Fashion-Unternehmen

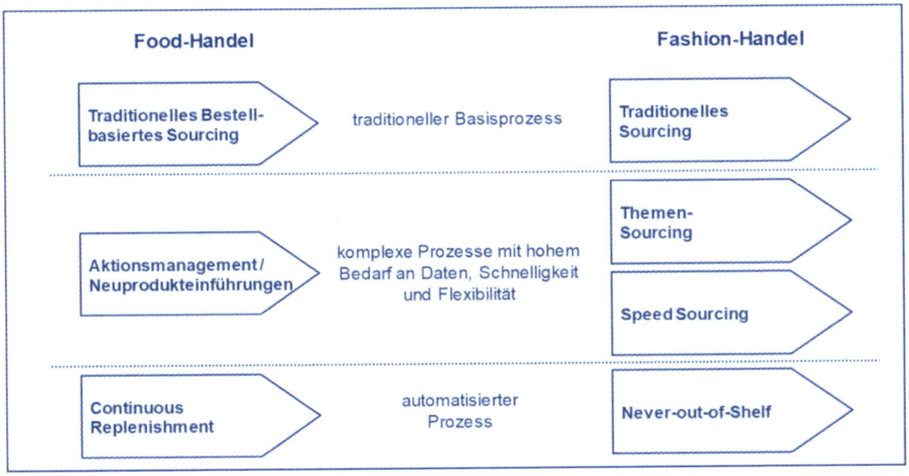

In der Lebensmittelbranche sind drei Supply-Chain Modelle verbreitet:

- Bei einem **traditionellen, bestellbasierten Sourcing** wird die Planung und Durchführung der Beschaffung und der damit zusammenhängenden Supply-Chain-Prozesse durch den Händler vorgenommen. Nicht selten werden die Beschaffungsprozesse eine beachtliche Zeit vor der Lieferung oder dem Verkauf der Ware angestoßen. Dies führt zu einer entsprechend hohen Planungsunsicherheit sowohl für die Händler als auch für die Lieferanten. Dieses Sourcing-Konzept wird bspw. für Artikel eingesetzt, die neu in das Sortiment aufgenommen werden, bei Artikeln, die bereits im Sortiment gelistet sind (z.B. indem Ausschreibungen vorgenommen werden oder Verhandlungen mit etablierten oder relevanten Lieferanten erfolgen), oder bei saisonalen Artikeln, die periodisch, bspw. jährlich, ausgeschrieben und zeitbestimmt geliefert werden.
- Im **Aktionsmanagement** oder auch bei der **Einführung neuer Produkte oder Marken** eines Lieferanten ist eine umfassende, prognosegestützte und im Idealfall kollaborative Planung zur Abschätzung von Abverkaufsverläufen sinnvoll. Umfassender Datenaustausch in der Planungsphase (z.B. zur Antizipation von Abverkaufsmengen) und Abstimmung bei der Durchführung der Supply Chain-Prozesse (inkl. der unmittelbaren Reaktion auf Bedarfsschwankungen während einer Aktion) prägen dieses Modell. Die Beschaffung wird hier im idealen Falle stark durch die Übereinkunft zwischen den Partnern geprägt.

Hervorzuheben ist jedoch, dass bei weitem nicht jeder Aktionsprozess kollaborativ erfolgt. Verbreitet sind vielmehr zeitlich gestaffelte (z.B. mehrmals jährlich vereinbarte) Lieferungen einer bestimmten Menge an Artikeln für Aktionen, ohne Nachsteuerung. Zudem werden Mengen häufig auf Basis der vergangenen Erfahrungen bestimmt.

- **Continous Replenishment** beschreibt ein Konzept der effizienten Nachschubversorgung, bei dem die informatorische Vernetzung zwischen den beteiligten Partnern eine besondere Rolle spielt. Eine Basis stellt die kontinuierliche Datenübertragung zwischen Lieferanten und Händlern dar. Im Vordergrund stehen häufig Bestands- oder Abverkaufsdaten des Händlers, im Minimum Daten der Stufe, an die der Hersteller seine Produkte liefert (z.B. ein Zentrallager, in dem der gewünschte Bestand kontinuierlich vom Händler gewährleistet wird). Beschaffung und damit zusammenhängende Supply Chain-Prozesse werden durch automatische Informationen abgelöst. Die Abstimmung der Grundstrategie, der Liefermengen und -preise erfolgt i.d.R. vorab, bspw. in den sog. Jahresgesprächen.

Im Fashionbereich nehmen zwar integrierte Unternehmen eine Vorreiterrolle ein, dennoch ist die Umsetzung kollaborativer Supply Chain-Management-Ansätze weniger ausgeprägt. Gründe hierfür liegen u.a. in der Saisonalität der Warengruppen sowie in den unterschiedlichen Produktlebenszyklen, aber auch in der Struktur der Handelsunternehmen der Branche. Ein Großteil der Händler, wie die meisten Fachgeschäfte oder Fachabteilungen der Kauf- und Warenhäuser, praktiziert noch traditionelle Formen der Warenversorgung. Zugleich sind vertikal-kooperative oder horizontale Verbundsysteme verbreitet, bei denen durch eine Zentrale geprägte Fachgeschäftskonzeptionen bestehen, in denen die Zentrale standardisierte Supply Chain-Gestaltungsoptionen festlegt (z.B. in Franchisesystemen, Vertragshändlersystemen oder bei Filialen eines Herstellers). Als Sourcing-Konzepte zu unterscheiden sind:

- Das **traditionelle Sourcing** stellt die klassische Bestellabwicklung im Fashion-Einzelhandel dar. Es ist dadurch gekennzeichnet, dass lange vor der Saison die Planung erfolgt (inkl. der Design-/Kollektionsentwicklung und des Prototyping), ebenso die Beschaffung (inkl. Lieferantenauswahl und Lieferung) und zu Saisonbeginn die Ware, die per Vororder disponiert wurde, in großen Mengen in die Geschäfte bzw. die Lager für Online- bzw. Versandhandelsverkäufe gesteuert wird. Diese Ware wird allerdings mit jedem Monat auf der Fläche älter und unattraktiver und kann zum Ende ihres Lebenszyklus, der häufig zum Saisonende beim Sonderverkauf erreicht wird, meist nur noch mit sehr hohen Abschriften verkauft werden (Arrigo 2016). Dennoch dominiert dieses System mit vielfachen Abstufungen und Ausgestaltungen (bspw. Beschaffung im Großhandel) im Fashion-Handel.
- **Themen-Sourcing** und **Speed Sourcing** sind miteinander vergleichbare Ansätze. **Themen-Sourcing** folgt dem Trend der immer häufiger auftretenden Kollektionswechsel innerhalb eines Jahres. Diese Art des Sortimentsmanagements gleicht quasi permanenten wechselnden Themenaktionen innerhalb eines Jahres. Über diese „Quasiaktionen" sollen den Konsumenten ein entsprechender Konsumanreiz zum Besuch der Geschäfte und Online-Shops geschaffen und Abschriften möglichst vermieden werden. Das **Speed Sourcing** trägt der Unvorhersehbarkeit von aktuellen Modetrends Rechnung, indem bei Identifikation von nicht im Voraus geplanten oder nicht antizipierten Modetrends sehr schnell reagiert wird und entsprechende Kollektionen entworfen und beschafft werden. Hier steht die Aktualität des Sortiments beim Händler im Mittelpunkt, mit dem Ziel, die Frequenz durch das Aufgreifen aktueller Modetrends zu erhöhen. Beide Optionen sind i.d.R. nur bei hoher Integration der Supply Chain realisierbar, da nur wenige (ggf. räumlich nahe) Lieferanten in der Lage sind, einem kurzfristigen Wechsel der Kollektion oder der Neukollektionsentwicklungen in kurzer Zeit zu folgen.
- Der Bereich des **Never-out-of-Shelf** entspricht dem sog. Continuous Replenishment im

Lebensmitteleinzelhandel. Im Fashion-Handel betrifft dies insb. Basisprodukte, die von einer geringen saisonalen Schwankung betroffen sind und einen entsprechend langen Produktlebenszyklus haben (bspw. schwarze T-Shirts oder Socken). Diese Produkte sollten, wenn möglich, immer vorrätig sein, sodass Planung und Steuerung der Beschaffung und Belieferung durch automatische Informationssysteme abgelöst werden können. Bei Markenartikelproduzenten als Lieferanten sind nicht selten ähnliche Supply Chain-Prozesse wie im Lebensmittelbereich verbreitet, auch wenn die Lieferrhythmen bzw. Lieferhäufigkeiten deutlich reduzierter sind.

Die geschilderten Sourcing-Modelle sind auch in weiteren Branchen zu finden, wie z.B. in den dem Food-Handel nahestehenden Near-Food-Branchen (z.B. in Drogeriemärkten, die mit Eigenmarken und mit bekannten Markenartikeln operieren und periodisch Aktionen durchführen) oder in der ebenfalls ähnlich agierenden DIY-Branche.

Darüber hinaus existieren Konstellationen, in denen Handelsunternehmen keine eigenen Beschaffungsaktivitäten ausüben, sondern in denen der Hersteller sowohl die Sortimentsbewirtschaftung als auch die Nachschubversorgung übernimmt. In ähnlicher Form ist dies bei **Flächenbewirtschaftungskonzepten** gegeben, wie z.B. in der Fashion-Branche. Hier findet meist eine zwischen Handel und Industrie abgestimmte Sortimentsplanung und Sortimentierung statt, die eigentliche Beschaffung bzw. Nachschubversorgung übernimmt der Hersteller (siehe Abb. 5.8). Da in all diesen Fällen der Hersteller dominiert, wird diese Konstellation jedoch nicht als eine „handelstypische" Beschaffungssituation betrachtet.

Abbildung 5.8: Gemeinsame Flächen- und Sortimentsplanung in vertikalisierten Systemen

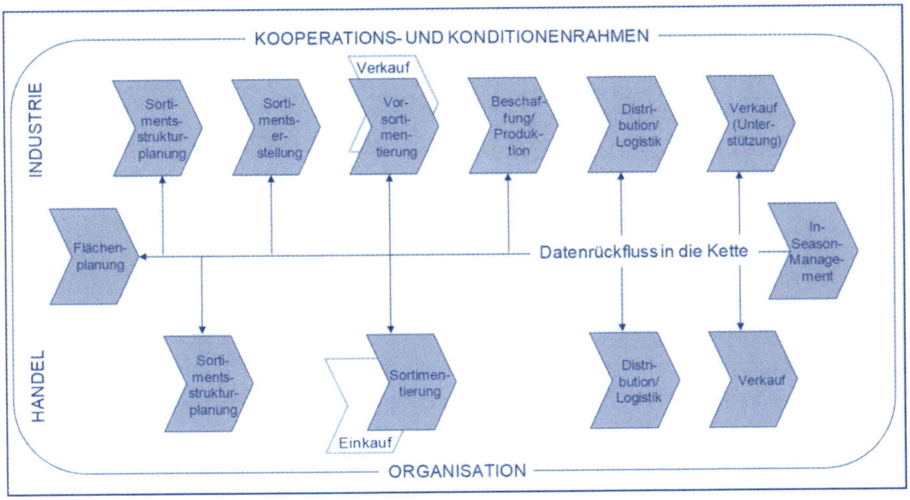

Quelle: Janz/Swoboda 2007, S. 43.

3. Supply-Management im europäischen ECR-Konzept

a) Komponenten des ECR-Konzeptes im Überblick

Die Sourcing-Konzepte verdeutlichen, dass kooperative Ansätze in der Supply Chain zum Einsatz kommen. Eine Basis dafür bildet das Konzept des Efficient Consumer Response. Das europäische ECR-Modell ist in vier Bereiche unterteilt und wird auch als **Global Scorecard** bezeichnet (vgl. hierzu Hertel/Zentes/Schramm-Klein 2011, S. 28ff.). Die Global Scorecard dient zum einen der Organisation und Strukturierung der ECR-Bereiche und -Maßnahmen (siehe Abbildung 5.9) und stellt darüber hinaus ein Internet-basiertes Werkzeug zur Bewertung der ECR-Kompetenzen von Unternehmen dar (Brandstätter/Swoboda/Foscht 2016).

Die Zielsetzung des **Demand Managements**, als ersten Teilbereich der Global Scorecard, liegt im Aufbau und in der Festigung langfristiger Kundenbeziehungen durch ganzheitliche, aber differenzierte Marketing-, Vertriebs- und Servicekonzepte. Das Demand Management fokussiert damit stark auf die **Marketing-Effektivität**. Dieser Teilbereich umfasst insgesamt vier Konzepte: **Optimize Assortments**, **Optimize Promotions**, **Optimize New Product Introductions** und **Consumer Value Creation**. Letzteres Konzept ist als neues Element im europäischen Modell zu sehen, mit einer hohen Bedeutung des Konsumenten im Vergleich zum US-Modell (Holweg 2009, S. 27). Der zweite Teilbereich der Global Scorecard umfasst das Supply Management. Während das Demand Management vorgibt, was im Distributionskanal bewegt werden soll, zielt das Letztere insb. darauf ab, wie Produkte effizient vom Hersteller- zum Handelsunternehmen gebracht werden können. Die Planungsaufgaben des Supply Managements liegen damit im Wesentlichen in der Bereitstellung der richtigen Waren und Informationen zur richtigen Zeit in der richtigen Menge am richtigen Ort („4 r“). Das Supply Management im Rahmen des europäischen ECR-Konzepts umfasst insgesamt drei Strategien: **Responsive Supply**, **Integrated Demand Driven Supply** und **Operational Excellence**.

Abbildung 5.9: Komponenten der Global Scorecard

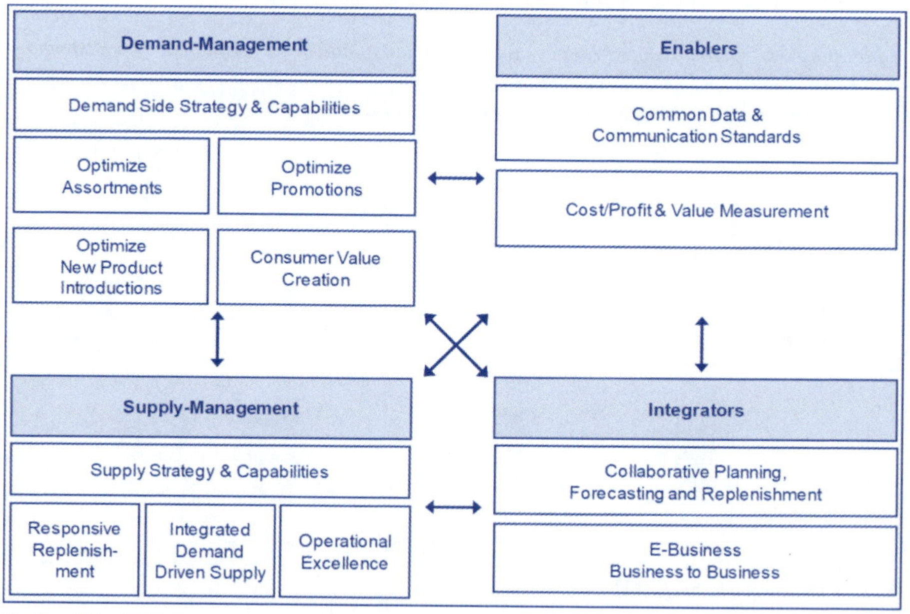

Quelle: i.A.a. ECR Europe/ECR Austria 2017.

Der dritte Teilbereich der Global Scorecard beinhaltet Konzepte, welche die Zusammenarbeit entlang der Supply Chain verbessern (**Integrators**). Dies umfasst insb. das **Collaborative Planning, Forecasting and Replenishment** (CPFR) sowie Instrumente zum Controlling der ECR-Maßnahmen.

Zum vierten Teilbereich der Global Scorecard gehören die für die Umsetzung des ECR-Konzepts notwendigen Technologien. **Enablers** umfassen die Entwicklung von Standards zur Unterstützung der Kommunikation, des Datenmanagements, der Produktidentifikation und des Datenaustauschs (Brandstätter/Swoboda/Foscht 2016, S.251).

Logistik beim Omnichannel-Handel

Konsumenten möchten heute nicht nur jederzeit und überall einkaufen, sondern ihre Bestellungen auch an jedem Ort und zu jeder Zeit geliefert bekommen. Die meisten Unternehmen sind jedoch noch nicht bereit für die vollständige Transformation zu einem Omnichannel-Anbieter. Hohe Investitionen, neue Strukturen und zu überarbeitende Konzepte müssen folgen, um diesem Wandel gerecht werden zu können. Nicht zuletzt bildet ein gemeinsamer Einkauf für alle Absatzkanäle eine wesentliche Effizienzgrundlage, um nicht jeden Kanal einzeln abarbeiten zu müssen und damit eine Synchronisation der stationären und mobilen Bereiche realisieren zu können.

Statt des Teilens nur der nötigsten Informationen steigt die Tendenz zu mehr datengetrieben Kooperationen, damit alle Akteure entlang der Wertschöpfungskette miteinander vernetzt sind. Dadurch werden akkurate Nachfrageprognose, Bedarfsplanung sowie Nachbeschaffung möglich – mit Auswirkungen entlang der gesamten Supply Chain. Mittel- und langfristig können Unternehmen dadurch ihre Prozesse optimieren und Kosten einsparen. Somit hat auch die Logistik einen großen Anteil daran, Omnichannel-Strategien umzusetzen. Sie können Unternehmen beim Umbau von Strukturen, Prozessen und IT-Systemen helfen. Das ganze Lagersystem wird jedoch deutlich komplexer, da unterschiedliche Liefer- und Abholkonzepte miteinander verknüpft werden müssen und z.B. Ware nicht nur nach einem einheitlichen logistischen Prinzip behandelt werden muss (z.B. nur nach dem Bring-Konzept über Remote-Ordering-Kanäle oder nur nach dem Abholkonzept in Filialen). Geeignete Mittel hierfür sind flexible Logistikketten und -dienstleistungen, um für einen bruchlosen Übergang der Ware zwischen Lieferkette von E-Commerce und stationärem Einzelhandel zu sorgen. Lager übernehmen in solchen Fällen insb. vermehrt Aufgaben in der Auftragsabwicklung und Läden werden bspw. als Kleinlager genutzt.

Bei Online-Händlern wird oft ein breiteres Sortiment angeboten und so muss Zugriff auf größere Lager bestehen, wogegen der Transport in die Filialen wegfällt und damit die Supply-Chain verkürzt ist. Um Kosten zu sparen, werden die Läger häufig an kostenorientierten Standorten eingerichtet und von dort aus erfolgt entweder die Verteilung an die Filialen oder direkt an die Endkunden. Neben den technischen Aspekten, müssen auch organisatorische Aspekte berücksichtigt werden. Jeder Kanal muss für eine einheitliche Kundenerfahrung vernetzt und koordiniert werden. Dafür bedarf es einer engen Zusammenarbeit aller Abteilungen und einer gemeinsamen Strategie.

Quelle: www.eurotransport.de 2015, www.zukunft.business 2015.

Im ECR-System wird eine Vielzahl von **Einsparpotenzialen** im Bereich der Transaktionskosten, der Prozessoptimierung sowie der Kapitalbindung (z.B. durch Reduktion von Lagerbeständen, Steigerung des Lieferservicegrades) angestrebt. Weiterhin steht eine Vielzahl nicht direkt finanzieller Potenziale im Vordergrund, so u.a.:

- Verstärkung der Kundenorientierung und Maximierung des Kundennutzens
- Steigerung des Lieferservice
- schnellere und flexiblere Belieferung
- Vermeidung von Out-of-Stock-Situationen
- Umwidmung von Lagerflächen der Verkaufsstellen in Verkaufsfläche
- bessere Fahrzeugauslastung im Rahmen der Transportabwicklung
- Verkürzung der Transportketten
- verbesserter Lagerbetrieb durch Prozessabstimmung und -optimierung sowie Optimierung der Bestände
- Verringerung des Anteils unverkäuflicher bzw. verdorbener Ware
- Reduktion der Verwaltungskosten und Verringerung des administrativen Aufwands (z.B. durch Vermeidung von Daten- und Prozessredundanzen)
- Reduktion des Mehrfachhandlings

- Verkürzung der Auftragsdurchlaufzeiten
- Steigerung des Frischegrades der Produkte
- Reduktion der Kundenbeschwerden
- nachfragegerechte, effiziente Sortimentsgestaltung und absatzfördernde Positionierung der Produkte
- höhere Reaktionsgeschwindigkeiten auf sich veränderndes Kundenverhalten durch höhere Marktnähe
- Reduktion von Rückgaben und Annahmeverweigerungen durch den Handel.

Einspar-/Kostensenkungspotenziale sollen in folgenden Bereichen ausgeschöpft werden:

- Produktion: bessere Ausnutzung der Kapazitäten der Hersteller, geringere Verpackungskosten, bessere Einkaufsmöglichkeiten für Vorprodukte, Einsparungen durch geringere bzw. weniger Schäden
- Marketing: geringere und effektivere Handels- und Endverbraucher-Promotion, geringere administrative Kosten, geringere Fehlerrate bei Neuprodukteinführungen
- Beschaffung: weniger Administration durch automatisierte, computergestützte Abläufe
- Logistik: bessere Auslastung der vorhandenen Lager- und Transportkapazitäten, weniger Lagerbedarf/Abbau der Bestände, erhöhter Durchsatz
- Administration: Personaleinsparungen
- Tätigkeiten auf der Ebene der Filialen und Online-Kanäle: höhere Produktivität durch automatisierte Bestellsysteme.

Im Folgenden werden die Komponenten der ECR-Dimension SCM und ausgewählte „Enablers" sowie das Collaborative Planning, Forecasting and Replenishment (CPFR), als Elemente der „Integrators", behandelt. Das Demand Management wird im Vierten Kapitel behandelt.

b) Effiziente Nachschubversorgung als Kern

Das konventionelle Bestandsmanagement befasst sich mit allen Entscheidungstatbeständen, die einen Einfluss auf die Lagerbestände haben. Lagerbestände sind Puffer zwischen Input- und Output-Flüssen von Gütern. Diese Puffer entstehen, sobald sich die zeitliche und quantitative Struktur der Input-Flüsse von der der Output-Flüsse unterscheidet. Sie können an unterschiedlichen Stellen in der Wertschöpfungskette entstehen. Durch eine vollständige **Synchronisation** der Waren- bzw. Güterströme könnten Lagerbestände überflüssig gemacht werden, worauf im nächsten Abschnitt näher eingegangen wird. Lagerbestände haben unterschiedliche Funktionen in der Supply Chain. Gründe für die Existenz von **Lagerbeständen** sind u.a. (z.B. Wannenwetsch 2014, S. 295):

- Ausnutzung von Größeneffekten, z.B. beim Einkauf (z.B. Konditionenverbesserungen durch Mengenrabatte) oder beim Transport (z.B. durch günstigere Transportkonditionen oder auf Grund der Möglichkeit zur Transportbündelung)
- Ausgleich bei Auseinanderklaffen von Angebot und Nachfrage, z.B. bei saisonalen Angeboten oder saisonal unterschiedlicher Nachfrage
- Spekulation, indem z.B. Lagerbestände von Produkten aufgebaut werden, für die ein Preisanstieg erwartet wird oder weil die Ware knapp ist
- Schutz vor Unsicherheiten und Überbrückung von Störungen, z.B., weil die Nachfrage der Konsumenten nicht sicher prognostizierbar ist oder weil Lieferunsicherheiten hinsichtlich der Lieferung durch die Hersteller bestehen
- Verkürzung der Lieferzeit und höhere Lieferbereitschaft, z.B., weil besondere Flexibilitätsanforderungen bestehen.

Lagerbestände sind gleichzeitig aber mit z.T. erheblichen Kosten verbunden, wie z.B. Kosten der Kapitalbindung (Zinskosten in Abhängigkeit vom Wert der Güter), Kosten durch Schwund oder Beschädigung, Verwaltungskosten u.Ä. In der Supply Chain sollen deshalb die Lagerbestände so gering wie möglich gehalten werden. Im **Bestandsmanagement** wird deshalb darüber entschieden, welche und wie viel von der jeweiligen Ware gelagert werden soll. Damit im Zusammenhang stehen Entscheidungen, die sich auf die **Bestellmengen** und die **Bestell**- und **Lieferzeitpunkte** beziehen (vgl. zum Bestandsmanagements Abschnitt D.IV.4 in diesem Kapitel).

Traditionelle Beschaffungsprozesse sind damit verbunden, dass der maximale Lagerbestand i.d.R. nach einer Lieferung erreicht wird und diese Lieferung i.d.R. bei Erreichung eines vorher definierten **Sicherheitsbestand** (zur Pufferung von Unsicherheiten bzgl. des Nachfrageverlaufs bzw. der Wiederbeschaffung) ausgelöst wird (Tempelmeier 2015, S. 2). Bei der Steuerung der Bestände sind deshalb die Bedarfsermittlung und damit zusammenhängend die Ermittlung der optimalen Bestellmengen von besonderer Bedeutung. Die **Bedarfsermittlung** wird i.d.R. ausgehend vom Status quo der Nachfrage prognostiziert. Da die Nachfrage der Kunden oft nicht deterministisch vorhersagbar ist, erfolgt die **Bedarfsprognose** durch die Händler oft auf der Basis stochastischer oder verbrauchsgebundener Verfahren. Dabei wird ausgehend von Abverkaufsentwicklungen unter Einbeziehung aktueller Entwicklungen und Rahmenbedingungen (z.B. Marketing- oder Verkaufsförderungsaktivitäten, sowie allgemeiner Kaufverhaltensentwicklungen) der Bedarf ermittelt. Zu berücksichtigen ist aber, dass je nach Supply Chain-Modell oder Warengruppe der Bedarf strukturell unterschiedlich sein kann. So können z.B. bei den Grundnahrungsmitteln, relativ konstante Bedarfssituationen bestehen, die dadurch gekennzeichnet sind, dass nur geringe Abverkaufsschwankungen auftreten. Solche Warengruppen können deshalb zeitlich und mengenbezogen mehr oder weniger gleichbleibend bestellt werden (ähnlich bei „**Every Day Low Price-Strategien**"). Diese sind logistisch vorteilhaft, weil durch den (weitgehenden) Verzicht auf Promotionaktivitäten keine durch das Unternehmen induzierten Umsatzschwankungen auftreten. Daraus resultieren verhältnismäßig gleichmäßige Abverkäufe, die zu einer zuverlässigeren Prognostizierbarkeit der Umsatzentwicklung beitragen. In anderen Sortimentsbereichen können hingegen saisonbedingt unterschiedliche Bedarfssituationen auftreten, auf Grund von Nachfrageschwankungen wie z.B. bei Festtagsartikeln zu Weihnachten oder bei jahreszeitenspezifischen Sortimenten.

Out-of-Stock Problem im Einzelhandel

Besonders bei den gängigen Größen in der Bekleidungs- und Schuhbranche gibt es häufig den Fall, dass der Artikel nicht vorrätig ist. Das kann den Kunden natürlich direkt zum Wettbewerber treiben und das Unternehmen selbst muss Umsätze einbüßen. Viel schlimmer ist das noch, wenn der Artikel eigentlich auf Lager wäre, aber das Personal es nicht weiß. Dabei ist es gerade in puncto Kundenzufriedenheit und -loyalität von großer Bedeutung, solch schwierige Situationen zu vermeiden. Automatisierte Bestandsmanagementsysteme, die darauf hinweisen, wenn der Artikel zu Neige geht, können für Transparenz in der Bestands- und Sortimentsentwicklung sorgen. Oftmals gibt es auch Frühwarnsysteme und ein automatisches Auslösen der Bestellung, sodass Out-of Stock Fälle einfach vermieden werden können. Ein großes Hindernis hierbei ist jedoch der organisatorische Aufwand, da Unternehmensprozesse umstrukturiert werden müssen. Voraussetzung für die Echtzeitanalyse ist nämlich, dass die Bestandsdaten nicht veraltet sind.

Quelle: Handelsjournal 2018; Zukunft des Einkaufens 2016.

Neben dem Ziel, im Grundsatz Bestandsreduktionen zu erreichen, streben Handelsunternehmen im Rahmen des Bestandsmanagements an, **Out-of-Stock-Situationen** zu vermeiden. Trotz der Optimierungsbestrebungen und des zunehmend ausgefeilteren Einsatzes informationstechnologischer Unterstützungssysteme (wie z.B. WWS, Identifikationssysteme) und

Prognosesysteme ist die Nicht-Verfügbarkeit von Artikeln in Handelsunternehmen in Offline- und Online-Shops ein häufig anzutreffendes Problem (Fernie/Corcoran 2011). Die Problematik ist in den **Konsumentenreaktionen** auf Präsenzlücken begründet. Meist resultieren daraus Verluste für die Handelsunternehmen, weil die Konsumenten ganz auf Käufe verzichten oder die Produkte an anderer Stelle kaufen. An Brisanz gewinnen solche Verluste insb. bei einer langen Dauer der Präsenzlücken oder bei dem wiederholten Auftreten, da damit jeweils die Rate der Nichtkäufe im Vergleich zu Substitutionen durch andere Produkte zunimmt und weil die Unzufriedenheit der Kunden mit dem Handelsunternehmen dadurch steigt (z.B. Pizzi/Scarpi 2013).

Continuous Replenishment und Quick Response

Effiziente Nachschubversorgung basiert auf dem Prinzip der **Supply Chain-Synchronisation**, die den Kern der Supply Side-Ansätze des ECR-Konzeptes ausmacht. Der Ansatz des **Continuous Replenishment** (CRP) ist in diesem Kontext ein übergeordnetes Konzept.

Unter CRP werden solche Strategiekonzepte verstanden, welche die kontinuierliche Warenversorgung betrachten, bei der die Steuerung des Nachschubs im Handel bzw. der Produktion der Hersteller auf der Basis der Nachfrage der Konsumenten, d.h. der Abverkaufszahlen, erfolgt. Die Grundidee setzt an der **Just-in-time-Belieferung** an. Der PoS muss dementsprechend immer genau zum richtigen Zeitpunkt über die benötigte Ware verfügen. Der Waren- und Informationsfluss entlang der Supply Chain wird i.S. eines automatisierten Wiederbestellsystems im Gegensatz zu herkömmlichen Systemen auf der Basis der tatsächlichen Abverkäufe optimiert (Brandstätter/Swoboda/Foscht 2016, S. 257f.). Die Basis des Continuous Replenishment bildet eine informationstechnische Vernetzung (z.B. per EDI), anhand derer eine verbrauchsnahe Übermittlung von Abgangsdaten erfolgt, einerseits Lagerabgangsdaten der Hersteller- und Handelslager und weiterhin Abverkaufsdaten als „Abgangsdaten" in den Filialen (siehe Abb. 5.10). Dies ermöglicht die Synchronisation der Produktion. Durch einen **optimalen Informationsaustausch** werden die Reaktion auf Kundenwünsche und der Servicegrad bei gleichzeitiger Reduktion der Bestände erhöht. Auf Grund der auf diese Weise realisierbaren kürzeren **„lead times"** bzw. Bestellvorlaufzeiten können die Hersteller ihre Abhängigkeit von längerfristigen und dadurch meist ungenauen Prognosedaten reduzieren.

Abbildung 5.10: Bestell- und Lieferprozess auf der Basis von Abverkaufszahlen

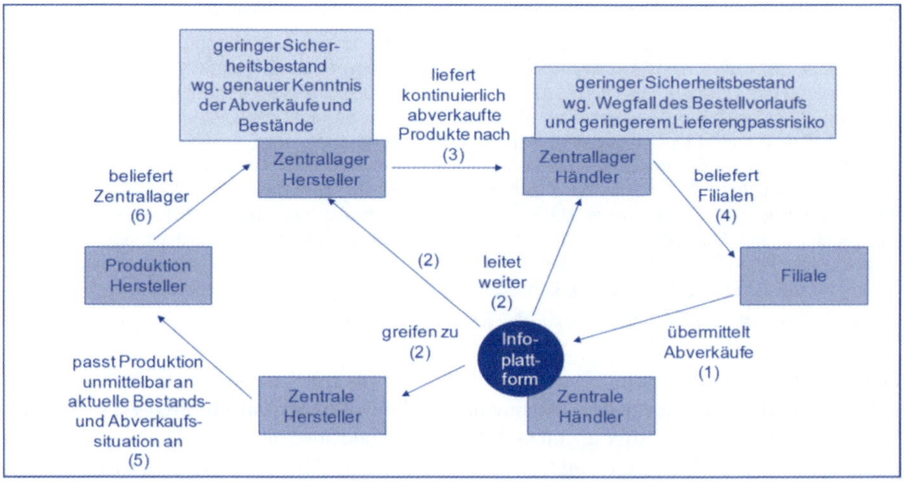

Quick-Response-Systeme stellen einen der ersten Ansätze zur bedarfsgerechten Steuerung des Waren- und Informationsflusses dar, der insb. bei schnellen Nachfrageänderungen von Bedeutung ist (van Weele/Eßig 2017, S. 596). Entwickelt wurden sie Anfang der 1990er Jahre in der US-Textilindustrie. Die Variantenvielfalt in der Modebranche sowie die saisonalen Gegebenheiten im Rahmen der Modesortimente bildeten den Ausgangspunkt der Entwicklung. Die Zielsetzung liegt darin, den Warenstrom mit kleineren Bestellmengen und kürzeren bzw. schnelleren Bestellrhythmen stärker an die tatsächliche Nachfrage zu koppeln, damit schneller auf unvorhergesehene Änderungen (z.B. Modetrends) reagiert werden kann. Dadurch soll die Lagerhaltung von Fertigware durch die Lagerhaltung von Vorprodukten abgelöst werden und mit einer flexibleren Produktionssteuerung zur schnellen Nachproduktion zu einer verbesserten Liefersicherheit führen (Caro/Martínez-de-Albéniz 2014). Dem Quick-Response liegt damit ebenfalls die artikelgenaue Erfassung der Abverkaufsdaten am PoS zu Grunde.

Continuous Replenishment bildet eine übergeordnete Klammer für die logistischen Ansätze im Rahmen der ECR-Aktivitäten. Die nachfragesynchrone Versorgung als Basiskonzept ermöglicht zudem den Einsatz veränderter Lager- bzw. Umschlagskonzepte. So erleichtert bzw. ermöglicht das Continuous Replenishment z.B. die Umstellung von (Zentral-)Lagern auf Warenverteilzentren i.S.v. Transit-Terminals oder den Einsatz von Cross-Docking-Systemen.

Vendor-Managed Inventory (VMI)

Das Konzept der Vendor-Managed Inventories stellt eine spezifische Form des Lagerbestandsmanagements dar, das auf den automatischen Warennachschub ausgerichtet ist. Dabei wird dem Hersteller die Dispositions- und damit auch die **Bestandsverantwortung** übertragen. Es handelt sich somit um ein Partnerschaftsprogramm zwischen Hersteller und Händler, bei dem der automatisierte Warennachschub in der Verantwortung des Herstellers liegt. Der Hersteller bestimmt somit quasi in „Alleinregie" über die Warenbestände im Lager des Handels. Dieses Konzept basiert auf dem permanenten Angleichen von Angebots- und Nachfragerhythmen. Der permanente Abgleich der Aktivitäten der Partner erfolgt durch kontinuierlichen Austausch der Bestands- und Abverkaufsdaten. Die Zielsetzung liegt in der Vermeidung (überflüssiger) Sicherheitsbestände auf der Handelsstufe (Werner 2017, S. 143 ff.).

Die Vorteile des VMI-Konzepts entstehen v.a. daraus, dass der Hersteller seine Nachfrageprognosen auf der Basis der Handelsdaten selbst erstellt, was sich positiv auf Sicherheitsbestände, Out-of-Stock-Situationen sowie Prozesskosten oder Optimierung von Produktionslosgrößen auswirkt und mit einer verbesserten Lieferbereitschaft und einer Verkürzung der Lieferzeiten verbunden ist (Werner 2017, S. 145 ff.). Allerdings führen VMI-Konzepte dazu, dass ein „Ungleichgewicht" entlang der Supply Chain entsteht. Der Hersteller übernimmt mit der Übernahme der Dispositionsaufgabe zusätzliche betriebswirtschaftliche Aufgaben, was zunächst mit höheren Kosten verbunden ist (z.B. Sach- und Personalaufwendungen), während beim Handel durch die Reduktion der Bestände der Aufwand reduziert wird, was direkt ein messbarer Vorteil ist. Die Vorteile, die sich für die Hersteller ergeben, insb. positive Rückwirkungen über den Warenabfluss auf die Produktion, werden hingegen erst langfristig und auch erst ab einer bestimmten „kritischen Masse" für den Hersteller spürbar. Die Ungleichgewichtssituationen, die sich entlang der Supply Chain ergeben können, führen dazu, dass in der Praxis oft eine Zurückhaltung seitens der Hersteller gegenüber VMI-Konzepten besteht.

Co-Managed Inventory/Buyer-Managed Inventory

Eine weitere relevante Form der Zusammenarbeit von Industrie und Handel stellen „Co-Managed Inventories" (CMI) (auch „**Jointly-Managed Inventories**") dar. Bei diesem Konzept erfolgt die Disposition weiterhin durch den Händler, es findet jedoch ein breiter Informationsaustausch über alle relevanten Informationen, z.B. Lagerbestände, Abverkaufsentwicklung, Nachfrageprognosen, geplante Aktionen u.Ä., zwischen Händler und Hersteller statt. Diese Daten bilden wiederum die Grundlage für die Losgrößenentscheidungen der Hersteller. Der Hersteller schlägt dem Händler bei **CMI** die Produkte und Mengen, die produziert und geliefert werden sollen, zunächst nur vor. Dieser hat dann die Möglichkeit, diese Vorschläge zu akzeptieren oder abzulehnen, und behält damit in letzter Instanz die Bestandsverantwortung. Die Formen der „Co-Managed Inventories" sind somit i.d.R. handelsdominiert (Wannenwetsch 2014, S 641). Das „Buyer Managed Inventory-Konzept" (**BMI**) stellt prinzipiell die Inverse des VMI-Konzeptes dar. Hierbei erfolgt eine Übernahme der Bestandsverwaltung im Produktionslager des Herstellers durch den Handel. Dieser hat damit Zugriff auf das Fertigwarenlager des Herstellers und kann prinzipiell auch – bei weiter Auslegung des Konzeptes – bestimmte Produktionslose für sich reservieren bzw. initiieren (Werner 2017, S. 144).

VMI im Reifenhandel

Der Reifenhandel zielt darauf ab, genau die Ware im Bestand zu haben, die binnen kurzer Zeit verkauft werden kann. Dies bietet die Goodyear Dunlop Handelssysteme (GDHS) ihren Handelspartnern mit VMI, das die Goodyear-Dunlop-Gruppe als erstes Unternehmen in der Reifenbranche in Deutschland einsetzt. Hierbei handelt es sich um ein gemeinsam mit den Kunden geplantes Bestandsmanagement und eine konsensorientierte automatische Nachschubsteuerung.

Abbildung 5.11: Schritte zum erfolgreichen VMI

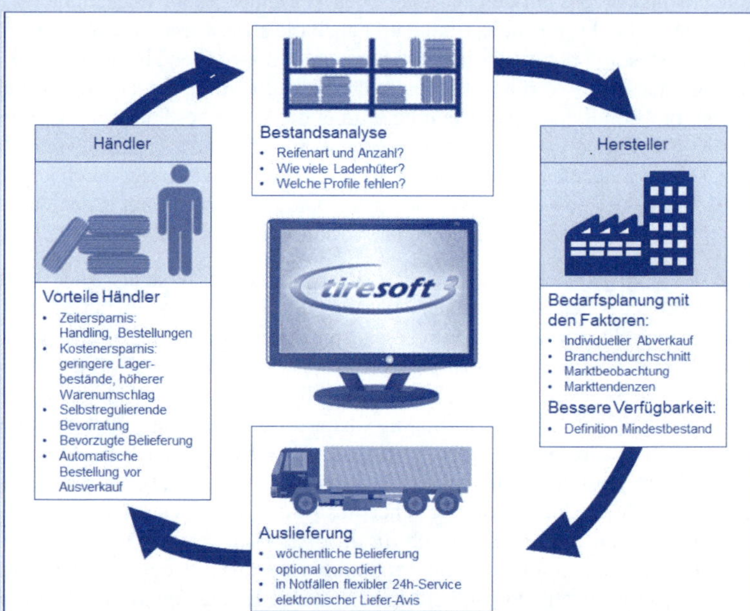

Durch den Einsatz des VMI-Konzeptes werden die Planung und die Disposition zwischen der Goodyear Dunlop Tires Germany als Hersteller und den angeschlossenen Reifenhändlern deutlich verbessert. Als Resultat kann der Abgleich zwischen tatsächlichen Bedarfssituationen und optimalen Liefermengen verbessert werden. Die Vorteile der angeschlossenen Händler sind eine höhere Planungssicherheit, eine Reduzierung der Bestandhaltungs- und Kapitalkosten sowie eine effizientere Auftragsabwicklung. Die Realisierung dieser Ziele erfolgt in vier Schritten: In einem ersten Schritt erfolgt die Analyse der aktuellen Bedarfssituation im Rahmen einer Bestandsanalyse, um festzustellen, welche Anzahl und Art von Reifen beim Händler auf Lager liegen und welche z.B. langsam drehende Artikel sind, um auf diese Weise eine Ausgangsbasis zur Planung des zukünftigen Bedarfs zu schaffen (Schritt 2). Auf Grundlage dieser Planung werden in Schritt 3 gemeinsam Soll-Mengen definiert. Bei Unterschreitung des festgelegten Lagerbestands wird automatisch eine elektronische Bestellung ausgelöst. Die Anlieferung der Ware in Schritt 4 erfolgt in einem festgelegten Lieferzyklus einmal, in den Saisonspitzen zweimal pro Wochen. Bei Engpässen ist aber gleichzeitig eine kurzfristige Lieferung innerhalb von 24 Stunden gewährleistet. Die Ware wird je nach Angaben des Händlers auf Paletten oder in Containern vorsortiert und kann direkt mit einem Beleg in das System „tiresoft 3" eingebucht werden, sodass hierbei der Ersatz manueller Eingaben zusätzliche Effizienzgewinne ermöglicht.

Quelle: Goodyear Dunlop Tires Germany 2017.

c) Collaborative Planning, Forecasting and Replenishment als Integrator

Integratoren verbinden als übergreifende organisatorische Werkzeuge die kooperativen Logistik- und Marketingprozesse. Den bekanntesten Ansatz stellt hier das Collaborative Planning, Forecasting and Replenishment (**CPFR**) dar. Es verknüpft das Demand und Supply Management in einem Gesamtansatz (z.B. Hollmann u.a. 2015). CPFR wird als Ausbau des ECR-Konzeptes angesehen und z.T. als „zweite Generation von ECR" bezeichnet. Es handelt sich dabei um einen Ansatz der kooperativen Planung, Prognose und Bestandsführung. Im Vordergrund steht der Prozess zur Entwicklung einer Prognose der Konsumentennachfrage und darauf basierend einer gemeinsamen Planung, an welche die beteiligten Partner in der Supply Chain gebunden sind. CPFR stellt somit einen Prozess zur Entwicklung einer gemeinsamen Prognose der Konsumentennachfrage dar, welche die Planung entlang der gesamten Wertkette steuert. Das Konzept des CPFR stellt ursprünglich eine Weiterentwicklung des Replenishment-Ansatzes des amerikanischen ECR-Modells dar (Poppe 2017, S. 118f.).

Eine Reihe von US-Institutionen (insb. das amerikanische Standardisierungsgremium „Voluntary Interindustry Commerce Standards", VICS) und Unternehmen (u.a. Walmart, Target, Procter & Gamble, Kimberly-Clark) engagierte sich bei der Entwicklung und Einführung von CPFR. Im Rahmen des CPFR-Konzepts erfolgt bei der gemeinsamen Planung die Zusammenführung des Wissens von Industrie und Handel. Damit werden v.a. Schwächen der einseitig orientierten Prognoseerstellung, die v.a. in den ECR-Konzepten der „ersten Generation" gesehen werden, überwunden. Die Handelsunternehmen haben zwar bessere Prognosemöglichkeiten bzgl. des zukünftigen eigenen Absatzes als die Hersteller, aber diese verfügen zusätzlich über andere Informationen, z.B. über mehrere Handelsunternehmen und deren Verkaufsförderungspläne. Eine weitere Überarbeitung erfuhr das CPFR-Konzept mit dem Ansatz CPFR 2.0, der im Jahr 2014 von Global Standards One (GS1) lanciert wurde. Insbesondere werden neuere Entwicklungen im Kontext der Omnichannel-Systeme, ebenso wie weitere Marketinginstrumente (z.B. Kundenbindungsprogramme) oder neue Entwicklungen auf der Seite der Informationstechnologien (z.B. Big Data, Predictive Analytics) berücksichtigt.

Zur Realisierung des CPFR-Prozesses wird ein mehrstufiges Modell vorgeschlagen (siehe Abbildung 5.12), in dem die jeweiligen Aufgaben von Hersteller und Handel im Verlauf des gemeinsamen Planungsprozesses beschrieben werden (siehe Abbildung 5.13; VICS Association 2011; GS1 2014; Poppe 2017, S. 128 ff.). Dabei wird eine **gemeinsame Planung** durchgeführt. An die Ergebnisse dieser Planung sind beide Partner gebunden. Innerhalb bestimmter, fest vereinbarter Parameter kann jeder der Partner die Planung im Verlauf anpassen. Werden größere Anpassungen vorgenommen, ist das Einverständnis des Partners erforderlich. Zum bestimmten Zeitpunkt werden die Prognosen in eine Bestellung und die Produktionsplanung umgesetzt. Mit der Betonung der gemeinsamen Planung zielt CPFR insb. auf solche Situationen ab, in denen eine hohe **Prognoseunsicherheit** gegeben ist, wie dies z.B. bei Neuprodukteinführungen oder besonders ausgeprägten Verkaufsförderungsaktivitäten (**„Hi-**

Lo-Politik") der Fall ist. Hohe Erfolgswahrscheinlichkeiten werden dem Konzept z.B. dann zugesprochen, wenn die folgenden Situationen gegeben sind (Brandstätter/Swoboda/Foscht 2016, S 253):

- schwer prognostizierbare Nachfrage
- hohe Promotionsaktivitäten
- häufige Produktneueinführungen
- lange Durchlaufzeiten für Produktion und/oder Auffüllen der Bestände
- kurze Lebensdauer der Produkte (z.B. Modeartikel)
- saisonale Schwankungen in der Nachfrageentwicklung.

Abbildung 5.12: CPFR-Modell

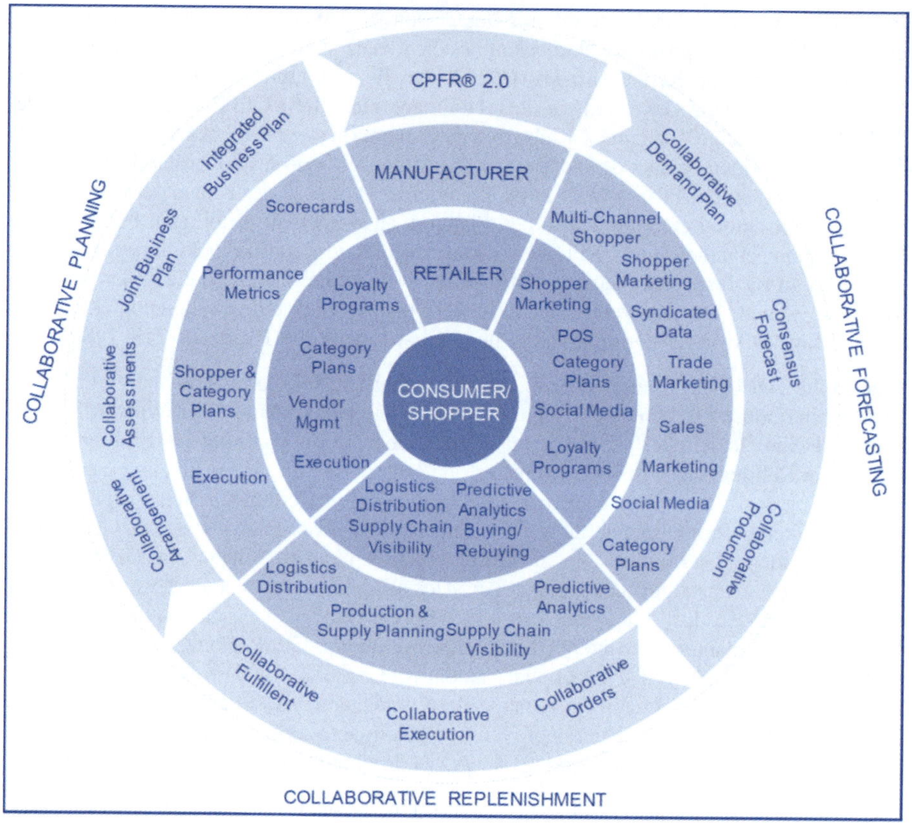

Quelle: GS1 2016.

CPFR basiert auf Kooperation, Vertrauen und intensiver Kommunikation und zielt auf eine Win-Win-Situation ab. Die Hauptzielsetzungen liegen dabei in den folgenden Bereichen:

- Verbesserung der Transparenz entlang der Supply Chain durch Datenaustausch
- Verbesserung der Prognosegenauigkeit
- Verringerung der Herstellkosten der Industrie
- Verbesserung der Nutzung der Produktionskapazitäten
- Verringerung der Lagerkosten (Reduktion von Sicherheitsbeständen, Schwankungen etc.)
- Reduktion der Vertriebskosten (Transportkostenoptimierung u.Ä.)

- Erhöhung der Produktverfügbarkeit am PoS (Verringerung von Out of Stocks)
- Verringerung von Überbeständen
- Beschleunigung der Reaktionsgeschwindigkeit auf Nachfrageveränderungen der Kunden.

Abbildung 5.13: Aufgaben von Industrie und Handel im CPFR-Prozess

Retailer Tasks	Collaboration Tasks	Manufacturer Tasks
	Planning	
Vendor Management	Collaboration Arrangement	Account Planning
Category Management	Joint Business Plan	Market Planning
	Forecasting	
PoS Forecasting	Sales Forecasting	Market Data Analysis
Replenishment Planning	Order Forecasting	Demand Planning
	Replenishment	
Buying/Re-buying	Order Generation	Production & Supply Planning
	Order Fulfillment	Logistics/Distribution
	Analysis	
Store Execution	Exception Management	Execution Monitoring
Supplier Scorecard	Performance Assessment	Customer Scorecard

Quelle: GS1 2014.

III. Enabling Technologies

Enabling Technologies sind zwar Teil des ECR-Konzeptes, aber zugleich eine wesentliche Voraussetzung zur Realisierung effizienter und effektiver Supply Management- und Demand Management-Lösungen generell. Sie werden daher im Folgenden nicht nur vor dem Hintergrund der ECR-Überlegungen, sondern in allgemeiner Form diskutiert. Von besonderer Bedeutung sind insb. Nummernsysteme, Auto-ID-Systeme, Kommunikationssysteme und entsprechende -standards sowie Stammdatenpools und Data Warehouses (vgl. hierzu Zentes/Hertel/Schramm-Klein 2011, S. 67ff.). Abbildung 5.14 zeigt ausgewählte Studien von Enabling Technologies im Handel. Im Vordergrund der Studien stehen v.a. allgemeine Entwicklungen neuer Technologien zur Entlastung, Herausforderungen in eben diesem Bereich sowie Fragen, die sich mit der Datenanalyse beschäftigen.

Abbildung 5.14: Stand der Literatur zu Enabling Technologies im Handel in der Logistik

Autor(en)	Forschungsfrage	Theorie	Daten und Methode	Kernergebnisse
Aazam/ Zeadally/ Harras (2018)	Offload in Fog Computing für IoT: Review, Technologien und Forschungsmöglichkeiten	Keine	Diskussion von Arten von Entlastungstechniken, die sich auf das Fog- oder Edge-Computing in der Cloud-IoT-Umgebung konzentrieren, sowie Vorstellung einiger Offloading-Szenarien und -Ansätze.	■ Die digitale Welt expandiert rasant und neue Netzwerktechnologien ebnen den Weg für die Entstehung von anspruchsvollen Dienstleistungen. ■ Aktuelle Geräte werden immer leistungsfähiger, aber sind noch nicht in der Lage, intelligente, autonome Aufgaben auszuführen, wie sie oft für Smart Healthcare, Ambient Assisted Living (AAL) oder Virtual Reality benötigt werden. ■ Technik, die oft als Offloading bezeichnet wird, wird benötigt. ■ Task-Offloading kann aus verschiedenen Gründen erfolgen, z. B. Lastverteilung, Latenzabschwächung, Sicherheit, Datenverwaltung, Energiemanagement.
Akyildiz/ Nie/Lin/	5G Roadmap: 10 Schlüsseltechnologien	Keine	Untersuchung des Standes der Technik und der Potenziale sowie	■ Steigende Nachfrage nach höheren Datenraten, geringeren Netzwerklatenzzeiten, bessere Energieeffizienz und zuverlässiger allgegenwärtiger Konnektivität

Chandrasekaran (2016)			die Herausforderungen und Einschränkungen der zehn Basistechnologien	■ Zu den wichtigsten technologischen Durchbrüchen, gehören (1) ein drahtloses, softwaredefiniertes Netzwerk, (2) Netzwerkfunktionsvirtualisierung, (3) Millimeterwellenspektrum, (4) massive MIMO, (5) Netzwerk-Ultradichtechnik (6) Big Data und Mobile Clouc Computing, (7) skalierbares Internet der Dinge, (8) Gerät-zu-Gerät-Konnektivität mit hoher Mobilität, (9) grüne Kommunikation und (10) neue Funkzugangstechniken
Giebelhausen/ Robinson/ Sirianni/ Brady (2014)	Touch versus Tech: Wenn Technologie als Barriere oder als Vorteil für Service Encounters fungiert	Role and Script Theory	N=140 N=156 Regressionsanalyse/ANOVA	■ Austausch von Kunden und Mitarbeitern im Außendienst erfordert zunehmend den Einsatz von Technologie wie POS-Terminals, Tablets und Kiosks. ■ Der Einsatz von Technologien kann als eine zwischenmenschliche Barriere wirken, die den Kunden daran hindert, in Form von Sachleistungen auf die Bemühungen zum Aufbau eines Mitarbeitergesprächs zu reagieren, wodurch Service-Service-Bewertungen verringert werden. ■ Die Wirkung des Technologieeinsatzes auf Service-Begegnungs-Evaluationen kehrt sich von positiv auf negativ, wenn Mitarbeiter sich mehr rapportaufbauend verhalten. ■ Im Fall von High-Rapport-Begegnungen führt der Einsatz von Technologie zu psychologischen Unannehmlichkeiten für den Kunden und letztlich zu geringeren Bewertungen der Service-Begegnungen, als wenn die Technologie nicht vorhanden wäre.
Waller/ Fawcett (2013)	Auswirkung von Data Science, Predictive Analytics und Big Data auf Supply Chain Design und Management	Keine	Analyse der Möglichkeiten, bei der sich das SCM mit Data Science, Predictive Analytics und Big Data (gem. als DPB bezeichnet) überschneidet.	■ Data Science erfordert sowohl Domänenwissen als auch eine breite Palette quantitativer Fähigkeiten. ■ Um die Big-Data-Revolution optimal nutzen zu können, müssen Supply-Chain-Forscher und -Manager die Rolle und die Implikationen der DPB für die Entscheidungsfindung in der Lieferkette verstehen und annehmen. ■ Zur Verwaltung dieser potenziell unschätzbaren Datensätze wurden neue Methoden der Datenwissenschaft und neue Anwendungen in Form von Vorhersageanalysen entwickelt. ■ Traditionelle Ansätze müssen neu gedacht werden. ■ Erfolgreiche Datenwissenschaftler müssen in der Lage sein, Geschäftsprobleme aus einer Datenperspektive zu betrachten.

1. Nummernsysteme

Nummernsysteme als **Identifikationsstandards** dienen in der Supply Chain z.B. (GS1-Germany 2009a):

- der Kennzeichnung von Artikeln in Preislisten und Katalogen (Artikelnummern),
- der Übertragung von Bestellungen,
- der Kennzeichnung von Aus- und Anlieferstellen (Lokationsnummern, z.B. Filialnummern, Mitgliedsnummern),
- der Kennzeichnung von Artikeln im Rahmen der Lagerhaltung (z.B. Einlagerung, Umlagerung, Auslagerung),
- der Kennzeichnung von Versandeinheiten zur Steuerung der Transporte (Packstücknummern, Mehrwegtransportkennzeichnung),
- der Kennzeichnung der Artikel am PoS zur Erfassung der Abverkäufe (Scanning-Kassensysteme).

Den wichtigsten **internationalen Nummerierungsstandard** stellt das **GS1-Nummernsys-**

tem (ehemals EAN-Nummernsystem) dar. Es wird von „GS1-Global" verwaltet, der international führenden Organisation für die Entwicklung und Umsetzung weltweiter Standards, mit dem Ziel, Logistik- und Nachfrageketten zu optimieren (in Deutschland GS1-Germany). Das Nummernsystem ermöglicht Unternehmen u.a., ihre Standorte, Produkte, Dienstleistungen, Transporteinheiten und -behälter weltweit eindeutig zu identifizieren. Die wichtigsten Nummernsysteme in diesem Kontext sind (www.gs1-germany.de):

- die Globale Lokationsnummer (GLN, ehemals ILN)
- die Globale Artikel- und Dienstleistungsidentnummer (GTIN, ehemals EAN)
- die Nummer der Versand- und Transporteinheit (NVE/SSCC, ehemals NVE)
- die Globale Identnummer für Mehrweg-Transport-Verpackungen (GRAI, ehemals MTV)
- der Global Individual Asset Identifier (GIAI) zur Kennzeichnung von Objekten
- der Elektronische Produkt Code (EPC).

Einen Überblick über die Bedeutung der Nummerierungsstandards gibt Abb. 5.15.

Abbildung 5.15: Nummerierungsstandards

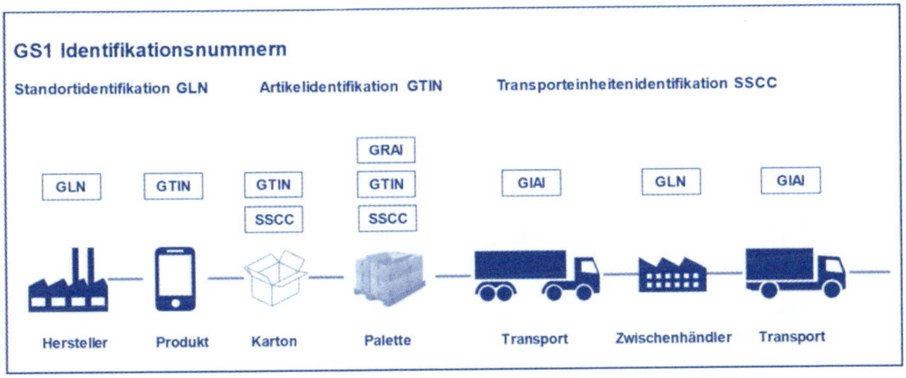

Quelle: GS1 Austria 2015.

Die **Globale Lokationsnummer** (GLN) dient der Identifikation von Unternehmen bzw. Unternehmensteilen. Die GLN ist 13-stellig, wobei zwischen einer GLN vom Typ 1 und einer GLN vom Typ 2 unterschieden wird. Während sich die GLN vom Typ 1 lediglich zur Unternehmensidentifikation eignet, reicht die GLN vom Typ 2 in ihren Anwendungsmöglichkeiten über die standardisierte Unternehmensidentifikation hinaus. Die GLN vom Typ 2 enthält eine 7-, 8- oder 9-stellige integrierte Basisnummer zur Unternehmensidentifikation sowie einen individuellen Nummernteil. Dieser ermöglicht die individuelle Nummerierung von Artikeln durch das Unternehmen im Rahmen der GTIN. Die GLN vom Typ 2 wird in Deutschland damit zwingend zur Bildung der GTIN als auch der NVE/SSCC benötigt.

Die **Global Trade Item Number** (GTIN) wurde als international einheitlicher Begriff für die kompatiblen Identifikationssysteme EAN (**European Article Number**) und UPC (**Universal Product Code**) im Jahr 2009 eingeführt. GTIN-Artikelnummern GTIN-8, GTIN-12 und GTIN-13 bestehen in Deutschland aus der Basisnummer der GLN vom Typ 2 und einer individuellen Artikelnummer, die der Hersteller bzw. Lieferant selbst festlegt. Die 13. Stelle ist eine Prüfziffer. In Abhängigkeit von der Länge der vorgegebenen Basisnummer können für die individuelle Artikelnummer drei, vier oder fünf weitere Ziffern angehängt werden. Damit variiert die freie Nummernkapazität von 1.000-100.000 GTIN-Artikelnummern pro Basisnummer. Es existiert zudem eine weitere Form der GTIN, die GTIN-14. Sie wird insb. zur

Identifikation von Um- bzw. Überverpackungen und zur Bildung von Verpackungshierarchien eingesetzt. Sie ist deshalb nicht für Scannerkassen am PoS geeignet. Sie enthält vor der GS1 Basisnummer noch einen weiteren Indikator. Die Umsetzung der GTIN erfolgt in Form eines EAN-13-Strichcodes. Dieser Strichcode kann direkt auf den Produkten bzw. Verpackungen aufgebracht oder in Form von Etiketten nachträglich angebracht werden. Die drucktechnische Umsetzung der GTIN in den EAN-Strichcode beansprucht abhängig von Bedruckstoff und Druckverfahren einen bestimmten Platz auf der Verpackung. Zur Kennzeichnung von Kleinstprodukten besteht in begrenzten Fällen die Möglichkeit den Strichcode in kleinerer Form (GTIN-8) zu drucken. Die Notwendigkeit einer GTIN-8-Codierung muss vom Hersteller bzw. Lieferanten anhand von Mustern des Artikels nachgewiesen werden. Eine Weiterentwicklung des EAN-13-Strichcodes stellt der **GS1-128-Strichcode** dar. Während EAN-13 lediglich zur Verschlüsselung der 13-stelligen GTIN dient, kann der GS1-128 einerseits verschiedene Identifikationssysteme (GLN, GTIN, NVE/SSCC), aber auch darüberhinausgehende Informationen in strichcodierter, standardisierter Form übermitteln (z.B. Mindesthaltbarkeitsdatum). Der GS1-128 dient damit zur Unterstützung von Qualitätssicherungssystemen.

Anhand der **Nummer der Versandeinheit/Serial Shipping Container Code** (NVE/SSCC) erfolgt die Kennzeichnung von Versandeinheiten, mit dem Ziel der Identifizierung dieser Einheiten auf ihrem Weg vom Versender bis zum Empfänger. Sie wird einmalig vergeben und kann lückenlos von allen an der Transportkette Beteiligten für Sendungsübergabe und Sendungsverfolgung genutzt werden. Der Einsatz der NVE/SSCC erfolgt insb. zur Warenrückverfolgung, für Routings und im Rahmen der Qualitätssicherung. Die NVE/SSCC ist 18-stellig. Ähnlich der GTIN basiert die NVE/SSCC in Deutschland auf der Basisnummer der GLN vom Typ 2. Anhand der Basisnummer können Unternehmen eigenständig Identnummern für Versandeinheiten generieren. In Abhängigkeit von der Länge der Basisnummer können sieben bis neun weitere Ziffern angehängt werden. Die letzte Stelle ist eine Prüfziffer. Neben der SSCC existieren in diesem Kontext weitere Nummerierungssysteme wie z.B. die **Global Identification Number for Consignment** (GINC), die von Transporteuren zur Identifikation von Sendungen eingesetzt wird, die aus einer oder mehreren Transporteinheiten bestehen und gemeinsam versandt werden sollen, bzw. die **Global Shipment Identification Number** (GSIN), die von Versendern eingesetzt wird, um Lieferungen zu identifizieren. Der **Global Returnable Asset Identifier** oder GRAI dient zur Verwaltung, Abwicklung und Verfolgung von Transportverpackungen. Durch die GRAI lassen sich wieder verwendbare Verpackungen und Transporthilfsmittel eindeutig identifizieren. Der GRAI soll damit das Handling von wieder verwendbaren Verpackungen in der logistischen Kette vereinfachen. Die Seriennummer des GRAI ist alphanumerisch mit bis zu 16 Stellen definiert. In Verbindung mit der GTIN-Nummer der Verpackungsausführung lässt sich jeder einzelne Behälter eindeutig und überschneidungsfrei identifizieren. Zur Objektidentifikation wird der **Global Individual Asset Identifier** (GIAI) eingesetzt. Hiermit werden insb. Anlageobjekten, die in Transport oder Lagerung eingesetzt werden, bspw. Fahrzeuge oder Transporthilfsmittel, gekennzeichnet. Der GIAI besteht aus einer GS1 Basisnummer und einer bis zu 30-stelligen Objektnummer. Der **Electronic Product Code** (EPC) dient zur Kennzeichnung von Produkten im Rahmen von RFID-Systemen. Der EPC ist ein wesentlicher Bestandteil der auf einem Transponder gespeicherten Daten und erlaubt eine weltweit eindeutige Identifikation von Artikeln. Das gesamte GS1-Nummernsystem (GLN, GTIN, SSCC (NVE), GRAI) kann durch einen EPC-Transponder abgebildet werden. Dies gewährleistet die Kompatibilität von RFID-Systemen mit etablierten Barcode-Technologien. Der EPC hat eine Länge von mindestens 64 Bit bis maximal 204 Bit und folgenden grundsätzlichen Aufbau:

- Der Header (Datenkopf) klassifiziert, welche EPC-Version genutzt wird und welche Informationsart verschlüsselt ist (z.B. GRAI).
- Der Filter dient der Identifikation der logistischen Einheit (z.B. Artikel).
- Die Partition trennt Informationseinheiten innerhalb des EPC und dient damit der Strukturierung des Zahlencodes.
- Die EPC-Manager-Nummer enthält die Mitgliedsnummer des Nummerngebers. Sie basiert auf der integrierten Basisnummer der GLN vom Typ 2.
- Die Object-Class-Nummer kennzeichnet die Objektnummer (z.B. Artikelnummer).
- Die Serial Number dient der Identifikation eines einzelnen Objekts.

Der EPC beinhaltet über die Identifikationsnummer hinaus keine weiteren Informationen, ist aber der Zugriffsschlüssel zum **EPCglobal-Netzwerk**. Das EPCglobal-Netzwerk verwaltet sämtliche EPC-Informationen, d.h. alle zu einer bestimmten EPC-Nummer gehörende Stamm- oder Bewegungsdaten. Es gewährleistet damit eine transparente Informationsversorgung entlang der gesamten Wertschöpfungskette.

2. Auto-ID-Systeme

Identifikationssysteme dienen der Erkennung der logistischen Einheiten an jedem Punkt der Supply Chain. Im Rahmen der **Identifikationssysteme** in der Supply Chain stehen Kennzeichnungen im Vordergrund, die den Prozess des Erkennens der Einheiten fördern, so v.a. automatische Identifikationssysteme (Auto-ID-Systeme), die es ermöglichen, den Identifikationsprozess anhand des Einsatzes technischer Hilfsmittel zu beschleunigen. Die wichtigsten Verfahren der **automatischen Identifikation** sind (Finkenzeller 2015, S. 2ff.):

- **Barcode-Systeme**: Strichcodes stellen die gebräuchlichste Form der Auto-ID-Systeme dar. Sie bestehen aus einem Feld paralleler Striche und Trennlücken, die nach einem festgelegten System angeordnet sind. Sie sind maschinenlesbar, indem ein Laserstrahl die Oberfläche abtastet, die Abfolge der Striche als Reflexion erkennt und diese in ein binäres Signal umwandelt. Der am weitesten verbreitete Barcode ist die GTIN.
- **QR-Codes**: Quick Response Codes dienen analog zu Barcodes zur schnellen Datenerfassung über Scan-Systeme. Sie werden über optische Lesegeräte erfasst und in ihrer Pixelstruktur können bis zu rd. 7.000 Ziffern oder 4.300 Buchstaben, Satz- oder Sonderzeichen hinterlegt werden. Es handelt sich um eine offene Technologie, die frei genutzt werden kann.
- **Optical Character Recognition**: OCR-Systeme stellen Systeme dar, bei denen spezielle Schrifttypen anhand ihrer Stilisierung automatisch eingelesen werden. Besondere Bedeutung haben diese Systeme im Buchhaltungskontext oder bei der Rechnungslegung (z.B. Registrierung von Rechnungen).
- **Biometrische Verfahren**: Bei diesen Verfahren erfolgt die Identifikation anhand des Vergleichs bestimmter individueller Körpermerkmale. Hierbei sind z.B. Gesichtserkennung, Fingerabdrucksverfahren, Sprachidentifikationen oder die Augen-Netzhaut-Identifizierung von Bedeutung. Sie werden zunehmend im Bereich des CRM als Unterstützungssysteme diskutiert und in der Smartphone-Technologie umgesetzt.
- **Magnetkarten**: Das Funktionsprinzip von Magnetkarten ist ähnlich dem eines Barcodelesers, wobei allerdings keine optische Abtastung erfolgt, sondern die Abfolge von Änderungen von magnetisierten Teilen auf einem Streifen erfasst wird. Magnetkarten sind z.B. im Bereich der Kundenkarten von hoher Bedeutung.
- **Chipkarten**: Smartcards stellen elektronische Datenspeicher oder Mikroprozessoren dar, die – zur besseren Handhabung – in Plastikkarten integriert sind. Sie nutzen einen direkten galvanischen Kontakt zwischen Leser und Karte für die Datenübertragung. Eine typische

Anwendung sind Krankenkassenkarten. Sofern Chipkarten Radiowellen benutzen, sind sie der Gruppe der RFID-Systeme zuzuordnen.

- **RFID-Systeme**: RFID-Systemen wird vielfach das höchste Entwicklungspotenzial im Rahmen von Auto-ID-Systemen zugeschrieben.

3. Radiofrequenzidentifikation (RFID)

Im Gegensatz zu Strichcode-Systemen (Scanning-Technologie), erfolgt bei der Radiofrequenzidentifikation (**Radio Frequency Identification**) das Aufbringen der Informationen auf einem elektronischen Datenträger (RFID-Tag). Hierbei handelt es sich um ein Identifikations-Etikett, das aus einem programmierbaren Chip und einer Miniaturantenne besteht. Das Lesen, Verarbeiten und ggf. das Verändern der Daten erfolgt über ein elektromagnetisches Frequenzfeld. Zudem ist der Identifikationsprozess möglich, ohne dass ein Sichtkontakt oder ein Umpacken der Artikel notwendig ist, und es ist möglich, mehrere Datenträger in einem Lesevorgang zu erfassen („**Pulkerfassung**") (Weber 2015).

Einsatzbereiche von RFID liegen v.a. im Bereich der Transport- und Lagerprozesse (z.B. Anbringen von RFID-Tags auf Paletten, Umverpackungen oder dem Einzelprodukt). Grundsätzlich kann zudem ein Einsatz im Back-Store-Bereich und im Verkaufsraum einer Filiale erfolgen, z.B. im Rahmen *„***intelligenter Regale***"*, die anhand von RFID-Systemen Informationen über den Regalbestand übermitteln können. Darüber hinaus kann RFID im Rahmen von **Kassiervorgängen** eingesetzt werden, bei denen eine automatische Erfassung der Einkäufe der Kunden anhand auf den Verbrauchseinheiten angebrachten RFID-Tags erfolgt. Zudem erfolgt der Einsatz von RFID-Systemen im Bereich der **Rückverfolgbarkeit** bzw. des *„***Tracking & Tracing**" (Thomas u.a. 2015). Abbildung 5.16 illustriert einzelne Anwendungsfelder über die Supply Chain hinweg, so von der Produktionsstätte über ein Distributionszentrum in die Filialen. Auf Grund der immer noch relativ hohen Kosten der Technologie steht aktuell v.a. die Nutzung im Rahmen der Transport-/Lagerprozesse im Vordergrund, so zur Identifikation von (Mehrweg-)Transportbehältern sowie logistischen Versandeinheiten. Bei höherwertigen Produkten, wie z.B. Kleidungstücken, erfolgt auch der Einsatz auf Einzelartikelebene.

Abbildung 5.16: Anwendungsbereiche von RFID über die Supply Chain

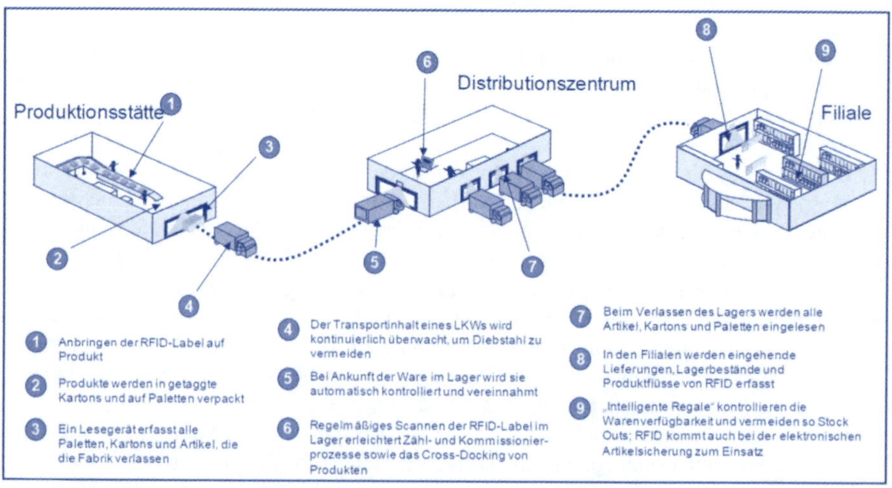

Quelle: IBM/Auto-ID Center 2002.

4. Kommunikationssysteme und -standards

Im Rahmen von Supply Chain-Prozessen ist neben dem physischen Warenfluss der Austausch von unternehmensinternen und -externen Informationen von zentraler Bedeutung (siehe Abbildung 5.17). Im Kontext des unternehmensinternen und -übergreifenden Datenaustauschs sind Internet sowie Intra- und Extranet-Lösungen relevant. Das **Internet** ist im Gegensatz zu Intra- und Extranets weltweit öffentlich zugänglich. Ein **Intranet** hingegen ist auf das interne Unternehmensnetzwerk begrenzt (Alpar u.a. 2014, S. 101). Im Rahmen von **Extranets** wird das Intranet um externe Partner erweitert, indem ausgewählten Partnern der kontrollierte Zugriff auf dieses Intranet gewährt wird. Der Hauptzweck von Extranets liegt in der effizienten Business-to-Business-Kommunikation (Moussa 2016, S. 26ff).

Von Bedeutung ist das Konzept des „**Electronic Data Interchange**" (EDI). EDI kennzeichnet die unternehmensübergreifende Übermittlung von strukturierten und normierten Geschäfts- bzw. Transaktionsdaten zwischen Unternehmen unter Einsatz offener elektronischer Kommunikationsverfahren. Mit Hilfe von EDI können strukturierte Geschäftsprozesse unterstützt werden (Miraz u.a. 2016). Neben bilateralen Systemen können EDI-Systeme auch auf der Basis des Internet realisiert werden (**Web-EDI**). Hierbei erfolgt der elektronische Datenaustausch zwischen den Geschäftspartnern über das **World Wide Web**. Web-EDI dient dazu, kleine und mittlere Unternehmen (KMU) mit nur geringem Belegvolumen an den elektronischen Geschäftsdatenaustausch anzubinden. Dazu werden den jeweils angebundenen Partnern elektronische Formulare auf einem gesicherten Internet-Server zur Bearbeitung zur Verfügung gestellt (Wannenwetsch 2014, S. 214). Eine wesentliche Voraussetzung für den EDI-Einsatz ist die Existenz von einheitlichen Kommunikationsstandards, welche die Datenstruktur der gesendeten Einheiten festlegen.

Abbildung 5.17: Datenaustausch zwischen Industrie und Handel

5. EDI/Web-EDI

Den wichtigsten Kommunikationsstandard, d.h., EDI-Datenstandard, stellt **UN/EDIFACT** (United Nations Rules for Electronic Data Interchange for Administration, Commerce and Transport) dar. Er umfasst mehr als 200 Nachrichtentypen und wird weltweit eingesetzt. Auf der Basis von Branchenstandards können unterschiedliche, vordefinierte Geschäftsprozesse in Form spezifischer Nachrichtenstandards abgewickelt werden. Von besonderer Bedeutung sind hierbei die Nachrichtenstandards **EANCOM** und **GS1-XML**:

- EANCOM: EANCOM (EAN + Communication) ist das UN/EDIFACT-Subset der Konsumgüterbranche. EANCOM ist das bedeutendste und weltweit am häufigsten verwendete Subset und gilt als branchenübergreifender, internationaler Standard. In EANCOM-Nachrichten wird jedes Produkt durch eine eindeutige Globale Artikelidentnummer (GTIN), jeder Partner durch eine eindeutige Globale Lokationsnummer (GLN) und jedes Packstück durch eine eindeutige Nummer der Versandeinheit (NVE/SSCC) identifiziert. Beispiele für EANCOM-Nachrichten sind in Abb. 5.18 dargestellt.
- GS1 XML: Die GS1 XML (GS1 eXtensible Markup Language)-Standards ergänzen den EDI-Standard UN/EANCOM. Sie bestehen aus einem Set elektronischer Geschäftsnachrichten, mit denen Unternehmen unabhängig von den verwendeten internen Soft- und Hardwaresystemen Informationen effizient austauschen können. Die Zielsetzung der GS1-XML Standards besteht darin, ein plattformunabhängiges, flexibles Nachrichtensystem zu etablieren. Vorteilhaft im Rahmen von GS1-XML-Standards ist zunächst, dass ein verhältnismäßig großes Datenvolumen übermittelt werden kann. Allerdings kann dies zu einer „Aufblähung" der Informationen bzw. des Datenaustauschs und zu höheren Übertragungs- und Verarbeitungszeiten führen. Zudem ist das System – auf Grund der hohen Flexibilität – nicht in gleicher Form wie EANCOM standardisiert, sodass bilaterale Abstimmungen zwischen den Transaktionspartnern erforderlich sind.

Stammdaten sind Grunddaten in der betrieblichen Informationsverarbeitung, die über einen bestimmten Zeitraum nicht verändert werden. Sie dienen der allgemeinen Charakterisierung der jeweiligen Objekte. Wichtige Stammdaten, die in Stammdatenpools in logistischen Informationssystemen enthalten sind, sind:

- Artikelstammdaten
- Kundenstammdaten
- Lieferantenstammdaten.

Abbildung 5.18: EANCOM-Nachrichten – Beispiele

Nachrichtenkennung	Nachrichtentyp
Stammdatenabgleich	
PARTIN	Partnerstammdaten
PRICAT	Preisliste/Katalog
PRODAT	Produktstammdaten
QALITY	Qualitätsdaten
Handelstransaktions-Nachrichten (Bewegungsdaten)	
DELFOR	Zulieferungsplan
DESADV	Liefermeldung
IFTMAN	Ankunftsmeldung
IFTMBC	Buchungsbestätigung
IFTMBF	Buchung/Reservierung
IFTMIN	Transport-/Speditionsauftrag
INSDES	Lieferanweisung
INVOIC	Rechnung
ORDCHG	Bestelländerung

ORDERS	Bestellung
ORDRSP	Bestellantwort
OSDTENQ	Bestellstatusanfrage
OSTRPT	Bestellstatusbericht
PAYMUL	Mehrere Zahlungsaufträge
PROINQ	Produktanfrage
QUOTES	Angebot
RECADV	Wareneingangsmeldung
REMADV	Zahlungsavis
REQOTE	Anfrage
RETANN	Ankündigung der Warenrückgabe
RETINS	Anweisung zur Warenrückgabe
IFTSTA	Transportstatus
Berichts- und Planungsnachrichten	
INVRPT	Lagerbestandsbericht
SLSFCT	Verkaufsprognose
SLSRPT	Verkaufsdatenbericht

Quelle: GS1 2016.

Während die **Kunden**- bzw. **Lieferantenstammdaten** unternehmensindividuellen Charakter haben, werden im Rahmen von EDI-Prozessen v.a. die **Artikelstammdaten** zwischen den beteiligten Akteuren der Supply Chain ausgetauscht. Als Artikelstammdaten können Informationen, wie z.B. GTIN, Warengruppe, Herstellerangaben, Abmessungen oder Gewichte, Verpackungsangaben oder Preisinformationen gepflegt werden. Die Artikelstammdaten werden nicht nur in den unternehmensinternen Informationssystemen eingesetzt und stellen damit die Basis der WWS dar, sondern sie werden – z.B. bei EDI-Systemen – zwischen Industrie und Handel ausgetauscht. Zu Beginn von EDI-Datenaustauschverbindungen ist zunächst der Austausch der Stammdaten zwischen den Akteuren notwendig, damit eine Identifikation der übermittelten Informationen möglich ist. Weiterhin ist auch jede Änderung oder Aktualisierung der Stammdaten den Transaktionspartnern zu übermitteln.

Decathlon setzt auf RFID

Decathlon setzt verstärkt auf die Vorteile von RFID Chips als Ersatz für die traditionellen Barcodes. Die kleinen mit Antennen versehenen Chips kommen in allen Filialen zum Einsatz und ermöglichen ein vorher nicht realisierbares Bestandsmanagement. Als einer der weltweit größten Sportartikel-Händler verschifft Decathlon jährlich über 650 Mio. Artikel in ca. 50.000 Containern, von denen 85% mit RFID-Chips gekennzeichnet werden können. In den rd. 1.000 Filialen und 40 Logistikzentren kommen die Chips nicht nur bei der Inventur zum Einsatz, sondern werden auch vermehrt in den Bezahlsystemen und Diebstahlsicherungen berücksichtigt. Bereits im Jahre 2010 startete die der Oxylane-Gruppe zugehörige Kette mit der Umsetzung des Projektes. Ziel war es v.a., Verfügbarkeitsengpässe zu vermeiden und Kunden mit den gewünschten Produkten versorgen zu können. Im Rahmen einer großangelegten Studie hatte man zuvor diesen Faktor als wichtigsten Faktor der Kundenzufriedenheit identifiziert. RFID sollte nicht nur diese Engpässe verringern und die Bestellprozesse und Warenlieferungen im Hintergrund zielführender gestalten, sondern auch die Wartezeiten an der Kasse verringern.

Zur Umsetzung dieses Projektes gründete Decathlon die Produktionsfirma Embisphere, die für das Design und die Beschaffung bzw. Produktion der verwendeten Chips verantwortlich ist. Entsprechende Chips werden dabei von verschiedenen Herstellern geordert, um stets die benötigten Mengen einsetzen zu können. In Kombination mit der geeigneten Software bietet Embisphere mittlerweile umfassende Lösungen an, die nicht nur bei Decathlon im Einsatz sind. Die Lesegeräte werden nach der Anlieferung der Produkte in den einzelnen Logistikzentren genutzt, um die Artikel im System einpflegen zu können. Sobald die interne Zuordnung abgeschlossen ist und die Ware das Logistikzentrum verlässt, werden die Artikel erneut gescannt. In der Filiale stehen Mitarbeitern und Kunden anschließend an verschiedensten Stellen Scanner zur Verfügung. Über die implementierten Chips können Mitarbeiter bspw. die genaue Aufteilung der Produkte auf die Regale einsehen. Durch Lese- und Steuerungsgeräte in Smartphonegröße können dementsprechend automatische Bestellprozesse initiiert werden. Filialübergreifende Datenbanken helfen darüber hinaus bei der Koordination der Warenströme zwischen den Produktionsstätten, den Logistikzentren und den Filialen. Kunden haben durch neu geschaffene Self-Checkout-Kassen nun die Möglichkeit, die RFID Chips im Bezahlprozess selbst einzusetzen. Ein entsprechender Scanner erkennt die vom Kunden gewünschten Waren ohne sie zu berühren oder Sichtkontakt herzustellen, was den Bezahlprozess beschleunigt und vereinfacht. Der Einsatz bedeutet dabei nicht nur Vorteile im Rahmen der Bestandsmanagement-Maßnahmen, sondern auch deutliche Arbeitserleichterungen für die Decathlon-Mitarbeiter, die viele Arbeitsprozesse mit der neuen Technologie vereinfachen können. In vielen Fällen können die Inventur-Prozesse nun fünfmal schneller abgebildet werden, was eine Entlastung darstellt und letztlich auch den Kunden zu Gute kommt.

Quelle: Decathlon 2017; Lebensmittel Zeitung 14. Januar 2016; RFID Journal 2015.

Da jedes Unternehmen prinzipiell unterschiedliche Informationen im jeweiligen Stammdatensatz pflegen kann, ist der bilaterale Austausch von Stammdatensätzen sehr aufwendig, da i.d.R. nicht nur mit einem, sondern mit mehreren Partnern EDI-basierte Transaktionen realisiert werden. Zur Verminderung des Abstimmungs- und Pflegeaufwands von Stammdaten in bilateralen Systemen kann auf zentrale Stammdatenpools zurückgegriffen werden (Schramm-Klein/Morschett 2004). In **zentralen Stammdatenpools** werden die Stammdaten angelegt, aufbereitet und aktualisiert und den Akteuren zur Verfügung gestellt (siehe Abbildung 5.19). Den weltweit größten Pool an Artikelstammdaten betreibt die 1WorldSync GmbH. Greifen die Akteure auf solche einheitlichen Stammdaten zurück, führt dies zu einer Vielzahl von Vorteilen. Insbesondere verfügen sie über einheitliche Artikelinformationen, die nicht nur hinsichtlich der Ausprägungsmerkmale einheitlich sind, sondern auch standardisiert hinsichtlich der Speicherformate und der Datenstruktur. Dies erleichtert den Austausch von Daten, indem redundante Informationen, aufwändige Abgleichs- und „Übersetzungsprozesse" sowie manuelle Datenpflegeprozesse vermieden werden.

Abbildung 5.19: Grundprinzip zentraler Stammdatenpools

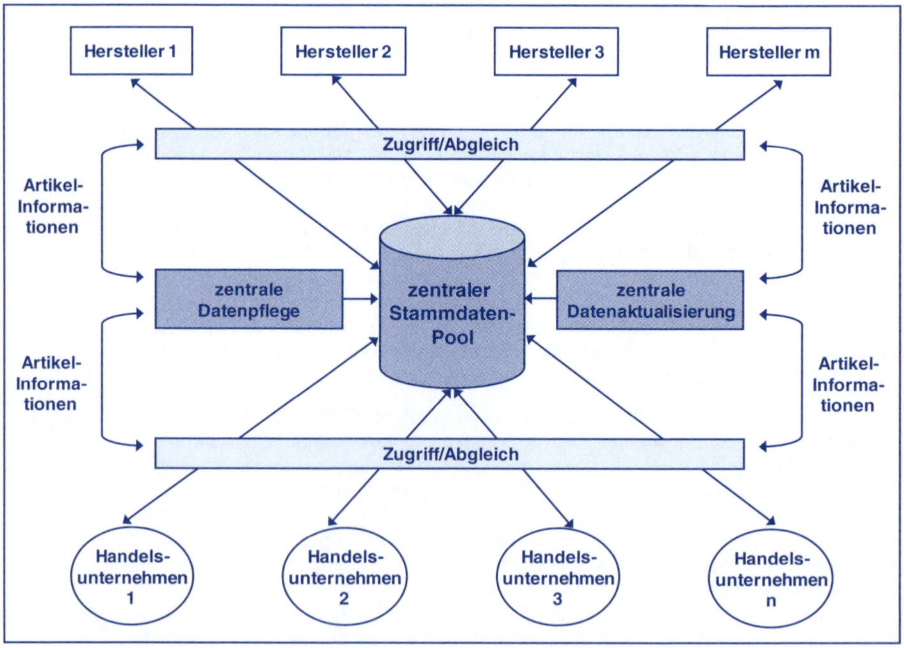

C. Beschaffungsprozesse

I. Einführende Grundlagen

1. Grundbegriffe und Ziele

Die Beschaffung ist eine strategische Wertschöpfungsfunktion von Handelsunternehmen und bildet den Ausgangspunkt der internen Supply Chain des Handels. Dennoch wurde sie oftmals in der Vergangenheit eher i.S. eines „operativen Einkaufs“ behandelt. Nachfolgend wird die moderne Auffassung von Beschaffung vertreten. Hierzu ist ein grundlegendes Verständnis des Wandels hin zu dieser Einstufung als strategische Funktion, ebenso wie der Entwicklungstendenzen der „strategischen“ Beschaffung sowie der Ziele und betrieblichen Bedeutung unerlässlich. Die Konzeptualisierung von betrieblichen Beschaffungsprozessen erfordert eine Auseinandersetzung mit den Entscheidungstatbeständen in der Beschaffung. Hierzu gehören zunächst die strategischen Grundsatzentscheidungen zwischen Eigenerstellung oder Fremdbezug. Weiterhin sind Entscheidungen über die Strategien der Beschaffung zu treffen, die in enger Wechselwirkung mit der prozessualen Ausgestaltung der Beschaffung stehen. Der Entscheidungsprozess in der Beschaffung kann anhand eines Prozessmodells systematisiert werden, dessen Phasen in vielen Unternehmen in fast idealtypischer Weise durchlaufen werden. Die Fallstudie von Zara am Ende dieses Kapitels zeigt, wie Teile des Sortiments selbst erstellt und andere Teile beschafft werden, um sich im Wettbewerb als Fast Fashion-Retailer erfolgreich zu positionieren.

Beschaffung i.w.S. bezieht sich auf Finanzen (Geld und Kapital), was Aufgabe der Finanzwirtschaft ist, auf Arbeitskräfte (unselbstständige Arbeit, dispositiver Faktor), was der Personalwirtschaft obliegt, und der Werkstoffe (Roh-, Hilfs- und Betriebsstoffe), was Aufgabe der Einkaufsabteilung ist. Beschaffung i.e.S. bezieht sich im Handel auf die Gewinnung der Betriebsmittel (z.B. Grundstücke, Gebäude, Lagersysteme), was v.a. (früher) Leitungsorganen oblag, und der Waren, die i.d.R. nicht weiterverarbeitet werden.

> Die **Beschaffung** in einem strategisch-umfassenden Verständnis zielt auf die Sicherstellung der Verfügbarkeit aller für die Durchführung, Aufrechterhaltung und Steuerung der primären, ebenso wie der unterstützenden Tätigkeiten eines Unternehmens erforderlichen externen Ressourcen, d.h. Güter, Dienstleistungen, Fähigkeiten und Kenntnisse (Weele/Eßig 2017, S. 20). Zum Objektumfang der Beschaffung i.e.S. im Handel gehören v.a.:
>
> - Handelsware (direkt, ohne wesentliche Veränderung veräußerte Endprodukte)
> - Dienstleistungen und Rechte (inklusive Informationen)
> - Betriebsmittel und Anlagen.

Die traditionelle betriebliche Bedeutung der Beschaffung besteht in der Bereitstellung der benötigten Güter in der richtigen Qualität, in der richtigen Menge, zum richtigen Preis, am richtigen Ort (d.h. die 4r-Funktionen). „Kunden“ der Beschaffung sind etwa die Geschäfte und Online-Shops (bei Beschaffung von Handelsware), die Verwaltung (bei Beschaffung von Verbrauchgütern) und weitere Funktionsbereiche, wie z.B. die Personalabteilung. Indirekt und v.a. bei Handelsunternehmen, die keine industrielle Produktion i.e.S. haben, werden Handelswaren oder -leistungen beschafft, die nicht be- oder verarbeitet, sondern weitgehend unverändert weiterverkauft werden. Hier ist die Beschaffung unmittelbar an den Kundenbedürfnissen ausgerichtet, da idealtypisch nur die Waren eingekauft werden, die der Kunde kauft bzw. wünscht. Damit werden die Schnittstellen der Beschaffung zum Marketing und insb. Sortiments-/Category Management deutlich (siehe hierzu Abschnitt C. im Vierten Kapitel).

Adressaten der Beschaffung von Handelsware sind demnach die Kunden der Handelsunternehmen (z.B. die Konsumenten im Falle von Einzelhandelsunternehmen), aber auch für interne Abteilungen wie den Vertrieb oder das Marketing werden Güter bereitstellt.

Zwar werden die Begriffe Einkauf und Beschaffung häufig synonym genutzt, jedoch unterscheiden sie sich im Hinblick auf ihre strategische bzw. operative Bedeutung. Während sich der Begriff des **Einkaufs** (**Purchasing**) v.a. auf das operative Handling von Bestellungen bezieht und damit nur einen Teilbereich der Beschaffung abdeckt, wird unter Beschaffung ein umfassenderer strategischer Management-Prozess verstanden (siehe Abb. 5.20; Weele/Eßig 2017, S. 20f.).

Abbildung 5.20: Beschaffung als strategischer Managementprozess

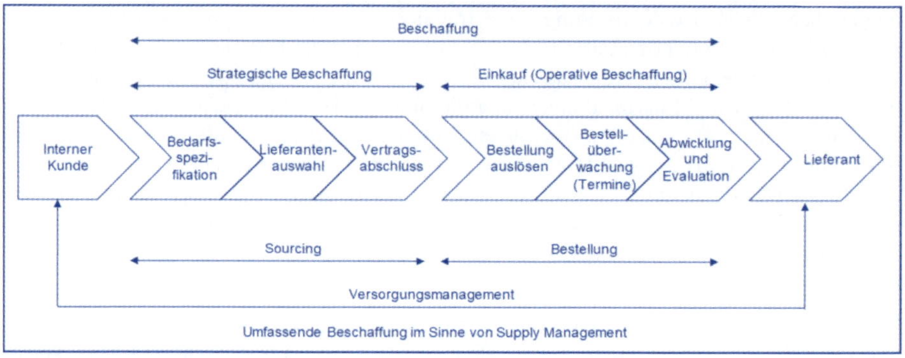

Quelle: Weele/Eßig 2017, S. 22.

Neben dieser prozessorientierten Differenzierung beinhaltet die Beschaffung neben strategischen Aufgaben, wie sie zu Beginn des Abschnitts C.III. in diesem Kapitel behandelt wurden, auch Rahmenfestlegungen, bspw. Rahmenkonditionen. Eine systematische Auseinandersetzung mit der Beschaffung setzt deshalb zunächst die Betrachtung der Ziele der Beschaffung und der Organisation der Beschaffung voraus. Die wichtigsten **Ziele der Beschaffung** können idealtypisch wie folgt skizziert werden:

- **Sicherungsziel**: Gewährleistung der Versorgung der Filialen bzw. Logistikzentren mit Ware für den Absatz (z.B. Sicherung der Zuverlässigkeit der Lieferanten und Sicherung der Verfügbarkeit schwer zu beschaffender Produkte).
- **Qualitätsziel**: Gewährleistung der Anforderungen an die Eigenschaften der zu beschaffenden Ware bzw. Güter (z.B. Haltbarkeit, Qualitätsniveau, Funktionalität).
- **Kostenziel**: Minimierung der Kosten des Waren- bzw. Güterbezugs (z.B. anhand der Suche nach den günstigsten Lieferanten und Beschaffungsmärkten), orientiert an dem Erfolgsziel des Unternehmens
- **Liquiditätsziel**: Gewährleistung der Liquidität des Unternehmens (z.B. Berücksichtigung der Kapitalbindung durch Lagerbestände).

Alle Ziele können sowohl komplementäre als auch konkurrierende Beziehungen zueinander haben. Daher ist bei gleichzeitiger Beachtung verschiedener Ziele die Bildung eines Zielsystems notwendig. Oftmals, v.a. bei einer traditionellen Orientierung oder bei der Beschaffung von standardisierter Ware (z.B. Markenprodukte), stellt die Minimierung der Kosten das wichtigste Ziel in der Beschaffung dar. Sicherungs-, Qualitäts- sowie Liquiditätsziele bilden dann Nebenbedingungen, für die Mindestausprägungen vorgegeben werden. Determinanten derartiger Zielsysteme bilden bspw. die Marktposition des beschaffenden Unternehmens im

Hinblick auf den Zugang zu bestimmten Märkten bzw. Lieferanten oder die Art bzw. Bedeutung der zu beschaffenden Produkte, wie z.B. hochkomplexe Handelsware oder Artikel, die auf internationalen Märkten beschafft werden, oder schwer zu beschaffende aber strategisch bedeutende Artikel (z.B. Eckartikel des Sortiments).

In einer wertkettenübergreifenden Betrachtung sind die Ziele der Beschaffung Bereichsziele, die aus allgemeinen Unternehmenszielen sowie aus dem Zielsystem der Supply Chain-Gestaltung abgeleitet werden. Unter Berücksichtigung der beteiligten Partner in der Wertschöpfungskette sowie deren Aufgaben und Zielen resultieren drei wesentliche Zielrichtungen, welche die gewünschte Beziehung zu den Partnern in der Wertschöpfungskette determinieren:

- **Versorgung der Kunden**: Dieses Ziel ist eng damit verbunden, welche Bedürfnisse die Kunden befriedigen wollen, d.h. für welche Produkte überhaupt nach geeigneten Lieferanten gesucht werden soll. Im Handel resultiert für das Beschaffungsmarketing bspw. aus dem steigenden Anspruchsniveau der Konsumenten die Aufgabe, nach Lösungen zu suchen, die diesem Anspruchsdenken gerecht werden.
- **Lieferantenorientierung**: Ursprünglich waren Ziele, die auf Lieferanten ausgerichtet waren oft darauf abgestimmt, den betrieblichen Erfordernissen möglichst gut angepasstes Waren- und Leistungsbündel zu günstigen Preisen und Lieferbedingungen zu erhalten, v.a. in kurzfristiger Betrachtung. Bei längerfristiger Betrachtungsperspektive steht der Aufbau stabiler Lieferantenbeziehungen anhand eines Supplier Relationship Managements im Vordergrund, in denen über Mengeneffekte und stabile Vertrauenspositionen eine Verbesserung der Konditionen angestrebt wird (siehe Abschnitt C.V. in diesem Kapitel).
- **Wettbewerbsorientierung**: Im Hinblick auf die Wettbewerber um die geeignetsten Lieferanten existieren Zielalternativen zwischen kooperativer Koordination der Beschaffung, die gleichzeitig über ein erhöhtes Beschaffungsvolumen zu einem Machtgewinn gegenüber den Lieferanten führt, und konkurrierender Abgrenzung, die bis zum Abschluss von Ausschließlichkeitsverträgen mit bestimmten Lieferanten führen kann. Diese Zielkategorie steht in Zusammenhang mit der angestrebten Wettbewerbsposition des Unternehmens. So kommt kooperative Beschaffung bspw. v.a. für kleine und mittelständische Händler in Frage, die auf Grund ihrer Größe alleine keinen nennenswerten Einfluss auf die Einkaufs- bzw. Lieferkonditionen ihrer Lieferanten nehmen können.

Neben den generellen Zielen der Beschaffung sind insb. drei Beschaffungsprinzipien von Bedeutung, nämlich die fallweise, die vorrats- und die abverkaufssynchrone Beschaffung, insb. in Form der Umsetzung von Continuous Replenisment-Ansätzen (siehe Abb. 5.21).

Im stationären Handel, in dem Geschäfte als Ausstellungs- und Kommissionierflächen für die Kunden agieren, aber auch bei vielen Versandhandelssystemen, dominiert die Vorratsbeschaffung, da die meisten Handelsunternehmen ihre Waren traditionell im Sortiment dauerhaft bereitstellen. Im Online-Handel oder auch im Rahmen des Angebots auf Online-Plattformen, die Fremdhandel betreiben, wird immer häufiger die Ware eines Lieferanten lediglich online präsentiert, ist aber bis zur Kundenorder nur beim Lieferanten verfügbar. Eine besondere Rolle spielt im Online-Shopping dabei das sog. Drop Shipping, bei dem Händler ihre Ware, die im Online-Shop präsentiert wird, nicht selbst im Lager vorhalten. Die Ware wird hingegen erst nach Kundenorder vom Händler beim Lieferanten (z.B. dem Hersteller oder dem Großhandel) bestellt, und von dort direkt an den Kunden geschickt. Ähnlich wie bei produzierenden Unternehmen zwischen Primärbedarf (Bedarf an Fertigerzeugnissen und Ersatzteilen für den Absatz), Sekundärbedarf (Güter, die in Produkte/Leistungen als wesentlicher Bestandteil eingehen) und Tertiärbedarf (Hilfs- und Betriebsstoffe) unterschieden wird, differenzieren Händler in der Beschaffung zwischen Waren mit unterschiedlicher Sortimentsbedeutung. Beispielsweise werden entsprechend der Kategorien im Category Management die periodisch gelisteten Handelswaren mit Profilierungspotenzial, die Handelswaren, welche nur eine Ergänzungs- oder Saisonrolle haben, und die Nicht-Handelsware, die für das Betreiben der Betriebsstätten notwendig ist, unterschieden.

Abbildung 5.21: Organisation der Beschaffung

	Charakteristika	Vor- und Nachteile
Fallweise Beschaffung	Bestellung **bei konkretem Bedarf**	■ Praktisch keine Lagerhaltung ■ Lieferengpässe können zur Unterbrechung des Warenflusses führen
Vorratsbeschaffung	Alle regelmäßig benötigten Waren werden mit gewissem **Bestand auf Lager** gehalten.	■ Hohe Versorgungssicherheit ■ Hohe Lagerkosten und entsprechende Optimierungsprobleme
Abverkaufssynchrone Beschaffung	Beschaffung erfolgt parallel zum Abverkaufsprozess (**JiT**)	■ Anwendung des Continuous Replenishment (CRP) ■ Lagerhaltung je nach Konzept ggf. bei Lieferanten ■ Versorgungsrisiko wird durch Rahmenlieferverträge minimiert (bspw. Online-Shops)

2. Bedeutung und Entwicklungstendenzen

Mit dem Begriff des Einkaufs wird zumeist die Durchführung eher operativer Tätigkeiten verbunden, um eine reibungslose Deckung von genau definierten Bedarfen unter Einhaltung des vorgegebenen Budgets zu erreichen. Wie dargestellt, geht das Verständnis von Beschaffung darüber hinaus. Die strategische Relevanz der Beschaffung für Handelsunternehmen wird deutlich, wenn man bedenkt, dass die Wertschöpfungstiefe traditionell verhältnismäßig gering ist und damit Fremdbezugsanteile i.d.R. deutlich über 50% der Wertschöpfung ausmachen.[1] Diese sind im Handel konstitutiv, da Handelsunternehmen i.d.R. Ware beschaffen (nicht selbst produzieren) und diese ohne wesentliche Be- oder Verarbeitung weiter veräußern. Zudem erreichen im Handel die Einstandspreise, die beim Produktkauf bei Lieferanten zu entrichten sind, weit höhere Anteile am Produktumsatz als in Produktionsbetrieben. Aus Tab. 5.2 geht exemplarisch hervor, dass der Wareneinsatz rund 70% des Produktumsatzes ausmacht – am Beispiel eines Sonderangebots und eines Markenartikelproduktes im Lebensmittelbereich, in dem die Handelsmargen besonders gering sind. Bei Warengruppen, die eine stärkere Verkaufsleistung des Handels voraussetzen (bspw. Markenmöbel oder Bauartikel) oder auch bei Handelsmarken (siehe Abschnitt D. im Vierten Kapitel), liegt der Wareneinsatz deutlich niedriger, da in solchen Fällen die Wertschöpfungsanteile des Handels höher sind. Die Beschaffung ist im Handel auch deswegen eine zentrale Wertschöpfungsfunktion, weil eine Reduktion des Einstandspreises direkt auf den Gewinn durchschlägt. Eine effiziente Beschaffung, Änderungen im Sortiment oder effektive Preisaktionen wirken in die gleiche Richtung.

[1] Die zunehmende Bedeutung der Beschaffung für den Erfolg v.a. produzierender Unternehmen bei Fremdbezugsanteilen von über 50% der Wertschöpfung – d.h. bei Reduktion der eigenen Wertschöpfungs /Fertigungstiefe – ist unbestritten. Die vertikale Integration eines Unternehmens kann mit Hilfe der Fertigungstiefe als Grad vertikaler Integration gemessen werden. Die Wertschöpfung bemisst sich aus der Differenz zwischen dem Umsatz eines Unternehmens und seinen fremdbezogenen Leistungen, d.h. Hauptkomponenten sind der Gewinn, der Bruttolohn und die Lohnnebenkosten: 0 < Internalisierungsgrad = Wertschöpfung/Umsatz < 1. Gründe für zunehmende vertikale Integration liegen z.B. in der Neugestaltung des Supply Chain-Managements, so in der Übernahme von Modulen und Systemen (von Kernlieferanten), in der Integration von F&E (mit Kernlieferanten) und/oder in der Neugestaltung der Logistik/Lagerhaltung (z.B. JiT-Lieferungen).

Tabelle 5.2: Beispiel einer Kalkulation im Handel – Sonderangebot Schokolade in EUR

Umsatz	MwSt	Wareneinsatz/ Einstandspreis	Personal	Logistik	Miete & Nebenkosten	Werbung/ Sonstiges	EBITA
0,89	0,06	0,58	0,12	0,03	0,05	0,3-0,4	0,01-0,02

Starker Drop Shipping Zuwachs im E-Commerce

Beim Drop Shipping werden in einem Onlineshop Produkte und Waren angeboten, die der Online-Händler jedoch nicht selbst lagert, sondern diese direkt vom Hersteller oder Großhändler an den Kunden liefern lässt. Somit kommt der Online-Händler physisch nicht selbst mit den von ihm angebotenen Produkten in Berührung. Mit diesem Streckengeschäft haben die Online-Händler den Vorteil, dass sie für den Betrieb des Onlineshops geringes Startkapitel benötigen, da bspw. Lagerungskosten entfallen und je nach eingehenden Kunden-Bestellungen, beim Hersteller, bzw. dem Großhändler bestellt wird. Jedoch entstehen für den Händler auch Nachteile. Zum Beispiel kann dieser nicht immer nachvollziehen und nachverfolgen, wo sich die Lieferung gerade befindet, die Qualität der Produkte überprüfen und oftmals werden nur geringe Margen erzielt. Kritik gab es zudem im Rahmen des Weihnachtsgeschäfts 2017 an Händlern, die im großen Stil Drop Shipping betrieben haben, jedoch nicht über Bestellungen an den Großhandel, sondern über Bestellungen bei anderen Händlern.

Abbildung 5.22: Drop Shipping

Quelle: Trusted Shops 2017.

Branchenübergreifend ist jedoch nicht nur deshalb in vielen Handelsunternehmen eine Bedeutungszunahme der Beschaffungsfunktion festzustellen. Weitere Bestimmungsfaktoren dieser Entwicklung sind bspw. die zunehmende Kooperation mit ausgewählten Lieferanten ebenso wie die Suche nach Lieferantenalternativen (auf globalen Märkten), der Aufbau eigener Produktionsbetriebe oder die Einbindung von kontraktuell eng gebundenen Lieferanten für Eigenmarken (im LEH oder Fashionhandel). Neben dem Übergang von einer lieferantenorientierten zu einer kundenorientierten Beschaffung (i.S. des Category Managements, siehe Abschnitt C.V des Vierten Kapitels) der zugleich einen Wandel von einer funktionalen zu einer prozessorientierten Sicht mit sich gebracht hat, zeichnen sich die folgenden Entwicklungslinien ab (z.B. van Weele/Eßig 2017, S. 33ff.; Solish/Semanik 2011; Sinid/Roe 2017; Bartezzaghi/Cagliano/Caniato/Ronchi 2016; Brandenburg/Govindan/Sarkis/Seuring 2014):

- Wachsende (wahrgenommene) strategische Relevanz der Wertschöpfungsfunktion Beschaffung für den Unternehmenserfolg und damit eine aktive (in Abgrenzung zur passiven) Beschaffung (**strategische Beschaffung**).
- Flexibilitätszunahme durch stärkere Einbindung von Lieferanten in die SCM-Prozesse (d.h., von transaktionaler zur relationalen Beschaffung mit integrierten Beschaffungs-,

Produktions- und Logistikprozessen in **SCM-Partnerschaften**).

- Erweiterung von Kernkompetenzen und damit verbunden ein Insourcing der ehemals beschafften Produktentwicklung/-herstellung durch eigene Produktionsstätten des Handels oder durch Auftragsproduktion (**Own und Contract Manufacturing**).
- Zunehmende Internationalisierung der Unternehmen und der Beschaffungsmärkte (**Global Sourcing**).
- Die in manchen Branchen bedeutende **(horizontal-)kooperative Beschaffung** gewinnt durch weitere und internationale Kooperationen und in Abgrenzung zur Eigenbeschaffung an Bedeutung.
- Bezüglich der Kostenkalkulation ersetzen Handelsunternehmen die einkaufspreisorientierten durch eine **„total cost"-orientierte Beschaffung**.
- Entwicklung von IT-Technologien mit neuen Anwendungsoptionen in den Beschaffungsmärkten, in bestehenden Geschäftsbeziehungen (**Electronic Sourcing).**

Abbildung 5.23: Entwicklungslinien in der Beschaffung des Handels

Jahr	**1950**	**1970**	**1990**	**2000**	**Ab 2010**
Fokus	Lokaler Fokus	Funktionaler Fokus ■ Liberalisierung der Weltmärkte ■ Konflikt- und machtgezeichnete Lieferantenbeziehungen	Intraorganisationaler Fokus ■ Deregulierung ■ Strategic Sourcing ■ ERP und EDI ■ kürzere Produktlebenszyklen und Produktinnovationen	Interorganisationaler Fokus ■ Multichannel Retailing ■ Supplier Relationship Management ■ E-Commerce, Internet ■ Produktvarianten ■ CM, SCM	Nachhaltigkeitsorientierter Fokus ■ CSR ■ Ressourcenknappheit ■ Handel 4.0/IoT
Haupt-Entwicklungslinien	■ Direkteinkauf beim lokalen Hersteller ■ Einkauf beim Großhandel	■ Direkteinkauf beim lokalen Hersteller ■ Einkauf beim Großhandel ■ Direkteinkauf bei lokalen Vertretungen ausländischer Hersteller ■ Einkaufskooperationen ■ Einkauf beim Importeur ■ Eigene EK-Büros im Ausland	■ Direkteinkauf beim lokalen Hersteller ■ Einkauf beim Großhandel ■ Direkteinkauf bei lokalen Vertretungen ausländischer Hersteller ■ Einkaufskooperationen ■ Einkauf beim Importeur ■ Eigene EK-Büros im Ausland ■ Ausschreibungen ■ Musterungen ■ NOS-Programme	■ Direkteinkauf beim lokalen Hersteller ■ Einkauf beim Großhandel ■ Direkteinkauf bei lokalen Vertretungen ausländischer Hersteller ■ Einkaufskooperationen ■ Einkauf beim Importeur ■ Eigene EK-Büros im Ausland ■ Ausschreibungen ■ Musterungen ■ NOS-Programme ■ Sortimentssysteme ■ Vendor-Managed Inventory (VMI) ■ Continuous Replenishment (CRP) ■ Auktionen ■ CPFR ■ Elektronische Kataloge	■ Global Sourcing ■ Lieferantenintegration ■ Frühzeitige Integration der Lieferanten in Neuproduktentwicklung ■ Re-Regionalisierung ■ Sensorik und Internet of Things (IoT)

Quelle: i.A.a. Rudolph/Loos 2006, S. 720.

Die Entwicklungslinien deutet Abbildung 5.23 nur an. Der herausgestellte „interorganisationale Fokus“ schlägt sich in den Ansätzen des SCMs und des Supplier Relationship Managements nieder. Diese Entwicklungen werden in Studien behandelt (siehe Abbildung 5.24), z.B. bzgl. der „elektronischen Beschaffung“, die zur Einsparung bei den Prozesskosten, reduzierten Abwicklungszeiten und mehr Flexibilität führt. Andere Studien zeigen weitere Tendenzen auf, so die Abwendung von einer einkaufspreisorientierten zur „total cost“-orientierten Beschaffung oder die Verknappung bestimmter Rohstoffe und damit den Bedeutungsgewinn der nachhaltigen Sicherungsfunktion in der Beschaffung (z.B. seltene Erden, sonstige Rohstoffe). Entsprechend vielfältig sind die Entscheidungsoptionen in der Beschaffung. Sie werden nachfolgend in einzelnen Schritten behandelt.

Abbildung 5.24: Stand der Literatur zu Beschaffungsprozessen

Autor(en)	Forschungsfrage	Theorie	Daten und Methoden	Kernergebnisse
Ramanathan/ Gunasekaran 2012	Auswirkungen der kollaborativen Planung, kollaborativen Entscheidungsfindung von Supply-Chain-Partnern und der kollaborativen Durchführung aller Supply-Chain-Prozesse auf den Erfolg der Zusammenarbeit	Resource based view und dependent theory	N=150 Befragung von Kunden eines Textilunternehmens, Faktorenanalyse und Strukturgleichungsmodel.	▪ Die Ergebnisse der Analyse bestätigen, dass die Faktoren der Zusammenarbeit den Erfolg von Lieferketten beeinflussen. ▪ Gemeinsame Lieferkettenpläne wirken sich auch auf zukünftige Kooperationen aus. ▪ Obwohl kollaborative Planung, Entscheidungsfindung und Durchführung einen Einfluss auf den Erfolg der Zusammenarbeit haben, sind die SC-Partner an langfristigen SC-Kooperationsvereinbarungen beteiligt. Unter den vier Konstrukten unterstützen und überzeugen nur der Erfolg von SC-Kollaborationen und die Durchführung der SC-Prozesse SC-Partner für zukünftige Kooperationen.
Walker/ Jones 2012	Untersuchung welche Faktoren eine nachhaltiges SCM im privaten Sektor in UK beeinflussen	Kontingenztheorie	Semi-structured Interviews mit Einköufern und CSR-Experten, sekundäre Daten von Websiten und Berichten	▪ Anhand interner und externer Enabler und Barrieren wurde eine Typologie für Ansätze von nachhaltigem SCM abgebildet. Unternehmen wurden klassifiziert als: reserved players, external responders und agenda setters.
Estampe u.a. 2010	Analyse verschiedener Modelle zur Bewertung von Lieferketten durch Hervorhebung ihrer spezifischen Eigenschaften und Anwendbarkeit in indifferenten Kontexten	Keine	konzeptionell	▪ Analytisches Raster, das diese Modelle in sieben Schichten unterteilt, um Managern zu helfen, das Modell zu wählen, das die Art von Analyse bietet, die sie benötigen. ▪ Der Gesamtvergleich hat es ermöglicht, zwei Hauptkategorien von Modellen zu unterscheiden: - Modelle, die darauf abzielen, die interne Leistung jedes Akteurs in der Kette zu messen und auf Unternehmen mit intra- und interorganisationalem Reifegrad abzuzielen; - diejenigen, die darauf abzielen, alle Akteure in der Kette zu messen und Unternehmen anzusprechen, deren Reifegrade eine erweiterte, mehrkettige oder gesellschaftliche Organisation haben.
Engelbrecht u.a. 2007	Ein Vergleich von käuferbestimmten und preisbasierten Multiattributenmechanismen	Keine	Untersuchung zweier Mechanismen, die für die Beschaffung in Business-to-Business-Märkten	▪ Käuferbestimmter Mechanismus erhöht das Wohlbefinden nur, solange genügend Lieferanten konkurrieren. ▪ Wenn Anzahl Lieferanten klein ist und der Zusammenhang zwischen Kosten und Qualität gering ist, ist der Käufer mit dem "preisbasierten" Mechanismus besser bedient.

	verwendet werden ("käuferbestimmt" und „preisbasiert")	■ Kompromiss zwischen beiden Ziele: Der käuferbestimmte Mechanismus führt zwar zu einem gewissen Preiswettbewerb, aber in einem Umfeld mit exogener Qualität werden rational erfahrene Lieferanten ihre nichtpreisbezogenen Attribute in ihre Gebote einbeziehen, was zu höheren Geboter und niedrigeren Kostensenkungen führen kann.

II. Beschaffung vs. Eigenerstellung als Basisentscheidung

Als grundlegende (Vor-)Entscheidung für jegliche Beschaffungsaktivität kann die traditionelle betriebswirtschaftliche Entscheidung **Make-or-Buy** angesehen werden, d.h. die Frage nach der Eigenerstellung oder dem Fremdbezug. Sie ist in allen Wertschöpfungsfunktionen relevant, so bspw. auch in der Logistik oder im Marketing (z.B. Werbung, Marktforschung). Im Kontext der Versorgung von Händlern mit Ware stellt jedoch die Frage nach Make-or-Buy eine essenzielle Basis für die Beschaffungsaktivitäten eines Handelsunternehmens dar.

> Während die **Eigenfertigung** (Make) die Wertschöpfungstiefe eines Unternehmens betrifft und an den Kernkompetenzen eines Unternehmens orientiert sein sollte, beinhaltet der **Fremdbezug** (Buy) die Outsourcing-Entscheidungen eines Unternehmens.

Diese grundlegende strategische Entscheidung wird in Industrieunternehmen im Zusammenhang mit der **Wertschöpfungs-/Fertigungstiefe** diskutiert. Die Entscheidungsgrundlagen für Make-or-Buy sind typischerweise strategische Kosten-/Nutzenüberlegungen. Determinanten der Entscheidung für „Buy" können darin liegen, dass Güter/Dienste nur extern verfügbar sind (z.B. Markenartikel), Dienstleister bzw. Lieferanten eine höhere Kompetenz bei der Leistungserstellung aufweisen oder Investitionen in Produktionsinfrastrukturen mit hohen Kosten verbunden wäre. Bei Entscheidungen für „Make" hingegen spielen meist komplexere Kernkompetenzüberlegungen eine Rolle. Das verstärkte Streben (insb. im LEH) nach Sicherstellung der Versorgung (**Versorgungssicherheit**) fördert dabei Tendenzen zu einer verstärkten Rückwärtsintegration (siehe die entsprechende Gesamtunternehmensstrategie in Abschnitt C.IV des Dritten Kapitels). In Abbildung 5.25 sind die generellen Vorteile der Eigenerstellung und des Fremdbezugs gegenübergestellt.

Abbildung 5.25: Grundsätzliche Vorteile des Make-or-Buy

Vorteile Eigenerstellung/-betrieb	Vorteile Fremdbezug/-betrieb
■ Unabhängigkeit von Externen - Sicherstellung der Versorgung - Kontrolle über Services, Produkte, Spezialausrüstung, etc. ■ Vermeidung von zu langen Lieferfristen ■ Erfüllung eigener Qualitätsansprüche ■ Auslastung nicht genutzter Kapazitäten ■ Stärkere Kontrolle, auch der Liquidität	■ Zugang zu einzigartigen Gütern/Diensten ■ Höhere Flexibilität und professionelle Services ■ (inter-)nationale Abdeckung ■ Delegation von Pflichten, Verantwortlichkeiten ■ Kostenvorteile - keine Investitionen/Instandhaltungskosten, d.h. Variabilisierung von (fixen) Kosten - Vermeidung zu hoher Lagerbestände - Überbrückung von Kapazitätsengpässen

Quelle: Swoboda/Weiber 2013, S. 220.

Im Hinblick auf viele im Handel für den Geschäftsbetrieb benötigte Anlagen und Betriebsmittel (z.B. WWS, Offline- und Online-Werbemedien, Geschäftsausstattungsmaterialien) sind die Entscheidungen des Handels ähnlich den Entscheidungen von produzierenden Unternehmen. Für Händler deutlich zentraler sind Entscheidungen darüber, wie sie die in ihrem Sortiment geführten Artikel beschaffen. Wenngleich Fremdbeschaffung für den Handel typisch bzw. gar konstitutiv ist, zeigt sich in einigen Branchen die Tendenz zu einer eher zunehmenden **Wertschöpfungs-/Fertigungstiefe** im Handel, indem zunehmend Eigenproduktion und Kontraktproduktion stattfinden. So ist eine Eigenproduktion und damit Eigenbeschaffung, i.S. eines Bezugs von eigenen, produzierenden Tochtergesellschaften (**Intra Firm Sourcing**) bei Unternehmen des Lebensmittelhandels anzutreffen (z.B. im Frischwarenbereich in Form eigener Bäckereien oder Fleischerzeugungs- und -verarbeitungsbetrieben). Vertikale Unternehmen wie Zara, H&M oder IKEA realisieren eine Kombination aus Eigenfertigung und kontraktueller Auftragsfertigung (**Contract Manufacturing**).

Eine Konsequenz von „Buy-Entscheidungen" eines Unternehmens ist das „outside resource using". **Outsourcing** umfasst den Fremdbezug von Ressourcen bzw. die Übergabe der Verantwortung an Dritte. Es ist bei immer mehr Unternehmen von Relevanz. Objekte von Make-or-Buy-Entscheidung im Handel können neben allen Arten von Gütern, welche den Kern der Handelsleistung ausmachen, auch Dienstleistungen sein, so

- bei IT-Dienstleistungen (z.B. Hardware-Wartung, Stammdatenpflege)
- bei Human-Resources-Dienstleistungen (z.B. Aus- und Weiterbildung)
- bei Logistik (z.B. Lagerhaltung durch externe Logistikdienstleister)
- beim Facility Management (z.B. Reinigungs-/Instandhaltungsarbeiten der Immobilien)
- bei der Beschaffung (z.B. die Übertragung des Einkaufs bestimmter Warengruppen an Einkaufsverbände oder der Beschaffungsmarktforschung an Marktforschungsinstitute).

Die Beweggründe für ein strategisches Outsourcing gehen über eine klassische Make-or-Buy-Entscheidung hinaus. Zentrale Gründe können u.a. sein:

- Kosten- und Effizienzaspekte bzw. Ausnutzung komparativer Kostenunterschiede
- Konzentration auf Kernkompetenzen i.S. einer Managemententlastung
- Konzentration auf Kernkompetenzen i.S. von Wertschöpfungspartnerschaften
- Kulturtransformation und Stärkung des internen Unternehmertums (Entrepreneurship)
- Minimierung von Risiken.

Zu bedenken ist jedoch, dass eventuellen Kosteneinsparungen aus einem Outsourcing u.U. höhere Transaktionskosten gegenüberzustellen sind, weshalb eine Outsourcing-Entscheidung aus dieser Perspektive auch suboptimal sein kann. Transaktionskosten können sich bspw. auf die Kosten beziehen, welche mit der Informationssuche und -beschaffung (Anbahnungskosten), der Vertragsformulierung und Einigung (Vereinbarungskosten) oder der Durchsetzung von notwendigen Änderungen (Anpassungskosten) einhergehen.

Die Frage nach dem Outsourcing von Aktivitäten des Handels (z.B. Beschaffung, Logistik) hängt eng mit der Frage zusammen, inwieweit die jeweilige Aktivität als **Kernkompetenz** angesehen wird. Die Outsourcing-Entscheidung wird durch eine Vielzahl von Kriterien beeinflusst. Von Bedeutung sind in diesem Zusammenhang neben dem **Differenzierungspotenzial** (marktliche Kernkompetenz) der jeweiligen Aktivität die **Verfügbarkeit kompetenter Dienstleister** bzw. Lieferpartner. Führt die Strategie, gestützt auf die Kompetenz des betrachteten Unternehmens, zu einer Alleinstellung am Markt, so gilt es, diese Differenzierung durch Eigenbetrieb („make") sicherzustellen. Die Vorteilhaftigkeit des Eigenbetriebs relativiert sich mit abnehmendem Differenzierungspotenzial und steigendem Angebot an kompetenten Dienstleistern. Analogerweise steigt die Vorteilhaftigkeit des Outsourcings mit steigendem Angebot an kompetenten Dienstleistern und abnehmendem Differenzierungspotenzial. Daneben existiert ein breites Feld von „Einzelfallentscheidungen", die ein Abwägen der Outsourcing-Kriterien „Machbarkeit", „Abhängigkeit", „Koordinationsaufwand" und „Kontrollmechanismen" in Relation zu dem Differenzierungspotenzial erfordern. Relevante Faktoren, die in die Abwägungsprozesse eingehen, sind u.a. (Ortner 2015, S.23ff):

- Kompetenz der Dienstleister
- Verfügbarkeit von Dienstleistern
- Flexibilisierungspotenziale von Kosten
- Verfügbarkeit von Investitionskapital
- Problem des Kompetenzaufbaus im Falle des Outsourcing
- Transparenz von Kosten und Leistungen der Dienstleister
- Sicherstellung gleichbleibender Qualität/Qualitätssicherung
- Leistungserbringung kann nur teilweise ausgelagert werden, z.B. Lagerleistungen
- Möglichkeit der Fokussierung auf Kernkompetenzen im Falle eines Outsourcing
- Kostenreduktionspotenziale durch Outsourcing
- Reduktion von Prozess- und Funktionsredundanzen
- Optionen der Einflussnahme auf Dienstleister
- Schnittstellengestaltung/-optimierungspotenziale.

Marken des Handels: J. W. Ostendorf GmbH & Co. KG

Marken für den Handel zu entwickeln und diese Marken gemeinsam mit dem Handel innovativ zu führen ist die Vision der J. W. Ostendorf GmbH & Co. KG. Dabei liegt der Fokus auf dem Produkt „Farbe" und der exklusiven Entwicklung, Produktion und Vermarktung von Marken des Handels für den Do-it-yourself-Anwender. Die Kunden des Unternehmens sind Handelsunternehmen aus Deutschland und 20 weiteren europäischen Ländern, wie Fachhändler, Baumärkte und die Industrie. Über diese Handelsunternehmen gelangen die Produkte des weltweit zu den zehn größten Herstellern dekorativer Farben zählenden Unternehmens an den Endverbraucher. Durch das JWO Marken-Management-System, welches sich in Produkt- und Technologie-Management, Service-Management und Marketing-Management gliedert, wird dem Handel eine Methode geboten, die Entwicklung und Führung seiner eigenen Marke, d.h. der Marke des Handels, zusammen mit JWO umzusetzen. Diese erhebt den Anspruch, sich mindestens gleichwertig zu Herstellermarken zu positionieren. Hierfür sorgen u.a. eine große Sortimentsbreite, ein attraktives Preis-Leistungs-Verhältnis im Vergleich zur Markenartikeln, ebenso wie hoher technologischer Standard, hohe Qualität und entsprechendes (optisches) Erscheinungsbild der Ware. Das Ziel ist es, einen hohen Marken- und Marktwert des Handelsunternehmens bei einer flächendeckend eingeführten Marke des Handels zu erreichen. Im kompetitiven Wettbewerbsumfeld der Branche ist es besonders wichtig, eine Win-Win Situation für die Konsumenten und den Handel zu schaffen, um sich von der Konkurrenz abzuheben. Das Argument von JWO in diesem Kontext liegt darin, dass die Endverbraucher im Kontext von Eigenmarken nicht auf die neuesten Trends auf dem Farbenmarkt verzichten müssen, denn im Gegensatz zu vielen Herstellern von Eigenmarken in anderen Branchen verfolgt JWO keine Me-too-Strategie, sondern positioniert sich als innovativer Pionier, der Innovationsführerschaft anstrebt.

Quelle: J. W. Ostendorf 2017; Verband der deutschen Lack- und Druckfarbenindustrie 2017.

Das Abwägen der Kriterien gilt für die Fälle „Eigenproduktion" und „Outsourcing" (Fremdbeschaffung). Es gilt aber auch darüber hinaus, wenn Unternehmen bspw. eine „Kontraktproduktion" (**Contract Manufacturing**) wählen. Kontraktproduktion kann als eine „Mischform" interpretiert werden. Das Spektrum ist dabei vergleichsweise breit: Die Contract Manufacturer produzieren von Händlern selbst entwickelte Produkte, von ihnen für die Handelskunden entwickelte Produkte oder aber Handelsmarken, die sich von ihren eigenen Markenartikeln im Grenzfall nur durch die Brand unterscheiden (i.S. einer Profilierungsstrategie der **Private Label Manufacturer**, um einer Austauschbarkeit zu entgehen).

Ebenso vielfältig wie Art und Herkunft potenzieller Auftragsproduzenten sind die Kanäle der Fremdbeschaffung. Diese lassen sich in direkte und indirekte Kanäle bzw. Beschaffungswege differenzieren. Die **direkte Beschaffung** bezieht sich auf die Beschaffung bei den Herstellern im In- oder Ausland (**Direct Sourcing**), so bei den Produzenten von Markenartikeln, Commodities und Handelsmarken/Eigenmarken. Bei **indirekter Beschaffung** werden Intermediäre zwischengeschaltet. Hierzu gehören

- die **Großhändler**, z.B. inländische Belieferungs- und Abholgroßhändler, inländische Importeure, ausländische Exporteure, Rack Jobber, die weiter gehende logistische und marketing-bezogene Serviceaktivitäten übernehmen,
- die in- und ausländischen **Handelsvermittler**, z.B. Agenten und Kommissionäre.

Geläufige Instrumente zur Fundierung einer Make-or-Buy-Entscheidung sind in Handelsunternehmen bspw. Break-Even-Analysen, Make-or-Buy-Portfolios, Investitionsrechnung, Punktbewertungsmethoden oder Checklisten (siehe IV in diesem Kapitel).

III. Beschaffungsstrategien

Entscheidet sich ein Unternehmen zu beschaffen, dann sind bei der Beschaffung sowohl strategische als auch operative Festlegungen zwingend notwendig. Dabei umfassen **Beschaffungsstrategien** die Maßnahmen zur Erreichung der Ziele. Sie werden einerseits u.a. von den Gesamtunternehmenszielen, den Unternehmensgrundsätzen oder der Wettbewerbsstrategie determiniert, berücksichtigen aber auch die gegenwärtigen und zukünftig zu erwartenden Produktanforderungen und Situationen auf den Beschaffungsmärkten. Beschaffungsstrategien können unterschiedlich abgegrenzt und systematisiert werden. Nachfolgend wird zunächst die sog. **Sourcing-Toolbox** betrachtet, die verschiedene Sourcing-Konzepte zu einer gesamten Beschaffungsstrategie kombiniert und bspw. einen Überblick im Vergleich von Unternehmen und zur Realisierung von Erfolgspotenzialen dienen kann. Die Anwendung spezifischer Sourcing-Konzepte im Handel und ein Blick in die situative (warengruppenspezifische) Beschaffung im LEH folgen.

1. Sourcing-Toolbox als Überblick

Die Beschaffungsgegebenheiten sind im Handel sehr vielfältig. Maßgeblich hierfür sind insb. die hohe Artikelanzahl und die i.d.R. starke Sortimentsdynamik. Es ist daher zweckmäßig, zwischen **Beschaffungssituationen** zu unterscheiden. Die sog. **Sourcing-Toolbox** deckt unterschiedliche Strategien der Beschaffung und optionale **Sourcing-Konzepte** ab.

In Abb. 5.26 ist eine Sourcing-Toolbox abgebildet. Die dort aufgeführten Teilstrategien werden nachfolgend näher erläutert:

Abbildung 5.26: Sourcing-Toolbox

<table>
<tr><th></th><th colspan="12">Sourcing-Konzepte</th></tr>
<tr><td>Beschaffungssortiment</td><td colspan="6">Narrow</td><td colspan="6">Wide</td></tr>
<tr><td>Lieferantenstrategie</td><td colspan="3">Sole</td><td colspan="3">Single</td><td colspan="3">Dual</td><td colspan="3">Multiple</td></tr>
<tr><td>Beschaffungsobjekte</td><td colspan="4">Unit</td><td colspan="4">Modular</td><td colspan="4">System/Solution</td></tr>
<tr><td>Beschaffungszeit</td><td colspan="4">Stock</td><td colspan="4">Demand Tailored</td><td colspan="4">Just-in-time</td></tr>
<tr><td>Beschaffungssubjekt</td><td colspan="6">Individual</td><td colspan="6">Cooperative</td></tr>
<tr><td>Beschaffungsareal</td><td colspan="4">Local</td><td colspan="4">Domestic</td><td colspan="4">Global</td></tr>
<tr><td>Wertschöpfungsort</td><td colspan="4">External
(at Supplier)</td><td colspan="4">Individual
(Supplier in-house)</td><td colspan="4">External
(Customer-based)</td></tr>
<tr><td>Beschaffungsorganisation</td><td colspan="6">Decentral</td><td colspan="6">Central</td></tr>
<tr><td>Beschaffungsart</td><td colspan="3">Non-E-Procurement</td><td colspan="3">E-Coordination</td><td colspan="3">E-Procurement</td><td colspan="3">E-Collaboration</td></tr>
</table>

Quelle: i.A.a. Kleemann 2014, S. 108.

In der **Sourcing-Toolbox** wird die Beschaffungsstrategie in Teilstrategien zerlegt, wobei für jede Teilstrategie das subjektiv leistungsfähigste Sourcing-Konzept zu wählen ist, um auf diese Weise die optimale Beschaffungsstrategie formulieren zu können.

- Die **Beschaffungssortimentsstrategie** dient der Festlegung der Produktauswahl und des Sortimentsumfangs in quantitativer und qualitativer Hinsicht. Im Vordergrund steht nicht die zeitliche Sortiments- und Programmdisposition, sondern es wird zwischen Narrow Sourcing und Wide Sourcing unterschieden. Narrow Sourcing steht für die Beschaffung eines relativ engen Sortiments oder Produktprogramms, wogegen Wide Sourcing den Bezug umfangreicher, unterschiedlichster Waren- und Produktgruppen bezeichnet.
- Die **Lieferantenstrategie** umfasst die Festlegung der Anzahl der Lieferanten, von denen Ware bezogen wird. Das „Sole Sourcing" stellt keine Strategieoption im eigentlichen Sinne dar, denn in diesem Fall existiert nur ein einziger Lieferant, über den ein bestimmtes Produkt bezogen werden kann (z.B. bestimmte Markenartikel). Demgegenüber entscheidet sich ein Unternehmen beim „Single Sourcing" freiwillig für einen einzigen Lieferanten, häufig verbunden mit dem Ziel der Minimierung der Transaktionskosten. Beim „Dual" bzw. „Multiple Sourcing" wird eher das Ziel der Unabhängigkeit von einer einzigen Beschaffungsquelle in unterschiedlich starkem Ausmaß entweder als „quasi Back-up-Lösung" oder durch bewusste Risikominimierung angestrebt.
- **Beschaffungsobjekte** können Einzelartikel (z.B. einzelne Markenartikel eines Herstellers), Module (z.B. Sortimentsbausteine wie Categories) oder gesamte Systeme oder Lösungen (komplexe Leistungsbündel) sein.
- Die **Beschaffungszeitkonzepte** sind abhängig davon, wie stark Beschaffung, Produktion und Absatz zeitlich auseinanderfallen. Hierbei geht es im Falle der Stock-Strategie darum, durch Bündelung des Beschaffungsvolumens mit anschließender Lagerung Konditionenvorteile zu erzielen, wohingegen bei der bedarfsnahen Beschaffung (stockless) es um den Abbau von Lagerbeständen geht, wie es bspw. bei den CRP-Strategien das Ziel ist.
- Die **Beschaffungssubjektstrategie** bestimmt die optimale Struktur des beschaffenden Subjekts. Dabei kann zwischen Individual Sourcing und der Einrichtung einer Einkaufskooperation mit anderen Unternehmen (Collective Sourcing) unterschieden werden.
- Die **Beschaffungsarealstrategie** bestimmt die räumliche Ausdehnung des Beschaffungsmarktes. Bei „Local Sourcing" erfolgt der Bezug von einer räumlich nahe zum Abnehmer gelegenen Beschaffungsquelle, bei „Domestic Sourcing" ausschließlich von inländischen Lieferanten (z.B. inländische Hersteller oder Großhändler, die aber auch ausländische Produkte anbieten können) und bei „Global Sourcing" von Lieferanten aus der ganzen Welt.
- Der **Wertschöpfungsort** bezieht sich darauf, wo die Wertschöpfung vom Lieferanten erbracht wird. Dies ist bei Handelsware üblicherweise extern beim Hersteller, es kann aber auch eine Wertschöpfung am individuellen Standort des Händlers (z.B. Shop-in-Shop) erfolgen oder am Standort des Kunden (z.B. bei Dropshipping-Konzepten) erfolgen.
- Die **Beschaffungsorganisation** regelt die zentrale oder dezentrale Koordination der Beschaffung, d.h. die Frage der internen Koordination der Beschaffungsaufgaben im Unternehmen bspw. zwischen einzelnen Abteilungen.
- Die **Beschaffungsart**, kann nicht IT-gestützt erfolgen, indem Bestellungen und Lieferungen anhand traditioneller Systeme realisiert werden, es kann eine Koordination über IT-Komponenten vorgenommen werden oder ein E-Procurement, also eine elektronische Beschaffung unter Einsatz von Internettechnologien (z.B. EDI-Systeme), erfolgen. Noch weitergehend sind Konzepte der E-Collaboration, bei denen eine vertikale Kooperation in der Beschaffung erfolgt, wie z.B. bei den CPFR-Ansätzen.

2. Überblick über Sourcing-Strategien im Handel

Nachfolgend erfolgt die Betrachtung ausgewählter, besonders relevanter Strategien aus der Sourcing-Toolbox für Handelsunternehmen.

Lieferantenstrategie

Die behandelten Optionen der Lieferantenstrategie in der Sourcing-Toolbox beziehen sich auf die Anzahl der Lieferanten, von denen das Gesamtsortiment, einzelne Waren oder Artikel bezogen werden. Diese Optionen bilden im Handel das Spannungsfeld zwischen Volumenbündelung zur Verbesserung der Einkaufskonditionen (Single Sourcing) und der Reduzierung von Beschaffungsrisiken durch Streuung, gerade vor dem Hintergrund zunehmend auftretender **Extremereignisse**, ab (Dual oder Multiple Sourcing). Im Handel werden je nach Vertikalisierungsgrad und nach Breite und Tiefe des Sortiments i.d.R. mehrere Lieferantenstrategien mit Bezug auf unterschiedliche Sortimentsbestandteile bzw. Warengruppen kombiniert. Gerade im Kontext der Beschaffung von Markenartikeln kann dabei auch ein Sole Sourcing notwendig werden, wenn anbieterseitige Monopolsituationen auftreten. Die unterschiedlichen Lieferantenstrategien sind in Abb. 5.27 zusammengefasst.

Abbildung 5.27: Lieferantenstrategien im Überblick

Sole Sourcing	Single Sourcing	Dual/Multiple Sourcing
■ nur ein Lieferant existiert (Monopol auf der Lieferantenseite) ■ Koordinationsvorteile durch anbieterseitige Komplexitätsreduktion ■ hohe Abhängigkeit durch erzwungene Konzentration auf einen Lieferanten ■ ggf. Preisnachteile aufgrund fehlender Substitutionsmöglichkeiten	■ vereinfachte Koordination durch kleineren Lieferantenkreis ■ verbesserte Kommunikation durch engere Zusammenarbeit ■ verbesserte Qualität durch gemeinsame Qualitätssicherungssystems ■ Preis- und Konditionenvorteile durch größere Beschaffungsmengen ■ Ausnutzen von Erfahrungskurveneffekten ■ Geringere Probleme im Know how-Schutz	■ Möglichkeit der Abfederung von Lieferstörungen und -unterbrechungen bei Lieferanten ■ größere Flexibilität bei Bedarfsschwankungen ■ Vermeidung der Abhängigkeit von einzelnen Lieferanten ■ niedrigere Preise durch Wettbewerb unter den Lieferanten

Die Wahl der Lieferantenstrategie hängt nicht zuletzt von der Gesamtunternehmensstrategie eines Unternehmens ab (bspw. Grad der Diversifikation, siehe Abschnitt C.II. des Dritten Kapitels), seiner Wettbewerbsstrategie bzw. dem Betriebs- bzw. Vertriebstyp (z.B. Discounter oder Fachgeschäfte mit engen Sortimenten). Im weiteren Sinne spielt im Rahmen der Lieferantenstrategie auch die Interaktion mit Lieferanten eine Rolle, so i.S. des Einflusses des Handels auf Produktentwicklung, Produktinnovationen, aber auch auf die Produktion und die Beschaffung von Vorprodukten – gerade im Hinblick auf soziale und ökologische Verantwortung (CSR). Die Interaktion kann aktiven oder passiven Charakter haben. Die Option der „**aktiven Interaktion**“ steht in besonders engem Zusammenhang mit Handelsmarken; sie drückt sich auch in der Erschließung neuer Beschaffungsquellen bzw. Lieferanten aus, um dem Kunden neue Produkte zugänglich zu machen. **Passive Interaktion** meint hingegen die Beschaffung von Ware ohne produktspezifische Einflussnahme auf die Lieferanten i.S. einer „Katalogbestellung“, bspw. von Markenartikeln. Zudem sind **transaktionale Beziehungen** typisch für Beschaffungen, bei denen der Preis (bei vorgegebener Qualität) vorrangig ist z.B. bei Commodities. **Relationale** oder **kollaborative Lieferantenbeziehungen**, die sich letztlich an dem ECR-Konzept orientieren, sind mittel- und langfristig ausgerichtet und werden z.B. mit Markenartikelherstellern zu etablieren versucht.

Beschaffungszeit

Die im Hinblick auf die Beschaffungszeit formulierten drei Optionen haben eine besondere Bedeutung für Logistik und SCM. „Bestandslose" Beschaffung bezieht sich auf **Just-in-time-Lieferanten**, die Transit-Terminals oder Cross-Docking-Terminals (des Handels) beliefern – ggf. auch bei Direktbelieferung – und mit denen auf operativer Ebene eine enge Prozessabstimmung erfolgt, i.d.R. über elektronischen Datenaustausch (EDI). In ähnlicher Form ist dies bei der Option „bestandsreduziert" der Fall, bei der zwischen Handel und Lieferanten abgestimmte Systeme der **Nachschubversorgung**, so Vendor-Managed Inventory (VMI), praktiziert werden. Die Option „Bestand" ist typisch für Commodities, oftmals auch für Markenware, die in großen Mengen (z.B. Importe aus Asien) beschafft und in Zentral- oder Regionallagern zwischengelagert werden.

Beschaffungsareal

Mit Blick auf die Beschaffungsmärkte zeigt sich ein Bedeutungsanstieg der globalen Beschaffung (**Global Sourcing**). Wenngleich die internationale Beschaffung des Handels Tradition hat, so im Hinblick auf „Kolonialware", gewinnt diese Perspektive zunehmend an Mächtigkeit: Länder wie China und Indien haben sich als Beschaffungsmärkte etabliert und Händler interessieren sich zunehmend für Formen des **Direktimports** oder Direktbezugs. Der Anteil der direkt im Ausland beschafften Ware (Direktimporte) nimmt stetig zu. Diese Ware wird über inländische Großhändler, Importeure, Einkaufsorganisationen oder inländische Vertriebsgesellschaften (ausländischer Hersteller) beschafft. Dieser Bedeutungsanstieg gilt im Grundsatz für alle betrachteten Warenkategorien, d.h. für Markenartikel, aber v.a. Handelsmarken und Commodities. Hinsichtlich der Handelsmarken zeichnet sich zugleich ein Trend zu einem verstärkten **internationalen Contract Manufacturing** ab. Motive für die internationale Beschaffung können in Kostenvorteilen durch niedrigere Einstandspreise liegen, aber auch Qualitätsaspekte (z.B. auf Grund besonders qualifizierter Lieferanten im Ausland oder basierend auf Country-of-Origin-Effekten) oder das Ziel einer Differenzierung über spezifische Sortimentsbestandteile, die exklusiv nur auf internationalen Märkten verfügbar sind, können als Triebkräfte wirken. Dennoch ist die internationale Beschaffung mit größeren Problemfeldern und Herausforderungen verbunden als eine Beschaffung auf lokalen Märkten (siehe z.B. Thelen/Botschen 2012). Neben Länderrisiken (z.B. Wechselkursschwankungen, Infrastrukturproblemen, politische Instabilitäten) spielen Risiken, die aus soziokulturellen und Sprachunterschieden, abweichenden Geschäftspraktiken oder spezifischen Ein- und Ausfuhrbestimmungen resultieren können, eine Rolle, ebenso wie die i.d.R. größere Distanz zum Lieferanten, die mit Schwierigkeiten in der Steuerung der Lieferantenbeziehung und dem Zugriff auf die Lieferanten verbunden sein können. Resultieren können aus diesen Problemfeldern bspw. Kostennachteile z.B. durch geringe Kostentransparenz, Qualitätsmängel, lange Lieferzeiten oder mangelnde Flexibilität in der Belieferung, Out-of-Stock-Situationen oder Probleme in der Kommunikation mit den Lieferanten. Gerade, wenngleich nicht nur, bei der Beschaffung aus Niedriglohnländern spielt das **Ethical Sourcing** eine besondere Rolle. Hierunter versteht man die Erfüllung ethisch-moralischer Normen im Rahmen der (globalen) Beschaffung, unter Berücksichtigung gesetzlicher Bestimmungen und der ökonomischen Tragfähigkeit der Beschaffungsoptionen. Es handelt sich dabei um eine CSR-Komponente (siehe hierzu Erstes Kapitel), bei der insb. ethische Aspekte menschlicher Arbeit bei der Beschaffung von Ware aus Niedriglohnländern in den Vordergrund gestellt werden (z. B. bezogen auf die Arbeitsbedingungen, Arbeitszeiten oder Löhne) (Zentes/Schramm-Klein/Morschett 2009). Als Gegentrend des Global Sourcing lässt sich eine Tendenz zur lokalen/regionalen Beschaffung feststellen, der durch mehrere Faktoren beeinflusst wird. So relativieren steigende Logistikkosten (Energiekosten, Mautgebühren u.Ä.) die ökonomische Vorteilhaftigkeit von Niedrigkostenstandorten. Aus ökologischer Sicht verstärkt die zunehmende Sensibilisierung der Unternehmen für Fragen des Klimaschutzes ebenso wie der gesellschaftliche und politische Druck die Tendenz zur Nahversorgung. Mit Blick auf Konsumenten lassen sich sogar Zielgruppen identifizieren, die primär oder ausschließlich ihr Kaufverhalten auf regionale und auch auf saisonale Produkte, bspw. im Lebensmittelbereich, ausrichten (Zentes/Bastian/Lehnert 2010, S. 110ff.) und viele Handelsunternehmen haben Handelsmarken etabliert, die explizit diesen lokalen Bezug als Mehrwert herausstellen (z.B. Rewe Regional, Pro Montagna, Miini Region der Coop Schweiz). Ein weiterer Treiber lokaler/regionaler Beschaffung ist die Beschaffungsgeschwindigkeit. Um möglichst schnell auf veränderte Konsumentenpräferenzen reagieren zu können, sind absatzmarktnahe Produktionsstandorte wichtig; sie ermöglichen ein Speed-Sourcing bzw. Quick-Response, wie sie in der Fashion-Branche bereits realisiert werden.

Globale Beschaffung von Textilien und Bekleidung

Durch die sich ständig wandelnde Mode kaufen die Kunden vermehrt und immer häufiger Kleidung ein. Gleichzeitig möchten diese auch möglichst wenig Gelder für Bekleidung ausgeben, da sich die Modetrends alle paar Monate oder sogar Wochen ändern. Dieser Trend, auch bekannt als «Fast Fashion», begünstigt die Herstellung von Bekleidung unter menschenunwürdigen Bedingungen in anderen Ländern wie in Asien, insb. Indien. Die Attraktivität dieser günstigen Mode schlägt sich auch in den Export/Import-Zahlen nieder: Im Jahr 2016 wurden Textilien und Bekleidung im Wert von 28,19 Milliarden Euro aus Deutschland exportiert; nach Deutschland importiert wurden hingegen Kleidung im Wert von 43,31 Milliarden Euro. Etwa 90% der in Deutschland verkauften Kleidung werden im asiatischen Raum produziert.

Als Gegenbewegung zur „Fast Fashion" gewinnt die „Slow Fashion" an Aufmerksamkeit. Diese zeichnet sich durch nachhaltige Produktion durch z.B. Bio-Materialien, angemessene Preise und faire Arbeitsbedingungen aus. Zwar nutzt die Modeindustrie weiterhin die Vorteile einer viel günstigeren Beschaffung in Ländern wie Bangladesch, Vietnam oder Indien, trotzdem spielen Werte wie Nachhaltigkeit und ein menschenwürdiges Arbeitsumfeld eine immer größere Rolle bei der Beschaffung und prägen die Auswahl der Kooperations- und Vertragspartner.

Quelle: Budapester 2017, Statista 2018.

Beschaffungssubjekt

Die Beschaffung des Handels ist in einem starken Maße kooperativ geprägt. Die im Ersten und Dritten Kapitel diskutierten Verbundgruppen des Handels, z.B. die Einkaufsgemeinschaften, dokumentieren mit ihren Marktanteilen die Bedeutung dieser **Beschaffungs-** oder **Transaktionsform**. Auch in der Zukunft ist von einem weiteren Bedeutungsanstieg der kooperativen Beschaffung auszugehen. Dieser Bedeutungsanstieg ist in mehreren Faktoren begründet. Das Ausmaß der kooperativen Beschaffung in kleinen und mittleren Unternehmen des Handels steigt tendenziell weiter an. Gleichermaßen bilden sich neue oder erweiterte **Einkaufsallianzen** von Großunternehmen des Handels, z.B. Alidis oder Coopernic. Die Bildung dieser **Handelsallianzen** verdeutlicht zugleich den Bedeutungsanstieg von Kooperationen auf internationaler Ebene Als weiterer Treiber dieser Entwicklung ist die zunehmende **internationale Einkaufsbündelung** global agierender Handelsunternehmen, wie Walmart, Amazon, oder Carrefour, herauszustellen, was zu einem Anstieg der „kritischen Masse" in der Beschaffung führt.

Beschaffungsorganisation

Wie angedeutet kann die Beschaffungsorganisation zentral oder dezentral ausgestaltet werden. In diesem Kontext stellt sich auch die Frage nach interner oder externer, also ausgelagerter Beschaffung. Ausgelagert werden können Beschaffungsmarktaktivitäten bspw. im Rahmen des Global Sourcing an spezialisierte Außenhandelsunternehmen (im Inland oder Ausland). Solche globalen Beschaffungsunternehmen unterhalten meist ein weltweites Netz von Einkaufsbüros mit vielfältigen Beziehungen zu Lieferanten und agieren zugleich als Logistik-Dienstleister, so in der Koordination der weltweiten Warenströme. Ein herausragendes Beispiel ist das in Hongkong ansässige (Groß-) Handelsunternehmen Li & Fung, das sich als **„network orchestrator"** versteht (Fung/Fung/Wind 2008; Dollet u.a. 2017). Die **interne Abwicklung** der Auslandsbeschaffung erfolgt bspw. durch die Errichtung von Einkaufsbüros in ausländischen Beschaffungsmärkten. Handelsunternehmen erweitern dabei nicht nur ihr ausländisches Beschaffungsvolumen, sondern gehen oft zu verstärktem **Direktbezug** bei ausländischen Herstellern über. Ausländische Einkaufsbüros bedeuten eine stärkere Rückwärtsintegration („**Up-stream-Vertikalisierung**").

Global Sourcing der Groupe Casino

Groupe Casino, ein führendes Einzelhandelsunternehmen mit Hauptsitz in Frankreich, hat in den späten 1990er Jahren eine eigene Beschaffungsabteilung gegründet, die Casino Global Sourcing. Casino Global Sourcing beschafft weltweit Produkte für mehr als 30 führende Einzelhändler in Europa, Amerika und Asien, einschließlich für die Group Casino Supermärkte selbst Monoprix und Kroger. Zu den beschaffenen Produktkategorien gehören u.a. Lebensmittel, Möbel, Haushaltsgeräte, Textilen, Babybekleidung und Strickware. Mit einer starken Lieferantenbasis v.a. in China und Bangladesh unterstützt Casino Global Sourcing seine Kunden bei der Suche und Auswahl der Produkte sowie bei den Verhandlungen mit den Herstellern und Lieferanten. Von der anfänglichen einfachen Schnittstelle zwischen ausländischen Einkäufern und lokalen Anbietern, über die Unterstützung von Kunden bei Produktentwicklungs-, Qualitätssicherungs- und Qualitätskontrollprogrammen bis hin zu Logistik- und Konsolidierungsdiensten, wurde der Geschäftsumfang aufgrund der Nachfrage immer weiter ausgebaut. Das jährliche Beschaffungsvolumen von 350 Millionen US-Dollar und eine Vielzahl von unterschiedlichen Anbietern für jede Produktkategorie, ermöglicht es Casino Global Sourcing für seine Kunden einerseits niedrigere Preise auszuhandeln, andererseits eine größere Produktpalette anzubieten, wodurch dieser Service für viele Handelsunternehmen noch attraktiver wird.

Quelle: Casino Global Sourcing 2017.

Beschaffungsart

Aus technologischer Sicht kann zwischen der Beschaffung über konventionelle Kanäle und der Beschaffung über elektronische Kanäle bzw. elektronische/virtuelle Märkte unterschieden werden. Informations- und Kommunikationstechnologien steigern die Effizienz in konventionellen Beschaffungskanälen, so das **Electronic Data Interchange** (EDI) in der Hersteller-Handels-Kommunikation. Während elektronische Ausschreibungen von exakt spezifizierten Artikeln wie bspw. Fliesen oder Elektroartikeln im Handel seit Jahren üblich sind, gewinnen neuere Kanäle durch ein verstärktes Aufkommen von **E-Business-Plattformen** an Relevanz und ermöglichen neue Optionen, die Chancen eröffnen und eine flexiblere Beschaffung erlauben, aber auch die Komplexität und die Notwendigkeit der Integration solcher Kanäle in die bestehenden Beschaffungsstrategien erhöhen. Konzepte wie **E-Business** bzw. **E-Procurement**, **Web-EDI** oder **elektronische Marktplätze** sind dabei besonders relevant.

Abbildung 5.28: Typen elektronischer Marktplätze

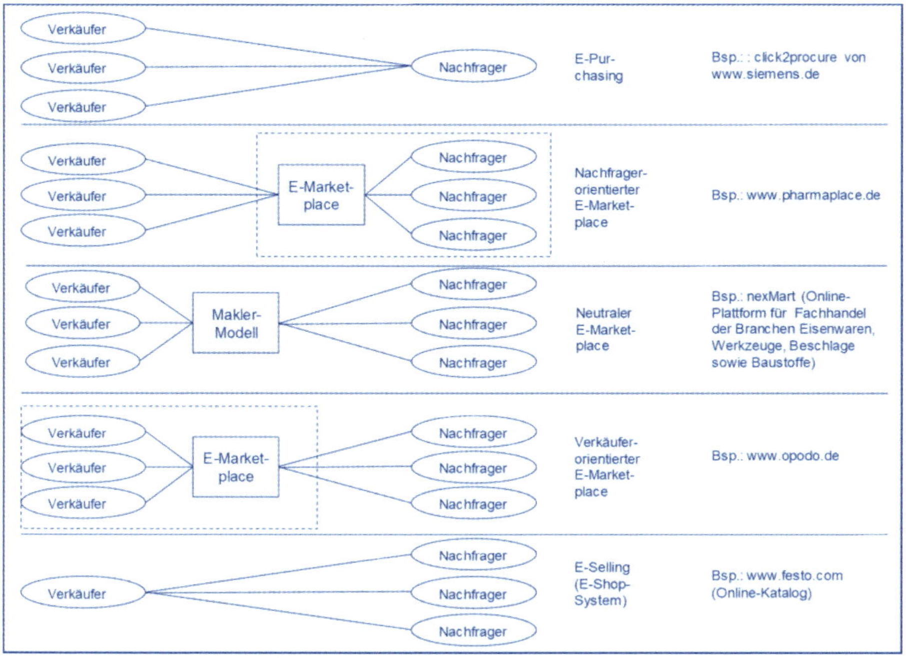

Quelle: i.A.a. Eßig 2006, S. 752.

Vor allem die letztgenannten elektronischen Marktplätze stechen aus den hersteller- bzw. handelsgetriebenen Formen des elektronischen Einkaufs bzw. Vertriebs im Rahmen des E-Procurement besonders heraus. Je nachdem, welcher Partner in der Supply Chain die Plattformen kontrolliert, unterscheidet man Sell-Side-Lösungen, die vom Anbieter kontrolliert werden, Buy-Side-Plattformen, bei denen die Kontrolle auf der Seite der Nachfrager liegt, und Plattformen, die von neutralen Dritten angeboten und kontrolliert werden (Meier/Stormer 2012, S. 74f.). In Abbildung 5.28 sind die unterschiedlichen Lösungen beispielhaft illustriert. Die elektronischen Marktplätze eröffnen auch Ad-hoc-Kooperationen bzw. virtuelle Kooperationen von Unternehmen – auch von Großunternehmen – und stellen insofern auch neue Herausforderungen an nationale und supranationale Kartellbehörden dar, so bzgl. der Regelung überlegener **Marktmacht** von Plattformbetreibern.

3. Beschaffungssituationen im LEH als Beispiel

Die vielfältigen Beschaffungsalternativen werden in Handelsunternehmen nicht in einer standardisierten Form für das gesamte Sortiment angewendet, sondern abhängig von den jeweiligen Gegebenheiten bzgl. der Produkte und den Anforderungen und Spezifika der Absatz- und Beschaffungsmärkte gewählt. Abb. 5.29 zeigt exemplarisch derartige Besonderheiten für einen Vollsortimenter (bspw. Supermärkte oder SB-Warenhäuser), indem die Anforderungen (bspw. Komplexität) und Bedeutung der Beschaffungs- bzw. Absatzmärkte als Dimensionen betrachtet werden. Diese wird bspw. durch die Bedeutung der Sortimentsbereiche für die Profilierung des Handelsunternehmens auf dem Absatzmarkt oder durch die Relevanz von Qualitätsmerkmalen auf der Produktebene beeinflusst. So ist der Beschaffungsaufwand von Warengruppen wie Grundnahrungsmitteln oder auch Markenartikeln bzgl. der Anforderungen des Beschaffungsmarktes recht gering, da die Warenbeschaffenheit vergleichsweise standardisiert und klar definierbar ist. Gerade bei der Markenartikelbeschaffung werden konkrete Produzenten der jeweiligen Marken angesprochen und die Profilierungsbedeutung auf dem Absatzmarkt ist im Hinblick auf Markenartikelsortimente hoch.

Demgegenüber ist bspw. die Beschaffung von Frischeprodukten komplex (bzgl. Liefersicherheit, Nachhaltigkeit, logistisches Handling), während die Bedeutung dieser Warengruppen auf den Absatzmärkten ebenfalls hoch ist. Fast noch komplexer ist eine Beschaffung in Fernost, die stellvertretend für die internationale Beschaffung von Artikeln steht (bspw. aufgrund zunächst intransparenter Märkte und Lieferantenoptionen). Niedrige Anforderungen des Beschaffungsmarktes und geringer Profilierungsbedeutung wird zudem sog. „Randartikeln" oder Grundnahrungsmitteln zugesprochen. Sie sind jedoch durch höhere Volumina gekennzeichnet, was die logistischen Anforderungen erhöht. Insbesondere die Beschaffung von Randartikeln muss nicht immer komplex sein, wie z.B. bei Schreibwaren.

Abbildung 5.29: Exemplarische Ausrichtungen der Beschaffung nach Warenbereichen im LEH

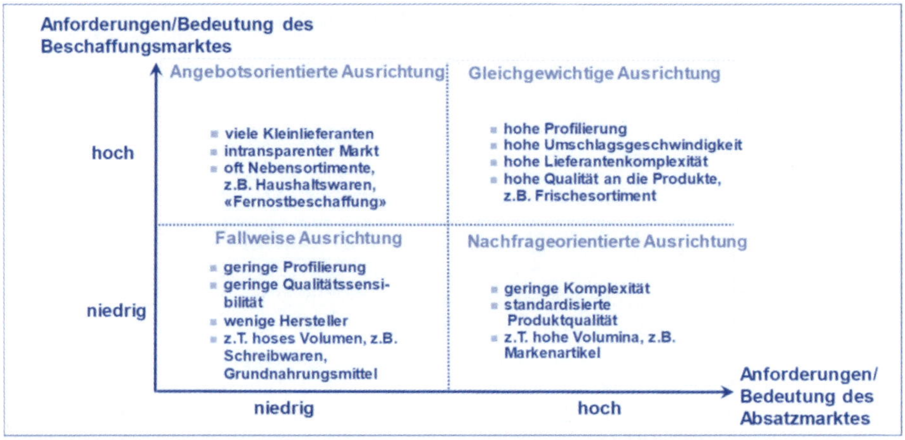

Analoge Überlegungen im Hinblick auf die Beschaffungssituation können für weitere Handelsbranchen angestellt werden (z.B. vor dem Hintergrund der hohen Artikelzahl, dem Modegrad und der hohen Sortimentsdynamik im Fashion-Handel). Im LEH können vier typische Cluster der Beschaffungssituation unterschieden werden und zwar für

1. Markenartikel
2. Commodities (nicht-markierte Standard-Massenware)
3. Handelsmarken
4. Frischware.

Beschaffungssituation 1: Markenartikel

Diese Situation ist dadurch charakterisiert, dass meist nur wenige nationale oder internationale Anbieter, d.h. Markenartikelhersteller oder nationale Vertriebsgesellschaften bzw. Distributoren mit starken Marken – oftmals **Global Brands** – als Lieferanten zur Verfügung stehen. Häufig handelt es sich um Warengruppen mit hohem Beschaffungsvolumen und hoher Umschlaggeschwindigkeit, so im Food- und im Near-Food-Bereich. Diese Beschaffungssituation weist ein erhebliches Potenzial für (vertikale) und bilaterale **SCM-Partnerschaften** auf.

Die Priorität liegt in der Zusammenarbeit mit Herstellern im SCM- und Category Management-Bereich; es dominieren typische ECR-Fragestellungen. Dementsprechend bietet diese Beschaffungssituation Ansatzpunkte für weitergehende („fortgeschrittene") kollaborative Prozesse zur Erzielung von Win-Win-Situationen. Konventionelle Formen des elektronischen Datenaustauschs und neuere Internet-gestützte Formen der operativen Zusammenarbeit sind in diesem Fall eine unabdingbare Voraussetzung. Gleichermaßen zeigt sich die hohe Bedeutung IT-gestützter Dispositions- und Planungsprozesse sowie des klassischen Datenaustauschs (EDI).

Hinsichtlich der Beziehungen auf der Beschaffungsseite dominieren somit kooperative ECR-Partnerschaften, Einkaufsgemeinschaften, der klassische Einkauf oder Systemlieferanten, weniger hingegen elektronische B2B-Marktplätze. Wenngleich der Beschaffungsmarkt hier nur eine geringe Komplexität aufweist, ist die Beschaffung i.d.R. von erheblicher Relevanz (A- und B-Produkte), gemessen am Beschaffungs- und Absatzvolumen (ggf. weniger jedoch am Rohertrag bzw. Deckungsbeitrag). Preis- und Konditionenverhandlungen in der **Hersteller-Handels-Interaktion**, sei es auf konventionellem oder elektronischem Wege, sind weiterhin von Bedeutung. Jedoch kommen logistische und warenwirtschaftliche Aspekte als Verhandlungs- und damit Konditionenfelder hinzu.

Tendenziell ist anzunehmen, dass in diesem Bereich auch bei fortschreitender Technologisierung der Kommunikationsmöglichkeiten die persönliche Interaktion weiterhin dominieren wird. Das Erreichen von Win-Win-Situationen durch **kollaboratives SCM** und **Category Management** erfordert jedoch Interaktionen zwischen unterschiedlichen funktionalen Akteuren beider Seiten, die weit über die klassische Verkäufer-Einkäufer-Dyade hinausgehen (siehe Abschnitt V. in diesem Kapitel).

Unternehmenskooperation zwischen Edeka und JDE

Die Zusammenarbeit von Handel und Industrie kann einerseits in dem Bereich „Supply Side" (z.B. Logistik), andererseits auf der „Demand Side" (z.B. Sortimentsoptimierung) stattfinden. Eine solche ECR (Efficient Consumer Response)-Partnerschaft wurde bspw. zwischen der Handelsgesellschaft Edeka Hessenring und dem Kaffeehersteller Jacobs Douwe Egberts (JDE) im Jahr 2014 gegründet. Auf Grund der stetig steigenden Nachfrage nach einem vielfältigen und modernen Warenangebot haben sich der Händler und der Markenartikler zusammengeschlossen und optimieren nun kontinuierlich Hand in Hand das Einkaufserlebnis für die Kunden. Die Umsetzung dieser Unternehmenskooperation findet mithilfe des Acht-Schritte-Prozesses für Category Management statt. So wurde eine neue Sortimentsempfehlung entwickelt, indem unter anderem ein neues Regal-Planogramm nach dem Baukastenprinzip aufgestellt wurde.

Um auf das geänderte Käuferverhalten einzugehen, können die Händler je nach Region und der Größe des Kaffeeregals ihre Regale individuell und auf Kundenwünsche hin ausgerichtet anpassen. Auf Messen wurde die kooperative Optimierung am Point of Sale zusätzlich vorgestellt. Mit einem Umsatzplus von 18% bei Kaffee-Kapseln im Regalgeschäft und 14% in der gesamten Kategorie Kaffee, konnte die ECR-Partnerschaft zwischen Edeka und JDE schnelle Erfolge für beide Kooperationspartner verzeichnen. Um sich den Entwicklungen am Kaffeemarkt anzupassen, wurden mehr als 138 Märkte nach diesem kundenfreundlichen Prinzip umgebaut.

Quelle: GS1 Germany GmbH 2016.

Beschaffungssituation 2: Nicht-markierte Standard-Massenware

Diese Beschaffungssituation ist durch eine hohe Beschaffungskomplexität gekennzeichnet. Dies trifft bspw. auf nicht-markierte Standard-Massenware, d.h. explizit spezifizierte und bei einer Vielzahl denkbarer, i.d.R. weltweit verstreuter Lieferanten zu beschaffende Produkte zu. Oft handelt es sich um eine hohe Artikelanzahl mit meist geringer Umsatzbedeutung (**C-Ar-**

tikel), die eine eher geringere Markenbedeutung für das Handelsunternehmen haben (Standardprodukte, keine wirklichen Marken). Fragmentierte Beschaffungsmärkte und damit eine begrenzte Transparenz hinsichtlich der potenziellen Beschaffungsquellen sind somit in dieser Beschaffungssituation kennzeichnend. Zwar liegen meist unkritische Standard-Qualitätsanforderungen an die Produkte vor, aber i.d.R. ist die Qualitätssensibilität der Lieferanten nicht gleichermaßen ausgeprägt. Eine solche Situation ist bei den sog. **Commodities** sowie bei **indirekten Gütern**, d.h. Produkten, die von Handelsunternehmen nicht verkauft, sondern intern genutzt werden, gegeben. Für Commodities sind meist transaktionale Beziehungen mit den Lieferanten typisch. Die Beschaffungsentscheidungen werden wesentlich auf Basis der Einkaufspreise bei vorgegebener (Mindest-)Qualität getroffen. Typisch in derartigen Beschaffungssituationen sind Ausschreibungen (oft innerhalb vorher selektierter, zugelassener, also durch das Handelsunternehmen bereits evaluierter Lieferanten).

Auch elektronische Marktplätze bzw. Portale, über die neue Lieferanten erschlossen werden können, spielen eine Rolle. Auf diesen elektronischen Marktplätzen entwickeln sich spezifische **Marktveranstaltungen** wie Online-Auktionen, z.B. in Form von **Reverse Auctions**. Vorprodukte oder Rohstoffe werden auch über **Warenbörsen** beschafft, z.B. in Form von **Warentermingeschäften**. Im Fall von Commodities ist zugleich die Einschaltung von Systemlieferanten möglich. Diese übernehmen i.S. klassischer **Rack Jobber** oder **Service Merchandiser** die operative Beschaffung einer Category und reduzieren dadurch für ihre Kunden die Beschaffungskomplexität. Als Systemlieferanten kommen z.B. Hersteller, die ihr eigenes Produktionsprogramm durch Handelsware arrondieren, oder Großhandelsunternehmen in Betracht (vgl. van Weele/Eßig 2017, S. 373f.).[1] Einkaufskooperationen und klassischer Einkauf sind weitere Optionen, nicht jedoch ECR-Partnerschaften.

Beschaffungssituation 3: Handelsmarken

Diese Beschaffungssituation ist durch eine hohe absatzmarktorientierte Profilierungsrelevanz der zu beschaffenden Ware und zugleich durch eine hohe Komplexität gekennzeichnet. Meist ist bei Handelsmarken eine weit gehende Integration des Handels in die Wertschöpfungskette (**Rückwärtsintegration**) gegeben, z.B. hinsichtlich der Produktentwicklung oder des SCMs. Die Profilierungsbedeutung ist indessen hoch. Die Beschaffungssituation lässt sich zusammenfassend mit i.d.R. fragmentierten Beschaffungsmärkten, hohen Qualitätsanforderungen an Produkte und hohem Profilierungspotenzial der Produkte für das Handelsunternehmen beschreiben.

Beschaffungssituation 4: Frischware

Frischware trägt wesentlich zur absatzmarktorientierten Profilierung von Handelsunternehmen im Lebensmittelhandel bei. Sie ist durch hohe Verderblichkeit – z.T. innerhalb weniger Stunden – gekennzeichnet. Diese Warenkategorie bringt logistische Herausforderungen mit sich (z.B. bzgl. der Lagerhaltung und des Transports) und hat zunehmend rechtlichen und gesellschaftlichen Ansprüchen gerecht zu werden (z.B. bzgl. Produkt- und **Nahrungsmittelsicherheit**, Produktherkunft und -rückverfolgbarkeit, Anbau- und Aufzuchtmethoden etc.). Zudem zeichnen sich veränderte Konsumgewohnheiten bzw. -präferenzen ab, bspw. die Bevorzugung lokaler oder regionaler Produkte. Die Beschaffungssituation ist daher sowohl komplex als auch vielgestaltig. Sie schließt lokale und globale Beschaffung, Vertragsanbau (Contract Farming), Vertragsproduktion oder auch Eigenproduktion ein.

---

[1] Vgl. hierzu auch die Ausführungen zu den strategischen Ausrichtungen von Großhandelsunternehmen in Abschnitt C.II. des Zweiten Kapitels.

IV. Entscheidungen im Beschaffungsprozess

1. Überblick

Die Entscheidungen im Rahmen des Beschaffungsprozesses (siehe Abb. 5.30) lassen sich im Grundsatz wie folgt systematisieren (vgl. bspw. van Weele/Eßig 2017, S. 22):

- Spezifikation des Warenbedarfs
- Ermittlung potenzieller Märkte und Lieferanten
- Einholen von Angeboten (Aufforderung zur Angebotsabgabe)
- Angebotsbewertung, Vertragsverhandlungen und Auftragserteilung
- Bestellauslösung und -überwachung und Bestellabwicklung und -evaluation
- Lieferung/Überprüfung der Vertragserfüllung und Bezahlung.

Je nach Beschaffungssituation oder Sourcing-Strategie können einige Schritte ausgelassen oder übersprungen werden (siehe Abb. 5.30). Im Fall eines **traditionellen Sourcing** spielen bspw. alle originären Aufgaben der Beschaffung eine Rolle, nämlich die Spezifikation der Warenbedarfe und die Identifikation der Beschaffungsmärkte und Lieferanten. Das Einholen und Bewerten von Angeboten sowie Verhandlungsführung sind weitere Beschaffungsaufgaben. Beim **Continuous Replenishment** erfolgt die Beschaffung hingegen in automatisierter Form. Automatische Bedarfsmeldungen lösen also die Beschaffung aus. Auf Grund des kooperativen Ansatzes beim CRP basieren die operativen Prozesse auf zuvor verhandelten Basiskonditionen, sodass lediglich in Ausnahmefällen, z.B. im Fall von Preisabweichungen oder -reduktionen zur Konkurrenz, nachverhandelt wird. Nochmals verkürzt läuft der Prozess bei schnellem **Aktionsmanagement** oder Speed Sourcing ab.

Abbildung 5.30: Exemplarische Beschaffungsprozesse im Handel

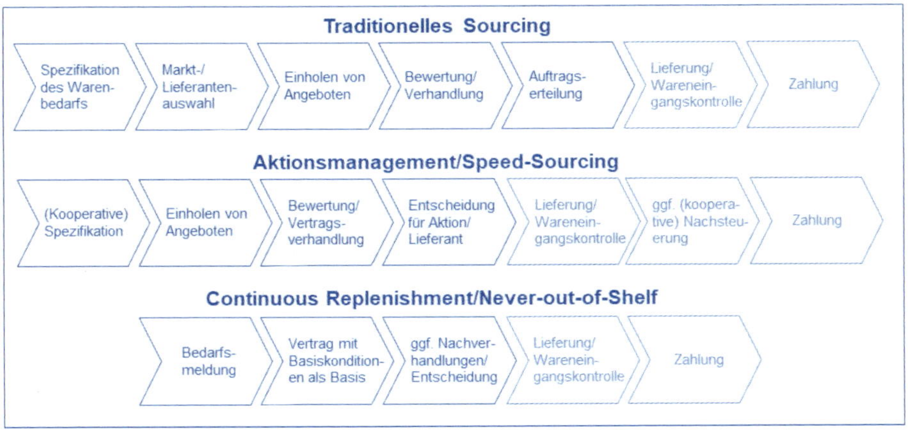

2. Spezifikation des Warenbedarfs

Der erste Schritt des idealtypischen Beschaffungsprozesses liegt deshalb in der Ermittlung unter Spezifikation des Warenbedarfs. Inhaltlich sind in diesem Kontext unterschiedliche Aspekte festzulegen bzw. zu beachten, so u.a. die zu beschaffenden Warengruppen und Artikel, Bedarfszusammenhänge zwischen einzelnen Artikeln oder Warengruppen (i.S.v. Sortimentszusammenhängen), Bedarfsanforderungen, aber auch die unterschiedlichen Methoden der Bedarfsanalyse oder rechtliche Aspekte. Im Vordergrund der weiteren

Ausführungen steht eine tiefer gehende Diskussion der Bedarfsermittlung. In diesem Zusammenhang sind insb. drei grundlegende Entscheidungsbereiche relevant:

- Warengruppen- bzw. Sortimentsdisposition: Festlegung der Sortimentsbestandteile, Warengruppen bzw. Artikel, die zu beschaffen sind
- Mengendisposition: Festlegung der Menge, die je Sortimentsbestandteil zu beschaffen ist
- Zeitdisposition: Festlegung der Liefertermine bzw. der Zeitpunkte, zu denen Ware beschafft werden soll.

Im Hinblick auf die Beschaffung des Sortiments, das in den Be- und Vertriebstypen des Handels angeboten wird, kann der **Warenbedarf** als Grundlage für alle folgenden Beschaffungsentscheidungen gesehen werden. Er hängt wesentlich von den Absatzaktivitäten sowie den finanziellen Möglichkeiten des Handelsunternehmens ab.

Die Entscheidungsbereiche sind eng miteinander verknüpft. Beispielsweise bezieht sich **Bedarfsmenge** i.d.R. auf eine bestimmte Bedarfsperiode (Jahr, Monat, Woche). Der **Bruttobedarf** entspricht dabei der Gesamtbedarfsmenge je Periode, während sich der **Nettobedarf** (Bestellmenge) aus dem Bruttobedarf abzüglich der geplanten Lagerbestände und der Bestellungen zusammensetzt. Genauigkeitsanspruch und Dispositionsaufwand der Bedarfsermittlung hängen vom Wert der Artikel und vom Beschaffungsrisiko ab. Risikoabschätzungen können z.B. anhand von Artikel-Portfolios vorgenommen werden und die Wertigkeit kann bspw. mithilfe der ABC-Analyse ermittelt werden. Die **ABC-Analyse** ist in der Beschaffung verbreitet und wird auch außerhalb der Beschaffung von Unternehmen zur heuristischen Kategorisierung herangezogen.

Im Kontext der Bedarfsermittlung ermöglicht sie die Differenzierung von Artikeln oder Warengruppen nach Wichtigkeit und wertmäßiger Bedeutung des Bedarfs. Die zugleich hochwertigen und i.d.R. umsatzstarken Artikel (A-Produkte) erfordern eine besondere Sorgfalt in der Beschaffung, da hier die Einsparungseffekte am größten sind. Demgegenüber erfahren C-Artikel (bspw. geringe Kosten bei dennoch mengenmäßig hohen Volumina) oftmals weniger intensive Beachtung im Rahmen der Disposition und werden z.T. im Rahmen automatischer Disposition beschafft. Bei der ABC-Analyse wird zunächst für jeden Artikel der Periodenabsatz in Geldeinheiten ermittelt, indem die jeweilige Periodenabsatzmenge mit dem jeweiligen Preis (z.B. Kaufpreis) multipliziert wird. Der so ermittelte Wert wird anschließend ins Verhältnis zur Gesamtsumme aller Artikel gesetzt. Schließlich werden die einzelnen Artikel nach ihrem Prozentanteil am Gesamtwert in absteigender Reihenfolge sortiert. Ob ein bestimmter Artikel in die A, B oder C-Kategorie gehört, hängt von der Festlegung der Grenzwerte ab. Diese beruhen auf Konventionen, die erfahrungsbasiert festgelegt werden. Weitergehende Verfahren bzw. **Methoden der Bedarfsermittlung** sind in Abb. 5.31 im Überblick visualisiert. Anders als in Industrieunternehmen, wo eine deterministische, am Produktionsprogramm orientierte Bedarfsermittlung dominiert (z.B. mittels Stücklisten), erfolgt im Handel bei bereits gelisteten Produkten überwiegend eine **stochastische Bedarfsmengenermittlung**. Beispiele sind

- **Prognoseverfahren:** Simulation von möglichen Verlaufskurven des Bedarfs
- **Gleitender Durchschnitt, exponentielle Glättung:** Verwendung einer konstanten Anzahl an Vergangenheitsdaten, wobei rollierend die älteste Eingabe durch die neuste Eingabe ersetzt wird, um auf dieser Basis einen Mittelwert und einen Trend im Hinblick auf die interessierenden Größen prognostizieren zu können
- **Regressionsanalyse:** Analyse- und Prognoseverfahren zur Erklärung von Zusammenhängen unter Einbeziehung unabhängiger und abhängiger Variablen.

Abbildung 5.31: Methoden der Bedarfsermittlung

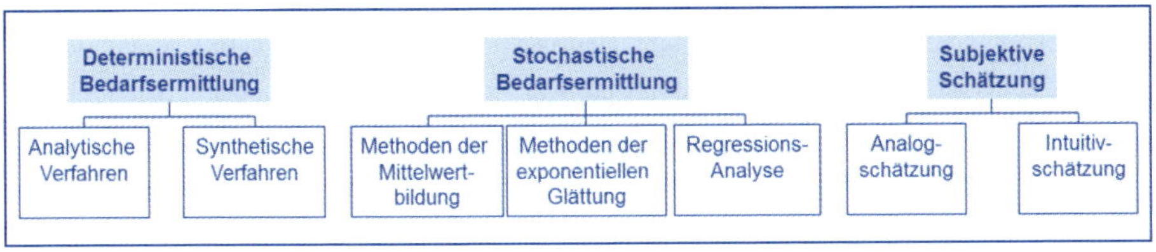

Bei den Verfahren der Bedarfsermittlung ist eine mathematische Umsetzung möglich, es ist allerdings gerade bei auf Vergangenheitswerten beruhenden Ermittlungen zu hinterfragen, ob diese Verfahren sinnvoll sind, wenn keine konstanten Verbrauchsverläufe gegeben sind. Für volatile Nachfrageänderungen oder bei Neuprodukten kann die Bedarfsermittlung auch subjektiv auf der Basis von **Analog- oder Intuitivschätzungen** erfolgen. Diese werden bspw. angewandt, wenn der Aufwand für eine Berechnung des Bedarfs zu hoch wäre oder noch keine Informationen über vorherige Perioden vorliegen. Bei der Analogschätzung findet ein Vergleich mit ähnlichen Artikeln oder Warengruppen statt, während bei der Intuitivschätzung eine Bedarfsprognose auf Grund von Expertenmeinungen zu Grunde gelegt wird. Auf der Bedarfsermittlung setzt die **Mengendisposition** auf. Ihr Ziel ist es, bspw. Vorräte zu schaffen, sodass der Abverkaufsfluss gewährleistet ist. Andererseits sind die Vorräte niedrig zu halten, damit kein Kapital unnötig gebunden wird und die Beschaffungs- und Lagerkosten möglichst niedrig sind. Daraus entsteht ein **Zielkonflikt**, weil

- im Rahmen der Beschaffung bestellfixe Kosten entstehen, wie z.B. Kosten der Einkaufsabteilung sowie des Wareneingangs und der Warenkontrolle. Dies impliziert die Minimierung der Anzahl der Bestellungen pro Periode, d.h. also große Bestellmengen.
- Andererseits entstehen Lagerkosten, wie Raumkosten, Vorratshaltungskosten, d.h. hohe Lagerbestände binden Kapital und erzeugen Zinskosten. Dies spricht für die Minimierung der Lagerkosten, d.h. also für eine geringe Bestellmenge.

Demnach ist die Bestellmenge optimal, wenn die Summe aus Beschaffungs- und Lagerkosten, auf eine Mengeneinheit bezogen, am geringsten ist. Dies erweitert die Perspektive der Lagerbestandsoptimierung in der Logistik (siehe der folgende Abschnitt in diesem Kapitel). Die Zeitdisposition als weitere Entscheidung hängt eng mit der Logistik bzw. Lagerhaltung zusammen und wird deshalb ebenfalls im Rahmen der Logistik näher diskutiert. In Handelsunternehmen sind für beide Entscheidungen oft unterschiedliche Manager bzw. Abteilungen zuständig, sodass für eine optimale Entscheidung entsprechende Organisationsstrukturen und Kompetenzzuweisungen erforderlich sind.

3. Ermittlung potenzieller Märkte und Lieferanten

a) Beschaffungsmarktauswahl

Die Entscheidungen über die Wahl von Beschaffungsmärkten und/oder Lieferanten leitet sich oft aus der Gesamtstrategie der Handelsunternehmen ab. Diese umfasst zumeist weiteren Festlegungen, wie z.B. strategische Partnerschaften mit spezialisierten Unternehmen in den bestimmten Beschaffungsländern. Sie hängt aber auch – wie bei der Absatzmarktforschung – vom allgemeinen Bestreben der Unternehmen ab, die Markttransparenz zu erhöhen, z.B. neue Beschaffungsquellen zu erschließen, und neue Entwicklungen und auch Beschaffungsrisiken frühzeitig zu erkennen. Zur systematischen Suche nach neuen Lieferanten bzw. Märkten bietet sich somit einerseits ein Rückgriff auf Beschaffungsziele und andererseits auf allgemeine Auswahlkriterien an. Wichtige Ziele, die Ausgangspunkt der Auswahlprozesse sein können, sind z.B. die Steigerung der Warenqualität, die Senkung der Kosten und der Lieferrisiken oder die Steigerung der Lieferflexibilität. Diese Ziele determinieren zugleich die Auswahlkriterien, indem bspw. potenzielle Lieferanten oder Beschaffungsmärkte nach einem Kostenindex für die Beschaffung von Standardartikeln kategorisiert werden können. Werden gleichzeitig mehrere Ziele verfolgt, ist festzulegen, auf welches Ziel sich der Blick vorrangig zu richten hat. Beide Aspekte (Märkte und Lieferanten) bilden komplexe Entscheidungsbereiche und werden im Folgenden im Hinblick auf ausgewählte Aspekte der Beschaffungsmarktauswahl sowie der Lieferantenidentifikation, -analyse, -bewertung und -auswahl andererseits diskutiert. Zur **Beschaffungsmarktanalyse** und -auswahl werden unterschiedliche Analyse- und Auswahlprozesse umgesetzt. In diesem Kontext sind die Kriterien der (Beschaffungs-) Marktanalyse ebenso wie spezifische Prozesse der Auswahlentscheidung festzulegen. Zudem sind in diesem Kontext Aspekte der Bearbeitung internationaler Beschaffungsmärkte von Bedeutung. Generelle Ziele der Beschaffungsmarktanalyse liegen in der Informationsversorgung der Entscheidungsträger, der Erhöhung der Markttransparenz, der Früherkennung von Entwicklungen auf den Beschaffungsmärkten, der Erschließung neuer Beschaffungsmärkte und der Pflege bestehender Lieferantenbeziehungen. Je nach Beschaffungssituation, d.h., ob es sich um einen Neukauf (New Task) oder eine Wiederkaufsituation handelt (siehe Abb. 5.32), also entweder einen modifizierten Wiederkauf (Modified Rebuy) oder einen gleichartigen Wiederkauf (Straight Rebuy) handelt, unterscheiden sich die Bedeutung und Intensität der Alternativensuche und die Höhe des Informationsbedarfs. Darüber hinaus ergeben sich aus den Beschaffungsmärkten selbst spezifische Herausforderungen, z.B. in kulturell und/oder geografisch entfernten Ländern.

Abbildung 5.32: Varianten der Beschaffungssituation

	Neuartigkeit des Problems	Bedeutung der Alternativensuche	Höhe des Informationsbedarfs
New Task	hoch	bedeutsam	sehr hoch
Modified Rebuy	mittel	begrenzter Umfang	mittel
Straight Rebuy	niedrig	unbedeutend	sehr niedrig

Quelle: Kummer/Grün/Jammernegg 2009, S. 120.

Werden bekannte Märkte analysiert, nehmen Unternehmen häufig eine Priorisierung vor, indem sie denkbare Beschaffungsmärkte anhand bestimmter, als relevant identifizierter Kriterien kategorisieren. Beispielsweise können Profile von Beschaffungsregionen aufgestellt werden, indem Leistungs-, Kosten- und Risikomerkmale herangezogen werden. Abb. 5.33 liegt die Überlegung zu Grunde, dass jede Gruppe von Beschaffungsobjekten im Hinblick auf diese Dimensionen und in Abhängigkeit von der relativen Bedeutung des korrespondierenden Beschaffungsmarktes ein spezifisches Anforderungsprofil aufweist. Bei der Entscheidung für einen Beschaffungsmarkt sind diese Anforderungen in eine möglichst optimale Übereinstimmung zum Beschaffungsmarktprofil zu bringen. Bei der Definition von Anforderungsprofilen sind jedoch überzogene Ansprüche zu vermeiden, weil der durch hohe Leistungsfähigkeit, geringere Kosten und geringeres Risiko gekennzeichnete „Wunschmarkt" eine eher unrealistische Vorstellung sein dürfte. Bspw. kann es sich als sinnvoller erweisen, im Falle der Beschaffung technologisch hoch anspruchsvoller Ware auch dann auf einen sehr leistungsfähigen Markt zurückgreifen, wenn dieser sich unter Kostenaspekten nicht optimal darstellt. Letztendlich kommt es also auf die Gewichtung der einzelnen Merkmale an.

Abbildung 5.33: Charakteristika von Beschaffungsmärkten

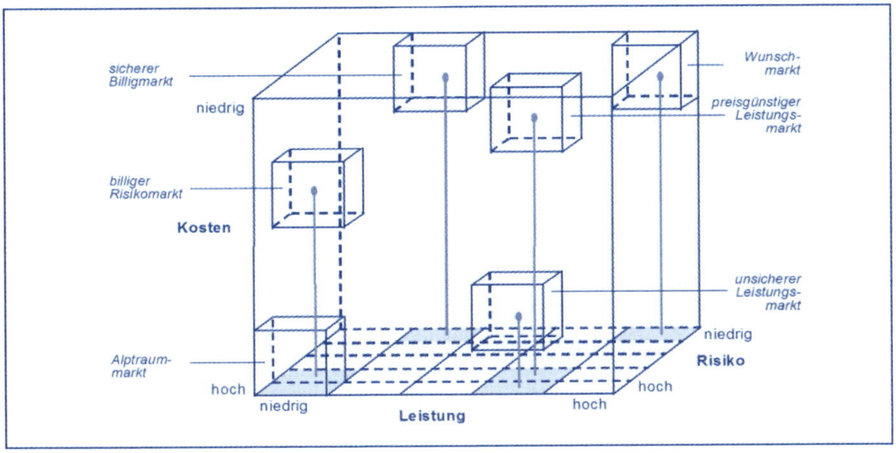

Quelle: Swoboda/Weiber 2013, S. 232.

b) Lieferantensuche und -bewertung

Die mit der **Lieferantensuche** und **-bewertung** verbundenen Aktivitäten umfassen i.w.S. den Lieferantenauswahlprozess zur Identifikation und Eingrenzung von potenziellen Lieferanten, der häufig damit beginnt, potenzielle Bezugsquellen zu ermitteln (z.B. anhand von Messen, Online-Portalen). Weiterhin gehören die Lieferantenanalyse, -bewertung und -auswahl sowie die Prüfung der Leistungseignung hierzu.

Im Hinblick auf die Art der Gestaltung der Beziehungen zu den Lieferanten, ob also transaktionale oder relationale Austauschformen von den Händlern angestrebt bzw. verfolgt werden, stellt eine wichtige Grundlage der Auswahl von Lieferanten dar. Bei relationalen Lieferantenbeziehungen spielt darüber hinaus die **Lieferantenentwicklung** eine wichtige Rolle (Proch 2017, S. 11ff.). Lieferantenanalyse und -bewertung stellen im Rahmen der **Lieferantenevaluation**) ein wichtiges (Controlling-)Instrument dar. Während die Sortimente in einigen Branchen eine größere Fluktuation aufweisen (z.B. Fashion, Elektronik), besteht in anderen Branchen (z.B. Lebensmittel oder Drogerieartikel) eine höhere Konstanz (siehe zur Sortimentspolitik Abschnitt C. des Vierten Kapitels). Ein Großteil der Beschaffungsprozesse von Händlern bei Fast Moving Consumer Goods ist durch **Wiederholungskaufkonstellationen** charakterisiert, so bzgl. der Lieferanten und/oder der Produkte. Zum Beispiel erfolgt i.d.R. im LEH in den sog. **Jahresgesprächen** bei den bestehenden Lieferanten das Einholen von Angeboten (Aufforderung zur Angebotsabgabe bzgl. vorgegebener Spezifikation des Warenbedarfs bzgl. Qualität, Menge, Liefertermine etc.), auf deren Grundlage Vertragsverhandlungen stattfinden. Im Rahmen der Gespräche werden oftmals auch Leitlinien hinsichtlich der Einführung bzw. Listung neuer Produkte im Kontraktzeitraum vereinbart. Die Komplexität von Auswahl und Beurteilung der Lieferanten hängt eng mit der **Beschaffungssituation** zusammen.

In vereinfachender Form können in Abhängigkeit von der Neuartigkeit des Produktes sowie des Lieferanten für den jeweiligen Händler vier grundsätzliche Beschaffungssituationen unterschieden werden (siehe Abbildung 5.34):

Abbildung 5.34: Entscheidungssituationen der Lieferantenanalyse

Sortiment \ Lieferant	alt	neu
alt	Routinebeschaffung	Lieferantenwechsel
neu	Sortimentswechsel	Neuprodukteinführung

Quelle: Arnold 1997, S. 176.

- **Routinebeschaffung**: Sowohl das zu beschaffende Produkt als auch der Lieferant sind bekannt. Bestehen Geschäftsbeziehungen zu Lieferanten, dominiert oft die kontinuierliche Überwachung (**Monitoring**) seiner Leistungsfähigkeit.
- **Lieferantenwechsel**: Steht für bereits im Sortiment befindliche Artikel ein Wechsel der Lieferanten zur Disposition, nimmt der Informationsbedarf zu und es ergibt sich die Notwendigkeit der Analyse der Leistungsfähigkeit der zur Verfügung stehenden Alternativen. Um eine Vereinfachung der Beurteilung vorzunehmen, kann auf die Leistungsdaten bisheriger Lieferanten als Vergleichsbasis zurückgegriffen werden, sodass die Entscheidung zur Auswahl anhand von **Benchmarks** eines gegebenen Kriterienkataloges erfolgt.
- **Sortimentswechsel**: Von höherer Komplexität sind Entscheidungssituationen, wenn bisher unbekannte bzw. noch nicht im Sortiment befindliche Produkte von bestehenden Lieferanten beschafft werden sollen. Zwar sind in dieser Konstellation die Lieferanten und ihre Leistungen bekannt, diese können jedoch nicht ohne weiteres auf die neue Liefersituation bzw. neue Sortimente bzw. Artikel übertragen werden. Bisherige Bewertungskriterien müssen in dieser Situation angepasst werden und im Extremfall muss ein gänzlich neues, auf die jeweiligen Artikel zugeschnittenes Bewertungsverfahren entwickelt werden.
- **Neuprodukteinführung**: Am schwierigsten gestaltet sich die Lieferantenbeurteilung in Situationen, in denen weder über die Lieferanten noch in Bezug auf die Artikel auf vorhandene Erfahrungswerte zurückgegriffen werden kann. In dieser Situation ist es erforderlich, sowohl Bezugsalternativen als auch die von ihnen angebotenen Sortimentsalternativen im Hinblick auf die Erfüllung der Anforderungen hin zu überprüfen.

Lieferantenbeurteilungssysteme müssen in allen Beschaffungssituationen in der Lage sein, die für die Entscheidungsfindung erforderlichen Informationen auf der Basis von geeigneten Analyseverfahren zu generieren. Wenn relationale Lieferantenbeziehungen aufgebaut werden sollen, spielt nicht nur die Beurteilung aktueller Konstellationen eine Rolle, sondern es ist eine zukunftsgerichtete Analyse der Lieferanten erforderlich. Bei der Lieferantenbewertung genügt es nicht, die vergangene bzw. momentane Leistungsfähigkeit zu erheben, sondern vor dem Hintergrund der eigenen Anforderungen sowie sich ändernder Umweltbedingungen muss auf das zukünftige Leistungspotenzial des Lieferanten geschlossen werden. Den Ausgangspunkt des idealtypischen Prozesses des Lieferantenmanagements (siehe Abb. 5.35) bildet – ausgehend vom Zielsystem des Handelsunternehmens – die Festlegung der Kriterien, die zukünftige Lieferanten erfüllen sollen, damit mit ihnen eine Geschäftsbeziehung eingegangen werden kann. Den wesentlichen Prozessschritt stellt – bspw. bei Neulistungen oder bei einem Lieferantenwechsel – die **Lieferantenidentifikation** dar. Oft wird diese auf die jeweiligen Märkte begrenzt, jedoch hat eine solche Vorgehensweise den Nachteil der Vergangenheitsbezogenheit. Bei New-Task-Konstellationen empfiehlt es sich, die Lieferantensuche breiter vorzunehmen, bspw. auf die gesamte Branche. Zudem kann es sinnvoll sein, auch solche Lieferanten in die Betrachtung einzubeziehen, die Artikel ähnlicher Qualität oder mit ähnlichen Eigenschaften herstellen. Im Anschluss an die Identifikation potenzieller Lieferanten liegt das Ziel der Lieferanteneingrenzung darin, anhand des Kontakts zu diesen Lieferanten bestehende Informationsdefizite so weit wie möglich zu reduzieren.

Abbildung 5.35: Ablaufbeispiel eines Lieferantenmanagements

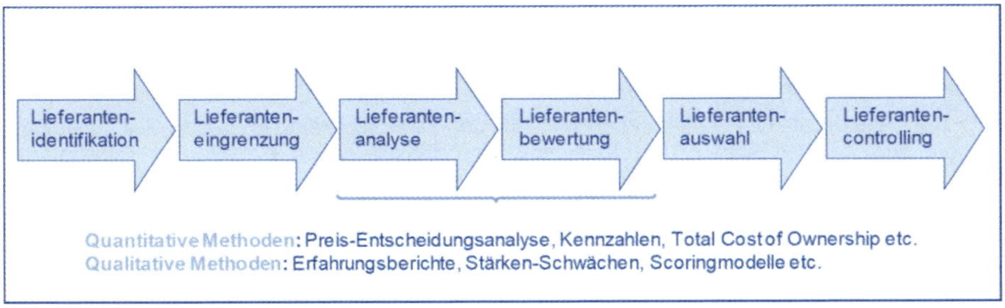

Quelle: i.A.a. Glantschnig 1994, S. 23.

Den nächsten Teilprozess stellen Lieferantenanalyse und -bewertung dar. Hierzu existiert eine Vielzahl von Ansätzen (Heß 2010, S. 287ff.; siehe Abb. 5.36). Auf der Basis der Anforderungskriterien an die Beschaffungssituation werden die Lieferanten anhand eines auf den Bedarfsanforderungen basierenden Kriterienkatalogs analysiert und bewertet. Die „klassischen" Verfahren der **Lieferantenanalyse und -bewertung** werden häufig in quantitative und qualitative Verfahren unterteilt. **Quantitative Verfahren** sollen eine eher objektive Beurteilung ermöglichen, während **qualitative Verfahren** bei der Bewertung „weiche" Faktoren berücksichtigen. Zudem existiert eine Vielzahl von Mischverfahren, die quantitative und qualitative Elemente verbinden. Im Hinblick auf die Darstellungsformen können grafische (z.B. Profiltechnik), verbale (z.B. Checklisten) und numerische Verfahren (z.B. Scoring-Modelle) unterschieden werden. Neue Ansätze der Lieferantenanalyse stellen häufig Weiterentwicklungen klassischer Verfahren dar und greifen auf mehrdimensionale Bewertungssysteme zurück.

Abbildung 5.36: Ausgewählte Ansätze der Lieferantenanalyse und -bewertung

Quantitative Verfahren	■ Preis-Entscheidungsanalyse ■ Kosten-Entscheidungsanalyse ■ Bilanzanalyse ■ Optimierungsverfahren ■ Kennzahlenverfahren ■ Faktorenanalyse ■ Linear weighting models ■ Mathematical programming models
Qualitative Verfahren	■ Checklisten-Verfahren ■ Portfolioanalyse
Mischverfahren	■ Activity Based Costing ■ Balanced Scorecard (BSC) ■ Fuzzy Logic Ansatz ■ Lieferanten Quality Function Deployment ■ Lieferanten-Gap-Analyse ■ Lieferantentypologie ■ Matrix-Approach ■ Notensystem-Verfahren ■ Nutzwertanalyse ■ Profilanalyse ■ Punktbewertungsverfahren ■ Ratingmatrix

Quelle: i.A.a. Müssigmann 2007, S. 62.

Im Rahmen des Lieferantenmanagementprozesses beinhaltet der Prozessschritt der **Lieferantenbewertung** die Informationsaufbereitung zur Vorbereitung der Lieferantenauswahl und zur Festlegung von lieferantenpolitischen Maßnahmen. Zur **Lieferantenauswahl** werden im nächsten Schritt die Lieferanten anhand der relevanten Kriterien verglichen und ausgewählt. Wenn für eine Beschaffungssituation als besonders wichtig angesehene Auswahlkriterien existieren, werden diese als KO-Kriterien betrachtet (Thelen/Botschen 2012).

Einkaufsorganisation der REWE Group

Die Rewe Group ist einer der führenden Handels- und Touristikkonzerne in Europa. Seit 2007 gibt es den strategischen Einkauf, der Basiskonditionen wie Listenpreise, Rabatte und Entgelte für REWE, PENNY und die dazugehörigen Kooperationspartner verhandelt hat. Leistungskonditionen wie Handzettel, Listungen und Promotion-Angebote jedoch wurden für Vollsortiment und Discount Läden separat bestimmt. Um das ganze System effizienter zu gestalten und Vorteile hinsichtlich der Bündelung der Kräfte sowie der Argumentationsgrundlage für bessere Konditionen und schnellere Verhandlungen zu generieren, wurde 2015 die REWE Group Buying, die sich durch den zentralen Sparteneinkauf auszeichnet, ins Leben gerufen. Diese hat die Verantwortung für die komplette Ware, das vertriebslinienspezifische Category-Management, den Sparten-Einkauf für Markenartikel und die Bündelung von Eigenmarken/-importen. Wichtig dabei ist, dass in jeder Kategorie die Gruppenstärke der einzelnen Händler vorhanden bleibt und der Fokus weiterhin auf den Differenzierungsmerkmalen liegt.

Die Einkaufsfunktionen der REWE Group Buying sind neben den Durchführungen von Lieferanten-Jahresgesprächen (Lieferantenauftaktveranstaltung, Verhandlungsziele und -taktik, Einkaufskonditionen) die unterjährige Verhandlung von Einkaufspreisen (EK-Preiserhöhungen und Marktpreisrisiken sowie VK-Preismonitoring) und die Sicherstellung der Warenversorgung bis hin zum Lagereingang (Warenversorgungsvereinbarungen, Monitoring von Fehlmengen und Lieferverzügen, Bevorratung bei saisonalen Einflüssen). Die Verhandlung der Basiskonditionen für den Einkauf „Marke" werden zwischen PENNY und REWE mandatiert. Bei Lieferanten, die beiden strategischen Geschäftsbereichen zugehören, gibt es eine gegenseitige Mandatierung, wogegen bei spezifischen Lieferanten, der jeweilige Geschäftsbereich das Mandat innehat. Für alle weiteren Lieferanten, tritt REWE als Mandatsführer auf.

Erst wenn die Basiskonditionen zu einem erfolgreichen Abschluss geführt haben, können auch die Leistungskonditionen verhandelt werden. Relevant für unterjährige Verhandlungen sind besonders VK-Preisänderungen. Ein Beispiel hierfür wäre die Preissenkung eines Wettbewerbers von einem bestimmten Produkt. Die REWE Group möchte, um wettbewerbsfähig zu bleiben, dafür auch den Preis herabsetzen; folglich muss der EK-Preis mit den Lieferanten neu verhandelt werden, damit auch weiterhin eine gewisse Marge sicher ist. Aber nicht nur Nachverhandlungen des EK-Preises bieten eine Chance zum Rohertragsausgleich, sondern auch die Optimierung von Werbeaktionen oder die Durchführung von Sortimentsmaßnahmen durch Umlistung rohertragsstarker Vergleichsartikel sowie die Listung von Sondergrößen und Exklusivartikeln und die Nutzung von besseren Vermarktungsangeboten wie bspw. Displays.

Ein weiterer Funktionsbereich der REWE Group Buying ist das Category Management. Hierbei geht es um die Aussteuerung kundenspezifischer Sortimente, worunter nicht nur die Festlegung allgemein fällt, sondern auch diverse Analysen und Optimierungen der Platzierung. Hinzu kommt die Festlegung des Verkaufspreises je nach Sensitivität des Einzelartikels, des Abstands zum Wettbewerber und des Standortes. Als drittes Standbein im Bereich des Category Managements spielt die Steuerung des Aktiongeschäfts eine große Rolle. Neben der Aussteuerung von Handzetteln, und der Definition von Rabatthöhen gilt es, die gesamte Performance zu überwachen, zu bewerten und ggf. zu überarbeiten.

Allgemein sind die Verhandlungsstufen der REWE Group Buying in Preis- und Basiskonditionen national sowie international (Tandem Plus), nationale und EURELEC Leistungen (EURELEC) und internationale Leistungen (Coopernic) untergliedert. Über Coopernic werden zuerst die internationalen On-Top-Konditionen verhandelt und Eigenmarken eingekauft. Darauffolgend verhandelt und kauft EURELEC als Einkaufsgesellschaft bei der internationalen Lebensmittelindustrie.

Bei Tandem Plus werden die Basisverhandlungen dann gemeinsam mit den Vertriebslinien aller Länder verhandelt, wobei vertriebslinien- und länderindividuelle Verhandlungen der Leistungskonditionen berücksichtig werden.

Quelle: REWE 2017.

Während sich die Lieferantenanalyse, -bewertung und -auswahl auch auf potenzielle Lieferanten und die Beurteilung ihrer zukünftigen Leistungsfähigkeit erstreckt, bezieht sich das **Lieferantencontrolling** auf die Untersuchung des Erfüllungsgrades der Aufgaben der bestehenden Lieferanten. Hierbei können Überlegungen strategischer und wirtschaftlicher Art ebenso relevant sein wie Kennzahlen, die sich auf spezifische Aspekte wie z.B. die Logistik beziehen (z.B. Liefer- oder Erfüllungsgrad). Bei einer ganzheitlichen und integrierten Betrachtungsweise von Lieferantenbeziehungen fließen monetäre ebenso wie nicht-monetäre Kenngrößen in die Lieferantenanalyse und -bewertung bzw. das Lieferantencontrolling ein (Becker/Winkelmann 2014). Die nicht-monetären Kenngrößen können wiederum in quantitative und qualitative Kenngrößen unterteilt werden. So können die Wareneinstandskosten und die Transportkosten als monetäre Kenngrößen, der Lieferservicegrad als nicht-monetäre Kenngröße sowie die Informations- und Kooperationsbereitschaft eines Lieferanten als nicht-monetäre, nur subjektiv quantifizierbare Kenngrößen genannt werden. Im Folgenden werden die Lieferanten-Deckungsbeitragsrechnung und Lieferanten-Scoring-Modelle als zwei besonders bedeutende Verfahren im Rahmen des Lieferantenmanagements vorgestellt.

Lieferanten-Deckungsbeitragsrechnung

Die Lieferanten-Deckungsbeitragsrechnung verknüpft die Umsatzwirkungen einer Lieferantenbeziehung mit den spezifischen Kosten dieser Lieferantenbeziehung. Es erfolgt somit eine monetäre Betrachtung des **Lieferantenwertes.** Dabei wird also eine umfassende Analyse der aus den Beschaffungstätigkeiten mit einem bestimmten Lieferanten resultierenden Kosten vorgenommen, wobei nach den Beschaffungsobjektkosten sowie den Kosten des Beschaffungsprozesses differenziert wird. Der Lieferanten-Deckungsbeitrag wird in Form einer mehrstufigen Berechnung, ausgehend von den Erlösgrößen, ermittelt (Winkelmann/Becker 2014, S. 325). In Abb. 5.37 ist ein Beispiel für eine Lieferanten-Deckungsbeitragsrechnung dargestellt.

Abbildung 5.37: Grundstruktur der Lieferanten-Deckungsbeitragsrechnung

Option 1			
1	Bruttoumsatz (o. MwSt.)	5	+ Werbekostenzuschüsse, usw. **= Lieferanten-Deckungsbeitrag II**
2	- Erlösschmälerungen (konsumentenbezogen) **= Nettoumsatz**	6	- Bestell-/Dispositionskosten
3	- Wareneinsatz zu Einstandspreisen (Rechnungspreisen) **= Lieferanten-Deckungsbeitrag I**	7	- Transport- und Lagerkosten **= Lieferanten-Deckungsbeitrag III**
4	+ Rabatte, Preisnachlässe, Boni … (lieferantenbez.)		

Der Lieferanten-Deckungsbeitrag I dient im Rahmen der Analyse und Bewertung eines Lieferanten der Beurteilung von Sortimentsprioritäten oder der Beurteilung von Verkaufspreisentscheidungen hinsichtlich ihrer Auswirkung auf das Deckungsbeitragsvolumen eines Lieferanten. Mithilfe des Lieferanten-Deckungsbeitrags II kann ein Lieferant hinsichtlich der wesentlichen Überlegungen im Rahmen der Entgeltpolitik, so im Hinblick auf die kostenmäßigen Auswirkungen der Beschaffungspreise beurteilt und mit anderen Lieferanten verglichen werden. Der dritte Schritt berücksichtigt die Kosten der Bestell- und Dispositionsprozesse sowie die Transport- und Lagerkosten, d.h. es werden sowohl administrative als auch logistische Handlingkosten berücksichtigt. Sie kann nicht nur zu Einzelbetrachtungen von Lieferanten herangezogen werden, sondern auch zur komparativen Analyse von zwei oder mehr Lieferanten in derselben (seltener in unterschiedlichen) Warengruppen (inkl. einer hierauf basierenden A/B/C-Reihung). Die Betrachtung kann sich dabei sowohl auf die Ist-Situation als auch auf vereinbarte Ziele und die Zukunft beziehen.

Lieferanten-Scoring-Modelle

Lieferanten-Scoring-Modelle verknüpfen monetäre und nicht-monetäre Kenngrößen in Form von **Punktbewertungsverfahren**. In Abb. 5.38 sind zwei alternative Ansätze dargestellt, die exemplarisch die Funktionsweise von Lieferanten-Scoring-Modellen verdeutlichen. Zum einen kann ein Scoring-Modell bspw. Pull-, Push- und unterstützende Leistungen (z.B. in der Logistik) berücksichtigen, die aus der Perspektive der Handelsunternehmen als relevant angesehen werden. Eine andere Möglichkeit besteht darin, das Modell der Global Scorecard aus der ECR-Denkweise auf die Lieferantenbewertung zu übertragen und Kriterien aus den Komponenten der ECR-Scorecard im Rahmen der Lieferantenbeurteilung zu verwenden.

Abbildung 5.38: Beispiele für Bewertungskriterien für Lieferanten in Scoring-Modellen

Allgemeines Scoring-Modell	ECR-basiertes Lieferanten-Scoring-Modell
A. Pull-Leistung ■ Durchschnittliche Umschlagsgeschwindigkeit ■ Marktanteil und Bekanntheit ■ Umfang und Qualität der Werbung ■ Preisattraktivität und Produktqualität ■ Markenstärke	**A. Efficient Assortment** ■ Warengruppenbezogene Markt- und Verbraucheranalysen und Panel-Analysen ■ Regaloptimierungs-/Spacemanagementprogramme ■ Computergestützte Warenkorb- und Verbundanalysen ■ Referenzen bei Einzelhandelsumsetzungen
B. Push-Leistung ■ Werbekostenzuschüsse ■ Listungsgelder ■ Marge	**B. Efficient Product Introduction** ■ Innovationsgrad ■ Evaluierungsmöglichkeiten ■ Referenzen bei Einzelhandelsumsetzungen
C. Unterstützende Leistungen ■ Lieferzeit ■ Lieferzuverlässigkeit ■ Termintreue ■ Lieferflexibilität	**C. Efficient Promotion** ■ Forecasting-Modelle ■ Preis-Promotion-Modelle ■ Referenzen bei Einzelhandelsumsetzungen
	D. Supply Management ■ Know-how für Vendor-Managed Inventory ■ Stammdatenabgleich, Lieferavis, Funds Transfer-Know-how
	E. Enablers ■ Einsatz von Identifikationsstandards ■ Einsatz elektronischer Kommunikationsstandards
	F. Integrators ■ Know-how für CPFR ■ Planungs-Modelle ■ Prognose-Modelle ■ Referenzen bei Einzelhandelsumsetzungen

Quelle: i.A.a. Brettschneider 2000, S. 58, S. 60.

Das alternativ in Abb. 5.39 dargestellte Konzept betrachtet strategische Rollen von Lieferanten, so als Referenzgeber, Kooperationspartner, und Cross-Purchasing-Potenziale, die zur Komplexitätsreduktion von Beziehungen beitragen, ebenso wie Beziehungskosten.

Abbildung 5.39: Lieferanten-Scoring-Modell

Dimensionen des Lieferantenwerts	Rel. Gewicht	Skala 1	2	3	4	5	Indexwert
Der Lieferant als Kooperationspartner ■ **Servicekapazität**: Prüfkapazität, Entwicklungskapazität, Lagerkapazität, Montagekapazität usw. ■ **Informationskapazität**: Absatzmarktinformation und Anwendungsberatung, Beschaffungsmarktinformationen usw. ■ **Lieferantenfähigkeit**: Ressourcen-, Prozessoptimierungs-, Entgelt-, Qualitäts-, Lieferleistungs-, Reputationspotenzial usw. ■ **Kooperationsbereitschaft**: Feedback-Verhalten, Leistungsniveau, Beschaffungsobjekt, Umsatz, Kapazitätsbelegung usw.							
Der Lieferant als Referenzgeber							

■ **Häufigkeit des Referenzkontakts:** Verbandsarbeit, Vorträge, Messebesuche usw. ■ **Qualität des Referenzgesprächs:** Lieferantenscore, Zertifizierung, Auszeichnungen usw. ■ **Richtung des Referenzgesprächs:** Lieferantenzufriedenheit charakterisiert durch Lieferantenanforderungen							
Cross-Purchasing-Potenzial ■ **Monetäre Wirkungen:** Economies of Scale, Econimies of Scope, Reduzierung der Transaktionskosten ■ **Nicht-monetäre Wirkungen:** Intensivierung der Geschäftsbeziehung, Stabilisierung der Geschäftsbeziehung usw.							
Kostenpotenzial der Geschäftsbeziehung ■ Kosten der Akquisitions-, Spezifikations-, Verhandlungsphase, Geschäftsbeziehungspflege und Auflösung							

Quelle: Fröhlich 2014, S.17.

4. Einholen und Bewertung von Angeboten sowie Vertragsverhandlungen

a) Angebotsabgabe und -bewertung

Im Rahmen der operativen Umsetzung der Beschaffungsaktivitäten spielen die Einholung von Angeboten und deren Bewertung eine besondere Rolle. Vor allem in **Erstkaufkonstellationen** bzgl. der Lieferanten und/oder Produkte sind Einkaufs- und Marktveranstaltungen relevant wie Musterungen, Messen, Ausschreibungen und Auktionen.[1] Bei **Musterungen** – auch Musterschauen, Hausmessen oder Ordertage – präsentieren Anbieter ihre Waren zum bestimmten Termin an einem bestimmten Ort. Sie werden für Handelsunternehmen oder Einkaufsvereinigungen (z.B. Zentraleinkäufer, Einkäufer der Vertriebslinien/Formate) durchgeführt. Im Gegensatz dazu stellt bei **Messen**, als zeitlich begrenzte, im Allgemeinen regelmäßig wiederkehrende Marktveranstaltungen, eine Vielzahl von Ausstellern das wesentliche Angebot eines oder mehrerer Wirtschaftszweige dar, das sich an gewerbliche Wiederverkäufer, gewerbliche Verwender oder Großabnehmer richtet.

Bei einer **Ausschreibung** oder Submission fordert ein Handelsunternehmen potenzielle Anbieter auf, für eine spezifizierte Leistung Angebote abzugeben. Ziel der Ausschreibung ist die Erteilung des Zuschlages an den günstigsten Anbieter. Ausschreibungen finden auch über **elektronische Marktplätze** statt. Dabei ist es im Anschluss an die Auswahl potenzieller Lieferanten häufig der Fall, dass nicht alle in der vorhergehenden Phase als relevant ermittelten Lieferanten zur Abgabe eines Angebots aufgefordert werden, bspw. weil sich Leistungsgefälle im Anbieterkreis erkennen lassen. Unter Beachtung der Möglichkeit, ggf. Kosten einzusparen, ist es sinnvoll, nur die Lieferanten zur Angebotsabgabe aufzufordern, die mit großer Wahrscheinlichkeit auch in der Lage sind, einen dem Bedarfsfall entsprechenden Lösungsvorschlag zu unterbreiten. Neben der Aufforderung zur Angebotsabgabe sind viele Handelsbranchen auch dadurch geprägt, dass Hersteller (z.B. im Fall von Neuprodukten) proaktiv Angebote abgeben. Auf Grundlage der eingegangenen Angebote erfolgen die Bewertung und im Anschluss die Vertragsverhandlungen. Für die eingegangenen Angebote **und deren Bewertung** wird – ähnlich zu der o.g. Lieferantenbewertung – eine Analyse anhand von Vergleichskriterien (z.B. auf Basis von Scoring-Modellen oder Heuristiken) durchgeführt. Kriterien in diesem Kontext können z.B. sein:

- Liefersicherheit und Qualität, z.B. funktionale Zuverlässigkeit, Geschäftspotenzial des Lieferanten, technische Modernität, Service des Anbieters

[1] Erstkaufkonstellationen treten auch bei Einzelfallbeschaffungen auf (vgl. Abschnitt C.II. dieses Kapitels). Hier kommen bspw. auch elektronische Kataloge der Anbieter zum Einsatz.

- Kosten und Liquidität, z.B. Preis, Zahlungs- und Lieferbedingungen, Lieferfrist etc.

Zusätzlich können Machbarkeits- bzw. Feasibility-Studien zur Eignung der in Betracht kommenden Lieferanten durchgeführt bzw. (Nach-) Verhandlungen mit den „besten Lieferanten" aufgenommen werden, um noch günstigere Angebote auszuhandeln. In einigen Handelsbranchen sind **Tender (Ausschreibungen)** für die Beschaffung standardisierter Produkte verbreitet, für die (z.T. periodisch) neue Lieferanten gesucht werden. Die Zielsetzung solcher Tender liegt meist in der Reduktion der Einkaufspreise. Diese Ausschreibungen können sowohl traditionell „offline" als auch in Form von Online-Ausschreibungen durchgeführt werden. Sie folgen dabei bestimmten Regeln. Die Grundlage der Ausschreibungen bilden möglichst genaue Spezifikationen der Artikel. Alternativ zu offenen Ausschreibungen können ein oder mehrere Lieferanten durch die Handelsunternehmen explizit zur Abgabe von (Neu-) Angeboten aufgefordert werden.

Tender (Ausschreibungen): Grundsätze, Bestandteile und Vor- und Nachteile

Ausschreibungen im Tender-Verfahren werden von Händlern für standardisierte Produkte (bspw. baumarktspezifische Artikel) genutzt. Vor der Entscheidung für einen Tender gilt es abzuwägen, ob die Durchführung der Ausschreibung sinnvoll ist. Dieses ist von diversen Faktoren abhängig.

1. **Anzahl der Teilnehmer**: Es sollte immer eine ausreichende Anzahl von potenziellen Lieferanten für einen Tender in Frage kommen. Reichen zu wenige Lieferanten Angebote ein, kann dies die Erreichung der Zielsetzungen einer Ausschreibung gefährden (z.B. Realisierung günstiger Einkaufspreise). Selbst wenn potenziell eine größere Anzahl von Lieferanten existiert, kann es vorkommen, dass nur wenige (z.B. nur zwei) Anbieter ein Angebot einreichen.

2. **Tendervolumen**: Die Kosten der Ausschreibung müssen in Relation zu dem Volumen der Beschaffung gesetzt werden. Beispielsweise fallen bei Einschaltung von Dienstleistern oder bei der Nutzung von Online-Plattformen zusätzliche Kosten an.

3. **Volatilität**: Die Durchführung eines Tenders benötigt eine gewisse Zeit. Bei preislich sehr volatilen Artikeln kann es zudem der Fall sein, dass sich Lieferanten nicht auf eine verbindliche Preisabgabe einlassen können, da sich die Preise u.U. nach Tenderabschluss und Vergabeentscheidung auf einem anderen Niveau befinden. In Fällen, in denen sich ein Tender aus den o.g. Gründen nicht lohnt, werden „Benchmarks" unter bekannten Lieferanten durchgeführt. Bevor ein Tender ausgeschrieben wird können Händler anhand solcher „Benchmarks" das Potenzial eines erfolgreichen Tenders einschätzen, indem sie Wettbewerber eigener Lieferanten um Angebote bitten. Anhand dieser Angebote kann eine Abschätzung vorgenommen werden, ob die Durchführung einer Ausschreibung lohnenswert sein kann. Fällt die Entscheidung für die Durchführung eines Tenders, so ist grundsätzlich zu entscheiden, ob ein offline oder ein online-gestützter Tender durchgeführt werden soll. Bei online-gestützten Tendern bedienen sich die Händler häufig entsprechender Dienstleister (z.B. SynerTrade.de), die das Tendermanagement übernehmen, so insb. die Tendersteuerung und die Tenderauswertung:

1. Tendersteuerung: Zum Tender zugelassene Lieferanten müssen sich bei dem Dienstleister registrieren, erhalten einen Zugangscode für den Tender und müssen in einem vom Handelskunden definierten Zeitraum ihr Angebot abgeben.
2. Tenderauswertung: Nach Abschluss jeder Tenderrunde werden die Ergebnisse ausgewertet und dem Handelskunden zur Verfügung gestellt.

Bei Offline-Tendern erfolgen Tendersteuerung und -auswertung i.d.R. durch den Händler selber. Ein Tender besteht aus den folgenden Bestandteilen:

1. **Tenderbedingungen und -regeln**: Die im Tender angewandten Bedingungen und Regeln bilden die Basis der Ausschreibung. Sie sind von allen Teilnehmern einzuhalten. Bedingungen können z.B. die Vorlage gültiger Prüfzeugnisse und Zertifikate sein, die für den Import von Ware (z.B. in die EU) notwendig sind. Oft wird geregelt, wann der Lieferant kostenlose Muster an welche Adresse zu liefern hat oder ob er die Kosten für sog. „Golden Samples" selber tragen muss. Ferner wird geregelt, was zum Tenderausschluss eines Teilnehmers führt. Ziel der exakten Definition von Tenderbedingungen und -regeln ist es, die unterschiedlichen Angebote diverser Anbieter über den Angebotspreis bewerten zu können. Vermieden werden soll ein Vergleich von „Äpfeln mit

Birnen“, weil Lieferant A etwas Anderes angeboten hat als Lieferant B.

2. **Tenderobjekt und Preisgültigkeit**: Im Tenderobjekt werden die anzubietenden Artikel so exakt wie möglich beschrieben, nötigenfalls mit Bildern, detaillierten Beschreibungen oder der Zurverfügungstellung von Mustern. Ferner werden Angaben über Tendervolumina der Tenderperiode gemacht (i.d.R. werden diese als unverbindliche Indikation mitgeteilt). Die Preisgültigkeit definiert den Zeitraum, innerhalb dessen sich der Lieferant an sein Angebot binden muss. Tenderperiode und Preisgültigkeit müssen nicht zwingend identisch sein, da bspw. der Transportweg noch berücksichtigt werden muss. Incoterms, MOQ und MSQ sind ebenfalls wichtige Bestandteile des Tenders. Incoterms definieren den Gefahrenübergang (ggf. weitere Verfügungsrechte) vom Tenderteilnehmer zum Kunden. MOQ (Minimum Order Quantity) definiert die Menge, die mindestens vom Kunden bestellt werden muss. MSQ (Minimum Shipping Quantity) definiert die Menge, die mindestens verschifft werden muss. MSQ ist i.d.R. eine Teilmenge der MOQ, vorausgesetzt, dass damit bspw. eine Jahresmenge gemeint ist. Wird der Jahresbedarf aber nicht auf einmal, sondern in einzelnen Ordern geordert, kann die MSQ auch größer der MOQ sein.

3. **Tenderzeitleisten**: Hier wird definiert, wie viele Tenderrunden zu welchen Terminen durchgeführt werden. Häufig wird es so gehandhabt, dass je mehr Lieferanten, desto mehr Tenderrunden durchgeführt werden. Nach durch den Händler definierten Regeln, die dem Tenderteilnehmer zumeist nicht mitgeteilt werden, wird der Teilnehmerkreis mit jeder Runde kleiner. Beim online-gestützten Tender erhält der Tenderteilnehmer Zugang zum Online-Tool nur in den vorab definierten Zeiten. Da u.U. Vorproduktionsmuster hergestellt und dem Händler für Qualitätsprüfungen zur Verfügung gestellt werden müssen, kann sich die Tenderzeitleiste über mehrere Wochen hinziehen. Oft sinkt die Zeit in den weiteren Runden, in denen die verbliebenen Lieferanten Angebote abgeben.

4. **Tenderteilnehmer**: Die Händler stehen i.d.R. pro Warengruppe mit einer Anzahl von Lieferanten im Kontakt, die als Tenderteilnehmer infrage kommen. Im Vorfeld eines Tenders wird mit diesen Lieferanten deren Teilnahme abgestimmt, sodass u.U. dem Lieferanten noch Zeit bleibt, sich auf den Tender vorzubereiten, z.B. notwendige Zertifikate vorzulegen. Die Gewinner eines Tenders sind nur im Rahmen der bei der Ausschreibung festgelegten Tenderperiode an ihre Preise gebunden. Häufig wird deshalb mit dem Kunden im Anschluss an das Tenderverfahren ein Rahmenvertrag geschlossen, bei dem Preisgültigkeiten und ggf. -erhöhungen davon abweichend geregelt werden können. Es kann deshalb lohnenswert sein, auch nach Ablauf der Tenderperiode mit dem Lieferanten weiter zusammen zu arbeiten.

Eine **E-Auction** – in Abgrenzung zum Tender – kann im Anschluss eines Tenders durchgeführt werden, um nochmals bessere Konditionen zu erreichen. Hierbei haben die verbliebenen Lieferanten die Möglichkeit, sich in einem definierten Zeitfenster preislich zu positionieren (sich zu unterbieten), jedoch ohne offengelegt zu bekommen, wer an der E-Auction teilnimmt. Da die Kosten hierfür allerdings häufig beachtlich sind, müssen Aufwand und erwartender Ertrag stark gegeneinander abgewogen werden.

Abbildung *5.40: Vor- und Nachteile eines online-gestützten Tenders*

Vorteile	Nachteile
■ automatisiertes Tendermanagement ■ Tenderparameter auf einem System verfügbar ■ geringerer Zeit- und Arbeitsaufwand ■ transparente Tenderauswertung und -dokumentation (wichtig für interne Revision) ■ Möglichkeit einer E-Auction	■ Kosten ■ nicht vorhandene Möglichkeit der Volumenbündelung mit anderen Unternehmen, die über die eigene Vergabe entscheiden

Auch Auktionen sind im Rahmen der Beschaffungsaktivitäten für Handelsunternehmen relevant. Sie werden heute überwiegend in Form von **Online-Auktionen** durchgeführt. Es handelt sich dabei um i.d.R. im Internet in einer festgelegten Zeit organisierte Marktveranstaltungen, bei denen die Anbieter aufgefordert werden, in meist offenen Bieterverfahren für eine spezifizierte Leistung Angebote abzugeben. Die Online-Preisbildung erfolgt oftmals in Form einer sog. **Reverse Auction** – auch als Holländische Auktion bezeichnet –, bei der die Anbieter Schritt für Schritt die Preise senken (Aichele/Schönberger 2016, S. 24ff.). Online-Auktionen werden aus technologischer Sicht ebenfalls über elektronische Marktplätze abgewickelt.

Abb. 5.41 konkretisiert und präzisiert den Beschaffungsprozess für eine Online-Auktion, ausgehend von einem „Request for Information" (RFI).

Abbildung 5.41: Ablauf eines Online-Auktionsprozesses

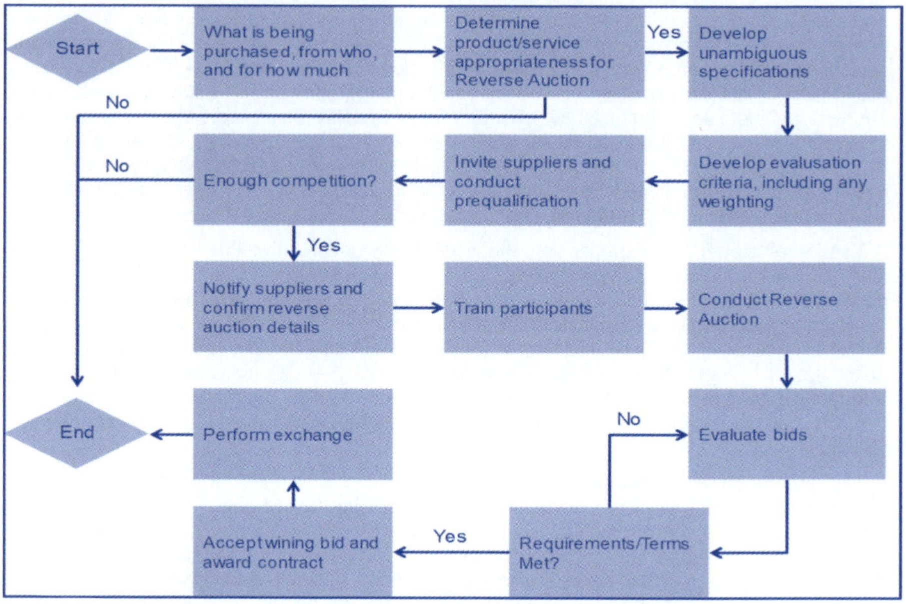

Quelle: i.A.a. Kumar und Chang 2007.

b) Konditionen und Verhandlungen

Die Verhandlungen zwischen Herstellern und Handelsunternehmen sind zwar tendenziell eher auf der taktischen Ebene angesiedelt, aber auf Grund der hohen Ergebnisrelevanz des Einkaufs spielen die Verhandlungsergebnisse eine besondere Rolle für die Erfolgspositionen der Händler. Im Rahmen der Verhandlungen stehen neben der konkreten Ausgestaltung von Einzeltransaktionen vor allem die Erreichung von Vereinbarungen zu Rahmenparametern des Warenbezugs (z.B. Preise, Konditionen und Lieferbedingungen) von den Lieferanten, ebenso wie die Kontraktgestaltung im Vordergrund. Je größer und diversifizierter die Anzahl der Be- und Vertriebstypen und die Breite und Tiefe des Sortiments sind, umso komplexer sind die Beschaffungssysteme der Handelsunternehmen. Dennoch dominiert in den meisten Handelsunternehmen ein zentraler, strategischer Einkauf, der häufig enge Verbindungen zum Category Management aufweist. Die Verhandlungssituationen zwischen den Herstellern und den Händlern werden dadurch geprägt, wie die Machtpositionen gestaltet sind (siehe Abschnitt C.IV.2 im Dritten Kapitel). Die Verhandlungen der generellen Rahmenbedingungen der Beschaffung finden bei den Handelsunternehmen häufig auf der Ebene der Konzerne statt, insb. dann, wenn be- und vertriebstypenübergreifende Sortimente beschafft werden. Im Hinblick auf die spezifische Ausgestaltung der alternativen Konditionensysteme (siehe für Beispiele von Konditionenarten Abb. 5.42) werden die Basiskonditionen und die Leistungskonditionen jedoch zumeist unterschiedlich verhandelt.

Oft finden sich Kombinationen von Verhandlungseinheiten auf der zentralen Ebene bzw. auf der Ebene einzelner Be- bzw. Vertriebsschienen, z.B.

- zentrale, vollständige und einheitliche Verantwortung für den Gesamtkomplex Wareneinkauf
- vertriebslinienspezifisches Category Management (so Sortiments-, Preis-, Aktionspolitik)
- Zentraleinkaufsverantwortung für den Einkauf von Markenartikeln, bei gleichzeitiger Berücksichtigung der Vertriebslinien (bspw. durch ein Mandat im Einkaufsteam)
- zentrale Verantwortung für den Einkauf von Eigenmarken/Eigenimport bei gleichzeitiger Fokussierung auf Differenzierungsmerkmale der Vertriebslinien.

Abbildung 5.42: Ausgewählte Konditionenarten in der Beschaffung des Handels

Konditionen/ Rabatte	Bezug	Primäre Zielsetzung	Beispiele
Mengenrabatte	■ Bezogen auf Menge pro Auftrag bzw. Lieferung	■ Umsatz- und Absatzausweitung ■ Kosteneinsparung in Logistik und Produktion	■ Auftragsvolumenrabatt ■ Umsatzrabatt
Funktionsrabatt	■ Entgelt für übernommene Leistungen des Absatzmittlers anstelle des Herstellers	■ Steuerung der Verteilung von Aufgaben/Verlagerung von Aufgaben (Kosten) auf den Absatzmittler	■ Logistikrabatt ■ Skonto ■ Delkredere/Inkasso ■ Auftragseinholungsrabatt ■ Aktionsrabatt
Bonus	■ Bezogen auf Kundenumsatz innerhalb festgelegter Periode, nachträglich gewährt	■ Kundenbindung ■ Absatz- und Umsatzausweitung	■ Jahresbonus ■ Quartalsbonus ■ Steigerungsbonus ■ ...
Treuerabatte	■ Bezogen auf Kundenumsatz über längeren Zeitraum	■ Kundenbindung ■ Schaffung von Eintrittsbarrieren	■ Langzeitrabatte
Zeitrabatte	■ Bezogen auf bestimmte Zeitpunkte oder Fristen der Bestellung	■ Zeitliche Steuerung des Auftragseingangs	■ Vorausbestellungsrabatt ■ Saisonrabatt ■ Einführungsrabatt ■ Messerabatt

Quelle: Becker/Winkelmann 2014, S. 165.

Von besonderer Bedeutung sind die sog. Jahresgespräche zwischen Handelsunternehmen und ihren Lieferanten. Diese können in Handelsunternehmen, die mehrere Vertriebsschienen betreiben, entweder durch zentrale Akteure geführt werden, die alle Vertriebsschienen vertreten (mit entsprechender Mandatierung) und die Basiskonditionen verhandeln, oder die Vertreter der Vertriebsschienen selbst können in diesen Jahresgesprächen als Verhandlungspartner auftreten. Jahresgespräche mit nationalen Markenartikelherstellern sind aus der Perspektive eines Händlers typischerweise wie folgt aufgebaut:

- Kick-off Lieferantenauftaktveranstaltung
- Ableitung Verhandlungsziele und -taktik
- Verhandlung der Basiskonditionen mit dem Verhandlungsführer
- Verhandlung der Leistungskonditionen mit den Vertriebsschienen (z.B. Betriebstypen oder Vertriebstypen).

Zusätzlich zu den Jahresgesprächen können weitere Verhandlungsrunden notwendig werden. Zum Beispiel werden **unterjährige Verhandlung von Einkaufspreisen** dann erforderlich, wenn bspw. Lieferanten die Notwendigkeit von Einkaufspreiserhöhungen sehen, wenn Marktpreisrisiken existieren oder wenn z.B. die Verkaufspreise der Konkurrenz deutlich sinken. Verhandlungsinhalte können in solchen Situationen neben generellen Aspekten der Anpassung von Basiskonditionen, Listungen, Platzierungen, Mengen, Rabatten, Lieferkonditionen, Logistikvereinbarungen oder Promotionsystemen bspw. Vereinbarungen über Pauschalsummen/Fixbeträge oder temporäre oder dauerhafte Stückvergütungen sein. Weiterhin können Optimierungen in den Aktionen (bspw. Tausch von Aktionen eines betroffenen Lieferanten oder Aussetzen der Aktionen) oder Sortimentsmaßnahmen (bspw. Listung von Sondergrößen und Exklusivartikel oder Umlistung auf rohertragsstärkere Vergleichsartikel) sein. Ähnlich können die Verhandlungen zwischen internationalen Markenartikellieferanten und internationalen (horizontalen) **Einkaufskooperationen** von Handelsunternehmen erfolgen. Die kooperierenden Händler verhandeln in solchen Fällen häufig gemeinsam. Wenn bereits Verhandlungen auf nationaler Ebene mit den Markenartikelherstellern erfolgt sind, geht es in solchen Verhandlungskonstellationen oft um sog. **„On-Top-Konditionen"** bei den Lieferanten, welche die kooperierenden Händler über mehrere Länder hinweg beliefern. Diese **On-Top-Konditionen** können bspw. übliche Rabatte bezogen auf die Artikelmenge, die Logistik etc. umfassen, aber auch **Vertriebslinien- und länderindividuelle** Verhandlung der **Leistungskonditionen**. Die Warenlieferung erfolgt dann individuell für die jeweiligen Partner und die Landesgesellschaften sind durch Bestätigung der in der Jahresvereinbarung erzielten Ergebnissen eingebunden. Zudem Bündeln Einkaufskooperationen der Handelsunternehmen oft auch den Einkauf von **Handelsmarken**.

Dynamik in der Drogeriebranche: Rossmann verurteilt und dm ohne Jahresgespräche

Dem Drogeriebetreiber Rossmann wurde vom Bundeskartellamt verbotene Preisabsprachen mit der Kaffeerösterei Melitta vorgeworfen. Daraufhin wurde eine Geldbuße von 5,5 Millionen Euro gegen das Handelsunternehmen erhoben. Der 4. Kartellsenat des Oberlandsgerichts Düsseldorf bestätigte Ende 2015 nicht nur den erhobenen Kartellvorwurf, sondern erhöhte den vom Kartellamt festgesetzten Bußgeldbescheid von den ursprünglichen 5,25 Mio. Euro auf 30 Mio. Euro. Rossmann wird beschuldigt, von 2004 bis 2008 Endverbraucherpreise mit Vertriebsverantwortlichen der Kaffeerösterei Melitta abgesprochen zu haben. Die Untersuchungen ließen vermuten, dass diese illegalen Preisabsprachen über einen längeren Zeitraum erfolgt sind. Damit stellt dieser Fall das größte Kartellverfahren der Behörde dar. Im Januar 2010 wurden bei elf Handelsunternehmen und vier Herstellern mit spektakulären Durchsuchungen eine Reihe von vertikalen Preisabsprachen aufgedeckt. Bis Ende 2016 wurden somit insgesamt gegen 27 Unternehmen 38 Bußgelder mit einem Gesamtvolumen von 260 Mio. Euro verhängt. Neben Rossmann wurde auch gegen Edeka, Rewe, Metro und Kaufland ermittelt. Betroffen waren Preisabsprachen in mehreren Warengruppen, wie Kaffee, Bier, Süßwaren, Körperpflegeprodukte und Tiernahrung. Sowohl Rossmann, als auch Edeka mit den Regionalgesellschaften Nord und Hessenring, haben Einspruch gegen die Bußgeldstrafe des Bundeskartellamts eingelegt. Laut eigener Ausage hat Rossmann den Kaffeepreis als Frequenzbringer eingesetzt und wäre somit nicht an Absprachen mit Melitta oder anderen Lebensmittelhändlern interessiert.

Die Digitalisierung und das veränderte Kundenverhalten bemerken auch Einzelhändler. Aufgrund der damit einhergehenden Schnelllebigkeit im Sortiment diskutiert dm, die Jahresgespräche mit ihren Lieferanten durch einen permanenten und anlassbezogenen Kontakt umzustrukturieren. So ist es möglich, zeitnah auf Veränderungen zu reagieren und nahe am Kunden zu agieren. Darüber hinaus gibt es einige Änderungen in der Sortimentspolitik, sodass mehr Exklusiv- und Eigenmarken in den Filialen zu finden sein werden und dafür weniger Zweitplatzierungen und Doppelpacks. Für die Lieferanten bedeutet dies allerdings, sich ein neues Konzept zu überlegen, denn sowohl andere Drogeriemärkte, als auch Lebensmitteleinzelhändler, die ebenfalls vermehrt auf Exklusivität setzen, müssen bedient werden, ohne den jeweils anderen zu „verprellen".

Quelle: Lebensmittel Zeitung 2018, 4. Mai 2018.

5. Lieferung/Überprüfung der Vertragserfüllung und Bezahlung

Mit dem Vertragsabschluss ist der Beschaffungsprozess i.e.S. beendet. Die den Beschaffungsvorgang abwickelnden Instanzen bewältigen jedoch typischerweise eine Vielzahl von weiteren Aufgaben, da in dem langen Zeitraum zwischen Vertragsabschluss und Leistungserfüllung eine Reihe von Abstimmungen über Ausführungsfragen vorgenommen werden müssen. Neben den klassischen Verhandlungselementen obliegt dem Einkauf nicht selten die **Sicherstellung der Warenversorgung** bis hin zum Lagereingang. Die Aufgabenfelder umfassen dann die Verhandlung von Warenversorgungsvereinbarungen, das Monitoring von Fehlmengen und Lieferverzögerungen sowie eine entsprechende Bevorratung bei saisonalen Einflüssen. Entsprechend ist die Einhaltung der einzelnen Vertragselemente zu überprüfen, so bzgl. Qualität, Quantität und Termineinhaltung der Lieferung. Dieser Schritt kann auch als **Objektrealisierung** bezeichnet werden. Sie weist enge Schnittstellen zur Logistik der Beschaffungsgüter auf, da die finale Überprüfung der Vertragserfüllung bei Sachleistungen erst nach Verbringung in das Lager erfolgen kann.

V. Supplier Relationship Management

Die Ausführungen zur Beschaffung machen deutlich, wie relevant es ist, Lieferantenbeziehungen nicht rein transaktional, auf Einzelbeschaffungen, zu fokussieren, sondern im Rahmen des Lieferantenmanagements eine Beziehungsorientierung zu etablieren. Ähnlich wie in der Denkweise des CRM rücken somit Fragen des beschaffungsmarktbezogenen Beziehungsmanagements in das Zentrum von Forschung und Praxis (Fries 2015). Diese Form des Lieferantenbeziehungsmanagements bezeichnet man als **Supplier Relationship Management** (SRM). Neben das absatzmarktbezogene Management der Key Accounts tritt das beschaffungsmarktbezogene Management der Key Supplier (**Key Supplier Management**). Ein „Schlüssellieferant“ ist dabei ein Lieferant, von dem die Händler besonders wichtige Güter und Dienstleistungen beziehen (z.B. bestimmte Markenartikel oder Handelsmarken) und mit dem sie eine enge Zusammenarbeit pflegen (Winter 2014).[1] Abbildung 5.43 zeigt exemplarisch Studien zu dem Bereich des Supplier Relationship Management, speziell die Ungleichheiten in Käufer-Lieferantenbeziehungen und welche Maßnahmen getroffen werden müssen, um dies zu umgehen sowie zu den vertraglichen Besonderheiten und den Kosten für die Lieferanten.

Abbildung 5.43 Stand der Literatur zum Supplier Relationship Management

Autor(en)	Forschungsfrage	Theorie	Daten und Methoden	Kernergebnisse
Tseng (2014)	Auswirkungen von Wissens-management-fähigkeiten (KMC) und Lieferanten-beziehungs-management (SRM) auf die Unternehmens-leistung	Knowledge-based-theory	Online-Umfrage mit taiwanesischen Unternehmen N=114, Pearson's correlation analysis, Regressionsanalyse	▪ KMC hat einen positiven Einfluss auf die Unternehmensleistung und das SRM, der Wissensumwandlungsfaktor von KMC zeigt signifikant positive Auswirkungen auf SRM und die Unternehmensleistung ▪ Dies bedeutet, dass bei einer besseren Wissenskonvertierung die SRM- und Unternehmensleistung erheblich verbessert werden kann ▪ Daher sollte ein Unternehmen seine Mitarbeiter dazu ermutigen, an Wissenskonvertierungsaktivitäten teilzunehmen und ihre SRM- und Unternehmensleistung zu verbessern
Tidy/ Wang/ Hall (2016)	Untersuchung von Kohlenstoff-management in Lebensmittel-versorgungs-ketten und Unterneh-mens-praktiken	Keine	Qualitative Datenanalyse der Nachhaltig-keitsberichte von sechs Le-	▪ Diese Analyse zeigt, dass Fortschritte im Bereich des nachhaltigen Lieferkettenmanagements erzielt werden, jedoch ist der Einsatz von SRM zur Emissionsreduzierung in der Anwendung unterschiedlich ▪ 75-90% des CO_2-Fußabdrucks eines Lebensmittelprodukts treten vor dem Verkaufsort auf ▪ Obligatorische CO_2-Berichterstattung in Großbritannien verändert die Praktiken des Kohlenstoffmanagements.

[1] Vgl. in diesem Kontext auch die Ausführungen in Abschnitt B. des Sechsten Kapitels.

	britischer Supermärkte im Hinblick auf das Engagement der Zulieferer mit dem Ziel der Kohlenstoff-reduktion		bensmittelsupermärkten in UK	■ Britische Supermärkte versuchen, Lieferanten über Lieferantenbindungsprogramme zu beeinflussen. ■ Anzeichen für eine Verschiebung von transaktionalen zu relationalen Geschäften durch einige britische Supermärkte.
Forkmann/ Henneberg/ Naudé/ Mitrega (2016)	Studie zur Qualifizierung und Erweiterung der Wichtigkeit des SRM sowie zur Anforderung, um die Lieferanten-basis, neu zu strukturieren/zu entwickeln, um ihre Leistung zu verbessern	concept of dynamic capabilities, concept of networking capability	Konzeptualisierung, nomologisches Modell, Operationalisierung der SRM-Fähigkeit	■ Diese Studie zeigt speziell, dass unterschiedliche Effekte von Komponenten der SRM-Fähigkeit existieren, die auf die Merkmale des Geschäftsumfelds in Kombination mit den strategischen Entscheidungen des Unternehmens zurückzuführen sind. ■ Eine latente Klassenanalyse zeigt die Existenz von zwei Gruppen unterschiedlicher SRM-Fähigkeitsstrategien: eine Status-Quo-Optimierungsstrategie und eine dynamische Optimierungsstrategie, die von Merkmalen der Angebotsbasis und des Geschäftsumfelds abhängen.
Oghazi u.a. (2016)	Untersuchung zur Integration des SRM zwischen dem Hersteller und seiner ersten vorgelagerten Lieferantenebene in der Baumaschinen-industrie	Keine	Literaturreview, Qualitative Interviews mit fünf Unternehmen	■ Die SRM-Prozessintegration kann durch die Integration ihrer Teilprozesse in strategische und operative Merkmale erfolgen. ■ In diesem Zusammenhang sind der Mangel an Zielkongruenz, Engagement und Vertrauen zwischen dem Hersteller und seinem Zulieferer die größten potenziellen Hindernisse für die SRM-Integration. ■ Außerdem muss der Hersteller seine interne Struktur beibehalten, um Abweichungen zu vermeiden. Der Hersteller muss eine Lieferantenauswahl und -kategorisierung sowie eine genaue unabhängige Leistungsmessung durchführen, um die Integration zu ermöglichen und die jeweiligen Hindernisse zu überwinden.
Teller/ Kotzab/ Grant (2016)	Untersuchung der Auswirkungen des Schlüssel-Lieferantenbeziehungsmanagements (KSRM) auf der gesamten Ebene der Ausführung von SCM innerhalb von Organisationen	Keine	Konzeptionelles Modell, Varianz-basiertes Strukturgleichungsmodell, N=174	■ Die Ergebnisse zeigen, dass externe SCM-Ressourcen die Fähigkeit, KSRM durchzuführen, direkt beeinflussen. ■ Die internen Ressourcen weisen jedoch eine erhebliche indirekte Wirkung durch externe Ressourcen auf und können daher als indirekte Determinante angesehen werden. ■ Die Fähigkeit, KSRM durchzuführen, wirkt sich wiederum auf die Ebene der SCM-Ausführung aus, gemessen an der direkten und substanziellen Integration von Geschäftsprozessen, und vermittelt den Effekt zwischen SCM-Ressourcen und der Ebene der SCM-Ausführung.

Supplier Relationship Management ist Ausdruck eines Wandels von **transaktionalen** zu **relationalen Austauschformen**. Während transaktionale (diskrete) Austauschformen in Reinform dadurch charakterisiert sind, dass die Hersteller mit ihren Lieferanten nur für eine einzige Transaktion in Kontakt treten und weder vorher noch nachher weiteren Kontakt haben, sind relationale Austauschformen langfristig ausgerichtet und wesentlich komplexer. Sie sind dadurch gekennzeichnet, dass die einzelnen Transaktionen ineinander übergehen; die Beziehungen zwischen den Partnern sind prinzipiell zeitlich nicht begrenzt. Unter Supplier Relationship Management wird ein integrierter Management-Ansatz verstanden, bei dem der Aufbau und die Pflege von langfristigen Lieferantenbeziehungen im Vordergrund steht. Analog des Customer Relationship Management-Gedankens wird der Relationship Management-Ansatz stromaufwärts im Hinblick auf die vorgelagerten Zulieferer ausgeweitet. Der Bedeutungsanstieg des Supplier Relationship Managements hat mehrere Bestimmungsgründe. So haben sich im Zuge der bereits erwähnten „total cost"-Orientierung in der Konsumgüterwirtschaft Supply Side- und Demand Side-orientierte Wertschöpfungspartnerschaften herausgebildet, die den beiderseitigen Nutzen unternehmensübergreifender Konzepte belegen. Darüber hinaus, teilweise damit im Zusammenhang stehend, hat die aufgezeigte Neuorientierung der Beschaffung im Handel die Zweckmäßigkeit einer situativ differenzierten Betrachtung der Beschaffungs- und somit der Lieferantengegebenheiten verdeutlicht.

Abbildung 5.44: Merkmale transaktionaler vs. kooperativer Lieferantenbeziehungen

	Transaktionale Lieferantenbeziehungen	kooperative Lieferantenbeziehungen
Spezifikation / Innovation	■ Lieferant liefert klar vordefinierte Ware ■ Keine eigene Anpassung der Ware ■ Keine eigenständigen Innovationsbeiträg	■ Nutzung der Innovationskraft der Lieferanten ■ Einbindung bis hin zu kooperativen Entwicklungsprozessen der Ware
Wettbewerb vs. Kooperation	■ Wettbewerbsorientierung ■ Vergabe von Aufträgen oft im Briefverfahren	■ Gegenseitigkeit und Zielangleichung ■ Gemeinschaftliche Perspektive ■ Kommunikationsintensität und -regelmäßigkeit ■ Vertrauensbasis
Lieferantenauswahlkriterien	■ Preisorientierung dominiert ■ Qualität, Liefertreue etc. nach vorgegebenen Kriterien	■ „total cost"-orientierte Lieferantenauswahl ■ Breite Basis von Auswahlkriterien, insb. Auch qualitative Kriterien
Lieferantenzahl	■ i.d.R. mehrere (Multiple Sourcing), die permanent um Aufträge konkurrieren	■ i.d.R. wenige (im Extremfall Single Sourcing mit Bezug auf ausgewählte Warengruppen)
Kurz-/Langfristigkeit	■ i.d.R. kurzfristige Perspektive der Zusammenarbeit (im Extremfall eine Einzeltransaktion	■ langfristige Beziehungsorientierung
Anpassung	■ i.d.R. keine Abstimmung von Prozessen, Strukturen und/oder Systemen	■ Abstimmung von Prozessen, Strukturen und Systemen (z.B. Logistiksysteme)

Quelle: i.A.a. Kleemann 2014, S. 123 ff.

So lassen sich Beschaffungssituationen unterscheiden, bei denen weltweit eine Vielzahl von potenziellen Lieferanten zur Verfügung steht und in denen die Beschaffungstransaktionen den Charakter von „**Spot-Transaktionen**" tragen: Preis- und Konditionenverhandlungen dominieren diese Beschaffungssituation. Andererseits bestehen **relationale Beschaffungssituationen**, die durch langfristig stabile und partnerschaftliche Merkmale charakterisiert sind, so im Bereich der Markenartikel- oder Handelsmarkenlieferanten. Hier finden sich Kollaborationen zur Ausschöpfung von Effektivitätssteigerungspotenzialen und mittel- oder auch langfristige **Kontrakte** . Die Unterschiede zwischen transaktionalen und kooperativen Formen von Lieferantenbeziehungen sind in Abb. 5.44 zusammengefasst. Die herausgestellten Unterschiedlichkeiten in den Beschaffungssituationen führen nicht nur zu divergierenden Prozessen, wie Beschaffungsprozessen auf konventionellem Wege, auf der Basis moderner Formen des Datenaustauschs oder auf der Basis elektronischer (virtueller) Marktplätze, sondern auch zu unterschiedlichen Interaktionsmustern zwischen Lieferanten (Herstellern) und Handelsunternehmen. Neben klassischen Formen der Verkäufer-Käufer-Interaktion (siehe Abb. 5.45) treten **multipersonale** und **multifunktionale Interaktionen** unter der Moderation der Key Account Manager auf der Seite der Hersteller und der Category Manager auf der Seite des Handels. Die langfristige, kooperative Perspektive im Rahmen von Supplier Relationship-Ansätzen betont, dass Gegenseitigkeit und Austausch eine besondere Rolle spielen, wenn es darum geht, langfristig erfolgreiche Beschaffungsbeziehungen zu etablieren. In solchen Konstellationen sind nicht nur Leistungskriterien auf der Seite der Lieferanten von Bedeutung, sondern die Beurteilung der Lieferantenbeziehung erfordert die Einbeziehung von Gesichtspunkten, die auch die Lieferantenbeziehungen und die Performance des Händlers im Rahmen der betrachteten Beziehung mit beachten. Ein Beispiel für ein System, mit dem in einer solchen Konstellation eine Grundlage für die Beurteilung der Lieferantenbeziehung geschaffen werden kann, ist in Abb. 5.46 exemplarisch dargestellt. Neben direkt auf Lieferungen und Leistungen bezogenen Kriterien spielen auch Aspekte wie Vertrauen, Zielabstimmungen, Flexibilität oder Nutzen von Lieferantenbeziehungen eine Rolle, wenn es darum geht, die Beziehung zwischen Lieferanten und Händlern zu beurteilen.

Abbildung 5.45: Ausgewählte Verkäufer-Käufer-Interaktionen

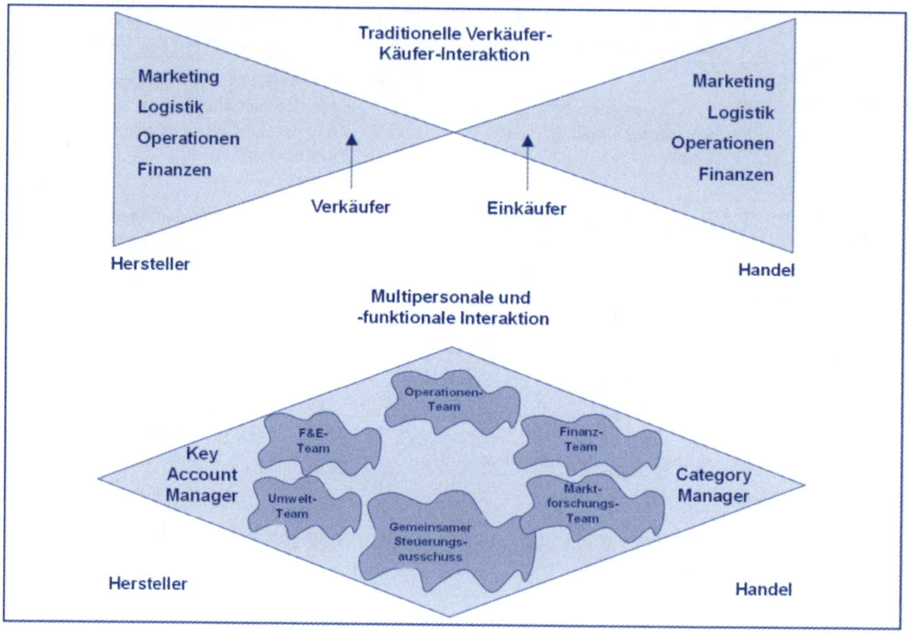

Quelle: i.A.a. Fernie 2014, S. 52.

Bei der beziehungsorientierten Gestaltung von Beschaffungsbeziehungen steht somit nicht nur die Analyse der Lieferanten oder ein Rating der Lieferanten im Fokus, sondern es erfolgt die Betrachtung der gesamten Beziehung – dabei auch der Händlerseite und der Händlerperformance in der Geschäftsbeziehung mit dem betreffenden Lieferanten. Dies bringt zum Ausdruck, dass der Erfolg einer Beschaffungs- bzw. Lieferantenbeziehung nicht einseitig von lieferantenbezogenen Leistungskriterien (z.B. Mengenleistung, Qualitätsleistung, Lieferleistung, Zeitleistung, Serviceleistung, Informationsleistung, Entgeltleistung etc.) abhängig ist (Toporowski/Zielke/Kellner 2012), sondern dass das Zusammenspiel zwischen Hersteller und Händler den Erfolg der Beschaffungsbeziehung wesentlich mit beeinflusst.

D. Logistikprozesse

I. Einführende Grundlagen

1. Überblick

Im Handel spielen Fragestellungen der Logistik traditionellerweise eine besondere Rolle, da wesentliche Handelsfunktionen wie insb. die Sachgüterumgruppierungs- und Bedarfsanpassungsfunktionen (siehe hierzu Erstes Kapitel) einen besonders engen Bezug zu logistischen

Kernaufgaben haben. Zudem entfällt ein nicht unbedeutender Anteil der Gesamtkosten der Handelsunternehmen auf die Logistikkosten. Viele Veränderungen in der Betriebs- und Vertriebstypenentwicklung setzen an Fragen der Logistikoptimierung an oder führen dazu, dass sich die logistischen Prozesse verändern. Gerade die **Virtualisierung** und die **Internationalisierung** von Absatz- und Beschaffungsaktivitäten, die vertikale Vernetzung mit den Lieferanten und Partnern in der Supply Chain führen dazu, dass logistische Prozesse sich wesentlich verändern. Neue Technologien spielen zudem in der operativen Durchführung der Logistikaktivitäten eine besondere Rolle und führen zu wesentlichen Veränderungen in den operativen Prozessen. Gerade neue Technologien führen in der Logistik häufig zu Effizienzsteigerungen sowohl innerhalb der handelsinternen Logistik, aber auch innerhalb der gesamten Supply Chain und Investitionen in die operative Optimierung von Logistikprozessen zahlen sich für die Händler oft (sehr) schnell aus. Dennoch führen die Entwicklungen gerade im Kontext der neuen, virtuellen Vertriebskanäle und der Omnichannel-Verknüpfungen insb. mit Blick auf die optimale Ausgestaltung der Logistiksysteme und -prozesse zu hohen und steigenden Anforderungen und sind durch hohe Komplexität gekennzeichnet. Diese steigt noch weiter, zieht man einerseits den internationalen Kontext von Beschaffungs- und Absatzbeziehungen und andererseits die Feinverteilungsanforderungen bis hin zum Same-Day-Delivery an die Konsumenten in Betracht.

Abbildung 5.46: Buyer-Supplier Collaborative Performance Measurement Dashboard

Analyseeinheit		**Lieferant (Kennzahlen)**	**Käufer (Kennzahlen)**
Finanzielle Dimension „To achieve financial value from this relationship, what parameters should be optimized?“	Geschäftsbeziehung	■ Umsatzwachstum	■ Zusätzliche Einsparungen
	Transaktionskosten	■ Gesamte Vertriebskosten	■ Gesamte Eigentumskosten
		■ Vertriebskosten	
Operative Prozesse „To ensure routinely operational excellence, which SC operational activities should be optimized?“	Bestellzyklus	■ Vereinbarte Auftragsabwicklung	■ Vereinbarte Auftragsabwicklung
	Bestellung	■ Auftragserfüllungsrate, Lieferzeit	■ Anzahl der Eilaufträge, Bestellschwankung
	Lieferprozess	■ Pünktlichkeitsindex ■ Flexibilitätsindex ■ Reaktionsindex	
	Rechnung	■ Rechnungsgenauigkeit ■ Rechnungstermintreue	
	Zahlung		■ Zahlungszuverlässigkeit ■ Genauigkeit der Dokumentation
	Neue Produktentwicklung	■ Dauer der Produktentwicklung ■ Anzahl neuer Produktentwicklungen pro Jahr	
	Rückverfolgung und Lagerkontrolle	■ Lagerbestand, Sicherheitsbestände	
Planungsprozesse „To add value for the final customer, which quality target should respect the good exchanged?“	Qualitätsleistung	■ Qualitätsrate ■ Anzahl von Defekten	
Immaterielle Beziehungsfähigkeiten/-potentiale „To continuously improve	Soziales Kapital	■ Gegenseitiges Vertrauen ■ Zielanpassung ■ Anzahl der Treffen ■ Wahrgenommener Wert der Beziehung	

our relationships, which capabilities should we develop?"	Informations-kapital	■ Nutzung gemeinsamer Plattformen ■ Digitalisierungsgrad ■ Qualität der Informationen ■ Informationsqualität

Quelle: i.A.a. Maestrini u.a 2018, S. 6.

Nachfolgend werden die wesentlichen Prinzipien der Beschaffungs- und Distributionslogistik sowie der Retrodistributions- und Entsorgungslogistik vorgestellt. Zudem wird auf die Gestaltung der Grundstruktur bzw. der Belieferungsformen eingegangen und darauf aufbauend werden Grundsätze der Gestaltung von Lagerhaus-und Transportsystemen vorgestellt. In diesem Kontext spielen auch strategische Entscheidungen eine Rolle, so bspw. die Frage nach der Eigen- oder Fremderstellung dieser Leistungen, also der Lagerführung und der Transporte, sowie eher operative Entscheidungen, wie bzgl. der Lagerprozesse, des Bestandsmanagements. Charakteristisch für Logistiksysteme, die sich auf die **physische Dimension** des SCMs beziehen, ist das Ineinandergreifen von Bewegungs- und Lagerprozessen. Dies ist grafisch als ein Netzwerk darstellbar, in dem Knoten und Kanten miteinander verbunden sind. Auf die Ausgestaltung der Logistikprozesse und deren Ziele, wirken mehrere Faktoren ein, sodass auch hier Zielkonflikte und das Streben nach **Gesamtsystemoptimierung** vordringlich sind.

2. Bedeutung und Entwicklungstendenzen

Die Bedeutung der Logistik im Handel ergibt sich v.a. aus den Kernaufgaben von Handelsunternehmen in der Wertschöpfungskette. Entsprechend ist auch der Anteil der Logistikkosten an den Gesamtkosten verhältnismäßig hoch. In Abb. 5.47 sind die Logistikkosten unterschiedlicher Branchen einander gegenübergestellt. Handelsunternehmen liegen im Durchschnitt bei rd. 9 % Anteil der Logistikkosten am Umsatz. Eine wichtige Tendenz stellt das sog. **Flussprinzip** dar. In den Handelsunternehmen besteht das Ziel, eine möglichst genaue Synchronisation von Abverkauf und Belieferung mit Ware zu erreichen. Zunehmend wird versucht, physisch vorgehaltene Bestände durch Informationen zu ersetzen, um auf diese Weise die Güterströme „im Fließen" zu halten und Bestände und Lagerphasen abzubauen. Von isolierten zu **integrierten Systemen**: Die Gestaltung der Logistik der Handelsunternehmen erfordert interorganisationale Betrachtungen, da die Effizienz wesentlich von den Prozessen der Partner in der Supply Chain beeinflusst wird. Die interorganisatorischen Prozessbetrachtungen bzw. das SCM rücken deshalb immer mehr in den Vordergrund. Da die Logistik bzw. Teile des Logistiksystems, wie der Transport oder die Bestandsdatenverwaltung, oft nicht von den Händlern selbst durchgeführt werden, kommt Logistiknetzwerken eine besondere Bedeutung zu.

Abkehr vom Push- und Hinwendung zum **Pull-Prinzip**: Die konsequente Kundenorientierung bildet den Ausgangspunkt der Supply Chain. Während dies bei vertikalen Systemen relativ einsichtig ist (siehe die Fallstudie am Ende dieses Kapitels), gestaltet sich die Situation in Geschäftsbeziehungen, bei denen Hersteller und Händler eine ähnlich große Macht haben, anders. Wie beim ECR dargestellt, ist es bei Logistikprozessen erforderlich, durch Zusammenarbeit den Informationsfluss im Distributionssystem zu optimieren, damit die Wünsche der Verbraucher besser, schneller und kostengünstiger erfüllt werden können und gleichzeitig Ziele wie Bestandsreduktionen über die gesamte Wertkette hinweg realisiert werden können.

Logistikführerschaft des Handels: Handelsunternehmen, v.a. im Food- und Near-Food-Handel, bauen zunehmend ihren Wertschöpfungsanteil in der Logistik aus. Dies drückt sich in einer **Rückwärtsintegration** aus (Hertel/Zentes/Schramm-Klein 2011, S. 85ff.). Beispielsweise werden verstärkt Zentrallager eingesetzt und die Händler nehmen die Belieferung ihrer

Stores bis hin auch der Belieferung der Endkunden selbst vor. In einem noch weitergehenden Schritt holen Handelsunternehmen Ware an den Produktionsstätten der Hersteller selbst ab. In diesem Fall wird die bisherige Distributionslogistik der Hersteller vollständig vom Handel übernommen (**Beschaffungs-** bzw. **Abhollogistik**). Die damit verbundenen Chancen der Kostensenkung in der Warenverteilung beruhen hauptsächlich auf Bündelungseffekten durch eine möglichst viele Lieferanten umfassende **Warenabholung**. Der Handel ist dabei meist der Initiator solcher Konzepte und schöpft i.d.R. das in der Bündelung enthaltende Rationalisierungspotenzial aus. Die Warenabholung führt zugleich zu veränderten Preisstellungen durch die Hersteller. Da der Handel ab Fabriktor („ex factory") für die Produkte zuständig ist, bildet „das Fabriktor" auch die Preisbasis (**„Factory Gate Pricing"**). Die Aktivitäten führt der Handel operativ nicht zwangsläufig selbst durch, sondern überträgt sie häufig an Logistik-Dienstleister und praktiziert mit ihnen enge Formen der kontraktuellen Zusammenarbeit.

Abbildung 5.47: Distributions-Logistikkosten

	Distributions-Logistikkosten in % vom Umsatz					
Kosten	**Automobilindustrie**	**Chemieindustrie**	**Elektroindustrie**	**Lebensmittelindustrie**	**Einzelhandel**	**Durchschnitt (alle Industrien)**
Transportkosten	1,3	6,6	1,3	3,8	3,2	2,7
Lagerhauskosten	0,8	3,6	0,7	2,0	1,7	1,9
Administrationskosten	1,0	4,5	0,9	2,6	2,1	2,2
Lagerhaltungskosten	0,8	3,8	0,7	2,1	1,8	2,0
(in Klammern Jahr 2000)	**3,9** (8,9)	**18,5** (10,5)	**3,6** (12,6)	**10,5** (10,4)	**8,8** (8,9)	**8,8** (10,1)

Quelle: LOG Kompass 2013; DSLV 2015.

Nachhaltigkeits-Orientierung: Eine Vielzahl von Handelsunternehmen hat bereits in den vergangenen Jahren im Rahmen von Logistikkonzepten zunehmend darauf geachtet, auch die Umweltbelastung zu senken. Die zunehmende Sensibilisierung der Konsumenten in Bezug auf ökologische Probleme (z.B. CO_2-Reduktion, Feinstaubbelastung in Städten) sowie entsprechende Veränderungen des Rechtsrahmens prägen in steigendem Maße die logistischen Prozesse. In einem ersten Schritt wurde die lineare Perspektive der Wertkettenverknüpfung um die Elemente **Retrodistribution** und **Recycling** ergänzt. Zugleich streben viele Händler nach einer möglichst guten Auslastung der Lkws und zielen somit auf die Reduzierung der Transportkilometer ab, da ein wesentlicher Teil der Umweltbelastung in der Logistik von den Transporten ausgeht. Weitere Maßnahmen betreffen den Einsatz umweltfreundlicher Fahrzeuge (z.B. lärm- und verbrauchsarme Erdgas- oder Elektrofahrzeuge) oder Lagerhausgebäude. Jedoch führen im Gegensatz dazu Bestandsreduktionen in der Lieferkette, verbunden mit häufigeren, kleineren Bestellungen, i.d.R. zu einer Erhöhung der notwendigen Transporte. Gelöst werden kann dieses Problem jedoch durch eine geeignete **Bündelung der Transporte** durch Logistikdienstleister. Diese sind in der Lage, die konfligierenden Ziele der Bestandsreduktion durch kleinere, häufigere Bestellungen und Transportreduktion simultan zu erreichen.

II. Teilsysteme der Logistik

Ein wesentliches Kennzeichen der Logistik ist ihre **Prozessorientierung**. So stehen bei der Beschaffungs- und Distributionslogistik (siehe Abbildung 5.48) v.a. die **Waren- und Informationsströme** im Vordergrund, wobei wertkettenübergreifende Prozesse im Fokus des **Supply Chain-Management** stehen. Die Teilsysteme der Handelslogistik können nach den Phasen der Warenströme und entsprechend der Gestaltung der internen Supply Chain des Handels unterschieden werden in (vgl. Pfohl 2016, S. 184):

- Prozesse der Beschaffungslogistik
- Prozesse der Distributionslogistik
- Prozesse der Entsorgungs-/Retrodistributionslogistik.

Weitere relevante Teilsysteme der Handelslogistik, wie die In-Store-Logistik oder Versandhandels- und Omnichannel-Logistik werden gesondert behandelt. Sie können auch grundsätzlich als Besonderheiten der Distributionslogistik betrachtet werden.

Abbildung 5.48: Logistische Subsysteme in Unternehmen

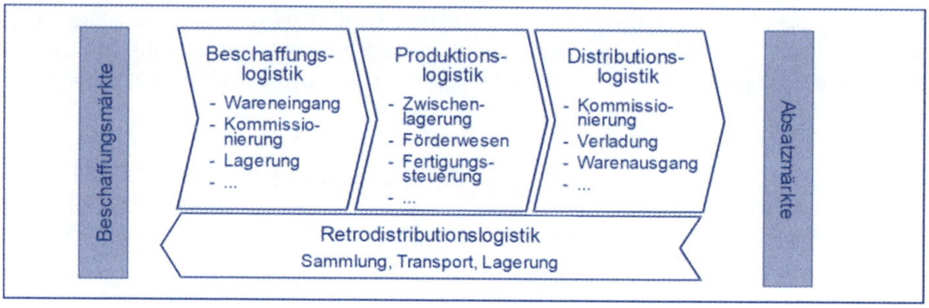

Quelle: i.A.a. Fernie 2014, S. 52.

Die Aufgabe der **Beschaffungslogistik** besteht in der Sicherstellung der Versorgung von Händlern mit Ware (Handelsware) und mit weiteren Inputfaktoren (z.B. für administrative Prozesse, Instore-Gestaltung, IT etc.). Die Beschaffungslogistik steht damit – im Hinblick auf die Phasen des Warenflusses – am Anfang der internen Supply Chain des Handels. Sie bezieht sich vornehmlich auf die physische Versorgung mit Waren bzw. Gütern. Die wichtigsten Komponenten der Beschaffungslogistik bestehen u.a. in

- Transport- und Lagersysteme im Beschaffungs- und Bereitstellungsbereich des Handelsunternehmens
- Standortverteilung der Lager und verkehrstechnische Anbindung
- Bestandsmanagement in den Beschaffungslagern
- Beschaffungsorganisation von Zentrale, Filialen und Verteilzentren
- Kooperationssysteme mit Herstellern und Logistikdienstleistern.

Wie im Kontext der Ausführung zur Beschaffung dargestellt, können als Arten der Güterbereitstellung die Einzelbeschaffung im Bedarfsfall, die Vorratsbeschaffung und die abverkaufssynchrone Beschaffung unterschieden werden, die unterschiedliche Anforderungen an die Logistikleistung stellen (siehe Abschnitt C in diesem Kapitel). Eine **Einzelfallbeschaffung** (z.B. bei Sonderbestellungen für Kunden) setzt keine Lagerhaltung der betreffenden Ware voraus, sodass die Kapitalbindungskosten minimiert werden. Auf der anderen Seite ist sie i.d.R. mit längeren Lieferzeiten verbunden, was bedeutet, dass Wartezeiten für die Kunden entstehen (neben Nachteilen bei Beschaffungskonditionen, da kaum Größen- oder Mengeneffekte realisiert werden). Die im Handel noch wichtigste Form der Beschaffung ist die **Vorratsbeschaffung** (inkl. Warenbeständen in den Lagern). Vorteilen wie höhere Verfügbarkeit der Artikel stehen Bestimmungen der optimalen Bestellmengen und -rhythmen als Aufgaben gegenüber. Für eine **abverkaufssynchrone Beschaffung**, die das Ziel hat, Lagerbestände so gering wie möglich zu halten, setzt neben einer besonders hohen Zuverlässigkeit der Lieferanten hinsichtlich Zeit und Menge der gelieferten Waren auch zuverlässige Abverkaufsprognosen voraus, auf deren Basis die Bestell- und Lieferrhythmen und -mengen bestimmt werden. Dies erfordert einen konstanten Real-Time-Informationsaustausch zwischen Hersteller und Händler, wie dies bei den dargestellten **Replenishment-Lösungen** der Fall ist.

Logistik und Ökologie im Handel: Hermes (Otto Group)

Hermes hat es sich zur Aufgabe gemacht, sowohl alternative Antriebsformen zu erproben, elektrisch betriebene Transporte einzusetzen, als auch die Fahrzeug-Touren so zu planen und die Transporter so zu beladen, dass Leerfahrten vermieden werden können. Auf diese Weise soll ein Beitrag zum Klimaschutz anhand einer nachhaltigen Logistik geleistet werden. Nach maximal zwei Jahren im Einsatz werden die für Hermes Transport Logistics fahrenden LKWs durch neue und umwelteffizientere Transporter ersetzt. Neben der Anspruchserfüllung der internationalen Schadstoffnorm 5 sind die meisten LKWs mit einer kraftstoffsparenden Start-Stopp-Automatik versehen. Geleaste Fahrzeuge werden nach maximal drei Jahren durch sparsamere und umweltfreundlichere Modelle ausgetauscht. Einen umfangreichen Schritt zur nachhaltigen Logistik hat Hermes in London durchgeführt: Alle Lieferungen durch Hermes werden dort bereits seit Ende 2014 zu 100% emissionsfrei zugestellt, indem Hermes seine City Logistik mit 44 Elektroautos ausgestattet hat und somit die größte gewerbliche Elektroflotte in einer europäischen Großstadt stellt. Auf diese Weise können nicht nur 146 Tonnen CO_2 pro Jahr durch den Gebrauch von Strom aus regenerativen Energien eingespart werden, sondern auch 40 % der vorher benötigten Parkflächen. Seit 2008 fahren auf deutschen Straßen 20 bivalent erdgasbetriebene Transporter von Hermes, die praktisch keine Partikel ausstoßen. Auch testet Hermes seit 2015, unter den Bedingungen der Paketzustellung in Ballungszentren, elektrifizierte Prototypen der Sprinterklasse als Kooperationspartner des Elektromobilitäts-Schaufensterprojektes Berlin-Brandenburg.

Quelle: Hermes 2017.

Die **Distributionslogistik** stellt die absatzmarktorientierte Endphase des logistischen Leistungsvollzugs dar. Sie wird deshalb auch als **Absatzlogistik** oder **Vertriebslogistik** bezeichnet.[1] Die Distributionslogistik stellt den „spiegelbildlichen" Bereich zur Beschaffungslogistik dar. Sie umfasst alle logistischen Aktivitäten, die im Zusammenhang mit der Verteilung der Ware an die Endverbraucher stehen. Neben der passiven 4r-Funktion sind Instrumente der Marketinglogistik, z.B. Lieferservice zur aktiven Absatzmarktgestaltung (akquisitorische Wirkung), bedeutend. Entscheidungen im Rahmen der Distributionslogistik betreffen u.a.

- (Standortwahl und Aufgaben der) Distributionslager,
- Bestandsmanagement
- Planung der Transportsysteme (inkl. Tourenplanung, Transportmitteleinsatzplanung etc.),
- (Kunden-)Auftragsabwicklung (z.B. Kommissionierung) und
- Verpackung.

Die distributionslogistischen Prozesse im Handel unterscheiden sich v.a. nach der Betriebs- bzw. Vertriebstypenstruktur der Handelsunternehmen. Dabei ist insb. danach zu differenzieren, ob im Rahmen der Distribution nach dem Hol- oder dem Bringprinzip verfahren wird. Beim **Versandhandel** („Bringkauf") wird die Ware an den Kunden geliefert. Die Distanzüberwindung im Rahmen des Warenflusses erfolgt somit durch das Handelsunternehmen bzw. wird von ihm initiiert. Im **stationären Handel** („Holkauf") hingegen wird diese Distanzüberwindung durch den Kunden selbst übernommen, d.h., um die Ware zu erhalten, muss der Kunde in die Filialen des Handelsunternehmens gelangen. Spätestens die Distributionslogistik ist direkt durch die Absatzmarkt- und Kundenanforderungen geprägt. So sind bspw. steigende Anforderungen seitens der Kunden an die Lieferleistung und damit an die Ausstattung sowie Qualität des Distributionssystems zu beobachten.

[1] Teilweise wird, so aus der Perspektive der Hersteller, auch von Marketing-Logistik gesprochen.

Factory Gate Pricing: Amazon setzt auf Beschaffungslogistik

Um seine Beschaffungslogistik flexibler zu gestalten, hat der Online-Versandhändler Amazon damit begonnen, die Ware der Lieferanten ab Werk abzuholen. Ein Grund hierfür liegt im Ziel des Unternehmens, die Inbound-Warenströme und die Distribution in das europäische Liefernetzwerk selbst in die Hand zu nehmen. Die Kosten für die Abholung ab Werk verrechnet Amazon monatlich mit den entsprechenden Lieferanten. Für die gebündelten Fahrten wurden ausgewählte Transportdienstleister, sogenannte „Carrier", beauftragt, welche die Fulfillment-Center anfahren, aber den Vorteil mit sich bringen, dass sie Sendungen mehrerer Lieferanten gemeinsam dorthin transportieren. Auf diese Weise können die Carrier die Ware flexibel und unkompliziert zu einem der Fulfillment-Center von Amazon in Europa transportieren. Bei der zeitlichen Koordination bekommen die Spediteure Hilfe von dem Amazon-Zeitfenster-System CARP, welches ihnen hilft, die Logistikfahrten zu organisieren.

Quelle: Lebensmittel Zeitung, 10. Dezmeber 2015..

Je stärker im Rahmen der Distributionslogistik die direkte Endkundenbelieferung erfolgt, wie z.B. im Rahmen der Belieferung von Online- oder Omnichannel-Kunden, steigt entsprechend auch die Komplexität der Distributionssysteme: Auch gegenüber dem Handel steigen die Forderungen nach JiT- und Just-in-Sequence-Zulieferungen, d.h. bedarfssynchronen, tages- bis stundengenauen Anlieferungen – dies bis hin zum Endkunden, der nicht selten im Online-Handel für die Belieferung bestimmte Zeitfenster angibt und immer kürzere Belieferungsfristen bis hin zu Same-Day-Belieferung oder Belieferungen innerhalb noch kürzerer Fristen erwartet. Daraus resultiert eine höhere Lieferfrequenz und Intensivierung des Informationsflusses, was eine regelmäßige Überprüfung der Distributionsstruktur erfordert.

Weiterhin wird der **Retrodistribution** (**Entsorgungslogistik**) zur Gestaltung von Stoffkreisläufen (sog. „Closed Loop Supply Chains") eine zunehmende Bedeutung beigemessen (**Wertkreislauf**). Aufgabe hierbei ist eine weit gehende Rückführung von Rückständen in den Produktions- oder Entsorgungsprozess unter Beachtung ökonomischer und – in diesem Bereich fast zwangsläufig diskutiert – ökologischer Kriterien. Auf Grund der räumlich oft weit verbreiteten Ge- und Verbrauchsorte kommt der Entsorgungslogistik damit die Aufgabe der Sammlung, Lagerung sowie des Transports von Abfällen, Gebrauchsgütern und Verpackungen zu. Daneben sind in vielen Fällen noch Sortier-, Trenn- oder Demontageprozesse zu zählen, bevor es zu der eigentlichen Verwendung kommen kann. Die Anforderungen an den Handel und die Aufgaben, die er im Rahmen von Rückführungs- und Recycling-Prozessen sowie Einweg- oder Mehrweg-Pfandsystemen zu übernehmen hat, steigen dabei zunehmend. Dabei sind nicht nur gesetzliche Anforderungen hinsichtlich der Recycling- und Rücknahme-Prozesse und Pfandsysteme von Bedeutung, sondern auch die Kundenanforderungen, die aus einem erhöhten Umweltbewusstsein resultieren, spielen in diesem Zusammenhang eine große Rolle (Koether 2014). Die **Redistributionskanäle** (Reverse Logistics) können dabei einstufig oder mehrstufig aufgebaut sein. Sie sind entweder identisch mit den Distributionskanälen oder es werden spezifische Logistik-Dienstleister mit eingebunden (Govindan u.a. 2014). Als **Rückstandszyklen** werden solche Kreislaufsysteme verstanden, bei denen der Wiedereinsatz der Rohstoffe sichergestellt werden soll. Als **Beseitigungskanäle** werden Güterströme bezeichnet, die den Rückstand der ordnungsgemäßen Beseitigung (z.B. in Verbrennungsanlagen oder Deponien) zuführen (Pfohl 2018, S. 247f.). Zunehmend relevant wird mit dem Wachstum des Online-Handels einhergehend der Bereich der Rückgaben (Retouren) der Konsumenten, aufgrund von Nichtgefallen. Abschließend ist darauf hinzuweisen, dass die an dieser Stelle getrennt diskutierten Logistikfunktionen oft nicht in den Einzelteilen, sondern in der Gesamtheit optimiert werden, da Unternehmen diese häufig als ein Gesamtlogistiksystem betrachten.

III. Outsourcing in der Logistik als strategische Basisentscheidungen

1. Eigenlogistik vs. Fremdlogistik

In den für die Logistikkonzeptionen oder weitergehend den SCM-Ansätzen typischen Sichtweisen der **Systemorientierung** und der **Prozessorientierung** ist die unternehmensübergreifende Gestaltung der Logistikkette enthalten. Das Systemdenken erfordert eine über die organisatorischen Grenzen eines Unternehmens hinausgehende Betrachtung. Das Prozessdenken sieht als Grundlage eines transparenten und schnellen Warenflusses die informatorische Vernetzung aller in der Logistikkette beteiligten Institutionen bzw. Akteure. All dies zielt nicht nur auf die Vermeidung von Konflikten zwischen den einzelnen Bereichen innerhalb eines Unternehmens, sondern auch zwischen Unternehmen ab und erfordert eine effiziente **Schnittstellengestaltung**. Für Handelsunternehmen stellt sich somit auch die Frage nach der Gestaltung des eigenen Logistiksystems bzw. der Bestimmung der eigenen Logistiktiefe und -breite. Zudem ist auch die eigene Rolle in interorganisatorischen Logistikketten bzw. Netzwerken, in denen die logistischen Aufgaben i.S. einer Gesamtsystemoptimierung verteilt sind, zu bestimmen. Mit dieser Frage verbunden sind strategische Outsourcing-Entscheidungen, also die Festlegung der optimalen Transaktionsform, so der Eigendurchführung („make" bzw. der integrativen oder hierarchischen Abwicklung), der kooperativen Durchführung oder der Fremddurchführung („buy" bzw. marktlichen Abwicklung). Im Folgenden stehen diese Optionen hinsichtlich der logistischen Aktivitäten bzw. Prozesse im Vordergrund. Die grundsätzlichen Überlegungen zum Outsourcing wurden in Abschnitt B.II ausführlich behandelt. Die analoge Entscheidung zwischen Eigen- und Fremdlogistik stellt sich für (Handels-)Unternehmen in differenzierter Form (siehe zum Outsourcing im Kontext der Logistik ausführlich Bretzke 2015, S. 395ff. und van Weele/Eßig 2017, S. 259ff.). So kann zunächst zwischen der Logistikbreite und der Logistiktiefe unterschieden werden (siehe Abb. 5.49).

Abbildung 5.49: Logistikintensität

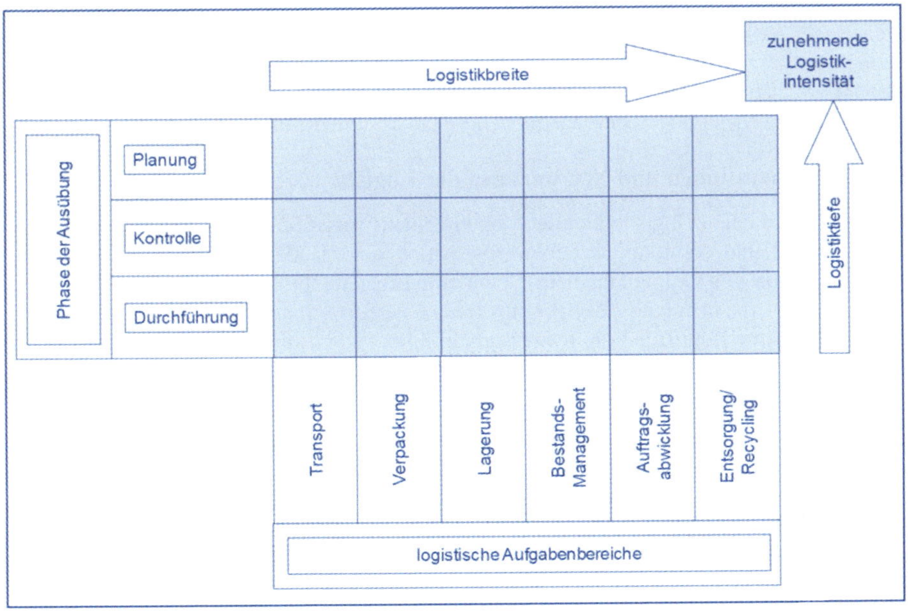

Quelle: i.A.a. Pfohl 2018, S. 333.

Die Gestaltung der **Logistikbreite** setzt an den Aufgabenfeldern der Logistik an, die im folgenden Abschnitt als Entscheidungen im Logistikprozess behandelt werden, so Lager und Transport. Die **Logistiktiefe** bezieht sich auf die dispositive bzw. operative Dimension logistischer Aktivität. Sie umfasst die Planung, die Durchführung und die Kontrolle logistischer Aktivitäten. Der Intensitätsgrad der Logistik (**Logistikintensität**) wird durch die Art der logistischen Aufgaben, die selbst übernommen oder ausgelagert werden, und das Ausmaß der operativen bzw. dispositiven Abwicklung bestimmt. Die Frage nach der optimalen Logistikintensität eines Handelsunternehmens hängt eng mit der Frage zusammen, inwieweit Logistik als **Kernkompetenz** angesehen wird. Streben Handelsunternehmen die Logistikführerschaft an, kann dies als Ausdruck gewertet werden, dass Logistik zu ihren Kernkompetenzen gehört. Dies bedeutet andererseits jedoch nicht, dass die Logistik komplett in Eigenregie betrieben wird. Auch hier kann (partielles) Outsourcing eine strategische Option sein. Relevante Partner im Rahmen von Outsourcing-Entscheidungen sind v.a. Logistik-Dienstleister der unterschiedlichen Tiers (siehe Abschnitt A.II. in diesem Kapitel). Werden z.B. Second-Party-Logistik-Dienstleister eingeschaltet und die operativen Lager- und Transportaktivitäten an Logistik-Dienstleister ausgelagert, behält das Handelsunternehmen dennoch häufig die diesbezüglichen dispositiven Aufgaben, so Planung und Kontrolle, in eigener Regie.

Ein Streben nach Logistikführerschaft und damit verbunden eine dispositive Eigenlogistik, wie sie häufig z.B. im LEH angestrebt werden, gilt jedoch nicht generell im Handel. In Branchen, in denen die Hersteller bspw. Konzepte der **Controlled Distribution** realisieren, wie dies z.B. in weiten Teilen der Fashion-Branche der Fall ist, steuern diese im Rahmen ihrer vertikal-kooperativen Ansätze auch die Logistikprozesse. Auch diese Distributionslogistik-Konzepte beinhalten häufig aber das (operative) Outsourcing an Dienstleister (van Weele/Eßig 2017, S. 223f.). Durch die Verlagerung logistischer Prozesse können allerdings Reibungsverluste an neu entstehenden Schnittstellen auftreten. Hierbei ist es von der Art der Schnittstelle abhängig, ob solche Effekte eintreten. Allgemein gilt, dass sich ein logistischer Teilprozess umso mehr für ein Outsourcing eignet, je standardisierter die Schnittstellen zu den verbleibenden eigenen Prozessen gestaltet werden können. Auf Grund der Auslagerung logistischer Aktivitäten entstehen jedoch **Abhängigkeiten** für das Handelsunternehmen. Dies kann dazu führen, dass der Partner, an den die Leistung ausgelagert wurde, diese Abhängigkeit opportunistisch nutzt, um den Preis für die Erbringung der Leistung zu erhöhen und somit die realisierten Synergiegewinne aus Sicht des Handelsunternehmens zu reduzieren.

2. Kooperationen und Netzwerke in der Logistik

Handelt es sich bei der logistischen Leistung um einen Prozess, der aus Kundensicht differenzierend wirkt und somit die Wettbewerbsposition des Handelsunternehmens beeinflusst (bspw. Logistik von Online-Händlern), kann eine Eigendurchführung trotz eventueller Einsparpotenziale, die über eine Auslagerung erreicht werden könnten, sinnvoll sein, um weiterhin unmittelbaren Zugriff auf die Prozessdurchführung sowie direkte Einflussmöglichkeiten auf die Prozessgestaltung zu haben. Somit wird bei mangelnder Durchführung der Leistung durch einen Dienstleister eine Erosion der eigenen Wettbewerbsposition verhindert.

Die Auslagerung der Logistik (Fremdlogistik) ist im institutionenökonomischen Sinne meist keine „reine“ marktliche Transaktion: In Form von mittel- bis langfristigen Kontrakten übertragen Handelsunternehmen logistische Aufgabenfelder an Logistik-Dienstleister, aber auch an Handelsunternehmen, die selbst für Dritte („Drittgeschäft“) als Logistik-Dienstleister auftreten (**Kontraktlogistik**). Marktliche Transaktionen i.e.S. treten in der Logistik in Form von Einzelvergaben an Logistik-Dienstleister zur Abdeckung von bspw. saisonalen Spitzen auf. Auf derartige **„Spot-Geschäfte“** wird hier jedoch nicht näher eingegangen.

Kooperationen in der Logistik treten in vielfältiger Form und auf unterschiedlichen Ebenen auf. Dies wurde bereits in Abschnitt B.II. dieses Kapitels am Beispiel des ECR-Ansatzes deutlich. Im Folgenden steht eine engere Sichtweise im Vordergrund. Kooperation wird hier als eine Transaktionsoption zwischen den institutionenökonomischen Extremausprägungen „Integration und Markt", i.S.v. Eigenlogistik und Fremdlogistik, betrachtet. Kooperationen von Handelsunternehmen im Bereich der Logistik sind horizontaler Art (Zusammenarbeit mit anderen Handelsunternehmen), vertikaler Art (Zusammenarbeit mit Herstellern und Logistik-Dienstleistern) oder diagonaler Art (Zusammenarbeit mit Unternehmen anderer Branchen). Als Beispiele für derartige Kooperationen lassen sich anführen:

- horizontal: gemeinsames Zentrallager von Handelsunternehmen, z.B. in Verbundgruppen
- vertikal: gemeinsam geführtes Lager von Handel und Hersteller, z.B. ein Zentrallager des Handels, in dem auch Ware von Herstellern gelagert wird, die für andere Handelsunternehmen bestimmt ist
- diagonal: gemeinsam geführtes Lager von Handelsunternehmen und Unternehmen anderer Wirtschaftssektoren.

Derartige Kooperationen, die als **Y-Allianzen** einzustufen sind (gemeinsame Durchführung von Aktivitäten), können in unterschiedlichen Erscheinungsformen auftreten, so als kontraktuelle Kooperationen oder als Equity-Kooperationen, bspw. durch die Errichtung von (Equity-)Joint Ventures. Logistikkooperationen treten auch in Form von **X-Allianzen** auf, bei denen die Zusammenarbeit auf der Verknüpfung komplementärer logistischer Aktivitäten beruht. Denkbar sind bspw. eine gemeinsame Transport- und Lageroptimierung von zwei (bzw. mehreren) Unternehmen, wobei ein Partner die Lagerung und der andere den Transport übernimmt. Eine spezifische Ausprägungs- oder Organisationsform der Kooperation stellen **Logistiknetzwerke** dar. Der Begriff Logistiknetzwerk kann analog zum Allgemeinbegriff des Netzwerkes definiert werden (vgl. Sydow 1992, S. 79):

> Unter Netzwerken werden Organisationsformen ökonomischer Aktivitäten zwischen rechtlich selbstständigen und wirtschaftlich teilweise abhängigen Unternehmen verstanden, die durch komplex-reziproke, eher kooperative und nur begrenzt kompetitive Beziehungen gekennzeichnet sind. Netzwerkbeziehungen sind relativ stabil und auf die gemeinsame Realisierung von Wettbewerbsvorteilen ausgerichtet.

Logistiknetzwerke repräsentieren eine spezifische Form von Netzwerken, bei denen logistische Aufgaben den wesentlichen Grund der Kooperation darstellen (Bretzke 2015). Beispielhaft zeigt Abbildung 5.50 ein Logistiknetzwerk in der Konsumgüterwirtschaft, das durch mehrere Hersteller, mehrere Logistik-Dienstleister und mehrere Handelsunternehmen gebildet wird. Derartige Logistiknetzwerke resultieren bspw. aus Bestrebungen zur Warenbündelung. Hervorzuheben sind die Konzepte der City-Logistik, die auf eine ganzheitliche Sichtweise der Optimierung des Wirtschaftsverkehrs in den Städten, insb. in den Innenstädten, abzielen.

> City-Logistik ist die an ökonomischen und ökologischen Zielen ausgerichtete Planung, Steuerung und Kontrolle logistischer Leistungsprozesse in einem unternehmensübergreifenden Logistiksystem. Aufgabe der City-Logistik ist die kooperative Produktion von Logistikleistungen, die eine Ver- und Entsorgung einer Stadt oder eines Ballungsraums sicherstellt (Kaupp 1998, S. 24).

Abbildung 5.50: Beispiel für ein Logistiknetzwerk in der Konsumgüterbranche

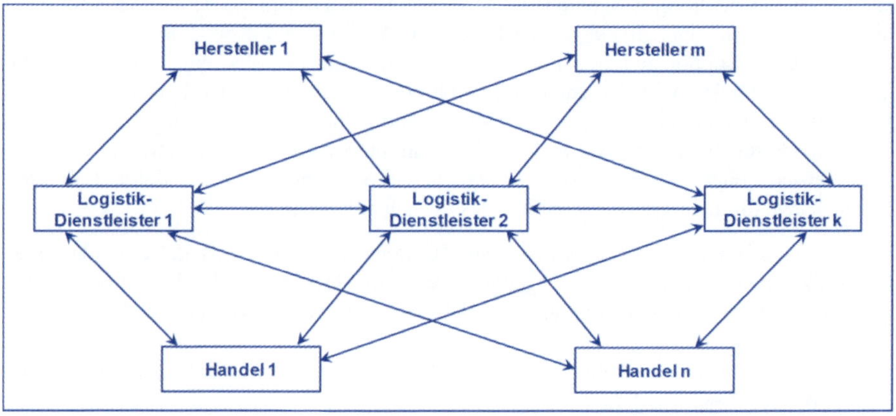

Obwohl viele Handelsunternehmen anhand der Einrichtung zentraler Lager oder Warenverteilzentren bereits eine Bündelung der Anlieferung an ihre Filialen vornehmen, sind die Innenstädte durch die Belieferungen der zahlreichen Händler sowohl was das generelle Verkehrsaufkommen als auch was Umweltaspekte wie bspw. Lärmbelastungen oder die Luftqualität angeht immer noch stark belastet. Hinzu kommen weitere Belastungen durch die Belieferung von Kunden im Rahmen der Feinverteilung von Online-Bestellungen. Schwierigkeiten für die Belieferung ergeben sich u.a. durch Einschränkungen der Lieferzeiten, Beschränkungen der Lkw-Größe, zu enge Straßen, Fußgängerzonen und parkende Pkws. Eine Lösungsmöglichkeit bietet das City-Logistik-Konzept, das auf einer ganzheitlichen Sichtweise des Wirtschaftsverkehrs in Städten beruht und eine wichtige Kooperationsform darstellt. Beteiligte an solchen Konzepten sind einerseits Einzelhandels- und logistische Dienstleistungsunternehmen, andererseits die Kommunen, von denen die Rahmenbedingungen vorgegeben werden. Realisiert werden können die Konzepte durch den Aufbau von **Güterverteilzentren** in verkehrsgünstiger Stadtrandlage, die von verschiedenen Herstellern, Handelsunternehmen und Logistik-Dienstleistern beliefert und in denen die Waren für unterschiedliche Kunden in der Innenstadt gebündelt werden. Die Güterverteilzentren werden dabei oft von mehreren Logistik-Dienstleistern wiederum in Kooperation betrieben. Für die Verkaufsstellen des Handels besteht der Vorteil darin, dass sie nicht mehr nacheinander oder gleichzeitig von einer Vielzahl von Lkws (Transporte vom eigenen Zentrallager, Einkaufsvereinigungen, Hersteller, Spediteure, Paketdienste, Post usw.) beliefert werden, sondern nur noch von einem Lkw. City-Logistik-Konzepte werden jedoch nicht nur für die Optimierung der Belieferung von Handelsfilialen angedacht, sondern beziehen auch Aspekte der Feinverteilung von Versandhandelsware, bspw. aus Online-Bestellungen oder aus Omnichannel-Systemen, an die Endkunden mit ein. Beispielsweise bieten City-Hubs die Möglichkeit, dass KEP-Dienstleister (d.h. Kurier-, Express- und Paketdienstleister) im Rahmen von City-Hubs ihre Belieferungen bündeln, um die Transporte zu optimieren und gleichermaßen die Effizienz der City-Belieferung zu steigern. Die Grundidee solcher City-Hubs besteht somit darin, in Form von Distributionszentren gemeinsam genutzte Infrastruktur zu etablieren, an denen die Ware unterschiedlicher Lieferanten gesammelt und tourenoptimiert gebündelt wird. Diese Form der Bündelung setzt voraus, dass die Unternehmen (z.B. Händler, Dienstleister, Hersteller) kooperieren, um gemeinsam die Zielsetzung einer Effizienzsteigerung zu erreichen. Denkbar ist es, im Rahmen von Public Private Partnerships diese Kooperationen gemeinsam mit kommunalen Akteuren zu realisieren. Dies ist insb. förderlich, da mit der City-Logistik neben Effizienzfragestellungen auf einzelbetrieblicher Ebene auch übergeordnete öffentliche Zielsetzungen im Rahmen der Optimierung der Innenstadtbelieferung verfolgt werden, so insb. die bereits angesprochenen Umwelt-, Verkehrs- oder Lärmaspekte in den Innenstädten.

REWE, Metro und Lekkerland arbeiten gemeinsam an City-Logistik

Das Obst- und Gemüse-Geschäft der Rewe Group wurde komplett umstrukturiert, wobei die Stränge Warenbeschaffung sowie Logistik in der Eurogroup zusammengeführt wurden und von dort gesteuert werden. Die Tochter Eurogroup entstand 2015 aus einem Joint Venture mit der Coop Schweiz und konzentriert sich seither auf den Fruchtbereich. Anstelle des Einsatzes von Dienstleistern setzt die Rewe Group darauf, alles in Eigenregie ersthändig zu steuern, von der Beschaffung bis zur Logistik. Die Kopflager-Struktur bildet dabei das Kernelement der Fruchtlogistik. Drei Einheiten gingen in den vergangen drei Jahren in Leipzig ans Netz. Von dort werden die Früchte direkt aus dem Anbau auf eine Drehscheibe geliefert, vorkommissioniert und auf die Regionallager verteilt. Aufgrund des großen Erfolges sollen bis 2019 zwei weitere Kopflager etabliert werden. Den Anfang macht allerdings erst einmal die Stadt Wien mit einem weiteren Depot, das dann den größten Obst- und Gemüsestandort Europas symbolisiert.

Quelle: Lebensmittel Zeitung, 3. November 2017.

IV. Entscheidungen im Logistikprozess

1. Überblick

Der Aufbau der Logistiksysteme von Handelsunternehmen hängt wesentlich von der Interaktion der einzelnen Elemente ab. Es geht nicht darum, jede einzelne Komponente eines Logistiksystems für sich optimal zu gestalten, sondern alle Komponenten im Hinblick auf ihr Zusammenwirken zu betrachten und eine Gesamtsystemeffizienz i.S. einer effizienten und effektiven Befriedigung der Kundenbedürfnisse durch die Logistik zu erreichen. Aus diesem Grund erfolgt die Betrachtung der Logistik im Rahmen einer systemorientierten Sicht der Logistik, um Suboptima zu vermeiden. Die Bestandteile bzw. **Komponenten von Logistiksystemen** sind bereichsübergreifend zu betrachten. Die wesentlichen Komponenten von Logistiksystemen sind:

- die **Belieferungsformen** (Grundstruktur von Logistiksystemen),
- die **Lagerhaussysteme** (z.B. Lagerart und -struktur, Standortwahl, Lagerprozesse),
- das Bestandsmanagement (z.B. Lagerbestände),
- die Planung der **Transportsysteme** (z.B. Transportmittel, -prozesse, Tourenplanung),
- die **Auftragsabwicklung** (z.B. Kommissionierung, Kundenauftragsbearbeitung),
- die **Verpackung** bzw. die Warenträger,
- die Entsorgungs- bzw. Rückführungssysteme sowie
- die spezifischen Formen der Handelslogistik, wie z.B. die Instore-Logistik oder die Versandhandels- und Omnichannel-Logistik.

Im Folgenden werden die Basisentscheidungen der Handelslogistik diskutiert. Dabei sind die Interdependenzen der Elemente von Logistikprozessen zu beachten. Diese werden z.B. am Beispiel von Lager- und Transportstrukturen deutlich: Dort stellt sich die Frage, ob in stärkerem Maße Ware physisch vorgehalten (d.h. gelagert) oder im Fluss gehalten werden soll. Die Entscheidung im Rahmen des Lagermanagements und der Bestandshaltung haben direkte Auswirkungen auf die Gestaltung bzw. Planung der Transportsysteme und umgekehrt.

2. Strukturen des Logistiksystems als Basisentscheidung

Die Gestaltung der **Grundstrukturen von Logistiksystemen** determinieren wesentlich die folgenden Teilentscheidungen und damit die Ausgestaltung des jeweiligen Logistiksystems. Geht man von dem Netzwerkgedanken aus, können Logistiksysteme in der Grundstruktur als einstufige, mehrstufige oder kombinierte Systeme ausgeprägt sein, je nachdem, ob ein direkter Warenfluss erfolgt oder ob die Ware zwischen Lieferpunkt und dem Empfangspunkt umgeschlagen wird (siehe Abb. 5.51).

Abbildung 5.51: Grundstrukturen von Logistikprozessen

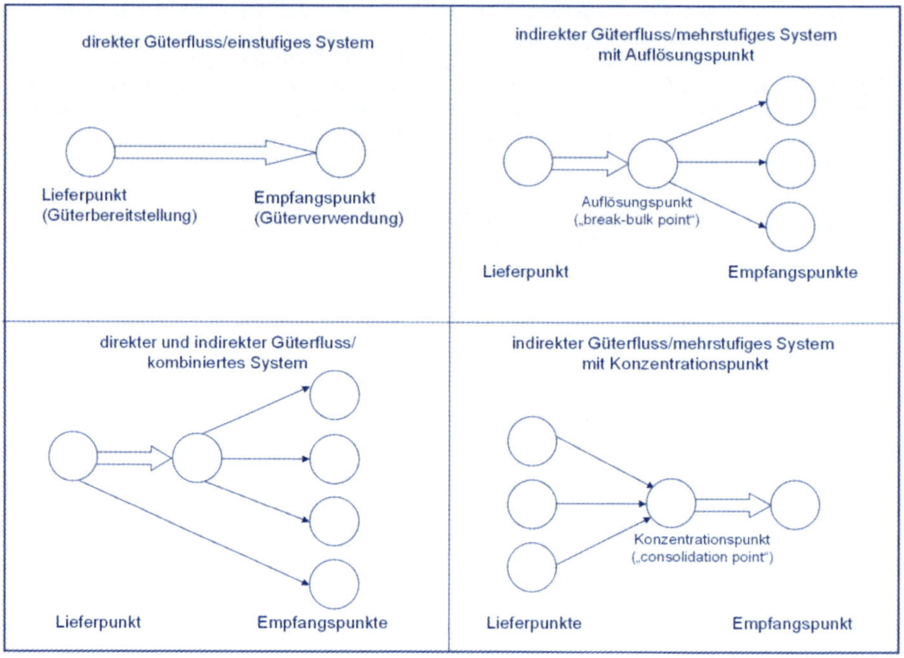

Quelle: i.A.a. Pfohl 2018, S. 6.

In einem **einstufigen System** erfolgt die Raum- und Zeitüberbrückung durch einen direkten Güterfluss zwischen dem Lieferpunkt, an dem die Güter bereitgestellt werden (Quelle) und dem Empfangspunkt, an dem die Güter verwendet werden (Senke). Dies ist bspw. bei Direktlieferungen der Hersteller an die Verkaufsstellen des Handels der Fall. Vorteile solcher einstufigen Systeme bestehen darin, dass auf Grund des Verzichts auf Unterbrechungen zwischen Liefer- und Empfangspunkt keine zusätzlichen Lager- und/oder Bewegungsprozesse zur Überleitung des Gutes auf anderem Wege notwendig sind (vgl. Pfohl 2018, S. 6). Eine wesentliche Voraussetzung für solche einstufigen Systeme liegt jedoch darin, dass der Güterfluss auch bei großen Entfernungen zwischen Liefer- und Empfangspunkt ausreichend schnell ist, um die Bedürfnisse am Empfangspunkt rechtzeitig bedienen zu können. Ist diese Voraussetzung nicht gegeben, werden mehrstufige Systeme notwendig. Diese **mehrstufige Systemen** sind dadurch gekennzeichnet, dass Unterbrechungspunkte im Logistiksystem genutzt werden, deren Aufgabe in der Auflösung (**„break-bulk"**) oder Konzentration (**„consolidation"**) des Güterflusses liegen. Diese Funktion übernehmen z.B. Zentrallager des Handels, die von den Herstellern beliefert werden und von denen aus dann die Filialen beliefert werden. Die Lieferungen der einzelnen Hersteller werden auf die Filialen „aufgelöst" und Waren unterschiedlicher Lieferanten werden gebündelt an die Verkaufsstellen geliefert. Vorteile von mehrstufigen Systeme können dann gegeben sein, wenn die Wirtschaftlichkeit des Güterflusses im Allgemeinen direkt mit dem Volumen dieses Stroms zusammenhängt. Der Auflösungspunkt ist dann sinnvoll, wenn Lieferungen von einem Hersteller zu einem Zentral- oder Regionallager in großen Einheiten möglich sind, wenngleich dann zusätzliche Kosten an den Unterbrechungspunkten entstehen.

Abbildung 5.52: Alternative Abhol-/Belieferungsformen des Handels

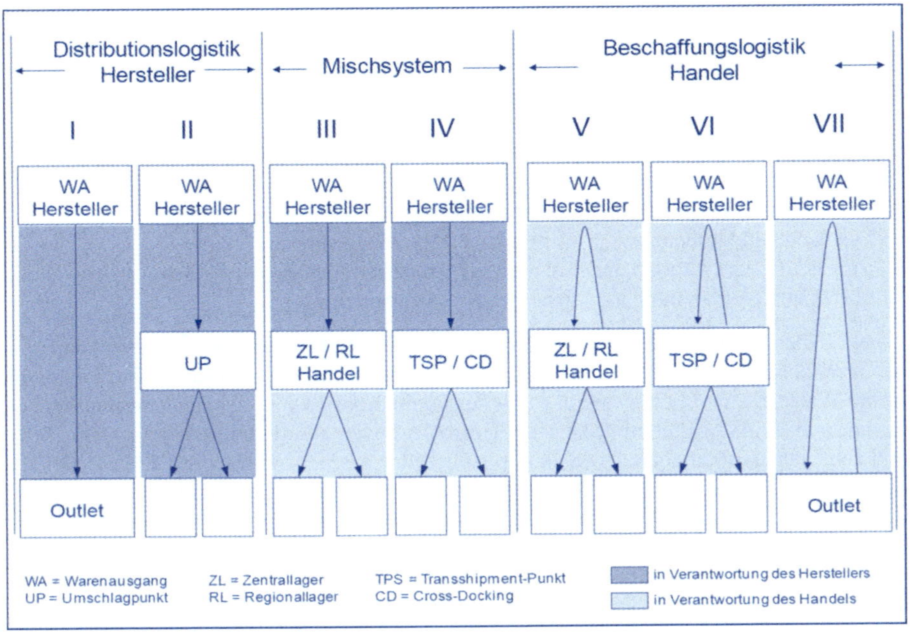

Quelle: Thorndike/Waltemath 1999, S. 212.

Kombinierte Systeme verbinden ein- und zweistufige Systemkomponenten, indem sowohl direkte (ununterbrochene) als auch indirekte (unterbrochene) Warenflüsse zwischen den Liefer- und Empfangspunkten stattfinden. In der Handelslogistik liegen die Empfangspunkte sowohl beim Handel selbst, wenn er durch die Hersteller beliefert wird (z.B. Zentral-, Regional- oder Filiallager oder der Point-of-Sale, also die Filialen bzw. die Verkaufsräume selbst), als auch bei den Konsumenten (bzw. bei Großhandelsstrukturen auch bei den Wiederverkäufern), die z.B. in Versandhandelssystemen, insb. im Online-Handel wichtige dezentrale Empfangspunkte darstellen. Typische Lieferpunkte sind die Standorte der Hersteller (z.B. Produktionsstätten oder Lagerstandorte) bzw. die Standorte zwischengeschalteter Distributeure oder Logistikdienstleister. Eng mit der Gestaltung der Grundstrukturen hängen die Optionen der Abhol- bzw. Belieferungsformen der Handelsunternehmen zusammen. Diese werden danach differenziert, welcher Akteur die Verantwortung für die Ware im Rahmen der Belieferung trägt (siehe Abb. 5.52). Liegt die Verantwortung beim Hersteller, so erfolgt die Koordination der Belieferung im Rahmen der Distributionslogistik des Herstellers. Übernimmt der Händler die Verantwortung für die Belieferung, so erfolgt die Koordination der Belieferung im Rahmen der Beschaffungslogistik des Handels. Zudem sind Mischformen denkbar, bei denen die Verantwortung für die Ware im Rahmen des Warenflusses vom Hersteller auf den Handel übergeht, so z.B. auf der Stufe von Zentrallagern des Handels oder bei Cross-Docking- oder Transshipment-Prozessen (Hertel/Zentes/Schramm-Klein 2011, S. 154; Bretzke 2015, S. 337 ff.).

3. Lager als Kernkomponente

a) Abgrenzungen

Einen der wichtigsten Bestandteile von Logistiksystemen sind Lager. Lager stellen „Knoten" im logistischen Netzwerk dar. Sie sind „Speicherorte", an denen die Ware zeitweise festgehalten oder auf einem anderen Weg des Logistiknetzwerkes übergeleitet wird. Die Lagerbestände bilden Puffer zwischen den eingehenden und den ausgehenden Güterströmen und entstehen, wenn sich die zeitliche und die mengenmäßige Struktur dieser Input- und Output-Ströme unterscheiden. Lagerfunktionen sind u.a.:

- Überbrückung von zeitlichen und räumlichen Asynchronitäten (z.B. saisonalen Schwankungen)
- Bereitstellung der erforderlichen Ware zur richtigen Zeit, Menge und Qualität (z.B. zur Sicherung der Absatzkontinuität)
- Sicherheitsfunktionen (z.B. Risikovorsorge gegen unsichere Lieferungen)
- Nutzung von Größenvorteilen im Einkauf (z.B. Mengenrabatte)
- Anpassung und Umschlag der Ware (z.B. Umschlag der eingehen Mengen bzw. Sortimente zur Weiterleitung an Filialen oder Konsumenten).

Lager können nach unterschiedlichen Kriterien differenziert werden, so nach der Stellung in der Wertschöpfungskette, der Trägerschaft oder nach rechtlichen Aspekten (dem Eigentum an der Ware). So sind Fertigwarenlager in der Produktionsstätte, ausgegliederte zentrale, regionale und lokale Auslieferungslager der Hersteller, regionale oder zentrale Lager von Groß- und Einzelhandelsbetrieben (i.w.S. einschließlich der Verkaufsräume der Ladengeschäfte), die Lager logistischer Dienstleister (Speditionslager) und Konsignationslager zu unterscheiden. Eine wichtige Frage bzgl. der Lagerung in der Konsumgüterwirtschaft liegt in der Entscheidung zwischen Direktbelieferung der Filialen durch den Hersteller (**Direct Store Delivery**) und der Lieferung an ein Lagersystem des Handels. Bei der direkten Verkaufsstellenbelieferung liegt die (Distributions-)Logistik i.d.R. vollständig in der Hand des Herstellers. Sie bietet sich trotz i.d.R. erhöhter Logistikkosten unter folgenden Bedingungen an (Hertel/Zentes/Schramm-Klein 2011, S. 177f.; Koether 2014, S. 37ff., Pfohl 2016, S.184):

- hohe Bestell- und Warenvolumina je Lieferung
- hoher Warenwert
- hohe Transportempfindlichkeit der Waren, auch hohe Verderblichkeit.

Mit der Direktbelieferung sind jedoch zahlreiche Nachteile verbunden. Insbesondere ist die Direktbelieferung teurer als die Distribution der Waren über ein Regional- bzw. Zentrallager des Handels. Gründe hierfür sind u.a. (Hübner u.a. 2016):

- Regional- oder Zentrallager reduzieren die Anzahl der Transportrelationen zwischen Quelle und Senke gegenüber einer Direktbelieferung erheblich.
- Das Regionallager ist effizienter als das Lager eines individuellen Herstellers, da es bessere Transportbündelungen ermöglicht.
- Der Fluss über zentralisierte Lager findet meist mit Komplettladungen statt.
- Am PoS kann wegen der hohen Frequenz der Belieferung über ein zentralisiertes Lager ein wesentlich geringerer Bestand gehalten werden, ohne zusätzliche Belieferungskosten entstehen zu lassen.
- Bei handelseigenen Lagern können die Pufferlager in den Verkaufsstellen des Handels reduziert werden, da der Handel Verfügbarkeiten im eigenen Lager verlässlicher prüfen kann und häufigere Lieferungen zu den Filialen durchgeführt werden.

Eine wichtige Entwicklung in der Logistik des Handels ist seine Einschaltung in die logistische Versorgungskette u.a. durch den Aufbau von Lagern des Handels. Damit wird zugleich die Frage der Lagerarten und -struktur angesprochen.

b) Lagerarten und -struktur

Gemäß den in erster Linie von einem Lagerhaus zu erfüllenden Funktionen werden drei **Lagerhausarten** unterschieden: Vorrats-, Umschlags- und Verteilungslager, wobei auch Mischformen auftreten (Hertel/Zentes/Schramm-Klein 2011, S. 169ff):

- In **Vorratslagern** dominieren Lagerungsprozesse gegenüber Bewegungsprozessen. Sie dienen vornehmlich der Bevorratung und finden sich als Zentral-, Regional- oder Filiallager. Auch der Verkaufsraum kann selbst diese Funktion (partiell/ergänzend) erfüllen.
- Die **Umschlagslager** bzw. **Transitlager** werden auch als Durchgangslager bezeichnet. Sie sind dadurch gekennzeichnet, dass sie nur kurzfristig Ware aufnehmen, nämlich zwischen dem Umschlag von einem zum nächsten Transportmittel. Je nach Funktion stellen Umschlagslager Konsolidierungs- und/oder Auflösungspunkte im logistischen System dar. Entsprechend dominieren somit Bewegungsprozesse. Die Lagerfunktion ist demgegenüber von geringerer Bedeutung und kann im Extremfall auf Umschlagflächen reduziert werden. Die Standorte von Transit-Terminals werden auf Grund ihrer Bedeutung als Umschlagsorte zumeist stark „transportorientiert" ausgewählt. Bei der Ausgestaltung dieser Lager spielt zudem die Erreichung einer hohen Umschlagsgeschwindigkeit eine besondere Rolle. Umschlagslager gewinnen im Handel zunehmend an Relevanz.
- In **Verteilungslagern**, i.d.R. Auslieferungslagern in der Distribution sind die Lager- und Bewegungsprozesse von gleicher Relevanz, da die primäre Zielsetzung in der Erreichung einer hohen Leistungsfähigkeit zur Umstrukturierung des Güterflusses besteht. Nach dem Bereich, der von Verteilungslagern bedient wird, sind bspw. zentrale von regionalen Lagern und von lokalem Verteilungslagern (z.B. vor einer Stadt als Teil der City-Logistik für Möbel oder Kühlschränke, deren Lagerung innerhalb der Stadt zu kostspielig wäre) abzugrenzen. Eine spezifische Form von Verteilungslagern stellen Versandhandelsverteilzentren dar, die auf die Belieferung von Endkunden spezialisiert sind.

Im Hinblick auf die vertikale Struktur ist zudem mit Bezug auf die unterschiedlichen Lagerstufen von Händlern zwischen Filial-, Regional- und Zentrallagern zu unterscheiden. **Filiallager** sind einzelnen Filialen zugeordnet meist an den Filialstandorten integriert. **Regionallager** hingegen sind mehreren Filialen zugeordnet. Sie bilden nicht das gesamte Sortiment eines Händlers ab, sondern halten lediglich einen Ausschnitt aus dem Gesamtsortiment vor. In **Zentrallagern** hingegen ist i.d.R. die gesamte Sortimentsbreite und -tiefe eines Handelsunternehmens repräsentiert. Die Ware wird dort für alle Filialen gebündelt. Zudem kann auch der einzelne **Verkaufsraum** der Filialen als Lager (mit den Regalplätzen als Lagerflächen) interpretiert werden. Basierend auf der Kenntnis der Lagerarten hat ein Handelsunternehmen mehrere **Lagerentscheidungen** zu treffen, die nachfolgend hervorgehoben werden sollen.

Art und Anzahl der Lager bzw. Lagerstufen (Lagerstruktur)

Entscheidungen über die Lagerhaussstruktur beinhalten zunächst die Festlegung der **Zahl und Art der Lager bzw. Lagerstufen**, wobei für jede Lagerstufe die Standorte auszuwählen sind. Zudem sind Entscheidungen hinsichtlich der **vertikalen Lagerstruktur** zu treffen, also der Anzahl der Lagerstufen, sowie hinsichtlich der **horizontalen Lagerstruktur**, d.h. der Anzahl der Lager auf den jeweiligen Stufen. Dabei sind auch Standortentscheidungen sowie Entscheidungen hinsichtlich der Verbindungen zwischen den unterschiedlichen Lagern und bspw. den Filialen (im Offline-Handel) oder Endkonsumenten (Online-Handel) erforderlich.

Für den Einsatz zentraler Lagersysteme spricht auf einer übergeordneten Ebene v.a. die Möglichkeit, die Anzahl der Lieferrelationen (z.B. zwischen Lieferanten und Filial- oder Endkunden-Standorten) deutlich zu reduzieren. Zwar werden ggf. die jeweils einzelnen Wege der Ware von der Quelle (also z.B. vom Hersteller) zur Senke (z.B. einer Filiale eines Händlers) im Vergleich zu einer Direktbelieferung verlängert, jedoch führt die Bündelung der Ware dazu, dass die Anzahl der einzelnen Belieferungen zu den Filialen deutlich zurückgeht. Ebenso reduziert sich die Komplexität der Belieferungen auf Grund der Konsolidierung der Informations- und Warenflüsse deutlich. Diese Effekte sind umso größer, je höher die Anzahl der einzelnen Lieferanten und der Artikel ist. Im Hinblick auf die Gestaltung der Lagerstruktur spielen unterschiedliche Zielgrößen eine Rolle, so insb.

- Lagerkosten (u.a. Einrichtungskosten der Lager, Personalkosten, Raumkosten)
- Bestandskosten (u.a. Bestandshöhe, Sicherheitsbestände)
- Transportkosten (u.a. Transportstrecken, Transportbündelung)
- Handlingkosten (u.a. Ein-/Auslagerung, Kommissionierung, Verpackung, Umschlag)
- Zeit (u.a. Lieferrhythmen, zeitliche Flexibilität, Lagergeschwindigkeit).

In Abb. 5.53 sind die wichtigsten Vor- und Nachteile zentraler versus dezentraler Lagerhaltung bzw. der Einrichtung von Zentral- und Regional- und Filiallagern zusammengefasst.

Abbildung 5.53: Vor- und Nachteile zentraler und dezentraler Lösungen der Lagerhaltung

	Filiallager (F)	Regionallager (RL)	Zentrallager (ZL)
Lager-kosten	Keine weiteren Lagerstufen (+) FL notwendig (hohe Mieten im Stadtzentrum) (-) kein ausgebildetes Lagerpersonal (-) einfache Lagertechnik (-)	Kein FL erforderlich (+) Geringere Flächenbedarf (+) Bündelung von Lagertätigkeiten in größeren Einheiten möglich (+) Besser ausgebildetes Personal, bessere Lagertechnik (+)	Kein FL erforderlich (+) Minimaler Flächenbedarf (+) Bündelung von Lagertätigkeiten im ZL (+) Besser ausgebildetes Personal, bessere Lagertechnik (+) Einziger Lagerort (+)
Bestands-kosten	Hohe Bestände bei Mindestbestellmenge (-) Sicherheitsbestände bei verschiedenen Orten (-)	Sicherheitsbestände bei verschiedenen Orten (-)	Gesamter Sicherheitsbestand an einem Ort (+)
Trans-portkos-ten	Kürzere Transportstrecken zwischen Lieferant und Filiale (Direkttransport) (+) Große Zahl von kleineren Transportmengen (-)	Bündelung von Transportströmen möglich (Strecke Lieferant-Lager; Ware für mehrere Filialen; Strecke Lager-Filiale; Waren verschiedener Lieferanten für eine Filiale) (+) Längere Transportstrecken zwischen Lieferant und Filialen (indirekter Weg über RL) (-)	Bündelung von Transportströmen möglich (Strecke Lieferant-ZL; Ware für alle Filialen; Strecke ZL-Filiale; Waren verschiedener Lieferanten für eine Filiale) (+) Längere Transportstrecken zwischen Lieferant und Filialen (indirekter Weg über ZL) (-)
Hand-lingkos-ten	Keine zusätzlichen Umschlagtätigkeiten (Ein-/Auslagern, Kommissionieren, Verpacken) (+)	Umschlagtätigkeiten im RL erforderlich (-)	Umschlagtätigkeiten im ZL erforderlich (-)
Zeit	Längere Zeiträume zwischen zwei (festen) Lieferterminen (-) Geringere zeitliche Flexibilität (-)	Aufgrund der größeren Bestellmengen (mehrere Filialen) kann der Lieferrhythmus im RL verkürzt werden (+) Größere zeitliche Flexibilität (+)	Aufgrund der größeren Bestellmengen (alle Filialen) kann der Lieferrhythmus im RL verkürzt werden (+) Größere zeitliche Flexibilität (+)
Quantität	Geringer Spielraum für Zwischendispositionen (-)	Größerer Spielraum für Zwischendispositionen (+)	Größter Spielraum für Zwischendispositionen (+)
Qualität	Keine Zwischenstufen, auf denen Warenmanipulationen erforderlich sind (+)	Warenmanipulation im RL erforderlich (-) Entlastung der Filiale von logistischen Tätigkeiten (+)	Filialgerechte Warenmanipulation an einem zentralen Ort (+) Entlastung der Filiale von logistischen Tätigkeiten (+) Warenmanipulation im ZL (-)

Quelle: Müller-Hagedorn/Toporowski/Zielke 2012, S. 817.

Standort eines Lagers

Auf jeder Lagerstufe sind Entscheidungen über den Standort der Lager zu treffen. Neben Aspekten der Funktion eines Lagers liegt ein Ziel bei der Entscheidung für den **Standort eines Lagers** i.d.R. darin, den Standort so zu bestimmen, damit die Summe der Kosten unter der Nebenbedingung, dass ein bestimmter Servicegrad eingehalten wird, minimal ist. Die Kosten bestimmen sich u.a. aus den Transportkosten sowie den Kosten für das Errichten und Betreiben des Lagers (z.B. Grundstücks-, Personalkosten, Abgaben und Steuern, die von Standort zu Standort variieren). Auch für Händler liegt eine grundsätzliche Entscheidung darin, ob eher produktionsorientierte oder auslieferungs-/marktorientierte Lagerstandorte gewählt werden sollen. Weitere relevante Einflussfaktoren auf die Standortwahl sind bspw.:

- gefordertes Lieferserviceniveau
- Nachfrageverteilung über das Absatzgebiet und zukünftige Nachfrageentwicklung
- Beschaffenheit der Ware
- geografische Besonderheiten und Verkehrsinfrastruktur
- Transport- und Lagerhauskosten
- Arbeitskräfteangebot und Personalkosten
- Steuern, Abgaben und standortbezogene Kosten.

Lagerprozesse

Von hoher Bedeutung ist der **Lagerhausbetrieb**, d.h. die Organisation der innerbetrieblichen Prozesse in einem Lager. Die wesentlichen Lagerprozesse können in Bewegungs-, Speicher- und Umschlagsprozesse eingeteilt werden. Die Relevanz der jeweiligen Aufgaben, die im Lager zu realisieren sind, variiert je nach Lagerhausart (z.B. größere Lagereinheiten bei Vorratslagern) und bestimmt die Abläufe und die Effizienz im Lager. Diese bestimmen wiederum die Lagergestaltung. In Abb. 5.54 sind die wesentlichen Bereiche eines Lagers zusammengefasst.

Abbildung 5.54: Lagerbereiche

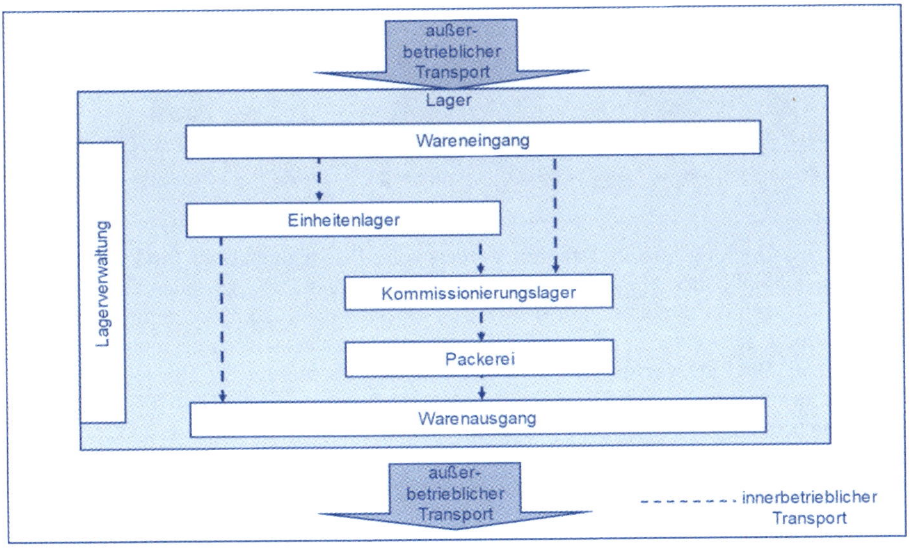

Quelle: i.A.a. Pfohl 2018, S. 133.

Die wichtigsten Bereiche eines Lagers sind (Pfohl 2018, S. 132ff.):

- Wareneingang: Wareneinnahme, Vorbereitung der Ware zur Lagerung
- Einheitenlager: Lagerung von Ware, die in derselben Einheit (so Palettenlager) eingelagert, gelagert und ausgelagert wird (Aufsplittung, Zusammenfassung, Umpacken der Einheiten)
- Kommissionierungslager/Sortierlager: Kommissionierung von Ware, die in bestimmte Einheiten für die Weiterleitung umgruppiert werden muss; i.d.R. sehr kurze Lagerzeit
- Packerei: Zusammenstellung der kommissionierten Aufträge zu versandfertigen Einheiten
- Warenausgang: Warenabgabe zum Transport an die jeweiligen Empfänger (z.B. weitere Lagerstufen, Filialen, Endkunden).

Neben diesen traditionellen Prozessschritten (Wareneingang, Lagerung, Kommissionierung, Warenausgang) gewinnen neue Prozesse an Bedeutung. Beispielsweise zielt das **Cross-Docking** auf ein schnelles Umschlagen und bedarfsgerechtes Auflösen von Warensendungen ab. Cross-Docking-Prozesse werden z.T. auf speziellen Flächen in Lagern für bestimmte Sortimentsteile umgesetzt. Dabei erfolgt bereits bei den Lieferanten bzw. am Lieferpunkt eine zeit- und bedarfsgenaue Kommissionierung, sodass die Ladungen durch das Lager bzw. das Verteilzentrum geleitet werden können, ohne dass eine Zwischenlagerung oder Kommissionierung stattfindet (Werner 2017, S. 152 ff.). Der Begriff ist abgeleitet aus „**across the dock**" und bedeutet die konsequente Anwendung des **Flussprinzips**. Die Grundformen sind:[1]

- Cross-Docking ganzer Paletten
- Cross-Docking vorkommissionierter Paletten.

Abbildung 5.55: Cross-Docking vorkommissionierter Paletten

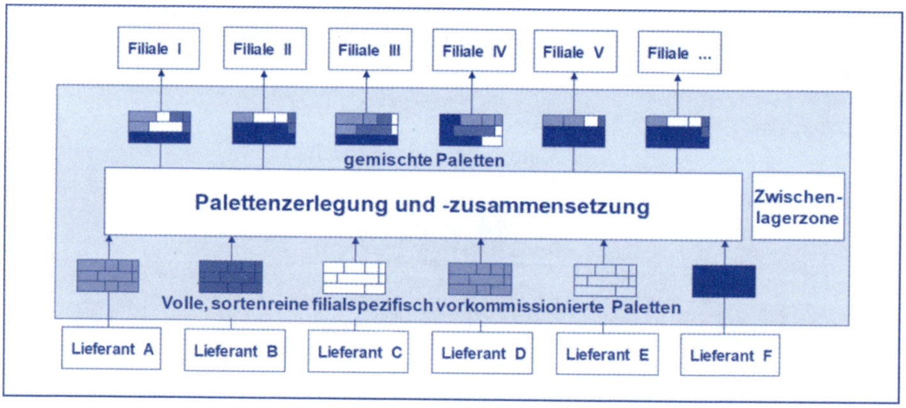

Beim **Cross-Docking ganzer Paletten** werden volle Paletten einzelner Produkte von den Lieferanten empfangen, umgeladen und unverändert zu den Verkaufsstellen weitergeleitet. Diese Form stellt die einfachste Form des Cross-Docking dar. Sie ist jedoch nur für großvolumige Sendungen geeignet, da jeweils ganze Paletten die Cross-Docking-Einheiten bilden. Beim **Cross-Docking vorkommissionierter Paletten** übernimmt der Hersteller bzw. der Lieferant die filialspezifische Kommissionierung der Paletten (siehe Abb. 5.55). Dafür ist es erforderlich, dass der Hersteller den filialgenauen Bedarf kennt. Auf der Cross-Docking-Plattform erfolgt die Bündelung der vorkommissionierten Ware mehrerer Hersteller und die Weiterleitung an die Verkaufsstellen. Als Cross-Docking wird in einer engen Auslegung z.T. nur

[1] Neben den Grundformen sind weitere Cross-Docking-Formen zu unterscheiden; vgl. Muchna u.a. 2018, S83ff.

diese Methode bezeichnet. Dies gilt auch bzgl. anderer Behälter, so Rollcontainern, Paketen u.Ä., auf denen bzw. in denen sich bereits vorkommissionierte Ware befindet.

Die Umsetzung von Cross-Docking-Systemen ist auf Grund der hohen Anforderungen, die an die Effizienz und die Genauigkeit der Prozesse gestellt werden, wesentlich komplexer als die Realisierung traditioneller Distributionssysteme.

Hornbach eröffnet neues Cross-Docking-Center

Der Bau- und Gartenmarkt Hornbach Baumarkt AG hat ein neues Cross-Docking-Center für Massen- und Sperrgüter in Vilshofen eröffnet. An diesem Standort eröffnete Hornbach bereits 2005 ein drittes Logistikzentrum zur Anlieferung, Umsortierung und Weiterleitung gebündelter Waren. Diese wurden dann an die einzelnen Standorte der 156 Baumärkte in Europa verschickt. Bau- und Gartenmärkte von Hornbach in Süddeutschland und angrenzenden Ländern werden nun von diesem Cross-Docking-Center mit schweren und sperrigen Waren beliefert. Insgesamt misst die auf dem Hornbach-Logistikzentrum erbaute Halle 10.000 qm mit einer Außenfläche von 7.000 qm. Mit Hilfe des neuen Centers können schwere und sperrige Waren verladen werden, welche auf Grund ihrer Größe und ihres Gewichts sonst nicht auf üblichen Europaletten im Logistikzentrum gelagert werden konnten. So werden z.B. Küchenarbeitsplatten mit einer Länge von bis zu sechs Metern in dem Cross-Docking-Center problemlos gelagert und von dort aus an den Markt weiterverladen. Hierfür kommen bspw. große Stapler mit extrabreiten Gablern zum Einsatz, welche in einer regulären Lagerhalle nicht anwendbar wären.

Quelle: Baumarktmanager 2018.

4. Bestandsmanagement

Das **Bestandsmanagement** befasst sich mit allen Entscheidungstatbeständen, die einen Einfluss auf die Lagerbestände haben. Lagerbestände dienen als Puffer zwischen den Input- und Output-Strömen der Güter. Sie können an diversen Stellen im Absatzkanal entstehen und sind nur bei einer selten vollständigen **Synchronisation** der Warenströme überflüssig. Folgende Zwecke der Lagerhaltung sind herauszustellen (Hertel/Zentes/Schramm-Klein 2011, S. 188):

- Ausnutzung von Größeneffekten, z.B. beim Einkauf (z.B. Konditionenverbesserungen durch Mengenrabatte) oder beim Transport (z.B. durch günstigere Transportkonditionen oder auf Grund der Möglichkeit zur Transportbündelung)
- Ausgleich bei Auseinanderklaffen von Angebot und Nachfrage, z.B. bei saisonalen Angeboten oder saisonal unterschiedlicher Nachfrage
- Spekulation, indem z.B. Lagerbestände von Produkten aufgebaut werden, für die ein Preisanstieg erwartet wird oder weil die Ware knapp ist
- Schutz vor Unsicherheiten, z.B., weil die Konsumnachfrage nicht sicher prognostizierbar ist oder weil Lieferunsicherheiten hinsichtlich der Lieferung durch die Hersteller bestehen
- Verkürzung der Lieferzeit, z.B., weil besondere Flexibilitätsanforderungen bestehen.

Lagerbestände sind gleichzeitig aber mit z.T. erheblichen Kosten verbunden, so insb. den Kosten, die sich aus der Kapitalbindung ergeben (wie Zinskosten in Abhängigkeit vom Wert der Güter), Kosten durch Schwund oder Beschädigung, Verwaltungskosten u.Ä. Aus diesem Grund bestehen Bestrebungen, die Lagerbestände so gering wie möglich zu halten. Der Bestand im Lager wird maßgeblich durch die Höhe der Abverkäufe/Abflüsse, die Länge der Wiederbeschaffungszeit, Fehler der Vorhersage von Nachfrage- und Wiederbeschaffungszeit, die angestrebte Lieferbereitschaft sowie die Anzahl der Lager beeinflusst. Die wesentlichen Entscheidungen im Rahmen des Bestandsmanagements beinhalten Entscheidungen darüber, welche Ware und in welcher Menge die jeweilige Ware gelagert werden soll. Damit im Zusammenhang stehen Entscheidungen, die sich auf die **Bestellmengen** und die **Bestell**- und **Lieferzeitpunkte** beziehen. Diese Überlegungen, die im Rahmen des Bestandsmanagements die zentralen Entscheidungstatbestände darstellen, können anhand von Abb. 5.56 illustriert werden. Darin sind ausgewählte **Kennzahlen des Lagerbestands** enthalten:

- Mindestbestand bzw. Sicherheitsbestand
- Meldebestand
- Bestell(zeit)punkt
- Höchstbestand
- durchschnittlicher Lagerbestand, der zugleich die Grundlage der Kostenrechnung bildet.

Abbildung 5.56: Komponenten des Lagerbestands und der Beschaffungsdisposition

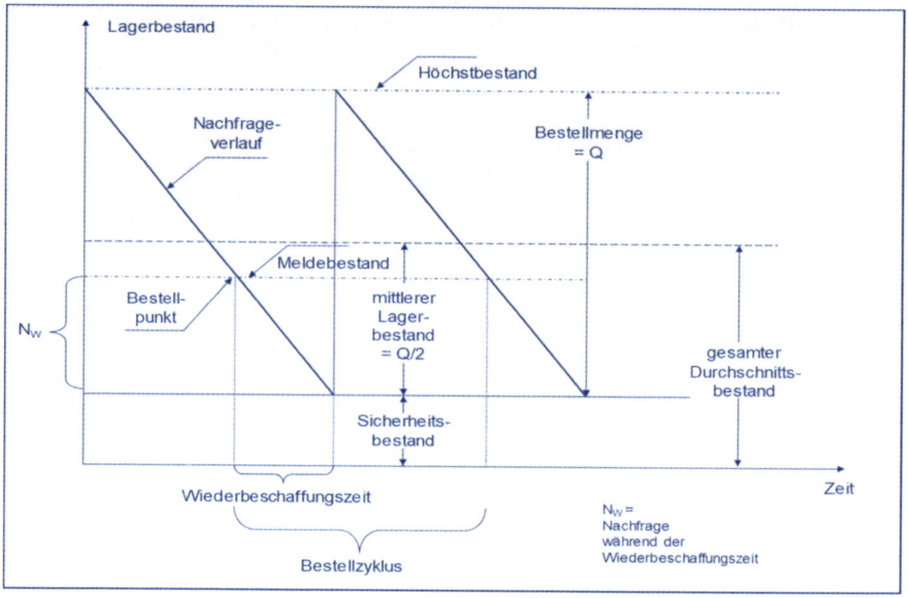

Quelle: i.A.a. Specht/Fritz 2005, S. 141.

Weitere ausgewählte, in diesem Kontext zu erwähnende **Kennzahlen des Lagerumschlags** sind die Umschlagshäufigkeit (wie oft der durchschnittliche Lagerbestand entnommen wird) und die Lagerdauer (Zeit zwischen Ein- und Ausgang der Lagergüter). Als **Wirtschaftlichkeitskennzahlen** werden im Handel bspw. der Kapitaleinsatz (sinkt mit zunehmender Umschlagshäufigkeit), die Lagerkostenanteile (Kostenanteile einzelner Lagergüter, welche u.a. von der Lagerdauer abhängen) oder der Gesamtgewinn (steigt mit zunehmendem Lagerumschlag bei konstanten Verkaufspreisen) betrachtet. Ein Teil des Lagerbestandes wird durch die Bestellmenge (Q) bestimmt, mit welcher der Lagervorrat jeweils ergänzt wird. Je größer die Bestellmenge ist bzw. je seltener bestellt wird, umso größer ist der durchschnittliche im Lager vorhandene Bestand (der „**mittlere Lagerbestand**"). Hiervon zu unterscheiden ist der „**Durchschnittsbestand**", der über den mittleren Lagerbestand hinausgehend noch den **Sicherheitsbestand** beinhaltet. Sicherheitsbestände resultieren aus Unsicherheiten im Nachfrageverlauf sowie der Wiederbeschaffung und dienen der Einhaltung des gewünschten Lieferserviceniveaus.

In der Praxis übernehmen i.d.R. die Disponenten die Ermittlung der **optimalen Bestellmenge**. Sie rufen die im Rahmen des festgelegten Sortiments und der gelisteten Lieferanten Waren ab, indem sie entsprechende Bestellungen aufgeben. Ihnen liegen zu jedem Zeitpunkt

Informationen vor, welche Lagerbestände verfügbar sind und wie hoch der Bestellbestand (bestellte Ware, die noch nicht eingetroffen ist) ist. Aus den Prognosewerten und dem Lager- sowie Bestellbestand wird ermittelt, über wie viele Perioden die künftige Nachfrage befriedigt werden kann. Die Betrachtungen im Bestandsmanagement können durch weitere Kennzahlen ergänzt werden, wie z.B. Lagerreichweite (in Zeiteinheiten) und Liefer- bzw. Fehlmengengrad, der auf Basis eines Artikels angibt, wie groß der Anteil der Wochen mit Fehlmengen an dem betrachteten Zeitraum ist.

Von besonderer Bedeutung im Rahmen des Bestandsmanagements ist die Bedarfsermittlung und damit zusammenhängend die Ermittlung der optimalen Bestellmengen. Die **Bedarfsermittlung** wird i.d.R. ausgehend vom Status quo der Nachfrage prognostiziert. Da die Nachfrage – v.a. bei Belieferung von Endkonsumenten – zumeist nicht in einer deterministischen Form vorhersagbar ist, erfolgt die **Bedarfsprognose** oft auf der Basis stochastischer oder verbrauchsgebundener Verfahren (z.B. Simulationsverfahren, exponentielle Glättung oder Regressionsanalysen). In der Regel werden permanente Bestands- und Abverkaufsbeobachtungen sowie -prognosesysteme genutzt, die i.S. rollierender und IT-gestützter Prognosesysteme zu einer Verbesserung der Prognoseergebnisse führen sollen. Vor dem Hintergrund des ermittelten Bedarfs steht im Rahmen des Bestandsmanagements die Ermittlung der **optimalen Bestellmenge** im Vordergrund. Dabei existiert eine Vielzahl von Bestellregeln, die festlegen, wie viel von der jeweiligen Ware bestellt werden soll. Als Grundprinzipien, wann eine Bestellung ausgelöst werden soll, können dabei insb. das **Bestellpunktverfahren**, bei dem eine Bestellung dann ausgelöst wird, wenn ein bestimmter Lagerbestand (der sog. Meldebestand) unterschritten wird (Bestellpunkt), und das **Bestellrhythmusverfahren**, bei dem jeweils eine Bestellung ausgelöst wird, wenn eine bestimmte Periode (Bestellzyklus) abgelaufen ist, unterschieden werden.

Abbildung 5.57: Ermittlung der optimalen Bestellmenge

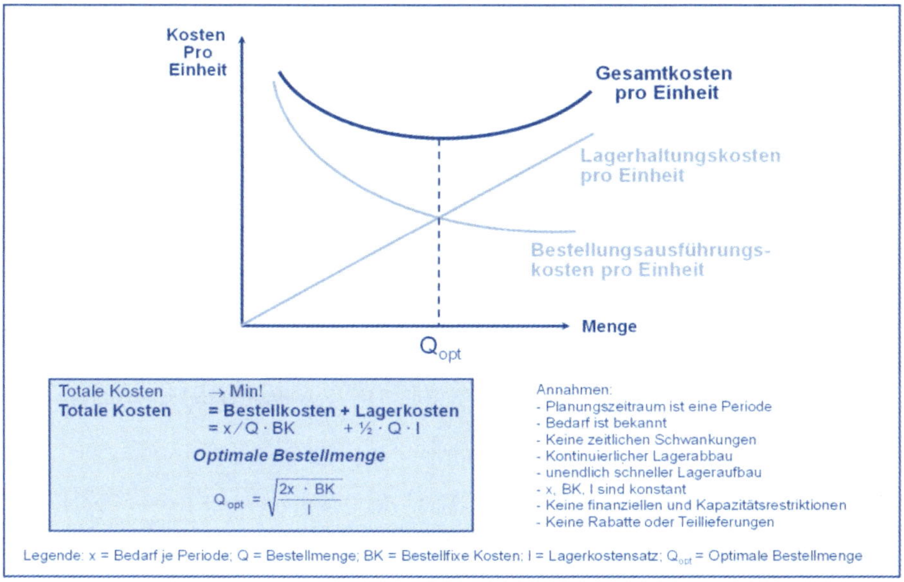

Die Bestellmenge kann entweder eine vorgegebene, immer gleiche Bestellmenge sein oder es kann eine variable Menge festgelegt werden, die den Lagerbestand jeweils bis zu einem bestimmten Niveau ergänzt. In Abb. 5.57 ist ein grundlegendes Modell zur Ermittlung der optimalen Bestellmenge dargestellt. Wenngleich diese **klassische Losgrößenformel** von e-her unrealistischen Annahmen ausgeht und bspw. den Einfluss von Rabatten, Verbunddisposition, Lieferantenkrediten oder volatilen Beschaffungspreisen nicht betrachtet (Barth/Schröder 2013) und deshalb in der Handelspraxis nur selten in dieser Form zum Einsatz kommt, illustriert sie anschaulich die typischen Zielkonflikte. So hängen zum einen die Höhe der Kapitalbindung und damit verbunden auch die Lagerhaltungskosten von der Höhe der Bestellmenge ab. Diese wiederum ist abhängig von der Häufigkeit der Bestellungen. Mit jeder Bestellung fallen fixe Bestellkosten an, die in Bezug auf die Bestellmenge degressiv verlaufen. Auf Grund der Schwierigkeit einer realitätsgetreuen Modellkonstruktion wird oftmals auch auf Näherungslösungen in Form von Heuristiken zurückgegriffen oder andere alternative Modelle, die an dieser Stelle jedoch nicht weiter vertieft werden sollen.

Wie dargestellt, finden in der Praxis neben diesen konventionellen Formen des Bestandsmanagements v.a. kooperative Verfahren einer effizienten Nachschubversorgung Anwendung, basierend auf dem Prinzip der **Supply Chain-Synchronisation** zwischen Lieferanten und Empfängern, so z.B. das **Continuous Replenishment** (siehe Abschnitt B.II.2 dieses Kapitels), bei dem das Bestrebung nach einer schnellen Logistik mit möglichst minimalen Beständen bei gleichzeitiger Vermeidung von Out-of-Stocks im Vordergrund steht.

5. Transport

Als weitere Kernkomponente von Logistiksystemen des Handels kann der Transport herausgestellt werden (Pfohl 2018, S. 169; siehe auch Muchna u.a. 2018, S. 13):

> „Unter Transport versteht man die Raumüberbrückung oder Ortsveränderung von Transportgütern mithilfe von Transportmitteln. Jedes Transportsystem besteht aus dem Transportgut, dem Transportmittel und dem Transportprozess."

Der Aufbau des Transportsystems ist eng mit dem Aufbau bzw. der Struktur des Lagersystems verknüpft, da dieses bestimmt, ob eine eingliedrige Transportkette, also ein **ungebrochener Verkehr** (Direktverkehr), oder eine **mehrgliedrige Transportkette** erforderlich ist. Letztere kann weiter in einen **gebrochenen Verkehr** i.e.S. (mit Wechsel des Transportgefäßes, häufig mit Zwischenlagerung und Ein-, Aus-, Umladung) und in einen **kombinierten Verkehr** (ganze Verkehrsmittel werden verladen (z.B. Huckepackverkehr von Lkw) oder Transportgefäße (z.B. Container) werden verladen) unterschieden werden.

Transportmittel

Die im Rahmen der Transportkette einsetzbaren Transportmittel können anhand der genutzten Verkehrswege grundsätzlich systematisiert werden in (Gleißner/Femerling 2016, S. 6):

- **Landverkehr**, insb. Straßengüterverkehr (Nah-/Fernverkehr), Schienengüterverkehr (Wagenladungs-, Stückgut-, Expressgutverkehr), Rohrleitungsverkehr (Produktpipelines)
- **Luftverkehr**, insbesondere Luftfrachtverkehr
- **Wasserverkehr**, insbesondere Binnenschifffahrt, Seeverkehr.

Die Entscheidungsprozesse hinsichtlich der Wahl der Transportmittel werden durch eine Vielzahl von Kosten- und Leistungskriterien beeinflusst, von denen ausgewählte in Abb. 5.58 aufgelistet sind (Wannenwetsch 2014, S. 656). Bedingt durch Flexibilitätsvorteile und erhöhte Schnelligkeit hat der Anteil des Straßengüterverkehrs in der Vergangenheit kontinuierlich zugenommen. Der Schienenverkehr hat erhebliche Schwierigkeiten, eine sog. **Door-to-**

Door-Versorgung innerhalb von 24 Stunden oder gar im Nachtsprung sicherzustellen. Vorhandene Kostenvorteile werden zudem dadurch aufgezehrt, dass nur ein geringer Teil der Unternehmen über einen eigenen Gleisanschluss verfügt. Gleisanschlüsse sind bei (Einzel-) Handelsunternehmen, wenn überhaupt in den Zentrallagern, aber praktisch nie in den Filialen verfügbar, sodass entsprechende Ver- und Entsorgungstransporte per Straße zusätzlich erforderlich sind – verbunden mit Umschlagstätigkeiten und -kosten. Domäne des Schiffsverkehrs sind auf den Binnenwasserstraßen Massengüter, die i.d.R. für die Versorgung von Handelslagern mit zeitlich unkritischer Ware geeignet sind.

Abbildung 5.58: Kriterien zur Wahl der Transportmittel

Kostenkriterien	Leistungskriterien
■ Transportkosten ■ Kostenauswirkungen in sonstigen Bereichen der Distributionslogistik (z.B. auf Lagerhaltungskosten) ■ Kostenauswirkungen außerhalb der Logistik	■ Transportzeit (z.B. 24-h-Lieferung, Nachtsprung) ■ Transportfrequenz ■ quantitative und qualitative Eignung der Transportvariante in technischer Hinsicht (z.B. Kühlmöglichkeit, Maße des Transportmittels, Artikelschutz bei empfindlichen Artikeln) ■ Vernetzungsfähigkeit (Schnittstellenoptimierung) ■ Elastizität und Flexibilität der Transportvariante ■ Anfangs- und Endpunkte der Transportvariante (z.B. Bahnhof oder Verkaufsstelle) ■ Zuverlässigkeit des Transports ■ Nebenleistungen der Transportvariante (z.B. Leergutrücknahme, akquisitorische Eignung)

Der Seeschiffsverkehr nimmt dagegen Stückgüter auf, für die sich ein Versand per Flugzeug auf Grund von Volumen, Gewicht oder Wert nicht anbietet. Das Flugzeug hat in den letzten Jahren jedoch erheblich an Bedeutung gewonnen. Die Steigerung der Transportleistung lässt sich dabei weniger auf eine erhöhte Nachfrage nach konventionellen Luftfrachtleistungen zurückführen, sondern resultiert aus einem deutlichen Wachstum der v.a. von **Integrators** (z.B. Federal Express, UPS oder TNT) angebotenen Expressdienste.

Kombinierter Verkehr

Der kombinierte Verkehr kann wie folgt definiert werden (Pfohl 2018, S. 181):

> „Unter kombiniertem Verkehr ist ein System zu verstehen, bei dem die in diesem System integrierten Transportmittel so aufeinander abgestimmt sind, dass der Übergang der zu transportierenden Güter von einem Transportmittel zum anderen nur noch möglichst geringe Umschlagsoperationen verursacht."

Besonders bedeutsam im europäischen Binnenverkehr ist der Schiene-Straße-Verkehr, im Überseeverkehr Wasser-Straße oder Wasser-Schiene-Straße. Wegen der Möglichkeit, die Kosten- und Leistungsvorteile mehrerer Verkehrsträger miteinander zu verbinden (so Flexibilität von Lkws mit den Kostenvorteilen der Bahn auf langen Strecken), gilt der kombinierte Verkehr in vielen Fällen als vorteilhaft; oft ist er auf Grund der Rahmenbedingungen nicht zu umgehen.

Aus logistischer Sicht steht dieser Kombination der Vorteile jedoch der Nachteil der notwendigen Umschlagsvorgänge gegenüber, der durch aufeinander abgestimmte Systeme abgemildert werden muss. Unterscheiden kann man den **Huckepackverkehr**, der alle Transportsysteme umfasst, bei denen ein Transportmittel ein anderes Transportmittel transportiert, so bspw. der Transport von Lkws auf Güterzügen, und den **Behälterverkehr**, der alle Transportsysteme umfasst, bei denen zum Transport der Güter Behälter als rationalisierende Transporthilfsmittel genutzt werden, die unselbstständig auf Transportmitteln den Transportweg zurücklegen, so der **Containerverkehr.**

Kombinierter Verkehr: Das Konzept der Schweizer Coop

Die im Jahre 2007 gegründete Railcare AG gehört nicht zuletzt seit ihrer Übernahme durch die Coop im Herbst 2010 zu einem der relevantesten Vorreiter mit Blick auf einen umweltschonenden und nachhaltigen Transport von Gütern. Das Konzept des unbegleiteten kombinierten Verkehrs (UKV) ermöglicht dabei einen kombinierten Warentransport von Schiene und Straße und bietet somit nicht nur eine flexible, sondern v.a. auch effiziente Alternative zu dem traditionellen Warenverkehr. Der für die Coop relevanteste Faktor ist allerdings eine nachweisbare Verringerung der Feinstaubemissionen und des CO_2-Ausstoßes. Ein weiterer Schritt in diesem Prozess war die Umsetzung und Integration des weltweit ersten Elektrolastwagens, deren Stromversorgung über Solaranlagen zusätzlich ergänzt wird, wofür die Coop 2016 u.a. den internationalen „Oscar" für Nachhaltigkeit erhielt. In diesem Zusammenhang spielen auch die software-gestützten Assistenzsysteme eine wichtige Rolle, da diese in der Lage sind mit Hilfe eines Telematiksystems, das Fahrverhalten der Angestellten zu analysieren und hinsichtlich einer optimalen ökonomischen und ökologischen Nutzung entsprechend anzupassen. 2017 wurde darüber hinaus eine einzigartige Energiegewinnungs- und Energiespeicherungsmethode vorgestellt, die es möglich macht, Lebensmittel sowie andere Güter beim Bahntransport mit kinetischer Energie anstatt mit Treibstoff zu kühlen bzw. diese zu temperieren. Diese Innovation leistet einen wesentlichen Beitrag zu den in der „CO_2-Vision" formulierten Zielen sowie zur Lärmreduktion. In den ersten fünf Jahren konnte dieses Projekt insgesamt bereits rd. 8500 Tonnen CO_2 einsparen und zielt darauf ab, bis 2023 CO_2-neutral zu wirtschaften. Im Einzelnen sieht die „CO_2-Vision"" vor, den absoluten jährlichen Energieverbrauch um rd. 20% zu senken und den Anteil der erneuerbaren Energieträger auf 80 Prozent anzuheben mit dem Ziel, den jährlichen absoluten CO_2-Ausstoss um 50% zu senken.

Quelle: Coop Schweiz 2017; railCare 2017.

Transportprozesse und weitere Transportentscheidungen

Im Rahmen der Transportprozesse ist u.a. die Grundfrage der zu wählenden Transportstrecken zu beantworten. Die **Tourenplanung** stellt dabei das adäquate Instrument dar, indem sie unter unterschiedlichen Gesichtspunkten, wie z.B. der Strecke, der Fahrtzeit, der Auslastung der Fahrzeuge, der Kosten u.Ä. die Optimierung vornimmt. Dabei sind eine Vielzahl von Restriktionen zu beachten, wie z.B. Öffnungszeiten der Filialen, vorgegebene Lieferfenster, die Transportkapazitäten u.Ä. Auf Grund der hohen Relevanz der Transportkosten für die gesamten Logistikkosten und für die Supply Chain in ihrer Gesamtheit existieren zahlreiche Optimierungsmodelle, die jedoch hier nicht näher behandelt werden. Neben der Optimierung der Transportrouten sind in der Praxis eine Reihe von Entwicklungen festzustellen, die der weiteren Optimierung dienen und die im Folgenden kurz dargestellt werden. Von zunehmender Relevanz im Rahmen der Transportprozesse ist die Frage der **Leertransporte**. Wenn der Handel die Distributionslogistik von seinen Zentrallagern zu den Filialen selbst übernimmt (**Selbstabholung**), ist es vorteilhaft – um die Auslastung und Effizienz dieser Transporte zu erhöhen – auf dem Rückweg Produkte vom Hersteller abzuholen. Die **Selbstabholungstendenzen** sind daher auch die Konsequenz der Übernahme der Distributionslogistik durch den Handel.

Ferner ist die Rampe des Eingangslagers häufig ein räumlicher und zeitlicher Engpassfaktor. Aufgabe einer Optimierung ist es deshalb auch, **Zeitfenster** für die Hersteller und Logistik-Dienstleister zur Entladung ihrer Lkws zu planen und einzuhalten, um die Warteschlangen weit gehend beseitigen zu können. Grundlage hierfür ist ein genauer und wechselseitiger Datenaustausch zwischen Hersteller, Dienstleister und Händler, bei dem der Hersteller/Dienstleister die Lieferung avisiert und der Händler ein Zeitfenster vorgibt. Eine Reihe von Händlern sieht deutliche Einsparmöglichkeiten in der **Nachtbelieferung** der Filialen. Neben der besseren Auslastung der Lkws (24 h) können Fahrten nachts wesentlich schneller durchgeführt werden, da Verkehrsprobleme tagsüber die Belieferung stören. Auch wird der Geschäftsablauf der Filialen tagsüber nicht gestört, das Verkaufspersonal wird nicht während der Arbeitszeit von der Verkaufstätigkeit abgehalten und die Ware kann morgens zur Öffnungszeit in den Regalen eingeräumt sein (Lehmacher 2014, S. 18f.). Auch die geringere Spitzenkapazität des Fuhrparks und der Lagerausgangssysteme bieten Vorteile.

6. Auftragsabwicklung

Der Abwicklung konkreter Kundenaufträge wird in der Logistik insb. die Funktion der Gewährleistung eines den Güterfluss vorauseilenden, begleitenden und nacheilenden Informationsflusses zugesprochen. Relevant sind hierbei Prozesse (Pfohl 2018, S. 80)

- der Übermittlung und Aufbereitung von Bestellinformationen,
- der Zusammenstellung und des Versandes der bestellten Produkte und
- der Fakturierung.

Vision Picking bei DHL – Versandoptimierung mit Smart Glasses

Um den Anforderungen des ansteigenden Warenverkehrs gerecht zu werden, setzt der Logistikdienstleister DHL auf neuste Technologien. Insbesondere durch den Erfolg des Online-Handels hat sich die Belastung in den Verteilzentren stetig gesteigert. Durch den Einsatz des sog. „Pick-by-Vision"- Verfahrens möchte DHL bei der Kommissionierung neue Wege gehen, um Zeit zu sparen und Fehler zu vermeiden. Die DHL-Mitarbeiter werden bei dieser Technik mit einer Datenbrille ausgestattet, die schrittweise Arbeitsanweisungen anzeigt. Dabei werden nicht nur die anstehenden Aufgaben dargestellt, sondern auch Hinweise eingeblendet, die den Prozess beschleunigen. So werden bspw. der Lagerort der gewünschten Ware und die benötigte Anzahl auf dem Display angezeigt, sodass der Mitarbeiter die Ware schnell finden kann. Nachdem er die Ware über die integrierte Kamera eingescannt hat, werden auf der Brille die nächsten Arbeitsanweisungen angezeigt. Durch die Digitalisierung dieses Prozesses wird nicht nur Zeit eingespart, auch ökologisch und ökonomisch hat sich die Umstellung auf diese neue Technologie gelohnt. In einer Kooperation mit Ricoh hatte DHL diese Technologie 2015 erfolgreich in den Niederlanden getestet und bietet seitdem seinen Handelspartnern auch die Möglichkeit, die Lager- und Kommissionierungsprozesse auf das „Pick-by-Vision"-Verfahren umzustellen.

Quelle: Industry of things 2017.

Die Grundlage hierfür bilden sowohl Kommunikationssysteme und -standards wie Datenpools oder WWS, in denen die Güter- und Informationsflüsse abgebildet sind. Greift man etwa die Zusammenstellung der Kundenaufträge auf, dann resultiert daraus eine Schnittstelle zum Lagermanagement und der **Kommissionierung** d.h. dem Zusammenstellen von Waren nachgegebenen Aufträgen. Da die Kommissionierzeit für die Lagerperformance von großer Bedeutung ist, kommt es auf eine zweckmäßige Ein- und Auslagerung an. Die Kommissionierprozesse können unterschiedlich differenziert werden. So unterscheidet man die auftragsorientierte Kommissionierung und die artikelbezogene Kommissionierung. Nach der Stufigkeit lassen sich einstufige und zweistufige Kommissionierung unterscheiden. Nach den Kriterien statisch/dynamisch kann zwischen „**Mann zu Ware**"- und „**Ware zu Mann"-Kommissionierung** differenziert werden. Darüber hinaus ermöglichen moderne Informations- und Kommunikationstechnologien Unterscheidungsmöglichkeiten. Neben den traditionellen Formen, bei denen die zu kommissionierenden Artikel in Listenform oder auf Monitoren aufgezeigt werden, sind vielfach Pick-by-Light-, Pick-by-Voice- oder Pick-by-Vision-

Verfahren im Einsatz. Bei **Pick-by-Light** wird die Kommissionieranweisung über Lichtsignale gegeben, während bei **Pick-by-Voice** die Kommissionierprozesse sprachgesteuert ablaufen, indem die Pickanweisung über Kopfhörer gegeben wird bzw. bei den **Pick-by-Vision**-Verfahren über eine Datenbrille und die Bestätigung jeweils über Mikrofone oder Gestik erfolgt, sodass die Kommissionierer beide Hände zur Kommissionierung frei haben.Die wesentlichen Prinzipien der auftragsorientierten und der artikelorientierten Kommissionierung werden im Folgenden kurz erläutert:[1]

- Die auftragsorientierte Kommissionierung läuft einstufig ab, indem entweder im Rahmen des „Mann-zu-Ware-Prinzips" die Kommissionierer sich an den Regalen entlang zu den einzelnen Artikeln begeben und diese in einen kundenspezifischen Auftragsbehälter kommissionieren, oder indem beim „Ware-zu-Mann-Prinzip" dem Kommissionierer die benötigte Artikelpalette automatisch (über Fördersysteme) an seinem Kommissionierplatz bereitgestellt wird und er die erforderliche Ware entnimmt und sie auf die bereitstehenden Aufträge verteilt.[2] Die einzelnen Aufträge bilden hier die Grundlage des Kommissionierprozesses.
- Bei den artikelorientierten Prinzipien erfolgt die Kommissionierung zweistufig. Bei „Mann-zu-Ware" begibt sich der Kommissionierer zu den jeweiligen Artikellagerplätzen und sammelt die für mehrere Aufträge erforderlichen Artikel in einem Sammelbehälter. In einer zweiten Bearbeitungsstufe werden die Einzelstücke dann auf die einzelnen Aufträge verteilt. Im Rahmen des „Ware-zu-Mann-Prinzips" wird dem Kommissionierer die Artikelpalette am Kommissionierplatz bereitgestellt. Die Ware wird wiederum artikelbezogen entnommen und in einem zweiten Schritt den einzelnen Aufträgen zugeordnet.

7. Verpackung/Warenträger

Ein weiteres Element eines Logistiksystems ist die Verpackung, also eine teilweise oder vollständige Umhüllung eines Produktes unter Einsatz eines Packmittels. Sie hat Funktionen bei der Produktion, der Kommunikation, der Verwendung und der Logistik zu erfüllen. Miteinander verbundene Verpackungsfunktionen sind (Pfohl 2018, S. 155ff.):

- Schutzfunktion (Schutz vor Staub, Temperatur, Korrosion, Feuchtigkeit)
- Lager- und Transportfunktion (stoßfest, druckfest, stapelbar, raumsparend, standardisiert)
- Verkaufsfunktion (ökonomisch, werbend, identifizierbar, unterscheidbar, informativ)
- Identifikations- und Informationsfunktion
- Manipulationsfunktion (Erleichterung des Handlings)
- Verwendungsfunktion (leicht zu öffnen, wiederverschließbar, hygienisch).

Von besonderer Bedeutung ist im Rahmen der Logistik die Bildung logistischer Einheiten („unitization"). Hiermit wird ein Vorgang bezeichnet, bei dem die auszuliefernden Güter zu größeren Einheiten zusammengefasst werden (Unit-Load-Konzept).

Ein wichtiges Kriterium dabei ist, dass sich der Güterfluss vom Lieferanten zum Kunden umso reibungsloser gestalten lässt, aus je weniger Bestandteilen er sich zusammensetzt. Bei der Zusammenfassung von Gütern zu bestimmten Einheiten unterscheidet man Lager-, Transport-, Verpackungs-, Bestell- und Verkaufseinheiten und fordert so weit wie möglich die Identität dieser Einheiten. Wichtige Anforderungen an diese Transporteinheiten sind:

---

[1] Auf weitere Formen oder Prinzipien der Kommissionierung wird hier nicht näher eingegangen; vgl. hierzu Hertel/Zentes/Schramm-Klein 2011, S. 180ff.

[2] Bei den „Kommissionierern" kann es sich grundsätzlich um Personen, aber auch um automatische Kommissioniersysteme (z.B. Roboter) handeln.

- Zusammenfassung der Güter zu größeren Einheiten
- Standardisierung der Einheiten in Form und Abmessungen
- Erleichterung des Einsatzes technischer/mechanischer Mittel bei Manipulationsvorgängen
- Stapelfähigkeit der Einheiten
- Wahl der Einheit, die eine weit gehend ununterbrochene Transportkette vom Lieferanten zum Kunden ermöglicht.

Steigender Verpackungsmüll durch Online-Handel

Durch Online-Shopping-Aktivitäten werden immer mehr Waren online bestellt, die z.T. aus dem Ausland versandt werden. Durch schnellere Transportmöglichkeiten und günstige Lieferungen produziert der deutsche Verbraucher jährlich über 200 Kilogramm Plastik- und Verpackungsmüll – einen Großteil davon durch den Online-Handel (in Summe über 17 Mio. Tonnen). Versandhändler bieten umweltfreundliche Verpackungslösungen an, indem recycelbare Materialien verwendet werden oder die Verpackungsgröße so angepasst wird, dass keine weiteren Styropor-Füllungen notwendig sind. So bietet DHL eine CO_2-neutrale „Go Green“ Versandmethode an, während Amazon Waren auch in frustfreien Verpackungen verschickt: Der Umschlag aus Karton kann über ein abziehbares Band geöffnet werden, sodass eingeschweißten Plastikverpackungen unnötig sind. Zudem ist die frustfreie Verpackung umweltfreundlicher als Plastikverpackungen. Neben der Verpackung sind auch der Retourenservice und die Emissionsbelastungen durch Paketlieferdienste bedeutend für die Öko-Bilanz. Jede zweite Fashion-Bestellung wird zurückgesandt (in Deutschland jährlich rd. 290 Mio. Pakete). Laut DHL wird bei der Auslieferung eines Pakets mit einem Transporter rd. 500 Gramm CO_2 verbraucht (weniger, als bei einer durchschnittlichen Einkaufsfahrt mit dem Pkw). Allerdings wird ein Kunde durch den Paketzusteller oft mehrmals angefahren oder er muss mit dem Auto zur Packstation fahren.

Quelle: NDR 2016; Amazon Deutschland 2018.

Dabei wird eine **Standardisierung** der Verpackungen verlangt, die eine (vertikal und horizontal) übergreifende Integration der Kette vereinfacht. In diesem Zusammenhang spielt das Konzept der „Efficient Unit Loads“ eine Rolle. Das Ziel besteht darin, durch Schaffung eines einheitlichen Regelwerks Supply Chain-übergreifend einheitliche Unit Loads (z.B. Paletten, Umverpackungen, Lkw-Nutzung) zu definieren. Als Ziele der Standardisierung von Verpackungen sind eine optimale Auslastung des zur Verfügung stehenden Raums bei Lagerung und Transport sowie vereinfachtes und kostensparendes Handling bei den Umschlagarbeiten zu nennen. Im Hinblick auf einen modularen Aufbau von Einzel-, Sammel- und Versandpackungen wurde von der Verpackungswirtschaft bspw. ein Basismodul von 400 mm x 600 mm entwickelt, das auf die Euro-1-Palette (800 mm x 1.200 mm) abgestimmt ist.

8. Retrodistribution

Einen weiteren Subprozess stellt die Entsorgungslogistik („Retrodistributionslogistik“) dar. Auf Grund der zunehmenden Bedeutung von Ressourcenschonung, Abfallvermeidung und des Ausbaus der Wertkette in Richtung eines „Wertkreislaufs“ gewinnen Retro- und Recyclingprozesse sowie Pfand- und Rücknahmesysteme der Produkte zunehmend an Bedeutung. Hinzu kommt der Bereich der **Rücknahmelogistik**. Er bezieht auch Rückgaben (Retouren) der Konsumenten ein, die aus anderen Gründen erfolgen, z.B. aus Nichtgefallen oder auf Grund von Produktfehlern. Relevante Objekte der Redistribution des Handels sind somit z.B.

- Produkte, welche die Kunden in ungebrauchtem Zustand zurückgeben (z.B. Anprobeartikel von Versandhandelsunternehmen),
- Altprodukte, die von den Konsumenten bereits gebraucht wurden,
- Verpackungen in Form von Einweg- und Mehrwegverpackungen,
- mängelbehaftete Produkte, die von den Kunden im Rahmen von Garantieinanspruchnahme zurückgegeben werden,

- beschädigte oder falsch gelieferte Produkte, die an den Hersteller zurückgeführt werden,
- nicht verkaufte Produkte (z.B. auf Grund von Überbeständen, Saisonablauf, Überschreitung des Haltbarkeitsdatums o.Ä.), die zur weiteren Verwertung oder zur Entsorgung zurück an den Hersteller geführt werden.

Entsorgungssysteme und Verpackungsrücknahmen im Handel

Laut der WEEE-Richtlinien, welche im Rahmen der EU-Richtlinien zu Elektro- und Elektronik-Altgeräten Ende 2002 verabschiedet wurden, sind alle Hersteller oder andere Personen, die innerhalb der EU ein Produkt verkaufen, dazu verpflichtet, für die Rücknahme, die Verarbeitung und die Wiederverwertung von Altgeräten zu bezahlen und die Wiederverwendung bzw.- verwertung von WEEE zu verbessern. Beispielsweise unterstützt Amazon die sichere Entsorgung von Elektro- und Elektronik-Altgeräten, sofern der Verbraucher ein neues Elektro- oder Elektronikgerät direkt auf www.amazon.de gekauft hat, welches der WEEE-Gesetzgebung unterliegt, an eine Adresse in Deutschland geliefert wird und das Altgerät im Wesentlichen die gleichen Funktionen wie das neu gekaufte Gerät aufweist. Zudem werden unabhängig vom Kauf eines neuen Geräts bei Amazon.de Altgeräte, die nicht größer als 25 cm sind, von Amazon entsorgt. Dabei muss in keinem Fall das zu entsorgende Altgerät bei Amazon gekauft worden sein. Händler, die sich in Textilrückgabe und -recycling engagieren, sind unter anderem H&M und Tchibo: So arbeitet Tchibo mit dem Verband FairWertung e.V. zusammen, der mit über 120 mitwirkenden, gemeinnützigen Organisationen Kleidung sammelt und diese bedürftigen Menschen zukommen lässt oder aus dem Verkauf dieser Kleidung soziale Projekte finanziert. Seit 2013 bietet auch H&M mit seinem Projekt „Garment Collecting" seinen Kunden die Möglichkeit an, Altkleider umweltbewusst zu entsorgen und dafür finanziell belohnt zu werden. Durch die Abgabe einer Tüte voller Altkleider in einem H&M Geschäft, erhält der Kunde einen Rabatt-Gutschein in Höhe von 15 % der direkt beim Kauf eines neuen Kleidungsstücks eingelöst werden kann. Dabei sind weder Marke, Qualität oder der Zustand der abzugebenden Kleidung von Bedeutung.

Quelle: Amazon 2018; Tchibo 2018; H&M 2016.

Bezogen auf die unterschiedlichen **Verpackungssysteme** gilt, dass bei nicht-standardisierten, herstellerspezifischen Verpackungen (z.B. spezifische Mehrwegverpackungen oder Transportbehälter der Hersteller) der Redistributionskanal i.d.R. dem Distributionskanal mit rückwärtsgerichtetem Warenfluss entspricht. Bei standardisierten Mehrwegverpackungen (z.B. Cheb-Paletten) können auch kooperative Systeme (z.B. **Pool-Systeme)** geschaffen werden, bei denen die Bereitstellung der Verpackung an die Hersteller durch zentrale Stellen erfolgt. Auch im Rahmen der Rückführung von **Einwegverpackungen** haben sich Kooperationssysteme herausgebildet, z.B. das Duale System Deutschland (DSD), durch das die Rücknahme von Verpackungen, die mit dem „Grünen Punkt" gekennzeichnet sind, koordiniert bzw. übernommen wird.

V. Besonderheiten der In-Store-Logistik

Mit Blick auf den stationären Handel spielt die In-Store-Logistik (Filiallogistik) eine herausragende Rolle. Sie stellt eine Form der **outletbezogenen Intra-Logistik** dar (analog kann von Intra-Logistik im Zentrallager etc. gesprochen werden). Die Warenbewegungen im Laden stellen da einen wichtigen Teil der logistischen Prozesskette dar. Da die dort vorhandene Fläche i.d.R. die teuerste in der gesamten Kette ist und das Verkaufspersonal in erster Linie andere Aufgaben als das logistische Handling der Ware wahrnehmen sollte, sind eine Optimierung der Regalpflege und die Reduktion der Warenhandlingprozesse im Laden wichtige Zielsetzungen der Supply Chain-Optimierung.[1] Die Prozessschritte, die im Rahmen der

[1] Die In-Store-Logistik-Prozesse weisen große Unterschiede zwischen Betriebstypen und Branchen auf, z.B. Lebensmittel im Vergleich zu Fashion; hierauf kann an dieser Stelle jedoch nur verwiesen werden.

Filiallogistik von Bedeutung sind, sind schematisch in Abb. 5.59 dargestellt.

Abbildung 5.59: Prozessschritte der In-Store-Logistik

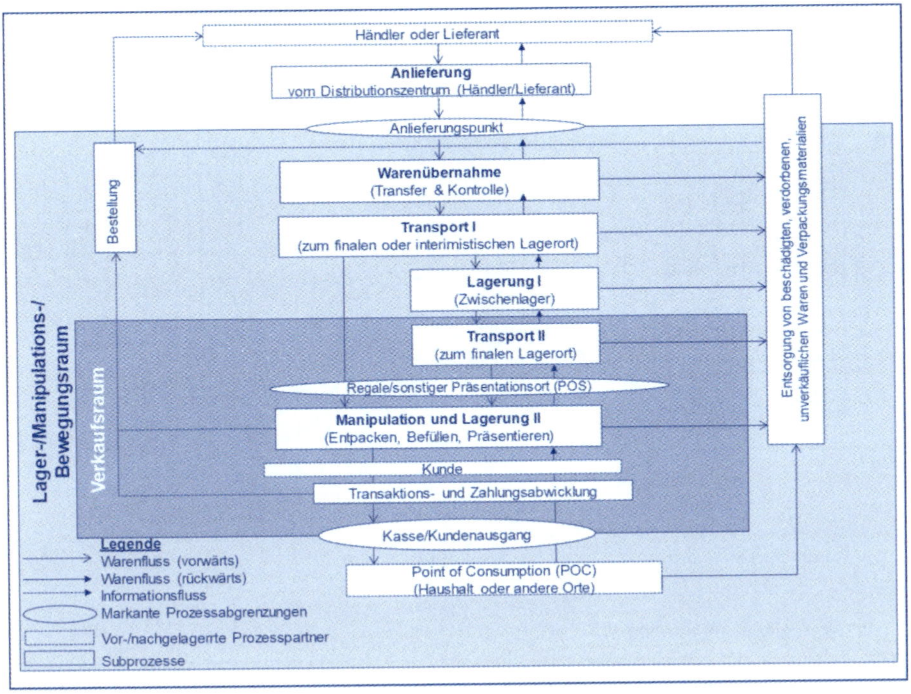

Quelle: Kotzab/Reiner/Teller 2007, S.1140.

Bei der In-Store-Logistik ist v.a. die Effizienz der **Filialabläufe** bedeutend, um die Transaktionen und den Filialdurchlauf der Kunden und der Ware optimal gestalten zu können. Die Bedeutung einer hohen Prozesseffizienz am Point-of-Sale ist offensichtlich, da dort der direkte Kontakt zu den Kunden besteht und die Abläufe für die Kunden direkt ersichtlich sind. Die In-Store-Logistik hat insb. die Aufgabe, die **Warenverfügbarkeit** in den Verkaufsstellen zu sichern. Diese Verfügbarkeit zu dem Zeitpunkt, zu dem sie von den Shoppern im Geschäft nachgefragt wird, stellt die Kernvoraussetzung für eine Transaktion dar. Liegen Fehlbestände (Out-of-Stocks) vor, sind negative Auswirkungen auf den Umsatz zu erwarten. Ein weiterer Grund für die Bedeutung der In-Store-Logistik liegt darin, dass der größte Teil der logistischen Prozesse sich hier einer Automatisierbarkeit entzieht und ein hoher Personaleinsatz erforderlich ist. Zwar werden Ansätze der Robotik (z.B. im Rahmen der Bestückung von Warenträgern) und von Auto-ID-Systemen (z.B. RFID im Rahmen der Bestandsführung und der Disposition) getestet, jedoch eignen sich wenige Prozesse für eine Automatisierung. Im Vergleich zu den sonstigen Kosten in der Supply Chain ist zu beachten, dass die Fläche in den Filialen i.d.R. mit den höchsten Raumkosten belastet ist, sodass die Optimierung von Regalpflege und die Reduktion von Warenhandlingkosten von besonders hoher Relevanz sind.

Die Prozesse der In-Store-Logistik weisen enge Beziehungen zu anderen logistischen Prozessen auf vorgelagerten Stufen auf, z.B. den Kommissionierprozessen. So führt die Beladung der Warenträger, die an die Filialen ausgeliefert werden (häufig Roll-Container), nach Lagerlayout i.d.R. zu Ineffizienzen in den Filialen. Die von einer Filiale bestellte Ware wird fast immer in der Reihenfolge kommissioniert, in der sie sich im Zentrallager befindet. So ist das

Filialpersonal oft gezwungen, mit einem Roll-Container in der Filiale von einem Artikelstandort zum nächsten quer durch den Laden zu fahren. Bei der Kontrolle der Lieferung auf Vollständigkeit ergibt sich zudem das Problem, dass auf allen Roll-Containern einer Lieferung regelrecht nach allen Verkaufseinheiten eines Artikels gesucht werden muss.

Abbildung 5.60: Verfahren des Roll Cage Sequencing

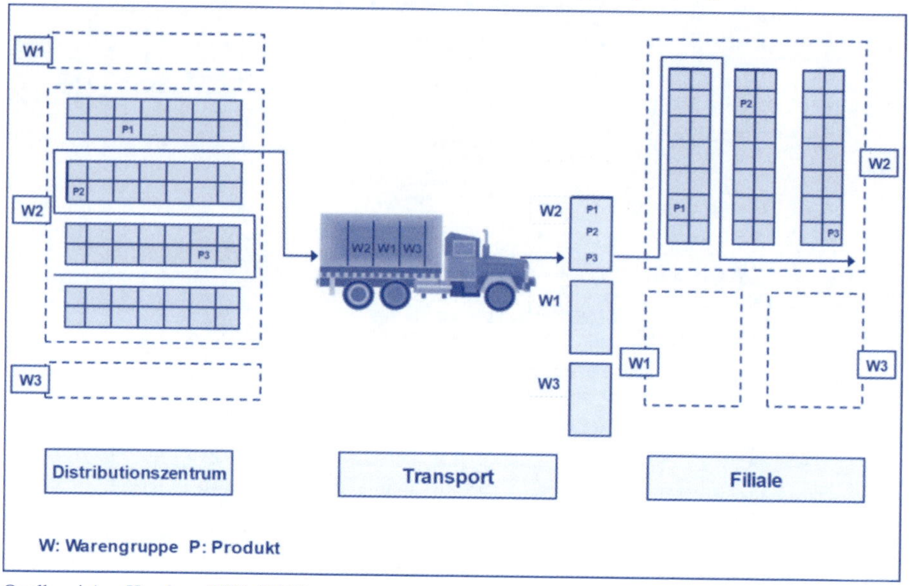

Quelle: i.A.a. Koschorz 2001, S.100.

Diese Probleme sollen durch **Roll Cage Sequencing** verringert werden. Es betrifft in erster Linie die Zentral- und Regionallager. Die Roll-Container werden dort so beladen, wie sie in der Filiale abgeladen werden. Dies bedeutet nicht nur, dass Artikel eines Sortimentsbereichs sich gemeinsam auf demselben Roll-Container befinden. Zusätzlich werden die Artikel auch innerhalb des Roll-Containers nach Ladenlayout angeordnet, sodass die zuerst abzuladenden Artikel die erste Lage bilden und zuoberst liegen (siehe Abb. 5.60). Diesen Vorteilen stehen Nachteile auf den vorgelagerten Distributionsstufen entgegen. So steigen i.d.R. die Kommissionierzeiten in den Distributionszentren, da zumeist größere Wege zurückgelegt werden müssen. Ebenso kann die **filiallayoutbezogene Kommissionierung** dazu führen, dass die Transportbehälter nicht effizient ausgenutzt werden können, woraus eine ungünstigere Ausnutzung nicht nur der Roll-Container, sondern auch der Transportkapazitäten resultiert, da zumeist der Einsatz einer höheren Anzahl von Roll-Containern erforderlich ist. Diese Nachteile können jedoch ggf. durch die Vorteile in den Filialen überkompensiert werden.

VI. Besonderheiten der Versandhandels- und Omnichannel-Logistik

Die beiden Prinzipien der Distanzüberwindung im Offline- und Online-Handel sind dadurch gekennzeichnet, dass im Rahmen der distributionslogistischen Prozesse unterschiedliche Stufen bzw. Akteure eingesetzt werden. Beim **Offline-Handel** nehmen die Konsumenten selbst die „Kommissionierung" in den Läden vor und übernehmen auch den Transport der Ware zu ihrem Bestimmungsort.

„Click & Collect" bei IKEA

Der Einrichtungskonzern IKEA ermöglicht den Kunden einen „Click & Collect" - Service, der eine Verknüpfung verschiedener Kanäle ermöglicht. Kunden haben die Option, in dem Online-Shop die gewünschte Ware zu bestellen und anschließend zur Abholung in der Wunsch-Filiale zu ordern. Durch die Kombination dieser beiden Kanäle können Kunden auf die Vorteile beider Strukturen zurückgreifen und bspw. die Ware online nach eigenen Wünschen konfigurieren und in der Filiale zur Abholung bereitstellen lassen. Mitarbeiter der entsprechenden Filiale bereiten nach der online eingegangenen Bestellung die Waren entsprechend des Kundenwunsches vor. Dabei wird sowohl auf die vor Ort gelagerten, als auch auf Waren aus den Logistikzentren zurückgegriffen, um schnellstmögliche Verfügbarkeit und Abwicklung zu gewährleisten. Der Kunde wird benachrichtigt, sobald die Waren in der Filiale bereitliegen und kann die Verfügbarkeit der Waren bereits während des Bestellprozesses einsehen und bspw. auch filialübergreifend bestellen. Die Waren werden dann in der Warenausgabe der Wunschfiliale zur Abholung bereitgelegt. Dieser Service wird von IKEA in fast allen Ländern und Filialen angeboten. Die Kosten für das Angebot orientieren sich zumeist an dem Preis der gekauften Ware. In Deutschland belaufen sich die Kosten zwischen 10 EUR und 50 EUR. Die Bezahlung erfolgt bereits während des Bestellprozesses online, sodass vor Ort lediglich die Ware in Empfang genommen werden muss.

Quelle: IKEA 2017.

Beim **Distanzhandel** wird die Kommissionierung durch die Handelsunternehmen (bzw. evtl. Logistik-Dienstleister) übernommen und auch der Transport der Ware wird durch den Händler oder Logistik-Dienstleister (z.B. KEP-Dienstleister, so Kurier-, Express- und Paketdienstleister) durchgeführt. In Omnichannel-Systemen werden beide Formen der Distanzüberwindung kombiniert bzw. optional angeboten. Die Entwicklungen im Bereich des E-Commerce, die oft bedeuten, dass stationäre Handelsunternehmen ihr Kerngeschäft durch einen parallelen Internet-Vertrieb im Rahmen von Omnichannel-Systemen ergänzen, haben zu einer breiten Palette von Kommissionier- und Distributionsformen geführt. Omnichannel-Systeme sind dadurch gekennzeichnet, dass die Logistikprozesse nicht mehr linear sind, wie es bei reinen Offline- oder Online-Händlern der Fall wäre, sondern sie sind aufgrund der Überlappung von Betriebs- und Vertriebstypen komplexer und erfordern einen höheren Grad an Flexibilität im Logistiksystem, um auf die wechselnden Kundenkontaktpunkte im Omnichannel-System logistisch reagieren zu können. Besonderheiten existieren in der Distributions- und Retourenlogistik. Hauptsächlich äußern diese sich darin, dass eine Vielzahl an optionalen Lieferpunkten und Empfangspunkten besteht, ebenso wie eine größere Anzahl an denkbaren Liefer- und Retourenprozessen bzw. -modi realisiert wird.

Abb. 5.61 zeigt alternative Optionen der Distributionslogistik in Omnichannel-Systemen mit vier Formen des Warenbezugs bzw. der Lieferung (Hübner u.a. 2016, S. 273f.):

- In der klassischen Form des **Einkaufs im Geschäft** übernehmen die Kunden die Kommissionierung der Artikel selbst auf der Fläche.
- Bei der **(Heim-)Lieferung** wird die Ware zum Kunden geliefert. Je nach Gestaltung des Lagerkonzeptes kann dies entweder über ein Zentral- oder Regionallager oder über spezielle Verteilzentren (E-Fulfillment-Center) erfolgen oder die Ware kann in Form des Drop Shipment direkt vom Hersteller zum Kunden geliefert werden.
- Eine Zwischenform stellt das **Store Picking** („buy online, pick up in store) dar. Hier findet eine Konvergenz der Kanäle statt, die sich darin äußert, dass die Kommissionierung durch den Händler entweder im Geschäft (**Click & Reserve**) oder im Lager (**Click & Collect**) vorgenommen wird und den Kunden vorkommissioniert zur Abholung im Geschäft zur Verfügung gestellt wird. Im Handel werden oft Lösungen eingesetzt, die auf einer solchen Verknüpfung von E-Logistik-Center und Pick-up-Stationen basieren. Diese Stationen können im Geschäft als auch angegliedert an Logistikzentren oder in Stand-alone-Lagen

verortet werden. Im Gegensatz dazu erfordert die Kommissionierung auf der Fläche in noch stärkerem Maße Echtzeit-Daten über die Bestände, da die Shopper im Geschäft wie die Kommissionierer auf die Warenbestände des Geschäfts zugreifen.

- Eine weitere Zwischenform besteht in der Belieferung von **Pick-up-Stationen**, die zwischen Händler und Kunden liegen. Beispielsweise können Box-Systeme (durch die Händler selbst als geschlossene Systeme, wie bspw. von Amazon implementiert, oder öffentliche bzw. halb-öffentliche Systeme, die z.B. durch Logistik-Dienstleister, wie die Packstationen der Deutschen Post, oder sonstige Dienstleister betrieben werden können) oder Paketshops durch die Händler beliefert werden, an denen die Kunden ihre Ware abholen können. Händler und Kunde kommen sich auf diese Weise „entgegen" und überwinden jeweils nur einen Teil des Weges zwischen Händler und Kunden.

Abbildung 5.61: Optionen der Distributionslogistik

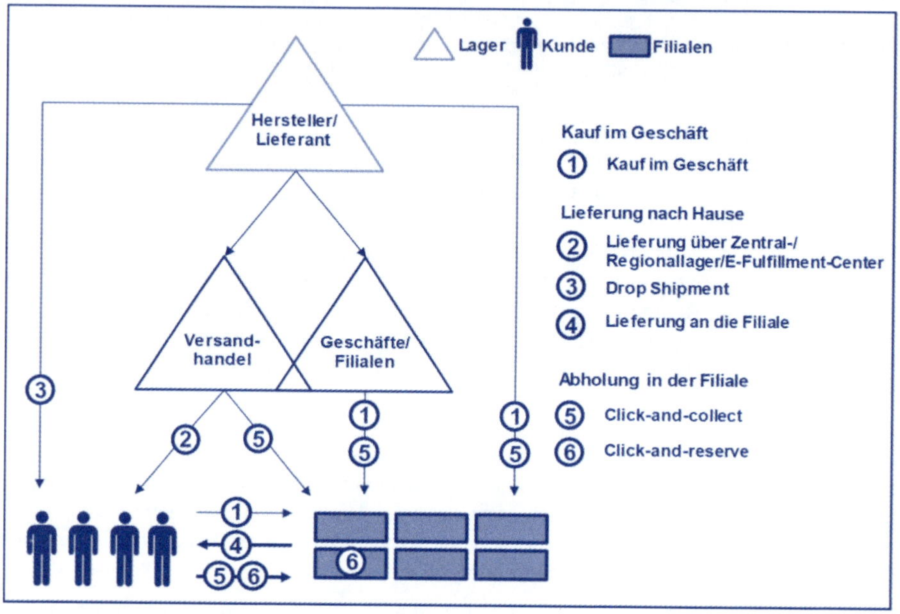

Quelle: i.A.a. Hübner /Holzapfel/Huhn 2016, S. 271.

Für viele Multi- oder Omnichannel-Handelsunternehmen, aber auch für viele sog. „pureplayer", stellt die logistische Abwicklung („**fulfillment**") das Kernproblem dar („last mile problem"). Insbesondere das letzte Wegstück bei dem Transport der Ware zum Empfänger, die sog. „letzte Meile", stellt bei der Belieferung von Privathaushalten eine große Herausforderung dar. Mögliche Optionen für Auslieferungsformen sind in Abb. 5.62 zusammengefasst.

Nicht nur die kleinen Liefermengen und atomistisch verteilten Anlieferpunkte wirken kostentreibend, weil sie Bündelungsmöglichkeiten reduzieren. Sie stellen jedoch auch genau die Faktoren dar, die dazu führen, dass der Online-Handel wächst (z.B. wachsende Mobilität, veränderte Haushaltsstrukturen, Doppelverdiener-Haushalte, zunehmende Anzahl an Single-Haushalten etc.) und sind damit verbunden, dass die Wahrscheinlichkeit sinkt, dass die Warensendungen persönlich von den Empfängern entgegengenommen werden können.

Abbildung 5.62: Auslieferungsoptionen in Omnichannel-Systemen

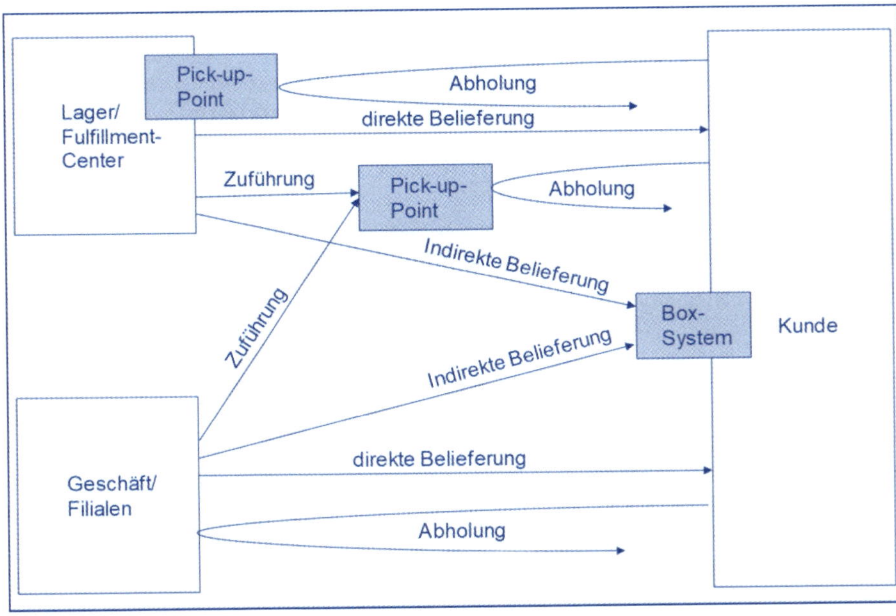

Dadurch werden erfolglose Zustellversuche häufig. Die Belieferung der **„letzten Meile"** verursacht deshalb nicht selten mehr als 50 % der Kosten der Online-Zustellung. Aus diesem Grund fokussieren besonders viele logistische Innovationsansätze auf die Optimierung der letzten Meile.

Bspw. werden Konzepte zur Automatisierung der Auslieferungsprozesse (z.B. über den Einsatz von Drohnen, Liefer-Robotern u.Ä.) oder zur Etablierung von sicheren Abgabe- bzw. Empfangsorten, bei denen eine nicht-persönliche Übergabe der Sendungen erfolgt (z.B. Box-Systeme), eingesetzt bzw. getestet, um Effektivität und Effizienz der Belieferung zu steigern.

Alternative Lieferorte für Online-Bestellungen

Eines der größten Probleme sowohl für die Zufriedenheit der Online-Shopper als auch für die Effizienz der Logistikdienstleister besteht darin, dass die Kunden häufig nicht vor Ort sind, wenn ihnen die online bestellte Ware nach Hause geliefert wird.

Einige KEP-Dienstleister testen deshalb seit mehreren Jahren die Auslieferung von Online-Bestellungen an alternative Lieferorte. Bspw. können Kunden auf der Basis von Kooperationen zwischen KEP-Dienstleistern mit Automobilherstellern (z.B. Smart mit Smart-Drop gemeinsam mit DHL oder Volvos „Echtzeit-Lieferung") ihre Lieferungen auch an mobile Lieferorte, nämlich den Kofferraum ihres eigenen Autos, vornehmen lassen.

Über mobile App-Lösungen erhalten die KEP-Dienstleister für die Zeit des Lieferfensters einen Zugriff auf das Auto und können es öffnen, um die Sendungen abzugeben.

Quelle: Logistik heute 2016; Manager Magazin 2016.

Box-Systeme oder **Pick-up-Stationen** können dabei bspw. sowohl am Empfangsort als auch an zentralen Orten im öffentlichen oder halb-öffentlichen Raum etabliert und von Händlern oder Logistikdienstleistern betrieben werden. Zu solchen Pick-up-Systemen zählen bspw. die Packstationen von DHL oder von Amazon. Zudem werden in verstärktem Maße insb. durch

KEP-Dienstleister auch Abgabesysteme an privaten Orten, i.d.R. des Empfängers, getestet, bei denen eine sichere Übergabe erfolgt. Diese können sich am Wohnort oder Arbeitsort, aber auch an mobilen Orten, wie z.B. an den Autos der Empfänger, befinden.

Zusätzlich steigen die Ansprüche der Kunden an die logistische Leistung. Im Hinblick auf Liefergeschwindigkeit und -genauigkeit werden Lieferungen am gleichen Tag oder innerhalb weniger Stunden bzw. festgelegter Lieferfenster gewünscht. Dies ist im Handel mit Gütern des täglichen Bedarfs, so beim Online-Food-Handel, der Fall (Morschett/Schmidt/Foscht 2017). Die Komplexität der Optionen in Omnichannel-Systemen im Hinblick auf die Lieferprozesse ist auf Grund der Vielzahl optionaler Kombinationsmöglichkeiten von Kommissionier- und Liefermethoden bzw. -prozessen sehr hoch.

In Abb. 5.63 sind alternative Kommissionierungs- und Lieferformen für Versandhandelsbestellungen zusammengefasst.

Abbildung 5.63 Alternative Kommissionierungs- und Lieferformen

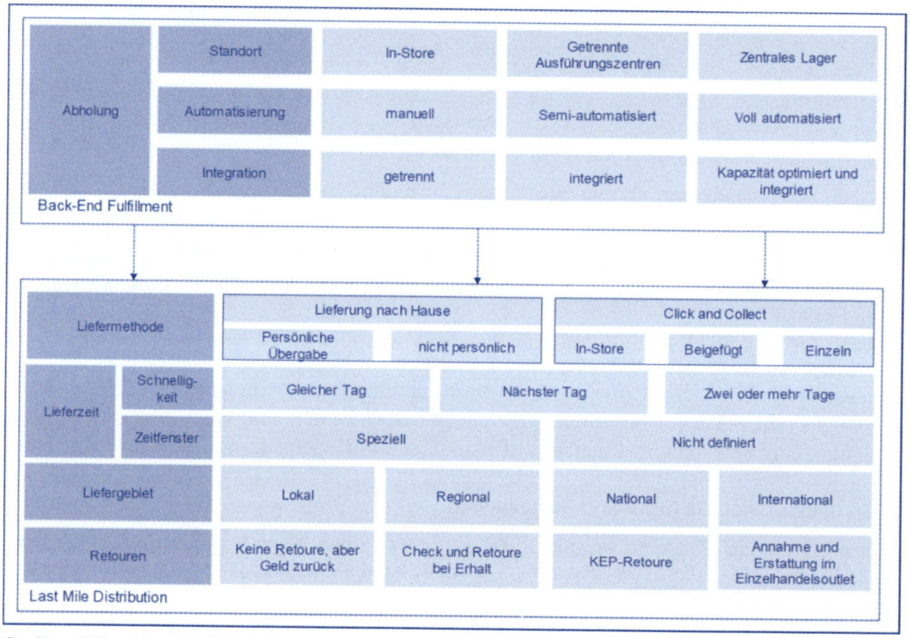

Quelle: Hübner u.a. 2016, S. 234.

Retourenlogistik in Versandhandels- und Omnichannel-Systemen

Im Versandhandel ist die Retourenlogistik im Gegensatz zum stationären Handel, in denen Retouren in bzw. über die Filialen abgewickelt werden, ein komplexes Problem. Dies liegt darin begründet, dass die Distanzüberwindung auch hier oft wesentlich durch die Händler übernommen bzw. koordiniert wird. Gesetzliche Regelungen, in Deutschland bspw. das Fernabsatzgesetz (siehe Abschnitt D.II.1 im Ersten Kapitel), regeln, dass den Konsumenten das Recht zugesprochen wird, die Kaufverträge aus Versandhandelsgeschäften innerhalb einer gewissen Zeit ohne Angabe von Gründen und ohne Regressansprüche zu widerrufen. Viele Händler sehen in dem Zugeständnis von Retouren eine Serviceleistung, da die Ware durch die Kunden vor dem Kauf nicht physisch inspiziert werden kann. Dies führt dazu, dass dem

Versandhandel eine gewisse Quote von Retouren immanent ist (im Textilhandel oft 40-50%). Die Abwicklung von Retouren stellt somit einen Bereich der Omnichannel-Logistik dar, der mit erheblichen Kosten verbunden ist und die Rentabilität stark beeinträchtigen kann. Im Rahmen der Retourenabwicklung ist je nach **Retourengrund** (z.B. Nichtgefallen der Produkte, Produktmängel oder -fehler) ein individuelles Handling der Ware erforderlich. Wenn die Ware unbeschädigt retourniert wird, kann sie wieder in den Auslieferungskreislauf gegeben werden. Weist sie jedoch Schäden auf, sind Reparatur oder Garantieprozesse abzuwickeln. Die Optionen der **Retourenabwicklung** sind somit vielfältig.

Zustellung durch Drohnen wird salonfähig

Aufgrund von gesetzlichen Änderungen im Jahr 2016 ist der Einsatz von Drohnen für kommerzielle Zwecke, wie der Zustellung von Paketen, in den USA eingeschränkt möglich. Einige Dienstleister testen die Praktikabilität der Drohnen: UPS war das erste Unternehmen, das Medikamente auslieferte. Immer mehr Händler und Dienstleister wollen Drohnen in ihre Logistikprozesse einbinden. Dadurch können Kosten gespart sowie flexiblere Lieferungen und das Beliefern von schwer erreichbaren Gebieten ermöglicht werden. Auch in Europa folgen Dienstleister:

Die Tochtergesellschaft DPD der französischen Post nimmt den weltweit ersten Drohnenverkehr in Linienbetrieb. So werden Technologie-Start-Ups, die im 15 Kilometer entfernt gelegenen Gewerbeareal in der Provence angesiedelt sind, einmal pro Woche von einer Drohne, die mit einer Geschwindigkeit von bis zu 30 Kilometern pro Stunde fliegen kann, mit Paketen mit einem Gewicht von bis zu drei Kilogramm beliefert.

Quelle: Verkehrsrundschau 2016.

In Abb. 5.64 ist eine Typologie alternativer Formen der Gestaltung der Retourenlogistik im Hinblick auf die Rückgabeorte und die Einschaltung von alternativen Lagerkonzepten zusammengefasst. Die Standardmethode der Rückgabe von Versandhandelsbestellungen besteht darin, dass die Ware über die Einschaltung von KEP-Dienstleistern vom Kunden zum Unternehmen zurückgesandt wird.

Abbildung 5.64: Typologie von Retourenprozessen in Omnichannel-Systemen

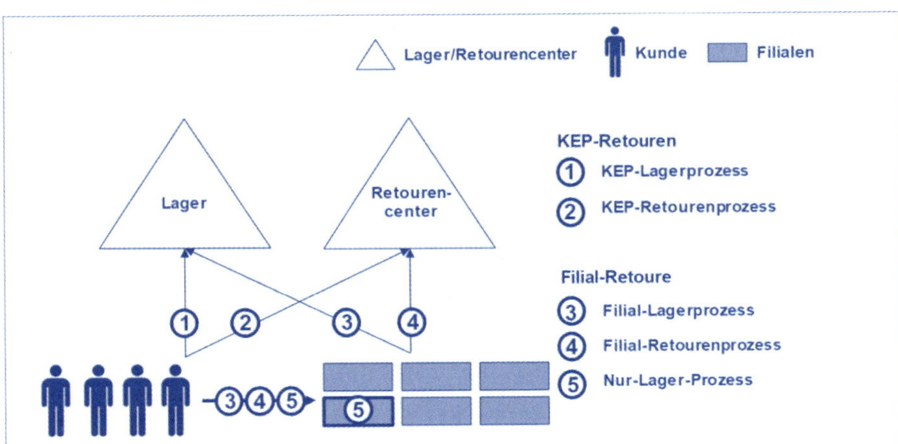

Quelle: Hübner u.a. 2016, S. 284.

Die Retourenbearbeitung kann direkt im Zentral- oder Regionallager erfolgen oder aber über die Zwischenschaltung von spezialisierten Retourenlogistikzentren abgewickelt werden. In

Omnichannel-Systemen ist zusätzlich die Rückgabe in den Geschäften möglich. Die retournierte Ware kann dort direkt wieder in den Verkauf gegeben werden oder aber vom Geschäft an das Zentral- bzw. Regionallager oder Retourenzentrum zur logistischen Aufbereitung geleitet werden. Zusätzlich sind auch Retouren über Pick-up-Stationen denkbar.

E. Warenwirtschaftliche Informationsprozesse

I. Einführende Grundlagen

1. Grundbegriffe und Ziele

Zur Steuerung von Waren- und Finanzströmen und zur Ableitung von Steuerungs- bzw. Koordinationsinformationen für Marketing- und Controllingaufgaben, bspw. im Category Management oder Wirkungscontrolling, haben im Handel die WWS eine enorme Bedeutung.[1] Im Kontext der Diskussion von WWS werden meist die Begriffe der **Handelsinformationssysteme** sowie der **Enterprise Resource Planning-Systeme** diskutiert, die jedoch mit WWS nicht gleich sind. Bei beiden handelt es sich um weiter gefasste IT-System-Konzepte, die im Handel in enger Verbindung mit den WWS stehen. Die Handelsinformationssysteme beziehen sich auf den Bereich der **Informationslogistik**. Sie sind insofern gegenüber den WWS weiter gefasst, als dass sie nicht nur die Informationssysteme beinhalten, die mit den physischen Warenströmen in engem Kontext stehen, sondern sie beziehen sich auf alle Informationssysteme eines Händlers (Becker/Winkelmann 2014). Auch Enterprise-Resource Planning-Systeme (**ERP-Systeme**) sind den WWS übergeordnete Systeme. Hierbei handelt es sich um integrierte Anwendungssysteme, bei denen der Anspruch darin liegt, möglichst alle betriebswirtschaftlichen Aufgaben eines Unternehmens in einem System zusammenzufassen.

ERP-Systeme sind i.d.R. zunächst branchenübergreifend konzipiert und können anhand umfangreicher Customizing-Möglichkeiten auf die Bedürfnisse der jeweiligen Branchen bzw. Unternehmen zugeschnitten werden. Bei ERP-Systemen für den Handel handelt es sich um universelle betriebliche **Standardsoftware-Systeme**, die durch die Integration von handelsspezifischen Funktionalitäten als spezifische Branchenlösungen auf den Handel abgestimmt werden (Schütte/Vering 2011). Sie sind darauf ausgerichtet, weitestgehend alle Geschäftsprozesse eines Händlers (z.B. Logistik, Finanz- und Rechnungswesen, Controlling, Human Resources, Vertrieb) abzubilden. Der Begriff der ERP-Systeme bezieht sich also in übergeordneter Form auf Systeme, die prinzipiell für alle Branchen denkbar sind. Warenwirtschaftssysteme sind oftmals Bestandteile solcher ERP-Systeme für den Handel.

2. Bedeutung und Entwicklungstendenzen

Viele Händler streben danach, ihre Prozesse zu digitalisieren und in diesem Zuge auch zumindest teilweise zu automatisieren. Insbesondere im Rahmen der Gestaltung logistischer Prozesse, aber auch im Rahmen der Ausgestaltung von In-Store- und Versandhandelsprozessen ist dieses Bestreben besonders bedeutend, um die Effektivität und die Effizienz der Prozesse zu steigern. Die **informationstechnische Abbildung** stellt die wesentliche Grundlage der Automatisierungs- und Digitalisierungsbestrebungen dar. Die Bedeutung einer digitalen Warenwirtschaft und deren informationstechnischer Abbildung wird v.a. dadurch deutlich, dass nicht nur in immer stärkerem Maße digitale Verkaufskanäle eingesetzt werden, sondern

[1] Vgl. hierzu Hertel/Zentes/Schramm-Klein 2011, S. 241ff. und die dort angegebene Literatur.

dass auch die Servicekanäle zunehmend digitalisiert und automatisiert werden. Zudem werden von vielen Händlern auch die Geschäfte verändert, indem auch hier digitale Prozesse, die sich auf die logistische Abwicklung beziehen, eingeführt werden, z.B. in Form **digitalisierter Ladenlokale**, „Smart Fitting Rooms“, digitale Warenauszeichnung, Preis-, Produkt- und Verfügbarkeitsinformationen oder Regalflächenerweiterungen über Digital-Signage-Systeme. Eine weitere Entwicklung, welche die Informationssysteme betrifft, bezieht sich auf Internet-of-Things-Aspekte. In wachsendem Maße zeichnet sich ab, dass Produkte Serienreife erlangen, welche die Option, bspw. Nachbestellprozesse automatisch zu generieren, beinhalten (z.B. der sog. „automatische Kühlschrank“). Dies stellt neue Anforderungen an Händler, die hierfür eine Anbindung nicht nur bis hin zum Kunden, sondern bis hin zum jeweiligen Produkt ermöglichen müssen, um damit verbundene Lieferprozesse abbilden zu können.

Zusammenspiel von Warenwirtschaft und IT im Handel

Für eine Studie zum Thema IT-Trends im Handel wurden CIOs und IT-Leiter von 92 Handelsunternehmen aus den DACH-Ländern vom EHI interviewt und zu Projekten, Trends und Investitionsprioritäten im Bereich IT befragt. Viele Investitionen im Handel werden für neue Technologien, v.a. für die Digitalisierung der Stores und Omnichannel-Projekte genutzt.

Hierbei legen 46 Prozent der (Einzel-)Händler den Fokus auf die Erneuerung der Kassenhard- und Software, insb. aber auch auf die Optimierung bzw. Erneuerung der bestehenden WWS (58 Prozent). Ein Großteil der Handelsunternehmen ist bereits in ihren warenwirtschaftlichen Prozessen durch einen elektronischen Datenaustausch mit ihren Lieferanten vernetzt. Diese Warenwirtschafssysteme werden für den Verkauf über Markplätze oder für Online-Verfügbarkeitsprüfungen in Echtzeit eingesetzt. Möglich werden diese Investitionen durch eigene IT-Budgets der Händler über alle Branchen hinweg: Während das durchschnittliche IT-Budget 2015 noch bei 1,24 Prozent vom Nettoumsatz lag, ist dieses 2017 auf 1,35 Prozent gestiegen. Eine Fortsetzung dieser Entwicklung wird von 57 Prozent der befragten Unternehmen prognostiziert.

Quelle: EHI 2017.

Wenngleich im Folgenden WWS in den Vordergrund gestellt werden, führen die Digitalisierungstendenzen ebenso wie die Kundenerwartungen und Prozessanforderungen in **Omnichannel-Systemen** dazu, dass eine Trennung von unterschiedlichen Informationssystemen im Handel, wie von Marketinginformationssystemen bzw. Customer Relationship Management-Systemen, WWS etc., nicht sinnvoll ist. Im Gegenteil ist es erforderlich, die Systeme miteinander zu verknüpfen, um integrierte Informationssysteme zu erhalten, welche die **kundenzentrierte Gestaltung** der Handelsprozesse in einem Omnichannel-System ermöglichen, bei der an allen Touchpoints des Händlers in Echtzeit sowohl die Kundeninformationen als auch die Wareninformationen verfügbar sind. Im Idealfall sind sämtliche Informationen in den ERP-Systemen der Händler miteinander verknüpft, auf die an den jeweils relevanten Schnittstellen zugegriffen werden kann. Diese Anforderungen führen dazu, dass in immer stärkerem Maße nicht auf funktionsbezogene (z.B. Buchhaltungsinformationen, Lagerhaltungsinformationen, Kundeninformationen) oder dezentral verteilte Datenhaltung, sondern auf **Cloudlösungen** gesetzt wird, um sämtliche Planungs-, Ausführungs- und Steuerungs- und Interaktionsaktivitäten auf der gleichen Echtzeit-Datenbasis basieren zu können. In solchen Cloud-Computing-Systemen werden IT-Systeme nicht auf jeweils dezentralen lokalen Rechner-Systemen vorgehalten, sondern die IT-Systeme (z.B. Software, Datenhaltung, Rechenleistung) werden – vereinfacht dargestellt – über das Internet (über „Datenwolken“ bzw. „Rechnerwolken“, d.h. über ein Rechnernetz) zur Verfügung gestellt und der Zugang erfolgt über technische Schnittstellen. Diese hohen Anforderungen an die informationstechnische Unterstützung der Handelsprozesse werden jedoch nur in den wenigsten Unternehmen tatsächlich bereits erfüllt. Insbesondere der mittelständische Fachhandel weist einen vergleichsweise geringen Digitalisierungsstand auf (siehe Tab. 5.3).

Tabelle 5.3: Digitalisierungsstand im Handel

Durchschnittlicher Digitalisierungsindex*	Digitalisierungstand in einzelnen Handlungsfeldern			
	Beziehung zu Kunden	Produktivität im Unternehmen	Digitale Angebote/ Geschäftsmodelle	IT/Informationssicherheit und Datenschutz
49	51	43	41	62

* Maximal 100 Punkte erreichbar.

Quelle: Deutsche Telekom 2017.

Selbst wenn der aktuelle Digitalisierungsgrad und dabei auch der Umsetzungsstand des Einsatzes von WWS im Handel nicht immer dem technisch Möglichen entspricht, v.a. aus (Personal- und Finanz-) Ressourcen- und Kapazitätsgründen, weisen neuere Entwicklungen darauf hin, dass Händler zur Ausgestaltung der informationstechnischen Basis ihrer Handelsprozesse auf immer ausgefeilter Technologien zurückgreifen können. Neue Technologien fokussieren bspw. auf die Digitalisierung von „Front-End"-gerichteten Systemen, also der Kundenschnittstelle – sowohl im stationären als auch im Online-Handel.

Handel rüstet in Sachen IT-Sicherheit auf

Die neun großen Food-Händler Edeka, Lidl, Rewe, Metro, Real, Markant, Kaufland, Netto und Penny haben sich nach Genehmigung durch das Bundesamt für Sicherheit in der Informationstechnik (BSI) auf einen branchenspezifischen Sicherheitsstandard bei der IT geeinigt. Viele Einzelhändler aus dem LEH sind als kritische Infrastruktur registriert und daher zu diesem Schritt verpflichtet. Im Fokus stehen die Zentrallager und Unternehmenszentralen, in denen die IT Server stehen. Mehr als 435.000 Tonnen Lebensmittel und 350 Mio. Liter Getränke werden dort jährlich umgeschlagen. Das ist ungefähr so viel wie nötig ist, um eine halbe Million Menschen zu versorgen. Aus diesem Grund muss jedes Unternehmen einen Sicherheitsbeauftragten haben, der die Systeme so anpasst, dass Hacker und Malware keine Chance haben. Die Gesetzeslage ist jedoch schwammig formuliert und die Vorschriften unklar, was es schwer für die Händler macht, konkrete Maßnahmen zu ergreifen oder Prozesse zu implementieren. Es heißt zwar, dass erhebliche Sicherheitsvorfälle, v.a. neuartige, sofort dem BSI gemeldet werden müssen, jedoch muss zunächst überhaupt Kenntnis darüber erlangt werden, welche Malware neu ist und welche nicht. Die Grundidee ist nicht neu, sondern die Vorschriften bestehen schon seit 2015 für definierte Sektoren wie Telekommunikation, Strom- und Wasserversorgung sowie Logistik und Krankenhäuser, Banken, Börsen, gemeinsam mit Lebensmittelhändlern und -herstellern.

Quelle: Lebensmittel Zeitung, 18. Mai 2017.

Deutlich wird, dass in der Zukunft IT-Technologien nicht nur für die Realisierung, sondern auch für die Planungs- und Steuerungsprozesse des Managements bzw. der Geschäftsprozesse wesentlich stärker die Basis bilden werden. Integrierte IT-Systeme stellen hierfür die wesentliche Voraussetzung dar. Schnittstellen hierfür können sog. **Digital Boardrooms** bilden, mithilfe derer insb. das Top-Management die relevanten Daten und Analysen zur Steuerung des Handelsunternehmens in Echtzeit abrufen können. Die wesentlichen Anforderungen an solche Systeme sind in Abb. 5.65 dargestellt. Betrachtet man spezifisch die WWS, so liegen die besonderen Herausforderungen darin, die Systeme den Omnichannel-Anforderungen entsprechend zu entwickeln und integrative Perspektiven der Distributions- und Retourenlogistik unter Abbildung sämtlicher Touchpoints, die Relevanz im Rahmen der Customer Journey haben (siehe hierzu Abschnitt B.II. des Vierten Kapitels) zu berücksichtigen. Trotz dieser Vielzahl neuer Technologien und Anforderungen an die informationstechnische Unterstützung und die Integration von Schnittstellen weisen WWS generelle Merkmale auf, die generischer Natur sind und auch im Rahmen fortschreitender Digitalisierung und Einbindung neuer Kanäle und Touchpoints von Relevanz sind. Im Folgenden werden deshalb diese Aspekte der generellen Funktionsweise von WWS skizziert. Weiterhin werden ausgewählte Fragen der Informationslogistik und Einsatzmöglichkeiten von Managementunterstützungssystemen im Handel diskutiert.

Abbildung 5.65: Anforderungen an Management-Informationssysteme

Managementunterstützungssysteme	Individualisierte Prozess-IT	Datenschutz und Sicherheit
▪ Digital Boardroom mit Dashboard zur Entscheidungsunterstützung des Top-Managements ▪ Visualisierung strategisch relevanter KPI's mit diversen Drill-Downs in Echtzeit ▪ Einbindung externer Daten zu Branche und weiterem Umfeld	▪ Unternehmensweite Analytik und cloud-basierte Datenverarbeitung ▪ Integrierte WWS- und CRM-Systeme ▪ Mehrkanalarchitektur, bspw. Mobile Touchpoints und Kanäle ▪ Ansprechendes, funktionales Design, mobile-first Workflows für Mitarbeiter ▪ Neugestaltung von Thin Client-Anwendungen ▪ Kunden- und Mitarbeiter-Geräte als Teil der Unternehmens-IT ▪ Integration von Anwendungen von Drittanbietern/Kooperationspartnern	▪ Ausgleich der Offenheit mit Risiko und Compliance ▪ Nutzung zukünftiger Optionen zur Verbesserung der Anwendungsleistung und Sicherheit

Quelle: Swoboda 2018, S. 232.

II. Teilprozessmodelle von Warenwirtschaftssystemen

Warenwirtschaftssysteme können als Modelle der Kerngeschäftsprozesse von Handelsunternehmen interpretiert werden und dienen der mengen- und wertmäßigen Darstellung und Steuerung des Güter- und Warenstroms von Handelsunternehmen. Sie bestehen aus vier Ebenen bzw. Teilprozessmodellen, die in Abb. 5.66 dargestellt sind.

1. **Warenprozessmodell**: Auf der untersten Ebene stellt das WWS ein Modell der Warenprozesse, also der physischen Warenflüsse, dar. Die Warenprozesse wie z.B. Entladen, Einlagern, Kommissionieren, Transport usw. werden dabei in einem IT-System abgebildet. Es wird dabei implizit davon ausgegangen, dass der IT-Einsatz ein unverzichtbarer Bestandteil eines WWS ist. Allerdings lassen die Vielfalt und Mengenvolumina der Warenflüsse für die meisten Handelsbetriebe eine effiziente Modellierung nur in Form eines entsprechenden IT-Systems zu.
2. **Dispositionsprozessmodell**: Bei dem Dispositionsprozessmodell als zweiter Ebene des WWS handelt es sich um ein Modell der Prozesse eines Handelsunternehmens, die nicht direkt auf die Ware bezogen sind, die aber durch Warenprozesse ausgelöst werden bzw. die ihrerseits Warenprozesse auslösen, z.B. Warenbestellung, Auftragseingang, Rechnungseingang, Rechnungsprüfung, Rechnungsschreibung, Lieferscheinschreibung, Inventur usw.
3. **Abrechnungsprozessmodell**: Das Abrechnungsprozessmodell stellt die dritte Ebene eines WWS dar und bildet unter Verwendung von Einkaufs- und Verkaufspreisen und -konditionen die Vorgänge des Warenprozessmodells und des Dispositionsprozessmodells wertmäßig ab. Zum Beispiel werden die warenwirtschaftlichen Elementarfunktionen Wareneingang und Warenausgang als Belastung und Entlastung von Leistungsstellen abgebildet.
4. **Business-Intelligence-Prozessebene (BI-Prozessebene):** Auf dieser Ebene der WWS werden alle Informationen über sämtliche Waren-, Dispositions- und Abrechnungsprozesse gesammelt und den Steuerungs-, Kontroll-, Optimierungs- und Planungsprozessen zur Verfügung gestellt. Diese Informations- und Planungsprozessebene dient der Steuerung, Kontrolle und Optimierung der Sortimente, Preise, Bestände und aller damit in Ver-

bindung stehenden Waren-, Dispositions- und Abrechnungsprozesse des Modells. In neueren Ansätzen werden BI-Elemente nicht losgelöst für einzelne Funktionen aufgebaut, sondern – wie dargestellt – häufig in Form von Cloud-Lösungen mit den weiteren Daten- bzw. Informationssystemen der Handelsunternehmen integriert. Auf diese Weise kann auch eine Verknüpfung mit Kundeninformationen bzw. Customer Relationship-Systemen sichergestellt werden, die insb. im Rahmen von Online- bzw. Omnichannel-Systemen erforderlich ist.

Abbildung 5.66: Aufbau der Warenwirtschaftssysteme im Handel

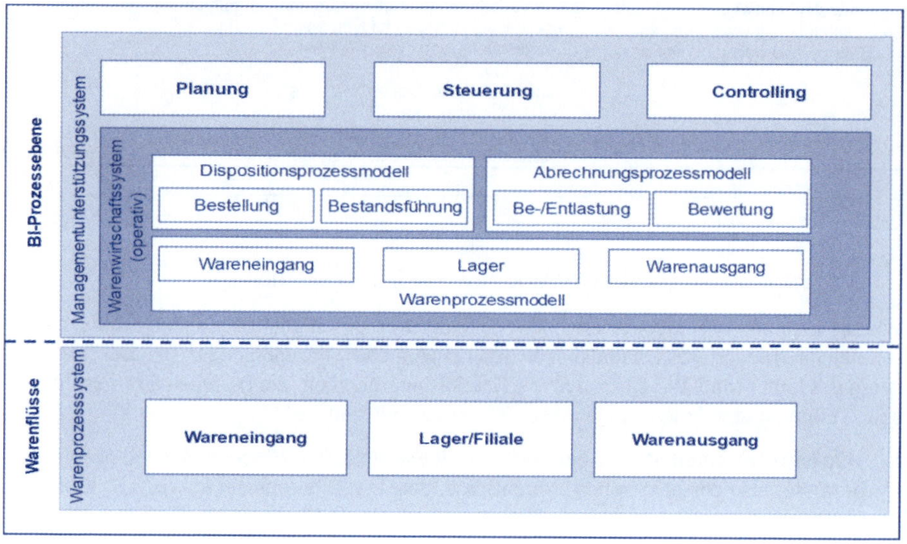

Quelle: i.A.a. Hertel/Zentes/Schramm-Klein 2011, S. 245

Abbildung 5.67: Exemplarisches Zusammenwirken der Prozessebenen in WWS

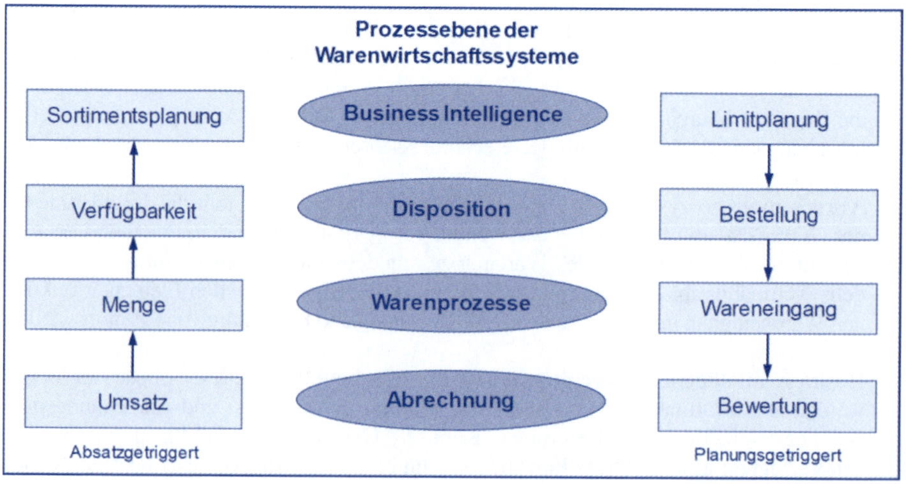

Das Zusammenwirken der vier Prozessebenen von WWS ist in Abbildung 5.67 beispielhaft dargestellt. Der Ausgangspunkt der Umsetzung von Warenprozessen in Informationsflüsse kann an die Realisierung von Umsätzen anknüpfen. Umsätze der Verkaufsstellen lösen Informationsprozesse auf der Abrechnungsprozessebene aus und sind mit Mengenänderungen auf der Warenprozessebene verbunden. Diese lösen Prozesse auf der Dispositionsprozessebene aus (z.B. Verfügbarkeitsprüfungen). Zudem wird die BI-Prozessebene der WWS, z.B. im Rahmen der Sortimentsplanung, angesprochen. Informationsprozesse können auch von der BI-Prozessebene angestoßen werden. So kann, ausgehend von einer Limitplanung im Dispositionsprozessmodell, der dispositive Prozess der Bestellung ausgelöst werden, der auf der Warenprozessebene nach erfolgter Lieferung zu einem Wareneingang führt, der im Rahmen der Abrechnung im Kontext der Verbuchung einer Bewertung (z.B. Einkaufspreise) unterzogen wird.

III. Arten von Warenwirtschaftssystemen

1. Offene und geschlossene Warenwirtschaftssysteme

Anhand der zu erfassenden Informationsbasis können offene und geschlossene WWS unterschieden werden. In offenen WWS erfolgt lediglich die Erfassung entweder der Wareneingangsdaten oder der Warenausgangsdaten. In geschlossenen WWS hingegen liegt die Zielsetzung darin, den **gesamten Warenfluss** zu erfassen. Es werden alle Phasen des Warenflusses von der Disposition bis zum Warenausgang abgedeckt (siehe Abbildung 5.68). Die Erfassung wird sowohl mengen- und wertmäßig als auch artikelgenau, d.h. nach Bewegungs- bzw. Bestandspositionen, durchgeführt. Die Abbildung der Warenprozesse erfolgt möglichst unverzüglich, also zeitnah. Insbesondere bei automatischen Erfassungsprozessen ist dabei auch eine „real-time"-Umsetzung der Warenbewegungen im WWS realisierbar.

Abbildung 5.68: Kreislauf eines geschlossenen Warenwirtschaftssystems

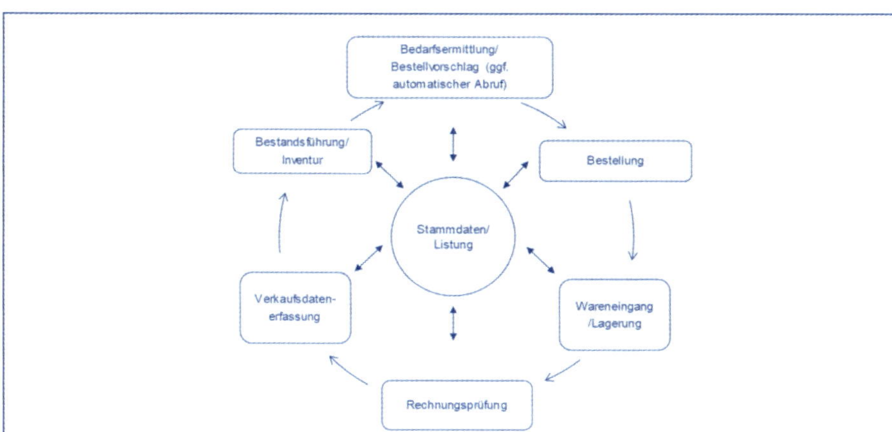

Während in offenen WWS die Fortschreibung der Wareneingänge bzw. Warenausgänge im Rahmen des WWS erforderlich ist, liegt der Anspruch geschlossener WWS darin, nicht nur die artikelgenaue Warenein- bzw. Warenausgangserfassung, sondern auch eine **artikelgenaue Bestandsführung** zu realisieren. Dies erfordert z.B. auch die Erfassung von Bruch, Verderb, Inventurdifferenzen u.Ä. Damit ist ein zusätzlicher konzeptioneller, organisatorischer und personeller Aufwand verbunden. Werden in einem WWS nicht nur die warenwirtschaftlichen Prozesse einer Ebene (z.B. eines selbstständigen Handelsunternehmens oder eines spezifischen Kanals im Rahmen von Omnichannel-Systemen), sondern auch die Warenprozesse, dispositiven Prozesse, Abrechnungsprozesse sowie Informations- und Planungsprozesse über mehrere Handelsstufen hinweg modelliert, so spricht man von **mehrstufigen WWS**. Dies bedeutet, dass sowohl die Großhandels- als auch die Einzelhandelsebene einschließlich ihrer Wechselwirkungen in dem WWS abgebildet werden. Im Rahmen von mehrstufigen WWS ist es dadurch möglich, die warenwirtschaftlichen Anforderungen großer Handelsunternehmen sowohl auf der Zentralseite als auch auf der Betriebs- und Vertriebstypenseite, der Regional- oder Filialseite zu realisieren. Eine weitere Differenzierungsebene von WWS liegt in der Unterscheidung zwischen zentralen und dezentralen WWS. **Zentrale WWS** sind Systeme, die in der Zentrale oder der Koordinationsstelle von Handelsunternehmen angesiedelt sind, während es sich bei den **dezentralen WWS** um Systeme der Filialen bzw. ggf. auch der einzelnen Kanäle des (Omnichannel-) Handelsunternehmens handelt.

2. Integrierte Warenwirtschaftssysteme

Eine gegenüber den geschlossenen WWS weitergehende Stufe stellen die integrierten WWS dar. Hierbei handelt es sich um WWS, bei denen die Systeme unterschiedlicher organisatorischer Einheiten verknüpft werden. Man unterscheidet dabei die interne und die externe Integration. Von **interner Integration** spricht man, wenn die WWS der Unternehmenszentrale mit den dezentralen WWS der einzelnen Kanäle von Omnichannel-Systemen bzw. der Filialen verbunden werden, indem ein Datenaustausch zwischen den Systemen stattfindet. Diese Konstellation entspricht mehrstufigen Systemen. Bei der **externen Integration** erfolgt eine Integration der Systeme unterschiedlicher Supply Chain-Partner, indem die Systeme z.B. der Lieferanten, der Finanzdienstleister oder von Marktforschungsinstituten eingebunden werden, um einen möglichst lückenlosen Datenfluss vom Lieferanten bis zum Kunden zu realisieren (siehe Abbildung 5.69).

Abbildung 5.69: Informatorische Schnittstellen von Handelsinformationssystemen

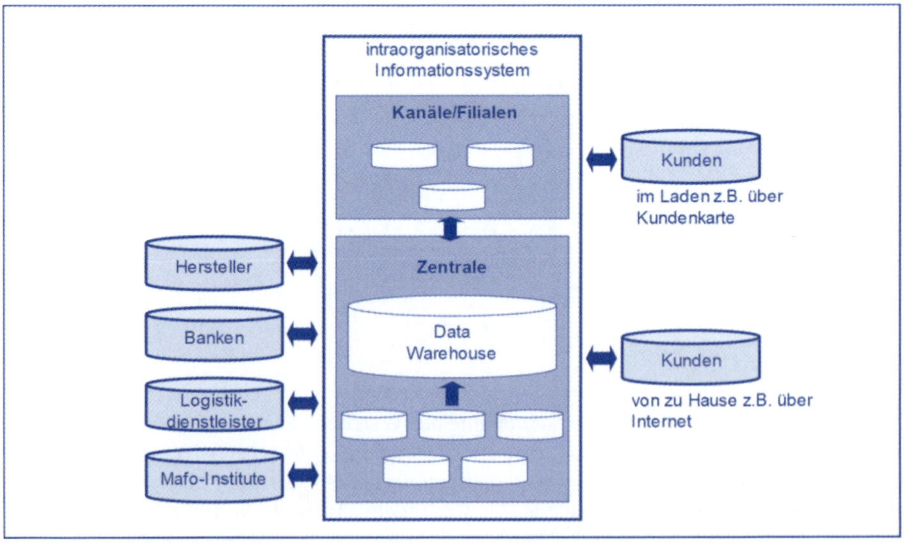

Quelle: i.A.a. Kloth 1999, S. 131.

Führt man die unterschiedlichen Differenzierungsebenen zusammen, so kann man im Wesentlichen vier Formen von WWS in Handelsunternehmen unterscheiden (siehe Abbildung 5.70).

1. **Isoliert-offene WWS**: Im Rahmen von isoliert-offenen WWS werden auf der Ebene der Systemzentrale nur die Bestelldaten bzw. die Daten des zentralen Wareneingangs erfasst. In solchen Systemen ist anhand der Bestelldaten der Filialen bei der Zentrale zunächst kein Rückschluss auf den tatsächlichen Absatz bzw. Umsatz der einzelnen Filialen möglich. Dieser kann anhand der verfügbaren Informationen lediglich indirekt bzw. zeitverzögert ermittelt werden.
2. **Isoliert-geschlossene WWS**: In isoliert-geschlossenen WWS werden neben den Bestell- und Wareneingangsdaten auch die Daten des zentralen Warenausgangs an die Filialen erfasst. Dabei ist allerdings keine Verknüpfung mit den Bestell- und v.a. den Bestandsdaten der Filialen gegeben, sodass auch hier lediglich eine indirekte bzw. zeitverzögerte Ermittlung der Warenausgangssituation der Filialen möglich ist.
3. **Teilintegrierte WWS**: In teilintegrierten WWS erfolgt eine Verknüpfung der zentralen WWS und der Bestell- bzw. Wareneingangsdaten der dezentralen Filialsysteme. Informationsdefizite bestehen bei den teilintegrierten WWS wiederum hinsichtlich der tatsächlichen Abverkaufssituation in den Filialen. Jedoch ermöglicht die Teilintegration eine verbesserte Steuerung der Warenversorgung der Filialen und eine verbesserte Prognose der Bestellungen der Filialen.
4. **Vollintegrierte WWS**: In voll integrierten WWS werden in den zentralen sowie den dezentralen WWS sowohl die Wareneingangs- als auch die Warenausgangsinformationen erfasst und zwischen den Systemen verknüpft. Dadurch sind in den zentralen Systemen Informationen über die tatsächliche Bestands- und Abverkaufssituation in den Filialen verfügbar.

Abbildung 5.70: Formen von Warenwirtschaftssystemen in Handelsunternehmen

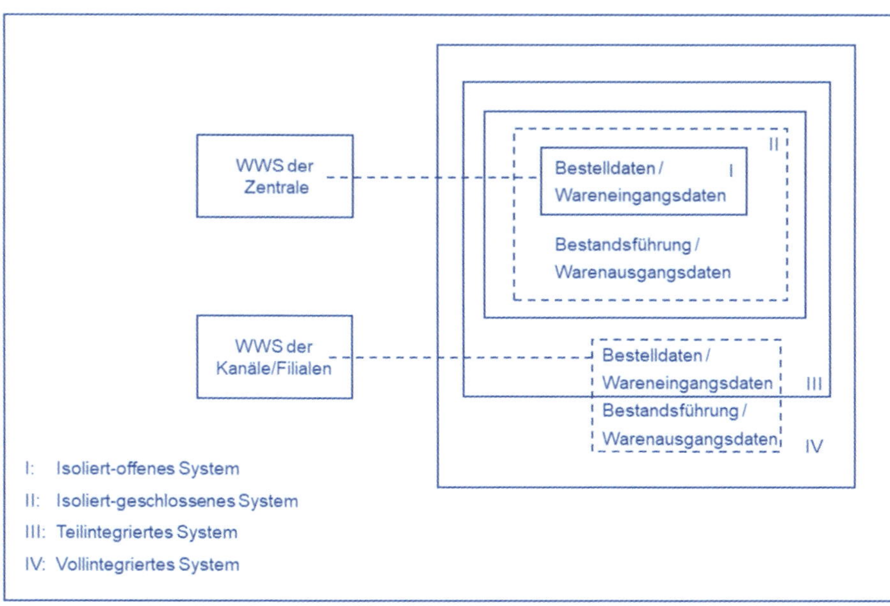

Quelle: i.A.a. Olbrich 1992, S. 54.

Zur Realisierung integrierter WWS ist es erforderlich, eine Lösung zu realisieren, die durch die Verwendung standardisierter Schnittstellen sowohl nach außen, also in Richtung der Lieferanten, Kunden, Banken oder Marktforschungsinstitute, als auch nach innen, also zwischen den einzelnen warenwirtschaftlichen Subsystemen (z.B. den zentralen Systemen sowie den dezentralen Kanal- oder Filialsystemen), eine hohe Kommunikationsfähigkeit aufweist.

IV. Ausgewählte Komponenten von Warenwirtschaftssystemen

1. Grundüberlegungen

Die Aufgabenbereiche von WWS sind sehr umfangreich und wurden in den letzten Jahren – v.a. bedingt durch erhebliche Fortschritte der Informations- und Kommunikationstechnologie – noch erweitert. Insbesondere betrifft dies Erweiterungen i.S. einer unternehmensübergreifenden Vernetzung. Dabei erfolgt nicht nur die Einbeziehung der dem Handel vor- und nachgelagerten Stufen der Wertschöpfungskette, sondern auch eine Neudefinition oder zumindest Überarbeitung der Geschäftsprozesse innerhalb der gesamten Wertschöpfungskette.

Dies ist der Fall, weil im Rahmen von unternehmensübergreifenden SCM-Ansätzen Rationalisierungsbemühungen nicht nur hinsichtlich der Optimierung der Prozesse isoliert in den einzelnen Unternehmen bestehen, sondern es gilt, die Wertschöpfungskette als Ganzes zu optimieren. Aktuell bilden die meisten WWS umfassend Omnichannel-Systeme der Händler ab.

Es existiert jedoch auch eine Vielzahl spezialisierter WWS, die sich bspw. auf Online-Handel spezialisieren oder unterschiedliche Unternehmensgrößen (z.B. KMU vs. große Filial- und Omnichannel-Händler) adressieren. In den folgenden Abschnitten werden wesentliche generische Aufgabenbereiche von WWS vorgestellt.

Beispielhaft zeigt Abb. 5.71 die Komponenten des ERP-Systems von SAP, die verdeutlichen, wie die WWS-Elemente in ein ERP-System eingebunden werden. Das System von SAP „Retail for Merchandise Management“ ist in die Komponenten „Marketing and Merchandising“, „Procurement and Private Label“, „Supply Chain“, „Omnichannel Customer”, “Human Resources” und “Finance” strukturiert.

Deutlich wird, wie in allen Elementen warenwirtschaftliche Aspekte tangiert, abgebildet bzw. integriert werden. Bei der Strukturierung eines WWS kann grundsätzlich eine funktions- oder eine prozessorientierte Vorgehensweise gewählt werden. Nachfolgend werden in der funktionsorientierten Vorgehensweise die unterschiedlichen Aufgabenbereiche von WWS vorgestellt.

Abbildung 5.71: SAP S/4 HANA Retail for Merchandise Management

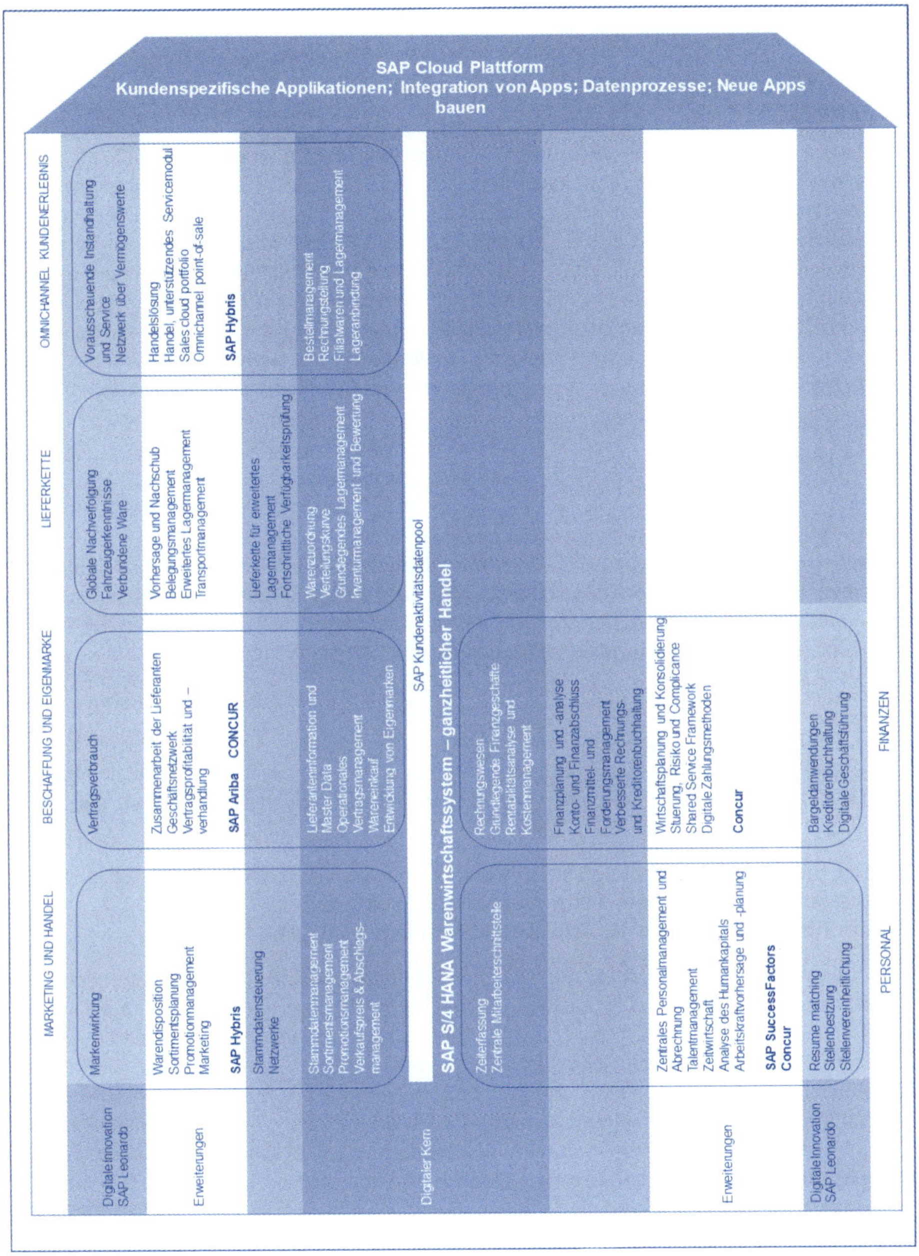

Quelle: SAP 2017.

2. Einkauf/Beschaffung

Beim Einkauf bzw. bei der Beschaffung handelt es sich um die zentrale Seite der Warenwirtschaft. Im Rahmen des Einkaufs bzw. der Beschaffung bestehen die zentralen Aufgaben in der Planung und Kontrolle der Einkaufsziele, der Lieferantenauswahl, der Artikellistung, dem Aushandeln der Einkaufskonditionen bzw. Kontrakte, der Pflege der Einkaufsstammdaten u.Ä. Im Folgenden werden insb. die Lieferantenauswahl und -verwaltung in den Vordergrund gestellt.

Lieferantenverwaltung

Die Hauptaufgaben, die im Rahmen der Lieferantenverwaltung von WWS unterstützt werden, sind die Auswahl, die Listung und die Pflege der Lieferanten. Eine Unternehmenseinheit steuert damit ihre Lieferanten, so ein Lager seine Lagerlieferanten oder die Verkaufsstellen ihre Streckenlieferanten und ihre Lager, denn in diesem Sinn lässt sich auch ein Lager als ein Lieferant seiner Verkaufsstellen bzw. von Online- oder Omnichannel-Kunden interpretieren. Im Rahmen der Lieferantenverwaltung sind neben der operativen Unterstützung der Lieferantenkontakte auch Aspekte der Lieferantenauswahl und der Lieferantenbewertung zu berücksichtigen. Für eine Warenbestellung und -lieferung gibt es nicht unbedingt genau einen zuständigen Lieferanten. Es sind vielmehr mehrere Varianten denkbar und auch üblich, z.B.

- ein Lieferant, bei dem die Ware bestellt wird,
- ein Lieferant, der die Ware liefert,
- ein Lieferant, der die Rechnung stellt,
- ein Lieferant, der mögliche Rückvergütungen gewährt.

Bezüglich der Lieferantentypen gehören zu einer Bestellung i.d.R. ein Bestell-Lieferant, einer oder mehrere Versand-Lieferanten und einer oder mehrere Konditions-Lieferanten. Beim Bestell-Lieferant wird die Ware bestellt, der Versand-Lieferant liefert die Ware und der Konditions-Lieferant gewährt Einkaufskondition und erstellt die Rechnung.

Artikelverwaltung

Die Artikelverwaltung umfasst in erster Linie die **Listung** neuer Artikel, die Pflege des vorhandenen Artikelsortiments sowie die Auslistung von Artikeln (zu unterschiedlichen Sichten und Organisationseinheiten siehe Abb. 5.72). Auch in diesem Subsystem spielt die **Mandantenfähigkeit** eine besondere Rolle, z.B.:

- Der Einkauf in der Zentrale listet für die Vertriebskanäle bzw. Verkaufsstellen Artikel von Streckenlieferanten und übernimmt die Datenpflege.
- Der Einkauf übernimmt die Artikelpflege für Fremdunternehmen.

Die Artikellistung in einer operativen Einheit erfolgt dadurch, dass für den betreffenden Artikel **Stammdaten** und insb. Einkaufskonditionen im WWS angelegt werden. Unter der **Auslistung** eines Artikels versteht man, dass alle Einkaufskonditionen – es kann mehrere solcher Einkaufskonditionen bei unterschiedlichen Lieferanten geben – im System ausgesetzt werden. In Handelsunternehmen tritt häufig der Fall auf, dass sie bestimmte Artikel nur vorübergehend in ihr Sortiment aufnehmen. Andere Sortimente werden z.T. – aus unterschiedlichen Gründen – nicht mengenmäßig im System geführt. Diese Artikel können z.B. als sog. Warengruppenartikel geführt werden, also Artikel, die nur in Gruppen zusammengefasst erfasst und ausgewertet werden. Es wird dann lediglich eine wertmäßige Erfassung, also zu Einkaufs- und Verkaufswerten, vorgenommen. Dabei werden innerhalb der Warengruppe bestimmte Pauschalartikelnummern eingeführt, die – soweit erforderlich – nach bestimmten Kriterien noch weiter untergliedert werden können, z.B. in Aktionsartikel, Bestellartikel, Saisonartikel oder „sonstige Artikel“. Unter einem Bestellartikel wird dabei ein Artikel verstanden, den ein Kunde bestellt und der auch geliefert werden soll, ohne dass dieser Artikel im üblichen Sortiment enthalten ist.

Abbildung 5.72: Sichten und Organisationseinheiten der Artikelpflege

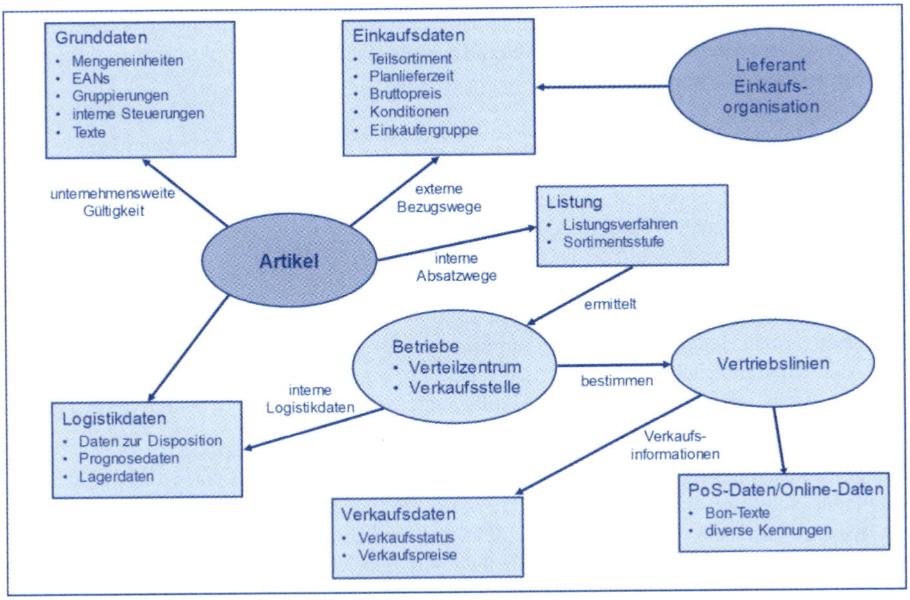

Quelle: i.A.a. Rawe 2008, S. 44.

Einkaufskonditionenmodell

Innerhalb des Einkaufsmoduls kommt der Einkaufskonditionenverwaltung eine besondere Bedeutung zu. Die Verhandlungen um möglichst günstige Konditionen beinhalten entscheidende Gewinnpotenziale im Handel, was zu einem entsprechend „kreativen" Verhalten der Einkäufer auf der Seite des Handels – aber auch der Verkäufer auf der Seite der Industrie – führt. Als Resultat dieses Verhaltens im Rahmen der Verhandlungen entstehen immer wieder neue Typen von Konditionen, Rabatten usw., was die Anforderungen an das Subsystem Einkaufskonditionen hinsichtlich dessen Flexibilität wesentlich erhöht. Das **Konditionensystem** betrifft die gesamte Warenwirtschaft bzw. die gesamte Wertschöpfungskette vom Einkauf über die Disposition, den Wareneingang im Lager, die Rechnungsprüfung bzw. den Warenausgang – dies in allen operativen Einheiten sowie über die Unternehmensgrenzen hinweg. Änderungen oder Erweiterungen in diesem Bereich ziehen sich also durch das gesamte IT-System und bedeuten einen erheblichen operativen Aufwand. In der Praxis existiert eine Vielzahl unterschiedlicher Konditionen. Ergänzt werden unterschiedliche Rabattformen häufig durch viele unterschiedliche Nebenbedingungen oder Sondervereinbarungen wie z.B.:

- Mindestabnahmemengen
- begrenzte Anzahl von Lieferungen, z.B. einmal pro Woche
- feste Liefertage, feste Bestelltage
- der Rabatt wird auf einen anderen Artikel angewendet, als den, für den er gilt; z.B. bei Abnahme von Artikel A gibt es Naturalrabatt von Artikel B
- zeitliche Befristung von Rabatten
- Rabatte für Artikel, Warengruppen oder Untergruppen, für alle Artikel eines Lieferanten
- räumliche oder vertriebstypenbezogene Beschränkung von Rabatten.

3. Verkauf

Das Sub-System Verkauf umfasst Aufgaben wie z.B. Kundeninformationssysteme, Sortimentsgestaltung, Verkaufspreisverwaltung, Regaloptimierung, Sonderaktionen, und Konkurrenzinformationssysteme.

Kundeninformationssysteme

Während in der Industrie und im Versandhandel der Kunde traditionell eine auch informationstechnisch bedeutende Rolle spielt, steht die Erfassung des Kunden in den meisten WWS im filialisierten (Einzel-)Handel noch am Anfang. Ansatzpunkte, um Kundeninformationen systematisiert zu erfassen und auszuwerten, bieten Customer Relationship Management-Systeme. Eine Vorreiterrolle gegenüber vielen Filialsystemen haben Unternehmen mit Herkunft aus dem Versandhandel, die seit jeher über kundenindividuelle Informationen verfügen. Auf Grund der hohen Bedeutung von Kundeninformationen nicht nur im Rahmen des Marketings bzw. des Kundenbeziehungsmanagements, sondern auch der Warenwirtschaftsprozesse bis hin zum Endkunden werden in vielen Handelsunternehmen vermehrt Anstrengungen unternommen, genauere Informationen über die Kunden zu erhalten.

Während in Online-Unternehmen die Kundeninformationen anhand von Cookies oder KI-Methoden verhältnismäßig einfach zu generieren sind, stellen für die Offline-Handelskanäle v.a. Kundenkarten ein weit verbreitetes Hilfsmittel dar.[1] Eine Herausforderung besteht in Omnichannel-Systemen, da es dort erforderlich ist, Kundeninformationen über alle Touchpoints hinweg zu identifzieren und zu integrieren. Auf der Großhandelsstufe der filialisierenden Handelsunternehmen gestaltet sich die Situation anders, da die Kunden bekannt sind. Es handelt sich dabei i.d.R. um die eigenen Verkaufsstellen oder selbstständige Einzelhändler. Entsprechend sind die Kundenverwaltungs- oder Kundeninformationssysteme auch auf diese Zielgruppe zugeschnitten.

Betrachtet man den Kunden aus der Sicht eines WWS, so handelt es sich bei ihm um ein externes Objekt, also ein Objekt außerhalb des Handelsunternehmens, das einer operativen Einheit Ware abnimmt. Mit Blickwinkel auf die gesamte Wertschöpfungskette, ist auch der Kunde eine operative Einheit. Allgemein kann man von einem Abnehmer als dem allgemeineren Begriff sprechen. Ein Abnehmer nimmt einer operativen Einheit Ware ab. Ein Kunde als externer Abnehmer oder operative Einheit in der Wertschöpfungskette könnte z.B. sein:

- der Endverbraucher, der in der Verkaufsstelle Ware kauft (im stationären Handel der Standardfall)
- der Endverbraucher, der von einer Verkaufsstelle oder einem Lager mit Ware beliefert wird, z.B. im Versand- oder Zustellhandel bzw. im Omnichannel-Handel
- der Großabnehmer, der in der Verkaufsstelle – oft zu günstigeren Bedingungen – Ware kauft, z.B. Vereine, Großküchen usw.
- der Großabnehmer, der von einer Verkaufsstelle beliefert wird
- der selbstständige Einzelhändler, der von einem Lager mit Ware beliefert wird
- der selbstständige Großhändler, der von einem Lager mit Ware beliefert wird
- das Handelsunternehmen selbst, das von einem Hersteller Ware bezieht.

Insbesondere für Prognoseansätze, zur Zielgruppenansprache und Kundensegmentierung sowie zur Abbildung von Omnichannel-Kunden spielen Anbindungen an Big Data- und Cloud-Systeme eine besondere Rolle. Gerade im Kontext von Kundeninformationssystemen steht

[1] Vgl. hierzu Abschnitt B.III. im Zweiten Kapitel.

v.a. die Omnichannel-Integration im Mittelpunkt, um Kunden über ihre gesamte Customer Journey und die potenziell vielfältigen Kanäle eines Händlers betrachten, adressieren bzw. rückverfolgen zu können.

Sortimentsgestaltung

Sortimentsgestaltung und -optimierung gehören zu den zentralen Aufgaben der Leistungsprogrammpolitik eines jeden Handelsunternehmens. Die organisatorische und informationstechnische Unterstützung dieser Aufgabe in den WWS ist häufig eher schwach ausgeprägt. Sie beschränkt sich i.d.R. auf die Abdeckung der Basisanforderungen wie v.a. die Definition der Sortimente für die einzelnen Unternehmensbereiche bzw. Vertriebsschienen und Verkaufsstellen. Eine weiter gehende Unterstützung, v.a. in Richtung der Entscheidungsunterstützung bei Listung und Auslistung durch die WWS, ist in den bestehenden Systemen bisher zumeist nur in Ansätzen vorhanden.

Für diesen Bereich ist der Einsatz von Simulations- und Expertensystemen zur zielgruppen- und standortorientierten Sortimentsoptimierung geeignet. Im Folgenden erfolgt jedoch eine Beschränkung auf die Darstellung der Basiskonzeption. In herkömmlichen Systemen wird die Sortimentsgestaltung als eine Aufgabe der Zentrale für die Verkaufsstellen bzw. Versandhandelskanäle angesehen.

In einem variablen Konzept, das ein Netzwerk operativer Einheiten vorsieht, kann diese Funktion auch dezentral angesiedelt werden. Jede Einheit kann ihre Sortimente und – optional – auch ihre Abnehmer selbst definieren (siehe Abbildung 5.73). Im Normalfall ist die Sortimentsgestaltung jedoch vornehmlich eine Aufgabe der Zentrale oder einer regionalen Niederlassung eines Unternehmens, die diese Aufgabe i.S. einer Mandantenabwicklung für die ihnen unterstellten operativen Einheiten durchführen.

Abbildung 5.73: Strukturen der Sortimentszuordnung

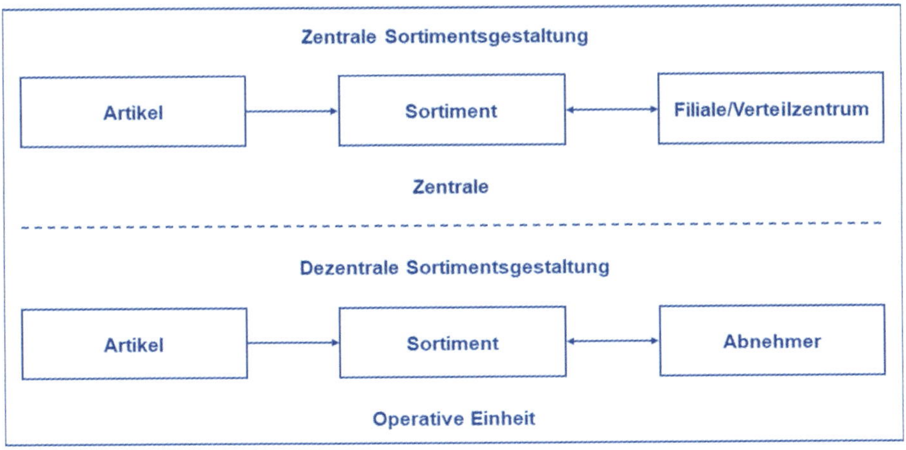

Verkaufspreisverwaltung

Einkauf und Verkauf sind eng miteinander verbunden. In Abbildung 5.74 sind die Wechselwirkungen, die zwischen diesen beiden Bereichen bestehen, überblicksartig dargestellt. Zu erkennen ist dabei insb. der Gleichklang der Abläufe in Richtung Lieferant bei Lager und Verkaufsstelle.

Abbildung 5.74: Wechselwirkung der Einkaufs- und Verkaufskonditionen zwischen den operativen Einheiten eines Omnichannel-Systems

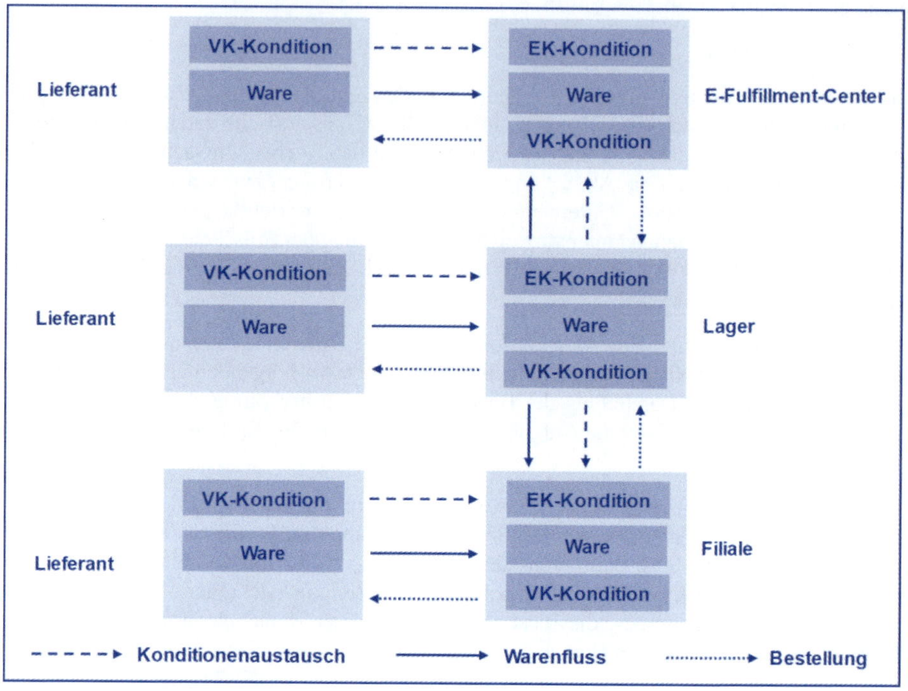

Erkennbar ist auch, dass aus Sicht der Verkaufsstelle das Lager nichts anderes als ein Lieferant ist. Hinsichtlich der Verkaufspreisgestaltung gilt, dass die Einkaufskonditionen der Verkaufsstelle beim Lager gleich den Verkaufskonditionen des Lagers für die Verkaufsstelle sind. Aus diesem Grund kann das Verkaufskonditionensystem in vollständiger Analogie zum Einkaufskonditionensystem gestaltet werden.

4. Warenabwicklung

Die Warenabwicklung umfasst das gesamte Warengeschäft von der Disposition über den Wareneingang bis zum Warenausgang, d.h. der Abgabe der Ware an den Abnehmer. Als Funktionsbereiche, die im Rahmen eines WWS berücksichtigt werden müssen, sind insb. relevant:

- Disposition
- Wareneingang
- Lagerhaltung
- Bestellannahme
- Lagerverwaltung
- Warenausgang.

Der Prozess der Warenabwicklung unter Einbeziehung der unterschiedlichen Bereiche lässt sich vereinfacht wie folgt charakterisieren: Von der Disposition werden Meldungen über ausgelöste Bestellungen an den Wareneingang übermittelt. Dieser erhält Ware von den Lieferanten, die vereinnahmte Ware wird zum einen über Einlagerungsanforderungen an die Lagerverwaltung bzw. direkt ins Verkaufsregal weitergeleitet, zum anderen in Form von Abrechnungsmeldungen an das Abrechnungssystem. Die Bestellannahme erhält Bestellungen von außen (den Abnehmern) und leitet sie zur Bearbeitung an den Warenausgang weiter. Eine Weiterleitung von Bestellungen an die Disposition erfolgt dann, wenn die bestellte Ware nicht vorhanden ist oder, wenn Filialbestellungen nur gesammelt werden, um daraus später Sammelbestellungen beim Lieferanten zu generieren. Der Warenausgang umfasst die Kommissionierung und die Auslieferung der Ware an den Abnehmer. Die Lagerhaltung dient u.a. sonstigen Aufgaben wie z.B. der Stammdatenpflege, der Inventurabwicklung u.Ä.

Auch bei der Warenabwicklung zeigen sich die Besonderheiten von Omnichannel-Systemen. Zwar verändert die Aufnahme und Integration neuer und zusätzlicher Kanäle bzw. Be- und Vertriebstypen in das Portfolio eines Händlers nicht die Grundprozesse, die im WWS abgedeckt werden, jedoch ist die Integration insb. der Warenabwicklung von zentraler Bedeutung, um eine optimale Omnichannel-Abbildung erreichen zu können und die Warenverfügbarkeit und Bestandstransparenz über alle Kanäle hinweg zu sichern und die Lieferfähigkeit bis zum Endkunden zu garantieren.

Disposition

Durch die artikelgenaue Verkaufsdatenerfassung und die damit verbundene artikelgenaue Bestandsführung in allen operativen Einheiten, speziell aber in den Verkaufsstellen, eröffnen sich für die Disposition im Rahmen IT-gestützter Verfahren neue Möglichkeiten. Das Dispositionssystem im Rahmen eines WWS sollte so allgemein ausgestaltet werden, dass u.a. die folgenden Fälle einheitlich abgedeckt werden können:

- Disposition eines Regionallagers beim Zentrallager
- Disposition eines E-Fulfillment-Centers beim Zentrallager
- Disposition einer Verkaufsstelle beim Regionallager
- Disposition einer Verkaufsstelle oder eines E-Fulfillment-Centers bei einem Streckenlieferanten
- Disposition einer Zentrale, eines Zentrallagers oder eines Regionallagers bei einem Lieferanten zur direkten Lieferung an untergeordnete operative Einheiten (i.d.R. an Verkaufsstellen, aber auch an Regionallager oder E-Fulfillment-Center)
- Abwicklung von Aktionsbestellungen (und Zentralzuteilungen).

Auktionen und Bietverfahren

Neben „klassischen" Verfahren zur Beschaffung von Ware haben Online-Systeme die Möglichkeiten in den Beschaffungsprozessen des Handels in Richtung von E-Procurement-Prozessen wesentlich ausgeweitet. Zu diesem Bereich zählen in erster Linie Auktionen und Bietverfahren:

- **Bietverfahren**/„Request for Quotation" (RFQ): Mittels Tender oder RFQ kann das Unternehmen qualifizierte Lieferanten dazu auffordern, Angebote zu Waren oder Dienstleistungen gemäß ausgeschriebener Anforderungen abzugeben. Die Angebote der Lieferanten im Rahmen eines solchen Prozesses sind i.d.R. endgültig und bindend, sodass diese Verfahren etwas weniger „wettbewerbsintensiv" sind als „Reverse Auctions". Im Rahmen von WWS werden solche RFQ-Prozesse häufig in der Form unterstützt, dass ein „Request for Quotation" automatisch – z.B. aus einem bestehenden Kontrakt – generiert werden kann. Dabei kann nicht nur auf den Preis, sondern auch auf beliebige sonstige Attribute Bezug genommen werden. Die Lieferanten können „Self-Service-Optionen" nutzen, um automatisch über anstehende Bietverfahren informiert zu werden und das gesamte Bietverfahren kann automatisiert werden. Zudem können abgegebene Angebote i.d.R. direkt in Bestellungen umgewandelt werden.

- „**Reverse Auctions**": Unter Einschaltung von WWS können zudem i.d.R. auch „umgekehrte Auktionen" online durchgeführt werden. Dabei werden potenzielle Lieferanten aufgefordert, online live an einer solchen Auktion teilzunehmen. Die Auktionen haben eine definierte Start- und Endzeit, innerhalb derer Gebote abgegeben werden können. Reverse Auctions sind dabei dadurch gekennzeichnet, dass sich die Lieferanten sukzessive „unterbieten". Die Software ermöglicht es dabei, Lieferantenqualifikationen und Angebote zu analysieren und zu vergleichen.

Kontraktmanagement

Ein großer Teil aller Beschaffungen wird über **Kontrakte** abgewickelt. Entsprechend hat das Kontraktmanagement eine besondere Bedeutung innerhalb eines WWS. Grundsätzlich kann das Kontraktmanagement in die Bereiche Vorbereitung, Verhandlung, Durchführung und Monitoring eingeteilt werden. In der Vorbereitungs- und Verhandlungsphase wird ein Kontrakt entworfen und verabschiedet. Diese Phasen werden im Rahmen von WWS häufig durch Workflow-Prozesse unterstützt, die alle Veränderungen kontrollieren und protokollieren. Beim Anlegen eines neuen Kontraktes kann im Unternehmen bereits vorhandenes Wissen einbezogen werden, indem der Anwender z.B. auf einem bereits vorhandenen Kontrakt oder auf einem Kontrakt-Template aufsetzen kann. Auch der gesamte Kontrakt-Entwicklungs-Prozess wird im Rahmen von WWS unterstützt, einschließlich regelbasierter Bestätigungs-Workflows und Kontrakt-Freigabe-Strategien. Im Entscheidungsprozess können Vergangenheitsdaten herangezogen werden und mittels vordefinierter Reports können die Key Performance Indicators des Lieferanten oder Umsatzanalysen für alternative Artikel oder Lieferanten online analysiert werden. Sind die Kontrakte ausgehandelt und freigegeben, können sie automatisch an alle betroffenen Subsysteme weitergeleitet werden. Soll Ware bestellt werden, unterstützt das System die Auswahl des bestmöglichen Kontraktes und Bestellungen werden automatisch entsprechend den Kontraktkonditionen generiert, wobei auch Rabatte und Mengenstaffeln berücksichtigt werden. Das Kontrakt-Monitoring dient schließlich der Überwachung aller aktiven Kontrakte. Ebenso erfolgt eine Überwachung von Auslaufbedingungen und automatischen Kontraktverlängerungen.

Wareneingang

Im Subsystem Wareneingang werden alle Vorgänge abgewickelt, die notwendig sind, um in einer operativen Einheit beliebige Warenlieferungen zu vereinnahmen. Zu den notwendigen Aktivitäten zählen insb.:

- Identifizierung des Wareneingangs
- Kontrolle der Ware
- Vereinnahmung der Ware
- Meldung an das Abrechnungssystem.

Als Formen von Warenlieferungen, die im Rahmen dieses Moduls zu berücksichtigen sind, kommen z.B. in Frage:

- Lieferungen von Lieferanten
- Lieferungen von anderen operativen Einheiten (z.B. von der operativen Einheit Lager an die operative Einheit Verkaufsstelle)
- Retouren vom Endverbraucher
- Retouren von anderen operativen Einheiten
- Umlieferungen von anderen operativen Einheiten
- Warenlieferungen zur direkten Weiterleitung an andere operative Einheiten, Lieferanten

oder Abnehmer, die nicht von der operativen Einheit, an die sie geliefert werden, vereinnahmt, sondern an andere Stellen weitergeleitet werden sollen, wie z.B.:

- Retouren von einer Verkaufsstelle, die an den Lieferanten zurückgesandt werden sollen
- vorkommissionierte Ware, d.h. Ware, die der Lieferant vorkommissioniert an das Lager schickt, das diese Ware wiederum direkt an die Verkaufsstellen weiterleitet
- Umlieferungen, die von Verkaufsstelle A an Verkaufsstelle B gehen sollen, aus technischen Gründen aber einen „Umweg" über das zuständige Lager machen.

Grundsätzlich muss das Wareneingangsmodul auf zwei verschiedenen Ausgangssituationen aufsetzen können: Entweder liegt dem Wareneingang im IT-System eine Bestellung vor oder es liegt dem IT-System im Wareneingang keine Bestellung vor. Dabei kann es z.B. der Fall sein, dass alle angelieferten Artikel gelistet sind oder es gibt in der anstehenden Lieferung nicht gelistete Artikel.

Lagerverwaltung

Die Lagerverwaltung stellt das Bindeglied zwischen Wareneingang und Warenausgang dar. Aufgabe der Lagerverwaltung ist die Verwaltung der Ware während der Lagerung. In der Verkaufsstelle, die auch als „Lager" interpretiert werden kann, schließt dies die Präsentation der Ware gegenüber dem Kunden im Verkaufsraum ein. Folgende funktionale Bereiche sind im Rahmen der Lagerverwaltung insb. zu berücksichtigen:

- Bestandsführung
- Einlagerung
- Auslagerung
- Umlagerung
- Inventur
- Lagerplatzverwaltung
- Präsentation der Ware.

Der Begriff des „Lagers" wird in diesem Zusammenhang in einer doppelten Bedeutung verwendet: zum einen als operative Einheit Lager, im Gegensatz zu den operativen Einheiten Verkaufsstelle oder Zentrale, zum anderen als Lagerraum zur Lagerung von Ware, wie er in jeder operativen Einheit vorkommen kann. Aus der Sicht der Lagerung kann ein so verstandenes Lager als eine Menge von Lagerplätzen definiert werden, denen bestimmte Eigenschaften zugewiesen werden. Solche Eigenschaften können z.B. sein:

- Lagertyp
- Greifzonenplatz
- Reservezonenplatz
- chaotische/feste Lagerplatzzuordnung
- verwendete Ladehilfsmittel (Paletten, Umkarton usw.)
- Position des Lagerplatzes (relativ zu anderen Lagerplätzen oder absolut)
- Länge, Breite, Höhe.

Häufig wird ein Lager in verschiedene **Lagermodule** unterteilt, in denen unterschiedliche Sortimentsbereiche gelagert werden, wie z.B. Obstlager, Frischelager, Trockensortimentslager, Textillager usw. Ein Lagermodul stellt somit eine Teilmenge von Lagerplätzen dar, die nach bestimmten Kriterien zusammengefasst sind. In der hier vorgestellten Konzeption gibt es die Lagerverwaltung und die Lagerung von Ware in allen operativen Einheiten, also nicht nur im Lager, sondern auch in den Verkaufsstellen. Während aber in einem Lager die Definition eines einzelnen Lagerplatzes i.d.R. kein Problem darstellt – zumeist ist es ein spezifischer Platz innerhalb eines Regalsystems, auf dem eine Palette mit Ware gelagert werden kann –, ist dies in der Verkaufsstelle komplizierter, da es im Verkaufsraum oftmals eine solche feste Zuordnung von Ware zu Lagerplatz nicht gibt. In der Verkaufsstelle muss ein Lagerplatz offener definiert werden, da solche festen Abgrenzungen zwischen verschiedenen Plätzen oftmals nicht möglich sind: Auf einem gegebenen Raum in einem Regal können ein einziger Artikel mit mehreren Frontstücken oder auch mehrere verschiedene Artikel mit jeweils weniger Frontstücken gelagert werden. Mögliche Lagerplätze in der Verkaufsstelle sind also z.B. ein Regal, ein Regalboden oder ein fest definierter Teilbereich dieser Kategorien. Im Verkaufsraum einer Verkaufsstelle ist es dabei auch möglich, dass ein Artikel auf mehreren Lagerplätzen gleichzeitig gelagert wird (z.B. Zweitplatzierung).

Bestellannahme/Bestellweiterleitung

Die Bestellannahme ist eine Funktion, die typischerweise in einem Lager, einem logistischen Zentrum oder der Zentrale eines Unternehmens angesiedelt ist. Die Bestellungen der zugeordneten operativen Einheiten, also z.B. der Verkaufsstellen oder der externen operativen Einheiten als Abnehmer, werden dort nach unterschiedlichen Kriterien zusammengefasst und an das Kommissioniersystem zur Weiterbearbeitung übergeben. Die eingehenden Bestellungen müssen dabei nicht notwendigerweise für die empfangende Einheit, also i.d.R. das Lager, sondern können auch für beliebige andere operative Einheiten bestimmt sein.

Warenausgang

Die Anforderungen der verschiedenen operativen Einheiten an das Warenausgangsmodul sind je nach Betrachtungsperspektive und Stufe sehr unterschiedlicher Natur. Wenn man versucht, die Aufgaben des Warenausgangs aus einer gemeinsamen Sicht aller operativen Einheiten zu sehen, lassen sich u.a. folgende Teilaufgaben separieren:

- Bereitstellung der Ware zum Warenausgang (Kommissionierung)
- Erfassung der ausgehenden Waren bzw. Erfassung der Korrekturen gegenüber Bestellung/Kommissionierung
- Bestandsveränderung
- Rechnungsstellung an den Abnehmer.

5. Abrechnungssysteme

Aufgabe des Abrechnungssystems ist es, die von der Warenprozessebene – oder von der dispositiven Ebene – eingehenden Abrechnungsmeldungen, d.h. die Meldungen über Wareneinund -ausgänge der einzelnen funktionalen Bereiche, zu verarbeiten. Darüber hinaus gibt es Schnittstellen zur Finanzbuchhaltung und zu den Systemen der Lohn- und Gehaltsabrechnung sowie, auf Grund der Mandantenfähigkeit des Abrechnungssystems, auch zu über- und untergeordneten operativen Einheiten. Zudem enthält das Abrechnungssystem „operative" Bereiche wie die Rechnungsprüfung, die Rechnungsschreibung oder die Inventurverarbeitung.

Ziel eines Abrechnungsvorgangs ist es, die Tätigkeit einzelner betrieblicher Einheiten in wertmäßiger Form darzustellen. Dies betrifft sowohl die Kosten und Erlöse als auch die Bestandsgrößen. Die betrieblichen Einheiten, auf deren Basis Erfolgs- und Bestandsrechnungen durchgeführt werden, sind die Leistungsstellen. Die Struktur der Abrechnungsmeldungen ist in Abb. 5.75 dargestellt. In dieser Form kommen die Meldungen, ausgelöst durch einen Vorgang auf der Warenprozessebene, in der Abrechnungsebene an.

Abbildung 5.75: Typischer Aufbau einer Abrechnungsmeldung

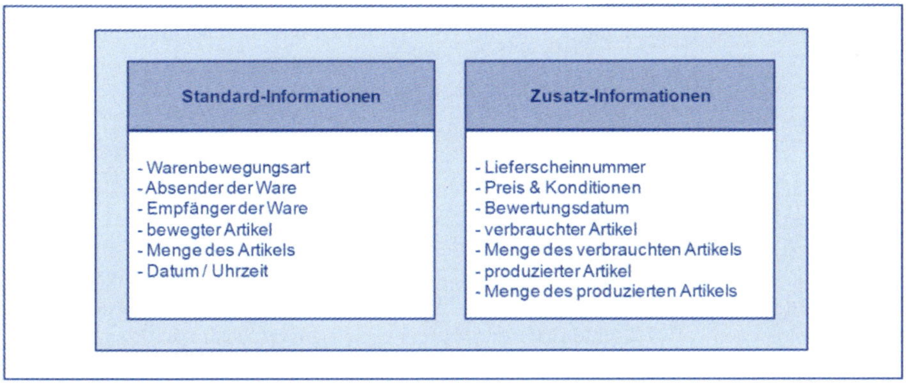

6. Rechnungsschreibung und Rechnungsprüfung

Die Rechnungsschreibung stellt einen weiteren relevanten Bereich im Rahmen eines WWS dar. Im filialisierten Handel spielt die Rechnungsschreibung an den Endverbraucher zwar häufig keine Rolle, in anderen Sektoren ist sie dagegen unabdingbar. Dies gilt z.B. für den Versandhandel, für den Großhandel und damit auch für die Großhandelsstufe der filialisierten Handelsunternehmen. Die Rechnungsschreibung oder **Fakturierung** für die Warenlieferungen vom Lager an die Verkaufsstellen ist ein relativ komplexes Subsystem innerhalb eines WWS. Dies gilt in noch stärkerem Ausmaß für die **Streckenfakturierung**, d.h., die Rechnungsschreibung für Warenlieferungen im Streckengeschäft, bei denen die Zentrale der Verkaufsstelle diese Streckenlieferungen in Rechnung stellt – bzw. „korrekter" formuliert – die Verkaufsstelle entsprechend der Rechnungen der Streckenlieferanten belastet wird. Neben den Rechnungen für Warenlieferungen können den Abnehmern – oder den Lieferanten, die dadurch indirekt auch zu Abnehmern werden – auch Rechnungen über sonstige Dienstleistungen gestellt werden. Außer dieser „echten" Rechnungsschreibung, also einer Ausgangsrechnungsschreibung, gibt es auch eine Eingangsrechnungsschreibung bzw. **Sollrechnungsschreibung**. Diese Eingangs- oder Sollrechnungsschreibung hat die Aufgabe, die eigentliche Lieferantenrechnung zu simulieren, um dann die **Rechnungsprüfung** auf der Basis des Vergleichs zwischen Soll- und Istrechnung durchzuführen. Im Sinne einer einheitlichen Konzeption können Eingangs- und Ausgangsrechnungsschreibung über dasselbe Subsystem realisiert werden.

Die IT-gestützte oder automatische Rechnungsprüfung gehört zu den wichtigen Subsystemen eines WWS, weil in diesem Bereich erhebliche Einsparungsmöglichkeiten stecken, so insb. in:

- Personaleinsparungen durch eine stärkere Automatisierung der Prüfungsabläufe
- Kosteneinsparungen durch eine umfassende Kontrolle der Einhaltung der ausgehandelten Einkaufskonditionen.

Die Rechnungsprüfung ist in den meisten Handelsunternehmen eine personalintensive Aufgabe. Insbesondere bei solchen Unternehmen, die einen hohen Umsatzanteil im Streckengeschäft haben, verstärkt sich dies noch, da teilweise Einzelrechnungen pro Verkaufsstelle das gesamte Volumen zu prüfender Rechnungen beträchtlich ausweiten und damit die Rechnungsprüfung auf Grund der Mengengerüste oft zu einem der rechenintensivsten Subsysteme innerhalb der Warenwirtschaft machen. Eine automatische oder halbautomatische Rechnungsprüfung birgt ein erhebliches Rationalisierungspotenzial für jedes größere Unternehmen – dies gilt insb. für Handelsunternehmen im Bereich der Konsumgüterbranche mit ihren traditionell sehr großen Rechnungsvolumina und für den Online- und Mehrkanalhandel. Im Rahmen der Umsetzung eines WWS liegt das Ziel in einer einheitlichen Rechnungsprüfung für alle Geschäftsarten sowie Be- und Vertriebstypen.

7. Inventur

Grundsätzlich hat sich die Bedeutung der Inventur mit dem Einzug der Informationstechnologie in die Unternehmen verändert. War die körperliche Bestandsaufnahme aller Artikel früher die einzige Möglichkeit, Aussagen über den mengen- oder wertmäßigen Warenbestand zu erhalten, so hat zunächst die Einführung IT-gestützter nicht-geschlossener WWS dazu geführt, dass der Warenbestand wertmäßig vom WWS fortgeschrieben wurde. Mit der Einführung geschlossener WWS konnte dann der Warenbestand artikelgenau auch mengenmäßig fortgeschrieben werden. Die Bedeutung der Inventur besteht in einem solchen Fall dann darin, dass zum einen den gesetzlichen Bilanzierungsvorschriften Rechnung getragen wird und zum anderen durch den Soll/Ist-Bestandsvergleich die Feststellung von Inventurdifferenzen möglich wird. Bei einer Inventur wird also der tatsächliche Ist-Bestand an Waren erfasst und mit dem i.d.R. im WWS geführten Soll-Bestand verglichen. Bei Abweichungen wird der Soll-Bestand entsprechend angepasst. Grundsätzlich kann dabei die Bestandsführung mengen- und wertmäßig oder auch nur wertmäßig erfolgen. Bei nur wertmäßiger Bestandsführung sollte die Bestandsaufnahme zu Einkaufs- und Verkaufspreisen erfolgen, weil nur dann eine genaue Aussage über den im Lagerbestand enthaltenen Bruttoertrag möglich ist. Wird nur einer der beiden Werte erfasst, ist eine Annahme über den durchschnittlichen Aufschlag bzw. Abschlag erforderlich und damit eine Annahme über den im Lagerbestand enthaltenen Bruttoertrag.

Inventurdifferenzen stellen eines der Kernprobleme des Handels dar. Die Analyse und Vermeidung solcher Inventurdifferenzen zählt deshalb zu den wichtigen Aufgaben eines Handelsbetriebs. Grundsätzlich werden drei Inventurarten unterschieden:

- Stichtagsinventur
- permanente Inventur
- Stichprobeninventur.

Bei der **Stichtagsinventur** erfolgt die mengenmäßige Ermittlung des Ist-Bestandes zu einem bestimmten Stichtag, zumeist dem Bilanzstichtag. Gewisse Erleichterungen in der Gesetzgebung erlauben teilweise ein Ausdehnen des Inventurzeitraums – Voraussetzung dazu ist allerdings das mengenmäßige Fortschreiben bzw. Rückrechnen auf den Bilanzstichtag. Bei der **permanenten Inventur** wird die Bestandsaufnahme auf das ganze Jahr verteilt. Sichergestellt werden muss dabei nur, dass jeder Artikel mindestens einmal p.a. gezählt und anschließend mengenmäßig auf den Bilanzstichtag fortgeschrieben wird. Ziel der **Stichprobeninventur** ist es, die hohen Kosten der Inventur zu reduzieren. Bei dieser Methode wird nur noch eine per Zufallsstichprobe ermittelte Teilmenge aller Artikel gezählt. Anschließend wird mithilfe mathematisch-statistischer Verfahren auf den Gesamtbestand hochgerechnet. In den meisten heutigen WWS wird zwischen der Inventur im Lager und der in den Verkaufsstellen streng unterschieden. Der Grund dafür liegt darin, dass in fast allen Handelsunternehmen eine artikelgenaue Bestandsführung im Lager durchgeführt wird, während in den Verkaufsstellen die Bestände teilweise nur wertmäßig, z.T. nur auf Warengruppenebene, geführt werden, wenn es dort keine artikelgenaue Warenausgangserfassung gibt. Es handelt sich dann also um eine Mischung von geschlossenen und nicht-geschlossenen WWS. Die Inventur im Lager –

bei artikelgenauer Bestandsführung – ist relativ einfach. Es werden Zähllisten für die zu zählenden Bereiche genutzt, wobei ausgewählt werden kann, ob der Soll-Bestand mit angegeben werden soll oder nicht. Auf diesen Zähllisten wird der tatsächliche Ist-Bestand eingetragen und später in das IT-System übertragen. Es gibt neben diesem Verfahren eine Vielzahl von Erweiterungen oder Hilfsmitteln, wie z.B. die Erfassung der Inventurbestände direkt am Regal oder der Einsatz von **Auto-ID-Systemen** zur Bestandsmeldung. Dieses Verfahren ist v.a. deshalb sehr einfach, weil alle Bewertungsfragen zu Einkaufs- und Verkaufspreisen der automatischen Auswertung des IT-Systems überlassen werden können. Es gibt auch nur einen möglichen Fehlertyp, nämlich den „echten" Mengenfehler, einer mengenmäßigen Abweichung von Soll-Bestand und Ist-Bestand.

Dies ist im Falle nicht-geschlossener WWS erheblich differenzierter. Auch hier erfolgt zwar die Erfassung zunächst mengenmäßig am Regal. Da aber in diesem Fall die Soll-Bestände nur wertmäßig – z.T. nur auf Warengruppenebene – vorliegen, müssen die erfassten Mengen in einem zweiten Schritt bewertet und ggf. zu Warengruppen verdichtet werden. Die Fehleranalyse ist entsprechend wesentlich komplexer. So führt z.B. der Verkauf eines Artikels mit einem falschen Preis zu einer Inventurdifferenz, obwohl Soll-Bestand und Ist-Bestand übereinstimmen und ohne dass diese nur wertmäßige Differenz als solche erkannt werden kann. Das Erfassen eines Artikels beim Verkaufsvorgang mit dem richtigen Preis, aber in der falschen Warengruppe führt zu einer positiven Inventurdifferenz in der einen Warengruppe und zu einer negativen Differenz in der anderen, obwohl auch hier wieder keine Mengenfehler vorliegen. Das nur wertmäßige Führen des Bestandes bedeutet aber auch Mehraufwand bei allen internen Warenbewegungen und Wertveränderungen, weil all diese Vorgänge mengenmäßig artikelgenau durchgeführt werden müssen, um die dadurch bedingten wertmäßigen Bestandsveränderungen nachvollziehen zu können. Eine Änderung des Verkaufspreises eines Artikels z.B. bedingt immer eine körperliche Bestandsaufnahme bei diesem Artikel, weil der Warenbestand neu bewertet werden muss und nicht bekannt ist, welche Menge des betroffenen Artikels noch im Bestand vorhanden ist.

V. Business Intelligence und Big Data Analytics im Supply Chain Management

1. Data Warehouse

Die Informationssysteme im Handel lassen sich in zwei Ebenen unterteilen (siehe Abb. 5.76) Zum einen dienen sie auf der operativen Ebene der Prozesssteuerung. Dabei stehen die warenbezogenen Prozesse im Vordergrund. Auf der dispositiven Ebene sind die „höherwertige" Informationsanalyse und alle Arten von Entscheidungsunterstützung angesiedelt. In diesem Zusammenhang wird auch von **Managementunterstützungssystemen** (MUS) gesprochen.

Die Basis der **Informationslogistik** im Einzelhandel bildet auf der Verkaufsseite die Scanning-Technologie. Sie dient der Gewinnung der Informationen über die Warenströme. Die WWS auf der Ebene der Verkaufsstellen bzw. Filialen oder E-Fulfillment-Center haben somit insb. informationsgenerierenden Charakter, indem die Abverkaufsdaten sowie ggf. Kundeninformationen erfasst werden. Die WWS in den Zentralen sind demgegenüber mit weiteren Funktionalitäten ausgestattet und dienen der Erfüllung von Planungs- und Dispositionsaufgaben. Während ursprünglich die WWS eher als operative Systeme aufgefasst wurden, in denen die Aufbereitung von Informationen zur Unterstützung von Entscheidungsprozessen zumeist nicht als ihre Aufgabe angesehen wurde, werden diese Aufgaben heute als Teilbereich der WWS betrachtet und sind i.d.R. in den Systemen integriert. Auf Grund dieser Verzahnung zwischen Warenwirtschafts- und Managementunterstützungssystemen werden diese deshalb zumeist nicht als unabhängige Systeme angesehen. Die Informationssysteme bilden somit die Basis für alle Arten von höherwertigen Informations- und Ergebnisanalysen sowie Entscheidungsunterstützungssystemen in den unterschiedlichen Unternehmenseinheiten.[1]

Abbildung 5.76: Grundstruktur handelsbetrieblicher Informationssysteme

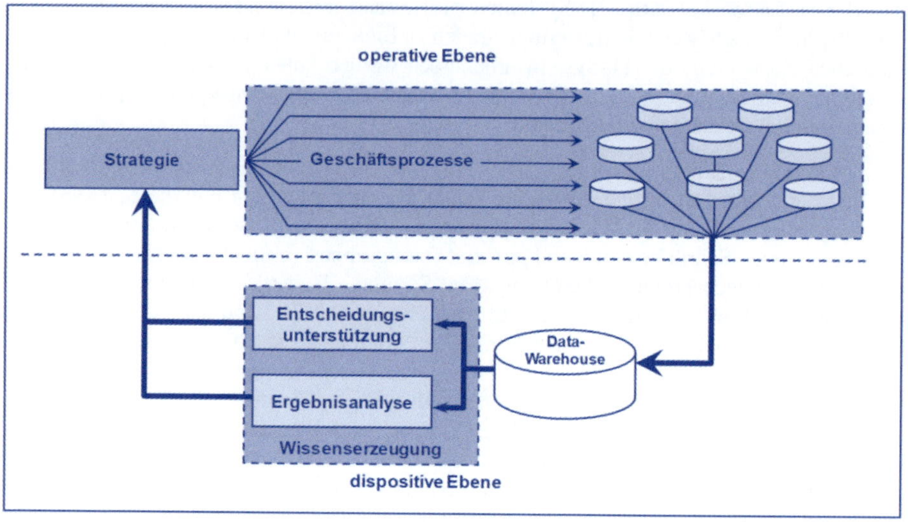

Quelle: Fischer 1998, S. 19.

In Handelsunternehmen steht eine Vielzahl von Informationen zur Verfügung („Informationsflut"), die in sinnvoller Weise verdichtet, ausgewertet und aufbereitet werden muss, sodass sie in den unterschiedlichen Unternehmensbereichen zur Verbesserung der Entscheidungsgrundlage eingesetzt werden können (siehe Abbildung 5.77).

Die Informationsbasis, die den Handelsunternehmen zur Verfügung steht, muss in sinnvoller Form im Rahmen der Informationslogistik der Handelsunternehmen organisiert werden. Die Grundlage der Informationssysteme bilden **Datenbanken**, die als Informationsquelle bzw. als „Zentralarchiv" die Basis der Informationsversorgung der operativen Einheiten darstellen. Häufig werden die Informationen in Cloud-Systemen gespeichert, anhand derer die Daten jederzeit (oft in Echtzeit) zur Verfügung gestellt bzw. abgerufen werden können (Weirauch 2015, S. 78f.).

Diese Daten bilden die Grundlage der **Entscheidungsunterstützungssysteme**. Um eine konsistente Datenbasis zu realisieren, ist die Integration der Daten der operativen Einheiten erforderlich. Im einfachsten Fall werden alle Informationsmeldungen direkt und damit ohne jede Verdichtung in einer Datenbank (z.B. in der Cloud) gespeichert.

Seit den 1990er Jahren hat sich dafür eine spezielle Form von der Zusammenführung von Datenbanken bzw. Datenquellen durchgesetzt, nämlich das sog. **Data Warehouse**; im Unternehmenskontext wird auch von Business Warehouses gesprochen, worunter ein Datenbanksystem zu verstehen ist, das in der Lage ist,

- themenorientiert nach Themenbereichen, Prozessen oder Managementsichten,

[1] Zu Referenzarchitekturen von Handelsinformationssystemen vgl. z.B. Schütte/Vering 2011.

- integriert, also mehrere Unternehmenseinheiten verknüpfend,
- zeitbezogen, also anhand einer Speicherung nach spezifischen, festen Zeitpunkten, und
- dauerhaft, also langfristig,

die zur Entscheidungsunterstützung notwendigen bzw. relevanten Daten zu sammeln, zu selektieren und ggf. zu verdichten. Die Konzeption solcher Data Warehouses weist zwei wesentliche Aspekte auf:

- Integration von Daten: In einem Data Warehouse werden im Wesentlichen alle Unternehmensdaten, aus allen Unternehmensbereichen, aller operativen Einheiten gesammelt. Auf diese Weise wird eine umfassende Sicht auf heterogene und völlig verteilte Datenbestände ermöglicht.
- Separation von Daten: Daten, die für die operative Warenwirtschaft gebraucht werden, werden durch das Data-Warehouse-Konzept von diesen Daten, die im Wesentlichen für das Berichtswesen, für Analysen, Controlling und Entscheidungsunterstützung gebraucht werden, getrennt.

Abbildung 5.77: Aufbau der handelsbetrieblichen Informationslogistik

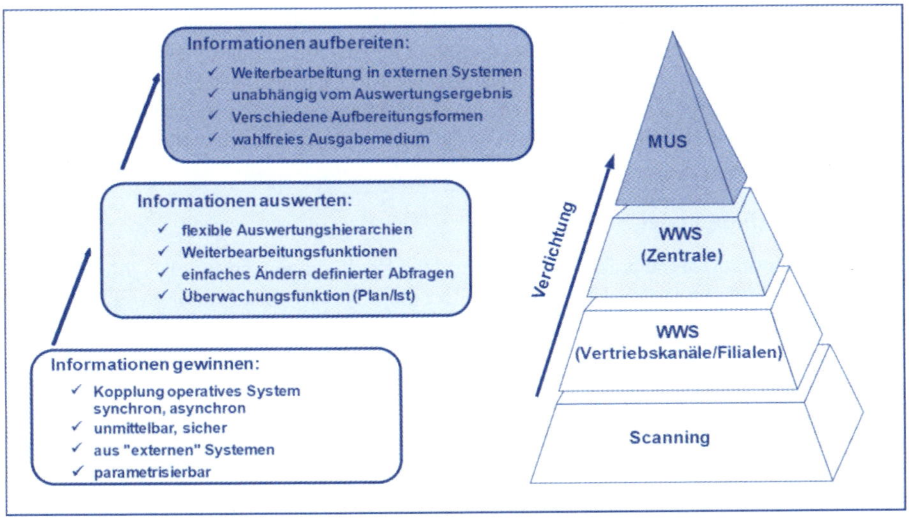

Die Verdichtung der Daten zur Entscheidungsunterstützung auf den unterschiedlichen Ebenen bzw. in den unterschiedlichen operativen Einheiten ist i.d.R. unverzichtbar, fraglich ist nur der Grad der Verdichtung. Dieser Verdichtungsgrad ist von mehreren Faktoren abhängig, so z.B. von:

- den Unternehmenszielen
- der Strategie im Bereich der Informationssysteme
- dem Informationsbedürfnis
- den Kosten
- den informationstechnischen Rahmenbedingungen
- den operativen Einheiten
- den Kundencharakteristika
- den Sortimenten
- den Mengengerüsten.

Es gibt eine Vielzahl von Einflussfaktoren, die zum großen Teil auch innerhalb eines Handelsunternehmens zu unterschiedlichen Verdichtungsanforderungen führen können. Insbesondere können diese Anforderungen bei unterschiedlichen operativen Einheiten verschieden sein, wie anhand der folgenden Beispiele illustriert werden kann:

- In der operativen Einheit Verkaufsstelle und in E-Fulfillment-Zentren werden die Warenausgänge, d.h. die Verkäufe an die Verbraucher, oft pro Einzelartikel und Tag abgespeichert, weil die tagesgenauen Verkaufsmengen u.a. für das Prognosesystem benötigt werden, in dem die unterschiedlichen Verkaufsmengen der einzelnen Wochentage berücksichtigt werden. In der operativen Einheit Lager dagegen werden diese artikelgenauen Daten auf Tagesbasis nur für die Rechnungsschreibung, aber nicht für spätere statistische Auswertungen benötigt. Dort sind v.a. die tägliche Warenausgangsleistung pro Lagerbereich oder der Lagerumschlag pro Artikel und Jahr, also stärker verdichtete Daten, von Interesse.
- Für eine optimale Lieferantenbewertung werden in der operativen Einheit Lager alle Wareneingänge eines Lieferanten mit allen Informationen wie Artikel, bestellte Menge, gelieferte Menge, Lieferzeitabweichungen, Einkaufskonditionen usw. gespeichert. Diese Daten werden zur Erstellung einer Lieferantenbewertungsliste als Basis für die Jahresgespräche verwendet. In der operativen Einheit Verkaufsstelle wären diese Informationen zwar genauso interessant, sie werden aber nicht in diesem Detaillierungsgrad gesammelt, weil die Mengengerüste und der Aufwand, diese Informationen auf Unternehmensebene zusammenzuführen, zu groß sind – zumindest dann, wenn das Handelsunternehmen sehr viele Verkaufsstellen und einen hohen und regional unterschiedlichen Streckengeschäftsanteil hat.

2. Blockchain in der Supply Chain

Vertikale Kontraktsysteme prägen unter bestimmten Bedingungen die Waren-, Informations- und Finanzströme von Handelsunternehmen. Der Begriff der Blockchain lässt sich im Kontext der Warenwirtschaft relativ einfach einordnen und wird häufig mit digitalen Währungen wie beispielsweise Bitcoin oder Ethereum in Verbindung gebracht. Allerdings bieten Blockchains deutlich breitere Einsatzmöglichkeiten in der Supply Chain.

Abbildung 5.78: Blockchain als Sammlung von Transaktionen

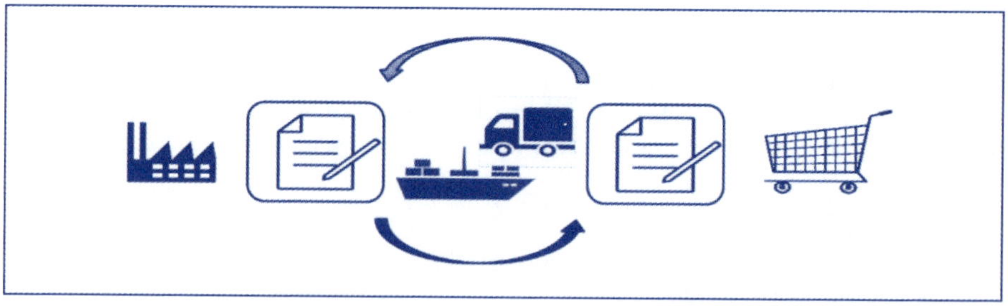

Die Technologie, die hinter Blockchains steht, kann als ein dezentrales Datenbanksystem beschrieben werden, in welchem (digitale) Daten oder Events fälschungssicher dokumentiert werden können. Grundsätzlich können Anwender (z.B. im Einkauf) darauf zugreifen und sich Daten anzeigen lassen oder neue Daten hinzufügen, es kann jedoch niemand Einträge in der Blockchain verändern oder gar löschen. Dabei werden beliebige Informationen in verschlüsselten und komprimierten Dateneinheiten, den sog. Blocks, gespeichert. Das Speichern erfolgt hierbei nicht nur auf einem zentralen Server, sondern auf allen Speichermedien des Netzwerks nach einer Überprüfung. Auch die Aktualisierung erfolgt auf allen Speichermedien gleichzeitig. Transaktionen werden sauber hintereinander in einer lückenlosen Kette aufgelistet und jede Transaktion bekommt einen Zeitstempel, welche durch kryptologische Verfahren abgesichert werden. Daher ermöglichen Blockchains theoretisch die Durchführung effizienter, transparenter und sicherer geschäftlicher Transaktionen. Diesen Gedanken weiterführend, bergen Blockchains daher auch umfangreiche Anwendungsmöglichkeiten für die Supply Chain: Der Ursprung eines Produkts sowie dessen Touchpoints könnten über die gesamte Supply Chain hinweg lückenlos nachverfolgt werden. Zudem würde das Tracking von Aufträgen und Transportwegen dadurch verbessert und zuverlässiger werden. Auch der Informationsaustausch über Produktionsabläufe sowie die Wartung von Produkten bei Zulieferern und Verkäufern könnte einfacher und effizienter gestaltet werden (vgl. Abb. 5.78). Es lässt sich also feststellen, dass die Blockchain-Technologie viel Raum für weitere Einsatzzwecke bietet. Sie kann in einem vernetzten Auftragszusammenhang eine sichere Vertragsabwicklung (z.B. zum Eigentum der Ware) und eine automatisierte Auftragsbestätigung, wenn Bedingungen beidseitig erfüllt werden, ermöglichen. Auch ein automatisierter Geldfluss zwischen Leistungspartnern in der Supply Chain über laufend errechnete finanzielle Transaktionen zu den einzelnen Leistungen lässt sich damit sicher umsetzen.

Blockchain im Handel

Als prominentes Beispiel der Einführung von Blockchain im Kontext von Akteuren von Handelsunternehmen kann der Hafen von Rotterdam genannt werden, der bereits den Test von Blockchain-Logistikanwendungen angekündigt hat. Bis 2019 will ein Unternehmens-Konsortium im größten europäischen Seehafen verschiedene Applikationen ausprobieren, um logistische und vertragliche Informationen untereinander schneller und sicherer auszutauschen. So verkürzt diese Lösung beispielweise den Zeitraum, in dem Produkte aus Übersee im Transit- und Verschiffungsprozess gebunden sind.

Das würde gleichzeitig das Bestandsmanagement verbessern und hilft letztlich dabei, Ausschuss und Kosten zu reduzieren. Den Anfang macht hierbei die Reederei Maersk, die kürzlich zusammen mit dem Computerkonzern IBM in einem Pilotversuch Container-Transporte mit Blumen aus Kenia, Orangen aus Kalifornien und Ananas aus Kolumbien nach Rotterdam mit Hilfe der Blockchain nachverfolgt hat. Ziel des Projekts ist der Aufbau eines globalen Netzwerks von Spediteuren, Reedereien, Häfen und Zollbehörden. Das System soll dabei helfen, Betrug und Fehler zu reduzieren.

Als zweites Beispiel kann das Emirat Dubai genannt werden, das bis zum Jahr 2020 sämtliche Papier-Dokumente im Güter-Im- und Export durch sog. Smart Contracts auf Blockchain-Basis ersetzen will. Damit sollen Nachverfolgung, Versand und Güterbewegung vereinfacht werden. Der Lieferstatus und weitere Informationen werden in Echtzeit bereitgestellt. Als primäres Ziel wird die Verhinderung von Betrug und Geldwäsche genannt. Logistische Prozesse sind im Bereich des Ladungsträgermanagements meist noch analog und nicht standardisiert, besonders wenn es um Tauschprozesse bei Paletten geht. Aus diesem Grund hat die GS1 ein Pilotprojekt ins Leben gerufen, in dem die Blockchain-Technologie zum Einsatz kommt. Im Fokus wird der Palettenschein stehen, der bisher in Papierform noch zum Tagesgeschäft eines jeden LKW-Fahrers gehört und während der Testphase mittels Blockchain getauscht werden soll.

Ziel ist es, zu ermitteln inwiefern sich der Tauschprozess durch die neue Technologie effizienter gestalten lässt. Ein weiteres Pilotprojekt von F-Trace, der Tochter von GS1 Germany, ermöglicht es den Konsumenten, nachzuverfolgen, woher ihr Fleisch und Fisch von der Edeka-Bedientheke kommt. Alle relevanten Informationen sind in einem webbasierten System hinterlegt und können per Klick abgerufen werden.

Quelle: BVL 2017; Digitalistmag 2017; Forbes 2017; IBM 2017; Lebensmittel Zeitung, 1. Dezember 2017; Netzwoche 2017; www.ftrace.com.

Mit Hilfe der genannten Smart Contracts könnten Aufträge nur unter bestimmten variablen Konditionen automatisch bestätigt oder automatisiert bezahlt werden. Auch wäre eine Anwendung im Kontext des Trusted Internet of Things für einen sicheren Datenaustausch zwischen global authentifizierten Geräten im Auftragskontext denkbar. Bis die Blockchain ihre Versprechen im Bereich von Logistik und Transport einlösen kann, müssen allerdings noch einige Hindernisse aus dem Weg geräumt werden, wie bspw. eine einheitliche Klärung aller Akteure über den Aufbau und bei der Regulierung von verteilten Datenbanken.

Die globale Logistikbranche untersteht verschiedenen Reglements und gesetzlichen Regelungen, welche die Besitz- und Eigentumsrechte entlang der globalen Lieferkette regeln. Es wird sehr schwierig sein, die Komplexität dieses rechtlichen Rahmenwerks mit der digitalen, virtualisierten, automatisierten und entstaatlichten Natur der Blockchain-Technologie in Einklang zu bringen. Diese Schwierigkeiten, rasch einen Konsens zu finden, könnte darüber hinaus die Verknüpfung zwischen öffentlichen und privaten Plattformen erschweren.

3. Datenbankabfragen, -analysen, Data Mining und Big Data Analytics

Die Konzeption der operativen Einheiten unterstützt eine **Dezentralisierung der Datenhaltung**, indem sie zunächst durch die Dezentralisierung der funktionalen Bereiche die Dezentralisierung der Stamm- und Bewegungsdaten bietet und damit die erforderlichen Voraussetzungen für Management-Informationssysteme auch in den Verkaufsstellen schafft. Bei den Informationssystemen gibt es aber einen Bereich, in dem die Grenze einer einheitlichen Konzeption für alle operativen Einheiten erreicht wird. Diese liegt in der Zusammenfassung der operativen Einheiten, so der gesamtunternehmensbezogenen Informationssysteme. Beispiele für Auswertungen aus gesamtunternehmensbezogenen Informationssystemen sind etwa

- die kurzfristige Erfolgsrechnung über alle operativen Einheiten oder
- eine artikelspezifische Ergebnisrechnung für einen bestimmten Artikel, über alle Verkaufsstellen.

Abfragen und Auswertungen

Die Datenbanken der operativen Systeme sind auf die Veränderung bzw. Analyse kleinerer Datenmengen ausgerichtet („transaktionsorientiert"). Dabei stehen insb. OLTP-Systeme (**Online Transactional Processing**) im Vordergrund. Ein Data Warehouse hingegen, als meist gesamtunternehmensbezogene Aggregation der Daten, ist durch einen wesentlich komplexeren Aufbau gekennzeichnet und wird insb. zu Analysezwecken eingesetzt. Im Vordergrund stehen dabei somit das Abfragen von Informationen bzw. die Aggregation der Daten. In diesem Zusammenhang sind die Verfahren des OLAP (**Online Analytical Processing**) von Bedeutung. Dabei erfolgt die Abfrage von „Datenwürfeln" bzw. die Navigation durch Datenbanken im Rahmen einer mehrdimensionalen Struktur (Gronwald 2017, S. 116f.). OLAP-Systeme dienen der Analyse- und Entscheidungsunterstützung, z.B. im Rahmen von multidimensionalen Analysen, Prognosen o.Ä. Es handelt sich um komplexe, interaktive Analysen, die in Form einer mehrdimensionalen Sicht auf die vorhandenen Datenbestände realisiert wird. Eine typische Visualisierungsform ist der **OLAP-Würfel**, wenngleich im Rahmen von OLAP-Analysen die Analyse von Daten auch hinsichtlich mehr als drei Dimensionen möglich ist (siehe Abbildung 5.79). OLAP-Analysen entsprechen dem „Durchschneiden" dieses Datenraumes und der sich daran anschließenden Analyse der sich daraus ergebenden Schichten. In vielen Handelsunternehmen und vielen Standard-WWS ist es üblich, die für derartige Auswertungen notwendigen Daten doppelt zu speichern (also z.B. in der jeweiligen Verkaufsstelle und der Zentrale), um auf diese Weise die Kosten der Datenübertragung zu senken und das Antwortzeitverhalten zu verbessern. Auf der Basis der heutigen Datenbanktechnologie sind jedoch wesentlich einfachere Lösungen für das beschriebene Problem denkbar. Dabei geht man von einer Konfiguration aus, in der jede operative Einheit ihr eigenes WWS hat, die wiederum alle in einem Rechnernetz miteinander verbunden sind (siehe Abb. 5.80). Die Unternehmensdatenbank kann dabei von vornherein über alle operativen Einheiten verteilt werden; die Daten werden jeweils nur an einer Stelle gespeichert, so z.B. dort, wo sie entstehen, oder auch dort, wo sie am häufigsten gebraucht werden. Die für eine artikelspezifische Ergebnisrechnung erforderlichen Artikelumsatzdaten werden also in der jeweiligen operativen Einheit gespeichert, in der sie entstehen. Alternativ sind Cloud-Lösungen denkbar.

Abbildung 5.79: OLAP-Konzept zur Datenanalyse am Beispiel eines Filialunternehmens

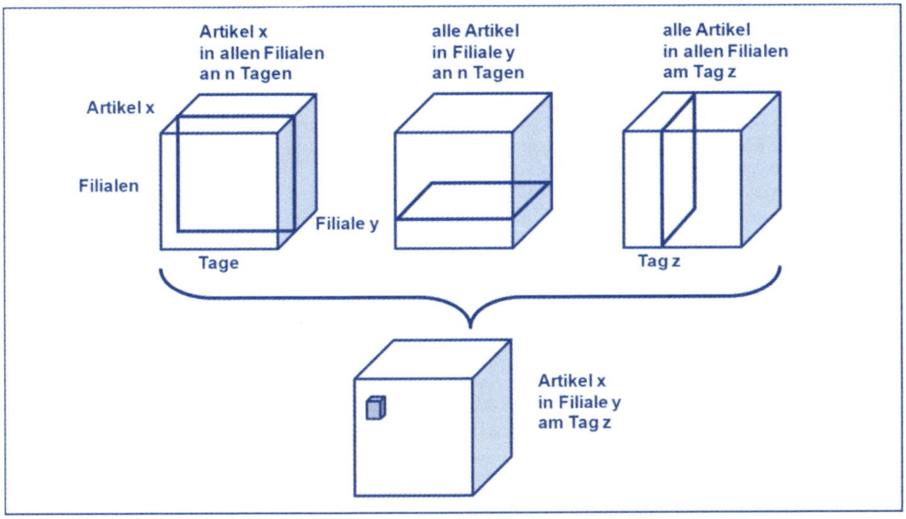

Quelle: Kloth 1999, S. 144.

In solchen **verteilten relationalen Datenbanken** stehen leistungsfähige Datenbankabfragesprachen (i.d.R. SQL) zur Verfügung. Damit kann dann eine artikelspezifische Ergebnisrechnung erstellt werden. Dabei spielt der Ort, an dem die Daten gespeichert sind, keine Rolle. Es wirkt so, als sei das System eine einheitliche, große Datenbank, während das Datenbanksystem im Hintergrund die Aufgabe übernimmt, die erforderlichen Daten im richtigen Netzknoten zu suchen, zu lesen und zu übertragen. Die Auswertung und Aufbereitung der Daten erfolgt an der Stelle, welche die Auswertung gestartet hat. Die zur Verfügung stehende Informationsbasis stellt eine der wesentlichen Schlüsselkomponenten eines Data Warehouses dar. Die Zielsetzung im Rahmen des **Data Mining** liegt darin, Datenmuster zu erkennen bzw. spezifische Daten aus dem Data Warehouse zu extrahieren. Die Aufgabe besteht somit darin, die Datenbanken zu „durchsuchen", um bisher unbekannte Zusammenhänge aufzuzeigen. Dieses erfolgt z.B. mithilfe statistischer Verfahren, KI-Logiken oder unter Einsatz genetischer Algorithmen. Anhand solcher Data Mining-Verfahren ist es z.B. möglich, Ergebnisse der folgenden Art zu extrahieren:

- Verbindungen und Beziehungen, z.B. über Verbundbeziehungen zwischen Artikeln
- Zeitreihenmuster, z.B. Aussagen über zeitbezogene Verbundbeziehungen zwischen Artikeln, wie die Ermittlung von Zeitspannen und Kaufwahrscheinlichkeiten für Additivgüter nach dem Erwerb eines bestimmten Artikels

- Klassifikationen, z.B. Charakterisierung von Kundentypen bzgl. Kaufzeitpunkte und -orte
- Cluster, z.B. Aufdecken neuer, vorher unbekannter Kundentypen
- Vorhersagen, z.B. Absatzprognosen bei Einführung neuer Marketingaktivitäten.

Abbildung 5.80: Zugriffe der artikelspezifischen Ergebnisrechnung auf die Daten in einer verteilten relationalen Datenbank

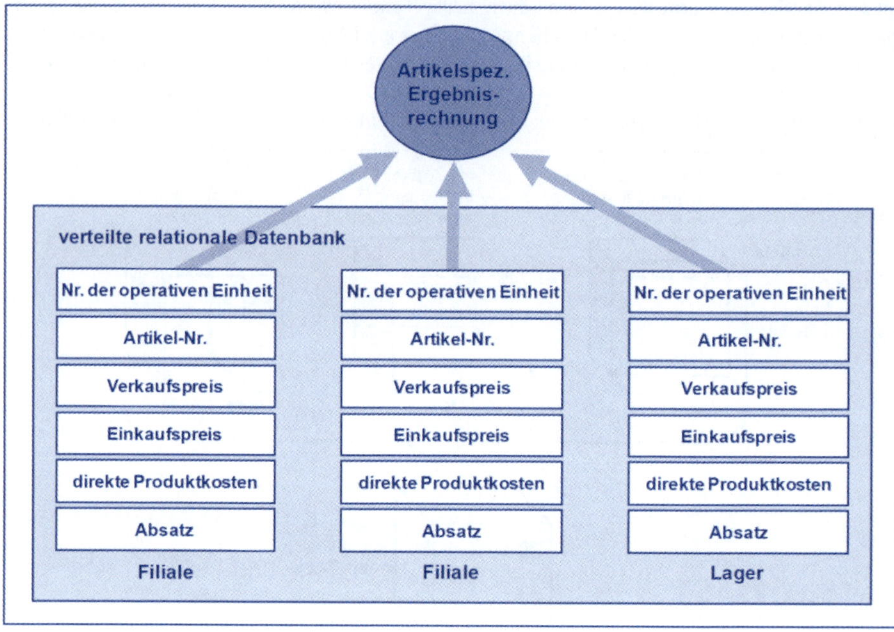

Beim Data Mining i.S. von Business Intelligence-Anwendungen sind bspw. **Mustererkennungen** auf der Ebene von Kunden- bzw. Zielgruppen der Händler möglich, die auf Kunden übertragen werden. Umgekehrt geht der Ansatz von **Big Data Analytics** vor. Er ist darauf ausgerichtet, individuelle Kunden in den Vordergrund der Analysen zu stellen und daraus Rückschlüsse auf das Gruppenverhalten zu ziehen (Gronwald 2017, S. 125). Big Data zeichnet sich dabei durch ein enormes Datenvolumen (**Volume**) aus, das zur Analyse zur Verfügung steht, durch eine erhebliche Vielfalt an Datenformaten (**Variety**) und durch eine enorme Geschwindigkeit, mit der neue Daten entstehen (**Velocity**) und für Analysen zur Verfügung stehen (Gluchowski 2016, S. 277). Zudem spielt die Dimension der Vertrauenswürdigkeit, Wahrhaftigkeit und Sinnhaftigkeit der Daten (**Veracity**) eine besondere Rolle, denn nicht alle gespeicherten Daten sind auch glaubwürdig (Gentsch 2018, S. 10).

Die wesentlich verbesserten Technologieoptionen bei Hard- und Systemsoftware sowie Cloudlösungen, neue Datenbanktechnologien, Data Warehouse-Konzeptionen sowie Speicherungs- und Zugriffskonzepte, als auch bei Anwendungssoftware, insb. in Bezug auf Simulation und Optimierung, eröffnen neue Anwendungsfelder. Diese Anwendungsfelder zeichnen sich v.a. durch einen neuen Grad von „Intelligenz" aus, dringen in Gebiete vor, die bisher dem Menschen vorbehalten waren, für den sie aber v.a. auch vor dem Hintergrund viel zu großer Datenvolumina nicht umsetzbar waren. Im Fokus stehen dabei v.a. Einsatzgebiete im Bereich der Optimierung des absatzmarktbezogenen Handelsmarketings, so Sortimentsoptimierung, Regalplatzoptimierung, Preisoptimierung oder Promotionsoptimierung (siehe das Vierte Kapitel).

F. Fallstudie: Zara

I. Darstellung des Unternehmens

Das Fashion- bzw. Textilunternehmen Zara[1] ist eine Tochter der spanischen **Inditex-Gruppe**, des größten Fashion-Händlers Europas. Inditex wurde im Jahre 1975 von Amancio Ortega in A Coruña (Galizien) gegründet. Heute handelt es sich um eine fast vollständige **vertikale Integration** mit Optimierung und hoher Kontrolle der Supply Chain, um insb. eine möglichst hohe Reaktionsgeschwindigkeit auf Kundenbedürfnisse zu erzielen. Zeit ist daher der wichtigste Faktor, wichtiger noch als die Fertigungskosten. Die vertikale Integration ermöglicht eine Verkürzung der Lieferzeiten und bietet hohe Flexibilität, sodass die Lagerbestände und auch das Moderisiko minimiert werden. Diese Philosophie spiegelt sich im nachfolgend behandelten Geschäftsmodell wider. Der Erfolg von Inditex ist hoch, der Umsatz stieg seit dem Jahre 2011 um rd. 11% p.a. und der Gewinn vor Zinsen und Steuern (EBIT) um durchschnittlich 10%. Im Jahre 2016 hat Inditex einen Umsatz von 23,31 Mrd. EUR erwirtschaftet. Die Business Unit ZARA, die größte Vertriebsmarke, erreichte 15,394 Mrd. EUR (66% des Gesamtumsatzes) in 2.213 Outlets in 93 Ländern der Welt (siehe Tab. 5.3). Zaras Gewinn vor Steuern und Zinsen (EBIT) betrug 2,764 Mrd. EUR und damit 68,7% vom Gesamtgewinn.

Tabelle 5.3: Umsatzverteilung und Outlets von Inditex nach Regionen

Vertriebsmarke	Kurzcharakterisierung	Umsatz 2016 (2009)		Anzahl Outlets 2016 (2009)			
		Mio. EUR	in %	Europa	Amerika	Asien/ Afrika	Gesamt
Zara	Trendmode für Frauen, Männer sowie Kinder	15.394 (7.077)	66,0 (63,8)	1.351 (1.204)	309 (188)	553 (216)	2.213 (1.608)
Bershka	Kleidung für jugendliche Avantgarde-Konsumenten	2.012 (1.177)	8,6 (10,6)	765 (541)	101 (59)	215 (51)	1.081 (651)
Massimo Dutti	Höchst anspruchsvoller Mode und Freizeitkleidung für Männer und Frauen	1.630 (790)	7,0 (7,1)	539 (411)	60 (32)	166 (54)	765 (497)
Pull & Bear	sportliche Freizeitkleidung für junge Konsumenten	1.566 (771)	6,7 (7,0)	700 (527)	86 (39)	187 (60)	973 (626)
Stradivarius	modische Kleidung und Accessoires für junge Konsumenten	1.343 (702)	5,8 (6,3)	740 (464)	62 (5)	192 (46)	994 (515)
Zara Home	Einrichtungsgegenstände, Heimtextilien, Geschirr, Dekoration	774 (243)	3,3 (2,2)	390 (224)	57 (13)	105 (24)	552 (261)
Oysho	Dessous und Accessoires für Frauen	509 (280)	2,2 (2,5)	451 (336)	56 (29)	129 (27)	636 (392)
Uterqüe	modische, hochwertige Handtaschen, Schuhe, Accessoires für Männer/Frauen	83 (44)	0,4 (0,4)	54 (49)	12 (1)	12 (7)	78 (57)
Gesamt		23.311 (11.084)	100,0 (100,0)	4.990 (3.756)	743 (366)	1.559 (485)	7.292 (4.607)

Quelle: www.inditex.com 2017.

51 Outlets eröffnete Zara allein im Jahre 2016, wobei neben Gesamteuropa das spanische Ladennetz mit 494 Outlets die höchste Dichte aufweist. Die Outlets der Inditex-Gruppe lassen sich in diejenigen einteilen, die das Unternehmen selbst betreibt, die **„company-managed"-Stores,** sowie diejenigen, die im Franchise-System betrieben werden. Bei Zara betrug der Anteil der **Franchise-Stores** im Jahre 2016 11,4% mit einem Umsatzbeitrag von 13%.[2] Die Zara-Stores befinden sich i.d.R. an privilegierten Standorten (1a-Lagen) in Innenstädten und

[1] Die Fallstudie basiert auf Unternehmensinformationen, www.inditex.com und Inditex Geschäftsbericht 2016.

[2] Der Franchise-Anteil ist bei Oysho und Zara Home ähnlich hoch, liegt bei Massimo Dutti bei 14,1%, bei Uterqüe bei 16,7%, bei Stradivarius bei ca. 18,3% und bei den anderen Vertriebsschienen bei ca. 15%.

Einkaufszentren. Zusätzlich zum stationären Geschäft baut Zara die Onlinepräsenz weiter stetig aus. In 2016 sind weltweit Onlineshops in 39 Ländern vertreten. Im Vergleich zum Vorjahr kann Zara demnach ein Wachstum im Onlinebereich von 44,4% verzeichnen. Über die Online- und Offline-Outlets hat Zara andere Kanäle im Omnichannel-System etabliert. Neben Social Media-Kanälen wie Facebook (25.233.087 Follower in 2016), Instagram (15.731.099), Twitter (1.229.686), Youtube (33.481) oder Pinterest (330.341), kommuniziert Zara auch durch eine eigene App für Smartphones. Um durch die Bezahlung über die App einen weiteren Service anzubieten führte Inditex einen mobilen Bezahlservice ein, der Kunden den Einkauf in markeneigenen und generellen Apps ermöglicht und die Bezahlvorgänge erleichtert. Das System wurde bisher auf 15 Länder ausgeweitet. Die Verknüpfung der Online- und Offline-Kanäle stellt ein weiteres Servicemerkmal dar. So können Kunden online einkaufen und die Ware offline abholen, die Verfügbarkeit eines Artikels im bestimmten Outlet abfragen sowie einen Filial-Suchservice auf der Website nutzen.

II. Geschäftsmodell: Integrierte, reaktionsschnelle Supply Chain

1. Prozessüberblick

Das Geschäftsmodell von Zara zeichnet sich im Vergleich zu anderen Modellen durch einen hohen Grad vertikaler Integration aus, das konsequent am Kunden ausgerichtete Wertschöpfungsprozesse integriert (siehe Abb. 5.81).

Abbildung 5.81: Flexibles, integriertes Geschäftsmodell

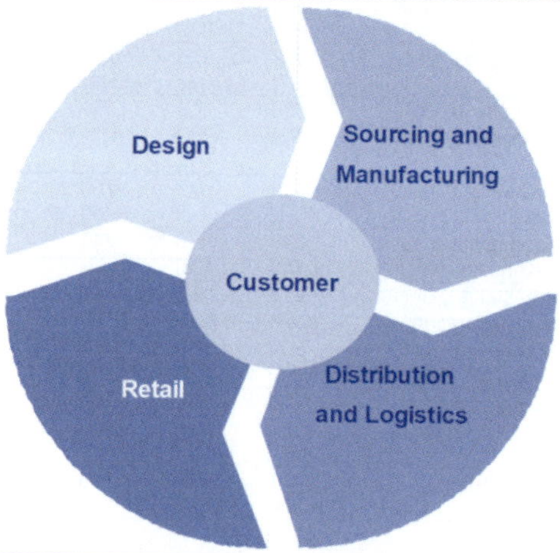

Quelle: Inditex 2008, S. 26.

Der Bereich Design/Produktion umfasst u.a. die Trenderkennung und Kollektionsentwicklung sowie die Textil- und Bekleidungsproduktion; „Logistics" schließt die Bündelung sowie die Verteilung der Ware zentral ab den Logistikplattformen ein; der Bereich Store beinhaltet insb. PoS-Marketing, Sortimentspräsentation, Verkauf und Werbung, wobei Letztere maßgeblich aus Verkaufsraumgestaltung und Schaufensterwerbung besteht. Der umschließende Bereich Teams hat die Inditex Mitarbeiter mit ihren unterschiedlichen Funktionen in den einzelnen Wertschöpfungsprozessen zum Gegenstand. Das Modell hat eine flexible, integrierte Struktur und weist eine starke Kundenorientierung in allen Wertschöpfungsprozessen auf. Die

Unternehmensphilosophie lautet demgemäß: „Creativity, quality design and rapid turnaround to adjust to changing market demands.“ Insofern ist der Erfolg von Zara nicht in einzelnen Wertschöpfungsfunktionen begründet, sondern in einer optimierten, reaktionsschnellen Supply Chain, die eine starke Kundenorientierung aufweist und Zara in die Lage versetzt, in 15 Tagen neue Bekleidung zu designen, zu produzieren und in die Stores auszuliefern. Solch eine Geschwindigkeit hat Benchmark-Charakter in der Branche, in der Designer oft Monate benötigen, um Kollektionen zu planen. Sie wird als **„fast fashion“** bezeichnet, während Inditex dies selbst in der Positionierung seiner Vertriebsmarken als Marken mit einem hohen Fashion-Anteil zu einem eher günstigen Preis sieht. Dabei geht das Unternehmen davon aus, dass es eine länderübergreifende und von der jeweiligen Landeskultur unabhängige, fashion-orientierte Zielgruppe für Zara-Produkte gibt. Da Zara die neueste Mode so schnell anbieten kann, werden auch etwa 80 bis 85% der vollen Verkaufspreise eingenommen (im Branchendurchschnitt 60-70%). Zudem resultiert ein Vorteil aus höheren Margen, da keine Zwischenhändler eingeschaltet werden. Das schnelle Aufspüren neuer Designtrends und -entwicklungen, deren Verarbeitung und Vermarktung in Kollektionen sowie die Reaktion auf die eigenen Abverkaufsdaten und Kundenwünsche in der laufenden Kollektion bilden einen innovativen **„Push-Pull-Push-Prozess“**. Insofern realisiert Zara sowohl ein Forecasting bzgl. der Trends als auch v.a. eine reaktive Politik des **„postponement“**. Dies führt dazu, dass Produktionsentscheidungen so lange wie möglich aufgeschoben werden, um den Kundengeschmack möglichst genau zu treffen und Zara sechs Monate vor einer Saison nur 15-25% der Produktion festlegt (im Branchenschnitt 45-60%). Auch die Organisationsstruktur von Inditex ist mit drei Bereichen auf Flexibilität ausgerichtet:

- Das Management und angehängte Corporate Departments von Inditex managen die Belange des Gesamtkonzerns.
- Auf der nächsten Ebene ist jede der Vertriebsmarken einer Geschäftseinheit zugeordnet, an deren Spitze jeweils ein hauptverantwortlicher Manager steht.
- Das Business Support Areas, umfasst unterstützende Bereiche: Logistik, Geschäftsexpansion, Grundbesitz/Immobilien, Internationales, Rohstoffversorgung und Fertigungsanlagen.

2. Design und Produktion als Geschäftsprozesse

Alle Modelle der einzelnen Kampagnen werden von den Design-Teams der verschiedenen Vertriebsmarken kreiert, wobei den mehr als 200 allein für Zara tätigen Modedesignern nicht nur die auf dem Markt vorherrschenden Modetrends, sondern auch die von Kunden in den eigenen Filialen erhaltenen Informationen als Anregung für neue Kollektionen dienen. Die Analysen und Auswertungen der Verkaufsdaten werden dabei täglich in den Filialen durchgeführt und direkt auf I&K-basierten Plattformen an die Zentrale weitergeleitet. Dadurch wird der Informationskreislauf zwischen den Konsumenten und den vorgelagerten Prozessen geschlossen. Der Erfolg der Kollektionen liegt in der Fähigkeit begründet, die sich kontinuierlich ändernden Modetrends zu erkennen, um sich mit neuen Modellen an die Wünsche der Kunden anzupassen. Inditex nutzt die Flexibilität seines Geschäftsmodells, um sich an möglichen, im Verlauf von Modekampagnen auftretende Trendänderungen zu orientieren. Jährlich entwerfen Designer über 50.000 Modelle, von denen rund 10.000 für die Produktion ausgewählt werden. Die Schnittmuster werden direkt am Bildschirm entworfen und zeitnah online an die Zulieferer und Produktionsstätten gesandt. Design wird in diesem Zusammenhang als vollständig integrierter Prozess innerhalb der Supply Chain verstanden (siehe Abb. 5.82). Das Schlüsselelement dieses Prozesses bildet der PoS, d.h., die Ladengeschäfte mit sorgfältig gestalteten Verkaufsräumen, in denen sich die Kunden wohlfühlen sollen, während sie die dargebotene Mode entdecken, und in denen die notwendigen Informationen zur Anpassung des Angebots an die Nachfrage gesammelt werden. Der entscheidende Faktor ist die Fähigkeit, das Angebot in möglichst kurzer Zeit an die Kundenwünsche anzupassen. So lässt sich für die Teile der Kollektion mit hohem Fashion-Anteil von einem sog. „**design-on-demand-retailing**" sprechen, d.h. unmittelbarer Anpassung an individuelle Kundenwünsche.

Abbildung 5.82: Design als voll integrierter Prozess

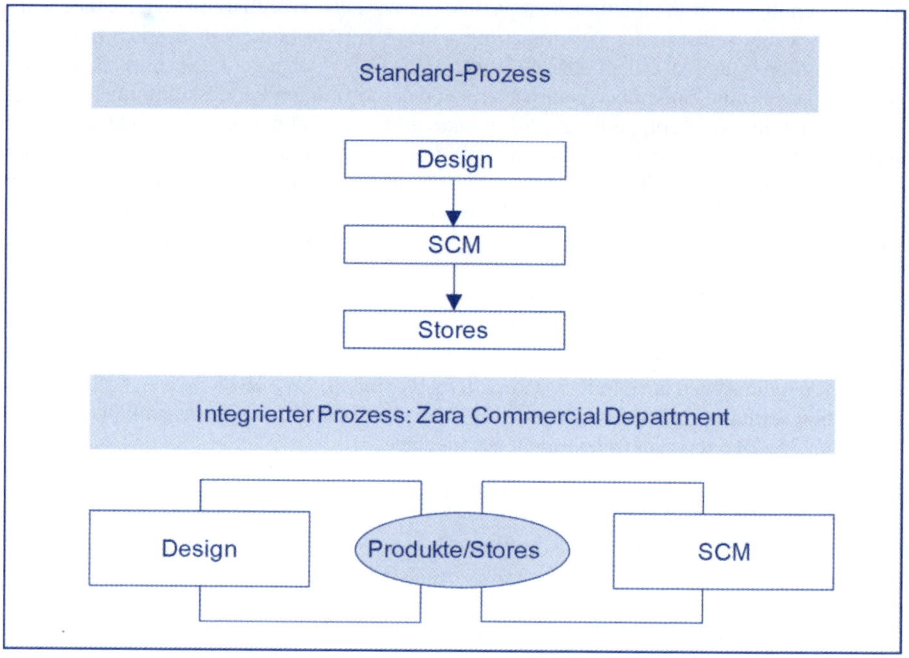

Die Kontrolle darüber liegt beim spanischen Stammhaus. Trendige Kollektionen mit rascher Adaption von Kundenwünschen auf Basis hoher Lieferumschlaggeschwindigkeiten dienen der Positionierung als qualitative Erlebnismarke am Puls der Zeit. Dazu werden die Couture-Schnitte der renommierten Designer, wie z.B. Prada oder Gucci, adaptiert und Trendscouts sichten Modenschauen, Messen, gesellschaftliche Ereignisse oder Diskotheken weltweit. Teilweise kommt Zara sogar der Haute Couture zuvor, bietet zugleich aber zu einem deutlich niedrigeren Preis mit entsprechend preiswerteren und weniger hochwertigen Stoffen an.

Inditex hat ein flexibles Beschaffungs- und Produktionssystem entwickelt. Die Ware wird zum größten Teil selbst produziert. So kann das spanische Unternehmen schnell auf Trends reagieren und Artikel dann liefern, wenn sie gebraucht werden (Just-in-time). Lagerkosten und die Abhängigkeit von Produzenten entfallen. Während andere Hersteller ihre Produktion gänzlich in Billiglohnländer auslagern, stammen bei Zara 40% der Stoffe aus konzerneigenen Beständen der Tochtergesellschaft Comditel, 60% werden von eng angebundenen Lieferanten zugeführt. Die Produktion nach geografischen Regionen ergibt folgendes Bild: Nach Konzernangaben werden 59% der produzierten Waren in geografischer Nähe des Stammsitzes in Spanien, Portugal, Türkei, Marokko und Nachbarländern hergestellt. Die verbleibenden 41% teilen sich auf Asien, Amerika und Afrika auf.[1]

[1] Diese Prozentangaben (www.inditex.com 2017) werden in der Branche kritisch bewertet und i.S. eines symbolischen Charakters mit sozialer Verantwortung des Unternehmens für die Region Galizien interpretiert.

Primär Produkte mit einem höheren Fashion-Anteil werden in konzerneigenen Produktionsstätten oder von Lieferanten gefertigt, deren Prozesse in die Konzernstrukturen eingebunden sind. Es handelt sich um ein Netzwerk von 400 spezialisierten Subunternehmen, meist kleinen Werkstätten in der Nähe des Stammsitzes. Design, Zuschneiden und Endfertigung werden jedoch i.d.R. von Inditex selbst erledigt. Einfachere Bekleidungsstücke werden nach außen vergeben. In vielen Fällen stellt Inditex dabei die Stoffe und sonstige zur Herstellung der Kleidungsstücke erforderlichen Elemente den externen Lieferanten zur Verfügung.[1]

Herstellungskosten sind für Inditex nicht der ausschlaggebende Faktor, um wettbewerbsfähig zu sein. Die Produktionskosten sind bspw. um 15% höher als für ähnliche Produkte von Benetton oder Gap (Lyne 2002). Zara beginnt erst in großen Mengen zu produzieren, nachdem sich das Produkt am PoS als gut verkäuflich erwiesen hat, d.h., es werden zunächst relativ kleine Stückzahlen gefertigt, um die Nachfragestruktur einschätzen zu können und um Exklusivität zu kreieren. Letzteres bedeutet, dass die **Produktknappheit** bei den Kunden Aufmerksamkeit erregt und unmittelbare Kaufentscheidungen stimuliert, d.h., eingeplante Out-of-Stock-Situationen fördern den Abverkauf.

3. Distributions- und Logistikprozesse

Die gesamte Produktion wird unabhängig vom Herkunftsland zunächst an die zentralen Logistikzentren der einzelnen Handelsketten geliefert, in denen die Produkte auf einzuhaltende Qualitätsstandards hin überprüft und mit einem internationalen Preisschild etikettiert werden (Ghemawat/Nueno 2006). Anschließend wird von dort aus in kurzen, regelmäßigen Abständen gleichzeitig an alle Filialen geliefert. Mehrere hunderttausend Kleidungsstücke verlassen jeden Tag die vier Logistikzentren von Zara in Arteixo (A Coruña), Onzonilla (León), Meco (Madrid) und Zaragoza. Allein das erste Logistikzentrum gewährleistet eine nahezu vollautomatische Verteilung der Textilien auf die Geschäfte. Es hat eine Fläche von etwa 280.000 qm und ist ausgestattet mit modernen, speziell angepassten Technologien. Diese ermöglichen die Verteilung der Produkte per Lkw innerhalb von 24 Stunden auf ganz Europa. Die übrigen Standorte, insb. in Übersee, werden per Luftfracht innerhalb von etwa 48 Stunden beliefert. So ist gewährleistet, dass jedes Zara-Geschäft zweimal pro Woche neue Produkte erhalten kann. Dabei werden mit jeder Sendung neue Modelle geliefert, um eine kontinuierliche Erneuerung des Angebots in den Filialen zu gewährleisten. Logistik und Distribution erfolgen bei Zara in straffer, zeitgenauer Planung, bei der alle Beteiligten sich bei der Bestellung und dem Empfang von Waren an ein exakt definiertes Zeitfenster halten. Die Vertikalisierung in Verbindung mit effizienter Logistik ermöglicht es, schnell auf die Marktnachfrage zu reagieren und sowohl just-in-time zu produzieren als auch auszuliefern.

4. Handel als Geschäftsprozess

Das Geschäft bildet nicht den Schlusspunkt des Prozesses, sondern markiert einen Neubeginn, indem es als Sammelstelle für Informationen über die Marktsituation fungiert, die den Design-Teams neue Anregungen über Trendänderungen bei der Kundennachfrage geben. Während andere Unternehmen ca. 3,5% ihrer Umsätze zu Werbezwecken verwenden, fließen bei Zara hier 2% ein. Der Gestaltung der Filialen wird sowohl im Innen- als auch im Außenbereich bevorzugte Aufmerksamkeit zuteil. Eine entscheidende Rolle fällt dabei der Attraktivität der

---

[1] Die Zulieferer agieren als Geschäftspartner; Inditex hat verschiedene Programme zur Unterstützung der Zulieferer. Im Gegenzug erwartet Inditex die Einhaltung von Menschenrechten, gerechte und würdige Arbeitsbedingungen, soziale Verantwortung usw., was im „Codes of Conduct" festgelegt ist.

Schaufensterdekoration zu, welche die eigentliche Werbung für die Geschäfte an ausgewählten Standorten der Welt darstellt. Die Bedeutung Letzterer wird insofern deutlich, als dass in der Zentrale regelmäßig Musterschaufenster in Originalgröße mit spezieller Beleuchtung aufgebaut sind, deren Wirkung bei Tag und bei Nacht analysiert wird, und für die Auslagen weltweit bindend sind.

Bei der Gestaltung des Innenbereichs liegt die Zielsetzung in der Schaffung eines transparenten Raums, in dem die Kleidung die Hauptrolle spielt und alle Barrieren zwischen Kleidungsstücken und Kunden aufgehoben sind. Die Entwicklungsstrategie der Vertriebsmarken von Inditex besteht in der Integration eigener Filialen, die vollständig oder mehrheitlich von Inditex gesteuert werden. Wie dargestellt, trifft dies auf ca. 90% der in Eigenbesitz befindlichen Filialen zu. Auf Märkten mit geringerem Verkaufspotenzial oder kulturellen Unterschieden hat Zara Franchising-Verträge mit örtlich führenden Einzelhandelsunternehmen. Auf diese Weise erreicht Inditex ein zentrales Management und ein **globales Image** bei internationalen Kunden.

III. Kernprozesse des Supply Chain Managements im Überblick

Zara hat eine hocheffiziente Supply Chain als zentralen Wettbewerbsvorteil entwickelt. Die wesentlichen Merkmale des SCMs können wie folgt zusammengefasst werden:

- maximale Geschwindigkeit
- kontrolliertes Design
- vertikale Integration
- ungehemmter Informationsfluss
- modernste IT-Systeme
- optimierte Warenströme
- Investitionen in Prozesse anstatt in Werbung und Preisreduktionen.

Maximale Geschwindigkeit

„Speed“ ist das zentrale Merkmal der „fast fashion“-Retailer. Zara hat diese strategische Gruppe durch die Optimierung seiner Supply Chain entscheidend geprägt. Als Resultat dieser Optimierung hat Zara – wie hervorgehoben – erreicht, dass ein Kleidungsstück die gesamte Prozesskette vom Design über die Produktion, Auslieferung sowie Verfügbarkeit in einem der weltweiten Stores innerhalb von 15 Tagen durchlaufen kann (siehe Abb. 5.83). Des Weiteren beliefert das Unternehmen seine Geschäfte zweimal in der Woche mit Textilien und einmal pro Woche mit Schuhen und garantiert neue Ware mit jeder Lieferung.

Kontrolliertes Design

Da die hohe Geschwindigkeit bzw. die sehr geringe „time to market“ in Zaras Wertschöpfungsprozess klar im Vordergrund steht, weiten sich die strikten Kontrollen auch auf das Design aus. Zara rekrutiert bewusst keine Stardesigner, sondern setzt auf Nachwuchsdesigner, die oft von der Hochschule kommen. Das Kreativitätsmaß in der Design-Abteilung ist durch eng gesetzte Parameter, die sich aus Effizienz- und Schnelligkeitsaspekten ergeben, eingeschränkt. So steht den Designern nur eine minimale Anzahl an Mustern zur Verfügung.

Bei den Stoffen, Garnen und Tüchern wird aus Kosten- und Zeitgründen nur auf vorhandenes Material zurückgegriffen. Durch diese Vorgehensweise wird in Kauf genommen, dass die letztendlich entwickelte Mode nur annähernd, nicht aber vollständig, den Mustern entspricht. Der Vorteil dieser Vorgehensweise besteht darin, dass der Produktionsprozess nicht unterbrochen werden muss, da nicht auf die Lieferung von Komponenten gewartet werden muss.

Abbildung 5.83: Zeitliche Optimierung von Prozessen bei Produkten mit hohem Fashion-Anteil durch Vertikalisierung

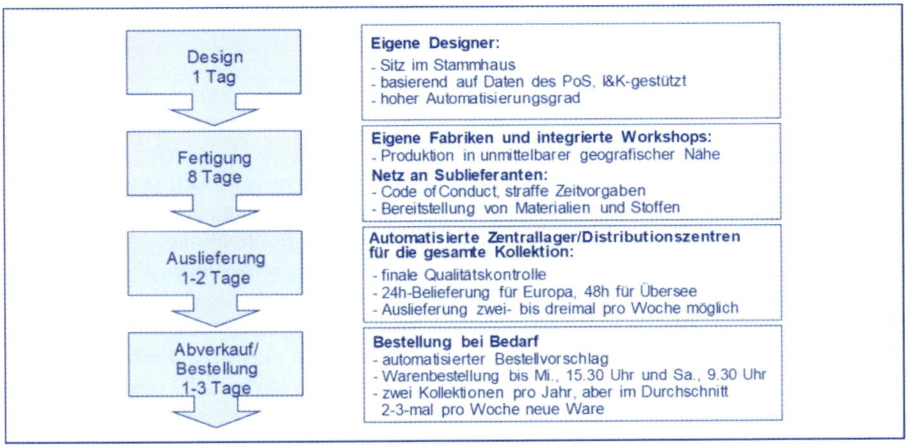

Vertikale Integration

Die vertikale Integration bedeutet, dass die Geschäftsprozesse wertschöpfungsstufenübergreifend organisiert werden und die klassische Aufgabenteilung zwischen Produktion und Handel aufgelöst wird. Zara hat sich vom reinen Textilproduzenten zum **vertikal integrierten Textilunternehmen** entwickelt und führt einen Großteil der absatz- sowie beschaffungsseitigen Wertschöpfungsfunktionen selbst oder zumindest in Kontrolle der Wertschöpfungskette aus. Relativ zur konventionellen Praxis im Fashion-Handel hat Zara nicht einen Großteil der Produktion ausgelagert. Den getätigten Investitionen in **„capital assets"** verdankt Zara eine erhöhte Flexibilität und Kontrolle über Produktionspläne und -kapazitäten, gleichzeitig wird eine hohe Abhängigkeit von externen Zulieferern verhindert. Die automatisierten **Just-in-time-Systeme**, die in Kooperation mit Toyota konzipiert wurden, sind anspruchsvoll. Weitere Funktionen mit Outsourcing-Potenzial wie Lagerhaltung und Distribution sowie die damit verbundenen logistischen Aktivitäten werden ebenfalls unternehmensintern durchgeführt, und zwar in den Logistikzentren. Beide sind meist nicht vollständig ausgelastet und – wie bei den Fabriken – es steht nicht eine Maximierung der Economies of Scale im Vordergrund, sondern es sind freie Kapazitäten zu „reservieren", um schnell auf unvorhergesehene Nachfrage sowie auf dem Höchststand befindliche Nachfrage (sog. peaks) reagieren zu können.

Ungehemmter Informationsfluss

Grundvoraussetzung für das Funktionieren des Geschäftsmodells ist der unmittelbare und umfassende Informationsaustausch zwischen sämtlichen Akteuren der Supply Chain. So sind die Organisationsstrukturen und Arbeitsprozesse durch gezielten Abbau von Bürokratie darauf ausgerichtet, den Informationsfluss zwischen Kunden, Store-Managern, Designern, Produktionspersonal, Lagerleitern sowie Distributoren zu erleichtern. Um eine schnelle und direkte Kommunikation zu fördern, hält Zara die drei Geschäftsbereiche Herren-, Damen- und Kinderbekleidung getrennt, obwohl dadurch Mehrkosten entstehen bzw. Kosten durch Nicht-Nutzung möglicher Synergieeffekte nicht optimiert werden. Aus Sicht des Unternehmens ermöglicht die Beibehaltung dreier, parallel operierender Kanäle mit eigener Beschaffung, eigener Produktionsplanung, eigenem Design und eigenem Vertrieb eine flexiblere Steuerung der Supply Chain. Um einen optimalen Informationsaustausch zwischen Designern, Marktspezialisten sowie Beschaffungs- und Produktionsplanern zu gewährleisten, sind die

Mitglieder dieser drei Funktionsgruppen in räumlicher Nähe angesiedelt. Dies erleichtert ihnen die Bildung von funktionsübergreifenden Teams, um sich abzustimmen, wodurch die Geschwindigkeit sowie die Qualität des Designprozesses entscheidend erhöht werden.

Modernste IT-Systeme

Der Austausch von Informationen wird wesentlich durch den Einsatz modernster IT-Systeme gefördert. So werden in der Kommunikation zwischen Store-Managern und Marktspezialisten in der Unternehmenszentrale verstärkt PDAs eingesetzt, um sowohl Bestellungen und Abverkaufszahlen als auch Kundenmeinungen und Gerüchte über neue Modetrends zu übermitteln. Die Designer arbeiten mit **„computer-aided design"-Systemen**, in denen sie das „Finetuning", z.B. hinsichtlich der Farben, vornehmen und die Informationen in Realzeit an bestimmte Maschinen in den Fabriken weiterleiten können. Die Bewegungen einzelner Stoffteile, die noch zu einem Kleidungsstück zusammengefügt werden müssen, können anhand von Barcodes durch den gesamten Produktionsprozess nachvollzogen werden. Durch die Datenaktualisierung und die vertikale Integration gelingt es Zara, den sog. **„bullwhip effect"** abzuschwächen. Hiermit ist gemeint, dass sich kleine Abweichungen, z.B. von Bestellmengen, beim Durchlaufen der Supply Chain tendenziell vergrößern. So kann aus einer kleinen Bestellmenge oder einer kleinen Änderung einer bestehenden Order, die vom Händler angegeben wird, durch die weiteren Übermittlungsvorgänge, zunächst zum Großhändler, dann zum Lieferanten und ggf. zum Vorlieferanten, eine substanzielle Vergrößerung der ursprünglich angegebenen Menge entstehen. Die Variabilität der Nachfrage steigt dabei zunehmend, je weiter man sich entlang der Supply Chain bewegt. Ein mit modernster IT-Infrastruktur ausgerüstetes vertikales Unternehmen kann diesen unvorteilhaften Effekt mittels fortlaufender Datenaktualisierung und -übertragung minimieren. Zara nutzt seit 2016 auch das Radiofrequenzidentifikations (RFID)-System um einen möglichst reibungslosen Ablauf in der Supply Chain zu gewährleisten. Diese Technik ermöglicht es, jedes einzelne Kleidungsstück anhand einer am Produkt befindlichen Sicherung zu jeder Zeit lokalisieren zu können. So kann jedes Produkt ab dem Zeitpunkt der Herstellung, bei der der RFID-Tag am Produkt angebracht wird, über die Logistikprozesse hinweg, bis zum Verkauf zu jeder Zeit identifiziert werden. Somit werden sämtliche Lieferprozesse überwacht und Abverkäufe zu jedem Zeitpunkt analysiert, um einen bestmöglichen Service für die Kunden zu gewährleisten.

Optimierte Warenströme

Neben den Informationsströmen werden auch die Warenströme genauestens im Voraus geplant. Die aufeinander folgenden Schritte in der Prozesskette sind dabei eng getaktet und nahezu synchron aufeinander abgestimmt. So gibt es für jeden Store-Manager zweimal pro Woche speziell definierte, verbindliche Zeitfenster zur Orderplatzierung. Das **„order fulfillment"** als nächster Teilprozess läuft ebenso exakt geplant und verlässlich ab. Die bestellte Ware wird im Verteilzentrum über Nacht für das jeweilige Outlet vorbereitet und meist per Lkw oder Flugzeug ausgeliefert. Der genaue Zeitpunkt des Eintreffens der Ware kann vom Store-Manager exakt vorausberechnet werden, da die vorgesehene Belieferungsdauer konstant eingehalten wird. Diese beträgt innerhalb von Europa i.d.R. 24 Stunden und außerhalb Europas für Outlets in Amerika und Asien ca. 48 Stunden. Das Einordnen der Ware in die Verkaufsräume kann unverzüglich nach ihrem Eintreffen erfolgen, da sie i.d.R. bereits ausgezeichnet ist und z.T. präsentationsfertig angeliefert wird.

Investitionen in Prozesse anstatt in Werbung und Preisreduktionen

Wie angedeutet, geht ein Großteil der Investitionen von Zara in den Bereich der Supply Chain-Prozesse, um durch deren Optimierung eine Verringerung der „lead times" zu erreichen. Lediglich 2% des Umsatzes investiert das Unternehmen durchschnittlich p.a. in Werbung, d.h., die Schaufenster- und Ladendekorationen fungieren als primäre Kommunikationsmedien. Auch auf die Vermeidung von Preisnachlässen wurde bereits verwiesen.

IV. Fazit und Ausblick

Insgesamt kann Zaras Supply Chain-Strategie als ein Konzept beschrieben werden, das **„agility"** und **„leanness"** miteinander verbindet. Während „leanness" i.S.v. „lean manufacturing" einen Lagerbestand minimierenden JIT-Ansatz impliziert, der aber am besten bei der Produktion hoher Stückzahlen und wenig Variabilität in einem eher stabilen Umfeld eingesetzt wird, geht Agilität darüber hinaus. Sie zeichnet sich durch Marktsensitivität, Virtualität, Prozessintegration und Netzwerkstrukturen aus (siehe Abb. 5.84). Zaras Supply Chain kann als marktsensitiv charakterisiert werden, da sie an Maßnahmen des ECR bzw. Quick-Response in der Fashion-Branche erinnert, z.B. durch die direkte Übermittlung von PoS-Daten mittels Electronic Data Interchange (EDI) und das Eingehen auf tatsächliche Nachfrage, wenngleich sie parallel auch prognoseorientiert operiert. Durch integrativen und kooperativen Informationsaustausch werden Supply Chain-Partnerprozesse integriert, sodass letztendlich ein netzwerkartiges Gebilde entsteht, wie es Zara und die in unmittelbarer Umgebung befindlichen Kleinunternehmen darstellt. Insgesamt zeichnet sich das SCM von Zara durch drei zentrale Prinzipien aus, die als **Benchmarks** angesehen werden können:

- „Close the communication loop": Sowohl analytische Daten als auch „weiche" Informationen können schnell von den Kunden zu den Designern und den Produktionsstätten gelangen. In diesem Zusammenhang können auch Materialien und Produkte auf jedem ihrer Schritte durch die Supply Chain verfolgt und kontrolliert werden, inklusive des Bestandes in der Auslage und den Schaufenstern der Stores. Das Ziel dabei besteht darin, den Informationskreislauf zwischen den Endkunden und den vorgelagerten Prozessen Design, Beschaffung, Produktion und Distribution so schnell und direkt wie möglich zu gestalten, um strategischen Nutzen daraus zu ziehen.
- „Stick to a rhythm across the entire chain": Bei Zara sind schnelles Timing der Prozesse und Synchronität vorbildlich. Diesbezüglich kann die strategische Gestaltung der Supply Chain dahingehend charakterisiert werden, als dass finanzielle Mittel in alle Bereiche investiert werden, die dazu beitragen, die Reaktionsgeschwindigkeit, Flexibilität und Effizienz der Supply Chain als Ganzes weiterzuentwickeln und zu verstärken.
- „Leverage your capital assets to increase supply chain flexibility": Zara hat hohe Kapitalinvestitionen in seine Produktions- und Distributionskapazitäten getätigt und nutzt diese zur Steigerung der Effizienz und Flexibilität der Supply Chain vor dem Hintergrund einer konsequenten Kundenorientierung. Selbst neue – und für die Fashion-Branche charakteristische – schwankende Kundenbedürfnisse können so kurzfristig identifiziert und in einen Wettbewerbsvorteil verwandelt werden. Komplexere und exklusivere Produkte mit hohem Fashion-Anteil werden als Kernkompetenz inhouse gefertigt, entsprechend in den Stores positioniert und sorgen für einen Imagetransfer auf das gesamte Sortiment.[1]

Die Vertikalisierung und daraus folgend das „design-on-demand" bzw. Quick-Response bilden die Kernerfolgsfaktoren, wodurch Zara in der Lage ist, Trends und Kundenwünsche direkt umzusetzen. Hier wurde deutlich, dass nicht einzelne Schnittstellen oder Prozesse optimiert werden, sondern die Supply Chain insgesamt konfiguriert wird. Aus den auf diese Weise generierten Leistungen resultiert ein Imagetransfer auf die gesamte Kollektion und eine

[1] Ähnlich wie viele seiner Konkurrenten beschafft und produziert Zara zugleich den längerfristig geplanten Teil der Sortimente mit den üblichen Vorlaufzeiten in Osteuropa oder Asien.

USP am Markt. Durch die daraus resultierenden Erfolge, wie höher erzielte Verkaufspreise und geringere Abschriften der verkauften Produkte, wird der volle Verkaufspreis realisiert. Dies bedeutet ein Umsatzwachstum und trotz höherer Kosten auch ein Gewinnwachstum.

Abbildung 5.84: Charakteristika der agilen Supply Chain

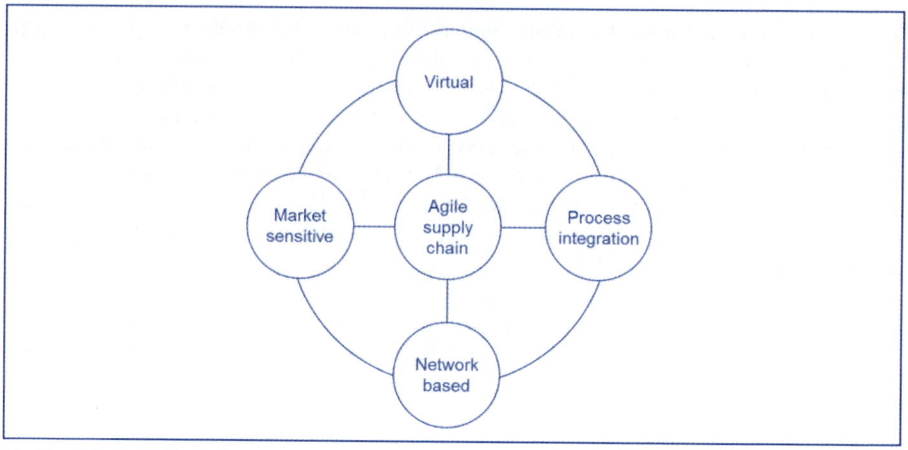

Quelle: Martin 2000, S. 40.

Langfristig liegt die USP in dem nur schwer nachzuahmenden Geschäftsmodell. Während die weitere Entwicklung des „Mobile Payment"-Konzepts immer mehr in den Mittelpunkt rückt, beschäftigt Inditex sich fortlaufend mit dem Thema Nachhaltigkeit. In einem Unternehmen, das „fast fashion" so perfektioniert hat wie Zara, ist der Verschleiß an Rohstoffen groß. Daher setzt Zara in Zukunft den Fokus auf den Umweltschutz und die damit verbundene Nachhaltigkeit der eigenen Kleidungsstücke. Im Rahmen der „Closing the Loop"-Kampagne stellt das Unternehmen Container in den Geschäften auf, in denen die getragene Kleidung gesammelt wird und im Anschluss recycelt werden kann. Außerdem sollen die Kunden in Spanien auch die Möglichkeit haben, ihre Altkleider dem lokalen Logistikunternehmen bei Lieferung einer Onlinebestellung mitzugeben. Laut Angaben des für dieses Recyclingprojekt eingebundenen Textilherstellers soll es danach möglich sein, aus 3000 Tonnen Altkleidern schätzungsweise 48 Millionen neue Kleidungsstücke herzustellen.

Sechstes Kapitel

Die Konzepte der Führung

A. Gegenstand

Die Führung umfasst die Steuerung des Gesamtsystems eines Unternehmens sowie die Gestaltung und Abstimmung (Koordination) der Unternehmens-Umwelt-Interaktion (Macharzina/Wolf 2018, S. 44). Vier Teilsysteme der Unternehmensführung sind relevant:

- das Strategiesystem
- das Organisationssystem
- das Prozesssystem (auch Planungs-, Informations- bzw. Kontrollsystem genannt)
- das Personalsystem.

Da auf die Strategien im Zweiten Kapitel eingegangen wurde, werden nun das **Organisationssystem**, die **Prozesse (Controlling)** und das **Human Resource Management** (HRM) fokussiert. Auch im Handel stehen die Teilsysteme in Beziehungen und der Unternehmenserfolg wird nur bei Berücksichtigung dieser Interdependenz im relevanten Kontext erklärt.

Abbildung 6.1: Interdependenz der Teilsysteme der Unternehmensführung

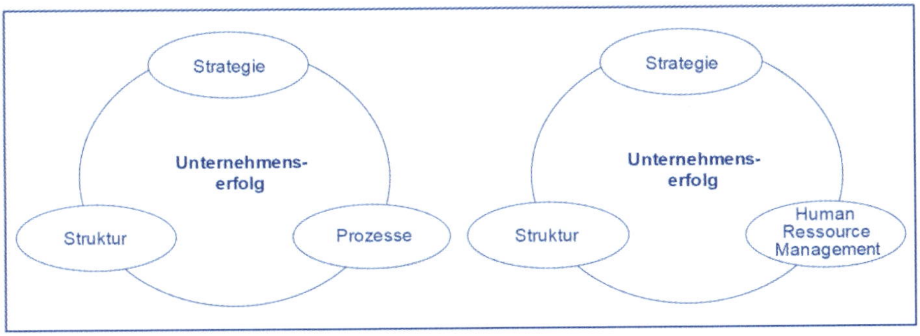

Zusammenhänge zwischen den Teilsystemen der Führung (interne Konsistenz)

Die Bedeutung der Interdependenz der Teilsysteme für den Unternehmenserfolg ist naheliegend. Wie Abb. 6.1 zeigt, bedingen sich bspw. die Strategie und die Organisationsstruktur gegenseitig. Einerseits muss die Struktur – getreu der Prämisse „**Structure follows Strategy**" – die Umsetzung der Strategien ermöglichen und ist deshalb an den strategischen Entscheidungen des Unternehmens auszurichten. Andererseits beeinflusst die Organisationsstruktur die Zuständigkeiten, Kompetenzen und Kommunikationsbeziehungen im Unternehmen und wirkt dadurch auf die Strategieformulierung und -umsetzung. Insofern besitzt auch die Prämisse „**Strategy follows Structure**" Gültigkeit. Üblicherweise wird im Handel die erste Perspektive eingenommen, d.h., Händler gestalten Strategien kunden-/ marktorientiert und „passen" eine möglichst effiziente Struktur an die Strategie an. Ob aber die Strategie die Struktur bestimmt oder umgekehrt, ist auch im Handel nicht immer eindeutig zu beantworten. Einerseits reagieren bspw. Unternehmen des LEH auf Convenience-Trends, d.h., sie definieren zuerst Sortiments- oder E-Commerce-Strategien und determinieren im Anschluss die Organisationsstruktur. Andererseits legt das Geschäftsmodell im E-Commerce oder bei vertikalisierten Fashion-Unternehmen bzw. Discountern eine bestimmte (straffe) Organisationsstruktur nahe, während die Strategie unterschiedlich sein kann (z.B. bei Aldi, Lidl oder Netto). In der Literatur werden in dem Kontext strategiegerechte Strukturen sowie organisationsgerechte Strategien diskutiert (z.B., Ortmann 2010, S. 4). D.h., dass die jeweilige Organisationsstruktur sowie sonstige Ressourcen bei der Formulierung der Strategien zu berücksichtigen sind und umgekehrt. Studien hierzu fehlen im Handel weitgehend (zur Verbindung marktorientierter und ressourcenbasierter Ansätze siehe Abschnitt E.II. des Ersten Kapitels). Hinzuweisen ist zudem darauf, dass die Organisationsstruktur nicht mit der rechtsformalen Struktur eines Händlers gleichzusetzen ist, wie das folgende Beispiel einer Stiftung unterstreicht.

Rechtsformale Stiftungsstruktur der Schwarz-Gruppe

Dieter Schwarz hat sich länger aus dem operativen Geschäft zurückgezogen und Lidl und Kaufland in Stiftungen eingebracht. Indirekt hat der Unternehmensgründer aber Zugriff. Der Großteil des Immobilienbesitzes befindet sich in einer Parallelgesellschaft, die ihm gehört. Die Immobilien, die vormals in einer eigenständigen Gesellschaft gebündelt waren, gingen zu 100% in den Besitz der Stiftungen über. Die Erträge aus dem Filialgeschäft fließen an die eigenständige Dieter Schwarz gemeinnützige Stiftung. Die Kaufland- und Lidl-Stiftungen sind Holdinggesellschaften mit der Rechtsform einer KG. Die Problematik für Außenstehende besteht jedoch darin, das Geflecht aus 400 bis 500 GmbHs nachzuzeichnen. Transparent ist die Verflechtung an der Spitze. Seit 2017 übernehmen die Schwarz Dienstleistung KG sowie die Schwarz Zentrale Dienste KG übergeordnete Funktionen, wie Finanzen und Rechnungslegung sowie IT, technischen Einkauf oder Mobilität, gemeinsam für Kaufland und Lidl. Die Lidl Stiftung & Co. KG (Lidl International) bündelt Kompetenzen in Einkauf, Logistik und Vertrieb für Lidl und steht den Landesgesellschaften zur Seite. Den Landesgesellschaften unterstehen die Regionalgesellschaften mit den Filialen. In Deutschland werden rund 3.200 Filialen von 37 Regionalgesellschaften betreut, die unter dem gemeinsamen Dach der Lidl Dienstleistung GmbH & Co. KG (Lidl Deutschland) operieren. Abbildung 6.2 gibt einen Überblick über die Beteiligungsverflechtung der Schwarz-Gruppe.

Abbildung 6.2: Beteiligungsverflechtung bei der Schwarz-Gruppe

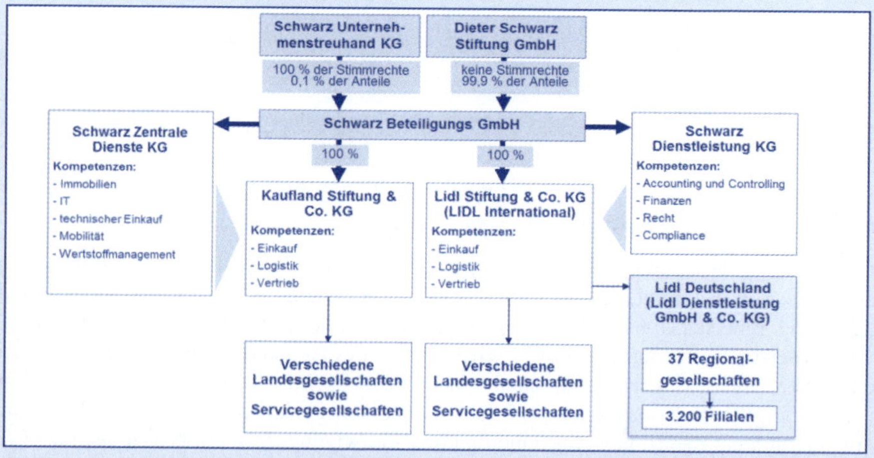

Quelle: www.handelsblatt.com; www.stimme.de, 8. Februar 2017.

Die Wahl der Organisationsstruktur wird auch von anderen Faktoren als der Abstimmung mit der Strategie bestimmt. Über die Strategie-Struktur-Betrachtung hinaus sind Interdependenzen von Strategie, Struktur sowie Prozessen oder HRM relevant.

- Der Zusammenhang mit den Prozessen wird meistens als Verbindung von Strategie, Struktur und Planungs-/Kontrollprozessen begriffen. An dieser Stelle könnten Discounter als Beispiel dienen, bei denen der Betriebstyp die Strategie, die Struktur und auch die straffen Prozesse bestimmt (siehe Abschnitt B.II.3. des Dritten Kapitels).
- Der Zusammenhang mit dem HRM kann wie folgt verdeutlicht werden:
  - Die Organisationsstruktur bestimmt die Kompetenzen einzelner Abteilungen oder Mitarbeiter und die formalen Kommunikationswege.
  - Weitere rekursive Beziehungen liegen nahe, denn Mitarbeiter formulieren und setzen Strategien um. Ferner resultiert die Personalstrategie aus der Gesamtunternehmensstrategie und Wachstumsstrategien bestimmen die Personalentwicklung. Die Verknüpfung der marktorientierten Unternehmensplanung mit der ressourcenorientierten Personalplanung ist für ein strategiederivates und -induziertes HRM.

Die bisher genannten Zusammenhänge adressieren die **interne Konsistenz** der Teilsysteme der Führung. Intern ist diese Betrachtung deswegen, weil ein spezifischer Kontext (z.B. eine bestimmte Marktsituation) nur implizit, bspw. in den Strategien, berücksichtigt wird. Demgegenüber ist der Kontext gesondert zu betrachten. Darauf wird im Folgenden (im Rahmen der Überlegungen zur **externen Konsistenz**) eingegangen. Davor sind Spezifika einer internen Konsistenzbetrachtung auszuführen, denn diese führen zu empirischen Taxonomien von Handelsunternehmen (oder zu theoretisch-konzeptionell formulierten Typologien; bspw. den im Dritten Kapitel genannten Wettbewerbsstrategietypologien).

Abbildung 6.3: Zusammenhänge zwischen den Teilsystemen der Unternehmensführung im Hinblick auf den Unternehmenserfolg (Fit-Perspektiven)

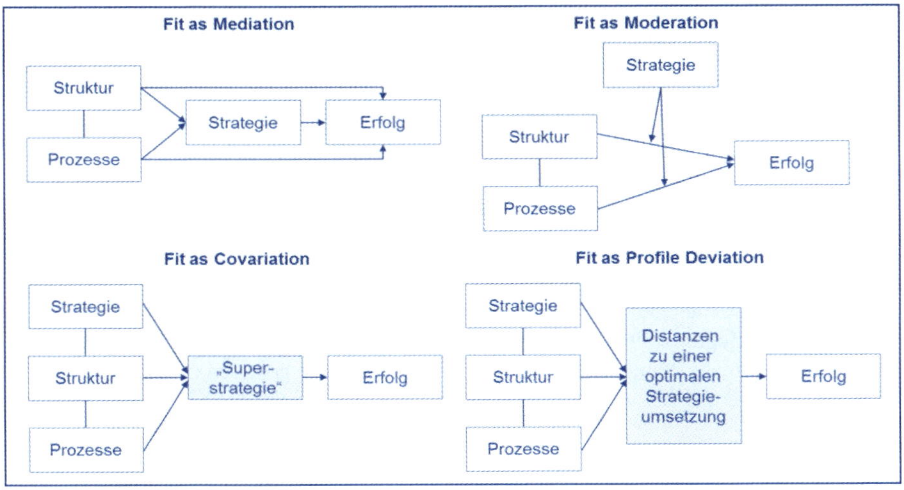

Dies ist nur eine und oft die weitestgehende, da empirisch schwierigste Möglichkeit, mit Konsistenzüberlegungen – auch im Handel – umzugehen. Abbildung 6.3 visualisiert vier grundlegende Möglichkeiten, wie der Zusammenhang zwischen den Teilsystemen der Führung gemäß den sogenannten **Fit-Ansätzen** betrachtet werden kann (Venkatraman 1989; Xu/Cavusgil/White 2006). Diese gehen davon aus, dass die Zusammenhänge zwischen Strategie, Struktur und Prozessen (sowie weiteren Teilsystemen wie dem HRM, das hier nicht dargestellt wird) je nach Erklärungsziel (bspw. in Praxisprojekten oder empirischen Studien) unterschiedlich aussehen und den Unternehmenserfolg unterschiedlich erklären.

Beim „**Fit as Mediation**“ wird davon ausgegangen, dass primär die gewählte Strategie den Unternehmenserfolg bestimmt und diese die Wirkung der vorhandenen Strukturen und Prozesse filtert. Die Anwendung eines derartigen „Mediatormodells“ kann für jene Handelsunternehmen sinnvoll sein, bei denen die Strategie eine besondere Bedeutung für den Erfolg hat, d.h., bei denen nicht primär Prozesse und Strukturen die Kernerfolgsgrößen sind. Dies mag bei Qualitätsführern der Fall sein, da bei diesen die strategische Festlegung der Handelsmarketinginstrumente und deren Ausführung für die Profilierung maßgeblich sind.

Beim „**Fit as Moderation**“ wird die Auffassung vertreten, dass primär die Strukturen und Prozesse den Erfolg bestimmen und deren Wirkung dabei von der Strategie verstärkt oder abgeschwächt wird. Die Anwendung eines derartigen „Moderatorenmodells“ kann für jene Handelsunternehmen sinnvoll sein, bei denen die Strategie eher nachgeordnet und i.d.R. verstärkend wirkt. Dies mag etwa bei Preis- bzw. Kostenführern der Fall sein, da bei diesen straffe Prozesse und Organisationsstrukturen die Basis für die Profilierung bilden.

Beim „**Fit as Covariation**“ wird davon ausgegangen, dass nur das Zusammenspiel von Strategie, Struktur und Prozessen den Unternehmenserfolg bestimmt, d.h., dass der Erfolgsfaktor in der Interdependenz liegt. Die Anwendung einer derartigen „Superstrategie“ kann für jene Handelsunternehmen sinnvoll sein, bei denen alle Führungsteilsysteme integrativ gestaltet sind. Dies ist etwa bei vertikal integrierten Unternehmen der Fall, die im Fashion-Bereich alle Wertschöpfungsprozesse gestalten und bei denen die Integration von Prozessen, Struktur und Expansionsstrategie den Erfolg bestimmt.

Beim „**Fit as Profile Deviation**“ wird angenommen, dass nicht das Zusammenspiel von Strategie, Struktur und Prozessen den Erfolg direkt beeinflusst, sondern deren Differenz zur optimalen Umsetzung. Dies entspricht einer spezifischen Benchmarkbetrachtung (siehe Abschnitt C.IV.5. dieses Kapitels). Insofern kann dieser Ansatz für all jene Unternehmen empfehlenswert sein, die sich in der Strategie, in der Struktur und/oder in den Prozessen am Branchen- oder Weltbesten messen wollen. Oftmals wird hierzu eine Kohorte der besten Unternehmen als Benchmark herangezogen, in empirischen Studien z.B. 1%, 5% oder 10% der Besten. Eine Besonderheit besteht konzeptionell darin, diese Benchmarks zu bestimmen, denn sie müssen mit den restlichen Unternehmen zumindest grundsätzlich vergleichbar sein und sollen nicht völlig andere Geschäftsmodelle verfolgen.

Obwohl die „Fit-Perspektiven“ an dieser Stelle jeweils mit einzelnen Unternehmensbeispielen verbunden wurde, bedeutet dies nicht, dass z.B. Qualitätsführer, Kostenführer oder vertikal integrierte Unternehmen nicht auch andere Fit-Ansätze beachten sollten. In Studien sind eine eingehende Begründung der Wahl einer Perspektive und/oder die Kombination mehrerer Perspektiven zugleich zwingend. Allerdings haben alle Fit-Perspektiven Grenzen, die an dieser Stelle nicht thematisiert werden (Macharzina/Wolf 2018, S. 75, S. 553ff.).

Zusammenhang zwischen Teilsystemen der Führung und der Umwelt (externe Kontingenz)

Neben dem Fit zwischen Strategie, Struktur, Prozessen und HRM (**interner Fit**), ist eine Übereinstimmung zwischen dem Unternehmen und seiner Umwelt (**externer Fit**) v.a. im Handel wichtig. Dies ist die **externe Kontingenz**, d.h., die Umwelt wird als Moderator im Hinblick auf die Wirkung der Teilsysteme auf den Erfolg betrachtet (links in Abb. 6.4). Werden aber Interdependenzen der Teilsysteme im Hinblick auf den Erfolg kontextabhängig betrachtet, handelt es sich um umweltspezifische Konfigurationen (rechts in der Abb.). Vor dem Hintergrund, dass Strategien, Strukturen, Prozesse und HRM im Handel durch vielfache politisch-rechtliche, ökonomische, technologische oder marktspezifische Determinanten beeinflusst werden und angesichts des dynamischen Wandels des Handelsumfelds ist es wichtig, dass Strategien, Strukturen, Prozesse und HRM eines Händlers an der Umwelt ausgerichtet sind. In kontinuierlich erfolgreichen Handelsunternehmen führt dies zu permanenten Veränderungen, in diskontinuierlich erfolgreichen Unternehmen, d.h. solchen, die bspw. in einer Dekade erfolgreich sind und in einer folgenden Dekade ggf. nicht, sind hingegen eher radikale Veränderungen (z.B. Reorganisationen) vorherrschend.

Abbildung 6.4: Zusammenhänge zwischen den Teilsystemen und der Unternehmensumwelt

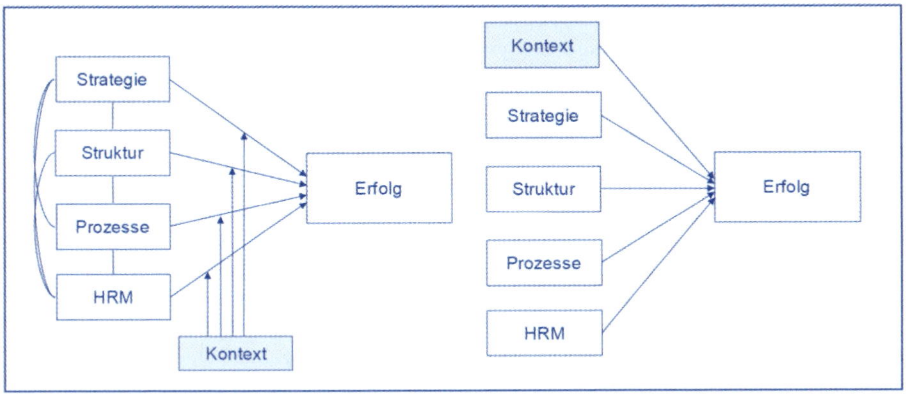

Insofern besteht die Herausforderung meist darin, dass Händler gezwungen sind, permanent fortschrittsfähig zu bleiben und sich immer „neu zu erfinden", also **Innovationen** (bzgl. Prozessen, Betriebs-/Vertriebstypen) hervorzubringen. Unternehmensexterne und -interne **Innovationstreiber** sind veränderte Kundenbedürfnisse, der Wettbewerbsdruck, neue Kommunikationstechnologien usw. Diese Treiber können in Handel zu Innovationen führen, verstanden als von Kunden bzw. Unternehmen wahrgenommene Neuerungen, welche im Regelfall auf Effektivitäts- und Effizienzsteigerungen abzielen. Üblicherweise wird dabei der Erfolg einer Innovation als maßgeblich vom **Innovationsgrad** bestimmt gesehen – gemessen an der Anzahl der imitierenden Wettbewerber (Branchensicht), an der Breite/Tiefe der Veränderung (Unternehmenssicht) und/oder am Zusatznutzen für Kunden. Im Folgenden werden drei Teilsysteme der Unternehmensführung diskutiert, um deren spezifische Ziele, Entscheidungsoptionen und Ausgestaltungsmöglichkeiten aufzuzeigen. Abbildung 6.5 gibt hierzu einen Überblick.

Abbildung 6.5: Teilsysteme der Unternehmensführung

Teilsysteme	Ausgewählte Ziele	Entscheidungsparameter
Organisation	▪ effiziente, effektive und marktorientierte Gestaltung der Organisation ▪ flexible Gestaltung der Organisation und Anpassung an ein sich änderndes Unternehmensumfeld	▪ Gestaltung der Primär- bzw. Sekundärorganisation ▪ Art der Durchführung der Organisationsentwicklung
Prozesse	▪ Sicherstellung der Koordinations-, Reaktions-, Adaptations- und Antizipationsfähigkeit der Unternehmensführung ▪ Prüfung der Zielerreichung und Strategieumsetzung	▪ Heranziehen adäquater Kennzahlen bzw. Kennzahlensysteme ▪ Einsatz geeigneter Controllinginstrumente
HRM	▪ Gewinnung und optimierter Einsatz qualifizierter Mitarbeiter ▪ motivierende Steuerung der Arbeitsleistung	▪ Ausgestaltung der Mitarbeiterfluss- und Belohnungssysteme ▪ Art des Führungsstils

B. Organisation

I. Grundlagen und Bedeutung

Organisation ist „eine auf Spezialisierung beruhende zielgerichtete Strukturierung und Koordination von Personen, Sachmitteln und Informationen zum Zweck der Erreichung der Ziele des Unternehmens" (Macharzina/Wolf 2018, S. 476f.).

Es kann einem eher instrumentellen Organisationsbegriff gefolgt werden, wonach die Organisation ein soziales/sozio-technisches System ist. Weiterhin kann einer konfigurativen bzw. funktionalen Begriffsauffassung gefolgt werden, wobei Erstere auf die Organisationsstruktur eines Unternehmens, d.h. die dauerhafte Strukturierung von Arbeitsprozessen abstellt, und Letztere auf die Tätigkeit des Organisierens (Schreyögg/Geiger 2016, S. 5ff.).

Verankert sind das Entwerfen und das Implementieren von Organisationsstrukturen, die sich auf generelle und fallweise Regelungen stützen, in der klassischen Organisationstheorie (Schreyögg/Geiger 2016, S. 25ff). Während sich generelle Regelungen auf Vorgänge geringer Variabilität beziehen, ermöglichen fallweise Regelungen eine Anpassung an veränderte Bedingungen. Zu Letzteren zählen einmalig wirksame Regelungen sowie vorläufig wirksame Regelungen. Vor dem Hintergrund eines permanenten Wandels können Handelsunternehmen dieser Dynamik nicht mit einer höheren Regelungsdichte begegnen, da hierdurch die für die Unternehmensführung erforderliche Geschwindigkeit in den Entscheidungs- und Abstimmungsprozessen gehemmt wird. Vielmehr sind flexible Organisationen geboten, die oft i.S. von neuen organisatorischen Lösungen im Handel gefordert werden. Da diesen Forderungen trotzdem traditionelle Organisationselemente zu Grunde liegen, bilden diese die Basis der folgenden Ausführungen. Zwar liegen hierzu keine Studien vor, aber Händler können im Vergleich zu anderen Branchen als flach organisierte Institutionen mit einer oftmals beachtlichen lokalen Entscheidungsautonomie beschrieben werden.

Bedingt durch die zunehmende Kritik an der klassischen Organisationstheorie, der ein mechanistisches Welt- und Menschenbild zu Grunde liegt, zeichnet sich seit einigen Jahren ein Paradigmenwechsel hin zu systemtheoretischen Ansätzen ab. So wird die sog. **Autopoiesetheorie** diskutiert, wonach die Organisation nicht mehr als ein System ordnungs- und stabilitätsorientierter Regeln zur Steuerung des Unternehmens verstanden wird, in dem Aufbau- und Ablauforganisation zur Reduktion der Umweltkomplexität beitragen sollen (**Fremdorganisation**), sondern als ein System, das aus Organisation und **Selbstorganisation** hervorgeht, Störungen aufnimmt und strukturelle Kopplungen sowie Sinnangebote herstellt. Ordnung entsteht aus der spontanen Interaktion der Systemelemente, die durch entsprechende Handlungsspielräume der Unternehmensmitglieder sichergestellt werden soll. Demnach strukturieren sich auch „Menschengemeinschaften" in Organisationen selbst, und zwar nicht aus rationaler Einsicht in die Zweckmäßigkeit einer bestimmten Rollenverteilung unter den Beteiligten, sondern auch auf Grund des Bedürfnisses der Menschen nach Ordnung und Sicherheit. Selbstorganisationsprozesse sorgen aber nicht nur für die Entstehung und Aufrechterhaltung der Ordnung, sie bringen auch Veränderungen dieser Ordnung hervor und begründen damit organisationalen Wandel. Dieser wird als permanenter Entwicklungsprozess im Unternehmen konzeptualisiert. In diesem Kontext wird u.a. die Entwicklung zur Prozessorganisation thematisiert. Um die organisationale Strukturbildung zu beschreiben, wurde traditionell eine Dichotomisierung in Aufbau- und Ablauforganisation vorgenommen, die besonders bei modernen Handels- und E-Commerce-Unternehmen durch eine Prozessbetrachtung abgelöst wird.

In der **Aufbauorganisation**, die auf langfristigen Entscheidungen der Unternehmensleitung beruht und der Gestaltung der Ablauforganisation vorausgeht, erfolgen die Aufgabengliederung, die Bildung von Organisationseinheiten und die Regelung der Weisungs- und Informationsbeziehungen zwischen den Organisationseinheiten. Aus ihr geht die **hierarchische Struktur**, die durch generelle Regeln geschaffene Ordnung, des Unternehmens hervor. Die Verteilung der Aufgaben auf Mitarbeiter erfordert jedoch Maßnahmen zur Koordination der Tätigkeiten, um die sog. Schnittstellenproblematik bewältigen zu können. Diese ergibt sich im Handel insb. zwischen den Funktionen Einkauf und Verkauf. Die **Ablauforganisation** dient der Strukturierung der Arbeitsprozesse. Im Mittelpunkt stehen die Art und der Zeitpunkt der Aufgabenerfüllung und die zur Verfügung stehenden Sachmittel.

Die Aufbauorganisation setzt sich aus folgenden Subsystemen zusammen:

- dem Stellensystem (Aufgabenbündelung, Kompetenz-/Verantwortungszuordnung)
- dem Leitungssystem (hierarchische Über-/Unterordnung, Stellvertretungsregelung)
- dem Informationssystem (Informationswege)
- dem Kommunikationssystem (Kommunikationswege/-beziehungen)
- dem Sachmittelsystem.

Die Ablauforganisation regelt die Beziehungen

- logischer Art, d.h., unter welcher Bedingung was zu tun ist,
- zeitlicher Art, d.h. die Aufgabenabfolge,
- räumlicher Art, d.h. der Ort der Aufgabenerfüllung, und
- mengenmäßiger Art, d.h., in welchen Gruppen Aufgaben zu erfüllen sind.

Aufbau- und Ablauforganisation können auch auf Grund ihrer Wechselwirkungen nicht unabhängig voneinander sein. So kann eine Organisationsstruktur nicht ohne Kenntnis der Prozessabläufe implementiert werden. Demnach wird der Prozessgedanke in klassischen Organisationsstrukturen von Funktionen dominiert (siehe Abb. 6.6). Im Prozessmodell finden sich hingegen durchgängige, ganzheitliche Prozesse, zumal funktionale Abteilungen aufgelöst und in die Prozesse integriert werden. Der Prozess dominiert – gemäß der Prämisse „**Structure follows Process**“ – die Organisationsstruktur und beschreibt den Fluss und die Transformation von Material, Informationen, Operationen und Entscheidungen. Durch die Implementierung einer **Prozessorganisation**[1] werden die Schnittstellenproblematik und die Trennung von Aufbau- und Ablauforganisation aufgehoben. Folgende Maßnahmen sind beim Aufbau evident:

- Gliederung der Prozesse in Kern- und Supportprozesse, wobei alle Tätigkeiten, die keine direkte Wertschöpfung für den Kunden bringen, auszugliedern sind (Outsourcing)
- Verzahnen der organisatorischen Lösung mit Kunden, Lieferanten und Dienstleistern
- Weitergabe von Informationen (Informatisierung der Prozesse).

Eine Prozessorganisation liegt nicht vor, wenn nur einzelne Abteilungen miteinander verbunden werden und somit funktionale Abteilungen im Unternehmen bestehen bleiben.

[1] Die Begriffe „Ablauforganisation“ und „Prozessorganisation“ werden in der Literatur zwar teils synonym verwendet, im hier verstandenen Sinne beschränkt sich die Ablauforganisation aber auf die Ausgestaltung der Aufgabenerfüllung innerhalb isolierter Teilbereiche eines Unternehmens, wogegen die Prozessorganisation funktionsübergreifend ausgerichtet ist, also auf eine ganzheitliche Vorgangsbearbeitung fokussiert und – im Gegensatz zur Ablauforganisation – keine Aufbauorganisation voraussetzt (zur Abgrenzung der Begriffe vgl. Atzert 2011.

Abbildung 6.6: Ausprägung des Prozessgedankens in verschiedenen Organisationsformen

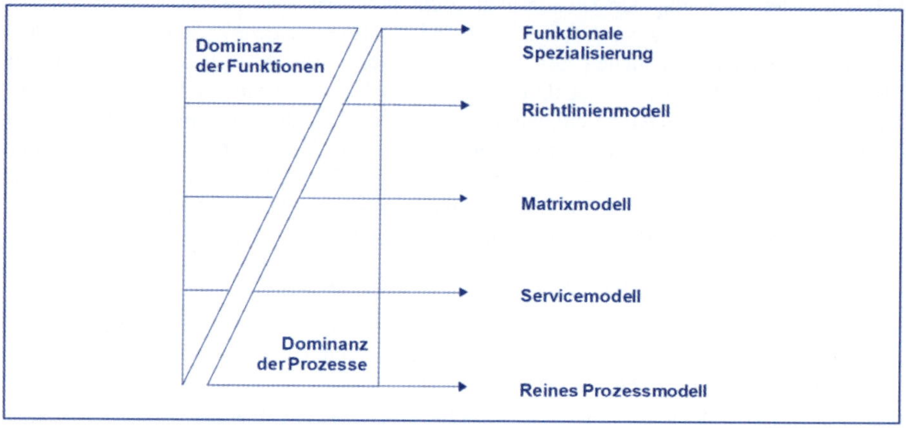

Quelle: Osterloh/Frost 2006, S. 111.

II. Ziele und Entscheidungsoptionen

Generelles Ziel der Organisation ist es, einen Ordnungsrahmen für die effiziente, effektive und – angesichts des dynamischen Umfelds – flexible Gestaltung der Leistungsprozesse zu schaffen. Neben diesen ökonomischen Zielen, die bspw. in der effizienten Organisationsstruktur münden, sind auch soziale Ziele, wie die Ermöglichung zwischenmenschlicher Beziehungen unter den Mitarbeitern oder die motivierende Gestaltung der Organisationsstrukturen durch eine entsprechende Entscheidungsautonomie der Mitarbeiter von Bedeutung (Macharzina/Wolf 2018, S. 485f.). Die Unterscheidung in ökonomische und soziale Ziele wurde bereits von Tietz (1993, S. 910) angesprochen, der fünf Ziele anführt, die durch die Unternehmensorganisation zu realisieren sind:

- die Marktorientierung aller Abteilungen in gleicher Intensität
- die verantwortungsbereichsspezifische Steuerung des Kostendenkens
- die Förderung der Direktheit der Ergebnis- und Erfolgskontrolle
- die Harmonisierung aller Markt- und Nichtmarktaktivitäten
- die Sicherung der Ausschöpfung der Fähigkeiten und die Zufriedenheit der Mitarbeiter.

Drei Entscheidungsoptionen sind für Handelsunternehmen besonders relevant, weswegen diese nachfolgend die Gliederung dieses Abschnitts bilden (siehe Abb. 6.7):

- die Dimensionen der Organisationsgestaltung
- der organisationale Wandel
- die Anforderungen an eine Multi-/Omnichannel- und marktorientierte Organisation.

Die Organisationsgestaltung bildet auch im Handel den Kern der Betrachtungen. Es handelt sich um Fragen der Organisationsstruktur, Zentralisierung, Spezialisierung und Formalisierung. Wie die folgenden Beispiele andeuten, bestehen im Handel – neben den klassischen Organisationsstrukturen (z.B. Ein-, Mehrliniensystemen) – besondere Herausforderungen:

- Im stationären Handel haben Filialsysteme, Franchisesysteme, Verbundgruppen oder Omnichannel-Unternehmen jeweils spezifische organisatorische Herausforderungen.
- In allen drei Systemen ist bzgl. der Primärorganisation oder der Entscheidungszentralisation eine Organisation der Beziehungen zwischen Zentrale und Filialen relevant.

- Viele Händler verfügen über Regionalgesellschaften, Lager und internationale Auslandseinheiten, die spezifisch in die Organisation einzubinden sind.
- Die Organisationsstruktur ist relativ stark mit der (Wettbewerbs-)Strategie sowie dem Betriebs-/Vertriebstyp verwoben.

Abbildung 6.7: Organisatorische Entscheidungsoptionen in Handelsunternehmen

Bereich	Teilbereich	Konkrete Aspekte
Dimensionen der Organisations-struktur	**Organisations-struktur**	Primärorganisation des Gesamtunternehmens (sowie Spezifika bei internationaler Geschäftstätigkeit, Kooperationen usw.) Sekundärorganisation
	Zentralisierung	Delegation von Entscheidungskompetenzen auf der Ebene von Zentrale vs. Filiale Zentrale vs. Vertriebsschiene und vs. Regionalgesellschaft
	Spezialisierung	Niveaus der Arbeitsteilung Beteiligung von Spezialisten bei bestimmten Entscheidungen
	Formalisierung	Einsatz standardisierter organisatorischer Regeln
Organisationaler Wandel	**Organisations-entwicklung**	Umgang mit Kräften, die auf einen Wandel drängen und solchen, die den Wandel behindern
	Konzepte orga-nisationalen Lernens	Gestaltung des individuellen und organisationalen Lernens Umgang mit der organisationalen Wissensbasis sowie mit Lernbarrieren
Marktorientierte Anforderungen	**Bewertung und Umsetzung**	Umgang mit Anforderungen, welche die gegenwärtige und zukünftige Organisationsgestaltung betreffen

Nachfolgend stehen zunächst v.a. filialisierte Unternehmen oder Onlinehändler im Vordergrund. Ausgeklammert bleiben die angesichts der Vernetzung von Handelsunternehmen vielfach denkbaren Schnittstellen, etwa zu Lieferanten, da deren organisationale Ausgestaltung, wie beim wie Category und Supply Chain Management, eher auf der Ebene der Abteilungen erfolgt (zum Category Management siehe Abschnitt C.V.2 des Vierten Kapitels; zum Supply Chain Management vgl. die Ausführungen des Fünften Kapitels). Die Gestaltung der Organisation in Handelsunternehmen wird von einer Reihe von Determinanten bestimmt, wovon einige bereits angesprochen wurden. Deren Systematisierung umfasst interne, ressourcenbasierte Bestimmungsfaktoren und externe, marktorientierte Bestimmungsfaktoren (siehe Abb. 6.8). Einige sind kaum zu beeinflussen (z.B. regulative, normative Systeme), andere können vom Unternehmen strategisch aufgegriffen werden.

Abbildung 6.8: Determinanten der Organisationsgestaltung im Handel

Unternehmensintern	Unternehmensextern
▪ Handelsstufe ▪ Unternehmensgröße ▪ Form des Handelssystems ▪ Betrieb- und/oder Vertriebstyp ▪ Gesamtunternehmensstrategie (Grad an Diversifikation, vertikaler Integration, Internationalisierung) ▪ Wettbewerbsstrategie ▪ Unternehmensziele und Ressourcen	▪ Branche ▪ Kunden und Konkurrenten ▪ Lieferanten ▪ Regulative, normative und kulturell-kognitive Institutionen ▪ Technologie

Zu den unternehmensinternen Bestimmungsfaktoren zählen die **Handelsstufe** (Einzel- oder Großhandel) und die **Betriebsgröße** (i.S.v. Klein- vs. Großbetrieb), welche die Komplexität der Organisationsstruktur und zugleich den Arbeitsanfall und damit das Ausmaß der Arbeitsteilung beeinflussen. Diese Aspekte wurden, wie die Form des Handelssystems (i.S.v. Einzel-/, Filialunternehmen, Verbundgruppe), die ebenso auf die Organisations- und Aufgabenstruktur wirkt, bereits angesprochen. Der **Betriebs- oder Vertriebstyp** bestimmt den Umfang der Leistungsprozesse, dies sich u.a. im Sortimentsumfang oder in der Ausstattung mit Sachkapital niederschlagen. Strategien wirken – jenseits der erwähnten Fit-Ansätze – variantenreich auf die Organisationsstruktur, die Entscheidungszentralisation, die Spezialisierung und die Formalisierung ein. Dies gilt für die **Gesamtunternehmensstrategien**, bspw. den **Grad der Diversifikation**, **vertikalen Integration** oder **Internationalisierung**. Einsichtig ist, dass die Organisationsstruktur eines stark diversifizierten Unternehmens anderen Herausforderungen unterliegt als jene eines Monobetriebstypenunternehmens. Ähnliches gilt für national und international tätige Handelsunternehmen, da Letztere mit unterschiedlichen regulativen Umfeldfaktoren in verschiedenen Gastländern umzugehen und Auslandseinheiten sowie deren spezifische Aufgaben in die Gesamtorganisation einzubinden haben. Vertikal integrierte oder Omnichannel-Unternehmen müssen die Herausforderungen der Produktentwicklung, des Supply Chain Managements, des Handelsmarketing und des Store-Managements gestalten. Ähnliches könnte im Hinblick auf die Wettbewerbsstrategien (z.B. Kosten- vs. Qualitätsführerschaft) formuliert werden. Zu den unternehmensexternen Bestimmungsfaktoren, die ein Unternehmen mittelfristig kaum ändern kann, wird an dieser Stelle die **Branche** gezählt, denn nicht nur die Zugehörigkeit zu einer Branche, sondern auch die Struktur der Branche wirken auf die Organisationgestaltung. Das Führen von Frischware im LEH ist bspw. mit anderen organisatorischen Herausforderungen verbunden als das Führen von Nonfood-Sortimenten. In diesem Zusammenhang sind auch Unterschiede bei den **Kunden** und **Konkurrenten** hervorzuheben. Zudem wirken **Lieferanten** über selektive Distribution, Lieferrhythmen oder -zuverlässigkeit auf die Organisationsgestaltung des Handelsunternehmens ein. Ebenso sind z.B. in Entwicklungs- oder Schwellenländern politisch-regulative oder normative Treiber relevant und nicht zuletzt sind neue **Technologien** von Bedeutung, die (virtuelle) Organisationsprozesse und traditionelle Organisationsabläufe bestimmen (Salditt 2008; zum Lean Retailing Esbjerg/Buck/Grunert 2010, S. 99).

Organisationsstruktur eines Kleinunternehmens im Handel

Abbildung 6.9 zeigt exemplarisch die Organisationsstruktur eines 16.000 qm Holzfachmarktes mit rund 130 Mitarbeitern. In diesem Fall bestehen vier Organisationseinheiten. Ladenmanagement und Marketing/Kommunikation/Promotion bilden den Kern der Organisation. Eine betriebswirtschaftliche Serviceeinheit ist als Stabsstelle der Leitung zugeordnet, während Logistik/Beschaffung/Disposition eine wichtige Einheit bilden, da die Beschaffung seltener Holzarten, genauso wie die Disposition, dieses erfordern.

Abbildung 6.9: Organigramm eines Kleinunternehmens

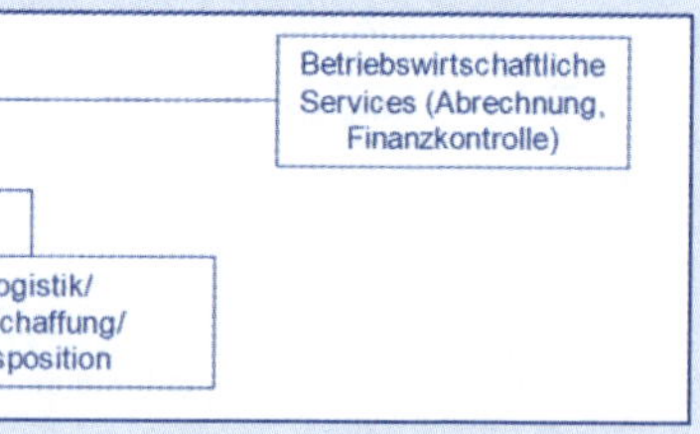

Auf Grund der Fülle denkbarer Determinanten, wird nachfolgend fallweise Bezug auf ausgewählte Größen wie die Form des Handelssystems, die Internationalisierung, die Wettbewerbsstrategie oder die Unternehmensziele genommen. Dies deshalb, weil sich nur wenige Studien der Organisation im Handel, bspw. dem Management hybrider Organisationen (Mitronen/Möller 2003) oder der Führung informeller Netzwerke (Salditt 2008), widmeten. Geringfügig mehr Studien fokussierten auf internationale Handelsunternehmen (Chang/Harrington 2000; Swoboda/Anderer 2008).

III. Dimensionen der Organisationsstrukturen

1. Überblick

Um Organisationsstrukturen zu beschreiben und verschiedene Unternehmen auf der Basis empirischer Untersuchungen vergleichen zu können, werden in der Literatur diverse Kriterien angeführt. Nachfolgend wird auf die in Abb. 6.10 dargestellten vier Kriterien eingegangen (zu weiteren Dimensionen vgl. Bamberger/Wrona 2012, S. 288).

Abbildung 6.10: Kriterien formaler Organisationsstrukturen

In den wenigen empirischen Arbeiten zur Organisationsgestaltung von Handelsunternehmen werden oft lediglich die Spezialisierung, Zentralisierung und Formalisierung beachtet (Schwarz 2009, S. 140ff.; Swoboda/Anderer 2008, S. 105). Nachfolgend wird aus didaktischen Gründen zunächst die Organisationsstruktur behandelt, die das Ergebnis einer **Aufgabenanalyse und -synthese** ist, d.h. einer Bestimmung der zur Leistungserstellung notwendigen Stellen und deren Spezifikation. Dem folgen die Entscheidungen zur Zentralisierung, die im Handel von Bedeutung sind, da sie bspw. die Kompetenzen zwischen Zentrale und Filiale bestimmen und etwa die Frage, wer den Einkauf und den Verkauf zu verantworten hat, klären. Danach werden die Spezialisierung und Formalisierung betrachtet.

2. Organisationsstruktur

a) Grundlegende Aspekte von Leitungssystemen

Bei der Organisationsstruktur steht v.a. die **formale Organisationsstruktur**, i.S. des äußeren Bildes des Stellengefüges im Vordergrund. Davon ist die **informale Organisationsstruktur** abzugrenzen, die über die in Organigrammen sichtbaren formalen Organisationsstrukturen hinausgeht und auf „informelle Kommunikationsbeziehungen" fokussiert. Wichtig sind diese Sekundärorganisationsstrukturen auch deshalb, weil sie dysfunktionale Wirkungen im Unternehmen entfalten können. Die formale Organisationsstruktur bezieht sich auf die Tiefe der Hierarchie, die Leitungsspanne und die Art des Leitungssystems. Die **Hierarchietiefe** (Gliederungstiefe) bezeichnet die Anzahl der Hierarchieebenen und wird von der **Leitungsspanne** bzw. Kontrollspanne – d.h. der Anzahl der Stellen, die einer Instanz direkt untergeordnet sind – beeinflusst (Macharzina/Wolf 2018, S. 509). In Bezug auf die **Leitungssysteme** – die aus der Hierarchisierung der im Rahmen der Aufgabensynthese gebildeten Stellen entstehen und Über- und Unterordnungen eindeutig bestimmen – wird (gemäß der Weisungs- bzw. Entscheidungsbefugnisse; Schreyögg/Geiger 2016, S. 68ff.) in Einliniensysteme, Mehrliniensysteme und Stab-Linien-Systeme unterschieden. Beim **Einliniensystem**, das auf dem Prinzip der Einheit der Auftragserteilung basiert, sind die Mitarbeiter jeweils nur einem weisungsbefugten Vorgesetzten unterstellt. Fehlende Querschnittsregelungen, die zu einer Rückdelegation ungelöster Probleme oder zur erhöhten Flexibilität führen können sind hier nachteilig. In **Mehrliniensystemen** berichten die Mitarbeiter mehreren Vorgesetzten, wobei häufig das

Funktionsprinzip zum Tragen kommt, d.h., der für eine bestimmte Aufgabe spezialisierte Vorgesetzte (Fach- oder disziplinarischer Vorgesetzte) erteilt die Weisungen. Durch die **Stab-Linien-Organisation** sollen die Vorteile des Einliniensystems mit jenen der Spezialisierung verbunden werden. Aufgabe der Stäbe ist es, die Linieninstanzen z.B. durch die Entscheidungsvorbereitung zu entlasten. Stäbe führen aber oft zu Konflikten, da nur die Linien weisungs- und entscheidungsbefugt sind, die Stäbe auf Grund ihres Fachwissens aber den Informationsfluss lenken und somit die Entscheidung der Instanzen beeinflussen. Auf dieser Basis fokussieren folgende Ausführungen auf Grundtypen der Primärorganisation, spezifische Typen der Primärorganisation (z.B. in Verbundgruppen) und die Sekundärorganisation.

b) Grundtypen der Primärorganisation

Die Primärorganisation stellt die Grundstruktur eines Händlers dar, wobei in Abhängigkeit von der Anzahl der herangezogenen Kriterien für die Abteilungsbildung ein- und mehrdimensionale Organisationsstrukturen zu unterscheiden sind. Ersteren ist z.B. die funktionale Organisation zuzurechnen, wohingegen die Matrixorganisation eine zwei- bzw. mehrdimensionale Organisationsstruktur aufweist. Im Handel sind folgende Primärorganisationsformen hervorzuheben, die sich durch die Ausgestaltung der zweiten Hierarchieebene unterscheiden: Funktionale Organisation, Divisionale Organisation, Matrixorganisation und Hybridstrukturen.

Funktionale Organisation

Kennzeichen der funktionalen Organisation ist es, dass auf der zweiten Hierarchieebene eine Spezialisierung nach Sachfunktionen erfolgt (siehe Abb. 6.11). Im Handel werden dabei Aktivitäten wie Einkauf, Logistik, Verkauf oder Marketing durch Serviceeinheiten wie IT, Controlling oder HRM unterstützt. Zu den Vorteilen der funktionalen Organisation zählen (Schreyögg/Geiger 2016, S. 42):

- Realisierung von Spezialisierungsvorteilen durch Lerneffekte
- Erzielen von Synergieeffekten
- effiziente Nutzung unternehmerischer Ressourcen.

Dagegen sind folgende Nachteile zu nennen (Schreyögg/Geiger 2016, S. 44):

- Abstimmungsschwierigkeiten zwischen den Bereichen
- zeitraubende Kommunikation, geringe Flexibilität und damit langwierige Entscheidungsfindung
- Überforderung des Top-Managements bei der Koordination funktionsbenachbarter Unternehmensbereiche (z.B. Einkauf, Verkauf)
- fehlende Sinnbezüge und mangelnde Zurechenbarkeit der Ergebnisse auf Grund der hohen Arbeitsteilung und somit geringe Motivation der Mitarbeiter
- schwach ausgeprägte Kundenorientierung.

Beispiele für funktionale Organisationsstrukturen finden sich im Handel oft. Das in Abschnitt E. des Zweiten Kapitels behandelte Unternehmen Coop hat u.a. folgende funktionale Organisationseinheiten: Retail (in dem sämtliche Food-Betriebstypen gebündelt sind) und Trading (in dem alle Non-Food-Betriebstypen bzw. -Aktivitäten gebündelt werden). Bei genauer Betrachtung werden bei der Coop Funktionen (z.B. Marketing/Beschaffung) und Divisionen (Vertriebsschienen) verbunden. Dies spiegelt eine hybride Organisationsstruktur wider. Dominant ist jedoch das Funktionalprinzip, wie dies auch am Beispiel von Aldi Süd auf der Ebene der Regionalgesellschaften deutlich wird. Insofern sind die Nachteile auf der Regionalebene gültig (siehe ähnlich Lidl in Abschnitt A. dieses Kapitels).

Abbildung 6.11: Funktionale Organisation

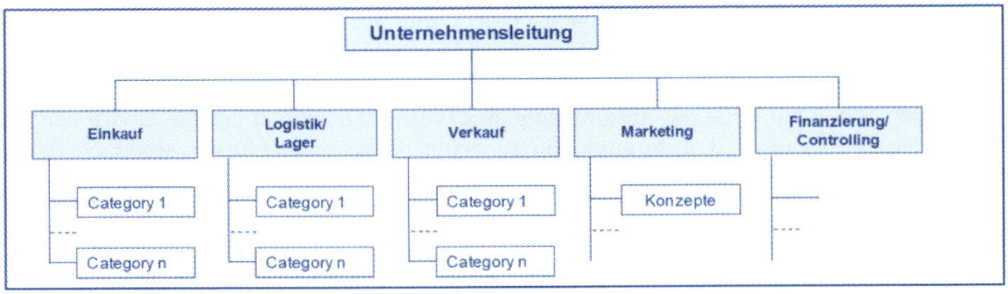

Funktionale Organisation der Regionen bei Aldi Süd

Abbildung 6.12 visualisiert die Organisationsstruktur von Aldi Süd, wobei es sich auf einer Gesamtunternehmensebene um eine hybride Organisationsstruktur handelt: geografisch, in Inland und Ausland unterteilte Regionalgesellschaften sowie eine Dienstleistungsgesellschaft. In West- und Süddeutschland realisiert Aldi Süd eine funktionale Organisation, die als Gleichordnungskonzern bezeichnet wird. Die eigenständigen Regionalgesellschaften (mit mehr als 1.870 Filialen, 40.000 Mitarbeitern, 1.350 Basisartikeln und 80 Aktionsartikel pro Woche) werden jeweils von alleinvertretungsberechtigten Geschäftsführern geleitet. Die Regionalgesellschaften sind in einem geografisch definierten Gebiet für ca. 50 bis 70 Filialen verantwortlich. Dies ermöglicht eine gewisse Dezentralität, verhindert aber die Notwendigkeit zur Veröffentlichung von Gesamtunternehmenszahlen. International ist Aldi Süd z.B. in Österreich, Großbritannien, Australien oder den USA präsent und betreibt 4.000 Filialen mit weiteren 85.000 Mitarbeitern in 85 Gesellschaften. Diese Struktur ermöglicht flache Hierarchien und fördert die Effizienz.

Abbildung 6.12: Organigramm der Aldi Süd-Regionen (GmbH & Co. KGs)

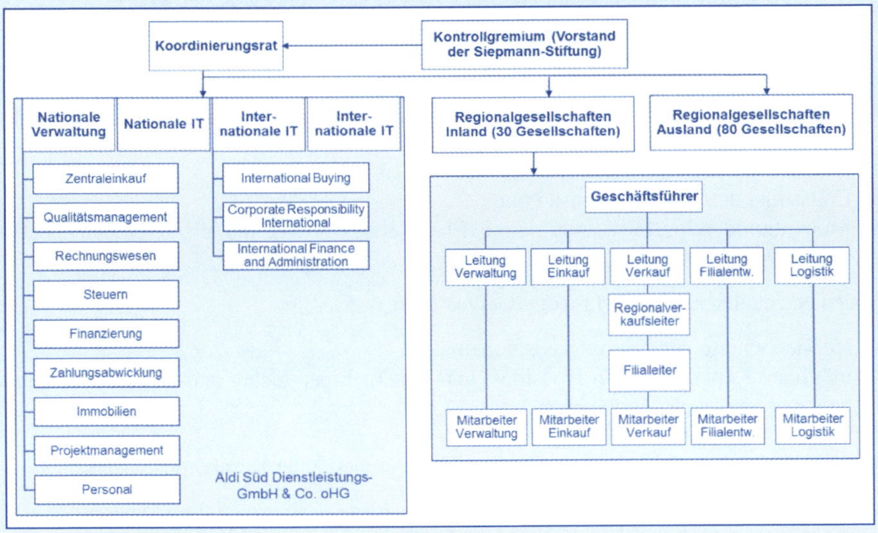

Quelle: unternehmen.aldi-sued.de, 28. August 2017.

Insgesamt sind funktionale Organisationen bei filialisierten Einbetriebstypenunternehmen, bei Unternehmen mit autonom geführten Vertriebsschienen, bei diversifizierten Konzernen und bei kleinen, nicht-filialisierten Unternehmen (siehe das Beispiel zur Organisation eines Kleinunternehmens in Abschnitt B.II. dieses Kapitels) vorzufinden.

Divisionale Organisation

Divisionale Organisationsstrukturen, die auch als **Geschäftsbereichs**- oder **Spartenorganisation** bezeichnet werden, weisen auf der zweiten Hierarchieebene eine Gliederung nach Objekten auf. In den **Divisionen** werden Verrichtungen bspw. nach Vertriebsschienen bzw. Betriebstypen oder nach Regionen zusammengefasst. Grundsätzlich können die Divisionen als **Profit Center** geführt werden, die autonome Einheiten darstellen und für den erwirtschafteten Gewinn (oder Verlust) selbst verantwortlich sind. Diesen werden dann Funktionen (wie z.B. Einkauf oder Vertrieb) zugeordnet. Abbildung 6.13 visualisiert das Prinzip einer betriebstypbezogenen Organisation.

Abbildung 6.13: Beispiel einer divisionalen Organisation

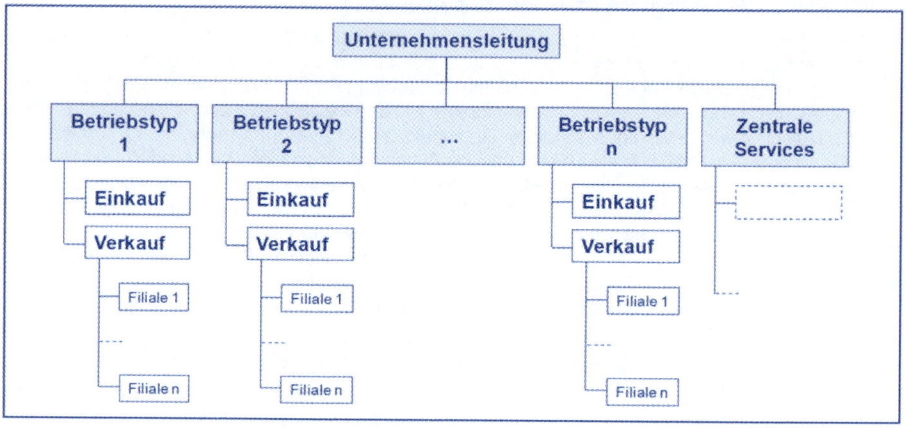

Die Vorteile derartiger Organisationsstrukturen sind (Schreyögg/Geiger 2016, S. 57):

- Flexibilität und Schnelligkeit durch kleinere Einheiten sowie höhere Steuerbarkeit der Divisionen
- höhere Transparenz der Geschäftsfeldaktivitäten
- Entlastung der Unternehmensleitung
- Motivation durch größere Autonomie, Eigenverantwortung und leichterer Zurechenbarkeit der Ergebnisse.

Zu den Nachteilen zählen (Schreyögg/Geiger 2016, S. 57):

- Vervielfachung von Führungspositionen
- mögliche Konkurrenz von Divisions- und Unternehmenszielen und potenzieller Kannibalismus zwischen den Divisionen
- hoher administrativer Aufwand
- beschränkte Möglichkeiten zur Herausbildung einheitlicher Kernkompetenzen.

Allerdings sind die Vor-/Nachteile spezifisch bzgl. einzelner Formen der Divisionsorganisation zu bewerten. Im Handel sind zumindest drei Formen verbreitet: Betriebstypen- bzw. Vertriebslinienorganisation, Regionalorganisation und Kundengruppenorganisation. Am stärksten verbreitet ist im diversifizierten Handel eine **Betriebstypen- bzw. Vertriebslinienorganisation**. Das Beispiel der Rewe Group verdeutlicht genau das Prinzip der Betriebstypen- bzw. Vertriebslinienorganisation. Es zeigt erneut einige Spezifika von Organisationsstrukturen im Handel: Während nämlich auf der zweiten Hierarchieebene einzelne Vertriebslinien

(Vollsortimenter, gegliedert in national und international oder auch Touristik) und Betriebstypen (wie Discounter und Fachmärkte) stehen, ist jeder der Vorstände nicht nur für bestimmte Funktionen, sondern auch für Vertriebslinien bzw. Betriebstypen verantwortlich. Der geschäftsführende Vorstand verantwortet dabei die beiden zentralen Geschäftseinheiten, nämlich die Vollsortimenter. Bei der **Regionalorganisation** erfolgt eine Gliederung nach Regionen oder Ländern. In einer Reinform realisieren diese wenige Handelsunternehmen. Die im Aldi-Beispiel genannten Regionalgesellschaften als Organisationsform und die zeitgleiche funktionale Zuständigkeit und regionale Verkaufs- und Umsatzverantwortung von Vorständen (bspw. bei dm-drogerie markt der IT-Vorstand für die Region Südwestdeutschland) sind nur Beispiele hierfür.

Divisionale Organisation der Rewe Group

Ein Grundsatz der Rewe Group lautet: „Wir handeln eigenverantwortlich im Sinne der Gemeinschaft!". Die Rewe Group ist wegen genossenschaftlicher Wurzeln durch Dezentralisierung kaufmännischer Verantwortung geprägt (siehe Abb. 6.14), die Verantwortung für entscheidende Steuerungsfunktionen, die das operative Geschäft betreffen, liegt also bei den Strategischen Geschäftseinheiten (SGEs). Damit werden sämtliche Entscheidungen von Vertrieb, Vertriebslinien-Einkauf, Marketing, Expansion, Controlling, Personal bis hin zum Rechnungswesen dort getroffen, wo das betriebliche Ergebnis verantwortet wird. Den SGEs stehen jeweils Vorstände vor, die zudem funktionale Aufgaben für den Gesamtkonzern wahrnehmen.

Abbildung 6.14: Organigramm der Rewe Group

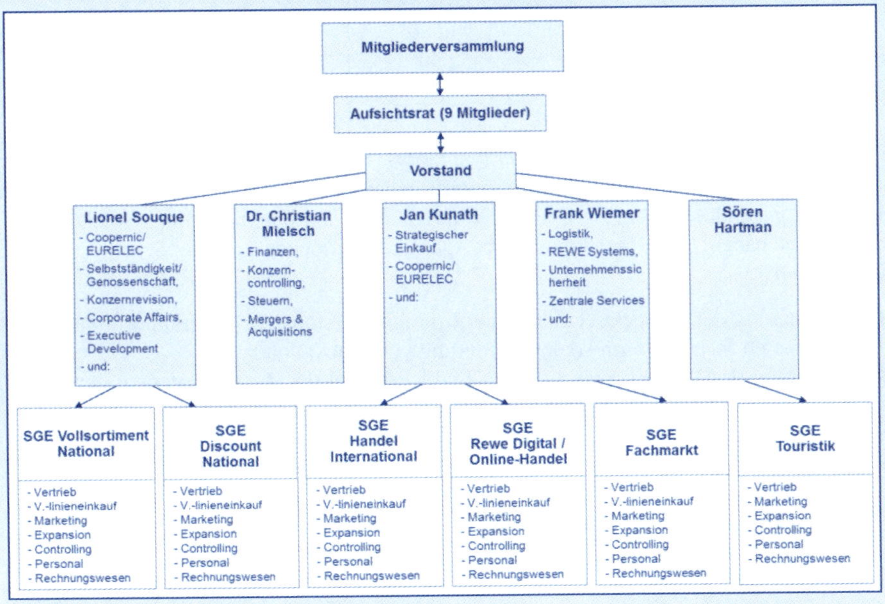

Quelle: www.rewe-group.com, 2. Oktober 2017.

Angesichts der Bedeutung der Kundenorientierung für den Unternehmenserfolg erscheint für Handelsunternehmen eine nach Kunden- oder Kundengruppen gegliederte Organisation relevant. Diese erweist sich allerdings als kaum praktikabel und ist eher bei relativ überschaubaren Geschäftsmodellen anzutreffen. Denkbar ist sie bspw. bei einer heterogenen Kundenstruktur im Großhandel, z.B. bei Food-Services (Individualgastronomie, Systemgastronomie, Gemeinschaftsverpflegung), weniger jedoch im Einzelhandel.

Matrixorganisation

Die **Matrixorganisation**, die in Abb. 6.15 dargestellt ist, stellt eine Kombination von mehreren Kriterien dar, also einer funktionalen und divisionalen Organisationsform und damit verrichtungs- und objektbezogenen Kriterien (Macharzina/Wolf 2018, S. 496). Dabei sind die Leiter der Funktionsbereiche für die Lösung der Aufgaben in ihren Spezialbereichen sowie für die vertikale Integration des Arbeitsprozesses verantwortlich, während die Manager der objektorientierten Bereiche die horizontale Integration verantworten.

Abbildung 6.15: Matrixorganisation

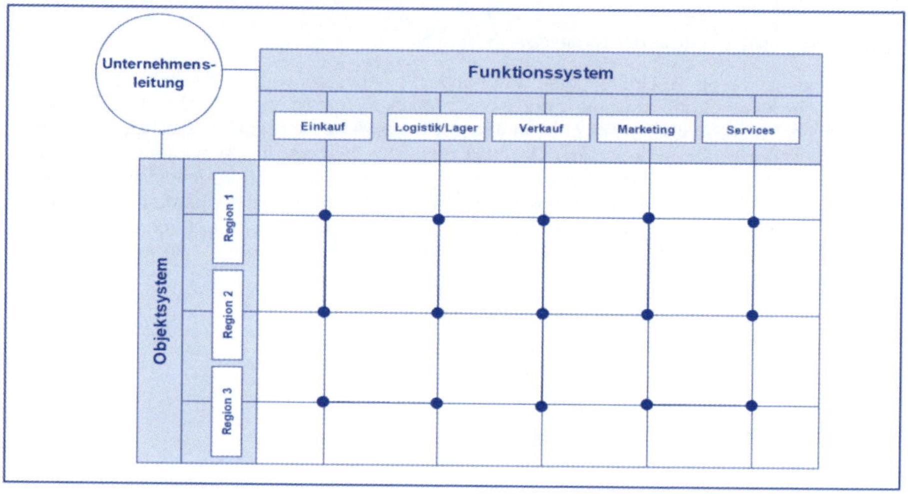

Charakteristisch für die **Gleichgewichtsmatrix**, in der sich die beiden Matrixmanager gleichberechtigt gegenüberstehen, ist, dass die Mitarbeiter an den Funktions- und Objektmanager zu berichten haben. Dabei bietet die Matrixorganisation folgende Vorteile (Schreyögg/Geiger 2016, S. 94f.):

- Erweiterung der Perspektive durch die Zusammenführung der funktionalen und objektorientierten Sichtweise und damit Förderung von Innovationen
- Förderung des Dialogs zwischen den Bereichen und der Zusammenarbeit der Leitung durch die Institutionalisierung der Kommunikation bzw. der Konflikte
- Leistungssteigerung durch die Optimierung des gesamten Systems
- kein hierarchisches Pyramidendenken.

Matrixorganisation bei Hennes & Mauritz

Das höchste Entscheidungsorgan bei H&M bildet die (Jahres-)Hauptversammlung, in deren Rahmen die Aktionäre Beschlüsse über grundlegende Sachverhalte (z.B. die Verwendung des Jahresgewinnes) fassen und den Aufsichtsrat („Board of Directors") wählen. Die für die Entscheidungsfindung der Hauptversammlung erforderlichen Informationen werden vom Wahlbeirat („Nomination Committee") vorbereitet. Der Aufsichtsrat vertritt die Interessen der Aktionäre. Ihm kommt die Aufgabe zu, den Vorstand zu bestellen, laufend zu überwachen und ggf. abzubestellen. Nach schwedischem Recht hat die Arbeitnehmervertretung („Employee Organizations") das Recht, Personen in den Aufsichtsrat zu entsenden. Die Finanzgebarung des Unternehmens wird vom Prüfungsausschuss („Auditing Committee") kontrolliert, der auch für den Informationsaustausch zwischen dem Aufsichtsrat und den Wirtschaftsprüfern des Unternehmens („Auditors") sorgt. Letztere prüfen u.a. den Jahresabschluss des Konzerns sowie die Tätigkeiten des Aufsichtsrates und des Vorstandes.

Der Vorstand („Managing Directors/CEO“) ist für die Geschäftsführung verantwortlich und führt dabei einerseits die Leiter der Marken bzw. Vertriebsschienen („Brands“) und andererseits den Leitern diverser Funktionsbereiche („Executive Management“). Die Leiter der Vertriebsschienen und die Leiter der Funktionsbereiche bilden dabei die Matrixorganisation von H&M. Wie Abb. 6.16 zeigt, sind die Funktionsbereichsleiter für die Performance ihres jeweiligen Funktionsbereichs über alle Marken hinweg verantwortlich. Die Funktionsbereiche umfassen bspw. Rechnungswesen, Kommunikation, Controlling, Expansion, usw. Leiter der Vertriebsschienen sind dagegen für die Rentabilität sämtlicher Funktionsbereiche innerhalb ihrer Vertriebsschiene zuständig. Sie verantworten zudem die Wertschöpfungsaktivitäten, Design und Einkauf sowie PR und Marketing innerhalb ihrer jeweiligen Vertriebsschiene. Weiterhin leiten sie die Geschäfte über alle Länder, in denen die Vertriebsschiene präsent ist.

Abbildung 6.16: Organisation von H&M

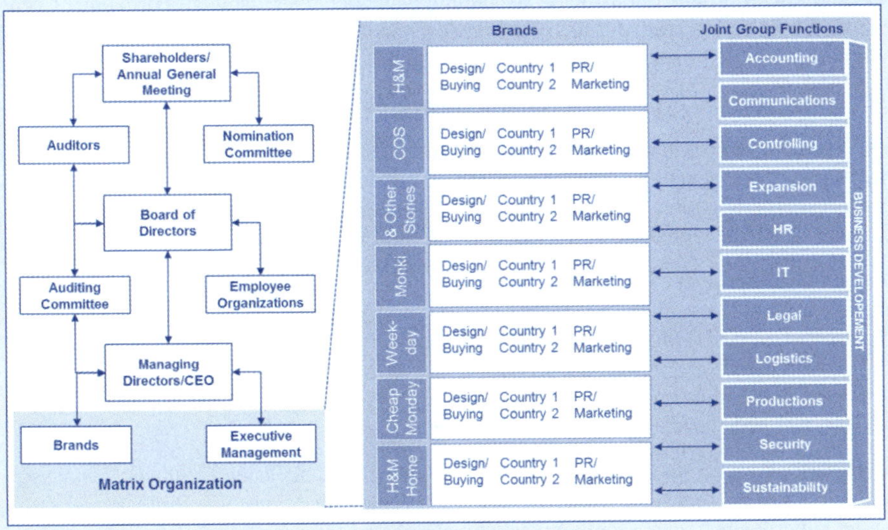

Quelle: H&M Corporate Governance Report 2016, S. 2, S. 9.

Gegen die Implementierung einer Matrixorganisation gibt es nachstehende Einwände (Schreyögg/Geiger 2016, S. 94f.):

- schwierige Kompetenzabgrenzung zwischen den Leitungsstellen
- langwierige Entscheidungsfindung
- geringe Transparenz und hohe Koordinationskosten
- persönliche Belastung durch häufige Konflikte.

Hybridstrukturen

Hybride Organisationsstrukturen stellen Mischformen dar. Viele der genannten Beispiele weisen keine reinen funktionalen oder divisionalen Organisationsstrukturen auf, sondern kombinieren bspw. beide. Durch die Implementierung derartiger hybrider Organisationsformen wird dem Umstand Rechnung getragen, dass bspw.

- Teilbereiche eines stark diversifizierten Handelsunternehmens in verschiedenen Regionen oder in Ländern mit unterschiedlicher Veränderungsdynamik agieren

- spezifische Aufgaben in Handelsunternehmen bestehen, wie das Immobilienmanagement oder Abrechnungsservices (Banken, Finanzregulierungseinheiten), die etwa bei einer divisionalen Organisation neben den Vertriebsschienen stehen
- die Anforderungen der Marktbearbeitung zur regionalen Struktur führen, aber zugleich die Größendegressionsvorteile genutzt werden und somit Zentralbereiche bzw. Quergesellschaften im Einkauf, in der IT oder im Business Development existieren
- die Anforderungen insb. bei Verbundgruppen darin bestehen, eigene Regiebetriebe (d.h. Eigen- bzw. Systemgeschäft) und selbstständige Kaufleute (d.h. Kooperationsgeschäft) in einer Organisation zu strukturieren, wobei ggf. zusätzlich noch Fremdgeschäfte hinzukommen können.

Über die Hybridstrukturen hinaus gehen **Stab-Linien-Organisationen**, die im Handel ebenso wie in der Konsumgüterindustrie an Bedeutung gewinnen. Dies bspw. in Form einer Corporate Communication-Unit, die auch die Corporate Social Responsibility verantwortet, und direkt dem geschäftsführenden Vorstand unterstellt ist.

c) Spezifische Typen der Primärorganisation im Handel

Der Versuch, weitere handelsspezifische Strukturen zu systematisieren, ist nicht einfach. Daher werden nachfolgend ausgewählte Spezifika, i.S. der genannten Determinanten der Organisationsgestaltung ohne Anspruch auf Vollständigkeit jeweils kurz angesprochen, während weitere – insb. die vielfältigen Geschäftsmodelle im E-Commerce – ausgeklammert bleiben:

- Holdingstrukturen
- Stiftungen
- diversifizierte vs. Monobetriebstypenunternehmen
- vertikal integrierte Unternehmen
- Franchisesysteme und Verbundgruppen
- internationale Handelsunternehmen.

Holdingstrukturen sind kein spezifisches Phänomen in Handelsunternehmen, aber sie spielen im Handel als Financial-Holdings oder Management-Holdings eine Rolle. Eine Holding ist ein Unternehmen, das Beteiligungen an mehreren rechtlich selbstständigen Unternehmen hält („to hold"). Bei der Holding-Struktur als Organisationsform entsteht ein Unternehmensverbund, dem die Holding als Obergesellschaft vorsteht. Historisch gesehen ergibt sich die Bildung von Holding-Konzepten oftmals als ein Prozess, bei dem eine Division rechtlich verselbstständigt und aus der Unternehmung herausgelöst wird. Eine **Finanzholding** hat ihre Aufgabe im Erwerb und der Verwaltung (i.S. der finanziellen Kontrolle und Koordination) der Beteiligungsgesellschaften. Diese haben, auf Grund eines vergleichsweise geringen Einflusses der Finanzholding auf ihren Mitteleinsatz, relativ große Freiheitsgrade hinsichtlich der Gestaltung ihres strategischen und operativen Geschäftes vor Ort. Demgegenüber gibt die Konzernleitung bei einer **Managementholding** – im Wege strategischer Entscheidungen – die geschäftspolitischen Grundsätze den Beteiligungsgesellschaften weitestgehend vor. Der Übergang zwischen diesen zwei „reinen Formen" des Holding-Konzepts ist als fließend anzusehen, da sich in der Unternehmenspraxis zahlreiche Zwischenstufen finden lassen. Auch **Stiftungen** sind kein spezifisches Phänomen im Handel, sondern zunehmend in verschiedenen Branchen und v.a. bei ehemals familiengeführten Unternehmen (Familienstiftung) anzutreffen. Eine Stiftung ist eine Einrichtung, die mit Hilfe eines Vermögens einen vom Stifter festgelegten Zweck verfolgt, wobei das Vermögen i.d.R. auf Dauer erhalten bleibt und die Destinatäre nur in den Genuss der Erträge kommen. Stiftungen können in verschiedenen rechtlichen Formen und zu jedem legalen Zweck errichtet werden, wobei die meisten Stiftungen in privatrechtlicher Form gegründet werden. Der Hauptgrund für die Errichtung einer

Unternehmensstiftung dürfte für den Stifter die Erhaltung seines Unternehmens über seinen Tod hinaus darstellen, weshalb der Unternehmer sein Vermögen auf die Stiftung überträgt. Viele Unternehmensstiftungen verfolgen rein wirtschaftliche Zwecke, also die Vermehrung des Stiftungsvermögens, damit Ausschüttungen i.S. des Stiftungszweckes möglich werden. Vielfach werden auch Unternehmensstiftungen errichtet, um die Mitarbeiter am Gewinn der operativen Gesellschaft zu beteiligen. Die Unternehmensanteile werden dann von der Stiftung rechtlich gehalten, die aktiven Mitarbeiter haben daran ein Nutznießungsrecht und erhalten somit einen Teil der ausgeschütteten Dividende. In einer anderen Lösungsvariante erhalten die Mitarbeiter die von der Stiftung treuhänderisch gehaltenen Geschäftsanteile. Ein Beispiel für eine verflochtene Stiftungsorganisation wurde zu Beginn dieses Kapitels in Verbindung mit der Schwarz-Gruppe behandelt.

Diversifizierte und Monobetriebstypenunternehmen sollen der Vollständigkeit halber hervorgehoben werden, denn Unternehmen wie Tesco, Rewe oder Otto haben anderen organisationsstrukturellen Herausforderungen zu begegnen als Unternehmen wie Aldi, Müller Drogeriemarkt oder dm-drogerie markt. Erstere sind – wie am Beispiel der Rewe Group in diesem Kapitel bereits veranschaulicht – auf der zweiten Hierarchieebene oftmals nach Divisionen (Betriebstypen bzw. Vertriebslinien) organisiert. Dies wirft v.a. Fragen nach der Einbindung dieser Divisionen in die Gesamtorganisation und damit insb. jene nach der Nutzung möglicher Synergien auf. Demgegenüber organisieren Monobetriebstypenunternehmen das, was in den diversifizierten Unternehmen auf der Ebene einzelner Divisionen zu organisieren ist (z.B. Funktionen), eine Hierarchieebene höher. Insofern betrifft ein Vergleich von diversifizierten Handelskonzernen und Monobetriebstypenunternehmen unterschiedliche Hierarchieebenen.

Vertikal integrierte Unternehmen, die neben Einkauf und Verkauf auch die Produktion und oft die Produktentwicklung verantworten, sind selten voll autonom organisiert. Vielmehr wird auf verschiedenen Ebenen, z.B. in der Beschaffung/Produktion oder im Verkauf/Vertrieb kooperiert. Sie werden als sog. **Netzwerkunternehmen** bzw. Unternehmensnetzwerke oder strategische Netzwerke bezeichnet. Grundsätzlich ist unter dem Begriff des Netzwerks eine Form arbeitsteiliger, interorganisationaler Zusammenarbeit von rechtlich selbstständigen Unternehmen gemeint, die eine Wertschöpfungspartnerschaft bilden. Die organisatorische Netzwerklösung ist von der Ausprägung verschiedener Dimensionen abhängig, z.B. der Bindungsdauer, dem Grad der wirtschaftlichen Abhängigkeit, dem Grad der Virtualität, dem Handlungsspielraum der Netzwerkunternehmen innerhalb des Netzwerkes, dem Auftritt als Wettbewerbseinheit oder der Zugangsmöglichkeit. Im Handel werden Netzwerkorganisationen in einzelnen Wertschöpfungsfunktionen, bspw. beim Absatz oder beim Supply Chain Management (siehe hierzu die Ausführungen des Fünften Kapitels) aufgebaut, wobei bei vertikalisierten Unternehmen beide Funktionen eingeschlossen sein können. Dies verdeutlicht das Beispiel der Benetton-Gruppe, die beschaffungsseitig mit eigenen Produktionsstätten und auch Endproduktlieferanten (z.B. bei Accessoires) arbeitet und den Verkauf mit eigenen Läden und v.a. mit Franchisepartnern abwickelt. Weitere Beispiele finden sich bei Unternehmen wie Zara (siehe hierzu die Fallstudie in Abschnitt F. des Fünften Kapitels) oder Mango. Letzteres Unternehmen verfügt über eine dreistufige Führungsstruktur: Das Board of Directors ist eingeteilt in drei (Vice-)Executive Chairman, welche die diversen Geschäftsbereiche verantworten und zwei weitere Mitglieder, die für Finanzen sowie für das Supply Chain Management und die CSR verantwortlich sind. Auf der nächsten Stufe existiert ein „Steering Commitee“, in welchem neben den Vorstandsmitgliedern drei weitere Direktoren eingesetzt sind. Diese wurden berufen, um der schnellen Expansion des Unternehmens gerecht zu werden. Sie verantworten drei Kernbereiche, die für diese Expansion besonders wichtig sind, nämlich die Kernmarke Mango Woman, die internationale Expansion im stationären Bereich sowie den Ausbau des E-Commerce Geschäfts. Diesen untergeordnet sind dann die Leiter der einzelnen Bereiche, die teils funktional, teils divisional und damit hybrid eingeteilt sind.

Analog können auch **Franchisesysteme** und **Verbundgruppen** als Netzwerkunternehmen gesehen werden. Beide wurden bereits ausführlich im Rahmen der Wachstumsstrategien behandelt (siehe Abschnitt B.IV des Ersten Kapitels sowie die Abschnitte C.IV.3 und C.IV.4 des Dritten Kapitels). Es wurde ausgeführt, wie sich Franchisesysteme charakterisieren lassen, welche Supportleistungen eine Franchisezentrale an die Franchisenehmer liefert und wie ein Franchisesystem (bspw. im Falle straffer Franchisesysteme) organisiert sein kann. Demgegenüber wurde das i.d.R. hiervon deutlich abweichende Prinzip der Verbundgruppen mit einer i.d.R. größeren Autonomie der Partnerbetriebe diskutiert. Deren Organisation weicht strukturell und hinsichtlich der Zentralisation der Entscheidungen von jener der Franchiseunternehmen ab. Vor besonderen Herausforderungen stehen jene Unternehmen, die sowohl Regiebetriebe, also eigene Filialen bzw. das sog. Systemgeschäft, als auch Kooperations- bzw. Verbundgruppenpartner, also das sog. Kooperationsgeschäft, organisatorisch einzubinden haben. Die dann hybride Organisationsstruktur eines derartigen „Verbundkonzerns" ist in Abb. 6.17 zu sehen.

Abbildung 6.17: Struktur eines Verbundkonzerns

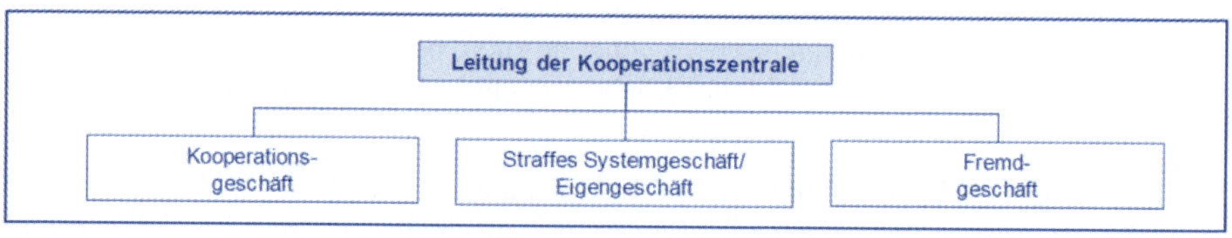

Das Modell kennzeichnet Verbundgruppen, in denen geschäftsfeldspezifische Entscheidungsstrukturen weit über das verbundgruppentypische Maß hinaus zentralisiert werden, um zu straffen Abwicklungseinheiten zu kommen. Dieser heute noch selten in Deutschland anzutreffende Fall ist durch die Kombination des klassischen Kooperationsgeschäfts mit den straffen Systemen bzw. Regiebetrieben geprägt, wobei beide Geschäftsfelder in der Organisation zu trennen und mit entsprechenden Managementkapazitäten, Know-how und finanziellen Ressourcen auszustatten sind. Die Merkmale sind demnach:

- Erhöhung der Realisierbarkeit von Systemen erfordert eigene Strukturen
- Aufbau neuer nicht kooperativer Geschäftsfelder zur Erzielung von Zusatzerträgen
- Kooperationszentrale betreibt weiter klassisches Kooperationsgeschäft mit Mitgliedern
- straffes Systemgeschäft für Mitglieder und/oder Dritte in eigener Struktur
- parallel dazu sonstige Geschäftstätigkeiten, die in Verbindung mit dem Kooperationsgeschäft stehen können aber nicht müssen (z.B. Call-Center, Immobiliengeschäft etc.).

Die Integration von Auslandsgesellschaften eines Handelsunternehmens in die bestehende Organisationsstruktur kann in drei Formen erfolgen, nämlich als unspezifische, differenzierte oder integrierte Organisationsstrukturen (Swoboda/Anderer 2008, S. 106f.). Insbesondere zu Beginn des Internationalisierungsprozesses, wenn ein Handelsunternehmen nur wenig im Ausland tätig ist und die Auslandsaktivitäten noch keinen Niederschlag in der formalen Organisation finden, herrschen **unspezifische Strukturen** vor. Entscheidungen in Bezug auf die Auslandsaktivitäten werden i.d.R. von der Unternehmensleitung direkt getroffen. Dagegen wird die Auslandsaktivität bei einer **differenzierten Struktur** durch eine eigene organisatorische Einheit, bspw. eine Auslandsabteilung, abgewickelt.

Organisation von Verbundgruppen

Die ANWR Gruppe ist eine Kooperation für über 6.000 Händler der Schuh-, Sport- und Lederwarenbranchen mit 11.200 Verkaufsstellen. Zur Gruppe gehören waren- und marktorientierte Tochtergesellschaften (siehe Abb. 6.18), wie Ariston-Nord-West-Ring, Garant Schuh, Quick Schuh Handelsgesellschaft, Rexor Schuh-Einkaufsvereinigung, Sport 2000 oder Goldkrone Lederwaren, zu deren Hauptaufgaben der internationale Wareneinkauf und die Entwicklung innovativer Handelskonzepte zählen. Seinen Mitgliedsunternehmen bietet die Verbundgruppe vielfältige Unterstützungsangebote an, wie Finanzdienstleistungen und Zentralregulierung, IT-Lösungen, Logistikservices, Unternehmens-, Steuer- und Wirtschaftsberatung sowie Aus- und Weiterbildung.

Abbildung 6.18: Struktur der ANWR Gruppe

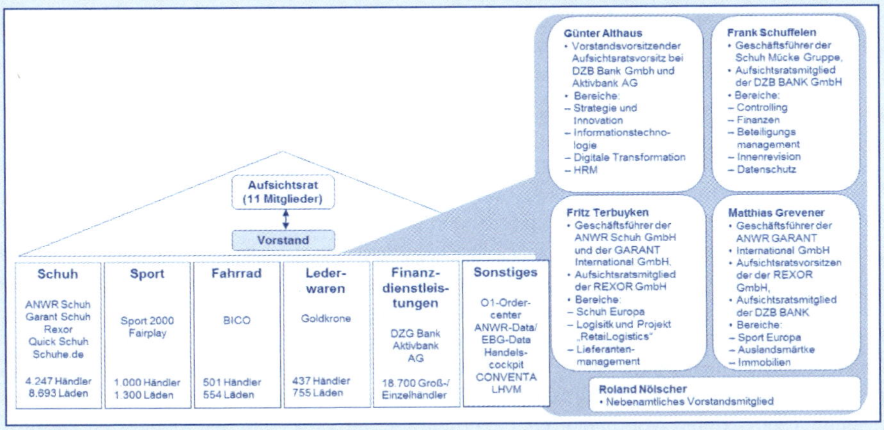

Intersport ist mit rund 5.400 Fachgeschäften in 45 Ländern und einem Umsatz von über 10,5 Mrd. EUR die größte Verbundgruppe im Sportfachhandel (über 20% Marktanteil in Europa). Die Organisationsstruktur der Gruppe (siehe Abb. 6.19) ist unterteilt in drei Divisionen: Products & Purchasing (verantwortet die Produktenwicklung und den Einkauf), Marketing, Retail and License (verantwortet alle strategischen und operativen Marketingthemen auf allen Ebenen des Unternehmens), und Services (mit verschiedenen Dienstleistungen).

Abbildung 6.19: Struktur der Intersport International Corp.

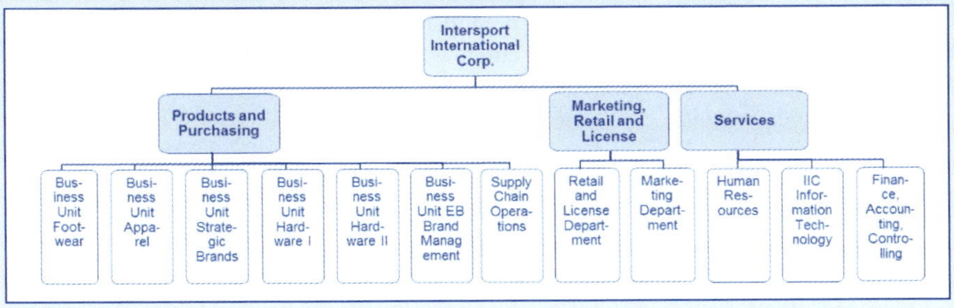

Quelle: www.anwr-group.com; www.intersport.com, 20. Oktober 2017.

Diese Trennung wird bei der Implementierung **integrierter Strukturen** aufgehoben, wobei auch bei internationaler Geschäftstätigkeit ein- und mehrdimensionale Organisationsstrukturen sowie Hybridstrukturen vorliegen können. Wird die Einbindung der Auslandsaktivität bspw. mittels eindimensionaler Struktur bei bestehender funktionaler Organisation vorgenommen, ist der jeweilige Funktionsleiter sowohl für das Inlands- als auch für das Auslandsgeschäft in seinem Bereich verantwortlich. Allerdings existieren in globalen Handelsunternehmen i.d.R. zusätzliche Expansionseinheiten, die Teile einer Business Development Unit als Servicegesellschaft darstellen.

d) Sekundärorganisation

In Abgrenzung zur Primärorganisation stehen bei der Sekundärorganisation solche Organisationsbeziehungen im Vordergrund, die in Organigrammen nicht sichtbar sind. In der Organisationslehre werden unterschiedliche Formen der Sekundärorganisation auch als Koordinationsmechanismen oder als Teilentscheidung der Spezialisierung (i.S. der Einbindung bestimmter Entscheider) behandelt. Nichtsdestotrotz wird mit der zunehmenden Bedeutung derartiger Elemente eine **duale Organisation** ausgeformt, in der die Sekundärorganisation fast schon gleichberechtigt neben die Primärorganisation tritt.

Teams, Koordinationsgruppen und Ausschüsse

Teams/Erfahrungsaustauschgruppen bzw. Arbeitsgruppen, Koordinatoren bzw. Koordinationsgruppen, Meetings, Konferenzen bzw. Ausschüsse sind als Koordinationsinstrumente zwischen organisatorischen Einheiten (z.B. den Funktionsbereichen Ein- und Verkauf) zu sehen. Schreyögg und Geiger (2016, S. 139ff.) zählen diese – in Abgrenzung zu weiteren Koordinationsinstrumenten – zu den institutionalisierten Koordinationsinstrumenten der Selbstbestimmung. Da die Koordination und Kommunikation innerhalb von **Teams** leichter zu bewerkstelligen ist als über Bereichs- oder Hierarchiegrenzen hinweg, finden teambasierte Organisationsformen breite Anwendung. Managementteams zur Lösung von Führungsaufgaben, Veränderungsteams (sog. Change Teams), Projektteams oder Netzwerkteams bzw. virtuelle Teams, deren Mitglieder aus Unternehmen mit verschiedenen Standorten rekrutiert und mittels Informations- und Kommunikationstechnologien verbunden werden, stellen nur einige Beispiele dar. Ein Team ist eine kleine Arbeitsgruppe, die sich durch seine Arbeitsweise und Gruppenkohäsion auszeichnet. Durch die Einrichtung von Teams können folgende Vorteile realisiert werden (Osterloh/Frost 2006, S. 114f.):

- bessere Entscheidungsqualität
- effizientere Form der Arbeitsteilung und Kooperation
- hohe Motivation und Arbeitszufriedenheit auf Grund des Zusammengehörigkeitsgefühls und damit geringere Fehlzeiten sowie niedrigere Fluktuation
- Verhinderung von „Trittbrettfahrern" durch wechselseitige Kontrolle
- geringere Widerstände bei der Umsetzung von Lösungen auf Grund der partizipativen Entscheidungsfindung.

Es können u.a. aber auch folgende Nachteile angeführt werden:

- Gruppendenken und Tendenz zur Verselbstständigung
- größerer Zeitbedarf auf Grund partizipativer Entscheidungsfindung
- Teamzwänge.

Teams können somit als eine der wesentlichen Grundformen der Sekundärorganisation in modernen Handelsunternehmen gesehen werden. Die in Prozessorganisationen erforderliche Integration der Mitarbeiter wird bspw. meist durch Teams sichergestellt. Zunehmend gehen Unternehmen dazu über, im Rahmen der vertikalen Kooperation (bspw. bei der Kundenbetreuung oder mit strategischen Lieferanten) interorganisationale Teams einzusetzen. Demgegenüber sind **Erfahrungsaustauschgruppen** bereits seit längerer Zeit im Handel bekannt, sei es intern im Unternehmen oder innerhalb einer Verbundgruppe. Vor dem Hintergrund der wachsenden Bedeutung von Handelsmarken und der damit verbundenen Aufwertung der Funktion „Produktentwicklung“ können auch zunehmend **teilautonome Arbeitsgruppen** angetroffen werden. Die Mitglieder dieser auf Dauer eingerichteten Gruppen sind mit Entscheidungs- und Kontrollkompetenz ausgestattet und erfüllen gemeinsam ganzheitliche Aufgabenvollzüge. Weiterhin sind Koordinatoren bzw. Koordinationsgruppen zu nennen. Während **Koordinatoren** die leistungsmäßig verbundenen Bereiche in ihrer Koordination unterstützen, werden **Koordinationsgruppen**, deren Mitglieder aus unterschiedlichen Bereichen rekrutiert werden, für Aufgaben eingesetzt, die das gesamte Unternehmen betreffen. Im Rahmen von **Meetings/Konferenzen** als permanente Einrichtungen wird versucht, etwaige Konflikte zwischen Bereichen ohne Einschaltung eines Vorgesetzten zu lösen oder Abstimmungsprobleme zu beseitigen. Bei internationalen Unternehmen sind regelmäßige Meetings/Konferenzen oft Ausdruck der multikulturellen Orientierung eines Unternehmens und zugleich eine wichtige Quelle, um Auslandswissen und -lernen zu fördern und innerhalb des Unternehmens zu distribuieren. **Ausschüsse** werden hingegen zeitlich begrenzt eingerichtet und setzen sich aus Mitgliedern unterschiedlicher Bereiche zusammen.

Projekt-, Category Management und virtuelle Organisation

Sieht sich ein Händler kurzfristig mit einem neuen Problem (z.B. mit der Aufnahme des Multi- bzw. Omnichannel Retailing) konfrontiert oder sind zeitlich befristete Aufgaben (Projekte) abzuwickeln, wird die Primärorganisation strukturell ergänzt. Projekte laufen prozesshaft ab, wobei idealtypisch Entwicklungs-, Produktions-, Einführungs- und Nutzungsphase aufeinander folgen. Typische Aufgaben, die im Handel mittels **Projektorganisationen** gelöst werden, sind die Neugestaltung von Betriebs- oder Vertriebstypen, der Aufbau neuer Logistikzentren, der Eintritt in ausländische Märkte oder der Test von Innovationen. Projekte zeichnen sich durch zwei Merkmale aus: Sie sind einmalige Vorhaben mit zeitlich festgelegtem Beginn und Abschluss, wobei die Projektaufgabe meist neuartig ist. Auf Grund des innovativen und einmaligen Charakters der Projektaufgaben wird eine Ergänzung der Primärorganisation, die v.a. repetitive Aufgaben durchführt, erforderlich. Bei Großprojekten erfolgt die organisationale Verankerung meist in Form einer Matrix, d.h., Mitglieder aus für das Projekt relevanten Unternehmensbereichen (bspw. aus Funktionsbereichen und Divisionen) werden zusammengezogen (**Projektteam**). Eine schwächere Form der Integration stellt die **Stabs-Projektorganisation** dar, bei der die Projektleiter eine Stabsstelle bekleiden und Entscheidungen vorbereiten. Darüber hinaus besteht die Möglichkeit zur **reinen Projektorganisation**, bei der die am Projekt mitwirkenden Arbeitnehmer für die Dauer des Projekts ausschließlich dem Projektleiter unterstellt sind. Auf Grund der bereichsübergreifenden Zusammenarbeit können die Projektmitarbeiter ihr Know-how ausbauen. Ferner sei darauf hingewiesen, dass Projekt- und Prozessorganisationen einige Gemeinsamkeiten aufweisen. Zu diesen zählen u.a.:

- Einbeziehung verschiedener betrieblicher Funktionsbereiche zur Lösung der Aufgabe
- ganzheitliche Problembetrachtung und -lösung
- Bearbeitung von Aufgaben durch Teams, die flexibel sind, interdisziplinär und heterogen zusammengesetzt werden und innovative Lösungen hervorbringen können
- hauptverantwortliche Projektleiter.

Die **Category Management-Organisation** entspricht in Handelsunternehmen, v.a. solchen mit breitem Sortimenten und einer stark ausgeprägten Markt- bzw. Marketingorientierung, einer Teamorganisation, denn es werden Verantwortliche aus Verkauf, Marketing, Beschaffung, Logistik oder Controlling zusammengezogen (zum Category Management siehe Abschnitt C.V.2 des Vierten Kapitels). In Abgrenzung zur Projektorganisation arbeiten diese Teams jedoch dauerhaft zusammen; in modernen Unternehmen sind sie bspw. einem Vorstand Marketing/Einkauf unterstellt. Diese Organisationsstruktur ermöglicht es, funktionale Aufgaben bzgl. einzelner Warengruppen zu bündeln und auch einen Interessensausgleich von Handelsunternehmen und Hersteller herbeizuführen. Die Notwendigkeit einer warengruppenorientierten Organisationsstruktur ist insb. dann gegeben, wenn die Warengruppen sehr verschieden sind und das Zusatzsortiment eine hohe Veränderungsrate aufweist.

Virtuelle Organisationen stellen dynamische Netzwerke dar, wobei bspw. projektbezogen immer wieder neue Verknüpfungen vorgenommen werden (Schreyögg/Geiger 2016, S. 273). Diese Verknüpfungen werden v.a. durch den Einsatz neuer Technologien ermöglicht. Die Organisationsstruktur besteht bspw. aus überschaubaren Systemen mit Ergebnisverantwortung, die sich in der Aufgabenerfüllung auf unterschiedliche Kernkompetenzen konzentrieren und räumlich bzw. zeitlich voneinander getrennt agieren. Obwohl virtuelle Organisationen auf offenen und dynamischen Strukturen basieren, treten sie unternehmensintern oder bspw. dem Kunden gegenüber geschlossen, also als Einheit, auf. Durch die virtuelle Organisationsstruktur besteht die Möglichkeit, z.B. bei dem Design und der Entwicklung von Fashion-Sortimenten oder E-Commerce-Angeboten relativ flexibel zu agieren.

3. Zentralisierung

Unter Zentralisation wird die Zusammenfassung von gleichartigen oder ähnlichen Aufgaben, Arbeitsbereichen oder Verantwortungsbereichen nach einem organisatorischen Kalkül verstanden.

Der gegensätzliche Ansatz ist die **Dezentralisation**, also verschiedene Aufgaben, Aufgabenbereiche oder Verantwortungsbereiche auf viele Stellen zu verteilen, wobei je nach Unternehmung zur Zentralisation oder zur Dezentralisation tendiert wird. Insofern bezieht sich die Entscheidung auf die Verteilung der Entscheidungskompetenzen, also die Zuweisung von Aufgaben, die Vorgabe von Zielen, die Ausstattung mit den zur Aufgabenerfüllung erforderlichen Weisungs- und Vertretungsrechten sowie die Übertragung von Verantwortung. Der Grad der Zentralisation wird durch die Wahl der Organisationsstruktur bestimmt, aber auch bei gleicher Organisationsstruktur von Händlern unterschiedlich gewählt, um bspw. Regionalgesellschaften oder Filialen mehr oder weniger Autonomie zu gewähren.

Die **Zentralisation** verfolgt das Ziel, die Effizienz der jeweiligen Entscheidungen bzw. Prozesse zu steigern und Redundanzen abzubauen. Die effizienzsteigernde Wirkung zentralisierender Maßnahmen kann durch längere Entscheidungswege und zusätzliche Entscheidungsebenen gemindert werden, aber bei zentralen Entscheidungen ist bspw. eine strategische Neuausrichtungen leichter durchzuführen, da der mittleren Managementebene weniger Möglichkeiten zum autonomen Verhalten eingeräumt werden. Demgegenüber bietet eine dezentrale Organisation bspw. für Filialmanager größere Gestaltungsfreiheiten, Flexibilitäten und Marktnähe. Im einfachsten Fall liegt bei einer hohen Zentralisation die Entscheidungsmacht bei der Unternehmensleitung, während im Handel darüber hinaus verschiedene Entscheidungsfelder und Kontexte zu beachten sind:

- Die Entscheidungsfelder im Handel können alle (Wertschöpfungs-)Funktion betreffen und der Systematisierung von Tietz (1993, S. 911f.) folgend sind u.a. Führungs- und Ressortentscheidungen sowie Individual- und Kollektiventscheidungen zu trennen. Essentiell sind Entscheidungen bzgl. der Kernfunktionen Einkauf (i.S. einer Beschaffungskompetenz) und Verkauf (i.S. der Absatzkompetenz), weswegen sie im Folgenden aufgegriffen werden.

- Kontexte der Entscheidungen zur Zentralisation vs. Dezentralisation sind im Handel u.a. Zentrale vs. Filialen (grundsätzlich relevant), Zentrale vs. Vertriebsgesellschaften (bei Multibetriebstypenunternehmen) und Zentrale vs. Landesgesellschaften (bei internationalen Händlern). Alle drei Kontexte können kombiniert auftreten und dadurch die Komplexität beträchtlich erhöhen, werden aber nachfolgend separat betrachtet.

Entscheidungen im Kontext von Zentrale und Filiale

Die denkbaren Optionen der Verteilung von Kompetenzen und Verantwortung zwischen Zentrale und Filiale in Bezug auf Entscheidungen in den Bereichen Einkauf und Verkauf sind in Form von drei idealtypischen Varianten in Abb. 6.20 dargestellt.

Abbildung 6.20: Verteilung von Kompetenzen und Verantwortung von Zentrale und Filiale

Variante I

	Zentrale	Filialen
Verkauf	X	
Einkauf	X	

Variante II

	Zentrale	Filialen
Verkauf		X
Einkauf		X

Variante III

	Zentrale	Filialen
Verkauf		X
Einkauf	X	

Variante I verdeutlicht ein im Verkauf und im Einkauf zentral geführtes Unternehmen. Dies ist i.d.R. bei straff geführten Organisationen (bspw. Franchise-Systemen, Discountern) der Fall und tendenziell stärker in Non Food-Branchen, und zwar bei jenen Unternehmen, die bspw. global einkaufen und auch eine eher standardisierte Marketingkonzeption nutzen.

Variante II verdeutlicht das Gegenteil eines vollständig dezentral geführten Handelsunternehmens. Diese Form kann eher selten in filialisierten Unternehmen angetroffen werden, am ehesten aber bei Großbetriebsformen des LEH, denn bei diesen kann eine Filiale durchaus eine kritische Masse für den eigenen Einkauf generell oder auch für lokale Sortimente erzielen. Relevant ist diese Variante auch bei Unternehmen mit stark lokal geprägten Sortimenten oder hoher Autonomie.

Variante III ist hingegen für all jene Unternehmen typisch, die zentral einkaufen und zugleich den Filialen Autonomie im Hinblick auf Sortimentszusammensetzung und Preisgestaltung ermöglichen. Dies kann in Handelssystemen mit starker lokaler Komponente (z.B. Verbundgruppen des LEH) und/oder mit stark variierenden Ladengrößen vorgefunden werden. Dabei werden Vorteile eines zentralen Einkaufs (z.B. Skaleneffekte) mit der Anpassung an lokal variierende Kundenbedürfnisse genutzt. Allerdings geht die lokale Autonomie mit höheren Prozesskosten und ggf. Koordinationsherausforderungen einher, wie dies bspw. bei der Realisation des Category Managements der Fall ist.

Picot/Reichwald/Wigand (2003, S. 5, S. 230ff.) verorten eine Entscheidungsdezentralisation allgemein in modularen Organisationen, in denen kleine, kundenorientierte Prozesseinheiten existieren, die für das erwirtschaftete Ergebnis selbst verantwortlich sind. Im Handel würde in diesem Fall jedoch auf den wichtigen Wettbewerbsvorteil der Einkaufsbündelung verzichtet. Insofern wird häufig zumindest ein Basissortiment zentral bezogen, um Synergien beim

Einkauf und in der Logistik zu generieren, aber auch attraktive überregionale Sortimente zusammenstellen zu können. Zum Teil kommen dabei sog. Buying Committees zum Einsatz, wobei der Einkauf bestimmter Artikel von mehreren Personen getroffen wird. Bei der Dezentralisation des Einkaufs entscheidet der Filialleiter in den Filialen über das gesamte Ergebnis. Er kann auch flexibler auf lokale Marktgegebenheiten reagieren.

Entscheidungen im Kontext von Zentrale und Vertriebsschiene

Die denkbaren Optionen der Verteilung von Kompetenzen und Verantwortung zwischen Zentrale vs. Vertriebsschiene sind bei Mehrbetriebstypenunternehmen und diversifizierten Unternehmen relevant. Einige idealtypische Varianten sind in Abb. 6.21 dargestellt und erneut auf die Entscheidungen Verkauf und Einkauf bezogen.

Abbildung 6.21: Verteilung von Kompetenzen und Verantwortung von Zentrale und Vertriebsschiene

Variante I

	Zentrale	VS1	VS2
Verkauf	X		
Einkauf	X		

Variante II

	Zentrale	VS1	VS2
Verkauf		X	X
Einkauf		X	X

Variante III

	Zentrale	VS1	VS2
Verkauf		X	X
Einkauf	X		

VS ... Vertriebsschiene

Variante I verdeutlicht ein im Verkauf und im Einkauf zentral geführtes Unternehmen, dieses Mal jedoch mit verschiedenen Vertriebsschienen (bzw. Betriebstypen). Dies ist i.d.R. in jenen Unternehmen der Fall, die zwei Vertriebsschienen in der gleichen Branche führen und daher ebenso beide Sortimente zentral einkaufen können wie sie auch die Verkaufskonzeptionen für beide Vertriebsschienen zentral gestalten können. Typisch ist dies bspw. für Omnichannel-Unternehmen, die ihr angestammtes Sortiment über eine neue Vertriebsschiene vertreiben.

Variante II verdeutlicht genau das Gegenteil, nämlich vollständig autonome Vertriebsschienen in diversifizierten Unternehmen. Eine entsprechende divisionale Organisationsstruktur mit kompletter Autonomie für Verkauf und Einkauf sind das Kennzeichen dieser Variante. Eine Determinante für eine derartige Entscheidung sind heterogene Sortimente und zugleich verschiedene Betriebs- oder Vertriebstypen. Eine andere Determinante betrifft jene Unternehmen, die zwar Vertriebsschienen in der gleichen Branche führen, aber strategisch entscheiden, dass diese separat geführt werden und quasi im Wettbewerb stehen.

Variante III hingegen ist typisch für die Unternehmen, die zentral einkaufen und zugleich den Vertriebsschienen Autonomie im Hinblick auf Sortimentszusammensetzung und ggf. Preisgestaltung ermöglichen. Dies trifft auf jene Handelssysteme zu, die ähnliche Sortimente in den Vertriebsschienen anbieten und diese zudem zentral einkaufen. Dies ist in den meisten Unternehmen bei der Auslandsbeschaffung typisch.

Entscheidungen im Kontext von Zentrale, Vertriebsschiene und Region

Denkbare Optionen der Verteilung von Kompetenzen und Verantwortung zwischen Zentrale vs. Vertriebsschiene vs. Region (gemeint ist eine Auslandseinheit, z.B. Tochtergesellschaft) sind in Abb. 6.22 dargestellt und wiederum auf die Entscheidungen Verkauf und Einkauf bezogen. Zumindest sechs idealtypische Varianten sind auszuführen.

Variante I bildet die Situation in international tätigen, vertikalisierten Unternehmen, in vielen Fachgeschäften bzw. Boutiquen (Luxusmarkenanbieter), in straffen Franchisesystemen oder Unternehmen mit einheitlichen Sortimenten (z.B. nur Handelsmarken) ab, denn die Zentrale entscheidet sowohl über den Verkauf als auch über den Einkauf.

Abbildung 6.22: Kompetenzen und Verantwortung von Zentrale, Vertriebsschiene und Region

Variante I

	Zentrale	VS1	VS2	Land1	Land2
Verkauf	X				
Einkauf	X				

Variante II

	Zentrale	VS1	VS2	Land1	Land2
Verkauf		X	X		
Einkauf		X	X		

Variante III

	Zentrale	VS1	VS2	Land1	Land2
Verkauf				X	X
Einkauf				X	X

Variante IV

	Zentrale	VS1	VS2	Land1	Land2
Verkauf				X	X
Einkauf		X	X		

Variante V

	Zentrale	VS1	VS2	Land1	Land2
Verkauf		X	X		
Einkauf	X				

Variante VI

	Zentrale	VS1	VS2	Land1	Land2
Verkauf				X	X
Einkauf	X				

VS ... Vertriebsschiene

Variante II skizziert ein divisional und zugleich integrativ geführtes internationales Handelsunternehmen. Demnach entscheiden die Vertriebslinien autonom über Verkauf sowie Einkauf und zugleich werden die Auslandseinheiten in den jeweiligen Ländern (i.S. einer integralen internationalen Organisation) zentral geführt.

Variante III bildet schließlich eine dritte Grundform ab, in der die jeweiligen Auslandseinheiten in den Ländern den Verkauf und den Einkauf autonom verantworten. Die gesamte Organisation entspricht in diesem Fall dem Grundprinzip multinationaler Unternehmen, denn nicht die Zentrale, nicht die Vertriebsschienen, sondern die Landesgesellschaften entscheiden. Insofern würde dies die multinationale Strategie stützen, die auf länderspezifische Adaption, Marktpenetration und Marktanteilsmaximierung ausgelegt ist.

Variante IV ist typisch für internationale Unternehmen, die ähnliche Sortimente mit unterschiedlichen Verkaufskonzepten anbieten. Der Einkauf wird zentral, aber vertriebslinienspezifisch geführt, und die Auslandseinheiten sind in den Verkaufsentscheidungen autonom. Determinierend können dabei unterschiedliche Situationen im Wettbewerb und im Kundenverhalten in einzelnen Ländern wirken.

Variante V bildet eine vergleichbare wie die gerade genannte Logik ab, allerdings im Verhältnis zwischen Zentrale und Vertriebsschiene. Die Landesgesellschaften werden beim Einkauf über alle Vertriebsschienen hinweg zentral und beim Verkauf jeweils durch die Vertriebsschiene geführt. Die Auslandseinheiten dürften integral von den Vertriebsschienen verantwortet werden. Determinierend für eine derartige Wahl sind weniger unterschiedliche Länderspezifika, sondern die Betonung der Kosten- und der Koordinationsvorteile im Einkauf und im Verkauf.

Variante VI visualisiert einen international zentralisierten Einkauf und eine dezentrale Führung der Auslandseinheiten im Verkauf. Non-Food-Unternehmen, die globale Marken anbieten und diese dezentral in den Ländern vermarkten, wären dieser Variante zuzuordnen.

Insgesamt deuten die sechs Varianten die grundsätzlichen Ausprägungen der Zentralisierungsentscheidung in internationalen Handelskonzernen an, die mehrere Vertriebsschienen im Ausland haben. Sie verdeutlichen somit die Komplexität denkbarer Entscheidungen zur Zentralisation, wobei hierauf basierend weitere, auch länderspezifisch unterschiedliche Gestaltungsmöglichkeiten zwischen Auslandsgesellschaft (i.S. einer regionalen Zentrale) und den Filialen in den jeweiligen Ländern zu betrachten wären.

4. Spezialisierung

Spezialisierung wird definiert als der Grad, zu dem Aufgaben und Aktivitäten in der Organisation unterteilt sind (Olson/Slater/Hult 2005, S. 52), d.h., wie stark die Arbeitsteilung ist bzw. inwiefern Spezialisten in die Leistungserstellung involviert sind.

Ein hoher Spezialisierungsgrad erlaubt andere Wege im Umgang mit Herausforderungen, sei es im Einkauf, im Verkauf oder auch im Ausland, als eine geringe Spezialisierung (z.B., wenn nur ein einzelner Manager involviert ist). Zugleich kann ein hoher Spezialisierungsgrad komplexe Strukturen fördern. Insgesamt ist die Spezialisierung deswegen bedeutend, weil ihr Niveau – jenseits der formalen Organisationsstruktur und der Zentralisierungsentscheidung – bestimmt, von wem welche Aufgaben gelöst werden. Bevor die Spezialisierung konkret angesprochen wird, ist darauf zu verweisen, dass die Spezialisierungsentscheidungen idealtypisch auf folgenden Analyseschritten fußen (siehe Abb. 6.23):

- Bei der **Aufgabenanalyse** werden die Gesamtaufgaben eines Handelsunternehmens (z.B. die Handels- oder Wertschöpfungsfunktionen; siehe Abschnitt E.II.2 des Ersten Kapitels) oder weitergehend – und weit häufiger – Einzelaufgaben in einem Handelsunternehmen (z.B. im Verkauf, im Category Management) in Teilaufgaben unterteilt. Die Teilaufgaben werden dann nach zusammengehörenden Aufgabenbereichen gegliedert, in Abhängigkeit von den mit der Aufgabenausführung verbundenen Zielen/Anforderungsniveaus kategorisiert und letztlich mit dem Arbeitsaufwand bewertet.
- Bei der **Aufgabensynthese** werden aus den bewerteten Teilelementen organisatorische Einheiten gebildet, indem diesen Teilaufgaben Kompetenzen und Mitarbeiter zugeordnet werden. Sie kann den gesamten Wertschöpfungsprozess betreffen (woraus die Organisationsstruktur resultiert) oder auf Einzelaufgaben, wie den Verkauf oder das Category Management, bezogen sein (woraus deren spezifische Strukturen resultieren). Dabei wird auch festgelegt, auf welche Art und Weise die Aufgaben zu erfüllen sind.
- Bei der **Stellenbildung** werden die Teilaufgaben idealtypisch nach dem Prinzip der Personenunabhängigkeit verschiedenen Stellen zugewiesen, i.d.R. auf das durchschnittliche Leistungspotenzial von Mitarbeitern bezogen. Dies kann u.a. nach Funktionsbereichen, in denen Aufgaben zusammengefasst werden, nach Categories, Orten der Leistungserstellung, Kundengruppen usw. erfolgen. Eine mit Weisungsbefugnissen ausgestattete Stelle bildet die sog. Instanz und die Zusammenfassung mehrerer Stellen unter die Leitung einer Instanz bildet eine Abteilung.

Konkret adressiert die Spezialisierung das Arrangement von Ressourcen zur Befriedigung spezifischer Organisationsherausforderungen (z.B. in der Verkaufsorganisation, im Category Management) und eine hohe Spezialisierung bildet einen Effektivitätstreiber, weil sie es erlaubt, individuelle Lieferprobleme und zugleich Herausforderungen der Absatzmärkte zu lösen und zwar durch die Integration von Spezialisten aus verschiedenen Funktionsbereichen im Category Management (gemäß der Ressourcenabhängigkeitstheorie). Die Fähigkeiten sind demgegenüber limitiert, wenn keine Spezialisten involviert sind. Die Integration von Spezialisten bildet eine Option, Unsicherheiten und Transaktionskosten zu reduzieren. Zwar kann die Spezialisierung zu komplexen Organisationen führen, aber die Einbindung von Spezialisten wird als Kernmerkmal und -vorteil bspw. in Kundenbeziehungen oder Lieferantenkollaborationen gesehen, weil sich Funktionsspezialisten gegenseitig kontaktieren können, z.B. Logistikspezialisten bzw. -teams der Hersteller und der Händler (siehe dazu Abschnitt C.V. des Fünften Kapitels). Studien in unterschiedlichen Kontexten zeigten, dass die Wirkung der Spezialisierung auf den Unternehmenserfolg nicht einer linearen, monoton steigenden oder fallenden Logik folgt.

Abbildung 6.23: Grundriss der Aufgabenanalyse und -synthese

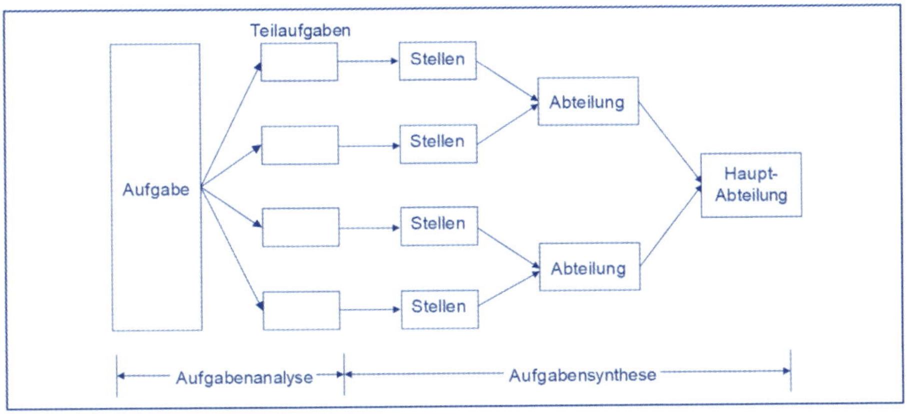

Quelle: Schreyögg/Geiger 2016, S. 41.

Wie stark ein Unternehmen spezialisiert ist, kann mit der Abfrage der Anzahl der involvierten Personen oder der Qualität der eingebundenen Spezialisten, etwa im strategischen Marketing oder im Category Management, erfasst werden. Die Beteiligung einer oder verschiedener Personen/Funktionen kann in Hersteller-Handels-Interaktionen im Hinblick auf

- die Logistik/Disposition,
- das Controlling,
- den Vertrieb,
- das Marketing bzw. die Marktforschung oder
- die Beschaffung.

bezogen werden. Die Spezialisierung kann für das gesamte Unternehmen oder für einzelne Funktionen, wie den Einkauf oder das Category Management, betrachtet werden. Eine Systematisierung der Anwendungsfelder im Handel hat zu berücksichtigen, dass die Kapazitäten – im Gegensatz zum Produktionsbetrieb – nicht gleichmäßig ausgelastet sind, da sie z.B. von der Kundenfrequenz oder den Bestelleingängen (im Einzel- bzw. Distanzhandel) abhängen und entsprechende Schwankungen nicht durch die Lagerfunktion ausgeglichen werden können. Letzteres führt dazu, dass die Spezialisierung bei **kundenabhängigen Aufgaben** (die bearbeitet werden, wenn der Kunde das Geschäft betreten hat bzw. wenn seine Bestellung eingegangen ist) und solche bei **kundenunabhängigen Aufgaben** (die jederzeit rational geplant und erfüllt werden können) unterschieden werden. Dies ist zu berücksichtigen, um die Anwendungsfelder der Spezialisierung zu systematisieren. Die Spezialisierung ist eng mit der Koordination verbunden, da ihre Zunahme mit einem erhöhten Bedarf zur Vorauskoordination (z.B. Abteilungsbildung oder Entkoppelung von Aktivitäten) oder Feedbackkoordination (i.d.R. Reaktion auf Störungen) einhergeht. Die Koordination zwischen einzelnen Funktionsbereichen (z.B. Einkauf und Verkauf), zwischen der Zentrale und Filiale erfolgt mittels unterschiedlichen Instrumenten und im Hinblick auf die jeweiligen Unternehmensziele. Denkbare Koordinationsinstrumente sind:

- **Persönliche Weisungen**, die eine flexible, vertikale, aber personenorientierte Form der Koordination darstellen, weshalb eine Überforderung der Instanzen ein möglicher Nachteil ist.
- **Selbstabstimmung**, die ein horizontales Koordinationsinstrument bildet, bei dem Teilaufgaben nach dem Ermessen der Aufgabenträger aufeinander abgestimmt werden.
- **Programme** und **Pläne** gehören zur Vorauskoordination, da sie autorisierte Verfahrensrichtlinien sind, welche die Integration von Tätigkeiten ohne Einschaltung der Instanzen sicherstellen oder Zielvorgaben und Maßnahmen in Perioden enthalten.

5. Formalisierung

Die Formalisierung beschreibt den Einsatz homogener (i.d.R. schriftlich fixierter) organisatorischer Regeln in verschiedenen Feldern der Organisation bei der Leistungserstellung, -erfassung und -beurteilung.

Die Formalisierung ist deswegen bedeutend, weil vorhandene Regeln ein zieladäquates Verhalten wesentlich bedingen, d.h., Unsicherheiten reduzieren und Aktivitäten harmonisieren können. Dies wird v.a. im Vergleich formalisierter Unternehmen und nicht-formalisierter Unternehmen deutlich, denn formal vorgehende Unternehmen verfügen über ausgeprägte interne Normen, Regeln und Vorschriften. Konkret dienen entsprechende Standards der Kontrolle des Ressourceneinsatzes. Sie sind (gemäß der Ressourcenabhängigkeitstheorie) Determinanten der Organisationseffektivität. Die Definition formaler Regeln und Prozesse fördert die „Klarheit" innerhalb der Organisation bzgl. der Verantwortungsbereiche oder Kommunikationsflüsse und fördert extern entsprechend einen standardisierten Umgang untereinander bzw. generell mit Share- bzw. Stakeholdern. Diese externe und interne Effektivität ist im Handel bedeutend. Darüber hinaus minimiert die Formalisierung Unsicherheiten und reduziert Transaktionskosten. Standardisierte Routinen und eine formale Kommunikation kann Doppelarbeiten reduzieren und somit die Effizienz der Organisation stützen. Insgesamt sind die Vorteile einer starken Formalisierung in der mit ihr verbundenen Stabilität, der erleichterten Koordination sowie mit Effizienz- sowie Effektivitätsgewinnen verbunden (Macharzina/Wolf 2018, S. 508). Im Gegensatz dazu kann eine geringe Formalisierung eine höhere Flexibilität, aber auch mehr Ad-hoc- und Doppelentscheidungen bedeuten. Wie stark ein Unternehmen formalisiert ist, kann pauschal mit der Abfrage der Zustimmung zu folgenden Statements erfasst werden:

- „Wir halten formale Kommunikationswege bspw. im Category Management ein."
- „Es gibt bspw. im Bereich der Beschaffung standardisierte Vorgehensweisen."

- „Wir haben sehr viel Aufwand bei der Entwicklung von Richtlinien bspw. zur Arbeit mit Kunden betrieben."

Die **Formalisierung** kann im Handel annähernd jede Wertschöpfungsfunktion umfassen, seien es Marketingprozesse (z.B. Kundenservice) oder Supply Chain-Prozesse (z.B. Lieferantenauswahl/-bewertung). Zur Systematisierung der Anwendungsfelder sind folgende Instrumentalebenen der Formalisierung im Handel hervorzuheben:

- Strukturorganisatorische Regelungen werden mittels Instrumenten wie Organigrammen, Organisationshandbüchern oder Stellenbeschreibungen übermittelt, die heutzutage in vielen Handelsunternehmen selbstverständlich und im Intranet verfügbar sind. Hierzu zählen auch Verhaltenskodizes und -normen.
- Regelungen bzgl. der Leistungserstellung fokussieren auf Prozesse und Instrumente. Gemeint sind hier bspw. die erwähnten Marketingprozesse (z.B. Vorgabe eines standardisierten Procedere zur Standortplanung für Landes- oder Regionalgesellschaften, falls diese die Standortplanung autonom durchführen), die erwähnten Supply Chain-Prozesse (z.B. Vorgaben der Beschaffungsmarktauswahl) und die Marketinginstrumente (z.B. Vorgaben für Prozesse zur Auswahl von Kommunikationsträgern oder den Umgang mit CRM-Systemen). Gemeint könnten auch Gesamtunternehmensstandards sein, wie bspw. Corporate Design, Verhaltenskodizes usw.
- Regelungen bzgl. der Leistungserfassung bzw. -beurteilung fokussieren auf die Planung und das Controlling, die im Handel sowohl die Sortimente, die Filialen, die Vertriebsschienen oder die Regionen betreffen können (siehe Abschnitt C. dieses Kapitels). Somit ermöglicht die Formalisierung auch eine weitergehende Steuerung von Sortimenten, Filialen, Vertriebsschienen und Auslandseinheiten.
- Die Informationsflüsse betreffende ergänzende Regelungen zur formal verankerten und informal praktizierten, zwischenmenschlichen Kommunikation im Unternehmen.

IV. Organisationaler Wandel

1. Grundlagen der Organisationsentwicklung

Eine Reihe von Ansätzen widmet sich dem organisationalen Wandel, wobei entsprechende Ansätze (evolutorisch, dialektisch oder teleologisch) in Verbindung mit der Dynamik der Betriebs- und Vertriebstypen thematisiert wurden (siehe Abschnitt B. des Zweiten Kapitels). Ausgangsbasis der nachfolgenden Ausführungen bildet das oft betrachtete, dialektische **Phasenmodell von Lewin** (1958, S. 120f.), das situative

- Kräfte, die auf einen Wandel drängen („driving Forces") und
- Kräfte, die den Wandel behindern („restraining Forces")

unterscheidet. Gleichen sich beide aus, wird kein Wandel initiiert. Überwiegen aber die „driving Forces" wird ein Veränderungsprozess in Gang gesetzt, der in drei Phasen abläuft (siehe Abb. 6.24). Damit Unternehmen ursprüngliche Gleichgewichtszustände aufgeben und Mitarbeiter eine Bereitschaft zur Veränderung entwickeln, bedarf es einer Phase des „Refreezing", die von externen oder internen Faktoren angestoßen werden kann. Im Anschluss an die Veränderungen folgt das „Freezing", wobei neue Lösungen konsequent umgesetzt werden. Die Mitarbeiter entwickeln Routinen. In Bezug auf die Führung der Handelsunternehmen wäre die Organisationsstruktur und deren Wandel zu beachten. Andererseits sind Strategie, Struktur, Prozesse und auch HRM interdependent, sodass sich der organisationale Wandel auf alle diese Elemente oder eben ihr Zusammenspiel beziehen kann. Diesen jedoch mit dem grundlegenden Ansatz der Organisationsentwicklung zu analysieren, ist mit folgenden Kritikpunkten verbunden (Schreyögg 2008, S. 432ff.):

- Organisationaler Wandel wird als störende Episode, als Ausnahme von der Regel begriffen. Angesichts des turbulenten Umfeldes stellt die Veränderung und Entwicklung von Unternehmen jedoch eine permanente Anforderung dar.
- Der Wandel wird als sequenzieller Problemlösungsprozess konzipiert, damit verstetigt und als beherrschbar aufgefasst, weswegen revolutionäre, spontane und selbstorganisierende Problemlösungen kaum zu erklären sind.
- Organisationale Wandelerfordernisse werden als fest umschriebene Probleme – vergleichbar mit Projekten – angesehen, die sequenziell abgearbeitet werden können. In Unternehmen überlagern sich unterschiedliche Wandelerfordernisse jedoch meist.
- Wandel wird zur Spezialistensache erklärt.

Abbildung 6.24: Organisatorisches Änderungsgesetz nach Lewin

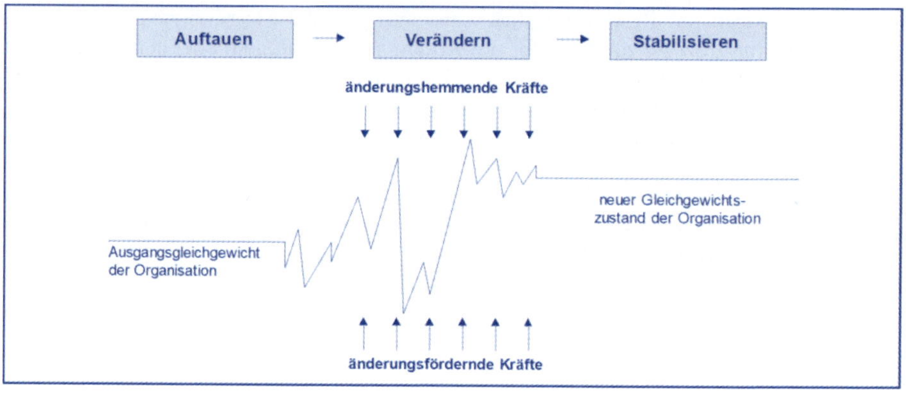

Quelle: i.A.a. an Schreyögg/Geiger 2016, S. 370.

Alternativ wird das organisationale Lernen diskutiert, um den Wandelprozess und dessen Bedeutung im Hinblick auf die Entwicklungsfähigkeit von Unternehmen aufzuzeigen. Dieser wird nachfolgend (als das WIE) angesprochen, gefolgt von Aspekten der digitalen Transformation von Offline- und Online- zu Omnichannel-Handelsunternehmen (dem WAS).

2. Konzept des organisationalen Lernens

Die Umfelddynamik reduziert die **Halbwertszeit des Wissens** und Händler benötigen die Fähigkeit, ihre Wissensbasis ständig in quantitativer (Umfang) sowie qualitativer Hinsicht (Struktur) weiterzuentwickeln. Für die Ausbildung der Fähigkeiten ist **organisationales Lernen** erforderlich. Die Grundlage hierfür bilden individuelle Lernprozesse der Mitarbeiter, die aber in Summe nicht mit dem organisationalen Lernen gleichzusetzen sind. Ähnlich zum individuellen Lernen charakterisieren drei Merkmale das Lernen im Kollektiv:

- Eine Organisation hat dann gelernt, wenn sie fähig ist, sich zum Zeitpunkt t_2 anders zu verhalten als zum Zeitpunkt t_1. Lernen führt somit zur Entwicklung neuer und zur Modifikation bestehender Verhaltensweisen.
- Die Verhaltensänderung ist von nachhaltiger Dauer.
- Neue Verhaltensweisen werden angeeignet und praktiziert.

Organisationales Lernen ist ein Prozess, „in dem Organisationen Wissen erwerben, in ihrer Wissensbasis verankern und für zukünftige Problemlösungserfordernisse hin neu organisieren" (Schreyögg/Geiger 2016, S. 398).

Ziel des organisationalen Lernens ist es, die Anpassungs-, Veränderungs- und Entwicklungsfähigkeit des Unternehmens sicherzustellen, d.h. die Problemlösungs- und Handlungskompetenz des Unternehmens bzw. der Mitarbeiter zu erhöhen und neue Kernkompetenzen aufzubauen. Damit diese Ziele realisiert werden können, muss das organisationale Wissen anschlussfähig sein, d.h. bspw., dass Handelsunternehmen mit ihrem Wissen Eigenmarken herstellen, die auch externen Kriterien (z.B. Kundenanforderungen) genügen. Vor dem Hintergrund der zunehmenden Vernetzung mit anderen Unternehmen, muss Wissen auch „von außen" (bspw. Kooperationspartnern) aufgenommen und in die Wissensbasis des betreffenden Handelsunternehmens integriert werden. Zu berücksichtigen ist, dass eine Restrukturierung der Wissensbasis nicht nur auf intendierten Lernprozessen beruht, sondern – i.S. der Systemtheorie – auch aus selbstorganisierenden Prozessen hervorgehen kann. Letztlich schlägt sich eine Veränderung der Wissensbasis in der Effizienz und Effektivität der Leistungsprozesse eines Handelsunternehmens nieder. Hinsichtlich des Aufbaus der Wissensbasis herrscht kein Konsens. Neben der Unterscheidung in implizites und explizites Wissen systematisiert ein **Schichtenmodell der organisatorischen Wissensbasis** die Wissensarten im Unternehmen:

- von allen geteiltes Wissen
- der Organisation zugängliches Wissen
- der Organisation nicht zugängliches Wissen
- Wissen der Umwelt (Metawissen bspw. aus Büchern oder Datenbanken)
- sonstiges, dem Unternehmen nicht zugängliches Wissen.

Das für Händler strategisch relevante Wissen bezieht sich auf die Interaktion mit Kunden und anderen Stakeholdern, die vorhandenen Strukturen und Prozesse oder die Implementierung moderner Kommunikationstechnologien und das methodische Repertoire (bspw. Nutzung von Szenarien). Händler sollten als lernende Organisationen geführt werden. Da beim organisationalen Lernen eine ganzheitliche Theorie weitgehend fehlt (zum individuellen Lernen vgl. Lefrançois 2015; Foscht/Swoboda/Schramm-Klein 2017, S. 120ff.) wird das Lernen im Kollektiv unter Rückgriff auf individuelle Lerntheorien erklärt. Folgende Lernformen werden angeführt (Schreyögg/Geiger 2016, S. 402ff.):

- Lernen auf Grund eigener Erfahrungen („Learning by Doing")
- Lernen durch Beobachtung der Umwelt
- vermitteltes Lernen durch die Interaktion mit Stakeholdern oder Wettbewerbern bzw. durch die Instruktion anderer (z.B. Unternehmensberater)
- Lernen durch die Inkorporation neuer Wissensbestände (bspw. im Zuge von Fusionen)
- selbstreferenzielle Generierung neuen Wissens, wonach bestehende Wissenselemente durch die Kommunikation der Mitarbeiter neu verknüpft werden.

In der Literatur existieren unterschiedliche Ansätze des organisationalen Lernens, die den Ablauf und die Inhalte der Lernprozesse thematisieren (Geller 1996, S. 29ff.). Das grundlegende Modell von Argyris/Schön (1978) wendet die „Theory of Action" auf Organisationen an und differenzierte zwischen der **offiziellen Handlungstheorie** („Espoused Theory") und der **Gebrauchstheorie** („Theory-in-Use"). Während Erstere aus Leitbildern, Strategien, Zielen, Kultur, Struktur und Machtverhältnissen hervorgeht und den kollektiven Bezugsrahmen bildet, bezieht sich Zweiter auf die tatsächlich gelebten Werte und Normen, die das Verhalten bestimmen. Lernprozesse werden ausgelöst, wenn Handlungserwartungen und Handlungsergebnisse auseinander fallen („Mismatch") oder übereinstimmen („Match") und im Unternehmen bspw. ein Überschuss an Ressourcen besteht (sog. Organizational Slack) (Geller 1996, S. 16f., S. 38). Je nach Tiefe und Inhalt der Lernprozesse unterscheiden sich folgende Lernebenen:

- Anpassungslernen (Single-Loop-Learning, Einkreislernen)
- Veränderungslernen (Double-Loop-Learning, Zweikreislernen)
- Prozesslernen (Deutero-Learning, Meta-Lernen).

Anpassungslernen liegt vor, wenn eine Diskrepanz zwischen Erwartungen und Ergebnissen durch eine Veränderung der Handlungsweisen abgebaut wird. Bestehende Normen und Ziele, also der kollektive Bezugsrahmen, wird dabei nicht hinterfragt bzw. verändert. Damit eine Adaption erfolgreich vorgenommen werden kann, müssen sich die Mitarbeiter mit negativem Feedback aktiv auseinandersetzen. In Handelsunternehmen können derartige Lernprozesse darauf gerichtet sein, die Effizienz der Leistungsprozesse zu erhöhen, indem bspw. der Vorgang der Beschaffung verkürzt oder die Qualität der Artikel im Sortiment verbessert wird. Beim **Veränderungslernen** werden bestehende Normen, Werte und Ziele in die Fehlerkorrektur einbezogen. Da der Kontext für künftiges Anpassungslernen geändert wird, muss ein Prozess des Entlernens bestehender Orientierungen stattfinden. Eine weitere Voraussetzung für erfolgreiches Double-Loop-Learning, das sich in einer höheren Effektivität der Leistungsprozesse niederschlägt, ist die Bereitschaft der Unternehmensmitglieder, gemeinsam eine Lösung zu erarbeiten und umzusetzen. Schließlich werden beim **Prozesslernen** der Lernkontext und das bisherige Lernverhalten reflektiert und im Hinblick auf die Erhaltung bzw. Steigerung der Fortschrittsfähigkeit des Unternehmens überprüft. Abbildung 6.25 veranschaulicht die drei Lernebenen.

Abbildung 6.25: Lernebenen nach Argyris/Schön

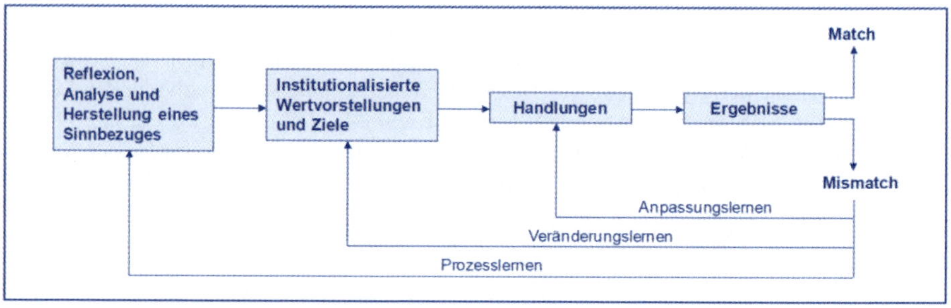

Quelle: i.A.a. Argyris 1992, S. 8.

Der Erfolg des organisationalen Lernens und damit des Wandels ist nicht nur davon abhängig, inwieweit es gelingt, Lernbarrieren entgegenzuwirken, sondern ist auch eng mit dem Managementkonzept eines Handelsunternehmens verwoben. Die Grenzen des klassischen Managementkonzepts im turbulenten Umfeld werden auch im Lernvermögen, also in der Entwicklungsfähigkeit von Unternehmen, aufgezeigt. Ein tayloristisches Konzept, das auf strenger Arbeitsteilung, Kontrolle und Planung basiert, führt immer seltener zum Erfolg. Während die Aufgaben des Managements v.a. in der Organisation, Planung und Kontrolle zu sehen sind, fokussiert das **Leadership-Konzept** auf die Entwicklung einer Unternehmensvision, welche die Richtung für die Veränderungsprozesse vorgibt. Dabei setzt ein erfolgreicher Transformationsprozess, der sich in einer nachhaltigen Steigerung des Unternehmenswertes niederschlägt, voraus, dass die Vision von den Leadern vorgelebt wird und Mitarbeiter im Unternehmen dazu motiviert werden, sich „begeistert“ für die gemeinsamen Ziele einzusetzen. Beide Paradigmen schließen einander nicht aus: Führung beinhaltet Management und Leadership, wobei im Falle reaktiver Veränderungen dem Management-Konzept und bei proaktiven Transformationen dem Konzept des Leadership eine stärkere Bedeutung zukommt (Hinterhuber/Krauthammer 2015, S. 12ff.).

3. Digitale Transformation von Handelsunternehmen

Der Wandel zum Mehrkanalunternehmen ist – für Händler – klassischer organisationaler Wandel. Bekannte Alternativen sind ein **inkrementeller Wandel** (mit Vorteilen wie begrenztes Risiko, organisationales Lernen oder schrittweise Reorganisation, und mit Nachteilen wie schnelle Wettbewerberreaktionen, begrenzte Kundenwunschbefriedigung oder kurze Aufmerksamkeitsspannen für Projekte) sowie ein **revolutionärer Wandel** (mit Pioniervorteilen wie Etablierung von Markteintrittsbarrieren oder Erreichen der kritischen Masse, und mit Nachteilen wie höheres Risiko, hohe Koordinations- und Ressourcenbedarfe). Demgegenüber expandieren Online-Anbieter oft ausschließlich mit elektronischen Geschäftsmodellen, die z.T. aus der Offline-Welt des Handels und der Handelsvermittlung bekannt sind, sei es als Intermediär, Agent oder Broker, und bauen früh auf Kompetenzen in der IT und im Supply Chain Management auf. Auch diese führt i.S. der Integrations- oder Separationsstrategie zu diversifizierten Unternehmen, wie bei Amazon (siehe die Fallstudie in Abschnitt F. des Ersten Kapitels) oder der Otto Group (mit einzelnen Marken, wie OTTO mit 21% des Umsatzes, Bon prix mit 12%, Witt- und Bauergruppe je 6%, und Finanzdienstleistungs- und Servicedienstleistungen 5% und 15%). Bemerkenswert ist diese Entwicklung deswegen, weil **Diversifikation** und **Akquisition** im Handel – nach einer Erfolgsphase in den 1990er Jahren – in den letzten Dekaden in Forschungsstudien reservierter bewertet wurden (siehe Abschnitt C.II.3. des Dritten Kapitels). Indessen ist der Wandel zum Omnichannel Retailing eine Gesamtunternehmensstrategie der Diversifikation, die mit der Neuausrichtung der gesamten Organisation verbunden ist. Nachfolgend werden die Struktur, die Prozesse (exemplarisch Marketing- und Supply Chain-Prozesse) und die wesentlich zu ändernde IT-Infrastruktur als Erfolgsfaktoren angesprochen. Abb. 6.26 visualisiert typische Strukturen und Prozesse im Offline-, Online- und Multi- bzw. Omnichannel-Handel und deutet die erforderliche Neugestaltung an.

Kundenorientierte Organisationsstruktur und Management

Seit Jahrzehnten sind Handelsorganisationen geprägt durch Visionen, Missionen, Geschäftsfelder und oft funktionelle Prozesse in autonom geführten Organisationsbereichen wie Marketing, Vertrieb, Beschaffung, Logistik oder IT. Dies prägte die Organisationskultur und die Kultur deren Mitarbeiter, die Spezialisierung und Autonomie der Systeme sowie das Denken in betriebs- oder kanalspezifischen Strategien. Dazu passt die Steuerung der Systeme über kanal- und standortspezifische Pläne und Erfolgsfaktoren (i.S.v. Profitcentern), die erst über die Geschäftsführung, den CEO oder die Zentralbereiche auf der Ebene der Gesamtorganisation kanalisiert werden. Dies ist in E-Commerce-Organisationen anders, in denen eine Entrepreneurship- und IT-getriebene Organisationstruktur und Managementkultur vorherrschen. Die Headquarters von Amazon oder Facebook gleichen einem offenen Campus, der zum Mitdenken, zur Innovation und zur Integration der Entscheider auf allen Ebenen anregen soll. Analog ist es bei kanal- und touchpointspezifischen Planungen, die oft weniger strategisch ausgerichtet sind, da sie v.a. schnell umgesetzt werden sollen. In Omnichannel-Handelsunternehmen sind die Organisation und das Management herausfordernder. Aufgrund der **In-**

tegration der Kanäle und der Ansprache von Kunden über diverse Kanäle ist eine Organisationsstruktur zwingend, die nicht die Kanäle, sondern den Kunden und seine Bedürfnisse sowie integrierte Teams in den Vordergrund stellt, welche die variierenden Kundenbedürfnisse erkennen und erfüllen. Zudem ist ein „schnelles" Management notwendig. Weitere Charakteristika sind eine enge Abstimmung von CEO und CIO, die zugleich eine Abkehr von projektgetriebenen IT-Abteilungen (die immer neue Ideen einbringen, aber auch als „Bremse" in der Projektumsetzung gelten) sowie einen Fit zwischen erfahrenen Managern und IT-Affinen bedingt. Integrierte Teams im Sortimentsmanagement oder in den Offline- und Online-Kanälen sind ebenso Beispiele einer zukunftsorientierten Organisationsstruktur im Omnichannel-Handel, wie die Steuerung der Organisation über andere „**Key Performance Indicators**" (KPIs) als es in traditionellen Handelsunternehmen der Fall ist (siehe Abschnitt C.IV.7. dieses Kapitels).

Abbildung 6.26: Digitale Transformation von Handelsunternehmen

	Offline	**Online**	**Offline-Online-Interdependenzen**
Struktur und Management	▪ Funktionale oder kanalspezifische Struktur und Kultur ▪ Spezialisierung und Autonomie in Systemen ▪ Kanal- und standortspezifische Wettbewerbs-/Wachstumsstrategien ▪ Kanal- und standortspezifische Erfolgsfaktoren (Fokus auf Marktanteile)	▪ Entrepreneurship- und IT-getriebene Struktur und Kultur ▪ Integration/Abstimmung zwischen Systemen ▪ Kanal- und touchpointspezifische Wettbewerbs- und Wachstumsstrategien ▪ Kanal- und kundenspezifische Erfolgsfaktoren	▪ Kunden- und teamzentrische Organisationsstruktur und -kultur ▪ Schnelligkeit, Prozessintegration und CEO-CIO-Abstimmung ▪ Flexible Unternehmens- und Cross-Channel-Strategien (Kernkanal-zentrisch) ▪ Erfolgsfokus auf Einzeltransaktion, Customer Lifetime Value; zudem eher auf Cross-Channel-Einflüsse als auf die Performance einzelner Kanäle
Marketing-/Vertriebsprozesse	▪ (Lokaler) Intra-/Interbetriebstypenwettbewerb und Kundensegmente als Vermarktungsbasis ▪ Sekundäre Entscheidungsdatenbasis und Benchmarking ▪ Standort, Sortiment und Preis als Kernmarketinginstrumente ▪ Aktionen als Kernsteuerungsinstrument von Kundenströmen ▪ Mitarbeiter und Services oftmals austauschbar	▪ Kernkompetenzen in IT und Supply Chain Management als Basis der Wettbewerbsvorteile ▪ Individualkunden und Trends aus diversen Touchpoints (ggf. User-Generated-Content) als primäre Entscheidungsdatenbasis ▪ Sortiment/Preis als Kernmarketinginstrumente (aber Individualisierung) ▪ Vereinfachtes Up- und Cross-Selling; Service	▪ Kanalübergreifende Interaktionen mit und von individuellen Kunden als Kernkompetenz und als Basis der Präferenzbildung und Kundenbindung ▪ Mehrdimensionale Gewinnung von Trend-/Entscheidungsdaten auf Store-, Touchpoint- sowie Individualebene ▪ Bedeutung stationärer Stores als Absatzkanal, Showroom, Kontakt- und Abholpunkt (für einfachen und/oder erlebnisreichen Einkauf) ▪ Integrative, kanalübergreifend abgestimmte Kernmarketinginstrumente (Einsatz gemäß der Einkaufssituation) ▪ Dominanz kanalübergreifender und kundenspezifischer Erfolgsmessung
Supply Chain-Prozesse	▪ Linear, (oft) push-basiert ▪ Längerfristige Beschaffungsplanung ▪ Effiziente Beschaffungs- und Store-Logistik über Zentrallager ▪ Geschulte, erfahrene Einkäufer	▪ Agil und konsumentengetrieben ▪ Flexible Beschaffung ▪ Effektive Feindistribution (integriert und kooperativ) ▪ Mitarbeiter sind eher Kundenberater als Disponenten	▪ Konsumentengetrieben, schnell ▪ Effiziente und effektive Logistik ▪ Einzelpersonenorientierte und flexible Auftragserfüllung ▪ Horizontale Warenströme zum Ausgleich von Bedarfsunterschieden zwischen Kanälen ▪ Empfehlungen (Verkäufe) unterstützen beim Einkauf (Up-/Cross-Selling)

Technologische Basis	▪ Oft isolierte CRM- und WWS-Systeme	▪ Arbeitet isoliert ▪ Hohe Integration kundenspezifischer Daten (Kundenkonten, Warenkörbe)	▪ Konzernweite Analytik ▪ Integrierte WW- und CRM-Systeme ▪ Kanalübergreifendes Matching von Kundendaten ▪ Mehrkanalarchitektur und Erweiterung auf neue Drittanbieter-Kanäle

Quelle: Swoboda 2018, S. 227.

Zudem stehen in solchen Unternehmen Cross-Channel-Strategien im Vordergrund, die an den Kernkanälen und den jeweiligen Kanalpotenzialen ausgerichtet sind. Neu ist, dass die Strategien eine flexible Reaktion auf die dynamische Umwelt und deren Entwicklungen ermöglichen müssen, denn online sind Innovationszyklen mitunter kurz und Neuerungen können durch Wettbewerber auch schnell imitiert werden. Aufgrund der direkten Kundenkontakte stehen Einzeltransaktionen (und Up-/Cross-Selling-Optionen) bzw. Cross-Channel-Umsätze von Kunden ebenso wie die Bindung der Kunden im Vordergrund, wobei Letztere über den Customer Lifetime Value erfasst werden kann (siehe hierzu die Ausführungen in Abschnitt C.IV.3. dieses Kapitels). Das Verständnis von Cross-Channel-Einflüssen tritt dabei jedoch vor die Optimierung der kanalspezifischen Performance. Hierzu sind IT-Fähigkeiten einerseits und Käuferverhaltenskenntnisse andererseits notwendig. Handelsunternehmen müssen Performance-Messungen zudem kanalübergreifend vornehmen und entsprechende KPIs definieren. Wenn bspw. erwartet wird, dass Offline-Stores weiterhin die Zentren des Kontakts und der Auftragserfüllung für Online-Bestellungen sind, sollten Filialmitarbeiter- und Geschäftsführeranreize daran ausgerichtet werden.

Agile Marketing- und Supply Chain Prozesse

Ansatzpunkte für **das Marketing und den Vertrieb** traditioneller Handelsunternehmen bildet die erfolgreiche Positionierung aus Sicht der Kundensegmente im Inter- und Intrabetriebstypenwettbewerb, wobei lokal adaptierte Angebote teils den Benchmark bilden. Die Basis für diese Angebote sind oft vergangene Kaufdaten der (lokalen) Kundensegmente, wobei der Erfolg von Angeboten (so von Sortimenten) durch Benchmarking einzelner Standorte/Läden bewertet wird (zum Benchmarking vgl. die Ausführungen in Abschnitt C.IV.5. dieses Kapitels). Dies ist online anders, da weniger die lokalen Wettbewerber als die eigenen Ressourcen- und Kernkompetenzen im IT- und Supply Chain-Bereich Ansatzpunkte bilden. Einsichtig sind die Individualisierungstendenzen im Online-Handel, die strategisch eine Differenzierungsoption bilden. Wie angedeutet, wird das Kundenverhalten vielfältiger und volatiler. Für Offline-Handelsunternehmen verlieren die üblichen kaufhistorienbasierten Angebotsprozesse sowie der Intra-Betriebstypenvergleich an Bedeutung.

Vor allem für die **Erkennung von Trends** und **individuellen Kundenpräferenzen** wird es notwendig sein, sich Informationen über diverse Kontaktpunkte hinweg zu beschaffen. In Omnichannel-Unternehmen sind Wettbewerbsvorteile nicht mehr nur kanal- oder touchpointspezifisch, sondern sie entstehen durch die Vielzahl der Interaktionsmöglichkeiten mit den Konsumenten. Omnichannel-Unternehmen können Trend- und Entscheidungsdaten prinzipiell auf einer Kanal-, Einkaufsstätten- und Online-Store- bzw. Touchpoint- sowie Individualkundenebene gewinnen. Unterstützt durch eine integrierte Retail Branding-Strategie wird angestrebt, dass Kunden einen Händler in der Vielzahl von Kanälen und Kontaktmöglichkeiten präferieren. Zudem kann den stationären Kanälen eine veränderte Rolle, bspw. als Showroom oder komplementär zum Online-Angebot als Kontakt- oder Servicepunkt, zukommen. Diese Optionen tragen (z.B. durch Warenabholung/-rückgabe) situativ zum vereinfachten Einkauf ebenso bei wie zum erlebnisreichen. Damit wird ein Benchmarking bspw. von Umsatzzahlen in Offline- oder Online-Formaten erschwert, da kaum erfasst werden kann wie diese zur Kundenbindung und damit zum Umsatz der jeweils anderen Kanäle beitragen. Interdependente Beziehungen und kanalübergreifende sowie kundenspezifische Loyalität rücken hingegen in den Vordergrund. Auf dieser Basis kann sich die Bedeutung der **primär genutzten Marketinginstrumente** wandeln, die im stationären Bereich durch den Standort, das Sortiment und den Preis repräsentiert werden. Schlagworte wie individualisierte und agile (Echtzeit-)Kommunikation, Angebote oder Sortimente sind nur Beispiele. Agile und flexible **Supply Chain-Prozesse** werden notwendig, um schnell auf Konsumtrends und -bedürfnisse zu reagieren. Sie wandeln sich fundamental, bspw. von einer linearen Prozessorientierung und einer längerfristigen **Beschaffung**, i.S. einer langfristig orientieren Bereitstellung eines dem jeweiligen stationären Betriebstyp und den verfügbaren Flächen angepassten Sortiments, hin zu einer flexibleren und schnelleren Reaktion auf aktuelle Entwicklungen in der Nachfrage der Konsumenten und dem Angebot der Lieferanten. Neben langfristige Lieferverträge treten einzelne Beschaffungstransaktionen, etwa um kurzfristige Preisvorteile auszunutzen oder um gelegenheits- oder trendbasiert Aktionsware für die Online-Kanäle bereitzustellen. Dieses Vorgehen wird auch dadurch begünstigt, dass in Online-Kanälen aufgrund geringerer Lager- bzw. Mietkosten breitere und/oder tiefere Sortimente geführt werden können. Zudem entfallen für Online-Kanäle diverse Prozesse zur Bereitstellung der Ware in den stationären Geschäften, wie die Anpassungen der Distribution zu den Einkaufsstätten sowie der Regalplanungen im stationären Bereich. Es wird darauf ankommen, inwiefern Omnichannel-Unternehmen in der Lage sind, die Beschaffung flexibel und schnell an diese veränderten Nachfragesituationen online und offline anzupassen. Da Sortimentsveränderungen bei manchen stationären Food-Händlern heute Monate dauern, stellt dies eine enorme Herausforderung dar. In der **Distributionslogistik** kommt zur effizienzorientierten Logistik über Zentrallager die zusätzliche Herausforderung des Aufbaus einer effektiven, also kundenbedürfnisorientierten Feindistribution. Dabei können integrierte Systeme aufgrund einer effizienten Logistik, die zudem eigene Touchpoints zur Abholung/Rückgabe der Ware und kooperative Touchpoints kombiniert, generell Wettbewerbsvorteile bedingen. Dennoch wird in diesem Falle auch die Auftragsabwicklung in den Lagern wesentlich verändert; so kann bspw. die Kommissionierung an einem Ort schwer beiden Herausforderungen – der effizienten Filial- und der effektiven Kundenbelieferung – gerecht werden. Die Effizienz der Belieferungen der stationären Geschäfte und die effektive Abwicklung der Einzelbestellungen der Online-Kunden gehen mit unterschiedlichen Zielsetzungen einher.

Mobile technologische Basis

Die IT-Technologie kann zukünftig eine stärkere Basis für das Management und für die Geschäftsprozesse bilden. Dies betrifft zunächst die Managementunterstützungssysteme: Strategische Entscheidungsprozesse können dank integrierter IT-Systeme intensiver durch Daten und Analysen unterstützt werden. Eine Grundlage dafür bieten **Digital Boardrooms**, also Dashboards, mit deren Hilfe insb. das Top-Management relevante Daten und Analysen zur Steuerung des Unternehmens zentral und in Echtzeit abrufen und visualisieren kann. Dies verlangt jedoch die Identifikation relevanter KPIs und „Drill-Downs" auf der Basis der formulierten strategischen Ziele sowie eine Implementierung der Aufbereitung entsprechender Daten in der IT-Infrastruktur. Dabei erlauben Drill-Downs eine detaillierte Betrachtung spezifischer Aspekte bzw. Bereiche (z.B. Umsatzzahlen für bestimmte Filialen). Darüber hinaus ist die Einbindung externer Datenquellen sinnvoll, um Informationen bspw. zur Konkurrenz oder dem weiteren Umfeld, die nicht aus den internen Geschäftsprozessen hervorgehen, in einen Digital Boardroom zu integrieren. Die Basis für die **Marketing- und Supply Chain-Prozesse** bilden eine sicherlich **Cloud-basierte Datenverarbeitung** und eine unternehmensweite Analytik (oft mit dem Schlagwort Big Data-Analyse verbunden). Dies gilt bezüglich der spezifischen KPIs wie Kundennachfrage und Warenverfügbarkeit, was die Integration von WWS- und CRM-Systemen in einer Mehrkanalarchitektur erfordert. Statt separaten Systemen für unterschiedliche Prozesse oder Wertschöpfungsaktivitäten erfolgt eine Integration in einem „**Digital Core**". Idealtypisch stoßen kundenseitige Bestellungen innerhalb des gleichen IT-Systems simultan Logistik- und Beschaffungsprozesse sowie parallel Zahlungsvorgänge an. Um eine nachhaltige wettbewerbsorientierte Differenzierung durch **Businessanalysen** zu erreichen, müssen Händler einen Schritt weiter gehen, als nur auf Daten, Werkzeuge und Ressourcen zu setzen. Vorteile können sich dann ergeben, wenn Händler ihre analytischen Fähigkeiten mit ihren strategischen und organisatorischen Fähigkeiten, die eng mit dem Geschäftsmodell verknüpft sind, verbinden. Dies setzt bspw. die Entwicklung einer formalen Analyseorganisationsstruktur und die Definition des Zusammenspiels mit der restlichen Organisation ebenso voraus wie die Definition proprietärer Algorithmen und Analysemethoden in jenen Bereichen, in denen das Unternehmen Wettbewerbsvorteile anstrebt (Strategiekodifizierung). Bezüglich der Daten ist zukünftig ein breiter (vs. selektiver) Zugang ebenso sinnvoll wie ein ausgebautes Datenmanagement-Toolset und Investitionen in Master Data Management-Werkzeuge. Nicht zuletzt ist eine Pyramidenstruktur für analytische Fähigkeiten zu entwickeln, angefangen vom „Chief Analytics Officer" über (Marketing-) Spezialisten bis hin zu Analytikern.

C. Prozesse

I. Grundlagen und Bedeutung

Einen zentralen Prozess der Unternehmensführung stellt auch in Handelsunternehmen das Controlling dar, das jedoch nicht mit **Kontrolle** gleichzusetzen ist, wie dies einem engen Begriffsverständnis entsprechen würde, sondern einem weiten, prozessualen Begriffsverständnis entsprechend, wie folgt definiert werden kann:

> Das Controlling ist ein Subsystem der Führung, das Planung, Kontrolle und Informationsversorgung systembildend und systemkoppelnd zielorientiert koordiniert und dadurch die Adaption und Koordination des Gesamtsystems unterstützt (Horváth/Gleich/Seiter 2015, S. 58).

Durch dieses Begriffsverständnis wird darauf verwiesen, dass die Planungs-, Kontroll- und Informationssysteme des Controlling auch mit der Organisation und dem HRM verwoben sind (siehe hierzu die Ausführungen in Abschnitt A. dieses Kapitels). Je nach dem Zeitbezug der Controllingaktivitäten kann in das strategische und operative Controlling differenziert werden. Das langfristig und an strategischen Zielen ausgerichtete **strategische Controlling**, bei dem eine umweltbezogene externe Sichtweise dominiert, bildet dabei jenen Teilbereich, der direkt der Unternehmensführung unterstellt ist und die strategische Führung durch die Koordination von strategischer Planung und Kontrolle u.a. darin zu unterstützen, die Fortschritte in der Strategieumsetzung und damit in der Zielerreichung sowie die Zweckmäßigkeit der Strategien zu prüfen, etwaige Korrekturmaßnahmen rechtzeitig einzuleiten (Hinterhuber 2015, S. 329f.)[1] und strategische Erfolgspotenziale zu entwickeln (Reichmann/Kißler/Baumöl 2017, S. 586). Die Umsetzung dieser Aufgaben macht auch Soll-Ist-Vergleiche bzw. Abweichungsanalysen erforderlich, die in den Verantwortungsbereich des **operativen Controlling** fallen. Dieses ist kurz- bis mittelfristig ausgerichtet und

[1] Zu den Gesamtunternehmens- und Geschäftsfeldstrategien siehe die Ausführungen in den Abschnitten B. und C. des Dritten Kapitels.

unterstützt die Unternehmensführung bei der kurzfristig orientierten operativen Planung, Steuerung und Kontrolle. Ziel des operativen Controlling ist es, die Wirtschaftlichkeit betrieblicher Prozesse sicherzustellen (Reichmann/Kißler/Baumöl 2017, S. 586). Eine eindeutige Abgrenzung zwischen operativem und strategischem Controlling ist jedoch nicht immer möglich (Becker/Winkelmann 2014, S. 36f.). Das Handelscontrolling ist – im Vergleich zum Controlling von Herstellerunternehmen – vor spezifische Herausforderungen gestellt, die auch auf dessen Bedeutung schließen lassen. Generell sind beim Handelscontrolling folgende Rahmenbedingungen zu berücksichtigen (Becker/Holler/Püster 2012, S. 868f.; Barth/Hartmann/Schröder 2015, S. 349ff.):

- starker Einfluss von Umfeldfaktoren mit hoher Dynamik und durchwegs hohe Umstellungsflexibilität der Konkurrenten
- Diskontinuität und Komplexität der Umwelt
- Verschiedenartigkeit parallel geführter Betriebs- und Vertriebstypen in unterschiedlichen Lebenszyklusphasen
- Abstimmungsbedarf bei Omnichannel-Systemen
- Vielfalt und Dynamik von nationalen und meist auch internationalen Standorten
- breite horizontale Absatzentfaltung über die Filialstruktur des Handelsunternehmens
- konsequente Markt- und Kundenorientierung der dominierenden Funktionsbereiche Absatz und Beschaffung
- Vielfalt und Komplexität von Sortimenten bzw. Leistungsprogrammen
- schwierige Definition der Kostenträger
- geringe Steuerbarkeit der Leistungserstellung
- Zunahme vertikaler Wertschöpfungspartnerschaften
- hohe Abstimmungserfordernisse zwischen verschiedensten unternehmensinternen und -externen Bereichen
- Vorliegen großer Datenmengen für unterschiedliche Controllingobjekte.

Aufgrund des dynamischen Umfeldes, der meist hohen Umstellungsflexibilität der Konkurrenten, der Wettbewerbsintensität und angesichts des Kostendrucks sind v.a. im Einzelhandel kurze Kontrollzyklen sowie ein hoher Informationsversorgungsgrad der Entscheidungsträger erfolgskritisch. Nur auf diese Weise können etwaige Anpassungsprozesse schnell vollzogen oder ein Wettbewerbsvorsprung realisiert werden. Dabei ist nicht nur die Unternehmensleitung in regelmäßigen Abständen mit entscheidungsrelevanten Informationen zu versorgen – gerade in filialisierten Handelsunternehmen bzw. allgemein: in Unternehmen mit einer starken Dezentralisierung – werden insb. situativ geprägte Entscheidungen auf unterschiedlichen Hierarchieebenen getroffen. Händler zeichnen sich gegenüber Industrieunternehmen durch eine Vielzahl von Standorten aus. Sie müssen also auf unterschiedliche standortspezifische Einflussfaktoren (z.B. ein unterschiedliches Verhalten der Kunden und Wettbewerber) reagieren, die einen unterschiedlichen Informationsbedarf bedingen und einer einheitlichen Steuerung und Kontrolle der Standorte entgegenwirken. Bei international tätigen Händler sind (z.B. bei einem internen Benchmarking) zudem länderspezifische Besonderheiten zu berücksichtigen. Auf den Informations- und Koordinationsbedarf wirken aber auch die unterschiedlichen Be- und Vertriebstypen ein, die Handelsunternehmen führen, um verschiedene Kundensegmente ansprechen zu können. Dies triff insb. für Omnichannel-Handelsunternehmen zu, bei denen bspw. die Preis- und Konditionengestaltung in den unterschiedlichen Kanälen Einfluss auf die wahrgenommene Fairness und damit auf das Ausmaß der Kundenzufriedenheit und -loyalität nehmen kann. Hinzu kommt die Vielfalt und Komplexität der Sortimente, die einerseits den Informationsbedarf erhöht, wobei die Anforderungen an das Controlling mit zunehmender Breite und Tiefe des Sortiments steigen (Barth/Hartmann/Schröder 2015,

S. 349). Anderseits nimmt auch der Koordinationsbedarf (z.B. zwischen den verschiedenen angebotenen Artikeln) stark zu. Im Hinblick auf die Sortimente erschwert eine häufige Sortimentsumstellung zudem die Bestimmung von Kostenträgern und damit eine verursachergerechte Zurechnung der Kosten. Die Anforderungen, die an das Handelscontrolling gestellt werden, steigen ebenso durch die Zunahme vertikaler **Wertschöpfungspartnerschaften** und der damit verbundenen Einführung neuer Managementkonzepte (bspw. im Rahmen des Supply Chain Managements). Denn eine Kooperation mit anderen Unternehmen bringt es mit sich, dass auch eine unternehmensübergreifende Koordination erfolgen muss. Insgesamt liegen in Handelsunternehmen für die verschiedenen Standorte und die unterschiedlichen Be- und Vertriebstypen umfangreiche Datenmengen vor, die u.a. Stamm- und Bewegungsdaten auf Artikelebene umfassen und für die Entscheidungsträger ausgewertet und nutzbar gemacht werden müssen. Dabei resultieren Bewegungsdaten aus Abverkäufen (Becker/Holler/Püster 2012, S. 868), die in vielen Handelsbranchen aufgrund des zunehmenden Wettbewerbs und des damit einhergehenden Kostendrucks regelmäßig zur Verkaufsförderung eingesetzt werden. Wird ein Online-Shop betrieben oder ist ein Handelsunternehmen auf Social Media Plattformen präsent, liegen aufgrund etwaiger Bewertungen oder Kommentare der Käufer oder User zudem qualitative Daten vor, die auch inhaltsanalytisch ausgewertet werden können. Dadurch können bspw. Verbesserungspotenziale für diverse Prozesse (auch für Prozesse im stationären Handel) oder latente Kundenbedürfnisse aufgedeckt werden. Letztere können bspw. bei der Entwicklung von innovativen Handelsmarkenprodukten berücksichtigt werden und damit zur Profilierung beitragen.

II. Ziele und Entscheidungsoptionen

Generell obliegt es dem strategischen und operativen Controlling, die

- Koordinationsfähigkeit
- Reaktionsfähigkeit
- Adaptions- und Antizipationsfähigkeit

der Unternehmensführung sicherzustellen und auszubauen (Macharzina/Wolf 2018, S. 445). Darüber hinaus soll mittels des strategischen Controlling sichergestellt werden, dass die Unternehmensentwicklung in Übereinstimmung mit der Zufriedenheit sämtlicher Stakeholder erfolgt (Hinterhuber 2015, S. 330f.). Konkrete Ziele für das Handelscontrolling veranschaulicht Abb. 6.27. Durch die Umsetzung der angeführten Controllingziele, die aus den Gesamtunternehmenszielen abgeleitet werden (siehe hierzu die Ausführungen zu den Gesamtunternehmensstrategien in Abschnitt C. des Dritten Kapitels), soll letztlich die Marktposition des Handelsunternehmens gesichert und ausgebaut werden. Da dies nur über eine aktive, zukunftsorientierte Steuerung des Unternehmens möglich ist, darf sich die Unternehmens- bzw. Bereichsführung nicht nur auf vergangenheitsbasierte Kennzahlen bzw. Kennzahlensysteme stützen, sondern muss auch zukunftsorientierte Kennzahlen (z.B. den Customer Lifetime Value) nutzen, welche die Entwicklung von Strategien unterstützt (Kumar/Reinartz 2016, S. 42). Darüber hinaus sind v.a. im Einzelhandel angesichts des immer intensiver werdenden Wettbewerbs die Profilierung über eine starke Kundenorientierung von Bedeutung, wodurch eine Ergänzung um qualitative Steuerungsgrößen notwendig wird. Dabei bilden **Kennzahlen** betriebliche Sachverhalte zahlenmäßig ab (Jung 2014, S. 157) und setzen – im Falle von Verhältniszahlen – verschiedene Größen zueinander in Beziehung (z.B. Umsatz zu Verkaufsfläche). Da einzelne Kennzahlen häufig nicht ausreichen, um die Zielerreichung abzubilden, wird auf **Kennzahlensysteme** zurückgegriffen, deren Elemente in einer sachlogischen Beziehung zueinander stehen (Becker/Holler/Püster 2012, S. 870). In den folgenden Ausführungen werden die in Abb. 6.28 angeführten Gestaltungsoptionen näher betrachtet (zum Personalcontrolling siehe Abschnitt D.V. dieses Kapitels).

Abbildung 6.27: Ziele im Handelscontrolling

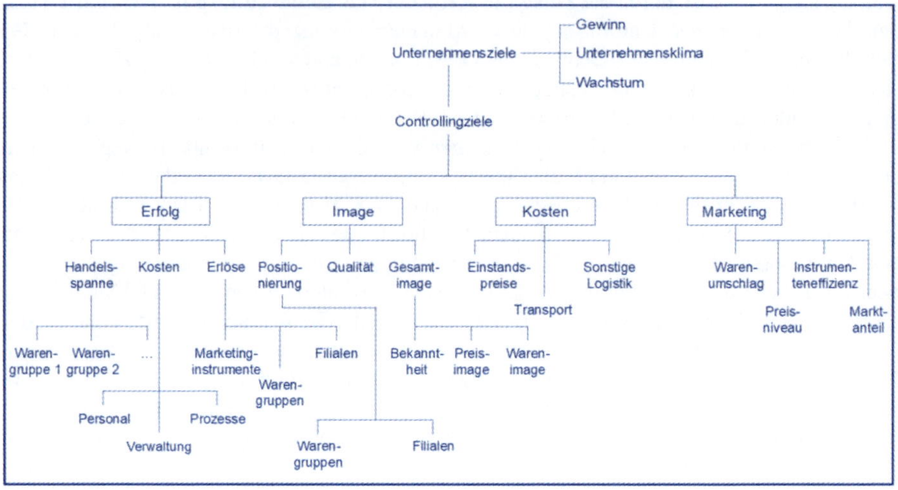

Quelle: i.A.a. Becker/Holler/Püster 2012, S. 868.

III. Controllingsystem

1. Controllingaufgaben

Das Controllingsystem umfasst – wie in Abb. 6.28 aufgezeigt – Controllingaufgaben, die Controllingorganisation und Controllinginstrumente. Die allgemeinen Controllingaufgaben liegen in der Koordination des Planungs-, Kontroll- und Informationsversorgungssystems. Dabei sind im Rahmen der **Koordination** die Teilsysteme der Unternehmensführung aufeinander abzustimmen. Horváth/Gleich/Seiter (2015, S. 46f.) unterscheiden in diesem Zusammenhang zwischen systembildender und systemkoppelnder Koordination. Während Erstere die Entwicklung von Planungs- und Kontrollsystemen sowie von begleitenden Informationsversorgungssystemen beschreibt, befasst sich die systemkoppelnde Koordination mit der Beseitigung von Störungen und der Informationsversorgung zwischen den Teilsystemen. In Handelsunternehmen ist gerade die Koordinationsfunktion sehr umfassend und bezieht sich u.a. auf die Abstimmung zwischen den Filialen bzw. Be- und Vertriebstypen, auf die Koordination zwischen Filiale und Zentrale sowie auf die Abstimmung unterschiedlicher Funktionsbereiche (z.B. Ein- und Verkauf).

Abbildung 6.28: Entscheidungsoptionen im Rahmen des Controlling

Bereich	Teilbereich	Konkrete Aspekte
Controlling-system	**Controllingaufgaben**	Wahrnehmung der Planung, Kontrolle und Informationsversorgung
	Controllingorganisation	Etablierung einer funktionalen Organisation oder einer Prozessorganisation
	Controllinginstrumente	Einsatz klassischer oder neuerer Ansätze bzw. Konzepte des Controlling
Controlling-	**Kostenorientiertes Controlling**	Kostenrechnung, Betriebsvergleich

Konzepte	**Erlösorientiertes Controlling**	Umsatzentwicklung
	Kundenorientiertes Controlling	Servicequalität, Kundenzufriedenheit
	Prozesskostenrechnung und Target Costing	Festlegung von Kostenstellen und Kostentreibern
	Benchmarking und Best Practice	Entscheidung für Best Practice, Best Theory oder Average Practice
	Balanced Scorecard	Berücksichtigung der finanziellen Perspektive, Kundenperspektive, internen Prozessperspektive und Lernperspektive
	Performance Measurement	Auswahl von Schlüsselindikatoren und Performance-Indikatoren
	Shareholder-Value-Ansätze	Ermittlung der Unternehmenswertsteigerung bzw. -vernichtung mittels geeigneter Konzepte
	Bereichsspezifisches Controlling	Logistik-, Sortiments-, Standort-, Be- und Vertriebstypen-, Online- sowie Personalcontrolling

Planung und Kontrolle bilden verschiedene, aber untrennbare Phasen im Führungsprozess (Horváth/Gleich/Seiter 2015, S. 68, S. 71f.). Durch die **Kontrolle** wird ersichtlich, ob die produzierte Handelsleistung zu vertretbaren Kosten erstellt wurde und ob sie in einem marktgerechten Umfang mit den richtigen, vom Markt gewünschten, Produkten und Dienstleistungen verbunden werden konnte. Im Einzelhandel sind die Kontrolle des Erfolgs einzelner Verkaufsstellen, Be- und Vertriebstypen sowie einzelner Sortimentsbereiche, die Kontrolle logistischer Prozesse und jene der Kundenzufriedenheit und -loyalität als zentrale Aufgabenbereiche anzusehen. Die **Planung** bezieht sich auf die zukunftsgerichtete Gestaltung der Unternehmens-Umwelt-Interaktion, wobei im Einzelhandel insb. die Planung der Absatzaktivitäten und jene der Supply Chain-Prozesse von Bedeutung sind. Im Allgemeinen werden der Planung folgende Funktionen zugeschrieben (Macharzina/Wolf 2018, S. 409f.):

- Risikoerkennung und -reduktion, da unternehmensexterne und -interne Faktoren systematisch geprüft werden und vorteilhafte Handlungsalternativen entwickelt werden
- Effektivitätssicherung und Effizienzsteigerung, zumal die Handlungsalternativen auf der Basis ihres Zielbeitrages bewertet und die Unternehmensressourcen dadurch effizient eingesetzt werden
- Eröffnung von Handlungsspielräumen, da künftige Entwicklungen und daraus resultierende Problemfelder vorweggenommen werden
- Verringerung der Komplexität, da Gesamt- in Einzelprobleme zerlegt werden
- Ermöglichen von Synergieeffekten, zumal auf Grund der Integration der Bereichspläne eine Doppelerfüllung von Aufgaben vermieden wird
- Entwicklung neuer Ideen bei der Suche nach geeigneten Handlungsalternativen
- Konsensbildung und Konfliktreduzierung, da Planungsprobleme transparent und vorgeschlagene Handlungsalternativen intersubjektiv nachprüfbar gemacht werden.

Schließlich liegt eine wesentliche Aufgabe des Handelscontrolling in der entscheidungsbezogenen **Informationsversorgung** von Führungskräften. Die Informationen, die sich auf betriebliche Abläufe bzw. Maßnahmen, Unternehmensbereiche, das Unternehmen selbst oder die Unternehmensumwelt beziehen und für die Erfüllung der Planungs-, Kontroll- und Koordinationsfunktion erforderlich sind, können mittels unterschiedlicher Verfahren bzw. auf der Basis verschiedener Controllinganansätze gewonnen werden. Die Beurteilung der betrieblichen Maßnahmen erfordert sowohl eine kosten- als auch eine erlösorientierte Betrachtung, wobei die Informationen, die der Unternehmens- bzw. Bereichsführung zur Verfügung gestellt werden, bspw. aus der Kostenrechnung oder aus Wirkungs- bzw. Kundenzufriedenheitsanalysen (Müller-Hagedorn/Toporowski/Zielke 2012, S. 1081) hervorgehen können.

2. Controllingorganisation

Hinsichtlich der Controllingorganisation ist zu entscheiden, ob die Controllingaufgaben bestehenden Instanzen im Unternehmen (den Führungsstellen oder der Rechnungswesen-Abteilung) zugeordnet oder eine eigene Controlling-Abteilung geschaffen werden soll (Jung 2014, S. 35f.). Im letzteren Fall betrifft der Organisationsaspekt zum einen die interne Aufbau- und Ablauforganisation des Controlling und zum anderen die hierarchische Einordung in die Gesamtorganisation. Beide Aspekte werden durch die Unternehmensgröße beeinflusst. Im Hinblick auf die hierarchische Stellung des Controlling bildet zudem die Organisation des Handelsunternehmens einen zentralen Einflussfaktor (Jung 2014, S. 28). Bei der Einbettung der Controlling-Abteilung stehen Fragen der Zentralisierung und Funktionalisierung im Vordergrund. Im Zusammenhang mit der Zentralisierung/Dezentralisierung sind folgende Gestaltungsmöglichkeiten zu nennen (Macharzina/Wolf 2018, S. 448f.):

- das Controlling kann als Zentralabteilung geführt werden
- das Controlling kann dezentral organisiert werden und – je nach Vorliegen einer funktionalen oder divisionalen Organisation des Handelsunternehmens (siehe Abschnitt B.III.2 dieses Kapitels) – den Funktionen oder Divisionen zugeordnet sein
- es können sowohl eine zentrale Controllingabteilung als auch dezentrale Controlling-einheiten aufgebaut werden, wie dies bei diversifizierten bzw. international tätigen Handelsunternehmen typischerweise der Fall ist.

Werden eine zentrale Controllingabteilung und dezentrale Controllingabteilungen implementiert, unterstehen die Divisionscontroller fachlich meist der Zentralabteilung Controlling, disziplinarisch aber der Divisionsleitung. Dieses „dotted-line-Prinzip" führt zu komplexen Strukturen und birgt auf Grund der Doppelunterstellung Konfliktpotenziale in sich (Horváth/Gleich/Seiter 2015, S. 386). Denen stehen aber auch zahlreiche Vorteile gegenüber (siehe Abschnitt B.III.3. dieses Kapitels). Der Aspekt der Funktionalisierung betrifft die Entscheidung darüber, ob das Controlling als Organisationseinheit mit Stab- oder Liniencharakter geführt wird (siehe die Ausführungen in Abschnitt B.III. in diesem Kapitel). Damit wird auch festgelegt, ob die Controllingabteilung über Weisungsbefugnisse verfügt. Da das Controlling heterogene Aufgaben erfüllt, wird eine differenzierte Betrachtung zwischen Stab- und Linienaufgaben für einzelne Controllingfunktionen empfohlen: Während dem Controlling z.B. beim Aufbau des Planungs- und Kontrollsystems oder bei der Strategieformulierung tendenziell eine Vorschlagsfunktion zukommt, kann es bspw. bei der Koordination der Unternehmensteilpläne oder der Festlegung der Rahmendaten der Planung einen weisungsbefugten Liniencharakter annehmen (Macharzina/Wolf 2018, S. 449).

Organisatorische Verankerung des Controlling in Handelsunternehmen

Wie erwähnt und in den Organigrammen in Abschnitt B. dieses Kapitels veranschaulicht, wird das Controlling in großen Handelsunternehmen häufig sowohl dezentral als auch zentral implementiert. Dies gilt bspw. für die Rewe Group, bei der – neben dem Konzerncontrolling, für das ein Vorstandsmitglied die Verantwortung trägt – Controllingabteilungen in den SGEs angesiedelt sind.

Dagegen wird die Controllingfunktion bei der H&M Gruppe für die verschiedenen Retail Brands, die – wie in Abschnitt B.III.2 dargelegt – weiter nach Design/Buying, Länder und PR/Marketing gegliedert sind, zentral wahrgenommen. Gleiches gilt für die Intersport International Corp., bei der das Controlling der Division „Services" obliegt. Diese Division unterstützt die nationalen Organisationen bspw. auch durch ein Benchmarking.

Quelle: H&M Corporate Governance Report 2016, S. 9; www.karriere.aldi-sued.de, 29. August 2018, www.intersport.com, 30. August 2018.

In Bezug auf die interne Organisation des Controlling muss präzisiert werden, wie die Controllingfunktion mit verwandten Funktionseinheiten, wie dem internen und externen Rechnungswesen (Berichtswesen), der Budgetierung oder der internen Revision strukturell verknüpft werden soll (Macharzina/Wolf 2018, S. 449) bzw. ob eine organisatorische Integration verwandter Funktionseinheiten in die Controlling-Abteilung vorgenommen werden soll. Abbildung 6.29 veranschaulicht beispielhaft die interne Organisation des Controlling in einem Großunternehmen, bei der das Rechnungswesen und das Auditing integriert sind.

Abbildung 6.29: Beispiel einer internen Organisation des Controlling

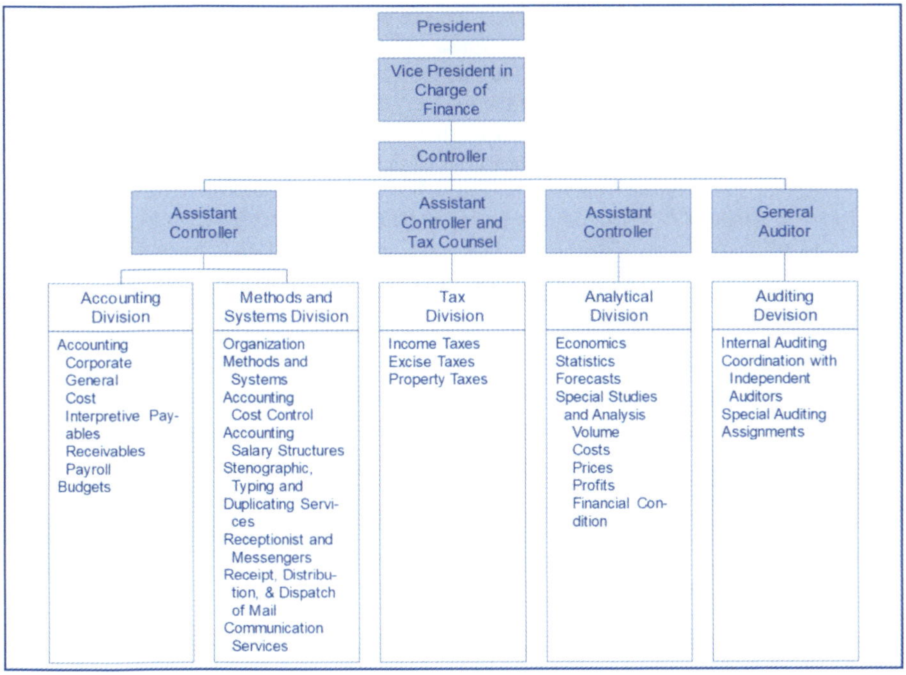

Quelle: i.A.a. Horváth/Gleich/Seiter 2015, S. 376.

Vor dem Hintergrund der wachsenden Bedeutung der **Prozessorientierung** ist auch für den Controllingbereich eine entsprechende Neuausrichtung erforderlich. Die systemkoppelnde Koordinationsaufgabe des Controlling verlagert sich dadurch in die einzelnen Geschäftsprozesse und der Controller wird direkt in die Gestaltung von Prozessen einbezogen (Horváth/Gleich/Seiter 2015, S. 401). Für die Reorganisation des Controlling können die Grundprinzipien des **Business-Process-Reengineering** wichtige Impulse geben.

Diese Grundprinzipien der prozessorientierten Aufgabenintegration, der eigenverantwortlichen Selbststeuerung und einer stärkeren Markt- bzw. Kundenorientierung bedingen jedoch nicht nur eine Restrukturierung der Controllingorganisation, sondern erfordern auch eine Neudefinition der Controllingaufgaben und eine Neugestaltung des Controllinginstrumentariums. Es muss im Unternehmen also darauf geachtet werden, dass sich die Verrechnung der entstandenen Kosten nicht nur daran ausrichtet, wo die Kosten anfallen, sondern auch wofür die Kosten anfallen (z.B. für einen Kundenauftrag).

3. Controllinginstrumente

Zu den **Controllinginstrumenten** zählen auch im Handel alle Hilfsmittel, die im Rahmen der systembildenden und systemkoppelnden Koordination zur Erfassung, Strukturierung, Auswertung und Speicherung von Informationen eingesetzt werden. Zu verweisen ist in diesem Zusammenhang insb. auf das in Abschnitt E. des Fünften Kapitels diskutierte WW- und ERP-System, bei dem Informationen zu Waren-, Dispositions- und Abrechnungsprozessen – bzw. im Falle des ERP-Systems Informationen zu sämtlichen Geschäftsprozessen – eines Handelsunternehmens gesammelt werden. Ebenso ist das in Abschnitt F.1. des Vierten Kapitels und in Abschnitt E.2. des Fünften Kapitels thematisierte CRM-System zu nennen, durch das kundenbezogene Informationen gesammelt werden, die bei integrierten Lösungen mit Informationen des WWS verbunden werden. Beim Einsatz der Controllinginstrumente besteht grundsätzlich die Möglichkeit, die in einer Unternehmung vorhandenen Daten, z.B. Kennzahlen, im Zeitvergleich gegenüberzustellen (**interner Vergleich**), aber auch mehrere Unternehmen in den Vergleichsprozess einzubeziehen (**externer Vergleich**). Diese Vergleiche können einmalig für einen bestimmten Untersuchungszweck oder in regelmäßigen Zeitabständen durchgeführt werden. Für derartige Untersuchungen stehen zahlreiche Controllinginstrumente bzw. Controllingkonzepte zur Verfügung. In Bezug auf Letztere kann zwischen klassischen und neueren Konzepten bzw. Ansätzen unterschieden werden. Zur ersten Gruppe zählen:

- kostenorientierte Controllingansätze
- erlösorientierte Controllingansätze.

Da klassische Controllingansätze einige Schwächen, wie eine verzögerte Information der Unternehmens- bzw. Bereichsführung oder eine mangelnde Berücksichtigung der Kundenorientierung (Jung 2014, S. 87) aufweisen, wird neben

- kundenorientierten Controllingansätzen

bspw. auch auf folgende Controllingkonzepte zurückgegriffen:

- die Prozesskostenrechnung und das Target Costing
- das Benchmarking- und das Best Practice-Konzept
- die Balanced Scorecard
- das Performance-Measurement-Konzept
- die Shareholder-Value-Ansätze zur wertorientierten Unternehmensführung, die vorwiegend bei börsennotierten Handelsunternehmen Verwendung finden.

Darüber hinaus kann das Handelscontrolling nach Bereichen oder Subsystemen, wie dem Logistik- oder Sortimentscontrolling, differenziert werden, die i.S. eines integrierten Controllingsystems aufeinander abzustimmen sind.

IV. Ausgewählte Controllingkonzepte

1. Kostenorientiertes Controlling

Kostenrechnung

Die Kostenrechnung in Handelsunternehmen wird von zahlreichen Besonderheiten beeinflusst. Dazu zählen z.B. die Filialisierung, die hohe Bedeutung des Faktors Ware, das Phänomen von Verbundkäufen und das stochastische Zusammenwirken von Input und Output, d.h., dass einzelne Verkaufsprozesse einen unterschiedlich hohen Einsatz an Produktionsfaktoren erfordern. Hinsichtlich der Kostenrechnung lassen sich grundsätzlich die Vollkosten- und die Teilkostenrechnung unterscheiden (siehe hierzu auch die Ausführungen in Abschnitt E.IV.2

des Vierten Kapitels), wobei bei Letzterer variable und fixe Kosten getrennt betrachtet werden. In Bezug auf die **Vollkostenrechnung** lassen sich folgende Formen unterscheiden (Jung 2014, S. 60ff.):

- die **Kostenartenrechnung**, die der geordneten Erfassung und Gliederung aller anfallenden Kostenarten (z.B. Personalkosten, Beschaffungs- und Lagerkosten) einer Periode dient und die Grundlage für die gesamte Kostenrechnung bildet
- die **Kostenstellenrechnung**, bei der die Gemeinkosten aus der Kostenartenrechnung auf die Kostenstellen verteilt werden
- die **Kostenträgerrechnung**, bei der die Einzelkosten aus der Kostenartenrechnung und die Gemeinkosten aus der Kostenstellenrechnung herangezogen werden, um die Kosten und den Erfolg für die einzelnen Kostenträger zu ermitteln.

Abbildung 6.30: Kostenrechnung nach dem Gesamtkostenverfahren

	Brutto-Umsatz
-	MWSt
=	**Netto-Umsatz**
-	Wareneinsatz
=	**Betriebshandelsspanne**
-	Gesamte Handlungskosten (ohne Vorsteuer)
=	**Betriebswirtschaftliches Ergebnis**

	Summe der Einkaufsrechnungen
+	Bezugskosten
-	Lieferantenskonti
-	sonstige Preisnachlässe
=	**Warenbeschaffung (ohne Vorsteuer)**
+	Lageranfangsbestand zu Bilanzwerten (ohne Vorsteuer)
-	Lagerendbestand zu Bilanzwerten (ohne Vorsteuer)
=	**Wareneinsatz (ohne Vorsteuer)**

	Personalkosten insgesamt
	Personalkosten ohne Unternehmerlohn
	Unternehmerlohn
+	**Raumkosten**
	Miete oder Mietwert
	Sachkosten für Geschäftsräume
+	**Kapitalkosten**
	Zinsen für Fremdkapital
	Zinsen für Eigenkapital
+	**sonstige Kosten**
	Kosten für Werbung
	Gewerbesteuer
	Abschreibung
	Kraftfahrzeugkosten
	alle übrigen Kosten
=	**Gesamte Handlungskosten**

Quelle: i.A.a. Müller-Hagedorn 1998, S. 595.

Dabei haben jene Unternehmen, die (auch) einen Online-Shop betreiben, folgende **Kostenarten** zu berücksichtigen (Hienerth 2010, S. 51ff.; Heinemann 2012, S. 70):

- Personalkosten, z.B. für die Versandvorbereitung, die Retourenabwicklung, den Kundenservice oder die Aktualisierung der Inhalte des Online-Shops
- Raumkosten, z.B. für Servicemitarbeiter oder das Lager
- IT-Kosten, z.B. Entwicklungskosten (Kosten für das Design, die Hard- und Software, für Lizenzen, für die Verknüpfung mit anderen IT-Systemen des Handelsunternehmens wie dem Warenwirtschaftssystem), laufende Betriebskosten aufgrund der Aktualisierung
- Marketingkosten für die Durchführung der Marketingaktivitäten, wie Target Branding, Werbung (Werbe-Banner etc.)

- Abwicklungskosten, z.B. Auftrags- und Zahlungskosten bspw. bei der Bezahlung mit Kreditkarten, Kosten für die Warenauslieferung und -rücksendung.

Hinsichtlich der **Kostenträgerrechnung** kann eine Kostenträgerstück- und eine Kostenträgerzeitrechnung durchgeführt werden (Jung 2014, S. 65ff.). Erstere ist im Handel ggf. bei der Eigenproduktion von Handelsmarkenartikeln relevant. Bedeutsamer ist jedoch die **Kostenträgerzeitrechnung**, bei der die in einer bestimmten Periode angefallenen Kosten und Erlöse erfasst werden und entweder das Umsatz- oder das Gesamtkostenverfahren zur Anwendung kommen kann (Jung 2014, S. 70). Beim Umsatzkostenverfahren werden die insgesamt erzielten Erlöse den Kosten der abgesetzten Leistungen gegenübergestellt. Beim Gesamtkostenverfahren werden – wie in Abb. 6.30 für die Gesamtunternehmensebene visualisiert – den erzielten Erlösen hingegen die Gesamtkosten einer Periode sowie die Bestandsveränderungen gegenübergestellt. Dabei wird eine Zweiteilung der Kosten in Wareneinsatz- und Handlungskosten vorgenommen. Während sich die Wareneinsatzkosten auf jene Kosten beziehen, die mit den umgesetzten Waren in Zusammenhang stehen, fallen die Handlungskosten im Zuge der Erbringung der Handelsleistung an und sollen – wie die Wareneinsatzkosten – durch die Betriebshandelsspanne (den Rohertrag) gedeckt werden (Müller-Hagedorn/Toporowski/Zielke 2012, S. 980).

Differenziertere Systeme der Kostenrechnung zielen darauf ab, den einzelnen Umsatzträgern die entsprechenden Kosten zuzuordnen. Als Umsatzträger oder Leistungseinheiten können Teile des Sortiments, einzelne Verkaufsstellen/-regionen oder Vertriebsschienen herangezogen werden. Als Voraussetzung für die Ermittlung derart detaillierter Erfolgsbeiträge ist eine differenzierte Erfassung der Umsätze notwendig, die durch die weite Verbreitung der Scannertechnologie wesentlich unterstützt wird. In Bezug auf die **Teilkostenrechnungen** lassen sich die einstufige Deckungsbeitrags-Rechnung (Direct Costing), die mehrstufige DB-Rechnung und die DB-Rechnung mit relativen Einzelkosten unterscheiden (Jung 2014, S. 72 bzw. Abschnitt E.IV.2 des Vierten Kapitels). Die einstufige DB-Rechnung wird wie folgt durchgeführt:

	Nettoumsatzerlöse
–	variable Kosten
=	DB
–	fixe Kosten
=	Netto-Erfolg

Die mehrstufige DB-Rechnung kann bspw. artikel- oder artikelgruppenbezogen durchgeführt werden und ist dann wie folgt aufgebaut (Jung 2014, S. 76):

	Bruttoerlös
–	Erlösschmälerungen (z.B. Rabatte)
=	Nettoerlös
–	variable Kosten
=	DB I (Rohertrag)
–	artikelfixe Kosten (z.B. artikelbezogene Beschaffungskosten, artikelbezogene Verkaufsunterstützung)
=	DB II
–	artikelgruppenfixe Kosten (z.B. artikelgruppenbezogene Beschaffungskosten, artikelgruppenbezogene Verkaufsunterstützung)
=	DB III

Weiterhin können vom DB III Bereichsfixkosten (z.B. die Fixkosten für eine Filiale) zur Ermittlung des DB IV und Unternehmensfixkosten zur Ermittlung des Netto-Ergebnisses subtrahiert werden. Dabei beziehen sich die Unternehmensfixkosten auf Gemeinkosten (z.B. Verwaltungskosten des Gesamtunternehmens), die keinem Bereich (z.B. keiner Filiale) zugeordnet werden können (Jung 2014, S. 77).

Betriebsvergleich

Der Betriebsvergleich stellt in Handelsunternehmen ein zentrales Instrument zur Planung, Steuerung und Kontrolle betrieblicher Prozesse dar. Das primäre Ziel ist die Leistungssteigerung gegenüber anderen Teilnehmerbetrieben (externer Betriebsvergleich) bzw. gegenüber anderen Filialen oder Abteilungen desselben Unternehmens (interner Betriebsvergleich) (Barth/Hartmann/Schröder 2015, S. 366, S. 391). Der Betriebsvergleich soll Ansatzpunkte für den Ausbau der identifizierten Stärken und die Behebung der Schwächen aufzeigen. Um einen sinnvollen Betriebsvergleich durchführen zu können, müssen zunächst Fragen wie die Auswahl der Vergleichsbetriebe oder Vergleichsfilialen, die formale Vergleichbarkeit und die Verwertbarkeit der Ergebnisse beantwortet werden (Müller-Hagedorn/Toporowski/Zielke 2012, S. 1053, S. 1056). Grundsätzlich können **zwei Verfahren des Betriebsvergleiches** unterschieden werden (Barth/Hartmann/Schröder 2015, S. 392):

- die horizontale Analyse
- die vertikale Analyse.

Betriebsvergleich im österreichischen Lebensmitteleinzelhandel

Eine Studie von RegioData Research aus dem Jahre 2016 zeigt auf, dass Rewe und die Spar-Gruppe in Bezug auf die Anzahl an Outlets und die Verkaufsflächen in Österreich weit vor ihren Konkurrenten lagen und gemeinsam 65,3% des Marktanteils im LEH auf sich vereinten. Hinsichtlich der Verkaufsflächenproduktivität, die sich über den Umsatz pro qm Verkaufsfläche errechnet, nahm allerdings der Discounter Hofer die Spitzenposition ein. Tabelle 6.1 veranschaulicht ausgewählte Ergebnisse der Studie.

Tabelle 6.1: Ausgewählte Kennzahlen von Einzelhandelsunternehmen in Österreich

Marktteilnehmer	Outletanzahl	Marktanteil (in %)	Verkaufsfläche (in qm)	Verkaufsflächenproduktivität (in EUR)
Hofer	**470**	**19,4**	**420.000**	**9.524**
Lidl	**220**	**6,6**	**176.000**	**7.727**
M-Preis/T&G	**244**	**3,6**	**136.200**	**5.448**
Norma	**20**	**0,2**	**14.000**	**2.650**
Rewe	**1.800**	**34,2**	**1.146.400**	**6.129**
Adeg	300	2,2	90.000	4.921
Billa	1.056	17,4	590.000	6.053
Merkur	130	9,7	290.000	6.896
Penny	294	4,4	160.000	5.661
Sutterlüty	20	0,5	16.400	6.524
Spar-Gruppe	**1.560**	**31,1**	**1.161.000**	**5.512**
Spar/Eurospar	1.488	23,3	864.000	5.556
Interspar/Maximarkt	72	7,8	297.000	5.387
Sonstiger EZH	**1.345**	**4,9**	**265.009**	**3.792**
EZH gesamt	**5.659**	**100,0**	**3.318.609**	**6.199**

Quelle: i.A.a. Regal, Ausgabe 9/2017, S. 34f.

Bei der **horizontalen Analyse** werden verschiedenartige Betriebe verglichen, um Prognosen über den Einfluss betriebspolitischer Parameter (z.B. Verkaufsfläche) auf den Unternehmenserfolg erstellen zu können. Dagegen werden bei der **vertikalen Analyse** nur Betriebe mit ähnlichen Strukturmerkmalen (materiell vergleichbare Betriebe) in den Vergleichsprozess einbezogen. Dabei sollte auf die Gleichheit der Strukturmerkmale Sortiment, Standortbedingungen, Betriebsgröße und Faktorkombination geachtet werden. Im Rahmen von Betriebsvergleichen interessieren Daten (z.B. der Umsatz oder der Rohertrag), welche die Ermittlung von absatzwirtschaftlichen Kennzahlen (z.B. Mitarbeiterleistung, Raumproduktivität, Lager- und Kapitalumschlag) ermöglichen.

2. Erlösorientiertes Controlling

Das erlösorientierte Controlling legt den Fokus auf die Umsatzerzielung des Unternehmens. Dabei stehen Informationen zur Höhe des erzielten Umsatzes, daraus abgeleitete bzw. damit in Zusammenhang stehende **Leistungskennzahlen**, aber auch Informationen über die dem Kauf vorausgehende Aktivitäten des Kunden im Mittelpunkt des Interesses.

Beispiele für klassische Kennzahlen zum Umsatzerfolg sind:

- die Entwicklung des Umsatzes
- die Entwicklung der Warenbestände
- der Wareneingang
- der Warenverderb
- der Lagerumschlag
- die Zahl der Kunden.

Die **Umsatzentwicklung** stellt eine zentrale Ausgangsgröße für die Kontrolle und Planung dar. Zur Kontrolle des Umsatzverlaufes können – neben dem Betriebsvergleich – tages-, monats-, oder jahresbezogene Vergleiche vorgenommen werden (Müller-Hagedorn/Toporowski/Zielke 2012, S. 1010). Zudem können Zeitreihenanalysen Aufschluss über saisonale Schwankungen und damit Hinweise für die Planung geben. Abgesehen von einer Differenzierung der Umsatzentwicklung nach zeitlichen Gesichtspunkten, können Handelsunternehmen aber auch den spezifischen Umsatzverlauf pro Warengruppe bzw. pro Artikel heranziehen, um die Planung bspw. bei häufig nachbestellten Artikeln zu verbessern. Die künftige Umsatzentwicklung bildet auch die Grundlage zur (meist wertmäßigen) Bestimmung des erforderlichen Wareneingangs. Zur retrospektiven Kontrolle der Warenbestände ist von diesem Wareneingang der Warenabgang, also der Umsatz abzuziehen. Dabei gilt, dass der Warenbestand und damit auch der Lagerbestand[1] umso größer sein müssen, je länger die Wiederbeschaffungsintervalle sind. Wareneingang und -abgang gehen auch in die Berechnung der Warenbewegung ein, wobei der Endbestand Auskunft darüber gibt, inwieweit die Waren verfügbar waren (Müller-Hagedorn/Toporowski/Zielke 2012, S. 1016). Die Warenbewegung selbst wird wie folgt ermittelt:

$$\text{Warenendbestand} = \text{Warenanfangsbestand} + \text{Warenzugang} - \text{Warenabgang}$$

Im Zuge der **Wareneingangskalkulation** kann der geplante Verkaufspreis[2] ermittelt werden, wenn die Handelsspanne pauschal und bspw. nicht auf der Basis der Zahlungsbereitschaften diverser Kundengruppen oder in Abhängigkeit der Art der Kundenbeziehung festgelegt wird.

[1] Zum Lagerumschlag vgl. die Ausführungen zum Sortimentscontrolling in Abschnitt C.IV.9. dieses Kapitels.

[2] Zu weiteren Verfahren zur Kalkulation des Verkaufspreises vgl. die Ausführungen in Abschnitt E. IV.2. des Vierten Kapitels.

Für dessen Berechnung wird wie folgt vorgegangen (Müller-Hagedorn/Toporowski/Zielke 2012, S. 1021):

	Einkaufspreis der Ware (ohne Mehrwertsteuer)
+	Warenbezugs- und Nebenkosten
=	Einstandspreis der Ware
+	Handelsspanne
=	kalkulierter Verkaufspreis

Wird der Verkaufspreis in Folge jedoch abgeändert, gilt es, auf der Basis einer retrospektiven Kontrolle die Abweichung zwischen geplanter und erzielter Kalkulation festzustellen.

3. Kundenorientiertes Controlling

Die Zufriedenheitsforschung erweist sich als zunehmend wichtiger Bestandteil des Handelscontrolling – zumal Kundenzufriedenheit Kundenloyalität begründen und in weiterer Folge Einfluss auf die Höhe des Profits nehmen kann (Hogreve u.a. 2017, S. 53ff.). Bei der qualitativen Beurteilung der Handelsleistung wird zwischen einem objektiven und einem subjektiven Qualitätsbegriff unterschieden: Der **objektive Qualitätsbegriff** knüpft an intersubjektiv überprüfbaren Merkmalen an, wogegen der **subjektive Qualitätsbegriff** die vom Kunden wahrgenommene Qualität beschreibt. Um die aus Kundensicht **wahrgenommene Servicequalität** zu messen, kann auf unternehmensexterne und -interne Verfahren zurückgegriffen werden. Einen Überblick hierzu gibt Abb. 6.31.

Abbildung 6.31: Ansätze zur Messung der Servicequalität

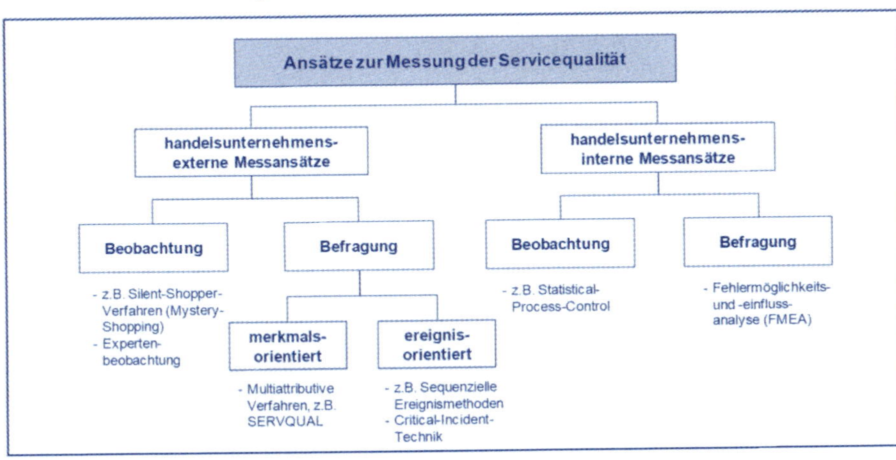

Die **handelsunternehmensexternen Messansätze** können in Beobachtungen und Befragungen differenziert werden. Bei der Beobachtung kommen bspw. Expertenbeobachtung, Silent-Shopper-Verfahren bzw. das **Mystery-Shopping** zur Anwendung. Bei Letzterem können Mitarbeiter (sog. Checker), Experten oder Kunden eingesetzt werden (Böhm/Fischl/Rennhak 2006, S. 89f.). Neben der Kontrolle von Service- bzw. Qualitätsstandards stellen die Ermittlung von Schwachstellen und von Verbesserungspotenzial, die Sensibilisierung der Mitarbeiter zu kundenorientiertem Verhalten sowie inner- und außerbetriebliche Leistungsvergleiche mögliche Zielsetzungen dar, die mit dem Mystery-Shopping verfolgt werden. Typische Fragestellungen sind:

- Wie lange dauert es, bis Kunden bedient werden – bzw. im E-Commerce: Wie lange dauert die Lieferung und wie ist die Qualität der bestellten Artikel (z.B. die Frische bei verderblichen Lebensmitteln) einzuschätzen?
- Sind die Mitarbeiter kompetent genug, um die Produkte angemessen erklären und empfehlen zu können?
- Werden etwaige Kundenbeschwerden ernst genommen?
- Wie werden die Artikel im Regal präsentiert?

Bei Befragungen steht die subjektiv wahrgenommene Servicequalität aus Kundensicht im Vordergrund (zu den relevanten Dimensionen der E-Servicequalität siehe Abschnitt H.VI. des Vierten Kapitels). Hier können merkmalsorientierte Messansätze (z.B. SERVQUAL), bei denen sich die Bewertung der Servicequalität aus der Bewertung einzelner Leistungselemente zusammensetzt, und ereignisorientierte Messansätze (z.B. die Sequenzielle Ereignismethode, Critical-Incident-Technik) unterschieden werden. Letztere fokussieren auf den prozessualen Charakter der Leistungserstellung.

Bei den **handelsunternehmensinternen Ansätzen** können ebenfalls objektive (z.B. Statistical-Process-Control) und subjektive Messverfahren (z.B. Fehlermöglichkeits- und Einflussanalyse (FMEA)) unterschieden werden. Die Servicequalität wird in diesen Fällen jedoch aus Unternehmenssicht beurteilt. Neben der operativen Kontrolle der Serviceaktivitäten kommt dem **Service-Audit** eine bedeutende Rolle im Rahmen der strategischen Servicekontrolle zu. In dessen Rahmen werden auch die zu Grunde liegenden Planungsprämissen, Serviceziele, Servicestrategien, das bestehende Servicesystem sowie die Serviceorganisation überprüft.[1]

Abbildung 6.32: Ansätze zur Messung von Kundenzufriedenheit

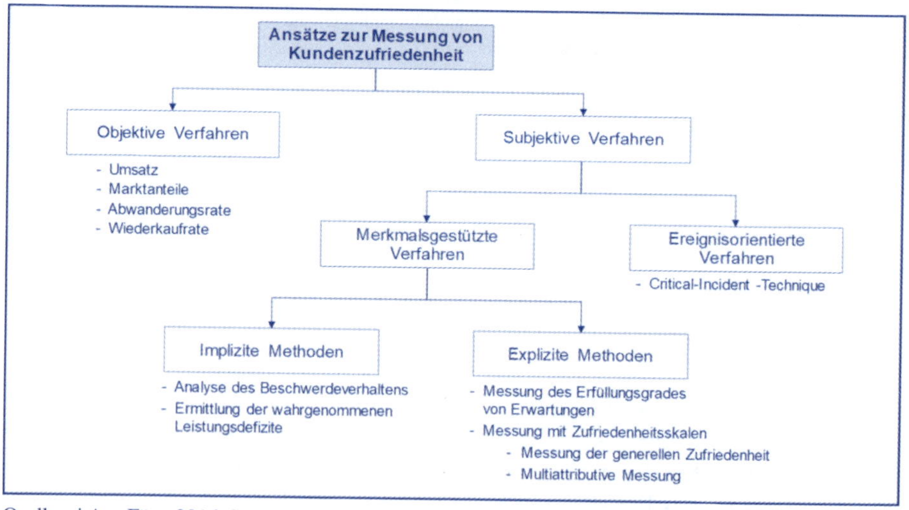

Quelle: i.A.a. Fürst 2016, S. 129.

Um die **Kundenzufriedenheit** auf Produkt-, Geschäfts- oder Unternehmensebene zu messen, lassen sich, wie Abb. 6.32 zeigt, objektive und subjektive Verfahren unterscheiden. Während bei **objektiven Verfahren** über unterschiedliche Indikatoren (z.B. Umsatz, Wiederkaufrate) auf die Zufriedenheit geschlossen wird, wird bei **subjektiven Verfahren** die vom Kunden

[1] Zum Servicemanagement vgl. die Ausführungen in Abschnitt H. des Vierten Kapitels

wahrgenommene Zufriedenheit bspw. mittels Befragung erfasst, die sich insb. beim Führen eines Online-Shops einfach umsetzen lässt, indem im Anschluss an einen Bestellvorgang ein kurzer Fragebogen (z.B. über einen Link in einem E-Mail) zugänglich gemacht und die Teilnahme an der Befragung mit einer Vergünstigung bei der nächsten Bestellung verbunden wird. Bei subjektiven Verfahren kann – neben der Critical-Incident-Technique, durch die sich Vorfälle, die von den Kunden als extrem positiv oder negativ erlebt werden, erfassen lassen – auch auf die Kundenprozessanalyse zurückgegriffen werden. Bei dieser werden qualitative Daten zur Zufriedenheit bzw. zu etwaigen Problemen in Bezug auf alle Kundenkontaktpunkte erhoben (siehe hierzu die Ausführungen zum Online-Controlling in Abschnitt C.IV.9. dieses Kapitels).

Um die Verhaltensdimension der **Kundenloyalität** bzw. die Kundentreue zu bestimmen, kann bspw. auf das sog. **RFM-Modell** zurückgegriffen werden. In diesem (Scoring-)Modell, das insb. im Versandhandel breite Anwendung findet, wird über die Vergabe von Punkten bestimmt, wie kürzlich (Recency), wie häufig (Frequency) und um welchen Betrag (Monetary) ein Kunde beim betreffenden Unternehmen eingekauft hat.[1] Sowohl zur Ermittlung der verhaltensbezogenen als auch zur Feststellung der einstellungsbezogenen Loyalität werden aber auch Befragungen durchgeführt. Diese beziehen sich bei einer Bestimmung der einstellungsbezogenen Loyalität bspw. auf die Wiederkauf-, Cross-Buying- und Weiterempfehlungsabsicht der Kunden. Bei einer Analyse des tatsächlichen Verhaltens und damit der verhaltensbezogenen Loyalität können sich Fragen bspw. auch auf den Share-of-Wallet und den Share-of-Visits beziehen. Der Wiederbesuch eines Online-Shops bzw. der Wiederkauf in einem Online-Shop lässt sich – bei einer entsprechenden Registrierung durch den Kunden auf der Website – auch ohne Befragung ermitteln. Letztlich kann die Messung der Kundenzufriedenheit und Loyalität auch dazu dienen, Kundenportfolios zu erstellen, die in weiterer Folge für die Ableitung und Umsetzung kundengruppenspezifischer Strategien genutzt werden können.

Messung der Servicequalität – ServQual und SSTQUAL

Ein bekanntes Instrument zur Messung der Servicequalität ist die sog. ServQual-Skala (der Ausdruck „ServQual" steht für die Kombination der Begriffe „Service" und „Qualität"), die von Parasuraman/Zeithaml/Berry (1988) entwickelt wurde. Dieses Instrument misst die Differenz zwischen der erwarteten und der wahrgenommenen Servicequalität. Dabei bezieht sich die erwartete Servicequalität auf Handelsunternehmen der betreffenden Branche im Allgemeinen, d.h., es wird abgefragt, in welchem Ausmaß exzellente Unternehmen die jeweils vorgegebenen Leistungen zu erbringen haben. Die wahrgenommene Servicequalität fokussiert dagegen auf das zu evaluierende Unternehmen. Sowohl die erwartete als auch die wahrgenommene Servicequalität werden über je 22 Items abgefragt.

Da sich in empirischen Studien (Finn/Lamb 1991, S. 487) herausstellte, dass die ServQual-Skala nicht zur Ermittlung der Servicequalität von Handelsunternehmen geeignet ist, schlagen Vázquez u.a. (2001, S. 5ff.) folgende Dimensionen zur Messung der Servicequalität vor:

- physische Aspekte (Physical Aspects), welche die Erscheinung des Geschäftes und die Bequemlichkeit beim Kauf betreffen
- Zuverlässigkeit (Reliability), die sich darauf bezieht, Versprechen einzuhalten und auf die reibungslose Erfüllung der Handelsfunktionen fokussiert
- persönliche Interaktion (Personal Interaction), welche die Reaktionsfähigkeit und die vermittelte Sicherheit betrifft

[1] Für eine weiterführende Diskussion der Kundenloyalität bzw. eine beispielhafte Anwendung des RFM-Modells vgl. Foscht/Swoboda/Schramm-Klein 2017, S. 256f.

- Geschäftsstrategien (Policies), welche die Qualität der angebotenen Produkte und das Sortiment (z.B. das Führen qualitativ hochwertiger Handelsmarken und bekannter Herstellermarken) betreffen.

Vor dem Hintergrund des zunehmenden Einsatzes von Self-Service-Technologien, wurde die SSTQUAL-Skala (der Ausdruck steht für die Kombination der Begriffe „Self-Service-Technologie" und „Qualität") zur Erfassung der wahrgenommenen Qualität von Self-Services in Handelsunternehmen entwickelt (Lin/Hsieh 2011). Die Befragung erfolgt über 20 Items, die sich grundsätzlich zu folgenden sieben Dimensionen verdichten lassen:

- Funktionalität (Functionality)
- Spaß an der Nutzung (Enjoyment)
- Sicherheit (Security)
- Leistungskompetenz (Assurance)
- Design
- Bequemlichkeit (Convenience)
- Kundenspezifische Anpassung (Customization).

Die konkreten Dimensionen, die zur Messung der Qualität von Self-Services herangezogen werden, variieren aber je nach Self-Service-Technologie (Orel/Kara 2014, S. 123).

Während die bisher angeführten Methoden zur Messung der (Self-)Servicequalität bzw. zur Erfassung der Kundenzufriedenheit sowie das RFM-Modell vergangenheitsbezogene Daten liefern, stellt der **Kundenlebenszeitwert (Customer Lifetime Value, CLV)** eine zukunftsorientierte Kennzahl dar (Kumar/Reinartz 2016, S. 40f.).

Deshalb wird der CLV sowohl im Off- als auch im Online-Handel zunehmend als Erfolgs- und Steuergröße diskutiert. Grundsätzlich liegt der Berechnung des CLV die Kapitalwertmethode zu Grunde. Danach berechnet sich der Wert eines Kunden aus den diskontierten, dem Kunden direkt zurechenbaren Ein- und Auszahlungsströmen während einer gesamten Kundenbeziehung. Im stationären Einzelhandel ist die Berechnung des CLV aus mehreren Gründen problembehaftet: Einerseits werden persönliche Daten eines Kunden bei einer Transaktion nicht erfasst, außer das Handelsunternehmen bietet Kundenkarten an und kann den Kunden die Umsätze über die Kundennummer zuordnen.

Andererseits gestaltet sich die Prognose künftiger Zahlungsströme schwierig, da Kunden meist bei mehreren Unternehmen einkaufen und der künftige Bedarf eines Kunden nur schwer abschätzbar ist (Kumar/Reinartz 2016, S. 41). Zudem entzieht sich auch die Dauer der Geschäftsbeziehung einer exakten Prognose. Für die Berechnung des Kundenlebenszeitwertes im Einzelhandel eignen sich bspw. die Modelle von Kumar/Shah/Venkatesan (2006) und Rödl (2003). Nach Rödl (2003, S. 236f.) bestimmt sich der CLV wie folgt:

$$CLV_{a0} = \sum_{t=0}^{T} \frac{\sum_{s=1}^{S} (E_{ast} - A_{ast}) - A_{at}}{(1+i)^t}$$

mit:

CLV_{a0} … Customer Lifetime Value des Kunden a zum Zeitpunkt 0
t … Periode
T … Anzahl der Perioden, in denen der Kunde dem Unternehmen erhalten bleibt
s … Einkaufstag
S … letzter Einkaufstag der betrachteten Periode

E_{ast}	… Einzahlungen des Kunden a an Einkaufstag s der Periode t
A_{ast}	… Auszahlungen für den Kunden a, verursacht durch dessen Einkauf an Tag s der Periode t
A_{at}	… allgemeine Auszahlungen für Kunden a in Periode t
i	… Kalkulationszinsfuß bezogen auf die Dauer einer Periode t

Im Modell von Kumar/Shah/Venkatesan (2006, S. 281ff.) wird der CLV eines Kunden berechnet, indem die Bruttodeckungsbeiträge über alle im jeweiligen Betrachtungszeitraum getätigten Käufe addiert und diskontiert werden, wobei die Kaufhäufigkeit in den Diskontierungssatz eingeht. Anschließend werden die gesamten diskontierten Marketingkosten, die im Betrachtungszeitraum für den Kunden anfallen, von den diskontierten Bruttodeckungsbeiträgen abgezogen. Die Marketingkosten eines Kunden bestimmen sich dabei aus dem Produkt der Kontaktkosten je Kommunikationskanal und der Anzahl der Kontakte.

4. Prozesskostenrechnung und Target Costing

Die **Prozesskostenrechnung** hat die Aufgabe, den Erfolgsbeitrag einzelner Kostenträger zu bestimmen, wobei wie in der herkömmlichen Vollkostenrechnung die Inanspruchnahme der einzelnen Kostenstellen betrachtet wird. Allerdings ist im Rahmen der Prozesskostenrechnung zu beachten, dass die Leistungserstellung die Abwicklung von Prozessen erfordert, die sich über **mehrere Kostenstellen** erstrecken können. Die Inanspruchnahme der einzelnen Kostenstellen soll verursachungsgerecht verrechnet werden. Die Prozesskostenrechnung baut somit auf der Idee auf, auch die im Gemeinkostenbereich erbrachten Leistungen als Basis für die Zuordnung von Kosten zu verwenden. Jedem Teilprozess bzw. jeder Aktivität werden die jeweils verursachten Kosten zugeordnet. Für die unterschiedlichen Prozessarten sind dann die **Kostentreiber** zu ermitteln (Ewert/Wagenhofer 2014, S. 255). Das sind jene Faktoren, welche die Prozessinanspruchnahme der Leistungen bestimmen. Für diese Kostentreiber werden die entsprechenden Mengenausprägungen ermittelt. In einem weiteren Schritt werden die Kosten pro Prozessmengeneinheit erfasst. Im Rahmen der Kostenträgerrechnung werden diese dann den Artikeln zugeordnet. In Bezug auf die Prozesskostenrechnung können folgende Vorteile angeführt werden (Barth/Hartmann/Schröder 2015, S. 366):

- Die Gemeinkostentransparenz wird erhöht, da die Ermittlung direkt zurechenbarer Kosten den Erfolgsnachweis z.B. auf Artikelebene ermöglicht.
- Kostenrechnerisch vernachlässigte Funktionen werden transparent und damit Objekt von Verbesserungen.
- Fehlentwicklungen im Produktmix werden sicht- und damit steuerbar.
- Die wertorientierte Unternehmenssteuerung wird gefördert, da die Umsetzung der Strategien kontinuierlich kontrolliert wird.

Darüber hinaus soll die Prozesskostenrechnung auch Hinweise für die Gestaltung betrieblicher Prozesse liefern. In diesem Zusammenhang ist z.B. auf das Vermeiden von unnötigen Prozessschleifen, die Verringerung der gesamten Prozesszeit oder die Neustrukturierung des Geschäftssystems hinzuweisen. Generell ist die Prozesskostenrechnung ein wichtiges Instrument, um Organisationsveränderungen in Unternehmen von einer funktions- zu einer prozessorientierten Form zu unterstützen. Da sie sich insb. für repetitive Prozesse und weniger für Dienstleistungsprozesse eignet, wird die Prozesskostenrechnung im Handel v.a. bei Logistikprozessen eingesetzt (Barth/Hartmann/Schröder 2015, S. 343).

Das **Target Costing** (Zielkostenrechnung) ist ein Instrument, das den Fokus auf die Gestaltung der Preise richtet. Im Unterschied zur traditionellen Kostenrechnung unterstützt das Target Costing die Entwicklung von neuen wettbewerbsfähigen Handelsmarkenprodukten, indem es die Markt- und Kundenanforderungen systematisch einbezieht. Da Produktentwickler oft nur eine mangelnde Kenntnis von den Kundenwünschen haben, kann das Target Costing auch als Hilfsmittel zur Kommunikation zwischen Marketing und Entwicklung sowie zur Überwindung von Barrieren zwischen diesen Bereichen verstanden werden. In Handelsunternehmen ist das Target Costing v.a. bei der Produktion von Handelsmarken von Bedeutung, da die Kosten der Herstellung (Zielkosten, Target Costs) vielfach am möglichen Verkaufspreis (Target Price) ausgerichtet sind. Um die Zielkosten selbst zu ermitteln, werden vom Target Price geplante Gewinne abgezogen (Ewert/Wagenhofer 2014, S. 271). Wird bspw. auf Grund von Befragungen ein möglicher Verkaufspreis von 30 EUR ermittelt und soll der geplante Gewinn 10 EUR betragen, dürfen sich die Kosten der Herstellung auf 20 EUR belaufen.

5. Benchmarking und Best Practice

> „Benchmarking ist ein Prozess, bei dem Aktivitäten und Methoden über Unternehmen hinweg verglichen werden, um Unterschiede und Verbesserungsmöglichkeiten zu erkennen sowie wettbewerbsorientierte Ziele vorgeben zu können" (Ewert/Wagenhofer 2014, S. 251).

Beim **Benchmarking** werden im Gegensatz zum Betriebsvergleich nicht nur Kennziffern verglichen, sondern auch Produkte, Leistungen, Ansätze, Strategien, Prozesse und Organisationsstrukturen. Ein weiterer Unterschied besteht in der Branchenzugehörigkeit des Vergleichsunternehmens, da beim externen (zwischenbetrieblichen) Benchmarking meist auch branchenfremde Unternehmen untersucht werden. Es ist aber – wie beim Betriebsvergleich – auch möglich, unternehmensinterne Referenzpartner (z.B. eine Filiale) zu wählen. In diesem Fall wird ein internes (innerbetriebliches) Benchmarking betrieben (Becker/Winkelmann 2014, S. 397). Unabhängig davon, ob ein in- oder ein externes Benchmarking betrieben wird, wird systematisch nach den Ursachen des Erfolgs der Referenzpartner gesucht. Dabei ist – neben dem quantitativ orientierten Aspekt des Messens bzw. Vergleichens – auch der Lernaspekt von Bedeutung. Denn auf der Basis der ermittelten Vergleichsgrößen (Kennzahlen) und der ermittelten Leistungsdifferenzen soll – über die Anpassung des strategischen und operativen Managements – ein kontinuierlicher Verbesserungsprozess angestoßen werden. Mögliche Kennzahlen, die hierfür im Handel von Bedeutung sind, wären bspw. der Umsatz, die Kundenzufriedenheit, die Lagerbestände oder die Bruttohandelsspanne.

Benchmarking-Prozesse umfassen bspw. folgende Phasen (Lentrodt/Hane 2009, S. 115f.):

- Phase der Planung (Beschreibung des Status Quo, Festlegung der Benchmarking-Ziele, Auswahl und Identifikation der Vergleichsobjekte, Definition von Leistungsgrößen)
- Phase der Datenerhebung (Informationssammlung von Sekundärquellen, Datenerhebung)
- Phase der Datenauswertung (Positionierung der Vergleichsobjekte anhand der Leistungsmessgrößen bzw. Erstellen einer Vergleichsmatrix, Bestimmung der Leistungslücken, Identifizierung von Ursache-Wirkungs-Zusammenhängen und damit Analyse der Ursachen der Leistungslücken, Ermittlung von erfolgreichen Leistungen)
- Phase der Ergebnisdarstellung (Kommunikation, Diskussion und Interpretation der Ergebnisse)
- Phase der Umsetzung (Entwicklung von Zielen, Strategien und Handlungsempfehlungen; Definition und Priorisierung von Zielen, Strategien und Maßnahmen zur Verbesserung; Implementierung der Verbesserungsmaßnahmen, Durchführung der Erfolgs- und Fortschrittskontrolle und ggf. Vornahme von Anpassungen)

Der Begriff **Best Practice** steht mit dem Konzept des Benchmarking in enger Verbindung, denn Best Practices, also Bestlösungen, vorbildliche Vorgehensweisen oder effiziente und kostensenkende Methoden und Praktiken, die Unternehmen im Rahmen ihrer Geschäftstätigkeit entwickelt haben, können im Rahmen des Benchmarking als Vergleichsziele herangezogen werden. Neben dem Vergleich mit Best-Practice-Unternehmen stellen die Meinungen von Kunden, Beratern oder Experten eine weitere Möglichkeit dar, Verbesserungspotenziale aufzuzeigen.[1] Zudem müssen die Vergleichsziele nicht auf realisierte Leistungen beschränkt bleiben: Neben Durchschnittsleistungen (Average Practice) können auch theoretisch denkbare Positionen (Best Theory) mögliche Ziele für Handelsunternehmen bilden.

6. Balanced Scorecard

Die Balanced Scorecard (BSC) ist ein Konzept zur Aufstellung von Unternehmenszielen sowie ihrer Operationalisierung in Form von Strategien und konkreten Kennzahlen. Ebenso wird die Entstehung des finanziellen Ergebnisses auf Grund der Ergänzung der finanziellen Größen um erklärende Leistungsgrößen nachvollziehbar. Der Begriff der BSC lässt sich wie folgt definieren:

> Im engeren Sinne beschreibt die Balanced Scorecard (BSC) ein spezifisches, vierdimensionales Kennzahlensystem zur Unternehmenssteuerung, das sowohl finanzielle als auch nicht-finanzielle Kenngrößen enthält (Kaplan/Norton 1997, S. 23f.).

Bei der Entwicklung einer BSC werden im Allgemeinen vier Perspektiven berücksichtigt:

- die finanzielle Perspektive
- die Kundenperspektive
- die interne Prozessperspektive
- die Lernperspektive.

Damit wird sowohl die Innen- als auch die Außenperspektive erfasst. Im Gegensatz zum klassischen betrieblichen Rechnungswesen kann die BSC deshalb als Ansatz eines ausgewogenen Kennzahlensystems betrachtet werden. Die **finanzielle Perspektive** knüpft an den etablierten, finanziell ausgerichteten Kennzahlensystemen an. In Abhängigkeit von der Grundausrichtung des Controlling dominieren entweder rentabilitäts- oder wertorientierte Größen. Beispiele dafür sind der Return on Investment (ROI) oder der Cashflow. Die **Kundenperspektive** reflektiert die strategischen Ziele des Unternehmens in Bezug auf die Kunden- und Marktsegmente. Im Fokus stehen die Kundenzufriedenheit und die Rentabilität des Kunden. Typische Kennzahlen sind in diesem Zusammenhang die Zufriedenheit mit der Beratungsleistung, die Veränderung von Marktanteilen, der Anteil neuer Kunden am Kundenbestand, der durchschnittliche Einkaufsbetrag, der kundenspezifische DB oder das Cross-Selling-Potenzial (Barth/Hartmann/Schröder 2015, S. 427). Aufgabe der **internen Prozessperspektive** ist es, diejenigen Prozesse abzubilden, die für die Realisation der finanziellen und kundenbezogenen Ziele von Bedeutung sind. Die interne Prozessperspektive konzentriert sich dabei auf die Effektivität und Effizienz der Geschäftsprozesse. Für die einzelnen Prozesse sind Kennzahlen, v.a. im Hinblick auf Kosten, Qualität und Geschwindigkeit, zu ermitteln. Die **Lern- und Entwicklungsperspektive**, die auch als Potenzialperspektive bezeichnet wird (Becker/Holler/Püster 2012, S. 876), hat für das HRM eine herausragende Bedeutung. Denn bei dieser

---

[1] Jedes Jahr werden bspw. Unternehmen, die besondere Leistungen im Marketing erbringen, von einer Kommission mit dem EFQM Global Excellence Award ausgezeichnet (vgl. www.efqm.org). Dieser Preis ist neben dem Australian Quality Award, dem NASA Quality and Excellence Award etc. nur einer von vielen, durch welche die Entwicklung von Best Practices vorangetrieben wird und Bestlösungen prämiert werden.

Perspektive stehen die Qualifizierung der Mitarbeiter, die Leistungsfähigkeit des Informationssystems sowie die Motivation und Zielausrichtung der Mitarbeiter im Fokus. Angestrebt wird eine sich kontinuierlich weiterentwickelnde und damit **lernende Organisation**. Darüber hinaus wird davon ausgegangen, dass die Zufriedenheit der Mitarbeiter einen positiven Einfluss auf den Unternehmenserfolg hat (siehe Abschnitt D.VII. dieses Kapitels). Typische Kennzahlen für diesen Bereich sind die Weiterbildungstage p.a. oder die Mitarbeiterfluktuation (Becker/Winkelmann 2014, S. 82f.), die im Handel ein zentrales Problem darstellt (siehe hierzu die Ausführungen in Abschnitt D.I. dieses Kapitels).

Abbildung 6.33: Das Konzept der Balanced Scorecard

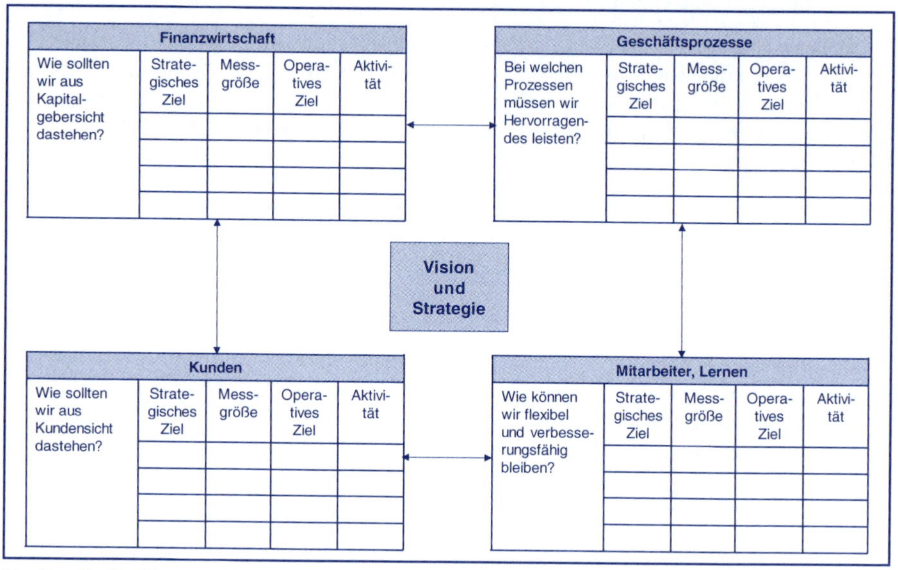

Quelle: Kaplan/Norton 1997, S. 9.

Generell lässt sich die BSC in zweierlei Hinsicht im Personalbereich anwenden: Zum einen kann sie als Instrument des **quantitativen Personalcontrolling** verwendet werden, zum anderen als Instrument im Rahmen der **Zielvereinbarungen** (siehe Abb. 6.33). Da das Personal im Handel durch den direkten Kundenkontakt einen zentralen Erfolgsfaktor darstellt, ist eine stärke Berücksichtigung des Personalbereichs im Rahmen der BSC erforderlich. Darüber hinaus ist anzumerken, dass die BSC nicht nur im Personalcontrolling, sondern in modifizierter Form als sog. Location Control Scorecard (LCSC) auch im Standortcontrolling zum Einsatz kommen kann (Reichmann/Kißler/Baumöl 2017, S. 773). Voraussetzung für eine erfolgreiche Implementierung des Konzepts sind geeignete Organisationsstrukturen und Informationssysteme sowie eine unternehmensspezifische Anpassung bzw. Erweiterung der Perspektiven. Für Handelsunternehmen werden in der Literatur z.B. folgende Perspektiven diskutiert (Barth/Hartmann/Schröder 2015, S. 426ff.):

- die Finanzperspektive
- die Kundenperspektive
- die Lieferantenperspektive
- die interne Prozessperspektive.

Hinsichtlich der Kunden-/Marktperspektive wird empfohlen, Daten aus etwaigen externen Betriebsvergleichen heranzuziehen, um damit der mangelnden Konkurrenzorientierung traditioneller BSC entgegenzuwirken. Die Berücksichtigung einer Lieferantenperspektive im Rahmen der BSC wird auf Grund der strategischen Bedeutung der Beschaffung als notwendig erachtet, wobei sämtliche Kosten, die im Zuge der Beschaffung anfallen, beurteilt werden sollten. Diesbezüglich ist anzumerken, dass die strategischen Ziele der Lieferanten- bzw. Prozessperspektive aus der Finanz- und Kundenperspektive abzuleiten sind (Barth/Hartmann/Schröder 2015, S. 426).

Im Rahmen der Entwicklung einer BSC sind – neben den angeführten unternehmensinternen und -externen Performance-Perspektiven – weitere Managementaspekte zu beachten:

- verschiedene Ziele
- strategische und operative Aspekte
- monetäre und nicht-monetäre Kennzahlen
- verschiedene Erfolgsfaktoren
- alle Funktionsbereiche.

Durch die Berücksichtigung dieser Faktoren soll vermieden werden, dass sich die Unternehmensführung nur auf bestimmte Bereiche konzentriert, wodurch ein Ausgleich im Hinblick auf die Gesamtzielsetzung geschaffen wird. Das Basismerkmal der BSC ist, dass sowohl Ziele und Strategien als auch das konkrete Vorgehen auf operativer Ebene betrachtet und in Form von Kennzahlen erfasst werden. Diese Kennzahlen dienen als Steuerungsgrößen, anhand derer Prozesse in Richtung der gesetzten Unternehmensziele gelenkt werden können.

Erfahrungsberichte von Unternehmen zeigen, dass sich die konkrete Umsetzung des Konzeptes schwierig gestalten kann. Probleme können sich u.a. auf Grund der nachstehenden Aspekte ergeben (Hobelsberger 2012, S. 57ff.):

- Aufgrund des Top-down-Vorgehens und der zusätzlichen Arbeitsbelastung ist bei der Implementierung mit Widerständen der Mitarbeiter zu rechnen.
- Die Entwicklung und Implementierung der BSC ist mit einem hohen Zeitaufwand verbunden.
- Die vergrößerte interne Transparenz kann eine stärkere Kontrolle der Mitarbeiter nach sich ziehen und deren Leistungsdruck vergrößern.
- Angesichts des diskontinuierlichen Wandels im Umfeld muss eine BSC dynamisch gestaltet werden, wobei häufige Zielkorrekturen eine Orientierungslosigkeit der Mitarbeiter bedingen können.

Zusammenfassend kann festgehalten werden, dass die BSC nicht nur ein Kennzahlensystem darstellt, sondern ein Management-Konzept, das der Mehrdimensionalität der Führungsperspektive gerecht wird und ein am Kundennutzen sowie am Unternehmenswachstum orientiertes strategisches und operatives Controlling ermöglicht (Barth/Hartmann/Schröder 2015, S. 424). Die Basis für den Aufbau einer BSC bilden dabei die Unternehmensvision und die daraus abgeleiteten Unternehmensstrategien. Letztere stellen die Grundlage für die Festlegung der strategischen Ziele der vier angeführten Perspektiven dar, deren Realisierung mittels BSC überprüft wird. Dadurch wird letztlich ein gemeinsames Verständnis für die Unternehmensziele geschaffen.

7. Performance Measurement

Für das **Performance Measurements** können unterschiedliche Konzepte eingesetzt werden: traditionellen Kennzahlensysteme, wie das **DuPont-Kennzahlensystem**, das auf dem ROI basiert, die Prozesskostenrechnung bzw. das **Activity-Based-Costing**, das **Benchmarking** und die **Balanced Scorecard** (Zentes/Morschett/Schramm-Klein 2017, S. 450ff.). Die meisten dieser Konzepte weisen jedoch Schwächen oder Defizite auf (Morschett 2004, S. 79ff.):[1]

- einseitige Fokussierung auf Finanzkennzahlen
- fehlender Strategie- und Kundenbezug der gemessenen Leistungsgrößen
- fehlende prozess- und wertkettenübergreifende Sicht
- zu viele und inkompatible Maßzahlen.

Diese Überlegungen führen zur Zweckmäßigkeit bzw. Notwendigkeit eines Performance-Measurement-Systems (PMS), das in umfassender Form dem folgenden Katalog an Anforderungen gerecht wird (Morschett 2004, S. 84f.):

- PMS bedürfen zur Erfüllung des Informationsauftrages einer unternehmensspezifischen Anpassung mit einer engeren Anlehnung an die strategische Ausrichtung des Handelsunternehmens.
- Performance-Indikatoren sollten prozessorientiert abgeleitet werden und sich weniger auf einzelne Unternehmensfunktionen als vielmehr auf – oft quer dazu verlaufende – Unternehmensprozesse fokussieren, wie dies immer häufiger auch im klassischen Rechnungswesen der Fall ist. Im Handel sollten hierbei die Kernprozesse (Supply Chain Management, Category Management und Customer Relationship Management) im Fokus der Betrachtung stehen.
- Das Unternehmensgeschehen sollte von einem PMS möglichst ganzheitlich abgebildet werden. Hierzu ist – i.S. des **Stakeholder-Ansatzes** – eine ausgewogene Berücksichtigung mitunter auch divergierender Elemente, Interessen und Ansprüche erforderlich.
- PMS sollten auf die zentralen Werttreiber und den strategischen Informationsbedarf des Unternehmens ausgerichtet sein. Sie sollten auf wenige Indikatoren beschränkt bleiben, um eine ausreichende Transparenz zu gewährleisten. Kaplan/Norton (1993, S. 135) sprechen von maximal 15 bis 20 Indikatoren. Dagegen verlangen Simons/Dá-vila (1998, S. 77), dass die Anzahl der kritischen Kennzahlen stärker beschränkt wird.
- Ein PMS sollte verschiedene Arten von Bewertungsobjekten und Dimensionen der Bewertung (z.B. Kosten sowie Leistungen) abdecken können. Die ausgewählten Indikatoren sollen nach Klingebiel (2000, S. 35) auf die Dimensionen Kosten, Zeit und Qualität ausgerichtet werden. Generell sollte sowohl die Effektivität als auch die Effizienz der Prozesse betrachtet werden.
- Die Verknüpfung der Indikatoren untereinander (und ggf. über mehrere Kennzahlenebenen) kann als wesentliches Charakterisierungsmerkmal angesehen werden. Grundsätzlich sind dabei kausale Verknüpfungen der einzelnen Indikatoren zu bevorzugen, da sie i.d.R. eine schnelle Ursachenanalyse bei Abweichungen erlauben.
- PMS zielen auf eine kontinuierliche Verbesserung der Wertschöpfungsprozesse i.S. eines „**Continuous Improvement**“ ab. Dazu müssen sie durch die Struktur der Leistungsindikatoren die Ableitung von Maßnahmen zur Verbesserung der aktuellen Leistungssituation ermöglichen.
- Die konkrete Ausgestaltung eines PMS ist von der gewählten Organisationsform im Unternehmen abhängig. Die Messkonzepte sind wesentlicher Bestandteil einer abgestimmten Informationsversorgung der verschiedenen organisatorischen Einheiten und Ebenen des Unternehmens.

[1] Ein Teil der erwähnten Kritikpunkte trifft – wie bereits dargestellt – nicht auf das Konzept der BSC zu.

- Performance-Indikatoren sollten gut kommunizierbar sein. Sie sollten mit den entsprechenden Anreizsystemen im Unternehmen in Verbindung stehen und die Motivation der Mitarbeiter zur Verbesserung der entsprechenden Performance beinhalten.

Retail Performance Measurement

Das Grundmodell eines hierarchisch-kausalen Performance-Measurement-Konzepts ist in Abb. 6.34 dargestellt. Auf der obersten Ebene stehen dabei **Key-Performance-Indikatoren** (KPIs), die einen hohen Einfluss auf den Unternehmenserfolg ausüben. Diese KPIs werden von untergeordneten Einflussgrößen, den **Performance-Indikatoren** (PIs) beeinflusst. Die angeführten Grundüberlegungen liegen auch dem **Retail-Performance-Measurement-Konzept** (RPM) zu Grunde. Die Performance der handelsbetrieblichen Prozesse wird im Rahmen des RPM-Konzepts aber nicht mittels klassischer Kosten- oder Finanzgrößen, sondern anhand von drei **Performance-Dimensionen** gemessen, die eine kausale Beziehung zum Unternehmenserfolg aufweisen.[1] Bei den Performance-Dimensionen, die als Zielgrößen des Prozessmanagements zu verstehen sind, handelt es sich um die Dimensionen der

- Effizienz
- Qualität
- Kundenzufriedenheit.

Abbildung 6.34: Grundmodell eines hierarchisch-kausalen Performance-Measurement-Konzepts

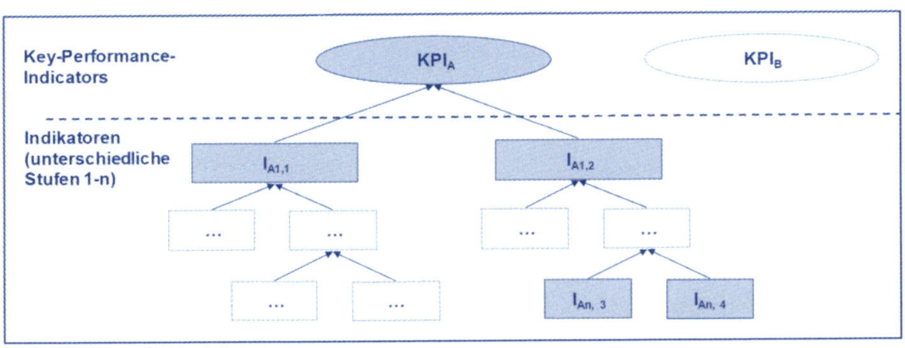

Quelle: i.A.a. Reichmann/Kißler/Baumöl 2017, S. 56.

Die **Effizienz-Dimension** misst dabei die Performance der Prozesse eines Handelsunternehmens im Hinblick auf die Optimierung der Relation zwischen Input und Output. Prozesseffizienz ist gegeben, wenn die Unternehmensziele bzw. ein definierter Prozessoutput mit einem minimalen Input erreicht wird oder wenn bei gegebenem Input der Prozessoutput maximiert wird. Die **Qualitäts-Dimension** bezieht sich hingegen auf die Performance der handelsbetrieblichen Prozesse in Bezug auf die Erfüllung eines angestrebten Zielerreichungsgrades bzw. vorgegebener Prozessanforderungen. Die **Dimension der Kundenzufriedenheit** misst die Performance der Prozesse eines Handelsunternehmens im Hinblick auf das Ausmaß der Erfüllung der Kundenerwartungen. Im Rahmen des RPM-Konzepts wird also der steigenden Bedeutung der Kundenbedürfnisse für den Unternehmenserfolg Rechnung getragen. Insgesamt hebt sich das RPM-Konzept von bestehenden Performance-Measurement-Ansätzen

[1] Das Retail Performance Measurement ist vom Retail Performance Management abzugrenzen, wobei Letzteres ein IT-Tool bezeichnet, das auf dem Konzept des Retail Performance Measurement basiert.

dadurch ab, dass nicht ausschließlich effizienz- und/oder effektivitätsorientierte Leistungskennzahlen betrachtet werden, sondern eine hohe Prozess-Performance in allen drei beschriebenen Performance-Dimensionen ihren Niederschlag findet. Die Performance-Dimensionen werden auch innerhalb des RPM-Konzepts durch KPIs operationalisiert, die selbst über ein mehrstufiges, kausales Beziehungsgeflecht von PIs beeinflusst werden. Das RPM-Konzept orientiert sich dabei u.a. an der Methode der „Critical Success Factors", die auf dem Gedanken basiert, dass in jedem Unternehmen drei bis maximal sechs, den Erfolg maßgeblich bestimmende Schlüsselfaktoren bzw. Leistungskennzahlen mit einer übergeordneten Bedeutung existieren. Eine beispielhafte Betrachtung eines kausalen Beziehungsgeflechts zwischen dem Unternehmenserfolg, den Performance-Dimensionen und dem KPI ist in Abb. 6.35 dargestellt.

Abbildung 6.35: Beispiel für ein kausales Beziehungsgeflecht zwischen Unternehmenserfolg, Performance-Dimensionen und KPI

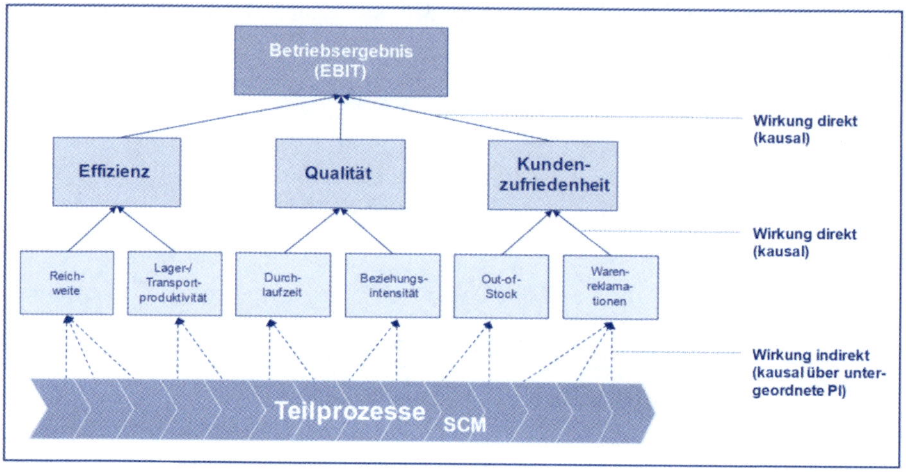

Quelle: Biesiada/Neidhart 2004, S. 101.

In Form von **Performance-Pyramiden** wird das Ursache-Wirkungs- bzw. Kausalbeziehungsgeflecht zwischen den Leistungskennzahlen (KPI und PIs) in grafischer Form dargestellt. Dabei sind die Performance-Pyramiden jeweils dreistufig aufgebaut, wobei der KPI auf der ersten Stufe steht und die PIs auf der zweiten und dritten Stufe angesiedelt sind (siehe Abb. 6.36). KPIs im Handel können sich in Abhängigkeit des Be- und/oder Vertriebstyps, aber auch je nach betrachteter Unternehmensebene unterscheiden. Verkaufsregionen, Filialen und Online-Stores, können z. B. mittels der in Abb. 6.37 angeführten KPIs gesteuert werden (Heinemann 2012, S. 70; Macheleidt/Biedermann 2016, S. 47; Ehlbeck/Stosser/Wind 2017, S. 363ff.)[1].

Wie Abb. 6.37 zeigt, sind auch beim Vertrieb über einen Online-Shop, bei dem die Breite und Tiefe des Sortiments den wesentlichen Anziehungspunkt aus Kundensicht darstellt, traditionelle Kennzahlen von Bedeutung (siehe hierzu die Ausführungen zum Online-Controlling in Abschnitt C.IV.9. dieses Kapitels). In diesem Zusammenhang ist bspw. der durchschnittliche Artikelumsatz mit der Flächenproduktivität, die im stationären Handel eine zentrale Steuerungsgröße darstellt, gleichzusetzen.

---

[1] Zu den KPIs von Pure Playern vgl. die Ausführungen in Abschnitt B.III.4. des Dritten Kapitels.

Abbildung 6.36: Beispielhafte Struktur von Performance-Pyramiden

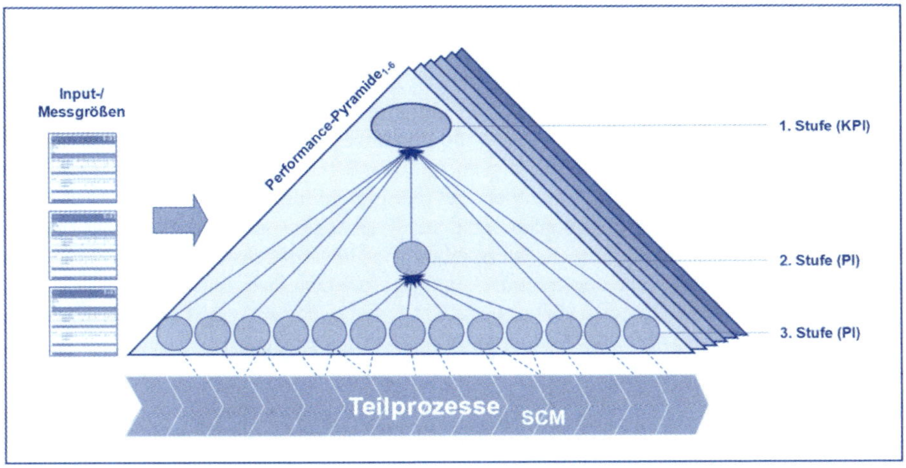

Quelle: Biesiada/Neidhart 2004, S. 104.

Abbildung 6.37: KPIs im Off- und Online-Handel

Verkaufsregionen	Filialen	Online-Shop
▪ Umsatzwachstum Wachstum des Netto-Umsatzes ▪ Flächenproduktivität Netto-Umsatz pro qm ▪ Vertriebs-ROCE (Return on Capital Employed) DB V/ eingesetztes Kapital ▪ Investitionsquote Investitionen/Abschreibungen	▪ Flächenproduktivität Netto-Umsatz pro qm ▪ Relativer DB DB I pro qm ▪ Mitarbeiterproduktivität Netto-Umsatz/Mitarbeiterstunden ▪ Schnittkauf durchschnittlicher Bon-Umsatz ▪ Warenumschlagshäufigkeit Wareneinstandspreis/Warenbestand	▪ Umsatz bzw. -wachstum und damit - Traffic (Anzahl von Besuchern des Online-Shops) - Conversion Rate (Anteil Käfer unter den Besuchern eines Online-Shops) - durchschnittlicher Auftragwert (Warenkorbwert) ▪ Retourenquote ▪ durchschnittlicher Artikelumsatz ▪ ROI (Umsatzrendite x Kapitalumschlag)

Zur Erfassung der finanziellen Performance eines Handelsunternehmens können insb. Liquiditäts- und Rentabilitätskennzahlen herangezogen werden. Abb. 6.38 gibt einen Überblick über mögliche Kennzahlen (Zentes/Morschett/Schramm-Klein 2017, S. 448):

Abbildung 6.38: Liquiditäts- und Rentabilitätskennzahlen

Kennzahl	Berechnung
Liquiditätskennzahlen	
Liquidität 1. Grades (Cash Ratio)	liquide Mittel : kurzfristige Verbindlichkeiten
Liquidität 2. Grades (Quick Ratio)	[liquide Mittel + kurzfristige Forderungen] : kurzfristige Verbindlichkeiten
Liquidität 3. Grades (Current Ratio)	[liquide Mittel + kurzfristige Forderungen + Warebestände] : kurzfristige Verbindlichkeiten
Rentabilitätskennzahlen	
Gesamtkapitalrentabilität vor Zinsen und Steuern (Return on Assets before Interest and Taxes, ROA)	Erfolg vor Zinsen und Steuern : Gesamtkapital
Gesamtkapitalrentabilität nach Zinsen und Steuern (Return on Assets after Interest and Taxes, ROA)	Erfolg nach Zinsen und Steuern : Gesamtkapital

8. Shareholder-Value-Ansätze zur wertorientierten Unternehmensführung

In der Vergangenheit ist die Perspektive der wertorientierten Unternehmensführung verstärkt in den Vordergrund getreten (siehe Abschnitt E.II.2. des Ersten Kapitels). Dabei ist der Erfolg unternehmerischer Tätigkeit in erster Linie danach zu messen, welchen Beitrag diese zur Erhöhung des Unternehmenswertes leistet. Das Grundmodell der Shareholder-Value-Ansätze ist in Abb. 6.39 in Form des **Shareholder-Value-Netzwerkes** nach Rappaport (1999) dargestellt, das vier Ebenen unterscheidet (Hungenberg 2014, S. 62). Die Erzielung eines möglichst hohen Shareholder-Value als Unternehmensziel repräsentiert die oberste Ebene. Die entsprechenden generischen Wertkomponenten und deren Treiber sind auf der dritten bzw. zweiten Ebene des Netzwerks angesiedelt. Die Werttreiber, wie Umsatzwachstum, werden durch operative, Investitions- und Finanzierungsentscheidungen der Unternehmensleitung bestimmt.

Abbildung 6.39: Shareholder-Value-Netzwerk

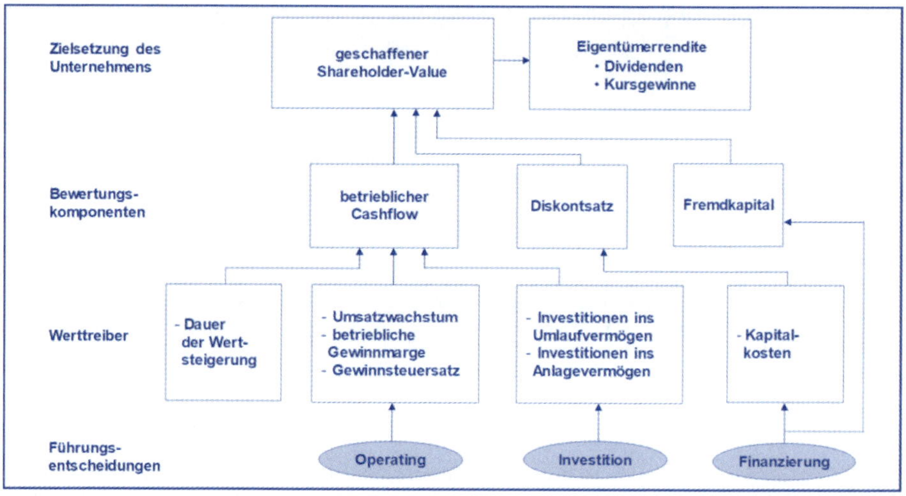

Quelle: Rappaport 1999, S. 68.

Hintergrund der Shareholder-Value-Konzepte ist, dass die Veränderung der sog. Übergewinne, also der über die notwendige Verzinsung des eingesetzten Kapitals hinausgehenden Gewinne, im Periodenvergleich eine gute Abbildung der relevanten Wertschaffung erlaubt. Einer der am weitesten verbreiteten Shareholder-Value-Ansätze ist das **Economic-Value-Added-Konzept** (EVA).[1] Wie aus Abb. 6.40 hervorgeht, ergibt sich der Wertbeitrag bei diesem Konzept als „Net operating Profit after Taxes" (NOPAT) abzüglich der Kapitalkosten (Ewert/Wagenhofer 2014, S. 528). Der Kapitalkostensatz errechnet sich als gewichteter Durchschnitt aus Eigenkapital- und Fremdkapitalkosten (-zinsen) („Weighted Average Cost of Capital", WACC).

Wird das Konzept des EVA auf die Ebene der Geschäftsfelder herunter gebrochen, lässt sich feststellen, welche Geschäftseinheiten Shareholder-Value generiert und welche Unternehmenswert vernichtet haben.

[1] Das Konzept des Economic Value Added (EVA) wurde von der Unternehmensberatung Stern Stewart & Co. entwickelt, die den Begriff schützen ließ und das Markenrecht daran hält (Stern/Shiely/Ross 2001).

Abbildung 6.40: Berechnung des EVA

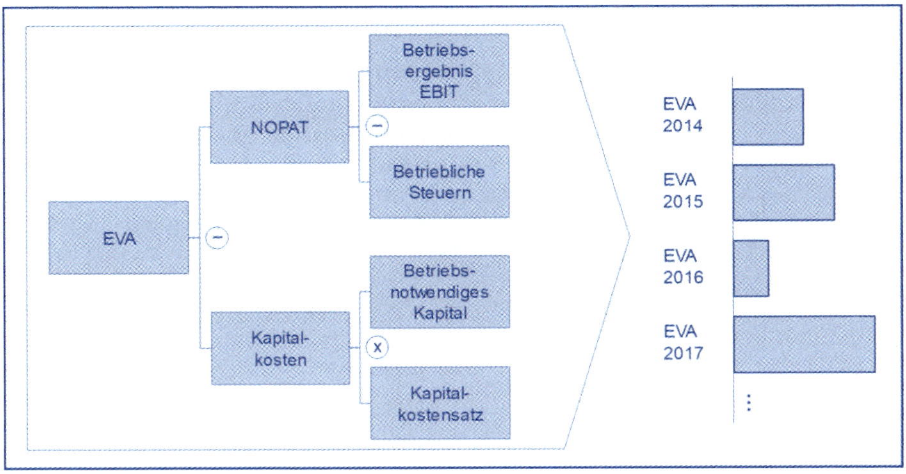

Quelle: Hungenberg 2014, S. 447.

9. Bereichsspezifisches Controlling

Logistikcontrolling

Der Logistik kommt in den letzten Jahren eine steigende Bedeutung zu. Die Bündelung von Warenströmen, die Erhöhung der Warenpräsenz, die effiziente Abwicklung von Logistikprozessen sowie die Bestandsreduzierung im stationären Handel spielen bei der Gestaltung von Logistiksystemen eine wesentliche Rolle.

Optimierung von Logistikprozessen als Kernherausforderung im Handel

Um Logistikprozesse effizienter zu gestalten, setzt Amazon auf eine zunehmende Automatisierung von Lagerprozessen und plant einen weiteren Rollout des Kommissionierungssystems „Amazon Robotics": Schnelldreher liegen in transportablen Regalen, wobei das jeweils richtige Regal von einem Roboter zum Lagerarbeiter gefahren wird. Auf diese Weise kann ein Distributionszentrum – bei gleichbleibender Mitarbeiterzahl – seinen Output verdoppeln. Eine effizientere Kommissionierung ist bspw. auch mit Datenbrillen möglich. Bei diesen zeigt ein Sichtfenster am Gestell die Arbeitsschritte an, damit der betreffende Mitarbeiter weiß, welche Artikel in welcher Stückzahl in welches Fach des Kommissionierungswagens kommen. Dabei wird der Barcode der Artikel per Brille oder Ringscanner abgelesen und eine Berührung des Bügels der Datenbrille dient als Bestätigung des Kommissionierungsvorganges.

Quelle: Lebensmittel Zeitung, 21. April 2017, S. 38; 5. Mai 2007, S. 106; 20. Oktober 2017, S. 33.

Im Rahmen des Logistikcontrolling können bspw. folgende Instrumente bzw. Verfahren eingesetzt werden (Pfohl 2016, S. 77):

- Logistik-Audit
- Logistik-Kennzahlen bzw. -Kennzahlensysteme
- Logistikkostenrechnung.

Darüber hinaus kommen – wie auch in anderen Funktionsbereichen – Budgetierungsverfahren und Wertschöpfungsrechnungen zum Einsatz. Im Folgenden werden insb. Logistik-Audits und Kennzahlensysteme näher erörtert (zur Logistik-Kostenrechnung vgl. Reichmann/Kißler/Baumöl 2017, S. 415ff.).

Logistik-Audits sind dem strategischen Logistikcontrolling zuzurechnen. Es handelt sich dabei um eine fallweise, externe Prüfung, um die Ausgestaltung des Logistiksystems zu untersuchen (Pfohl 2016, S. 235). Audit-Ziele sind bspw. die Überprüfung der Einhaltung von Gesetzen, Verordnungen und Auflagen. Ein Audit kann, z.B. auch bei Outsourcing-Vorhaben, der Entscheidungsvorbereitung dienen.

Logistik-Kennzahlen dienen im Wesentlichen dem permanenten Monitoring der (internen) **Supply Chain Performance**. Insofern bilden sie eine wesentliche Grundlage zur Planung, Steuerung und Kontrolle logistischer Prozesse. In der Logistik finden Kennzahlen generell breite Verwendung, da sich – im Vergleich zu anderen Unternehmensbereichen – viele Sachverhalte quantifizieren lassen (Pfohl 2016, S. 185ff.).

Abbildung 6.41: Kennzahlensystem für das logistische Gesamtsystem

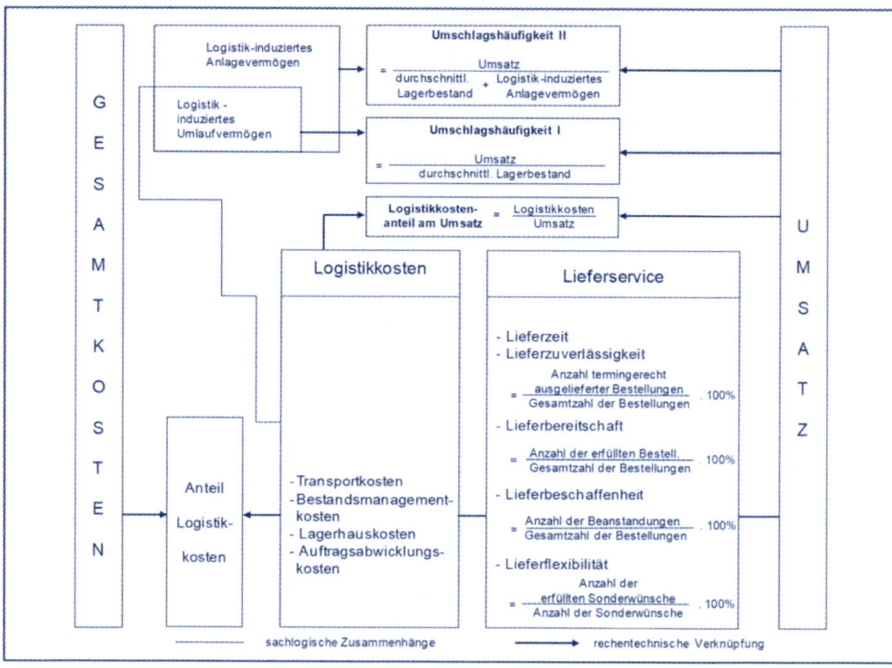

Quelle: i.A.a. Pfohl 2016, S. 186.

Durch die Verknüpfung einzelner Kennzahlen zu einem Kennzahlensystem können suboptimale Insellösungen, die durch eine Konzentration auf Einzelkennzahlen entstehen, vermieden werden. Spitzenkennzahlen eines Kennzahlensystems zur Messung der Effizienz des logistischen Gesamtsystems können – wie in Abb. 6.41 dargestellt – die Logistikkosten sowie der Lieferservice darstellen. Dabei kommt gerade den Kennzahlen, die den Lieferservice ausmachen, eine hohe Bedeutung zu. Denn der Wert, der den Handelswaren aus Kundensicht beigemessen wird, hängt mitunter von der zeitlichen und räumlichen Verfügbarkeit der Artikel ab (zur Bedeutung von Stock-out-Situationen vgl. z. B. Grewal u.a. 2012). Dies zeigt sich insb. beim Kauf von Geschenken bzw. bei Artikeln, die vor Antritt einer Reise beschafft werden müssen. Um die Warenverfügbarkeit zu steuern, kann u.a. die **Durchlaufzeit** gemessen werden. Diese Kennzahl erfasst den Zeitraum zwischen der Bestellung der Handelsware beim Hersteller und der Auslieferung an das Handelsunternehmen (Durchlaufzeit i.e.S.) oder den

Zeitraum zwischen Wareneingang im Zentrallager des Handelsunternehmens und der Auslieferung an die einzelnen Filialen (Durchlaufzeit i.w.S.). Die beiden Spitzenkennzahlen sind gemeinsam mit unmittelbar in Verbindung stehenden, weiteren Kennzahlen des Unternehmens zu betrachten. Zu diesen zählen die Gesamtkosten des Unternehmens, der Umsatz sowie das im Anlage- und Umlaufvermögen gebundene logistikinduzierte Kapital. Für die einzelnen funktionalen Subsysteme (Transport, Lagerung usw.) sowie für die Funktionen des Logistikmanagements können wiederum eigene Kennzahlensysteme gebildet werden.

Sortimentscontrolling

Ziel des Sortimentscontrolling ist die proaktive und rentabilitätsorientierte Planung, Steuerung und Kontrolle von Sortimenten zur Sicherung und Verbesserung der eigenen Marktposition (Kispalko/Moretti 2016, S. 12). Da die Sortimentsgestaltung zum einen die Grundlage für weitere marktbezogene Aktivitäten (z.B. das Kommunikationsmanagement) bildet und ihr im Hinblick auf die Akquisition von Neukunden bzw. das Halten bestehender Kunden eine große Bedeutung zukommt, ist das Sortimentscontrolling als eine der wichtigsten Führungsunterstützungsaufgaben anzusehen. Dabei können im Rahmen des Sortimentscontrolling folgende Instrumente bzw. Verfahren Anwendung finden:

- Sortimentskennzahlen
- direkte Produktrentabilität
- Space-Management
- Analyse der Verbundeffekte.

Die für das Sortimentsmanagement notwendige Transparenz wird durch eine Vielzahl von **Sortimentskennzahlen** geschaffen, wobei v.a. folgende Kennzahlen angewandt werden:

- Umsatz
- Handelsspanne, Rohertrag
- DB und Grenz-DB
- Umschlagshäufigkeit
- Bruttorentabilität
- Fehl- und Nichtverkauf
- ROI.

Abbildung 6.42 gibt einen Überblick über Rentabilitätskennzahlen, die im Rahmen des Sortimentscontrolling zu berücksichtigen sind.

Abbildung 6.42: Ausgewählte Sortimentskennzahlen

Einsatzfaktoren			**Rentabilitätskennzahlen**		
			Betriebsergebnis	DB/DPR	Rohertrag
Umsatz		Verkaufs-/ Einstandswerte	Umsatzrentabilität	DB in Prozent des Umsatzes	Handelsspanne
Kunden		Aufträge, Kassenbons		DB je Kunde, Bon, Auftrag	Rohertrag je Auftrag
Faktoreinsatz	Warenbestand	Einstandswerte oder Frontstücke		Netto-Nutzen-Ziffer	Brutto-Nutzen-Ziffer
	Verkaufsfläche	qm		DB je qm Verkaufsfläche	Rohertrag je qm Verkaufsfläche
	Betriebsmittel	Regalmeter		DB je Regalmeter	Rohertrag je Frontstück
Einsatzfaktoren			**Profitabilitätskennzahlen**		
Faktoreinsatz	Warebestand	Menge, Einstandswerte	Lagerumschlag	Lagerumschlag	

	Verkaufsfläche	qm	Absatz je qm Verkaufsfläche	Umsatz je qm Verkaufsfläche	Kunden je qm Verkaufsfläche
	Betriebsmittel	Regalmeter	Absatz je Regalmeter	Umsatz je Regalmeter	
	Kunden	Kassenbons, Aufträge	Absatz je Auftrag	Umsatz je Kunde	

Es ist anzumerken, dass die **Umsatzrentabilität** (das Betriebsergebnis in Prozent des Umsatzes) zur Beurteilung ganzer Sortimente oder Filialen herangezogen werden kann, wogegen Warengruppen oder Artikel v.a. über den DB bewertet werden. Den Ausgangspunkt der Sortimentsanalyse stellt meist die **Umsatzanalyse** dar, durch die aufgezeigt werden soll, welche Teile des Sortiments starke bzw. schwache Umsatzträger sind. Allerdings bedarf es darüber hinaus auch einer **Absatzmengenanalyse**, um zu erkennen, ob Umsatzveränderungen auf eine Änderung der gekauften Menge oder auf Preisänderungen zurückzuführen sind. Die Gesamt- bzw. Teilumsätze werden üblicherweise den Werten aus Vorperioden sowie den Werten vergleichbarer Handelsunternehmen gegenübergestellt. Eine verbreitete Methode zur Umsatzanalyse ist die Reihung der einzelnen Artikel(-gruppen) nach ihrer Bedeutung. Mithilfe der sog. **ABC-Analyse** kann auch die Sortimentsstruktur bzgl. der Deckungsbeiträge oder Handelsspannen untersucht werden. Eine der wichtigsten sortimentsbezogenen Kennzahlen ist die (absolute) **Handelsspanne**, mit der die Differenz zwischen Verkaufspreis und Einstandspreis einer Ware bezeichnet wird. Da die Handelsspanne meist in Prozent vom Verkaufspreis ausgedrückt wird, wird sie auch Abschlagsspanne genannt. Im Fall eines prozentuellen Kalkulationsaufschlags auf den Einstandspreis wird hingegen von der **Aufschlagsspanne** gesprochen. Abschlags- und Aufschlagsspanne hängen formal wie folgt zusammen:

Abschlagsspanne (in %) = (Aufschlagsspanne x 100) : (100 + Aufschlagsspanne)

Aufschlagsspanne (in %) = (Abschlagsspanne x 100) : (100 – Abschlagsspanne)

Die absolute Handelsspanne wird auch als **Rohertrag** oder DB – oftmals auch als DB I – bezeichnet. Durch die Berücksichtigung der Einstandskosten können mithilfe der Handelsspanne Aussagen über die Ertragskraft des Gesamtsortiments oder einzelner Warengruppen gemacht werden. Allerdings gilt es zu bedenken, dass die Interpretation der Handelsspanne immer dann Schwierigkeiten bereitet, wenn die im Handel weit verbreitete **Mischkalkulation** praktiziert wird. Auch die Erfassung der variablen Kosten (z.B. Lagerhaltung, Transport, beanspruchtes Personal) wird vernachlässigt. Diese werden bspw. beim **Grenz-DB**[1] berücksichtigt, mit dem sich auch prüfen lässt, wie viel an zusätzlichem DB bei einer etwaigen Ausdehnung des Sortiments erwirtschaftet werden kann. Die **Umschlagshäufigkeit** oder auch Lagerumschlagsgeschwindigkeit (Waren- bzw. Lagerumschlag) gibt an, wie oft eine Ware in einem bestimmten Zeitraum umgeschlagen („gedreht") wurde. Sie wird berechnet, indem der wertmäßige Wareneinsatz durch den durchschnittlichen Warenbestand dividiert wird. Diese Kennzahl wird wie folgt ermittelt:

Umschlagshäufigkeit = Wareneinsatz : Ø Warenbestand

Warenanfangsbestand
\+ Warenzugang
\- Skonti
\- Boni

[1] Der Grenz-DB wird durch die erste Ableitung der Funktion E(x) – Kv(x) bestimmt, wobei der Term E(x) für die Erlöse beim betreffenden Artikel steht und der Term Kv(x) die beim betrachteten Artikel anfallenden variablen Kosten bezeichnet.

+	Warenbezugskosten
-	Warenendbestand
=	Wareneinsatz

Ø Warenbestand = (Anfangsbestand + Endbestand) : 2

Je schneller sich ein Sortiment oder ein Sortimentsbereich umschlägt, desto geringer ist der Warenbestand, der finanziert werden muss und der Verkaufs- oder Lagerfläche in Anspruch nimmt. Wer also bei einem Lagerumschlag von zwölfmal im Jahre erst nach 30 Tagen (Ziel) bezahlen muss, hat – rein rechnerisch – kein Kapital in seinem Warenbestand gebunden. Dieser Umstand erklärt auch die gute Liquidität sowie Expansionskraft von Unternehmen mit hohen Umschlagshäufigkeiten. Die **Bruttorentabilität (Brutto-Nutzen-Ziffer)** wird im Sortimentscontrolling gerne als Spitzenkennzahl eingesetzt, da sie anzeigt, wie das durchschnittlich im Warenlager eingesetzte Kapital „verzinst" wurde. Sie errechnet sich durch Multiplikation der bereits angeführten Kennzahlen Aufschlagspanne (in Prozent) mal Umschlagshäufigkeit:

Bruttorentabilität = Aufschlagsspanne (in %) x Umschlagshäufigkeit

$$\text{oder Bruttorentabilität} = \frac{\text{Rohertrag}}{\text{Ø Warenbestand}} \times 100$$

Bei einer Aufschlagsspanne von bspw. 40% und einer Umschlagshäufigkeit von 5 beträgt der Bruttonutzen folglich 200. Das bedeutet, dass für 100 EUR im Warenlager gebundenes Kapital p.a. 200 EUR Rohertrag erwirtschaftet wurden.

Um die **Netto-Nutzen-Ziffer** zu berechnen, wird dagegen nicht der Rohertrag, sondern der DB auf den durchschnittlichen Warenbestand bezogen.

Bei der **Fehl- und Nichtverkaufsanalyse** wird erhoben, welche Umsatzverluste dadurch entstehen, dass Artikel zum Zeitpunkt der Nachfrage nicht vorhanden sind. Während die betreffenden Waren bei einem Fehlkauf normalerweise im Sortiment des Handelsbetriebes enthalten, aber z.B. infolge verspäteter Anlieferung oder Regalbeschickung nicht verfügbar sind (**Out-of-Stock**), sind die entsprechenden Artikel bei einem Nichtverkauf nicht gelistet.

Da mit jedem eingekauften Artikel, Kapital gebunden wird, kann der **ROI** auch auf Artikelebene berechnet werden. Dieser zeigt das Verhältnis von Gewinn und getätigten Investitionen auf und kann bspw. auch bei einer möglichen Sortimentserweiterung zur Entscheidungsfindung herangezogen werden (Ehlbeck/Stosser/Wind 2017, S. 372).

Direkte Produktrentabilität

Mithilfe der **direkten Produktrentabilität** (DPR) – auch Direkte Produktprofitabilität (DPP) genannt – soll der Gewinnbeitrag jedes einzelnen Artikels ermittelt werden. Berechnet wird die DPR als (absolute) Handelsspanne eines Artikels zuzüglich sämtlicher Rabatte bzw. Werbekostenzuschüsse und abzüglich der Direkten Produktkosten (DPK), die im Zentrallager und/oder am PoS entstehen. Insofern handelt es sich um eine artikelbezogene DB-Rechnung.

	Netto-Verkaufspreis
–	Netto-Einkaufspreis
+	sonstige Vergütungen (z.B. Werbekostenzuschüsse, Rabatte)

–	Direkte Produktkosten (DPK) (im Zentrallager (Disposition, Warenannahme, Kommissionieren, Warenausgang, Transport u.Ä.), Einzelhandelsgeschäft (Disposition, Warenannahme, Ein-/Auslagern, Auspacken, Auszeichnen, Einräumen, Kassieren, Raum/Einrichtung))
=	Direkte Produktrentabilität

Ziel ist es, i.S. einer Kostenträgerrechnung einen möglichst großen Teil der Gemeinkosten auf den jeweiligen Artikel verursachungsgerecht umzulegen. Kritik wird allerdings daran geübt, dass es nicht sinnvoll ist, fixe Gemeinkosten zuzurechnen. Darüber hinaus ist die artikelspezifische Zuordnung der Kosten nur bis zu einem gewissen Grad möglich und verursacht insb. bei umfangreichen Sortimenten einen beträchtlichen Erhebungsaufwand. Es stellt sich daher die Frage, ob es nicht eher den sortimentspolitischen Zielen eines Handelsunternehmens entspricht, dass Warengruppen und Sortimentsteile und nicht einzelne Artikel optimiert werden. In diesem Zusammenhang zeigte sich jedoch immer wieder, dass die DPR mit der Handelsspanne eines Artikels häufig nur in geringem Maße korreliert: Produkte mit einer hohen Handelsspanne und einer hohen Umschlagshäufigkeit können bspw. auch hohe Logistikkosten verursachen, sodass diese Produkte u.U. eine niedrigere DPR aufweisen als Artikel mit einer geringeren Lagerumschlagshäufigkeit. Eine hohe Bedeutung kommt dem artikelbezogenen DB bzw. der DPR im Rahmen des **Space Managements** zu.[1] Dieses stellt eine meist computergestützte Form der **Regaloptimierung** dar, deren Ziel es ist, die einzelnen Artikel bzw. Warengruppen so in den Regalen zu platzieren, dass ein möglichst hoher Umsatz bzw. DB erreicht wird. Regaloptimierungsprogramme bzw. Space-Management-Programme (z.B. Spaceman, Prospace, Apollo) zielen in erster Linie auf eine Verbesserung der Flächen- bzw. Raumerträge ab, indem sie u.a. versuchen, die Lagerhaltungskosten und Fehlverkäufe zu reduzieren sowie die Abverkäufe und die Sortimentsgestaltung zu verbessern. Für die Durchführung der Optimierung benötigen Space-Management-Programme u.a. folgende Daten:

- Zeit zwischen Nachbestellung und Wareneingang
- Höhe und Verlauf (Schwankung) der Kundennachfrage
- Verpackungseinheiten und Mindestbestellmengen
- verfügbare Regalfläche
- Verpackungsart, Größe, Stapelhöhe
- Handling-, Lager-, Flächen- und Energiekosten (i.S. des DPR-Konzeptes)
- Verkaufs- und Einstandspreise
- Auswirkungen der verkaufsflächeninternen Standorte auf den Absatz (Verkaufsflächen- und Regalwertigkeiten).

Auf der Basis dieser Daten kann für den stationären Handel u.a. simuliert werden,

- welche Artikel bspw. den Gewinn im Falle einer (Aus-)Listung steigern können
- wie viel Platz welchen Artikeln eingeräumt werden soll (z.B. die Zahl an Frontstücken (**Facings**) und welche Auswirkungen eine Änderung der Platzzuweisung auf etwaige Kreuzpreiselastizitäten zwischen zwei Artikeln hätte (Hansen/Raut/Swami 2010)
- welche Regalordnung (z.B. im Hinblick auf die Flächenproduktivität) am besten ist
- welche Auswirkungen eine Vergrößerung der Verkaufsfläche hätte.

Die Ergebnisse der Simulationen können nicht nur tabellarisch, sondern auch in Form von Regalbelegungsplänen dargestellt werden (siehe Abb. 6.43).

[1] Im Versandhandel stellt die Produktivität einer Katalogseite eine zentrale Kennzahl dar.

Abbildung 6.43: Regaloptimierung mit Spaceman

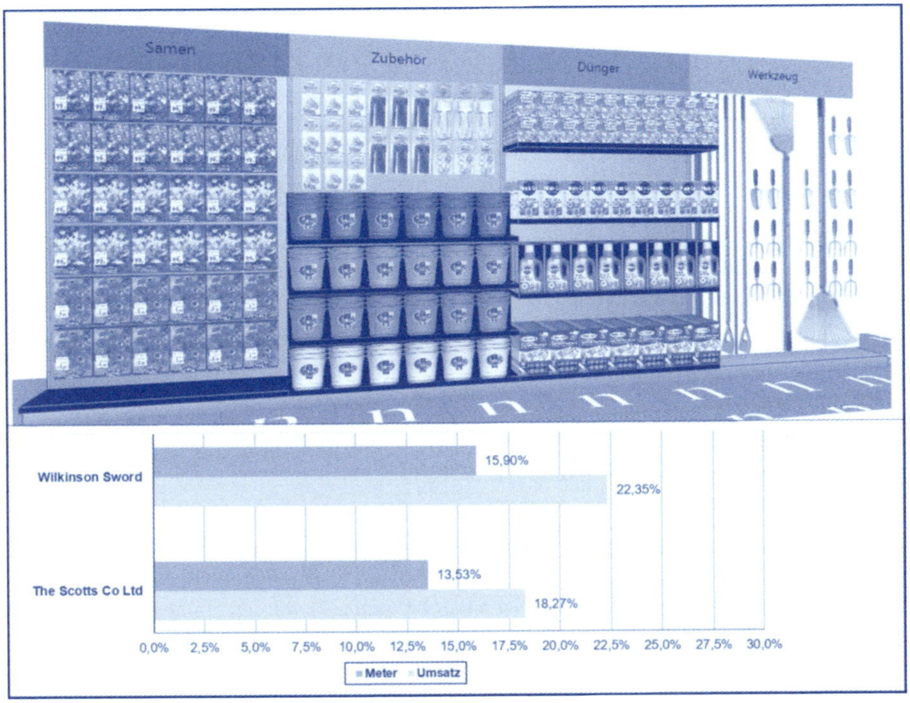

Quelle: A.C. Nielsen Ges.m.b.H 2018.

Zum Space Management i.w.S. zählt auch die qualitative sowie quantitative Flächen- bzw. Raumzuteilung (**Space Utilization**). Dabei geht es um die Anordnung der einzelnen Warengruppen innerhalb des Verkaufsraums (Warenplatzierung) sowie um die Flächenallokation (in qm) (siehe hierzu die Ausführungen in Abschnitt G.III.2. des Vierten Kapitels).

Auch in einem Online-Shop wird – im Sinne der qualitativen „Raumzuteilung" – auf die optimale Anordnung der Warengruppen/Artikel und – im Hinblick auf die quantitative „Raumzuteilung" – auf die Größe der Abbildungen und den Umfang der Beschreibung der Warengruppen/Artikel fokussiert (siehe hierzu auch die Ausführungen in Abschnitt G.IV. des Vierten Kapitels). Hinweise auf die optimale Gestaltung können bspw. das Eye-Tracking, die Analyse des Navigationsverhaltens der Besucher eines Online-Shops oder deren Befragung geben. In jedem Sortiment existieren **Ausstrahlungseffekte** zwischen einzelnen Artikeln oder Warengruppen (sog. **Verbundeffekte**). Für die Messung bzw. die Analyse dieser Verbundeffekte im Sortiment wird insb. der **Kaufverbund** herangezogen (zu den Typen von Verbundeffekten vgl. die Ausführungen in Abschnitt C.III.5 des Vierten Kapitels). Dabei bedient man sich bspw. einer Kundenbefragung oder verschiedener Verfahren zur Analyse der Kassenbons. Um der Frage nachzugehen, welche Artikel ein Verbraucher gemeinsam einkauft, bedarf es einer detaillierten **Warenkorbanalyse**, die im stationären Handel mithilfe von Scanner-Datenkassen durchgeführt wird. Vorrangig geht es dabei um die Ermittlung der sog. Verbundintensitäten, mit deren Hilfe die Stärke der Verbundbeziehungen zwischen einzelnen Sortimentsteilen dargestellt wird. Der Analyse von Verbundeffekten kommt auch im elektronischen Handel eine hohe Bedeutung zu und bildet dort die Grundlage für Produktempfehlungen, indem Besucher der Website eines Online-Händlers (z.B. Amazon) darüber informiert werden, welche Artikel von anderen Kunden – zusätzlich zum gewählten Produkt – noch gekauft wurden. Hierzu werden zunehmend Recommender-Systeme (automatisierte Empfehlungsdienste) eingesetzt, die ausgehend von den angesehenen bzw. gekauften Produkten ähnliche Artikel ausfindig machen und hierzu auf das **Data Mining** und auf Methoden des **Information Retrieval** zurückgreifen, die auf das bisherige Kauf-, Navigations- und Suchverhalten abstellen können (Heinemann 2012, S. 103). Generell können Empfehlungen, die auf den Zusatzkauf von Komplementärprodukten abzielen, durch die also das Cross-Buying-Verhalten intensiviert werden soll, während des Einkaufs oder in der After-Sales-Phase (z.B. mittels E-Mails oder Newsletter) eingesetzt werden. Online können Verbundkäufe aufgrund der Kaufhistorie eines Kunden einfach ermittelt werden, wenn sich Kunden mit ihren Zugangsdaten auf der Website des Online-Shops einloggen.

Für die Verbundanalyse eignen sich insb. die Clusteranalyse bzw. die Berechnung von Ähnlichkeitskoeffizienten. Diese Verbundanalysen liefern u.a. Anhaltspunkte für die folgenden Maßnahmen:

- Listungshinweise für Artikel
- Bedarfsbündelung und Platzierung von Artikeln
- sinnvolle Auswahl von Aktionsartikeln.

Im Rahmen der Analyse der Verbundeffekte im Sortiment stoßen klassische statistische Verfahren auch an Grenzen. Bei Verbundanalysen müssen häufig symmetrische Beziehungen unterstellt werden, weshalb keine Aussagen darüber gemacht werden können, welcher Kauf welche Folgekäufe auslöst (zu den symmetrischen und asymmetrischen Verbundbeziehungen vgl. die Ausführungen in Abschnitt C.III.5. des Vierten Kapitels). In diesem Zusammenhang bieten Multi-Agenten-Systeme auf der Basis Bayes'scher Netze innovative Lösungen. Zudem kann die Assoziationsanalyse genutzt werden, die in Datenbeständen das gemeinsame Auftreten von Artikeln und symmetrische sowie asymmetrische Verbundbeziehungen aufzeigen kann (Barth/Hartmann/Schröder 2015, S. 411). Bei Letzterer werden folgende Kennzahlen genutzt:

- die Relevanz zweier Artikel (der Anteil an Warenkörben, in denen zwei Artikel X und Y enthalten sind) als symmetrisches Verbundmaß
- die Konfidenz X → Y (der Anteil der Warenkörbe, die Artikel X und Artikel Y enthalten, an allen Warenkörben, die zumindest Artikel X enthalten) zum Aufdecken asymmetrischer Verbundbeziehungen
- die Abweichung X → Y (Division der Konfidenz X → Y durch den Anteil des Artikels Y an allen Warenkörben), die aufzeigt, um welchen Faktor der Artikel Y häufiger (Werte > 1) oder seltener (Werte < 1) gekauft wird, wenn gleichzeitig Artikel X bezogen wird.

Standortcontrolling

Angesichts der zunehmenden Wettbewerbsintensität kommt auch dem Standortcontrolling eine hohe Bedeutung zu. Dessen Aufgabe ist es, die Übereinstimmung von Standortanforderungen und Standortbedingungen in regelmäßigen Abständen bzw. anlassbezogen zu überprüfen.[1] Dabei zielt das strategische Standortcontrolling auf die Entwicklung, Realisierung und Kontrolle der Standortstrategien ab. Dies setzt die Ermittlung der Standorterfolgsfaktoren für jede Filiale des Handelsunternehmens voraus. Die so identifizierten Erfolgsfaktoren (z.B. die Verkehrsanbindung) können in weiterer Folge zum Unternehmenserfolg

[1] Zum Standortmanagement vgl. die Ausführungen in Abschnitt B. des Vierten Kapitels.

in Beziehung gesetzt werden, um sicherzustellen, dass die Standorte des Handelsunternehmens weiterhin den Erwartungen der Kunden entsprechen. Hinsichtlich der Erfüllung der Kundenerwartungen ist auch im Rahmen des Standortcontrolling auf die Messung der Kundenzufriedenheit zu verweisen (siehe Abschnitt C.IV.3. dieses Kapitels). Aufgaben des operativen Standortcontrolling sind – auch bei international tätigen Handelsunternehmen – insb. in einer etwaigen Standortvorauswahl einschließlich der Realisierungsplanung und -finanzierung sowie in der laufenden Standortneubewertung zu sehen (Reichmann/Kißler/Baumöl 2017, S. 763f.). Letzteres schließt die Kontrolle der Wirtschaftlichkeit der bestehenden Standorte ein, denn den Standortkosten müssen entsprechende Umsätze gegenüberstehen.

Ist eine Entscheidung für einen neuen Standort zu treffen, können die in Abschnitt B.III. des Vierten Kapitels im Zusammenhang mit der Standortwahl sowie die in Abschnitt C.III.3. des Dritten Kapitels im Zusammenhang mit der Marktselektion angeführten Verfahren, wie die SWOT-Analyse, Checklisten oder Scoring-Verfahren genutzt werden, um einen geeigneten (internationalen) Standort zu bestimmen (Reichmann/Kißler/Baumöl 2017, S. 764ff.). Gleichermaßen eignen sich hierfür auch die in Abschnitt B.III. des Vierten Kapitels schon dargelegten Modelle der Standortplanung und Einkaufsstättenforschung. Für die in Frage kommenden Standorte ist im Anschluss eine Durchführungs- und Finanzierungsplanung vorzunehmen. Bei der Finanzierungsplanung können alternative Standorte mit Verfahren der statischen (Kostenvergleichsrechnung, Rentabilitätsrechnung, Amortisationsrechnung) bzw. dynamischen Investitionsrechnung (Kapitalwertmethode, Annuitätenmethode, interne-Zinssatz-Methode) bewertet werden (Reichmann/Kißler/Baumöl 2017, S. 768). Auf der Basis des Finanzierungs- und Liquiditätsplans ist ein vorläufiges Budget für die mit dem neuen Standort entstehenden Kosten zu erstellen.

Für die laufende Neubewertung der Standorte und die Kontrolle der Wirtschaftlichkeit sind v.a. folgende Kennzahlen von Bedeutung (Becker/Winkelmann 2014, S. 236ff.):

- die anfallenden Kosten, u.a. der Mietzins pro qm
- die Anzahl der Bewohner im Einzugsgebiet und die Kaufkraft je Einwohner
- die Zurechnungsquote, d.h. der prozentuale Anteil der Kaufkraft in Bezug auf das Sortiment oder eine Warengruppe
- der (Einzelhandels-)Umsatz bzw. der (Einzelhandels-)Umsatz pro Einwohner
- die regionale Kaufkraftbindungsquote, d.h. der erzielte Umsatz in Relation zum vorhandenen Marktpotenzial
- der Filialisierungsgrad, d.h. die Anzahl der (Fremd-)Filialen in Relation zur Gesamtzahl der (Fremd-)Filialen
- die Summe der regionalen Verkaufsflächen
- die Flächenproduktivität, d.h. der (Einzelhandels-)Umsatz pro qm Verkaufsfläche
- die Einzelhandelszentralität.

Die **Einzelhandelszentralität** kann zur Bestimmung der Einkaufsattraktivität eines Stadtbezirkes, einer Stadt bzw. Region herangezogen werden und zeigt den jeweiligen Kaufkraftzufluss bzw. Kaufkraftabfluss, also die „Sogwirkung" eines Bezirkes, einer Stadt bzw. einer Region an. Die Berechnung dieser Kennzahl wird wie folgt vorgenommen (Barth/Hartmann/Schröder 2015, S. 137):

$$\text{Zentralität} = \frac{\text{Umsatz am PoS}}{\text{Kaufkraft für den Einzelhandel}} \times 100$$

Liegt die ermittelte Einzelhandelszentralität über 100%, fließt Kaufkraft in den Bezirk die Stadt bzw. die Region. Ein Wert unter 100% zeigt dagegen einen Kaufkraftabfluss an.

Controlling von Be- und Vertriebstypen

Um Controllingobjekte des Handels, wie Be- und/oder Vertriebstypen[1], anhand zweier Merkmale vergleichend zu bewerten und Normstrategien abzuleiten, kann im Rahmen des strategischen Controlling von Be- bzw. Vertriebstypen bzw. beim **strategischen Multi- oder Omnichannel-Controlling** bspw. die **Boston Consulting Group-Matrix** (BCG-Matrix, Vier-Felder-Matrix) oder die **McKinsey-Matrix** (Neun-Felder-Matrix) herangezogen werden.

In Be- und Vertriebstypenportfolios werden die entsprechenden operativen Teilbereiche eines Handelsunternehmens als strategische Geschäftseinheiten betrachtet und es wird versucht, zu bestimmen, welche Entwicklung die SGE langfristig nehmen sollen.

Abbildung 6.44 veranschaulicht ein **Marktattraktivitäts-Wettbewerbsvorteils-Portfolio**, in dem die Marktattraktivität und die relativen Wettbewerbsvorteile (relative Geschäftsfeldstärke) die Dimensionen bilden. Diese Kriterien setzen sich ihrerseits aus mehreren Unterkriterien zusammen. Mögliche Subkriterien für die Marktattraktivität sind: Marktgröße, jährliche Wachstumsrate, Gewinnspanne in der Branche, Wettbewerbsintensität, Energiebedarf, Umwelteinwirkungen und gesellschaftliches/politisch-rechtliches Umfeld. Als Subkriterien für die eigene Wettbewerbsstärke werden u.a. der Marktanteil bzw. dessen Wachstum, die Produktqualität, das Markenimage, das Distributionsnetz oder die Stückkosten herangezogen. Bei einer Anwendung im Handel sind diese Unterkriterien anzupassen oder anders zu gewichten. Aufzunehmen sind z.B. die Wettbewerbsvorteile Standort und Handelsmarken. Anders zu gewichten ist die Rohstoffversorgung, die sich im Handel auf die Bezugssicherheit bezieht (Müller-Hagedorn/Toporowski/Zielke 2012, S. 230).

Abbildung 6.44: Marktattraktivitäts-Wettbewerbsvorteils-Portfolio

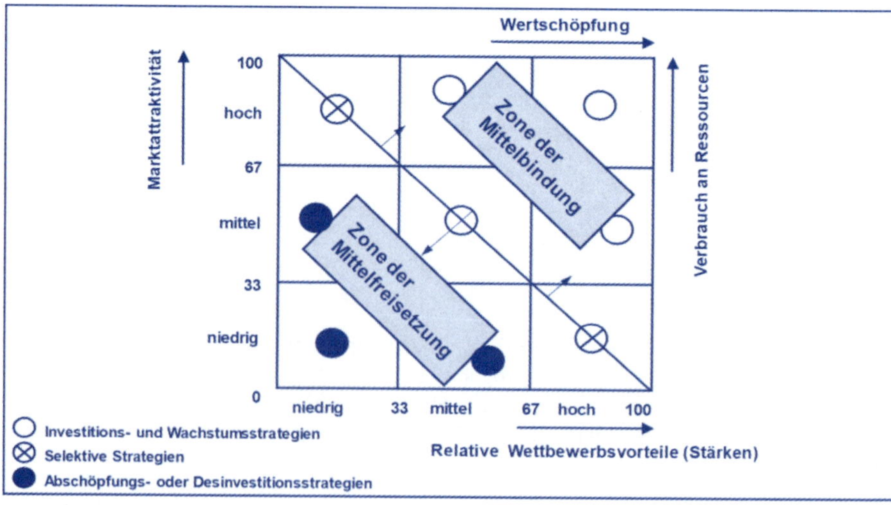

Quelle: Kreikebaum 1997, S. 79.

[1] Zu den Be- und Vertriebstypen vgl. die Ausführungen in Abschnitt C. des Zweiten Kapitels.

Als Normstrategien der Marktattraktivitäts-Wettbewerbsvorteils-Matrix sind für die günstig positionierten Controllingobjekte in der Zone der Mittelbindung Investitions- und Wachstumsstrategien, für die ungünstig positionierten Objekte in der Zone der Mittelfreisetzung Abschöpfungs- oder Desinvestitionsstrategien (z.B. Aufgabe eines Be-/Vertriebstyps) empfehlenswert. Für Objekte, die auf der Diagonale der Matrix positioniert sind, sind selektive Strategien zu verfolgen (Amann/Petzold 2014, S. 88): Bei hoher Marktattraktivität ist eine Offensivstrategie (selektiver Ausbau), bei hohen Wettbewerbsvorteilen eine Defensivstrategie (Verteidigung) und bei mittlerer Marktattraktivität bzw. mäßig ausgeprägten Wettbewerbsvorteilen eine Übergangsstrategie abzuleiten, bei der die weitere unternehmensinterne und -externe Entwicklung abgewartet wird. Die Ableitung von konkreten Strategien ist aber abhängig von den Dimensionen, die für das Portfolio gewählt wurden. Eine beispielhafte Positionierung von Be- und Vertriebstypen in der Marktattraktivitäts-Wettbewerbsvorteils-Matrix veranschaulicht Abb. 6.45. Für Be- und Vertriebstypen können aber auch andere Dimensionen herangezogen werden. Tietz (1988, S. 636) unterscheidet die Dimensionen Preisattraktivität und Sortimentskompetenz. Ein **Ist-und-Ziel-Be- bzw. Vertriebstypenportfolio** zeigt Abb. 6.46. Es bedient sich des Konzeptes der McKinsey-Matrix, um die Ist-Situation eines Unternehmens mit mehreren Be- und/oder Vertriebstypen zu erfassen. Auch bei diesem Ansatz werden die Attraktivität und Wettbewerbsvorteile mithilfe von Einzelfaktoren ermittelt. Statt Normstrategien und konkreten Strategien werden die Zielpositionen der Be- und/oder Vertriebstypen den Ist-Positionen gegenübergestellt und strategische Stoßrichtungen abgeleitet.

Abbildung 6.45: Betriebstypen/Vertriebstypen-Portfolio-Matrix

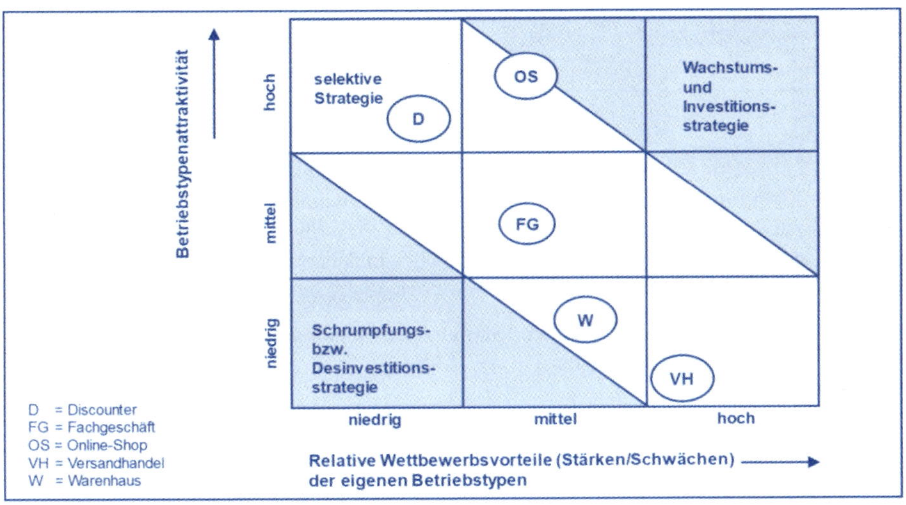

Ein **Ist-und-Ziel-Be- bzw. Vertriebstypenportfolio** zeigt Abb. 6.46. Es bedient sich des Konzeptes der McKinsey-Matrix, um die Ist-Situation eines Unternehmens mit mehreren Be- und/oder Vertriebstypen zu erfassen. Auch bei diesem Ansatz werden die Attraktivität und Wettbewerbsvorteile mithilfe von Einzelfaktoren ermittelt. Statt Normstrategien und konkreten Strategien werden die Zielpositionen der Be- und/oder Vertriebstypen den Ist-Positionen gegenübergestellt und strategische Stoßrichtungen abgeleitet. Insgesamt beziehen sich die Portfolio-Techniken im Handel vornehmlich auf Be- und Vertriebstypen oder Sortimente. Dass die Portfolio-Analyse auf andere Sachverhalte übertragen werden kann, zeigt sich im

Großhandel, in dem sechs verschiedene Portfolios zur Anwendung kommen: Abnehmer-, Lieferanten-, Warengruppen-, Filial-, Dienstleistungs- und Konkurrenz-Portfolio (Müller-Hagedorn/Toporowski/Zielke 2012, S. 232). Beim operativen Multi- oder Omnichannel-Controlling bestehen wesentliche Herausforderungen darin, Daten und KPIs kanalübergreifend zu harmonisieren und kanalübergreifende Ursache-Wirkungsbeziehungen zu steuern, die ein kanalübergreifendes Kennzahlensystem erforderlich machen (Arnim 2016, S. 80f.). Hierfür sind Cluster für Kennzahlen vergleichbarer Sachverhalte zu bilden.

Abbildung 6.46: Ist-und-Ziel-Be- bzw. Vertriebstypen-Portfolio

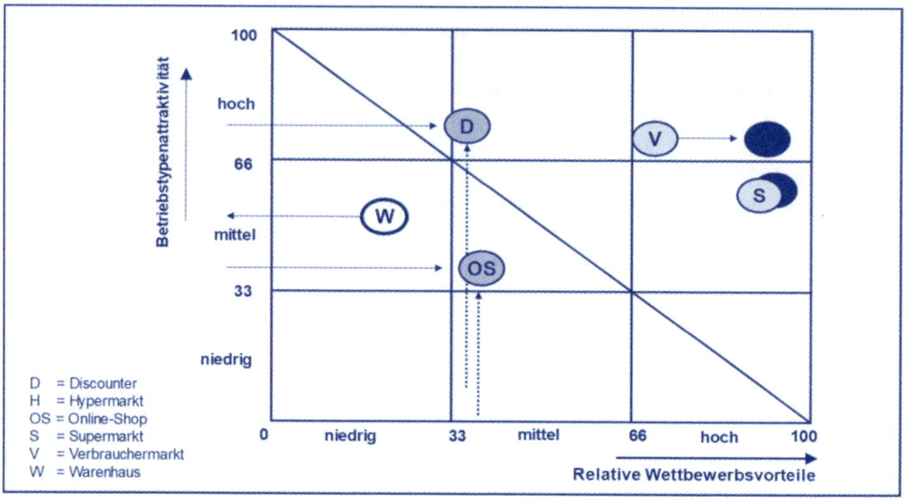

Quelle: i.A.a. Drexel 1981, S. 177.

Online-Controlling

Mögliche KPIs für die Steuerung eines **Online-Shops** wurden in Abschnitt C.IV.7. dieses Kapitels bzw. im Zusammenhang mit den KPIs von Pure Playern in Abschnitt B.III.4. des Dritten Kapitels schon vorweggenommen. Darüber hinaus sind z.B. folgende Kennzahlen von Bedeutung (Heinemann 2012, S. 70; www.estrategy-magazin.de 2012):

- der Vergleich der Zahl von Neukunden und Wiederkäufern
- die Zahl der Neuregistrierungen
- der Neukundenumsatz
- der Verkaufspreis pro Artikel
- die Kosten pro Artikel
- die Kosten pro Bestellung (Cost per Order)
- die Kosten pro Conversion
- die Handelsspanne pro Artikel
- die Anzahl der Bestellungen pro Kunde
- der durchschnittliche Artikelwert pro Kunde
- der Wert der Retouren pro Kunde
- der Wareneinsatz
- die Lagerumschlagshäufigkeit.

Daneben werden auch beim Online-Controlling der CLV eines Kunden sowie traditionelle Controlling-Ansätze (z. B. das Benchmarking oder ein Audit) genutzt. Aufschluss über die

Usability der Website eines Online-Shops und die Einfachheit des Bestellprozesses kann bspw. die Warenkorb-Abbruchrate geben (www.estrategy-magazin.de 2012):

$$\text{Warenkorb-Abbruchrate} = 1 - \frac{\text{Gesamtzahl der Bestellung}}{\text{Gesamtklicks auf Warenkorbbutton}}$$

Um die Gründe für einen Abbruch des Bestell- bzw. Kaufprozesses zu ermitteln, Hinweise auf die Nutzungsmuster und eine mögliche Optimierung der Gestaltung der Website zu erhalten, gehen Unternehmen zunehmend dazu über, die Konversionspfade (Conversion Funnels) der Besucher eines Online-Shops zu analysieren (Heinemann 2012, S. 102). Hinweise auf die Nutzerfreundlichkeit kann bspw. auch die Durchführung eines Eye-Trackings liefern, bei dem bspw. zusätzlich die Mimik beobachtet wird, sodass auf die Emotionen während des Besuchs eines Online-Shops und während der Durchführung der Bestellung geschlossen werden kann (sog. **Customer Experience Tracking**) (Zerres/Tscheulin/Israel 2017, S. 188).

Das **Online-Controlling** geht aber über die Kontrolle und Steuerung eines etwaigen Online-Shops hinaus. Mögliche weitere Controllingobjekte bilden sämtliche Aspekte des Online-Marketing (Zerres/Tscheulin/Israel 2017, S. 176ff.) und damit bspw.:

- die Corporate Website
- die Online-Werbung einschl. der Suchmaschinenwerbung und -optimierung
- soziale Netzwerke.

Unabhängig davon, ob ein Online-Shop betrieben wird, ist die Wirkung der **Corporate Website** eines Handelsunternehmens auf die User laufend zu bewerten. Hierfür sind u.a. die in Abb. 6.47 angeführten Kennzahlen von Bedeutung, die auch mittels Google Analytics erfasst werden können:

Abbildung 6.47: Kennzahlen zum Web-Controlling

Kennzahlen	
▪ Anzahl der Besucher der Web-Site („Unique User") und Entwicklung der Besucherzahlen (auch nach Ländern) ▪ aktive Besucher, d.h. Besucher zum aktuellen Zeitpunkt (auch nach Ländern) ▪ Anzahl der Seitenaufrufe („Page Impressions") ▪ Anzahl neuer Besuch (auch im Vergleich zu wiederkehrenden Besuchern ▪ Zeit, die pro Nutzer auf der Website verbracht wird („Time on Site")	▪ Gesamtzahl der Visits („Site Traffic") ▪ Sitzungsdauer pro Besucher („Session Duration") ▪ durchschnittliche Sitzungsdauer („Average Session Duration") ▪ Absprungrate („Bounce Rate") nach dem Aufrufen einer (bestimmten) Seite ▪ Anzahl der besuchten Seiten pro Besuch (durchschnittliche Seitentiefe, „Page Views per Visit") ▪ Zugriffsquelle der User, d.h., wie gelangen die Besucher auf die Website („Traffic Source")

Dabei kann die Information zur Zugriffsquelle von einem Unternehmen auch zur Kundenakquisition genutzt werden, indem auf den betreffenden Websites Werbe-Banner geschalten werden, die dann auf die Website bzw. den Online-Shop des fokalen Handelsunternehmens verlinken. Für das Controlling von **Online-Werbekampagnen** kann zudem die Anzahl der Klicks eines Users auf eine bestimmte Anzeige, die Kosten der Kampagne, der durchschnittliche Preis, der vom werbenden Unternehmen pro Klick bezahlt wird („Cost per Click"), die Click-Through-Rate (CTR) und damit der Erfolg einer Online-Werbekampagne gemessen werden. Die CTR, für deren Bestimmung die Anzahl der Klicks auf eine Werbeanzeige zur Anzahl der Impressions in Beziehung gesetzt wird, ist ein Indikator dafür, ob die Werbebotschaft Aufmerksamkeit erzeugt hat und für den User relevant ist (Zerres/Tscheulin/Israel

2017, S. 182f.). Sendet ein Handelsunternehmen Newsletter aus, kann die Zahl der Newsletter-Anmeldungen und deren Entwicklung im Zeitablauf interessieren. Im Hinblick auf etwaige Werbe-E-Mails kann die Zahl der geöffneten E-Mails und die Zahl jener Adressaten, die im E-Mail auf einen mitgesandten Link geklickt haben, ermittelt werden.

In Bezug auf das Controlling der **Suchmaschinenoptimierung** (siehe hierzu die Ausführungen in Abschnitt B.IV. des Vierten Kapitels) können der Rang, also die Position, die unter den Resultaten in Suchmaschinen durchschnittlich erzielt wird (Kreutzer 2018, S. 246) und die Page Impressions Rückschluss auf die Effektivität der Suchmaschinenoptimierung und die adäquate Gestaltung der Website geben. Für die **Suchmaschinenwerbung** kommen als Kennzahlen bspw. auch die schon angeführten Cost per Click bzw. die durchschnittlichen Kosten pro angesehenem Video („Cost per View“) in Frage.

Hinsichtlich der **sozialen Netzwerke** interessiert die Anzahl der Follower bzw. Fans, um auf die Bekanntheit des Unternehmens, dessen Image bzw. die Kundenloyalität zu schließen. Zudem können Beiträge der Nutzer/Kunden Hinweise auf das Image eines Unternehmens bzw. das seiner Leistungen oder auf die Kundenzufriedenheit geben. Zudem kann ein etwaiges Verbesserungspotenzial in Bezug auf unterschiedliche Unternehmensprozesse und -leistungen aufgezeigt und latente Kundenbedürfnisse bzw. Trends offenbart werden. Hierzu ist es allerdings erforderlich, dass Handelsunternehmen die Beiträge der User auch inhaltsanalytisch auswerten.

D. Human Resource Management

I. Grundlagen und Bedeutung

Im Vergleich zum Personalmanagement, welches das Personal aus einer instrumentellen Sicht betrachtet, wird im HRM die Rolle der Mitarbeiter als strategischer Erfolgsfaktor betont. Damit wird dem Umstand Rechnung getragen, dass den Mitarbeitern im turbulenten Umfeld eine höhere Bedeutung beigemessen wird. Das HRM lässt sich wie folgt definieren:

> Das Human Resource Management (HRM) ist „darauf ausgerichtet, das für die Umsetzung der Strategie in der entsprechenden Struktur quantitativ und qualitativ erforderliche Personal zu gewinnen, zu erhalten, weiterzuentwickeln und wirtschaftlich einzusetzen“ (Oechsler/Paul 2015, S. 68).

Abbildung 6.48 verdeutlicht die Unterschiede zwischen dem Personalmanagement und dem HRM.

Abbildung 6.48: Unterschiede zwischen dem Personalmanagement und dem HRM

klassisches Personalmanagement	Human Resource Management
▪ nachgelagerte betriebliche Funktion	▪ integrierter Bestandteil der Unternehmensstrategie
▪ kurzfristig-reaktive Ausrichtung	▪ langfristig-proaktive Ausrichtung
▪ pluralistisches Interessenskonzept (Mitarbeiter und Manager verfolgen unterschiedliche Ziele), konfliktorientierte Interessensperspektive	▪ unitaristisches Interessenskonzept (Mitarbeiter und Manager verfolgen das gleiche Ziel), harmonieorientierte Interessensperspektive
▪ Fremdkontrolle	▪ Selbstkontrolle
▪ Faktor „Arbeit“ als Kostenfaktor und deshalb Kostenreduktion als Erfolgskriterium	▪ Faktor „Arbeit“ als Investition und deshalb Intensivierung als Erfolgskriterium
▪ verwaltende Grundhaltung	▪ unternehmerische Grundhaltung

Quelle: i.A.a. Oechsler/Paul 2015, S. 73.

Im Vergleich zum HRM in Industriebetrieben weist das HRM in Handelsunternehmen einige unternehmensinterne und -externe Besonderheiten auf, die sich auf die spezifische Ausgestaltung der Aufgabenfelder des HRM auswirken und die Anforderungen, die an die Mitarbeiter und die Personalführung gestellt werden, beeinflussen. Zu den **unternehmensinternen Rahmenbedingungen** zählen u.a.:

- ein hoher Anteil der Personalkosten an den Gesamtkosten
- das Treffen von unternehmensbezogenen, verkaufskanal- und standortspezifischen Entscheidungen (z.B. in Bezug auf die Personalbedarfsplanung oder die Personalbeschaffung), die es abzustimmen gilt
- die Pragmatik von Entscheidungen aufgrund der Komplexität und Dynamik des Umfelds
- die Qualität der Ausbildung bestehender Mitarbeiter, die qualitative Ausprägung ihrer Antriebsstruktur und ihre Bereitschaft, Verantwortung zu übernehmen
- ein hoher Informationsbedarf und das Erfordernis der ständigen Aus- und Weiterbildung des Personals (z.B. auf Grund der sich ändernden Sortimente)
- eine stark schwankende Kundenfrequenz im stationären Handel, welche die Personaleinsatzplanung erschwert
- Probleme der Messung und Steuerung der Interaktion des Verkaufspersonals – bzw. im Falle eines Online-Shops: der Servicemitarbeiter – mit den Kunden und damit erschwerte Personalbeurteilung, die bspw. Grundlage einer „gerechten" Entlohnung ist
- hohe Anforderungen an die Fähigkeiten und Fertigkeiten der Führungskräfte aufgrund der unternehmensinternen Komplexität und der Komplexität bzw. Dynamik des Umfelds (z.B. beim Supply Chain Management oder bei einem Omnichannel-Händler)
- Erfordernis der Berücksichtigung kultureller Faktoren bei der Umsetzung personalpolitischer Maßnahmen aufgrund der zunehmenden **Internationalisierung** der Geschäftstätigkeit (zur Internationalisierung im Handel vgl. Swoboda/Foscht/Pennemann 2009 bzw. die Ausführungen in Abschnitt D.VI.3. dieses Kapitels).

Hinsichtlich der **unternehmensexternen Rahmenbedingungen** sind das **Makro-** und **Mikro-Umfeld** von Handelsunternehmen näher zu betrachten (siehe Abb. 6.49 sowie Abschnitt D. im Ersten Kapitel), wobei die Faktoren des Makro- und Mikro-Umfelds – wie ebenso im Ersten Kapitel herausgestellt – interdependent.

Abbildung 6.49: Makro- und Mikro-Umfeld des HRM

Makroumfeld		
Politisch-rechtlich	**Sozio-demografisch**	**Technologisch/infrastrukturell**
▪ Gesetzliche Vorschriften zum Arbeitsrecht ▪ Tarifverträge ▪ Ladenschlussgesetze ▪ Vorschriften zur Mitbestimmung ▪ Betriebsvereinbarungen ▪ internationale Rechtsordnungen (europäische Richtlinien, Konventionen der International Labor Organisation)	▪ Konjunktur/Einkommens- und Vermögensstruktur ▪ Arbeitsangebot- und Arbeitsnachfrage ▪ Überalterung der Bevölkerung ▪ wachsende Anzahl von Personen mit Migrationshintergrund ▪ Wertewandel (Individualisierung, Selbstentfaltung, Selbstverwirklichung)	▪ Automatisierung und Digitalisierung ▪ zunehmende Verknüpfung des Online- und Offline-Handels in Multichannel-Handelsunternehmen (z.B. durch Buy & Collect-, Reserve & Collect-Services) ▪ Auflösen von Branchengrenzen ▪ Verkürzung der Innovationszyklen/rascher Sortimentswechsel
Mikroumfeld		
Wettbewerb/Konkurrenten	**Abnehmer**	**Potenzielle Arbeitnehmer**
▪ intensiver Wettbewerb (auch um Fachkräfte) ▪ Effizienz- und Flexibilitätsdruck ▪ Image der Konkurrenten als Arbeitgeber	▪ Multioptionales Konsumentenverhalten (Preis-, Convenience-, Erlebnis-, Bio-/ Ökoorientierung)	▪ generelle Einstellung zu Handelsunternehmen als Arbeitgeber und spezifisches Image des fokalen Handelsunternehmens (Employer Brand-Image)

▪ Vergütungshöhe und -struktur bei Konkurrenten ▪ Arbeitsbedingungen und Arbeitszeitflexibilität bei Konkurrenten	▪ Nutzung neuer Informations- und Kommunikationstechnologien in allen Phasen des Kaufprozesses ▪ besser informierte, kritischere Konsumenten ▪ Wertewandel (z.B. Individualisierung)	▪ Qualität der Ausbildung ▪ Ausmaß der Mobilität ▪ Antriebsstruktur ▪ Wertewandel (z.B. Selbstentfaltung, Selbstverwirklichung)

Hinsichtlich der **politisch-rechtlichen Rahmenbedingungen** sind bei der Ausgestaltung von Arbeitsverträgen und der Gewährleistung der Sicherheit am Arbeitsplatz gesetzliche Vorschriften zum Arbeitsrecht im jeweiligen Land zu berücksichtigen. Darüber hinaus ist bestehenden Tarifvertrags- und Betriebsvereinbarungen, gesetzlichen Vorschriften zur Mitbestimmung und internationalen Rechtsordnungen gerecht zu werden. In Bezug auf die Tarifverträge ist grundsätzlich zwischen Entgelt- und Manteltarifverträgen zu unterscheiden: Während in Ersteren die Höhe des Arbeitsentgeltes festgelegt wird, haben Letztere allgemeine Rahmen- und Arbeitsbedingungen (z. B. Einstellungsprozesse und Kündigungsfristen) zum Inhalt (Oechsler/Paul 2015, S. 94f.). Aufgrund des Fachkräftemangels gehen Unternehmen vermehrt dazu über, Maßnahmen des **Personalmarketing** einzusetzen, um qualifizierte Arbeitskräfte für das eigene Unternehmen zu gewinnen. Zudem werden aus diesem Grund teils übertarifliche Löhne bezahlt. Hinsichtlich der Entlohnung ist aber auch auf die niedrigen Mindestlöhne der Logistikmitarbeiter zu verweisen, denn Zentrallager werden von Handelsunternehmen häufig selbst geführt.

In Bezug auf die **sozio-demografischen Rahmenbedingungen** ist – neben der Überalterung der Bevölkerung, die ebenso zum erwähnten Fachkräftemangel beiträgt – ein Wertewandel zu konstatieren: Postmaterielle Werte, wie Selbstentfaltung oder Selbstverwirklichung, müssen bei der Personalführung und der Mitarbeitermotivation berücksichtigt werden. Ebenso ist im Kontakt mit den Kunden deren Wunsch nach Individualisierung nachzukommen, womit z.B. neue Anforderungen an die Mitarbeiter einhergehen. Dies bspw., wenn Inhalte der Website personalisiert werden. Darüber hinaus wächst der Anteil der Bewerber bzw. Mitarbeiter, aber auch der Abnehmer mit Migrationshintergrund, wodurch das HRM und die Mitarbeiter (bspw. bei der Beratung von Kunden) vor neue Aufgaben gestellt werden. Einen weiteren Aspekt, den es hinsichtlich der sozio-demografischen Rahmenbedingungen zu berücksichtigen gilt, bildet die konjunkturelle Lage eines Landes. Denn diese bestimmt nicht nur die Arbeitsnachfrage, sondern auch das Arbeitsangebot und damit die Zahl möglicher Bewerber. Zudem schlägt sie sich im verfügbaren Einkommen der Abnehmer nieder und kann damit die Convenvience-Orientierung bzw. die Nachfrage nach Services verändern.

Im Hinblick auf die **technologisch/infrastrukturellen Rahmenbedingungen** bewirken bspw. die zunehmende Automatisierung und Digitalisierung, die Verkürzung der Innovationszyklen, ein rascher Sortimentswechsel, die Auflösung von Branchengrenzen bzw. das Führen eines Omnichannel-Handelsunternehmens eine ständige Veränderung der Anforderungen, die an die Mitarbeiter und damit an die Personalführung gestellt werden. Daraus resultiert die Notwendigkeit des „lebenslangen Lernens" und der konsequenten Personalentwicklung, wie der Aus- und Weiterbildung der Führungskräfte.

Aufgrund des intensiven **Wettbewerbs** im Handel, des damit einhergehenden Kostendrucks und angesichts des Umstandes, dass ca. 50% der Gesamtausgaben eines Handelsunternehmens durch Personalkosten verursacht werden (Berman/Evans 2013, S. 320), wird vom HRM gefordert, Maßnahmen effizient umzusetzen. Dem Personal kommt also die kontroverse Rolle eines kritischen Kostenfaktors und eines strategischen Erfolgsfaktors zu. Die Umsetzung eines effizienten HRM und die Realisierung von Kostenvorteilen gestalten sich im Handel jedoch schwierig. Einerseits herrscht – wie bereits ausgeführt – ein Mangel an jungen, qualifizierten Fach- und Führungskräften, weshalb Handelsunternehmen auch unqualifizierte Arbeitskräfte einstellen, um die Personalkosten zu senken und Kostenvorteile zu realisieren. Andererseits werden auf Grund der stark schwankenden Kundenfrequenz im stationären Handel vielfach Teilzeit-Arbeitskräfte eingestellt, die dem Unternehmen gegenüber meist weniger loyal eingestellt sind als Vollzeit-Beschäftigte und deshalb eine höhere Fluktuation unter den Arbeitnehmern bedingen können (Levy/Weitz/Grewal 2014, S. 239). Mitarbeiteraustritte erhöhen dabei nicht nur die Kosten, die im Zuge der Personalrekrutierung entstehen, sondern können sich auch nachteilig auf die Kundenzufriedenheit bzw. Kundenloyalität und den Umsatz auswirken.

In Bezug auf die **Konkurrenten** ist aber auch deren Image als Arbeitgeber relevant, denn dieses beeinflusst die Quantität und Qualität potenzieller Bewerber. Bei der konkreten Ausgestaltung des HRM sind darüber hinaus die Arbeitsbedingungen, die Vergütungshöhe und -struktur der Konkurrenten zu berücksichtigen. Dies bspw. um qualifizierte Fachkräfte für das eigene Unternehmen zu gewinnen oder im Unternehmen zu halten.

Hinsichtlich der **Abnehmer** ist – neben dem erwähnten Wertewandel – deren teils multioptionalem Verhalten bspw. in Beratungsgesprächen Rechnung zu tragen. Zudem bedingt die verbreitete Nutzung des Internet, dass sich die Mitarbeiter besser informierten, kritischeren Abnehmern gegenübersehen. Auch dieser Umstand verdeutlicht die Bedeutung der laufenden Aus- und Weiterbildung.

Im Hinblick auf **potenzielle Arbeitnehmer** ist deren generelle Einstellung zu Handelsunternehmen als Arbeitgeber sowie das spezifische Image eines Handelsunternehmens unter potenziellen Bewerbern (Employer Brand) relevant. Eine mögliche Bewerbung bei einem bestimmten Unternehmen wird aber auch durch das Ausmaß der Mobilität, die Werte und Antriebsstruktur des möglichen Bewerbers beeinflusst. Letztere sind auch für die Ausgestaltung der Personalführung und -motivation relevant. Schließlich ist auf die Qualität der Ausbildung der potenziellen Arbeitnehmer zu verweisen, die aus Unternehmenssicht nicht nur Einfluss darauf nimmt, ob der Bewerber eingestellt wird, sondern in weiterer Folge auch das Ausmaß der erforderlichen Aus- und Weiterbildungsmaßnahmen und damit die Höhe der hierfür anfallenden Kosten determiniert.

Aufgrund der angeführten Rahmenbedingungen lassen sich folgende Anforderungen an das HRM in Handelsunternehmen zusammenfassen bzw. ableiten:

- effiziente Ausgestaltung der Maßnahmen des HRM aufgrund der hohen Personalkosten und des Kostendrucks
- dennoch ständige Aus- und Weiterbildung der Mitarbeiter und Führungskräfte
- Motivation der Mitarbeiter je nach Antriebsstruktur, da das Personal nicht nur einen Kostenfaktor, sondern auch einen strategischen Erfolgsfaktor darstellt und ein Fachkräftemangel besteht
- Setzen von Maßnahmen des Employer Branding, um qualifizierte Arbeitskräfte für das eigene Unternehmen zu gewinnen.

Die Entwicklungslinien des HRM können theoretisch nachvollzogen werden (Oechsler/Paul 2015, S. 15ff. bzw. Abschnitt E. des Ersten Kapitels). Dem **Produktionsfaktor-Ansatz** entsprechend, dem ein mechanistisches Menschenbild zu Grunde lag, wurde die menschliche Arbeit noch als produktiver Faktor angesehen und in ausführende und dispositive Tätigkeiten unterteilt. Da das Verhalten der Träger der ausführenden Tätigkeiten mit dem Produktionsfaktor-Ansatz nur unzureichend beschrieben werden konnte, wurden in weiterer Folge **verhaltenswissenschaftliche Ansätze** entwickelt. Anzuführen ist in diesem Zusammenhang bspw. die Human-Relations-Bewegung, die den Fokus u.a. auf die Grundlagen der Motivation der Mitarbeiter, die Bedingungen für das Entstehen von Arbeitszufriedenheit und den Einfluss der Zufriedenheit auf die Produktivität der Mitarbeiter richtete.

Digitalisierung erfordert neue Kompetenzen und das bei Online-Fachkräftemangel

Insbesondere Arbeitsplätze, die ein geringes Qualifikationsniveau voraussetzen, können aufgrund der zunehmenden Automatisierung bspw. in der Logistik und Administration gefährdet sein. Um den Arbeitsplatz zu sichern, wird die Aus- und Weiterbildung zu einem kritischen Faktor. Dabei erfordert die Digitalisierung und Automatisierung ein neues Wissen zu den eingesetzten Technologien, zu den veränderten bzw. neuen Prozessen, Strategien und Geschäftsmodellen. Die Mitarbeiter müssen deshalb auch Digitalkompetenzen aufweisen. Dazu gehören die digitale Bereitschaft (Know-how, Interesse an Technologien), die Interaktionsbereitschaft und die Bereitschaft zum Wandel (Lernbereitschaft, Veränderungswille). Doch auch Führungskräfte sind gefordert, denn sie müssen bspw. bereit sein, abseits etablierter Hierarchien zu arbeiten und radikale Veränderungen durchzusetzen. Nicht nur im stationären Handel, auch im Online-Handel sehen sich Handelsunternehmen einem Mangel an qualifizierten Fachkräften gegenüber. Um diesem zu begegnen, setzen Unternehmen bspw. vermehrt auf die Zusammenarbeit mit Schulen, die gezielte Rekrutierung von Fachkräften aus dem Ausland, die (interne) Aus- und Weiterbildung (potenzieller) Mitarbeiter, die Einführung bzw. Ausweitung von Maßnahmen zur Vereinbarkeit von Familie und Beruf oder die Stärkung der Mitarbeiterbindung an das eigene Unternehmen.

Quelle: www.einzelhandel.de, 25. Februar 2016; Lebensmittel Zeitung, 21. April 2017, S. 42; www.ehi.org, 25. Juli 2017.

In weiterer Folge kamen auch Ansätze der **Neuen Institutionenökonomik** zur Anwendung, die davon ausgingen, dass die Informationsaufnahme- und die Informationsverarbeitungskapazität der Mitarbeiter beschränkt ist und die Mitarbeiter zudem ein opportunistisches Verhalten an den Tag legen können. Diesen Einschränkungen sollte durch die Ausgestaltung von Arbeitsverträgen begegnet werden, wobei die kostenminimale Gestaltung der vertraglichen Beziehung im Fokus stand (Holtbrügge 2015, S. 34f.). Derzeit sind **Ansätze des (strategischen) HRM** vorherrschend, bei denen die Mitarbeiter eines Unternehmens als strategischer Erfolgsfaktor angesehen werden. Da die Personalstrategie und damit die HRM-Entscheidungen aus den Unternehmenszielen und -strategien abgeleitet werden und die Personalstrategie zudem mit der Organisationsstruktur in Einklang stehen muss, zielen Ansätze des strategischen HRM einerseits auf einen vertikalen Fit ab (Oechsler/Paul 2015, S. 68 bzw. Abschnitt A. dieses Kapitels). Andererseits wird eine Konsistenz von ehemals getrennt optimierten Aufgabenbereichen im HRM (horizontaler Fit) angestrebt und ihr Einfluss auf andere Organisationsbereiche des Unternehmens (bspw. auf das Marketing oder den Vertrieb) betrachtet (Oechsler/Paul 2015, S. 68). Insbesondere aufgrund des Stellenwerts des Kundenkontakts, können die Humanressourcen eines Handelsunternehmens im Offline- und Online-Handel aus Kundensicht einen wahrnehmbaren Mehrwert (sog. added Value) und somit einen Wettbewerbsvorteil begründen, der von der Konkurrenz nicht bzw. nur schwer imitierbar oder substituierbar ist (Levy/Weitz/Grewal 2014, S. 236f.). Entsprechend ist die Bedeutung des HRM für den Erfolg von Handelsunternehmen zum einen in der möglichen Profilierung und Differenzierung durch die konkrete Ausgestaltung der dyadischen Beziehung zu den Kunden zu sehen (siehe hierzu die Ausführungen in Abschnitt H. des Vierten Kapitels). Zum anderen leisten die Mitarbeiter und Manager einen wesentlichen Beitrag zur permanenten Weiterentwicklung eines Handelsunternehmens.

II. Ziele und Entscheidungsoptionen

Die **Unternehmenskultur** wird als Basis des unternehmerischen Erfolgs betrachtet (Scholz

2014, S. 952), denn sie bildet die Grundlage für die Formulierung eines Unternehmensleitbildes, der Unternehmens- und Führungsgrundsätze und beeinflusst dadurch das Verhalten der Führungskräfte und Mitarbeiter und damit die Ausgestaltung des HRM sowie die im HRM verfolgten Zielsetzung. Generell kann der Begriff der Unternehmenskultur wie folgt definiert werden:

> Die Unternehmenskultur ist das implizite Bewusstsein eines Handelsunternehmens, das sich aus dem Verhalten der Unternehmensmitglieder ergibt und im Gegenzug das formelle und informelle Verhalten der Führungskräfte und Mitarbeiter beeinflusst (Scholz 2014, S. 897).

Die Unternehmenskultur übernimmt demnach eine zentrale Steuerungs- bzw. Koordinationsfunktion und bietet den Mitarbeitern eine entsprechende Handlungsorientierung. Sie erfüllt darüber hinaus eine Motivationsfunktion, indem sie durch Sinnstiftung die Leistungsbereitschaft erhöht, eine Identifikationsfunktion, die im Zugehörigkeitsgefühl der Mitarbeiter zum Unternehmen begründet ist, sowie eine Profilierungsfunktion gegenüber Wettbewerbern (Scholz 2014, S. 909). Hinsichtlich der Zielsetzungen des HRM lassen sich **wirtschaftliche** und **soziale Ziele** unterscheiden (Nicolai 2018, S. 4). Das oberste wirtschaftliche Ziel ist es, die am besten qualifizierten Mitarbeiter in der erforderlichen Anzahl, zur rechten Zeit und am richtigen Ort – unter Berücksichtigung des ökonomischen Prinzips – bereitzustellen. Aus diesem Oberziel lassen sich weitere Teilziele ableiten. Diese betreffen u.a.:

- den optimalen Einsatz des Elementarfaktors „menschliche Arbeit"
- die Steuerung der menschlichen Arbeitsleistung
- die Nutzung der Kreativität und Erfahrung der Mitarbeiter im Rahmen ihrer Aufgabenerfüllung.

Die Interessen, Erwartungen und Forderungen der Mitarbeiter finden in den sozialen Zielen ihren Niederschlag, wobei sich wirtschaftliche Ziele nur über die Erfüllung der sozialen Ziele realisieren lassen. Das soziale Hauptziel ist in der Verbesserung der materiellen und immateriellen Verhältnisse der Mitarbeiter zu sehen (Nicolai 2018, S. 4). Daraus lassen sich wiederum Teilziele ableiten, die sich u.a. auf folgende Bereiche beziehen:

- die Arbeitsplatzgestaltung
- die Arbeitszeitregelung
- die Entlohnung
- die Führung
- die Mitarbeiterentwicklung.

Da der Erfolg eines Handelsunternehmens auf Grund des Kundenkontaktes wesentlich von der Leistung der Mitarbeiter abhängen, sieht das HRM die menschliche Arbeit als wichtige und sensitive Ressource an. Das zentrale Ziel des HRM ist deshalb darin zu sehen, die Leistungsbereitschaft und -fähigkeit der Mitarbeiter zu fördern, ihren Handlungsspielraum auszuweiten und das Mitarbeiterpotenzial zur Entfaltung zu bringen. Dieses Ziel kann durch eine motivierende Mitarbeiterführung, eine motivierende Umsetzung der einzelnen Aufgabenfelder des HRM (bspw. in Form motivierender Entlohnungsformen oder durch Maßnahmen der Personalentwicklung) und eine motivierende Gestaltung der Organisation (z.B. dezentrale Organisationsstrukturen) realisiert werden. Darüber hinaus ist gerade der Personalbereich im Hinblick auf die Effizienz zu überprüfen, wobei die **ökonomische** und **soziale Effizienz** in einem ausgewogenen Verhältnis zu berücksichtigen und Aufwendungen für das Personal nicht als Kosten, sondern als Investition in das Humankapital anzusehen sind. Die ökonomische Effizienz bezieht sich in diesem Zusammenhang auf die personalwirtschaftliche Relation zwischen den verursachten Kosten und der erbrachten Leistung, wogegen die soziale Effizienz auf die Erfüllung der Mitarbeiterbedürfnisse und die Berücksichtigung der Mitarbeiterinteressen abstellt. Die durch das Personal verursachten Kosten treten in den Hintergrund, wenn die Mitarbeiter als Quelle der Wertschöpfung eines Handelsunternehmens betrachtet werden. Denn aufgrund des **Wertkettenkonzepts** muss sich ein Unternehmen auf jene Prozesse konzentrieren, die einen Wertschöpfungsbeitrag leisten, den der Kunde honoriert. Entscheidungsoptionen ergeben sich für das HRM somit in Bezug auf sämtliche Aufgabenfelder, die in Abb. 6.50 überblicksmäßig dargestellt sind.

Abbildung 6.50: Aufgabenfelder des Human Resource Managements

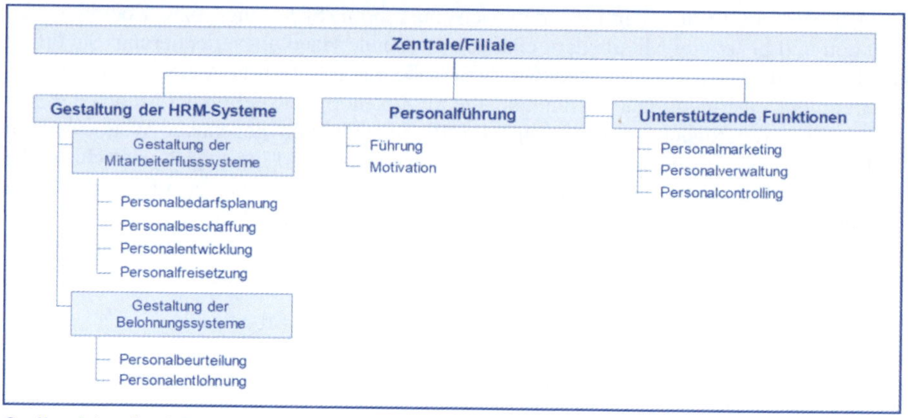

Quelle: i.A.a. Stock-Homburg 2013, S. 17.

Bei Offline-Händlern werden die diverse Aufgabenbereiche nicht nur in einem unterschiedlichen Ausmaß von der Zentrale bzw. den einzelnen Filialen wahrgenommen, auch die Ausgestaltung der Aufgabenbereiche variiert auf Zentral- und Filialebene (siehe Abschnitt B.III. in diesem Kapitel). Mitarbeiterflusssysteme stehen mit Bewegungen von Führungskräften bzw. Mitarbeitern in einem Handelsunternehmen in Zusammenhang. Deshalb sind die entsprechenden Aufgaben des HRM in der **Personalbedarfs- und -einsatzplanung**, der **Personalbeschaffung**, der **Personalentwicklung** sowie in der **Personalfreisetzung** zu sehen. Die Belohnungssysteme fokussieren auf die Ausgestaltung von leistungsbezogenen Anreizen, weshalb die Aufgaben des HRM in diesem Zusammenhang in der **Personalbeurteilung** und **-belohnung** bestehen. Anzumerken bleibt, dass sich die Aufgabe der Personalführung und die Gestaltung der Belohnungssysteme überschneiden, zumal die Komponenten der Personalentlohnung monetäre Anreize und damit Motivationsinstrumente darstellen.

Abbildung 6.51: Entscheidungsoptionen des Human Resource Managements

Bereich	Teilbereiche	Konkrete Aspekte
Gestaltung der HRM-Systeme	Personalbedarfs- und -einsatzplanung	Ermittlung des quantitativen Personalbedarfs, Personaleinsatzplanung
	Personalbeschaffung	interne, externe Personalbeschaffung
	Personalentwicklung	Training on the Job, off the Job, near the Job, into the Job, along the Job, out of the Job
	Personalbeurteilung	Kriterien zur Personalbeurteilung, Verfahren der Leistungsbeurteilung

	Personalentlohnung	Entgeltformen bzw. -komponenten, Strategien der Personalvergütung
	Personalfreisetzung	interne, externe Personalfreisetzung
Personalführung und -motivation	Personalführung	Führungsgrundsätze, Führungsinstrumente, Theoretische Ansätze, Managementtechniken
	Personalmotivation	Extrinsische und intrinsische Motivation, Motivationstheoretische Ansätze
Unterstützender Funktionen	–	Personalmarketing (Employer Branding), Personalverwaltung, Personalcontrolling
Herausforderungen	–	Diversity Management, Health Care Management, Internationales HRM
Marktorientierte Umsetzung	–	Kundenorientierte Unternehmenskultur und kundenorientierte Ausgestaltung der Aufgabenfelder des HRM

Entscheidungsoptionen eröffnen sich für das HRM aber ebenso im Hinblick auf die **Führung** der Mitarbeiter und deren **Motivation** und ergeben sich auch auf Grund neuer Herausforderungen, denen es zu begegnen hat. Deshalb werden im Folgenden die in Abb. 6.51 angeführten Gestaltungsoptionen konkretisiert.

III. Gestaltung der Human-Resource-Management-Systeme

1. Personalbedarfs- und -einsatzplanung

Gegenstand der **Personalbedarfsplanung** ist die Ermittlung des gegenwärtigen und künftigen Personalbedarfs in quantitativer und qualitativer Hinsicht. Dies schließt die Erstellung von Anforderungs- und Qualifikationsprofilen mit ein, wobei die einzelne Stelle das Planungsobjekt bildet. Darüber hinaus ist festzulegen, zu welchem Zeitpunkt und an welchem Ort die Mitarbeiter benötigt werden. Generell stellt die Personalbedarfsplanung die Grundlage für alle weiteren Aufgaben des HRM dar. Sie hat für Handelsunternehmen wegen der stark schwankenden Kapazitätsauslastung eine große Bedeutung und ist an der Unternehmensstrategie bzw. den Geschäftsfeldstrategien auszurichten (Scholz 2014, S. 281; zu den Strategien vgl. die Ausführungen in Abschnitt B. und C. des Dritten Kapitels). Deshalb ist der Personalbedarf auf Grund der Kostenorientierung bei Discountern geringer als bei Vollsortimentern, bei denen die Bedienung und Beratung sowie das Einkaufserlebnis der Kunden von Bedeutung ist. Die Ermittlung des quantitativen Personalbedarfs erfolgt in drei Schritten (siehe Abb. 6.52): Zuerst ist der Bruttopersonalbedarf, der sich aus dem Einsatz- und dem Reservebedarf zusammensetzt, zu berechnet. Dabei steht Ersterer für jenen Bedarf, welcher erforderlich ist, um die anstehenden Aufgaben erfüllen zu können, wogegen durch die Berücksichtigung des Reservebedarfs etwaigen Ausfällen von Mitarbeitern Rechnung getragen wird (Oechsler/Paul 2015, S. 178). In einem nächsten Schritt wird der künftige Personalbestand ermittelt, wobei – neben dem gegenwärtigen Personalbestand – etwaige Zu- und Abgänge zu berücksichtigen sind. Schließlich wird der Nettopersonalbedarf errechnet, indem der Bruttopersonalbedarf und der derzeitige Personalbestand abgeglichen werden (Oechsler/Paul 2015, S. 178f.). Wie Abb. 6.52 zeigt, kann der Nettopersonalbedarf in einen Ersatz- und einen Neubedarf differenziert werden, wobei der Ersatzbedarf durch Personalabgänge verursacht wird und der Neubedarf bspw. aus der Übernahme neuer Aufgaben resultiert. Angesichts der dynamischen Veränderungen im Umfeld, bieten sich für die Personalbedarfsplanung v.a. zukunftsbezogene Verfahren an (Oechsler/Paul 2015, S. 180ff.). Daneben kann bspw. auch auf mathematisch-statische Verfahren, wie die Trendextrapolation, rekurriert werden. Für den Fall, dass der Bruttobedarf kleiner als der künftige Personalbestand ist, resultiert ein Freistellungsbedarf. Abgesehen von möglichen Entlassungen kann – wie Abb. 6.53 andeutet – bspw. die Arbeitszeit der Mitarbeiter reduziert werden. Weitere mögliche Handlungskonsequenzen, die durch die Personalplanung begründet werden können, bilden eine Ausweitung des Personalbestandes, bei dem Mitarbeiter entweder neu eingestellt werden oder eine Aus- und Weiterbildung bestehender Mitarbeiter durchgeführt wird. Schließlich können sich die Anforderungen an das Personal bzw. der quantitative Bruttobedarf und die Qualifikationen des bestehenden Personals bzw. der künftige Personalbedarf auch decken. In diesem Falle wird über die Arbeitsstrukturierung (z.B. Gestaltung des Arbeitsinhaltes, der Arbeitszeit), über das Anreiz- oder Führungskonzept versucht, die Mitarbeiter im Unternehmen zu halten.

Abbildung 6.52: Ermittlung des Personalbedarfs

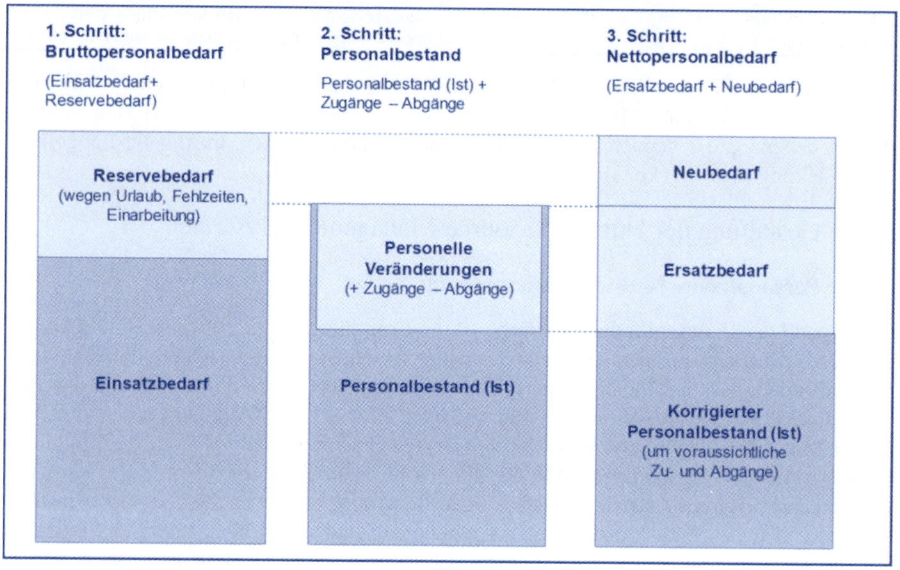

Quelle: i.A.a. Oechsler/Paul 2015, S. 179.

Abbildung 6.53: Erweitertes Gesamtmodell der Personalplanung

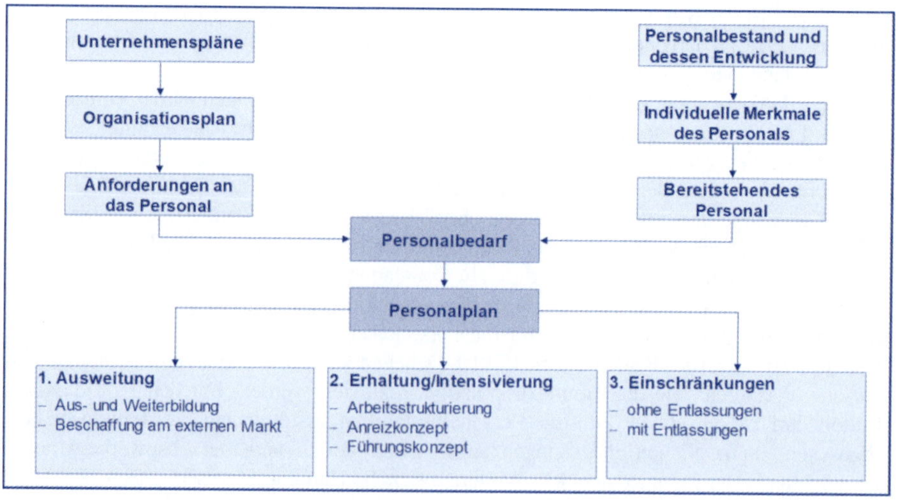

In filialisierten Handelsunternehmen werden Entscheidungen, die mit der Personalbedarfs- bzw. Personaleinsatzplanung des Verkaufspersonals in Zusammenhang stehen, auf Filialebene getroffen, wogegen die Personalbedarfsplanung für Führungskräfte der Zentrale obliegt. Bei Führungskräften wird der quantitative Personalbedarf von den Bereichs- bzw. Unternehmenszielen, der Organisation und der Leitungsspanne beeinflusst (siehe Abschnitt B.III.2 dieses Kapitels). Wird bspw. ein bestimmter Planumsatz zu Grunde gelegt, kann der Personalbedarf der Mitarbeiter wie folgt bestimmt werden (Scholz 2014, S. 309):

$$\text{Personalbedarf Mitarbeiter} = \text{Planumsatz} \times \frac{\text{Zahl d. Mitarbeiter in der Vergangenheit}}{\text{erzielter Umsatz der Vergangenheit}}$$

Ist für diesen Mitarbeiter-Personalbedarf die führungsoptimale Leitungsspanne festgelegt, kann der Personalbedarf für Führungskräfte auf allen Hierarchieebenen bestimmt werden. Dabei ist die führungsoptimale Leitungsspanne, die mit höheren Ebenen der Hierarchie abnimmt, in Abhängigkeit der jeweiligen Einflussgrößen der Leitungskapazität und der aus den Anforderungen der Koordination resultierenden Leitungsbelastung zu ermitteln. Generell wird eine Leitungsspanne von drei bis zehn Mitarbeitern als angemessen betrachtet (Oechsler/Paul 2015, S. 189). Bei der organisationsoptimalen Leitungsspanne werden – neben der Zahl der Mitarbeiter – auch die Gehaltskosten je Führungskraft berücksichtigt (Scholz 2014, S. 315f.). Ein weiterer Ansatz zur Bestimmung des Personalbedarfs ist in der Methode des Analogieschlusses zu sehen, bei welcher der Personalbestand eines vergleichbaren Unternehmens als Richtwert dient (Oechsler/Paul 2015, S. 189). Während die Personalbedarfsplanung längerfristig ausgerichtet ist, wird das benötigte Personal im Rahmen der **Personaleinsatzplanung** für die unmittelbar bevorstehende Planungsperiode bestimmt (Spengler 2011, S. 569). Für die Personaleinsatzplanung können Kennzahlen oder mathematische Optimierungsverfahren genutzt werden (Müller-Hagedorn/Toporowski/Zielke 2012, S. 896ff.). Im ersten Falle können globale oder differenzierte Kennzahlen herangezogen werden. Bei einem Rückgriff auf globale Kennzahlen, ist in einem ersten Schritt ein Produktionskoeffizient zu berechnen. Hierfür wird bspw.

- der in der Vergangenheit erforderliche Personaleinsatz (in Stunden) auf den in der Vergangenheit erzielten Umsatz (in Tsd. EUR) bezogen (Brutto-Stunden-Einsatz oder Netto-Stunden-Einsatz) oder
- der in der Vergangenheit erzielte Umsatz (in Tsd. EUR) auf den in der Vergangenheit erforderlichen Personaleinsatz (in Stunden) bezogen (Brutto-Stunden-Leistung oder Netto-Stunden-Leistung).

Beim Brutto-Stunden-Einsatz bzw. der Brutto-Stunden-Leistung wird die gesamte vom Unternehmen bezahlte Arbeitszeit (inkl. Krankenstandszeiten etc.) zu Grunde gelegt. Dagegen wird der Personaleinsatz beim Netto-Stunden-Einsatz bzw. bei der Netto-Stunden-Leistung um Abwesenheitszeiten und Nebentätigkeiten bereinigt (Müller-Hagedorn/Toporowski/Zielke 2012, S. 897). In einem zweiten Schritt ist der so ermittelte Produktionskoeffizient mit dem prognostizierten Umsatz zu multiplizieren, um den erforderlichen Personaleinsatz zu ermitteln. Anstelle des Umsatzes können aber auch andere Output-Faktoren, wie die Zahl der Kassiervorgänge, die Zahl der an einem Tag beratenen Kunden oder die Anzahl der nachsortierten Artikel, herangezogen werden (Müller-Hagedorn/Toporowski/Zielke 2012, S. 897). Wird auf differenzierte Kennzahlen rekurriert, wird der Personaleinsatz stärker ausdifferenziert und der Zeitaufwand für einzelne Tätigkeiten berechnet, wobei die Arbeit mit Kundenkontakt (in Stunden gemessen) in die Berechnung des Netto-Stunden-Einsatzes eingeht (Müller-Hagedorn/Toporowski/Zielke 2012, S. 897). Aufgrund der zunehmenden Automatisierung und Digitalisierung wird auch der Personaleinsatzplan softwaregestützt erstellt. Dabei wird eine gerechte, kostenoptimierte Planung angestrebt, die neben gesetzlichen Regelungen (z.B. Ruhezeiten, Ruhetage), die Ist-Situation im Unternehmen (z.B. Stundenleistungen, Umsatz, Käuferquote, Zusatzverkäufe), Unternehmensziele (z.B. Umsatz, Produktivität, Anteil der Personal- an den Gesamtkosten) und Mitarbeiterziele (z.B. Umsatz, Umsatz pro Stunde) sowie die Gerechtigkeit der Einsätze im Vergleich zu anderen Mitarbeitern (z.B. Anzahl und Verteilung der freien Tage) berücksichtigt.

2. Personalbeschaffung

Die Bereitstellung der für das Unternehmen erforderlichen Arbeitskräfte in qualitativer und quantitativer Hinsicht wird als **Personalbeschaffung** bezeichnet. Diesbezüglich ist zwischen externen und internen Beschaffungswegen zu differenzieren. Maßnahmen der **internen Personalbeschaffung** lassen sich weiter danach ausdifferenzieren, ob sie mit einer dauerhaften Änderung des Beschäftigungsverhältnisses einhergehen oder nicht (Berthel/Becker 2017, S. 331). Zur ersten Gruppe zählen horizontale oder vertikale Versetzungen, die Übernahme von Auszubildenden oder die Umwandlung von Teilzeit- in Vollzeitarbeitsverträge. Während einem Mitarbeiter bei einer horizontalen Versetzung ein neuer Aufgabenbereich auf der gleichen Hierarchiestufe zugewiesen wird, bedingt die vertikale Versetzung die Übernahme eines neuen Aufgabenbereichs auf einer über- oder untergeordneten Hierarchiestufe. Im Handel werden vertikale Versetzungen v.a. zur Besetzung von Führungspositionen auf Filialebene genutzt. Zu den Maßnahmen der internen Personalbeschaffung, bei denen keine Änderung des Beschäftigungsverhältnisses resultiert, ist bspw. die Mehrarbeit (Überstunden, Sonderschichten) zu zählen, die sich auch zur Deckung eines kurzfristigen Personalbedarfs und damit zum Ausgleich von Spitzen in den Kundenströmen eignet. Darüber hinaus sind Urlaubsverschiebungen, das Job Enlargement und Job Enrichment anzuführen. Während beim Job Enlargement zusätzliche, qualitativ gleichwertige Aufgaben übernommen werden, wird eine Stelle beim Job Enrichment qualitativ aufgewertet, indem bspw. mehr Verantwortung übernommen wird (Berthel/Becker 2017, S. 555f.).

Personalsuche 4.0 – Digitales Headhunting

Unternehmen können das Headhunting gegen eine Gebühr von 1.990 EUR über das Portal JobTender24 auch digital betreiben und so aus einem größeren vorgefilterten Kandidatenpool schöpfen und die Besetzung schwieriger Positionen beschleunigen. Anstatt wie üblich einen oder mehrere Personalberater individuell zu beauftragen, kann einmalig ein Kurzbriefing in das System eingegeben werden. Dabei bleibt das suchende Unternehmen zunächst anonym, gibt aber Daten wie die zu besetzende Position, die Branche, Region und das Zielgehalt an. Zudem kann der Auftraggeber festlegen, welche Provision er dem Headhunter zahlen möchte. Wird der Auftrag frei geschaltet, können die Headhunter entscheiden, ob sie passende Kandidaten vorschlagen. Sie bewerben sich für den Auftrag und erhalten dann vom JobTender24-Team ein ausführliches Briefing. Die Unternehmen können die vorgeschlagenen Profile der Kandidaten direkt in dem cloudbasierten System ansehen und verwalten (z.B. Kandidaten ablehnen oder einen Gesprächstermin vereinbaren), ohne mit den Headhuntern in Kontakt zu treten. Derzeit stehen auf der Plattform ca. 6.000 Headhunter aus 20 Ländern zur Verfügung. Zu den etwa 1.000 Unternehmen, die sich mit Suchaufträgen bei dem Portal registriert haben, gehören bspw. Lidl Italia oder Zalando. Die Erfolgsquote liegt bei ca. 90 Prozent, wobei erste Vorschläge für potenziell geeignete Kandidaten meist nach zwei Wochen vorliegen und vakante Positionen nach drei bis vier Monaten erfolgreich besetzt werden können.

Quelle: www.lebensmittelzeitung.net, 17. November 2017.

Bei der **externen Personalbeschaffung** werden neue Arbeitsverträge abgeschlossen oder es wird ein Personalleasing betrieben. Dabei wird von Handelsunternehmen zum Ausgleich von Bedarfsspitzen auch auf Teilzeit- und Aushilfsarbeitskräfte sowie geringfügig Beschäftigte zurückgegriffen. Instrumente der externen Personalbeschaffung sind u.a. Stellenanzeigen, das Personal-Leasing oder das College- bzw. Campus-Recruiting. Auf Grund der verbreiteten Nutzung neuer Informations- und Kommunikationstechnologien kommt dem sog. **E-Recruiting** einschließlich des **Social Media Recruiting** eine steigende Bedeutung zu: Handelsunternehmen können in Internet-Jobbörsen nach potenziellen Mitarbeitern suchen oder auf ihren Websites bzw. in sozialen Netzwerken Stellen ausschreiben. Alternativ können Arbeitssuchende bspw. ihren Lebenslauf, ihre Stärken und Präferenzen auf Social Media-Plattformen, wie XING oder LinkedIn, zugänglich machen. Bevor jedoch die geeigneten Kommunikationskanäle und -inhalte ausgewählt werden können, ist eine Analyse von Anforderungsprofilen erforderlich. Dabei werden die Kompetenzen festgelegt, über die ein potenzieller Bewerber verfügen muss. Auf Mitarbeiterebene sind auch im Handel folgende Kriterien relevant (Homburg/Schäfer/Schneider 2012, S. 118, S. 218ff.; Nicolai 2018, S. 346f.):

- Fachkenntnisse (Markt-, Produkt- und Kundenkenntnisse)
- Schlüsselqualifikationen, wie Lernbereitschaft und -fähigkeit, Kreativität, Beratungs- und Problemlösungsfähigkeit, die berufs-, fach- und funktionsübergreifend gefordert werden
- spezielle Persönlichkeitsmerkmale, wie Kontaktfreudigkeit, Optimismus, Selbstwertgefühl, Belastbarkeit, Geduld, Vertrauenswürdigkeit, Einfühlungsvermögen (Empathie) und Menschenkenntnis
- soziale Kompetenz, wie Kommunikations- und Wahrnehmungsfähigkeit, Freundlichkeit, Teamfähigkeit und Flexibilität im Umgang mit Kunden bzw. deren Bedürfnissen
- unternehmerisches Denken und Handeln sowie Organisationsfähigkeit
- Fähigkeit, potenzielle Kunden zu Kaufentscheidungen zu motivieren
- sprachliche Gewandtheit und interkulturelle Kompetenz
- professionelles Auftreten.

In diesem Zusammenhang bestätigten auch empirische Studien, dass das Auftreten, die Kompetenzen des Verkaufspersonals bzw. Persönlichkeitseigenschaften der Mitarbeiter am PoS das Konsumentenverhalten oder das Ausmaß der Kundenzufriedenheit beeinflussen können (Yan/Yurchisin/Watchravesrinkan 2011; Wang u.a. 2017). Bei Führungskräften sind zudem nachstehende Kompetenzen von Bedeutung (Macharzina/Wolf 2018, S. 644ff.):

- Führungskompetenz, wie bspw. Coaching-Kompetenz, also die Fähigkeit, andere darin zu unterstützen, selbstorganisiert handeln zu können
- Fähigkeit, Vertrauen zu vermitteln
- konzeptionelle Fähigkeiten, d. h. das Vermögen, eine übergeordnete Gesamtsicht zu entwickeln und Handlungen abzuleiten
- analytische Fähigkeiten
- Fähigkeit, klare Zielvorgaben zu formulieren
- Durchsetzungsvermögen, Konsequenz
- Motivationsfähigkeit
- Transferfähigkeit
- Kreativität.

Im Zuge der Personalbeschaffung werden darüber hinaus Bewerbungsunterlagen analysiert, geeignete Bewerber ausgewählt und Arbeitsverträge abgeschlossen. Grundsätzlich lassen sich folgende Instrumente der **Personalauswahl** unterscheiden (Oechsler/Paul 2015, S. 225):

- biografieorientierte Verfahren, wie Lebenslaufanalse, Analyse von Zeugnissen, bei denen vergangene Leistungen als Indikatoren für den künftigen Berufserfolg betrachtet werden
- testorientierte Verfahren, wie Leistungs-, Persönlichkeitstests, bei denen das aktuelle Verhalten bzw. aktuelle Leistungen die Indikatoren für den künftigen Berufserfolg bilden
- simulationsorientierte Verfahren, wie Gruppendiskussionen, Präsentationen, bei denen Bewerber künftige Arbeitsaufgaben lösen sollen
- Auswahlgespräch, das Aspekte der biografie-, test- und/oder simulationsorientierten Verfahren beinhalten kann.

Angesichts der zunehmenden Nutzung sozialer Netzwerke, setzen sich Unternehmen auch vermehrt mit etwaigen Postings oder Tweets ihrer Bewerber auseinander, um zusätzliche Informationen über die jeweilige Person zu erhalten. Generell kommt der Personalbeschaffung auf Grund der Langfristigkeit der getroffenen Entscheidungen und des Risikos, das mit einer Fehlbesetzung verbunden ist, eine große Bedeutung zu.

3. Personalentwicklung

Vor dem Hintergrund der angeführten Dynamik im Handel und der Bedeutung der Entfaltung der Mitarbeiterpotenziale für den Unternehmenserfolg kommt der **Personalentwicklung** im Handel eine große Bedeutung zu. Wird ein weites Begriffsverständnis zu Grunde gelegt, kann folgende Definition vorgenommen werden:

> Die Personalentwicklung umfasst sämtliche „Maßnahmen zur Vermittlung von Qualifikationen, welche die aktuellen und zukünftigen Leistungen von Führungskräften und Mitarbeitern steigern (Bildung)“ oder „die berufliche Entwicklung von Führungskräften und Mitarbeitern unterstützen (Förderung)“ (Stock-Homburg 2013, S. 205).

Demnach bezieht sich die Personalentwicklung auf die Aus- und Weiterbildung, die Karriereplanung und das Nachfolgemanagement. Die Aus- und Weiterbildung selbst kann am Arbeitsplatz („**Training on the Job**“) oder in unternehmenseigenen Bildungszentren bzw. externen Bildungsinstitutionen („**Training off the Job**“) erfolgen. Weiterhin besteht die Möglichkeit, Maßnahmen der Aus- und Weiterbildung in räumlicher, zeitlicher und inhaltlicher Nähe zum Arbeitsplatz durchzuführen, die von der konkreten Arbeitstätigkeit abgekoppelt sind („**Training near the Job**“). Ein Beispiel hierfür bildet das sog. **Action Learning**, bei dem Mitarbeiter neue Kenntnisse erwerben, indem reale Problemstellungen des Unternehmens bearbeitet werden (Oechsler/Paul 2015, S. 453). Wird im Hinblick auf die Maßnahmen der Aus- bzw. Weiterbildung auf den „Lebenszyklus“ der Mitarbeiter abgestellt, können sie darauf gerichtet sein, einen Mitarbeiter bspw. im Rahmen eines Trainee-Programmes auf den Erwerb berufs- und tätigkeitsspezifischer Qualifikationen vorzubereiten („**Training into the Job**“). Darüber hinaus können sie berufsbegleitend durchgeführt werden („**Training along the Job**“) und damit der Laufbahn- oder Nachfolgeplanung dienen oder als Vorbereitung auf einen in- oder externen Arbeitsplatzwechsel bzw. auf den Ruhestand angedacht sein („**Training out of the Job**“). Die Basis für etwaige Maßnahmen der Aus- und Weiterbildung, wie Seminare, die bspw. auch für die Weiterbildung von Führungskräften in Frage kommen, stellt eine Erhebung des betrieblichen und individuellen Entwicklungsbedarfs dar, der in Bezug auf das Verkaufspersonal auf Filialebene bestimmt wird und bei Führungskräften auf der Ebene der Zentrale festgelegt wird. Da das Verkaufspersonal sowie die Filialleiter bei einem filialisierten Handelsunternehmen für etwaige Aus- und Weiterbildungsmaßnahmen ggf. von unterschiedlichen Standorten zusammengezogen werden müssen, bieten sich in diesem Falle insb. das **E-Learning** oder das **Blended-Learning** als Personalentwicklungsmaßnahme an.

Für Führungskräfte ist im Zusammenhang mit der Personalentwicklung bei international tätigen Handelsunternehmen auch auf einen möglichen Auslandseinsatz (sog. Expatriate Management) zu verweisen, wobei sich – je nach Dauer der Entsendung – Dienstreisen, Abordnungen/Delegationen und Versetzungen unterscheiden lassen (Oechsler/Paul 2015, S. 465f.). Bei Abordnungen/Delegationen und Versetzungen kann die Identifikation mit der Auslandsniederlassung und das Commitment gegenüber dieser Niederlassung die Wiedereingliederung erschweren. Weniger problembehaftet kann eine Wiedereingliederung ablaufen, wenn ein sog. **Duales Commitment** ausgebildet wird – ein Commitment also mit der Niederlassung im Heimat- und Gastland ausgebildet wird (zum Dualen Commitment vgl. z.B. Nguyen/Felfe/Fooken 2015). Letztlich ist es Aufgabe der Personalentwicklung, die Mitarbeiter und Führungskräfte zu befähigen, ihre Aufgaben selbstständig zu verrichten. Deshalb muss das Ziel der Aus- und Weiterbildungsmaßnahmen darin bestehen, etwaige Diskrepanzen zwischen den Fähigkeiten und den Anforderungen durch die Vermittlung entsprechender Kenntnisse abzubauen. Dies trifft auch auf neue Anforderungen zu, die aufgrund der Digitalisierung bzw. des Führens eines Online-Shops zu erfüllen sind und mittlerweile auch verstärkt bei der Ausbildung berücksichtigt werden (Heinemann 2017, S. 76). Auf die Übereinstimmung von Mitarbeiterqualifikationen und Stellenanforderungen fokussiert auch das **Talent Management**, das spezifische Elemente der Personalentwicklung umfasst. Je nachdem, womit der Begriff „Talent“ assoziiert wird bzw. je nach Schwerpunktsetzung im Talent Management-Prozess kann es

- auf die gesamte bestehende Belegschaft gerichtet und auf Gleichheit bedacht sein,
- auf eine oder wenige Hierarchieebenen und damit auf Führungskräfte beschränkt sein,
- auf die Gewinnung von Talenten ausgerichtet sein, die bspw. im Rahmen eines Assessment Centers ausgewählt werden oder
- auf Schlüsselpositionen eines Unternehmens fokussieren, für deren Ausübung spezifische Qualifikationsanforderung gegeben sind (Ritz/Sinelli 2018, S. 10ff.).

Grundsätzlich lässt sich das Talent Management aber wie folgt definieren:

> Das Talent Management steht für jene Konzepte und Maßnahmen, die sich mit der Gewinnung, Beurteilung, Erhaltung und Entwicklung von gegenwärtigen oder künftigen Mitarbeitern auseinandersetzen, „die aufgrund ihrer vergleichsweise knappen, stark nachgefragten und für die Organisation zentralen Schlüsselkompetenzen als Talente bezeichnet werden“ (Ritz/Sinelli 2018, S. 14).

Die Personalentwicklung kann aber auch eine Grundlage der Selbstentwicklung jedes Unternehmensmitgliedes bilden, die ihrerseits eine Voraussetzung für die **Selbstorganisation** darstellt. Zudem kann die Fähigkeit zur Selbstbeobachtung, Selbstbeschreibung und Selbsterkenntnis u.a. durch Maßnahmen der Personalentwicklung ausgebaut werden. Damit die Personalentwicklung zum gewünschten Erfolg führt, muss sie systematisch betrieben werden und darf sich nicht auf Einzelmaßnahmen beschränken. Große Unternehmen gehen deshalb auch dazu über, **Corporate Universities**, also unternehmenseigene Akademien, zu gründen, in denen sämtliche Aus- und Weiterbildungsmaßnahmen durchgeführt werden. Im Anschluss an die Aus- und Weiterbildungsmaßnahmen sind die individuellen Fortschritte jedes Mitarbeiters zu bewerten, um bspw. Karrierepläne auszuarbeiten. Zudem sind die Maßnahmen der Personalentwicklung im Rahmen des **Bildungscontrolling** zu evaluieren (siehe Abschnitt D.V. dieses Kapitels).

Spar-Akademie Wien: Bildung – Praxis – Perspektiven unter einem Dach

Um im zunehmenden Wettbewerb des Einzelhandels dauerhaft erfolgreich zu sein, spielt u.a. auch die langfristige „Qualitätssicherung“ in Bezug auf das Personal eine wichtige Rolle. Dementsprechend bildet Spar seine Auszubildenden zum einen in öffentlichen Berufsschulen mit eigenen Spar-Klassen und zum anderen in der 2017 neu gestalteten Spar-Akademie Wien aus. Diese Akademie ist eine private, staatlich anerkannte Berufsschule mit Öffentlichkeitsrecht, in der rund 300 Schüler aus 34 verschiedenen Nationen und Volksgruppen eine umfassende, praxisnahe Ausbildung erhalten. Auf 1.800 qm werden Kocharbeitsplätze, Bildungs- und Praxisräume zur Verfügung gestellt. Um den Spar-Lehrlingen ein detailliertes Fachwissen zu vermitteln, werden von den 18 Lehrenden auch neue Lehr- und Lernmethoden angewandt.

Neben branchenspezifischen Inhalten, stellen aber auch persönlichkeitsbildende Themen, wie Kommunikation, Gesundheit, Teamfähigkeit oder interkulturelle Kompetenz, einen fixen Bestandteil im Lehrplan dar. Zudem erhalten die Auszubildenden die Möglichkeit, sich ein überfachliches Wissen durch zusätzliche Lehrangebote oder Workshops anzueignen.

Abbildung 6.54: Ausbildung in der Spar-Akademie

Quelle: www.spar.at, 1. Dezember 2017.

4. Personalbeurteilung

Gegenstand der **Personalbeurteilung** ist eine Bewertung des Leistungsergebnisses, des Arbeits- und Sozialverhaltens sowie des Potenzials eines Mitarbeiters mit geeigneten Methoden und auf der Basis einheitlicher Kriterien. Bei der Beurteilung von Führungskräften wird darüber hinaus das Führungsverhalten einer Bewertung unterzogen. Generell lassen sich die Kriterien zur Beurteilung von Führungskräften und Mitarbeitern nach unterschiedlichen Gesichtspunkten systematisieren. Einen Überblick hierzu gibt Abb. 6.55.

Nach dem zeitlichen Horizont können die Beurteilungskriterien in vergangenheits- und zukunftsorientierte Kriterien differenziert werden, wobei sich Letztere auf das Potenzial des Mitarbeiters oder jenes der Führungskraft beziehen. Der Grad der Quantifizierung betrifft die Unterscheidung in quantitative Kriterien (z.B. Umsatz des Mitarbeiters bzw. Umsatz am PoS) und qualitative Kriterien (z.B. die Zufriedenheit mit der Leistung des Mitarbeiters oder die Zufriedenheit mit dem Kommunikationsverhalten der Führungskraft). Nach den Bezugsgrößen systematisiert, kann die Beurteilung einerseits durch einen Vergleich der aktuellen und bisherigen Leistung des Beurteilten vorgenommen werden. Andererseits können aber auch die aktuellen Leistungen anderer Mitarbeiter bzw. anderer Führungskräfte oder Ziele herangezogen werden, um die Leistung des Beurteilten zu bewerten. Schließlich lassen sich Beurteilungskriterien auch nach dem Bezugsobjekt unterscheiden, wobei Mitarbeiter entweder einzeln bewertet werden oder eine Gruppenbeurteilung vorgenommen wird. Letztere eignet sich dann, wenn mehrere Personen an einer gemeinsamen Aufgabenstellung arbeiten (Stock-Homburg 2013, S. 391).

Abbildung 6.55: Systematisierung von Kriterien zur Personalbeurteilung

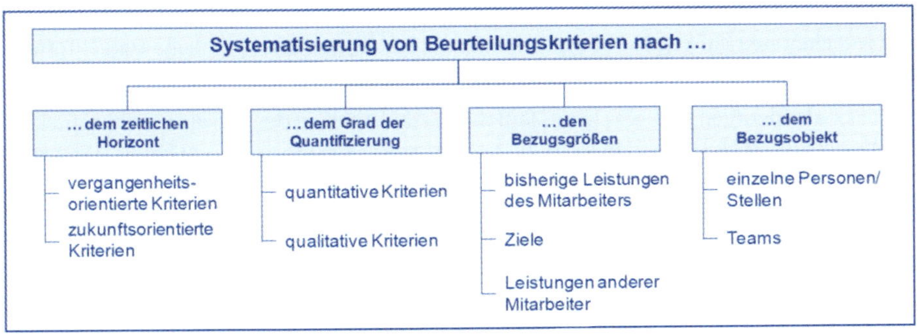

Quelle: i.A.a. Stock-Homburg 2013, S. 379.

Die Personalbeurteilung bildet die Grundlage für zahlreiche weitere Maßnahmen des HRM. Hierzu zählen u.a. die Förderung und Entwicklung der Mitarbeiter, der Einsatz der Mitarbeiter nach dem Prinzip „die richtige Person am richtigen Arbeitsplatz", die gerechte und angemessene Entgeltermittlung, die Beförderung der Mitarbeiter oder die Erstellung des Arbeitszeugnisses. Auf Mitarbeiterebene können zur Leistungsbeurteilung **freie** und **gebundene Verfahren** herangezogen werden, wobei bei Ersteren das leistungswirksame Verhalten der Mitarbeiter durch freie Eindrucksschilderung beurteilt wird (Oechsler/Paul 2015, S. 385). Gebundene Verfahren zeichnen sich durch eine bessere Vergleichbarkeit der Ergebnisse aus und lassen sich weiter in Einstufungs- und Kennzeichnungsverfahren differenzieren. Im Falle von **Kennzeichnungsverfahren** werden dem Vorgesetzten, der die Beurteilung vornimmt, arbeitsrelevante Beschreibungen vorgelegt, bei denen er entscheiden muss, ob bzw. inwieweit die Aussagen auf den jeweiligen Mitarbeiter zutreffen (z.B. „Hat er/sie ein besonderes Interesse an der Arbeit gezeigt?", „Werden die Anweisungen der Führungskraft befolgt?") (Oechlser/Paul 2015, S. 392f.). Im Falle von **Einstufungsverfahren** können folgende Formen zum Einsatz kommen (Oechsler/Paul 2015, S. 386ff.):

- verhaltensorientierte Einstufungsverfahren
  - Verhaltenserwartungsskalen (Behavioral Expectation Scales, BES), bei denen aus den Beschreibungen von tätigkeitsrelevanten Verhaltensweisen mit positiver, negativer oder neutraler Ausprägung die passende auszuwählen ist
  - Verhaltensbeobachtungsskalen (Behavioral Observation Scales, BOS), bei denen Beschreibungen von Leistungsdimensionen (z.B. „Bereitet sich auf Besprechungen vor") in Form von Rating-Skalen zu beantworten sind
- eigenschaftsorientierte Einstufungsverfahren, bei denen die Erfüllung von leistungsbezogenen Kriterien (z.B. Effizienz, Qualität der Arbeit, Flexibilität) meist mit einem Schulnotensystem beurteilt wird

- ergebnisorientierte Einstufungsverfahren, die in das Management by Objectives (siehe hierzu die Ausführungen in Abschnitt D.IV.1. dieses Kapitels) eingebunden werden können und bei denen die Erfüllung qualitativer und quantitativer Leistungskriterien und damit des Arbeitsoutputs bewertet wird.

5. Personalentlohnung

Die Höhe der **Personalentlohnung** beeinflusst einerseits die Personal- und damit die Gesamtkosten eines Unternehmens. Andererseits wirkt sich die Höhe der Vergütung und die vom Mitarbeiter subjektiv wahrgenommene Gerechtigkeit der Entlohnung auf die Motivation (Kunz/Quitmann 2011, S. 63ff.; Stringer/Didham/Theivananthampillai 2011, S. 170ff.), die Zufriedenheit und auf das Leistungsverhalten der Mitarbeiter aus. Mögliche Entgeltformen bzw. -komponenten sind (Oechsler/Paul 2015, S. 368f., S. 396ff.; S. 404ff.):

- das **Grundentgelt**, das bei einem Zeitlohn in Abhängigkeit der Arbeitszeit ohne direkten Bezug zur erbrachten Arbeitsleistung und bei einem Qualifikationsentgelt in Abhängigkeit von der Qualifikation des Mitarbeiters gewährt wird
- das **Leistungsentgelt**, das
  - sich beim Prämienlohn aus einem Grundlohn und einer Prämie für quantitative oder qualitative Mehrleistungen zusammensetzt und z.B. für Einsparungen (Kostensenkungen, Produktivitätssteigerungen) oder eine bessere Qualität der Arbeitsleistung gewährt wird
  - beim Pensumlohn aufgrund eines höheren Arbeitspensums für einen vertraglich vereinbarten Zeitraum ausbezahlt wird
- die **Erfolgsbeteiligung** (Umsatz-, Nettoertrags-, Wertschöpfungs-), **Gewinnbeteiligung** (Bilanzgewinn-, Ausschüttungs-, Substanzgewinnbeteiligung) oder **Leistungsbeteiligung** (Produktivitäts-, Kostenersparnis- und Produktionsbeteiligung, wobei Letztere ggf. bei einer Eigenproduktion der Handelsmarkenprodukte genutzt werden könnte)
- die **Kapitalbeteiligung**, die aber v.a. für Führungskräfte genutzt wird, um sie am Erfolg des Unternehmens partizipieren zu lassen
- **Sozial- und Zusatzleistungen** i.e.S. (z.B. Fahrtkostenzuschüsse, verbilligtes Kantinenessen), Sozial- und Zusatzleistungen im üblichen Sinne (z.B. tariflich vereinbartes Urlaubs- und Weihnachtsgeld) bzw. Sozial- und Zusatzleistungen i.w.S. (z. B. Sozialversicherungs-, Unfallversicherungsbeiträge, Entgeltfortzahlung im Krankheitsfall).

Verkaufsprovision und Zusatzleistungen bei Peek & Cloppenburg

Bei Peek & Cloppenburg wird – auch bei Mitarbeitern, die ein Duales Studium betreiben – neben dem Grundentgelt eine Verkaufsprovision ausbezahlt. Sämtliche Mitarbeiter erhalten 25% Rabatt, wenn sie bei Peek & Cloppenburg einkaufen. Zudem werden den Mitarbeitern monatlich Angebote aus den Bereichen Einrichtung, Technik, Freizeit, Kultur, Kulinarisches, Auto und Reisen von namhaften Anbietern übermittelt. Ebenso wird die kulturelle Bildung und Inspiration der Mitarbeiter bspw. durch Museumsführungen gefördert.

Quelle: https://karriere.peek-cloppenburg.at, 25. Juli 2017.

Dabei sind Sozial- und Zusatzleistungen i.w.S. und im üblichen Sinne insb. in jenen Ländern von Bedeutung, in denen das Gesundheitswesen und die Pensionsvorsorge nicht überwiegend staatlich finanziert werden. Leistungsbezogene oder erfolgsabhängige Entgeltkomponenten können zu einer höheren Identifikation mit den Unternehmenszielen führen und damit die Umsetzung von Innovationen begünstigen. Darüber hinaus wird über variable Entgeltkomponenten das unternehmerische Denken der Mitarbeiter forciert. Generell lassen sich in Bezug auf die Personalvergütung unterschiedliche Strategien anführen, die ein Handelsunternehmen verfolgen kann (Stock-Homburg 2013, S. 403):

- **Benchmarking-Strategie**, bei der eine Vergütung angeboten wird, die über dem durchschnittlichen Marktniveau liegt
- **Matching-Strategie**, bei der die Vergütung dem durchschnittlichen Marktniveau entspricht
- **Lagging-Strategie**, bei der die Vergütung unter durchschnittlichem Marktniveau liegt.

Bei Führungskräften ergeben sich im Vergleich zu Angestellten einige Besonderheiten, die es bei der Entgeltfindung zu berücksichtigen gilt (Oechsler/Paul 2015, S. 409):

- Führungskräfte haben einen größeren Einfluss auf den Unternehmenserfolg, sodass die Entgeltkomponenten stärker am Unternehmenserfolg ausgerichtet werden können.
- Bei der Festsetzung der Grundbezüge von Führungskräften wird die Anforderungsorientierung, die bei Angestellten aufgrund der tarifvertraglichen Regelungen vorherrscht, durch eine Leistungs- und Marktorientierung ersetzt.
- Führungskräfte haben einen größeren Freiheitsgrad bei der Bewältigung ihrer Aufgaben, sodass das Anreiz- und Motivationssystem eine steuernde Wirkung haben soll.
- Führungskräfte haben Einfluss auf das Verhalten der Unterstellten, weshalb das Entgeltsystem bei Führungskräften langfristig angelegt sein soll, um kurzfristige Fehlsteuerungen zu verhindern.
- Entgeltsysteme für Führungskräfte zeichnen sich durch einen Konflikt zwischen kurz- und langfristiger Motivationssteuerung aus: Während Führungskräfte daran interessiert sind, dass sich variable Entgeltkomponenten an taktisch-operativen Ergebnisgrößen orientieren, wollen Eigentümer ein strategisch-orientiertes Entgeltsystem umsetzen, bei dem Erfolge erst nach Jahren bewertet und honoriert werden können.

Vor diesem Hintergrund wird bei der Festsetzung des Grundentgelts bei Führungskräften dem Prinzip der Marktorientierung gefolgt, d.h., es wird ein Marktvergleich bzw. Benchmarking durchgeführt, um das am Markt für äquivalente Führungspositionen übliche Grundentgelt zu ermitteln. Für die Bestimmung variabler Bezüge wird meist eine Leistungsbewertung durchgeführt, die sich am Leistungsergebnis orientiert. In diesem Zusammenhang kann zwischen einem operativen und einem strategischen Anreizsystem unterschieden werden. Während bei Ersterem anlassbezogene Boni, Sonderzahlungen oder Tantiemen für kurzfristige Erfolge (z. B. für die Einführung eines neuen CRM-Systems) gewährt werden oder regelmäßige Sonderzahlungen (bspw. in Abhängigkeit des Gewinns, der Rentabilität oder des Umsatzes) anfallen, werden variable Entgeltbestandteile beim strategischen Anreizsystem für mittel- bis langfristige Zeitabschnitt gewährt (Oechsler/Paul 2015, S. 412). Das strategische Anreizsystem lässt sich weiter ausdifferenzieren in ein marktindiziertes Anreizsystem, bei dem die Bonushöhe vom Aktienkurs abhängt, und ein leistungsbezogenes Anreizsystem, bei dem die Bonushöhe von der Erreichung langfristig definierter Ziele (z.B. Wachstumszielen) bestimmt wird. Zusatzleistungen umfassen Geld- und Sachleistungen oder sonstige Privilegien zur Sicherung und Verbesserung der Lebensqualität (z.B. Dienstfahrzeug).

6. Personalfreisetzung

Im Rahmen der **Personalfreisetzung**, die auf die Vermeidung oder den Abbau von Überkapazitäten abzielt, ist u.a. zwischen interner und externer Freisetzung zu unterscheiden. Während die **interne Freisetzung** in einer Anpassung bestehender Arbeitsverhältnisse besteht, werden diese bei der **externen Freisetzung** beendet. Obwohl Handelsunternehmen die

Bedeutung des Mitarbeiters für den Unternehmenserfolg kennen, versuchen die Personalverantwortlichen noch häufig, eine Produktivitätssteigerung über Kosteneinsparungen im Personaleinsatz zu realisieren. Um der steigenden Bedeutung der Servicepolitik als Profilierungs- und Differenzierungsinstrument Rechnung zu tragen, ist jedoch ein HRM erforderlich, das ein kompetentes Angebot an Beratung und Service sicherstellt (zum Servicemanagement vgl. die Ausführungen in Abschnitt H. des Vierten Kapitels). Im stationären Handel kann eine hohe Fluktuation von Mitarbeitern mit direktem Kundenkontakt zudem nachteilig auf das Vertrauen einwirken, das Kunden gegenüber dem Unternehmen aufgebaut haben, und damit das Ausmaß der Kundenzufriedenheit und -loyalität reduzieren.

IV. Personalführung und -motivation

1. Personalführung

Führungsgrundsätze und Führungsinstrumente

Die Notwendigkeit zur **Personalführung** ergibt sich aus dem Konflikt zwischen den Sachzwängen, die vom Unternehmen und vom Markt ausgehen, und den Interessen bzw. Wünschen der Mitarbeiter. Dabei heißt Personalführung „andere durch eigenes, sozial akzeptiertes Verhalten so zu beeinflussen, dass dies bei den Beeinflussten mittelbar oder unmittelbar ein intendiertes Verhalten bewirkt" (Weibler 2016, S. 22).[1] Die Möglichkeit der Beeinflussung gründet sich zum einen auf die Macht des Vorgesetzten, also sein Vermögen, Verhaltensänderungen auch gegen den Willen anderer durchzusetzen, und zum anderen auf dessen Autorität den Mitarbeitern gegenüber. Deshalb ist die Führung im Unternehmen immer auch von den Führungspotenzialen des Managements geprägt. Darüber hinaus nehmen schriftlich formulierte **Führungsgrundsätze**, die aus dem Unternehmensleitbild abgeleitet werden und situationsunabhängige, abstrakte Handlungsempfehlungen beinhalten, Einfluss auf die Personalführung, denn sie geben den Führungskräften den Rahmen für die Ausübung ihrer Führungstätigkeit vor und stellen ein gemeinsames Bezugssystem für alle Organisationsmitglieder dar. Damit die Führungsgrundsätze verinnerlicht und „gelebt" werden, ist es unerlässlich, die Führungskräfte bei der Formulierung mit einzubeziehen. Zudem kann die Akzeptanz der Grundsätze seitens der Mitarbeiter und Führungskräfte durch geeignete Informations- und Schulungsveranstaltungen gefördert werden. Um die Führungsaufgabe wahrzunehmen, stehen den Vorgesetzten unterschiedliche **Führungsinstrumente** zur Verfügung, wobei primär aktive und sekundär aktive Instrumente zu differenzieren sind (Weibler 2016, S. 365ff.). Primär aktive Führungsinstrumente, wie Kommunikationstechniken, Konfliktlösungsstrategien, Anerkennung, Kritik, Sanktionierung und Symbolnutzung, werden situationsspezifisch und selbstbestimmt genutzt bzw. im Arbeitsalltag durch eigenes Tun erst geschaffen (z.B. Lob). Sekundär aktive Führungsinstrumente beziehen sich dagegen auf standardisierte, vorgefertigte organisationale Instrumente und umfassen – neben den schon erwähnten Führungsgrundsätzen – bspw. Instrumente der Personalentwicklung, Personalbeurteilungen, formalisierte Mitarbeitergespräche, betriebliche Anreizsysteme, Stellenbeschreibungen oder Zielvereinbarungen (siehe Abschnitt D.IV.1.c. dieses Abschnitts).

Angesichts der eingangs erwähnten Rahmenbedingungen werden an die Personalführung im Handel spezielle Anforderungen gestellt. Zum einen stehen Mitarbeiter in ständigem Kun-

---

[1] Auch unter den Mitarbeitern der gleichen Hierarchiestufe können sich auf Grund der unterschiedlichen Charaktere spezifische Führungsbeziehungen entwickeln.

denkontakt und sollen durch entsprechende Aus- und Weiterbildungsmaßnahmen bei der Entwicklung der notwendigen Fach- und Sozialkompetenz unterstützt werden. Zum anderen ist es die Aufgabe der Führungskräfte, Rahmenbedingungen zu schaffen, welche die Mitarbeiter zunächst zum Erwerb und schließlich zur Umsetzung des erworbenen Wissens im „Alltagsgeschäft" motivieren und unterstützen (bspw. durch die Gestaltung entsprechender Anreizsysteme bzw. durch eine entsprechende personelle Führung). Generell kommt der Personalführung im Hinblick auf den Unternehmenserfolg eine große Bedeutung zu, zumal sich über die Umsetzung personalpolitischer Ziele letztlich Unternehmensziele realisieren lassen. Vor diesem Hintergrund wird im Rahmen des HRM auch von einem geänderten Rollenverständnis der Führungskräfte ausgegangen. Top-Managern kommt nicht mehr die Rolle des Unternehmers und Ressourcenverteilers zu, der die Regeln für das Handeln vorgibt, sondern sie wirken als Visionäre oder Kritiker, die einen integrierenden Zweck und eine gemeinsame Entwicklungstendenz für sämtliche Unternehmensbereiche vorgeben und den Status quo hinterfragen. Führungskräfte im mittleren Management nehmen nicht mehr die Rollen des „administrativen Controllers", des „vertikalen Informationsbrokers" oder des „Anwalts der Interessen untergeordneter Einheiten" ein. Stattdessen integrieren sie Fähigkeiten und verteilen Informationen horizontal. Schließlich fungieren die Führungskräfte der unteren Ebene nicht als „Implementierer" und „Problemlöser": Dem neuen Verständnis folgend, sind sie die eigentlichen Unternehmer und Leistungstreiber.

Neue Personalstrategie bei Aldi Nord

Der Modernisierungskurs beim Diskonter Aldi Nord wird auch auf den Bereich des Human Resource Managements ausgeweitet: Neben der Entwicklung einer Employer Brand zur Ansprache potenzieller Arbeitnehmer und dem neuen Mitarbeiter-Magazin „Einfach wir", sollen Mitarbeiterbefragungen Ansatzpunkte zur Verbesserung der Arbeitgeberattraktivität aufzeigen. Die neue Personalstrategie setzt aber nicht nur auf der Ebene der Mitarbeiter an, sondern schließt auch Führungskräfte ein. Die Qualifizierung der Führungskräfte soll durch einen „Werkzeugkasten" mit hilfreichen Tipps und Informationen rund um eine wertschätzende Personalarbeit verbessert werden, wobei das Führungsverhalten am neu entwickelten Führungsleitbild mit dem Motto „Echte Kaufleute" ausgerichtet sein soll:

- „Im Umgang mit unseren Mitarbeiterinnen und Mitarbeitern, mit den Menschen, die bei uns einkaufen, und mit allen Lieferanten setzen wir auf Respekt, Ehrlichkeit, Offenheit, Fairness und Verlässlichkeit.
- Wir versprechen nichts, was wir nicht einlösen können.
- Verträge und Vereinbarungen werden zielorientiert und fair verhandelt.
- Statt auf kurzfristigen Gewinn setzen wir auf wirtschaftlich langfristige Erfolge.
- Wir handeln nachhaltig und kundenorientiert.
- Und in Sachen Qualität gehen wir keine Kompromisse ein. Echte Kaufleute eben."

Quelle: Lebensmittel Zeitung, 3. März, 5. Mail 2017; www.aldi-nord.de, 19. Dezember 2017.

Theoretische Ansätze der Mitarbeiterführung

Hinsichtlich der theoretischen Ansätze der Mitarbeiterführung lassen sich u.a. eigenschaftsorientierte Theorien bzw. Ansätze, verhaltensorientierte Ansätze und situative Theorien bzw. Ansätze unterscheiden (Ridder 2015, S. 306ff).

Eigenschaftstheorien der Führung bzw. eigenschaftsorientierten Ansätzen liegt die Annahme zu Grunde, dass Führungspersönlichkeiten spezifische Persönlichkeitscharakteristika aufweisen, die den Führungserfolg determinieren (Ridder 2015, S. 306f.). Anzuführen ist bspw. die **Theorie der charismatischen Führung**, bei der davon ausgegangen wird, dass das Verhalten der Geführten wesentlich von der Ausstrahlung der Führungsperson bestimmt wird. Lassen sich die geführten Mitarbeiter auf eine starke emotionale Bindung zur Führungsperson ein, kann die charismatische Führung eine erhöhte Motivation seitens der Geführten, eine starke Identifikation mit der Vision und den Zielen der Führungsperson und überdurchschnittliche Leistungen bedingen (Stock-Homburg 2013, S. 459, S. 462).

Eine weitere Theorie bildet jene der **transaktionalen/transformationalen Führung**. Während der transformationale Führer auf Grund seines charismatischen Verhaltens eine Vorbildfunktion einnimmt und die Mitarbeiter dazu motiviert, mehr zu leisten, als sie sich zutrauen, beruht die transaktionale Führung auf der Annahme, dass Führer und Geführte den eigenen Nutzen maximieren möchten (Stock-Homburg 2013, S. 463). Dabei werden gewünschte Leistungen durch Belohnungen hervorgebracht. Ob eine transaktionale/transformationale Führung zum Erfolg führt, ist auch vom Wettbewerbsumfeld und vom Verkaufsobjekt abhängig: Während eine transformationale Führung beim Verkauf von Serviceleistungen Erfolg versprechend ist, ist eine transaktionale Führung beim Verkauf von Produkten sowohl bei starkem als auch bei schwachem Wettbewerb vorzuziehen.

Verhaltensorientierte Ansätze der Führung fokussieren – wie die Bezeichnung nahelegt – auf das Verhalten der Führungsperson und dessen Auswirkungen auf die Geführten. Einen zentralen Begriff stellt dabei der **Führungsstil** dar. Dieser bezeichnet ein relativ stabiles, situationsunabhängiges Verhaltensmuster eines Vorgesetzten gegenüber seinen Mitarbeitern (Oechsler/Paul 2015, S. 291; Weibler 2016, S. 309f., S. 361), wohingegen das **Führungsverhalten** in Abhängigkeit der Situation variieren kann.

Je nach Anzahl der Dimensionen, die zur Charakterisierung eines Führungsstils herangezogen werden, lassen sich **ein-**, **zwei-** und **mehrdimensionale Führungsstile** unterscheiden. Tannenbaum/Schmidt (1958, S. 96) ordnen die Führungsstile bspw. entsprechend des Ausmaßes des Entscheidungsspielraums des Vorgesetzten bzw. des Mitarbeiters ein, wobei der autoritäre und der kooperative Führungsstil das Kontinuum aufspannen.

Dagegen wird das Führungsverhalten auf der Basis der Ergebnisse der **Ohio-State-Studien**, die seit 1945 durchgeführt werden – dem Ausmaß der Aufgaben- und Beziehungsorientierung des Vorgesetzten entsprechend – eingestuft, wobei im sog. Ohio-State-Leadership-Quadranten vier Führungsstile unterschieden werden (Stock-Homburg 2013, S. 486):

- autoritärer Führungsstil (hohe Aufgaben-, niedrige Beziehungsorientierung)
- bürokratischer Führungsstil (niedrige Aufgaben- und Beziehungsorientierung)
- kooperativer Führungsstil (hohe Aufgaben und Beziehungsorientierung)
- beziehungsorientierter Führungsstil (niedrige Aufgaben-, hohe Beziehungsorientierung).

Das von Blake/Mouton (1992) konzipierte Verhaltensgitter (Managerial Grid, **Grid-Führungsmodell**), das in Abb. 6.56 dargestellt ist, unterscheidet zwei voneinander unabhängige Dimensionen des Führungsstils: die Aufgaben- und die Mitarbeiterorientierung (ursprünglich Sach- und Menschenorientierung).

Auf der Dimension der Aufgabenorientierung schlägt sich das Ausmaß der Orientierung des Vorgesetzten an Ergebnissen, Endresultaten, Leistung, Gewinn oder Unternehmenszweck nieder. Sie wird quantitativ und qualitativ gemessen, wobei Produktivität, Effizienz und Effektivität der Leistungserstellung im Vordergrund stehen. Die Mitarbeiterorientierung bezieht sich hingegen auf die innere Einstellung des Vorgesetzten den Menschen gegenüber. Sie wird dadurch bestimmt, ob die Leistungserstellung auf der Basis von Vertrauen, Respekt, Gehorsam, Verständnis und Unterstützung erbracht wird.

Abbildung 6.56: Führungsverhaltensgitter nach Blake/Mouton

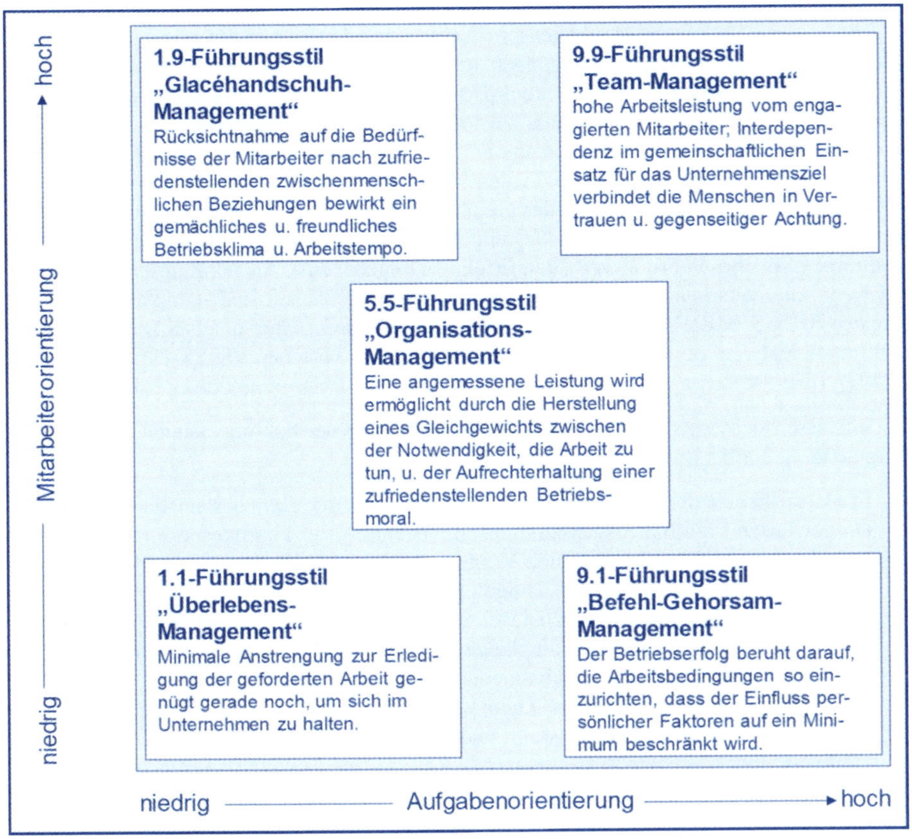

Quelle: i.A.a. Blake/Mouton 1992, S. 28; Nicolai 2018, S. 274.

Die beiden Dimensionen können jeweils Ausprägungen von eins bis neun annehmen. Somit lassen sich auf Grund der spezifischen Kombination von Aufgaben- und Mitarbeiterorientierung 81 mögliche Führungsstile unterscheiden. Blake/Mouton (1992, S. 29) identifizieren fünf Führungsstile, die sich in ihren Handlungsweisen und Ergebnissen stark unterscheiden und bezeichnen sie als „Hauptgitterstile“. Vor dem Hintergrund der zunehmenden Bedeutung der Kundenorientierung unterscheiden Stock-Homburg (2013, S. 488f.) auf der Basis empirischer Studien folgende drei **Dimensionen des Führungsverhaltens**:

- Leistungsorientierung
- Mitarbeiterorientierung
- Kundenorientierung.

Hinsichtlich der Dimension der Leistungsorientierung interessiert, ob der Vorgesetzte die Mitarbeiter regelmäßig über die Unternehmensziele informiert und, ob er ihre Leistungsziele an den Zielen des Unternehmens ausrichtet. Die Mitarbeiterorientierung bezieht sich auf die Wertschätzung der Mitarbeiter durch den Vorgesetzten und die Berücksichtigung der persönlichen und beruflichen Ziele der Mitarbeiter. Schließlich schlägt sich das Ausmaß, in dem die Führungskraft Kundenorientierung vorlebt, die Bedeutung der Kunden aufzeigt, Kundenorientierung zum Ziel der Mitarbeiter macht und eine permanente Verbesserung kundenbezogener Prozesse anstrebt, auf der Dimension der Kundenorientierung nieder. Es wird davon ausgegangen, dass das Führungsverhaltensprofil eines „kundenorientierten Managers", bei dem alle drei Dimensionen hohe Ausprägungen aufweisen, am ehesten zu einem kundenorientierten Verhalten der Mitarbeiter führt (Stock-Homburg 2013, S. 489). **Bei situativen Theorien der Führung** wird angenommen, dass bestimmte Persönlichkeitseigenschaften oder ein bestimmtes Verhalten der Führungsperson nicht in jeder Situation zum gewünschten Ergebnis führt (Stock-Homburg 2013, S. 493). In diesem Zusammenhang ist bspw. die **Weg-Ziel-Theorie** anzuführen, bei der Merkmale des Geführten (z.B. fehlendes Selbstvertrauen), Charakteristika der Aufgabe (z.B. Ambiguität) und Merkmale der Umwelt als situative Variablen bestimmen, welches Führungsverhalten Erfolg versprechend ist. Als Führungserfolg wird dabei bspw. die Mitarbeiterzufriedenheit, die Leistungsbereitschaft und -fähigkeit angesehen (Ridder 2015, S. 318). Das Führungsverhalten selbst kann in einer unterstützenden, direktiven, partizipativen oder ergebnisorientierten Führung bestehen (Stock-Homburg 2013, S. 497). Einen weiteren situativen Ansatz stellt bspw. das Reifegradmodell der Führung dar.[1]

Zudem lassen sich bspw. folgende Theorien bzw. Ansätze der Führung nennen (Stock-Homburg 2013, S. 506ff.; Ridder 2015, S. 328ff.):

- Die **Lerntheorie der Führung**, wobei die Grundannahme darin besteht, dass die Geführten gewünschte Verhaltensweisen durch Beobachtung der Führungsperson übernehmen (sog. Lernen am Modell) und auch Vorgesetzte die Auswirkungen ihres Verhaltens beobachten und in Zukunft berücksichtigen können.
- Die **implizite Führungstheorie**, bei welcher der Führungserfolg durch den Abgleich zwischen den wahrgenommenen Fähigkeiten und Verhaltensweisen einer Führungsperson (Ist-Zustand) mit einem Vergleichsstandard (Soll-Zustand) bestimmt wird.
- Die **Leader-Member Exchange Theory**, der zufolge qualitativ unterschiedliche Beziehungen zwischen einer Führungskraft und seinen Mitarbeitern bestehen, weil Führungskräfte nur über begrenzte Ressourcen (z.B. Zeit, Aufmerksamkeit) verfügen.
- Die **Super Leadership Theory**, bei der Mitarbeiter dazu befähigt werden sollen, ihre Arbeitsaufgaben eigenständig und zielgerichtet zu gestalten und sich selbst zu motivieren (sog. **Self-Leadership**).
- Das **Konzept der symbolischen Führung**, bei der zwischen einer symbolisierten und einer symbolisierenden Führung differenziert wird. Während bei der symbolisierten Führung kein aktives Führungsverhalten ausgeübt, sondern eine Beeinflussung des Mitarbeiterverhaltens durch den Einsatz von Symbolen (z.B. Statussymbole) angestrebt wird, umfasst die symbolisierende Führung die Schaffung neuer Symbole oder die Sinngebung in Bezug auf vorhandene Symbole.

Managementtechniken der Personalführung

Managementtechniken der Personalführung, die in der Literatur auch als normative Konzepte der Personalführung bzw. als Koordinationsinstrumente der Führung diskutiert werden (Macharzina/Wolf 2018, S. 583ff.), beinhalten konkrete Handlungs- bzw. Gestaltungsempfehlungen. Diesbezüglich lassen sich das **Management by Objectives** (MbO), das **Management by Delegation** (MbD), das **Management by Exception** (MbE) und das **Management by Motivation** (MbM) unterscheiden. Die Intention all dieser Management-by-Konzepte liegt einerseits in einer Leistungssteigerung durch Partizipation der Mitarbeiter, andererseits in einer Steigerung der Motivation und Zufriedenheit durch eigenverantwortliches Handeln,

[1] Für eine detaillierte Diskussion der situativen Ansätze vgl. Stock-Homburg 2013, S. 501ff.

wobei die Führungskräfte sowohl in quantitativer als auch in qualitativer Hinsicht von Routineaufgaben entlastet werden sollen (Nicolai 2018, S. 283f.).

Beim MbO-Konzept, dem die größte Bedeutung beigemessen wird (Macharzina/Wolf 2018, S. 583), legen Führungskräfte und Mitarbeiter gemeinsam Ziele fest, die als Grundlage für die Leistungsbeurteilung herangezogen werden (Holtbrügge 2015, S. 231). Im Rahmen dieser Zielvereinbarung arbeiten die Mitarbeiter selbstständig an der Zielerreichung. Die Führungskräfte haben die Aufgabe, das zielkonforme Verhalten der Mitarbeiter sicherzustellen. Vorteile sind bspw. in der Möglichkeit zur Selbstentfaltung und Verantwortungsübernahme seitens der Mitarbeiter sowie in deren Motivation durch Partizipation an der Zielfindung zu sehen. Nachteilig können sich die potenzielle Gefährdung der Erreichung des Oberziels durch den Ressortegoismus sowie der langwierige Zielfindungsprozess auswirken.

Dagegen fokussiert das MbD, das auf einem kooperativen Führungsstil basiert, auf die Delegation von Zuständigkeiten, Verantwortung und Entscheidungsbefugnissen und setzt seitens der Mitarbeiter die Bereitschaft zur Übernahme von Verantwortung und Selbstbestimmung voraus. Für dieses Konzept ist ein ständiger Informationsaustausch zwischen Vorgesetzten und Mitarbeitern charakteristisch. Als Vorteile werden die Entlastung der Vorgesetzten, die Beschleunigung von Prozessen sowie die Möglichkeit zur Mitbestimmung und Selbstentfaltung seitens der Mitarbeiter genannt. Dabei kann sich insb. der Informationsaustausch und die Partizipation an Entscheidungen positiv auf die Mitarbeiterproduktivität auswirken (Jones/Kalmi/Kauhanen 2010, S. 1, S. 15f.). Nachteile sind in der potenziellen Überforderung der Mitarbeiter, der Tendenz zur Delegation unattraktiver Tätigkeiten sowie in der geringen Flexibilität bei veränderten Umfeldbedingungen zu sehen.

Das MbE-Konzept ist dadurch gekennzeichnet, dass der Vorgesetzte nur in Ausnahmefällen, also bei groben Abweichungen von definierten Sollwerten, in die Kompetenz- und Verantwortungsbereiche der Mitarbeiter eingreift, und beim MbM-Konzepts wird versucht, die Mitarbeiter über die bedürfnisgerechte Gestaltung von Anreizsystemen zu motivieren.

2. Personalmotivation

Die Personalmotivation bezieht sich auf den Prozess der Motivaktivierung bzw. Motivänderung bei den Mitarbeitern, wobei grundsätzlich zwischen extrinsischer und intrinsischer Motivation zu unterscheiden ist. Während die extrinsische Motivation durch die Folgen und Begleitumstände der Aufgabenerfüllung ausgelöst wird, liegt die intrinsische Motivation in der Arbeit selbst begründet. Über das Ausmaß der ex- und intrinsischen Motivation lassen sich zum Teil auch intra- und interindividuelle Unterschiede der qualitativen oder quantitativen Arbeitsleistung erklären. Dabei kommen als Motivationsinstrumente – neben den schon erwähnten monetären Anreizen – auch nicht-monetäre Anreize in Betracht. Zu Letzteren zählen insb. (Berthel/Becker 2017, S. 653ff.):

- Arbeitsplatz- und Arbeitszeitgestaltung und Arbeitsinhalte
- Personalentwicklung und Aufstiegsmöglichkeiten
- Betriebsklima
- regelmäßige, rechtzeitige, umfassende Information über aufgaben- und unternehmensrelevante Entwicklungen
- Führungsstil.

Da sich die Motivation auf die Arbeitszufriedenheit und damit auf das Leistungsverhalten der Mitarbeiter bzw. auf die Loyalität des Personals dem Arbeitgeber gegenüber auswirken kann, haben sich in der Vergangenheit auch einige handelsbezogene Studien der Thematik der Motivation, der Zufriedenheit bzw. der Loyalität von Mitarbeitern gewidmet. Tabelle 6.2 gibt einen Überblick über ausgewählte empirische Untersuchungen.

Tabelle 6.2: Stand der Literatur zu mitarbeiterspezifischen Konstrukten

Autor/ Jahr	Forschungsfrage	Theorie	Daten und Methode	Kernergebnisse
Whysall/ Foster/ Harris (2009)	Determinanten der (Un-)Zufriedenheit mit der Arbeit im Handel	keine; bisherige Studien	n = 1.000 Beschäftigte; 64 Face-to-Face-Interviews, Chi²-Test	▪ Das Ausmaß der (Un-)Zufriedenheit der Mitarbeiter variiert in Abhängigkeit der Art der Anstellung (Vollzeit- vs. Teilzeitbeschäftigung), des Alters, der Ausbildung, des Geschlechts und den Arbeitszeiten (fixe vs. flexible Arbeitszeitgestaltung).
Jones/ Kalmi/ Kauhanen (2010)	Wirkungen von Praktiken der Personalführung auf die Produktivität der Mitarbeiter	Framework von Appelbaum u. a. (2000)	n = k.A..; Mitarbeiter von 47 Niederlassungen eines Handelsunternehmens, OLS	▪ Eine Partizipation der Mitarbeiter an Entscheidungen und ein adäquates Feedback zur Leistung erhöht die Produktivität der Mitarbeiter.
Yurchisin/ Park/ O'Brien (2010)	Zusammenhang zwischen Selbst- und Einkaufsstättenimages, Zufriedenheit, Commitment und der Intention der Mitarbeiter, ein Unternehmen zu verlassen.	keine; bisherige Studien	n = 317 Mitarbeiter von 42 Einkaufsstätten, SEM	▪ Die Kongruenz zwischen dem Selbstimage bzw. dem sozialen Selbstimage und dem Einkaufsstättenimage beeinflusst die Attraktivität des Einkaufsstättenimages. ▪ Die Attraktivität des Einkaufsstättenimages beeinflusst die Zufriedenheit der Mitarbeiter und deren Commitment dem Geschäft gegenüber. ▪ Die Zufriedenheit beeinflusst das Commitment, beide determinieren die Absicht, das Unternehmen zu verlassen.
Kantabutra (2011)	Zusammenhang von visionärem Führungsverhalten, Mitarbeiter- und Kundenzufriedenheit.	Führungstheorien	n = k.A.; Mitarbeiter und Führungskräfte von 126 Einkaufsstätten; 258 Kunden, (Multiple) Regressionsanalysen	▪ Das wahrgenommene visionäre Führungsverhalten beeinflusst die Mitarbeiterzufriedenheit. ▪ Die Mitarbeiterzufriedenheit beeinflusst die Kundenzufriedenheit nicht.
Brown u.a. (2015)	Zusammenhang zwischen dem Vertrauen der Mitarbeiter ggü. dem Management und der Leistung der Mitarbeiter.	Principal-Agent-Theorie	n = 1432 bzw. 1550 Fälle aus der Workplace Employment Relations Survey (WERS) der Jahre 2004 und 2011, Probit-Analyse	▪ Mitarbeiter, die dem Management vertrauen, bewerten die finanzielle Situation des Unternehmens, die Produkt- oder Leistungsqualität und die Arbeitsproduktivität besser. ▪ Das Vertrauen wird durch ein Gehalt, das über dem Branchendurchschnitt liegt, positiv und durch eine Reorganisation der Tätigkeiten negativ beeinflusst.
Cho u.a. (2017)	Zusammenhang von Emotionen, Zufriedenheit, Commitment und der Intention der Mitarbeiter, ein Unternehmen zu verlassen.	Emotionsregulationstheorie	n = 156 Mitarbeiter, SEM	▪ Eine emotionale Erschöpfung der Mitarbeiter beeinflusst deren Zufriedenheit mit dem Arbeitsplatz negativ und steigert die Intention zum Arbeitsplatzwechsel, wirkt sich jedoch nicht auf das affektive Commitment zum Unternehmen aus.

Legende: k.a. = keine Angabe; OLS = Ordinary least squares; SEM = Structural equation modeling.

Treiber der Mitarbeitermotivation im Handel

Auf der Basis einer Befragung in 90 Handelsunternehmen im Jahr 2016 zeigte sich, dass – neben der Höhe des Grundgehalts – die Arbeitsplatzsicherheit, die erforderliche Zeit für den Weg zur Arbeit und die räumliche Arbeitsumgebung aus Sicht der Mitarbeiter wichtig sind. Ebenso wirken Benefits, wie Bonuszahlungen, Extra-Urlaub und Auszeichnungen motivierend. Dagegen sind die Reputation des Unternehmens, eine herausfordernde Arbeit und die Möglichkeit, neue Fähigkeiten zu erwerben, von untergeordneter Bedeutung. Gleiches gilt für die Werte und Visionen des Unternehmens.

Quelle: www.lebensmittelzeitung.net, 16. Dezember 2016.

Motivationstheoretische Ansätze der Mitarbeiterführung

Die qualitative Ausprägung der Antriebsstruktur und damit die Frage, durch welche Motive das Verhalten der Mitarbeiter bestimmt wird, wird in den **Inhaltstheorien der Motivation** aufgegriffen (Scholz 2014, S. 1079). Anzuführen sind in diesem Zusammenhang:

- die Bedürfnishierarchie nach Maslow
- die ERG-Theorie nach Alderfer
- die Zwei-Faktoren-Theorie nach Herzberg
- die Bedürfnisarten nach McClelland.

Die **Bedürfnishierarchie von Maslow** (1973) gilt als der am weitesten verbreitete motivationstheoretische Ansatz. Den Kern dieser Theorie bildet eine fünfstufige **Bedürfnispyramide**, welche die Bedürfnisklassen nach deren jeweiliger Wertigkeit hierarchisch anordnet (siehe Abb. 6.57). Maslow geht dabei von der These aus, dass ein Bedürfnis nur so lange motivierend wirkt, bis es vollständig befriedigt ist (sog. Defizitprinzip). Das Progressionsprinzip besagt, dass das menschliche Verhalten durch das hierarchisch niedrigste, unbefriedigte Bedürfnis motiviert wird. Demzufolge steht zunächst die Befriedigung der physiologischen Grundbedürfnisse, die auf die Selbsterhaltung gerichtet sind, bspw. Nahrung oder Kleidung, im Vordergrund. Auf der nächst höheren Stufe stehen Sicherheitsbedürfnisse, wie z.B. die Absicherung im Krankheitsfall oder ein sicherer Arbeitsplatz. Soziale Bedürfnisse, wie Gruppenzugehörigkeit und Freundschaft, bilden die darauf folgende Bedürfniskategorie. Erst wenn diese Bedürfnisse befriedigt sind, werden Wertschätzungs- bzw. Achtungsbedürfnisse aktiviert. Hierzu zählen bspw. Selbstvertrauen, Unabhängigkeit, Kompetenz, Anerkennung, Aufmerksamkeit und Respekt. Diese vier Bedürfnisklassen werden auch als **Mangel-** oder **Defizitbedürfnisse** bezeichnet. Auf der letzten und damit höchsten Stufe der Pyramide stehen die Selbstverwirklichungsbedürfnisse. Diese werden auch als **Wachstumsbedürfnisse** bezeichnet und können nie vollständig befriedigt werden. Der Ansatz von Maslow hat einerseits starke Beachtung, andererseits aber auch Kritik erfahren, die sich auf die mangelnde empirische Bestätigung und auf die streng lineare Abfolge der Bedürfnisse bzw. deren Befriedigung bezieht. Um den Maslowschen Ansatz weiterzuentwickeln, wurden zahlreiche Modifikationen vorgenommen. Anzuführen ist u.a. die **ERG-Theorie** nach Alderfer (1972), der die fünf Bedürfnisklassen auf drei reduziert und die strenge hierarchische Ordnung zwischen den Bedürfnisklassen aufgibt. Er unterscheidet Existenzbedürfnisse („Existence Needs"), Beziehungsbedürfnisse („Relatedness Needs") und Wachstumsbedürfnisse („Growth Needs") (Alderfer 1972, S. 18). Im Gegensatz zu Maslow geht Alderfer von der Möglichkeit der simultanen Wirkung aller Bedürfnisklassen aus. Auf Grund empirischer Untersuchungen wird dieser Theorie zwar eine größere Erklärungskraft als jener von Maslow zugeschrieben, eine Allgemeingültigkeit der Grundaussagen lässt sich jedoch nicht feststellen.

Abbildung 6.57: Bedürfnispyramide nach Maslow

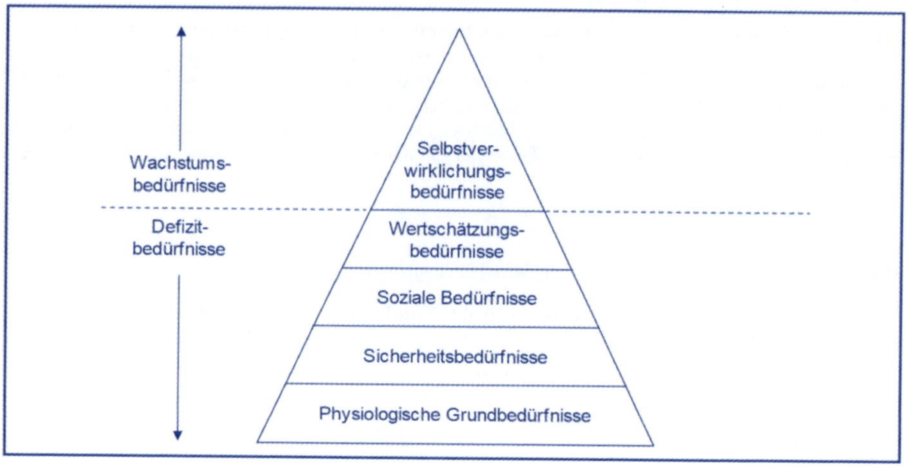

Quelle: i.A.a. Maslow 1973.

Dagegen setzt die **Zwei-Faktoren-Theorie**, die auf Herzberg zurückgeht, bei der Entstehung von Arbeitszufriedenheit bzw. -unzufriedenheit an und unterscheidet in diesem Zusammenhang zwischen Hygiene-Faktoren und Motivatoren (Herzberg 1975, S. 65). Hygiene-Faktoren, wie bspw. das Einkommen oder die Beziehungen zu den Kollegen, können – dieser Theorie entsprechend – nur dazu beitragen, dass Unzufriedenheit abgewendet wird. Sie können aber keine Arbeitszufriedenheit auslösen. Diese kann nur durch Motivatoren, wie z.B. Anerkennung oder Leistungserfolg, hervorgerufen werden.Schließlich geht McClelland davon aus, dass viele Bedürfnisse aus Lernprozessen resultieren, die das Individuum von Kindheit an zu durchlaufen hat und dass diese Bedürfnisse das Verhalten und die Arbeitsleistung des Menschen beeinflussen. McClelland (1987, S. 223ff.) unterscheidet drei Schlüsselbedürfnisse: das Bedürfnis zur Leistungsmotivation, das Affiliations- oder Zugehörigkeitsbedürfnis und das Machtbedürfnis.Das Bedürfnis zur Leistungsmotivation bildet dabei den Ausgangspunkt für die Entwicklung einer Theorie der Leistungsmotivation, die den **Prozesstheorien der Motivation** zuzurechnen ist. Diese legen den Fokus auf den Ablauf des Motivationsprozesses und die darin involvierten kognitiven Vorgänge. Die Motivation des rationalen, zielorientiert handelnden Menschen, von dem die Prozesstheorien ausgehen, wird durch zwei Faktoren bestimmt: der Wahrscheinlichkeit der Erreichung eines bestimmten Verhaltenszieles und dem subjektiv wahrgenommenen Wert dieses Zieles (Berthel/Becker 2017, S. 68). Zu den Prozesstheorien zählen u.a. die Erwartungstheorie von Vroom (1964), das Rückkopplungsmodell von Porter/Lawler (1968) und die Gerechtigkeitstheorie von Adams (1963). Diese Theorien haben modellhaften Charakter, d.h., ihre Gültigkeit wurde nicht im Rahmen empirischer Untersuchungen überprüft.

V. Unterstützende Funktionen des Human Resource Managements

Schließlich müssen im Rahmen des HRM auch unterstützende Funktionen wahrgenommen werden, deren Ausgestaltung in filialisierten Handelsunternehmen der Zentrale obliegt. Zu diesen Funktionen zählen:

- das Personalmarketing
- die Personalverwaltung
- das Personalcontrolling.

Personalmarketing

Angesichts des z.T. schlechten Images von einzelnen Handelsunternehmen als Arbeitgeber, das eingangs diskutiert wurde, erlangt das **Personalmarketing** zunehmende Bedeutung. Es kann wie folgt definiert werden:

> Personalmarketing ist „die bewusste und zielgerichtete Anwendung personalpolitischer Instrumente zur Akquisition von zukünftigen sowie zur Motivation und Retention von gegenwärtigen Mitarbeitern" (Scholz 2014, S. 485).

Dabei ist es das vorrangige Ziel, im Rahmen des sog. **Employer Branding**, das der Positionierung des Handelsunternehmens als Arbeitgeber-Marke dient und als strategischer Rahmen bzw. als Basis eines erfolgreichen Personalmarketing (dem Bündel operativer Maßnahmen) anzusehen ist, eine **Unique Applying Proposition** zu vermitteln und sich dadurch in den Köpfen potenzieller Bewerber von konkurrierenden Unternehmen zu differenzieren (Nicolai 2018, S. 20). Dennoch zielen Maßnahmen nicht nur auf potenzielle Bewerber und damit auf die Mitarbeiterfindung, sondern auch auf mögliche Multiplikatoren (Peer-Groups) sowie auf bestehende Mitarbeiter und damit auf die Mitarbeiterbindung ab. Dies auch deshalb, weil mögliche Bewerber die Meinung von Bekannten/Verwandten einholen. Dabei ist für jede Zielgruppe ein spezielles Personalmarketing-Konzept zu entwickeln und umzusetzen. Mögliche Instrumente des Personalmarketing entstammen dem Bereich der Leistungs- und Entgeltpolitik sowie dem Kommunikationsmanagement (zum Kommunikationsmanagement vgl. auch die Ausführungen in Abschnitt F. des Vierten Kapitels) und sind bspw. (Nicolai 2018, S. 26):

- interessante Stellenprofile, Arbeitsplatzsicherheit, Weiterbildungs- und Aufstiegsmöglichkeiten oder das Arbeitsumfeld im Bereich der Leistungspolitik
- Höhe und Struktur des Gehalts, besondere immaterielle Leistungen, Sozialleistungen und Gehaltserhöhungen im Bereich der Entgeltpolitik
- Web-Auftritt, Broschüren, Tag der offenen Tür, Hochschulmarketing, persönliche Ansprache, Story Telling (Verbindung von Sachinformationen mit Geschichten aus dem Unternehmen) und kulturelles Sponsoring im Bereich des Kommunikationsmanagements.

Generell lassen sich im Zusammenhang mit dem Employer Branding u.a. folgende Vorteile anführen (Stock-Homburg 2013, S. 140):

- verbessertes Image bei potenziellen Bewerbern, bestehenden Mitarbeitern, Kunden und Geschäftspartnern
- stärkere Identifikation der Beschäftigten mit dem Unternehmen, größere Bindung an das Unternehmen und sinkende Fluktuation
- höhere Anzahl passender Bewerbungen und reduziertes Fehlbesetzungsrisiko
- schnellere Besetzung offener Stellen.

Personalverwaltung

Im Rahmen der **Personalverwaltung** werden administrative, routinemäßige Aufgaben wahrgenommen. Zu diesen Tätigkeiten zählen bspw. das Erledigen aller Formalitäten von der Personalbeschaffung bis zur -freisetzung und damit die Korrespondenz mit Bewerbern, die Durchführung von Lohn-, Gehalts- und Reisekostenabrechnungen sowie das Abwickeln der Lohn- und Gehaltszahlungen, das Führen von Personaldateien einschließlich der Personalentwicklungsdateien oder das Führen der Personalstatistik. Die Aufgaben der Personalverwaltung werden häufig in einem HR-Service-Center (der Personalabteilung) wahrgenommen, wobei einzelne Tätigkeiten und Prozesse aufgrund der zunehmenden Digitalisierung nicht nur effizienter durchgeführt werden können, sondern auch zum Anwender verlagert werden. Über Employee Self-Service-Portale und Manager Self-Service-Portale können Mitarbeiter und Führungskräfte bestimmte Informationen selbst eingeben und/oder abrufen (z.B. Urlaubsanträge, Gehaltsabrechnungen).

Personalcontrolling

Unter dem **Personalcontrolling** wird „die zielgerichtete Planung, Organisation und Kontrolle der Personalressourcen im Unternehmen sowie der Prozesse des Personalressorts" verstanden (Schulte 2011, S. 3).

Eine zentrale Aufgabe ist es, das Personalcontrolling mit dem Controlling anderer Funktionsbereiche zu koordinieren. Darüber hinaus sind – vor dem Hintergrund eines strategischen HRM – Planung, Steuerung und Kontrolle im Personalbereich auf den wirtschaftlichen Erfolg des Handelsunternehmens auszurichten.

Um zu überprüfen, ob die Ziele des HRM erreicht wurden, bzw. um zu analysieren, ob der Personalbereich einen Beitrag zur Realisierung der Unternehmensziele leistet, sind kontinuierlich Soll-Ist-Vergleiche (auch in Bezug auf das Personalbudget) sowie Abweichungsanalysen erforderlich. Aus diesen können in weiterer Folge Verbesserungsvorschläge für zukünftige Maßnahmen des Personalmanagements abgeleitet werden. Generell bilden die Informationen, die das Controlling bereithält, die Grundlage für die konkrete Ausgestaltung der Mitarbeiterfluss- und Belohnungssysteme (siehe hierzu die Ausführungen in Abschnitt D.III. dieses Kapitels). Hinsichtlich Letzterer sei bspw. an leistungsorientierte Anreizsysteme gedacht, die sich an der Performance des Gesamtunternehmens sowie an jener der Filiale orientieren und damit eine wachstumsorientierte Steuerung der Filialen ermöglichen bzw. letztlich die Wachstumsstrategie des Handelsunternehmens unterstützen (Macheleidt/Biedermann 2016). Ergänzend können mitarbeiterspezifische (qualitative) Verhaltensbeschreibungen zur Festlegung der Höhe der Leistungsanreize herangezogen werden, die bspw. aus Kundenbefragungen hervorgehen oder sich auf Grund des Einsatzes von Mystery-Shoppern ergeben (Barth/Hartmann/Schröder 2015, S. 423).

Im Hinblick auf die Überprüfung der Zielerreichung stellen – neben den Kosten – die Effektivität und Effizienz der Personalarbeit wesentliche Kriterien dar. Effektivität bedeutet in diesem Zusammenhang, dass die Aktivitäten des HRM einen Beitrag zur Realisierung der allgemeinen Unternehmensziele leisten. Zusätzlich soll die Effizienz der Personalarbeit sichergestellt werden. Diese zeigt sich insb.

- in einer tatsächlichen Erreichung der durch die Aktivitäten des HRM intendierten Ziele,
- in einer hohen Prozessqualität der Maßnahmen des HRM und
- in einer hohen Transparenz der Kostenentstehung für Aktivitäten des HRM.

Aus diesen Zielsetzungen lassen sich u.a. folgende Aufgaben für das Personalcontrolling ableiten (Barth/Harmann/Schröder 2015, S. 422; Kispalko/Moretti 2016, S. 13):

- Abschätzung von Einflussfaktoren auf die zukünftige Personalstruktur
- Durchführung der Personaleinsatzplanung
- Kosten- und Kapazitätssteuerung der Mitarbeiter
- Bereitstellung von Informationen zum Entlohnungssystem
- Messung und Steuerung der Mitarbeiterqualifikation, -motivation und -zufriedenheit
- Unterstützung der Entwicklung von Mitarbeiterführungssystemen
- integrierte Beurteilung der ökonomischen und sozialen Wirkungen von unternehmenspolitischen Entscheidungen.

Das moderne Personalcontrolling geht somit über das klassische Berichtswesen hinaus. Im Zentrum stehen Evaluationsansätze zur Bewertung des HRM. Als Beispiel seien verschiedene Ansätze zur **Wertschöpfungsmessung** genannt. Diesbezüglich ist jedoch anzuführen, dass der Beitrag, den das HRM zur Wertschöpfung leistet, oft schwierig zu quantifizieren ist. Deshalb wird in vielen Fällen auf qualitative Kriterien zurückgegriffen. Bei der Wertschöpfungsmessung im Personalbereich sollten zunächst verschiedene **Dimensionen der Wertschöpfung** unterschieden werden. Eine Unterscheidungsmöglichkeit bieten die Dimensionen Kontext, Potenzial, Prozess und Ergebnis. Diese Differenzierung erscheint deshalb sinnvoll, da sich die Ressource Mensch und die mit ihr verbundenen Potenziale dadurch auszeichnen, dass sie entwicklungsfähig sind. Der Kontext bestimmt dabei die Handlungsmöglichkeiten, Potenziale beschreiben die nutzbaren Ressourcen, die über Prozesse in Ergebnisse überführt werden können. Als Ansatzpunkte für die Evaluation können z.B. die Qualifikation und Motivation der Mitarbeiter herangezogen werden.

Im Zusammenhang mit der Zielsetzung der Wertschöpfung sind von den Controllern entsprechende **Kennzahlen** zu ermitteln, welche die Basis für Dispositionen und deren Kontrolle bilden. Als Beispiele für solche Kennzahlen können

- die Arbeitsproduktivität (Wertschöpfung bezogen auf die durchschnittliche Zahl der Beschäftigten),
- die Personalkostenproduktivität (Wertschöpfung bezogen auf den Personalaufwand) und
- die Wertschöpfungsquote (Wertschöpfung bezogen auf den Umsatz)

herangezogen werden. Welche Kennzahlen letztendlich zum Einsatz kommen, ist auch davon abhängig, ob das Personalcontrolling im Groß- oder Einzelhandel[1] vorgenommen wird. Denn die Objekte des Controlling variieren zwischen beiden Erscheinungsformen. Abbildung 6.58 gibt einen Überblick über ausgewählte Kennzahlen, die für den Groß- bzw. Einzelhandel von Bedeutung sind. Zudem variieren je nach Erscheinungsform auch die Personengruppen, die im Rahmen des Controlling zu evaluieren sind. Während im Großhandel z.B. entsprechende Kennzahlen für Einkäufer, Außendienstmitarbeiter oder Kommissionierer zu berechnen sind, stehen im Einzelhandel bspw. das Bedienungspersonal, Filial- oder Regionalleiter im Vordergrund.

Abbildung 6.58: Kennzahlen des Personalcontrolling im Groß- und Einzelhandel

Großhandel	Einzelhandel
▪ erzielte Eingangsspanne ▪ Bonifikationssumme ▪ Anzahl Neukunden ▪ Auftragswerte ▪ transportierte Mengen ▪ kommissionierte Colli (Packstücke)	▪ Umsatz je Bedienungskraft pro Stunde/Wo-che/Tag ▪ Anzahl der je Mitarbeiter verkauften Artikel (Absatz) pro Woche ▪ Anzahl der von einem Mitarbeiter pro Kunde verkauften Artikel (Absatz) pro Woche ▪ durchschnittliche Transaktionssumme pro Verkauf ▪ DB eines Mitarbeiters pro Stunde/Tag ▪ Anzahl der von einem Mitarbeiter bedienten Kunden pro Tag ▪ prozentueller Anteil am Schwund (einer Filiale)

Quelle: i.A.a. Barth/Hartmann/Schröder 2015, S. 422.

Stehen die Personalkosten im Fokus, können bspw. folgende Kennzahlen ermittelt werden (Scholz 2014, S. 831f.):

[1] Zur Systematisierung in Groß- und Einzelhandel vgl. die Ausführungen in Abschnitt B.II.1 des Ersten Kapitels.

- die Personalkosten je Mitarbeiter
- die Personalkosten in Prozent der Wertschöpfung
- der Anteil der Personalkosten an den Gesamtkosten
- Total Workforce Costs (der Personalaufwand für die interne Workforce, Leiharbeiter, Contractor, Consultants)
- External Workforce Costs (der Personalaufwand für Leiharbeiter, Contractor, Consultants).

Spezifische Aspekte des Personalcontrolling stellen das Bildungscontrolling und die Erfolgskontrolle bei Auslandsentsendungen dar. Beim **Bildungscontrolling** werden die Kosten der Aus- bzw. Weiterbildung den betriebswirtschaftlichen Ergebnissen (z.B. der Veränderung der Umsatzzahlen oder der Anzahl der Kundenreklamationen, der Anzahl der Neukunden, oder der Produktivität) gegenübergestellt. Darüber hinaus kann bspw. die Zufriedenheit mit einer Personalentwicklungsmaßnahme sowie der Lern- und Transfererfolg evaluiert werden. Letzterer bezieht sich darauf, ob das neu erlangte Wissen Auswirkungen auf den Arbeitsvollzug hat (Oechsler/Paul 2015, S. 456f.). Bei der **Erfolgskontrolle von Auslandsentsendungen** interessieren der Beitrag des Entsandten zum Erfolg der Auslandsniederlassung und die Erfüllung der Leistungserwartungen, die idealerweise in der Auslandsniederlassung und im Stammhaus bewertet werden (Oechsler/Paul 2015, S.473). In diesem Zusammenhang ist zu berücksichtigen, dass das Verständnis von Leistung und Erfolg kulturell bedingt variieren kann.

VI. Ausgewählte Herausforderungen des Human Resource Managements

1. Diversity Management

In der Literatur werden zahlreiche Herausforderungen diskutiert, denen das HRM gerecht werden muss. Diese Anforderungen, die sich auf die Ausgestaltung unterschiedlicher Aufgabenfelder des HRM auswirken können, liegen z.T. in den sozio-demografischen Veränderungen im Umfeld der Handelsunternehmen begründet. Teils sind sie auch auf Änderungen der internen Rahmenbedingungen zurückzuführen. Gedacht sei in diesem Zusammenhang bspw. an die Implementierung einer neuen Organisationstruktur oder neuer Prozesse.

Im Zusammenhang mit der Reaktion auf sozio-demografische Veränderungen (Foscht/Swoboda/Schloffer 2011, S. 29ff.) hat sich das Schlagwort „Diversity Management" etabliert. Dieses bezieht sich auf „in der Unternehmensstrategie verankerte Maßnahmen zur Nutzung der Potenziale und zur Reduktion der Probleme personeller Vielfalt in Unternehmen" (Stock-Homburg 2013, S. 740). Die personelle Vielfalt kann sich auf unterschiedliche Dimensionen, wie das Alter, das Geschlecht, die kulturelle Zugehörigkeit, die Rasse, Religion oder das Vorliegen einer Behinderung beziehen. Die Vorteile einer zunehmenden Heterogenität unter den Beschäftigten sind bspw. (Macharzina/Wolf 2018, S. 802f.):

- Verbesserung des Unternehmensimages
- Wettbewerbsvorteile beim Personal- und Absatzmarketing
- Steigerung der Kreativität und Innovativität
- Erhöhung der Problemlösungsqualität
- Steigerung der Mitarbeitermotivation
- Erhöhung der Systemreflexivität.

Die genannten Vorteile lassen sich am besten realisieren, wenn Handelsunternehmen dem sog. **Learning-and-Effectiveness-Ansatz** folgen, bei dem das Diversity Management als organisationales Lernen betrieben wird, neue Sicht- und Vorgehensweisen wertgeschätzt werden und das Unternehmen nach Multikulturalität und Akkulturation strebt (Macharzina/Wolf 2018, S. 805). Einen weiteren konzeptionellen Ansatz, dem Handelsunternehmen folgen können, stellt der **Access-and-Legitimacy-Ansatz** dar, bei dem die unternehmensinterne Demografie an die Demografie im Umfeld angepasst werden soll, um auf diesem Weg letztlich die Marktanteile des Unternehmens zu steigern (Macharzina/Wolf 2018, S. 805). Im Rahmen des **Discrimination-and-Fairness-Ansatzes** werden hingegen nur (mögliche) Konfliktpotenziale identifiziert und entsprechende (meist reaktive) Maßnahmen zur Überwindung der Konflikte gesetzt (Macharzina/Wolf 2018, S. 804f.). Welche Maßnahmen im Rahmen des Diversity Managements letztendlich gesetzt werden, hängt auch bei Handelsunternehmen u.a. von der Größe des Unternehmens, der Organisationsstruktur oder dem Standort ab (Foster 2005, S. 477ff.).

Diversity Management bei der Metro Group

Die Metro Group hat ihre Strategie zur Förderung der Inklusion und Vielfalt konkretisiert und erste Maßnahmen implementiert: Durch das „Inclusion for Growth"-Programm mit dem Leitmotiv „Inclusion starts with a smile" soll ein Kulturwandel im gesamten Unternehmen vorangetrieben und die Mitarbeiter aller Länder und Hierarchieebenen mithilfe von Workshops und einem E-Learning-Modul für das Thema „Inklusion und Vielfalt" sensibilisiert werden. Darüber hinaus wurde das „LSBTI"-Netzwerk ins Leben gerufen, um stärker auf die Themen der sexuellen Orientierung und Identität aufmerksam zu machen. Daneben fördert die Metro Group auch die berufliche Chancengleichheit von Männern und Frauen, setzt auf eine kulturelle Vielfalt in den Landesvorständen, fördert aufgeschlossene Beziehungen zwischen jüngeren und älteren Mitarbeitern, übererfüllt die gesetzlichen Vorgaben in Bezug auf die Einstellung von Schwerbehinderten und fokussiert durch die Teilnahme am Projekt „Verzahnte Ausbildung mit Berufsbildungswerken" auch auf den dauerhaften Erhalt von Ausbildungsplätzen für behinderte Menschen.

Die Vertriebslinie Real richtet sich mit der sog. betrieblichen Einstiegsqualifizierung – einer sechs bis zwölf Monate dauernden Maßnahme zur Berufsorientierung – darüber hinaus u. a. an lernbeeinträchtigte oder sozial benachteiligte Jugendliche.

Quelle: Metro Group 2016, S. 79ff.

Im Hinblick auf den Umgang mit älteren Mitarbeitern bzw. Führungspersonen hat sich mittlerweile die Auffassung durchgesetzt, dass mit zunehmendem Lebensalter nicht von einer generellen Verringerung der Leistungsfähigkeit auszugehen ist. Bestimmte Kompetenzen, wie z.B. die Kooperationsfähigkeit, die Kreativität, das Systemdenken oder die Entscheidungsfähigkeit, bleiben in gleichem Ausmaß erhalten und manche Kompetenzen, wie die Berufserfahrung, das berufsspezifische Wissen, das Urteilsvermögen oder die Markt- und Kundenorientierung sind bei älteren Personen stärker ausgeprägt als bei Jüngeren (Stock-Homburg 2013, S. 692f.). Damit kommen nach dem **Four-Category-Ansatz** von Warr (1993) für ältere Mitarbeiter insb. sog. age-enhanced Activities in Betracht, bei denen von einem positiven Zusammenhang zwischen Alter und Leistung auszugehen ist (siehe Abb. 6.59). Insgesamt werden bei diesem Ansatz vier Aufgabenkategorien unterschieden.

Um diesen Kategorien die im Handelsunternehmen anfallenden Tätigkeiten zuzuordnen, wird zum einen berücksichtigt, ob die funktionalen Fähigkeiten der Person (z.B. das Sehvermögen) ausreichen, um die betreffende Aufgabe zu bewältigen. Zum anderen wird geprüft, ob bei der spezifischen Tätigkeit auf Grund der Erfahrung eine Leistungssteigerung erwartet werden kann. Insbesondere dem Beraten und Betreuen von Kunden durch ältere Mitarbeiter kommt dabei eine große Bedeutung zu, da sich die sozio-demografischen Veränderungen auch in der Kundenstruktur niederschlagen und ältere Mitarbeiter die Bedürfnisse und Wünsche älterer Konsumenten ggf. besser verstehen.

Abbildung 6.59: Aufgabenkategorien im Four-Category-Ansatz

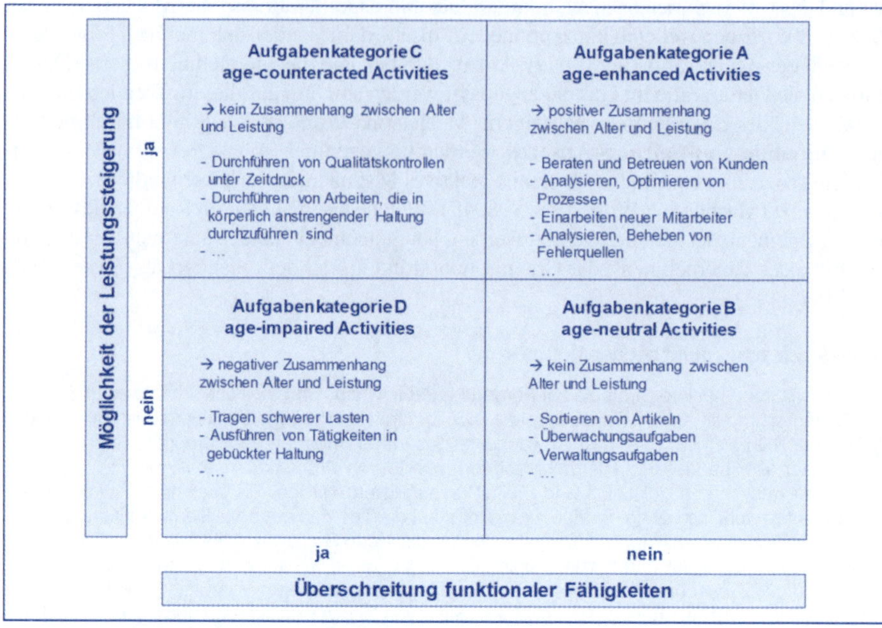

Quelle: i.A.a. Stock-Homburg 2013, S. 696.

Die personelle Vielfalt bezieht sich, wie bereits angeführt, aber auch auf das Geschlecht der Beschäftigten. Dabei sind gerade in Handelsunternehmen mehr Frauen als Männer beschäftigt: Der durchschnittliche Frauenanteil lag in Deutschland im Jahr 2016 bei 52,1% und in Österreich bei 54,5% (Statistisches Bundesamt 2017, S. 367; Wirtschaftskammer Österreich 2017, S. 36), variierte aber in Abhängigkeit der betrachteten Einzelhandelsbranche: Ein hoher Frauenanteil war insb. im LEH gegeben. Dieser betrug bspw. in Österreich in der Vergangenheit durchwegs über 70% – unabhängig davon, ob Vollzeit- oder Teilzeitbeschäftigungsverhältnisse betrachtet wurden (Wirtschaftskammer Österreich 2018, S. 13).

Um konkrete Maßnahmen für den Umgang mit weiblichen Beschäftigten abzuleiten, können Handelsunternehmen bspw. auf die **Preference Theory** von Hakim (1996) zurückgreifen, die in Abhängigkeit von der Priorität von Beruf und Familie drei Frauengruppen vorsieht (Stock-Homburg 2013, S. 737f.):

- Work-centred Women, die auf den Beruf und ihre Karriere fokussieren und für die u.a. Maßnahmen der Personalentwicklung und die Planung der Karriere im Rahmen der Förderungsmaßnahmen von Bedeutung ist
- Home-centred Women, welche die Priorität auf die Familie legen und für die bspw. Maßnahmen gesetzt werden sollen, um die Vereinbarkeit von Beruf und Familie zu verbessern (z.B. Flexibilisierung der Arbeitszeit und des Arbeitsortes, Betreuungsangebot für Kinder).
- Adaptive Women, deren Priorität für Beruf bzw. Familie im Zeitablauf variiert und für die bspw. das Angebot von arbeitsintensiven und arbeitsreduzierten Phasen von Bedeutung ist.

Durch diese Maßnahmen des Diversity Managements soll auch der Anteil von Frauen in Führungspositionen von Handelsunternehmen erhöht werden, wobei von manchen Handelsunternehmen das sog. Mixed Management als langfristiges Ziel formuliert wird. Angesichts der eingangs aufgezeigten sozio-demografischen Veränderungen gewinnt auch der Umgang mit Mitarbeitern, die einen Migrationshintergrund aufweisen, an Bedeutung. Im Hinblick auf die Gestaltung der Aufgabenbereiche des HRM wären bspw. Sprachtrainings oder die Förderung interkultureller Kompetenz anzuführen, die einerseits den Umgang der Mitarbeiter untereinander, andererseits aber auch den Kontakt mit den Kunden erleichtern könnten.

2. Health Care Management

Auch das **Health Care Management** ist als Herausforderung des HRM anzuführen. Dieses bezieht sich auf „gezielt eingesetzte Aktivitäten im Unternehmen, die zur langfristigen psychischen und physischen Gesundheit von Führungskräften bzw. Mitarbeitern beitragen" (Stock-Homburg 2013, S. 772). Dabei wurde die Notwendigkeit zum Health Care Management u.a. durch das überdurchschnittliche Engagement und die hohe zeitliche Flexibilität, die den Mitarbeitern abverlangt werden, vorangetrieben.

Gesundheitsmanagement und Arbeitsschutz bei der Rewe International AG

Die Rewe International AG sieht gesunde und zufriedene Mitarbeiter als Basis für ein erfolgreiches Unternehmen an. Deshalb wurde die betriebliche Gesundheitsförderung, die auf den drei Säulen „Körper", „Soziales" und „Geist/Wohlbefinden" basiert, im Jahr 2008 in die Nachhaltigkeitsstrategie integriert. Auf Filialebene werden bspw. Vorsorge- und Gesundenuntersuchungen durch bezahlte Freistellung unterstützt und Schulungen angeboten. Mitarbeiter in den Zentralen können Fitness-Einheiten, Beratungen zur Ergonomie am Arbeitsplatz in Anspruch nehmen und Vorträge zur Stärkung des Gesundheitsbewusstseins besuchen. Zudem gibt es arbeitspsychologische Coachings für Mitarbeiter und individuelle Coachings für Führungskräfte, die Belastungssignale ihrer MitarbeiterInnen erkennen sollen. Ebenso werden Filialprozesse laufend optimiert, um Zeitdruck und Stress durch eine ideale Personaleinsatzplanung so gering wie möglich zu halten.

Quelle: www.gemeinsam-nachhaltig.at, 19. Juli 2018.

Problembereiche, die im Zusammenhang mit der psychischen Gesundheit der Mitarbeiter häufig thematisiert werden, sind der zunehmende Stress, eine unausgewogene Work-Life-Balance, Burnout und Workaholismus (Stock-Homburg 2013, S. 777ff.). Empirische Studien belegen, dass bspw. Rollenstressoren (z.B. Rollenkonflikt und -ambiguität) nicht nur die Mitarbeiterzufriedenheit reduzieren, sondern auch die Leistungsfähigkeit der Mitarbeiter senken kann. In diesem Zusammenhang wird auch darauf verwiesen, dass gestresste Mitarbeiter weniger kreativ und damit weniger innovativ sind (Coelho/Augusto/Lages 2011, S. 39). Letzteres beinhaltet auch, dass häufig keine adäquaten Problemlösungen für Kunden gefunden werden – ein Umstand, der sich negativ auf die Kundenzufriedenheit und die Einkaufserfahrung am PoS auswirken kann (Coelho/Augusto/Lages 2011, S. 31f.). Da durch ein Health Care Management bspw. Leistungsrückgänge, Fehlentscheidungen oder Arbeitsausfälle reduziert bzw. vermieden werden können, lassen sich aus Unternehmenssicht auch Kosten einsparen. Hinsichtlich der Maßnahmen, die Handelsunternehmen setzen können, sind bspw. folgende anzuführen (Stock-Homburg 2013, S. 806ff.):

- Angebot ausgleichender Aktivitäten (z.B. Unternehmenssport)
- kontinuierliche Weiterentwicklung
- Angebot flexibler Arbeitszeiten
- Unterstützung durch Zusatzleistungen (z.B. medizinische Betreuung).

Generell können die Aktivitäten des Health Care Managements darauf abzielen, psychische bzw. physische Probleme zu vermeiden, bestehende Belastungen zu reduzieren bzw. zu beheben oder den Mitarbeitern Verhaltensweisen zu vermitteln, wie sie mit Belastungen umgehen können (Stock-Homburg 2013, S. 809).

3. Internationales Human Resource Management

Da Händler ihre internationale Geschäftstätigkeit seit einigen Jahren stark forcieren, müssen Personalverantwortliche bei der Ausgestaltung der Aufgabenfelder des HRM vermehrt kulturelle Unterschiede berücksichtigen. Dies insb. dann, wenn Niederlassungen in Ländern geführt werden, die anderen Kulturkreisen zuzurechnen sind. Abbildung 6.60 zeigt einige Besonderheiten in Bezug auf die verschiedenen Aufgabenbereiche des HRM auf.

Abbildung 6.60: Aufgaben des internationalen Human Resource Managements

Aufgabenfelder des HRM	Besonderheiten im internationalen Kontext
Personalbeschaffung	▪ Die interne Personalbeschaffung ist mit einer Abordnung, Auslandsentsendung oder Versetzung von Mitarbeitern verbunden. ▪ Potenzielle Arbeitnehmer aus dem Gastland verfügen oft nicht über die entsprechenden Qualifikationen.
Personalauswahl	▪ Auswahl auf Grund der fachlichen, persönlichen Eignung (Integrations-, Anpassungsbereitschaft), der kulturellen Eignung (bspw. Sprachkenntnisse, Vertrautheit mit der Unternehmenskultur und der Kultur des Gastlandes) sowie der familiären Eignung (z.B. stabile Familienverhältnisse).
Personalentwicklung	▪ Vermittlung von Kenntnissen in Bezug auf die Internationalisierungsstrategie des Unternehmens ▪ Interkulturelles Training (faktenorientiertes Training, attributionsorientiertes Training zur Vermittlung von Verhaltensgewohnheiten, Kulturbewusstseinstraining) bspw. durch Rollenspiele, Kultursimulationen, Interaktionstrainings
Personalentlohnung und -bewertung	▪ Berücksichtigung der jeweiligen Gesetzgebung des Gastlandes
Personalmotivation	▪ Eine Auslandsentsendung bietet die Möglichkeit zur beruflichen Weiterentwicklung und kann in Abhängigkeit von den persönlichen Bedürfnissen und Interessen der Mitarbeiter motivierend wirken. ▪ Berücksichtigung der Kultur und damit der Werte des Gastlandes
Personalfreisetzung	▪ Berücksichtigung der jeweiligen Landesgesetzgebung (bspw. hinsichtlich des Kündigungsschutzes)

Mitarbeiter und Führungskräfte, die für einen Auslandseinsatz vorgesehen sind, müssen über interkulturelle Kompetenz verfügen. Diese kann wie folgt definiert werden:

> Interkulturelle Kompetenz bezeichnet die Fähigkeit zur effizienten Kommunikation und Interaktion mit Angehörigen anderer Kulturen (Holtbrügge 2015, S. 138).

In Bezug auf die Personalführung zeigt sich, dass in individualistischen Ländern mit geringer Machtdistanz (bspw. USA, Großbritannien) eher ein partizipativer Führungsstil mit gemeinsamer Entscheidungsvorbereitung zum Erfolg führt (siehe Abb. 6.61). Im deutschsprachigen Raum ist der Vorgesetzte an der Meinung seiner Untergebenen interessiert, Mitarbeiter erwarten jedoch keinen hohen Grad an Entscheidungsautonomie. Der Führungsstil kann auf dem Kontinuum von Tannenbaum/Schmidt (1958, S. 96) als beratend oder kooperativ eingestuft werden (siehe hierzu die Ausführungen in Abschnitt D.IV.1. dieses Kapitels). In kollektivistischen Ländern mit hoher Machtdistanz (z.B. Türkei) herrschen patriarchalische bis autoritäre Führungsstile vor, die sich durch einen geringen Delegationsgrad und zentralistisch getroffene Entscheidungen auszeichnen.[1]

Abbildung 6.61: Führungsstilpräferenzen in unterschiedlichen Kulturen

	Länder	Führungsstilmerkmale
Partizipativer Führungsstil ▲	USA Niederlande, Flamen, Schweden Großbritannien	▪ Führung durch gemeinsame Entscheidungsvorbereitung ▪ Entscheidungs- und Führungsinstanzen durch formelle Normen am Machtmissbrauch weitgehend gehindert ▪ geringe Sicherheitsbedürfnisse bei den Unterstellten
	Belgien, Frankreich Dänemark, Norwegen, Australien, Japan Spanien, Deutschland, Italien	▪ Führung überwiegend am Rat und der Meinung der Mitarbeiter interessiert/orientiert ▪ mittlerer Delegationsgrad ▪ Unterstellte erwarten keinen hohen Grad an Entscheidungsautonomie
▼ Autoritärer Führungsstil	Griechenland, Türkei, südamerikanische Länder Malaysia, Indonesien, Thailand u.a. arabische Länder Indien, Pakistan	▪ sehr geringer Delegationsgrad, zentralistische Entscheidungen ▪ Statussymbole und Privilegien für Führungskräfte sichtbar und legitim ▪ Autorität wird nicht hinterfragt, sondern akzeptiert ▪ kaum Informationen zwischen den Ebenen

Quelle: i.A.a. Keller 1987, Sp. 1287f.

Grundsätzlich lassen sich im internationalen Kontext drei Kulturstrategien unterscheiden, die sich auf die Umsetzung des HRM auswirken:

- die monokulturelle Strategie
- die Mischkulturstrategie
- die multikulturelle Strategie.

Verfolgt ein Unternehmen eine **monokulturelle Strategie**, wird die Kultur der Muttergesellschaft auf sämtliche Auslandsniederlassungen übertragen. Praktiken des HRM, Führungsstile usw. werden somit einheitlich ausgestaltet. Auch bei der **Mischkulturstrategie** wird eine einheitliche Unternehmenskultur angestrebt, die hier jedoch durch eine Kultursynthese der Muttergesellschaft und der Tochtergesellschaften hervorgebracht wird. Im Rahmen einer **multikulturellen Strategie** werden in den Auslandsniederlassungen landes- und damit kulturspezifische Anpassungen vorgenommen.

VII. Marktorientierte Umsetzung des Human Resource Managements

Kundenorientierte Leistungen können nur schwer mittels Verhaltenssteuerung, also durch Anordnungen von der Unternehmensspitze, erbracht werden. Grundlage einer kundenorientierten Umsetzung des HRM bildet daher eine an den Kundeninteressen ausgerichtete Unternehmenskultur, die sich aus drei Ebenen zusammensetzt: den Werten, den Normen und den nach außen hin sichtbaren Artefakten. Werte, wie Innovativität oder Qualität, spiegeln die grundlegenden Zielsetzungen eines Händlers wider und sind im Leitbild verankert. Sie werden durch die Normen – verstanden als Regeln über das von den

[1] Für die Kulturdimensionen nach Hofstede www.hofstede-insights.com, 19. Dezember 2017.

Unternehmensmitgliedern erwartete Verhalten (Schreyögg/Geiger 2016, S. 323 bzw. die Ausführungen in Abschnitt E.II.2. des Ersten Kapitels) – konkretisiert und wirken auf dieses insb. über Artefakte ein. Die direkte Verhaltenswirksamkeit der Normen ist hingegen als gering einzustufen.

Abbildung 6.62: Kundenorientierte Gestaltung der Human-Resource-Management-Systeme

Human-Resource-Management-Systeme	Kundenorientierte Umsetzung
Personalbedarfsplanung	■ Ableitung des Personalbedarfs aus prognostizierten Markt- oder Marktanteilsentwicklungen
Personalbeschaffung	■ Auswahl der Mitarbeiter unter Berücksichtigung ihrer interaktionsbezogenen Fähigkeiten und ihrer Persönlichkeitsmerkmale (bspw. Empathie, Kontaktfreudigkeit oder Servicebereitschaft) ■ Durchführung von Rollenspielen im Rahmen des Auswahlverfahrens, um das Verhalten des potenziellen Mitarbeiters im Kundenkontakt zu simulieren
Personalbeurteilung	■ verhaltens- bzw. erfolgsbezogene Beurteilung, wobei z.B. die Kundenzufriedenheit ein adäquates Kriterium darstellt
Personalentlohnung	■ Kopplung variabler Lohn- bzw. Gehaltsbestandteile an die Kundenzufriedenheit ■ Prämien für kundenorientiertes Verhalten
Personalentwicklung	■ Vermittlung von markt- und kundenbezogenem Fachwissen und Förderung der Sozialkompetenz bspw. im Rahmen von Workshops oder Coaching-Maßnahmen ■ Kopplung der Aufstiegsmöglichkeiten an das kundenorientierte Verhalten des Mitarbeiters

Auf der Basis einer **kundenorientierten Unternehmenskultur** sind die Aufgabenfelder des HRM an den Interessen der Kunden auszurichten. Dies schließt einen mitarbeiter- und kundenorientierten Führungsstil sowie eine adäquate Gestaltung der Mitarbeiterfluss- und Belohnungssysteme ein. In Bezug auf die Mitarbeitermotivation führen insb. Maßnahmen, welche die intrinsische Motivation erhöhen, zu kundenorientiertem Verhalten. Zwar wirkt sich auch die Zufriedenheit mit der Entlohnung positiv auf die Kundenorientierung der Mitarbeiter aus, der Einfluss konnte jedoch nicht immer als nicht signifikant bestätigt werden (Thakor/Joshi 2005, S. 586, S. 589). Extrinsische Motivatoren können aber den Einfluss intrinsischer Motivatoren auf das kundenorientierte Verhalten verstärken und stellen demnach Moderatoren dar. Abbildung 6.62 zeigt einige Möglichkeiten auf, wie die Mitarbeiterfluss- und Belohnungssysteme die Kundenorientierung im Unternehmen forcieren können.

Mitarbeiter als Erfolgsgarant bei Hornbach

Da bei Hornbach 90% der Mitarbeiter in direktem Kundenkontakt stehen und nur qualifizierte Mitarbeiter den Kunden optimal beraten können, fördert das Unternehmen seine Mitarbeiter durch individuell gestaltete Qualifizierungsmaßnahmen, die im Zuge der jährlich stattfindenden Leistungsbeurteilungsgespräche zwischen Mitarbeiter und Führungskraft vereinbart werden. Denn die ca. 17.000 Mitarbeiter in neun Ländern werden aufgrund ihrer Kundennähe als Aushängeschild und Erfolgsgarant des Unternehmens betrachtet.

Quelle: www.hornbach.de, 19. Dezember 2017.

Über eine höhere Kundenzufriedenheit, Kundenbindung und Kundenloyalität schlägt sich das kundenorientierte Verhalten der Mitarbeiter in einer Steigerung des Markterfolges, einer Erhöhung des wirtschaftlichen Unternehmenserfolges und in der Generierung von Shareholder-Value nieder. Letzteres lässt sich damit begründen, dass eine höhere Zufriedenheit der Kunden eine Erhöhung des künftigen Cashflows bedingt bzw. Schwankungen im Cashflow reduziert und damit die Kapitalkosten eines Unternehmens senkt (Gruca/Rego 2005, S. 115f.).

Dabei wird dem Umstand, dass das kundenorientierte Verhalten der Mitarbeiter die Basis für die Kundenzufriedenheit und damit für den Erfolg des Handelsunternehmens bildet, verstärkt Rechnung getragen.

Grundsätzlich lassen sich zwei Wirkungsketten unterscheiden, wie ein kundenorientiertes HRM zu einer Erhöhung der Kundenzufriedenheit beitragen kann (siehe Abb. 6.63).

Abbildung 6.63: Wirkungskette eines kundenorientierten HRM

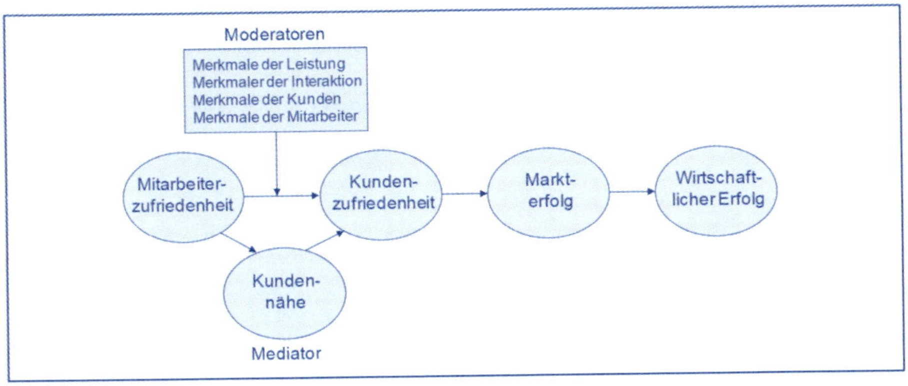

Quelle: i.A.a. Stock-Homburg 2012, S. 96.

Einerseits wirkt sich ein kundenorientiertes HRM positiv auf die Mitarbeiterzufriedenheit aus. Diese schlägt sich in einer höheren Kundenzufriedenheit und -loyalität nieder, die ihrerseits einen größeren Markterfolg und einen höheren wirtschaftlichen Erfolg des Unternehmens bedingt. Andererseits beeinflusst die Ausgestaltung des HRM direkt oder indirekt – vermittelt über die Einstellung des Mitarbeiters – das Ausmaß des kundenorientierten Verhaltens. Dieses führt dann wiederum über eine höhere Kundenzufriedenheit und -loyalität zu einer Erhöhung des Markterfolges und einer Steigerung des wirtschaftlichen Erfolges. Dass sich die Kundenorientierung der Mitarbeiter positiv auf dessen Verkaufserfolg (Kadic-Maglajlic u.a. 2017, S. 56ff.), auf die Kundenzufriedenheit und -loyalität (Homburg/Müller/Klarmann 2011, S. 804f.) sowie auf den (wirtschaftlichen) Erfolg eines Handelsunternehmens auswirken kann (Ziggers/Henseler 2016, S. 22; Tajeddini/Elg/Trueman 2013, S. 458; Jayawardhena/Farrell 2011, S. 210f.), konnte in empirischen Studien wiederholt bestätigt werden. Die Erfolgswirkung resultiert auch daraus, dass kundenorientierte Mitarbeiter stärker auf die Wünsche und Bedürfnisse der Kunden achten und deshalb die Entwicklung innovativer Unternehmensleistungen wahrscheinlicher machen (Wang/Zhao/ Voss 2016, S. 223, S. 226). Zudem konnte in empirischen Untersuchungen mehrfach gezeigt werden, dass eine höhere Mitarbeiterzufriedenheit eine höhere Kundenzufriedenheit bedingt (Netemeyer u.a. 2010, S. 531, S. 538f.; Evanschitzky u.a. 2011, S. 142ff.; Gerpott/Paukert 2011). Anzumerken ist auch, dass Mitarbeiter, die eine positive Einstellung den Kunden gegenüber haben, einen höheren Umsatz erwirtschaften (Sharma/Levy 2003, S. 524ff.) und höhere Personalwechselraten einen negativ Einfluss auf den Markterfolg und den finanziellen Erfolg eines Unternehmens haben können (Hancock u. a. 2013, S. 585ff.). Die Kundenzufriedenheit bzw. -begeisterung kann aber auch auf die Zufriedenheit der Mitarbeiter und deren (affektives) Commitment gegenüber dem Unternehmen zurückwirken (Barnes u. a. 2015, S. 438).

E. Fallstudie: dm-drogerie markt[1]

I. Darstellung des Unternehmens

1973 gründete Prof. Götz W. Werner im Alter von 29 Jahren den ersten dm-drogerie markt im baden-württembergischen Karlsruhe. Als gelernter Drogist wollte Werner von der aufgehobenen Preisbindung für Drogerieprodukte profitieren und ein Geschäft eröffnen, das vor allem durch preiswerte Produkte die potenziellen Kunden ansprechen würde. Durch eine Anpassung des Store-Layout an gewöhnliche Supermärkte und einem Fokus auf Selbstbedienung schaffte er zudem ein neues Shopping-Gefühl (Kaufmann 2004).

Abbildung 6.64: Absatzgebiet – dm-drogerie markt (Stand September 2017)

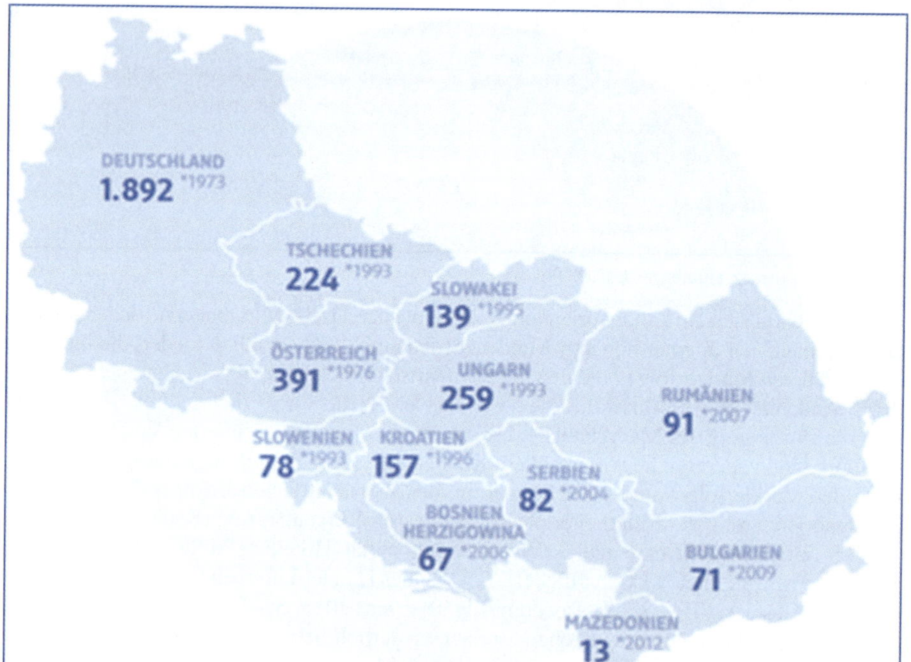

Quelle: www.dm-drogeriemarkt.at, 19. Dezember 2017.

Heute betreibt die dm-drogerie markt GmbH & Co. KG über 1.800 Filialen in Deutschland. Das Filialnetz besteht bundesweit aus Innenstadt-, Stadtteil- und Centerlagen mit wenigstens 400 Quadratmetern Verkaufsfläche. Den von Werner initiierten Grundprinzipien der übersichtlichen Ladengestaltung und der zielführenden Produktpräsentation ist man bis heute treu geblieben.

Seit 1976 ist das Unternehmen auch in Österreich vertreten, wo gegenwärtig über 390 Filialen existieren. Nach dem Mauerfall im Jahre 1990 hat dm zudem nicht nur in Ostdeutschland,

[1] Die Fallstudie wurde auf folgender Basis erstellt: Website des Unternehmens www.dm.de und www.dm-drogeriemarkt.at, Ergebnisse eines Experteninterviews mit Mike Metzger (Bereichsverantwortlicher für Lernen und Entwickeln) sowie die Berichterstattung in diversen Jahrgängen der Lebensmittel Zeitung und www.lebensmittelzeitung.net.

sondern auch in Osteuropa expandiert und neue Märkte erschlossen. Nach ersten Filialen in Tschechien und Ungarn baut dm sein Netzwerk stetig aus. Angetrieben durch die positive Entwicklung der EU und der Einführung des Euros ist es dem Unternehmen gelungen, schnell Fuß zu fassen und in Bulgarien, Rumänien und weiteren Ländern eine Präsenz aufzubauen. Abbildung 6.64 liefert einen Überblick über das gegenwärtige Absatzgebiet von dm-drogerie markt in Europa.

Die mittlerweile etwa 1.500 Auslandsfilialen trugen im Geschäftsjahr 2016/17 rd. 2,4 Mio. EUR zum Gesamtumsatz des dm-Konzerns bei, der sich im selben Geschäftsjahr auf 10,26 Mio. EUR belief. Die Zentrale des Unternehmens befindet sich in Karlsruhe. Von dort leitet die neunköpfige Geschäftsführung unter dem Vorsitz von Erich Harsch die Geschicke der konzernweiten 59.046 Mitarbeiter, von denen mit 40.357 der Großteil in Deutschland tätig ist (Stand: Juli 2018). Der europaweite Umsatz wird mit über 12.500 Artikel aus den Sortimentsbereichen Gesichts- und Körperpflege, Kosmetik und Düfte, Gesundheit und Naturkost, Babynahrung, Babypflege und Babykleidung sowie Haushalt, Foto, Hygiene und Tiernahrung erwirtschaftet. Neben zahlreichen Herstellermarken vertreibt dm auch 26 Eigenmarken, wie beispielsweise Balea (Pflegeprodukte), dmBio (Lebensmittel), Profissimo (Haushaltsprodukte) oder trend IT UP (Kosmetik). Diese bis zu 30 % unter dem Preisniveau der klassischen Herstellermarken angesiedelten Handelsmarken werden in fast allen Sortimentsbereichen angeboten und europaweit verkauft.

Nachdem dm seine Kunden lange Zeit über einen Web-Shop auf den Seiten von Amazon.de online angesprochen hat, können deutsche Kunden seit Juli 2015 auf einen hauseigenen Online-Shop zugreifen. Unter www.dm.de bietet die Drogeriekette über 12.000 Artikel an. Kunden können sich die Waren über den Shop entweder direkt nach Hause liefern oder zur Abholung in der Wunschfiliale bereitlegen lassen. Dieses Serviceangebot wird auch in zahlreichen Ländern von dm verfolgt und konsequent auf- und ausgebaut. Darüber hinaus bietet dm seit März 2017 eine Auswahl der eigenen Produkte auf der chinesischen Handelsplattform Alibaba an und ermöglicht Kunden außerhalb der bedienten Märkte Zugriff auf dm-Produkte. Gleichzeitig werden die Online-Aktivitäten von dm auch genutzt, um Produkte anzubieten, die bisweilen nicht in den Filialen angeboten werden. Das Unternehmen möchte die Chancen der Online-Welt nutzen und dort die Kooperation mit kleineren Unternehmen testen. Bei Erfolg würde die Kooperation dann auch auf den stationären Handel erweitert. So arbeitet dm bspw. seit Anfang 2017 mit dem E-Commerce-Start-Up Amorelie zusammen und erweiterte aufgrund der erfolgreichen Kooperation im Juli 2017 sein Sortiment in den Filialen in Deutschland. Geschäftsführer Harsch sieht in diesem Bereich nicht zwangsweise eine neue Möglichkeit der Gewinnmaximierung. Vielmehr möchte dm mit der Erweiterung des Angebots im Internet einen zusätzlichen Service zu den Filialen implementieren.

Online und offline verfolgt dm eine Dauerniedrigpreisstrategie und schafft es, durch die gezielte Kombination von Eigenmarken und Herstellermarken die Marktführerposition im Drogeriehandel einzunehmen. Die direkte Konkurrenz, die andere Preisstrategien verfolgt, und der aufkommende Wettbewerbsdruck durch Online-Anbieter oder eigentlich branchenfremde Konkurrenten, wie die Discounter ALDI und LIDL, sorgen dafür, dass dm an langfristig erfolgreich gedachter Strategie gelegen ist und diese Aspekte auch in der Unternehmensphilosophie verankert.

II. Unternehmensphilosophie

Bei dm-drogerie markt bildet das detailliert ausformulierte **Unternehmensleitbild** die Basis für die konsequente Ausrichtung aller Unternehmensfunktionen und -aktivitäten. Die 1981 entwickelte Unternehmensphilosophie dient als Fundament zur Entwicklung der Unternehmenskultur. Folgende Unternehmensgrundsätze, die auf Grund ihrer ganzheitlichen Ausrichtung starke Anleihen an die **Anthroposophie** aufweisen, bilden die dm-drogerie markt-Philosophie:

„So wie ich mit meinen Mitarbeitern umgehe, so gehen sie mit den Kunden um" (www.dm.de, 9. November 2017).

Diese Unternehmensphilosophie von dm drogerie-markt erfordert, dass das Unternehmen so zu gestalten ist, „dass

- die Konsumbedürfnisse der Kunden veredelt werden
- die zusammenarbeitenden Menschen Entwicklungsmöglichkeiten erhalten
- dm als Gemeinschaft vorbildlich in seinem Umfeld wirkt" (www.dm.de, 9. November 2017).

Diese traditionellen, noch auf Firmengründer Prof. Götz W. Werner zurückgehenden Ansätze, verfolgt der Konzern schon seit langem. Das Unternehmen hat bereits früh auf soziales Engagement und transparent gelebte Corporate Social Responsibility (CSR) gesetzt: Neben dem Fokus auf Bio-Produkte in den Filialen und dem neu initiierten Online-Shop, die einen beachtlichen Umsatzanteil ausmachen, sind es u.a. auch die eigenen Ansprüche bei Aspekten wie Baumaßnahmen und Energieeinsatz, die dm zum Vorreiter in diesem Bereich werden lassen. Durch intelligente Klimatechnik, umweltfreundliche Baustoffe und den Einsatz erneuerbarer Energie möchte dm den Kunden mehr Komfort bieten und einen bewussten Umgang mit Energieressourcen vermitteln. Im März 2017 wurde bereits die 1.000. dm-Filiale mit einer ökologischen und wirtschaftlich nachhaltigen Haustechnik ausgestattet. Auch bei den eingesetzten Transportfahrzeugen möchte dm zukünftig verstärkt auf Elektroantriebe setzen, um auf diese Weise die Umwelt zu entlasten und ein angenehmeres Umfeld für die Mitarbeiter zu schaffen (www.lebensmittelzeitung.net, 25. August 2016). Neben den Maßnahmen innerhalb des Unternehmens, schafft es dm aber auch, die gelebte Unternehmensphilosophie durch soziales Engagement in anderen Bereichen zu verdeutlichen: Abgesehen von zahlreichen wohltätigen Projekten, die von dm finanziell unterstützt werden, sind es auch die vielen Kooperationen mit Non-Profit-Organisationen, die für dm als wichtige Kommunikationsmöglichkeit fungieren. Gemeinsame Initiativen, wie bspw. „R'cycle", bei dem deutschlandweit in dm-Filialen Dosen für den guten Zweck gesammelt werden, werden dementsprechend regelmäßig durchgeführt und unterstützt.

Auch in den Bereichen Mitarbeiterführung und Personal zeigen sich ähnliche Ansätze und Gedanken der dm-Unternehmenskultur. Konkret wurden – neben Kundengrundsätzen und Partnergrundsätzen – daher auch folgende Mitarbeitergrundsätze auf der Basis der Unternehmensphilosophie formuliert (www.dm.de, 9. November 2017):

- „Wir wollen allen Mitarbeitern helfen, Umfang und Struktur unseres Unternehmens zu erkennen und jedem die Gewissheit geben, in seiner Aufgabe objektiv wahrgenommen zu werden."
- „Wir wollen allen Mitarbeitern die Möglichkeit geben, gemeinsam voneinander zu lernen, einander als Menschen zu begegnen, die Individualität des anderen anzuerkennen, um die Voraussetzungen zu schaffen, sich selbst zu erkennen und entwickeln zu wollen und sich mit den gestellten Aufgaben verbinden zu können."

Mithilfe dieser Grundsätze will dm-drogerie markt, „Eigentümlichkeiten anerkennen, gemeinsam gestalten" (www.dm.de, 9. November 2017).

III. Prozesse und Organisation

1. Implementierung und Umsetzung der Unternehmensphilosophie

Seit Mitte der 1990er Jahre hat dm einige Veränderungen vorangetrieben, die großen Einfluss auf die Prozesse innerhalb des Unternehmens hatten und haben. Unter der jetzigen Geschäftsführung sollen, aufbauend auf der Unternehmensphilosophie, die Prozesse und Organisationsstruktur weiter gestärkt beziehungsweise implementiert werden, um langfristig wettbewerbsfähig zu bleiben.

Geschäftsführer Erich Harsch sieht generell eine große Eigenverantwortung bei seinen Mitarbeitern und legt viel Wert auf eine selbstständige Arbeitsweise. Insbesondere durch den gestiegenen Wettbewerb und durch die neue Konkurrenz aus dem World Wide Web hat sich die Welt verändert und man sieht sich nun mit deutlich dynamischeren und kurzlebigeren Aufgaben und Prozessen konfrontiert (www.handelskongress.de, 29. August 2016). Durch das Leitbild der „dialogischen Kultur" wird diese Philosophie der dm-Arbeitswelt intern beschrieben, die sich durch ein sach- und kundenorientiertes Miteinander kennzeichnet und damit Abstand von ehemaligen, hierarchiegesteuerten Arbeitsverhältnissen schafft und den Fokus der alltäglichen Arbeit auf den Kunden legt. Viele Arbeitsweisen wurden bewusst angepasst, um dieser grundlegenden Strategie zu entsprechen. So verzichtet dm weitestgehend auf festgelegte Budgets oder hierarchisch bestimmte Zielvorgaben und verlässt sich auf das Engagement und die Fähigkeit der jeweiligen Mitarbeiter, die anstehenden Aufgaben und Herausforderungen zum Wohle des Kunden zu lösen. Insbesondere die internationale Expansion und die damit verbundenen unterschiedlichen Ländermärkte und Kulturen sind für dm bei diesem Ansatz stets zur Herausforderung geworden. Denn die Integration von verschiedenen kulturellen Hintergründen und – damit einhergehend – von unterschiedlichen Wertevorstellungen erschwert oftmals die lückenlose Umsetzung der vom Unternehmen gewünschten „dialogischen Kultur". Dementsprechend gibt es auch bei der Ausgestaltung der Unternehmensprozesse durchaus Unterschiede in den verschiedenen Ländern. Der Grundsatz der sach- und kundenorientierten Arbeitsweise steht dabei aber dennoch stets im Vordergrund.

2. Aufbau des Unternehmens

Die Organisation des Unternehmens dm ist stark an den unternehmerischen Grundsätzen orientiert und sorgt dafür, dass die angestrebte Unternehmenskultur auch durch die Struktur unterstützt umgesetzt werden kann. Zeitgleich mit dem internen Umdenken auf Kundenwünsche wurden auch diese Aspekte des Unternehmens überarbeitet. Kleinere Schritte umfassten beispielsweise die Umbenennung von „Leitern" zu „Verantwortlichen". Dies sollte eine Signalwirkung ausüben und wurde auf mehreren Ebenen umgesetzt. Im Rahmen der Umgestaltung wurden Zuständigkeiten von Region- und Gebietsverantwortlichen erweitert (größere Gebiete und mehr Filialen) sowie gleichzeitig mehr Verantwortung an die eigentlichen Filialen abgegeben (Pfläging/Selders 2012, S. 401f.). Dies hatte zur Folge, dass die Beratung und Unterstützung der Filialen erhöht wurde und gleichzeitig die Selbstorganisation der jeweiligen Unternehmensbereiche zunahm.

Weitere Maßnahmen bestanden in der Anpassung der Verantwortlichkeiten der Geschäftsleitung und dem damit verbundenen Wegfall einer kompletten Hierarchieebene. Filialen sollten durch diese Schritte dazu gebracht werden, die eigene Verantwortung zu begreifen, selbst zum Wohle des Kunden zu handeln und unter entsprechenden Umständen selbstständig auf die Strukturen der anderen Unternehmenszweige zurückzugreifen. Insbesondere für die Filialleiter bedeutete dies eine große Veränderung, da sie nun aufgefordert waren, wichtige Planungsentscheidungen selbst mitzugestalten und gleichzeitig ihre Mitarbeiter dazu bringen mussten, ihre alltäglichen Aufgaben selbstgestalterisch wahrzunehmen (Pfläging/Selders 2012, S. 401f.). Auch auf höchster Unternehmensebene zeigt sich die Grundidee der Unternehmensorganisation und die neun Mitglieder der Geschäftsführung teilen sich nicht nur die Verantwortung für neun dm-Regionen in Deutschland, sondern sind zusätzlich noch federführend für die folgenden Ressorts verantwortlich:

- Marketing und Beschaffung
- Logistik
- Finanzen und Controlling
- Produktmanagement
- Mitarbeiter und Arbeitsdirektor
- Informationstechnologie
- Expansion.

Die Kombination von Regions- und Ressortverantwortung soll allem voran dazu führen, dass die Einbindung von neuen Entwicklungen in den Alltag der Filialen reibungsloser vonstattengeht und die Geschäftsführung regelmäßig ein direktes Feedback durch eigene Erfahrungen vor Ort sammeln kann.

Die dm-Regionen sind unabhängig von den Bundeslandgrenzen definiert und umfassen zwischen 170 und 270 Filialen. Den Mitgliedern der Geschäftsführung sind innerhalb der Regionen noch gebietsverantwortliche Mitarbeiter zugeordnet, die sich um eine begrenzte Anzahl an Filialen kümmern. Einmal monatlich kommt es zu sogenannten Regionssitzungen. Dort trifft sich das jeweilige Mitglied der Geschäftsführung mit den Gebietsverantwortlichen, den regionalen Beratern für die Aus- und Weiterbildung und einigen Kollegen vom Gesundheits- und Sozialmanagement, um einen regelmäßigen Austausch zu gewährleisten. Durch die Verlagerung von Aufgaben und Verantwortung auf andere Hierarchieebenen ist es den Geschäftsführern möglich, mehrere Bereiche zu betreuen. Diese sehr flache Hierarchie wird aktuell von Erich Harsch, dem Vorsitzenden der Geschäftsführung, geleitet. Der Aufsichtsrat und der Betriebsrat fungieren als Organe der Mitbestimmung und Kontrolle für die weitere Entwicklung des Unternehmens.

3. Unternehmensentwicklung

Die Grundprinzipien der Unternehmensphilosophie zeigen sich auch im Rahmen der bei dm aktuell vorangetriebenen Etablierung neuer Technologien und Entwicklungen. Die Mitarbeiter der Filialen und etwaige Kundenwünsche werden auch bei diesem Thema als wichtiger Bestandteil der Entscheidungsfindung gesehen. Einzelne Vorstöße und Ideen können daher oftmals in ausgewählten Filialen von Mitarbeitern getestet und nach erfolgreicher Testphase bundesweit eingeführt werden. Spezielle Arbeitskreise, denen Mitarbeiter verschiedenster Hierarchieebenen angehören, sollen sicherstellen, dass neue Entwicklungen frühzeitig getestet und alle Perspektiven bei wichtigen Entscheidungen berücksichtigt werden können. Testphasen in einzelnen Filialen oder Regionen bieten dann weiterführend die Möglichkeit, weiteres Feedback einzuholen und auch die Reaktionen der Kunden im fortlaufenden Entscheidungsprozess einfließen zu lassen. Die Mitglieder der unterschiedlichen Unternehmensebenen sind vor und während der Testphase grundsätzlich angehalten, sich einzubringen und die Entwicklung mit ihren Meinungen und Erfahrungen voranzutreiben. Letztlich entscheiden das Feedback der Mitarbeiter und der Kunden über eine weiterführende Umsetzung in anderen Filialen. Langfristig soll dabei stets die Wertbildung für das Unternehmen im Vordergrund neuer Entwicklung stehen und nicht jeder Vorstoß auf Filialebene wird letztlich bundesweit umgesetzt. Individuelle, regional beschränkte Abweichungen von der üblichen Laden- und Prozessgestaltung werden durchaus befürwortet, wenn es den gegebenen

Kundenwünschen entspricht. Grundsätzlich möchte dm den Mitarbeitern stets die Möglichkeit einräumen, eigene Ideen umzusetzen und mit ihren Meinungen generell Gehör zu finden. Deshalb sind eigene Veranstaltungen, Meetings und Arbeitskreise eingeführt worden, um diese grundlegende Philosophie mit Leben zu füllen. Auch das unternehmenseigene Intranet, das die Mitarbeiter aller Unternehmensbereiche einsehen und nutzen können, spielt eine wichtige Rolle für die interne Kommunikation. In diesem werden die zahlreichen Entwicklungen, neue Trends und aktuelle, gesellschaftlich-relevante Themen dargestellt. Auf diese Art und Weise können Neuigkeiten aller Ebenen schnell im Unternehmen publik gemacht werden und es kann auch den an den jeweiligen Projekten nicht direkt beteiligten Mitarbeitern eine konkrete Idee der aktuellen Entwicklung vermittelt werden, sodass jeder die Möglichkeit erhält, sich selbst einzubringen. Den Mitarbeitern wird durch einen internen Wertbildungsrechner stets der Anteil des eigenen Teams an der Unternehmensleistung vermittelt. Im Vordergrund stehen dabei nicht verursachte Kosten, sondern der Zusammenhang von eigener Leistung, eventueller Vorleistungen von Kollegen der filialunterstützenden Dienste und Fremdleistungen. Dadurch erlangen Mitarbeiter stets Kenntnis über ihren Einfluss und können eigene Handlungen besser einschätzen und beurteilen.

IV. Human Resource Management

1. Generelle Personalstrategie

Seit 1995 ist der Personalbereich als eigenes Ressort in der Geschäftsführung vertreten. In Analogie zur Anthroposophie, welche die Welt in einer Stufenentwicklung sieht, die der Mensch erkennend nachvollziehen muss, um sich weiterzuentwickeln und höhere „seelische“ Fähigkeiten zu erlangen, basiert die Personalstrategie von dm auf sieben typischen Schritten, welche die Biografie eines Mitarbeiters ausmachen:

1. Akquisition
2. Einarbeitung
3. Funktionsübernahme
4. Ständiger Beitrag zur Wertbildung
5. Arbeit an der eigenen Entwicklung
6. Funktionserweiterung
7. Austritt.

Neben der Rekrutierung externer Hochschulabsolventen für Führungspositionen setzt dm stark auf die interne Beförderung von Mitarbeitern. Für einen engagierten Lehrling ist die Laufbahn bis zum Filialleiter oder stellvertretenden Filialleiter keine Seltenheit. Auch in diesen Prozessen zeigt sich die Zielsetzung des Unternehmens. Die Verwirklichung der Unternehmensphilosophie steht bereits bei der Ausbildung neuer Mitarbeiter an oberster Stelle und dm hat einige innovative Konzepte geschaffen, um diesen Lernprozess so abwechslungsreich und effektiv wie möglich zu gestalten.

Kommunikation auf dem Arbeitsmarkt

Die für die Branche ungewöhnlichen Arbeitsweisen und Freiräume bieten dm auch für die Kommunikation auf dem Arbeitsmarkt einige Vorteile. Diese versucht man auch vermehrt durch die eigenen Mitarbeiter nach außen zu tragen und so neue Mitarbeiter zu gewinnen. Ein Werkzeug hierfür sind die zahlreichen sozialen Netzwerke, auf denen dm zunehmend die eigenen Mitarbeiter zu Wort kommen lässt. Neben gängigen Social Media Plattformen, wie beispielsweise Facebook, werden auch YouTube und Instagram genutzt, um mit potenziellen oder künftigen Arbeitnehmern in Kontakt zu treten und sie aus Sicht der bestehenden Mitarbeiter über das Unternehmen zu informieren. Über die Website des Unternehmens und einer entsprechenden Unternehmensdarstellung bei XING können Interessierte zudem gezielt nach offenen Stellen suchen oder Informationen zu den bereits angeführten Ausbildungsmöglichkeiten einholen, sodass eine ideale Verknüpfung der Kanäle entsteht. In zahlreichen, auf die jeweilige Plattform angepassten Video- und Bildnachrichten werden Mitarbeiter dargestellt und als Testimonials für dm als Arbeitgeber eingesetzt. Diese Botschaften thematisieren dabei nicht nur gewisse Aspekte der Ausbildung, wie beispielsweise die Lehrlingsfiliale, auch das generelle Miteinander und die gelebte Unternehmensphilosophie werden thematisiert, um den Betrachtern das gewünschte Bild von dm als potenziellem Arbeitgeber zu vermitteln und sie zu überzeugen.

Insbesondere durch die Insolvenz des Hauptkonkurrenten Schlecker konnte dm beispielsweise in Deutschland in den letzten Jahren an Aufmerksamkeit gewinnen und rückte zunehmend in das Sichtfeld von Hochschulabsolventen und anderen potenziellen Bewerbern (www.lebensmittelzeitung.net, 13. September 2013). Generell hat die Branche durch die zunehmende Aufmerksamkeit der Öffentlichkeit und die wiederholte Darstellung der Marktentwicklung in der Presse profitieren können. Der für das Ressort „Mitarbeiter" zuständige Geschäftsführer Christian Harms sieht aber vor allem die „dialogische Kultur" und deren Implementierung als größten Anziehungspunkt im Bereich der Absolventenakquise. Diese gelebten Vorteile nach außen zu kommunizieren, ist dementsprechend auch das Kernelement der arbeitsmarktgerichteten Maßnahmen im Hause dm. Die Strategie von dm ist in den letzten Jahren sehr gut angenommen worden und alleine in den Jahren 2015 und 2016 hat man 171.000 Bewerbungen erhalten, von denen letztlich 6.000 zu einer Neueinstellung geführt haben (www.lebensmittelzeitung.net, 6. Oktober 2017).

Einstieg in das Unternehmen

dm bietet eine Vielzahl von Einstiegsmöglichkeiten in das Unternehmen. Neben Praktika und Direkteinstiegsoptionen sind es vor allem Ausbildungen und Duale Studiengänge, die für viele Mitarbeiter den ersten Schritt in das Unternehmen darstellen – ca. ein Drittel aller Bewerbungen entfallen auf diesen Bereich (www.lebensmittelzeitung.net, 6. Oktober 2017). Generell unterscheidet dm in diesem Ressort zwischen drei verschiedenen Bereichen, in denen sowohl klassische Ausbildungsmöglichkeiten als auch Duale Studiengänge zur Wahl stehen: Kaufmännischer Bereich, IT-Bereich und Logistik-Bereich. Neben der eigenen Ausbildung ist es für dm auch eine typische Herausforderung, anderweitig gelernte (Führungs-)Kräfte in das Unternehmen zu integrieren. Die Herausforderung in diesem Bereich besteht vor allem in dem mitgebrachten und bisweilen gelebten Gedankengut der Bewerber, welches oft konträr zu den von dm gelebten Philosophien ist. Daher werden potenzielle Mitarbeiter schon im Bewerbungsgespräch geprüft und auf spezielle Art und Weise gefordert. Durch den Einbezug mehrere Unternehmensbereiche in den Entscheidungsprozess und den Einsatz eines Gruppengespräches versucht man zudem, sämtliche Facetten der Bewerbertauglichkeit früh zu erfassen. Gleichzeitig gibt dieses Format auch den Bewerbern die Chance, Fragen in mehrere Richtungen zu stellen und früh zu erkennen, inwieweit man sich selbst mit dem Unternehmen identifizieren kann. Zu Beginn der Einarbeitung wird dafür Sorge getragen, dass neue Mitarbeiter ihre Stelle und die damit verbundenen Aufgaben erst einmal aus ihrer Sicht erfassen können. Eine Einarbeitung im klassischen Sinne ist bei dm für viele Stellen nicht vorgesehen und soll den neuen Mitarbeitern wiederum die Möglichkeit bieten, eine ganz eigene Perspektive zu gewinnen. Das Modell der dialogischen Kultur und Führung bietet eben genau diesen Spielraum und Mitarbeiter sollen auf diese Art und Weise lernen, unternehmerisch tätig zu sein und sich selbst bestmöglich zum Wohle der anderen Mitarbeiter und der Kunden in das

Unternehmen dm einzubringen. Durch gelegentliche Seminare und Austauschmöglichkeiten im Rahmen der Einarbeitungsphase schafft das Unternehmen die grundlegenden Möglichkeiten für neue Mitarbeiter, sich in die gedachte Rolle einzufinden. Die Seminarauswahl ist dabei aber keineswegs vorgegeben und richtet sich stets nach dem Prinzip der Selbsterkenntnis.

2. Mitarbeiterentwicklung im Unternehmen

Berufsausbildung

Lehrlinge bei dm erleben schon frühzeitig, dass das Unternehmen eine andere Philosophie verfolgt als andere Handelsunternehmen. Insbesondere das Maß an Selbstständigkeit ist groß und – neben den klassischen Elementen – wie Mitarbeit im Filialalltag und dem Besuch einer Berufsschule, bietet dm innovative Elemente, die den besonderen Lern- und Arbeitsprozess des Unternehmens vermitteln sollen.

Abbildung 6.65: Lernen in der Arbeit

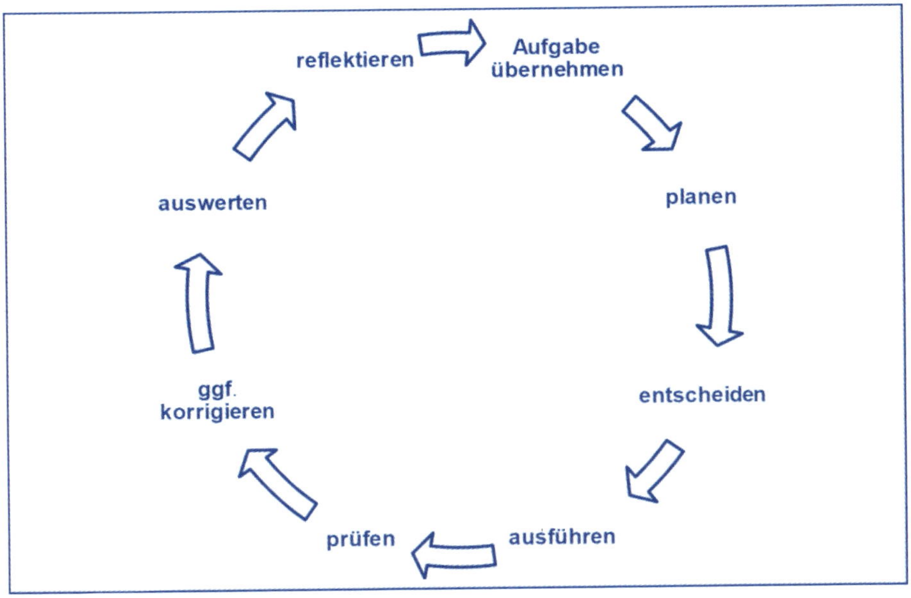

Quelle: dm-drogerie markt GmbH + Co. KG 2016.

Ganz allgemein verfolgt dm die Strategie „Lernen in der Arbeit“ (siehe Abb. 6.65). Wie bereits bei der Darstellung der Unternehmensentwicklung dargelegt, stellen Arbeitskreise, der stetige Austausch über Hierarchieebenen hinweg und eine eigenständige, selbstbewusste Arbeitsweise den Grundstein für die Entwicklung bei dm dar. Dieses Prinzip wird auch beim „Lernen in der Arbeit“ verfolgt, das die Lehrlinge während der gesamten Karriere im Hause dm begleiten wird. Lernen in der Arbeit bietet den Mitarbeitern ein Schema, dem sie bei ihrem Handeln folgen und anhand dessen sie den Arbeitsalltag gestalten können. Alle Prozesse und jegliches Vorgehen kann anhand dieser Herangehensweise korrigiert und verbessert werden. Das Unternehmen sieht in diesem Prozess die Möglichkeit für alle Unternehmensmitglieder, ihre Fähigkeiten selbstständig und eigenverantwortlich weiterzuentwickeln. Die Entwicklung eines eigenen Lernstils und Lerntempos soll den Lehrlingen schon früh helfen, den eigenen Weg in dem Unternehmen zu finden und sich weiterentwickeln zu können.

Ein spezifisches Element der Ausbildung, das den allgemeinen Lernprozess fördern soll, ist das Projekt „Abenteuer Kultur", ein Theaterworkshop, an dem alle Lehrlinge zwei Mal im Laufe ihrer Ausbildung teilnehmen. Gemeinsam mit professionellen Regisseuren, Schauspielern und Theaterpädagogen erarbeiten die Teilnehmer ein Theaterstück. Durch das Rollenspiel lernen die Lehrlinge, sich mit einer ungewohnten Situation auseinanderzusetzen, bei der sie die eigenen Grenzen und Ängste überwinden müssen. Abgeschlossen werden die Workshops mit einer Theaterpräsentation für Kollegen, Freunde und Familie. Für das Unternehmen ist jedoch nicht das Ergebnis des Workshops entscheidend, sondern der Prozess, dem sich die Lehrlinge unterziehen und für den sie Kritikfähigkeit, Disziplin und Konzentration benötigen. Diese Erfahrungen können im Anschluss individuell eingesetzt und gerade im Beruf erfolgreich und zweckdienlich genutzt werden. Das Unternehmen ist der Ansicht, dass der Transfer der kreativen künstlerischen Betätigung in die tägliche Arbeit auch der Persönlichkeitsentwicklung der einzelnen Lehrlinge dient (www.taz.de, 9. April 2013). Eine weitere Maßnahme, um Lehrlinge schon früh in die Verantwortung zu bringen, sind die regelmäßig durchgeführten „Lehrlingsfilialen". Im Rahmen dieser Initiative übernehmen die angehenden Drogisten für einen Monat die volle Verantwortung für das Geschehen in den jeweiligen Filialen und lernen so die Prozesse und Entscheidungsspielräume der späteren Positionen aus erster Hand kennen. Die normalerweise eingesetzten Mitarbeiter nehmen in diesem Zeitraum Urlaub oder werden in anderen Filialen eingesetzt. Dementsprechend müssen die Lehrlinge von der Kassiertätigkeit bis zur Personalplanung alle Aspekte des alltäglichen Arbeitslebens in den Filialen übernehmen und gemeinsam Lösungen für die aufkommenden Probleme und Herausforderungen finden. Lediglich ein Berater der Aus- und Weiterbildung und der Gebietsverantwortliche stehen für Fragen an der Seite der Auszubildenden. Im Jahr 2017 wurden beispielsweise in Deutschland im gesamten Bundesgebiet 32 Filialen für einen Monat zur Lehrlingsfiliale.

Kurs- und Seminarangebote

Ähnlich wie bei der Lehrlingsausbildung setzt dm auch im Rahmen von Mitarbeiterentwicklungsprozessen auf dynamische „Selbsterziehungsansätze" und das Prinzip „Lernen in der Arbeit". Fortbildungsmaßnahmen werden bei dm auf freiwilliger Basis angeboten und sollen den jeweiligen Mitarbeitern vor allem bei der Persönlichkeitsentwicklung helfen. Derartige Maßnahmen werden auch als Seminar angeboten. Ein klassisches Verkaufstraining gibt es im Unternehmen nicht. Zentrale Einheiten bei zahlreichen Fortbildungsmaßnahmen sind „warenkundliche Werkstätten". Dort haben die Mitarbeiter die Möglichkeit, die Produkte zu testen und besser kennenzulernen. Neue, innovative Angebote und Maßnahmen werden ebenfalls durch derartige Werkstätten vermittelt. Ziel ist es stets, den Mitarbeitern eine optimale Betreuung der Kunden zu ermöglichen (www.lebensmittelzeitung.net, 13. September 2013). Das Angebot an Kursen und Seminaren ist umfangreich und kann von allen Mitarbeitern nach eigenem Bedarf wahrgenommen werden. Wie aus Abb. 6.66 hervorgeht, unterscheidet das Unternehmen generell zwischen drei Schwerpunkten bei der Weiterentwicklung der Mitarbeiter.

Innerhalb der in Abb. 6.66 dargestellten Kompetenzfelder, bietet dm seinen Mitarbeitern die Möglichkeit zur eigenen Weiterentwicklung. Ein Team von speziell geschulten Beratern steht den Mitarbeitern der jeweiligen Regionen zur Verfügung und hilft ihnen bei der Auswahl geeigneter Kurse. Das Unternehmen möchte dabei schon frühzeitig das Potenzial der Mitarbeiter wecken und mit Hilfe der Berater eine unterstützende Institution anbieten, die bei der Findung des eigenen „Lernkreises" Hilfestellung geben kann. Durch die freie Wahlmöglichkeit und die generelle Unterstützung aller Mitglieder des Unternehmens sorgt dm auch im

Bereich der Personalentwicklung für den internen Gedankenaustausch und kann Kompetenzen gezielt weiterentwickeln. Das Unternehmen ist ebenso bei der internen Karriereplanung strategisch freier aufgestellt als viele Konkurrenten und versucht den Weg der Mitarbeiter individueller zu formen und deren Potenzial zu entwickeln. Daher gibt es auch keine fest definierten Vorgaben, die ein Aufstiegsaspirant erfüllen muss. Den Mitarbeitern steht der eigene Weg stets frei und die für die Beratung zuständigen Kollegen erarbeiten Vorschläge und zeigen Möglichkeiten auf, verbindlich festgelegte Karrierepfade gibt es diesbezüglich im Hause dm aber nicht.

Abbildung 6.66: Schwerpunkte der Weiterentwicklung

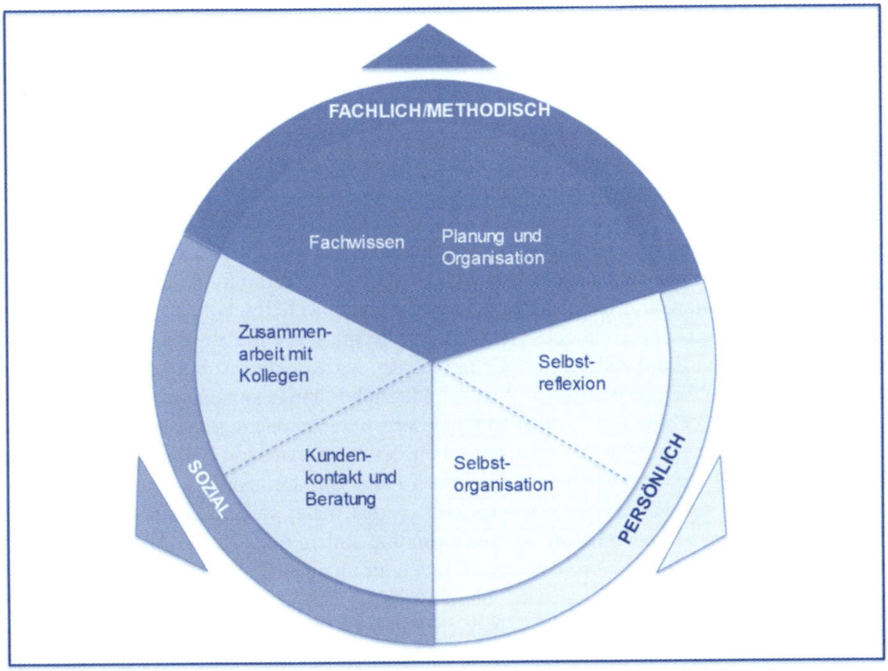

Quelle: dm-drogerie markt GmbH + Co. KG 2016.

Kooperationen

Die spezielle und für die Branche ungewöhnliche Unternehmensphilosophie, die sich letztlich auch auf die Ausgestaltung des Aus- und Weiterbildungsbetriebs auswirkt, beeinflusst ebenso die Möglichkeit, geeignete Lehrkräfte und Institutionen zu finden, mit denen eine etwaige Kooperation möglich ist. Daher versucht das Unternehmen, Kooperationen langfristig und strategisch zu planen, sodass man sich mit entsprechenden Partnern absprechen und gemeinsam entwickeln kann. Insbesondere bei der Auswahl einer Partnerhochschule im Rahmen der Studiengänge spielte dies eine besondere Rolle. Seit einigen Jahren kooperiert dm mit der Alanus-Hochschule. Das Unternehmen wollte als Partner ganz bewusst eine Hochschule auswählen, die den eigenen Vorstellungen von Betriebsführung auch in den Lehrinhalten nahekommt und einen theoretischen Rahmen für die Bestrebungen im Hause dm liefern kann. Die Alanus-Hochschule versucht beständig, Inhalte aus der Praxis in den Unterricht einzubauen und auch Vertreter von dm sind hier regelmäßig Gastreferenten, um den Kursteilnehmern einen Eindruck aus der Unternehmenspraxis zu vermitteln. Aber auch bei der regional ausgerichteten Ausbildung der Lehrlinge versucht dm, durch einen stetigen Kontakt und Austausch sicherzustellen, dass die Inhalte der Berufsschulen keine Konflikte mit der Unternehmenskultur hervorrufen: Filialleiter sind regelmäßig in den entsprechenden Berufsschulen zu Gast und versuchen durch Kooperationen auf verschiedenen Ebenen eine geeignete Struktur für die Ausbildung zu gewährleisten. Denn dm möchte sicherstellen, dass Schule und Unternehmen ein einheitliches Bild vermitteln und beide Faktoren gleichermaßen auf den Ausbildungsprozess Einfluss nehmen können. Das Unternehmen lädt daher auch die Lehrer der Schulen regelmäßig ein, sich über das Unternehmen zu informieren und die Schüler bei ihrer Arbeit in den Filialen zu besuchen.

V. Fazit und Ausblick

Die positive Entwicklung von dm lässt sich an vielen Aspekten festmachen und insb. die positive, monetäre Entwicklung wird als Antreiber für weitere Expansionen dienen. Nachdem man 2005 den italienischen Markt nach zehn nicht den Erwartungen entsprechenden Jahren wieder verlassen hatte und seine 39 Filialen an Aqua e Sapone verkaufen musste, wurde Ende 2017 ein erneuter Expansionsversuch in diesen Ländermarkt gestartet. Aufbauend auf den Erfahrungen der letzten Jahre und unterstützt durch politische Reformen, die neue Investitionen und die Schaffung von Arbeitsplätzen ermöglichen, erhofft man sich, dieses Mal eine lukrativere Ausganglage nutzen zu können. Zudem soll der von dm initiierte und erfolgreich gestartete Online-Shop langfristig ausgebaut und durch ein weiteres, auf den Versand der online bestellten Waren zugeschnittenes Logistikzentrum im tschechischen Bor unterstützt werden. Gleichzeitig wird dm aber auch mit einer steigenden Konkurrenz in diesem Bereich zu kämpfen haben. So hat beispielsweise Amazon kürzlich Pläne bekanntgegeben, sein Drogerie-Angebot stark erweitern zu wollen (www.lebensmittelzeitung.net, 26. Mai 2017). Dies könnte auch für dm negative Konsequenzen haben. Nachdem Amazon 2017 auch im Ranking der Wunscharbeitgeber von Studenten den ersten Platz von dm übernommen hat (www.lebensmittelzeitung.net, 12. Mai 2017), zeigt sich einmal mehr, welche Position der Online-Händler auf diesem Markt einnehmen könnte. dm und andere traditionelle Anbieter sind daher daran interessiert, innovative Ansätze zu finden, um langfristig konkurrenzfähig zu bleiben. Ebenso hat die Zerschlagung von Tengelmann die Konkurrenz auf dem Markt belebt und zur Unsicherheit beigetragen (www.handelsblatt.com, 20. Oktober 2016). Das Unternehmen dm hat es in den letzten Jahren dennoch verstanden, sich effizient und effektiv auf eine stark kundenorientierte Unternehmenskultur zu verständigen. Mitarbeiter werden vom ersten Tage an in diese Prozesse eingearbeitet und können sich frei in einem dynamischen und aufgeschlossenen Umfeld entwickeln. Neben überzeugenden monetären Erfolgen, zeigt die positive Unternehmensentwicklung auch auf dem Arbeitsmarkt Wirkung. In zahlreichen Rankings, die sich mit Themen wie Arbeitnehmerzufriedenheit oder Arbeitgeberattraktivität befassen, hat sich dm mittlerweile Topplatzierungen erarbeitet. Insbesondere im Vergleich zu den direkten Konkurrenten, die ähnliche Herausforderungen zu meistern haben, kann man erkennen, dass dm in diesem Feld erfolgreich gearbeitet hat. Die weitere internationale und nationale Entwicklung wird sich dementsprechend auch weiter an der „dialogischen Kultur" orientieren und in allen Unternehmensbereichen Anwendung finden.

Literaturverzeichnis

IBM/Auto-ID Center (Hrsg.) (2002): Focus on Retail: Applying Auto-ID to Improve Product Availability at the Retail Shelf, Cambridge.

Ausschuss für Definitionen zu Handel und Distribution (Hrsg.) (2006): Katalog E: Definitionen zu Handel und Distribution, Köln.

(2006): Consumer-Centric Category Management: How to Increase Profits by Managing Categories Based on Consumers Needs, Hoboken.

GS1-Germany (Hrsg.) (2009a): Die GS1-Nummernsysteme, Köln.

VICS (Voluntary Interindustry Commerce Solutions Association) (Hrsg.) (2011): CPFR: An Overview of the Model, http://www.vics.org/committees/cpfr/, 10. April 2011.

(2012): Selling to the Multi-Channel Consumer: Strategic and Operational Challenges for Multi-Channel Retailers, Amsterdam.

American Marketing Association (Hrsg.) (2013): Definition of Marketing, https://www.ama.org/AboutAMA/Pages/Definition-of-Marketing.aspx, 13. Juli 2018.

GS1 US (Hrsg.) (2014): Introducing - CPFR 2.0 : Delight Customers and Maximize Performance, https://www.gs1us.org/DesktopModules/Bring2mind/DMX/Download.aspx?Command=Core_Download&EntryId=465, 7. Dezember 2017.

GS1 Austria (Hrsg.) (2015): Nutzen und Vorteile des GS1 Systems: Standards als Erfolgsfaktoren,, https://www.gs1.at/fileadmin/user_upload/Broschuere_GS1_Austria_Nutzen_Vorteile_GS1_System.pdf, 22. September 2017.

EHI Retail Institute GmbH (Hrsg.) (2016): EHI handelsdaten aktuell 2016.

GS1 US (Hrsg.) (2016): CPFR 2.0 Collaborative Planning, Forecasting, and Replenishment (CPFR), , http://2016archive.gs1us.org/DesktopModules/Bring2mind/DMX/Download.aspx?command=core_download&entryid=1282&language=en-US&PortalId=0&TabId=785, 07. Dezember 2017.

Consumer Goods Forum (Hrsg.) (2017): Introduction to Efficient Consumer Response, http://globalscorecard.gs1.org/gsclive/getting_started/introduction.asp, 6. Dezember 2017.

EHI Retail Institute GmbH (Hrsg.) (2017): EHI handelsdaten aktuell 2017.

SAP (Hrsg.) (2017): SAP S/4HANA: Transform Retail Merchandise Management, https://www.sap.com/germany/documents/2016/12/cab8a592-9a7c-0010-82c7-eda71af511fa.html, 30. November 2017.

Forbes (Hrsg.) (2017): Blockchain In The Supply Chain: Too Much Hype, https://www.forbes.com/sites/stevebanker/2017/09/01/blockchain-in-the-supply-chain-too-much-hype/#160a509d198c, 28. November 2017.

Netzwoche (Hrsg.) (2017): Die Blockchain entrümpelt die Supply Chain http://www.netzwoche.ch/news/2017-09-01/die-blockchain-entruempelt-die-supply-chain, 28. November 2017.

ECR Austria (Hrsg.) (2017): ECR Digital Edition, www.ecr.digital, 14. November 2017.

railCare (Hrsg.) (2017): http://www.railcare.ch/content/railcare/de.html, 15. Oktober 2017.

Wirtschaftskammer Österreich (Hrsg.) (2017): Statistisches Jahrbuch, http://wko.at/statistik/jahrbuch/2017_Deutsch.pdf, 17. Juli 2018.

Statistisches Bundesamt (Hrsg.) (2017): Statistisches Jahrbuch 2017, https://www.destatis.de/DE/Publikationen/StatistischesJahrbuch/Arbeitsmarkt.pdf?__blob=publicationFile, 17. Juli 2018.

ECC Köln (Hrsg.) (2017): Service-Evolution im Handel – aus Erlebnis wird Convenience, Köln.

Blue Tomato (Hrsg.) (2017): Blue Tomato Media Kit, https://www.blue-tomato.com/de-AT/info/Media+Kit-00000MDV/, 4. August 2017.

Statista (Hrsg.) (2018): Ranking der Werbetreibenden mit den größten Ausgaben in Deutschland im Jahr 2017 (in Millionen Euro), https://de.statista.com/statistik/daten/studie/257663/umfrage/werbetreibende-mit-den-groessten-ausgaben/, 26. Juli 2018.

derStandard.at (Hrsg.) (2018): Werbemarkt 2017: Print dominiert weiter, Online legt auf 14 Prozent zu, https://derstandard.at/2000073305163/Werbemarkt-Print-dominiert-weiter-Online-legt-auf-14-Prozent-zu, 26. Juli 2018.

EHI Retail Institute GmbH (Hrsg.) (2018): EHI handelsdaten aktuell 2018.

Numerikon (Hrsg.) (2018): Spacemanagement Grundlagen, http://www.numerikon.de/xpace-3/spacemanagement-grundlagen/, 7. August 2018.

Wirtschaftskammer Österreich (Hrsg.) (2018): Lebensmittelhandel: Branchendaten, http://wko.at/statistik/BranchenFV/B_301.pdf, 17. Juli 2018.

Das Österreichische Gallup-Institut (Hrsg.) (2018): Gallup Branchenmonitor, https://www.gallup.at/de/themen/handelsforschung, 25. Juli 2018.

Adams, J.S. (1963): Towards an Understanding of Inequity, in: Journal of Abnormal and Social Psychology, 67. Jg., Nr. 5, S. 422–436.

Ahlert, D.; Schröder, H. (1990): Erlebnisorientierung im stationären Einzelhandel, in: Marketing ZFP - Journal of Research and Management, 12. Jg., Nr. 4, S. 221-229.

Ahlert, D.; Kenning, P.; Schneider, D. (2000): Markenmanagement im Handel, Wiesbaden.

Ahlert, D.; Kenning, P.; Brock, C. (2018): Handelsmarketing: Grundlagen der marktorientierten Führung von Handelsbetrieben, 2. Aufl., Berlin.

Aichele, C.; Schönberger, M. (2016): E-Business: Eine Übersicht für erfolgreiches B2B und B2C, Wiesbaden.

Akerman, A. (2018): A theory on the role of wholesalers in international trade based on economies of scope, in: Canadian Journal of Economics/Revue canadienne d'économique, 51. Jg., Nr. 1, S. 156-185.

Akter, S.; Wamba, S.F. (2016): Big data analytics in e-commerce: a systematic review and agenda for future research, in: Electronic Markets, 26. Jg., Nr. 2, S. 173-194.

Alavi, S.A.; Rezaei, S.; Valaei, N.; Wan Ismail, W.K. (2016): Examining shopping mall consumer decision-making styles, satisfaction and purchase intention, in: The International Review of Retail, Distribution and Consumer Research, 26. Jg., Nr. 3, S. 272-303.

Alderfer, C.P. (1972): Existence, Relatedness and Growth: Human Needs in Organizational Settings, New York.

Alexander, N.; Rhodes, M.; Myers, H. (2011): A gravitational model of international retail market selection, in: International Marketing Review, 28. Jg., Nr. 2, S. 183-200.

Alhorr, H.; Singh, N.; Kim, S. (2010): E-commerce on the global platform: Strategic insights on the localization-standardization perspective, in: Journal of Electronic Commerce Research, 11. Jg., Nr. 1, S. 6-13.

Allaway, A.; Huddleston, P.; Whipple, J.; Ellinger, A. (2011): Customer-based brand equity, equity drivers, and customer loyalty in the supermarket industry, in: Journal of Product & Brand Management, 20. Jg., Nr. 3, S. 190-204.

Almehairi, M.; Bhatti, T. (2014): Adoption of virtual shopping: Using smart phones and QR Codes, in: Journal of Management and Marketing Research, 17. Jg., Nr. 10, S. 1-12.

Alpar, P.; Bensberg, R.; Grob, H.L.; Weimann, P.; Winter, R. (2014): Anwendungsorientierte Wirtschaftsinformatik: Strategische Planung, Entwicklung und Nutzung von Informationssystemen, 7. Aufl.

Amann, K.; Petzold, J. (2014): Management und Controlling. Instrumente – Organisation – Ziele, 2. Aufl., Wiesbaden.

Amit, R.; Han, X. (2017): Value creation through novel resource configurations in a digitally enabled world, in: Strategic Entrepreneurship Journal, 11. Jg., Nr. 3, S. 228-242.

Amrouche, N.; Yan, R. (2012): Implementing online store for national brand competing against private label, in: Journal of Business Research, 65. Jg., Nr. 3, S. 325–332.

Anderer, M. (1997): Internationalisierung im Einzelhandel: Strategien und Steuerungsmodelle, Frankfurt a.M.

Anderl, E.; Schumann, J.H.; Kunz, W. (2016): Helping Firms Reduce Complexity in Multichannel Online Data: A new Taxonomy-Based Approach for Customer Journeys, in: Journal of Retailing, 92. Jg., Nr. 2, S. 185–203.

Anderson, C. (2011): The Long Tail: Nischenprodukte statt Massenmarkt – Das Geschäft der Zukunft, 2. Aufl., München.

Anselmsson, J.; Bondesson, N.; Melin, F. (2016): Customer-based brand equity and human resource management image: Do retail customers really care about HRM and the employer brand?, in: European Journal of Marketing, 50. Jg., Nr. 7/8, S. 1185-1208.

Ansoff, I. McGraw-Hill (Hrsg.) (1965): Corporate Strategy, An Analytic Approach to Business Policy for Growth and Expansion, New York.

Appelbaum, E.; Bailey, T.; Berg, P.; Kalleberg, A.L. (2000): Manufacturing Advantage. Why High-Performance Work Systems Pay Off, Ithaca.

Arce-Urriza, M.; Cebollada, J. (2012): Private labels and national brands across online and offline channels, in: Management Decision, 50. Jg., Nr. 10, S. 1772–1789.

Arce-Urriza, M.; Cebollada, J.; Tarira, M.F. (2017): The effect of price promotions on consumer shopping behavior across online and offline channels: differences between frequent and non-frequent shoppers, in: Information Systems and e-Business Management, 15. Jg., Nr. 1, February 01, S. 69–87.

Argyris, C. (1992): On Organizational Learning, Cambridge.

Argyris, C.; Schön, D.A. (1978): Organizational Learning: A Theory of Action Perspective, Reading u.a.

Arnett, D.; Laverie, D.; Meiers, A. (2003): Developing parsimonious retailer equity indexes using partial least squares analysis: a method and applications, in: Journal of Retailing, 79. Jg., Nr. 3, S. 161-170.

Arnim, P. (2016): Lösungsansätze für ein Multi-Channel-Controlling, in: Buttkus, M.; Neugebauer, A.; Kaland, A. (Hrsg.): Controlling im Handel. Innovative Ansätze und Praxisbeispiele, 2. Aufl., Wiesbaden, S. 75–90.

Arnold, S.; Oum, T.; Tigert, D. (1983): Determinant Attributes in Retail Patronage: Seasonal, Temporal, Regional, and International Comparisons, in: Journal of Marketing Research, 20. Jg., Nr. 2, S. 149-157.

Arnold, T.; Palmatier, R. (2012): Channel relationship strategy, in: Shankar, Venkatesh; Carpenter, Gregory (Hrsg.): Handbook of Marketing Strategy, London, S. 231-247.

Arnold, U. (1997): Beschaffungsmanagement, Stuttgart.

Arrigo, E. (2016): Fast Fashion Business Model: An Overview, in: Vecchi, A.; Buckley, C. (Hrsg.): Handbook of Research on Global Fashion Management and Merchandising, Hershey, S. 186-209.

Ashworth, C. (2012): Marketing and organisational development in e-SMEs: understanding survival and sustainability in growth-oriented and comfort-zone pure-play enterprises in the fashion retail industry, in: International Entrepreneurship and Management Journal, 8. Jg., Nr. 2, S. 165-201.

Assaf, A.G.; Josiassen, A.; Ratchford, B.; Barros, C.P. (2012): Internationalization and performance of retail firms: a Bayesian dynamic model, in: Journal of Retailing, 88. Jg., Nr. 2, S. 191-205.

ATKearney (2017): The 2017 Global Retail Development Index: The Age of Focus, Chicago.

Atkin, K.L. (1962): Advertising and Store Patronage, in: Journal of Advertising Research, 2. Jg., Nr. 1, S. 18-23.

Atzert, S. (2011): Strategisches Prozesscontrolling. Koordinationsorientierte Konzeption auf der Basis von Beiträgen zur theoretischen Fundierung von strategischem Prozessmanagement, Wiesbaden.

Ausschuss für Definitionen zu Handel und Distribution (Hrsg.) (2006): Katalog E: Definitionen zu Handel und Distribution, Köln.

Avery, J.; Steenburgh, T.J.; Deighton, J.; Caravella, M. (2012): Adding bricks to clicks: Predicting the patterns of cross-channel elasticities over time, in: Journal of Marketing, 76. Jg., Nr. 3, S. 96-111.

Aydinli, A.; Bertini, M.; Lambrecht, A. (2014): Price Promotion for Emotional Impact, in: Journal of Marketing, 78. Jg., Nr. 4, S. 80–96.

Badrinarayanan, V.; Suh, T.; Kim, K.-M. (2016): Brand resonance in franchising relationships: A franchisee-based perspective, in: Journal of Business Research, 69. Jg., Nr. 10, S. 3943-3950.

Badrinarayanan, V.; Becerra, E.; Kim, C.-H.; Madhavaram, S. (2012): Transference and congruence effects on purchase intentions in online stores of multi-channel retailers: initial evidence from the US and South Korea, in: Journal of the Academy of Marketing Science, 40. Jg., Nr. 4, S. 539-557.

Bagdare, S.; Jain, R. (2013): Measuring retail customer experience, in: International Journal of Retail & Distribution Management, 41. Jg., Nr. 10, S. 790–804.

Bahadir, S.C.; Bharadwaj, S.; Srivastava, R. (2015): Marketing mix and brand sales in global markets: Examining the contingent role of country-market characteristics, in: Journal of International Business Studies, 46. Jg., Nr. 5, S. 596-619.

Bailey, M. (2016): Marketing to the Big Middle: establishing Australian discount department stores, in: Journal of Historical Research in Marketing, 8. Jg., Nr. 3, S. 416-433.

Bain, J.S. (1968): Industrial Organization, 2. Aufl., New York u.a.

Baker, J.; Grewal, D.; Parasuraman, A. (1994): The influence of store environment on quality inferences and store image, in: Journal of the Academy of Marketing Science, 22. Jg., Nr. 4, S. 328-339.

Balaji, M.S.; Roy, S.K. (2017): Value co-creation with Internet of things technology in the retail industry, in: Journal of Marketing Management, 33. Jg., Nr. 1-2, S. 7-31.

Ballantine, P.; Parsons, A.; Comeskey, K. (2015): A conceptual model of the holistic effects of atmospheric cues in fashion retailing, in: International Journal of Retail & Distribution Management, 43. Jg., Nr. 6, S. 503-517.

Bamberger, I.; Wrona, T. (2012): Strategische Unternehmensführung: Strategien, Systeme, Prozesse, 2. Aufl., München.

Bao, Y.; Sheng, S.; Stewart, D. (2011): Assessing quality perception of private labels: intransient cues and consumer characteristics, in: Journal of Consumer Marketing, 28. Jg., Nr. 6, S. 448–458.

Barnes, D.C.; Ponder, N.; Hopkins, C.D. (2015): The Impact of Perceived Customer Delight on the Frontline Employee, in: Journal of Business Reseach, 68. Jg., Nr. 2, S. 433–441.

Barney, J. (1991): Firm Resources and Sustained Competitive Advantage, in: Journal of Management, 17. Jg., Nr. 1, S. 99-120.

Barney, J. (2010): Gaining and Sustaining Competitive Advantage, 4. Aufl., Upper Saddle River.

Barney, J.B. (2014): How marketing scholars might help address issues in resource-based theory, in: Journal of the Academy of Marketing Science, 42. Jg., Nr. 1, S. 24-26.

Bartezzaghi, E.; Cagliano, R.; Caniato, F.; Ronchi, S. (2016): A Journey through Manufacturing and Supply Chain Strategy Research: A Tribute to Professor Gianluca Spina, Schweiz.

Barth, K.; Schröder, H. (2013): Was ist los mit der Losgröße im Handel? Einige Anmerkungen zur optimalen Bestellmenge und ihren Einflussgrößen., in: Crockford, G.; Ritschel, F. ; Schmieder, UM (Hrsg.): Handel in Theorie und Praxis, Wiebaden.

Barth, K.; Hartmann, M.; Schröder, H. (2015): Betriebswirtschaftslehre des Handels, 7. Aufl., Wiesbaden.

Bartlett, C.; Ghoshal, S. (1989): Managing Across Borders. The Transnational Solution, Boston.

Bartlett, C.; Beamish, P. (2018): Transnational Management: Text and Cases in Cross-border Management, 8. Aufl., Cambridge.

Bassen, A.; Jastram, S.; Meyer, K. (2005): Corporate Social Responsibility – Eine Begriffserläuterung, in: Zeitschrift für Wirtschafts- und Unternehmensethik, 6. Jg., Nr. 2, S. 231-236.

Baxendale, S.; Macdonald, E.; Wilson, H. (2015): The impact of different touchpoints on brand consideration, in: Journal of Retailing, 91. Jg., Nr. 2, S. 235-253.

Becker, J.; Winkelmann, A. (2014): Handelscontrolling: Optimale Informationsversorgung mit Kennzahlen 3. Aufl., Berlin u.a.

Becker, J.; Knackstedt, R.; Pfeiffer, D. (2008): Wertschöpfungsnetzwerke. Konzepte für das Netzwerkmanagement und Potenziale aktueller Informationstechnologien, Heidelberg.

Becker, J.; Holler, J.; Püster, J. (2012): Handelscontrolling, in: Zentes, J.; Swoboda, B.; Morschett, D.; Schramm-Klein, H. (Hrsg.): Handbuch Handel. Strategien – Perspektiven – Internationaler Wettbewerb, 2. Aufl., Wiesbaden, S. 867–878.

Bendoly, E.; Blocher, J.; Bretthauer, K.; Krishnan, S.; Venkataramanan, M. (2005): Online/in-store integration and customer retention, in: Journal of Service Research, 7. Jg., Nr. 4, S. 313-327.

Benedicktus, R.; Brady, M.; Darke, P.; Voorhees, C. (2010): Conveying trustworthiness to online consumers: Reactions to consensus, physical store presence, brand familiarity, and generalized suspicion, in: Journal of Retailing, 86. Jg., Nr. 4, S. 322-335.

Beneke, J.; Brito, A.; Garvey, K.-A. (2015): Propensity to buy private label merchandise: The contributory effects of store image, price, risk, quality and value in the cognitive stream, in: International Journal of Retail & Distribution Management, 43. Jg., Nr. 1, S. 43–62.

Berger, S. (1977): Ladenverschleiß, Göttingen.

Beristain, J.J.; Zorrilla, P. (2011): The relationship between store image and store brand equity: A conceptual framework and evidence from hypermarkets, in: Journal of Retailing and Consumer Services, 18. Jg., Nr. 6, S. 562-574.

Berman, B.; Evans, J. (2007): Retail Management: A Strategic Approach, 10. Aufl., Upper Saddle River.

Berman, B.; Evans, J. (2013): Retail Management: A Strategic Approach, 12. Aufl., Harlow.

Berry, H.; Guillén, M.; Zhou, N. (2010): An institutional approach to cross-national distance, in: Journal of International Business Studies, 41. Jg., Nr. 9, S. 1460-1480.

Berry, L. (1969): Components of department store image-theoretical and empirical analysis, in: Journal of Retailing, 45. Jg., Nr. 1, S. 3-20.

Berthel, J.; Becker, F.G. (2017): Personal-Management: Grundzüge für Konzeptionen betrieblicher Personalarbeit, 11. Aufl., Stuttgart.

Bieger, T.; Reinhold, S. (2011): Das wertbasierte Geschäftsmodell – Ein aktualisierter Strukturierungsansatz, in: Bieger, T.; zu Knyphausen-Aufseß, D.; Krys, C. (Hrsg.): Innovative Geschäftsmodelle, Berlin, S. 13-70.

Biesiada, H.; Neidhart, M. (2004): Retail-Performance-Management – Konzeption eines modernen Business-Intelligence-Systems für die Planung, Steuerung und Kontrolle von Handelsprozessen, in: Zentes, J.; Biesiada, H.; Schramm-Klein, H. (Hrsg.): Zukunft im Handel, Bd. XIX: Performance Leadership im Handel, Frankfurt a.M., S. 93-115.

Birkinshaw, J.; Hamel, G.; Mol, M.J. (2008): Management Innovation, in: Academy of Management Review, 33. Jg., Nr. 4, S. 825-845.

Birtwistle, G.; Clarke, I.; Freathy, P. (1999): Store image in the UK fashion sector: consumer versus retailer perceptions, in: The International Review of Retail, Distribution and Consumer Research, 9. Jg., Nr. 1, S. 1-16.

Blachburn, I.; Ireland, R.; Matthews, J. GS1 US (Hrsg.) (2014): Introducing - CPFR 2.0 : Delight Customers and Maximize Performance,, https://www.gs1us.org/DesktopModules/Bring2mind/DMX/Download.aspx?Command=Core_Download&EntryId=465, 07. Dezember 2017.

Blake, R.R.; Mouton, J.S. (1992): Verhaltenspsychologie im Betrieb: Der Schlüssel zur Spitzenleistung, 4. Aufl., Düsseldorf u.a.

Blut, M.; Chowdhry, N.; Mittal, V.; Brock, C. (2015): E-service quality: A meta-analytic review, in: Journal of Retailing, 91. Jg., Nr. 4, S. 679-700.

Boersma, T. (2010): Warum Web-Exzellenz Schlüsselthema für erfolgreiche Händler ist. Wie das Internet den Handel revolutioniert, in: Heinemann, Gerrit; Haug, Andreas (Hrsg.): Web-Exzellenz im E-Commerce. Innovation und Transformation im Handel, Wiesbaden, S. 21–41.

Bogomolova, S.; Szabo, M.; Kennedy, R. (2017): Retailers' and manufacturers' price-promotion decisions: Intuitive or evidence-based?, in: Journal of Business Research, 76. Jg., 2017/07/01/, S. 189–200.

Böhm, D.-N.; Fischl, C.; Rennhak, C. (2006): Kundenzufriedenheitsmessung mittels Mystery Shopping, in: Rennhak, C. (Hrsg.): Herausforderung Kundenbindung Wiesbaden, S. 87–93.

Boulay, J.; Caemmerer, B.; Evanschitzky, H.; Duniach, K. (2016): Growth, Uniformity, Local Responsiveness, and System-Wide Adaptation in Multiunit Franchising, in: Journal of Small Business Management, 54. Jg., Nr. 4, S. 1193-1205.

Bouzaabia, O.; van Riel, A.; Semeijn, J. (2013): Managing in-store logistics: a fresh perspective on retail service, in: Journal of Service Management, 24. Jg., Nr. 2, S. 112-129.

Boyle, J.; Winter, M. (2010): A different toolbox for M&A due diligence in China, in: Thunderbird International Business Review, 52. Jg., Nr. 1, S. 55-59.

Boztuğ, Y.; Silberhorn, N. (2006): Modellierungsansätze in der Warenkorbanalyse im Überblick, in: Journal für Betriebswirtschaft, 56. Jg., Nr. 2, S. 105-128.

Brandenburg, M.; Govindan, K.; Sarkis, J.; Seirung, S. (2014): Quantitative models for sustainable supply chain management: Developments and directions, in: European Journal of Operational Research, 233. Jg., Nr. 2, S. 299-312.

Brandstätter, M.; Swoboda, B.; Foscht, T. (2016): Kommunikation des Herstellers mit dem Handel, in: Bruhn, M.; Esch, F.-R.; Langner, T. (Hrsg.): Grundlagen – Innovative Ansäatze – Praktische Umsetzungen, 2. Aufl., Wiesbaden, S. 241-265

Braudel, F. (1986): Sozialgeschichte des 15.-18. Jahrhunderts: Der Handel, München.

Braun, S. (2012): Network Governance Kodex: Steigerung der Wettbewerbsfähigkeit von Unternehmen(snetzwerken) durch Selbstverpflichtung, in: ZfKE–Zeitschrift für KMU und Entrepreneurship, 60. Jg., Nr. 3, S. 239-256.

Brettschneider, G. (2000): Beschaffung im Handel unter besonderer Berücksichtigung der Auswirkungen von Efficient consumer response, Frankfurt a.M.

Bretzke, W.-R. (2015): Logistische Netzwerke, 3. Aufl., Berlin u.a.

Breugelmans, E.; Campo, K. (2016): Cross-Channel Effects of Price Promotions: An Empirical Analysis of the Multi-Channel Grocery Retail Sector, in: Journal of Retailing, 92. Jg., Nr. 3, S. 333–351.

Brinkel, G. (2015): Erfolgreiches Franchise-System-Management: Eine empirische Untersuchung anhand der deutschen Franchise-Wirtschaft, Wiesbaden.

Brouthers, K.; Geisser, K.D.; Rothlauf, F. (2016): Explaining the internationalization of ibusiness firms, in: Journal of International Business Studies, 47. Jg., Nr. 5, S. 513-534.

Brown, S. (1995): Postmodernism, The Wheel of Retailing and Will to Power, in: International Review of Retail, Distribution and Consumer Research, 5. Jg., Nr. 3, S. 387-412.

Brown, S.; Gray, D.; McHardy, J.; Taylor, K. (2015): Employee Trust and Workplace Performance, in: Journal of Economic Behavior & Organization, 116. Jg., Nr. 1, S. 361–378.

Bruce, A.; Jeromin, C. (2016): Agile Markenführung. Wie Sie Ihre Marke stark machen für dynamische Märkte, 1. Aufl., Wiesbaden.

Bruhn, M. (2012): Handelsmarken – Erscheinungsformen, Potenziale und strategische Stoßrichtungen, in: Zentes, J.; Swoboda, B.; Morschett, D.; Schramm-Klein, H. (Hrsg.): Handbuch Handel, 2. Aufl., Wiesbaden, S. 543–563.

Bruhn, M. (2015): Kommunikationspolitik: Systematischer Einsatz der Kommunikation für Unternehmen, 8. Aufl., München.

Bruhn, M. (2016): Marketing: Grundlagen für Studium und Praxis, 13. Aufl., Wiesbaden.

Bruhn, M. (2016): Relationship Marketing: Das Management von Kundenbeziehungen, 5. Aufl., München.

Bruhn, M.; Mayer-Vorfelder, M. (2012): Determinanten und Wirkungen von Kundenerlebnissen - Konzeptualisierung, Operationalisierung und empirische Befunde am Beispiel des Internet-Handels, in: Marketing: Zeitschrift für Forschung und Praxis, 34. Jg., Nr. 1, S. 7–21.

Bruhn, M.; Homburg, C. (2017): Handbuch Kundenbindungsmanagement. Strategien und Instrumente für ein erfolgreiches CRM, 9. Aufl. Aufl.

Bruhn, M.; Kirchgeorg, M. (2017): Marketing Weiterdenken: Zukunftspfade für eine marktorientierte Unternehmensführung.

Buddeberg, H. (1959): Betriebslehre des Handels, Wiesbaden.

Buil, I.; De Chernatony, L.; Martínez, E. (2013): Examining the role of advertising and sales promotions in brand equity creation, in: Journal of Business Research, 66. Jg., Nr. 1, S. 115-122.

Burgelman, R.A. (1996): A Process Model of Strategic Business Exit: Implications for an Evolutionary Perspective on Strategy, in: Strategic Management Journal, 17. Jg., Nr. 1, Special Issue, S. 193-214.

Burmann, C.; Halaszovich, T.; Schade, M.; Hemmann, F. (2015): Identitätsbasierte Markenführung. Grundlagen – Strategie – Umsetzung – Controlling.

Burt, S.; Limmack, R. (2001): Takeovers and Shareholder Returns in the Retail Industry, in: International Review of Retail, Distribution and Consumer Research, 11. Jg., Nr. 1, S. 1-21.

Burt, S.; Johansson, U.; Thelander, Å. (2011): Standardized marketing strategies in retailing? IKEA's marketing strategies in Sweden, the UK and China, in: Journal of Retailing and Consumer Services, 18. Jg., Nr. 3, S. 183-193.

Bustamante, J.C.; Rubio, N. (2017): Measuring customer experience in physical retail environments, in: Journal of Service Management, 28. Jg., Nr. 5, 2017/10/16, S. 884–913.

Caldieraro, F.; Zhang, J.; Cunha Jr., M.; Shulman, J. (2018): Strategic Information Transmission in Peer-to-Peer Lending Markets, in: Journal of Marketing, 82. Jg., Nr. 3, S. 42-63.

Campbell, J.M.; Park, J. (2017): Extending the resource-based view: Effects of strategic orientation toward com-munity on small business performance, in: Journal of Retailing and Consumer Services, 34. Jg., S. 302-308.

Campo, K.; Breugelmans, E. (2015): Buying groceries in brick and click stores: category allocation decisions and the moderating effect of online buying experience, in: Journal of Interactive Marketing, 31. Jg., Nr. 3, S. 63-78.

Canabal, A.; White, G. (2008): Entry Mode Research: Past and Future, in: International Business Review, 17. Jg., Nr. 3, S. 267-284.

Cao, L.; Li, L. (2015): The impact of cross-channel integration on retailers' sales growth, in: Journal of Retailing, 91. Jg., Nr. 2, S. 198-216.

Caro, F.; Martínez-de-Albéniz, V. (2014): Fast Fashion: Business Model Overview and Research Opportunities, in: Agrawal, N.; Smith, S. A. (Hrsg.): Retail supply chain management : quantitative models and empirical studies, 2. Aufl., New York u.a., S. 237-264.

Caro, F.; Martínez-de-Albéniz, V. (2015): Fast fashion: business model overview and research opportunities, in: Retail Supply Chain Management, Boston, S. 237-264.

Casson, M. (1984): The theory of vertical integration: a survey and synthesis, in: Journal of Economic Studies, 11. Jg., Nr. 2, S. 3-43.

Chan, P.; Finnegan, C.; Sternquist, B. (2011): Country and firm level factors in international retail expansion, in: European Journal of Marketing, 45. Jg., Nr. 6, S. 1005-1022.

Chan, T.Y.; Park, Y.-H. (2015): Consumer Search Activities and the Value of Ad Positions in Sponsored Search Advertising, in: Marketing Science, 34. Jg., Nr. 4, S. 606–623.

Chang, M.-H.; Harrington Jr., J.E. (2000): Centralization vs. Decentralization in a Multi-Unit Organization: A Computational Model of a Retail Chain as a Multi-Agent Adaptive System, in: Management Science, 46. Jg., Nr. 11, S. 1427–1440.

Chatterjee, P. (2010): Causes and consequences of 'order online pick up in-store' shopping behavior, in: The International Review of Retail, Distribution and Consumer Research, 20. Jg., Nr. 4, S. 431-448.

Chaudhuri, A.; Ligas, M. (2009): Consequences of Value in Retail Markets, in: Journal Of Retailing, 85. Jg., Nr. 3, S. 406-419.

Chebat, J.-C.; Sirgy, M.J.; St-James, V. (2006): Upscale Image Transfer from Malls to Stores: A Self-Image Congruence Explanation, in: Journal of Business Research, 59. Jg., Nr. 12, S. 1288-1296.

Chen, Q.; Zhang, N. (2015): Does e-commerce provide a sustained competitive advantage? an investigation of survival and sustainability in growth-oriented enterprises, in: Sustainability, 7. Jg., Nr. 2, S. 1411-1428.

Chen, S.-C. (2012): The customer satisfaction–loyalty relation in an interactive e-service setting: The mediators, in: Journal of Retailing and Consumer Services, 19. Jg., Nr. 2, S. 202-210.

Chimhundu, R. (2016): Marketing store brands and manufacturer brands: Role of referent and expert power in merchandising decisions, in: Journal of Brand Management, 23. Jg., Nr. 5, S. 24–40.

Chimhundu, R.; McNeill, L.S.; Hamlin, R.P. (2015): Manufacturer and retailer brands: Is strategic coexistence the norm?, in: Australasian Marketing Journal, 23. Jg., Nr. 1, S. 49–60.

Chiou, W.-C.; Lin, C.-C.; Perng, C. (2010): A Strategic Framework for Website Evaluation Based on a Review of the Literature from 1995-2006, in: Information & Management, 47. Jg., Nr. 5/6, S. 282-290.

Chiu, H.-C.; Hsieh, Y.-C.; Roan, J.; Tseng, K.-J.; Hsieh, J.-K. (2011): The challenge for multichannel services: Cross-channel free-riding behavior, in: Electronic Commerce Research and Applications, 10. Jg., Nr. 2, S. 268-277.

Cho, Y.-N.; Rutherford, B.N.; Friend, S.B.; Hamwi, G.A.; Park, J. (2017): The Role of Emotions on Frontline Employee Turnover Intentions, in: Journal of Marketing Theory and Practice, 25. Jg., Nr. 1, S. 57–68.

Choi, T.-M.; Na, L.; Shuk-Ching, L.; Mark, J.; Yeuk-Ting, T. (2010): Fast fashion brand extensions: An empirical study of consumer preferences, in: Journal Of Brand Management, 17. Jg., Nr. 7, S. 472-487.

Choudhary, H.; Tripathi, G. (2012): An analysis of inventory turnover and its impact on financial performance in Indian organized retail industry, in: Journal of Services Research, 12. Jg., Nr. 1, S. 43.

Chowdhury, J.; Reardon, J.; Srivastava, R. (1998): Alternative Modes of Measuring Store Image: An Empirical Assessment of Structured versus Unstructured Measures, in: Journal of Marketing Theory and Practice, 6. Jg., Nr. 2, S. 72-86.

Christopher, M. (2011): Logistics & Supply Chain Management, 4. Aufl.

Chuang, M.-L.; Donegan, J.; Ganon, M.; Wei, K. (2011): Walmart and Carrefour experiences in China: resolving the structural paradox, in: Cross Cultural Management: An International Journal, 18. Jg., Nr. 4, S. 443-463.

Chung, C.; Chatterjee, S.C.; Sengupta, S. (2012): Manufacturers' reliance on channel intermediaries: Value drivers in the presence of a direct web channel, in: Industrial Marketing Management, 41. Jg., Nr. 1, S. 40-53.

Cleeren, K.; Verboven, F.; Dekimpe, M.; Gielens, K. (2010): Intra-and interformat competition among discounters and supermarkets, in: Marketing Science, 29. Jg., Nr. 3, S. 456-473.

Cleeren, K.; Verboven, F.; Dekimpe, M.G.; Gielens, K. (2010): Intra- and Interformat Competition Among Discounters and Supermarkets, in: Marketing Science, 29. Jg., Nr. 3, S. 456–473.

Clegg, S.; Schweitzer, J.; Whittle, A.; Pitelis, C. (2017): Strategy – Theory and Practice, 2. Aufl., London.

Coase, R.H. (1937): The Nature of the Firm, in: Economica, 4. Jg., Nr. 16, S. 386-405.

Coelho do Vale, R.; Verga Matos, P. (2017): Private labels importance across different store loyalty stages: a multilevel approach, in: International Journal of Retail & Distribution Management, 45. Jg., Nr. 1, S. 71–89.

Coelho, F.; Augusto, M.; Lages, L.F. (2011): Contextual Factors and the Creativity of Frontline Employees: The Mediating Effects of Role Stress and Intrinsic Motivation, in: Journal of Retailing, 87. Jg., Nr. 1, S. 31–45.

Colgate, M.; Alexander, N. (2002): Benefits and barriers of product augmentation: retailers and financial services, in: Journal of Marketing Management, 18. Jg., Nr. 1-2, S. 105-123.

Collins-Dodd, C.; Lindley, T. (2003): Store Brands and Retail Differentiation: The Influence of Store Image and Store Brand Attitude on Store Own Brand Perceptions, in: Journal of Retailing and Consumer Services, 10. Jg., Nr. 6, S. 345–352.

Collis, D.J. (1991): A Resource Based Analysis of Global Competition: The Case of the Bearings Industry, in: Strategic Management Journal, 12. Jg., Nr. 1, S. 49-68.

Cornelius, B.; Natter, M.; Faure, C. (2010): How storefront displays influence retail store image, in: Journal of Retailing and Consumer Services, 17. Jg., Nr. 2, S. 143-151.

Cosmo, D.E.; Yang, K. (2017): A Further Strategic Move to Sustainability-A Case Study on IKEA, in: Journal of Strategic Innovation and Sustainability, 12. Jg., Nr. 2, S. 39-47.

Coughlan, A.; Anderson, E.; Stern, L.; El-Ansary, A. (2006): Marketing channels, 7. Aufl., Upper Saddle River.

Csikszentmihalyi, M. (1990): Flow: The Psychology of Optimal Experience, New York.

Das, A.; Kapil, S. (2012): Explaining M&A performance: a review of empirical research, in: Journal of Strategy and Management, 5. Jg., Nr. 3, S. 284-330.

Das, G. (2015): Impact of store attributes on consumer-based retailer equity: An exploratory study of department retail stores, in: Journal of Fashion Marketing and Management, 19. Jg., Nr. 2, S. 188-204.

Das, G. (2016): Influence of salespersons' nonverbal communication cues on consumer shopping behavior, in: Journal of Retailing and Consumer Services, 31. Jg., S. 199–206.

Das, G.; Varshneya, G. (2017): Consumer emotions: Determinants and outcomes in a shopping mall, in: Journal of Retailing and Consumer Services, 38. Jg., Nr. 1, S. 177-185.

Datta, H.; Ailawadi, K.; van Heerde, H. (2017): How Well Does Consumer-Based Brand Equity Align with Sales-Based Brand Equity and Marketing-Mix Response?, in: Journal of Marketing, 81. Jg., Nr. 3, S. 1-20.

Daunfeldt, S.-O.; Orth, M.; Rudholm, N. (2010): Opening local retail food stores: a real-options approach, in: Journal of Industry, Competition and Trade, 10. Jg., Nr. 3-4, S. 373-387.

Dawes, J.; Nenycz-Thiel, M. (2014): Comparing retailer purchase patterns and brand metrics for in-store and online grocery purchasing, in: Journal of Marketing Management, 30. Jg., Nr. 3-4, 2014/03/03, S. 364–382.

Dawson, J.A.; Kirby, D. (1977): Shop Size and Productivity in British Retailing in the 1960s, in: European Journal of Marketing, 11. Jg., Nr. 4, S. 262-271.

de Haan, E.; Wiesel, T.; Pauwels, K. (2016): The effectiveness of different forms of online advertising for purchase conversion in a multiple-channel attribution framework, in: International Journal of Research in Marketing, 33. Jg., Nr. 3, 2016/09/01/, S. 491–507.

Delgado-Ballester, E.; Hernandez-Espallardo, M.; Rodriguez-Orejuela, A. (2014): Store image influences in consumers' perceptions of store brands: the moderating role of value consciousness, in: European Journal of Marketing, 48. Jg., Nr. 9/10, S. 1850-1869.

Dellaert, B.G.C.; Arentze, T.A.; Timmermans, H.J.P. (2008): Shopping Context and Consumers' Mental Representation of Complex Shopping Trip Decision Problems, in: Journal Of Retailing, 84. Jg., Nr. 2, S. 219-232.

Deloitte (2017): Global Powers of Retailing 2017, London.

Demoulin, N.T.M. (2011): Music Congruency in a Service Setting: The Mediating Role of Emotional and Cognitive Responses, in: Journal of Retailing and Consumer Services, 18. Jg., Nr. 1, S. 10-18.

Demoulin, N.T.M.; Zidda, P. (2009): Drivers of Customers' Adoption and Adoption Timing of a New Loyalty Card in the Grocery Retail Market, in: Journal Of Retailing, 85. Jg., Nr. 3, S. 391-405.

Demoulin, N.T.M.; Djelassi, S. (2016): An integrated model of self-service technology (SST) usage in a retail context, in: International Journal of Retail & Distribution Management, 44. Jg., Nr. 5, S. 540-559.

Dennis, C.; Newman, A.; Michon, R.; Brakus, J.J.; Tiu Wright, L. (2010): The Mediating Effects of Perception and Emotion: Digital Signage in Mall Atmospherics, in: Journal of Retailing and Consumer Services, 17. Jg., Nr. 3, S. 205-215.

Deshwal, P. (2016): Customer experience quality and demographic variables (age, gender, education level, and family income) in retail stores, in: International Journal of Retail & Distribution Management, 44. Jg., Nr. 9, 2016/09/12, S. 940–955.

DFV (2016): Franchise Ratgeber 2016/17: Mit starken Partnern gemeinsam zum Ziel, Berlin.

Diallo, M.F. (2012): Effects of store image and store brand price-image on store brand purchase intention: Application to an emerging market, in: Journal of Retailing and Consumer Services, 19. Jg., Nr. 3, S. 360-367.
Diller, H. (2007): Grundprinzipien des Marketing, 2. Aufl., Nürnberg.
Diller, H. (2008): Preispolitik, 4. Aufl., Stuttgart.
Diller, H.; Anselstetter, S. (2006): Preis- und Sonderangebotspolitik: Formen und Erfolgsfaktoren, in: Zentes, J. (Hrsg.): Handbuch Handel: Strategien – Perspektiven – Internationaler Wettbewerb, Wiesbaden, S. 597–630.
Dimitrova, B.; Rosenbloom, B. (2010): Standardization versus adaptation in global markets: is channel strategy different?, in: Journal of Marketing Channels, 17. Jg., Nr. 2, S. 157-176.
Dimitrova, B.; Rosenbloom, B.; Andras, T.L. (2014): Does the degree of retailer international involvement affect retailer performance?, in: The International Review of Retail, Distribution and Consumer Research, 24. Jg., Nr. 3, S. 243-277.
Dolan, R.; Conduit, J.; Fahy, J.; Goodman, S. (2017): Social media: communication strategies, engagement and future research directions, in: International Journal of Wine Business Research, 29. Jg., Nr. 1, S. 2–19.
Dollet, J.N.; Díaz, A.; Fernández-Moya, M.E. (2017): Adapting premium FMCG strategies to luxury brands in: International Journal of Business Excellence, 12. Jg., Nr. 1, S. 46-65.
Donabedian, A. (1980): Explorations in Quality Assessment and Monitoring, Bd. 1: The Definition of Quality and Approaches to Its Assessment, Ann Arbor.
Dragun, D. (2004): The Financial Implications of Retail Strategy, in: Reynolds, J.; Cuthbertson, C. (Hrsg.): Retail Strategy, Amsterdam u.a., S. 137-169.
Drexel, G. (1981): Strategische Unternehmensführung im Handel, Berlin u.a.
Dunne, P.M.; Lusch, R.F.; Carver, J.R. (2014): Retailing, 8. Aufl.
Durvasula, S.; Sharma, S.; Andrews, J.C. (1992): Storeloc: A Retail Store Location Model Based on Managerial Judgements, in: Journal Of Retailing, 68. Jg., Nr. 4, S. 420-420.
E-Commerce-Foundation (2016): Ecommerce Benchmark & Retail Report 2016, Amsterdam.
Ebster, C.; Garaus, M. (2011): Store Design and Visual Merchandising: Creating Store Space That Encourages Buying, New York.
ECR (1996): European Value Chain Analysis Study – Final Report.
Edelman, B.; Jaffe, S.; Kominers, S.D. (2016): To groupon or not to groupon: The profitability of deep discounts, in: Marketing Letters, 27. Jg., Nr. 1, S. 39-53.
Eger, L.; Micík, M. (2017): Customer-oriented communication in retail and Net Promoter Score, in: Journal of Retailing and Consumer Services, 35. Jg., S. 142–149.
EHI (2015): Shopping-Center Report, Köln.
EHI (2016): Ganzheitliches Supply Chain Management im LEH, Köln.
Ehlbeck, M.; Stosser, S.; Wind, J. (2017): E-Commerce Controlling, in: Zerres, C. (Hrsg.): Handbuch Marketing-Controlling. Grundlagen – Methoden – Umsetzung, 4. Aufl., Wiesbaden, S. 357–381.
Eisenbeiss, M.; Wilken, R.; Skiera, B.; Cornelissen, M. (2015): What makes deal-of-the-day promotions really effective? The interplay of discount and time constraint with product type, in: International Journal of Research in Marketing, 32. Jg., Nr. 4, S. 387-397.
El Hedhli, K.; Chebat, J.-C. (2009): Developing and validating a psychometric shopper-based mall equity measure, in: Journal of Business Research, 62. Jg., Nr. 6, S. 581-587.
Emrich, O.; Paul, M.; Rudolph, T. (2015): Shopping benefits of multichannel assortment integration and the moderating role of retailer type, in: Journal of Retailing, 91. Jg., Nr. 2, S. 326-342.
Engeset, M.G.; Opstad, B. (2017): Evaluation Effects of Bundle Size and Price Presentation, in: Journal of Consumer Marketing, 34. Jg., Nr. 5, S. 393–403.
Erdem, T.; Chang, S.R. (2012): A cross-category and cross-country analysis of umbrella branding for national and store brands, in: Journal of the Academy of Marketing Science, 40. Jg., Nr. 1, S. 86-101.
Esbjerg, L.; Buck, N.; Grunert, K.G. (2010): Making Working in Retailing Interesting: A Study of Human Resource Management Practices in Danish Grocery Retail Chains, in: Journal of Retailing and Consumer Services, 17. Jg., Nr. 2, S. 97–108.
Esch, F.-R. (2014): Strategie und Technik der Markenführung, 8. Aufl., München.
Esch, F.-R.; Herrmann, A.; Sattler, H. (2017): Marketing: Eine managementorientierte Einführung, 5. Aufl., München.

Eßig, M. (2006): Electronic Procurement: Konzeption und Anwendung, in: Zentes, J. (Hrsg.): Handbuch Handel: Strategien – Perspektiven – Internationaler Wettbewerb, Wiesbaden, S. 735-758.

Estay, C.; Durrieu, F.; Akhter, M. (2013): Entrepreneurship: From motivation to start-up, in: Journal of International Entrepreneurship, 11. Jg., Nr. 3, S. 243-267.

Etgar, M.; Rachman-Moore, D. (2008): International expansion and retail sales: an empirical study, in: International Journal of Retail & Distribution Management, 36. Jg., Nr. 4, S. 241-259.

Evans, D.; Schmalensee, R. (2016): Matchmakers: The new economics of multisided platforms, New York.

Evans, J. (2011): Retailing in Perspective: The Past is a Prologue to the Future, in: International Review of Retail, Distribution and Consumer Research, 21. Jg., Nr. 1, S. 1-31.

Evans, J.; Mavondo, F. (2002): Psychic distance and organizational performance: An empirical examination of international retailing operations, in: Journal of International Business Studies, 33. Jg., Nr. 3, S. 515-532.

Evans, J.; Mavondo, F.; Bridson, K. (2008): Psychic distance: Antecedents, retail strategy implications, and performance outcomes, in: Journal of International Marketing, 16. Jg., Nr. 2, S. 32-63.

Evanschitzky, H.; Groening, C.; Mittal, V.; Wunderlich, M. (2011): How Employer and Employee Satisfaction Affect Customer Satisfaction: An Application to Franchise Services, in: Journal of Service Research, 14. Jg., Nr. 2, S. 136–148.

Ewert, R.; Wagenhofer, A. (2014): Interne Unternehmensrechnung, 8. Aufl., Berlin u.a.

Falk, B. (2009): Shopping-Center – Erscheinungsformen, Besonderheiten und Erfolgskriterien, in: B., Falk; W.R., Bays (Hrsg.): Institut für Gewerbezentren (Hrsg.): Shopping-Center Handbuch. Development, Management, Marketing, Starnberg, S. 21-37.

Falk, B.; Falk, M.M. (2014): Shopping Center Future, Starnberg.

Fassnacht, M.; Köttschau, E.; Wriedt, S. (2012): Preisstrukturpolitik im Lebensmitteleinzelhandel, in: Zentes, J.; Swoboda, B.; Morschett, D.; Schramm-Klein, H. (Hrsg.): Handbuch Handel, 2. Aufl., Wiesbaden, S. 565–583.

Fengyan, C.; Bagchi, R.; Gauri, D.K. (2015): Boomerang Effects of Low Price Discounts: How Low Price Discounts Affect Purchase Propensity, in: Journal of Consumer Research, 42. Jg., Nr. 5, S. 804–816.

Fernández-Sabiote, E.; Román, S. (2012): Adding clicks to bricks: A study of the consequences on customer loyalty in a service context, in: Electronic Commerce Research and Applications, 11. Jg., Nr. 1, S. 36-48.

Fernie, J.; Corcoran, L. (2011): Responses to out-of-stocks and on-shelf availability in UK fashion retailing, in: International Review Of Retail, Distribution & Consumer Research, 21. Jg., Nr. 4, S. 309-322.

Fernie, J.; Sparks, L. (2014): Logistics and Retail Management: Emerging Issues and New Challenges in the Retail Supply Chain, 4. Aufl., London.

Finkenzeller, K. (2015): RFID-Handbuch, 7. Aufl., München.

Finn, D.W.; Lamb, C.W. (1991): An Evaluation of the SERVQUAL Scales in a Retailing Setting, in: Advances in Consumer Research, 18. Jg., Nr. 1, S. 483–490.

Fischer, C. (1998): Mißerfolgsmechanismen, Ursachen für das Scheitern von Data Warehouse Projekten, in: EHI Retail Institute (Hrsg.): Data Warehouse, Bestandsaufnahme und Perspektiven, Köln, S. 18-25.

Fisher, M.; Gallino, S.; Li, J. (2017): Competition-Based Dynamic Pricing in Online Retailing: A Methodology Validated with Field Experiments, in: Management Science, 64. Jg., Nr. 6, S. 2496–2514.

Forbes (2015): Why Amazon Should Fear Alibaba, https://www.forbes.com/sites/helenwang/2015/07/08/why-amazon-should-fear-alibaba/#3a3c2be56012, 8. März 2018.

Foscht, T.; Brandstaetter, M. (2011): Overchoice, Stress and Coping in a Retail Setting, Academy of Marketing Science World Marketing Conference, Reims.

Foscht, T.; Brandstätter, M. (2012): Klassische Werbung – Strategien und Instrumente, in: Zentes, J.; Swoboda, B.; Morschett, D.; Schramm-Klein, H. (Hrsg.): Handbuch Handel, 2. Aufl., Wiesbaden, S. 671–693.

Foscht, T.; Brandstätter, M.; Sinha, I. (2010): Reverse Psychology Marketing – Konsequent falsch und doch richtig, in: Marketing Review St. Gallen Nr. 6, S. 18-25.

Foscht, T.; Swoboda, B.; Schloffer, J. (2011): Handelsmonitor 2011/2012: Herausforderung Soziodemographie 2030plus – Muss der Handel handeln?, Frankfurt a.M.

Foscht, T.; Swoboda, B.; Schramm-Klein, H. (2017): Käuferverhalten: Grundlagen – Perspektiven – Anwendungen, 6. Aufl., Wiesbaden.

Foscht, T.; Brandstätter, M.; Swoboda, B.; Maloles III, C.; Strebinger, A. (2010): Consumer Evaluations of Private Label Extensions: An Exploratory Study in the FMCG Categories, Global Marketing Conference 2010, Tokyo.

Foster, C. (2005): Implementing Diversity Management in Retailing: Exploring the Role of Organisational Context, in: International Review of Retail, Distribution and Consumer Research, 15. Jg., Nr. 4, S. 471–487.

Foster, J.; McLelland, M. (2015): Retail atmospherics: The impact of a brand dictated theme, in: Journal of Retailing and Consumer Services, 22. Jg., Nr. 1, S. 195-205.

Freeman, R.E.; Wicks, A.C.; Parmar, B. (2004): Stakeholder Theory and "The Corporate Objective Revisited", in: Organization Science, 15. Jg., Nr. 3, S. 364-369.

Fries, A. (2015): „House of sustainable SRM": Die wachsende Bedeutung von Nachhaltigkeit im Rahmen des Supplier Relationship Management, in: Fröhlich, E. (Hrsg.): CSR und Beschaffung, Berlin u.a., S. 77-92.

Froböse, M.; Thurm, M. (2016): Marketing.

Fröhlich, E. (2014): Zum konzeptuellen Rahmen eines Lieferantenwerts: Identifikation relevanter Bewertungsdimensionen, in: CONTROLLING – ZEITSCHRIFT FÜR ERFOLGSORIENTIERTE UNTERNEHMENSSTEUERUNG, 26. Jg., Nr. 1, S. 11-18.

Fung, V.K.; Fung, W.K.; Wind, Y. (2008): Competing in a Flat World, Upper Saddle River.

Fürst, A. (2016): Verfahren zur Messung der Kundenzufriedenheit im Überblick, in: Homburg, C. (Hrsg.): Kundenzufriedenheit. Konzepte – Methoden – Erfahrungen, 9. Aufl., Wiesbaden, S. 125–155.

Fürst, A.; Leimbach, M.; Prigge, J.-K. (2017): Organizational Multichannel Differentiation: An Analysis of Its Impact on Channel Relationships and Company Sales Success, in: Journal of Marketing, 81. Jg., Nr. 1, S. 59-82.

Galbraith, J.K. (1956): American Capitalism: The Concept of Countervailing Power, 7. Aufl., Boston.

Gallino, S.; Moreno, A. (2014): Integration of online and offline channels in retail: The impact of sharing reliable inventory availability information, in: Management Science, 60. Jg., Nr. 6, S. 1434-1451.

Ganesh, J.; Reynolds, K.E.; Luckett, M.; Pomirleanu, N. (2010): Online shopper motivations, and e-store attributes: an examination of online patronage behavior and shopper typologies, in: Journal of Retailing, 86. Jg., Nr. 1, S. 106-115.

Gao, F.; Su, X. (2017): Omnichannel retail operations with buy-online-and-pick-up-in-store, in: Management Science, 63. Jg., Nr. 8, S. 2478-2492.

García, M.; Carrillo-Durán, M.V.; Jimenez, J.L.T. (2017): Online corporate communications: website usability and content, in: Journal of Communication Management, 21. Jg., Nr. 2, S. 140–154.

Gatignon, A.; Gatignon, H. (2010): Erin Anderson and the Path Breaking Work of TCE in New Areas of Business Research: Transaction Costs in Action, in: Journal of Retailing, 86. Jg., Nr. 3, S. 232-247.

Gausemeier, J. (1999): Führung im Wandel: Ein ganzheitliches Modell zur zukunftsorientierten Unternehmensgestaltung, München u.a.

Gedenk, K. (2016): Einsatz der Verkaufsförderung für die Marketingkommunikation, in: Bruhn, Manfred; Esch, Franz-Rudolf; Langner, Tobias (Hrsg.): Handbuch Instrumente der Kommunikation. Grundlagen – Innovative Ansätze – Praktische Umsetzungen, 2. Aufl., Wiesbaden.

Geller, B.M. (1996): Individuelle, institutionelle und metaorganisatorische Lernprozesse als konstituierende Elemente des ganzheitlichen organisatorischen Lernens: Eine modelltheoretische Analyse, Linz.

Gentsch, P. (2018): Künstliche Intelligenz für Sales, Marketing und Service, Wiesbaden.

Germelmann, C.C.; Neder, P. (2012): Shopping-Center, in: Zentes, J.; Swoboda, B.; Morschett, D.; Schramm-Klein, H. (Hrsg.): Handbuch Handel 2. Aufl., Wiesbaden.

Gerpott, T.J.; Paukert, M. (2011): Der Zusammenhang zwischen Mitarbeiter- und Kundenzufriedenheit: Eine Metaanalyse, in: Zeitschrift für Personalforschung, 25. Jg., Nr. 1, S. 28–54.

Gerth, S. (2017): Wie die Verbundgruppen im E-Commerce Anschluss suchen, https://etailment.de/news/stories/Player-Wie-die-Verbundgruppen-im-E-Commerce-Anschluss-suchen-20277ttps://etailment.de/news/stories/Player-Wie-die-Verbundgruppen-im-E-Commerce-Anschluss-suchen-20277, 24. Mai 2018.

Geyskens, I.; Gielens, K.; Gijsbrechts, E. (2010): Proliferating private-label portfolios: How introducing economy and premium private labels influences brand choice, in: Journal of Marketing Research, 47. Jg., Nr. 5, S. 791-807.

Geyskens, I.; Gielens, K.; Wuyts, S. (2015): United we stand: the impact of buying groups on retailer productivity, in: Journal of Marketing, 79. Jg., Nr. 4, S. 16-33.

GfK (2017): Shopper Trends in Deutschland und ihr Einfluss auf die Marktstrukturen, Nürnberg.

Ghazali, E.; Nguyen, B.; Mutum, D.; Mohd-Any, A.A. (2016): Constructing online switching barriers: examining the effects of switching costs and alternative attractiveness on e-store loyalty in online pure-play retailers, in: Electronic Markets, 26. Jg., Nr. 2, S. 157-171.

Ghemawat, P.; Nueno, J.L. (2006): ZARA: Fast Fashion, Harvard Business School Case 9.

Gielens, K.; Dekimpe, M. (2001): Do International Entry Decisions of Retail Chains Matter in the Long Run?, in: International Journal of Research in Marketing, 18. Jg., Nr. 3, S. 235-259.

Gielens, K.; Dekimpe, M. (2007): The Entry Strategy of Retail Firms into Transition Economies, in: Journal of Marketing, 71. Jg., Nr. 2, S. 196-212.

Gijsbrechts, E.; Campo, K.; Nisol, P. (2008): Beyond Promotion-Based Store Switching: Antecedents and Patterns of Systematic Multiple-Store Shopping, in: International Journal of Research in Marketing, 25. Jg., Nr. 1, S. 5-21.

Gil-Saura, I.; Ruiz-Molina, M.E.; Michel, G.; Corraliza-Zapata, A. (2013): Retail brand equity: a model based on its dimensions and effects, in: The International Review of Retail, Distribution and Consumer Research, 23. Jg., Nr. 2, S. 111-136.

Gilbert, X.; Strebel, P. (1987): Strategies to Outpace the Competition, in: Journal of Business Strategy, 8. Jg., Nr. 1, S. 28-36.

Glantschnig, E. (1994): Merkmalsgestützte Lieferantenbewertung, Köln.

Gleißner, H.; Femerling, J.C. (2016): Kompakt Edition: Transport, Wiesbaden.

Glochowski, P. (2016): Business Analytics – Grundlagen, Methoden und Einsatzpotenziale, in: HMD Praxis der Wirtschaftsinformatik, 53. Jg., Nr. 3, S. 273-286.

Goldman, A. (2001): The Transfer of Retail Formats into Developing Economies: The Example of China, in: Journal of Retailing, 77. Jg., Nr. 2, S. 221-242.

Gollnhofer, J.F.; Turkina, E. (2015): Cultural distance and entry modes: implications for global expansion strategy, in: Cross Cultural Management: An International Journal, 22. Jg., Nr. 1, S. 21-41.

Göpfert, Y. yeebase media GmbH (Hrsg.) (2015): Personalisierte Produktempfehlungen – so steigert ihr euren Umsatz, https://t3n.de/magazin/personalisierte-produktempfehlungen-umsatz-steigern-238966/, 1. August 2018.

Govindan, K.; Soleimani, H.; Kannan, D. (2014): Reverse logistics and closed-loop supply chain: A comprehensive review to explore the future, in: European Journal of Operational Research, 240. Jg., Nr. 3, S. 603-626.

Goyal, S.; Kapoor, A.; Esposito, M.; Sergi, B.S. (2017): Understanding Business Model - Literature Review of Concept and Trends, in: International Journal of Competitiveness, 1. Jg., Nr. 2, S. 99-118.

Graf, A.; Schneider, H. (2017): Das E-Commerce Buch, 2. Aufl., Frankfurt a.M.

Grewal, D.; Levy, M.; Kumar, V. (2009): Customer Experience Management in Retailing: An Organizing Framework, in: Journal Of Retailing, 85. Jg., Nr. 1, S. 1-14.

Grewal, D.; Krishnan, R.; Baker, J.; Borin, N. (1998): The Effect of Store Name, Brand Name and Price Discounts on Consumers' Evaluations and Purchase Intentions, in: Journal of Retailing, 74. Jg., Nr. 3, S. 331-352.

Grewal, D.; Kopalle, P.; Marmorstein, H.; Roggeveen, A.L. (2012): Does Travel Time to Stores Matter? The Role of Merchandise Availability, in: Journal of Retailing, 88. Jg., Nr. 3, S. 437–444.

Grewal, D.; Roggeveen, A.; Sisodia, R.; Nordfält, J. (2017): Enhancing customer engagement through consciousness, in: Journal of Retailing, 93. Jg., Nr. 1, S. 55-64.

Grewal, D.; Roggeveen, A.L.; Sisodia, R.; Nordfält, J. (2017): Enhancing Customer Engagement Through Consciousness, in: Journal of Retailing, 93. Jg., Nr. 1, S. 55–64.

Gronwald, K.-D. (2017): Integrierte BusinessInformationssysteme 2. Aufl.

Gröppel-Klein, A. (1998): Wettbewerbsstrategien im Einzelhandel: Chancen und Risiken von Preisführerschaft und Differenzierung, Wiesbaden.

Gröppel-Klein, A. (2012): Point-of-Sale-Marketing, in: Zentes, J.; Swoboda, B.; Morschett, D.; Schramm-Klein, H. (Hrsg.): Handbuch Handel, 2. Aufl., Wiesbaden, S. 645–669.

Gruca, T.S.; Rego, L.L. (2005): Customer Satisfaction, Cash Flow, and Shareholder Value, in: Journal of Marketing, 69. Jg., Nr. 3, S. 115-130.

Grüninger, M.; Hunziker, B.; Roth, G. (2006): Neuerungen im Kartellrecht der Schweiz und der Europäischen Union: Handlungsbedarf für KMU, Bern u.a.

Grzeskowiak, S.; Sirgy, M.J.; Foscht, T.; Swoboda, B. (2016): Linking retailing experiences with life satisfaction: the concept of story-type congruity with shopper's identity, in: International Journal of Retail & Distribution Management, 44. Jg., Nr. 2, S. 124-138.

Guan, W.; Rehme, J.; Nord, T. (2012): Classification and retail positioning into strategic groups: The case of DIY retailers and builders' merchants in Sweden, in: International Journal of Retail & Distribution Management, 40. Jg., Nr. 8, S. 570-591.

Gümbel, R. (1985): Handel, Markt und Ökonomik, Wiesbaden.

Haderlein, A. (2013): Die digitale Zukunft des stationären Handels. Auf allen Kanälen zum Kunden, 2. Aufl., München.

Hagiu, A.; Wright, J. (2014): Marketplace or reseller?, in: Management Science, 61. Jg., Nr. 1, S. 184-203.

Hagiu, A.; Wright, J. (2015): Multi-sided platforms, in: International Journal of Industrial Organization, 43. Jg., Nr. 1, S. 162-174.

Haj-Salem, N.; Chebat, J.C.; Michon, R.; Oliveira, S. (2016): Why male and female shoppers do not see mall loyalty through the same lens? The mediating role of self-congruity, in: Journal of Business Research, 69. Jg., Nr. 3, S. 1219-1227.

Hakim, C. (1996): Key Issues in Women's Work: Female Heterogeneity and the Polarisation of Women's Employment, London u.a.

Hamilton, R.; Chernev, A. (2013): Low Prices Are Just the Beginning: Price Image in Retail Management, in: Journal of Marketing, 77. Jg., Nr. 6, S. 1–20.

Hancock, J.I.; D.G., A.; Bosco, F.A.; McDaniel, K.R.; Pierce, C.A. (2013): Meta-Analytic Review of Employee Turnoer as a Predictor of Firm Performance, in: Journal of Management, 39. Jg., Nr. 3, S. 573–603.

Hannan, M.T.; Freeman, J. (1977): The Population Ecology of Organizations, in: American Journal of Sociology, 82. Jg., Nr. 5, S. 929-964.

Hansen, J.M.; Raut, S.; Swami, S. (2010): Retail Shelf Allocation: A Comparative Analysis of Heuristic and Meta-Heuristic Approaches, in: Journal Of Retailing, 86. Jg., Nr. 1, S. 94-105.

Hargrave, T.J.; Ven, A.H.v.d. (2006): A Collective Action Model of Institutional Innovation, in: Academy of Management Review, 31. Jg., Nr. 4, S. 864-888.

Hartman, K.; Spiro, R. (2005): Recapturing store image in customer-based store equity: a construct conceptualization, in: Journal of Business Research, 58. Jg., Nr. 8, S. 1112-1120.

Hartmann, P.; Apaolaza-Ibáñez, V. (2010): Beyond Savanna: An Evolutionary and Environmental Psychology Approach to Behavioral Effects of Nature Scenery in Green Advertising, in: Journal of Environmental Psychology, 30. Jg., Nr. 1, S. 119-128.

Hecking, M. Manager Magazin (Hrsg.) (2013): Wie der Handel uns durchleuchtet, www.manager-magazin.de, 21. August 2018.

Heinemann, G. (2012): Der Neue Online-Handel: Erfolgsfaktoren und Best Practices, 4. Aufl., Wiesbaden.

Heinemann, G. (2017): Die Neuerfindung des stationären Einzelhandels. Kundenzentralität und ultimative Usability für Stadt und Handel der Zukunft, Wiesbaden.

Heinemann, G. (2018): Der neue Online-Handel Geschäftsmodelle, Geschäftssysteme und Benchmarks im E-Commerce, 9. Aufl., Wiesbaden.

Helgesen, Ø.; Håvold, J.I.; Nesset, E. (2010): Impacts of Store and Chain Images on the "Quality–Satisfaction–Loyalty Process" in Petrol Retailing, in: Journal of Retailing and Consumer Services, 17. Jg., Nr. 2, S. 109-118.

Herhausen, D.; Binder, J.; Schoegel, M.; Herrmann, A. (2015): Integrating bricks with clicks: retailer-level and channel-level outcomes of online–offline channel integration, in: Journal of Retailing, 91. Jg., Nr. 2, S. 309-325.

Hernández-Espallardo, M. (2006): Interfirm Strategic Integration in Retailer Buying Groups: Antecedents and Consequences on the Retailer's Economic Satisfaction, in: International Review of Retail, Distribution and Consumer Research, 16. Jg., Nr. 1, S. 69-91.

Herrmann, A. (2003): Relevanz des Preismanagements für den Unternehmenserfolg, in: Diller, H.; Herrmann, A. (Hrsg.): Handbuch Preispolitik: Strategien – Planung – Organisation – Umsetzung, Wiesbaden, S. 33-48.

Herstein, R.; Gilboa, S.; Gamliel, E. (2013): Private and national brand consumers' images of fashion stores, in: Journal of Product & Brand Management, 22. Jg., Nr. 5/6, S. 331-341.

Hertel, J.; Zentes, J.; Schramm-Klein, H. (2011): Supply-Chain-Management und Warenwirtschaftssysteme im Handel, 2. Aufl., Berlin u.a.

Herz, M.; Hutzinger, C.; Seferagic, H.; Windsperger, J. (2016): Trust, decision rights delegation, and performance—The case of franchising, in: Journal of Small Business Management, 54. Jg., Nr. 3, S. 973-991.

Herzberg, F. (1975): Motivation, Arbeitsmoral und Geld, in: Psychologie heute, 2. Jg., Nr. 3, S. 62–68.

Heß, G. (2010): Supply-Strategien in Einkauf und Beschaffung, 2. Aufl., Wiesbaden.

Hienerth, C. (2010): Kennzahlenmodell zur Erfolgsbewertung des E-Commerce. Analyse am Beispiel eines Mehrkanaleinzelhändlers, Wiesbaden.

Hinterhuber, H.H. (2015): Strategische Unternehmensführung. Das Gesamtmodell für nachhaltige Wertsteigerung, 9. Aufl., Berlin.

Hinterhuber, H.H.; Krauthammer, E. (2015): Leadership – mehr als Management: Was Führungskräfte nicht delegieren dürfen, 5. Aufl., Wiesbaden.

Hobelsberger, F. (2012): Einführung der Balanced Scorecard bei einem Mittelständler. Theorie, Herangehensweise, Probleme und Lösungen aus der Praxis, München.

Hogan, K.; Olson, G.; Capella, M. (2015): Thirty Years Of M&A Activity in the Retail Sector, in: Journal of Marketing Development and Competitiveness, 9. Jg., Nr. 1, S. 61-73.

Hogreve, J.; Iseke, A.; Derfuss, K.; Eller, T. (2017): The Service-Profit Chain: A Meta-Analytic Test of a Comprehensive Theoretical Framework, in: Journal of Marketing, 81. Jg., Nr. 3, S. 41–61.

Hökelekli, G.; Lamey, L.; Verboven, F. (2017): Private label line proliferation and private label tier pricing: A new dimension of competition between private labels and national brands, in: Journal of Retailing and Consumer Services, 36. Jg., S. 39–52.

Holland, H. (1992): Direktmarketing, München.

Hollander, S.C. (1960): The Wheel of Retailing, in: Journal of Marketing, 24. Jg., Nr. 1, S. 37-42.

Hollander, S.C. (1966): Notes on the Retail Accordion, in: Journal of Retailing, 42. Jg., Nr. 2, S. 29-40.

Hollmann, R.L.; Scavarda, L.F.; Thomé, A.M.T. (2015): Collaborative planning, forecasting and replenishment: a literature review, in: International Journal of Productivity and Performance Management 64. Jg., Nr. 7, S. 971-993.

Holloway, B.B.; Beatty, S.E. (2003): Service Failure in Online Retailing:A Recovery Opportunity, in, 6. Jg., Nr. 1, S. 92-105.

Holtbrügge, D. (2015): Personalmanagement, 6. Aufl., Berlin u.a.

Holweg, C. (2009): Consumer Value im Category Management-Modell nach ECR: Kritische Diskussion und empirische Evaluierung, Wiesbaden.

Homburg, C. (2017): Marketingmanagement: Strategie – Instrumente – Umsetzung – Unternehmensführung, 6. Aufl., Wiesbaden.

Homburg, C.; Hoyer, W.; Fassnacht, M. (2002): Service Orientation of a Retailer's Business Strategy: Dimensions, Antecedents, and Performance Outcomes, in: Journal of Marketing, 66. Jg., Nr. 4, S. 86-101.

Homburg, C.; Hoyer, W.D.; Fassnacht, M. (2002): Service Orientation of a Retailer's Business Strategy: Dimensions, Antecedents, and Performance Outcomes, in: Journal of Marketing, 66. Jg., Nr. 4, S. 86–101.

Homburg, C.; Müller, M.; Klarmann, M. (2011): When Does Salespeople's Customer Orientation Lead to Customer Loyalty? The Differential Effects of Relational and Functional Customer Orientation, in: Journal of the Academy of Marketing Science, 39. Jg., Nr. 6, S. 795–812.

Homburg, C.; Schäfer, H.; Schneider, J. (2012): Sales Excellence: Systematic Sales Management, Berlin u.a.

Homburg, C.; Vollmayr, J.; Hahn, A. (2014): Firm value creation through major channel expansions: evidence from an event study in the United States, Germany, and China, in: Journal of Marketing, 78. Jg., Nr. 3, S. 38-61.

Homburg, C.; Lauer, K.; Vomberg, A. (2017): Preisdifferenzierung oder Preiskonsistenz? Zur Akzeptanz von Preisen im Offline- und Online- Vertriebskanal, Mannheim.

Honhon, D.; Amy Pan, X. (2017): Improving Profits by Bundling Vertically Differentiated Products, in: Production and Operations Management, 26. Jg., Nr. 8, S. 1481–1497.

Horváth, P.; Gleich, R.; Seiter, M. (2015): Controlling, 13. Aufl., München.

Hruschka, H. (2014): Linking Multi-Category Purchases to Latent Activities of Shoppers: Analysing Market Baskets by Topic Models, in: Marketing: ZFP – Journal of Research and Management, 36. Jg., Nr. 4, S. 267–273.

Hsu, M.; Huang, Y.; Swanson, S. (2010): Grocery store image, travel distance, satisfaction and behavioral intentions: Evidence from a Midwest college town, in: International Journal of Retail & Distribution Management, 38. Jg., Nr. 2, S. 115-132.

Huang, C.-Y. (2011): Excess loyalty in online retailing, in: International Journal of Electronic Commerce, 16. Jg., Nr. 2, S. 115-134.

Hübner, A. (2017): A decision support system for retail assortment planning, in: International Journal of Retail and Distribution Management, 45. Jg., Nr. 7/8, S. 808–825.

Hübner, A.; Kuhn, H.; Wollenburg, J. (2016): Last mile fulfilment and distribution in omni-channel grocery retailing: A strategic planning framework, in: International Journal of Retail & Distribution Management, 44. Jg., Nr. 3, S. 228-247.

Huff, D.L. (1964): Defining and Estimating a Trading Area, in: Journal of Marketing, 28. Jg., Nr. 3, S. 34-38.

Hungenberg, H. (2014): Strategisches Management in Unternehmen: Ziele-Prozesse-Verfahren, 8. Aufl., Wiesbaden.

Hunneman, A.; Verhoef, P.C.; Sloot, L.M. (2017): The moderating role of shopping trip type in store satisfaction formation, in: Journal of Business Research, 78. Jg., S. 133-142.

Huré, E.; Picot-Coupey, K.; Ackermann, C.-L. (2017): Understanding omni-channel shopping value: A mixed-method study, in: Journal of Retailing and Consumer Services, 39. Jg., S. 314-330.

Hurth, J. (1998): Erfolgsfaktoren im mittelständischen Einzelhandel. Wie aus kleinen Riesen Local Heroes werden, Frankfurt a.M.

Hüseyinoglu, I.Ö.Y.; Galipoglu, E.; H., K. (2016): Social, local and mobile commerce practices in omnichannel retailing: Insights from Germany and Turkey, in: International Journal of Retail and Distribution Management, 45. Jg., Nr. 7/8, S. 711–729.

Hyman, M.R.; Kopf, D.A.; Lee, D. (2010): Review of Literature – Future Research Suggestions: Private Label Brands: Benefits, Success Factors and Future Research, in: Journal of Brand Management, 17. Jg., Nr. 5, S. 368-389.

IAT (2013): Die wirtschaftliche Stärke des kooperierenden Einzelhandels, Berlin.

IBB/H.I.MA. (2003): Die Zukunft der Kooperationen, Frankfurt a.M.

Ieva, M.; Ziliani, C.; Gázquez-Abad, J.C. (2015): Memory of Private Label Versus National Brand in Feature Advertisting, in: Martínez-López, F.J.; Gázquez-Abad, J. C; Sethuraman, R. (Hrsg.): Advances in National Brand and Private Label Marketing, Cham, S. 43–50.

IFH Köln (2016): B2B-E-Commerce. Leitfaden. Mittelstand 4.0 - AgenturHandel, Köln.

IFH Köln/BBE Retail Experts (2009): Angebots- und Nachfragemacht: Zum Verhältnis von Industrie und Handel, Köln.

Inditex (2008): Annual Report 2008, Arteixo.

Inditex Inditex (Hrsg.) (2016): Inditex Annual report 2016, www.inditex.com 15. November 2017.

Inman, J.J.; Nikolova, H. (2017): Shopper-Facing Retail Technology: A Retailer Adoption Decision Framework Incorporating Shopper Attitudes and Privacy Concerns, in: Journal of Retailing, 93. Jg., Nr. 1, S. 7-28.

Jacobs, S. Gabler (Hrsg.) (1992): Strategische Erfolgsfaktoren der Diversifikation, Wiesbaden.

Jain, N.; Girotra, K.; Netessine, S. (2013): Managing global sourcing: Inventory performance, in: Management Science, 60. Jg., Nr. 5, S. 1202-1222.

Janz, M.; Swoboda, B. (2007): Vertikales Retail-Management in der Fashion-Branche, Frankfurt a.M.

Jara, M.; Cliquet, G. (2012): Retail brand equity: Conceptualization and measurement, in: Journal of Retailing and Consumer Services, 19. Jg., Nr. 1, S. 140-149.

Jayasankaraprasad, C. (2010): Effect of Situational Factors on Store Format Choice Behaviour in Food and Grocery Retailing in India – Multiple Discriminant Analysis, in: IBSU Scientific Journal, 4. Jg., Nr. 2, S. 5-33.

Jayawardhena, C.; Farrell, A.M. (2011): Effects of Retail Employees' Behaviours on Customers' Service Evaluation, in: International Journal of Retail & Distribution Management, 39. Jg., Nr. 3, S. 203–217.

Jell-Ojobor, M.; Windsperger, J. (2017): Determinants of the governance structure of the international franchise firm: a case study analysis in the automotive rental industry, in: International Marketing Review, 34. Jg., Nr. 6, S. 814-884.

Jentjens, S.; Münchow-Küster, A. (2012): Ein Nachhaltigkeitskonzept für Supply Chains, Essen.

Jiang, B.; Jerath, K.; Srinivasan, K. (2011): Firm strategies in the "mid tail" of platform-based retailing, in: Marketing Science, 30. Jg., Nr. 5, S. 757-775.

Jiang, L.; Hoegg, J.; Dahl, D.W.; Chattopadhyay, A. (2010): The Persuasive Role of Incidental Similarity on Attitudes and Purchase Intentions in a Sales Context, in: Journal of Consumer Research, 36. Jg., Nr. 5, S. 778-791.

Jinfeng, W.; Zhilong, T. (2009): The Impact of Selected Store Image Dimensions on Retailer Equity: Evidence from 10 Chinese Hypermarkets, in: Journal of Retailing and Consumer Services, 16. Jg., Nr. 6, S. 486-494.

Johansson, T.; Kask, J. (2017): Configurations of business strategy and marketing channels for e-commerce and traditional retail formats: A Qualitative Comparison Analysis (QCA) in sporting goods retailing, in: Journal of Retailing and Consumer Services, 34. Jg., S. 326-333.

Jones, C. (2005): Firm Transformation: Advancing a Darwinian Perspective, in: Management Decision, 43. Jg., Nr. 1, S. 13-25.

Jones, D.C.; Kalmi, P.; Kauhanen, A. (2010): How Does Employee Involvement Stack Up? The Effects of Human Resource Management Policies on Performance in a Retail Firm, in: Industrial Relations, 49. Jg., Nr. 1, S. 1–21.

Joye, Y. (2007): Architectural Lessons From Environmental Psychology: The Case of Biophilic Architecture, in: Review of General Psychology, 11. Jg., Nr. 4, S. 305-328.

Joye, Y.; Poels, K.; Willems, K. (2011): "Evolutionary Store Atmospherics" – Designing with Evolution in Mind, in: Saad, G. (Hrsg.): Evolutionary Psychology in the Business Sciences, Berlin u.a., S. 289-317.

Joye, Y.; Willems, K.; Brengman, M.; Wolf, K. (2010): The Effects of Urban Retail Greenery on Consumer Experience: Reviewing the Evidence from a Restorative Perspective, in: Urban Forestry & Urban Greening, 9. Jg., Nr. 1, S. 57-64.

Juaneda-Ayensa, E.; Mosquera, A.; Sierra Murillo, Y. (2016): Omnichannel customer behavior: key drivers of technology acceptance and use and their effects on purchase intention, in: Frontiers in Psychology, 7. Jg., S. 1117.

Jung, H. (2014): Controlling, 4. Aufl., München.

Kacker, M.; Dant, R.; Emerson, J.; Coughlan, A. (2016): How firm strategies impact size of partner-based retail networks: Evidence from franchising, in: Journal of Small Business Management, 54. Jg., Nr. 2, S. 506-531.

Kadic-Maglajlic, S.; Micevski, M.; Arslanagic-Kalajdzic, M.; Lee, N. (2017): Customer and Selling Orientations of Retail Salespeople and the Sales Manager's Ability-to-Perceive-Emotions: A Multi-Level Approach, in: Journal of Business Research 80. Jg., S. 53–62.

Kamran-Disfani, O.; Mantrala, M.; Izquierdo-Yusta, A.; Martínez-Ruiz, M.P. (2017): The impact of retail store format on the satisfaction-loyalty link: An empirical investigation, in: Journal of Business Research, 77. Jg., S. 14-22.

Kantabutra, S. (2011): Examining Store Manager Effects in Consumer and Staff Satisfaction: Evidence from Thailand, in: Journal of Retailing and Consumer Services, 18. Jg., Nr. 1, S. 46–57.

Kaplan, R.S.; Norton, D.P. (1993): Putting the Balanced Scorecard to Work, in: Harvard Business Review, 71. Jg., Nr. 5, S. 134–147.

Kaplan, R.S.; Norton, D.P. (1997): Balanced Scorecard: Strategien erfolgreich umsetzen, Stuttgart.

Kaptein, M.; Parvinen, P. (2015): Advancing e-commerce personalization: Process framework and case study, in: International Journal of Electronic Commerce, 19. Jg., Nr. 3, S. 7-33.

Karampatsa, M.; Grigoroudis, E.; F., M.N. (2017): Retail Category Management: A Review on Assortment and Shelf-Space Planning Models, in: Grigoroudis, E.; Doumpos, M. (Hrsg.): Operational Research in Business and Economics. Springer Proceedings in Business and Economics, Cham, S. 35–67.

Karpen, I.O.; Bove, L.L.; Lukas, B.A.; Zyphur, M.J. (2015): Service-Dominant Orientation: Measurement and Impact on Performance Outcomes, in: Journal of Retailing, 91. Jg., Nr. 1, S. 98-108.

Kärrholm, M.; Nylund, K. (2011): Escalating consumption and spatial planning: Notes on the evolution of Swedish retail spaces, in: European Planning Studies, 19. Jg., Nr. 6, S. 1043-1059.

Kaufmann, M. (2004): Götz Werner. Der Waldorf-Discounter, http://www.manager-magazin.de/unternehmen/karriere/a-284159-2.html, 9. November 2017.

Kaupp, M. (1998): City-Logistik als kooperatives Güterverkehrs-Management, Wiesbaden.

Keep, W.W.; Hollander, S.C.; Calantone, R.J. (1996): Retail diversification in the USA: are there performance benefits?, in: Journal of Retailing and Consumer Services, 3. Jg., Nr. 1, S. 1-9.

Keller, E. (1987): Kulturabhängigkeit der Führung, in: A. Kieser; G. Reber; Wunderer, G. R. (Hrsg.): Handwörterbuch der Führung, 1. Aufl., Stuttgart, S. 1285–1294.

Keller, K.; Dekimpe, M.; Geyskens, I. (2016): Let your banner wave? Antecedents and performance implications of retailers' private-label branding strategies, in: Journal of Marketing, 80. Jg., Nr. 4, S. 1-19.

Keller, K.L. (1993): Conceptualizing, Measuring, and Managing Customer-Based Brand Equity, in: Journal of Marketing, 57. Jg., Nr. 1, S. 1–22.

Keller, K.L. (2010): Brand equity management in a multichannel, multimedia retail environment, in: Journal of Interactive Marketing, 24. Jg., Nr. 2, S. 58-70.

Keller, K.O.; Dekimpe, M.G.; Geyskens, I. (2016): Let Your Banner Wave? Antecedents and Performance Implications of Retailers' Private-Label Branding Strategies, in: Journal of Marketing Theory and Practice, 80. Jg., Nr. 4, S. 1–19.

Kenning, P.; Eberhardt, T. (2012): Methoden der Preisbildung, in: Zentes, J.; Swoboda, B.; Morschett, D.; Schramm-Klein, H. (Hrsg.): Handbuch Handel, 2. Aufl., Wiesbaden, S. 609–629.

Kern, J.; Vogt, A. (2016): Future. Fashion. Economics. Der Guide für zukunftsorientiertes, verantwortungsbewusstes Wirtschaftsdenken in der Modebranche, Frankfurt a.M.

Khare, A.; Parveen, C.; Rai, R. (2010): Retailer behavior as determinant of service quality in Indian retailing, in: Journal of Retail & Leisure Property, 9. Jg., Nr. 4, S. 303-317.

Kim, J.-Y.; Natter, M.; Spann, M. (2009): Pay What You Want: A New Participative Pricing Mechanism, in: Journal of Marketing, 73. Jg., Nr. 1, S. 44-58.

Kim, S.K.; Min, S. (2015): Business model innovation performance: When does adding a new business model benefit an incumbent?, in: Strategic Entrepreneurship Journal, 9. Jg., Nr. 1, S. 34-57.

Kim, Y.J.; Song, J.; Koo, C. (2008): Exploring the effect of strategic positioning on firm performance in the e-business context, in: International Journal of Information Management, 28. Jg., Nr. 3, S. 203-214.

Kirby, D. (1978): What Happened to the Local Grocer?, in: International Journal of Retail & Distribution Management, 6. Jg., Nr. 5, S. 52-55.

Kispalko, S.; Moretti, V. (2016): Aktuelle Rahmenbedingungen für das Controlling in Handelsunternehmen, in: Buttkus, M.; Neugebauer, A.; Kaland, A. (Hrsg.): Controlling im Handel: Innovative Ansätze und Praxisbeispiele, 2. Aufl., Wiesbaden, S. 3–14.

Kleemann, F.C. (2014): Supplier Relationship Management im Performance-based Contracting, Wiesbaden.

Klein, A.; Schmitz, G. (2016): Main-format dominance in consumers' FMCG cross-format shopping patterns, in: Journal of Retailing and Consumer Services, 30. Jg., S. 105-115.

Klingebiel, N. (2000): Integriertes Performance-Measurement, Wiesbaden.

Kloth, R. (1999): Waren- und Informationslogistik im Handel, Wiesbaden.

Koether, R. (2014): Distributionslogistik: Effiziente Absicherung der Lieferfähigkeit, 2. Aufl., Wiesbaden.

Köhler, F.W. (1990): Die Dynamik der Betriebsformen des Handels– Bestandsaufnahme und Modellerweiterung, in: Marketing – ZFP, 12. Jg., Nr. 1, S. 59-64.

Kollmann, T. (2016): E-Business. Grundlagen elektronischer Geschäftsprozesse in der Digitalen Wirtschaft, 6. Aufl., Wiesbaden.

Kollmann, T.; Schmidt, H. (2016): Deutschland 4.0: Wie die digitale Transformation gelingt, Wiesbaden.

Korthals Altes, W. (2016): Freedom of establishment versus retail planning: The European case, in: European Planning Studies, 24. Jg., Nr. 1, S. 163-180.

Koschate-Fischer, N.; Cramer, J.; Hoyer, W.D. (2014): Moderating Effects of the Relationship Between Private Label Share and Store Loyalty, in: Journal of Marketing, 78. Jg., Nr. 2, S. 69–82.

Koschorz, H. (2001): Marketingorientierte Distributionslogistik – Leitlinien – Methoden – betriebswirtschaftliche Wirkungen, München.

Kotabe, M.; Helsen, K. (2017): Global marketing management, 7. Aufl., New York.

Kotzab, H.; Reiner, G.; Teller, C. (2007): Messung der Effizienz von Instore-Logistiksystemen, in: Zeitschrift für Betriebswirtschaft, 77. Jg., Nr. 11, S. 1135-1158.

KPMG (2015): Consumer Markets: Einzelhandelsimmobilien. Entwicklung der Handelsstrukturen und ihre Bedeutung für Einzelhandelsimmobilien in Deutschland und Großbritannien, Berlin.
KPMG (2016): U.S. executives on M&A: full speed ahead in 2016, Zürich.
KPMG (2017): 2017 Global Online Consumer Report, Zürich.
Krasonikolakis, I.; Vrechopoulos, A.; Pouloudi, A.; Dimitriadis, S. (2018): Store layout effects on consumer behavior in 3D online stores, in: European Journal of Marketing, 52. Jg., Nr. 5/6, S. 1223–1256.
Kreikebaum, H. (1997): Strategische Unternehmensplanung, 6. Aufl., Stuttgart u.a.
Kremer, F.; Viot, C. (2012): How store brands build retailer brand image, in: International Journal of Retail & Distribution Management, 40. Jg., Nr. 7, S. 528-543.
Kreutzer, R.T. (2018): Praxisorientiertes Online-Marketing. Konzepte – Instrumente – Checklisten, 3. Aufl., Wiesbaden.
Krishna, A. (2011): An Integrative Review of Sensory Marketing: Engaging the Senses to Affect Perception, Judgment and Behavior, in: Journal of Consumer Psychology; unbublished work.
Kroeber-Riel, W.; Gröppel-Klein, A. (2013): Konsumentenverhalten, 10. Aufl., München.
Kroeber-Riel, W.; Esch, F.-R. (2015): Strategie und Technik der Werbung: Verhaltens- und neurowissenschaftliche Erkenntnisse, 8. Aufl., Stuttgart.
Kronshage, T. (2003): Preistests, in: Diller, H.; Hermann, A. (Hrsg.): Handbuch Preispolitik: Strategien – Planung – Organisation – Umsetzung, Wiesbaden, S. 405-418.
Krüger, A.; Kahl, G. (2017): Der technologische Fortschritt im Handel getrieben durch Erwartungen der Kunden, in: Gläß, Rainer; Leukert, Bernd (Hrsg.): Handel 4.0: Die Digitalisierung des Handels - Strategien, Technologien, Transformation 1. Aufl., Wiesbaden, S. 129–156.
Krüger, W.; Homp, C. (1997): Kernkompetenz-Management: Steigerung von Flexibilität und Schlagkraft im Wettbewerb, Wiesbaden.
Kruschwitz, L. (2014): Investitionsrechnung, 14. Aufl., München u.a.
Kumar, A.; Kim, Y.-K. (2014): The store-as-a-brand strategy: The effect of store environment on customer responses, in: Journal of Retailing and Consumer Services, 21. Jg., Nr. 5, S. 685-695.
Kumar, A.; Anjaly, B. (2017): How to measure post-purchase customer experience in online retailing? A scale development study, in: International Journal of Retail & Distribution Management, 45. Jg., Nr. 12, 2017/12/11, S. 1277–1297.
Kumar, S.; Chang, C.W. (2007): Reverse auctions: How much total supply chain cost savings are there? — A conceptual overview, in: Journal of Revenue and Pricing Management, 6. Jg., Nr. 2, S. 77-85.
Kumar, V. (2013): Profitables Customer Engagement: Concepts, Metrics, and Strategies, Neu-Delhi u.a.
Kumar, V.; Rajan, B. (2012): Social coupons as a marketing strategy: a multifaceted perspective, in: Journal of the Academy of Marketing Science, 40. Jg., Nr. 1, S. 120-136.
Kumar, V.; Reinartz, W. (2016): Creating Enduring Customer Value, in: Journal of Marketing, 80. Jg., Nr. 6, S. 36–68.
Kumar, V.; Kerin, R.; Pereira, A. (1991): An Empirical Assessment of Merger and Acquisition Activity in Retailing, in: Journal of Retailing, 67. Jg., Nr. 3, S. 321-338.
Kumar, V.; Shah, D.; Venkatesan, R. (2006): Managing Retailer Profitability – One Customer at a Time!, in: Journal of Retailing, 82. Jg., Nr. 4, S. 277–294.
Kummer, S.; Grün, O.; Jammernegg, W. (2009): Grundzüge der Beschaffung, Produktion und Logistik, 2. Aufl., München.
Kunkel, J.; Berry, L. (1968): A behavioral conception of retail image, in: The Journal of Marketing, 32. Jg., Nr. 4, S. 21-27.
Kunz, J.; Quitmann, A. (2011): Der Einfluss von Anreizsystemen auf die intrinsische Motivation, in: Zeitschrift für Personalforschung, 25. Jg., Nr. 1, S. 55–76.
Kushwaha, T.; Shankar, V. (2013): Are multichannel customers really more valuable? The moderating role of product category characteristics, in: Journal of Marketing, 77. Jg., Nr. 4, S. 67-85.
Kwon, W.-S.; Lennon, S. (2009a): Reciprocal Effects between Multichannel Retailers' Offline and Online Brand Images, in: Journal of Retailing, 85. Jg., Nr. 3, S. 376–390.
Kwon, W.-S.; Lennon, S. (2009b): What induces online loyalty? Online versus offline brand images, in: Journal of Business Research, 62. Jg., Nr. 5, S. 557-564.
Lademann, R.P. (2008): Von der Konzentration zur Selektion – Zur Wettbewerbsökonomie des Lebensmitteleinzelhandels, Vortrag im Rahmen der „Tagung Handelsforschung", Wien.

Lademann, R.P. (2011): Downtown Shopping Centers: A Marketing Impact Analyses, in: Across, 4. Jg., S. 78-81.
Ladhari, R.; Souiden, N.; Dufour, B. (2017): The role of emotions in utilitarian service settings: The effects of emotional satisfaction on product perception and behavioral intentions, in: Journal of Retailing and Consumer Services, 34. Jg., S. 10-18.
Lampel, J.; Henry Mintzberg; James Quinn; Ghoshal, S. (2014): The Strategy Process, 5. Aufl., Upper Saddle River.
Lanzolla, G.; Frankort, H. (2016): The online shadow of offline signals: which sellers get contacted in online B2B marketplaces?, in: Academy of Management Journal, 59. Jg., Nr. 1, S. 207-231.
Larivière, B.; Keiningham, T.L.; Aksoy, L.; Yalçin, A.; Morgeson III, F.V.; Mithas, S. (2016): Modeling heterogeneity in the satisfaction, loyalty intention, and shareholder value linkage: a cross-industry analysis at the customer and firm levels, in: Journal of Marketing Research, 53. Jg., Nr. 1, S. 91-109.
Lee, H.-H.; Kim, J. (2010): Investigating dimensionality of multichannel retailer's cross-channel integration practices and effectiveness: shopping orientation and loyalty intention, in: Journal of Marketing Channels, 17. Jg., Nr. 4, S. 281-312.
Lee, H.L.; Padmanabhan, V.; Whang, S. (1997a): Information Distortion in a Supply Chain: The Bullwhip Effect, in: Management Science, 43. Jg., Nr. 4, S. 546-558.
Lee, H.L.; Padmanabhan, V.; Whang, S. (1997b): The Bullwhip Effect in Supply Chains, in: Sloan Management Review, 38. Jg., Nr. 3, S. 93-102.
Lee, J.; Lee, Y.; Lee, Y.-J. (2012): Do customization programs of e-commerce companies lead to better relationship with consumers?, in: Electronic Commerce Research and Applications, 11. Jg., Nr. 3, S. 262-274.
Lee, L.; Tsai, C.I. (2014): How Price Promotions Influence Postpurchase Consumption Experience over Time, in: Journal of Consumer Research, 40. Jg., Nr. 5, S. 943–959.
Lee, R.P.; Grewal, R. (2004): Strategic responses to new technologies and their impact on firm performance, in: Journal of Marketing, 68. Jg., Nr. 4, S. 157-171.
Lefrançois, G.R. (2015): Psychologie des Lernens, 5. Aufl., Berlin u.a.
Lehmacher, W. (2014): Logistik im Zeichen der Urbanisierung, Wiesbaden.
Leitherer, E. (1974): Geschichte der Absatzwirtschaft, in: Tietz, B. (Hrsg.): Handwörterbuch der Absatzwirtschaft, Stuttgart, S. 666-674.
Lemon, K.; Verhoef, P. (2016): Understanding customer experience throughout the customer journey, in: Journal of Marketing, 80. Jg., Nr. 6, S. 69-96.
Lemon, K.N.; Verhoef, P.C. (2016): Understanding Customer Experience Throughout the Customer Journey, in: Journal of Marketing, 80. Jg., Nr. 6, S. 69–96.
Lentrodt, A.; Hane, W. (2009): Durchführung eines Benchmarking-Projektes, in: Mertins, K.; Kohl, H. (Hrsg.): Benchmarking: Leitfaden für den Vergleich mit den Besten, 2. Aufl., Düsseldorf, S. 107–134.
Levy, M.; Weitz, B.A.; Grewal, D. (2014): Retailing Management, 9. Aufl., New York.
Levy, M.; Grewal, D.; Peterson, R.A.; Connolly, B. (2005): The Concept of the "Big Middle", in: Journal of Retailing, 81. Jg., Nr. 2, S. 83-88.
Levy, M.; Grewal, D.; Peterson, R.; Connolly, B. (2005): The Concept of the "Big Middle", in: Journal of Retailing, 81. Jg., Nr. 2, S. 83-88.
Lewin, K. (1958): Group Decision and Social Change, in: Maccoby, E. E.; Newcomb, T. M.; Hartley, E. L. (Hrsg.): Readings in Social Psychology, 3. Aufl., New York, S. 197–211.
Lewis, J.; Whysall, P.; Foster, C. (2014): Drivers and technology-related obstacles in moving to multichannel retailing, in: International Journal of Electronic Commerce, 18. Jg., Nr. 4, S. 43-68.
Li, H.; Fang, Y.; Wang, Y.; Lim, K.; Liang, L. (2015): Are all signals equal? Investigating the differential effects of online signals on the sales performance of e-marketplace sellers, in: Information Technology & People, 28. Jg., Nr. 3, S. 699-723.
Li, Y.; Liu, L. (2012): Assessing the Impact of Retail Location on Store Performance: A Comparison of Wal-Mart and Kmart Stores in Cincinnati, in: Applied Geography, 32. Jg., Nr. 2, S. 591-600.
Li, Y.; Liu, H.; Yang, F.; Lim, E.; Goh, J.M.; Lee, M. (2018): Customer's reaction to cross-channel integration in omnichannel retailing: The mediating roles of retailer uncertainty, identity attractiveness, and switching costs, in: Decision Support Systems, 109. Jg., S. 50-60.
Libert, B.; Wind, Y.; Fenley, M. (2014): What Airbnb, Uber, and Alibaba have in common, in: Harvard Business Review, 11. Jg., S. 1-9.

Liebmann, H.-P. (1998): Perspektiven für ein fortschrittsfähiges Handelsmanagement im turbulenten Umfeld, in: Woratschek, H. (Hrsg.): Perspektiven ökonomischen Denkens, Frankfurt a.M., S. 53-72.

Liljander, V.; Polsa, P.; Van Riel, A. (2009): Modelling consumer responses to an apparel store brand: Store image as a risk reducer, in: Journal of Retailing and Consumer Services, 16. Jg., Nr. 4, S. 281-290.

Lin, J.-S.C.; Hsieh, P.-L. (2011): Assessing the Self-Service Technology Encounters: Development and Validation of SSTQUAL Scale, in: Journal Of Retailing, 87. Jg., Nr. 2, S. 194-206.

Lindquist, J. (1974): Meaning of image-survey of empirical and hypothetical evidence, in: Journal of Retailing, 50. Jg., Nr. 4, S. 29-38.

Lingenfelder, M. (1996): Die Internationalisierung im europäischen Einzelhandel, Berlin.

Linton, G.; Kask, J. (2017): Configurations of entrepreneurial orientation and competitive strategy for high performance, in: Journal of Business Research, 70. Jg., S. 168-176.

Logistik-Heute (2017): Amazon holt Kollege Roboter nach Deutschland, http://www.logistik-heute.de/Logistik-News-Logistik-Nachrichten/Markt-News/16719/Winsen-soll-erster-Standort-mit-Robotereinsatz-werden-E-Commerce-Amazon-holt, 15. Mai 2017.

Lombart, C.; Louis, D.; Labbé-Pinlon, B. (2016): Price Image Consequences, in: Journal of Retailing and Consumer Services, 28. Jg., S. 107–116.

López-Bayón, S.; López-Fernández, B. (2016): Partner empowerment and relationship failure in franchising, in: Journal of Small Business Management, 54. Jg., Nr. 4, S. 1059-1079.

Lucks, K.; Meckl, R. (2015): Internationale Mergers & Acquisitions: Der prozessorientierte Ansatz, 2. Aufl., Wiesbaden.

Luhmann, N. (1994): Soziale Systeme: Grundriß einer allgemeinen Theorie, 4. Aufl., Frankfurt a.M.

Luoma, M.A. (2015): Revisiting the strategy-performance linkage: An application of an empirically derived typology of strategy content areas, in: Management Decision, 53. Jg., Nr. 5, S. 1083-1106.

Lusch, R.F.; Vargo, S.L.; O'Brien, M. (2007): Competing Through Service: Insights from Service-Dominant Logic, in: Journal of Retailing, 83. Jg., Nr. 1, S. 5-18.

Lüttke, P. (2016): Die Zukunftsfähigkeit bestehender Shopping Center – Ein Bewertungssystem zur Beurteilung, Wiesbaden.

Lyne, N. (2002): Profile of Inditex: Building on the Success of Zara, in: Textile Outlook International, o. Jg., Nr. 99, S. 166-181.

Macchion, L.; Danese, P.; Vinelli, A. (2015): Redefining supply network strategies to face changing environments. A study from the fashion and luxury industry, in: Operations Management Research, 8. Jg., Nr. 1-2, S. 15-31.

Macharzina, K.; Wolf, J. (2018): Unternehmensführung: Das internationale Managementwissen, Konzepte – Methoden – Praxis, 10. Aufl., Wiesbaden.

Macheleit, S.; Biedermann, S. (2016): Wachstumsorientierte Filialsteuerung im Handel, in: Buttkus, M.; Neugebauer, A.; Kaland, A. (Hrsg.): Controlling im Handel: Innovative Ansätze und Praxisbeispiele, 2. Aufl., Wiesbaden, S. 43–55.

Madanoglu, M.; Alon, I.; Shoham, A. (2017): Push and pull factors in international franchising, in: International Marketing Review, 34. Jg., Nr. 1, S. 29-45.

Maeng, A.; Tanner, R. (2011): Does a Crowded Store Lead to a Crowded Mind? Physical Crowdedness and Mental Construal of Product Features, Proceedings of the Society for Consumer Psychology 2011 Winter Conference, Atlanta.

Maestrini, V.; Martinez, V.; Neely, A.; Luzzini, D.; Caniato, F.; Maccarrone, P. (2018): The relationship regulator: a buyer-supplier collaborative performance measurement
system, in: International Journal of Operations & Production Management.

Maksimovic, V.; Phillips, G.; Yang, L. (2013): Private and public merger waves, in: The Journal of Finance, 68. Jg., Nr. 5, S. 2177-2217.

Malc, D.; Mumel, D.; Pisnik, A. (2016): Exploring price fairness perceptions and their influence on consumer behavior, in: Journal of Business Research, 69. Jg., Nr. 9, S. 3693–3697.

Manganari, E.E.; Siomkos, G.J.; Vrechopoulos, A.P. (2009): Store atmosphere in web retailing, in: European Journal of Marketing, 43. Jg., Nr. 9/10, S. 1140–1153.

Manganari, E.E.; Siomkos, G.J.; Rigopoulou, I.D.; Vrechopoulos, A.P. (2011): Virtual Store Layout Effects on Consumer Behavior: Applying an Environmental Psychology Approach in the Online Travel Industry, in: Internet Research, 21. Jg., Nr. 3, S. 326-346.

Manning, K.C.; Sprott, D.E. (2009): Price Endings, Left-Digit Effects, and Choice, in: Journal of Consumer Research, 36. Jg., Nr. 2, S. 328-335.
Martin, C. (2000): The Agile Supply Chain: Competing in Volatile Markets, in: Industrial Marketing Management, 29. Jg., Nr. 1, S. 37-44.
Martin, C.A. (2009): Consumption Motivation and Perceptions of Malls: A Comparison of Mothers and Daughters, in: Journal of Marketing Theory and Practice, 17. Jg., Nr. 1, S. 49-62.
Martineau, P. (1958): The Personality of the Retail Store, in: Harvard Business Review, 36. Jg., Nr. 1, S. 47-55.
Maslow, A.H. (1973): Psychologie des Seins: Ein Entwurf, München.
Massicotte, M.-C.; Michon, R.; Chebat, J.-C.; Sirgy, M.J.; Borges, A. (2011): Effects of Mall Atmosphere on Mall Evaluation: Teenage versus Adult Shoppers, in: Journal of Retailing and Consumer Services, 18. Jg., Nr. 1, S. 74-80.
Mattmüller, R.; Tunder, R. (2004): Strategisches Handelsmarketing, München.
Maturana, H.R.; Varela, F.J.; Uribe, R. (1985): Autopoiese: Die Organisation lebender Systeme, ihre nähere Bestimmung und ein Modell, in: Maturana, H.R. (Hrsg.): Erkennen: Die Organisation und Verkörperung von Wirklichkeit, 2. Aufl., Braunschweig u.a., S. 157-169.
Maucher, D.; Stölzle, W.; Hofmann, E. (2012): Procurement Value Added – Ein Ansatz zur wertorientierten Messung des Beschaffungserfolgs., in: Bogaschewsky, R.; Eßig, M. ; Lasch, R. ; Stölzle, W. (Hrsg.): Supply Management Research. Aktuelle Forschungsergebnisse 2012, Wiesbaden S. 54-78.
Mazursky, D.; Jacoby, J. (1986): Exploring the Development of Store Images, in: Journal of Retailing, 62. Jg., Nr. 2, S. 145-165.
McClelland, D.C. (1987): Human Motivation, Cambridge u.a.
McDowell, W.C.; Wilson, R.C.; Kile, C.O. (2016): An Examination of retail website design and conversation rate, in: Journal of Business Research, 69. Jg., Nr. 11, S. 4837–4842.
McNair, M.P. (1931): Trends in Large Scale Retailing, in: Harvard Business Review, 10. Jg., Nr. 1, S. 30-39.
Meffert, H.; Burmann, C.; Kirchgeorg, M. (2015): Marketing - Grundlagen marktorientierter Unternehmensführung, 12. Aufl., Wiesbaden.
Meffert, H.; Burmann, C.; Kirchgeorg, M.; Eisenbeiß, M. (2018): Marketing: Grundlagen marktorientierter Unternehmensführung – Konzepte – Instrumente – Praxisbeispiele, 13. Aufl., Wiesbaden.
Mehn, A.; Wirtz, V. (2018): Stand der Forschung – Entwicklung von Omnichannel-Strategien als Antwort auf neues Konsumentenverhalten, in: Böckenholt, Ingo; Mehn, Audrey; Westermann, Arne (Hrsg.): Konzepte und Strategien für Omnichannel-Exzellenz. Innovatives Retail-Marketing mit mehrdimensionalen Vertriebs- und Kommunikationskanälen, Wiesbaden, S. 3–36.
Mehrabian, A.; Russell, J.A. (1974): An Approach to Environmental Psychology, Cambridge.
Meier, A.; Stormer, H. (2012): eBusiness & eCommerce, Berlin u.a.
Melis, K.; Campo, K.; Breugelmans, E.; Lamey, L. (2015): The impact of the multi-channel retail mix on online store choice: does online experience matter?, in: Journal of Retailing, 91. Jg., Nr. 2, S. 272-288.
Melis, K.; Campo, K.; Lamey, L.; Breugelmans, E. (2016): A bigger slice of the multichannel grocery pie: When does consumers' online channel use expand retailers' share of wallet?, in: Journal of Retailing, 92. Jg., Nr. 3, S. 268-286.
Merrilees, B.; McKenzie, B.; Miller, D. (2007): Culture and marketing strategy in discount retailing, in: Journal of Business Research, 60. Jg., Nr. 3, S. 215-221.
Merrilees, B.; Miller, D.; Shao, W. (2016): Mall brand meaning: an experiential branding perspective, in: Journal of Product & Brand Management, 25. Jg., Nr. 3, S. 262-273.
Meyer-Ohle, H. (1995): Dynamik im japanischen Einzelhandel, Wiesbaden.
Meyer-Waarden, L. (2007): The Effects of Loyalty Programs on Customer Lifetime Duration and Share of Wallet, in: Journal Of Retailing, 83. Jg., Nr. 2, S. 223-236.
Meyer, A.; Bartsch, S. (2012): Servicepolitik im Handel, in: Zentes, J.; Swoboda, B.; Morschett, D.; Schramm-Klein, H. (Hrsg.): Handbuch Handel, 2. Aufl., Wiesbaden, S. 719–731.
Meyer, J.; Shankar, V. (2016): Pricing Strategies for Hybrid Bundles: Analytical Model and Insights, in: Journal of Retailing, 92. Jg., Nr. 2, 2016/06/01/, S. 133–146.
Michael, S. (2014): Can franchising be an economic development strategy? An empirical investigation, in: Small Business Economics, 42. Jg., Nr. 3, S. 611-620.

Michael, S.C. (1994): Competition in Organizational Form: Mail Order versus Retail Stores, 1910-1940, in: Journal of Economic Behavior & Organization, 23. Jg., Nr. 3, S. 269-286.

Miles, R.; Snow, C. (1978): Organizational Strategy, Structure and Process, New York.

Miller, C.M.; Smith, S.A.; McIntyre, S.H.; Achabal, D.D. (2010): Optimizing and Evaluating Retail Assortments for Infrequently Purchased Products, in: Journal Of Retailing, 86. Jg., Nr. 2, S. 159-171.

Mintzberg, H.; Ahlstrand, B.; Lampel, J. (2012): Strategy Safari - Der Wegweiser durch den Dschungel des strategischen Managements, 2. Aufl., München.

Miotto, A.; Parente, J. (2015): Retail Evolution Model in Emerging Markets: Apparel Store Formats in Brazil, in: Journal of Retail & Distribution Management, 43. Jg., Nr. 3, S. 242-260.

Miotto, A.P.; Parente, J.G. (2015): Retail evolution model in emerging markets: apparel store formats in Brazil, in: International Journal of Retail & Distribution Management, 43. Jg., Nr. 3, S. 242-260.

Miraz, M.H.; Habib, M.; Molla, M.S. (2016): An Overview of Information Technology Tools Implementation in Supply Chain Management, in: IETI Transactions on Computers 2. Jg., Nr. 2, S. 110-117.

Mitronen, L.; Möller, K. (2003): Management of Hybrid Organisations: A Case Study in Retailing, in: Industrial Marketing Management, 32. Jg., Nr. 5, S. 419–429.

Mo, Z. (2015): Internationalization process of fast fashion retailers: evidence of H&M and Zara, in: International Journal of Business and Management, 10. Jg., Nr. 3, S. 217-236.

Moatti, V.; Dussauge, P. (2012): Does expanding through alliances vs. mergers and acquisitions matter? The example of the global retail industry, in: Advances in Mergers and Acquisitions, 11. Jg., Nr. 1, S. 33-53.

Moatti, V.; Ren, C.; Anand, J.; Dussauge, P. (2015): Disentangling the performance effects of efficiency and bargaining power in horizontal growth strategies: An empirical investigation in the global retail industry, in: Strategic Management Journal, 36. Jg., Nr. 5, S. 745-757.

Mohd-Ramly, S.; Omar, N.A. (2017): Exploring the influence of store attributes on customer experience and customer engagement, in: International Journal of Retail & Distribution Management, 45. Jg., Nr. 11, S. 1138–1158.

Möhlenbruch, D. (2012): Wachstum durch Filialisierung im Einzelhandel, in: Zentes, Joachim; Swoboda, Bernhard; Morschett, Dirk; Schramm-Klein, Hanna (Hrsg.): Springer Gabler (Hrsg.): Handbuch Handel, Wiesbaden, S. 127-149.

Möhlenbruch, D.; Hartmann, M. (2013): Der Handel im Informationszeitalter: Konzepte - Instrumente - Umsetzung, Wiebaden.

Mohr, A.; Batsakis, G. (2017): Internationalization speed and firm performance: A study of the market-seeking expansion of retail MNEs, in: Management International Review, 57. Jg., Nr. 2, S. 153-177.

Mohr, A.; Batsakis, G. (2018): Firm resources, cultural distance and simultaneous international expansion in the retail sector, in: International Business Review, 27. Jg., Nr. 1, S. 113-124.

Mohr, A.; Fastoso, F.; Wang, C.; Shirodkar, V. (2014): Testing the regional performance of multinational enterprises in the retail sector: The moderating effects of timing, speed and experience, in: British Journal of Management, 25. Jg., Nr. 1, S. 100-115.

Moiseeva, A.; Timmermans, H. (2010): Imputing Relevant Information from Multi-Day GPS Tracers for Retail Planning and Management Using Data Fusion and Context-Sensitive Learning, in: Journal of Retailing and Consumer Services, 17. Jg., Nr. 3, S. 189-199.

Monga, A.; Saini, R. (2009): Currency of Search: How Spending Time on Search Is Not the Same as Spending Money, in: Journal Of Retailing, 85. Jg., Nr. 3, S. 245-257.

Moore, M. (2005b): Towards a Confirmatory Model of Retail Strategy Types: An Empirical Test of Miles and Snow, in: Journal of Business Research, 58. Jg., Nr. 5, S. 696-704.

Morbe, L. (2018): International Retailers' Performance in Host Countries: The Roles of Strategies, Consumer Perceptions and the Local Environment, Wiesbaden.

Morris, L.J.; Morris, J.S. (2002): The Changing Role of Middlemen in the Distribution of Personal Computers, in: Journal of Retailing and Consumer Services, 9. Jg., Nr. 2, S. 97-105.

Morschett, D. (2002): Retail Branding und Integriertes Handelsmarketing: Eine verhaltenswissenschaftliche und wettbewerbsstrategische Analyse, Wiesbaden.

Morschett, D. (2004): Retail-Performance-Measurement – Konzepte und Perspektiven des Prozess-Controllings im Handel, in: Zentes, J.; Biesiada, H.; Schramm-Klein, H. (Hrsg.): Zukunft im Handel, Bd. XIX: Performance Leadership im Handel, Frankfurt a.M., S. 63–92.

Morschett, D. (2012): Distanzhandel - Online-Shops und andere Formen, in: Zentes, J; Swoboda, B.; Morschett, D.; Schramm-Klein, H. (Hrsg.): Handbuch Handel, 2. Aufl., Wiesbaden.
Morschett, D. (2012): Retail-Branding – Strategischer Rahmen für das Handelsmarketing, in: Zentes, J.; Swoboda, B.; Morschett, D.; Schramm-Klein, H. (Hrsg.): Handbuch Handel: Strategien – Perspektiven – Internationaler Wettbewerb, Wiesbaden, S. 441-461.
Morschett, D. (2013): Preispolitik im Online-Handel – Zunehmende Preiskonvergenz als Trend, in: Retailing & Consumer Goods Marketing, 4. Jg., Nr. 2 S. 8–12.
Morschett, D.; Swoboda, B.; Schramm-Klein, H. (2006): Competitive Strategies in Retailing – An Investigation of the Applicability of Porter's Framework for Food Retailers, in: Journal of Retailing and Consumer Services, 13. Jg., Nr. 4, S. 275-287.
Morschett, D.; Schramm-Klein, H.; Swoboda, B. (2010): Decades of research on market entry modes: What do we really know about external antecedents of entry mode choice?, in: Journal of International Management, 16. Jg., Nr. 1, S. 60-77.
Morschett, D.; Schmid, D.; Foscht, T. (2017): HandelsMonitor: Food Online – Hype oder die Zukunft des LEH?, 1. Aufl., Frankfurt a.M.
Moussa, M. (2016): Internet, Intranets and Extranets in Organizations: An Integrative Literature Re-view, in: SIU Journal of Management, 6. Jg., Nr. 1, S. 1-39.
Moussetis, R. (2011): Ansoff revisited: How Ansoff interfaces with both the planning and learning schools of thought in strategy, in: Journal of Management History, 17. Jg., Nr. 1, S. 102-125.
Muchna, C.; Brandenburg, H.; Fottner, J.; Gutermuth, J. (2018): Grundlagen der Logistik: Begriffe, Strukturen und Prozesse, Wiesbaden.
Müller-Hagedorn, L. (1998): Der Handel, Stuttgart u.a.
Müller-Hagedorn, L. (2005): Handelsmarketing, 4. Aufl., Stuttgart.
Müller-Hagedorn, L.; Natter, M. (2011): Handelsmarketing, 5. Aufl., Stuttgart.
Müller-Hagedorn, L.; Veltmann, L. (2012): Kooperationen im Handel (Verbundgruppen), in: Zentes, Joachim; Swoboda, Bernhard; Morschett, Dirk; Schramm-Klein, Hanna (Hrsg.): Handbuch Handel, 2. Aufl., Wiesbaden.
Müller-Hagendorn, L.; Toporowski, W.; Zieke, S. (2012): Der Handel – Grundlagen-Management-Strategien, 2. Aufl., Stuttgart.
Müller-Stewens, G.; Spanninger, J. (2012): Wachstum durch Mergers und Acquisitions, in: Zentes, Joachim; Swoboda, Bernhard; Morschett, Dirk; Schramm-Klein, Hanna (Hrsg.): Handbuch Handel, 2. Aufl., Wiesbaden, S. 169-188.
Murphy, L.; Moscardo, G.; Benckendorff, P.; Pearce, P. (2011): Evaluating tourist satisfaction with the retail experience in a typical tourist shopping village, in: Journal of Retailing and Consumer Services, 18. Jg., Nr. 4, S. 302-310.
Murray, C.C.; Talukdar, D.; Gosavi, A. (2010): Joint Optimization of Product Price, Display Orientation and Shelf-Space Allocation in Retail Category Management, in: Journal Of Retailing, 86. Jg., Nr. 2, S. 125-136.
Murray, J.; Elms, J.; Teller, C. (2017): Examining the role of store design on consumers' cross-sectional perceptions of retail brand loyalty, in: Journal of Retailing and Consumer Services, 38. Jg., S. 147–156.
Müssigmann, N. (2007): Strategische Liefernetze – Evaluierung, Auswahl, kritische Knoten, Wiesbaden.
Nabout, N.A.; Skiera, B. (2012): Return on Quality Improvements in Search Engine Marketing, in: Journal of Interactive Marketing, 26. Jg., Nr. 3, S. 141–154.
Naik, C.N.K.; Gantasala, S.B.; Prabhakar, G. (2010): Service quality (SERVQUAL) and its effect on customer satisfaction in retailing, in: European Journal of Social Sciences, 16. Jg., Nr. 2, S. 231-243.
Nakano, S.; Kondo, F. (2018): Customer segmentation with purchase channels and media touchpoints using single source panel data, in: Journal of Retailing and Consumer Services, 41. Jg., S. 142-152.
Nakayama, M.; Sutcliffe, N.; Wan, Y. (2010): Has the Web Transformed Experience Goods into Search Goods?, in: Electronics Markets, 20. Jg., Nr. 3/4, S. 251-262.
Nebel, J.; Schulz, A.; Flohr, E. (2012): Das Franchise-System: Handbuch für Franchisegeber und Franchisenehmer, 4. Aufl., München.
Nelson, R.R.; Winter, S.G. (1982): An Evolutionary Theory of Economic Change, Cambridge (Mass.).
Neslin, S.; Grewal, D.; Leghorn, R.; Shankar, V.; Teerling, M.; Thomas, J.; Verhoef, P. (2006): Challenges and Opportunities in Multichannel Customer Management, in: Journal of Service Research, 9. Jg., Nr. 2, S. 95-112.

Neslin, S.A.; Shankar, V. (2009): Key Issues in Multichannel Customer Management: Current Knowledge and Future Directions, in: Journal of Interactive Marketing, 23. Jg., Nr. 1, S. 70-81.

Netemeyer, R.G.; Maxham, J.G.; Lichtenstein, D.R. (2010): Store Manager Performance and Satisfaction: Effects on Store Employee Performance and Satisfaction, Store Customer Satisfaction, and Store Customer Spending Growth, in: Journal of Applied Psychology, 95. Jg., Nr. 3, S. 530–545.

Network-Governance-Kodex (2010): Exzellente Unternehmensführung in kooperativen Netzwerken, Berlin.

Nguyen, N.; Leblanc, G. (2001): Corporate image and corporate reputation in customers' retention decisions in services, in: Journal of retailing and Consumer Services, 8. Jg., Nr. 4, S. 227-236.

Nguyen, P.; Felfe, J.; Fooken, I. (2015): Interaction Effects of Dual Organizational Commitment on Retention in International Assignments: The Case of Western Expatriates in Vietnam, in: The International Journal of Human Resource Management, 26. Jg., Nr. 11, S. 1407–1427.

Ngwe, D. (2017): Why Outlet Stores Exist: Averting Cannibalization in Product Line Extensions, in: Marketing Science, 36. Jg., Nr. 4, S. 523-541.

Nicolai, C. (2018): Personalmanagement, 5. Aufl., Konstanz u.a.

Nicolau, J.L. (2013): Direct versus indirect channels: Differentiated loss aversion in a high-involvement, non-frequently purchased hedonic product, in: European Journal of Marketing, 47. Jg., Nr. 1/2, 2013/02/08, S. 260–278.

Oechsler, W.A.; Paul, C. (2015): Personal und Arbeit. Einführung in das Personalmanagement, 10. Aufl., Berlin u.a.

Oh, C.H.; Sohl, T.; Rugman, A. (2015): Regional and product diversification and the performance of retail multinationals, in: Journal of International Management, 21. Jg., Nr. 3, S. 220-234.

Oh, L.-B.; Teo, H.-H. (2010): Consumer value co-creation in a hybrid commerce service-delivery system, in: International Journal of Electronic Commerce, 14. Jg., Nr. 3, S. 35-62.

Olbrich, R. (1992): Informationsmanagement in mehrstufigen Handelssystemen: Grundzüge organisatorischer Gestaltungsmaßnahmen unter Berücksichtigung einer repräsentativen Umfrage zur Einführung dezentraler computergestützer Warenwirtschaftssysteme im Lebensmitteleinzelhandel, Frankfurt a.M.

Oleksy, M. (2014): Data Mining und Benford's Law als Controllinginstrumente, Bremen.

Olson, E.M.; Slater, S.F.; Hult, G.T.M. (2005): The Performance Implications of Fit among Business Strategy, Marketing Organization Structure, and Strategic Behavior, in: Journal of Marketing, 69. Jg., Nr. 3, S. 49–65.

Ondrus, J.; Gannamaneni, A.; Lyytinen, K. (2015): The impact of openness on the market potential of multi-sided platforms: a case study of mobile payment platforms, in: Journal of Information Technology, 30. Jg., Nr. 3, S. 260-275.

Orel, F.D.; Kara, A. (2014): Supermarket Self-Checkout Service Quality, Customer Satisfaction, and Loyalty: Empirical Evidence from an Emerging Market, in: Journal of Retailing and Consumer Services, 21. Jg., Nr. 2, S. 118–129.

Ortmann, G. (2010): Organisation, Strategie, Responsivität: Strategieformation als responsive Strukturation, in: Schreyögg, G.; Conrad, P. (Hrsg.): Organisation und Strategie, Wiesbaden, S. 1-46.

Ortner, G. (2015): Projektmanagement-Outsourcing - Chancen und Grenzen erkennen, Berlin u.a.

Osterloh, M.; Frost, J. (2006): Prozessmanagement als Kernkompetenz: Wie Sie Business Reengineering strategisch nutzen können, 5. Aufl., Wiesbaden.

Palich, L.E.; Cardinal, L.B.; Miller, C.C. (2000): Curvilinearity in the diversification–performance linkage: an examination of over three decades of research, in: Strategic Management Journal, 21. Jg., Nr. 2, S. 155-174.

Pan, Y.; Zinkhan, G. (2006): Determinants of retail patronage: a meta-analytical perspective, in: Journal of Retailing, 82. Jg., Nr. 3, S. 229-243.

Pan, Y.; Siemens, J.C. (2011): The differential effects of retail density: An investigation of goods versus service settings, in: Journal of Business Research, 64. Jg., Nr. 2, S. 105–112.

Papadopoulos, N.; Martín, M.O. (2011): International market selection and segmentation: perspectives and challenges, in: International Marketing Review, 28. Jg., Nr. 2, S. 132-149.

Papatla, P. (2011): Do Online Shopping Styles Affect Preferred Site Attributes? An Empirical Investigation and Retailing Implications, in: Journal of Retailing and Consumer Services, 18. Jg., Nr. 4, S. 362-369.

Pappu, R.; Quester, P. (2006): Does customer satisfaction lead to improved brand equity? An empirical examination of two categories of retail brands, in: Journal of Product & Brand Management, 15. Jg., Nr. 1, S. 4-14.

Pappu, R.; Quester, P. (2008): Does brand equity vary between department stores and clothing stores? Results of an empirical investigation, in: Journal of Product & Brand Management, 17. Jg., Nr. 7, S. 425-435.

Parasuraman, A.; Zeithaml, V.A.; Berry, L.L. (1988): SERVQUAL: A Multiple-Item Scale for Measuring Consumer Perceptions of Service Quality, in: Journal of Retailing, 64. Jg., Nr. 1, S. 12–40.

Park, C.H. (2017): Online Purchase Paths and Conversion Dynamics across Multiple Websites, in: Journal of Retailing, 93. Jg., Nr. 3, S. 253-265.

Park, C.H.; Agarwal, M.K. (2018): The order effect of advertisers on consumer search behavior in sponsored search markets, in: Journal of Business Research, 84. Jg., S. 24–33.

Parnell, J. (2013): Uncertainty, generic strategy, strategic clarity, and performance of retail SMEs in Peru, Argentina, and the United States, in: Journal of Small Business Management, 51. Jg., Nr. 2, S. 215-234.

Patel, N. (2015): 90% of startups fail: Here's what you need to knwo about the 10%, https://www.forbes.com/sites/neilpatel/2015/01/16/90-of-startups-will-fail-heres-what-you-need-to-know-about-the-10/#3e87a41f6679, 5. März 2018.

Pechtl, H. (2014): Preispolitik: Behavioral Pricing und Preissysteme, 2. Aufl., Konstanz.

Penrose, E.T. (1959): The Theory of the Growth of the Firm, Oxford.

Pentina, I.; Pelton, L.E.; Hasty, R.W. (2009): Performance Implications of Online Entry Timing by Store-Based Retailers: A Longitudinal Investigation, in: Journal of Retailing, 85. Jg., Nr. 2, S. 177-193.

Peppers, D.; Rogers, M.; Dorf, B. (1999): Is your company ready for one-to-one marketing, in: Harvard Business Review, 77. Jg., Nr. 1, S. 151-160.

Perry, P.; Fernie, J.; Wood, S. (2014): The international fashion supply chain and corporate social responsibility, in: Fernie, John; Sparks, Leigh (Hrsg.): Logistics and retail management: Emerging issues and new challenges, 4. Aufl., London, S. 77-100.

Peteraf, M.A. (1993): The Cornerstones of Competitive Advantage: A Resource-Based View, in: Strategic Management Journal, 14. Jg., Nr. 3, S. 179-191.

Pfläging, N.; Selders, J. (2012): Beyond Budgeting: Dezentralisierte Führung und flexible Steuerungsprozesse umsetzen am Beispiel der Wertbildungsrechnung bei dm-drogerie markt, in: Dillerup, R.; Stoi, R. (Hrsg.): Fallstudien zur Unternehmensführung, 2. Aufl., München, S. 397–414.

Pfohl, H.-C. (2010): Logistiksysteme, 8. Aufl., Berlin u.a.

Pfohl, H.-C. (2016): Logistikmanagement: Konzeption und Funktionen, 3. Aufl., Berlin u.a.

Pfohl, H.-C. (2018): Logistiksysteme, 9. Aufl., Berlin u.a.

Pham, L.; Teich, J.; Wallenius, H.; Wallenius, J. (2015): Multi-attribute online reverse auctions: Recent research trends, in: European Journal of Operational Research, 242. Jg., Nr. 1, S. 1-9.

Picot, A.; Reichwald, R.; Wigand, R.T. (2003): Die grenzenlose Unternehmung: Information, Organisation und Management – Lehrbuch zur Unternehmensführung im Informationszeitalter, 5. Aufl., Wiesbaden.

Pillai, R.; Iqbal, A.; Umer, H.; Maqbool, A.; Sunil, N. (2011): Design, Effectiveness and Role of Visual Merchandising in Creating Customer Appeal; unpublished work.

Piron, F.; Young, M. (2017): Retail borrowing: Insights and implications on returning used merchandise, in: International Journal of Retail & Distribution Management, 28. Jg., Nr. 1, S. 27–36.

Pizzi, G.; Scarpi, D. (2013): When Out-of-Stock Products DO Backfire: Managing Disclosure Time and Justification Wording, in: Journal Of Retailing, 89. Jg., Nr. 3, S. 352-359.

Pizzi, G.; Scarpi, D. (2016): The effect of shelf layout on satisfaction and perceived assortment size: An empirical assessment, in: Journal of Retailing and Consumer Services, 28. Jg., S. 67–77.

Polyakova, O.; Mirza, M. (2015): Perceived service quality models: Are they still relevant?, in: The Marketing Review, 15. Jg., Nr. 1, S. 59-82.

Popkowski Leszczyc, P.T.L.; Sinha, A.; Sahgal, A. (2004): The Effect of Multi-Purpose Shopping on Pricing and Location Strategy for Grocery Stores, in: Journal of Retailing, 80. Jg., Nr. 2, S. 85-99.

Poppe, R. (2017): Kooperationsplattformen für das Supply Chain Management: Gestaltungsempfehlungen für die kooperative Koordination der Supply Chain, Wiesbaden.

Porter, L.W.; Lawler, E.E. (1968): Managerial Attitudes and Performance, Homewood.

Porter, M. (1980): Competitive Strategy, New York.

Porter, M. (2013): Wettbewerbsstrategie, 12. Aufl., Frankfurt a.M.

Porter, M.E. (2014): Wettbewerbsvorteile, 8. Aufl., Frankfurt a.M.

Posselt, T.; Gensler, S. (2000): Ein transaktionskostenorientierter Ansatz zur Erklärung von Handelsbetriebstypen. Das Beispiel Convenience Shops, in: Die Betriebswirtschaft, 60. Jg., Nr. 2, S. 182–198.

Prahalad, C.K.; Hamel, G. (1990): The Core Competence of the Corporation, in: Harvard Business Review, 68. Jg., Nr. 3, S. 79-91.

Proch, M. (2017): Optimale Steuerung der Lieferantenentwicklung, Wiesbaden.

Qian, G.; Khoury, T.A.; Peng, M.W.; Qian, Z. (2010): The performance implications of intra-and interregional geographic diversification, in: Strategic Management Journal, 31. Jg., Nr. 9, S. 1018-1030.

Rahman, O.; Wong, K.K.-K.; Yu, H. (2016): The effects of mall personality and fashion orientation on shopping value and mall patronage intension, in: Journal of Retailing and Consumer Services, 28. Jg., Nr. 1, S. 155-164.

Rappaport, A. (1986): Creating Shareholder Value: The new Standard for Business Performance, New York.

Rappaport, A. (1999): Shareholder Value: Wertsteigerung als Maßstab für die Unternehmensführung, 2. Aufl., Stuttgart.

Rawe, H. (2008): SAP for Retail, Bonn.

Reddy, S.; Pellegrini, L. (2012): Retail and Marketing Channels (RLE Retailing and Distribution), 6. Aufl., London.

Reichmann, T.; Kißler, M.; Baumöl, U. (2017): Controlling mit Kennzahlen. Die systemgestützte Controlling-Konzeption, 9. Aufl., München.

Reilly, W.J. (1929): Methods for the Study of Retail Relationships, University of Texas Bulletin, Austin.

Retail, P. (2017): Planet Retail Data, www.planetretail.net, 19.06.2017.

Reutterer, T.; Sicking, H. (2005): Der Wert von Handels- versus Herstellermarken aus Konsumentenperspektive, in: Trommsdorff, V. (Hrsg.): Handelsforschung 2005: Neue Erkenntnisse für Praxis und Wissenschaft des Handels, Stuttgart, S. 123-144.

Rich, S.; Portis, B. (1964): The" Imageries" of Department Stores, in: The Journal of Marketing, 28. Jg., Nr. 2, S. 10-15.

Richard, M.-O.; Laroche, M. (2010): Internet Consumer Behavior: Major Moderating Variables, in: Lee, I. (Hrsg.): Encyclopedia of E-Business Development and Management in the Global Economy, Hershey, S. 666-675.

Ridder, H.-G. (2015): Personalwirtschaftslehre, 5. Aufl., Stuttgart.

Rittinger, S. (2014): Multi-Channel Retailing: Prinzip, Konzepte und Erfolgsfaktoren, Wiesbaden.

Ritz, A.; Sinelli, P. (2018): Talent Management - Überblick und konzeptionelle Grundlagen. Von einem umfassenden Begriffsverständnis zu einem einheitlichen Gesamtkonzept, in: Ritz, A.; Thom, N. (Hrsg.): Talent Management. Talente identifzieren, Kompetenzen entwickeln, Leistungsträger erhalten, 3. Aufl., Wiesbaden, S. 3–31.

Rödl, A. (2003): Der Customer Lifetime Value von Kunden des Lebensmittel-Einzelhandels als Steuerungsgröße im Category Management, in: Schröder, H. (Hrsg.): Category Management: Aus der Praxis für die Praxis -- Konzepte – Kooperationen – Erfahrungen, Frankfurt a.M., S. 233–258.

Roland Berger (2016): Digitale Transformation des Großhandels, https://www.rolandberger.com/publications/publication_pdf/roland_berger_digitalisierung_grosshandel_final_141116.pdf, 25.10.2017.

Römer, M. (1992): Der Handel und die Kaufleute im alten Ägypten, in: Studien zur altägyptischen Kultur, 19. Jg., Nr. 1, S. 257-284.

Roper, S.; Caruana, R.; Medway, D.; Murphy, P. (2013): Constructing luxury brands: exploring the role of consumer discourse, in: European Journal of Marketing, 47. Jg., Nr. 3/4, S. 375-400.

Rosado-Serrano, A.; Dikova, D.; Paul, J. (2018): International franchising: A literature review and research agenda, in: Journal of Business Research, 85. Jg., Nr. 4, S. 238-257.

Rose, S.; Clark, M.; Samouel, P.; Hair, N. (2012): Online customer experience in e-retailing: an empirical model of antecedents and outcomes, in: Journal of Retailing, 88. Jg., Nr. 2, S. 308-322.

Rosenmayer, A.; McQuilken, L.; Robertson, N.; Ogden, S. (2018): Omni-channel service failures and recoveries: refined typologies using Facebook complaints, in, 32. Jg., Nr. 3, S. 269-285.

Rossi, P.; Borges, A.; Bakpayev, M. (2015): Private labels versus national brands: The effects of branding on sensory perceptions and purchase intentions, in: Journal of Retailing and Consumer Services, 27. Jg., S. 74–79.

Rudolph, T. (2005): Modernes Handelsmanagement: Eine Einführung in die Handelslehre, München.

Rudolph, T. (2013): Modernes Handelsmanagement, 3. Aufl., Stuttgart.
Rudolph, T.; Kotouc, A. (2005): Das optimale Sortiment aus Kundensicht, in: Harvard Business Manager, 27. Jg., Nr. 8, S. 64-73.
Rudolph, T.; Loos, J. (2006): Internationalisierung der Beschaffung, in: Zentes, J. (Hrsg.): Handbuch Handel: Strategien – Perspektiven – Internationaler Wettbewerb, Wiesbaden, S. 717-734.
Ruekert, R.W.; Churchill, G.A. (1984): Reliability and Validity of Alternative Measures of Channel Member Satisfaction, in: Journal of Marketing Research, 21. Jg., Nr. 2, S. 226-233.
Rueter, T. Digital Commerce 360 (Hrsg.) (2014): The price is rightthen it's not, https://www.digitalcommerce360.com/2014/08/04/price-rightthen-its-not-2/, 15. Juli 2018.
Rungtrakulchai, R. (2018): The relationship between price deals, perceived quality, and brand equity for a high involvement product, in: Journal of Management, 11. Jg., Nr. 2, S. 36-45.
Rutz, O.J.; Bucklin, R.E. (2011): From Generic to Branded: A Model of Spillover in Paid Search Advertising, in: Journal of Marketing Research, 48. Jg., Nr. 1, S. 87–102.
Ryu, J.S.; Simpson, J. (2011): Retail internationalization: Lessons from" Big Three" global retailers' failure cases, in: Journal of Business and Retail Management Research, 6. Jg., Nr. 1, S. 1-10.
Sachdeva, I.; Goel, S. (2015): Retail store environment and customer experience: a paradigm, in: Journal of Fashion Marketing and Management, 19. Jg., Nr. 3, S. 290–298.
Salditt, T. (2008): Netzwerkstrukturen – Das Netzwerk als Organisation zur Einführung einer unternehmensübergreifenden Prozessinnovation im Handel, in: Ringelstetter, M.J. (Hrsg.): Netzwerkmanagement im Handel: Prozessinnovationen im Handel am Beispiel der RFID-Technologie, Wiesbaden, S. 121–151.
Samadi, S. (2009): Die Servicefunktionen des Großhandels als Erfolgsfaktoren, Wiesbaden.
Sands, S.; Ferraro, C.; Campbell, C.; Pallant, J. (2016): Segmenting multichannel consumers across search, purchase and after-sales, in: Journal of Retailing and Consumer Services, 33. Jg., S. 62-71.
Schäferling, H. (2018): Wir brauchen mehr Freizeit! Die Fernsehprogramme werden schließlich immer umfangreicher, in: W&V - Werben und Verkaufen, 25. Jg., S. 35.
Schenk, H.-O.; Tenbrink, H.; Zündorf, H. (1984): Die Konzentration im Handel: Ursachen, Messung, Stand, Entwicklung und Auswirkungen der Konzentration im Handel und konzentrationspolitische Konsequenzen, Berlin.
Schiffman, L.; Dash, J.; Dillon, W. (1977): Contribution of store-image characteristics to store-type choice, in: Journal of Retailing, 53. Jg., Nr. 2, S. 3-14.
Schlesiger, K. (2016): Die Governance von Verbundgruppen: Problem-und Handlungsfelder, Münster.
Schmale, I. (2017): Sozialgenossenschaften: eine wieder entdeckte Rechts-und Wirtschaftsform in der Sozialwirtschaft, in: Blome-Drees, Johannes (Hrsg.): Genossenschaft Innovativ, Wiesbaden, S. 11-45.
Schnedlitz, P. (1995): Sonderangebotspolitik, in: Tietz, B.; Köhler, R.; Zentes, J. (Hrsg.): Handwörterbuch des Marketing, Stuttgart, S. 2307-2315.
Schnedlitz, P.; Rychly, N.; Lienbacher, E. (2012): Dynamik im Handel: Vom Fachgeschäft zum Fachmarkt, in: Zentes, Joachim; Swoboda, Bernhard; Morschett, Dirk; Schramm-Klein, Hanna (Hrsg.): Handbuch Handel, 2. Aufl., Wiesbaden, S. 259-276.
Schneider, R. (2013): Welche Marke steckt dahinter?, München.
Schnittka, O. (2015): Are they always promising? An empirical analysis of moderators influencing consumer preferences for economy and premium private labels, in: Journal of Retailing and Consumer Services, 24. Jg., S. 94–99.
Schnittka, O.; Becker, J.-M.; Gedenk, K.; Sattler, H.; Villeda, I.V.; Völckner, F. (2015): Does chain labeling make private labels more successful?, in: Schmalenbach Business Review, 67. Jg., Nr. 1, S. 92-113.
Scholz, C. (2014): Personalmanagement: Informationsorientierte und verhaltenstheoretische Grundlagen, 6. Aufl., München.
Schramm-Klein, H. (2003): Multi-Channel-Retailing: Verhaltenswissenschaftliche Analyse der Wirkung von Mehrkanalsystemen im Handel, Wiesbaden.
Schramm-Klein, H. (2006): Multi-Channel-Retailing – Erscheinungsformen und Erfolgsfaktoren, in: Zentes, J. (Hrsg.): Handbuch Handel: Strategien – Perspektiven – Internationaler Wettbewerb, Wiesbaden, S. 501-522.
Schramm-Klein, H. (2011): Integrated retail channels in multichannel retailing: do linkages between retail channels impact customer loyalty?, in: Morschett, Dirk; Rudolph, Thomas; Schnedlitz, Peter; Schramm-Klein, Hanna; Swoboda, Bernhard (Hrsg.): European Retail Research, Wiesbaden, S. 111-128.

Schramm-Klein, H. (2012): Multi Channel Retailing - Erscheinungsformen und Erfolgsfaktoren, in: Zentes, Joachim; Swoboda, Bernhard; Morschett, Dirk; Schramm-Klein, Hanna (Hrsg.): Handbuch Handel, 2. Aufl., Wiesbaden, S. 419-437.

Schramm-Klein, H.; Morschett, D. (2004): Effektivitäts- und Effizienzsteigerungspotenziale durch IT im Handel, in: Trommsdorff, V. (Hrsg.): Handelsforschung 2004, Köln, S. 293-315.

Schramm-Klein, H.; Wagner, G. (2013): Multichannel-E-Commerce - Neue Absatzwege im Online-Handel, in: Crockford, Gesa; Ritschel, Falk; Schmieder, Ulf-Marten (Hrsg.): Handel in Theorie und Praxis, Wiesbaden, S. 467-492.

Schramm-Klein, H.; Wagner, G. (2016): Disruption im Mehrkanalhandel: Transformation von Multi- über Cross- zu Omni-Channel-Retailing, in: Heinemann, G.; Gehrckens, H. M.; Wolters, U. (Hrsg.): Digitale Transformation oder digitale Disruption im Handel, Wiesbaden, S. 425-448.

Schramm-Klein, H.; Wagner, G. (2016): Disruption im Mehrkanalhandel: Transformation von Multi- über Cross-zu Omni-Channel-Retailing, in: Heinemann, Gerrit; Gehrckens, H. Mathias; Wolters, Uly (Hrsg.): Digitale Transformation oder digitale Disruption im Handel, Wiesbaden, S. 425-448.

Schramm-Klein, H.; Swoboda, B. (2018): Handelsmarken und Handelsmarkenpolitik: Aktuelle Fragen und Forschungserkenntnisse, in: Wirtschaftswissenschaftliches Studium (WiSt), 48 (in Druck). Jg.

Schramm-Klein, H.; Morschett, D.; Zentes, J. (2017): Strategic Retail Management: Text and International Cases, 3. Aufl., Wiesbaden.

Schramm-Klein, H.; Wagner, G.; Steinmann, S.; Morschett, D. (2011): Cross-channel integration–is it valued by customers?, in: The International Review of Retail, Distribution and Consumer Research, 21. Jg., Nr. 5, S. 501-511.

Schramm-Klein, H.; Wagner, G.; Neus, F.; Swoboda, B.; Foscht, T. (2014): HandelsMonitor 2014: (R)Evolution des Mehrkanalhandels: von Multi-Channel-über Cross-Channel-zu Omni-Channel-Retailing, Frankfurt a.M.

Schreyögg, G. (2008): Organisation: Grundlagen moderner Organisationsgestaltung, 5. Aufl., Wiesbaden.

Schreyögg, G.; Sydow, J. (2011): Organizational Path Dependence: A Process View, in: Organization Studies, 32. Jg., Nr. 3, S. 321-335.

Schreyögg, G.; Geiger, D. (2016): Organisation: Grundlagen moderner Organisationsgestaltung, 6. Aufl., Wiesbaden.

Schröck, R. (2013): Qualitäts- und Endogenitätsaspekte in Nachfragesystemen: Eine vergleichende Schätzung von Preis- und Ausgabenelastizitäten der Nachfrage nach ökologischem und konventionellem Gemüse in Deutschland, in: German Journal of Agricultural Economics, 62 Jg., Nr. 1, S. 18–38.

Schröder, C. (2014): The Replication of Retail Fashion Formats into Foreign Countries, Wiesbaden.

Schröder, H. (2012): Category Mangement, in: Zentes, J.; Swoboda, B.; Morschett, D.; Schramm-Klein, H. (Hrsg.): Handbuch Handel, 2. Aufl., Wiesbaden, S. 527–541.

Schröder, H. (2012): Handelsmarketing: Strategien und Instrumente für den stationären Einzelhandel und für Online-Shops, 2. Aufl., Wiesbaden.

Schu, M.; Morschett, D. (2017): Foreign market selection of online retailers—A path-dependent perspective on influence factors, in: International Business Review, 26. Jg., Nr. 4, S. 710-723.

Schu, M.; Morschett, D.; Swoboda, B. (2016): Internationalization speed of online retailers: A resource-based perspective on the influence factors, in: Management International Review, 56. Jg., Nr. 5, S. 733-757.

Schuetz, J.; Kolko, J.; Meltzer, R. (2012): Are Poor Neighborhoods "Retail Deserts"?, in: Regional Science and Urban Economics, 42. Jg., Nr. 1/2, S. 269-285.

Schulte, C. (2011): Personal-Controlling mit Kennzahlen, 3. Aufl., München.

Schütte, R.; Vering, O. (2011): Erfolgreiche Geschäftsprozesse durch moderne Warenwirtschaftssysteme, 3. Aufl., Berlin u.a.

Schwarz, S. (2009): Muster erfolgreicher Internationalisierung von Handelsunternehmen: Eine empirische Analyse auf Basis des Konfigurationsansatzes und des Integration-Responsiveness-Frameworks, Wiesbaden.

Schweiger, G.; Schrattenecker, G. (2017): Werbung, 9. Aufl., Konstanz.

Schwertfeger, M. (2017): Handelsmarkenmanagement. Grundlagen – Strategien – Umsetzung, 1. Aufl., Wiesbaden.

Scott, W.R. (2014): Institutions and organizations: Ideas, interests, and identities, 4. Aufl., Los Angeles.

Serebrjakow, S.W. (1952): Organisation und Technik des Sowjethandels, Berlin.

Sethuraman, R.; Parasuraman, A. (2005): Succeeding in the Big Middle Through Technology, in: Journal of Retailing, 81. Jg., Nr. 2, S. 107-111.

Seyffert, R. (1972): Wirtschaftslehre des Handels, 5. Aufl., Opladen.

Sharma, A.; Levy, M. (2003): Salespeople's Affect toward Customers: Why Should It Be Important for Retailers?, in: Journal of Business Research, 56. Jg., Nr. 7, S. 523–528.

Shen, X.-L.; Li, Y.-J.; Sun, Y.; Wang, N. (2018): Channel integration quality, perceived fluency and omnichannel service usage: The moderating roles of internal and external usage experience, in: Decision Support Systems, 109. Jg., S. 61-73.

Shi, Y.; Lim, J.; Weitz, B.; France, S. (2018): The impact of retail format diversification on retailers' financial performance, in: Journal of the Academy of Marketing Science, 46. Jg., Nr. 1, S. 147-167.

Siebelt, P.; Naskrent, J. (2012): Opportunismus und begrenzte Rationalität in Verbundgruppen, in: ZfKE–Zeitschrift für KMU und Entrepreneurship, 60. Jg., Nr. 3, S. 199-215.

Silveira, P.D.; Marreiros, C.G. (2016): Shopper Centric Category Management in Convenience Stores: a Qualitative Study, am 21-23/09/2016, 3rd International Conference on Business and Economics.

Simon, H.; Fassnacht, M. (2016): Preismanagement: Strategie – Analyse – Entscheidung – Umsetzung, 4. Aufl., Wiesbaden.

Simon, H.; Gathen, A.v.d.; Daus, P.W. (2010): Retail Pricing: Higher Profits through Improved Pricing Processes, in: Krafft, M.; Mantrala, M.K. (Hrsg.): Retailing in the 21st Century, 2. Aufl., Berlin u.a., S. 319-336.

Simons, R.; Dávila, A. (1998): Return on Management: Wie gut führen Sie Ihr Unternehmen?, in: Harvard Business Manager, 20. Jg., Nr. 4, S. 71–80.

Sinha, R.K.; Adhikari, A. (2017): Advertised reference price and sales price as anchors of the latitude of expected price and its impact on purchase intention, in: European Journal of Marketing, 51. Jg., Nr. 9/10, S. 1597–1611.

Sinid; Roe (2017): Strategic Supply Chain Manage-ment -The Development of a Diagnostic Model, Schweiz.

Sirohi, N.; McLaughlin, E.; Wittink, D. (1998): A Model of Consumer Perceptions and Store Loyalty Intentions for a Supermarket Retailer, in: Journal of Retailing, 74. Jg., Nr. 2, S. 223-245.

Skallerud, K.; Grønhaug, K. (2010): Chinese food retailers' positioning strategies and the influence on their buying behaviour, in: Asia Pacific Journal of Marketing and Logistics, 22. Jg., Nr. 2, S. 196-209.

Skiera, B.; Spann, M. (2003): Auktionen, in: Diller, H. (Hrsg.): Handbuch Preispolitik: Strategien – Planung – Organisation – Umsetzung, 1. Aufl., Wiesbaden, S. 622-641.

Sloot, L.M.; Verhoef, P.C.; Franses, P.H. (2005): The Impact of Brand Equity and the Hedonic Level of Products on Consumer Stock-Out Reactions, in: Journal Of Retailing, 81. Jg., Nr. 1, S. 15-34.

Smith, A. (1776): The Wealth of Nations: An Inquiry into the Nature and Causes of the Wealth of Nations, London (reprint from Oxford University Press, 1976).

Söderlund, M. (2011): Other Customers in the Retail Environment and Their Impact on the Customer's Evaluations of the Retailer, in: Journal of Retailing and Consumer Services, 18. Jg., Nr. 3, S. 174-182.

Sohl, T. (2012): Diversification strategies in the global retailing industry: essays on the dimensions and performance implications, Bamberg.

Sohl, T.; Rudolph, T. (2012): Formatdiversifikation: Strategien und Erfolgswirkung, in: Zentes, Joachim; Swoboda, Bernhard; Morschett, Dirk; Schramm-Klein, Hanna (Hrsg.): Handbuch Handel, 2. Aufl., Wiesbaden, S. 21-35.

Sohn, H.-K.; Lee, T.J. (2017): Tourists' impulse buying behavior at duty-free shops: the moderating effects of time pressure and shopping involvement, in: Journal of Travel & Tourism Marketing, 34. Jg., Nr. 3, S. 341-356.

Sohn, S.; Seegebarth, B.; Moritz, M. (2017): The Impact of Perceived Visual Complexity of Mobile Online Shops on User's Satisfaction, in: Psychology & Marketing, 34. Jg., Nr. 2, S. 195–214.

Solish, F.; Semanik, J. (2011): Global Sourcing Best Practices, Hoboken.

Sorescu, A.; Frambach, R.T.; Singh, J.; Rangaswamy, A.; Bridges, C. (2011): Innovations in Retail Business Models, in: Journal of Retailing, 87. Jg., Nr. 1, S. 3-16.

Sousa, R.; Voss, C. (2006): Service quality in multichannel services employing virtual channels, in: Journal of Service Research, 8. Jg., Nr. 4, S. 356-371.

Specht, G.; Fritz, W. (2005): Distributionsmanagement, 4. Aufl., Stuttgart.

Srinivasan, S.; Anderson, R.; Ponnavolu, K. (2002): Customer loyalty in e-commerce: an exploration of its antecedents and consequences, in: Journal of Retailing, 78. Jg., Nr. 1, S. 41-50.

Srivastava, R.K.; Fahey, L.; Christensen, H.K. (2001): The Resource-Based View and Marketing: The Role of Market-Based Assets in Gaining Competitive Advantage, in: Journal of Management, 27. Jg., Nr. 6, S. 777-802.

Stanley, T.; Sewall, M. (1976): Image Inputs to a Probabilistic Model: Predicting Retail Potential, in: Journal of Marketing, 40. Jg., Nr. 3, S. 48-53.

Statista (2017): B2B e-Commerce 2017 Hamburg.

Stauss, B.; Seidel, W. (2007): Beschwerdemanagement: Unzufriedene Kunden als profitable Zielgruppe, 4. Aufl., München.

Steenkamp, J.-B.; Wedel, M. (1991): Segmenting retail markets on store image using a consumer-based methodology, in: Journal of Retailing, 67. Jg., Nr. 3, S. 300-318.

Steenkamp, J.-B.; Hofstede, F.T. (2002): International Market Segmentation: Issues and Perspectives, in: International Journal of Research in Marketing, 19. Jg., Nr. 3, S. 185-213.

Stein, A.; Ramaseshan, B. (2016): Towards the identification of customer experience touch point elements, in: Journal of Retailing and Consumer Services, 30. Jg., 2016/05/01/, S. 8–19.

Steinbrecher, A.; Hartig, N.; Girz, H.; Palm, B. (2014): Consumer Shopper Journey: ECR Consumer Shopper Types, Wien.

Stenstrom, E.; Saad, G. (2010): The Neurocognitive and Evolutionary Bases of Sex Differences in Website Design Preferences: Recommandations for Marketing Managers, in: Lee, I. (Hrsg.): Encyclopedia of E-Business Development and Management in the Global Economy, Hershey u.a., S. 725-733.

Stern, J.M.; Shiely, J.S.; Ross, I. (2001): The EVA Challenge: Implementing Value-Added Change in an Organization, New York u.a.

Stock-Homburg, R. (2012): Der Zusammenhang zwischen Mitarbeiter und Kundenzufriedenheit: Direkte, indirekte und moderierende Effekte, 5. Aufl., Wiesbaden.

Stock-Homburg, R. (2013): Personalmanagement: Theorien - Konzepte - Instrumente, 3. Aufl., Wiesbaden.

Stringer, C.; Didham, J.; Theivananthampillai, P. (2011): Motivation, Pay Satis-faction, and Job Satisfaction of Front-Line Employees, in: Qualitative Research in Accounting & Mangement, 8. Jg., Nr. 2, S. 161– 179.

Sucky, E. (2009): The bullwhip effect in supply chains—An overestimated problem?, in: International Journal of Production Economics, 118. Jg., Nr. 1, S. 311-322.

Sundhoff, E. (1965): Handel, in: Handwörterbuch der Sozialwissenschaften, 4. Aufl., Stuttgart, S. 762-769.

Sweeney, J.C.; Soutar, G.N. (2001): Consumer Perceived Value: The Development of a Multiple Item Scale, in: Journal Of Retailing, 77. Jg., Nr. 2, S. 203-220.

Swoboda, B. (2000a): Messung von Einkaufsstättenpräferenzen auf der Basis der Conjoint-Analyse, in: Die Betriebswirtschaft, 60. Jg., Nr. 2, S. 149-166.

Swoboda, B. (2000b): Methoden der empirischen Messung der Preissensibilität gegenüber Einkaufsstätten: Verfahrens- und Ergebnisvergleich, in: Zeitschrift für Betriebswirtschaft, 70. Jg., Nr. 11, S. 1281-1304.

Swoboda, B. (2012a): Neuorientierung von Wettbewerbsstrategien im Handel, in: Zentes, Joachim; Swoboda, Bernhard; Morschett, Dirk; Schramm-Klein, Hanna (Hrsg.): Handbuch Handel, 2. Aufl., Wiesbaden, S. 189-212.

Swoboda, B. (2012b): Internationale Expansion von Handelsunternehmen, in: Zentes, Joachim; Swoboda, Bernhard; Morschett, Dirk; Schramm-Klein, Hanna (Hrsg.): Handbuch Handel, 2. Aufl., Wiesbaden, S. 37-61.

Swoboda, B. (2017): Management von Handelsunternehmen in einer digitalen Zukunft, in: Bruhn, M.; Kirchgeorg, M. (Hrsg.): Marketing Weiterdenken, Wiesbaden, S. 219-237.

Swoboda, B. (2018): Management von Handelsunternehmen in einer digitalen Zukunft, in: Bruhn, M.; Kirchgeorg, M. (Hrsg.): Marketing Weiterdenken: Zukunftspfade für eine marktorientierte Unternehmensführung Wiesbaden, S. 219–237.

Swoboda, B.; Morschett, D. (2001a): Convenience-Oriented Shopping: A Model from the Perspective of Consumer Research, in: Frewer, L.J.; Risvik, E.; Schifferstein, H. (Hrsg.): Food, People and Society: A European Perspective of Consumers' Food Choices, Berlin u.a., S. 177-196.

Swoboda, B.; Janz, M. (2007): Wertkettengestaltung in der Fashion-Branche – Vertikales Marketing von Systemmarken als Erfolgsstrategie, in: Thexis, 24. Jg., Nr. 3, S. 11-16.

Swoboda, B.; Anderer, M. (2008): Coordinating the international retailing firm: Exploratory models and evaluations of structural, systemic, and cultural options, in: Journal of Retailing and Consumer Services, 15. Jg., Nr. 2, S. 104-117.

Swoboda, B.; Anderer, M. (2008): Coordinating the International Retailing Firm: Exploratory Models and Evaluations of Structural, Systemic, and Cultural Options, in: Journal of Retailing and Consumer Services, 15. Jg., Nr. 2, Special Issue, S. 104–117.

Swoboda, B.; Olejnik, E. (2011): International Market Selection in Retailing: Metro Cash & Carry, in: Zentes, Joachim; Swoboda, Bernhard; Morschett, Dirk (Hrsg.): Fallstudien zum Internationalen Management: Grundlagen, Praxiserfahrungen, Perspektiven, 3. Aufl., Wiesbaden, S. 329-340.

Swoboda, B.; Elsner, S. (2011): International Expansion of the World's Four Largest Retail Companies, in: Zentes, Joachim; Swoboda, Bernhard; Morschett, Dirk (Hrsg.): Fallstudien zum Internationalen Management: Grundlagen, Praxiserfahrungen, Perspektiven, 3. Aufl., Wiesbaden, S. 881-900.

Swoboda, B.; Weiber, R. (2013): Grundzüge betrieblicher Leistungsprozesse: Marketing, Innovation, Produktion, Logistik und Beschaffung, München.

Swoboda, B.; Elsner, S. (2013): Transferring the retail format successfully into foreign countries, in: Journal of International Marketing, 21. Jg., Nr. 1, S. 81-109.

Swoboda, B.; Pennemann, K. (2014): Do International Retailers benefit from being Global in Emerging Countries? A Multilevel Study in China, in: Marketing ZFP - Journal of Research and Management, 36. Jg., Nr. 2, S. 141-150.

Swoboda, B.; Morschett, D. (2017): Kundenbindung im vertikalen Marketing, in: Bruhn, Manfred; Homburg, Christian (Hrsg.): Handbuch Kundenbindungsmanagement, Wiesbaden, S. 191-219.

Swoboda, B.; Weindel, J. (2019): Management von Retail Brands und Handelsmarken, in: Esch, Franz-Rudolf (Hrsg.): Handbuch Markenführung, 5. Aufl., Berlin.

Swoboda, B.; Samadi, S.; Foscht, T. (2005): Markendehnung von Handelsmarken – Ergebnisse einer explorativen Studie, in: Trommsdorff, V. (Hrsg.): Handelsforschung 2005: Neue Erkenntnisse für Praxis und Wissenschaft des Handels, Stuttgart, S. 145-167.

Swoboda, B.; Samadi, S.; Foscht, T. (2006): Could the Results of Consumer Research in the Case of Manufacturer's Brand Extension be Transferred to the Brand Extension of Private Labels – An Exploratory Study, in: European Advances in Consumer Research, 7. Jg., Nr. 1, S. 84-91.

Swoboda, B.; Schwarz, S.; Hälsig, F. (2007): Towards a Conceptual Model of Country Market Selection: Selection Processes of Retailers and C&C Wholesalers, in: International Review of Retail, Distribution and Consumer Research, 17. Jg., Nr. 3, S. 253-282.

Swoboda, B.; Foscht, T.; Cliquet, G. (2008): International Value Chain Processes by Retailers and Wholesalers – A General Approach, in: Journal of Retailing and Consumer Services, 15. Jg., Nr. 2, Special Issue, S. 63-77.

Swoboda, B.; Foscht, T.; Pennemann, K. (2009): HandelsMonitor 2009: Internationalisierung des Handels - Erfolgreiches "Going" & "Being" International, Frankfurt a.M.

Swoboda, B.; Zentes, J.; Elsner, S. (2009): Internationalisation of Retail Firms: State of the Art after 20 Years of Research, in: Journal of Research and Management, 5. Jg., Nr. 2, S. 105-126.

Swoboda, B.; Olejnik, E.; Morschett, D. (2011): Changes in Foreign Operation Modes: Stimuli for Increases versus Reductions, in: International Business Review, 20. Jg., Nr. 5, S. 578-590.

Swoboda, B.; Pennemann, K.; Taube, M. (2012): The effects of perceived brand globalness and perceived brand localness in China: Empirical evidence on Western, Asian, and domestic retailers, in: Journal of International Marketing, 20. Jg., Nr. 4, S. 72-95.

Swoboda, B.; Berg, B.; Schramm-Klein, H. (2012): The Role of Local Competition on Retail Brand Equity and Store Accessibility Effects, Proceedings of the Winter Marketing Educators' Conference, St. Petersburg.

Swoboda, B.; Berg, B.; Schramm-Klein, H. (2013): Reciprocal effects of the corporate reputation and store equity of retailers, in: Journal of Retailing, 89. Jg., Nr. 4, S. 447-459.

Swoboda, B.; Berg, B.; Dabija, D.-C. (2014): International transfer and perception of retail formats: A comparison study in Germany and Romania, in: International Marketing Review, 31. Jg., Nr. 2, S. 155-180.

Swoboda, B.; Elsner, S.; Morschett, D. (2014): Preferences and performance of international strategies in retail sectors: an empirical study, in: Long Range Planning, 47. Jg., Nr. 6, S. 319-336.

Swoboda, B.; Elsner, S.; Olejnik, E. (2015): How do past mode choices influence subsequent entry? A study on the boundary conditions of preferred entry modes of retail firms, in: International Business Review, 24. Jg., Nr. 3, S. 506-517.

Swoboda, B.; Weindel, J.; Hälsig, F. (2016): Predictors and effects of retail brand equity–A cross-sectoral analysis, in: Journal of Retailing and Consumer Services, 31. Jg., S. 265-276.

Swoboda, B.; Schramm-Klein, H.; Weindel, J. (2016): HandelsMonitor 2016: Retail Branding: Handelsunternehmen als Marken, Frankfurt a.M.

Swoboda, B.; Puchert, C.; Morschett, D. (2016): Explaining the differing effects of corporate reputation across nations: a multilevel analysis, in: Journal of the Academy of Marketing Science, 44. Jg., Nr. 4, S. 454-473.

Swoboda, B.; Schramm-Klein, H.; Weindel, J. (2016): HandelsMonitor 2016: Retail Branding, Frankfurt a.M.

Swoboda, B.; Weindel, J.; Schramm-Klein, H. (2016): Crosswise and reciprocal interdependencies within retailers' multichannel structures, in: The International Review of Retail, Distribution and Consumer Research, 26. Jg., Nr. 4, S. 347-374.

Swoboda, B.; Weindel, J.; Hälsig, F. (2016): Predictors and effects of retail brand equity – A cross-sectoral analysis, in: Journal of Retailing and Consumer Services, 31. Jg., 2016/07/01/, S. 265–276.

Swoboda, B.; Morbe, L.; Dabija, D.-C. (2017): An Inter-and Intra-format Perspective on Transfer and Perception of Retail Formats, in: Marketing ZFP - Journal of Research and Management, 39. Jg., Nr. 4, S. 24-36.

Swoboda, B.; Sinning, C.; Hirschmann, J. (2018): International Markt Development im Online- und Offline-Commerce, in: Bruhn, Manfred; Hadwich, Karsten (Hrsg.): Service Business Development, Wiesbaden.

Swoboda, B.; Morbe, L.; Hirschmann, J. (2018): International strategy's effects on retailers' local implementation and performance, in: International Business Review, 27. Jg., Nr. 3, S. 642-653.

Swoboda, B.; Harnack, K.; Janz, M.; Foscht, T. (2006): Sortimentsmanagement in der Fashion-Branche – Was in zweistufigen Systemen von vertikal integrierten Unternehmen zu lernen ist, in: Thexis, 23. Jg., Nr. 2, S. 38-46.

Swoboda, B.; Hälsig, F.; Morschett, D.; Schramm-Klein, H. (2007): An Intersector Analysis of the Relevance of Service in Building a Strong Retail Brand, in: Managing Service Quality, 17. Jg., Nr. 4, S. 428-448.

Swoboda, B.; Foscht, T.; Maloles III, C.; Schramm-Klein, H. (2009): Exploring How Garment Firms Choose International Sourcing- and Sales-Country Markets, in: Journal of Fashion Marketing and Management, 13. Jg., Nr. 3, S. 406-430.

Swoboda, B.; Meierer, M.; Foscht, T.; Morschett, D. (2011): International SME Alliances: The impact of Alliance Building and Configurational Fit on Success, in: Long Range Planning, 44. Jg., Nr. 4, S. 271-288.

Swoboda, B.; Schlüter, A.; Olejnik, E.; Morschett, D. (2012): Does centralising global account management activities in response to international retailers pay off?, in: Management International Review, 52. Jg., Nr. 5, S. 727-756.

Swoboda, B.; Berg, B.; Schramm-Klein, H.; Foscht, T. (2013): The importance of retail brand equity and store accessibility for store loyalty in local competition, in: Journal of Retailing and Consumer Services, 20. Jg., Nr. 3, S. 251–262.

Swoboda, B.; Huber, C.; Schuster, T.; Hirschmann, J. (2017): Corporate reputation effects across nations: The impact of Country distances and firm-specific resources, in: Management International Review, 57. Jg., Nr. 5, S. 717-748.

Syam, S.; Bhatnagar, A. (2010): A decision model for e-commerce-enabled partial market exit, in: Journal of Retailing, 86. Jg., Nr. 4, S. 401-413.

Sydow, J. (1992): Strategische Netzwerke, Wiesbaden.

Tadelis, S. (2016): Reputation and feedback systems in online platform markets, in: Annual Review of Economics, 8. Jg., Nr. 10, S. 321-340.

Tajeddini, K.; Elg, U.; Trueman, M. (2013): Efficiency and Effectiveness of Small Retailers: The Role of Customer and Entrepreneurial Orientation, in: Journal of Retailing and Consumer Services, 20. Jg., Nr. 5, S. 453–462.

Talukdar, D.; Gauri, D.K.; Grewal, D. (2010): An Empirical Analysis of the Extreme Cherry Picking Behavior of Consumers in the Frequently Purchased Goods Market, in: Journal Of Retailing, 86. Jg., Nr. 4, S. 336-354.

Tannenbaum, R.; Schmidt, W.H. (1958): How To Choose a Leadership Pattern, in: Harvard Business Review, 36. Jg., Nr. 2, S. 95–101.

Tanriverdi, H.; Venkatraman, N. (2005): Knowledge relatedness and the performance of multibusiness firms, in: Strategic Management Journal, 26. Jg., Nr. 2, S. 97-119.

Tantalo, C.; Priem, R. (2016): Value creation through stakeholder synergy, in: Strategic Management Journal, 37. Jg., Nr. 2, S. 314-329.

Tatoglu, E.; Demirbag, M.; Kaplan, G. (2003): Motives for Retailer Internationalization to Central and Eastern Europe, in: Emerging Markets Finance and Trade, 39. Jg., Nr. 4, S. 40-57.

Teece, D.J.; Pisano, G.; Shuen, A. (1997): Dynamic Capabilities and Strategic Management, in: Strategic Management Journal, 18. Jg., Nr. 7, S. 509-533.

Tempelmeier, H. (2015): Bestandsmanagement in Supply Chains, 5. Aufl., Norderstedt.

Terblanche, N.S. (2018): Revisiting the supermarket in-store customer shopping experience, in: Journal of Retailing and Consumer Services, 40. Jg., S. 48–59.

Thakor, M.V.; Joshi, A.W. (2005): Motivating Salesperson Customer Orientation: Insights from the Job Characteristics Model, in: Journal of Business Research, 58. Jg., Nr. 5, S. 584-592.

The New York Times (2018): Inside Amazon Go, a Store of the Future, https://www.nytimes.com/2018/01/21/technology/inside-amazon-go-a-store-of-the-future.html, 23.01.2018.

Thelen, E.; Botschen, G. (2012): Internationale Beschaffung, in: Zentes, J.; Swoboda, B.; Morschett, D.; Schramm-Klein, H. (Hrsg.): Springer Gabler (Hrsg.): Handbuch Handel, Wiesbaden.

Thomas, M.; Morwitz, V. (2005): Penny Wise and Pound Foolish: The Left-Digit Effect in Price Cognition, in: Journal of Consumer Research, 32. Jg., Nr. 1, S. 54–64.

Thomas, O.; Zarvic, N.; Brezl, J.; Brockschmidt, M.; Fellmann, M. (2015): Lebensmittelindustrie 4.0 – Cyber-physische Produktionssysteme zur sicheren und unverfälschbaren Datenverarbeitung, in: HMD Praxis der Wirtschaftsinformatik, 52. Jg., Nr. 5, S. 759-768.

Thorndike, A.; Waltemath, A. (1999): Logistik bestimmt den Erfolg im Großhandel, in: Distribution, 30. Jg., Nr. 3, S. 18-22.

Thrane, S.; Blaabjerg, S.; Møller, R.H. (2010): Innovative Path Dependence: Making Sense of Product and Service Innovation in Path Dependent Innovation Processes, in: Research Policy, 39. Jg., Nr. 7, S. 932-944.

Tietz, B. (1988): Marktbearbeitung morgen – Neue Konzepte und ihre Durchsetzung, Landsberg a.L.

Tietz, B. (1991): Handbuch Franchising, 2. Aufl., Landsberg a.L.

Tietz, B. (1992): Einzelhandelsperspektiven für die Bundesrepublik Deutschland bis zum Jahre 2010, Frankfurt a.M.

Tietz, B. (1993a): Der Handelsbetrieb, 2. Aufl., München.

Tietz, B. (1993b): Binnenhandelspolitik, 2. Aufl., München.

Tietz, B. (1993c): Großhandelsperspektiven für die Bundesrepublik Deutschland bis zum Jahre 2010, Frankfurt a.M.

Tietz, B.; Greipl, E. (1994): Das Leistungsprofil des Großhandels in Bayern, Frankfurt a.M.

Tolstoy, D.; Jonsson, A.; Sharma, D.D. (2016): The Influence of a Retail Firm's Geographic Scope of Operations on Its International Online Sales, in: International Journal of Electronic Commerce, 20. Jg., Nr. 3, S. 293-318.

Tomczak, T.; Reinecke, S.; Dittrich, S. (2010): Kundenbindung durch Kundenkarten und -clubs, in: Bruhn, M.; Homburg, C. (Hrsg.): Handbuch Kundenbindungsmanagement: Strategien und Instrumente für ein erfolgreiches CRM, 7. Aufl., Wiesbaden, S. 388-410.

Totz, C.; Werg, F.U. (2014): Interaktionen machen Marken - wie die Digitalisierung Interaktionen zum Kern der Markenführung macht, in: Dänzler, S.; Heun, T. (Hrsg.): Marke und digitale Medien. Der Wandel des Markenkonzepts im 21. Jahrhundert, Wiesbaden, S. 113–132.

Toufaily, E.; Pons, F. (2017): Impact of customers' assessment of website attributes on e-relationship in the securities brokerage industry: A multichannel perspective, in: Journal of Retailing and Consumer Services, 34. Jg., S. 58-69.

Toufaily, E.; Souiden, N.; Ladhari, R. (2013): Consumer trust toward retail websites: Comparison between pure click and click-and-brick retailers, in: Journal of Retailing and Consumer Services, 20. Jg., Nr. 6, S. 538-548.

Tran, Y.; Mahnke, V.; Ambos, B. (2010): The effect of quantity, quality and timing of headquarters-initiated knowledge flows on subsidiary performance, in: Management International Review, 50. Jg., Nr. 4, S. 493-511.

Transchel, S. (2017): Inventory management under price-based and stockout-based substitution, in: European Journal of Operational Research, 262. Jg., Nr. 3, S. 996–1008.

Tronvoll, B. (2008): Customer Complaint Behaviour in Service, Dissertation, Karlstadt University, Karlstadt.

Tsafarakis, S.; Saridakis, C.; Matsatinis, N.; Baltas, G. (2016): Private labels and retail assortment planning: a differential evolution approach, in: Annals of Operations Research, 247. Jg., Nr. 2, S. 677–692.

Unterhuber, S. (2015): Channel-Based Price Differentiation – Literature Review and Empirical Consumer Research, Dissertation.

Vahie, A.; Paswan, A. (2006): Private label brand image: its relationship with store image and national brand, in: International Journal of Retail & Distribution Management, 34. Jg., Nr. 1, S. 67–84.

Vahlne, J.-E.; Johanson, J. (2013): The Uppsala model on evolution of the multinational business enterprise–from internalization to coordination of networks, in: International Marketing Review, 30. Jg., Nr. 3, S. 189-210.

Valentino-DeVries, J.; Singer-Vine, J.; Soltani, A. The Wall Street Journal (Hrsg.) (2012): Websites Vary Prices, Deals Based on Users' Information, https://www.wsj.com/articles/SB10001424127887323777204578189391813881534, 11. Juni 2018.

Van Alstyne, M.; Parker, G. (2017): Platform Business: From Resources to Relationships, in: GfK Marketing Intelligence Review, 9. Jg., Nr. 1, S. 24-29.

Van Alstyne, M.; Parker, G.; Choudary, S.P. (2016): Pipelines, platforms, and the new rules of strategy, in: Harvard Business Review, 94. Jg., Nr. 4, S. 54-62.

Van Baalen, A.; Mulder, D. (2016): A conceptual analysis of integrated communication, in: Communitas, 21. Jg., S. 89–107.

van Weele, A.J.; Eßig, M. (2017): Strategische Beschaffung. Grundlagen, Planung und Umsetzung eines integrierten Supply Management, Wiesbaden.

Varian, H.R. (2011): Grundzüge der Mikroökonomik, 8. Aufl., München.

Vázquez, R.; Rodríguez-Del Bosque, I.A.; Ma Díaz, A.; Ruiz, A.V. (2001): Service Quality in Supermarket Retailing: Identifying Critical Service Experiences, in: Journal of Retailing and Consumer Services, 8. Jg., Nr. 1, S. 1–14.

Ven, A.H.v.d. (1992): Suggestions for Studying Strategy Process: A Research Note, in: Strategic Management Journal, 13. Jg., Nr. S1, Special Issue, S. 169-188.

Ven, A.H.v.d.; Poole, M.S. (1995): Explaining Development and Change in Organizations, in: Academy of Management Review, 20. Jg., Nr. 3, S. 510-540.

Venkatraman, N. (1989): The concept of fit in strategy research: Toward verbal and statistical correspondence, in: Academy of Management Review, 14. Jg., Nr. 3, S. 423-444.

Verhoef, P.; Langerak, F.; Donkers, B. (2007): Understanding Brand and Dealer Retention in the New Car Market: The Moderating Role of Brand Tier, in: Journal of Retailing, 83. Jg., Nr. 1, S. 97-113.

Verhoef, P.C.; Kannan, P.K.; Inman, J.J. (2015): From Multi-Channel Retailing to Omni Channel Retailing Introduction to the Special Issue on Multi Channel Retailing, in: Journal of Retailing, 91. Jg., Nr. 2, S. 174–181.

Verhoef, P.C.; Lemon, K.N.; Parasuraman, A.; Roggeveen, A.; Tsiros, M.; Schlesinger, L.A. (2009): Customer Experience Creation: Determinants, Dynamics and Management Strategies, in: Journal Of Retailing, 85. Jg., Nr. 1, S. 31-41.

Vernuccio, M.; Barbarossa, C.; Giraldi, A.; Ceccotti, F. (2012): Determinants of e-brand attitude: A structural modeling approach, in: Journal of Brand Management, 19. Jg., Nr. 6, S. 500-512.

Vila, N.; Kuster, I. (2011): Consumer Feelings and Behaviours towards Well Designed Websites, in: Information & Management, 48. Jg., Nr. 4/5, S. 166-177.

Vinerean, S.; Cetina, I.; Dumitrescu, L.; Tichindelean, M. (2013): The effects of social media marketing on online consumer behavior, in: International Journal of Business and Management, 8. Jg., Nr. 14, S. 66.

Vroom, V.H. (1964): Work and Motivation, New York.

Vyncke, F.; Brengman, M. (2010): Are Culturally Congruent Websites More Effective? An Overview of a Decade of Empirical Evidence, in: Journal of Electronic Commerce Research, 11. Jg., Nr. 1, S. 14-29.

W., T.; S., Z.; J., K. (2012): Lieferantenmanagement, in: Zentes, J.; Swoboda, B.; Morschett, D.; Schramm-Klein, H. (Hrsg.): Handbuch Handel, Wiesbaden.

Wagner, G. (2015): Multichannel e-commerce: consumer behavior across e-channels and e-channel touch-points, Siegen.

Wagner, G.; Schramm-Klein, H.; Steinmann, S. (2013): Effects of cross-channel synergies and complementarity in a multichannel e-commerce system–an investigation of the interrelation of e-commerce, m-commerce and IETV-commerce, in: International Review of Retail, Distribution and Consumer Research, 23. Jg., Nr. 5, S. 571-581.

Wagner, T.; Baccarella, C.; Voigt, K. (2017): Framing social media communication: Investigating the effects of brand post appeals on user interaction, in: European Management Journal, 35. Jg., Nr. 5, S. 606–616.

Wagner, U.; Jamsawang, J.; Seher, F. (2012): Preisorientierte Aktionspolitik, in: Zentes, J.; Swoboda, B.; Morschett, D.; Schramm-Klein, H. (Hrsg.): Handbuch Handel, 2. Aufl., Wiesbaden, S. 584–607.

Wahby, C.; Walter, H. (2017): Endspurt der Wettkampf auf der letzten Meile: Herausforderung für den Handel in Deutschland, Düsseldorf.

Walsh, G.; Brylla, D. (2017): Do product returns hurt relational outcomes? some evidence from online retailing, in: Electronic Markets, 27. Jg., Nr. 4, S. 329-339.

Walsh, G.; Beatty, S.; Shiu, E. (2009): The Customer-Based Corporate Reputation Scale: Replication and Short Form, in: Journal of Business Research, 62. Jg., Nr. 10, S. 924-930.

Wang, E. (2011): Understanding the 'Retail Revolution' in Urban China: A Survey of Retail Formats in Beijing, in: The Service Industries Journal, 31. Jg., Nr. 2, S. 169-194.

Wang, J.-H.R.; Malthouse, E.C.; Krishnamurthi, L. (2015): On the Go: How Mobile Shopping Affects Customer Purchase Behavior, in: Journal of Retailing, 91. Jg., Nr. 2, S. 217-234.

Wang, J.; Ngoasong, M. (2012): The internationalization process of Chinese SMEs: does globalizing wholesale markets play a role?, in: Strategic Change, 21. Jg., Nr. 3-4, S. 143-157.

Wang, L.C.; Fodness, D. (2010): Can Avatars Enhance Consumer Trust and Emotion in Online Retail Sales?, in: International Journal of Electronic Marketing and Retailing, 3. Jg., Nr. 4, S. 341-362.

Wang, Q.; Zhao, X.; Voss, C. (2016): Customer Orientation and Innovation: A Comparative Study of Manufacturing and Service Firms, in: International Journal of Production Economics, 171. Jg., Nr. 2, S. 221–230.

Wang, R.J.-H.; Malthouse, E.; Krishnamurthi, L. (2015): On the go: How mobile shopping affects customer purchase behavior, in: Journal of Retailing, 91. Jg., Nr. 2, S. 217-234.

Wang, X.; Diseny, S.M. (2016): The bullwhip effect: Progress, trends and directions, in: In European Journal of Operational Research, 250. Jg., Nr. 3, S. 691-701.

Wang, Z.; Singh, S.N.; Li, Y.J.; Mishra, S.; Ambrose, M.; Biernat, M. (2017): Effects of Employee's Positive Affective Displays on Customer Loyalty Intentions: An Emotions-As-Social-Information Perspective, in: Academy of Management Journal, 60. Jg., Nr. 1, S. 109–129.

Wann-Yih, W.; Chia-Ling, L.; Chen-Su, F.; Hong-Chun, W. (2013): How can online store layout design and atmosphere influence consumer shopping intention on a website?, in, 42. Jg., Nr. 1, S. 4-24.

Wannenwetsch, H. (2014): Integrierte Materialwirtschaft, Logistik und Beschaffung, 5. Aufl., Berlin u.a.

Warnaby, G.; Medway, D. (2016): Marketplace icons: shopping malls, in: Consumption Markets & Culture, 1. Jg., Nr. 1, S. 1-8.

Warnking, P. (2015): Der römische Seehandel in seiner Blütezeit. Rahmenbedingungen, Seerouten, Wirtschaftlichkeit, Rahden/Westf.

Warr, P. (1993): In What Circumstances Does Job Performance Vary With Age?, in: European Work & Organizational Psychologist, 3. Jg., Nr. 3, S. 237–249.

Weaver, A. (2017): Complementary Contrasts in a Mobile World:'In-Betweenness' and the Selling of Duty-free Products, in: International Journal of Tourism Research, 19. Jg., Nr. 1, S. 80-88.

Weber, K. (2015): Analyse der Auswirkungen des Rfid-Einsatzes in den Supply Chain Prozessen: Planung, Beschaffung, Herstellung und Lieferung, Hamburg.

Wegner, U.; Wegner, K. (2017): Einführung in das Logistik-Management. Prozesse – Strukturen – Anwendungen 3. Aufl., Wiesbaden.

Weibler, J. (2016): Personalführung, 3. Aufl., München.

Weindel, J.; Swoboda, B. (2016): A Cross-Lagged Analysis of the Reciprocal Effects of Perceived Value and Retail Brand Equity, in: Marketing ZFP - Journal of Research and Management, 38. Jg., Nr. 2, S. 92-104.

Weirauch, P. (2015): Cloud Computing in der Logistik, in: Voß, P.H. (Hrsg.): Logistik – eine Industrie, die (sich) bewegt, Wiesbaden.

Wells, J.D.; Valacich, J.S.; Hess, T.J. (2011): What Signals Are You Sending? How Website Quality Influences Perceptions of Product Quality and Purchase Intentions, in: MIS Quarterly, 35. Jg., Nr. 2, S. 373-396.

Wells, W.D.; Gubar, G. (1966): Life Cycle Concept in Marketing Research, in: Journal of Marketing Research, 3. Jg., Nr. 4, S. 355-363.

Werner, H. (2017): Supply Chain Management: Grundlagen, Strategien, Instrumente und Controlling, 6. Aufl., Wiesbaden.

Wernerfelt, B. (1984): A Resource-Based View of the Firm, in: Strategic Management Journal, 5. Jg., Nr. 2, S. 171-180.

Westermann, A.; Wirtz, V.; Zimmermann, R. (2018): Ein theoriebasierter Ansatz zur Erlangung von Exzellenz im Omnichannel-Vertrieb, in: Böckenholt, Ingo; Mehn, Audrey; Westermann, Arne (Hrsg.): Konzepte und Strategien für Omnichannel-Exzellenz. Innovatives Retail-Marketing mit mehrdimensionalen Vertriebs- und Kommunikationskanälen, Wiesbaden, S. 36–70.

Whysall, P.; Foster, C.; Harris, L. (2009): Job Dissatisfaction among Retail Employees: A Study of Three Leading UK Retailers, in: International Review of Retail, Distribution and Consumer Research, 19. Jg., Nr. 2, S. 179–198.

Willart, S.P.C. (2015): Price competition in retailing: The importance of the price density function, in: Journal of Retailing and Consumer Services, 26. Jg., S. 125–132.

Willems, K.; Janssens, W.; Swinnen, G.; Brengman, M.; Streukens, S.; Vancauteren, M. (2012): From Armani to Zara: Impression formation based on fashion store patronage, in: Journal of Business Research, 65. Jg., Nr. 10, S. 1487-1494.

Williamson, O. (1996): The mechanisms of governance, Oxford.

Windhager, S.; Atzwanger, K.; Bookstein, F.L.; Schaefer, K. (2011): Fish in a Mall Aquarium – An Ethological Investigation of Biophilia, in: Landscape and Urban Planning, 99. Jg., Nr. 1, S. 23-30.

Wingate, J.W. (1931): Manual of Retail Terms, New York.

Winter, S. (2014): Management von Lieferanteninnovationen, Wiesbaden.

Wirtz, B.W. (2016a): Electronics Business, Wiesbaden.

Wirtz, B.W. (2016b): Medien- und Internetmanagement, 9. Aufl., Wiesbaden.

Wirtz, B.W.; Pistoia, A.; Ulrich, S.; Göttel, V. (2016): Business Models: Origin, Development and Future Research Perspectives, in: Long Range Planning, 49. Jg., Nr. 1, S. 36-54.

Witkemper, C.; Blaszka, M.; Chung, J. (2016): Establishing a typology of social media uses in the sport industry: A multidimensional scaling study, in: Communication & Sport, 4. Jg., Nr. 2, S. 166-186.

Witzel, M. (2017): A History of Management Thought, 2. Aufl., Milton Park.

Woll, A. (1964): Der Wettbewerb im Einzelhandel: Zur Dynamik der modernen Vertriebsformen, Berlin.

Xu, S.; Cavusgil, S.T.; White, J.C. (2006): The impact of strategic fit among strategy, structure, and processes on multinational corporation performance: a multimethod assessment, in: Journal of International Marketing, 14. Jg., Nr. 2, S. 1-31.

Xue, W.; Li, D.; Pei, Y. (2016): The Development and Current of Cross-border E-commerce, in: Development, 53. Jg., Nr. 1, S. 131-138.

Yan, R.-N.; Yurchisin, J.; Watchravesringkan, K. (2011): Does Formality Matter?: Effects of Employee Clothing Formality on Consumers' Service Quality Expectations and Store Image Perceptions, in: International Journal of Retail & Distribution Management, 39. Jg., Nr. 5, S. 346–362.

Yang, S.; Lu, S.; Lu, X. (2014): Modeling Competition and Its Impact on Paid-Search Advertising, in: Marketing Science, 33. Jg., Nr. 1, S. 134–153.

Yang, S.; Wang, Y.; Wei, J. (2014): Integration and consistency between web and mobile services, in: Industrial Management & Data Systems, 114. Jg., Nr. 8, S. 1246-1269.

Yoo, B.; Donthu, N.; Lee, S. (2000): An examination of selected marketing mix elements and brand equity, in: Journal of the Academy of Marketing Science, 28. Jg., Nr. 2, S. 195-211.

Yoo, J.; Park, M. (2016): The effects of e-mass customization on consumer perceived value, satisfaction, and loyalty toward luxury brands, in: Journal of Business Research, 69. Jg., Nr. 12, S. 5775-5784.

Yu, C.-S. (2011): Construction and Validation of an E-Lifestyle Instrument, in: Internet Research, 21. Jg., Nr. 3, S. 214-235.

Yüksel, A. (2007): Tourist Shopping Habitat: Effects on Emotions, Shopping Value and Behaviours, in: Tourism Management, 28. Jg., Nr. 1, S. 58-69.

Yurchisin, J.; Park, J.; O'Brien, M. (2010): Effects of Ideal Image Congruence and Organizational Commitment on Employee Intention to Leave, in: Journal of Retailing and Consumer Services, 17. Jg., Nr. 5, S. 406–414.

Zehir, C.; Narcikara, E. (2016): E-Service Quality and E-Recovery Service Quality: Effects on Value Perceptions and Loyalty Intentions, in: Procedia - Social and Behavioral Sciences, 229. Jg., S. 427-443.

Zeithaml, V.; Berry, L.; Parasuraman, A. (1996): The behavioral consequences of service quality, in: Journal of Marketing, 60. Jg., Nr. 2, S. 31-46.

Zeithaml, V.A.; Parasuraman, A.; Berry, L.L. (1985): Problems and Strategies in Services Marketing, in: Journal of Marketing, 49. Jg., Nr. 2, S. 33-46.

Zentes, J. (1992): Kooperative Wettbewerbsstrategien im internationalen Konsumgütermarketing, in: Zentes, Joachim (Hrsg.): Strategische Partnerschaften im Handel, Stuttgart, S. 3-31.

Zentes, J. (1996): ECR – eine neue Zauberformel?, in: Töpfer, A. (Hrsg.): Efficient Consumer Response (ECR): Wie realistisch sind die versprochenen Vorteile?, Mainz, S. 24-46.

Zentes, J. (2001): Stand und Entwicklungstendenzen der Zentralregulierung, in: Zentes, Joachim; Swoboda, Bernhard (Hrsg.): Perspektiven der Zentralregulierung, Frankfurt a.M., S. 3-23.

Zentes, J. (2012): Beschaffungsmanagement und Wertschöpfungsarchitekturen, in: Zentes, J.; Swoboda, B.; Morschett, D.; Schramm-Klein, H. (Hrsg.): Handbuch Handel, 2. Aufl., Wiesbaden, S. 735–746.

Zentes, J.; Swoboda, B. (1999): Motive und Erfolgsgrößen internationaler Kooperation mittelständischer Unternehmen: Überprüfung kontingenz-theoretischer Hypothesen, in: Die Betriebswirtschaft, 59. Jg., Nr. 1, S. 44-60.

Zentes, J.; Swoboda, B. (2000): Auswirkungen des Electronic Commerce auf den Handel, in: Die Betriebswirtschaft, 60. Jg., Nr. 6, S. 687-706.

Zentes, J.; Swoboda, B. (2001): Perspektiven der Zentralregulierung, Frankfurt a.M.

Zentes, J.; Swoboda, B. (2009): Kommunikation von Handelsunternehmen, in: Bruhn, M.; Esch, F.-R.; Langner, T. (Hrsg.): Handbuch Kommunikation, 1. Aufl., Wiesbaden, S. 1133-1152.

Zentes, J.; Swoboda, B. (2016): Kommunikation von Handelsunternehmen – Instrumente und Bedeutung aus Unternehmens- und Kundensicht, in: Bruhn, M.; Esch, F.-R; Langer, T. (Hrsg.): Handbuch Instrumente der Kommunikation. Grundlagen – Innovative Ansätze – Praktische Umsetzungen, 2. Aufl., Wiesbaden, S. 581–604.

Zentes, J.; Swoboda, B.; Morschett, D. (2004): Internationales Wertschöpfungsmanagement, München.

Zentes, J.; Morschett, D.; Schramm-Klein, H. (2008): Brand personality of retailers–an analysis of its applicability and its effect on store loyalty, in: The International Review of Retail, Distribution and Consumer Research, 18. Jg., Nr. 2, S. 167-184.

Zentes, J.; Schramm-Klein, H.; Morschett, D. (2009): Ethical Sourcing als Option der beschaffungsseitigen Internati-onalisierung von Handelsunternehmen, in: Schmid, S. (Hrsg.): Gabler (Hrsg.): Management der Internationalisierung, Wiesbaden.

Zentes, J.; Kolb, S.; Rittinger, S. (2010): Erfolgreiche Handelsstrategien: Gestern – Heute – Morgen, München.

Zentes, J.; Bastian, J.; Lehnert, F. (2010): HandelsMonitor 2010: Strategien der Nachhaltigkeit – People – Planet – Profit, Frankfurt a.M.

Zentes, J.; Swoboda, B.; Schramm-Klein, H. (2013): Internationales Marketing, 3. Aufl., München.

Zentes, J.; Morschett, D.; Schramm-Klein, H. (2017): Strategic Retail Management: Text and International Cases, 3. Aufl., Wiesbaden.

Zentes, J.; Morschett, D.; Schramm-Klein, H. (2017): Buying-Strategy and Concepts, in: Zentes, Joachim; Morschett, Dirk; Schramm-Klein, Hanna (Hrsg.): Strategic Retail Management, Wiesbaden, S. 377-397.

Zentes, J.; Hüffer, G.; Pocsay, S.; Chavie, R. (2007): Innovative Geschäftsmodelle und Geschäftsprozesse im Großhandel, Frankfurt a.M.

Zentes, J.; Morschett, D.; Freer, T.; Keßler, D.; Matthias, S. (2015): HandelsMonitor 2015: Erlebnis Handel: Läden im Aufbruch, Frankfurt a.M.

Zerfaß, A.; Borchers, N. (2017): Integrierte Kommunikation 2017. Studie zum Status Quo und Verständnis von Integrierter Kommunikation in Deutschland., Frankfurt am Main u.a.

Zerres, C.; Tscheulin, D.K.; Israel, K. (2017): Online-Marketing-Controlling, in: Zerres, C. (Hrsg.): Handbuch Marketing-Controlling. Grundlagen – Methoden – Umsetzung, 4. Aufl., Wiesbaden, S. 173–190.
Zhang, J.; Farris, P.; Irvin, J.; Kushwaha, T.; Steenburgh, T.; Weitz, B. (2010): Crafting integrated multichannel retailing strategies, in: Journal of Interactive Marketing, 24. Jg., Nr. 2, S. 168-180.
Zhang, W.; Rajaram, K. (2017): Managing Limited Retail Space for Basic Products: Space Sharing vs. Space Dedication, in: European Journal of Operational Research, 263. Jg., Nr. 3, S. 768-781.
Zielke, S. (2012): Sortimentspolitik, in: Zentes, J.; Swoboda, B.; Morschett, D.; Schramm-Klein, H. (Hrsg.): Handbuch Handel, 2. Aufl., Wiesbaden, S. 507–526.
Zielke, S.; Schielke, T. (2016): Effects of Illumination on Store Perception and Shopping Intention: Shedding Light on Conflicting Theories, in: Marketing ZFP, 38. Jg., Nr. 3, S. 163–178.
Ziggers, G.W.; Hensler, J. (2016): The Reinforcing Effect of a Firm's Customer Orientation and Supply-Base Orientation on Performance, in: Industrial Marketing Management, 52. Jg., S. 18–26.
Zimmer, M.; Golden, L. (1988): Impressions of Retail Stores: A Content Analysis of Consume, in: Journal of Retailing, 64. Jg., Nr. 3, S. 265-293.
Zu Knyphausen-Aufseß, D.; Meinhardt, Y. (2002): Revisting Strategy: Ein Ansatz zur Systematisierung von Geschäftsmodellen, in: Bieger, T.; Bickhoff, N.; Caspar, R.; zu Knyphausen-Aufseß, D.; Reding, K. (Hrsg.): Zukünftige Geschäftsmodelle: Konzept und Anwendung in der Netzökonomie, Berlin u.a., S. 63-89.

Stichwortverzeichnis

C

D

J

K

Q

R

T

U

V

W

Unternehmensverzeichnis